# 日本人物レファレンス事典

名工・職人
技師・工匠篇

日外アソシエーツ

# BIOGRAPHY INDEX

17,543 Japanese Craftsmen and Engineers
Appearing in 498 Volumes of
319 Biographical Dictionaries and Encyclopedias

Compiled by

Nichigai Associates, Inc.

©2017 by Nichigai Associates, Inc.

Printed in Japan

本書はディジタルデータでご利用いただくことが
できます。詳細はお問い合わせください。

●編集担当●比良 雅治／城谷 浩
カバーデザイン：浅海 亜矢子

# 刊行にあたって

　本書は、日本の工業・技術・工芸の分野においてものづくりに携わる
名工や職人、技術者が、どの事典にどんな名前で掲載されているかが一
覧できる総索引である。

　人物について調べようとするとき、事典類が調査の基本資料となる。
しかし、人名事典、百科事典、歴史事典、テーマごとの専門事典、都道
府県別・国別の事典など、数多くの事典類の中から、特定の人物がどの
事典のどこに掲載されているかを把握することは容易ではない。そうし
た人物調査に役立つ総索引ツールとして、小社では「人物レファレンス
事典」シリーズを刊行してきた。1983年から最初のシリーズを刊行開始
し、1996年から2013年には、その後に出版された事典類を索引対象に
追加、時代別に再構成した新訂増補版として、「古代・中世・近世編」「古
代・中世・近世編 Ⅱ（1996-2006）」「明治・大正・昭和（戦前）編」「明治・
大正・昭和（戦前）編 Ⅱ（2000-2009）」「昭和（戦後）・平成編」「昭和（戦
後）・平成編 Ⅱ（2003-2013）」の6種を刊行、さらにそこでは索引対象
に入っていなかった地方人物事典、県別百科事典を対象とした「郷土人
物編」を2008年に刊行した。また、外国人を対象とした「外国人物レファ
レンス事典」シリーズでは、1999年から2011年に、時代別に「古代－
19世紀」「古代－19世紀 第Ⅱ期（1999-2009）」「20世紀」「20世紀 第Ⅱ
期（2002-2010）」の4種を刊行した。これらのシリーズは、人物調査の
第一段階の基本ツールとして、時代や地域に応じてご活用いただいてい
るが、特定分野の人物を広範に調べるためには、日本人は7種、外国人
は4種すべてを検索する必要があった。

　本書では、分野別の事典総索引として、既刊の「文芸篇」「美術篇」「科
学技術篇」「音楽篇」「思想・哲学・歴史篇」「芸能篇」「政治・外交篇（近
現代）」「軍事篇（近現代）」「皇族・貴族篇」「女性篇」「武将篇」「江戸

時代の武士篇」「商人・実業家・経営者篇」に続き、319種498冊の事典から日本のものづくりの"匠"を幅広く選定。古代から現代までの宮大工、仏師、陶芸家、刀工、土木技師、技術者、発明家、品種改良家など17,543人を収録した。人名見出しには、人物同定に役立つよう、人名表記・読み・生没年、事典類に使われた異表記・異読み・別名を示し、加えて活動時期や身分、肩書、係累などを簡潔に示して人物の概要がわかるようにした。その上で、どの事典にその人物が載っているか、どんな見出し（表記・読み・生没年）で掲載されているかを一覧することができ、古代から現代までの日本の名工、職人、技師および工匠を網羅的に収録した最大級の人名ツールとして使える。

　ただし誤解のないように改めて付言するが、本書はあくまでも既存の事典類の総索引である。そのため、索引対象とした事典類（収録事典一覧を参照）に掲載されていない人物は本書にも掲載されない。したがって従来の事典に全く掲載されていない人物は収録されていない。

　編集にあたっては、誤りのないよう調査・確認に努めたが、人物確認や記述に不十分な点もあるかと思われる。お気づきの点はご教示いただければ幸いである。本書が、既刊の「人物レファレンス事典」シリーズと同様に、人物調査の基本ツールとして図書館・研究機関等で広く利用されることを期待したい。


　2017年5月

　　　　　　　　　　　　　　　　　日外アソシエーツ

# 凡　例

## 1．本書の内容

　本書は、国内で刊行された人物事典、百科事典、歴史事典、地域別人名事典などに掲載されている、古代から現代までの日本のものづくりに携わる職人や技術者の総索引である。ただしプロフィール記載のない"職歴名簿"の類いは索引対象外とした。見出しとしての人名表記・読みのほか、異表記・異読み・別名、生没年、その人物の活動時期、身分・肩書・職業、係累・業績など人物の特定に最低限必要なプロフィールを補記するとともに、その人物がどの事典にどのような表記・読みで掲載されているかを明らかにしたものである。

## 2．収録範囲と人数

(1) 別表「収録事典一覧」に示した319種498冊の事典類に掲載されている、古代から現代までの日本の名工、職人および技術者を収録した。

(2) 収録対象は、土木、建築、機械、原子力、電気、情報、船舶、金属、鉱山、化学、工芸など様々な業種でものづくりを行う人物を幅広く収録した。伝説上の人物や一部の世襲名も収録対象とした。

(3) 外国人は，原則として収録しなかった。

(4) 上記の結果として17,543人、事典項目のべ47,637件を収録した。

## 3．記載事項

(1) 人名見出し

　1) 同一人物は、各事典での表記・読みに関わらず1項目にまとめた。その際、最も一般的と思われるものを代表表記・代表読みとし、太字で見出しとした。

　2) 代表表記に対し同読みの異表記がある場合は、代表表記の後に（　）で囲んで示した。

　　例：浅見五郎介（浅見五郎助）

　3) 代表読みに対し部分的に清濁音・拗促音の差のある読みが存在する場合は、代表読みの後に「, 」で区切って表示した。

例：あおやぎえいじ，あおやきえいじ

4) 事典によっては読みの「ぢ」「づ」を「じ」「ず」に置き換えている
ものと、両者を区別しているものとがある。本書は、代表読みでは
区別する方式を採った。その上で、事典によって「ぢ」「じ」、「づ」「ず」
の違いがある場合は、代表読みの後に「，」で区切って表示した。

例：あかじゆうさい，あかぢゆうさい

(2) 人物説明

1) 生没年表示

①対象事典に掲載されている生没年（月日）を代表生没年として示
した。

②生没年に諸説ある場合、過半数の事典で一致する年（月日）があ
ればそれを採用した。過半数の一致がない場合は＊で示した（比較
は生年、没年それぞれで行った）。

③年表示は和暦と西暦の併記とした。和暦・西暦のいずれか一方だ
けが掲載されている場合は編集部で換算して記載した。事典類に掲
載されている年単位の対応を採用、または一律に換算したため、月
日によっては誤差の生じる可能性がある。およその目安としてご利
用いただきたい。

④生年のみ不詳、没年は判明の場合、生年の部分には「？」を用いた。
没年のみ不詳の場合も同様とした。

⑤生年・没年とも不詳の場合は、「生没年不詳」とした。

2) 異表記・異読み・別名

本書の見出しと異なる表記・読みを採用している事典がある場合
は、それらをまとめて⑪として掲載した。

3) プロフィール

人物を同定するための最低限の情報として、その人物の活動時期
と身分・肩書・職業、係累、業績を記載した。

①本書の活動時期はおおむね以下の目安で区分した。

・上代　6世紀半ば（仏教伝来、宣化・欽明朝の頃）まで

・飛鳥時代　8世紀初頭（奈良遷都、文武・元明朝の頃）まで

・奈良時代　8世紀末（長岡・平安遷都、桓武朝の開始頃）まで

・平安時代前期　9世紀末〜10世紀初頭（醍醐朝の開始頃）まで

・平安時代中期　11 世紀後半（後三条天皇即位、白河院政開始）まで

・平安時代後期　12 世紀末（平氏滅亡、鎌倉幕府成立）まで

・鎌倉時代前期　13 世紀後半（元寇、北条氏得宗家専制の確立）まで

・鎌倉時代後期　14 世紀前半（鎌倉幕府滅亡）まで

・南北朝時代　14 世紀末（南北朝の合一）まで

・室町時代　15 世紀後半（応仁・文明の乱）まで

・戦国時代　16 世紀半ば（織田信長上洛、室町幕府滅亡）まで

・安土桃山時代　17 世紀初頭（江戸幕府成立、元和偃武）まで

・江戸時代前期　17 世紀末（綱吉将軍就任、元禄時代開始）まで

・江戸時代中期　18 世紀末（田沼時代終焉、家斉将軍就任）まで

・江戸時代後期　19 世紀半ば（黒船来航、開国）まで

・江戸時代末期　1867 〜 68 年（王政復古、明治改元）まで

・明治期　1912 年まで

・大正期　1926 年まで

・昭和期　1988 年まで

・平成期　1989 年以降

②人物の身分・肩書、係累・業績を簡潔に記載した。

(3) 掲載事典

1) その人物が掲載されている事典を ¶ の後に略号で示した。（略号は別表「収録事典一覧」を参照）

2) 事典における記載が、見出しの代表表記、代表読み、生没年表示と異なるときは略号の後に（　）で囲んでその内容を示した。その際、生年は㊕、没年は㊦で表した。

3) 事典が西暦・和暦のいずれかしか記載していない場合はそれを示し、西暦・和暦の両方を記載していれば両方を示した。

(4) 共通事項

1) 漢字は原則新字体・常用漢字に統一した。また正字・俗字などの異体字も一部統一した。

2) 和暦における「元年」は「1 年」と表示した。


4．参照項目

見出しの代表表記、代表読みと異なる別表記・別読みからは、必要に応

じて参照項目を立てた。

## 5．排　列

(1) 人名見出しの読みの五十音順に排列した。

(2) 「ぢ」「づ」と「じ」「ず」は排列上も区別した。

(3) 同読みの場合は同じ表記のものをまとめた。

(4) 読み、表記とも同一の人物は、おおむね活動時期の古い順番に並べた。

(5) 掲載事典は略号の五十音順に記載した。

## 6．収録事典一覧

(1) 本書で索引対象にした事典類の一覧を次ページ以降（9 〜 17 ページ）に掲げた。

(2) 略号は本書において掲載事典名の表示に用いたものである。

(3) 掲載は略号の五十音順とした。

# 収録事典一覧

| 略号 | 書　　名 | 出版社 | 刊行年 |
|---|---|---|---|
| 愛知百 | 愛知百科事典 | 中日新聞本社 | 1976.10 |
| 会　津 | 会津大事典 | 国書刊行会 | 1985.12 |
| 青森人 | 青森県人名事典 | 東奥日報社 | 2002.8 |
| 青森百 | 青森県百科事典 | 東奥日報社 | 1981.3 |
| 秋田百 | 秋田大百科事典 | 秋田魁新報社 | 1981.9 |
| 朝　日 | 朝日日本歴史人物事典 | 朝日新聞社 | 1994.11 |
| ア　ナ | 日本アナキズム運動人名事典 | ぱる出版 | 2004.4 |
| 石川百 | 書府太郎―石川県大百科事典 改訂版 | 北国新聞社 | 2004.11 |
| 石川文 | 石川近代文学事典 | 和泉書院 | 2010.3 |
| 維　新 | 明治維新人名辞典 | 吉川弘文館 | 1981.9 |
| 茨城百 | 茨城県大百科事典 | 茨城新聞社 | 1981.10 |
| 岩　歌 | 岩波現代短歌辞典 | 岩波書店 | 1999.12 |
| 岩　史 | 岩波日本史辞典 | 岩波書店 | 1999.10 |
| 岩手百 | 岩手百科事典 新版 | 岩手放送 | 1988.10 |
| 浮　絵 | 浮世絵大事典 | 東京堂出版 | 2008.6 |
| 海　越 | 海を越えた日本人名事典 | 日外アソシエーツ | 1985.12 |
| 海越新 | 海を越えた日本人名事典 新訂増補版 | 日外アソシエーツ | 2005.7 |
| 映　監 | 日本映画人名事典 監督篇 | キネマ旬報社 | 1997.11 |
| 映　人 | 日本の映画人 | 日外アソシエーツ | 2007.6 |
| 江　戸 | 江戸市井人物事典 | 新人物往来社 | 1974.11 |
| 江戸東 | 江戸東京市井人物事典 | 新人物往来社 | 1976.10 |
| 愛媛百 | 愛媛県百科大事典〈上，下〉 | 愛媛新聞社 | 1985.6 |
| 江　文 | 江戸文人辞典 | 東京堂出版 | 1996.9 |
| 演　奏 | 日本の演奏家 クラシック音楽の1400人 | 日外アソシエーツ | 2012.7 |
| 黄　檗 | 黄檗文化人名辞典 | 思文閣出版 | 1988.12 |
| 大分百 | 大分百科事典 | 大分放送 | 1980.12 |
| 大分歴 | 大分県歴史人物事典 | 大分合同新聞社 | 1996.8 |
| 大阪人 | 大阪人物辞典 | 清文堂出版 | 2000.11 |
| 大阪文 | 大阪近代文学事典 | 和泉書院 | 2005.5 |
| 大阪墓 | 大阪墓碑人物事典 | 東方出版 | 1995.11 |
| 岡山人 | 岡山人名事典 | 日本文教出版 | 1978.2 |
| 岡山百 | 岡山県大百科事典〈上，下〉 | 山陽新聞社 | 1980.1 |
| 岡山歴 | 岡山県歴史人物事典 | 山陽新聞社 | 1994.10 |

| 略号 | 書　名 | 出版社 | 刊行年 |
|---|---|---|---|
| 沖縄百 | 沖縄大百科事典〈上，中，下〉 | 沖縄タイムス社 | 1983.5 |
| 織田 | 織田信長家臣人名辞典 | 吉川弘文館 | 1995.1 |
| 音楽 | 新音楽辞典 人名 | 音楽之友社 | 1982.10 |
| 音人 | 音楽家人名事典 | 日外アソシエーツ | 1991.1 |
| 音人2 | 音楽家人名事典 新訂 | 日外アソシエーツ | 1996.10 |
| 音人3 | 音楽家人名事典 新訂第3版 | 日外アソシエーツ | 2001.11 |
| 科学 | 事典日本の科学者 科学技術を築いた5000人 | 日外アソシエーツ | 2014.6 |
| 香川人 | 香川県人物・人名事典 | 四国新聞社 | 1985.6 |
| 香川百 | 香川県大百科事典 | 四国新聞社 | 1984.4 |
| 科技 | 科学・技術人名事典 | 北樹出版 | 1986.3 |
| 科人 | 科学者人名事典 | 丸善 | 1997.3 |
| 革命 | 現代革命運動事典 | 流動出版 | 1981.10 |
| 鹿児島百 | 鹿児島大百科事典 | 南日本新聞社 | 1981.9 |
| 学校 | 学校創立者人名事典 | 日外アソシエーツ | 2007.7 |
| 角史 | 角川日本史辞典 新版 | 角川書店 | 1996.11 |
| 神奈川人 | 神奈川県史 別編1 人物 神奈川歴史人名事典 | 神奈川県 | 1983.3 |
| 神奈川百 | 神奈川県百科事典 | 大和書房 | 1983.7 |
| 歌舞 | 歌舞伎人名事典 | 日外アソシエーツ | 1988.9 |
| 歌舞事 | 歌舞伎事典 新版 | 平凡社 | 2011.3 |
| 歌舞新 | 歌舞伎人名事典 新訂増補版 | 日外アソシエーツ | 2002.6 |
| 歌舞大 | 最新歌舞伎大事典 | 柏書房 | 2012.7 |
| 鎌倉 | 鎌倉事典 新装普及版 | 東京堂出版 | 1992.1 |
| 鎌室 | 鎌倉・室町人名事典 | 新人物往来社 | 1985.11 |
| 眼科 | 眼科医家人名辞書 | 思文閣出版 | 2006.10 |
| 監督 | 日本映画監督全集 | キネマ旬報社 | 1976.12 |
| 紀伊文 | 紀伊半島近代文学事典 和歌山・三重 | 和泉書院 | 2002.12 |
| 岐阜百 | 岐阜県百科事典〈上，下〉 | 岐阜日日新聞社 | 1968.2〜4 |
| 弓道 | 弓道人名大事典 | 日本図書センター | 2003.5 |
| 教育 | 教育人名辞典 | 理想社 | 1962.2 |
| 京都 | 京都事典 新装版 | 東京堂出版 | 1993.10 |
| 郷土 | 郷土史家人名事典 | 日外アソシエーツ | 2007.12 |
| 郷土茨城 | 郷土歴史人物事典 茨城 | 第一法規出版 | 1978.10 |
| 郷土愛媛 | 郷土歴史人物事典 愛媛 | 第一法規出版 | 1978.7 |
| 郷土香川 | 郷土歴史人物事典 香川 | 第一法規出版 | 1978.6 |
| 郷土神奈川 | 郷土歴史人物事典 神奈川 | 第一法規出版 | 1980.6 |
| 郷土岐阜 | 郷土歴史人物事典 岐阜 | 第一法規出版 | 1980.12 |
| 郷土群馬 | 郷土歴史人物事典 群馬 | 第一法規出版 | 1978.10 |
| 郷土滋賀 | 郷土歴史人物事典 滋賀 | 第一法規出版 | 1979.7 |

| 略 号 | 書 名 | 出版社 | 刊行年 |
|---|---|---|---|
| 京都大 | 京都大事典 | 淡交社 | 1984.11 |
| 郷土千葉 | 郷土歴史人物事典 千葉 | 第一法規出版 | 1980.1 |
| 郷土栃木 | 郷土歴史人物事典 栃木 | 第一法規出版 | 1977.2 |
| 郷土長崎 | 郷土歴史人物事典 長崎 | 第一法規出版 | 1979.4 |
| 郷土長野 | 郷土歴史人物事典 長野 | 第一法規出版 | 1978.2 |
| 郷土奈良 | 郷土歴史人物事典 奈良 | 第一法規出版 | 1981.10 |
| 京都府 | 京都大事典 府域編 | 淡交社 | 1994.3 |
| 郷土福井 | 郷土歴史人物事典 福井 | 第一法規出版 | 1985.6 |
| 京都文 | 京都近代文学事典 | 和泉書院 | 2013.5 |
| 郷土和歌山 | 郷土歴史人物事典 和歌山 | 第一法規出版 | 1979.10 |
| キ リ | キリスト教人名辞典 | 日本基督教出版局 | 1986.2 |
| 近 医 | 日本近現代医学人名事典 1868-2011 | 医学書院 | 2012.12 |
| 近 現 | 日本近現代人名辞典 | 吉川弘文館 | 2001.7 |
| 近 女 | 近現代日本女性人名事典 | ドメス出版 | 2001.3 |
| 近 世 | 日本近世人名辞典 | 吉川弘文館 | 2005.12 |
| 近 土 | 近代日本土木人物事典 | 鹿島出版会 | 2013.6 |
| 近 美 | 近代日本美術事典 | 講談社 | 1989.9 |
| 近 文 | 日本近代文学大事典〈1〜3（人名）〉 | 講談社 | 1977.11 |
| 公 卿 | 公卿人名大事典 | 日外アソシエーツ | 1994.7 |
| 熊本百 | 熊本県大百科事典 | 熊本日日新聞社 | 1982.4 |
| 群馬人 | 群馬県人名大事典 | 上毛新聞社 | 1982.11 |
| 群馬百 | 群馬県百科事典 | 上毛新聞社 | 1979.2 |
| 系 西 | 戦国大名系譜人名事典 西国編 | 新人物往来社 | 1985.11 |
| 芸 能 | 日本芸能人名事典 | 三省堂 | 1995.7 |
| 現 朝 | 現代日本朝日人物事典 | 朝日新聞社 | 1990.12 |
| 幻 作 | 日本幻想作家名鑑 | 幻想文学出版局 | 1991.9 |
| 現 詩 | 現代詩大事典 | 三省堂 | 2008.1 |
| 現執1期 | 現代日本執筆者大事典〈1〜4〉 | 日外アソシエーツ | 1978.5〜1980.4 |
| 現執2期 | 現代日本執筆者大事典 77/82〈1〜4〉 | 日外アソシエーツ | 1984.3〜1986.3 |
| 現執3期 | 新現代日本執筆者大事典〈1〜4〉 | 日外アソシエーツ | 1992.12〜1993.6 |
| 現執4期 | 現代日本執筆者大事典 第4期〈1〜4〉 | 日外アソシエーツ | 2003.11 |
| 現 情 | 現代人名情報事典 | 平凡社 | 1987.8 |
| 現 人 | 現代人物事典 | 朝日新聞社 | 1977.3 |
| 現 政 | 現代政治家人名事典 新訂 | 日外アソシエーツ | 2005.2 |
| 幻 想 | 日本幻想作家事典 | 国書刊行会 | 2009.1 |
| 現 日 | 現代日本人物事典 | 旺文社 | 1986.11 |
| 現 俳 | 現代俳句大事典 | 三省堂 | 2005.11 |
| 考 古 | 日本考古学人物事典 | 学生社 | 2006.2 |

(11)

| 略号 | 書名 | 出版社 | 刊行年 |
|---|---|---|---|
| 高知人 | 高知県人名事典 新版 | 高知新聞社 | 1999.9 |
| 高知百 | 高知県百科事典 | 高知新聞社 | 1976.6 |
| 国際 | 国際人事典 幕末・維新 | 毎日コミュニケーションズ | 1991.6 |
| 国史 | 国史大辞典〈1～15〉 | 吉川弘文館 | 1979.3～1997.4 |
| 国書 | 国書人名辞典〈1～4（本文）〉 | 岩波書店 | 1993.11～1998.11 |
| 国書5 | 国書人名辞典〈5（補遺）〉 | 岩波書店 | 1999.6 |
| 国宝 | 人間国宝事典 工芸技術編 増補最新版 | 芸艸堂 | 2012.9 |
| 古史 | 日本古代史大辞典 | 大和書房 | 2006.1 |
| 古代 | 日本古代氏族人名辞典 | 吉川弘文館 | 1990.11 |
| 古中 | 日本古代中世人名辞典 | 吉川弘文館 | 2006.11 |
| コン改 | コンサイス日本人名事典 改訂版 | 三省堂 | 1990.4 |
| コン4 | コンサイス日本人名事典 第4版 | 三省堂 | 2001.9 |
| コン5 | コンサイス日本人名事典 第5版 | 三省堂 | 2009.1 |
| 埼玉人 | 埼玉人物事典 | 埼玉県 | 1998.2 |
| 埼玉百 | 埼玉大百科事典〈1～5〉 | 埼玉新聞社 | 1974.3～1975.5 |
| 佐賀百 | 佐賀県大百科事典 | 佐賀新聞社 | 1983.8 |
| 作曲 | 日本の作曲家 | 日外アソシエーツ | 2008.6 |
| 札幌 | 札幌人名事典 | 北海道新聞社 | 1993.9 |
| 茶道 | 茶道人物辞典 | 柏書房 | 1981.9 |
| 詩歌 | 和漢詩歌作家辞典 | みづほ出版 | 1972.11 |
| 視覚 | 視覚障害人名事典 | 名古屋ライトハウス愛育報恩会 | 2007.10 |
| 史学 | 歴史学事典5 歴史家とその作品 | 弘文堂 | 1997.10 |
| 滋賀百 | 滋賀県百科事典 | 大和書房 | 1984.7 |
| 滋賀文 | 滋賀近代文学事典 | 和泉書院 | 2008.11 |
| 史研 | 日本史研究者辞典 | 吉川弘文館 | 1999.6 |
| 四国文 | 四国近代文学事典 | 和泉書院 | 2006.12 |
| 詩作 | 詩歌作者事典 | 鼎書房 | 2011.11 |
| 児作 | 現代日本児童文学作家事典 | 教育出版センター | 1991.10 |
| 史人 | 日本史人物辞典 | 山川出版社 | 2000.5 |
| 児人 | 児童文学者人名事典 日本人編〈上,下〉 | 出版文化研究会 | 1998.10 |
| 静岡百 | 静岡大百科事典 | 静岡新聞社 | 1978.3 |
| 静岡歴 | 静岡県歴史人物事典 | 静岡新聞社 | 1991.12 |
| 実業 | 日本の実業家 | 日外アソシエーツ | 2003.7 |
| 児文 | 児童文学事典 | 東京書籍 | 1988.4 |
| 島根人 | 島根県人名事典 | 伊藤菊之輔 | 1970.9 |
| 島根百 | 島根県大百科事典〈上,下〉 | 山陰中央新報社 | 1982.7 |
| 島根歴 | 島根県歴史人物事典 | 山陰中央新報社 | 1997.11 |
| ジヤ | 新・世界ジャズ人名辞典 | スイングジャーナル社 | 1988.5 |

| 略号 | 書　名 | 出版社 | 刊行年 |
|---|---|---|---|
| 社　運 | 日本社会運動人名辞典 | 青木書店 | 1979.3 |
| 写　家 | 日本の写真家 | 日外アソシエーツ | 2005.11 |
| 社　史 | 近代日本社会運動史人物大事典〈1〜5〉 | 日外アソシエーツ | 1997.1 |
| 写　真 | 日本写真家事典 | 淡交社 | 2000.3 |
| 写　人 | 現代写真人名事典 | 日外アソシエーツ | 2005.12 |
| 重　要 | 日本重要人物辞典 新訂版 | 教育社 | 1988.12 |
| 出　版 | 出版人物事典 | 出版ニュース社 | 1996.10 |
| 出　文 | 出版文化人物事典 | 日外アソシエーツ | 2013.6 |
| 小　説 | 日本現代小説大事典 増補縮刷版 | 明治書院 | 2009.4 |
| 庄　内 | 庄内人名辞典 新編 | 庄内人名辞典刊行会 | 1986.11 |
| 女　運 | 日本女性運動資料集成 別巻 | 不二出版 | 1998.12 |
| 植　物 | 植物文化人物事典 | 日外アソシエーツ | 2007.4 |
| 食　文 | 日本食文化人物事典 | 筑波書房 | 2005.4 |
| 諸　系 | 日本史諸家系図人名辞典 | 講談社 | 2003.11 |
| 女　史 | 日本女性史大辞典 | 吉川弘文館 | 2008.1 |
| 女　性 | 日本女性人名辞典 | 日本図書センター | 1993.6 |
| 女性普 | 日本女性人名辞典 普及版 | 日本図書センター | 1998.10 |
| 女　文 | 現代女性文学辞典 | 東京堂出版 | 1990.10 |
| 新　芸 | 新撰 芸能人物事典 明治〜平成 | 日外アソシエーツ | 2010.11 |
| 神　史 | 神道史大辞典 | 吉川弘文館 | 2004.7 |
| 真　宗 | 真宗人名辞典 | 法藏館 | 1999.7 |
| 人書79 | 人物書誌索引 | 日外アソシエーツ | 1979.3 |
| 人書94 | 人物書誌索引 78/91 | 日外アソシエーツ | 1994.6 |
| 人　情 | 年刊人物情報事典81〈上，下〉 | 日外アソシエーツ | 1981.6 |
| 人情1 | 年刊人物情報事典82（1） | 日外アソシエーツ | 1982.10 |
| 人情2 | 年刊人物情報事典82（2） | 日外アソシエーツ | 1982.10 |
| 人情3 | 年刊人物情報事典82（3） | 日外アソシエーツ | 1982.10 |
| 人情4 | 年刊人物情報事典82（4） | 日外アソシエーツ | 1982.10 |
| 人情5 | 年刊人物情報事典82（5） | 日外アソシエーツ | 1982.10 |
| 神　人 | 神道人名辞典 | 神社新報社 | 1986.7 |
| 新　潮 | 新潮日本人名辞典 | 新潮社 | 1991.3 |
| 新　文 | 新潮日本文学辞典 増補改訂 | 新潮社 | 1988.1 |
| 人　名 | 日本人名大事典 覆刻版〈1〜6〉 | 平凡社 | 1979.7 |
| 人名7 | 日本人名大事典〈7〉現代 | 平凡社 | 1979.7 |
| 心　理 | 日本心理学者事典 | クレス出版 | 2003.2 |
| 数　学 | 日本数学者人名事典 | 現代数学社 | 2009.6 |
| 世　紀 | 20世紀日本人名事典〈1，2〉 | 日外アソシエーツ | 2004.7 |
| 政　治 | 政治家人名事典 新訂 明治〜昭和 | 日外アソシエーツ | 2003.10 |

| 略号 | 書名 | 出版社 | 刊行年 |
|---|---|---|---|
| 姓氏愛知 | 角川日本姓氏歴史人物大辞典 23（愛知県） | 角川書店 | 1991.10 |
| 姓氏石川 | 角川日本姓氏歴史人物大辞典 17（石川県） | 角川書店 | 1998.12 |
| 姓氏岩手 | 角川日本姓氏歴史人物大辞典 3（岩手県） | 角川書店 | 1998.5 |
| 姓氏沖縄 | 角川日本姓氏歴史人物大辞典 47（沖縄県） | 角川書店 | 1992.10 |
| 姓氏鹿児島 | 角川日本姓氏歴史人物大辞典 46（鹿児島県） | 角川書店 | 1994.11 |
| 姓氏神奈川 | 角川日本姓氏歴史人物大辞典 14（神奈川県） | 角川書店 | 1993.4 |
| 姓氏京都 | 角川日本姓氏歴史人物大辞典 26（京都市） | 角川書店 | 1997.9 |
| 姓氏群馬 | 角川日本姓氏歴史人物大辞典 10（群馬県） | 角川書店 | 1994.12 |
| 姓氏静岡 | 角川日本姓氏歴史人物大辞典 22（静岡県） | 角川書店 | 1995.12 |
| 姓氏富山 | 角川日本姓氏歴史人物大辞典 16（富山県） | 角川書店 | 1992.7 |
| 姓氏長野 | 角川日本姓氏歴史人物大辞典 20（長野県） | 角川書店 | 1996.11 |
| 姓氏宮城 | 角川日本姓氏歴史人物大辞典 4（宮城県） | 角川書店 | 1994.7 |
| 姓氏山口 | 角川日本姓氏歴史人物大辞典 35（山口県） | 角川書店 | 1991.12 |
| 姓氏山梨 | 角川日本姓氏歴史人物大辞典 19（山梨県） | 角川書店 | 1989.6 |
| 世 人 | 世界人名辞典 新版 日本編 増補版 | 東京堂出版 | 1990.7 |
| 世 百 | 世界大百科事典〈1〜23〉 | 平凡社 | 1964.7〜1967.11 |
| 世百新 | 世界大百科事典 改訂新版〈1〜30〉 | 平凡社 | 2007.9 |
| 戦 合 | 戦国武将・合戦事典 | 吉川弘文館 | 2005.3 |
| 先 駆 | 事典近代日本の先駆者 | 日外アソシエーツ | 1995.6 |
| 戦 国 | 戦国人名辞典 増訂版 | 吉川弘文館 | 1973.7 |
| 戦 辞 | 戦国人名辞典 | 吉川弘文館 | 2006.1 |
| 全 書 | 日本大百科全書〈1〜24〉 | 小学館 | 1984.11〜1988.11 |
| 戦 人 | 戦国人名事典 | 新人物往来社 | 1987.3 |
| 戦 西 | 戦国大名家臣団事典 西国編 | 新人物往来社 | 1981.8 |
| 戦 東 | 戦国大名家臣団事典 東国編 | 新人物往来社 | 1981.8 |
| 戦 補 | 戦国人名辞典 増訂版（補遺） | 吉川弘文館 | 1973.7 |
| 川 柳 | 川柳総合大事典 第1巻 人物編 | 雄山閣 | 2007.8 |
| 創 業 | 日本の創業者―近現代起業家人名事典 | 日外アソシエーツ | 2010.3 |
| 体 育 | 体育人名辞典 | 逍遥書院 | 1970.3 |
| 大 百 | 大日本百科事典〈1〜23〉 | 小学館 | 1967.11〜1971.9 |
| 多 摩 | 多摩の人物史 | 武蔵野郷土史刊行会 | 1977.6 |
| 短 歌 | 現代短歌大事典 | 三省堂 | 2000.6 |
| 短歌普 | 現代短歌大事典 普及版 | 三省堂 | 2004.7 |
| 探 偵 | 探偵小説辞典 | 講談社 | 1998.9 |
| 千葉百 | 千葉大百科事典 | 千葉日報社 | 1982.3 |
| 哲 学 | 近代日本哲学思想家辞典 | 東京書籍 | 1982.9 |
| 鉄 道 | 鉄道史人物事典 | 鉄道史学会 | 2013.2 |
| テ レ | テレビ・タレント人名事典 第6版 | 日外アソシエーツ | 2004.6 |

| 略 号 | 書 名 | 出版社 | 刊行年 |
|---|---|---|---|
| 伝 記 | 世界伝記大事典 日本・朝鮮・中国編 | ほるぷ出版 | 1978.7 |
| 陶 芸 | 現代陶芸作家事典 新版 | 光芸出版 | 1980.7 |
| 陶芸最 | 現代陶芸作家事典 最新 | 光芸出版 | 1987.9 |
| 陶 工 | 現代陶工事典 | 北辰堂 | 1998.1 |
| 徳島百 | 徳島県百科事典 | 徳島新聞社 | 1981.1 |
| 徳島歴 | 徳島県歴史人名鑑（徳島県人名事典 別冊） | 徳島新聞社 | 1994.6 |
| 渡 航 | 幕末・明治 海外渡航者総覧 | 柏書房 | 1992.3 |
| 栃木百 | 栃木県大百科事典 | 栃木県大百科事典刊行会 | 1980.6 |
| 栃木歴 | 栃木県歴史人物事典 | 下野新聞社 | 1995.7 |
| 鳥取百 | 鳥取県大百科事典 | 新日本海新聞社 | 1984.11 |
| 土 木 | 土木人物事典 | アテネ書房 | 2004.12 |
| 富山百 | 富山大百科事典 | 北日本新聞社 | 1994.8 |
| 富山文 | 富山県文学事典 | 桂書房 | 1992.9 |
| 長崎百 | 長崎県大百科事典 | 長崎新聞社 | 1984.8 |
| 長崎歴 | 長崎事典 歴史編 1988 年版 | 長崎文献社 | 1988.9 |
| 長野百 | 長野県百科事典 補訂版 | 信濃毎日新聞社 | 1981.3 |
| 長野歴 | 長野県歴史人物大事典 | 郷土出版社 | 1989.7 |
| 奈良文 | 奈良近代文学事典 | 和泉書院 | 1989.6 |
| 新潟百 | 新潟県大百科事典 〈上，下〉 | 新潟日報事業社 | 1977.1 |
| 新潟百別 | 新潟県大百科事典 別巻 | 新潟日報事業社 | 1977.9 |
| 日 音 | 日本音楽大事典 | 平凡社 | 1989.3 |
| 日 画 | 20 世紀物故日本画家事典 | 美術年鑑社 | 1998.9 |
| 日 芸 | 世界に誇れる日本の芸術家 555 | PHP 研究所 | 2007.3 |
| 日 思 | 日本思想史辞典 | ぺりかん社 | 2001.6 |
| 日 史 | 日本史大事典 〈1～7〉 | 平凡社 | 1992.11～1994.2 |
| 日 児 | 日本児童文学大事典 〈1,2〉 | 大日本図書 | 1993.10 |
| 日 女 | 日本女性文学大事典 | 日本図書センター | 2006.1 |
| 日 人 | 講談社日本人名大辞典 | 講談社 | 2001.12 |
| 日 本 | 日本人名事典 | むさし書房 | 1996.7 |
| 能狂言 | 能・狂言事典 新版 | 平凡社 | 2011.1 |
| ノベ業 | ノーベル賞受賞者業績事典 新訂第 3 版 全部門 855 人 | 日外アソシエーツ | 2013.1 |
| ノベ人 | ノーベル賞受賞者人物事典 物理学賞・化学賞 | 東京書籍 | 2010.12 |
| 俳 諧 | 俳諧人名辞典 | 巌南堂 | 1960.6 |
| 俳 句 | 俳句人名辞典 | 金園社 | 1997.2 |
| 俳 文 | 俳文学大辞典 普及版 | 角川学芸出版 | 2008.1 |
| 幕 末 | 幕末維新人名事典 | 新人物往来社 | 1994.2 |
| 藩主 2 | 三百藩藩主人名事典 2 | 新人物往来社 | 1986.9 |
| 藩主 3 | 三百藩藩主人名事典 3 | 新人物往来社 | 1987.4 |

| 略 号 | 書　名 | 出版社 | 刊行年 |
|---|---|---|---|
| 藩主4 | 三百藩藩主人名事典 4 | 新人物往来社 | 1986.6 |
| 藩臣1 | 三百藩家臣人名事典 1 | 新人物往来社 | 1987.12 |
| 藩臣2 | 三百藩家臣人名事典 2 | 新人物往来社 | 1988.2 |
| 藩臣3 | 三百藩家臣人名事典 3 | 新人物往来社 | 1988.4 |
| 藩臣4 | 三百藩家臣人名事典 4 | 新人物往来社 | 1988.7 |
| 藩臣5 | 三百藩家臣人名事典 5 | 新人物往来社 | 1988.12 |
| 藩臣6 | 三百藩家臣人名事典 6 | 新人物往来社 | 1989.10 |
| 藩臣7 | 三百藩家臣人名事典 7 | 新人物往来社 | 1989.5 |
| 美 家 | 美術家人名事典―古今・日本の物故画家 3500 人 | 日外アソシエーツ | 2009.2 |
| 美 建 | 美術家人名事典 建築・彫刻篇―古今の名匠 1600 人 | 日外アソシエーツ | 2011.9 |
| 美 工 | 美術家人名事典 工芸篇―古今の名工 2000 人 | 日外アソシエーツ | 2010.7 |
| 美 術 | 日本美術史事典 | 平凡社 | 1987.5 |
| 百 科 | 大百科事典〈1 ～ 15〉 | 平凡社 | 1984.11～1985.6 |
| 兵庫人 | 兵庫県人物事典〈上, 中, 下〉 | のじぎく文庫 | 1966.12～1968.6 |
| 兵庫百 | 兵庫県大百科事典〈上, 下〉 | 神戸新聞出版センター | 1983.10 |
| 兵庫文 | 兵庫近代文学事典 | 和泉書院 | 2011.10 |
| 広島百 | 広島県大百科事典〈上, 下〉 | 中国新聞社 | 1982.11 |
| 福井百 | 福井県大百科事典 | 福井新聞社 | 1991.6 |
| 福岡百 | 福岡県百科事典〈上, 下〉 | 西日本新聞社 | 1982.11 |
| 福島百 | 福島大百科事典 | 福島民報社 | 1980.11 |
| 仏 教 | 日本仏教人名辞典 | 法蔵館 | 1992.1 |
| 仏 史 | 日本仏教史辞典 | 吉川弘文館 | 1999.11 |
| 仏 人 | 日本仏教人名辞典 | 新人物往来社 | 1986.5 |
| 文 学 | 日本文学小辞典 | 新潮社 | 1968.1 |
| 平 史 | 平安時代史事典 | 角川書店 | 1994.4 |
| 平 日 | 平凡社日本史事典 | 平凡社 | 2001.2 |
| 平 和 | 平和人物大事典 | 日本図書センター | 2006.6 |
| 北 条 | 北条氏系譜人名辞典 | 新人物往来社 | 2001.6 |
| 北海道百 | 北海道大百科事典〈上, 下〉 | 北海道新聞社 | 1981.8 |
| 北海道文 | 北海道文学大事典 | 北海道新聞社 | 1985.10 |
| 北海道歴 | 北海道歴史人物事典 | 北海道新聞社 | 1993.7 |
| マス2 | 現代マスコミ人物事典 第 2 版 | 幸洋出版 | 1980.3 |
| マス89 | 現代マスコミ人物事典 1989 版 | 二十一世紀書院 | 1989.2 |
| 三 重 | 三重先賢伝 | 玄玄荘 | 1931.7 |
| 三重続 | 續三重先賢伝 | 別所書店 | 1933.7 |
| ミ ス | 日本ミステリー事典 | 新潮社 | 2000.2 |
| 宮城百 | 宮城県百科事典 | 河北新報社 | 1982.4 |
| 宮崎百 | 宮崎県大百科事典 | 宮崎日日新聞社 | 1983.10 |

| 略　号 | 書　名 | 出版社 | 刊行年 |
|---|---|---|---|
| 民　学 | 民間学事典 人名編 | 三省堂 | 1997.6 |
| 名　画 | 日本名画家伝 | 青蛙房 | 1967.11 |
| 名　工 | 現代名工・職人人名事典 | 日外アソシエーツ | 1990.4 |
| 明治1 | 図説明治人物事典—政治家・軍人・言論人 | 日外アソシエーツ | 2000.2 |
| 明治2 | 図説明治人物事典—文化人・学者・実業家 | 日外アソシエーツ | 2000.11 |
| 名　僧 | 事典日本の名僧 | 吉川弘文館 | 2005.2 |
| 山形百 | 山形県大百科事典 | 山形放送 | 1983.6 |
| 山形百新 | 山形県大百科事典 新版 | 山形放送 | 1993.10 |
| 山口百 | 山口県百科事典 | 大和書房 | 1982.4 |
| 山梨百 | 山梨百科事典 増補改訂版 | 山梨日日新聞社 | 1989.7 |
| 洋　画 | 20世紀物故洋画家事典 | 美術年鑑社 | 1997.3 |
| 洋　学 | 日本洋学人名事典 | 柏書房 | 1994.7 |
| 陸　海 | 日本陸海軍総合事典 第2版 | 東京大学出版会 | 2005.8 |
| 履　歴 | 日本近現代人物履歴事典 | 東京大学出版会 | 2002.5 |
| 履歴2 | 日本近現代人物履歴事典 第2版 | 東京大学出版会 | 2013.4 |
| 歴　大 | 日本歴史大事典〈1〜3〉 | 小学館 | 2000.7 |
| Ｙ　Ａ | YA人名事典 | 出版文化研究会 | 2000.10 |
| 和歌山人 | 和歌山県史 人物 | 和歌山県 | 1989.3 |
| 和　俳 | 和歌・俳諧史人名事典 | 日外アソシエーツ | 2003.1 |
| 和　モ | 和モノ事典—Hotwax presents 1970's 人名編 | ウルトラ・ヴァイヴ | 2006.12 |

# 日本人物レファレンス事典

名工・職人・技師・工匠篇

# 【あ】

**相川隼太** あいかわはやた
生没年不詳
江戸時代後期の大住郡横野村の番匠。
¶神奈川人

**相木蒼平** あいきそうへい
安政6（1859）年～大正10（1921）年
明治～大正期の北崎村村長。河川の改修工事など
の土木事業に貢献。
¶姓氏愛知，幕末

**愛甲文雄** あいこうふみお
明治34（1901）年～平成3（1991）年11月14日
昭和期の海軍軍人。真珠湾攻撃に使われた九一式
航空接魚雷を開発した。戦後は陶芸家として活躍。
¶陶芸，陸海（㋲明治34年4月25日）

**愛甲勇吉** あいこうゆうきち
明治10（1877）年2月24日～昭和45（1970）年3月
27日
明治～昭和期の技術者、東京地下鉄道支配人。
¶鉄道

**逢沢明** あいざわあきら
昭和24（1949）年3月30日～
昭和～平成期の情報工学者。京都大学大学院助教
授。著書に「コンピュータ社会が崩壊する日」
「転換期の情報社会」など。
¶現執3期

**相沢伊寛** あいざわただひろ
昭和5（1930）年6月19日～
昭和期の陶芸家。
¶陶芸最

**相沢次男** あいざわつぐお
昭和期の靴職人。
¶名工

**相沢治信** あいざわはるのぶ
生没年不詳
江戸時代後期の測量家。
¶国書

**相沢繁次郎** あいざわはんじろう
明治42（1909）年～
昭和期の籐引職工。日本無産党党員。
¶社史，姓氏富山

**相沢博** あいざわひろし
昭和23（1948）年10月2日～
昭和期の陶芸家。
¶陶芸最

**相島正彦** あいしままさひこ
昭和期の佐賀錦作家。
¶名工

**相上俊郎** あいじょうとしろう
大正10（1921）年～
昭和～平成期の漆芸家。
¶名工

**相上芳景** あいじょうほうけい
昭和6（1931）年5月18日～
昭和～平成期の陶芸家。
¶陶芸最，陶工，名工

**相磯秀夫** あいそひでお
昭和7（1932）年3月3日～
昭和～平成期の計算機工学者。慶応義塾大学教
授。慶大理工学部教授から環境情報学部新設で同
学部教授・学部長。
¶現執2期，現執3期，現執4期

**相田磯吉** あいだいそきち
慶応3（1867）年～昭和7（1932）年
明治～大正期の酒造家。
¶神奈川人

**相田嘉三郎** あいだかさぶろう
嘉永7（1854）年9月20日～大正10（1921）年
明治～大正期の養蚕家。
¶岡山人，岡山歴（㋞大正10（1921）年9月20日）

**相田弘治** あいだこうじ
昭和5（1930）年1月8日～
昭和～平成期の東京桐箪笥職人。
¶名工

**合田周平** あいだしゅうへい
昭和7（1932）年6月8日～
昭和～平成期のシステム工学者。電気通信大学教
授。著書に「エコ・テクノロジー/技術生態学序
説」など。
¶現執2期，現執3期，現情，世紀，マス89

**相田武文** あいだたけふみ
昭和12（1937）年～
昭和期の建築家。芝浦工業大学教授。
¶現執1期，現執2期（㋳昭和12（1937）年6月5日）

**会田俊夫** あいだとしお
大正4（1915）年7月18日～平成1（1989）年4月14日
昭和～平成期の機械工学者、京都大学名誉教授。
専門は精密工学。
¶科学

**会田富康** あいだとみやす
明治34（1901）年3月15日～昭和62（1987）年6月
19日
大正～昭和期の鋳金家。
¶現情，美工

**会田雄亮** あいだゆうすけ
昭和6（1931）年11月12日～
昭和～平成期の陶芸家。
¶名工

**愛知文明** あいちふみあき
大正12（1923）年3月15日～
昭和～平成期の陶芸家。

¶陶芸最，名工

**会津屋由蔵** あいづやよしぞう
江戸時代後期の蒔絵師。
¶姓氏石川

**相羽勝幸** あいばかつゆき
昭和13（1938）年2月24日～
昭和期の陶芸家。
¶陶芸最

**相羽鴻一郎** あいばこういちろう
昭和19（1944）年7月26日～
昭和期の陶芸家。
¶陶芸最

**相原一夫** あいはらかずお
昭和6（1931）年4月30日～
昭和～平成期の陶芸家。
¶陶工

**相原三有楽** あいはらさうら
＊～？
江戸時代末期～明治期の工芸家。水晶工芸界初期
の名工。
¶幕末（㋭1829年），山梨百（㋭文政11（1828）年
11月25日）

**愛若** あいわか
室町時代の工芸家。
¶人名，日人（生没年不詳）

**敢氏** あえし
上代の陶工。
¶人名

**饗庭黙堂** あえばもくどう
？ ～昭和13（1938）年
大正～昭和期の釜師。
¶茶道

**阿江与助** あえよすけ
→阿江与助（あこうよすけ）

**阿円** あえん
生没年不詳
鎌倉時代の仏師。
¶人名，日人，仏教

**青井一九** あおいいっく
昭和期の仏壇製作師。
¶名工

**青家次** あおいえつぐ
生没年不詳
戦国時代～安土桃山時代の鏡師。
¶角史，史人，新潮，世人，日人，美工

**青江貞次** あおえさだつぐ
鎌倉時代の刀工。
¶岡山人

**青貝長兵衛** あおがいちょうべえ
生没年不詳
江戸時代前期の螺鈿工。

¶朝日，近世，国史，コン改，コン4，新潮，人
名，長崎百，日人，美工

**青木市兵衛** あおきいちべえ
＊～天保6（1835）年
江戸時代中期～後期の伯耆河村郡東西小鹿村の開
拓者。
¶人名（㋭1768年），日人（㋭1764年）

**青木牛之助** あおきうしのすけ
天保14（1843）年～大正12（1923）年
江戸時代末期～大正期の千町無田開拓の祖。
¶大分歴

**青木栄五郎** あおきえいごろう
弘化2（1845）年～明治39（1906）年
明治期の陶工。楽焼を主とした。
¶人名，日人，名工

**青木修** あおきおさむ
昭和17（1942）年7月1日～
昭和～平成期の陶芸家。
¶陶工，名工

**青木一男** あおきかずお
昭和30（1955）年1月14日～
昭和～平成期の陶芸家。
¶陶芸最，陶工

**青木固** あおきかたし
大正2（1913）年～昭和63（1988）年
昭和期の発明家、日精樹脂工業創立者。
¶姓氏長野，長野歴

**あおき勝美** あおきかつみ
昭和25（1950）年～
昭和～平成期の写真家、文字彫刻師、石工師（高
貝石材店）。
¶写人

**青木金家** あおきかねいえ
安土桃山時代の金工。
¶人名，日人（生没年不詳）

**青木清高** あおききよたか
昭和32（1957）年8月12日～
昭和～平成期の陶芸家。
¶陶芸最，陶工

**青木清広** あおききよひろ
生没年不詳
江戸時代末期の筑後国久留米の刀鍛冶。
¶福岡百

**青木楠男** あおきくすお
明治26（1893）年7月23日～昭和62（1987）年3月
18日
明治～昭和期の官僚、土木工学者。早稲田大学
教授。
¶科学，近土，現情，世紀，土木，日人

**青木国夫** あおきくにお
大正13（1924）年4月16日～
昭和～平成期の科学技術史家。国立科学博物館工

学研究部長。
¶現執2期，現情

**青木九仁博** あおきくにひろ
昭和24（1949）年11月26日～
昭和～平成期の陶芸家。
¶陶芸最，陶工

**青木熊雄** あおきくまお
明治35（1902）年8月21日～昭和61（1986）年5月7日
昭和期の技術者・経営者。
¶岡山歴

**青木けい（敬）** あおきけい
安政3（1856）年4月17日～昭和6（1931）年4月8日
明治～昭和期の製糸伝習工女。
¶埼玉人（青木けい）

**青木袈裟義** あおきけさよし
昭和期の造園工。
¶名工

**青木賢一郎** あおきけんいちろう
明治14（1881）年～昭和15（1940）年
明治～昭和期の蚕業技師，長野県議会議員。
¶姓氏長野，長野歴

**青木源之助** あおきげんのすけ
？～
江戸時代末期の八戸藩の大工棟梁。
¶青森人

**青木佐太郎** あおきさたろう
＊～昭和39（1964）年
大正～昭和期の味噌製造業者。
¶食文（㊌1903年8月14日 ㊳1964年1月2日），姓氏長野（㊌1904年），長野歴（㊌明治39（1906）年）

**青木滋芳** あおきしげよし
大正3（1914）年5月25日～昭和58（1983）年4月17日 ㊙青木滋芳《あおきじほう》
昭和期の染色家。
¶郷土千葉（あおきじほう），世紀，日人，美工，名工

**青木滋芳** あおきじほう
→青木滋芳（あおきしげよし）

**青木淳吉** あおきじゅんきち
明治36（1903）年～昭和19（1944）年
昭和期の土木建設技術者。
¶高知人

**青木常雲** あおきじょううん
生没年不詳
江戸時代前期～中期の装剣金工。
¶日人

**青木正吉** あおきしょうきち
大正7（1918）年～昭和54（1979）年
昭和期の陶芸家。
¶陶芸最，陶工

**青木志郎** あおきしろう
大正12（1923）年12月24日～
昭和期の工学者。東京工業大学教授。
¶現執2期

**青木晋** あおきしん
明治22（1889）年～昭和13（1938）年
大正～昭和期の技術者。日本の電気計器製作の草分け。
¶栃木歴

**青木甚九郎** あおきじんくろう
文政4（1821）年～明治29（1896）年
江戸時代末期～明治期の製糸業者。東行社社長。須坂製糸場の発展に尽力。
¶姓氏長野，長野歴，日人，幕末

**青木新三郎** あおきしんざぶろう
天保4（1833）年～元治1（1864）年
江戸時代末期の加賀藩料理人。
¶維新，神人（㊌天保4（1833）年6月26日 ㊳元治1（1864）年10月19日），人名，日人，幕末（㊌1833年8月11日 ㊳1864年11月18日），藩臣3

**青木寿恵** あおきすえ
昭和期の染色家。
¶名工

**青木宗兵衛〔3代〕** あおきそうべえ
江戸時代後期～明治期の陶工。
¶日人

**青木孝** あおきたかし
大正4（1915）年～昭和63（1988）年
昭和期の機械技術家。
¶高知人

**青木竹**（青木たけ） あおきたけ
明治期のドレスメーカー。婦人洋服店伊勢幸経営者。初の女性ドレスメーカー。欧化政策で洋装着用が奨励され店は繁盛した。
¶女性（生没年不詳），女性普，世紀，先駆（生没年不詳），日人（青木たけ）

**青木保** あおきたもつ
明治15（1882）年6月4日～昭和41（1966）年3月10日
明治～昭和期の機械工学者。日本時計学会会長。
¶科学，世紀，日人

**青木てる** あおきてる
文化12（1815）年～明治10（1877）年
江戸時代後期～明治期の女性。
¶日人

**青木照**（青木てる） あおきてる
明治期の官営富岡製糸場工女取締。
¶群馬人（㊌文化11（1814）年 ㊳？），埼玉人（青木てる ㊌不詳 ㊳明治10（1877）年7月9日），埼玉百（青木てる）

**青木透** あおきとおる
昭和～平成期の陶芸家。

¶名工

**青木友綿** あおきともかお
？〜寛政8(1796)年 [別]青木了雲《あおきりょううん》
江戸時代中期の殖産開拓者。
¶姓氏長野，長野歴(青木了雲 あおきりょううん)



**青木昇** あおきのぼる
昭和21(1946)年12月25日〜
昭和〜平成期の陶芸家。
¶陶芸最，陶工

**青木八左衛門** あおきはちざえもん
寛政4(1792)年〜明治6(1873)年
江戸時代後期〜明治期の蚕業改良者。「四つ目」種桑の創成者。
¶姓氏長野，長野百，長野歴

**青木春貫** あおきはるつら
文化2(1805)年〜安政5(1858)年
江戸時代末期の彫金師。
¶人名，日人

**青木宏** あおきひろし
昭和21(1946)年〜
昭和〜平成期のフルート製作者。
¶名工

**青木比露志** あおきひろし
昭和期の人形師。
¶名工

**青木正徳** あおきまさのり
天保8(1837)年〜明治29(1896)年
江戸時代末期〜明治期の地方功労者。養蚕業改良、発展に尽力。佐賀県内の養蚕業の草分け的存在。
¶藩臣7

**青木昌治** あおきまさはる
大正11(1922)年3月6日〜平成3(1991)年9月29日
昭和〜平成期の電子工学者、東京大学名誉教授。専門は電子材料工学、半導体、光エレクトロニクス。
¶科学，現情

**青木益次** あおきますじ
明治37(1904)年12月11日〜昭和56(1981)年12月21日
大正〜昭和期の実業家。青木建設創業者。海上輸送を効率化する設備を開発。
¶郷土栃木，現朝，世紀，創業，日人，陸海

**青木美智子** あおきみちこ
昭和8(1933)年4月21日〜
昭和期の陶芸家。
¶陶芸最

**青木木米** あおきもくべい
明和4(1767)年〜天保4(1833)年 [別]木米《もくべい》，古器観《こきかん》
江戸時代中期〜後期の陶工、南画家。代表作に「兎道朝暾図」。
¶朝日([没]天保4年5月15日(1833年7月2日))，石川百，岩史(木米 もくべい [没]天保4(1833)年5月15日)，角史(木米 もくべい)，京都，京都大，京都府，近世，国史，国書([没]天保4(1833)年5月15日)，コン改，コン4，茶道，史人([没]1833年5月15日)，人書94，新潮([没]天保4(1833)年5月15日)，人名，姓氏石川，姓氏京都，世人([没]天保4(1833)年5月15日)，世百，全書，大百，伝記，日史([没]天保4(1833)年5月15日)，日人，美術，百科，名画，歴大

**青木元五郎** あおきもとごろう
安政2(1855)年9月9日〜昭和7(1932)年10月7日
明治〜大正期の土木技師。大阪土木出張所長。内務省関係の治水事業に貢献。
¶科学，近土，人名，世紀，土木，日人

**青木保雄** あおきやすお
明治43(1910)年6月2日〜
昭和期の精密工学者。東京大学教授、千葉工業大学教授。
¶現情

**青木行雄** あおきゆきお
昭和期のきびがら細工職人。
¶名工

**青木与右衛門** あおきよえもん
生没年不詳
江戸時代中期の出雲の人。瓦製造の祖。
¶島根歴

**青木好文** あおきよしふみ
昭和2(1927)年7月2日〜
昭和〜平成期の映画照明技師。
¶映人

**青木竜山** あおきりゅうざん
大正15(1926)年8月18日〜平成20(2008)年4月23日
昭和〜平成期の陶芸家。現代工芸九州会会長。
¶現情，佐賀百，世紀，陶芸最，陶工，日人，美工，名工

**青木隆三** あおきりゅうぞう
昭和期の鞍士。
¶名工

**青木了雲** あおきりょううん
→青木友綿(あおきともかお)

**青木良悌** あおきりょうてい
弘化1(1844)年〜明治37(1904)年
明治期の医師。肥前江ノ島で灌漑工事、農作物の品種改良にも尽力。
¶長崎百，日人

**青島秋果** あおしましゅうか
大正1(1912)年〜
昭和期の陶芸家。
¶陶芸，陶芸最([生]大正1年12月25日)

**青田久米蔵** あおたくめぞう
江戸時代後期の陶工。

¶人名，日人（生没年不詳）

**青田五良**　あおたごりょう
明治31（1898）年～昭和10（1935）年
昭和期の織工芸作家。
¶姓氏京都

**青戸慧**　あおとけい
→青戸慧（あおとさとし）

**青戸慧**　あおとさとし
*～平成16（2004）年1月　[別]青戸慧《あおとけい》
昭和～平成期の人形作家。
¶島根百（あおとけい　[生]大正9（1920）年2月10日），美工（[生]大正7（1918）年）

**青戸鉄太郎**　あおとてつたろう
明治30（1897）年～昭和27（1952）年
大正～昭和期の陶芸人形作家。
¶島根歴

**青沼彦治**　あおぬまひこじ
明治1（1868）年～昭和11（1936）年
明治～昭和期の荒雄村福沼の酒造家。
¶姓氏宮城，宮城百

**青沼升治**　あおぬまますじ
文政10（1827）年～明治36（1903）年
江戸時代後期～明治期の酒造業。
¶姓氏宮城

**青沼妙慧**　あおぬまみょうえ
昭和4（1929）年8月29日～
昭和期の陶芸家。
¶陶芸最

**青野武一**　あおのぶいち
明治32（1899）年～昭和34（1959）年12月9日
昭和期の職工。日本無産党関係者。
¶社史，政治（[生]明治32年9月），福岡百（[生]明治32（1899）年9月7日）

**青葉茂二**　あおばしげじ
昭和33（1958）年7月20日～
昭和期の陶芸家。
¶陶芸最

**青葉士弘**　あおばしこう
元禄16（1703）年～安永1（1772）年　[別]青葉南洲《あおばなんしゅう》
江戸時代中期の儒者、讃岐高松藩士。製糖、製塩など産業振興に尽力。
¶香川人，香川百，国書（青葉南洲　あおばなんしゅう　[生]元禄16（1703）年7月　[没]明和9（1772）年3月16日），人書94（[生]1693年），人名（[生]1693年），日人，藩臣6

**青葉太陽**　あおばたいよう
昭和2（1927）年2月22日～
昭和～平成期の陶芸家。
¶陶芸最，陶工

**青葉南洲**　あおばなんしゅう
→青葉士弘（あおばしこう）

**青海勘七**　あおみかんしち
→青海勘七（せいかいかんしち）

**青峰重倫**　あおみねしげみち
大正5（1916）年～平成13（2001）年
昭和～平成期の木工芸家。
¶美工

**青柳栄司**　あおやぎえいじ，あおやきえいじ
明治6（1873）年～昭和19（1944）年
明治～昭和期の電気工学者。京都帝国大学教授。電気工学講習所や財団法人青柳研究所を設立。半真空電球などを発明。
¶科学（[生]1873年（明治6）3月12日　[没]1944年（昭和19）8月22日），人名7，姓氏長野，渡航（[生]1873年3月12日　[没]1944年8月22日），長野歴（あおやきえいじ），日人（[生]明治6（1873）年3月12日　[没]昭和19（1944）年8月22日）

**青柳一夫**　あおやぎかずお
昭和23（1948）年4月25日～
昭和～平成期の陶芸家。
¶陶芸最，陶工

**青柳源右衛門**　あおやぎげんうえもん
慶長9（1604）年～元禄5（1692）年
江戸時代前期～中期の庄屋、間歩用水掘削の功労者。
¶姓氏群馬

**青柳源次郎**　あおやぎげんじろう
昭和期の指物師。
¶名工

**青柳貞世**　あおやぎさだよ
明治32（1899）年11月6日～昭和36（1961）年2月
大正～昭和期の建築家。竹中工務店専務。
¶美建

**青柳卓雄**　あおやぎたくお
昭和11（1936）年2月14日～
昭和～平成期の電気技術者。手術中の低酸素状態の発見を容易にするパルスオキシメーターの原理を確立。
¶世紀，日人

**青柳守彦**　あおやぎもりひこ
昭和期の土人形師。
¶名工

**青柳良光**　あおやぎよしみつ
生没年不詳
江戸時代中期～後期の装剣金工。
¶日人

**青柳和邦**　あおやぎわほう
昭和期の櫛職人。
¶名工

**粟生屋源右衛門**　あおやげんえもん
寛政1（1789）年～安政5（1858）年　[別]源右衛門《げんえもん》
江戸時代末期の九谷焼の陶工。
¶朝日（[没]文久3（1863）年），石川百（[没]1863年），

コン改（㋐寛政1（1789）年，（異説）1791年，1792年　㋒安政5（1858）年，（異説）1863年），コン改（㋐寛政1（1789）年，（異説）1791年，1792年　㋒安政5（1858）年，（異説）1863年），新潮（㋐寛政3（1791）年　㋒文久3（1863）年），人名（㋐1792年），姓氏石川（㋒1863年），世人（㋐寛政4（1792）年），日人

## 青山士　あおやまあきら
明治11（1878）年〜昭和38（1963）年3月21日
明治〜昭和期の土木技師。
¶科学（㋐1878年（明治11）9月23日），キリ（㋐明治11（1878）年9月3日），近土（㋐1878年9月23日），世紀（㋐明治11（1878）年9月3日），土木（㋐1878年9月23日），新潟百別，履歴（㋐明治11（1878）年9月3日），履歴2（㋐明治11（1878）年9月23日），歴大

## 青山かい　あおやまかい
昭和期の笠寺観音の戸部ガエル製作者。
¶名工

## 青山勘治　あおやまかんじ
江戸時代の蒔絵師。
¶人名，日人（生没年不詳）

## 青山勘四郎　あおやまかんしろう
文化3（1806）年〜明治11（1878）年
江戸時代末期〜明治期の蒔絵師。
¶茶道（㋐1809年），人名，日人（㋐1806，（異説）1809年）

## 青山邦彦　あおやまくにひこ
昭和40（1965）年〜
昭和〜平成期の建築家、児童文学作家。
¶児人

## 青山謹之助　あおやまごんのすけ
嘉永5（1852）年〜大正12（1923）年
明治〜大正期の殖産家。
¶世紀（㋐嘉永5（1852）年2月14日　㋒大正12（1923）年5月18日），日人

## 青山泰石　あおやまたいせき
元治1（1864）年〜昭和8（1933）年
明治〜昭和期の茶人、木彫家。日本美術協会審査主任、大円会創立者。木象嵌彫刻を考案。
¶茶道，島根人，島根百（㋐元治1（1864）年7月13日　㋒昭和8（1933）年10月22日），島根歴

## 青山忠治　あおやまちゅうじ
明治4（1871）年3月25日〜大正15（1926）年4月12日
明治〜大正期の電信技師。電話線路建築法を研究。
¶科学，人名，世紀，渡航，日人

## 青山鉄郎　あおやまてつろう
昭和21（1946）年2月1日〜
昭和〜平成期の陶芸家。
¶陶芸最，陶工，名工

## 青山元　あおやまはじめ
安政4（1857）年〜大正7（1918）年
明治期の官吏。男爵、貴族院議員。農商務省技師を務める。
¶人名，世紀（㋐安政4（1857）年8月　㋒大正7（1918）年10月4日），渡航（㋐1857年8月3日㋒1918年10月7日），日人

## 青山安吉　あおやまやすきち
慶応1（1865）年〜大正15（1926）年
明治〜大正期の活字製造家。篆書ゴチック書体を創始した。
¶大阪人（㋒明治15（1882）年），人名（㋐1855年），世紀（㋐慶応1（1865）年5月28日　㋒大正15（1926）年5月9日），日人，名工（㋐慶応1（1855）年5月28日）

## 青山与一　あおやまよいち
明治7（1874）年12月9日〜？
明治〜大正期の鉄道技師。
¶渡航

## 青山洋子　あおやまようこ
昭和19（1944）年10月21日〜
昭和期の陶芸家。
¶陶芸最

## 青山芳雄　あおやまよしお
明治39（1906）年9月25日〜
大正〜昭和期の名古屋友禅染色家。
¶名工

## 青山礼三　あおやまれいぞう
大正8（1919）年3月23日〜
昭和〜平成期の陶芸家。
¶陶芸最，名工

## 赤池弘次　あかいけひろつぐ
昭和2（1927）年11月5日〜平成21（2009）年8月4日
昭和〜平成期の統計学者、文部省統計数理研究所所長。専門は統計数理学。
¶科学，現朝，世紀，日人

## 赤石市平　あかいしいちへい
江戸時代の播磨の陶工。
¶人名，日人（生没年不詳）

## 赤井陶然　あかいとうぜん
→赤井陶然〔1代〕（あかいとうねん）

## 赤井陶然〔1代〕　あかいとうねん
宝暦12（1762）年〜文政12（1829）年　㋞赤井陶然《あかいとうぜん》
江戸時代後期の尾張常滑の陶工。
¶茶道，姓氏愛知（——〔代数なし〕　あかいとうぜん），日人

## 赤井陶然〔2代〕（——〔1代〕）あかいとうねん
寛政8（1796）年〜安政5（1858）年
江戸時代後期の尾張常滑の陶工。
¶茶道，人名（——〔1代〕），日人

## 赤井陶然〔3代〕（——〔2代〕）あかいとうねん
文政1（1818）年〜明治23（1890）年
江戸時代末期〜明治期の陶工。
¶茶道，人名（——〔2代〕），日人

**赤井陶然〔4代〕** あかいとうねん
天保14 (1843) 年〜大正3 (1914) 年
江戸時代末期〜明治期の陶工。
¶茶道, 日人

**赤井みさよ** あかいみさよ
明治35 (1902) 年頃〜昭和56 (1981) 年10月21日
昭和期の人形作家。稲畑人形の製作技術伝承者。戦後、稲畑人形の復興に尽力。
¶女性 ([生]明治35 (1902) 年頃), 女性普, 世紀, 日人, 美工, 名工

**赤絵勇次郎** あかえゆうじろう
江戸時代後期の陶工。
¶姓氏石川

**赤尾修** あかおおさむ
昭和34 (1959) 年8月9日〜
昭和〜平成期の陶芸家。
¶陶工

**赤尾ふさこ** あかおふさこ
昭和期の陶芸家。
¶名工

**赤尾洋二** あかおようじ
昭和3 (1928) 年10月6日〜
昭和〜平成期の工学者。玉川大学教授。専門は品質管理・統計工学。
¶現執2期, 現執3期

**赤尾吉次〔1代〕** あかおよしつぐ
生没年不詳
江戸時代中期の装剣金工。
¶日人

**赤木久米男** あかぎくめお
明治35 (1902) 年〜昭和44 (1969) 年
昭和期の電気工学者。
¶岡山人

**赤木正雄** あかぎまさお
明治20 (1887) 年3月24日〜昭和47 (1972) 年9月24日
大正〜昭和期の林業行政官、森林砂防学者。貴族院議員、参議院議員。オーストリアの砂防技術を日本に導入。
¶科学, 近土, 現朝, 現情, 新潮, 人名7, 世紀, 政治, 土木, 日人, 日本, 兵庫百, 履歴, 履歴2

**赤阪音七** あかさかおとしち
明治14 (1881) 年6月28日〜昭和28 (1953) 年8月17日
明治〜昭和期の技術者、実業家。赤阪鉄工所を創立。ディーゼルエンジンなどを開発。
¶静岡歴, 世紀, 姓氏静岡, 創業, 日人

**赤坂忠時** あかさかただとき
？ 〜延享3 (1746) 年
江戸時代中期の装剣金工。
¶日人

**赤坂忠正** あかさかただまさ
？ 〜明暦3 (1657) 年
江戸時代中期の鐔工。
¶人名, 日人

**赤坂彦十郎** あかさかひこじゅうろう
江戸時代の鐔工。
¶新潮

**赤崎弘平** あかさきこうへい
昭和21 (1946) 年6月22日〜
昭和期の建築工学者。
¶現執2期

**赤沢仁兵衛** あかざわにへえ
天保8 (1837) 年〜大正9 (1920) 年3月6日
明治期の農事改良家。甘藷の増収法を研究、赤沢式栽培法を公開し普及に努める。
¶朝日, 埼玉人, 食文 ([生]天保8年10月10日 (1837年11月7日)), 世紀 ([生]天保8 (1837) 年10月10日), 日人

**赤沢正之** あかざわまさゆき
昭和27 (1952) 年1月31日〜
昭和〜平成期の陶芸家。
¶陶工

**明石一男** あかしかずお
明治44 (1911) 年2月27日〜
昭和〜平成期の工業デザイナー。日本デザイン学会会長。商工省に入所、のち東京教育大学教授、東京造形大学学長を務める。
¶現朝, 現情, 世紀, 日人

**赤司貫一** あかしかんいち
明治23 (1890) 年9月3日〜昭和29 (1954) 年8月22日
大正〜昭和期の土木工学者。富山県、愛知県で都市計画課技師を歴任。福岡県出身。
¶近土

**明石国助** あかしくにすけ
明治20 (1887) 年5月6日〜昭和34 (1959) 年1月27日　[別]明石染人《あかしせんじん》
明治〜昭和期の染織工芸研究家。鐘淵紡績繊維部長、京都工芸繊維大学講師などを務める。著書に「染色文様史の研究」など。
¶現朝, 現情, 現人, 茶道 (明石染人　あかしせんじん), 史研 (明石染人　あかしせんじん), 新潮, 人名7, 世紀, 日人, 名工

**明石庄作** あかししょうさく
昭和21 (1946) 年7月3日〜
昭和〜平成期の陶芸家。
¶陶芸最, 陶工

**明石次郎** あかしじろう
元和6 (1620) 年〜延宝7 (1679) 年
江戸時代前期の伝説上の人物。小千谷縮みの技術を伝えた。
¶朝日 ([生]元和6年1月16日 (1620年2月19日) [没]延宝7年9月2日 (1679年10月6日)), 近世 (生没年不詳), 国史 (生没年不詳), コン改, コン4, 史人 (生没年不詳), 新潮 ([没]延宝7 (1679) 年9月20日), 人名, 世人 ([生]？　[没]延宝7

あ

（1679）年9月20日），新潟百，日人，兵庫人
（㉒延宝7（1679）年9月20日）

## 明石信道 あかししんどう
明治34（1901）年7月17日～昭和61（1986）年12月3日
大正～昭和期の建築家、建築学者。早稲田大学名誉教授。
¶美建

## 明石染人 あかしせんじん
→明石国助（あかしくにすけ）

## 明石朴景 あかしなおかげ
明治44（1911）年10月1日～平成4（1992）年2月10日　⑩明石朴景《あかしぼくけい、あかしぼっけい》
昭和～平成期の漆工芸家。高松短期大学教授。
¶郷土香川（あかしぼっけい），現情，美工（あかしぼっけい）

## 明石朴景 あかしぼくけい
→明石朴景（あかしなおかげ）

## 明石朴景 あかしぼっけい
→明石朴景（あかしなおかげ）

## 明石屋初太郎 あかしやはつたろう
？　～明治8（1875）年
明治期の陶工。彦根藩での湖東焼の主工。
¶人名，日人，名工

## 赤地友哉 あかじゆうさい、あかちゆうさい
明治39（1906）年1月24日～昭和59（1984）年6月30日
大正～昭和期の漆工家。人間国宝。髹漆を専門とする。
¶石川百，現朝（あかぢゆうさい），現情，現日（あかぢゆうさい），国宝，新潮，世紀，姓氏神奈川，全書，日人，美工，名工

## 明石与太夫 あかしよだゆう
生没年不詳
江戸時代前期～中期の刀装金工。
¶日人

## 明石良三 あかしりょうぞう
昭和期の陶芸家。専門は澄泥硯。
¶名工

## 赤染佐弥万呂 あかぞめのさみまろ
奈良時代の画工。
¶古代，日人（生没年不詳）

## 赤田士朗 あかだしろう
昭和期の陶芸家。
¶名工

## 県宗知 あがたそうち
明暦2（1656）年～享保6（1721）年
江戸時代中期の庭師、茶人。
¶朝日（㉒享保6年6月27日（1721年7月21日）），近世，国史，国書（㉒享保6（1721）年6月12日），コン改，コン4，茶道，史人（㉒1721年6月

27日），新潮（㉒享保6（1721）年6月27日，（異説）6月12日），日人

## 県有 あがたたもつ
明治39（1906）年12月19日～平成5（1993）年8月1日
大正～平成期の陶芸家、俳人。
¶佐賀百，陶芸，陶芸最，美工，名工

## 赤塚滋 あかつかしげる
昭和8（1933）年1月3日～
昭和～平成期の撮影技師。
¶和モ

## 赤塚自得 あかつかじとく、あかづかじとく
明治4（1871）年～昭和11（1936）年2月1日
明治～昭和期の漆工家。日本工芸協会理事。蒔絵の第一人者。
¶茶道（あかづかじとく），史人，新潮，人名，世紀（㊫明治4（1871）年3月），世百，全書，日人（㊫明治4（1871）年3月），名工（㊫明治4年3月）

## 赤塚平左衛門〔6代〕 あかつかへいざえもん
弘化2（1845）年～明治33（1900）年
明治期の蒔絵師。博覧会、共進会等でしばしば賞牌を得る。
¶人名（――〔代数なし〕），日人

## 赤津三郎左衛門 あかつさぶろうざえもん
戦国時代の陶工。
¶人名，日人（生没年不詳）

## 吾妻謙 あがつまけん
弘化1（1844）年～明治22（1889）年　⑩吾妻謙《あずまけん、あづまけん》
明治期の北海道拓殖功労者。当別村初代戸長。北海道への移住開拓を進言し製麻・養蚕・畜産などを奨励、開拓を成功に導いた。
¶朝日（㊫弘化1（1844）年11月　㉒明治22（1889）年5月18日），維新，コン改（あずまけん），コン5（あづまけん），人名（あづまけん），日人（あづまけん），北海道百（㊫天保14（1843）年），北海道歴（㊫天保14（1843）年）

## 我妻吉助 あがつまよしすけ
昭和期のこけし職人。
¶名工

## 赤西正己 あかにしまさみ
昭和28（1953）年1月13日～
昭和～平成期の陶芸家。
¶陶芸最，名工

## 茜屋理右衛門 あかねやりえもん
？　～享保5（1720）年
江戸時代中期の染工。
¶人名，姓氏石川，日人

## 茜有希 あかねゆき
昭和18（1943）年～
昭和～平成期のガラス工芸家。
¶名工

**赤野栄一** あかのえいいち
昭和期の白銀師。
¶名工

**上野梶右衛門** あがのかじえもん
江戸時代の陶工。
¶人名，日人(生没年不詳)

**上野喜蔵** あがのきぞう
*～承応3(1654)年　[別]十時甫快《とときほかい》
安土桃山時代～江戸時代前期の豊前小倉藩の陶工。八代焼・上野焼の開祖。
¶朝日(生没年不詳)，茶道，新潮([生]？)，人名，世人(生没年不詳)，戦人(生没年不詳)，日人([生]1566年)，藩臣7([生]永禄9(1566)年？)，美工([生]？　[没]？)，福岡百(生没年不詳)

**上野才助** あがのさいすけ
大正11(1922)年～
昭和期の陶芸家、八代高田焼一一代。
¶熊本百([生]大正11(1922)年9月17日)，陶工

**上野太郎助** あがのたろすけ
江戸時代中期の陶工、八代焼第3系初代。
¶人名，日人(生没年不詳)

**上野忠兵衛〔2代〕** あがのちゅうべえ
元和1(1615)年～元禄15(1702)年
江戸時代前期～中期の陶工。
¶人名(——〔代数なし〕)，日人

**上野忠兵衛〔3代〕** あがのちゅうべえ
生没年不詳
江戸時代前期～中期の陶工。
¶日人

**上野藤四郎** あがのとうしろう
江戸時代中期の肥後八代(高田)焼の陶工。
¶人名，日人(生没年不詳)

**赤羽藤一郎** あかはねふじいちろう
昭和期の謄写版工。
¶名工

**赤羽雄一** あかはねゆういち
慶応1(1865)年～昭和19(1944)年
明治～昭和期の北海道開拓者。
¶姓氏長野，長野歴

**赤平武雄** あかひらたけお
？～昭和56(1981)年5月8日
昭和期の電気工学者、理化学研究所名誉研究員。
¶科学

**赤星かめ** あかぼしかめ
？～明和9(1772)年
江戸時代中期の長崎鋳物師。
¶郷土長崎(生没年不詳)，長崎百([没]明和9(1772)年ごろ)

**赤堀郁彦** あかぼりいくひこ
昭和11(1936)年～
昭和～平成期の漆芸家。
¶名工

**赤松角太郎** あかまつかくたろう
慶応2(1866)年～昭和8(1933)年
明治～昭和期の酒造業。
¶大分歴

**赤松貞実** あかまつさだみ
明治19(1886)年～昭和20(1945)年
明治～昭和期の測候技師。
¶高知人

**赤松三郎** あかまつさぶろう
明治25(1892)年1月7日～昭和34(1959)年2月
明治～昭和期の工学者。
¶近土，土木

**赤松大三郎** あかまつだいざぶろう
→赤松則良(あかまつのりよし)

**赤松直** あかまつただし
江戸時代後期の陶工。
¶人名

**赤松陶浜〔1代〕** あかまつとうひん
文化7(1810)年～明治1(1868)年
江戸時代後期～末期の陶工。
¶日人

**赤松則良** あかまつのりなが
→赤松則良(あかまつのりよし)

**赤松則良** あかまつのりよし
天保12(1841)年～大正9(1920)年　[別]赤松則良《あかまつのりなが》，赤松大三郎《あかまつだいざぶろう》
江戸時代末期～明治期の造船技術者、海軍軍人。中将、男爵。オランダで造船学・理学を学び、帰国後は海軍兵学校大教授、横須賀鎮守府司令長官などを歴任。
¶朝日([生]天保12年11月1日(1841年12月13日)　[没]大正9(1920)年9月23日)，維新(赤松大三郎　あかまつだいざぶろう)，岩史([生]天保12(1841)年11月1日　[没]大正9(1920)年9月23日)，海越(赤松大三郎　あかまつだいざぶろう　[生]天保12(1841)年11月1日　[没]大正9(1920)年9月23日)，海越新(赤松大三郎　あかまつだいざぶろう　[生]天保12(1841)年11月1日　[没]大正9(1920)年9月23日)，江文，科学([生]1841年(天保12)11月1日　[没]1920年(大正9)9月23日)，近現，国史，国書(赤松大三郎　あかまつだいざぶろう　[生]天保12(1841)年11月1日　[没]大正9(1920)年9月23日)，コン改，コン5，史人([生]1841年11月1日　[没]1920年9月23日)，静岡歴，新潮([生]天保12(1841)年11月1日　[没]大正9(1920)年9月23日)，人名，数学([生]天保12(1841)年11月1日　[没]大正9(1920)年9月23日)，世紀([生]天保12(1841)年11月1日　[没]大正9(1920)年9月23日)，姓氏静岡，世百，全書，大百(あかまつのりなが)，渡航(赤松大三郎・赤松則良　あかまつだいざぶろう・あかまつのりよし　[生]1841年11月1日　[没]1920年9月23日)，日史([生]天保12(1841)年11月1日　[没]大正9(1920)年9月23日)，日人，幕末(赤松大三郎　あかまつだいざぶろう　[生]1841年12月

13日　[没]1920年9月23日），百科，洋学，陸海（[生]天保12年11月1日　[没]大正9年9月23日），歴大

あ

**赤松真** あかまつまこと
生没年不詳
江戸時代後期の陶工。
¶日人

**赤松光信** あかまつみつのぶ
元文3（1738）年～文政4（1821）年　[別]五番屋伊助《ごばんやいすけ》，松山《しょうざん》，赤松松山《あかまつしょうざん》
江戸時代中期～後期の陶工。
¶人名，日人

**赤間与三次** あかまよさじ
明治26（1893）年8月16日～昭和40（1965）年8月12日　[別]赤間与三次《あかまよそじ》
昭和期の医学放射線技術者。放射線医学技師資格制定に尽力。日本の放射線技師の先覚者。
¶科学，人名7，世紀，日人，宮崎百（あかまよそじ）

**赤間与三次** あかまよそじ
→赤間与三次（あかまよさじ）

**東江清助** あがりえせいすけ
天保11（1840）年～大正8（1919）年
江戸時代末期～大正期のイネの品種改良家。
¶沖縄百（[没]大正8（1919）年8月24日），姓氏沖縄

**秋岡元王寺** あきおかもとおうじ
大正3（1914）年5月21日～
昭和期の陶芸家。
¶陶芸最

**秋岡芳夫** あきおかよしお
大正9（1920）年4月29日～平成9（1997）年4月18日
昭和期の工業デザイナー。代表作に「男の椅子」，著書に「暮しのためのデザイン」など。
¶現朝，現執1期，現執2期，現執3期，現情，世紀，日人，マス89，YA（[没]？）

**安芸杏一** あききょういち
明治6（1873）年2月4日～昭和36（1961）年
明治～昭和期の技師。
¶神奈川人（[生]1874年），近土（[没]1961年8月22日），姓氏神奈川（[生]1874年），徳島歴（[生]明治6（1873）年2月　[没]？），渡航（[没]？），土木（[没]1961年8月22日）

**顕国** あきくに
江戸時代の新刀の名工。
¶人名

**顕国〔1代〕** あきくに
生没年不詳
南北朝時代の刀工。
¶日人

**顕国〔2代〕** あきくに
生没年不詳
南北朝時代の刀工。
¶日人

**顕国〔3代〕** あきくに
生没年不詳
室町時代の刀工。
¶日人

**安芸皎一**（安芸晈一） あきこういち
明治35（1902）年4月9日～昭和60（1985）年4月27日
昭和期の河川工学者、資源問題研究者。東京大学教授。河川工学・水資源問題を研究。
¶科学，近土，現朝，現執1期，現情，現人，コン改（安芸晈一），コン4（安芸晈一），コン5（安芸晈一），世紀，土木，日人，履歴，履歴2

**秋里五右衛門** あきざとごうえもん
天明5（1785）年～安政6（1859）年
江戸時代中期～末期の用水堰の開削者。
¶姓氏長野，長野歴

**章実** あきざね
平安時代後期の刀工。
¶岡山人，岡山歴

**安芸三郎左衛門** あきさぶろうざえもん
慶長2（1597）年～寛文11（1671）年　[別]安芸三郎左衛門《あきさぶろざえもん》
江戸時代前期の土佐紙業開発者。
¶朝日（[生]？），近世，国史，コン改，コン4，史人（[没]1671年10月），新潮（[没]寛文11（1671）年10月），人名（あきさぶろざえもん），日人，歴大（[生]？　[没]1637年）

**安芸三郎左衛門** あきさぶろざえもん
→安芸三郎左衛門（あきさぶろうざえもん）

**秋沢丁士** あきざわちょうし
嘉永1（1848）年～明治41（1908）年
江戸時代後期～明治期の蚕糸業の草分け。
¶高知人，高知百

**秋篠茂左衛門** あきしのもざえもん
生没年不詳
江戸時代前期の大工。
¶黄檗

**秋田小夜子** あきたさよこ
昭和期の陶芸家。
¶名工

**秋田正阿弥** あきたしょうあみ
江戸時代の鐔工。
¶人名

**秋田常栄** あきたつねひで
江戸時代中期の鉱山師。佐渡で銀の鳥越間歩を開発。
¶人名，日人（生没年不詳）

**明照** あきてる
江戸時代末期の刀工。1865年～1868年（慶応）ごろ活躍。
¶島根人，島根百

**秋野茂右衛門** あきのもえもん
天保9（1838）年～明治23（1890）年
江戸時代末期～明治期の公益家。米沢藩での教育、道路、橋梁などの事業を助成した。
¶庄内（㊙明治23（1890）年8月10日），人名，日人

**秋葉大助** あきばだいすけ
天保14（1843）年～明治27（1894）年
明治期の発明家。人力車を発明。
¶人名，日人

**秋葉忠七** あきばちゅうしち
安政2（1855）年～大正10（1921）年
明治～大正期の印刷業。
¶宮城百

**秋庭雅夫** あきばまさお
昭和4（1929）年～
昭和～平成期の管理工学者。東京工業大学教授。専門は生産管理。著書に「インダストリアル・エンジニアリング」「運搬管理」など。
¶現執2期，現執3期

**秋葉満寿次** あきばますじ
明治29（1896）年～昭和30（1955）年6月14日
昭和期の農業土木学者。東京帝国大学教授。土壌水に関する研究を行う。
¶科学（㊙1896年（明治29）9月），現情（㊙1896年9月15日），人名，世紀（㊙明治29（1896）年9月），日人（㊙明治29（1896）年9月15日）

**秋葉鐐二郎** あきばりょうじろう
昭和5（1930）年9月8日～
昭和～平成期のシステム工学者。東京大学教授。
¶現情

**秋広平六** あきひろへいろく
宝暦7（1757）年～文化14（1817）年
江戸時代中期～後期の殖産興業家。伊豆大島波浮港の開削者。
¶朝日（㊙文化4年4月22日（1807年5月29日）），郷土千葉，近世，国史，史人（㊙1817年4月22日），人情，人名，千葉百，日人

**秋保浩樹** あきほひろき
昭和20（1945）年9月25日～
昭和～平成期の陶芸家。
¶陶工

**昭正** あきまさ
明治35（1902）年2月14日～昭和40（1965）年7月7日
昭和期の刀工。
¶島根百

**秋間四良左衛門** あきましろうざえもん
生没年不詳
戦国時代の大工。相模国で活動。
¶戦辞

**秋丸修一** あきまるしゅういち
昭和23（1948）年～
昭和～平成期のサオ師。

¶名工

**秋本彩子** あきもとあやこ
昭和期の陶芸家。
¶名工

**秋本儀左衛門** あきもとぎざえもん
？　～天保10（1839）年
江戸時代後期の石工。
¶姓氏神奈川

**秋元喜四郎** あきもときしろう
慶応2（1866）年～昭和9（1934）年
大正期の政治家。御幸村議会議員。多摩川築堤運動の中心的指導者。
¶神奈川人，姓氏神奈川

**秋元三左衛門** あきもとさんざえもん
明治23（1890）年～昭和30（1955）年
大正～昭和期の醸造家。「天晴味淋」の醸造元として広く知られた秋元家の第10代目。
¶千葉百

**秋元三左衛門〔5代〕** あきもとさんざえもん
宝暦7（1757）年～文化7（1812）年
江戸時代中期～後期の醸造家。流山みりんを開発。流山の文化活動の草分け。
¶食文

**秋本順子** あきもとじゅんこ
昭和21（1946）年1月～
昭和～平成期の彫金デザイナー。
¶名工

**秋元正忠** あきもとまさただ
文政12（1829）年～明治10（1877）年
江戸時代末期～明治期の刀鍛冶。
¶人名，日人

**秋元巳之助（秋元己之助）** あきもとみのすけ
？　～明治44（1911）年
明治期の製造業者。日本で初めてサイダーを販売。
¶神奈川人，食文，先駆（秋元己之助　生没年不詳）

**秋山逸生** あきやまいっせい
明治34（1901）年9月27日～昭和63（1988）年5月22日
大正～昭和期の木工芸家。人間国宝。
¶現情，国宝，世紀，日人，美工，名工

**秋山一夫** あきやまかずお
昭和7（1932）年7月10日～
昭和～平成期の陶芸家。
¶陶芸最，陶工

**秋山吉五郎〔1代〕** あきやままきちごろう
明治1（1868）年～昭和4（1929）年
明治～昭和期の養魚家、金魚研究家。錦鯉や多くの金魚の品種を作出。金魚の品種改良に尽力した。
¶民学

**秋山清美** あきやままきよみ
嘉永4（1851）年2月～明治37（1904）年5月1日

江戸時代後期～明治期の開拓功労者。
¶埼玉人

## 秋山敬一　あきやまけいいち
昭和34（1959）年5月22日～
昭和～平成期の陶芸家。
¶陶工

## 秋山好市　あきやまこういち
明治24（1891）年～昭和44（1969）年
大正～昭和期の農機具発明家。
¶庄内（㊤明治24（1891）年3月1日　㊦昭和44
（1969）年7月23日），山形百

## 秋山潤一郎　あきやまじゅんいちろう
明治31（1898）年～昭和2（1927）年
大正～昭和期の綿魚網製造業者。
¶姓氏愛知

## 秋山正八　あきやましょうはち
明治10（1877）年11月17日～昭和42（1967）年2月
23日
明治～昭和期の鉄道技師。
¶科学，鉄道，渡航

## 秋山新左衛門　あきやましんざえもん
？　～延享3（1746）年
江戸時代中期の治水家。
¶コン改，コン4，新潮，人名，日人

## 秋山武三郎　あきやまたけさぶろう
明治6（1873）年～昭和13（1938）年
明治～昭和期の実業家。電気通信技術の発展普及
に貢献。
¶山形百

## 秋山徳蔵　あきやまとくぞう
明治21（1888）年8月30日～昭和49（1974）年7月
14日
大正～昭和期の料理人。宮内庁大膳課主厨長。大
正、昭和にわたる天皇家の食事をはじめ、宮中の
料理調製を統括。
¶現情，食文，人名7，世紀，渡航，日人

## 秋山信子　あきやまのぶこ
昭和3（1928）年2月24日～
昭和～平成期の人形作家。人間国宝。人形作家・
大林蘇乃に師事。日本伝統工芸展で大阪府教育委
員会賞を受賞。
¶国宝，世紀，日人

## 秋山昇　あきやまのぼる
昭和12（1937）年6月27日～
昭和～平成期の陶芸家。
¶陶工

## 秋山平十郎　あきやまへいじゅうろう
？　～慶応3（1867）年
江戸時代末期の生人形師。
¶芸能（㊦慶応3（1867）年6月），人名，日人

## 秋山真和　あきやままさかず
昭和期の染織研究家。
¶名工

## 秋山豊　あきやまゆたか
昭和期の仕立職人。
¶名工

## 秋山陽　あきやまよう
昭和28（1953）年～
昭和～平成期の陶芸家。
¶陶工，名工

## 秋山芳弘　あきやまよしひろ
昭和28（1953）年2月5日～
昭和～平成期の鉄道技師、鉄道ジャーナリスト。
海外鉄道技術協力協会国際情報部長。
¶現執4期

## 芥数雄　あくたかずお
昭和期のうちわ職人。
¶名工

## 芥川太郎　あくたがわたろう
→芥川鉄三郎（あくたがわてつさぶろう）

## 芥川鉄三郎　あくたがわてつさぶろう
㊟芥川太郎《あくたがわたろう》，鉄三郎
明治期の製造業者。ドロップ製造販売のさきがけ。
¶食文，先駆（芥川太郎　あくたがわたろう　生
没年不詳）

## 芥川松太郎　あくたがわまつたろう
明治3（1870）年～昭和22（1947）年
明治～昭和期の小松原地区開拓者。
¶姓氏神奈川

## 阿久津正蔵　あくつしょうぞう
＊～昭和63（1988）年
昭和期の海軍軍人。電動パン焼器を発明。
¶食文（㊦？　㊦1988年2月12日），栃木歴（㊤明
治33（1900）年）

## 阿久津忠男　あくつただお
昭和25（1950）年3月17日～
昭和期の陶芸家。
¶陶芸最

## 肥土晴三郎　あくとはるさぶろう
安政1（1854）年～昭和20（1945）年2月7日
明治～昭和期の醸造家。
¶埼玉人

## 悪戸林兵衛　あくどりんべえ
世襲名　江戸時代後期～明治期の陶工。
¶青森百

## 明田川孝　あけたがわたかし
明治42（1909）年～昭和33（1958）年
大正～昭和期の彫刻家、オカリナ制作者。
¶新潟百，美建（㊤明治42（1909）年6月22日
㊦昭和33（1958）年8月13日）

## 上田虎介　あげたとらすけ
明治37（1904）年～昭和59（1984）年
大正～昭和期の建築技術者。
¶高知人，美建（㊤明治37（1904）年7月28日
㊦昭和59（1984）年1月3日）

**上松佑二** あげまつゆうじ
昭和17(1942)年8月26日～
昭和期の建築家。
¶現執2期

**上森千秋** あげもりちあき
大正12(1923)年11月1日～
昭和～平成期の農業工学者。高知大学教授。
¶現情

**阿江与助** あこうよすけ
? ～寛永11(1634)年 [別]阿江与助《あえよすけ》
江戸時代前期の治水家。
¶コン改，コン4，新潮([没]寛永11(1634)年1月17日)，人名，日人([没]1634年，(異説)1671年)，藩臣5(あえよすけ [没]寛文11(1671)年)，兵庫人([没]寛文11(1671)年1月17日)，兵庫百(あえよすけ [没]寛文11(1671)年)

**浅井一毫** あさいいちごう
→浅井一毫(あさいいちもう)

**浅井一毫** あさいいちもう
天保7(1836)年～大正5(1916)年 [別]浅井一毫《あさいいちごう》,浅井幸八《あさいこうはち》
明治期の九谷焼の画工。明治の九谷焼を作り上げた。
¶朝日(あさいいちごう)，石川百，茶道(浅井幸八 あさいこうはち)，新潮，人名(あさいいちごう)，姓氏石川，陶工(あさいいちごう)，日人(あさいいちごう)，幕末([没]1916年12月)，藩臣3，名工(あさいいちごう)

**麻井宇介** あさいうすけ
昭和5(1930)年7月16日～平成14(2002)年6月1日
昭和～平成期のワイン技術者、酒造コンサルタント。メルローのワイン製品化に成功。メルシャン理事、山梨県ワイン組合会長などを務めた。
¶現執3期，植物，食文

**朝家万太郎** あさいえまんたろう
明治6(1873)年12月15日～昭和1(1926)年
明治～大正期の実業家。オレンジママレードを製造。
¶食文，世紀，日人

**浅井桜崖** あさいおうがい
明治9(1876)年12月22日～昭和25(1950)年2月28日
明治～昭和期の地方開発功労者。
¶兵庫人

**浅井幸八** あさいこうはち
→浅井一毫(あさいいちもう)

**浅井茂幸** あさいしげゆき
昭和14(1939)年5月9日～
昭和～平成期の陶芸家。
¶陶芸最，名工

**浅井周斎** あさいしゅうさい
? ～寛政12(1800)年
江戸時代中期～後期の富豪、山城南山焼の主人。
¶大阪人([没]寛政12(1800)年3月)，人名，日人

**浅井純介** あさいじゅんすけ
昭和20(1945)年7月15日～
昭和～平成期の陶芸家。
¶陶芸最，陶工

**浅井忠綱〔1代〕** あさいただつな
慶長15(1610)年～延宝4(1676)年 ?
江戸時代前期の刀工。
¶日人

**浅井忠綱〔2代〕** あさいただつな
江戸時代の刀工。
¶人名(——〔代数なし〕)，日人(生没年不詳)

**浅井長之助** あさいちょうのすけ
明治25(1892)年～昭和39(1964)年
大正～昭和期の鬼瓦製造業。
¶姓氏愛知

**浅井楽然** あさいらくぜん
明治44(1911)年～
昭和期の陶芸家。
¶陶芸

**浅枝敏夫** あさえだとしお
大正3(1914)年5月19日～平成2(1990)年3月14日
昭和～平成期の機械工学者、東京工業大学名誉教授。専門は精密工学。
¶科学

**呰部住国重** あざえのじゅうくにしげ
～天正4(1576)年
安土桃山時代の刀工。
¶岡山人

**朝岡弘美** あさおかひろみ
昭和17(1942)年～
昭和～平成期の陶芸家。専門は磁器染付、色絵。
¶陶芸最([生]昭和17年1月2日)，名工

**浅尾荘一郎** あさおそういちろう
明治31(1898)年12月29日～昭和53(1978)年5月31日
昭和期の応用物理学者。工学院大学教授。高感度の光電管を開発。
¶現情

**朝風文将** あさかぜのぶんしょう
飛鳥時代の仏師。
¶古代，日人(生没年不詳)

**朝香鉄一** あさかてついち
大正3(1914)年2月14日～平成24(2012)年12月28日
昭和～平成期の管理工学者、東京大学名誉教授。専門は統計工学、品質管理、計測数学。
¶科学，現執2期

**浅賀理捷** あさがりしょう
昭和期の手工芸家。
¶名工

**浅川権八** あさかわごんぱち
明治10(1877)年4月6日～昭和37(1962)年12月

15日
明治〜昭和期の機械工学者。東京工業大学教授。
日本の内燃機関研究の草分け。
¶科学, 現情, 人名7, 世紀, 渡航, 日人

**浅川滋男** あさかわしげお
昭和31（1956）年12月31日〜
昭和〜平成期の建築史研究者。鳥取環境大学環境
デザイン学科教授。
¶現執4期

**浅川智恵子** あさかわちえこ
昭和33（1958）年11月21日〜
昭和〜平成期の視覚障害者支援技術開発者。
¶視覚

**浅蔵五十吉** あさくらいそきち
大正2（1913）年2月26日〜平成10（1998）年4月9日
昭和期の陶芸家。
¶石川百, 現情, 世紀, 姓氏石川, 陶芸, 陶芸最,
陶工, 日人, 日本, 美工, 名工

**浅倉斧吉** あさくらおのきち
安政5（1858）年8月15日〜昭和6（1931）年8月3日
明治〜昭和期の実業家・金箔台紙製造。
¶岡山歴

**朝倉金彦** あさくらかねひこ
明治15（1882）年〜昭和15（1940）年
明治〜昭和期のミカン栽培技術者。
¶和歌山人

**朝倉希一** あさくらきいち
明治16（1883）年3月12日〜昭和53（1978）年4月
20日
明治〜昭和期の機械工学者。日本機械学会会長。
¶科学, 世紀, 鉄道, 渡航（㊿？）, 日人

**朝倉省吾** あさくらしょうご
→田中静洲（たなかせいしゅう）

**朝倉塑象** あさくらそしょう
昭和29（1954）年12月20日〜
昭和〜平成期の陶芸家。
¶陶工

**朝倉親為** あさくらちかため
天保5（1834）年〜明治34（1901）年
江戸時代末期〜明治期の公共事業家、政治家。衆
議院議員。代議士引退後、水路を穿ち、新田を拓
き、鉄道敷設を援助した。
¶大分歴（㊲天保4（1833）年）, 人名, 日人

**浅蔵与成** あさくらともしげ
→浅蔵与成（あさくらともなり）

**浅蔵与成** あさくらともなり
昭和16（1941）年10月31日〜　㊾浅蔵与成《あさ
くらともしげ》
昭和〜平成期の陶芸家。
¶陶芸最（あさくらともしげ）, 陶工, 名工

**朝倉則幸** あさくらのりゆき
昭和20（1945）年〜平成9（1997）年8月18日

昭和〜平成期の建築家。GK設計取締役。
¶美建

**浅蔵正博** あさくらまさひろ
昭和18（1943）年〜
昭和〜平成期の陶芸家。
¶陶工

**朝倉松五郎** あさくらまつごろう
江戸時代末期〜明治期の技術家。官命によりオー
ストリアで鏡玉製法を習得し、帰朝後欧式レン
ズの製作をはじめる。
¶海越新, 写家, 人名, 渡航, 日人

**浅子周慶〔15代〕** あさこしゅうけい
〜平成1（1989）年1月21日
昭和期のみこし職人。
¶名工

**浅子周慶〔16代〕** あさこしゅうけい
昭和期のみこし職人。
¶名工

**朝助** あさすけ
平安時代後期の刀匠。
¶岡山人

**浅瀬善也** あさせぜんや
昭和7（1932）年〜昭和55（1980）年
昭和期の木工芸家。
¶美工

**浅田篤** あさだあつし
昭和8（1933）年3月30日〜
昭和〜平成期の電子技術者。任天堂副社長。電卓
や液晶の開発、事業化に尽力。早川電機工業
（現・シャープ）副社長に就任。
¶世紀, 日人

**浅田家彦** あさだいえひこ
〜平成18（2006）年5月1日
昭和〜平成期の工芸家。
¶美工

**浅田勝美** あさだかつみ
昭和7（1932）年9月13日〜
昭和〜平成期のソムリエ。日本ソムリエ協会会
長。日本のソムリエの第1号となる。著書に「ソ
ムリエハンドブック」など。
¶現執3期

**浅田甚右衛門〔4代〕** あさだじんえもん
安政3（1856）年〜明治41（1908）年2月21日
江戸時代末期〜明治期の醸造業者。浅田ビールの
創始者。
¶食文

**浅田新七** あさだしんしち
正徳1（1711）年〜安永6（1777）年
江戸時代中期の大和絣の発明者。
¶人名, 日人

**朝忠** あさただ
→朝忠（ともただ）

**浅田太喜雄** あさだたきお
明治42(1909)年9月25日～
昭和～平成期の金沢箔職人。
¶名工

**浅田長平** あさだちょうへい
明治20(1887)年4月15日～昭和45(1970)年10月21日
明治～昭和期の実業家、技術者。神戸製鋼社長、日本鉄鋼協会会長。神戸製鋼の発展に貢献。
¶現朝，現情，コン改，コン4，コン5，実業，新潮，人名7，世紀，日人

**浅田貞次郎** あさだていじろう
安政2(1855)年6月～昭和17(1942)年2月10日
明治～昭和期の地方開発者。
¶兵庫人

**浅田兵助** あさだひょうすけ
江戸時代前期の醸造家。
¶人名，日人(生没年不詳)

**浅田平太郎** あさだへいたろう
明治15(1882)年4月19日～昭和43(1968)年2月12日
明治～昭和期の鉄道技師、三信鉄道創立者。
¶鉄道

**浅沼清太郎** あさぬませいたろう
明治39(1906)年～平成1(1989)年
昭和期の農業技術者。
¶姓氏岩手

**浅沼藤吉** あさぬまとうきち
嘉永5(1852)年10月29日～昭和4(1929)年10月13日
明治～昭和期の写真材料商。写真機械製造販売業の元祖である浅沼商会を興し、わが国の写真工業界に貢献した。
¶写家，人名，世紀，渡航，日人

**浅野陽** あさのあきら
大正12(1923)年3月11日～平成9(1997)年
昭和～平成期の陶芸家。
¶陶工，美工([没]平成9(1997)年8月25日)，名工

**浅野応輔** あさのおうすけ
安政6(1859)年～昭和15(1940)年9月23日
明治～昭和期の電気工学者。逓信省電気試験所初代所長、東京帝国大学教授。海底電信の敷設を指導、海底電信の権威。
¶朝日([生]安政6(1859)年3月)，海越新([生]安政6(1859)年6月)，岡山人，岡山歴([生]安政6(1859)年3月 [没]昭和15(1940)年5月23日)，科学([生]1859年(安政6)3月8日)，新潮([生]安政6(1859)年6月)，人名7，世紀([生]安政6(1859)年6月)，先駆([生]安政6(1859)年3月8日)，全書，大百，渡航([生]1859年3月8日)，日人

**浅野可秀** あさのかしゅう
→浅野惣三郎(あさのそうざぶろう)

**浅野勘三郎** あさのかんざぶろう
嘉永2(1849)年～昭和3(1928)年
大正期の実業家、農事改良家。浅勘式稲扱機を考案発売。
¶世紀([生]嘉永2(1849)年5月18日 [没]昭和3(1928)年1月25日)，姓氏宮城，日人

**浅野喜三郎** あさのきさぶろう
嘉永6(1853)年～？
明治期の建築家。臨時建築局の留学生としてドイツに渡る。
¶海越(生没年不詳)，海越新，渡航

**浅野吉次郎** あさのきちじろう
安政6(1859)年～昭和1(1926)年 [別]浅野吉次郎《あさのよしじろう》
明治期の工業家。ロータリーベニアの製法による国産ベニア板の製造に成功。
¶愛知百([没]1926年2月26日)，人名(あさのよしじろう [生]？)，世紀([生]安政6(1859)年5月14日 [没]大正15(1926)年2月26日)，姓氏愛知，先駆([生]安政6(1859)年5月14日 [没]大正15(1926)年2月26日)，日人

**浅野恭右** あさのきょうすけ
昭和12(1937)年7月20日～
昭和～平成期のシステム開発者。流通システム開発センター常務理事。著書に「流通業POS読本」「流通VANの実際」など。
¶現執2期，現執3期

**浅野清** あさのきよし
明治38(1905)年2月15日～平成3(1991)年8月19日
昭和期の建築学者。愛知工業大学教授。建築史を研究。法隆寺建造物の昭和大修理に尽力。
¶科学，現執1期，現執2期，考古，史研，世紀

**浅野敬一郎** あさのけいいちろう
明治20(1887)年4月16日～昭和5(1930)年3月10日
大正～昭和期の工学者。住友電線製造所研究室に勤務。
¶科学，人名，世紀，日人

**浅野賢一郎** あさのけんいちろう
明治40(1907)年1月23日～
昭和～平成期の名古屋仏壇職人。
¶名工

**浅野幸作** あさのこうさく
明治9(1876)年～大正10(1921)年11月17日
明治～大正期の技師。古河鉱業専務取締役、大阪製煉社長。金属冶金学研究のためアメリカ留学し、帰国と同時に古河の技師となった。
¶人名，世紀([生]明治9(1876)年2月26日)，渡航([生]1876年2月)，日人([生]明治9(1876)年2月26日)

**浅野純一** あさのじゅんいち
明治35(1902)年6月20日～昭和51(1976)年3月28日
大正～昭和期の歌人、機械工。新興歌人連盟、プロレタリア歌人同盟などにて論陣を張った。歌集に「戦の唄」。

¶京都文，近文，現情，社史（[生]1902年6月2日），世紀，短歌

**浅野四郎** あさのしろう
明治10（1877）年10月～？
明治期の映写技師。日本初の国産実写映画の撮影を行った。
¶映人，先駆（生没年不詳）

**浅野次郎右衛門** あさのじろうえもん
元治1（1864）年3月21日～昭和13（1938）年
明治～昭和期の土木請負師。
¶札幌

**浅野惣三郎** あさのそうざぶろう
安政3（1856）年～昭和7（1932）年　[別]浅野可秀《あさのかしゅう》
明治～昭和期の漆芸家。
¶石川百，大阪人（浅野可秀　あさのかしゅう　[没]昭和7（1932）年4月）

**浅野長太郎** あさのちょうたろう
安政3（1856）年8月9日～昭和7（1932）年3月18日
明治～大正期の政治家、実業家。
¶世紀，富山百，日人

**浅野徳右衛門** あさのとくうえもん
天保9（1838）年～大正6（1917）年3月5日
明治～大正期の蚕糸業功労者。県下を巡回し養蚕飼育法を伝授。
¶幕末

**浅野友一** あさのともかず
明治36（1903）年～昭和50（1975）年
昭和期の機械工学者。
¶科学（[生]1903年（明治36）11月26日　[没]1975年（昭和50）5月4日），群馬人

**浅野友七** あさのともしち
？～*
江戸時代末期の蒔絵師。
¶人名（[没]1859年），日人（[没]1860年）

**浅野治志** あさのはるじ
昭和29（1954）年8月11日～　[別]浅野治志《あさのはるゆき》
昭和～平成期の陶芸家。
¶陶芸最，陶工（あさのはるゆき）

**浅野治志** あさのはるゆき
→浅野治志（あさのはるじ）

**浅野三千三** あさのみちぞう
明治27（1894）年9月18日～昭和23（1948）年4月17日
昭和期の薬学者。東京帝国大学教授。結核に対する化学療法剤、緑膿菌代謝産物の研究など新しい領域開発に尽力。
¶科学，科技，現情，人名7，世紀，全書，日人

**浅野元兵衛** あさのもとべえ
江戸時代の陶工。
¶人名

**浅野義雄** あさのよしお
昭和期の浅野太鼓楽器店社長。
¶名工

**浅野吉次郎** あさのよしじろう
→浅野吉次郎（あさのきちじろう）

**浅野義幸** あさのよしゆき
昭和期の太鼓製作者。
¶名工

**浅野廉** あさのれん
明治22（1889）年～昭和47（1972）年
明治～昭和期の陶芸家。
¶姓氏富山，陶工（[没]？），富山百（[生]明治22（1889）年4月28日　[没]昭和47（1972）年3月6日）

**浅葉勝二** あさばかつじ
昭和期の石工。
¶名工

**浅羽平八** あさばへいはち
弘化3（1846）年～大正3（1914）年
江戸時代末期～明治期の製茶業者。山林・原野を開墾して茶樹を栽培。
¶静岡歴，姓氏静岡，幕末

**浅羽要衛武** あさばようえむ
天保3（1832）年～大正2（1913）年
江戸時代末期～明治期の農民。茶栽培を指導、村の産業経済の開発に尽力。
¶静岡歴，姓氏静岡，幕末

**浅原才市** あさはらさいち
嘉永3（1850）年～昭和7（1932）年
明治～昭和期の浄土真宗の篤信者。信仰生活を詠んだ詩歌を多く残す。篤実な在家念仏者。
¶島根人（[生]嘉永4（1851）年），島根百，島根歴，真宗（[生]嘉永3（1850）年2月10日　[没]昭和7（1937）年1月17日），世紀（[生]嘉永3（1850）年2月20日　[没]昭和7（1932）年1月17日），日人

**浅原千代治** あさはらちよじ
昭和22（1947）年～
昭和～平成期のガラス工芸作家。
¶名工

**旭玉山** あさひぎょくざん，あさひぎょくさん
天保14（1843）年～大正12（1923）年
江戸時代末期～大正期の象牙彫師。精巧な髑髏の牙彫で知られた。
¶朝日，維新，角史，近現，近美，国史，コン改，コン5（あさひぎょくさん），史人，新潮，人名（[生]1842年），世紀，世人，日人

**朝日軒棚吉** あさひけんたなきち
生没年不詳
明治期の陶工。伊勢山田に陶窯を築き、急須、茶碗等茶器類を製造した。
¶人名，日人，美工，名工

**朝比奈為之丞** あさひなためのじょう
生没年不詳

明治期の陶工。伊勢で明治中期に旭焼を作った。
¶人名，日人，美工，名工

**朝比奈泰彦** あさひなやすひこ
明治14(1881)年～昭和50(1975)年6月30日
明治～昭和期の天然物有機化学者。東京大学教授。専門は天然物有機化学で、強心剤ビタカンファー開発など製薬分野に貢献。
¶科学([生]1881年(明治14)4月16日)，科技([生]1881年4月16日)，近医，近現，現朝([生]1881年4月16日)，現情([生]1881年4月16日)，現人，現日([生]1881年4月16日)，国史，コン改，コン4，コン5，史人([生]1881年4月12日)，植物([生]明治14(1881)年4月16日)，新潮([生]明治14(1881)年4月12日)，人名7，世紀([生]明治14(1881)年4月16日)，世百，全書，大百，渡航([生]1881年4月12日)，日人([生]明治14(1881)年4月16日)，日本，履歴([生]明治14(1881)年4月16日)，履歴2([生]明治14(1881)年4月16日)

**朝日明堂** あさひめいどう
生没年不詳
明治期の牙彫作家。
¶美工

**朝吹四郎** あさぶきしろう
大正4(1915)年10月26日～昭和63(1988)年9月18日
昭和期の建築家。朝吹一級建築士設計事務所代表。
¶世紀，日人，美建

**浅見卯作** あさみうさく
万延1(1860)年9月30日～昭和6(1931)年5月13日
明治～昭和期の製糸家。
¶埼玉人

**浅見勝也** あさみかつや
昭和30(1955)年2月22日～
昭和～平成期の陶芸家。
¶陶芸最，陶工

**浅見恵子** あさみけいこ
昭和21(1946)年5月21日～
昭和～平成期の人形作家。
¶名工

**浅見源作** あさみげんさく
明治22(1889)年12月10日～昭和60(1985)年6月19日
大正～昭和期の醸造家。
¶埼玉人

**浅見五郎介**(浅見五郎助) あさみごろすけ
生没年不詳　[別]五郎介《ごろすけ》
江戸時代末期の陶工。
¶茶道，人名，日人，美工(浅見五郎助〔1代〕)

**浅見五郎助** あさみごろすけ
大正12(1923)年～*
昭和期の陶芸家。
¶陶芸最([没]昭和62年)，陶工([没]1987年)，美工([生]大正12(1923)年10月6日　[没]昭和61(1986)年12月2日)，名工([生]大正12年10月6日　[没]昭和61年12月2日)

**阿佐見出羽正光包** あさみでわのしょうみつかね
？　～天保3(1832)年
江戸時代後期の宮大工。
¶群馬人

**浅見睦之** あさみむつゆき
昭和26(1951)年11月16日～
昭和～平成期の陶芸家。
¶陶芸最，陶工

**浅見与一右衛門** あさみよいちうえもん
→浅見与一右衛門(あさみよいちえもん)

**浅見与一右衛門** あさみよいちえもん
天保14(1843)年～大正13(1924)年　[別]浅見与一右衛門《あさみよいちうえもん》
明治期の実業家、政治家。東濃の地域開発者。
¶郷土岐阜(あさみよいちうえもん　[没]1925年)，世紀([生]天保14(1843)年10月5日　[没]大正13(1924)年3月21日)，日人

**浅見義弘** あさみよしひろ
明治31(1898)年6月28日～*
大正～昭和期の電気工学者、北海道大学名誉教授。
¶科学([没]1991年(平成3)5月6日)，現情，北海道歴([没]平成2(1990)年)

**浅見隆三** あさみりゅうぞう
明治37(1904)年9月26日～昭和62(1987)年7月23日
昭和期の陶芸家。
¶現情，世紀，陶芸，陶芸最，陶工，日人，美工，名工

**浅本鶴山** あさもとかくざん
明治18(1885)年12月18日～昭和31(1956)年9月19日
明治～昭和期の陶芸家。
¶岡山百，岡山歴

**浅利熊記** あさりくまき
明治44(1911)年～昭和38(1963)年
昭和期の傘型イカ釣針の開発者。
¶青森人

**芦川万次郎** あしかわまんじろう
万延1(1860)年～*
明治～昭和期の製紙業者。明治中期、手漉和紙工場を今泉村に創業。
¶静岡歴([没]昭和5(1930)年)，姓氏静岡([没]1929年)

**葦川盛吉** あしかわもりよし
生没年不詳
戦国時代の大工。
¶戦辞

**足木信市** あしきしんいち
昭和期の硯職人。
¶名工

**蘆沢与兵衛**(芦沢与兵衛)　あしざわよへえ
江戸時代末期の陶工。
¶人名(芦沢与兵衛)，日人(生没年不詳)

**芦沢良憲**　あしざわりょうけん
昭和14(1939)年8月15日～
昭和～平成期の陶芸家。
¶陶芸最，陶工，名工

**足田**　あしだ
戦国時代の陶工。
¶人名，日人(生没年不詳)

**芦田淳**　あしだきよし
大正3(1914)年1月1日～平成13(2001)年7月11日
昭和～平成期の農芸化学者、名古屋大学学長。専門は食品栄養化学、生物化学。
¶科学，現情

**芦田五郎**　あしだごろう
昭和期のしめ縄づくり。
¶名工

**芦田淳**　あしだじゅん
昭和5(1930)年8月21日～
昭和～平成期のファッションデザイナー。ジュン・アシダ社長。美智子妃殿下の専任デザイナー。アトランタ五輪日本選手団の公式ユニホームを手掛ける。
¶現朝，現執4期，現情，現日，世紀，日人，マス89

**芦田真七**　あしだしんしち
→芦田真七(あしだまさしち)

**芦田直人**　あしだなおと
昭和29(1954)年～
昭和～平成期の陶芸家。
¶陶工

**味田孫兵衛**　あじたまごべえ
文化6(1809)年～明治18(1885)年5月20日
江戸時代末期～明治期の化学研究家、発明家。写真・飛行機・眼鏡などを研究。三葉葵の模様の入った金魚を生産。
¶写家，幕末

**芦田真七**　あしだまさしち
弘化4(1847)年～大正2(1913)年　[別]芦田真七《あしだしんしち》
明治～大正期の指物師。数多くの弟子を育成。
¶大阪人(あしだしんしち　[没]大正2(1913)年8月)，幕末([没]1913年8月9日)

**芦田利一**　あしだりいち
明治11(1878)年2月13日～昭和7(1932)年10月20日
明治～昭和期の土地改良推進者。
¶岡山歴

**安次富長昭**　あしとみちょうしょう
昭和5(1930)年6月28日～
昭和～平成期の工芸家。
¶名工

**蘆野胤恭**(芦野胤恭)　あしのたねやす
宝暦10(1760)年～*
江戸時代後期の仏師。
¶人名(芦野胤恭　[没]1832年)，日人([没]1833年)

**芦原邦雄**　あしはらくにお
昭和～平成期の映画録音技師。
¶映人

**芦原義信**　あしはらよしのぶ
大正7(1918)年7月7日～平成15(2003)年9月24日
昭和～平成期の建築家。芦原建築設計研究所所長、東京大学教授、武蔵野美術大学教授。「駒沢体育館管制塔」で日本建築学会特別賞。他の代表作に「ソニー本社ビル」など。
¶現朝，現執1期，現執2期，現執3期，現執4期，現情，現日，新潮，世紀，日人，日本，美建，マス89，履歴，履歴2

**芦文十郎**　あしぶんじゅうろう
文化7(1810)年～明治1(1868)年
江戸時代後期～末期の人。岩鉄を原料とする高炉製鉄法の開発を考究。
¶岩手百

**飛鳥井清**　あすかいきよし
天保14(1843)年～明治17(1884)年　[別]飛鳥井清《あすかいせい》
江戸時代末期～明治期の実業家。初めての鉛筆の製造や、九谷陶器会社を設立し九谷焼の復興をはかるなど多くの産業振興の功績をのこす。
¶人名，姓氏石川，渡航，日人，幕末(あすかいせい　[生]1843年10月　[没]1884年11月)，藩臣3

**飛鳥井孝太郎**　あすかいこうたろう
慶応3(1867)年～昭和2(1927)年
明治～大正期の実業家。洋食器製造のパイオニア。
¶食文([没]1927年7月29日)，人名，世紀([没]昭和2(1927)年7月29日)，姓氏京都，先駆，日人

**飛鳥井清**　あすかいせい
→飛鳥井清(あすかいきよし)

**吾妻謙**　あずまけん
→吾妻謙(あがつまけん)

**東憲**　あずまけん
昭和8(1933)年7月24日～
昭和～平成期の陶芸家。
¶陶芸最，陶工，名工

**吾妻健三郎**　あずまけんざぶろう
→吾妻健三郎(あづまけんざぶろう)

**東健次**　あずまけんじ
昭和期の陶芸家。
¶名工

**東翠明**　あずますいめい
大正8(1919)年～平成19(2007)年4月23日
昭和～平成期の陶芸家。
¶陶芸最，美工，名工

**東孝光** あずまたかみつ
昭和8（1933）年9月20日〜
昭和〜平成期の建築家。千葉工業大学教授、大阪大学教授。東孝光建築研究所を主宰。塔状住宅を設計。作品に「さつき保育園」など。
¶現朝，現執3期，世紀，日人

**東武** あずまたけし
明治2（1869）年〜昭和14（1939）年
明治〜昭和期の新聞人、政治家。北海タイムス社社長、国会議員。北海道の開拓、道新聞界の発展に貢献。立憲政友会に属し、当選10回。
¶札幌（[生]明治2年4月27日），人名7，日人（[生]明治2（1869）年4月27日　[没]昭和14（1939）年9月3日），北海道百，北海道歴

**東竜雄** あずまたつお
昭和27（1952）年2月5日〜
昭和期の陶芸家。
¶陶芸最

**東太郎兵衛** あずまたろべえ
天明7（1787）年〜天保11（1840）年
江戸時代中期〜後期の殖産家。
¶日人

**東典男** あずまのりお
昭和32（1957）年5月15日〜
昭和〜平成期の陶芸家。
¶陶芸最，陶工

**東寿** あずまひさし
明治44（1911）年8月14日〜昭和53（1978）年7月11日
大正〜昭和期の港湾。
¶近土，土木

**東正則** あずままさのり
昭和18（1943）年6月2日〜
昭和〜平成期の建築学者。専門は地域計画・土地計画制度。
¶現執3期

**東正之** あずままさゆき
昭和35（1960）年〜
昭和〜平成期の陶芸家。
¶陶工

**東基衛** あずまもとえい
昭和14（1939）年7月29日〜
昭和〜平成期のシステム工学者。早稲田大学教授。専門はソフトウェア工学・経営工学。
¶現執3期

**東由山** あずまゆうざん
昭和4（1929）年3月23日〜
昭和期の陶芸家。
¶陶芸最，陶工

**東好昭** あずまよしあき
昭和12（1937）年11月2日〜
昭和期の陶芸家。
¶陶芸最

**安住伊三郎** あずみいさぶろう
慶応3（1867）年〜昭和24（1949）年
明治〜昭和期の実業家。蚊取り線香、蚤取り粉の製造販売をはじめる。
¶大阪人，世紀（[没]昭和24（1949）年8月31日），鳥取百，日人

**安勅嶋足**（安勅島足） あずみのしまたり
奈良時代の仏師。田辺国持ら6人と東大寺で丈六の観世音像をを作った。
¶人名（安勅島足），日人（生没年不詳）

**畦地他喜男** あぜちたきお
大正15（1926）年10月25日〜
昭和期の陶芸家。
¶陶芸最

**畦地拓治** あぜちたくじ
昭和23（1948）年〜平成12（2000）年12月18日
昭和〜平成期の造形作家。
¶美建

**畦元紀秀** あぜもときしゅう
昭和3（1928）年〜
昭和〜平成期の陶芸家。
¶陶工

**麻生観八** あそうかんぱち
慶応1（1865）年〜昭和3（1928）年
明治〜大正期の実業家。大分県の造り酒屋を再興、銘酒「八鹿」を販売。
¶大分百，大分歴，世紀（[生]元治2（1865）年1月10日　[没]昭和3（1928）年8月2日），日人

**麻生三郎** あそうさぶろう
昭和4（1929）年9月25日〜
昭和〜平成期の工芸美術家。専門は金属工芸。
¶名工

**麻生霜**（朝生霜） あそうしも
明治36（1903）年〜昭和20（1945）年
昭和期の歌人、銀細工職人。
¶姓氏富山，富山文（朝生霜　[生]明治36（1903）年1月20日　[没]昭和20（1945）年8月）

**麻生豊太郎** あそうとよたろう
万延1（1860）年〜昭和15（1940）年
明治〜昭和期の緒方町養蚕業の先駆者。
¶大分歴

**麻生政包** あそうまさかね
安政4（1857）年〜大正3（1914）年
明治〜大正期の鉱山技師。
¶佐賀百

**阿曽三右衛門** あそさんうえもん
→阿曽三右衛門（あそさんえもん）

**阿曽三右衛門** あそさんえもん
慶長16（1611）年〜貞享4（1687）年　[別]阿曽三右衛門《あそさんうえもん》
江戸時代前期の経世家、地域開発家。
¶人名，姓氏富山（あそさんうえもん），富山百，日人

**阿曽沼次郎** あそぬまじろう
嘉永3（1850）年～大正5（1916）年
江戸時代末期～大正期の北海道庁の測量技師。
¶札幌（[生]嘉永3年4月），北海道百，北海道歴

**阿蘇矢次右衛門** あそやじうえもん
？～明治19（1886）年
江戸時代後期～明治期の平佐領主北郷氏抱え大工。
¶鹿児島百

**与勇輝** あたえゆうき
昭和12（1937）年9月17日～
昭和～平成期の人形作家。東京・銀座の画廊・彩鳳堂での個展で成功。「世界人形・今昔」展へ招待出品。
¶世紀，日人，名工

**足立和子** あだちかずこ
昭和13（1938）年2月～
昭和～平成期の染色家。
¶名工

**安達喜幸** あだちきこう
文政10（1827）年～明治17（1884）年　[別]安達喜幸《あだちよしゆき》
明治期の建築技術者。洋風建築を推進。代表作に「札幌農学校家畜房」「豊平館」など。
¶朝日（あだちよしゆき　[没]明治17（1884）年1月10日），札幌（[生]文政10年11月），日人（あだちよしゆき），北海道百，北海道歴

**安達今朝吉** あだちけさきち
明治41（1908）年1月～
昭和～平成期の桶職人。
¶名工

**足立康** あだちこう
明治31（1898）年7月10日～昭和16（1941）年12月29日　[別]足立康《あだちやすし》
大正～昭和期の建築史家。日本古文化研究所理事。藤原宮・藤原京の研究に従事。「法隆寺再建非再建論争史」を編纂。
¶近現，考古（あだちやすし　[没]昭和16（1941）年12月），国史，史研，史人，新潮，世紀，日人，仏教

**足立貞嘉** あだちさだよし
明治29（1896）年11月26日～昭和42（1967）年
明治～昭和期の鉄道技師。鉄道省に入省し、事務所長を歴任、「隧道十訓」を考察。
¶鉄道

**安達重** あだちじゅう
昭和5（1930）年～
昭和～平成期の陶芸家。
¶陶芸最（[生]昭和5年12月），名工（[生]昭和5年12月13日）

**安達真市** あだちしんいち
明治11（1878）年～昭和10（1935）年
明治～昭和期の木地師。
¶島根人（[没]昭和12（1937）年），島根百，島根歴

**足立信順** あだちしんじゅん
寛政8（1796）年～天保12（1841）年　[別]足立信順《あだちのぶより》
江戸時代後期の暦術家。
¶国書（あだちのぶより　[没]天保12（1841）年10月21日），人名，日人

**安達新兵衛** あだちしんべえ
生没年不詳
江戸時代の陶工。
¶茶道，人名，日人，美工

**安達清風** あだちせいふう
天保6（1835）年～明治17（1884）年
江戸時代末期～明治期の鳥取藩士。尊皇攘夷運動に従事。維新後は日本原開墾に尽力。
¶維新，岡山人，岡山百（[生]天保6（1835）年3月23日　[没]明治17（1884）年9月15日），岡山歴（[生]天保6（1835）年3月23日　[没]明治17（1884）年9月15日），学校（[生]天保6（1835）年3月23日　[没]明治17（1884）年9月15日），京都大，近世，国史，国書（[生]天保6（1835）年3月23日　[没]明治17（1884）年9月15日），コン改，コン4，コン5，詩歌，新潮（[生]天保6（1835）年3月23日　[没]明治17（1884）年9月15日），人名，姓氏京都，鳥取百，日人，幕末（[没]1884年9月15日），藩臣5，和俳

**安達辰次郎** あだちたつじろう
明治1（1868）年8月28日～昭和11（1936）年2月2日
江戸時代末期～昭和期の土木行政官僚。
¶近土，土木

**安達陶仙** あだちとうせん
明治7（1874）年～昭和19（1944）年
明治～昭和期の陶芸家。
¶石川百，姓氏石川，陶工（[生]1872年　[没]1942年）

**足立東平** あだちとうへい
明治39（1906）年～
昭和期の人。紅茶の品種改良功労者。
¶鹿児島百

**安達直次** あだちなおじ
明治30（1897）年11月30日～昭和52（1977）年7月20日
明治～昭和期の染色作家。新協美術協会審査員。
¶世紀，日人，美工

**安達仁造** あだちにぞう
安政1（1854）年1月3日～？
明治期の技師。
¶渡航

**足立信順** あだちのぶより
→足立信順（あだちしんじゅん）

**安達房次郎** あだちふさじろう
天保9（1838）年～大正12（1923）年
江戸時代末期～大正期の木匠。
¶島根人

**足達富士夫** あだちふじお
昭和7（1932）年～

昭和～平成期の建築工学者。北海道大学教授。
¶現執1期

**足立碧圃** あだちへきほ
安政6(1859)年～昭和4(1929)年
明治～昭和期の木彫家。
¶島根人(㊥安政5(1858)年), 島根百, 島根歴

**足立孫六** あだちまごろく
天保14(1843)年～明治44(1911)年
明治期の開鑿家。郡長に任ぜられると道路の開鑿に尽力した。
¶静岡百, 静岡歴, 人名, 姓氏静岡, 日人

**安達雅一** あだちまさかず
昭和10(1935)年1月1日～
昭和～平成期の東京手描友禅作家。
¶名工

**安達昌弘** あだちまさひろ
昭和22(1947)年5月29日～
昭和期の陶芸家。
¶陶芸最

**安達益三** あだちますみ
明治42(1909)年5月7日～
昭和期の陶芸家。
¶陶芸最

**足立民治** あだちみんじ
弘化4(1847)年11月～大正8(1919)年
江戸時代末期～大正期の養蚕振興家。
¶札幌

**足立靖子** あだちやすこ
昭和期の染織家。
¶名工

**足立康** あだちやすし
→足立康(あだちこう)

**安達喜幸** あだちよしゆき
→安達喜幸(あだちきこう)

**新子薫** あたらしかおる
昭和期の木地師。
¶名工

**新歓嗣** あたらしかんじ
昭和19(1944)年10月22日～
昭和～平成期の陶芸家。
¶陶芸最, 陶工, 名工

**新佳三** あたらしけいぞう
昭和23(1948)年11月13日～
昭和～平成期の陶芸家。
¶陶芸最, 陶工

**新敷孝弘** あたらしたかひろ
昭和9(1934)年1月21日～平成16(2004)年3月1日
昭和～平成期の漆工芸家。
¶美工

**雲州母里藩藤原篤忠** あつただ
㊞藤原篤忠《ふじはらあつただ》

江戸時代の母里藩金工。
¶島根人, 島根百(藤原篤忠 ふじはらあつただ 生没年不詳)

**吾妻永随** あづまえいずい
江戸時代中期の彫金師。
¶人名, 日人(生没年不詳)

**吾妻謙** あづまけん
→吾妻謙(あがつまけん)

**吾妻健三郎** あづまけんざぶろう, あずまけんざぶろう
安政3(1856)年～大正1(1912)年
明治期の印刷技術者、ジャーナリスト。東陽堂創業者。
¶出版(あずまけんざぶろう), 出文(あずまけんざぶろう) ㊥安政3(1856)年2月9日 ㊤大正1(1912)年10月26日), 人名, 世紀(㊤大正1(1912)年10月26日), 先駆, 日人, 民学, 山形百(あずまけんざぶろう)

**安積栄之丞** あづみえいのじょう
天保7(1836)年～?
江戸時代後期の排水路開削者。
¶姓氏宮城

**渥美和彦** あつみかずひこ
昭和3(1928)年9月25日～
昭和～平成期の医用工学者。東京大学教授、鈴鹿医療科学技術大学学長。人工臓器、超音波医用コンピュータなどの研究に従事。著書に「人工心臓」など。
¶現朝, 現執2期, 現執3期, 現執4期, 現情, 現人, 現日, 新潮, 世紀, 日人

**熱海貞爾** あつみていじ
天保7(1836)年6月1日～明治17(1884)年8月9日
江戸時代後期～明治期の翻訳官。専門は土木翻訳。宮城県出身。
¶近土, 土木

**跡部治郎右衛門** あとべじろうえもん
?～万治1(1658)年
江戸時代前期の桜井新田の開墾者。
¶姓氏長野

**穴沢松五郎** あなざわまつごろう
明治14(1881)年～昭和20(1945)年
明治～昭和期の農事改良家、農業改良家。
¶郷土千葉, 世紀(㊤昭和20(1945)年7月), 千葉百(㊥明治13(1880)年), 日人(㊤昭和20(1945)年7月)

**穴沢祐造** あなざわゆうぞう
安政4(1857)年～大正8(1919)年
明治～大正期の開拓者。北海道に若松農場を開き、移民を招致して開墾につとめた。
¶人名, 日人

**安孫子兼次郎** あびこかねじろう
安政5(1858)年～大正12(1923)年
明治～大正期の最上堰開削者。
¶山形百

**阿比留茂山** あひるもさん
？～元禄7（1694）年　[別]茂山《もさん》，中庭茂山《なかにわもざん》
江戸時代前期の朝鮮釜山窯の陶工。主として高麗茶碗を焼造。
¶朝日（茂山　もさん　[没]元禄7（1694）年8月），茶道（茂山　もさん），人名，日人

**油田治雄** あぶらたはるお
明治44（1911）年10月6日～昭和60（1985）年4月6日
昭和期の木工芸家。浮世絵をモチーフとした象眼木画を得意とした。
¶郷土神奈川，世紀，日人，美工

**油屋伊三郎** あぶらやいさぶろう
生没年不詳
江戸時代末期の開墾家。
¶人名，日人，兵庫人

**油屋太兵衛** あぶらやたへえ
江戸時代の楽焼脇窯の陶工。
¶人名

**阿部与** あべあとう
明治39（1906）年～昭和54（1979）年
昭和期の工学者。
¶北海道百，北海道歴

**安倍安人** あべあんじん
昭和13（1938）年10月5日～
昭和～平成期の陶芸家。
¶陶芸最，陶工

**安倍郁二** あべいくじ
明治39（1906）年～昭和63（1988）年2月1日
大正～昭和期の漆芸家。
¶姓氏岩手，美工，名工

**阿部市太郎** あべいちたろう
天保11（1840）年～大正12（1923）年
江戸時代末期～大正期の金巾製造に成功した実業家。
¶大阪人

**阿部一郎** あべいちろう
明治13（1880）年～昭和34（1959）年
明治～昭和期の農業技師・営団理事長。
¶庄内（[生]明治13（1880）年12月21日　[没]昭和34（1959）年8月30日），山形百

**安部井櫟堂**（安部井櫟堂） あべいれきどう
文化5（1808）年～明治16（1883）年
明治期の篆刻家。命を奉じて大日本国璽、天皇御璽の二金印を刻んだ。鉄筆の巨匠。
¶人名（安部井櫟堂），日人，名工（安部井櫟堂　[没]明治16年9月16日）

**安部栄四郎**（安部英四郎） あべえいしろう
明治35（1902）年～昭和59（1984）年12月18日
昭和期の手漉き和紙の製紙家。著書に「出雲民芸紙譜」など。人間国宝。
¶現朝（[生]1902年1月14日），現情（安部英四郎　[生]1902年1月14日），現日（[生]1902年1月24日），国宝（[生]明治35（1902）年1月14日），島根百（[生]明治35（1902）年1月14日），島根歴，世紀（[生]明治35（1902）年1月24日），日人（[生]明治35（1902）年1月14日），美工（[生]明治35（1902）年1月24日），名工（[生]明治35年1月24日）

**阿部碧海** あべおうみ
天保13（1842）年～明治43（1910）年　[別]阿部碧海《あべへきかい》
明治期の藩士、実業家。九谷焼の功労者。国の内外の販路拡張に尽力。
¶石川百，人名，姓氏石川（あべへきかい　[生]1849年），日人，名工

**阿部興人** あべおきと
→阿部興人（あべおきんど）

**阿部興人** あべおきんど
弘化2（1845）年～大正9（1920）年　[別]阿部興人《あべおきと》
明治～大正期の実業家、政治家。北海道セメント社長、衆議院議員。北海道実業界の重鎮の一人。
¶朝日（あべおきと　[生]弘化2年9月5日（1845年10月5日）　[没]大正9（1920）年1月2日），コン改，コン5，新潮（[没]大正9（1920）年1月），人名，世紀（[生]弘化2（1845）年9月5日　[没]大正9（1920）年1月2日），先駆（[生]弘化2（1845）年9月5日　[没]大正9（1920）年1月2日），徳島百（あべおきと　[生]弘化2（1845）年9月5日　[没]大正9（1920）年1月2日），徳島歴（あべおきと　[生]弘化2（1845）年9月5日　[没]大正9（1920）年1月2日），日人，幕末（[没]1920年1月2日），北海道百（あべおきと），北海道歴（あべおきと）

**阿部統** あべおさむ
大正12（1923）年～
昭和期の社会工学者。東京工業大学教授。
¶現執1期，現執2期（[生]大正12（1923）年10月25日）

**阿部勝義** あべかつよし
大正14（1925）年1月15日～平成6（1994）年11月25日
昭和～平成期の陶芸家。
¶陶芸最，美工

**阿部亀治** あべかめじ
慶応4（1868）年～昭和3（1928）年1月2日
明治～大正期の品種改良家。
¶岩史（[生]慶応4（1868）年3月9日），近現，国史，コン5，庄内（[生]慶応4（1868）年3月9日），植物（[生]慶応4（1868）年3月9日），食文（[生]明治1年3月9日（1868年4月1日）），世紀（[生]慶応4（1868）年3月9日），日人（[生]慶応4（1868）年3月9日），山形百

**阿部喜助** あべきすけ
明治35（1902）年～平成1（1989）年
昭和期の「アワビカギ」の製作者。
¶姓氏宮城

**安部吉重郎** あべきちじゅうろう
？～慶応3（1867）年

江戸時代後期～末期の大工、橋脚のない橋梁をつくる。
¶島根歴

## 阿部清(1) あべきよし
明治5(1872)年2月6日～昭和54(1979)年5月24日
明治～昭和期の電気工学者、京都大学名誉教授。
¶科学

## 阿部清(2) あべきよし
明治25(1892)年6月～昭和54(1979)年5月24日
昭和期の電気工学者。京都大学教授。
¶現情

## 阿部金六 あべきんろく
明治40(1907)年～
昭和～平成期のノコ職人。
¶名工

## 安倍邦衛 あべくにえ
明治15(1882)年3月～？
明治～大正期の鉄道技師。専門は地下鉄道。新潟県出身。
¶近土, 土木

## 安部熊之助 あべくまのすけ
文久1(1862)年12月19日～大正14(1925)年8月24日
明治～大正期の園芸家、農村指導者。衆議院議員。農事改良と農民福祉の向上に尽力。著書に「日本の蜜柑」。
¶朝日

## 安部熊之輔(安部熊之助) あべくまのすけ
文久1(1862)年12月19日～大正14(1925)年8月24日
明治～大正期の園芸家、農村指導者。衆議院議員。農事改良と農民福祉の向上に尽力。著書に「日本の蜜柑」。
¶植物(安部熊之助), 食文(⊕文久1年12月19日(1861年1月18日)), 世紀(安部熊之助), 日人, 福岡百(⊕文久1(1861)年12月19日)

## 阿部久米吉 あべくめきち
天保10(1839)年～大正1(1912)年　㊿阿部竹翁《あべちくおう》
江戸時代後期～明治期の工芸家。庄内竹塗創製者。
¶庄内(⊕天保10(1839)年3月15日　㊀大正1(1912)年10月13日), 山形百(阿部竹翁　あべちくおう)

## 阿部蔵吉 あべくらきち
嘉永6(1853)年～明治39(1906)年
明治期の機業家。羽二重の織工場を創設し、発展に努めた。
¶庄内(⊕嘉永6(1853)年7月8日　㊀明治39(1906)年8月19日), 人名, 日人

## 阿部圭一 あべけいいち
明治5(1872)年2月2日～？
明治期の技師。
¶渡航

## 阿部源左衛門(1) あべげんざえもん
文化7(1810)年～明治7(1874)年
江戸時代末期の公益家。
¶人名, 日人

## 阿部源左衛門(2) あべげんざえもん
文化12(1815)年～明治4(1871)年
江戸時代末期の公益家。
¶姓氏宮城

## 阿部孝二 あべこうじ
大正10(1921)年6月28日～
昭和～平成期の建具職人。
¶名工

## 阿部古仙 あべこせん
江戸時代末期の医師、発明家。
¶人名, 日人(生没年不詳)

## 阿部木の実 あべこのみ
昭和37(1962)年～
昭和～平成期のこけし作家。
¶名工

## 阿倍貞行(阿部貞行) あべさだゆき
→阿部茂兵衛(あべもへえ)

## 阿部茂孝 あべしげたか
昭和24(1949)年7月6日～
昭和～平成期の陶芸家。
¶陶芸最, 陶工

## 阿部重藤 あべしげふじ
生没年不詳
戦国時代の鋳物師。
¶戦辞

## 阿部重頼 あべしげより
江戸時代中期の公益家。
¶人名, 日人(生没年不詳)

## 阿部修一 あべしゅういち
昭和8(1933)年5月27日～
昭和～平成期の東京本染ゆかた職人。
¶名工

## 阿部省吾 あべしょうご
安政3(1856)年10月4日～明治22(1889)年11月12日
江戸時代末期～明治期の地域開発の功労者。
¶岡山歴

## 阿部真士 あべしんじ
昭和34(1959)年10月30日～
昭和～平成期の陶芸家。
¶陶工

## 阿部随波 あべずいは
？～元禄4(1691)年
江戸時代前期の陸奥仙台藩士。
¶岩手百(⊕1619年), 人名, 姓氏岩手(⊕1619年), 日人, 藩臣1

**阿部堯春** **あべたかはる**
昭和期の鍛冶屋。
¶名工

**阿部武智雄** **あべたけちお**
→阿部武智雄(あべむちお)

**阿部竹翁** **あべちくおう**
→阿部久米吉(あべくめきち)

**阿部忠三郎** **あべちゅうざぶろう**
明治41(1908)年2月12日～平成2(1990)年3月11日
昭和期の農業技術者。
¶植物，世紀，日人，山形百新

**阿部千代** **あべちよ**
？ ～＊
大正～昭和期の紡績女工、労働運動家。横浜合同労組を経て、日本労働組合全国協議会で活動。
¶社史([没]1932年？)，女性([没]昭和7(1932)年頃)，女性普([没]昭和7(1932)年頃)，姓氏宮城([生]1858年　[没]1923年)

**阿部常吉** **あべつねきち**
明治37(1904)年～平成3(1991)年
昭和～平成期の伝統こけし工人。
¶山形百新

**阿部常松** **あべつねまつ**
明治1(1868)年8月11日～大正15(1926)年9月29日
明治～大正期の木地師。
¶庄内

**阿部定之助** **あべていのすけ**
文政2(1819)年～明治18(1885)年11月15日
江戸時代末期～明治期の商人。質屋、酒造業を営む。開成社社員の一人。
¶幕末

**安部豊吉** **あべとよきち**
嘉永5(1852)年～明治22(1889)年3月24日
明治期の鉱山技師。鉱山寮で分析と化学冶金学を習得。
¶幕末

**阿部仁太郎** **あべにたろう**
嘉永6(1853)年2月～大正4(1915)年
江戸時代末期～大正期の林業、豊平開拓の功労者。
¶札幌

**阿部彦吉** **あべひこきち**
元治1(1864)年～昭和6(1931)年
明治～昭和期の発明家。電気時計の研究発明に努めた。発明功労により緑綬褒章を受章。
¶科学([没]1931年(昭和6)10月9日)，人名([生]1865年　[没]1932年)，世紀([没]昭和6(1931)年10月9日)，日人，山形百

**安陪均** **あべひとし**
昭和24(1949)年～
昭和～平成期の陶芸家。
¶陶芸最，陶工([生]1949年7月26日)

**安部福太郎** **あべふくたろう**
万延1(1860)年～昭和23(1948)年
明治～昭和期の石工。
¶大分歴

**阿部平助** **あべへいすけ**
嘉永5(1852)年4月24日～昭和13(1938)年11月16日
明治～昭和期の実業家。弟・光之助とともに阿部合名を設立。今治のタオル製造業を発展させた。
¶愛媛百，世紀，日人

**阿部碧海** **あべへきかい**
→阿部碧海(あべおうみ)

**阿部末希こ** **あべまきこ**
昭和25(1950)年4月8日～
昭和期の陶芸家。
¶陶芸最

**阿部政次郎** **あべまさじろう**
明治10(1877)年1月～？
明治～大正期の技師。
¶渡航

**阿倍正之**(阿部正之) **あべまさゆき**
天正12(1584)年～慶安4(1651)年
江戸時代前期の旗本、使番。
¶朝日，近世，国史，コン改(阿部正之)，コン4(阿部正之)，史人([没]1651年3月12日)，新潮(阿部正之　[没]慶安4(1651)年3月12日)，人名(阿部正之)，世人(阿部正之)，戦合，日人

**阿部正義** **あべまさよし**
万延1(1860)年～明治42(1909)年
明治期の工学者。京都帝国大学教授、明治製錬社長。採鉱学、鉱床学の研究に従事。
¶海越([生]万延1(1860)年7月2日　[没]明治42(1909)年11月19日)，海越新([生]万延1(1860)年7月2日　[没]明治42(1909)年11月19日)，科学([生]1860年(万延1)7月2日　[没]1909年(明治42)11月19日)，人名，姓氏京都，渡航([生]1860年7月　[没]1909年11月)，日人

**阿部みきこ** **あべみきこ**
生没年不詳
昭和～平成期の陶芸家、絵本作家。
¶児人

**阿部美樹志** **あべみきし**
明治16(1883)年5月4日～昭和40(1965)年2月20日
大正～昭和期の建築学者。東洋セメント工業設立。戦後の公営住宅建設に指針を与える。
¶岩手百，科学，近土，現朝，世紀，姓氏岩手，鉄道，渡航([生]1883年5月　[没]1965年2月)，土木，日人，美建，履歴，履歴2

**阿部光国** **あべみつくに**
生没年不詳
江戸時代中期の装剣金工。
¶日人

**阿部武智雄** あべむちお
　文久3(1863)年〜昭和6(1931)年　㉝阿部武智雄《あべたけちお》
　明治〜大正期の政治家。県会議員、代議士を歴任。治水・造林事業に尽力。
　¶青森人(㊌文久1(1861)年)、青森百(㊌文久1(1861)年)、郷土(㊌文久3(1863)年1月　㉝昭和(1931)年2月3日)、人名(あべたけちお)、世紀(㊌文久3(1863)年1月　㉝昭和6(1931)年2月3日)、日人

**阿部茂助** あべもすけ
　天保9(1838)年〜明治15(1882)年6月15日
　江戸時代末期〜明治期の商人。県会議員。10馬力の蒸気機関車を使った阿部製糸所を設立。
　¶幕末

**阿部茂兵衛** あべもへえ
　文政10(1827)年〜明治18(1885)年　㉝阿倍貞行《あべさだゆき》、阿部貞行《あべさだゆき》
　江戸時代末期〜明治期の商人、開拓事業家。開成社を結成、開墾に尽し、猪苗代湖疎水工事にも貢献。
　¶朝日(阿部貞行　あべさだゆき　㊌文政10年7月17日(1827年9月7日)　㉝明治18(1885)年6月23日)、維新、角史(㊌文政10(1827)年7月17日　㉝明治18(1885)年6月23日)、近現(阿倍貞行　あべさだゆき)、国史(阿部貞行　あべさだゆき)、コン改(阿部貞行　あべさだゆき)、コン4(阿部貞行　あべさだゆき)、史人(阿部貞行　あべさだゆき　㊌1827年7月17日　㉝1885年6月23日)、人書94、新潮(阿部貞行　あべさだゆき　㊌文政10(1827)年7月17日　㉝明治18(1885)年6月23日)、新潮(㊌文政10(1827)年7月17日　㉝明治18(1885)年6月23日)、人名、世人、全書、日人、幕末(㉝1885年6月23日)、福島百

**阿部祐工** あべゆうこう
　大正13(1924)年1月13日〜
　昭和〜平成期の陶芸家。
　¶陶芸最、陶工、名工

**安部由蔵** あべよしぞう
　明治35(1902)年〜平成7(1995)年
　大正〜平成期のたたら製鉄の村下、玉鋼製造の選定保存技術者。
　¶島根歴、美工(㉝平成7(1995)年9月5日)、名工

**阿部与之助** あべよのすけ
　天保13(1842)年〜大正2(1913)年
　明治期の開拓者。木材雑穀商、土地開墾事業を経営し学校の新設、道路の開鑿等に尽力した。
　¶札幌(㊌天保13年12月)、庄内、植物(㊌天保13(1842)年12月　㉝大正2(1913)年6月30日)、人名、世紀(㊌天保13(1843)年12月　㉝大正2(1913)年6月30日)、日人(㊌1843年)

**阿部竜堆** あべりゅうたい
　江戸時代末期の能登国鳳至郡門前村の酒造業者。
　¶姓氏石川

**阿部和唐** あべわとう
　昭和12(1937)年〜
　昭和〜平成期の人形作家。
　¶名工

**阿保栄司** あぼえいじ
　大正12(1923)年1月2日〜
　昭和〜平成期のシステム工学者。早稲田大学教授。専門は生産管理・物的流通。著書に「物流ソフトウェアの実際」など。
　¶現執1期、現執3期、現執4期

**阿北斎雀翁** あほくさいじゃくおう
　延享4(1747)年〜文化7(1810)年
　江戸時代中期〜後期の狂歌師。
　¶国書(㉝文化7(1810)年8月16日)、日人

**阿保内蔵之助** あほくらのすけ
　→森山弥七郎(もりやまやしちろう)

**阿保定吉** あほさだきち
　大正7(1918)年〜平成6(1994)年
　昭和〜平成期の全国に誇る味噌醸造業。
　¶青森人

**天江勘兵衛** あまえかんべえ
　明治7(1874)年〜昭和5(1930)年
　明治〜昭和期の酒造業。
　¶姓氏宮城、宮城百

**海生漁夫** あまおりょうふう
　大正15(1926)年8月3日〜
　昭和〜平成期の拓画家。
　¶名工

**天笠正孝** あまがさまさたか
　明治38(1905)年10月5日〜
　昭和期の応用化学工学者。
　¶群馬人

**天春文衛** あまかすふみえ
　弘化4(1847)年〜昭和2(1927)年　㉝天春文衛《あまがすぶんえい》
　明治〜大正期の政治家。
　¶世紀(㊌弘化4(1847)年11月9日　㉝昭和2(1927)年8月24日)、日人(あまがすぶんえい)、三重続(㊌弘化4年11月)

**天春文衛** あまがすぶんえい
　→天春文衛(あまかすふみえ)

**天川七兵衛** あまかわしちべえ
　生没年不詳
　安土桃山時代の竹篭師。
　¶茶道、美工

**天木佐代子** あまきさよこ
　昭和27(1952)年〜
　昭和〜平成期の造本家。
　¶名工

**天国** あまくに
　生没年不詳
　奈良時代の大和の刀工。日本刀剣師の祖。

¶国史，古中，コン改，コン4，新潮，人名，日人，美工

**天田昭次** あまたあきつぐ
昭和2（1927）年8月4日〜
昭和〜平成期の刀匠。全日本刀匠会副理事長。作刀技術発表会で優秀賞受賞。伊勢神宮式年遷宮用の神宝鉾を制作。
¶国宝，世紀，日人，名工

**天田貞吉** あまだていきち
明治33（1900）年〜昭和12（1937）年4月21日
大正〜昭和期の刀匠。日本刀研究の権威者。帝展審査委員。
¶人名，日人，名工

**天津セイ** あまつせい
大正2（1913）年6月〜
昭和期の専売局女工。赤色救援会メンバー。
¶社史，女運

**天津真浦** あまつまうら
→天津真浦（あまつまら）

**天津正清** あまつまさきよ
明治17（1884）年〜昭和46（1971）年
明治〜昭和期の刀工。島根県現代刀界の指導者。
¶島根歴

**天津真浦** あまつまら
㋫天津真浦《あまつまうら》
上代の鍛冶の神。記紀神話にみえる鍛冶。天の岩戸神話で鏡、綏靖天皇の命で鏃（矢じり）をつくったという。
¶朝日，古代，コン改，コン4，人名（あまつまうら），日人

**天沼俊一** あまぬましゅんいち
明治9（1876）年8月31日〜昭和22（1947）年9月1日
大正〜昭和期の建築史家。京都帝国大学教授。古建築を実地調査し、「日本古建築研究之栞」「日本建築史図録」などを著す。
¶科学，現朝，考古（㋸明治9（1876）年8月），コン改，コン5，史研，史人，新潮，世紀，日人，美建

**天野彰** あまのあきら
昭和18（1943）年7月3日〜
昭和〜平成期の建築家。アトリエ4A代表取締役、日本住改善委員会委員長。大阪万国博「生活産業館」のサブ・プロデューサー。著書に「住まいのカレンダー」など。
¶現執3期，現執4期

**天野音治** あまのおとじ
昭和3（1928）年11月20日〜
昭和〜平成期の陶芸家。
¶陶芸最，陶工

**天野可淡** あまのかたん
昭和28（1953）年〜平成2（1990）年11月1日
昭和〜平成期の人形作家。
¶美工

**天野勝男** あまのかつお
昭和期の山ぐつ職人。
¶名工

**天野喜四郎** あまのきしろう
？　〜宝暦6（1756）年
江戸時代中期の伊予多喜浜塩田の開拓者。
¶朝日（㋸宝暦6年12月29日（1757年2月17日）），愛媛百（㋸宝暦6（1756）年12月29日），郷土愛媛，人名，日人（㋸1757年）

**天野金重** あまのきんじゅう
生没年不詳
明治期の陶工。磐城国相馬焼の名工。
¶人名，日人，美工

**天野幸逸郎** あまのこういつろう
文政5（1822）年〜明治38（1905）年
江戸時代末期〜明治期の土木事業者。駿河国大御神村の開発を行う。
¶静岡歴，姓氏静岡，幕末

**天野光三** あまのこうぞう
昭和3（1928）年12月22日〜
昭和〜平成期の土木工学者。京都大学教授。専門は都市計画・交通計画。著書に「計量都市計画」「都市交通のはなし」など。
¶現執1期，現執2期，現執3期，現執4期

**天野七三郎** あまのしちさぶろう
明治7（1874）年〜大正15（1926）年11月
明治〜大正期の明治期の鉄道技術者、経営者。日本車両製造第5代社長。
¶鉄道

**天野祐里** あまのすけさと
昭和期の工芸家。専門は三味線の棹づくり。
¶名工

**天野清三郎** あまのせいざぶろう
→渡辺蒿蔵（わたなべこうぞう）

**天野達夫** あまのたつお
昭和7（1932）年4月20日〜
昭和〜平成期の陶芸家。
¶陶芸最，陶工，名工

**天野太郎** あまのたろう
大正7（1918）年7月27日〜平成2（1990）年11月15日
昭和〜平成期の建築家。東京芸術大学名誉教授。
¶美建

**天野千尋** あまのちひろ
昭和期のバイオリン製作者。
¶名工

**天野鉄夫** あまのてつお
明治45（1912）年3月31日〜昭和60（1985）年7月24日
昭和期の農業技術者。
¶植物，世紀，姓氏沖縄，日人

**天野房義**　あまのふさよし
生没年不詳
江戸時代後期の織物師。綴れ織の名匠。
¶京都大，近世，国史，コン改，コン4，新潮，人名，姓氏京都，世人，日人，美工

**天野緑**　あまのみどり
昭和28(1953)年5月1日～
昭和期の陶芸家。
¶陶芸最

**天野もん女**　あまのもんじょ
生没年不詳
江戸時代後期の女性。機織家。
¶女性

**天広**　あまひろ
戦国時代の刀工。
¶島根百

**海部公子**　あまべきみこ
昭和14(1939)年9月9日～
昭和期の陶芸家。
¶陶芸最

**雨宮敬次郎**　あまみやけいじろう
→雨宮敬次郎(あめみやけいじろう)

**甘利俊一**(天利俊一)　あまりしゅんいち
昭和11(1936)年1月3日～
昭和～平成期の数理工学者。理化学研究所脳科学総合研究センターグループディレクター、東京大学教授。日本学術会議会員。著書に「情報科学講座A25、情報理論11―情報の幾何学的理論」など。
¶現朝(天利俊一)，現執3期，現執4期，世紀，日人

**甘利日左子**　あまりひさこ
昭和21(1946)年～
昭和～平成期の織物作家。
¶名工

**甘利紘**(甘利紘)　あまりひろし
昭和18(1943)年1月25日～
昭和～平成期の陶芸家。
¶陶芸最(甘利紘)，陶工，名工(甘利紘)

**阿万鉄崕**　あまんてつがい
文化7(1810)年～明治9(1876)年
江戸時代末期の日向飫肥藩士。
¶国書([生]文化7(1810)年6月18日　[没]明治9(1876)年6月3日)，人名([生]?)，日人

**網島毅**　あみしまつよし
明治38(1905)年6月2日～平成7(1995)年4月25日
昭和期の電気技術者。
¶科学([没]1995年(平成7)4月2日)，現情，履歴，履歴2

**網戸武夫**　あみとたけお
明治41(1908)年2月3日～平成11(1999)年10月23日
大正～平成期の建築家。網戸建築設計事務所社長。
¶美建

**網野雅祥**　あみのまさよし
昭和8(1933)年10月1日～
昭和期の陶芸家。
¶陶芸最

**網屋吉兵衛**　あみやきちべえ
天明5(1785)年～明治2(1869)年
江戸時代後期の船たで場建設者。
¶維新，人名，日人，幕末([没]1869年9月5日)，兵庫人([没]明治2(1869)年9月5日)，兵庫百

**雨宮敬次郎**　あめのみやけいじろう
→雨宮敬次郎(あめみやけいじろう)

**雨宮綾夫**　あめみやあやお
明治40(1907)年8月25日～昭和52(1977)年6月9日
昭和期の物理学者。東京大学工学部教授。分子構造に関する理論的研究。電子計算機の開発に尽力。
¶科学，現情，人名7，数学，世紀([生]明治40(1907)年8月)，日人

**雨宮敬次郎**　あめみやけいじろう
弘化3(1846)年～明治44(1911)年1月20日　[別]雨宮敬次郎《あまみやけいじろう,あめのみやけいじろう》
明治期の実業家。甲武鉄道、桂川電力等多数の企業を設立・経営。
¶朝日(あめのみやけいじろう　[生]弘化3年9月5日(1846年10月24日))，岩史([生]弘化3(1846)年9月5日)，海越新(あめのみやけいじろう　[生]弘化3(1846)年9月5日)，角史，神奈川人(あめのみやけいじろう)，近現，近土(あめのみやけいじろう　[生]1846年9月5日)，国史，コン改(あめのみやけいじろう)，コン5(あめのみやけいじろう)，史人(あめのみやけいじろう　[生]1846年9月5日)，静岡歴(あまみやけいじろう　[没]明治45(1912)年)，実業(あめのみやけいじろう　[生]弘化3(1846)年9月5日)，食文([生]1846年10月24日)，新潮([生]弘化3(1846)年9月5日)，人名(あめのみやけいじろう)，姓氏静岡(あまみやけいじろう　[没]1912年)，姓氏長野(あまみやけいじろう)，世人(あめのみやけいじろう)，全書，鉄道(あめのみやけいじろう　[生]1846年10月24日)，渡航(あめのみやけいじろう　[生]1846年9月)，土木([生]1846年9月5日)，長野歴(あまみやけいじろう)，日史([生]弘化3(1846)年9月5日)，日人，幕末，広島百([生]弘化3(1846)年5月5日)，明治2(あめのみやけいじろう)，山梨百([生]弘化3(1846)年9月5日)，履歴(あめのみやけいじろう　[生]弘化3(1846)年9月5日)，歴大

**雨宮伝吉**　あめみやでんきち
安政7(1860)年～大正8(1919)年9月18日
明治期の缶詰製造業者。杏ジャム・杏シロップ漬缶詰を製造。
¶食文，先駆(生没年不詳)

**雨宮彦兵衛**　あめみやひこべえ
天保10(1839)年2月18日～明治27(1894)年3月7日
江戸時代後期～明治期の蚕糸功労者。

あ

¶山梨百

**飴也**（阿米夜）　**あめや**
*～天正2（1574）年　[別]宗慶《そうけい》
戦国時代～安土桃山時代の陶工。
¶茶道（[生]1493年），茶道（宗慶　そうけい　[生]？），人名（阿米夜　[生]1493年），戦人（生没年不詳），戦補（宗慶　そうけい　[生]？），日人（阿米夜　[生]1493年），美工（[生]？　[没]？）

**綾小路定利**　**あやのこうじさだとし**
→定利(1)（さだとし）

**綾小路永昌**　**あやのこうじながまさ**
生没年不詳
鎌倉時代後期の刀鍛冶。
¶鎌室，人名，日人

**漢山口直大口**　**あやのやまぐちのあたいおおぐち**
生没年不詳　[別]漢山口大口《あやのやまぐちのおおぐち》，山口大口《やまぐちのおおくち》，山口大口費《やまぐちのおおくちのあたい，やまぐちのおおぐちのあたい》，山口直大口《やまぐちのあたいおおくち，やまぐちのあたいおおぐち》，薬師徳保《くすしのとくほ》
飛鳥時代の仏師。
¶朝日（漢山口大口　あやのやまぐちのおおぐち），国史（山口大口　やまぐちのおおくち），古史（山口大口費　やまぐちのおおぐちのあたい），古代，古中（山口大口　やまぐちのおおくち），コン改，コン4，史人（山口大口費　やまぐちのおおくちのあたい），新潮，人名，世人（山口直大口　やまぐちのあたいおおくち），日史（山口大口費　やまぐちのおおぐちのあたい），日人（漢山口大口　あやのやまぐちのおおぐち），百科（山口大口費　やまぐちのおおぐちのあたい），仏教（山口直大口　やまぐちのあたいおおぐち）

**漢山口大口**　**あやのやまぐちのおおぐち**
→漢山口直大口（あやのやまぐちのあたいおおぐち）

**穴織**　**あやはとり**
上代の呉から渡来してきたとされる織物工女。
¶女史

**鮎瀬淳一郎**　**あゆがせじゅんいちろう**
→鮎瀬梅村（あゆがせばいそん）

**鮎瀬梅村**　**あゆがせばいそん**
文政9（1826）年～明治35（1902）年　[別]鮎瀬淳一郎《あゆがせじゅんいちろう》
明治期の開墾家。明治維新後村治につとめ、那須野原の開墾を進めた。
¶人名，栃木歴（鮎瀬淳一郎　あゆがせじゅんいちろう），日人

**鮎川一雄**　**あゆかわいちゆう**
文化10（1813）年～明治2（1869）年
江戸時代末期の火薬・鉄砲製造者。
¶維新，国書（[没]明治2（1869）年10月28日），幕末，藩臣6

**鮎川一哉**　**あゆかわかずちか**
昭和4（1929）年4月10日～平成17（2005）年12月31日
昭和～平成期の建築技師。フジタ常務。
¶美建

**荒井伊兵衛**　**あらいいへえ**
天保11（1840）年7月15日～？
江戸時代後期～明治期の醸造家。
¶埼玉人

**新井栄吉**　**あらいえいきち**
明治14（1881）年2月2日～昭和27（1952）年11月25日
明治～昭和期の技師。
¶科学，近土，土木

**新家熊吉**　**あらいえくまきち**
→新家熊吉〔1代〕（あらやくまきち）

**新井儀一郎**　**あらいぎいちろう**
生没年不詳
明治期の織物製造業者。
¶埼玉人

**新井謹也**　**あらいきんや**
明治17（1884）年7月31日～昭和41（1966）年5月9日
明治～昭和期の洋画家、陶芸家。作品に「川辺」「伊吹の残雪」など。作陶に専念し孚鮮陶画房を経営。
¶近美，世紀，姓氏京都，日人，美家，美工，洋画

**新井九郎左衛門**　**あらいくろうざえもん**
生没年不詳
戦国時代の大井郷開発4人衆の一人。
¶埼玉人

**荒井公平**　**あらいこうへい**
大正3（1914）年11月25日～平成4（1992）年5月31日
昭和期の映画照明技師。
¶映人

**荒井古春**　**あらいこしゅん**
江戸時代末期の続谷村の仏師。
¶栃木歴

**新井斎輔**　**あらいさいすけ**
天保4（1833）年～明治22（1889）年
江戸時代後期～明治期の土地改良事業家。
¶埼玉人（[生]天保4（1833）年5月15日　[没]明治22（1889）年6月29日），埼玉百

**新井定三郎**　**あらいさださぶろう**
慶応2（1866）年1月～昭和16（1941）年
明治～昭和期の蚕種製造家。
¶埼玉人

**新井重郎**　**あらいじゅうろう**
寛政9（1797）年～明治11（1878）年
江戸時代後期～明治期の43か村の大惣代、岡登用水再興事業の功労者。
¶姓氏群馬

**新井淳一** あらいじゅんいち
昭和7(1932)年3月13日～
昭和～平成期のテキスタイル・クリエーター。新井クリエーションシステム会長。ブランド"Junichi Arai"を創設。布の詩人といわれる。
¶世紀, 日人

**荒井信敬** あらいしんけい
文政8(1825)年～明治44(1911)年
江戸時代後期～明治期の掛塚灯台生みの親、木造高灯ろう式の灯台建設者。
¶静岡歴, 姓氏静岡

**新井捨十郎** あらいすてじゅうろう
安政2(1855)年～明治27(1894)年
明治期の政治家。群馬県議会議員、養蚕技師。
¶群馬人, 姓氏群馬

**新井静一郎** (新井清一郎) あらいせいいちろう
明治40(1907)年11月25日～平成2(1990)年9月1日
大正～平成期の広告制作者。電通常務取締役。広告技術で著名。著書に「ある広告人の日記」など。
¶現孰2期, 現情(新井清一郎), 現日, 世紀

**新井高四郎** あらいたかしろう
＊～昭和27(1952)年
明治～昭和期の実業家。群馬県の養蚕業の改良につくした。
¶群馬人(㊤慶応2(1866)年), 世紀(㊤慶応2(1867)年12月3日 ㊦昭和27(1952)年2月20日), 姓氏群馬(㊤1866年 ㊦1951年), 日人(㊤1867年)

**新井帯刀** あらいたてわき
生没年不詳
戦国時代の大井郷開発4人衆の一人。
¶埼玉人

**新井玉英** あらいたまてる
＊～文久2(1862)年
江戸時代後期～末期の刀匠。
¶国書(㊤寛政3(1791)年 ㊦文久2(1862)年9月22日), 姓氏宮城(㊤1792年)

**新井俊雄** あらいとしお
昭和期の筑摩工芸研究所長。専門は木彫。
¶名工

**荒井初一** あらいはついち
明治6(1873)年～昭和3(1928)年
明治～昭和期の開拓者。大雪山、層雲峡温泉などを開発。
¶姓氏富山

**新井春吉** あらいはるきち
嘉永5(1852)年～昭和5(1930)年
明治～昭和期の政治家。群馬県議会議員、蚕業製糸家。
¶群馬人, 姓氏群馬

**荒井宏子** あらいひろこ
昭和～平成期の写真画像保存・修復の研究者。
¶写人

**荒井誠** あらいまこと
昭和24(1949)年3月22日～
昭和～平成期の陶芸家。
¶陶芸最, 陶工

**新井政吉** あらいまさきち
嘉永6(1853)年～大正11(1922)年
江戸時代末期～大正期の機械大工。
¶姓氏神奈川

**新井幸長** あらいゆきなが
明治30(1897)年～
大正～昭和期の繊維工学者。
¶群馬人

**新井楽山** あらいらくさん, あらいらくざん
元文1(1736)年～安永4(1775)年
江戸時代中期の新田開発者。
¶神奈川人, 郷土神奈川(あらいらくざん)

**荒尾寛** あらおひろし
昭和15(1940)年9月13日～
昭和期の陶芸家。
¶陶芸最

**新垣栄三郎** あらかきえいさぶろう
大正10(1921)年5月1日～昭和59(1984)年1月20日
昭和期の陶芸家。琉球大学助教授。沖縄の伝統的な焼き物、壷屋焼の代表的な陶工。
¶世紀, 姓氏沖縄, 陶工, 日人, 美工, 名工

**新垣栄徳** あらかきえいとく
明治24(1891)年10月24日～昭和24(1949)年1月29日
明治～昭和期の陶芸家。
¶沖縄百, 世紀, 陶工, 日人

**新垣澄子** あらかきすみこ
昭和～平成期の工芸家。専門は花織。
¶名工

**新垣筑兵衛** あらかきちくべえ
？～尚灝5(1808)年
江戸時代中期～後期の薩摩における唐紙製造の創始者。
¶沖縄百(㊤尚灝5(1808)年5月19日), 姓氏沖縄

**新垣ント** あらかきんと
大正～昭和期の久米島紬職人。
¶名工

**荒川明** あらかわあきら
昭和25(1950)年5月18日～
昭和～平成期の陶芸家。
¶陶工

**荒川亀斎** あらかわきさい
文政10(1827)年～明治39(1906)年
明治期の彫刻家。コロンブス博覧会に出陳した木彫施彩の稲田姫像は賞賛を博した。
¶島根人(㊤明治38(1905)年), 島根百(㊤文政10(1827)年4月25日 ㊦明治39(1906)年10月14日), 島根歴, 人名(㊤1824年 ㊦1905年),

あらかわ　　　　　　　　　　　　32　　　　　　　　日本人物レファレンス事典

日人

**荒川久太郎** あらかわきゅうたろう
→荒川秀種（あらかわひでたね）

**荒川十太郎** あらかわじゅうたろう
文化14（1817）年8月27日～明治28（1895）年9月1
日
江戸時代後期～明治期の農事改良者。
¶埼玉人

**荒川新一郎** あらかわしんいちろう
安政4（1857）年～昭和5（1930）年
明治～昭和期の紡織技術者。農商務省技師。イギ
リスに留学して紡績学を研究し、帰国後各地で紡
績・織物技術を指導。
¶海越、海越新、科学（⊕1856年（安政3））、世紀
（⊕安政3（1856）年）、姓氏京都（生没年不詳）、
大百、渡航

**荒川大太郎** あらかわだいたろう
明治28（1895）年9月24日～昭和54（1979）年12月
27日
大正～昭和期の電気工学者、通信省工務局長。専
門は通信工学。
¶科学

**荒川武夫** あらかわたけお
大正2（1913）年5月8日～
昭和～平成期の陶芸家。
¶陶芸、陶芸最、名工

**荒川長太郎** あらかわちょうたろう
明治12（1879）年～昭和26（1951）年
明治～昭和期の実業家。頭痛薬ノーシンを製造開
発。中部地区薬業界に重きをなした。
¶愛知百（⊕1879年8月18日　⊗1951年6月26
日）、姓氏愛知

**荒川輝彦** あらかわてるひこ
昭和10（1935）年8月8日～
昭和～平成期の映画録音技師。
¶映人

**荒川豊蔵** あらかわとよぞう
明治27（1894）年～昭和60（1985）年8月11日
明治～昭和期の陶芸家。志野焼・瀬戸黒の人間
国宝。
¶岐阜百（⊕明治27（1894）年3月21日）、郷土岐
阜、現朝（⊕1894年3月21日）、現情（⊕1894年3
月21日）、現人、現日（⊕1894年3月21日）、国
宝（⊕明治27（1894）年3月21日）、コン改、コ
ン4、コン5、新潮（⊕明治27（1894）年3月21
日）、世紀（⊕明治27（1894）年3月21日）、世百
新、全書、大百、陶芸、陶芸最、陶工、日人
（⊕明治27（1894）年3月21日）、日本、美工
（⊕明治27（1894）年3月21日）、美術、百科、名
工（⊕明治27年3月21日）

**荒川秀種** あらかわひでたね
文政10（1827）年～明治15（1882）年　⊛荒川久太
郎《あらかわきゅうたろう》
江戸時代末期～明治期の久保藩士。戊辰戦争で活

躍ののち、権少参事などを歴任。
¶秋田百、コン5（荒川久太郎　あらかわきゅうた
ろう）、日人

**荒川文六** あらかわぶんろく
明治11（1878）年11月18日～昭和45（1970）年2月9
日
明治～昭和期の電気工学者。九州帝国大学総長ほ
か電気学会会長、九州タイムズ社長などを歴任。
¶科学、現朝、現情（⊕1878年11月）、コン改、コ
ン4、コン5、新潮、人名7、世紀、渡航、日人、
日本、福岡百（⊗昭和45（1970）年4月18日）、
履歴、履歴2

**荒川友雪** あらかわゆうせつ
昭和27（1952）年7月11日～
昭和～平成期の陶芸家。
¶陶工

**荒川幸教** あらかわゆきのり
大正9（1920）年9月5日～
昭和期の陶芸家。
¶陶芸最

**荒川行秀** あらかわゆきひで
文化7（1810）年～明治17（1884）年
江戸時代末期の刀工。
¶栃木歴

**荒川莱山** あらかわらいざん
文久3（1863）年～大正13（1924）年
明治～大正期の木彫家。
¶島根人

**荒川嶺雲** あらかわれいうん
明治1（1868）年～昭和16（1941）年
明治～昭和期の木彫家。
¶島根人、島根百、島根歴、世紀、日人

**荒木幾之助** あらきいくのすけ
安政5（1858）年～昭和3（1928）年
明治～昭和期の蚕種改良家。
¶島根歴

**荒木清重** あらききよしげ
天保11（1840）年～大正8（1919）年
江戸時代末期～大正期の刀工。
¶群馬人、姓氏群馬

**荒木小平** あらきこうへい
→荒木小平（あらきこへい）

**荒木小平** あらきこへい
天保14（1843）年～？　⊛荒木小平《あらきこう
へい》
明治期の西陣機大工。木製のジャカード機の制作
に成功。
¶朝日、京都大（生没年不詳）、新潮、姓氏京都
（あらきこうへい）、日人

**荒木三郎** あらきさぶろう
大正3（1914）年3月4日～昭和62（1987）年7月29日
昭和期の実業家。香川県坂出に菓子店を開業、
「名物かまど」を発売する。

¶日人

**荒木重平** あらきしげひら
文化5（1808）年1月～明治21（1888）年6月
江戸時代後期～明治期の養蚕家。
¶埼玉人

**荒木高子** あらきたかこ
大正10（1921）年11月7日～平成16（2004）年3月15日
昭和～平成期の陶芸家。
¶陶芸最，美工，名工

**荒木孝泰** あらきたかやす
大正6（1917）年7月21日～
昭和～平成期の京友禅染色家。
¶名工

**荒木東明** あらきとうめい
文化14（1817）年～明治3（1870）年
江戸時代後期～明治期の装剣金工。
¶朝日，京都大，コン改，コン4，新潮（[没]明治3（1870）年4月19日），姓氏京都，日人

**荒木俊夫** あらきとしお
昭和14（1939）年12月7日～
昭和～平成期の陶芸家。
¶名工

**荒木文四郎** あらきぶんしろう
明治15（1882）年6月7日～昭和20（1945）年7月
明治～昭和期の技師。
¶近土，土木

**荒木幹二郎** あらきみきじろう
昭和4（1929）年8月23日～
昭和～平成期の陶芸家。
¶陶芸最，名工

**荒木弥一右衛門** あらきやいちえもん
生没年不詳
江戸時代中期の播磨加古郡の大庄屋。溜め池を造成、加古川に堰を設置した。
¶日人

**荒木義隆** あらきよしたか
昭和17（1942）年～
昭和～平成期の陶芸家。
¶陶芸最，陶工（[生]1942年9月9日）

**新城賢英** あらぐすくけんえい
明治41（1908）年～昭和29（1954）年
昭和期の農業技術者。城辺町議会議員・農協長。
¶姓氏沖縄

**荒関雄星** あらぜきゆうせい
昭和26（1951）年～
昭和～平成期の陶芸家。
¶陶工

**荒田井直比羅夫** あらたいのあたいひらぶ
飛鳥時代の工人。難波長柄豊崎宮を建設した。
¶大阪人

**荒田耕治** あらたこうじ
昭和13（1938）年2月25日～
昭和～平成期の陶芸家。
¶陶芸最（[生]昭和12年2月25日），陶工，名工

**荒谷祝三** あらたにしゅくぞう
大正13（1924）年～
昭和～平成期の京扇骨司。
¶名工

**荒田吉明** あらたよしあき
大正13（1924）年5月22日～
昭和～平成期の金属工学者。
¶現情，世紀，日人

**荒砥米子** あらとよねこ
文久1（1861）年～明治34（1901）年
明治期の篤農家。養蚕技術や甲斐絹の織り方について指導するなど養蚕の奨励に努める。
¶女性，女性普

**荒波孫四郎** あらなみまごしろう
天保6（1835）年～明治36（1903）年
明治期の保土ヶ谷開発の功労者。
¶神奈川人

**荒畑シモ** あらはたしも
生没年不詳
江戸時代後期の女性。所沢絣の創始者。武蔵国の荒畑五郎兵衛の妻。
¶埼玉人，埼玉百，女性，日人

**荒牧康子** あらまきやすこ
昭和28（1953）年7月27日～
昭和～平成期の陶芸家。
¶陶工

**荒籾角太郎** あらもみかくたろう
安政6（1859）年～大正8（1919）年
明治期の下都賀郡下生井村の養蚕業者。
¶栃木歴

**荒籾正平** あらもみしょうへい
明治38（1905）年6月24日～昭和27（1952）年8月25日
昭和期の埼玉県技術官吏。
¶埼玉人

**荒籾甚兵衛** あらもみじんべえ
天保12（1841）年～明治41（1908）年
江戸時代後期～明治期の蚕種製造家、漢方医。
¶栃木歴

**新家熊吉〔1代〕** あらやくまきち
明治22（1889）年～昭和39（1964）年　[別]新家熊吉《あらいえくまきち》
大正～昭和期の実業家。自転車のリムを製造、新家工業を創業。
¶石川百（――〔代数なし〕），姓氏石川（――〔代数なし〕　あらいえくまきち），創業

**荒谷四兵衛** あらやしへえ
元和5（1619）年～？
江戸時代前期の広須新田開発者。

¶青森人

## 荒山小左衛門 あらやまこざえもん
？ 〜慶長9（1604）年
安土桃山時代の民家家。
¶人名，日人

## 有泉栄一 ありいずみえいいち
明治13（1880）年10月25日〜大正8（1919）年9月
14日
大正期の技師。北海道技師長。石狩川改修工事に
従事した。
¶人名（㉞1918年），世紀，日人

## 有江金太郎 ありえきんたろう
安政5（1858）年〜大正2（1913）年
明治期の鋳造家。錬釜の製造から更に硫黄製錬釜
の鋳造を始め、製造品を供給した。
¶人名，日人，名工

## 有江幹男 ありえみきお
大正9（1920）年7月30日〜平成21（2009）年11月
21日
昭和〜平成期の機械工学者、北海道大学学長。
¶科学，現情

## 蟻川波右衛門 ありかわなみえもん
江戸時代中期の吾妻郡蟻川村の刀鍛冶。
¶群馬人

## 蟻川紘直 ありかわひろなお
昭和13（1938）年〜
昭和〜平成期の染織家。
¶名工

## 蟻川政吉 ありかわまさよし
元禄8（1695）年〜宝暦11（1761）年
江戸時代中期の刀工。
¶姓氏群馬

## 有来新兵衛 ありきしんべえ
→有来新兵衛（うらいしんべえ）

## 有国⑴ ありくに
天暦2（948）年？ 〜寛仁3（1019）年？
平安時代中期の刀鍛冶。
¶コン改，コン4，人名，日人（㊤958年 ㉞1019
年）

## 有国⑵ ありくに
生没年不詳 ㋫粟田口有国《あわたぐちありくに》
鎌倉時代前期の刀工。
¶朝日（粟田口有国 あわたぐちありくに），史
人，新潮，人名，日人

## 有坂紹蔵（有坂鉊蔵） ありさかしょうぞう
慶応4（1868）年1月11日〜昭和16（1941）年1月
19日
明治〜昭和期の考古学者、海軍軍人。工学博士、
中将、東京帝国大学教授。国産速射砲の製作に尽
力。考古学者としては弥生式文化研究の端緒を
作った。
¶海越，海越新，科学（有坂紹蔵），考古（有坂鉊
蔵 ㋫慶応4（1868）年1月），史研（有坂鉊蔵），

人名7，世紀，大百，渡航（有坂鉊蔵），陸海
（有坂鉊蔵）

## 有坂富右衛門 ありさかとみえもん
安政2（1855）年〜明治37（1904）年
江戸時代末期〜明治期の鋳物師。
¶岩手百，姓氏岩手

## 有坂成章 ありさかなりあき
→有坂成章（ありさかなりあきら）

## 有坂成章（有阪成章） ありさかなりあきら
嘉永5（1852）年〜大正4（1915）年 ㋫有坂成章
《ありさかなりあき》
明治期の陸軍軍人。中尉。31年式速射野砲（有坂
砲）を設計。
¶朝日（㊤嘉永5年2月18日（1852年3月8日）
㉞大正4（1915）年1月12日），科学（㊤1852年
（嘉永5）2月18日 ㉞1915年（大正4）1月12日），
角史，近現，現日（ありさかなりあき ㊤1852
年8月 ㉞1915年1月12日），国史，コン改，コ
ン5，史人（㊤1852年2月18日 ㉞1915年1月11
日），新潮（㊤嘉永5（1852）年2月18日 ㉞大正
4（1915）年1月12日），人名，世紀（㊤嘉永5
（1852）年2月18日 ㉞大正4（1915）年1月12
日），世人，世百（有阪成章 ㊤1851年），先駆
（㊤嘉永5（1852）年2月18日 ㉞大正4（1915）年
1月11日），全書，大百，日史（㊤嘉永5（1852）
年8月 ㉞大正4（1915）年1月12日），日人，百
科，明治1，山口百，洋学，陸海（㊤嘉永5年2月
18日 ㉞大正4年1月12日），歴大

## 有沢一郎 ありさわいちろう
明治36（1903）年〜昭和31（1956）年
大正〜昭和期の通信技術者。
¶高知人

## 有沢誠 ありさわまこと
昭和19（1944）年8月14日〜
昭和〜平成期の情報工学者。慶応義塾大学教授。
著書に「構造的プログラミング」「コンピュータ
の話」など。
¶現執2期，現執3期，現執4期，世紀，YA

## 有住徹弥 ありずみてつや
大正2（1913）年3月29日〜昭和61（1986）年7月
28日
昭和期の電子工学者、名古屋大学名誉教授。専門
は半導体。
¶科学

## 有竹厚 ありたけあつし
昭和23（1948）年〜
昭和〜平成期の陶芸家。
¶陶工

## 有竹秀一 ありたけしゅういち
大正4（1915）年1月〜昭和51（1976）年11月24日
昭和期の電気工学者。国際電信電話公社発足時に
入社、電信事業の発展に貢献。無線通信諮問委員
会（CCIR）副議長。
¶科学，現情，人名7，世紀，日人

名工・職人・技師・工匠篇　　　35　　　ありもと

**有田延** ありたすすむ
明治11（1878）年1月2日〜？
明治〜大正期の技師。
¶渡航

**有田俊明** ありたとしあき
昭和5（1930）年10月25日〜
昭和〜平成期の陶芸家。
¶陶芸最，陶工

**有綱** ありつな
生没年不詳
平安時代中期の刀工。
¶新潮，姓氏石川，日人，平史

**有藤金太郎** ありとうきんたろう
明治期の写真技師。
¶渡航

**有富慶助** ありどみけいすけ
文政12（1829）年〜明治44（1911）年
江戸時代後期〜明治期の酒造業。有富家の10代
当主。
¶姓氏山口

**有平** ありひら
江戸時代前期の加賀の刀工。
¶姓氏石川

**有馬喜三太** ありまきそうた
？　〜明和6（1769）年
江戸時代中期の藩絵図師。
¶姓氏山口，山口百

**有馬啓** ありまけい
大正5（1916）年9月19日〜昭和63（1988）年8月
23日
昭和期の微生物学者。バイオ技術開発と産業化に
指導的な役割を果たす。
¶科学，近医，現朝，現情，世紀，日人

**有正** ありまさ
平安時代中期の刀工。
¶岡山人，岡山歴

**有間タツマ** ありまたつま
昭和19（1944）年〜
昭和〜平成期の工芸家。
¶名工

**有馬胤滋** ありまたねしげ
江戸時代中期の治水家。
¶人名，日人（生没年不詳）

**有松進** ありまつすすむ
昭和22（1947）年〜
昭和〜平成期の陶芸家。
¶陶工

**有馬宏** ありまひろし
明治32（1899）年10月23日〜昭和32（1957）年7月
25日
明治〜昭和期の技師。
¶科学，近土，鉄道（㊷1957年7月），土木

**有馬頼吉** ありまよりきち
明治14（1881）年1月15日〜昭和20（1945）年7月
20日
明治〜昭和期の医学博士、結核予防ワクチンAO
の開発者。
¶科学，近医，世紀，鳥取百，日人

**有馬頼僮** ありまよりゆき
正徳4（1714）年〜天明3（1783）年
江戸時代中期の和算家、大名。筑後久留米藩主。
¶朝日（㊤正徳4年11月25日（1714年12月31日）
㊥天明3年11月23日（1783年12月16日）），科学
（㊤1714年（正徳4）11月25日　㊥1783年（天明
3）11月23日），近世，国史，国書（㊤正徳4
（1714）年11月25日　㊥天明3（1783）年11月23
日），コン改，コン4，史人（㊤1714年11月25日
㊥1783年11月23日），諸系，新潮（㊤正徳4
（1714）年11月25日　㊥天明3（1783）年11月23
日），人名（㊤1712年），世人（㊥天明3（1783）
年10月23日），全書，大百，日史（㊥天明3
（1783）年11月23日），日人，藩主4（㊤正徳4
（1714）年11月24日　㊥天明3（1783）年11月23
日），百科，歴大

**有光勲** ありみついさお
昭和17（1942）年7月22日〜
昭和期の教員、点字ワープロ開発者。
¶視覚

**有光導之** ありみつどうし
→有光導之（ありみつみちゆき）

**有光導之** ありみつみちゆき
明治1（1868）年〜昭和26（1951）年　㊿有光導之
《ありみつどうし》
明治〜昭和期の北海道開拓功労者。
¶高知人，高知百（ありみつどうし）

**有村久兵衛** ありむらきゅうべい
㊿有村久兵衛《ありむらきゅうべえ》
江戸時代前期の薩摩焼の陶工。
¶鹿児島百（生没年不詳），姓氏鹿児島（ありむら
きゅうべえ）

**有村久兵衛** ありむらきゅうべえ
→有村久兵衛（ありむらきゅうべい）

**有村貞益** ありむらさだます
元禄9（1696）年〜宝暦6（1756）年
江戸時代中期の紙漉の振興者。
¶姓氏鹿児島

**有村碗右衛門** ありむらわんえもん
生没年不詳
江戸時代前期の薩摩堅野窯の陶工。
¶人名，日人，美工

**有本弘** ありもとひろし
大正11（1922）年10月1日〜昭和57（1982）年
昭和期の鉄道技師。鉄道技術研究所電車線研究
室長。
¶鉄道

**有山長佑** ありやまちょうゆう
昭和10 (1935) 年11月18日〜　㉟有山長佑《ありやまながすけ》
昭和期の陶芸家。
¶陶芸最，陶工，名工（ありやまながすけ）

**有山長佑** ありやまながすけ
→有山長佑（ありやまちょうゆう）

**有山正夫** ありやままさお
明治32 (1899) 年7月10日〜昭和63 (1988) 年2月14日
大正〜昭和期の陶芸家。
¶美工，名工

**有山礼石** ありやままれいせき
昭和24 (1949) 年2月15日〜
昭和〜平成期の陶芸家。
¶陶工，名工

**有山禮石** ありやままれいせき
昭和24 (1949) 年2月15日〜
昭和期の陶芸家。
¶陶芸最

**有行** ありゆき
平安時代後期の刀工。
¶岡山人

**有賀円佳** あるがまどか
昭和46 (1971) 年2月16日〜
昭和〜平成期の陶芸家。
¶陶工

**安房幸男** あわさちお
昭和20 (1945) 年5月17日〜
昭和〜平成期の陶芸家。
¶陶芸最，陶工

**淡島雅吉** あわしままさきち
大正2 (1913) 年3月17日〜昭和54 (1979) 年6月28日
昭和期のガラス工芸家。
¶現情，新潮，世紀（㉟昭和54 (1979) 年5月28日），日人，美工（㉟昭和54 (1979) 年5月28日）

**淡路屋太郎兵衛** あわじやたろべえ
宝暦9 (1759) 年〜文化8 (1811) 年11月5日
江戸時代中期の建築請負師。
¶大阪人，人名，日人（生没年不詳）

**粟田口有国** あわたぐちありくに
→有国(2)（ありくに）

**粟田口国綱** あわたぐちくにつな
→国綱(1)（くにつな）

**粟田口国頼** あわたぐちくにより
生没年不詳
平安時代後期の刀工。一説に山城粟田口鍛冶の祖。
¶史人

**粟田口藤四郎** あわたぐちとうしろう
生没年不詳

鎌倉時代後期の刀工。
¶京都大

**粟田口吉光** あわたぐちよしみつ
→吉光（よしみつ）

**粟田家継** あわたのいえつぐ
生没年不詳
平安時代前期の画工。
¶平史

**粟田万喜三** あわたまきぞう
明治44 (1911) 年〜平成1 (1989) 年9月11日
昭和期の石匠（穴太衆）。城郭や寺院などの石垣積みの第一人者。和歌山城，篠山城など多数の石垣を修復。
¶郷土滋賀（㉟1912年），世紀，日人（㉟明治44 (1911) 年2月1日）

**粟津潔** あわづきよし，あわずきよし
昭和4 (1929) 年2月19日〜
昭和〜平成期のグラフィックデザイナー。粟津デザイン研究室主宰，印刷博物館館長。「海を返せ」で日宣美賞を受賞。国際的造形作家で，日本のデザイン界では草分け的存在。
¶映鑑，監督，近文，現朝，現執1期，現執2期（あわずきよし），現執3期（あわずきよし），現執4期，現情，現人，現日，新潮，世紀，日芸，日児（あわずきよし），日人，平和，マス89

**粟辻早重** あわつじはやえ
昭和期の人形作家。
¶名工

**粟辻博** あわつじひろし
昭和4 (1929) 年7月20日〜平成7 (1995) 年5月5日
昭和〜平成期のテキスタイル・デザイナー。多摩美術大学教授。フジエ・テキスタイル社のデザイン主任。インテリア・テキスタイルを手がける。
¶現朝，現情，現人，世紀，日人

**粟野定次郎** あわのさだじろう
明治3 (1870) 年5月23日〜昭和16 (1941) 年7月29日
明治〜昭和期の技師。
¶近土，土木

**粟本廉** あわもとれん
安政1 (1854) 年3月15日〜明治25 (1892) 年4月8日
明治期の官吏。日本の近代鉱山開発のパイオニアとして活躍。
¶先駆

**粟屋潔** あわやきよし
明治42 (1909) 年〜昭和57 (1982) 年
昭和期の電気工学者。東京工業大学教授。
¶科学（㉟1909年（明治42) 8月22日　㉟1982年（昭和57) 10月15日），現情

**粟屋貞一** あわやさだいち
弘化1 (1844) 年〜大正3 (1914) 年
江戸時代末期〜大正期の開拓指導者。
¶北海道百，北海道歴

**安永懐玉斎** あんえいかいぎょくさい
　→安永正次（やすながまさつぐ）

**中井太一郎** あんかいたいちろう
　→中井太一郎（なかいたいちろう）

**安斎育郎** あんざいいくろう
　昭和15（1940）年4月16日～
　昭和～平成期の原子力工学者。立命館大学国際関
　係学部教授・国際平和ミュージアム館長。放射線
　防護学、平和学を研究。著書に「中性子爆弾と書
　く放射能」「原発と環境」「『がん当たりくじ』の
　話」など。
　¶現朝，現執1期，現執2期，現執3期，現執4期，
　　世紀，日人，平和

**安斎宇兵衛** あんざいうへい
　文政11（1828）年～明治36（1903）年1月20日
　江戸時代末期～明治期の経営者。二本松製糸会社
　社長。「浜出し糸」の先駆者。
　¶幕末

**安斎茂七郎** あんざいもしちろう
　文政3（1820）年～明治15（1882）年12月6日
　江戸時代末期～明治期の名主。俳諧に巧で維新後
　は士族授産開墾に尽力。
　¶幕末

**安生順四郎** あんじょうじゅんしろう
　弘化4（1847）年～昭和3（1928）年
　明治～大正期の公共事業家。
　¶郷土栃木，栃木歴，日人

**安蔵善之輔** あんぞうぜんのすけ
　明治27（1894）年～昭和18（1943）年3月19日
　大正～昭和期の土木工学者、九州帝国大学工学部
　教授。専門は土質力学。
　¶科学

**安藤有益** あんどうあります
　→安藤有益（あんどうゆうえき）

**安藤伊右衛門** あんどういえもん
　宝暦1（1751）年～文政10（1827）年
　江戸時代後期の水利、新田開発の功労者。
　¶朝日（㋺宝暦1年3月17日（1751年4月12日）
　　㋬文政10年3月17日（1827年4月12日）），角史，
　　近世，国史，コン改，コン4，史人（㋺1751年3
　　月17日　㋬1827年3月17日），新潮（㋺宝暦1
　　（1751）年3月17日　㋬文政10（1827）年3月17
　　日），人名，世人（㋬文政10（1827）年3月17
　　日），鳥取百，日人，歴大

**安藤瑛一** あんどうえいいち
　昭和22（1947）年1月2日～
　昭和～平成期の陶芸家。
　¶陶工

**安東勝男** あんどうかつお
　大正6（1917）年4月8日～昭和63（1988）年1月30日
　昭和期の建築家。早稲田大学理工学部教授。
　¶美建

**安藤勝助** あんどうかつすけ
　寛政1（1789）年～慶応1（1865）年
　江戸時代後期～末期の武士、陶工。
　¶日人

**安東清人** あんどうきよと
　嘉永7（1854）年5月～明治19（1886）年9月17日
　明治期の文部省官吏。鉱山学研修のため文部省第
　1回留学生として、ドイツに渡る。
　¶海越，海越新，渡航

**安藤清人** あんどうきよと
　昭和21（1946）年12月7日～
　昭和～平成期の映画照明技師。
　¶映人

**安東係助** あんどうけいすけ
　大正14（1925）年2月7日～
　昭和～平成期の陶芸家。
　¶名工

**安藤堅** あんどうけん
　昭和期の陶芸家。
　¶名工

**安藤光一** あんどうこういち
　昭和9（1934）年～
　昭和～平成期の陶芸家。
　¶陶芸最，名工

**安藤康治** あんどうこうじ
　昭和28（1953）年8月27日～
　昭和～平成期の陶芸家。
　¶陶芸最，陶工

**安藤治輔** あんどうじすけ
　安政2（1855）年～明治40（1907）年
　明治期の那須開墾社々員、那須疏水の維持管理に
　尽力、第3代西那須野郵便局長。
　¶栃木歴

**安藤重左衛門** あんどうじゅうざえもん
　安政6（1859）年～昭和20（1945）年
　明治～昭和期の名古屋の伝統産業である七宝焼普
　及の功労者。
　¶姓氏愛知

**安藤重寿** あんどうじゅうじゅ
　明治6（1873）年～昭和28（1953）年
　明治～昭和期の七宝作家。
　¶美工

**安藤秀太郎** あんどうしゅうたろう
　明治9（1876）年～昭和12（1937）年
　明治～昭和期の陶芸家。
　¶陶工

**安藤重兵衛** あんどうじゅうべい
　→安藤重兵衛（あんどうじゅうべえ）

**安藤重兵衛** あんどうじゅうべえ
　明治9（1876）年～昭和28（1953）年　㋫安藤重兵
　衛《あんどうじゅうべい》
　明治～昭和期の安藤七宝店の創立者。

¶愛知百（[生]1876年9月15日　[没]1953年4月24日），姓氏愛知（あんどうじゅうべい）

**安藤二郎**　あんどうじろう
明治20（1887）年～昭和36（1961）年
大正～昭和期の農業改良普及の実践者。
¶栃木歴

**安藤忠雄**　あんどうただお
昭和16（1941）年9月13日～
昭和～平成期の建築家。東京大学大学院教授、安藤忠雄建築研究所主宰。「住吉の長屋」で日本建築学会賞を受賞。「六甲の集合住宅」で住宅として初めて日本文化デザイン賞。
¶現朝，現執3期，現執4期，現日，世紀，日人，マス89，履歴2

**安藤知山**　あんどうちざん
明治42（1909）年～昭和34（1959）年
大正～昭和期の陶芸家。
¶美工

**安藤貞一**　あんどうていいち
大正11（1922）年10月14日～平成15（2003）年7月26日
昭和～平成期の化学工学者、京都大学名誉教授。専門は工業分析化学、管理工学。
¶科学

**安藤智元**　あんどうともちと
昭和14（1939）年～
昭和期の陶芸家。
¶陶芸最

**安堂信時**　あんどうのぶとき
生没年不詳
江戸時代中期の装剣金工。
¶日人

**安藤飛驒**　あんどうひだ
生没年不詳
江戸時代後期の橘樹郡子母口村大工。
¶神奈川人

**安藤日出武**　あんどうひでたけ
昭和13（1938）年1月2日～
昭和～平成期の陶芸家。
¶陶芸最，陶工，名工

**安藤兵九郎**　あんどうひょうくろう
？　～宝永5（1708）年
江戸時代前期～中期の開拓家。
¶人名，姓氏富山，富山百（[生]寛永20（1643）年），日人

**安藤博**　あんどうひろし
明治37（1904）年～
昭和期の電子機器発明家。多極真空管、写真電送装置などを発明。日本初の発明研究財団を創立。
¶大百

**安藤広太郎**　あんどうひろたろう
明治4（1871）年～昭和33（1958）年
明治～昭和期の農学者、農事改良指導者。東京帝大教授、農商務省農事試験場長。文化勲章を受章。著書に「稲作要綱」「日本古代稲作史雑考」など。
¶科学（[生]1871年（明治4）8月1日　[没]1958年（昭和33）10月14日），科技（[生]1871年8月1日　[没]1958年10月14日），近現，現朝（[生]明治4年8月1日（1871年9月15日）　[没]1958年10月14日），現情（[生]明治4（1871）年8月1日　[没]1958年10月14日），現人，国史，コン改，コン4，コン5，史人（[生]1871年8月1日　[没]1958年10月14日），植物（[生]明治4（1871）年8月1日　[没]昭和33（1958）年10月14日），新潮（[生]明治4（1871）年8月1日　[没]昭和33（1958）年10月14日），人名7，世紀（[生]明治4（1871）年8月1日　[没]昭和33（1958）年10月14日），世百，世百新，全書，大百，日人（[生]明治4（1871）年8月1日　[没]昭和33（1958）年10月14日），日本，百科，兵庫人（[生]明治4（1871）年8月1日　[没]昭和33（1958）年10月14日），兵庫百，履歴（[生]明治4（1871）年8月1日　[没]昭和33（1958）年10月14日），履歴2（[生]明治4（1871）年8月1日　[没]昭和33（1958）年10月14日）

**安藤博允**　あんどうひろのぶ
昭和15（1940）年1月12日～
昭和～平成期の陶芸家。
¶陶芸最，陶工，名工

**安藤福太郎**　あんどうふくたろう
元治1（1864）年～昭和1（1926）年
明治～大正期の実業家。歯磨エレファント、安福石鹸等を製造・発売し、屈指の化粧品店となる。
¶人名，世紀（[生]文久4（1864）年1月　[没]大正15（1926）年4月1日），日人

**安東誠**　あんどうまこと
明治6（1873）年～昭和32（1957）年
明治～昭和期の蚕種づくりの技術者。
¶大分歴

**安藤正義**　あんどうまさよし
昭和20（1945）年9月4日～
昭和～平成期の陶芸家。
¶陶芸最，陶工

**安藤真澄**　あんどうますみ
明治37（1904）年9月15日～昭和43（1968）年6月22日
大正～昭和期の詩人、染色図案家。
¶京都文

**安藤実**　あんどうみのる
昭和2（1927）年7月24日～　[別]安藤実《あえどうみのる》
昭和～平成期の陶芸家。
¶陶芸最，陶工（あえどうみのる），名工

**安藤茂兵衛**　あんどうもへえ
生没年不詳
江戸時代後期の町石工。
¶埼玉人

**安藤百福**　あんどうももふく
明治43（1910）年3月5日～平成19（2007）年1月5日

名工・職人・技師・工匠篇　　　　　　39　　　　　　　　　　　　いいしま

大正〜平成期の実業家。インスタントラーメン開発者。日清食品社長。中公総社を設立、日清食品に改称し初のインスタントラーメン「チキンラーメン」を製造・販売。
¶現朝, 現情, 現人, 現日, 実業, 新潮, 世紀, 創業, 日人

**安藤百利行** あんどうもりゆき
昭和19（1944）年〜
昭和〜平成期の陶芸家。
¶陶芸最（㊵昭和19年1月20日），名工（㊵昭和19年1月31日）

**安藤有益** あんどうゆうえき
寛永1（1624）年〜宝永5（1708）年　㊹安藤有益《あんどうあります》
江戸時代前期〜中期の歴算家、和算家。
¶会津, 朝日（㊷宝永5年6月25日（1708年8月11日）），江文, 科学（㊷1708年5月）6月25日），近世, 国史, 国書（㊷宝永5（1708）年6月25日），コン改（あんどうあります），コン4（あんどうあります），史人（あんどうあります㊷1708年6月25日），人書94, 新潮（㊷宝永5（1708）年6月25日），人名, 世人（㊷宝永5（1708）年6月25日），全書, 日人, 藩臣2, 福島百

**安藤良夫** あんどうよしお
大正11（1922）年2月20日〜
昭和〜平成期の原子力工学者。東京大学教授。
¶現執2期, 現情, 世紀

**安藤宜時** あんどうよしとき
生没年不詳
江戸時代の装剣工。代表作に「居眠老翁鐔」「酸漿鐔」。
¶庄内, 人名, 日人

**安藤義典** あんどうよしのり
昭和30（1955）年〜
昭和〜平成期の陶芸家。
¶陶工

**安東利喜** あんどうりき
昭和26（1951）年〜
昭和〜平成期の陶芸家。
¶名工

**安東柳軒** あんどうりゅうけん
江戸時代の陶工、安東焼の創始者。
¶人名, 日人（生没年不詳）

**安土三郎** あんどさぶろう
明治36（1903）年3月〜
昭和期の蚕種製造家。
¶群馬人

**安部和助** あんべわすけ
明治19（1886）年10月29日〜昭和35（1960）年11月25日
明治〜昭和期の実業家。鰹の削り節の製造・販売に従事。
¶食文, 世紀, 日人, 広島百

**安立又三郎** あんりゅうまたさぶろう
弘化4（1847）年〜昭和3（1928）年
明治〜昭和期の酒造家。
¶福井百

## 【い】

**伊阿弥** いあみ
生没年不詳
安土桃山時代の畳師。
¶茶道, 美工

**飯尾新治郎** いいおしんじろう
生没年不詳
明治期の金属工芸家。
¶大阪人

**井伊昊嗣** いいこうじ
昭和28（1953）年7月10日〜
昭和〜平成期の陶芸家。
¶陶工

**飯坂弥五郎** いいさかやごろう
文化5（1808）年〜明治23（1890）年
江戸時代後期〜明治期の宮大工。
¶姓氏岩手

**飯沢能布子** いいざわのぶこ
昭和期の七宝工芸家。
¶名工

**飯島栄次** いいじまえいじ
生没年不詳
明治期の婦人服製造業者。女唐物屋を開業し、日本で初めてシュミーズを製造販売。
¶先駆

**飯島吉六** いいじまきちろく
〜文化12（1815）年
江戸時代後期の橘樹郡鶴見村石工。
¶神奈川人

**飯島国俊** いいじまくにとし
万延1（1860）年〜＊
明治〜昭和期の組合製糸の先駆者。
¶長野百（㊷1930年），長野歴（㊷昭和12（1937）年）

**飯島健** いいじまけん
明治31（1898）年〜昭和45（1970）年
大正〜昭和期の豚改良者。
¶神奈川人, 姓氏神奈川

**飯島貞一** いいじまさだかず
大正11（1922）年〜
昭和期の地域開発専門家。日本工業立地センター常務理事。
¶現執1期

**飯島善造** いいじまぜんぞう
天保3（1832）年〜明治41（1908）年

江戸時代後期〜明治期の新道建設推進者。
¶姓氏長野, 長野歴

**飯島善太郎** いいじまぜんたろう
明治〜昭和期の実業家。電灯用変圧器を製作、飯島変圧器製作所(日本信号の前身)を創業。
¶創業([没]?)

**飯島秀雄** いいじまひでお
大正12(1923)年1月〜
昭和〜平成期の砂子師。専門は箔押し。
¶名工

**飯塚伊賀七** いいずかいがしち
→飯塚伊賀七(いいづかいがしち)

**飯塚桃葉** いいずかとうよう
→飯塚桃葉(いいづかとうよう)

**飯塚義光** いいずかよしみつ
→飯塚義光(いいづかよしみつ)

**飯田市郎兵衛** いいだいちろべえ
戦国時代の醸造家。野田醤油の創始者。
¶食文, 千葉百

**飯田勝美** いいだかつみ
明治4(1871)年〜昭和9(1934)年4月
明治〜昭和期の鋳金工芸家。
¶大阪人

**飯田吉次郎** いいだきちじろう
→飯田俊徳(いいだとしのり)

**飯田吉六** いいだきちろく
江戸時代後期の陶工、吉六焼の創始者。
¶人名

**飯田汲事** いいだくみじ
明治42(1909)年2月21日〜
昭和期の防災工学者、地震学者。名古屋大学教授。
¶現情

**飯田耕一郎** いいだこういちろう
明治3(1870)年5月19日〜昭和10(1935)年11月9日
明治〜大正期の明治期から大正期にかけて活躍した鉄道技術者。
¶鉄道

**飯田広斎** いいだこうさい
明治23(1890)年〜昭和35(1960)年
明治〜昭和期の木工芸家。
¶美工

**飯田貞重** いいださだしげ
明治29(1896)年〜昭和52(1977)年
明治〜昭和期の陶芸家。
¶陶芸最, 陶工

**飯田周助** いいだしゅうすけ
大正7(1918)年1月29日〜
昭和期の航空工学者。大阪府立大学教授。
¶現情

**飯田省三** いいだしょうぞう
昭和期の犬張り子職人。
¶名工

**飯田助左衛門** いいだすけざえもん
生没年不詳
安土桃山時代〜江戸時代前期の釜師。
¶茶道, 新潮, 姓氏京都, 世人, 戦人, 日人, 美工

**飯田清太** いいだせいた
明治22(1889)年〜昭和50(1975)年12月10日
大正〜昭和期の鉄道員。鉄道敷設工事功労者。東海道新幹線建設工事、中央線の複線化など国内のほとんどの鉄道建設工事に携わった。
¶現情([生]1889年10月9日), 人名7, 世紀([生]明治22(1889)年10月), 日人([生]明治22(1889)年10月)

**飯田精太郎** いいだせいたろう
明治17(1884)年9月〜昭和27(1952)年3月7日
明治〜昭和期の鉄道技術者、政治家。貴院議員、参議院議員。
¶政治

**飯田民一** いいだたみいち
大正13(1924)年3月12日〜
昭和〜平成期の陶芸家。
¶陶工

**飯田俊徳** いいだとしのり
弘化4(1847)年〜大正12(1923)年8月27日 [別]飯田吉次郎《いいだきちじろう》
江戸時代末期〜大正期の鉄道技師。
¶海越新(飯田吉次郎 いいだきちじろう [生]嘉永1(1848)年), 近土([生]1847年6月25日), コン5, 鉄道([生]1847年8月5日), 渡航(飯田吉次郎・飯田俊徳 いいだきちじろう・いいだとしのり [生]?), 土木([生]1847年6月25日), 山口百

**飯田信祐** いいだのぶすけ
明治39(1906)年〜?
大正〜昭和期の建築家。
¶栃木歴

**飯田初穂** いいだはつほ
明治39(1906)年〜
大正〜昭和期の鳶職人。
¶名工

**飯田房太郎** いいだふさたろう
明治39(1906)年8月7日〜昭和50(1975)年5月8日
大正〜昭和期の建設業。
¶近土, 土木

**飯田文吉** いいだぶんきち
万延1(1860)年〜昭和14(1939)年
明治〜昭和期の紡績機の発明者。
¶静岡歴, 姓氏静岡

**飯田真人** いいだまさと
昭和24(1949)年12月16日〜
昭和期の陶芸家。
¶陶芸最

## 飯田弥吉 いいだやきち
明治16（1883）年〜昭和18（1943）年
明治〜昭和期の織機製造業者。
¶静岡歴，姓氏静岡

## 飯田屋八郎右衛門 いいだやはちろうえもん
＊〜嘉永5（1852）年
江戸時代末期の陶画工。
¶朝日（⊕文政1（1818）年），石川百（⊕1805年），
茶道（⊕1804年），新潮（⊕？），人名（⊕1804
年），姓氏石川（⊕1804年），世人（⊕？），日人
（⊕1804年）

## 飯田吉英 いいだよしひで
明治9（1876）年12月22日〜昭和51（1976）年11月
22日
明治〜昭和期の実業家。食肉加工の先覚者。
¶食文

## 飯田美郎 いいだよしろう
大正10（1921）年4月20日〜
昭和〜平成期の工芸家。専門は彫金。
¶名工

## 飯田りゑ いいだりえ
昭和期の葛布制作者。
¶名工

## 飯塚伊賀七 いいづかいがしち，いいずかいがしち
宝暦12（1762）年〜天保7（1836）年
江戸時代中期〜後期の常陸谷田部藩士。和時計の
発明家。
¶茨城百，郷土茨城，人書94（いいずかいがし
ち），藩臣2

## 飯塚小玕斎 いいづかしょうかんさい，いいずかしょう
かんさい
大正8（1919）年5月6日〜平成16（2004）年9月4日
昭和期の竹工芸家。
¶群馬人，現朝，現情，現日，国宝，新潮，世紀，
日人，美工（いいずかしょうかんさい），名工
（いいずかしょうかんさい）

## 飯塚桃葉 いいづかとうよう，いいずかとうよう
生没年不詳
江戸時代後期の蒔絵士。
¶朝日，近世，国史，コン改，コン4，茶道，史
人，新潮，人名，徳島百（⊕寛政2（1790）年9月
20日），徳島歴（いいずかとうよう ⊕享保4
（1719）年 ㊥寛政2（1790）年9月30日），日人，
美術，百科

## 飯塚鳳斎 いいづかほうさい
明治5（1872）年〜昭和9（1934）年
明治〜昭和期の竹工芸家。
¶栃木歴

## 飯塚孫次郎（飯塚孫二郎）いいづかまごじろう
天保9（1838）年〜明治43（1910）年
江戸時代後期〜明治期の地域開発功労者。
¶静岡歴，姓氏静岡，幕末（飯塚孫二郎）

## 飯塚勝康 いいづかまさやす
昭和24（1949）年8月22日〜
昭和〜平成期の陶芸家。
¶陶工

## 飯塚山五郎 いいづかやまごろう
明治9（1876）年〜昭和14（1939）年
明治〜昭和期の蚕業技師。
¶姓氏群馬

## 飯塚義光 いいづかよしみつ，いいずかよしみつ
明治期の工部省測量技師。工部省留学生としてイ
ギリスへ赴く。
¶海越（いいずかよしみつ 生没年不詳），海越
新（いいずかよしみつ），渡航

## 飯塚琅玕斎 いいづかろうかんさい，いいずかろうかん
さい
明治23（1890）年〜昭和33（1958）年
大正〜昭和期の竹工芸家。日本工芸会理事。唐物
風の竹篭などを得意とする。
¶角史，郷土栃木，近現，現朝（⊕1890年3月15日
㊥1958年12月17日），現情（⊕1890年3月15日
㊥1958年12月17日），現日（⊕1890年3月15日
㊥1958年12月17日），国史，茶道，新潮（⊕明
治23（1890）年3月15日 ㊥昭和33（1958）年12
月17日），人名7，世紀（⊕明治23（1890）年3月
15日 ㊥昭和33（1958）年12月17日），全書，大
百，栃木歴，日人（⊕明治23（1890）年3月15日
㊥昭和33（1958）年12月17日），美工（いいずか
ろうかんさい ⊕明治23（1890）年3月15日
㊥昭和33（1958）年12月17日），名工（いいずか
ろうかんさい）

## 飯沼貞吉 いいぬまさだきち
安政1（1854）年〜昭和6（1931）年
明治〜大正期の白虎隊士，逓信技師。
¶会津，人名（⊕1853年），世紀（⊕嘉永6（1853）
年 ㊥昭和6（1931）年2月12日），日人，幕末
（㊥1931年6月12日），藩臣2，履歴（⊕安政1
（1854）年3月25日 ㊥昭和6（1931）年2月23
日）

## 飯沼恒雄 いいぬまつねお
昭和期の小田原ちょうちん作り。
¶名工

## 飯野啓三 いいのけいぞう
昭和4（1929）年〜
昭和〜平成期の漆芸家。
¶名工

## 飯室 いいむろ
生没年不詳
江戸時代後期の陶工。
¶日人

## 飯吉精一 いいよしせいいち
明治37（1904）年2月27日〜平成2（1990）年6月
12日
昭和期の施工学者・評論家。
¶科学，近土，土木

**井内恭太郎** いうちきょうたろう
嘉永7(1854)年4月10日～昭和9(1934)年3月9日
明治～大正期の官吏。
¶世紀，徳島百，徳島歴，日人

**井内太平** いうちたへい
文久3(1863)年6月25日～大正13(1924)年6月4日
明治～大正期の実業家。井内衡器製作所を設立、スピンスケールを発明。
¶世紀，徳島百，徳島歴([没]大正3(1914)年6月4日)，日人

**井内芳樹** いうちよしき
昭和19(1944)年～平成8(1996)年
昭和期の陶芸家。
¶高知人，陶芸最([生]昭和19年10月16日)

**井浦深泉** いうらしんせん
～平成10(1998)年12月11日
昭和～平成期の染絵師。
¶美工，名工

**家城源七** いえきげんしち
？ ～文化13(1816)年
江戸時代後期の金工、打物師。門弟に鎊師の鈴木長翁斎がいる。
¶人名，日人

**家貞**(1) いえさだ
安土桃山時代の出雲忠貞派の刀匠。
¶島根人

**家貞**(2) いえさだ
安土桃山時代の刀工。
¶島根百

**家貞**(3) いえさだ
安土桃山時代の刀工。
¶島根百

**家貞**(4) いえさだ
江戸時代前期の刀工。
¶島根人，島根百

**家重** いえしげ
世襲名　江戸時代の加賀の刀工。
¶姓氏石川

**家助** いえすけ
室町時代の長船派の刀工。
¶岡山歴

**家忠**(1) いえただ
鎌倉時代前期の福岡一文字派の刀工。
¶岡山歴

**家忠**(2) いえただ
世襲名　江戸時代の加賀の刀工。
¶姓氏石川

**家忠**(3) いえただ
？ ～寛文1(1661)年
江戸時代前期の加賀国江沼郡大聖寺の刀工。
¶姓氏石川

**家田正之** いえだまさゆき
大正14(1925)年10月8日～平成11(1999)年3月3日
昭和～平成期の電気工学者、名古屋大学名誉教授。
¶科学

**家次**(1) いえつぐ
世襲名　平安時代以来の加賀国能美郡能美村の刀工。
¶姓氏石川

**家次**(2) いえつぐ
南北朝時代の備中青江の刀工。
¶岡山歴

**家次**(3) いえつぐ
室町時代の刀工。
¶島根百

**家次**(4) いえつぐ
生没年不詳
戦国時代の相模の甲冑師。
¶戦辞

**家次**(5) いえつぐ
戦国時代の刀匠。
¶島根人

**家次**(6) いえつぐ
江戸時代末期の刀匠。
¶島根人，島根百

**家長** いえなが
江戸時代末期～明治期の刀工。
¶島根人，島根百

**家永壱岐守** いえながいきのかみ
安土桃山時代の土器師。
¶佐賀百

**家永熊吉** いえながくまきち
江戸時代末期～明治期の肥前有田の陶工。
¶人名([生]？　[没]1885年)，日人([生]1821年　[没]1882年)

**家長庄右衛門**(家永庄右衛門) いえながしょうえもん
江戸時代前期の陶工。
¶人名(家永庄右衛門)，日人(生没年不詳)

**家長太郎兵衛**(家永太郎兵衛) いえながたろべえ
江戸時代前期の陶工。
¶人名(家永太郎兵衛)，日人(生没年不詳)

**家永彦三郎** いえながひこさぶろう
安土桃山時代～江戸時代前期の陶工。
¶人名

**家長彦三郎** いえながひこさぶろう
永禄12(1569)年～慶安2(1649)年　[別]家長方親《いえながまさちか》
安土桃山時代～江戸時代前期の筑後柳河藩士、焼物師。
¶日人，藩臣7(家長方親　いえながまさちか)

**家長方親** いえながまさちか
→家長彦三郎（いえながひこさぶろう）

**家平** いえひら
世襲名　江戸時代の加賀の刀工。
¶姓氏石川

**家広** いえひろ
江戸時代の加賀の刀工。
¶姓氏石川

**家弘** いえひろ
？～宝暦8（1758）年
江戸時代中期の加賀の刀工。
¶姓氏石川

**家政** いえまさ
世襲名　室町時代～戦国時代の加賀の刀工。
¶姓氏石川

**家正** いえまさ
安土桃山時代の刀工。
¶島根人，島根百，姓氏石川

**家盛** いえもり
室町時代の長船派の刀工。
¶岡山歴

**家安** いえやす
平安時代の刀工。
¶岡山人

**家吉** いえよし
戦国時代の相模の甲冑師。
¶姓氏石川，戦辞（生没年不詳）

**猪飼真吾** いかいしんご
昭和15（1940）年2月1日～
昭和期の陶芸家。
¶陶芸最，名工

**猪飼護** いかいまもる
昭和25（1950）年11月16日～
昭和期の陶芸家。
¶陶芸最

**伊賀氏広** いがうじひろ
明治19（1886）年～昭和41（1966）年
明治～昭和期の飛行機製作の先駆者。
¶高知人，高知百

**伊笠宗平** いかさそうへい
生没年不詳
江戸時代後期の陶工。
¶日人

**井形厚臣** いかたあつおみ
明治32（1899）年10月20日～昭和39（1964）年7月21日
大正～昭和期の工学者（理学博士）。
¶徳島歴

**生間正起** いかままさおき
？～明治34（1901）年
明治期の料理人。

¶日人

**生間又左衛門** いかままたざえもん
生没年不詳
江戸時代中期の料理人。
¶姓氏京都

**伊賀保太郎** いがやすたろう
万延1（1860）年9月～明治36（1903）年10月19日
江戸時代末期～明治期の地方開発功労者。
¶兵庫人

**五十嵐勇** いがらしいさむ
明治25（1892）年1月18日～昭和61（1986）年3月7日
昭和期の金属工学者。東北大学教授。強力アルミニウム合金ESDを発明。
¶科学，現朝，世紀，日人

**五十嵐億太郎** いがらしおくたろう
明治6（1873）年～昭和4（1929）年
明治～昭和期の漁業家。留萌漁業開発の先覚者。
¶青森人，北海道百，北海道歴

**五十嵐喜三郎** いがらしきさぶろう
生没年不詳
江戸時代前期の蒔絵師。
¶国書，人名，美工

**五十嵐健治** いがらしけんじ
明治10（1877）年3月14日～昭和47（1972）年4月10日
明治～昭和期のクリーニング業者。白洋舎創立者。わが国初のドライクリーニングを開発。
¶実業，世紀，先駆，創業，日人

**五十嵐健二** いがらしけんじ
生没年不詳
明治期の陶工。陶用銅版の創始者。
¶人名，日人，美工

**五十嵐次左衛門** いがらしじざえもん
生没年不詳
江戸時代の筑前高取焼の陶工。
¶茶道，人名，日人，美工

**五十嵐信斎** いがらししんさい
生没年不詳
室町時代の蒔絵師。五十嵐派の始祖。
¶朝日，鎌室，コン改，コン4，茶道，史人，新潮，人名，世人，戦人，大百，日人，美工

**五十嵐信平** いがらししんべい
嘉永3（1850）年～大正7（1918）年
江戸時代後期～大正期の陶芸家。
¶陶工

**五十嵐信平〔1代〕** いがらししんべい
江戸時代の陶工。
¶茶道，人名，日人（生没年不詳）

**五十嵐信平〔2代〕** いがらししんべい
寛政3（1791）年～嘉永4（1851）年
江戸時代後期の陶工。

い

¶日人

**五十嵐信平〔3代〕**(――〔2代〕) いがらししんぺい
？ ～明治15(1882)年
明治期の陶工。父祖以来の釉薬を一変して中国の辰砂風の小器を作り出した。
¶茶道(――〔2代〕)，茶道，人名(――〔2代〕)，人名，日人([生]1833年)

**五十嵐直雄** いがらしただお
大正4(1915)年～昭和62(1987)年
昭和期の建築家。五十嵐建築設計事務所会長、福井大学名誉教授。
¶郷土福井，美建([生]大正4(1915)年1月12日 [没]昭和62(1987)年11月9日)，福井百

**五十嵐太兵衛** いがらしたへえ
生没年不詳
江戸時代前期の蒔絵師。
¶人名，日人，美工

**五十嵐鉄雄** いがらしてつお
明治41(1908)年1月25日～
昭和～平成期の提灯職人。
¶名工

**五十嵐道甫** いがらしどうほ
？ ～延宝6(1678)年
江戸時代前期の蒔絵師。
¶朝日([没]延宝6年5月26日(1678年7月14日))，石川百，近世，国史，コン改(生没年不詳)，コン4(生没年不詳)，茶道，史人(生没年不詳)，新潮(生没年不詳)，人名，姓氏石川，世人(生没年不詳)，世百，戦人(生没年不詳)，大百，日人

**五十嵐道甫〔2代〕** いがらしどうほ
*～元禄10(1697)年
江戸時代前期の蒔絵師。
¶新潮([生]？ [没]元禄10年6月24日，(異説)元禄4年7月2日)，日人([生]1635年)

**五十嵐八五郎** いがらしはちごろう
安政1(1854)年5月20日～昭和2(1927)年11月4日
明治～昭和期の農事改良家。
¶埼玉人

**五十嵐日出夫** いがらしひでお
昭和7(1932)年2月7日～
昭和期の都市工学者。北海道大学教授。
¶現執2期

**五十嵐秀助** いがらしひですけ
*～昭和8(1933)年2月11日
明治～昭和期の技師。東京電話交換局長、東京逓信局工務部長。我が国電話創業時代、帝都および横浜の電話網建設の基礎を樹立した。
¶海越新([生]安政5(1859)年12月22日)，科学([生]1858年(安政5)12月22日)，人名([生]1858年)，世紀([生]安政5(1859)年12月22日)，渡航([生]1858年)，日人([生]1859年)

**五十嵐弥五右衛門** いがらしやごうえもん
天保4(1833)年～明治26(1893)年3月7日
江戸時代末期～明治期の蚕糸業功労者。蚕糞を除去する時に使用する繭網を考案。
¶幕末

**五十嵐善孝** いがらしよしたか
明治23(1890)年7月1日～昭和31(1956)年5月21日
明治～昭和期の技術者。
¶世紀，日人

**猪狩和子** いがりかずこ
昭和28(1953)年2月20日～
昭和期の陶芸家。
¶陶芸最

**猪狩新兵衛** いかりしんべえ，いがりしんべえ
文化7(1810)年～明治10(1877)年
江戸時代後期～明治期の海苔養殖家。
¶姓氏岩手，姓氏宮城(いがりしんべえ)

**鵤幸右衛門** いかるがこううえもん
→鵤幸右衛門(いかるがこうえもん)

**鵤幸右衛門** いかるがこうえもん
生没年不詳　[別]鵤幸右衛門《いかるがこううえもん》，幸右衛門《こうえもん》
江戸時代前期の山城伏見の人形師。
¶大阪人，岡山人(いかるがこううえもん　[没]元和1(1615)年)，人名，姓氏京都，日人

**伊川喜久子** いがわきくこ
昭和12(1937)年11月11日～
昭和期の陶芸家。
¶陶芸最

**伊川左茂理** いかわさもり
江戸時代の漆工。
¶人名，日人(生没年不詳)

**猪木弟彦** いぎおとひこ
明治10(1877)年1月～大正14(1925)年1月11日
明治～大正期の造船技術者。
¶岡山歴

**伊喜見文吾** いきみぶんご
嘉永1(1848)年～昭和7(1932)年2月10日
明治～昭和期の印刷業者。白河新聞を発刊し熊本実業界に活躍。
¶幕末

**伊行末** いぎょうまつ
？ ～文応1(1260)年　[別]伊行末《いのゆきすえ》
鎌倉時代前期の石工。宋の明州出身。
¶朝日([没]文応1年7月11日(1260年8月19日))，史人，日史([没]文応1(1260)年7月11日)，日人，美術，百科，仏教([没]文応1(1260)年7月11日)

**生井武文** いくいたけふみ
大正9(1920)年1月5日～平成10(1998)年7月31日
昭和～平成期の機械工学者、九州大学名誉教授。専門は流体工学。
¶科学

## 幾右衛門 いくえもん
生没年不詳
江戸時代後期の宮大工、足柄下郡国府津村舟主。
¶神奈川人, 徳島歴

## 井草太郎右衛門 いぐさたろううえもん
嘉永3(1850)年〜明治43(1910)年
江戸時代後期〜明治期の養蚕家。
¶姓氏群馬

## 生島四郎太夫 いくしましろうだゆう
→生島四郎太夫(いくしましろだゆう)

## 生島四郎太夫 いくしましろだゆう
文化4(1807)年〜明治19(1886)年　㊥生島四郎太夫《いくしましろうだゆう》
江戸時代後期〜明治期の地域開発者。
¶兵庫人(㊼明治19(1886)年12月31日), 兵庫百(いくしましろうだゆう)

## 生島藤七(1) いくしまとうしち
生没年不詳
江戸時代前期の螺鈿工。
¶コン改, コン4, 茶道, 新潮, 人名, 日人, 美工

## 生島藤七(2) いくしまとうしち
生没年不詳
江戸時代前期のガラス職人。
¶新潮, 日人

## 生田和孝 いくたかずたか
昭和2(1927)年〜昭和57(1982)年
昭和期の陶芸家。
¶陶芸最, 陶工, 美工(㊤昭和2(1927)年5月18日), 名工(㊤昭和2年5月18日)

## 生田勉 いくたつとむ
大正1(1912)年2月20日〜昭和55(1980)年8月4日
昭和期の建築家。東京大学教授。戦時中にルイス・マンフォードの著作に出会い、戦後はその訳業に打ち込んだ。
¶現執1期, 現情, 現人, 世紀, 美建

## 生田丹代子 いくたによこ
昭和28(1953)年〜
昭和〜平成期のガラス工芸家。
¶名工

## 井口左管左兵衛介 いぐちさかんさひょうえのすけ
生没年不詳
戦国時代の大工。
¶戦辞

## 井口鹿象 いぐちしかぞう
明治20(1887)年〜昭和31(1956)年
明治〜昭和期の工学者。
¶科学(㊤1887年(明治20)7月8日　㊦1956年(昭和31)3月13日), 北海道百, 北海道歴

## 井口峰幸 いぐちたかゆき
昭和31(1956)年1月25日〜
昭和〜平成期の陶芸家。
¶陶工

## 井口雅一 いぐちまさかず
昭和9(1934)年11月22日〜
昭和〜平成期の工学者。東京大学教授。専門は交通システム。
¶現執2期, 現執3期, 現情, 世紀

## 井口雅代 いぐちまさよ
昭和31(1956)年1月12日〜
昭和〜平成期の陶芸家。
¶陶工

## 猪口万右衛門 いぐちまんえもん
→猪口万右衛門(いのくちまんえもん)

## 行吉素心 いくよしそしん
→行吉素心(ゆくよしそしん)

## 池内伝之助 いけうちでんのすけ
明治14(1881)年〜昭和20(1945)年
明治〜昭和期の専売局技師。
¶高知人

## 池内富久造 いけうちとくぞう
昭和期の宮内庁御用畳匠。
¶名工

## 池貝喜四郎 いけがいきしろう
明治10(1877)年5月15日〜昭和8(1933)年3月28日
明治〜大正期の機械技術者。池貝鉄工所副社長。池貝式標準旋盤、縮写削成機など34の特許を獲得。
¶近現, 国史, 史人, 実業, 新潮, 世紀, 日人

## 池貝庄太郎 いけがいしょうたろう
明治2(1869)年〜昭和9(1934)年
明治〜昭和期の実業家。池貝鉄工所社長。池貝式標準旋盤の発表、無機噴油ディーゼル機関完成など独自技術を開発。
¶朝日(㊤明治2年10月10日(1869年11月13日)　㊦昭和9(1934)年7月28日), 近現, 現朝(㊤1869年10月10日　㊦1934年7月28日), 国史, コン改, コン5, 史人(㊤1869年10月10日　㊦1934年7月28日), 実業(㊤明治2(1869)年10月10日　㊦昭和9(1934)年7月28日), 新潮(㊤明治2(1869)年10月10日　㊦昭和9(1934)年7月28日), 人名, 世紀(㊤明治2(1869)年10月10日　㊦昭和9(1934)年7月28日), 世百, 先駆(㊤明治2(1869)年10月10日　㊦昭和9(1934)年7月28日), 全書, 千葉百, 日史(㊤明治2(1869)年10月10日　㊦昭和9(1934)年7月28日), 日人(㊤明治2(1869)年10月10日　㊦昭和9(1934)年7月28日), 百科, 歴大

## 池上栄一 いけがみえいいち
昭和6(1931)年4月24日〜
昭和〜平成期の陶芸家。
¶陶芸最, 陶工, 名工

## 池上五郎右衛門(1) いけがみごろうえもん
生没年不詳
室町時代の御大工。
¶朝日, 織田, 戦人, 戦補, 日人

**池上五郎右衛門(2)　いけがみごろうえもん**
生没年不詳
江戸時代中期の大工。
¶姓氏京都

**池上清左衛門　いけがみせいざえもん**
世襲名　室町時代以来の甲斐武田氏代々の番匠。
¶長野歴

**池上せつ子　いけがみせつこ**
昭和25(1950)年4月13日～
昭和～平成期の陶芸家。
¶陶工

**池上喬庸　いけがみたかのぶ**
昭和期の刃物師。
¶名工

**池上太郎左衛門　いけがみたろうざえもん**
享保3(1718)年～寛政10(1798)年　[別]池上幸豊《いけがみゆきとよ》，池上太郎左衛門《いけがみたろざえもん》，池上太郎左衛門幸豊《いけがみたろうざえもんゆきとよ》
江戸時代中期の新田開発家、殖産興業家。
¶朝日([没]寛政10年2月15日(1798年3月31日))，角史，郷土神奈川([生]1715年)，近世，国史，国書(池上幸豊　いけがみゆきとよ　[没]寛政10(1798)年2月25日)，コン改，コン4，史人([没]1798年2月15日)，食文(池上太郎左衛門幸豊　いけがみたろうざえもんゆきとよ　[没]寛政10年2月15日(1798年3月31日))，新潮([没]寛政10(1798)年2月15日)，人名(いけがみたろざえもん　[生]?)，世人，全書，大百，日史([没]寛政10(1798)年2月15日)，日人，百科，歴大

**池上太郎左衛門　いけがみたろざえもん**
→池上太郎左衛門(いけがみたろうざえもん)

**池上不二子　いけがみふじこ**
明治42(1909)年2月28日～平成11(1999)年12月5日
昭和～平成期の装こう師。
¶現俳，女文，俳文，名工

**池上幸豊　いけがみゆきとよ**
→池上太郎左衛門(いけがみたろうざえもん)

**池谷政一郎　いけがやまさいちろう**
天保5(1834)年～明治20(1887)年
江戸時代末期～明治期の農民。駿河国宗高村の道路開発に着手。
¶静岡歴，姓氏静岡，幕末

**池島玲子　いけじまれいこ**
昭和19(1944)年9月16日～
昭和期の陶芸家。
¶陶芸最

**池田あきこ　いけだあきこ**
昭和25(1950)年～
昭和～平成期の人形作家。
¶幻想，名工

**池田逸堂　いけだいつどう**
大正3(1914)年～平成11(1999)年5月4日
昭和～平成期の鋳金家。
¶美工

**池田巌　いけだいわお**
昭和15(1940)年～
昭和～平成期の漆芸家。
¶名工

**池田一秀　いけだかつひで**
安永2(1773)年～天保12(1841)年5月8日
江戸時代中期～後期の刀工。
¶庄内

**池田嘉六　いけだかろく**
明治15(1882)年5月5日～昭和38(1963)年4月1日
明治～昭和期の鉄道技師。
¶近土，土木

**池田菊苗　いけだきくなえ**
元治1(1864)年～昭和11(1936)年
明治～昭和期の物理化学者。東京帝国大学教授。調味料グルタミン酸ナトリウムを発明、理化学研究所の創設に尽力。
¶朝日([生]元治1年9月8日(1864年10月8日)　[没]昭和11(1936)年5月3日)，科学([生]1864年(元治1)9月8日　[没]1936年(昭和11)5月3日)，神奈川人，近医，近現，現朝([生]元治1年9月6日(1864年10月6日)　[没]1936年5月3日)，国史，コン改，コン5，史人([生]1864年9月8日　[没]1936年5月3日)，食文([生]元治1年9月8日(1864年10月8日)　[没]1936年5月3日)，新潮([生]元治1(1864)年9月8日　[没]昭和11(1936)年5月3日)，人名，世紀([生]元治1(1864)年9月8日　[没]昭和11(1936)年5月3日)，世人([生]元治1(1864)年10月　[没]昭和11(1936)年5月3日)，世百，先駆([生]元治1(1864)年9月8日　[没]昭和11(1936)年5月3日)，全書，大百，伝記，渡航([生]1864年9月8日　[没]1936年5月3日)，日史([生]元治1(1864)年9月8日　[没]昭和11(1936)年5月3日)，日人，日本，百科，履歴([生]元治1(1864)年9月8日　[没]昭和11(1936)年5月3日)，歴大

**池田吉兵衛　いけだきちべえ**
?　～明治4(1871)年
江戸時代末期の治水家。
¶秋田百，人名，日人

**池田喜兵衛　いけだきへえ**
生没年不詳
江戸時代中期の左官。
¶姓氏京都

**池田琴乗　いけだきんじょう**
文政10(1827)年6月3日～明治25(1892)年6月12日
江戸時代後期～明治期の金工家。
¶庄内

**池田啓一　いけだけいいち**
昭和25(1950)年2月19日～

昭和期の陶芸家。
¶陶芸最

**池田源助** いけだげんすけ
享保18（1733）年〜寛政5（1793）年
江戸時代中期の豪農、新田開発者。
¶郷土長野, 姓氏長野, 長野歴

**池田謙三** いけだけんぞう
明治15（1882）年〜昭和28（1953）年
明治〜昭和期の工学者、教育者。秋田鉱専校長。
¶秋田百, 科学（⊕1882年（明治15）9月20日 ⊗1953年（昭和28）11月9日）

**池田謙蔵** いけだけんぞう
天保15（1844）年〜大正11（1922）年2月20日
明治期の官僚、農事改良家。養蜂・桃缶詰技術を導入。
¶愛媛百（生没年不詳）, 植物（⊕天保15（1844）年11月29日）, 食文（⊕天保15年11月20日（1844年12月29日））, 渡航（⊕1844年11月20日）, 日人

**池田源兵衛**(1) いけだげんべえ
生没年不詳
江戸時代中期の津軽塗の塗師、津軽藩士。独自の唐塗を創案し津軽塗の原型をつくった。
¶日人

**池田源兵衛**(2) いけだげんべえ
？〜享保7（1722）年
江戸時代中期の津軽塗の祖、津軽藩士。
¶人名

**池田源兵衛〔2代〕** いけだげんべえ
延宝3（1675）年〜？
江戸時代前期〜中期の弘前藩抱えの塗師。
¶青森人

**池田謙竜** いけだけんりょう
文政10（1827）年〜明治29（1896）年
江戸時代末期〜明治期の医師。三椏を静岡県より移入し殖産興業に尽力。
¶高知人, 幕末（⊗1896年12月13日）

**池田作美〔1代〕** いけださくみ
明治19（1886）年〜昭和30（1955）年
明治〜昭和期の木工芸家。
¶石川百, 美工

**池田脩二** いけだしゅうじ
昭和26（1951）年〜
昭和〜平成期の陶芸家。
¶陶芸最, 名工

**池田重治郎** いけだじゅうじろう
文政8（1825）年〜明治12（1879）年
江戸時代末期〜明治期の刀工、鍛冶職。
¶維新, 人名, 日人

**池田周太郎** いけだしゅうたろう
明治1（1868）年〜昭和21（1946）年
明治〜昭和期の人。弘前で素麺を初めて製造。
¶青森人

**池田清内** いけだせいない
文政10（1827）年9月26日〜明治29（1896）年5月9日
江戸時代後期〜明治期の刀工。
¶庄内

**池田善右衛門** いけだぜんえもん
生没年不詳
江戸時代後期の人。あけび蔓細工の創始者。
¶姓氏長野

**池田泰真** いけだたいしん
文政8（1825）年〜明治36（1903）年
江戸時代末期〜明治期の蒔絵師。薬研堀派と称され、パリ万国博で金牌受賞。
¶朝日（⊕文政8年7月7日（1825年8月20日） ⊗明治36（1903）年3月7日）, 近現, 近世, 国史, 茶道, 史人（⊕1825年7月7日 ⊗1903年3月7日）, 新潮（⊕文政8（1825）年7月7日 ⊗明治36（1903）年3月7日）, 人名, 世人, 全書, 大百, 日史（⊕文政8（1825）年7月7日 ⊗明治36（1903）年3月7日）, 日人, 美術, 百科

**池田退輔** いけだたいすけ
大正12（1923）年5月27日〜
昭和〜平成期の陶芸家。
¶陶芸最, 名工

**池田隆雄** いけだたかお
〜昭和8（1933）年
明治〜昭和期の彫金家。
¶大阪人

**池田武邦** いけだたけくに
大正13（1924）年〜
昭和〜平成期の建築家、建築学者。日本設計事務所社長。
¶現執1期, 現執4期（⊕1924年1月14日）

**池田長治郎** いけだちょうじろう
安政6（1859）年〜昭和10（1935）年2月15日
明治〜昭和期の蚕糸業功労者。奥州伊達郡の人。優良蚕種である伊達錦を育成。
¶幕末

**池田常蔵** いけだつねぞう
嘉永4（1851）年〜明治43（1910）年
江戸時代末期〜明治期の蚕糸業者。蚕種改良池田組を組織し伊達錦を育成。著書に「蚕桑病理問答」など。
¶幕末

**池田伝九郎** いけだでんくろう
？〜正徳1（1711）年
江戸時代前期の用水路開削者。
¶姓氏長野, 長野歴

**池田伝平** いけだでんぺい
大正2（1913）年〜
昭和期の陶芸家。
¶陶芸, 陶芸最（⊕大正2年1月20日）, 名工

**池田篤三郎** いけだとくさぶろう
明治23（1890）年8月25日〜昭和38（1963）年7月2

日
明治～昭和期の技師。
¶科学，近土，土木

## 池田敏雄　いけだとしお
大正12（1923）年8月7日～昭和49（1974）年11月14日
昭和期のコンピューター技術者。富士通専務。天才的芸術家肌の研究者で，コンピューター国産化のパイオニア。
¶科学，現朝，現情，現人，世紀，日人

## 池田寅次郎　いけだとらじろう
生没年不詳
明治期の挽物師。日本初の万年筆「畜墨汁針筆」を発明。
¶先駆

## 池田八郎　いけだはちろう
昭和3（1928）年1月23日～平成14（2002）年1月7日
昭和～平成期の漆器職人。
¶美工

## 池田瓢阿　いけだひょうあ
大正3（1914）年～
昭和～平成期の竹芸家。
¶名工

## 池田政雄　いけだまさお
昭和期の靴職人。
¶名工

## 池田雅是　いけだまさゆき
昭和2（1927）年7月28日～
昭和期の陶芸家。
¶陶芸最

## 池田匡優　いけだまさゆき
昭和27（1952）年3月29日～
昭和～平成期の陶工。
¶陶工

## 池田門平〔1代〕　いけだもんべい
生没年不詳
江戸時代後期の陶工。
¶日人

## 池田門平〔2代〕　いけだもんべい
江戸時代後期～明治期の陶工。
¶日人

## 池田八栄子　いけだやえこ
昭和25（1950）年4月24日～
昭和～平成期の陶芸家。
¶陶工

## 池田弥七　いけだやしち
文化5（1808）年～明治10（1877）年
江戸時代末期～明治期の播磨姫路焼（東山焼）の陶工。
¶人名，日人，兵庫百

## 池田靖光　いけだやすみつ
明治12（1879）年10月3日～昭和16（1941）年1月

23日
明治～昭和期の刀工。
¶庄内

## 池田山城　いけだやましろ
生没年不詳
江戸時代後期の大住郡神戸村の大工。
¶神奈川人

## 池田有蔵　いけだゆうぞう
元治1（1864）年～昭和5（1930）年
明治～昭和期の実業家。西陣織物専務取締役，西陣織業協同組合長。京都織物界の元老。
¶人紀，世紀（㋺元治1（1864）年10月　㋜昭和5（1930）年3月22日），姓氏京都，日人

## 池田要蔵　いけだようぞう
明治41（1908）年～昭和54（1979）年
昭和期の竹細工職人。
¶姓氏長野

## 池田芳子　いけだよしこ
昭和期の扇面絵付業。
¶名工

## 池田代志行　いけだよしゆき
昭和21（1946）年6月3日～
昭和～平成期の陶芸家。
¶陶芸最，陶工，名工

## 池田亮二　いけだりょうじ
昭和7（1932）年～
昭和～平成期の建築家。目白都市建築研究所代表取締役。都市計画などについて執筆。著書に「この巨大都市に棲む」「都市虚構論」など。
¶現執1期，現執3期（㋺昭和7（1932）年2月4日）

## 池田梁蔵　いけだりょうぞう
＊～明治3（1870）年11月6日
明治期の徳山藩士。徳山藩主に同行してイギリスに渡る。洋式架橋を設計した。
¶海越（㋺？），海越新（㋺？），姓氏山口（㋺1837年），渡航（㋺1832年）

## 池田類治郎　いけだるいじろう
天保8（1837）年～明治35（1902）年8月27日
明治期の牧畜改良家。菅谷村大杉の山野を牧場として牛の品種改良と繁殖を図る。
¶朝日（㋺天保8年9月3日（1837年10月2日）），岡山歴（㋺天保8（1837）年9月3日），日人

## 池田渉　いけだわたる
明治43（1910）年7月9日～
昭和期の陶芸家。
¶陶芸最

## 池西剛　いけにしごう
昭和36（1961）年9月19日～
昭和～平成期の陶芸家。
¶陶工

## 池上蔵六　いけのうえぞうろく
天保13（1842）年9月20日～大正5（1916）年12月11日

明治期の木工芸家。
¶岡山歴

**池上雅夫** いけのうえまさお
大正10(1921)年〜昭和55(1980)年
昭和期の建設技術者。
¶高知人

**池野信一** いけののぶいち
大正13(1924)年9月18日〜昭和63(1988)年10月24日
昭和期の電子工学者、日本電信電話公社電気通信研究所池野特別研究室長。専門は情報処理、計算機工学。
¶科学，数学

**池辺氷田** いけのべのひた
→池辺氷田(いけべのひた)

**池端寛** いけはたひろし
昭和21(1946)年7月16日〜
昭和期の陶芸家。
¶陶芸最

**池原英治** いけはらえいじ
明治20(1887)年8月10日〜昭和8(1933)年4月21日
明治〜昭和期の鉄道技師。建設計画課長。鉄道建設工事、特に隧道工学の権威。著書に「鉄道工学特論」がある。
¶科学，近土，人名，世紀，土木，日人

**池原義郎** いけはらよしろう
昭和3(1928)年3月25日〜
昭和〜平成期の建築家。早稲田大学教授。主な作品に「白浜中学校」「所沢聖地霊園」「西武ライオンズ球場」など。
¶現朝，世紀，日人

**池辺稲生** いけべいなお
明治16(1883)年12月27日〜昭和51(1976)年4月4日
明治〜昭和期の鉄道技師。
¶近土，土木

**池辺陽** いけべきよし
大正9(1920)年4月8日〜昭和54(1979)年2月10日
昭和期の建築家。建築生産システムの標準化、企画化に取り組む。
¶現朝，現執1期，現情，現人，現日，新潮，世紀，日人，美建

**溝辺直(欠名)** いけべのあたい
飛鳥時代の仏師。
¶古代(溝辺直)

**池辺直氷田** いけべのあたいひた，いけべのあたいひだ
→池辺氷田(いけべのひた)

**池辺氷田** いけべのひた
生没年不詳　[別]池辺直氷田《いけべのあたいひた，いけべのあたいひだ》，池辺氷田《いけのべのひた》
飛鳥時代の仏教信者。和泉の海中から得た樟で仏像2体をつくった。
¶朝日，古代(池辺直氷田　いけべのあたいひた)，史人(いけのべのひた)，新潮(池辺直氷田　いけべのあたいひだ)，日史，日人，百科

**池辺竜右衛門** いけべりゅうえもん
*〜慶応3(1867)年
江戸時代末期の造船技師。
¶長崎歴([生]文政3(1820)年)，洋学([生]文政2(1819)年)

**池正光** いけまさみつ
宝暦4(1754)年〜文化2(1805)年
江戸時代中期〜後期の始羅郡加治木郷の刀鍛冶。
¶姓氏鹿児島

**池本泰児** いけもとたいじ
明治32(1899)年6月7日〜昭和29(1954)年
明治〜昭和期の技師。
¶近土([没]1954年10月26日)，高知人，土木([没]1954年10月)

**池谷市左衛門** いけやいちざえもん
江戸時代中期の駿河国駿東郡湯船村の名主。阿多野新田開発の発起者。
¶静岡歴(生没年不詳)，姓氏静岡

**池谷七蔵** いけやしちぞう
安政2(1855)年〜大正11(1922)年
明治〜大正期の発明家、染色機・織機の開発者。
¶静岡歴，姓氏静岡

**池谷昭三** いけやしょうぞう
昭和2(1927)年〜
昭和〜平成期の染色工芸家。
¶名工

**池山新兵衛** いけやましんべえ
文禄2(1593)年〜寛文11(1671)年2月
安土桃山時代〜江戸時代前期の治水家。
¶大阪人

**伊郷正照** いごうまさてる
昭和期の線香職人。
¶名工

**井坂金吾** いさかきんご
大正15(1926)年9月30日〜
昭和期の陶芸家。
¶陶芸最

**伊坂久爾子** いさかくにこ
昭和期の人形師。
¶名工

**砂子沢三郎** いさござわさぶろう
明治36(1903)年〜平成5(1993)年
昭和〜平成期の釜師。
¶姓氏岩手，名工([生]明治36年8月28日)

**砂治国良** いさじくによし
明治24(1891)年11月26日〜昭和44(1969)年8月31日
明治〜昭和期の土木技術者。
¶近土，土木

**伊佐地勉可** いさじつとむ
大正12（1923）年12月2日～平成16（2004）年11月29日
昭和～平成期の刀剣研師。
¶美工

**伊佐頼母** いさたのも
享和3（1803）年～明治19（1886）年
江戸時代末期～明治期の郷士、庄屋。勤倹殖産を指導。
¶維新，京都府，日人，幕末

**伊砂利彦** いさとしひこ
大正13（1924）年9月10日～平成22（2010）年3月15日
昭和～平成期の染色家。専門は型染。
¶美工，名工

**伊沢亀三郎** いさわかめさぶろう
寛延3（1750）年～文政8（1825）年7月6日
江戸時代中期～後期の治水技術者。
¶徳島百，徳島歴

**伊沢善助** いざわぜんすけ
天明6（1786）年～？
江戸時代後期の鎌倉仏師。
¶神奈川人，姓氏神奈川

**井沢為永** いざわためなが
→井沢弥惣兵衛（いざわやそべえ）

**井沢輝弘** いざわてるひろ
昭和16（1941）年1月1日～
昭和～平成期の陶芸家。
¶陶芸最，陶工，名工

**井沢弥惣兵衛** いざわやそうべい
→井沢弥惣兵衛（いざわやそべえ）

**井沢弥惣兵衛** いざわやそべえ
承応3（1654）年～元文3（1738）年　[別]井沢為永《いざわためなが》，井沢弥惣兵衛《いざわやそうべい》，井沢弥惣兵衛為永《いざわやそうべえためなが》
江戸時代前期～中期の農政家、治水家。
¶朝日（井沢為永　いざわためなが　[没]元文3年3月1日（1738年4月19日）），岩史（井沢為永　いざわためなが　[生]寛文3（1663）年　[没]元文3（1738）年3月1日），角史，郷土和歌山（[生]1663年），近世，国史，コン改（井沢為永　いざわためなが），コン4（井沢為永　いざわためなが），埼玉人（[没]元文3（1738）年3月1日），埼玉百（井沢弥惣兵衛為永　いざわやそうべえためなが　[生]1663年），史人（[没]1738年3月1日），重要（[生]承応3（1654）年？　[没]元文3（1738）年3月1日），新潮（井沢為永　いざわためなが　[没]元文3（1738）年3月1日），人名（井沢為永　いざわためなが　[生]1663年），世人（[生]寛文10（1670）年　[没]元文3（1738）年3月），全書（[生]1663年），大百（いざわやそうべい　[生]1670年），日史（[没]元文3（1738）年3月1日），日人，藩臣5（[生]寛文3（1663）年），百科，歴大，和歌山人（[生]？）

**伊沢陽一** いざわよういち
昭和19（1944）年9月26日～
昭和～平成期の建築家。土屋巌建築設計事務所取締役。専門は建築設計監理。編著書に「建築工事監理の要点集I―躯体・設備編」など。
¶現執3期

**石井昭房** いしいあきふさ
明治42（1909）年10月3日～平成5（1993）年10月26日　[別]石井昌次《いしいしょうじ》
昭和期の刀匠。
¶郷土千葉，世紀，日人，美工（石井昌次　いしいしょうじ），美工

**石井功** いしいいさお
→石井功（いしいこう）

**石井一郎** いしいいちろう
大正13（1924）年1月9日～
昭和～平成期の土木工学者。東洋大学教授。建設省に入り、土木研究所道路部長などを務める。専門は交通工学・都市計画。
¶現執2期，現執3期，現執4期

**石井梅蔵** いしいうめぞう
明治29（1896）年3月19日～昭和51（1976）年6月7日
大正～昭和期の工芸家。
¶庄内

**石井頴一郎** いしいえいいちろう
明治18（1885）年～昭和47（1972）年
明治～昭和期の技師。
¶神奈川人，近土（[生]1885年12月19日　[没]1972年11月8日），姓氏神奈川，土木（[生]1885年12月19日　[没]1972年11月8日）

**石井ヱミ** いしいえみ
明治39（1906）年～昭和58（1983）年9月25日
昭和期の髪結師、大映京都撮影所髪結部長。大映京都撮影所で、山田五十鈴、山本富士子らほとんどの女優の髪を手がけた。
¶映人，女性（[生]明治39（1906）年頃），女性普，世紀，日人

**石井治** いしいおさむ
昭和4（1929）年10月11日～昭和63（1988）年8月28日
昭和期の情報工学者、工業技術院電子技術総合研究所ソフトウェア部長。専門は電子工学、情報処理。
¶科学，現執2期

**石井修** いしいおさむ
大正11（1922）年3月28日～平成19（2007）年9月12日
昭和～平成期の建築家。美建設計事務所所長。
¶現執2期，美建

**石井夏海** いしいかかい
→石井夏海（いしいなつみ）

**石井和紘** いしいかずひろ
昭和19（1944）年2月1日～

昭和～平成期の建築家、建築評論家。石井和紘都市建築研究所代表。作品に「54の窓」「54の屋根」「ゲイブルビル」、著書に「数寄屋の思考」など。
¶現朝，現執1期，現執2期，現執3期，現日，世紀，日人

**石井包孝** いしいかねたか
明和8（1771）年～天保14（1843）年
江戸時代後期の下野国安蘇郡田沼町戸奈良の勧農家。
¶郷土栃木（[没]1842年），人名，栃木百，日人

**石井吉次郎** いしいきちじろう
明治5（1872）年～昭和2（1927）年
明治～昭和期の漆工。東京美術学校助教授。彩漆を研究して漆画を描く。乾漆木地の応用、陶漆、石膏漆器等の発明。
¶人名，日人（[没]昭和2（1927）年2月20日），名工（[没]昭和2年2月）

**石井敬吉** いしいけいきち
慶応2（1866）年～昭和7（1932）年
明治～昭和期の建築家。東京帝国大学教授。主として構造の設計。関係工事の主なるものは帝国劇場、大阪三越、工業倶楽部その他。
¶人名，世紀（[生]慶応2（1866）年11月11日　[没]昭和7（1932）年3月10日），渡航（[生]1866年11月11日　[没]1932年3月10日），日人

**石井磬堂** いしいけいどう
明治10（1877）年～昭和19（1944）年
明治～昭和期の木彫家。
¶香川人，香川百

**石井功** いしいこう
昭和23（1948）年6月27日～　[別]石井功《いしいいさお》
昭和～平成期の陶芸家。
¶陶芸最（いしいいさお　[生]昭和26年6月27日），陶工（いしいいさお），名工

**石井康治** いしいこうじ
昭和21（1946）年～平成8（1996）年
昭和～平成期のガラス工芸家。
¶青森人，美工（[没]平成8（1996）年11月19日）

**石井佐兵衛** いしいさひょうえ
→石井佐兵衛（いしいさへえ）

**石井佐兵衛** いしいさへえ
文化11（1814）年～明治2（1869）年　[別]石井佐兵衛《いしいさひょうえ》
江戸時代後期の宮大工。
¶姓氏長野，長野歴（いしいさひょうえ）

**石井茂** いしいしげる
昭和～平成期の映画録音技師。
¶映人

**石井治兵衛** いしいじへえ
明治期の料理人。『日本料理法大全』を著す。
¶食文

**石井治兵衛〔2代〕** いしいじへえ
？　～明和9（1772）年8月3日
江戸時代中期の料理人。
¶国書

**石井治兵衛〔4代〕** いしいじへえ
寛保3（1743）年～文化8（1811）年6月29日
江戸時代中期～後期の料理人。
¶国書

**石井重三** いしいじゅうぞう
大正7（1918）年8月21日～
昭和～平成期の発明研究家。発明学会理事。発明工夫の実践、特許・実用新案の指導相談を手がける。著書に「暮しの知恵で儲けよう」など。
¶現執2期，現執3期

**石井修理亮** いしいしゅりのすけ
生没年不詳
戦国時代の鋳物師。
¶戦辞，戦人，戦東，美工

**石井順一** いしいじゅんいち
明治32（1899）年～
大正～昭和期のバット職人。
¶名工

**石井昌次** いしいしょうじ
→石井昭房（いしいあきふさ）

**石井善兵衛** いしいぜんべえ
？　～明治25（1892）年
明治期の治水家。
¶日人

**石井泰次郎** いしいたいじろう
明治4（1871）年～昭和28（1953）年2月26日
明治～昭和期の料理人。四条流式包丁相伝9代目家元。
¶食文

**石井威望** いしいたけもち
昭和5（1930）年7月26日～
昭和～平成期のシステム工学者。東京大学教授、慶応義塾大学教授。テクノポリス構想を推進。著書に「経営戦略とイノベーション」など。
¶現朝，現執2期，現執3期，現執4期，現情，現人，現日，新潮，世紀，日人，マス89

**石井長四郎** いしいちょうしろう
大正7（1918）年5月27日～昭和58（1983）年2月26日
昭和期の映画照明技師。
¶映人

**石井徳四郎** いしいとくしろう
明治21（1888）年～昭和3（1928）年
大正～昭和期の染料発明家。
¶科学，栃木歴

**石井直治** いしいなおじ
明治期の発明家。徹写紙を発明。
¶人名，日人

### 石井夏海 いしいなつみ
天明3(1783)年〜嘉永1(1848)年 ㉟石井夏海
《いしいかかい》
江戸時代末期の佐渡の絵図師。
¶国書(㉟嘉永1(1848)年6月13日），人名(いし
いかかい)，新潟百(いしいかかい)，日人

### 石井範忠 いしいのりただ
嘉永3(1850)年2月26日〜明治18(1885)年3月
17日
明治期の印刷局技師。ウィーン万国博覧会、製紙
技術の修得の為オーストラリアに渡る。
¶海越，海越新，科学，渡航

### 石井八郎右衛門 いしいはちろうえもん
？ 〜明治27(1894)年 ㉟石井八郎右衛門《いし
いはちろえもん》
明治期の篤農家。農業の改良、製蝋業を起こし、
山林樹芸に努めた。その功により緑綬褒章受章。
¶神奈川人，人名(いしいはちろうえもん)，日人

### 石井八郎右衛門 いしいはちろえもん
→石井八郎右衛門(いしいはちろうえもん)

### 石井宏志 いしいひろし
昭和30(1955)年10月29日〜
昭和〜平成期の陶芸家。
¶陶工

### 石井不老 いしいふろう
明治32(1899)年‐昭和39(1964)年
明治〜昭和期の陶芸家。
¶岡山人(㊞明治31(1898)年)，岡山百(㊞明治
32(1899)年1月31日 ㉟昭和39(1964)年2月23
日)，岡山歴(㊞明治32(1899)年1月31日
㉟昭和39(1964)年2月23日)，陶芸最，陶工，
兵庫人(㉟昭和39(1964)年2月23日)

### 石井誠朗 いしいまさお
昭和期のチャグチャグ馬コ造り。
¶名工

### 石井正子 いしいまさこ
昭和期の工芸家。
¶名工

### 石井方二 いしいまさじ
大正10(1921)年2月26日〜平成17(2005)年3月
23日
昭和〜平成期の三弦の駒・撥製作者。
¶美工，名工

### 石井茂吉 いしいもきち
明治20(1887)年7月21日〜昭和38(1963)年4月5
日
昭和期の印刷技術者。全自動写植機を発表し、石
井細明朝体、『大漢和辞典』の原字製作などに尽力。
¶科学，現朝，現情，現人，出版，出文，新潮，
人名7，世紀，日人，名工

### 石井幹子 いしいもとこ
昭和13(1938)年10月15日〜
昭和〜平成期の照明デザイナー。石井幹子デザイ
ン事務所代表、モトコ・インターナショナル社

長。東京タワー、大阪万博等多くの照明を手掛
け、受賞も多数。著書に「光無限」など。
¶近女，現朝，現情，世紀，日人，マス89

### 石井靖丸 いしいやすまる
大正5(1916)年12月1日〜昭和54(1979)年8月3日
昭和期の港湾・土質工学者。
¶科学，近土，土木

### 石井勇吉 いしいゆうきち
→石井勇助〔2代〕(いしいゆうすけ)

### 石井勇助 いしいゆうすけ
文化7(1810)年〜明治19(1886)年
江戸時代後期〜明治期の漆芸家。
¶富山百，日人

### 石井勇助〔2代〕 いしいゆうすけ
天保14(1843)年〜明治30(1897)年 ㉟石井勇吉
《いしいゆうきち》
明治期の漆工家。
¶人名(石井勇吉 いしいゆうきち)，姓氏富山
(―― 〔代数なし〕)，日人(石井勇吉 いしい
ゆうきち)，幕末(石井勇吉 いしいゆうきち
㉟1897年9月8日)，名工(㉟明治30年9月8日)

### 石井義男 いしいよしお
大正7(1918)年7月11日〜
昭和〜平成期の陶芸家。
¶陶芸，陶芸最，陶工，名工

### 石井嘉重 いしいよししげ
文化12(1815)年8月18日〜明治16(1883)年12月9
日
江戸時代後期〜明治期の料理人。
¶国書

### 石井義純 いしいよしずみ
安永5(1776)年〜嘉永3(1850)年
江戸時代中期〜後期の新田開発名主。
¶多摩

### 石井嘉孝 いしいよしたか
寛政1(1789)年〜天保8(1837)年4月12日
江戸時代後期の料理人。
¶国書

### 石井吉徳 いしいよしのり
昭和8(1933)年3月14日〜
昭和〜平成期の物理探査工学者。東京大学教授。
¶現情

### 石王兵衛 いしおうひょうえ，いしおうびょうえ
生没年不詳
南北朝時代〜室町時代の能面作者。応永年間頃の
能面作家「六作」の一人。
¶朝日，史人，新潮，日人(いしおうびょうえ)

### 石岡庄寿郎 いしおかしょうじゅろう
生没年不詳
江戸時代中期の漆芸家。
¶美工

**石岡林兵衛** いしおかりんべえ
? 〜安政2(1855)年
江戸時代後期の陶工。
¶人名，日人

**石谷清幹** いしがいせいかん
大正6(1917)年9月7日〜平成23(2011)年5月26日
昭和〜平成期の機械工学者，大阪大学名誉教授。
専門は蒸気工学，安全工学。
¶科学，現朝，現情，世紀，日人

**石垣駒子** いしがきこまこ
大正4(1915)年〜
昭和期の紙人形作家。
¶郷土長崎

**石垣彦太郎** いしがきひこたろう
天保8(1837)年〜明治37(1904)年
江戸時代後期〜明治期の関山街道の開削に尽力。
¶姓氏宮城

**石垣兵三郎** いしがきひょうざぶろう
〜享保8(1723)年7月
江戸時代前期〜中期の新田開拓者。
¶庄内

**石川照** いしかわあきら
昭和25(1950)年5月28日〜
昭和期の陶芸家。
¶陶芸最

**石川幾太郎** いしかわいくたろう
安政2(1855)年〜昭和9(1934)年
明治〜昭和期の製糸業。
¶埼玉人(⊕安政2(1855)年10月10日 ㊣昭和9(1934)年3月26日)，埼玉百

**石川栄次郎** いしかわえいじろう
明治19(1886)年9月15日〜昭和34(1959)年9月9日
明治〜昭和期の技術者。中部電力副社長。水力資源開発の技術者としてダム建設等に尽力。中部電力で佐久間ダムの建設を指揮。
¶愛知百(㊣1959年9月10日)，科学，近土，現朝，世紀，姓氏愛知，鉄道(⊕明治19(1886)年9月)，土木，日人

**石川栄耀** いしかわえいよう
→石川栄耀(いしかわひであき)

**石川馨** いしかわかおる
大正4(1915)年7月13日〜平成1(1989)年4月16日
昭和〜平成期の化学工学者，東京大学名誉教授。
専門は品質管理，経営管理。
¶科学，現朝，現執2期，現情，世紀，日人

**石河碓太郎**(石川碓太郎) いしかわかくたろう
→石河正竜(いしかわせいりゅう)

**石川勝貞** いしかわかつさだ
明治9(1876)年〜大正8(1919)年
明治〜大正期の養蚕家。
¶島根歴

**石川兼重** いしかわかねしげ
江戸時代前期〜中期の彫金家。
¶島根人

**石川勘三郎** いしかわかんざぶろう
文久1(1861)年〜昭和2(1927)年
明治〜昭和期の養蚕業と地方自治功労者。
¶静岡歴，姓氏静岡

**石川求助** いしかわきゅうすけ
明治23(1890)年〜昭和46(1971)年
大正〜昭和期の実業家，政治家。埼玉県議会議員。蚕種・蚕糸業の功労者。
¶埼玉人(⊕明治23(1890)年1月25日 ㊣昭和46(1971)年7月23日)，埼玉百

**石川欣造** いしかわきんぞう
大正11(1922)年11月25日〜
昭和期の繊維工学者。東京工業大学教授。
¶現情

**石川金太郎** いしかわきんたろう
明治34(1901)年〜昭和63(1988)年
大正期の農民，製紙工。
¶姓氏岩手

**石川久羅四郎** いしかわくらしろう
明治20(1887)年4月28日〜?
明治〜昭和期の技師。
¶渡航

**石川源二** いしかわげんじ
明治15(1882)年10月13日〜?
明治〜昭和期の技師。
¶近土，土木

**石川小膳** いしかわこぜん
明治3(1870)年〜昭和21(1946)年
明治〜昭和期の北海道開拓者。
¶姓氏宮城

**石川古堂** いしかわこどう
明治23(1890)年6月30日〜昭和44(1969)年8月20日
大正〜昭和期の蒔絵師。
¶庄内

**石川重政** いしかわしげまさ
生没年不詳
鎌倉時代の能面師。
¶日人

**石川七郎左衛門** いしかわしちろうざえもん
江戸時代後期の下山大工。「匠家雛形増補初心伝」著者。
¶山梨百

**石川純一郎** いしかわじゅんいちろう
明治30(1897)年2月6日〜昭和62(1987)年4月12日
明治〜昭和期の建築家。竹中工務店大阪本店技師長。
¶美建

**石川二郎** いしかわじろう
大正6（1917）年9月2日～平成10（1998）年5月5日
昭和～平成期の機械工学者、東京工業大学名誉教授。専門は歯車工学、機械力学。
¶科学

**石川末吉** いしかわすえきち
明治40（1907）年～昭和37（1962）年
昭和期の人。愛知用水建設運動の実現に奔走。
¶姓氏愛知

**石川清治** いしかわせいじ
昭和期のわら細工職人。
¶名工

**石河正竜**（石川正竜） いしかわせいりゅう
文政8（1825）年～明治28（1895）年　[別]石河正竜《いしかわまさたつ》，石河確太郎《いしかわかくたろう》，石川確太郎《いしかわかくたろう》
江戸時代末期～明治期の紡績技術者。奏任4等技師。鹿児島藩の殖産事業に参画。鹿児島藩堺紡績所の建設、運営に当たる。
¶朝日（[生]文政8年12月19日（1826年1月26日）[没]明治28（1895）年10月16日），維新（石河確太郎　いしかわかくたろう），科学（[生]1825年（文政8）12月19日　[没]1895年（明治28）10月16日），鹿児島百（生没年不詳），郷土奈良（石河確太郎　いしかわかくたろう），近現，国史，国書（石河確太郎　いしかわかくたろう　[生]文政8（1825）年12月19日　[没]明治28（1895）年10月16日），コン改（いしかわまさたつ），コン改（石川正竜），コン4（いしかわまさたつ），コン4（石川正竜），コン5（いしかわまさたつ），コン5（石川正竜），史人（[生]1825年12月19日　[没]1895年10月16日），新潮（[生]文政8（1825）年12月19日　[没]明治28（1895）年10月16日），人名（石川確太郎　いしかわかくたろう　生没年不詳），姓氏鹿児島（石河確太郎　いしかわかくたろう），全書（いしかわまさたつ　[生]1826年），大百（いしかわまさたつ　[生]1826年），渡航（[生]1825年12月19日　[没]1895年10月16日），日人（[生]1826年），幕末（石河確太郎　いしかわかくたろう　[没]1895年10月16日），洋学，歴大

**石川善右衛門** いしかわぜんえもん
慶長12（1607）年～寛文9（1669）年　[別]石川成一《いしかわなりかず》
江戸時代前期の水利土木家。
¶朝日（[没]寛文9年12月1日（1670年1月22日）），岡山歴（[没]寛文9（1669）年12月1日），近世，国史，人名（石川成一　いしかわなりかず），日人（[没]1670年），藩臣6

**石川滝右衛門** いしかわたきえもん
？　～文化14（1817）年
江戸時代後期の殖産興業家。
¶秋田百，コン改（生没年不詳），コン4（生没年不詳），新潮（生没年不詳），人名，日人

**石川武男** いしかわたけお
大正10（1921）年5月5日～平成14（2002）年9月9日
昭和期の農学者。農業技術に基盤をおいた土地改良の提唱と実践をすすめる。
¶科学，現朝，現情，現人，世紀，日人，平和，マス89

**石川武二** いしかわたけじ
明治40（1907）年12月14日～平成3（1991）年11月14日
昭和～平成期の通信工学者、日本電信電話公社理事・技師長。専門は電信電話技術。
¶科学

**石川正** いしかわただし
昭和期の石川つづれ会長。
¶名工

**石川東** いしかわとう
昭和25（1950）年7月4日～
昭和期の陶芸家。
¶陶芸最

**石川徳松** いしかわとくまつ
生没年不詳
明治期の製造業者。鋼鉄ペン製造の先駆者。
¶先駆

**石川豊子** いしかわとよこ
昭和期の石川漆工房企画部長。
¶名工

**石川豊信** いしかわとよのぶ
正徳1（1711）年～天明5（1785）年
江戸時代中期の浮世絵師。
¶朝日（[没]天明5年5月25日（1785年7月1日）），岩史（[没]天明5（1785）年5月25日），角史，近世，国史，国書（[没]天明5（1785）年5月25日），コン改，コン4，史人（[没]1785年5月25日），新潮（[没]天明5（1785）年5月25日），人名，世人（[没]天明5（1785）年5月25日），全書，大百，日史（[没]天明5（1785）年5月25日），日人，美術，百科，名画

**石川成一** いしかわなりかず
→石川善右衛門（いしかわぜんえもん）

**石川仁兵衛** いしかわにへえ
寛政2（1790）年～嘉永3（1850）年
江戸時代後期の箱根細工職人。
¶姓氏神奈川

**石川信正** いしかわのぶまさ
昭和期の織物の技術指導者。
¶名工

**石川ハミ** いしかわはみ
昭和31（1956）年1月1日～
昭和期の陶芸家。
¶陶芸最

**石川半右衛門** いしかわはんえもん
文政3（1820）年～明治14（1881）年
江戸時代末期～明治期の名主。外国人居留地取締役。横浜開港による旧村民の移住地建設に従事。
¶神奈川人，姓氏神奈川，幕末（[没]1881年7月15日）

**石川栄耀**（石川栄燿）　いしかわひであき
明治26（1893）年9月7日～昭和30（1955）年　[別]石川栄耀《いしかわえいよう》
大正～昭和期の都市計画者、都市工学者。東京都建設局長、早稲田大学教授。今日の国土計画の基礎を築く。新宿歌舞伎町の命名者。
¶沖縄百（[没]昭和30（1955）年9月25日），科学（[没]1955年（昭和30）9月25日），近土（[没]1955年9月26日），現朝（いしかわえいよう　[没]1955年9月25日），現情（[没]1955年9月25日），現人，コン改（石川栄燿），コン4（石川栄燿），コン5（石川栄燿），世紀（[没]昭和30（1955）年9月25日），姓氏岩手（いしかわえいよう），世百新，土木（[没]1955年9月26日），日人（[没]昭和30（1955）年9月25日），百科，山形百新（いしかわえいよう），履歴（[没]昭和30（1955）年9月26日），履歴2（[没]昭和30（1955）年9月26日）

**石川浩**　いしかわひろし
昭和16（1941）年11月29日～
昭和～平成期の情報工学者。
¶現執2期

**石川房次郎**　いしかわふさじろう
文久1（1861）年～昭和2（1927）年
明治～昭和期の木工指物師。
¶静岡歴，姓氏静岡

**石川平蔵**　いしかわへいぞう
明治1（1868）年～昭和6（1931）年5月
明治～昭和期の発明家。播潰機の発明研究に着手し、苦心の結果、完成した。
¶人名，世紀，日人

**石河正竜**　いしかわまさたつ
→石河正竜（いしかわせいりゅう）

**石川松三郎**　いしかわまつさぶろう
明治44（1911）年10月12日～
昭和～平成期の三河仏壇職人。
¶名工

**石川まゆみ**　いしかわまゆみ
昭和25（1950）年～
昭和期の陶芸家。
¶陶芸最

**石川光親**　いしかわみつちか
文久1（1861）年～大正7（1918）年
明治～大正期の夕張角田村開拓者。
¶姓氏宮城

**石河盛繁**　いしかわもりしげ
生没年不詳
戦国時代の大工。
¶戦辞

**石川弥八郎**　いしかわやはちろう
文化10（1813）年～明治19（1886）年
江戸時代後期～明治期の熊川村名主・水田開拓功労者。
¶多摩

**石川洋二**　いしかわようじ
大正12（1923）年5月1日～
昭和～平成期の陶芸家。
¶陶芸最，陶工

**石倉千代子**　いしくらちよこ
明治37（1904）年6月5日～平成5（1993）年2月5日
大正～昭和期の印刷女工。保谷町議会議員。
¶社史，女運

**石倉俊広**　いしくらとしひろ
文政2（1819）年～？
江戸時代後期～末期の雲州藩お抱え刀匠。
¶島根歴

**石黒五十二**　いしぐろいそじ
安政2（1855）年6月10日～大正11（1922）年1月14日
明治～大正期の海軍技師。貴族院議員。土木工学、噴水機関の製作を学ぶため、イギリスに渡る。
¶石川百，海越，海越新，科学，近土，人名，世紀，姓氏石川，渡航，土木，日人

**石黒寛次**（石黒寛二）　いしぐろかんじ
文政7（1824）年～明治19（1886）年　[別]石黒寛次《いしぐろひろつぐ》
江戸時代末期の技術者、肥前佐賀藩精練方。
¶海越新（いしぐろひろつぐ　生没年不詳），佐賀百（生没年不詳），人名，大百（石黒寛二），日人

**石黒憲次郎**　いしぐろけんじろう
大正3（1914）年11月9日～
昭和～平成期の東京銀器職人。
¶名工

**石黒藤右衛門**　いしぐろとうえもん
→石黒信由（いしぐろのぶよし）

**石黒信基**　いしぐろのぶもと
天保7（1836）年～明治2（1869）年
江戸時代末期の算学者、測量家。
¶国書（[生]天保7（1836）年4月1日　[没]明治2（1869）年9月18日），人名，数学（[生]天保7（1836）年4月1日　[没]明治2（1869）年9月18日），姓氏富山，日人，幕末（[没]1869年10月22日）

**石黒信易**　いしぐろのぶやす
寛政1（1789）年～弘化3（1846）年
江戸時代後期の測量家。
¶姓氏富山

**石黒信之**　いしぐろのぶゆき
文化8（1811）年～嘉永5（1852）年
江戸時代末期の算学者。加賀藩絵図方・測量方御用。
¶国書（[没]嘉永5（1852）年12月13日），姓氏富山，幕末

**石黒信由**　いしぐろのぶよし
宝暦10（1760）年～天保7（1836）年　[別]石黒藤右衛門《いしぐろとうえもん》
江戸時代中期～後期の和算家、測量家。
¶朝日（[没]天保7年12月3日（1837年1月9日）），科

学（[生]1760年（宝暦10）11月18日　[没]1836年（天保7）12月3日），近世，国史，国書（[生]宝暦10（1760）年12月28日　[没]天保7（1836）年12月3日），コン改（石黒藤右衛門　いしぐろとうえもん），コン4（石黒藤右衛門　いしぐろとうえもん），史人（[生]1760年11月18日　[没]1836年12月3日），人書94，新潮（[生]宝暦10（1760）年11月18日　[没]天保7（1836）年12月3日），人名，姓氏富山（[没]1826年），世人（石黒藤右衛門　いしぐろとうえもん），大百，富山百（[生]宝暦10（1760）年11月18日　[没]天保7（1836）年12月3日），日人（[没]1837年），洋学，歴大（[没]1837年）

**石黒寛次**　いしぐろひろつぐ
→石黒寛次（いしぐろかんじ）

**石黒政明**　いしぐろまさあき
文化10（1813）年～？
江戸時代末期の彫金家。
¶人名，日人

**石黒政常**　いしぐろまさつね
宝暦10（1760）年～文政11（1828）年
江戸時代中期～後期の装剣金工家。石黒派の開祖。
¶朝日（[生]延享3（1746）年　[没]文政11（1828）年7月），近世，国史，コン改（[生]延享3（1746）年，（異説）1760年），コン4（[生]延享3（1746）年，（異説）1760年），新潮（[没]文政11（1828）年7月4日），人名，日人

**石黒政常〔2代〕**　いしぐろまさつね
江戸時代後期の金工。
¶近世，国史，日人（生没年不詳）

**石黒政常〔3代〕**　いしぐろまさつね
？　～明治1（1868）年？
江戸時代後期の金工。
¶近世，国史，日人

**石黒政広**　いしぐろまさひろ
江戸時代後期の彫金家。
¶人名，日人（生没年不詳）

**石黒政美〔1代〕**　いしぐろまさよし
安永3（1774）年～？
江戸時代中期～後期の装剣金工。
¶人名（――〔代数なし〕），日人

**石黒政美〔2代〕**　いしぐろまさよし
生没年不詳
江戸時代後期の彫金家。
¶日人

**石黒宗麿**（石黒宗磨）　いしぐろむねまろ
明治26（1893）年～昭和43（1968）年
大正～昭和期の陶芸家。日本工芸会理事。中国宋代の天目釉の技法を再現、「鉄釉陶器」の人間国宝、作品に「黒釉褐斑鳥文鉢」。
¶京都，京都大，現朝（[生]1893年4月14日　[没]1968年6月3日），現情（[生]1893年4月14日　[没]1968年6月3日），現人，現日（石黒宗磨　[生]1893年4月14日　[没]1968年6月3日），国宝（[生]明治26（1893）年4月14日　[没]昭和43（1968）年6月3日），コン改，コン4，コン5，埼玉人（[生]明治26（1893）年4月14日　[没]昭和43（1968）年6月3日），茶道，新潮（[生]明治26（1893）年4月14日　[没]昭和43（1968）年6月3日），人名7，世紀（[生]明治26（1893）年4月14日　[没]昭和43（1968）年6月3日），姓氏京都，姓氏富山，世百新，全書，大百，陶芸最，陶工，富山百（[生]明治26（1893）年4月14日　[没]昭和43（1968）年6月3日），日人（[生]明治26（1893）年4月14日　[没]昭和43（1968）年6月3日），美工（[生]明治26（1893）年4月14日　[没]昭和43（1968）年6月3日），美術，百科，名工（[生]明治26年4月14日　[没]昭和43年6月3日）

**石毛郁治**　いしげいくじ
明治28（1895）年5月18日～昭和56（1981）年9月1日
明治～昭和期の化学技術者、実業家。三井化学社長。尿素の工業化を研究。尿素の量産につなげる。
¶現朝，現情，現人，実業，世紀，日人

**石郷岡啓之助**　いしごうおかけいのすけ
明治30（1897）年～昭和52（1977）年
大正～昭和期の工芸家。
¶青森人

**石坂誠一**　いしざかせいいち
大正11（1922）年10月24日～
昭和～平成期の技術技官。工業技術院院長。海水淡水化の研究、技術政策に携わる。
¶現執2期，現執3期

**石坂信子**　いしざかのぶこ
昭和16（1941）年～
昭和～平成期の陶芸家。
¶陶芸最（[生]昭和16年7月13日），名工（[生]昭和16年7月）

**石崎宇平次**（石崎右平次）　いしざきうへいじ
文化7（1810）年～慶応3（1867）年　[別]床山《しょうざん》
江戸時代末期の近江坂田郡原村の陶工、赤絵工。善次郎らと赤絵の焼き付けを創始し、床山焼（磁器）と名付けた。
¶人名（石崎右平次），日人

**石崎嘉兵衛**　いしざきかへい
生没年不詳
江戸時代中期の細工職人。
¶佐賀百

**石崎純夫**　いしざきすみお
昭和5（1930）年5月4日～
昭和～平成期の情報システム・コンサルタント。沖デベロップメント社長、産能大学教授。コンピュータ関連業務の開拓者。著書に「情報システム監査講義」など。
¶現執2期，現執3期

**石崎清宝**　いしざきせいほう
昭和16（1941）年7月14日～
昭和～平成期の陶芸家。
¶陶芸最，名工

**石嶋哲彦** いしじまあきひこ
昭和29（1954）年12月27日～
昭和～平成期の陶芸家。
¶陶芸最，陶工

**石墨慶一郎** いしずみけいいちろう
大正10（1921）年7月17日～平成13（2001）年5月6日
昭和～平成期の農業技師、育種家。コシヒカリの育成に成功。
¶科学，植物，食文，世紀，日人

**石関芋平** いしぜきいもへい
昭和20（1945）年～
昭和～平成期の陶芸家。
¶名工

**石田英一** いしだえいいち
明治9（1876）年4月11日～昭和35（1960）年12月3日
明治～昭和期の鍛金家。東京美術学校教授。平和記念東京博審査員、帝展審査員などを務め、作品に「鎚起黄銅花瓶」など。
¶現情，佐賀百，新潮，世紀，日人，美工

**石田九野** いしだきゅうや
文化4（1807）年～文久1（1861）年
江戸時代末期の人。桐生織物発展の功労者。
¶郷土群馬，群馬人（[生]？），群馬百（[生]1806年），人名，姓氏群馬（[生]？），日人，幕末（[没]1861年10月14日）

**石田金次郎** いしだきんじろう
生没年不詳
明治期の早生稲開発者。
¶青森人

**石田熊治郎** いしだくまじろう
明治8（1875）年8月15日～昭和35（1960）年2月22日
明治～昭和期の医学放射線技術者。東北帝国大学の磨工手兼レントゲン技術者。X線透視により撮影までの時間短縮装置を独創自作。
¶科学，近医，現情，人名7，世紀，日人

**石田佳子** いしだけいこ
昭和35（1960）年4月11日～
昭和期の陶芸家。
¶陶芸最

**石田健司** いしだけんじ
昭和38（1963）年4月3日～
昭和～平成期の映画照明技師。
¶映人

**石田源太郎** いしだげんたろう
明治45（1912）年2月10日～平成9（1997）年11月17日
昭和期のはさみ職人。
¶世紀，日人

**石田重助** いしだじゅうすけ
？ ～
江戸時代後期の鳩峯焼陶工。
¶島根人

**石田治郎右衛門** いしだじろうえもん
江戸時代中期の職人。町火消の纏を製作していた。
¶江戸東

**石田助左衛門** いしだすけざえもん
生没年不詳
江戸時代前期の土佐藩お抱え猟師。
¶高知人

**石田清治** いしだせいじ
大正3（1914）年～平成9（1997）年
昭和～平成期の農業土地改良の推進者。
¶青森人

**石田竹次** いしだたけじ
？ ～昭和56（1981）年
昭和期のつまみかんざし職人。
¶植物，名工

**石田千比呂** いしだちひろ
昭和19（1944）年11月8日～
昭和～平成期の陶芸家。
¶陶芸最，陶工

**石田長蔵** いしだちょうぞう
天保8（1837）年～大正9（1920）年
明治期の治水家。水利に乏しい村に私財を投じて貯水池の鶴ケ池を完成させた。第一号藍授褒章受章。
¶郷土奈良，人名，日人

**石田露松** いしだつゆまつ
明治27（1894）年～昭和52（1977）年
大正～昭和期の水産功労者。
¶北海道百，北海道歴

**石館達二** いしだてたつじ
大正10（1921）年～平成11（1999）年
昭和～平成期の建築学者。早稲田大学理工学部教授。
¶青森人

**石田透** いしだとおる
昭和28（1953）年5月24日～
昭和～平成期の情報処理技術者。
¶視覚

**石田富次郎** いしだとみじろう
安政5（1858）年1月～？
明治期の技師。
¶渡航

**石谷為七** いしたにためしち
～慶応3（1867）年
江戸時代後期～末期の石工。
¶島根人

**石田久雄** いしだひさお
明治45（1912）年2月9日～
昭和～平成期の若狭めのう細工職人。
¶名工

い

**石田瞳** いしだひとみ
昭和期の織物工芸家。
¶名工

**石田平吉** いしだへいきち
享和1(1801)年～明治3(1870)年
江戸時代後期～明治期の陶工。
¶姓氏石川

**石田平蔵** いしだへいぞう
弘化1(1844)年～明治25(1892)年
明治期の陶工。加賀九谷焼、「青九谷」の名手として知られる。
¶人名，姓氏石川(㊤1843年)，日人，名工

**石田美砂子** いしだみさこ
昭和25(1950)年～
昭和～平成期の陶芸家。
¶名工

**石田泰史** いしだやすし
昭和期のバイオリン職人。
¶名工

**石田安弘** いしだやすひろ
昭和27(1952)年2月25日～
昭和～平成期の陶芸家。
¶名工

**石田有作** いしだゆうさく
昭和20(1945)年4月3日～
昭和～平成期の陶芸家。
¶陶芸最，陶工(㊤1947年4月3日)，名工

**石田有三** いしだゆうぞう
昭和21(1946)年3月12日～
昭和期の陶芸家。
¶陶芸最

**石田義雄** いしだよしお
明治23(1890)年～昭和47(1972)年
大正～昭和期の八橋油田開発の先駆者。
¶秋田百

**石田頼房** いしだよりふさ
昭和7(1932)年2月7日～
昭和～平成期の建築工学者。東京都立大学教授。専門は都市計画学。著書に「日本近代都市計画の百年」など。
¶現執1期，現執2期，現執3期，現執4期

**伊地知徳之助** いじちとくのすけ
万延1(1860)年8月10日～？
明治期の農業技術者。
¶渡航

**石塚英四郎** いしづかえいしろう，いしずかえいしろう
大正6(1917)年～
昭和～平成期の工芸家。
¶名工(いしずかえいしろう)

**石塚国保** いしづかくにやす，いしずかくにやす
生没年不詳
江戸時代中期の機業家。
¶朝日，コン改，コン4，人名，日人，美工(いしずかくにやす)

**石塚啓子** いしづかけいこ，いしずかけいこ
昭和期の染織作家。
¶名工(いしずかけいこ)

**石塚五郎右衛門** いしづかごろうえもん
生没年不詳
戦国時代の鋳物師。
¶神奈川人，姓氏神奈川，戦辞

**石塚正次郎** いしづかしょうじろう，いしずかしょうじろう
昭和期の正次郎鋏製作所代表。
¶名工(いしずかしょうじろう)

**石塚末豊** いしづかすえとよ，いしずかすえとよ
昭和3(1928)年～
昭和～平成期の漆芸家。
¶名工(いしずかすえとよ)

**石塚敏雄** いしづかとしお
昭和22(1947)年11月11日～
昭和期の陶芸家。
¶陶芸最

**石塚知興** いしづかともおき
江戸時代後期～明治期の彫物師。
¶栃木歴

**石塚真長** いしづかなおなが
戦国時代の刀工。
¶姓氏富山

**石塚直治** いしづかなおはる，いしずかなおはる
大正15(1926)年～
昭和～平成期の陶芸家。
¶陶芸最，名工(いしずかなおはる)

**石塚操** いしづかみさお
昭和31(1956)年3月11日～
昭和～平成期の陶芸家。
¶陶芸最，陶工

**石塚力蔵** いしづかりきぞう，いしずかりきぞう
昭和期の草履職人。
¶名工(いしずかりきぞう)

**石津玉仙** いしづぎょくせん，いしずぎょくせん
昭和期の古楽面工房2代目。
¶名工(いしずぎょくせん)

**石作大来** いしつくりのおおく
[別]石作連大来《いしつくりのむらじおおく》
上代の石工。「播磨国風土記」に描かれる。仲哀天皇のための石棺材料を求め讃岐に赴いた。
¶古代(石作連大来　いしつくりのむらじおおく)，日人

**石作連大来** いしつくりのむらじおおく
→石作大来(いしつくりのおおく)

**石津矢作** いしつやさく
明治12(1879)年9月14日～昭和34(1959)年3月

30日
明治〜昭和期の弓道家、弓師。
¶弓道

**石出掃部介**(石出掃部亮) いしでかもんのすけ
天文1(1532)年〜元和4(1618)年 ㊥石出吉胤
《いしでよしたね》
安土桃山時代〜江戸時代前期の名主、地域開発者。隅田川最初の橋となる千住大橋を架橋。また掃部堤を築き掃部新田を開発。
¶朝日(石出吉胤 いしでよしたね)、コン改、コン4、新潮、人名、戦人、日人(石出掃部亮)

**石出吉胤** いしでよしたね
→石出掃部介(いしでかもんのすけ)

**石堂是次** いしどうこれつぐ
寛永6(1629)年〜天和1(1681)年
江戸時代前期の刀鍛冶。
¶福岡百

**石堂輝秀** いしどうてるひで
明治32(1899)年〜
大正〜昭和期のカンナ製造工。
¶名工

**石道正守** いしどうまさもり
明治32(1899)年8月25日〜昭和60(1985)年9月27日
大正〜昭和期の刀工。
¶岡山歴

**石道守道** いしどうもりみち
明治32(1899)年8月25日〜
大正〜昭和期の刀匠。
¶岡山百

**石飛勝久** いしとびかつひさ
昭和16(1941)年11月28日〜
昭和〜平成期の陶芸家。
¶陶芸最、陶工

**石野晃** いしのあきら
昭和36(1961)年〜
昭和〜平成期の陶芸家。
¶陶工

**石野信三郎** いしのしんざぶろう
昭和期の洋家具職人。
¶名工

**石野泰造** いしのたいぞう
昭和17(1942)年9月24日〜
昭和〜平成期の陶芸家。
¶陶芸最、陶工、名工

**石野昌治** いしのまさはる
昭和期の縫製工。
¶名工

**石野充信** いしのみつのぶ
昭和25(1950)年6月11日〜
昭和〜平成期の陶芸家。
¶陶芸最、名工

**石野欣延** いしのよしのぶ
昭和期の瓦ふき職人。
¶名工

**石野竜山** いしのりゅうざん
＊〜昭和11(1936)年
明治〜昭和期の陶芸家(九谷焼)。の緻密な人物・山水などを得意とした。各種彩料を工夫し、清朝康熙風の特色ある赤彩画を創世。
¶石川百(㊧1861年)、人名(㊧1862年)、世紀(㊧文久2(1862)年 ㊨昭和11(1936)年3月6日)、姓氏石川(㊧1860年)、陶工(㊧1861年)、日人(㊧1862年)、名工(㊧文久1(1861)年、文久2(1862)年 ㊨昭和11年3月6日)

**石橋絢彦** いしばしあやひこ
嘉永5(1852)年〜昭和7(1932)年
明治〜大正期の技師、土木工学者。工学博士。日本初の鉄筋コンクリート橋や各地の燈台建設など海上工事の権威として業績をのこす。
¶海越(㊧嘉永5(1853)年12月)、海越新(㊧嘉永5(1853)年12月)、科学(㊧1852年(嘉永5)12月27日 ㊨1932年(昭和7)11月25日)、学校(㊧嘉永5(1852)年12月 ㊨昭和7(1932)年10月15日)、神奈川人、近土(㊧1852年12月27日 ㊨1932年11月25日)、静岡歴、人名、世紀(㊧嘉永5(1853)年12月)、姓氏神奈川、先駆(㊧嘉永5(1853)年12月)、大百、渡航(㊧1852年12月)、土木(㊧1852年12月27日 ㊨1932年11月25日)、日人(㊧1853年)

**石橋勝蔵** いしばしかつぞう
大正〜昭和期の家具職人。
¶名工

**石橋健二** いしばしけんじ
明治40(1907)年〜平成2(1990)年
昭和〜平成期の青森県職員、青森県林務課技師。
¶青森人

**石橋左馬助** いしばしさまのすけ
生没年不詳
安土桃山時代〜江戸時代前期の番匠。
¶戦辞、戦人、戦東

**石橋荘次郎** いしばししょうじろう
弘化4(1847)年〜？
明治期の蒔絵師。細画を得意とした。
¶人名、日人

**石橋鉦之助** いしばしじょうのすけ
天保6(1835)年〜？
江戸時代末期〜明治期の蒔絵師。
¶人名、日人

**石橋図書助** いしばしずしょのすけ
生没年不詳
戦国時代の番匠。
¶戦辞、戦人、戦東

**石橋正** いしばしただし
明治38(1905)年12月7日〜昭和41(1966)年1月5日

昭和期の機械工学者。九州大学教授。鋳鉄の疲労に関する研究など金属材料の強度に関する分野で論文発表。
¶科学，現情，人名7，世紀，日人

い

**石橋多聞** いしばしたもん
大正6（1917）年3月31日～平成2（1990）年8月22日
昭和～平成期の環境工学者、東京大学名誉教授。
¶科学，現情

**石橋太郎兵衛** いしばしたろべえ
明治期の農業者。網元。鰯を捕獲対象とする二艘曳き麻製の改良揚繰網を開発。
¶朝日（生没年不詳），近現，国史（生没年不詳），食文，日人

**石橋信夫** いしばしのぶお
大正10（1921）年9月9日～平成15（2003）年2月21日
昭和～平成期の実業家。大和ハウス工業社長、大和工商リース社長。大和ハウス工業設立者。パイプハウスなどを開発し、日本初のプレハブ住宅を建設。
¶現朝，実業，世紀，創業，日人

**石橋松之助** いしばしまつのすけ
弘化2（1845）年～昭和4（1929）年
明治期の写真機材製造技術者。
¶日人

**石橋美穂子** いしばしみほこ
昭和23（1948）年8月9日～
昭和～平成期の陶芸家。
¶陶工

**石橋大和守** いしばしやまとのかみ
生没年不詳
戦国時代の番匠。
¶戦辞，戦人，戦東

**石幡光重** いしはたみつしげ
文政10（1827）年10月5日～明治36（1903）年10月21日
江戸時代後期～明治期の養蚕家。
¶国書

**石場よし香** いしばよしか
昭和期の染色家。
¶名工

**石原修** いしはらおさむ
明治18（1885）年～昭和22（1947）年
明治～昭和期の衛生学者。大阪帝大医学部教授。女工の結核の調査など労働衛生・産業医学の先駆者、医療の社会化運動に貢献。
¶岩史（[生]1885年10月18日　[没]1947年6月29日），科学（[生]1885年（明治18）10月18日　[没]1947年（昭和22）6月29日），角史，近医，現情（[生]1885年10月18日　[没]1947年6月29日），コン改，コン4，コン5，新潮（[生]明治18（1885）年10月18日　[没]昭和22（1947）年6月29日），人名7，世紀（[生]明治18（1885）年10月），世人（[生]明治18（1885）年10月18日　[没]昭和22（1947）年6月29日），全書，日史（[生]明治18（1885）年10月18日　[没]昭和22（1947）年6月29日），日人（[生]明治18（1885）年10月18日　[没]昭和22（1947）年6月29日），日本，百科，民学

**石原熊治郎** いしはらくまじろう
慶応1（1865）年～昭和13（1938）年
明治～大正期の実業家。三州瓦の生産に貢献。
¶世紀（[生]慶応1（1865）年6月23日　[没]昭和13（1938）年6月5日），姓氏愛知，日人

**石原憲一** いしはらけんいち
昭和14（1939）年1月10日～
昭和期のコンピュータ技術者。
¶現執2期

**石原憲治** いしはらけんじ
明治28（1895）年～昭和59（1984）年7月11日
昭和期の建築学者。東京都立大学教授。
¶現情（[生]1895年2月28日），多摩

**石原研而** いしはらけんじ
昭和9（1934）年4月16日～
昭和～平成期の土質工学者。東京大学教授、東京理科大学教授。地震、地盤工学などの研究に従事。
¶世紀，日人

**石原舜介** いしはらしゅんすけ
大正13（1924）年4月15日～平成8（1996）年4月16日
昭和～平成期の都市工学者。東京工業大学教授、日本不動産学会会長。専門は都市メカニズムの分析、都市再開発。不動産を総合的な学問体系として成立させる。
¶現執1期，現執2期，現執3期，現情，世紀

**石原祥嗣** いしはらしょうじ
昭和18（1943）年10月19日～
昭和～平成期の陶芸家。
¶陶工

**石原善太郎** いしはらぜんたろう
大正6（1917）年5月18日～
昭和期のシステム工学者。トパックス社長。
¶現執2期

**石原種** いしはらたね
天保12（1841）年11月15日～明治42（1909）年6月12日
明治期の機業家。綿織物の研究を行い、新趣向の綿織物を開発。
¶女性，女性普，先駆

**石原種女** いしはらたねじょ
？　～明治42（1909）年
明治期の女工。
¶姓氏愛知

**石原藤次郎** いしはらとうじろう
明治41（1908）年8月26日～昭和54（1979）年10月2日
昭和期の土木工学者。京都大学教授。水工学の研究を行い、国土の保全・発展に尽くす。
¶科学，近土，現朝，現情（[生]1905年8月26日），

世紀，土木

**石原藤蔵** いしはらとうぞう
？ ～安政5（1858）年
江戸時代後期～末期の伊豆国君沢郡戸田村入浜の船大工棟梁。
¶姓氏静岡

**石原富松** いしはらとみまつ
明治22（1889）年～昭和32（1957）年
大正～昭和期の工学者。
¶姓氏宮城

**石原智男** いしはらともお
大正12（1923）年9月2日～平成2（1990）年12月25日
昭和～平成期の機械工学者、東京大学名誉教授。専門は流体工学。
¶科学

**石原藤夫** いしはらふじお
昭和8（1933）年4月1日～
昭和～平成期のSF作家、電気通信工学者。玉川大学教授。著書に小説「ハイウェイ惑星」、書誌「SF図書解説総目録」、科学解説書「SFロボット学入門」など。
¶現執2期，現執3期，現情，幻想，世紀

**石原将安** いしはらまさやす
昭和24（1949）年1月16日～
昭和～平成期の陶芸家。
¶陶工

**石原義信** いしはらよしのぶ
明治25（1892）年～昭和51（1976）年
大正～昭和期の鉱山技師。モリブデン鉱を発見。
¶島根歴

**石原米太郎** いしはらよねたろう
→石原米太郎（いしわらよねたろう）

**石間桂造** いしまけいぞう
明治26（1893）年7月17日～昭和39（1964）年
明治～昭和期の建築家。石間工務店社長。
¶美建

**石丸条太郎** いしまるくめたろう
明治6（1873）年～昭和20（1945）年
明治～昭和期の発明家。
¶島根歴

**石丸忠兵衛** いしまるちゅうべえ
天正14（1586）年～万治1（1658）年
江戸時代前期の開墾者。
¶人名，日人

**石丸虎五郎** いしまるとらごろう
→石丸安世（いしまるやすよ）

**石丸紀興** いしまるのりおき
昭和15（1940）年12月9日～
昭和～平成期の建築工学者。専門は建築計画、都市計画。著書に「世界平和記念聖堂」など。
¶現執3期

**石丸雅通** いしまるまさみち
昭和15（1940）年～
昭和～平成期の工芸家。
¶名工

**石丸安世** いしまるやすよ
天保5（1834）年～明治35（1902）年5月6日　[別]石丸虎五郎《いしまるとらごろう》
江戸時代末期～明治期の官吏、電信技術者。元老院議官、造幣局長、海軍大匠司。グラバーの紹介でイギリスに留学。帰国後電信事業の育成指導に尽力。
¶海越（石丸虎五郎　いしまるとらごろう），海越新（石丸虎五郎　いしまるとらごろう），科学，佐賀百（[生]天保7（1836）年12月），大百，渡航（[生]1836年7月），幕末（[生]1836年）

**石嶺栄** いしみねさかえ
明治38（1905）年～昭和23（1948）年
昭和期の宮古郡農会技師、下地村農業会長。
¶姓氏沖縄

**石村近江** いしむらおうみ
世襲名　江戸時代の三味線製作者。
¶日音

**石村近江〔1代〕** いしむらおうみ
江戸時代前期の三味線製作者。
¶コン改（生没年不詳），コン4（生没年不詳），人名，世百，百科

**石村近江〔2代〕** いしむらおうみ
？ ～寛永13（1636）年
江戸時代前期の三味線製作者。
¶コン改，コン4，人名，世百，日人，百科

**石村近江〔3代〕** いしむらおうみ
？ ～明暦3（1657）年
江戸時代前期の三味線の名工。
¶人名，世百，日人

**石村近江〔4代〕** いしむらおうみ
？ ～元禄9（1696）年
江戸時代前期の三味線の名工。
¶人名，世百，日人

**石村近江〔5代〕** いしむらおうみ
？ ～宝永5（1708）年
江戸時代前期～中期の三味線製作者。
¶朝日（生没年不詳），芸能（生没年不詳），コン改，コン4，人名，世百，日人，百科

**石村近江〔6代〕** いしむらおうみ
？ ～享保1（1716）年
江戸時代中期の三味線の名工。
¶人名，世百，日人

**石村近江〔7代〕** いしむらおうみ
？ ～正徳5（1715）年
江戸時代中期の三味線の名工。
¶人名，世百，日人

**石村近江〔8代〕** いしむらおうみ
？ ～天明5（1785）年

い

江戸時代中期の三味線の名工。
¶人名, 世百, 日人

**石村近江〔9代〕** いしむらおうみ
？ 〜天明7(1787)年
江戸時代中期の三味線の名工。
¶人名, 世百, 日人

**石村近江〔10代〕** いしむらおうみ
？ 〜文化1(1804)年
江戸時代中期〜後期の三味線の名工。
¶人名, 世百, 日人

**石村近江〔11代〕** いしむらおうみ
？ 〜慶応1(1865)年
江戸時代末期の三味線の名工。
¶人名, 日人

**石村定夫** いしむらさだお
昭和期の三絃師。
¶名工

**石村春荘** いしむらしゅんそう
明治33(1900)年1月23日〜平成4(1992)年2月21日
昭和期の漆芸家。
¶郷土, 島根百, 島根歴, 世紀, 日人, 美工

**石村正彦** いしむらまさひこ
昭和16(1941)年8月4日〜
昭和〜平成期の陶芸家。
¶陶工

**石本喜久治** いしもときくじ
明治27(1894)年2月15日〜昭和38(1963)年11月27日
大正〜昭和期の建築家。分離派建築会を発足、近代主義建築家として代表作に旧東京朝日新聞社がある。
¶現朝, 新潮, 人名7, 世紀, 日人, 美建

**石本暁海** いしもとぎょうかい
明治21(1888)年〜昭和10(1935)年　[別]石本暁曠《いしもとぎょうこう》
大正〜昭和期の彫刻家、木彫家。
¶京都大(石本暁曠　いしもとぎょうこう), 島根人, 島根百([生]明治21(1888)年3月10日　[没]昭和10(1935)年8月23日), 島根歴, 姓氏京都(石本暁曠　いしもとぎょうこう)

**石本暁曠** いしもとぎょうこう
→石本暁海(いしもとぎょうかい)

**石本水月軒** いしもとすいげつけん
文政7(1824)年〜明治10(1877)年
江戸時代後期〜明治期の木工。
¶島根人, 島根百, 島根歴, 日人

**石本巳四雄** いしもとみしお
明治26(1893)年9月17日〜昭和15(1940)年
大正〜昭和期の地震学者。地震研究所所長。加速度地震計やシリカ傾斜計を発明、地震波、地震原因等に優れた業績がある。
¶科学([没]1940年(昭和15)2月4日), 近現, 近土([没]1940年2月5日), 現朝([没]1940年2月5日), 国史, 史人([没]1940年2月4日), 新潮([没]昭和15(1940)年2月4日), 人名7, 世紀([没]昭和15(1940)年2月4日), 世百([生]1891年), 全書, 大百, 土木([没]1940年2月5日), 日人([没]昭和15(1940)年2月4日), 歴大

**石森善左衛門** いしもりぜんざえもん
天保11(1840)年〜大正9(1920)年
江戸時代末期〜大正期の人。イワシ建網の改良・工夫に努め、水晶型器械網を発明。
¶姓氏宮城

**石屋善左衛門** いしやぜんざえもん
生没年不詳
江戸時代前期の石切業者。石匠頭。
¶神奈川人, 姓氏神奈川

**石山修武** いしやまおさむ
昭和19(1944)年4月1日〜
昭和〜平成期の建築家。ダムダン空間工作所代表取締役、早稲田大学教授。工業化時代の小屋作りを目指す。日本の住宅価格に疑問を投じた。代表作に「幻庵」「開拓者の家」など。
¶現朝, 現執1期, 現執2期, 現執3期, 現執4期, 現日, 世紀, 日人, マス89

**石山静男** いしやましずお
昭和32(1957)年〜
昭和〜平成期の陶芸家。
¶陶工

**石山俊樹** いしやまとしき
昭和23(1948)年4月29日〜
昭和〜平成期の陶芸家。
¶陶芸最, 名工

**石山師香** いしやまもろか
寛文9(1669)年〜享保19(1734)年
江戸時代中期の公家(権中納言)。左大臣園基音の孫。
¶公卿([生]寛文9(1669)年5月13日　[没]享保19(1734)年10月13日), 国書([生]寛文9(1669)年5月13日　[没]享保19(1734)年10月13日), 諸系, 人名, 日人

**伊集院五郎** いじゅういんごろう
嘉永5(1852)年〜大正10(1921)年
明治〜大正期の海軍軍人。大将、男爵。日清戦争で西京丸艦長として活躍、伊集院式信管の発明者。
¶朝日([生]嘉永5年9月28日(1852年11月9日)　[没]大正10(1921)年1月13日), 海越新([生]嘉永5(1852)年9月28日　[没]大正10(1921)年1月13日), 鹿児島百, 近現, 国史, コン改, コン5, 史人([生]1852年9月28日　[没]1921年1月13日), 新潮([生]嘉永5(1852)年9月28日　[没]大正10(1921)年1月13日), 人名, 世紀([生]嘉永5(1852)年9月28日　[没]大正10(1921)年1月13日), 姓氏鹿児島, 渡航([生]1852年9月28日　[没]1921年1月13日), 日人, 陸海([生]嘉永5年9月27日　[没]大正10年1月13日)

**伊志良光** いしらあきら
昭和16(1941)年12月14日～
昭和～平成期の陶芸家。
¶陶芸最，陶工，名工

**伊志良エミコ** いしらえみこ
昭和22(1947)年12月16日～
昭和期の陶芸家。
¶陶芸最

**因斯羅我** いしらが
生没年不詳　[別]因斯羅我《いんしらが》
上代の画工。画部として「日本書紀」に記された最初の人。
¶朝日，国史，古代(いんしらが)，古中，史人，新潮，人名，世人，日人(いんしらが)，美家

**伊志良不説** いしらふせつ
明治40(1907)年3月31日～昭和63(1988)年3月17日
大正～昭和期の工芸家。
¶美工，名工

**井尻茂子** いじりしげこ
昭和1(1926)年～
昭和～平成期の京ほり人形瑳峨彩色師。
¶名工

**石渡信太郎** いしわたしんたろう
明治8(1875)年～昭和32(1957)年
明治～昭和期の鉱山技術者。
¶神奈川人

**石渡秀雄** いしわたひでお
天保14(1843)年～大正5(1916)年
江戸時代後期～大正期の篤農家、政治家。伊豆国の棚場山にシイタケ栽培伝習所を開設。
¶静岡歴，植物，姓氏静岡

**石渡磨須良** いしわたりますら
昭和15(1940)年3月10日～
昭和～平成期の陶芸家。
¶陶工

**石原弥五左衛門** いしわらやござえもん
天正8(1580)年～万治3(1660)年9月9日
安土桃山時代～江戸時代前期の開拓者。
¶庄内

**石原米太郎** いしわらよねたろう
明治15(1882)年9月2日～昭和36(1961)年5月6日
[別]石原米太郎《いしはらよねたろう》
明治～昭和期の技術者、実業家。陸軍兵器工業会特殊鋼部会理事長、特殊製鋼社長。特殊製鋼を創設し、大企業に育てる。戦後は、科学技術省参与、武器審議会委員などを歴任。
¶群馬人(いしはらよねたろう)，現情，実業，新潮，人名7，世紀(いしはらよねたろう)，姓氏群馬(いしはらよねたろう)，日人(いしはらよねたろう)

**泉井安吉** いずいやすきち
明治35(1902)年～昭和42(1967)年
大正～昭和期の実業家。マグロ延縄自動巻き上げ機の改良につとめた。
¶高知人，高知百，世紀([生]明治35(1902)年6月11日　[没]昭和42(1967)年6月17日)，日人([生]明治35(1902)年6月11日　[没]昭和42(1967)年6月17日)

**伊豆蔵明彦** いずくらあきひこ
昭和17(1942)年～
昭和～平成期の染織家。
¶名工

**伊豆蔵喜兵衛** いずくらきへえ
江戸時代中期の人形師。
¶大阪人，人名

**伊豆蔵寿郎** いずくらじゅろう
大正9(1920)年4月10日～
昭和～平成期の陶芸家。
¶陶芸最，名工

**伊豆蔵正博** いずくらまさひろ
昭和17(1942)年～
昭和～平成期の陶芸家。
¶陶工

**伊豆蔵屋喜兵衛** いずくらやきへえ
生没年不詳
江戸時代後期の人形師。
¶日人

**伊豆長八**(伊豆の長八) いずのちょうはち
→入江長八(いりえちょうはち)

**出原幸一** いずはらこういち
大正4(1915)年7月28日～
昭和～平成期の京繡職人。
¶名工

**泉篤彦** いずみあつひこ
大正4(1915)年～
昭和～平成期の漆芸家。
¶名工

**泉勘十郎** いずみかんじゅうろう
天保3(1832)年～明治38(1905)年
江戸時代末期～明治期の篤農家。開墾、米麦の改良など殖産農業に尽力。
¶姓氏石川，日人，幕末([没]1905年1月)

**泉喜仙** いずみきせん
大正15(1926)年7月3日～
昭和期の陶芸家。
¶陶芸最

**和泉清** いずみきよし
昭和期の鋳金家。
¶名工

**和泉三右衛門** いずみさんえもん
江戸時代中期の石工。
¶人名

**出水三左衛門** いずみさんざえもん
生没年不詳
江戸時代前期の大工棟梁。

¶姓氏京都

い

**泉清吉** いずみせいきち
昭和期の漆刷毛職人。
¶名工

**和泉大掾九平** いずみたいじょうくへい
→和泉大掾九平(いずみのだいじょうくへい)

**和泉隆雄** いずみたかお
大正7(1918)年～
昭和～平成期の朴炭焼。
¶名工

**泉貞治** いずみていじ
生没年不詳
明治期の亜炭鉱脈発見者。
¶姓氏宮城

**和泉守兼定** いずみのかみかねさだ
→兼定〔11代〕(かねさだ)

**和泉守金道** いずみのかみきんどう
生没年不詳
江戸時代中期の鍛冶。
¶姓氏京都

**和泉守藤原国貞** いずみのかみふじわらくにさだ
天正17(1589)年～慶安5(1652)年5月5日
安土桃山時代～江戸時代前期の刀鍛冶。
¶宮崎百

**和泉大掾九平** いずみのだいじょうくへい
[別]和泉大掾九平《いずみたいじょうくへい》
江戸時代前期の堺の彫刻工。
¶人名(いずみたいじょうくへい)，日人(生没年不詳)

**泉水博文** いずみひろふみ
昭和24(1949)年2月15日～
昭和期の陶芸家。
¶陶芸最

**泉目吉** いずみめきち
江戸時代中期の人形細工の名人。
¶江戸

**泉屋治郎兵衛** いずみやじろべえ
江戸時代中期の陶工、但馬出石焼の創業者。
¶人名，日人(生没年不詳)

**泉泰代** いずみやすよ
昭和25(1950)年～
昭和～平成期の漆芸作家。
¶名工

**和泉湧清** いずみゆうせい
明治32(1899)年～昭和59(1984)年
大正～昭和期の鋳金家。
¶長野歴

**和泉要助** いずみようすけ
文政12(1829)年～明治33(1900)年
明治期の車夫。人力車の発明者の一人。
¶維新，先駆(生没年不詳)，日人，幕末([没]1900年9月30日)，民学

**和泉良法** いずみよしのり
昭和22(1947)年9月25日～
昭和～平成期の陶芸家。
¶陶芸最，陶工，名工

**泉麟太郎** いずみりんたろう
天保13(1842)年～昭和4(1929)年
江戸時代末期～明治期の開拓者。北海道夕張郡角田村を開拓し、その治水事業、牧畜等に尽くした。
¶人名([生]1832年)，姓氏宮城，日人，北海道百，北海道文([生]天保13(1842)年4月21日　[没]昭和4(1929)年1月8日)，北海道歴

**井爪丹岳** いずめたんがく
→井爪丹岳(いづめたんがく)

**出雲** いずも
生没年不詳
江戸時代前期の鎌倉仏師。
¶鎌倉

**伊豆屋弥左衛門** いずややざえもん
江戸時代中期の陶工、但馬出石郡出石焼の創業者。
¶人名，日人(生没年不詳)

**井関家重** いぜきいえしげ
天正9(1581)年～明暦3(1657)年　[別]河内大掾家重《かわちのだいじょういえしげ》
江戸時代前期の面打師。
¶近世(河内大掾家重　かわちのだいじょういえしげ)，史人(河内大掾家重　かわちのだいじょういえしげ　[生]？　[没]1645年)，人名，日人

**井関家久** いぜきいえひさ
弘治3(1557)年～＊
安土桃山時代の能面工。井関次郎左衛門の井関家を継承。
¶人名([没]？)，日人([没]1627年)

**井関和代** いせきかずよ
昭和22(1947)年1月12日～
昭和～平成期の染織家。
¶名工

**井関次郎右衛門** いぜきじろうえもん
？～明暦3(1657)年　[別]井関次郎右衛門《いぜきじろえもん》
江戸時代の能面作者。面打ち近江井関家4代の最後の人とされる。
¶人名(いぜきじろえもん)，日人

**井関次郎左衛門** いぜきじろうざえもん，いせきじろうざえもん
生没年不詳
戦国時代の能面師。
¶滋賀百(いせきじろうざえもん)，日人

**井関次郎右衛門** いぜきじろえもん
→井関次郎右衛門(いぜきじろうえもん)

**井関性栄** いぜきせいえい
江戸時代後期の治水家、山城大覚寺の宮の坊官。

¶人名，日人（生没年不詳）

**井関宗鱗** いぜきそうりん
生没年不詳
室町時代の西陣の織屋。
¶京都大，姓氏京都

**井関親信** いぜきちかのぶ
生没年不詳
戦国時代の能面師。
¶日人

**井関宗信** いぜきむねのぶ
？　～元亀3（1572）年
戦国時代の能面作者。面打ち近江井関家の初代。
¶コン改，コン4，人名，日人（[没]1573年）

**伊勢五郎太夫祥瑞** いせごろうだゆうしょうずい
→祥瑞五郎太夫（しょんずいごろうだゆう）

**伊勢崎淳** いせざきじゅん
昭和11（1936）年2月20日～
昭和～平成期の陶芸家。
¶国宝，陶芸最，陶工，名工（[生]昭和11年2月）

**伊勢崎信太郎** いせざきのぶたろう
明治41（1908）年10月25日～
昭和～平成期の本場黄八丈織物職人。
¶名工

**伊勢崎満** いせざきみつる
昭和9（1934）年4月24日～
昭和～平成期の陶芸家。
¶陶芸最，陶工，名工

**伊勢崎陽山** いせざきようざん
明治35（1902）年～昭和36（1961）年
大正～昭和期の陶芸家。
¶岡山人，岡山百（[生]明治35（1902）年11月21日　[没]昭和36（1961）年2月16日），岡山歴（[生]明治35（1902）年11月21日　[没]昭和36（1961）年2月16日），陶芸最，陶工

**伊勢幸広** いせゆきひろ
昭和21（1946）年5月30日～
昭和期の陶芸家。
¶陶芸最

**井芹沐芊** いせりもくべい
昭和5（1930）年5月1日～
昭和～平成期の陶芸家。
¶陶工

**礒郁子** いそいくこ
昭和～平成期の漆芸家。
¶名工

**磯井如真** いそいじょしん
明治16（1883）年3月19日～昭和39（1964）年8月23日　[別]磯井如真《いそいにょしん》
昭和期の漆芸家。岡山大学教授。帝展入選、文展特選を経て日展審査員を務める。人間国宝。
¶岡山百（いそいにょしん　[生]明治31（1898）年3月9日），岡山歴，香川人，香川百，郷土香川（いそいにょしん　[生]1884年），現朝，現情，現日（[生]1883年3月18日），国宝，新潮，人名7，世紀，全書，日人，美工，名工

**磯井如真** いそいにょしん
→磯井如真（いそいじょしん）

**磯井正美** いそいまさみ
大正15（1926）年6月27日～
昭和～平成期の漆芸家。父・如真に師事し、蒟醤技法の継承者として人間国宝となる。
¶現情，国宝，世紀，日人，名工

**磯貝庫太** いそがいくらた
昭和期のべっ甲細工師。
¶名工

**磯谷利右衛門** いそがやりえもん
天保13（1842）年～明治37（1904）年
明治期の漆器改良家。刀剣の鑑定から転業して漆器改良につとめ幾多の着色法を創案した。
¶人名，日人，名工（[生]天保13（1842）年7月　[没]明治37年5月）

**五十川八蔵** いそがわはちぞう
明治31（1898）年～昭和47（1972）年
大正～昭和期の炭焼き技術者。
¶大分歴

**五十川昌安** いそがわまさやす
江戸時代の装剣師、彫師。
¶人名，日人（生没年不詳）

**磯崎新** いそざきあらた
昭和6（1931）年7月23日～
昭和～平成期の建築家、都市デザイナー。磯崎新アトリエ主宰。世界的建築家で、海外での評価も高く「バルセロナ・オリンピック室内競技場」など作品多数。
¶現朝，現執1期，現執2期，現執3期，現執4期，現情，現人，現日，新潮，世紀，全書，日人，マス89

**磯崎伝作** いそざきでんさく
明治26（1893）年1月15日～昭和46（1971）年3月17日
大正～昭和期の鉄道技師。丹那トンネルの設計・施工にあたった。神奈川県出身。
¶近土

**磯崎眠亀**（磯崎珉亀） いそざきみんき
天保5（1834）年～明治41（1908）年
江戸時代末期～明治期の花筵業者。花筵及びその染色法の改良者。功労者として緑綬褒章受章。
¶岡山人，岡山百（[生]天保5（1834）年4月11日　[没]明治41（1908）年1月14日），岡山歴（[生]天保5（1834）年4月1日　[没]明治41（1908）年1月14日），人名（磯崎珉亀），日人，名工（磯崎珉亀　[生]天保5（1834）年10月）

**磯崎美亜** いそざきよしつぐ
明治16（1883）年～昭和17（1942）年
明治～昭和期の彫金家。
¶茨城百

**磯田正雄** いそだまさお
大正3 (1914) 年8月9日～平成3 (1991) 年5月13日
昭和～平成期の技術者、経営者。
¶岡山歴

**磯野卯右衛門** いそのうえもん
江戸時代末期の殖産家、海外輸出業者。
¶人名

**磯野清夫** いそのきよお
昭和12 (1937) 年～
昭和～平成期の漆芸家。
¶名工

**磯野兼太郎** いそのけんたろう
昭和期の船大工。
¶名工

**磯野風船子** いそのふうせんし
明治35 (1902) 年7月24日～平成2 (1990) 年7月12
日　㊙大河内信威《おおこうちのぶたけ》,大河内
風船子《おおこうちふうせんし》
昭和期の評論家、陶芸家。理研映画専務。
¶世紀、世紀(大河内信威　おおこうちのぶた
け), 陶工(大河内風船子　おおこうちふうせ
んし)

**磯部晃** いそべあきら
昭和20 (1945) 年7月15日～
昭和～平成期の陶芸家。
¶陶芸最, 陶工, 名工

**磯辺敬信** いそべたかのぶ
天保1 (1830) 年～明治30 (1897) 年
江戸時代末期～明治期の屋台・天棚彫刻師。彫師
集団磯辺の分家儀兵衛系の3代目。
¶栃木歴

**磯部常雄** いそべつねお
＊～平成2 (1990) 年
昭和期の陶器製造業従事者。益子労働組合員。
¶社史 (㊤1908年), 栃木歴 (㊤明治40 (1907) 年)

**磯辺信秀** いそべのぶひで
？ ～天明1 (1781) 年
江戸時代中期の彫刻師。下野の彫師集団磯辺一族
の彫祖。
¶栃木歴

**礒部晴樹** いそべはるき
昭和17 (1942) 年～
昭和～平成期の工業デザイナー、絵本作家。
¶児人

**磯部陸治** いそべりくじ
明治15 (1882) 年8月28日～昭和17 (1942) 年3月
17日
明治～昭和期の蚕種改良家。
¶世紀, 姓氏愛知, 日人

**礒見忠司** いそみただし
大正5 (1916) 年11月5日～
昭和期の陶芸家。
¶陶芸最, 名工

**磯村白斎** いそむらはくさい
嘉永4 (1851) 年～大正9 (1920) 年
明治～大正期の陶工。尾張常滑の陶工。黒泥焼を
案出。茶器などの雅作で著名。
¶人名, 陶工, 日人, 名工 (㊤嘉永4 (1851) 年9月
11日　㊦大正9年8月)

**磯本征雄** いそもといくお
昭和16 (1941) 年9月20日～
昭和～平成期の情報工学者。名古屋市立大学教
授。情報処理教育、データベース、CAIシステム
などの研究開発に取り組む。
¶現執3期

**磯矢阿伎良** いそやあきら
明治37 (1904) 年2月1日～昭和62 (1987) 年5月
30日
昭和期の漆芸家。東京芸術大学教授。実生活と結
合した漆工芸の制作に従事。
¶現朝, 世紀, 日人, 美工

**磯矢陽** いそやあきら
明治37 (1904) 年2月～昭和62 (1987) 年5月30日
大正～昭和期の漆芸家。
¶名工

**磯山風太郎** いそやまふうたろう
昭和期の大工。
¶名工

**磯谷吉光** いそやよしみつ
天保2 (1831) 年12月12日～明治23 (1890) 年4月
27日
江戸時代末期の刀工・剣術家。
¶埼玉人

**磯游** いそゆう
大正6 (1917) 年～？
昭和～平成期の陶芸家。
¶陶芸, 陶工, 名工 (㊤大正6年3月16日)

**板井春哉** いたいしゅんさい
天保15 (1844) 年～明治25 (1892) 年
江戸時代後期～明治期の石工。
¶大分歴

**井高帰山** いたかきざん, いだかきざん
昭和2 (1927) 年7月20日～
昭和期の陶芸家。
¶陶芸最, 陶工, 名工 (いだかきざん)

**井高帰山〔1代〕** いたかきざん, いだかきざん
明治14 (1881) 年～昭和42 (1967) 年
明治～昭和期の陶芸家。
¶陶芸最 (㊤明治13年), 陶工, 美工 (――〔代数
なし〕　いだかきざん)

**板垣助四郎** いたがきすけしろう
？ ～明治15 (1882) 年
江戸時代中期～明治期の事業家。小川の土で耐火
煉瓦を製造。
¶静岡歴, 姓氏静岡, 幕末

## 板垣董五郎 いたがきとうごろう
天保10(1839)年〜明治16(1883)年
江戸時代末期〜明治期の名主。若木原を開拓し板垣新田を開く。
¶人名，日人，幕末，山形百

## 板垣贇夫 いたがきよしお
安政4(1857)年〜大正8(1919)年
明治〜大正期の開拓功労者。
¶北海道百，北海道歴

## 井高洋成 いたかようせい，いだかようせい
昭和9(1934)年4月5日〜
昭和〜平成期の陶芸家。
¶陶芸最，陶工，名工（いだかようせい）

## 井田吉六 いだきちろく
寛政4(1792)年〜文久1(1861)年　劔吉六《きちろく》
江戸時代末期の陶工。古陶磁の模造家。自作陶器「吉六焼」を作った。
¶人名，日人

## 板倉白 いたくらはく
明治35(1902)年〜昭和48(1973)年
昭和期の銘酒「天穏」醸造元、島根県公安委員長。
¶島根歴

## 板坂辰治 いたさかたつじ
大正5(1916)年〜昭和58(1983)年
昭和期の金工家。
¶石川百

## 板橋志げ子 いたばししげこ
昭和期の陶器絵付師。
¶名工

## 板橋広美 いたばしひろみ
昭和23(1948)年7月5日〜
昭和〜平成期の陶芸家。
¶陶芸最，陶工，名工

## 板橋正十郎 いたばしまさじゅうろう
大正〜昭和期の鍛冶職人。
¶名工

## 伊多波武助 いたばぶすけ
貞享2(1685)年〜安永1(1772)年
江戸時代前期〜中期の鉱山師。
¶秋田百

## 伊丹庄左衛門 いたみしょうざえもん
？　〜寛永5(1628)年
江戸時代前期の弓師。
¶人名，日人，和歌山人

## 伊丹時雄 いたみときお
生没年不詳
江戸時代後期の金工家。
¶庄内

## 板宮清治 いたみやせいじ
文政5(1822)年〜大正1(1912)年
江戸時代後期〜明治期の大工。

¶姓氏岩手

## 板屋小右衛門 いたやしょうえもん
生没年不詳
江戸時代後期の漆工。
¶国書

## 板谷波山 いたやはざん
明治5(1872)年〜昭和38(1963)年
明治〜昭和期の陶芸家。洋風倒焔式丸窯やマジョリカ陶器を取り入れた新たな作風で高名。文化勲章受章。
¶石川百，茨城百，角史，郷土茨城，近現，現朝（生明治5年3月3日(1872年4月10日）　没1963年10月10日），現情（生明治5(1872)年3月3日　没1963年10月10日），現日（生1872年3月3日　没1963年10月10日），国史，コン改，コン4，コン5，茶道，史人（生1872年3月3日　没1963年10月10日），新潮（生明治5(1872)年3月3日　没昭和38(1963)年10月10日），人名7，世紀（生明治5(1872)年3月3日　没昭和38(1963)年10月10日），姓氏石川，世人（生明治5(1872)年3月3日　没昭和38(1963)年10月10日），世百，世百新，全書，大百，陶芸最，陶工，日史（生明治5(1872)年3月3日　没昭和38(1963)年10月10日），日人（生明治5(1872)年3月3日　没昭和38(1963)年10月10日），日本，美工（生明治5(1872)年3月3日　没昭和38(1963)年10月10日），美術，百科，名工（生明治5年3月3日　没昭和38年10月10日），履歴（生明治5(1872)年3月3日　没昭和38(1963)年10月10日），履歴2（生明治5(1872)年3月3日　没昭和38(1963)年10月10日）

## 板屋兵四郎 いたやひょうしろう
→板屋兵四郎（いたやへいしろう）

## 板屋兵四郎 いたやへいしろう
？　〜*　劔板屋兵四郎《いたやひょうしろう》
江戸時代前期の治水家。辰巳用水を完成。
¶石川百（生没年不詳），近世（いたやひょうしろう　没1653年），国史（いたやひょうしろう　没1653年），史人（いたやひょうしろう　没1636年，(異説)1653年），人名（没1636年），姓氏石川，日人（生没年不詳）

## 板谷まる いたやまる
明治3(1870)年〜昭和33(1958)年8月7日
明治〜昭和期の女性。陶芸家板谷波山の妻。夫の影響で陶芸に励み、新聞雑誌は「夫婦窯」と宣伝した。
¶女性，女性普，世紀，日人，美工

## 一阿弥 いちあみ
生没年不詳
安土桃山時代の柄杓づくりの名人。
¶茶道，戦人，美工

## 市井善之助 いちいぜんのすけ
文久2(1863)年〜大正10(1921)年
明治〜大正期の農事改良家。
¶世紀（生文久2(1863)年12月12日　没大正10(1921)年10月25日），日人

い

**市浦健** いちうらけん
明治37(1904)年1月24日～昭和56(1981)年11月3日
昭和期の建築家。日本の公共住宅の設計を主導。プレハブ住宅建築の先駆者。
¶現朝，世紀，日人，美建

**一運** いちうん
？ ～貞享3(1686)年
江戸時代前期の大仏師。
¶人名，日人

**市江鳳造** いちえほうぞう
明和5(1768)年～嘉永5(1852)年
江戸時代後期の陶工。尾張藩士。作陶は鳳造焼と呼ばれた。
¶日人

**一右衛門** いちえもん
？ ～永禄11(1568)年？
戦国時代～安土桃山時代の石切棟梁。
¶戦辞

**市右衛門** いちえもん
安土桃山時代の陶工。
¶人名

**一円東海** いちえんとうかい
江戸時代中期の土佐銅印の創始者。
¶高知人(生没年不詳)，高知百，人名，日人(生没年不詳)

**一尾伊織** いちおいおり
*～元禄2(1689)年
江戸時代前期の幕臣、茶人(三斎流一尾派の開祖)。
¶国書(㊐慶長4(1599)年 ㊒元禄2(1689)年3月13日)，茶道(㊐1602年)，人名(㊐1601年)，日人(㊐1599年)

**市岡晋一郎** いちおかしんいちろう
天保1(1830)年～明治29(1896)年
江戸時代後期～明治期の水田開発者。
¶姓氏長野，長野歴

**市岡太次郎** いちおかたじろう
明治3(1870)年3月3日～昭和16(1941)年2月28日
明治～昭和期の海軍技師。
¶科学，写家

**市岡与左衛門** いちおかよざえもん
生没年不詳
江戸時代中期の事業家。大坂に市岡新田を開拓。
¶大阪人

**市川新** いちかわあらた
昭和12(1937)年2月4日～
昭和期の衛生工学者。
¶現執2期

**市川一学** いちかわいちがく
安永7(1778)年～*
江戸時代後期の上野高崎藩士、兵学者。福山城を設計。蝦夷地の松前城を西洋流で設計。
¶群馬人(㊐安永3(1774)年 ㊒安政1(1854)年)，国書(㊒安政5(1858)年12月23日)，庄内(㊒安政5(1858)年12月23日)，姓氏群馬(㊐1774年 ㊒1854年)，日人(㊒1859年)，藩臣2(㊐安永3(1774)年 ㊒安政1(1854)年)，北海道百(㊒安政5(1858)年)，北海道歴(㊒安政5(1858)年)

**市川佳愛** いちかわかあい
昭和48(1973)年5月9日～
昭和～平成期の陶芸家。
¶陶工

**市川方静** いちかわかたきよ
→市川方静(いちかわほうせい)

**市河亀吉** いちかわかめきち
安政5(1858)年～？
明治期の職工。
¶渡航

**市川亀久弥** いちかわきくや
大正4(1915)年～
昭和期の創造工学者。同志社大学教授。
¶現執1期

**市川金三郎** いちかわきんざぶろう
明治～昭和期の実業家。象印マホービン創業者。電球加工職人を経て、兄の銀三郎とともに魔法瓶を製造。のち退社しラジオ真空管事業に進出。
¶創業(㊒？)

**市川銀三郎** いちかわぎんざぶろう
～昭和27(1952)年7月23日
明治～昭和期の実業家。象印マホービン創業者。大工見習いを経て、兄の金三郎とともに魔法瓶を製造。
¶創業

**市川久美子** いちかわくみこ
昭和3(1928)年9月15日～
昭和～平成期の手芸家。
¶名工

**市川幸吉**(1) いちかわこうきち
江戸時代末期～明治期の殖産家。
¶人名

**市川幸吉**(2) いちかわこうきち
天保12(1841)年～大正10(1921)年
江戸時代末期～大正期の農事改良家。
¶植物(㊐天保12(1841)年11月 ㊒大正10(1921)年3月5日)，多摩，日人

**市川広三** いちかわこうぞう
昭和5(1930)年3月31日～平成21(2009)年7月7日
昭和～平成期の陶芸家。
¶陶芸最，美工，名工

**市川五郎兵衛** いちかわごろべえ
元亀2(1571)年～寛文5(1665)年 ㊕市川五郎兵衛真親《いちかわごろべえまさちか》
江戸時代前期の新田開発者。
¶朝日(㊐元亀3(1572)年 ㊒寛文5年9月9日

(1665年10月17日)), 郷土群馬, 郷土長野, 近世([生]1572年), 群馬人, 群馬百(市川五郎兵衛真親　いちかわごろべえまさちか), 国史([生]1572年), コン改, コン4, 史人([生]1572年 [没]1665年9月9日), 新潮([没]寛文5(1665)年9月9日), 人名, 姓氏群馬, 姓氏長野, 長野百([生]1570年　[没]1661年), 長野歴, 日人([生]1572年), 歴大([生]1572年？)

**市川三次** いちかわさんじ
明治27(1894)年〜昭和50(1975)年
大正〜昭和期の小砂焼の陶工、馬頭町無形文化財。
¶栃木歴

**市川次郎左衛門** いちかわじろうざえもん
安土桃山時代の駿河国志太郡笹間渡村の開拓者。
¶姓氏静岡

**市川政司** いちかわせいじ
明治21(1888)年11月10日〜昭和36(1961)年6月8日
明治〜昭和期の公園技師。
¶植物

**市川誠次** いちかわせいじ
明治5(1872)年7月11日〜昭和22(1947)年4月5日
明治〜昭和期の実業家。日本窒素肥料会長。カーバイト製造実験に参加し、日本窒素肥料設立に参画、取締役となる。
¶新潮, 人名7, 世紀, 日人

**市川代治郎** いちかわだいじろう
文政8(1825)年〜明治29(1896)年
江戸時代末期〜明治期の大工。
¶朝日([生]文政8年8月5日(1825年9月17日) [没]明治29(1896)年4月25日), 姓氏長野([生]1826年), 渡航([生]1826年8月), 長野歴, 日人

**市川たつ** いちかわたつ
安政6(1859)年〜昭和16(1941)年10月11日
江戸時代末期〜昭和期の女性。婦人運動家市川房枝の母。機織りが巧みで柄作りの名手。
¶女性, 女性普

**市川辰雄** いちかわたつお
明治25(1892)年〜昭和19(1944)年
大正〜昭和期の南蒲原郡加茂町の大地主。加茂町長、加茂銀行・新潟農商銀行重役。開拓功績者。
¶新潟百

**市川通三** いちかわつうぞう
大正6(1917)年9月12日〜平成9(1997)年5月20日
昭和〜平成期の陶芸家。
¶陶芸, 美工, 名工

**市川富幾一** いちかわときいち
昭和24(1949)年6月18日〜
昭和期の陶芸家。
¶陶芸最

**市川虎五郎** いちかわとらごろう
明治22(1889)年〜？
明治〜大正期の銹職人。
¶名工

**一川一** いちかわはじめ
元治1(1864)年6月〜？
明治期の技師。
¶渡航

**市川宏** いちかわひろし
大正13(1924)年3月24日〜平成23(2011)年6月4日
昭和〜平成期の建築家。東畑建築事務所所長、日本建築協会会長。
¶美建

**市川平三郎** いちかわへいざぶろう
大正12(1923)年10月28日〜
昭和〜平成期の医師。国立がんセンター院長、日本癌治療学会長。専門は放射線医学、消化器病学。X線二重造影法を開発し、がんの早期発見に貢献。
¶現朝, 現執3期, 現執4期, 現情, 現日, 新潮, 世紀, 日人

**市川方静** いちかわほうせい
天保5(1834)年〜明治36(1903)年　[別]市川方静《いちかわかたきよ》
江戸時代末期〜明治期の数学者。測量器製作の先駆者。
¶維新, 科学([生]1834年(天保5)10月24日 [没]1903年(明治36)11月28日), 国際, 国書([生]天保5(1834)年10月24日　[没]明治36(1903)年11月28日), 人名, 数学(いちかわかたきよ [生]天保5(1834)年10月24日　[没]明治36(1903)年11月28日), 先駆([生]天保5(1834)年10月24日　[没]明治36(1903)年11月28日), 日人, 幕末([没]1903年11月28日), 藩臣2, 福島百, 洋学

**市川安左衛門** いちかわやすざえもん
天保13(1842)年〜明治43(1910)年
明治期の機業家。足利織物の改良発展のために尽力。緑綬褒章受章。
¶人名, 栃木百, 栃木歴, 日人

**市川義方** いちかわよしかた
文政9(1826)年〜？
明治期の土木技術者。専門は治水・治山。京都府出身。
¶京都府, 近土([生]1826年12月6日), 土木([生]1826年12月6日), 日人

**一木権兵衛** いちきごんべい
→一木権兵衛(いちきごんべえ)

**一木権兵衛** いちきごんべえ
寛永5(1628)年〜延宝7(1679)年　[別]一木権兵衛《いちきごんべい》, 一木政利《いちきまさとし》
江戸時代前期の土木行政家。
¶朝日([没]延宝7年6月18日(1679年7月25日)), 近世(一木政利　いちきまさとし), 高知人(いちきごんべい　[生]1617年), 高知百, 国史(一木政利　いちきまさとし), コン改([生]？), コン4([生]？), 新潮, 人名(一木政利　いちきまさとし), 全書([生]？), 日人, 歴大([生]？)

い

**一木政利** いちきまさとし
→一木権兵衛（いちきごんべえ）

**一元** いちげん
→玉水弥兵衛〔1代〕（たまみずやへえ）

**一坂俊太郎** いちさかしゅんたろう
安政3（1856）年～大正12（1923）年2月4日
明治～大正期の徳島藩士、民権家。愛日銀行頭取。徳島市長に就任し上下水道事業に貢献。
¶徳島百（[生]安政3（1856）年7月6日　[没]大正11（1922）年2月3日），徳島歴（[生]安政3（1856）年7月），幕末

**市嶋栄吉** いちじまえいきち
昭和期の漆芸・榛地師。
¶名工

**市嶋吉秋** いちしまよしあき
明治35（1902）年10月8日～
大正～昭和期の漆芸家。
¶名工

**一重孔希** いちじゅうこうき
昭和23（1948）年3月10日～
昭和～平成期の陶芸家。
¶陶芸最，陶工

**一条久兵衛** いちじょうくへえ
江戸時代中期の陶工。
¶人名

**一条九兵衛** いちじょうくへえ
生没年不詳
江戸時代前期～中期の陶工。
¶日人

**一条牧夫** いちじょうまきお
安政5（1858）年～昭和13（1938）年
明治～昭和期の馬匹改良家。
¶岩手百，姓氏岩手

**市田幸四郎** いちだこうしろう
明治18（1885）年1月15日～昭和2（1927）年4月7日
明治～昭和期の平版印刷の開拓者。
¶兵庫人

**一田正七郎〔1代〕**（一田庄七郎）いちだしょうしちろう
？　～文政5（1822）年9月23日
江戸時代後期の人形細工師。
¶芸能，史人（一田庄七郎）

**市田鉄次** いちだてつじ
明治28（1895）年～昭和43（1968）年
大正～昭和期の能美郡寺井町寺井の陶芸家。
¶姓氏石川

**市野悦夫** いちのえつお
昭和25（1950）年2月25日～
昭和～平成期の陶芸家。
¶陶芸最，陶工，名工

**市野元祥** いちのげんしょう
昭和33（1958）年12月7日～
昭和～平成期の陶芸家。
¶陶工

**市野茂良** いちのしげよし
昭和17（1942）年8月9日～
昭和期の陶芸家。
¶陶芸最

**市野信水** いちのしんすい
昭和7（1932）年10月18日～
昭和～平成期の陶芸家。
¶陶芸最，陶工，名工

**市瀬恭次郎** いちのせきょうじろう
慶応3（1867）年6月23日～昭和3（1928）年8月15日
明治～昭和期の工学者。内務技監。内務省仙台土木出張所長、同神戸出張所長などを歴任。
¶科学，近土，人名，世紀，渡航，土木，日人

**市瀬清重** いちのせきよしげ
昭和期の大工。
¶名工

**市瀬善治** いちのせぜんじ
嘉永2（1849）年～明治35（1902）年
江戸時代後期～明治期の蚕種製造者。
¶姓氏長野

**一瀬調実** いちのせちょうじつ
承応1（1652）年～享保10（1725）年　[別]調実《ちょうじつ》
江戸時代前期～中期の俳人。
¶国書（調実　ちょうじつ　[没]享保10（1725）年4月18日），人名，日人，山梨百（[生]承応1（1652）年1月　[没]享保10（1725）年4月），和俳

**一之瀬鶴之助** いちのせつるのすけ
明治25（1892）年～昭和44（1969）年
大正～昭和期の箱根細工師。
¶神奈川人

**一瀬益吉** いちのせますきち
慶応1（1866）年～大正10（1921）年5月28日
明治～大正期の養蚕家。
¶世紀（[生]慶応1（1866）年12月2日），日人，山梨百（[生]慶応1（1865）年12月2日）

**市野力** いちのつとむ
昭和33（1958）年12月7日～
昭和期の陶芸家。
¶陶芸最

**市野利雄** いちのとしお
～平成15（2003）年11月9日
昭和～平成期の陶芸家。
¶美工

**市野年成** いちのとしなり
昭和23（1948）年11月28日～
昭和～平成期の陶芸家。
¶陶芸最，名工

**市野豊治** いちのとよはる
昭和22（1947）年3月18日～

昭和～平成期の陶芸家。
¶陶芸最，名工

**市野弘之** いちのひろゆき
大正13（1924）年1月21日～
昭和～平成期の陶芸家。
¶陶芸最，兵庫百，名工

**一戸広臣** いちのへひろおみ
昭和29（1954）年1月26日～
昭和期の陶芸家。
¶陶芸最

**一宮長常** いちのみやながつね
享保6（1721）年～天明6（1786）年
江戸時代中期の装剣金工家。京都金工三傑の一人。
¶朝日（[生]享保7（1722）年），近世（[没]？），国史（[没]？），コン改（[生]享保7（1722）年，（異説）1720年，1721年），コン4（[生]享保7（1722）年，（異説）1720年，1721年），史人（[生]1721年4月5日　[没]1786年12月18日），新潮（[生]享保7（1722）年，（異説）享保6（1721）年　[没]天明6（1786）年12月18日），人名（[生]1722年），世人，全書，日人（[没]1787年）

**一宮長義** いちのみやながよし
江戸時代中期～後期の彫金家。
¶人名，日人（生没年不詳）

**一庭啓二** いちばけいじ
弘化1（1844）年～明治44（1911）年
江戸時代末期～明治期の実業家。外輪式蒸気船「一番丸」を製造し、琵琶湖の南北を結ぶ航路を開いた。
¶郷土滋賀，滋賀百，日人

**市橋敏雄** いちはしとしお
大正8（1919）年3月31日～平成17（2005）年12月11日
昭和～平成期の鋳金家。
¶美工，名工

**市橋とし子** いちはしとしこ
明治40（1907）年8月21日～平成12（2000）年10月26日
昭和期の人形作家。
¶国宝，世紀，日人，美工，名工

**市橋守** いちはしまもる
大正14（1925）年10月31日～
昭和～平成期の播州そろばん職人。
¶名工

**市橋保治郎**（市橋保次郎） いちはしやすじろう
元治1（1864）年～昭和29（1954）年
明治～昭和期の政治家、銀行家。九頭竜川の治水対策事業につくした。
¶郷土福井（市橋保次郎），世紀（[生]文久4（1864）年1月1日　[没]昭和29（1954）年11月18日），日人，福井百

**市原峴山** いちはらけんざん
文政9（1826）年～明治42（1909）年
江戸時代末期～明治期の陶工。能茶山焼を広める。
¶高知人，高知百（[没]1910年），人名，日人，幕末（[没]1909年7月18日）

**市原太郎八** いちはらたろはち
生没年不詳
安土桃山時代の板野郡太郎八須の開発者。
¶徳島歴

**市原ツギ** いちはらつぎ
明治14（1881）年3月1日～昭和20（1945）年2月5日
大正期の女性。水稲品種「福神」と名付けられ県奨励品種となった稲穂を発見。
¶女性，女性普，世紀，日人

**市原通敏** いちはらみちとし
明治32（1899）年5月5日～昭和18（1943）年8月19日
大正～昭和期の工学者。
¶科学，高知人，徳島歴

**櫟屋** いちびのや
戦国時代の絵仏師。天文年間頃の奈良の人。
¶人名，日人（生没年不詳）

**市村慶三** いちむらけいぞう
明治17（1884）年～昭和34（1959）年
大正～昭和期の官僚。京都市長。鴨川・高野川治水事業、二条城の京都市移管などにとりくむ。
¶京都大，世紀（[生]明治17（1884）年2月　[没]昭和34（1959）年1月8日），姓氏京都，日人（[生]明治17（1884）年2月　[没]昭和34（1959）年1月8日），福井百（[没]？）

**市村団十郎** いちむらだんじゅうろう
文政10（1827）年～明治37（1904）年
江戸時代後期～明治期の水路開発者。
¶姓氏愛知

**市村伝兵衛** いちむらでんべえ
生没年不詳
戦国時代の長草村開発者。
¶姓氏愛知

**一邑政則** いちむらまさのり
江戸時代の彫金師。
¶人名，日人（生没年不詳）

**一文字則宗** いちもんじのりむね
→則宗(1)（のりむね）

**一文字屋佐兵衛**（一文字屋左兵衛） いちもんじやさへえ
江戸時代後期の清閑寺焼の陶工。
¶人名（一文字屋左兵衛），日人（生没年不詳）

**一柳幾三郎** いちやなぎいくさぶろう
安政2（1855）年～大正12（1923）年
明治～大正期の宮大工。
¶姓氏愛知

**一観** いっかん
安土桃山時代の明の瓦工。
¶人名，日人（生没年不詳）

**一閑** いっかん
→飛来一閑（ひらいいっかん）

**一空** いっくう
宝永6（1709）年～享保15（1730）年
江戸時代中期の陶工（玉水焼の2代目）。
¶茶道

**一国斎〔1代〕** いっこくさい
江戸時代の蒔絵師、塗師。
¶人名，大百

**一国斎〔2代〕** いっこくさい
江戸時代の漆工。
¶大百

**一国斎〔3代〕** いっこくさい
江戸時代の漆工。
¶大百

**一色五郎** いっしきごろう
明治36（1903）年3月22日～昭和60（1985）年12月5日
大正～昭和期の彫刻家。
¶美建

**一色貞文** いっしきさだふみ
大正2（1913）年8月8日～
昭和期の放射線工学者。東京大学教授、茨城大学教授。
¶現情

**一色貞三** いっしきていぞう
明治18（1885）年～昭和38（1963）年6月4日
明治～昭和期の電気工学者。芝浦製作所取締役。
雷害防止の研究に従事。辞任後慶応義塾大学工学部講師。
¶現情（⊕1885年2月），人名7，世紀（⊕明治18
（1885）年2月），日人（⊕明治18（1885）年2月
10日）

**一色尚次** いっしきなおつぐ
大正11（1922）年11月1日～平成25（2013）年6月
22日
昭和～平成期の機械工学者、東京工業大学名誉教授。専門はエネルギー工学、舶用機関学、蒸気工学。
¶科学，現執2期

**一度照造** いったくてるぞう
明治10（1877）年～昭和37（1962）年
明治～昭和期の佐渡の人形芝居の遣い手。人形製作者。
¶新潟百

**井筒屋朝景** いづつやあさかげ
江戸時代の彫金師。
¶人名，日人（生没年不詳）

**一平安代** いっぺいやすよ
→主馬首一平安代（しゅめのかみいっぺいやすよ）

**一本松珠璣** いっぽんまつたまき
明治34（1901）年4月29日～昭和60（1985）年1月
24日
昭和期の実業家、電気工学者。日本原子力発電社長。
¶現情

**井爪丹岳** いづめたんがく，いずめたんがく
天保3（1832）年～明治33（1900）年5月17日
江戸時代末期～明治期の酒造業、農業、画家。
¶幕末，美家（いずめたんがく），和歌山人

**井出嘉仙**（井出嘉油）いでかせん
明治7（1874）年～昭和18（1943）年
明治～昭和期の仏師。
¶長野百，長野歴（井出嘉油）

**井手勝彦** いでかつひこ
昭和18（1943）年9月1日～
昭和～平成期の陶芸家。
¶陶芸最，陶工

**井出克幸** いでかつゆき
昭和34（1959）年2月9日～
昭和～平成期の陶芸家。
¶陶芸最，陶工

**井出勘三郎** いでかんざぶろう
文政5（1822）年～明治28（1895）年2月
江戸時代後期～明治期の地方家畜改良家。
¶岡山歴

**井出喜重** いできじゅう
嘉永6（1853）年～大正12（1923）年
江戸時代末期～大正期の殖産家。
¶姓氏長野，長野百，長野歴

**井手金作** いできんさく
慶応2（1866）年～昭和8（1933）年8月29日
明治～昭和期の陶工。
¶佐賀百

**井出今朝平** いでけさへい
明治13（1880）年～昭和38（1963）年
明治～昭和期の酒造業、地域開発者。
¶姓氏長野，長野歴

**井出照子** いでてるこ
昭和22（1947）年10月12日～
昭和～平成期の陶芸家。
¶陶芸最，陶工，名工

**出原次左衛門** いではらじざえもん
江戸時代前期の人。諸県郡大崎郷野方村荒佐野の開拓者。
¶姓氏鹿児島

**井出正次** いでまさつぐ
天文20（1551）年～慶長14（1609）年
江戸時代前期の駿河・伊豆代官。北山用水を開削。
¶静岡歴，姓氏静岡

**井手みちる** いでみちる
昭和22（1947）年10月18日～
昭和～平成期の陶芸家。
¶陶芸最，陶工

**井手与四太郎** いでよしたろう
天保13(1842)年～明治28(1895)年
江戸時代末期～明治期の製茶業者。嬉野茶の改良・輸出、嬉野温泉の経営に努力。
¶佐賀百, 幕末

**出玲子** いでれいこ
昭和5(1930)年5月～
昭和～平成期の皮革工芸家。
¶名工

**井出和重** いでわじゅう
明治15(1882)年2月28日～昭和24(1949)年3月26日
明治～昭和期の地域功労者。養蚕、酪農など郷土産業の振興に力を尽くす。
¶山梨百

**糸井哲夫** いといてつお
昭和8(1933)年6月15日～
昭和～平成期の陶芸家。
¶陶芸最, 陶工

**糸井茂作** いといもさく
→糸井茂助(いといもすけ)

**糸井茂助** いといもすけ
文政7(1824)年～明治16(1883)年　[別]糸井茂作《いといもさく》
江戸時代末期～明治期の武士、農事改良家。
¶人名(糸井茂作　いといもさく), 日人

**伊藤一曄** いとういちよう
昭和8(1933)年2月16日～
昭和～平成期の陶芸家。
¶陶芸最, 陶工

**伊藤五美** いとういつみ
昭和31(1956)年6月18日～
昭和～平成期の陶芸家。
¶陶芸最, 陶工

**伊藤伊兵衛** いとういへい
→伊藤伊兵衛(2)(いとういへえ)

**伊藤伊兵衛(1)** いとういへえ
世襲名　江戸時代の植木屋。
¶新潮

**伊藤伊兵衛(2)** いとういへえ
延宝4(1676)年～宝暦7(1757)年　[別]伊藤伊兵衛《いとういへい》
江戸時代前期～中期の園芸家。
¶江文(いとういへい), 国書([没]宝暦7(1757)年10月2日), 人名([生]1675年), 世人(生没年不詳), 日人, 洋学

**伊藤伊兵衛〔3代〕** いとういへえ
生没年不詳
江戸時代前期の園芸家。
¶国書, 日人

**伊藤巌** いとういわお
昭和23(1948)年10月26日～
昭和期の陶芸家。
¶陶芸最

**伊藤允譲** いとういんじょう
天保3(1832)年～明治43(1910)年
江戸時代末期～明治期の有志者、陶工。廃藩後は自宅を小学校とし、教育に貢献。砥部焼の再興に尽力。
¶人名, 日人

**伊藤音市** いとうおといち
*～明治45(1912)年
江戸時代末期～明治期の篤農家。
¶植物([生]安政2(1856)年12月26日　[没]明治45(1912)年1月16日), 姓氏山口([生]1855年), 日人([生]1856年), 山口百([生]1855年)

**伊藤音五郎** いとうおとごろう
弘化3(1846)年～昭和15(1940)年
江戸時代末期～大正期の大工、兵士。真土騒動に加担。
¶神奈川人, 姓氏神奈川, 幕末

**伊藤音次郎** いとうおとじろう
明治24(1891)年～昭和46(1971)年12月26日
明治～昭和期の飛行機製作者。
¶世紀, 千葉百, 日人

**伊藤一隆** いとうかずたか
安政6(1859)年3月13日～昭和4(1929)年
明治期の水産功労者。北水協会初代会頭。北海道漁業の改良、発達に貢献。石油開発事業でも活躍。
¶朝日([生]安政6(1859)年3月　[没]昭和4(1929)年1月), 海越新([没]昭和4(1929)年1月5日), キリ([没]昭和4(1929)年1月5日), 札幌, 世紀([没]昭和4(1929)年1月5日), 渡航([没]1929年1月5日), 日人, 北海道百, 北海道歴

**伊藤一広** いとうかずひろ
昭和23(1948)年～平成9(1997)年
昭和～平成期のジュエリーデザイナー。
¶美工

**伊藤勝見** いとうかつみ
*～明治43(1910)年　[別]伊藤勝見《いとうしょうけん》
江戸時代末期～明治期の金工家。
¶人名(いとうしょうけん　[生]1828年), 日人([生]1829年)

**伊藤兼吉** いとうかねきち
慶応3(1867)年～
江戸時代末期～明治期の製造業。
¶大阪人

**伊藤嘉平治** いとうかへいじ
嘉永5(1852)年～明治36(1903)年
江戸時代末期～明治期の発明家。人力車、手押印刷機、自転車などをつくる。全鍛鉄製足踏旋盤を発明。
¶幕末, 山形百

**伊藤亀太郎** いとうかめたろう
文久3(1863)年～昭和19(1944)年

い

明治～大正期の土木建築業者。
¶札幌(⊕文久3年12月26日)，世紀(⊕文久3
(1864)年12月26日　⊗昭和19(1944)年6月27
日)，日人(⊕1864年)，北海道百，北海道歴

### 伊藤寛寿　いとうかんじゅ
昭和9(1934)年3月8日～
昭和～平成期の陶芸家。
¶陶工

### 伊藤喜右衛門　いとうきうえもん
天保6(1835)年～大正5(1916)年
江戸時代末期～大正期の実業家。地方開発に貢献。
¶姓氏愛知，幕末

### 伊藤喜三郎　いとうきさぶろう
大正3(1914)年6月26日～平成8(1996)年3月3日
昭和～平成期の日本画家、建築家。伊藤喜三郎建
築研究所会長。
¶美建

### 伊藤喜十郎　いとうきじゅうろう
安政2(1855)年～昭和11(1936)年2月1日
明治～大正期の発明家。我が国最初の金銭記録出
納器発明者。
¶大阪人(⊗昭和5(1930)年)，実業(⊕安政2
(1855)年3月16日)，人名，世紀(⊕安政2
(1855)年3月16日)，日人

### 伊東喜平　いとうきへい
明治1(1868)年～大正14(1925)年
明治～大正期の質屋、機織業、政治家。八戸町議
会議員、三戸郡議。文人としても知られた。
¶青森人

### 伊藤公子　いとうきみこ
昭和期の真田紐の工芸制作者。
¶名工

### 伊藤久太　いとうきゅうた
生没年不詳
江戸時代末期～明治期の製塩業者。
¶姓氏宮城

### 伊藤金太郎　いとうきんたろう
天保7(1836)年～明治4(1871)年
江戸時代後期～明治期の浦賀奉行所付大工棟梁。
¶姓氏神奈川

### 伊東金之助　いとうきんのすけ
安政5(1858)年7月13日～？
明治期の製靴職人。
¶渡航

### 伊藤邦介　いとうくにすけ
昭和21(1946)年～
昭和～平成期の鋳金家。
¶名工

### 伊藤久米夫　いとうくめお
昭和26(1951)年6月23日～
昭和～平成期の陶芸家。
¶陶工

### 伊東久米蔵　いとうくめぞう
明治6(1873)年3月12日～？
明治～大正期の技師。
¶渡航

### 伊東慶　いとうけい
大正13(1924)年2月20日～
昭和～平成期の陶芸家。
¶陶芸最，陶工，名工

### 伊東計　いとうけい
昭和期の発泡スチロール工芸家。
¶名工

### 伊藤圭　いとうけい
昭和12(1937)年5月12日～平成10(1998)年1月
18日
昭和～平成期の陶芸家。
¶陶芸最，陶工，美工，名工

### 伊藤銈一　いとうけいいち
明治41(1908)年～
大正～昭和期の映画照明技師。
¶映人

### 伊藤恵子　いとうけいこ
昭和期の染織家。専門は草木染め。
¶名工

### 伊藤健一　いとうけんいち
大正12(1923)年2月3日～
昭和～平成期の電子工学者。東京農工大工学部教
授。専門は電子通信系統工学、情報工学。著書に
「医用超音波診断」「アースのはなし」など。
¶現執3期

### 伊藤憲治　いとうけんじ
大正4(1915)年1月30日～平成13(2001)年11月
29日
昭和期のグラフィックデザイナー。
¶近文，現朝，現情，現人，現日，新潮，世紀，
日芸，日児，日人

### 伊東研蔵　いとうけんぞう
天保11(1840)年～大正9(1920)年
江戸時代末期～大正期の井路開削の技術者。
¶大分歴

### 伊藤源之助　いとうげんのすけ
明治期の飴製造業者。
¶食文

### 伊藤鉱一　いとうこういち
明治33(1900)年7月1日～昭和62(1987)年7月9日
大正～昭和期の建築家。伊藤建築設計事務所取締
役会長、日建設計工務社長。
¶美建

### 伊藤幸三郎　いとうこうざぶろう
～平成1(1989)年4月5日
昭和期の彫金師。
¶美工，名工

**伊藤公象** いとうこうしょう
昭和7(1932)年1月26日～
昭和～平成期の陶芸家。
¶陶芸最，名工

**伊藤孝蔵** いとうこうぞう
昭和期の将棋駒彫工。
¶名工

**伊藤五太夫** いとうごだゆう
延宝2(1674)年～宝暦6(1756)年
江戸時代中期の伊勢国の土木者。
¶朝日([没]宝暦6年3月5日(1756年4月4日))，近世，国史，日人

**伊藤小平太** いとうこへいた
生没年不詳
江戸時代前期の陶業家。
¶日人

**伊藤五六郎** いとうごむろう
→伊藤五六郎(いとうごろくろう)

**伊藤五郎** いとうごろう
安政5(1858)年～大正11(1922)年
明治～大正期の新田開拓功労者。
¶静岡歴，姓氏静岡

**伊藤五六郎** いとうごろくろう
？～明治1(1868)年　[別]伊藤五六郎《いとうごむろう》
江戸時代後期の土木事業家。
¶姓氏長野，長野歴(いとうごむろう)

**伊藤才叟** いとうさいそう
明治19(1886)年～昭和52(1977)年
明治～昭和期の陶芸家。
¶陶工

**伊藤佐江吉** いとうさえよし
明治34(1901)年～昭和61(1986)年
大正～昭和期の肝属郡田代町開拓者。
¶姓氏鹿児島

**伊東貞興** いとうさだおき
明治1(1868)年10月～？
明治期の工学者。
¶渡航

**伊東颯々** いとうさつさつ
天明3(1783)年～安政5(1858)年
江戸時代後期の勤労歌人。
¶人名，日人，和俳

**伊藤佐代吉** いとうさよきち
生没年不詳
江戸時代後期の開拓者。
¶姓氏愛知

**伊藤繁夫** いとうしげお
昭和6(1931)年～平成11(1999)年
昭和～平成期の特殊畳づくりの名工。
¶青森人

**伊藤滋**(1) いとうしげる
明治31(1898)年10月10日～昭和46(1971)年7月4日
明治～昭和期の建築家。日本建築学会会長。
¶世紀，鉄道([没]1971年7月3日)，日人，美建

**伊藤滋**(2) いとうしげる
昭和6(1931)年8月20日～
昭和～平成期の都市工学者。慶応義塾大学教授。住宅・社会病理・公害など都市問題を総合的に研究・調査。著書に「都市環境論」など。
¶現執1期，現執2期，現執3期，現執4期，現情，世紀，マス89

**伊東七郎衛** いとうしちろうえ
生没年不詳
明治期の亀崎の酒造家。
¶姓氏愛知

**伊藤実山** いとうじつざん
明治41(1908)年～平成1(1989)年4月2日
昭和期の陶芸家。
¶陶芸，陶工，美工([生]明治41(1908)年1月14日)，名工([生]明治41年1月14日)

**伊藤重兵衛** いとうじゅうべえ
安政2(1855)年～大正5(1916)年
明治期の園芸家。
¶植物([生]安政2(1855)年10月　[没]大正5(1916)年8月)，日人

**伊東俊次郎** いとうしゅんじろう
文政5(1822)年～明治24(1891)年
江戸時代後期～明治期の若宮水路の開拓者。
¶大分歴

**伊東丈市** いとうじょういち
明治40(1907)年～昭和19(1944)年
昭和期の養蚕業。
¶姓氏岩手

**伊藤庄右衛門** いとうしょうえもん
？～明暦1(1655)年
江戸時代前期の田島野村の開発者。
¶姓氏富山

**伊藤勝見** いとうしょうけん
→伊藤勝見(いとうかつみ)

**伊藤庄五郎** いとうしょうごろう
慶応1(1865)年～昭和1(1926)年
明治～大正期の開拓者。
¶姓氏岩手

**伊藤正作** いとうしょうさく
安永8(1779)年～元治1(1864)年　[別]伊藤正作《いとうまさなり》
江戸時代後期の勧農家。
¶郷土福井，国書(いとうまさなり　[生]安永8(1779)年4月7日　[没]元治1(1864)年4月12日)，人名，日人，福井百

**伊藤四郎左衛門** いとうしろうざえもん
？～延宝3(1675)年

江戸時代前期の鋳工。
¶人名

**伊藤進一** いとうしんいち
昭和29(1954)年10月24日～
昭和～平成期の映画録音効果技師。
¶映人

**伊藤甚左衛門** いとうじんざえもん
? ～安永7(1778)年
江戸時代中期の陶工。
¶姓氏山口

**伊藤真介** いとうしんすけ
～平成13(2001)年6月7日
昭和～平成期の建築家。
¶美建

**伊藤甚助** いとうじんすけ
生没年不詳
江戸時代中期の石屋。
¶姓氏神奈川

**伊藤甚平** いとうじんぺい
江戸時代後期の佐渡相川の陶工。
¶人名，日人(生没年不詳)

**伊東翠壺** いとうすいこ
明治27(1894)年～昭和55(1980)年11月11日
明治～昭和期の陶芸家。
¶陶工，美工([生]明治27(1894)年10月30日)，名工

**伊藤助右衛門** いとうすけえもん
生没年不詳
世襲名　平安時代後期以来の鋳物師。
¶庄内，山形百

**伊東祐直** いとうすけなお
生没年不詳
江戸時代前期の土器野新田の開墾者の一人。
¶姓氏愛知

**伊藤赤水** いとうせきすい
昭和16(1941)年6月24日～
昭和～平成期の陶芸家。
¶国宝，陶芸最，陶工，名工

**伊藤仙右衛門**(1) いとうせんえもん
安土桃山時代～江戸時代前期。
→伊藤孫右衛門(いとうまごえもん)

**伊藤仙右衛門**(2) いとうせんえもん
文化7(1810)年～明治35(1902)年
江戸時代後期～明治期の出雲めのう細工師。
¶島根歴

**伊藤仙助** いとうせんすけ
江戸時代中期の工業家、染織家。五泉平の織法創始者。
¶人名，日人(生没年不詳)

**伊藤善助** いとうぜんすけ
生没年不詳
明治期の実業家。蒸気機械製糸工場を設立。
¶姓氏長野

**伊藤仙太郎** いとうせんたろう
安政3(1856)年～昭和2(1927)年
大正期の発明家。鋸屑を燃料とする竈の新案に苦心して完成した。
¶静岡歴([生]安政4(1857)年)，人名，世紀([没]昭和2(1927)年7月)，姓氏静岡([生]1857年)，日人

**伊藤大一** いとうだいいち
昭和期の建具職人。
¶名工

**伊藤高光** いとうたかみつ
昭和2(1927)年10月8日～平成19(2007)年
昭和～平成期の建築家。伊藤高光建築設計事務所主宰。
¶美建

**伊藤武夫** いとうたけお
明治20(1887)年3月～昭和43(1968)年3月4日
大正～昭和期の砂防工学者。東京大学教授。砂防工学、特に海岸砂防の権威者。
¶現情，人名7，世紀，日人

**伊藤剛** いとうたけし
明治40(1907)年3月14日～昭和62(1987)年11月16日
大正～昭和期の水工学者。
¶近土，土木

**伊藤達三** いとうたつぞう
明治12(1879)年8月20日～?
明治～大正期の技師。
¶渡航

**伊藤朶年** いとうだねん
*～明治12(1879)年
江戸時代末期～明治期の建具商。芭蕉の句碑螢塚を建立。
¶会津([生]?)，幕末([生]1791年　[没]1879年3月18日)

**伊藤為吉** いとうためきち
元治1(1864)年～昭和18(1943)年
明治～昭和期の建築家、発明家。伊藤組製作所を設立、主として独自に開発した耐震家屋の設計・施工に当たる。
¶海越新([没]昭和18(1943)年5月)，人名7，世紀([没]昭和18(1943)年5月)，渡航([生]1864年1月　[没]1943年5月)，日人，民学，履歴([生]文久4(1864)年1月17日　[没]昭和18(1943)年5月9日)

**伊藤知香** いとうちか
昭和19(1944)年～
昭和～平成期の陶芸家。
¶名工

**伊藤忠吉** いとうちゅうきち
明治10(1877)年3月10日～昭和28(1953)年
明治～昭和期の醸造業者。
¶秋田百，食文([没]1953年11月29日)，世紀([没]昭

和28(1953)年11月19日)，日人([没]昭和28(1953)年11月19日)

**伊東忠太**(伊藤忠太) **いとうちゅうた**
慶応3(1867)年～昭和29(1954)年
明治～昭和期の建築史学者、建築家。東京帝国大学教授。「法隆寺建築論」で日本建築史学の礎を築き、中国やインドの古建築調査で雲崗石窟発見。
¶沖縄百([生]慶応3(1867)年10月26日　[没]昭和29(1954)年4月7日)，科学([生]1867年(慶応3)10月26日　[没]1954年(昭和29)4月7日)，科技([生]1867年10月26日　[没]1954年3月7日)，近現，現朝([生]慶応3年10月26日(1867年11月21日)　[没]1954年4月7日)，現情([生]慶応3(1867)年10月26日　[没]1954年3月7日)，現日([生]1867年10月26日　[没]1954年4月7日)，考古([生]慶応3(1867)年10月26日　[没]昭和29(1954)年4月7日)，国史，コン改，コン4，コン5，史学，史研，史人([生]1867年10月26日　[没]1954年4月7日)，新潮([生]慶応3(1867)年10月26日　[没]昭和29(1954)年4月7日)，人名7，世紀([生]慶応3(1867)年10月26日　[没]昭和29(1954)年4月7日)，姓氏沖縄，世人(伊藤忠太　[生]慶応3(1867)年10月26日　[没]昭和29(1954)年3月4日)，世百，世百新，先駆([生]慶応3(1867)年10月26日　[没]昭和29(1954)年4月7日)，全書，大百，渡航([生]1867年10月26日　[没]1954年4月7日)，栃木歴，日史([生]慶応3(1867)年10月26日　[没]昭和29(1954)年4月7日)，日人，日本，美建([生]慶応3(1867)年10月26日　[没]昭和29(1954)年4月7日)，美術，百科，仏教([生]慶応3(1867)年10月26日　[没]昭和29(1954)年4月7日)，民学，山形百，山梨百([生]慶応3(1867)年10月26日　[没]昭和29(1954)年4月7日)，履歴([生]慶応3(1867)年10月26日　[没]昭和29(1954)年4月7日)，履歴2([生]慶応3(1867)年10月26日　[没]昭和29(1954)年4月7日)，歴大

**伊藤千代** **いとうちよ**
弘化1(1844)年～明治25(1892)年5月17日
江戸時代末期～明治期の機織家。巧緻を極めた織物で国内外の博覧会において数々の賞を受賞。
¶女性，女性普

**伊藤長右衛門** **いとうちょううえもん**
→伊藤長右衛門(いとうちょうえもん)

**伊藤長右衛門** **いとうちょうえもん**
明治8(1875)年～昭和14(1939)年　[別]伊藤長右衛門《いとうちょううえもん》
明治～昭和期の技師。
¶近土([生]1875年9月13日　[没]1939年8月30日)，札幌，土木(いとうちょううえもん　[生]1875年9月13日　[没]1939年8月30日)，北海道百，北海道歴

**伊藤長次郎**(2) **いとうちょうじろう**
明治6(1873)年4月11日～昭和34(1959)年6月12日
明治～昭和期の農政家。米の品種改良につとめる。著書に「欧米管見談」など。
¶世紀，日人，兵庫人([没]昭和34(1959)年6月10日)

**伊藤常次郎** **いとうつねじろう**
大正11(1922)年～平成16(2004)年
昭和～平成期の大工職人、民具収集家、民俗研究者。
¶石川百

**伊藤哲滋** **いとうてつじ**
昭和3(1928)年4月19日～
昭和～平成期の陶芸家。
¶陶芸最，陶工，名工

**伊藤伝右衛門** **いとうでんえもん**
寛保1(1741)年～天明5(1785)年
江戸時代中期の美濃大垣藩士、治水技術者。
¶朝日([没]天明5年5月23日(1785年6月29日))，岐阜百，近世，国史，コン改，コン4，史人([没]1785年5月23日)，新潮([没]天明5(1785)年5月23日)，人名，世人，日人，藩臣3，歴大

**伊藤伝兵衛**(伊東伝兵衛) **いとうでんべえ**
享和1(1801)年～文久2(1862)年
江戸時代末期の名主、治水家。
¶維新(伊東伝兵衛)，コン改，コン4，新潮([没]文久2(1862)年3月13日)，人名，姓氏長野(伊東伝兵衛)，長野百，長野歴(伊東伝兵衛)，日人(伊東伝兵衛)，幕末(伊東伝兵衛　[没]1862年4月11日)

**伊藤董斎** **いとうとうさい**
文政7(1824)年～明治7(1874)年
江戸時代末期～明治期の尾張常滑の陶工。
¶人名，日人

**伊東陶山**(伊藤陶山) **いとうとうざん**
弘化3(1846)年～大正9(1920)年
江戸時代末期～明治期の陶工。帝室技芸員。京都で開窯、陶山焼で著名となり、山城朝日焼、京都粟田焼等を再建復興する。
¶朝日([没]大正9(1920)年9月24日)，京都大，茶道，新潮([生]弘化3(1846)年4月10日　[没]大正9(1920)年9月24日)，人名([生]1845年)，世紀([生]弘化3(1846)年4月10日　[没]大正9(1920)年9月24日)，姓氏京都(伊藤陶山)，全書，陶工，日人，名工([生]弘化2(1845)年，弘化3(1846)年　[没]大正9年9月24日)

**伊東陶山〔2代〕** **いとうとうざん**
明治4(1871)年～昭和12(1937)年
明治～昭和期の陶芸家。
¶陶工

**伊東陶山〔3代〕**(伊藤陶山) **いとうとうざん**
明治33(1900)年2月4日～昭和45(1970)年3月6日
大正～昭和期の陶芸家。粟田焼きの名門3代目。帝展に入選、無鑑査、特選。昭和31年、37年日展審査員。
¶現情，人名7，世紀，陶芸最(伊藤陶山〔3代〕)，陶工，日人，美工，名工

**伊藤東太夫** **いとうとうだゆう**
弘化3(1846)年～大正6(1917)年

明治～大正期の殖産家。
¶日人

**伊藤利朗** いとうとしお
昭和7 (1932) 年2月27日～
昭和～平成期の機械技術者。三菱電機専務。研究畑を歩き、空気の流れなどの研究、発明、開発に従事。自由形状凧の開発に成功。
¶世紀, 日人

**伊藤利郎** いとうとしろう
昭和期の技能工。
¶名工

**伊藤冨雄** いとうとみお
大正9 (1920) 年6月27日～平成15 (2003) 年11月25日
昭和期の土木工学者。土質基礎工学が専門。著書に「構造力学」「鉄道工学」など。
¶科学, 現朝, 現情, 世紀, 日人

**伊藤富太郎** いとうとみたろう
天保9 (1838) 年～明治5 (1872) 年
江戸時代末期～明治期の陶工、佐渡相川の雲山焼の祖。
¶人名, 日人

**伊東豊雄**（伊藤豊雄）いとうとよお
昭和16 (1941) 年6月1日～
昭和～平成期の建築家。伊藤豊雄建築設計事務所代表取締役。自邸「シルバー・ハット」で建築学会賞受賞。代表作に「上和田の家」「ホテルD」など。
¶現朝 (伊藤豊雄), 現執4期, 現日, 世紀, 日人

**伊藤直明** いとうなおあき
昭和9 (1934) 年1月12日～
昭和期の建築環境工学者。東京都立大学教授。
¶現執2期

**伊藤直衛門** いとうなおえもん
生没年不詳
江戸時代後期のからくり細工人。
¶姓氏愛知

**伊藤尚子** いとうなおこ
昭和32 (1957) 年4月9日～
昭和期の陶芸家。
¶陶芸最

**井藤甫** いとうはじめ
昭和7 (1932) 年～
昭和～平成期の陶芸家。
¶名工

**伊藤美月** いとうびげつ
昭和19 (1944) 年7月1日～
昭和～平成期の陶芸家。
¶陶芸最, 名工

**伊東彦四郎** いとうひこしろう
宝暦8 (1758) 年～天保5 (1834) 年
江戸時代中期～後期の治水家。
¶姓氏富山, 日人

**伊藤英覚** いとうひでさと
大正13 (1924) 年10月13日～平成21 (2009) 年6月30日
昭和～平成期の機械工学者、東北大学名誉教授。専門は流体工学、流体力学。
¶科学, 現情, 世紀, 日人

**伊藤百世** いとうひゃくせい
明治21 (1888) 年4月～昭和17 (1942) 年3月8日
明治～昭和期の技師。
¶近土, 土木

**伊藤広幾** いとうひろき
→伊藤広幾 (いとうひろちか)

**伊藤広幾** いとうひろちか
明治2 (1870) 年12月3日～大正12 (1923) 年4月4日
別伊藤広幾《いとうひろき》
明治～大正期の銀行家、政治家。衆議院議員。北海道水田開発に努めた開拓者。北海道殖産銀行を創立した。
¶人名 (いとうひろき ⊕1869年), 世紀, 日人

**伊藤文夫** いとうふみお
昭和30 (1955) 年～
昭和期の陶芸家。
¶陶芸最

**伊藤富有** いとうふゆう
昭和12 (1937) 年10月3日～
昭和期の陶芸家。
¶陶芸最

**伊藤文四郎** いとうぶんしろう
明治15 (1882) 年～昭和41 (1966) 年
明治～昭和期の建築家。
¶長野歴, 美建

**伊藤平左工門〔11代〕** いとうへいざえもん
明治28 (1895) 年4月22日～昭和51 (1976) 年2月3日
明治～昭和期の建築家、宮大工。1級建築士。
¶美建

**伊藤平左工門〔12代〕** いとうへいざえもん
大正11 (1922) 年11月19日～平成16 (2004) 年9月21日
昭和～平成期の建築家。伊藤建築設計事務所社長。
¶美建

**伊藤平左衛門** いとうへいざえもん
文政12 (1829) 年～大正2 (1913) 年
明治期の建築家。現存する代表作に京都東本願寺の阿弥陀堂、大師堂、明治初期洋風建築の見付学校など。
¶朝日, 角史 (⊕文政12 (?) 年), 真宗 (⊗?),
新潮 (⊕? ⊗大正2 (1913) 年5月11日), 人
名 (⊕?), 姓氏愛知, 日人, 幕末 (⊗1913年5月11日)

**伊藤孫右衛門** いとうまごえもん
天文12 (1543) 年～寛永5 (1628) 年 別伊藤仙右衛門《いとうせんえもん》
安土桃山時代～江戸時代前期の農民、殖産家。紀

州みかんの創始者。
¶朝日（[没]寛永5年7月15日（1628年8月14日）），郷土和歌山，近世，国史，コン改（伊藤仙右衛門　いとうせんえもん），コン4（伊藤仙右衛門　いとうせんえもん），史人（[没]1628年7月15日），食文（[没]寛永5年7月15日（1628年8月14日）），新潮（伊藤仙右衛門　いとうせんえもん　[没]寛永5（1628）年7月15日），人名（伊藤仙右衛門　いとうせんえもん），人名，戦人，日人，歴大，和歌山人

**伊東孫左衛門** いとうまござえもん
生没年不詳
明治期の亀崎の酒造家。
¶姓氏愛知

**伊藤孚** いとうまこと
昭和15（1940）年3月8日～
昭和～平成期のガラス工芸作家。
¶名工

**井堂雅夫** いどうまさお
昭和20（1945）年～
昭和～平成期の染色家。
¶名工

**伊藤正方** いとうまさかた
？　～安永3（1774）年
江戸時代の鐔工。
¶人名，日人

**伊藤政助** いとうまさすけ
明治15（1882）年～昭和27（1952）年
明治～昭和期の聖徳公園建設の功労者。
¶青森人

**伊藤麻沙人** いとうまさと
昭和25（1950）年2月17日～
昭和～平成期の陶芸家。
¶陶芸最，陶工，名工

**伊藤正敏** いとうまさとし
昭和期のピアノ職人。
¶名工

**伊藤正作** いとうまさなり
→伊藤正作（いとうしょうさく）

**伊藤政盛** いとうまさもり
寛永9（1632）年～天和3（1683）年8月27日
江戸時代前期の開拓者。
¶庄内

**伊藤満寿巳** いとうますみ
明治38（1905）年8月2日～昭和38（1963）年5月6日
昭和期の工芸家。
¶埼玉人

**伊藤松次** いとうまつじ
大正13（1924）年6月10日～平成17（2005）年10月21日
昭和～平成期の樺細工職人。
¶美工，名工

**伊藤学** いとうまなぶ
昭和5（1930）年12月22日～
昭和～平成期の土木工学者。東京大学教授。専門は土木構造、災害工学。鉄道吊り橋について研究。
¶現執3期

**伊藤光郎** いとうみつお
昭和5（1930）年～
昭和～平成期の金属工作機械工。
¶名工

**伊藤睦子** いとうむつこ
昭和20（1945）年～
昭和～平成期の印章彫刻工。
¶名工

**伊藤恵** いとうめぐむ
大正8（1919）年～
昭和～平成期の紙人形作家。
¶名工

**伊藤萌木** いとうもえぎ
昭和17（1942）年～
昭和～平成期の鍛金作家。
¶名工

**伊藤東彦** いとうもとひこ
昭和14（1939）年10月5日～
昭和～平成期の陶芸家。
¶陶芸最，陶工，名工

**伊東茂平** いとうもへい
明治31（1898）年9月5日～昭和42（1967）年2月3日
昭和期の服飾デザイナー、洋裁教育者。大阪・東京に女子美術洋裁学校を開校、立体裁断に基づく合理的な技法を開拓。
¶現情，現日，新潮，人名7，世紀，日人

**伊藤門次** いとうもんじ
明治16（1883）年8月～？
明治～大正期の技師。
¶渡航

**伊藤弥次郎** いとうやじろう
明治期の工部省技師。イギリスに留学して、鉱山学を学ぶ。
¶海越（生没年不詳），海越新，渡航

**伊藤安七郎** いとうやすしちろう
天保2（1831）年～明治34（1901）年
江戸時代末期～明治期の商屋。道路建設など東海道の交通に貢献。
¶静岡歴，姓氏静岡，幕末

**伊藤保平** いとうやすへい
明治15（1882）年8月～昭和40（1965）年6月7日
明治～昭和期の酒造功労者。
¶兵庫人

**伊藤優** いとうゆう
昭和25（1950）年1月26日～
昭和～平成期の陶芸家。
¶陶芸最，陶工，名工

**伊藤雄志** いとうゆうし
昭和20 (1945) 年8月23日〜
昭和〜平成期の陶芸家。
¶陶芸最, 陶工, 名工

**伊藤裕司** いとうゆうじ
昭和5 (1930) 年〜
昭和〜平成期の漆芸家。
¶名工

**伊藤幸夫** いとうゆきお
大正8 (1919) 年3月7日〜平成4 (1992) 年2月27日
昭和期の映画照明技師。
¶映人

**伊藤庸一** いとうよういち
昭和20 (1945) 年1月16日〜
昭和〜平成期の研究者。日本工業大学工学部建築
学科教授。
¶現執4期

**伊藤昌寿** いとうよしかず
大正14 (1925) 年1月18日〜平成18 (2006) 年2月
18日
昭和〜平成期の技術者、実業家。東洋レーヨン社
長、蛋白工学研究所社長。ナイロン原料の光合成
法を開発。研究所長などを経て社長。素材メー
カーとして先端技術開発に尽力。
¶科学, 現朝, 現執2期, 世紀, 日人

**伊藤慶二** いとうよしじ
昭和10 (1935) 年10月19日〜
昭和〜平成期の陶芸家。
¶陶芸最, 名工

**伊藤由助** いとうよしすけ
天明1 (1781) 年〜文久3 (1863) 年
江戸時代中期〜末期の土木家。
¶姓氏長野

**伊藤良典** いとうよしのり
昭和18 (1943) 年3月1日〜
昭和〜平成期の陶芸家。
¶陶芸最, 陶工

**伊藤義治** いとうよしはる
昭和11 (1936) 年1月27日〜
昭和〜平成期の園芸家。著書に「実のなる木の仕
立て方」「園芸植物のふやし方」など。
¶現執3期

**伊藤隆一** いとうりゅういち
昭和8 (1933) 年3月3日〜平成12 (2000) 年7月9日
昭和〜平成期の工芸家。専門は漆工家、美術・工
芸科教育。
¶現執2期, 美工, 名工

**伊藤鐐一(1)** いとうりょういち
〜平成5 (1993) 年8月20日
昭和〜平成期の鋳物工芸家。
¶美工

**伊藤鐐一(2)** いとうりょういち
大正6 (1917) 年〜

昭和〜平成期の釜師。
¶名工

**伊東亮次** いとうりょうじ
明治20 (1887) 年12月〜昭和39 (1964) 年10月18日
明治〜昭和期の印刷工学者。千葉大学教授、日本
印刷学会会長。グラビア印刷の指導をはじめ印
刷・製版技術の改善に尽力。
¶科学 (㊤1887年 (明治20) 12月22日), 現情, 人
名7, 世紀, 日人

**伊藤令二** いとうれいじ
明治35 (1902) 年9月2日〜平成2 (1990) 年8月30日
昭和期の技師。
¶近土, 土木

**糸川英夫** いとかわひでお
明治45 (1912) 年7月20日〜平成11 (1999) 年2月
21日
昭和期の航空・宇宙工学者。戦中は戦闘機の設計
に参加。戦後はロケット研究、海洋開発など手掛
ける。
¶科学, 現朝, 現執1期, 現執2期 (㊤明治45
(1912) 年7月14日), 現執3期, 現情, 現人, 現
日, 新潮, 世紀, 日人, マス2, マス89, 履歴,
履歴2

**井門俊治** いどしゅんじ
昭和25 (1950) 年2月17日〜
昭和〜平成期の電気工学者、原子力工学者。著書
に「FM TOWNSハイパーソフト見聞録」など。
¶現執3期

**井戸剛** いどつよし
昭和2 (1927) 年9月1日〜昭和60 (1985) 年7月12日
昭和期の航空宇宙工学者、評論家。
¶科学, 現執2期, 現情

**井土八蔵** いどはちぞう
→高取八蔵 (たかとりはちぞう)

**井戸芳広** いどよしひろ
昭和18 (1943) 年1月29日〜
昭和期の陶芸家。
¶陶芸最

**稲垣和子** いながきかずこ
昭和2 (1927) 年2月16日〜
昭和期の被服衛生学・染色工芸研究者。神戸大学
教授。
¶現執2期

**稲垣小太郎** いながきこたろう
慶応2 (1866) 年〜大正14 (1925) 年
明治〜大正期の酒造業。
¶姓氏富山

**稲垣実男** いながきじつお
昭和3 (1928) 年3月28日〜
昭和〜平成期の政治家。衆議院議員、北海道開発
庁長官、キャピタル・インベスト・ジャパン社長。
¶現政, 政治

稲垣淡斎　いながきたんさい
　大正2(1913)年9月8日～
　昭和～平成期の陶芸家。
　¶陶芸，陶芸最，陶工，名工

稲垣稔次郎　いながきとしじろう
　明治35(1902)年3月3日～昭和38(1963)年6月10
　日　劉稲垣稔次郎《いながきねんじろう》
　大正～昭和期の染織家。京都市立美術大学教授。
　松坂屋で高級衣装のデザインに従事後独立。新匠
　美術工芸会結成、「型絵染」の人間国宝。
　¶京都大（いながきねんじろう），現朝，現情，現
　日，国宝，新潮，人名7，世紀，姓氏京都（いなが
　きねんじろう），全書，大百，日人，美工，名工

稲垣尚友　いながきなおとも
　昭和17(1942)年～
　昭和～平成期の竹細工職人、小説家。
　¶児人，名工

稲垣稔次郎　いながきねんじろう
　→稲垣稔次郎（いながきとしじろう）

稲垣平衛　いながきひょうえ
　弘化3(1846)年3月28日～明治39(1906)年8月
　20日
　江戸時代後期～明治期の耐火煉瓦製造業者。
　¶岡山人，岡山歴

稲垣藤兵衛　いながきふじべえ
　→稲垣碧峯（いながきへきほう）

稲垣碧峯　いながきへきほう
　文化10(1813)年～明治12(1879)年　劉稲垣藤兵
　衛《いながきふじべえ》
　江戸時代末期～明治期の酒造業、勤王家。高桑菊
　陀と勤王論を論じる。
　¶維新（稲垣藤兵衛　いながきふじべえ），人名，
　日人，幕末（稲垣藤兵衛　いながきふじべえ）
　(没)1879年8月12日）

稲垣征男　いながきまさお
　昭和期の稲垣べっ甲店経営。
　¶名工

稲垣将応　いながきまさのり
　江戸時代後期の田沼の刀工。
　¶栃木歴

稲垣茂平　いながきもへい
　生没年不詳
　明治期の母里焼の陶工。
　¶島根歴

稲川直克　いながわなおかつ
　享保5(1720)年～宝暦11(1761)年
　江戸時代中期の金工。
　¶人名，日人

稲川尚子　いながわなおこ
　昭和10(1935)年～平成9(1997)年7月29日
　昭和～平成期の染織家。
　¶美工（⊗昭和10(1935)年3月18日），名工

稲木東千里　いなきひがしせんり，いなぎひがしせんり
　明治25(1892)年2月22日～昭和54(1979)年6月5
　日
　大正～昭和期の木工芸家。江戸指物最後の名人。
　作品に「細線文象嵌桑製箱」など。
　¶現朝（いなぎひがしせんり），世紀，日人，美工

稲田邦植（稲田邦植）　いなだくにたね
　安政2(1855)年～昭和6(1931)年
　明治期の開拓功労者。徳島藩家老、男爵。北海道
　静内郡に入植、教育所の開設など開拓を軌道に乗
　せた。
　¶朝日（⊕安政2年11月18日(1855年12月26日)
　　⊗昭和6(1931)年5月26日），維新，コン5，人
　名（稲田邦植），世紀（⊕安政2(1855)年11月18
　日　⊗昭和6(1931)年5月26日），徳島百（稲田
　邦植　⊕安政2(1855)年11月8日　⊗昭和6
　(1931)年5月26日），徳島歴（稲田邦植　⊗昭
　和2(1927)年），日人（稲田邦植），幕末
　（⊗1931年5月26日），藩臣6（⊗昭和2(1927)
　年），北海道百，北海道歴

稲田高月　いなだこうげつ
　明治9(1876)年～昭和14(1939)年
　明治～昭和期の建築業者。裏千家家元老分、淡交
　会大阪支部顧問。
　¶茶道

稲田三之助　いなださんのすけ
　明治9(1876)年5月2日～昭和27(1952)年2月18日
　明治～昭和期の電気通信工学者。東京・小笠原間
　海底電線、東京・岡山間長距離ケーブルなど通信
　の整備・発展に貢献。
　¶科学，新潮，人名7，世紀，渡航，日人

伊奈忠克（伊奈忠勝）　いなただかつ
　？～寛文5(1665)年　劉伊奈半左衛門忠克《いな
　はんざえもんただかつ》
　江戸時代前期の関東郡代。水道奉行として玉川上
　水を完成。
　¶朝日（⊗寛文5年8月14日(1665年9月22日)），
　近世，国史，コン改，コン4，埼玉人（⊗寛文5
　(1665)年8月14日），埼玉百（伊奈半左衛門忠
　克　いなはんざえもんただかつ　⊕1617年），
　諸系，新潮（⊗寛文5(1665)年8月14日），人
　名，日史（⊕元和3(1617)年？　⊗寛文5
　(1665)年8月14日），日人，福島百（伊奈忠勝
　⊕元和3(1617)年），歴大

伊奈忠順　いなただのぶ
　？～正徳2(1712)年　劉伊奈半左衛門忠順《いな
　はんざえもんただゆき》
　江戸時代中期の関東郡代。江戸の拡張工事を推進。
　¶朝日（⊕正徳2年2月29日(1712年4月4日)），神
　奈川人，岐阜百，近世，コン改，コン4，
　埼玉百（伊奈半左衛門忠順《いなはんざえもん
　ただゆき》，静岡百（⊗寛文12(1672)年　⊗正
　徳1(1711)年），静岡歴（⊗寛文12(1672)年
　⊗正徳1(1711)年），諸系，新潮（⊗正徳2
　(1712)年2月29日），人名，姓氏福岡，日史
　（⊗正徳2(1712)年2月29日），日人

**稲田年男** いなだとしお
大正8 (1919) 年9月10日～
昭和～平成期の江戸漆器職人。
¶名工

**稲田尚之** いなだひさゆき
昭和3 (1928) 年3月6日～平成15 (2003) 年3月13日
昭和～平成期の建築家。京都市立芸術大学名誉教授。
¶美建

**稲田平部** いなだへいぶ
文政6 (1823) 年～明治34 (1901) 年
江戸時代末期～明治期の発明家。
¶科学 ([生]1823年 (文政6) 2月24日　[没]1901年 (明治34) 5月5日), 郷土奈良, 人名 ([生]1824年), 日人

**稲玉徳兵衛** いなだまとくべえ
文政5 (1822) 年～明治5 (1872) 年　[別]稲玉徳兵衛《いねだまとくべえ》
江戸時代後期～明治期の開拓者。
¶姓氏長野 (いねだまとくべえ), 長野百, 長野歴, 日人

**稲田祐石** いなだゆうせき
昭和19 (1944) 年7月26日～
昭和期の陶芸家。
¶陶芸最

**稲田陽子** いなだようこ
昭和30 (1955) 年1月10日～
昭和～平成期の陶芸家。
¶陶芸最, 陶工

**伊奈長三〔1代〕** いなちょうざ
延享1 (1744) 年～文政5 (1822) 年
江戸時代中期～後期の尾張常滑の陶工。
¶人名, 日人

**伊奈長三〔2代〕** いなちょうざ
天明1 (1781) 年～安政5 (1858) 年
江戸時代後期の尾張常滑の陶工。
¶人名, 日人

**伊奈長三〔3代〕** いなちょうざ
文政1 (1818) 年～文久1 (1861) 年
江戸時代末期の尾張常滑の陶工。
¶人名, 日人

**伊奈長三〔4代〕** いなちょうざ
天保12 (1841) 年～大正13 (1924) 年
明治～大正期の陶工。轆轤、手捻りとも巧み、火色、火襷の茶器、酒缶等を得意とした。
¶人名, 陶工, 日人, 名工 ([生]天保12 (1841) 年10月9日　[没]大正13年4月)

**伊奈長三郎**(1) いなちょうざぶろう
世襲名　江戸時代の製陶業。常滑の陶工。
¶姓氏愛知

**伊奈長三郎**(2) いなちょうざぶろう
明治23 (1890) 年3月20日～昭和55 (1980) 年10月10日
明治～昭和期の伊奈製陶社長・会長 (創業者)、常滑市初代市長。
¶実業, 創業

**稲塚和右衛門** いなつかわえもん, いなづかわえもん
元禄5 (1692) 年～安永4 (1775) 年
江戸時代中期の出雲松江藩士。松江藩御細工所元締、木実方元締。
¶島根百, 島根歴, 藩臣5 (いなづかわえもん [生]元禄5 (1692) 年 ? )

**稲富啓一郎** いなとみけいいちろう
昭和25 (1950) 年6月21日～
昭和期の陶芸家。
¶陶芸最

**稲留帯刀** いなどめたてわき
明治38 (1905) 年～ ?
昭和期の鹿児島大学の講師。綿麻の剝皮装置を発明。
¶姓氏鹿児島

**因幡景長** いなばかげなが
南北朝時代の刀工。
¶鳥取百

**稲葉興作** いなばこうさく
大正13 (1924) 年1月16日～
昭和～平成期の実業家。石川島播磨重工業社長、日本商工会議所会頭。石川島芝浦タービンで排気タービンの設計に取り組む。常務などを経て社長に就任。他に多数の役職を歴任。
¶世紀, 日人

**稲葉幸作** いなばこうさく
昭和22 (1947) 年12月12日～
昭和期の陶芸家。
¶陶芸最

**稲葉高道〔1代〕** いなばこうどう
安永7 (1778) 年～天保10 (1839) 年
江戸時代後期の尾張常滑の陶工。
¶人名, 日人

**稲葉高道〔2代〕** いなばこうどう
*～明治1 (1868) 年
江戸時代末期の尾張常滑の陶工。
¶人名 ([生]1801年), 日人 ([生]1800年)

**稲葉三右衛門** いなばさんうえもん
天保8 (1837) 年9月21日～大正3 (1914) 年6月22日
[別]稲葉三右衛門《いなばさんえもん》
明治期の公共事業家。
¶近土, 鉄道, 土木, 日人 (いなばさんえもん)

**稲葉三右衛門** いなばさんえもん
→稲葉三右衛門 (いなばさんうえもん)

**稲葉七穂〔2代〕** いなばしちほ
明治18 (1885) 年～昭和51 (1976) 年
明治～昭和期の七宝作家。
¶美工

**因幡初代兼先** いなばしょだいかねさき
江戸時代前期の刀工。
¶鳥取百

**稲葉新十郎** いなばしんじゅうろう
明治41(1908)年10月12日～
昭和～平成期の結城紬織物職人。
¶名工

**稲葉征司** いなばせいじ
昭和期のギター製作者。
¶名工

**稲畑勝太郎** いなはたかつたろう, いなばたかつたろう
文久2(1862)年10月30日～昭和24(1949)年3月29日
明治期の実業家。貴族院議員、大阪商工会議所会頭。黒染、海老茶染、カーキ染など染色技術を導入し、都繻子など実用化。
¶朝日(いなばたかつたろう [生]文久2年10月30日(1862年12月21日)), 海越(いなばたかつたろう), 海越新(いなばたかつたろう), 映人, 大阪人(いなばたかつたろう [没]昭和24(1949)年3月), 科学, 京都大([没]昭和15(1940)年), 近現, 現情, 国史, 史人, 実業(いなばたかつたろう), 写家, 新潮(いなばたかつたろう), 人名7, 世紀, 姓氏京都([没]1940年), 先駆(いなばたかつたろう), 創業, 渡航(いなばたかつたろう), 日史(いなばたかつたろう), 日人, 履歴([没]昭和24(1949)年3月30日), 履歴2([没]昭和24(1949)年3月30日)

**伊奈初之丞** いなはつのじょう
文久2(1862)年～大正15(1926)年
明治～大正期の実業家、陶工。常滑伊奈長三郎家の5代目。
¶世紀([生]文久2(1862)年11月 [没]大正15(1926)年6月10日), 姓氏愛知, 日人

**稲場文男** いなばふみお
昭和4(1929)年3月16日～平成24(2012)年9月9日
昭和～平成期の電子工学者、東北大学名誉教授。専門は光エレクトロニクス。
¶科学, 現情

**稲葉芳弘** いなばよしひろ
昭和20(1945)年～
昭和～平成期のギター製作業。
¶名工

**稲原寅惣** いなはらとらそう
弘化2(1845)年～昭和5(1930)年
明治～大正期の郷土開発者。山口県耕地整理を推進した。その他勧業、教育、土木に貢献し、藍綬褒章受章。
¶人名, 姓氏山口, 日人

**伊奈半左衛門忠克** いなはんざえもんただかつ
→伊奈忠克(いなただかつ)

**伊奈半左衛門忠順** いなはんざえもんただゆき
→伊奈忠順(いなただのぶ)

**伊奈久** いなひさし
大正1(1912)年～?
昭和～平成期の陶芸家。
¶陶芸, 陶芸最([生]大正1年9月22日), 陶工

**伊奈不動山** いなふどうさん
明治30(1897)年～昭和36(1961)年
明治～昭和期の陶芸家。
¶美工

**韋那部真根**(猪名部真根) いなべのまね
上代の木工。
¶朝日(猪名部真根 生没年不詳), 古代, 古中(猪名部真根), コン改, コン4, 新潮(猪名部真根 生没年不詳), 人名(猪名部真根), 日人

**猪名部百世**(猪奈部百世) いなべのももよ
生没年不詳
奈良時代の造東大寺司の官僚、工人。造東大寺司で大仏造立に従事。
¶朝日, 古代, コン改, コン4, 人名(猪奈部百世), 日人

**井波喜六斎** いなみきろくさい
～昭和56(1981)年2月25日
昭和期の漆芸家。
¶美工, 名工

**井波唯志** いなみただし
大正12(1923)年3月10日～
昭和～平成期の漆芸家。日展理事。日展・日本工芸美術展の漆芸の旗手で、伝承された加賀蒔絵の技法で輪島を代表する漆芸家。
¶世紀, 日人, 名工

**稲本正** いなもとただし
昭和20(1945)年～
昭和～平成期の工芸家。オーク・ヴィレッジ代表。木造建築・道具の制作、職人を養成。著書に「緑の生活」「森からの発想」など。
¶現執3期([生]昭和20(1945)年2月), 現執4期([生]1945年2月5日), 児人, 世紀([生]昭和20(1945)年2月5日), 名工([生]昭和20年2月)

**稲作作** いなりつくる
昭和23(1948)年9月4日～
昭和～平成期の陶芸家。
¶名工

**乾崇夫** いぬいたかお
大正9(1920)年1月16日～平成24(2012)年9月13日
昭和～平成期の造船工学者、東京大学名誉教授。
¶科学, 現朝, 現情, 新潮, 世紀, 日人, 日本

**乾正雄** いぬいまさお
昭和9(1934)年～
昭和～平成期の建築学者。東京工業大学教授。著書に「建築の色彩設計」「照明と視環境」「やわらかい環境論」など。
¶現執1期, 現執3期([生]昭和9(1934)年4月22日)

**犬塚英夫** いぬずかひでお
明治43(1910)年2月17日～平成4(1992)年11月9

日
昭和～平成期の電子工学者、東芝中央研究所次長。専門は電子材料工学、半導体。
¶科学

い

**犬助** いぬすけ
江戸時代の鐔工。
¶人名，日人（生没年不詳）

**犬塚祐市郎** いぬづかゆういちろう
江戸時代後期の幕府普請役人。天竜川流域の治水事業の貢献者。
¶静岡歴（生没年不詳），姓氏静岡

**犬伏久助** いぬぶしきゅうすけ
元文3（1738）年～文政12（1829）年8月8日
江戸時代中期～後期の染色家。
¶徳島百，徳島歴，日人

**犬山道平**（犬山の道平） いぬやまのどうへい
天明2（1782）年～安政1（1854）年
江戸時代の陶工。
¶人名（犬山の道平），日人

**稲玉徳兵衛** いねだまとくべえ
→稲玉徳兵衛（いなだまとくべえ）

**井上あき子** いのうえあきこ
昭和期の博多人形師。
¶名工

**井上明久** いのうえあきひさ
昭和22（1947）年9月13日～
昭和～平成期の金属学者。東北大学金属材料研究所所長、科学技術共同研究センター教授。金属材料学、非平衡物質工学を研究。アモルファス合金線材、強さとしなやかさを併せ持つ新合金を開発。
¶世紀，日人

**井上昭史** いのうえあきふみ
昭和24（1949）年12月16日～
昭和～平成期のフルート奏者、翻訳家、フルート製作アドヴァイザー。
¶演奏，音人2，音人3

**井上昱太郎** いのうえいくたろう
明治11（1878）年10月19日～昭和30（1955）年6月19日
明治～昭和期の鉄道技師。
¶鉄道

**井上猪治** いのうえいじ
明治44（1911）年2月13日～平成2（1990）年7月16日
昭和期の指物師。
¶世紀，日人，美工

**井上市雄** いのうえいちお
大正13（1924）年～
昭和～平成期の陶芸家。
¶陶工

**井上伊兵衛** いのうえいへえ
文政4（1821）年～*
明治期の西陣織職人。京都府織工場教授。フランスで洋式織物技術を習得、洋式織機一式を購入し帰国。新技術の指導と普及に尽力。
¶朝日（[没]明治14（1881）年？），海越（生没年不詳），海越新（[没]明治14（1881）年頃），京都大（生没年不詳），コン5（[没]明治14（1881）年？），新潮（[没]？），姓氏京都（[生]1822年　[没]1889年），先駆（[没]？），渡航，日人（[没]？）

**井上英一** いのうええいいち
大正11（1922）年2月13日～
昭和期の印写工学者。東京工業大学教授。
¶現情

**井上恵助** いのうええすけ
享保6（1721）年～寛政6（1794）年　[別]井上恵助《いのうえけいすけ》
江戸時代中期の新田開発者。出雲平野の開拓者。
¶島根人，島根百，島根歴，人名（いのうえけいすけ），日人

**井上延年** いのうええんねん
天保13（1842）年～大正3（1914）年
明治～大正期の陶工。瀬戸および京都の名工。
¶人名，世紀（[生]天保13（1842）年10月　[没]大正3（1914）年8月9日），日人，名工（[生]天保13（1842）年10月）

**井上和雄** いのうえかずお
昭和期の井上時計店時計師。
¶名工

**井上和彦** いのうえかずひこ
昭和43（1968）年～平成19（2007）年3月25日
昭和～平成期の博多人形師。
¶美工

**井上亀太郎** いのうえかめたろう
天保7（1836）年～明治38（1905）年
明治期の治水開拓者。水利の悪い土地の開墾に貢献した。功により藍綬褒章受章。
¶人名，日人

**井上喜三郎** いのうえきさぶろう
文化6（1809）年～文久1（1861）年
江戸時代末期の石工。
¶幕末

**井上吉兵衛** いのうえきちべえ
文化1（1804）年～明治17（1884）年
江戸時代後期～明治期の篤農家。農業殖産の先覚者。
¶姓氏京都（生没年不詳），姓氏宮城，栃木歴，宮城百

**井上匡四郎** いのうえきょうしろう
→井上匡四郎（いのうえただしろう）

**井上潔** いのうえきよし
大正12（1923）年1月1日～
昭和～平成期の機械技術者、実業家。井上ジャパックス研究所社長、かながわサイエンスパーク（KSP）副社長。物理学を研究、ジャパックス社長などを歴任。民活法適用第1号で、研究開発型

企業を集めたビルを経営。
¶世紀，日人

**井上清** いのうえきよし
昭和期の井上時計店時計師。
¶名工

**井上喜代松** いのうえきよまつ
慶応3(1867)年4月18日〜大正7(1918)年3月6日
昭和期の友仙職工。京都家庭消費組合組織者。
¶渡航，福岡百

**井上きよみ** いのうえきよみ
昭和40(1965)年〜
昭和〜平成期のITコンサルタント、システムエンジニア、テクニカル・ライター。アイドゥ代表取締役、ヌーズ・ヌー代表取締役。
¶現執4期

**井上恵春** いのうえけいしゅん
生没年不詳
江戸時代末期の職人。
¶姓氏愛知

**井上恵助** いのうえけいすけ
→井上恵助(いのうええすけ)

**井上源次郎** いのうえげんじろう
弘化4(1847)年〜昭和5(1930)年
明治〜昭和期の人。巾着網の製作技術に熟達。
¶島根歴

**井上謙造** いのうえけんぞう
明治期の技師。練乳製造のための「井上釜」を開発した。
¶食文

**井上元峰** いのうえげんぽう
江戸時代中期の佐野天明鋳物師。
¶栃木歴

**井上郷太郎** いのうえごうたろう
大正7(1918)年〜
昭和期の陶芸家。
¶多摩，名工

**井上コマ** いのうえこま
生没年不詳
明治期のメリヤス業者。メリヤス業の先駆者井上伊人の妻。初めて国産タオルの製造に成功。
¶先駆

**井上貞治郎** いのうえさだじろう
嘉永6(1853)年〜大正5(1916)年 [別]井上貞次郎《いのうえていじろう》
明治期の実業家。マッチ製造の先駆者。
¶大阪人(井上貞次郎 いのうえていじろう [没]大正5(1916)年2月)，食文([生]嘉永6年11月12日(1853年12月12日) [没]1916年2月9日)，日人，兵庫人([生]嘉永6(1853)年11月12日 [没]大正5(1916)年2月9日)

**井上早苗** いのうえさなえ
昭和21(1946)年3月3日〜
昭和〜平成期の陶芸家。
¶陶工

**井上信貴男** いのうえしぎお
明治41(1908)年3月24日〜昭和46(1971)年7月25日
大正〜昭和期の実業家、政治家。井上繊維工業社長、衆議院議員。土木請負業、皮革加工、繊維メリヤス製造、ゴム工業などを経営。
¶人名7，世紀，政治，日人

**井上秀司** いのうえしゅうじ
昭和23(1948)年8月22日〜
昭和〜平成期の映画整音技師。
¶映人

**井上秋晴** いのうえしゅうせい
大正13(1924)年2月16日〜
昭和〜平成期の陶芸家。
¶陶芸最，名工

**井上寿博** いのうえじゅはく
昭和16(1941)年9月3日〜 [別]井上寿博《いのうえとしひろ》
昭和〜平成期の陶芸家。
¶陶芸最，陶工(いのうえとしひろ)，名工

**井上俊弌** いのうえしゅんいち
昭和22(1947)年6月16日〜
昭和期の陶芸家。
¶陶芸最

**井上春峰** いのうえしゅんぽう
昭和3(1928)年1月1日〜
昭和〜平成期の陶芸家。
¶陶芸最，陶工

**井上省三** いのうえしょうぞう
弘化2(1845)年〜明治19(1886)年 [別]井上省三《いのうえせいぞう》
明治期の農商務省官吏、技術者。千住製絨所初代所長。ベルリン留学で兵学から工業へ転向、毛織技術を修得。
¶朝日([生]弘化2年10月15日(1845年11月14日) [没]明治19(1886)年12月14日)，維新，海越([生]弘化2(1845)年10月15日 [没]明治19(1886)年12月14日)，海越新([生]弘化2(1845)年10月15日 [没]明治19(1886)年12月14日)，近現(いのうえせいぞう)，国際，国史(いのうえせいぞう)，コン5，人名([生]1848年)，姓氏山口(いのうえせいぞう)，先駆([生]弘化2(1845)年10月15日 [没]明治19(1886)年12月14日)，渡航([生]1845年10月15日 [没]1886年12月14日)，日人，幕末([没]1886年12月14日)，山口百(いのうえせいぞう [生]1846年)，洋学

**井上松坪** いのうえしょうへい
天保2(1831)年〜明治28(1895)年
江戸時代末期〜明治期の陶工。京都の陶業組合組合長。湖東焼の御抱の後、京都清水坂で作陶。
¶人名，日人，名工([没]明治28年7月6日)

**井上真改** いのうえしんかい
→真改（しんかい）

**井上新七** いのうえしんしち
江戸時代の蒔絵師。
¶人名，日人（生没年不詳）

**井上新太郎** いのうえしんたろう
昭和期の瓦職人。
¶名工

**井上甚太郎** いのうえじんたろう
弘化2（1845）年～明治38（1905）年
明治期の塩業家、政治家。衆議院議員。塩業改良論者として活躍。塩業界の結束に奔走し十州塩田同盟結成に参画。
¶朝日（[生]弘化2（1845）年3月　[没]明治38（1905）年8月23日），香川人，香川百，コン5，人名，世紀（[生]弘化2（1845）年3月　[没]明治38（1905）年8月23日），日人

**井上清介** いのうえせいすけ
元治1（1864）年10月5日～？
明治期の技師。
¶渡航

**井上省三** いのうえせいぞう
→井上省三（いのうえしょうぞう）

**井上清太郎** いのうえせいたろう
嘉永5（1852）年～昭和11（1936）年1月
明治～大正期の土木技術者。
¶近土，世紀，土木，日人

**井上泉** いのうえせん
明治28（1895）年～昭和57（1982）年
大正～昭和期の人。籾摺選別機を開発。
¶島根歴

**井上仙右衛門** いのうえせんうえもん
？～享保18（1733）年
江戸時代中期の和田新田開発者。
¶兵庫人

**井上惣兵衛** いのうえそうべえ
文久1（1861）年～昭和8（1933）年
明治～大正期の実業家。製塩業を改良、鋳鉄釜による井上式鉄製塩釜裏塗法を開発。
¶世紀（[生]文久1（1861）年3月　[没]昭和8（1933）年1月5日），日人

**井上泰秋** いのうえたいしゅう
昭和16（1941）年11月1日～
昭和～平成期の陶芸家。
¶熊本百，陶芸最，陶工，名工

**井上隆根** いのうえたかね
明治22（1889）年2月9日～昭和50（1975）年9月28日
明治～昭和期の鉄道技師。
¶近土，土木

**井上猛雄** いのうえたけお
昭和25（1950）年2月20日～
昭和～平成期の陶芸家。
¶陶芸最，陶工

**井上赳夫** いのうえたけお
大正3（1914）年～
昭和期の機械工学者、日本古代史研究者。
¶現執1期

**井上武**(1) いのうえたけし
昭和19（1944）年3月9日～
昭和～平成期の陶芸家。
¶現政（[生]昭和19年7月4日），陶芸最，名工

**井上武**(2) いのうえたけし
昭和6（1931）年8月23日～
昭和～平成期の陶芸家。
¶名工

**井上威恭** いのうえたけやす
大正2（1913）年4月1日～
昭和期の機械工作・安全工学者。埼玉工業大学教授。
¶現執2期

**井上規** いのうえただし
大正8（1919）年1月22日～
昭和～平成期の陶芸家。
¶陶芸，陶芸最，名工

**井上匡四郎** いのうえただしろう
明治9（1876）年4月30日～昭和34（1959）年3月18日　[別]井上匡四郎《いのうえきょうしろう》
明治～昭和期の工学者、政治家。東京帝国大学教授、技術院総裁。満鉄撫順炭鉱鞍山製鉄所所長、若槻内閣鉄道相などを歴任。
¶科学，近現，熊本百（[生]明治9（1876）年4月10日　[没]昭和34（1959）年3月16日），国史，新潮，人名7，世紀（[生]明治9（1876）年4月），政治（[生]明治9年4月），鉄道（いのうえきょうしろう），渡航，日人，履歴，履歴2

**井上忠右衛門** いのうえちゅうえもん
生没年不詳
江戸時代前期の土木技術者、土佐藩井奉行。
¶朝日，日人

**井上貞次郎** いのうえていじろう
→井上貞治郎（いのうえさだじろう）

**井上貞治郎** いのうえていじろう
*～昭和38（1963）年11月10日
明治～昭和期の実業家。全国段ボール協同組合連合会理事長。段ボールを発明。自伝に「我が荊棘の道」がある。
¶現朝（[生]1882年10月3日），現情（[生]1880年10月），コン改（[生]1880年），コン4（[生]明治13（1880）年），コン5（[生]明治13（1880）年），実業（[生]明治15（1882）年10月3日），新潮（[生]明治13（1880）年10月3日），人名7（[生]1880年），世紀（[生]明治15（1882）年10月3日），先駆（[生]明治15（1882）年10月3日），創業（[生]明治14（1881）年（戸籍上は明治15年10月3日）），日人（[生]明治14（1881）年8月16日）

**井上伝**(井上でん)　**いのうえでん**
天明8(1788)年～明治2(1869)年
江戸時代後期～明治期の女性。久留米絣の創始者。
¶朝日([生]天明8年12月29日(1789年1月24日)　[没]明治2年4月26日(1869年6月6日)), 岩史([生]天明8(1788)年12月30日　[没]明治2(1869)年4月26日), 近現, 近女, 近世, 国史, コン改, コン4, コン5, 史人([生]1788年12月29日　[没]1869年4月26日), 女史, 女性([生]天明8(1788)年12月30日　[没]明治2(1869)年4月26日), 女性普([生]天明8(1788)年12月30日　[没]明治2(1869)年4月26日), 人情4(井上でん), 新潮([生]天明8(1788)年12月30日　[没]明治2(1869)年4月26日), 人名, 全書, 大百, 日人([生]1789年), 日本, 幕末([没]1869年4月26日), 福岡百([生]天明8(1788)年12月30日　[没]明治2(1869)年4月26日), 名工([生]天明8年12月30日(1788年)　[没]明治2年4月26日), 歴大

**井上伝吉　いのうえでんきち**
嘉永2(1849)年～明治38(1905)年1月28日
江戸時代末期～明治期の蚕糸業功労者。蚕種の改良に着手、化性青熟種を完成。
¶幕末

**井上藤九郎　いのうえとうくろう**
安政4(1857)年～昭和17(1942)年
明治～昭和期の製鋸工。
¶大分歴

**井上徳治郎　いのうえとくじろう**
文久4(1864)年～大正4(1915)年1月17日
江戸時代末期～大正期の鉄道技師。
¶鉄道([生]1864年3月21日), 渡航([生]1864年2月14日)

**井上稔夫　いのうえとしお**
昭和18(1943)年3月14日～平成16(2004)年9月10日
昭和～平成期の和紙漉き職人。
¶美工

**井上寿博　いのうえとしひろ**
→井上寿博(いのうえじゅはく)

**井上富夫　いのうえとみお**
～平成16(2004)年12月18日
昭和～平成期の染色家。
¶美工

**井上如童　いのうえにょどう**
明治45(1912)年～
昭和～平成期の長崎創作おり紙研究会会長。
¶名工

**井上信重　いのうえのぶしげ**
江戸時代中期の瓦工。
¶人名, 日人(生没年不詳)

**井上昇　いのうえのぼる**
大正～昭和期の簀桁職人。
¶名工

**井上白斎　いのうえはくさい**
江戸時代中期の蒔絵師。
¶人名

**井上白山　いのうえはくさん**
大正3(1914)年1月21日～
昭和～平成期の陶芸家。
¶名工

**井上八郎右衛門　いのうえはちろうえもん**
明治33(1900)年8月30日～昭和53(1978)年10月4日
昭和期の電気工学者、実業家。三菱電機副社長。
¶現情

**井上播磨掾　いのうえはりまのじょう**
寛永9(1632)年～貞享2(1685)年　[別]井上市郎兵衛〔1代〕《いのうえいちろべえ》, 井上大和少掾《いのうえやまとのしょうじょう》, 井上大和掾《いのうえやまとのじょう》
江戸時代前期の古浄瑠璃の太夫、播磨節浄瑠璃の祖。
¶朝日([生]?　[没]貞享2年5月19日?(1685年6月20日?)), 岩史(生没年不詳), 大阪人([没]貞享2(1685)年5月), 音楽, 角史([生]寛永9(1632)年?　[没]貞享2(1685)年?), 近世, 芸能([生]?　[没]延宝2(1674)年, (異説)貞享2(1685)年5月19日), 国史, 国書(生没年不詳), コン改([生]寛永9(1632)年, (異説)1624年　[没]貞享2(1685)年, (異説)1677年), コン4([生]寛永9(1632)年, (異説)1624年　[没]貞享2(1685)年, (異説)1677年), 史人(生没年不詳), 新潮([生]?　[没]延宝2～4年(1674～1676年)), 人名, 世人([没]貞享2(1685)年5月19日), 世百([生]1632年?　[没]1685年?), 全書(生没年不詳), 大百, 日音([生]?　[没]延宝2(1674)年, (異説)延宝5(1677)年, 貞享2(1685)年), 日史([没]貞享2(1685)年5月19日), 日人, 百科, 歴大(生没年不詳)

**井上治男　いのうえはるお**
明治42(1909)年12月1日～昭和50(1975)年4月18日
大正～昭和期の陶芸家。昭和7年帝展に初入選。京都陶芸家クラブの発足に参画し、総務。日展審査員。
¶現情, 人名7, 世紀, 陶芸最, 陶工([生]1910年), 日人, 美工, 名工

**井上範　いのうえはん**
明治10(1877)年8月18日～昭和7(1932)年
明治～昭和期の工学者。東京帝国大学教授。主な事績に若松・神戸両港の構築事業、横浜港の修復事業。
¶科学([没]1932年(昭和7)6月24日), 近土([没]1932年6月25日), 人名, 世紀([没]昭和7(1932)年6月24日), 土木([没]1932年6月25日), 日人([没]昭和7(1932)年6月24日)

**井上英男　いのうえひでお**
→井上英男(いのうえふさお)

**井上秀雄** いのうえひでお
明治35（1902）年～
大正～昭和期の工芸家。
¶名工

**井上秀二** いのうえひでじ
明治9（1876）年4月16日～昭和18（1943）年4月4日
明治～昭和期の土木工学者。
¶科学，近土，土木

**井上秀次郎** いのうえひでじろう
昭和20（1945）年3月16日～
昭和～平成期の管理工学者。長崎総合科学大学教授。
¶現執2期，現執3期

**井上英男** いのうえふさお
明治20（1887）年～＊　[別]井上英男《いのうえひでお》
明治～昭和期の弁護士、橘樹郡役所の農林技師。
¶群馬人（[没]昭和39（1964）年），姓氏神奈川（いのうえひでお　[没]？）

**井上平五郎** いのうえへいごろう
万延1（1860）年～昭和10（1935）年
明治～昭和期の品川開墾の管理者。
¶栃木歴

**井上平四郎** いのうえへいしろう
天保6（1835）年～明治30（1897）年
明治期の公益家。旱害救済を謀り王ノ井の湧水をひくため暗渠開削の事業を竣工した。
¶大分歴，人名，日人

**井上雅司** いのうえまさし
昭和30（1955）年11月20日～
昭和～平成期の陶芸家。
¶名工

**井上正人** いのうえまさと
昭和35（1960）年～
昭和～平成期の造形作家。
¶名工

**井上雅弘** いのうえまさひろ
昭和22（1947）年～
昭和～平成期のひな人形着付師。
¶名工

**井上勝** いのうえまさる
天保14（1843）年～明治43（1910）年　[別]野村弥吉《のむらやきち》
明治期の鉄道創設家。鉄道庁長官、汽車製造合資社長。工部省で品川・横浜間の鉄道敷設を指揮。京都・神戸、京都・大津間を開通させる。
¶朝日（[生]天保14年8月1日（1843年8月25日）[没]明治43（1910）年8月2日），維新，岩史（[生]天保14（1843）年8月1日　[没]明治43（1910）年8月2日），海越（[生]天保14（1843）年8月1日　[没]明治43（1910）年8月2日），海越新（[生]天保14（1843）年8月1日　[没]明治43（1910）年8月2日），大阪人（[没]明治43（1910）年8月），科学（[生]1843年（天保14）8月1日　[没]1910年（明治43）8月2日），近現，近土（[生]1843年8月1日　[没]1910年8月2日），国際，国史，コン改，コン4，コン5，史人（[生]1843年8月1日　[没]1910年8月2日），新潮（[生]天保14（1843）年8月1日　[没]明治43（1910）年8月2日），人名，世紀（[生]天保14（1843）年8月1日　[没]明治43（1910）年8月2日），姓氏山口（[没]1930年），世百，先駆（[生]天保14（1843）年8月1日　[没]明治43（1910）年8月2日），全書，大百，鉄道（[生]1843年8月25日　[没]1910年8月2日），渡航（井上勝・野村弥吉　いのうえまさる・のむらやきち　[生]1843年8月1日　[没]1910年8月2日），土木（[生]1843年8月1日　[没]1910年8月2日），日史（[生]天保14（1843）年8月1日　[没]明治43（1910）年8月2日），日人，日本，幕末（[没]1910年8月2日），百科，山口百，履歴（[生]天保14（1843）年8月1日　[没]明治43（1910）年8月2日），歴大

**井上万二** いのうえまんじ
昭和4（1929）年3月24日～
昭和～平成期の陶芸家。白磁の作風に優れた技法を見せる。平成7年人間国宝。
¶国宝，佐賀百，世紀，陶芸最，陶工，日人，名工

**井上宗次** いのうえむねつぐ
？～文化8（1811）年
江戸時代後期の金工。
¶岡山人，人名，日人

**井上守親** いのうえもりちか
江戸時代の彫金家。
¶岡山人，人名，日人（生没年不詳）

**井上康徳** いのうえやすのり
昭和33（1958）年～
昭和～平成期の陶芸家。
¶陶工

**井上弥蔵** いのうえやぞう
？～慶応2（1866）年4月1日
江戸時代後期～末期の一宮新用水開削者。
¶徳島歴

**井上幽雪斎** いのうえゆうせつさい
文化12（1815）年～明治25（1892）年
江戸時代後期～明治期の彫刻・建築家。
¶岡山人

**井上ゆき子** いのうえゆきこ
昭和7（1932）年11月8日～
昭和～平成期の弥治郎こけし工人。
¶名工

**井上楊南** いのうえようなん
明治2（1869）年～昭和31（1956）年
明治～昭和期の陶芸家。
¶姓氏愛知，陶工，美工

**井上善夫** いのうえよしお
昭和24（1949）年5月7日～
昭和～平成期の陶芸家。
¶陶工

**井上美邦** いのうえよしくに
明治42 (1909) 年～
昭和期の陶芸家。
¶陶芸

**井上芳三郎** いのうえよしさぶろう
生没年不詳
明治期の製造業者。日本初の国産コンドームを製造。
¶先駆

**井上佳久** いのうえよしひさ
昭和22 (1947) 年1月11日～
昭和期の陶芸家。
¶陶芸最

**井上力** いのうえりき
？ ～明治43 (1910) 年8月31日
明治期の技師。
¶渡航

**井上良斎** いのうえりょうさい
文政11 (1828) 年～*
江戸時代末期～明治期の陶工。浅草橋場町で開窯。瀬戸原料を使い斬新な意匠と写実的で精巧な磁器を制作、輸出もする。
¶新潮 ([没]明治39 (1906) 年)，人名，日人 ([没]？)

**井上良斎〔2代〕** いのうえりょうさい
弘化2 (1845) 年～明治38 (1905) 年
江戸時代末期～明治期の陶工。白磁の釉下着彩法をきわめた明治の陶芸界を代表する名工。第1回内国勧業博覧会で受賞。
¶朝日 ([生]弘化2年？ (1845年？)　[没]明治38 (1905) 年8月4日)，陶工，日人

**井上良斎〔3代〕** (井上良斉) いのうえりょうさい
明治21 (1888) 年9月4日～昭和46 (1971) 年2月6日
明治～昭和期の陶芸家。昭和3年帝展初入選。戦後は日展に所属し、理事となる。陶人会を主宰し、指導に当たる。
¶神奈川人 (――〔代数なし〕)，現情，人名7 (――〔代数なし〕)，世紀，陶芸最 (井上良斉〔3代〕)，陶工，日人，美工，名工

**井上六兵衛** いのうえろくべえ
明治26 (1893) 年6月19日～昭和58 (1983) 年4月22日
大正～昭和期の蚕糸業家。
¶埼玉人

**稲生平七** いのうへいしち
？ ～明暦3 (1657) 年
江戸時代前期の新田開発者。
¶姓氏愛知

**伊野治一** いのおさかず
昭和期の堺打刃物刃付け師。
¶名工

**井口在屋** いのくちありや
安政3 (1856) 年～大正12 (1923) 年
明治～大正期の機械工学者。東京帝国大学教授。「渦巻ポンプ」の研究は国際的に知られ、「井口式ポンプ」で商品化。
¶朝日 ([生]安政3年10月30日 (1856年11月27日)　[没]大正12 (1923) 年3月25日)，石川百，海越 ([生]安政3 (1856) 年10月30日　[没]大正12 (1923) 年3月25日)，海越新 ([生]安政3 (1856) 年10月30日　[没]大正12 (1923) 年3月25日)，科学 ([生]1856年 (安政3) 10月30日　[没]1923年 (大正12) 3月35日)，学校 ([生]安政3 (1856) 年10月30日　[没]大正12 (1923) 年3月35日)，近現，国史，コン改，コン5，史人 ([生]1856年10月30日　[没]1923年3月25日)，新潮 ([生]安政3 (1856) 年10月3日　[没]大正12 (1923) 年3月25日)，人名，世紀 ([生]安政3 (1856) 年10月30日　[没]大正12 (1923) 年3月35日)，姓氏石川，世百，先駆 ([生]安政3 (1856) 年10月30日　[没]大正12 (1923) 年3月25日)，全書，大百，渡航 ([生]1856年10月30日　[没]1923年3月25日)，日史 ([生]安政3 (1856) 年10月30日　[没]大正12 (1923) 年3月25日)，日人，百科，歴大

**井口常雄** いのくちつねお
明治21 (1888) 年9月22日～昭和33 (1958) 年4月10日
明治～昭和期の造船工学者、東京大学名誉教授。
¶科学

**井口春久** いのくちはるひさ
明治19 (1886) 年2月16日～？
明治～大正期の機械工学者、理化学研究所主任研究員。
¶科学

**猪口万右衛門** いのくちまんえもん
寛保3 (1743) 年～文化8 (1811) 年　[別]猪口万右衛門《いぐちまんえもん》
江戸時代中期～後期の筑後国の農民。灌漑用具“万右衛門車”の発明者。
¶朝日，人名 (いぐちまんえもん)，日人，名工 (いぐちまんえもん)

**井野幸吉** いのこうきち
明治7 (1874) 年～昭和25 (1950) 年
明治～昭和期の技術者。
¶世紀，多摩，日人

**猪新左衛門** いのしんざえもん
生没年不詳
戦国時代の職人。古河公方足利義氏に仕えた。
¶戦辞

**井野清次郎** いのせいじろう
明治43 (1910) 年11月20日～昭和55 (1980) 年9月4日
昭和期の人形製造家。
¶埼玉人

**猪瀬寧雄** いのせしずお
明治41 (1908) 年11月29日～昭和56 (1981) 年12月6日
大正～昭和期の技師。
¶近土，土木

**猪瀬博** いのせひろし
昭和2(1927)年1月5日～平成12(2000)年10月11日
昭和～平成期の情報工学者。東京大学教授、文部省学術情報センター(現・国立情報学研究所)所長。タイムスロット入れ替え方式を発明、情報処理分野で業績を残す。著書に「情報の世紀を生きて」など。
¶科学, 現朝, 現執2期, 現執3期, 現情, 新潮, 世紀, 日人, 日本

**猪野知勝** いのともかつ
生没年不詳
江戸時代前期の新田開発者。
¶埼玉人

**猪股久三** いのまたきゅうぞう
明治36(1903)年1月30日～
大正～昭和期の下駄職人。
¶名工

**猪股俊司** いのまたしゅんじ
大正7(1918)年10月7日～平成2(1990)年8月19日
昭和～平成期の土木技術者、日本構造橋梁研究所会長。専門は橋梁工学、コンクリート工学。
¶科学, 近土, 土木

**猪俣尚紅** いのまたしょうこう
明治44(1911)年7月18日～
昭和～平成期の染織作家。
¶名工

**猪俣政昭** いのまたまさあき
昭和23(1948)年5月8日～
昭和～平成期の陶芸家。
¶名工

**猪俣安次郎** いのまたやすじろう
生没年不詳
江戸時代後期の大住郡南金目村大工。
¶神奈川人

**井元藤兵衛** いのもととうべえ
江戸時代前期の治水家。
¶人名, 日人(生没年不詳)

**井野行恒** いのゆきつね
鎌倉時代の石大工。
¶岡山百(生没年不詳), 岡山歴

**伊八乾山** いはちけんざん
[別]乾山《けんざん》
江戸時代中期の陶工。
¶茶道, 人名(乾山　けんざん)

**菴原菡斎** いばらかんさい
寛政6(1794)年～安政5(1858)年　[別]菴原道麿《いはらみちまろ》
江戸時代末期の蝦夷地開拓者。
¶朝日([没]安政5年6月14日(1858年7月24日)), 維新, 国書(菴原道麿　いはらみちまろ　[没]安政5(1858)年6月14日), 日人, 幕末([没]1858年7月24日), 北海道百, 北海道歴

**猪原慶蔵** いはらけいぞう
明治26(1893)年～昭和55(1980)年
大正～昭和期のリンゴ栽培技術指導者。古館果樹生産組合長。
¶姓氏岩手

**井原外助** いはらそとすけ
明治7(1874)年3月～？
明治～大正期の技術者。
¶渡航

**菴原道麿** いはらみちまろ
→菴原菡斎(いばらかんさい)

**井樋博** いびひろし
昭和3(1928)年3月15日～
昭和～平成期の陶芸家。
¶陶芸最, 名工

**井深功** いぶかいさお
明治39(1906)年4月19日～昭和56(1981)年1月19日
大正～昭和期の工学者。
¶近土, 土木

**井深捨吉** いぶかすてきち
明治8(1875)年8月1日～昭和36(1961)年9月10日
明治～昭和期の技術者。
¶世紀, 日人

**井深大** いぶかまさる
明治41(1908)年4月11日～平成9(1997)年12月19日
大正～平成期の実業家。ソニー社長、幼児開発協会理事長。ソニーの創始者で、独創的製品開発、海外市場開拓に尽力、代表的な技術者型経営者。
¶岩史, 科学, 郷土栃木, 近現, 現朝, 現執1期, 現執2期, 現執3期, 現情, 現人, 現日, コン改, コン4, コン5, 史人, 実業, 新潮, 世紀, 全書, 創業, 大百, 日人, 日本, 履歴, 履歴2

**伊吹鶴吉** いぶきつるきち
文久1(1861)年～昭和17(1942)年
明治～昭和期の農業改良家。
¶高知人

**伊吹正紀** いぶきまさのり
明治37(1904)年1月1日～昭和45(1970)年3月16日
大正～昭和期の技師。
¶近土, 土木

**伊吹光代** いぶきみつよ
昭和14(1939)年10月25日～
昭和期の陶芸家。
¶陶芸最

**伊吹山四郎** いぶきやましろう
大正7(1918)年1月27日～平成24(2012)年4月17日
昭和～平成期の土木技術者、建設省土木研究所所長。専門は道路工学。
¶科学

**指宿静峰** いぶすきせいほう
昭和期の陶芸家。
¶名工

**指宿堯嗣** いぶすきたかし
昭和22(1947)年2月4日～
昭和～平成期の大気化学者。工業技術院技官。
¶現執3期

**伊部京子** いべきょうこ
昭和16(1941)年5月5日～
昭和～平成期の和紙造形作家。
¶名工

**伊部義浩** いべよしひろ
昭和19(1944)年12月15日～
昭和期の陶芸家。
¶陶芸最

**今井儀右衛門** いまいぎえもん
江戸時代中期の陶工、薩摩平佐焼の開祖。
¶人名，日人(生没年不詳)

**今井兼次** いまいけんじ
明治28(1895)年1月11日～昭和62(1987)年5月20日
大正～昭和期の建築家。早稲田大学教授。ガウディやシュタイナーへの憧憬を総決算するような作品を残す。
¶現朝，現情，現人，現日，世紀，全書，日人，美建

**今泉今右衛門〔12代〕** いまいずみいまうえもん
→今泉今右衛門〔12代〕(いまいずみいまえもん)

**今泉今右衛門〔1代〕** いまいずみいまえもん
江戸時代中期の陶工、肥田有田の窯元。
¶茶道

**今泉今右衛門〔5代〕** いまいずみいまえもん
江戸時代中期の陶工、肥田有田の窯元。名は覚左衛門。
¶茶道

**今泉今右衛門〔10代〕** いまいずみいまえもん
嘉永1(1848)年～昭和2(1927)年
江戸時代後期～明治期の陶芸家。
¶佐賀百，茶道([生]1847年)，世紀([没]昭和2(1927)年9月27日)，日人，名工([生]弘化4(1847)年)

**今泉今右衛門〔11代〕** いまいずみいまえもん
明治6(1873)年～昭和23(1948)年
明治～昭和期の陶工、赤絵師。
¶佐賀百

**今泉今右衛門〔12代〕** いまいずみいまえもん
明治30(1897)年～昭和50(1975)年　[別]今泉今右衛門〔12代〕《いまいずみいまうえもん》
昭和期の陶芸家。十二代今泉今右衛門。有田焼色鍋島の上絵付技法を伝承、主宰する色鍋島技術保存会は重要無形文化財総合指定。
¶現情([生]1897年9月25日　[没]1975年5月2日)，コン改(――〔代数なし〕)，コン4(――〔代数なし〕)，コン5(――〔代数なし〕)，佐賀百，新潮(――〔代数なし〕　[生]明治30(1897)年9月25日　[没]昭和50(1975)年5月2日)，人名7，世紀([生]明治30(1897)年9月25日　[没]昭和50(1975)年5月2日)，全書，陶芸最(いまいずみいまうえもん)，陶工，日人([生]明治30(1897)年9月25日　[没]昭和50(1975)年5月2日)，美工([生]明治30(1897)年9月25日　[没]昭和50(1975)年5月2日)，名工([生]明治30年9月25日　[没]昭和50年5月2日)

**今泉今右衛門〔13代〕** いまいずみいまえもん
大正15(1926)年3月31日～平成13(2001)年10月13日
昭和～平成期の陶芸家。伝統の色鍋島に新しい技法をとりいれる。作品に「色鍋島薄墨露草文鉢」など。
¶現朝，現情，国宝，佐賀百，世紀，陶芸最(――〔代数なし〕)，陶工(――〔代数なし〕)，日人，美工，名工

**今泉嘉一郎** いまいずみかいいちろう
→今泉嘉一郎(いまいずみかいちろう)

**今泉嘉一郎** いまいずみかいちろう
慶応3(1867)年～昭和16(1941)年　[別]今泉嘉一郎《いまいずみかいいちろう》
明治～昭和期の鉄鋼技術者、実業家。衆議院議員。八幡製鉄所の建設に従事、日本鋼管の創立に参加するなど、民間鉄鋼業発展に尽力。
¶海越([生]慶応3(1867)年6月27日　[没]昭和16(1941)年6月30日)，海越新([生]慶応3(1867)年6月27日　[没]昭和16(1941)年6月30日)，科学([生]1867年(慶応3)6月27日　[没]1941年(昭和16)6月30日)，神奈川人(いまいずみかいいちろう)，神奈川百，近現，群馬人，群馬百，現朝([生]慶応3年6月27日(1867年7月28日)　[没]1941年6月29日)，国史，コン改，コン5，史人([生]1867年6月27日　[没]1941年6月29日)，新潮([生]慶応3(1867)年6月　[没]昭和16(1941)年6月29日)，人名7，世紀([生]慶応3(1867)年6月　[没]昭和16(1941)年6月30日)，姓氏神奈川，姓氏群馬，世百，先駆([生]慶応3(1867)年6月27日　[没]昭和16(1941)年6月29日)，全書，大百，渡航([生]1867年6月　[没]1941年6月30日)，日人，百科

**今泉久右衛門** いまいずみきゅううえもん
天保8(1837)年～明治7(1874)年1月21日
江戸時代末期～明治期の安積開拓功労者、本陣主人。郡山最初の戸長。
¶幕末

**今泉久次郎** いまいずみきゅうじろう
安政5(1858)年～大正5(1916)年5月14日
明治～大正期の初代郡山町長。安積開拓や農業振興に貢献。
¶幕末

**今泉武治** いまいずみたけじ
明治38(1905)年9月23日～平成7(1995)年10月29日
昭和期のデザイナー。宣伝雑誌でモダンなデザイ

ンを展開。その後、博報堂で広告を制作。
¶現朝，写家，世紀，日芸

**今泉伝兵衛** いまいずみでんべい
？～
江戸時代の弘前藩の紙漉頭、今泉家の祖。
¶青森人

**今泉藤太** いまいずみとうた
弘化4（1847）年～昭和2（1927）年
明治～昭和期の製陶家。肥前有田の赤絵業者。色鍋島の製作に長じた。
¶人名

**今泉俊光** いまいずみとしみつ
明治31（1898）年4月21日～平成7（1995）年8月28日
昭和期の刀工。
¶岡山百（⊕明治31（1898）年4月2日），世紀，美工，名工

**今泉済** いまいずみわたる
明治31（1898）年4月21日～平成7（1995）年7月28日
昭和～平成期の刀工。備前刀の復興に尽力。
¶日人

**今井清次郎** いまいせいじろう
万延1（1860）年～明治41（1908）年
明治期の菓子職人。菓子商組合常議員。京都博覧会の品評審査員、内国勧業博覧会などの菓子審査員をつとめた。
¶人名，姓氏京都，日人

**今井精三** いまいせいぞう
明治18（1885）年～昭和24（1949）年12月
明治～昭和期の醸造家。サドヤ醸造場創業者。
¶植物

**今井箋斎** いまいせんさい
生没年不詳
江戸時代末期の殖産家。熱海村村長。野生のガンビから良質な雁皮紙を創製した。
¶日人

**今井猛雄** いまいたけお
明治37（1904）年10月18日～平成4（1992）年11月8日
大正～平成期の建築家。日本設計会長。
¶美建

**今井留男** いまいとめお
昭和期の家具職人。
¶名工

**今井永武** いまいながたけ
文政1（1818）年～明治15（1882）年
江戸時代末期～明治期の彫金家。
¶人名，日人

**今井洋之** いまいひろゆき
昭和期の博多人形作家。
¶名工

**今井政之** いまいまさゆき
昭和5（1930）年12月25日～
昭和～平成期の陶芸家。日展理事。独得の技法"苔泥彩"を生み出した。創工会を結成。代表作に「泥彩盤」「赫窯双蟹」など。
¶世紀，陶芸最，陶工，日人，名工

**今井道平** いまいみちへい
文政1（1818）年～明治27（1894）年
江戸時代後期～明治期の陶芸家。
¶滋賀百

**今井むつ子** いまいむつこ
昭和期の桂繍会名誉会長。
¶名工

**今井基支** いまいもとし
昭和17（1942）年11月12日～
昭和～平成期の陶芸家。
¶陶工

**今井康人** いまいやすと
昭和12（1937）年12月22日～
昭和～平成期の陶芸家。
¶陶芸最，陶工，名工

**今井勇之進** いまいゆうのしん
明治40（1907）年10月12日～平成13（2001）年9月18日
昭和期の金属工学者。東北大学教授。
¶科学，垸情，世紀，日人，日本

**今井理桂** いまいりけい
昭和期の陶芸家。
¶名工

**今大路民光** いまおおじちょうこう
～昭和59（1984）年12月25日
昭和期の金工家。
¶名工

**今岡晃久** いまおかあきひさ
～昭和56（1981）年12月4日
昭和期の陶芸家、歌人。
¶美工

**今岡純一郎** いまおかじゅんいちろう
明治7（1874）年～昭和9（1934）年10月3日
明治～昭和期の実業家。浦賀船渠社長。造船界の第一人者。浦賀瓦斯の取締役、日本冶金取締役会長、山下汽船相談役等を歴任。
¶科学（⊕1874年（明治7）2月16日），神奈川人，人名，世紀（⊕明治7（1874）年2月16日），渡航（⊕1874年2月），日人（⊕明治7（1874）年2月16日）

**新漢陶部高貴** いまきのあやのすえつくりのこうき
→高貴（こうき）

**今城信貫** いまきのぶつら
明治24（1891）年6月5日～昭和22（1947）年6月4日
明治～昭和期の医学放射線技術者。新潟医学専門学校のレントゲン科技術員。技術刷新、技術者の育成に尽力。

¶科学，人名7，世紀，日人

**今里伝兵衛** いまざとでんべえ,いまさとでんべえ
慶長15(1610)年～万治3(1660)年
江戸時代前期の治水家。
¶人名，日人，藩臣5，兵庫人(いまさとでんべえ [没]万治3(1660)年11月12日)，兵庫百

**今城宇兵衛** いまじょううへえ
江戸時代中期の治水家。
¶郷土愛媛([生]1702年　[没]1732年)，日人([生]1704年　[没]1734年)

**今州利** いますり
上代の鋳金工。和歌山県の隅田八幡宮所蔵の人物画像鏡銘にみえる人物。
¶古代，日人(生没年不詳)

**今瀬量義** いませかずよし
昭和10(1935)年1月13日～
昭和～平成期の陶芸家。
¶名工

**今田高俊** いまだたかとし
昭和23(1948)年4月6日～
昭和～平成期のシステム工学者。東京工業大学教授。
¶現執3期，現執4期

**今田長一** いまだちょういち
昭和11(1936)年4月30日～
昭和～平成期の現像職人。
¶映人

**今成研二** いまなりけんじ
昭和25(1950)年1月18日～
昭和～平成期の陶芸家。
¶陶工

**今西判左衛門** いまにしはんざえもん
天明4(1784)年～安政6(1859)年
江戸時代末期の茶業改良家。
¶岐阜百，人名，日人

**今西方哉** いまにしまさや
昭和22(1947)年8月13日～
昭和～平成期の陶芸家。
¶陶芸最，陶工，名工

**今野清兵衛** いまのせいべえ
→今野清兵衛(こんのせいべえ)

**今野トシ** いまのとし
明治38(1905)年1月31日～
大正～昭和期の女工。日本労働組合評議会関東地方評議会婦人部長。
¶社史，女運

**今野登志夫** いまのとしお
昭和26(1951)年8月2日～　[別]今野登志夫《こんのとしお》
昭和～平成期の陶芸家。
¶陶芸最，陶工，名工(こんのとしお)

**今林彦太郎** いまばやしひこたろう
明治24(1891)年～昭和46(1971)年
明治～昭和期の建築家。
¶美建

**今堀克巳**(今堀克己) いまほりかつみ
明治38(1905)年11月17日～昭和27(1952)年6月1日
昭和期の音響工学者。北海道帝国大学教授。労作「最近7年間の長期気象予報」を発表。著書「理論音響学入門」「音響分析」など。
¶科学，現情(今堀克己)，人名7，世紀，日人

**今村一男** いまむらかずお
昭和24(1949)年4月15日～
昭和～平成期の陶芸家。
¶陶芸最，名工

**今村定次** いまむらさだつぐ
江戸時代前期の金沢の鋳工。
¶姓氏石川

**今村三之丞** いまむらさんのじょう
慶長15(1610)年～元禄9(1696)年
江戸時代前期の陶工。
¶コン改，コン4，新潮([没]元禄9(1696)年7月9日)，人名，世人，日人

**今村繁子** いまむらしげこ
明治41(1908)年～昭和45(1970)年
大正～昭和期の人形作家。
¶美工

**今村品太郎** いまむらしなたろう
明治2(1869)年～昭和8(1933)年
明治～昭和期の技手。兵庫県等の技手として養蚕業に尽くした。繭乾燥機の発明家。
¶科学([生]1869年(明治2)8月11日　[没]1933年(昭和8)11月17日)，人名

**今村如猿** いまむらじょえん
正保1(1644)年～享保2(1717)年
江戸時代前期～中期の三川内焼名工。
¶長崎百

**今村博** いまむらひろし
昭和13(1938)年2月11日～
昭和～平成期の陶芸家。
¶陶芸最，名工

**今村弥次兵衛** いまむらやじべえ
*～享保2(1717)年
江戸時代前期～中期の肥前平戸藩士、陶工。
¶人名，日人([生]1635年)，藩臣7([生]正保2(1645)年)

**今村弥次兵衛〔1代〕** いまむらやじべえ
江戸時代前期の陶工。
¶人名

**今村弥次兵衛〔2代〕** いまむらやじべえ
江戸時代前期の陶工。
¶人名

い

**今村優子** いまむらゆうこ
昭和9(1934)年4月15日～
昭和～平成期の陶芸家。
¶陶工

**今村洋渡** いまむらようと
嘉永1(1848)年～大正7(1918)年11月
江戸時代末期～大正期の漆匠。
¶大阪人

**今吉吉蔵** いまよしきちぞう
天明4(1784)年～慶応2(1866)年
江戸時代中期～末期の陶工。
¶岡山百，岡山歴([没]慶応2(1866)年8月9日)

**五十右五郎右衛門** いみぎごろうえもん
？～元禄6(1693)年
江戸時代前期～中期の大井川下流部左岸の灌漑用水開削者。
¶静岡歴，姓氏静岡

**井村勝吉** いむらかつきち
→井村勝吉(いむらかつよし)

**井村勝吉** いむらかつよし
生没年不詳　[別]井村勝吉《いむらかつきち》
江戸時代中期の染物絵師。
¶国書，人名(いむらかつきち)，日人

**井村嘉代子** いむらかよこ
大正9(1920)年～平成15(2003)年11月18日
昭和～平成期の人形作家。
¶美工，名工

**伊村彰介** いむらしょうすけ
昭和10(1935)年11月4日～
昭和～平成期の陶芸家。
¶陶芸最，名工

**井村徹** いむらとおる
大正13(1924)年9月25日～平成25(2013)年7月29日
昭和～平成期の金属工学者。愛知工業大学教授。金属物理学、金属の変形するしくみなどについて研究。学術映画「生きている金属」を製作。
¶科学，世紀，日人

**伊村徳子** いむらのりこ
昭和10(1935)年12月21日～
昭和～平成期の陶芸家。
¶陶芸最，名工

**井村侊生** いむらみつお
昭和27(1952)年3月27日～
昭和～平成期の陶芸家。
¶陶工

**妹川矩雄** いもかわのりお
昭和期の水車大工。
¶名工

**伊本淳**(伊本敦) いもとあつし
大正4(1915)年～昭和59(1984)年2月27日
昭和期の彫刻家。初入選作品は二科展の「婦人首」。戦後はパリを拠点に活躍。
¶近美(伊本敦)，世紀，日人，美建

**井山憲太郎** いやまけんたろう
安政6(1859)年6月18日～大正11(1922)年3月11日
明治～大正期の農業指導者。
¶佐賀百，植物，世紀，日人

**猪山作之丞** いやまさくのじょう
？～元禄14(1701)年
江戸時代前期～中期の治水家、庄屋。
¶人名，日人

**伊予正阿弥** いよしょうあみ
江戸時代前期の鐔工。
¶人名

**伊予田与八郎**(伊与田与八郎) いよだよはちろう
文政5(1822)年～明治28(1895)年
江戸時代末期～明治期の明治用水開削者。碧海郡副郡長。排水計画の実現に努め、岡本兵松の用水計画と合体、明治用水として完成。
¶愛知百([生]1822年4月8日　[没]1895年2月27日)，朝日([生]文政5年4月8日(1822年5月28日)　[没]明治28(1895)年2月26日)，維新，人名(伊与田与八郎)，姓氏愛知，日人，幕末([没]1895年2月27日)

**入江喜作** いりえきさく
明治6(1873)年～昭和27(1952)年
明治～昭和期の日本画家。文化財(建造物)の彩色修理技術者。
¶郷土栃木，栃木歴，日画，美家

**入江維清** いりえこれきよ
平安時代後期の駿河国入江荘の開発領主。
¶姓氏静岡

**入江静加** いりえしずか
明治36(1903)年7月21日～昭和50(1975)年6月29日
昭和期の園芸家。マスカット・オブ・アレキサンドリアの栽培改良につとめる。
¶岡山百，岡山歴，植物，世紀，日人

**入江長八** いりえちょうはち
文化12(1815)年～明治22(1889)年　[別]伊豆長八《いずのちょうはち》，伊豆の長八《いずのちょうはち》
江戸時代末期～明治期の左官。漆喰鏝絵の創始者。作品に竜禅寺の不動三尊像など。
¶朝日([生]文化12年8月5日(1815年9月7日)　[没]明治22(1889)年10月8日)，維新(伊豆長八　いずのちょうはち　[生]文化12(1815)年8月5日　[没]明治22(1889)年10月8日)，江戸(伊豆の長八　いずのちょうはち)，近現(伊豆長八　いずのちょうはち)，近世(伊豆長八　いずのちょうはち)，国史(伊豆長八　いずのちょうはち)，コン改(伊豆長八　いずのちょうはち)，コン4(伊豆長八　いずのちょうはち)，コン4，コン5(伊豆長八　いずのちょうはち)，コン5，史人(伊豆長八　いずのちょうはち

[没]1889年10月8日)，静岡百，静岡歴，人書94，新潮([生]文化12(1815)年8月5日　[没]明治22(1889)年10月8日)，人名，姓氏静岡，先駆([生]文化12(1815)年8月5日　[没]明治22(1889)年10月8日)，日史(伊豆長八　いずのちょうはち　[生]文化12(1815)年8月5日　[没]明治22(1889)年10月8日)，日人，幕末，美家([生]文化12(1815)年8月5日　[没]明治22(1889)年10月8日)，美術(伊豆長八　いずのちょうはち)，百科(伊豆長八　いずのちょうはち)，民学

**入江道仙**　いりえどうせん
江戸時代末期～明治期の陶工。
¶日人

**入江美法**　いりえびほう
→入江美法(いりえよしのり)

**入江比呂**　いりえひろ
明治40(1907)年～平成4(1992)年9月21日
大正～平成期の造形作家。
¶美建

**入江冨士男**　いりえふじお
大正11(1922)年3月19日～平成15(2003)年7月31日
昭和～平成期の電子工学者、九州大学名誉教授。専門は電子材料工学。
¶科学

**入江正之**　いりえまさゆき
昭和21(1946)年8月7日～
昭和～平成期の建築家。
¶現執3期

**入江光人司**　いりえみとし
昭和14(1939)年3月10日～
昭和～平成期の陶芸家。
¶名工

**入江雄太郎**　いりえゆうたろう
大正2(1913)年12月29日～昭和38(1963)年
昭和期の建築家。入江設計事務所所長。
¶美建

**入江義夫**　いりえよしお
昭和5(1930)年1月19日～
昭和～平成期の特殊美術、模型製作者。
¶映人

**入江美法**　いりえよしのり
明治29(1896)年1月8日～昭和50(1975)年9月3日
[別]入江美法《いりえびほう》
大正～昭和期の能面作家。能面技法の芸術性を強調し、能面作家としての地位を確立。著書に「能面検討」など。
¶芸能(いりえびほう)，現情，現日，人名7，世紀，栃木歴(いりえびほう)，日人，能狂言(いりえびほう)，美工，名工

**入沢啓次郎**　いりさわけいじろう
安政1(1854)年～昭和6(1931)年
明治～昭和期の養蚕技術指導者。
¶群馬人

**伊理正夫**　いりまさお
昭和8(1933)年1月7日～
昭和期の数理工学者。
¶群馬人

**入交百世**　いりまじりももよ
生没年不詳
明治期の印刷業者。
¶高知人

**圦山成月**　いりやませいげつ
大正11(1922)年2月25日～
昭和期の陶芸家。
¶陶芸最

**入山白翁**　いりやまはくおう
明治37(1904)年1月6日～平成3(1991)年11月11日
昭和期の日本画家、漆芸家。
¶日画，美家，美工

**入山初太郎**　いりやまはつたろう
昭和期の筆師。
¶名工

**入射友三郎**(射矢友三郎)　いるやともさぶろう
明治1(1868)年～明治34(1901)年
江戸時代末期～明治期の発明家。竹トンボ式飛行機を研究。
¶岡山百，岡山歴(射矢友三郎　[生]明治1(1868)年12月7日　[没]明治34(1901)年11月20日)

**色川三郎兵衛**　いろかわさぶろべい
→色川三郎兵衛(いろかわさぶろべえ)

**色川三郎兵衛**　いろかわさぶろべえ
天保12(1841)年～明治38(1905)年　[別]色川三郎兵衛《いろかわさぶろべい》
江戸時代末期～明治期の実業家、政治家。衆議院議員。土浦の町を水害からまもるための社会事業に尽力。
¶茨城百，日人([生]1842年)，幕末(いろかわさぶろべい　[没]1905年2月21日)

**岩井彩**　いわいあや
昭和22(1947)年～
昭和～平成期の能面師。
¶名工

**岩井勝太郎**　いわいかつたろう
安政2(1855)年～昭和4(1929)年
明治～大正期の開拓者。
¶郷土千葉，千葉百，日人([生]1849年)

**岩井慶逸**　いわいけいいつ
大正2(1913)年5月15日～
昭和～平成期の陶芸家。
¶陶芸最，名工

**岩井重次**　いわいしげつぐ
生没年不詳
江戸時代中期の装剣金工。
¶日人

い

**岩井純** いわいじゅん
昭和22(1947)年12月22日〜
昭和〜平成期の陶芸家。
¶陶芸最, 名工

**岩井善三郎** いわいぜんざぶろう
生没年不詳
江戸時代の甲冑師。
¶庄内

**岩井善助** いわいぜんすけ
室町時代の工芸家。軍配団扇をもとに奈良団扇を創案。
¶人名, 日人(生没年不詳)

**岩井惣兵衛** いわいそうべえ
生没年不詳
江戸時代末期の甲冑師。
¶庄内

**岩井孝道** いわいたかみち
昭和27(1952)年5月26日〜
昭和〜平成期の陶芸家。
¶陶芸最, 陶工

**岩井如雪** いわいにょせつ
大正12(1923)年3月17日〜
昭和〜平成期の能面師。
¶名工

**岩井お兼** いわいのおかね
生没年不詳
安土桃山時代の女性。猟師。
¶女性

**磐井彦太郎** いわいひこたろう
安政6(1859)年1月〜?
明治期の官僚、技術者。蛍光灯「磐井燈」を発明。
¶渡航

**岩井平之丞** いわいへいのじょう
安永7(1778)年〜万延1(1860)年1月7日
江戸時代後期の鍛冶職人。
¶幕末

**岩井与左衛門** いわいよざえもん
江戸時代前期の甲冑師。
¶人名, 戦人(生没年不詳), 戦補, 日人(生没年不詳)

**岩岡保作** いわおかやすさく
明治1(1868)年11月1日〜?
明治期の技師。
¶渡航

**岩尾光雲斎** いわおこううんさい
明治34(1901)年〜平成4(1992)年
大正〜平成期の竹工芸家。
¶大分歴, 美工([没]平成4(1992)年1月21日)

**岩尾昭太郎** いわおしょうたろう
明治3(1870)年〜昭和27(1952)年
明治〜昭和期の特効薬・日本丸の開発者。
¶大分歴

**岩男元彦** いわおもとひこ
昭和22(1947)年10月3日〜
昭和期の陶芸家。
¶陶芸最

**岩片秀雄** いわかたひでお
明治36(1903)年〜昭和45(1970)年6月11日
昭和期の電気工学者。早稲田大学教授。日本の電気通信工学の発展に寄与。
¶科学([生]1903年(明治36)11月), 現情([生]1903年11月22日), 人名7, 世紀([生]明治36(1903)年11月), 日人([生]明治36(1903)年11月22日)

**岩上藤次郎** いわがみとうじろう
明治9(1876)年〜昭和27(1952)年
明治〜昭和期の塩手水路開拓者。
¶大分歴

**岩川半助** いわかわはんすけ
明治16(1883)年〜昭和12(1937)年
明治〜昭和期の印刷業。
¶姓氏富山

**岩城倉之助** いわきくらのすけ
生没年不詳
大正〜昭和期のガラス工芸家。
¶美工

**岩城庄之丈** いわきしょうのじょう
天保14(1843)年〜昭和3(1928)年
明治〜昭和期の寺社建築家。
¶姓氏富山

**岩城善郎** いわきぜんろう
明治16(1883)年〜昭和19(1944)年
明治〜昭和期の政治家。群馬県議会議員、蚕種改良家。
¶群馬人

**岩木保夫** いわきやすお
昭和2(1927)年10月12日〜
昭和〜平成期の映画照明技師。「果しなき欲望」以後、今村昌平監督のほぼ全作品を担当。作品に「復讐するは我にあり」「千利休」など。
¶映人, 現朝, 世紀, 日人

**岩木裕軒** いわきゆうけん
明治8(1875)年〜大正15(1926)年
明治〜大正期の指物師。
¶茶道, 名工

**岩城由子** いわきよしこ
昭和12(1937)年2月18日〜
昭和〜平成期の農業専門技術員。京都府総合府民部府民相談室長。
¶現執3期

**岩国起久雄** いわくにきくお
昭和6(1931)年〜
昭和〜平成期の絵付師。
¶名工

**岩倉山吉兵衛** いわくらさんきちべえ
→岩倉山吉兵衛(1)(いわくらやまきちべえ)

## 岩倉山吉兵衛(1) いわくらやまきちべえ
宝永4(1707)年～明和7(1770)年 ㉙岩倉山吉兵衛《いわくらさんきちべえ》
江戸時代中期の陶工。
¶京都大, 姓氏京都(いわくらさんきちべえ), 日人(生没年不詳)

## 岩倉山吉兵衛(2) いわくらやまきちべえ
？～昭和11(1936)年
明治～大正期の陶工。近世九谷焼の名工。
¶人名

## 岩倉六右衛門 いわくらろくうえもん
→岩倉六右衛門《いわくらろくえもん》

## 岩倉六右衛門 いわくらろくえもん
*～明治29(1896)年 ㉙岩倉六右衛門《いわくらろくうえもん》
江戸時代後期～明治期の畜産家。
¶日人(㊥1818年), 広島百(いわくらろくうえもん ㊥文化14(1817)年1月15日 ㉜明治29(1896)年10月26日)

## 岩坂直 いわさかただし
昭和18(1943)年12月28日～
昭和～平成期の陶芸家。
¶陶芸最, 陶工, 名工

## 岩佐勝重 いわさかつしげ
？～延宝1(1673)年 ㉙勝重《かつしげ》
江戸時代前期の画家。越前福井藩のお抱え絵師格。
¶朝日(㊥延宝1(1673)年2月), コン改, コン4, 新潮(㊥延宝1(1673)年2月20日), 人名, 日人, 名画

## 岩崎瑩吉 いわさきえいきち
明治32(1899)年10月9日～昭和34(1959)年12月4日
明治～昭和期の工学者。東京市水道局給水課長。
¶近土, 土木

## 岩崎狂雲 いわさききょううん
大正13(1924)年3月10日～平成17(2005)年9月3日
昭和～平成期の狂言師(大蔵流)、面打ち師。
¶新芸, 能狂言, 美工

## 岩崎貞夫 いわさきさだお
明治42(1909)年9月1日～
昭和期の陶芸家。
¶陶芸最

## 岩崎重友 いわさきしげとも
生没年不詳
江戸時代前期の水路開削者。
¶姓氏山口

## 岩崎俊一 いわさきしゅんいち
昭和1(1926)年8月3日～
昭和～平成期の電子工学者。東北大学教授、東北工業大学学長。電子材料工学を研究、記録工学の第一人者。藤原賞、服部報公賞などを受賞。
¶現朝, 新潮, 世紀, 日人, 日本

## 岩崎新定 いわさきしんじょう
大正2(1913)年～平成21(2009)年10月26日
昭和～平成期の陶芸家。
¶陶芸, 美工(㊥大正2(1913)年7月4日)

## 岩崎善兵衛 いわさきぜんべえ
江戸時代中期の玉工。
¶人名

## 岩崎想左衛門 いわさきそうざえもん
慶長3(1598)年～寛文2(1662)年
安土桃山時代～江戸時代前期の治水家。
¶日人, 山口百

## 岩崎卓爾 いわさきたくじ
明治2(1869)年～昭和12(1937)年
明治～昭和期の気象観測技師、民俗研究者。石垣島測候所所長、図書館館長。八重山通俗図書館を創設、館長となる、退職後も石垣島測候所嘱託として勤め八重山で没。
¶沖縄百(㊥明治2(1869)年10月17日 ㉜昭和12(1937)年5月18日), コン改, コン5, 社史(㊥1869年10月17日 ㉜1937年5月18日), 新潮(㊥明治2(1869)年10月17日 ㉜昭和12(1937)年5月18日), 人名, 世紀(㊥明治2(1869)年10月17日 ㉜昭和12(1937)年5月18日), 姓氏沖縄, 伝記, 日人(㊥明治2(1869)年10月17日 ㉜昭和12(1937)年5月18日), 宮城百, 民学

## 岩崎竹松 いわさきたけまつ
文政9(1826)年～明治31(1898)年
江戸時代後期～明治期の養蚕家。
¶姓氏群馬

## 岩崎正 いわさきただし
昭和8(1933)年4月18日～
昭和期の陶芸家。
¶陶芸最

## 岩崎団吉 いわさきだんきち
天保12(1841)年～大正11(1922)年
明治～大正期の政治家。栃木県議会議員、第16代県議会議長。宝木用水の開削者。
¶栃木歴

## 岩崎敏夫 いわさきとしお
大正10(1921)年2月5日～平成21(2009)年4月14日
昭和～平成期の土木工学者、東北大学名誉教授。専門は水理学、水工学。
¶科学, 世紀, 日人

## 岩崎富久 いわさきとみひさ
明治21(1888)年3月30日～昭和39(1964)年3月28日
明治～昭和期の工学者。
¶科学, 近土, 土木

## 岩崎彦松 いわさきひこまつ
安政6(1859)年～明治44(1911)年
明治期の鉄道技術者、鉄道院理事。
¶海越新(㊥明治44(1911)年2月16日), 科学(㉜1911年(明治44)2月16日), 人名, 鉄道

（㊤1859年4月14日　㊦1911年2月17日），渡航
（㊤1859年3月12日　㊦1911年2月17日），日人

**岩崎久之** いわさきひさゆき
明治45（1912）年～
昭和期の電気工学者。
¶群馬人

**岩崎広** いわさきひろし
昭和期の竹細工職人。
¶名工

**岩崎峰昇** いわさきほうしょう
大正15（1926）年5月1日～
昭和～平成期の陶芸家。
¶陶芸最，名工

**岩崎雄治** いわさきゆうじ
明治22（1889）年11月3日～昭和37（1962）年9月
28日
明治～昭和期の技師。
¶近土，土木

**岩崎米蔵** いわさきよねぞう
天保8（1837）年～大正2（1913）年
明治期の印刷木具師。大阪活版所の木具方，のち
独立して我が国印刷木具師の開祖といわれた。
¶人名，日人，名工（㊤天保8（1837）年11月30日
㊦大正2年10月28日）

**岩佐彦右衛門** いわさひこえもん
江戸時代中期の治水家。
¶人名，日人（生没年不詳）

**岩佐義朗** いわさよしあき
昭和3（1928）年9月2日～平成25（2013）年3月20日
昭和～平成期の土木工学者、京都大学名誉教授。
専門は水工学。
¶科学

**岩下哲夫** いわしたてつお
昭和23（1948）年8月6日～
昭和期の陶芸家。
¶陶芸最

**岩瀬吉兵衛** いわせきちべえ
＊～文政5（1822）年
江戸時代中期～後期の発明家。
¶群馬人（㊤？），人名（㊤1744年），姓氏群馬
（㊤？），日人（㊤1746年）

**岩瀬久太郎** いわせきゅうたろう
万延1（1860）年～昭和14（1939）年
明治～昭和期の養蚕家、久太郎桑の発見者。
¶静岡歴，姓氏静岡

**岩瀬健一** いわせけんいち
昭和21（1946）年7月3日～
昭和～平成期の陶芸家。
¶陶芸最，陶工

**岩瀬弘二** いわせこうじ
昭和21（1946）年4月15日～
昭和期の陶芸家。

¶陶芸最

**岩瀬公圃** いわせこうほ
天保3（1832）年～明治24（1891）年
江戸時代末期～明治期の造船技師。
¶洋学

**岩瀬新午** いわせしんご
大正7（1918）年10月19日～平成8（1996）年12月
21日
昭和～平成期の電子工学者、三洋電機専務。専門
は半導体。
¶科学

**岩瀬清吾** いわせせいご
明治10（1877）年～昭和22（1947）年
明治～昭和期の湯の花製造の元締。
¶大分歴

**岩瀬隆弘** いわせたかひろ
文化14（1817）年～？
江戸時代後期～末期の幕臣出身の開拓権大主典、
建築技術者。
¶北海道百，北海道歴

**岩田伊左衛門** いわたいざえもん
天保2（1831）年～明治35（1902）年
江戸時代末期～明治期の大庄屋。私財を投じて道
路開通、由良川堤防構築などを推進。
¶維新，京都府，日人，幕末（㊦1902年9月27日）

**岩田糸子** いわたいとこ
大正11（1922）年～平成20（2008）年9月25日
昭和～平成期のガラス工芸家。
¶美工，名工

**岩田圭介** いわたけいすけ
昭和29（1954）年～
昭和～平成期の陶芸家。
¶陶工

**岩田小三郎** いわたこさぶろう
明治21（1888）年～昭和22（1947）年
大正～昭和期の畜産改良家。
¶島根歴

**岩田五月** いわたさつき
明治5（1872）年～明治43（1910）年
明治期の建築技師。韓国内閣新築工事監督。韓国
に招かれ海関灯台局、税関工事部、統監府、建築
所技師などの技師を歴任。
¶人名

**岩田太郎** いわたたろう
明治4（1871）年10月14日～昭和11（1936）年5月
16日
明治～昭和期の養蚕家。
¶世紀，日人

**岩田藤七** いわたとうしち
明治26（1893）年～昭和55（1980）年
昭和期のガラス工芸家。日展顧問。岩田硝子製作
所を設立、帝展特選、芸術院賞等受賞、硝子工芸
の芸術の地位向上に貢献。

いわとし

¶近現，現朝(㋸1893年3月12日　㋻1980年8月23日)，現情(㋥1893年3月12日　㋻1980年8月23日)，現人，現朝(㋸1893年3月12日　㋻1980年8月23日)，国史，コン改，コン4，コン5，新潮(㋥明治26(1893)年3月12日　㋻昭和55(1980)年8月23日)，世紀(㋥明治26(1893)年3月12日　㋻昭和55(1980)年8月23日)，世百，世百新，全書，大百，日人(㋥明治26(1893)年3月12日　㋻昭和55(1980)年8月23日)，日本，美工(㋥明治26(1893)年3月12日　㋻昭和55(1980)年8月23日)，美術，百科，名工(㋥明治26年3月12日　㋻昭和55年8月23日)

**岩谷九十老**　いわたにくじゅうろう
文化5(1808)年～明治28(1895)年　㋵岩谷九十老《いわやくじゅうろう》
江戸時代末期～明治期の農政家。石見安濃郡川合村総年寄。私財を投じて三瓶川の灌漑工事を行い，養蚕を推進し藩財政の再建に助力。
¶島根人，島根百，島根歴，新潮(いわやくじゅうろう　㋸文化5(1808)年6月28日　㋻明治28(1895)年3月12日)，人名(いわやくじゅうろう)，日人(いわやくじゅうろう)，幕末(㋻1895年3月12日)

**岩田久利**　いわたひさとし
大正14(1925)年12月18日～平成6(1994)年1月8日
昭和～平成期のガラス工芸家。日展理事，光風会理事，岩田工芸硝子会長。日本ガラス工芸協会を創立。色ガラスによる宙吹きガラスで高く評価，作品に「孔雀文大皿」など。
¶現期，現情，世紀，日人，美工，名工

**岩田広一**　いわたひろかず
昭和3(1928)年12月23日～
昭和～平成期の映画録音技師。
¶映人

**岩田武弥太**　いわたぶやた
文久2(1862)年6月23日～？
明治期の造船技師。
¶渡航

**岩田平作**　いわたへいさく
文政11(1828)年～？
江戸時代後期～末期の浦賀奉行所同心。
¶姓氏神奈川

**岩田誠**　いわたまこと
昭和期の光学機器の修理職人。
¶名工

**岩田雅代**　いわたまさよ
昭和～平成期の染色家。
¶名工

**岩田みつ**　いわたみつ
＊～明治32(1899)年
明治期の女性。染織家として阿月織を創始。
¶女性(㋸？　㋻明治32(1899)年8月)，女性普(㋸？　㋻明治32(1899)年8月)，姓氏山口(㋸1808年)，日人(㋸1809年)，山口百(㋸1809年)

**岩田安弘**　いわたやすひろ
昭和22(1947)年5月17日～
昭和期の陶芸家。
¶陶芸苑

**岩田ルリ**　いわたるり
昭和26(1951)年～
昭和～平成期のガラス工芸家。
¶名工

**岩垂邦彦**　いわだれくにひこ，いわたれくにひこ
安政4(1857)年～昭和16(1941)年12月20日
明治～昭和期の電気技術者，日本電気創業者。
¶科学(㋸1857年(安政4)8月15日)，鉄道(㋸1857年10月2日)，渡航(いわたれくにひこ㋸？)

**岩田和兵衛**　いわたわへえ
元文5(1740)年～文政10(1827)年
江戸時代中期～後期の開拓者。
¶姓氏愛知

**岩槻信治**　いわつきしんじ
→岩槻信治(いわつきのぶはる)

**岩月捨吉**　いわつきすてきち
弘化2(1845)年～大正7(1918)年
江戸時代末期～大正期の陶画工。近江藩藩窯湖東焼のお抱稽古人として絵付をしていた。
¶人名，世紀(㋻大正7(1918)年8月21日)，日人，名工(㋸弘化4(1845)年　㋻大正7年8月21日)

**岩月竹光**　いわつきたけみつ
昭和24(1949)年～
昭和～平成期の陶芸家。
¶陶工

**岩月稔子**　いわつきとしこ
昭和期のアートデコラトール。
¶名工

**岩槻信治**　いわつきのぶじ
→岩槻信治(いわつきのぶはる)

**岩槻信治**　いわつきのぶはる
明治22(1889)年8月30日～昭和23(1948)年5月9日　㋵岩槻信治《いわつきしんじ，いわつきのぶじ》
明治～昭和期の作物育種家。イネの品種改良に取組，「金南風」を開発，昭和30年代前半全国作付面積第一位。
¶科学，近現，現朝(いわつきしんじ　㋸1889年8月？日　㋻1947年5月9日)，現情(いわつきしんじ㋸1889年8月)，国史，史人(いわつきしんじ㋻1947年5月9日)，新潮，人名(いわつきしんじ)，世紀，日人(いわつきのぶじ)

**岩戸二郎**　いわとじろう
明治42(1909)年3月8日～
昭和～平成期の南部鉄器職人。
¶名工

**岩永三五郎** いわながさんごろう
*～嘉永4(1851)年
江戸時代後期の石工。
¶維新，鹿児島百([生]寛政4(1792)年)，姓氏鹿児島([生]1793年)，幕末([生]1782年　[没]1851年10月5日)，藩臣7([生]寛政4(1792)年？)

**岩根友愛** いわねゆうあい
明治7(1874)年12月～？
明治～大正期の工学者。
¶渡航

**岩野市兵衛** いわのいちべえ
明治34(1901)年9月14日～昭和51(1976)年10月7日
昭和期の手漉和紙工芸家。「越前奉書」人間国宝。伝統的製法の奉書紙を改良し、浮世絵用木版画用紙を完成。桂離宮松琴亭襖壁紙で著名。
¶郷土福井，現朝，現情([生]1901年9月18日)，現日，国宝，新潮([生]明治34(1901)年9月18日)，人名7，世紀，日人，美工，福井百，名工

**岩野市兵衛〔9代〕** いわのいちべえ
昭和8(1933)年9月28日～
昭和～平成期の和紙製作者。生漉き奉書の伝統技術を継承。
¶国宝，世紀，日人

**岩野貞雄** いわのさだお
昭和7(1932)年1月3日～平成10(1998)年9月13日
昭和～平成期のワイン研究家。十勝ワインなど各地でワイン作りに携わった。
¶植物

**岩野治彦** いわのはるひこ
昭和8(1933)年11月18日～
昭和～平成期の写真化学技術者、画像保存研究者。
¶写人

**岩野平三郎〔1代〕** いわのへいざぶろう
明治11(1878)年7月30日～昭和35(1960)年8月19日
明治～昭和期の和紙製作家。
¶郷土福井(――〔代数なし〕)，現情，世紀，日人，美工，福井百(――〔代数なし〕)

**岩野平三郎〔2代〕** いわのへいざぶろう
明治34(1901)年2月19日～昭和49(1974)年8月22日
大正～昭和期の和紙製作家。
¶現情，世紀，日人，美工

**岩野平三郎〔3代〕** いわのへいざぶろう
昭和5(1930)年～
昭和～平成期の越前和紙すき業。
¶現情([生]1930年10月5日)，名工([生]昭和5年10月15日)

**岩橋古美根** いわはしこみね
昭和33(1958)年4月15日～
昭和期の陶芸家。
¶陶芸最

**岩橋章山** いわはししょうざん
文久1(1861)年～？
明治期の版画家、洋画家。銅板技法、写真製版術を研究。
¶近美([生]文久1(1861)年3月11日)，写家([生]文久3年3月11日)，日人，美家([生]文久3(1861)年3月11日)，洋画

**岩橋真悟** いわはししんご
昭和28(1953)年5月8日～
昭和～平成期の陶芸家。
¶陶芸最，名工

**岩橋善兵衛** いわはしぜんべい
→岩橋善兵衛(いわはしぜんべえ)

**岩橋善兵衛** いわはしぜんべえ
宝暦6(1756)年～文化8(1811)年　[別]岩橋嘉孝《いわはしよしたか》，岩橋善兵衛《いわはしぜんべい》
江戸時代中期～後期の望遠鏡製作者。
¶朝日([没]文化8年5月25日(1811年7月15日))，大阪人([没]文化8(1811)年5月)，大阪墓(いわはしぜんべい　[没]文化8(1811)年5月25日)，科学([没]1811年(文化8)5月25日)，近世，国史，国書(岩橋嘉孝　いわはしよしたか　[没]文化8(1811)年5月25日)，コン改，コン4，新潮([没]文化8(1811)年5月25日)，人名([生]1747年)，世人([没]？)，全書，大百([生]1747年)，日人，洋学，歴大

**岩橋轍輔**(岩橋徹輔) いわはしてつすけ
天保6(1835)年～明治15(1882)年
江戸時代末期～明治期の普請奉行。伊呂波丸事件の賠償金減額交渉に成功。
¶国際，国書(岩橋徹輔　[没]明治15(1882)年10月28日)，日人，幕末([没]1882年10月28日)，和歌山人

**岩橋嘉孝** いわはしよしたか
→岩橋善兵衛(いわはしぜんべえ)

**岩原守** いわはらまもる
昭和期の漆器工。
¶名工

**岩淵国昭** いわぶちくにあき
昭和16(1941)年～
昭和～平成期のNC工作機械の修理・再生職人。
¶名工

**岩淵重質** いわぶちしげただ
文化7(1810)年～明治14(1881)年3月2日
江戸時代末期～明治期の白河製糸会社創業者。白河の製糸業発展の基礎を構築。
¶幕末

**岩淵重哉** いわぶちしげや
大正14(1925)年6月13日～平成5(1993)年9月17日
昭和～平成期の陶芸家。
¶陶芸最，陶工，美工，名工

**岩間和夫** いわまかずお
大正8(1919)年2月7日〜昭和57(1982)年8月24日
昭和期の半導体技術者、ソニー社長。
¶科学

**岩間金平** いわまきんぺい
天保9(1838)年〜明治29(1896)年
江戸時代末期〜明治期の武士。
¶維新，新潮([没]明治29(1896)年3月25日)，日人，幕末([没]1896年3月25日)，藩臣2

**岩政治郎右衛門**(岩政次郎右衛門) いわまさじろうえもん
*〜元文1(1736)年
江戸時代前期〜中期の治水家。
¶姓氏山口([生]1656年)，山口百(岩政次郎右衛門[生]1657年)

**岩間審是** いわましんぜ
弘化4(1847)年6月27日〜明治35(1902)年1月4日
江戸時代後期〜明治期の実業家、地方開発者。山梨馬車鉄道会社、私立山梨病院などを創立。金川治水会を設立。
¶山梨百

**岩松助左衛門** いわまつすけざえもん
文化1(1804)年〜明治5(1872)年
江戸時代末期〜明治期の漁民、庄屋。小倉沖の白洲に灯明台を建設する計画を実行。
¶維新，人名，日人，幕末([没]1872年5月31日)，福岡百

**岩松平吾** いわまつへいご
文政10(1827)年〜明治23(1890)年
江戸時代後期〜明治期の陶業家。
¶日人

**岩間信随** いわまのぶより
寛政1(1789)年〜天保13(1842)年
江戸時代後期の装剣金工。
¶日人

**岩間弘盧** いわまひろよし
文化7(1810)年〜天保6(1835)年
江戸時代後期の金工。
¶人名，日人

**岩間政盧**(岩間政廬) いわままさよし
明和1(1764)年〜天保8(1837)年
江戸時代後期の彫金家。
¶人名(岩間政廬)，日人

**岩見半治** いわみはんじ
明治27(1894)年〜昭和49(1974)年
大正〜昭和期の地方自治功労者。建設業の近代化と地方自治の振興に手腕を発揮。
¶栃木歴

**岩村吉兵衛** いわむらきちべえ
生没年不詳
明治期の経営者。既製服製造の元祖。
¶先駆

**岩村信平** いわむらしんぺい
安政2(1855)年〜大正14(1925)年8月
明治〜大正期の宝鉱山の開発者。
¶山梨百

**岩村福之** いわむらふくし
明治36(1903)年〜昭和62(1987)年
大正〜昭和期の陶芸家。
¶陶芸，陶芸最([生]明治36年1月17日)，陶工，名工([生]明治36年1月17日)

**岩村守** いわむらまもる
昭和9(1934)年6月28日〜
昭和期の陶芸家。
¶陶芸最

**岩村与詩夫** いわむらよしお
大正14(1925)年10月29日〜
昭和〜平成期の陶芸家。
¶陶芸最，名工

**岩本昆寛** いわもとこんかん
延享1(1744)年〜享和1(1801)年
江戸時代中期〜後期の装剣金工家。
¶朝日，江戸，コン改，コン4，新潮([没]享和1(1801)年9月18日)，人名，世人，日人

**岩本修一** いわもとしゅういち
昭和10(1935)年5月30日〜
昭和〜平成期の陶芸家。
¶陶芸最，名工

**岩本周平** いわもとしゅうへい
明治14(1881)年8月〜昭和41(1966)年7月5日
明治〜昭和期の航空工学者。東京大学教授。陸軍技師。日本で最初の国産飛行船を建造。
¶科学，人名7，日人

**岩本止郎** いわもとしろう
大正〜昭和期の万年筆職人。
¶名工

**岩本清左衛門** いわもとせいざえもん
享和2(1802)年〜慶応3(1867)年　[別]岩本盛俊《いわもともりとし》
江戸時代末期の刀工。
¶姓氏山口(岩本盛俊　いわもともりとし)，幕末([没]1867年6月27日)，藩臣6

**岩本哲也** いわもとてつや
昭和35(1960)年12月1日〜
昭和〜平成期の陶芸家。
¶名工

**岩元等一** いわもとといち
明治4(1871)年〜昭和14(1939)年
明治〜昭和期の溝辺茶開発の恩人。
¶姓氏鹿児島

**岩本博行** いわもとひろゆき
大正2(1913)年11月4日〜平成3(1991)年10月29日
昭和期の建築家。「福岡天神ビル」「御堂ビル」など一連の優れたオフィスビルを設計。

い

¶現朝，現情，現人，世紀，日人，美建

**岩本正次** いわもとまさつぐ
大正2（1913）年～平成3（1991）年
昭和期の官僚、建築家。建築行政の中核を担う。
¶栃木歴

**岩本正倫** いわもとまさのり
江戸時代中期の牛酪製造家。
¶食文，人名，日人（生没年不詳）

**岩本茂造** いわもともぞう
明治1（1868）年～昭和20（1945）年
明治～昭和期の匹見町の林業開発の功労者。
¶島根歴

**岩本盛俊** いわもともりとし
→岩本清左衛門（いわもとせいざえもん）

**岩本良寛** いわもとりょうかん
江戸時代中期の彫金家。
¶人名

**岩本良寛〔1代〕** いわもとりょうかん
生没年不詳
江戸時代中期の彫金家。
¶日人

**岩本良寛〔2代〕** いわもとりょうかん
生没年不詳
江戸時代中期の装剣金工。
¶日人

**岩本良助** いわもとりょうすけ
嘉永2（1849）年～明治36（1903）年
明治期の機業家。輸出用羽二重を製織し、ジャカード機を用いるなど足利織物業に貢献。緑綬褒章受章。
¶人名，栃木歴，日人

**岩本廉蔵** いわもとれんぞう
天保2（1831）年～大正5（1916）年
江戸時代末期～大正期の大庄屋。牧場をつくり牛の品種改良に尽力。
¶鳥取百，日人，幕末

**岩元禄** いわもとろく
明治26（1893）年5月23日～大正11（1922）年
明治～大正期の建築家。東京大学助教授。西陣分局、青山分局など芸術味の漂う作品を設計。逓信省営繕組織の黄金時代の礎を築く。
¶朝日（[没]大正11（1922）年12月24日），鹿児島百，世紀（[没]大正11（1922）年12月24日），姓氏鹿児島，日人

**岩谷九十老** いわやくじゅうろう
→岩谷九十老（いわたにくじゅうろう）

**院恵** いんえ
→院恵（いんけい）

**院円** いんえん
生没年不詳
平安時代後期～鎌倉時代前期の仏師。
¶平史

**院海** いんかい
生没年不詳
平安時代後期～鎌倉時代前期の仏師。
¶平史

**院覚** いんかく
生没年不詳
平安時代後期の院派系仏師。
¶朝日，角史，鎌室，京都大，国史，古史，古中，史人，新潮，人名，姓氏京都，世人，全書，日史，日人，美術，百科，仏教，仏史，平史

**院寛** いんかん
生没年不詳
鎌倉時代前期の仏師。
¶平史

**院恵** いんけい
生没年不詳　[別]院恵《いんえ》
鎌倉時代後期の仏師。
¶朝日（いんえ），鎌倉，新潮，日人

**院慶** いんけい
？～治承3（1179）年
平安時代後期の仏師。
¶角史，鎌室（生没年不詳），新潮（[没]治承3（1179）年4月），世人，日人，平史

**院賢** いんけん
生没年不詳
鎌倉時代前期の仏師。
¶朝日，鎌室，国史，古中，史人，新潮，世人，日人，仏教，平史

**院興** いんこう
生没年不詳
鎌倉時代後期の仏師。
¶神奈川人，鎌倉，仏教

**院康** いんこう
生没年不詳
平安時代後期～鎌倉時代前期の院派仏師。
¶平史

**院豪** いんごう
生没年不詳
鎌倉時代後期の仏師。
¶島根歴

**院実** いんじつ
生没年不詳
鎌倉時代前期の仏師、法印。
¶朝日，鎌室，京都大，国史，古中，史人，新潮，世人，日人，仏教，平史

**院俊** いんしゅん
生没年不詳
鎌倉時代前期の仏師。
¶平史

**院助** いんじょ
？～天仁1（1108）年
平安時代後期の院派系仏師。七条大宮仏所を興す。
¶朝日（[没]天仁1年12月12日（1109年1月14日）），

角史，京都大，国史，古史，古中，コン改，コン4，史人（[没]1108年12月12日），新潮（[没]天仁1(1108)年12月12日），人名，姓氏京都，世人，日史（[没]天仁1(1108)年12月12日），日人（[没]1109年），美術，百科，仏教（[没]天仁1(1108)年12月12日），平史

**印勝** いんしょう
生没年不詳
鎌倉時代前期の仏師。
¶朝日，日人，平史

**院尚** いんしょう，いんじょう
生没年不詳
平安時代後期～鎌倉時代前期の院派系仏師。法印。
¶朝日（いんじょう），鎌室，国史，古中，史人（いんじょう），新潮，世人，日人，仏教，平史

**院承** いんしょう
生没年不詳
鎌倉時代前期の仏師。
¶仏教

**院定** いんじょう
生没年不詳
平安時代後期～鎌倉時代前期の仏師。
¶平史

**因斯羅我** いんしらが
→因斯羅我（いしらが）

**院尋** いんじん
生没年不詳
室町時代の仏師。
¶仏教

**院尊**(1) いんそん
生没年不詳
平安時代後期の天台宗の僧。
¶国書，平史

**院尊**(2) いんそん
保安1(1120)年～建久9(1198)年
平安時代後期～鎌倉時代前期の院派系仏師。
¶朝日（[没]建久9年10月29日(1198年11月29日)），角史，鎌室，京都大，国史，古中，史人（[没]1198年10月29日），新潮（[没]建久9(1198)年10月29日），人名，世人（[没]建久9(1198)年10月29日），全書，日史（[没]建久9(1198)年10月29日），日人，美術，百科，仏教（[没]建久9(1198)年10月29日），仏教（生没年不詳），仏史，平史

**院智** いんち
生没年不詳
鎌倉時代前期の仏師。
¶仏教

**院朝** いんちょう
生没年不詳
平安時代後期の院派系仏師。六条万里小路仏所の祖。
¶朝日，コン改，コン4，新潮，世人，日史，日人，美術，百科，仏教，平史

**印南文作** いんなみじょうさく
天保2(1831)年～明治21(1888)年　[別]印南丈作《いんなんじょうさく》
江戸時代末期～明治期の開拓功労者。那須開墾社初代社長。那須野ヶ原開拓に尽力。明治三大疎水の一つ那須疎水の開削に成功。
¶朝日（[生]天保2年7月16日(1831年8月23日)　[没]明治21(1888)年1月7日），郷土栃木，近土（[生]1831年7月16日　[没]1888年1月7日），コン5，人名（いんなんじょうさく　[生]1832年），栃木百（[生]天保4(1833)年），栃木歴，土木（[生]1831年7月16日　[没]1888年1月7日），日人

**印南丈作** いんなんじょうさく
→印南丈作（いんなみじょうさく）

**院応** いんのう
生没年不詳
南北朝時代の仏師。
¶鎌倉

**院能** いんのう
生没年不詳
平安時代後期～鎌倉時代前期の仏師。
¶平史

**院範** いんぱん，いんばん
生没年不詳
鎌倉時代前期の仏師。法印。
¶朝日，鎌室，コン改，コン4，新潮，世人，日人，仏教，平史（いんばん）

**斎部宿禰文山** いんべのすくねふみやま
→斎部文山（いんべのふみやま）

**斎部文山** いんべのふみやま
弘仁13(822)年～貞観9(867)年　[別]斎部宿禰文山《いんべのすくねふみやま》
平安時代前期の官人、工芸家。
¶古代（斎部宿禰文山　いんべのすくねふみやま），日人，平史

## 【う】

**上柿竹蔵** うえかきたけぞう
昭和期の木製バット職人。
¶名工

**上垣守国** うえがきもりくに
*～文化5(1808)年　[別]上垣守国《かみがきもりくに》
江戸時代中期～後期の蚕種商人。
¶朝日（[生]宝暦3(1753)年　[没]文化5年8月19日(1808年10月8日)），国書5（かみがきもりくに　[生]宝暦3(1753)年　[没]文化5(1808)年8月15日），コン4（[生]宝暦3(1753)年？），人書94（[生]1756年　[没]1806年），新潮（[生]宝暦6(1756)年　[没]文化3(1806)年），人名（かみがきもりくに），日人（[生]1753年）

う

**上釜甚之助** うえがまじんのすけ
生没年不詳
明治期の沖縄県水産功労者。
¶沖縄百，姓氏沖縄

**植木清兵衛** うえきせいべえ
江戸時代末期～明治期の陶工。
¶日人

**植木力** うえきつとむ
大正2(1913)年1月16日～
昭和～平成期の陶彫家。
¶名工

**植木平之允** うえきへいのじょう
万延2(1861)年～昭和7(1932)年
明治～昭和期の技師。三井鉱山取締役。大阪市水道敷設工事、下水道改良工事、築港工事などを手がける。
¶大阪人([没]昭和7(1932)年3月)，近土([生]1861年1月22日　[没]1932年3月16日)，人名，姓氏山口，渡航([生]1861年1月　[没]1932年3月16日)，土木([生]1861年1月22日　[没]1932年3月16日)，日人

**植木屋伊兵衛** うえきやいへえ
江戸時代中期の植木職人。
¶江戸

**上坂忠七郎** うえさかちゅうしちろう
天保10(1839)年9月10日～大正7(1918)年5月26日
江戸時代末期～大正期の漆業者。県議会議員、村長。土木事業、農事改良、学校や病院の設置、出征軍人や留守家族への援護にも尽力。
¶朝日，日人

**上島重平** うえしまじゅうへい
→上島重兵衛(うえじまじゅうべえ)

**上島重兵衛** うえじまじゅうべえ
宝暦10(1760)年～？　[別]上島重平《うえしまじゅうへい》
江戸時代中期の豪農、開拓者。
¶人名(上島重平　うえしまじゅうへい)，日人

**上島忠雄** うえしまただお
明治43(1910)年10月25日～平成5(1993)年10月31日
昭和期の商店主。缶コーヒーを製造。
¶食文

**上島洋山** うえしまようざん
昭和期の能州紬織元。
¶名工

**上島竜記** うえじまりゅうき
文政10(1827)年～大正3(1914)年
江戸時代末期～大正期の養蚕・製糸の先駆者。
¶大分歴

**上杉加寿貫** うえすぎかずつら
*～文化12(1815)年
江戸時代後期の金属彫刻家、装剣金工。鉄地に高肉象眼を施した作品を作った。
¶人名([生]1776年)，日人([生]1775年)

**上杉源匠斎** うえすぎげんしょうさい
江戸時代末期の木彫師。
¶人名

**上江洲茂生** うえずしげお
昭和24(1949)年5月27日～
昭和期の陶芸家。
¶陶芸最

**上田篤** うえだあつし
昭和5(1930)年8月12日～
昭和～平成期の建築家、都市計画研究者。上田篤都市建築研究所主宰、京都精華大学教授。
¶現執1期，現執2期，現執3期，現執4期，現情，世紀，マス89

**上田郁夫** うえだいくお
昭和2(1927)年5月23日～平成14(2002)年2月1日
昭和～平成期の鋳金家。
¶美工

**植田雨山** うえだうざん
昭和33(1958)年9月1日～
昭和～平成期の陶芸家。
¶陶工

**上田和生** うえだかずお
昭和7(1932)年9月28日～
昭和～平成期の陶芸家。
¶陶工

**上田亀之助** うえたかめのすけ
文久3(1863)年～昭和5(1930)年
明治～昭和期の人。土佐清水市街地開拓功労者。
¶高知人，高知百

**上滝勝治** うえたきかつじ
→上滝勝治(うわたきかつじ)

**上田喜三郎** うえだきさぶろう
江戸時代末期の蒔絵師。
¶人名，日人(生没年不詳)

**植田吉兵衛** うえだきちべえ
江戸時代末期の開拓家。
¶人名，日人(生没年不詳)

**上田健次** うえだけんじ
昭和25(1950)年1月26日～
昭和～平成期の陶芸家。
¶陶芸最，名工

**植田三十郎** うえださんじゅうろう
？～寛文8(1668)年
江戸時代前期の開拓者。
¶静岡歴，姓氏静岡

**上田寿方** うえだじゅほう
大正14(1925)年9月23日～
昭和～平成期の陶芸家。
¶陶芸最，陶工，名工

**上田春荘**（上田俊蔵）うえだしゅんそう，うえだしゅんぞう
天明4(1784)年～明治6(1873)年
江戸時代末期～明治期の殖産興業家。恵まれない土地の開発をめざした。櫨樹碑をたて、その功績をたたえられた。
¶朝日（上田俊蔵　うえだしゅんぞう　㊅天明4年2月15日(1784年4月4日)　㊡明治6(1873)年12月21日)，国書(㊅天明4(1784)年2月15日　㊡明治6(1873)年12月21日)，コン改，コン4，コン5，人名，日人

**上田松幸**　うえだしょうこう
昭和期の表具師。
¶名工

**上田新次郎**　うえだしんじろう
生没年不詳
明治期の実業家。機械針製造の先駆者。
¶先駆

**植田清一郎**　うえだせいいちろう
＊～明治30(1897)年
明治期の政治家。衆議院議員。私財を投じて、慈善事業、殖産興業に尽力。
¶人名(㊅？)，日人(㊅1848年)

**上田宗品**　うえだそうほん
？～明和6(1769)年
江戸時代中期の奈良の風炉師。
¶茶道

**上田武治郎**　うえだたけじろう
嘉永2(1849)年～大正6(1917)年
明治～大正期の地域開発者。
¶郷土奈良，世紀(㊅嘉永2(1849)年10月23日　㊡大正6(1917)年4月2日)，日人

**上田竜雄**　うえだたつお
嘉永5(1852)年～明治42(1909)年
明治期の地方産業開発者。
¶長野歴

**上田集成**　うえだためしげ
天保7(1836)年～大正9(1920)年
江戸時代末期～明治期の養蚕家。
¶日人

**上田忠左衛門**　うえだちゅうざえもん
生没年不詳
江戸時代末期の鍛工。
¶人名，日人，和歌山人

**上田恒次**　うえだつねじ
大正3(1914)年1月25日～昭和62(1987)年5月20日
昭和期の陶芸家。
¶陶芸，陶芸最，陶工，美工，名工

**上田哲也**　うえだてつや
昭和28(1953)年1月6日～
昭和～平成期の陶芸家。
¶陶芸最，陶工

**上田友亀**　うえだともき
明治29(1896)年6月10日～
明治～平成期のハンドカスタ製作者。白桜社取締役社長。
¶音人

**植田豊橘**　うえだとよきつ
→植田豊橘(うえだほうきつ)

**上田虎吉**　うえだとらきち
大正期の大工棟梁。
¶栃木歴

**上田寅吉**　うえだとらきち
文政6(1823)年～明治23(1890)年
江戸時代末期～明治期の造船技術者。横須賀造船所大工長。洋式帆船ヘダ号建設の棟梁を務め、オランダ留学で造船技術を学ぶ。
¶朝日(㊅文政6年3月10日(1823年4月20日)　㊡明治23(1890)年9月12日)，海越(㊅文政6(1823)年3月10日　㊡明治23(1890)年9月12日)，海越新(㊅文政6(1823)年3月10日　㊡明治23(1890)年9月12日)，科学(㊅1823年(文政6)3月10日　㊡1890年(明治23)9月12日)，神奈川人，国際，コン5，静岡百，静岡歴，新潮(㊅文政6(1823)年3月10日　㊡明治23(1890)年9月12日)，人名，姓氏静岡，先駆(㊅文政6(1823)年3月10日　㊡明治23(1890)年9月12日)，渡航，日人，幕末，洋学

**植田内膳**　うえだないぜん
？～寛永13(1636)年
江戸時代前期の治水家。
¶静岡歴，人名，姓氏静岡，日人

**上田直方**　うえだなおかた
昭和2(1927)年12月27日～
昭和～平成期の陶芸家。
¶陶芸最，陶工，名工

**上田直方〔4代〕**　うえだなおかた
明治31(1898)年～昭和50(1975)年
明治～昭和期の陶芸家。
¶郷土滋賀(――〔代数なし〕)，滋賀百，陶芸最，陶工，美工

**上谷協三**　うえたにきょうぞう
昭和23(1948)年～
昭和～平成期の陶芸家。
¶陶工

**上田仁太**　うえだにた
明治44(1911)年3月～
昭和～平成期の装蹄師。
¶名工

**植田豊橘**　うえだほうきつ
万延1(1860)年5月12日～昭和23(1948)年　㊿植田豊橘《うえだとよきつ》
明治～昭和期の窯業技術者、商工省陶磁器試験所長。
¶科学(うえだとよきつ)，京都大(生没年不詳)，新潮(生没年不詳)，世紀，姓氏京都(生没年不

詳），日人

## 上田政一 うえだまさいち
大正2（1913）年2月25日～
昭和～平成期の堺打刃物職人。
¶名工

## 上田万平 うえだまんべい
天保12（1841）年12月1日～大正6（1917）年
江戸時代末期～大正期の札幌市中央区円山地域の
開拓者。
¶札幌

## 上田貢 うえだみつぐ
明治19（1886）年～昭和47（1972）年
明治～昭和期の霧ヶ峰高原の開拓者、霧ヶ峰文化
の会会長。
¶姓氏長野，長野歴

## 上田稔 うえだみのる
大正3（1914）年5月8日～平成23（2011）年9月17日
大正～昭和期の官僚。建設省河川局長。東京オリ
ンピックに向けた水道整備などにあたった。京都
府出身。
¶近土，現情，現政，政治

## 上田泰江 うえだやすえ
昭和5（1930）年～
昭和～平成期の染織作家。
¶名工

## 上田安子 うえだやすこ
明治39（1906）年4月9日～平成8（1996）年9月7日
昭和～平成期のファッションデザイナー。上田学
園学園長。クリスチャン・ディオールに師事し、
日本にオートクチュールの技術を紹介。
¶世紀，日人

## 上田安五郎 うえだやすごろう
生没年不詳
明治期の実業家。国産紙巻たばこの製造・販売の
さきがけ。
¶先駆

## 上田宜珍 うえだよしうず
→上田宜珍（うえだよしはる）

## 上田宜珍（上田宜珍） うえだよしはる
宝暦5（1755）年～文政12（1829）年　㋒上田宜珍
《うえだよしうず》
江戸時代後期の国学者、測量家、陶業家。
¶国書（㋒宝暦5（1755）年10月　㋒文政12（1829）
年9月25日），人名（上田宜珍），日人（うえだよ
しうず）

## 上中稲右衛門 うえなかいなうえもん
昭和24（1949）年5月21日～
昭和～平成期の陶芸家。
¶陶工

## 上中啓三 うえなかけいぞう
明治9（1876）年6月29日～昭和35（1960）年1月
11日
明治～昭和期の製薬化学者。三共監査役。世界で
初めて副腎からアドレナリンの純結晶の抽出に
成功。
¶大阪人（㋒昭和35（1960）年1月），科学，現情，
人名7，世紀（㋒明治11（1878）年6月29日），
日人

## 上野伊三郎 うえのいさぶろう
明治25（1892）年12月9日～昭和47（1972）年5月
23日
明治～昭和期の美術評論家、建築家。
¶美建

## 上野英三郎 うえのえいざぶろう
明治4（1871）年～大正14（1925）年
明治～大正期の農学者。東京帝国大学農科大学教
授。「忠犬ハチ公」の飼い主。土地改良の分野に
初めて農学者の立場から貢献。
¶朝日（㋒大正14（1925）年5月22日），科学
（㋒大正14（大正14）5月22日），近土（㋒1871年
12月10日　㋒1925年5月23日），現日（㋒1925年
5月22日），コン改，コン5，人名，世紀（㋒大正
14（1925）年5月22日），世百，渡航（㋒1871年
12月　㋒1925年5月22日），土木（㋒1871年12月
10日　㋒1925年5月23日），日史（㋒明治4
（1871）年12月10日　㋒大正14（1925）年5月23
日），日人（㋒大正14（1925）年5月22日），百
科，履歴（㋒明治4（1871）年12月10日　㋒大正
14（1925）年5月23日）

## 上野金太郎 うえのきんたろう
慶応2（1866）年10月9日～昭和11（1936）年6月4日
明治～昭和期の実業家、薬学者。社命でドイツに
渡りビール製造を学ぶ。大日本ビールの経営に
参加。
¶海越，海越新，科学，人名，世紀，渡航
（㋒1866年10月），日人

## 植野蔵次 うえのくらじ
元治1（1864）年～昭和3（1928）年
明治～昭和期の製炭技術指導者。
¶高知人

## 上野志津恵 うえのしずえ
→上野志津恵（うえのしづえ）

## 上野志津恵 うえのしづえ，うえのしずえ
昭和25（1950）年～
昭和～平成期の陶芸家。
¶名工（うえのしずえ）

## 上野俊之丞 うえのしゅんのじょう
→上野俊之丞（うえのとしのじょう）

## 上野清二 うえのせいじ
～昭和58（1983）年7月3日
昭和期の染織作家。
¶美工，名工

## 上野聡一 うえのそういち
昭和44（1969）年2月13日～
昭和～平成期の映画編集技師。
¶映人

## 上之園親佐 うえのそのちかさ
大正8(1919)年3月27日～平成19(2007)年3月14日
昭和～平成期の電気工学者、京都大学名誉教授。
¶科学、現情

## 上野為二 うえのためじ
明治34(1901)年4月16日～昭和35(1960)年9月4日
昭和期の染織作家。日本工芸会に属し、繊細華麗な作風で有名。重要無形文化財・友禅の保持者。
¶現情、国宝、人名7、世紀、日人、美工、名工

## 上野常足 うえのつねたり
→上野俊之丞(うえのとしのじょう)

## 上野俊之丞 うえのとしのじょう
寛政2(1790)年～嘉永4(1851)年　例上野俊之丞《うえのしゅんのじょう》、上野常足《うえのつねたり》
江戸時代末期の蘭学者、技術者。日本写真術の祖。
¶朝日(㊄寛政2年3月3日(1790年4月16日)　㊃嘉永4年8月17日(1851年9月12日))、科学(㊄1790年(寛政2)3月3日　㊃1851年(嘉永4)8月17日)、郷土長崎(うえのしゅんのじょう)、近世、国史、国書(上野常足　うえのつねたり)(㊄寛政2(1790)年3月3日　㊃嘉永4(1851)年8月7日)、コン改(㊄寛政3(1791)年　㊃嘉永5(1852)年)、コン4(㊄寛政3(1791)年　㊃嘉永5(1852)年)、史人(㊄1790年3月　㊃1851年8月17日)、新潮(うえのしゅんのじょう)(㊄寛政2(1790)年3月3日　㊃嘉永4(1851)年8月17日)、人名(㊄1791年　㊃1852年)、世人(㊄寛政3(1791)年　㊃嘉永5(1852)年8月17日)、長崎百(うえのしゅんのじょう)、長崎歴(うえのしゅんのじょう)、日人、洋学

## 上野八郎右衛門 うえのはちろうえもん
明治10(1877)年12月10日～昭和14(1939)年8月13日
明治～昭和期の水産家。
¶世紀、姓氏富山、富山百、日人

## 植之原道行 うえのはらみちゆき
大正14(1925)年9月5日～平成19(2007)年12月19日
昭和～平成期の電子工学者、日本電気副社長。
¶科学、現朝、現執2期、世紀、日人

## 上野晴雄 うえのはるお
昭和23(1948)年1月5日～
昭和期の建築家。
¶現執2期

## 上野与一 うえのよいち
大正9(1920)年5月4日～
昭和～平成期の陶芸家。
¶陶芸最、陶工、名工

## 上野陽一 うえのよういち
明治16(1883)年10月28日～昭和32(1957)年10月15日
明治～昭和期の産業心理学者。立教大学教授、産業能率短大学長。産業能率・事務管理研究の開拓者で、能率の父と呼ばれ、人事院の創設に関与。
¶学校、現朝、現情、現人、新潮、人名7、心理、世紀、哲学、日人、履歴、履歴2

## 植原栄一 うえはらえいいち
昭和期の万年筆職人。
¶名工

## 上原直民 うえはらなおたみ
明治17(1884)年～昭和24(1949)年
明治～昭和期の大島紬製造・販売者。
¶姓氏鹿児島

## 上原治夫 うえはらはるお
昭和21(1946)年8月13日～
昭和期の陶芸家。
¶陶芸最

## 上原春男 うえはらはるお
昭和15(1940)年3月28日～
昭和～平成期のエネルギー変換工学・伝熱工学者。
¶現執2期

## 上原春代 うえはらはるよ
昭和6(1931)年～
昭和～平成期の人形作家。
¶名工

## 上原正良 うえはらまさよし
江戸時代の出水郡出水向江竹之山の刀鍛冶。
¶姓氏鹿児島

## 上原勇七 うえはらゆうしち
昭和期の「印伝屋・上原勇七」13代目当主。
¶名工

## 上原与兵衛〔1代〕 うえはらよへえ
？～
江戸時代前期の酒造家。鶴田町上原家の祖。
¶青森人

## 上原六四郎 うえはらろくしろう
嘉永1(1848)年～大正2(1913)年
明治期の音楽理論家。尺八の名手といわれ、尺八譜を改良、点符形式を創案、著書に「俗楽旋律考」。
¶朝日(㊄嘉永1(1848)年12月　㊃大正2(1913)年4月1日)、音楽、音人(㊄嘉永1(1848)年12月　㊃大正2年4月1日)、科学(㊄1848年(嘉永1)12月　㊃1913年(大正2)4月1日)、近現、国史、コン改、コン5、史人(㊄1848年12月　㊃1913年4月1日)、新芸(㊄嘉永1(1848)年12月　㊃大正2(1913)年4月1日)、新潮(㊄嘉永1(1848)年12月　㊃大正2(1913)年4月1日)、人名、世百、先駆(㊄嘉永1(1848)年12月　㊃大正2(1913)年4月1日)、全書、大百、日音(㊄嘉永1(1848)年1月2日　㊃大正2(1913)年4月1日)、日人、洋学

## 植松有信 うえまつありのぶ
宝暦8(1758)年～文化10(1813)年
江戸時代後期の尾張藩士、国学者、板木師。本居宣長の門人。
¶朝日(㊄宝暦8年12月4日(1759年1月2日)

[没]文化10年6月20日(1813年7月17日)), 近世, 国史, 国書([生]宝暦8(1758)年12月4日 [没]文化10(1813)年6月20日), コン改([生]宝暦4(1754)年), コン4([生]宝暦4(1754)年), 史人([生]1758年12月4日 [没]1813年6月20日), 出文([生]宝暦8(1758)年12月4日 [没]文化10(1813)年6月20日), 神史, 神人, 新潮([没]文化10(1813)年6月20日), 人名([生]1754年), 姓氏愛知, 日人([生]1759年), 藩臣4, 百科([生]宝暦4(1754)年), 三重続([没]明治39年6月13日), 歴大

**上松栄吾** うえまつえいご
寛政12(1800)年～安政1(1854)年12月2日
江戸時代後期～末期の稲作改良の篤農家。
¶愛媛百

**植松玄慶** うえまつげんけい
生没年不詳
江戸時代後期の仏師。
¶埼玉人

**植松隆** うえまつたかし
昭和23(1948)年1月28日～
昭和～平成期の陶芸家。
¶陶芸最, 陶工

**植松竹邑** うえまつちくゆう
昭和22(1947)年～
昭和～平成期の竹工芸家。
¶名工

**植松時雄** うえまつときお
明治39(1906)年3月16日～平成7(1995)年8月15日
大正～昭和期の機械工学者、大阪大学名誉教授。
¶科学, 現情

**植松包美** うえまつほうび
明治5(1872)年11月1日～昭和8(1933)年11月16日
明治～昭和期の漆芸家。古典の妙味を生かした伝統的で技巧に優れた作品を制作した。
¶朝日, 茶道, 人名, 世紀, 日人, 名工

**植松抱民** うえまつほうみん
弘化2(1845)年～明治32(1899)年
江戸時代末期～明治期の蒔絵師。藤屋と称す。門下に名手を輩出。
¶人名, 日人([生]1846年), 名工([生]弘化2(1845)年12月24日 [没]明治32年6月15日)

**上村雲嶂** うえむらうんしょう
明治4(1871)年～大正7(1918)年
明治～大正期の友禅作家。
¶石川百

**植村角左衛門**(植村覚左衛門) うえむらかくざえもん
元文4(1739)年～文政5(1822)年
江戸時代中期～後期の殖産家。越後長岡藩栃堀村の割元。縞紬の栃尾紬を創始。
¶朝日(植村覚左衛門 [没]文政5年10月24日(1822年12月7日)), 近世, 国史, コン改, コン4, 史人([没]1822年10月24日), 新潮([没]文政5(1822)年10月24日), 人名, 世人([生]寛保1(1741)年), 日人, 歴大

**上村四郎** うえむらしろう
明治期の留学生。工学研修のためフランスに留学する。
¶海越(生没年不詳), 海越新

**上村信吉** うえむらしんきち
→上村信吉(かみむらしんきち)

**植村澄三郎** うえむらすみさぶろう
→植村澄三郎(うえむらちょうざぶろう)

**植村宗峰** うえむらそうほう
江戸時代の彫工。
¶人名, 日人(生没年不詳)

**上村喬春** うえむらたかはる
大正8(1919)年～
昭和～平成期の草木染ろうけつ作家。
¶名工

**植村澄三郎** うえむらちょうざぶろう, うえむらちょうさぶろう
文久2(1862)年～昭和16(1941)年 [別]植村澄三郎《うえむらすみさぶろう》
明治～大正期の実業家。大日本麦酒会社常務取締役。原料麦の改良、麦芽・ホップの国産化に尽力。
¶近現, 国史, 札幌(うえむらすみさぶろう [生]文久2年10月), 実業(うえむらちょうさぶろう [生]文久2(1862)年10月11日 [没]昭和16(1941)年1月17日), 世紀(うえむらちょうさぶろう [生]文久2(1862)年10月11日 [没]昭和16(1941)年1月17日), 日人, 北海道百(うえむらすみさぶろう), 北海道歴(うえむらすみさぶろう)

**上村露子** うえむらつゆこ
明治26(1893)年～昭和55(1980)年5月30日
大正～昭和期の婦人運動家。東京都工芸協会理事。婦選運動に携わり、婦人経済連合常務等を歴任。また衣製日本人形の創始者としても著名。
¶女性, 女性普

**上村友三郎** うえむらともさぶろう
明治22(1889)年～
大正～昭和期の陶芸家。
¶陶芸

**上村白鷗** うえむらはくおう
→上村白鷗(かみむらはくおう)

**植村幸生** うえむらゆきお
昭和4(1929)年5月31日～
昭和～平成期の機械工学研究者、産業技術者。阪南大学教授。
¶現執3期

**植村利助** うえむらりすけ
生没年不詳
江戸時代中期の装剣金工。
¶日人

**上村六郎** うえむらろくろう
明治27(1894)年～平成3(1991)年
昭和期の染織技師、染織史研究家。大阪学芸大学教授。染織文化史を研究。
¶現執1期，現執2期([生]明治27(1894)年10月10日)，史研，世紀([生]明治27(1894)年10月10日[没]平成3(1991)年10月29日)

**右衛門尉国久** うえもんのじょうくにひさ
室町時代の御大工。小川殿、東山殿の造営に関与。
¶朝日，日人(生没年不詳)

**上山英一郎** うえやまえいいちろう
文久2(1862)年～昭和18(1943)年9月7日
明治期の実業家。世界で初めて蚊取線香の開発に成功。
¶大阪人，郷土和歌山([没]1928年)，植物，世紀，先駆，日人([生]1861年)，和歌山人

**上山寿信** うえやまじゅのぶ
大正6(1917)年1月28日～
昭和～平成期の京友禅染色家。
¶名工

**上山正英** うえやままさひで
明治11(1878)年9月1日～昭和15(1940)年12月30日
大正～昭和期の医学放射線技術教育者。クーリッジX線管球の発生理論と構造をわが国へ最初に紹介。
¶科学，人名7，世紀，日人

**宇尾光治** うおこうじ
大正14(1925)年2月4日～平成4(1992)年10月16日
昭和～平成期の原子力工学者、京都大学名誉教授。専門は核融合、プラズマ物理学。
¶科学，現朝，世紀，日人

**魚津弘吉** うおずひろきち
→魚津弘吉(うおづひろきち)

**魚住為楽** うおずみいらく
明治19(1886)年12月20日～昭和39(1964)年7月15日　[別]魚住安太郎《うおずみやすたろう》
昭和期の鋳金作家。銅鑼作りを独学で研究、銘「雲の井」を完成、銅鑼の人間国宝。
¶石川百，大阪人([没]昭和39(1964)年7月)，現朝，現情(魚住安太郎　うおずみやすたろう)，国宝，茶道([没]1963年)，新潮，人名7(魚住安太郎　うおずみやすたろう)，世紀，姓氏石川(魚住安太郎　うおずみやすたろう)，全書，日人，美工，名工(魚住安太郎　うおずみやすたろう)

**魚住為楽〔3代〕**(3代 魚住為楽) うおずみいらく
昭和12(1937)年～
昭和～平成期の鋳金家。2002年に重要無形文化財保持者(人間国宝)に認定(銅鑼)。
¶石川百，国宝(3代 魚住為楽　[生]昭和12(1937)年11月7日)

**魚住安太郎** うおずみやすたろう
→魚住為楽(うおずみいらく)

**魚谷常吉** うおたにつねきち
明治27(1894)年8月14日～昭和39(1964)年4月14日
明治～昭和期の料理人、僧侶。
¶食文，世紀，日人

**魚津弘吉** うおづひろきち，うおずひろきち
～昭和58(1983)年1月17日
昭和期の宮大工。魚津工務店代表。
¶美建(うおずひろきち)

**魚躬辰次郎** うおのみたつじろう
明治期の籐表製造者。
¶姓氏富山

**魚本義若** うおもとよしわか
明治29(1896)年9月21日～昭和49(1974)年10月7日
明治～昭和期の水産功労者。八幡浜市長。
¶愛媛百，世紀，日人

**鵜飼菁** うかいせい
～昭和60(1985)年1月24日
昭和期の染色家。
¶美工，名工

**鵜飼英夫** うかいひでお
昭和12(1937)年3月6日～
昭和～平成期の染色家。
¶名工

**鵜飼広登** うかいひろと
文政11(1828)年頃～明治18(1885)年
江戸時代末期～明治期の久留米藩少参事。久留米開墾地のために尽力。
¶藩臣7

**鵜飼屋甚蔵** うがいやじんぞう
天保4(1833)年～明治10(1877)年
江戸時代末期～明治期の鑓師。
¶人名，日人

**浮田曙** うきたあけぼの，うきだあけぼの
昭和15(1940)年10月15日～
昭和期の陶芸家。
¶陶芸最(うきだあけぼの)，名工

**浮田佐平** うきださへい
慶応3(1867)年～昭和14(1939)年2月1日
明治～昭和期の実業家。製糸業を改良し、浮田製糸を設立。
¶岡山百([生]慶応3(1867)年10月25日)，岡山歴([生]慶応3(1867)年10月)，日人

**浮田祐吉** うきたゆうきち
大正1(1912)年11月23日～平成4(1992)年12月6日
昭和～平成期の機械工学者、工業技術院機械試験所所長。専門は精密工学。
¶科学

**浮田楽徳〔3代〕** うきたらくとく
明治29(1896)年～昭和12(1937)年
明治～昭和期の陶芸家。

¶陶工

**雨橘** うきつ
江戸時代末期の髹工。漆器の雨橘塗を創始した。
¶人名，日人（生没年不詳）

**浮谷権兵衛** うきやごんべえ
明治11（1878）年2月18日～昭和25（1950）年12月31日
明治～昭和期の治水家。
¶世紀，千葉百，日人

**鶯谷庄米**（鶯谷庄平） うぐいすだにしょうべい
天保1（1830）年～明治45（1912）年 [別]庄米《しょうべい》
江戸時代後期～明治期の陶工。
¶石川百，人名（庄米 しょうべい），姓氏石川（鶯谷庄平 [生]1829年），日人，名工（庄米 しょうべい [没]明治45年3月18日）

**請関邦山** うけぜきほうざん
昭和23（1948）年11月12日～
昭和期の陶芸家。
¶陶芸最

**雨月庵破笠** うげつあんはりゅう
？ ～寛政2（1790）年
江戸時代中期～後期の姫田川畔の荒神堂普門院10世の僧。柳井俳壇2世宗匠。
¶姓氏山口

**右近** うこん
室町時代の刀工。1394年～1428年（応永）ごろ活躍。
¶島根人，島根百

**宇佐美桂一郎** うさみけいいちろう
明治7（1874）年3月4日～昭和2（1927）年7月27日
明治～昭和期の工学者。東京帝国大学教授、九州帝国大学教授。火薬学講座、応用化学を担当した。
¶科学，人名，世紀，渡航，日人

**宇佐美碩男** うさみせきお
昭和2（1927）年10月3日～
昭和～平成期の陶芸家。
¶陶芸最，名工

**宇佐美珠実** うさみたまみ
昭和11（1936）年2月18日～
昭和期の陶芸家。
¶陶芸最

**氏家** うじいえ
江戸時代前期の象嵌金工。
¶人名

**氏家粂八** うじいえくめはち
？ ～明治5（1872）年1月23日
江戸時代末期～明治期の農民一揆指導者、名主。新田開発・養蚕に活躍。新政府反対一揆を指導し逮捕され獄死。
¶幕末

**氏家実隆** うじいえみのる
昭和5（1930）年7月11日～
昭和～平成期の染色家。
¶名工

**雲林院文蔵** うじいぶんぞう
→宝山文蔵〔1代〕（ほうざんぶんぞう）

**氏江元彦** うじえもとひこ
文化4（1807）年～明治19（1886）年
江戸時代の農具改良者。
¶人名，新潟百，日人

**潮隆雄** うしおたかお
昭和14（1939）年～
昭和～平成期の染織作家。
¶名工

**潮田伝五郎** うしおだでんごろう
明治1（1868）年2月～？
明治期の技師。
¶渡航

**潮田文明** うしおだふみあき
昭和11（1936）年4月30日～
昭和期の陶芸家。
¶陶芸最

**丑久保健一** うしくぼけんいち
昭和22（1947）年2月25日～平成14（2002）年9月
昭和～平成期の彫刻家。
¶美建

**牛越茂左衛門** うしこしもざえもん
*～嘉永5（1852）年
江戸時代後期の新田開発功労者。
¶姓氏長野（[生]？），長野歴（[生]天明1（1781）年）

**牛込大膳** うしごめだいぜん
→牛込大膳亮（うしごめだいぜんのすけ）

**牛込大膳亮** うしごめだいぜんのすけ
生没年不詳 [別]牛込大膳《うしごめだいぜん》
江戸時代前期の新田開発功労者。
¶群馬人，姓氏群馬（牛込大膳 うしごめだいぜん）

**氏重** うじしげ
室町時代の刀工。
¶島根人，島根百

**牛島能之**（牛島能志） うしじまのし
文化9（1812）年～明治20（1887）年
江戸時代末期～明治期の女性。絣織法の考案者。
¶女性普（牛島能志 [生]文化9（1812）年3月10日 [没]明治20（1887）年2月23日），日人

**宇治達郎** うじたつお
→宇治達郎（うじたつろう）

**宇治達郎** うじたつろう
大正8（1919）年11月25日～昭和55（1980）年11月27日 [別]宇治達郎《うじたつお》
昭和期の医師。胃カメラの開発に着手。胃内撮影

の資料をまとめ学位論文として提出、医学博士の称号を得る。
¶科学(うじたつお), 近医, 現朝(うじたつお), 埼玉人, 世紀, 日人(うじたつお)

**氏連** うじつら
天保12(1841)年～大正13(1924)年
江戸時代末期～大正期の刀工、海軍機関大佐。
¶高知人

**氏詮** うじのり
文政2(1819)年～明治22(1889)年
江戸時代後期～明治期の刀工。
¶高知人

**氏原佐蔵** うじはらさぞう
明治17(1884)年～昭和6(1931)年
明治～昭和期の公衆衛生学者、内務省衛生局防疫官技師。専門は細菌学。
¶科学([生]1884年(明治17)6月27日 [没]1931年(昭和6)6月13日), 高知人

**宇治屋三郎右衛門** うじやさぶろうえもん
[別]増田三郎右衛門《ますださぶろうえもん》, 増田有我《ますだうが》
江戸時代の尾張名古屋の古物商、雅陶の作者。
¶人名, 日人(生没年不詳)

**後迫奉文** うしろさこもとひろ
昭和20(1945)年1月8日～
昭和～平成期の陶芸家。
¶陶工, 名工

**臼井和成** うすいかずなり
昭和29(1954)年4月6日～
昭和～平成期の陶芸家。
¶陶芸最, 陶工

**碓氷勝三郎** うすいかつさぶろう
安政1(1854)年～大正5(1916)年
明治～大正期の北海道根室の水産業者。鮭鱒蟹貝類の缶詰業を始め、硫酸紙を使った酸化防止技術を開発。
¶食文([生]安政1(1854)年1月 [没]1916年3月20日), 人名([生]1856年), 日人, 北海道百, 北海道歴

**臼井喜市郎** うすいきいちろう
明治5(1872)年～昭和14(1939)年
明治～昭和期の事業家、製茶機械の考案改良者。
¶静岡歴, 姓氏静岡

**臼井走波** うすいそうは
江戸時代末期の京都の陶工。
¶人名, 日人(生没年不詳)

**臼井内匠** うすいたくみ
生没年不詳
江戸時代後期の大住郡落幡村大工。
¶神奈川人

**臼井藤一郎** うすいとういちろう
安政3(1856)年～明治37(1904)年
明治期の海軍造船大監。佐世保海軍造船厰長。日露戦争に際して佐世保海軍造船厰長となった。
¶科学([没]1904年(明治37)8月23日), 静岡歴([生]?), 人名, 姓氏神奈川, 渡航([没]1904年8月23日), 日人

**碓氷友蔵** うすいともぞう
生没年不詳
江戸時代後期の大住郡田村大工。
¶神奈川人

**臼井久枝** うすいひさえ
昭和期の染色家。
¶名工

**臼井正継** うすいまさつぐ
生没年不詳
戦国時代の伊豆下田の大工。
¶戦辞

**臼井弥三郎** うすいやさぶろう
元和7(1621)年～元禄3(1690)年
江戸時代前期の土木家。
¶コン改, コン4, 姓氏長野, 長野百, 長野歴, 日人

**臼井良季** うすいよしき
昭和17(1942)年3月31日～
昭和～平成期の陶芸家。
¶陶芸最, 陶工, 名工

**うすがね屋仁兵衛** うすがねやにへえ
生没年不詳
江戸時代前期の金銀細工師。
¶姓氏岩手

**臼田昭子** うすだあきこ
昭和13(1938)年9月10日～
昭和～平成期の陶芸家。
¶陶工

**臼田馬造** うすだうまぞう
文久2(1862)年～大正7(1918)年3月
明治～大正期の人。日本で初めて歯ブラシを製作した。
¶大阪人

**鶉尾謹親** うずらおきんしん
嘉永3(1850)年12月16日～?
明治期の鉄道技師。
¶近土, 鉄道([生]1852年1月7日), 土木

**宇田川聖谷** うだがわせいこく
昭和15(1940)年9月25日～
昭和期の陶芸家。
¶陶芸最

**宇田川信重** うだがわのぶしげ
生没年不詳
戦国時代の江戸の鋳物師。
¶戦辞

**宇田川抱青** うだがわほうせい
昭和21(1946)年～平成5(1993)年
昭和～平成期の陶芸家。

う

¶陶芸最，陶工

**宇田川雅章** うだがわまさあき
昭和29（1954）年9月18日～
昭和～平成期の陶芸家。
¶陶芸最，陶工

**宇多国房** うだくにふさ
生没年不詳
南北朝時代の越中の刀工。
¶富山百

**宇多国光** うだくにみつ
生没年不詳
鎌倉時代後期～南北朝時代の刀工。
¶富山百

**宇多国宗** うだくにむね
生没年不詳
南北朝時代の宇多派の代表的刀工。
¶富山百

**宇田新太郎** うだしんたろう
明治29（1896）年～昭和51（1976）年
大正～昭和期の電気工学者。東北大学教授。「八木-宇田アンテナの発明」は世界的に高く評価されている。
¶科学（⊕1896年（明治29）6月1日　㊀1976年（昭和51）8月18日），現情（⊕1896年6月1日　㊀1976年8月18日），人名7，世紀（⊕明治29（1896）年6月1日　㊀昭和51（1976）年8月18日），姓氏富山，全書，大百，富山百（⊕明治29（1896）年6月1日　㊀昭和51（1976）年8月18日），日人（⊕明治29（1896）年6月1日　㊀昭和51（1976）年8月18日），宮城百

**歌田真介** うただしんすけ
昭和9（1934）年～
昭和～平成期の修復家。創形美術学校修復研究所長、東京芸術大学教授。洋画家の技法を解明し油絵を科学的に研究。著書に「油絵を解剖する」など。
¶世紀，日人（⊕昭和9（1934）年4月25日）

**宇多友次** うだともつぐ
生没年不詳
南北朝時代の越中の刀工。
¶富山百

**歌橋憲一** うたはしけんいち
明治22（1889）年5月1日～昭和59（1984）年10月10日
明治～昭和期の実業家。ニチバン創業者。戦後「セロテープ」の商標で市場全国シェアを確立。
¶現朝，世紀，日人

**宇多芳己** うだよしみ
昭和5（1930）年12月14日～
昭和の陶芸家。
¶陶芸最

**内井昭蔵** うちいしょうぞう
昭和8（1933）年2月20日～平成14（2002）年8月3日
昭和～平成期の建築家。滋賀県立大学教授、京都

大学教授。健康な建築を理念に横浜市「桜台コートビレジ」、山梨県「身延山久遠寺宝蔵」などを設計。
¶現朝，現執2期，現執3期，現日，世紀，日人，美建

**内海五左衛門** うちうみござえもん
→内海五左衛門（うつみござえもん）

**内海吉造** うちうみよしぞう
→内海吉造（うつみきちぞう）

**内ケ崎作右衛門** うちがさきさくえもん
？　～元禄12（1699）年
江戸時代前期～中期の内ケ崎織部の長男、酒造業。
¶姓氏宮城

**内川清徳** うちかわせいとく
昭和22（1947）年8月3日～
昭和～平成期の陶芸家。
¶陶芸最，陶工

**打木彦太郎** うちきひこたろう
元治1（1864）年～大正4（1915）年
江戸時代末期～大正期のパン製造業者。
¶神奈川人，食文

**内坂素夫** うちさかもとお
明治15（1882）年7月23日～？
明治～大正期の電気工学者。
¶渟航

**内島修蔵** うちじましゅうぞう
明治44（1911）年8月25日～
昭和～平成期の漆芸家。
¶名工

**内島北朗** うちじまほくろう
明治26（1893）年8月1日～昭和53（1978）年3月28日
明治～昭和期の俳人、陶芸家。自由律俳句を作句。陶芸で帝展三回入選。句集に「光芒」など。
¶近文，現情，現俳，世紀，姓氏富山，陶工，富山百，富山文，長野歴，俳文，美工

**内田音四郎** うちだおとしろう
明治25（1892）年4月4日～昭和42（1967）年12月19日
大正～昭和期の米麦品種の改良技術者。
¶愛媛百

**打田霞山** うちだかざん
安政6（1859）年～昭和10（1935）年
江戸時代末期～昭和期の印刷技師。
¶渡航

**内田邦夫** うちだくにお
明治43（1910）年3月12日～平成6（1994）年
昭和期の陶芸家。
¶陶芸，陶芸最，美工，名工

**内田源助** うちだげんすけ
江戸時代末期の薩摩藩竪野窯の陶工。
¶人名，日人（生没年不詳）

**内田佐久郎** うちださくろう
明治38（1905）年1月10日〜昭和55（1980）年
昭和期の技術者、社会運動家。
¶社運, 社史（㊤？）, 富山百（㊤昭和55（1980）年6月9日）

**内田三平** うちださんぺい
明治12（1879）年〜昭和25（1950）年
明治〜昭和期の技術者。
¶静岡歴, 世紀（㊤明治12（1879）年11月13日 ㊦昭和25（1950）年4月20日）, 姓氏静岡, 日人（㊤明治12（1879）年11月13日 ㊦昭和25（1950）年4月20日）

**内田秀一** うちだしゅういち
〜平成2（1990）年12月13日
昭和〜平成期の江戸小紋師。
¶美工

**内田祥三** うちだしょうぞう
→内田祥三（うちだよしかず）

**内田祥哉** うちだしょうや
→内田祥哉（うちだよしちか）

**内田善右衛門** うちだぜんえもん
江戸時代中期の陶工。作陶は堀越焼とよばれた。
¶人名, 日人（生没年不詳）

**内田岱二郎** うちだたいじろう
昭和3（1928）年7月22日〜
昭和〜平成期の物理工学者。東京大学教授、名古屋大学教授。
¶現情

**内田雅** うちだただし
昭和22（1947）年11月7日〜
昭和〜平成期の陶芸家。
¶陶芸最, 陶工

**内田忠兵衛** うちだちゅうべえ
？〜文化10（1813）年
江戸時代中期〜後期の陶工。
¶兵庫百

**内田常司** うちだつねじ
明治41（1908）年〜昭和53（1978）年
昭和期の警察技師。
¶姓氏群馬

**内田藤七** うちだとうしち
明治19（1886）年〜昭和42（1967）年
大正〜昭和期の労働運動家、板金加工工場経営者。関東鉄工組合理事長、関東労働同盟副会長。
¶埼玉人（㊤明治19（1886）年10月12日 ㊦昭和42（1967）年5月10日）, 社運, 社史（㊤1886年10月22日 ㊦1967年6月10日）

**内田徳郎** うちだとくお
明治4（1871）年2月9日〜昭和7（1932）年12月
大正〜昭和期の発明家。海苔乾燥装置の発明者。帝国発明協会より功績を表彰された。
¶人名, 世紀, 日人

**内田とめ子** うちだとめこ
安政3（1856）年〜？
明治期の実業家。靴の改良を図り、東京屈指の靴屋に発展させた。
¶埼玉人, 女性（㊤安政3（1856）年頃）

**内田初四郎** うちだはつしろう
明治45（1912）年1月22日〜
昭和〜平成期の京小紋染色家。
¶名工

**内田秀雄** うちだひでお
大正8（1919）年2月24日〜平成18（2006）年8月11日
昭和期の機械工学者。空気調和工学の発展に寄与し、後年、原子力安全委員会委員長などを歴任。
¶科学, 現朝, 現情（㊤1919年8月24日）, 世紀, 日人

**内田英成** うちだひでなり
明治44（1911）年〜昭和48（1973）年6月14日
昭和期の電気工学者。東北工業大学学長。超短波の研究で電気通信学会論文賞受賞。レーダーの研究で技術有功賞受賞。
¶科学（㊤1911年（明治44）11月）, 現情（㊤1911年11月）, 人名7, 世紀（㊤明治44（1911）年11月）, 日人（㊤明治44（1911）年11月16日）, 宮城百

**内田平四郎** うちだへいしろう
天保10（1839）年〜明治43（1910）年
江戸時代末期〜明治期の開拓者。三椏を原料とする手漉き和紙を事業化し鈞玄社を興す。
¶静岡百（㊤明治44（1911）年）, 静岡歴, 植物, 姓氏静岡, 日人, 幕末

**内田豊作** うちだほうさく
明治31（1898）年11月13日〜平成18（2006）年3月9日
大正〜昭和期の機械工学者、東京工業大学名誉教授。専門は繊維工学。
¶科学, 現情

**内田安長** うちだやすなが
生没年不詳
江戸時代後期の装剣金工。
¶日人

**内田勇次** うちだゆうじ
明治28（1895）年〜昭和53（1978）年
大正〜昭和期の地域開発功労者、旅館経営者。
¶静岡歴, 姓氏静岡

**内田祥三** うちだよしかず
明治18（1885）年2月23日〜昭和47（1972）年12月14日　㊞内田祥三《うちだしょうぞう, うちだよしぞう》
大正〜昭和期の建築工学者。東京帝国大学総長、日本建築学会会長。建築構造学者で防災工学、都市計画分野に業績が多く、東大キャンパスに作品が多い。
¶科学, 科技, 近現, 現朝, 現情, 現人, コン改（うちだしょうぞう）, コン4, コン5, 埼玉人,

史人，新潮，人名7（うちだよしぞう），世紀，
世百新，日史，日人，日本，美建，美術，百科，
履歴，履歴2

**内田祥三** うちだよしぞう
→内田祥三（うちだよしかず）

**内田祥哉** うちだよしちか
大正14（1925）年5月2日～　㊿内田祥哉《うちだ
しょうや》
昭和～平成期の建築家。東京大学教授、木造建築
研究フォーラム会長。専門は建築構法、建築設
計。日本建築学会会長も務める。著書に「建築工
法」など。
¶科技，現執1期（うちだしょうや），現執2期，現
情，現人，世紀，日人

**内野勘兵衛** うちのかんべえ
～安政6（1859）年
江戸時代後期の足柄下郡板橋村の木工業者。
¶神奈川人

**内野佐兵衛** うちのさへえ
～天明6（1786）年
江戸時代中期の新田開発者。
¶多摩

**内野信一** うちのしんいち
明治7（1874）年12月28日～昭和3（1928）年11月
23日
明治～昭和期の開拓者。
¶世紀，姓氏富山，日人

**内野安之助** うちのやすのすけ
明治38（1905）年～昭和48（1973）年
昭和期の農業・養蚕功労者。
¶多摩

**内林達一** うちばやしたついち
明治28（1895）年2月6日～昭和53（1978）年5月2日
明治～昭和期の技師。
¶近土，土木

**内堀恵子** うちぼりけいこ
昭和26（1951）年7月20日～
昭和期の陶芸家。
¶陶芸最

**内堀敏房** うちぼりとしふさ
昭和23（1948）年3月25日～
昭和期の陶芸家。
¶陶芸最，名工

**内丸最一郎** うちまるさいいちろう
明治10（1877）年9月15日～昭和44（1969）年4月3
日
明治～昭和期の機械工学者。東京帝国大学教授。
水力学の研究で著名、機械工学書執筆の草分け
で、機械技術者養成に貢献。
¶科学，新潮，人名7，世紀，日人

**内村幸助** うちむらこうすけ
大正9（1920）年～平成1（1989）年
昭和期の工業デザイナー。

¶姓氏岩手

**内村三郎** うちむらさぶろう
明治28（1895）年8月10日～平成2（1990）年1月
18日
昭和期の技師。
¶近土，土木

**内村一** うちむらはじめ
昭和27（1952）年1月21日～
昭和期の陶芸家。
¶陶芸最

**内山伊吉** うちやまいきち
享保15（1730）年～文化11（1814）年
江戸時代中期～後期の殖産家。
¶人名，日人，福岡百（㊀享保15（1730）年3月15
日　㊁文化11（1814）年8月4日）

**内山一夫** うちやまかずお
～平成4（1992）年3月24日
昭和～平成期の刀剣研磨師。
¶美工

**内山興正** うちやまこうしょう
明治45（1912）年7月15日～平成10（1998）年3月
13日
昭和～平成期の僧侶、折り紙作家。
¶美工

**内山駒之助** うちやまこまのすけ
生没年不詳
明治期の技師。ガソリン自動車第一号「タクリー
号」を製造。
¶先駆

**内山正一** うちやましょういち
昭和23（1948）年～
昭和～平成期の民芸家。
¶名工

**内山長太郎** うちやまちょうたろう
文化1（1804）年～明治16（1883）年
江戸時代後期～明治期の植木職人。
¶日人

**内山富治郎** うちやまとみじろう
嘉永4（1851）年～大正4（1915）年
江戸時代後期～大正期の植木職人。小石川植物園
園丁取締役。
¶植物

**内山昇** うちやまのぼる
明治41（1908）年～平成9（1997）年
昭和～平成期のスキーの製作・開発に貢献。ブ
ルーモリス会長。
¶青森人

**内山春雄** うちやまはるお
昭和期の木彫師。
¶名工

**内山政義** うちやままさよし
昭和17（1942）年4月20日～

昭和期の陶芸家。
¶陶芸最，名工

**内山正義** うちやままさよし
昭和17(1942)年4月20日～
昭和～平成期の陶芸家。
¶陶工

**内山光弘** うちやまみつひろ
明治11(1878)年～昭和42(1967)年
明治～昭和期の折り紙作家。
¶美工，名工

**内山康** うちやまやすし
昭和6(1931)年1月13日～平成4(1992)年8月25日
昭和～平成期の電子工学者、レーザーテック社長。
¶科学

**鵜塚太郎左衛門** うづかたろうざえもん
生没年不詳
江戸時代中期の足柄上郡千津島村の鋳物師。
¶神奈川人

**宇津権右衛門** うづごんうえもん
江戸時代後期の塩谷郡上高根沢村名主。家伝薬宇津救命丸の製造・販売元。
¶栃木歴

**宇都宮三郎** うつのみやさぶろう
天保5(1834)年～明治35(1902)年　[別]宇都宮義綱《うつのみやよしつな》
明治期の蘭学者、化学技術者。セメント製造所を建設、工部大技師長となり石油試験取調局委員長などを歴任。
¶朝日([生]天保5年10月15日(1834年11月15日)　[没]明治35(1902)年7月23日)，維新，海越新([生]天保5(1834)年10月15日　[没]明治35(1902)年7月23日)，江文，科学([生]1834年(天保5)10月15日　[没]1902年(明治35)7月23日)，近現，近土([生]1834年10月15日　[没]1902年7月23日)，国際，国史，コン改([没]1903年)，コン4，コン5，史人([生]1834年10月15日　[没]1902年7月23日)，実業([生]天保5(1834)年10月15日　[没]明治35(1902)年7月23日)，食文([生]天保5年10月15日(1834年11月15日)　[没]1902年7月23日)，人情，新潮([生]天保5(1834)年10月15日　[没]明治35(1902)年7月23日)，人名，姓氏愛知，先駆([生]天保5(1834)年10月15日　[没]明治35(1902)年7月23日)，全書，大百，渡航(宇都宮三郎・宇都宮義綱　うつのみやさぶろう・うつのみやよしつな　[生]1834年10月15日　[没]1902年7月23日)，土木([生]1834年10月15日　[没]1902年7月23日)，日人，幕末([没]1902年7月23日)，藩臣4，洋学，歴大

**宇都宮敏男** うつのみやとしお
大正10(1921)年11月20日～
昭和期の電子工学者。東京大学教授。
¶現執2期，現情

**宇都宮勝** うつのみやまさる
昭和16(1941)年5月5日～
昭和期の陶芸家。
¶陶芸最

**内海吉造** うつみきちぞう
天保2(1831)年～明治18(1885)年　[別]内海吉造《うちうみよしぞう，うつみよしぞう》
江戸時代末期～明治期の陶画工。錦窯の改良、赤色顔料の新たな使用法に尽力。
¶石川百，人名，姓氏石川(うちうみよしぞう)，陶工，日人，幕末(うつみよしぞう　[没]1885年11月)，名工

**内海吉造〔1代〕** うつみきちぞう
江戸時代中期の陶画工。
¶人名

**内海吉造〔2代〕** うつみきちぞう
江戸時代後期の陶画工。
¶人名

**内海吉造〔3代〕** うつみきちぞう
江戸時代後期の陶画工。
¶人名

**内海清温** うつみきよはる
明治23(1890)年12月6日～昭和59(1984)年3月9日
明治～昭和期の工学者。
¶科学，近土，現情，鳥取百，土木

**内海五左衛門** うつみござえもん
文化2(1805)年～明治23(1890)年　[別]内海五左衛門《うちうみござえもん》
江戸時代末期～明治期の長州藩主膳部選米役。稲種の改良試作に尽力。
¶姓氏山口(うちうみござえもん)，日人，幕末([没]1890年11月27日)，山口百

**内海五郎兵衛** うつみごろうべえ
天保12(1841)年～明治41(1908)年　[別]内海五郎兵衛《うつみごろべえ》
江戸時代後期～明治期の地方功労者。北上川に最初の木橋をかける。
¶姓氏宮城(うつみごろべえ)，日人，宮城百([没]明治42(1909)年)

**内海五郎兵衛** うつみごろべえ
→内海五郎兵衛(うつみごろうべえ)

**内海作兵衛** うつみさくべえ
寛永1(1624)年～宝永3(1706)年
江戸時代前期～中期の豊前中津藩大工頭。
¶コン改(生没年不詳)，コン4(生没年不詳)，人名，日人，藩臣7

**内海左太夫** うつみさだゆう
寛政7(1795)年～明治2(1869)年
江戸時代末期の治水家。播磨姫路藩大庄屋。戸池・花田井堰を完成させた。
¶日人，藩臣5

**内海三貞** うつみさんてい
明治1(1868)年～大正8(1919)年8月6日
明治～大正期の工学者。セメントの専門家。
¶人名，世紀，日人

**内海茂義**　うつみしげよし
生没年不詳
江戸時代の水利開発者。
¶兵庫人

**内海市雅**　うつみちが
大正14(1925)年2月26日～
昭和期の陶芸家。
¶陶芸最，名工

**内海博**　うつみひろし
大正13(1924)年年10月25日～平成26(2014)年年2月26日
昭和～平成期の機械工学者、東京商船大学名誉教授。専門は舶用機関学。
¶科学

**内海吉造**　うつみよしぞう
→内海吉造(うつみきちぞう)

**内海鯉友**　うつみりゆう
江戸時代末期の治水開墾家。
¶人名

**烏亭焉馬**　うていえんば
寛保3(1743)年～文政5(1822)年　[別]立川焉馬〔1代〕《たてかわえんば》，立川焉馬《たてかわえんば》，柿八斎《かきはっさい》，柿発斎《かきはっさい》，談州楼《だんしゅうろう》，中村利貞《なかむらとしさだ》，桃栗山人《とうりさんじん》，野見釿言墨金《のみちょうなこんすかね》，和泉屋和助《いずみやわすけ》
江戸時代中期～後期の戯作者、大工棟梁。安永9年～文化12年頃に活躍。
¶朝日([没]文政5年6月2日(1822年7月19日))，岩史([没]文政5(1822)年6月2日)，江戸，角史，歌舞([没]文政5年6月2日)，歌舞新([没]文政5(1822)年6月2日)，近世，芸能(立川焉馬〔1代〕　たてかわえんば　[没]文政5(1822)年6月2日)，国史，国書([没]文政5(1822)年6月2日)，コン改，コン4，史人([没]1822年6月2日)，人書79，人書94，新潮([没]文政5(1822)年6月2日)，人名，世人，世百(立川焉馬　たてかわえんば)，全書，大百，日史([没]文政5(1822)年6月2日)，日人，百科，百科(立川焉馬　たてかわえんば)，歴大，和俳([没]文政5(1822)年6月2日)

**鵜戸口英善**　うどぐちてるよし
大正15(1926)年10月25日～平成8(1996)年2月16日
昭和～平成期の機械工学者、東京大学名誉教授。
¶科学

**鵜殿正雄**　うどのまさお
明治10(1877)年～昭和20(1945)年
明治～昭和期の岳人。穂高岳の開拓者。
¶姓氏長野，長野百，長野歴

**宇苗長造**　うなえちょうぞう
天保9(1838)年～大正5(1916)年
江戸時代末期～大正期の奥尻島開発功労者。
¶北海道歴

**海上静**　うなかみしずか
安政2(1855)年～明治35(1902)年
江戸時代末期～明治期の養蚕家。
¶姓氏宮城

**畝尾典秀**　うねおのりひで
昭和22(1947)年5月24日～
昭和～平成期の陶芸家。
¶陶工，名工

**畝尾人努**　うねおひとむ
昭和22(1947)年5月24日～
昭和期の陶芸家。
¶陶芸最

**宇根豊**　うねゆたか
昭和25(1950)年6月2日～
昭和～平成期の農業技術者。農と自然の研究所代表。害虫把握に“虫見板”を発明。減農薬運動を提唱し農業改革に取り組む。
¶現朝，世紀，日人

**宇野円三郎**　うのえんざぶろう
天保5(1834)年5月21日～明治44(1911)年7月20日
明治期の農業経営者。治山治水事業の先駆者。著者に「治水植林本源論」など。
¶岡山人，岡山百，岡山歴，近現，近土，国史，史人，土木，日人

**宇野三吾**　うのさんご
明治35(1902)年8月10日～昭和63(1988)年1月28日
昭和期の陶芸家。
¶陶芸，陶芸最，陶工，美工，名工

**宇野十平**　うのじゅうへい
弘化3(1846)年～明治37(1904)年
明治期の農事殖産家。
¶大分歴

**宇野宗甕**(1)　うのそうよう
明治21(1888)年2月7日～昭和48(1973)年4月28日
大正～昭和期の陶芸家。南宋の青磁を研究、セントルイス、ミラノ万国博で受賞、青磁の無形文化財記録保持者。
¶京都大，現情，新潮，人名7，世紀，姓氏京都，陶芸最，陶工，日人，美工，名工

**宇野宗甕**(2)　うのそうよう
昭和24(1949)年12月3日～
昭和～平成期の陶芸家。
¶陶芸最，陶工，名工

**宇野太郎左衛門**　うのたろうざえもん
生没年不詳
戦国時代の相模国西部の大工。
¶戦辞

**宇野伝三**　うのでんぞう
明治25(1892)年1月～昭和17(1942)年4月4日
大正～昭和期の金属工学者。

¶科学,人名7,日人

**宇野徹** うのとおる
昭和10(1935)年11月16日～
昭和～平成期の陶芸家。
¶陶芸最,陶工,名工

**宇野仁松** うのにんまつ
～昭和57(1982)年3月11日
昭和期の陶芸家。
¶美工,名工

**宇野八郎左衛門** うのはちろうざえもん
生没年不詳
戦国時代の大工。
¶戦辞

**宇野政輔** うのまさすけ
明治6(1873)年～昭和11(1936)年
明治～昭和期の小島浦開発に貢献。
¶姓氏山口

**生方幸英** うぶかたこうえい
昭和37(1962)年2月9日～
昭和～平成期の陶芸家。
¶陶工

**大道下庫理** うふどうしたぐり
生没年不詳
江戸時代中期の名護の大堂原の開拓・保安林造成者。
¶姓氏沖縄

**吾甫也古** うふやく
？～永享6(1434)年
室町時代の琉球の造船技術者。
¶朝日(生没年不詳),日人

**宇兵衛** うへえ
生没年不詳
江戸時代前期の大工。
¶日人

**馬居七郎兵衛** うまいひちろうべえ
？～寛永2(1625)年11月15日
安土桃山時代～江戸時代前期の製塩技術者。
¶徳島歴

**馬上鉄蔵** うまがみてつぞう
明治16(1883)年～昭和33(1958)年
明治～昭和期の建築家。栃木県建設業協会最高顧問。
¶栃木歴,美建

**馬川晴美** うまかわはるみ
昭和31(1956)年2月15日～
昭和～平成期の陶芸家。
¶陶工

**馬野周吉** うまのしゅうじ
大正10(1921)年6月4日～
昭和～平成期の国際関係評論家、化学工学者。
ニューヨーク工科大学教授。
¶現執2期,現執3期,現執4期

**馬の背駒蔵** うまのせこまぞう
生没年不詳
江戸時代中期～後期の木偶人形師。
¶徳島歴

**梅岡次郎兵衛** うめおかじろべえ
生没年不詳
江戸時代前期～中期の能面師。
¶日人

**梅木博美** うめきひろみ
昭和期の大工。
¶名工

**梅木正義** うめきまさよし
弘化1(1844)年～昭和8(1933)年
明治～昭和期の彫金家。
¶島根人,島根百(㊦天保15(1844)年1月20日 ㊧昭和8(1933)年1月5日),島根歴

**梅錦之丞** うめきんのじょう
安政5(1858)年～明治19(1886)年
明治期の医師。眼科医、医学士。眼科学研究のためドイツに渡る。検眼器を発明。
¶海越(㊦安政5(1858)年4月20日 ㊧明治19(1886)年4月20日),海越新(㊦安政5(1858)年4月20日 ㊧明治19(1886)年4月20日),科学(㊦1858年(安政5)4月20日 ㊧1886年(明治19)4月8日),眼科,近医,島根歴,人名(㊦？ ㊧1885年),渡航(㊧1886年4月8日),日人

**梅染一美** うめぞめかずみ
昭和29(1954)年～
昭和～平成期の陶芸家。
¶陶工

**埋忠明寿** うめただみょうじゅ
永禄1(1558)年～寛永8(1631)年 ㊨埋忠明寿
《うめただめいじゅ》,明寿《みょうじゅ》
安土桃山時代～江戸時代前期の装剣金工、刀工。新刀鍛冶の祖。
¶朝日,岩史,近世(明寿 みょうじゅ),国史(明寿 みょうじゅ),コン改,コン4,茶道,史人,新潮(明寿 みょうじゅ)(㊧寛永8(1631)年5月18日),人名(うめただめいじゅ),世人(㊦弘治2(1556)年 ㊧寛永8(1631)年5月18日),世百,全書,戦人,大百,日史(㊧寛永8(1631)年5月18日),日人,美術,百科,歴大

**埋忠明寿** うめただめいじゅ
→埋忠明寿(うめただみょうじゅ)

**梅谷(某)** うめたに
生没年不詳
明治期の製造業者。日本人として初めてゴム布を製造。
¶先駆(梅谷)

**梅谷正吉** うめたにしょうきち
明治40(1907)年10月2日～
昭和～平成期の榛地師。
¶名工

**梅田正弘** うめだまさひろ
昭和12(1937)年1月30日～平成18(2006)年12月1日
昭和期の陶芸家。
¶陶芸最, 美工

**梅田美代子** うめだみよこ
昭和18(1943)年～
昭和～平成期の理容師・仏教徒。
¶平和

**梅津良之** うめづよしゆき
大正6(1917)年12月3日～
昭和期の金属工学者。秋田大学教授。
¶現情

**梅根常三郎** うめねつねさぶろう
明治17(1884)年～昭和31(1956)年3月17日
大正～昭和期の鉄鋼技術者。磁化焙焼法の発明など原料事前処理、低原価銑に画期的業績を残す。
¶科学([生]1884年(明治17)2月), 近現, 現情([生]1884年2月), 国史, 史人([生]1884年2月27日), 人名7, 世紀([生]明治17(1884)年2月), 日人([生]明治17(1884)年2月27日)

**梅野陶香** うめのとうこう
昭和24(1949)年8月20日～
昭和～平成期の陶芸家。
¶名工

**梅野実** うめのみのる
明治4(1871)年12月19日～昭和44(1969)年1月28日
明治～昭和期の鉄道・鉱山技師。
¶近土, 土木

**梅原晃** うめはらあきら
昭和18(1943)年1月30日～
昭和～平成期のカメラ修理者。
¶写人

**梅原偉央** うめはらいさむ
昭和21(1946)年9月8日～
昭和～平成期の陶芸家。
¶陶芸最, 陶工

**梅原久音** うめはらきゅうおん
江戸時代の蒔絵師。
¶人名, 日人(生没年不詳)

**梅原重寿** うめはらしげひさ
江戸時代前期の蒔絵師。
¶人名, 日人(生没年不詳)

**梅原半助** うめはらはんすけ
寛文4(1664)年～享保12(1727)年
江戸時代中期の越中富山藩蒔絵塗師。
¶人名, 姓氏富山, 日人([没]1728年), 藩臣3

**梅村一之** うめむらかずゆき
昭和21(1946)年4月23日～
昭和～平成期の陶芸家。
¶陶工

**梅村鉱二** うめむらこうじ
大正15(1926)年3月30日～平成20(2008)年1月8日
昭和～平成期の陶芸家。
¶美工

**梅村翠山** うめむらすいざん
天保10(1839)年～明治39(1906)年
江戸時代末期～明治期の銅版彫刻師、印刷業者。Engraving Company社長。民間初の銅版印刷・石版印刷専門の彫刻会社を設立。
¶郷土千葉, 人名, 先駆([没]明治39(1906)年6月18日), 千葉百, 日人, 洋学

**梅村魁** うめむらはじめ
大正7(1918)年3月5日～平成7(1995)年1月31日
昭和～平成期の建築学者、東京大学名誉教授。専門は建築構造学、耐震工学。
¶科学, 現執1期, 現情

**梅村彦左衛門** うめむらひこざえもん
生没年不詳
江戸時代前期の大工棟梁。
¶姓氏宮城

**梅山小三郎** うめやまこさぶろう
生没年不詳
江戸時代末期～明治期の製茶改良者。
¶多摩([生]江戸末期　[没]明治中期頃)

**有来新兵衛** うらいしんべい
生没年不詳　[別]有来新兵衛《ありきしんべえ, うらいしんべえ》
江戸時代前期の京都の豪商、陶工。後窯茶入作者。
¶茶道, 姓氏京都(ありきしんべえ), 美工(うらいしんべえ)

**有来新兵衛** うらいしんべえ
→有来新兵衛(うらいしんべい)

**浦上善次** うらがみぜんじ, うらかみぜんじ
大正3(1914)年9月10日～平成18(2006)年3月23日
昭和～平成期の陶芸家。
¶岡山百, 陶芸, 陶芸最(うらかみぜんじ), 陶工, 美工(うらかみぜんじ), 名工

**浦上直方** うらがみなおかた
→浦上弥五左衛門(うらがみやござえもん)

**浦上光弘** うらかみみつひろ
昭和21(1946)年10月6日～
昭和～平成期の陶芸家。
¶名工

**浦上弥五衛門** うらがみやごえもん
→浦上弥五左衛門(うらがみやござえもん)

**浦上弥五左衛門** うらがみやござえもん, うらかみやござえもん
元禄11(1698)年～宝暦7(1757)年　[別]浦上直方《うらがみなおかた》, 浦上弥五衛門《うらがみやごえもん》
江戸時代中期の小納戸方役人。伝統染色の復興保

存に尽力。
¶朝日(浦上弥五衛門　うらがみやごえもん　生没年不詳)，国書(浦上直方　うらがみなおかた　[没]宝暦7(1757)年9月24日)，新潮(うらかみやござえもん　生没年不詳)，日人

**浦川一斎** うらかわいっさい
安政3(1856)年～明治42(1909)年
明治期の陶工。主として朱泥急須、真焼火鉢、花瓶などを製造した。
¶人名，日人，名工([生]安政3(1856)年5月　[没]明治42年3月)

**浦川太八** うらかわたはち
昭和期のアイヌ木彫師。
¶名工

**浦川与右衛門** うらかわよえもん
江戸時代末期の陶工。
¶人名，日人(生没年不詳)

**浦田周次郎** うらたしゅうじろう
明治3(1870)年3月17日～大正8(1919)年9月22日
明治～大正期の電気技術者。
¶科学，世紀，渡航，日人

**浦田晴孝** うらたはるたか
昭和23(1948)年10月9日～
昭和期の陶芸家。
¶陶芸最

**浦野多門治** うらのたもんじ
明治19(1886)年9月19日～昭和29(1954)年5月28日
明治～昭和期の放射線医学者。島津製作所顧問。放射線医学と技術の普及に貢献、放射線医学のパイオニア。
¶科学，近医，人名7，渡航，日人

**卜部家光** うらべいえみつ
南北朝時代～室町時代の下野国天命の鋳物師。
¶人名，日人(生没年不詳)

**浦辺鎮太郎** うらべしずたろう
明治42(1909)年3月31日～平成3(1991)年6月8日
昭和期の建築家。代表作「倉敷アイビースクエア」で歴史的資産の保存・再生を実現。
¶岡山歴，現朝，現執1期，現情，現人，世紀，全書，美建

**卜部助光** うらべすけみつ
鎌倉時代後期の下野国天命の鋳物師。
¶人名，栃木歴，日人(生没年不詳)

**占部高信** うらべたかのぶ
戦国時代の下野国阿曽郡天命の鋳物師。
¶人名，日人(生没年不詳)

**卜部春久**(浦部春久) うらべはるひさ
室町時代の下野国天命の鋳物師。
¶人名(浦部春久)，日人(生没年不詳)

**浦部良太郎** うらべりょうたろう
弘化4(1847)年～昭和3(1928)年
明治～昭和期の養蚕改良普及家。
¶埼玉人([生]弘化4(1847)年3月3日　[没]昭和3(1928)年3月3日)，埼玉百

**浦和盛三郎** うらわせいざぶろう
天保14(1843)年～明治25(1892)年10月6日
[別]浦和盛三郎《うらわもりさぶろう》
明治期の金輪網の発明者、大網元。一種のまき網漁法を完成させた愛媛県漁業界の先駆者。
¶愛媛百([生]天保14(1843)年11月3日)，日人，幕末(うらわもりさぶろう)

**浦和盛三郎** うらわもりさぶろう
→浦和盛三郎(うらわせいざぶろう)

**瓜生啓一** うりゅうけいいち
～平成4(1992)年3月31日
昭和～平成期のアートメダル作家。
¶美工

**砂川大殿** うるかうぶとぅぬ,うるかうぶとうぬ
生没年不詳
戦国時代の人。宮古の造船技術の創始者。
¶沖縄百，姓氏沖縄(うるかうぶとうぬ)

**漆畑登** うるしばたのぼる
昭和18(1943)年9月11日～
昭和～平成期の陶芸家。
¶陶工

**売間信男** うるまのぶお
明治30(1897)年11月4日～昭和60(1985)年11月29日
明治～昭和期の実業家。山形県公安委員長。米沢織物の振興につとめる。
¶世紀，日人，山形百新

**上滝勝治** うわたきかつじ
昭和16(1941)年3月10日～　[別]上滝勝治《うえたきかつじ》
昭和～平成期の陶芸家。
¶陶芸最，陶工(うえたきかつじ)，名工

**上棚宗佐** うわだなそうさ
明治11(1878)年～昭和21(1946)年
明治～昭和期の塗り師。金沢塗り最後の名工。
¶石川百，姓氏石川

**運賀** うんが
生没年不詳
鎌倉時代前期の仏師。運慶の子。
¶朝日，日人，仏教，平史

**運覚** うんかく
?　～康治2(1143)年2月
平安時代後期～鎌倉時代前期の仏師。
¶仏教，平史(生没年不詳)

**運慶** うんけい
?　～貞応2(1223)年
平安時代後期～鎌倉時代前期の仏師。鎌倉時代彫刻様式の祖。代表作に快慶との合作の「東大寺金剛力士像」や興福寺北円堂の諸像などがある。
¶朝日([没]貞応2年12月11日(1224年1月3日))，

う

岩史（[没]貞応2（1223）年12月11日），角史，神奈川人，神奈川百，鎌倉，鎌室，郷土神奈川，京都大，郷土奈良（生没年不詳），国史，古史，古中，コン改，コン4，史人（[没]1223年12月11日），静岡百（[生]久安6（1150）年？），静岡歴（[生]久安6（1150）年？），重要，人書94，新潮（[没]貞応2（1223）年12月11日），人名，姓氏京都，世人（生没年不詳），世百（[生]1148年），全書，大百，伝記，日史（[没]貞応2（1223）年12月11日），日人（[没]1224年），美術，百科，仏教（[没]貞応2（1223）年12月11日），仏史，仏人，平史，平日（[没]1223），歴大

**雲慶** うんけい
生没年不詳
平安時代後期の慶派仏師の一人。
¶岩手百，姓氏岩手

**雲斎** うんさい
江戸時代前期の京都清閑寺焼の陶工。
¶人名，日人（生没年不詳）

**雲次** うんじ
[別]雲次《くもつぐ》
南北朝時代の刀工。
¶岡山人（くもつぐ），岡山歴，島根人，島根百

**雲重** うんじゅう
南北朝時代の雲派の刀工。
¶岡山歴

**連寿一則** うんじゅかずのり
天保10（1839）年～明治43（1910）年
江戸時代後期～明治期の刀工。
¶長野歴

**運助** うんじょ
生没年不詳
鎌倉時代前期の仏師。運慶の子。
¶朝日，国書，日人，平史

**雲生** うんしょう，うんじょう
[別]雲生〔1代〕《くもお》
鎌倉時代の刀工。
¶岡山人（くもお），岡山歴，史人，島根人（うんじょう），島根百（うんじょう），人名，日人（生没年不詳）

**雲上** うんじょう
[別]雲上《くもがみ》
鎌倉時代の刀工。
¶岡山人（くもがみ），島根人，島根百

**雲善** うんぜん
江戸時代後期の出雲布志名焼の名工。
¶茶道

**運朝** うんちょう
生没年不詳
南北朝時代の仏師。
¶神奈川人，鎌倉

**運長** うんちょう
生没年不詳
江戸時代前期の仏師。
¶和歌山人

**海野清** うんのきよし
明治17（1884）年11月8日～昭和31（1956）年7月10日
昭和期の彫金家。東京美術学校教授、日本彫金会会長。帝展、新文展、日展の審査員を務め、「彫金」の人間国宝となる。
¶茨城百，現朝，現情，現日，国宝，新潮，人名7，世紀，全書，日人，美工，名工（[生]明治17年1月8日）

**海野勝珉** うんのしょうみん
弘化1（1844）年～大正4（1915）年
明治期の彫金家。東京美術学校教授、帝室技芸員。片切彫を得意とし、象嵌に独自の特色を示し、国内勧業博で「蘭陵王」妙技一等賞受賞。
¶朝日（[生]弘化1年5月15日（1844年6月30日）[没]大正4（1915）年10月6日），茨城百，角史，郷土茨城，近現，国史，コン改，コン5，史人（[生]1844年5月15日　[没]1915年10月6日），新潮（[生]弘化1（1844）年5月15日　[没]大正4（1915）年10月5日），人名，世人（[生]弘化1（1844）年5月15日　[没]大正4（1915）年10月18日），世百，全書，大百，日史（[生]弘化1（1844）年5月15日　[没]大正4（1915）年10月6日），日人，幕末（[没]1915年10月6日），美術，百科，名工（[生]弘化1（1844）年5月15日　[没]大正4年10月6日）

**海野盛寿** うんのせいじゅ
→海野盛寿（うんのもりとし）

**海野建夫** うんのたけお
明治38（1905）年6月15日～昭和57（1982）年11月17日
大正～昭和期の金工家。東京学芸大学教授。
¶現情，世紀，日人，美工，名工

**海野太七** うんのたしち
天保11（1840）年～大正2（1913）年
江戸時代末期～大正期の茶業家。栽培・製茶技術の改良を行う。
¶姓氏静岡

**雲野藤蔵** うんのとうぞう
生没年不詳
江戸時代後期の足柄下郡国府津村の工匠。
¶神奈川人

**海野美盛** うんのびせい
→海野美盛（うんのよしもり）

**海野珉乗** うんのみんじょう
明治6（1873）年2月2日～明治43（1910）年4月18日
明治期の彫金家。彫金の奥義を究め秀才の誉れが高かった。
¶人名，日人，名工

**海野盛寿** うんのもりとし
*～明治29（1896）年　[別]海野盛寿《うんのせいじゅ》
明治期の彫金家。水戸常盤神社に奉祀される烈公武装金像が遺されている。

人名（うんのせいじゅ　㊐？）、日人（㊐1834年）、名工（うんのせいじゅ　㉞明治29年10月1日）

**海野屋作兵衛** うんのやさくべえ
？～天和2（1682）年
江戸時代前期の手賀沼新田開発請負人、鮮魚商。
¶朝日（㊁天和2年2月8日（1682年3月16日））、コン4、日人

**海野義雄** うんのよしお
昭和7（1932）年2月23日～平成14（2002）年11月12日
昭和～平成期の映画照明技師。
¶映人

**海野美盛〔2代〕** うんのよしのり
→海野美盛（うんのよしもり）

**海野美盛** うんのよしもり
元治1（1864）年～大正8（1919）年　㊋海野美盛〔2代〕《うんのよしのり》、海野美盛《うんのびせい》
明治～大正期の彫金家。東京美術学校教授。丸彫の人物、動物を得意とし、作品に「流鏑馬銀製置物」「加茂競馬置物」。
¶朝日（うんのびせい）、茨城百、新潮（うんのびせい　㊁元治1（1864）年11月　㊂大正8（1919）年9月22日）、人名（うんのびせい）、世紀（うんのよしもり　㊁元治1（1864）年11月　㊂大正8（1919）年9月22日）、日人、幕末、名工（うんのびせい　㊁元治1（1864）年11月　㊂大正8年9月）

**雲林院文蔵**⑴ うんりんいんぶんぞう
世襲名　江戸時代の京都粟田口の陶家。
¶近世、古中

**雲林院文蔵**⑵ うんりんいんぶんぞう
生没年不詳
江戸時代後期の陶工。京都粟田口焼の基礎を築いた。
¶史人

**雲林院文蔵〔1代〕** うんりんいんぶんぞう
？～弘治3（1557）年　㊋宝山文蔵《ほうざんぶんぞう》、雲林院文蔵《うりんいんぶんぞう》、文蔵《ぶんぞう》、宝山《ほうざん》
世襲名　江戸時代の京都粟田口の陶工。
¶国史（――〔代数なし〕、新潮（宝山文蔵　ほうざんぶんぞう）、日人

**雲林院文蔵〔4代〕**（雲林院文造）うんりんいんぶんぞう
？～文禄4（1595）年　㊋雲林院文造《うじいんぶんぞう》
安土桃山時代の京都粟田焼の陶工。
¶人名（雲林院文造〔4代〕）、日人

**雲林院文蔵〔7代〕**（雲林院文造）うんりんいんぶんぞう
？～*　㊋雲林院文造《うじいんぶんぞう》、宝山文蔵《ほうざんぶんぞう》
江戸時代前期の京都粟田焼の陶工。
¶人名（雲林院文造〔7代〕　㉞1660年）、日人（㊁1661年）

**雲林院文蔵〔8代〕**（雲林院文造）うんりんいんぶんぞう
？～天和3（1683）年　㊋雲林院文造《うじいんぶんぞう》
江戸時代前期の京都粟田焼の陶工。
¶人名（雲林院文造〔8代〕）、日人

**雲林院文造〔1代〕** うんりんいんぶんぞう
→宝山文蔵〔1代〕（ほうざんぶんぞう）

**雲林院文造〔2代〕** うんりんいんぶんぞう
？～永禄11（1568）年　㊋雲林院文造《うじいんぶんぞう》
戦国時代の京都粟田焼の陶工。
¶人名

**雲林院文造〔3代〕** うんりんいんぶんぞう
？～天正13（1585）年　㊋雲林院文造《うじいんぶんぞう》
安土桃山時代の京都粟田焼の陶工。
¶人名

**雲林院文造〔5代〕** うんりんいんぶんぞう
？～慶長13（1608）年　㊋雲林院文造《うじいんぶんぞう》
安土桃山時代～江戸時代前期の京都粟田焼の陶工。
¶人名

**雲林院文造〔6代〕** うんりんいんぶんぞう
？～寛永12（1635）年　㊋雲林院文造《うじいんぶんぞう》
江戸時代前期の京都粟田焼の陶工。
¶人名

**雲林院文造〔9代〕** うんりんいんぶんぞう
？～享保8（1723）年　㊋雲林院文造《うじいんぶんぞう》
江戸時代中期の京都粟田焼の陶工。
¶人名

**雲林院文造〔10代〕** うんりんいんぶんぞう
？～宝暦2（1752）年　㊋雲林院文造《うじいんぶんぞう》
江戸時代中期の京都粟田焼の陶工。
¶人名

**雲林院文造〔11代〕** うんりんいんぶんぞう
？～明和6（1769）年　㊋雲林院文造《うじいんぶんぞう》
江戸時代中期の京都粟田焼の陶工。
¶人名

**雲林院文造〔12代〕** うんりんいんぶんぞう
？～寛政1（1789）年　㊋雲林院文造《うじいんぶんぞう》
江戸時代中期の京都粟田焼の陶工。
¶人名

**雲林院文造〔13代〕** うんりんいんぶんぞう
？～文政1（1818）年　㊋雲林院文造《うじいんぶんぞう》
江戸時代後期の京都粟田焼の陶工。
¶人名

**雲林院文造〔14代〕** うんりんいんぶんぞう
？ ～文政7（1824）年　[別]雲林院文造《うじいんぶんぞう》
江戸時代後期の京都粟田焼の陶工。
¶人名

**雲林院文造〔15代〕** うんりんいんぶんぞう
？ ～天保13（1842）年　[別]雲林院文造《うじいんぶんぞう》
江戸時代後期の京都粟田焼の陶工。
¶人名

**雲林院文造〔16代〕** うんりんいんぶんぞう
→宝山文蔵〔16代〕（ほうざんぶんぞう）

**雲林院宝山** うんりんいんほうざん
明治39（1906）年2月27日～
大正～昭和期の陶芸家。
¶陶芸，陶芸最，名工

## 【え】

**栄賀** えいが
→宅磨栄賀（たくまえいが）

**栄快** えいかい
生没年不詳
鎌倉時代前期の仏師。快慶の弟子。
¶朝日，鎌室，新潮，世人，日人

**潁川春平** えいかわしゅんぺい
→潁川春平（えがわしゅんぺい）

**永車明英** えいしゃあきひで
昭和8（1933）年11月10日～
昭和～平成期の陶芸家。
¶陶工

**永徳屋又右衛門** えいとくやまたえもん
安土桃山時代～江戸時代前期の人。マルボーロの製造者。
¶食文

**永場台三郎** えいばだいざぶろう
明治21（1888）年～昭和48（1973）年
大正～昭和期の日本一のそろばん工。
¶島根歴

**永楽紘一** えいらくこういち
昭和19（1944）年1月24日～
昭和～平成期の陶芸家。専門は色絵・染付磁器。
¶陶芸最，陶工，名工

**永楽正全〔15代〕** えいらくしょうぜん
明治13（1880）年～昭和7（1932）年
明治～昭和期の陶芸家。
¶陶工

**永楽善五郎**(1) えいらくぜんごろう
世襲名　京都の陶工永楽家。
¶京都大，日史

**永楽善五郎**(2) えいらくぜんごろう
大正6（1917）年7月8日～
昭和～平成期の陶芸家。
¶陶芸，陶芸最，陶工，名工

**永楽善五郎〔1代〕** えいらくぜんごろう
→西村善五郎〔1代〕（にしむらぜんごろう）

**永楽善五郎〔2代〕** えいらくぜんごろう
→西村善五郎〔2代〕（にしむらぜんごろう）

**永楽善五郎〔3代〕** えいらくぜんごろう
→西村善五郎〔3代〕（にしむらぜんごろう）

**永楽善五郎〔4代〕** えいらくぜんごろう
→西村善五郎〔4代〕（にしむらぜんごろう）

**永楽善五郎〔5代〕** えいらくぜんごろう
→西村善五郎〔5代〕（にしむらぜんごろう）

**永楽善五郎〔6代〕** えいらくぜんごろう
→西村善五郎〔6代〕（にしむらぜんごろう）

**永楽善五郎〔7代〕** えいらくぜんごろう
→西村善五郎〔7代〕（にしむらぜんごろう）

**永楽善五郎〔8代〕** えいらくぜんごろう
→西村善五郎〔8代〕（にしむらぜんごろう）

**永楽善五郎〔9代〕** えいらくぜんごろう
→西村善五郎〔9代〕（にしむらぜんごろう）

**永楽即全** えいらくそくぜん
大正6（1917）年7月8日～平成10（1998）年5月3日
昭和～平成期の土風炉師、焼物師。
¶美工

**永楽得全〔14代〕** えいらくとくぜん
嘉永6（1853）年～明治42（1909）年　[別]得全《とくぜん》
江戸時代後期～明治期の陶芸家。
¶茶道（得全　とくぜん），陶工

**永楽保全** えいらくほぜん
寛政7（1795）年～安政1（1854）年　[別]西村善五郎《にしむらぜんごろう》，西村善五郎〔11代〕《にしむらぜんごろう》，保全《ほぜん》
江戸時代末期の京焼の名工。西村善五郎11代。
¶朝日（[没]安政1年9月18日（1854年11月8日）），岩史（[没]嘉永7（1854）年9月18日），角史（西村善五郎　にしむらぜんごろう），京都，京都大，近世，国史，コン改，コン4，茶道，史人（[没]1854年9月18日），新潮（[没]安政1（1854）年9月18日），人名，姓氏京都，世人（[没]安政1（1854）年9月18日），全書，大百，日人，美術，百科，歴大，和歌山人

**永楽了全** えいらくりょうぜん
→西村善五郎〔10代〕（にしむらぜんごろう）

**永楽和全** えいらくわぜん
文政6（1823）年～明治29（1896）年
江戸時代末期～明治期の陶工。金襴手・祥端写・赤絵を得意とする。御室窯を再興、加賀大聖寺藩に九谷焼を指導。

¶朝日（[没]明治29（1896）年5月6日），石川百，岩史（[没]明治29（1896）年5月6日），京都大，近現，近世，国史，コン4，コン5，茶道（[生]1822年），史人（[没]1896年5月6日），新潮（[没]明治29（1896）年5月6日），人名（[生]1822年），姓氏石川，姓氏京都（[生]1825年），世百（[生]1822年），陶工，日人

**江川英竜** えがわえいりゅう
→江川太郎左衛門（えがわたろうざえもん）

**潁川春平** えがわしゅんぺい
文久3（1863）年10月10日～明治29（1896）年12月22日　[別]潁川春平《えいかわしゅんぺい》
江戸時代末期～明治期の技師。
¶近土，土木（えいかわしゅんぺい）

**江川拙斎** えがわせっさい
昭和2（1927）年7月12日～
昭和期の陶芸家。
¶陶芸最

**江川拙斎〔1代〕** えがわせっさい
明治35（1902）年～昭和56（1981）年
大正～昭和期の陶芸家。
¶陶芸最，陶工（――〔代数なし〕）

**江川宗隣** えがわそうりん
[別]宗隣《そうりん》
江戸時代の水戸の金工、江川氏の祖。
¶人名

**江川太郎左衛門** えがわたろうざえもん
享和1（1801）年～安政2（1855）年　[別]江川英竜《えがわえいりゅう，えがわひでたつ》，江川坦庵《えがわたんあん》
江戸時代末期の代官、洋式砲術家。韮山に反射炉を築いた。また日本で初めて兵糧、非常用パンを製造。
¶朝日（[生]享和1年5月13日（1801年6月23日）[没]安政2年1月16日（1855年3月4日）），維新（江川坦庵　えがわたんあん），岩史（[生]享和1（1801）年5月13日　[没]安政2（1855）年1月16日），江文（江川坦庵　えがわたんあん），角史（江川英竜　えがわひでたつ），国史，国書（江川坦庵　えがわたんあん　[生]享和1（1801）年5月13日　[没]安政2（1855）年1月16日），コン改，コン4，詩歌，史人（[生]1801年5月13日　[没]1855年1月16日），重要（江川坦庵　えがわたんあん　[生]享和1（1801）年5月13日　[没]安政2（1855）年1月16日），食文（[生]享和1年5月13日（1801年6月23日）　[没]安政2年1月16日（1855年3月4日）），人書94，新潮（[生]享和1（1801）年5月13日　[没]安政2（1855）年1月16日），人名，世人（江川英竜　えがわひでたつ　[生]享和1（1801）年5月13日　[没]安政2（1855）年1月16日），世百，全書（江川英竜　えがわひでたつ），大百，伝記，日人（江川英竜　えがわひでたつ），幕末（江川坦庵　えがわたんあん　[没]1855年3月4日），平日（[生]1801　[没]1855），洋学，歴大（江川英竜　えがわひでたつ）

**江川坦庵** えがわたんあん
→江川太郎左衛門（えがわたろうざえもん）

**江川利政〔1代〕** えがわとしまさ
安永3（1774）年～？
江戸時代中期～後期の装剣金工。
¶日人

**江川留吉** えがわとめきち
生没年不詳
江戸時代後期の彫工。
¶国書

**江川八左衛門** えがわはちざえもん
寛保1（1741）年～文政8（1825）年
江戸時代中期～後期の印判師。昌平黌刊行書籍の版木を彫った。
¶人名，日人

**柄川彦右衛門** えがわひこえもん
享保20（1735）年～寛政11（1799）年
江戸時代中期～後期の治水家。
¶日人

**江川英竜** えがわひでたつ
→江川太郎左衛門（えがわたろうざえもん）

**江川弥三郎** えがわやさぶろう
天保1（1830）年～明治23（1890）年
江戸時代後期～明治期の彫工。
¶姓氏宮城

**江木保夫**（江木保男） えぎやすお
安政3（1856）年～明治31（1898）年
明治期の貿易商、写真技術者。日本の写真撮影術の先覚者。東京京橋に江木写真館を開業。
¶コン改，コン5，人名（江木保男），日人

**江口滉** えぐちあきら
昭和12（1937）年9月12日～
昭和期の陶芸家。
¶陶芸最

**江口勝美** えぐちかつみ
昭和11（1936）年1月24日～
昭和～平成期の陶芸家。
¶佐賀百，陶芸最，陶工，名工

**江口秀山** えぐちしゅうざん
大正11（1922）年11月14日～昭和63（1988）年10月29日
昭和期の陶芸家。
¶陶芸最，陶工，美工，名工

**江口宗三** えぐちそうざん
昭和3（1928）年～
昭和期の陶芸家。
¶陶芸最

**江口司** えぐちつかさ
昭和25（1950）年10月21日～
昭和期の陶芸家。
¶陶芸最

**江口正敏** えぐちまさとし
昭和期の工芸家。
¶名工

**江口正直** えぐちまさなお
？ ～天和1(1681)年
江戸時代前期の理学者、発明家。機械工具類を数多く発明し「からくり市左衛門」と呼ばれた。
¶高知人，高知百，人名，日人

**江口元太郎** えぐちもとたろう
明治12(1879)年～大正15(1926)年
明治～大正期の技師。理学博士。最も著名な功績は永久に消えない電池の発明。
¶科学([没]1926年(大正15)9月28日)，人名

**江国正義** えくにまさよし
明治27(1894)年3月24日～昭和57(1982)年5月22日
明治～昭和期の建築学者、建築家。横浜国立大学名誉教授、国設計創設者。
¶岡山歴，科学，美建

**江崎一郎** えざきいちろう
明治3(1870)年7月5日～？
明治期の技師。
¶渡航

**江崎一生** えざきいっせい，えさきいっせい
大正7(1918)年10月11日～平成4(1992)年4月10日
昭和～平成期の陶芸家。
¶陶芸，陶芸最，陶工，美工(えさきいっせい)，名工

**江崎栄造** えざきえいぞう
～昭和40(1965)年11月10日
昭和期のべっ甲細工師。
¶美工

**江崎善右衛門** えざきぜんえもん
→江崎善左衛門(えざきぜんざえもん)

**江崎善左衛門** えざきぜんざえもん
*～延宝3(1675)年　[別]江崎善右衛門《えざきぜんえもん》
江戸時代前期の尾張入鹿新田の開発者。
¶朝日([生]文禄2年5月5日(1593年6月4日)　[没]延宝3年3月26日(1675年4月20日))，コン改([生]？)，コン4([生]？)，人名(江崎善右衛門 えざきぜんえもん　[生]？)，全書([生]1593年)，日人([生]1593年)

**江崎敏夫** えざきとしお
昭和8(1933)年9月4日～
昭和～平成期の陶芸家。
¶陶芸最，名工

**江崎礼二** えさきれいじ，えざきれいじ
弘化2(1845)年～明治43(1910)年
明治期の写真技術者。旧来の湿式写真から乾式写真に転じ、早撮り写真で名声を博す。
¶朝日，国際(えざきれいじ)，写家([生]弘化2年3月3日　[没]明治43年6月23日)，写真，先駆，日人(えざきれいじ　[没]1909年)

**江崎玲於奈** えさきれおな，えざきれおな
大正14(1925)年3月12日～
昭和～平成期の物理学者。筑波大学学長、茨城県科学技術振興財団理事長。固体物理学、電子工学を研究。エサキダイオードを発明しノーベル物理学賞受賞。
¶科技，科人，角史，現朝，現執2期(えざきれおな)，現執3期，現執4期，現情，現人，現日，コン4，コン5(えざきれおな)，史人，重要，新潮，世紀，世人([生]大正4(1925)年3月12日)，世百新，全書，大百，日史，日人，日本，ノベ業，ノベ人，百科，マス89，履歴，履歴2

**江刺秀三郎** えさしひでさぶろう
昭和期の染師。
¶名工

**江沢潤一郎** えざわじゅんいちろう
嘉永5(1852)年～昭和2(1927)年
明治期の社会事業家。
¶郷土千葉，世紀([生]嘉永5(1852)年3月　[没]昭和2(1927)年3月)，日人

**江島栄次郎** えじまえいじろう
元治1(1864)年12月26日～昭和19(1944)年1月9日
明治～昭和期の生人形師。
¶史人

**江尻喜多右衛門** えじりきたうえもん
→江尻喜多右衛門(えじりきたえもん)

**江尻喜多右衛門** えじりきたえもん
？ ～元文4(1739)年　[別]江尻喜多右衛門《えじりきたうえもん》
江戸時代中期の日向延岡の公益事業家。岩熊井堰築造・出北用水路開削にあたった。
¶朝日([没]元文4年8月19日(1739年9月21日))，近世，国史，コン改，コン4，史人([没]1739年8月15日)，新潮([没]元文4(1739)年8月15日)，人名，日人，藩臣7(えじりきたうえもん)，宮崎百(えじりきたうえもん)

**江副行昭** えぞえゆきあき
昭和期のガラス工芸作家。
¶名工

**枝権兵衛** えだごんべい
→枝権兵衛(えだごんべえ)

**枝権兵衛** えだごんべえ
文化6(1809)年～明治13(1880)年　[別]枝権兵衛《えだごんべい》
江戸時代末期～明治期の商人地主、殖産家。私財を投じて富樫用水路の開削に着工、また隧道110間、運河400間の工事に成功。
¶朝日([生]文化6年1月15日(1809年2月28日)　[没]明治13(1880)年2月2日)，石川百(えだごんべい)，新潮([没]明治13(1880)年2月)，姓氏石川，日人

**江田照光** えだてるみつ
嘉永5(1852)年～大正9(1920)年
江戸時代末期～大正期の水利功労者。用水土木工事に貢献。
¶岡山人，岡山歴(㊤嘉永5(1852)年11月5日 ㊦大正9(1920)年6月6日)

**越智** えち
生没年不詳
南北朝時代～室町時代の能面作者。十作といわれる名手の一人。女面を得意としたとされる。
¶朝日，国史，古中，新潮，日人，美術，百科

**越前康継** えちぜんやすつぐ
？ ～元和7(1621)年 ㊀下坂康継《しもさかやすつぐ》，康継《やすつぐ》，葵康継《あおいやすつぐ》，下坂市之丞《しもさかいちのじょう》
江戸時代前期の刀工。松平家の抱え鍛冶。
¶朝日(康継 やすつぐ ㊦元和7年9月9日(1621年10月23日))，角史，郷土福井(下坂康継 しもさかやすつぐ)，近世(康継 やすつぐ)，国史(康継 やすつぐ)，新潮(康継 やすつぐ)，世人(生没年不詳)，戦人(生没年不詳)，日人(㊤1554年)，藩臣3(下坂康継 しもさかやすつぐ)，福井百(下坂康継 しもさかやすつぐ)

**越前屋六右衛門** えちぜんやろくえもん
寛政1(1789)年～安政3(1856)年
江戸時代後期～末期の加賀国江沼郡山中村の蒔絵師。
¶姓氏石川

**越中** えっちゅう
江戸時代前期の遊女。「越中ふんどし」の発明者。
¶大阪人

**越中屋兵吉** えっちゅうやひょうきち
寛政2(1790)年～安政3(1856)年
江戸時代後期～末期の陶工。
¶姓氏石川，日人

**慧灯** えとう
飛鳥時代の仏師。
¶古代，日人(生没年不詳)

**衛藤薫** えとうかおる
文政7(1824)年～大正3(1914)年
江戸時代末期～大正期の公益家。滝水乏しい高原に水路を開削して村の荒廃を救った。
¶大分歴，人名，日人

**江藤宏一** えとうこういち
昭和32(1957)年～
昭和～平成期の竹芸家。
¶名工

**衛藤紫潭** えとうしたん
？ ～文化2(1805)年
江戸時代中期～後期の知行奉行役、彫刻家。石摺技術にすぐれ、和漢の名画を摺った。
¶人名，日人

**衛藤官** えとうつかさ
明治26(1893)年～昭和50(1975)年
明治～昭和期の建築家。
¶大分歴，美建

**絵所左京** えどころさきょう
生没年不詳
江戸時代の絵仏師。
¶姓氏京都

**絵所了縁** えどころりょうえん
生没年不詳
江戸時代の絵仏師。
¶姓氏京都

**絵所了琢** えどころりょうたく
世襲名 江戸時代の絵仏師。
¶姓氏京都

**江渡茂吉** えともきち
天保1(1830)年～明治35(1902)年
江戸時代後期～明治期の道路開発の先駆者。
¶青森人

**榎並屋勘左衛門** えなみやかんざえもん
？ ～寛永20(1643)年
江戸時代前期の堺の鉄砲鍛冶。
¶大阪墓(㊦寛永20(1643)年5月22日)，コン改，コン4，人名，日人

**榎慶治** えのきけいじ
天保14(1843)年～明治36(1903)年
江戸時代後期～明治期の大工棟梁。
¶姓氏宮城

**榎田勝彦** えのきだかつひこ
昭和17(1942)年3月29日～
昭和期の陶芸家。
¶陶芸最

**榎田耕治** えのきだこうじ
昭和32(1957)年～
昭和期の陶芸家。
¶陶芸最

**榎田博** えのきだひろし
昭和27(1952)年5月12日～
昭和期の陶芸家。
¶陶芸最

**榎田衛** えのきだまもる
大正4(1915)年～
昭和期の陶芸家。
¶陶芸最

**榎戸源蔵** えのきどげんぞう
江戸時代中期の新田開発者。
¶多摩

**榎木盛** えのきもり
大正6(1917)年～平成11(1999)年
昭和～平成期の漆芸家。
¶石川百

**榎本左太夫** えのもとさだゆう
江戸時代末期の歴数測量家。

え

¶人名，日人（生没年不詳）

え

**榎本貞吉** えのもとさだよし
明治41（1908）年1月22日～
昭和～平成期の刀匠。
¶名工

**榎本紫水** えのもとしすい
～慶応1（1865）年
江戸時代後期の陶工。
¶多摩，日人（生没年不詳）

**榎本宗五** えのもとそうご
生没年不詳
江戸時代前期～中期の塗師。
¶茶道，美工

**榎本隆一郎** えのもとたかいちろう
→榎本隆一郎（えのもとりゅういちろう）

**榎本肇** えのもとはじめ
大正14（1925）年2月16日～平成22（2010）年5月13日
昭和～平成期の情報工学者、東京工業大学名誉教授。専門は電波工学、ソフトウェア工学、情報処理。
¶科学

**榎本寛継** えのもとひろつぎ
→榎本寛継（えのもとひろつぐ）

**榎本寛継** えのもとひろつぐ
[別]榎本寛継《えのもとひろつぎ》
江戸時代前期～中期の蒔絵師。
¶人名（えのもとひろつぎ），日人（生没年不詳）

**榎本隆一郎** えのもとりゅういちろう
明治27（1894）年2月8日～昭和62（1987）年2月7日
[別]榎本隆一郎《えのもとたかいちろう》
明治～昭和期の実業家、海軍技術者。中将、三菱瓦斯化学社長。社長として天然ガス活用、メタノールの製造などの事業を軌道に乗せる。
¶郷土和歌山（えのもとたかいちろう），現朝，現情，現人，実業，世紀，日人，陸海，和歌山人

**江原賢一** えはらけんいち
昭和期の靴職人。
¶名工

**江原源左衛門重久** えばらげんざえもんしげひさ
？ ～正保4（1647）年 [別]江原重久《えばらしげひさ》
江戸時代前期の代官堀開削功労者。
¶群馬人（[没]天保4（1833）年），群馬百，姓氏群馬（江原重久 えばらしげひさ）

**江原重久** えばらしげひさ
→江原源左衛門重久（えばらげんざえもんしげひさ）

**荏原住国重** えばらのじゅうくにしげ
安土桃山時代の刀工。
¶岡山人

**蛯子末次郎** えびこすえじろう
*～大正1（1912）年
江戸時代末期～明治期の航海者。亀田丸で出帆して沿海州を測量。
¶維新（[生]1842年），幕末（[生]1843年1月27日 [没]1912年8月29日）

**海老沢敬之助** えびさわけいのすけ
昭和期の棒屋。
¶名工

**戎居研造** えびすいけんぞう
～平成19（2007）年2月8日
昭和～平成期の建築家。
¶美建

**海老塚四郎兵衛** えびつかしろべえ
嘉永5（1852）年～明治44（1911）年
明治期の実業家、政治家。神奈川県議会議員。防水布を発明、特許を取得。海老塚合名会社を設立。
¶神奈川人

**海老名竜四** えびなたつし
慶応4（1868）年～明治35（1902）年1月21日 [別]海老名竜四《えびなりゅうし》
明治期の耐火煉瓦技師。品川白煉瓦技師となりシリカ（珪酸）煉瓦の特許を得た。
¶科学（[生]1868年（慶応4）7月12日），人名（えびなりゅうし），姓氏愛知，渡航（えびなりゅうし [生]？），日人（[生]慶応4（1868）年7月12日）

**海老名竜四** えびなりゅうし
→海老名竜四（えびなたつし）

**海老原一郎** えびはらいちろう
明治38（1905）年8月4日～平成2（1990）年5月7日
昭和期の建築家。大日本インキなどの諸工場の建築を数多く手がける。
¶現朝，現情，社史，世紀，日人，美建

**海老原周一** えびはらしゅういち
明治期の農業技師。「大和西瓜」を作出。
¶食文

**海老原正人** えびはらまさと
昭和31（1956）年7月5日～
昭和～平成期の陶芸家。
¶陶工

**兄媛** えひめ
上代の女性。中国・呉から渡来してきたとされる織物工女。
¶古代，女史，女性

**海老屋清兵衛** えびやせいべえ
江戸時代中期の京都清水の陶工。
¶人名，日人（生没年不詳）

**江間清右衛門** えませいえもん
生没年不詳
戦国時代の伊豆の鍛冶。
¶戦辞

**江間藤左衛門** えまとうざえもん
生没年不詳
戦国時代の鍛冶職人。

¶戦辞

**江間敏郎** えまとしろう
昭和5(1930)年10月9日～平成12(2000)年5月11日
昭和～平成期の映画録音技師。
¶映人

**江間八郎左衛門** えまはちろうざえもん
生没年不詳
戦国時代の鍛冶職人。
¶戦辞

**恵美加子** えみますこ
昭和18(1943)年～
昭和～平成期の陶芸家。
¶名工

**江見屋吉右衛門** えみやきちえもん
江戸時代中期の刷師。浮世絵の紅摺絵の見当を考案。
¶人名, 日人(生没年不詳)

**江村潤朗** えむらじゅんろう
昭和13(1938)年8月15日～
昭和～平成期の教育工学研究者、エンジニア。日本アイ・ビー・エム研修主幹システムズ・エンジニア。
¶現執2期, 現執3期

**江守保平** えもりやすへい
明治30(1897)年3月28日～昭和49(1974)年10月
明治～昭和期の技師。
¶近土, 土木

**江良五兵衛** えらごへえ
？～享保3(1718)年
江戸時代前期～中期の開拓者。
¶青森人

**江里佐代子** えりさよこ
昭和20(1945)年7月19日～平成19(2007)年10月3日
昭和～平成期の截金家。2002年に重要無形文化財保持者(人間国宝)に認定。
¶国宝, 美工, 名工

**江里宗平** えりそうへい
明治41(1908)年11月17日～平成17(2005)年5月16日
大正～平成期の仏師。本願寺仏師、京都仏像彫刻研究所理事。
¶美建

**円阿弥** えんあみ
生没年不詳
戦国時代の工人、大鋸。相模の藤沢の客ます(寮)25人の触れ。
¶神奈川人, 姓氏神奈川, 戦辞

**円阿弥武宗** えんあみたけむね
生没年不詳
江戸時代前期の蒔絵師。
¶日人, 美工

**円悦** えんえつ
戦国時代の蒔絵師。
¶人名, 日人(生没年不詳)

**延円** えんえん
？～長久1(1040)年
平安時代中期の絵仏師、造園家。石立僧。法成寺薬師堂の柱絵、高陽院の屏風絵などを作った。
¶岩史, 国史, 古中, コン4, 史人, 新潮, 世人(生没年不詳), 日人, 平史, 名画

**円快** えんかい
生没年不詳
平安時代の仏師。
¶国史, 古中, 新潮, 人名, 日人, 仏教, 平史

**円教斎** えんきょうさい
生没年不詳
戦国時代の経師。
¶戦辞

**延均師** えんきんし
生没年不詳
奈良時代の伎楽面作者。
¶朝日, 新潮, 世人, 日人, 美工, 美術, 百科, 仏教

**円空** えんくう
寛永9(1632)年～元禄8(1695)年
江戸時代前期の僧。遊行して数多くの木彫仏を残す。
¶愛知百(⊗元禄8年7月15日), 青森人, 朝日(⊗元禄8年7月15日(1695年8月24日)), 岩史(⊗元禄8(1695)年7月15日), 角史, 郷土岐阜(⊗1689年), 近世, 群馬人, 群馬百, 国史, 国書(⊗元禄8(1695)年7月15日), コン改(⊗寛永9(1632)年？), コン4(⊗寛永9(1632)年～), 埼玉人(⊗元禄8(1695)年7月15日), 史人(⊗1695年7月15日), 重要(⊗寛永9(1632)年？　⊗元禄8(1695)年7月15日), 人書79(⊕1632年？), 人書94(⊕1632年頃), 人情5(⊗1632年？), 新潮(⊗元禄8(1695)年7月15日), 人名(⊕1632年？), 世人(？　⊗元禄2(1689)年), 世百(？), 全書, 大百(⊕？　⊕1689年), 栃木歴, 日史(⊗元禄8(1695)年7月15日), 日人, 美術, 百科, 仏教(⊗元禄8(1695)年7月15日), 仏史, 仏人, 北海道歴, 名僧, 山梨百(生没年不詳), 歴大

**円慶**(1) えんけい
生没年不詳
室町時代の仏師。
¶神奈川人

**円慶**(2) えんけい
生没年不詳
戦国時代の仏師。
¶戦辞

**延源** えんげん
？～永長1(1096)年
平安時代中期～後期の絵仏師。
¶日人, 平史, 名画

**円西** えんさい
　鎌倉時代後期の鎌倉仏師。
　¶鎌倉

**延寿吉国** えんじゅよしくに
　〜文化11（1814）年
　江戸時代中期〜後期の刀工。
　¶多摩

**円春** えんしゅん
　生没年不詳
　平安時代後期の仏師。
　¶コン改，コン4，新潮，人名，日人，平史

**円勝** えんしょう
　生没年不詳
　南北朝時代の仏師法眼。
　¶福島百

**遠所佐太夫** えんじょさだお
　大正10（1921）年〜昭和61（1986）年
　昭和期の鋳金家，俳人。
　¶島根歴

**遠所長太郎** えんじょちょうたろう
　明治30（1897）年〜昭和44（1969）年
　大正〜昭和期の鋳金家。
　¶島根人（㊤明治31（1898）年），島根百（㊤明治
　30（1897）年8月26日　㊥昭和44（1969）年9月22
　日），島根歴

**遠所長太郎〔1代〕** えんじょちょうたろう
　？　〜大正10（1921）年10月2日
　大正期の鋳金家。
　¶島根百

**遠所長太郎〔2代〕** えんじょちょうたろう
　？　〜大正7（1918）年
　大正期の鋳金家。
　¶島根百

**円信** えんしん
　生没年不詳
　平安時代後期の絵仏師。
　¶朝日，人名，日人，平史

**円心** えんしん，えんじん
　生没年不詳
　平安時代後期の円派系の仏師。
　¶朝日，国書，史人（えんじん），新潮，人名，日
　人，仏教（えんじん），平史，名画

**延深** えんしん
　生没年不詳
　平安時代後期の絵仏師。
　¶平史

**円勢** えんせい
　？　〜長承3（1134）年
　平安時代後期の円派系の仏師，法印。
　¶朝日（㊥長承3年閏12月21日（1135年2月5日）），
　角史，京都大，国史，古中，コン4，史人
　（㊥1134年閏12月21日），新潮（㊥長承3（1134）
　年閏12月21日），姓氏京都，世人，日史（㊥長承

3（1134）年閏12月21日），日人（㊥1135年），美
術，百科，仏教（㊥長承3（1134）年閏12月21
日），仏史，平史

**延祚** えんそ
　平安時代中期の仏師。作品に多武峰弥勒堂の釈
　迦，薬師，阿弥陀像など。
　¶人名，日人（生没年不詳）

**円蔵** えんぞう
　生没年不詳
　江戸時代後期の鍛冶。
　¶和歌山人

**遠藤昭** えんどうあきら
　昭和2（1927）年2月23日〜
　昭和〜平成期のシステムエンジニア、海事史研
　究家。
　¶現執3期

**遠藤新** えんどうあらた
　明治22（1889）年6月1日〜昭和26（1951）年6月
　29日
　大正〜昭和期の建築家。F.L.ライトの高弟。協同
　作品に帝国ホテル、芦屋の山邸など。
　¶現朝，現情，現日，人名7，世紀，栃木歴，日
　人，美建，福島百（㊥昭和25（1950）年）

**遠藤於菟** えんどうおと
　慶応1（1865）年〜昭和18（1943）年
　明治〜昭和期の建築家。鉄筋コンクリート建築の
　パイオニアとして三井物産横浜支店などを設計。
　¶神奈川百，現朝（㊤慶応1年12月28日（1866年2
　月13日）　㊥1943年2月17日），人名7，世紀
　（㊤慶応1年12月28日（1866年2月13日）　㊥昭
　和18（1943）年2月17日），姓氏神奈川，先駆
　（㊤慶応1（1865）年12月28日　㊥昭和18（1943）
　年2月17日），長野百，長野歴，日人（㊤1866年）

**遠藤温** えんどうおん
　文政6（1823）年〜明治29（1896）年
　江戸時代末期〜明治期の酒造業者。藩に献金し士
　籍に列し昌平黌に学ぶ。
　¶維新，姓氏宮城，幕末（㊤1823年9月1日
　㊥1896年6月4日），宮城百

**遠藤虚籟**（遠藤虚頼）えんどうきょらい
　明治23（1890）年12月20日〜昭和38（1963）年12月
　28日
　明治〜昭和期の工芸家、綴織作家。
　¶庄内，美工，山形百（遠藤虚頼）

**遠藤国忠** えんどうくにただ
　文化11（1814）年〜元治1（1864）年
　江戸時代後期〜末期の北蒲原郡下興野新田の開発
　地主・庄屋，遠藤家の第7代当主。
　¶新潟百

**遠藤幸右衛門** えんどうこうえもん
　江戸時代中期の殖産家。
　¶人名

**遠藤幸左衛門** えんどうこうざえもん
　生没年不詳

江戸時代中期の殖産家。
¶日人

**遠藤古原草** えんどうこげんそう
明治26（1893）年〜昭和4（1929）年
明治〜昭和期の俳人、蒔絵師。句集に「空を見ぬ日」。
¶近文，世紀（⊕明治26（1893）年9月6日　⊗昭和4（1929）年8月24日）

**遠藤斉治朗** えんどうさいじろう
明治21（1888）年9月5日〜昭和33（1958）年7月29日
明治〜昭和期の実業家。関市議会議長、関商工会議所会頭。安全剃刀の替え刃を製造。
¶創業，日人

**遠藤七郎左衛門** えんどうしちろうざえもん
元禄10（1697）年〜明和4（1767）年
江戸時代中期の水利殖産家。
¶人名，日人

**遠藤升吉郎** えんどうしょうきちろう
大正2（1913）年4月20日〜
昭和〜平成期の加賀友禅染色家。
¶名工

**遠藤新五郎** えんどうしんごろう
生没年不詳
戦国時代の番匠。
¶戦辞

**遠藤慎七郎** えんどうしんしちろう
天保1（1830）年〜明治37（1904）年
江戸時代後期〜明治期の人。山形県活版印刷の創始者。山形新聞創刊者。
¶山形百

**遠藤随所** えんどうずいしょ
文政6（1823）年〜明治22（1889）年8月13日
江戸時代後期〜明治期の篆刻家・砲術家。
¶国書

**遠藤忠雄** えんどうただお
大正2（1913）年3月13日〜平成9（1997）年10月6日
昭和期の手漉き和紙製作者。
¶世紀，日人，美工，名工

**遠藤辰三郎** えんどうたつさぶろう
生没年不詳
明治期の裁縫技術者。ミシン裁縫技術のパイオニア。
¶先駆

**遠藤貞一** えんどうていいち
明治30（1897）年3月2日〜昭和62（1987）年1月17日
明治〜昭和期の技師。
¶近土，土木

**遠藤諦之輔** えんどうていのすけ
明治39（1906）年〜昭和63（1988）年2月23日
大正〜昭和期の古文書修補職人。宮内庁書陵部修補専門官。

¶世紀，日人，名工

**遠藤藤吉** えんどうとおきち
慶応4（1868）年12月10日〜昭和28（1953）年7月
明治〜昭和期の鉄道技師。
¶鉄道

**遠藤波津子〔1代〕**（遠藤はつ子）えんどうはつこ
文久2（1862）年〜昭和8（1933）年
明治〜大正期の美容師、東京婦人美容協会会長。総合美容の先駆け。普及と弟子の育成に尽力。著書に「化粧と着付」。
¶朝日（——〔代数なし〕　⊕文久2年5月8日（1862年6月5日）　⊗昭和8（1933）年6月2日），近女，女性（⊕文久2（1862）年5月8日　⊗昭和8（1933）年5月29日），女性普（⊕文久2（1862）年5月8日　⊗昭和8（1933）年6月2日），世紀（⊕文久2（1862）年5月8日　⊗昭和8（1933）年6月2日），先駆（遠藤はつ子　生没年不詳），日人

**遠藤波津子〔3代〕** えんどうはつこ
明治19（1886）年3月15日〜昭和54（1979）年4月16日
昭和期の美容師。初代遠藤波津子に師事。美智子皇后や島津貴子の花嫁着付を担当。
¶女性，女性普，世紀，日人

**遠藤彦造** えんどうひこぞう
明治29（1896）年〜昭和30（1955）年8月26日
大正〜昭和期の金属工学者。東北大学教授。冶金学が専門。金属材料の腐食、不銹鋼の耐食性、可鍛性に関し研究し、工業界に寄与。
¶科学（⊕1896年（明治29）3月），現情（⊕1896年3月29日），人名7，世紀（⊕明治29（1896）年3月），日人（⊕明治29（1896）年3月29日）

**遠藤久** えんどうひさし
明治34（1901）年〜昭和53（1978）年
昭和期の宇都宮市建築組合長、民家の復旧と大工技術の保存育成。
¶栃木歴

**遠藤日出男** えんどうひでお
昭和23（1948）年11月30日〜
昭和〜平成期の陶芸家。
¶陶工

**円堂政嘉** えんどうまさよし
大正9（1920）年11月30日〜平成6（1994）年9月28日
昭和〜平成期の建築家。日本建築家協会会長。
¶現情，美建

**遠藤万作** えんどうまんさく
文政2（1819）年〜明治25（1892）年
江戸時代後期〜明治期の製糸家。須坂の器械製糸導入と東行社の創立に尽くした。
¶姓氏長野，長野歴

**遠藤光起** えんどうみつおき
明治37（1904）年11月1日〜
大正〜昭和期の刀匠。
¶名工

**遠藤元一** えんどうもといち
明治22(1889)年1月31日～昭和37(1962)年11月1日
大正～昭和期の園芸家。花御所柿の栽培技術研究、改良にとりくむ。
¶植物，世紀，日人

**遠藤守一** えんどうもりいち
明治21(1888)年10月25日～昭和31(1956)年4月5日
明治～昭和期の技師。
¶近土，土木

**遠藤善夫** えんどうよしお
大正2(1913)年～
昭和～平成期の馬具屋。
¶名工

**遠藤吉郎** えんどうよしろう
昭和期の洋服仕立職人。
¶名工

**遠藤楽** えんどうらく
昭和2(1927)年3月13日～平成15(2003)年7月24日
昭和～平成期の建築家。
¶美建

**遠藤隆一** えんどうりゅういち
明治42(1909)年8月16日～平成2(1990)年1月6日
昭和～平成期の土木工学者、京都大学名誉教授。専門は砂防工学。
¶科学

**遠藤良吉** えんどうりょうきち
明治38(1905)年2月6日～昭和53(1978)年3月26日
大正～昭和期の技術者。
¶庄内

**燕洋** えんよう
明治9(1876)年～昭和18(1943)年2月11日　[別]直木燕洋《なおきえんよう》
明治～大正期の俳人、土木技師。関東大震災の際、復興局長官。
¶俳諧，俳句，俳文(直木燕洋　なおきえんよう　[生]明治9(1876)年12月)

## 【お】

**緒明菊三郎** おあききくさぶろう
→緒明菊三郎(おあけきくさぶろう)

**緒明菊三郎** おあけきくさぶろう
弘化2(1845)年～明治42(1909)年　[別]緒明菊三郎《おあききくさぶろう》
江戸時代末期～明治期の船大工。隅田川に蒸気船を運航した。一銭蒸気の元祖。
¶科学([没]1909年(明治42)1月6日)，神奈川人(おあききくさぶろう)，静岡百，静岡歴，人名(おあききくさぶろう)，姓氏静岡，日人，幕末

**及川喜右衛門** おいかわきえもん
？～享保2(1717)年
江戸時代前期～中期の鋳物師。
¶姓氏岩手

**及川惣太郎** おいかわそうたろう
天明2(1782)年～天保6(1835)年
江戸時代中期～後期の宮大工。
¶姓氏岩手

**及川恒固** おいかわつねもと
生没年不詳
江戸時代後期の遠野の外山開拓者。
¶姓氏岩手

**及川鉄** おいかわてつ
明治44(1911)年4月30日～平成9(1997)年1月17日
大正～平成期の工芸家。
¶美工，名工

**及川長門** おいかわながと
？～寛永12(1635)年
安土桃山時代～江戸時代前期の新田開発者。
¶姓氏岩手

**及川芙月** おいかわふげつ
明治37(1904)年～昭和49(1974)年
昭和期の工芸作家。
¶姓氏岩手

**尾池四郎右衛門** おいけしろうえもん
生没年不詳
江戸時代前期の土佐捕鯨開拓者の一人。
¶朝日，高知人，高知百

**老子次右衛門** おいごじえもん
明治11(1878)年1月19日～昭和37(1962)年6月25日
明治～昭和期の鋳造家。第二次大戦中供出された梵鐘を多数再製作した。
¶世紀，姓氏富山，日人，美工

**追立久夫** おいたてひさお
昭和26(1951)年～
昭和～平成期の調理師。中之島マンダリンパレス取締役総調理長。
¶現執3期

**往海玄古** おうかいげんこ
？～寛文3(1663)年　[別]往海玄古《おおみげんこ》
江戸時代前期の曹洞宗の僧、煙草の殖産家。
¶姓氏長野，長野歴(おおみげんこ)

**仰木政斎** おうぎせいさい
明治12(1879)年～昭和34(1959)年
明治～昭和期の木工芸家。
¶美工

**扇田泰彦** おうぎだやすひこ
～昭和63(1988)年11月20日
昭和期のアクセサリーデザイナー。
¶美工，名工

**仰木魯堂** おうぎろどう
文久3（1863）年～昭和16（1941）年9月20日　[別]仰木魯堂《おおぎろどう》
明治～昭和期の茶人、数寄屋建築家。茶室や庭園の設計家。作品に団琢磨邸、伊豆川奈ホテル田舎屋など。
¶現朝（おおぎろどう），茶道（おおぎろどう），世紀，日人

**応源** おうげん
生没年不詳
平安時代後期の絵仏師。
¶朝日，国史，古中，新潮，姓氏京都，日史，日人，美術，百科，仏教，平史，名画

**王丸彦四郎** おうまるひこしろう
寛文8（1668）年～宝暦6（1756）年
江戸時代中期の篤農家。害虫注油駆除法の発明者。
¶朝日（[没]宝暦6年9月17日（1756年10月10日）），近世，国史，コン4，史人（[没]1756年9月17日），新潮（[没]宝暦6（1756）年9月17日），世人（[没]宝暦6（1756）年9月17日），日人，歴大

**近江** おうみ
慶長16（1611）年～宝永1（1704）年
江戸時代前期～中期の能面工。
¶人名

**近江大掾藤原忠広〔2代〕** おうみだいじょうふじはらただひろ
慶長19（1614）年～元禄6（1693）年
江戸時代前期～中期の刀工。初代忠吉の長男。
¶佐賀百

**近江屋甚兵衛** おうみやじんべえ
明和3（1766）年～弘化1（1844）年
江戸時代後期の海苔商人。上総国人見村で海苔養殖を開始。
¶朝日（[没]弘化1年9月11日（1844年10月22日）），郷土千葉，食文（[没]天保15年9月12日（1844年10月23日）），千葉百，日人

**近江善正** おうみよしまさ
昭和期の日本舞踊道具製作家。
¶名工

**大饗吉蔵** おおあえきちぞう
→大饗吉蔵（おおばきちぞう）

**大饗五郎左衛門** おおあえごろうざえもん
生没年不詳　[別]大饗五郎左衛門《おおあえごろざえもん，おおばごろうざえもん》
安土桃山時代の備前伊部焼の陶工。
¶岡山人（おおあえごろざえもん），岡山歴，人名（おおばごろうざえもん），日人，美工

**大饗五郎左衛門** おおあえごろざえもん
→大饗五郎左衛門（おおあえごろうざえもん）

**大饗仁堂〔1代〕** おおあえじんどう
明治23（1890）年～昭和29（1954）年
明治～昭和期の陶芸家。
¶岡山百（——〔代数なし〕　[生]明治23（1890）年2月11日　[没]昭和29（1954）年4月22日），岡山歴（[生]明治23（1890）年2月11日　[没]昭和29（1954）年4月22日），陶芸最（——〔代数なし〕），陶工（——〔代数なし〕），美工（[生]明治23（1890）年2月11日　[没]昭和29（1954）年4月22日），名工

**大饗仁堂〔2代〕** おおあえじんどう
大正2（1913）年11月2日～昭和57（1982）年3月24日
昭和期の陶芸家。
¶岡山歴，美工

**大饗平十郎** おおあえへいじゅうろう
[別]大饗平十郎《おおばへいじゅうろう》
江戸時代の陶工、備前伊部焼六姓の一家。
¶岡山人，人名（おおばへいじゅうろう），日人（生没年不詳）

**大井逸吾** おおいいつご
昭和3（1928）年2月15日～
昭和～平成期の陶芸家。
¶名工

**大池源治** おおいけげんじ
明和6（1769）年～弘化4（1847）年
江戸時代後期の開墾植林功労者。
¶人名，日人

**大井才太郎** おおいさいたろう
安政3（1856）年～大正13（1924）年
明治～大正期の電気工学者。東京・神戸間の電話回線架設を指導。
¶朝日（[生]安政3年11月17日（1856年12月14日）[没]大正13（1924）年12月1日），海越新（[生]安政3（1856）年11月17日　[没]大正13（1924）年12月1日），科学（[生]1856年（安政3）11月17日　[没]1924年（大正13）12月1日），学校（[生]安政3（1856）年11月17日　[没]大正13（1924）年12月1日），コン改，コン5，新潮（[生]安政3（1856）年11月17日　[没]大正13（1924）年12月31日），人名，世紀（[生]安政3（1856）年11月17日　[没]大正13（1924）年12月1日），先駆（[生]安政3（1856）年11月17日　[没]大正13（1924）年12月1日），全書，大百，渡航（[生]1856年11月　[没]1924年12月31日），日人

**大石源治** おおいしげんじ
明治20（1887）年～昭和8（1933）年4月2日
明治～昭和期の工学者。東北帝国大学教授。金属工学第一講座を担任した。
¶科学（[生]1887年（明治20）8月10日），人名，世紀（[生]明治20（1887）年8月），日人（[生]明治20（1887）年8月）

**大石三郎右衛門** おおいしさぶろうえもん
江戸時代中期の遠江国榛原郡与五郎新田の開発者の一人。
¶姓氏静岡

**大石重成** おおいししげなり
明治39（1906）年10月29日～昭和59（1984）年10月25日
大正～昭和期の鉄道技術者、国鉄常務理事新幹線

おおいし　　　　　　　　　132　　　　　日本人物レファレンス事典

総局長。
　¶科学

**大石清安** おおいしせいあん
　生没年不詳
　江戸時代前期の鎌倉の絵仏師。
　¶神奈川人，鎌倉，姓氏神奈川

**大石保** おおいしたもつ
　明治3（1870）年～大正13（1924）年
　明治～大正期の実業家，牧師。東京府議会議長。
　韓海漁業を創立。人造麻布を発明，特許を獲得。
　¶朝日，高知人（⊕1868年），コン改，コン5，新
　潮（⊕明治3（1870）年1月　②大正13（1924）年
　12月3日），人名，世紀（⊕明治3（1870）年1月
　②大正13（1924）年12月3日），先駆（⊕明治3
　（1870）年1月　②大正13（1924）年12月3日），
　日人（⊕慶応4（1868）年1月4日　②大正13
　（1924）年12月3日）

**大石督幸** おおいしとくゆき
　昭和24（1949）年8月3日～
　昭和～平成期の陶芸家。
　¶陶芸最，陶工

**大石恭史** おおいしやすし
　昭和8（1933）年～
　昭和～平成期の写真感光材料技術者。
　¶写人

**大井新右衛門尉** おおいしんえもんのじょう
　生没年不詳
　戦国時代の今川氏領国の皮革職人・商人頭。
　¶戦辞

**大泉健児** おおいずみけんじ
　大正1（1912）年～
　昭和～平成期の篩屋。
　¶名工

**大泉充郎** おおいずみじゅうろう
　＊～平成3（1991）年2月22日
　昭和～平成期の電気工学者，東北大学名誉教授。
　専門は情報処理。
　¶科学（⊕1913年（大正2）3月12日），現情
　（⊕1912年3月12日）

**大井清一** おおいせいいち
　明治10（1877）年10月16日～昭和21（1946）年3月3
　日
　明治～昭和期の衛生工学者。専門は水道。愛知県
　出身。
　¶科学，近土，渡航（②？），土木

**大磯作也** おおいそさくや
　享保12（1727）年～寛政3（1791）年
　江戸時代中期～後期の仏師。
　¶姓氏鹿児島

**大出常吉** おおいでつねきち
　嘉永2（1849）年～昭和16（1941）年
　明治～昭和期の今市の彫物師。
　¶栃木歴

**大井輝次** おおいてるつぐ
　生没年不詳
　戦国時代の今川氏領国の皮革職人・商人頭。
　¶戦辞

**大井上前雄** おおいのうえちかお
　明治7（1874）年12月～？
　明治～大正期の工学者。
　¶渡航

**大井上博** おおいのうえひろし
　明治34（1901）年6月18日～昭和41（1966）年9月
　21日
　昭和期の機械工学者。機会学会会長。
　¶科学，現情

**大井上康** おおいのうえやすし
　明治25（1892）年8月21日～昭和27（1952）年9月
　23日
　大正～昭和期の園芸家。染色体が四倍体である
　「巨峰」葡萄の作出に成功。著書に「葡萄の研究」
　など。
　¶科学，静岡歴，社史，植物，食文，世紀，姓氏
　静岡，日人

**大井正則** おおいまさのり
　昭和28（1953）年6月18日～
　昭和～平成期の陶芸家。
　¶陶工

**大岩金右衛門** おおいわきんうえもん
　明治19（1886）年10月17日～昭和34（1959）年3月
　23日
　明治～昭和期の園芸家。
　¶植物，世紀，姓氏愛知，日人

**大岩弘平** おおいわこうへい
　慶応1（1865）年～大正15（1926）年
　明治～大正期の技師，実業家。電信電話建設局大
　阪出張所技術長，沖電気専務取締役。大阪通信管
　理局工務課長，電信電話局大阪出張所技術長を歴
　任。電信電話技術の権威。
　¶大阪人，科学（⊕1865年（慶応1）10月　②1926
　年（大正15）10月），人名，世紀（⊕慶応1
　（1865）年10月　②大正15（1926）年10月），渡
　航（⊕1865年10月），日人

**大内淳義** おおうちあつよし
　大正8（1919）年10月10日～平成8（1996）年4月
　20日
　昭和～平成期の電子技術者。半導体，集積回路の
　設計などに携わる。日本電気副社長，副会長を経
　て会長を務める。
　¶科学，現執2期，実業，世紀，日人

**大内金次郎** おおうちきんじろう
　昭和期の額縁職人。
　¶名工

**大内青圃** おおうちせいほ
　明治31（1898）年12月12日～昭和56（1981）年2月
　21日
　大正～昭和期の彫刻家。「十一面観音像」はクス

ノキの一木彫としては世界最大。他に「吉祥天女面」など。
¶近美，現情（�生1899年1月1日），世紀，日人，美建

**大内二男** おおうちつぎお
明治32（1899）年4月14日〜昭和56（1981）年3月14日
大正〜昭和期の建築技師、竹中工務店竹中建築技術研究所所長。
¶科学

**大浦林斎** おおうらりんさい
江戸時代前期の対馬の陶工。
¶人名，日人（生没年不詳）

**大江宇兵衛**（大江卯兵衛）　おおえうへえ
生没年不詳
江戸時代後期の人形細工師。
¶芸能，史人，人名（大江卯兵衛），日人（大江卯兵衛），美工

**大江卯兵衛** おおえうへえ
生没年不詳
江戸時代中期の人形師。
¶大阪人

**大江修** おおえおさむ
大正6（1917）年〜昭和41（1966）年
昭和期の建築家。
¶美建

**大江定橘** おおえさだきち
生没年不詳
江戸時代末期〜明治期の人形細工師。
¶芸能，美工

**大江定丸** おおえさだまる
〜明治19（1886）年10月
江戸時代後期〜明治期の人形師。
¶大阪人

**大江幸彦** おおえさちひこ
昭和5（1930）年12月12日〜
昭和〜平成期の陶芸家。
¶陶芸最，名工

**大江順** おおえじゅん
？　〜明治45（1912）年
明治期の木偶人形師。
¶徳島歴

**大江新太郎** おおえしんたろう
明治12（1879）年10月26日〜昭和10（1935）年6月17日
明治〜昭和期の建築家。代表作に明治神宮宝物殿、宝生会能楽堂など。
¶現朝，世紀，日人

**大江宣秀** おおえせんしゅう
→大江宣秀（おおえのぶひで）

**大枝益賢** おおえだますかた
明治30（1897）年10月19日〜昭和56（1981）年11月8日
昭和期の農業工学者。京都大学教授。
¶現情

**大江忠兵衛** おおえちゅうべえ
生没年不詳
江戸時代末期の人形細工師。
¶芸能，美工

**大江宣秀** おおえのぶひで
生没年不詳　㊙大江宣秀《おおえせんしゅう》
戦国時代の釜師。
¶茶道（おおえせんしゅう），姓氏山口，戦人，美工

**大江宏** おおえひろし
大正2（1913）年6月14日〜平成1（1989）年3月3日
昭和期の建築家。和洋に通じる「混在併存」の作風を目指した。
¶現朝，現執1期，現情，現人，新潮，世紀，全書，日人，美建，マス89

**大江文象** おおえぶんしょう
明治31（1898）年〜昭和54（1979）年
明治〜昭和期の陶芸家。
¶姓氏愛知，陶工，美工（�生明治31（1898）年7月23日　㊙昭和54（1979）年1月23日）

**大江巳之助〔4代〕** おおえみのすけ
明治40（1907）年5月4日〜平成9（1997）年1月24日
昭和期の文楽人形細工師。現在文楽で遣われている首は、すべて巳之助の作。国選定文化保存技術者。
¶現朝，世紀，日人，美工，名工（——〔代数なし〕）

**大岡金太郎** おおおかきんたろう
㊙金太
明治期の製版技術者。ロシアに赴き製版技術を学ぶ。地図の写真製版に成功。
¶海越（生没年不詳），海越新，渡航

**大岡昌訓** おおおかしょうくん
→大垣昌訓（おおがきしょうくん）

**大岡助右衛門** おおおかすけうえもん
→大岡助右衛門（おおおかすけえもん）

**大岡助右衛門** おおおかすけえもん
天保7（1836）年〜明治35（1902）年　㊙大岡助右衛門《おおおかすけうえもん》
江戸時代末期〜明治期の建築業者。
¶札幌（おおおかすけうえもん　㊵天保7年5月），日人，北海道百，北海道歴

**大岡政寿** おおおかせいじゅ
→大岡政寿（おおおかまさとし）

**大岡大三** おおおかだいぞう
明治16（1883）年3月23日〜昭和20（1945）年7月7日
明治〜昭和期の技師。
¶近土，土木

お

**大岡政寿** おおおかまさとし
[別]大岡政寿《おおおかせいじゅ》
江戸時代後期の彫金師。
¶人名（おおおかせいじゅ），日人（生没年不詳）

**大岡与三次** おおおかよそじ
嘉永4（1851）年～大正8（1919）年
江戸時代末期～大正期の輪島漆器の改良に尽力。
¶姓氏石川

**大垣昌訓** おおがきしょうくん
慶応1（1865）年～昭和16（1941）年　[別]大岡昌訓《おおおかしょうくん》
明治～昭和期の蒔絵師。
¶石川百，姓氏石川（大岡昌訓　おおおかしょうくん）

**大賀彊二** おおがきょうじ
明治8（1875）年3月15日～昭和17（1942）年7月22日
明治～昭和期の企業家。乳児用粉ミルクを開発。
¶食文

**大梶七兵衛〔代数なし〕**（――〔1代〕）おおかじしちべえ
元和7（1621）年～元禄2（1689）年
江戸時代前期の植林、水利、新田開発の功労者。
¶朝日（[没]元禄2年5月25日（1689年7月11日）），近世，国史，コン改，コン4，史人（[没]1689年5月25日），島根人（――〔代数なし〕），島根百（――〔代数なし〕），島根歴（――〔代数なし〕），新潮（[没]元禄2（1689）年5月25日），人名（――〔1代〕），世人（[没]元禄2（1689）年5月25日），日人（――〔1代〕），歴大

**大梶七兵衛〔2代〕** おおかじしちべえ
江戸時代前期の治水家。
¶人名

**大梶七兵衛〔3代〕** おおかじしちべえ
江戸時代中期の治水家。
¶人名

**大梶忠左衛門** おおかじちゅうざえもん
貞享1（1684）年～宝暦4（1754）年
江戸時代前期～中期の治水家。
¶島根人，島根百，日人

**大神甚五平** おおがじんごへい
→大神甚五平（おおがみじんごべい）

**大角勲** おおかどいさお
昭和15（1940）年～平成22（2010）年4月4日
昭和～平成期の金属造形家。
¶美工（[生]昭和15（1940）年11月13日），名工

**大賀悳二** おおがとくじ
明治26（1893）年～昭和39（1964）年2月24日
大正～昭和期の機械工学者。北海道帝国大学教授。熱機関などに関する三十数編の論文を発表。著書に「熱機関原論」など。
¶科学（[生]1893年（明治26）7月），現情（[生]1893年7月1日），人名7，世紀（[生]明治26（1893）年7月），日人（[生]明治26（1893）年7月1日），北海道百（[没]昭和31（1956）年），北海道歴（[没]昭和31（1956）年）

**大兼正巳** おおがねまさみ
昭和24（1949）年12月23日～
昭和期の陶芸家。
¶陶芸最

**大上鹿男** おおがみしかお
大正12（1923）年9月23日～
昭和期の陶芸家。
¶陶芸最

**大神甚五平** おおがみじんごべい
[別]大神甚五平《おおがじんごへい》
江戸時代後期の陶工、肥前亀山焼の創始者。
¶人名（おおがじんごへい），日人（生没年不詳）

**大上巧** おおがみたくみ
昭和26（1951）年4月21日～
昭和期の陶芸家。
¶陶芸最

**大上亨** おおがみとおる
大正13（1924）年1月1日～
昭和期の陶芸家。
¶陶芸最

**大上亮** おおがみとおる
大正13（1924）年1月1日～
昭和～平成期の陶芸家。
¶名工

**大上昇** おおがみのぼる
昭和4（1929）年6月26日～
昭和～平成期の陶芸家。
¶陶芸最，陶工，名工

**大上正行** おおがみまさゆき
昭和32（1957）年～
昭和期の陶芸家。
¶陶芸最

**大川宇八郎** おおかわうはちろう
安政2（1855）年～昭和12（1937）年
明治～昭和期の十勝開発の先駆者。
¶姓氏岩手

**大川勘之助** おおかわかんのすけ
明治22（1889）年～昭和32（1957）年
大正～昭和期の製紙家。
¶高知人

**大川喜太郎**（大河喜太郎） おおかわきたろう
天保3（1832）年～慶応1（1865）年
江戸時代末期の鍛冶職人。1862年オランダに渡るがアムステルダムで客死。
¶海越（[没]慶応1（1865）年8月4日），海越新（[没]慶応1（1865）年8月2日），人情2（大河喜太郎）

**大川健介** おおかわけんすけ
嘉永1（1848）年～昭和2（1927）年
明治～大正期の漁業家。
¶日人

**大川四郎次** おおかわしろうじ
江戸時代末期～明治期の佐野天明鋳物師。
¶栃木歴

**大川図書** おおかわずしょ
？ ～元和5（1619）年3月23日
江戸時代前期の草加宿開発者。
¶埼玉人

**大川節子** おおかわせつこ
昭和期の染色家。
¶名工

**大河千弘** おおかわちひろ
昭和3（1928）年1月3日～
昭和～平成期の物理学者。カリフォルニア大学教授。核融合実験装置ダブレットを開発。
¶現朝，現情（[生]1926年4月1日），現人（[生]1926年），世紀，日人

**大河内泰弘** おおかわちやすひろ
昭和27（1952）年7月14日～
昭和～平成期の陶芸家。
¶陶芸最，陶工

**大河戸宗治** おおかわとむねはる
→大河戸宗治（おおこうどむねはる）

**大川信助** おおかわのぶすけ
明治19（1886）年～昭和56（1981）年
明治～昭和期の足利市の織物製造業。
¶栃木歴

**大川英三** おおかわひでぞう
明治28（1895）年～昭和56（1981）年
昭和期の織物製造業。
¶栃木歴

**大川正洋** おおかわまさひろ
昭和36（1961）年1月6日～
昭和～平成期の陶芸家。
¶陶工

**大川弥惣右衛門** おおかわやそうえもん
？ ～正保4（1647）年4月3日
江戸時代前期の新田開発者。
¶埼玉人

**大川亮** おおかわりょう
明治14（1881）年～昭和33（1958）年
明治～昭和期の大光寺村生まれの農村工芸家、民芸家。
¶青森人，青森百，美家

**大木泉** おおきいずみ
昭和期のガラス工芸作家。
¶名工

**大木市蔵** おおきいちぞう
明治29（1896）年2月8日～昭和49（1974）年8月1日
明治～昭和期の食肉加工技術者。
¶食文

**大木右京** おおきうきょう
江戸時代前期の宇都宮在の仏師。
¶栃木歴

**大木吉太郎** おおききちたろう
明治20（1887）年～昭和46（1971）年
明治～昭和期の大工。
¶美建

**大喜豊助**(1) おおきとよすけ
安永8（1779）年～元治1（1864）年
江戸時代後期の陶工。
¶新潮

**大喜豊助**(2)（大木豊助） おおきとよすけ
＊～安政5（1858）年
江戸時代末期の文人、陶工。豊楽焼。
¶朝日（[生]文化9（1812）年　[没]安政5（1858）年11月），コン改（[生]？），コン4（[生]？），人名（大木豊助），日人（[生]1813年）

**大木秀春** おおきひではる
明治28（1895）年～昭和43（1968）年
明治～昭和期の金工家。
¶美工

**仰木魯堂** おおぎろどう
→仰木魯堂（おうぎろどう）

**大草高重** おおくさたかしげ
天保6（1835）年～明治25（1892）年
明治期の開拓者。
¶静岡百，静岡歴，姓氏静岡，日人

**大草太郎右馬** おおくさたろううめ
→大草太郎右馬（おおくさたろうめ）

**大草太郎右馬** おおくさたろうめ
？ ～文政11（1828）年　[別]大草太郎右馬《おおくさたろううめ》
江戸時代後期の新田開発者、倉敷代官。
¶朝日（[没]文政11年7月29日（1828年9月8日）），岡山百（おおくさたろううめ　[没]文政11（1828）年7月29日），日人

**大串五郎兵衛** おおぐしごろうべえ
→大串五郎兵衛（おおぐしごろべえ）

**大串五郎兵衛** おおぐしごろべえ
生没年不詳　[別]大串五郎兵衛《おおぐしごろうべえ》
戦国時代の造船家。里見氏家臣。
¶世人（おおぐしごろうべえ），戦人，戦東（おおぐしごろうべえ）

**大串安左衛門** おおぐしやすざえもん
江戸時代前期の造船家。
¶人名，日人（生没年不詳）

**大久津愿** おおくつすなお
大正12（1923）年7月19日～
昭和～平成期の画工。
¶名工

**大国柏斎**（大国栢斎） おおくにはくさい, おおぐにはくさい
安政3（1856）年～昭和9（1934）年
明治～大正期の釜師。茶道具の鋳物師。ロンドン日英博に出品。日本美術協会展に「鬼霰手取釜」を出品。
¶大阪人（大国栢斎 [没]昭和9（1934）年3月），茶道，新潮（[生]安政3（1856）年2月29日 [没]昭和9（1934）年1月25日），人名，世紀（[生]安政3（1856）年2月 [没]昭和9（1934）年3月14日），日人，幕末（おおぐにはくさい [生]1855年 [没]1934年3月14日），名工（[生]安政3（1856）年2月 [没]昭和9年3月14日）

**大久保岩太郎** おおくぼいわたろう
明治36（1903）年～昭和46（1971）年
大正～昭和期の八戸の八幡馬の製作者。
¶青森人

**大久保喜市郎**（大久保喜一郎） おおくぼきいちろう
寛文8（1668）年～宝暦10（1760）年
江戸時代中期の開墾家。
¶人名（[没]1758年），日人，兵庫人（大久保喜一郎 [生]寛文8（1668）年9月15日 [没]宝暦10（1760）年1月10日），兵庫百（[生]寛文7（1667）年）

**大久保久次郎** おおくぼきゅうじろう
生没年不詳
江戸時代後期の陶工。
¶日人

**大久保重五郎** おおくぼじゅうごろう
慶応3（1867）年8月13日～昭和16（1941）年1月15日
明治～昭和期の園芸家。
¶岡山人（[没]昭和20（1945）年），岡山百，岡山歴，植物，食文（[生]慶応3年8月13日（1867年9月10日）），世紀，日人

**大久保諶之丞**（大久保諶之亟） おおくぼじんのじょう
嘉永2（1849）年～明治24（1891）年
明治期の公共事業家。北海道開拓、新四国街道の開削など公共事業に尽力。専門は道路。香川県出身。
¶香川人，郷土香川，近土（大久保諶之亟 [生]1849年8月16日 [没]1891年12月14日），人名（[没]1892年），土木（大久保諶之亟 [生]1849年8月16日 [没]1891年12月14日），日人，幕末（[没]1891年12月14日）

**大久保輔八** おおくぼすけはち
文政4（1821）年～大正8（1919）年
江戸時代末期～大正期の道路開削者。
¶姓氏岩手

**大久保忠信** おおくぼただのぶ
？ ～元和3（1617）年
安土桃山時代～江戸時代前期の治水家。
¶人名

**大久保忠行** おおくぼただゆき
→大久保藤五郎（おおくぼとうごろう）

**大久保立** おおくぼたつ
明治4（1871）年4月23日～昭和16（1941）年2月4日
明治～昭和期の技師。
¶渡航

**大久保辰五郎** おおくぼたつごろう
生没年不詳
江戸時代中期の漆工。改良に努めた半田漆器を広めた。
¶人名，徳島歴，日人

**大久保藤吾** おおくぼとうご
明治6（1873）年6月1日～？
明治～大正期の工学者。
¶渡航

**大久保藤五郎** おおくぼとうごろう
？ ～元和3（1617）年 [別]大久保主水《おおくぼもんと, おおくぼもんど》, 大久保忠行《おおくぼただゆき》, 大久保藤五郎忠行《おおくぼとうごろうただゆき》
安土桃山時代～江戸時代前期の江戸の上水開削者。小石川上水を開削。
¶朝日，江戸（大久保主水 おおくぼもんと），近世，国史，史人，食文（大久保忠行〈主水〉 おおくぼただゆき〈もんと〉），新潮，戦人（大久保忠行 おおくぼただゆき），多摩（大久保藤五郎忠行 おおくぼとうごろうただゆき），日人

**大久保婦久子** おおくぼふくこ
大正8（1919）年1月19日～平成12（2000）年11月4日
昭和期の皮革工芸家。現代工芸美術家協会副会長。
¶現情，世紀，日人，美工，名工

**大久保雅司** おおくぼまさじ
昭和20（1945）年4月5日～
昭和～平成期の陶芸家。
¶陶工

**大久保主水** おおくぼもんと, おおくぼもんど
→大久保藤五郎（おおくぼとうごろう）

**大久保義治** おおくぼよしはる
昭和20（1945）年6月29日～
昭和期の陶芸家。
¶陶芸最

**大熊徳太郎** おおくまとくたろう
嘉永2（1849）年～大正10（1921）年
明治期の篤農家。第一回農産物品評会を開催。二毛作の実現等農業振興に尽力した。
¶埼玉百，植物（[生]嘉永2（1849）年7月），人名，日人

**大熊敏明** おおくまとしあき
昭和30（1955）年8月8日～
昭和期の陶芸家。
¶陶芸最

**大熊喜邦** おおくまよしくに
明治10（1877）年1月13日～昭和27（1952）年2月25日
明治～昭和期の建築家。大蔵省建築部技師。議員

建築を担当。帝国芸術院会員。首相官邸、警視庁などを建築・設計。
¶科学，現朝，現情，考古，史研，新潮，人名7，世紀，日人，美建

**大熊喜英** おおくまよしひで
明治38（1905）年～昭和59（1984）年
大正～昭和期の建築家。
¶美建

**大倉恒吉** おおくらこうきち
→大倉恒吉〔11代〕（おおくらつねきち）

**大倉貞義** おおくらさだよし
昭和35（1960）年～
昭和～平成期の陶芸家。
¶陶工

**大倉三郎** おおくらさぶろう
明治33（1900）年2月24日～昭和58（1983）年11月26日
大正～昭和期の建築学者、京都工芸繊維大学学長。
¶科学

**大倉治右衛門** おおくらじえもん
元和1（1615）年～貞享1（1684）年8月15日
江戸時代前期の醸造家。清酒「月桂冠」の創始者。
¶食文

**大蔵寿楽** おおくらじゅらく
→大蔵清七（おおくらせいしち）

**大蔵昭二** おおくらしょうじ
昭和2（1927）年～
昭和～平成期の木地師。
¶名工

**大倉真汝** おおくらしんじょ
昭和38（1963）年～
昭和～平成期の陶芸家。
¶陶工

**大蔵清七** おおくらせいしち
*～大正7（1918）年　[別]大蔵寿楽《おおくらじゅらく》
明治～大正期の陶工。九谷焼の陶工。
¶石川百（大蔵寿楽　おおくらじゅらく　[生]1836年），人名（[生]1835年），姓氏石川（大蔵寿楽　おおくらじゅらく　[生]1836年），姓氏石川（[生]1836年），日人（[生]1835年），名工（[生]天保6（1835）年）

**大蔵長盛** おおくらちょうせい
生没年不詳
戦国時代の鎌倉の仏師。
¶戦辞

**大倉恒吉〔11代〕** おおくらつねきち
明治7（1874）年～昭和25（1950）年　[別]大倉恒吉《おおくらこうきち》
明治～昭和期の酒造業者。
¶食文（[生]1874年1月28日　[没]1950年11月17日），姓氏京都（――〔代数なし〕　おおくらこうきち）

**大倉寿延** おおくらとしのぶ
昭和期のガラス吹上工。
¶名工

**大蔵法眼** おおくらほうげん
生没年不詳
室町時代～安土桃山時代の鎌倉仏師。
¶埼玉人

**大倉孫兵衛** おおくらまごべえ
天保14（1843）年～大正10（1921）年12月17日
[別]万屋孫兵衛《よろずやまごべえ》
明治期の実業家。日本で最初の洋食器であるコーヒー茶碗の製作に成功。
¶浮絵（万屋孫兵衛　よろずやまごべえ），海越新（[生]天保14（1843）年4月8日），出版，出文（[生]天保14（1843）年4月8日），食文（[生]天保14年4月8日（1843年5月7日）），世紀（[生]天保14（1843）年4月8日），先駆（[生]天保14（1843）年3月8日　[没]大正11（1922）年），渡航（[生]1843年3月8日），日人

**大黒富治** おおぐろとみじ
明治26（1893）年11月15日～昭和40（1965）年12月18日
大正～昭和期の育種家、歌人。イネの品種改良に従事。著書に歌集「雄物川」。
¶秋田百，世紀，日人

**大河内庄五郎** おおこうちしょうごろう
嘉永1（1848）年～大正3（1914）年
明治期の開墾家。堤防決壊で流失した田園を回復するため開墾に尽力した。
¶人名，姓氏愛知，日人

**大河内信威** おおこうちのぶたけ
→磯野風船子（いそのふうせんし）

**大河内風船子** おおこうちふうせんし
→磯野風船子（いそのふうせんし）

**大河内正陽** おおこうちまさはる
大正5（1916）年3月30日～
昭和期の通信工学者、アマチュア無線研究家。日本アマチュア無線連盟理事長。
¶現情

**大河戸宗治** おおこうどむねはる
明治10（1877）年4月5日～昭和35（1960）年1月15日　[別]大河戸宗治《おおかわとむねはる》
明治～昭和期の鉄道技師。
¶科学，近土，鉄道，渡航（おおかわとむねはる），土木

**大越喜右衛門** おおごしきえもん
生没年不詳
江戸時代中期の土木家。
¶姓氏宮城

**大越慶** おおこしけい
昭和35（1960）年7月23日～
昭和～平成期の陶芸家。
¶陶工

## 大越孝敬 おおこしたかのり
昭和7（1932）年9月16日〜平成6（1994）年11月4日
昭和〜平成期の通信工学者。東京大学教授、東京大学先端科学技術研究センター長。コヒーレント光ファイバー通信研究の第一人者。工業技術院産業技術融合領域研究所初代所長。
¶科学, 世紀, 日人, マス89

## 大越諄 おおこしまこと
明治32（1899）年8月4日〜昭和44（1969）年10月17日
大正〜昭和期の精密工学者。東京帝国大学教授。金属切削の研究に尽力。戦後学士院賞を受賞。
¶科学, 現情, 人名7, 世紀, 大百, 日人

## 大社元七 おおこそもとしち
？〜延享4（1747）年
江戸時代中期の筑前宗像郡津屋崎塩田の開拓者。
¶朝日, 日人

## 大坂伝蔵 おおさかでんぞう
江戸時代前期の彫金師。
¶人名, 日人（生没年不詳）

## 大坂弘道 おおさかひろみち
昭和12（1937）年2月20日〜
昭和〜平成期の木工芸家。優れた指物、くり物の造形、装飾技法を持ち、正倉院宝物「紫檀木画箱」の復元模造をする。
¶国宝, 世紀, 日人

## 大坂屋長右衛門 おおさかやちょうえもん
？〜延宝7（1679）年
江戸時代前期の商人。
¶コン改, コン4, 新潮, 日人

## 大坂屋長兵衛 おおさかやちょうべえ
江戸時代中期の醸造家。大関の創始者。
¶食文

## 大崎宣彦 おおさきのぶひこ
大正14（1925）年10月28日〜
昭和〜平成期の陶芸家。
¶陶芸最, 名工

## 大崎連 おおさきむらじ
安政5（1858）年〜昭和4（1929）年
明治〜大正期の開拓者。
¶世紀（㊀昭和4（1929）年11月15日）, 長崎百, 日人

## 大迫尚道 おおさこなおみち
安政1（1854）年〜昭和9（1934）年9月12日
明治〜大正期の陸軍軍人。大将、陸大教官。日露戦争で奉天会戦を指示。軍事参議官。
¶朝日（㊀安政1年7月25日（1854年8月18日））, 海越（㊀嘉永7（1854）年7月25日）, 海越新（㊀嘉永7（1854）年7月25日）, 鹿児島百, コン改, コン5, 新潮（㊀安政1（1854）年7月25日）, 人名, 世紀（㊀嘉永7（1854）年7月25日）, 姓氏鹿児島, 渡航（㊀1854年7月25日）, 日人, 陸海（㊀安政1年7月25日）

## 大迫みきお おおさこみきお
昭和15（1940）年2月14日〜平成7（1995）年4月3日
昭和〜平成期の陶芸家。
¶陶芸最, 陶工, 美工, 名工

## 大沢京子 おおさわきょうこ
昭和29（1954）年1月4日〜
昭和〜平成期の陶芸家。
¶陶工

## 大沢玄養 おおさわげんよう
明治14（1881）年8月4日〜昭和39（1964）年3月9日
明治〜昭和期の技術者。
¶庄内

## 大沢幸一郎 おおさわこういちろう
昭和期の表具師。
¶名工

## 大沢光民 おおさわこうみん
昭和16（1941）年9月26日〜
昭和〜平成期の鋳金家。2005年に重要無形文化財保持者（人間国宝）に認定。
¶国宝

## 大沢三之助 おおさわさんのすけ
慶応3（1867）年6月21日〜昭和20（1945）年
明治〜昭和期の建築家。東京美術学校教授。装飾法、家具史、建築史を講じ芸術性豊かな意匠力は日本の建築家の中でも抜群とされた。
¶人名7, 渡航, 美建（㊀昭和20（1945）年7月26日）

## 大沢伸二郎 おおさわしんじろう
昭和期の表具師。
¶名工

## 大沢友信 おおさわとものぶ
安永2（1773）年〜天保6（1835）年
江戸時代後期の医師、開拓家。
¶人名, 日人

## 大塩玉泉 おおしおぎょくせん
大正14（1925）年4月8日〜
昭和期の陶芸家。
¶陶芸最

## 大塩昭山 おおしおしょうざん
昭和35（1960）年7月24日〜
昭和〜平成期の陶芸家。
¶陶工

## 大塩昭山〔3代〕 おおしおしょうざん
昭和10（1935）年3月8日〜平成6（1994）年
昭和〜平成期の陶芸家。
¶陶芸最（――〔代数なし〕）, 陶工, 美工（㊀平成6（1994）年2月16日）, 名工

## 大塩平左衛門 おおしおへいざえもん
？〜貞享3（1686）年
江戸時代前期の雄国新田の開発者。
¶会津

**大塩政治郎** おおしおまさじろう
明治23(1890)年1月8日〜昭和46(1971)年4月5日
明治〜昭和期の技師。
¶近土，土木

**大塩正義** おおしおまさよし
昭和8(1933)年7月28日〜
昭和〜平成期の陶芸家。遠州七窯のひとつ赤膚焼8代目窯元。伝統の茶器を作陶。日展理事。作品に「樹相」など。
¶世紀，陶芸最，陶工，日人，名工

**大塩正人** おおしおまさんど
明治41(1908)年3月20日〜*
昭和期の陶芸家。
¶陶芸，陶芸最，陶工([没]1995年)，美工([没]平成4(1992)年10月31日)，名工

**大下雪香** おおしたせっこう，おおしたせつこう
明治7(1874)年〜昭和35(1960)年
明治〜昭和期の漆芸家。
¶石川百，姓氏石川(おおしたせつこう)

**大島和代** おおしまかずよ
昭和19(1944)年〜
昭和〜平成期の人形作家。
¶名工

**大島国三郎** おおしまくにさぶろう
明治8(1875)年〜？
大正期の農会技師。
¶姓氏京都

**大島恵一** おおしまけいいち
大正10(1921)年1月12日〜昭和63(1988)年11月12日
昭和期の原子力工学者。日本の原子力開発の草分けの一人。
¶科学，現朝，現執2期，現情，世紀，日人

**大島黄谷** おおしまこうこく
文政4(1821)年〜明治37(1904)年
江戸時代末期〜明治期の陶工、赤穂焼の開祖。
¶茶道

**大島五雲** おおしまごうん
文久2(1862)年〜昭和12(1937)年
明治〜昭和期の彫刻師、木彫作家。
¶姓氏富山，富山百

**大島サダ** おおしまさだ
明治19(1886)年1月16日〜昭和38(1963)年7月30日
明治〜昭和期のイザリ織り機技能者。
¶埼玉人

**大島如雲** おおしまじょうん
安政5(1858)年〜昭和15(1940)年1月4日
明治〜昭和期の鋳金家。東京美術学校教授。鋳さらいキサゲ仕上げや品「濡獅子図額」など。
¶新潮([生]安政5(1858)年2月12日)，人名7，世紀([生]安政5(1858)年2月2日)，日人，名工([生]安政5年2月2日(1858年))

**大島信太郎** おおしましんたろう
大正3(1914)年8月5日〜平成7(1995)年2月24日
昭和〜平成期の電気工学者、KDD副社長。専門は通信工学。
¶科学

**大島仙蔵** おおしませんぞう
→大島直治兄弟(おおしまなおじきょうだい)

**大島高任** おおしまたかとう
文政9(1826)年〜明治34(1901)年
江戸時代末期〜明治期の鋳造家、冶金学者。工部省出仕。阿仁・小坂・佐渡各鉱山局長歴任。日本鉱業初代会長。
¶朝日([生]文政9年5月11日(1826年6月16日)[没]明治34(1901)年3月29日)，維新，茨城百，岩史([生]文政9(1826)年5月11日　[没]明治34(1901)年3月29日)，岩手百，海越([生]文政9(1826)年5月11日　[没]明治34(1901)年3月30日)，海越新([生]文政9(1826)年5月11日　[没]明治34(1901)年3月30日)，科学([生]1826年(文政9)5月11日　[没]1901年(明治34)3月29日)，角史，近現，国際，国史，コン改，コン5，史人([生]1826年5月11日　[没]1901年3月29日)，実業([生]文政9(1826)年5月11日　[没]明治34(1901)年3月29日)，新潮([生]文政9(1826)年5月11日[没]明治34(1901)年3月29日)，人名，姓氏岩手，世人([生]文政9(1826)年5月11日　[没]明治34(1901)年3月29日)，世百，先駆([生]文政9(1826)年5月11日　[没]明治34(1901)年3月30日)，全書，大百，渡航([生]1826年5月11日[没]1901年3月29日)，日史([生]文政9(1826)年5月11日　[没]明治34(1901)年3月29日)，日人，幕末([没]1901年3月29日)，藩臣1，百科，洋学，歴大

**大島太郎** おおしまたろう
明治25(1892)年8月14日〜昭和57(1982)年5月29日
明治〜昭和期の技師。
¶近土，姓氏富山，土木

**大島俊夫** おおしまとしお
大正7(1918)年8月23日〜
昭和期の建築家、染色工芸家。
¶熊本百

**大島直治兄弟** おおしまなおじきょうだい
安政6(1859)年〜明治26(1893)年　[別]大島仙蔵《おおしませんぞう》
江戸時代末期〜明治期の薩摩藩校造士館助教授、日本最初の鉄道技師。
¶沖縄百，鹿児島百，姓氏鹿児島(大島仙蔵　おおしませんぞう)

**大嶋久興** おおしまひさおき
昭和19(1944)年2月22日〜
昭和〜平成期の陶芸家。
¶陶芸最，陶工

**大島久次** おおしまひさつぐ
大正4(1915)年1月8日〜平成11(1999)年1月20日
昭和〜平成期の建築学者、千葉工業大学名誉教

授。専門は建築材料学、建築施工法、プレストレストコンクリート工学。
¶科学

**大島正純** おおしままさすみ
? ～
昭和期の紡績工。
¶社史

**大島正英** おおしままさひで
慶応2（1866）年～大正12（1923）年
明治～大正期の自治功労者。養蚕技師。
¶姓氏神奈川

**大島正博** おおしままさひろ
文政7（1824）年～大正6（1917）年
江戸時代末期～大正期の名主。治水事業に尽力。戸長として教育振興に努めた。
¶神奈川人，姓氏神奈川，幕末

**大島正光** おおしままさみつ
大正4（1915）年1月7日～平成22（2010）年
昭和～平成期の生理学者、人間工学者。著書に「疲労の研究」「医療における情報処理」など多数。
¶科学2010年（平成22）5月1日），近医，群馬人（㉞大正4（1915）年1月），現朝，現執1期，現執2期，現情，世紀，日人

**大島又八郎** おおしままたはちろう
? ～延宝3（1675）年
江戸時代前期の又八新田の開発者。
¶姓氏愛知

**大島道太郎** おおしまみちたろう
万延1（1860）年～大正10（1921）年
明治期の採鉱冶金技師。東京帝国大学教授。湿式製錬工場の創設。漢冶萍煤鉄厰砿公司最高顧問。
¶朝日（㉞万延1年6月18日（1860年8月4日）㉞大正10（1921）年10月11日），海越（㉞万延1（1860）年6月　㉞大正10（1921）年10月11日），海越新（㉞万延1（1860）年6月　㉞大正10（1921）年10月11日），科学（㉺1860年（万延1）6月18日　㉞1921年（大正10）10月11日），近現，国史，史人（㉺1860年6月18日　㉞1921年10月5日），新潮（㉞万延1（1860）年6月　㉞大正10（1921）年10月5日），人名，世紀（㉞万延1（1860）年6月18日　㉞大正10（1921）年10月11日），姓氏岩手，渡航（㉞1921年10月5日），日人

**大島盈林** おおしまみつしげ
明治期の建築家。甲良建仁寺流第十二世を継いだ日本建築の巨匠。東京横浜間の鉄道建設に従事した。
¶人名

**大島盈株** おおしまみつもと
天保13（1842）年～大正14（1925）年
江戸時代末期～大正期の建築家。
¶世紀（㉞大正14（1925）年2月13日），日人

**大島弥左衛門** おおしまやざえもん
? ～元禄1（1688）年
江戸時代前期の干拓者。亀島新田の開発者。

¶岡山人，岡山百，岡山歴（㉞貞享5（1688）年7月24日）

**大島勇太郎** おおしまゆうたろう
明治33（1900）年～昭和49（1974）年
大正～昭和期の政治家。青森県議会議員。林業や治山に尽くした。
¶青森人

**大城カメ** おおしろかめ
大正3（1914）年6月24日～
昭和～平成期の琉球絣織物職人。
¶名工

**大城広四郎** おおしろこうしろう
大正10（1921）年～平成15（2003）年10月7日
昭和～平成期の染織家。
¶美工

**大城志津子** おおしろしずこ
→大城志津子（おおしろしづこ）

**大城志津子** おおしろしづこ，おおしろしずこ
昭和6（1931）年2月1日～平成1（1989）年4月20日
昭和期の染織家。
¶美工（おおしろしずこ），名工（おおしろしずこ）

**大城正喜** おおしろまさき
昭和期の琉球三味線作家。
¶名工

**大須賀観濤** おおすがかんとう
天保3（1832）年～明治36（1903）年12月15日
江戸時代末期～明治期の漁業功労者。初めて漁業組合を作り一府六県水産組合の成立に奔走。
¶幕末

**大須賀節雄** おおすがせつお
昭和9（1934）年11月3日～
昭和～平成期の情報工学研究者、人工知能研究者。東京大学センター長、電子技術審専門委員長。
¶現執3期

**大須賀喬** おおすがたかし
明治34（1901）年8月24日～昭和62（1987）年7月14日
大正～昭和期の彫金家。
¶郷土香川，現情，世紀，日人，美工，名工

**大須賀力** おおすがつとむ，おおすかつとむ
明治39（1906）年3月26日～平成21（2009）年7月24日
大正～平成期の彫刻家。
¶郷土千葉，現情，美建（おおすかつとむ）

**大杉庄平** おおすぎしょうへい
昭和期の筆職人。
¶名工

**大薄仁八** おおすきにはち
天保6（1835）年～大正12（1923）年
江戸時代末期～大正期の新田開拓者。
¶姓氏鹿児島

**大隅正** おおすみただし
明治32（1899）年4月27日～昭和38（1963）年6月4日
大正～昭和期の農業技術者。
¶岡山百，岡山歴

**大隅俊平** おおすみとしひら
昭和7（1932）年1月23日～平成21（2009）年10月4日
昭和～平成期の刀匠。人間国宝。刀の文様に波のない直刃を研究。敬宮愛子さまの守り刀を製作。
¶郷土群馬，群馬人，国宝，世紀，日人，美工，名工

**大角正夫** おおすみまさお
大正7（1918）年3月14日～
昭和～平成期の映画録音技師。
¶映人

**大隅安弘** おおすみやすひろ
大正14（1925）年～
昭和～平成期の花鋏鍛冶。
¶名工

**大角幸枝** おおすみゆきえ
昭和20（1945）年12月4日～
昭和～平成期の金工家。
¶名工

**大関早苗** おおぜきさなえ
大正14（1925）年6月28日～平成1（1989）年3月22日
昭和期の美容家。米国とフランスで総合美容を学ぶ。エステティックブームの先鞭をつける。
¶近女，現朝，現情，現人，女性，女性普，世紀，日人，マス89

**太田篤** おおたあつし
昭和29（1954）年6月29日～
昭和～平成期の陶芸家。
¶名工

**太田和泉守** おおたいずみのかみ
江戸時代前期の佐野天命鋳物師。
¶栃木歴

**太田伊勢吉** おおたいせきち
→太田伊勢治（おおたいせじ）

**太田伊勢治** おおたいせじ
寛政9（1797）年～明治6（1873）年　[別]太田伊勢吉《おおたいせきち》
江戸時代末期の鍛冶工。
¶岡山人，岡山歴（太田伊勢吉　おおたいせきち　[没]明治6（1873）年5月21日）

**太田至** おおたいたる
昭和23（1948）年12月20日～
昭和～平成期の陶芸家。
¶陶芸最，陶工

**太田英蔵** おおたえいぞう
～昭和56（1981）年11月28日
昭和期の染織工芸家。
¶名工

**太田円三** おおたえんぞう
明治14（1881）年3月10日～大正15（1926）年3月21日
明治～大正期の技師。
¶科学，近土，鉄道，土木

**太田近江守** おおたおうみのかみ
安土桃山時代の佐野天明鋳物師。
¶栃木歴

**太田尾広治** おおたおひろじ
明治37（1904）年7月12日～昭和60（1985）年11月23日
大正～昭和期の技師。
¶近土，土木

**太田垣蓮月**（太田垣蓮月）　おおたがきれんげつ
寛政3（1791）年～明治8（1875）年　[別]太田垣蓮月尼《おおたがきれんげつに》，大田垣蓮月尼《おおたがきれんげつに》，蓮月尼《れんげつに》
江戸時代後期～明治期の歌人、陶芸家、浄土宗僧。
¶朝日（[生]寛政3年1月8日（1791年2月10日）　[没]明治8（1875）年12月10日），維新，岩史（[生]寛政3（1791）年1月8日　[没]明治8（1875）年12月10日），角史（[生]寛政3（1791）年1月8日　[没]明治8（1875）年12月10日），京都文（[生]寛政3（1791）年1月8日　[没]明治8（1875）年12月10日），近現，近女，近世，近文，国史，国書（[生]寛政3（1791）年1月8日　[没]明治8（1875）年12月10日），コン改，コン4，コン5，茶道（太田垣蓮月），詩歌，詩作（太田垣蓮月尼　おおたがきれんげつに　[生]寛政3（1791）年1月8日　[没]明治8（1875）年12月10日），史人（[生]1791年1月8日　[没]1875年12月10日），女史，女性（[生]寛政3（1791）年1月8日　[没]明治8（1875）年12月10日），女性普（[生]寛政3（1791）年1月8日　[没]明治8（1875）年12月10日），女文（[生]寛政3（1791）年1月8日　[没]明治8（1875）年12月10日），人書79（太田垣蓮月），人書94，新潮（[生]寛政3（1791）年1月8日　[没]明治8（1875）年12月10日），新文（[生]寛政3（1791）年1月8日　[没]明治8（1875）年12月10日），人名（蓮月尼　れんげつに），世人（[没]明治8（1875）年12月10日），世百（蓮月尼　れんげつに），全書，大百，伝記（太田垣蓮月），日史（[生]寛政3（1791）年1月8日　[没]明治8（1875）年12月10日），日女（大田垣蓮月尼　おおたがきれんげつに　[生]寛政3（1791）年1月8日　[没]明治8（1875）年12月10日），日人，日本，俳句（蓮月尼　れんげつに　[没]明治8（1875）年12月10日），幕末（[没]1875年12月10日），百科，仏教（[生]寛政3（1791）年1月8日　[没]明治8（1875）年12月10日），仏人（蓮月尼　れんげつに　[生]1790年），文学，歴大，和俳（[生]寛政3（1791）年1月8日　[没]明治8（1875）年12月10日）

**太田垣蓮月尼**（大田垣蓮月尼）　おおたがきれんげつに
→太田垣蓮月（おおたがきれんげつ）

**大高十郎左衛門** おおたかじゅうろうざえもん
江戸時代前期の秋田の豪農。
¶人名，日人（生没年不詳）

おおたか　　　　　　　　　142　　　　　　日本人物レファレンス事典

**大高庄右衛門** おおたかしょうえもん，おおだかしょう
えもん
慶応1 (1865) 年5月4日〜大正10 (1921) 年5月30日
明治〜大正期の建築技師。煉瓦製造実習のためド
イツに渡る。化粧煉瓦・ガス輪窯を創始。
¶海越，海越新，埼玉人（おおだかしょうえもん
㊀慶応1 (1865) 年5月　㊁大正10 (1921) 年5
月），世紀，渡航，日人

**太田和明** おおたかずあき
昭和23 (1948) 年9月26日〜
昭和〜平成期の陶芸家。
¶陶工，名工

**太田和孝** おおたかずたか
昭和期の陶芸家。
¶名工

**大高猛** おおたかたけし
大正15 (1926) 年4月20日〜平成12 (2000) 年1月
22日
昭和〜平成期のグラフィックデザイナー。大高デ
ザイン・プロダクション代表取締役、浪速短期大
学教授。日本万国博覧会のアートディレクター。
朝日広告賞審査員。作品に日清食品「カップヌー
ドル」など。
¶世紀，日人

**大高正人** おおたかまさと
大正12 (1923) 年9月8日〜平成22 (2010) 年8月
20日
昭和〜平成期の建築家。作品に栃木県議会庁舎
など。
¶現朝，現執1期，現執2期，現情，新潮，世紀，
美建

**大滝源一** おおたきげんいち
昭和3 (1928) 年〜
昭和〜平成期の漆芸作家。
¶名工

**大滝光憲** おおたきこうけん
→大滝光憲（おおたきみつあきら）

**大滝清三郎** おおたきせいざぶろう
安政6 (1859) 年2月1日〜大正15 (1926) 年6月4日
明治〜大正期の酒造家。
¶庄内

**太田吉之助** おおたきちのすけ
明治11 (1878) 年〜昭和37 (1962) 年
明治〜昭和期の十和田湖開発の功労者。
¶青森人，青森百

**大滝照太郎** おおたきてるたろう
明治12 (1879) 年10月〜?
明治〜大正期の工学者。
¶渡航

**大滝武寛** おおたきぶかん
明治15 (1882) 年1月1日〜昭和12 (1937) 年8月
21日
明治〜昭和期の工芸家。

¶庄内

**大滝光憲** おおたきみつあきら
寛政11 (1799) 年〜文久2 (1862) 年　㊿大滝光憲
《おおたきこうけん》
江戸時代末期の酒造業、農民、国学者。
¶維新，国書（㊁文久2 (1862) 年10月8日），庄内
（㊁文久2 (1862) 年11月8日），人名（おおたき
こうけん），日人，山形百

**大滝光賢** おおたきみつかた
文化7 (1810) 年〜明治8 (1875) 年11月13日
江戸時代末期〜明治期の国学者、酒造家。「日本
書紀伝」等を校正書写して朝廷に献上。
¶庄内，幕末

**太田公典** おおたきみのり
昭和28 (1953) 年10月26日〜
昭和〜平成期の陶芸家。
¶陶工

**太田邦夫** おおたくにお
昭和10 (1935) 年11月2日〜
昭和〜平成期の建築家、建築学者。東洋大学教授。
¶現執2期，現執3期

**太田熊雄** おおたくまお
明治45 (1912) 年6月12日〜平成4 (1992) 年
昭和〜平成期の陶芸家。
¶陶芸，陶芸最，陶工，美工（㊁平成4 (1992) 年6
月24日），名工

**太田粂次郎** おおたくめじろう
? 〜
江戸時代中期の陶工。
¶青森人，人名，日人（生没年不詳）

**太田恵子** おおたけいこ
大正14 (1925) 年1月12日〜
昭和期のクラブ経営者、ガラス工芸家。
¶現日，現執

**太田慶三** おおたけいぞう
昭和15 (1940) 年〜
昭和〜平成期の陶芸家。
¶陶芸最（㊀昭和15年11月10日），名工

**大竹市蔵** おおたけいちぞう
生没年不詳
江戸時代の庄内藩職人。
¶庄内

**大竹義四郎** おおたけぎしろう
明治期の陶工。
¶日人

**大竹康市** おおたけこういち
昭和13 (1938) 年5月2日〜昭和58 (1983) 年11月
20日
昭和期の建築家。
¶現日，世紀，美建

**大竹惣兵衛** おおたけそうべえ
生没年不詳

江戸時代末期の養蚕家。
¶国書

**大竹太郎** おおたけたろう
明治14（1881）年4月14日～昭和4（1929）年5月14日
明治～昭和期の工学者。京都帝国大学教授。九州帝国大学教授、明治専門学校講師、川北電気企業社工場長などを務めた。
¶科学，人名，数学，渡航，日人

**大竹彦蔵** おおたけひこぞう
生没年不詳
江戸時代の庄内藩職人。
¶庄内

**大竹正雄** おおたけまさお
明治42（1909）年9月2日～
昭和～平成期の伊勢崎絣織物職人。
¶名工

**大嵩ミツ** おおたけみつ
明治16（1883）年11月21日～昭和49（1974）年6月8日
明治～昭和期の女性。インド藍の製法、染色技法を後継者に伝授。
¶沖縄百，女性，女性普，世紀，日人

**太田古朴** おおたこぼく
大正3（1914）年～平成9（1997）年4月20日
昭和～平成期の仏像彫刻家。
¶郷土奈良，現執1期，現執2期（[生]大正3（1914）年2月13日），美建（[生]大正3（1914）年2月13日）

**太田才右衛門** おおたさいうえもん
→太田才右衛門（おおたさいえもん）

**太田才右衛門** おおたさいえもん
文政2（1819）年～明治17（1884）年　[別]太田才右衛門《おおたさいうえもん》
江戸時代後期～明治期の日滝原水利開発者。
¶姓氏長野，長野歴（おおたさいうえもん）

**太田作十郎** おおたさくじゅうろう
江戸時代後期の陶工、埴生焼創始者。
¶人名

**太田左近**（大田左近） おおたさこん
生没年不詳
室町時代の鋳物師。
¶新潮，世人，日人（大田左近），美工

**太田佐次兵衛** おおたさじべえ
*～寛政3（1791）年
江戸時代中期～後期の陶工。
¶姓氏富山（[生]1731年），日人（[生]1729年）

**太田左兵衛尉** おおたさひょうえのじょう
江戸時代前期の佐野天命鋳物師。
¶栃木歴

**太田三左衛門** おおたさんざえもん
?　～延享4（1747）年
江戸時代中期の塩田開発者。
¶姓氏神奈川

**太田成喜** おおたしげき
昭和19（1944）年9月27日～
昭和～平成期の陶芸家。
¶陶芸最，名工

**太田芝山** おおたしざん
明治32（1899）年10月19日～昭和55（1980）年7月9日
大正～昭和期の木工芸家。
¶岡山百，岡山歴，美工，名工

**太田甚左衛門** おおたじんざえもん
江戸時代中期の天明鋳物師。
¶栃木歴

**太田典徳** おおたすけのり
江戸時代中期の治水家。
¶人名，日人（生没年不詳）

**太田隆信** おおたたかのぶ
昭和9（1934）年～
昭和期の建築計画・設計専門家。
¶現執1期，現執2期（[生]昭和9（1934）年9月4日）

**太田孝宏** おおたたかひろ
昭和17（1942）年8月25日～
昭和～平成期の陶芸家。
¶陶芸最，陶工，名工

**太田辰五郎** おおたたつごろう
寛政2（1790）年～嘉永7（1854）年
江戸時代末期の牧畜改良家。
¶朝日（[没]嘉永7年2月18日（1854年3月16日）），岡山人，岡山百，岡山歴（[没]嘉永7（1854）年2月18日），食文（[没]嘉永7年2月18日（1854年3月16日）），日人

**太田哲三** おおたてつぞう
昭和25（1950）年7月15日～
昭和～平成期の陶芸家。
¶陶芸最，陶工

**大館藤兵衛** おおだてとうべえ
安永3（1774）年～安政5（1858）年　[別]大館藤兵衛元貞《おおだてとうべえもとさだ》
江戸時代中期～末期の越中堰開削者。
¶庄内（[生]安永3（1774）年7月13日　[没]安政5（1858）年3月14日），山形百（大館藤兵衛元貞　おおだてとうべえもとさだ）

**大館藤兵衛元貞** おおだてとうべえもとさだ
→大館藤兵衛（おおだてとうべえ）

**太田伝右衛門** おおたでんうえもん
→太田伝右衛門（おおたでんえもん）

**太田伝右衛門** おおたでんえもん
安永1（1772）年～文政8（1825）年　[別]太田伝右衛門《おおたでんうえもん》
江戸時代後期の陶工、竹亭焼の創始者。
¶人名，姓氏富山（おおたでんうえもん　[生]1774年），日人

お

**太田藤三郎** おおたとうざぶろう, おおたとうさぶろう
明治43(1910)年～平成1(1989)年5月8日
昭和～平成期の組みひも職人。
¶郷土滋賀(おおたとうさぶろう), 名工([生]明治43年6月10日)

**太田時男** おおたときお
大正14(1925)年11月3日～
昭和～平成期のエネルギー工学者。横浜国立大学教授。
¶現執2期, 現情, 世紀, マス89, YA

**太田時次** おおたときつぐ
生没年不詳
江戸時代前期の鋳物師。
¶姓氏岩手

**太田徳太郎** おおたとくたろう
昭和期の釣魚籠職人。
¶名工

**太田俊英** おおたとしひで
昭和期の陶芸家。
¶陶芸最

**太田富夫** おおたとみお
昭和24(1949)年4月22日～
昭和～平成期の陶芸家。
¶陶芸最, 陶工, 名工

**大谷巌** おおたにいわお
大正8(1919)年8月4日～
昭和～平成期の映画録音技師。
¶映人

**大谷歓到** おおたにかんとう
明治29(1896)年～昭和62(1987)年
大正～昭和期の漆芸家。
¶島根百([生]明治29(1896)年1月11日), 島根歴

**大谷休泊** おおたにきゅうはく
→大谷新左衛門(おおたにしんざえもん)

**大谷五郎右衛門** おおたにごろうえもん
? ～寛文10(1670)年
江戸時代前期の製塩技術者。
¶コン改, コン4, 新潮, 人名, 徳島歴([没]寛文10(1670)年9月), 日人

**大谷幸夫** おおたにさちお
大正13(1924)年2月20日～　[別]大谷幸夫《おおたにゆきお》
昭和～平成期の建築家。東京大学教授、文化庁文化財保護審議会専門委員。鞘堂方式の建築の保存法を発表。作品に「国立京都国際会館」など。
¶現朝, 現執1期, 現執2期, 現執3期, 現情(おおたにゆきお), 現人, 新潮, 世紀, 日人

**大谷司朗** おおたにしろう
昭和11(1936)年9月10日～
昭和～平成期の陶芸家。
¶陶芸最, 陶工, 名工

**大谷新左衛門** おおたにしんざえもん
大永1(1521)年～天正6(1578)年　[別]大谷休泊《おおたにきゅうはく, おおやきゅうはく》
戦国時代～安土桃山時代の殖産興業家。渡良瀬川から水路をひいて新田を開発した。
¶郷土群馬(大谷休泊　おおやきゅうはく), 群馬人(大谷休泊　おおやきゅうはく), 新潮([生]享禄2(1529)年？　[没]天正6(1578)年8月29日？), 人名(大谷休泊　おおたにきゅうはく　[生]1529年), 姓氏群馬(大谷休泊　おおやきゅうはく), 世人(生没年不詳), 戦人(生没年不詳), 日人(大谷休泊　おおやきゅうはく)

**大谷青山** おおたにせいざん
→大谷青山(おおやせいざん)

**大谷忠次郎** おおたにちゅうじろう
明治1(1868)年～昭和20(1945)年
明治～昭和期の指物師。
¶島根歴

**大谷一** おおたにはじめ
昭和期の大谷鈑金工業所板金工。
¶名工

**大谷幸夫** おおたにゆきお
→大谷幸夫(おおたにさちお)

**太田比古象** おおたひこぞう
～平成8(1996)年1月26日
昭和～平成期の凧作家。
¶美工

**太田久幸** おおたひさゆき
昭和期の木工芸師。
¶名工

**太田秀隆** おおたひでたか
昭和26(1951)年1月4日～
昭和～平成期の陶芸家。
¶陶工

**太田儔** おおたひとし
昭和6(1931)年5月4日～
昭和～平成期の漆芸家。香川大学教授。漆芸の装飾技法である蒟醤で彫りや漆塗りに独自の工夫をした。人間国宝。
¶国宝, 世紀, 日人, 名工

**太田博明** おおたひろあき
大正2(1913)年7月21日～平成3(1991)年10月13日
昭和～平成期の陶芸家。
¶美工, 名工

**太田甫朗** おおたほろう
昭和7(1932)年11月16日～
昭和～平成期の陶芸家。
¶陶芸最, 名工

**太田正儀** おおたまさのり
寛永7(1630)年～享保2(1717)年
江戸時代中期の鋳工。
¶人名, 日人

**太田正光** おおたまさみつ
昭和1 (1926) 年1月8日～
昭和～平成期の情報工学者。名古屋工業大学教授。
¶現情

**太田万治郎** (太田万次郎)　おおたまんじろう
江戸時代末期の陶工。
¶人名 (太田万次郎), 日人 (生没年不詳)

**太田光則** おおたみつのり
昭和10 (1935) 年～平成20 (2008) 年5月20日
昭和～平成期の木工芸家。
¶美工

**太田緑** おおたみどり
大正10 (1921) 年11月28日～
昭和～平成期の陶芸家。
¶名工

**太田実** (1)　おおたみのる
明治45 (1912) 年5月15日～
昭和期の陶芸家。
¶陶芸最

**太田実** (2)　おおたみのる
大正12 (1923) 年1月5日～平成16 (2004) 年3月6日
昭和～平成期の建築家。北海道大学教授。
¶現執1期, 現執2期, 美建

**太田六敏** おおたむつとし
昭和4 (1929) 年3月10日～昭和61 (1986) 年8月2日
昭和期の映画プロデューサー、録音技師。
¶映人

**太多与右衛門** おおたよえもん
生没年不詳
江戸時代前期の開拓者。
¶庄内

**太田義勝** おおたよしかつ
昭和期のプレス加工技能工。
¶名工

**太田良治郎** おおたりょうじろう
明治19 (1886) 年～昭和30 (1955) 年
明治～昭和期の七宝工。
¶美工

**太田良平** おおたりょうへい
大正2 (1913) 年7月13日～平成9 (1997) 年4月18日
昭和～平成期の彫塑家。
¶現情, 美建

**太田六郎** おおたろくろう
安政4 (1857) 年11月～明治32 (1899) 年4月19日
江戸時代末期～明治期の技師。
¶近土, 土木

**大田原敏夫** おおたわらとしお
昭和34 (1959) 年2月18日～
昭和～平成期の木彫家。
¶名工

**大智浩** おおちひろし
明治41 (1908) 年8月10日～昭和49 (1974) 年7月18日
昭和期のグラフィックデザイナー。海外デザイン交流協会会長、実践女子大学教授。日本のグラフィック・デザインの開拓者。著書に「デザインの色彩計画」など。
¶現朝, 現執1期, 現情, 現日, 世紀, 日人

**大塚右京** おおつかうきょう
江戸時代末期の益子在の仏師。
¶栃木歴

**大塚勝見** おおつかかつみ
明治39 (1906) 年～昭和54 (1979) 年
大正～昭和期の建築技師。
¶栃木歴, 美建

**大塚要** おおつかかなめ
明治2 (1869) 年～＊
明治～大正期の工学者。
¶姓氏京都 ([没]1929年), 渡航 ([生]1869年7月20日 [没]?)

**大塚看造** おおつかかんぞう
生没年不詳
江戸時代後期の貝細工師。
¶日人

**大塚鳩斎** おおつかきゅうさい
延享1 (1744) 年～文化2 (1805) 年
江戸時代中期～後期の酒造家。
¶人名, 日人

**大塚清治** おおつかきよはる
昭和26 (1951) 年5月12日～
昭和～平成期の陶芸家。
¶陶芸最, 陶工

**大塚啓三郎** おおつかけいさぶろう, おおつかけいざぶろう
文政11 (1828) 年～明治9 (1876) 年
江戸時代末期～明治期の陶芸家。益子焼を創始し益子焼の発展に尽力。
¶維新, 郷土栃木 (おおつかけいざぶろう), 先駆 ([生]文政11 (1828) 年6月15日　[没]明治9 (1876) 年4月13日), 栃木歴 (おおつかけいざぶろう), 日人, 幕末 (おおつかけいざぶろう　[没]1876年5月6日)

**大塚健一** おおつかけんいち
昭和23 (1948) 年3月25日～
昭和期の陶芸家。
¶陶芸最

**大塚健造** おおつかけんぞう
江戸時代末期の貝細工師。
¶人名

**大塚貞夫** おおつかさだお
昭和8 (1933) 年6月15日～
昭和期の陶芸家。
¶陶芸最

**大塚茂夫** おおつかしげお
昭和23 (1948) 年10月19日〜
昭和期の陶芸家。
¶陶芸最

**大塚誠之** おおつかせいし
明治38 (1905) 年1月3日〜
昭和期の機械工学者。
¶現情

**大塚専一** おおつかせんいち
文久3 (1863) 年〜大正9 (1920) 年
明治〜大正期の地質学者。日本石油地質技師長。
地質学の実際的研鑽に努めた。
¶科学 (⊕1863年 (文久3) 10月 ㊥1920年 (大正
9) 7月9日), 人名, 世紀 (⊕文久3 (1863) 年10
月 ㊥大正9 (1920) 年7月9日), 日人

**大塚太蔵** おおつかたぞう
文化3 (1806) 年〜天保14 (1843) 年
江戸時代末期の久留米絣の改良家。
¶人名, 日人, 福岡百 (⊕文化3 (1806) 年5月
㊥天保14 (1843) 年1月)

**大塚忠治** おおつかちゅうじ
昭和20 (1945) 年9月4日〜
昭和期の陶芸家。
¶陶芸最

**大塚豊美** おおつかとよみ
明治26 (1893) 年〜昭和53 (1978) 年
大正〜昭和期の歯科技工の権威。
¶姓氏群馬

**大塚稔** おおつかみのる
明治21 (1888) 年〜昭和26 (1951) 年
大正〜昭和期の工芸印刷技術者。
¶姓氏長野, 長野歴

**大塚森一** おおつかもりいち
明治22 (1889) 年〜昭和38 (1963) 年
大正〜昭和期の農林技師。
¶栃木歴

**大槻圭子** おおつきけいこ
昭和18 (1943) 年7月11日〜
昭和〜平成期の染織作家。
¶名工

**大月源** おおつきげん
享保18 (1733) 年〜文化5 (1808) 年 ㊞国重お源
《くにしげおげん》,国重阿源《くにしげおげん》
江戸時代中期〜後期のわが国ただ1人の女性刀工。
¶岡山人 (国重阿源 くにしげおげん), 岡山百,
岡山歴, 女史, 人名 (国重阿源 くにしげおげ
ん), 日人 (国重お源 くにしげおげん)

**大槻源八** おおつきげんぱち
明治28 (1895) 年7月7日〜昭和47 (1972) 年11月
21日
明治〜昭和期の技師。
¶近土, 土木

**大槻喬** おおつきたかし
明治26 (1893) 年〜昭和44 (1969) 年11月16日
大正〜昭和期の電気工学者。電気学会長。東京
工業大学教授、明治大学教授を歴任。著書に「電
気回路論」など。
¶科学 (⊕1893年 (明治26) 4月), 現情 (⊕1893年
4月8日), 人名7, 世紀 (⊕明治26 (1893) 年4
月), 日人 (⊕明治26 (1893) 年4月8日)

**大築千里** おおつきちり
明治6 (1873) 年3月19日〜大正3 (1914) 年7月7日
明治〜大正期の工学者。東京帝国大学教授、京都
帝国大学教授。写真学、写真製版術を研究。東京
美術学校に理想的工芸化学教室を新築した。
¶科学, 写家, 人名, 世紀, 姓氏京都, 渡航, 日人

**大槻平六左衛門** おおつきへいろくざえもん
寛政3 (1791) 年？ 〜慶応1 (1865) 年
江戸時代後期〜末期の塩田開発者。
¶姓氏宮城

**大月光興** おおつきみつおき
明和3 (1766) 年〜天保5 (1834) 年
江戸時代中期〜後期の装剣金工家。京都金工の三
名工の一人。
¶朝日, 大阪人 (㊥天保5 (1834) 年8月), 近世,
国史, 史人 (㊥1834年8月15日), 新潮 (㊥天保5
(1834) 年8月15日), 人名, 世人, 日人

**大槻洋四郎** おおつきようしろう
明治34 (1901) 年〜昭和56 (1981) 年
大正〜昭和期の養殖ワカメの創始者。
¶姓氏宮城

**大月与五郎国重** おおつきよごろうくにしげ
→大与五国重 (おおよごくにしげ)

**大津幸四郎** おおつこうしろう
昭和〜平成期の映画撮影技師。
¶映人

**大津範生** おおつのりお
昭和22 (1947) 年3月29日〜
昭和〜平成期の陶芸家。
¶陶芸最, 名工

**大津豊泉** おおつほうせん
昭和4 (1929) 年3月16日〜
昭和期の陶芸家。
¶陶芸最

**大坪喜久太郎** おおつぼきくたろう
明治31 (1898) 年3月1日〜昭和42 (1967) 年11月
23日
大正〜昭和期の土木工学者。室蘭工業大学学長。
わが国の河川水理学の権威者の一人で、北海道開
発の技術的指導者として有名。
¶科学, 近土, 現情, 人名7, 世紀, 土木, 日人

**大坪重周** おおつぼしげちか
明治32 (1899) 年1月22日〜平成10 (1998) 年1月
13日
大正〜平成期の染色家。
¶美工, 名工

**大坪二市** おおつぼにいち
文政10(1827)年～明治40(1907)年
江戸時代末期～明治期の篤農家、文人。耕地の区画整理をはじめ、農事改良、普及に尽力。典型的な飛騨豪農。著述に「農具揃」。
¶朝日([生]文政10年9月9日(1827年10月29日) [没]明治40(1907)年7月20日), コン4, コン5, 植物([生]文政10(1827)年9月9日 [没]明治40(1907)年7月20日), 日人

**大藤松五郎** おおとうまつごろう
→大藤松五郎(おおふじまつごろう)

**大歳吉左衛門** おおとしきちざえもん
明和2(1765)年～天保12(1841)年
江戸時代中期～後期の播磨姫路藩大庄屋、新田開発者。
¶藩臣5, 兵庫人([没]天保12(1841)年1月17日)

**大伴定弘** おおともさだひろ
鎌倉時代後期の木工。
¶人名, 日人(生没年不詳)

**大友静枝** おおともしずえ
昭和期の洋裁師。
¶名工

**大友辰雄** おおともたつお
昭和27(1952)年1月5日～
昭和～平成期の陶芸家。
¶名工

**大友肇** おおともはじめ
大正9(1920)年～
昭和～平成期の筆師。
¶名工

**大友久** おおともひさし
昭和24(1949)年8月3日～
昭和～平成期の陶芸家。
¶名工

**大伴二三弥** おおともふみや
大正10(1921)年～平成18(2006)年4月24日
昭和～平成期のガラス工芸家。
¶美工([生]大正10(1921)年6月23日), 名工

**大伴宗弘** おおともむねひろ
生没年不詳
鎌倉時代の木工。
¶日人

**大中乾太郎** おおなかけんたろう
昭和28(1953)年9月1日～
昭和期の陶芸家。
¶陶芸最

**大中肇** おおなかはじめ
明治19(1886)年～昭和25(1950)年
明治～昭和期の建築家。
¶姓氏愛知, 美建

**大西勲** おおにしいさお
昭和19(1944)年6月30日～
昭和～平成期の漆芸家。2002年に重要無形文化財保持者(人間国宝)に認定(髹漆)。
¶国宝

**大西吉兵衛** おおにしきちべえ
? ～天保12(1841)年
江戸時代後期の水利開発者。
¶藩臣5, 兵庫人([没]天保12(1841)年1月22日)

**大西重太郎** おおにしじゅうたろう
明治44(1911)年7月1日～平成16(2004)年8月17日
大正～平成期の伏見人形師。
¶美工, 名工

**大西浄久** おおにしじょうきゅう
江戸時代前期の釜師。
¶茶道

**大西浄元(1)** おおにしじょうげん
元禄2(1689)年～宝暦12(1762)年 [別]大西清右衛門《おおにしせいえもん》
江戸時代中期の釜師。
¶コン改, コン4, 茶道, 新潮([没]宝暦12(1762)年9月14日), 人名, 姓氏京都(大西清右衛門 おおにしせいえもん), 世人, 日人

**大西浄元(2)** おおにしじょうげん
寛延2(1749)年～文化8(1811)年 [別]奥平了雪《おくだいらりょうせつ》
江戸時代後期の釜師。
¶茶道, 人名(奥平了雪 おくだいらりょうせつ), 日人

**大西浄玄〔大西家3代〕** おおにしじょうげん
寛永7(1630)年～貞享1(1684)年
江戸時代前期の釜師。
¶茶道, 人名

**大西浄玄〔大西家7代〕** おおにしじょうげん
享保5(1720)年～天明3(1783)年
江戸時代中期の釜師。
¶茶道, 人名, 日人(――〔代数なし〕)

**大西浄寿〔大西家11代〕** おおにしじょうじゅ
文化5(1808)年～明治8(1875)年
江戸時代末期の釜師。
¶茶道, 人名, 日人(――〔代数なし〕)

**大西浄心** おおにしじょうしん
大正13(1924)年10月31日～平成14(2002)年9月21日
昭和～平成期の釜師。
¶美工

**大西浄清** おおにしじょうせい
文禄3(1594)年～天和2(1682)年
江戸時代前期の釜師。
¶朝日([没]天和2年9月6日(1682年10月6日)), 近世, 国史, コン改([生]慶長8(1603)年), コン4([生]慶長8(1603)年), 茶道, 史人([没]1682年9月6日), 新潮([生]文禄3(1594)年,(異説)慶長8(1603)年 [没]天和2(1682)年9月6日), 人名([生]1603年), 世人([生]慶長8(1603)年), 世百

おおにし

（�生1593年），全書，大百，日史（㊙天和2
（1682）年9月6日），日人，美術，百科

**大西浄雪〔大西家10代〕** おおにしじょうせつ
安永6（1777）年～嘉永5（1852）年
江戸時代後期の釜師。
¶茶道，人名，日人（――〔代数なし〕）

**大西浄徳** おおにしじょうとく
文政9（1826）年～明治35（1902）年
江戸時代末期～明治期の釜師。
¶茶道，日人

**大西浄頓〔大西家4代〕** おおにしじょうとん
正保2（1645）年～元禄13（1700）年
江戸時代前期～中期の釜師。
¶茶道，人名，日人（――〔代数なし〕）

**大西浄入〔大西家5代〕** おおにしじょうにゅう
正保4（1647）年～享保1（1716）年
江戸時代前期～中期の釜師。
¶茶道，人名，日人（――〔代数なし〕）

**大西浄本〔大西家8代〕** おおにしじょうほん
延享4（1747）年～天明5（1785）年
江戸時代中期の釜師。
¶茶道，人名，日人（――〔代数なし〕）

**大西浄林** おおにしじょうりん
天正18（1590）年～寛文3（1663）年
江戸時代前期の釜師。
¶岩史（㊙寛文3（1663）年10月27日），近世，国
史，コン改，コン4，茶道，史人（㊙1663年10月
27日），新潮（㊙寛文3（1663）年10月27日），人
名，世人，日人

**大西定林** おおにしじょうりん
？ ～享保12（1727）年 ㊿大西定林《おおにして
いりん》，定林《じょうりん》
江戸時代中期の釜師。江戸大西家の祖。
¶朝日，茶道，茶道（定林 じょうりん），新潮，
人名，世人（おおにしていりん），日人

**大西清右衛門**(1) おおにしせいえもん
世襲名 江戸時代前期以来の茶の湯釜師。
¶京都大，新潮

**大西清右衛門**(2) おおにしせいえもん
江戸時代中期。
→大西浄元(1)（おおにしじょうげん）

**大西清右衛門〔15代〕** おおにしせいえもん
大正13（1924）年10月31日～
昭和～平成期の金工芸家。
¶名工

**大西忠夫** おおにしただお
大正7（1918）年5月13日～平成19（2007）年8月
29日
昭和～平成期の漆芸家。
¶郷土香川，美工，名工

**大西定林** おおにしていりん
→大西定林（おおにしじょうりん）

**大西長利** おおにしながとし
昭和8（1933）年8月15日～
昭和～平成期の漆芸家。
¶名工

**大西光** おおにしひかる
昭和16（1941）年6月19日～
昭和～平成期の陶芸家。
¶陶芸最，名工

**大西政太郎** おおにしまさたろう
大正10（1921）年～
昭和～平成期の陶芸家。
¶名工

**大西美津男** おおにしみつお
大正15（1926）年～
昭和～平成期の映画照明技師。
¶映人

**大沼正治郎** おおぬましょうじろう
昭和期のついき細工職人。
¶名工

**大沼スミ** おおぬますみ
大正6（1917）年～
昭和期の陶芸家。
¶陶芸，北海道文（㊕大正6（1917）年5月9日）

**大沼力** おおぬまちから
昭和2（1927）年5月3日～
昭和～平成期の宮城伝統こけし職人。
¶名工

**大沼兵部** おおぬまひょうぶ
天正10（1582）年～正保2（1645）年8月8日
安土桃山時代～江戸時代前期の開拓者。
¶庄内

**大沼又五郎** おおぬままたごろう
文政7（1824）年～明治22（1889）年
江戸時代後期～明治期の玉造郡鳴子村湯元の木地
師。鳴子こけしの創作者。
¶姓氏宮城

**大根草路** おおねそうろ
昭和5（1930）年4月19日～
昭和期の陶芸家。
¶陶芸最

**大野晃** おおのあきら
万延1（1860）年～昭和17（1942）年
明治～昭和期の新用水路開削者。
¶姓氏愛知

**大野和泉入道** おおのいずみにゅうどう
生没年不詳
戦国時代の上総の鋳物師。
¶戦辞

**大野市治** おおのいちじ
天保2（1831）年～明治32（1899）年
明治期の育種家。
¶日人

## 大野和男　おおのかずお
明治42（1909）年6月13日～昭和58（1983）年6月2
日
昭和期の建築学者、北海道大学名誉教授。専門は
鉄筋コンクリート構造学。
　¶科学

## 大野勝彦　おおのかつひこ
昭和19（1944）年～
昭和～平成期の建築家。大野建築アトリエ所長。
　¶現執3期

## 大野晃幹　おおのこうかん
昭和17（1942）年7月31日～
昭和～平成期の陶芸家。
　¶陶芸最，陶工

## 大野耕太郎　おおのこうたろう
昭和28（1953）年1月5日～
昭和期の陶芸家。
　¶陶芸最

## 大野七郎　おおのしちろう
昭和期の木型職人。
　¶名工

## 大野俊次　おおのしゅんじ
昭和16（1941）年3月31日～
昭和期の陶芸家。
　¶陶芸最

## 大野昭和斎　おおのしょうわさい
明治45（1912）年3月4日～平成8（1996）年8月30日
昭和～平成期の木工芸家。独学で研さんを積み、
木目沈金の技法を開発。日本伝統工芸展会長賞受
賞。人間国宝。
　¶岡山百（㊅明治44（1911）年3月4日），現情，国
　宝，世紀，日人，美工，名工

## 大野新一　おおのしんいち
明治24（1891）年～昭和49（1974）年
明治～昭和期の宮大工。
　¶美建

## 大野瑞峰　おおのずいほう
明治43（1910）年12月27日～
昭和～平成期の陶芸家。
　¶陶芸，陶芸最，名工

## 大野誠二　おおのせいじ
昭和22（1947）年12月20日～
昭和～平成期の陶芸家。
　¶陶芸最，名工

## 大野大膳亮　おおのだいぜんのすけ
生没年不詳
戦国時代の上総の鋳物師。
　¶戦辞

## 大野孝晴　おおのたかはる
昭和15（1940）年12月6日～平成9（1997）年11月
10日
昭和～平成期の陶芸家。
　¶陶芸最，陶工，美工，名工

## 大野忠男　おおのただお
昭和7（1932）年4月24日～
昭和～平成期の陶芸家。
　¶現執3期，名工

## 大野正　おおのただし
明治5（1872）年～大正15（1926）年12月21日
明治～大正期の発明家。ベアリング研究に大きく
貢献したほか、自動防火扉なども発明。
　¶人名，先駆（㊅明治5（1872）年5月），日人
　（㊅明治5（1872）年6月24日）

## 大野恒徳　おおのつねのり
文政12（1829）年～大正2（1913）年
江戸時代末期～大正期の製糸業者。近代的養蚕製
糸の先駆者。
　¶大分歴

## 大野出目　おおのでめ
　→是閑吉満（ぜかんよしみつ）

## 大野徳三郎　おおのとくさぶろう
生没年不詳
明治期の時計商。日本で初めて懐中時計、万年筆
を製作。
　¶先駆

## 大野留次郎　おおのとめじろう
明治42（1909）年7月1日～昭和62（1987）年12月
22日
昭和期の製糸機械改良家。
　¶埼玉人

## 大野鈍阿　おおのどんな
明治18（1885）年～昭和26（1951）年
明治～昭和期の陶芸家。
　¶陶工

## 大野規周　おおののりちか
文政3（1820）年1月28日～明治19（1886）年10月6
日　㊙大野弥三郎《おおのやさぶろう》
江戸時代末期～明治期の精密機械技師。時計製作
のパイオニア。
　¶朝日（㊅文政3年1月28日（1820年3月12日）），
　海越（大野弥三郎　おおのやさぶろう），海越
　新（大野弥三郎　おおのやさぶろう），大阪人，
　科学，近現，国際，国史，史人，新潮，先駆，
　渡航（大野規周・大野弥三郎　おおののりち
　か・おおのやさぶろう），日人

## 大野規好　おおののりよし
明治期の製造業者。国産時計製造工場を設立し、
明治の時計工業発展に大きく貢献。
　¶国際，先駆（生没年不詳），渡航

## 大野久男　おおのひさお
大正5（1916）年～
昭和～平成期の映画録音技師。
　¶映人

## 大野弁吉　おおのべんきち
享和1（1801）年～明治3（1870）年　㊙中村屋弁吉
《なかむらやべんきち》
江戸時代末期～明治期の科学技術者。金石の豪商

銭屋五兵衛の技術顧問として才能を発揮する。写真機、望遠鏡など遺品が現存。
¶石川百，科学（[没]1870年（明治3）5月19日），国書（中村屋弁吉　なかむらやべんきち　[没]明治3（1870）年5月19日），史人（[没]1870年5月19日），写家（[没]明治3年5月19日），写真，姓氏石川，先駆（[生]享和1（1801）年10月　[没]明治3（1870）年5月19日），日史，日人，百科，洋学

**大野正泰**　おおのまさひろ
昭和11（1936）年8月3日～
昭和～平成期の陶芸家。
¶陶芸最，名工

**大野貢**　おおのみつぎ
大正15（1926）年6月28日～平成11（1999）年10月22日
昭和～平成期のガラス工芸家、技術者。カンザス州立大学講師。大野・クライン・ボトルを世界で初製作。ガラス細工の芸術家としても活躍。
¶世紀，日人，美工

**大野弥三郎**　おおのやさぶろう
→大野規周（おおののりちか）

**大野豊**　おおのゆたか
大正13（1924）年8月24日～平成24（2012）年10月27日
昭和～平成期の情報工学者、京都大学名誉教授。
¶科学

**大野陽子**　おおのようこ
昭和11（1936）年2月13日～　[別]大野陽子《おおのよおこ》
昭和～平成期の陶芸家。
¶陶芸最（おおのよおこ），名工

**大野陽子**　おおのよおこ
→大野陽子（おおのようこ）

**大庭一晃**　おおばかずあき
生没年不詳
昭和期のガラス工芸家。
¶美工

**大饗吉蔵**　おおばきちぞう
[別]大饗吉蔵《おおあえきちぞう》
江戸時代前期の備前伊部焼の陶工。
¶岡山人（おおあえきちぞう），人名，日人（生没年不詳）

**大場金太**　おおばきんた
明治34（1901）年1月15日～昭和53（1978）年7月12日
大正～昭和期の土木請負業者。
¶庄内

**大饗五郎左衛門**　おおばごろうざえもん
→大饗五郎左衛門（おおあえごろうざえもん）

**大橋幹一**　おおはしかんいち
明治32（1899）年2月9日～平成1（1989）年7月10日
大正～昭和期の通信技術者、岩崎通信機社長。専門は電信電話技術。
¶岡山歴，科学

**大橋貞**　おおはしさだ
昭和期の近江上布織り職人。
¶名工

**大橋貞子**　おおはしさだこ
昭和9（1934）年5月8日～
昭和期の陶芸家。
¶陶芸最

**大橋秋二**　おおはししゅうじ
寛政7（1795）年～安政4（1857）年
江戸時代末期の陶工。
¶茶道，人名，姓氏愛知，日人，幕末（[没]1857年12月6日）

**大橋庄兵衛(1)**　おおはししょうべえ
江戸時代後期の漆工（中村宗哲4代深斎門）。
¶茶道

**大橋庄兵衛(2)**　おおはししょうべえ
天保13（1842）年～明治38（1905）年
江戸時代末期～明治期の漆工。
¶茶道，名工

**大橋庄兵衛(3)**　おおはししょうべえ
慶応1（1865）年～大正5（1916）年
明治～大正期の漆工。
¶茶道，名工

**大橋庄兵衛(4)**　おおはししょうべえ
明治29（1896）年～昭和3（1928）年
大正～昭和期の漆工。
¶茶道

**大橋誠一**　おおはしせいいち
安政5（1858）年～昭和9（1934）年
明治～大正期の農村指導者。
¶世紀（[生]安政5（1858）年7月21日　[没]昭和9（1934）年10月27日），日人

**大橋多吉**　おおはしたきち
明治12（1879）年7月～？
明治～大正期の工学者。
¶渡航

**大橋知伸**　おおはしちしん
天保7（1836）年～明治39（1906）年8月14日　[別]大橋知伸《おおはしとものぶ》
江戸時代末期～明治期の仏師。
¶会津，国書（おおはしとものぶ　[生]天保7（1836）年2月13日），幕末

**大橋鉄矢**　おおはしてつや
昭和2（1927）年2月8日～
昭和～平成期の映画録音技師。
¶映人

**大橋東太**　おおはしとうた
弘化4（1847）年～大正11（1922）年
江戸時代末期～大正期の養蚕家、絹村長。
¶栃木歴

## 大橋知伸 おおはしとものぶ
→大橋知伸（おおはしちしん）

## 大橋豊久 おおはしとよひさ
～平成5（1993）年5月7日
昭和～平成期の染色工芸家。
¶美工

## 大橋幡岩 おおはしはたいわ
明治29（1896）年～昭和55（1980）年
大正～昭和期のピアノ設計・製作の名匠。
¶静岡歴，姓氏静岡，名工（㊄明治29年3月17日）

## 大橋弘道 おおはしひろみち
昭和4（1929）年9月1日～
昭和～平成期の陶芸家。
¶陶工，名工

## 大橋房太郎 おおはしふさたろう
万延1（1860）年～昭和10（1935）年
明治期の村長、府議会議員。淀川治水功労者。地方自治に尽力した功により藍綬褒章受章。
¶大阪人（㊄昭和10（1935）年6月），近土（㊄1860年10月14日　㊄1935年6月30日），人名，世紀（㊄万延1（1860）年10月14日　㊄昭和10（1935）年6月30日），土木（㊄1860年10月14日　㊄1935年6月30日），日人

## 大橋桃之輔 おおはしもものすけ
大正10（1921）年3月6日～平成8（1996）年6月30日
昭和～平成期の陶芸家。
¶郷土岐阜，陶芸最，陶工，美工，名工

## 大橋有 おおはしゆう
天保3（1832）年～？
江戸時代末期～明治期の伊予大洲藩士。岡山県最初の器械製糸を始業。
¶幕末

## 大橋裕 おおはしゆたか
昭和19（1944）年4月29日～
昭和～平成期の陶芸家。
¶陶芸最，陶工

## 大場準一 おおばじゅんいち
昭和24（1949）年2月9日～
昭和期の陶芸家。
¶陶芸最

## 大羽順次 おおばじゅんじ
明治44（1911）年4月11日～
昭和～平成期の豊橋筆職人。
¶名工

## 大場松魚 おおばしょうぎょ
大正5（1916）年3月15日～平成24（2012）年6月21日
昭和～平成期の漆芸家。人間国宝。平文技法に優れる。伊勢神宮式年遷宮の御神宝製作などに従事。
¶石川百，現朝，現情，現日，国宝，世紀，全書，日人，名工

## 大橋済 おおはしわたり
天保12（1841）年～明治44（1911）年12月6日
江戸時代末期～明治期の蚕糸業功労者。「全芽飼育法」を著し選繭法を創案。
¶幕末

## 大橋渉 おおはしわたる
明治12（1879）年～昭和29（1954）年
明治～昭和期の地方自治功労者、産業開発功労者。
¶高知人

## 大畠喜三治 おおはたきさんじ
嘉永6（1853）年12月6日～明治43（1910）年2月13日
江戸時代後期～明治期の蚕糸改良家。
¶埼玉人，埼玉百

## 大畑才蔵 おおはたさいぞう
寛永19（1642）年～享保5（1720）年
江戸時代前期～中期の土木技術者。
¶朝日，科学，郷土和歌山，国書（㊄享保5（1720）年5月），コン改（生没年不詳），コン4（生没年不詳），人名，日人，藩臣5，和歌山人

## 大畑達之 おおはたたつし
明治34（1901）年～昭和40（1965）年
大正～昭和期の土木建築家。
¶大分歴

## 大畑忠左衛門 おおはたちゅうざえもん
江戸時代後期の陶工。
¶人名，日人（生没年不詳）

## 大畠久 おおはたひさし
昭和8（1933）年4月1日～
昭和期の陶芸家。
¶陶芸最

## 大庭常良 おおばつねなが
大正12（1923）年～
昭和期の都市工学者。工学院大学教授。
¶現執1期

## 大場博司 おおばひろし
昭和24（1949）年～
昭和期の陶芸家。
¶陶芸最

## 大饗平十郎 おおばへいじゅうろう
→大饗平十郎（おおあえへいじゅうろう）

## 大庭又三郎 おおばまたさぶろう
？　～安永7（1778）年
江戸時代中期の農業土木工事の功績者。
¶島根百，島根歴

## 大浜当行 おおはまとうこう
天保6（1835）年～明治42（1909）年
江戸時代後期～明治期の新川尻開削に尽力、産業開発の恩人。
¶姓氏沖縄

## 大林清子 おおばやしきよこ
昭和8（1933）年12月3日～
昭和～平成期の陶芸家。
¶陶工

**大林実蔵** おおばやしじつぞう
江戸時代末期の陶工。
¶岡山人，人名，日人（生没年不詳）

**大林蘇乃** おおばやしその
明治43（1910）年～昭和46（1971）年
昭和期の人形作家。
¶京都大，世紀，姓氏京都，日人，美工

**大林梅軒** おおばやしばいけん
文政7（1824）年5月～明治19（1886）年
江戸時代後期～明治期の陶芸家。
¶三重

**大林よし** おおばやしよし
安政2（1855）年～？
江戸時代末期～明治期の女性。機織りが巧みで近在の子女に教える。金沢道路の傍らに弟子たちが頌徳碑を建てた。
¶女性

**大原有綱** おおはらありつな
平安時代後期の刀工。
¶鳥取百

**大原栄一** おおはらえいいち
大正1（1912）年12月2日～平成10（1998）年3月9日
昭和期の実業家。富士重工業社長。日本興業銀行常務を経て、富士重工業に転じ「スバル1000」を開発。
¶現朝，世紀，日人

**大原薫** おおはらかおる
昭和14（1939）年10月21日～
昭和～平成期の陶芸家。
¶陶芸最，名工

**大原真守** おおはらさねもり
平安時代中期の刀工。
¶鳥取百

**大原茂之** おおはらしげゆき
昭和22（1947）年3月30日～
昭和～平成期の情報処理工学者。
¶現執2期

**大原照子** おおはらしょうこ
昭和4（1929）年4月16日～
昭和～平成期の料理研究家、フードコーディネーター。大原照子クッキングスタジオ主宰。各国の料理を研究し、テレビ等で活躍。著書に「私の英国料理」など。
¶現執3期，現執4期，世紀，日人

**大原安綱** おおはらのやすつな
→安綱（やすつな）

**大原安家** おおはらやすいえ
平安時代中期の刀工。
¶鳥取百

**大原安綱** おおはらやすつな
平安時代中期の刀工。
¶鳥取百

**大針房之助** おおはりふさのすけ
？～大正10（1921）年11月13日
明治～昭和期の禁表畳師。孝明、明治天皇の御用畳を奉仕。
¶維新，幕末，名工

**大樋勘兵衛〔1代〕**（──〔3代〕）おおひかんべえ
享保13（1728）年～＊
江戸時代中期～後期の楽焼の陶工。
¶茶道（──〔3代〕　[没]1803年），日人（[没]1802年）

**大樋勘兵衛〔2代〕**（──〔4代〕）おおひかんべえ
宝暦1（1751）年～天保10（1839）年
江戸時代後期の楽焼の陶工。
¶茶道（──〔4代〕），日人（[生]1751年，（異説）1757年）

**大樋勘兵衛〔3代〕**（──〔5代〕）おおひかんべえ
江戸時代末期の楽焼の陶工。
¶茶道（──〔5代〕　[生]？　[没]1858年），日人（[生]1781年　[没]1856年）

**大樋晃楽** おおひこうらく
昭和19（1944）年7月23日～
昭和期の陶芸家。
¶陶芸最

**大樋朔太郎** おおひさくたろう
文化12（1815）年～安政3（1856）年
江戸時代後期～末期の陶工。
¶日人

**大樋長左衛門** おおひちょうざえもん
昭和3（1928）年2月10日～
昭和～平成期の陶芸家。
¶名工

**大樋長左衛門〔1代〕** おおひちょうざえもん
寛永7（1630）年～正徳2（1712）年　[別]長左衛門《ちょうざえもん》
江戸時代前期の陶工、大樋焼の初代。
¶石川百，茶道（──〔代数なし〕），人名（長左衛門　ちょうざえもん），日人

**大樋長左衛門〔2代〕** おおひちょうざえもん
寛文1（1661）年～延享4（1747）年
江戸時代前期～中期の陶工。
¶日人

**大樋長左衛門〔9代〕** おおひちょうざえもん
明治34（1901）年～昭和61（1986）年
昭和期の陶芸家。
¶陶芸（──〔代数なし〕），陶芸最，陶工，美工（[生]明治34（1901）年3月20日　[没]昭和61（1986）年1月18日），名工（[生]明治34年3月20日　[没]昭和61年1月18日）

**大樋長左衛門〔10代〕** おおひちょうざえもん
昭和2（1927）年10月28日～　[別]大樋年朗《おおひとしろう》
昭和～平成期の陶芸家。
¶石川百，現情（大樋年朗　おおひとしろう），世紀（大樋年朗　おおひとしろう），陶芸最（──

名工・職人・技師・工匠篇　　153　　おおむら

〔代数なし〕），陶工（――〔代数なし〕），日人
（大樋年朗　おおひとしろう），名工

## 大樋長楽　おおひちょうらく
明治35（1902）年～平成3（1991）年
大正～昭和期の陶芸家。
¶陶芸，陶芸最（�生明治35年6月6日），陶工，名工

## 大樋年雄　おおひとしお
昭和33（1958）年6月8日～
昭和～平成期の陶芸家。
¶陶工

## 大樋年朗　おおひとしろう
→大樋長左衛門〔10代〕（おおひちょうざえもん）

## 大樋長　おおひひさし
昭和3（1928）年2月10日～
昭和期の陶芸家。
¶陶芸最

## 大樋道忠　おおひみちただ
天保7（1836）年～明治29（1896）年
江戸時代末期～明治期の陶工。
¶日人

## 大平一誠　おおひらいっせい
昭和26（1951）年4月20日～
昭和～平成期の陶芸家。
¶名工

## 大平和正　おおひらかずまさ
昭和18（1943）年4月8日～
昭和～平成期の陶芸家。
¶陶芸最，陶工

## 大平可楽　おおひらからく
嘉永2（1849）年12月18日～昭和8（1933）年1月3日
明治～昭和期の牙彫師。菓子器など精緻な彫技が
得意。
¶幕末

## 大平孝昭　おおひらたかあき
昭和19（1944）年6月13日～
昭和～平成期の陶芸家。
¶陶芸最，名工

## 大藤高彦　おおふじたかひこ
慶応3（1867）年11月24日～昭和18（1943）年12月7
日
江戸時代末期～昭和期の土木工学者。
¶科学，近土，姓氏京都，渡航，土木

## 大藤藤三郎　おおふじとうさぶろう
弘化2（1845）年～大正10（1921）年
江戸時代後期～大正期の料理人。千枚漬けを考案。
¶食文（㊙1921年6月6日），日人

## 大藤松五郎　おおふじまつごろう
？　～明治23（1890）年　㊙大藤松五郎《おおとう
まつごろう》
明治期の官吏。山梨ワイン醸造のパイオニア。
¶海越新，食文，先駆，渡航，山梨百（おおとう
まつごろう　㊙明治23（1890）年5月10日）

## 大部友之　おおべともゆき
大正6（1917）年7月11日～平成2（1990）年9月5日
昭和～平成期の建築家。大部設計事務所代表。
¶美建

## 往海玄古　おおみげんこ
→往海玄古（おうかいげんこ）

## 大見謝恒正　おおみじゃこうせい
昭和期の漆器上塗工。
¶名工

## 大見武憑武　おおみたけひょうぶ
尚賢2（1642）年～尚敬1（1713）年
江戸時代前期～中期の紙漉き、漆器などの技術導
入者。
¶沖縄百（�生尚賢2（1642）年3月25日　㊙尚敬1
（1713）年2月14日），姓氏沖縄

## 大道　おおみち
江戸時代末期の刀工。1861年～1864年（文久）ご
ろ活躍。
¶島根人，島根百

## 大峯義照　おおみねよしてる
明治36（1903）年11月9日～昭和63（1988）年5月6
日
大正～昭和期の弓道家、弓師。
¶弓道

## 大宮久次郎　おおみやきゅうじろう
弘化4（1847）年～昭和19（1944）年
明治～昭和期の建築家。栃木県建設業協会の基礎
を築く。
¶栃木歴

## 大宮真盛　おおみやまさもり
？　～寛文12（1672）年　㊙大和《やまと》
江戸時代前期の能面作者。小面系を得意とし毛描
にすぐれた。
¶人名，日人

## 大見与右衛門　おおみようえもん
生没年不詳
江戸時代中期の開拓者。安城新田開村の祖。
¶姓氏愛知

## 大村一蔵　おおむらいちぞう
明治17（1884）年～昭和19（1944）年
明治～昭和期の地質学者。帝国石油副総裁、日本
地質学会会長。地質学の広い分野で活躍。日本石
油技術協会会長、日本古生物学会会長を歴任。
¶科学（㊅1884年（明治17）2月15日　㊙1944年
（昭和19）1月29日），人名7，鳥取百，日人
（㊅明治17（1884）年2月15日　㊙昭和19（1944）
年1月29日）

## 大村加卜（大村賀卜）　おおむらかぼく
？　～宝永2（1705）年　㊙加卜《かぼく》
江戸時代前期の刀工。
¶国書（大村賀卜　生没年不詳），静岡歴（生没年
不詳），人名，姓氏静岡，日人

**大村玉山**　おおむらぎょくざん
生没年不詳
江戸時代中期の蒔絵師。
¶人名，日人，美工

**大村銀志郎**　おおむらぎんしろう
昭和期の明け荷職人。
¶名工

**大村三郎**　おおむらさぶろう
明治45(1912)年～
昭和～平成期の映画録音技師。
¶映人

**大村卓一**　おおむらたくいち
明治5(1872)年～昭和21(1946)年
明治～昭和期の鉄道技術者。
¶郷土福井，近現，近土([生]1872年2月13日 [没]1946年3月5日)，国史，世紀([生]明治5(1872)年2月13日 [没]昭和21(1946)年3月5日)，鉄道([生]1872年3月21日 [没]1946年3月)，渡航([生]1872年2月13日 [没]1946年3月5日)，土木([生]1872年2月13日 [没]1946年3月5日)，日人([生]明治5(1872)年2月13日 [没]昭和21(1946)年3月5日)，福井百，北海道百，北海道歴，履歴([生]明治5(1872)年2月13日 [没]昭和21(1946)年3月5日)，履歴2([生]明治5(1872)年2月13日 [没]昭和21(1946)年3月5日)

**大村豊子**　おおむらとよこ
昭和31(1956)年～
昭和～平成期の陶芸家。
¶名工

**大村就康**　おおむらなりやす
昭和24(1949)年4月15日～
昭和期の陶芸家。
¶陶芸最

**大村秀太郎**　おおむらひでたろう
明治44(1911)年1月17日～
昭和～平成期の紅染業。
¶名工

**大室勝四郎**　おおむろかつしろう
明治39(1906)年～平成10(1998)年
大正～平成期の宮大工。
¶青森人，美建

**大室剛**　おおむろこはし
昭和29(1954)年12月13日～
昭和期の陶芸家。
¶陶芸最，陶工

**大本修**　おおもとおさむ
大正14(1925)年4月1日～平成20(2008)年10月15日
昭和～平成期の電子工学者、芝浦工業大学学長。専門は電子材料工学。
¶科学

**大森英秀**　おおもりえいしゅう
→大森英秀(おおもりてるひで)

**大森健二**　おおもりけんじ
大正12(1923)年～平成12(2000)年4月22日
昭和～平成期の建築家。建築研究協会常務理事。
¶美建

**大森重光**　おおもりしげみつ
元禄9(1696)年～*
江戸時代中期の江戸の金工家。
¶人名([没]1725年)，日人([没]1726年)

**大森重光〔2代〕**　おおもりしげみつ
宝永2(1705)年～安永9(1780)年
江戸時代中期の江戸の金工家。
¶人名

**大森重光〔3代〕**　おおもりしげみつ
→大森英秀(おおもりてるひで)

**大森重光〔4代〕**　おおもりしげみつ
江戸時代後期の江戸の金工家。
¶人名

**大森重光〔5代〕**　おおもりしげみつ
江戸時代後期の江戸の金工家。
¶人名

**大森宗勲**　おおもりそうくん
元亀1(1570)年～寛永2(1625)年
安土桃山時代～江戸時代前期の一節切尺八中興の祖。
¶朝日，芸能，国書([生]元亀1(1570)年3月15日 [没]寛永2(1625)年4月10日)，史人，人名([生]1568年)，日音，日人

**大森英一**　おおもりてるかず
生没年不詳
江戸時代中期の装剣金工。
¶日人

**大森照成**　おおもりてるしげ
明治34(1901)年5月15日～昭和63(1988)年10月17日
大正～昭和期の陶芸家。
¶世紀，陶芸最，日人，美工

**大森輝彦**　おおもりてるひこ
昭和15(1940)年12月9日～
昭和～平成期の陶芸家。
¶陶芸最，名工

**大森英秀**　おおもりてるひで
享保15(1730)年～寛政10(1798)年　[別]大森英秀《おおもりえいしゅう》，大森重光〔3代〕《おおもりしげみつ》
江戸時代中期の装剣金工家。大森浪を考案。
¶朝日(おおもりえいしゅう)，新潮(おおもりえいしゅう [没]寛政10(1798)年4月)，人名(大森重光〔3代〕　おおもりしげみつ)，世人，日人

**大森英昌**　おおもりてるまさ
宝永2(1705)年～安永1(1772)年
江戸時代中期の装剣金工。
¶日人

名工・職人・技師・工匠篇　　　　155　　　　　　　　　　おおやま

大森英満　おおもりてるみつ
生没年不詳
江戸時代中期〜後期の装剣金工。
¶日人

大森豊明　おおもりとよあき
昭和10（1935）年2月5日〜
昭和期の技術コンサルタント。OHT技術士事務
所所長。
¶現執2期

大森虎之助　おおもりとらのすけ
明治3（1870）年〜大正10（1921）年11月26日
明治〜大正期の気象技術官。
¶朝日（⊕明治3年？（1870年？）），科学，世紀，
富山百（⊕明治2（1869）年12月27日　⊗大正10
（1921）年11月16日），日人（⊕明治2（1870）年
12月27日）

大森秀永　おおもりひでなが
生没年不詳
江戸時代中期の装剣金工。
¶日人

大森光彦　おおもりみつひこ
明治25（1892）年6月13日〜昭和29（1954）年5月
19日
明治〜昭和期の陶芸家。日展参事。帝展に入選。
日展委員、日展審査員を歴任。著書に「陶窯巡
り」など。
¶現情，人名7，世紀，姓氏長野，陶工（⊗1953
年），長野歴，日人，美工，名工

大森元直　おおもりもとなお
慶長8（1603）年〜延宝1（1673）年
江戸時代前期の備中松山藩士、土木家。
¶岡山人，岡山百，岡山歴（⊗延宝1（1673）年12
月30日），藩臣6

大森良友　おおもりよしとも
昭和24（1949）年9月16日〜
昭和〜平成期の陶芸家。
¶名工

大谷木実　おおやぎみのる
昭和期の映画看板描き職人。
¶名工

大谷休泊　おおやきゅうはく
→大谷新左衛門（おおたにしんざえもん）

大屋権平　おおやごんべい
文久1（1861）年2月22日〜大正13（1924）年3月
31日
明治〜大正期の鉄道技術者、工学博士。朝鮮総督
府鉄道局長官。東海道線、朝鮮鉄道完成に尽力。
¶近土（⊗1923年3月31日），人名，世紀（⊕文久2
（1862）年2月22日），鉄道（⊕1861年4月1日），
渡航，土木（⊗1923年3月31日），日人（⊕1862
年）

大谷青山　おおやせいざん
昭和24（1949）年8月24日〜　⊛大谷青山《おおた
にせいざん》

昭和〜平成期の陶芸家。
¶陶芸最（おおたにせいざん），名工

大矢せつ　おおやせつ
嘉永6（1853）年〜昭和6（1931）年
明治〜昭和期の教育者・針仕事師匠。
¶姓氏長野

大山明弘　おおやまあきひろ
天保12（1841）年〜明治43（1910）年
江戸時代後期〜明治期の一関藩刀工。
¶姓氏岩手

大山彰　おおやまあきら
大正12（1923）年6月11日〜
昭和〜平成期の原子力工学者。東京大学教授。
¶現情

大山和照　おおやまかずてる
昭和15（1940）年12月3日〜
昭和〜平成期の陶芸家。
¶陶芸最，名工

大山勝三郎　おおやまかつさぶろう
大正期の技師。
¶姓氏富山

大山元孚　おおやまげんふ
江戸時代の装剣彫工。
¶人名

大山茂樹　おおやましげき
昭和28（1953）年8月8日〜
昭和期の陶芸家。
¶陶芸最

大山昭子　おおやましょうこ
昭和期の木彫家。
¶名工

大山隆　おおやまたかし
昭和30（1955）年9月3日〜
昭和〜平成期の陶芸家。
¶陶芸最，陶工

大山筑登之　おおやまちくどうん
生没年不詳
江戸時代末期の竹富の耕地開発者。篤志家。
¶姓氏沖縄

大山強道　おおやまつよみち
昭和22（1947）年〜
昭和〜平成期の陶芸家。
¶陶工

大山松次郎　おおやままつじろう
明治28（1895）年8月4日〜昭和57（1982）年8月
11日
昭和期の電子工学者。東京大学教授。
¶科学，現情

泰山元孚〔1代〕　おおやまもとざね
寛保1（1741）年〜天明1（1830）年
江戸時代中期〜後期の装剣金工。

¶日人



**泰山元孚〔2代〕** おおやまもとざね
？　～嘉永4（1851）年
江戸時代後期の装剣金工。
¶日人

**泰山元孚〔3代〕** おおやまもとざね
？　～慶応1（1865）年
江戸時代後期～末期の装剣金工。
¶日人

**大山元教** おおやまもとのり
？　～安永2（1773）年
江戸時代中期の装剣金工。
¶日人

**大山義年** おおやまよしとし
明治36（1903）年8月2日～昭和52（1977）年7月16日
昭和期の化学工学者。東京工業大学教授。ペニシリンの国産化パイロットプラントの設計、低圧式酸素製造装置の工業化などで有名。
¶科学，科技，現朝，現情，現人，人名7，世紀，日人

**大山吉久** おおやまよしひさ
生没年不詳
戦国時代の仏師。
¶戦辞

**大屋光夫** おおやみつお
昭和18（1943）年7月10日～
昭和期の陶芸家。
¶陶芸最

**大屋靖子** おおややすこ
昭和9（1934）年11月13日～
昭和～平成期の陶芸家。
¶陶芸最，名工

**大屋霊城** おおやれいじょう
明治23（1890）年～昭和9（1934）年
大正～昭和期の農学博士。都市計画大阪地方委員会技師。園芸学専攻。
¶人名

**大湯彦右衛門** おおゆひこえもん
？　～
江戸時代前期の新田開発の推進者。
¶青森人

**大与五国重** おおよごくにしげ
[別]大月与五郎国重《おおつきよごろうくにしげ》
安土桃山時代の刀工。
¶岡山人，岡山歴（大月与五郎国重　おおつきよごろうくにしげ）

**大脇一心** おおわきいっしん
昭和期の染色作家。
¶名工

**岡井仁子** おかいひとこ
昭和～平成期の陶芸家。
¶名工

**岡上景能** おかがみかげよし
→岡上景能（おかのぼりかげよし）

**岡行蔵** おかこうぞう
明治43（1910）年3月9日～平成2（1990）年7月12日
大正～平成期の表具師。
¶美工

**岡郷惣右衛門** おかごうそううえもん
→岡郷惣右衛門（おかごそうえもん）

**岡郷惣右衛門** おかごそうえもん
？　～寛永18（1641）年　[別]岡郷惣右衛門《おかごうそううえもん》
江戸時代前期の代官、岡堰の開発功労者。
¶姓氏長野，長野歴（おかごうそううえもん　生没年不詳）

**岡崎幾雄** おかざきいくお
昭和期のこけし作り工人。
¶名工

**岡崎宇右衛門** おかざきうえもん
生没年不詳
江戸時代後期の鎌倉鶴岡八幡宮大工棟梁。
¶神奈川人

**岡崎熊治** おかざきくまじ
明治7（1874）年12月4日～昭和10（1935）年3月27日
明治～昭和期の農事改良家。
¶世紀，日人

**岡崎源内** おかざきげんない
生没年不詳
江戸時代後期の鎌倉鶴岡八幡宮大工棟梁。
¶神奈川人

**岡崎治兵衛** おかざきじへえ
元和3（1617）年～元禄13（1700）年12月7日
江戸時代前期～中期の測量技師・数学者。
¶徳島歴

**岡崎治郎左衛門** おかざきじろうざえもん
？　～寛文5（1665）年2月27日
江戸時代前期の紙漉き業者。
¶愛媛百

**岡崎清九郎** おかざきせいくろう
天保3（1832）年～大正6（1917）年
明治期の水産功労者。水産製造法の改良など公共の利益に尽力。藍綬褒章受章。
¶大分百，大分歴，人名，日人

**岡崎斉司** おかざきせいし
昭和期のこけし工人。
¶名工

**岡崎雪声** おかざきせっせい
安政1（1854）年～大正10（1921）年
明治期の鋳金家。東京美術学校教授。内国勧業博入選。東京鋳金会幹事。「西郷南洲像」「楠正成像」を製作。

¶朝日([生]安政1(1854)年11月　[没]大正10(1921)年4月16日)，近現，国史，新潮([生]安政1(1854)年11月　[没]大正10(1921)年4月16日)，人名，世紀([生]安政1(1855)年11月　[没]大正10(1921)年4月16日)，世人，日人，名工([生]安政1(1854)年11月　[没]大正10年4月16日)

**岡崎隆雄** おかざきたかお
昭和21(1946)年6月1日～
昭和～平成期の陶芸家。
¶陶芸最，名工

**岡崎伝太夫** おかざきでんだゆう
宝永1(1704)年～宝暦4(1754)年
江戸時代中期の土木利水開拓者。
¶高知人

**岡崎寿彦** おかざきとしひこ
明治44(1911)年～平成7(1995)年
昭和～平成期の砂防工学者。
¶高知人

**岡崎秀吉** おかざきひでよし
生没年不詳
戦国時代の大工。
¶戦辞

**岡崎文吉** おかざきぶんきち
明治5(1872)年11月15日～昭和20(1945)年
明治～昭和期の治水技術者。
¶岡山歴([没]昭和20(1945)年2月)，科学([没]1945年(昭和20)2月4日)，近土([没]1945年2月4日)，札幌，土木([没]1945年2月4日)，北海道百，北海道歴，履歴([没]昭和20(1945)年2月4日)

**岡崎文次** おかざきぶんじ
大正3(1914)年7月7日～平成10(1998)年7月23日
昭和期のカメラ・電子技術者、専修大学教授。日本初の電子計算機「FUJIC」を開発。
¶科学，世紀，日人

**岡崎正宗** おかざきまさむね
→正宗(まさむね)

**岡崎屋重次郎** おかざきやじゅうじろう
安永2(1773)年～文化13(1816)年
江戸時代末期の陶工。
¶和歌山人

**岡崎八十八** おかざきやそはち
文久1(1861)年～昭和19(1944)年
明治～昭和期の海軍技師、軍艦船体部建造主任。
¶静岡歴，姓氏静岡

**岡崎芳樹** おかざきよしき
元治1(1864)年3月14日～大正14(1925)年1月4日
明治～大正期の工学者。大阪土木出張所勤務。淀川洪水の際、復旧事業に努めた。
¶科学，近土，人名，渡航，土木，日人

**岡左久良** おかさくら
昭和13(1938)年4月1日～
昭和～平成期の陶芸家。
¶陶工，名工

**岡迫明良** おかさこあきら
昭和29(1954)年5月～
昭和～平成期の陶芸家。
¶名工

**岡三郎左衛門** おかさぶろうざえもん
江戸時代前期の造船家。
¶高知人(生没年不詳)，高知百

**小笠原一斎** おがさわらいっさい
江戸時代末期の彫刻家、根付師。象牙・鯨歯の素彫りの名手。
¶人名，日人(生没年不詳)

**小笠原宇吉** おがさわらうきち
？～
江戸時代の八戸藩お抱えの刀鍛冶。
¶青森人

**小笠原耕一** おがさわらこういち
明治1(1868)年～昭和2(1927)年
明治～昭和期の十和田湖開発の恩人。
¶青森人，青森百

**小笠原再二** おがさわらさいじ
昭和22(1947)年～
昭和期の陶芸家。
¶陶芸最

**小笠原周蔵** おがさわらしゅうぞう
天保2(1831)年～明治15(1882)年
江戸時代後期～明治期の田代道路開削者。
¶青森人

**小笠原誠一** おがさわらせいいち
明治44(1911)年6月4日～
昭和～平成期の刀研ぎ師。
¶名工

**小笠原隆** おがさわらたかし
昭和7(1932)年6月1日～
昭和～平成期の陶芸家。
¶陶芸最，名工

**小笠原伝次** おがさわらでんじ
天保11(1840)年～大正4(1915)年
明治期の土木家。四国新道開削工事の監督。
¶高知人，人名([生]？)，日人

**小笠原政平** おがさわらまさへい
寛政8(1796)年～文久1(1861)年
江戸時代後期～末期の伊那郡下殿島村生まれの石工。
¶姓氏長野

**小笠原鈅** おがさわらますみ
明治8(1875)年12月27日～昭和41(1966)年3月25日
明治～昭和期の鉄道技師、建築技師。
¶鉄道

**小笠原義雄** おがさわらよしお
昭和期のこけし工人。
¶名工

おかしま　　　　　　　　　　　158　　　　　　　　　日本人物レファレンス事典

**岡島嘉平次** おかじまかへいじ
〜天明7 (1787) 年11月
江戸時代末期の開墾功労者。
¶大阪人，人名，日人 (生没年不詳)

**岡島千代造** おかじまちよぞう
嘉永6 (1853) 年〜大正10 (1921) 年
明治〜大正期の米商。縞モスリンの発明家。
¶大阪人，人名，世紀 (㊗嘉永6 (1853) 年10月23
日　㊗大正10 (1921) 年11月7日)，日人

**岡島昌章** おかじままさあき
昭和21 (1946) 年11月3日〜
昭和〜平成期の陶芸家。
¶陶工

**岡田章人** おかだあきと
明治43 (1910) 年〜昭和43 (1968) 年
大正〜昭和期の漆芸家。
¶香川人，香川百，美工 (㊐明治43 (1910) 年6月
17日　㊗昭和43 (1968) 年4月9日)，名工 (㊐明
治43年6月17日　㊗昭和43年4月9日)

**緒形昭義** おがたあきよし
昭和2 (1927) 年8月30日〜平成18 (2006) 年9月
20日
昭和〜平成期の建築家。群建築研究所会長。
¶美建

**尾形安平** おがたあんべい
天保3 (1832) 年〜明治30 (1897) 年　㊙尾形安平
《おがたやすへい》
江戸時代後期〜明治期の公益事業家。白石川の架
橋にあたった。
¶姓氏宮城，宮城百 (おがたやすへい)

**岡田伊三郎** おかだいさぶろう
嘉永2 (1849) 年〜昭和5 (1930) 年
明治〜昭和期の養蚕技術者。
¶姓氏愛知

**岡田円蔵** おかだえんぞう
天保1 (1830) 年〜明治28 (1895) 年
江戸時代後期〜明治期の中島新田開拓の祖。
¶山形百新

**岡田和美** おかだかずよし
〜平成21 (2009) 年7月19日
昭和〜平成期の金工家。
¶美工

**岡田亀久郎** おかだかめくろう
弘化2 (1845) 年〜明治34 (1901) 年
明治期の製茶業者。紅茶製造の発展に尽力。
¶人名，日人

**岡田完二郎** おかだかんじろう
明治24 (1891) 年10月24日〜昭和47 (1972) 年9月9
日
明治〜昭和期の実業家。古河鉱業社長。戦後富士
通信機製造社長，会長歴任。
¶現情，実業，新潮，人名7，世紀，日人

**緒方規矩子** おがたきくこ
昭和3 (1928) 年10月4日〜
昭和〜平成期の衣装デザイナー、仮面製作者。オ
ペラ、バレエ、演劇、ミュージカルなどの舞台衣
装や和紙による仮面製作を手掛ける。
¶現朝，世紀，日人

**尾形吉三郎** おがたきちさぶろう
嘉永6 (1853) 年〜明治35 (1902) 年
江戸時代の京都の陶工。
¶人名，日人

**岡田久吾右衛門** おかだきゅうごうえもん
天明5 (1785) 年〜弘化4 (1847) 年
江戸時代中期〜後期の堂宮大工。
¶姓氏山口

**岡田久太** おかだきゅうた
?　〜天保3 (1832) 年
江戸時代中期の陶工。
¶人名，姓氏京都，日人

**岡田清** おかだきよし
大正12 (1923) 年1月2日〜平成19 (2007) 年1月
12日
昭和〜平成期の土木工学者、京都大学名誉教授。
専門はコンクリート工学。
¶科学

**岡田圭史** おかだけいし
昭和23 (1948) 年3月25日〜
昭和〜平成期の陶芸家。
¶陶芸最，陶工

**岡毅** おかたけし
天保12 (1841) 年3月28日〜大正7 (1918) 年1月
江戸時代後期〜大正期の蚕業技術者。
¶渡航

**尾形乾山** おがたけんざん
寛文3 (1663) 年〜寛保3 (1743) 年　㊙乾山《けん
ざん》，入谷乾山《いりやけんざん》，尾形深省《お
がたしんしょう》
江戸時代中期の京焼の名工、画家。
¶朝日 (㊗寛保3年6月2日 (1743年7月22日))，岩
史 (㊗寛保3 (1743) 年6月2日)，江戸，角史，京
都，京都大，近世，国史，国書 (㊗寛保3
(1743) 年6月2日)，コン改，コン4，茶道，史
人 (㊗1743年6月2日)，重要 (㊗寛保3 (1743) 年6月
2日)，人書94，新潮 (㊗寛保3 (1743) 年6月
2日)，人名，姓氏京都，世人 (㊗寛保3 (1743)
年6月2日)，世百，全書，大百，伝記，栃木歴，
日史 (㊗寛保3 (1743) 年6月2日)，日人，美術，
百科，平日 (㊐1663　㊗1743)，名画，歴大

**緒方研二** おがたけんじ
大正6 (1917) 年10月9日〜平成21 (2009) 年10月
31日
昭和〜平成期の通信技術者、日本電信電話公社総
務理事。専門は電信電話技術。
¶科学

名工・職人・技師・工匠篇　　159　　おかたし

**岡田謙三** おかだけんぞう
昭和23（1948）年12月13日〜
昭和〜平成期の陶芸家。
¶陶芸最，陶工，名工

**岡田幸四郎** おかだこうしろう
明治29（1896）年〜昭和50（1975）年
昭和期のマニラ麻によるトワイン製造に着手。
¶姓氏愛知

**尾形光琳**（小形光琳）　おがたこうりん
万治1（1658）年〜享保1（1716）年　㊹光琳《こうりん》
江戸時代前期〜中期の画家、工芸家。
¶朝日（㊷享保1年6月2日（1716年7月20日）），岩史（㊷正徳6（1716）年6月2日），角史，京都，京都大，近世，国史，国書（㊷正徳6（1716）年6月2日），コン改，コン4，茶道，史人（㊷1716年6月2日），重要（㊷享保1（1716）年6月2日），人書94，新潮（㊷享保1（1716）年6月2日），人名（小形光琳），姓氏京都，世人（㊷享保1（1716）年4月6日），世百，全書，大百，伝記，日史（㊷享保1（1716）年6月2日），日人，美術，百科，平日（㊵1658　㊵1716），名画，歴大

**岡田佐一** おかださいち
昭和期の桧皮師。
¶名工

**岡田幸雄** おかださちお
明治42（1909）年7月10日〜平成5（1993）年10月24日
昭和〜平成期の電気工学者、東北大学教授。専門は電気回路。
¶科学

**岡田繁治** おかだしげじ
明治13（1880）年7月21日〜大正14（1925）年5月23日
明治〜大正期の実業家。岡田式謄写版を開発、生産を拡大した。
¶世紀，日人

**岡田盛** おかだしげる
大正9（1920）年〜平成9（1997）年
昭和〜平成期の製紙技術者、実業家。
¶高知人

**岡田静夫** おかだしずお
明治44（1911）年12月14日〜
昭和〜平成期の漆芸家。
¶名工

**岡田治兵衛** おかだじへい
？〜
江戸時代中期の弘前市富田町の開発者。
¶青森人

**尾形周平**⑴　おがたしゅうへい
天明8（1788）年〜天保10（1839）年
江戸時代後期の京焼の陶工。
¶朝日，京都大，近世（㊹？），国史（㊹？），コン改（㊹天明8（1788）年，（異説）1800年　㊷天保1（1830）年，（異説）1829年），コン4（㊹天明8（1788）年，（異説）1800年　㊷天保1（1830）年，（異説）1829年），茶道，新潮（㊹天明8（1788）年5月　㊷天保10（1839）年3月15日），人名，姓氏京都，日人，兵庫百，和歌山人

**尾形周平**⑵　おがたしゅうへい
昭和2（1927）年〜
昭和〜平成期の陶芸家。
¶陶芸最，陶工（㊹1927年8月24日）

**尾形周平〔2代〕** おがたしゅうへい
生没年不詳
江戸時代後期の陶工。
¶日人

**緒方将監** おがたしょうげん
？〜寛永17（1640）年8月26日
安土桃山時代〜江戸時代前期の開墾者。
¶福岡百

**岡田捷五郎** おかだしょうごろう
明治27（1894）年11月24日〜昭和51（1976）年10月2日
明治〜昭和期の建築家。東京芸術大学教授。
¶世紀，日人，美建

**岡田正平** おかだしょうへい
明治11（1878）年10月19日〜昭和34（1959）年2月3日
明治〜昭和期の政治家。新潟県知事。只見川、三面川の開発にとりくんだ。
¶世紀，政治，新潟百，日人

**岡田新一** おかだしんいち
昭和3（1928）年1月9日〜
昭和〜平成期の建築家。岡田新一設計事務所を設立。作品に最高裁、岡山市立オリエント美術館ほか多数。
¶現朝，現執1期，現執2期，現執4期，現情，現人，世紀，日人

**岡田晋一** おかだしんいち
昭和期の絣職人。
¶名工

**岡田信一郎** おかだしんいちろう
明治16（1883）年〜昭和7（1932）年
大正〜昭和期の建築家。東京美術学校教授。大阪市中央公会堂のコンペに当選。代表作に明治生命館。
¶近現，現朝（㊹1883年11月20日　㊷1932年4月4日），国史，コン改，コン5，史人（㊹1883年11月20日　㊷1932年4月4日），新潮（㊹明治16（1883）年11月20日　㊷昭和7（1932）年4月4日），人名，世紀（㊹明治16（1883）年11月20日　㊷昭和7（1932）年4月4日），世百，全書，大百，日人（㊹明治16（1883）年11月20日　㊷昭和7（1932）年4月4日），履歴（㊹明治16（1883）年11月20日　㊷昭和7（1932）年4月4日）

**岡田心斎** おかだしんさい
天正3（1575）年〜寛永16（1639）年9月

安土桃山時代～江戸時代前期の長堀川開削者。
¶大阪人

**岡田信次** おかだしんじ
明治31（1898）年12月13日～昭和61（1986）年3月22日
明治～昭和期の鉄道技師。
¶科学，近土，政治，鉄道，土木

**岡田赤雲** おかだせきうん
昭和4（1929）年～
昭和期の陶芸家。
¶陶芸最

**岡田雪峨** おかだせつが
安政1（1854）年～
明治期の彫金家。皇后陛下御佩用の宝冠副章調製御用を仰せつけられた。
¶人名，名工

**岡田善吉郎** おかだぜんきちろう
嘉永3（1850）年～昭和1（1926）年
江戸時代末期～大正期の北海道開拓者。
¶高知人

**岡田仙舟** おかだせんしゅう
大正5（1916）年10月25日～平成15（2003）年1月30日
昭和～平成期の陶芸家。
¶陶芸，陶芸最，美工，名工

**尾形宗舜** おがたそうしゅん
明治期の医師、陶芸家。
¶日人

**岡田孝男** おかだたかお
明治31（1898）年3月24日～平成4（1992）年12月28日
大正～平成期の建築家。帝塚山学院大学名誉教授。
¶美建

**岡田竹五郎** おかだたけごろう
慶応3（1867）年8月25日～昭和20（1945）年1月10日
江戸時代末期～昭和期の技師。
¶科学，近土，鉄道，渡航（㊟1867年8月12日），土木

**岡田只治** おかだただじ
嘉永3（1850）年～大正3（1914）年
明治期の公共事業家。
¶日人

**尾形太郎左衛門** おがたたろうざえもん
㊟尾方太郎左衛門《おがたたろざえもん》
江戸時代前期の建築家。
¶岡山人（尾方太郎左衛門　おがたたろざえもん），岡山百（生没年不詳），岡山歴

**尾方太郎左衛門** おがたたろうざえもん
→尾形太郎左衛門（おがたたろうざえもん）

**岡田哲郎** おかだてつろう
明治34（1901）年3月31日～昭和58（1983）年1月

30日
大正～昭和期の建築家。岡田哲郎建築設計事務所代表。
¶美建

**岡田輝** おかだてる
昭和22（1947）年9月6日～
昭和～平成期の陶芸家。
¶陶芸最，陶工，名工

**岡田時雄** おかだときお
生没年不詳
江戸時代後期の金工家。
¶庄内

**岡田時太郎** おかだときたろう
安政6（1859）年9月13日～大正15（1926）年6月5日
明治～昭和期の建築家。辰野金吾建築事務所で日本銀行建設にあたる。のち岡田工務所を設立。中国・大連でも活動。
¶鉄道

**岡田虎次郎** おかだとらじろう
明治34（1901）年～昭和57（1982）年
大正～昭和期の木地師。
¶和歌山人

**岡田虎輔** おかだとらすけ
明治6（1873）年～昭和21（1946）年
明治～昭和期のたばこ技師、実業家。
¶高知人

**岡田尚八** おかだなおはち
天保5（1834）年～明治24（1891）年
江戸時代末期～明治期の陶工。
¶日人

**岡田直八** おかだなおはち
江戸時代の陶工。
¶人名

**岡胤信** おかたねのぶ
安政6（1859）年12月27日～昭和14（1939）年10月8日
江戸時代末期～昭和期の技師。
¶近土，渡航，土木

**岡田権明** おかだのりあき
昭和期の川崎製鉄千葉製鉄所総作業長。
¶名工

**岡田英男** おかだひでお
昭和22（1947）年7月11日～
昭和～平成期の陶芸家。
¶陶芸最，名工

**岡田宏義** おかだひろよし
昭和21（1946）年12月9日～
昭和期の陶芸家。
¶陶芸最

**緒方政明** おがたまさあき
大正11（1922）年～
昭和～平成期の陶芸家。

¶陶芸最, 名工(㊄大正11年5月)

## 岡田正志 おかだまさし
大正14(1925)年～
昭和期の陶芸家。
¶陶芸最

## 岡田雅哉 おかだまさちか
生没年不詳
江戸時代末期の金工家。
¶庄内

## 岡田万次 おかだまんじ
明治2(1869)年～昭和13(1938)年
明治～昭和期の建築技師、磐城セメント専務。専門はコンクリート工学、セメント焼成技術。
¶科学(㊄1869年(明治2)4月10日 ㊄1938年(昭和13)1月26日), 高知人

## 岡田実 おかだみのる
明治40(1907)年10月31日～平成3(1991)年1月14日
昭和～平成期の電気工学者、工学院大学学長。
¶科学, 現情

## 尾形安平 おがたやすへい
→尾形安平(おがたあんぺい)

## 岡田裕 おかだゆたか
昭和24(1949)年3月23日～
昭和～平成期の陶芸家。
¶陶芸最, 陶工, 名工

## 岡田陽一 おかだよういち
明治14(1881)年11月19日～?
明治～大正期の工学者。
¶渡航

## 岡田米雄 おかだよねお
大正3(1914)年1月2日～
昭和～平成期の酪農家。四つ葉会情報センター所長。安全な農産物の開発に取り組み、牛乳の産地直送の実現や農民と消費者による共同自給農場の創設に尽力。
¶現朝, 現執1期, 現人, 世紀, 日人

## 岡田米蔵 おかだよねぞう
明治31(1898)年7月15日～平成7(1995)年5月30日
大正～昭和期の新派などの鬘製作者。生え際をより自然に見せる網の鬘を考案し特許を取る。
¶現朝, 世紀, 日人

## 岡尚文 おかなおふみ
昭和5(1930)年2月13日～
昭和期の陶芸家。
¶陶芸最

## 岡野欣之助 おかのきんのすけ
慶応1(1865)年～昭和4(1929)年
明治～大正期の土地開発者。
¶神奈川人

## 岡野寿貞 おかのじゅてい
?～安永5(1776)年 ㊄寿貞《じゅてい》
江戸時代中期の女性。人形彫師。
¶女性(寿貞 じゅてい ㊄安永5(1776)年4月8日), 日人

## 岡野松寿〔1代〕 おかのしょうじゅ
?～宝永5(1708)年
江戸時代前期～中期の人形彫刻師。
¶日人

## 岡野松寿〔9代〕 おかのしょうじゅ
宝暦4(1754)年～文政7(1824)年
江戸時代中期～後期の人形彫刻師。
¶日人

## 岡野松寿〔10代〕 おかのしょうじゅ
明和5(1768)年～文政9(1826)年
江戸時代中期～後期の人形彫刻師。
¶日人

## 岡野知荘 おかのちそう
万延1(1860)年～明治27(1894)年
明治期の自由民権運動家、港潟技術者。
¶社史

## 岡野暢夫 おかののぶお
昭和期の製本家。
¶名工

## 岡野昇 おかののぼる
明治9(1876)年6月14日～昭和24(1949)年4月28日
明治～昭和期の技師。専門は鉄道。東京都出身。
¶科学, 近土, 鉄道, 渡航(㊄1948年4月28日), 土木

## 岡野法世 おかのほうせい
昭和12(1937)年11月13日～
昭和～平成期の陶芸家。
¶陶芸最, 陶工, 名工

## 岡上景能 (岡登景能) おかのぼりかげよし
?～貞享4(1687)年 ㊄岡上景能《おかがみかげよし》
江戸時代前期の上野国の民政家、江戸幕府代官。用水路整備や開墾に尽力。
¶朝日(㊄寛永4(1627)年頃 ㊄貞享4年12月3日(1688年1月5日)), 郷土群馬(岡登景能), 近世, 群馬人, 群馬百, 国史, コン改, コン4, 埼玉百(岡登景能 ㊄1630年), 史人(㊄1687年12月3日), 新潮(㊄貞享4(1687)年12月3日), 人名(おかがみかげよし), 姓氏群馬, 世人(㊄寛永7(1630)年?), 日史(㊄貞享4(1687)年12月3日), 日人(㊄1688年), 歴大

## 岡野真 おかのまこと
昭和21(1946)年1月6日～
昭和期の建築家。岡野設計監理事務所所長。
¶現執2期

## 岡野昌喜 おかのまさよし
昭和期の高橋洋服店本縫い。
¶名工

おかのや　　　　　　　　　　　　　　　162　　　　　　　　　　　　日本人物レファレンス事典

**岡野弥平** おかのやへい
天保5（1834）年〜明治29（1896）年
明治期の治水家。
¶日人

**岡橋作太郎** おかはしさくたろう
明治40（1907）年1月1日〜平成18（2006）年1月
29日
大正〜平成期の建築家。日建設計会長。
¶美建

**岡林篤馬** おかばやしとくま
明治期の技師。
¶渡航

**岡秀隆** おかひでたか
昭和12（1937）年12月24日〜
昭和〜平成期の建築家。岡設計代表取締役、自治
大学校非常勤講師。
¶現執3期

**岡平蔵** おかへいぞう
江戸時代後期〜明治期の陶工。
¶日人

**岡部覚弥** おかべかくや
明治6（1873）年〜大正7（1918）年9月9日
明治〜大正期の彫金家。
¶人名（㊥？）、世紀、日人

**岡部金治郎**（岡部金次郎） おかべきんじろう
明治29（1896）年〜昭和59（1984）年
大正〜昭和期の電気工学者。大阪大学・近畿大学
教授。分割マグネトロンを発明しレーダーの実用
化の道を開く。学士院恩賜賞受賞、文化勲章受章。
¶科学（㊥1896年（明治29）3月27日　㊦1984年
（昭和59）4月8日）、科技（㊥1896年3月27日）、
近現、現朝（㊥1896年3月27日　㊦1984年4月8
日）、現情（㊥1896年3月27日　㊦1984年4月8
日）、現人、現日（㊥1896年3月27日　㊦1984年
4月8日）、国史、コン改、コン4、コン5、史人
（㊥1896年3月27日　㊦1984年4月8日）、新潮
（㊥明治29（1896）年3月27日　㊦昭和59（1984）
年4月8日）、世紀（㊥明治29（1896）年3月27日
㊦昭和59（1984）年4月8日）、世百新、全書、大
百（岡部金次郎）、日人（㊥明治29（1896）年3月
27日　㊦昭和59（1984）年4月8日）、日本、百科

**岡部久万策** おかべくまさく
明治43（1910）年〜
昭和期の陶芸家。
¶陶芸

**岡部三郎** おかべさぶろう
明治25（1892）年6月8日〜昭和53（1978）年4月
18日
明治〜昭和期の技師。
¶科学、近土、土木

**岡部紫山** おかべしざん
大正12（1923）年〜
昭和期の陶芸家。
¶陶芸最

**岡部純子** おかべじゅんこ
昭和22（1947）年〜
昭和〜平成期の陶芸家。
¶名工

**岡部竹治郎**（岡部竹次郎） おかべたけじろう
文久1（1861）年〜大正1（1912）年
江戸時代末期〜明治期の西遠蚕糸業振興の功労者。
¶静岡歴、姓氏静岡、幕末（岡部竹次郎）

**岡部忠敏** おかべただとし
明治9（1876）年2月〜？
明治〜大正期の技師。
¶渡航

**岡部達男** おかべたつお
明治35（1902）年6月22日〜昭和39（1964）年1月
29日
昭和期の彫金家。帝展特選。日本彫金界に寄与。
文展第四部審査員、日展評議員を歴任。
¶現情、人名7、世紀、日人、美工、名工

**岡部保** おかべたもつ
大正11（1922）年7月10日〜平成18（2006）年10月
12日
昭和〜平成期の土木技術者、運輸省港湾局長。専
門は港湾工学。
¶科学、現執2期

**岡部常兵衛** おかべつねべえ
江戸時代中期の陶工、天草水ノ平焼の中興者。
¶人名、日人（生没年不詳）

**岡部恒実** おかべつねみ
昭和期のガラス工芸家。
¶名工

**岡部伝平** おかべでんぺい
嘉永1（1848）年〜昭和15（1940）年
明治〜昭和期の製糸技術功労者。
¶群馬人

**岡部徳三** おかべとくぞう
江戸時代中期の陶工、天草水ノ平焼の祖。
¶人名

**岡部長高** おかべながたか
文化6（1809）年〜明治21（1888）年5月24日
江戸時代末期〜明治期の刀工。
¶埼玉人

**岡部憲明** おかべのりあき
昭和22（1947）年12月9日〜
昭和〜平成期の建築家。岡部憲明アーキテク
チャー・ネットワーク、神戸芸術工科大学教授。
¶現執4期

**岡部仁彦** おかべのりひこ
昭和21（1946）年〜
昭和期の陶芸家。
¶陶芸最

**岡部又右衛門** おかべまたえもん
？　〜天正10（1582）年

安土桃山時代の大工。織田信長の熱田神宮造営参加。
¶朝日（[没]天正10年6月2日（1582年6月21日）），織田（生没年不詳），コン4，姓氏愛知（生没年不詳），日人（[没]1582年？）

**岡部嶺男** おかべみねお
大正8（1919）年10月3日～平成2（1990）年9月4日
昭和期の陶芸家。「嶺男青磁」とよばれる独自の世界を完成。
¶現朝，世紀，陶芸最，陶工，日人，美工，名工

**岡部弥四郎** おかべやしろう
江戸時代末期～明治期の陶工。
¶日人

**岡村昭男** おかむらあきお
昭和22（1947）年5月17日～
昭和～平成期の陶芸家。
¶陶芸最，陶工

**岡村英仙** おかむらえいせん
明治21（1888）年～昭和46（1971）年
明治～昭和期の陶芸家。
¶陶工

**岡村焔人** おかむらえんじん
昭和23（1948）年～
昭和～平成期の陶芸家。
¶陶工

**岡村勘兵衛** おかむらかんべえ
安永7（1778）年～明治1（1868）年
江戸時代中期～末期の安曇郡吉野村の庄屋。拾ヶ堰開削成功の功労者。
¶姓氏長野

**岡村吉右衛門** おかむらきちえもん
大正5（1916）年～
昭和～平成期の陶芸家。
¶名工

**岡村久太郎** おかむらきゅうたろう
明治22（1889）年～昭和38（1963）年
大正～昭和期の象眼師。
¶姓氏富山

**岡村健二** おかむらけんじ
大正1（1912）年12月8日～平成1（1989）年1月15日
昭和期の機関技師。ディーゼル機関の設計者。
¶科学，現朝，世紀，日人

**岡村庄太郎** おかむらしょうたろう
明治期の実業家。高雄に鳳梨缶詰工場を設立、パイナップル缶詰の製造を開始。
¶食文，先駆（生没年不詳）

**岡村誠三** おかむらせいぞう
大正3（1914）年1月1日～平成13（2001）年5月2日
昭和～平成期の高分子学者。京都大学教授。専門は放射線高分子化学。放射線照射による新材料の開発などを推進。著書に「個と群れ」など。
¶科学，現情，世紀，日人

**岡村総吾** おかむらそうご
大正7（1918）年3月18日～平成25（2013）年10月26日
昭和期の電気工学者。東京大学教授。マイクロ波の電子アドミタンスに関してすぐれた研究成果をあげる。
¶科学，現朝，現情，世紀，日人

**岡村辰雄** おかむらたつお
明治37（1904）年～
大正～昭和期の岡村多聞堂会長。専門は額装、絵画修復。
¶名工

**岡村太郎兵衛** おかむらたろべえ
安永2（1773）年～天保2（1831）年
江戸時代中期～後期の水田開発の先覚者。
¶姓氏長野，長野歴

**岡村智恵子** おかむらちえこ
昭和期のジュエリーデザイナー。
¶名工

**岡村初之助** おかむらはつのすけ
文久3（1863）年12月18日～大正4（1915）年12月3日
江戸時代末期～大正期の鉄道技師。
¶近土，鉄道（[生]1864年1月26日），土木

**岡村安太郎** おかむらやすたろう
明治期の陶工。
¶日人

**岡本彰** おかもとあきら
昭和16（1941）年～
昭和期の陶芸家。
¶陶芸最

**岡本章** おかもとあきら
昭和4（1929）年11月22日～
昭和～平成期の陶芸家。
¶陶芸最，陶工，名工

**岡本篤** おかもとあつし
昭和19（1944）年1月10日～
昭和～平成期の陶芸家。
¶陶芸最，陶工

**岡本惇** おかもとあつし
昭和14（1939）年2月25日～
昭和～平成期の陶芸家。
¶陶工

**岡本一太郎** おかもといちたろう
明治30（1897）年9月30日～*
明治～昭和期の実業家、ガラス工芸家。岡本硝子創業者。
¶創業（[没]？），美工（[没]昭和54（1979）年）

**岡本一郎** おかもといちろう
明治19（1886）年～昭和38（1963）年
明治～昭和期の電気技術者。
¶神奈川人

おかもと　164　日本人物レファレンス事典

**岡本英山** おかもとえいざん
明治14（1881）年11月14日～昭和37（1962）年4月25日
明治～昭和期の陶芸家。
¶岡山百，岡山歴，陶工

**岡本嘉蔵** おかもとかぞう
安政5（1858）年8月28日～大正9（1920）年8月13日
明治～大正期の陶工。
¶岡山百，岡山歴

**岡本喜十郎** おかもとききじゅうろう
慶長13（1608）年～寛永9（1632）年
江戸時代前期の養老公園開発の先覚者。
¶岐阜百

**岡本暉生** おかもとききせい
昭和18（1943）年7月9日～
昭和～平成期の陶芸家。
¶陶工

**岡本恭祐** おかもとききょうすけ
昭和34（1959）年2月18日～
昭和～平成期の陶芸家。
¶陶工

**岡本玉水** おかもとぎょくすい
明治31（1898）年～昭和47（1972）年7月27日
大正～昭和期の人形作家。
¶美工

**岡本欣三** おかもとききんぞう
大正3（1914）年5月21日～平成13（2001）年3月27日
昭和～平成期の陶芸家。
¶陶芸，陶芸最，陶工，美工，名工

**岡本弦** おかもとげん
明治10（1877）年8月2日～昭和6（1931）年11月7日
明治～昭和期の技師。
¶近土，土木

**岡本健一** おかもとけんいち
大正3（1914）年4月22日～平成14（2002）年3月5日
昭和～平成期の映画照明技師。
¶映人，現朝，世紀，日人

**岡本賢二** おかもとけんじ
明治28（1895）年9月13日～昭和31（1956）年11月29日
大正～昭和期の陶工。
¶岡山百，岡山歴

**岡本静太郎** おかもとしずたろう
明治30（1897）年10月23日～昭和45（1970）年5月23日
明治～昭和期の陶芸家。
¶岡山百，岡山歴，世紀，日人，美工

**岡本舜三** おかもとしゅんぞう
明治42（1909）年11月3日～平成16（2004）年4月14日
昭和～平成期の土木工学者。
¶科学，近土（㉞2004年4月15日），現情，新潮，

世紀，日人，日本

**岡本潤三** おかもとじゅんぞう
昭和期の人形作家。
¶名工

**岡本庄三** おかもとしょうぞう
→面屋庄三（めんやしょうぞう）

**岡本璋弍** おかもとしょうぞう
昭和10（1935）年4月20日～
昭和～平成期の陶芸家。
¶陶芸最，陶工

**岡本正太郎** おかもとしょうたろう
～昭和55（1980）年8月31日
昭和期の人形作家・四世面竹。
¶名工

**岡本定八** おかもとじょうはち
昭和3（1928）年3月1日～
昭和期の陶芸家。
¶陶芸最，名工

**岡本定八〔1代〕** おかもとじょうはち
生没年不詳
江戸時代中期～後期の陶工。
¶日人

**岡本甚左衛門** おかもとじんざえもん
安永3（1774）年～天保13（1842）年
江戸時代後期の石見国の新田開発の功労者。
¶朝日（㊶安永3年7月10日（1774年8月16日）㉞天保13年6月21日（1842年7月28日）），近世，国史，コン改，コン4，史人（㊶1774年7月10日㉞1842年6月21日），島根人，島根百（㊶安永3（1774）年7月10日　㉞天保13（1842）年6月21日），島根歴，新潮（㊶安永3（1774）年7月10日㉞天保13（1842）年6月21日），人名，世人，日人，歴大

**岡本末吉** おかもとすえきち
天保4（1833）年4月28日～明治41（1908）年8月9日
江戸時代後期～明治期の陶工。
¶岡山百，岡山歴

**岡本助蔵** おかもとすけぞう
昭和25（1950）年～
昭和～平成期の陶芸家。
¶陶工

**岡本清蔵** おかもとせいぞう
？　～明治38（1905）年
江戸時代末期～明治期の靴職人。
¶和歌山人

**岡本千** おかもとせん
大正7（1918）年4月9日～
昭和～平成期の陶芸家。
¶陶工

**岡本孝明** おかもとたかあき
昭和13（1938）年1月26日～
昭和～平成期の陶芸家。

¶陶芸最，陶工，名工（㊲昭和13年1月1日）

**岡本高明** おかもとたかあき
昭和38（1963）年1月1日～
昭和～平成期の陶芸家。
¶名工

**岡本赳** おかもとたけし
明治21（1888）年6月10日～昭和49（1974）年10月11日
昭和期の電気工学者。京都大学教授。
¶岡山人，岡山歴，科学，現情

**岡本猛彦** おかもとたけひこ
明治～大正期の技師。
¶渡航

**岡本為治** おかもとためじ
明治34（1901）年～昭和33（1958）年
大正～昭和期の陶芸家。
¶陶工

**岡本椿所** おかもとちんしょ
明治3（1870）年～大正8（1919）年
明治期の篆刻家。明治印学会を起こす。また丁朱印社を設け，斯道の普及につとめた。
¶岡山人，人名，日人（㊲1862年），名工（㊲明治3年12月）

**岡本哲史** おかもとてつし
明治41（1908）年2月13日～
昭和期の航空宇宙工学者。東京工業大学教授。
¶現情

**岡本鉄蔵** おかもとてつぞう
生没年不詳
江戸時代後期の職人。
¶姓氏愛知

**岡本徹正** おかもとてつまさ
昭和19（1944）年5月31日～
昭和～平成期の陶芸家。
¶名工

**岡本哲也** おかもとてつや
昭和5（1930）年～
昭和期の言語工学者。電機通信大学教授。
¶現執1期

**岡本友次** おかもととつぐ
延宝3（1675）年～宝暦4（1754）年
江戸時代前期～中期の鐔工。
¶日人

**岡本友治** おかもととともはる
？～延宝3（1675）年
江戸時代前期の鐔工。
¶日人

**岡本知義** おかもととともよし
生没年不詳
江戸時代中期の装剣金工。
¶日人

**岡本尚茂** おかもとなおしげ
？～安永9（1780）年
江戸時代中期の彫金家。
¶人名，日人

**岡本兵松** おかもとひょうまつ
文政4（1821）年～明治31（1898）年
江戸時代末期～明治期の商人，治水家。明治用水を開削。
¶愛知百（㊲1821年8月5日　㊳1898年10月6日），朝日（㊲文政4年8月5日（1821年9月1日）　㊳明治31（1898）年10月6日），維新（㊳1897年），コン5，人名（㊲？　㊳1897年），姓氏愛知，日人，幕末（㊳1897年10月6日）

**岡本碧山** おかもとへきざん
昭和4（1929）年4月21日～
昭和～平成期の陶芸家。
¶陶芸最，名工

**岡本松造** おかもとまつぞう
明治9（1876）年～昭和17（1942）年
明治～昭和期の国産自動車製造の先覚者。
¶愛知百（㊳1942年10月23日），姓氏愛知

**岡本三宜** おかもとみよし
昭和11（1936）年5月18日～
昭和～平成期の化学技術者。東麗繊維研究所董事長。東洋レーヨンに入社。繊維，人口皮革などを研究し，テトロンふとんわたなどを開発。
¶世紀，日人

**岡本勇象** おかもとゆうぞう
明治27（1894）年1月12日～昭和48（1973）年10月17日
大正～昭和期の機械工学者。九州帝国大学工科大学教授。九州大学工業教員養成所教授，長崎大学講師を歴任。
¶科学，現情，人名7，世紀，日人

**岡本与一郎** おかもとよいちろう
明治7（1874）年～昭和31（1956）年
明治～昭和期の謄写印刷開発者。
¶姓氏愛知

**岡本立世** おかもとりつせ，おかもとりっせ
昭和23（1948）年3月22日～
昭和～平成期の陶芸家。
¶陶芸最，陶工（おかもとりっせ）

**岡森章** おかもりあきら
昭和4（1929）年7月2日～
昭和～平成期の陶芸家。
¶陶芸最，名工

**岡安宮山人** おかやすきゅうさんじん
昭和6（1931）年10月3日～
昭和～平成期の陶芸家。
¶陶芸最，陶工，名工

**岡山友清** おかやまともきよ
寛政1（1789）年～明治11（1878）年
江戸時代後期～明治期の農村指導者。

¶日人

**岡山幸吉** おかやまのこうきち
→表具師幸吉(2)(ひょうぐしこうきち)

**岡隆一** おかりゅういち
明治35(1902)年2月2日～昭和63(1988)年8月4日
大正～昭和期の建築家。岡設計社長。
¶科学，美建

**小川卯平** おがわうへい
享和1(1801)年～文久1(1861)年10月19日
江戸時代末期のガラス職人。
¶幕末

**小川梅三郎** おがわうめさぶろう
文久2(1862)年9月4日～昭和16(1941)年12月5日
江戸時代末期～昭和期の土木工学者。
¶科学，近土，姓氏京都([没]?)，渡航([生]1862年9月)，土木

**小川延海** おがわえんかい
昭和18(1943)年11月3日～
昭和～平成期の陶芸家。
¶陶芸最，陶工，名工

**小川織三** おがわおりぞう
明治9(1876)年11月21日～昭和23(1948)年8月30日
明治～昭和期の技術者。東京市水道局長。
¶近土，土木

**小川織部** おがわおりべ
戦国時代の川越鋳物師。
¶埼玉百

**小川一清** おがわかずきよ
明治25(1892)年～昭和33(1958)年12月11日
大正～昭和期の電気工学者。神奈川大学教授。逓信省電気試験所第二部長兼東北帝国大学教授、横浜専門学校教授を歴任。
¶現情([生]1892年1月25日)，人名7，世紀([生]明治25(1892)年1月25日)，日人([生]明治25(1892)年1月)

**小川かつ** おがわかつ
生没年不詳
明治期の女性。病気の父を養うため女子工員となり、ひたすら父の養生につとめた。
¶女性

**小川勝男** おがわかつお
明治39(1906)年3月23日～平成13(2001)年7月6日
大正～平成期のガラス職人。
¶美工，名工

**小川勝五郎** おがわかつごろう
生没年不詳
明治期の技師。専門は橋梁。東京都出身。
¶近土，鉄道，土木

**小川規三郎** おがわきさぶろう
昭和11(1936)年11月30日～
昭和～平成期の染織家。2003年に重要無形文化財保持者(人間国宝)に認定(献上博多織)。
¶国宝

**小川久右衛門** おがわきゅうえもん
生没年不詳
明治期の陶工。加賀能美郡の人。諸州の窯所にまなぶ。
¶人名，美工，名工

**小川欣二** おがわきんじ
昭和1(1926)年12月30日～
昭和～平成期の陶芸家。
¶陶芸最，陶工，名工

**小川熊四郎** おがわくましろう
江戸時代末期～明治期の肥後天草水ノ平焼の陶工。
¶人名，日人

**小川九郎兵衛** おがわくろべえ
元和8(1622)年～寛文9(1670)年
江戸時代前期の土豪。武蔵野の新田開発を推進した。
¶朝日([没]寛文9年12月17日(1670年2月7日))，コン4，日人

**小川九郎兵衛安次** おがわくろべえやすつぐ
～寛文9(1669)年
江戸時代前期の新田開発。
¶多摩

**小川敬次郎** おがわけいじろう
明治13(1880)年2月16日～昭和42(1967)年10月6日
明治～昭和期の土木工学者。北海道帝国大学教授。著書に「混凝土および鉄筋混凝土設計ならびに施工法」など。
¶科学，近土，人名7，土木，日人

**小川考運** おがわこううん
明治～昭和期の仏師。
¶栃木歴

**小川高慶** おがわこうけい
大正6(1917)年～
昭和～平成期の表具師。
¶名工

**小川孝二** おがわこうじ
昭和22(1947)年10月11日～
昭和～平成期の陶芸家。
¶陶芸最，名工

**小川佐内** おがわさない
明治23(1890)年1月9日～昭和47(1972)年2月19日
明治～昭和期の弓道家、弓師。
¶弓道

**小川早苗** おがわさなえ
昭和期のアイヌ刺しゅう。
¶名工

**小川重遠** おがわしげとう
→小川重遠（おがわしげとお）

**小川重遠** おがわしげとお
天文14（1545）年～元和3（1617）年　[別]小川重遠《おがわしげとう》
江戸時代前期の干拓者。児島郡の新田開発地主。
¶岡山人，岡山百（おがわしげとう　[没]元和3（1617）年7月27日）

**小川資原**（小川資源）おがわしげん
嘉永5（1852）年5月21日～明治43（1910）年7月25日
明治期の工部省測量技師見習。測量司技師一等見習としてイギリスに留学。
¶海越（生没年不詳），海越新，渡航（小川資源）

**小川秀蔵** おがわしゅうぞう
昭和26（1951）年6月24日～
昭和～平成期の陶芸家。
¶陶芸最，陶工，名工

**小川丈右衛門** おがわじょうえもん
明治35（1902）年～昭和52（1977）年
昭和期のわさび改良者。
¶多摩

**小川譲二** おがわじょうじ
明治37（1904）年4月10日～昭和49（1974）年1月21日
大正～昭和期の工学者。
¶近土，土木

**小川松民** おがわしょうみん
弘化4（1847）年～明治24（1891）年
明治期の蒔絵師。東京美術学校漆工科雇い。古典作品を模造研究。竜池会に参加。
¶朝日（[生]弘化4年4月25日（1847年6月8日）[没]明治24（1891）年5月29日），維新，海越（[没]明治24（1891）年5月25日），海越新（[没]明治24（1891）年5月25日），近現，国史，史人（[生]1847年4月25日　[没]1891年5月29日），新潮（[生]弘化4（1847）年4月　[没]明治24（1891）年5月30日），人名，先駆（[生]弘化4（1847）年4月25日　[没]明治24（1891）年5月29日），渡航（[没]1891年5月25日），日人，幕末（[没]1891年5月25日），名工（[没]明治24年5月25日）

**小川甚八** おがわじんぱち
昭和24（1949）年1月2日～
昭和期の陶芸家。
¶陶芸最

**小川セイ** おがわせい
明治9（1876）年7月10日～昭和41（1966）年4月16日
明治～昭和期の人形師。農業のかたわら古賀人形師として人形作りに励む。県無形文化財。
¶女性，女性普，世紀，日人，美工

**小川精一** おがわせいいち
明治35（1902）年12月20日～昭和56（1981）年7月11日
大正～昭和期の造園技術者。上野動物園や井の頭公園を造園。
¶日人

**小川正波** おがわせいは
明治44（1911）年～昭和50（1975）年
昭和期の鍛金工芸作家。
¶長野歴

**小川善三郎** おがわぜんざぶろう
明治33（1900）年7月15日～昭和58（1983）年1月14日
大正～昭和期の染織家。
¶現情，国宝，世紀，日人，美工，名工

**小川太一郎** おがわたいちろう
明治32（1899）年2月18日～昭和27（1952）年12月30日
明治～昭和期の航空工学者。
¶科学，履歴，履歴2

**小川正** おがわただし
大正1（1912）年10月5日～平成12（2000）年5月3日
昭和～平成期の建築家。竹中工務店常務、環境開発研究所社長。
¶美建

**小川竜郎** おがわたつお
昭和5（1930）年3月18日～
昭和期の陶芸家。
¶陶芸最

**小川長楽** おがわちょうらく
明治45（1912）年～平成3（1991）年
昭和～平成期の陶芸家。
¶陶芸，陶芸最（[生]明治45年1月23日），陶工，名工（[生]明治45年1月23日）

**小川長楽〔1代〕** おがわちょうらく
明治7（1874）年～昭和14（1939）年
明治～昭和期の陶芸家。
¶陶工

**小川哲男** おがわてつお
昭和12（1937）年～
昭和～平成期の陶芸家。
¶熊本百（[生]昭和12（1937）年4月21日），陶芸最（[生]昭和12年4月22日），陶工（[生]1937年4月22日），名工（[生]昭和12年4月21日）

**小川トク**（小川とく）おがわとく
天保10（1839）年～大正2（1913）年12月24日
[別]小川とく子《おがわとくこ》
明治期の機織技術者。久留米縞織の創始者。久留米縞織を開発し久留米の一大産業に発展させた。
¶近女（小川とく　[生]天保10（1840）年），埼玉人（[生]天保10（1839）年12月1日　[没]大正2（1913）年12月14日），埼玉百（小川とく　[生]1840年），女性，女性普，人名（小川とく子　おがわとくこ　[生]1840年），世紀，日人，幕末（小川とく　[生]1840年），福岡百

**小川とく子** おがわとくこ
→小川トク（おがわとく）

お

**小河得斎〔4代〕　おがわとくさい**
大正3(1914)年～
昭和～平成期の陶芸家。
¶陶芸(――〔代数なし〕)，名工([生]大正3年1月14日)

**小川得斎(小河得斉)　おがわとくさい**
*～慶応1(1865)年
江戸時代中期～末期の陶工。
¶陶芸最(小河得斉　[生]大正3年1月14日)，日人([生]1785年)

**小川徳三　おがわとくぞう**
明治19(1886)年7月28日～昭和43(1968)年10月7日
明治～昭和期の技師。
¶近土，土木

**小川舎人　おがわとねり**
大正3(1914)年8月29日～
昭和～平成期の陶芸家。
¶陶工

**小川富久　おがわとみひさ**
昭和29(1954)年12月16日～
昭和期の陶芸家。
¶陶芸最

**小川友衛　おがわともえい**
明治26(1893)年～昭和39(1964)年
大正～昭和期の鍛金作家。
¶新潟百

**小川二楽　おがわにらく**
昭和2(1927)年1月3日～
昭和～平成期の陶芸家。
¶陶芸最，陶工，名工

**小川信夫　おがわのぶお**
昭和5(1930)年7月13日～
昭和～平成期の映画編集技師(編集及び映像構成)。
¶映人

**小川信賢　おがわのぶかた**
文政8(1825)年～明治29(1896)年6月5日
江戸時代末期～明治期の蚕糸業の先覚者、宇和島藩士。撚糸、染色などの発展に尽力。
¶幕末

**小川破笠　おがわはりつ**
寛文3(1663)年～延享4(1747)年　[別]小川破笠《おがわはりゅう》，破笠《はりつ》
江戸時代中期の漆芸家。芭蕉門下の俳人。
¶青森人，朝日([没]延享4年6月3日(1747年7月10日))，岩史([没]延享4(1747)年6月3日)，江戸(おがわはりゅう)，角史，近世，国史，コン改，コン4，茶道，史人([没]1747年6月3日)，新潮([没]延享4(1747)年6月3日)，人名，姓氏京都，世人([没]延享4(1747)年6月3日)，世百，全書，大百，日人，俳諧(破笠　はりつ　[生]?)，俳句(破笠　はりつ　[没]延享4(1747)年6月3日)，三重続，名画(おがわはりゅう)，歴大，和俳([没]延享4(1747)年6月3日)

**小川破笠　おがわはりゅう**
→小川破笠(おがわはりつ)

**小川半助　おがわはんすけ**
明治期の陶工。伊勢四日市に開窯。絵具にフノリを加えて堆描の法を創案した。
¶人名，陶工([生]1837年　[没]1905年)，日人，美工([生]?　[没]?)，名工

**小川秀彤(小川秀方)　おがわひでかた**
慶長11(1606)年～寛文9(1669)年
江戸時代前期の松江藩金工。
¶島根人，島根百(小川秀方　[没]寛文9(1669)年5月6日)

**小川秀親　おがわひでちか**
*～宝永1(1704)年12月26日
江戸時代前期～中期の松江藩金工。
¶島根人([生]延宝頃)，島根百([生]正保4(1647)年)

**小川秀友　おがわひでとも**
天正9(1581)年～慶安1(1648)年
安土桃山時代～江戸時代前期の松江藩金工。
¶島根人，島根百

**小川博久　おがわひろひさ**
昭和23(1948)年3月12日～
昭和～平成期の陶芸家。
¶陶芸最，名工

**小川文斎　おがわぶんさい**
世襲名　江戸時代後期～昭和期の陶芸家。
¶姓氏京都

**小川文斎〔1代〕　おがわぶんさい**
文化6(1809)年～明治18(1885)年
江戸時代末期～明治期の京都の陶工。
¶大阪人(――〔代数なし〕)，人名，日人

**小川文斎〔2代〕　おがわぶんさい**
?　～明治20(1887)年
江戸時代末期～明治期の京都の陶工。
¶人名，日人

**小川三智之助　おがわみちのすけ**
昭和10(1935)年2月21日～
昭和～平成期の新粉細工職人。
¶名工

**小川三夫　おがわみつお**
昭和22(1947)年～
昭和～平成期の宮大工。
¶名工，YA

**小川弥市　おがわやいち**
～宝暦1(1751)年
江戸時代中期の新田開発者。
¶多摩

**小川安一郎　おがわやすいちろう**
明治15(1882)年～昭和21(1946)年
明治～昭和期の建築家。

¶美建（㊓明治15（1882）年6月21日　㊱昭和21（1946）年8月1日），兵庫百

**小川保太郎** おがわやすたろう
大正〜昭和期の庭匠。
¶茶道

**小川泰彦** おがわやすひこ
昭和2（1927）年3月23日〜
昭和期の染織工芸家。
¶佐賀百

**小川屋長兵衛** おがわやちょうべえ
寛政3（1791）年〜天保11（1840）年
江戸時代後期の黒江村漆器職人。
¶和歌山人

**小川幸彦** おがわゆきひこ
昭和17（1942）年8月21日〜
昭和〜平成期の陶芸家。
¶陶芸最，名工

**小川喜数** おがわよしかず
昭和7（1932）年〜平成18（2006）年5月2日
昭和〜平成期の和紙工芸作家。
¶美工，名工

**小川与七郎** おがわよしちろう
生没年不詳
安土桃山時代の御寮織手。
¶姓氏京都

**小河原虎吉** おがわらとらきち
明治35（1902）年11月18日〜昭和47（1972）年5月27日
昭和期の陶工。
¶岡山百，岡山歴

**置鮎与市** おきあゆよいち
〜昭和53（1978）年2月3日
昭和期の博多人形師。
¶美工

**沖巌** おきいわお
明治16（1883）年2月23日〜昭和38（1963）年9月11日
明治〜昭和期の機械工学者。早稲田大学教授。水力学分野で活躍。明治専門学校教授を歴任。
¶科学，現情，人名7，世紀，渡航，日人

**荻内善晴** おぎうちよしはる
昭和38（1963）年〜
昭和〜平成期の陶芸家。
¶陶工

**沖塩荘一郎** おきしおそういちろう
昭和3（1928）年9月2日〜
昭和〜平成期の建築家。宮城大学教授。建造物の主な作品にクウェート国電気通信センターなど。著者に「高度情報時代のオフィス環境」。
¶現執3期

**荻荘碩治郎** おぎしょうせきじろう
明治5（1872）年〜昭和20（1945）年
明治〜昭和期の赤荻焼製作者。
¶姓氏岩手

**小木曽定彰** おぎそさだあき
大正2（1913）年6月1日〜昭和56（1981）年5月24日
昭和期の建築家。東京大学教授。
¶世紀，日人，美建

**小木曽教彦** おぎそのりひこ
昭和16（1941）年4月2日〜
昭和〜平成期の陶芸家。
¶陶芸最，陶工，名工

**小木曽宏光** おぎそひろみつ
昭和28（1953）年1月17日〜
昭和期の陶芸家。
¶陶芸最

**荻田甚兵衛** おぎたじんべえ
江戸時代中期の大和横井村の農政家、庄屋。水不足解消のため溜め池を造成、丸尾池として完成させた。
¶人名，日人（生没年不詳）

**荻田敏三** おぎたとしぞう
昭和期の版木師。
¶名工

**沖種郎** おきたねお
大正14（1925）年〜
昭和〜平成期の建築家。「設計連合」主宰、芝浦工業大学教授。
¶現執1期，現情（㊓1925年2月5日）

**隠岐長太郎** おきちょうたろう
昭和2（1927）年10月1日〜
昭和期の陶芸家。
¶陶芸最

**興津佳平** おきつかへい
明治33（1900）年1月〜
大正〜昭和期の和裁師。
¶名工

**小木虎次郎** おぎとらじろう
慶応2（1866）年1月25日〜昭和15（1940）年3月21日
江戸時代末期〜昭和期の技師。
¶渡航

**沖野楠衛** おきのくすえ
明治11（1878）年〜昭和30（1955）年
明治〜昭和期の三里園芸の開拓者。
¶高知人

**荻野万寿子** おぎのますこ
昭和22（1947）年5月2日〜
昭和〜平成期の陶芸家。
¶陶工

**荻野美穂子** おぎのみほこ
昭和18（1943）年〜
昭和〜平成期の染色家。
¶名工

お

**荻原貞雄** おぎはらさだお
明治30(1897)年9月9日～昭和63(1988)年3月29日
明治～昭和期の建築家。荻原建築事務所代表取締役。
¶美建

**荻原豊次** おぎはらとよじ
→荻原豊次(おぎわらとよじ)

**荻原康夫** おぎはらやすお
昭和26(1951)年～
昭和～平成期の写真家、現像技術者。
¶写人

**沖光〔1代〕** おきみつ
明治36(1903)年1月15日～
昭和期の刀工。
¶島根百

**沖光〔2代〕** おきみつ
昭和3(1928)年9月19日～
昭和期の刀工。
¶島根百

**小木美則** おぎみのり
昭和16(1941)年1月1日～
昭和期の陶芸家。
¶陶芸最

**沖本鶴三郎** おきもとつるさぶろう
明治17(1884)年～昭和35(1960)年
明治～昭和期の船大工。
¶姓氏山口

**沖山権蔵** おきやまごんぞう
天保11(1840)年～昭和6(1931)年
明治期の開拓者。
¶世紀，姓氏沖縄，日人

**荻原毅久** おぎわらたけひさ
昭和27(1952)年10月23日～
昭和～平成期の陶芸家。
¶陶芸最，陶工

**荻原豊次** おぎわらとよじ
明治27(1894)年～昭和53(1978)年2月10日
[別]荻原豊次《おぎはらとよじ》
大正～昭和期の農業改良家。畑苗代と水苗代の折衷である保温折衷苗代の創案者。
¶郷土長野，現朝(おぎはらとよじ [生]1895年9月20日)，現人，食文(おぎはらとよじ [生]1894年9月20日)，世紀([生]明治27(1894)年9月20日)，姓氏長野，長野百，長野歴，日人([生]明治27(1894)年9月20日)

**荻原宏康** おぎわらひろやす
昭和9(1934)年9月10日～
昭和～平成期の工学者。湘南工科大学教授。専門は放電・プラズマ、核融合・MHD発電、応用超電導、新エネルギー技術。編著に「応用超電導」など。
¶現執3期

**荻原みどり** おぎわらみどり
昭和期の建具屋。
¶名工

**荻原守彦** おぎわらもりひこ
昭和12(1937)年1月2日～
昭和～平成期の陶芸家。
¶陶芸最，陶工

**奥磯栄麓** おくいそえいろく
昭和5(1930)年9月3日～昭和62(1987)年9月11日
昭和期の陶芸家。
¶現執2期，世紀，陶芸最([生]昭和5年9月13日)，陶工，美工，名工

**奥磯太覚** おくいそたいかく
昭和40(1965)年4月4日～
昭和～平成期の陶芸家。
¶陶工

**奥磯照子** おくいそてるこ
昭和3(1928)年～
昭和～平成期の陶芸家。
¶陶工

**奥井可長** おくいよしなが
元文4(1739)年～文化1(1804)年11月27日
江戸時代中期～後期の新田開拓者。
¶庄内

**奥川忠右衛門〔2代〕** おくかわちゅうえもん，おくがわちゅうえもん
昭和6(1931)年10月12日～
昭和～平成期の陶芸家。
¶陶芸最(――〔代数なし〕　おくがわちゅうえもん)，名工

**奥川忠右衛門** おくがわちゅうえもん，おくかわちゅうえもん
明治26(1893)年～昭和50(1975)年10月11日
大正～昭和期の陶芸家。有田焼大物成形ろくろ師。無形文化財保持者。
¶佐賀百([生]明治34(1901)年4月10日)，世紀(おくかわちゅうえもん)，陶芸最，陶工([生]1901年)，日人([生]明治34(1901)年4月10日)，美工(おくかわちゅうえもん)，名工(おくかわちゅうえもん)

**小串孝治** おぐしこうじ
明治29(1896)年7月2日～昭和53(1978)年11月5日
昭和期の電気工学者。北海道大学教授。
¶科学，現情

**奥下寿子** おくしたひさこ
昭和31(1956)年2月16日～
昭和期の陶芸家。
¶陶芸最

**奥平織部** おくだいらおりべ
江戸時代前期の桑久保村の地頭、市ノ堀開削の指導者。
¶栃木歴

**奥平貞幹** おくだいらさだもと
文化14(1817)年～明治15(1882)年　[別]奥平貞幹《おくだいらていかん》
江戸時代後期～明治期の武士。伊予松山藩士。殖産興業に尽力。大可賀新田を開発。
¶愛媛百(おくだいらていかん　[生]文化14(1817)年3月4日　[没]明治15(1882)年4月9日)，郷土愛媛(おくだいらていかん)，日人，幕末([没]1882年4月9日)，藩臣6

**奥平貞幹** おくだいらていかん
→奥平貞幹(おくだいらさだもと)

**奥平了雪** おくだいらりょうせつ
→大西浄元(2)(おおにしじょうげん)

**奥平了保** おくだいらりょうほ
江戸時代後期の釜師。
¶茶道

**奥田穎川** おくだえいせん
宝暦3(1753)年～文化8(1811)年　[別]奥田庸徳《おくだつねのり》，穎川《えいせん》
江戸時代中期～後期の陶工。京焼の磁祖。
¶朝日([没]文化8年4月27日(1811年6月17日))，角史，京都，京都大，近世，国史，国書(奥田庸徳　おくだつねのり　[没]文化8(1811)年4月27日)，コン改，コン4，茶道，史人([没]1811年4月27日)，新潮([没]文化8(1811)年4月27日)，人名，姓氏京都，世人([没]文化8(1811)年4月28日)，世百，全書，大百，日史([没]文化8(1811)年4月27日)，日人，美術，百科

**奥田勝治** おくだかつじ
明治38(1905)年2月9日～
大正～昭和期の加賀友禅染色家。
¶名工

**奥田亀造** おくだかめぞう
明治5(1872)年3月8日～昭和19(1944)年3月24日
明治～昭和期の漁業家。
¶世紀，鳥取百，日人

**奥田光祥** おくだこうしょう
昭和12(1937)年8月27日～
昭和～平成期の陶芸家。
¶陶芸最，陶工

**奥田作次郎** おくださくじろう
文政8(1825)年～明治11(1878)年
江戸時代末期～明治期の大和赤膚焼の陶工。
¶人名，日人

**奥田小由女** おくださゆめ
昭和11(1936)年11月26日～
昭和～平成期の人形作家。日展常務理事。桐の木を彫刻のように彫り起こした作品が多い。代表作にエソール広島のレリーフ「天翔ける讃歌」など。
¶世紀，日人，名工

**奥田信斎** おくだしんさい
文政4(1821)年～明治35(1902)年
江戸時代後期～明治期の信楽焼の陶工。
¶姓氏長野([没]1901年)，長野歴，山梨百

**奥田助七郎** おくだすけしちろう
明治6(1873)年～昭和29(1954)年9月8日
明治～昭和期の土木技師。
¶愛知百([生]1874年)，近土([生]1873年5月17日)，世紀([生]明治6(1873)年5月)，姓氏愛知，土木([生]1873年5月17日)，日人([生]明治6(1873)年5月)

**奥田庸徳** おくだつねのり
→奥田穎川(おくだえいせん)

**奥田艶子** おくだつやこ
明治13(1880)年2月25日～昭和11(1936)年9月23日
大正～昭和期の女子教育家。東京女子高等職業学校長。奥田式裁縫を発明。
¶学校，近女，コン改，コン5，女性，女性普，人名，世紀，日人

**奥田陶器夫** おくだときお
昭和7(1932)年12月11日～昭和56(1981)年7月17日
昭和期の陶芸家。
¶美工，名工

**奥田木白** おくだもくはく
*～明治4(1871)年　[別]木白《もくはく》
江戸時代末期～明治期の陶工。各地の焼物を研究し、多彩な陶技で赤膚焼の興隆に貢献。著書に「浮世のゆめ」など。
¶朝日([生]寛政12(1800)年)，郷土奈良([生]1800年)，茶道([生]1799年)，人名(木白　もくはく　[生]1799年　[没]1870年)，日人([生]1799年　[没]1870年)，幕末([生]1800年　[没]1871年4月2日)

**奥田紋左ヱ門** おくだもんざえもん
昭和10(1935)年3月18日～
昭和期の陶芸家。
¶陶芸最，名工

**奥田康博(1)** おくだやすひろ
*～平成11(1999)年2月18日
昭和期の陶芸家。
¶陶工([生]1915年4月1日)，美工([生]大正9(1920)年4月1日)

**奥田康博(2)** おくだやすひろ
大正9(1920)年4月1日～
昭和～平成期の陶芸家。
¶陶芸最，名工

**奥田喜則** おくだよしのり
昭和33(1958)年1月22日～
昭和～平成期の陶芸家。
¶陶芸最，陶工

**奥田楽水** おくだらくすい
明治7(1874)年～昭和15(1940)年
明治～昭和期の陶芸家。
¶陶工

**小口玄順** おぐちげんじゅん
？～享保5(1720)年

江戸時代中期の小口堰開削者。
¶姓氏長野，長野歴

**小口善重** おぐちぜんじゅう
安政2(1855)年～*
明治～大正期の製糸家。
¶姓氏長野([没]1916年)，長野歴([没]昭和14(1939)年)

**小口伝吉** おぐちでんきち
慶応3(1867)年～明治41(1908)年
江戸時代末期～明治期の製糸家。
¶長野歴

**小口正二** おぐちまさじ
明治40(1907)年～平成12(2000)年1月21日
大正～平成期の漆芸家。
¶美工，名工

**小口みち** おぐちみち
→小口みち子(おぐちみちこ)

**小口みち子** おぐちみちこ
明治16(1883)年～昭和37(1962)年7月27日
[別]小口みち《おぐちみち》，小口みち子《こぐちみちこ》
明治～大正期の婦人運動家、美容師。初期の婦選運動で活躍。
¶近女(こぐちみちこ)，近文，社史(小口みち おぐちみち)，女運(こぐちみちこ)，女史，女性([生]?)，女性普([生]?)，世紀([生]明治16(1883)年2月8日)，日人([生]明治16(1883)年2月8日)，兵庫文([生]明治16(1883)年2月8日)

**小口稔** おぐちみのる
昭和27(1952)年～
昭和～平成期の陶芸家。
¶陶工

**小口村吉** おぐちむらきち
弘化4(1847)年～大正6(1917)年
江戸時代末期～大正期の製糸家。
¶姓氏長野，長野歴

**奥出寿泉** おくでじゅせん
大正5(1916)年～昭和48(1973)年
昭和期の漆芸家。
¶石川百

**奥哲二** おくてつじ
昭和13(1938)年3月6日～
昭和期の陶芸家。
¶陶芸最

**奥寺丑太郎** おくでらうしたろう
明治13(1880)年～昭和35(1960)年
明治～昭和期の養蚕業家。
¶姓氏岩手

**奥寺八左衛門** おくでらはちざえもん
寛永3(1626)年～貞享3(1686)年
江戸時代前期の陸奥盛岡藩の治水家。
¶朝日([生]寛永3(1626)年8月 [没]貞享3年1月7日(1686年1月30日))，岩手百([生]1627年)，近世，国史，コン改，コン4，史人([生]1626年8月 [没]1686年1月7日)，新潮([生]寛永3(1626)年8月 [没]貞享3(1686)年1月7日)，人名，姓氏岩手([生]1627年)，日人，歴大

**奥野小四郎** おくのこしろう
安政4(1857)年～大正4(1915)年
明治～大正期の町長。地方開発功労者。
¶人名，日人，兵庫人([生]安政4(1857)年7月 [没]大正4(1915)年12月31日)

**奥原崇仁** おくはらそうじん
昭和18(1943)年3月11日～
昭和～平成期の陶芸家。
¶陶工，名工

**奥原好幸** おくはらよしゆき
昭和29(1954)年6月13日～
昭和～平成期の映画編集技師。
¶映人

**奥村昭雄** おくむらあきお
昭和3(1928)年10月2日～
昭和～平成期の建築家。木曽三岳奥村設計所代表、東京芸術大学教授。奥村式パッシブソーラーを開発。著書に「奥村昭雄のディテール」など。
¶現執3期

**奥村喜三郎** おくむらきさぶろう
生没年不詳
江戸時代末期の増上寺御霊屋付代官、西洋流測量家。
¶江文，科学，神奈川人，コン改，コン4，女史，人名，姓氏神奈川，日人

**奥村吉衛** おくむらきちえ
明治42(1909)年～昭和38(1963)年
昭和期の建設業。
¶青森人

**奥村吉五郎〔奥村家4代〕** おくむらきちごろう
元文2(1737)年～天明1(1781)年
江戸時代中期の表具師。
¶茶道

**奥村吉次郎** おくむらきちじろう
明治2(1869)年～昭和19(1944)年
明治～昭和期の表具師(奥村家10代)。
¶茶道

**奥村吉次郎〔奥村家7代〕** おくむらきちじろう
寛政7(1795)年～天保8(1837)年
江戸時代後期の表具師。
¶茶道

**奥村吉平** おくむらきちへい
天保11(1840)年～明治41(1908)年
江戸時代末期～明治期の表具師(奥村家9代)。
¶茶道

**奥村吉兵衛**(1) おくむらきちべえ
世襲名 江戸時代以来の表具師。
¶京都大

お

**奥村吉兵衛(2)** おくむらきちべえ
明治34(1901)年〜昭和62(1987)年
大正〜昭和期の表具師。
¶茶道，美工，名工

**奥村吉兵衛〔奥村家1代〕** おくむらきちべえ
元和4(1618)年〜元禄13(1700)年
江戸時代前期〜中期の表具師。
¶茶道，姓氏京都(——〔代数なし〕)

**奥村吉兵衛〔奥村家2代〕** おくむらきちべえ
寛永20(1643)年〜享保4(1719)年
江戸時代中期の表具師。
¶茶道

**奥村吉兵衛〔奥村家3代〕** おくむらきちべえ
寛文8(1668)年〜寛保3(1743)年
江戸時代中期の表具師。
¶茶道

**奥村吉兵衛〔奥村家5代〕** おくむらきちべえ
宝暦5(1755)年〜文政8(1825)年
江戸時代後期の表具師。
¶茶道

**奥村吉兵衛〔奥村家6代〕** おくむらきちべえ
安永9(1780)年〜嘉永1(1848)年
江戸時代後期の表具師。
¶茶道

**奥村吉兵衛〔奥村家8代〕** おくむらきちべえ
文化1(1804)年〜慶応3(1867)年
江戸時代末期の表具師。
¶茶道

**奥村吉兵衛〔12代〕** おくむらきちべえ
昭和9(1934)年〜
昭和〜平成期の表具師。
¶名工

**奥村究果** おくむらきゅうか
明治31(1898)年〜昭和20(1945)年
大正〜昭和期の漆芸家。
¶京都大，姓氏京都

**奥村松山** おくむらしょうざん
天保13(1842)年〜明治38(1905)年
明治期の陶工。京都の陶工。
¶人名，日人，名工([没]明治38年1月10日)

**奥村省三** おくむらしょうぞう
明治10(1877)年11月〜？
明治〜大正期の工学者。
¶渡航

**奥村次郎左衛門** おくむらじろうざえもん
生没年不詳
江戸時代前期の陶工。
¶日人

**奥村次郎右衛門** おくむらじろえもん
江戸時代前期の陶工山城宇治朝日焼の創始者。
¶人名

**奥村増貤** おくむらぞうや
→奥村増貤(おくむらますのぶ)

**奥村藤作** おくむらとうさく
江戸時代前期の陶工。
¶人名，日人(生没年不詳)

**奥村敏恵** おくむらとしえ
大正3(1914)年6月17日〜平成9(1997)年5月17日
昭和〜平成期の土木工学者、東京大学名誉教授。専門は鋼構造学。
¶科学

**奥村英夫** おくむらひでお
明治39(1906)年〜
昭和期の陶芸家。
¶陶芸

**奥村博史** おくむらひろし
明治22(1889)年10月4日〜昭和39(1964)年2月18日
明治〜昭和期の洋画家、金工家。国画会会員。平塚らいてうの夫。指輪の制作者としても有名。
¶近文，現情，人名7，世紀，日人，美家，洋画

**奥村広長** おくむらひろなが
生没年不詳
江戸時代中期の装剣金工。
¶日人

**奥村博美** おくむらひろみ
昭和28(1953)年2月12日〜
昭和〜平成期の陶芸家。
¶陶工

**奥村増貤** おくむらますのぶ
生没年不詳　[別]奥村増貤《おくむらぞうや》
江戸時代後期の算学者、測量家。
¶朝日，科学，新潮(おくむらぞうや)，世人

**奥本健一** おくもとけんいち
昭和9(1934)年6月23日〜
昭和期の陶芸家。
¶陶芸最

**奥山富五郎** おくやまとみごろう
天保3(1832)年4月10日〜明治23(1890)年1月1日
江戸時代後期〜明治期の大工棟梁。
¶庄内

**奥山峰石** おくやまほうせき
昭和12(1937)年1月16日〜
昭和〜平成期の鍛金家。鍛造が困難な朧銀を素材に端麗な器形を打ち出す名手。人間国宝。
¶国宝，世紀，日人

**小倉円平** おぐらえんぺい
大正2(1913)年9月19日〜
昭和期の陶芸家。
¶陶芸最

**小倉吉蔵** おぐらきちぞう
嘉永3(1850)年12月〜明治44(1911)年
明治期の印刷技術者。築地活版所の字母係から活

字母型師となる。上海に派遣された後、各地で活版印刷を指導。
¶人名，渡航（[没]1911年10月5日），日人（[生]1851年），名工（[没]明治44年10月5日）

お

**小倉キノ** おぐらきの
天保11（1840）年3月4日～大正2（1913）年2月12日
明治～大正期の女性。上総木綿の改良者。
¶女性，女性普

**小椋久太郎** おぐらきゅうたろう
明治39（1906）年7月30日～平成10（1998）年3月21日
大正～平成期のこけし職人。
¶現情，美工

**小椋清至** おぐらきよし
昭和8（1933）年～
昭和期の陶芸家。
¶陶芸最

**小倉金弥** おぐらきんや
明治40（1907）年～昭和19（1944）年6月
大正～昭和期の撮影技師。
¶映人

**小倉健** おぐらけん
昭和17（1942）年5月3日～
昭和～平成期の陶芸家。
¶陶工

**小倉建亮** おぐらけんすけ
明治30（1897）年～昭和57（1982）年7月9日
明治～昭和期の染色作家。
¶美工，名工

**小倉公平** おぐらこうへい
明治7（1874）年～昭和26（1951）年5月29日
明治～昭和期の電気工学者。京都帝国大学教授。奥村電気商会取締役、電気協会大阪試験所所長を歴任。
¶科学（[生]1874年（明治7）4月23日），現情（[生]1874年4月），人名7，世紀（[生]明治7（1874）年4月），渡航（[生]1874年4月23日），日人（[生]明治7（1874）年4月23日）

**小倉宗衛** おぐらそうえい
昭和3（1928）年～
昭和～平成期の能面師。
¶名工

**小椋健男** おぐらたけお
大正8（1919）年4月5日～
昭和～平成期の漆芸・榛地師。
¶名工

**小倉千尋** おぐらちひろ
明治33（1900）年8月4日～昭和37（1962）年9月18日
大正～昭和期の陶芸家。
¶美工，兵庫人

**小倉強** おぐらつよし
明治12（1879）年～昭和55（1980）年
明治～昭和期の建築学者。
¶宮城百

**小倉虎吉** おぐらとらきち
生没年不詳
明治期の髪結師。西洋理髪店のパイオニア。
¶先駆

**小倉倫** おぐらひとし
昭和22（1947）年6月2日～
昭和期の陶芸家。
¶陶芸最

**小倉真知子** おぐらまちこ
昭和期の籐工芸師。
¶名工

**小椋光政** おぐらみつまさ
生没年不詳
安土桃山時代の木地師。
¶会津

**小栗三郎左衛門** おぐりさぶろうざえもん
？ ～元禄16（1703）年
江戸時代前期～中期の半田小栗家3代目。山方新田の築造に尽力。
¶姓氏愛知

**小栗広行** おぐりひろゆき
昭和24（1949）年11月23日～
昭和期の陶芸家。
¶陶芸最

**小栗正男** おぐりまさお
昭和20（1945）年6月6日～
昭和～平成期の陶芸家。
¶陶芸最，陶工，名工

**小栗正気** おぐりまさとき
嘉永6（1853）年～昭和2（1927）年
明治～昭和期の漆芸家。
¶高知人，高知百

**小栗良近** おぐりよしちか
？ ～安政6（1859）年
江戸時代後期～末期の装剣金工。
¶日人

**小栗良直** おぐりよしなお
生没年不詳
江戸時代後期の装剣金工。
¶日人

**小黒三郎** おぐろさぶろう
昭和11（1936）年～
昭和～平成期のクラフト作家。
¶名工

**小黒陶三** おぐろとうぞう
昭和25（1950）年7月5日～
昭和～平成期の陶芸家。
¶陶工

**桶谷繁雄** おけたにしげお
明治43(1910)年11月10日～昭和58(1983)年2月12日
昭和期の評論家、金属工学者。東京工業大学教授。金属結晶学が専門で、随筆や評論なども手掛ける。作品に小説「フライブルクの宿」など。
¶科学、科技、現執1期、現執2期、現情、現人、現日、世紀、日人、平和、マス2、マス89、ミス

**桶村正夫** おけむらまさお
大正12(1923)年～平成12(2000)年
昭和～平成期の扇子折師。
¶美工

**桶屋伊三郎** おけやいさぶろう
*～明治1(1868)年
江戸時代末期の加賀九谷焼の陶工。
¶人名(㊤1802年)、日人(㊤1804年)

**小合友之助** おごうとものすけ
明治31(1898)年3月28日～昭和41(1966)年4月21日
大正～昭和期の染織家。蠟染めによる染色作家。京都市立美術工芸学校教授。日展評議員。
¶京都大、現朝、現日、世紀、姓氏京都、日人、美工

**越生重弘** おごせしげひろ
生没年不詳
室町時代の鋳物師。
¶埼玉人

**大古田久太郎** おこだきゅうたろう
昭和18(1943)年3月2日～
昭和期の陶芸家。
¶陶芸最

**小坂狷二** おさかけんじ
明治21(1888)年6月28日～昭和44(1969)年8月1日
明治期の鉄道車両工学者。鉄道省工作局工場課長、神奈川大学教授。日本エスペラント学会を創立、会長。著書に「客貨車工学」「小坂エスペラント講座」。
¶神奈川人、現情、社史、新潮、人名7、世紀、鉄道(㊤1969年8月)、日人

**刑部太郎** おさかべたろう
→刑部太郎(ぎょうぶたろう)

**尾崎市右衛門** おざきいちえもん
文政12(1829)年～大正4(1915)年
江戸時代末～大正期の社会運動家。五井連山に鉢地坂トンネルを開通させるべく努力。
¶姓氏愛知

**尾崎角次郎** おざきかくじろう
生没年不詳
江戸時代後期の足柄下郡飯田岡村の大工。
¶神奈川人

**尾崎喜三郎** おざききさぶろう
生没年不詳
江戸時代後期の足柄下郡中里村の大工。

¶神奈川人

**尾崎久助** おざききゅうすけ
明治29(1896)年5月4日～昭和41(1966)年5月21日
明治～昭和期の建築家。日建設計初代社長、日本建築協会会長。
¶美建

**尾崎琴洞**(尾崎琴堂) おざききんどう
天保8(1837)年～明治38(1905)年
江戸時代末期～明治期の公益家。戸長・県会議員等を務め、地域開発のために尽力した。
¶維新、郷土福井、日人、幕末(尾崎琴堂㊤1905年12月21日)

**尾崎庄左衛門** おざきしょうざえもん
？～寛文3(1663)年6月23日
江戸時代前期の新田開発者。
¶岡山歴

**尾崎治良右衛門** おざきじろうえもん
生没年不詳
江戸時代後期の陶工。
¶美工

**尾崎治郎右衛門** おざきじろうえもん
→尾崎次郎右衛門(おざきじろえもん)

**尾崎次郎右衛門**(尾崎治郎右衛門) おざきじろえもん
㊥尾崎治郎右衛門《おざきじろうえもん》
江戸時代末期の陶工、因幡因久山焼の祖。
¶茶道(尾崎治郎右衛門 おざきじろうえもん)、人名(尾崎治郎右衛門)、日人(生没年不詳)

**尾崎宗印** おざきそういん
生没年不詳
江戸時代前期の蒔絵師。
¶日人

**尾崎宗賢** おざきそうけん
生没年不詳
江戸時代前期の装剣金工。
¶日人

**尾崎玉次郎** おざきたまじろう
昭和期の畳職人。
¶名工

**尾崎常次郎** おざきつねじろう
生没年不詳
江戸時代後期の足柄下郡永塚村の大工。
¶神奈川人

**尾崎直政** おざきなおまさ
享保17(1732)年～天明2(1782)年
江戸時代中期の装剣金工。
¶コン改、コン4、新潮(㊤天明2(1782)年3月20日)、人名、日人

**尾崎弘** おざきひろし
昭和期の尺八製管師。
¶名工

## 尾崎益江 おざきますえ
昭和5（1930）年2月13日〜
昭和〜平成期の染色作家。
¶名工

## 尾崎万吉 おざきまんきち
生没年不詳
江戸時代後期の足柄下郡中里村の大工。
¶神奈川人

## 尾崎良清 おざきりょうせい
江戸時代前期の蒔絵師。
¶人名（�生1603年 ㊎1662年），日人（�生1597年 ㊎1665年）

## 長口宮吉 おさぐちみやきち
明治25（1892）年4月22日〜昭和37（1962）年4月10日
明治〜昭和期の写真化学技術者。日本天然色写真社長。天然色写真富士カラーの完成に貢献。東京高等工芸学校教授を歴任。
¶映人，現情，静岡歴，写家，人名7，世紀，姓氏静岡，日人

## 小笹徳蔵 おざさとくぞう
明治23（1890）年12月20日〜昭和46（1971）年7月11日
明治〜昭和期の建築家。清水建設副社長。
¶美建

## 長田円右衛門 おさだえんえもん
寛政7（1795）年〜安政3（1856）年　㊕長田円右衛門《ながたえんえもん》
江戸時代中期の道路開拓家。
¶人名（ながたえんえもん），日人，山梨百（�寛政7（1795）年1月9日 ㊎安政3（1856）年6月9日）

## 尾佐竹徇 おさたけとなう
大正5（1916）年10月12日〜平成18（2006）年7月17日
昭和期の電気工学者。工学院大学教授、東京大学教授。
¶科学，現情

## 長田作左衛門元重 おさださくざえもんもとしげ
永禄9（1566）年〜慶長3（1598）年
安土桃山時代の八王子町建設指導者。
¶多摩

## 長田豊土（長田豊土）おさだほうど
昭和8（1933）年10月7日〜
昭和期の陶芸家。
¶陶芸最，陶工（長田豊土），名工

## 長田安史 おさだやすし
昭和期の絞風呂敷職人。
¶名工

## 小山内作右衛門〔2代〕おさないさくえもん
生没年不詳
江戸時代中期の木造新田の開発者。
¶青森人（㊕寛文 ㊎元禄ころ）

## 長船景光 おさふねかげみつ
生没年不詳
鎌倉時代後期の備前長船派刀工。
¶埼玉人

## 長船兼光 おさふねかねみつ
→兼光⑵（かねみつ）

## 長船長光 おさふねながみつ
生没年不詳　㊕長光《ながみつ》
鎌倉時代後期の刀工。長船派の正系の2代。
¶朝日（長光　ながみつ），鎌室，国史（長光　ながみつ），古中（長光　ながみつ），コン改，コン4，史人（長光　ながみつ），重要，新潮（長光　ながみつ），世人，全書，大百，伝記，日史（長光　ながみつ），日人，美工，美術（長光　ながみつ），百科（長光　ながみつ），歴大

## 尾沢金左衛門 おざわきんざえもん
天保4（1833）年〜大正2（1913）年
江戸時代末期〜大正期の製糸家。
¶姓氏長野，長野歴

## 小沢篠右衛門 おざわしのうえもん
享和3（1803）年〜明治3（1870）年
江戸時代後期の水路開発者。
¶長野歴

## 小沢正実 おざわまさみ
昭和28（1953）年〜
昭和〜平成期の甲冑師。
¶名工

## 小沢通秀 おざわみちひで
明治32（1899）年7月〜昭和36（1961）年10月6日
明治〜昭和期の実業家。染色業、織物業を展開。播州織の改良と海外への販路拡大に尽力。
¶世紀，日人，兵庫人，兵庫百

## 小沢竜四郎 おざわりゅうしろう
江戸時代後期の久下鍛冶師。
¶埼玉百

## 置塩章 おしおあきら
明治14（1881）年〜昭和43（1968）年
明治〜昭和期の建築家。置塩建築事務所所長。
¶美建（㊕明治14（1881）年2月6日），兵庫百

## 押川清 おしかわきよし
昭和9（1934）年11月19日〜
昭和期の陶芸家。
¶陶芸最

## 尾下昌士 おしたまさひと
昭和17（1942）年7月8日〜
昭和〜平成期の陶芸家。
¶陶工

## 忍足信太郎 おしたりしんたろう
生没年不詳
明治期の団扇職人。房州団扇の創始者。
¶先駆

**尾嶋彰** おじまあきら
昭和16 (1941) 年～平成10 (1998) 年3月
昭和～平成期の建築家。フランス公認建築士。
¶美建

**小島銀吉** おじまぎんきち
慶応4 (1868) 年1月13日～昭和10 (1935) 年1月26日
江戸時代末期～昭和期の農業技術者。
¶世紀，日人，福井百

**小島治五郎** おじまじごろう
天明1 (1781) 年～安政5 (1858) 年
江戸時代中期～末期の土木功労者。
¶高知人

**尾島俊雄** おじまとしお
昭和12 (1937) 年9月2日～
昭和～平成期の都市環境工学者。早稲田大学教授。新東京国際空港、多摩ニュータウン・センター地区の設計などに参加。著書に「熱くなる都市」など。
¶現朝，現執1期，現執2期，現執3期，現執4期，現情，世紀，日人，マス89

**押味修** おしみおさむ
昭和31 (1956) 年6月17日～
昭和～平成期の陶芸家。
¶陶芸最，陶工

**小関伊佐美** おぜきいさみ
～平成7 (1995) 年11月1日
昭和～平成期の漆工芸家。
¶美工

**尾関源右衛門** おぜきげんうえもん
？ ～寛永8 (1631) 年
安土桃山時代～江戸時代前期の人。儀典用端折長柄傘を製造。
¶姓氏愛知

**尾関作十郎〔1代〕** おぜきさくじゅうろう
文化2 (1805) 年～＊
江戸時代後期～明治期の瓦師、陶工。
¶姓氏愛知 (――〔代数なし〕 [没]1880年)，日人 ([没]1879年)

**尾関作十郎〔2代〕** おぜきさくじゅうろう
明治期の陶工。
¶日人

**尾関滝右衛門** おぜきたきえもん
文化2 (1805) 年～明治7 (1874) 年2月25日
江戸時代後期～明治期の大工棟梁。
¶岡山歴

**小関通** おぜきとおる
昭和7 (1932) 年2月10日～
昭和～平成期の油彩・七宝焼作家。
¶名工

**尾関雅則** おぜきまさのり
大正13 (1924) 年1月29日～平成26 (2014) 年1月1日
昭和～平成期の電子工学者、国鉄常務理事。専門は情報工学、通信工学。
¶科学

**尾関正光** おぜきまさみつ
昭和期のつまおり傘製作者。
¶名工

**尾関守** おぜきまもる
大正12 (1923) 年～
昭和期の経営・労働工学者。早稲田大学教授。
¶現執1期

**尾関勇右衛門** おぜきゆうえもん
天保7 (1836) 年～明治42 (1909) 年
明治期の機業家。
¶日人

**尾添丹治** おぞえたんじ
天明1 (1781) 年～安政7 (1860) 年
江戸時代中期～末期の木彫家。
¶島根人

**遅川兵庫助** おそかわひょうごのすけ
生没年不詳
戦国時代の鋳物師。
¶戦辞

**尾田一念** おだいちねん
大正12 (1923) 年8月10日～
昭和～平成期の陶芸家。
¶陶芸最，陶工，名工

**尾高惇忠** おだかあつただ, おたかあつただ, おだかあつだだ
天保1 (1830) 年～明治34 (1901) 年 [別]尾高藍香《おだからんこう》, 尾高惇忠《おだかじゅんちゅう》
明治期の養蚕製糸業者。近代製糸業の先駆者。富岡製糸場の建設、製藍法の改良に尽力。著書に「蚕桑長策」「藍作指要」など。
¶朝日 ([生]天保1年7月27日 (1830年9月13日) [没]明治34 (1901) 年1月2日)，維新 (尾高藍香 おだからんこう)，岩手百，音人 (おたかあつただ [生]昭和19年3月10日)，音人2 (おたかあつただ [生]昭和19年3月10日)，音人3 (おたかあつただ [生]昭和19年3月10日)，郷土群馬 ([生]1834年)，近現，群馬人 ([生]天保5 (1834) 年)，群馬百，国史 (おだかあつだだ)，埼玉人 ([生]天保1 (1830) 年7月27日 [没]明治34 (1901) 年1月2日)，埼玉百，作曲 (おたかあつただ [生]1944年 (昭和19年) 3月10日)，新潮 ([生]天保1 (1830) 年7月27日 [没]明治34 (1901) 年1月2日)，姓氏岩手，姓氏群馬 ([生]1834年)，姓氏宮城 (おだかじゅんちゅう [没]1900年)，先駆 ([生]文政13 (1830) 年7月27日 [没]明治34 (1901) 年1月2日)，日人，幕末 ([没]1901年1月2日)，宮城百 (おだかじゅんちゅう [没]明治33 (1900) 年)

**小高市右衛門** おだかいちえもん
生没年不詳
江戸時代前期の都筑郡小高新田の開発者。

¶神奈川人

**尾高惇忠** おだかじゅんちゅう
→尾高惇忠（おだかあつただ）

**尾高ゆう**（尾高勇） おだかゆう
＊～大正12（1923）年
江戸時代末期～明治期の女性。官営富岡製糸場の製糸伝習工女第一号。
　¶朝日（尾高勇　⊕安政6（1859）年），近女（⊕元治1（1864）年），群馬人（⊕安政6（1859）年），埼玉人（⊕万延1（1860）年4月4日　⊗大正12（1923）年1月30日），女性（⊕元治1（1864）年），女性普（⊕元治1（1864）年），世紀（尾高勇　⊕安政6（1859）年　⊗大正12（1923）年1月30日），先駆（⊕文久2（1862）年），日人（⊕1860年）

**尾高藍香** おだからんこう
→尾高惇忠（おだかあつただ）

**織田喜作** おだきさく
嘉永3（1850）年～明治42（1909）年
江戸時代末期～明治期の自治功労者。麻機村村長。教育、治水、産業に尽力。藍綬褒章受章。
　¶静岡歴，人名，姓氏静岡，日人

**小田帰山** おだきざん
大正7（1918）年5月25日～
昭和期の陶芸家。
　¶陶芸最，名工

**小田玉瑛** おだぎょくえい
昭和7（1932）年～
昭和～平成期の篆刻家。
　¶名工

**小田喜代蔵** おだきよぞう
元治1（1864）年～大正1（1912）年
明治期の工業家、海軍軍人。少将。小田式水雷を創始。日露戦争ではペトロパブロフスク号を沈没させた。
　¶人名，世紀（⊗明治45（1912）年4月25日），渡航（⊕1864年6月15日　⊗1912年4月25日），日人，明治1，陸海（⊕文久3年6月15日　⊗明治45年4月25日）

**小田切栄三郎** おだぎりえいざぶろう
慶応1（1865）年6月24日～昭和13（1938）年
明治～昭和期の北海道庁技師で北海道畜産業の推進者。
　¶札幌

**小田切庄右衛門** おたぎりしょうえもん
文化1（1804）年～明治13（1880）年
江戸時代後期～明治期の伊那郡宮田村名主、高遠藩田地開発役。
　¶姓氏長野

**小田島喜兵衛** おだしまきへえ
慶長19（1614）年～宝永1（1704）年
江戸時代前期～中期の和賀郡新町村の開拓者。
　¶姓氏岩手

**小田島定一** おだしまていいち
明治42（1909）年8月16日～
昭和～平成期の陶芸家。
　¶陶芸（⊕1910年），陶芸最，名工

**小田島由義** おだしまよしよし
弘化2（1845）年～大正9（1920）年7月29日
江戸時代末期～大正期の郷士開発者。秋田戦争に花輪救人隊取締役として出陣。
　¶幕末

**織田静観** おだせいかん
大正9（1920）年7月21日～
昭和期の陶芸家。
　¶陶芸最

**小田荘吉** おだそうきち
明治1（1868）年9月15日～？
明治期の技師。
　¶渡航

**小田忠七** おだちゅうしち
生没年不詳
江戸時代後期の装剣金工。
　¶日人

**小田長四郎〔1代〕** おだちょうしろう
天明2（1782）年～文久2（1862）年
江戸時代後期の機業家。
　¶人名，新潟百（――〔代数なし〕　生没年不詳），日人

**小田長四郎〔2代〕** おだちょうしろう
文化8（1811）年～明治13（1880）年
江戸時代末期～明治期の機業家。
　¶人名，日人

**小田享治** おだていじ
明治34（1901）年～昭和61（1986）年
大正～昭和期の無線技士。
　¶大分歴

**織田鉄吾** おだてつご
昭和期の紬職人。
　¶名工

**小田中耕一** おだなかこういち
昭和25（1950）年～
昭和～平成期の型染作家。
　¶名工

**小谷源之助** おだにげんのすけ
慶応3（1867）年～昭和5（1930）年　㋺小谷源之助《こたにげんのすけ》
明治～昭和期の水産業者。アメリカのアワビ漁業に潜水技術を導入した。
　¶郷土千葉（こたにげんのすけ），世紀（⊕慶応3（1867）年1月8日　⊗昭和5（1930）年7月1日），千葉百（こたにげんのすけ），日人

**おだに武士** おだにたけし
昭和23（1948）年3月25日～
昭和～平成期の染織作家。
　¶名工

**小田野喜斎** おだのきさい
江戸時代後期の陶工。
¶人名

**小田野兎毛** おだのともう
生没年不詳
江戸時代中期～後期の陶工。
¶日人

**お多福庵〔1代〕** おたふくあん
江戸時代末期の陶工。
¶人名，日人(生没年不詳)

**小田部庄右衛門〔36代〕** おたべしょうえもん
～昭和63(1988)年
昭和期の鋳物師。
¶美工，名工

**織田又太郎** おだまたたろう
文久2(1862)年～大正7(1918)年
明治～大正期の農業技術者、教育者。
¶世紀([生]文久2(1862)年3月14日　[没]大正7(1918)年11月9日)，日人

**小田稔** おだみのる
大正12(1923)年2月24日～平成13(2001)年3月1日
昭和～平成期の天文学者。東京情報大学学長、東京大学教授。専門は宇宙物理学、X線天文学。X線天体観測機「すだれコリメータ」を発明。著書に「宇宙線」など。
¶科学，現朝，現情，現日，新潮，世紀，日人，日本，マス89

**織田利三郎** おだりさぶろう
安政4(1857)年～大正12(1923)年
明治～大正期の農事改良指導者。
¶静岡歴，姓氏静岡

**小田原伊兵衛** おだわらいへえ
江戸時代の陶工。
¶茶道，人名，日人(生没年不詳)

**小田原延子** おだわらのぶこ
昭和18(1943)年～
昭和～平成期の漆芸作家。
¶名工

**落合四郎左衛門** おちあいしろうざえもん
弘治1(1555)年～天正19(1591)年　[別]落合四郎左衛門《おちあいしろざえもん》
戦国時代の北条氏照に仕えた番匠。
¶戦辞(生没年不詳)，多摩(おちあいしろざえもん)

**落合四郎左衛門** おちあいしろざえもん
→落合四郎左衛門(おちあいしろうざえもん)

**落合正統** おちあいせいとう
昭和16(1941)年4月11日～
昭和～平成期のガラス工芸作家。
¶名工

**落合美世子** おちあいみよこ
昭和21(1946)年2月3日～
昭和～平成期の陶芸家。
¶陶工，名工

**落合林吉** おちあいりんきち
明治33(1900)年3月29日～昭和58(1983)年4月18日
大正～昭和期の技師。専門は港湾。栃木県出身。
¶近土，群馬人，土木

**越智健三** おちけんぞう
昭和4(1929)年9月29日～昭和56(1981)年3月13日
昭和期の鍛金家。東京学芸大学教授、日本新工芸家連盟委員。デザイナーとして活動した後、金工の作家となる。日展会員、審査員。
¶現朝，世紀，日人，美工，名工

**遠近道印** おちこちどういん
寛永5(1628)年～？
江戸時代前期の測量家。
¶国書，人書79([生]1640年　[没]1696年頃)，人書94([生]1640年　[没]1696年頃)，姓氏富山，日史，藩臣3，歴大([没]1710年ころ)

**越智吉舟** おちよしふね
室町時代の能面工。
¶人名

**樗木昌音** おてきまさおと
正徳3(1713)年～天明7(1787)年
江戸時代中期の船大工頭(惣船大工)。
¶姓氏鹿児島

**弟媛** おとひめ
上代の呉から渡来してきたとされる織物工女。
¶女史，女性

**音丸香** おとまるかおる
大正11(1922)年11月24日～
昭和～平成期の漆芸家。専門は彫漆。
¶名工

**音丸耕堂** おとまるこうどう
明治31(1898)年6月15日～平成9(1997)年9月8日
大正～昭和期の漆芸作家。帝展に初入選、「彫漆月の花手箱」で新文展特選。人間国宝。日本工芸会結成に参加。
¶郷土香川，現朝，現情，現人，現日，国宝，新潮，世紀，全書，日人，美工，名工

**音丸淳** おとまるじゅん
昭和4(1929)年7月10日～
昭和～平成期の漆芸家。
¶名工

**音羽屋九郎兵衛** おとわやくろうべえ
→音羽屋九郎兵衛(おとわやくろべえ)

**音羽屋九郎兵衛** おとわやくろべえ
生没年不詳　[別]音羽屋九郎兵衛《おとわやくろうべえ》
江戸時代中期の京都の陶工。

¶人名（おとわやくろうべえ），姓氏京都，日人

**音羽屋惣左衛門〔1代〕** おとわやそうざえもん
江戸時代の陶工。
¶人名（――〔代数なし〕），日人（生没年不詳）

**音羽屋惣太郎** おとわやそうたろう
[別]乾亭《けんてい》
江戸時代末期の京都の陶工。
¶人名（乾亭　けんてい），日人（生没年不詳）

**尾内美弥次** おないみやじ
慶応3（1867）年～昭和10（1935）年
明治～昭和期のかぼちゃの品種改良者。
¶姓氏群馬

**尾長保** おながたもつ
昭和7（1932）年～
昭和～平成期の漆芸家。
¶名工

**小名木陽一** おなぎよういち
昭和6（1931）年12月29日～
昭和～平成期のファイバーアーティスト、染織家。京都芸術短期大学教授。オーストリア・リンツの国際タピストリー展など内外の美術展で活躍。作品に「赤い手袋」など。
¶現朝，世紀，日人

**女屋勘左衛門** おなやかんざえもん
明治36（1903）年3月10日～昭和62（1987）年
昭和期の版画家、大学講師。石版画刷り師。東山魁夷の「北欧紀行」、高山辰雄の「唐涛選」等の作品を手がける。
¶アナ（[没]昭和62（1987）年6月12日），現人，社史（[生]？），世紀，名工

**鬼源兵衛** おにげんべえ
江戸時代の羽村堰建設の功労者。
¶多摩

**尾西楽斎**（尾西楽斉） おにしらくさい
明治43（1910）年4月15日～
昭和期の陶芸家。
¶郷土奈良，陶芸（[生]1907年），陶芸最（尾西楽斉），陶工，名工

**鬼丸雪山** おにまるせつざん
明治45（1912）年5月26日～
昭和～平成期の陶芸家。
¶陶芸，陶芸最，名工

**鬼丸碧山** おにまるへきざん
昭和22（1947）年4月19日～
昭和～平成期の陶芸家。
¶陶芸最，陶工，名工

**小野惟一郎** おのいいちろう
嘉永1（1848）年～昭和2（1927）年
明治期の養蚕技術者。
¶大分百（[没]1917年），大分歴，日人（[生]1849年）

**尾野岩次郎** おのいわじろう
明治8（1875）年～昭和18（1943）年
明治～昭和期の陶芸家、袖師焼第2代。
¶島根人，島根歴

**尾上孝一** おのうえこういち
昭和9（1934）年2月16日～　[別]尾上孝一《おのえこういち》
昭和～平成期の建築家。創設計合同主宰、大妻女子大学教授。建築統計計画、住居・インテリアデザインについて執筆。著書に「図解・木造建築の技術」など。
¶現執3期，現執4期（おのえこういち）

**尾上茂樹** おのうえしげき
明治18（1885）年11月20日～大正11（1922）年10月
明治期の発明家。尾上式大豆粕粉砕器の発明者。
¶人名，世紀，日人

**尾上孝一** おのえこういち
→尾上孝一（おのうえこういち）

**尾上雅野** おのえまさの
昭和期の手芸家。
¶名工

**尾上守夫** おのえもりお
昭和1（1926）年3月28日～
昭和～平成期の応用電子工学者。東京大学教授。
¶現情

**小野薫** おのかおる
明治36（1903）年3月20日～昭和32（1957）年1月11日
昭和期の建築構造学者。建築学会副会長。建築構造学者として、架構力学の権威。新京大学教授、東京帝国大学教授を歴任。
¶科学，現情，人名7，世紀，日人

**小野義一郎** おのぎいちろう
大正7（1918）年11月2日～平成19（2007）年11月4日
昭和～平成期の機械工学者、小野測器創業者。専門は計測工学。
¶科学，創業

**小野貴美恵** おのきみえ
昭和9（1934）年1月～
昭和～平成期の七宝作家。
¶名工

**小野欽司** おのきんじ
昭和14（1939）年3月9日～
昭和～平成期の工学者。国立情報学研究所教授。専門は情報工学、コンピュータ通信。
¶現執3期

**小野健二** おのけんじ
明治37（1904）年4月28日～昭和50（1975）年7月24日
昭和期の金属工学者。東北大学教授、日本工業大学学長。非鉄冶金学の分野で業績をあげる。日本金属学会副会長、日本鉱業会評議員などを歴任。
¶科学，現情，人名7，世紀，日人，宮城百

**小野元立坊** おのげんりゅうぼう
寛永8(1631)年〜＊　[別]元立坊《げんりゅうぼう》
江戸時代前期の陶工、大隅元立院焼の創始者。
¶人名([没]1699年)，日人([没]1700年)

**小野光敬** おのこうけい
大正2(1913)年7月30日〜平成6(1994)年6月29日
大正〜昭和期の刀剣研磨師。刀剣研磨技術の第一人者。戦後重要無形文化財保持者に認定される。
¶現情，国宝，世紀，全書，日人，美工，名工

**小野広胖** おのこうはん
→小野友五郎(おのともごろう)

**小野小十郎** おのこじゅうろう
寛政3(1791)年9月9日〜天保13(1842)年8月11日
江戸時代後期の連島新開の開発者。
¶岡山歴

**小野坂睦** おのざかむつみ
昭和35(1960)年8月16日〜
昭和〜平成期の陶芸家。
¶陶工

**小野三郎** おのさぶろう
明治44(1911)年〜昭和61(1986)年
昭和期の染色家。
¶姓氏岩手

**小野沢覚左衛門** おのざわかくざえもん
生没年不詳
江戸時代前期の新田開発功労者。
¶群馬人，姓氏群馬

**小野沢平左衛門** おのざわへいざえもん
寛政3(1791)年〜嘉永1(1848)年　[別]小野沢義信《おのさわよしのぶ》
江戸時代後期の上野渋川の里正。
¶人名(小野沢義信　おのさわよしのぶ)，日人

**小野沢義信** おのさわよしのぶ
→小野沢平左衛門(おのざわへいざえもん)

**小野三十郎** おのさんじゅうろう
天保11(1840)年〜明治41(1908)年
江戸時代後期〜明治期の地域開発功労者。
¶姓氏岩手

**小野祥瓷** おのしょうじ
昭和2(1927)年2月13日〜
昭和〜平成期の陶芸家。
¶陶芸最，陶工，名工

**小野次郎** おのじろう
昭和28(1953)年3月8日〜
昭和〜平成期の陶芸家。
¶陶芸最，陶工

**小野塚キイ** おのずかきい
→小野塚キイ(おのづかきい)

**小野瀬角次** おのせかくじ
大正8(1919)年1月8日〜
昭和〜平成期の和紙製作者。専門は西の内和紙。
¶現情，名工

**小野桑園** おのそうえん
＊〜嘉永6(1853)年　[別]桑園《そうえん》
江戸時代後期の作陶家。
¶岡山人(桑園　そうえん　[生]寛政5(1793)年)，岡山人([生]享和2(1802)年)，岡山歴([生]？　[没]嘉永6(1853)年5月13日)，人名(桑園　そうえん　[生]1793年)，日人([生]？)

**小野孝巳** おのたかみ
大正11(1922)年6月28日〜
昭和〜平成期の江戸凧師。
¶名工

**小野田喜逸** おのだきいつ
明治14(1881)年〜昭和40(1965)年
明治〜昭和期の遠洋漁業及び御前崎地区開発の貢献者。
¶静岡歴，姓氏静岡

**小野卓** おのたく
昭和23(1948)年〜
昭和〜平成期の陶芸家。
¶陶芸最([生]昭和23年1月19日)，陶工([生]1948年1月5日)

**小野田茂** おのだしげる
大正13(1924)年2月12日〜
昭和〜平成期の陶芸家。
¶名工

**小野田又蔵** おのだまたぞう
安政2(1855)年〜昭和14(1939)年
明治〜昭和期の堂宮大工。
¶姓氏愛知

**小野田瑞穂** おのだみずほ
昭和9(1934)年5月23日〜
昭和〜平成期の陶芸家。
¶名工

**小野為郎** おのためお
明治31(1898)年3月26日〜昭和26(1951)年4月16日
大正〜昭和期の漆芸家。
¶美工，名工

**小野忠造** おのちゅうぞう
安政2(1855)年〜昭和2(1927)年
明治〜昭和期の岩木川治水と新田開発の功労者。
¶青森人

**小野塚キイ** おのづかきい，おのずかきい
明治20(1887)年1月15日〜昭和50(1975)年12月6日
明治〜昭和期の小千谷縮の技術伝承者。子育てのかたわら、小千谷縮の伝統技術を守り続ける。重要無形文化財保持者に認定。
¶女性(おのずかきい)，女性普(おのずかきい)，世紀，日人，美工(おのずかきい)

**小野常治** おのつねじ
大正3(1914)年11月5日〜

昭和期の陶芸家。
¶陶工

**小野寺修** おのでらおさむ
昭和24(1949)年9月23日〜
昭和〜平成期の映画録音技師。
¶映人

**小野寺玄** おのでらげん
昭和9(1934)年5月28日〜
昭和〜平成期の陶芸家。
¶陶芸最, 陶工, 名工

**小野寺源太夫** おのでらげんだゆう
明和6(1769)年〜天保2(1831)年
江戸時代中期〜後期の中尊寺のお抱え宮大工。
¶姓氏岩手

**小野寺新三郎** おのでらしんざぶろう
明治10(1877)年〜昭和23(1948)年
明治〜昭和期の大工。
¶姓氏岩手, 美建

**小野寺久幸** おのでらひさゆき
昭和4(1929)年5月18日〜平成23(2011)年3月1日
昭和〜平成期の彫刻師、仏師。美術院国宝修理所所長。
¶美建

**小野寺鳳谷** おのでらほうこく
文化7(1810)年〜慶応2(1866)年
江戸時代末期の造船技師、儒者。
¶国書([没]慶応2(1866)年4月13日), 人名, 姓氏宮城, 日人, 藩臣1, 宮城百, 洋学

**小野藤次平** おのとうじべい
？　〜天保4(1833)年
江戸時代後期の陶工。
¶日人

**小野藤四郎** おのとうしろう
明治期の大原焼名工。
¶岡山歴

**小野藤兵治** おのとうへいじ
江戸時代後期の常陸の陶工。
¶人名

**尾野敏郎** おのとしろう
明治36(1903)年4月20日〜平成7(1995)年
昭和期の陶芸家。
¶島根百, 島根歴, 陶芸, 陶芸最, 美工, 名工

**小野友五郎** おのともごろう
文化14(1817)年〜明治31(1898)年　[別]小野広胖《おのこうはん, おのひろなお》
江戸時代末期〜明治期の数学者、実業家。軍艦操練所教授方。新橋・横浜鉄道建設のため測量。のち製塩業に従事。
¶朝日([生]文化14年10月23日(1817年12月1日) [没]明治31(1898)年10月29日), 維新, 海越([生]文化14(1817)年10月23日　[没]明治31(1898)年10月29日), 海越新([生]文化14(1817)年10月23日　[没]明治31(1898)年10月29日), 江文, 科学([生]1817年(文化14)10月23日 [没]1898年(明治31)10月29日), 郷土茨城, 近現(小野広胖　おのこうはん), 近世(小野広胖　おのこうはん), 近土([生]1817年10月23日 [没]1898年10月29日), 国際, 国史(小野広胖　おのこうはん), 国書(小野広胖　おのこうはん　[生]文化14(1817)年10月23日　[没]明治31(1898)年10月29日), コン改(小野広胖　おのこうはん　生没年不詳), コン改(小野広胖　おのこうはん　生没年不詳), コン4(小野広胖　おのこうはん　生没年不詳), コン5(小野広胖　おのこうはん), 人書94, 新潮(小野広胖　おのこうはん　[生]文化14(1817)年10月23日 [没]明治31(1898)年10月29日), 人名, 数学(小野広胖　おのひろなお　[生]文化14(1817)年10月23日　[没]明治31(1898)年10月29日), 世人(小野広胖　おのこうはん　生没年不詳), 世人(小野広胖　おのこうはん　生没年不詳), 先駆([生]文化14(1817)年10月23日　[没]明治31(1898)年10月29日), 全書([生]1831年), 鉄道([生]1817年12月1日), 土木([生]1817年10月23日 [没]1898年10月29日), 日人(小野広胖　おのこうはん), 幕末([没]1898年10月29日), 藩臣2

**小野珀子** おのはくこ
大正14(1925)年〜平成8(1996)年
昭和期の陶芸家。
¶佐賀百([生]大正14(1925)年1月29日), 陶芸最([生]大正14年1月19日), 陶工, 美工([生]大正4(1915)年1月19日　[没]平成8(1996)年5月29日), 名工([生]大正14年1月19日)

**小野春信** おのはるのぶ
天和3(1683)年〜宝暦4(1754)年
江戸時代中期の鉱山師。筑後柳河藩家老。三井三池炭鉱の創始者。
¶コン改(生没年不詳), コン4(生没年不詳), 史人([没]1754年10月3日), 人名, 日人, 藩臣7

**小野洋** おのひろし
昭和22(1947)年5月5日〜
昭和〜平成期の陶芸家。
¶陶芸最, 名工

**小野広胖** おのひろなお
→小野友五郎(おのともごろう)

**尾前喜八郎** おのまえきはちろう
昭和13(1938)年7月25日〜
昭和期の陶芸家。
¶陶芸最, 名工

**小野正吉** おのまさきち
大正7(1918)年1月10日〜平成9(1997)年3月6日
昭和期の料理研究家。有名料理店の料理長を歴任、フランス料理を修得しホテルオークラの役員に就任。
¶現朝, 食文, 世紀, 日人

**小野雅代** おのまさよ
昭和5(1930)年12月8日〜
昭和〜平成期の陶芸家。
¶陶芸最, 陶工

**小野光臣** おのみつおみ
昭和27(1952)年2月10日〜
昭和期の陶芸家。
¶陶芸最

**小野満恭子** おのみつきょうこ
昭和30(1955)年〜
昭和〜平成期の陶芸家。
¶陶芸最, 陶工

**小野満俊彦** おのみつとしひこ
昭和28(1953)年10月31日〜
昭和期の陶芸家。
¶陶芸最

**小野基樹** おのもとき
明治19(1886)年10月13日〜昭和51(1976)年12月23日
明治〜昭和期の技師。
¶近土, 土木

**小野義臣** おのよしおみ
明治期の陶工。
¶日人

**小野諒兄** おのりょうえ
明治12(1879)年11月20日〜昭和47(1972)年3月12日
明治〜昭和期の鉄道技師。
¶近土, 鉄道, 土木

**小野六右衛門** おのろくえもん
江戸時代中期の陶工。
¶人名, 日人(生没年不詳)

**小畑巌三郎** おばたいずさぶろう
明治14(1881)年〜
明治〜大正期の軍人、技術者。
¶高知人

**御幡儀右衛門〔1代〕** おばたぎうえもん
明和8(1771)年〜文化14(1817)年
江戸時代中期〜後期の長崎の時計師。
¶長崎百

**御幡儀右衛門〔2代〕** おばたぎうえもん
明和8(1771)年〜天保11(1840)年
江戸時代中期〜後期の長崎の時計師。
¶長崎百

**御幡儀右衛門〔3代〕** おばたぎうえもん
文化5(1808)年〜文久2(1862)年
江戸時代後期〜末期の長崎の時計師。
¶長崎百

**小畠武堯** おばたけたけたか
→小畠武堯(こばたけたけたか)

**小畑七郎兵衛** おばたしちろうべえ
→小畑七郎兵衛(おばたしちろうべえ)

**小幡七郎左衛門** おばたしちろうざえもん
生没年不詳
江戸時代前期の蒔絵師。
¶日人

**小畑七郎兵衛** おばたしちろうべえ
㊺小畑七郎兵衛《おばたしちろうべえ》
江戸時代末期の蒔絵師。
¶人名(おばたしちろうべえ), 日人(生没年不詳)

**小幡十左衛門** おばたじゅうざえもん
江戸時代前期の蒔絵師。
¶人名

**小畑仁** おばたじん
昭和9(1934)年10月15日〜
昭和〜平成期の陶芸家。
¶陶芸最, 名工

**小幡新兵衛** おばたしんべえ
江戸時代後期の御細工所蒔絵師。
¶人名, 日人(生没年不詳)

**小畠武堯** おばたたけたか
→小畠武堯(こばたけたけたか)

**小幡文三郎** おばたぶんざぶろう
文久3(1863)年9月10日〜?
明治期の造船技師。フランスに留学して造船学を修める。
¶海越(生没年不詳), 海越新, 渡航

**小花作助** おばなさくすけ
文政12(1829)年〜明治34(1901)年1月17日
㊺小花作之助《おばなさくのすけ》
江戸時代末期〜明治期の官吏。内務省権少丞。小笠原諸島の開発に従事、尽力。
¶朝日(㊥文政12年2月24日(1829年3月28日)), 維新, 海越(㊥文政12(1829)年2月24日), 海越新(㊥文政12(1829)年2月24日), 国書(小花作之助 おばなさくのすけ ㊥文政12(1829)年2月24日), 先駆(㊥文政12(1829)年2月24日), 日人, 幕末

**小花作之助** おばなさくのすけ
→小花作助(おばなさくすけ)

**小花冬吉** おばなとうきち
→小花冬吉(おばなふゆきち)

**小花冬吉** おばなふゆきち
安政3(1856)年〜昭和9(1934)年 ㊺小花冬吉《おばなとうきち》
明治〜昭和期の製鉄技師、鉱業教育家。秋田鉱山専門学校校長。古来の砂鉄製錬法の近代化に尽くす。鉱山技術者の育成に尽力。
¶秋田百, 海越(㊥安政3(1856)年1月10日 ㊺昭和9(1934)年3月8日), 海越新(㊥安政3(1856)年1月10日 ㊺昭和9(1934)年3月8日), 科学(㊥1856年 ㊺昭和9(1934)年10月3日 ㊺1934年 世紀(㊥安政3(1856)年10月3日 ㊺昭和9(1934)年3月8日), 全書, 大百, 渡航(おばなとうきち), 日人

**小原銀之助** おばらぎんのすけ
〜昭和58(1983)年7月29日
昭和期の日時計製作者。

¶名工

**小原治五右衛門〔14代〕** おはらじごうえもん
大正6(1917)年11月25日～平成15(2003)年4月30日
昭和～平成期の蒔絵師。
¶美工，名工

**小原治五右衛門** おはらじごえもん
世襲名　安土桃山時代以来の城端蒔絵の名工。
¶姓氏富山，富山百

**小原節三** おばらせつぞう
明治30(1897)年～昭和28(1953)年
明治～昭和期の歌人、建築家。
¶岩手百，姓氏岩手，美建([生]明治30(1897)年2月11日　[没]昭和28(1953)年5月5日)

**小原輝子** おはらてるこ
昭和16(1941)年～
昭和～平成期の日時計作家。
¶名工

**小原幹男** おばらみきお
大正12(1923)年5月26日～
昭和～平成期の陶芸家。
¶陶芸最，名工

**小尾幸魚** おびさちお
大正10(1921)年～
昭和～平成期の映画録音技師。
¶映人

**大日方孝俊** おびなたたかとし
明治38(1905)年～昭和60(1985)年
昭和期の養蚕技師。
¶姓氏長野

**帯谷宗英** おびやそうえい
大正12(1923)年5月9日～
昭和期の陶芸家。
¶陶芸最

**小尾悠希生** おびゆきお
昭和22(1947)年9月18日～平成11(1999)年
昭和～平成期のクラフトデザイナー、ジュウリーデザイナー。
¶美工

**小淵志ち**(小淵しち) おぶちしち
弘化4(1847)年～昭和4(1929)年
明治～昭和期の製糸事業家。三遠地方製糸の始祖。玉繭から糸に操る方法を考案し、蚕糸業界の一大革命となる。
¶郷土群馬(小淵しち)，群馬人，群馬百，女性([生]弘化4(1847)年10月2日　[没]昭和4(1929)年3月16日)，女性普([生]弘化4(1847)年10月2日　[没]昭和4(1929)年3月16日)，世紀([生]弘化4(1847)年10月2日　[没]昭和4(1929)年3月16日)，姓氏愛知，姓氏群馬，日人(小淵しち)

**生水幹一** おみずかんいち
～平成20(2008)年9月26日
昭和～平成期の倉敷はりこ作家。
¶美工

**尾見半左右** おみはんぞう
明治34(1901)年4月5日～昭和60(1985)年1月30日
大正～昭和期の電気技術者、富士通専務。専門は計算機工学。
¶科学

**表俊一郎** おもてしゅんいちろう
大正1(1912)年1月18日～
昭和期の地震工学者。九州産業大学教授。
¶現情

**表与兵衛** おもてよへい
→表与兵衛(おもてよへえ)

**表与兵衛** おもてよへえ
嘉永4(1851)年8月19日～大正11(1922)年　[別]表与兵衛《おもてよへい》
明治～大正期の金沢の農政家。加賀れんこんを開発、特産品に育てた。
¶植物([没]大正11(1922)年11月10日)，世紀([没]大正11(1922)年11月10日)，姓氏石川(おもてよへい　[生]1848年)，日人

**尾本義一** おもとよしかず
明治31(1898)年1月19日～昭和46(1971)年3月10日
大正～昭和期の電気工学者。電気学会会長。東京工業大学教授、照明学会会長を歴任。著書に「電気用モノグラフ」など。
¶科学，現情，人名7，世紀，日人

**小柳津勝五郎** おやいづかつごろう
弘化4(1847)年～大正2(1913)年
明治期の農業改良家。燻炭肥料を創案。天理農法と名づけ、「弐倍収穫天理農法」を著す。
¶近現，国史，食文([生]弘化4年1月23日(1847年3月9日)　[没]1913年3月5日)，新潮([生]弘化4(1847)年1月23日　[没]大正2(1913)年3月5日)，日人

**親川正治** おやかわせいじ
昭和20(1945)年7月2日～
昭和～平成期の陶芸家。
¶陶工

**小山褧三郎** おやまえなさぶろう
明治18(1885)年～昭和26(1951)年
明治～昭和期の馬産の改良に尽力。
¶姓氏宮城

**小山田一徳** おやまだかずのり
大正3(1914)年2月23日～
昭和～平成期の多摩織物職人。
¶名工

**小山田源内** おやまだげんない
天保1(1830)年～？
江戸時代後期～明治期の武士。八戸藩士。殖産事業に尽力。
¶青森人

**小山陽久** おやまはるひさ
昭和31(1956)年2月16日〜
昭和〜平成期の陶芸家。
¶陶工

**小山文三郎** おやまぶんざぶろう
→小山文三郎(こやまぶんざぶろう)

**尾山屋満香** おやまやまんこう
? 〜万延1(1860)年
江戸時代後期〜末期の経師職。
¶姓氏石川

**小山和吉** おやまわきち
明治39(1906)年〜平成4(1992)年
昭和〜平成期の金銀細工師。
¶姓氏岩手

**折原久左ヱ門** おりはらきゅうざえもん
昭和6(1931)年7月18日〜
昭和〜平成期の金属工芸家。日展理事、北海道教育大学教授。建築と工芸の基盤に立ち、金属の素材を駆使した作品群を発表。「祀跡」で芸術院賞を受賞。
¶現情，世紀，日人，名工

**守久** おりひさ
[別]守久《もりひさ》
戦国時代の刀工。
¶島根人，島根百(もりひさ)

**折茂長五郎** おりもちょうごろう
生没年不詳
江戸時代後期の彫物師。
¶埼玉人

**織本道三郎** おりもとみちさぶろう
明治28(1895)年〜昭和49(1974)年
大正〜昭和期の発明家。
¶栃木百

**折本良平** おりもとりょうへい
天保5(1834)年〜大正1(1912)年
江戸時代末期〜明治期の帆引舟の発明者。帆引舟を漁民に広め漁獲高に貢献。
¶茨城百，郷土茨城，日人([生]1835年)，幕末([没]1912年5月4日)

**折山藤助** おりやまとうすけ
生没年不詳
江戸時代末期〜明治期の荒物商。我が国で初めて鞄を製造。
¶先駆

**お六** おろく
生没年不詳
江戸時代中期の女性。旅籠を営むかたわら木櫛の製造に従事。
¶姓氏長野

**尾張裕峯** おわりゆうほう
昭和9(1934)年6月2日〜
昭和〜平成期の陶芸家。
¶陶工

## 【か】

**快円** かいえん
生没年不詳
戦国時代〜安土桃山時代の仏師。
¶神奈川人，鎌倉，新潮，姓氏神奈川，戦辞，日人

**貝賀金蔵** かいがきんぞう
生没年不詳
江戸時代末期〜明治期の人形細工師。
¶芸能，美工

**海覚** かいかく
鎌倉時代の仏師。
¶人名，日人(生没年不詳)

**槐和男** かいかずお
昭和23(1948)年11月16日〜
昭和〜平成期の陶芸家。
¶陶工

**懐玉斎正次** かいぎょくさいまさつぐ
→安永正次(やすながまさつぐ)

**快慶** かいけい
生没年不詳　[別]安阿弥《あんなみ》
鎌倉時代前期の慶派の仏師。康慶の弟子。運慶とともに鎌倉彫刻の代表的仏師。運慶との合作になる「東大寺金剛力士像」が有名。
¶朝日，岩史，岡山百，岡山歴，角史，鎌室，京都，京都大，国史，古史，古中，コン改，コン4，史人，重要，人書94，新潮，人名，世人，世百，全書，大百，伝記，日史，日人，美術，百科，仏教，仏史，仏人，平史，平日，歴大

**快賢** かいけん
生没年不詳
平安時代後期の仏師。
¶平史

**快俊** かいしゅん
生没年不詳
平安時代後期の仏師。
¶仏教，平史

**海縄** かいじょう
生没年不詳
平安時代後期〜鎌倉時代前期の仏師。
¶平史

**開善寺** かいぜんじ
生没年不詳
江戸時代後期の陶工。
¶日人

**快尊** かいそん
生没年不詳
平安時代後期〜鎌倉時代前期の仏師。
¶平史

か

**甲斐隆義**　かいたかよし
→甲斐隆義(かいりゅうぎ)

**甲斐幹**　かいつよし
大正12(1923)年8月16日～
昭和～平成期の実業家、金属工学者。日新製鋼社長。
¶現情

**階堂真助**　かいどうしんすけ
大正5(1916)年8月18日～
昭和～平成期の京友禅染色家。
¶名工

**甲斐一**　かいはじめ
昭和25(1950)年6月12日～
昭和期の陶芸家。
¶陶芸最

**開発文明**　かいはつふみあき
昭和20(1945)年5月24日～
昭和期の陶芸家。
¶陶芸最，陶工

**開発文七**　かいはつぶんしち
明治29(1896)年～昭和46(1971)年
明治～昭和期の陶芸家。
¶陶工

**海原幸夫**　かいはらゆきお
大正8(1919)年3月26日～？
昭和～平成期の映画録音技師。
¶映人

**海部氏吉**　かいふうじよし
生没年不詳
南北朝時代～室町時代の刀匠。
¶徳島百，徳島歴

**海福悠**　かいふくゆう
安政5(1858)年～明治42(1909)年
明治期の窯業家。磐城硝子製造所技術長。生涯を通じ、各地に瓦斯輪窯の設計を留めている。
¶科学([生]1858年(安政5)11月15日)，人名，日人

**海部壮平**　かいふそうへい
弘化4(1847)年～明治28(1895)年
江戸時代末期～明治期の愛知県養鶏業の先駆者。コーチン種改良に成功。
¶食文([生]弘化4年8月13日(1847年9月22日)　[没]1895年10月1日)，日人，幕末

**海部ハナ**(海部はな，海部花)　かいふはな
天保2(1831)年8月11日～大正8(1919)年6月30日
江戸時代末期～大正期の阿波縮の創始者。阿波縮を発明し、阿波の特産品として販売。
¶近女(海部はな)，女性，女性普，先駆(海部花)，徳島百，徳島歴，日人，幕末

**海部正秀**　かいふまさひで
寛永5(1852)年～大正10(1921)年
明治～大正期の養鶏家。
¶食文([生]寛永5年1月26日(1852年2月15日)　[没]1921年1月30日)，世紀([生]嘉永5(1852)年1月26日　[没]大正10(1921)年1月)，日人

**海馬秀樹**　かいまひでき
昭和期の木工芸家。
¶名工

**快祐**　かいゆう
生没年不詳
平安時代後期～鎌倉時代前期の仏師。
¶平史

**甲斐雄山**　かいゆうざん
昭和期の印章彫刻家。
¶名工

**甲斐ユキ**　かいゆき
安政6(1859)年8月7日～昭和18(1943)年1月6日
明治～昭和期の製糸業の功労者。
¶熊本百

**甲斐義夫**　かいよしお
明治8(1875)年～昭和13(1938)年
明治～昭和期の養蚕家。
¶大分歴

**甲斐隆義**　かいりゅうぎ
*～明治31(1898)年　[別]甲斐隆義《かいたかよし》
江戸時代末期～明治期の熊本藩士。測器精簡新儀を作成。
¶数学(かいたかよし　[生]文化12(1815)年12月8日　[没]明治31(1898)年9月14日)，日人([生]1816年)

**臥雲辰致**　がうんたっち，がうんたつち
天保13(1842)年～明治33(1900)年　[別]臥雲辰致《がうんたつむね，がうんときむね》
明治期の発明家。ガラ紡績機の発明者。内国勧業博に出品、大阪を中心に使用された。
¶愛知百([生]1842年8月15日　[没]1900年6月29日)，朝日(がうんときむね　[生]天保13年8月15日(1842年9月19日)　[没]明治33(1900)年6月29日)，岩史([生]天保13(1842)年8月15日　[没]明治33(1900)年6月29日)，科学(がうんときむね　[生]1842年(天保13)8月15日　[没]1900年(明治33)6月19日)，角史，近現，国史，コン改(がうんたつむね)，コン5(がうんたつむね)，史人([生]1842年8月15日　[没]1900年6月29日)，実業(がうんときむね　[生]天保13(1842)年8月15日　[没]明治33(1900)年6月19日)，重要([生]天保13(1842)年8月　[没]明治33(1900)年6月19日)，新潮(がうんときむね　[生]天保13(1842)年8月15日　[没]明治33(1900)年6月19日)，人名(がうんたつち)，姓氏愛知(がうんたつち)，姓氏長野(がうんときむね)，世人(がうんたつむね　[生]天保13(1842)年8月　[没]明治33(1900)年6月19日)，先駆(がうんたつむね　[生]天保13(1842)年8月15日　[没]明治33(1900)年6月29日)，全書，大百(がうんたつち)，伝記，長野百，長野歴，日史([生]天保13(1842)年8月15日　[没]明治33(1900)年6月29日)，日人(がうんときむね)，日本(がうんたつむね)，平日([生]1842　[没]1900)，民学，歴大

臥雲辰致 がうんたつむね
　→臥雲辰致（がうんたっち）

臥雲辰致 がうんときむね
　→臥雲辰致（がうんたっち）

加賀(1) かが
　寛永6（1629）年〜
　江戸時代前期の鎌倉仏師。
　¶神奈川人，鎌倉

加賀(2) かが
　生没年不詳
　江戸時代前期の鎌倉仏師。
　¶神奈川人

加賀章郎 かがあきお
　昭和32（1957）年7月18日〜
　昭和期の陶芸家。
　¶陶芸最

加賀月華 かがげっか
　明治23（1890）年〜昭和12（1937）年
　明治〜昭和期の陶芸家。
　¶陶工

加賀城章 かがじょうあきら
　大正14（1925）年4月27日〜平成19（2007）年2月25日
　昭和〜平成期の料理人、氷彫刻家。キトウシ高原ホテル料理部長、日本氷彫刻会会長。
　¶美建

加賀美栄子 かがみえいこ
　生没年不詳
　昭和〜平成期の陶芸家、挿絵画家。
　¶児人

各務鉱三 かがみこうぞう
　明治29（1896）年〜昭和60（1985）年12月3日
　明治〜昭和期のガラス工芸家。ガラス工芸の先駆者。各務クリスタル創設、会長。芸術印象受章。
　¶近現，現朝（㊤1896年3月7日），現人，現日（㊤1896年3月7日），現人，現日（㊤1896年3月7日），国史，コン改，コン4，コン5，史人（㊤1896年3月7日），実業（㊤明治29（1896）年3月7日），新潮（㊤明治29（1896）年3月7日），世紀（㊤明治29（1896）年3月7日），世百新，全書，大百，日人（㊤明治29（1896）年3月7日），美工（㊤明治29（1896）年3月7日），美術，百科，名工（㊤明治29年3月7日）

各務周海 かがみしゅうかい
　昭和16（1941）年〜
　昭和〜平成期の陶芸家。
　¶陶芸最（㊤昭和16年12月），陶工（㊤1941年12月20日）

各務満 かがみみつる
　大正7（1918）年10月14日〜
　昭和〜平成期のガラス工芸作家。
　¶名工

鏡屋正七 (鏡屋政七) かがみやしょうしち
　江戸時代の陶工、茶人。
　¶人名（鏡屋政七），日人（生没年不詳）

加賀屋久兵衛 かがやきゅうべえ
　？〜明治7（1874）年
　江戸時代末期〜明治期のガラス職人。江戸ガラス・江戸切子を普及させた。
　¶朝日，新潮，日人

加賀屋甚兵衛 かがやじんべえ
　延宝7（1679）年〜宝暦14（1764）年
　江戸時代前期〜中期の加賀屋新田の開発者。
　¶大阪人

加賀山学 かがやまがく
　→加賀山学（かがやままなぶ）

加賀山学 かがやままなぶ
　明治14（1881）年9月22日〜昭和21（1946）年9月15日　㊥加賀山学《かがやまがく》
　明治〜昭和期の鉄道技師。
　¶近土，鉄道（かがやまがく），土木

香川勝広 かがわかつひろ
　嘉永6（1853）年〜大正6（1917）年
　明治期の彫金家。東京美術学校教授。内国勧業博で「彫鏤皿」を出品し妙技三等賞。帝室技芸員。
　¶朝日，角史，新潮（㊤嘉永6（1853）年10月　㊦大正6（1917）年1月15日），人名，世紀（㊤嘉永6（1853）年10月　㊦大正6（1917）年1月15日），日人，名工（㊤嘉永6（1853）年1月26日　㊦大正6年1月15日）

香川宗石 かがわそうせき
　明治24（1891）年〜昭和51（1976）年
　大正〜昭和の漆工芸家。
　¶香川人，香川百，郷土香川（㊥1975年）

賀川千恵子 かがわちえこ
　昭和期の陶芸作家。
　¶名工

加川寛美 かがわひろよし
　江戸時代の彫金家。
　¶島根人

賀川蘭皐 かがわらんこう
　天保1（1830）年〜明治24（1891）年
　明治期の医家。整横紐を発明。少典医、権少侍医に挙げられ正七位に叙された。
　¶人名，日人

賀川蘭台 かがわらんだい
　寛政8（1796）年〜元治1（1864）年
　江戸時代末期の産科医。産術器具を改良し、纒頭絹を考案した。
　¶人名，日人

書上誠之助 かきあげせいのすけ
　大正5（1916）年〜
　昭和期の繊維工学者。
　¶群馬人

かきえも　　　　　　　　　　　188　　　　　日本人物レファレンス事典

**柿右衛門** かきえもん
→酒井田柿右衛門⑴（さかいだかきえもん）

**柿右衛門〔1代〕** かきえもん
→酒井田柿右衛門⑵（さかいだかきえもん）

**柿右衛門〔2代〕** かきえもん
→酒井田柿右衛門〔2代〕（さかいだかきえもん）

**柿右衛門〔3代〕** かきえもん
元和8（1622）年～寛文12（1672）年　　劔酒井田柿
右衛門《さかいだかきえもん》
江戸時代前期の赤絵磁器の陶工。
¶人名

**柿右衛門〔4代〕** かきえもん
→酒井田柿右衛門〔4代〕（さかいだかきえもん）

**柿右衛門〔5代〕** かきえもん
→酒井田柿右衛門〔5代〕（さかいだかきえもん）

**柿右衛門〔6代〕** かきえもん
元禄3（1690）年～享保20（1735）年　　劔酒井田柿
右衛門《さかいだかきえもん》
江戸時代中期の赤絵磁器の陶工。
¶人名

**柿右衛門〔7代〕** かきえもん
→酒井田柿右衛門〔7代〕（さかいだかきえもん）

**柿右衛門〔8代〕** かきえもん
→酒井田柿右衛門〔8代〕（さかいだかきえもん）

**柿右衛門〔9代〕** かきえもん
→酒井田柿右衛門〔9代〕（さかいだかきえもん）

**柿右衛門〔10代〕** かきえもん
→酒井田柿右衛門〔10代〕（さかいだかきえもん）

**柿右衛門〔11代〕** かきえもん
天保11（1840）年～大正6（1917）年
明治～大正期の陶芸家。赤絵磁器製作。初め渋
之助。
¶人名

**柿倉正義** かきくらまさよし
昭和17（1942）年9月4日～
昭和～平成期の工学者。専門はロボット工学。著
書に「知能ロボット入門」など。
¶現執3期

**柿崎喜美枝** かきざききみえ
昭和12（1937）年9月7日～
昭和期の陶芸家。
¶陶芸最

**蠣崎知次郎** かきざきともじろう
明治10（1877）年～昭和20（1945）年
明治～昭和期の教育者、農業技術者。
¶北海道百，北海道歴

**柿崎楽昌** かきざきらくしょう
大正14（1925）年12月3日～
昭和期の陶芸家。
¶陶芸最

**柿崎楽青** かきざきらくじょう
昭和9（1934）年～平成1（1989）年
昭和期の陶芸家。
¶陶芸最（⊕昭和9年6月13日），陶工

**柿沢理平** かきざわりへい
＊～明治26（1893）年
江戸時代末期～明治期の地方産業功労者。松島社
の鉛筆製造の中心として活躍。
¶姓氏石川（⊕1821年），藩臣3（⊕？）

**鍵谷カナ** かぎたにかな
→鍵谷カナ（かぎやかな）

**柿谷誠** かきたにまこと
昭和18（1943）年～平成16（2004）年1月8日
昭和～平成期の家具職人。
¶美工

**柿徳市** かきとくいち
明治38（1905）年2月18日～昭和63（1988）年7月5
日
大正～昭和期の技師。
¶近王，土木

**柿沼東光** かきぬまとうこう
大正9（1920）年6月25日～
昭和～平成期の江戸木目込人形師。
¶名工

**柿沼文則** かきぬまぶんそく
江戸時代中期の万古焼の陶工。
¶人名

**鍵野為吉** かぎのためきち
～昭和55（1980）年4月1日
昭和期の漆芸家。
¶美工，名工

**柿本吉兵衛** かきもときちべえ
？～天和1（1681）年
江戸時代前期の治水家。
¶長野歴

**鍵谷カナ** かぎやかな
天明2（1782）年～元治1（1864）年　　劔鍵谷カナ
《かぎたにかな》
江戸時代後期の女性。伊予絣の創始者。
¶朝日，岩史，愛媛百，角史，郷土愛媛，近世，
国史，コン改，コン4，史人（⊕1782年，（異
説）1786年　⊗1864年，（異説）1868年），女性，
新潮，人名（⊕1786年　⊗1868年），世人，全
書，大百（かぎたにかな），日人，歴大

**鍵屋喜兵衛** かぎやきへえ
生没年不詳　　劔錦光山喜兵衛《きんこうざんきへ
え》
江戸時代の京都粟田焼の陶工。
¶コン改，コン4，茶道，人名，美工

**鍵屋弥兵衛〔1代〕** かぎややへえ
生没年不詳
江戸時代中期の花火製造業者。
¶日人

**角井壱岐** かくいいき
生没年不詳
江戸時代中期の大工頭棟梁。
¶姓氏京都

**覚円** かくえん
生没年不詳
平安時代後期～鎌倉時代前期の仏師。
¶平史

**覚縁** かくえん
生没年不詳
平安時代後期～鎌倉時代前期の仏師。
¶平史

**加来格太郎** かくかくたろう
天保11(1840)年～大正4(1915)年
江戸時代末期～大正期の殖産家。
¶大分歴

**覚慶** かくけい
鎌倉時代の建築家。
¶人名, 日人(生没年不詳)

**賀来惟熊** かくこれくま
寛政8(1796)年～明治13(1880)年　㊗賀来惟熊《かくこれたけ》
江戸時代後期～明治期の殖産家, 鋳砲家。
¶朝日(㊤寛政8年9月28日(1796年10月28日) ㊦明治13(1880)年2月25日), 維新, 大分歴(かくこれたけ), 近現, 近世, 国史, コン改, コン4, コン5, 新潮(㊤寛政8(1796)年9月18日 ㊦明治13(1880)年2月25日), 人名, 日人(かくこれたけ), 幕末(かくこれたけ)

**賀来惟熊** かくこれたけ
→賀来惟熊(かくこれくま)

**覚厳** かくごん
生没年不詳
平安時代後期～鎌倉時代前期の仏師。
¶平史

**学秀** がくしゅう
→奇峰学秀(きほうがくしゅう)

**覚助** かくじょ
?～承暦1(1077)年
平安時代中期の仏師。定朝の後継者で, 七条仏所を開く。
¶朝日(㊤承暦1(1077年10月), 角史, 神奈川人(生没年不詳), 京都大(生没年不詳), 国史, 古史, 古中, コン改(生没年不詳), コン4(生没年不詳), 史人(㊤1077年10月), 新潮(㊤承暦1(1077)年10月), 姓氏京都, 世人, 日史(㊤承暦1(1077)年10月), 日人, 美術, 百科, 仏教, 仏史, 平史

**覚西** かくせい
鎌倉時代後期の仏師。
¶人名, 日人(生没年不詳)

**覚尊** かくそん
生没年不詳
鎌倉時代の仏師。
¶仏教

**角田節** かくたたかし
昭和期の一級洋裁技能士。
¶名工

**角谷一圭** かくたにいっけい
明治37(1904)年10月12日～平成11(1999)年1月14日
昭和～平成期の金工家。人間国宝, 日本伝統工芸展鑑査員。戦後, 名釜の修理, 修復に携わり, 茶釜の形態, 地紋などを調査。53年人間国宝。著書に「釜師―茶の湯釜のできるまで」。
¶現職, 現情, 国宝, 世紀, 日人, 美工, 名工

**角谷英明** かくたにえいめい
昭和20(1945)年8月4日～
昭和～平成期の陶芸家。
¶陶芸最, 陶工, 名工

**覚朝** かくちょう
生没年不詳
平安時代後期～鎌倉時代前期の仏師。
¶平史

**角地要助** かくちようすけ
寛政11(1799)年～明治6(1873)年
江戸時代後期～明治期の開拓士。
¶姓氏富山

**鶴亭** かくてい
文化1(1804)年?～嘉永6(1853)年?
江戸時代末期の京都楽焼の陶工。
¶コン改, コン4, 茶道, 人名, 日人(生没年不詳)

**楽堂** がくどう
→山崎楽堂(やまざきがくどう)

**加来俊太郎** かくとしたろう
明治40(1907)年～昭和6(1931)年
昭和期の移民開拓者。
¶大分歴

**角花菊太郎** かくはなきくたろう
大正8(1919)年～
昭和期の製塩技術者。父から伝統的な揚げ浜式製塩法を習う。技術伝承のため製塩を続け, 珠洲市の無形文化財に指定される。
¶世紀(㊤大正8(1919)年11月), 日人(㊤大正8(1919)年11月20日)

**鶴峯園南洲** かくほうえんなんしゅう
江戸時代の肥前三川内窯の陶工。
¶人名

**各見政峯** かくみせいほう
大正10(1921)年4月1日～
昭和～平成期の陶芸家。
¶陶芸最, 陶工, 名工

**各見飛出記** かくみひでき
昭和25(1950)年7月8日～
昭和～平成期の陶芸家。

¶陶芸最，陶工，名工

**覚有** かくゆう
生没年不詳
平安時代後期の大仏師。
¶平史

**神楽岡文山** かぐらおかぶんざん
生没年不詳
江戸時代の陶工。
¶茶道，美工

か

**格亮** かくりょう
→辻格亮（つじただすけ）

**隠崎隆一** かくれざきりゅういち
昭和25（1950）年8月3日～
昭和～平成期の陶芸家。
¶陶工，名工

**筧斌治** かけいひんじ
明治18（1885）年3月23日～昭和37（1962）年12月19日
明治～昭和期の技師。
¶近土，土木

**筧正鋪** かけいまさはる
→筧正鋪（かけひまさはる）

**景国** かげくに
鎌倉時代前期の刀工。
¶人名，日人（生没年不詳）

**景重**(1) かげしげ
室町時代の鋳工。
¶人名

**景重**(2) かげしげ
戦国時代の刀工。
¶人名，日人（生没年不詳）

**鹿毛甚右衛門** かげじんえもん
？ ～享保16（1731）年
江戸時代中期の新田開発者。
¶コン改，コン4，史人（[没]1731年11月），新潮（[没]享保16（1731）年11月），人名，日人

**香月** かげつ
昭和期の将棋駒師。
¶名工

**景綱** かげつな
室町時代の出雲吉井派の刀匠。
¶島根人

**景長**(1) かげなが
生没年不詳
鎌倉時代後期の刀工。
¶コン改，コン4，史人，新潮，人名，日人，美工

**景長**(2) かげなが
鎌倉時代後期の螺鈿の貝摺工。
¶人名，日人（生没年不詳）

**景則** かげのり
南北朝時代の刀工。
¶岡山人，岡山歴，島根人，人名

**景則〔1代〕** かげのり
生没年不詳
鎌倉時代の刀工。
¶日人

**景秀** かげひで
鎌倉時代前期の刀工。
¶岡山人，岡山歴，人名，日人（生没年不詳）

**筧正鋪** かけひまさはる
万治1（1658）年～元文2（1737）年　[別]筧正鋪《かけいまさはる》
江戸時代中期の幕臣。勘定奉行。
¶近世，国史，日人（かけいまさはる）

**筧雄平** かけひゆうへい
天保13（1842）年～大正5（1916）年
明治期の公共事業家。
¶鳥取百，日人

**景平** かげひら
江戸時代前期の加賀の刀工。
¶姓氏石川

**景光** かげみつ
生没年不詳
南北朝時代の加賀の刀工。
¶朝日，岡山人，岡山歴，国史，古中，史人，新潮，人名，人名，姓氏石川，日人，美工

**景安** かげやす
鎌倉時代の刀工。
¶岡山人，岡山歴

**景山克三** かげやまかつみ
大正9（1920）年4月1日～平成20（2008）年9月16日
昭和～平成期の機械工学者、日本大学名誉教授。専門は自動車工学。
¶科学

**蔭山守彦** かげやまもりひこ
嘉永5（1852）年～明治39（1906）年
明治期の畜産家。
¶日人，兵庫百

**景依** かげより
鎌倉時代の刀工。
¶岡山人，岡山歴

**加古川善五郎** かこがわぜんごろう
*～嘉永3（1850）年
江戸時代後期の播磨姫路藩の庄屋、治水家。加古川に氾濫防止の堰を築いた。
¶コン改（[生]？），コン4（[生]？），日人（[生]1786年 [没]1851年），藩臣5（[生]天明6（1786）年）

**鹿児島寿蔵** かごしまじゅぞう
明治31（1898）年12月10日～昭和57（1982）年8月22日
昭和期の人形作家、歌人。紙塑人形。日本紙塑芸

術研究所を開き、甲戌会を結成。帝展に入選。人間国宝。歌集に「故郷の灯」。
　¶岩歌，近文，現朝，現情，現人，現日（㊤1897年12月10日），国宝，コン改（㊤明治30（1897）年），コン4，コン5，埼玉人，新潮，新文，世紀，全書，短歌，陶芸最，陶工，奈良文，日人，美工，文学，マス89（㊥1983年），名工

**鹿児島成恵** かごしままさえ
大正14（1925）年1月1日～
昭和～平成期の紙塑人形作家。
　¶名工

**笠井愛次郎** かさいあいじろう
安政4（1857）年6月16日～昭和10（1935）年9月25日
江戸時代末期～昭和期の鉄道技師。
　¶近土，鉄道，土木

**笠井浅七** かさいあさしち
寛保3（1743）年～天保2（1831）年
江戸時代後期の土地造成・開発事業家。
　¶京都府

**香西哲雲** かさいせきうん
生没年不詳
江戸時代前期の治水家。
　¶日人

**葛西泰二郎** かさいたいじろう
明治36（1903）年4月17日～昭和49（1974）年2月9日
昭和期の機械工学者。九州工業大学大学長。流体工学分野において指導的役割。勲二等旭日章を受けた。
　¶科学，現情，人名7，世紀，日人，福岡百

**可西泰三** かさいたいぞう
大正10（1921）年10月11日～平成19（2007）年3月30日
昭和～平成期の金工家。
　¶美工

**笠井太郎兵衛** かさいたろうびょうえ
→笠井太郎兵衛（かさいたろべえ）

**笠井太郎兵衛** かさいたろびょうえ
→笠井太郎兵衛（かさいたろべえ）

**笠井太郎兵衛** かさいたろべえ
慶長12（1607）年～元禄1（1688）年　㊥笠井太郎兵衛《かさいたろうびょうえ，かさいたろびょうえ》
江戸時代前期の備前岡山藩士。福泊新田の開墾功労者。
　¶岡山人（かさいたろびょうえ），岡山歴（かさいたろうびょうえ）　㊥貞享5（1688）年9月3日），藩臣6

**笠井孫左衛門** かさいまござえもん
生没年不詳
江戸時代末期の信濃国の殖産家、治水家。千曲川から水をひく新しい堰を完成させた。
　¶人名，姓氏長野，長野歴，日人

**葛西万司** かさいまんし，かさいまんじ
文久3（1863）年～昭和17（1942）年
明治～昭和期の建築家。
　¶岩手百（かさいまんじ），世紀（㊤文久3（1863）年7月23日　㊥昭和17（1942）年8月19日），姓氏岩手（かさいまんじ），日人

**司辻光男** かさつじみつお
昭和22（1947）年～
昭和～平成期の陶芸家。
　¶陶工

**風戸健二** かざとけんじ
大正6（1917）年7月2日～
昭和期の技術者、実業家。日本電子社長。日本電子光学研究所を設立、のち日本電子と改称。
　¶現朝，世紀，日人

**笠野常雄** かさのつねお
昭和期の元大蔵省印刷特別工芸官。
　¶名工

**栅場重男** かさばしげお
明治28（1895）年～昭和53（1978）年　㊦栅場重男《はさばしげお》
大正～昭和期の工学者。
　¶姓氏石川，姓氏富山（はさばしげお）

**笠原謙治郎** かさはらけんじろう
明治11（1878）年9月20日～？
明治～大正期の技師。
　¶渡航

**笠原五郎吉** かさはらごろきち
明治18（1885）年6月23日～昭和33（1958）年1月11日
明治～昭和期の畜産改良家。
　¶埼玉人

**笠原如平** かさはらじょへい
江戸時代末期の殖産家。
　¶岡山人

**笠原善吉** かさはらぜんきち
明治9（1876）年～昭和28（1953）年
明治～昭和期の製糸家。
　¶姓氏長野，長野歴

**笠原鉄雄** かさはらてつお
明治45（1912）年6月4日～
昭和～平成期の東京銀器職人。
　¶名工

**笠原三津子** かさはらみつこ
大正15（1926）年4月1日～
昭和～平成期の工芸家。専門は詩、モダンアート、革工芸。
　¶現情，名工

**笠松左太夫** かさまつさだゆう
→笠松佐太夫（かさまつすけだゆう）

**笠松佐太夫** かさまつすけだゆう
慶長1（1596）年～延宝1（1673）年　㊦笠松左太夫

《かさまつさだゆう》
江戸時代前期の紀伊有田郡の殖産家、大庄屋。私財を投じて水路を開削。また紙漉き職人を招いて保田紙を創始。
¶人名（笠松左太夫　かさまつさだゆう），日人



**風間藤五郎** かざまとうごろう
天保4（1833）年～大正1（1912）年
江戸時代後期～明治期の鍛冶職人。
¶姓氏長野

**錺屋吉兵衛** かざりやきちべえ
江戸時代中期の粟田焼の陶工。
¶人名

**梶浦恒男** かじうらつねお
昭和13（1938）年11月16日～
昭和～平成期の工学者。大阪市立大学教授。専門は住居学、居住地計画学。編著に「新版 マンション管理を問う」など。
¶現執2期，現執3期

**柏浦森造** かしうらもりぞう
大正2（1913）年1月24日～
昭和期の陶芸家。
¶陶芸最

**樫尾忠雄** かしおただお
大正6（1917）年11月26日～平成5（1993）年3月4日
昭和期の実業家。カシオ計算機社長。電卓業界のトップメーカーの位置を確立。
¶現朝，現情，現人，現日，高知人，実業，新潮，世紀，創業，日人

**加集珉平** かしおみんぺい
→賀集珉平（かしゅうみんぺい）

**梶川久次郎** かじかわきゅうじろう
生没年不詳
江戸時代中期の蒔絵師。印籠蒔絵を得意とした。
¶朝日，近世，国史，コン改，コン4，史人，新潮，人名，世人，日史，日人，美工，美術，百科

**梶川彦兵衛** かじかわひこべえ
生没年不詳
江戸時代前期の蒔絵師、梶川家の祖。
¶人名，日人，美工

**梶川文竜斎** かじかわぶんりゅうさい
生没年不詳　[別]梶川常寿《かじかわじょうじゅ》
江戸時代の官工、蒔絵師。狩野探幽の下絵による印籠を作った。
¶人名，日人，美工

**梶川芳雄** かじかわよしお
昭和期の浮世絵摺師。
¶名工

**梶谷東谷軒** かじたにとうこくけん
？～嘉永6（1853）年
江戸時代末期の木工家、任侠も好む。
¶島根人，島根歴

**梶田恵** かじためぐむ
明治23（1890）年～昭和23（1948）年
大正～昭和期の家具工芸作家。
¶姓氏岩手

**梶常吉** かじつねきち
享和3（1803）年～明治16（1883）年
江戸時代末期～明治期の工芸家。七宝工芸の復活に尽力。名古屋藩主によって賞された。
¶朝日（[生]享和3（1803）年5月　[没]明治16（1883）年9月20日），維新，近現，近世，国史，コン改，コン4，史人（[生]1803年5月5日　[没]1883年9月20日），新潮，人名，姓氏愛知，先駆（[生]享和3（1803）年5月　[没]明治16（1883）年9月20日），大百，日史（[生]享和3（1803）年5月　[没]明治16（1883）年9月20日），日人，幕末（[没]1883年9月2日），美術，百科

**鍛治鉄之助** かじてつのすけ
昭和期の刺しゅう職人。
¶名工

**梶なゝ子** かじななこ
昭和28（1953）年～
昭和～平成期の陶芸家。
¶陶工

**梶野伊之助** かじのいのすけ
明治期の実業家。自転車を実用化し、進歩改良に尽力。
¶コン5，人名

**梶野仁之助**（梶野甚之助） かじのじんのすけ
安政3（1856）年～昭和17（1942）年
明治期の自転車製造者。わが国自転車草創期の先駆者の一人。第4回内国勧業博受賞。
¶朝日（[生]安政3年3月25日（1856年4月29日）　[没]昭和17（1942）年8月5日），国史（梶野甚之助　[生]1859年　[没]？），姓氏神奈川

**梶野藤右衛門** かじのとうえもん
元禄2（1689）年～明和4（1767）年
江戸時代中期の新田開発者。
¶多摩

**樫野紀元** かしののりもと
昭和21（1946）年2月16日～
昭和～平成期の建築家。専門は建築先端技術、建築人間学。著書に「すまいと日本人―心豊かな子どもを育てるために」など。
¶現執3期

**梶原景山** かじはらけいざん
→梶原景山（かじわらけいざん）

**鹿島一谷** かしまいっこく
明治31（1898）年5月11日～平成8（1996）年11月23日
昭和期の彫金家。重要無形文化財「彫金」保持者。日本工芸会理事。
¶現情，現日，国宝，コン改，コン4，コン5，新潮（[生]明治31（1898）年5月18日），世紀，日人，美工，名工

**鹿島一布**　かしまいっぷ
天保13（1842）年～明治33（1900）年
江戸時代末期～明治期の金工家。布目象嵌を大作制作に応用、発展させる。代表作に「金象嵌八角壺」など。
¶朝日，日人

**鹿島英二**　かしまえいじ
明治7（1874）年～昭和25（1950）年5月1日
明治～昭和期の染色図案家。
¶現情

**加治正明**　かじまさあき
大正12（1923）年8月15日～
昭和期の陶芸家。
¶陶芸最

**加島正人**　かしままさと
大正～昭和期の実業家。ミカン缶詰を製造。
¶食文

**鹿島万平**　かしままんぺい
文政5（1822）年～明治24（1891）年
明治期の実業家。東京商社頭取代理。生糸荷為替組合を設立。鹿島紡績所建設に着手、開業。わが国初の洋式紡機を製作。
¶朝日（[生]文政5年10月6日（1822年11月19日）[没]明治24（1891）年12月29日），維新，近現，近世，国史，コン改，コン4，コン5，史人（[生]1822年10月6日　[没]1891年12月29日），実業（[生]文政5（1822）年10月6日　[没]明治24（1891）年12月29日），新潮（[生]文政5（1822）年10月　[没]明治24（1891）年12月29日），人名（[没]1889年），世百（[没]1889年），先駆（[生]文政5（1822）年10月6日　[没]明治24（1891）年12月29日），日史（[生]文政5（1822）年10月6日　[没]明治24（1891）年12月29日），日人，幕末（[生]1822年11月19日　[没]1891年12月29日）

**鹿島万兵衛**　かしままんべえ
嘉永2（1849）年～昭和3（1928）年
江戸時代末期～明治期の実業家。北海道の開拓事業、海産物の製造・貿易など多方面に活躍。著書に「江戸の夕栄」。
¶新潮（[生]嘉永2（1849）年11月5日　[没]昭和3（1928）年7月16日），日人

**鹿島安太郎**　かしまやすたろう
明治16（1883）年3月2日～昭和40（1965）年4月4日
明治期の農業者。練馬大根の品種改良に尽力。
¶植物，食文，世紀，先駆（[生]明治16（1883）年3月3日），日人

**我謝栄彦**　がじゃえいげん，がじやえいげん
明治27（1894）年～昭和28（1953）年
大正～昭和期の農業技術者、農事試験場普天間試験地主任技師。甘蔗の新種「比謝川」を開発した。「沖縄県用農業参考書」など沖縄農業に関する著作がある。
¶沖縄百（[生]明治27（1894）年7月8日　[没]昭和28（1953）年3月15日），コン改，コン4，コン5，世紀，姓氏沖縄（がじやえいげん），日人（[生]明治27（1894）年7月8日　[没]昭和28（1953）年3月15日）

**梶山関山**　かじやまかんざん
天保7（1836）年～大正9（1920）年　[別]梶山良助《かじやまりょうすけ》
明治期の陶芸家、公共事業家。
¶神奈川人（梶山良助　かじやまりょうすけ），姓氏神奈川，日人

**梶山重次郎**　かじやまじゅうじろう
生没年不詳
明治期の蒔絵師。内国勧業博覧会に出品、受賞。
¶人名，日人，美工，名工

**梶山伸**　かじやましん
明治41（1908）年7月31日～平成9（1997）年11月5日
大正～平成期の染色工芸家。
¶美工，名工

**梶山良助**　かじやまりょうすけ
→梶山関山（かじやまかんざん）

**賀集珉平**（駕集珉平）　かしゅうみんぺい，がしゅうみんぺい
寛政8（1796）年～明治4（1871）年　[別]加集珉平《かしおみんぺい》
江戸時代後期～明治期の陶工。
¶朝日（[生]寛政8年1月15日（1796年2月23日）[没]明治4年7月12日（1871年8月27日）），コン改，コン4，コン5（駕集珉平　がしゅうみんぺい），史人（[生]1796年1月15日　[没]1871年7月12日），新潮（[生]寛政8（1796）年1月15日　[没]明治4（1871）年7月12日），人名（加集珉平　かしおみんぺい），日人，兵庫人（[没]明治4（1871）年7月12日）

**加集杢平**　かしゅうもくへい
生没年不詳
江戸時代中期の装剣金工。
¶日人

**雅俊**　がしゅん
大正4（1915）年～
昭和～平成期の根付師。
¶名工

**梶芳蔵**　かじよしぞう
?　～*
明治期の蒔絵師。
¶人名，美工（[没]?），名工（[没]明治34年4月22日）

**柏木貨一郎**　かしわぎかいちろう
天保12（1841）年～明治31（1898）年
江戸時代末期～明治期の工匠、古美術鑑定・収集家。三井有楽町集会場、政財界人の和風大邸宅や茶席を数多く手がけた。博物館行政に携わる。
¶朝日（[生]天保12年1月16日（1841年2月7日）[没]明治31（1898）年9月6日），近現，国史，日人

**柏木小右衛門**　かしわぎこうえもん
→柏木小右衛門（かしわぎこえもん）

**柏木幸助** かしわぎこうすけ
安政3(1856)年～大正12(1923)年
明治～大正期の発明家、実業家。柏木体温計は世界に知られた。安全マッチ、柏木ジアスターゼでも有名。巨額の富を築く。
¶朝日([生]安政3(1856)年12月　[没]大正2(1913)年？)，科学([生]1856年(安政3)12月　[没]1923年(大正12)2月7日)，近医，コン5([没]大正2(1913)年)，新潮(生没年不詳)，世紀([生]安政3(1856)年12月)，姓氏山口，先駆([没]？)，日人，山口百

**柏木小右衛門** かしわぎこえもん
慶長13(1608)年～貞享3(1686)年　[別]柏木小右衛門《かしわぎこうえもん》
江戸時代前期の信濃国の新田開発者。
¶朝日([没]貞享3年7月25日(1686年9月12日))，近世(生没年不詳)，国史(生没年不詳)，コン改(生没年不詳)，コン4(生没年不詳)，史人([没]1686年7月25日)，新潮(生没年不詳)，人名，姓氏長野，長野百([生]？)，長野歴(かしわぎこうえもん)，日人

**柏木如亭** かしわぎじょてい
宝暦13(1763)年～文政2(1819)年
江戸時代後期の漢詩人。
¶朝日([没]文政2年7月10日(1819年8月30日))，角史，近世，国史，国書([没]文政2(1819)年7月10日)，コン改，コン4，詩歌，詩作([没]文政2(1819)年7月10日)，史人([没]1819年7月10日)，人書79，人書94，新潮([没]文政2(1819)年7月10日)，人名，全書，日史([没]文政2(1819)年7月11日)，日人，百科，和俳

**柏木真海** かしわぎしんかい
生没年不詳
江戸時代末期の儒者。
¶江文，国書，人名，日人

**柏木孝夫** かしわぎたかお
昭和21(1946)年12月6日～
昭和～平成期の工学者。東京農工大学教授。専門は熱工学。
¶現執3期，現執4期

**柏木安則** かしわぎやすのり
宝暦10(1760)年～天保5(1834)年
江戸時代中期～後期の堂宮大工の棟梁。
¶姓氏神奈川

**柏倉文四郎** かしわぐらぶんしろう
天保13(1842)年～明治36(1903)年
明治期の治水家。
¶日人，山形百

**柏倉門作** かしわぐらもんさく
～弘化3(1846)年4月
江戸時代後期の鋳物師。
¶庄内

**柏原清左衛門** かしわばらせいざえもん
慶長19(1614)年～宝永6(1709)年
江戸時代前期～中期の北照井堰の開削者。
¶姓氏岩手

**柏有度** かしわゆうと
安永5(1776)年～天保4(1833)年
江戸時代中期～後期の奄美の殖産家、糖業家。サトウキビ圧搾器の鉄輪を発明。
¶沖縄百，鹿児島百(生没年不詳)，姓氏鹿児島，藩臣7(生没年不詳)

**梶原邦枝** かじわらくにえ
昭和23(1948)年～
昭和～平成期のステンドグラス製作者。
¶名工

**梶原景山** かじわらけいざん，かしわらけいざん
享保12(1727)年～安永1(1772)年　[別]梶原景山《かじはらけいざん》
江戸時代中期の讃岐木田郡潟元村の塩田開拓者。
¶朝日(かじはらけいざん　[没]安永1(1772)年12月)，香川人，香川百(かしわらけいざん)，郷土香川，人名，日人([没]1773年)，藩臣6

**梶原康嗣** かじわらこうじ
昭和期の五月節句幟り作り。
¶名工

**梶原皇刀軒** かじわらこうとうけん
昭和～平成期の刀研師。
¶名工

**梶原茂正** かじわらしげまさ
昭和23(1948)年8月25日～
昭和期の陶芸家。
¶陶芸最

**梶原治太郎** かじわらじたろう
明治3(1870)年1月9日～昭和34(1959)年9月6日
明治～昭和期の園芸家。ビワの品種改良をすすめる。
¶世紀，日人

**梶原二朗** かじわらじろう
昭和22(1947)年7月11日～
昭和期の陶芸家。
¶陶芸最

**梶原澄枝** かじわらすみえ
昭和16(1941)年3月～
昭和～平成期の竹工芸家。
¶名工

**梶原忠蔵** かじわらちゅうぞう
江戸時代後期の豊後杵築藩の御用陶工。
¶人名，日人(生没年不詳)

**梶原藤徳** かじわらふじのり
昭和12(1937)年7月29日～
昭和～平成期の陶芸家。
¶陶芸最，名工

**春日淡路守** かすがあわじのかみ
生没年不詳
江戸時代前期の春日街道の開削者。
¶長野歴

**春日井秀大**　かすがいひでお
明治43(1910)年2月16日〜昭和59(1984)年2月6日
大正〜昭和期の染織家。
¶美工，名工

**春日山兼則**　かすがやまかねのり
生没年不詳
安土桃山時代の刀工。
¶新潟百

**春日与市**　かすがよいち
天保6(1835)年〜明治33(1900)年
江戸時代末期の水田開発者。
¶姓氏長野，長野歴

**嘉介**　かすけ
生没年不詳
江戸時代中期の陶工。
¶茶道，人名，日人，美工

**嘉助**　かすけ
江戸時代末期〜明治期の万古焼の陶工。
¶人名，日人

**上総屋留三郎**　かずさやとめさぶろう
文政4(1821)年〜明治26(1893)年
江戸時代末期〜明治期のガラス職人。長崎にてガラス技術の修練を積んだ。江戸の最大手のガラス問屋。
¶新潮([没]明治26(1893)年3月15日)，日人

**粕谷逸男**　かすやはやお
大正5(1916)年4月25日〜昭和43(1968)年12月8日
昭和期の鉄道技師。
¶埼玉人

**糟谷陽二**　かすやようじ
明治7(1874)年2月〜？
明治〜大正期の技術者。
¶渡航

**鬘師友九**　かずらしともく，かづらしともく
？　〜文政5(1822)年
江戸時代後期の鬘師。
¶人名(かづらしともく)，日人

**霞晴山**　かせいざん
生没年不詳
江戸時代後期の陶工。
¶日人

**加瀬滋男**　かせしげお
大正11(1922)年6月18日〜
昭和期の経営・管理工学者。大阪府立大学教授。
¶現執2期

**加瀬正太郎**　かせしょうたろう
慶応2(1866)年6月〜？
明治期の鍵職人。ドイツに渡り鍵および煉鉄を研修。東京職工学校第一期生。
¶海越(生没年不詳)，海越新，渡航

**加瀬達郎**　かせたつろう
昭和24(1949)年10月1日〜
昭和〜平成期の陶芸家。
¶陶芸最，陶工

**片井京助**　かたいきょうすけ
天明5(1785)年〜文久3(1863)年
江戸時代後期の造兵家、兵器発明家。直徹流砲術を創始。
¶朝日([没]文久3年4月10日(1863年5月27日))，科学([没]1863年(文久3)4月10日)，国書([没]文久3(1863)年4月18日)，新潮([没]文久3(1863)年4月10日)，姓氏長野，世人(生没年不詳)，長野歴，日人，洋学

**片岡秋次**　かたおかあきじ
明治35(1902)年〜
昭和期の陶芸家。
¶陶芸

**片岡伊右衛門**　かたおかいえもん
明治期のハム製造業者。日本人で初めてハム・ソーセージを製造。
¶食文，先駆(生没年不詳)

**片岡一光**　かたおかいっこう
生没年不詳
江戸時代末期の陶工。
¶日人

**片岡華江**　かたおかかこう
明治22(1889)年8月20日〜昭和52(1977)年10月22日
明治〜昭和期の蒔絵師。
¶美工

**片岡亀玉**　かたおかきぎょく
寛政10(1798)年〜慶応2(1866)年
江戸時代末期の尾張常滑の陶工。
¶人名，日人

**片岡倉吉**　かたおかくらきち
慶応3(1867)年〜昭和6(1931)年
明治〜昭和期の公共事業家。
¶世紀([生]慶応3(1867)年11月4日　[没]昭和6(1931)年7月27日)，日人

**片岡哲**　かたおかさとし
昭和28(1953)年8月15日〜
昭和期の陶芸家。
¶陶芸最

**片岡春吉**　かたおかしゅんきち
→片岡春吉(かたおかはるきち)

**片岡聖観**　かたおかせいかん
昭和23(1948)年8月19日〜
昭和〜平成期の陶芸家。
¶陶芸最，陶工

**片岡静観**　かたおかせいかん
明治43(1910)年〜
昭和期の陶芸家。
¶陶芸

**片岡二光** かたおかにこう
文政4 (1821) 年～明治36 (1903) 年
江戸時代末期～明治期の尾張常滑の陶工。
¶人名，姓氏愛知，日人

**片岡春吉** かたおかはるきち
明治5 (1872) 年2月4日～大正12 (1923) 年2月10日
[別]片岡春吉《かたおかしゅんきち》
明治期の毛織物業者。日本で初めて純毛セル製織に成功。愛知県の毛織物工業発展に貢献。
¶愛知百，世紀，姓氏愛知 ([生]1821年)，先駆 (かたおかしゅんきち　生没年不詳)，日人

**片岡文尾** かたおかふみお
昭和24 (1949) 年12月22日～
昭和～平成期の陶芸家。
¶陶芸最，陶工

**片岡護** かたおかまもる
昭和23 (1948) 年9月15日～
昭和～平成期の料理人。アルポルト経営。
¶現執4期

**片岡光春** かたおかみつはる
～昭和58 (1983) 年3月5日
昭和期の京人形師。
¶美工，名工

**片岡元則** かたおかもとのり
～昭和62 (1987) 年12月26日
昭和期の竹工芸家。
¶名工

**片岡安** かたおかやすし
明治9 (1876) 年～昭和21 (1946) 年
明治～昭和期の建築家。毎日新聞本社、日本生命保険などを建てる。社会活動、財界活動にも活躍。
¶石川百，大阪人，学校 ([生]明治9 (1876) 年6月4日　[没]昭和21 (1946) 年5月26日)，現朝 ([生]1876年6月4日　[没]1946年5月26日)，高知人，高知百，人名7，世紀 ([生]明治9 (1876) 年6月4日　[没]昭和21 (1946) 年5月26日)，姓氏石川，日人 ([生]明治9 (1876) 年6月4日　[没]昭和21 (1946) 年5月26日)，美建 ([生]明治9 (1876) 年6月4日　[没]昭和21 (1946) 年5月26日)

**片岡与一** かたおかよいち
明治10 (1877) 年～昭和26 (1951) 年
明治～昭和期の篤農家。牛馬耕技術の普及にあたった。
¶静岡歴，姓氏静岡

**片方信也** かたがたしんや
昭和18 (1943) 年5月8日～
昭和～平成期の建築学者。日本福祉大学情報社会科学部教授。
¶現執4期

**片方善治** かたがたぜんじ
昭和3 (1928) 年3月9日～
昭和～平成期の工学者。金城学院大学教授、システム研究センター理事長。専門はシステム工学。著書に「ニューメディア・ニュービジネス戦略」など。
¶現執1期，現執2期，現執3期，現執4期，現情，世紀，マス89

**片木篤** かたぎあつし
昭和29 (1954) 年5月12日～
昭和～平成期の建築家。名古屋大学教授。専門は建築設計・意匠。著書に「イギリスの郊外住宅」など。
¶現執3期，現執4期

**方清** かたきよ
江戸時代後期の刀工。
¶人名

**片桐順之助** かたぎりじゅんのすけ
明治30 (1897) 年～昭和56 (1981) 年
昭和期の紀州番がさ職人。
¶名工 ([没]昭和56年1月3日)，和歌山人

**片倉権次郎** かたくらごんじろう
明治43 (1910) 年～昭和58 (1983) 年
昭和期の農民。稲の多収穫技術を確立。その技術は片倉式といわれ全国に普及された。
¶現人，世紀 ([生]明治43 (1910) 年10月3日)

**堅田宗次郎** かただそうじろう
明治10 (1877) 年～大正5 (1916) 年
明治～大正期の篤農家。稲の品種改良に貢献。
¶姓氏富山，富山百

**片野孝志** かたのたかし
昭和9 (1934) 年3月25日～
昭和～平成期の染色家、図案作家、版画家。著書に「染紙の技法」「日本文様辞典」など。
¶現執3期，名工

**片野万右衛門** かたのまんうえもん
→片野万右衛門 (かたのまんえもん)

**片野万右衛門** かたのまんえもん
文化6 (1809) 年～明治18 (1885) 年　[別]片野万右衛門《かたのまんうえもん》
江戸時代後期～明治期の治水家。
¶郷土岐阜 (かたのまんうえもん)，日人

**片野元彦** かたのもとひこ
明治32 (1899) 年～昭和50 (1975) 年
大正～昭和期の伝統工芸家。
¶姓氏愛知

**加田半六(1)** かだはんろく
世襲名　江戸時代中期の出雲楽山窯の陶工。
¶島根人

**加田半六(2)** かだはんろく
?　～*
江戸時代中期の陶芸家、楽山窯2代目。
¶茶道，島根歴 (生没年不詳)，人名，日人 ([没]1710年)，美工 ([没]?)

**片柳定保** かたやなぎさだやす
寛延3 (1750) 年～天保2 (1831) 年
江戸時代後期の工匠。

¶人名，日人

**片山市左衛門** かたやまいちざえもん
戦国時代の鋳物師。久米鋳物の祖。
¶姓氏愛知

**片山東熊** かたやまおとくま
→片山東熊(かたやまとうくま)

**片山耕輔** かたやまこうすけ
昭和25(1950)年8月27日～
昭和期の陶芸家。
¶陶芸最

**片山耕太郎** かたやまこうたろう
昭和25(1950)年8月27日～
昭和～平成期の陶芸家。
¶陶工

**片山武** かたやまたけし
明治35(1902)年12月6日～昭和48(1973)年2月18日
大正～昭和期の経営者。東京抜型工業会会長。青木製作所に入る。木工技術を生かした和風抜型を開発。
¶世紀，日人

**片山忠義** かたやまただよし
大正3(1914)年8月17日～
昭和期の陶芸家。
¶陶芸最

**片山東熊** かたやまとうくま，かたやまとうぐま
嘉永6(1854)年～大正6(1917)年　[別]片山東熊《かたやまおとくま》
明治～大正期の建築家。帝室関係の建築に従事。代表作「赤坂離宮」「奈良帝室博物館」など。
¶朝日([生]嘉永6年12月20日(1854年1月18日)　[没]大正6(1917)年10月23日)，海越([生]安政1(1855)年12月19日　[没]大正6(1917)年10月23日)，海越新([生]安政1(1855)年12月19日　[没]大正6(1917)年10月23日)，近現，国史，コン改，コン5，史人([生]1854年12月20日　[没]1917年10月23日)，重要(かたやまおとくま　[生]安政1(1854)年12月20日　[没]大正6(1917)年10月23日)，新潮([生]安政1(1854)年12月20日　[没]大正6(1917)年10月23日)，人名，世紀([生]安政1(1855)年12月20日　[没]大正6(1917)年10月23日)，姓氏山口(かたやまとうぐま)，世人([生]安政1(1854)年12月20日　[没]大正6(1917)年10月24日)，世百，先駆([生]安政1(1855)年12月19日　[没]大正6(1917)年12月23日)，全書([生]1853年)，大百(かたやまおとくま)，渡航([生]1854年12月20日　[没]1917年10月23日)，栃木歴([生]嘉永6(1853)年)，日史([生]安政1(1854)年12月20日　[没]大正6(1917)年10月24日)，日人([生]1855年)，日本，美術，百科，山口百(かたやまとうぐま)，歴大

**片山寛美** かたやまひろみ
昭和期のペーパー・メイキング作家。
¶名工

**片山文六郎** かたやまぶんろくろう
江戸時代末期の殖産家。
¶岡山人，岡山百(生没年不詳)

**片山一** かたやままこと
昭和22(1947)年1月19日～
昭和期の陶芸家。
¶陶芸最，名工

**片山政一** かたやままさいち
大正13(1924)年～
昭和～平成期の金工作家。
¶名工

**片山雅美** かたやままさみ
昭和25(1950)年4月2日～
昭和～平成期の陶芸家。
¶陶芸最，陶工

**片山正敬** かたやままさよし
文政10(1827)年～明治29(1896)年
江戸時代末期～明治期の殖産家。
¶日人

**片山行雄** かたやまゆきお
明治41(1908)年10月12日～昭和63(1988)年9月18日
大正～昭和期の工芸家。
¶美工，名工

**片寄俊秀** かたよせとしひで
昭和13(1938)年1月9日～
昭和～平成期の建築工学者。長崎総合科学大学教授。
¶現執2期，世紀，YA

**可知貫一** かちかんいち
明治18(1885)年1月6日～昭和31(1956)年4月9日
明治～昭和期の農業土木技師。
¶近土，土木

**嘉長** かちょう
生没年不詳
安土桃山時代の金具師。初期の七宝細工師。
¶朝日，京都大，コン改，コン4，茶道，新潮，人名，姓氏京都，世人，日人，美工

**勝家** かついえ
世襲名　室町時代～安土桃山時代の加賀の刀工。
¶姓氏石川

**勝尾黎彦** かつおあさひこ
昭和6(1931)年11月29日～
昭和～平成期の陶芸家。
¶名工

**勝尾青竜洞**(1) かつおせいりゅうどう
明治39(1906)年～昭和59(1984)年
昭和期の陶芸家。
¶陶芸，陶芸最，陶工，美工([生]明治39(1906)年5月　[没]昭和59(1984)年11月29日)，名工([生]明治39年5月　[没]昭和59年11月29日)

### 勝尾青竜洞(2) かつおせいりゅうどう
昭和6（1931）年11月29日〜
昭和〜平成期の陶芸家。
¶陶芸最，陶工

### 勝尾竜彦 かつおたつひこ
昭和46（1971）年12月27日〜
昭和〜平成期の陶芸家。
¶陶工

### 勝尾永次 かつおながつぐ
江戸時代後期の鐔象眼師。
¶姓氏石川

### 勝木氏家〔1代〕 かつきうじいえ
？ 〜承応2（1653）年
江戸時代前期の金沢の象嵌金工。
¶人名（――〔代数なし〕），日人

### 甲木恵都子 かつきえつこ
昭和9（1934）年10月〜
昭和〜平成期の染織家。
¶名工

### 勝木永清 かつきながきよ
生没年不詳
江戸時代前期の金工。
¶日人

### 勝木盛定 かつきもりさだ
生没年不詳
江戸時代前期の象眼金工師。
¶新潮，世人，日人，美工

### 勝国〔1代〕 かつくに
？ 〜寛文12（1672）年
江戸時代前期の刀工。
¶石川百

### 勝貞(1) かつさだ
平安時代後期の出雲の刀匠。
¶島根人

### 勝貞(2) かつさだ
安土桃山時代の刀工。
¶島根百

### 勝貞(3) かつさだ
江戸時代前期の刀工。
¶島根人，島根百

### 月山(1) がっさん
世襲名　出羽国寒河江の刀工団。
¶近世，古中

### 月山(2) がっさん
出羽国寒河江の刀工団。
¶島根人

### 月山貞一〔2代〕 がっさんさだいち
明治40（1907）年11月8日〜平成7（1995）年4月1日
劔月山貞一―〔2代〕《がっさんさだかず》，月山貞一
《がっさんていいち》
昭和期の刀匠。

¶郷土奈良（――〔代数なし〕　がっさんていい
ち），現情，国宝（――〔代数なし〕），世紀，日
人，美工，名工（がっさんさだかず）

### 月山貞一 がっさんさだかず
天保7（1836）年〜大正7（1918）年　劔貞一《さだ
かず》
江戸時代末期〜明治期の刀工。
¶朝日，大阪人，新潮（⊕天保7（1836）年2月11日
⊗大正7（1918）年7月11日），人名（⊕1838年），
人名（貞一　さだかず），世紀（⊕天保7（1836）
年2月11日　⊗大正7（1918）年7月11日），全
書，日人，名工（⊕天保9（1838）年　⊗大正7年
7月11日）

### 月山貞一―〔2代〕 がっさんさだかず
→月山貞一〔2代〕（がっさんさだいち）

### 月山貞利 がっさんさだとし
昭和21（1946）年10月21日〜
昭和〜平成期の刀匠。
¶名工

### 月山貞一 がっさんていいち
→月山貞一〔2代〕（がっさんさだいち）

### 勝重(1) かつしげ
戦国時代の刀工。
¶島根百

### 勝重(7) かつしげ
江戸時代前期の加賀の刀工。
¶姓氏石川

### 勝城蒼鳳 かつしろそうほう
昭和9（1934）年2月23日〜
昭和〜平成期の竹工芸家。2005年に重要無形文化
財保持者（人間国宝）に認定（竹工芸）。
¶国宝

### がっそう善兵衛 がっそうぜんべえ
江戸時代中期の三味線職人。
¶江戸

### 勝公彦 かつただひこ
〜昭和62（1987）年10月9日
昭和期の琉球芭蕉紙製造家。
¶美工，名工

### 勝田直次 かつたなおつぐ
江戸時代の彫金家。
¶島根人

### 勝田文博 かつたふみひろ
昭和26（1951）年〜
昭和〜平成期の陶芸家。
¶陶芸最，陶工（⊕1951年5月2日）

### 甲藤好郎 かっとうよしろう
大正13（1924）年9月3日〜平成17（2005）年1月
21日
昭和〜平成期の機械工学者、東京大学名誉教授。
専門は熱工学。
¶科学，現情

**勝永** かつなが
戦国時代の出雲の刀匠。
¶島根人

**勝永モモ絵** かつながももえ
昭和23 (1948) 年9月14日〜
昭和期の陶芸家。
¶陶芸最

**勝春** かつはる
江戸時代中期の刀工。
¶人名，日人 (生没年不詳)

**勝広** かつひろ
寛政10 (1798) 年〜安政2 (1855) 年
江戸時代後期〜末期の刀工。
¶高知人，高知百

**勝正弘** かつまさひろ
昭和3 (1928) 年〜
昭和〜平成期の漆芸作家。
¶名工

**勝又吉郎** かつまたきちろう
明治44 (1911) 年〜昭和61 (1986) 年
昭和期の漆芸家。
¶姓氏岩手

**勝亦小重郎** かつまたこじゅうろう
明和6 (1769) 年〜？
江戸時代中期〜後期の北駿の水路開発者。
¶静岡歴，姓氏静岡

**勝間田清左衛門** かつまたせいざえもん
生没年不詳
江戸時代前期の箱根芦ノ湯開発者の一人。
¶神奈川人

**勝間田万右衛門** かつまたまんえもん
生没年不詳
江戸時代前期の箱根芦の湯温泉開発者の一人。
¶神奈川人

**勝間貞次** かつまていじ
明治20 (1887) 年〜昭和14 (1939) 年11月21日
明治〜昭和期の実業家。大日本光学協会理事長。
大衆向け写真機製造で知られた。
¶写家

**勝○** かつまる
戦国時代の刀工。
¶島根人，島根百

**勝見完斎** かつみかんさい
＊〜明治29 (1896) 年
江戸時代末期〜明治期の金工。
¶人名 (⊕1832年)，日人 (⊕1831年)

**勝道** かつみち
生没年不詳
安土桃山時代の刀工。
¶姓氏岩手

**勝光** かつみつ
生没年不詳
室町時代の長船派の刀工。
¶朝日，岡山歴，国史，古中，史人，戦人，日人，美工

**勝村正勝** かつむらまさかつ
天保8 (1837) 年〜大正3 (1914) 年6月4日
江戸時代末期〜大正期の水戸藩刀工。作刀を靖国
神社、愛宕神社等に奉納。
¶幕末

**勝目正範** かつめまさのり
明治29 (1896) 年9月15日〜昭和55 (1980) 年8月
26日
明治〜昭和期の陶芸家、彫刻家。
¶美工，名工

**雄安（勝安）** かつやす
平安時代後期の刀工。
¶人名 (勝安)，日人 (生没年不詳)

**勝山宗三郎** かつやまそうざぶろう
天保2 (1831) 年〜明治16 (1883) 年
江戸時代末期〜明治期の製糸業者。米国から多数
の注文を受け優良品を製造。
¶郷土群馬，群馬人，人名，姓氏群馬，日人，幕
末 (⊕1883年5月24日)

**桂永寿** かつらえいじゅ
江戸時代中期の鐔工。
¶人名，日人 (生没年不詳)

**桂一正** かつらかずまさ
大正13 (1924) 年6月6日〜
昭和〜平成期の陶芸家。
¶陶芸最，陶工，名工

**桂木一八** かつらぎいっぱち
昭和16 (1941) 年3月20日〜
昭和期の陶芸家。
¶陶芸最

**葛城安左衛門** かつらぎやすざえもん
江戸時代前期の肥後小代焼の陶工。
¶人名，日人 (生没年不詳)

**葛城理吉** かつらぎりきち
天保2 (1831) 年〜明治30 (1897) 年
明治期の公共事業家。地方殖産興業に貢献、教育
の普及にも尽力。
¶人名，日人

**桂光春** かつらこうしゅん
→桂光春 (かつらみつはる)

**鬘師友九** かづらしともく
→鬘師友九 (かずらしともく)

**桂宗隣** かつらそうりん
＊〜？
江戸時代中期の金工。
¶史人 (⊕1773年)，人名，日人 (⊕1774年)

**桂田ひろみ** かつらだひろみ
昭和23(1948)年12月14日～
昭和期の陶芸家。
¶陶芸最

**桂野赤文(1)** かつらのせきぶん
寛政1(1789)年～明治8(1875)年
江戸時代後期～明治期の金工家。
¶庄内([生]寛政1(1789)年3月3日　[没]明治8(1875)年1月14日)，山形百新

**桂野赤文(2)** かつらのせきぶん
天保9(1838)年11月～明治45(1912)年2月29日
江戸時代後期～明治期の金工家。
¶庄内

**桂寛** かつらひろし
大正14(1925)年～
昭和～平成期の陶芸家。
¶陶芸最([生]大正14年3月28日)，名工([生]大正14年9月19日)

**桂又三郎** かつらまたさぶろう
明治34(1901)年4月2日～昭和61(1986)年10月7日
大正～昭和期の地方史研究者、陶芸家。
¶岡山百，岡山歴，郷土，陶工

**桂路祐** かつらみちすけ
天保7(1836)年～明治24(1891)年
江戸時代末期～明治期の長州藩士、洋学者。蘭学、航海術を修め、幕艦測量師として黒龍江調査。
¶人名，姓氏山口([生]？)，日人，幕末([没]1891年1月5日)

**桂光春** かつらみつはる
明治4(1871)年9月3日～昭和37(1962)年8月31日
[別]桂光春《かつらこうしゅん》
明治～昭和期の彫金家。日本美術協会などの審査員。作品に「元禄踊の図」「游鯉の図」など。
¶現情(かつらこうしゅん)，人名7(かつらこうしゅん)，世紀，日人，美工，名工(かつらこうしゅん)

**桂盛仁** かつらもりひと
昭和19(1944)年11月27日～
昭和～平成期の彫金家。2008年に重要無形文化財保持者(人間国宝)に認定(彫金)。
¶国宝

**桂弥一** かつらやいち
嘉永2(1849)年～昭和14(1939)年
明治～昭和期の地方功労者。殖林事業、青年薫陶に尽力。明治維新の志士たちの事跡を後生に伝えるため、尊攘堂(のち下関市立長府博物館)を建設。
¶姓氏山口，幕末([没]1939年6月19日)，藩臣6

**桂良子** かつらよしこ
大正14(1925)年5月13日～
昭和期の陶芸家。
¶陶芸最

**可亭** かてい
生没年不詳
江戸時代後期の歌人。
¶日人

**角偉三郎** かどいさぶろう
昭和15(1940)年～平成17(2005)年10月26日
昭和～平成期の漆工芸家。
¶美工([生]昭和15(1940)年3月10日)，名工

**加藤晃(1)** かとうあきら
昭和7(1932)年1月23日～
昭和～平成期の陶芸家。
¶陶工

**加藤晃(2)** かとうあきら
昭和4(1929)年4月29日～平成24(2012)年6月10日
昭和～平成期の土木工学者、岐阜大学学長。専門は道路工学、都市計画学。
¶科学，現執2期，現執3期，現執4期

**加藤厚美** かとうあつみ
昭和7(1932)年2月17日～
昭和～平成期の陶芸家。
¶陶芸最，名工

**加藤功** かとういさお
昭和2(1927)年3月30日～
昭和期の映画テレビ技術者。
¶映人

**加藤偉三** かとういぞう
明治41(1908)年8月11日～平成2(1990)年3月13日
大正～平成期の陶芸家。
¶陶芸，陶芸最，美工，名工

**加藤一郎** かとういちろう
大正14(1925)年5月2日～平成6(1994)年6月19日
昭和～平成期のロボット工学者。早稲田大学教授、日本ロボット学会会長。二足歩行ロボットの世界初の開発に成功。「筋電義手ワイムハンド」を実用化。著書に「マイロボット」など。
¶科学，現朝，現執1期，現執2期，現執3期，現情，世紀，日人，マス89

**加藤一冑** かとういっちゅう
昭和期の甲冑職人。
¶名工

**加藤巌** かとういわお
昭和5(1930)年～昭和62(1987)年
昭和期の陶芸家。
¶陶芸最，陶工，美工([生]昭和5(1930)年12月13日　[没]昭和62(1987)年1月18日)，名工([生]昭和5年12月13日　[没]昭和62年1月18日)

**加藤宇助** かとううすけ
大正4(1915)年～昭和56(1981)年
昭和期の陶芸家。
¶陶工

**加藤宇兵衛** かとううへえ
生没年不詳
江戸時代後期の陶工。高遠焼の創始者。
¶長野歴

**加藤英一** かとうえいいち
明治32(1899)年～平成1(1989)年
昭和期の陶芸家。
¶姓氏愛知，陶芸，陶工，美工([生]明治32(1899)年2月8日　[没]平成1(1989)年10月3日)，名工([生]明治32年2月8日　[没]平成1年10月3日)

**加藤永三郎** かとうえいざぶろう
昭和期の研師。
¶名工

**加藤栄山** かとうえいざん
大正14(1925)年3月28日～
昭和期の陶芸家。
¶陶芸最

**加藤炎山** かとうえんざん
昭和19(1944)年1月5日～
昭和～平成期の陶芸家。
¶陶芸最，陶工

**加藤景秋** かとうかげあき
明治32(1899)年3月3日～昭和47(1972)年8月6日
明治～昭和期の陶芸家。
¶岐阜百，世紀，日人，美工

**加藤景国** かとうかげくに
[別]加藤藤三郎《かとうとうざぶろう》
安土桃山時代～江戸時代前期の陶工、尾張瀬戸窯本家の3世。
¶人名(加藤藤三郎　かとうとうざぶろう)，日人(生没年不詳)

**加藤景貞** かとうかげさだ
生没年不詳
江戸時代前期の陶工。
¶コン改，コン4，新潮，人名([没]1633年)，戦人，日人([没]1634年)，美工

**加藤景茂** かとうかげしげ
？～*
戦国時代～安土桃山時代の尾張瀬戸の陶工。
¶人名([没]1578年)，日人([没]1582年)

**加藤景次** かとうかげつぐ
安土桃山時代の尾張瀬戸の陶工。
¶人名，日人(生没年不詳)

**加藤景遠** かとうかげとお
→加藤吉左衛門(かとうきちざえもん)

**加藤景俊**(1) かとうかげとし
安土桃山時代の陶工。美濃太平窯の開祖。
¶人名，日人(生没年不詳)

**加藤景俊**(2) かとうかげとし
安土桃山時代～江戸時代前期の尾張瀬戸の陶工。
¶人名

**加藤景豊** かとうかげとよ
[別]加藤景久《かとうかげひさ》
安土桃山時代の陶工、美濃大平窯の開祖。
¶人名，日人(生没年不詳)

**加藤景長** かとうかげなが
鎌倉時代後期の尾張赤津の陶工、瀬戸本家3世。
¶人名，日人(生没年不詳)

**加藤景成** かとうかげなり
[別]加藤源十郎《かとうげんじゅうろう》，源十郎〔美濃の加藤源十郎〕《げんじゅうろう》
安土桃山時代～江戸時代前期の陶工、美濃大萱窯の開祖。
¶人名，日人(生没年不詳)

**加藤景延** かとうかげのぶ
？～寛永9(1632)年
江戸時代前期の美濃焼の陶工。
¶朝日([没]寛永9年2月2日(1632年3月22日))，新潮(生没年不詳)，人名，戦人(生没年不詳)，日人

**加藤景乗** かとうかげのり
？～寛永1(1624)年
江戸時代前期の陶工、美濃久尻勝負窯の祖。
¶人名，日人

**加藤景春** かとうかげはる
？～永禄9(1566)年　[別]加藤春永《かとうしゅんえい》，春永《しゅんえい》
戦国時代の尾張瀬戸の陶工。
¶人名，日人

**加藤景久** かとうかげひさ
文政3(1820)年～明治19(1886)年
明治期の尾濃間の陶工。良工と称され、染付も手掛ける。
¶人名，日人，名工

**加藤景政** かとうかげまさ
？～万治2(1659)年
江戸時代前期の尾張瀬戸の陶工、本家景正の16世。
¶人名，日人

**加藤景正** かとうかげまさ
生没年不詳　[別]加藤四郎左衛門景正《かとうしろうざえもんかげまさ》，藤四郎景正《とうしろうかげまさ》，加藤四郎左衛門《かとうしろうざえもん》，加藤春慶《かとうしゅんけい》，春慶《しゅんけい》，初代藤四郎《しょだいとうしろう》，藤四郎《とうしろう》
鎌倉時代前期の陶工。瀬戸焼の祖とされる。
¶朝日(藤四郎景正　とうしろうかげまさ)，岩史(加藤四郎左衛門景正　かとうしろうざえもんかげまさ)，鎌室，岐阜百，国史(加藤四郎左衛門景正　かとうしろうざえもんかげまさ)，古中(加藤四郎左衛門景正　かとうしろうざえもんかげまさ)，コン改(藤四郎景正　とうしろうかげまさ)，コン4(藤四郎景正　とうしろうかげまさ)，茶道，史人，重要([生]仁安3(1168)年？　[没]建長1(1249)年？)，新潮，人名，人名(藤四郎景正　とうしろうかげま

さ)，世人，世百(藤四郎景正　とうしろうかげまさ)，全書，大百(加藤四郎左衛門景正　かとうしろうざえもんかげまさ　[没]1249年)，大百(藤四郎景正　とうしろうかげまさ)，伝記([生]1168年　[没]1249年)，日史，日人，美術，百科，平日，歴大

**加藤景増** かとうかげます
？～万治3(1660)年
江戸時代前期の陶工、美濃多治見の窯祖。
¶岐阜百，人名，日人

**加藤景道** かとうかげみち
江戸時代中期の尾張瀬戸の陶工。
¶人名

**加藤景光** かとうかげみつ
永正10(1513)年～天正13(1585)年
戦国時代～安土桃山時代の陶工、美濃土岐郡の陶祖。
¶人名，日人

**加藤一房** かとうかずふさ
昭和24(1949)年9月19日～
昭和～平成期の陶芸家。
¶陶芸最，陶工，名工

**加藤嘉仲** かとうかちゅう
？～享保3(1718)年　[別]加藤重英《かとうしげひで》
江戸時代中期の尾張赤津の陶工。
¶人名

**加藤かつ子** かとうかつこ
昭和期の陶芸家。
¶名工

**加藤勝助** かとうかつすけ
[別]春永《しゅんえい》
江戸時代前期の尾張瀬戸の陶工。
¶人名，日人(生没年不詳)

**加藤捷信** かとうかつのぶ
昭和19(1944)年9月2日～
昭和期の陶芸家。
¶陶芸最

**加藤亀太郎** かとうかめたろう
昭和期の瓦ふき職人。
¶名工

**加藤寛一郎** かとうかんいちろう
昭和10(1935)年11月28日～
昭和～平成期の工学者。東京大学教授。専門は航空宇宙工学、飛行力学、制御工学。著書に「航空機力学入門」など。
¶現執3期

**加藤勘六** かとうかんろく
世襲名　江戸時代中期以来の瀬戸の陶工。
¶新潮，世人(生没年不詳)

**加藤勘六〔1代〕** かとうかんろく
元文1(1736)年～嘉永1(1848)年
江戸時代中期～後期の尾張瀬戸の陶工。
¶コン改，コン4，人名，日人(生没年不詳)

**加藤勘六〔2代〕** かとうかんろく
明和3(1766)年～嘉永1(1848)年
江戸時代中期～後期の尾張瀬戸の陶工。
¶コン改，コン4，人名，日人

**加藤勘六〔3代〕** かとうかんろく
江戸時代末期の尾張瀬戸の陶工。
¶人名

**加藤勘六〔4代〕** かとうかんろく
江戸時代末期～明治期の尾張瀬戸の陶工。
¶人名，日人

**加藤紀左衛門** かとうきざえもん
生没年不詳
江戸時代中期の紀左衛門新田の開発者。
¶姓氏愛知

**加藤木重教** かとうぎしげのり
安政4(1857)年～昭和15(1940)年
明治～昭和期の電気技術者。電友社創業者。日本初の火災報知器を製作。
¶海越新，科学([生]1857年(安政4)3月15日　[没]1940年(昭和15)12月1日)，コン改，コン5，出文([生]安政4(1857)年3月15日　[没]昭和15(1940)年12月1日)，世紀，渡航([生]1857年3月15日)，日人，幕末([生]1857年4月9日　[没]1940年12月1日)，百科

**加藤岸太郎** かとうきしたろう
生没年不詳
江戸時代末期の陶工。
¶姓氏愛知，日人

**加藤木畯叟** かとうぎしゅんそう
文化12(1815)年～明治26(1893)年　[別]加藤木畯叟《かとぎしゅんそう》，加藤木賞三《かとうぎしょうぞう》，平野正太郎《ひらのしょうたろう》
江戸時代末期～明治期の神官、殖産家、尊攘運動家。士族授産のため養蚕に尽力。
¶人名(かとぎしゅんそう)，日人，幕末(加藤木賞三　かとうぎしょうぞう　[没]1893年4月18日)

**加藤木賞三** かとうぎしょうぞう
→加藤木畯叟(かとうぎしゅんそう)

**加藤喜三** かとうきぞう
昭和5(1930)年1月1日～
昭和期の陶芸家。
¶陶芸最

**加藤吉右衛門** かとうきちえもん
→加藤晴生(かとうはるお)

**加藤吉夫** かとうきちお
昭和24(1949)年10月4日～
昭和～平成期の陶芸家。
¶陶芸最，陶工，名工

**加藤吉左衛門** かとうきちざえもん
？～文化8(1811)年　[別]加藤景遠《かとうかげと

名工・職人・技師・工匠篇　　　203　　　かとうけ

お》
江戸時代後期の尾張瀬戸の陶工。
¶人名，姓氏愛知（㋫1812年），日人（加藤景遠
かとうかげとお）

**加藤吉太郎** かとうきちたろう
大正6（1917）年7月30日～
昭和期の陶芸家。
¶陶芸最

**加藤喜代司** かとうきよし
昭和22（1947）年10月10日～
昭和～平成期の陶芸家。
¶陶芸最，名工

**加藤清志** かとうきよし
昭和期の刀鍛冶職人。
¶名工

**加藤清春** かとうきよはる
大正7（1918）年1月1日～
昭和期の陶芸家。
¶陶芸最

**加藤鐵代春** かとうきよはる
明治33（1900）年～
昭和期の陶芸家。
¶陶芸，名工（㋫明治33年2月7日）

**加藤清之** かとうきよゆき
昭和6（1931）年12月14日～
昭和～平成期の陶芸家。
¶陶芸最，陶工，名工

**加藤金右衛門** かとうきんえもん
生没年不詳
江戸時代中期の器械職人。徳川吉宗に招かれ、革
製の天体観測用の渾天儀を作った。
¶人名，日人，和歌山人

**加藤金次郎** かとうきんじろう
明治17（1884）年～昭和41（1966）年
明治～昭和期の実業家、土木事業家。
¶姓氏富山，富山百（㋫明治17（1884）年5月1日
㋫昭和41（1966）年9月2日）

**加藤錦三** かとうきんぞう
昭和4（1929）年5月～
昭和期の陶芸家。
¶陶芸最

**加藤金平** かとうきんぺい
寛政10（1798）年～元治1（1864）年
江戸時代末期の越後高田藩士、砲術家。大砲の鋳
造、銃隊の編制などを行った。
¶コン改，コン4，新潮（㋫慶応2（1866）年6月14
日），人名，日人（㋸1800年　㋫1866年）

**加藤摑也** かとうくにや
昭和15（1940）年5月13日～
昭和～平成期の陶芸家。
¶陶芸最，名工

**加藤久米八** かとうくめはち
？　～文化14（1817）年
江戸時代後期の尾張品野の陶工。
¶人名，日人

**加藤倉吉** かとうくらきち
明治27（1894）年1月11日～平成4（1992）年11月
16日
昭和期の印刷技術者。
¶世紀，多摩，日人

**加藤九輪** かとうくりん
昭和11（1936）年1月1日～
昭和～平成期の陶芸家。
¶陶芸最，陶工

**加藤景雲** かとうけいうん
明治7（1874）年～昭和18（1943）年
明治～昭和期の彫刻家、木彫家。
¶島根人，島根百（㋸明治7（1874）年5月9日
㋫昭和18（1943）年5月），島根歴

**加藤圭子** かとうけいこ
昭和31（1956）年6月21日～
昭和期の陶芸家。
¶陶芸最

**加藤渓山**₍₁₎ かとうけいざん
明治18（1885）年～昭和38（1963）年
明治～昭和期の陶工。
¶茶道，美工，名工

**加藤渓山**₍₂₎ かとうけいざん
大正2（1913）年～平成7（1995）年
昭和～平成期の陶芸家。
¶陶芸，陶芸最（㋸大正2年3月11日），陶工，美工
（㋸大正2（1913）年12月3日　㋫平成7（1995）年
8月12日），名工（㋸大正2年12月3日）

**加藤慶二** かとうけいじ
慶応2（1866）年～昭和20（1945）年
明治～昭和期の農事改良家。
¶姓氏愛知

**加藤敬助** かとうけいすけ
安政1（1854）年～大正1（1912）年
明治期の鉱山家。各地鉱山事業に関係したが、成
功しなかった。
¶人名，日人

**加藤敬也** かとうけいや
昭和10（1935）年3月11日～
昭和～平成期の陶芸家。
¶陶芸最，名工

**加藤源左衛門** かとうげんざえもん
嘉永6（1853）年～？
明治～昭和期の和算家、測量家。近隣の子弟に算
法を教授。測量術を学び、地租改正の際には実地
測量に従事。
¶人名，数学，日人

**加藤健二** かとうけんじ
大正13（1924）年～

昭和～平成期の陶芸家。
¶陶芸最，名工

**加藤賢司** かとうけんじ
昭和8（1933）年7月21日～平成20（2008）年4月23日
昭和～平成期の陶芸家。
¶陶芸最，陶工，美工，名工



**加藤源十郎**(1) かとうげんじゅうろう
[別]源十郎〔飛騨の加藤源十郎〕《げんじゅうろう》
江戸時代前期の京都の陶工。
¶人名，日人（生没年不詳）

**加藤源十郎**(2) かとうげんじゅうろう
江戸時代中期。
→竹屋源十郎（たけやげんじゅうろう）

**加藤光右衛門** かとうこううえもん
昭和12（1937）年6月15日～
昭和期の陶芸家。
¶陶芸最

**加藤香山** かとうこうざん
昭和期の陶芸家。
¶陶芸最

**加藤幸次** かとうこうじ
昭和23（1948）年10月21日～
昭和～平成期の陶芸家。
¶陶芸最，陶工，名工

**加東幸次郎** かとうこうじろう
文政4（1821）年～明治5（1872）年12月5日
江戸時代後期～明治期の木彫師。
¶庄内

**加藤孝造** かとうこうぞう
昭和10（1935）年3月12日～
昭和～平成期の陶芸家。
¶国宝，陶芸最，陶工，名工

**加藤幸兵衛** かとうこうべえ
昭和20（1945）年7月7日～
昭和～平成期の陶芸家。
¶陶工

**加藤幸兵衛〔5代〕** かとうこうべえ
明治26（1893）年～昭和57（1982）年4月11日
大正～昭和期の陶芸家。
¶世紀，陶芸（――〔代数なし〕），陶芸最，陶工，日人（[生]明治26（1893）年12月27日），美工，名工

**加藤晃楽** かとうこうらく
昭和8（1933）年8月26日～
昭和～平成期の陶芸家。
¶陶芸最，陶工

**加藤五山** かとうござん
大正11（1922）年1月1日～
昭和～平成期の陶芸家。
¶陶芸最，陶工，名工

**加藤五助** かとうごすけ
世襲名　江戸時代後期以来の製磁家、実業家。
¶姓氏愛知

**加藤五助〔1代〕** かとうごすけ
生没年不詳
江戸時代後期の尾張瀬戸の陶工。
¶人名，日人，美工

**加藤五助〔2代〕** かとうごすけ
江戸時代後期の尾張瀬戸の陶工。
¶人名，日人（生没年不詳）

**加藤五助〔3代〕** かとうごすけ
江戸時代後期の尾張瀬戸の陶工。
¶人名，日人（生没年不詳）

**加藤五助〔4代〕** かとうごすけ
江戸時代末期～明治期の陶工。
¶人名，日人，名工

**加藤五助〔5代〕** かとうごすけ
生没年不詳
明治期の尾張瀬戸の陶工。当5代より輸出品に傾く。
¶人名，日人，美工，名工

**加藤五輔** かとうごすけ
天保8（1837）年～大正4（1915）年
明治期の陶芸家。
¶日人

**加藤五郎** かとうごろう
～平成19（2007）年12月25日
昭和～平成期の陶芸家。
¶美工

**加藤五郎八** かとうごろはち
？　～明治33（1900）年
明治期の陶工。
¶日人

**加藤作助** かとうさくすけ
明治42（1909）年2月11日～平成8（1996）年12月24日
大正～平成期の陶芸家。
¶陶芸，美工，名工

**加藤作助〔1代〕** かとうさくすけ
文化5（1808）年～明治26（1893）年
江戸時代後期～明治期の陶工。
¶人名，日人

**加藤作助〔2代〕** かとうさくすけ
弘化1（1844）年～大正12（1923）年
明治～大正期の尾張赤津の陶工。古陶に精しく、明治の良工と称される。
¶人名，陶工（[没]？），日人，名工（[生]弘化1（1844）年8月）

**加藤作助〔3代〕** かとうさくすけ
明治12（1879）年～昭和23（1948）年
明治～昭和期の陶芸家。
¶陶工

**加藤定蔵** かとうさだぞう
江戸時代後期の尾張品野の陶工。
¶人名，日人（生没年不詳）

**加藤幸夫** かとうさちお
昭和期の瓦職人。
¶名工

**加藤サトリ**（カトウサトリ） かとうさとり
明治期の化学者。インスタントコーヒーの発明者。
¶食文，先駆（カトウサトリ　生没年不詳）

**加藤三右衛門** かとうさんえもん
[別]三右衛門重光《さんえもんしげみつ》
安土桃山時代～江戸時代前期の陶工、尾張品野窯の中興祖。
¶人名，日人（生没年不詳）

**加藤三之亟** かとうさんのじょう
安政6（1859）年～大正14（1925）年
明治～大正期の糸操り人形師。
¶島根人，島根百（[生]安政6（1859）年9月10日　[没]大正14（1925）年4月19日），島根歴

**加藤重男** かとうしげお
大正4（1915）年～
昭和期の陶芸家。
¶陶芸

**加藤重喜** かとうしげき
昭和11（1936）年～
昭和～平成期の彫鍛金作家。
¶名工

**加藤繁十** かとうしげじゅう
生没年不詳
明治期の陶工。尾張瀬戸の陶工。結晶釉を試み、その他の窯変製にも長じていた。
¶人名，日人，美工，名工

**加藤重高** かとうしげたか
昭和2（1927）年4月26日～
昭和～平成期の陶芸家。
¶陶芸最，陶工，名工

**加藤重継** かとうしげつぐ
生没年不詳
江戸時代前期の陶工。
¶日人

**加藤静夫** かとうしずお
明治13（1880）年～昭和9（1934）年
明治～昭和期の電気工学者。
¶人名，日人（[生]明治13（1880）年11月　[没]昭和9（1934）年3月2日）

**加藤寿逸** かとうじゅいつ
昭和21（1946）年11月14日～
昭和～平成期の陶芸家。
¶陶芸最，名工

**加藤重右衛門**（加藤十右衛門） かとうじゅうえもん
明治27（1894）年～昭和49（1974）年10月15日
大正～昭和期の陶芸家。
¶岐阜百，茶道（加藤十右衛門），世紀（[生]明治27（1894）年12月21日），日人（[生]明治27（1894）年12月21日），美工（[生]明治27（1894）年12月21日），名工（加藤十右衛門）

**加藤重吉** かとうじゅうきち
世襲名　江戸時代中期以来の瀬戸の陶工。
¶新潮，世人

**加藤重吉〔1代〕** かとうじゅうきち
生没年不詳
江戸時代中期の尾張瀬戸の陶工。
¶コン改，コン4，人名，日人，美工

**加藤重吉〔2代〕** かとうじゅうきち
生没年不詳
江戸時代中期の尾張瀬戸の陶工。
¶コン改，コン4，人名，日人，美工

**加藤重吉〔3代〕** かとうじゅうきち
江戸時代後期の尾張瀬戸の陶業家。
¶人名

**加藤周左衛門〔1代〕** かとうしゅうざえもん
江戸時代後期の尾張瀬戸の陶工。
¶人名，日人（生没年不詳）

**加藤周左衛門〔2代〕** かとうしゅうざえもん
江戸時代末期～明治期の尾張瀬戸の陶工。
¶人名，日人

**加藤周左衛門〔3代〕** かとうしゅうざえもん
生没年不詳
明治期の尾張瀬戸の陶工。家法を守って製陶するほか、新たに「半製染附」の一種を案出。
¶人名，日人，美工，名工

**加藤周兵衛** かとうしゅうべえ
江戸時代末期～明治期の瀬戸の陶家。
¶姓氏愛知

**加藤周兵衛〔1代〕** かとうしゅうべえ
文政2（1819）年～明治33（1900）年
江戸時代末期～明治期の尾張瀬戸の陶工。
¶人名，日人

**加藤周兵衛〔2代〕** かとうしゅうべえ
明治期の尾張瀬戸の陶工。古窯、丸窯を併用し、精良品を製作。
¶人名，日人，名工

**加藤惇** かとうじゅん
昭和15（1940）年1月1日～
昭和～平成期の陶芸家。
¶陶芸最，陶工，名工

**加藤順一** かとうじゅんいち
昭和6（1931）年～
昭和～平成期の錠前屋。
¶名工

**加藤春宇** かとうしゅんう
？～文政10（1827）年
江戸時代後期の尾張瀬戸の陶工。
¶人名，日人

**加藤春暁(1)** かとうしゅんぎょう
？ ～文化5(1808)年
江戸時代後期の尾張瀬戸の陶工。
¶日人

**加藤春暁(2)** かとうしゅんぎょう
？ ～文政5(1822)年
江戸時代後期の尾張瀬戸の陶工。
¶人名

**加藤春山(1)** かとうしゅんざん
江戸時代後期の瀬戸の陶工。
¶人名

**加藤春山(2)** かとうしゅんざん
？ ～嘉永2(1849)年
江戸時代後期の赤津の陶工。
¶人名

**加藤春二〔2代〕** かとうしゅんじ
明治25(1892)年～昭和54(1979)年
明治～昭和期の陶芸家。
¶姓氏愛知(――〔代数なし〕)，陶芸最，陶工，美工([生]明治25(1892)年2月11日　[没]昭和54(1979)年2月15日)，名工([生]明治25年2月11日　[没]昭和54年2月15日)

**加藤順蔵** かとうじゅんぞう
文化12(1815)年～明治12(1879)年
江戸時代末期～明治期の治水功労者。
¶人名，日人

**加藤春岱**(加藤春袋) かとうしゅんたい
享和2(1802)年～明治10(1877)年　[別]春岱《しゅんたい》
江戸時代後期～明治期の陶工。
¶愛知百([没]1877年3月18日)，朝日([没]明治10(1877)年3月18日)，コン改，コン4(生没年不詳)，茶道(春岱　しゅんたい)，新潮([生]享和2(1802)年1月　[没]明治10(1877)年3月18日)，人名，姓氏愛知(春岱　しゅんたい)，世人(加藤春袋　生没年不詳)，日人

**加藤春丹** かとうしゅんたん
？ ～文化4(1807)年
江戸時代中期～後期の尾張瀬戸の陶工。
¶人名，日人

**加藤春定** かとうしゅんてい
昭和20(1945)年6月25日～
昭和～平成期の陶芸家。
¶陶工

**加藤春鼎** かとうしゅんてい
昭和2(1927)年4月1日～平成7(1995)年7月19日
昭和～平成期の陶芸家。
¶陶芸最，陶工，美工，名工

**加藤舜陶** かとうしゅんとう
大正5(1916)年7月13日～平成17(2005)年6月24日
昭和～平成期の陶芸家。
¶陶芸，陶芸最，陶工，美工，名工

**加藤春珉** かとうしゅんみん
？ ～文久1(1861)年
江戸時代末期の尾張瀬戸の陶工。
¶人名，日人

**加藤純や** かとうじゅんや
昭和23(1948)年10月3日～
昭和～平成期の陶芸家。
¶陶工

**加藤春琳** かとうしゅんりん
？ ～延享4(1747)年　[別]春琳《しゅんりん》
江戸時代中期の尾張瀬戸の陶工。
¶人名(春琳　しゅんりん)，日人

**加藤庄** かとうしょう
大正12(1923)年～
昭和～平成期の陶芸家。
¶陶芸最，名工

**加藤昌** かとうしょう
昭和17(1942)年11月12日～
昭和期の陶芸家。
¶陶芸最

**加藤鈔(1)** かとうしょう
昭和2(1927)年1月17日～平成13(2001)年8月17日
昭和～平成期の陶芸家。
¶陶芸最，陶工，美工

**加藤鈔(2)** かとうしょう
昭和2(1927)年1月17日～
昭和～平成期の陶芸家。
¶名工

**加藤丈佳** かとうじょうけい
昭和7(1932)年11月26日～
昭和～平成期の陶芸家。
¶陶芸最，陶工，名工

**加藤松作** かとうしょうさく
昭和12(1937)年1月30日～平成18(2006)年11月28日
昭和～平成期の映画照明技師。
¶映人

**加藤丈平** かとうじょうへい
昭和10(1935)年～
昭和期の陶芸家。
¶郷土滋賀

**加藤二郎** かとうじろう
昭和29(1954)年～
昭和期の陶芸家。
¶陶芸最

**加藤四郎左衛門景正** かとうしろうざえもんかげまさ
→加藤景正(かとうかげまさ)

**加藤仁** かとうじん
大正15(1926)年9月27日～
昭和～平成期の陶芸家。
¶陶芸最，名工

**加藤新右衛門**　かとうしんうえもん
→加藤新右衛門（かとうしんえもん）

**加藤新右衛門**　かとうしんえもん
？　～元和8（1622）年　[別]加藤新右衛門《かとうしんうえもん》
安土桃山時代～江戸時代前期の陶工。
¶人名，姓氏愛知（かとうしんうえもん），日人

**加藤新七**　かとうしんしち
？　～＊
江戸時代後期の尾張瀬戸の陶工。
¶人名，日人（[没]1908年），美工（[没]？）

**加藤仁助**　かとうじんすけ
江戸時代末期～明治期の治水功労者。大堰が破壊した時、率先して改修にあたる。
¶人名

**加藤真平**　かとうしんぺい
昭和期の刀鍛冶職人。
¶名工

**加藤伸也**　かとうしんや
昭和15（1940）年8月25日～
昭和～平成期の陶芸家。
¶陶芸最，陶工，名工

**加藤助左衛門**　かとうすけざえもん
生没年不詳
江戸時代中期の人。玉野用水を開削。
¶姓氏愛知

**加藤助三郎**　かとうすけさぶろう
安政3（1856）年～明治41（1908）年
明治期の陶業家。東京陶器問屋組合頭取、岐阜県陶磁業組合長。陶磁器の製造技術や商法の改善に貢献。郡立陶器学校を設立、陶業技術者の育成にも尽力。
¶朝日（[没]明治41（1908）年3月13日），コン改，コン5，人名（[生]1857年），先駆（[没]明治41（1908）年3月13日），日人

**加藤進**(1)　かとうすすむ
昭和9（1934）年1月15日～
昭和期の技術士、建築家。ソフトウェアセンター代表取締役。
¶現執2期

**加藤進**(2)　かとうすすむ
昭和4（1929）年9月24日～
昭和～平成期の陶芸家。
¶陶工

**加藤皇**　かとうすめら
大正4（1915）年10月27日～
昭和期の陶芸家。
¶陶芸最

**加藤菁山**　かとうせいざん
～昭和41（1966）年9月25日
昭和期の陶芸家。
¶美工

**加藤清助**　かとうせいすけ
？　～明治17（1884）年
江戸時代末期～明治期の尾張瀬戸の陶業家、陶業取締役。「瀬戸窯重継系譜」の9代目唐左衛門。
¶人名，日人

**加藤清三**　かとうせいぞう
昭和5（1930）年～？
昭和～平成期の陶芸家。
¶陶工

**加藤清蔵**　かとうせいぞう
文化5（1808）年～明治27（1894）年
江戸時代後期の尾張犬山焼の陶工。
¶人名，姓氏愛知，日人

**加藤石華**　かとうせきか
江戸時代後期の尾張瀬戸の陶画工。
¶人名

**加藤石春**　かとうせきしゅん
明治3（1870）年～昭和18（1943）年
明治～昭和期の陶芸家。
¶陶工

**加藤専一**　かとうせんいち
大正～昭和期のろくろ師。
¶名工

**加藤善治〔1代〕**　かとうぜんじ
＊～明治6（1873）年
江戸時代後期の尾張瀬戸の陶工、明治の善次郎の祖。
¶人名（[生]1788年），日人（[生]1785年）

**加藤善治〔2代〕**　かとうぜんじ
文政8（1825）年～明治34（1901）年
江戸時代末期～明治期の陶工。
¶人名，日人

**加藤善治〔3代〕**　かとうぜんじ
嘉永1（1848）年～大正7（1918）年
明治期の尾張瀬戸の陶工。磁質の大板物を得意とした。
¶人名，日人，名工

**加藤宗巌**　かとうそうがん
明治32（1899）年11月19日～平成7（1995）年11月21日
大正～平成期の金工家。
¶美工，名工

**加藤大典**　かとうだいすけ
昭和17（1942）年8月7日～
昭和期のレーザー関係技官。
¶現執2期

**加藤孝雄**　かとうたかお
昭和期の刀匠。
¶名工

**加藤孝俊**　かとうたかとし
大正6（1917）年2月18日～
昭和～平成期の陶芸家。

¶陶芸，陶芸最，陶工，名工

**加藤嵩** かとうたかぶ
昭和12（1937）年8月19日〜
昭和〜平成期の陶芸家。
¶陶芸最，陶工，名工

**加藤滝川** かとうたきかわ
明治43（1910）年〜昭和55（1980）年1月13日
大正〜昭和期の陶芸家。
¶陶芸，美工，名工（⊕明治43年10月10日）

**加藤卓男** かとうたくお
大正6（1917）年9月12日〜平成17（2005）年1月11日
昭和〜平成期の陶芸家。古代ペルシア陶器研究、ラスター陶彩で知られる。
¶郷土岐阜，現日，国宝，新潮，世紀，陶芸，陶芸最，陶工，日人，美工，名工

**加藤内匠**(1) かとうたくみ
？〜寛永2（1625）年1月14日
江戸時代前期の戸ヶ崎村の開発百姓。
¶埼玉人

**加藤内匠**(2) かとうたくみ
〜平成17（2005）年9月19日
昭和〜平成期の木地師。
¶美工

**加藤健** かとうたけし
昭和22（1947）年10月14日〜
昭和〜平成期の陶芸家。
¶陶芸最，陶工（⊕1947年10月4日），名工

**河東田重顕** かとうだしげあき
？〜元禄2（1689）年
江戸時代前期〜中期の新田開発者。
¶姓氏宮城

**加藤達次** かとうたつじ
昭和9（1934）年12月21日〜
昭和〜平成期の陶芸家。
¶陶芸最，陶工，名工

**加藤辰之助** かとうたつのすけ
万延1（1860）年〜昭和5（1930）年
明治〜大正期の陶芸家（信楽焼）。
¶郷土滋賀，世紀（⊕万延1（1860）年9月27日　㊅昭和5（1930）年12月18日），日人

**加藤達美** かとうたつみ
昭和4（1929）年1月2日〜平成15（2003）年1月6日
昭和〜平成期の陶芸家。
¶美工

**加藤太兵衛**(1) かとうたへえ
江戸時代の尾張赤津の陶工。
¶人名，日人（生没年不詳）

**加藤太兵衛**(2) かとうたへえ
嘉永3（1850）年〜明治42（1909）年
江戸時代後期〜明治期の陶芸家。
¶陶工

**加藤民吉** かとうたみきち
安永1（1772）年〜文政7（1824）年　別民吉《たみきち》
江戸時代後期の瀬戸窯の磁祖とされる陶工。
¶愛知百（⊕1770年　㊅1824年7月），朝日（⊕安永1（1772）年2月　㊅文政7年7月4日（1824年7月29日）），角史（⊕？），郷土長崎，近世，国史，コン改，コン4，史人（⊕1772年2月　㊅1824年7月4日），人書94，新潮⊕文政7（1824）年7月），人名，姓氏愛知，世人（⊕明和8（1771）年　㊅文政7（1824）年7月4日），日人

**加藤忠右衛門** かとうちゅううえもん
天保6（1835）年〜大正1（1912）年　別加藤忠右衛門《かとうちゅうえもん》
江戸時代後期〜明治期の志都呂焼の陶工。
¶静岡歴，姓氏静岡（かとうちゅうえもん）

**加藤忠右衛門** かとうちゅうえもん
→加藤忠右衛門（かとうちゅううえもん）

**加藤長三郎** かとうちょうざぶろう
明治15（1882）年5月〜昭和3（1928）年12月26日
明治〜昭和期の酒造家。
¶庄内

**加藤長寿** かとうちょうじゅ
天保13（1842）年〜明治19（1886）年　別長寿《ちょうじゅ》
江戸時代末期の陶工。加賀金沢の楽焼工。長寿の円印を捺したことから大樋の長寿作と称された。
¶茶道（長寿　ちょうじゅ），人名，人名（長寿　ちょうじゅ），日人，名工（長寿　ちょうじゅ）

**加藤力** かとうつとむ
昭和21（1946）年3月26日〜
昭和〜平成期の工学者。専門は室内設計学、人間工学。著書に「インテリアデザインの仕事」など。
¶現執3期

**加藤天平** かとうてんぺい
＊〜
昭和〜平成期の陶芸家。
¶陶芸最（⊕昭和29年4月20日），陶工（⊕1953年4月20日）

**加藤唐九郎** かとうとうくろう
明治31（1898）年〜昭和60（1985）年12月24日
大正〜昭和期の陶芸家。日本陶磁器協会を設立。「織部焼」で無形文化財。毎日美術賞受賞。
¶現朝（⊕1897年7月19日），現執2期（⊕明治31（1898）年1月17日），現情（⊕1898年1月17日），現人，現日（⊕1898年1月23日），コン改，コン4，コン5，茶道（⊕1910年），社史（⊕1897年7月19日），新潮（⊕明治30（1897）年7月19日），世紀（⊕明治30（1897）年7月19日），姓氏愛知，全書（⊕1897年），大百，陶芸，陶芸最，陶工（⊕1897年），日人（⊕明治30（1897）年7月19日），日本（⊕明治30（1897）年），美工（⊕明治30（1897）年7月19日），名工（⊕明治31年1月17日）

**加藤藤九郎** かとうとうくろう
→加藤政連(かとうまさつら)

**加藤唐左衛門〔1代〕** かとうとうざえもん
? ～宝暦2(1752)年
江戸時代中期の尾張瀬戸の陶工。名は景房。通称は清助。以後、唐左衛門を襲名。
¶人名，日人

**加藤唐左衛門〔2代〕** かとうとうざえもん
江戸時代中期の尾張瀬戸の陶業家。
¶人名

**加藤唐左衛門〔3代〕** かとうとうざえもん
江戸時代中期の尾張瀬戸の陶業家。
¶人名

**加藤唐左衛門〔4代〕** かとうとうざえもん
安永1(1772)年～天保3(1832)年
江戸時代後期の尾張瀬戸の陶工。
¶コン改，コン4，新潮(――〔代数なし〕)，人名，姓氏愛知(――〔代数なし〕)，世人(――〔代数なし〕)，日人

**加藤唐左衛門〔5代〕** かとうとうざえもん
江戸時代後期の尾張瀬戸の陶業家。
¶人名

**加藤唐左衛門〔6代〕** かとうとうざえもん
江戸時代末期の尾張瀬戸の陶工。名は陶春。技量を認められ会津陶器学校に招かれた。
¶人名，日人(生没年不詳)

**加藤唐三郎(1)** かとうとうざぶろう
生没年不詳
江戸時代の陶工。
¶コン改，コン4，新潮，人名，姓氏愛知，戦人，日人，美工

**加藤唐三郎(2)** かとうとうざぶろう
明治43(1910)年1月20日～昭和62(1987)年9月21日
昭和期の陶芸家。
¶陶芸，陶芸最，陶工，美工，名工

**加藤藤三郎** かとうとうざぶろう
→加藤景国(かとうかげくに)

**加藤陶寿〔2代〕** かとうとうじゅ
? ～昭和3(1928)年11月8日
大正期の陶芸家。我が国初の洋式窯を築造。
¶女性，女性普

**加藤藤四郎** かとうとうしろう
鎌倉時代後期の尾張の陶工。
¶人名

**加藤藤次郎** かとうとうじろう
→加藤基通(かとうもとみち)

**加藤登喜枝** かとうときえ
昭和23(1948)年6月10日～
昭和期の陶芸家。
¶陶芸最

**加藤時蔵** かとうときぞう
昭和4(1929)年3月10日～
昭和～平成期の陶芸家。
¶陶芸最，陶工，名工

**加藤徳弘** かとうとくひろ
昭和13(1938)年～?
昭和～平成期の陶芸家。
¶陶工

**加藤俊夫** かとうとしお
昭和24(1949)年3月21日～
昭和期の陶芸家。
¶陶芸最

**加藤俊雄** かとうとしお
昭和19(1944)年6月14日～
昭和～平成期の陶芸家。
¶陶芸最，名工

**加藤富雄** かとうとみお
昭和期のライター修理士。
¶名工

**加藤友太郎** かとうともたろう
嘉永4(1851)年9月～大正5(1916)年2月27日
明治～大正期の陶業家。友玉園を開いた。製陶技術の近代化に尽力。
¶朝日，新潮，人名，世紀，陶工，日人，名工

**加藤伴平** かとうともひら
明治29(1896)年2月20日～昭和57(1982)年10月8日
明治～昭和期の技師。
¶近土，土木

**加藤知道** かとうともみち
明治期の技師。
¶渡航

**加藤豊三** かとうとよぞう
元禄13(1700)年～文化3(1806)年 [別]豊三《とよぞう》
江戸時代中期～後期の尾張瀬戸の陶工。
¶人名(豊三 とよぞう)，日人

**加藤豊八** かとうとよはち
天明6(1786)年～?
江戸時代中期～後期の堂大工。
¶姓氏愛知

**加藤直常** かとうなおつね
生没年不詳
江戸時代中期の装剣金工。
¶日人

**加藤直矢** かとうなおや
嘉永2(1849)年1月25日～明治25(1892)年2月13日
江戸時代後期～明治期の治水功労者。
¶庄内

**加藤仁兵衛** かとうにへえ
? ～寛永17(1640)年 [別]加藤景郷《かとうかげ

さと》
江戸時代前期の尾張赤津の陶工。
¶人名，日人

**加藤信義** かとうのぶよし
明治27（1894）年10月28日〜昭和34（1959）年4月1
日
昭和期の電気工学者。電気通信技術などに関する
論文を発表。輻射化学研究会理事長。
¶科学，現情，人名7，世紀，日人

**加藤麦袋** かとうばくたい
文久1（1861）年〜昭和18（1943）年
江戸時代末期〜昭和期の陶芸家。
¶陶工

**加藤土師萌** かとうはじめ
明治33（1900）年〜昭和43（1968）年
昭和期の陶業家。東京芸術大学教授。中国明代の
色絵磁器の技術を再現した作品多数。人間国宝。
¶愛知百（㊙1968年9月25日），神奈川人，神奈川
百，現朝（㊤1900年3月7日 ㊦1968年9月25
日），現情（㊤1900年3月7日 ㊦1968年9月25
日），現人，現日（㊤1900年3月7日 ㊦1968年9
月25日），国宝（㊤明治33（1900）年3月7日
㊦昭和43（1968）年9月25日），茶道，新潮
（㊤明治33（1900）年3月7日 ㊦昭和43（1968）
年9月25日），人名7，世紀（㊤明治33（1900）年
3月7日 ㊦昭和43（1968）年9月25日），姓氏愛
知，姓氏神奈川，世百新，全書，大百，陶芸最，
陶工，日人（㊤明治33（1900）年3月7日 ㊦昭和
43（1968）年9月25日），美工（㊤明治33（1900）
年3月7日 ㊦昭和43（1968）年9月25日），美
術，百科，名工（㊤明治33年3月7日 ㊦昭和43
年9月25日）

**加藤晴生** かとうはるお
？ 〜嘉永6（1853）年 ⑲加藤吉右衛門《かとうき
ちえもん》，吉右衛門〔本湊焼，7代〕《きちえもん》
江戸時代末期の尾張瀬戸の陶工。
¶人名（加藤吉右衛門 かとうきちえもん），日
人，日人（吉右衛門〔本湊焼，7代〕 きちえも
ん）

**加藤春宗** かとうはるむね
？ 〜元和5（1619）年 ⑲加藤春宗《かとうしゅん
そう》，慶長藤四郎《けいちょうとうしろう》
安土桃山時代〜江戸時代前期の尾張瀬戸の陶工。
¶人名，日人

**加藤寿一** かとうひさいち
昭和期の日本刀研磨師。
¶名工

**加藤博一** かとうひろかず
昭和32（1957）年4月29日〜
昭和〜平成期の陶芸家。
¶陶芸最，陶工

**加藤弘** かとうひろし
明治35（1902）年4月11日〜平成9（1997）年4月
12日
大正〜昭和期の造船工学者、東京大学名誉教授。

¶科学，現情

**加藤武右衛門** かとうぶえもん
江戸時代中期の尾張瀬戸の陶工。
¶人名

**加藤富士男** かとうふじお
昭和24（1949）年〜
昭和〜平成期の陶芸家。
¶陶工

**加藤文庫** かとうぶんこ
明治3（1870）年〜昭和11（1936）年
明治〜昭和期の陶工。
¶姓氏富山

**加藤文太郎** かとうぶんたろう
明治38（1905）年3月11日〜昭和11（1936）年
昭和期の登山家、製図技師。「単独行」が遺稿集。
新田次郎の「孤高の人」のモデル。
¶現朝（㊦1936年1月），コン改，コン5，新潮
（㊦昭和11（1936）年1月5日），世紀（㊦昭和11
（1936）年1月），全書，日人，兵庫百，兵庫文
（㊦昭和11（1936）年1月初旬）

**加藤平五郎** かとうへいごろう
万延1（1860）年〜大正14（1925）年
明治〜大正期の開拓者。
¶姓氏愛知

**加藤平八** かとうへいはち
江戸時代末期〜明治期の会津本郷陶工。藩主の御
用作師で多くの優れた焼き物を作成。
¶会津（㊤文政9（1826）年 ㊦明治1（1868）年），
幕末（㊤1827年 ㊦1881年7月10日）

**加藤允** かとうまこと
昭和9（1934）年9月17日〜
昭和〜平成期の陶芸家。
¶陶芸最，陶工，名工

**加藤正明** かとうまさあき
昭和7（1932）年3月29日〜
昭和期の陶芸家。
¶陶芸最

**加藤政吉** かとうまさきち
？ 〜慶応1（1865）年
江戸時代末期の陶工。
¶人名

**加藤政高** かとうまさたか
戦国時代の陶工、尾張赤津窯本家の祖。
¶人名，日人（生没年不詳）

**加藤正喬** かとうまさたか
慶応1（1865）年〜明治41（1908）年9月
江戸時代末期〜明治期の開拓功労者。
¶庄内

**加藤政連** かとうまさつら
⑲加藤藤九郎《かとうとうくろう》
江戸時代前期の陶工、尾張瀬戸窯本家の4世。
¶人名（加藤藤九郎 かとうとうくろう），日人

（生没年不詳）

**加藤正也** かとうまさや
昭和30（1955）年3月2日～
昭和～平成期の陶芸家。
¶陶工

**加藤雅康** かとうまさやす
大正4（1915）年3月15日～
昭和期の陶芸家。
¶陶芸最

**加藤正義** かとうまさよし
昭和7（1932）年9月10日～
昭和期の陶芸家。
¶陶芸最

**加藤復重郎**（加藤復十郎）**かとうまたじゅうろう**
嘉永1（1848）年～大正3（1914）年
明治期の鉛版師。積文社設立者。活字の製造、印刷術を学び、紙型鉛版に力を注ぎ、印刷業を始めた。
¶コン5（加藤復十郎），日人，名工（⊕嘉永1（1848）年12月 ⊗大正3年12月28日）

**加藤道博** かとうみちひろ
昭和24（1949）年11月1日～
昭和～平成期の陶芸家。
¶陶芸最，陶工，名工

**加藤光昭** かとうみつあき
昭和8（1933）年4月10日～
昭和～平成期の陶芸家。
¶陶芸最，名工

**加藤光広** かとうみつひろ
大正14（1925）年～
昭和期の陶芸家。
¶陶芸最

**加藤美土里** かとうみどり
昭和9（1934）年～
昭和～平成期の陶芸家。
¶陶芸最（⊕昭和9年2月12日），名工（⊕昭和9年5月4日）

**加藤嶺男** かとうみねお
大正8（1919）年10月3日～
昭和～平成期の陶芸家。
¶現情，陶芸，名工

**加藤実** かとうみのる
昭和期の時計師。
¶名工

**加藤六美** かとうむつみ
明治44（1911）年3月20日～平成12（2000）年7月8日
昭和～平成期の建築学者、東京工業大学学長。
¶科学，現情

**迦洞無坪** かとうむへい
明治24（1891）年7月4日～昭和22（1947）年3月31日

大正～昭和期の陶芸家。
¶広島百

**加藤村三郎**〔1代〕**かとうむらさぶろう**
江戸時代後期の尾張瀬戸の陶工。
¶人名

**加藤村三郎**〔2代〕**かとうむらさぶろう**
江戸時代後期の尾張瀬戸の陶工。
¶人名

**加藤村三郎**〔3代〕**かとうむらさぶろう**
江戸時代後期の尾張瀬戸の陶工。
¶人名，日人（生没年不詳）

**加藤村三郎**〔4代〕**かとうむらさぶろう**
江戸時代後期の尾張瀬戸の陶工。
¶人名，日人（生没年不詳）

**加藤村三郎**〔5代〕**かとうむらさぶろう**
？　～明治9（1876）年
江戸時代末期の尾張瀬戸の陶工。
¶人名，日人

**加藤村三郎**〔6代〕**かとうむらさぶろう**
明治期の陶工。尾張瀬戸の陶工。松籟軒と号す。
¶人名

**加藤茂右衛門** かとうもえもん
生没年不詳
戦国時代の陶工。
¶戦人

**加藤杢左衛門** かとうもくざえもん
世襲名　江戸時代後期～明治期の瀬戸の陶家、実業家。
¶姓氏愛知

**加藤杢左衛門**〔1代〕**かとうもくざえもん**
江戸時代後期の尾張瀬戸の陶業家。
¶人名，日人（生没年不詳）

**加藤杢左衛門**〔2代〕**かとうもくざえもん**
天保3（1832）年～明治33（1900）年
江戸時代後期～明治期の陶工。
¶日人

**加藤杢左衛門**〔3代〕**かとうもくざえもん**
生没年不詳
明治期の尾張瀬戸の陶業家。事業を拡張し、公共に尽力。
¶人名，美工

**加藤元男** かとうもとお
大正8（1919）年～平成21（2009）年3月1日
昭和～平成期の陶芸家。
¶美工（⊕大正8（1919）年1月1日），名工

**加藤基範** かとうもとのり
生没年不詳
安土桃山時代の陶工。
¶日人

**加藤基通** かとうもとみち
⊗加藤藤次郎《かとうとうじろう》

か

かとうも 212 日本人物レファレンス事典

安土桃山時代～江戸時代前期の陶工。尾張瀬戸窯本家の2世。
¶人名(加藤藤次郎　かとうとうじろう)，日人(生没年不詳)

**加藤基村** かとうもとむら
生没年不詳
戦国時代の陶工。
¶日人

**加藤紋右衛門** かとうもんうえもん
世襲名　江戸時代の瀬戸の陶業家。
¶姓氏愛知

**加藤紋右衛門〔1代〕** かとうもんえもん
江戸時代中期の尾張瀬戸の陶業家。
¶人名

**加藤紋右衛門〔2代〕** かとうもんえもん
江戸時代中期の尾張瀬戸の陶業家。
¶人名

**加藤紋右衛門〔3代〕** かとうもんえもん
江戸時代後期の尾張瀬戸の陶業家。
¶人名

**加藤紋右衛門〔4代〕** かとうもんえもん
江戸時代後期の尾張瀬戸の陶工。文政後期から磁器製作に転じた。
¶人名，日人(生没年不詳)

**加藤紋右衛門〔5代〕** かとうもんえもん
明治期の尾張瀬戸の陶工。青磁などにすぐれた。公共事業に尽力。
¶人名，日人，名工

**加藤弥右衛門** かとうやうえもん
昭和17(1942)年1月29日～
昭和期の陶芸家。
¶陶芸最

**加藤安興** かとうやすおき
弘化2(1845)年～明治16(1883)年1月
江戸時代後期～明治期の開拓功労者。
¶庄内

**加藤裕英** かとうやすひで
昭和20(1945)年7月7日～
昭和～平成期の陶芸家。
¶陶芸最，名工

**加藤保美** かとうやすみ
昭和23(1948)年11月9日～
昭和期の陶芸家。
¶陶芸最

**加藤佑** かとうゆう
昭和22(1947)年6月23日～
昭和～平成期の陶芸家。
¶陶芸最，陶工

**加藤酉翁** かとうゆうおう
明治30(1897)年～?
明治～昭和期の陶芸家。
¶陶芸，陶工

**加藤洋二** かとうようじ
昭和28(1953)年3月25日～
昭和～平成期の陶芸家。
¶陶芸最，名工

**加藤与五郎** かとうよごろう
明治5(1872)年～昭和42(1967)年8月13日
明治～昭和期の電気化学者。東大工業大学教授。アルミナの製造発明で著名。文化功労者。
¶科学(⊕1872年(明治5)7月2日)，現朝(⊕明治5年7月2日(1872年8月5日))，現情(⊕1872年7月2日)，新潮(⊕明治5(1872)年7月2日)，人名7，世紀(⊕明治5(1872)年7月2日)，姓氏愛知，姓氏長野，渡航(⊕1872年7月2日)，長野歴，日人(⊕明治5(1872)年7月2日)，日本

**加藤嘉明** かとうよしあき
昭和9(1934)年2月12日～
昭和～平成期の陶芸家。
¶陶芸最，陶工，名工

**加藤芳右衛門** かとうよしうえもん
昭和7(1932)年11月25日～
昭和期の陶芸家。
¶陶芸最

**加藤善雄** かとうよしお
明治35(1902)年～昭和47(1972)年
昭和期の農業技術者。豊産の治郎丸ホウレンソウを作出。
¶姓氏愛知

**加藤良孝** かとうよしたか
昭和26(1951)年～
昭和～平成期の陶芸家。
¶陶工

**加藤芳比古** かとうよしひこ
昭和21(1946)年8月16日～
昭和期の陶芸家。
¶陶芸最

**加藤良久** かとうよしひさ
?　～延宝3(1675)年
江戸時代前期の大工。土佐藩作事奉行。京都御所修造の命をうけて京都に赴いた。
¶高知人，人名，日人

**加藤与之吉** かとうよのきち
慶応3(1867)年7月10日～昭和8(1933)年10月12日
江戸時代末期～昭和期の土木技術者。
¶近土，土木

**加藤馮銃** かとうよりかね
生没年不詳
江戸時代中期の武州横川村の鋳物師。
¶姓氏神奈川

**加藤利慶** かとうりけい
?　～寛政8(1796)年
江戸時代中期～後期の陶工。
¶日人

## か

**加藤利昌** かとうりしょう
～昭和58(1983)年4月17日
昭和期の陶芸家。
¶名工

**加藤良雪** かとうりょうせつ
大正14(1925)年1月13日～
昭和～平成期の陶芸家。
¶陶工

**加藤鐐三** かとうりょうぞう
大正7(1918)年～
昭和期の陶芸家。
¶陶芸

**加藤林造** かとうりんぞう
江戸時代末期の近江湖東焼の陶工。
¶人名, 日人(生没年不詳)

**加藤類治郎** かとうるいじろう
慶応2(1866)年～昭和32(1957)年
明治～昭和期の政治家, 引佐の開発功労者。
¶静岡歴, 姓氏静岡

**加藤令吉** かとうれいきち
昭和28(1953)年6月17日～
昭和～平成期の陶芸家。
¶陶芸最, 陶工, 名工

**加藤連三郎** かとうれんざぶろう
明治期の尾張瀬戸の陶業指導者。陶業の歴史, 現況に長じ瀬戸の活字引。共著に「をはりの花」。
¶人名, 日人, 名工

**加藤廉平** かとうれんぺい
昭和13(1938)年8月6日～
昭和～平成期の陶芸家。
¶陶芸最, 陶工(㊙1928年8月6日), 名工

**加藤渉** かとうわたる
大正4(1915)年8月15日～平成9(1997)年6月12日
昭和～平成期の建築学者, 日本大学名誉教授。専門は建築構造学, 海洋建築工学, 土質工学。
¶科学, 現情

**加藤木畯叟** かとぎしゅんそう
→加藤木畯叟(かとうぎしゅんそう)

**門倉国輝** かどくらくにてる
明治26(1893)年～昭和56(1981)年
明治～昭和期の菓子職人。
¶食文

**門田茂** かどたしげる
昭和期のピッケル職人。
¶名工

**門田二郎** かどたじろう
明治40(1907)年4月23日～
昭和～平成期の別府竹細工師。
¶名工

**門田正** かどたただし
昭和6(1931)年～平成4(1992)年 ㊙門田正《か

どたまさし》
昭和～平成期のピッケルづくりの名手。
¶札幌, 北海道歴, 名工(かどたまさし)

**門田二篁** かだたにこう
明治40(1907)年～平成6(1994)年
大正～平成期の竹細工師。
¶大分歴, 美工(㊙明治40(1907)年4月23日)

**門田正** かどたまさし
→門田正(かどたただし)

**角野岩次** かどのいわじ
大正14(1925)年4月11日～
昭和～平成期の漆芸家。
¶名工

**上遠野徹** かとのてつ
大正13(1924)年2月27日～平成21(2009)年11月9日
昭和～平成期の建築家。上遠野建築事務所主宰。
¶美建

**角之坊** かどのぼう
安土桃山時代の仮面工。
¶人名

**門林弥太郎** かどばやしやたろう
明治期の菓子職人。
¶食文

**嘉戸秀樹** かどひでき
昭和25(1950)年7月9日～
昭和～平成期の陶芸家。
¶陶芸

**加登長政吉** かとやまさきち
江戸時代中期の加賀大樋焼の陶工。
¶人名, 姓氏石川, 日人(生没年不詳)

**門屋盛一** かどやもりいち
明治29(1896)年4月30日～昭和36(1961)年5月10日
明治～昭和期の技師。
¶大分歴, 近土, 土木

**香取権兵衛** かとりごんべえ
明治期の篤農家。農具の改良, 農事上の公益に貢献。緑綬褒章受章。
¶人名, 日人

**香取甫** かとりはじめ
昭和13(1938)年4月1日～
昭和期の陶芸家。
¶陶芸最

**香取秀真** かとりほずま
→香取秀真(かとりほつま)

**香取秀真** かとりほつま, かとりほづま
明治7(1874)年～昭和29(1954)年 ㊙香取秀真《かとりほずま》
明治～昭和期の鋳金作家, 歌人。東京美術学校教授。帝展工芸部を創立。帝国美術院会員。文化勲章受章。金工史の先駆的研究で著名。

かとりま　214　日本人物レファレンス事典

¶角史，郷土千葉（かとりほずま），近現，近文（かとりほずま），現朝（㊞1874年1月1日 ㊞1954年1月31日），現情（㊞1874年1月1日 ㊞1954年1月31日），考古（㊞明治7（1874）年1月1日 ㊞昭和29（1954）年1月31日），国史，コン改（かとりほづま），コン4（かとりほづま），コン5（かとりほづま），史研，史人（㊞1874年1月1日 ㊞1954年1月31日），新潮（かとりほずま ㊞明治7（1874）年1月1日 ㊞昭和29（1954）年1月31日），人名7，世紀（㊞明治7（1874）年1月1日 ㊞明治7（1874）年1月31日），姓氏長野，世人（かとりほずま ㊞明治7（1874）年1月1日 ㊞昭和29（1954）年1月31日），世百（かとりほずま），世百新，全書，大百（かとりほずま），短歌（かとりほずま）㊞1874年1月1日 ㊞1954年1月31日），千葉百（かとりほずま），長野歴（かとりほづま），日史（㊞明治7（1874）年1月1日 ㊞昭和29（1954）年1月31日），日人（㊞明治7（1874）年1月1日 ㊞昭和29（1954）年1月31日），日本，美工（㊞明治7（1874）年1月1日 ㊞昭和29（1954）年1月31日），美術，百科，名工（かとりほずま ㊞明治7年1月1日 ㊞昭和29年1月31日）

**香取正彦** かとりまさひこ
明治32（1899）年1月15日～昭和63（1988）年11月19日
大正～昭和期の鋳金家。帝展特選，芸術院賞受賞。日本伝統工芸展特別賞受賞。「梵鐘」の人間国宝。日本工芸会常任理事。
¶現情，現日，国宝，新潮，世紀，日人，美工，名工

**金井嘉五郎** かないかごろう
嘉永3（1850）年7月～大正2（1913）年
江戸時代末期～大正期の日本におけるビール醸造技術の先駆者。
¶札幌

**金井繁之丞** かないしげのじょう
宝暦8（1758）年～文政12（1829）年
江戸時代中期～後期の機業家。足利織物発展の基礎を築いた。
¶郷土栃木，栃木百，栃木歴，日人

**金井繁晴** かないしげはる
昭和21（1946）年7月23日～
昭和～平成期の陶芸家。
¶陶芸最，陶工

**金井春山** かないしゅんざん
明治37（1904）年4月8日～昭和57（1982）年4月18日
昭和期の陶芸家。
¶岡山歴

**金井清吉** かないせいきち
文政10（1827）年～明治33（1900）年
明治期の蒔絵師。東京美術学校漆工科教員となり，教授用の手本を造った。
¶人名，名工（㊞文政10（1827）年3月 ㊞明治33年3月10日）

**金井正** かないただし
昭和26（1951）年4月16日～
昭和期の陶芸家。
¶陶芸最

**金井潭** かないたん
→金井潭（かないふかし）

**金井俊行** かないとしゆき
嘉永3（1850）年～明治30（1897）年
明治期の地方史研究家。長崎市会議長。長崎県史を研究。
¶維新，郷土（㊞嘉永3（1850）年1月6日 ㊞明治30（1897）年8月26日），郷土長崎，史研（㊞嘉永3（1850）年1月2日 ㊞明治30（1897）年8月27日），人名，長崎百，長崎歴，日人

**金井潭** かないふかし
天保10（1839）年～明治41（1908）年 ㋾金井潭《かないたん》
明治期の養蚕家。東筑摩蚕糸業組合長，信飛新聞編集長。品種改良，販路の拡張など養蚕業の発展に尽力。
¶人名（かないたん ㊞1840年），姓氏長野，長野百，長野歴，日人（㊞1840年）

**金井斧三郎信重** かないふさぶろうのぶしげ
文化13（1816）年～明治21（1888）年
江戸時代後期～明治期の刀工。
¶多摩

**金井由太郎** かないよしたろう
明治15（1882）年～昭和22（1947）年
明治～昭和期の舞台大道具方。大道具金井の設立。歌舞伎舞踊の舞台「所作台」を製作。
¶人名7，日人（㊞昭和22（1947）年7月16日）

**金岡甚三** かなおかじんぞう
明治8（1875）年～昭和41（1966）年
明治～昭和期の穀物乾燥機発明者。
¶姓氏富山，富山百（㊞明治8（1875）年8月11日 ㊞昭和41（1966）年10月27日）

**金岡宗幸** かなおかそうこう
明治43（1910）年～昭和57（1982）年
大正～昭和期の鋳金家。
¶石川百，美工（㊞明治43（1910）年1月28日）

**金ケ江和隆** かながえかずたか
昭和22（1947）年12月7日～平成10（1998）年12月22日
昭和～平成期の陶芸家。
¶美工

**金ケ江祥晃** かながえよしてる
昭和17（1942）年2月10日～
昭和期の陶芸家。
¶陶芸最

**金刺景弘** かなさしのかげひろ
生没年不詳
南北朝時代の武蔵国の鋳物師。
¶埼玉人

**金刺重弘** かなさしのしげひろ
生没年不詳
南北朝時代の武蔵国の鋳物師。
¶埼玉人

**金沢一弘** かなざわかずひろ
昭和33(1958)年1月3日～
昭和～平成期の陶芸家。
¶陶工

**金沢嘉蔵** かなざわかぞう
明治期のビール醸造技術者。
¶食文

**金沢兼光** かなざわかねみつ
生没年不詳
江戸時代中期の船大工。
¶大阪人，国書，人名，日人

**金沢嘉兵衛** かなざわかへえ
生没年不詳
江戸時代後期の海浜干拓技術者。
¶朝日，近世，国史，コン改，コン4，史人，新潮，人名，日人，藩臣5，兵庫人

**金沢勘右衛門** かなざわかんえもん
？ ～元禄4(1691)年
江戸時代前期の測量家、津軽藩主側近。
¶青森人，朝日(㉇元禄4年閏8月9日(1691年9月30日))，近世，国史，人名(㊓1638年)，日人(㊓1638年)

**金沢刑部左衛門** かなざわぎょうぶざえもん
生没年不詳
江戸時代前期の測量家。
¶新潮，人名，日人

**金沢九郎兵衛** かなざわくろべえ
生没年不詳
江戸時代後期の新田開発者。
¶藩臣5，兵庫人

**金沢祥元** かなざわしょうげん
昭和22(1947)年11月30日～
昭和～平成期の陶芸家。
¶陶芸最，陶工

**金沢祥元〔1代〕** かなざわしょうげん
大正14(1925)年～昭和55(1980)年
昭和期の陶芸家。
¶陶工

**金沢専治** かなざわせんじ
明治44(1911)年3月4日～平成11(1999)年6月16日
昭和～平成期の南部鉄器職人。
¶美工，名工

**金沢武** かなざわたけし
大正9(1920)年9月11日～平成15(2003)年5月26日
昭和～平成期の造船工学者、東京大学名誉教授。専門は破壊力学。
¶科学，現情

**金重陶陽** かなしげとうよう
→金重陶陽(かねしげとうよう)

**金津栄三郎** かなづえいさぶろう
嘉永1(1848)年～昭和8(1933)年
明治～昭和期の漁業者。製鋼技術を改良。
¶島根歴

**金津滋** かなつしげる
大正12(1923)年～平成8(1996)年
昭和～平成期の染色工芸家、古美術収集・鑑定家。
¶島根歴

**我那覇生敏** がなはせいびん
明治23(1890)年4月6日～昭和4(1929)年9月29日
大正～昭和期の底もの一本釣りならびにマグロ延縄漁業の開拓者、水産功労者。
¶沖縄百

**金林秀雄** かなばやしひでお
昭和期の江戸木目込み人形製作。
¶名工

**金林真多呂〔1代〕** かなばやしまたろ
明治30(1897)年5月4日～昭和59(1984)年5月25日
明治～昭和期の人形作家。
¶世紀，日人(──〔代数なし〕)，美工，名工

**金林真多呂〔2代〕** かなばやしまたろ
昭和7(1932)年8月4日～
昭和～平成期の木目込人形作家。
¶名工

**金林真弓** かなばやしまゆみ
昭和38(1963)年2月15日～
昭和～平成期の人形作家。
¶名工

**金丸水明** かなまるすいめい
大正6(1917)年～
昭和～平成期の染色作家。
¶名工

**金本忠彦** かなもとただひこ
昭和21(1946)年9月16日～
昭和～平成期の陶芸家。
¶陶芸最，名工

**金森映井智** かなもりえいいち
明治41(1908)年2月3日～平成13(2001)年11月25日
昭和期の彫金家。日本工芸会理事、人間国宝。
¶国宝，世紀，日人，美工，名工(㊓明治40年)

**金森鍬太郎** かなもりくわたろう
明治7(1874)年11月1日～昭和2(1927)年1月26日
明治～昭和期の技師。
¶近土，土木

**金森誠之** かなもりしげゆき
明治25(1892)年～昭和34(1959)年　㊖金森誠之《かなもりせいし》
明治～昭和期の技師。

か

¶近土（[生]1892年7月27日　[没]1959年8月19日），姓氏神奈川，土木（[生]1892年7月27日　[没]1959年8月19日），宮城百（かなもりせいし）

**金森紹栄** かなもりしょうえい
昭和5（1930）年～
昭和～平成期の鋳金作家。
¶名工

**金森誠之** かなもりせいし
→金森誠之（かなもりしげゆき）

**金森伸郎** かなもりのぶお
昭和28（1953）年4月12日～
昭和期の陶芸家。
¶陶芸最

**金屋子神** かなやごがみ
鍛冶職、鋳物師、冶金業者、炭焼きなどが祀る神。
¶全書，日史，日人

**金屋五郎三郎〔13代〕** かなやごろうさぶろう
明治34（1901）年～
昭和期の彫金家。茶器、花道具などを製作。新文展、日展に出品。
¶新潮

**金家五郎三郎** かなやごろうさぶろう
天正9（1581）年～寛文8（1668）年　[別]金家五郎三郎《かなやごろさぶろう》，金谷五郎三郎〔1代〕《かなやごろさぶろう》
江戸時代前期の鋳金工。五郎三色（鉄の着色法）の考案者。
¶朝日，コン改（[生]？），コン4（[生]？），新潮，人名（かなやごろさぶろう），日人（かなやごろさぶろう），百科（金谷五郎三郎〔1代〕　かなやごろさぶろう）

**金谷五郎三郎**（金家五郎三郎） かなやごろうさぶろう
[別]金谷五郎三郎《かなやごろさぶろう》，金家五郎三郎《かなやごろさぶろう》
世襲名　江戸時代前期以来の鋳金家。
¶京都大（かなやごろさぶろう），新潮（金家五郎三郎），日史（かなやごろさぶろう），美術（かなやごろさぶろう）

**金家五郎三郎**（金谷五郎三郎〔1代〕） かなやごろさぶろう
→金家五郎三郎（かなやごろうさぶろう）

**金谷五郎三郎** かなやごろさぶろう
→金谷五郎三郎（かなやごろうさぶろう）

**金山毘売神** かなやまびめのかみ
上代の女神。鉱山の神。
¶女性，日人

**蟹江源吉** かにえげんきち
生没年不詳
明治期の実業家。トマトケチャップの製造に成功。
¶先駆

**可児一広** かにかずひろ
昭和26（1951）年12月13日～
昭和期の陶芸家。
¶陶芸最

**金明** かねあき
大正12（1923）年10月4日～
昭和期の刀工。善金の子。
¶島根百

**兼紹** かねあき
江戸時代後期の刀工。
¶島根百

**兼明**(1) かねあき
室町時代の刀工。
¶人名

**兼明**(2) かねあき
室町時代の刀工。
¶人名

**兼明**(3) かねあき
戦国時代の刀工。
¶人名

**金家** かねいえ
生没年不詳
室町時代の刀装金工家。絵風鐔の開祖。
¶朝日，古中，コン改，コン4，佐賀百，史人，人書94，新潮，人名，世人，全書，戦人，日人，美工，百科

**兼家** かねいえ
室町時代の刀工。
¶人名，日人（生没年不詳）

**兼岩伝一** かねいわでんいち
明治32（1899）年2月5日～昭和45（1970）年9月15日
昭和期の政治家。全日本建設技術協会委員長、参議院議員。共産党中央統制監査委員、中央委員などを歴任。
¶近土，現情，埼玉人，人名7，世紀，政治，土木，日人

**兼氏**(1) かねうじ
弘安1（1278）年～興国5/康永3（1344）年　[別]志津兼氏《しづかねうじ》
鎌倉時代後期～南北朝時代の刀工。相州正宗の弟子。
¶朝日（志津兼氏　しづかねうじ　生没年不詳），鎌室（志津兼氏　しづかねうじ　生没年不詳），古中，コン改（志津兼氏　しづかねうじ），コン4（志津兼氏　しづかねうじ），史人，新潮（生没年不詳），人名，人名（志津兼氏　しづかねうじ），世人（生没年不詳），日人（生没年不詳）

**兼氏**(2) かねうじ
生没年不詳
鎌倉時代後期～南北朝時代の美濃の刀工。
¶鎌倉，郷土岐阜

**金打忠政** かねうちただまさ
昭和34（1959）年1月12日～
昭和期の陶芸家。

¶陶芸最

**金岡茂幸** かねおかしげゆき
昭和期の木彫師。
¶名工

**金ケ江三兵衛** かねがえさんべえ
→李参平（りさんべい）

**兼門** かねかど
江戸時代前期の美濃善定派の刀工。
¶人名，日人（生没年不詳）

**金清** かねきよ
江戸時代後期の刀工。
¶島根人，島根百

**兼清**(1) かねきよ
戦国時代の刀工。
¶島根百

**兼清**(2) かねきよ
江戸時代前期の刀工。
¶島根百

**兼清**(3) かねきよ
生没年不詳
江戸時代中期の細工師。
¶庄内

**兼清**(4) かねきよ
明治期の刀工。
¶島根百

**兼国**(1) かねくに
南北朝時代の刀工。
¶人名，日人（生没年不詳）

**兼国**(2) かねくに
戦国時代の美濃関の刀工。
¶人名，日人（生没年不詳）

**包国**(1) かねくに
鎌倉時代後期の刀工。
¶人名，日人（生没年不詳）

**包国**(2) かねくに
生没年不詳
江戸時代前期の刀工。万治〜元禄年間（1658〜1704）頃の大和の人。
¶日人

**包国**(3) かねくに
江戸時代前期の刀工。
¶人名

**包国**(4) かねくに
江戸時代中期の刀工。
¶人名

**包蔵〔1代〕** かねくら
江戸時代前期の刀工。
¶人名（──〔代数なし〕，日人（生没年不詳）

**金子勇** かねこいさむ
昭和45（1970）年7月〜平成25（2013）年7月6日
昭和〜平成期の情報工学者。
¶科学

**金子岩令** かねこいわのり
＊〜
昭和〜平成期の陶芸家。
¶陶芸最（⊕昭和28年），陶工（⊕1954年2月2日）

**金子兼元** かねこかねもと
大正13（1924）年〜
昭和〜平成期の刀工。
¶郷土岐阜，日人（⊕大正13（1924）年1月26日）

**兼儀右衛門**（金子儀右衛門） かねこぎえもん
江戸時代中期の仮面工。出目満喬に学ぶ。宝永年間頃に活躍。
¶人名（金子儀右衛門），日人（生没年不詳）

**金子喜三郎** かねこきさぶろう
昭和期の桶樽職人。
¶名工

**金子清** かねこきよし
昭和18（1943）年6月15日〜
昭和〜平成期の陶芸家。
¶陶工

**金子国夫** かねこくにお
昭和17（1942）年7月23日〜
昭和〜平成期の陶芸家。
¶陶芸最，名工

**金子源一郎** かねこげんいちろう
明治24（1891）年6月24日〜昭和51（1976）年9月3日
明治〜昭和期の技師。
¶近土，土木

**金子権七** かねこごんしち
江戸時代中期の測量術家。
¶人名，日人（生没年不詳）

**金子貞家** かねこさだいえ
江戸時代末期の喜連川藩刀工。
¶栃木歴

**金子潤** かねこじゅん
昭和17（1942）年〜
昭和〜平成期の陶芸家。
¶名工

**金子昌沢** かねこしょうたく
江戸時代中期の測量家。
¶人名，日人（生没年不詳）

**金子昌太郎** かねこしょうたろう
明治9（1876）年〜昭和47（1972）年
明治〜昭和期の甘蔗品種改良者。
¶群馬人

**金子晋** かねこしん
昭和7（1932）年11月19日〜

かねこせ　　　　　　　　　　218　　　　　　　　日本人物レファレンス事典

昭和～平成期の古代鉱物染色家。専門は古代黄土
染、俳句形式とその歴史。
¶現執2期，現俳，俳文，名工

**金子清作** かねこせいさく
文政3（1820）年～明治29（1896）年
江戸時代末期～明治期の養蚕家、加賀藩士。
¶人名（⑧1805年），姓氏石川，日人

**金子惣五郎** かねこそうごろう
安土桃山時代の戸田の開発者。
¶埼玉百

**金児禎三** かねこていぞう
大正6（1917）年5月1日～平成6（1994）年3月27日
昭和期の表具師。
¶世紀，日人，美工

**金子照泰** かねこてるやす
享保9（1724）年～文政4（1821）年
江戸時代中期～後期の郷土史家。沼田藩御絵図師。
¶国書，姓氏群馬

**金子留吉** かねことめきち
明治14（1881）年8月25日～昭和25（1950）年12月
11日
明治～昭和期の弓道家、弓師。
¶弓道

**金子信彦** かねこのぶひこ
昭和26（1951）年5月26日～
昭和～平成期の陶芸家。
¶陶工

**金子登** かねこのぼり
明治3（1870）年11月23日～？
明治期の工学者。
¶渡航

**金子彦一** かねこひこいち
明治44（1911）年～
昭和期の土地改良功労者。
¶群馬人

**金古久次** かねこひさつぐ
明治14（1881）年5月24日～昭和20（1945）年6月8
日
明治～昭和期の技師。
¶近土，土木

**金子仁** かねこひとし
昭和期の人形師。
¶名工

**金子孫六** かねこまごろく
大正13（1924）年～平成20（2008）年1月24日
昭和～平成期の刀匠。
¶美工

**金子柾** かねこまさき
明治37（1904）年11月21日～昭和43（1968）年11月
22日
大正～昭和期の技師。
¶近土，土木

**金子道夫** かねこみちお
昭和22（1947）年10月15日～
昭和期の陶芸家。
¶陶芸最

**金子元助** かねこもとすけ
生没年不詳
明治期の時計商。大型時計製造のパイオニア。
¶先駆

**金子行徳** かねこゆきのり
明治11（1878）年～昭和40（1965）年
明治～昭和期の製糸家、社会事業家。
¶姓氏長野，長野歴

**金坂伴四郎** かねさかばんしろう
文政4（1821）年～明治37（1904）年
江戸時代後期～明治期の大敷網の改良者。
¶島根歴

**兼先**(1) かねさき
江戸時代前期の刀工。
¶島根人，島根百

**兼先**(2) かねさき
江戸時代後期の刀工。
¶岡山人，岡山歴

**金指喜久次** かねさしきくじ
大正6（1917）年2月26日～
昭和～平成期の箱根寄木細工職人。
¶名工

**兼貞** かねさだ
戦国時代の石見の刀匠。
¶島根人

**兼定**(1) かねさだ
室町時代の刀工。
¶島根人，島根百，人名

**兼定**(2) かねさだ
生没年不詳
戦国時代の美濃国関の刀工。
¶国史，古中，史人，島根百，人名，戦人，日人，
美工

**兼定**(3) かねさだ
生没年不詳
江戸時代中期の装剣金工。
¶日人

**兼定**(4) かねさだ
天保9（1838）年～明治36（1903）年
江戸時代末期～明治期の刀工。
¶人名，日人

**兼定〔新刀2代〕** かねさだ
江戸時代前期の刀工。
¶島根百

**兼定〔新刀3代〕** かねさだ
江戸時代前期の刀工。
¶島根百

**兼定〔新刀4代〕** かねさだ
江戸時代中期の刀工。
¶島根百

**兼定〔新刀5代〕** かねさだ
江戸時代中期の刀工。
¶島根百

**兼定〔新刀6代〕** かねさだ
江戸時代中期の刀工。
¶島根百

**兼定〔新刀初代〕** かねさだ
安土桃山時代の刀工。
¶島根百

**兼定〔1代〕** かねさだ
享禄2(1529)年～寛永2(1625)年
戦国時代～江戸時代前期の会津の刀匠。
¶会津

**兼定〔11代〕** かねさだ
天保8(1837)年～明治36(1903)年 [別]和泉守兼定《いずみのかみかねさだ》
江戸時代後期～明治期の刀匠。
¶会津, 新潟百(和泉守兼定 いずみのかみかねさだ)

**包貞** かねさだ
鎌倉時代後期～南北朝時代の刀工。
¶人名, 日人(生没年不詳)

**包真〔1代〕** かねざね
南北朝時代の刀工。
¶人名(――〔代数なし〕), 日人(生没年不詳)

**包真〔2代〕** かねざね
室町時代の刀工。
¶人名(――〔代数なし〕), 日人(生没年不詳)

**金重**(1) かねしげ
貞永1(1232)年～元亨2(1322)年 [別]金重《きんじゅう》
鎌倉時代後期の美濃の刀工。正宗門下十哲の一人。
¶国史(きんじゅう), 古中(きんじゅう), 史人, 新潮(生没年不詳), 人名, 日人(生没年不詳)

**金重**(2) かねしげ
安土桃山時代の刀工。
¶島根人, 島根百

**兼重**(1) かねしげ
南北朝時代の刀工。
¶人名, 日人(生没年不詳)

**兼重**(2) かねしげ
江戸時代前期の新刀の鍛工。
¶人名, 日人(生没年不詳)

**兼重**(3) かねしげ
文化13(1816)年～文久2(1862)年
江戸時代後期～末期の加賀の刀工。
¶姓氏石川

**兼重寛九郎** かねしげかんくろう
明治32(1899)年4月5日～平成1(1989)年6月5日
昭和期の機械工学者。東京大学生産技術研究所所長、学術体制刷新委員会委員長などを歴任。文化功労者。
¶科学, 現朝, 現情, 現人, 現日, 新潮, 世紀, 全書, 大百, 日人, 日本, 履歴, 履歴2

**金重晃介** かねしげこうすけ
昭和18(1943)年12月23日～
昭和～平成期の陶芸家。
¶陶芸最, 陶工, 名工

**金重宗四郎** かねしげそうしろう
生没年不詳
江戸時代前期の備前伊部焼の陶工。
¶岡山人, 人名, 日人, 美工

**金重素山** かねしげそざん
明治42(1909)年3月31日～平成7(1995)年12月27日
大正～平成期の陶芸家。
¶世紀, 陶芸, 陶芸最, 陶工([没]1996年), 日人, 美工, 名工

**金重陶陽** かねしげとうよう
明治29(1896)年～昭和42(1967)年 [別]金重陶陽《かなしげとうよう》
昭和期の陶芸作家。古備前の作風復元に尽力。岡山県無形文化財指定。「備前焼」の人間国宝。
¶岡山人, 岡山百([生]明治29(1896)年1月3日 [没]昭和42(1967)年11月6日), 岡山歴([生]明治29(1896)年1月3日 [没]昭和42(1967)年11月6日), 現朝([生]1896年1月3日 [没]1967年11月6日), 現情([生]1896年1月3日 [没]1967年11月6日), 現人, 現日([生]1896年1月3日 [没]1967年11月6日), 国宝([生]明治29(1896)年1月3日 [没]昭和42(1967)年11月6日), コン改, コン4, コン5, 茶道(かなしげとうよう), 新潮([生]明治29(1896)年1月3日 [没]昭和42(1967)年11月6日), 人名7, 世紀([生]明治29(1896)年1月3日 [没]昭和42(1967)年11月6日), 世百新, 全書(かなしげとうよう), 大百, 陶芸最, 陶工, 日人([生]明治29(1896)年1月3日 [没]昭和42(1967)年11月6日), 美工([生]明治29(1896)年1月3日 [没]昭和42(1967)年11月6日), 美術, 百科, 名工([生]明治29年1月3日 [没]昭和42年11月6日)

**金重彦左衛門** かねしげひこざえもん
江戸時代末期の陶工。
¶岡山人

**金重愫**(1) かねしげまこと
昭和20(1945)年5月30日～
昭和～平成期の陶芸家。
¶陶芸最, 陶工

**金重愫**(2) かねしげまこと
昭和20(1945)年5月30日～
昭和～平成期の陶芸家。
¶名工

**金重道明** かねしげみちあき
昭和9(1934)年4月1日～平成7(1995)年
昭和～平成期の陶芸家。
¶陶芸最，陶工，美工([没]平成7(1995)年12月20日)，名工

**金重有邦** かねしげゆうほう
昭和25(1950)年7月10日～
昭和～平成期の陶芸家。
¶陶芸最，陶工，名工

**金重利右衛門**(1) かねしげりえもん
？ ～明和8(1771)年
江戸時代中期の備前焼窯元。
¶岡山歴

**金重利右衛門**(2) かねしげりえもん
大正11(1922)年10月9日～
昭和～平成期の陶芸家。
¶名工

**金重利吉** かねしげりきち
寛政4(1792)年～嘉永6(1853)年12月22日
江戸時代末期の陶工。
¶岡山人，岡山歴

**金重利作** かねしげりさく
？ ～文政11(1828)年
江戸時代の陶工。
¶岡山人，岡山歴([没]文政11(1828)年8月29日)，人名，日人

**金重利三郎** かねしげりさぶろう
*～昭和2(1927)年
江戸時代末期～昭和期の陶芸家。
¶岡山歴([生]安政5(1858)年？ [没]昭和2(1927)年12月2日)，陶工([生]1858年)

**兼末** かねすえ
鎌倉時代前期の刀工。
¶岡山人，人名

**包末** かねすえ
平安時代後期の刀工。
¶岡山人，岡山歴

**包助**(1) かねすけ
平安時代後期の刀工。
¶岡山人，岡山歴

**包助**(2) かねすけ
鎌倉時代前期の刀工。
¶人名，日人(生没年不詳)

**兼角** かねずみ
鎌倉時代の刀工。
¶人名

**兼角〔1代〕** かねずみ
生没年不詳
南北朝時代の刀工。
¶日人

**金田晃** かねだあきら
昭和27(1952)年10月25日～
昭和～平成期の陶芸家。
¶陶芸最，陶工

**金田市兵衛** かねだいちべえ
生没年不詳
明治期の時計商。時計製造のパイオニア。
¶先駆

**兼高** かねたか
生没年不詳
江戸時代前期の刀工。
¶庄内

**金田勝造** かねだかつぞう
明治26(1893)年～昭和39(1964)年
大正～昭和期の金工家。
¶島根百([生]明治26(1893)年6月26日 [没]昭和39(1964)年11月5日)，島根歴

**兼田佳炎** かねだけいえん
昭和24(1949)年2月10日～
昭和期の陶芸家。
¶陶芸最

**兼田三左衛門** かねださんざえもん，かねたさんざえもん
大正9(1920)年6月7日～平成16(2004)年12月15日
昭和～平成期の陶芸家。
¶陶芸最，美工(かねたさんざえもん)

**金田鹿男** かねだしかお
昭和13(1938)年～
昭和期の陶芸家。
¶陶芸最([生]昭和13年5月2日)，名工

**金田茂裕** かねだしげひろ
大正12(1923)年3月31日～平成8(1996)年5月14日
大正～平成期の鉄道研究家、技師。
¶鉄道

**金田長八** かねだちょうはち
天保1(1830)年～明治11(1878)年
明治期の開拓者。
¶鳥取百，日人

**金田昇** かねだのぼる
～平成12(2000)年9月
昭和～平成期の染付師。
¶美工

**金田弘** かねだひろむ
大正10(1921)年11月13日～平成12(2000)年5月26日
昭和～平成期の情報工学者、日本電気常務。
¶科学

**兼田文男** かねだふみお
昭和5(1930)年1月5日～
昭和～平成期の陶芸家。
¶陶工

兼田昌尚 かねだまさなお
　昭和28（1953）年9月21日〜
　昭和〜平成期の陶芸家。
　¶陶芸最，陶工，名工

金田正芳 かねだまさよし
　明治45（1912）年2月3日〜昭和22（1947）年4月9日
　昭和期の金工家。
　¶島根百

金田美智子 かねだみちこ
　昭和21（1946）年12月8日〜
　昭和〜平成期の染色工芸家。
　¶名工

金田六左衛門 かねだろくざえもん
　寛政7（1795）年〜元治1（1864）年
　江戸時代末期の殖産家。
　¶人名，日人

兼近 かねちか
　江戸時代末期の刀工。
　¶島根人，島根百

包近 かねちか
　鎌倉時代前期の刀工。
　¶岡山人，岡山歴，人名，日人（生没年不詳）

金次 かねつぐ
　南北朝時代の備後三原派の刀工。
　¶岡山歴

兼継 かねつぐ
　室町時代の刀工。
　¶島根人，島根百

兼継〔2代〕 かねつぐ
　戦国時代の刀工。
　¶島根百

兼継〔3代〕 かねつぐ
　戦国時代の刀工。
　¶島根百

兼次(1) かねつぐ
　平安時代の刀工。
　¶人名，日人（生没年不詳）

兼次(2) かねつぐ
　南北朝時代の刀工。
　¶人名，日人（生没年不詳）

兼次(3) かねつぐ
　戦国時代の刀工。
　¶島根百

兼次(4) かねつぐ
　江戸時代前期の刀工。
　¶人名

兼次(5) かねつぐ
　天保11（1840）年〜明治43（1910）年
　江戸時代末期〜明治期の刀工。
　¶人名，日人

包次 かねつぐ
　江戸時代前期の刀工。
　¶岡山歴，人名，日人（生没年不詳）

兼綱(1) かねつな
　南北朝時代の石見の刀匠。
　¶島根人

兼綱(2) かねつな
　室町時代の石見の刀匠。
　¶島根人

兼綱〔1代〕 かねつな
　南北朝時代の刀工。
　¶島根百

兼綱〔2代〕 かねつな
　南北朝時代の刀工。
　¶島根百

兼綱〔3代〕 かねつな
　戦国時代の刀工。
　¶島根百

兼綱〔4代〕 かねつな
　戦国時代の刀工。
　¶島根百

包綱 かねつな
　江戸時代中期の刀工。
　¶人名，日人（生没年不詳）

兼常(1) かねつね
　戦国時代の刀工。
　¶島根百

兼常(2) かねつね
　江戸時代前期の刀工。
　¶島根人，島根百，島根百

兼常(3) かねつね
　江戸時代前期の刀工。
　¶島根百

兼常(4) かねつね
　江戸時代前期の刀工。
　¶島根百

兼常(5) かねつね
　生没年不詳
　江戸時代前期の刀工。
　¶島根歴

兼常(6) かねつね
　江戸時代後期の刀工。
　¶島根百

金藤五兵衛 かねとうごへえ
　元和2（1616）年〜延宝5（1677）年
　江戸時代前期の安来の新田開発者。
　¶島根歴

兼辰 かねとき
　江戸時代前期の刀工。
　¶島根百

か

**兼友(1)** かねとも
南北朝時代の美濃の刀工。
¶人名，日人（生没年不詳）

**兼友(2)** かねとも
江戸時代中期の会津の刀工。
¶人名

**金豊** かねとよ
大正10（1921）年7月26日〜
昭和期の刀工。善金の2男。
¶島根百

**兼豊** かねとよ
天保2（1831）年〜慶応2（1866）年
江戸時代後期〜末期の加賀の刀工。
¶姓氏石川

**兼永(1)** かねなが
平安時代中期。
→五条兼永（ごじょうかねなが）

**兼永(2)** かねなが
生没年不詳
南北朝時代の刀工。
¶郷土岐阜

**兼永(3)** かねなが
戦国時代の刀工。
¶島根百

**兼永(4)** かねなが
戦国時代の刀工。
¶島根百

**兼長(1)** かねなが
戦国時代の刀工。
¶島根人，島根百

**兼長(2)** かねなが
江戸時代前期の刀工。
¶島根百

**兼長〔1代〕** かねなが
室町時代の刀工。
¶島根百

**包永** かねなが
生没年不詳　[別]手掻包永《てがいかねなが》
鎌倉時代後期の刀工。手掻派の祖。
¶朝日，鎌室（手掻包永　てがいかねなが），高知人，史人，新潮，人名，日人，美工

**包長** かねなが
生没年不詳
江戸時代前期の刀工。
¶高知人

**兼延** かねのぶ
南北朝時代の尾張志賀の刀工。
¶人名

**兼信** かねのぶ
江戸時代後期の加賀の刀工。
¶姓氏石川

**兼則** かねのり
戦国時代の刀工。
¶島根人，島根百

**兼法** かねのり
室町時代の美濃関の刀工。
¶人名，日人（生没年不詳）

**金浜火岳** かねはまかがく
昭和19（1944）年1月8日〜
昭和期の陶芸家。
¶陶芸最

**兼久(1)** かねひさ
室町時代の刀工。
¶島根百

**兼久(2)** かねひさ
戦国時代の出雲の刀匠。
¶島根人

**兼久(3)** かねひさ
戦国時代の石見の刀匠。
¶島根人

**兼久(4)** かねひさ
戦国時代の刀工。
¶島根百

**包平** かねひら
生没年不詳
平安時代後期の備前の刀工。三平と呼ばれていた名工。
¶朝日，岡山人，岡山歴，国史，古中，史人，新潮，人名，日人，美工，平史

**金掘源次郎** かねほりげんじろう
元和1（1615）年〜天和3（1683）年
江戸時代前期の南大堰と中堰の開削者。
¶姓氏岩手

**兼巻〔3代〕** かねまき
？　〜明暦1（1655）年　[別]敷村兼巻《しきむらかねまき》，兼巻〔3代〕《かねまき》
江戸時代前期の刀工。
¶人名（敷村兼巻　しきむらかねまき），日人

**兼正** かねまさ
江戸時代前期の越前の刀工。
¶人名，日人（生没年不詳）

**兼当** かねまさ
戦国時代の刀工。
¶島根人，島根百

**兼松所助** かねまつしょすけ
？　〜文久1（1861）年
江戸時代の尾張犬山焼の陶工。
¶人名，姓氏愛知，日人

**金丸惣八** かねまるそうはち
文政8（1825）年〜明治31（1898）年
江戸時代後期〜明治期の武士、治水家。

¶日人，宮崎百（[生]文政8（1825）年5月　[没]明治31（1898）年8月8日）

**金万**　かねまん
生没年不詳
南北朝時代の鍛冶業。奥間鍛冶屋の祖。
¶姓氏沖縄

**金道〔1代〕(1)**かねみち
江戸時代前期。
→金道〔1代〕(2)（かねみち）

**金道〔1代〕(2)**かねみち
？　～寛永6（1630）年　[別]金道〔1代〕《かねみち，きんみち》，金道《きんみち》
江戸時代前期の京の刀工。
¶朝日（――〔代数なし〕　きんみち　[没]寛永6年12月11日（1630年1月24日）），近世（きんみち　[没]1629年），人名，日人

**金道〔2代〕**　かねみち
？　～延宝8（1680）年
江戸時代後期の刀工。
¶人名，日人

**金道〔3代〕**　かねみち
明暦1（1655）年～享保11（1726）年
江戸時代中期の刀工。
¶人名，日人

**兼道(1)**　かねみち
戦国時代の山城の刀工。
¶人名，日人（生没年不詳）

**兼道(2)**　かねみち
慶長8（1603）年～寛文12（1672）年
江戸時代前期の大坂の刀工。
¶人名，日人

**包道**　かねみち
鎌倉時代前期の備前福岡の刀工。
¶岡山人，岡山歴，人名，日人（生没年不詳）

**兼光(1)**　かねみつ
南北朝時代の大和手掻の刀工。
¶人名，日人（生没年不詳）

**兼光(2)**　かねみつ
生没年不詳　[別]長船兼光《おさふねかねみつ》
南北朝時代の刀工。長船派の正系の4代目。
¶朝日，岡山人，岡山歴，鎌室（長船兼光　おさふねかねみつ），国史，古中，史人，新潮，人名，全書，日人，美工

**兼光(3)**　かねみつ
室町時代の因幡の刀工。
¶人名

**兼光(4)**　かねみつ
江戸時代中期の刀工。
¶人名

**包光**　かねみつ
戦国時代の刀工。
¶島根人，島根百

**兼元**　かねもと
生没年不詳　[別]関孫六《せきのまごろく》，孫六兼元《まごろくかねもと》，関の孫六《せきのまごろく》
室町時代の美濃の刀工。
¶朝日，鎌室（孫六兼元　まごろくかねもと），郷土岐阜，国史，古中，史人，新潮，人名，世人（孫六兼元　まごろくかねもと），全書（孫六兼元　まごろくかねもと），大百（孫六兼元　まごろくかねもと），日史，美工，百科，歴大（関孫六　せきのまごろく）

**兼元〔2代〕**　かねもと
生没年不詳
戦国時代の刀工。
¶日人

**包守**　かねもり
江戸時代前期の大和奈良の刀工。
¶人名，日人（生没年不詳）

**包保**　かねやす
→団包保（だんかねやす）

**包保〔1代〕**　かねやす
生没年不詳
江戸時代前期の刀工。
¶日人

**包保〔2代〕**　かねやす
生没年不詳
江戸時代前期の刀工。
¶日人

**兼義(1)**　かねよし
室町時代の石見の刀匠。
¶島根人

**兼義(2)**　かねよし
室町時代の刀工。
¶島根人，島根百

**兼吉〔1代〕**　かねよし
南北朝時代の美濃関の刀工。
¶人名（――〔代数なし〕），日人（生没年不詳）

**兼祥**　かねよし
戦国時代の刀工。
¶島根百

**包吉〔1代〕**　かねよし
南北朝時代の大和手掻の刀工。
¶人名（――〔代数なし〕），日人（生没年不詳）

**兼若〔1代〕**　かねわか
生没年不詳
江戸時代前期の刀工。
¶石川百

**加納越後守**　かのうえちごのかみ
？　～慶長8（1603）年？
安土桃山時代の経師。
¶戦辞

か

**狩野炎立** かのうえんりゅう
昭和13(1938)年1月22日～
昭和～平成期の陶芸家。
¶陶芸最，陶工，名工

**加納数馬** かのうかずま
生没年不詳
江戸時代の鎌倉仏師。
¶鎌倉

**狩野休山** かのうきゅうざん
明暦1(1655)年～享保9(1724)年
江戸時代中期の表絵師。
¶姓氏岩手，日人，名画

**加納倹二** かのうけんじ
明治37(1904)年5月20日～昭和47(1972)年11月15日
大正～昭和期の技師。
¶科学，近土，鉄道，土木

**金野光賀** かのうこうが
昭和15(1940)年11月8日～
昭和～平成期の陶芸家。
¶陶工

**狩野惟信** かのうこれのぶ
宝暦3(1753)年～文化5(1808)年　[別]狩野養川院惟信《かのうようせんいんこれのぶ》
江戸時代後期の奥絵師。
¶国書([生]宝暦3(1753)年10月15日　[没]文化5(1808)年1月9日)，日人，名画(狩野養川院惟信　かのうようせんいんこれのぶ)

**叶敏** かのうさとし
大正14(1925)年3月24日～昭和50(1975)年3月16日
昭和期の陶芸家、クラフト運動家。京都クラフト理事。新しい陶芸をめざすクラフト運動を進める。「新陶人」を創設、後進を指導。
¶現情，人名7，世紀，陶工，日人，美工，名工

**叶松谷** かのうしょうこく
昭和2(1927)年2月14日～
昭和期の陶芸家。
¶陶芸最

**狩野新右衛門** かのうしんえもん
[別]狩野新右衛門《かのしんえもん》
江戸時代前期の治水家。
¶人名(かのしんえもん)，日人(生没年不詳)

**加納巨峰** かのうしんぽう
昭和18(1943)年4月25日～
昭和期の陶芸家。
¶陶芸最

**加納臣峰** かのうしんぽう
昭和18(1943)年4月25日～
昭和～平成期の陶芸家。
¶陶工，名工

**加納真燁** かのうしんよう
明治37(1904)年～
大正～昭和期の鋳金作家。
¶名工

**加納宗七** かのうそうしち
文政10(1827)年～明治20(1887)年
江戸時代末期～明治期の神戸の地域開発者、勤王家。生田川の旧河川敷を埋め立て造成。
¶日人，幕末，兵庫人([生]文政10(1827)年6月23日　[没]明治20(1887)年5月5日)，兵庫百

**狩野宗三** かのうそうぞう
明治16(1883)年7月～昭和30(1955)年5月1日
明治～昭和期の技師。
¶渡航

**叶内春美** かのうちはるみ
昭和期の鋳物師。
¶名工

**加納藤左衛門** かのうとうざえもん
～延宝1(1673)年
江戸時代前期の土木家。
¶三重

**加納徳印** かのうとくいん
～慶長9(1604)年
戦国時代の鎌倉鶴岡八幡宮の経師役。
¶神奈川人

**加納俊治** かのうとしはる
昭和期の紙工芸作家。
¶名工

**加納直盛** かのうなおもり
慶長17(1612)年～延宝1(1673)年
江戸時代前期の治水開墾家、伊勢津藩加判奉行。
¶朝日([没]延宝1年12月9日(1674年1月15日))，近世，国史，コン改([生]慶長16(1611)年)，コン4([生]慶長16(1611)年)，史人([没]1673年12月9日)，新潮([生]慶長16(1611)年　[没]延宝1(1673)年12月9日)，人名([生]？)，日人([没]1674年)，藩臣5，歴大([生]1611年)

**加納夏雄** かのうなつお
文政11(1828)年～明治31(1898)年
江戸時代末期～明治期の彫金家。東京美術学校教授。新幣貨の原型製作。帝室技芸員。作品に「月雁図鉄額」「鯉魚図鐔」など。
¶朝日([生]文政11年4月11日(1828年5月24日)　[没]明治31(1898)年2月3日)，維新，大阪人([没]明治31(1898)年2月)，角史，近現，近美([生]文政11(1828)年4月14日　[没]明治31(1898)年2月2日)，国史，コン改，コン4，コン5，史人([生]1828年4月14日　[没]1898年2月3日)，人情4，新潮([生]文政11(1828)年4月14日　[没]明治31(1898)年2月3日)，人名，姓氏京都，世人([生]文政11(1828)年4月14日　[没]明治31(1898)年2月2日)，世百，全書，大百，日史([生]文政11(1828)年4月14日　[没]明治31(1898)年2月3日)，日人，幕末([生]1828年5月27日　[没]1898年2月3日)，美術，百科，名工([生]文政11(1828)年4月14日　[没]明治31年2月3日)，歴大

**狩野紀昭**　かのうのりあき
昭和15(1940)年4月29日～
昭和～平成期の工学者。東京理科大学教授。専門は情報学、品質管理。
¶現執3期

**狩野春一**　かのうはるかず
明治29(1896)年3月5日～昭和60(1985)年10月19日
大正～昭和期の建築学者、東京工業大学教授。専門は建築材料学、コンクリート工学。
¶科学

**加納久宜**(加納久宣)　かのうひさよし
嘉永1(1848)年～大正8(1919)年
明治～大正期の子爵、殖産家。一宮知事。鹿児島県知事、貴族院議員。産業組合会・帝国農会などの会長を歴任。
¶朝日([生]嘉永1(1848)年3月　[没]大正8(1919)年3月2日)，岩手百(加納久宣)，鹿児島百，近現，国史，国書([生]嘉永1(1848)年3月19日　[没]大正8(1919)年3月2日)，史人([生]1848年3月19日　[没]1919年3月2日)，諸系，新潮([生]嘉永1(1848)年3月19日　[没]大正8(1919)年3月2日)，人名，世紀([生]嘉永1(1848)年3月19日　[没]大正8(1919)年3月2日)，姓氏岩手(加納久宣)，姓氏鹿児島，千葉百，日人，藩主2([生]嘉永1(1848)年3月19日　[没]大正8(1919)年3月2日)

**叶道夫**　かのうみちお
昭和23(1948)年8月11日～
昭和～平成期の陶芸家。
¶陶工

**叶光夫**　かのうみつお
明治36(1903)年3月2日～昭和45(1970)年8月21日
昭和期の陶芸家。陶業に従事。日展で文部大臣賞受賞。日展評議委員。
¶現情，人名7，世紀，陶工，日人，美工，名工

**加納木魂**　かのうもくこん
昭和期のギター製作者。
¶名工

**狩野養川院惟信**　かのうようせんいんこれのぶ
→狩野惟信(かのうこれのぶ)

**鹿野運蔵**　かのうんぞう
明治24(1891)年～昭和42(1967)年
大正～昭和期の那須産馬の改良。
¶栃木歴

**鹿子木謙之助**　かのこぎけんのすけ
*～文久1(1861)年
江戸時代後期の開拓者。肥後八代郡野津郷の惣庄屋。八代・益城・宇土3郡の沿岸を干拓。
¶人名([生]1784年)，日人([生]1785年)

**鹿子木量平**　かのこぎりょうへい
宝暦3(1753)年～天保12(1841)年
江戸時代後期の干拓指導者。肥後八代郡の惣庄屋。高島新田を開拓。
¶朝日([没]天保12年7月4日(1841年8月20日))，近世，熊本百([没]天保12(1841)年7月4日)，国史，国書([没]天保12(1841)年7月4日)，コン改，コン4，史人([生]1751年，(異説)1753年　[没]1839年7月4日，(異説)1841年7月4日)，新潮([没]天保12(1841)年7月4日)，人名([生]1751年　[没]1839年)，日人，藩臣7

**狩野新右衛門**　かのしんえもん
→狩野新右衛門(かのうしんえもん)

**鹿目曹**　かのめそう
昭和21(1946)年10月19日～
昭和期の陶芸家。
¶陶芸最

**樺沢健治**　かばさわけんじ
昭和23(1948)年12月14日～
昭和～平成期の陶芸家。
¶陶芸最，陶工

**加羽沢寅次**　かばさわとらじ
慶応2(1866)年～昭和7(1932)年
明治～昭和期の陶工。
¶会津

**樺島正義**　かばしままさよし
明治11(1878)年1月15日～昭和24(1949)年7月10日
明治～昭和期の技師。専門は橋梁。東京都出身。
¶近土，渡航([没]？)，土木

**蒲孚**　かばまこと
明治21(1888)年2月17日～昭和58(1983)年3月12日
明治～昭和期の技師。
¶近土，土木

**冠木昭子**　かぶきあきこ
昭和17(1942)年～
昭和～平成期の染色家。
¶名工

**鏑木辰五郎**　かぶらぎたつごろう
天保8(1837)年～明治25(1892)年
明治期の開拓者。
¶日人

**嘉兵衛**　かへえ
江戸時代中期の刀工。
¶人名

**可部美智子**　かべみちこ
昭和7(1932)年9月15日～
昭和～平成期の陶芸家。
¶陶芸最，陶工，名工

**鎌井さき**　かまいさき
明治36(1903)年8月26日～
大正～昭和期の伊賀くみひも職人。
¶名工

**鎌内清**　かまうちきよし
大正5(1916)年12月25日～

昭和〜平成期の東京染小紋染色家。
¶名工

**鎌内竹弘** かまうちたけひろ
昭和〜平成期の尺八製作者。
¶名工

**釜我敏子** かまがとしこ
昭和13(1938)年8月〜
昭和〜平成期の染色家。
¶名工

**鎌倉芳太郎** かまくらよしたろう
明治31(1898)年10月19日〜昭和58(1983)年8月3日
昭和期の伝承者。東京美術学校講師。日本工芸会正会員。「型絵染」の人間国宝。
¶香川人，香川百，郷土香川，国宝，新潮，世紀，姓氏沖縄，日人，美工，名工

**鎌田伊右衛門** かまだいうえもん
生没年不詳
江戸時代の新田開発者。
¶姓氏山口

**鎌田稼堂** かまだかどう
明治29(1896)年〜昭和32(1957)年
明治〜昭和期の木彫家。
¶香川人，香川百，美建

**鎌田勘次郎** かまたかんじろう
？　〜正徳3(1713)年
江戸時代前期〜中期の鍔工。勘次鍔で知られた。
¶長崎歴

**鎌滝鋼次** かまたきこうじ
生没年不詳
明治期の楽器製作者。ヴァイオリン製作のさきがけ。
¶先駆

**鎌田幸二** かまだこうじ，かまたこうじ
昭和23(1948)年2月26日〜
昭和〜平成期の陶芸家。
¶陶芸最，陶工(かまたこうじ)，名工(かまたこうじ)

**鎌田三郎兵衛** かまださぶろうべえ
明治3(1870)年4月〜昭和9(1934)年10月20日
明治〜昭和期の地方開発功労者。
¶兵庫人

**鍬田政雄** かまたまさお
明治45(1912)年〜
昭和〜平成期の陶画工。
¶名工

**鎌田由太郎** かまたよしたろう
昭和期の釣りざお師。
¶名工

**蒲池秀吉** かまちひできち
寛政3(1791)年〜安政4(1857)年
江戸時代後期の肥前鵬崎焼の陶工。
¶人名，日人

**釜津田甚六** かまつたじんろく
生没年不詳
江戸時代前期の紫波郡飯岡村の農民。鹿妻穴堰開削者。
¶姓氏岩手

**鎌津田甚六** かまつだじんろく
生没年不詳
安土桃山時代〜江戸時代前期の治水家。
¶岩手百，日人

**釜本晟一** かまもとせいいち
〜平成17(2005)年4月1日
昭和〜平成期の鋳物師。
¶美工

**釜萢兵部景高** かまやちひょうぶかげたか
？　〜正保4(1647)年
江戸時代前期の開拓者、釜萢兵部の子。
¶青森人

**上垣守国** かみがきもりくに
→上垣守国(うえがきもりくに)

**上口愚朗** かみぐちぐろう
明治25(1892)年〜昭和45(1970)年
明治〜昭和期の陶芸家。
¶陶工

**神坂雪佳**(神阪雪佳) かみさかせっか
慶応2(1866)年〜昭和17(1942)年
明治〜昭和期の日本画家。工芸図案の第一人者。わが国近代工芸の方向を示した。主著に「蝶十種」。
¶京都大，近美([生]慶応2(1866)年1月12日　[没]昭和17(1942)年1月4日)，世紀([生]慶応2(1866)年1月12日　[没]昭和17(1942)年1月4日)，姓氏京都，全書，日画(神阪雪佳　[生]慶応2(1866)年1月12日　[没]昭和17(1942)年1月4日)，日人，美家([生]慶応2(1866)年1月12日　[没]昭和17(1942)年1月4日)

**上条新一** かみじょうしんいち
昭和期の家具職人。
¶名工

**上条史彦** かみじょうふみひこ
昭和9(1934)年8月4日〜
昭和〜平成期の工学者。東海大学教授。専門はコンピュータ、ソフトウエア、情報処理学。主著に「オペレーティングシステム入門」など。
¶現執2期，現執3期

**神園孫兵衛** かみそのまごべえ
江戸時代中期の河辺郡鹿籠の石工。
¶姓氏鹿児島

**上玉利徳敏** かみたまりのりとし
昭和13(1938)年3月10日〜
昭和〜平成期の陶芸家。
¶陶芸最，名工

**上出喜山〔3代〕** かみできざん
明治31(1898)年～昭和47(1972)年
明治～昭和期の陶芸家。
¶石川百，姓氏石川(――〔代数なし〕)，陶工，美工

**上出喜山〔4代〕** かみできざん
大正11(1922)年12月12日～
昭和～平成期の陶芸家。
¶陶芸最(――〔代数なし〕)，名工

**上出長右エ門** かみでちょううえもん
→上出長右エ門(かみでちょうえもん)

**上出長右エ門** かみでちょうえもん
昭和4(1929)年1月4日～　[別]上出長右エ門《かみでちょううえもん》
昭和～平成期の陶芸家。
¶陶芸最，陶工，名工(かみでちょううえもん)

**上西藤左衛門** かみにしとうざえもん
天正6(1578)年？～慶安3(1650)年
安土桃山時代～江戸時代前期の白石和紙の元祖。
¶姓氏宮城

**神沼二真** かみぬまつぐちか
昭和15(1940)年11月～
昭和～平成期の工学者。専門は生命情報工学。著書に「医療革新とコンピュータ」など。
¶現執3期

**紙野桂人** かみのけいじん
昭和7(1932)年10月5日～
昭和～平成期の工学者。大阪大学教授。専門は建築計画、都市計画。
¶現執3期

**上林楽只軒** かみばやしらくしけん
→上林楽只軒〔1代〕(かんばやしらくしけん)

**上別府重雅** かみべっぷしげまさ
昭和39(1964)年3月16日～
昭和～平成期の陶芸家。
¶陶工

**上村信吉** かみむらしんきち
文化11(1814)年～文久2(1862)年　[別]上村信吉《うえむらしんきち》
江戸時代末期の尾張常滑の陶工。
¶人名(うえむらしんきち)，日人

**上村白欧** かみむらはくおう
宝暦4(1754)年～天保3(1832)年
江戸時代中期～後期の農家・製陶業。
¶姓氏愛知

**上村白鷗** かみむらはくおう
*～天保3(1832)年　[別]上村白鷗《うえむらはくおう》
江戸時代後期の陶工。
¶人名(うえむらはくおう　[生]？)，日人([生]1754年)

**上村万右衛門** かみむらまんえもん
？～正徳5(1715)年
江戸時代前期～中期の陶工。
¶姓氏宮城

**神谷逸男** かみやいつお
昭和26(1951)年4月14日～
昭和期の陶芸家。
¶陶芸最

**神谷英介** かみやえいすけ
昭和13(1938)年5月23日～
昭和～平成期の陶芸家。
¶陶芸最，名工

**神谷勝義** かみやかつよし
昭和期の鬼がわら製造。
¶名工

**神谷源吾** かみやげんご
文政3(1820)年～明治30(1897)年
明治期の篤農家。農事、農具の改良に尽力。荷車を発明。
¶人名，姓氏群馬，日人

**神谷為吉** かみやためきち
文久3(1863)年～昭和3(1928)年
明治～昭和期の菓子職人。
¶姓氏愛知

**神谷伝蔵** かみやでんぞう
明治3(1870)年10月11日～昭和11(1936)年10月20日
明治期のワイン製造業者。日本初の国産ワインの製造に成功。牛久の神谷シャトー創設者。
¶海越，海越新，植物，食文([生]明治3年10月11日(1870年11月4日))，世紀，先駆，日人

**神谷伝兵衛** かみやでんべい
→神谷伝兵衛(かみやでんべえ)

**神谷伝兵衛** かみやでんべえ
安政3(1856)年～大正11(1922)年　[別]神谷伝兵衛《かみやでんべい》
明治期のワイン製造業者。国産ワイン製造のパイオニア。洋式酒場「神谷バー」創業者。
¶実業([生]安政3(1856)年2月11日　[没]大正11(1922)年4月27日)，食文([生]安政3年2月11日(1856年3月17日)　[没]1922年4月24日)，姓氏愛知([生]1855年)，先駆，日人，明治2(かみやでんべい　[生]1855年)

**神谷虎男** かみやとらお
昭和10(1935)年1月～
昭和期の陶芸家。
¶陶芸最

**神谷紀雄** かみやのりお
昭和15(1940)年10月31日～
昭和～平成期の陶芸家。
¶陶芸最，陶工，名工

**神矢教親** かみやのりちか
明治16(1883)年～昭和33(1958)年

か

明治〜昭和期の彫金家。
¶高知人

**上山耕平** かみやまこうへい
昭和22(1947)年5月2日〜
昭和期の陶芸家。
¶陶芸最

か

**神谷正和** かみやまさかず
大正3(1914)年〜昭和36(1961)年4月15日
昭和期の映画録音技師。ダイナミックな音響設計、画期的な効果が注目される。作品に「宗方姉妹」「西鶴一代女」など。
¶映人([生]大正3(1914)年5月2日)，現朝，世紀，日人

**神山三玉** かみやまさんぎょく
文化14(1817)年〜嘉永4(1851)年
江戸時代後期の金工家。
¶栃木歴

**神山致道** かみやまちどう
天明6(1786)年〜安政4(1857)年
江戸時代後期の日光の金工。
¶栃木歴

**神山一** かみやまはじめ
大正13(1924)年4月〜昭和51(1976)年12月18日
昭和期の土木工学者、早稲田大学教授。専門はコンクリート工学。
¶科学

**神山政五郎** かみやままさごろう
文化5(1808)年〜明治25(1892)年
江戸時代後期〜明治期の彫物師。
¶栃木歴

**神谷保光** かみややすみつ
昭和期の菊人形師。
¶名工

**神谷与平治**(神谷与兵治) かみやよへいじ
天保2(1831)年〜明治38(1905)年
明治期の勧農家。下石田報徳社を設立する。農事指導者として活躍。著書に「広益伝」。
¶朝日([生]文政9年10月10日(1826年11月9日) [没]明治38(1905)年10月17日)，近現，国史，コン4([生]天保2(1831)年?)，コン5(神谷与兵治)，新潮([生]天保2(1831)年10月10日 [没]明治38(1905)年10月17日)，人名，日人([生]1826年)，幕末([生]1809年 [没]1882年)

**神谷和子** かみやわこ
昭和19(1944)年3月14日〜
昭和期の陶芸家。
¶陶芸最

**神吉寿平**(1) かみよしじゅへい
宝暦4(1754)年〜文政3(1820)年 [別]甚左衛門《じんざえもん》
江戸時代後期の装剣金工家。
¶朝日，コン改([生]宝暦4(1754)年，(異説)1766年 [没]文政3(1820)年，(異説)1823年)，コン4([生]宝暦4(1754)年，(異説)1766年 [没]文政3(1820)年，(異説)1823年)，人名(甚左衛門 じんざえもん [生]1766年)，世人([生]明和3(1766)年)，日人

**神吉寿平**(2) かみよしじゅへい
世襲名 江戸時代後期以来の肥後の金工。
¶新潮

**神吉寿平〔2代〕** かみよしじゅへい
*〜嘉永4(1851)年
江戸時代末期の鐔工。
¶世人([生]寛政10(1798)年)，日人([生]1786年)

**神吉寿平〔3代〕** かみよしじゅへい
文化14(1817)年〜明治17(1884)年
江戸時代末期〜明治期の鐔工。近世の名工と評された。
¶世人，日人

**上和野左右治** かみわのさゆじ
明治32(1899)年〜昭和32(1957)年
大正〜昭和期の工芸家。樹皮を緻密に編み上げて伝統民具を作る技術に優れた才能を発揮。
¶姓氏岩手

**加村香童** かむらこうどう
昭和5(1930)年〜
昭和〜平成期の陶芸家。
¶名工

**亀井朝男** かめいあさお
昭和10(1935)年4月4日〜
昭和期の陶芸家。
¶陶芸最

**亀井宇之助** かめいうのすけ
天保14(1843)年〜昭和2(1927)年
江戸時代末期〜明治期の文身師。文身技術の名人。
¶人名，日人

**亀井幸一** かめいこういち
昭和26(1951)年12月23日〜
昭和〜平成期の陶芸家。
¶陶芸最，名工

**亀井幸** かめいさち
昭和期の染織図案家。
¶名工

**亀井三郎** かめいさぶろう
明治25(1892)年7月20日〜昭和52(1977)年
大正〜昭和期の化学工学者、京都大学名誉教授。
¶岡山歴([没]昭和52(1977)年6月22日)，科学([没]1977年(昭和52)6月21日)，現情([没]1977年6月21日)，高知人

**亀井甚三郎** かめいじんざぶろう
安政3(1856)年〜昭和5(1930)年 [別]亀井甚三郎《かめじんざぶろう》
明治〜大正期の実業家。山陰製糸を創業し、乾燥貯繭法を考案。
¶世紀([生]安政3(1856)年2月6日 [没]昭和5(1930)年6月3日)，鳥取百(かめじんざぶろう)，日人

亀井長作 かめいちょうさく
大正5(1916)年2月10日～
昭和～平成期の岩谷堂箪笥職人。
¶名工

亀井半二 かめいはんじ
享和1(1801)年～嘉永4(1851)年
江戸時代後期の尾張瀬戸の陶画工。
¶人名,日人

亀井正久 かめいまさひさ
昭和35(1960)年12月5日～
昭和～平成期の陶芸家。
¶陶芸最,陶工

亀井勝 かめいまさる
昭和8(1933)年3月30日～
昭和～平成期の陶芸家。
¶陶芸最,陶工,名工

亀井味楽 かめいみらく
昭和6(1931)年～
昭和～平成期の陶芸家。
¶陶芸最(㊅昭和16年8月7日),陶工(㊅1931年8月6日)

亀井味楽〔13代〕 かめいみらく
明治16(1883)年6月23日～昭和31(1956)年12月28日
明治～昭和期の陶芸家。
¶陶工,美工(――〔代数なし〕),福岡百

亀井楽山 かめいらくさん
昭和20(1945)年9月19日～
昭和～平成期の陶芸家。
¶陶芸最,陶工

亀岡末吉 かめおかすえきち
慶応1(1865)年～大正11(1922)年11月26日
明治～大正期の建築家。社寺建築の調査・保存事業に活躍。「亀岡式」で有名。代表作に「仁和寺勅使門」など。
¶朝日(㊅慶応1年11月4日(1865年12月21日)),世紀(㊅慶応1(1865)年11月4日)

亀岡義一 かめおかよしいち
明治29(1896)年～
大正～昭和期の陶芸家。
¶陶芸

亀熊 かめくま
㊙宮田熊吉《みやたくまきち》,熊吉〔宮田熊吉〕《くまきち》
江戸時代の京都の陶工。
¶人名,日人(生没年不詳)

亀倉蒲舟 かめくらほしゅう
明治40(1907)年～平成10(1998)年12月26日
大正～平成期の彫金家。
¶美工(㊅明治40(1907)年7月27日),名工

亀女 かめじょ
生没年不詳
江戸時代中期の女性。鋳金家。長崎紺屋町金物細工屋の娘。
¶朝日,コン改(㊚安永1(1772)年?),コン4(㊚安永1(1772)年?),女性,人書94,新潮,人名(㊚1772年?),日人

亀井甚三郎 かめじんざぶろう
→亀井甚三郎(かめいじんざぶろう)

亀蔵 かめぞう
→宮尾亀蔵(みやおかめぞう)

亀田純蔵 かめだじゅんぞう
?～天保5(1834)年
江戸時代後期の加賀の陶工、九谷窯の功労者。
¶人名,日人

亀谷肥後 かめたにひご
→亀谷肥後(かめやひご)

亀原嘉博 かめはらよしひろ
*～明治3(1870)年 ㊙亀原和太四郎嘉博《かめはらわたしろうよしひろ》
江戸時代末期の社寺建築棟梁。
¶姓氏長野(㊅1798年),長野歴(亀原和太四郎嘉博 かめはらわたしろうよしひろ ㊅寛政11(1799)年)

亀原和太四郎嘉博 かめはらわたしろうよしひろ
→亀原嘉博(かめはらよしひろ)

亀屋 かめや
世襲名 安土桃山時代～昭和期の表具師。
¶島根人

亀屋四郎三郎 かめやしろうさぶろう,かめやしろうざぶろう
文化12(1815)年～明治38(1905)年 ㊙亀屋四郎三郎《かめやしろうさぶろう》
江戸時代末期の因幡国智頭郡の殖産家。製茶業普及に貢献。
¶人名(かめやしろうさぶろう),鳥取百(かめやしろうざぶろう),日人

亀屋四郎三郎 かめやしろうさぶろう
→亀屋四郎三郎(かめやしろうさぶろう)

亀谷肥後 かめやひご
㊙亀谷肥後《かめたにひご》
江戸時代中期の義歯職人。総義歯づくりの天才と言われた。
¶大阪人(かめたにひご 生没年不詳),人名

亀山日和 かめやまひわ
昭和22(1947)年4月21日～
昭和期の陶芸家。
¶陶芸最

亀山北峰 かめやまほっぽう
明治18(1885)年3月7日～昭和37(1962)年10月1日
明治～昭和期の木工芸家。
¶岡山歴

鴨幸太郎 かもこうたろう
明治34(1901)年～昭和32(1957)年

大正〜昭和期の彫金家。
¶香川人

**鴨下春明** かもしたしゅんめい
大正4(1915)年10月6日〜平成13(2001)年4月9日
昭和期の彫金作家。
¶国宝，世紀，日人，美工



**鴨下松次郎** かもしたまつじろう
文久1(1861)年12月15日〜？
明治期の技師。
¶渡航

**加守田章二** かもだしょうじ,かもたしょうじ
昭和8(1933)年4月16日〜昭和58(1983)年2月26日
昭和期の陶芸家。益子焼作家。近代的な造形で知られた。
¶現朝，現日，新潮(かもたしょうじ)，世紀(かもたしょうじ)，姓氏岩手，陶芸最(かもたしょうじ)，陶工(かもたしょうじ)，栃木歴，日人，美工，名工(かもたしょうじ)

**加茂正雄** かもまさお
明治9(1876)年8月15日〜昭和35(1960)年
明治〜昭和期の機械工学者。東京帝国大学教授、日本機械学会会長。学問的業績の他に青函連絡船「田村丸」の機関部設計など。国際的にも有名。
¶科学([没]1960年(昭和35)8月29日)，現情([没]1960年8月29日)，世紀，大百，渡航

**鴨政雄** かもまさお
明治39(1906)年8月31日〜平成12(2000)年12月6日
大正〜平成期の彫金家。
¶美工

**榧木寛之** かやのきひろゆき
明治23(1890)年9月9日〜昭和31(1956)年2月17日
明治〜昭和期の技師。
¶近土，土木

**萱場資郎** かやばしろう
明治31(1898)年4月1日〜昭和49(1974)年5月12日
大正〜昭和期の造兵技術者、カヤバ工業創業者。
¶科学，創業

**茅原象外** かやはらぞうがい
明治29(1896)年〜昭和20(1945)年2月27日
大正〜昭和期の木工芸家。
¶岡山歴

**彼谷芳水** かやほうすい
明治32(1899)年〜
大正〜昭和期の漆芸作家。
¶名工

**茅陽一** かやよういち
昭和9(1934)年5月18日〜
昭和〜平成期の電気工学者。東京大学教授、慶応義塾大学教授、地球環境産業技術研究機構研究所所長。地球温暖化、エネルギーシステム運用などを考察。著書に「エネルギー・アナリシス」など。
¶現朝，現執2期，現執3期，現執4期，現情，世紀，日人，マス89

**唐木田又三** からきだまたぞう
大正15(1926)年5月3日〜
昭和期の陶芸家。
¶陶芸最

**唐木尚勇** からきひさお
昭和18(1943)年9月9日〜
昭和〜平成期の陶芸家。
¶陶工

**唐木米之助** からきよねのすけ
大正12(1923)年12月23日〜
昭和〜平成期の陶芸家。
¶陶芸最，陶工

**可楽三造** からくさんぞう
江戸時代末期〜明治期の陶工。
¶日人

**辛島一誓** からしまいっせい
大正10(1921)年2月10日〜
昭和期の陶芸家。
¶陶芸最，名工

**辛島功士** からしまこうじ
昭和17(1942)年3月23日〜
昭和期の陶芸家。
¶陶芸最

**辛島祥平** からしましょうへい
天保4(1833)年〜明治30(1897)年
江戸時代末期〜明治期の殖産家。大分県農会長。機織を発達させ、辛島織の普及に尽力。
¶大分百([没]1898年)，大分歴，人名，日人

**唐杉濤光** からすぎとうこう
明治37(1904)年〜昭和60(1985)年
昭和期の陶芸家。
¶陶芸，陶芸最，陶工，美工([生]明治37(1904)年6月1日　[没]昭和60(1985)年4月15日)，名工([生]明治37年6月1日　[没]昭和60年4月15日)

**唐津一** からつはじめ
大正8(1919)年1月9日〜
昭和〜平成期のシステム工学者。
¶現朝，現執1期，現執2期，現執3期，現執4期，現情，世紀，日人

**唐津屋五助** からつやごすけ
？〜安政6(1859)年
江戸時代後期〜末期の御代焼(窯)初代陶工。
¶島根歴

**唐津屋豊牛** からつやほうぎゅう
江戸時代後期の越中城端焼の陶工。
¶人名

**唐津山与右衛門** からつやまよえもん
天明6(1786)年〜天保9(1838)年　[別]瀬戸屋与右衛門《せとやよえもん》

江戸時代後期の陶工、越中小杉焼の祖。
¶人名，姓氏富山（瀬戸屋与右衛門　せとやよえもん），日人

**唐端藤蔵** からはたとうぞう，からばたとうぞう
？　～嘉永4（1851）年
江戸時代後期の治水家。
¶コン改，コン4，史人，新潮，人名，日人，藩臣5（からばたとうぞう　[生]文化4（1807）年），兵庫人（からばたとうぞう　[生]文化4（1807）年11月　[没]嘉永4（1851）年10月）

**唐物久兵衛** からものきゅうべえ
生没年不詳　[別]唐物屋久兵衛《からものやきゅうべえ》
江戸時代中期の鋳物師。
¶朝日，コン改，コン4，新潮，人名（唐物屋久兵衛　からものやきゅうべえ），日人，美工

**唐物屋久兵衛** からものやきゅうべえ
→唐物久兵衛（からものきゅうべえ）

**狩野芳市** かりのよしいち
昭和2（1927）年1月15日～
昭和期のKMT式点訳技法開発者。
¶視覚

**軽部征夫** かるべいさお
昭和17（1942）年1月27日～
昭和～平成期の生物工学者。東京工科大学教授、東京大学教授、日本知財学会会長。バイオセンサー研究の先駆者。著書に「バイオセンサー」「バイオエレクトロニックスの未来」。
¶現朝，現執3期，現執4期，世紀，日人

**軽部六右衛門** かるべろくえもん
寛文6（1666）年～寛保1（1741）年
江戸時代前期～中期の農業土木者。栗原郡岩ケ崎に軽部堰を開削した。
¶姓氏宮城

**軽間鳥麻呂** かるまのとりまろ
[別]軽間連鳥麻呂《かるまのむらじとりまろ》
奈良時代の建築家。
¶人名（軽間連鳥麻呂　かるまのむらじとりまろ），日人（生没年不詳）

**軽間連鳥麻呂** かるまのむらじとりまろ
→軽間鳥麻呂（かるまのとりまろ）

**嘉六** かろく
江戸時代の細工師。
¶人名，日人（生没年不詳）

**川井明子** かわいあきこ
昭和5（1930）年2月16日～
昭和～平成期の陶芸家。
¶陶芸最，名工

**河合卯之助**（河井卯之助） かわいうのすけ
明治22（1889）年～昭和44（1969）年
大正～昭和期の陶芸家。「押葉陶器」で特許取得。正倉院御物唐三彩、李朝窯発掘で業績を残す。著書に「窯辺陶語」など。
¶京都大，現情（[生]1889年3月3日　[没]1969年1月14日），コン改，コン4，コン5，新潮（[生]明治22（1889）年3月3日　[没]昭和44（1969）年1月14日），人名7，世紀（[生]明治22（1889）年3月3日　[没]昭和44（1969）年1月14日），姓氏京都，陶工（河井卯之助），日人（[生]明治22（1889）年3月3日　[没]昭和44（1969）年1月14日），美工（[生]明治22（1889）年3月3日　[没]昭和44（1969）年1月14日），名工（[生]明治22年3月3日　[没]昭和44年1月14日），洋画

**河合栄之助** かわいえいのすけ
明治26（1893）年4月24日～昭和37（1962）年7月16日
大正～昭和期の陶芸家。聖徳太子奉賛展、文展などに入選。戦後日展に所属。
¶現情，人名7，世紀，陶工，日人，美工，名工

**河井寛次郎** かわいかんじろう
明治23（1890）年～昭和41（1966）年
大正～昭和期の陶芸家、随筆家。本民芸館設立に参加。「鉄辰砂草花丸文壺」がグランプリ受賞。近代陶芸の新境地を開拓。
¶岡山百（[生]明治23（1890）年8月24日　[没]昭和41（1966）年11月18日），沖縄百（[生]明治23（1890）年8月24日　[没]昭和41（1966）年11月18日），京都，京都大，京都文（[生]明治23（1890）年8月24日　[没]昭和41（1966）年11月18日），近現，近文，現朝（[生]1890年8月24日　[没]1966年11月18日），現情（[生]1890年8月24日　[没]1966年11月18日），現人，現日（[生]1890年8月24日　[没]1966年11月18日），国史，コン改，コン4，コン5，茶道，史人（[生]1890年8月24日　[没]1966年11月18日），島根人，島根百（[生]明治23（1890）年8月24日　[没]昭和41（1966）年11月18日），島根歴，新潮（[生]明治23（1890）年8月24日　[没]昭和41（1966）年11月18日），人名7，世紀（[生]明治23（1890）年8月24日　[没]昭和41（1966）年11月18日），姓氏京都，世百，世百新，全書，大百（[生]1891年），陶芸最，陶工，日人（[生]明治23（1890）年8月24日　[没]昭和41（1966）年11月18日），日本，美工（[生]明治23（1890）年8月24日　[没]昭和41（1966）年11月18日），美術，百科，民学，名工（[生]明治23年8月24日　[没]昭和41年11月18日），履歴（[生]明治23（1890）年8月24日　[没]昭和41（1966）年11月18日），履歴2（[生]明治23（1890）年8月24日　[没]昭和41（1966）年11月18日）

**河合喜三郎** かわいきさぶろう
生没年不詳
明治期の金工家。オルガン製作のパイオニア、山葉寅楠とともに国産第1号のオルガンを製作。
¶先駆

**川合京子** かわいきょうこ
昭和5（1930）年2月23日～
昭和～平成期の革工芸家。
¶名工

**河合清** かわいきよし
大正4（1915）年12月5日～

昭和期の陶芸家。
¶陶芸最

## 河合慶治 かわいけいじ
昭和16 (1941) 年1月9日～
昭和～平成期の陶芸家。
¶陶芸最, 名工

## 河合小市 かわいこいち
明治19 (1886) 年～昭和30 (1955) 年
明治～昭和期の楽器製作者。河合楽器研究所創業
者。国産ピアノの製作。打弦機構を完成させた。
¶芸能 (⊕明治19 (1886) 年1月5日 ㊦昭和30
(1955) 年10月5日), コン改, コン5, 史人
(⊕1886年1月5日 ㊦1955年10月5日), 静岡
百, 静岡歴, 実業 (⊕明治19 (1886) 年1月5日
㊦昭和30 (1955) 年10月5日), 世紀 (㊦昭和30
(1955) 年10月9日), 姓氏静岡, 先駆, 全書,
創業 (⊕明治19 (1886) 年1月5日 ㊦昭和30
(1955) 年10月9日), 日人 (⊕明治19 (1886) 年
1月5日 ㊦昭和30 (1955) 年10月5日)

## 河合幸三 かわいこうぞう
明治25 (1892) 年5月2日～昭和27 (1952) 年3月
20日
明治～昭和期の実業家、技術者。ドロマイト耐火
物の研究にとりくむ。
¶岡山人, 岡山百, 岡山歴, 世紀, 日人

## 河合浩蔵 かわいこうぞう
安政3 (1856) 年1月24日～昭和9 (1934) 年
明治～昭和期の建築家。ドイツに留学し西洋建築
学を学ぶ。ドイツ建築様式技術を導入した。
¶海越 (㊦昭和9 (1934) 年10月6日), 海越新
(㊦昭和9 (1934) 年10月6日), 人名, 世紀
(㊦昭和9 (1934) 年9月6日), 渡航 (㊦1934年9
月6日), 日人, 兵庫百

## 河合定二 かわいさだじ
明治4 (1871) 年11月4日～?
明治期の造船技師。
¶渡航

## 河井覚弘 かわいさとひろ
明治40 (1907) 年2月3日～平成4 (1992) 年9月9日
大正～平成期の建築家。河井建築事務所代表取
締役。
¶美建

## 川合漆仙 かわいしっせん
慶応4 (1868) 年～昭和3 (1928) 年2月
明治～昭和期の蒔絵師。
¶大阪人

## 川合修二 かわいしゅうじ
明治33 (1900) 年～昭和62 (1987) 年4月13日
昭和期の陶芸家。
¶陶工, 美家, 美工, 名工, 洋画

## 河合秀甫 かわいしゅうほ
明治23 (1890) 年7月4日～昭和56 (1981) 年12月
18日
明治～昭和期の漆芸家。

¶世紀, 日人, 美工, 名工

## 河合正一 かわいしょういち
大正9 (1920) 年11月16日～昭和61 (1986) 年11月8
日
昭和期の建築学者。横浜国立大学教授。
¶科学, 現情, 美建

## 河合瑞豊₍₁₎ かわいずいほう
大正～昭和期の陶芸家。
¶茶道

## 河合瑞豊₍₂₎ かわいずいほう
～昭和31 (1956) 年1月27日
昭和期の陶芸家。
¶美工, 名工

## 河合誓徳 かわいせいとく
昭和2 (1927) 年4月3日～平成22 (2010) 年3月7日
昭和～平成期の陶芸家。日展理事。白磁を中心に
熟達した手腕をみせる。代表作に「蒼」「草炎」。
¶世紀, 陶芸最, 陶工, 日人, 美工, 名工

## 河井武一 かわいたけいち
明治41 (1908) 年～平成1 (1989) 年
昭和期の陶芸家。
¶島根歴, 陶芸, 陶工, 美工 (⊕明治41 (1908) 年
11月15日 ㊦平成1 (1989) 年10月31日), 名工
(⊕明治41年11月15日 ㊦平成1年10月31日)

## 河合竹之助 かわいたけのすけ
天保7 (1836) 年～明治27 (1894) 年
江戸時代末期～明治期の加賀藩同心、算学者。七
尾詰測量方、軍艦所警固などを歴任。
¶人名, 姓氏石川 (⊕?), 幕末

## 河合竹彦 かわいたけひこ
昭和17 (1942) 年3月11日～
昭和期の陶芸家。
¶陶芸最

## 河合紀 かわいただし
大正15 (1926) 年8月7日～平成14 (2002) 年5月
25日
昭和～平成期の陶芸家。
¶陶芸最, 陶工, 美工, 名工

## 河井透 かわいとおる
昭和16 (1941) 年～
昭和～平成期の陶芸家。
¶名工

## 河合徳夫 かわいとくお
昭和31 (1956) 年～
昭和～平成期の陶芸家。
¶陶工

## 川合正樹 かわいまさき
昭和24 (1949) 年12月10日～
昭和～平成期の陶芸家。
¶陶芸最, 陶工

## 河合匡造 かわいまさぞう
昭和3 (1928) 年～

昭和〜平成期の漆芸作家。
¶名工

**河井松右衛門** かわいまつえもん
生没年不詳
江戸時代末期〜明治期の棟梁。我が国初の洋風建築である横浜運上所再建工事を手がけた。
¶先駆

**川江秀雄** かわえひでお
明治3(1870)年10月12日〜?
明治期の技師。
¶渡航

**川上浅蔵** かわかみあさぞう
文久2(1862)年〜昭和32(1957)年
明治〜昭和期の南大東島開拓の功労者。
¶姓氏沖縄

**川上右仲**(1) かわかみうちゅう
?〜文化10(1813)年
江戸時代中期〜後期の佐倉炭開発者。
¶郷土千葉

**川上右仲**(2)（川上右中） かわかみうちゅう
江戸時代末期の殖産家。櫟を利用した佐倉炭の創始者。
¶人名（川上右中），日人（生没年不詳）

**川上金一** かわかみきんいち
昭和26(1951)年〜
昭和期の陶芸家。
¶陶芸最

**川上邦世** かわかみくによ
明治19(1886)年〜大正14(1925)年
明治〜昭和期の木彫家。代表作「成吉思汗」「焼酎」。文芸同人誌「奇跡」に参加、挿絵、画論を寄せた。
¶近文，世紀（⊕明治19(1886)年7月13日 ⊗大正14(1925)年6月2日）

**川上桂司**(1) かわかみけいじ
昭和期のふじ屋主人。
¶名工

**川上桂司**(2) かわかみけいじ
大正7(1918)年〜平成19(2007)年11月5日
昭和〜平成期の染め絵てぬぐい作家。
¶美工

**川上源一** かわかみげんいち
明治45(1912)年1月30日〜平成14(2002)年5月25日
昭和〜平成期の経営者。日本楽器製造社長、ヤマハ発動機社長。日本初の電子オルガンを開発。世界のヤマハグループを築き、音楽の普及に尽力。
¶芸能，現朝，現執2期，現情，現人，現日，新潮，世紀，創業，日人

**川上貞子** かわかみさだこ
昭和13(1938)年3月〜
昭和〜平成期の鍛金工芸家。
¶名工

**川上祥三郎** かわかみしょうざぶろう
大正3(1914)年1月19日〜
昭和〜平成期の陶芸家。
¶陶芸，陶芸最，名工

**川上伸** かわかみしん
昭和24(1949)年8月11日〜
昭和〜平成期の陶芸家。
¶陶工

**川上新太郎** かわかみしんたろう
安政5(1858)年6月27日〜昭和4(1929)年6月19日
明治〜大正期の水道工学者。浄水場の設計、水道拡張工事設計など水道事業に貢献。紺綬褒章受章。
¶海越新，科学，人名，世紀，渡航，日人

**川上善兵衛** かわかみぜんべえ
慶応4(1868)年〜昭和19(1944)年5月21日
明治〜昭和期の園芸家。葡萄酒醸造の先駆者。主著「葡萄提要」。
¶科学（⊕1868年(慶応4)3月10日），近現，国史，植物（⊕慶応4(1868)年3月10日），食文（⊕慶応4(1868)年3月10日（1868年4月2日）），新潮（⊕慶応3(1867)年3月10日），人名7，世紀（⊕慶応4(1868)年3月10日），新潟百，日人

**川上滝弥** かわかみたきや
明治4(1871)年〜大正4(1915)年
明治〜大正期の植物学者、農業技師。
¶科学（⊕1871年(明治4)8月20日 ⊗1915年(大正4)8月30日），庄内（⊕大正4(1915)年8月），植物（⊕明治4(1871)年8月20日），北海道百，北海道歴，山形百

**川上徹** かわかみとおる
昭和8(1933)年9月14日〜
昭和〜平成期の陶芸家。
¶陶芸最，陶工，名工

**川上南甫** かわかみなんぽ
明治31(1898)年〜昭和55(1980)年6月20日
大正〜昭和期の人形作家。
¶美工

**河上房義** かわかみふさよし
大正3(1914)年1月6日〜平成12(2000)年10月31日
昭和〜平成期の土木工学者、東北大学名誉教授。専門は土質力学。
¶科学

**川上正光** かわかみまさみつ
明治45(1912)年1月1日〜平成8(1996)年5月15日
昭和期の電子工学者。電子回路、電子通信分野へ貢献。
¶科学，現執2期，現情，新潮，世紀，日人，日本

**河上益夫** かわかみますお
明治29(1896)年8月16日〜昭和50(1975)年7月29日
昭和期の金属工学者。東京工業大学教授、東京理科大学教授。金属の物理化学、冶金物理化学を研究。著書に「金属理化学」「金属材料理工学」など。

¶科学，現情，人名7，世紀，日人

## 川上元美 かわかみもとみ
昭和15（1940）年9月10日〜
昭和〜平成期のプロダクト・デザイナー。川上デザインルーム主宰。川上デザインルームを設立、椅子などの家具、テニスラケットなど幅広くてがける。
¶現朝，世紀，日人

## 川上力三 かわかみりきぞう
昭和10（1935）年8月6日〜
昭和〜平成期の陶芸家。
¶陶芸最，陶工，名工

## 河上竜三 かわかみりゅうぞう
昭和3（1928）年〜？
昭和〜平成期の陶芸家。
¶陶工

## 川岸甚左衛門 かわぎしじんざえもん
江戸時代末期の治水家。
¶人名，日人（生没年不詳）

## 河北一郎 かわきたいちろう
明治12（1879）年8月7日〜昭和21（1946）年9月12日
明治〜昭和期の技師。
¶近土，土木

## 川喜田久太夫 かわきたきゅうだゆう
→川喜田半泥子（かわきたはんでいし）

## 川北浩一 かわきたこういち
明治35（1902）年〜昭和52（1977）年
大正〜昭和期の木工芸家。
¶美工

## 川喜田半泥子（川喜多半泥子） かわきたはんでいし
明治11（1878）年11月6日〜昭和38（1963）年10月26日　㊙川喜田久太夫《かわきたきゅうだゆう》
明治〜昭和期の陶芸家、実業家。第百五銀行頭取。茶陶家。陶芸の他、茶道、俳諧に親しむ。
¶現朝，現日，茶道，世紀，全書，大百（川喜多半泥子　㊶1964年），陶芸最，陶工，日人（川喜田久太夫　かわきたきゅうだゆう），美工，名工（川喜多半泥子）

## 河北秀也 かわきたひでや
昭和22（1947）年4月9日〜
昭和〜平成期のグラフィックデザイナー。日本ベリエール・アートセンター社長、東北芸術工科大学教授。日本ベリエールアートセンターを設立。総合的なアート・ディレクターとして活動。
¶現朝，現情，世紀，日芸，日人

## 川北良造 かわきたりょうぞう，かわきたりょうぞう
昭和9（1934）年9月1日〜
昭和〜平成期の木工芸家。川北工房主。挽物技法を修得し、人間国宝に認定。山中漆器ろくろ技術保存会会長。
¶石川百，国宝，世紀（かわきたりょうぞう），日人

## 川喜田煉七郎 かわきたれんしちろう
明治35（1902）年2月26日〜昭和50（1975）年6月18日
昭和期の建築家、造形教育家。都市改造案、劇場・家具などの計画案を多数発表。新建築工芸研究所設立。
¶現朝，現情，人名7，世紀，日人，美建

## 川口木七郎 かわぐちきしちろう
明治3（1870）年4月〜昭和12（1937）年10月17日
明治〜昭和期の地方開発功労者。
¶兵庫人

## 河口協介 かわぐちきょうすけ
明治21（1888）年1月17日〜昭和40（1965）年3月24日
明治〜昭和期の技師。
¶近土，土木

## 川口喜代枝 かわぐちきよし
明治43（1910）年9月11日〜平成3（1991）年9月3日
大正〜平成期の建築家。篠田川口建築事務所会長。
¶美建

## 川口淳 かわぐちじゅん
昭和26（1951）年〜
昭和〜平成期の陶芸家。
¶陶工

## 川口聡一 かわぐちそういち
昭和31（1956）年6月4日〜
昭和〜平成期の陶芸家。
¶陶芸最，陶工

## 川口武昭 かわぐちたけあき
昭和20（1945）年1月1日〜
昭和〜平成期の陶芸家。
¶陶芸最，陶工，名工

## 川口虎雄 かわぐちとらお
明治4（1871）年8月20日〜昭和19（1944）年5月16日
明治〜昭和期の技師。専門は工学教育。福岡県出身。
¶近土，渡航（㊶？），土木

## 川口寅吉 かわぐちとらきち
？〜文化11（1814）年
江戸時代中期〜後期の択捉島開拓の尽力者。
¶青森人

## 川口広蔵 かわぐちひろぞう
寛延2（1749）年〜天保11（1840）年
江戸時代中期の相模国荻窪村の公益家、治水家。荻窪堰を開削。
¶神奈川人，神奈川百（㊶1745年），郷土神奈川（㊶1745年），人名，姓氏神奈川，日人

## 河口三千子 かわぐちみちこ
昭和2（1927）年〜平成13（2001）年6月13日
昭和〜平成期の染織家。
¶美工

**川口洋輔** かわぐちようすけ
昭和19（1944）年～平成10（1998）年4月23日
昭和～平成期の建築家。川口設備研究所代表取締役。
¶美建

**川越邦雄** かわごえくにお
大正9（1920）年12月12日～平成6（1994）年11月2日
昭和～平成期の建築学者、建設省建築研究所所長。専門は建築防火学。
¶科学，現情

**川越屋三次郎** かわごえやさんじろう
寛政9（1797）年～天保14（1843）年
江戸時代後期の料理人。
¶姓氏神奈川

**川崎衿子** かわさきえりこ
昭和17（1942）年10月13日～
昭和～平成期の建築家。文教大学教育学部教授。
¶現執4期

**川崎か禰** かわさきかね
*～昭和29（1954）年
昭和期の美容師、千葉県美容連盟理事長。グレース美容研究所を設立。のち、東洋理容美容学校を設立し校長に就任。
¶女性（[生]明治40（1907）年　[没]昭和29（1954）年6月），女性普（[生]明治40（1907）年　[没]昭和29（1954）年6月），世紀（[生]明治41（1908）年6月22日　[没]昭和29（1954）年6月17日），日人（[生]明治41（1908）年6月22日　[没]昭和29（1954）年6月17日）

**川崎憲蔵** かわさきけんぞう
明治23（1890）年～昭和41（1966）年3月
大正～昭和期の警察官。川崎式指紋採取器を開発。
¶世紀，千葉百，日人

**川崎定孝** かわさきさだたか
元禄7（1694）年～明和4（1767）年　[別]川崎平右衛門《かわさきへいうえもん，かわさきへいえもん》，川崎平右衛門定孝《かわさきへいうえもんさだたか》
江戸時代中期の農政家。新田開発と治水に尽力した名代官。
¶朝日（[生]元禄7年3月15日（1694年4月9日）[没]明和4年6月6日（1767年7月1日）），岩史（川崎平右衛門　かわさきへいえもん　[生]元禄7（1694）年3月15日　[没]明和4（1767）年6月6日），神奈川人（川崎平右衛門　かわさきへいえもん），岐阜百（川崎平右衛門　かわさきへいうえもん），近世，国史，コン改（[生]元禄2（1689）年），コン4（[生]元禄2（1689）年），埼玉人（[生]元禄7（1694）年3月15日　[没]明和4（1767）年6月6日），埼玉百（川崎平右衛門定孝　かわさきへいうえもんさだたか　[生]1689年），史人（[生]1694年3月15日　[没]1767年6月6日），島根百（川崎平右衛門　かわさきへいえもん），島根歴（川崎平右衛門　かわさきへいえもん），人書94（川崎平右衛門　かわさきへいえもん　生没年不詳），新潮（[生]元禄7（1694）年3月15日　[没]明和4（1767）年6月6日），人名（[生]1689年），姓氏神奈川，多摩（川崎平右衛門　かわさきへいうえもん），日史（川崎平右衛門　かわさきへいえもん　[生]元禄7（1694）年3月15日　[没]明和4（1767）年6月6日），日人，百科（川崎平右衛門　かわさきへいえもん），歴大（川崎平右衛門　かわさきへいえもん）

**川崎三郎** かわさきさぶろう
大正12（1923）年12月19日～
大正～昭和期のフィルム現像技術者、経営者。
¶映人

**川崎善治** かわさきぜんじ
慶応2（1866）年～昭和28（1953）年
明治～昭和期の大工。
¶姓氏岩手，美建

**川崎忠夫** かわさきただお
昭和13（1938）年6月5日～
昭和～平成期の陶芸家。
¶陶芸最，陶工，名工

**川崎タミ** かわさきたみ
明治15（1882）年～昭和48（1973）年
明治～昭和期の紬織の技術者、黒糖焼酎の醸造業者。
¶姓氏鹿児島

**川崎千足** かわさきちたる
昭和13（1938）年～
昭和～平成期の陶芸家。
¶名工

**川崎忠太郎** かわさきちゅうたろう
明治2（1869）年10月3日～昭和10（1935）年9月7日
明治～昭和期の土地改良功労者。
¶岡山歴

**川崎寛美** かわさきひろみ
文久3（1863）年～昭和1（1926）年
明治～大正期の発明家。男爵。川崎式鉄網コンクリートを発明。
¶人名，世紀（[生]文久3（1863）年8月8日　[没]大正15（1926）年9月4日），日人

**川崎広美** かわさきひろみ
昭和27（1952）年12月2日～
昭和期の陶芸家。
¶陶芸最

**川崎プッペ** かわさきぷっぺ
明治38（1905）年3月18日～昭和53（1978）年3月30日
大正～昭和期のフランス人形作家。
¶美工

**川崎平右衛門** かわさきへいうえもん
→川崎定孝（かわさきさだたか）

**川崎平右衛門** かわさきへいえもん
→川崎定孝（かわさきさだたか）

か

かわさき　　　　　　　　　　236　　　　　　　日本人物レファレンス事典

**川崎靖英** かわさきやすひで
昭和10（1935）年10月9日〜
昭和〜平成期の陶芸家。
¶陶工

**川崎幽玄** かわさきゆうげん
〜平成12（2000）年10月28日
昭和〜平成期の大和指物師。
¶美工

**川島勘市** かわしまかんいち
明治32（1899）年6月9日〜昭和51（1976）年2月
13日
明治〜昭和期の実業家。川島紡績社長。新梳毛
機、捲縮装置などを開発。
¶世紀，日人

**川島三郎** かわしまさぶろう
明治43（1910）年〜昭和46（1971）年
昭和期の漫画家、彫刻家、発明家。
¶高知人，高知百

**川島甚兵衛** かわしまじんべえ
嘉永6（1853）年〜明治43（1910）年
明治期の工芸織物家。
¶朝日（⊕嘉永6年5月22日（1853年6月28日）
⊗明治43（1910）年5月5日），海越新（⊕嘉永6
（1853）年5月22日　⊗明治43（1910）年5月5
日），京都大，近現，国史，コン改，コン5，史
人（⊕1853年5月22日　⊗1910年5月5日），実業
（⊕嘉永6（1853）年5月22日　⊗明治43（1910）
年5月5日），新潮（⊕嘉永6（1853）年5月22日
⊗明治43（1910）年5月5日），人名，姓氏京都，
世人（⊕嘉永6（1853）年5月22日　⊗明治43
（1910）年5月），全書，大百，渡航（⊕1853年5
月22日　⊗1910年5月5日），日人，名工，洋学

**川島忠善**(1) かわしまただよし
明治25（1892）年〜昭和31（1956）年
大正〜昭和期の仁多町の刀工。
¶島根歴

**川島忠善**(2) かわしまただよし
大正12（1923）年8月15日〜
昭和〜平成期の刀匠。
¶名工

**川島博外** かわしまはくがい
明治44（1911）年3月15日〜
昭和期の陶芸家。
¶陶芸最

**川嶋博外** かわしまはくがい
明治44（1911）年〜
昭和〜平成期の陶芸家。
¶陶芸，名工（⊕明治44年3月15日）

**河島洋** かわしまひろし
昭和26（1951）年9月10日〜
昭和〜平成期の陶芸家。
¶陶芸最，陶工，名工

**河島万璃** かわしままり
昭和28（1953）年5月27日〜
昭和〜平成期の陶芸家。
¶陶芸最，陶工，名工

**川島隆太郎** かわしまりゅうたろう
大正7（1918）年〜平成8（1996）年
昭和〜平成期の建築家。川島隆太郎建築事務所
社長。
¶青森人，美建（⊕大正7（1918）年10月2日）

**川下善靖** かわしもよしやす
昭和12（1937）年3月16日〜
昭和〜平成期の陶芸家。
¶陶工

**川尻一寛** かわじりいっかん
昭和5（1930）年12月25日〜平成20（2008）年12月
29日
昭和〜平成期の陶芸家。
¶陶工，日人，美工

**川尻嘉平** かわじりかへい
弘化1（1844）年〜明治33（1900）年
江戸時代後期〜明治期の陶工。
¶姓氏石川

**川尻潤** かわじりじゅん
昭和39（1964）年11月11日〜
昭和〜平成期の陶芸家。
¶陶工

**川尻浩史** かわじりひろし
昭和21（1946）年4月19日〜
昭和〜平成期の陶芸家。
¶陶芸最，陶工，名工

**河津祐邦** かわずすけくに
→河津祐邦（かわづすけくに）

**河津正** かわずただし
→河津正（かわづただし）

**川澄喜太郎** かわすみきたろう，かわずみきたろう
生没年不詳
明治期の陶芸家。秩父で開窯して、日用雑器を造
り、付近の需要に応じた。
¶人名，日人（かわずみきたろう），美工，名工

**川澄寛国** かわすみひろくに
昭和25（1950）年〜
昭和〜平成期の刃物職人。
¶名工

**川澄昌国〔2代〕** かわすみまさくに
大正12（1923）年〜
昭和〜平成期の刃物職人。
¶名工

**川住行教** かわすみゆきたか
文政8（1825）年〜明治17（1884）年　⊛川住行教
《かわずみゆきのり》
江戸時代末期〜明治期の地方功労者。西尾藩廃藩
後、西尾生産取扱所設立の中心、西尾城跡の開墾

など殖産興業に尽力。
¶人名（かわずみゆきのり），日人，幕末（かわず
みゆきのり），藩臣4

**川住行教** かわずみゆきのり
→川住行教（かわすみゆきたか）

**川瀬久米** かわせきゅうべい
昭和期の陶芸家。
¶名工

**川瀬忍** かわせしのぶ
昭和25（1950）年3月2日～
昭和～平成期の陶芸家。
¶陶芸最，陶工，名工

**川瀬順一** かわせじゅんいち
大正12（1923）年～
昭和期の陶芸家。
¶陶芸

**川瀬竹翁** かわせちくおう
明治27（1894）年～昭和58（1983）年8月9日　剛川
瀬竹春〔1代〕《かわせちくしゅん》
明治～昭和期の陶芸家。
¶陶工（川瀬竹春〔1代〕　かわせちくしゅん），
美工，名工

**川瀬竹春** かわせちくしゅん
明治27（1894）年～昭和58（1983）年
大正～昭和期の陶芸家。
¶陶芸，陶芸最，陶工

**川瀬竹春〔1代〕** かわせちくしゅん
→川瀬竹翁（かわせちくおう）

**川瀬竹春〔2代〕** かわせちくしゅん
大正12（1923）年11月2日～平成19（2007）年9月
19日
昭和～平成期の陶芸家。
¶陶芸最（――〔代数なし〕），陶工（――〔代数
なし〕），美工，名工

**川瀬満之** かわせみつゆき
昭和8（1933）年12月31日～
昭和～平成期の陶芸家。
¶陶芸最，陶工，名工

**河添清子** かわぞえきよこ
昭和10（1935）年11月10日～
昭和～平成期の陶芸家。
¶陶芸最，陶工

**川添智利** かわぞえのりよし
昭和4（1929）年5月20日～平成11（1999）年1月
23日
昭和～平成期の建築家。東海大学名誉教授。
¶美建

**川田幹** かわだかん
大正13（1924）年～平成11（1999）年10月14日
昭和～平成期の版画家、工芸家。
¶美家

**河田源三** かわたげんぞう
明治23（1890）年7月14日～昭和28（1953）年1月2
日
大正～昭和期の精密機械技師。
¶埼玉人

**河田幸三** かわたこうぞう
大正12（1923）年2月26日～平成18（2006）年4月
26日
昭和～平成期の機械工学者、東京大学名誉教授。
専門は材料力学。
¶科学

**河田三治** かわたさんじ
明治32（1899）年5月26日～昭和45（1970）年7月
16日
大正～昭和期の航空工学者。日本航空学会会長。
航空工学研究の指導的地位で、航空学界の発展を
果たした。
¶科学，現情，人名7，世紀，日人

**河田伸一** かわたしんいち
昭和4（1929）年10月28日～平成24（2012）年4月
23日
昭和～平成期の計測技術者、東京計器取締役。専
門はジャイロ装置。
¶科学

**川田多三郎** かわたたさぶろう
明治16（1883）年～昭和9（1934）年8月6日
明治～昭和期の海軍技師。潮汐測定の権威。
¶人名，世紀，日人

**川田谷五郎**（河田谷五郎）　かわたたにごろう，かわだた
にごろう
天保8（1837）年～明治44（1911）年
江戸時代末期～明治期の製造業者。麦藁帽子製造
の開拓者。
¶先駆（河田谷五郎　かわだたにごろう　生没年
不詳），日人

**川田豊吉** かわだとよきち
明治3（1870）年3月～？
明治期の技師。
¶渡航

**川田信道** かわだのぶみち
弘化2（1845）年～明治38（1905）年
明治期の政治家。高知県議会議員。高知・松山道
開削の功労者。
¶高知人

**川田兵治** かわたひょうじ，かわだひょうじ
文久3（1863）年8月12日～昭和4（1929）年2月3日
明治～大正期の養蚕家。
¶埼玉人（かわだひょうじ），埼玉百，世紀，日人

**川田平佐** かわだひらさ
江戸時代の薩摩平佐焼の陶工。
¶人名

**川田正秋** かわだまさあき
明治39（1906）年9月16日～平成4（1992）年1月

16日
大正〜昭和期の機械工学者、東京大学名誉教授。
専門は自動車工学、内燃機関学。
¶科学, 現情

河田杰 かわだまさる
明治22(1889)年1月6日〜昭和30(1955)年1月
16日
明治〜昭和期の林業技術者。
¶科学, 植物, 世紀, 日人

川田蘭山 かわだらんざん
明治14(1881)年〜昭和32(1957)年
明治〜昭和期の陶芸家。
¶高知人, 陶工

川田竜吉(川田龍吉) かわだりょうきち
安政3(1856)年〜昭和26(1951)年2月9日
明治〜昭和期の男爵、実業家、新種馬鈴薯普及
家。函館ドック専務。アメリカから導入した馬鈴
薯が男爵イモの名で広まる。
¶海越新(川田龍吉 ⊕安政3(1856)年3月4日),
神奈川人, キリ(⊕安政3(1856)年3月14日),
高知人(川田竜吉), 植物(川田龍吉 ⊕安政3
(1856)年3月14日), 食文(川田龍吉 ⊕安政3
年3月14日(1856年4月18日)), 新潮(川田龍吉
⊕安政3(1856)年3月4日 ②昭和26(1951)年3
月9日), 世紀(川田龍吉 ⊕安政3(1856)年3
月4日), 姓氏神奈川, 渡航(川田龍吉・川田竜
吉 かわだりょうきち・かわだりょうきち
⊕1856年3月14日), 日人, 北海道百, 北海道
歴, 履歴(川田龍吉 ⊕安政3(1856)年3月14
日), 履歴2(⊕安政3(1856)年3月14日)

河内国平 かわちくにひら
昭和期の刀工。
¶名工

河内貞衡 かわちさだひら
 ？ 〜文久2(1862)年
江戸時代末期の測量家、信濃上田藩士。
¶人名, 日人

河内武信 かわちたけのぶ
 ？ 〜文化4(1807)年
江戸時代中期〜後期の測量家、信濃上田藩士。
¶人名, 長野歴, 日人

開中費直穢人 かわちのあたいえひと
上代の鏡の製作者。
¶古代, 日人(生没年不詳)

河内大掾家重 かわちのだいじょういえしげ
→井関家重(いぜきいえしげ)

川地白江守 かわちはくえのかみ
安永9(1780)年〜慶応3(1867)年
江戸時代中期〜末期の宮大工。
¶姓氏愛知

河津祐邦 かわづすけくに, かわずすけくに
 ？ 〜明治1(1868)年3月
江戸時代末期〜明治期の蝦夷地探検開拓者、幕
臣。外国事務総裁、若年寄。五稜郭建設、北蝦夷

地開拓に尽力。外国奉行、長崎奉行を歴任。
¶朝日, 維新, 海越(かわずすけくに), 海越新,
新潮, 日人, 幕末

河津正 かわづただし, かわずただし
昭和30(1955)年〜
昭和〜平成期の木工家。
¶名工(かわずただし)

北出昂太郎 かわでこうたろう
→北出昂太郎(きたでこうたろう)

川手敏雄 かわてとしお
昭和24(1949)年4月26日〜
昭和〜平成期の陶芸家。
¶陶芸最, 陶工, 名工

河辺一 かわなべはじめ
大正3(1914)年11月1日〜平成17(2005)年4月
29日
大正〜平成期の鉄道技師。
¶鉄道

川浪竹山 かわなみちくざん
慶応1(1865)年〜昭和20(1945)年
明治〜昭和期の陶芸家。
¶名工

河波忠兵衛 かわなみちゅうべえ
昭和8(1933)年9月〜
昭和〜平成期の墓大工。
¶名工

川西重治 かわにしじゅうじ
昭和24(1949)年〜
昭和〜平成期の漆芸作家。
¶名工

河西直行 かわにしなおゆき
大正期の農業技術者。
¶姓氏富山

河野栄一 かわのえいいち
昭和18(1943)年10月7日〜
昭和〜平成期の陶芸家。
¶陶芸最, 陶工, 名工

河野金太郎 かわのきんたろう
明治28(1895)年4月15日〜昭和48(1973)年7月
23日
明治〜昭和期の料理人、経営者。洋食の河金創業
者。"カツカレー"の元祖として知られる。
¶現日, 世紀

川野竹松 かわのたけまつ
 ？ 〜大正5(1916)年
明治〜大正期の殖産家。
¶日人

河野忠八 かわのちゅうはち
弘化2(1845)年〜明治25(1892)年
江戸時代末期〜明治期の治水家。疎水トンネルを
掘り、河水の流れを変えて往来を可能にした。
¶大分歴

## 名工・職人・技師・工匠篇　　かわはら

**河野禎造** かわのていぞう
　→河野禎造（こうのていぞう）

**川之辺一朝** かわのべいっちょう
　天保1（1830）年～明治43（1910）年
　明治期の蒔絵師。東京美術学校教授。内国勧業博で花紋賞、妙技賞受賞。帝室技芸員。
　¶朝日（⊕天保1年12月24日（1831年2月6日）　㊦明治43（1910）年9月5日）、近現、国史、史人（⊕1830年12月24日　㊦1910年9月5日）、新潮（⊕天保1（1830）年12月24日　㊦明治43（1910）年9月5日）、人名、世紀（⊕天保1（1831）年12月24日　㊦明治43（1910）年9月5日）、世人（⊕天保1（1830）年12月24日　㊦明治43（1910）年9月5日）、全書、大百、日人（⊕1831年）、名工（⊕天保1（1830）年12月24日　㊦明治43年9月5日）

**川野恭和** かわのみちかず
　昭和24（1949）年6月3日～
　昭和～平成期の陶芸家。
　¶陶芸最、陶工

**川野輪敏子** かわのわとしこ
　大正15（1926）年2月3日～
　昭和～平成期の陶芸家。
　¶名工

**河端繁** かわばたしげる
　昭和12（1937）年12月4日～
　昭和～平成期の実業家。京都きもの友禅創業者。
　¶創業

**川端善太夫** かわばたぜんだゆう
　？　～正保4（1647）年
　江戸時代前期の駿東郡善太夫新田の開発者。
　¶静岡歴、姓氏静岡

**川畑道仁** かわばたどうにん
　文政9（1826）年～明治25（1892）年
　江戸時代後期～明治期の鋳物師。
　¶姓氏鹿児島

**川端文男** かわばたふみお
　昭和23（1948）年8月4日～
　昭和～平成期の陶芸家。
　¶陶芸最、名工

**川端平三郎** かわばたへいさぶろう
　明治24（1891）年～昭和16（1941）年
　大正～昭和期の水産功労者。
　¶北海道百、北海道歴

**川端元治** かわばたもとじ
　明治35（1902）年～昭和55（1980）年
　明治期の水産功労者。
　¶北海道百、北海道歴

**河原一郎** かわはらいちろう
　大正15（1926）年2月18日～平成20（2008）年6月1日
　昭和～平成期の建築家。法政大学名誉教授。
　¶美建

**川原久美子** かわはらくみこ
　昭和28（1953）年6月30日～
　昭和～平成期の陶芸家。
　¶陶工

**川原源助** かわはらげんすけ
　㊦川原源助《かわらげんすけ》
　明治期の大隅龍門司焼の陶工。神戸、横浜等に輸出の途を開いた。
　¶人名（かわらげんすけ）、日人、名工（かわらげんすけ）

**河原健雄** かわはらけんゆう
　昭和26（1951）年10月16日～
　昭和～平成期の陶芸家。
　¶陶芸最

**川原五郎** かわはらごろう
　明治11（1878）年4月～？
　明治～大正期の技師。
　¶渡航

**河原貞頼**(1) かわはらさだより
　寛文5（1665）年～寛保3（1743）年
　江戸時代中期の測量術家、信濃松本藩士。
　¶国書、日人

**河原貞頼**(2) かわはらさだより
　？　～享保13（1728）年　㊦河原貞頼《かわらさだより》
　江戸時代中期の測量術家、信濃松本藩士。
　¶人名（かわらさだより）、長野百、長野歴

**川原十左衛門** かわはらじゅうざえもん
　享保12（1727）年～寛政10（1798）年　㊦川原十左衛門《かわらじゅうざえもん》
　江戸時代中期の大隅竜門司焼の陶工。
　¶人名（かわらじゅうざえもん）、日人

**川原史郎** かわはらしろう
　昭和24（1949）年5月6日～
　昭和～平成期の陶芸家。
　¶陶芸最、陶工

**河原善右衛門** かわはらぜんうえもん
　→河原善右衛門（かわらぜんえもん）

**川原広真** かわはらひろま
　明治40（1907）年11月4日～昭和50（1975）年1月11日
　大正～昭和期の印刷技術者。太陽インキ製造創業者。
　¶創業

**河原弘道** かわはらひろみち
　昭和22（1947）年3月12日～
　昭和期の陶芸家。
　¶陶芸最

**川原弥五郎** かわはらやごろう
　生没年不詳
　江戸時代中期～後期の陶工。
　¶日人

**河原康孝** かわはらやすたか
昭和11（1936）年11月26日〜
昭和期の陶芸家。
¶陶芸最

**河治友周** かわはるともちか
江戸時代中期の長門鐔の名工。
¶人名，日人（生没年不詳）

**河治友久** かわはるともひさ
貞享4（1687）年〜寛保3（1743）年
江戸時代前期〜中期の装剣金工。
¶日人

**川淵直樹** かわぶちなおき
昭和21（1946）年12月7日〜
昭和〜平成期の陶芸家。
¶陶芸最，陶工

**川淵登** かわぶちのぼる
昭和期の石工。
¶名工

**川辺音右衛門** かわべおとえもん
〜享保6（1721）年
江戸時代中期の小田原藩御城大工棟梁。
¶神奈川人

**河辺篤寿** かわべとくじゅ
明治31（1898）年4月6日〜昭和50（1975）年11月
26日
大正〜昭和期の染色作家。
¶美工，名工

**川部正秀** かわべまさひで
→正秀（まさひで）

**川辺正秀** かわべまさひで
江戸時代中期の出羽山形の剣工。
¶人名

**川辺美佳** かわべみか
昭和27（1952）年5月27日〜
昭和〜平成期の陶芸家。
¶陶芸最，名工

**川又栄一** かわまたえいいち
昭和期の桶職人。
¶名工

**川俣八右衛門** かわまたはちえもん
元禄14（1701）年〜天明8（1788）年1月3日
江戸時代中期〜後期の開拓功労者。
¶庄内

**川俣芳洲** かわまたほうしゅう
明治35（1902）年2月15日〜昭和57（1982）年10月3
日
大正〜昭和期の漆芸家。
¶熊本百，美工

**川俣芳郎** かわまたよしろう
昭和6（1931）年7月23日〜
昭和〜平成期の地方開発専門家。国土庁地方振興
局長。
¶現執2期

**川松弘美** かわまつひろみ
昭和29（1954）年〜
昭和〜平成期の陶芸家。
¶陶工

**川村カネト** かわむらかねと
→川村カ子トアイヌ（かわむらかねとあいぬ）

**川村カ子ト** かわむらかねと
明治26（1893）年5月5日〜昭和52（1977）年1月6日
昭和期の鉄道測量技師。アイヌ記念館経営者。
¶世紀

**川村カ子トアイヌ** かわむらかねとあいぬ
明治26（1893）年〜昭和52（1977）年1月6日　働川
村カネト《かわむらかねと》
昭和期の鉄道測量技師。アイヌ記念館経営者。
¶社史（川村カネト　かわむらかねと　働1893年
5月），日人（働明治26（1893）年5月5日）

**河村熹太郎**（河村熹太朗）　かわむらきたろう
明治32（1899）年4月14日〜昭和41（1966）年1月
18日
大正〜昭和期の陶芸家。新陶芸運動を展開。新文
展特選，中日文化賞受賞など。鎌倉に築窯。
¶京都大，現情，新潮，人名7，世紀，姓氏京都，
陶工（河村熹太朗），日人，美工，名工

**川村賢次** かわむらけんじ
〜平成18（2006）年10月19日
昭和〜平成期の陶芸家。
¶美工

**河村宏三郎** かわむらこうざぶろう
昭和17（1942）年7月25日〜
昭和期の陶芸家。
¶陶芸最

**川村幸八** かわむらこうはち
天明8（1788）年〜明治2（1869）年
江戸時代後期〜明治期の農事改良家。
¶植物（働明治2（1869）年1月18日），食文（働明
治2年1月9日（1869年2月19日）），姓氏宮城
（働1787年）

**川村吾蔵** かわむらごぞう
明治17（1884）年8月17日〜昭和25（1950）年3月
11日
明治〜昭和期の彫刻家。作品に「ミスター・ブロ
クター」など著名人の肖像彫刻多数。
¶近美，世紀，長野歴，日人，美建

**川村紗智子** かわむらさちこ
昭和18（1943）年1月3日〜
昭和期の陶芸家。
¶陶芸最，名工

**川村重吉** かわむらしげよし
→川村重吉（かわむらじゅうきち）

**河村繁** かわむらしげる
明治40(1907)年6月18日〜昭和44(1969)年1月29日
大正〜昭和期の技師。
¶近土，土木

**河村若芝** かわむらじゃくし
*〜宝永4(1707)年　[別]蘭渓若芝《らんけいじゃくし》
江戸時代前期〜中期の画家、金工家。
¶朝日([生]寛永15(1638)年　[没]宝永4年10月1日(1707年10月25日))，郷土長崎([生]1630年)，コン改([生]寛永7(1630)年)，コン4([生]寛永7(1630)年)，佐賀百([生]寛永7(1630)年)，新潮([生]寛永15(1638)年　[没]宝永4(1707)年10月1日)，人名([生]1629年)，長崎百([生]寛永15(1638)年)，日人([生]1638年)，美術([生]?)，百科([生]?　[没]宝永4(1707)年?)，名画(蘭渓若芝　らんけいじゃくし　[生]1630年)

**川村重吉** かわむらじゅうきち
天正3(1575)年〜慶安1(1648)年　[別]川村重吉《かわむらしげよし》
安土桃山時代〜江戸時代前期の土木治水の功労者。
¶朝日(かわむらしげよし　[没]慶安1年閏1月27日(1648年3月21日))，近世，国史，コン4(かわむらしげよし)，史人([没]1648年閏1月)，新潮([没]慶安1(1648)年閏1月)，姓氏宮城(かわむらしげよし)，世人([生]?)，戦合，戦人，日人，藩臣1(かわむらしげよし)

**河村瑞賢**(河村瑞軒，川村瑞賢) かわむらずいけん
元和4(1618)年〜元禄12(1699)年
江戸時代前期の商人。海運・治水の功労者。
¶朝日([生]元和4(1618)年2月　[没]元禄12年6月16日(1699年7月13日))，岩史([生]元和4(1618)年2月　[没]元禄12(1699)年6月16日)，江戸，大阪人([生]元和4(1618)年2月　[没]元禄12(1699)年3月16日)，角史，神奈川人(川村瑞賢　[生]1617年)，京都([生]元和3(1617)年)，京都府([生]元和3(1617)年)，近世，国史，国書([生]元和4(1618)年2月　[没]元禄12(1699)年6月16日)，コン改([生]元和3(1617)年)，コン4，茶道([生]1617年)，史人([生]1618年2月　[没]1699年6月16日)，重要([生]元和3(1617)年2月　[没]元禄12(1699)年6月16日)，庄内([生]元和3(1617)年2月　[没]元禄12(1699)年6月16日)，食文([生]元和4年2月(1618年3月)　[没]元禄12年6月16日(1699年7月12日))，人書94，新潮([生]元和4(1618)年2月　[没]元禄12(1699)年6月16日)，人名，世人([生]元和3(1617)年2月　[没]元禄12(1699)年6月16日)，世百，全書，大百([生]1617年)，伝記，日史([生]元和4(1618)年2月　[没]元禄12(1699)年6月16日)，日人，百科，福島百，平日([生]1618　[没]1699)，三重(河村瑞軒　[没]元禄13年6月16日)，宮城百，山形百，歴大

**河村蜻山** かわむらせいざん
明治23(1890)年〜昭和42(1967)年
大正〜昭和期の陶芸家。耀々会を創立。官展に出品。芸術院恩賜賞受賞。作品に「瑠璃磁群鷺図花瓶」。
¶神奈川人，京都大，現情([生]1890年8月1日　[没]1967年8月1日)，新潮([生]明治23(1890)年8月1日　[没]昭和42(1967)年8月1日)，人名7，世紀([生]明治23(1890)年8月1日　[没]昭和42(1967)年8月1日)，姓氏京都，陶芸最，陶工，日人([生]明治23(1890)年8月1日　[没]昭和42(1967)年8月1日)，美工([生]明治23(1890)年8月1日　[没]昭和42(1967)年8月1日)，名工([生]明治23年8月1日　[没]昭和42年8月1日)

**河村硯山** かわむらせきざん
昭和13(1938)年9月22日〜
昭和期の陶芸家。
¶陶芸最

**河村碩山** かわむらせきざん
昭和13(1938)年9月22日〜平成4(1992)年8月6日
昭和〜平成期の陶芸家。
¶美工，名工

**川村宗平** かわむらそうへい
生没年不詳
江戸時代末期の甲冑師。
¶庄内

**河村驍** かわむらたけし
明治11(1878)年1月2日〜?
明治〜大正期の技師。
¶渡航

**川村貞治** かわむらていじ
明治18(1885)年〜昭和25(1950)年
明治〜昭和期の造船技師。
¶青森人

**河村藤吉** かわむらとうきち
生没年不詳
明治期の縫針の製造販売業者。
¶大分歴

**河村寿隆** かわむらとしたか
安永8(1779)年〜天保4(1833)年
江戸時代後期の刀工。
¶長野歴

**川村秀樹** かわむらひでき
昭和24(1949)年〜
昭和〜平成期の陶芸家。
¶名工

**河村秀行** かわむらひでゆき
嘉永5(1853)年〜大正7(1918)年
明治〜大正期の発明家。蚕病消毒器の河村式噴霧器を発明する。
¶人名([生]1852年)，世紀([生]嘉永5(1853)年12月　[没]大正7(1918)年11月26日)，日人

**川村昌保** かわむらまさやす
昭和8(1933)年2月3日〜
昭和期の陶芸家。
¶陶芸最

**河村益弘** かわむらますひろ
昭和15(1940)年7月21日〜

昭和～平成期の陶芸家。
¶陶芸最，名工

**河村又次郎** かわむらまたじろう
昭和5(1930)年10月16日～
昭和～平成期の陶芸家。
¶陶芸最，陶工，名工

**川村美佐子** かわむらみさこ
昭和19(1944)年～
昭和～平成期の陶芸家。
¶陶工

**川村満雄** かわむらみつお
明治44(1911)年9月23日～昭和43(1968)年4月26日
昭和期の技師。
¶近土，土木

**川村元吉** かわむらもときち
→川村元吉(かわむらもとよし)

**川村元吉** かわむらもとよし
*～元禄5(1692)年 [別]川村元吉《かわむらもときち》，川村孫兵衛《かわむらまごべえ》
江戸時代前期の土木治水の功労者。
¶朝日([生]元和8(1622)年)，コン改([生]寛永5(1628)年)，コン4([生]元和8(1622)年)，新潮([生]寛永5(1628)年 [没]元禄5(1692)年8月14日)，人名([生]1628年)，姓氏宮城(かわむらもときち [生]1624年)，日人([生]1622年)

**河本五郎** かわもとごろう
大正8(1919)年～昭和61(1986)年3月23日
昭和期の陶芸家。自由で奔放な躍動感のある作風。
¶現朝([生]1919年3月5日)，世紀([生]大正8(1919)年3月15日)，陶芸，陶芸最，陶工，日人([生]大正8(1919)年3月15日)，美工([生]大正8(1919)年3月15日)，名工([生]大正8年3月15日)

**川本治兵衛** かわもとじひょうえ
→川本治兵衛〔1代〕(かわもとじへえ)

**川本治兵衛〔2代〕** かわもとじひょうえ
→川本治兵衛〔2代〕(2)(かわもとじへえ)

**川本治兵衛〔1代〕** かわもとじへえ
生没年不詳 [別]川本治兵衛《かわもとじひょうえ》
江戸時代中期～後期の瀬戸の陶工。
¶新潮(――〔代数なし〕)，姓氏愛知(――〔代数なし〕 かわもとじひょうえ)，世人(――〔代数なし〕)，日人，美工

**川本治兵衛〔2代〕(1)** かわもとじへえ
江戸時代末期。
→川本治兵衛〔2代〕(2)(かわもとじへえ)

**川本治兵衛〔2代〕(2)** かわもとじへえ
？～慶応2(1866)年 [別]川本治兵衛〔2代〕《かわもとじひょうえ,かわもとじへえ》
江戸時代末期の瀬戸の陶工。
¶朝日(かわもとじひょうえ [没]慶応2(1866)年5月)，日人

**川本惣吉** かわもとそうきち
生没年不詳
明治期の陶工。
¶美工

**河本武** かわもとたけし
大正4(1915)年1月3日～
昭和～平成期の大阪仏壇職人。
¶名工

**河本太郎** かわもとたろう
昭和30(1955)年3月14日～
昭和～平成期の陶芸家。
¶陶芸最，陶工，名工

**川本禎二** かわもとていじ
？～安政2(1855)年
江戸時代末期の尾張瀬戸の陶工。
¶人名，日人

**川本信彦** かわもとのぶひこ
昭和11(1936)年3月3日～
昭和～平成期の経営者。本田技研工業取締役相談役、本田技術研究所フェロー。「アコード」「シビック」の初代モデルの開発を手がける。
¶世紀，日人

**川本半治** かわもとはんじ
江戸時代後期の尾張瀬戸の陶工。
¶人名，日人(生没年不詳)

**川本半助(1)** かわもとはんすけ
世襲名 江戸時代の尾張瀬戸の陶工。
¶近世，国史，コン改，コン4，史人，新潮，世人

**川本半助(2)** かわもとはんすけ
江戸時代の尾張瀬戸の陶工。
¶姓氏愛知

**川本半助〔1代〕** かわもとはんすけ
江戸時代中期の尾張瀬戸の陶工。
¶人名，日人(生没年不詳)

**川本半助〔4代〕** かわもとはんすけ
生没年不詳
江戸時代中期の尾張瀬戸の陶工。
¶人名，日人，美工

**川本半助〔5代〕** かわもとはんすけ
生没年不詳
江戸時代後期の尾張瀬戸の陶工。
¶朝日，人名，日人，美工

**川本半助〔6代〕** かわもとはんすけ
明治期の尾張瀬戸の陶工。研究熱心で東京工業学校の模範工に招かれるが、脚が不自由なため辞した。
¶人名，名工

**河本藤四郎** かわもとふじしろう
生没年不詳
江戸時代後期の陶工。
¶日人

川本麻紀 かわもとまき
昭和34(1959)年11月7日～
昭和期の陶芸家。
¶陶芸最

川本桝吉〔1代〕 かわもとますきち
江戸時代末期の尾張瀬戸の陶工。
¶人名, 日人(生没年不詳)

川本桝吉〔2代〕(──〔代数なし〕) かわもとますきち
嘉永5(1852)年8月8日～大正5(1916)年11月9日
明治期の尾張瀬戸の陶工。同業間の有力者で、美術品と普通品を兼製していた。
¶弓道(──〔代数なし〕), 人名, 日人, 名工

河本実 かわもとみのる
大正1(1912)年8月19日～
昭和期の機械工学者。京都大学教授。
¶現情

川本利吉 かわもとりきち
生没年不詳
明治期の陶工。
¶美工

河本礫亭 かわもとれきてい
明治27(1894)年～昭和50(1975)年
明治～昭和期の陶芸家。
¶愛知百(⊕1894年9月17日 ㊣1975年1月10日), 姓氏愛知, 陶工, 美工(㊣昭和50(1975)年1月10日)

河盛又三郎 かわもりまたさぶろう
慶応3(1867)年～昭和16(1941)年
明治～昭和期の実業家。河又醬油を創業、研究機関で河又菌を発見。
¶世紀(⊕慶応3(1867)年11月 ㊣昭和16(1941)年11月), 日人

川原喜兵衛 かわらきへえ
江戸時代前期の大隅の陶工。
¶人名

川原源助 かわらげんすけ
→川原源助(かわはらげんすけ)

河原貞頼 かわらさだより
→河原貞頼(2)(かわはらさだより)

川原十左衛門 かわらじゅうざえもん
→川原十左衛門(かわはらじゅうざえもん)

河原善右衛門 かわらぜんえもん
*～貞享2(1685)年 ㊥河原善右衛門《かわはらぜんうえもん》
江戸時代前期の農事改良家。大庄屋。川の改修、新田の開発、溜池の築造などに尽した。
¶岡山人(かわはらぜんうえもん), 岡山百(⊕寛永15(1638)年 ㊣貞享2(1685)年4月27日), 岡山歴(⊕寛永14(1637)年 ㊣貞享2(1685)年4月27日), 人名(㊣?), 日人(⊕1637年)

川原田政太郎 かわらまさたろう
明治23(1890)年8月7日～昭和58(1983)年9月6日

大正～昭和期の電気技術者。早稲田大学教授。誘導同期電動機を発明し小穴製作所で工業化。戦後は電気時計の改良に貢献。
¶科学, 科技, 現情, 世紀, 姓氏富山, 全書, 大百, 富山百, 日人

河原正間 かわらまさま
江戸時代の装剣金工。
¶人名

瓦屋源珍 かわらやげんちん
戦国時代の陶工、織田焼の開祖。
¶人名, 日人(生没年不詳)

寛円 かんえん
生没年不詳
平安時代後期～鎌倉時代前期の仏師。
¶平史

元円 がんえん
生没年不詳
平安時代後期の仏師。
¶平史

観規 かんき
? ～延暦1(782)年
奈良時代の僧、仏師。
¶朝日(㊣延暦1年2月15日(782年4月2日)), 国史(㊣延暦1年2月15日), 古代, 古中(生没年不詳), 史人(生没年不詳), 新潮(生没年不詳), 世人, 日人(㊣782年?), 仏教(㊣天応2(782)年2月15日)

元慶 がんぎょう
→松雲元慶(しょううんげんけい)

寛慶 かんけい
生没年不詳
南北朝時代の仏師。
¶国史, 古中, 新潮, 日人, 仏教, 仏史

寛左エ門 かんざえもん
昭和期の刀工。
¶島根百

神崎重子 かんざきしげこ
天保10(1839)年～大正12(1923)年
江戸時代末期～大正期の女性。「弘道軒のおばさん」の名で知られ、夫食誼とともに我が国の楷書活字鋳造の創始者。
¶女性(㊣大正12(1923)年8月23日), 女性普(㊣大正12(1923)年8月23日), 人名, 日人, 名工(㊣大正12年8月)

神崎紫峰 かんざきしほう
昭和17(1942)年5月14日～
昭和～平成期の陶芸家。
¶陶芸最, 陶工, 名工

神崎継春 かんざきつぐはる
昭和25(1950)年9月4日～
昭和～平成期の陶芸家。
¶陶芸最, 名工

## 神崎正誼 かんざきまさよし
天保8（1837）年～明治24（1891）年
明治期の楷書活字の創始者。活字製造に尽力。楷書活字の販路を確立。
¶人名，日人，名工（㊥天保8（1837）年9月25日 ㊦明治24年12月14日）

## 幹山伝七 かんざんでんしち
文政4（1821）年～明治23（1890）年　㊟幹山伝七《みきやまでんしち》
江戸時代末期～明治期の陶芸家。洋食器製造の先駆者。京焼きの改革に寄与。
¶朝日（㊦明治23（1890）年2月28日），京都大，コン改，コン4，コン5，史人（㊦1890年2月28日），新潮（㊦明治23（1890）年2月28日），人名，姓氏京都，先駆（みきやまでんしち　生没年不詳），陶工，日人

## 感世 かんせい
生没年不詳
平安時代中期の仏師。
¶日人，平史

## 勘蔵 かんぞう
生没年不詳
江戸時代後期の陶工。
¶日人

## 官蔵 かんぞう
江戸時代後期の因幡久能寺焼の陶工。
¶人名

## 神田英蔵 かんだえいぞう
明治42（1909）年3月22日～平成5（1993）年2月9日
昭和期の低温工学者。
¶科学，世紀，日人

## 菅田角夫 かんだかくお
～昭和50（1975）年
昭和期の工学者。
¶岡山人

## 神田川俊郎 かんだがわとしろう
昭和14（1939）年～
昭和～平成期の料理人。神田川（日本料理屋）店主、日本調理師学校名誉師範。
¶テレ

## 神田神四郎 かんだじんしろう
生没年不詳
室町時代の柏原鋳物師。
¶埼玉人

## 神田兵右衛門 かんだひょうえもん
→神田兵右衛門（こうだひょうえもん）

## 神田礼治 かんだれいじ
安政5（1858）年8月25日～？
明治期の技師。
¶渡航

## 寒雉 かんち
→宮崎寒雉[2]（みやざきかんち）

---

## 願長 がんちょう
？　～万治3（1660）年
江戸時代前期の開拓事業家、僧侶。
¶島根歴

## 関東弥右衛門 かんとうやえもん
江戸時代中期の佐渡の鉱山師。
¶人名

## 神戸分左衛門 かんどぶんざえもん
？　～正徳2（1712）年
江戸時代中期の名古屋屈指の材木商、新田開発者。
¶朝日（㊦正徳2年11月20日（1712年12月18日）），近世，国史，コン4，史人（㊦1712年11月20日），姓氏愛知（㊤1659年　㊦1740年），日人

## 神南辺道心 かんなべどうしん
？　～天保12（1841）年
江戸時代後期の燗鍋の鋳工。
¶人名

## 菅野文友 かんのあやとも
昭和4（1929）年4月1日～
昭和～平成期のソフトウエア工学研究者、。東京理科大学教授、日立製作所同副技師長。
¶現執2期，現執3期

## 菅野暎子 かんのえいこ
昭和11（1936）年4月10日～平成16（2004）年3月2日
昭和～平成期の染織家。
¶美工

## 菅野治平 かんのじへい
天保10（1839）年～明治34（1901）年1月28日
江戸時代末期～明治期の蚕糸業功労者。秋蚕の原種を確保し養蚕業を転換。
¶幕末

## 菅野孝男 かんのたかお
昭和22（1947）年10月8日～
昭和～平成期のソフトウェア研究者。菅野情報技術事務所所長。
¶現執3期，現執4期

## 菅野平右衛門 かんのへいえもん
天保5（1834）年3月13日～明治44（1911）年8月19日
江戸時代末期～明治期の蚕業功労者。国立蚕種製造所で全国優良種に選ばれた「大青」を育成。
¶幕末

## 菅野昌義 かんのまさよし
大正13（1924）年10月9日～平成15（2003）年1月22日
昭和～平成期の原子力工学者、東京大学名誉教授。
¶科学

## 菅野安兵衛 かんのやすべえ
嘉永1（1848）年12月16日～明治35（1902）年10月6日
江戸時代末期～明治期の新蚕種開発者。蚕種を風穴に貯蔵する法を考案。
¶幕末

**神野有二**　かんのゆうじ
昭和期の豆凧製作者。
¶名工

**上林義勝**　かんばやしよしかつ
安政1(1854)年10月22日～昭和13(1938)年
明治～昭和期の竿師。
¶庄内

**上林楽只軒〔1代〕**　かんばやしらくしけん
寛政10(1798)年～*　[別]上林楽只軒《かみばやしらくしけん》
江戸時代末期～明治期の人形師。茶の枯木を使った宇治人形の創作者。
¶人名(——〔代数なし〕　かみばやしらくしけん　[没]1870年)，日人([没]1871年)

**神場米一**　かんばよねいち
明治32(1899)年～昭和6(1931)年
大正～昭和期の発明家。
¶和歌山人

**蒲原重雄**　かんばらしげお
明治31(1898)年3月12日～昭和7(1932)年10月16日
大正～昭和期の建築家、司法省技師。日本近代建築の最高傑作の1つ「旧小菅刑務所」「巣鴨プリズン」の設計者。
¶現日，世紀

**神原周**　かんばらしゅう
明治39(1906)年9月22日～平成11(1999)年12月7日
昭和期の応用科学者。東京工業大学教授、日本化学会会長。日本初めてアクリル系合成繊維を製造。専門は高分子化学。日本合成樹脂技術協会会長なども務める。著書に「アクリロニトリルの化学」など。
¶科学，科技，現情，現人，世紀，日人

**神原信一郎**　かんばらしんいちろう
明治15(1882)年4月5日～*
明治～大正期の技師。専門は電力。茨城県出身。
¶近土([没]1945年7月10日)，土木([没]?)

**勘兵衛**　かんべえ
江戸時代末期の近江湖東焼の陶画工。
¶人名，日人(生没年不詳)

**神戸嘉兵衛**　かんべかへえ
慶応3(1867)年3月～昭和4(1929)年4月3日
明治～昭和期の地方開発功労者。
¶兵庫人

**神戸信章**　かんべのぶあき
慶長6(1601)年～慶安1(1648)年
江戸時代前期の開墾家。
¶人名，日人

**神戸保明**　かんべやすあき
昭和4(1929)年8月20日～
昭和～平成期の陶芸家。
¶陶工

**神戸義憲**　かんべよしのり
昭和18(1943)年5月26日～
昭和～平成期の陶芸家。
¶陶芸最，陶工，名工

**観祐**　かんゆう
天永1(1110)年～?
平安時代後期の絵仏師。
¶仏教(生没年不詳)，平史

**寛亮**　かんりょう
生没年不詳
鎌倉時代後期の仏師。
¶仏教

**甘呂俊長**　かんろとしなが
生没年不詳　[別]俊長《としなが》
鎌倉時代後期～南北朝時代の刀工。
¶鎌室，新潮(俊長　としなが)，日人，美工(俊長　としなが)

## 【き】

**紀俊秀**　きいとしひで
明治3(1870)年～昭和15(1940)年9月20日　[別]紀俊秀《きとしひで》
明治～昭和期の男爵。
¶神人(きとしひで)，世紀([生]明治3(1870)年10月)，日人([生]明治3(1870)年10月)，和歌山人

**木内綾**　きうちあや
大正13(1924)年7月7日～平成18(2006)年11月5日
昭和～平成期の染織工芸家。専門は優佳良織。
¶美工，北海道文，名工

**木内和博**　きうちかずひろ
昭和21(1946)年4月7日～
昭和～平成期の染織工芸家。専門は優佳良織。
¶名工

**木内喜八**　きうちきはち
文政10(1827)年～明治35(1902)年
江戸時代末期～明治期の木工。指物象嵌を専業とする。内国勧業博で受賞。
¶朝日([没]明治35(1902)年8月19日)，コン改，コン4，コン5，史人([没]1902年8月19日)，新潮([没]明治35(1902)年8月19日)，人名([生]1826年)，全書，大百([生]1826年)，日人，美術，百科

**木内五郎**　きうちごろう
明治31(1898)年4月26日～昭和29(1954)年10月10日
大正～昭和期の彫塑家。
¶現情，美建

**木内省古**　きうちしょうこ
明治15(1882)年～昭和36(1961)年8月23日
明治～昭和期の工芸家。日本工芸会理事。大日本水産工芸協会を創立。代表作品に「桐製四季象嵌大鉢」など。

き

¶現情，人名7，世紀，日人，美工，名工

## 木内翠岳 きうちすいがく
大正4（1915）年4月1日～
昭和～平成期の鎌倉彫工芸家。
¶名工

## 木内晴岳 きうちせいがく
大正6（1917）年12月25日～
昭和～平成期の鎌倉彫工芸家。
¶名工

## 木内清兵衛 きうちせいべえ
文化4（1807）年～明治7（1874）年
江戸時代後期の養蚕家。
¶長野歴

## 木内利雄 きうちとしお
大正9（1920）年5月9日～
昭和期の陶芸家。
¶陶芸最

## 木内半古 きうちはんこ
安政2（1855）年～昭和8（1933）年
明治～大正期の木工家。正倉院御物の修理と模造
に従事。細密な木画作品で知られた。
¶人名，世紀（⑱昭和8（1933）年8月4日），大百，
日人，名工（⑱昭和8年8月4日）

## 基永師 きえいし
生没年不詳
奈良時代の伎楽面作者。
¶朝日，新潮，世人，日人，美工，仏教

## 木嬰長次郎 きえいちょうじろう
江戸時代末期～明治期の捕鯨家。
¶朝日（生没年不詳），日人

## 木枝燦 きえだあきら
大正10（1921）年3月29日～
昭和期の航空工学者。同志社大学教授。
¶現情

## 儀右衛門 ぎえもん
江戸時代前期の陶工。
¶姓氏富山

## 桔梗屋甚三郎 ききょうやじんざぶろう
生没年不詳
江戸時代前期の染工。
¶京都大，人名，姓氏京都，日人

## 菊庵 きくあん
飛鳥時代の菊屋索麺の祖。
¶人名，日人（生没年不詳）

## 菊岡光朝 きくおかみつとも
安永5（1776）年～文化10（1813）年
江戸時代中期～後期の装剣金工。
¶日人

## 菊岡光政 きくおかみつまさ
宝暦9（1759）年～文政7（1824）年
江戸時代中期～後期の装剣金工。
¶日人

## 菊川久英 きくかわひさてる
生没年不詳
江戸時代中期～後期の装剣金工。
¶日人

## 菊田明 きくたあきら
昭和28（1953）年12月9日～
昭和～平成期の陶芸家。
¶陶芸最，陶工

## 菊竹清訓 きくたけきよのり
昭和3（1928）年4月1日～
昭和～平成期の建築家。菊竹清訓建築設計事務所
所長、早稲田大学教授。出雲大社庁の庁舎、沖縄
海洋博のアクアポリスなどを設計。著書に「代謝
建築論」など。
¶現朝，現執1期，現執2期，現執3期，現執4期，
現情，現人，現日，新潮，世紀，日人，マス89

## 菊田鶴次郎 きくたつるじろう
明治12（1879）年～昭和39（1964）年
明治～昭和期の作物の品種改良に尽力。
¶姓氏岩手

## 菊田全宏 きくたまさひろ
～昭和55（1980）年2月3日
昭和期の紋章上絵製作者。
¶名工

## 菊池晃 きくちあきら
昭和10（1935）年3月1日～
昭和～平成期の陶芸家。
¶陶芸最，名工

## 菊池昭 きくちあきら
昭和22（1947）年6月10日～
昭和～平成期の陶芸家。
¶陶芸最，陶工，名工（⑱昭和22年6月10）

## 菊池明 きくちあきら
明治32（1899）年11月8日～昭和48（1973）年8月
29日
大正～昭和期の土木技術者、建設技監。専門は道
路工学。
¶科学，近土，土木

## 菊池永 きくちえい
生没年不詳
明治期の実業家。塗料製造のパイオニア、協同組
合光明社の設立に尽力。
¶先駆

## 菊池一男 きくちかずお
大正8（1919）年10月30日～平成16（2004）年3月
31日
昭和～平成期の和紙製作者。専門は西の内和紙。
¶現情，美工，名工

## 菊池一麿 きくちかずまろ
昭和21（1946）年7月24日～
昭和～平成期の陶芸家。
¶陶芸最，陶工，名工

**菊地亀一郎** きくちかめいちろう
昭和期の板金工。
¶名工

**菊池恭三**（菊地恭三） きくちきょうぞう
安政6（1859）年10月15日～昭和17（1942）年12月28日
明治～昭和期の実業家。大日本紡績社長。綿糸紡績業の技術者。三十四銀行頭取、大日本紡績連合会委員長などを歴任。貴族院議員。
¶海越（菊地恭三），海越新，愛媛百，大阪人，近現，現朝（㊐安政6年10月15日（1859年11月9日）），国史，コン改，コン5，史人，実業，新潮，世紀，先駆（㊚昭和17（1945）年12月28日），全書，渡航，日史，日人

**菊地清** きくちきよし
昭和期の左官業。
¶名工

**菊池清彦** きくちきよひこ
文化9（1812）年～明治16（1883）年
江戸時代末期～明治期の庄屋。勤王の志強く、志士らと交友。
¶大分百，大分歴，人名，日人，幕末（㊚1883年10月12日）

**菊池金吾** きくちきんご
文化9（1812）年～明治26（1893）年
江戸時代末期～明治期の殖産家。留守居格勘定奉行頭取、用人などを歴任。
¶姓氏岩手，幕末（㊚1893年5月4日）

**菊池国俊** きくちくにとし
生没年不詳
江戸時代末期～大正期の鍛冶師。
¶大阪人

**菊地熊治** きくちくまじ
大正14（1925）年～昭和57（1982）年
昭和期の鋳物工芸家。
¶美工（㊚昭和57（1982）年7月20日），名工（㊚昭和57年7月20日），山形百，山形百新

**菊池五介** きくちごすけ
明治42（1909）年10月27日～平成3（1991）年2月14日
昭和期の工芸家。
¶現情，世紀，日人，美工，名工

**菊池序克** きくちじょかつ
→菊地序克（きくちじょこく）

**菊地序克**（菊池序克） きくちじょこく
宝暦1（1751）年～？　㊍菊池序克《きくちじょかつ，きくちつねかつ》
江戸時代後期の金工家。横谷派。
¶朝日（菊池序克），コン改，コン4（菊池序克　きくちつねかつ　㊐宝暦1（1751）年？），新潮（菊池序克　きくちじょかつ　生没年不詳），人名，日人（菊池序克　きくちつねかつ　生没年不詳）

**菊地慎吾** きくちしんご
大正7（1918）年11月18日～
昭和～平成期の燕鎚銅器職人。
¶名工

**菊池惣右衛門** きくちそうえもん
天正10（1582）年～寛永19（1642）年5月27日
安土桃山時代～江戸時代前期の三潴郡城島町浮島の開墾者。
¶福岡百

**菊池挙子** きくちたかこ
昭和9（1934）年1月27日～
昭和～平成期の陶芸家。
¶陶芸最，陶工，名工

**菊池楯衛** きくちたてい
→菊池楯衛（きくちたてえ）

**菊池楯衛** きくちたてえ
弘化3（1846）年～大正7（1918）年　㊍菊池楯衛《きくちたてい，きくちたてえい，きくちたてよし》
明治期の試植者。西洋りんご栽培の草分け。
¶青森人（きくちたてえい），青森百，朝日（㊚大正7（1918）年4月8日），植物（㊐弘化3（1846）年2月2日　㊚大正7（1918）年4月8日），食文（きくちたてえ〈い〉　㊚1918年4月8日），人名（きくちたてよし　㊚1932年），先駆，日人

**菊池楯衛** きくちたてえい
→菊池楯衛（きくちたてえ）

**菊池楯衛** きくちたてよし
→菊池楯衛（きくちたてえ）

**菊池序克** きくちつねかつ
→菊地序克（きくちじょこく）

**菊池序光** きくちつねみつ
生没年不詳
江戸時代後期の装剣金工。
¶日人

**菊地藤五郎**（菊池藤五郎） きくちとうごろう
生没年不詳
江戸時代前期の用水堰開発者。
¶朝日，近世，国史，コン改，コン4，史人（菊池藤五郎），新潮，人名（菊池藤五郎），日人

**菊地東陽** きくちとうよう
明治16（1883）年2月4日～昭和14（1939）年4月5日
㊍菊地学治《きくちがくじ》
大正～昭和期の実業家。オリエンタル写真工業社長。感光性乳剤の発明、人造用印画紙の製造に成功。オリエンタル写真工業を設立。
¶科学，実業，写家，新潮，人名7，世紀，渡航（菊地東陽・菊地学治　きくちとうよう・きくちがくじ），日人

**菊池虎太郎**（菊地虎太郎） きくちとらたろう
天保8（1837）年～明治33（1900）年　㊍菊地弥太郎，謙斎，公郁，修文
明治期の殖産功労者、事業家。小笠原島開拓につとめる。
¶維新，社史（菊地虎太郎　㊚1900年2月5日），新潮（菊地虎太郎　㊚明治33（1900）年2月5

日)，人名([生]1838年)，姓氏宮城，日人，幕末(菊地虎太郎　[生]1837年1月10日　[没]1900年2月5日)，宮城百(菊地虎太郎)

**菊池英彦** きくちひでひこ
明治17(1884)年11月23日〜昭和47(1972)年11月4日
明治〜昭和期の技師。
¶近土，土木

き

**菊池誠(1)** きくちまこと
昭和28(1953)年8月20日〜
昭和期の建築家。
¶現執2期

**菊池誠(2)** きくちまこと
大正14(1925)年12月6日〜平成24(2012)年11月6日
昭和〜平成期の電子工学者、ソニー常務。専門は半導体。
¶科学，科技，現朝，現執2期，現執3期，現情，現人，世紀

**菊池政長** きくちまさなが
江戸時代末期の田沼の金工。
¶栃木歴

**菊池万之助** きくちまんのすけ
嘉永2(1849)年〜明治30(1897)年
江戸時代後期〜明治期の農業のかたわら大工職。
¶姓氏岩手

**菊池租** きくちみつぎ
明治37(1904)年〜
昭和期の建築家。九州産業大学教授。
¶現執1期，現執2期([生]明治37(1904)年9月15日)

**菊地広祥** きくちみつよし
昭和10(1935)年12月17日〜
昭和〜平成期の陶芸家。
¶陶工

**菊池安行** きくちやすゆき
昭和6(1931)年〜
昭和〜平成期の人間工学者。千葉大学教授。
¶現執3期

**菊池喜充**(菊地喜充) きくちよしみつ
明治43(1910)年8月19日〜昭和59(1984)年10月31日
昭和期の電気工学者。東北大学教授。「超音波によるがんの早期診断」の研究など超音波応用についての研究に従事。
¶科学，近医(菊地喜充)，現朝，世紀，日人

**菊池理一** きくちりいち
明治32(1899)年1月10日〜昭和46(1971)年7月29日
明治〜昭和期の農業技師、変形菌研究家。
¶植物

**菊池六朔**(菊地六朔) きくちろくさく
文化7(1810)年〜*
江戸時代後期の筑前鞍手郡の農業功労者。
¶人名(菊地六朔　[没]?)，日人([没]1902年)

**菊亭修季** きくていながすえ
安政4(1857)年〜明治38(1905)年
明治期の篤農家。侯爵、立憲政友会幹事長。北海道の開墾に先鞭をつける。従二位。
¶人名

**菊原静男** きくはらしずお
?〜平成3(1991)年8月6日
昭和〜平成期の航空技術者。
¶科学

**菊光** きくみつ
明治38(1905)年9月25日〜
昭和期の刀工。
¶島根百

**菊屋新助**(菊屋新介) きくやしんすけ
安永2(1773)年〜天保6(1835)年
江戸時代後期の機業家。
¶人名(菊屋新介)，日人

**菊山当年男** きくやまたねお
明治17(1884)年11月2日〜昭和35(1960)年11月7日
明治〜昭和期の陶芸家、芭蕉研究家、歌人。
¶紀伊文，美工

**木倉太郎兵衛** きくらたろべえ
→木倉太郎兵衛(きのくらたろべえ)

**木子清敬** きこきよよし，きごきよよし
弘化1(1845)年〜明治40(1907)年　[別]木子清敬《きのこきよゆき》
明治期の建築家。東京帝国大学の建築教育に和風建築を導入する。伝統技術の普及・啓蒙に努めた。
¶朝日(きごきよよし　[生]弘化1年12月24日(1845年1月31日)　[没]明治40(1907)年6月25日)，人名(きのこきよゆき　[生]1844年)，日人

**木越勲** きごしいさお
昭和16(1941)年4月13日〜
昭和期の陶芸家。
¶陶芸最，名工

**木越三右衛門** きごしさんえもん
江戸時代前期の釜師。
¶茶道

**木子七郎** きごしちろう
明治17(1884)年〜*
明治〜昭和期の建築家。
¶愛媛百([生]明治17(1884)年6月　[没]昭和30(1955)年9月)，美建([生]明治17(1884)年4月29日　[没]昭和29(1954)年)

**木越正光** きごしまさみつ
天明4(1784)年〜弘化2(1845)年
江戸時代中期〜後期の鋳物師。
¶日人

**木越正之** きごしまさゆき
江戸時代中期の鋳工。

¶人名

**木崎庄次郎** きざきしょうじろう
江戸時代の石灰製造人。
¶埼玉人(生没年不詳)，埼玉百

**木崎万亀** きざきばんき
天保5(1834)年～明治28(1895)年
江戸時代後期～明治期の陶芸家。
¶姓氏石川

**幾左田昌宏** きさだまさひろ
昭和11(1936)年10月21日～
昭和～平成期の陶芸家。
¶陶芸最，陶工，名工

**木沢源平** きざわげんぺい
昭和期の宮大工。
¶名工

**木沢聡** きざわとおる
大正13(1924)年1月2日～
昭和～平成期の陶芸家。
¶陶工

**木沢良治** きざわりょうじ
昭和22(1947)年11月9日～
昭和～平成期の陶芸家。
¶陶工

**記参** きさん
生没年不詳
戦国時代の漆工。
¶日人

**岸映子** きしえいこ
昭和23(1948)年～
昭和～平成期の陶芸家。
¶名工

**岸園山〔2代〕** きしえんざん
昭和2(1927)年4月13日～
昭和～平成期の陶芸家。
¶陶芸最(――〔代数なし〕)，名工

**岸上佐之丞** きしがみさのじょう
享保17(1732)年～文化11(1814)年11月3日
江戸時代中期～後期の青岱墨開発者。
¶徳島歴

**岸上利秋** きしがみとしあき
大正15(1926)年9月24日～平成23(2011)年6月26日
昭和～平成期の情報工学者、日本電気ソフトウェア社長。
¶科学

**岸熊吉** きしくまきち
明治15(1882)年1月8日～昭和35(1960)年11月23日
大正～昭和期の建築家。法隆寺国宝保存工事事務所長兼技師。建築史を研究。
¶考古，史研

**岸敬二郎** きしけいじろう
明治2(1869)年3月15日～昭和2(1927)年3月4日
明治～昭和期の電気技術者。
¶科学，神奈川人，世紀，姓氏神奈川，渡航，日人

**岸光景** きしこうけい
天保10(1839)年～大正11(1922)年
明治期の図案家。美術復興運動に尽力。美術界草創期の先覚者。
¶近現，国史，史人(㊍1839年9月15日 ㊣1922年5月3日)，人名(㊍1840年)，先駆(㊍天保10(1839)年9月15日 ㊣大正11(1922)年5月3日)，日人

**岸沢武雄** きしざわたけお
明治45(1912)年2月2日～平成4(1992)年2月6日
昭和～平成期の鋳金家。
¶埼玉人，美工

**木地師亀吉** きじしかめきち
文化10(1813)年～明治13(1880)年　㊥信濃亀吉《しなのかめきち》
江戸時代後期～明治期の木地師。
¶神奈川百，姓氏神奈川(信濃亀吉　しなのかめきち)

**岸庄吾** きししょうご
安政1(1854)年～昭和14(1939)年
明治～昭和期の本郷焼の改良研究に精進。
¶会津

**岸雪圃** きしせっぽ
生没年不詳
明治期の陶画工。墺国博覧会出品のため、肥前、尾張の素磁に著画した名工の一人。
¶人名，日人，美工，名工

**岸田九一郎** きしだくいちろう
明治40(1907)年～
大正～昭和期の映画照明技師。
¶映人

**岸田早苗** きしださなえ
昭和18(1943)年10月5日～
昭和～平成期の陶芸家。
¶陶工

**岸田捨次郎** きしだすてじろう
安政5(1858)年～昭和6(1931)年
明治期の実業家。ドロップ・ビスケット製造の草分け。日本様式製菓合資会社創立者。
¶食文，先駆(生没年不詳)

**岸田宗二** きしだそうじ
江戸時代前期の塗師。
¶茶道

**岸田竹史** きしだたけし
明治39(1906)年1月14日～平成9(1997)年11月11日
大正～平成期の染色工芸家。
¶美工

## 岸谷孝一 きしたにこういち
大正15（1926）年11月3日～平成8（1996）年6月21日
昭和～平成期の建築学者、東京大学名誉教授。専門は建築防火学、建築材料学。
¶科学, 現執2期

## 岸田彦右衛門 きしだひこえもん
文政5（1822）年～明治27（1894）年
江戸時代後期～明治期の農事改良家。
¶日人

## 岸田日出刀 きしだひでと
明治32（1899）年～昭和41（1966）年
昭和期の建築家、随筆家。東京帝国大学教授。東大安田講堂を設計。芸術院賞受賞。写真集に「オットー・ワグナー」「過去の構成」など。
¶近文, 現朝（⊕1899年2月6日　⊗1966年5月3日）, 現情（⊕1899年2月6日　⊗1966年5月3日）, コン改, コン4, コン5, 史研, 新潮（⊕明治32（1899）年2月6日　⊗昭和41（1966）年5月3日）, 人名7, 世紀（⊕明治32（1899）年2月6日　⊗昭和41（1966）年5月3日）, 全書, 大百, 鳥取百, 日人（⊕明治32（1899）年2月6日　⊗昭和41（1966）年5月3日）, 日本, 美建（⊕明治32（1899）年2月6日　⊗昭和41（1966）年5月3日）, 福岡百（⊕明治32（1899）年2月6日　⊗昭和41（1966）年5月3日）, 履歴（⊕明治32（1899）年2月6日　⊗昭和41（1966）年5月3日）, 履歴2（⊕明治32（1899）年2月6日　⊗昭和41（1966）年5月3日）

## 岸太郎 きしたろう
江戸時代末期の尾張瀬戸の陶工。
¶人名

## 岸力 きしつとむ
昭和1（1926）年7月28日～
昭和～平成期の河川工学者。北海道大学教授。
¶現情

## 貴志勉 きしつとむ
昭和27（1952）年～
昭和～平成期の陶芸家。
¶陶工

## 岸伝蔵 きしでんぞう
生没年不詳
明治期の製陶家。岩代会津焼の製造家。染附磁器の改良者といわれる。
¶人名, 日人, 美工

## 岸憲嗣 きしのりつぐ
昭和33（1958）年9月21日～
昭和期の陶芸家。
¶陶芸最

## 岸豊後守 きしぶんごのかみ
享保20（1735）年～天明3（1783）年
江戸時代中期の宮大工。
¶姓氏群馬

## 木嶋佐右衛門 きじまさえもん
？ ～明和4（1767）年
江戸時代中期の清沢村の大工。
¶姓氏神奈川

## 木嶋長右衛門 きじまちょうえもん
？ ～享保10（1725）年
江戸時代前期～中期の人。清沢村の大工木嶋家の第2代。
¶姓氏神奈川

## 木嶋杢右衛門 きじまもくえもん
？ ～貞享3（1686）年
江戸時代前期の清沢村大工木嶋氏初代。
¶姓氏神奈川

## 木島安史 きじまやすふみ
昭和12（1937）年5月9日～平成4（1992）年4月27日
昭和～平成期の建築家。千葉大学教授。
¶現執1期, 現執2期, 美建

## 岸道生 きしみちお
昭和21（1946）年7月24日～
昭和～平成期の陶芸家。
¶陶芸最, 陶工

## 岸本明直 きしもとあきなお
元文2（1737）年～寛政1（1789）年
江戸時代中期の武士。土佐藩の足軽。沖の島の開発を指導。
¶高知人, 高知百, 人名, 日人

## 岸本昭彦 きしもとあきひこ
昭和30（1955）年1月24日～
昭和～平成期の陶芸家。
¶名工

## 岸本賀昌 きしもとがしょう
尚泰21（1868）年～昭和3（1928）年
明治～昭和期の行政官、政治家。那覇市長、「沖縄毎日新報」社長、沖縄共立銀行頭取。那覇市民の水問題解決のため水道敷設事業をすすめた。
¶朝日（⊕尚泰21年7月1日（1868年8月18日）　⊗昭和3（1928）年2月28日）, 沖縄百（⊕慶応4（1868）年7月1日　⊗昭和3（1928）年2月28日）, コン改, コン5, 社史（⊕慶応3（1867）年7月1日　⊗1928年2月18日）, 人名, 世紀（⊕尚泰21（1868）年7月1日　⊗昭和3（1928）年2月28日）, 姓氏沖縄, 日人（⊕尚泰王21（1868）年7月1日　⊗昭和3（1928）年2月28日）

## 岸本一定 きしもとかずさだ
大正9（1920）年～
昭和～平成期の竹細工師。
¶名工

## 岸本雅芳 きしもとがほう
昭和10（1935）年～
昭和～平成期の陶芸家。
¶陶工

## 岸本恭一 きしもときょういち
昭和16（1941）年1月17日～
昭和～平成期の陶芸家。

## 名工・職人・技師・工匠篇

¶陶芸最，陶工，名工

### 岸本景春　きしもとけいしゅん
明治21(1888)年11月5日～昭和50(1975)年3月29日
昭和期の染織作家。刺繍で帝展、新文展、日展などで活躍。京都装飾芸術協会を創立。
¶現情，人名7，世紀，日人，美工，名工

### 岸本謙仁　きしもとけんじ
昭和9(1934)年10月13日～　㊙岸本謙仁《きしもとけんにん》
昭和～平成期の陶芸家。
¶陶芸最，陶工，名工（きしもとけんにん）

### 岸本謙仁　きしもとけんにん
→岸本謙仁（きしもとけんじ）

### 岸本忠雄　きしもとただお
昭和期のとび職。
¶名工

### 岸安左衛門　きしやすざえもん
生没年不詳
江戸時代後期のアミダ江開発者。
¶姓氏宮城

### 喜舎場朝賢　きしゃばちょうけん
尚育6(1840)年～大正5(1916)年
江戸時代末期～明治期の琉球の役人、詩人。尚泰王の側仕。久米島の大原を開墾。著書に「琉球見聞録」「東汀詩集」など。
¶朝日（㊥大正5(1916)年4月14日），維新（㊥1839年，沖縄百（㊥大正5(1916)年4月14日），コン改，コン4，コン5，社史（㊥1916年4月14日），新潮（㊥大正5(1916)年4月14日），姓氏沖縄，日人，幕末（㊥1916年4月14日）

### 喜舎場子　きしゃばのし
生没年不詳
津堅島開拓の祖。
¶姓氏沖縄

### 喜舎場用英　きしゃばようえい
生没年不詳
明治期の八重山桃林寺権現堂修復時の普請筆者の一人。
¶沖縄百，姓氏沖縄

### 岸山憲二　きしやまけんじ
明治10(1877)年1月15日～大正11(1922)年4月3日
明治～大正期の鉄道技師。
¶渡航

### 紀充　きじゅう
→筒井紀充（つついのりみつ）

### 僧首座　きしゅそ
元和2(1616)年～元禄9(1696)年
江戸時代前期の茶人、僧。竜安寺塔頭大珠院住持。
¶茶道，日人

### 亀祐　きすけ
→欽古堂亀祐（きんこどうきすけ）

### 木瀬浄阿弥　きせじょうあみ
世襲名　安土桃山時代～江戸時代前期の鏡師。
¶新潮

### 木瀬浄阿弥〔1代〕　きせじょうあみ
？～元和4(1618)年
安土桃山時代～江戸時代前期の鏡師。
¶日人

### 気漸　きぜん
生没年不詳
江戸時代後期の陶工。
¶日人

### 義暹　ぎせん
承暦2(1078)年～？
平安時代後期の仏師。
¶仏教（生没年不詳），平史

### 喜早伊右衛門　きそいえもん
→喜早伊右衛門（きそういえもん）

### 記三　きぞう
安土桃山時代の塗師。
¶茶道

### 喜早伊右衛門　きそういえもん
弘化4(1847)年～明治39(1906)年　㊙喜早伊右衛門《きそいえもん》
江戸時代末期～明治期の東沢溜池建築者。
¶人名（きそいえもん），日人，幕末（㊥1845年9月21日　㊦1906年11月22日），山形百

### 木曽親豊　きそちかとよ
正平19/貞治3(1364)年～永享7(1435)年
南北朝時代～室町時代の木曽路の開拓者。
¶姓氏長野，長野歴

### 北市屋平吉　きたいちやへいきち
享和3(1803)年～明治3(1870)年
江戸時代末期～明治期の加賀九谷焼の陶工。
¶人名，日人

### 北大路魯山人　きたおおじろさんじん
明治16(1883)年～昭和34(1959)年　㊙北大路魯山人《きたおうじろさんじん》
昭和期の陶芸家、料理研究家。大雅堂美術店、美食倶楽部、星岡茶寮などを開く。桃山茶陶風の織部などを得意とした。
¶岩史（㊥1883年3月23日　㊦1959年12月21日），神奈川人，京都大，京都文（㊥明治16(1883)年3月23日　㊦昭和34(1959)年12月21日），近文，現朝（㊥1883年3月23日　㊦1959年12月21日），現情（㊥1883年3月23日　㊦1959年12月21日），現人，現日（㊥1883年3月23日　㊦1959年12月11日），コン改，コン4，コン5，史人（㊥1883年3月23日　㊦1959年12月21日），食文（きたおうじろさんじん　㊥1883年3月23日　㊦1959年12月21日），新潮（㊥明治16(1883)年3月23日〔昭和34(1959)年12月21日〕，人名7，世紀（㊥明治16(1883)年3月23日　㊦昭和

き

34 (1959) 年12月21日), 姓氏京都, 世百新, 全書, 大百, 陶芸最, 陶工, 日史 ([生]明治16 (1883) 年3月23日　[没]昭和34 (1959) 年12月20日), 日人 ([生]明治16 (1883) 年3月23日　[没]昭和34 (1959) 年12月21日), 美工 ([生]明治16 (1883) 年3月23日　[没]昭和34 (1959) 年12月21日), 美術, 百科, 民学, 名工 ([生]明治16年3月23日　[没]昭和34年12月21日), 履歴 ([生]明治16 (1883) 年3月23日　[没]昭和34 (1959) 年12月21日), 履歴2 ([生]明治16 (1883) 年3月23日　[没]昭和34 (1959) 年12月21日)

**北岡秀雄(1)　きたおかひでお**
昭和18 (1943) 年〜
昭和〜平成期の陶芸家。
¶陶工

**北岡秀雄(2)　きたおかひでお**
昭和18 (1943) 年8月30日〜
昭和〜平成期の博多人形作家。
¶名工

**北岡正敏　きたおかまさとし**
昭和16 (1941) 年2月24日〜
昭和〜平成期の管理情報システム学者、システム工学者。神奈川大学教授。
¶現執3期

**北尾次郎　きたおじろう**
嘉永6 (1853) 年〜明治40 (1907) 年
明治期の気象学者。東京帝国大学教授。検光器、測定器などを発明。「大気の運動と台風の理論」は先駆的論文として有名。
¶朝日 ([生]嘉永6年7月4日 (1853年8月8日)　[没]明治40 (1907) 年9月7日), 海越 ([生]嘉永6 (1853) 年7月4日　[没]明治40 (1907) 年9月7日), 海越新 ([生]嘉永6 (1853) 年7月4日　[没]明治40 (1907) 年9月7日), 科学 ([生]1853年 (嘉永6) 7月4日　[没]1907年 (明治40) 9月7日), 近現, 国際, 国史, コン改, コン5, 史人 ([生]1853年7月4日　[没]1907年9月7日), 島根人, 島根百 ([生]嘉永6 (1853) 年7月4日　[没]明治40 (1907) 年9月7日), 島根歴, 新潮 ([生]嘉永6 (1853) 年7月4日　[没]明治40 (1907) 年9月7日), 人名, 数学 ([生]嘉永6 (1853) 年7月　[没]明治40 (1907) 年9月), 全書, 大百, 渡航 ([没]1907年9月7日), 日人, 百科, 洋学 ([生]嘉永7 (1854) 年), 履歴 ([生]嘉永6 (1853) 年7月4日　[没]明治40 (1907) 年9月7日), 歴大

**北垣国道　きたがきくにみち**
天保7 (1836) 年〜大正5 (1916) 年　[別]北垣晋太郎《きたがきしんたろう》
明治期の官僚。京都府知事。琵琶湖疎水事業を完成。北海道長官、貴族院議員、枢密顧問官を歴任。男爵。専門は土木行政。兵庫県出身。
¶朝日 ([生]天保7年8月27日 (1836年10月7日)　[没]大正5 (1916) 年1月16日), 維新 (北垣晋太郎　きたがきしんたろう　[生]1835年), 京都, 京都大, 京都府, 近現, 近土 ([生]1836年8月7日　[没]1916年1月16日), 高知人, 国史, コン改, コン4, コン5, 札幌 ([生]天保7年8月27日), 史人 ([生]1836年8月27日　[没]1916年1月16日), 人情1, 新潮 ([生]天保7 (1836) 年8月27日　[没]大正5 (1916) 年1月16日), 人名, 姓氏京都 ([生]1835年), 先駆 ([生]天保7 (1836) 年8月7日　[没]大正5 (1916) 年1月16日), 鉄道 ([生]1836年9月17日　[没]1916年1月16日), 徳島百 ([生]天保7 (1836) 年8月7日　[没]大正5 (1916) 年1月16日), 徳島歴 ([生]天保7 (1836) 年8月　[没]大正5 (1916) 年1月6日), 鳥取百, 土木 ([生]1836年8月7日　[没]1916年1月16日), 日人, 幕末 (北垣晋太郎　きたがきしんたろう　[生]1835年　[没]1916年1月16日), 兵庫人 ([生]天保6 (1835) 年8月), 兵庫百 ([生]天保6 (1835) 年), 北海道百, 北海道歴, 明治1, 履歴 ([生]天保7 (1836) 年8月27日　[没]大正5 (1916) 年1月16日), 履歴2 ([生]天保7 (1836) 年8月27日　[没]大正5 (1916) 年1月16日)

**北垣晋太郎　きたがきしんたろう**
→北垣国道 (きたがきくにみち)

**北風一三　きたかぜいちぞう**
昭和32 (1957) 年8月27日〜
昭和〜平成期の陶芸家。
¶陶工

**北風東雲　きたかぜとううん**
生没年不詳
江戸時代後期の彫工。
¶庄内

**北川伊平　きたがわいへい**
明治21 (1888) 年10月〜昭和36 (1961) 年5月7日
明治〜昭和期の磁器絵師 (有田焼)。
¶美工, 名工

**北川伊兵衛　きたがわいへえ**
? 〜正徳1 (1711) 年　[別]北川利兵衛《きたがわりへえ》
江戸時代中期の讃岐高松藩士、織物師。
¶香川人, 郷土香川, 人名 (北川利兵衛　きたがわりへえ), 日人, 藩臣6

**北川祥山　きたがわしょうざん**
昭和6 (1931) 年1月9日〜
昭和期の陶芸家。
¶陶芸最, 名工

**喜田川宗典 (喜多川宗典)　きたがわそうてん**
生没年不詳　[別]喜多川秀典《きたがわひでつね》
江戸時代中期の装剣金工家。彦根彫りと呼ばれる一派を形成。
¶朝日 (喜多川宗典), 新潮, 人名 (喜多川秀典　きたがわひでつね), 世人, 日人 (喜多川宗典), 美工

**北川隆夫　きたがわたかお**
昭和25 (1950) 年6月29日〜
昭和期の陶芸家。
¶陶芸最

**喜多川秀典　きたがわひでつね**
→喜田川宗典 (きたがわそうてん)

**喜多川俵二　きたがわひょうじ**
昭和11 (1936) 年3月9日〜

昭和～平成期の染織工芸家。西陣織の老舗、俵屋の18代。皇太子の束帯「穀黄丹御袍」を制作。
¶国宝，世紀，日人

**北川宏幸** きたがわひろゆき
昭和30（1955）年7月25日～
昭和～平成期の陶芸家。
¶陶芸最，陶工

**喜多川平八** きたがわへいはち
元治1（1864）年～昭和15（1940）年
明治～大正期の西陣の織屋。唐織金襴を製織。皇居造営御用織物を調整。作品に「飛竜宝相華文繻珍柱地柱隠」など。
¶京都大，新潮，世紀，姓氏京都，日人

**喜多川平朗** きたがわへいろう
明治31（1898）年7月15日～昭和63（1988）年11月28日
昭和期の染織工芸家。俵屋17代目。有職織物を手がける。また中世までの羅のさまざまな織り方を復元。伝承織物研究所を創設。人間国宝。
¶現朝，現情，現人，現日，国宝，世紀，全書，日人，美工，名工

**北川北仙** きたがわほくせん
弘化3（1846）年～大正11（1922）年
江戸時代末期～大正期の彫金師。水戸金工派、高彫りに卓越。代表作に「兵庫鎖太刀拵」。
¶世紀（㊙弘化3（1846）年9月15日　㊙大正11（1922）年1月7日），日人，幕末（㊙1921年12月31日）

**喜多川宗典** きたがわむねのり
生没年不詳
江戸時代中期の金工家。
¶郷土滋賀

**北川幸男** きたがわゆきお
大正6（1917）年～昭和60（1985）年
昭和期の土木技術家。
¶高知人

**北川原温** きたがわらあつし
昭和26（1951）年10月31日～
昭和～平成期の建築家。
¶現日，世紀

**北川利兵衛** きたがわりへえ
→北川伊兵衛（きたがわいへえ）

**木多勘一郎** きたかんいちろう
明治17（1884）年～大正14（1925）年
明治～大正期の逓信技師。工学博士。論文「水力の経済的利用に就いて」は水力開発に指針を与えたものである。
¶人名

**喜田吉右衛門** きたきちえもん
？～寛文11（1671）年
江戸時代前期の治水家。尾張国の水利功労者。曾代用水の幹線水路を開削。
¶朝日（㊙寛文11（1671）年6月），近世，国史，コン改，コン4，史人（㊙1671年6月1日），新潮（㊙寛文11（1671）年6月1日），人名，日人，歴大（㊙1671年？）

**北口夢石** きたぐちむせき
大正12（1923）年5月12日～
昭和～平成期の陶芸家。
¶陶芸最，陶工

**北国平四郎** きたくにへいしろう
文政2（1819）年～明治17（1884）年
江戸時代後期～明治期の米子の新開川開発者の1人。
¶鳥取百

**北沢吉郎次** きたざわきちろうじ
？～嘉永7（1854）年
江戸時代後期～末期の新田開発の功労者。
¶青森人

**北沢高治** きたざわこうじ
昭和期の大工。
¶名工

**北沢五郎** きたざわごろう
明治22（1889）年3月15日～昭和39（1964）年9月29日
明治～昭和期の建築家、建築学者。
¶美建

**北沢甚之丞** きたざわじんのじょう
？～寛永17（1640）年　㊙北沢甚之丞信方《きたざわじんのじょうのぶかた》
江戸時代前期の大宮宿の開発名主。
¶埼玉人，埼玉百（北沢甚之丞信方　きたざわじんのじょうのぶかた）

**北沢甚之丞信方** きたざわじんのじょうのぶかた
→北沢甚之丞（きたざわじんのじょう）

**北沢豊次郎** きたざわとよじろう
明治33（1900）年～昭和33（1958）年
大正～昭和期の土地改良の推進者。
¶青森人

**北沢始芳** きたざわもとよし
生没年不詳
江戸時代後期の養蚕家。
¶国書

**喜多治伯** きたじはく
江戸時代中期の測量家、医師。
¶人名，日人（生没年不詳）

**北島清** きたじまきよし
昭和23（1948）年～
昭和～平成期の竹工芸家。
¶名工

**北島慶蔵** きたじまけいぞう
生没年不詳
明治期の技術指導者。ジャム製造のパイオニア。丸三ジャム製造所草創期の技術指導者であった。
¶先駆

**北島隆** きたじまたかし
明治26(1893)年10月1日～
大正～昭和期の布団職人。
¶名工

**貴田庄** きだしょう
昭和22(1947)年6月16日～
昭和～平成期の映画評論家、工芸家。
¶現執4期

**喜多善左衛門** きたぜんざえもん
生没年不詳
江戸時代前期の開墾家。
¶静岡歴，人名([没]1670年)，日人

**北館大学** きただてだいがく
→北楯利長(きただてとしなが)

**北楯利長**(北館利長) きただてとしなが
天文17(1548)年～寛永2(1625)年　[別]北館大学《きただてだいがく》
安土桃山時代～江戸時代前期の武将、用水開発者、出羽国山形城主最上義光の家臣。
¶朝日([没]寛永2年7月20日(1625年8月22日))，近世(生没年不詳)，国史(生没年不詳)，コン4(北館大学　きただてだいがく)，史人([没]1625年7月20日)，新潮(北館利長　[没]寛永2(1625)年7月20日)，戦人(生没年不詳)，戦東，日人，藩臣1(北館利長)

**北出昂太郎** きたでこうたろう
昭和21(1946)年6月3日～？　[別]北出昂太郎《かわでこうたろう》
昭和期の陶芸家。
¶陶芸最，陶工(かわでこうたろう)，名工

**北出星光** きたでせいこう
大正15(1926)年7月22日～
昭和～平成期の陶芸家。
¶陶芸最，陶工，名工([生]大正15年7月)

**北出塔次郎** きたでとうじろう
明治31(1898)年～昭和43(1968)年
大正～昭和期の陶芸家。石川県陶芸協会会長。帝展、文展などにも入選。金沢美術工芸専門学校教授。
¶石川百，現情([生]1898年3月8日　[没]1968年12月12日)，人名7，世紀([生]明治31(1898)年3月8日　[没]昭和43(1968)年12月12日)，姓氏石川，陶芸最，陶工，日人([生]明治31(1898)年3月8日　[没]昭和43(1968)年12月12日)，美工([生]明治31(1898)年3月8日　[没]昭和43(1968)年12月12日)，名工([生]明治31年3月8日　[没]昭和43年12月12日)

**北出不二雄** きたでふじお，きたでふじを
大正8(1919)年10月5日～
昭和期の陶芸家。
¶石川百，陶芸，陶芸最(きたでふじを)，陶工，名工

**喜多俊之** きたとしゆき
昭和17(1942)年11月5日～
昭和～平成期の工業デザイナー。IDKデザイン研究所代表。近未来型意匠のインテリアを制作。代表作に「ウインク・チェア」など。
¶現朝，世紀，日人

**喜田寅蔵** きだとらぞう
明治27(1894)年4月2日～昭和52(1977)年10月16日
明治～昭和期の型紙彫師。
¶美工

**黄谷** きたに
生没年不詳
江戸時代後期の陶工。
¶日人

**木谷信夫** きたにのぶお
昭和7(1932)年～
昭和～平成期の漆芸作家。
¶名工

**北野勝彦** きたのかつひこ
昭和29(1954)年8月26日～
昭和～平成期の陶芸家。
¶陶芸最，陶工

**北野七左衛門** きたのしちざえもん
大正1(1912)年～平成1(1989)年10月10日
昭和期の陶芸家。
¶郷土福井，陶芸，陶芸最([生]大正1年9月12日)，美工([生]大正1(1912)年9月12日)，福井百([没]平成2(1990)年)，名工([生]大正1年9月12日)

**来野月乙** きたのつきお
大正13(1924)年5月21日～平成17(2005)年12月28日
昭和～平成期の染色工芸家。
¶美工，名工

**北野宏明** きたのひろあき
昭和36(1961)年～
昭和～平成期の人工知能研究者。ソニーコンピュータサイエンス研究所取締役副所長、ロボカップ代表。
¶現執4期

**北野将彦** きたのまさひこ
昭和4(1929)年2月4日～
昭和～平成期の陶芸家。
¶陶芸最，陶工

**北野義昭** きたのよしあき
昭和21(1946)年10月18日～
昭和～平成期の陶芸家。
¶陶工

**北浜梅三** きたはまうめぞう
明治35(1902)年6月28日～
大正～昭和期の飾り菓子職人。きぬかけ菓舗主人。飾り菓子の第一人者とうたわれ、労働大臣卓越技能賞受賞。
¶現日，世紀

**北浜珠竜** きたはまじゅりゅう
昭和16(1941)年10月27日～
昭和～平成期の陶芸家。
¶陶芸最，陶工，名工

**北原金平** きたはらきんぺい
明治26(1893)年～昭和48(1973)年
大正～昭和期の蚕糸業の功労者。
¶姓氏長野，長野百，長野歴

**北原千鹿**〔北原千禄〕 きたはらせんろく
明治20(1887)年5月16日～昭和26(1951)年12月29日
昭和期の彫金作家。東京府立工芸学校教諭。帝展で「花置物」が特選。日展参事。日本彫金会顧問。
¶香川人，香川百，現朝，現情〔北原千禄〕，新潮，人名7，世紀，日人，美工，名工

**北原貞輔** きたはらていすけ
昭和1(1926)年～
昭和～平成期の管理工学者。東洋大学教授、九州大学教授。
¶現執1期，現執3期（㊗大正15(1926)年7月28日）

**北原比沙志** きたはらひさし
昭和期の漆芸家。
¶名工

**北原平八郎** きたはらへいはちろう
天保15(1844)年～大正4(1915)年
明治期の新田開発者。
¶長野歴

**北原三佳** きたはらみよし
明治28(1895)年～昭和47(1972)年
明治～昭和期の鋳金家。
¶姓氏長野，長野百，長野歴，美工（㊗昭和47(1972)年2月11日）

**北原安定** きたはらやすさだ
大正3(1914)年11月5日～平成6(1994)年4月1日
昭和～平成期の通信技術者、日本電信電話公社副総裁。
¶科学，現執2期，履歴，履歴2

**木田弘之** きだひろゆき
昭和19(1944)年8月4日～
昭和期の陶芸家。
¶陶芸最

**北村市蔵** きたむらいちぞう
天保11(1840)年～明治35(1902)年
江戸時代後期～明治期の刀匠。
¶姓氏岩手

**喜多村栄太郎** きたむらえいたろう
明治35(1902)年6月6日～昭和46(1971)年8月6日
昭和期の染色工芸家。
¶埼玉人

**北村器山** きたむらきざん
昭和2(1927)年1月5日～
昭和期の陶芸家。
¶陶芸最

**北村起祥** きたむらきしょう
昭和10(1935)年～
昭和～平成期の截金師。
¶名工

**北村鏡太郎** きたむらきょうたろう
文久3(1863)年7月15日～？
明治期の技師。
¶渡航

**北村喜代松** きたむらきよまつ
天保4(1833)年～明治39(1906)年
江戸時代後期～明治期の宮大工。
¶姓氏長野

**北村金次郎** きたむらきんじろう
明治15(1882)年～明治41(1908)年
明治期の舞台背景画家。内国勧業博覧会で不思議館を設けた。本郷座、明治座の新派劇大道具の刷新を計る。
¶人名，日人（㊗明治41(1908)年4月6日）

**北村堅治** きたむらけんじ
昭和19(1944)年8月4日～
昭和～平成期の陶芸家。
¶陶芸最，陶工，名工

**北村源十郎** きたむらげんじゅうろう
？～寛永4(1627)年
安土桃山時代～江戸時代前期の事業家。米原港を開発した。
¶郷土滋賀，滋賀百

**北村耕三** きたむらこうぞう
明治10(1877)年～昭和14(1939)年
明治～昭和期の建築家。
¶神奈川人

**喜多村午郎** きたむらごろう
昭和5(1930)年5月5日～
昭和～平成期の陶芸家。
¶陶芸最，陶工，名工

**北村左久馬**〔2代〕 きたむらさくま
明治16(1883)年～昭和32(1957)年
明治～昭和期の染色業者。
¶高知人

**北村昭斎** きたむらしょうさい
昭和13(1938)年1月19日～
昭和期の漆工芸家。文化財の保存修理などを手がける一方、古典的螺鈿技術で華と品格のある作品を制作。
¶国宝，世紀，日人

**北村静香** きたむらせいこう
明治37(1904)年5月23日～昭和51(1976)年12月24日
大正～昭和期の金工家。
¶岡山人，岡山百，岡山歴，美工

**北村勢津子** きたむらせつこ
昭和期の織物工芸家。
¶名工

## 北村惣助　きたむらそうすけ
宝暦10（1760）年〜文政5（1822）年
江戸時代中期〜後期の羽咋郡草江村や鹿島郡舟尾村の入海開発に尽力。
　¶姓氏石川

## 北村大通　きたむらたいつう
大正1（1912）年3月19日〜平成4（1992）年12月16日
昭和〜平成期の漆工芸家。
　¶美工

## 北村隆夫　きたむらたかお
昭和2（1927）年4月18日〜平成12（2000）年4月16日
昭和〜平成期の建築家。竹中工務店専務。
　¶美建

## 喜多村孝子　きたむらたかこ
昭和37（1962）年3月26日〜
昭和〜平成期の陶芸家。
　¶陶工

## 北村隆　きたむらたかし
昭和21（1946）年8月30日〜
昭和〜平成期の陶芸家。
　¶陶芸最，陶工，名工

## 北村隆彦　きたむらたかひこ
昭和15（1940）年2月28日〜
昭和期の陶芸家。
　¶陶芸最

## 北村武資　きたむらたけし
昭和10（1935）年8月18日〜
昭和〜平成期の染織家。西陣織作家として、上代織の“羅”の再現や古代織“経錦”の復元に取り組む。
　¶国宝，世紀，日人，名工

## 北村長兵衛　きたむらちょうべえ
生没年不詳
明治期の陶芸家。
　¶姓氏京都

## 北村伝左衛門(1)　きたむらでんざえもん
生没年不詳
江戸時代中期の陶工、大隅磁器の創製者。
　¶日人

## 北村伝左衛門(2)　きたむらでんざえもん
江戸時代中期の陶工、大隅磁器の創製者。
　¶人名

## 北村藤一郎　きたむらとういちろう
明治41（1908）年11月18日〜
昭和〜平成期の西陣織物職人。
　¶名工

## 北村英昭　きたむらひであき
昭和28（1953）年12月8日〜
昭和〜平成期の陶芸家。
　¶陶芸最，陶工

## 北村政治郎　きたむらまさじろう
明治15（1882）年〜昭和8（1933）年
明治〜昭和期の官吏。無線電信の開拓者の一人。放送事業の発展に尽力。
　¶科学（⊕1882年（明治15）4月　㊥1933年（昭和8）3月28日），人名，世紀（⊕明治15（1882）年4月　㊥昭和8（1933）年3月28日），全書，大百，日人（⊕明治15（1882）年4月　㊥昭和8（1933）年3月28日）

## 北村満長　きたむらみつなが
生没年不詳
江戸時代前期の新田開発者。
　¶長野歴

## 北村峰晴　きたむらみねはる
昭和26（1951）年6月11日〜
昭和〜平成期の映画録音技師。
　¶映人

## 北村弥一郎　きたむらやいちろう
慶応4（1868）年〜大正15（1926）年3月20日
明治〜大正期の窯業家。瀬戸陶器学校校長。石川県立工業学校教諭、農商務省技師、東京高等工業講師、松風工業技術顧問を歴任。
　¶科学（⊕1868年（慶応4）5月1日），京都大，新潮（⊕慶応4（1868）年5月），人名，世紀（㊥慶応4（1868）年5月1日），姓氏石川，姓氏京都，渡航（⊕1868年5月1日），日人（⊕慶応4（1868）年5月1日）

## 北村康男　きたむらやすお
大正12（1923）年5月27日〜
昭和〜平成期の東京染小紋職人。
　¶名工

## 北村雄次　きたむらゆうじ
明治4（1871）年〜明治36（1903）年
明治期の拓殖家。石狩河畔を開拓、北村農場を創設。のちに村制を施行、名を「北村」と称した。
　¶人名

## 北村雄治　きたむらゆうじ
明治4（1871）年〜明治36（1903）年8月7日
明治期の開拓者。
　¶日人

## 北村与三右衛門　きたむらよさえもん
生没年不詳
明治期の加賀能美郡小野村の窯元。窯式を改良し、石膏型を応用、匣鉢の製を改良する。
　¶人名，日人，美工

## 北村米吉　きたむらよねきち
明治11（1878）年〜昭和16（1941）年
明治〜昭和期の農業技術者。
　¶姓氏富山

## 喜多茂一郎　きたもいちろう
明治16（1883）年7月14日〜昭和26（1951）年6月10日
明治〜昭和期の園芸学者、農商務省農事試験場興津園芸部蔬菜園芸試験研究農林技師。専門は蔬菜

園芸学。
¶科学

**北本弥三郎** きたもとやさぶろう
明治23(1890)年～昭和45(1970)年
大正～昭和期の養豚改良家。
¶神奈川人，神奈川百，姓氏神奈川

**北山一五郎** きたやまいちごろう
明治18(1885)年～昭和42(1967)年
明治～昭和期のサケ孵化技師。
¶姓氏岩手

**北山雲平** きたやまうんぺい
明治34(1901)年～昭和53(1978)年
昭和期の陶芸家。
¶陶芸，陶工

**北山和輝** きたやまかずき
明治36(1903)年～
大正～昭和期の樽師。
¶名工

**紀太理光** きたりこう
昭和22(1947)年11月5日～
昭和期の陶芸家。
¶陶芸最

**紀太理平** きたりへい
昭和17(1942)年10月～
昭和～平成期の陶芸家。
¶陶芸最，名工

**紀太理兵衛** きたりへえ
？ ～延宝6(1678)年　[別]紀太紫峰《きたしほう》
江戸時代前期の陶工。
¶朝日([生]慶長8(1603)年　[没]延宝6年3月4日(1678年4月24日))，香川人，郷土香川，新潮，人名，日人([生]1603年)，藩臣6([生]慶長8(1603)年)

**紀太理兵衛〔祖先〕** きたりへえ
江戸時代前期の讃岐高松藩窯の陶工。
¶人名

**紀太理兵衛〔2代〕** きたりへえ
？ ～宝永1(1704)年
江戸時代前期～中期の讃岐高松藩窯の陶工。
¶人名，日人

**紀太理兵衛〔3代〕** きたりへえ
？ ～元文3(1738)年
江戸時代中期の讃岐高松藩窯の陶工。
¶人名，日人

**紀太理兵衛〔4代〕** きたりへえ
？ ～天明4(1784)年
江戸時代中期の讃岐高松藩窯の陶工。
¶人名，日人

**紀太理兵衛〔5代〕** きたりへえ
江戸時代後期の讃岐高松藩窯の陶工。
¶人名，日人(生没年不詳)

**紀太理兵衛〔6代〕** きたりへえ
江戸時代後期の讃岐高松藩窯の陶工。
¶人名，日人(生没年不詳)

**紀太理兵衛〔8代〕** きたりへえ
江戸時代末期の讃岐高松藩窯の陶工。
¶人名，日人(生没年不詳)

**紀太理兵衛〔9代〕** きたりへえ
江戸時代末期～明治期の陶工。
¶日人

**吉右衛門(1)** きちえもん
江戸時代の尾張の瀬戸窯の陶工。
¶人名，日人(生没年不詳)

**吉右衛門(2)** きちえもん
江戸時代の後楽園窯の陶工。
¶人名，日人(生没年不詳)

**吉右衛門〔本湊焼,3代〕** きちえもん
？ ～寛延3(1750)年
江戸時代中期の陶工。
¶人名(――〔代数なし〕)，日人

**吉右衛門〔本湊焼,4代〕** きちえもん
？ ～天明7(1787)年
江戸時代中期の陶工。
¶日人

**吉右衛門〔本湊焼,5代〕** きちえもん
？ ～天保2(1831)年
江戸時代後期の陶工。
¶日人

**吉右衛門〔本湊焼,6代〕** きちえもん
？ ～嘉永2(1849)年
江戸時代後期の陶工。
¶日人

**吉右衛門〔本湊焼,7代〕** きちえもん
→加藤晴生(かとうはるお)

**吉川豊治郎** きちかわとよじろう
昭和34(1959)年12月15日～
昭和期の陶芸家。
¶陶芸最

**吉左衛門** きちざえもん
生没年不詳
江戸時代後期の三浦郡浦郷村の大工。
¶神奈川人

**吉常院**(吉祥院) きちじょういん
室町時代の面打。
¶人名(吉祥院)，日人(生没年不詳)

**吉太郎** きちたろう
江戸時代末期～明治期の肥後国袋村の造園技術者。
¶姓氏鹿児島

**吉兵衛(1)** きちべえ
生没年不詳
安土桃山時代の陶工。

¶日人

**吉兵衛**(2) **きちべえ**
　生没年不詳
　江戸時代前期～中期の古丹波の陶工。
　　¶兵庫人

**吉兵衛**(3) **きちべえ**
　？ ～元治1（1864）年
　江戸時代後期～末期の陶工。
　　¶日人

**木津勘助** **きづかんすけ**
　天正15（1587）年～寛文1（1661）年
　安土桃山時代～江戸時代前期の開拓者。
　　¶日人

**木津慶次郎** **きづけいじろう**
　明治2（1869）年1月7日～昭和2（1927）年
　明治～昭和期の村長。
　　¶世紀，日人

**吉向行阿** **きっこうぎょうあ**
　天明4（1784）年～文久1（1861）年　囫吉向治兵衛
　《きっこうじへえ》
　江戸時代後期の陶工。
　　¶大阪人（吉向治兵衛　きっこうじへえ　生没年
　　不詳），人名（吉向治兵衛　きっこうじへえ），
　　姓氏長野，姓氏山口（吉向治兵衛　きっこうじ
　　へえ），長野歴，日人（吉向治兵衛　きっこうじ
　　へえ）

**吉向治兵衛** **きっこうじへえ**
　→吉向行阿（きっこうぎょうあ）

**吉向松月〔7代〕** **きっこうしょうげつ**
　大正13（1924）年7月13日～
　昭和～平成期の陶芸家。
　　¶陶芸最（――〔代数なし〕），名工

**吉香象陶** **きっこうしょうとう**
　昭和16（1941）年6月～
　昭和期の陶芸家。
　　¶陶芸最

**吉向蕃斎** **きっこうはんさい**
　大正13（1924）年7月13日～
　昭和～平成期の陶芸家。
　　¶陶工

**吉向秀治** **きっこうひではる**
　昭和期の陶芸家。
　　¶名工

**木津正治** **きづせいじ**
　明治15（1882）年2月～昭和13（1938）年
　明治～昭和期の技師。
　　¶近土（囵1938年8月14日），土木（囵1938年8月
　　15日）

**橘内徳自** **きつないとくじ**
　明治36（1903）年10月27日～昭和59（1984）年3月
　30日
　大正～昭和期の技師。

¶近土，土木

**木寺則好** **きでらのりよし**
　嘉永5（1852）年11月6日～明治31（1898）年12月
　15日
　江戸時代後期～明治期の技師。
　　¶近土，土木

**亀塘** **きとう**
　生没年不詳
　江戸時代後期の陶工。
　　¶日人

**鬼頭梓** **きとうあずさ**
　大正15（1926）年1月15日～平成20（2008）年8月
　20日
　昭和～平成期の建築家。
　　¶現執1期，現執2期，現日，世紀，美建

**鬼頭景義** **きとうかげよし**
　？ ～延宝4（1676）年
　江戸時代前期の尾張藩の新田開発の功労者。
　　¶近世，国史，コン改，コン4，史人（囵1676年7
　　月15日），新潮（囵延宝4（1676）年7月15日），
　　人名，姓氏愛知，日人

**生陶衆啓** **きとうしゅうけい**
　昭和6（1931）年2月22日～
　昭和～平成期の陶芸家。
　　¶陶芸最，名工

**鬼頭史城** **きとうふみき**
　明治35（1902）年6月26日～平成3（1991）年1月
　11日
　大正～昭和期の機械工学者、慶応義塾大学名誉教
　授。専門は流体力学。
　　¶科学，現情，数学

**鬼頭正信** **きとうまさのぶ**
　昭和期の金工作家。専門は彫刻、鍛金。
　　¶名工

**木戸主計頭** **きどかずえのかみ**
　生没年不詳
　江戸時代前期の木戸川開削者。
　　¶島根歴

**城戸現四郎** **きどげんしろう**
　昭和期の建具職人。
　　¶名工

**紀俊秀** **きとしひで**
　→紀俊秀（きいとしひで）

**城戸武男** **きどたけお**
　明治32（1899）年4月29日～昭和55（1980）年
　大正～昭和期の建築家。1級建築士。
　　¶美建

**城戸徳蔵** **きどとくぞう**
　弘化3（1846）年～明治33（1900）年
　明治期の陶業家。南京焼を製出し、改良と拡張に
　努め、公共に尽力。
　　¶人名，日人，名工（囵弘化3（1846）年5月5日

[没]明治33年3月8日）

**城戸夏男** **きどなつお**
大正3（1914）年6月29日～
昭和～平成期の陶芸家。
¶郷土茨城，陶芸，陶芸最，陶工，名工

**記内** **きない**
世襲名　江戸時代前期以来の越前の鐔工。
¶新潮

**記内〔1代〕** **きない**
→高橋記内〔1代〕（たかはしきない）

**記内〔2代〕** **きない**
→高橋記内〔2代〕（たかはしきない）

**衣笠宗兵衛** **きぬがさそうべえ**
江戸時代後期の播磨舞子焼の陶工。
¶人名，日人（生没年不詳）

**衣笠惣兵衛** **きぬがさそうべえ**
弘治1（1555）年～明暦1（1655）年
江戸時代前期の温泉開発者。
¶岡山人

**絹川武良司** **きぬがわむらじ**
明治27（1894）年1月4日～昭和43（1968）年10月31日
昭和期の冶金工学者。日本ステンレス副社長。
¶現情

**絹屋半兵衛** **きぬやはんべえ**
寛政3（1791）年～万延1（1860）年　[別]伊藤半兵衛《いとうはんべえ》
江戸時代末期の陶工、近江湖東焼の創業者。
¶人名，日人

**杵屋佐吉〔4代〕** **きねやさきち**
明治17（1884）年～昭和20（1945）年
明治～昭和期の長唄三味線方。明治座邦楽部長。長唄芙蓉会を創作。唄を含まない三弦主奏楽を創始。咸弦（電気三味線）・豪弦（大三味線）など楽器の改良にも尽力。作品「黒塚」など。
¶音楽，音人（[生]明治17年9月17日　[没]昭和20年12月13日），歌舞大，芸能（[生]明治17（1884）年9月14日　[没]昭和20（1945）年12月13日），現朝（[生]1884年9月17日　[没]1945年12月13日），現情（[生]1884年9月17日　[没]1945年12月13日），現人，コン改，コン4，コン5，作曲（[生]明治17（1884）年9月17日　[没]昭和20（1945）年12月13日），史人，新芸（[生]明治17（1884）年9月17日　[没]昭和20（1945）年12月13日），新潮（[生]明治17（1884）年9月17日　[没]昭和20（1945）年12月13日），人名7，世紀（[生]明治17（1884）年9月17日　[没]昭和20（1945）年12月13日），世百，全書，大百，日音（[生]明治17（1884）年9月17日　[没]昭和20（1945）年12月13日），日人（[生]明治17（1884）年9月17日　[没]昭和20（1945）年12月13日），百科

**木倉太郎兵衛** **きのくらたろべえ**
[別]木倉太郎兵衛《きくらたろべえ》
江戸時代前期の治水家。
¶人名（きくらたろべえ），日人（生没年不詳）

**木子清敬** **きのこきよゆき**
→木子清敬（きこきよよし）

**木子棟斎** **きのことうさい**
文政7（1824）年～明治26（1893）年　[別]柴田棟斎《しばたとうさい》
江戸時代後期～明治期の工匠。
¶維新（柴田棟斎　しばたとうさい），国書

**木崎千左衛門** **きのさきせんざえもん**
江戸時代末期の加賀九谷焼の陶工。
¶人名，日人（生没年不詳）

**木下栄司** **きのしたえいじ**
昭和38（1963）年4月29日～
昭和～平成期の陶芸家。
¶陶工

**木下勝功** **きのしたかっこう**
昭和期の染色作家。専門は友禅染。
¶名工

**木下観明** **きのしたかんめい**
明治5（1872）年～昭和17（1942）年
明治～昭和期の彫師。
¶姓氏長野

**木下才蔵** **きのしたさいぞう**
明治29（1896）年～昭和62（1987）年
大正～昭和期の開田・開畑、灌漑事業者（串木野用夫）。
¶姓氏鹿児島

**木下茂徳** **きのしたしげのり**
大正13（1924）年3月17日～平成11（1999）年4月25日
昭和～平成期の建築学者。日本大学総長。専門は建築経済学。高齢者や障害者を持つ人間のための建築計画を研究し、その環境の向上に貢献。
¶科学，現執2期，世紀，日人

**木下純寛** **きのしたじゅんかん**
昭和5（1930）年～
昭和～平成期の漆芸作家。
¶名工

**木下助之** **きのしたすけゆき**
文政8（1825）年～明治32（1899）年1月30日
江戸時代末期～明治期の熊本藩惣庄屋、政治家。第1回衆議院議員。地域開発に尽くす。力食社を創設、士族授産をはかる。
¶熊本百（[生]文政8（1825）年11月　[没]明治32（1899）年1月30日，（異説）1月31日），幕末

**木下清左衛門** **きのしたせいざえもん**
文化14（1817）年～文久3（1863）年
江戸時代後期の篤農家。農業記録を作成。
¶朝日（[没]文久3年3月12日（1863年4月29日）），コン4，日人

**木下多郎** **きのしたたろう**
昭和25（1950）年7月24日～

昭和～平成期の木下弦楽器代表取締役。専門はバイオリン製作。
¶名工

**木下照一** きのしたてるいち
明治10 (1877) 年～昭和30 (1955) 年
明治～昭和期の組合製糸家、医療組合運動家。
¶長野百，長野歴

**木下肥丸** きのしたとしまる
昭和期の指物師。
¶名工

**木下富** きのしたとみ
明治1 (1868) 年～大正11 (1922) 年
明治～大正期の養蚕改良家。
¶姓氏長野，長野歴

**木下義謙** きのしたよしのり
明治31 (1898) 年10月19日～平成8 (1996) 年7月16日
昭和～平成期の洋画家、陶芸家。女子美術大学教授。一水会会員。作品に「高遠風景」「兄の肖像」など。
¶近美，現情，世紀，日人，美家，洋画

**紀琇山** きのしゅうざん
昭和5 (1930) 年9月10日～
昭和～平成期の陶芸家。
¶名工

**紀末次** きのすえつぐ
平安時代中期の蒔絵の研師。
¶人名，日人（生没年不詳）

**喜之介** きのすけ
天保4 (1833) 年～明治39 (1906) 年
江戸時代後期～明治期の陶工。
¶日人

**紀助正** きのすけまさ
生没年不詳
平安時代中期の蒔絵師。
¶人名，日人，美工

**紀七名七郎** きのななしちろう
～明治2 (1869) 年3月1日
江戸時代後期～明治期の金工家。
¶庄内

**紀延武** きののぶたけ
生没年不詳
平安時代後期の大工。
¶平史

**紀宗晴** きのむねはる
～安永9 (1780) 年
江戸時代中期の甲冑師、鐔工。
¶高知人

**木野村亀太郎** きのむらかめたろう
文化11 (1814) 年～明治33 (1900) 年
江戸時代後期～明治期の姫島の船大工の棟梁。杵築藩の御座船を製作した。

¶大分歴

**木原重弘** きはらしげひろ
～享保9 (1724) 年
江戸時代前期の大工棟梁。
¶神奈川人

**木原信敏** きはらのぶとし
大正15 (1926) 年10月14日～平成23 (2011) 年2月13日
昭和～平成期の電子技術者。ソニー木原研究所社長、ソニー専務。ソニーの画像・映像処理分野で活躍。著書に「ビデオテープレコーダー・ビデオレコーディング技術」。
¶科学，現朝，世紀，日人

**木原博** きはらひろし
明治43 (1910) 年9月1日～昭和61 (1986) 年12月1日
昭和期の船舶工学者。東京大学教授、大阪大学教授。
¶科学，現情

**きふじ早苗** きふじさなえ
昭和期の人形作家。
¶名工

**木藤八三郎** きふじはちさぶろう
？ ～明治23 (1890) 年
明治期の水利功労者。水路開削の業を起こし、財主となって目的を達成、明治用水と称す。
¶人名，日人

**亀文堂正平** きぶんどうしょうへい
文化9 (1812) 年～明治25 (1892) 年
江戸時代末期～明治期の鋳金工。
¶茶道

**喜平**(1) きへい
文政11 (1828) 年～明治28 (1895) 年
江戸時代末期～明治期の近江湖東焼の陶工。
¶人名，日人

**喜平**(2) きへい
？ ～明治4 (1871) 年
江戸時代末期～明治期の近江湖東焼の陶工。
¶大分歴

**木部四郎右衛門** きべしろうえもん
生没年不詳 〓木部四郎右衛門《きべしろえもん》
江戸時代の測量家。
¶国書，人名（きべしろえもん），日人

**木部四郎右衛門** きべしろえもん
→木部四郎右衛門（きべしろうえもん）

**奇峰学秀** きほうがくしゅう
？ ～元文4 (1739) 年 〓学秀《がくしゅう》
江戸時代中期の僧、仏師。
¶青森人，青森百（学秀 がくしゅう），姓氏岩手

**木母正一** きぼしょういち
大正15 (1926) 年1月15日～
昭和～平成期の染織作家。

¶名工

**儀間シズ** ぎましず
大正3(1914)年8月25日～
昭和～平成期の久米島紬織物職人。
¶名工

**儀間真常** ぎましんじょう
尚元2(1557)年～尚賢4(1644)年
江戸時代前期の琉球の殖産興業家。
¶朝日(㊚尚賢4年10月14日(1644年11月12日)), 沖縄百(㊚尚賢4(1644)年10月14日), 近世, 国史, コン改, コン4, 史人(㊚1644年10月14日), 食文(㊚尚賢王4(1644)年10月14日), 新潮, 人名, 姓氏沖縄, 全書, 伝記, 日史(㊚1644年10月14日), 日人, 歴大

**木全多見** きまたたみ
安政3(1857)年～昭和11(1936)年
明治～昭和期の陸軍軍人。少将。築城本部長代理。陸軍工兵技術界の権威。
¶海越新(㊚安政3(1857)年12月14日 ㊚昭和11(1936)年2月7日), 岡山人, 岡山歴(㊚安政4(1857)年1月9日 ㊚昭和11(1936)年4月7日), 人名(㊚1856年), 世紀(㊚安政3(1857)年12月14日 ㊚昭和11(1936)年2月7日), 渡航(㊚1857年1月9日 ㊚1936年2月7日), 日人

**君島八郎** きみしまはちろう
明治7(1874)年～昭和30(1955)年10月14日
明治～昭和期の土木工学者。
¶科学(㊚1874年(明治7)12月13日), 近土(㊚1874年12月28日), 現情(㊚1874年12月13日), 人名7, 世紀(㊚1874年12月13日), 渡航(㊚1876年12月28日), 土木(㊚1874年12月28日), 日人(㊚明治9(1876)年12月28日)

**君島博次** きみしまひろつぐ
大正8(1919)年7月25日～平成6(1994)年8月28日
昭和～平成期の土木工学者、東海大学工学部教授。専門は電力工学。
¶科学

**君塚樹石** きみづかじゅせき, きみずかじゅせき
明治33(1900)年～昭和45(1970)年
大正～昭和期の活字設計・彫師。博文館8ポ明朝を彫刻。
¶現情, 人名7, 世紀, 日人, 名工(きみずかじゅせき)

**君利美** きみとしみ
昭和期の宮大工。
¶名工

**金憲鎬** きむほの
昭和33(1958)年11月5日～
昭和～平成期の陶芸家。
¶陶芸最, 陶工

**木村一陽** きむらいちよう
明治45(1912)年1月13日～平成1(1989)年11月7日

昭和期の陶芸家。
¶岡山歴(㊚明治45(1912)年1月19日), 美工, 名工

**木村一郎** きむらいちろう
大正4(1915)年～昭和53(1978)年
昭和期の陶芸家。
¶陶芸最, 陶工, 栃木歴, 美工(㊚大正4(1915)年6月29日 ㊚昭和53(1978)年8月21日), 名工(㊚大正4年6月29日 ㊚昭和53年8月21日)

**木村雨山** きむらうざん
明治24(1891)年2月21日～昭和52(1977)年5月9日
昭和期の友禅染色作家。衰退していた金沢の友禅を再生させた。人間国宝。
¶石川百, 現朝, 現情, 現日, 国宝, 世紀, 全書, 日人, 美工, 名工

**木村梅** きむらうめ
明治32(1899)年～昭和45(1970)年
大正～昭和期の織布技術者。群馬県桐生の百海織物工場に入り、人絹混紡帯による新製品を開発した。
¶群馬人, 群馬百, 女性, 女性普, 世紀(㊚明治32(1899)年2月25日 ㊚昭和45(1970)年10月13日), 姓氏群馬, 日人(㊚明治32(1899)年2月25日 ㊚昭和45(1970)年10月13日), 美工(㊚明治32(1899)年2月25日 ㊚昭和45(1970)年10月13日)

**木村瑛二** きむらえいじ
？ ～平成16(2004)年11月7日
昭和～平成期の映画録音技師。
¶映人

**木村嘉右衛門** きむらかえもん
江戸時代中期の備前伊部焼の陶工。
¶人名

**木村嘉平** きむらかへい
世襲名　江戸時代後期の江戸の字彫り板木師。
¶朝日, 全書

**木村嘉平〔3代〕** きむらかへい
文政6(1823)年～明治19(1886)年
江戸時代末期～明治期の木版印刷師。欧文活字を作製。
¶維新(㊚?), 出文(㊚明治19(1886)年3月25日), 日人, 名工(㊚明治19年3月26日), 洋学

**木村勘七** きむらかんしち
江戸時代中期の備前伊部焼の陶工。
¶人名

**木村玉舟** きむらぎょくしゅう
昭和28(1953)年4月5日～
昭和期の陶芸家。
¶陶芸最(㊚昭和18年4月5日), 陶工, 名工

**木村金治郎** きむらきんじろう
明治17(1884)年～昭和43(1968)年
明治～昭和期の政治家。初代雄勝町長。鰹漁船に改良を加え桃丸を建造。

¶姓氏宮城

## 木村九蔵 きむらくぞう
弘化2(1845)年～明治31(1898)年
明治期の養蚕改良家。養蚕改良競進組を組織し「一派温暖育」の伝教に努め、養蚕技術の改良と普及に尽力。
¶朝日(㊐弘化2(1845)年10月 ㊣明治31(1898)年1月29日)、近現、国史、埼玉人(㊐弘化2(1845)年10月10日 ㊣明治31(1898)年1月29日)、埼玉百(㊣1896年)、人名、日人

## 木村熊治郎 きむらくまじろう
嘉永1(1848)年～大正7(1918)年
江戸時代末期～大正期の草津竹根鞭細工の創始者。
¶郷土滋賀、滋賀百

## 木村玄 きむらげん
昭和22(1947)年1月15日～
昭和～平成期のバイオリン製作者。
¶名工

## 木村建一 きむらけんいち
昭和8(1933)年3月5日～
昭和～平成期の建築学者。早稲田大学教授。
¶現執2期、現情

## 木村憲次 きむらけんじ
昭和17(1942)年1月2日～
昭和～平成期の陶芸家。
¶名工

## 木村小いと きむらこいと
明治13(1880)年2月21日～昭和50(1975)年2月18日
明治～昭和期の養蚕・製糸技術伝習者。
¶埼玉人

## 木村幸一郎 きむらこういちろう
明治29(1896)年9月25日～昭和46(1971)年9月18日
明治～昭和期の建築学者、建築家。早稲田大学名誉教授、日本建築学会会長。
¶科学、美建

## 喜村晧司 きむらこうじ
昭和11(1936)年11月7日～
昭和～平成期の陶芸家。
¶陶芸最、陶工

## 喜村皓司 きむらこうじ
昭和11(1936)年11月7日～
昭和～平成期の陶芸家。
¶名工

## 木村幸次郎 きむらこうじろう
明治10(1877)年2月20日～大正11(1922)年7月
明治期の料理家。「錨印ソース」を製造。
¶大阪人、食文、先駆(生没年不詳)

## 木村宏造 きむらこうぞう
昭和16(1941)年6月15日～
昭和～平成期の陶芸家。
¶陶芸最、陶工、名工

## 木村駒吉 きむらこまきち
明治3(1870)年10月～？
明治期の技師。
¶渡航

## 木村権左衛門 きむらごんざえもん
生没年不詳
江戸時代後期の七島新田開発者。
¶姓氏愛知

## 木村作十郎 きむらさくじゅうろう
江戸時代中期の備前伊部焼津の陶工。
¶岡山人、人名、日人(生没年不詳)

## 木村作三 きむらさくぞう
明治41(1908)年～
昭和～平成期の下駄職人。
¶名工

## 木村三郎右衛門 きむらさぶろうえもん
室町時代の備前焼陶工。
¶岡山歴

## 木村山花 きむらさんか
昭和18(1943)年～
昭和～平成期の陶芸家。
¶名工

## 木村重一 きむらしげかず
大正15(1926)年1月16日～
昭和期の陶芸家。
¶陶芸最

## 木村重房 きむらしげふさ
→木村長右衛門(1)(きむらちょうえもん)

## 木村州宏 きむらしゅうこう
～平成20(2008)年2月28日
昭和～平成期の染織家。
¶美工

## 木村潤 きむらじゅん
昭和33(1958)年10月30日～
昭和期の陶芸家。
¶陶芸最

## 木村駿吉 きむらしゅんきち
慶応2(1866)年～昭和13(1938)年10月6日
明治～昭和期の電気工学者。海軍通信工学教授。海軍艦艇の無線設備の制定に貢献。日露戦争の無線電信システムを成功させる。
¶海越新(㊐慶応2(1866)年10月)、科学(㊐1866年(慶応2)10月6日)、新潮(㊐慶応2(1866)年10月)、人名7、世紀(㊐慶応2(1866)年10月)、全書、大百、渡航(㊐1866年11月8日)、日人、明治2、陸海(㊐慶応2年10月6日)

## 木村庄八 きむらしょうはち
江戸時代後期の備前伊部焼の陶工。
¶岡山人、岡山歴、人名、日人(生没年不詳)

## 木村新五郎 きむらしんごろう
江戸時代前期の備前焼窯元、御細工人。
¶岡山歴

**木村新七(1)　きむらしんしち**
明和3(1766)年～文政11(1828)年11月5日　[別]木村貞固《きむらていこ》
江戸時代中期の陶工。
¶岡山人，岡山歴(木村貞固　きむらていこ)

**木村新七(2)　きむらしんしち**
宝暦7(1757)年～文政11(1828)年
江戸時代後期の備前伊部焼の陶工。
¶人名，日人

**木村甚七　きむらじんしち**
江戸時代中期の備前伊部窯の細工人。
¶岡山人，人名，日人(生没年不詳)

**木村新七郎　きむらしんしちろう**
江戸時代末期の陶工。
¶岡山人

**木村甚次郎　きむらじんじろう**
江戸時代末期の陶工。
¶岡山人

**木村甚兵衛　きむらじんべえ**
寛政3(1791)年～嘉永5(1852)年
江戸時代後期の久村焼陶工。
¶島根人，島根百，島根歴

**木村甚松　きむらじんまつ**
昭和期の塗師。
¶名工

**木村甚弥　きむらじんや**
明治34(1901)年～昭和57(1982)年2月18日
大正～昭和期の園芸技術者。青森県りんご試験場長。
¶青森人，青森百，世紀，日人([生]明治34(1901)年9月26日)

**木村仙秀　きむらせんしゅう**
明治18(1885)年～昭和38(1963)年
明治～昭和期の表具屋、江戸文学・風俗研究家。
¶民学

**木村宗得〔16代〕　きむらそうとく**
大正8(1919)年7月23日～昭和62(1987)年3月27日
昭和期の陶芸家。
¶岡山歴，陶芸最(――〔代数なし〕)，美工

**木村素静　きむらそじょう**
昭和20(1945)年4月10日～
昭和期の陶芸家。
¶陶芸最，名工

**木村隆明　きむらたかあき**
昭和18(1943)年12月1日～
昭和期の陶芸家。
¶陶芸最，名工

**木村内匠　きむらたくみ**
？　～寛永15(1638)年
戦国時代～江戸時代前期の愛甲郡下荻野村の鋳物師。
¶神奈川人(生没年不詳)，姓氏神奈川

**木村忠右衛門　きむらちゅうえもん**
生没年不詳
江戸時代後期の飛島新田開発者。
¶姓氏愛知

**木村忠兵衛　きむらちゅうべえ**
生没年不詳
江戸時代の庄屋、鎌島新田開発者。
¶姓氏愛知

**木村長右衛門(1)　きむらちょうえもん**
？　～正徳2(1712)年2月5日　[別]木村重房《きむらしげふさ》
江戸時代前期の陶工。
¶岡山人，岡山歴(木村重房　きむらしげふさ)

**木村長右衛門(2)　きむらちょうえもん**
？　～正徳2(1712)年
江戸時代中期の備前伊部焼の陶工。
¶人名，日人

**木村長十郎　きむらちょうじゅうろう**
？　～享保14(1729)年9月
江戸時代中期の備前焼窯元・御細工人。
¶岡山歴

**木村長十郎友敬　きむらちょうじゅうろうゆうけい**
昭和5(1930)年1月28日～
昭和～平成期の陶芸家。
¶名工

**木村勉　きむらつとむ**
昭和25(1950)年～
昭和～平成期の建築修復師。文化財建造物保存技術協会事業部次長。
¶現執4期

**木村貞固　きむらていこ**
→木村新七(1)(きむらしんしち)

**木村天紅　きむらてんこう**
明治20(1887)年9月30日～昭和25(1950)年5月25日
明治～昭和期の漆芸家。高岡漆器に朝鮮螺鈿の技法を移入した。
¶富山百

**木村陶雲　きむらとううん**
大正11(1922)年3月1日～
昭和～平成期の陶芸家。
¶名工

**木村道休　きむらどうきゅう**
江戸時代前期の陶工。
¶岡山人

**木村桃山　きむらとうざん**
昭和17(1942)年1月2日～
昭和期の陶芸家。
¶陶芸最

**木村陶峰** **きむらとうほう**
昭和2 (1927) 年2月26日～
昭和～平成期の陶芸家。
¶名工

**木村得三郎** **きむらとくさぶろう**
明治23 (1890) 年～昭和33 (1958) 年
明治～昭和期の建築家。大林組建築技術長。
¶美建

**木村徳三郎** **きむらとくさぶろう**
生没年不詳
明治期の男性。キャタピラの発明者。
¶先駆

**木村徳太郎** **きむらとくたろう**
天保13 (1842) 年～明治39 (1906) 年
江戸時代末期～明治期の印刷技師。文部省彫刻係、内務局官報局御用を務める。「国華」の木版画の彫刻を担当。
¶日人, 洋学

**木村俊彦** **きむらとしひこ**
昭和1 (1926) 年～
昭和期の建築家。木村俊彦構造設計事務所所長。
¶現執1期

**木村利正** **きむらとしまさ**
→木村利正 (きむらりしょう)

**木村哲人** **きむらのりと**
昭和8 (1933) 年～
昭和～平成期の放送録音技師。
¶YA

**木村万岳** **きむらばんがく**
昭和13 (1938) 年1月22日～
昭和期の陶芸家。
¶陶芸最

**木村秀蔵** **きむらひでぞう**
明治3 (1870) 年4月1日～昭和20 (1945) 年2月8日
明治～昭和期の実業家。木村製薬 (のちアース製薬) を創業。
¶世紀, 日人, 兵庫百

**木村秀政** **きむらひでまさ**
明治37 (1904) 年4月13日～昭和61 (1986) 年10月10日
昭和期の航空工学者。日本大学教授。戦後初の国産旅客機YS-11の設計主任。
¶青森人, 青森百, 科学, 科技, 現朝, 現執1期, 現執2期, 現情, 現人, 現日, コン改, コン4, コン5, 史人, 新潮, 世紀, 日人, マス89, 履歴, 履歴2

**木村微風** **きむらびふう**
昭和26 (1951) 年1月28日～
昭和期の陶芸家。
¶陶芸最

**木村表斎** **きむらひょうさい**
文政1 (1818) 年～明治18 (1885) 年
江戸時代末期～明治期の漆工。真塗や洗朱の根来塗を得意とし、飲食器を多く制作。
¶朝日, 京都大, 新潮 ([没]明治18 (1885) 年2月14日), 人名, 姓氏京都, 日人

**木村宏** **きむらひろし**
大正15 (1926) 年～
昭和期の金属工学者。
¶群馬人

**木村平八郎** **きむらへいはちろう**
？ ～*
江戸時代前期の備前伊部焼の名工。
¶岡山人, 岡山歴 ([没]安政5 (1858) 年11月28日), 人名, 日人 ([没]1859年)

**木村弁之助** **きむらべんのすけ**
明治39 (1906) 年5月25日～
大正～昭和期の江戸木目込人形師。
¶名工

**木村芳雨** **きむらほうう**
明治10 (1877) 年～大正6 (1917) 年
明治～大正期の歌人、鋳物工。正岡子規宅で開かれた歌会にはじめから出席、のちアララギに関係。銅印の篆刻にも優れた。
¶人名, 世紀 ([没]大正6 (1917) 年5月22日)

**木村雅美** **きむらまみ**
昭和35 (1960) 年8月28日～
昭和期の陶芸家。
¶陶芸最, 陶工, 名工

**木村瑞雄** **きむらみずお**
大正4 (1915) 年11月23日～
昭和期の電子通信工学者。東北工業大学教授。
¶現情

**木村充** **きむらみつる**
昭和14 (1939) 年4月3日～
昭和～平成期の陶芸家。
¶陶芸最, 陶工

**木村明生** **きむらめいせい**
昭和7 (1932) 年2月6日～
昭和期の陶芸家。
¶陶芸最

**木村杢助** **きむらもくすけ**
→木村杢之助 (きむらもくのすけ)

**木村杢之助** **きむらもくのすけ**
？ ～慶長9 (1604) 年　[別]木村杢助《きむらもくすけ》
安土桃山時代～江戸時代前期の武士。五戸代官。用水堰を開削、五戸川中流の新田開発に貢献。
¶青森人, 青森百 (木村杢助　きむらもくすけ)

**木村元次** **きむらもとつぐ**
昭和11 (1936) 年～
昭和～平成期の陶芸家。
¶名工

**木村盛和** **きむらもりかず**
大正10 (1921) 年6月15日～

昭和期の陶芸家。
¶陶芸，陶芸最，陶工，福井百，名工

**木村盛伸** きむらもりのぶ
昭和7(1932)年9月30日～
昭和～平成期の陶芸家。
¶陶芸最，陶工，名工

**木村盛康** きむらもりやす
昭和10(1935)年9月18日～
昭和～平成期の陶芸家。
¶陶芸最，陶工，名工

**木村矢須子** きむらやすこ
大正13(1924)年12月10日～
昭和期の陶芸家。
¶陶芸最

**木村安定** きむらやすさだ
元文4(1739)年～寛政7(1795)年
江戸時代中期～後期の金工家。
¶庄内

**木村安倫** きむらやすとも
明和2(1765)年～天保1(1830)年
江戸時代中期～後期の金工家。
¶庄内

**木村安兵衛** きむらやすべい
→木村安兵衛(きむらやすべえ)

**木村安兵衛** きむらやすべえ
文化14(1817)年～明治22(1889)年　[別]木村安兵衛《きむらやすべい》
江戸時代末期～明治期の武士、実業家。木村屋總本店創業者。独自の製法によるあんパンを発売。東京名物として人気を博した。
¶朝日([没]明治22(1889)年7月26日)，茨城百，郷土茨城，コン改，コン5，食文([生]文化14年6月20日(1817年8月2日)　[没]1889年7月26日)，先駆([没]明治22(1889)年7月26日)，日人，幕末(きむらやすべい　[没]1889年7月26日)

**木村弥惣次** きむらやそうじ
戦国時代～安土桃山時代の開発功労者。
¶埼玉百

**木村与作** きむらよさく
嘉永4(1851)年～大正15(1926)年
江戸時代末期～大正期の農業振興者。大沼用水開削の功労者。
¶群馬人，姓氏群馬

**木村芳人** きむらよしと
明治17(1884)年11月27日～昭和32(1957)年11月2日
明治～昭和期の工学者。
¶徳島歴

**木村吉永** きむらよしなが
?　～明治9(1876)年
江戸時代後期～明治期の下荻野村の鋳物師としては最後の人。
¶姓氏神奈川

**木村好博** きむらよしひろ
昭和25(1950)年4月15日～
昭和期の陶芸家。
¶陶芸最，名工

**木村喜之** きむらよしゆき
延享1(1744)年～?
江戸時代中期の幕府役人。「砂糖製作記」の著者。
¶朝日(生没年不詳)，国書，新潮(生没年不詳)，日人

**木村芳郎** きむらよしろう
昭和21(1946)年8月19日～
昭和～平成期の陶芸家。
¶陶芸最，陶工，名工

**木村与八** きむらよはち
江戸時代前期の備前焼窯元、御細工人。
¶岡山歴

**木村利三郎** きむらりさぶろう
安政5(1858)年～昭和1(1926)年
明治～大正期の野田池開削の功労者。
¶郷土滋賀，滋賀百，世紀([生]安政5(1858)年6月5日　[没]大正15(1926)年10月7日)，日人

**木村利正** きむらりしょう
昭和4(1929)年12月6日～　[別]木村利正《きむらとしまさ》
昭和期の陶芸家。
¶陶芸最(きむらとしまさ)，名工

**季村理平治** きむらりへいじ
明治16(1883)年～昭和20(1945)年
明治～昭和期の代々指物師。
¶岩手百，姓氏岩手

**木村隆** きむらりゅう
昭和24(1949)年～
昭和～平成期の陶芸家。
¶陶工

**木村了琢** きむらりょうたく
江戸時代の絵師。京都御所の絵所の一家。日光東照宮や輪王寺の絵画御用や修復に従事。
¶栃木歴

**木本恵介** きもとけいすけ
明治36(1903)年～
昭和期の陶芸家。
¶陶芸

**木元忠志** きもとただし
昭和34(1959)年5月27日～
昭和～平成期の陶芸家。
¶名工

**木森基人** きもりもとひと
昭和24(1949)年～
昭和期の陶芸家。
¶陶芸最

**喜安善市** きやすぜんいち
大正4(1915)年12月11日～平成18(2006)年12月7

き

日
昭和～平成期の電気工学者、日本電信電話公社電気通信研究所次長。専門は電子材料工学、電子回路。
¶科学



**紀谷文樹** きやふみとし
昭和13(1938)年8月4日～
昭和～平成期の環境工学者。東京工業大学教授。
¶現執3期

**木山青鳥** きやませいちょう
明治29(1896)年～昭和32(1957)年
明治～昭和期の木彫家。
¶島根人，美建

**木山与作** きやまよさく
昭和期の宮大工。
¶名工

**久恰**(久怡) きゅうい
生没年不詳
安土桃山時代の鋳物師。
¶茶道，美工(久怡)

**救円** きゅうえん
生没年不詳 [別]救円《ぐえん》
平安時代中期の絵仏師。
¶国史，古中，史人，平史(ぐえん)

**九々翁** きゅうきゅうおう
生没年不詳
江戸時代前期の陶工。
¶日人

**休斎** きゅうさい
江戸時代後期の陶工。
¶人名，日人(生没年不詳)

**器遊斎** きゆうさい
江戸時代後期の大隅竜門司の陶工。
¶人名

**久真** きゅうしん
生没年不詳
江戸時代後期の刀工。
¶埼玉人

**久東山善造** きゅうとうさんぜんぞう
江戸時代中期の伊勢の陶工。
¶人名，日人(生没年不詳)

**久之丞** きゅうのじょう
生没年不詳
江戸時代末期の岡田村の鍛冶職人。
¶姓氏愛知

**久平** きゅうへい
江戸時代後期の近江彦根の陶工。
¶人名，日人(生没年不詳)

**久兵衛** きゅうべえ
江戸時代の伊賀焼の陶工。
¶人名，日人(生没年不詳)

**久兵衛〔1代〕** きゅうべえ
？ ～*
江戸時代中期の陶工。
¶日人([没]1769年)，美工(――〔代数なし〕[没]？)

**久味** きゅうみ
生没年不詳
江戸時代前期の細工師。
¶茶道，美工

**久楽〔1代〕** きゅうらく
寛延1(1748)年～文政8(1825)年
江戸時代後期の楽焼の陶工。
¶茶道，人名，日人([没]1830年)

**久楽〔2代〕** きゅうらく
文政1(1818)年～明治1(1868)年
江戸時代末期の楽焼の陶工。
¶茶道，人名，日人(生没年不詳)

**久楽〔3代〕** きゅうらく
天保11(1840)年～明治15(1882)年
明治期の陶工。久楽焼の二代。
¶人名

**久楽弥介** きゅうらくやすけ
生没年不詳
江戸時代末期の楽焼の陶工。
¶和歌山人

**久蓮** きゅうれん
江戸時代中期の新田開拓の功労者。
¶人名

**久録** きゅうろく
？ ～明治10(1877)年頃
江戸時代末期～明治期の加賀金沢の陶画工。
¶人名，日人

**慶円** きょうえん
→慶円(けいえん)

**経円** きょうえん
生没年不詳
鎌倉時代前期の仏師。
¶国書，仏教，平史

**行円** ぎょうえん
平治1(1159)年～？
鎌倉時代前期の能面師、楽器製作者。
¶朝日，日人，平史(生没年不詳)

**堯円** ぎょうえん
生没年不詳
平安時代後期～鎌倉時代前期の仏師。
¶平史

**慶賀** きょうが
生没年不詳
平安時代後期～鎌倉時代前期の仏師。
¶平史

行快　ぎょうかい
　生没年不詳
　鎌倉時代前期の仏師。快慶の弟子。
　¶朝日，国史，日史，日人，美術，百科，仏教

行基　ぎょうき，ぎょうぎ
　天智天皇7(668)年～天平勝宝1(749)年
　奈良時代の僧侶。大僧正。池堤、道路、橋梁等の開拓・架設、寺院の建立、社会福祉施設の設置を行った。
　¶朝日(㊙天平勝宝1年2月2日(749年2月23日))，岩史(㊙天平21(749)年2月2日)，大阪人(㊙天平21(749)年2月2日)，香川人，香川百，角史，神奈川百，教育，京都大，郷土奈良，京都府，高知人，高知百，国史，国書(㊙天平21(749)年2月2日)，古史，古代，古中，コン改，コン4，埼玉人(㊙天平21(749)年2月2日)，詩作(㊥？　㊙天平21(749)年2月2日)，史人(㊙749年2月2日)，重要(㊙天平勝宝1(749)年2月2日)，神史，人書79，人書94，新潮(㊙天平勝宝1(749)年2月2日)，人名，姓氏京都，世人(㊙天平勝宝1(749)年2月2日)，世百，全書，大百，多摩，伝記，新潟百，日思，日史(㊙天平勝宝1(749)年2月2日)，日人，百科，史，兵庫百，仏教(㊙天平21(749)年2月2日)，仏史，仏人(ぎょうぎ)，平日(㊃668　㊄749)，名僧，山形百，㊙天智天皇6(667)年，山梨百，歴大

堯儼　ぎょうげん
　生没年不詳
　鎌倉時代の絵仏師。
　¶国史，古中，日人，名画

暁山忠兵衛　ぎょうざんちゅうべえ
　生没年不詳
　江戸時代中期の陶工。
　¶姓氏京都，日人

慶秀　きょうしゅう
　→慶秀⑴(けいしゅう)

慶俊　きょうしゅん
　㊙慶俊待《きょうしゅんたい》
　安土桃山時代の製紙技術者。熊本藩御用紙漉。加藤清正に連れられて来日した朝鮮人技術者。芋生(川原)紙を創始。
　¶人名(慶俊待　きょうしゅんたい)，日人(生没年不詳)

慶俊待　きょうしゅんたい
　→慶俊(きょうしゅん)

経正　きょうじょう
　生没年不詳
　鎌倉時代の僧。
　¶日人

経尋　きょうじん
　→経尋(けいじん)

行信　ぎょうしん
　生没年不詳
　江戸時代後期の刀工。文政年間に活躍。

¶埼玉人

京水　きょうすい
　→山東京水(さんとうきょうすい)

業精　ぎょうせい
　→小西新右衛門(こにししんえもん)

教運　きょうせん
　生没年不詳
　平安時代後期の絵仏師。
　¶平史

教禅　きょうぜん
　？～承保2(1075)年
　平安時代中期の仏師。僧綱の位に叙任された最初の絵仏師。
　¶朝日(㊙承保2(1075)年3月)，国史，古史，古中，コン改，コン4，史人(㊙1075年3月)，新潮(㊙承保2(1075)年3月)，人名，日人，仏教(㊙承保2(1075)年3月)，平史，名画

経禅　きょうぜん
　生没年不詳
　平安時代後期の仏師。
　¶平史

姜早丹　きょうそうたん
　生没年不詳
　江戸時代後期の陶工。
　¶日人

慶尊　きょうそん
　→慶尊(けいそん)

堯尊　ぎょうそん
　鎌倉時代の絵仏師。
　¶日人(生没年不詳)，名画

京谷好泰　きょうたによしひろ
　大正15(1926)年1月24日～
　昭和～平成期の実業家、リニアモーターカー研究者。テクノバ社長、国鉄副技師長。
　¶現執3期

堯天義久　ぎょうてんよしひさ
　大正10(1921)年5月24日～
　昭和期の建築学者。神戸大学教授。
　¶現情

行道　ぎょうどう
　→木食五行(もくじきごぎょう)

京藤睦重　きょうとうむつしげ
　明治36(1903)年2月7日～
　昭和期の電気工学者。金沢大学教授。
　¶現情

行忍　ぎょうにん
　平安時代後期の刀匠。
　¶人名，日人(生没年不詳)

慶範　きょうはん
　生没年不詳
　平安時代後期の大仏師。

¶平史

**刑部左衛門国次** ぎょうぶざえもんくにつぐ
生没年不詳
江戸時代前期の大工。
¶和歌山人

**刑部左衛門吉次** ぎょうぶざえもんよしつぐ
生没年不詳
江戸時代前期の大工。
¶和歌山人

き

**刑部太郎** ぎょうぶたろう
生没年不詳 [別]刑部太郎《おさかべたろう》
江戸時代中期の蒔絵師。
¶新潮，人名（おさかべたろう），世人，日人，美工

**行明** ぎょうみょう
生没年不詳 [別]行明《ぎょうめい》
平安時代後期の仏師。
¶新潮，世人（ぎょうめい）

**行明** ぎょうめい
→行明（ぎょうみょう）

**清川惣助** きよかわそうすけ
生没年不詳
明治期の七宝焼作家。無線七宝を創案。
¶先駆

**清川守光** きよかわもりみつ
生没年不詳
江戸時代後期～末期の蒔絵師。
¶美工

**巨関** きょかん
弘治2（1556）年～寛永20（1643）年
安土桃山時代～江戸時代前期の陶工。
¶コン改，コン4，人名，世人，戦人，日人

**玉雲浄玄** ぎょくうんじょうげん
生没年不詳
戦国時代の仏師。
¶戦辞

**玉鱗子英一** ぎょくりんしてるいち
天明8（1788）年～嘉永3（1850）年
江戸時代後期の川越藩の刀工。
¶埼玉人

**清貞**(1) きよさだ
室町時代の刀工。
¶島根人，島根百

**清貞**(2) きよさだ
戦国時代の刀工。
¶島根人，島根百

**清定** きよさだ
戦国時代の刀工。
¶島根人，島根百

**清実** きよざね
江戸時代後期の刀工。
¶島根百

**清真** きよざね
江戸時代後期の刀工。
¶島根人，島根百

**清重**(1) きよしげ
江戸時代中期の石見の刀工。1688年（元禄）頃に活動。
¶島根人，島根百

**清重**(2) きよしげ
江戸時代中期の石見の刀工。1801年（享保）頃に活動。
¶島根人，島根百

**清重**(3) きよしげ
江戸時代後期の刀工。
¶島根人，島根百

**清重〔4代〕** きよしげ
江戸時代後期の刀工。
¶島根百

**清重〔5代〕** きよしげ
江戸時代末期の刀工。
¶島根百

**清成**(1) きよしげ
平安時代後期の石見の刀匠。
¶島根人

**清成**(2) きよしげ
生没年不詳
江戸時代末期の益田の刀工。
¶島根歴

**清繁** きよしげ
生没年不詳
江戸時代中期の刀匠。
¶島根人，島根百，島根歴（[没]寛政年間），人名，日人

**許士泰** きょしたい
嘉永3（1850）年～大正3（1914）年
江戸時代末期～大正期の東区丘珠開拓の功労者。
¶札幌，北海道歴

**魚川** ぎょせん
生没年不詳
江戸時代中期の彫工・俳人。
¶国書

**清武** きよたけ
江戸時代末期の石見の刀匠。
¶島根人

**清田堅吉** きよたけんきち
明治43（1910）年4月8日～昭和63（1988）年8月16日
昭和期の機械工学者、熊本大学名誉教授。専門は塑性加工学。
¶科学

清忠 きよただ
　江戸時代末期の刀工。
　¶島根百

清田文永 きよたふみなが
　明治43(1910)年4月21日〜昭和57(1982)年6月10日
　大正〜昭和期の建築家。梓設計社長。
　¶美建

清継 きよつぐ
　戦国時代の刀工。
　¶島根人，島根人，島根百

清次 きよつぐ
　江戸時代後期の刀工。
　¶島根百

清綱 きよつな
　鎌倉時代前期の刀匠、周防二王流の祖。
　¶人名，日人(生没年不詳)

清輝 きよてる
　江戸時代末期の刀工。
　¶島根百

清永 きよなが
　安土桃山時代の刀工。
　¶島根百

清修 きよなが
　江戸時代中期の刀匠。
　¶人名，日人(生没年不詳)

清長 きよなが
　江戸時代後期の刀匠。
　¶島根人

清成〔1代〕 きよなり
　江戸時代後期の刀工。
　¶島根百

清成〔2代〕 きよなり
　江戸時代後期の刀工。
　¶島根百

清野勘左衛門 きよのかんざえもん
　？〜寛永15(1638)年
　安土桃山時代〜江戸時代前期の布施窪開拓者。
　¶姓氏長野

清野武 きよのたけし
　大正3(1914)年11月26日〜平成14(2002)年4月2日
　昭和〜平成期の情報工学者、京都大学名誉教授。専門は電気工学、計算機工学。
　¶科学

清延 きよのぶ
　戦国時代の刀工。
　¶島根人，島根百

清則(1) きよのり
　室町時代の出雲吉井派の刀匠。
　¶島根人

清則(2) きよのり
　室町時代の刀工。
　¶島根人，島根百

清則(3) きよのり
　江戸時代前期の刀工。
　¶島根人，島根百

清則〔1代〕 きよのり
　室町時代の刀工。初代吉則の子。
　¶島根百

清則〔2代〕 きよのり
　室町時代の刀工。出雲初代清則の子。
　¶島根百

清則〔3代〕 きよのり
　戦国時代の刀工。
　¶島根百

清則〔4代〕 きよのり
　戦国時代の刀工。
　¶島根百

清則〔5代〕 きよのり
　戦国時代〜安土桃山時代の刀工。4代清則の子。
　¶島根百，島根歴(――〔代数なし〕　生没年不詳)

清原英之助 きよはらえいのすけ
　嘉永5(1852)年4月8日〜大正5(1916)年
　明治〜大正期の漆工家。イタリアに渡りパレルモ工芸美術学校教師となる。帰国後、美術教育に尽力。
　¶海越，海越新，日人

清原太兵衛 きよはらたへえ
　正徳2(1712)年〜天明7(1787)年
　江戸時代中期の武士、治水家。出雲松江藩士。宍道湖と日本海をつなぐ排水路の開削を推進するが、完成目前に死去。
　¶島根人，島根百(㉞天明7(1787)年11月28日)，島根歴(㊴正徳1(1711)年)，人名，日人(㉞1788年)，藩臣5(㊴正徳1(1711)年)

清原千代 きよはらちよ
　安政5(1859)年12月7日〜大正11(1922)年
　明治〜大正期の工芸家。イタリアで刺繍教師となる。帰国後女子美術学校を開校。油絵刺繍を創案。
　¶海越(㉞大正11(1922)年4月)，海越新(㉞大正11(1922)年4月)，女性(㊴安政5(1858)年12月7日　㉞大正11(1922)年4月17日)，女性普(㊴安政5(1858)年12月7日　㉞大正11(1922)年4月17日)，世紀(㉞大正11(1922)年4月17日)，日人

清原国貞 きよはらのくにさだ
　生没年不詳　㊿清原国貞《きよはらくにさだ》
　平安時代中期の建築工匠。白河法皇による造営の大半に従事。
　¶朝日(きよはらくにさだ)，日人

清原貞光 きよはらのさだみつ
　㊿清原貞光《きよはらさだみつ》

平安時代中期の漆工、平文師。後鳥羽天皇の大嘗会用の器類をつくった名匠の一人。
¶人名(きよはらさだみつ), 日人(生没年不詳)

**清原貞安** きよはらのさだやす
[別]清原貞安《きよはらさだやす》
平安時代後期の漆工、平文師。大嘗会の調度を製作。
¶人名(きよはらさだやす), 日人(生没年不詳)



**清原則季** きよはらののりすえ
[別]清原則季《きよはらのりすえ》
平安時代後期の蒔絵師。
¶人名(きよはらのりすえ), 日人(生没年不詳)

**清原宗広** きよはらむねひろ
生没年不詳
南北朝時代の鋳物師。
¶神奈川人

**清人** きよひと
→斎藤清人(さいとうきよんど)

**清平** きよひら
元和6(1620)年～?
江戸時代前期の刀匠。
¶島根人, 島根百, 人名, 姓氏石川, 日人

**清麿** きよまろ
文化10(1813)年～安政1(1854)年　[別]源清麿《みなもときよまろ,みなもとのきよまろ》, 山浦清麿《やまうらきよまろ》
江戸時代末期の刀工。四谷正宗と称された。
¶朝日([生]文化10年3月6日(1813年4月6日) [没]嘉永7年11月14日(1855年1月2日)), 江戸(源清麿　みなもとのきよまろ), 郷土長野(山浦清麿　やまうらきよまろ), 近世, 国史, コン改([生]文化8(1811)年　[没]安政3(1856)年), コン4([生]文化8(1811)年), 史人([没]1854年11月14日), 新潮, 人名(山浦清麿　やまうらきよまろ　[生]1815年　[没]1856年), 姓氏長野(山浦清麿　やまうらきよまろ), 世人, 世百(源清麿　みなもときよまろ), 全書(源清麿　みなもとのきよまろ), 長野百(山浦清麿　やまうらきよまろ), 長野歴(山浦清麿　やまうらきよまろ), 日史([生]文化10(1813)年3月6日 [没]安政1(1854)年11月14日), 日人([没]1855年), 美術(源清麿　みなもときよまろ), 百科(源清麿　みなもときよまろ)

**清水温故** きよみずおんこ
?　～明治29(1896)年
江戸時代末期～明治期の陶工。
¶人名

**清水九兵衛** きよみずきゅうべえ
大正11(1922)年5月15日～平成18(2006)年7月21日
昭和期の彫刻家、陶芸家。作陶活動を経て金属による抽象立体造形に取り組み、代表作に「Affinityの継続」など。のち作陶を再開。
¶近美, 現朝, 現日, 世紀, 美建, 美工, 名工

**清水七兵衛** きよみずしちべえ
生没年不詳
江戸時代後期～明治期の陶工。
¶京都大, 姓氏京都, 日人, 美工

**清水石僊** きよみずせきせん
生没年不詳
明治期の陶工。陶業の改良と発展に努め、県の補助を得て石僊陶業界を組織、徒弟を養成。
¶人名, 美工, 名工

**清水久** きよみずひさし
昭和25(1950)年2月10日～
昭和～平成期の陶芸家。
¶陶芸最, 陶工, 名工

**清水裕司** きよみずひろし
大正11(1922)年～
昭和期の陶芸家。
¶陶芸最

**清水柾博** きよみずまさひろ
昭和29(1954)年～
昭和～平成期の陶芸家。
¶陶工, 名工([生]昭和29年4月22日)

**清水六兵衛**(清水六兵衛〔6代〕) きよみずろくべい
→清水六兵衛〔6代〕(きよみずろくべえ)

**清水六兵衛〔3代〕** きよみずろくべい
→清水六兵衛〔3代〕(きよみずろくべえ)

**清水六兵衛〔5代〕** きよみずろくべい
→清水六兵衛〔5代〕(きよみずろくべえ)

**清水六兵衛** きよみずろくべえ
世襲名　江戸時代中期以来の京焼の陶芸家。
¶京都大

**清水六兵衛〔1代〕** きよみずろくべえ
元文3(1738)年～寛政11(1799)年　[別]清水六兵衛〔1代〕《しみずろくべえ》, 愚斎《ぐさい》
江戸時代中期～後期の清水焼の陶工。
¶近世, 国史, コン改, コン4, 茶道, 史人(――〔代数なし〕), 新潮, 人名, 姓氏京都(――〔代数なし〕), 世人, 世百(しみずろくべえ [生]1737年), 全書, 日人

**清水六兵衛〔2代〕** きよみずろくべえ
寛政2(1790)年～万延1(1860)年　[別]清水六兵衛〔2代〕《しみずろくべえ》
江戸時代後期の清水焼の陶工。
¶近世, 国史, コン改, コン4, 茶道, 新潮, 人名, 世百(しみずろくべえ　[生]1789年), 日人

**清水六兵衛〔3代〕** きよみずろくべえ
文政5(1822)年～明治16(1883)年　[別]清水六兵衛〔3代〕《きよみずろくべい,しみずろくべえ》
江戸時代後期～明治期の陶工。
¶朝日([没]明治16(1883)年6月4日), 維新, 近現, 近世, 国史, コン改, コン4, コン5, 茶道, 新潮, 人名, 姓氏京都(――〔代数なし〕 [生]1820年), 世百(しみずろくべえ　[生]1821年), 陶工([生]1820年), 日人, 幕末(――〔代

数なし〕 [没]1883年6月)，歴大(きよみずろくべい [生]1820年)

**清水六兵衛〔4代〕 きよみずろくべえ**
嘉永1(1848)年〜大正9(1920)年 [別]清水六兵衛〔4代〕《しみずろくべえ》
明治期の陶工。清水焼陶工。大灯篭(東京国立博物館)を制作。
¶朝日，近現，国史，コン改，コン5，茶道，新潮，人名，世紀，世百(しみずろくべえ [生]1846年 [没]1919年)，全書，陶工，日人，名工([没]大正9年11月)

**清水六兵衛〔5代〕 きよみずろくべえ**
明治8(1875)年〜昭和34(1959)年 [別]清水六兵衛〔5代〕《きよみずろくべい，しみずろくべえ》，清水六和《きよみずろくわ》
明治〜大正期の陶工。清水焼陶工。4代の長男。
¶近現，現朝([生]1875年3月6日 [没]1959年8月1日)，現情([生]1875年6月4日 [没]1959年8月1日)，現日(清水六和 きよみずろくわ [生]1875年3月6日 [没]1959年8月1日)，国史，コン改([生]1874年)，コン4，コン5，茶道([生]1874年)，新潮，人名7(清水六和 きよみずろくわ)，世紀([生]明治8(1875)年3月6日 [没]昭和34(1959)年8月1日)，世百(しみずろくべえ)，全書，陶工，日人([生]明治8(1875)年3月6日 [没]昭和34(1959)年8月1日)，日本，美工([生]明治8(1875)年3月6日 [没]昭和34(1959)年8月1日)，名工(清水六和 きよみずろくわ [生]明治8年3月6日 [没]昭和34年8月1日)，歴大(きよみずろくべい)

**清水六兵衛〔6代〕 きよみずろくべえ**
明治34(1901)年〜昭和55(1980)年 [別]清水六兵衛〔6代〕《きよみずろくべい，しみずろくべえ》，清水六兵衛《きよみずろくべい》
昭和期の陶工。京都陶芸家クラブを結成。釉薬、焼成の新技法を生む。
¶京都(──〔代数なし〕 きよみずろくべい)，近現，現朝([生]1901年9月13日 [没]1980年4月17日)，現情([生]1901年9月13日 [没]1980年4月17日)，現日(──〔代数なし〕 [生]1901年9月13日 [没]1980年4月17日)，国史，新潮([生]明治34(1901)年9月13日 [没]昭和55(1980)年4月17日)，世紀([生]明治34(1901)年9月13日 [没]昭和55(1980)年4月17日)，世百(しみずろくべえ)，世百新(──〔代数なし〕)，全書，大百，陶芸最，陶工，日史(──〔代数なし〕 [生]明治34(1901)年9月13日 [没]昭和55(1980)年4月17日)，日人([生]明治34(1901)年9月13日 [没]昭和55(1980)年4月17日)，日本，美工([生]明治34(1901)年9月13日 [没]昭和55(1980)年4月17日)，美術(──〔代数なし〕)，百科(──〔代数なし〕)，名工([生]明治34年9月13日 [没]昭和55年4月17日)，歴大(きよみずろくべい)

**清水六兵衛〔7代〕 きよみずろくべえ**
大正11(1922)年5月15日〜
昭和〜平成期の陶芸家、彫刻家。陶芸から金属造形に転向。
¶現情，新潮，日人

**清水六和 きよみずろくわ**
→清水六兵衛〔5代〕(きよみずろくべえ)

**清光(1) きよみつ**
[別]清光《せいこう》
鎌倉時代後期の漆工。正和4年(1315)近江日吉神社の神輿造営に加わった。
¶人名，人名(せいこう)，日人(生没年不詳)

**清光(2) きよみつ**
室町時代の長船派の刀工。
¶岡山歴

**清光(3) きよみつ**
江戸時代前期の刀匠。
¶人名，日人(生没年不詳)

**清光(4) きよみつ**
江戸時代前期の刀匠。
¶人名，日人(生没年不詳)

**清光(5) きよみつ**
? 〜貞享4(1687)年
江戸時代前期の刀匠。
¶人名，日人

**清光(6) きよみつ**
江戸時代中期の刀工。
¶島根百

**清光(7) きよみつ**
江戸時代末期の刀工。
¶島根百

**清光(8) きよみつ**
大正3(1914)年1月19日〜昭和19(1944)年9月21日
昭和期の刀匠。隠岐の坂本菊光門人。
¶島根百

**清盛 きよもり**
南北朝時代の刀工。
¶島根人，島根百

**清康 きよやす**
江戸時代後期の刀工。
¶島根百

**吉良禎吉 きらていきち**
明治7(1874)年〜昭和12(1937)年
明治〜昭和期の養蚕製糸功労者。
¶高知百

**切上り長兵衛 きりあがりちょうべえ**
生没年不詳
江戸時代中期の堀子。坑道を上向きに掘るのを得意とし「切上り」とよばれた。別子銅山の大鉱脈を突き止め、住友家の銅山開発につながった。
¶朝日，コン改，コン4，日人

**桐竹門造〔5代〕 きりたけもんぞう**
明治12(1879)年1月13日〜昭和23(1948)年1月24日
明治〜昭和期の人形浄瑠璃人形遣い。自身も首を

製作し、女性の一人遣いによる「乙女文楽」を考案。
¶大阪人([没]昭和23(1948)年1月)，芸能，現情，新芸，人名7，世紀，日人

**桐谷純子** きりたにじゅんこ
昭和12(1937)年11月9日～
昭和～平成期の陶芸家。
¶陶芸最，陶工，名工

**桐野忠兵衛** きりのちゅうべえ
明治33(1900)年10月8日～昭和52(1977)年1月4日
大正～昭和期の農業技術者、農協役員。
¶愛媛百，植物，世紀，日人

**霧道昭次** きりみちあきじ
昭和29(1954)年9月6日～
昭和～平成期の陶芸家。
¶陶工

**桐谷天香** きりやてんこう
明治29(1896)年～昭和4(1929)年1月29日
昭和期の染色家。染色を研究し、天香更紗を創案。帝展に「林間静遊」を出品し入選。
¶女性，女性普，世紀，日人，美家

**桐山均吾** きりやまきんご
昭和13(1938)年11月30日～
昭和～平成期の陶芸家。
¶陶芸最，名工

**桐山敏子** きりやまとしこ
昭和22(1947)年9月21日～
昭和～平成期の陶芸家。
¶陶芸最，陶工

**桐生桝八** きりゅうますはち
生没年不詳
明治期の実業家。ドロップ製造の草分け。
¶先駆

**黒木徳次郎** きろきとくじろう
安政3(1856)年～昭和15(1940)年
明治～昭和期の宮大工。
¶大分歴

**金海** きんかい
元亀1(1570)年～*
安土桃山時代～江戸時代前期の薩摩藩士、陶工。
¶日人([没]1622年)，藩臣7([没]元和7(1621)年)

**金久永** きんきゅうえい
安土桃山時代の朝鮮の陶工。肥前木原窯を開く。
¶人名，日人(生没年不詳)

**金九郎** きんくろう
安土桃山時代の尾張瀬戸の陶工。
¶人名，日人(生没年不詳)

**錦光山** きんこうざん
世襲名　京都粟田の陶家。
¶近世，史人

**錦光山〔1代〕** きんこうざん
江戸時代前期の粟田焼の陶工。
¶茶道

**錦光山〔2代〕** きんこうざん
江戸時代中期の粟田焼の陶工。
¶茶道

**錦光山〔3代〕** きんこうざん
江戸時代中期の粟田焼の陶工。
¶茶道，日人(生没年不詳)

**錦光山〔4代〕** きんこうざん
江戸時代の粟田焼の陶工。
¶茶道，日人(生没年不詳)

**錦光山〔5代〕** きんこうざん
江戸時代の粟田焼の陶工。
¶茶道，日人(生没年不詳)

**錦光山〔6代〕** きんこうざん
*～明治17(1884)年
江戸時代後期～明治期の陶工。
¶茶道([生]1822年)，日人([生]1823年)

**錦光山〔7代〕** きんこうざん
慶応4(1868)年2月～昭和2(1927)年6月20日
明治～大正期の陶芸家。
¶日人

**錦光山宗兵衛** きんこうざんそうべえ
世襲名　江戸時代前期以来の陶工。
¶京都大，新潮

**金光堂守親** きんこうどうもりちか
→金光堂守親(こんこうどうもりちか)

**欽古堂亀祐** きんこどうかめすけ
→欽古堂亀祐(きんこどうきすけ)

**欽古堂亀祐** きんこどうきすけ
明和2(1765)年～天保8(1837)年　[別]亀祐《きすけ》，欽古堂亀祐《きんこどうかめすけ》，欽古堂《きんこどう》
江戸時代中期～後期の京焼の陶工。
¶朝日，京都大，国書(きんこどうかめすけ　[没]天保8(1837)年3月26日)，茶道(亀祐　きすけ)，新潮，人名(亀祐　きすけ)，姓氏京都([生]1764年)，日人(きんこどうかめすけ)，藩臣5(きんこどうかめすけ)，兵庫百(きんこどうかめすけ)，和歌山人

**金三郎** きんざぶろう
江戸時代後期の鹿背山焼の陶工。
¶人名，日人(生没年不詳)

**金次** きんじ
江戸時代末期の近江湖東焼の陶工。
¶人名，日人(生没年不詳)

**金重** きんじゅう
→金重(1)(かねしげ)

**金城一国斎** きんじょういっこくさい
世襲名　江戸時代後期以来の漆芸家。

## 金城一国斎〔1代〕 きんじょういっこくさい
安永6（1777）年～嘉永4（1851）年
江戸時代後期の漆工。尾張徳川家小納戸御用塗師。
¶朝日（㉘嘉永4年4月4日（1851年5月4日）），日人

## 金城一国斎〔2代〕 きんじょういっこくさい
生没年不詳
江戸時代後期の漆工。
¶日人

## 金城一国斎〔3代〕 きんじょういっこくさい
文化12（1829）年～大正4（1915）年
江戸時代後期～明治期の漆工。
¶日人

## 金城一国斎〔5代〕 きんじょういっこくさい
明治39（1906）年7月24日～平成3（1991）年8月3日
昭和期の漆芸家。
¶世紀，日人，美工

## 金城英真 きんじょうえいしん
明治24（1891）年1月20日～昭和43（1968）年12月4日
大正～昭和期の石工。
¶沖縄百

## 金上元 きんじょうげん
生没年不詳
飛鳥時代の技術者、渡来人。
¶埼玉人

## 金城次郎 きんじょうじろう
大正1（1912）年12月3日～平成16（2004）年12月24日
昭和～平成期の陶芸家。
¶国宝，世紀，陶芸最，陶工，日人，美工，名工

## 金城田助 きんじょうでんすけ
明治37（1904）年9月17日～昭和29（1954）年3月26日
昭和期の建築請負業者。
¶沖縄百

## 金城敏男 きんじょうとしお
昭和10（1935）年10月～
昭和期の陶芸家。
¶陶芸最

## 金城ナベ きんじょうなべ
明治22（1889）年9月10日～
明治～昭和期の芭蕉布づくり。
¶名工

## 金城信吉 きんじょうのぶよし
昭和9（1934）年12月1日～昭和59（1984）年4月10日
昭和期の建築家。沖縄の伝統的建築様式を生かし、那覇市民会館、沖縄国際海洋博覧会記念沖縄館などを設計。
¶世紀，姓氏沖縄，日人，美建

## 金城普照 きんじょうふしょう
明治13（1880）年～昭和15（1940）年
明治～昭和期の農業技術者、教育者。
¶沖縄百（㉘明治13（1880）年11月15日　㉘昭和15（1940）年8月11日），姓氏沖縄

## 金城平三 きんじょうへいぞう
明治27（1894）年3月24日～昭和18（1943）年12月9日
大正～昭和期の建築請負業者。
¶沖縄百

## 吟次郎 ぎんじろう
江戸時代末期の丹波立杭焼の陶工。
¶人名

## 銀助 ぎんすけ
江戸時代前期の刀匠。
¶島根人，島根百

## 銀祐 ぎんすけ
江戸時代前期の刀工。
¶島根百

## 金清 きんせい
生没年不詳
江戸時代後期の陶工。
¶日人

## 琴通舎雅海 きんつうしゃがかい
文政6（1823）年～明治39（1906）年
江戸時代末期～明治期の狂歌師。
¶国書（㉘明治39（1906）年10月4日），日人

## 金陶仁 きんとうじん
？～
安土桃山時代～江戸時代前期の長浜焼陶工。
¶島根人（李陶仙・金陶仁　りとうせんきんとうじん）

## 金時宗五郎 きんときそうごろう
生没年不詳
江戸時代後期の水利開発者。
¶兵庫人

## 金原淳 きんばらあつし，きんばらあつし
明治35（1902）年3月2日～平成7（1995）年1月1日
大正～昭和期の電子工学者、名古屋大学名誉教授。専門は電波工学、高周波応用工学。
¶科学，現情（きんばらあつし）

## 金原一双 きんばらいっそう
天保5（1834）年～？
江戸時代末期の藩金工師。
¶和歌山人

## 金原金作 きんばらきんさく
？～大正5（1916）年
明治～大正期の農業技術者。甘藷の蔓早出しの法を発見。
¶姓氏愛知

## 金原周防 きんばらすおう
世襲名　室町時代～江戸時代前期の大工。

¶姓氏長野，長野歴

**金原直貞** きんばらなおさだ
生没年不詳
江戸時代後期の藩金工師。
¶和歌山人



**金原直道** きんばらなおみち
生没年不詳
江戸時代末期の藩金工師。
¶和歌山人

**金原孫四郎** きんばらまごしろう
文政1（1818）年～明治29（1896）年
江戸時代末期～明治期の開拓者。静岡県で都田報徳社を結成し郷ケ平を開墾。
¶人名，日人

**金原明善** きんばらめいぜん，きんぱらめいぜん
天保3（1832）年～大正12（1923）年
明治～大正期の実業家。天竜川の治水、治山に貢献。金原銀行、金原治山治水財団を設立。
¶朝日（㊓天保3年6月7日（1832年7月4日）　㊙大正12（1923）年1月14日），岩史（きんぱらめいぜん　㊓天保3（1832）年6月7日　㊙大正12（1923）年1月14日），角史，岐阜百，近現（きんぱらめいぜん），近土（きんぱらめいぜん　㊓1832年6月7日　㊙1923年1月14日），国史（きんぱらめいぜん），コン改，コン5，史人（きんぱらめいぜん　㊓1832年6月7日　㊙1923年1月14日），静岡百，静岡歴（きんぱらめいぜん），実業（㊓天保3（1832）年6月7日　㊙大正12（1923）年1月14日），新潮（㊓天保3（1832）年6月7日　㊙大正12（1923）年1月14日），人名，姓氏静岡（きんぱらめいぜん），世人（㊓天保3（1832）年6月　㊙大正12（1923）年1月14日），世百，先駆（㊓天保3（1832）年6月7日　㊙大正12（1923）年1月14日），全書，大百，土木（きんぱらめいぜん　㊓1832年6月7日　㊙1923年1月14日），日史（きんぱらめいぜん　㊓天保3（1832）年6月7日　㊙大正12（1923）年1月4日），日人（きんぱらめいぜん），日本，百科，広島百（㊓天保3（1832）年6月7日　㊙大正12（1923）年1月14日），履歴（㊓天保3（1832）年6月7日　㊙大正12（1923）年1月14日），歴大

**金原弥五兵衛** きんばらやごへえ
明治期の実業家。筍の水煮缶詰の製造に成功。
¶食文，先駆（生没年不詳）

**金峯** きんぽう
*～明治39（1906）年
江戸時代後期～明治期の母里藩金工。
¶島根人（㊓天保1（1830）年），島根百（㊓天保2（1831）年）

**金道**（金道〔1代〕） きんみち
→金道〔1代〕(2)（かねみち）

## 【く】

**空覚** くうかく
南北朝時代の蒔絵師。
¶人名，日人（生没年不詳）

**空願** くうがん
生没年不詳
戦国時代～安土桃山時代の塗師。
¶茶道，美工

**空光** くうこう
生没年不詳
平安時代前期の画工。
¶人名，日人，美家，平史

**救円** ぐえん
→救円（きゅうえん）

**空閑忠雄** くがただお
大正5（1916）年10月30日～
昭和期の技術士。日本技術士会CEクラブ会長、福岡大学講師。
¶現執2期

**釘町久磨次** くぎまちくまじ
明治39（1906）年4月6日～平成8（1996）年6月28日
大正～昭和期の舞台装置家。
¶芸能，世紀，日人

**釘宮磐** くぎみやいわお
明治21（1888）年3月31日～昭和36（1961）年7月9日
明治～昭和期の技師。
¶科学，近土，鉄道，土木

**釘本昌二** くぎもとしょうじ
明治18（1885）年12月～？
明治～大正期の畜産技師。
¶渡航

**釘本弥左衛門** くぎもとやざえもん
生没年不詳
江戸時代中期の須古の鐔工。
¶佐賀百

**草井格** くさいただす
昭和～平成期の船大工棟梁。
¶名工

**九左衛門** くざえもん
江戸時代前期の陶工。
¶姓氏富山

**日下部一郎** くさかべいちろう
明治38（1905）年12月28日～昭和63（1988）年12月28日
大正～昭和期の木工職人。
¶郷土神奈川，世紀，日人

## 日下部貞子　くさかべていこ
昭和13（1938）年7月2日～
昭和期の陶芸家。
¶陶芸最

## 日下部土方　くさかべのひじかた
生没年不詳
平安時代前期の工人。
¶古代，日人，平史

## 日下部弁二郎　くさかべべんじろう
文久1（1861）年～昭和9（1934）年1月22日
明治～大正期の土木技師、実業家。内務省土木局を経て東京市技師長。
¶科学（⊕1861年（文久1）2月30日），近土（⊕1861年2月30日），コン改，コン5，新潮（⊕文久1（1861）年2月30日），人名，世紀（⊕文久1（1861）年2月），渡航（⊕1861年2月），土木（⊕1861年2月30日），日人

## 日下部義高　くさかべよしたか
昭和10（1935）年12月17日～
昭和～平成期の陶芸家。
¶陶芸最，陶工

## 草刈太一左衛門（草苅太一左衛門）　くさかりたいちざえもん
文化12（1815）年～明治17（1884）年
江戸時代末期～明治期の実業家、肥前平戸藩事業家。長崎県の真申新田、大潟新田を造成。
¶日人，幕末（草苅太一左衛門　⊕1884年3月10日）

## 草苅徹夫　くさかりてつお
昭和期のオルガン職人。
¶名工

## 草刈秀富　くさかりひでとみ
江戸時代の金工。
¶人名，日人（生没年不詳）

## 草川賢　くさかわさかし
明治44（1911）年～
大正～昭和期の映画小道具製作者。
¶映人

## 草地明子　くさちあきこ
昭和24（1949）年～
昭和～平成期の陶芸家。
¶陶工

## 草薙秋男　くさなぎあきお
昭和4（1929）年3月30日～
昭和～平成期の竹笊職人。
¶名工

## 草薙重一　くさなぎしげかず
～平成9（1997）年3月4日
昭和～平成期の竹工芸家。
¶美工

## 草薙榛竹庵　くさなぎはんちくあん
大正13（1924）年1月7日～
昭和～平成期の陶芸家。

¶陶芸最，陶工，名工

## 草薙洋二郎　くさなぎようじろう
昭和27（1952）年4月22日～
昭和～平成期の陶芸家。
¶陶芸最，陶工

## 草野丈吉　くさのじょうきち
天保11（1840）年～*
江戸時代末期～明治期の西洋料理家。西洋レストランの先駆者。
¶大阪人（生没年不詳），食文（⊕天保10（1839）年　⊛1886年4月12日），人名，先駆（⊕明治19（1886）年），長崎歴（⊛明治20（1887）年），日人（⊛？）

## 草野岳男　くさのたけお
明治14（1881）年3月～？
明治～大正期の農業技師。
¶渡航

## 草野又六　くさのまたろく
延宝6（1678）年～享保15（1730）年
江戸時代中期の治水家。土木技術を認められ久留米藩士にとりたてられた。床島堰と恵利堰を完成させた。
¶朝日（⊛享保15年11月23日（1731年1月1日）），近世，国史，史人（⊛1730年11月23日），人名（⊕？），日人（⊛1731年），藩臣7（生没年不詳），福岡百

## 草場茂也　くさばしげや
昭和30（1955）年～平成21（2009）年7月20日
昭和～平成期の陶芸家。
¶美工

## 草間偉　くさまいさむ
明治14（1881）年6月1日～昭和47（1972）年5月12日
明治～昭和期の工学者。
¶科学，近土，土木

## 草間喆雄　くさまてつお
昭和21（1946）年～
昭和～平成期の染織作家。
¶名工

## 草山貞胤　くさやまさだたね
文政6（1823）年～明治38（1905）年
江戸時代末期～明治期の神主。煙草を改良、煙草刻み機を考案、煙草の大量生産をする。
¶神奈川人，神奈川百，郷土神奈川，神人（⊛明治28（1895）年），姓氏神奈川，日人，幕末

## 串田信一　くしだしんいち
昭和期の彫金師。
¶名工

## 櫛引市郎右衛門　くしびきいちろうえもん
？～
江戸時代中期の市川新田の開発者。
¶青森人

## 櫛部国三郎 くしべくにさぶろう
明治23 (1890) 年2月20日～昭和31 (1956) 年9月26日
明治～昭和期の農事改良家。
¶愛媛百，植物，食文

## 九十郎 くじゅうろう
生没年不詳
江戸時代後期の人。南蛮車を発明。
¶姓氏山口

## 鯨井勘衛 くじらいかんえ
天保2 (1831) 年～明治7 (1874) 年
江戸時代末期～明治期の養蚕家。
¶埼玉人 (⊕天保2 (1831) 年11月22日 ㊀明治7 (1874) 年6月27日)，埼玉百，日人

## 鯨井恒太郎 くじらいつねたろう
明治17 (1884) 年～昭和10 (1935) 年7月22日
明治～昭和期の電気工学者。東京帝国大学教授、電気学会副会長。無線通信工学のパイオニア。東京工業大学教授、照明学会会長などを歴任。
¶科学 (⊕1884年 (明治17) 7月29日)，人名，世紀 (⊕明治17 (1884) 年7月19日)，先駆 (⊕明治17 (1884) 年7月19日)，全書 (⊕1925年)，大百，日人 (⊕明治17 (1884) 年7月)

## 葛木五平 くずきごへい
? ～明治43 (1910) 年頃
明治期の彫刻家。唐木象嵌の術に優れた。
¶人名，日人

## 葛蔵治 くずくらじ
明治3 (1870) 年8月6日～大正12 (1923) 年8月22日
明治～大正期の製鉄技師。製鉄所技監。日本からイギリスに注文した軍艦の造船材料、甲鉄板などの製造監督に従事。
¶科学，人名，世紀，渡航，日人

## 薬師徳保 くすしとくほ
→薬師徳保 (くすしのとくほ)

## 薬師徳保 くすしのとくほ
生没年不詳 ㊿薬師徳保《くすしとくほ》
飛鳥時代の仏師。
¶朝日 (くすしとくほ)，古代，新潮 (くすしとくほ)，日人

## 楠田撫泉 くすだぶせん
明治27 (1894) 年2月14日～昭和51 (1976) 年11月14日
明治～昭和期の皮革工芸家。
¶美工，名工

## 楠瀬熊治 くすのせくまじ
慶応1 (1865) 年～昭和8 (1933) 年6月17日
明治～昭和期の海軍軍人。造兵中将。火薬学研究のためフランスに渡る。帰国後火薬の研究・改良に貢献。
¶海越 (⊕慶応1 (1865) 年5月)，海越新 (⊕慶応1 (1865) 年5月)，科学 (⊕1865年 (慶応1) 5月15日)，高知人，人名，世紀 (⊕慶応1 (1865) 年5月15日)，渡航，日人

## 楠瀬恵恒 くすのせしげつね
安永3 (1774) 年～文化4 (1807) 年
江戸時代中期～後期の発明家。
¶高知人，高知百

## 葛原勾当 くずはらこうとう
文化9 (1812) 年～明治15 (1882) 年
江戸時代末期～明治期の箏曲家。竹製の二絃琴を発明したが、同種の八雲琴の存在を知り、その創始者に師事。
¶朝日 (⊕文化9年3月15日 (1812年4月26日) ㊀明治15 (1882) 年9月8日)，芸能 (⊕文化9 (1812) 年3月15日 ㊀明治15 (1882) 年9月8日)，国書 (⊕文化9 (1812) 年3月15日 ㊀明治15 (1882) 年9月8日)，コン改 (⊕文化10 (1813) 年)，コン4 (⊕文化10 (1813) 年)，コン5 (⊕文化10 (1813) 年)，視覚 (⊕文化9 (1812) 年3月15日 ㊀1882年9月8日)，人書94 (⊕1813年)，新潮 (⊕文化9 (1812) 年3月15日 ㊀明治15 (1882) 年9月8日)，人名 (⊕1813年)，世百，大百，日音 (⊕文化9 (1812) 年3月10日 ㊀明治15 (1882) 年9月8日)，日人，幕末 (㊀1882年9月8日)，百科，広島百 (⊕文化9 (1812) 年3月15日 ㊀明治15 (1882) 年9月8日)，民学

## 楠部弥弌 くすべやいち
明治30 (1897) 年～昭和59 (1984) 年
大正期～昭和期の陶芸家。官展の俊英陶芸家として格調高い陶芸美を完成した。文化勲章受章。海外での評価も高い。
¶京都，現朝 (⊕1897年9月10日 ㊀1984年12月18日)，現情 (⊕1897年9月10日 ㊀1984年12月18日)，現日 (⊕1897年9月10日 ㊀1984年12月18日)，コン改，コン4，コン5，新潮 (⊕明治30 (1897) 年9月10日 ㊀昭和59 (1984) 年12月18日)，世紀 (⊕明治30 (1897) 年9月10日 ㊀昭和59 (1984) 年12月18日)，姓氏京都，世百新，全書，大百，陶芸，陶芸最，陶工，日人 (⊕明治30 (1897) 年9月10日 ㊀昭和59 (1984) 年12月18日)，日本，美工 (⊕明治30 (1897) 年9月10日 ㊀昭和59 (1984) 年12月18日)，美術，百科，名工 (⊕明治30年9月10日 ㊀昭和59年12月18日)

## 久住章 くすみあきら
昭和22 (1947) 年～
昭和～平成期の左官職人。
¶名工

## 久須美三郎 くすみさぶろう
文政5 (1822) 年～明治9 (1876) 年
江戸時代末期～明治期の勤王家、実業家。戊辰戦争の際、官軍の嚮導役を務める。越後の石油事業の端を開く。
¶維新，新潮 (㊀明治9 (1876) 年2月7日)，先駆 (㊀明治9 (1879) 年2月7日)，日人，幕末 (㊀1876年2月7日)

## 楠見重則 くすみしげのり
明治43 (1910) 年1月12日～昭和45 (1970) 年11月4日
昭和期の弓道家、弓師、弓道教士。
¶弓道

**楠見信貴** くすみのぶたか
天保7(1836)年～明治27(1894)年
江戸時代末期～明治期の紀伊国名草郡楠美村村長。用水を開き貴志組五ヵ村を干害から救う。三重県に国立銀行を創立。
¶幕末((没)1894年12月24日), 和歌山人

**久世久宝〔1代〕** くぜきゅうほう
明治7(1874)年～昭和22(1947)年
明治～昭和期の陶芸家。
¶陶工

**久世久宝〔3代〕** くぜきゅうほう
大正14(1925)年12月25日～
昭和～平成期の陶芸家。
¶陶芸最(――〔代数なし〕), 名工

**久世建二** くぜけんじ, くせけんじ
昭和20(1945)年10月3日～
昭和～平成期の陶芸家。
¶陶芸最, 陶工(くせけんじ), 名工(くせけんじ)

**久世治作** くぜじさく
文政8(1825)年～明治15(1882)年　(別)久世喜弘《くぜよしひろ》
明治期の化学者、官吏。砲術の改良、新貨幣の鋳造に尽力したほか、事務インキ製造のパイオニア。
¶維新, 大阪人(生没年不詳), 科学((生)1825年(文政8)3月　(没)1882年(明治15)9月9日), 写家((生)文政8年3月　(没)明治15年9月9日), 人名, 先駆((生)文政8(1825)年3月　(没)明治15(1882)年9月9日), 日人, 幕末((没)1882年9月9日), 藩臣3(久世喜弘　くぜよしひろ)

**久世武助** くぜたけすけ, くせたけすけ
昭和11(1936)年11月13日～
昭和～平成期の陶芸家。
¶陶芸最, 陶工(くせたけすけ), 名工

**久世天声〔1代〕** くぜてんせい
明治11(1878)年～昭和8(1933)年
明治～昭和期の陶芸家。
¶陶工

**久世天声〔2代〕** くぜてんせい
明治42(1909)年～昭和62(1987)年
昭和期の陶芸家。
¶陶工

**久世喜弘** くぜよしひろ
→久世治作(くぜじさく)

**九谷興子** くたにこうし
明治44(1911)年～
昭和～平成期の陶芸家。
¶名工

**九谷庄三** くたにしょうざ
文化13(1816)年～明治16(1883)年
江戸時代末期～明治期の陶工。能登、越中で開窯、内国勧業博で有功賞受賞。
¶石川百, 人名, 姓氏石川, 陶工, 日人, 幕末((没)1883年8月)

**久谷蔦枝** くたにつたえ
昭和27(1952)年12月11日～
昭和～平成期の陶芸家。
¶陶芸最, 陶工

**百済源次** くだらげんじ
南北朝時代の美作の鋳物師。
¶岡山歴

**口石玄瑞** くちいしげんずい
大正7(1918)年～
昭和期の陶芸家。
¶陶芸

**口石長三** くちいしながみ
～昭和62(1987)年9月4日
昭和期の陶芸家。
¶美工, 名工

**朽木兵左衛門** くちきへいざえもん
(別)朽木兵左衛門《くつきへいざえもん》
江戸時代中期の開墾功労者。
¶人名, 姓氏富山, 日人(くつきへいざえもん　生没年不詳)

**朽木兵左衛門** くつきへいざえもん
→朽木兵左衛門(くちきへいざえもん)

**久手堅昌忠** くでけんしょうちゅう
生没年不詳
江戸時代中期の彫工。八重山南海山桃林寺山門仁王像の作者。
¶沖縄百

**工藤栄次郎** くどうえいじろう
明治26(1893)年～昭和36(1961)年
大正～昭和期の納豆製造の先駆者。
¶青森人

**工藤一男** くどうかずお
明治39(1906)年3月22日～昭和32(1957)年7月3日
昭和期の製糸場工場長。
¶埼玉人

**工藤吉郎兵衛** くどうきちろうべえ
→工藤吉郎兵衛(くどうきちろべえ)

**工藤吉郎兵衛** くどうきちろべえ
万延1(1860)年～昭和20(1945)年　(別)工藤吉郎兵衛《くどうきちろうべえ》
明治～昭和期の民間育種家。変種選抜法により34種の水稲新品種を育成。中でも「福坊主」は庄内地方の優良種。
¶近現, 国史, 庄内(くどうきちろうべえ　(生)万延1(1860)年12月28日　(没)昭和20(1945)年11月18日), 食文((生)万延1年12月28日(1861年2月7日)　(没)1945年11月18日), 世紀((生)万延1(1861)年12月28日　(没)昭和20(1945)年11月18日), 日人((生)1861年), 山形百

**工藤三助** くどうさんすけ
寛文1(1661)年～宝暦8(1758)年
江戸時代中期の治水家。肥後熊本藩の庄屋。野津

原三渠の開削に尽力。
¶朝日（[生]寛文1年10月2日（1661年11月23日）[没]宝暦8年4月4日（1758年5月10日）），大分百，大分歴，近世，国史，コン改，コン4，史人（[生]1661年10月2日　[没]1758年4月4日），新潮（[生]寛文1（1661）年10月2日　[没]宝暦8（1758）年4月4日），人名，日人，歴大

く

**工藤省治** くどうしょうじ
昭和9（1934）年7月30日～
昭和～平成期の陶芸家。
¶陶芸最，陶工

**工藤祐善** くどうすけよし
？～安永8（1779）年
江戸時代中期の蘭牟田池疏水、三重鼻用水路開削者。
¶姓氏鹿児島

**工藤先左衛門祐益** くどうせんざえもんゆうえき
？～天正15（1587）年
戦国時代～安土桃山時代の広須新田開発者。
¶青森人

**工藤孝生** くどうたかお
昭和12（1937）年2月25日～
昭和～平成期の陶芸家。
¶陶芸最，陶工

**工藤轍郎**（工藤徹郎） くどうてつろう
嘉永2（1849）年－昭和2（1927）年
明治～大正期の開墾功労者。私費を以て荒屋平の開墾、公共事業に尽力。藍綬褒章と銀杯を賜る。
¶青森人，青森百，人名（工藤徹郎），日人

**工藤伝作** くどうでんさく
？～文化10（1813）年
江戸時代後期の本荘藩金浦郷赤石村の人。土木工事に優れていた。
¶秋田百

**工藤富治** くどうとみじ
明治22（1889）年4月1日～昭和34（1959）年5月5日
明治～昭和期の航空技術者、実業家。ロシアで飛行機技術を学ぶ。工藤航空機製作所を設立。
¶青森人，科学，世紀，日人

**工藤豊作** くどうとよさく
明治33（1900）年～昭和54（1979）年
大正～昭和期のホタテ養殖の先駆者。
¶青森人

**工藤治人** くどうはると
明治11（1878）年～昭和38（1963）年
明治～昭和期の技術者。
¶神奈川人，姓氏神奈川，渡航（[生]1878年11月16日　[没]1963年10月13日）

**国家**(1) くにいえ
鎌倉時代前期の刀工。粟田口派の祖。
¶人名，日人（生没年不詳）

**国家**(2) くにいえ
正安1（1299）年～正平16/康安1（1361）年
鎌倉時代後期～南北朝時代の肥後国の刀工。
¶人名

**国井賢山** くにいけんざん
昭和6（1931）年6月2日～
昭和～平成期の陶芸家。
¶陶芸最，名工

**国井重男** くにいしげお
大正11（1922）年12月11日～昭和63（1988）年1月11日
昭和期の将棋こま師。
¶名工

**国枝重吉** くにえだじゅうきち
大正4（1915）年～
昭和～平成期の靴職人。
¶名工

**国包**(1) くにかね
平安時代の刀工。
¶岡山人，岡山歴

**国包**(2) くにかね
文禄1（1592）年～寛文4（1664）年　[別]仙台国包〔1代〕《せんだいくにかね》，仙台国包《せんだいくにかね》，本郷国包《ほんごうくにかね，ほんごうくにかん》
江戸時代前期の仙台の刀工。自称大和保昌の末流。
¶朝日（仙台国包〔1代〕　せんだいくにかね），近世，国史，コン改（仙台国包　せんだいくにかね　[生]？），コン4（仙台国包　せんだいくにかね　[生]？），史人，新潮，人名，姓氏宮城（本郷国包　ほんごうくにかん），日人（[没]1665年），藩臣1（本郷国包　ほんごうくにかね），宮城百（本郷国包　ほんごうくにかん），歴大

**国包〔2代〕** くにかね
慶長17（1612）年～寛文12（1672）年
江戸時代前期の刀工。
¶人名，日人

**国包〔3代〕** くにかね
寛永10（1633）年～宝永2（1705）年
江戸時代前期～中期の刀工。
¶日人

**国包〔4代〕** くにかね
明暦3（1657）年～元禄15（1702）年
江戸時代前期～中期の刀工。
¶日人

**国包〔5代〕** くにかね
？～宝永4（1707）年
江戸時代前期～中期の刀工。
¶日人

**国包〔6代〕** くにかね
元禄7（1694）年～享保12（1727）年
江戸時代中期の刀工。
¶日人

**国包〔7代〕** くにかね
元禄14（1701）年～寛保1（1741）年

江戸時代中期の刀工。
¶日人

**国包〔8代〕** くにかね
享保17(1732)年〜宝暦4(1754)年
江戸時代中期の刀工。
¶日人

**国包〔9代〕** くにかね
元文1(1736)年〜宝暦13(1763)年
江戸時代中期の刀工。
¶日人

**国包〔10代〕** くにかね
宝暦8(1758)年〜天明6(1786)年
江戸時代中期の刀工。
¶日人

**国包〔11代〕** くにかね
明和4(1767)年〜文化13(1816)年
江戸時代中期〜後期の刀工。
¶日人

**国包〔12代〕** くにかね
寛政12(1800)年〜嘉永1(1848)年
江戸時代後期の刀工。
¶日人

**国包〔13代〕** くにかね
文政3(1820)年〜明治13(1880)年
江戸時代後期〜明治期の刀工。
¶日人

**国清** くにきよ
? 〜寛文5(1665)年
江戸時代前期の刀匠。
¶人名, 日人

**国東治兵衛** くにさきじへえ
寛保3(1743)年〜?
江戸時代後期の紙問屋。
¶国書, 島根人, 島根歴, 新潮(生没年不詳), 日人

**国貞** くにさだ
天正18(1590)年〜承応1(1652)年
江戸時代前期の刀工。
¶コン改(生没年不詳), コン4(生没年不詳), 史人(㊤?), 新潮, 人名, 日人

**国貞〔2代〕** くにさだ
→真改(しんかい)

**国貞〔3代〕** くにさだ
慶安3(1650)年〜宝永3(1706)年
江戸時代中期の刀匠。
¶人名, 日人

**国定(1)** くにさだ
江戸時代前期の刀工。
¶島根百

**国定(2)** くにさだ
? 〜万治2(1659)年
江戸時代前期の会津の刀匠。古川兼定系で、4代近江大掾兼定の弟。
¶会津

**国真** くにざね
㊕国真〔1代〕《くにまさ》
平安時代後期の刀工。
¶岡山人(くにまさ), 人名, 日人(生没年不詳)

**国沢新兵衛** くにさわしんべえ, くにざわしんべえ
元治1(1864)年〜昭和28(1953)年11月26日
明治〜昭和期の実業家、政治家。日本通運初代社長、衆議院議員。逓信省鉄道技師を経て満鉄創立と共に理事就任。のち副総裁。
¶近土(㊤1864年11月23日), 現朝(㊤元治1年11月23日(1864年12月21日)), 現情(くにざわしんべえ ㊤元治1(1864)年11月), 高知人, 高知百, コン改(くにざわしんべえ), コン4(くにざわしんべえ), コン5, 新潮(くにざわしんべえ ㊤元治1(1864)年11月23日), 人名7(くにざわしんべえ), 世紀(㊤元治1(1864)年11月23日), 政治(㊤元治1(1864)年11月23日), 先駆(㊤元治1(1864)年11月23日), 鉄道(くにざわしんべえ ㊤1864年12月21日 ㊦1953年11月28日), 渡航(くにざわしんべえ ㊤1864年11月23日), 土木(㊤1864年11月23日), 日人, 履歴(くにざわしんべえ ㊤元治1(1864)年11月23日), 履歴2(くにざわしんべえ ㊤元治1(1864)年11月23日)

**国沢能長** くにさわよしなが
嘉永1(1848)年7月17日〜明治41(1908)年8月27日
江戸時代後期〜明治期の技師。
¶近土, 高知人, 土木

**国重(1)** くにしげ
正和1(1312)年〜建徳2/応安4(1371)年
南北朝時代の山城の刀匠、正宗門下十哲の一。
¶人名, 日人(生没年不詳)

**国重(2)** くにしげ
戦国時代の備中水田の刀匠。
¶人名, 日人(生没年不詳)

**国重(3)** くにしげ
安土桃山時代〜江戸時代前期の刀工。
¶岡山人, 史人, 日人(生没年不詳)

**国重(4)** くにしげ
生没年不詳
江戸時代前期の刀工。
¶日人

**国重(5)** くにしげ
生没年不詳
江戸時代前期の刀工。2代水田国重。
¶日人

**国重(6)** くにしげ
江戸時代前期の刀工。1688年(元禄)頃の石見国の人。
¶島根人, 島根百

く

**国重**(7) **くにしげ**
江戸時代中期の江戸の刀匠。
¶人名

**国繁 くにしげ**
江戸時代前期の刀工。
¶島根人，島根百

**国重お源**(国重阿源) **くにしげおげん**
→大月源(おおつきげん)

**国司浩助 くにしこうすけ**
明治20(1887)年～昭和13(1938)年4月2日
大正期の実業家。新技術の導入と科学的合理的な経営手腕によってトロール漁業発展の基礎を築く。
¶朝日([没]昭和13(1938)年4月)，実業，食文，世紀，渡航([生]1889年)，日人

**国佐 くにすけ**
世襲名　江戸時代の広島藩の刀工。
¶広島百

**国佐〔1代〕くにすけ**
江戸時代前期の刀匠。
¶人名，日人(生没年不詳)

**国佐〔2代〕くにすけ**
？ ～宝暦2(1752)年
江戸時代中期の刀匠。
¶人名，日人

**国佐〔3代〕くにすけ**
江戸時代中期の刀匠。
¶人名，日人(生没年不詳)

**国助 くにすけ**
南北朝時代の刀工。
¶岡山人

**国助〔神戸国助〕**(――〔1代〕) **くにすけ**
江戸時代前期の刀匠。河内守国助の弟。大坂、京都で活動の後、伊勢神戸に移住。
¶人名，日人(――〔1代〕　生没年不詳)

**国助〔1代〕くにすけ**
？ ～正保4(1647)年
江戸時代前期の刀匠。伊河内守国助と呼ばれる。勢亀山藩主に仕え、のち京都、大坂に移住。
¶人名，日人

**国助〔2代〕くにすけ**
寛永5(1628)年～元禄11(1698)年
江戸時代前期の刀匠。
¶人名，日人

**国助〔3代〕くにすけ**
？ ～宝永2(1705)年
江戸時代中期の刀匠。
¶人名，日人

**国助〔4代〕くにすけ**
江戸時代中期の刀匠。
¶人名，日人(生没年不詳)

**国田敬武 くにたけいぶ**
→国田敬武(くにたたかたけ)

**国田敬武 くにたたかたけ**
文政10(1827)年～明治6(1873)年　[別]国田敬武《くにたけいぶ》，国田弥五郎《くにたやごろう》
江戸時代末期～明治期の国学者。米町川の改修、徳田・高浜間の道路開削等に尽力。
¶国書(国田弥五郎　くにたやごろう　[没]明治6(1873)年6月)，神人(くにたけいぶ　[生]文政9(1826)年)，人名(くにたけいぶ)，姓氏石川(国田弥五郎　くにたやごろう)，日人，幕末(国田弥五郎　くにたやごろう　[没]1873年6月)

**国田弥五郎 くにたやごろう**
→国田敬武(くにたたかたけ)

**国近久助 くにちかきゅうすけ**
寛延1(1748)年～天保1(1830)年
江戸時代中期～後期の治水功労者。
¶山口百

**国次**(1) **くにつぐ**
鎌倉時代後期の刀匠。
¶岡山人，史人，人名，日人(生没年不詳)

**国次**(2) **くにつぐ**
南北朝時代の加賀の刀工。
¶姓氏石川

**国次**(3) **くにつぐ**
生没年不詳
室町時代の刀工。
¶和歌山人

**国次〔1代〕くにつぐ**
永禄8(1565)年～寛永6(1629)年
安土桃山時代～江戸時代前期の越前下坂派の刀匠。
¶人名，日人

**国次〔2代〕くにつぐ**
江戸時代前期の刀匠。
¶人名，日人(生没年不詳)

**国次〔3代〕くにつぐ**
江戸時代前期の刀匠。
¶人名，日人(生没年不詳)

**国綱**(1) **くにつな**
生没年不詳　[別]粟田口国綱《あわたぐちくにつな》
鎌倉時代の刀工。
¶朝日(粟田口国綱　あわたぐちくにつな)，神奈川人(粟田口国綱　あわたぐちくにつな)，鎌室(粟田口国綱　あわたぐちくにつな)，国史，古中，コン改(粟田口国綱　あわたぐちくにつな)，コン4(粟田口国綱　あわたぐちくにつな)，史人，新潮，人名，日人，美工(粟田口国綱　あわたぐちくにつな)

**国綱**(2) **くにつな**
安土桃山時代の刀工。
¶島根百

**国経** くにつね
[別]仏師国経《ぶっしくにつね》
南北朝時代の仏師。
¶埼玉人（生没年不詳），埼玉百（仏師国経　ぶっしくにつね）

**国東照太** くにとうてるた
明治20（1887）年～昭和47（1972）年
明治～昭和期の政治家。
¶香川人，香川百，郷土香川，世紀（[生]明治20（1887）年1月1日　[没]昭和47（1972）年6月11日），政治（[生]明治20年1月1日　[没]昭和47年6月11日），日人（[生]明治20（1887）年1月1日　[没]昭和47（1972）年6月11日）

**国寿** くにとし
江戸時代後期の刀匠。
¶島根人，島根百

**国俊(1)** くにとし
生没年不詳
鎌倉時代の京都の来派。二字国俊と呼ばれるの刀工。
¶朝日，国史，古中，新潮，人名，日人，美工

**国俊(2)** くにとし
鎌倉時代以来の刀工の名。二字国俊、来国俊などが有名。
¶史人

**国俊(3)** くにとし
生没年不詳　[別]来国俊《らいくにとし》，国俊〔2代〕《くにとし》
鎌倉時代後期の山城国の来派の刀工。
¶鎌室（来国俊　らいくにとし），国史，古中，新潮，人名，全書（来国俊　らいくにとし），大百（来国俊　らいくにとし），日人，美工，山梨百（来国俊　らいくにとし），歴大（来国俊　らいくにとし）

**国富勝太郎** くにとみかつたろう
弘化3（1846）年～明治22（1889）年
江戸時代後期～明治期の大工。
¶岡山人

**国友(1)** くにとも
平安時代後期の山城粟田口の刀匠。後鳥羽天皇の御番鍛冶奉行。
¶人名，日人（生没年不詳）

**国友(2)** くにとも
生没年不詳
鎌倉時代の漆工。
¶日人

**国友一貫斎** くにともいっかんさい
→国友藤兵衛（くにともとうべえ）

**国友重次** くにともしげつぐ
江戸時代前期の刀工。
¶人名，日人（生没年不詳）

**国友末蔵** くにともすえぞう
明治14（1881）年11月17日～昭和35（1960）年10月17日
明治～昭和期の技師。
¶近土，土木

**国友藤兵衛** くにともとうべえ
安永7（1778）年～天保11（1840）年　[別]国友一貫斎《くにともいっかんさい》
江戸時代後期の鉄砲鍛冶、科学技術者。
¶朝日（[生]安永7年10月3日（1778年11月21日）　[没]天保11年12月3日（1840年12月26日）），江戸東（国友一貫斎　くにともいっかんさい），科学（[生]1778年（安永7）10月3日　[没]1840年（天保11）12月3日），郷土滋賀，近世，国史，国書（国友一貫斎　くにともいっかんさい　[生]安永7（1778）年10月3日　[没]天保11（1840）年12月3日），コン改，コン4，滋賀百（くにともとうべい），史人（[生]1778年10月3日　[没]1840年12月3日），新潮（[生]安永7（1778）年10月3日　[没]天保11（1840）年12月3日），人名，世人（[没]天保11（1840）年12月3日），全書，大百，日人，歴大

**国友直治** くにともなおじ
？～明治17（1884）年
明治期の鉄砲鍛冶。仙台勾当台通に鉄砲鍛冶舗を開く。朝鮮内乱で戦死。
¶人名，日人，名工

**国豊** くにとよ
明治40（1907）年6月11日～昭和47（1972）年3月27日
昭和期の刀工。
¶島根百

**国永(1)** くになが
平安時代中期。
→五条国永（ごじょうくになが）

**国永(2)** くになが
江戸時代後期の刀工。
¶島根人，島根百

**国長** くになが
生没年不詳
南北朝時代の刀工。
¶日人

**国長〔1代〕** くになが
平安時代後期の美濃の刀匠。
¶人名

**国中公麻呂** くになかのきみまろ
？～宝亀5（774）年　[別]国君麻呂《くにのきみまろ》，国中連公麻呂《くになかのむらじきみまろ》
奈良時代の大仏師、造東大寺次官。
¶朝日（[没]宝亀5年10月3日（774年11月11日）），岩史（[没]宝亀5（774）年10月3日），角史，国史，古史，古代（国君麻呂　くにのきみまろ），古中，コン改，コン4，史人（[没]774年10月3日），重要（[没]宝亀5（774）年10月3日），新潮（[没]宝亀5（774）年10月3日），人名，世人（国中連公麻呂　くになかのむらじきみまろ），世百（国中連公麻呂　くになかのむらじきみまろ），全書，大百，日史（[没]宝亀5（774）年10月3日），日人，

くになか
282
日本人物レファレンス事典

美術，百科，仏教（㊷宝亀5（774）年10月3日），
仏史，平日（㊷774），歴大

**国中連公麻呂** くになかのむらじきみまろ
→国中公麻呂（くになかのきみまろ）

**国君麻呂** くにのきみまろ
→国中公麻呂（くになかのきみまろ）

**国骨富** くにのこつふ
生没年不詳
飛鳥時代の渡来人，技術者。
¶仏教

**国延昇** くにのぶのぼる
昭和22（1947）年1月24日～
昭和～平成期の陶芸家。
¶名工

**国乗滝吾** くにのりたきご
明治3（1870）年～昭和8（1933）年
明治期の烏山和紙の指導者。西ノ内紙四枚取連漉
法を教授。
¶栃木歴

**国久**(1) くにひさ
平安時代の山城粟田口の刀匠。
¶人名

**国久**(2) くにひさ
南北朝時代の山城古刀の鍛工。
¶人名，日人（生没年不詳）

**国久**(3) くにひさ
江戸時代末期の刀工。
¶島根人，島根百

**国英** くにひで
㊟国英《くにふさ》
江戸時代前期の刀工。
¶島根人，島根百（くにふさ），島根歴（生没年不
詳）

**国秀** くにひで
江戸時代後期の刀工。
¶島根百

**国平**(1) くにひら
江戸時代中期の薩摩の刀工。
¶人名，日人（生没年不詳）

**国平**(2) くにひら
江戸時代中期の加賀の刀工。
¶姓氏石川

**国広** くにひろ
? ～慶長19（1614）年　㊟藤原国広《ふじわらく
にひろ》，堀川国広《ほりかわくにひろ，ほりかわ
のくにひろ》
安土桃山時代～江戸時代前期の刀工。堀川派を興
した。新刀の祖。
¶朝日（堀川国広　ほりかわくにひろ　生没年不
詳），角史，近世（生没年不詳），国史（生没年
不詳），コン改，コン4，新潮，人名，世人，全

書（堀川国広　ほりかわのくにひろ），戦人（生
没年不詳），戦補（藤原国広　ふじわらくにひ
ろ　㊟1632年），日人（㊸1531年）

**国弘**(1) くにひろ
平安時代の刀工。
¶岡山人

**国弘**(2) くにひろ
鎌倉時代後期の木工。
¶人名，日人（生没年不詳）

**国広勘七〔1代〕** くにひろかんしち
? ～
江戸時代の弘前藩お抱え刀工。
¶青森人

**国英** くにふさ
→国英（くにひで）

**国真〔1代〕** くにまさ
→国真（くにざね）

**国真〔2代〕** くにまさ
鎌倉時代の刀工。
¶岡山人

**国正〔1代〕** くにまさ
? ～宝永2（1705）年
江戸時代前期の伊予宇和島の刀匠。
¶人名，日人

**国正〔2代〕** くにまさ
寛永6（1629）年～宝永2（1705）年　㊟西本国正
《にしもとくにまさ》，国正〔2代〕《くにまさ》
江戸時代前期～中期の伊予宇和島藩士，鍛冶。
¶人名，藩臣6（西本国正　にしもとくにまさ）

**国正〔3代〕** くにまさ
生没年不詳
江戸時代前期～中期の刀工。
¶日人

**国益** くにます
寛永3（1626）年～宝永5（1708）年
江戸時代前期～中期の刀工。
¶高知人，高知百

**国松佐左衛門** くにまつささえもん
生没年不詳
江戸時代前期の鋳物師。
¶庄内

**国松十兵衛** くにまつじゅうべえ
? ～正徳5（1715）年
江戸時代前期～中期の鋳物師。
¶姓氏愛知

**国道** くにみち
生没年不詳
江戸時代中期の刀工。
¶高知人

**国光**(1) くにみつ
世襲名　刀工。山城の来国光、鎌倉の新藤五国光

など。
¶史人

**国光**(2) くにみつ
鎌倉時代後期の山城国粟田口派の刀工。
¶国史，古中(生没年不詳)，人名，日人(生没年不詳)

**国光**(3) くにみつ
鎌倉時代後期の蒔絵師。
¶人名，日人(生没年不詳)

**国光**(4) くにみつ
建長2(1250)年～* ㊚新藤五国光《しんとうごくにみつ》
鎌倉時代後期の鎌倉の刀工。短刀の名手。
¶朝日(新藤五国光 しんとうごくにみつ 生没年不詳)，神奈川人，日人(新藤五国光 しんとうごくにみつ 生没年不詳)，神奈川百(新藤五国光 しんとうごくにみつ ㊚1310年)，国史，古中(生没年不詳)，コン改(㊚延慶3(1310)年？)，コン4(㊚延慶3(1310)年？)，新潮(生没年不詳)，人名(㊚1310年)，世人(生没年不詳)，日人(生没年不詳)，美工(㊍？  ㊚？)

**国光**(5) くにみつ
生没年不詳
鎌倉時代後期～南北朝時代の刀工。山城国来派。
¶古中，日人

**国光**(6) くにみつ
南北朝時代の但馬の刀匠。
¶人名，日人(生没年不詳)

**国光**(7) くにみつ
江戸時代後期の刀工。
¶島根百

**国光**(8) くにみつ
明治38(1905)年3月4日～昭和53(1978)年1月2日
大正～昭和期の刀工。
¶島根百

**国光〔1代〕**くにみつ
平安時代後期の山城の刀匠。
¶人名

**国光勝子** くにみつかつこ
明治37(1904)年～
大正～昭和期の刺繍作家。
¶名工

**国宗** くにむね
生没年不詳 ㊚備前国宗《びぜんくにむね》
鎌倉時代後期の備前の直宗派の刀工。
¶朝日(備前国宗 びぜんくにむね)，岡山人，岡山歴，国史，古中，コン改，コン4，史人，新潮，人名，世人，日人，美工

**国安**(1) くにやす
平安時代の山城粟田口派の刀匠。
¶人名，日人(生没年不詳)

**国安**(2) くにやす
？ ～寛永9(1632)年
安土桃山時代～江戸時代前期の会津藩の鐔工。
¶会津

**国安**(3) くにやす
江戸時代の刀匠。
¶島根人

**国行**(1) くにゆき
㊚来国行《らいくにゆき》
平安時代～鎌倉時代の刀工。来派の祖。
¶朝日(来国行 らいくにゆき 生没年不詳)，国史，古中(生没年不詳)，史人，人名，日人(生没年不詳)，美工(㊍？  ㊚？)，山梨百(来国行 らいくにゆき ㊍承久1(1219)年 ㊚永仁5(1297)年)

**国行**(2) くにゆき
生没年不詳 ㊚当麻国行《たいまくにゆき》
鎌倉時代後期の大和の刀工。当麻派の祖。
¶朝日(当麻国行 たいまくにゆき)，国史，古中，日人

**国義**(1) くによし
*～元禄11(1698)年
江戸時代前期の盛岡の刀匠。
¶人名(㊍？)，日人(㊍1646年)

**国義**(2) くによし
江戸時代中期の石見国長浜の刀工。1704年(宝永)頃に活動。のち日向国へ移住。
¶島根百

**国吉**(1) くによし
生没年不詳
鎌倉時代の山城国粟田口派の刀工。
¶国史，古中，史人，人名，日人，美工

**国吉**(2) くによし
戦国時代の刀工。
¶島根人，島根百

**国吉**(3) くによし
戦国時代の刀工。
¶島根人，島根百

**国吉**(4) くによし
江戸時代前期の刀工。
¶島根人，島根百

**国祥** くによし
戦国時代の刀工。
¶島根百

**国詳** くによし
戦国時代の石見の刀匠。
¶島根人

**浜田住国吉** くによし
彫金家。
¶島根人

く

**国吉清尚(1)** くによしせいしょう
昭和18(1943)年9月28日～
昭和期の陶芸家。
¶陶芸最

**国吉清尚(2)** くによしせいしょう
昭和26(1951)年9月28日～
昭和～平成期の陶芸家。
¶陶工

**国吉伝右衛門** くによしでんえもん
元和7(1621)年～?
江戸時代前期の弘前藩お抱えの刀工。
¶青森人

**国吉虎太郎** くによしとらたろう
安政4(1857)年～大正9(1920)年
明治～大正期の製紙家。
¶高知人

**久野恵美子** くのえみこ
昭和10(1935)年9月3日～
昭和期の陶芸家。
¶陶芸最

**久野勝生** くのしょうせい
昭和16(1941)年2月1日～
昭和～平成期の陶芸家。
¶陶芸最，陶工，名工

**久野庄太郎** くのしょうたろう
明治33(1900)年11月15日～平成9(1997)年4月8日
昭和期の農民。農業用水企画者。企画、完成させた愛知用水は全長1135km、地域に必要不可欠のものである。
¶現朝，世紀([生]明治33(1900)年11月25日)，日人

**久野正伯** くのしょうはく
生没年不詳　[別]久野正伯《くのまさはく》
江戸時代前期の陶工。土佐尾戸焼の祖。
¶朝日，大阪人(くのまさはく)，高知人，高知百，茶道，人名，日人，美工

**久野真** くのしん
大正10(1921)年3月3日～平成10(1998)年8月22日
昭和～平成期の造形作家。
¶美建

**久野助九郎** くのすけくろう
江戸時代中期の尾張藩士、茶人。
¶茶道，人名，日人(生没年不詳)

**久野半右衛門** くのはんうえもん
元禄14(1701)年～天明2(1782)年
江戸時代中期の笠間焼の祖。
¶茨城百，郷土茨城

**久野半右衛門** くのはんえもん
昭和8(1933)年6月30日～
昭和～平成期の陶芸家。
¶陶工

**久野正伯** くのまさはく
→久野正伯(くのしょうはく)

**久野節** くのみさお
明治15(1882)年2月21日～昭和37(1962)年8月7日
明治～昭和期の鉄道建築技術者。
¶鉄道

**久野道也** くのみちなり
昭和8(1933)年6月30日～平成14(2002)年　[別]久野道也《くのみちや》
昭和～平成期の陶芸家。
¶陶芸最，美工，名工(くのみちや)

**久野道也** くのみちや
→久野道也(くのみちなり)

**久野弥兵衛** くのやへえ
室町時代～戦国時代の尾張の陶工。
¶人名，日人(生没年不詳)

**久野行雄** くのゆきお
昭和24(1949)年5月21日～
昭和～平成期の陶芸家。
¶陶芸最，陶工

**工風嘉六** くふうかろく
江戸時代の細工者。
¶人名，日人(生没年不詳)

**久保延美** くぼえみ
昭和8(1933)年5月～
昭和～平成期の陶芸家。
¶陶芸最，名工

**久保金平** くぼきんぺい
明治35(1902)年～昭和43(1968)年
大正～昭和期の漆芸家。
¶京都大，姓氏京都，美工([生]明治35(1902)年12月15日　[没]昭和43(1968)年7月3日)

**久保慶三郎** くぼけいざぶろう
大正11(1922)年1月7日～平成7(1995)年5月30日
昭和～平成期の土木工学者、東京大学名誉教授。専門は耐震工学。
¶科学

**久保駒太郎** くぼこまたろう
明治45(1912)年～昭和39(1964)年
昭和期の陶芸家。
¶香川人，香川百

**久保佐四郎** くぼさしろう
明治5(1872)年～昭和19(1944)年3月9日
明治～昭和期の人形作家。江戸末期に衰えた嵯峨人形の流れをくんで、木彫盛り上げ彩色の人形を得意とする。
¶現朝，世紀，日人

**久保佐次郎** くぼさじろう
明治34(1901)年～
大正～昭和期の茶筅司。
¶名工

## 久保二瓢 くぼじひょう
→久保兵太郎（くぼひょうたろう）

## 久保祖舜 くぼそしゅん
天保13（1842）年～大正10（1921）年　㊗祖舜《そしゅん》
明治～大正期の陶芸家。小豆島の寒霞渓焼、高松の屋島焼の創始者。
¶コン改、コン5、人名、人名（祖舜　そしゅん）、世紀（㊗大正10（1921）年4月27日）、陶工（㊗1841年）、日人、名工（㊗大正10年4月27日）

## 久保田五十一 くぼたいそかず
昭和期のバット作り。
¶名工

## 久保田一竹 くぼたいっちく
大正6（1917）年10月7日～平成15（2003）年4月26日
昭和期の染色家。独自の技法による辻が花染めの再現に成功。作品は「一竹辻が花」と称される。
¶現朝、現情、現日、世紀、日人、美工、名工

## 久保田伊平 くぼたいへい
天保4（1833）年～明治22（1889）年
江戸時代末期～明治期の勧農家。私財をもって、貯水池の築造に尽力。藍綬褒章受章。
¶維新、郷土奈良、人名（㊗1845年）、日人

## 久保田加兵衛 くぼたかへえ
慶長7（1602）年～天和3（1683）年
江戸時代前期の新田開発者。
¶長野歴

## 久保敬道 くぼたかみち
生没年不詳
江戸時代中期の装剣金工。
¶日人

## 窪田重右衛門 くぼたじゅうえもん
生没年不詳
江戸時代前期の茅ヶ丘すそ野浅尾原開拓者。
¶山梨百

## 窪田庄次郎 くぼたしょうじろう
天保7（1836）年～明治32（1899）年
江戸時代後期～明治期の農事改良家。
¶姓氏長野

## 窪田孟恒 くぼたたけつね
昭和16（1941）年～
昭和～平成期の染織家。
¶名工

## 久保貞 くぼただし
大正11（1922）年～
昭和期の緑地計画工学者。大阪府立大学教授。
¶現執1期、現執2期（㊗大正11（1922）年7月18日）

## 久保田長太郎 くぼたちょうたろう
明治16（1883）年5月21日～昭和39（1964）年8月24日
明治～昭和期の鋳物師、久保田製作所創立者。
¶愛知百

## 久保田常吉 くぼたつねきち
安政1（1854）年～大正9（1920）年
明治～大正期の玉糸製糸先駆者。
¶群馬人

## 久保田鶴松 くぼたつるまつ
安政6（1859）年～昭和3（1928）年
明治～昭和期の石工。
¶大分歴

## 久保田豊次郎 くぼたとよじろう
生没年不詳
江戸時代後期の大住郡大山工匠。
¶神奈川人

## 窪田直文 くぼたなをふみ
大正12（1923）年8月28日～
昭和期の陶芸家。
¶陶芸最

## 久保田秀教 くぼたひでのり
昭和～平成期の柞灰職人。
¶名工

## 久保田宏 くぼたひろし
昭和3（1928）年2月7日～
昭和期の化学工学者。東京工業大学教授、中国同済大学顧問教授。
¶現執2期

## 窪田文治郎 くぼたぶんじろう
明治23（1890）年8月10日～昭和50（1975）年8月23日
明治～昭和期の宮大工。愛媛県無形文化財保持者（社寺の建築）。
¶愛媛百、美建

## 窪田文三 くぼたぶんぞう
明治6（1873）年～昭和4（1929）年
明治～昭和期の外交官。出水小原山開墾者。
¶姓氏鹿児島

## 窪田亦右衛門 くぼたまたうえもん
？　～寛永1（1624）年
安土桃山時代～江戸時代前期の町組開発者。小布施六斎市の創始者。
¶姓氏長野（生没年不詳）、長野歴

## 久保田実 くぼたみのる
明治11（1878）年～昭和44（1969）年
明治～昭和期の土木技師。
¶島根歴

## 久保田宗明 くぼたむねあき
天保2（1831）年～明治21（1888）年
江戸時代後期～明治期の一関藩刀匠。
¶姓氏岩手

## 久保田保一 くぼたやすいち
大正13（1924）年3月14日～平成18（2006）年11月30日
昭和～平成期の手漉き和紙製作者。
¶島根百、美工

**久保田保義** くぼたやすよし
昭和27（1952）年3月26日～
昭和～平成期の陶芸家。
¶陶芸最，陶工

**久保田幸雄** くぼたゆきお
昭和7（1932）年2月24日～
昭和～平成期の映画録音技師。羽仁進、土本典昭、小川伸介、東陽一の監督作品のほとんどを担当。「アンデスの花嫁」「三里塚」シリーズなど。
¶映人，現朝，世紀

**久保田豊** くぼたゆたか
明治23（1890）年4月27日～昭和61（1986）年9月9日
明治～昭和期の河川の土木技術者。日本工営会長。北部朝鮮の大ダム建設に従事。アジア、南米諸国電源開発などのコンサルタントとしても活躍。
¶科学，近土，熊本百（[生]明治22（1889）年4月27日），現朝，現執1期，現情，現人，実業，世紀，創業，土木，日人，履歴，履歴2

**窪田陽一** くぼたよういち
昭和26（1951）年10月13日～
昭和～平成期の都市環境工学者。埼玉大学助教授。
¶現執3期

**久保太郎右衛門** くぼたろうえもん
延宝4（1676）年～正徳1（1711）年
江戸時代中期の水利開発者。讃岐高松藩の庄屋。
¶朝日（[生]延宝4年2月24日（1676年4月7日）[没]正徳1年7月22日（1711年9月4日）），香川人（[没]正徳2（1712）年），郷土香川，近世，国史，コン改（[生]正保1（1644）年），コン4（[生]正保1（1644）年），史人（[生]1676年2月24日　[没]1711年7月23日），新潮（[生]延宝4（1676）年2月24日　[没]正徳1（1711）年7月23日），日人，歴大

**久保竹外** くぼちくがい
明治17（1884）年10月26日～昭和49（1974）年5月28日
明治～昭和期の茶道具師。
¶世紀，日人，美工

**久保孚** くぼとおる
明治20（1887）年～昭和23（1948）年
明治～昭和期の採砿技師。
¶高知人，高知百，履歴2（[生]明治20（1887）年5月5日　[没]昭和23（1948）年4月19日）

**久保智彦** くぼとしひこ
昭和18（1943）年～
昭和～平成期の陶芸家。
¶陶工

**久保晴夫** くぼはるお
昭和期の紙すき職人。
¶名工

**久保半造** くぼはんぞう
生没年不詳
江戸時代後期の掘抜き井戸の技術者。
¶徳島歴

**久保兵太郎** くぼひょうたろう
元治1（1864）年～昭和8（1933）年　[別]久保二瓢《くぼじひょう》
明治～昭和期の技術者。野幌のレンガ製造機械化の先駆者。
¶札幌（[生]元治1年4月4日），北海道百，北海道文（久保二瓢　くぼじひょう　[生]元治1（1864）年4月4日　[没]昭和8（1933）年2月24日），北海道歴

**久保満義** くぼみつよし
昭和30（1955）年1月4日～
昭和～平成期の陶芸家。
¶陶芸最，陶工，名工

**久保良斉〔24代〕** くぼりょうさい
昭和11（1936）年～
昭和～平成期の茶せん師。
¶名工

**熊井恭子** くまいきょうこ
昭和18（1943）年～
昭和～平成期のテキスタイルアーチスト。
¶名工

**熊谷あかね** くまがいあかね
昭和期の染色家。
¶名工

**熊谷一琴** くまがいいっきん
江戸時代末期の金工。
¶人名

**熊谷梅次** くまがいうめじ
明治23（1890）年～昭和23（1948）年
大正～昭和期の大敷網改良功労者。
¶高知人

**熊谷喜八** くまがいきはち
昭和21（1946）年～
昭和～平成期の料理人。KIHACHI総料理長、キハチアンドエス代表取締役。
¶現執4期

**熊谷源兵衛** くまがいげんべえ
江戸時代後期の装剣金工。
¶人名，日人（生没年不詳）

**熊谷好博子** くまがいこうはくし
大正6（1917）年11月11日～昭和60（1985）年5月24日
昭和期の染色家。
¶長野歴，美工，名工

**熊谷皓平** くまがいこうへい
明治11（1878）年～昭和43（1968）年
明治～昭和期の高師原開拓入植に尽力。
¶姓氏愛知

**熊谷光峰** くまがいこうほう
→熊谷光峰（くまがえこうほう）

**熊谷紅陽** くまがいこうよう
→熊谷紅陽（くまがえこうよう）

熊谷三郎　くまがいさぶろう
明治37(1904)年1月14日〜昭和46(1971)年2月10日
大正〜昭和期の電気工学者、大阪大学名誉教授。専門はシステム工学。
¶科学

熊谷三郎馬　くまがいさぶろうま
天保5(1834)年〜大正2(1913)年
江戸時代末期〜大正期の地域開発功労者。
¶静岡歴, 姓氏静岡

熊谷丈之助　くまがいじょうのすけ
明治1(1868)年〜昭和30(1955)年
明治〜昭和期の鮑カギ発明者。
¶姓氏岩手

熊谷甚右衛門　くまがいじんえもん
天明8(1788)年〜天保6(1835)年
江戸時代後期の陶工、陸中小久慈焼の祖。
¶人名, 日人

熊谷敏男　くまがいとしお
昭和23(1948)年8月16日〜
昭和期の陶芸家。
¶陶芸最

熊谷富男　くまがいとみお
昭和3(1928)年〜平成4(1992)年
昭和〜平成期の鉄器職人。
¶姓氏岩手

熊谷直孝　くまがいなおたか
嘉永3(1850)年1月12日〜昭和17(1942)年12月22日
明治〜昭和期の造船技師。造船学を学ぶため渡仏。帰国後、造船技術教育に貢献。
¶海越, 海越新, 科学, 静岡歴, 写家, 世紀, 渡航(⊕1850年2月23日), 日人

熊谷信昭　くまがいのぶあき
昭和4(1929)年5月19日〜
昭和〜平成期の通信工学者。原子力安全システム研究所社長、大阪大学学長。電磁波の伝送研究の権威。光ファイバーに関する基礎理論で高く評価される。
¶世紀, 日人

熊谷秀夫　くまがいひでお
昭和13(1928)年11月1日〜
昭和〜平成期の映画照明技師。
¶映人

熊谷宏　くまがいひろし
大正3(1914)年5月9日〜平成10(1998)年6月18日
昭和期の映画録音技師。
¶映人

熊谷無造　くまがいむぞう
→熊谷無造（くまがえむぞう）

熊谷もえぎ　くまがいもえぎ
昭和期の染色家。
¶名工

熊谷八十三　くまがいやそみ
明治7(1874)年〜昭和44(1969)年
明治〜昭和期の園芸技師。農林省園芸試験場場長。東京市長・尾崎行雄の委嘱を受け、日米親善のためワシントン市に贈呈するサクラの樹の育苗に当たった。
¶静岡歴, 植物(⊗昭和44(1969)年10月22日), 姓氏静岡

熊谷義雄　くまがいよしお
明治44(1911)年1月1日〜
昭和〜平成期の江戸和竿職人。
¶名工

熊谷義信　くまがいよしのぶ
＊〜慶応3(1867)年
江戸時代末期の金工。
¶庄内(⊕寛政1(1789)年　⊗慶応3(1867)年2月18日), 人名, 日人(⊕1790年)

熊谷義之　くまがいよしゆき
江戸時代の金工。
¶人名, 日人(生没年不詳)

熊谷光修　くまがえこうしゅう
昭和28(1953)年2月1日〜
昭和期の陶芸家。
¶陶芸最

熊谷光峰　くまがえこうほう
大正10(1921)年6月10日〜　⑲熊谷光峰《くまがいこうほう》
昭和〜平成期の陶芸家。
¶陶芸(くまがいこうほう), 陶芸最, 名工

熊谷紅陽　くまがえこうよう
明治45(1912)年2月13日〜平成4(1992)年　⑲熊谷紅陽《くまがいこうよう》
昭和〜平成期の陶芸家。
¶陶芸(くまがいこうよう), 陶芸最, 陶工, 美工(⊗平成4(1992)年3月14日), 名工

熊谷無造　くまがえむぞう
昭和24(1949)年1月1日〜　⑲熊谷無造《くまがいむぞう》
昭和〜平成期の陶芸家。
¶陶芸最, 陶工(くまがいむぞう), 名工

熊谷保興　くまがえやすおき
昭和15(1940)年7月7日〜
昭和〜平成期の陶芸家。
¶陶芸最, 陶工, 名工

熊谷税　くまがやちから
昭和期の漆器職人。
¶名工

熊倉順吉　くまくらじゅんきち
大正9(1920)年〜昭和60(1985)年11月10日
昭和期の陶芸家。
¶陶芸, 陶工, 美工(⊕大正9(1920)年8月8日), 名工(⊕大正9年8月8日)

**隈研吾** くまけんご
昭和29(1954)年〜
昭和〜平成期の建築家。隈研吾建築都市設計事務所主宰。
¶現執3期，現執4期([生]1954年8月8日)

**熊沢たつ** くまざわたつ
明治37(1904)年〜昭和16(1941)年5月3日
昭和期の美容師。熊谷に美容院美粧園を開業。
¶埼玉人([生]明治37(1904)年4月)，女性，女性普

**熊沢輝雄** くまざわてるお
大正8(1919)年12月14日〜昭和63(1988)年8月18日
昭和期の陶芸家。
¶陶芸最，陶工([没]？)，美工，名工

**隈田嘉七** くまだかしち
天保6(1835)年〜明治34(1901)年
江戸時代末期〜明治期の検校。
¶日人

**熊田嘉膳** くまだかぜん
→熊田淑軒(くまだしゅくけん)

**熊田淑軒** くまだしゅくけん
文化14(1817)年〜明治20(1887)年　[別]熊田嘉膳《くまだかぜん》
江戸時代末期〜明治期の医師、反射炉製造者。
¶維新([生]？　[没]1889年)，幕末([没]1887年1月)，藩臣2(熊田嘉膳　くまだかぜん)，福島百，洋学([生]？　[没]明治22(1889)年)

**熊谷吉兵衛** くまたにきちべえ
？〜元禄9(1696)年
江戸時代前期〜中期の弘前藩の紙漉師。
¶青森人

**熊野九郎右エ門** くまのくろううえもん
昭和30(1955)年6月6日〜
昭和〜平成期の陶芸家。
¶陶工

**熊野聡** くまのさとし
昭和30(1955)年〜
昭和〜平成期のオルゴール製作者。
¶名工

**熊野広** くまのひろし
昭和期の箪笥職人。
¶名工

**隈部一雄** くまべかずお
明治30(1897)年2月3日〜昭和46(1971)年7月28日
明治〜昭和期の機械工学者。東京帝国大学教授、トヨタ自動車工業副社長。蒸気・内燃機関から自動車工学を研究。
¶科学，現情，現人，新潮，世紀，日人

**熊本栄司** くまもとえいじ
昭和37(1962)年〜
昭和〜平成期の陶芸家。
¶陶工

**熊本喜一** くまもときいち
昭和2(1927)年8月22日〜
昭和〜平成期の陶芸家。
¶陶芸最，陶工，名工

**熊本恵孝** くまもとよしたか
昭和23(1948)年9月26日〜
昭和期の陶芸家。
¶陶芸最，名工

**熊本義泰** くまもとよしひろ
→熊本義泰(くまもとよしやす)

**熊本義泰** くまもとよしやす
昭和19(1944)年11月16日〜　[別]熊本義泰《くまもとよしひろ》
昭和〜平成期の陶芸家。
¶陶芸最，陶工(くまもとよしひろ)

**久村歓治** くむらかんじ
明治36(1903)年〜昭和54(1979)年
昭和期の日刀保たたらの村下、国の選定技術保持者。
¶島根歴

**久村清斎** くむらせいさい
安政5(1858)年〜昭和20(1945)年
明治〜昭和期の表具師。
¶庄内([没]昭和20(1945)年2月6日)，山形百

**久村清太** くむらせいた
明治13(1880)年〜昭和26(1951)年
明治〜昭和期の実業家、技術者。帝国人造絹糸社長。人絹工業の黄金時代を作り上げた。国策パルプ取締役、化繊協会会長。
¶科学([生]1880年(明治13)10月3日　[没]1951年(昭和26)9月1日)，近現，現朝([生]1880年10月3日　[没]1951年9月1日)，現情([生]1880年10月　[没]1951年9月1日)，国史，コン改，コン4，コン5，史人([生]1880年10月3日　[没]1951年9月1日)，実業([生]明治13(1880)年10月3日　[没]昭和26(1951)年9月1日)，庄内([生]明治13(1880)年10月3日　[没]昭和26(1951)年9月1日)，新潮([生]明治13(1880)年10月3日　[没]昭和26(1951)年9月1日)，人名7，世紀([生]明治13(1880)年10月3日　[没]昭和26(1951)年9月1日)，世百，世百新，全書，創業([生]明治13(1880)年10月3日　[没]昭和26(1951)年9月1日)，大百，日史([生]明治13(1880)年10月3日　[没]昭和26(1951)年9月1日)，日人([生]明治13(1880)年10月3日　[没]昭和26(1951)年9月1日)，百科，山形百

**久米(1)** くめ
生没年不詳　[別]孝女久米《こうじょくめ》
江戸時代中期の女性。麦藁細工の土産品を作り雑司谷鬼子母神境内で売り、その金で病身の母親に尽くした孝女とされる。
¶江戸(孝女久米　こうじょくめ)，女性，日人

**久米(2)** くめ
生没年不詳
江戸時代中期の女性。修験者善立の長女。
¶女性

**久米栄左衛門**(久米衛左衛門)　**くめえいざえもん**
→久米通賢(くめみちかた)

**久米川鼓文　くめがわこふみ**
昭和29(1954)年7月25日〜
昭和〜平成期の陶芸家。
¶陶工

**久米権九郎　くめごんくろう**
明治28(1895)年12月1日〜昭和40(1965)年7月14日
明治〜昭和期の建築家。ドイツ工学博士。住宅団地計画の先駆的存在。日本ドリゾール社長。
¶現朝，現情，人名7，世紀，日人，美建

**粂沢郁郎　くめざわいくろう**
大正6(1917)年8月24日〜昭和63(1988)年6月3日
昭和期の電気工学者。東京理科大学教授。
¶科学，科技，鉄道

**久米民之助**(久米民之介)　**くめたみのすけ**
文久1(1861)年〜昭和6(1931)年
明治〜昭和期の土木建築家。満韓起業取締役。土木建築の工事測量、設計、監督、鑑定に従事。
¶海越新([生]文久1(1861)年8月　[没]昭和6(1931)年5月25日)，郷土群馬，近土([生]1861年8月27日　[没]1931年5月24日)，群馬人([生]文久1(1861)年8月27日　[没]昭和6(1931)年5月24日)，群馬百，人名，姓氏群馬，鉄道([生]1861年8月1日　[没]1931年5月24日)，渡航([生]1861年8月27日　[没]1931年5月24日)，土木(久米民之介　[生]1861年8月27日　[没]1931年5月24日)，日人

**久米通賢　くめみちかた**
安永9(1780)年〜天保12(1841)年　[別]久米栄左衛門《くめえいざえもん》,久米衛左衛門《くめえいざえもん》
江戸時代後期の科学者、造兵家。塩田の開発者。
¶朝日(久米栄左衛門　くめえいざえもん　[没]天保12年5月7日(1841年6月25日))，岩史(久米栄左衛門　くめえいざえもん　[没]天保12(1841)年5月7日)，科学([没]1841年(天保12)5月7日)，香川人([生]安永3(1774)年)，郷土香川，近世，国史，国書([没]天保12(1841)年5月7日)，コン改，コン4(久米栄左衛門　くめえいざえもん)，コン4，史人([没]1841年5月7日)，食文(久米栄左衛門　くめえいざえもん　[没]天保12年5月7日(1841年6月25日))，新潮([没]天保12(1841)年5月7日)，人名(久米栄左衛門　くめえいざえもん)，世人([没]天保12(1841)年5月7日)，世百，全書(久米衛左衛門　くめえいざえもん)，大百(久米栄左衛門　くめえいざえもん)，日史([没]天保12(1841)年5月7日)，日人，藩臣6，百科

**雲生〔1代〕　くもお**
→雲生(うんしょう)

**雲生〔2代〕　くもお**
[別]雲生〔2代〕《くもお》
南北朝時代の刀工。
¶岡山人

**雲上　くもがみ**
→雲上(うんじょう)

**雲貞　くもさだ**
江戸時代中期の陶工。
¶岡山人

**雲次　くもつぐ**
→雲次(うんじ)

**雲秀　くもひで**
明治36(1903)年10月31日〜
昭和期の刀工。
¶島根百

**久山祐高　くやますけたか**
天保8(1837)年〜明治31(1898)年
江戸時代後期〜明治期の刀工。
¶岡山人，岡山歴([没]明治31(1898)年3月12日)

**倉石亨子　くらいしきょうこ**
昭和期の染色家。専門は手がき友禅。
¶名工

**倉石孝　くらいしたかし**
昭和期の染色家。専門は手がき友禅。
¶名工

**鞍打浄貞　くらうちうじょうてい**
→鞍打浄貞(くらうちじょうてい)

**鞍打浄貞　くらうちじょうてい**
[別]鞍打浄貞《くらうちうじょうてい》
江戸時代前期の工芸家。
¶高知人(生没年不詳)，高知百(くらうちうじょうてい)

**倉内冨代　くらうちとみよ**
昭和期の能面師。
¶名工

**工楽松右衛門　くらくまつうえもん**
→工楽松右衛門(くらくまつえもん)

**工楽松右衛門　くらくまつえもん**
寛保3(1743)年〜文化9(1812)年　[別]工楽松右衛門《くらくまつうえもん,こうらくまつえもん》
江戸時代後期の播磨姫路藩士、造船技師。松右衛門帆を考案。
¶朝日([没]文化9(1812)年8月)，岩史([没]文化9(1812)年8月)，科学，近世，国史，コン改(こうらくまつえもん)，コン4(こうらくまつえもん)，史人([没]1812年8月)，新潮([没]文化9(1812)年8月)，人名(こうらくまつえもん)，世人(こうらくまつえもん)，日人，藩臣5，兵庫人(くらくまつうえもん　[没]文化9(1812)年8月)，兵庫百，歴大

**倉崎権兵衛　くらさきごんべえ**
?　〜元禄7(1694)年　[別]権兵衛《ごんべえ》
江戸時代前期の陶工。出雲の楽山焼の開祖。
¶朝日([没]元禄7(1694)年2月)，茶道，島根人，島根歴，新潮(権兵衛　ごんべえ)，人名，世人(権兵衛　ごんべえ)，日人

**倉沢運平** くらさわうんぺい
慶応2(1866)年～昭和10(1935)年
明治～昭和期の蚕糸業改良発展の功労者。
¶長野歴

**倉沢弥五右衛門** くらさわやごうえもん
？～文化1(1804)年
江戸時代中期～後期の蚕卵台紙の厚紙製造の創始者。
¶長野歴

**蔵重哲三** くらしげてつぞう
明治3(1870)年6月14日～？
明治期の技師。
¶渡航

**蔵重長男** くらしげながお
明治30(1897)年7月5日～昭和13(1938)年
明治～昭和期の技師。
¶近土([没]1938年12月24日)，土木([没]1938年12月8日)

**倉科多策** くらしなたさく
*～昭和14(1939)年
明治～昭和期の政治家、地域開発者。
¶姓氏長野([生]1885年)，長野歴([生]慶応1(1865)年)

**倉嶋厚** くらしまあつし
大正13(1924)年1月15日～
昭和～平成期の気象技術者。
¶現朝，現執3期，現執4期，現情，世紀，テレ，日人，マス89

**倉島一夫** くらしまかずお
明治37(1904)年12月19日～昭和47(1972)年12月21日
大正～昭和期の技師。
¶近土，土木

**倉田雲平** くらたうんぺい
嘉永4(1851)年～大正6(1917)年
明治～大正期の実業家。つちや足袋の発明者。製法の機械化のため各種の特許を得た。
¶人名，日人，福岡百([生]嘉永4(1851)年4月14日 [没]大正6(1917)年6月17日)，名工([没]大正6年6月17日)

**蔵田周忠** くらたかねただ
→蔵田周忠(くらたちかただ)

**倉田久八** くらたきゅうはち
？～明治29(1896)年
江戸時代末期～明治期の陶工、伊勢阿漕焼の創業者。
¶人名，日人

**倉田次郎右衛門**(倉田次郎衛門) くらたじろうえもん
？～元禄16(1703)年
江戸時代前期～中期の治水家。長崎の町年寄。長崎の水不足解消のため倉田水樋を開削。
¶人名(倉田次郎衛門)，日人

**倉田直** くらたすなお
明治35(1902)年～昭和62(1987)年
昭和期の養蚕家。
¶大分歴

**蔵田周忠** くらたちかただ
明治28(1895)年2月26日～昭和41(1966)年3月7日　[別]蔵田周忠《くらたかねただ》
大正～昭和期の建築家。ヨーロッパの新建築思潮を積極的に紹介しつつ、その影響を受けた建物を設計した。
¶現朝，現情(くらたかねただ)，人名7(くらたかねただ)，世紀，日人，美建，山口百

**倉谷渓司** くらたにけいじ，くらたにけいし
生没年不詳
明治期の陶工。但馬出石焼の一派。出石磁器以外の個人窯として渓司焼は明治中頃まで続く。
¶人名，日人(くらたにけいし)，美工，名工

**倉田益二郎** くらたますじろう
明治43(1910)年8月2日～平成10(1998)年5月20日
昭和～平成期の造林学者、緑化工学者。急斜傾地を短期間に緑化できる“早期全面緑化方式”を考案で知られる。東京農業大学名誉教授、日本緑化工研究会名誉会長。
¶植物

**倉田康男** くらたやすお
昭和2(1927)年10月1日～平成12(2000)年7月14日
昭和～平成期の建築家。高山建築学校主宰。作品に「馬里邑本社ビル」など。高山建築学校では独自の建築教育と実践活動を行う。
¶現朝，世紀，美建

**倉田吉嗣** くらたよしつぐ
安政1(1854)年2月8日～明治33(1900)年8月15日
明治期の官吏。東京府四等技師に任ぜられ、東京市水道改良工事の設計、監督に従事。
¶科学，近土，人名，土木，日人

**倉地友次郎** くらちともじろう
明治32(1899)年～昭和39(1964)年
明治～昭和期の実業家。コーンスターチ製造の先駆者。
¶食文([生]1899年1月　[没]1964年11月)，姓氏愛知

**倉塚良夫** くらつかよしお
明治12(1879)年10月21日～昭和17(1942)年11月17日
明治～昭和期の技師。
¶科学，近土，土木

**倉次亨** くらつぎとおる
→倉次亨(くらなみとおる)

**鞍作止利**(鞍作鳥) くらつくりとり
→鞍作鳥(くらつくりのとり)

**鞍部堅貴** くらつくりのけんき
上代の百済の工匠。雄略天皇7年に渡来。
¶古史，古代，日人

**鞍作多須奈**（鞍部多須奈） くらつくりのたすな
生没年不詳 [別]徳斎《とくさい》, 徳斉《とくさい, とくせい》
飛鳥時代の仏師、僧。
¶朝日, 岩史, 国史, 古史, 古代（鞍部多須奈）, 古中, コン改, コン4, 史人, 新潮, 世人, 日人, 仏史

**鞍作鳥**（鞍作止利） くらつくりのとり
生没年不詳 [別]鞍作止利《くらつくりとり》, 鞍作鳥《くらつくりとり》, 止利《とり》, 止利仏師《とりぶっし》
飛鳥時代の仏師。止利派の祖。代表作は法隆寺金堂本尊の釈迦三尊像。
¶朝日, 岩史, 大阪人（鞍作止利 くらつくりとり）, 角史（鞍作止利）, 国史, 古史, 古代, 古中, コン改, コン4, 史人, 重要, 新潮（鞍作止利）, 人名（くらつくりとり）, 世人（鞍作止利）, 全書（止利仏師 とりぶっし）, 大百（止利仏師 とりぶっし）, 日史（鞍作止利）, 日人, 百科（鞍作止利）, 仏教（鞍作止利）, 仏史, 仏人（止利 とり）, 平日（鞍作止利）, 歴大（止利仏師 とりぶっし）

**蔵富吉右衛門** くらとみきちえもん
文禄2（1593）年～延宝7（1679）年
江戸時代前期の農事改良家。鯨油駆虫法を発見、創始。
¶人名（[生]?）, 日人, 福岡百（[没]延宝7（1679）年8月7日）

**倉永文辰** くらながふみたつ
天保10（1839）年～明治40（1907）年3月28日
江戸時代後期～明治期の佐賀県内養蚕業の創始者。
¶佐賀百

**倉次亨** くらなみとおる
文政12（1829）年～明治38（1905）年 [別]倉次亨《くらつぎとおる》
江戸時代末期～明治期の公益家。下総佐倉藩士。士族救済のため同協社を創設、印旛郡の原野に茶畑をつくった。
¶維新, 郷土千葉, 人名（くらつぎとおる）, 千葉百, 日人, 幕末（[没]1905年1月18日）

**蔵並長勝** くらなみながかつ
明治36（1903）年～昭和38（1963）年
昭和期の政治家、建築家。鎌倉市議会議員。
¶神奈川人, 姓氏神奈川

**倉西正嗣** くらにしまさつぐ
明治32（1899）年3月6日～昭和62（1987）年7月17日
大正～昭和期の航空工学者、日本大学名誉教授。
¶科学, 現情

**倉橋良平** くらはしりょうへい
明治3（1870）年～昭和22（1947）年5月19日
明治～昭和期の園芸家。宝飯柑橘研究会会長。ミカンの栽培技術改良につとめる。
¶世紀, 姓氏愛知, 日人

**倉林俊雄** くらばやしとしお
大正13（1924）年～
昭和期の機械工学者。
¶群馬人

**倉林政次** くらばやしまさつぐ
室町時代の金屋鋳物師の棟梁。
¶埼玉人（生没年不詳）, 埼玉百

**椋部秦久麻** くらひとべのはたのくま
→椋部秦久麻（くらべのはたのくま）

**椋部秦久麻** くらべのはたくま
→椋部秦久麻（くらべのはたのくま）

**椋部秦久麻** くらべのはたのくま
生没年不詳 [別]椋部秦久麻《くらひとべのはたのくま, くらべのはたくま》
飛鳥時代の技官。
¶古史（くらひとべのはたのくま）, 古代, 古中, コン改（くらべのはたくま）, コン4（くらべのはたくま）, 史人, 新潮, 世人, 日人

**倉見岩之丞** くらみいわのじょう
安政6（1859）年～明治44（1911）年
江戸時代末期～明治期の農業技術者。2メートル余の長い割干を発明。
¶姓氏愛知

**倉見日出克** くらみひでかつ
昭和16（1941）年～
昭和～平成期の陶芸家。
¶陶工

**倉本竜彦** くらもとたつひこ
昭和21（1946）年2月9日～
昭和期の建築家。道都大学助教授。
¶現執2期

**栗木伎茶夫** くりきぎさお
明治41（1908）年10月15日～
昭和～平成期の陶芸家。
¶陶芸, 陶芸最, 名工

**栗城吉左衛門** くりききちざえもん
→栗城吉左衛門（くりしろきちざえもん）

**栗木達介** くりきたつすけ
昭和18（1943）年11月20日～
昭和～平成期の陶芸家。
¶陶芸最, 名工

**栗城吉左衛門** くりしろきちざえもん
[別]栗城吉左衛門《くりききちざえもん》
江戸時代前期の陶工、岩代曽津川南窯の祖。
¶人名（くりききちざえもん）, 日人（生没年不詳）

**栗田仁** くりたじん
昭和24（1949）年6月9日～
昭和～平成期の建築家。栗田仁建築設計室主宰。
¶現執4期

**栗田征夫** くりたゆきお
～昭和57（1982）年1月3日

昭和期の陶芸家。
¶美工

**栗林栄山** くりばやしえいざん
昭和6(1931)年11月12日～
昭和～平成期の陶芸家。
¶陶工



**栗林一夫** くりばやしかずお
昭和25(1950)年8月12日～
昭和～平成期の陶芸家。
¶陶芸最，陶工，名工

**栗林慧** くりばやしさとし
昭和14(1939)年5月2日～
昭和～平成期の写真家。栗林自然科学写真研究所主宰。自動撮影装置や背景がボケない特殊レンズを開発。写真集「源氏蛍」など。
¶現朝([生]1929年5月2日)，現執2期，現執4期，現情([生]1925年5月2日)，児人，写真，写人，世紀，日児，日人

**栗林次兵衛** くりばやしじへえ
生没年不詳
江戸時代前期～中期の治水家。筑後久留米藩の庄屋。大石堰・長野水道を築いた。
¶朝日([没]元禄13年6月12日(1700年7月27日))，近世，国史，コン改，コン4，史人([没]1700年6月12日)，新潮，人名，日人([没]1700年)，歴大

**栗林庄蔵** くりばやししょうぞう
寛政7(1795)年～明治4(1871)年
江戸時代末期～明治期の農事改良家。農業・馬力運送を営む。甘藷切り干しを創始。
¶静岡歴，姓氏静岡，幕末

**栗原イネ** くりはらいね
嘉永5(1852)年～大正11(1922)年1月31日
明治～大正期の実業家。栗原稲工場を設立、染色や織物に創意工夫をし斬新な織物を作って事業を拡張。
¶朝日([生]嘉永5年3月5日(1852年4月23日))，近女，女史，女性([生]嘉永5(1852)年3月5日)，女性普([生]嘉永5(1852)年3月5日)，世紀([生]嘉永5(1852)年3月5日)，日人

**栗原信近** くりはらのぶちか
弘化1(1844)年～大正13(1924)年
明治期の殖産家。養蚕製糸の振興を図り、富士川の新水路を開削、葡萄栽培などに貢献。
¶人名，日人，山梨百([生]弘化1(1844)年9月21日 [没]大正13(1924)年6月14日)

**栗原信秀** くりはらのぶひで
文化12(1815)年～明治13(1880)年
江戸時代後期～明治期の刀工・鏡工。
¶新潟百

**栗原彦三郎** くりはらひこさぶろう
明治12(1879)年～昭和29(1954)年
明治～昭和期の衆議院議員、刀匠。
¶栃木歴，美工([生]明治12(1879)年3月 [没]昭和29(1954)年5月5日)

**栗原義博** くりはらよしひろ
昭和期の漆皮工芸作家。
¶名工

**栗原良輔** くりはらりょうすけ
明治20(1887)年9月26日～昭和33(1958)年2月17日
明治～昭和期の技師。
¶近土，土木

**栗本阿波** くりもとあわ
江戸時代末期の蒔絵師。
¶人名，日人(生没年不詳)

**栗本清忠** くりもときよただ
江戸時代の蒔絵師。
¶人名，日人(生没年不詳)

**栗本幸阿弥** くりもとこうあみ
生没年不詳
安土桃山時代の蒔絵師。
¶人名，日人，美工

**栗本茂利** くりもとしげとし
江戸時代中期の蒔絵師。
¶人名，日人(生没年不詳)

**栗本宗清** くりもとそうせい
生没年不詳
室町時代の幸阿弥家の蒔絵師。
¶朝日，新潮，人名，世人，日人，美工

**栗本廉** くりもとただし
→栗本廉(くりもとれん)

**栗本長之助** くりもとちょうのすけ
江戸時代末期の蒔絵師。
¶人名，日人(生没年不詳)

**栗本夏樹** くりもとなつき
昭和期の造形作家。
¶名工

**栗本信親** くりもとのぶちか
江戸時代前期の蒔絵師。
¶人名，日人(生没年不詳)

**栗本光屋** くりもとみついえ
江戸時代前期の蒔絵師。
¶人名，日人(生没年不詳)

**栗本廉** くりもとれん
*～明治25(1892)年4月8日 [別]栗本廉《くりもとただし》
明治期の鉱山技術者、工部省准奏任御用掛。
¶海越([生]安政5(1858)年)，海越新([生]安政5(1858)年)，科学([生]1854年(安政1)3月15日)，学校([生]安政1(1854)年3月15日)，渡航(くりもとただし [生]?)

**栗山新兵衛** くりやましんべえ
文政7(1824)年～明治33(1900)年
江戸時代末期～明治期の南部藩士。戊辰戦争花輪隊総締め役。十和田八幡平国立公園開発の先駆者。
¶秋田百，幕末([没]1900年1月16日)

**栗山善四郎** くりやまぜんしろう
明和5(1768)年～天保10(1839)年 ㊥八百屋善四郎《やおやぜんしろう》
江戸時代中期～後期の料理人。料亭主人。
¶国書(㊥?　㊨天保10(1839)年10月19日)、食文(㊨天保10年10月15日(1839年11月20日))、日人(八百屋善四郎　やおやぜんしろう)

**栗山直子** くりやまなおこ
昭和31(1956)年2月11日～
昭和～平成期の陶芸家。
¶陶芸最、陶工

**栗山文次郎** くりやまぶんじろう
明治20(1887)年10月17日～昭和40(1965)年6月27日
明治～昭和期の染色家。
¶美工

**来島良亮** くるしまりょうすけ
明治18(1885)年～昭和8(1933)年11月22日
明治～昭和期の土木技術者。
¶近土(㊨1885年12月17日)、世紀(㊨明治18(1885)年12月)、土木(㊨1885年12月17日)、日人(㊨明治18(1885)年12月)

**久留正道** くるまさみち
安政2(1855)年～大正3(1914)年4月17日
明治～大正期の技術者。文部省会計課建築掛長。初等・中等教育施設の行政指導や直轄学校の創立工事などにかかわる。文部省営繕指導者。
¶朝日(㊨安政2年3月2日(1855年4月18日))、海越新(㊨安政2(1855)年3月2日)、世紀(㊨安政2(1855)年3月2日)、渡航(㊨1858年3月)、日人

**来間屋文左衛門** くるまやぶんざえもん
享保7(1722)年～文化5(1808)年
江戸時代中期～後期の事業家。平田来間生姜糖の発明者。
¶島根百、島根歴

**暮田延美** くれたのぶよし
明治43(1910)年～平成7(1995)年4月2日
大正～平成期の染色家。
¶美工(㊨明治43(1910)年1月)、名工

**呉織** くれはとり
上代の呉から渡来してきたとされる織物工女。
¶女史

**紅林次郎右衛門**(紅林治郎右衛門) くればやしじろうえもん
?～天正3(1575)年
戦国時代～安土桃山時代の治水家。大沢用水を開削。
¶静岡歴、姓氏静岡(紅林治郎右衛門)

**黒井一楽** くろいいちらく
大正3(1914)年4月6日～平成8(1996)年
昭和～平成期の陶芸家。
¶陶芸、陶芸最、陶工、美工(㊨平成8(1996)年2月3日)、名工

**黒井千左** くろいせんさ
昭和20(1945)年3月30日～
昭和～平成期の陶芸家。
¶陶芸最、陶工、名工

**黒井忠寄** くろいただより
→黒井半四郎(くろいはんしろう)

**黒井半四郎** くろいはんしろう
延享4(1747)年～寛政11(1799)年　㊥黒井忠寄《くろいただより》
江戸時代中期の治水家。出羽国米沢藩士。黒井堰を完成させ、豊山穴堰を開削するが完成前に死去。
¶朝日(㊨寛政11年11月7日(1799年12月3日))、近ビ、国史、コン改、コン4、史人(㊨1799年11月)、新潮(㊨寛政11(1799)年11月)、日人(黒井忠寄　くろいただより)、藩臣1

**黒岩勝次** くろいわかつじ
昭和期の左官業。
¶名工

**黒岩卓実** くろいわたくみ
昭和22(1947)年～
昭和期の陶芸家。
¶陶芸最

**黒岩四方之進** くろいわよものしん
安政3(1856)年～昭和4(1929)年
明治～昭和期の北海道開拓事業家。
¶高知人

**九郎右衛門**(1) くろうえもん
生没年不詳
戦国時代の皮作職人。
¶戦辞

**九郎右衛門**(2) くろうえもん
生没年不詳
戦国時代の皮作の職人・触口。
¶戦辞

**黒江光彦** くろえみつひこ
昭和10(1935)年1月1日～
昭和～平成期の絵画修復家、美術史家。東北芸術工科大学教授。油絵修復家として梅原事件を担当。国立近代美術館の梅原龍三郎作品他38点の修復を手がける。
¶現朝、現執2期、現執3期、現執4期、世紀、日人

**黒川市五郎** くろかわいちごろう
明治23(1890)年～昭和47(1972)年
明治～昭和期の工芸師。
¶美工

**黒川英二** くろかわえいじ
明治18(1885)年～昭和22(1947)年
明治～昭和期の製塩法開発者。
¶鹿児島百、姓氏鹿児島

**黒川栄次郎** くろかわえいじろう
慶応2(1866)年～昭和23(1948)年
明治～昭和期の実業家。絹織物の不純物を除去する黒川練工場(現セーレン)を設立、雲斑除去精練

法を考案。
¶郷土福井，世紀（[生]慶応2（1866）年1月6日 [没]昭和23（1948）年11月21日），日人，福井百

**黒川紀章** くろかわきしょう
昭和9（1934）年4月8日～平成19（2007）年10月12日
昭和～平成期の建築家。黒川紀章建築都市設計事務所社長。海外20ケ国以上で設計。カザフスタンの新首都アスタナの設立を担当。他に「ソニータワー」など。
¶現朝，現執1期，現執2期，現執3期，現執4期，現情，現人，現日，新潮，世紀，全書，大百，日人，日本，美建，マス89，履歴，履歴2



**黒川兼三郎** くろかわけんざぶろう
明治26（1893）年11月30日～昭和23（1948）年5月1日
大正～昭和期の電気工学者。工学博士、早稲田大学助教授。「音響インピーダンス並ニ受話器ニ関スルニ三ノ研究」で学位を授与された。
¶科学，人名7，日人

**黒川十兵衛** くろかわじゅうべえ
農事改良家。
¶姓氏富山

**黒川淳** くろかわじゅん
昭和30（1955）年2月13日～
昭和～平成期の陶芸家。
¶陶芸最，陶工

**黒川清雪** くろかわせいせつ
昭和6（1931）年12月4日～
昭和期の陶芸家。
¶陶芸最

**黒川武雄** くろかわたけお
明治38（1905）年1月26日～平成2（1990）年7月21日
昭和期の彫金家。伊藤家17世。
¶世紀，日人，名工

**黒川雅之** くろかわまさゆき
昭和12（1937）年4月4日～
昭和～平成期の建築家、インダストリアルデザイナー。黒川雅之建築設計事務所所長。
¶現執2期，現情，世紀

**黒川巳喜** くろかわみき
明治38（1905）年3月25日～平成6（1994）年1月2日
大正～平成期の建築家、俳人。黒川建築事務所会長。
¶美建

**黒川百合** くろかわゆり
昭和期の陶芸家。
¶名工

**黒木七左衛門** くろきしちざえもん
寛政8（1796）年～明治6（1873）年
江戸時代後期～明治期の治水家。
¶日人

**黒木敏秀** くろきとしひで
昭和23（1948）年10月7日～
昭和期の陶芸家。
¶陶芸最

**黒木靖夫** くろきやすお
昭和7（1932）年10月2日～
昭和～平成期の工業デザイナー、会社役員。ソニー企業社長、ソニー取締役。
¶現執3期，現執4期

**黒木リカ** くろきりか
昭和33（1958）年～
昭和～平成期のガラス工芸家。
¶名工

**黒木令二** くろきれいじ
昭和期の竹細工職人。
¶名工

**黒河内四郎** くろこうちしろう
明治15（1882）年7月13日～昭和35（1960）年6月3日
明治～昭和期の鉄道技師。
¶科学，近土，土木

**黒崎栄治** くろさきえいじ
明治11（1878）年～昭和47（1972）年
明治～昭和期の実業家。合資会社延徳杞柳同業組合設立者。杞柳栽培・加工業の普及に貢献。
¶姓氏長野

**黒崎邦敏** くろさきくにとし
昭和28（1953）年4月16日～
昭和～平成期の陶芸家。
¶陶芸最，名工

**黒沢泉** くろさわいずみ
昭和7（1932）年5月5日～
昭和～平成期の陶芸家。
¶陶芸最，名工

**黒沢嘉兵衛** くろさわかひょうえ
→黒沢加兵衛（くろさわかへえ）

**黒沢加兵衛**（黒沢嘉兵衛） くろさわかへえ
慶長17（1612）年～元禄4（1691）年　[別]黒沢嘉兵衛《くろさわかひょうえ》
江戸時代前期～中期の八重原新田開発者。
¶姓氏長野，長野百（黒沢嘉兵衛），長野歴（黒沢嘉兵衛　くろさわかひょうえ）

**黒沢金太郎〔1代〕** くろさわきんたろう
江戸時代の陶工、佐渡相川焼の開祖。
¶人名（――〔代数なし〕），日人（生没年不詳）

**黒沢貞吉** くろさわさだきち
嘉永1（1848）年～大正13（1924）年
江戸時代末期～大正期の養蚕家。
¶姓氏群馬

**黒沢仙太郎** くろさわせんたろう
*～昭和21（1946）年
明治～昭和期の新田開拓者。

¶姓氏長野(㊍1868年)，長野歴(㊍明治19(1886)年)

**黒沢隆** くろさわたかし
昭和16(1941)年8月20日～
昭和～平成期の建築家。黒沢隆研究室主宰、早見芸術学園理事長。
¶現執1期，現執2期，現執3期

**黒沢貞次郎** くろさわていじろう
明治8(1875)年1月5日～昭和28(1953)年1月26日
明治～昭和期の実業家。黒沢商店を創業、仮名タイプライターを製作。国産初の印刷電信機を完成させた。
¶海越新，科学，世紀，渡航，日人

**黒沢有一** くろさわゆういち
昭和37(1962)年1月6日～
昭和～平成期の陶芸家。
¶陶工

**黒沢利八** くろさわりはち
嘉永2(1849)年～大正8(1919)年
江戸時代末期～大正期の土瀝青(天然アスファルト)利用開発振興の祖。
¶秋田百

**黒瀬恭子** くろせきょうこ
昭和期のジュエリー工芸家。
¶名工

**黒瀬重右衛門** くろせじゅうえもん
生没年不詳
江戸時代前期～中期の装剣金工。
¶日人

**久呂田明功** くろたあきよし
～平成9(1997)年2月
昭和～平成期の染め師。
¶美工

**黒田恵子** くろだけいこ
昭和期の人形作家。
¶名工

**黒田乾吉** くろだけんきち
昭和19(1934)年～平成10(1998)年3月6日
昭和～平成期の木漆工芸家。
¶美工，名工

**黒田耕三朗** くろだこうさぶろう，くろだこうざぶろう
昭和7(1932)年4月7日～
昭和～平成期の陶芸家。
¶陶芸最，陶工，名工(くろだこうざぶろう)

**黒田光太郎** くろだこうたろう
昭和24(1949)年～
昭和～平成期の工学者。
¶平和

**黒田光楽〔1代〕** くろだこうらく
明治24(1891)年～昭和40(1965)年
明治～昭和期の陶芸家。
¶陶工

**黒田光良** くろだこうりょう
生没年不詳
明治～大正期の京都の陶工。太田垣蓮月尼の助手をつとめ、のち開窯して2代蓮月と称した。
¶人名，日人，美工，名工

**黒田定七郎** くろださだしちろう
文久1(1861)年～昭和6(1931)年
明治～昭和期の治水・産業振興功労者、教育者。
¶静岡歴，姓氏静岡

**黒田静夫** くろだしずお
明治36(1903)年5月25日～昭和61(1986)年11月16日
大正～昭和期の土木技術者、運輸省港湾局長。専門は港湾工学。
¶科学，近土，土木

**黒田正玄(1)** くろだしょうげん
天正6(1578)年～承応2(1653)年
安土桃山時代～江戸時代前期の茶人、茶道具師。柄杓作りを修め、千家の柄杓師となった。
¶茶道，新潮㊍承応2(1653)年8月8日)，戦人，日人

**黒田正玄(2)** くろだしょうげん
世襲名　江戸時代以来の柄杓師。
¶京都大

**黒田正玄〔12代〕** くろだしょうげん
明治39(1906)年4月19日～
大正～昭和期の竹細工師。
¶名工

**黒田正玄〔13代〕** くろだしょうげん
昭和11(1936)年～
昭和～平成期の竹細工師。
¶名工

**黒田新六郎** くろだしんろくろう
天保4(1833)年～明治27(1894)年
江戸時代末期～明治期の実業家。寒天製造法を改良。二府一県連合凍瓊脂製造組合を設立。
¶日人

**黒田政憲** くろだせいけん
明治3(1870)年～大正7(1918)年10月9日
明治～大正期の窯業技術家。佐賀県立有田工業学校長。瀬戸陶器学校長などを歴任。窯業書の普及に尽力。
¶人名，世紀，日人

**黒田隆** くろだたかし
昭和8(1933)年5月20日～
昭和～平成期の陶芸家。
¶陶芸最，名工

**黒田武定** くろだたけさだ
明治21(1888)年4月28日～昭和54(1979)年12月13日
明治～昭和期の技師。
¶近土，鉄道，土木

**黒田タツ** くろだたつ
～平成16(2004)年2月18日
昭和～平成期の装束師。
¶美工

**黒田辰秋** くろだたつあき
明治37(1904)年9月21日～昭和57(1982)年6月4日
大正～昭和期の木工芸家、漆芸家。人間国宝。上賀茂民芸協団を創立。螺鈿や乾漆も研究。皇居新宮殿調度品を完成。
¶京都，京都大，現朝，現情，現人，現日，国宝，新潮，世紀，姓氏京都，全書，陶工([没]1983年)，日人，美工，名工

く

**黒田暢** くろだとおる
昭和4(1929)年～
昭和～平成期の染色作家。
¶名工

**黒田豊太郎** くろだとよたろう
万延2(1861)年1月25日～大正7(1918)年2月20日
明治～大正期の技師。
¶近土，土木

**黒谷津右衛門** くろたにつえもん
嘉永1(1848)年～明治26(1893)年
江戸時代後期～明治期の象嵌・彫金師。
¶富山百

**黒鳥勘右衛門** くろとりかんえもん
生没年不詳
江戸時代前期の人。西条新田村を開発。
¶姓氏長野

**黒原善太郎** くろはらぜんたろう
明治41(1908)年～昭和8(1933)年
昭和期の傘職人。日本プロレタリア作家同盟高知支部メンバー。
¶高知人，社史([生]1908年7月25日 [没]1933年10月5日)

**黒部銑次郎** くろべせんじろう
弘化4(1847)年～明治45(1912)年
江戸時代末期～明治期の抗道掘削者。欧米の岩塩抗、塩泉の製塩を知り、日本での岩塩開発を志す。岩塩の探索に生涯をかけた。
¶朝日([生]弘化4(1847)年8月)，姓氏長野，長野歴([生]天保4(1833)年)，日人

**黒宮許三郎** くろみやこさぶろう
嘉永5(1852)年～明治35(1902)年 [別]黒宮許三郎《くろみやもとさぶろう》
明治期の水利功労者。尾張海西郡の開墾、熱田港付近の開墾を手がける。
¶新潮，人名，姓氏愛知(くろみやもとさぶろう)，日人

**黒宮許三郎** くろみやもとさぶろう
→黒宮許三郎(くろみやこさぶろう)

**黒柳沖之助** くろやなぎおきのすけ
安政1(1854)年～明治38(1905)年
江戸時代末期～明治期の鎌鍛冶。
¶姓氏長野

**黒柳清八** くろやなぎせいはち
天保10(1839)年～明治31(1898)年
江戸時代後期～明治期の信州鎌の改良家。
¶姓氏長野，長野歴

**桑江良喜** くわえりょうき
明治33(1900)年～昭和43(1968)年
大正～昭和期の内務省地方技師、沖縄県糖業課長、琉球列島米穀生産土地開拓庁庁長。
¶沖縄百([生]明治33(1900)年12月31日 [没]昭和43(1968)年10月19日)，姓氏沖縄

**桑嶋正一郎** くわじましょういちろう
大正2(1913)年～昭和57(1982)年
昭和期の三沢漁港築造最大の功労者。
¶青森人

**桑田権平** くわたごんべえ
明治3(1870)年10月7日～昭和24(1949)年9月13日
明治～昭和期の実業家。日本スピンドル製造創業者。
¶創業

**桑田義備** くわだよしなり, くわたよしなり
明治15(1882)年～昭和56(1981)年
明治～昭和期の植物細胞学者。京都帝国大学教授。イネの染色体数の決定や染色体の配列に関する研究。
¶科学([生]1882年(明治15)10月5日 [没]1981年(昭和56)8月13日)，科技([生]1882年10月5日 [没]1981年8月13日)，現朝([生]1882年10月5日 [没]1981年8月13日)，現情([生]1882年10月5日 [没]1981年8月13日)，コン改(くわたよしなり)，コン4(くわたよしなり)，コン5(くわたよしなり)，植物(くわたよしなり [生]明治15(1882)年10月5日 [没]昭和56(1981)年8月13日)，新潮([生]明治15(1882)年10月5日 [没]昭和56(1981)年8月13日)，世紀(くわたよしなり [生]明治15(1882)年10月5日 [没]昭和56(1981)年8月13日)，世百新，全書，大百(くわたよしなり)，日人([生]明治15(1882)年10月5日 [没]昭和56(1981)年8月13日)，日本(くわたよしなり)，百科

**桑名睦** くわなむつみ
大正8(1919)年1月9日～
昭和～平成期の陶芸家。
¶陶工，名工

**桑根常三郎** くわねつねさぶろう
慶応2(1866)年～大正11(1922)年
明治～大正期の木彫家。
¶香川人，香川百

**桑野幸徳** くわのゆきのり
昭和16(1941)年2月14日～
昭和～平成期の電子技術者。三洋電機社長。プラズマ反応及びアモルファス半導体の研究に従事。アモルファス・シリコン太陽電池を実用化。
¶現執2期，現執3期，現執4期，世紀，日人

**桑幡正清** くわはたまさきよ
明治27 (1894) 年12月7日～昭和60 (1985) 年1月2日
明治～昭和期の弓道家、弓師。
¶弓道

**桑幡道信** くわはたみちのぶ
明治27 (1894) 年4月4日～昭和61 (1986) 年1月7日
明治～昭和期の弓道家、弓師。
¶弓道

**桑原乙吉** くわばらおつきち
慶応3 (1867) 年～昭和24 (1949) 年
明治～昭和期の真珠養殖技術者。
¶世紀 ([生]慶応3 (1867) 年6月3日 [没]昭和24 (1949) 年9月28日), 日人

**桑原平治** くわばらへいじ
昭和4 (1929) 年3月15日～
昭和～平成期の陶芸家。
¶陶工

**桑原弥寿雄** くわはらやすお
明治41 (1908) 年7月10日～昭和44 (1969) 年2月4日
昭和期の土木技術者。鉄道路線計画に情熱を燃やし、青函トンネル実現に意を尽くす。
¶青森人, 科学, 近土, 現朝, 世紀, 土木, 日人

**桑村克久** くわむらかつひさ
元禄7 (1694) 年～？
江戸時代中期の装剣金工。
¶石川百 (生没年不詳), 姓氏石川, 日人

**桑村弘良** くわむらひろよし
生没年不詳
江戸時代前期の装剣金工。
¶日人

**桑村盛勝** くわむらもりかつ
江戸時代の装剣彫工。
¶人名, 日人 (生没年不詳)

**桑村盛弘** くわむらもりひろ
生没年不詳
江戸時代前期の装剣金工。
¶日人

**桑村盛良** くわむらもりよし
？ ～正徳1 (1711) 年
江戸時代前期～中期の装剣金工。
¶日人

**桑本太喜蔵** くわもとたきぞう
明治37 (1904) 年12月16日～昭和53 (1978) 年8月12日
昭和期の酪農家。大山乳業農協組合長。伯耆酪農組合を組織、牛乳加工に従事。
¶世紀, 日人

**桑山圭洋** くわやまけいよう
昭和19 (1944) 年8月29日～
昭和～平成期の陶芸家。
¶陶芸最, 陶工

**軍地功阿弥** ぐんじこうあみ
？ ～天和1 (1681) 年 [別]軍地功阿弥《ぐんちこうあみ》
江戸時代中期の彫金家、水戸金工創業の一人。
¶人名 (ぐんちこうあみ), 日人

**郡司成忠** ぐんじしげただ
万延1 (1860) 年～大正13 (1924) 年 [別]郡司成忠《ぐんじなりただ》
明治期の海軍軍人、開拓者。千島拓殖と北方警備を志し、報効義会を結成。
¶青森人, 朝日 ([生]万延1年11月17日 (1860年12月28日) [没]大正13 (1924) 年8月15日), 海越 ([生]万延1 (1860) 年11月17日 [没]大正13 (1924) 年8月15日), 海越新 ([生]万延1 (1860) 年11月17日 [没]大正13 (1924) 年8月15日), 近現 (ぐんじなりただ), 国史 (ぐんじなりただ), コン改, コン5 (ぐんじなりただ), 史人 ([生]1860年11月17日 [没]1924年8月15日), 食文 (ぐんじなりただ [生]万延1年11月17日 (1860年12月28日) [没]1924年8月15日), 新潮 (ぐんじなりただ [生]万延1 (1860) 年11月17日 [没]大正13 (1924) 年8月15日), 人名, 世紀 ([生]万延1 (1860) 年11月17日 [没]大正13 (1924) 年8月15日), 世人 (ぐんじなりただ [生]万延1 (1860) 年11月17日 [没]大正13 (1924) 年8月15日), 世百, 先駆 ([生]万延1 (1860) 年11月17日 [没]大正13 (1924) 年8月15日), 全書 (ぐんじなりただ), 大百 (ぐんじなりただ), 日史 ([生]万延1 (1860) 年11月17日 [没]大正13 (1924) 年8月15日), 日人 (ぐんじなりただ), 日本, 百科, 北海道百, 北海道歴, 民学 (ぐんじなりただ), 明治1, 陸海 (ぐんじなりただ [生]万延1年11月17日 [没]大正13年8月15日), 歴大 (ぐんじなりただ)

**郡司忠平** ぐんじちゅうへい
天保7 (1836) 年～大正7 (1918) 年
江戸時代末期～大正期の開拓者。郡司開墾の創設者の一人。
¶栃木歴

**郡司成忠** ぐんじなりただ
→郡司成忠 (ぐんじしげただ)

**軍地功阿弥** ぐんちこうあみ
→軍地功阿弥 (ぐんじこうあみ)

## 【け】

**慶円** けいえん
生没年不詳 [別]慶円《きょうえん》
平安時代後期の仏師。
¶姓氏長野, 長野歴, 平史 (きょうえん)

**慶源** けいげん
生没年不詳
戦国時代の仏師。
¶姓氏神奈川, 戦辞

け

**ケイコ・小林　けいここばやし**
昭和期の宝飾デザイナー。
¶名工

**慶秀(1)　けいしゅう**
生没年不詳　[別]慶秀《きょうしゅう》
平安時代中期の仏師。
¶仏教，平史（きょうしゅう）

**慶秀(2)　けいしゅう**
生没年不詳
南北朝時代～室町時代の仏師。
¶仏教

**稽主勲　けいしゅくん**
生没年不詳
奈良時代の仏師。
¶朝日，国史，古代，古中，新潮，日人，仏教

**経尋　けいじゅん**
→経尋（けいじん）

**経尋　けいじん**
生没年不詳　[別]経尋《きょうじん，けいじゅん》
平安時代後期の僧、仏師。
¶岡山歴（きょうじん），徳島百（けいじゅん），徳島歴，仏教，平史（きょうじん）

**慶禅　けいぜん**
生没年不詳
鎌倉時代の仏師。
¶鎌倉，埼玉人

**慶尊　けいそん**
生没年不詳　[別]慶尊《きょうそん》
平安時代後期の仏師。
¶岡山歴，徳島歴，平史（きょうそん）

**慶田政太郎　けいだまさたろう**
嘉永5（1852）年～大正13（1924）年
明治～大正期の窯主。薩摩田之浦窯主。錦手製の改良に尽力。
¶人名，世紀，日人

**慶忠　けいちゅう**
生没年不詳
戦国時代の仏師。
¶戦辞

**慶入　けいにゅう**
→楽慶入（らくけいにゅう）

**慶忍　けいにん**
生没年不詳
鎌倉時代の絵仏師。長らく住吉慶恩と誤読されていた。
¶角史，鎌室，国史，国書，古中，コン改，コン4，茶道，新潮，人名，世人，日人，仏教，名画

**稽文会　けいぶんかい**
→稽文会（けいもんえ）

**稽文会　けいもんえ**
[別]稽文会《けいぶんかい》
奈良時代の仏師。
¶古代（けいぶんかい），日人（生没年不詳）

**秪文会　けいもんえ**
[別]春日《かすが》
飛鳥時代の仏工。
¶人名

**気仙大工五郎吉　けせんだいくごろうきち**
宝暦3（1753）年～天保13（1842）年
江戸時代中期～後期の気仙大工棟梁。
¶姓氏岩手

**月窓　げっそう**
江戸時代中期の尾張赤津の陶工。
¶人名，日人（生没年不詳）

**月波　げっぱ**
明治22（1889）年～昭和17（1942）年
大正～昭和期の俳人、技師。新傾向句で活躍。
¶俳諧，俳句（[没]昭和17（1942）年3月7日）

**煙山泰子　けむやまやすこ**
昭和期の木製遊具デザイナー。
¶名工

**見阿　けんあ**
鎌倉時代後期の漆工、平文師。花園天皇の命により日吉神社の神輿造替に従事。
¶人名，日人（生没年不詳）

**玄悦　げんえつ**
→船橋玄悦（ふなばしげんえつ）

**憲円　けんえん**
生没年不詳
南北朝時代の仏師。
¶神奈川人，鎌倉，仏教

**賢円(1)　けんえん**
生没年不詳
平安時代後期の仏師。
¶朝日，京都大，国史，古史，古中，史人，新潮，姓氏京都，世人，日人，仏教，仏史，平史

**賢円(2)　けんえん**
生没年不詳
平安時代後期の仏師。
¶仏教

**玄応自明　げんおうじめい**
？　～明治4（1871）年？
江戸時代末期の七宝工。
¶人名，日人

**玄海　げんかい**
生没年不詳
鎌倉時代の仏師。
¶日人

**賢喜　けんき**
上代の鞍作の工匠。
¶人名

兼慶 けんけい
　生没年不詳
　平安時代後期の中央正系の仏師。
　¶平史

元慶 げんけい
　→松雲元慶（しょううんげんけい）

源慶(1) げんけい
　生没年不詳
　鎌倉時代の画僧。
　¶日人，平史

源慶(2) げんけい
　生没年不詳
　鎌倉時代の仏師。単独で奈良如意輪寺蔵王権現像を造る。
　¶朝日，人名，日人，仏教，平史，名画

玄々堂〔2代〕げんげんどう
　→松田敦朝（まつだあつとも）

源吾 げんご
　江戸時代中期の讃岐志度焼の陶工。
　¶人名

元光斎〔1代〕げんこうさい
　享保6（1721）年～天明3（1783）年
　江戸時代中期の尾張常滑の陶工。
　¶人名，姓氏愛知（──〔代数なし〕 ㊥1804年），日人

元光斎〔2代〕げんこうさい
　宝暦6（1756）年～天保11（1840）年
　江戸時代後期の尾張常滑の陶工。
　¶人名，日人

元興寺玄朝 げんこうじげんちょう
　→玄朝（げんちょう）

玄斎 げんさい
　生没年不詳
　安土桃山時代の焼き物師。
　¶茶道，戦人，美工

源左衛門 げんざえもん
　生没年不詳
　戦国時代の鎌倉の番匠。
　¶戦辞

源三郎(1) げんざぶろう
　江戸時代中期。
　→蒔絵師源三郎（まきえしげんざぶろう）

源三郎(2) げんざぶろう
　生没年不詳
　江戸時代中期の蒔絵師。
　¶京都大，姓氏京都

乾山 けんざん
　→伊八乾山（いはちけんざん）

源次 げんじ
　生没年不詳
　戦国時代～安土桃山時代の仏師。

¶朝日，日人，仏教

原子光生 げんしこうせい
　大正11（1922）年～平成22（2010）年1月20日
　昭和～平成期の陶芸家。
　¶陶芸最（㊥大正11年6月15日），美工

源次三郎 げんじさぶろう
　生没年不詳
　戦国時代の鎌倉の番匠。
　¶戦辞

源十郎〔京都の竹屋源十郎〕げんじゅうろう
　戦国時代の陶工。
　¶人名

源順 げんじゅん
　生没年不詳
　平安時代後期の絵仏師。
　¶平史

顕性 けんじょう
　鎌倉時代後期の漆工、平文師。日吉神社の神輿造替に参加。
　¶人名，日人（生没年不詳）

鎌次郎 けんじろう
　明治45（1912）年1月1日～
　昭和期の刀工。
　¶島根百

源介(1) げんすけ
　江戸時代の陶工。
　¶人名，日人（生没年不詳）

源介(2)（補記なし）げんすけ
　江戸時代の陶工。
　¶茶道（補記なし），人名，日人（生没年不詳）

厳成 げんせい
　平安時代後期の仏師。
　¶岡山歴

厳成 げんせい
　→厳成（ごんじょう）

源増 げんぞう
　生没年不詳
　平安時代後期の仏師。
　¶平史

源尊 げんそん
　生没年不詳
　平安時代後期の仏師。
　¶平史

源田秀三郎 げんだひでさぶろう
　大正5（1916）年4月30日～昭和62（1987）年12月2日
　昭和期の工学者。ネガ方式のカラー写真を国内で初めて開発した。
　¶科学，写家

玄朝 げんちょう
　生没年不詳　㊥元興寺玄朝《げんこうじげんちょ

う》
平安時代中期の奈良地方の絵仏師。
¶朝日，角史，国史，古中，コン改，コン4，史人，新潮，世人，日人，美術，百科，仏教，平史，名画（元興寺玄朝　げんこうじげんちょう）



**乾亭** けんてい
→音羽屋惣太郎（おとわやそうたろう）

**賢庭** けんてい
生没年不詳
安土桃山時代～江戸時代前期の庭師。
¶京都大，姓氏京都

**玄葉栄吉** げんはえいきち，げんばえいきち
天保7（1836）年～明治45（1912）年2月2日
江戸時代末期～明治期の和算家、教育者。家塾で門弟を教授。村内耕地図などの測量で、村政に貢献。
¶数学，幕末（げんばえいきち）

**剣持勇** けんもちいさむ
大正1（1912）年～昭和46（1971）年
昭和期のインテリアデザイナー。日本の家具・インテリア・工業デザインの開拓者の一人。
¶現朝（[生]1912年1月2日　[没]1971年6月3日），現情（[生]1912年1月2日　[没]1971年6月3日），現人，現日（[生]1912年1月3日　[没]1971年6月3日），コン改，コン4，コン5，新潮（[生]明治45（1912）年1月2日　[没]昭和46（1971）年6月3日），人名7，世紀（[生]明治45（1912）年1月2日　[没]昭和46（1971）年6月3日），全書，大百，日人（[生]明治45（1912）年1月2日　[没]昭和46（1971）年6月3日），宮城百（[生]明治44（1911）年）

**剣持嘉右衛門** けんもちかえもん
文化7（1810）年4月8日～明治22（1889）年10月6日
江戸時代後期～明治期の大工棟梁。
¶庄内

**剣持小枝** けんもちさえ
昭和期の人形工芸家。
¶名工

**剣持昤** けんもちりょう
昭和13（1938）年4月9日～昭和47（1972）年7月29日
昭和期の建築家。一級建築士。
¶美建

**乾哉** けんや
？　～大正12（1923）年
明治～大正期の陶工。三浦乾也門下の一人。入谷町に住んで捻り物を作った。
¶人名，名工

**元利栄満** げんりよしみつ
？　～宝永2（1705）年　[別]出目栄満《でめえいまん，でめよしみつ》
江戸時代前期～中期の能面作者。越前出目家から分家、弟子出目家の祖、古元利ともよばれる。
¶朝日，近世，国史，人名（出目栄満　でめえいまん），日人（出目栄満　でめよしみつ）

## 【こ】

**古青江弘次** こあおえひろつぐ
生没年不詳
鎌倉時代前期の刀工。
¶新潟百

**古庵千恵子** こあんちえこ
昭和8（1933）年8月28日～
昭和～平成期の陶芸家。
¶陶芸最，陶工，名工

**鯉江昭萌** こいえしょうほう
昭和20（1945）年11月5日～
昭和期の陶芸家。
¶陶芸最

**鯉江高司** こいえたかじ，こいえたかし
弘化3（1846）年～＊
江戸時代末期～明治期の陶業家。養父の創始した土管を完成、土管の販路を拡張。美術研究所の創設に尽力。
¶人名，姓氏愛知（こいえたかし　[没]1912年），日人（[生]1847年　[没]？），名工（[生]弘化3（1846）年11月15日）

**鯉江剛吉** こいえたけよし
昭和26（1951）年1月2日～
昭和期の陶芸家。
¶陶芸最

**鯉江敏弘** こいえとしひろ
昭和27（1952）年1月15日～
昭和～平成期の陶芸家。
¶陶芸最，名工

**鯉江博明** こいえひろあき
昭和19（1944）年12月5日～
昭和期の陶芸家。
¶陶芸最

**鯉江広** こいえひろし
昭和30（1955）年2月10日～
昭和～平成期の陶芸家。
¶陶芸最，陶工，名工

**鯉江方救** こいえほうきゅう
寛政4（1792）年～慶応2（1866）年
江戸時代中期の尾張常滑の陶工。鉄砲窯を改良した真焼窯を考案。
¶人名，姓氏愛知，日人

**鯉江方寿** こいえほうじゅ
文政4（1821）年～明治34（1901）年
江戸時代末期～明治期の常滑焼の祖、陶芸作家。連房式登窯を作り、土管量産に成功。
¶愛知百，人書94，人名，姓氏愛知，日人，幕末

**鯉江良二** こいえりょうじ
昭和13（1938）年7月27日～

昭和～平成期の陶芸家。
¶陶芸最，陶工，名工

**小池岩太郎** こいけいわたろう
大正2(1913)年2月22日～平成4(1992)年7月21日
昭和期のデザイン教育者、工芸・インダストリアルデザイナー。東京芸術大学名誉教授、芸術研究振興財団理事長などを歴任。
¶現朝，現情，現日，新潮，世紀，日人

**小池丑蔵** こいけうしぞう
大正2(1913)年～
昭和～平成期の表具師。
¶名工

**小池啓吉** こいけけいきち
明治28(1895)年8月4日～昭和47(1972)年10月18日
明治～昭和期の技師。
¶近土，土木

**小池健一** こいけけんいち
昭和期の時計組立・修理工。
¶名工

**小池頌子** こいけしょうこ
昭和18(1943)年～
昭和～平成期の陶芸家。専門はラスター彩色。
¶名工

**小池仁朗** こいけにろう
慶応2(1866)年～昭和11(1936)年
明治～昭和期の水産功労者。
¶北海道百，北海道歴

**小池隼人助** こいけはやとのすけ
？ ～慶長2(1597)年
江戸時代前期の岩付太田氏の旧臣。中山道鴻巣宿の開発者。
¶埼玉人，埼玉百

**小泉修** こいずみおさむ
昭和34(1959)年～
昭和～平成期のシステムエンジニア、ライター、作家。インテリジェント・リサーチ代表取締役。
¶現執4期

**小泉兼五郎** こいずみかねごろう
江戸時代末期～明治期の彫師。
¶浮絵

**小泉恵子** こいずみけいこ
生没年不詳
昭和～平成期のテキスタイル作家、染織家。
¶児人

**小泉次大夫** こいずみじだいゆう
→小泉次大夫(こいずみじだゆう)

**小泉次大夫** こいずみじだゆう
天文8(1539)年～元和9(1623)年　[別]小泉次太夫吉次《こいずみじだゆうきちじ》，小泉次大夫《こいずみじだいゆう》
安土桃山時代～江戸時代前期の武士、治水家。毛・川崎領代官。植松泰清の長男。用水開削を推進。
¶朝日([没]元和9年12月8日(1624年1月27日))，神奈川百，郷土神奈川(こいずみじだいゆう [生]1538年)，近世，国史，史人([没]1623年12月8日)，人書94，戦合，多摩(小泉次太夫吉次　こいずみじだゆうきちじ)，日人([没]1624年)，歴大([没]1624年)

**小泉淳作** こいずみじゅんさく
大正13(1924)年10月26日～
昭和～平成期の日本画家、陶芸家。鎌倉市に築窯、食器、茶器類を作製。建仁寺の天井画「双龍図」、辻邦生「樹の声海の声」の挿絵。
¶近美，世紀，陶芸最，日人，名工

**小泉蔵珍** こいずみぞうほう
昭和16(1941)年～
昭和～平成期の陶芸家。
¶陶工

**小泉忠右衛門** こいずみちゅうえもん
生没年不詳
江戸時代後期の九戸郡上館村の鋳物師。
¶姓氏岩手

**小泉朋子** こいずみともこ
昭和期の手芸家。
¶名工

**小泉仁左衛門** こいずみにざえもん
明治7(1874)年～昭和27(1952)年
明治～昭和期の釜師。
¶岩手百，姓氏岩手

**小泉仁左衛門〔9代〕** こいずみにざえもん
～昭和55(1980)年9月2日
昭和期の南部鉄器鋳金工芸家。
¶美工，名工

**小泉彦左衛門** こいずみひこざえもん
明暦1(1655)年～元文1(1736)年
江戸時代中期の水利開拓者。
¶長野歴

**小泉文平** こいずみぶんぺい
昭和期の鍛冶屋。
¶名工

**小泉満** こいずみみつる
昭和期の工芸家。
¶名工

**小泉巳之吉** こいずみみのきち
天保4(1833)年～明治39(1906)年
江戸時代後期～明治期の彫師。
¶浮絵

**五井孝夫** ごいたかお
明治37(1904)年6月25日～昭和61(1986)年7月3日
大正～昭和期の建築家。五井建築設計研究所社長。
¶美建

## 小出新次郎 こいでしんじろう
文久2 (1862) 年～?
明治期の実業家、教育者。和洋兼用ミシンを発
明。著書に「和洋裁縫大全」。
¶先駆

## 小出裕章 こいでひろあき
昭和24 (1949) 年8月29日～
昭和～平成期の原子工学者。京都大学原子炉実験
所助手。
¶現執3期

## 小出保一郎 こいでやすいちろう
明治18 (1885) 年3月10日～昭和36 (1961) 年8月
29日
明治～大正期の実業家。ジャム製造のパイオニ
ア。丸三ジャム製造所設立者の一人。
¶食文, 先駆 (生没年不詳)

## 小出芳弘 こいでよしひろ
昭和16 (1941) 年10月7日～
昭和～平成期の陶芸家。
¶陶芸最, 名工

## 小糸源六郎 こいとげんろくろう
明治16 (1883) 年7月10日～昭和49 (1974) 年12月2
日
明治～昭和期の実業家。小糸製作所社長。重機
械、電機会社などを経営。シールド・ビーム・
ヘッドランプの国産化に尽力。
¶現情, 静岡歴, 新潮, 人名7, 世紀, 姓氏静岡,
創業, 日人

## 恋沼薫 こいぬまかおる
昭和30 (1955) 年4月11日～
昭和～平成期のエッセイスト、ログキャビン建築
家。自然工房代表取締役。
¶現執3期, 世紀, YA

## 肥沼美智雄 こいぬまみちお
昭和11 (1936) 年3月31日～
昭和期の陶芸家。
¶陶芸最, 名工

## 小岩井宗作 こいわいそうさく
明治7 (1874) 年～昭和13 (1938) 年
明治～昭和期の組合製糸家、蚕種改良家。
¶姓氏長野, 長野百, 長野歴

## 小岩井雅代 こいわいまさよ
昭和期の上田紬織職人。
¶名工

## 小岩古明 こいわこめい
明治12 (1879) 年～昭和43 (1968) 年
明治～昭和期の漆工芸玉虫塗創作者。
¶姓氏岩手

## 光阿 こうあ
鎌倉時代の漆工、平文師。日吉神社の神輿造替に
参加。
¶人名, 日人 (生没年不詳)

## 幸阿弥〔1代〕 こうあみ
→幸阿弥道長 (こうあみどうちょう)

## 幸阿弥〔2代〕 こうあみ
永享5 (1433) 年～明応9 (1500) 年　㊟幸阿弥道清
《こうあみどうせい》
室町時代～戦国時代の蒔絵師。
¶茶道, 新潮 (幸阿弥道清　こうあみどうせい),
人名, 世百, 日人 (幸阿弥道清　こうあみどう
せい)

## 幸阿弥〔3代〕 こうあみ
長禄1 (1457) 年～大永1 (1521) 年　㊟幸阿弥宗金
《こうあみそうきん》
戦国時代の蒔絵師。
¶茶道, 人名, 日人 (幸阿弥宗金　こうあみそう
きん ㊎1527年)

## 幸阿弥〔4代〕 こうあみ
文明11 (1479) 年～天文23 (1554) 年　㊟幸阿弥宗
正《こうあみそうせい》
戦国時代の蒔絵師。
¶茶道, 人名, 日人 (幸阿弥宗正　こうあみそう
せい)

## 幸阿弥〔5代〕 こうあみ
文明16 (1484) 年～弘治3 (1557) 年　㊟幸阿弥宗
伯《こうあみそうはく》
戦国時代の蒔絵師。
¶茶道, 人名, 世百, 日人 (幸阿弥宗伯　こうあ
みそうはく)

## 幸阿弥〔6代〕 こうあみ
永正3 (1506) 年～慶長8 (1603) 年　㊟幸阿弥長清
《こうあみちょうせい》
戦国時代～安土桃山時代の蒔絵師。
¶茶道, 新潮 (幸阿弥長清　こうあみちょうせ
い), 人名, 世百, 日人 (幸阿弥長清　こうあみ
ちょうせい ㊎1529年)

## 幸阿弥〔7代〕 こうあみ
永禄12 (1569) 年～慶長15 (1610) 年　㊟幸阿弥長
晏《こうあみちょうあん》, 長晏《ちょうあん》
安土桃山時代～江戸時代前期の蒔絵師。
¶茶道, 新潮 (幸阿弥長晏　こうあみちょうあ
ん), 人名, 世百, 戦人 (幸阿弥長晏　こうあみ
ちょうあん), 戦補, 日人 (幸阿弥長晏　こうあ
みちょうあん)

## 幸阿弥〔8代〕 こうあみ
天正17 (1589) 年～慶長18 (1613) 年　㊟幸阿弥長
善《こうあみちょうぜん》
安土桃山時代～江戸時代前期の蒔絵師。
¶茶道, 人名, 日人 (幸阿弥長善　こうあみちょ
うぜん)

## 幸阿弥〔9代〕 こうあみ
? ～元和4 (1618) 年　㊟幸阿弥長法《こうあみ
ちょうほう》
安土桃山時代～江戸時代前期の蒔絵師。
¶茶道, 人名, 日人 (幸阿弥長法　こうあみちょ
うほう)

**幸阿弥〔10代〕** こうあみ
　慶長4(1599)年～慶安4(1651)年　㊙幸阿弥長重
《こうあみちょうじゅう,こうあみながしげ》
　江戸時代前期の蒔絵師。幸阿弥家の7代長晏の3男。
　¶朝日(幸阿弥長重　こうあみちょうじゅう
㊷慶安4年2月21日(1651年4月11日)),茶道,
史人(幸阿弥長重　こうあみちょうじゅう
㊷1651年2月21日),新潮(幸阿弥長重　こうあ
みちょうじゅう),人名,世人(幸阿弥長重　こ
うあみながしげ　㊷慶安4(1651)年1月21日),
世百,日人(幸阿弥長重　こうあみちょうじゅ
う)

**幸阿弥〔11代〕** こうあみ
　寛永5(1628)年～天和2(1682)年　㊙幸阿弥長房
《こうあみちょうぼう,こうあみながふさ》
　江戸時代前期の蒔絵師。
　¶茶道,新潮(幸阿弥長房　こうあみちょうぼう
㊷天和3(1683)年),人名,姓氏京都(幸阿弥長
房　こうあみながふさ　㊹1626年　㊷1683
年),世百,日人(幸阿弥長房　こうあみちょう
ぼう)

**幸阿弥〔12代〕** こうあみ
　寛文1(1661)年～享保8(1723)年　㊙幸阿弥長救
《こうあみちょうきゅう》
　江戸時代中期の蒔絵師。
　¶茶道,人名,日人(幸阿弥長救　こうあみちょ
うきゅう)

**幸阿弥〔13代〕** こうあみ
　→幸阿弥正峰(こうあみせいほう)

**幸阿弥〔14代〕** こうあみ
　→幸阿弥道該(こうあみどうがい)

**幸阿弥〔15代〕** こうあみ
　→幸阿弥長孝(こうあみちょうこう)

**幸阿弥〔16代〕** こうあみ
　→幸阿弥長周(こうあみちょうしゅう)

**幸阿弥〔17代〕** こうあみ
　→幸阿弥長輝(こうあみちょうき)

**幸阿弥〔18代〕** こうあみ
　→幸阿弥長行(こうあみちょうこう)

**幸阿弥〔19代〕** こうあみ
　→幸阿弥長賢(こうあみちょうけん)

**幸阿弥伊予** こうあみいよ
　生没年不詳
　江戸時代中期の蒔絵師。
　¶京都,姓氏京都

**幸阿弥正峰** こうあみせいほう
　㊙幸阿弥〔13代〕《こうあみ》
　江戸時代中期の蒔絵師。正峰。
　¶人名(幸阿弥〔13代〕　こうあみ),日人(生没
年不詳)

**幸阿弥宗金** こうあみそうきん
　→幸阿弥〔3代〕(こうあみ)

**幸阿弥宗正** こうあみそうせい
　→幸阿弥〔4代〕(こうあみ)

**幸阿弥宗伯** こうあみそうはく
　→幸阿弥〔5代〕(こうあみ)

**幸阿弥長晏** こうあみちょうあん
　→幸阿弥〔7代〕(こうあみ)

**幸阿弥長輝** こうあみちょうき
　㊙幸阿弥〔17代〕《こうあみ》
　江戸時代中期の蒔絵師。長輝。
　¶人名(幸阿弥〔17代〕　こうあみ),日人(生没
年不詳)

**幸阿弥長救** こうあみちょうきゅう
　→幸阿弥〔12代〕(こうあみ)

**幸阿弥長賢** こうあみちょうけん
　㊙幸阿弥〔19代〕《こうあみ》
　江戸時代中期の蒔絵師。長賢。
　¶人名(幸阿弥〔19代〕　こうあみ),日人(生没
年不詳)

**幸阿弥長玄** こうあみちょうげん
　元亀3(1572)年～慶長12(1607)年
　安土桃山時代の蒔絵師。
　¶新潮,日人

**幸阿弥長孝** こうあみちょうこう
　㊙幸阿弥〔15代〕《こうあみ》
　江戸時代中期の蒔絵師。長孝。
　¶人名(幸阿弥〔15代〕　こうあみ),日人(生没
年不詳)

**幸阿弥長行** こうあみちょうこう
　㊙幸阿弥〔18代〕《こうあみ》
　江戸時代中期の蒔絵師。長行。
　¶人名(幸阿弥〔18代〕　こうあみ),日人(生没
年不詳)

**幸阿弥長周** こうあみちょうしゅう
　㊙幸阿弥〔16代〕《こうあみ》
　江戸時代中期の蒔絵師。長周。
　¶人名(幸阿弥〔16代〕　こうあみ),日人(生没
年不詳)

**幸阿弥長重** こうあみちょうじゅう
　→幸阿弥〔10代〕(こうあみ)

**幸阿弥長清** こうあみちょうせい
　→幸阿弥〔6代〕(こうあみ)

**幸阿弥長善** こうあみちょうぜん
　→幸阿弥〔8代〕(こうあみ)

**幸阿弥長法** こうあみちょうほう
　→幸阿弥〔9代〕(こうあみ)

**幸阿弥長房** こうあみちょうぼう
　→幸阿弥〔11代〕(こうあみ)

**幸阿弥道該** こうあみどうがい
　㊙幸阿弥〔14代〕《こうあみ》
　江戸時代中期の蒔絵師。道該。

¶人名(幸阿弥〔14代〕 こうあみ),日人(生没年不詳)

### 幸阿弥道清 こうあみどうせい
→幸阿弥〔2代〕(こうあみ)

### 幸阿弥道長 こうあみどうちょう
応永17(1410)年～文明10(1478)年 ㋲幸阿弥〔1代〕《こうあみ》
室町時代の蒔絵師。幸阿弥家の初代。
¶朝日(㋲文明10年10月13日(1478年11月7日)),鎌室(生没年不詳),茶道(幸阿弥〔1代〕 こうあみ),史人(㋲1478年10月13日),新潮,人名(幸阿弥〔1代〕 こうあみ),世百(幸阿弥〔1代〕 こうあみ),日人(㋲1408年)

### 幸阿弥長重 こうあみながしげ
→幸阿弥〔10代〕(こうあみ)

### 幸阿弥長房 こうあみながふさ
→幸阿弥〔11代〕(こうあみ)

### 康運 こううん
生没年不詳
鎌倉時代の仏師。運慶の次男。
¶朝日,国史,古中,史人,新潮,姓氏京都,世人,日人,仏教,仏史,平史

### 康円 こうえん
承元1(1207)年～?
鎌倉時代前期の仏師。康運の子。運慶3代。
¶朝日,鎌室,京都大,国史,古中,コン改(㋲承元1(1207)年?),コン4(㋲承元1(1207)年?),史人,新潮,人名(㋲1217年 ㋫1275年),姓氏京都(㋫1275年),世人(㋲建保5(1217)年 ㋲建治1(1275)年),全書,大百(㋲1217年 ㋫1275年),日史,日人,美術,百科,仏教(㋲承元1(1207)年,(異説)建保5(1217)年 ㋫建治1(1275)年?),仏史

### 弘円 こうえん
嘉吉2(1442)年～＊
戦国時代の仏師。
¶神奈川人(㋫1529年),鎌倉(㋫享禄2(1529)年),埼玉人(生没年不詳),新潮(㋫?),姓氏神奈川(㋫1529年),戦辞(生没年不詳),日人(㋫?),仏教(㋲嘉吉2(1442)年? ㋫?)

### 甲賀三郎 こうがさぶろう
明治26(1893)年～昭和20(1945)年
大正～昭和期の推理小説家。由良染料技師を経て農商務省窒素研究所技師。処女作は「真珠塔の秘密」、代表作に「琥珀のパイプ」。
¶郷土滋賀,近文,現朝(㋲1893年10月5日 ㋫1945年2月14日),幻作,幻想,コン改,コン5,滋賀文(㋲1893年10月5日 ㋫1945年2月14日),小説(㋲明治26(1893)年10月5日 ㋫昭和20(1945)年2月14日),新潮(㋲明治26(1893)年10月5日 ㋫昭和20(1945)年2月14日),新文(㋲明治26(1893)年10月5日 ㋫昭和20(1945)年2月14日),人名7,世紀(㋲明治26(1893)年10月5日 ㋫昭和20(1945)年2月14日),全書,大百,探偵,日児(㋲明治26

(1893)年10月5日 ㋫昭和20(1945)年2月14日),日人(㋲明治26(1893)年10月5日 ㋫昭和20(1945)年2月14日),文学,ミス(㋲明治26(1893)年10月5日 ㋫昭和20(1945)年2月14日)

### 甲賀宜政 こうがよしまさ
万延1(1860)年4月8日～昭和10(1935)年7月16日
明治～昭和期の官吏。工学博士、造幣局作業部長。日本造幣界の権威。正三位勲二等。著書に「造幣局沿革誌」。
¶海越新,科学,人名,世紀,渡航,日人

### 甲賀宜政 こうがよしまさ
万延1(1860)年～昭和10(1935)年7月
明治～昭和期の造幣技術者。
¶大阪人

### 高貴 こうき
生没年不詳 ㋲新漢陶部高貴《いまきのあやのすえつくりのこうき》,歓因知利《かんいんちり》,陶部高貴《すえつくりべのこうき》
上代の百済の才伎。
¶古代(新漢陶部高貴 いまきのあやのすえつくりのこうき),コン改,コン4,人名,日人(新漢陶部高貴 いまきのあやのすえつくりのこうき),美工

### 康吉 こうきつ
生没年不詳
室町時代の仏師、能面作者。康永の前代。
¶朝日,日人,美工

### 光慶 こうけい
生没年不詳
鎌倉時代後期の仏師。
¶埼玉人

### 幸慶 こうけい
生没年不詳
平安時代後期～鎌倉時代前期の慶派の仏師。
¶平史

### 康慶 こうけい
生没年不詳
平安時代後期～鎌倉時代前期の奈良仏師。運慶の父、快慶の師。
¶朝日,岩史,鎌室,国史,古史,古中,コン改,コン4,史人,新潮,人名,姓氏京都,世人,全書,大百,日史,日人,美術,百科,仏教,仏史,平史,歴大

### 幸斎 こうさい
江戸時代末期の近江湖東焼の陶画工。
¶人名,日人(生没年不詳)

### 香斎 こうさい
江戸時代末期の清水焼の陶工。
¶人名

### 香西哲雲 こうさいせきうん
～寛文6(1666)年10月
江戸時代前期の衢壌島開発者、治水功労者。
¶大阪人

**香西三樹** こうざいみき
昭和24(1949)年6月2日～
昭和～平成期の陶芸家。
¶陶芸最，名工

**上坂伝次** こうさかでんじ
慶応3(1867)年～昭和23(1948)年
明治～昭和期の農事改良家。
¶植物([生]慶応3(1867)年1月12日　[没]昭和23(1948)年7月31日)，世紀([生]慶応3(1867)年1月12日　[没]昭和23(1948)年7月31日)，姓氏富山，富山百，日人

**高坂弘** こうさかひろし
昭和19(1944)年6月26日～
昭和期の陶芸家。
¶陶芸最

**幸崎達彦** こうざきたつひこ
昭和31(1956)年6月24日～
昭和～平成期の陶芸家。
¶名工

**光沢金一郎** こうざわきんいちろう
明治14(1881)年～昭和6(1931)年
明治～昭和期の農業技術指導者。
¶長野歴

**江桟** こうさん
？～明和4(1767)年4月13日
江戸時代中期の俳人・刀工。
¶国書

**光山〔京都の光山〕** こうざん
江戸時代末期～明治期の陶工。
¶人名

**光山〔東京の光山〕** こうざん
明治～大正期の陶工。楽焼より本焼に進み、上野の東京美術学校内に築窯したが、晩年はタイル会社を経営。
¶人名

**幸山** こうざん
江戸時代中期の京都粟田の陶工。
¶人名

**耕山〔1代〕** こうざん
江戸時代末期の京都清水の陶工。
¶人名(――〔代数なし〕)，日人(生没年不詳)

**耕山〔2代〕** こうざん
？～大正5(1916)年
明治期の陶工。
¶日人

**小牛清光** こうじきよみつ，こうしきよみつ
南北朝時代の能面師。仮面十作の一人。越前の面打ちとよばれた。
¶人名(こうしきよみつ)，日人(生没年不詳)

**康秀** こうしゅう
生没年不詳
室町時代の仏師。
¶島根歴

**江舟** こうしゅう
？～安政4(1857)年
江戸時代後期～末期の綾戸隧道の開削者。
¶群馬人，姓氏群馬

**康俊** こうしゅん
生没年不詳
鎌倉時代後期～南北朝時代の運慶末流の仏師。南都大仏師、南都興福寺大仏師。
¶朝日，岡山百，岡山歴，鎌室，国史，コン改，コン4，史人，新潮，世人，日史，日人，美術，百科，仏教，仏史，仏史

**康助** こうじょ
生没年不詳
平安時代後期の仏師、法眼。
¶朝日，岩史，角史，京都大，国史，古史，古中，コン4，史人，新潮，人名，世人，日史，日人，美術，百科，仏教，仏史，平史

**康勝** こうしょう
生没年不詳　[別]康海《こうかい》
鎌倉時代前期の仏師。運慶の4男。法眼。
¶朝日，岩史，鎌室([没]嘉禎3(1237)年)，京都大，国史，古中，コン改，コン4，史人，重要，新潮([没]嘉禎3(1237)年11月27日)，人名，姓氏京都，世人，日史，日人([没]1237年)，美術，百科，仏教，仏史，平史

**康正** こうしょう
天文3(1534)年～元和7(1621)年
安土桃山時代～江戸時代前期の仏師、定朝21代、康秀の子。
¶朝日([没]元和7年1月10日(1621年3月3日))，近世，国史，史人([没]1621年1月10日)，新潮([没]元和7(1621)年1月10日)，世人，戦人，日史([没]元和7(1621)年1月10日)，日人，美術，百科，仏教([生]天文3(1534)年？　[没]元和7(1621)年1月10日)，仏史

**康尚** こうじょう，こうしょう
生没年不詳
平安時代の仏師。定朝の父、師。
¶朝日，岩史，角史，京都大(こうしょう)，国史(こうしょう)，古史(こうしょう)，古中(こうしょう)，コン4，史人，新潮，人名(こうしょう)，姓氏京都(こうしょう)，世人(こうしょう)，世百(こうしょう)，日史，日人，美術，百科，仏教，仏史(こうしょう)，平史，歴大

**孝女久米** こうじょくめ
→久米(1)(くめ)

**光真** こうしん
鎌倉時代後期の石大工。
¶岡山歴

**河津匂子** こうずかおるこ
→河津匂子(こうづかおるこ)

**康成** こうせい
生没年不詳

鎌倉時代後期〜南北朝時代の仏師。
¶仏教

**康清** こうせい
生没年不詳
鎌倉時代の仏師。
¶朝日，埼玉人，日人，仏教



**光川亭仙馬** こうせんていせんば
文化11(1814)年〜明治20(1887)年　[別]土屋政吉《つちやまさきち》
江戸時代末期〜明治期の陶工。絵付けと捻り物の名手。
¶幕末([没]1887年9月29日)，和歌山人

**高壮吉** こうそうきち
明治2(1869)年2月20日〜？
明治〜昭和期の工学者。
¶徳島歴，渡航，福岡百([没]昭和21(1946)年1月16日)

**光存** こうぞん
生没年不詳　[別]中田川善兵衛《なかたがわぜんべえ》
戦国時代〜安土桃山時代の陶工。京都で花入れなどを作った。
¶茶道，人名，日人(中田川善兵衛　なかたがわぜんべえ)，美工

**甲田栄佑**(甲田栄祐)　こうだえいすけ
明治35(1902)年7月10日〜昭和45(1970)年1月17日
大正〜昭和期の染織家。重要無形文化財「精好仙台平」の保持者。
¶現情，現日，国宝，植物，人名7，世紀，姓氏宮城([生]1903年)，日人，美工，宮城百(甲田栄祐)，名工

**迎田秋悦** こうだしゅうえつ
明治14(1881)年〜昭和8(1933)年
明治〜昭和期の漆芸家。
¶京都大，世紀([没]昭和8(1933)年10月5日)，姓氏京都，日人([没]昭和8(1933)年10月5日)

**好田秀宗** こうだひでむね
生没年不詳
戦国時代の大工。武蔵国南部で活動。
¶戦辞

**神田兵右衛門** こうだひょうえもん
天保12(1841)年〜大正10(1921)年　[別]神田兵右衛門《かんだひょうえもん》
明治期の実業家、社会事業家。兵庫商法会議所頭取、神戸市議会長などを歴任。明親館設立、兵庫開港に貢献。
¶維新，コン改(かんだひょうえもん)，コン4(かんだひょうえもん)，コン5(かんだひょうえもん)，新潮(かんだひょうえもん　[生]天保12(1841)年2月18日　[没]大正10(1921)年1月13日)，人名(かんだひょうえもん)，先駆(かんだひょうえもん　[生]天保12(1841)年2月18日　[没]大正10(1921)年1月13日)，日人，幕末([没]1921年1月13日)，藩臣5，兵庫人([生]天保12(1841)年2月18日　[没]大正10(1921)年1月13日)，兵庫百

**古宇田正雄** こうたまさお
昭和期の陶芸家。
¶陶工

**古宇田実** こうだみのる
明治12(1879)年1月13日〜昭和40(1965)年2月16日
明治〜昭和期の建築家。神戸大学教授。
¶世紀，日人，美建，兵庫人([生]明治12(1879)年1月)，兵庫百

**甲田綏郎** こうだよしお
昭和4(1929)年1月4日〜
昭和〜平成期の染織家。2002年に重要無形文化財保持者(人間国宝)に認定(精好仙台平)。
¶国宝

**合田良実** ごうだよしみ
昭和10(1935)年2月24日〜平成24(2012)年1月19日
昭和〜平成期の土木工学者、運輸省港湾技術研究所所長。専門は海岸工学、海洋工学。
¶科学

**合田好道** ごうだよしみち
明治43(1910)年〜平成12(2000)年
大正〜平成期の陶芸家。
¶美工

**甲田米次郎** こうだよねじろう
明治39(1906)年〜
大正〜昭和期の井戸掘り職人。
¶名工

**康知** こうち
元和3(1617)年〜寛文1(1661)年11月22日
江戸時代前期の仏師。
¶仏教

**河内内匠助** こうちたくみのすけ
生没年不詳
戦国時代の大工。
¶戦辞

**康朝** こうちょう
生没年不詳
平安時代後期の奈良仏師。康助の子、成朝の父。
¶朝日，国史，古中，史人，新潮，日人，仏教，平史

**河内義就** こうちよしなり
大正2(1913)年6月13日〜昭和62(1987)年10月5日
昭和期の建築家。河内義就設計事務所会長。
¶美建

**河津匂子** こうづかおるこ，こうずかおるこ
大正11(1922)年〜昭和40(1965)年
昭和期の和紙人形作家。
¶島根歴(こうずかおるこ)

**神津邦太郎** こうづくにたろう
＊〜昭和5(1930)年
明治〜昭和期の酪農家。日本有数の民間牧場神津牧場の創設者。バターを製造・販売する。
¶朝日（㋿慶応1年10月24日（1865年12月11日）㋑昭和5(1930)年12月2日）、郷土長野（㋑1866年）、群馬人（㋿慶応2(1866)年）、群馬百（㋑1865年）、食文（㋿慶応1年10月24日（1865年12月11日）㋑1930年12月2日）、世紀（㋿慶応1(1865)年10月24日　㋑昭和5(1930)年12月2日）、姓氏群馬（㋑1868年）、姓氏長野（㋑1866年）、長野百（㋑1866年）、長野歴（㋿慶応2(1866)年）、日人（㋑1865年）

**高鶴夏山** こうづるかざん，こうずるかざん
大正3(1914)年2月23日〜昭和61(1986)年8月23日
昭和期の陶芸家。
¶陶芸，陶芸最，陶工，美工（こうずるかざん），名工（こうずるかざん）

**高鶴元** こうづるげん，こうずるげん
昭和13(1938)年11月27日〜
昭和〜平成期の陶芸家。
¶陶芸最，陶工，名工（こうずるげん　㋑昭和12年11月27日）

**高鶴淳** こうづるじゅん，こうずるじゅん
昭和15(1940)年11月5日〜
昭和〜平成期の陶芸家。
¶陶芸最，陶工，名工（こうずるじゅん）

**高鉄** こうてつ
江戸時代前期の刀工。
¶人名

**康伝** こうでん
明暦3(1657)年〜元禄13(1700)年2月25日
江戸時代前期〜中期の仏師。
¶黄檗

**神戸八郎** ごうどはちろう
明治18(1885)年〜昭和16(1941)年
明治〜昭和期の組合製糸家。
¶姓氏長野，長野百，長野歴

**光仁** こうにん
生没年不詳
平安時代後期の仏師僧。
¶平史

**河野昭** こうのあきら
昭和23(1948)年7月28日〜
昭和〜平成期の陶芸家。
¶陶芸最

**河野章** こうのあきら
昭和20(1945)年2月16日〜
昭和〜平成期の陶芸家。
¶陶芸最，陶工

**鴻池翠屋** こうのいけすいおく
天保1(1830)年〜明治26(1893)年 江戸時代末期〜明治期の両替商。維新後両替商廃業、新田農耕の改良に尽くす。
¶大阪人（㋿明治26(1893)年4月），幕末（㋑1893年4月5日）

**河野勇** こうのいさむ
大正〜昭和期の窯業技術家。尾張瀬戸の県立窯業学校長。福島県の工業技手を経て、名古屋の製陶会社に関係する。著書に「福島県之窯業」。
¶人名

こ

**幸野吉郎左衛門** こうのきちろうざえもん
元禄3(1690)年〜延享5(1748)年
江戸時代中期の御用時計師。
¶長崎百，長崎歴

**河野紀美子** こうのきみこ
昭和26(1951)年1月19日〜
昭和〜平成期の陶芸家。
¶陶工

**河野競司** こうのきょうじ
昭和5(1930)年1月24日〜
昭和〜平成期の映画録音技師。
¶映人

**河野玄容** こうのげんよう
昭和27(1952)年8月19日〜
昭和〜平成期の陶芸家。
¶陶工

**河野剛** こうのごう
→河野禎造（こうのていぞう）

**河野貞寿** こうのさだひさ
明治38(1905)年5月16日〜昭和39(1964)年頃?
大正〜昭和期の映画録音技師。
¶映人

**河野春明** こうのしゅんめい
→河野春明（こうのはるあき）

**河野仙右衛門** こうのせんえもん
江戸時代中期〜後期の薩摩竪野窯の陶工。
¶人名，日人（生没年不詳）

**河野善助** こうのぜんすけ
江戸時代末期の陶工、末広山焼の創始者。
¶人名，日人（生没年不詳）

**河野天瑞** こうのたかのぶ
安政4(1857)年12月1日〜大正14(1925)年3月11日
江戸時代末期〜大正期の鉄道技師。
¶近土，土木

**河野忠次** こうのちゅうじ
江戸時代末期の美濃温故焼の陶工。
¶人名，日人（生没年不詳）

**河野禎造**（河野禎蔵）**こうのていぞう**
文化14(1817)年〜明治4(1871)年　㋓河野禎造《かわのていぞう》，河野剛《こうのごう》
江戸時代末期〜明治期の蘭方医、化学・農学者。長崎でシーボルトらに学んだ。農事改良に励み

「農家備要」前編5巻を著した。
¶朝日（かわのていぞう　[生]文化14年12月1日（1818年1月7日）　[没]明治4（1871）年2月10日），維新，科学（[生]1817年（文化14）12月1日　[没]1871年（明治4）2月10日），眼科（かわのていぞう），国書（[生]文化14（1817）年12月1日　[没]明治4（1871）年2月10日），コン改，コン4，コン5，植物（[生]文化14（1818）年12月1日　[没]明治4（1871）年2月10日），新潮（河野剛　こうのごう　[生]文化11（1814）年），人名（河野禎蔵），先駆（[生]文化10（1817）年），日人（かわのていぞう　[生]1818年），幕末（[没]1871年3月30日），藩臣7，福岡百（かわのていぞう　[生]文化14（1817）年1月7日　[没]明治4（1871）年3月30日），洋学

**河野鉄朗**　こうのてつろう
明治44（1911）年～昭和63（1988）年12月10日
大正～昭和期の染色家。
¶美工，名工

**河野白寿**　こうのはくじゅ
→河野百寿（こうのひゃくす）

**河野春明**　こうのはるあき
天明7（1787）年～＊　[別]河野春明《こうのしゅんめい》
江戸時代後期の彫金家。
¶人名（こうのしゅんめい　[没]1859年），日人（[没]1858年）

**河野百寿**　こうのひゃくす
文政5（1822）年～明治40（1907）年　[別]河野白寿《こうのはくじゅ》
江戸時代末期～明治期の建築家。
¶人名（河野白寿　こうのはくじゅ），姓氏長野，日人

**河野丸右衛門**　こうのまるうえもん
明治16（1883）年～昭和40（1965）年
明治～昭和期の小学校長、地域開発功労者。
¶姓氏鹿児島

**河野通介**　こうのみちすけ
生没年不詳
明治期の讃岐の陶工。伯父理平に陶業を学び、開窯して日用雑器を製作。
¶人名，日人，美工，名工

**河野通徳**　こうのみちのり
明治16（1883）年～昭和22（1947）年
明治～昭和期の造船技師。
¶高知人

**河野安信**　こうのやすのぶ
文政3（1820）年～明治18（1885）年
江戸時代末期～明治期の蔓細工家。あけび蔓細工の創案者。「にぎりかんな」を考案し、普及に尽力。
¶朝日（[没]明治18（1885）年9月17日），コン改，コン4，コン5，人名，姓氏長野，先駆（[没]明治18（1885）年9月17日），長野歴，日人

**郷義弘**　ごうのよしひろ
正安1（1299）年～正中2（1325）年　[別]義弘《よしひろ》，郷義弘《ごうよしひろ》
鎌倉時代後期の刀工。相州正宗の弟子。
¶朝日（生没年不詳），岩史（義弘　よしひろ　生没年不詳），鎌倉，鎌室（ごうよしひろ　生没年不詳），国史（義弘　よしひろ　生没年不詳），古中（義弘　よしひろ　生没年不詳），コン改，コン4，史人（義弘　よしひろ），新潮（義弘　よしひろ　生没年不詳），人名（ごうよしひろ），姓氏富山，世人（義弘　よしひろ），世人，全書（生没年不詳），大百，日人（ごうよしひろ　生没年不詳），歴大（生没年不詳）

**郷原磯吉**　ごうはらいそきち
明治6（1873）年～昭和14（1939）年
明治～昭和期の架橋工事従事者。
¶姓氏鹿児島

**康弁**　こうべん
生没年不詳
鎌倉時代の仏師。運慶の3男。東寺の造像・修理に参加。
¶朝日，岩史，鎌室，京都大，国史，古中，コン改，コン4，史人，重要，新潮，人名，姓氏京都，世人，日史，日人，美術，百科，仏教，仏史

**香村小録**　こうむらころく
慶応2（1866）年～＊
明治～昭和期の釜石鉱山田中製作所技師長。
¶姓氏岩手（[没]1938年），渡航（[生]1866年10月29日　[没]？）

**河面冬山**　こうもとうざん
明治15（1882）年1月20日～昭和30（1955）年10月26日
明治～昭和期の漆工家。
¶世紀，日人，美工，広島百（[生]明治15（1882）年1月），名工

**河本匠司**　こうもとしょうじ
昭和2（1927）年～
昭和～平成期の陶芸家。
¶陶工

**紺屋佐太郎**　こうやさたろう
江戸時代中期の染物屋。
¶江戸東

**神山薫**　こうやまかおる
昭和25（1950）年3月31日～
昭和期の陶芸家。
¶陶芸最

**神山清子**　こうやまきよこ
昭和11（1936）年8月2日～
昭和～平成期の陶芸家。
¶陶芸最，陶工，名工

**香山健一**　こうやまけんいち
昭和8（1933）年1月17日～平成9（1997）年3月21日
昭和～平成期の社会工学者。学習院大学教授、全学連委員長。近代経済学・未来学を研究。著書に

「未来学入門」「情報化社会の未来構図」など。
¶革命，現朝，現執1期，現執2期，現執3期，現情，現人，現日，世紀，日人，平和，マス89

**神山賢一** こうやまけんいち
昭和36(1961)年2月16日～平成4(1992)年
昭和期の陶芸家。
¶陶芸最，陶工，美工([没]平成4(1992)年4月21日)

**神山直彦** こうやまなおひこ
昭和28(1953)年2月20日～
昭和～平成期の陶芸家。
¶陶芸最，陶工

**香山寿夫** こうやまひさお
昭和12(1937)年3月1日～
昭和～平成期の建築家、建築学者。東京大学教授。
¶現執2期，現執3期，現執4期

**神山易久** こうやまやすひさ
昭和11(1936)年2月16日～
昭和期の陶芸家。
¶陶芸最，陶工([生]1922年2月16日)，名工

**幸有** こうゆう
生没年不詳
鎌倉時代の仏師。
¶朝日，神奈川人，鎌倉，新潮，日人，仏教

**康有** こうゆう
鎌倉時代の仏像彫刻家。
¶人名

**康猶** こうゆう
？ ～寛永9(1632)年6月11日
安土桃山時代～江戸時代前期の仏師。
¶仏教

**康祐** こうゆう
寛永8(1631)年～元禄2(1689)年12月2日
江戸時代前期の仏師。
¶黄檗

**康誉** こうよ
生没年不詳
鎌倉時代後期～南北朝時代の仏師。
¶朝日，日史，日人，美術，百科，仏教

**郷義弘** ごうよしひろ
→郷義弘(ごうのよしひろ)

**高麗左衛門〔1代〕** こうらいざえもん
？ ～寛永20(1643)年　[別]坂高麗左衛門《さかこうらいざえもん,さかこうらざえもん》，坂助八《さかすけはち》,李敬《りけい》
安土桃山時代～江戸時代前期の萩焼の陶工。朝鮮王朝の陶工、萩焼の開祖李勺光の弟。
¶朝日(坂高麗左衛門　さかこうらいざえもん　[生]宣祖19(1586)年　[没]寛永20(1643)年2月)，コン改(――〔代数なし〕)，コン4(――〔代数なし〕)，茶道(坂高麗左衛門　さかこうらいざえもん　[生]1569年)，新潮(――〔代数なし〕[没]寛永20(1643)年2月)，人名(――〔代数なし〕)，姓氏山口(坂高麗左衛門　さかこうらいざえもん)，戦人(――〔代数なし〕　[生]永禄12(1569)年)，日人([生]1586年)，藩臣6(坂高麗左衛門　さかこうらざえもん　[生]永禄12(1569)年,(異説)天正14(1586)年)，山口百(坂高麗左衛門　さかこうらいざえもん)

**高麗左衛門〔2代〕** こうらいざえもん
元和3(1617)年～寛文8(1668)年
江戸時代前期の陶工。
¶日人

**高麗左衛門〔3代〕** こうらいざえもん
慶安1(1648)年～享保14(1729)年　[別]坂新兵衛〔高麗左衛門家筋3代〕《さかしんべえ》
江戸時代前期～中期の陶工。
¶人名(坂新兵衛〔高麗左衛門家筋3代〕　さかしんべえ)，日人

**高麗左衛門〔4代〕** こうらいざえもん
天和3(1683)年～寛延1(1748)年　[別]坂新兵衛〔高麗左衛門家筋4代〕《さかしんべえ》
江戸時代前期～中期の陶工。
¶人名(坂新兵衛〔高麗左衛門家筋4代〕　さかしんべえ)，日人

**高麗左衛門〔6代〕** こうらいざえもん
元文4(1739)年～享和3(1803)年　[別]坂新兵衛〔高麗左衛門家筋6代〕《さかしんべえ》
江戸時代中期～後期の萩焼の陶工。
¶人名(坂新兵衛〔高麗左衛門家筋6代〕　さかしんべえ)

**高麗左衛門〔8代〕** こうらいざえもん
寛政8(1796)年～明治10(1877)年　[別]坂新兵衛〔高麗左衛門家筋8代〕《さかしんべえ》
江戸時代後期～明治期の陶工。
¶茶道(坂新兵衛〔高麗左衛門家筋8代〕　さかしんべえ)，人名(坂新兵衛〔高麗左衛門家筋8代〕　さかしんべえ)，日人

**高麗左衛門〔9代〕** こうらいざえもん
→坂高麗左衛門〔9代〕(さかこうらいざえもん)

**高麗左衛門〔11代〕** こうらいざえもん
→坂高麗左衛門〔11代〕(さかこうらいざえもん)

**高麗媼** こうらいばば
永禄10(1567)年～寛文12(1672)年　[別]高麗媼《こまのおば》
安土桃山時代～江戸時代前期の女性。陶工、肥前三川内窯の祖。朝鮮よりの渡来人。
¶郷土長崎，コン改，コン4，女性，新潮([生]？)，人名，日人

**康楽寺浄賀** こうらくじじょうが
→浄賀(じょうが)

**工楽松右衛門** こうらくまつえもん
→工楽松右衛門(くらくまつえもん)

**甲良志摩** こうらしま
江戸時代中期の大工の棟梁。
¶江戸

こ

**甲良豊後　こうらぶんご**
→甲良宗広（こうらむねひろ）

**甲良豊後守宗広　こうらぶんごのかみむねひろ**
→甲良宗広（こうらむねひろ）

**甲良宗員　こうらむねかず**
寛文1（1661）年～享保18（1733）年
江戸時代中期の工匠。
¶国書（[没]享保18（1733）年3月），人名，日人

**甲良宗次　こうらむねつぐ**
文禄4（1595）年～寛永17（1640）年
江戸時代前期の工匠。
¶人名，日人

**甲良宗広　こうらむねひろ**
天正2（1574）年～正保3（1646）年　[別]甲良豊後《こうらぶんご》，甲良豊後守宗広《こうらぶんごのかみむねひろ》
安土桃山時代～江戸時代前期の大工。江戸幕府作事方大棟梁。
¶朝日（[没]正保3年3月17日（1646年5月2日）），郷土滋賀（甲良豊後守宗広　こうらぶんごのかみむねひろ　生没年不詳），近世，国史，国書（[没]正保3（1646）年3月17日），史人（[没]1646年3月17日），新潮（[没]正保3（1646）年3月17日），人名，全書，戦人，大百（甲良豊後　こうらぶんご），栃木歴（[生]元亀3（1572）年），日史（[没]正保3（1646）年3月17日），日人，美術，百科

**甲良宗賀　こうらむねよし**
元和7（1621）年～享保2（1717）年
江戸時代前期～中期の工匠。
¶国書（[生]寛永5（1628）年　[没]享保2（1717）年8月12日），人名，日人

**甲良若狭　こうらわかさ**
江戸時代末期の幕府作事方棟梁。
¶維新，幕末（生没年不詳）

**高流兵部　こうるいひょうぶ**
戦国時代の武将。武田家臣。細工奉行。
¶姓氏山梨

**郡磯太郎　こおりいそたろう**
安政6（1859）年10月26日～？
江戸時代末期～明治期の鏡台製造。
¶徳島歴

**古賀逸策　こがいっさく**
明治32（1899）年12月5日～昭和57（1982）年9月2日
昭和期の電気通信工学者。東京工業大学・東京帝国大学教授。水晶の圧電作用を調べ、温度変化を受けない水晶振動子を開発。水晶時計を実現。
¶科学，科技，現朝，現情，現人，現日，佐賀百，新潮，世紀，世百新，全書，大百，日人，日本，百科

**古賀吉太郎　こがきちたろう**
明治期の技師。
¶渡航

**古賀木見子　こがきみこ**
昭和期の染織家。
¶名工

**古賀辰四郎　こがたつしろう**
安政3（1856）年～大正7（1918）年
明治～大正期の寄留商人。古賀商店を開設。夜光貝の殻や羽毛などの輸出を試みる。沖縄の殖産興業に貢献。
¶朝日（[生]安政3年1月18日（1856年2月23日）　[没]大正7（1918）年8月15日），沖縄百（[生]安政3（1856）年1月18日　[没]大正7（1918）年8月15日），コン改，コン5，新潮（[生]安政3（1856）年1月18日　[没]大正7（1918）年8月5日），姓氏沖縄，日人

**古賀仁右衛門　こがにえもん**
生没年不詳
江戸時代中期の殖産家。筑前上座郡入地村の大庄屋。久保鳥川井堰工事や荒地開墾などに尽力。
¶国書，人名，日人

**古賀フミ　こがふみ**
昭和2（1927）年2月3日～
昭和～平成期の染織家、佐賀錦作家。日本伝統工芸展で総裁賞受賞。人間国宝。
¶国宝，世紀，日人，名工

**古賀良彦　こがよしひこ**
明治34（1901）年7月24日～昭和42（1967）年6月29日
昭和期の放射線医師。東北帝国大学教授、診療放射線技師学校校長。間接撮影法を創始、胸部の集団エックス線診断を可能とした。
¶科学，近医，現情，新潮，人名7，世紀，日人，福岡百

**吾吉　ごきち**
天明3（1783）年～天保7（1836）年6月7日
江戸時代中期～後期の宮大工。
¶庄内

**五行　ごぎょう**
→木食五行（もくじきごぎょう）

**国生岩右衛門　こくしょういわうえもん**
→国生岩右衛門（こくしょういわえもん）

**国生岩右衛門　こくしょういわえもん**
明治1（1868）年～大正9（1920）年　[別]国生岩右衛門《こくしょういわうえもん》
明治～大正期の教育家、殖産家。
¶鹿児島百（こくしょういわうえもん），世紀（[没]大正9（1920）年3月24日），姓氏鹿児島（こくしょういわうえもん），日人（[没]大正9（1920）年3月24日）

**国生鉄熊　こくしょうてつぐま**
明治10（1877）年～昭和20（1945）年
明治～昭和期の溝辺茶開発の恩人。
¶姓氏鹿児島

**小口みち子　こぐちみちこ**
→小口みち子（おぐちみちこ）

**国分八郎** こくぶはちろう
江戸時代末期～明治期の薩摩焼の陶工。
¶人名，日人

**国分英徳** こくぶひでのり
昭和18(1943)年5月27日～ ㊙国分英徳《こくぶんひでのり》
昭和～平成期の陶芸家。
¶陶芸最，陶工(こくぶんひでのり)

**国分正胤** こくぶまさたね
大正2(1913)年7月21日～平成16(2004)年7月7日
昭和期の土木工学者。コンクリート工学の指導者。東京六大学野球連盟理事長も務めた。東京都出身。
¶科学，近土，世紀，日人

**国分英徳** こくぶんひでのり
→国分英徳(こくぶひでのり)

**小久保保** こくぼたもつ
大正9(1920)年4月13日～
昭和期の陶芸家。
¶陶芸最

**小熊喜蔵** こぐまきぞう
江戸時代中期の彫金家。
¶人名

**小熊寿興** こぐまとしおき
生没年不詳
江戸時代後期の装剣金工。
¶日人

**古倉保文** こくらやすふみ
明治37(1904)年～
大正～昭和期の伝統がん具製造業。
¶名工

**国領寿人** こくりょうとしひと
昭和期の陶芸家。
¶陶芸最

**木檜恕一** こぐれじょいち
明治14(1881)年～昭和19(1944)年
大正～昭和期の工芸デザイナー。
¶群馬人(㊀昭和18(1943)年)，現朝，世紀，姓氏群馬(㊀1943年)，日人

**九重年支子** ここのえとしこ
明治37(1904)年8月11日～平成14(2002)年8月13日
大正～平成期の織物工芸家。
¶近女，美工，名工

**小斎伝蔵** こさいでんぞう
文化12(1815)年～明治30(1897)年
江戸時代後期～明治期の鰯網発明者。
¶姓氏宮城

**小坂玄碩** こさかげんせき
昭和期の水石彫台師。
¶名工

**小坂忠** こさかただし
大正15(1926)年5月9日～平成22(2010)年2月15日
昭和～平成期の土木技術者、建設技監。
¶科学

**小坂秀雄** こさかひでお
明治45(1912)年6月18日～平成12(2000)年3月24日
昭和～平成期の建築家。丸の内建築事務所社長、郵政省官房建築部長。
¶美建

**古酒屋孫次** こざかやまこじ，こざかやまごじ
？ ～安政6(1859)年
江戸時代後期～末期の陶工。
¶石川百(生没年不詳)，姓氏石川(こざかやまごじ)

**古酒屋友次郎** こさかやゆうじろう
江戸時代中期～後期の加賀の陶画工。
¶人名，日人(生没年不詳)

**菰山** こざん
㊙土井市蔵《どいいちぞう》
江戸時代後期の伊勢の陶工。
¶人名，日人(生没年不詳)

**越沢明** こしざわあきら
昭和27(1952)年11月23日～
昭和～平成期の都市計画学者、環境計画学者。北海道大学大学院工学研究科教授。専門は、都市計画、環境計画、社会資本政策。
¶現執2期，現執3期，現執4期(㊐1952年11月)

**越田健一郎** こしだけんいちろう
昭和4(1929)年4月1日～
昭和～平成期の陶芸家。
¶陶芸最，陶工，名工

**越田宗次郎** こしだそうじろう
？ ～明治34(1901)年
明治期の漆工。漆界にて後人その妙技を伝称して一代の岱宗とした。
¶人名，名工

**越伝吉** こしでんきち
慶応3(1867)年～大正11(1922)年
明治～大正期の養蚕家。
¶姓氏長野，長野歴

**古志得延** こしのとくえん
生没年不詳
平安時代後期の東大寺領石井荘の田堵。荘園内で開発、耕作を請け負った。
¶新潟百

**小柴外一** こしばそといち
明治34(1901)年～昭和48(1973)年
大正～昭和期のガラス工芸家。
¶美工

**小柴保人** こしばやすと
安政6(1859)年1月2日～大正13(1924)年

明治～大正期の官吏。宮城県、岩手県、新潟県などの河海諸工事に従事。治水港湾などの調査を遂行。
¶科学（㊼1924年（大正13）5月9日），近土（㊼1924年5月9日），人名，渡航（㊼1924年5月），土木（㊼1924年5月9日），日人

**小嶋章光** こじまあきみつ
大正15（1926）年9月20日～
昭和～平成期の陶芸家。
¶陶芸最，名工

**小島英一** こじまえいいち
昭和21（1946）年4月5日～
昭和～平成期の陶芸家。
¶陶芸最，名工

**児島塊太郎** こじまかいたろう
昭和22（1947）年6月13日～
昭和～平成期の陶芸家。
¶陶芸最，陶工，名工

**小嶋一義** こじまかずよし
大正14（1925）年4月13日～
昭和～平成期の博多人形師。
¶名工

**小島門弥** こじまかどや
明治3（1870）年3月3日～明治40（1907）年3月27日
明治期の技術者。
¶渡航

**小島兼道** こじまかねみち
～昭和58（1983）年2月15日
昭和期の刀匠。
¶美工，名工

**小島業三郎** こじまぎょうざぶろう
明治23（1890）年11月1日～昭和18（1943）年8月31日
大正～昭和期の農事改良家、政治家。埼玉県議会議員。
¶埼玉人

**小島幸吉** こじまこうきち
大正2（1913）年～
昭和～平成期のちょうちん作り。
¶名工

**越正毅** こしまさき
昭和9（1934）年～
昭和～平成期の交通工学者。東京大学教授。
¶現執2期（㊵昭和9（1934）年11月6日），現執3期（㊵昭和9（1934）年11月16日）

**小島哲** こじまさとし
明治45（1912）年2月28日～平成7（1995）年2月14日
昭和～平成期の電気技術者、日本電信電話公社電気通信研究所所長。専門は通信工学。
¶科学

**小島漆壺斎〔1代〕** こじましっこさい
？　～文政13（1830）年

江戸時代後期の漆芸家。
¶島根百（㊷文政13（1830）年7月4日），島根歴

**小島漆壺斎〔2代〕** こじましっこさい
文化9（1812）年～弘化3（1846）年6月15日
江戸時代後期の漆芸家。
¶島根百

**小島漆壺斎〔3代〕** こじましっこさい
文政1（1818）年～明治15（1882）年
江戸時代後期～明治期の漆芸家。
¶島根百（㊷明治15（1882）年7月1日），島根歴

**小島漆壺斎〔4代〕** こじましっこさい
嘉永5（1852）年～昭和4（1929）年
明治～昭和期の漆芸家。
¶島根百（㊷昭和4（1929）年10月30日），島根歴

**小島漆壺斎〔5代〕** こじましっこさい
明治18（1885）年～昭和25（1950）年10月13日
明治～昭和期の漆芸家。
¶島根百

**小島漆壺斎〔6代〕** こじましっこさい
明治44（1911）年12月20日～
昭和期の漆芸家。
¶島根百

**小島漆壺斎** こじましつこさい
世襲名　江戸時代の松江藩蒔絵師。
¶島根人

**小島庄右衛門正重** こじましょううえもんまさしげ
→小島正重（こじままさしげ）

**小島庄右衛門** こじましょうえもん
→小島正重（こじままさしげ）

**小嶋真二** こじましんじ
昭和3（1928）年3月8日～
昭和～平成期の映画照明技師。
¶映人

**児島宗英** こじまそうえい
？　～嘉永4（1851）年
江戸時代後期の加賀藩の冑工。
¶姓氏石川

**小嶋惣兵衛** こじまそうべえ
生没年不詳
江戸時代前期の人。鰡漁の技法を導入。
¶姓氏山口

**小島俊** こじまたかし
昭和30（1955）年8月25日～
昭和期の陶芸家。
¶陶芸最

**小島太郎一** こじまたろいち
明治1（1868）年～大正9（1920）年
明治～大正期の自治功労者、政治家。県会議員、議長を歴任。県治水会の設立に尽力。
¶人名，日人（㊸慶応4（1868）年4月5日，㊷大正9（1920）年9月29日）

**小島長蔵** こじまちょうぞう
生没年不詳
明治期の印刷業者。ブリキ印刷の創始者。
¶先駆

**小島敏郎** こじまとしお
昭和24（1949）年4月4日〜平成3（1991）年4月15日
昭和〜平成期の建築家。小島建築研究所長。
¶美建

**小島豊治** こじまとよはる
昭和8（1933）年4月23日〜
昭和期の陶芸家。
¶陶芸最

**小島憲之** こじまのりゆき
安政3（1856）年6月〜大正7（1918）年
江戸時代末期〜大正期の建築家。
¶渡航

**小島飛驒守** こじまひだのかみ
戦国時代の武将。武田家臣。恵林寺の大工。
¶姓氏山梨

**小島房次郎** こじまふさじろう
生没年不詳
明治期の時計製造者。置時計製作の先駆者。
¶先駆

**小島正重** こじままさしげ
？ 〜寛文8（1668）年　㊾小島庄右衛門《こじましょうえもん》, 小島庄右衛門正重《こじましょうえもんまさしげ》
江戸時代の治水家。庄内領代官。関東郡代伊奈氏の家臣。利根川の改修、庄内古川の新水路開削にあたった。
¶朝日（㊽寛文8年4月28日（1668年6月7日））, 埼玉人（小島庄右衛門　こじましょうえもん　生没年不詳）, 埼玉百（小島庄右衛門正重　こじましょううえもんまさしげ）, 戦辞（生没年不詳）, 日人

**児島光雄** こじまみつお
大正1（1912）年〜昭和49（1974）年
昭和期の竿師。
¶和歌山人

**小嶋ミネコ** こじまみねこ
昭和期のしぼり職。
¶名工

**小島紋次郎** こじまもんじろう
文政8（1825）年？　〜慶応2（1866）年
江戸時代末期の秩父郡の貧農、大工。武州世直し一揆の指導者。
¶朝日（㊽慶応2年10月2日（1866年11月8日））, 日人

**小島与一** こじまよいち
明治19（1886）年8月17日〜昭和45（1970）年6月6日
明治〜昭和期の人形師。
¶世紀, 日人, 美工, 福岡百, 名工

**小島与市** こじまよいち
明治28（1895）年〜昭和50（1975）年
明治〜昭和期の大工。
¶美建

**小島嘉昭** こじまよしあき
大正14（1925）年〜
昭和期の陶芸家。
¶陶芸最

**児島義昭** こじまよしお, こじまよしを
大正4（1915）年〜
昭和期の陶芸家。
¶陶芸, 陶芸最（こじまよしを　㊷大正4年12月11日）

**小島克一** こじまよしかず
？ 〜文化15（1818）年
江戸時代後期の刀工。
¶群馬人

**輿水肇** こしみずはじめ
昭和19（1944）年6月1日〜
昭和期の緑地工学者。明治大学教授、日本学術会議会員。
¶現執2期

**越水盛俊** こしみずもりとし
明治8（1875）年12月22日〜昭和13（1938）年2月20日
明治〜昭和期の刀工。
¶広島百

**越山欽平** こしやまきんぺい
大正4（1915）年9月15日〜平成11（1999）年5月12日
昭和〜平成期の建築技師。清水建設専務・技師長。
¶美建

**越谷喜明** こしやよしあき
〜平成13（2001）年12月24日
昭和〜平成期の陶芸家。
¶美工

**古庄逸翁** こしょういつおう
寛政3（1791）年〜？
江戸時代後期の庄屋。姫島塩田開発者。
¶朝日, 日人

**五条兼永** ごじょうかねなが
生没年不詳　㊾兼永《かねなが》
平安時代中期の刀工。三条宗近の子有国の子。
¶朝日, コン改, コン4, 新潮（兼永　かねなが）, 日人, 美工, 平史

**五条国永** ごじょうくになが
生没年不詳　㊾国永《くになが》
平安時代中期の刀工。三条宗近を祖とする三条派の刀工。兼永の子。
¶朝日, コン改, コン4, 新潮（国永　くになが）, 人名（国永　くになが）, 日人, 美工, 平史

**呉祥瑞** ごしょうずい
→祥瑞五郎太夫（しょんずいごろうだゆう）

こ

こ

**古城弥二郎** こじょうやじろう
安政4(1857)年～大正1(1912)年
明治期の開拓者。
¶日人

**五条義助** ごじょうよしすけ
生没年不詳
鎌倉時代後期の刀工。
¶静岡百，静岡歴，人名，日人

**御所原静舟** ごしょはらせいせん
昭和4(1929)年4月24日～
昭和期の陶芸家。
¶陶芸最

**御所原天生** ごしょはらてんせい
大正13(1924)年8月20日～
昭和～平成期の陶芸家。
¶陶芸最，名工

**呉祥瑞** ごしょんずい
→祥瑞五郎太夫(しょんずいごろうだゆう)

**小四郎** こしろう
生没年不詳
室町時代の庭師。
¶京都大

**小二郎** こじろう
安土桃山時代の陶工。
¶姓氏富山

**小杉二郎** こすぎじろう
大正4(1915)年3月25日～昭和56(1981)年2月17日
昭和期の工業デザイナー。自転車、小型乗用車、蛇の目ミシンなどのデザインを手掛ける。
¶現朝，現情，現人，現日，世紀，日人

**小杉善八** こすぎぜんはち
大正7(1918)年1月18日～
昭和～平成期の京友禅染色家。
¶名工

**小杉雅之進** こすぎまさのしん
天保14(1843)年10月1日～明治42(1909)年8月21日
江戸時代後期～明治期の船舶技術者。
¶海越新

**呉介** ごすけ
江戸時代中期の陶工。
¶人名，日人(生没年不詳)

**小菅孝之助** こすげこうのすけ
？　～大正7(1918)年1月24日
明治～大正期の日本基督一致和戸教会執事、長老、大工。
¶埼玉人

**小菅小竹堂** こすげしょうちくどう
昭和期の竹工芸家。
¶名工

**呉須権兵衛** ごすごんべえ
[別]宇田権兵衛《うだごんべえ》，権兵衛《ごんべえ》
江戸時代中期の肥前の陶工。
¶人名，日人(生没年不詳)

**古関くに子** こせきくにこ
昭和期の人形作家。
¶名工

**小瀬清志** こせせいし
明治期の陶工。
¶日人

**巨勢有久** こせともひさ
→巨勢有久(こせのありひさ)

**巨勢有久** こせのありひさ
生没年不詳　[別]巨勢有久《こせともひさ，こせのともひさ》
鎌倉時代後期の宮廷絵所絵師、巨勢派、壱岐守。
¶朝日，鎌室(こせともひさ)，国史，古中，新潮(こせのともひさ)，人名(こせのともひさ)，日人(こせのともひさ)，美家，名画

**巨勢有久** こせのともひさ
→巨勢有久(こせのありひさ)

**巨勢永有** こせのながあり
→巨勢永有(こせのながもち)

**巨勢永有** こせのながもち
[別]巨勢永有《こせのながあり》
鎌倉時代前期の画家。
¶人名，日人(生没年不詳)，名画(こせのながあり)

**巨勢械田荒人** こせのひだのあらひと
生没年不詳　[別]巨勢械田臣荒人《こせのひだのおみあらひと》
飛鳥時代の土木技術者。
¶古代(巨勢械田臣荒人　こせのひだのおみあらひと)，諸系，日人

**巨勢械田臣荒人** こせのひだのおみあらひと
→巨勢械田荒人(こせのひだのあらひと)

**巨勢正純** こせまさずみ
生没年不詳
江戸時代前期～中期の工匠。
¶国書

**五代富文** ごだいとみふみ
昭和7(1932)年9月10日～
昭和～平成期の宇宙工学者。宇宙開発事業団理事・ロケット開発本部長。
¶現執3期，現執4期

**小平喜久松** こだいらきくまつ
明治35(1902)年6月3日～
昭和期の製糸業功労者。
¶群馬人

**小平左五右衛門** こだいらさごうえもん
生没年不詳
江戸時代前期の笹原新田の開発者。

¶長野歴

**小平征男** こだいらゆきお
昭和20(1945)年6月3日〜
昭和期の陶芸家。
¶陶芸最

**小平義近**(小平義親) こだいらよしちか
弘化2(1845)年〜大正1(1912)年
明治期の造園家。日本式庭園の技術に優れ、吹上御苑、各宮邸庭園の修飾に尽力。
¶人名(小平義親),世紀(⑳大正1(1912)年8月),日人

**五代竜作** ごだいりゅうさく
安政4(1857)年11月17日〜昭和13(1938)年10月7日
明治〜昭和期の機械工学者、実業家、東京大学教授。
¶科学

**小高伊左衛門** こだかいざえもん
江戸時代前期の花菖蒲の改良者。
¶江戸東

**小高正峰** こたかせいほう
大正13(1924)年9月22日〜
昭和期の陶芸家。
¶陶芸最

**小滝悦郎** こたきえつろう
昭和8(1933)年7月15日〜
昭和〜平成期の陶芸家。
¶陶芸最,陶工,名工

**小滝美治** こたきよしはる
昭和期の彫金工。
¶名工

**小竹彰** こたけあきら
昭和期の埋木細工職人。
¶名工

**小竹章** こたけあきら
昭和13(1938)年4月22日〜
昭和期の陶芸家。
¶陶芸最

**小竹雅山** こたけがざん
明治36(1903)年〜
昭和期の陶芸家。
¶陶芸

**古館忠兵衛** こたちちゅうべえ
生没年不詳
明治期の陸中の陶工。原土を陸中の四本杉で取り、筑前高取焼に似た雑器を造った。
¶人名,日人,美工,名工

**古館屋敷勘右衛門** こだてやしきかんえもん
生没年不詳
江戸時代前期の漁業家。三陸海岸のカツオ漁を改良。
¶姓氏宮城

**小谷源之助** こたにげんのすけ
→小谷源之助(おだにげんのすけ)

**小谷真三** こだにしんぞう
昭和5(1930)年3月3日〜
昭和〜平成期のガラス工芸家。
¶名工

**小谷銕治** こたにてつじ
明治36(1903)年5月6日〜昭和62(1987)年11月5日
大正〜昭和期の電子技術者、サンケン電気創業者。専門は半導体。
¶科学,創業

**小谷信市** こたにのぶいち,こだにのぶいち
明治35(1902)年12月20日〜昭和47(1972)年12月14日
大正〜昭和期の機械工学者、神戸商船大学学長。専門は舶用機関学。
¶岡山歴(こだにのぶいち),科学

**小谷ヘンリー** こたにへんりー
明治20(1887)年4月25日〜昭和47(1972)年4月8日
大正〜昭和期の映画監督、撮影技師。アメリカでハリウッド流の技術を習得。作品に「虞美人草」など。
¶映監,映人,監督,現朝,世紀,日人,広島百

**小谷善行** こたによしゆき
昭和24(1949)年3月11日〜
昭和〜平成期の計算言語工学者。東京農工大学助教授。
¶現執3期,世紀,YA

**児玉近江** こだまおうみ
生没年不詳
江戸時代中期の面打師。
¶姓氏京都

**児玉久右衛門** こだまきゅうえもん
*〜宝暦11(1761)年
江戸時代前期〜中期の治水家。
¶日人(㊕1688年),宮崎百(㊕元禄2(1689)年 ㊤宝暦11(1761)年2月)

**児玉健二** こだまけんじ
大正15(1926)年4月19日〜
昭和期の陶芸家。
¶陶芸最

**児玉貞矩** こだまさだのり
寛永12(1635)年〜元禄5(1692)年
江戸時代前期〜中期の岩国藩主吉川広嘉の御側細工人。
¶姓氏山口

**児玉忠蔵** こだまちゅうぞう
寛政9(1797)年〜天保7(1836)年
江戸時代後期の茶業家。煎粉技術を学び品質改良に成功。
¶姓氏愛知

**児玉陶欧** こだまとうおう
昭和32(1957)年4月8日～
昭和～平成期の陶芸家。
¶陶芸最，陶工

**児玉朋満** こだまともみつ
江戸時代中期の京都の能面師。通称は長右衛門、近江。
¶人名，日人(生没年不詳)

**児玉博** こだまひろし
明治42(1909)年10月13日～平成4(1992)年1月1日
昭和期の染織家。
¶現情，国宝，世紀，日人，美工，名工

**児玉宝珠** こだまほうじゅ
昭和15(1940)年3月29日～
昭和～平成期の陶芸家。
¶陶工

**児玉正人** こだままさひと
昭和17(1942)年8月27日～
昭和期の陶芸家。
¶陶芸最

**児玉麻里子** こだままりこ
大正8(1919)年4月12日～
昭和期の陶芸家。
¶陶芸最

**児玉満昌** こだまみつまさ
*～宝永1(1704)年
江戸時代前期～中期の能面師。京都で朝廷御用を務めた。
¶人名([生]?)，日人([生]1611年)

**小玉祐一郎** こだまゆういちろう
昭和21(1946)年2月9日～
昭和～平成期の建築家。神戸芸術工科大学教授。
¶現執2期，現執4期

**児玉能満** こだまよしみつ
生没年不詳
江戸時代中期の能面師。
¶日人

**己智帯成** こちのおびなり
生没年不詳
奈良時代の仏工、画工。
¶朝日，新潮，日人，美家

**壺中天** こちゅうてん
明治期の陶工。
¶日人

**小塚源兵衛** こづかげんべえ
世襲名　江戸時代の製紙業。
¶姓氏愛知

**虎徹**(乕徹) こてつ
[別]長曽禰虎徹《ながそねこてつ》
江戸時代前期の刀工。
¶朝日([生]慶長10(1605)年?　[没]延宝5(1677)年?)，角史(長曽禰虎徹　ながそねこてつ　[生]慶長10(1605)年　[没]延宝5(1677)年?)，郷土滋賀([生]1613年　[没]1678年)，近世(生没年不詳)，国史(生没年不詳)，コン改([生]?　[没]延宝5(1677)年)，コン4([生]?　[没]延宝5(1677)年)，滋賀百，史人([生]?　[没]1678年?)，新潮([生]?　[没]延宝6(1678)年6月24日)，人名(長曽禰虎徹　ながそねこてつ　[生]?　[没]1678年)，世人([生]?　[没]延宝5(1677)年)，世百([生]1605年　[没]1677年?)，全書(長曽禰虎徹　ながそねこてつ　[生]?　[没]1678年)，大百(長曽禰虎徹　ながそねこてつ　[生]?　[没]1678年)，日史([生]慶長10(1605)年　[没]延宝5(1677)年?)，日人(長曽禰虎徹　ながそねこてつ　[生]1605年?　[没]1678年)，美術([生]慶長10(1605)年　[没]延宝5(1677)年?)，百科([生]慶長10(1605)年　[没]延宝5(1677)年?)，歴大(乕徹　[生]1605年ころ　[没]1677年ころ)

**小寺昭月** こでらしょうげつ
昭和8(1933)年3月31日～
昭和～平成期の陶芸家。
¶陶芸最，名工

**小寺藤兵衛** こでらとうべえ
?　～明治19(1886)年
江戸時代末期～明治期の加賀金沢の陶画工。
¶人名，日人

**後藤淳** ごとうあつし
昭和2(1927)年7月23日～
昭和期の電気工学者。
¶現情

**後藤一乗** ごとういちじょう
寛政3(1791)年～明治9(1876)年
江戸時代後期～明治期の装剣金工。
¶朝日([生]寛政3年3月3日(1791年4月5日)　[没]明治9(1876)年10月17日)，京都大，近現，近世，国史，コン改，コン4，コン5，史人([生]1791年3月3日　[没]1876年10月17日)，新潮([生]寛政3(1791)年3月3日　[没]明治9(1876)年10月17日)，人名，姓氏京都，世人，全書，日人

**後藤一郎** ごとういちろう
明治17(1884)年～昭和9(1934)年
明治～昭和期の気象技術者。
¶人名，日人([生]明治17(1884)年1月)

**後藤一真** ごとういっしん
天保14(1843)年9月5日～明治23(1890)年5月8日
江戸時代後期～明治期の水利開発者。
¶兵庫人

**後藤殷乗** ごとういんじょう
元和7(1621)年～元禄2(1689)年
江戸時代前期～中期の装剣金工。
¶日人

**後藤右近** ごとううこん
生没年不詳
江戸時代前期の仏師。
¶神奈川人

**後藤運久　ごとううんきゅう**
明治1(1868)年～昭和22(1947)年
明治期の鎌倉彫師。
¶神奈川人，姓氏神奈川

**後藤英一　ごとうえいいち**
昭和6(1931)年1月26日～平成17(2005)年6月12日
昭和～平成期の情報科学者。神奈川大学教授、東京大学教授。専門は電子工学。超高速電子計算機用素子「量子磁束パラメトロン」を開発。
¶科学，現朝，現情，現人，世紀，日人

**五島英吉　ごとうえいきち**
生没年不詳
江戸時代末期～明治期の料理人。ロシア料理店のパイオニア「五島軒」初代料理長。
¶先駆

**後藤栄乗　ごとうえいじょう**
天正5(1577)年～元和3(1617)年
安土桃山時代～江戸時代前期の金工家。豊臣氏家臣、徳川氏家臣。
¶姓氏京都(生没年不詳)，戦国，戦人，日人

**後藤悦乗　ごとうえつじょう**
寛永19(1642)年～宝永5(1708)年
江戸時代前期～中期の装剣金工。
¶日人

**後藤延乗　ごとうえんじょう**
享保6(1721)年～天明4(1784)年
江戸時代中期の装剣金工。
¶日人

**後藤治　ごとうおさむ**
昭和23(1948)年11月27日～
昭和～平成期のエンジニア。マクラーレンインターナショナルLTD.エグゼクティブエンジニア。
¶現執3期

**後藤学　ごとうがく**
明治40(1907)年～昭和58(1983)年10月17日
大正～昭和期の彫金作家。
¶美工，名工

**後藤学一　ごとうがくいち**
明治40(1907)年～昭和58(1983)年
昭和期の彫金作家。
¶香川人，香川百

**後藤覚乗　ごとうかくじょう**
天正17(1589)年～明暦2(1656)年　[別]後藤光信《ごとうみつのぶ》
安土桃山時代～江戸時代前期の装剣金工。
¶国書(後藤光信　ごとうみつのぶ　[没]明暦2(1656)年4月23日)，日人

**後藤角平　ごとうかくへい**
安政2(1855)年～大正4(1915)年
明治～大正期の養蚕業功労者。
¶静岡歴，姓氏静岡

**後藤寛乗　ごとうかんじょう**
慶長17(1612)年～承応2(1653)年
江戸時代前期の装剣金工。
¶日人

**後藤勘兵衛　ごとうかんべえ**
世襲名　江戸時代の金工家。
¶姓氏京都

**後藤清寿　ごとうきよかず**
昭和期の箔置師。
¶名工

**後藤熊四郎　ごとうくましろう**
文政10(1827)年～明治41(1908)年
江戸時代後期～明治期の宮大工。
¶大分歴

**後藤慶二　ごとうけいじ**
明治16(1883)年10月29日～大正8(1919)年2月3日
明治～大正期の建築家、司法省技師。構造学に優れ、デザイン上でも卓越した能力を持つ。建築論者として先駆的役割を果たす。
¶朝日，現日，世紀，日人，美術，百科

**後藤桂乗　ごとうけいじょう**
元文5(1740)年～文化1(1804)年
江戸時代中期～後期の装剣金工。
¶日人

**小峠葛芳　ことうげかつよし**
昭和21(1946)年6月8日～
昭和～平成期の陶芸家。
¶陶芸最，陶工，名工

**後藤憲一　ごとうけんいち**
明治31(1898)年10月20日～昭和48(1973)年1月5日
明治～昭和期の技師。
¶近土，土木

**後藤顕乗　ごとうけんじょう**
天正14(1586)年～寛文3(1663)年　[別]後藤祐乗〔7代・顕乗〕《ごとうゆうじょう》
江戸時代前期の金工。加賀金工隆盛の基礎を築いた。
¶近世，国史，コン改，コン4，史人([没]1663年1月22日)，新潮([没]寛文3(1663)年1月22日)，世人，世百(後藤祐乗〔7代・顕乗〕　ごとうゆうじょう)，戦人，日人

**後藤元乗　ごとうげんじょう**
？　～慶長7(1602)年
安土桃山時代の装剣金工。
¶日人

**厚東建信　ことうけんしん**
昭和22(1947)年5月18日～
昭和～平成期の陶芸家。
¶陶芸最，陶工，名工

**後藤孝一　ごとうこういち**
大正13(1924)年3月31日～

昭和～平成期の漆芸家。
¶名工

**厚東孝治** ことうこうじ
昭和11(1936)年7月21日～
昭和～平成期の陶芸家。
¶陶芸最，陶工，名工



**後藤光乗** ごとうこうじょう
享禄2(1529)年～元和6(1620)年　[別]後藤祐乗〔4代・光乗〕《ごとうゆうじょう》
戦国時代～安土桃山時代の彫金家。3代乗真の嫡男。
¶朝日，コン改，コン4，史人([没]1620年3月14日)，新潮([没]元和6(1620)年3月14日)，人名，世百(後藤祐乗〔4代・光乗〕　ごとうゆうじょう)，戦国，戦人([生]天文17(1548)年　[没]寛永8(1631)年)，日人

**五島五郎右衛門** ごとうごろうえもん
[別]五島五郎右衛門《ごとうごろえもん》
江戸時代末期の治水家。
¶人名(ごとうごろえもん)，日人(生没年不詳)

**五島五郎右衛門** ごとうごろえもん
→五島五郎右衛門(ごとうごろうえもん)

**小道三** こどうさ
江戸時代前期の対馬の陶工。
¶人名，日人(生没年不詳)

**後藤斎宮** ごとうさいぐう
生没年不詳
江戸時代後期の鎌倉扇ヶ谷の仏師。
¶神奈川人

**後藤才次郎** ごとうさいじろう
生没年不詳
江戸時代前期の陶工。
¶朝日([没]承応1(1652)年)，石川百，近世，国史，コン改，コン4，茶道([没]1704年)，史人，新潮，人名([没]1704年)，世人([生]寛永11(1634)年　[没]宝永1(1704)年3月24日)，日人([生]1634年　[没]1704年)，美工

**後藤三惣** ごとうさんぞう
享和2(1802)年～安政2(1855)年1月16日
江戸時代後期～末期の木彫師。
¶庄内

**小道二** こどうじ
生没年不詳
江戸時代前期の陶工。寛文年間(1661～1673)以降、対馬藩の人。
¶茶道，美工

**後藤茂夫** ごとうしげお
昭和25(1950)年1月24日～
昭和期の陶芸家。
¶陶芸最

**後藤繁策** ごとうしげのり
大正8(1919)年8月29日～
昭和～平成期の陶芸家。
¶陶工

**後藤重房** ごとうしげふさ
承応3(1654)年～
江戸時代前期の仏師。
¶神奈川人

**後藤滋之** ごとうしげゆき
昭和22(1947)年1月29日～
昭和期の陶芸家。
¶陶芸最

**五島静也** ごとうしずや
明治31(1898)年6月23日～昭和63(1988)年
明治～昭和期の弓道家、表具師、弓道錬士。
¶弓道

**後藤静代** ごとうしずよ
大正13(1924)年5月23日～
昭和～平成期の陶芸家。
¶陶工

**後藤寿庵**(後藤寿安) ごとうじゅあん
生没年不詳　[別]ジョバンニ，ジョヴァンニ，五島ジョアン《ごとうのじょあん》
安土桃山時代～江戸時代前期の仙台藩士、キリシタン。胆沢川に寿庵堰を築造。のち大崎・葛西一揆に加担。
¶朝日(後藤寿安)，岩手百，キリ([生]天正6(1578)年　[没]元和9(1623)年)，近世，国史，コン改(後藤寿安　[生]天正6(1578)年　[没]元和9(1623)年)，コン4(後藤寿安　[生]天正6(1578)年　[没]元和9(1623)年)，史人，新潮，人名，姓氏岩手，姓氏宮城，世人([生]天正6(1578)年　[没]元和9(1623)年)，世百，全書，戦人(後藤寿安　[生]天正6(1578)年　[没]元和9(1623)年)，戦補，日史，日人，藩臣1([生]天正5(1577)年？　[没]寛永15(1638)年？)，百科，宮城百，歴大

**後藤乗真** ごとうじゅうしん
→後藤乗真(ごとうじょうしん)

**後藤寿乗** ごとうじゅじょう
元禄8(1695)年～寛保2(1742)年
江戸時代中期の装剣金工。
¶日人

**後藤俊太郎** ごとうしゅんたろう
大正12(1923)年7月27日～平成18(2006)年5月16日
昭和～平成期の鎌倉彫作家。
¶郷土神奈川，美工，名工

**後藤少斎** ごとうしょうさい
？　～延宝8(1680)年
江戸時代前期の彫金師。
¶茶道

**後藤庄三郎**(後藤庄三郎〔1代〕) ごとうしょうざぶろう
→後藤光次(ごとうみつつぐ)

**後藤正治** ごとうしょうじ
明治10(1877)年9月2日～昭和13(1938)年5月2日
明治～昭和期の工学者。

¶渡航

**後藤乗真** ごとうじょうしん
永正9(1512)年～永禄5(1562)年 [別]後藤乗真《ごとうじゅうしん》,後藤祐乗〔3代・乗真〕《ごとうゆうじょう》
戦国時代の装剣金工家。2代宗乗の長男。
¶朝日(ごとうじゅうしん [没]永禄5年3月6日(1562年4月9日)),コン改,コン4,史人,新潮,人名,世人,世百(後藤祐乗〔3代・乗真〕ごとうゆうじょう),日人

**後藤二郎左衛門** ごとうじろうざえもん
生没年不詳
戦国時代の伊豆の鍛冶。
¶戦辞

**後藤真慶** ごとうしんけい
安永1(1772)年～
江戸時代後期の仏師。
¶神奈川人

**後藤典弘** ごとうすけひろ
昭和14(1939)年9月24日～
昭和～平成期の化学工学者。環境庁国立環境研究所社会環境システム部長。
¶現執3期

**後藤清吉郎** ごとうせいきちろう
明治31(1898)年5月4日～平成1(1989)年
大正～昭和期の和紙工芸家。
¶現情,静岡歴,姓氏静岡,美工([没]平成1(1989)年7月9日),名工([没]平成1年7月9日)

**後藤省吾** ごとうせいご
生没年不詳
明治期の工芸家。陶工宮川香山と競争して七宝、薩摩焼などを手がける。
¶人名,日人,美工,名工

**後藤清乗〔1代〕** ごとうせいじょう
慶長11(1606)年～元禄1(1688)年
江戸時代前期の装剣金工。
¶日人

**後藤清乗〔2代〕** ごとうせいじょう
寛文3(1663)年～享保19(1734)年
江戸時代前期～中期の装剣金工。
¶日人

**後藤清乗〔3代〕** ごとうせいじょう
元禄12(1699)年～寛延3(1750)年
江戸時代中期の装剣金工。
¶日人

**後藤清乗〔4代〕** ごとうせいじょう
延享4(1747)年～文化11(1814)年
江戸時代中期～後期の装剣金工。
¶日人

**後藤清乗〔5代〕** ごとうせいじょう
生没年不詳
江戸時代後期の装剣金工。
¶日人

**後藤清乗〔6代〕** ごとうせいじょう
享和1(1801)年～天保7(1836)年
江戸時代後期の装剣金工。
¶日人

**後藤清乗〔7代〕** ごとうせいじょう
生没年不詳
江戸時代後期の装剣金工。
¶日人

**後藤善右衛門** ごとうぜんうえもん
明和6(1769)年～文政9(1826)年3月30日
江戸時代中期～後期の関東売藍商、新田開発。
¶徳島歴

**後藤宗乗** ごとうそうじょう
寛正2(1461)年～天文7(1538)年
室町時代～戦国時代の装剣金工。
¶日人

**後藤即乗** ごとうそくじょう
慶長5(1600)年～*
江戸時代前期の彫刻家、装剣金工。後藤宗家8代。徳川家光の招きで京都から江戸に移住。
¶人名([没]1631年),日人([没]1632年)

**後藤泰乗** ごとうたいじょう
寛永8(1631)年～元禄14(1701)年
江戸時代前期～中期の装剣金工。
¶日人

**後藤太兵衛** ごとうたへい
→後藤太兵衛(ごとうたへえ)

**後藤太平** ごとうたへい
*～大正12(1923)年
明治～大正期の漆工。工夫を凝らして讃岐漆器の方法を案出、後藤漆の名を馳せた。
¶香川人([生]嘉永3(1850)年),香川百([生]嘉永3(1850)年),郷土香川([生]1848年),人名([生]1849年),日人([生]1850年),名工([生]嘉永2(1849)年 [没]大正12年6月25日)

**後藤太兵衛** ごとうたへえ
? ～延宝1(1673)年 [別]後藤太兵衛《ごとうたへい》
江戸時代前期の新田開発者。加賀藩十村肝煎。長坂用水開削、里子新開に尽力。
¶朝日([没]延宝1(1673)年5月),近世(ごとうたへい),国史,史人,新潮,人名,姓氏石川,日人

**後藤長乗** ごとうちょうじょう
永禄5(1562)年～元和2(1616)年
安土桃山時代～江戸時代前期の装剣金工。
¶日人

**後藤通乗** ごとうつうじょう
寛文3(1663)年～享保6(1721)年
江戸時代中期の金工。
¶近世,国史,コン改,コン4,史人([没]1721年12月27日),新潮([没]享保6(1721)年12月27日),人名,日人([没]1722年)

**後藤剛** ごとうつよし
昭和23 (1948) 年～
昭和～平成期の建築家、インテリアデザイナー。
¶児人

**後藤程乗** ごとうていじょう
慶長8 (1603) 年～延宝1 (1673) 年
江戸時代前期の装剣金工家。後藤家7代顕乗の嫡男。
¶朝日 (㉜延宝1年9月17日 (1673年10月26日))、石川百 (㊐1604年)、コン改、コン4、新潮、姓氏石川 (㊐1604年)、日人

**五島哲** ごとうてつ
昭和16 (1941) 年3月8日～
昭和～平成期の陶芸家。
¶陶芸最、名工

**後藤伝兵衛** ごとうでんべえ
明治11 (1878) 年～昭和20 (1945) 年
明治～昭和期の大工棟梁。
¶島根歴、美建

**後藤徳乗** ごとうとくじょう
天文19 (1550) 年～寛永8 (1631) 年 ㊕後藤祐乗〔5代・徳乗〕《ごとうゆうじょう》、後藤四郎兵衛〔5代〕《ごとうしろうべえ》
安土桃山時代～江戸時代前期の彫金工。4代光乗の嫡男。
¶朝日、京都大、近世、国史、コン改 (㊐天文16 (1547) 年)、コン4 (㊐天文16 (1547) 年)、史人 (㉜1631年10月13日)、重要 (㊐天文16 (1547) 年)、新潮 (寛永8 (1631) 年10月13日)、姓氏京都 (生没年不詳)、世人、世百 (後藤祐乗〔5代・徳乗〕 ごとうゆうじょう)、戦国 (㊐1548年)、戦人 (㊐天文17 (1548) 年)、日史 (㉜寛永8 (1631) 年10月13日)、日人、美術、百科

**後藤敏男** ごとうとしお
明治42 (1909) 年～
大正～昭和期の映画編集技師。
¶映人

**後藤年彦** ごとうとしひこ
明治44 (1911) 年1月1日～昭和37 (1962) 年2月23日
昭和期の彫金家。
¶現情

**後藤与元** ごとうとももと
天保3 (1832) 年～明治27 (1894) 年
江戸時代末期～明治期の地方産業功労者。永井村の山地を開拓し、生涯を茶業に精励した。
¶藩臣3

**後藤直宏** ごとうなおひろ
昭和5 (1930) 年9月1日～
昭和～平成期の電気通信技術者。NHK放送技術研究所主任研究員、日立製作所電子管事業部副技師長。専門は電子通信工学、電子機器工学。高解像度撮像管サチコンを開発。
¶現日、新潮、世紀、日人

**後藤白翁** ごとうはくおう
宝暦5 (1755) 年～天保12 (1841) 年閏正月27日
江戸時代中期～後期の水利開発者。
¶兵庫人

**後藤白童** ごとうはくどう
～平成10 (1998) 年2月24日
昭和～平成期の木彫家。
¶美建

**後藤久美** ごとうひさみ
大正13 (1924) 年～平成20 (2008) 年3月1日
昭和～平成期の土人形作家。
¶美工

**小藤弘光** ことうひろみつ
明治23 (1890) 年～昭和56 (1981) 年
大正～昭和期の刀匠。
¶島根歴

**後藤武左衛門** ごとうぶざえもん
生没年不詳
江戸時代前期の幕府の小細工方御扶持人。
¶姓氏神奈川

**後藤方乗** ごとうほうじょう
文化13 (1816) 年～安政3 (1856) 年
江戸時代後期～末期の装剣金工。
¶日人

**後藤正志** ごとうまさし
明治29 (1896) 年～昭和4 (1929) 年
大正～昭和期の技術者。
¶大分歴

**後藤正秀** ごとうまさひで
安永1 (1772) 年～天保13 (1842) 年
江戸時代中期～後期の都賀郡富田宿の彫師集団磯辺一族中の名工、日光五重塔彫物方棟梁。
¶栃木歴

**後藤正道** ごとうまさみち
昭和期の鋳職。
¶名工

**後藤益来** ごとうますき
明治44 (1911) 年3月～
昭和期の陶芸家。
¶陶芸最

**後藤希三** ごとうまれぞう
昭和期のこけし職人。
¶名工

**後藤光次** ごとうみつつぐ
元亀2 (1571) 年～寛永2 (1625) 年 ㊕後藤庄三郎〔1代〕《ごとうしょうざぶろう》、後藤庄三郎《ごとうしょうざぶろう》
安土桃山時代～江戸時代前期の金工家。金座主宰者。
¶朝日 (後藤庄三郎〔1代〕 ごとうしょうざぶろう ㊐?)、角史、国書 (㉜寛永2 (1625) 年7月25日)、コン改 (後藤庄三郎 ごとうしょうざぶろう 生没年不詳)、コン4 (後藤庄三郎 ご

とうしょうざぶろう　生没年不詳），重要（生
没年不詳），人名，人名（後藤庄三郎　ごとう
しょうざぶろう），世人，世百，戦国（⊕?），
全書，戦人，大百，伝記（後藤庄三郎　ごとう
しょうざぶろう），日人（後藤庄三郎〔1代〕
ごとうしょうざぶろう），百科（後藤庄三郎〔1
代〕　ごとうしょうざぶろう）

**後藤光信** ごとうみつのぶ
→後藤覚乗（ごとうかくじょう）

**後藤光正** ごとうみつまさ
＊〜？
江戸時代後期〜末期の彫金家。
¶人名（⊕1836年），日人（⊕1837年）

**後藤以紀** ごとうもちのり
明治38（1905）年2月10日〜平成4（1992）年2月
12日
昭和期の電気工学者。明治大学教授。
¶科学，科技，現情，世紀

**後藤基範** ごとうもとのり
天保13（1842）年〜大正5（1916）年
江戸時代末期〜大正期の養蚕普及の先駆者。
¶大分歴

**後藤保次** ごとうやすじ
明治26（1893）年〜昭和5（1930）年
大正〜昭和期の発明家。無端帯式乾繭機の発明者。
¶人名，日人（⊗昭和5（1930）年6月）

**五島保孟** ごとうやすたけ
昭和16（1941）年1月25日〜
昭和期の陶芸家。
¶陶芸最

**後藤祐乗** ごとうゆうじょう
永享12（1440）年〜永正9（1512）年
室町時代〜戦国時代の刀装金工家。刀装金工の宗
家、後藤家の始祖。
¶朝日（⊗永正9年5月7日（1512年6月20日）），岩
史（⊗永正9（1512）年5月7日），鎌室，岐阜百，
郷土岐阜，京都大（⊕永享6（1434）年？），国史
（⊗1511年），古中，コン改（⊕永享12（1440）
年？　⊗永正9（1512）年？），コン4（⊕永享12
（1440）年？　⊗永正9（1512）年？），史人，
重要（⊗永享12（1440）年？　⊗永正9（1512）
年？），新潮（⊗永正9（1512）年5月7日），人
名，姓氏京都（⊗1512年？），世人（⊗永正9
（1512）年？），世百，全書，戦人，戦補，大百，
伝記，日史（⊗永正9（1512）年5月7日），日人，
美術，百科，平日（⊕1440　⊗1512）

**後藤祐乗〔2代・宗乗〕** ごとうゆうじょう
寛正2（1461）年〜大永7（1527）年
戦国時代の金工。
¶世百

**後藤祐乗〔3代・乗真〕** ごとうゆうじょう
→後藤乗真（ごとうじょうしん）

**後藤祐乗〔4代・光乗〕** ごとうゆうじょう
→後藤光乗（ごとうこうじょう）

**後藤祐乗〔5代・徳乗〕** ごとうゆうじょう
→後藤徳乗（ごとうとくじょう）

**後藤祐乗〔7代・顕乗〕** ごとうゆうじょう
→後藤顕乗（ごとうけんじょう）

**後藤幸正** ごとうゆきまさ
大正6（1917）年12月4日〜平成13（2001）年5月
21日
昭和〜平成期の土木工学者、東北大学名誉教授。
専門はコンクリート工学。
¶科学

**後藤ゆみこ** ごとうゆみこ
昭和〜平成期のステンドグラス作家。
¶名工

**後藤用介** ごとうようすけ
生没年不詳
江戸時代前期の加賀国金沢の金工。銀座役。
¶朝日，国史，戦人，日人

**後藤義貴** ごとうよしたか
元禄7（1694）年〜
江戸時代中期の仏師。
¶神奈川人

**後藤立乗** ごとうりゅうじょう
天正14（1586）年〜寛永7（1630）年
安土桃山時代〜江戸時代前期の装剣金工。
¶日人

**後藤隆乗** ごとうりゅうじょう
？　〜享保8（1723）年
江戸時代前期〜中期の装剣金工。
¶日人

**後藤林乗** ごとうりんじょう
？　〜延宝4（1676）年
江戸時代前期の装剣金工。
¶日人

**後藤礼作** ごとうれいさく
嘉永6（1853）年〜明治43（1910）年
江戸時代後期〜明治期の大分県地域開発の草分け。
¶大分歴，大分歴

**後藤廉乗** ごとうれんじょう
江戸時代前期〜中期の装剣金工。
¶国書（⊕寛永4（1627）年　⊗宝永5（1708）年12
月23日），日人（⊕1628年　⊗1709年）

**後藤禄山** ごとうろくざん
昭和5（1930）年8月2日〜
昭和〜平成期の陶芸家。
¶陶芸最，陶工，名工

**寿慶蔵** ことぶきけいぞう
大正2（1913）年2月10日〜
昭和〜平成期の本場大島紬織物職人。
¶名工

**小西篤好** こにしあつよし
明和4（1767）年〜天保8（1837）年

江戸時代中期～後期の摂津島下郡の農事改良家。作物の品種改良に尽力。著作に「農業余話」など。
¶朝日（[生]明和4年2月22日（1767年3月21日）[没]天保8年2月22日（1837年3月28日）），大阪墓（[没]天保8（1837）年2月28日），近世，国史，国書（[生]明和4（1767）年2月22日　[没]天保8（1837）年2月22日），コン改，コン4，史人（[生]1767年2月22日　[没]1837年2月22日），新潮（[生]明和4（1767）年2月22日　[没]天保8（1837）年2月22日），人名，全書，日人，歴大

**小西一郎**　こにしいちろう
明治44（1911）年9月15日～昭和63（1988）年
昭和期の土木工学者。京都大学教授。専門は構造力学、橋梁工学。大阪府出身。
¶科学（[没]1988年（昭和63）7月25日），近土，現情

**小西金兵衛**　こにしきんべえ
江戸時代の摂津の陶工。
¶人名，日人（生没年不詳）

**小西啓介**　こにしけいすけ
昭和14（1939）年～
昭和～平成期の漆芸作家。
¶名工

**小西絹甫**　こにしけんぽ
昭和6（1931）年～
昭和～平成期の押絵作家。
¶名工

**小西左金吾**　こにしさきんご
明治12（1879）年10月11日～昭和16（1941）年9月27日
明治～昭和期の愛媛県養殖真珠の創始者。
¶愛媛百

**小西作太郎**　こにしさくたろう
明治25（1892）年5月25日～昭和60（1985）年2月5日
明治～昭和期の新聞技術者。朝日新聞社取締役。「扁平活字」を考案。戦時中の用紙・資材不足への対処に手腕を発揮。全国高校野球大会の運営にも貢献。
¶現朝，世紀，日人

**小西庄五郎**　こにししょうごろう
天明6（1786）年～明治4（1871）年
江戸時代後期の能登輪島の漆工。
¶人名，姓氏石川（[生]？），日人

**小西正二**　こにししょうじ
→小西正二（こにしまさじ）

**小西松甫**　こにししょうほ
昭和期の押絵作家。
¶名工

**小西新右衛門**　こにししんえもん
明治8（1875）年11月～昭和22（1947）年　[別]業精《ぎょうせい》
明治～昭和期の実業家、酒造家。日本相互貯蓄銀行頭取。醸造業の改良、合成酒の製造にも進出。
¶現情（[没]1947年8月22日），茶道，人名7，世紀（[没]昭和22（1947）年8月22日），日人（[没]昭和22（1947）年8月22日），俳句（業精　ぎょうせい）

**小西清次郎**　こにしせいじろう
天保5（1834）年～明治34（1901）年
江戸時代後期～明治期の栃木県土木業界の草分け。
¶栃木歴

**小西荘次郎**　こにしそうじろう
明治期の工事親方。心斎橋架橋工事を請け負う。
¶大阪人

**小西定助**　こにしていすけ
明治19（1886）年8月3日～昭和39（1964）年3月18日
明治～昭和期の農業指導者。
¶秋田百（[没]昭和41（1966）年），郷土，世紀，日人

**小西伝助**　こにしでんすけ
明治2（1870）年12月15日～大正6（1917）年11月28日
明治～大正期の実業家、文人。
¶秋田百（[生]明治2（1869）年），世紀，日人

**小西陶古**　こにしとうこ
昭和2（1927）年1月11日～
昭和～平成期の陶芸家。
¶名工

**小西陶古〔1代〕**　こにしとうこ
明治32（1899）年～昭和29（1954）年
明治～昭和期の陶芸家。
¶岡山歴（[生]明治32（1899）年1月28日　[没]昭和29（1954）年2月2日），陶芸最（――〔代数なし〕），陶工（――〔代数なし〕），美工（[生]明治32（1899）年1月28日　[没]昭和29（1954）年2月2日），名工

**小西陶蔵**　こにしとうぞう
昭和22（1947）年4月26日～
昭和～平成期の陶芸家。
¶陶芸最，陶工，名工

**小西久夫**　こにしひさお
昭和期の挽物木地職人。
¶名工

**小西平内**　こにしへいない
昭和3（1928）年1月1日～
昭和～平成期の陶芸家。
¶陶芸最，名工

**小西平内〔1代〕**　こにしへいない
明治32（1899）年～平成3（1991）年
昭和期の陶芸家。
¶陶工

**小西正二**　こにしまさじ
明治4（1871）年～昭和6（1931）年9月6日　[別]小西正二《こにししょうじ》
明治～昭和期の技術者。
¶岡山人，岡山歴，世紀（[生]明治4（1871）年1月），日人（こにししょうじ　[生]明治4（1871）年1月）

**小西真由美** こにしまゆみ
昭和17(1942)年～
昭和～平成期の陶芸作家。
¶名工

**小西屋五郎八** こにしやごろはち
？～貞享4(1687)年11月10日
江戸時代前期のカキ養殖家。
¶広島百

**小西友仙** こにしゆうせん
大正2(1913)年3月23日～
昭和～平成期の陶芸家。
¶陶芸, 陶芸最, 名工

**小西洋平** こにしようへい
昭和16(1941)年2月16日～
昭和～平成期の陶芸家。
¶陶芸最, 陶工, 名工

**小西六右衛門** こにしろくえもん
弘化4(1847)年～大正10(1921)年10月5日
明治～大正期の実業家。写真材料商。桜社を創立。小西写真専門学校を創立、小西六写真工業の創立者。
¶朝日(㊨弘化4年8月4日(1847年9月13日)), コン改, コン5, 史人(㊨1847年8月4日), 写真, 新潮(㊨弘化4(1847)年8月4日), 人名, 世紀(㊨弘化4(1847)年8月4日), 先駆(㊨弘化4(1847)年8月4日), 日人

**古波蔵良州** こはくらりょうしゅう
生没年不詳
江戸時代後期の琉球の漆工家。
¶コン改, コン4, 日人, 美工

**小橋昭夫** こばしあきお
昭和38(1963)年6月13日～
昭和～平成期の陶芸家。
¶陶工

**小橋川永昌** こばしがわえいしょう, こばしかわえいしょう
明治42(1909)年～昭和53(1978)年
昭和期の陶芸家。
¶沖縄百(㊨明治42(1909)年9月17日　㊨昭和53(1978)年7月26日), 姓氏沖縄, 陶工(こばしかわえいしょう), 美工(㊨明治42(1909)年9月17日　㊨昭和53(1978)年7月26日)

**小橋川源慶** こばしがわげんけい
明治44(1911)年～平成17(2005)年7月1日
大正～平成期の陶器製造業。
¶美工, 名工

**小橋川次郎** こばしがわじろう
昭和期の畳職人。
¶名工

**小橋川仁王** こばしがわにおう, こばしかわにおう
明治10(1877)年～昭和27(1952)年1月2日
明治～昭和期の陶芸家。
¶沖縄百, 世紀, 姓氏沖縄(こばしかわにおう)

陶工(こばしかわにおう　㊨1954年), 日人, 美工

**小橋照久** こばしてるひさ
大正8(1919)年10月21日～平成3(1991)年6月14日
昭和～平成期の農機具研究・製造家。
¶岡山歴

**小橋赤心** こばしまこと
昭和14(1939)年11月30日～
昭和～平成期の陶芸家。
¶名工

**小畠武堯** こばたけたかか
？～享保18(1733)年　㊨小畠武堯《おばたけたけたか, おばたたけたか》
江戸時代中期の武士, 治水家。上野伊勢崎藩士。八坂樋の工事を完成。
¶群馬人, 群馬百(おばたたけたか), 姓氏群馬(おばたたけたか), 日人, 藩臣2(おばたけたけたか)

**小畠広志** こばたけひろし
昭和10(1935)年8月2日～平成8(1996)年11月8日
昭和～平成期の彫刻家。小畠工房主宰。
¶美建

**小畠伴左衛門** こばたばんざえもん
江戸時代中期の治水家, 伊勢崎藩郡代。
¶人名

**小花和一楽** こばなわいちらく
明治期の陶画工。
¶日人

**小華和忠夫** こばなわただお
大正4(1915)年1月26日～
昭和期の陶芸家。
¶陶芸最

**小場晴夫** こばはるお
大正3(1914)年4月1日～平成12(2000)年11月27日
昭和～平成期の建築家。建設省営繕局長, 安藤建設副社長。
¶美建

**小浜工和利** こはまくーりー
生没年不詳
江戸時代後期の大工。
¶姓氏沖縄

**小早川茂平** こばやかわしげひら
？～文永1(1264)年
鎌倉時代前期の武士。景平の子。荘内の塩入荒野の開発。
¶朝日(生没年不詳), 鎌室, 系西, 諸系, 新潮(㊨文永1(1264)年2月15日), 日人

**小早川豊吉** こばやかわとよきち
文政1(1818)年～明治27(1894)年
江戸時代後期～明治期の片寄用水の発案・推進者。
¶姓氏愛知

こ

**小林愛竹**　こばやしあいちく
天保5 (1834) 年〜明治30 (1897) 年
江戸時代末期〜明治期の金工、篆刻家。禁門の変、戊辰戦争に参加。竹木金石に彫刻。
¶会津，人名，日人，幕末 ([没]1897年10月4日)，名工 ([没]明治30年10月4日)

**小林秋男**　こばやしあきお
大正3 (1914) 年9月27日〜昭和40 (1965) 年5月1日
昭和期の物理学者。通産省電気通信研究所次長。半導体を研究。東芝におけるトランジスタ開発の基礎を構築。
¶科学，現情，人名7，世紀，日人

**小林章男**　こばやしあきお
大正10 (1921) 年12月7日〜平成22 (2010) 年3月27日
昭和〜平成期の鬼師。
¶美工，名工

**小林明**　こばやしあきら
明治30 (1897) 年8月22日〜
昭和〜平成期の機械工学者。名古屋大学教授。
¶現情

**小林勲生**　こばやしいさお
昭和30 (1955) 年4月21日〜
昭和〜平成期の陶芸家。
¶陶芸最，陶工

**小林勇**　こばやしいさむ
明治32 (1899) 年9月〜
昭和期の農業指導者。
¶群馬人

**小林一雅**　こばやしいちが
昭和7 (1932) 年〜　[別]小林一雅《こばやしかずまさ》
昭和〜平成期の陶芸家。
¶陶芸最 (こばやしかずまさ)，名工

**小林丑蔵**　こばやしうしぞう
昭和期の笹野一刀彫工人。
¶名工

**小林梅五郎**　こばやしうめごろう
江戸時代末期の因幡の陶工。
¶人名，日人 (生没年不詳)

**小林英二郎**　こばやしえいじろう
大正14 (1925) 年1月20日〜
昭和〜平成期の三味線職人。
¶名工

**小林景国**　こばやしかげくに
寛政8 (1796) 年〜明治14 (1881) 年
江戸時代末期の足利の刀工。
¶栃木歴

**小林一夫**　こばやしかずお
昭和16 (1941) 年〜
昭和〜平成期のオリガミ会館館長。
¶名工

**小林一輔**　こばやしかずすけ
昭和4 (1929) 年5月31日〜平成21 (2009) 年10月7日
昭和〜平成期の土木工学者、東京大学名誉教授。専門はコンクリート工学。
¶科学，現執4期

**小林一博**　こばやしかずひろ
昭和16 (1941) 年10月24日〜
昭和〜平成期の染色作家。
¶名工

**小林和馬**　こばやしかずま
昭和5 (1930) 年1月6日〜
昭和期の陶芸家。
¶陶芸最

**小林一雅**　こばやしかずまさ
→小林一雅 (こばやしいちが)

**小林運美**　こばやしかずみ
明治38 (1905) 年〜昭和53 (1978) 年
昭和期の蚕糸業功労者、衆議院議員。
¶長野歴

**小林克弘**　こばやしかつひろ
昭和30 (1955) 年2月7日〜
昭和〜平成期の建築家。東京都立大学助教授。
¶現執3期

**小林観蔵**　こばやしかんぞう
生没年不詳
明治期の人。河川漁業の開拓者。
¶島根歴

**小林菊一郎**　こばやしきくいちろう
明治29 (1896) 年〜昭和38 (1963) 年11月
明治〜昭和期のガラス職人。
¶美工

**小林吉太郎**　こばやしきちたろう
明治12 (1879) 年〜昭和18 (1943) 年
明治〜昭和期の木地師。
¶山形百新

**小林九左衛門**　こばやしきゅうざえもん
→小林九左衛門 (こばやしくざえもん)

**小林久平**　こばやしきゅうへい
明治8 (1875) 年4月23日〜昭和29 (1954) 年2月7日
大正〜昭和期の応用化学者。工学博士、早稲田大学教授。石油精製法などを研究し、石油政策論を展開した。
¶科学，人名7，日人

**小林今日子**　こばやしきょうこ
昭和期の染色家。
¶名工

**小林清**　こばやしきよし
明治42 (1909) 年6月4日〜平成12 (2000) 年1月18日
大正〜平成期の織物職人。
¶美工，名工

**小林九左衛門** こばやしくざえもん
万治2(1659)年～享保7(1722)年 [別]小林九左衛門《こばやしきゅうざえもん》
江戸時代前期～中期の治水家、豊後佐伯藩士。用水路開削・新田開発に貢献。
¶大分歴(こばやしきゅうざえもん), 人名(こばやしきゅうざえもん), 日人, 藩臣7

**小林邦夫** こばやしくにお
昭和5(1930)年3月5日～
昭和～平成期の陶芸家。
¶陶芸最, 陶工, 名工

**小林国助〔1代〕** こばやしくにすけ
生没年不詳
江戸時代前期の刀匠。
¶大阪人

**小林国助〔2代〕** こばやしくにすけ
生没年不詳
江戸時代前期の刀匠、初代国助の長男。
¶大阪人

**小林国徳** こばやしくにのり
生没年不詳
江戸時代中期の伊予宇和島藩士、鍛冶。
¶藩臣6

**小林国広** こばやしくにひろ
生没年不詳
江戸時代前期の浅草海苔製造家、開墾家。
¶コン改, コン4, 人名, 日人

**小林久仁光** こばやしくにみつ
昭和14(1939)年11月23日～
昭和期の陶芸家。
¶陶芸最

**小林粂左衛門** こばやしくめざえもん
文化3(1806)年～安政3(1856)年
江戸時代後期～末期の殖産家。
¶郷土長野, 食文, 姓氏長野, 長野百, 長野歴, 日人

**小林源左衛門** こばやしげんざえもん
生没年不詳
戦国時代の大井郷開発者。
¶埼玉人

**小林源次** こばやしげんじ
明治34(1901)年3月2日～平成8(1996)年12月10日
昭和期の河川工学者。内務省土木局技師、日本アフガニスタン協会理事長。宮城県出身。
¶近土

**小林源次郎** こばやしげんじろう
明治31(1898)年1月3日～平成4(1992)年12月20日
昭和期の写し絵研究家。武蔵野市文化財保護委員。
¶世紀, 日人

**小林源蔵** こばやしげんぞう
→小林杢之助(こばやしもくのすけ)

**小林謙貞** こばやしけんてい
→小林義信(こばやしよしのぶ)

**小林宏治** こばやしこうじ
明治40(1907)年2月17日～平成8(1996)年11月30日
大正～平成期の実業家。日本電気社長、経済同友会幹事。搬送通信装置の実用化研究に尽力。今日の情報機器産業の基礎構築に貢献。
¶現朝, 現執1期, 現執2期, 現情, 現人, 現日, 実業, 新潮, 世紀, 日人, 履歴, 履歴2

**小林幸八** こばやしこうはち
? ～大正10(1921)年
明治～大正期の木地師。
¶島根人, 島根百([没]大正9(1920)年), 島根歴

**小林五郎左衛門** こばやしごろうざえもん
? ～貞享4(1687)年
江戸時代前期の広島湾牡蠣養殖の創始者。
¶朝日(生没年不詳), 食文([没]貞享4年11月10日(1687年12月14日)), 日人

**小林作太郎** こばやしさくたろう
明治2(1869)年～昭和12(1937)年
明治～大正期の機械工学技術者。
¶科学([生]1869年(明治2)9月23日 [没]1937年(昭和12)7月30日), 神奈川人, 神奈川百, 日人([生]明治2(1869)年9月23日 [没]昭和12(1937)年7月30日)

**小林祥晃** こばやしさちあき
昭和22(1947)年5月5日～
昭和～平成期の建築家。三宅グループ代表、三宅宮主宰。
¶現執3期, 現執4期, テレ

**小林繁夫** こばやししげお
昭和2(1927)年10月7日～
昭和～平成期の航空宇宙工学者。東京大学教授。
¶現情

**小林静夫** こばやししずお
昭和期の表具師。
¶名工

**小林秀也** こばやししゅうや
明治36(1903)年～昭和53(1978)年
昭和期の地域開発の功労者。
¶静岡歴, 姓氏静岡

**小林潤呼** こばやしじゅんこ
昭和11(1936)年2月13日～
昭和～平成期の陶芸家。
¶陶工

**小林俊次郎** こばやししゅんじろう
明治13(1880)年9月30日～*
明治～昭和期の機械工学者、九州帝国大学名誉教授。
¶科学([没]1954年(昭和29)10月11日), 渡航([没]?)

こ

**小林正一** こばやししょういち
大正1(1912)年8月13日～
昭和～平成期の若狭めのう細工職人。
¶名工

**小林尚珉** こばやししょうみん
明治45(1912)年～平成6(1994)年
昭和～平成期の金工家。
¶青森人, 美工([生]大正1(1912)年6月25日 [没]平成6(1994)年12月27日)

**小林如泥** こばやしじょでい,こばやしじょてい
宝暦3(1753)年～文化10(1813)年 [別]小林如泥《こばやしにょでい》,如泥《じょでい》
江戸時代中期～後期の木彫・木工家。小林安左衛門の子。
¶朝日([没]文化10年10月27日(1813年11月19日)), 江戸東, 近世(こばやしじょてい), 国史(こばやしじょてい), コン改([生]宝暦3(1753)年,(異説)1759年), コン4([生]宝暦3(1753)年,(異説)1759年), 茶道(如泥 じょでい), 史人([没]1813年10月27日), 島根人, 島根百(こばやしじょてい), 島根歴, 新潮([没]文化10(1813)年10月27日), 人名(こばやしにょでい), 日人

**小林慎明** こばやししんめい
明治42(1909)年4月21日～
昭和～平成期の信州打刃物職人。
¶名工

**小林末三** こばやしすえぞう
大正1(1912)年11月22日～昭和61(1986)年6月6日
昭和期の陶芸家。
¶陶芸最, 美工, 名工

**小林征児** こばやしせいじ
昭和20(1945)年3月23日～
昭和期の陶芸家。
¶陶芸最

**小林清次郎** こばやしせいじろう
寛政11(1799)年～明治14(1881)年
江戸時代後期～明治期の治水家。
¶日人

**小林善作** こばやしぜんさく
明治42(1909)年～昭和45(1970)年
昭和期の伝統こけし工人。
¶姓氏岩手

**小林大左久** こばやしだいさく
大正11(1922)年1月～
昭和～平成期のレンガ積み職人。
¶名工

**小林泰蔵** こばやしたいぞう
明治4(1871)年12月1日～大正2(1913)年10月17日
明治期の土木技術者。
¶近土, 人名, 渡航, 土木, 日人([生]明治4(1872)年12月1日)

**小林孝章** こばやしたかあき
昭和24(1949)年6月15日～
昭和期の陶芸家。
¶陶芸最

**小林竹雄** こばやしたけお
大正～昭和期のヌシデン塗装店会長。
¶名工

**小林武春** こばやしたけはる
昭和18(1943)年1月23日～
昭和～平成期の陶芸家。
¶陶芸最, 陶工

**小林たね** こばやしたね
明治37(1904)年～
明治～昭和期の女工、労働運動家。
¶女運

**小林忠治郎** こばやしちゅうじろう
明治2(1869)年～昭和26(1951)年
明治～昭和期の技術者。写真印刷技術のパイオニア。
¶写家

**小林ツギ** こばやしつぎ
大正1(1912)年? ～昭和14(1939)年7月28日
明治～昭和期の女工、労働運動家。
¶女運

**小林貞作** こばやしていさく
大正10(1921)年9月16日～平成13(2001)年12月10日
昭和～平成期の生物学者、植物遺伝学者。ゴマの品種改良で知られ、ビルマにおいて世界で初めて三期作に成功した。富山大学名誉教授。
¶植物

**小林照旭** こばやしてるあき
明治9(1876)年2月1日～昭和27(1952)年7月1日
明治～昭和期の実業家。西備綟織をおこし、漁網用の綟網の改良をはかる。のち日本製網(現日東製網)設立。
¶世紀, 日人, 広島百

**小林英道** こばやしてるみち
天保12(1841)年3月2日～大正12(1923)年5月27日
江戸時代末期の刀匠。
¶埼玉人

**小林伝四郎** こばやしでんしろう
万延1(1860)年～?
江戸時代末期～明治期の時計商。国産オルゴール第1号を製造。
¶先駆

**小林伝兵衛** こばやしでんべえ
? ～享和3(1803)年
江戸時代後期の大麻改良者。
¶長野歴

**小林東五** こばやしとうご
昭和10(1935)年8月15日～

昭和期の陶芸家。
¶陶芸最

**小林陶春** こばやしとうしゅん
昭和16(1941)年8月9日～
昭和～平成期の陶芸家。
¶陶芸最, 陶工, 名工

**小林徳右衛門〔1代〕** こばやしとくえもん
生没年不詳
江戸時代前期の陶工。
¶日人

**小林徳右衛門〔2代〕** こばやしとくえもん
生没年不詳
江戸時代前期～中期の陶工。
¶日人

**小林寿郎** こばやしとしお
安政4(1857)年～大正11(1922)年
明治～大正期の農事指導者。上北郡の農業開発に生涯をささげた。日本で最初の本格的ジャガイモの栽培技術書を刊行。
¶青森人([生]安政5(1858)年), 朝日([没]大正11(1922)年6月5日), 世紀([没]大正11(1922)年6月5日), 日人

**小林富次郎** こばやしとみじろう
嘉永5(1852)年～明治43(1910)年
明治期の実業家。歯磨製造のパイオニア、ライオン歯磨創立者。
¶キリ([生]嘉永5(1852)年1月15日　[没]明治43(1910)年12月13日), 埼玉人([生]嘉永5(1852)年1月15日　[没]明治43(1910)年11月13日), 実業([生]嘉永5(1852)年1月15日　[没]明治43(1910)年11月13日), 人名, 先駆([没]明治43(1910)年11月13日), 新潟百, 日人, 明治2

**小林知己** こばやしともき
昭和23(1948)年8月19日～
昭和～平成期の造形技師。
¶映人

**小林尚子** こばやしなおこ
昭和34(1959)年1月～
昭和～平成期の截金工芸家。
¶名工

**小林如泥** こばやしにょでい
→小林如泥(こばやしじょでい)

**小林延清** こばやしのぶきよ
生没年不詳
江戸時代中期の金工家。
¶島根百

**小林延次** こばやしのぶつぐ
生没年不詳
江戸時代中期の金工家。
¶島根百

**小林播磨藤原貞興〔1代〕** こばやしはりまふじわらさだおき
～宝永8(1711)年
江戸時代前期～中期の工匠。
¶多摩

**小林晴夫** こばやしはるお
大正10(1921)年2月23日～
昭和～平成期の化学工学者。北海道大学教授。
¶現情

**小林磐亀** こばやしばんき
明治12(1879)年～昭和41(1966)年
明治～昭和期の彫金家。
¶姓氏岩手

**小林亀夫** こばやしひさお
明治33(1900)年2月16日～昭和51(1976)年4月9日
大正～昭和期のイ草倒伏防止網の開発と普及に尽くした功労者。
¶広島百

**小林久志** こばやしひさし
昭和13(1938)年6月13日～
昭和～平成期の情報工学者。プリンストン大学工学部長、日本IBMジャパン・サイエンス・インスティテュート所長。専門は電気工学、通信理論。カリフォルニア大学、スタンフォード大学などで客員教授を歴任。
¶現朝, 世紀, 日人

**小林英夫(1)** こばやしひでお
大正12(1923)年～
昭和～平成期の江戸切子職人。
¶名工

**小林英夫(2)** こばやしひでお
昭和26(1951)年12月4日～
昭和～平成期の陶芸家。
¶陶芸最, 名工

**小林秀徳** こばやしひでのり
昭和24(1949)年12月10日～
昭和期の管理工学者。中央大学教授。
¶現執2期

**小林浩** こばやしひろし
昭和28(1953)年～
昭和～平成期の陶芸家。
¶陶工

**小林弘二** こばやしひろじ
昭和10(1935)年～
昭和～平成期の表具師。
¶名工

**小林弘幸** こばやしひろゆき
昭和19(1944)年2月3日～
昭和～平成期の陶芸家。
¶陶芸最, 陶工, 名工

**小林福蔵** こばやしふくぞう
大正～昭和期の染色引き幕職人。
¶名工

**小林福太郎**　こばやしふくたろう
明治15(1882)年11月～昭和13(1938)年3月26日
明治～昭和期の建築家。
¶世紀，日人

**小林武作**　こばやしぶさく
明治14(1881)年～大正11(1922)年
明治～大正期の米の品種改良に成功。
¶姓氏山口



**小林文一**　こばやしぶんいち
大正15(1926)年4月19日～
昭和～平成期の陶芸家。
¶陶芸最，陶工([生]1940年4月19日)，名工

**小林平一**　こばやしへいいち
大正12(1923)年～平成14(2002)年9月20日
昭和～平成期の鬼瓦師、自然研究家。
¶美工

**小林正和**　こばやしまさかず
昭和19(1944)年3月31日～平成16(2004)年8月18日
昭和～平成期の染織造形家。糸、竹、木などを使い、各種のテキスタイル・コンペに入賞。作品に「弓」シリーズなど。
¶現朝，世紀，日人，美工

**小林政清**　こばやしまさきよ
？～
江戸時代中期の金工家。
¶島根人，島根百(生没年不詳)

**小林政次**　こばやしまさじ
明治29(1896)年～？
大正～昭和期の建築技術の普及と戦災復興に尽力。
¶栃木歴

**小林政次郎**　こばやしまさじろう
明治7(1874)年～？
明治期の玩具製造者。ハーモニカ製造のパイオニア。
¶先駆

**小林政太郎**　こばやしまさたろう
明治5(1872)年11月22日～昭和22(1947)年12月6日
明治～昭和期の医師、発明家。
¶科学，近医，世紀，日人

**小林正次**　こばやしまさつぐ
明治35(1902)年8月16日～昭和50(1975)年10月31日
昭和期の電気技術者。日本電気研究所長。真空管の研究を行い、100kw送信管の発明などの業績をあげた。
¶科学，世紀，大百，日人

**小林政美**　こばやしまさみ
昭和27(1952)年1月1日～
昭和期の陶芸家。
¶陶芸最

**小林正美**　こばやしまさみ
昭和29(1954)年～
昭和～平成期の建築家。アルキメディア建築設計事務所主宰、明治大学理工学部専任講師。
¶現執3期

**小林三千夫**　こばやしみちお
昭和17(1942)年1月29日～
昭和期の陶芸家。
¶陶芸最

**小林実**　こばやしみのる
昭和9(1934)年～
昭和～平成期の人間工学者、交通心理学者。警察庁科学警察研究所車両運転研究室長。
¶現執1期，現執3期

**小林杢之助**　こばやしもくのすけ
寛政7(1795)年～安政5(1858)年　[別]小林源蔵《こばやしげんぞう》
江戸時代後期の棟梁。
¶姓氏長野，長野歴(小林源蔵　こばやしげんぞう)

**小林弥左衛門**　こばやしやざえもん
天文12(1543)年～寛永7(1630)年
戦国時代～江戸時代前期の福原新田の開拓者。
¶長野歴

**小林泰**　こばやしやすし
大正1(1912)年11月16日～昭和45(1970)年3月3日
昭和期の技師。
¶近土，土木

**小林弥平**　こばやしやへい
天保2(1831)年～明治28(1895)年
江戸時代末期～明治期の農事改良家、地域開発者。
¶郷土奈良，日人

**小林裕**　こばやしゆたか
昭和32(1957)年3月3日～
昭和～平成期の陶芸家。
¶陶芸最，陶工

**小林陽太郎**　こばやしようたろう
大正6(1917)年～
昭和期の人間建築環境工学者。豊橋技術科学大学教授。
¶現執1期

**小林与作**　こばやしよさく
文政7(1824)年～明治29(1896)年
江戸時代後期～明治期の鉱山師。
¶秋田百，日人

**小林義重**　こばやしよししげ
？～
上代の金工家。
¶島根百

**小林義信**　こばやしよしのぶ
慶長6(1601)年～天和3(1683)年　[別]小林謙貞《こばやしけんてい》，樋口権右衛門《ひぐちごん

うえもん，ひぐちごんえもん》，樋口謙貞《ひぐちけんてい》
江戸時代前期の測量家、天文家。西洋式測量術の開祖。
¶青森人（樋口権右衛門　ひぐちごんうえもん　[生]寛文ころ），朝日（樋口謙貞　ひぐちけんてい　[没]天和3年12月24日（1684年2月9日）），科学（樋口権右衛門　ひぐちごんえもん　[没]1683年（天和3）12月24日），近世（樋口権右衛門　ひぐちごんえもん），国史（樋口権右衛門　ひぐちごんえもん　[没]1684年），国書（[没]天和3（1683）年12月24日），コン改（[生]慶長5（1600）年），コン改（樋口権右衛門　ひぐちごんえもん　生没年不詳），コン4（[生]慶長5（1600）年），コン4（樋口権右衛門　ひぐちごんえもん　生没年不詳），史人（[没]1683年12月24日），新潮（小林謙貞　こばやしけんてい　[没]天和3（1683）年12月24日），人名（[生]？），人名（樋口権右衛門　ひぐちごんえもん），世人（樋口権右衛門　ひぐちごんえもん　生没年不詳），世人（樋口謙貞　ひぐちけんてい），全書，大百，大百（樋口権右衛門　ひぐちごんえもん），日人（[没]1684年），洋学（小林謙貞　こばやしけんてい）

**小林利助**　こばやしりすけ
明治31（1898）年10月21日～昭和45（1970）年
大正～昭和期の建築家。竹中工務店取締役。
¶美建

**小原二郎**　こはらじろう，こばらじろう
大正5（1916）年11月1日～
昭和～平成期の人間工学者、木材工学者。千葉工業大学教授。
¶現執1期，現執2期，現執3期，現情，世紀，マス89（こばらじろう）

**古曳嘉重**　こびきかじゅう
生没年不詳
江戸時代後期の陶工。
¶日人

**五平**　ごへい
江戸時代の加賀の楽焼の陶工。
¶人名，日人（生没年不詳）

**小兵衛**　こへえ
生没年不詳
江戸時代前期の小田原宿新宿町大工頭。
¶神奈川人，和歌山人

**古保木正長**　こぼおきまさなが
～明治10（1877）年頃　[別]古保木正長《こぼきまさなが》
江戸時代末期～明治期の津和野藩金工。
¶島根人，島根百（こぼきまさなが　生没年不詳）

**古保木正長**　こぼきまさなが
→古保木正長（こぼおきまさなが）

**小堀権十郎**　こぼりごんじゅうろう
→小堀政尹（こぼりまさただ）

**小堀政尹**　こぼりまさただ
寛永2（1625）年～元禄7（1694）年　[別]小堀権十郎《こぼりごんじゅうろう》
江戸時代前期の茶人。
¶京都大，国書（[没]元禄7（1694）年8月4日），茶道（小堀権十郎　こぼりごんじゅうろう），諸系，人名，姓氏京都，日人

**小堀保三郎**　こぼりやすさぶろう
明治32（1899）年8月25日～昭和50（1975）年8月30日
大正～昭和期の発明家、エアバッグの考案者。
¶科学

**駒井健一郎**　こまいけんいちろう
明治33（1900）年12月17日～昭和61（1986）年10月2日
大正～昭和期の重電機系技術者。日立製作所第3代社長。"重電の日立"を総合電気メーカーに変身させ、"世界の日立"へと発展させた。
¶現朝，現執1期，現情，コン改，コン4，コン5，実業，世紀，日人

**駒井元申**　こまいげんしん
江戸時代中期の白銀師。
¶人名，日人（生没年不詳）

**駒井又二**　こまいまたじ
大正7（1918）年5月5日～平成8（1996）年5月18日
昭和～平成期の電気技術者、NHK総合技術研究所長。専門はテレビジョン工学。
¶科学

**駒井弥兵衛**　こまいやへえ
天保4（1833）年～大正10（1921）年
江戸時代末期～大正期の漁場開発者。
¶姓氏岩手

**駒形克明**　こまがたかつあき
昭和32（1957）年10月17日～
昭和～平成期の陶芸家。
¶陶芸最，陶工

**駒形久磨**　こまがたきゅうま
昭和19（1944）年2月4日～
昭和～平成期の陶芸家。
¶陶芸最，名工

**駒形作次**　こまがたさくじ
明治37（1904）年2月6日～昭和45（1970）年7月12日
昭和期の電気工学者。日本原子力研究所理事長。半導体に関する研究などを発表。電気試験所長、工業技術院長などを歴任。
¶科学，現情，人名7，世紀，日人

**古満寛哉**　こまかんさい
明和4（1767）年～天保6（1835）年　[別]真砂庵道守《まさごあんみちもり》，仁義堂道守《じんぎどうみちもり》
江戸時代中期～後期の蒔絵師。古満巨柳の門人。
¶朝日（[没]天保6年4月9日（1835年5月6日）），茶道，人名，日人

**古満寛哉〔1代〕**　こまかんさい
？～寛政4（1792）年

江戸時代中期～後期の蒔絵師。
¶日人

**古満勘助**（古満寛哉）　**こまかんすけ**
？　～＊
江戸時代中期の蒔絵師。
¶人名（古満寛哉〔古満家6代〕　[没]1796年），日人（[没]1795年）



**駒杵勤治　こまぎねきんじ，こまきねきんじ**
明治10（1877）年5月24日～大正8（1919）年8月2日
明治～大正期の建築家。茨城県立図書館、土浦中学校本館など本格的洋風建築を手がけた。
¶朝日，世紀，日人（こまきねきんじ　[没]大正8（1919）年2月27日）

**古満休意**(1)　**こまきゅうい**
？　～寛文3（1663）年　[別]休意《きゅうい》
江戸時代前期の蒔絵師。古満派の初代。
¶朝日（生没年不詳），コン改，コン4，茶道，新潮（[没]寛文3（1663）年？），人名，世百，大百，日人（[没]1663年，（異説）1681年）

**古満休意**(2)　**こまきゅうい**
？　～文化13（1816）年　[別]休意《きゅうい》
江戸時代後期の蒔絵師。
¶人名，日人

**古満休伯**(1)　**こまきゅうはく**
？　～正徳5（1715）年　[別]休伯《きゅうはく》
江戸時代中期の蒔絵師。古満家の2代。
¶朝日（[没]正徳5年8月10日（1715年9月7日）），コン改，コン4，茶道，新潮，人名，世百（[没]1716年），大百，日人

**古満休伯**(2)　**こまきゅうはく**
？　～寛政6（1794）年　[別]休伯《きゅうはく》
江戸時代中期～後期の蒔絵師。
¶人名，日人

**古満休伯〔古満家3代〕　こまきゅうはく**
？　～享保17（1732）年　[別]休伯《きゅうはく》
江戸時代中期の蒔絵師。
¶人名，大百，日人（――〔代数なし〕）

**古満源亀　こまげんき**
？　～天保13（1842）年
江戸時代後期の蒔絵師。
¶人名，日人

**古満巨柳　こまこりゅう**
生没年不詳
江戸時代中期の蒔絵師。古満家の5代休伯に師事。
¶朝日，人名，日人，美工

**駒崎八郎右衛門　こまざきはちろうえもん**
天保14（1843）年11月2日～大正12（1923）年9月1日
江戸時代末期～大正期の農事改良家。
¶埼玉人

**駒沢少斎〔駒沢家7代〕　こまざわしょうさい**
→駒沢利斎〔4代〕（こまざわりさい）

**駒沢宗源　こまざわそうげん**
生没年不詳
江戸時代の指物師。
¶茶道，美工

**駒沢博司　こまざわひろし**
昭和26（1951）年5月26日～
昭和期の陶芸家。
¶陶芸最

**駒沢利斎　こまざわりさい**
世襲名　江戸時代前期以来の指物師。
¶京都大，新潮

**駒沢利斎〔1代〕　こまざわりさい**
延宝1（1673）年～延享3（1746）年
江戸時代中期の指物師。
¶茶道，姓氏京都（――〔代数なし〕），日人

**駒沢利斎〔4代〕　こまざわりさい**
明和7（1770）年～安政2（1855）年　[別]駒沢少斎〔駒沢家7代〕《こまざわしょうさい》
江戸時代後期の指物師。
¶茶道（駒沢少斎〔駒沢家7代〕　こまざわしょうさい），茶道，日人

**古満清兵衛　こませいべえ**
？　～安政5（1858）年
江戸時代末期の蒔絵師。
¶人名，日人

**駒田作五郎　こまださくごろう**
嘉永2（1849）年～明治28（1895）年
明治期の実業家。製茶業を改良、製茶輸出会社を創業。
¶日人

**駒田長平　こまだちょうべい**
明治9（1876）年～大正14（1925）年
明治～大正期の今戸焼窯元の職工。
¶姓氏石川

**小松　こまつ**
生没年不詳
安土桃山時代の鋳物師。
¶戦辞

**小松勘右衛門　こまつかんえもん**
生没年不詳
江戸時代中期の織物技術者。
¶日人

**小松幸代　こまつさちよ**
昭和25（1950）年1月26日～
昭和～平成期の陶芸家。
¶陶芸最，陶工，名工

**小松三作　こまつさんさく**
明治期の技術者。練乳製造に従事。
¶食文

**小松繁　こまつしげる**
明治36（1903）年1月29日～昭和58（1983）年7月2日

昭和期の放送技術者。
¶科学, 富山百

**小松真一** こまつしんいち
明治44(1911)年9月13日～昭和48(1973)年1月10日
昭和期の醸造技師。戦争記録「虜人日記」の著者。
¶現朝, 現人, 世紀, 日人

**小松導平** こまつどうへい
明治11(1878)年2月1日～昭和13(1938)年2月6日
明治～昭和期の笛吹川廃河川跡の開拓者。
¶山梨百

**小松俊** こまつとし
昭和14(1939)年3月19日～
昭和～平成期の陶芸家。
¶陶工

**小松直弥** こまつなおや
明治34(1901)年～昭和49(1974)年
大正～昭和期の製紙技術家。
¶高知人

**小松原要助** こまつばらようすけ
昭和期の人。ふりかけ「露営の友」を発明し軍隊に納入した。
¶食文

**小松原善徳** こまつばらよしのり
明和5(1768)年～天保11(1840)年10月
江戸時代中期～後期の小鼓製作の名手。
¶大阪人

**小松春鄰** こまつはるちか
天保9(1838)年～大正3(1914)年
江戸時代末期～明治期の郡山金魚の先覚者。廃藩後、金魚や鯉の養殖、販売を専業とし、多くの博覧会で褒状を得る。
¶日人, 藩臣4

**小松芳光** こまつほうこう
明治36(1903)年8月8日～平成5(1993)年
大正～昭和期の金沢美術工芸大名誉教授。専門は加賀蒔絵。
¶石川百, 美工(㊣平成5(1993)年1月6日), 名工

**小松弥右衛門**〈小松弥右兵門〉 こまつやえもん
寛文10(1670)年～宝暦3(1753)年　㊿小松勘右衛門《こまつかんえもん》
江戸時代中期の織物師、仙台平織出しの元祖。
¶人名, 姓氏宮城(小松弥右兵門　㊐1670年?), 日人, 宮城百

**小松弥右衛門**〔父〕 こまつやえもん
江戸時代中期の仙台平織出しの元祖。
¶人名

**小松康城** こまつやすしろ
大正4(1915)年～昭和54(1979)年
昭和期の人形作家。
¶美工

**小松六郎次郎** こまつろくろうじろう
生没年不詳
戦国時代の大工。
¶戦辞

**駒宮安男** こまみややすお
大正11(1922)年10月14日～平成5(1993)年3月11日
昭和～平成期の電気工学者、通商産業省工業技術院電子技術総合研究所電子デバイス部長。専門は論理数学、電子計算機基礎論。
¶科学, 数学

**狛林之助** こまりんのすけ
?　～明治44(1911)年4月14日
明治期の工部省技師。工部少技長、佐渡鉱山局長心得。官費留学生としてイギリスに派遣される。
¶海越, 海越新, 渡航

**小丸歌之丞** こまるうたのじょう
江戸時代中期～後期の相馬焼の陶工。
¶人名, 日人(生没年不詳)

**小丸熊造** こまるくまぞう
江戸時代末期～明治期の陶工。
¶日人

**小丸辰之進** こまるたつのしん
江戸時代末期の相馬焼の陶工。
¶人名, 日人(生没年不詳)

**古満六右衛門** こまろくえもん
?　～享和3(1803)年
江戸時代中期～後期の蒔絵師。
¶人名, 日人

**小溝茂橘** こみぞもきつ
明治6(1873)年3月20日～?
明治～大正期の工学者。
¶徳島百, 徳島歴, 渡航

**五味台右衛門** ごみだいえもん
江戸時代中期の漁業家。
¶人名, 日人(生没年不詳)

**小峰枝美子** こみねえみこ
昭和11(1936)年1月21日～
昭和期の陶芸家。
¶陶芸最

**小峰秀孝** こみねひでたか
昭和15(1940)年～
昭和～平成期の理容師。反核運動家。
¶平和

**小峰門弥**〈小峯門弥〉 こみねもんや
文政6(1823)年～明治39(1906)年
江戸時代末期～明治期の料理人。ペリーの接待料理人。高級割烹「枕流亭」開店。
¶神奈川人, 姓氏神奈川(小峯門弥), 幕末(㊣1906年4月30日)

**こみねゆら**
生没年不詳

平成期のイラストレーター、人形作家。
¶児人

**五味文郎** ごみふみお
明治44（1911）年～昭和55（1980）年
大正～昭和期の人形作家。
¶美工

**小宮清** こみやきよし
昭和11（1936）年～
昭和～平成期の工業デザイナー、実業家。コルム代表。
¶現執3期（[生]昭和11（1936）年5月），YA

**小宮康助** こみやこうすけ
明治15（1882）年9月9日～昭和36（1961）年3月23日
明治～昭和期の染色家。化学染料による江戸小紋を研究・開発し小紋染の近代化に尽くす。
¶現情，現日，国宝，新潮，人名7，世紀，日人，美工，名工

**小宮サキ** こみやさき
明治35（1902）年～昭和60（1985）年12月2日
大正～昭和期の日本髪結師。
¶女性，女性普

**小宮次郎** こみやじろう
明治13（1880）年11月23日～昭和36（1961）年10月2日
明治～昭和期の技術者、実業家。
¶鉄道

**小宮四郎国光** こみやしろうくにみつ
明治27（1894）年3月26日～昭和63（1988）年1月15日
明治～昭和期の刀匠。
¶美工，名工

**小宮山伴太夫** こみやまばんだゆう
明治28（1895）年～昭和61（1986）年
大正～昭和期の北大東島開拓の功労者。
¶姓氏沖縄

**小宮山宏明** こみやまひろあき
昭和26（1951）年9月11日～
昭和～平成期の陶芸家。
¶陶芸最，陶工

**小宮山弥太郎** こみやまやたろう
文政11（1828）年～大正9（1920）年5月8日
江戸時代末期～明治期の大工。師範学校、山梨県庁舎など主要建築の棟梁を務めた。
¶朝日，日人，山梨百（[生]文政11（1828）年10月20日）

**小宮康孝** こみややすたか
大正14（1925）年11月12日～
昭和～平成期の江戸小紋染織家。人間国宝。古典的な小紋柄や中形の古典の復元に従事。代表作に「江戸小紋十絣」「翁格子」など。
¶現朝，現情，国宝，新潮，世紀，日人，名工

**小向一実** こむかいひとみ
昭和24（1949）年3月10日～
昭和～平成期の陶芸家。
¶陶工，名工

**小村治三右衛門** こむらじそうえもん
明治6（1873）年～昭和9（1934）年
明治～昭和期の磯追込網の考案・改良者。
¶姓氏鹿児島

**古村徹三** こむらてつぞう
明治42（1909）年～昭和57（1982）年
昭和期の童謡詩人、染織図案家。和歌山童謡詩人会を結成。作品に童謡集「繭のお山」「お花のホテル」など。
¶児作，児人，児文，世紀（[生]明治42（1909）年12月27日　[没]昭和57（1982）年7月2日），日画，日児（[生]明治42（1909）年12月27日　[没]昭和57（1982）年7月2日），日人（[生]明治42（1909）年12月27日　[没]昭和57（1982）年7月2日），美家（[生]明治42（1909）年12月27日　[没]昭和57（1982）年7月2日），和歌山人

**古村敏章** こむらとしあき
明治32（1899）年4月24日～平成12（2000）年1月1日
大正～平成期の実業家。長野県撚糸工業組合理事長、岡谷蚕糸博物館館長。丸興製糸の創立に参加、自動繰上機などによる機械化をすすめる。
¶世紀，日人

**小村又兵衛** こむらまたべえ
天正12（1584）年～明暦2（1656）年
安土桃山時代～江戸時代前期の筆司。「御用筆師換鵞堂小村長三郎」の初代。
¶姓氏宮城，宮城百

**米谷栄二** こめたにえいじ
明治44（1911）年9月20日～平成11（1999）年7月17日
昭和期の土木工学者。京都大学教授。日本初の交通工学講座を開設。兵庫県出身。
¶科学，近土，現執1期

**古茂田甲午郎** こもだこうごろう
明治27（1894）年10月9日～昭和57（1982）年6月27日
明治～昭和期の建築家。安藤建設社長。
¶美建

**薦田佐界** こもださかい
慶応2（1866）年～大正11（1922）年
明治～大正期の金工家。
¶高知人

**薦田篤平** こもだとくへい
文政6（1823）年～明治30（1897）年6月9日
江戸時代末期～明治期の伊予宇摩郡の製糸業者。2枚漉を4枚漉に改良。紙問屋も経営。
¶愛媛百（[生]文政6（1823）年4月8日），幕末

**菰田雪** こもだゆき
昭和期の博多人形師。

¶名工

**小森邦衛** こもりくにえ
昭和20（1945）年2月18日〜
昭和〜平成期の漆芸家。2006年に重要無形文化財
保持者（人間国宝）に認定（髤漆）。
¶国宝

**小森忍** こもりしのぶ
明治22（1889）年〜昭和37（1962）年
明治〜昭和期の陶芸家。
¶陶工，美工（⊕明治22（1889）年12月15日），北
海道百，北海道歴

**小森田民次郎** こもりたたみじろう
明治30（1897）年〜大正10（1921）年
大正期の鉱夫、鍛冶職。
¶社史（生没年不詳），姓氏岩手

**コヤナギ喜美子** こやなぎきみこ
昭和期の人形作家。
¶名工

**小柳金太郎** こやなぎきんたろう
大正10（1921）年〜
昭和〜平成期の樺細工師。
¶名工

**小谷野雅雄** こやのまさお
昭和21（1946）年8月26日〜
昭和期の陶芸家。
¶陶芸最

**小山一草** こやまいっそう
昭和7（1932）年〜
昭和〜平成期の陶芸家。
¶陶工（⊕1932年1月3日），名工

**小山一草〔1代〕** こやまいっそう
明治39（1906）年2月4日〜昭和59（1984）年5月
31日
昭和期の陶芸家。
¶岡山歴

**小山盤** こやまいわお
明治15（1882）年〜昭和14（1939）年
明治〜昭和期の鉄道技師、車両自動連結機の創
案者。
¶姓氏長野，長野歴

**小山梅吉** こやまうめきち
生没年不詳
明治期の帽子商。国産ネクタイ製造の先駆者。
¶先駆

**小山勝蔵** こやまかつぞう
生没年不詳
江戸時代後期の高座郡下溝村番匠。
¶神奈川人

**小山儀作** こやまぎさく
天保1（1830）年〜明治38（1905）年
江戸時代後期〜明治期の果樹栽培開発者。
¶岡山人

**小山喜平** こやまきへい
昭和5（1930）年12月15日〜
昭和〜平成期の陶芸家。
¶陶芸最，名工

**小山謙吾** こやまけんご
文政10（1827）年〜明治29（1896）年
江戸時代後期〜明治期の酒造業、地方自治功労
者。佐久地方に果樹栽培、山羊飼育を導入。
¶姓氏長野，長野歴

**小山弘治** こやまこうじ
昭和22（1947）年11月5日〜
昭和〜平成期の陶芸家。
¶陶芸最，陶工，名工

**小山才兵衛** こやまさいべえ
天正2（1574）年〜承応3（1654）年
安土桃山時代〜江戸時代前期の藤塚の開墾と植林
に尽力。
¶姓氏長野

**小山仁郎** こやまじろう
昭和5（1930）年〜
昭和〜平成期の染織作家。
¶名工

**小山岑一** こやましんいち
昭和14（1939）年1月20日〜
昭和〜平成期の陶芸家。
¶陶芸最，陶工，名工

**小山真吾** こやましんご
昭和39（1964）年〜
昭和〜平成期の陶芸家。
¶陶工

**小山末広** こやますえひろ
昭和23（1948）年7月16日〜
昭和〜平成期の陶芸家。
¶陶芸最，陶工，名工

**小山貴由** こやまたかよし
昭和31（1956）年2月5日〜
昭和〜平成期の陶芸家。
¶陶工

**小山太郎** こやまたろう
明治4（1871）年〜昭和44（1969）年
明治〜昭和期の蚕種製造業。小諸義塾の開設者。
¶姓氏長野，長野百，長野歴

**小山友直** こやまともなお
慶応1（1865）年10月4日〜？
明治期の技師。
¶渡航

**小山博行** こやまひろゆき
昭和期の刃物職人。
¶名工

**小山冨士夫**（小山富士夫）こやまふじお
明治33（1900）年〜昭和50（1975）年
昭和期の陶磁史研究家、陶芸家。東洋陶磁学会委

員長。東京帝室博物館、文化財保護委員会美術工芸課・無形文化課に勤務。
¶岡山人，岡山歴（[生]明治33（1900）年3月24日　[没]昭和50（1975）年10月7日），神奈川人（小山富士夫），神奈川百（小山富士夫），現朝（[生]1900年3月24日　[没]1975年10月7日），現執1期，現情（[生]1900年3月24日　[没]1975年10月7日），現人，考古（[生]明治33（1900）年3月24日　[没]昭和50（1975）年10月7日），コン改，コン4，コン5，史研（小山富士夫），新潮（[生]明治33（1900）年3月24日　[没]昭和50（1975）年10月7日），人名7，世紀（[生]明治33（1900）年3月24日　[没]昭和50（1975）年10月7日），全書，陶芸最，陶工，日人（[生]明治33（1900）年3月24日　[没]昭和50（1975）年10月7日），美工（[生]明治33（1900）年3月24日　[没]昭和50（1975）年10月7日），名工（[生]明治33年3月24日　[没]昭和50年10月7日）



**小山文三郎　こやまぶんざぶろう**
生没年不詳　[別]小山文三郎《おやまぶんざぶろう》
明治期の陶工。田中吉衛門から楽焼を学び、東磐井郡藤沢村本郷の粘土で楽焼を造った。
¶人名，日人（おやまぶんざぶろう），美工，名工

**小山益太　こやまますた**
文久1（1861）年～大正13（1924）年7月1日
明治～大正期の果樹園芸家。果樹栽培に従事、「六液」を発明。岡山県の果樹園芸振興に貢献。
¶朝日（[生]文久1年9月12日（1861年10月15日）），岡山人，岡山百（[生]文久1（1861）年9月12日），岡山歴（[生]文久1（1861）年9月12日），近現，国史，食文（[生]文久1年9月12日（1861年10月15日）），人名，世紀（[生]文久1（1861）年9月12日），日人

**小山満夫　こやまみつお**
昭和7（1932）年1月3日～
昭和期の陶芸家。
¶陶芸最

**小山もと子　こやまもとこ**
～平成13（2001）年4月23日
昭和～平成期の染色家。
¶美工

**小山保家　こやまやすいえ**
明治36（1903）年3月31日～平成4（1992）年7月3日
大正～平成期の染色家。
¶美工，名工

**小山保政　こやまやすまさ**
嘉永5（1852）年10月10日～明治32（1899）年8月24日
江戸時代後期～明治期の鉄道技師。
¶近土，土木

**小山良一　こやまりょういち**
明治20（1887）年～昭和24（1949）年
明治～昭和期の上田地方の鮎養殖創始者。
¶姓氏長野，長野歴

**是枝実　これえだみのる**
明治25（1892）年9月9日～昭和48（1973）年9月20日
明治～昭和期の技師。
¶近土，土木

**是一〔1代〕　これかず**
江戸時代前期の刀匠。
¶人名，日人（生没年不詳）

**是一〔2代〕　これかず**
江戸時代前期の刀匠。
¶人名，日人（生没年不詳）

**是一〔3代〕　これかず**
？～宝暦3（1753）年
江戸時代中期の刀匠。
¶人名，日人

**是一〔4代〕　これかず**
江戸時代中期の刀匠。
¶人名，日人（生没年不詳）

**是一〔5代〕　これかず**
江戸時代中期の刀匠。
¶人名，日人（生没年不詳）

**是一〔6代〕　これかず**
？～嘉永3（1850）年
江戸時代後期の刀匠。
¶人名，日人

**是一〔7代〕　これかず**
*～明治24（1891）年
江戸時代末期～明治期の刀匠。
¶人名（[生]1818年），日人（[生]？）

**是一〔8代〕　これかず**
天保14（1843）年～明治24（1891）年
明治期の刀匠。通称孝吉。光一と号した。
¶人名，日人

**惟重　これしげ**
戦国時代の刀工。
¶島根百

**是介　これすけ**
鎌倉時代の刀工。
¶岡山人，岡山歴

**是助(1)　これすけ**
平安時代後期の刀工。
¶岡山人

**是助(2)　これすけ**
鎌倉時代の刀工。
¶岡山人

**尹利　これとし**
戦国時代の刀工。
¶島根百

**惟永　これなが**
室町時代の刀工。
¶島根百

**惟宗**　これむね
平安時代中期の刀匠。
¶人名，日人（生没年不詳）

**惟善**　これよし
→惟善（ただよし）

**五郎八**　ごろはち
？～明治33（1900）年
明治期の陶工。赤津窯の良工春岱に習い、明治初年に雅作を出した。
¶人名，名工

**強頸直**　こわくびのあたい
奈良時代の土木技術者。
¶埼玉百

**小割美恵子**　こわりみえこ
昭和22（1947）年～
昭和～平成期の陶芸家。
¶陶工

**小割よしつぐ**　こわりよしつぐ
昭和19（1944）年8月4日～
昭和～平成期の陶芸家。
¶陶工

**金易右衛門**　こんいえもん
→金易右衛門（こんやすえもん）

**厳久**　ごんく
生没年不詳
平安時代中期の仏師僧。
¶平史

**金剛重光**　こんごうしげみつ
飛鳥時代の宮大工。金剛組創業者。聖徳太子の命で百済から招かれた大工の一人。推古天皇1年（593）に四天王寺の建立を開始。世界最古の企業・金剛組の始祖となる。
¶創業（[没]？）

**金光堂守親**　こんこうどうもりちか
[別]金光堂守親《きんこうどうもりちか》
明治～昭和期の彫金家。
¶大阪人（[生]安政5（1858）年　[没]昭和12（1937）年12月），岡山人（きんこうどうもりちか　[生]元治1（1864）年　[没]昭和10（1935）年）

**金剛兵衛**　こんごうひょうえ
世襲名　鎌倉時代～江戸時代の刀工一派の姓。盛高を祖とする。
¶史人

**金剛よしゑ**　こんごうよしえ
明治27（1894）年5月25日～昭和50（1975）年3月8日
昭和期の宮大工棟梁。旧江戸城田安・清水門の復元、東本願寺天満院建立などの仕事を手がけた。
¶女性，女性普，美建，名工

**厳成**　ごんじょう
生没年不詳　[別]厳成《げんせい》
平安時代後期の大仏師。
¶岡山百（げんせい），平史

**近新三郎**　こんしんさぶろう
明治10（1877）年12月29日～昭和28（1953）年12月28日
明治～昭和期の技師。
¶近土，土木

**権田愛三**　ごんだあいぞう
嘉永3（1850）年～昭和3（1928）年
明治～大正期の農事改良家。
¶埼玉人（[生]嘉永3（1850）年7月20日　[没]昭和3（1928）年8月3日），埼玉百，日人

**権田平太郎**　ごんだへいたろう
昭和7（1932）年6月～
昭和期の陶芸家。
¶陶芸最

**権太郎**　ごんたろう
江戸時代後期の鹿児島小野村の石工。
¶姓氏鹿児島

**今千春**　こんちはる
昭和26（1951）年3月8日～
昭和～平成期の陶芸家。
¶陶芸最，陶工

**金伝吉**　こんでんきち
生没年不詳
江戸時代末期の硯彫り師。
¶姓氏岩手

**近藤愛子**　こんどうあいこ
大正14（1925）年～
昭和～平成期の染色家。
¶名工

**近藤彰**　こんどうあきら
昭和19（1944）年3月4日～
昭和期の陶芸家。
¶陶芸最

**近藤鍵武**　こんどうかぎたけ
明治37（1904）年12月5日～昭和48（1973）年2月22日
大正～昭和期の土木行政官僚。
¶近土，土木

**近藤勝由**　こんどうかつよし
文政10（1827）年～明治34（1901）年
江戸時代末期～明治期の土木技術者。綾部井堰の改築工事に従事。
¶京都府，日人，藩臣5

**近藤亀蔵**　こんどうかめぞう
天明1（1781）年～安政3（1856）年
江戸時代後期の豪商、地方開発者。播磨小野藩御用達。
¶藩臣5，兵庫人（[没]安政3（1856）年3月24日），兵庫百

**近藤謙三郎**　こんどうけんさぶろう，こんどうけんざぶ

ろう
明治30(1897)年2月16日～昭和50(1975)年11月1日
明治～昭和期の技師。都市計画・道路交通技術者。
¶近土，高知人(こんどうけんざぶろう)，創業(こんどうけんざぶろう)，土木



**近藤功次** こんどうこうじ
昭和23(1948)年4月29日～
昭和～平成期の陶芸家。
¶陶芸最，陶工

**近藤貞用** こんどうさだもち
慶長11(1606)年～元禄9(1696)年　[別]近藤登之助《こんどうのぼりのすけ》
江戸時代前期～中期の武士。
¶黄檗([没]元禄9(1696)年2月2日)，国書([没]元禄9(1696)年2月2日)，静岡百，静岡歴，人名(近藤登之助　こんどうのぼりのすけ)，姓氏静岡，日人

**近藤茂** こんどうしげる
明治7(1874)年12月15日～昭和29(1954)年1月1日
明治～昭和期の通信技師。
¶渡航

**近藤賤男** こんどうしずお
生没年不詳
明治期の男性。セルロイド製造計画のパイオニア。
¶先駆

**近藤寿一郎** こんどうじゅいちろう
明治13(1880)年12月8日～昭和33(1958)年11月7日
明治～昭和期の実業家。合成酢酸製造の研究にとりくむ。日本合成化学工業の設立に参加。
¶世紀，鳥取百，日人

**近藤寿市郎** こんどうじゅいちろう
明治3(1870)年4月15日～昭和35(1960)年4月14日
明治～昭和期の政治家、実業家。東海興業を創立。豊川用水の実現に尽力した。
¶世紀，姓氏愛知，日人

**近藤淳吉** こんどうじゅんきち
慶応3(1867)年～昭和17(1942)年
大正～昭和期の村長。
¶世紀([生]慶応3(1867)年10月18日　[没]昭和17(1942)年1月11日)，長崎百，日人

**近藤駿介** こんどうしゅんすけ
昭和17(1942)年7月26日～
昭和～平成期の原子炉工学者、原子炉設計工学者。東京大学教授。
¶現執2期，現執3期，現執4期

**近藤次郎** こんどうじろう
大正6(1917)年1月23日～
昭和～平成期の航空力学者、システム工学者。国際科学技術財団理事長、東京大学教授。国産旅客機YS11を企画。著書に「飛行機はなぜ飛ぶか」「巨大システムの安全性」など。
¶現朝，現執2期，現執3期，現情，世紀，日人，マス89，履歴，履歴2

**近藤誠伍** こんどうせいご
明治42(1909)年8月18日～
昭和～平成期の茶陶制作者。
¶名工

**近藤精宏** こんどうせいこう
昭和20(1945)年12月27日～　[別]近藤精宏《こんどうよしひろ》
昭和～平成期の陶芸家。
¶陶芸最，陶工，名工(こんどうよしひろ)

**今藤清六** こんどうせいろく
明治28(1895)年～昭和38(1963)年
大正～昭和期の石工。
¶姓氏岩手

**近藤仙太郎** こんどうせんたろう
安政6(1859)年4月24日～昭和6(1931)年1月22日
江戸時代末期～昭和期の技師。
¶近土，土木

**近藤泰山** こんどうたいざん
明治27(1894)年～昭和27(1952)年
明治～昭和期の堂宮彫刻師。
¶美建

**近藤尊影** こんどうたかかげ
[別]近藤陶吉郎《こんどうとうきちろう》
江戸時代末期の磐城相馬焼の陶工。
¶人名，日人(生没年不詳)

**近藤健男** こんどうたけお
大正11(1922)年7月26日～昭和61(1986)年11月22日
昭和期の航空技術者、実業家。航空機電子機器部長、宇宙航空機部長などの技術畑を経て、三菱商事社長に就任、話題を呼ぶ。
¶現朝，現情，世紀，日人

**近藤瑞男** こんどうたまお
昭和20(1945)年5月13日～
昭和～平成期の陶芸家。
¶現執4期，陶芸最，陶工

**近藤道円** こんどうどうえん
生没年不詳
江戸時代前期の漆工。
¶日人

**近藤道喜** こんどうどうき
生没年不詳
江戸時代前期の漆工。
¶日人

**近藤道恵** こんどうどうけい
江戸時代の塗師。
¶茶道

**近藤道志** こんどうどうし
江戸時代の塗師。

¶茶道，人名，日人（生没年不詳）

**近藤亨　こんどうとおる**
大正10（1921）年～
昭和～平成期の農業技術者。
¶世紀，日人（㊤大正10（1921）年6月18日）

**近藤徳太郎　こんどうとくたろう**
安政3（1856）年～大正9（1920）年
明治期の官吏、織物技術者。フランスに留学、織物研究の先駆けとなる。
¶海越（㊤安政3（1856）年6月18日　㊦大正9（1920）年11月21日）、海越新（㊤安政3（1856）年6月18日　㊦大正9（1920）年11月21日）、国際，先駆（㊤安政4（1857）年　㊦？）、渡航（㊤1857年　㊦？）、栃木歴

**近藤虎五郎　こんどうとらごろう**
慶応1（1865）年～大正11（1922）年
明治～大正期の土木技師。主要河川の改修工事や港湾の新設工事などを監督指導。
¶科学（㊤1865年（慶応1）6月1日　㊦1922年（大正11）7月17日）、近現，近土（㊤1865年6月1日　㊦1922年7月17日）、国史，人名，世紀（㊤慶応1（1865）年6月1日　㊦大正11（1922）年7月17日）、先駆，渡航（㊤1865年6月　㊦1922年7月17日）、土木（㊤1865年6月1日　㊦1922年7月17日）、日人

**近藤登之助　こんどうのぼりのすけ**
→近藤貞用（こんどうさだもち）

**近藤潤　こんどうひろし**
昭和11（1936）年3月1日～
昭和～平成期の陶芸家。
¶陶芸最，陶工，名工

**近東弘七　こんどうひろしち**
大正3（1914）年～
昭和期の印刷業。
¶郷土奈良

**近藤平吉　こんどうへいきち**
江戸時代中期の陶工。
¶人名，日人（生没年不詳）

**近藤平八　こんどうへいはち**
生没年不詳
江戸時代末期～明治期の料理人。日本人最初のコック。
¶先駆

**近藤政市　こんどうまさいち**
明治41（1908）年1月12日～平成11（1999）年2月7日
昭和～平成期の機械工学者、東京工業大学名誉教授。専門は自動車工学。
¶科学，現情

**近藤増次　こんどうますじ**
大正2（1913）年11月1日～
昭和～平成期の久留米絣織物職人。
¶名工

**近藤まつ　こんどうまつ**
明治36（1903）年1月21日～
大正～昭和期の鳴海紋の括り職人。
¶名工

**近藤学　こんどうまなぶ**
昭和29（1954）年1月15日～
昭和～平成期の陶芸家。
¶陶工

**近藤万栄　こんどうまんえい**
生没年不詳
戦国時代の鉄砲玉薬の製造技術者。
¶戦辞

**近藤光雄　こんどうみつお**
大正2（1913）年～
昭和～平成期の映画編集技師。
¶映人

**近藤用随　こんどうもちゆき**
正徳5（1715）年～天明1（1781）年　㊿近藤用随《こんどうもちより》
江戸時代中期の開拓家。
¶静岡百，静岡歴，人名（こんどうもちより），姓氏静岡，日人

**近藤用随　こんどうもちより**
→近藤用随（こんどうもちゆき）

**近藤弥三郎　こんどうやさぶろう**
慶応3（1867）年～昭和16（1941）年
明治～昭和期の小櫃川土地改良功労者、地域振興リーダー。
¶世紀（㊤慶応3（1867）年6月25日　㊦昭和16（1941）年11月4日），千葉百，日人

**近藤泰夫　こんどうやすお**
明治28（1895）年2月8日～昭和59（1984）年9月4日
明治～昭和期の土木工学者。
¶科学，近土，現情（㊤1893年2月18日　㊦1984年9月14日），土木

**近藤悠三⑴　こんどうゆうぞう**
明治35（1902）年2月8日～昭和60（1985）年2月25日
大正～昭和期の陶芸家。京都芸術大学学長、京都市立美術大学学長。帝展に入選し、作家としての地歩を固めた。「染付」の重要無形文化財保持者。
¶現情，国宝，世紀，全書，陶芸，陶芸最，陶工，日人，美工，名工

**近藤悠三⑵（近藤雄三）　こんどうゆうぞう**
明治35（1902）年～昭和52（1977）年
昭和期の陶芸家。
¶岡山百（㊤明治35（1902）年2月8日，姓氏京都（近藤雄三）

**近藤豊　こんどうゆたか**
昭和7（1932）年12月9日～昭和58（1983）年3月17日
昭和期の陶芸家。
¶陶工，美工，名工

**近藤良夫** こんどうよしお
大正13(1924)年2月17日〜平成23(2011)年4月1日
昭和〜平成期の管理工学者、冶金学者、京都大学名誉教授。専門は品質管理、非鉄金属製錬。
¶科学，現執2期，現執3期

**近藤精宏** こんどうよしひろ
→近藤精宏(こんどうせいこう)



**近野金四郎** こんのきんしろう
明治41(1908)年3月31日〜
昭和〜平成期の置賜紬織物職人。
¶名工

**今野清兵衛** こんのせいべえ
明治21(1888)年〜大正14(1925)年10月25日
[別]今野清兵衛《いまのせいべえ》
明治〜大正期の科学者。東北帝国大学助教授。軽合金ゼラルミン完成者。
¶科学，人名(いまのせいべえ)，世紀，日人

**今野登志夫** こんのとしお
→今野登志夫(いまのとしお)

**今野春雄** こんのはるお
昭和27(1952)年2月9日〜
昭和〜平成期の陶芸家。
¶陶芸最，陶工

**今野茂作** こんのもさく
文政1(1818)年〜明治15(1882)年6月22日
江戸時代後期〜明治期の治水功労者。
¶庄内

**昆野利三朗** こんのりさぶろう
生没年不詳
江戸時代後期の人。野手崎から岩谷堂への道筋に万橋を架橋。
¶姓氏岩手

**昆布一夫** こんぶかずお
〜平成7(1995)年12月23日
昭和〜平成期の和紙職人。
¶美工

**権兵衛** ごんべえ
→倉崎権兵衛(くらさきごんべえ)

**紺屋新右衛門** こんやしんえもん
江戸時代前期の京都の染工。
¶人名，日人(生没年不詳)

**金易右衛門** こんやすえもん
安永5(1776)年〜天保10(1839)年 [別]金易右衛門《こんいえもん》
江戸時代後期の殖産家。
¶国書(こんいえもん [生]安永5(1776)年5月7日 [没]天保10(1839)年8月14日)，コン改，コン4，新潮([没]天保10(1839)年8月)，人名，全書，日人

## 【さ】

**左** さ
鎌倉時代後期の刀工。
¶人名，日人(生没年不詳)

**雑賀浄甫** さいがじょうほ
江戸時代の唐木細工師。
¶人名

**斎木勲** さいきいさお
昭和27(1952)年〜
昭和〜平成期の陶芸家。
¶陶工

**斉木国光** さいきくにみつ
昭和期の大工。
¶名工

**斎城兵庫** さいきひょうご
生没年不詳
江戸時代前期の新田開発者。
¶姓氏群馬

**三枝七内** さいぐさしちない
天保8(1837)年〜大正1(1912)年 [別]三枝七内《さえぐさしちない》
明治期の自治功労者。山梨治水協会長。釜無川の水害防止、森林の繁殖に尽力。
¶人名，日人，山梨百(さえぐさしちない [生]天保8(1837)年6月25日 [没]明治45(1912)年1月30日)

**西郷等** さいごうひとし
昭和期の陶芸家。
¶名工

**佐井三右衛門** さいさんえもん
享保16(1731)年〜文化7(1810)年
江戸時代中期〜後期の開拓者。
¶朝日([没]文化7年8月21日(1810年9月19日))，高知人，コン改，コン4，日人

**斎田伊三郎** さいだいさぶろう
*〜明治1(1868)年
江戸時代後期〜末期の陶工。
¶石川百([生]1804年)，姓氏石川([生]1794年)

**斎田直保** さいだなおやす
大正9(1920)年7月16日〜
昭和期の陶芸家。
¶陶芸最

**斎田梅亭** さいだばいてい，さいたばいてい
明治33(1900)年4月6日〜昭和56(1981)年6月1日
大正〜昭和期の截金家。
¶国宝，世紀(さいたばいてい)，日人，美工(さいたばいてい)，名工(さいたばいてい)

**才田光則** さいだみつのり
生没年不詳

明治期の楽器製造者。リードオルガン製造のパイオニア。
¶先駆

**斎藤明** さいとうあきら
大正9(1920)年3月17日～
昭和～平成期の鋳金家。近代感覚を取り入れた造形が特徴。人間国宝。
¶国宝，世紀，日人

**斎藤一郎** さいとういちろう
昭和期の和紙作家。
¶名工

**斎藤岩太郎** さいとういわたろう
明治24(1891)年～昭和37(1962)年
大正～昭和期の運送業「大昭和トラック」設立者。雪上トラックの開発者。
¶青森人

**斎藤宇一郎** さいとううういちろう
慶応2(1866)年～大正15(1926)年
大正～昭和期の政治家、農業改良家。衆議院議員。普選の促進、農村の振興に貢献する。横荘鉄道社長、秋田県教育会会長、全県町村長会会長など。
¶秋田百，朝日([生]慶応2年5月18日(1866年6月30日)　[没]昭和1(1926)年5月10日)，近現，国史，コン改，コン5，史人([生]1866年5月18日　[没]1926年5月10日)，庄内([没]大正15(1926)年5月10日)，新潮([生]慶応2(1866)年5月18日　[没]大正15(1926)年5月10日)，人名，世紀([生]慶応2(1866)年5月18日　[没]大正15(1926)年5月10日)，日人

**斎藤宇兵衛** さいとううへえ
天保7(1836)年～明治39(1906)年
江戸時代末期～明治期の染織業者。天鵞絨友禅の発明者。
¶人名，日人

**斎藤悦子** さいとうえつこ
昭和3(1928)年～平成11(1999)年9月21日
昭和～平成期の人形作家。
¶美工

**斎藤修** さいとうおさむ
昭和27(1952)年7月17日～
昭和～平成期の陶芸家。
¶陶芸最，陶工，名工

**斎藤佳三** さいとうかぞう
明治20(1887)年4月28日～昭和30(1955)年11月17日　[別]斎藤佳三《さいとうよしぞう》
大正～昭和期の図案装飾家。ドイツで工芸製作法、服装学、意匠学を学ぶ。斎藤装飾美術研究所を設立。室内装飾などもてがける。
¶秋田百，現朝，現情(さいとうよしぞう)，作曲，新潮，人名7(さいとうよしぞう)，世紀，日人，名工(さいとうよしぞう)

**斎藤勝広** さいとうかつひろ
天保11(1840)年～明治43(1910)年
明治期の農事改良家。
¶島根人，島根百([生]天保11(1840)年2月15日　[没]明治43(1910)年8月20日)，島根歴，日人

**斉藤勝行** さいとうかつゆき
昭和18(1943)年4月20日～
昭和～平成期の陶芸家。
¶陶芸最，陶工

**斎藤兼吉** さいとうかねきち
明治17(1884)年～昭和45(1970)年
明治～昭和期の指物業。
¶庄内([生]明治17(1884)年4月　[没]昭和45(1970)年8月6日)，山形百

**斎藤勘次郎** さいとうかんじろう
明治2(1869)年～？
明治期の実業家。タイルを初めて実用品として製造。
¶先駆

**斎藤菊松** さいとうきくまつ
明治17(1884)年10月28日～昭和29(1954)年4月1日
明治～昭和期の発明家・産業功労者。
¶岡山歴

**斎藤吉左衛門** さいとうきちざえもん
明治9(1876)年～昭和14(1939)年
明治～昭和期の加茂湖のカキ養殖創始者。
¶新潟百別

**斎藤京** さいとうきょう
昭和12(1937)年2月5日～
昭和～平成期の陶芸家。
¶陶工

**斎藤清人** さいとうきよんど
文政10(1827)年～明治34(1901)年　[別]清人《きよひと》，藤原清人《ふじわらきよんど》
江戸時代後期～明治期の刀工。
¶庄内([生]文政10(1827)年10月20日　[没]明治34(1901)年10月3日)，人名(清人　きよひと)，日人(清人　きよひと)，山形百新(藤原清人　ふじわらきよんど)

**斎藤九郎右衛門** さいとうくろうえもん
生没年不詳
戦国時代の鋳物師。
¶戦辞

**斎藤乾一** さいとうけんいち
昭和17(1942)年2月27日～
昭和～平成期の陶芸家。
¶陶工

**斎藤賢佶** さいとうけんきち
明治35(1902)年～平成4(1992)年
大正～平成期の彫塑家、建築士。1級建築士。
¶青森人，美建

**斎藤小阿弥** さいとうこあみ
？　～寛文7(1667)年
江戸時代前期の用水堰開削者。
¶青森人

さ

**斎藤定輝** さいとうさだてる
貞享3（1686）年～宝暦11（1761）年　[別]斎藤四郎治《さいとうしろうじ》
江戸時代中期の対馬藩士。治水工事や新田開発に尽力、二毛作を導入した。
¶国書（[生]貞享3（1686）年2月　[没]宝暦11（1761）年11月），人名，日人，藩臣7（斎藤四郎治　さいとうしろうじ）

**斎藤実堯** さいとうさねたか
生没年不詳
明治期の窯業研究家。洋式磁器の先進者。
¶人名，日人，美工

**斎藤成文** さいとうしげぶみ，さいとうしげふみ
大正8（1919）年9月17日～
昭和～平成期の電子工学者。東京大学教授、次世代衛星通信放送システム研究所会長。
¶現情（さいとうしげふみ　[生]1917年9月17日），世紀，日人

**斎藤周蔵** さいとうしゅうぞう
生没年不詳
江戸時代後期の高座郡磯部村の鍛冶。
¶神奈川人

**斎藤重兵衛** さいとうじゅうべえ
？　～延宝3（1675）年
江戸時代中期の開拓家。
¶人名，日人

**斎藤正中** さいとうしょうちゅう
文化11（1814）年～明治24（1891）年
江戸時代後期～明治期の刀工。
¶姓氏岩手

**斎藤庄平** さいとうしょうへい
大正3（1914）年～
昭和期の土地改良功労者。
¶群馬人

**斎藤四郎治** さいとうしろうじ
→斎藤定輝（さいとうさだてる）

**斎藤甚吉** さいとうじんきち
昭和期のかやぶき師。
¶名工

**斉藤新平**（斎藤新平）さいとうしんぺい
？　～明治43（1910）年5月14日
明治期の鉄道院技師。建築技術修得のためドイツに渡る。
¶海越，海越新，渡航（斎藤新平　[生]1865年　[没]1910年5月）

**斉藤真平** さいとうしんぺい
明治27（1894）年8月21日～昭和14（1939）年6月26日
明治～昭和期の技師。
¶近土，土木

**斎藤進六** さいとうしんろく
大正8（1919）年3月30日～平成6（1994）年11月21日
昭和期の材料工学者。東京工業大学教授、長岡技術科学大学学長。
¶科学，現朝，現執2期，現情，世紀，栃木歴，日人

**斎藤静脩**（斉藤静脩）さいとうせいしゅう
明治17（1884）年～昭和43（1968）年
明治～昭和期の土木・治水の権威。
¶近土（斉藤静脩　[生]1884年9月17日　[没]1968年12月11日），札幌（斉藤静脩），土木（斉藤静脩　[生]1884年9月17日　[没]1968年12月11日），北海道百，北海道歴

**斎藤仙輔** さいとうせんすけ
安政1（1854）年～？
明治期の職工。
¶渡航

**斎藤卓志** さいとうたかし
昭和27（1952）年5月17日～
昭和～平成期の陶芸家。
¶陶芸最，陶工

**斎藤隆**（斉藤隆）さいとうたかし
昭和23（1948）年5月25日～
昭和期の陶芸家。
¶陶芸最，名工（斉藤隆）

**斎藤鷹郎** さいとうたかろう
昭和8（1933）年1月13日～
昭和期の陶芸家。
¶陶芸最

**斎藤巧** さいとうたくみ
昭和13（1938）年2月15日～
昭和期の陶芸家。
¶陶芸最

**斉藤忠夫** さいとうただお
昭和16（1941）年2月21日～
昭和～平成期の電子情報工学者。東京大学教授、東京大学教育用計算機センター長。
¶現執2期，現執3期，現執4期

**斎藤忠守** さいとうただもり
生没年不詳
戦国時代の伊豆の鍛冶。
¶戦辞

**斎藤勉** さいとうつとむ
昭和11（1936）年7月12日～
昭和～平成期の陶芸家。
¶陶芸最，名工

**斎藤恒雄** さいとうつねお
昭和期の工芸家。
¶名工

**斉藤常吉** さいとうつねきち
文化8（1811）年～明治24（1891）年
江戸時代後期～明治期の宮大工。
¶姓氏長野

**斎藤定雋**（斉藤定雋）さいとうていしゅん
安政1（1854）年～？

明治期の製糖技術者。製糖技術のパイオニア。
¶食文(斉藤定雋),先駆(生没年不詳)

**斎藤哲男** さいとうてつお
昭和期の指物師。
¶名工

**斉藤輝子** さいとうてるこ
昭和期の織物作家。
¶名工

**斎藤外市** さいとうといち
慶応1(1865)年〜大正15(1926)年
明治〜大正期の発明家。
¶庄内(㋐慶応1(1865)年8月19日 ㋑大正15(1926)年1月31日),山形百

**斎藤藤吉** さいとうとうきち
生没年不詳
江戸時代後期の大住郡伊勢原村工匠。
¶神奈川人

**斎藤藤助** さいとうとうすけ
天保11(1840)年〜昭和4(1929)年
明治期の貫織機発明者。絣緯絲絞り織機を発明、改良・研究に従事。
¶人名,日人,名工(㋐天保11(1840)年10月25日 ㋑昭和4年2月22日)

**斉藤東太郎** さいとうとうたろう
文政8(1825)年〜明治26(1893)年
江戸時代後期〜明治期の栃木県土木業の始祖。
¶栃木歴

**斉藤寿朗** さいとうとしお
明治44(1911)年10月21日〜平成17(2005)年1月2日
昭和期の技術者。東宝式光学録音機の開発担当に携わる。
¶映人

**斎藤豊吉** さいとうとよきち
明治27(1894)年2月6日〜昭和44(1969)年5月9日
大正〜昭和期の製織技術。改良をかさねて独自の唐桟を考案。
¶日人

**斉藤豊吉** さいとうとよきち
明治27(1894)年〜昭和44(1969)年
大正〜昭和期の唐桟織製作技術の保持者。
¶千葉百

**斎藤尚明** さいとうなおあき
昭和25(1950)年7月17日〜
昭和〜平成期の陶芸家。
¶陶芸最,陶工,名工

**斎藤長子** さいとうながこ
昭和17(1942)年2月23日〜
昭和〜平成期の陶芸家。
¶陶工

**斎藤典孝** さいとうのりたか
文政9(1826)年〜明治27(1894)年

江戸時代後期〜明治期の遠江国豊田郡森本村の大工。
¶姓氏静岡

**斎藤治子** さいとうはるこ
昭和15(1940)年6月25日〜
昭和期の陶芸家。
¶陶芸最

**斎藤半左衛門** さいとうはんざえもん
生没年不詳
江戸時代後期の人。砂が瀬用水、上ノ原用水の開削者。
¶姓氏長野

**斎藤彦三郎** さいとうひこざぶろう
天保2(1831)年〜明治40(1907)年
江戸時代後期〜明治期の漁業家。ニシン角網を発明。通称ヤマカギ家の初代。
¶青森人

**斎藤美洲** さいとうびしゅう
昭和期の根付師。
¶名工

**斎藤英夫** さいとうひでお
大正1(1912)年9月1日〜昭和53(1978)年1月3日
昭和期の金属工学者。東北帝国大学教授。専門は磁性材料、非磁性合金の研究。
¶科学,現情,人名7(㋐1913年),世紀,日人,宮城百

**斎藤兵太郎** さいとうひょうたろう
明治16(1883)年3月5日〜昭和35(1960)年8月17日
明治〜昭和期の漁業開発者。
¶世紀,日人

**斎藤福松** さいとうふくまつ
明治8(1875)年〜昭和22(1947)年
大正〜昭和期の農具製作者。ワラビの根を掘る器具を製作。
¶青森人

**斎藤冨士郎** さいとうふじお
昭和10(1935)年9月20日〜
昭和〜平成期の技術者。
¶現執4期

**斉藤文石** さいとうぶんせき
明治43(1910)年〜平成3(1991)年
大正〜平成期の竹工芸家。
¶栃木歴,美工

**斎藤平作** さいとうへいさく
文化7(1810)年〜明治14(1881)年
江戸時代後期〜明治期の西船生村庄屋、安政堀(平作堀)開削の指導者、西船生河岸開設者。
¶栃木歴

**斉藤正夫**[1] さいとうまさお
明治44(1911)年〜
昭和期の映画撮影監督、映画編集技師。
¶映人

**斉藤正夫(2) さいとうまさお**
昭和5（1930）年6月16日〜
昭和期の映画撮影監督、映画編集技師。
¶映人

**斎藤昌利 さいとうまさとし**
昭和30（1955）年2月9日〜
昭和〜平成期の映画音響効果技師。
¶映人

**斎藤昌美 さいとうまさみ**
大正8（1919）年11月21日〜平成3（1991）年11月27日
昭和〜平成期の果樹園芸家。リンゴ「ふじ」「むつ」などの普及と栽培法改良につくす。
¶現朝，植物（⊕大正7（1918）年11月21日），食文，世紀（⊕大正7（1918）年11月21日），日人

**斎藤正美(1) さいとうまさみ**
昭和期の三豊製作所溝ノ口工場嘱託。
¶名工

**斎藤正美(2) さいとうまさみ**
昭和期の陶芸家。
¶名工

**斎藤光男 さいとうみつお**
大正8（1919）年1月9日〜
昭和〜平成期の川辺仏具職人。
¶名工

**斎藤満孝 さいとうみつたか**
江戸時代の金工、陸奥仙台藩の御職人。
¶人名，日人（生没年不詳）

**斎藤遊糸 さいとうゆうし**
文政4（1821）年〜*
江戸時代末期〜明治期の製糸業者。
¶人名（⊕1899年），日人（⊕1900年）

**斎藤祐美 さいとうゆうび**
慶応2（1866）年〜昭和18（1943）年
明治〜昭和期の政治家、治水家。埼玉県議会議長。
¶埼玉人（⊕慶応2（1866）年7月23日　⊕昭和18（1943）年12月1日），埼玉百

**斎藤裕 さいとうゆたか**
昭和22（1947）年10月26日〜
昭和〜平成期の建築家。斎藤裕建築研究所代表。
¶現執4期

**斎藤四志男 さいとうよしお**
昭和15（1940）年5月17日〜
昭和期の陶芸家。
¶陶芸最

**斎藤佳三 さいとうよしぞう**
→斎藤佳三（さいとうかぞう）

**斉藤芳太郎 さいとうよしたろう**
安政6（1859）年〜大正9（1920）年
明治〜大正期の宮大工。
¶姓氏長野

**斉藤義教 さいとうよしのり**
昭和30（1955）年1月5日〜
昭和〜平成期の陶芸家。
¶陶工

**斎藤与惣右衛門 さいとうよそうえもん**
慶応1（1865）年12月〜大正4（1915）年11月10日
明治〜大正期の漆工芸家。
¶庄内

**斎藤隆三 さいとうりゅうぞう**
昭和2（1927）年2月23日〜
昭和期の陶芸家。
¶陶芸最

**サイトウレイコ**
昭和33（1958）年〜
昭和〜平成期のガラス工芸家。
¶名工

**斎藤倭助 さいとうわすけ**
？　〜嘉永5（1852）年
江戸時代後期の棚尾村庄屋として前浜新田開拓の中心。
¶姓氏愛知

**西念秋夫 さいねんあきお**
昭和23（1948）年11月5日〜
昭和〜平成期の陶芸家。
¶陶芸最，名工

**財福師 ざいふくし**
生没年不詳
奈良時代の伎楽面作者。
¶朝日，日人，美工

**斎間亨 さいまとおる**
昭和7（1932）年〜
昭和〜平成期の電車設計技術者。
¶YA

**蔡倫 さいりん**
上代の後漢の人。製紙の祖。
¶山梨百

**西蓮 さいれん**
生没年不詳
鎌倉時代の刀工。
¶人名，日人，福岡百

**財蓮 ざいれん**
室町時代の能面師。「仮面中作」7人の一人。
¶人名，日人（生没年不詳）

**佐伯敦崇 さえきあつむね**
嘉永7（1854）年〜明治30（1897）年3月6日
江戸時代末期〜明治期の技師。
¶近土，土木

**佐伯勝太郎 さえきかつたろう**
明治3（1870）年〜昭和9（1934）年1月5日
明治〜大正期の印刷技術者、実業家。特種製紙の創業者。繊維工業、製紙業の改良・発展に尽力。
¶科学（⊕1870年（明治3）12月14日），静岡歴，

人名，世紀(㊥明治3(1871)年12月14日)，姓氏静岡，渡航(㊥1870年12月14日)，日人(㊥明治3(1871)年12月14日)

**佐伯慶助** さえきけいすけ
＊～明治31(1898)年
江戸時代後期～明治期の社寺大工。
¶島根百(㊥天保1(1830)年)，島根歴(㊥天保9(1838)年)

**佐伯源八郎** さえきげんぱちろう
明治6(1873)年～大正11(1922)年
明治～大正期の農事改良家・政治家。
¶岩手百，姓氏岩手

**佐伯春峰** さえきしゅんぽう
～平成11(1999)年
昭和～平成期の押し絵師。
¶美工，名工

**斎木俊秀** さえきとしひで
昭和25(1950)年～
昭和～平成期の陶芸家。
¶陶工

**佐伯友光** さえきともてる
弘化4(1847)年～大正13(1924)年
江戸時代末期～大正期の郷土開発先覚者。
¶鳥取百

**佐伯則重** さえきのりしげ
生没年不詳
鎌倉時代後期～南北朝時代の越中の刀工。
¶富山百

**佐伯半六〔1代〕** さえきはんろく
寛永7(1630)年～天和2(1682)年
江戸時代前期の陶工。
¶日人

**佐伯浩** さえきひろし
昭和16(1941)年7月1日～
昭和～平成期の海岸工学者。北海道大学教授。
¶現情

**佐伯平次** さえきへいじ
明治期の造船技師。
¶渡航

**佐伯孫三郎** さえきまごさぶろう
生没年不詳
江戸時代末期～明治期の陶工。
¶人名，日人，美工，名工

**佐伯守美** さえきもりみ
昭和24(1949)年8月4日～　㊙佐伯守美《さえきもりよし》
昭和～平成期の陶芸家。
¶陶芸最，陶工，名工(さえきもりよし)

**佐伯守美** さえきもりよし
→佐伯守美(さえきもりみ)

**三枝七内** さえぐさしちない
→三枝七内(さいぐさしちない)

**左衛門五郎** さえもんごろう
生没年不詳
戦国時代の相模国小田原の石切棟梁。
¶戦辞

**左衛門太郎** さえもんたろう
生没年不詳
戦国時代の今川領国の塗師大工。
¶戦辞

**早乙女家貞** さおとめいえさだ
生没年不詳
江戸時代前期～中期の金工家。早乙女家4代、家成の子。
¶朝日，コン改，コン4，新潮，世人，日人，美工

**早乙女家則** さおとめいえのり
室町時代の鐔工。
¶人名

**酒井栄助** さかいえいすけ
大正5(1916)年～
昭和～平成期の万年筆職人。
¶名工

**酒井一臣** さかいかずおみ
昭和23(1948)年1月9日～
昭和～平成期の陶芸家。
¶陶芸最，陶工

**酒井巨山** さかいきょざん
生没年不詳
江戸時代の破笠細工師。
¶人名，日人，美工

**酒井甲夫** さかいこうぶ
昭和11(1936)年12月6日～
昭和～平成期の陶芸家。
¶陶芸最，陶工，名工

**酒井繁政** さかいしげまさ
明治38(1905)年8月19日～
大正～昭和期の刀匠。
¶名工

**坂井修一** さかいしゅういち
昭和33(1958)年11月1日～
昭和～平成期の情報科学者、歌人。
¶岩歌，現執4期，四国文，短歌

**堺周平** さかいしゅうへい
生没年不詳　㊙豊泉茂作 堺周平《とよいずみもさく さかいしゅうへい》
江戸時代末期の桑苗改良者。
¶多摩(豊泉茂作 堺周平　とよいずみもさく さかいしゅうへい　㊥幕末　㊧明治)

**堺春慶** さかいしゅんけい
室町時代の陶工、茶壺師。尾張、のち伊勢で活動。
¶人名，日人(生没年不詳)

**酒井甚四郎** さかいじんしろう
天保13(1842)年～大正7(1918)年
明治～大正期の茶園経営者、官吏。茶樹育成や製

茶法の技術改良に専念。茶業技術振興の功労者。
¶朝日（⊕天保13（1842）年3月　⊗大正7（1918）年10月7日），静岡歴（⊕天保12（1841）年），日人

**坂井岱平** さかいたいへい
昭和14（1939）年3月28日～昭和61（1986）年3月30日
昭和期の陶芸家。
¶陶芸最，陶工，美工，名工

**坂井田永吉** さかいだえいきち
明治23（1890）年3月1日～昭和36（1961）年10月22日
昭和期の実業家。デザインに工夫をこらした和傘、洋傘を製造販売して成功をおさめる。
¶世紀，日人

**酒井田円西** さかいだえんせい
天正2（1574）年～慶安4（1651）年
安土桃山時代～江戸時代前期の陶工柿右衛門の父。
¶人名，日人

**境隆雄** さかいたかお
明治40（1907）年9月18日～昭和48（1973）年6月21日
大正～昭和期の技師。
¶近土，土木

**酒井田柿右衛門** さかいだかきうえもん
→酒井田柿右衛門〔13代〕（さかいだかきえもん）

**酒井田柿右衛門**⑴ さかいだかきえもん
⑲柿右衛門《かきえもん》
世襲名　江戸時代の陶工。
¶近世，国史，史人，新潮，全書（柿右衛門　かきえもん），日史，美術，歴大（柿右衛門　かきえもん）

**酒井田柿右衛門**⑵ さかいだかきえもん
慶長1（1596）年～寛文6（1666）年　⑲柿右衛門〔1代〕《かきえもん》
江戸時代前期の伊万里焼の陶工。
¶朝日（生没年不詳），岩史（⊕？　⊗寛永6（1629）年6月19日），コン改，コン4，佐賀百，茶道，重要（⊗寛文6（1666）年6月19日），人名（柿右衛門〔1代〕　かきえもん），世人（⊗寛文6（1666）年6月19日），世百（柿右衛門〔1代〕かきえもん），大百（柿右衛門〔1代〕　かきえもん），伝記，日人，百科（生没年不詳），平日（⊕？　⊗？）

**酒井田柿右衛門〔2代〕** さかいだかきえもん
元和6（1620）年～寛文1（1661）年　⑲柿右衛門〔2代〕《かきえもん》，酒井田柿右衛門〔2代〕《さかいだかきえもん》
江戸時代前期の赤絵磁器の陶工。
¶人名（柿右衛門〔2代〕　かきえもん），日人

**酒井田柿右衛門〔3代〕** さかいだかきえもん
元和9（1623）年～寛文12（1672）年
江戸時代前期の陶工。
¶日人

**酒井田柿右衛門〔4代〕** さかいだかきえもん
寛永18（1641）年～延宝7（1679）年　⑲柿右衛門〔4代〕《かきえもん》，酒井田柿右衛門〔4代〕《さかいだかきえもん》
江戸時代前期の赤絵磁器の陶工。
¶人名（柿右衛門〔4代〕　かきえもん），日人

**酒井田柿右衛門〔5代〕** さかいだかきえもん
万治3（1660）年～元禄4（1691）年　⑲柿右衛門〔5代〕《かきえもん》，酒井田柿右衛門〔5代〕《さかいだかきえもん》
江戸時代中期の赤絵磁器の陶工。
¶人名（柿右衛門〔5代〕　かきえもん），日人

**酒井田柿右衛門〔6代〕** さかいだかきえもん
元禄4（1691）年～享保20（1735）年
江戸時代中期の陶工。
¶日人

**酒井田柿右衛門〔7代〕** さかいだかきえもん
正徳1（1711）年～明和1（1764）年　⑲柿右衛門〔7代〕《かきえもん》，酒井田柿右衛門〔7代〕《さかいだかきえもん》
江戸時代中期の赤絵磁器の陶工。
¶人名（柿右衛門〔7代〕　かきえもん），日人

**酒井田柿右衛門〔8代〕** さかいだかきえもん
享保19（1734）年～天明1（1781）年　⑲柿右衛門〔8代〕《かきえもん》，酒井田柿右衛門〔8代〕《さかいだかきえもん》
江戸時代中期の赤絵磁器の陶工。
¶人名（柿右衛門〔8代〕　かきえもん），日人

**酒井田柿右衛門〔9代〕** さかいだかきえもん
安永5（1776）年～天保7（1836）年　⑲柿右衛門〔9代〕《かきえもん》，酒井田柿右衛門〔9代〕《さかいだかきえもん》
江戸時代後期の赤絵磁器の陶工。
¶人名（柿右衛門〔9代〕　かきえもん），日人

**酒井田柿右衛門〔10代〕** さかいだかきえもん
文化2（1805）年～万延1（1860）年　⑲柿右衛門〔10代〕《かきえもん》，酒井田柿右衛門〔10代〕《さかいだかきえもん》
江戸時代末期の赤絵磁器の陶工。
¶人名（柿右衛門〔10代〕　かきえもん），日人

**酒井田柿右衛門〔11代〕** さかいだかきえもん
弘化2（1845）年～大正6（1917）年
明治～大正期の陶芸家。
¶日人

**酒井田柿右衛門〔12代〕** さかいだかきえもん
明治11（1878）年9月9日～昭和38（1963）年3月7日
大正～昭和期の陶芸家。12代柿右衛門。濁手の素地の技法を再現し日本工芸会賞などを受賞。
¶近現，現情，佐賀百，人名7，世紀，陶工，日人，美工，名工

**酒井田柿右衛門〔13代〕** さかいだかきえもん
明治39（1906）年9月20日～昭和57（1982）年7月3日　⑲酒井田柿右衛門《さかいだかきうえもん》
昭和期の陶芸家。伝統ある柿右衛門色絵様式を復

活し，「竹に蝶文」「蘭文」などの意匠も確立。重要無形文化財。
¶近現，近朝，現情，佐賀百，世紀，陶芸（——〔代数なし〕　さかいだかきうえもん），陶芸最，陶工，日人，美工，名工

**酒井田柿右衛門〔14代〕** さかいだかきえもん
昭和9（1934）年8月26日～
昭和～平成期の陶芸家。柿右衛門製陶技術保存会会長。13代の長男。作品に「濁手山つつじ文鉢」などがある。
¶近現，現情，国宝，佐賀百，世紀，陶芸最（——〔代数なし〕　⊕昭和9年8月25日），陶工（——〔代数なし〕　⊕1934年8月25日），日人，名工

**坂井田勝代** さかいだかつよ
昭和期の岐阜和傘づくり。
¶名工

**堺毅**(1) さかいたけし
昭和8（1933）年10月10日～
昭和期のコンクリート工学者。日本大学教授。
¶現情

**堺毅**(2) さかいたけし
大正6（1917）年10月10日～平成4（1992）年9月17日
昭和～平成期の土木工学者，日本大学副総長。専門はコンクリート工学，測量学。
¶科学

**酒井田渋右衛門** さかいだしぶえもん
生没年不詳
江戸時代中期の肥前有田の陶工。
¶近世，国史，茶道，史人，日人，美工

**酒井中児** さかいちゅうじ
昭和期の絵七宝製作者。
¶名工

**坂出鳴海** さかいでなるみ
明治9（1876）年～昭和3（1928）年
大正期の官吏，土木技師。大阪の都市計画実現に参与。
¶近土（⊕1876年4月23日　⊗1928年10月15日），人名，世紀（⊗昭和3（1928）年10月5日），土木（⊗1928年10月15日），日人（⊗昭和3（1928）年10月5日）

**坂井利之** さかいとしゆき
大正13（1924）年10月19日～
昭和～平成期の情報工学者。京都大学教授，龍谷大学教授。情報処理におけるパターン認識の分野において先駆的な業績を残す。著書に「電子計算機」など。
¶現朝，現執2期，現執3期，現情，現人，世紀，日人

**境野八斗兵衛** さかいのはっとべえ
江戸時代の武士，開拓者。上野那波氏の家臣。利根川と支流烏川の合流点の中州を開拓。
¶人名，日人（生没年不詳）

**境信夫** さかいのぶお
昭和17（1942）年8月13日～
昭和期の陶芸家。
¶陶芸

**坂井兵三郎** さかいひょうさぶろう
大正14（1925）年4月26日～
昭和～平成期の陶芸家。
¶陶芸最，陶工

**坂井宏行** さかいひろゆき
昭和17（1942）年4月2日～
昭和～平成期の料理人。ラ・ロシェル・オーナーシェフ。
¶テレ

**酒井正枝** さかいまさえ
大正12（1923）年4月26日～
昭和期の陶芸家。
¶陶芸最

**酒井雅女** さかいまさめ
大正12（1923）年4月26日～
昭和～平成期の陶芸家。
¶名工

**酒井学** さかいまなぶ
昭和23（1948）年8月12日～
昭和～平成期の陶芸家。
¶陶芸最，陶工

**酒井仁義** さかいみよし
昭和期の宮大工。
¶名工

**酒井茂右衛門** さかいもえもん
天保7（1836）年～明治28（1895）年
江戸時代後期～明治期の大工棟梁。
¶姓氏長野

**堺屋源吾** さかいやげんご
？ ～文政2（1819）年
江戸時代中期～後期の陶工。
¶日人

**酒井芳樹** さかいよしき
昭和25（1950）年1月1日～
昭和～平成期の陶芸家。
¶陶芸最，陶工

**酒井芳人** さかいよしと
昭和6（1931）年7月4日～
昭和～平成期の陶芸家。
¶陶芸最，陶工，名工

**酒井芳久** さかいよしひさ
昭和期の陶芸家。
¶名工

**酒井理一郎** さかいりいちろう
弘化1（1844）年～大正11（1922）年
江戸時代後期～明治期の実業家。花池織工場を設立。のち毛織物の国産化に尽力。
¶世紀（⊕弘化1（1845）年　⊗大正11（1922）年11

月），姓氏愛知，日人

**酒井玲子** さかいれいこ
昭和21（1946）年10月26日〜
昭和〜平成期の陶芸家。
¶陶芸最，名工

**酒井礼次** さかいれいじ
昭和期の鳶頭。
¶名工

**坂内冬蔵**（阪内冬蔵） さかうちふゆぞう
？ 〜大正4（1915）年12月9日
明治〜大正期の技術者。建築技術修得のためドイ
ツに渡る。日本セメント工業の創始者。
¶海越，海越新，渡航（阪内冬蔵 ⊕1859年11月
25日）

**栄一男** さかえかずお
昭和22（1947）年5月22日〜
昭和〜平成期の陶芸家。
¶陶工

**栄木正明** さかえぎまさとし
昭和19（1944）年1月3日〜
昭和〜平成期の陶芸家。
¶陶芸最，名工

**坂岡末太郎** さかおかすえたろう
明治2（1869）年10月10日〜大正12（1923）年9月
26日
明治〜大正期の土木工学者。北海道水力電気主任
技師に就任，土木工学研究のため留学。
¶科学，近土，人名，世紀，鉄道（⊕1869年11月
13日），渡航，土木，日人

**佐賀和光** さがかずみつ
昭和14（1939）年〜平成11（1999）年8月6日
昭和〜平成期の建築家。佐賀＋エーアート建築設
計事務所主宰。
¶美建

**坂上吉左衛門** さかがみきちざえもん
江戸時代後期の陶工、紀州滅法谷窯の創始者。
¶人名

**坂上重次郎〔1代〕**(1)さかがみじゅうじろう
安永3（1774）年〜文化13（1816）年
江戸時代後期の紀伊の陶工。
¶日人

**坂上重次郎〔1代〕**(2)さかがみじゅうじろう
天明8（1788）年〜天保1（1830）年
江戸時代後期の紀伊の陶工。
¶人名

**坂上重次郎〔2代〕** さかがみじゅうじろう
享和2（1802）年〜明治5（1872）年
江戸時代末期〜明治期の紀伊の陶工。
¶人名，日人

**坂上丈三郎** さかがみじょうざぶろう
明治26（1893）年10月8日〜昭和57（1982）年8月7
日

明治〜昭和期の技師。
¶近土，土木

**阪上節介** さかがみせつすけ
大正5（1916）年1月1日〜平成8（1996）年10月31日
昭和〜平成期の陶芸家。
¶美工

**榊原清人** さかきばらきよと
昭和15（1940）年9月10日〜
昭和〜平成期の陶芸家。
¶陶芸最，陶工，名工（⊕昭和15年9月）

**榊原幸子** さかきばらさちこ
昭和期の染色家。
¶名工

**榊原三吉** さかきばらさんきち
明治32（1899）年〜昭和59（1984）年
大正〜昭和期の養蚕指導員。
¶姓氏愛知

**榊原茂** さかきばらしげる
昭和6（1931）年7月30日〜平成1（1989）年
昭和〜平成期の陶芸家。
¶陶芸最，陶工，名工

**榊原立二** さかきばらたつじ
昭和期のかわら職人。
¶名工

**榊原芳山** さかきばらほうざん
大正6（1917）年7月15日〜
昭和〜平成期の陶芸家。
¶陶芸最，名工

**榊原学** さかきばらまなぶ
昭和18（1943）年11月28日〜
昭和〜平成期の陶芸家。
¶陶芸最，陶工，名工

**榊原貢** さかきばらみつぐ
昭和12（1937）年10月12日〜
昭和〜平成期の陶芸家。
¶陶芸最，陶工，名工

**榊秀信** さかきひでのぶ
明治31（1898）年9月28日〜平成1（1989）年3月1日
大正〜昭和期の実業家、技術者。映写機「エルモ
社」創業者。国産初の16ミリ映写機を完成。
¶科学，写家，姓氏愛知

**彭城昌言** さかきまさこと
明治16（1883）年〜明治44（1911）年
明治期の造船工学者。海事局技手として大阪海事
局に出仕。
¶人名

**榊米一郎** さかきよねいちろう
大正2（1913）年3月5日〜平成26（2014）年2月20日
昭和〜平成期の電子工学者、名古屋大学名誉教
授。専門は電子顕微鏡学。
¶科学，現情

**坂口孝太郎** さかぐちこうたろう
明治40（1907）年4月5日〜
昭和〜平成期の漆芸家。
¶名工

**阪口宗雲斎** さかぐちそううんさい
明治35（1902）年〜昭和45（1970）年
大正〜昭和期の竹工芸家。
¶美工

**坂口利夫** さかぐちとしお
昭和15（1940）年〜
昭和〜平成期のグラフィックデザイナー、童話作家。
¶児人

**坂口稔兵衛** さかぐちとしべえ
＊〜明治17（1884）年
江戸時代末期の水田開発者。
¶姓氏長野（㊤1802年），長野歴（㊤文政2（1819）年）

**坂口平三郎** さかぐちへいざぶろう
文久1（1861）年〜明治30（1897）年
明治期の殖産家。
¶日人

**坂倉源次郎** さかくらげんじろう
生没年不詳
江戸時代中期の鉱山師、淘金師。金座役人後藤庄三郎の使用人。
¶コン改，コン4，日人，美工，北海道百，北海道歴

**坂倉準三** さかくらじゅんぞう
明治34（1901）年5月29日〜昭和44（1969）年9月1日
昭和期の建築家。日本建築家協会会長。パリ万国博日本館でグランプリを獲得。坂倉準三建築研究所を設立。
¶科技，現朝，現情，現人，現日，コン改，コン4，コン5，新潮，人名7，世紀，全書，日人，美建，履歴2

**坂倉新兵衛** さかくらしんべえ
昭和24（1949）年1月3日〜
昭和〜平成期の陶芸家。
¶陶芸最，陶工，名工

**坂倉新兵衛〔12代〕** さかくらしんべえ
明治14（1881）年9月1日〜昭和35（1960）年12月3日
明治〜昭和期の陶芸家。萩焼美術陶芸協会会長。無形文化財に選抜される。
¶現情，人名7，世紀，陶工（㊥1958年），日人，美工，名工，山口百（──〔代数なし〕）

**坂倉新兵衛〔14代〕** さかくらしんべえ
大正6（1917）年2月28日〜昭和50（1975）年4月17日
昭和期の陶芸家。萩焼十二代の三男。山口県指定無形文化財保持者。
¶現情，人名7，世紀，陶芸最，陶工，日人，美

工，名工

**坂倉介九郎** さかくらすけくろう
生没年不詳
江戸時代後期の深川窯陶工。
¶姓氏山口

**坂倉万助** さかくらまんすけ
？〜寛政7（1795）年
江戸時代の長門深川焼の陶工。
¶人名，姓氏山口，日人，山口百

**坂高麗左衛門** さかこうらいざえもん
→高麗左衛門〔1代〕（こうらいざえもん）

**坂高麗左衛門〔9代〕** さかこうらいざえもん
嘉永2（1849）年〜大正10（1921）年　㊙高麗左衛門〔9代〕《こうらいざえもん》，坂道輔《さかみちすけ》，坂高麗左衛門〔9代〕《さかこうらいざえもん》
明治〜大正期の陶工。
¶人名（坂道輔　さかみちすけ），陶工，日人（高麗左衛門〔9代〕　こうらいざえもん）

**坂高麗左衛門〔10代〕** さかこうらいざえもん
明治23（1890）年〜昭和33（1958）年
明治〜昭和期の陶芸家。
¶陶工

**坂高麗左衛門〔11代〕** さかこうらいざえもん
明治45（1912）年〜昭和56（1981）年　㊙高麗左衛門〔11代〕《こうらいざえもん》
昭和期の陶芸家。
¶陶芸（──〔代数なし〕），陶芸最，陶工，日人（高麗左衛門〔11代〕　こうらいざえもん）（㊤明治45（1912）年4月26日　㊦昭和56（1981）年1月13日），美工（㊤明治45（1912）年4月26日　㊦昭和56（1981）年1月13日），名工（㊤明治45年4月26日　㊦昭和56年1月13日）

**坂高麗左衛門〔12代〕** さかこうらいざえもん
昭和24（1949）年8月11日〜平成16（2004）年7月26日
昭和〜平成期の陶芸家。
¶美工，名工

**坂高麗左衛門** さかこうらいざえもん
→高麗左衛門〔1代〕（こうらいざえもん）

**坂下深水** さかしたしんすい
昭和4（1929）年〜昭和62（1987）年
昭和期の陶芸家。
¶陶芸最（㊤昭和4年3月19日），陶工

**坂下光雄** さかしたみつお
大正8（1919）年1月25日〜
昭和期の陶芸家。
¶陶芸最

**坂上幸子** さかじょうさちこ
昭和10（1935）年8月3日〜
昭和〜平成期の陶芸家。
¶陶芸最，名工

**坂新兵衛**〔高麗左衛門家筋3代〕さかしんべえ
→高麗左衛門〔3代〕(こうらいざえもん)

**坂新兵衛**〔高麗左衛門家筋4代〕さかしんべえ
→高麗左衛門〔4代〕(こうらいざえもん)

**坂新兵衛**〔高麗左衛門家筋6代〕さかしんべえ
→高麗左衛門〔6代〕(こうらいざえもん)

**坂新兵衛**〔高麗左衛門家筋8代〕さかしんべえ
→高麗左衛門〔8代〕(こうらいざえもん)

**坂妻和明** さかずまかずあき
→坂妻和明(さかづまかずあき)

**佐賀清太郎** さがせいたろう
元治1(1864)年〜昭和18(1943)年
明治〜昭和期の留萌漁場・目名新田の開拓者。
¶青森人

**坂田栄吉**(坂田英吉)さかたえいきち
明治6(1873)年〜昭和9(1934)年
明治〜昭和期の国鉄車両連結器の発明者。
¶札幌(坂田英吉 ⊕明治6年12月13日),北海道
百,北海道歴

**坂田慶造** さかたけいぞう
昭和24(1949)年12月9日〜
昭和〜平成期の陶芸家。
¶陶芸最,陶工

**坂田彩湖** さかたさいこ
明治41(1908)年1月3日〜
昭和〜平成期の染織家。専門は友禅染。
¶名工

**阪田貞明** さかたさだあき
明治8(1875)年6月20日〜大正12(1923)年9月5日
明治〜大正期の技師。専門は都市計画。東京都
出身。
¶近土,渡航(㊥?),土木

**阪田貞一** さかたさだかず
→阪田貞一(さかたていいち)

**坂田甚内** さかたじんない
昭和18(1943)年6月18日〜
昭和〜平成期の陶芸家。
¶陶芸最,陶工

**阪田誠造** さかたせいぞう
昭和3(1928)年12月27日〜
昭和〜平成期の建築家。坂倉建築研究所代表取締
役、明治大学教授。坂倉建築研究所を設立。代表
作に日立シビックセンター、東京サレジオ学園
など。
¶世紀,日人

**坂湛** さかたたう
→坂湛(さかたとう)

**坂田武雄** さかたたけお
明治21(1888)年12月15日〜昭和59(1984)年1月
12日
明治〜昭和期の実業家。業界ではタキイ種苗とと

もに最大手企業の「サカタのタネ」を設立、経営
にあたる。
¶現朝,実業(⊕明治21(1888)年12月25日),植
物(⊕明治21(1888)年12月25日),食文,世紀
(⊕明治21(1888)年12月25日),創業,日人

**坂達雄** さかたつお
昭和24(1949)年8月11日〜
昭和期の陶芸家。
¶陶芸最

**阪田貞一**(坂田貞一)さかたていいち
安政4(1857)年〜大正9(1920)年 ㊟阪田貞一
《さかたさだかず》
明治〜大正期の機械工学者、東京高等工業学校
校長。
¶海越(⊕安政4(1857)年8月 ㊟大正9(1920)年
12月1日),海越新(⊕安政4(1857)年8月
㊟大正9(1920)年12月1日),科学(さかたさだ
かず ⊕1857年(安政4)8月27日 ㊟1920年
(大正9)11月30日),人名(坂田貞一),渡航
(さかたさだかず ⊕1857年8月 ㊟1920年12
月1日),日人

**坂田泥華** さかたでいか
大正4(1915)年11月10日〜
昭和〜平成期の陶芸家。
¶名工

**坂田泥華**〔13代〕さかたでいか
大正4(1915)年11月10日〜
昭和〜平成期の陶芸家。
¶現情,世紀,陶芸(——〔代数なし〕),陶芸最
(——〔代数なし〕),陶工(——〔代数なし〕),
日人

**坂田貞治** さかたていじ
大正11(1922)年1月5日〜
昭和期の陶芸家。
¶陶芸最

**坂湛** さかたとう
*〜昭和6(1931)年 ㊟坂湛《さかたたう》
明治〜昭和期の造船工学者。川崎造船所専務取締
役。造船界、造機の改良開発に貢献。
¶科学(⊕1855年(安政2)12月12日 ㊟1931年
(昭和6)7月11日),人名(さかたたう ⊕1855
年),世紀(⊕安政2(1856)年12月12日 ㊟昭
和6(1931)年7月11日),日人(⊕1856年)

**坂田俊文** さかたとしぶみ
昭和6(1931)年10月2日〜
昭和〜平成期の情報工学者。東海大学教授、東海
大学情報技術センター所長。専門は画像工学。日
本の画像情報工学のパイオニアとして活躍。著書
に「画像の科学」など。
¶現朝,現執2期,現執3期,世紀,日人

**坂田平一** さかたへいいち
天保14(1843)年〜明治41(1908)年
江戸時代末期〜明治期の漆工。
¶島根人,島根百(⊕天保14(1843)年12月20
日),島根歴,日人(⊕1844年)

**坂田昌亮** さかたまさあき
明治23(1890)年5月17日〜昭和35(1960)年12月24日
明治〜昭和期の技師、政治家。
¶近土, 土木

**坂田実** さかたみのる
昭和11(1936)年8月16日〜
昭和〜平成期の陶芸家。
¶陶芸最, 名工

**佐方宗助** さかたむねすけ
明治期の技師。
¶渡航

**坂田佳仁** さかたよしひと
昭和23(1948)年5月14日〜
昭和期の陶芸家。
¶陶芸最

**坂妻和明** さかづまかずあき, さかずまかずあき
昭和期の旋盤工。
¶名工(さかずまかずあき)

**坂爪勝幸** さかづめかつゆき
昭和22(1947)年11月16日〜
昭和〜平成期の陶芸家。
¶陶工

**坂中誠太郎** さかなかせいたろう
昭和期の漆芸家。
¶名工

**坂上斯文** さかのうえのこれふみ, さかのうえのこれぶみ
生没年不詳　㊚坂上宿禰斯文《さかのうえのすくねこれぶみ》
平安時代前期の官人。
¶古代(坂上宿禰斯文　さかのうえのすくねこれふみ), 日人, 平史(さかのうえのこれぶみ)

**坂上宿禰斯文** さかのうえのすくねこれふみ
→坂上斯文(さかのうえのこれふみ)

**坂野定香** さかのしずか
明治27(1894)年1月1日〜昭和57(1982)年6月9日
大正〜昭和期の木彫家。撫川うちわ製作。
¶岡山百, 岡山歴

**阪野鳳洋** さかのほうよう
昭和6(1931)年〜
昭和〜平成期の陶芸家。
¶陶工

**阪場志業** さかばむねなり
天保4(1833)年〜明治44(1911)年
江戸時代末期〜明治期の鉄砲製造業者。維新後も製造、生産量が伸びる。
¶茨城百, 郷土茨城, 日人, 幕末

**坂部長蔵** さかべちょうぞう
明治34(1901)年1月21日〜
大正〜昭和期の村上木彫堆朱職人。
¶名工

**坂道輔** さかみちすけ
→坂高麗左衛門〔9代〕(さかこうらいざえもん)

**坂村健** さかむらけん
昭和26(1951)年7月25日〜
昭和〜平成期のコンピュータアーキテクト。誰でもなじめるコンピュータ社会の構築をめざし、TRON計画を推進。
¶現朝, 現執2期, 現執3期, 現執4期, 世紀, マス89

**坂本市之丞** さかもといちのじょう
元文1(1736)年〜文化6(1809)年　㊚坂本養川《さかもとようせん》
江戸時代中期〜後期の新田開発者。
¶朝日(㊐元文1年3月15日(1736年4月25日)　㊣文化6年3月2日(1809年4月16日)), 郷土長野(坂本養川　さかもとようせん　㊤1801年), 近世, 国史, コン改, コン4, 史人(㊐1736年3月15日　㊣1809年3月2日), 新潮(㊐元文1(1736)年3月15日　㊣文化6(1809)年3月2日), 人名, 姓氏長野(坂本養川　さかもとようせん　㊤1801年), 長野百(坂本養川　さかもとようせん　㊤1801年), 長野歴(坂本養川　さかもとようせん　㊤享和1(1801)年), 日人, 藩臣3(坂本養川　さかもとようせん)

**坂本馬次郎** さかもとうまじろう
明治期の陶工。
¶日人

**坂本喜左衛門** さかもときざえもん
江戸時代前期の長門須佐窯の陶工。
¶人名, 日人(生没年不詳)

**阪本久五郎** さかもときゅうごろう
明治15(1882)年〜昭和36(1961)年
明治〜昭和期の繊維機械の技術者、実業家。
¶静岡百, 静岡歴, 姓氏静岡

**坂本源兵衛** さかもとげんべえ
？〜元治1(1864)年
江戸時代後期〜末期の陶工。
¶日人

**坂本才一郎** さかもとさいいちろう
昭和期の宮大工。
¶名工

**坂本左近** さかもとさこん
明治4(1871)年〜昭和8(1933)年
明治〜昭和期の森林技師。
¶高知人

**坂本貞雄** さかもとさだお
明治45(1912)年1月26日〜昭和60(1985)年11月28日
昭和期の鉄道技術者、国鉄静岡幹線工事局長。
¶科学

**坂本茂木** さかもとしげき
昭和12(1937)年2月27日〜
昭和〜平成期の陶芸家。
¶陶芸最, 名工

**坂本助太郎**　さかもとすけたろう
明治7(1874)年10月12日～昭和19(1944)年11月14日
明治～昭和期の技師。
¶近土，土木

**坂本斉一**　さかもとせいいち
明治22(1889)年～昭和40(1965)年
昭和期の政治家。佐原市長、治水功労者。
¶千葉百



**坂本整泉**　さかもとせいせん
昭和期の漆工芸師。
¶名工

**坂本素行**　さかもとそこう
昭和25(1950)年6月24日～　[別]坂本素行《さかもともとゆき》
昭和～平成期の陶芸家。
¶陶芸最，陶工(さかもともとゆき)，名工

**坂本種芳**　さかもとたねよし
明治31(1898)年～昭和63(1988)年
明治～昭和期の技術者、実業家、奇術研究家。
¶姓氏岩手，鉄道([生]1898年12月26日　[没]1988年11月)

**坂本長十郎**　さかもとちょうじゅうろう
天保12(1841)年～明治38(1905)年
江戸時代後期～明治期の発明家。
¶群馬人

**坂本藤吉**　さかもととうきち
寛政10(1798)年～天保10(1839)年
江戸時代後期の川根茶改良の先駆者。駿河国志太郡伊久美村の人。
¶朝日([没]天保10年6月7日(1839年7月17日))，近世，国史，コン改，コン4，史人([没]1839年6月7日)，静岡歴，新潮([没]天保10(1839)年6月7日)，人名，姓氏静岡，世人，日人，歴大

**坂本徳松**　さかもととくまつ
文化14(1817)年～明治22(1889)年
江戸時代末期～明治期の漁業家。
¶大分百，大分歴，日人

**坂本俊人**　さかもととしひと
昭和35(1960)年～
昭和～平成期の陶芸家。
¶陶工

**阪本捷房**　さかもととしふさ
明治39(1906)年7月16日～昭和61(1986)年4月2日
昭和期の電気工学者。東京大学教授。
¶科学，現情

**坂本晴蔵**　さかもとはるぞう
大正3(1914)年3月～平成10(1998)年11月19日
昭和期の弓道家、陶芸家、弓道錬士。
¶弓道，美工

**坂本復経**　さかもとふっけい
？～明治21(1888)年5月30日
江戸時代後期～明治期の技師。
¶渡航

**坂本芳正**　さかもとほうせい
昭和12(1937)年1月～
昭和期の陶芸家。
¶陶芸最

**坂元光春**　さかもとみつはる
生没年不詳
江戸時代中期の装剣金工。
¶日人

**坂本素行**　さかもともとゆき
→坂本素行(さかもとそこう)

**坂本安樹**　さかもとやすき
昭和23(1948)年12月8日～
昭和期の陶芸家。
¶陶芸最

**坂本養川**　さかもとようせん
→坂本市之丞(さかもといちのじょう)

**坂本義弘**　さかもとよしひろ
昭和19(1944)年10月10日～
昭和期の陶芸家。
¶陶芸最

**坂本理一郎**　さかもとりいちろう
文久1(1861)年～大正6(1917)年
明治～大正期の農事改良家。
¶秋田百，世紀([生]文久1(1861)年3月7日　[没]大正6(1917)年4月3日)，日人

**阪本隆哉**　さかもとりゅうさい
嘉永5(1852)年～明治41(1908)年
明治期の医師。電音計の発明者。
¶科学([没]1908年(明治41)5月4日)，近医，人名，日人

**坂本滝山**　さかもとろうざん
大正15(1926)年3月18日～
昭和～平成期の陶芸家。
¶陶芸最，名工

**相良健二**　さがらけんじ
昭和26(1951)年～
昭和～平成期の木工家。
¶名工

**相良清左衛門**　さがらせいざえもん
宝暦10(1760)年～天保6(1835)年
江戸時代中期～後期の出羽米沢藩士、陶工、人形師。
¶藩臣1，山形百

**早良俊夫**　さがらとしお
？～昭和57(1982)年
昭和期の建築家。
¶美建

**相楽半右衛門**　さがらはんえもん
文化8(1811)年～明治12(1879)年2月
江戸時代末期～明治期の安積疏流開拓の功労者。

庄屋。殖産興業を目指し、猪苗代湖からの引水を計画、実行。
¶幕末

**佐川巌** さがわいわお
昭和8(1933)年3月2日～
昭和～平成期の陶芸家。
¶陶芸最，陶工，名工

**佐川勝一** さがわしょういち
昭和期の竹工芸家。
¶名工

**佐川光信** さがわみつのぶ
昭和28(1953)年～
昭和～平成期のガラス工芸作家。
¶名工

**佐川義高** さがわよしたか
明治35(1902)年～昭和46(1971)年
昭和期の孔版(謄写版)技術者。孔版技術の技法を創始した。筆名草間京平。
¶コン改，コン4，コン5，世紀([生]明治35(1902)年10月21日 [没]昭和46(1971)年3月18日)，日人([生]明治35(1902)年10月21日 [没]昭和46(1971)年3月18日)

**佐官研斎** さかんけんさい
？ ～昭和31(1956)年3月14日
大正～昭和期の木工芸家。
¶岡山歴

**鷺島天翔** さぎしまてんしょう
昭和20(1945)年7月22日～
昭和期の陶芸家。
¶陶芸最

**佐吉(1)** さきち
？ ～天保8(1837)年
江戸時代後期の二戸郡女鹿村の大工職人。一戸一揆の中心人物。
¶姓氏岩手

**佐吉(2)** さきち
江戸時代末期の近江湖東焼の画工。
¶人名，日人(生没年不詳)

**崎山嗣昌** さきやまししょう
明治25(1892)年6月10日～昭和50(1975)年1月20日
大正～昭和期の貝摺師、郷土玩具研究家、沖縄運営委員。
¶沖縄百

**向山周慶** さきやましゅうけい
延享3(1746)年～文政2(1819)年 [別]向山周慶《むこうやましゅうけい，むかいやましゅうけい，さきやましゅうけい》
江戸時代中期～後期の讃岐国大内郡湊村の医師。讃岐糖業の祖。
¶朝日([生]延享3年9月16日(1746年10月30日) [没]文政2年9月26日(1819年11月13日))，香川人，香川百，郷土香川，近世，国史，史人([生]1746年9月16日 [没]1819年9月26日)，食文(むこうやま〈むかいやま，さきやま〉しゅうけい [生]延享3年9月16日(1746年10月30日) [没]文政2年9月26日(1819年11月13日))，新潮([生]延享3(1746)年9月16日 [没]文政2(1819)年9月26日)，人名(むこうやましゅうけい)，世人，日人，藩臣6

**崎山次郎右衛門(1)** さきやまじろうえもん
慶長16(1611)年～元禄1(1688)年
江戸時代前期の下総銚子漁業・高神村字外川湊築港の開発漁師。
¶朝日([没]元禄1年8月4日(1688年8月29日))，日人，和歌山人(生没年不詳)

**崎山次郎右衛門(2)** (崎山治郎右衛門) さきやまじろうえもん
*～元禄1(1688)年
江戸時代前期の外川港の開削者。
¶千葉百([生]慶長15(1610)年)，和歌山人(崎山治郎右衛門〔1代〕 [生]1611年)

**先山千兵衛** さきやませんべえ
明治30(1897)年7月10日～昭和38(1963)年1月31日
大正～昭和期の自治・水産功労者。
¶愛媛百

**崎山利兵衛** さきやまりへえ
寛政9(1797)年～明治8(1875)年
江戸時代末期～明治期の陶器場経営者、陶工。藩の殖産振興策により有田に陶器場を開設。
¶人名，日人，幕末([没]1875年2月18日)，和歌山人([生]1796年)

**鷺谷義忠** さぎやよしただ
明治15(1882)年～昭和10(1935)年
明治～昭和期の刀剣技術者。宇都宮の日本刀鍛錬・研磨・彫刻・刀装技術者。
¶栃木歴

**佐久川清助** さくがわせいすけ
尚泰3(1850)年～明治44(1911)年
江戸時代後期～明治期の沖縄の農事改良家。サツマイモの品種改良者。
¶沖縄百([没]明治44(1911)年9月22日)，姓氏沖縄

**佐久知炎仙** さくちえんせん
大正11(1922)年2月12日～
昭和～平成期の陶芸家。
¶陶芸最，名工

**左口鉄蔵** さぐちてつぞう
生没年不詳
明治期の男性。国産ミシン第一号を製造。
¶先駆

**作根弁次郎** さくねべんじろう
江戸時代前期の武蔵今戸の陶工。
¶人名，日人(生没年不詳)

**作兵衛** さくべえ
生没年不詳
江戸時代前期の陶工。
¶姓氏京都

**佐久間行** さくまあん
昭和5(1930)年～平成3(1991)年
昭和～平成期の陶芸家。
¶陶芸最([生]昭和5年1月14日)，陶工

**佐久間燕巣** さくまえんそう
昭和期の陶芸家。
¶陶工

**佐久間勝山** さくましょうざん
明治39(1906)年12月20日～
大正～昭和期の陶芸家。
¶陶芸，陶芸最，名工



**佐久間惣治郎**(佐久間惣次郎) さくまそうじろう
明治10(1877)年～昭和31(1956)年
明治期の実業家。ドロップ製造のパイオニア、「サクマ式ドロップス」を発表。
¶学校([没]昭和31(1956)年6月28日)，食文(佐久間惣次郎　[生]1877年5月　[没]1924年10月2日)，先駆

**昔麻帝弥** さくまたいみ
→昔麻帝弥(しゃくまたいみ)

**佐久間孝雄** さくまたかお
昭和3(1928)年1月16日～平成3(1991)年
昭和～平成期の陶芸家。
¶陶芸最，陶工，名工

**佐久間文彦** さくまたけひこ
大正14(1925)年12月31日～平成10(1998)年1月22日
昭和～平成期の映画照明技師。
¶映人

**佐久間鶴吉** さくまつるきち
明治22(1889)年～
大正～昭和期の鳩の巣の開拓者。
¶多摩

**佐久間藤太郎** さくまとうたろう
明治33(1900)年～昭和51(1976)年
昭和期の陶芸家。浜田庄司に師事。栃木県の陶磁器産業の新興に尽力。
¶郷土栃木，現情([生]1900年8月10日　[没]1976年1月20日)，人名7，世紀([生]明治33(1900)年8月10日　[没]昭和51(1976)年1月20日)，陶芸最，陶工，栃木歴，日人([生]明治33(1900)年8月10日　[没]昭和51(1976)年1月20日)，美工([生]明治33(1900)年8月10日　[没]昭和51(1976)年1月20日)，名工([生]明治33年8月10日　[没]昭和51年1月20日)

**佐久間友太郎** さくまともたろう
明治9(1876)年7月5日～昭和21(1946)年1月29日
明治～昭和期の水産家。
¶世紀，日人，広島百

**佐久間芳山** さくまほうざん
昭和期の陶芸家。
¶陶芸最

**佐久間正明** さくままさあき
昭和27(1952)年～
昭和～平成期の陶芸家。
¶陶工

**佐久間実** さくまみのる
明治39(1906)年9月27日～平成5(1993)年7月17日
昭和期の人形職人。
¶世紀，日人，美工，名工

**佐久間八重女** さくまやえじょ
明治23(1890)年8月8日～？
明治～昭和期の千代紙人形作家。
¶美工，名工

**佐久間弥八** さくまやはち
？～元治1(1864)年
江戸時代末期の越中富山藩の料理人。
¶人名，日人

**桜井一良** さくらいいちろう
大正8(1919)年～
昭和～平成期の漆芸作家。
¶名工

**桜井霞洞** さくらいかどう
明治22(1889)年2月15日～昭和26(1951)年7月18日
明治～昭和期の染色家。
¶茨城百，世紀，日人，美工

**桜井健二郎** さくらいけんじろう
大正13(1924)年11月11日～昭和59(1984)年5月15日
昭和期の電子工学者。光技術共同研究所長。専門は計測工学で、光技術分野に多大に貢献。著書に監訳「レーザ物語」など。
¶科学，現朝，世紀，日人

**桜井小太郎** さくらいこたろう
明治3(1870)年～昭和28(1953)年11月11日
明治～大正期の建築家。丸の内一帯の街区計画等、三菱地所の基礎を構築。代表作に三菱銀行本店。
¶青森人，海越新([生]明治3(1870)年9月10日)，現情([生]1870年9月10日)，人名7，世紀([生]明治3(1870)年9月10日)，渡航([生]1870年9月11日)，日人([生]明治3(1870)年9月11日)，美建([生]明治3(1870)年9月11日)

**桜井三郎右衛門** さくらいさぶろうえもん
安土桃山時代の武士。前田利家の臣、治水家。
¶人名，姓氏石川

**桜井茂貴** さくらいしげたか
昭和期のナイフ職人。
¶名工

**桜井省三** さくらいしょうぞう
安政1(1854)年～？　[別]桜井省三《さくらいせいぞう》
明治～昭和期の造船技師。造船学を学ぶため渡仏。軍艦建造の監督として活躍、フランス料理の紹介者。

¶海越，海越新，国際，渡航（さくらいせいぞう　[生]1854年8月28日），日人

**桜井真一郎**　さくらいしんいちろう
昭和4（1929）年4月3日～平成23（2011）年1月17日
昭和～平成期の自動車技術者、実業家。オーテック・ジャパン社長。プリンス自動車入社後、車輛設計、新車開発に携わる。初代から7代目までのスカイライン開発に従事。
¶科学，現執2期，世紀，日人

**桜井省吾**　さくらいせいご
明治30（1897）年4月1日～昭和52（1977）年3月27日
明治～昭和期の建築家。桜井建設設備研究所主宰。
¶美建

**桜井誠治**　さくらいせいじ
明治38（1905）年10月23日～
大正～昭和期の塩沢紬織物職人。
¶名工

**桜井省三**　さくらいせいぞう
→桜井省三（さくらいしょうぞう）

**桜井敏春**　さくらいとしはる
昭和14（1939）年6月10日～
昭和～平成期の陶芸家。
¶陶工

**桜井富右衛門**　さくらいとみえもん
？　～文政5（1822）年
江戸時代中期～後期の堰開削者。
¶姓氏長野

**桜井孫兵衛**　さくらいまごべえ
→桜井政能（さくらいまさよし）

**桜井正次**　さくらいまさつぐ
明治1（1868）年～昭和25（1950）年11月25日
昭和期の刀工。
¶現情

**桜井政能**　さくらいまさよし
慶安2（1649）年～享保16（1731）年　[別]桜井孫兵衛《さくらいまごべえ》
江戸時代前期～中期の治水家。甲斐甲府藩代官。甲府濁川開削事業に着手。
¶岡山歴（桜井孫兵衛　さくらいまごべえ　[没]享保16（1731）年1月14日），人名，日人，藩臣3，山梨百（[没]享保16（1731）年1月14日）

**桜井又吉**　さくらいまたきち
宝暦8（1758）年～天保1（1830）年
江戸時代後期の肥後国の公益家、治水家。土木技術にすぐれ、堤防・水門を築いた。
¶人名，日人

**桜井光興**　さくらいみつおき
弘化1（1844）年～明治28（1895）年
明治期の政治家、農業改良家。神奈川県議会議員。
¶神奈川人

**桜井勇次郎**　さくらいゆうじろう
明治27（1894）年～昭和58（1983）年6月1日
明治～昭和期の久留米絣技術保持者会長、重要無形文化財保持者。「手くびり」技法の第一人者。
¶美工，名工

**桜井幸雄**　さくらいゆきお
昭和期の刀装師。
¶名工

**桜井良文**　さくらいよしふみ
大正10（1921）年3月30日～
昭和～平成期の制御工学者。大阪大学教授。
¶現情

**桜岡三四郎**　さくらおかさんしろう
明治3（1870）年1月26日～大正8（1919）年9月18日
明治～大正期の鋳金家。東京美術学校鋳金科教授を務めた。
¶人名（[生]？），世紀，日人，名工

**桜沢市兵衛尉盛次**　さくらさわいちべえのじょうもりつぐ
文禄1（1592）年～万治2（1659）年
安土桃山時代～江戸時代前期の鋳物師。
¶多摩

**桜島国重**　さくらじまくにしげ
生没年不詳
鎌倉時代前期の建築工匠。法勝寺九重塔再建に携わる。
¶朝日，日人

**桜島国宗**　さくらじまくにむね
生没年不詳
鎌倉時代前期の番匠大工。東大寺伽藍再建に活躍。
¶朝日，人名，日史，日人，百科

**佐倉常七**　さくらつねしち
天保6（1835）年～明治32（1899）年
明治期の西陣織職人。京都府職工場教授。渡仏、リヨンで洋式織技を習得、ジャガード・バッタンを購入。
¶朝日（[生]天保6年1月7日（1835年2月4日）　[没]明治32（1899）年7月24日），海越（[生]天保6（1835）年1月7日），海越新（[生]天保6（1835）年1月7日），京都大（[生]？），コン改，コン5，新潮（[生]天保6（1835）年1月7日　[没]明治32（1899）年7月24日），姓氏京都，先駆（[生]天保6（1835）年1月7日　[没]明治32（1899）年7月24日），渡航（[生]？），日人，名工

**桜屋幸吉**　さくらやこうきち
→表具師幸吉(1)（ひょうぐしこうきち）

**佐合政昭**　さごうまさあき
昭和25（1950）年11月21日～
昭和期の陶芸家。
¶陶芸最

**左近四郎**　さこんしろう
江戸時代後期の新田開発者、水路開削者。
¶姓氏石川

篠井汲五平 ささいきゅうごへい
　寛政11（1799）年〜文久1（1861）年4月21日
　江戸時代後期〜末期の庄屋・福田新田開拓の功
　労者。
　　¶岡山歴

笹岡春山 ささおかしゅんざん
　明治26（1893）年〜昭和40（1965）年
　明治〜昭和期の陶芸家。
　　¶陶工

笹岡敏夫 ささおかとしお
　大正1（1912）年9月1日〜
　昭和期の陶芸家。
　　¶陶芸最

笹岡基三 ささおかもとぞう
　昭和11（1936）年5月2日〜
　昭和〜平成期の陶芸家。
　　¶陶芸最，陶工，名工

笹尾八兵衛 ささおはちべえ
　生没年不詳
　江戸時代中期の人形師。
　　¶大阪人，人名，日人

佐々木厚 ささきあつし
　昭和18（1943）年10月29日〜
　昭和〜平成期の陶芸家。
　　¶陶芸最，陶工

佐々木磯吉 ささきいそきち
　？　〜弘化4（1847）年
　江戸時代後期の大蒲新田の開発者。
　　¶姓氏愛知

佐々木岩次郎 ささきいわじろう
　嘉永6（1853）年〜昭和11（1936）年
　明治〜昭和期の建築家。芝増上寺大殿、嵐山法輪
　寺多宝塔などを建築。
　　¶人名，世紀（⊕昭和11（1936）年12月29日），姓
　　氏京都（⊗？），日人

佐々木丑蔵 ささきうしぞう
　慶応1（1865）年〜昭和2（1927）年
　明治〜昭和期の大工棟梁。
　　¶姓氏岩手

佐々木英 ささきえい
　昭和9（1934）年〜昭和59（1984）年5月18日
　昭和期の漆芸家。
　　¶美工（⊕昭和9（1934）年1月10日），名工

佐々木嘉一 ささきかいち
　昭和22（1947）年12月29日〜
　昭和〜平成期の陶芸家。
　　¶名工

佐々木和三郎 ささきかずさぶろう
　→佐々木和三郎（ささきわさぶろう）

佐々木吉左衛門 ささききちざえもん
　？　〜宝暦12（1762）年
　江戸時代中期の宮大工。

　　¶島根人，島根歴

佐々木喜代太郎 ささききよたろう
　明治15（1882）年〜昭和36（1961）年
　明治〜昭和期の南部鉄器職人。
　　¶姓氏岩手

佐々木邦雄 ささきくにお
　昭和期の家具職人。
　　¶名工

佐々木玄兵衛 ささきげんべえ
　明治16（1883）年〜？
　明治期の実業家。化粧品専門の化粧品製造所を設
　立。マニキュアを日本で初めて紹介。
　　¶先駆

佐々木弘造 ささきこうぞう
　嘉永3（1850）年〜大正12（1923）年
　明治〜大正期の開拓者。
　　¶青森人，世紀（⊕嘉永3（1850）年9月9日　⊗大
　　正12（1923）年8月13日），日人

佐々木権六 ささきごんろく
　→佐々木長淳（ささきながのぶ）

佐々木佐源太 ささきさげんた
　安政6（1859）年〜昭和1（1926）年
　明治〜大正期の養蚕家。
　　¶姓氏群馬

佐々木実綱 ささきさねつな
　江戸時代末期の陶工。
　　¶岡山人

佐々木重雄 ささきしげお
　明治32（1899）年2月1日〜
　昭和期の精密工学者。東京工業大学教授。
　　¶現情

佐々木繁像 ささきしげぞう
　昭和期の蒔絵師。
　　¶名工

佐々木周郁 ささきしゅういく
　明治32（1899）年11月16日〜昭和31（1956）年6月
　13日
　昭和期の農芸化学者。人造含窒素化合物の研究で
　特許取得。新合成繊維実用化の研究に貢献。
　　¶科学，現情，人名7，世紀，日人

佐々木象堂 ささきしょうどう
　明治15（1882）年3月14日〜昭和36（1961）年1月
　26日
　昭和期の鋳金家。人間国宝。文展で「鋳銀孔雀香
　炉」が特選。日本伝統工芸展に出品。
　　¶現朝，現情（⊕1882年3月14日（戸籍上は1884年
　　3月14日）），現though（⊕1884年3月14日），国宝，
　　新潮，人名7，世紀，全書，陶工，新潟百，日
　　人，美工，名工

佐々木二郎 ささきじろう
　昭和29（1954）年〜
　昭和〜平成期の陶芸家。

¶陶芸最，陶工（[生]1954年5月31日）

**佐々木辰二**　ささきしんじ
昭和27（1952）年～
昭和期の陶芸家。
¶陶芸最

**佐々木甚蔵**　ささきじんぞう
慶応2（1866）年1月24日～昭和29（1954）年12月11日
明治～昭和期の開拓者。
¶植物，世紀，日人

**佐々木新太郎**　ささきしんたろう
明治20（1887）年12月2日～昭和26（1951）年5月12日
明治～昭和期の機械技術。
¶科学，世紀，日人

**佐々木信也**　ささきしんや
昭和～平成期の漆芸家。
¶名工

**佐々木末松**　ささきすえまつ
明治20（1887）年～昭和62（1987）年
明治～昭和期の農鍛冶師。
¶姓氏岩手

**佐々木清七**　ささきせいしち
弘化1（1844）年～明治41（1908）年
江戸時代末期～明治期の実業家。帝室技芸員。荒木小平の模造したフランス式ジャガード機の実用に初めて成功。
¶京都大，コン改，コン5，新潮，人名，姓氏京都，日人

**佐々木苑子**　ささきそのこ
昭和14（1939）年～
昭和～平成期の染織家。2005年に重要無形文化財保持者（人間国宝）に認定（紬織）。
¶国宝（[生]昭和14（1939）年7月4日），名工（[生]昭和14年7月8日）

**佐々木大吉**　ささきだいきち
安永9（1780）年～？
江戸時代後期の刀工。相馬大作津軽家要撃の密告者。
¶姓氏岩手，日人（生没年不詳）

**佐々木卓夫**　ささきたくお
明治41（1908）年10月5日～平成4（1992）年4月26日
昭和～平成期の通信技術者。専門は電信電話技術。
¶科学

**佐々木猛**　ささきたけし
明治30（1897）年～
昭和期の陶芸家。
¶陶芸

**佐々木政**　ささきただし
大正13（1924）年～
昭和～平成期の漆芸作家。
¶名工

**佐々木正**　ささきただし
大正11（1922）年4月6日～
昭和～平成期の陶芸家。
¶陶芸，陶芸最，陶工，名工

**佐々木忠連**　ささきただつら
江戸時代の装剣彫工。
¶人名

**佐々木達治郎**　ささきたつじろう
明治27（1894）年8月25日～昭和48（1973）年10月19日
昭和期の物理学者、陸軍軍人。少将。各種の航空計器を開発。連立一次方程式を解くアナログ型計算機を完成。
¶科学，現情，人名7，数学，世紀，日人，陸海

**佐々木達三**　ささきたつぞう
明治39（1906）年3月30日～平成10（1998）年7月7日
昭和期のインダストリアルデザイナー。日本インダストリアルデザイナー協会初代理事。「スバル360」をデザイン。
¶現朝，現情，現人，世紀，日人

**佐々木太郎**　ささきたろう
文政1（1818）年～明治21（1888）年　[別]佐々木春夫《ささきはるお》
江戸時代末期～明治期の豪商、国学者。猫間川を浚渫し、その支流に運河を開削する。尊皇派志士と親交が深く天誅組の挙兵には資金援助。
¶近現，近世，国史，国書（佐々木春夫　ささきはるお　[生]文政1（1818）年10月13日　[没]明治21（1888）年11月27日），コン改，コン4，コン5，史人（[生]1818年10月13日　[没]1888年11月27日），新潮（[生]文政1（1818）年10月13日　[没]明治21（1888）年11月27日），人名，日人（佐々木春夫　ささきはるお），幕末（佐々木春夫　ささきはるお　[没]1888年11月27日），和俳

**佐々木千恵子**　ささきちえこ
昭和30（1955）年8月1日～
昭和～平成期の陶芸家。
¶陶芸最，陶工

**佐々木長淳**　ささきちょうじゅん
→佐々木長淳（ささきながのぶ）

**佐々木外喜雄**　ささきときお
明治37（1904）年8月7日～昭和56（1981）年1月19日
昭和期の機械工学者。京都大学教授。
¶科学，現情

**佐々木長淳**　ささきながあつ
→佐々木長淳（ささきながのぶ）

**佐々木長淳**　ささきながのぶ
文政13（1830）年～大正5（1916）年　[別]佐々木権六《ささきごんろく》，佐々木長淳《ささきちょうじゅん，ささきながあつ》
江戸時代末期～大正期の養蚕技術者、官吏。養蚕御用係。近代的養蚕技術導入の先覚者。著書に

「蚕の夢」など。
¶維新(佐々木権六　ささきごんろく), 海越(佐々木権六　ささきごんろく　[没]大正5(1916)年1月25日), 海越([没]大正5(1916)年1月25日), 海越新([没]大正5(1916)年1月25日), 科学([生]1830年(文政13)9月3日　[没]1916年(大正5)1月25日), 郷土群馬(ささきながあつ), 国際, 姓氏群馬(ささきちょうじゅん), 全書, 大百, 渡航(佐々木権六・佐々木長淳　ささきごんろく・ささきちょうじゅん　[没]1916年1月25日), 日人, 幕末(ささきちょうじゅん　[没]1916年1月25日), 藩臣3(ささきちょうじゅん), 福井百(ささきちょうじゅん)

さ

**佐々木二六** ささきにろく
大正3(1914)年～
昭和期の陶芸家。
¶郷土愛媛, 陶芸最([生]大正3年3月30日)

**佐々木二六〔1代〕** ささきにろく
安政4(1857)年～昭和10(1935)年12月
明治～昭和期の陶工。
¶愛媛百, 世紀, 日人(――〔代数なし〕)

**佐々木二六〔3代〕** ささきにろく
大正3(1914)年3月30日～平成17(2005)年2月12日
昭和～平成期の陶芸家。
¶美工, 名工

**佐々木春夫** ささきはるお
→佐々木太郎(ささきたろう)

**佐々木万穂** ささきばんすい
昭和6(1931)年4月15日～
昭和期の陶芸家。
¶陶芸最

**佐々木彦兵衛** ささきひこべえ
慶応3(1867)年～大正10(1921)年
明治～大正期の釜師。茶釜の名手。
¶大阪人

**佐々木秀孝** ささきひでたか
大正2(1913)年2月29日～平成10(1998)年5月13日
昭和期の映画録音技師。
¶映人

**佐々木浩章** ささきひろあき
昭和31(1956)年～
昭和～平成期の陶芸家。
¶陶工

**佐々木宏** ささきひろし
昭和6(1931)年～
昭和期の建築家。佐々木建築研究室代表。
¶現執1期, 現執2期([生]昭和6(1931)年12月7日)

**佐々木誠** ささきまこと
大正4(1915)年～平成8(1996)年
昭和～平成期の漆器職人。
¶姓氏岩手

**佐々木宗彦** ささきむねひこ
明治1(1868)年～大正10(1921)年10月6日
明治～大正期の釜師。裏千家の釜師。
¶人名, 世紀, 日人, 名工

**佐々木八十二** ささきやそじ
大正15(1926)年3月6日～
昭和～平成期の陶芸家。
¶陶芸最, 陶工

**佐々木禅** ささきゆずる
昭和24(1949)年12月23日～
昭和～平成期の陶芸家。
¶陶芸最, 陶工

**佐々木米蔵** ささきよねぞう
昭和22(1947)年～
昭和～平成期の木工家。
¶名工

**佐々木藍田** ささきらんでん
?　～慶応1(1865)年
江戸時代後期～末期の染色業、絵師。
¶姓氏岩手

**佐々木林蔵** ささきりんぞう
安政5(1858)年～?
明治期の職工。
¶渡航

**佐々木六郎** ささきろくろう
大正3(1914)年～
昭和～平成期の額装作家。パリで額ぶち作りとして活躍。
¶現人, 世紀, 名工

**佐々木和三郎** ささきわさぶろう
?　～明治11(1878)年5月13日　[別]佐々木和三郎《ささきかずさぶろう》
明治期の技師。測量司一等見習、工部権少書記官。測量見習のためイギリスに渡る。
¶海越, 海越新, 渡航(ささきかずさぶろう)

**笹倉忠左衛門** ささくらちゅうざえもん
天明2(1782)年～嘉永4(1851)年9月4日
江戸時代中期～後期の津万井堰の水利開発者。
¶兵庫人

**笹崎竜雄**(笹崎龍雄)　ささざきたつお
大正5(1916)年9月3日～
昭和～平成期の畜産家。埼玉種畜牧場の経営者。イギリスのランドレース種の豚を輸入するなど養豚業の近代化につとめる。
¶現朝(笹崎龍雄), 世紀, 日人

**笹田仁史** ささだひとし
昭和27(1952)年2月27日～
昭和～平成期の陶芸家。
¶陶芸最, 陶工

**笹田友山** ささだゆうざん
江戸時代末期～大正期の陶工。
¶石川百([生]1840年　[没]1914年), 姓氏石川([生]1839年　[没]1922年)

篠野玉涌　ささのたまわく
　→細川頼直（ほそかわよりなお）

篠原善兵衛　ささはらぜんべえ
天明7（1787）年〜安政3（1856）年　㊞篠原善兵衛《しのはらぜんべえ》
江戸時代後期の庄屋。
¶熊本百（しのはらぜんべえ）　㊌天明7（1787）年2月12日　㊌安政3（1856）年8月13日）、人名、日人、幕末（㊌1782年　㊌1856年8月13日）、藩臣7（㊌安政6（1859）年）

笹原竹一　ささはらたけいち
昭和7（1932）年〜
昭和〜平成期の木地挽物職人。
¶名工

笹部新太郎　ささべしんたろう
明治20（1887）年〜昭和53（1978）年12月19日
昭和期の桜研究家。桜の木の品種改良に努め、その普及に力を注ぐ。水上勉の小説「桜守」のモデル。
¶新潮、世紀、日人

笹谷次平　ささやじへい
江戸時代末期の加賀山中村の木工家、挽物工。椀類の挽物の名人。
¶人名、日人（生没年不詳）

笹山篤興　ささやまあつおき
　→篠山篤興（ささやまとくおき）

笹山茂　ささやましげる
昭和36（1961）年2月2日〜
昭和期の陶芸家。
¶陶芸

笹山準一　ささやまじゅんいち
昭和30（1955）年4月19日〜
昭和〜平成期の陶芸家。
¶陶工

笹山忠保　ささやまただやす
昭和14（1939）年2月10日〜
昭和〜平成期の陶芸家。
¶陶芸、名工

笹山登古　ささやまとうこ
昭和4（1929）年5月1日〜
昭和〜平成期の陶芸家。
¶陶芸、名工

篠山篤興　ささやまとくおき
文化10（1813）年〜明治24（1891）年　㊞笹山篤興《ささやまあつおき》
江戸時代後期〜明治期の装剣金工。
¶人名（笹山篤興　ささやまあつおき）、日人

笹山雄司　ささやまゆうじ
昭和31（1956）年7月18日〜
昭和期の陶芸家。
¶陶芸

桟原吉蔵　さじきばらきちぞう
?　〜天保7（1836）年
江戸時代後期の対馬の陶工。
¶人名

佐治光太郎　さじこうたろう
昭和22（1947）年6月17日〜
昭和〜平成期の陶芸家。
¶陶芸、陶工

佐治賢使　さじただし
大正3（1914）年1月1日〜平成11（1999）年6月14日
昭和期の漆芸家。日本新工芸家連盟創立に際し、代表委員になる。日展理事などを歴任。
¶現朝、現情、現日、新潮、世紀、日人、日本、美工、名工

佐治正　さじただし
大正3（1914）年〜
昭和期の漆工芸家。
¶郷土岐阜

佐助　さすけ
安土桃山時代の尾張瀬戸の陶工。
¶人名、日人（生没年不詳）

佐瀬与次右衛門　させよじうえもん
　→佐瀬与次右衛門（させよじえもん）

佐瀬与次右衛門　させよじえもん, さぜよじえもん
寛永7（1630）年〜正徳1（1711）年　㊞佐瀬与次右衛門《させよじうえもん》
江戸時代前期〜中期の陸奥国会津郡幕内村の篤農家。
¶会津（さぜよじえもん）、朝日（㊌正徳1年6月11日（㊌1711年7月26日））、国書（㊌正徳1（1711）年6月11日）、コン改、コン4、新潮、全書、日史（㊌正徳1（1711）年6月11日）、日人、福島百（させよじうえもん）、歴大

佐双左仲（佐双左中）　さそうさちゅう
嘉永5（1852）年4月15日〜明治38（1905）年10月9日
明治期の造船技師。造船総監。日本建艦術の独立に貢献。港船渠の設備、軍艦の設計考案に尽力。
¶朝日（㊌嘉永5年4月15日（1852年6月2日））、石川百、海越、海越新、科学、近現、国史、史人、新潮、人名（佐双左中）、渡航、日人、陸海

貞明　さだあき
南北朝時代の但馬法城寺派の刀工。
¶人名

貞在　さだあり
戦国時代の刀工。
¶島根人、島根百

定家　さだいえ
鎌倉時代後期の刀工。
¶人名

貞興　さだおき
鎌倉時代の但馬大和保昌流の刀工。
¶人名、日人（生没年不詳）

**貞一** さだかず
→月山貞一（がっさんさだかず）

**貞材** さだき
鎌倉時代後期の刀工。
¶人名

**定吉** さだきち
生没年不詳
江戸時代後期の高座郡藤沢宿大久保町大工。
¶神奈川人



**貞清**(1) さだきよ
鎌倉時代後期の刀工。
¶人名，日人（生没年不詳）

**貞清**(2) さだきよ
戦国時代の刀工。
¶島根人，島根百

**貞抜**（貞祓） さだきよ
戦国時代の刀工。
¶島根人，島根百（貞祓）

**貞国**(1) さだくに
生没年不詳
鎌倉時代の刀工。
¶姓氏岩手

**貞国**(2) さだくに
鎌倉時代後期の相模の刀工。
¶人名

**貞国**(3) さだくに
室町時代の刀工。
¶人名，日人（生没年不詳）

**貞国**(4) さだくに
安土桃山時代の刀工。
¶島根人，島根百

**貞国**(5) さだくに
安土桃山時代～江戸時代前期の刀工。
¶人名，日人（生没年不詳）

**佐竹富三郎** さたけとみさぶろう
嘉永6（1853）年～昭和13（1938）年
明治～昭和期の陶工。窯元白鳳堂を創設。
¶会津

**佐竹富三** さたけとみぞう
明治36（1903）年～？
大正～昭和期の陶芸家。
¶陶芸，陶工

**佐竹良幸** さたけよしゆき
昭和25（1950）年11月11日～
昭和～平成期の陶芸家。
¶陶芸最，陶工

**佐竹利市** さたけりいち
文久3（1863）年～昭和33（1958）年
明治～昭和期の実業家。佐竹式精穀機を発明。佐竹鉄工所（現佐竹製作所）を設立、日本屈指の精米機製造メーカーに育て上げる。
¶世紀，日人，広島百（[生]文久3（1863）年3月3日 [没]昭和33（1958）年9月25日）

**貞真**(1) さだざね
鎌倉時代の刀工。
¶人名，日人（生没年不詳）

**貞真**(2) さだざね
[別]貞真《さだまさ》
鎌倉時代の備前の刀工。
¶岡山人（さだまさ），岡山歴，人名

**貞重**(1) さだしげ
戦国時代の刀工。
¶島根人

**貞重**(2) さだしげ
戦国時代の刀工。
¶島根百

**貞重**(3) さだしげ
江戸時代前期の刀工。
¶人名

**貞重**(4) さだしげ
江戸時代前期の刀工。
¶人名

**定重**(1) さだしげ
戦国時代の刀工。
¶島根百

**定重**(2) さだしげ
江戸時代中期の播磨の刀工。
¶人名

**定二郎** さだじろう
江戸時代中期の摂津三田焼の陶工。
¶人名，日人（生没年不詳）

**貞末**(1) さだすえ
南北朝時代の備前長船の刀工。
¶人名，日人（生没年不詳）

**貞末**(2) さだすえ
室町時代の石見の刀工。
¶人名

**貞末**(3) さだすえ
室町時代の石見の刀工。貞行の子。1452年（享徳）頃に活動。
¶島根人，島根百

**貞末**(4) さだすえ
室町時代の石見の刀工。1394年（応永）頃に活動。
¶島根百

**貞末**(5) さだすえ
室町時代の石見の刀工。末貞の子。1452年（享徳）頃に活動。
¶島根百

**貞助** さだすけ
[別]貞助《ていじょ》

室町時代の相模小田原の刀工。
¶人名,北条(ていじょ　生没年不詳)

**定助** さだすけ
南北朝時代の備前福岡の刀工。
¶人名

**佐田清次** さたせいじ
＊～大正1(1912)年
明治期の印刷局技師。有価証券印刷の日本人初成功者。
¶人名(㊤1840年),日人(㊤1839年)

**佐立忠雄** さたちただお
明治19(1886)年1月19日～昭和27(1952)年4月27日
明治～昭和期の建築家。
¶美建

**貞継** さだつぐ
室町時代の刀工。
¶島根人,島根百

**貞次**(1) さだつぐ
生没年不詳
鎌倉時代前期の備中国青江の刀工。承元年間(1207～11)頃の人。後鳥羽上皇の御番鍛冶。
¶朝日,岡山人,岡山歴,国史,新潮,人名,人名,日人,美工

**貞次**(2) さだつぐ
生没年不詳
南北朝時代の刀工。
¶岡山人,日人,美工

**貞次**(3) さだつぐ
戦国時代の刀工。
¶島根人,島根百

**貞次**(4) さだつぐ
江戸時代前期の刀工。
¶古中(生没年不詳),史人,人名,日人(生没年不詳)

**貞次**(5) さだつぐ
江戸時代前期の越前下坂派の刀工。
¶人名,日人(生没年不詳)

**貞綱**(1) さだつな
平安時代の刀工。
¶岡山人

**貞綱**(2) さだつな
生没年不詳
世襲名　南北朝時代～室町時代の石見の刀工。
¶島根歴

**貞綱**〔1代〕さだつな
南北朝時代の刀工。
¶島根百

**貞綱**〔2代〕さだつな
室町時代の刀工。
¶島根百

**貞綱**〔3代〕さだつな
室町時代の刀工。
¶島根百

**定綱** さだつな
戦国時代の刀工。
¶島根百

**貞経** さだつね
室町時代の刀工。
¶島根百

**貞羅** さだつら
安土桃山時代の刀工。
¶島根人,島根百

**佐立七次郎** さたてしちじろう
安政3(1856)年～大正11(1922)年11月5日
明治～大正期の建築家。日本郵船会社専属に近い形で各地の社屋を設計。
¶朝日,世紀,日人

**貞照** さだてる
昭和13(1938)年3月15日～
昭和期の刀工。貞善の長男。
¶島根百

**貞俊**(1) さだとし
戦国時代の刀工。
¶島根人,島根百

**貞俊**(2) さだとし
江戸時代末期の刀工、水戸藩士。
¶人名

**定俊** さだとし
鎌倉時代の刀工。
¶岡山人

**定利**(1) さだとし
生没年不詳　㊛綾小路定利《あやのこうじさだとし》
鎌倉時代の刀工。
¶朝日,鎌室(綾小路定利　あやのこうじさだとし),史人,新潮,人名,日人(綾小路定利　あやのこうじさだとし),美工

**定利**(2) さだとし
鎌倉時代の備前長船の刀工。
¶岡山人,人名

**佐田登志夫** さたとしお
大正15(1926)年1月8日～平成22(2010)年4月13日
昭和～平成期の機械工学者、東京大学名誉教授。専門は精密工学。
¶科学,世紀,日人

**貞永** さだなが
昭和23(1948)年7月17日～
昭和期の刀工。貞善の3男。
¶島根百

さたなり　　　　　　　　　　　360　　　　　　　　日本人物レファレンス事典

**定業** さだなり
鎌倉時代の京師錦小路の刀工。
¶人名，日人（生没年不詳）

**佐谷勇次郎** さたにゆうじろう
昭和〜平成期のガラス細工師。
¶名工

**定主** さだぬし
室町時代の豊後佐伯の刀工。
¶人名

**貞則**(1) さだのり
石見の刀工。
¶島根人

**貞則**(2) さだのり
生没年不詳
江戸時代中期の刀工。
¶日人

**貞法** さだのり
昭和16（1941）年11月11日〜
昭和期の刀工。貞善の2男。
¶島根百

**貞利** さだのり
江戸時代中期の刀工。
¶人名

**定則** さだのり
鎌倉時代の刀工。
¶岡山人

**貞秀** さだひで
南北朝時代の筑前左派の刀工。
¶人名，日人（生没年不詳）

**定秀** さだひで
→定秀（じょうしゅう）

**貞広** さだひろ
戦国時代の刀工。
¶島根人，島根百

**貞弘** さだひろ
戦国時代の石見の刀工。
¶島根人，島根百

**貞昌** さだまさ
戦国時代の刀工。
¶島根人，島根百

**貞真** さだまさ
→貞真(2)（さだざね）

**貞正** さだまさ
室町時代の備後古刀の鍛工。
¶人名

**定道** さだみち
江戸時代前期の名古屋の刀工。
¶人名，日人（生没年不詳）

**貞光** さだみつ
室町時代の美濃の刀工。
¶人名，日人（生没年不詳）

**定光** さだみつ
室町時代の豊前宇佐の刀工。
¶人名，日人（生没年不詳）

**貞宗** さだむね
生没年不詳　別相州貞宗《そうしゅうさだむね》
鎌倉時代の刀工。
¶朝日，国史，古中，コン改，コン4，史人，新
潮，人名，世人，日人，美工

**貞元** さだもと
戦国時代の刀工。
¶島根人，島根百

**貞守** さだもり
室町時代の刀工。
¶島根人，島根百

**定守** さだもり
戦国時代の刀工。
¶島根人，島根百

**定安** さだやす
南北朝時代の京師綾小路の刀工。
¶人名

**貞行**(1) さだゆき
室町時代の刀工。
¶島根人，島根百

**貞行**(2) さだゆき
室町時代の刀工。
¶島根百

**貞行**(3) さだゆき
安土桃山時代の刀工。
¶島根人，島根百

**貞之** さだゆき
江戸時代後期の加賀の刀工。
¶姓氏石川

**定行**(1) さだゆき
戦国時代の刀工。
¶島根百

**定行**(2) さだゆき
戦国時代の刀工。
¶島根百

**貞吉**(1) さだよし
鎌倉時代の刀工。
¶人名，日人（生没年不詳）

**貞吉**(2) さだよし
戦国時代の石見の刀工。
¶島根人，島根百

**貞吉**(3) さだよし
寛政12（1800）年〜明治3（1870）年
江戸時代末期〜明治期の出羽の刀工。

¶人名，日人

**貞善**(1) さだよし
室町時代の刀工。
¶島根百

**貞善**(2) さだよし
明治36(1903)年3月13日〜昭和51(1976)年4月19日
昭和期の刀工。
¶島根百

**定慶** さだよし
鎌倉時代の刀工。
¶人名

**佐々竹庵** さっさちくあん
安土桃山時代の京窯の陶工。
¶人名，日人(生没年不詳)

**里井円治郎**(里井円次郎) さといえんじろう
慶応1(1865)年〜昭和12(1937)年
明治期の発明家。筬のテリーションを使用したタオル織機を発明。
¶世紀(⊕慶応1(1865)年6月6日　⊕昭和12(1937)年6月21日)，先駆(里井円次郎　生没年不詳)，日人

**佐藤昭人** さとうあきひと
昭和期の藍師。
¶名工

**佐藤敦久** さとうあつひさ
昭和3(1928)年6月28日〜平成23(2011)年11月30日
昭和〜平成期の土木工学者、東北大学名誉教授。専門は水道工学。
¶科学

**佐藤亥三郎** さとういさぶろう
文政7(1824)年〜明治16(1883)年6月1日
江戸時代末期〜明治期の実業家。薄荷を煎薬として商品化。良質の薄荷油抽出に成功。
¶日人，幕末，広島百

**佐藤市郎** さとういちろう
明治41(1908)年2月25日〜
昭和〜平成期の南部鉄器職人。
¶名工

**佐藤稲雄** さとういなお
明治23(1890)年〜昭和12(1937)年
大正〜昭和期のリンゴ栽培技術者。リチャードデリシャスの結実に成功。
¶青森人

**佐藤伊兵衛** さとういへえ
宝暦12(1762)年〜天保13(1842)年
江戸時代後期の陶工、岩代会津磁器の始祖。
¶会津(⊕宝暦11(1761)年　⊕天保12(1841)年)，人名，日人

**佐藤丑蔵** さとううしぞう
明治22(1889)年3月4日〜昭和61(1986)年9月2日
明治〜昭和期の工芸家。
¶世紀，姓氏宮城(⊕1909年)，日人，美工，名工

**佐藤卯兵衛** さとううへえ
寛政7(1795)年〜弘化2(1845)年
江戸時代後期の陸奥牡鹿郡門脇村の酒造家。天保の凶作時に原野開墾に尽力。
¶朝日(⊕寛政7年10月2日(1795年11月13日)　⊕弘化2年8月14日(1845年9月15日))，岩史(⊕寛政7(1795)年10月2日　⊕弘化2(1845)年8月14日)，近世，国史，コン改(⊕寛政2(1790)年)，コン4(⊕寛政2(1790)年)，史人(⊕1845年8月14日)，新潮(⊕弘化2(1845)年8月14日)，日人

**佐藤栄右衛門** さとうえいうえもん
天保3(1832)年〜？
江戸時代末期〜明治期の場所請負人。蝦夷地歌棄・磯谷の道路開削により苗字を賜る。
¶幕末

**佐藤栄太郎** さとうえいたろう
昭和3(1928)年1月25日〜平成20(2008)年11月13日
昭和〜平成期の教育家、彫刻家。佐藤栄学園理事長。
¶美建

**佐藤応次郎** さとうおうじろう
明治14(1881)年10月23日〜昭和26(1951)年4月28日
明治〜昭和期の鉄道技師。
¶近土，土木，山形百

**佐藤尾之七** さとうおのしち
文久1(1861)年〜昭和13(1938)年
明治〜昭和期の蚕種製造家。
¶長野歴

**佐藤一夫** さとうかずお
昭和期のこけし工人。
¶名工

**佐藤一雄** さとうかずお
明治40(1907)年5月4日〜
昭和期の化学工学者。東京工業大学教授。
¶科技

**佐藤和次** さとうかずつぐ
昭和23(1948)年1月19日〜
昭和期の陶芸家。？
¶陶芸最

**佐藤和彦** さとうかずひこ
昭和22(1947)年4月5日〜
昭和〜平成期の陶芸家。
¶陶芸最，陶工，名工

**佐藤勝己** さとうかつみ
昭和期の桑材美術指導師。
¶名工

**佐藤華祐** さとうかゆう
昭和27(1952)年6月15日〜

昭和期の陶芸家。
¶陶芸最

**佐藤幹** さとうかん
昭和22（1947）年6月13日〜
昭和〜平成期の陶芸家。
¶陶芸最，陶工，名工

**佐藤キク** さとうきく
昭和期のこけし工人。
¶名工

**佐藤久一郎** さとうきゅういちろう
昭和期の石工。
¶名工

**佐藤久之助** さとうきゅうのすけ
安永5（1776）年〜天保14（1843）年
江戸時代後期の養蚕家。
¶人名，日人

**佐藤金治** さとうきんじ
文化12（1815）年〜明治42（1909）年
江戸時代後期〜明治期の篠路開拓の功労者。
¶札幌

**佐藤九二一** さとうくにいち
大正9（1920）年2月11日〜
昭和期の陶芸家。
¶陶芸最

**佐藤九平次** さとうくへいじ
江戸時代中期の人形師。
¶人名，日人（生没年不詳）

**佐藤九平治** さとうくへいじ
生没年不詳
江戸時代後期の土人形製作者。
¶姓氏宮城

**佐藤久米蔵**（佐藤久米造） さとうくめぞう
江戸時代末期の陶工，伊勢万古焼の木型急須の製造者。
¶人名（佐藤久米造），日人（生没年不詳）

**佐藤焁** さとうけい
昭和23（1948）年10月3日〜
昭和〜平成期の陶芸家。
¶陶工

**佐藤敬一郎** さとうけいいちろう
昭和23（1948）年9月17日〜
昭和〜平成期の陶芸家。
¶陶芸最，陶工

**佐藤猊巌** さとうげいがん
文久2（1862）年〜昭和16（1941）年
明治〜昭和期の猊鼻渓開発者。
¶姓氏岩手

**佐藤圭秀** さとうけいしゅう
昭和19（1944）年〜昭和63（1988）年
昭和期の陶芸家。
¶陶芸最（�生昭和19年11月23日），陶工

**佐藤健** さとうけん
昭和36（1961）年〜
昭和〜平成期の陶芸家。
¶名工

**佐藤玄々** さとうげんげん
→佐藤朝山（さとうちょうざん）

**佐藤功一** さとうこういち
明治11（1878）年〜昭和16（1941）年
大正〜昭和期の建築家。早稲田大学教授。代表作に早稲田大学大隈講堂，日比谷公会堂など。
¶現朝（�1941年6月22日），コン改，コン5，人名7，世紀（�生明治11（1878）年7月2日　�昭和16（1941）年6月22日），世百，全書，大百，渡航（�生1878年7月2日　�1941年6月22日），栃木歴，日人（�昭和16（1941）年6月22日）

**佐藤幸一**⑴ さとうこういち
昭和期の大工。
¶名工

**佐藤幸一**⑵ さとうこういち
昭和10（1935）年〜
昭和〜平成期の漆芸作家。
¶名工

**佐藤晃一** さとうこういち
明治45（1912）年3月22日〜
昭和〜平成期の染色家。
¶名工

**佐藤公一郎** さとうこういちろう
昭和30（1955）年〜
昭和期の陶芸家。
¶陶芸最

**佐藤孝郷** さとうごうきょう
嘉永3（1850）年〜大正11（1922）年　㊹佐藤孝郷
《さとうたかさと》
江戸時代末期〜大正期の札幌市白石町開拓の指導者。
¶札幌（さとうたかさと　�慶応4年5月），北海道百，北海道歴

**佐藤光城** さとうこうじょう
大正4（1915）年〜
昭和期の陶芸家。
¶陶芸，陶芸最（�大正4年10月6日）

**佐藤公平** さとうこうへい
昭和22（1947）年〜
昭和〜平成期の陶芸家。
¶陶芸最（�昭和22年2月9日），名工（�昭和22年2月）

**佐藤光甫** さとうこうほ
明治26（1893）年〜昭和37（1962）年
大正〜昭和期の漆工芸家。
¶大分歴

**佐藤駒之進** さとうこまのしん
天保7（1836）年〜＊
江戸時代末期〜明治期の余市開拓者。リンゴの開

発にも大いに寄与。
¶幕末([没]1913年1月3日), 藩臣2([没]明治43(1910)年)

**佐藤権左衛門** さとうごんざえもん
? ～延宝1(1673)年
江戸時代前期の新田開発者。
¶姓氏長野

**佐藤佐志馬** さとうさしま
明治40(1907)年2月19日～昭和60(1985)年12月25日
昭和期の元土湯こけし工人組合長。
¶美工, 名工

**佐藤敏** さとうさとし
昭和11(1936)年7月17日～
昭和～平成期の陶芸家。
¶陶芸最, 陶工

**佐藤三郎(1)** さとうさぶろう
大正～昭和期の石英ガラス細工工。
¶名工

**佐藤三郎(2)** さとうさぶろう
大正1(1912)年11月29日～
昭和～平成期の大館曲げわっぱ職人。
¶名工

**佐藤三右衛門** さとうさんえもん
寛永6(1629)年～元禄9(1696)年
江戸時代前期の製鉄職人。播州赤穂流製塩技法を陸奥仙台藩波路上に導入。
¶朝日, 姓氏宮城(生没年不詳), 日人

**佐藤三左衛門** さとうさんざえもん
生没年不詳
江戸時代中期の錦魚改良家。大和郡山藩士。
¶朝日, 岩史, コン4

**佐藤重雄** さとうしげお
昭和期の建具職人。
¶名工

**佐藤茂** さとうしげる
昭和11(1936)年9月24日～
昭和期の陶芸家。
¶陶芸最

**佐藤灼山** さとうしゃくざん
大正2(1913)年5月9日～平成18(2006)年5月24日
昭和～平成期の陶芸家。
¶陶芸, 陶芸最, 美工, 名工

**佐藤秀一** さとうしゅういち
昭和4(1929)年11月25日～
昭和～平成期の陶芸家。
¶陶工

**佐藤重蔵** さとうじゅうぞう
明治2(1869)年～昭和10(1935)年
明治～昭和期の地域開発の功労者。
¶青森人

**佐藤純一** さとうじゅんいち
昭和期の木工芸家。
¶名工

**佐藤順一** さとうじゅんいち
明治5(1872)年～昭和45(1970)年4月26日
明治～昭和期の気象技術者。
¶科学([生]1872年(明治5)10月25日), 大百, 日人

**佐藤潤四郎** さとうじゅんしろう
明治40(1907)年9月26日～昭和63(1988)年10月23日
大正～昭和期のガラス工芸家。
¶美工, 名工

**佐藤駿蔵** さとうしゅんぞう
弘化1(1844)年～明治28(1895)年4月3日
江戸時代後期～明治期の殖産功労者。
¶庄内

**佐藤正一郎** さとうしょういちろう
昭和期の表具師。
¶名工

**佐藤笑喜** さとうしょうき
昭和5(1930)年9月25日～
昭和～平成期の陶芸家。
¶陶芸最, 陶工

**佐藤庄助** さとうしょうすけ
嘉永5(1852)年～昭和10(1935)年8月17日
江戸時代末期～昭和期の産馬改良。馬の育成に専念、鹿児島県の種馬を出す。
¶幕末

**佐藤小草** さとうしょうぞう
大正8(1919)年12月27日～
昭和期の陶芸家。
¶陶芸最

**佐藤昌三** さとうしょうぞう
昭和18(1943)年7月～
昭和～平成期の時計職人。
¶名工

**佐藤鍋平** さとうしょうへい
大正12(1923)年～
昭和期の陶芸家。
¶陶芸最

**佐藤二郎** さとうじろう
明治45(1912)年3月31日～
昭和～平成期の置賜紬織物職人。
¶名工

**佐藤新右衛門** さとうしんえもん
*～寛永14(1637)年
安土桃山時代～江戸時代前期の西根郷支配者。上杉時代の信達四郡役の一人。
¶人名, 日人([生]?), 福島百([生]天正1(1573)年)

**佐藤信樹** さとうしんじゅ
昭和27(1952)年4月3日～
昭和～平成期の陶芸家。

¶陶工

**佐藤進**(1) さとうすすむ
昭和15 (1930) 年9月13日〜
昭和期の評論家、工学者。京都大学教授。
¶現執2期

**佐藤進**(2) さとうすすむ
昭和期の南部鉄びん職人。
¶名工

**佐藤清蔵** さとうせいぞう
→佐藤朝山 (さとうちょうざん)

**佐藤静良** さとうせいりょう
大正15 (1926) 年〜平成3 (1991) 年
昭和〜平成期の表具師。
¶青森人

**佐藤節太** さとうせつた
昭和25 (1950) 年3月3日〜
昭和期の陶芸家。
¶陶芸最

**佐藤善七** さとうぜんしち
明治7 (1874) 年8月〜昭和32 (1957) 年
明治〜昭和期の山鼻開発と酪農振興の功労者。
¶札幌

**佐藤善太郎** さとうぜんたろう
明治36 (1903) 年〜昭和54 (1979) 年
昭和期の竹塗師。
¶庄内, 山形百

**佐藤善二** さとうぜんに
大正14 (1925) 年〜昭和60 (1985) 年
昭和期のこけし工人。
¶青森人

**佐藤走波** さとうそうは
大正8 (1919) 年3月23日〜
昭和〜平成期の陶芸家。
¶陶芸最, 陶工, 名工

**佐藤苔助** さとうたいすけ
昭和16 (1941) 年〜
昭和〜平成期の陶芸家。
¶陶芸最 (㊥昭和16年10月), 陶工 (㊥1941年10月9日), 名工 (㊥昭和16年10月20日)

**佐藤大平** さとうだいへい
安政6 (1859) 年11月21日〜昭和22 (1947) 年1月3日
明治〜昭和期の蚕糸功労者。
¶熊本百

**佐藤孝郷** さとうたかさと
→佐藤孝郷 (さとうごうきょう)

**佐藤喬** さとうたかし
昭和20 (1945) 年6月9日〜
昭和期の陶芸家。
¶陶芸最

**佐藤隆博** さとうたかひろ
昭和15 (1940) 年4月19日〜
昭和〜平成期の教育情報工学者。日本電気工業技術短期大学校校長、日本電気総合経営研修所取締役。
¶現執3期, 現執4期

**佐藤巧**(1) さとうたくみ
大正11 (1922) 年9月20日〜
昭和期の建築家、建築史研究者。東北大学教授、宮城県文化財保護審議会会長。
¶現執2期

**佐藤巧**(2) さとうたくみ
昭和19 (1944) 年8月16日〜
昭和〜平成期の陶芸家。
¶陶芸最, 陶工, 名工

**佐藤武夫** さとうたけお
明治32 (1899) 年10月24日〜昭和47 (1972) 年4月11日
昭和期の建築家。早稲田大学教授。代表作に、岩国徴古館、旭川市庁舎、北海道開拓記念館など。
¶科学, 現朝, 現情, 人名7, 世紀, 日人, 美建, 北海道百, 北海道歴, 山口百

**佐藤豪** さとうたけし
大正10 (1921) 年8月12日〜平成22 (2010) 年12月3日
昭和〜平成期の機械工学者、慶応義塾大学名誉教授。専門は内燃機関学。
¶科学

**佐藤忠雄**(1) さとうただお
昭和期の陶芸家。
¶名工

**佐藤忠雄**(2) さとうただお
昭和13 (1938) 年7月9日〜平成11 (1999) 年12月29日
昭和〜平成期の陶芸家。
¶美工

**佐藤唯之允** さとうただのじょう
→佐藤唯之允 (さとうただのすけ)

**佐藤唯之允** さとうただのすけ
生没年不詳 ㊨佐藤唯之允《さとうただのじょう》
江戸時代後期の公共事業家。
¶大分歴 (さとうただのじょう), 日人

**佐藤辰雄** さとうたつお
昭和期のこけし職人。
¶名工

**佐藤民太夫** さとうたみだゆう
寛政9 (1797) 年〜明治6 (1873) 年
江戸時代末期の土木家。備前藩士。
¶岡山人, 岡山歴 (㊥明治6 (1873) 年3月26日)

**佐藤近美** さとうちかみ
昭和期の左官工。
¶名工

**佐藤竹邑斎** さとうちくゆうさい
明治34(1901)年～昭和4(1929)年
大正～昭和期の竹工芸家。
¶大分歴

**佐藤忠次郎** さとうちゅうじろう
明治20(1887)年1月11日～昭和19(1944)年1月6日
明治～昭和期の実業家。農機具改良を研究、佐藤商会(のち三菱農機)を創業。
¶島根人，島根百，島根歴，世紀，日人

**佐藤朝山** さとうちょうざん
明治21(1888)年～昭和38(1963)年　[別]佐藤玄々《さとうげんげん》，佐藤清蔵《さとうせいぞう》
大正～昭和期の木彫家。再興日本美術院第1回展から出品、同人となる。のち文展審査員。
¶京都大，近美，現朝([生]1888年8月18日　[没]1963年9月14日)，現情([生]1888年8月18日　[没]1963年9月14日)，現人，コン改(佐藤玄々　さとうげんげん)，コン4(佐藤玄々　さとうげんげん)，コン5(佐藤玄々　さとうげんげん)，新潮([生]明治21(1888)年8月18日　[没]昭和38(1963)年9月14日)，人名7，世紀([生]明治21(1888)年8月19日　[没]昭和38(1963)年9月14日)，姓氏京都，世百(佐藤清蔵　さとうせいぞう)，全書(佐藤玄々　さとうげんげん)，大百(佐藤玄々　さとうげんげん)，日人([生]明治21(1888)年8月19日　[没]昭和38(1963)年9月14日)，美建([生]明治21(1888)年8月19日　[没]昭和38(1963)年9月14日)，福島百(佐藤玄々　さとうげんげん)

**佐藤珍久** さとうちんきゅう
→佐藤珍久(さとうよしひさ)

**佐藤庸女** さとうつねじょ
大正6(1917)年～
昭和期の陶芸家。
¶陶芸，陶芸最([生]大正6年1月5日)

**佐藤鉄三郎** さとうてつさぶろう
明治17(1884)年～昭和49(1974)年
明治～昭和期の硯彫師。
¶姓氏岩手

**佐藤鉄治** さとうてつじ
明治31(1898)年2月23日～昭和46(1971)年1月29日
大正～昭和期の指物師。
¶庄内

**佐藤照雄** さとうてるお
明治41(1908)年1月29日～昭和48(1973)年3月3日
昭和期の農業技術者。
¶世紀，日人，宮崎百

**佐藤伝次郎** さとうでんじろう
文久3(1863)年11月26日～
江戸時代末期～明治期の開拓功労者。
¶庄内

**佐藤陶悦** さとうとうえつ
昭和7(1932)年11月2日～
昭和期の陶芸家。
¶陶芸最

**佐藤陶崖** さとうとうがい
天明7(1787)年～天保14(1843)年
江戸時代後期の医師、陶工。大庄屋。
¶岡山人，岡山歴([没]天保14(1843)年4月10日)，国書([没]天保14(1843)年4月10日)，人名，日人



**佐藤藤左衛門** さとうとうざえもん
元禄5(1692)年～宝暦2(1752)年
江戸時代中期の植林家。
¶庄内([没]宝暦2(1752)年8月21日)，日人

**佐藤藤蔵** さとうとうぞう
享保3(1718)年～寛政9(1797)年
江戸時代中期の砂防植林の功労者。出羽国酒田町町人。
¶朝日([没]寛政9年9月22日(1797年11月10日))，近世，国史，コン改([生]正徳2(1712)年)，コン4([生]正徳2(1712)年)，史人([没]1797年9月22日)，庄内([没]寛政9(1797)年9月23日)，新潮([没]寛政9(1797)年9月22日)，日人，山形百，歴大

**佐藤東嶺** さとうとうれい
？～嘉永6(1853)年
江戸時代後期の画工。
¶姓氏岩手

**佐藤時彦** さとうときひこ
明治26(1893)年3月23日～昭和60(1985)年12月9日
大正～昭和期の土木技術者、日本工営副社長。専門は電力工学。
¶科学

**佐藤敏夫** さとうとしお
昭和期の甲冑師。
¶名工

**佐藤利恭** さとうとしちか
明治21(1888)年2月15日～昭和23(1948)年4月21日
明治～昭和期の技師。
¶近土，土木

**佐藤富四郎** さとうとみしろう
嘉永3(1850)年～大正7(1918)年
江戸時代末期～大正期の西の原用水の開拓者。
¶栃木歴

**佐藤知雄** さとうともお
明治31(1898)年12月16日～平成4(1992)年3月7日
昭和期の金属工学者。東北大学教授、名古屋工業大学学長。
¶科学，現情，世紀，日人

**佐藤伴蔵** さとうともぞう
？～明和7(1770)年
江戸時代中期の庄屋、新田開発者。

¶大分歴

**佐藤友太郎** さとうともたろう
文久2(1862)年8月11日～昭和15(1940)年1月3日
明治～昭和期の陶業者。フランスに留学し陶器製造技術を学ぶ。洋式生産方法を導入。
¶海越，海越新，人名，世紀，渡航(㉂?)，日人

**佐藤友宣** さとうとものぶ
昭和16(1941)年12月19日～
昭和期の陶芸家。
¶陶芸最

さ

**佐藤直造** さとうなおぞう
安政3(1856)年～大正5(1916)年
明治～大正期の新田開発者。
¶大分歴

**佐藤信治** さとうのぶはる
元亀3(1572)年～慶安4(1651)年
安土桃山時代～江戸時代前期の陸奥仙台藩製鉄棟梁。
¶人名，日人，藩臣1

**佐藤靖房** さとうのぶふさ
大正11(1922)年11月28日～
昭和期の陶芸家。
¶陶芸最

**佐藤隼太** さとうはやた
安土桃山時代の日野用水開拓者。
¶多摩

**佐藤秀三** さとうひでぞう
明治30(1897)年2月20日～昭和53(1978)年
明治～昭和期の建築家。佐藤秀創業者。
¶美建

**佐藤平** さとうひとし
昭和10(1935)年10月3日～
昭和期の建築工学者。日本大学教授。
¶現執2期

**佐藤比良夫** さとうひらお
大正6(1917)年～
昭和期の陶芸家。
¶陶芸最

**佐藤博** さとうひろし
明治35(1902)年1月25日～平成9(1997)年4月14日
大正～昭和期の航空工学者、九州大学名誉教授。専門は機体強度論、構造工学。
¶科学，現情，世紀，体育

**佐藤広睦** さとうひろむつ
?　～平成3(1991)年10月11日
昭和～平成期の土木技術者、奥村組東京支店土木設計部長。専門はトンネル工学。
¶科学

**佐藤房子** さとうふさこ
昭和期の染織家。
¶名工

**佐藤ふみえ** さとうふみえ
昭和期の紙漉き業。
¶名工

**佐藤豊樵** さとうほうしょう
明治44(1911)年6月13日～
昭和～平成期の工芸家。専門は木工芸。
¶名工

**佐藤芳泉** さとうほうせん
大正15(1926)年11月20日～
昭和期の陶芸家。
¶陶芸最

**佐藤芳童** さとうほうどう
明治38(1905)年3月17日～
大正～昭和期の彫金職人。
¶名工

**佐藤牧男** さとうまきお
昭和5(1930)年4月27日～
昭和期の陶芸家。
¶陶芸最

**佐藤方彦** さとうまさひこ
昭和7(1932)年12月4日～
昭和～平成期の人間工学者、生理人類学者。九州芸術工科大学教授。
¶現執3期，現執4期

**佐藤正巳** さとうまさみ
大正9(1920)年～
昭和～平成期の漆芸作家。
¶名工

**佐藤政養** さとうまさやす
文政4(1821)年12月～明治10(1877)年8月2日
[別]佐藤政養《さとうまさよし》
江戸時代末期～明治期の蘭学者、技術者。
¶江文，科学(さとうまさよし)，神奈川人(さとうまさよし)，近土，国書，庄内(さとうまさよし)，人名，鉄道(さとうまさよし)，土木，日人，幕末(さとうまさよし)，山形百(㊤安政4(1857)年)，洋学

**佐藤政養** さとうまさよし
→佐藤政養(さとうまさやす)

**佐藤学** さとうまなぶ
昭和23(1948)年～
昭和期の陶芸家。
¶陶芸最

**佐藤美紀** さとうみき
昭和41(1966)年～
昭和～平成期の陶芸家。
¶陶工

**佐藤光夫** さとうみつお
昭和25(1950)年5月9日～
昭和～平成期の陶芸家。
¶陶芸最，陶工

**佐藤実(1)**　さとうみのる
昭和27(1952)年9月6日～
昭和期の陶芸家。
¶陶芸最

**佐藤実(2)**　さとうみのる
昭和7(1932)年12月27日～
昭和～平成期の宮城伝統こけし職人。
¶名工

**佐藤もとい**　さとうもとい
明治41(1908)年1月28日～昭和63(1988)年2月1日
昭和期のグラフィックデザイナー、日本美術家連盟小田原工芸協会会長。50銭小額紙幣のデザインを手がけたほか、染色家としても多くの作品を制作。
¶女性，女性普，世紀，日人，美工，名工

**佐藤康**　さとうやすし
昭和29(1954)年5月3日～
昭和～平成期の陶芸家。
¶陶芸最，陶工

**佐藤泰太郎**(佐藤泰太良)　さとうやすたろう
文久1(1861)年～昭和13(1938)年
明治～昭和期の大工。
¶庄内([生]文久1(1861)年11月25日　[没]昭和13(1938)年12月10日)，山形百(佐藤泰太良)

**佐藤弥太右衛門**　さとうやたえもん
明治16(1883)年～昭和23(1948)年
明治～昭和期の農事改良家。水稲の品種改良に業績。
¶庄内([生]明治16(1883)年1月16日　[没]昭和23(1948)年12月22日)，山形百

**佐藤陽雲**　さとうようん
明治27(1894)年～昭和41(1966)年
明治～昭和期の漆芸家。
¶美工

**佐藤庸子**　さとうようこ
大正14(1925)年4月24日～
昭和期の陶芸家。
¶陶芸最

**佐藤洋子**　さとうようこ
昭和33(1958)年9月25日～
昭和～平成期の陶芸家。
¶陶芸最，陶工

**佐藤鷹山**　さとうようざん
大正10(1921)年12月13日～
昭和期の陶芸家。
¶陶芸最

**佐藤善治**　さとうよしはる
昭和9(1934)年～
昭和～平成期の技術者。佐藤技術士事務所所長。
¶現執3期，現執4期

**佐藤珍久**　さとうよしひさ
生没年不詳　[別]佐藤珍久《さとうちんきゅう》
江戸時代中期の金工。
¶庄内，人名(さとうちんきゅう)，日人

**佐藤吉房**　さとうよしふさ
明治40(1907)年～昭和49(1974)年
大正～昭和期の刀工。
¶栃木歴，美工([没]昭和49(1974)年6月)

**佐藤利三郎**　さとうりさぶろう
大正10(1921)年9月23日～平成23(2011)年4月12日
昭和～平成期の情報工学者、東北大学名誉教授。専門は電気回路、環境電磁工学。
¶科学，現情

**佐藤亮**　さとうりょう
昭和21(1946)年10月15日～
昭和～平成期の陶芸家。
¶陶芸最，陶工

**佐藤亮策**　さとうりょうさく
大正2(1913)年5月8日～
昭和期の電気工学者。計算機応用が専門。東洋大学工学部情報工学科教授・計算機センター所長を務める。
¶日人

**里中英人**　さとなかひでと
昭和7(1932)年6月15日～平成1(1989)年5月30日
昭和期の陶芸家。
¶陶芸最，陶工，美工，名工

**佐土原勲**　さどはらいさお
明治20(1887)年11月20日～昭和32(1957)年8月25日
明治～昭和期の鉄道技師。
¶近土，土木

**里見久蔵**　さとみきゅうぞう
生没年不詳
江戸時代末期の菓子職人。
¶姓氏神奈川

**里見土亜**　さとみとあ
明治40(1907)年1月15日～
昭和期の陶芸家。
¶陶芸，陶芸最，名工

**里見栄倫**　さとみひでとも
生没年不詳
江戸時代後期の料理人。
¶国書

**佐渡山安正**　さどやまやすまさ
明治44(1911)年4月15日～
昭和～平成期の陶芸家。
¶陶芸，陶芸最，名工

**真田秀吉**　さなだひできち
明治6(1873)年5月5日～昭和35(1960)年1月20日
明治～昭和期の技師。
¶科学，近土，土木

## 真田雄三 さなだゆうぞう
昭和7（1932）年3月25日〜
昭和期の燃料工学者、材料学者。北海道大学教授。
¶現執2期

## 左入 さにゅう
→楽左入（らくさにゅう）

## 佐貫利雄 さぬきとしお
昭和2（1927）年2月5日〜
昭和〜平成期の都市工学者、経済学者。帝京大学
教授。
¶現執1期，現執2期，現執3期，現執4期

## 佐貫亦男 さぬきまたお
明治41（1908）年1月1日〜平成9（1997）年6月28日
昭和期の航空工学者。東京大学教授、日本風力エ
ネルギー協会会長。日本楽器製造に入りプロペラ
を研究。気象庁に移り、自動測候所の設計で運輸
大臣賞受賞。
¶科学，科技，現執2期，現執3期，現情，現人，
現日，新潮，世紀，日人

## 真有(1) さねあり
室町時代の刀工。
¶島根人，島根百

## 真有(2) さねあり
戦国時代の石見の刀匠。
¶島根人

## 真有(3) さねあり
戦国時代の刀工。
¶島根百

## 真景 さねかげ
生没年不詳
南北朝時代の刀工。
¶コン改，コン4，新潮，日人，美工

## 真包 さねかね
南北朝時代の刀工。
¶島根人，島根百

## 真貞 さねさだ
戦国時代の刀工。
¶島根百

## 真定 さねさだ
平安時代中期の刀工。
¶岡山人

## 真末 さねすえ
室町時代の刀工。
¶島根百

## 実忠 さねただ
鎌倉時代の刀工。
¶岡山人

## 真忠 さねただ
平安時代中期の刀工。
¶岡山人

## 実次 さねつぐ
南北朝時代の紀伊入鹿の刀工。
¶人名，日人（生没年不詳）

## 真次(1) さねつぐ
平安時代の刀工。
¶岡山人

## 真次(2) さねつぐ
鎌倉時代の備中青江の刀工。
¶人名

## 実綱 さねつな
南北朝時代の刀工。
¶人名，日人（生没年不詳）

## 真綱(1) さねつな
南北朝時代の刀工。
¶島根人，島根百

## 真綱(2) さねつな
南北朝時代の石見の刀匠。
¶島根人

## 真綱(3) さねつな
室町時代の石見の刀匠。
¶島根人

## 真綱(4) さねつな
室町時代の石見の刀匠。
¶島根人

## 実経 さねつね
鎌倉時代の刀工。
¶岡山人，岡山歴，人名，日人（生没年不詳）

## 真恒 さねつね
生没年不詳
平安時代後期の備前の刀工。「恒」の字を通字と
する系統の刀工。
¶朝日，岡山人，岡山歴，国史，古中，史人，日
人，美工，平史

## 真利 さねとし
鎌倉時代前期の古備前の刀工。
¶岡山歴

## 真友 さねとも
室町時代の刀工。
¶島根人，島根百

## 真長(1) さねなが
鎌倉時代の備前長船の刀工。
¶岡山人，岡山歴，人名，日人（生没年不詳）

## 真長(2) さねなが
室町時代の刀工。
¶岡山人

## 実成 さねなり
平安時代中期の刀工。古備前友成派の系譜上の祖。
¶岡山人，岡山歴，史人

## 実則 さねのり
戦国時代の刀工。

¶島根百

**真則** さねのり
南北朝時代の刀工。
¶島根百

**真久** さねひさ
戦国時代の刀工。
¶島根百

**実弘** さねひろ
戦国時代の刀工。
¶島根人,島根百

**真房** さねふさ
鎌倉時代前期の備前直宗流の刀工。
¶人名,日人(生没年不詳)

**真光** さねみつ
生没年不詳
鎌倉時代の備前国長船派の刀工。
¶岡山人,岡山歴,国史,古中,史人,日人,美工

**真宗** さねむね
平安時代の刀工。
¶岡山人

**真元** さねもと
室町時代の刀工。
¶島根人,島根百

**実守** さねもり
鎌倉時代の刀工。
¶岡山人

**真守**(1) さねもり
生没年不詳
平安時代中期の刀工。
¶新潮,日人,美工

**真守**(2) さねもり
生没年不詳
平安時代後期の伯耆国大原の刀工。
¶岡山人,岡山歴,国史,古中,史人,新潮,人名,日人,美工

**真行**(1) さねゆき
平安時代後期の刀工。
¶岡山人

**真行**(2) さねゆき
室町時代の刀工。
¶岡山人

**真行**(3) さねゆき
戦国時代の刀工。
¶島根百

**真依** さねより
鎌倉時代前期の古備前の刀工。
¶岡山歴

**佐野一郎** さのいちろう
昭和期の船大工。
¶名工

**佐野克州** さのこくしゅう
明治29(1896)年〜昭和39(1964)年
明治〜昭和期の仏師。
¶青森人,美建

**佐野三郎** さのさぶろう
大正13(1924)年9月20日〜
昭和〜平成期の秋田杉桶樽職人。
¶名工

**佐野治右衛門** さのじえもん
江戸時代の松名新田、間崎・境新田の開発者。
¶姓氏愛知

**佐野忍** さのしのぶ
昭和44(1969)年9月28日〜
昭和〜平成期の陶芸家。
¶陶工

**佐野周平** さのしゅうへい
? 〜文化11(1814)年
江戸時代中期〜後期の飛鳥新田開発の祖。
¶姓氏愛知

**佐野紹益** さのじょうえき,さのしょうえき
慶長15(1610)年〜元禄4(1691)年 ㊙灰屋紹益《はいやじょうえき》
江戸時代前期の文人。本阿弥新田の開発者。
¶岐阜百(さのしょうえき),京都(灰屋紹益　はいやじょうえき),京都大,姓氏京都

**佐野助作** さのすけさく
弘化1(1844)年〜明治43(1910)年
明治期の地方開発の功労者。淡路紡績を創設、のち鐘淵紡績を誘致し郷里の発展に尽力。
¶人名,日人,兵庫人(㊀弘化1(1844)年7月 ㊁明治43(1910)年9月21日)

**佐野清風** さのせいふう
明治10(1877)年〜大正11(1922)年
明治〜大正期の鉄道技師。
¶鉄道(㊀1922年1月),渡航(㊁1922年1月10日)

**佐野猛夫** さのたけお
大正2(1913)年10月22日〜平成7(1995)年10月2日
昭和期の染織家、詩人。蠟染染色工芸の制作に専念。作品に「形象」「黒い潮」など。
¶現朝,現情,世紀,日人,美工,名工

**佐野武治** さのたけじ
昭和5(1930)年5月11日〜
昭和〜平成期の映画照明技師。
¶映人

**佐野忠雄** さのただお
大正8(1919)年3月30日〜
昭和期の原子力工学者。大阪大学教授。
¶現情

**佐野直好** さのただよし
→佐野直好(さのなおよし)

さのちよ　　　　　　　　　370　　　　日本人物レファレンス事典

**佐野長右衛門** さのちょうえもん
明治期の瓦師。京阪鉄道用の川島煉瓦工場において技術を担当。
¶人名，日人，名工

**佐野長寛** さのちょうかん
寛政3（1791）年〜文久3（1863）年
江戸時代末期の漆工。長浜屋治兵衛の次男。
¶朝日（⊕寛政6（1794）年　⊛安政3年3月2日（1856年4月6日）），京都大（⊛安政3（1856）年，コン改（⊕寛政2（1790）年　⊛文久3（1863）年，（異説）1856年），コン4（⊕寛政2（1790）年　⊛文久3（1863）年，（異説）1856年），茶道，新潮，人名，姓氏京都，日人

**佐野常民** さのつねたみ
文政5（1822）年〜明治35（1902）年
江戸時代末期〜明治期の佐賀藩士、政治家。伯爵、農商務相、日本赤十字社設立者。わが国最初の蒸気船と蒸気車の模型を製作。のち凌風丸を作った。新政府では海軍創設にあたった。
¶朝日（⊕文政5年12月28日（1823年2月8日）⊛明治35（1902）年12月7日），維新，岩史（⊕文政5（1822）年12月28日⊛明治35（1902）年12月7日），海越（⊕文政5（1823）年12月28日⊛明治35（1902）年12月7日），海越新（⊕文政5（1823）年12月28日　⊛明治35（1902）年12月7日），科学（⊕1822年（文政5）12月28日⊛1902年（明治35）12月7日），角史（⊕文政5（1822）年12月28日　⊛明治35（1902）年12月7日），教育，近医（⊕文政5（1823）年），近現，近世，国際，国史，コン改，コン4，コン5，佐賀百（⊕文政5（1822）年12月28日　⊛明治35（1902）年12月7日），史人（⊕1822年12月28日⊛1902年12月7日），重要（⊕文政5（1822）年12月28日　⊛明治35（1902）年12月7日），新潮（⊕文政5（1822）年12月28日⊛明治35（1902）年12月7日），人名，姓氏京都，世人（⊕文政5（1822）年12月28日　⊛明治35（1902）年12月7日），世百（⊕1823年），先駆（⊕文政5（1823）年12月28日　⊛明治35（1902）年12月8日），全書，大百，渡航（⊛1902年12月7日），長崎百，日史（⊕文政5（1822）年12月28日　⊛明治35（1902）年12月7日），日人（⊕1823年），日本，幕末（⊕1823年2月8日　⊛1902年12月7日），百科，平日（⊕1822　⊛1902），明治1（⊕1823年），洋学，履歴（⊕文政5（1822）年12月28日⊛明治35（1902）年12月7日），歴大

**佐野藤右衛門** さのとうえもん
明治33（1900）年〜昭和56（1981）年5月19日
大正〜昭和期の造園家。
¶植物（⊕明治33（1900）年10月10日），世紀，日人（⊕明治33（1900）年10月7日）

**佐野藤右衛門〔14代〕** さのとうえもん
明治7（1874）年〜昭和9（1934）年8月31日
明治〜昭和期の造園家。
¶日人

**佐野藤右衛門〔16代〕** さのとうえもん
昭和3（1928）年4月1日〜

昭和〜平成期の造園家。桜の保存・育成につくす。また世界各地で日本庭園をつくる。著書に「さくら大観」など。
¶世紀，日人

**佐野藤次郎** さのとうじろう
明治2（1869）年6月19日〜昭和4（1929）年11月7日
明治〜昭和期の土木技師。水道の権威。日本水道衛生工事社長などを務めた。
¶海越新，近土，人名，世紀，渡航，土木，日人

**佐野利器** さのとしかた
明治13（1880）年〜昭和31（1956）年　⊛佐野利器《さのとしかた，さのりき》
明治〜昭和期の建築構造学者。東京帝国大学教授。関東大震災後帝都復興院建築局長、東京市建築局長を兼任。鉄筋コンクリートを研究。
¶科学（⊕1880年（明治13）4月11日　⊛1956年（昭和31）12月5日），近現，現剛（⊕1880年4月11日　⊛1956年12月5日），現人（さのりき）国史，コン改，コン5，史人（⊕1880年4月11日⊛1956年12月5日），新潮（⊕明治13（1880）年4月11日　⊛昭和31（1956）年12月5日），人名7，世紀（⊕明治13（1880）年4月11日　⊛昭和31（1956）年12月5日），世百，世百新，先駆（⊕明治13（1880）年4月11日　⊛昭和31（1956）年12月5日），全書，大百，渡航（さのとしかた・さのりき　⊕1880年4月11日　⊛1956年12月5日），日人（⊕明治13（1880）年4月11日　⊛昭和31（1956）年12月5日），美建（⊕明治13（1880）年4月11日　⊛昭和31（1956）年12月5日），美術，百科，山形百（さのりき　⊕明治12（1879）年），履歴（⊕明治13（1880）年4月11日　⊛昭和31（1956）年12月5日），履歴2（⊕明治13（1880）年4月11日　⊛昭和31（1956）年12月5日）

**佐野直好** さのなおよし
⊛佐野直好《さのただよし》
江戸時代の彫金工。
¶人名（さのただよし），日人（生没年不詳）

**佐野汎平** さのはんべい
明治1（1868）年〜昭和9（1934）年
明治期の飛鳥村のノリ養殖の先駆者。
¶姓氏愛知

**佐野勝光** さのまさみつ
昭和期の板金工。
¶名工

**佐野増蔵** さのますぞう
文化7（1810）年〜明治15（1882）年
江戸時代後期〜明治期の因幡国鳥取藩在方役人。
¶維新，近現，近世，国史，コン改，コン4，コン5，新潮（⊛明治15（1882）年3月13日），鳥取百，日人，幕末（⊛1883年3月1日），藩臣5

**左行秀** さのゆきひで
文化10（1813）年〜明治20（1887）年　⊛行秀《ゆきひで》
江戸時代後期〜明治期の刀工。
¶維新，大阪人（⊛明治20（1887）年3月），近世（行秀　ゆきひで），高知人，高知百，国史（行

秀　ゆきひで），人名，日人，幕末（㊙1887年3月5日），藩臣6

**佐野与作** さのよさく
明治22（1889）年～昭和53（1978）年
大正～昭和期の能美郡寺井町寺井の陶芸家。
¶姓氏石川

**佐野利器** さのりき
→佐野利器（さのとしかた）

**佐原菊塢** さはらきくう
？　～天保14（1843）年
江戸時代後期の陶工。
¶茶道

**佐備大麻呂** さびのおおまろ
奈良時代の常陸の剣工。
¶人名，日人（生没年不詳）

**佐分利一嗣** さぶりかずつぐ
元治1（1864）年～大正13（1924）年5月28日
明治～大正期の工学者。鉄道事業に尽力。成田鉄道社長などを務めた。
¶近土（㊙1864年3月23日），人名，世紀（㊙元治1（1864）年3月），鉄道（㊙1864年4月28日），土木（㊙1864年3月23日），日人

**佐份利隆** さぶりたかし
安政5（1858）年1月1日～昭和10（1935）年2月16日
明治～昭和期の教育者、岡山中学校第5代校長、日本紡績技師長。
¶岡山歴

**佐分利三雄** さぶりみつお
明治37（1904）年11月7日～昭和44（1969）年10月23日
大正～昭和期の技師。
¶近土，土木

**三郎右衛門** さぶろうえもん
生没年不詳
江戸時代中期の農民。
¶日人

**三郎兵衛** さぶろべえ
生没年不詳
戦国時代の大工。
¶戦辞

**佐兵衛** さへえ
？　～嘉永6（1853）年6月17日
江戸時代後期の木偶人形師。
¶徳島歴

**左兵衛** さへえ
生没年不詳
江戸時代中期の鹿妻穴堰・新上堰開削者。
¶姓氏岩手

**左馬** さま
江戸時代中期の陶工、磐城大堀焼の起業者。
¶人名，日人（生没年不詳）

**座間武之** ざまたけゆき
昭和期の型抜き粘土づくり職人。
¶名工

**佐俣マイクル・ユジーン** さまたまいくるゆじーん
昭和31（1956）年5月28日～
昭和～平成期の映画録音技師。
¶映人

**寒川栖豊** さむかわせいほう
昭和21（1946）年2月2日～
昭和期の陶芸家。
¶陶芸最

**寒川恒貞** さむかわつねさだ
→寒川恒貞（さんがわつねさだ）

**寒川八郎** さむかわはちろう
昭和15（1940）年6月9日～
昭和～平成期の陶芸家。
¶陶芸最，陶工

**寒川義一** さむかわよしかず
明治32（1899）年～昭和50（1975）年
大正～昭和期の陶芸家。
¶和歌山人

**鮫島佐太郎** さめじまさたろう
大正7（1918）年3月28日～
昭和～平成期の陶芸家。
¶陶芸，陶芸最，陶工，名工

**鮫島茂** さめしましげる
明治27（1894）年1月3日～昭和55（1980）年12月28日
明治～昭和期の技師。
¶科学，近土，土木

**左文字** さもじ
生没年不詳
南北朝時代の刀鍛冶。
¶福岡百

**佐文字源慶** さもんじげんけい
建治3（1277）年～正平11/延文1（1356）年
鎌倉時代後期～南北朝時代の長門の刀工。
¶人名

**左門米造** さもんよねぞう
明治6（1873）年～昭和19（1944）年9月
明治～昭和期の発明家。
¶郷土奈良，世紀，日人

**皿谷緋佐子** さらがいひさこ
昭和5（1930）年8月14日～
昭和～平成期の陶芸家。
¶陶芸最，陶工，名工

**皿谷実** さらがいみのる
昭和16（1941）年3月20日～
昭和～平成期の陶芸家。
¶陶芸最，陶工，名工

**猿丸吉左衛門** さるまるきちざえもん
嘉永6(1853)年6月14日～昭和7(1932)年2月17日
明治～昭和期の芦屋地方開発功労者。
¶兵庫人

**猿丸又左衛門** さるまるまたざえもん
文化1(1804)年10月10日～明治13(1880)年11月1日
江戸時代後期～明治期の芦屋地方開発者。
¶兵庫人

**沢井栄一郎** さわいえいいちろう
大正10(1921)年1月1日～
昭和～平成期の多摩織物職人。
¶名工

**沢井廉** さわいれん
元治2(1865)年1月16日～明治27(1894)年
明治期の電気学者。理学士。電気工学研究のためアメリカに留学。エジソンの助手で蓄音器発明を助ける。
¶海越([没]明治27(1894)年11月27日), 海越新([没]明治27(1894)年11月27日), 岡山人([没]明治25(1892)年), 岡山歴([没]明治27(1894)年11月28日), 科学([没]1894年(明治27)11月27日), 人名, 渡航([没]1894年11月28日), 日人

**沢皐匪石** さわおかひせき
元文5(1740)年～?
江戸時代中期の木彫師。
¶石川百, 姓氏石川

**沢尾静男** さわおしずお
昭和期のかわらぶき工。
¶名工

**沢嘉介**(沢嘉助) さわかすけ
江戸時代の出雲布志名焼の陶工。
¶人名(沢嘉助), 日人(生没年不詳)

**沢賀寿磨** さわかずま
大正14(1925)年12月12日～
昭和期の陶芸家。
¶陶芸最

**左脇明竜** さわきあきたつ
生没年不詳
江戸時代後期の装剣金工。
¶日人

**沢喜三郎** さわきさぶろう
慶応1(1865)年～昭和15(1940)年
明治～昭和期の布志名焼の陶芸家。
¶島根歴

**佐脇明竜** さわきめいりゅう
江戸時代の彫金師。
¶人名

**沢清嗣** さわきよつぐ
昭和23(1948)年8月12日～
昭和期の陶芸家。
¶陶芸最

**沢口滋** さわぐちしげる
昭和期の漆工職人。
¶名工

**沢崎憲一** さわざきのりかず
大正2(1913)年4月16日～平成14(2002)年2月16日
昭和～平成期の電気技術者、東芝専務。
¶科学

**沢全雄** さわぜんゆう
明治7(1874)年12月28日～?
明治～大正期の技師。
¶渡航

**沢田嘉予子** さわだかよこ
昭和7(1932)年11月30日～
昭和～平成期の陶芸家。
¶陶芸最, 名工

**沢田光伯** さわだこうはく
昭和17(1942)年1月1日～
昭和期の陶芸家。
¶陶芸最

**沢田佐一郎** さわださいちろう
元治1(1864)年～明治41(1908)年
江戸時代末期～明治期の篤農家。国内を視察し農事改良発達に尽力。
¶人名, 日人

**沢田佐五左衛門** さわださござえもん
生没年不詳
江戸時代後期の大住郡北金目村番匠。
¶神奈川人

**沢田重雄** さわだしげお
昭和6(1931)年1月16日～
昭和～平成期の陶芸家。
¶陶芸最, 陶工, 名工

**沢田重治** さわだしげじ
明治39(1906)年～
昭和期の陶芸家。
¶陶芸

**沢田次作** さわだじさく
→沢田宗沢(さわだそうたく)

**沢田守拙** さわだしゅせつ
昭和2(1927)年4月18日～
昭和期の陶芸家。
¶陶芸最

**沢田惇** さわだじゅん
昭和8(1933)年7月24日～平成5(1993)年2月6日
昭和～平成期の陶芸家。
¶美工

**沢田舜山** さわだしゅんざん
文政1(1818)年～明治27(1894)年
江戸時代末期～明治期の京都の陶工。
¶人名, 日人

沢田昭邨　さわだしょうそん
　昭和12(1937)年9月25日～
　昭和～平成期の陶芸家。
　¶陶芸最，陶工，名工

沢田松風　さわだしょうふう
　昭和4(1929)年11月26日～
　昭和期の陶芸家。
　¶陶芸最

沢田清兵衛　さわだせいべえ
　明和1(1764)年～文政12(1829)年
　江戸時代中期～後期の新田開発、治水功労者。
　¶朝日(㊥明和1年2月1日(1764年3月3日))，近世，国史，コン改(㊥文政7(1824)年)，コン4，史人(㊥1764年2月1日　㊥1829年10月26日)，新潮(㊥明和1(1764)年2月1日　㊥文政12(1829)年10月26日)，人名，姓氏富山，富山百，日人，歴大

沢田宗山　さわだそうざん
　明治14(1881)年5月31日～昭和38(1963)年3月8日
　明治～昭和期の陶芸家、図案家。沢田図案研究所を設立。伏見で作陶に着手し、帝展で特選受賞。
　¶京都大(㊥昭和39(1964)年)，現情，人名7，世紀，姓氏京都，陶工，日人，美工，名工

沢田宗沢　さわだそうたく
　天保1(1830)年～大正4(1915)年　㊥沢田次作《さわだじさく》，沢田宗沢斎《さわだそうたくさい》
　江戸時代末期～大正期の蒔絵師。加賀蒔絵の伝統を生かした独自の作風を完成。金沢における代表的蒔絵師。
　¶朝日(沢田宗沢斎　さわだそうたくさい)，石川百，新潮(㊥大正4(1915)年6月)，人名(㊥1832年　㊥1917年)，姓氏石川，日人，幕末(沢田次作　さわだじさく　㊥1915年6月)，名工(㊥天保3(1832)年　㊥大正8年6月)

沢田宗沢斎　さわだそうたくさい
　→沢田宗沢《さわだそうたく》

沢田千恵　さわだちえ
　昭和16(1941)年7月25日～
　昭和期の陶芸家。
　¶陶芸最

沢田痴陶人　さわだちとうじん
　明治35(1902)年～昭和52(1977)年
　大正～昭和期の陶芸家。
　¶美工

沢田恒夫　さわだつねお
　昭和5(1930)年8月20日～
　昭和～平成期の陶芸家。
　¶陶芸最，名工

沢田敏男　さわだとしお
　大正8(1919)年5月4日～
　昭和～平成期の農業土木学者。京都大学教授。水利開発で三次元的な曲面構造をもつダムを採用。

日本学術振興会会長、国際高等研究所所長を務める。
　¶現情，世紀，日人

沢田直人　さわだなおと
　昭和28(1953)年10月16日～
　昭和～平成期の陶芸家。
　¶陶芸最，陶工

沢田長　さわたのおさ
　上代の古代伝承上の陶工。
　¶日人

沢田豊山　さわだほうざん
　昭和16(1941)年11月25日～
　昭和期の陶芸家。
　¶陶芸最

沢田正文　さわだまさふみ
　昭和期の金工芸師。
　¶名工

沢田まり　さわだまり
　昭和期の織工芸家。
　¶名工

沢田由治　さわだよしはる
　明治42(1909)年2月10日～平成6(1994)年10月28日
　大正～平成期の陶芸家。常滑市立陶芸研究所所長。
　¶現執1期，現執3期，美工，名工

沢出万吉　さわでまんきち
　明治4(1871)年～昭和4(1929)年
　明治～昭和期の木地師。
　¶姓氏石川

沢藤右衛門　さわとうえもん
　江戸時代の出雲布志名焼の陶工。
　¶人名，日人(生没年不詳)

沢野井正男　さわのいまさお
　大正2(1913)年7月10日～
　昭和～平成期の京仏壇職人。
　¶名工

沢野利正　さわのとしまさ
　嘉永3(1850)年～昭和3(1928)年
　明治～大正期の殖産家。
　¶世紀(㊥嘉永3(1850)年4月14日　㊥昭和3(1928)年9月2日)，日人，兵庫人，兵庫百

沢畠州　さわはたくに
　昭和27(1952)年6月10日～
　昭和～平成期の陶芸家。
　¶陶工

沢畠邦則　さわばたけくにのり
　昭和27(1952)年～
　昭和期の陶芸家。
　¶陶芸最

沢藤政美　さわふじまさみ
　昭和16(1941)年5月6日～
　昭和期の陶芸家。

¶陶芸最

**沢阜忠平** さわふちゅうへい
江戸時代後期の木彫師。
¶人名，日人(生没年不詳)

**沢村勝為** さわむらかつため
慶長18(1613)年～明暦1(1655)年 [別]沢村勝為《さわむらしょうい》,沢村直勝《さわむらなおかつ》
江戸時代前期の治水家。磐城平藩家臣。沢村仲の次男。用水路(小川江筋)開削工事の責任者。
¶朝日(沢村直勝 さわむらなおかつ [没]明暦1年7月14日(1655年8月15日))，近世([生]?)，国史([生]?)，コン改(さわむらしょうい)，コン4(さわむらしょうい)，史人([生]1613年，(異説)1616年 [没]1655年7月14日)，新潮([生]? [没]明暦1(1655)年7月14日)，人名(さわむらしょうい)，日人，福島百

さ

**沢村勝為** さわむらしょうい
→沢村勝為(さわむらかつため)

**沢村東左** さわむらとうざ
明治期の陶工。
¶日人

**沢村陶哉** さわむらとうさい
大正7(1918)年7月19日～
昭和～平成期の陶芸家。
¶陶芸，陶芸最，陶工，名工

**沢村直勝** さわむらなおかつ
→沢村勝為(さわむらかつため)

**沢村宏** さわむらひろし
明治28(1895)年4月18日～昭和62(1987)年12月24日
明治～昭和期の金属工学者。京都大学教授。
¶科学，現情，世紀，日人

**沢本楠弥** さわもとくすや
安政2(1855)年～明治37(1904)年
江戸時代末期～明治期の自由民権運動家、北海道開拓者。
¶高知人，高知百

**沢屋仁左衛門** さわやにざえもん
江戸時代中期の加賀国江沼郡庄村の織物職人。
¶姓氏石川

**椹木亨** さわらぎとおる
昭和6(1931)年6月17日～平成24(2012)年10月21日
昭和～平成期の土木工学者、大阪大学名誉教授。専門は海岸工学。
¶科学

**椹木義一** さわらぎよしかず
大正5(1916)年12月19日～平成23(2011)年10月22日
昭和～平成期の機械工学者、京都大学名誉教授。専門は非線形振動論、自動制御、振動学。
¶科学，現情

**佐原光忠** さわらみつただ
寛永12(1635)年～貞享1(1684)年
江戸時代前期の新田開発者。
¶会津

**寒川恒貞** さんがわつねさだ
明治8(1875)年6月26日～昭和20(1945)年1月30日 [別]寒川恒貞《さむかわつねさだ》
明治～昭和期の技術者、実業家。各地の水力発電所建設に従事。送電線に日本最初の鉄塔を案出。
¶香川人，香川百，実業(さむかわつねさだ)，新潮，人名7(さむかわつねさだ)，世紀，日人

**三官** さんかん,さんがん
生没年不詳
安土桃山時代の薩摩の陶工。
¶人名，戦辞(さんがん)，日人

**三家正吉** さんけまさよし
生没年不詳
江戸時代後期の刀工。
¶新潟百

**三江** さんこう
江戸時代末期の尾張瀬戸の陶画工。
¶人名

**三光坊** さんこうぼう
生没年不詳
戦国時代の能面師。加賀平泉寺の僧。江戸時代の能面師の三大家系(越前出目家、近江井関家、大野出目家)の祖。
¶朝日([没]天文1(1532)年?)，国史，古中，コン改，コン4，史人，新潮([没]天文1(1532)年)，人名，世人，日人([没]1532年)，百科

**三条栄三郎** さんじょうえいざぶろう
明治5(1872)年～昭和39(1964)年
明治～昭和期の建築家。
¶美建

**三条小鍛治宗近** さんじょうこかじむねちか
生没年不詳
平安時代中期の刀鍛治。
¶京都大

**三条宗近** さんじょうむねちか
→宗近(むねちか)

**山東京水** さんとうきょうすい
文化13(1816)年～慶応3(1867)年 [別]京水《きょうすい》
江戸時代末期の蒔絵師。
¶国書([没]慶応3(1867)年3月9日)，人名(京水 きょうすい)，日人

**三分一源之丞** さんぶいちげんのじょう
? ～天保11(1840)年
江戸時代後期の用水施設設計者。
¶姓氏山口

**三宝義照** さんぼうよしてる
大正6(1917)年2月2日～平成2(1990)年12月13日
昭和～平成期の電気工学者、神奈川大学学長。

¶科学

**三本木貢治** さんぼんぎこうじ
大正2（1913）年10月27日～
昭和期の金属工学者。東北大学教授。
¶現情

**三文字屋九右衛門** さんもじやきゅうえもん
→三文字屋九右衛門（さんもんじやきゅうえもん）

**三文字屋九右衛門** さんもんじやきゅうえもん
生没年不詳　[別]三文字屋九右衛門《さんもじやきゅうえもん，さんもんじやくえもん》
江戸時代の陶工、京都粟田焼の祖。
¶京都大，茶道，人名（さんもんじやくえもん），姓氏京都（さんもじやきゅうえもん），日人（さんもんじやくえもん），美工

**三文字屋九右衛門** さんもんじやくえもん
→三文字屋九右衛門（さんもんじやきゅうえもん）

**三文字屋庄左衛門** さんもんじやしょうざえもん
生没年不詳
江戸時代前期の陶工。
¶日人

**三文字屋助右衛門** さんもんじやすけえもん
生没年不詳
江戸時代前期の陶工。
¶日人

## 【し】

**椎貝博美** しいがいひろよし
昭和9（1934）年～
昭和期の土木工学者。筑波大学教授、山梨大学学長。
¶現執2期

**椎名伊予** しいないよ
江戸時代中期の鋳工。
¶埼玉人（生没年不詳），人名

**椎名道三** しいなどうさん
寛政2（1790）年～安政5（1858）年　[別]椎名道三《しいなどうぞう》
江戸時代末期の新田開発功労者。
¶朝日（[没]安政5年5月5日（1858年6月15日）），近世，国史，コン改（[生]天明4（1784）年　[没]安政3（1856）年），コン4（[生]天明4（1784）年　[没]安政3（1856）年），史人（[没]1858年5月5日），新潮（[没]安政5（1858）年5月5日），人名（[生]1784年　[没]1856年），姓氏富山，富山百（[生]寛政2（1790）年3月　[没]安政5（1858）年6月15日），日人，幕末（しいなどうぞう　[生]1785年　[没]1856年），歴大

**椎名道三** しいなどうぞう
→椎名道三（しいなどうさん）

**椎名吉次** しいなよしつぐ
生没年不詳
江戸時代前期の鋳物師。江戸城築城で御鋳物師。
¶朝日，コン改，コン4，新潮，世人，日人，美工

**椎名吉寛** しいなよしひろ
生没年不詳
江戸時代中期の鋳物師。
¶日人

**椎葉正幸** しいばまさゆき
昭和24（1949）年2月15日～
昭和～平成期の陶芸家。
¶陶工

**椎原市太夫** しいはらいちだゆう，しいばらいちだゆう
生没年不詳
江戸時代前期の加賀の蒔絵師。江戸の名工清水源四郎の門人。
¶朝日，石川百，コン改，コン4，新潮，人名（しいばらいちだゆう），姓氏石川，世人，日人，美工

**椎原亀之丞** しいはらかめのじょう
江戸時代後期の金沢の蒔絵師。
¶姓氏石川

**慈雲院** じうんいん
室町時代～戦国時代の能面師。「仮面中作」7人の一人。
¶人名，日人（生没年不詳）

**塩入寿三** しおいりとしぞう
嘉永7（1854）年4月8日～昭和8（1933）年1月26日
明治～昭和期の水晶工芸家。
¶山梨百

**塩入稔** しおいりみのる
昭和27（1952）年12月4日～
昭和～平成期の陶芸家。
¶陶芸最，陶工

**塩川伊一郎** しおかわいいちろう
明治2（1870）年11月3日～昭和2（1927）年
明治期の実業家。日本で初めていちごジャムの缶詰を製造。
¶食文，先駆（生没年不詳）

**塩川新助** しおかわしんすけ
明治35（1902）年11月8日～昭和56（1981）年9月15日
大正～昭和期の計算機工学者、東京証券取引所中央計算所所長。
¶科学

**塩島勘左衛門** しおじまかんざえもん
享保14（1729）年～文政2（1819）年
江戸時代中期の堰開削者。
¶長野歴

**塩竹燁子** しおたけあきこ
昭和18（1943）年8月14日～
昭和期の陶芸家。
¶陶芸最

**塩多慶四郎** しおだけいしろう，しおたけいしろう
大正15（1926）年1月17日～平成18（2006）年9月

24日
昭和〜平成期の漆芸家。
¶国宝, 世紀, 日人, 美工, 名工(しおたけいしろう)

**塩田慶四郎** しおだけいしろう
昭和1(1926)年〜
昭和〜平成期の漆芸作家。
¶石川百



**塩田利稲** しおたとしね
明治21(1888)年〜昭和43(1968)年
大正〜昭和期の和紙技術者。
¶高知人

**塩塚豊枝** しおつかとよえ
明治43(1910)年5月2日〜平成3(1991)年1月17日
大正〜平成期の工芸家。大分県立芸術短期大学学長、名誉教授。
¶美工

**塩津親次** しおつちかつぐ
元治1(1864)年〜昭和20(1945)年
明治〜昭和期の彫金家。
¶島根人, 島根百(㊗元治1(1864)年4月14日 ㊡昭和20(1945)年1月31日), 島根歴

**塩津常夫** しおつつねお
大正14(1925)年〜平成5(1993)年
昭和〜平成期の彫金家。
¶島根百(㊗大正14(1925)年11月15日), 島根歴

**塩津正寿** しおつまさとし
明治28(1895)年〜昭和54(1979)年
大正〜昭和期の彫金家。
¶島根百(㊗明治28(1895)年1月5日 ㊡昭和54(1979)年2月20日), 島根歴

**塩野井主水** しおのいもんど
生没年不詳
戦国時代の白沢用水開削工事総奉行。
¶姓氏群馬

**塩野熊吉郎** しおのくまきちろう
江戸時代中期の京都清水の陶工。
¶人名, 日人(生没年不詳)

**塩野庄左衛門** しおのしょうざえもん
生没年不詳
戦国時代の入間郡大井郷開発4人衆の一人。
¶埼玉人

**塩野充** しおのみつる
昭和22(1947)年4月30日〜
昭和〜平成期の情報工学者。岡山理科大学教授。
¶現執3期

**塩野門之助** しおのもんのすけ
嘉永6(1853)年7月〜?
明治期の鉱山技術者。採鉱・精錬技術修得のため渡仏。鉱業関係の留学第一号。
¶海越, 海越新, 島根百(㊗嘉永6(1853)年7月29日 ㊡昭和8(1933)年7月), 島根歴(㊡昭和8(1933)年), 渡航

**塩谷大四郎** しおのやだいしろう
明和6(1769)年〜天保7(1836)年 ㊀塩谷正義《しおのやまさよし》, 塩谷大四郎《しおやだいしろう》
江戸時代中期〜後期の西国筋郡代。土木事業などに尽力。
¶朝日(㊗明和6年6月14日(1769年7月17日) ㊡天保7年9月8日(1836年10月17日)), 大分百, 大分歴(塩谷正義 しおのやまさよし), 近世, 国史, コン改, コン4, 史人(㊗1769年6月14日 ㊡1836年9月8日), 新潮(㊗明和6(1769)年6月14日 ㊡天保7(1836)年9月8日), 人名, 日人, 宮崎百(しおやだいしろう ㊗明和7(1770)年 ㊡天保7(1836)年2月14日)

**塩野谷辰造** しおのやたつぞう
安政3(1856)年10月4日〜昭和13(1938)年7月27日
明治〜昭和期の開拓功労者・酒造家。
¶埼玉人

**塩谷正義** しおのやまさよし
→塩谷大四郎(しおのやだいしろう)

**塩野谷六左衛門** しおのやろくざえもん
生没年不詳
江戸時代前期の人。深沢堰開削者。
¶姓氏長野

**塩原佐平** しおばらさへい
明治31(1898)年8月〜
大正〜昭和期の蚕種製造家。
¶群馬人

**塩見坂梅庵** しおみざかばいあん
生没年不詳
江戸時代前期の料理人。
¶国書

**塩見春政** しおみはるまさ
生没年不詳
江戸時代前期の蒔絵師。
¶日人

**塩見弘** しおみひろし
昭和2(1927)年2月6日〜平成25(2013)年6月26日
昭和〜平成期の信頼性工学者、通商産業省工業技術院電子技術総合研究所信頼性研究室長。
¶科学

**塩見政誠** しおみまさなり
正保3(1646)年〜享保4(1719)年
江戸時代前期〜中期の蒔絵師。
¶朝日(生没年不詳), 京都大(生没年不詳), 近世(生没年不詳), 国史(生没年不詳), コン改, コン4, 史人(生没年不詳), 新潮(㊡享保4(1719)年9月), 人名, 姓氏京都(生没年不詳), 世人, 全書, 大百, 日人

**塩見正春** しおみまさはる
昭和7(1932)年1月6日〜
昭和〜平成期の陶芸家。
¶陶芸最, 陶工

**塩見八重子** しおみやえこ
昭和期の民芸品・吉備津のこまいぬ作り。
¶名工

**塩谷大四郎** しおやだいしろう
→塩谷大四郎(しおのやだいしろう)

**塩脇六郎** しおわきろくろう
明治25(1892)年5月2日～昭和48(1973)年3月23日
明治～昭和期の技師。
¶近土，土木

**慈恩寺大進** じおんじだいしん
生没年不詳
鎌倉時代後期の仏師。
¶埼玉人

**持賀** じが
生没年不詳
平安時代後期の仏師。
¶平史

**志賀兼延** しがかねのぶ
生没年不詳
南北朝時代の刀工。
¶姓氏愛知

**志賀重雄** しがしげお
昭和3(1928)年10月29日～
昭和～平成期の陶芸家。
¶陶芸最，陶工，名工

**志賀十三** しがじゅうぞう
明治37(1904)年12月13日～平成3(1991)年1月1日
昭和期の開拓者。
¶世紀，日人

**鹿田淳史** しかたあつし
昭和33(1958)年9月13日～平成15(2003)年4月14日
昭和～平成期の彫刻家。
¶美建

**四方竜文〔1代〕** しかたりゅうぶん
享保17(1732)年～寛政10(1798)年　[別]安平〔1代〕《やすへい》，竜文堂《りゅうもんどう》
江戸時代中期の鋳金家。号は金寿泰。
¶朝日(――〔代数なし〕)，コン改，コン4，新潮(――〔代数なし〕　[没]寛政10(1798)年7月3日)，人名(安平〔1代〕　やすへい　[生]1739年)，人名，世人，日人

**四方竜文〔2代〕** しかたりゅうぶん
安永9(1780)年～天保12(1841)年　[別]安平〔2代〕《やすへい》
江戸時代後期の鋳物師。
¶コン改，コン4，人名(安平〔2代〕　やすへい)，人名，日人

**四方竜文〔3代〕** しかたりゅうぶん
寛政8(1796)年～嘉永3(1850)年
江戸時代末期の鋳物師。
¶コン改，コン4，人名，日人，和俳

**四方竜文〔4代〕** しかたりゅうぶん
文化13(1816)年～明治17(1884)年
江戸時代末期～明治期の鋳物師。
¶人名，日人

**四方竜文〔5代〕** しかたりゅうぶん
天保14(1843)年～明治19(1886)年
明治期の鋳物師。鉄瓶を製作。
¶人名

**四方竜文〔6代〕** しかたりゅうぶん
天保11(1840)年～大正10(1921)年
明治～大正期の鋳物師。京都工芸品の東京進出を図るが失敗。
¶人名，日人，名工(――〔代数なし〕　[没]大正10年1月8日)

**四方竜文〔7代〕** しかたりゅうぶん
明治1(1868)年～昭和7(1932)年7月17日
大正～昭和期の鋳物師。5代の次女を妻とし相続。
¶人名，世紀，日人，名工(――〔代数なし〕)

**鹿内一生** しかないいっしょう
→鹿内一生(しかないいっせい)

**鹿内一生** しかないいっせい
大正14(1925)年～平成3(1991)年　[別]鹿内一生《しかないいっしょう》
昭和～平成期のねぶた師。
¶青森人(しかないいっしょう)，名工

**鹿野安吉** しかのやすきち
昭和期の船大工。
¶名工

**志賀紀子** しがのりこ
昭和7(1932)年～
昭和期のブックデザイナー。志賀エディトリアル・デザイン主宰。日本図書設計家協会を設立、事務局長に就任した。
¶マス89

**志我部海継** しがべのうみつぐ
生没年不詳
平安時代前期の鋳工。
¶平史

**志観寺範従** しかんじのりよし
昭和22(1947)年～
昭和～平成期の漆芸作家。
¶名工

**式田喜平** しきたきへい
天保12(1841)年～大正3(1914)年
江戸時代末期～明治期の農事改良家。
¶郷土奈良，日人

**鴫原佐蔵** しぎはらさぞう
天保9(1838)年～大正5(1916)年
明治期の園芸家。
¶食文([生]天保9年10月5日(1838年11月21日)　[没]1916年11月22日)，日人，福島百

しきむら　　　　　　　　　378　　　　　　日本人物レファレンス事典

**敷村兼巻** しきむらかねまき
　→兼巻〔3代〕(かねまき)

**竺原恕平** じくはらじょへい
　文化1 (1804) 年～?
　江戸時代後期の殖産家。
　¶岡山歴

**重勝**(1) しげかつ
　戦国時代の刀工。
　¶島根百

**重勝**(2) しげかつ
　江戸時代前期の刀工。
　¶人名

**重勝**(3) しげかつ
　江戸時代中期の仙台の刀工。
　¶人名, 日人 (生没年不詳)

**重包** しげかね
　江戸時代中期の刀工。
　¶人名 (㊨? 　㊧1728年), 日人 (㊧1673年
　㊧1729年)

**重国** しげくに
　→南紀重国 (なんきしげくに)

**重助** しげすけ
　㊙重助《じゅうすけ》
　鎌倉時代後期の刀工。
　¶海越新 (じゅうすけ　生没年不詳), 岡山歴, 人
　名, 日人 (生没年不詳)

**鎮高** しげたか
　古刀の鍛工。
　¶人名, 日人 (生没年不詳)

**茂田七右衛門** しげたしちえもん
　? ～寛文10 (1670) 年
　江戸時代前期の新田開発者。
　¶朝日, 近世, 国史, コン改, コン4, 史人, 新
　潮, 人名, 日人

**重継** しげつぐ
　世襲名　江戸時代中期～後期の加賀の刀工。
　¶姓氏石川

**重次**(1) しげつぐ
　鎌倉時代の刀工。
　¶岡山人

**重次**(2) しげつぐ
　安土桃山時代～江戸時代前期の刀工、鉄砲鍛冶。
　¶高知人 (生没年不詳), 高知百

**成富茂安** しげとみしげやす
　→成富兵庫 (なるとみひょうご)

**重富平左衛門** しげとみへいざえもん
　? ～天和1 (1681) 年
　江戸時代前期の治水功労者。筑後久留米藩の庄屋。
　¶近世, 国史, コン改, コン4, 史人 (㊧1681年2
　月18日), 新潮 (㊧天和1 (1681) 年2月18日),
　人名, 日人, 歴大

**重富茂兵衛** しげとみもへえ
　江戸時代中期の陶工。肥前現川焼の創始者の一人。
　¶人名, 日人 (生没年不詳)

**鎮知** しげとも
　江戸時代中期の刀工。
　¶人名, 日人 (生没年不詳)

**重延卯平** しげのべうへい
　明治7 (1874) 年～昭和10 (1935) 年
　明治～昭和期の開拓者、札幌における水田経営の
　草分け。
　¶札幌

**重則**(1) しげのり
　奈良時代の大和手掻大路の刀工。
　¶人名

**重則**(2) しげのり
　南北朝時代の刀工。
　¶島根人, 島根百

**重則**(3) しげのり
　戦国時代の刀工。
　¶島根百

**成則** しげのり
　㊙成則《なりのり》
　室町時代の刀工。
　¶島根人, 島根百 (なりのり)

**繁原修丸** しげはらしゅうまる
　昭和5 (1930) 年～
　昭和～平成期の陶芸家。
　¶陶芸最 (㊧昭和5年1月), 陶工

**重久** しげひさ
　鎌倉時代前期の福岡一文字派の刀工。
　¶岡山歴

**重久元阿弥** しげひさもとあみ
　江戸時代中期～後期の薩摩の陶工。
　¶人名, 日人 (生没年不詳)

**重平** しげひら
　室町時代の刀工。
　¶人名

**重弘** しげひろ
　鎌倉時代前期の大和千手院の刀工。
　¶人名, 日人 (生没年不詳)

**重正** しげまさ
　戦国時代の刀工。
　¶島根人, 島根百

**鎮正** しげまさ
　江戸時代前期の刀工。
　¶人名, 日人 (生没年不詳)

**茂俣彦次郎** しげまたひこじろう
　明治38 (1905) 年9月15日～
　大正～昭和期の布団職人。
　¶名工

**重松あゆみ** しげまつあゆみ
昭和33(1958)年9月12日〜
昭和期の陶芸家。
¶陶芸最

**重松倉彦** しげまつくらひこ
明治24(1891)年〜昭和57(1982)年
大正〜昭和期の工学者。第2代福井大学長。
¶科学(⊕1891年(明治24)11月7日　⊗1982年
(昭和57)11月11日)，福井百

**重光**(1) しげみつ
鎌倉時代後期〜室町時代の長船派の刀工。
¶岡山歴

**重光**(2) しげみつ
南北朝時代の出雲の刀匠。
¶島根人

**重光**(3) しげみつ
戦国時代の刀工。
¶島根人，島根百

**重光蔟** しげみつあつむ
明治17(1884)年10月10日〜昭和41(1966)年2月
16日
明治〜昭和期の造船工学者。浦賀ドック取締役，
名古屋造船社長などを歴任。
¶大分歴，科学，現情，人名7，世紀，日人

**重光兵三郎** しげみつへいざぶろう
明治2(1869)年〜大正14(1925)年
明治〜大正期のひねり人形師。
¶山口百

**重宗芳水** しげむねほうすい
明治6(1873)年〜大正6(1917)年
明治〜大正期の実業家，電気機械技術者。明電舎
社長。築地に工場を設立，回転界磁型三相交流発
電機，柱上変圧器，信管発火機などを制作。電灯
部門にも進出。
¶朝日(⊕明治6(1873)年7月11日　⊗大正6
(1917)年12月30日)，科学(⊕1873年(明治
6)7月11日　⊗1917年(大正6)12月30日)，近
現，国史，コン改，コン5，史人(⊕1873年7月
11日　⊗1917年12月30日)，実業(⊕明治6
(1873)年7月11日　⊗大正6(1917)年12月30
日)，新潮(⊕明治6(1873)年7月11日　⊗大正
6(1917)年12月30日)，人名，世紀(⊕明治6
(1873)年7月11日　⊗大正6(1917)年12月30
日)，姓氏山口，先駆(⊕明治6(1873)年7月11
日　⊗大正6(1917)年12月30日)，全書，日人
(⊕明治6(1873)年7月11日　⊗大正6(1917)年
12月30日)，山口百

**重森陽子** しげもりようこ
昭和28(1953)年2月5日〜
昭和〜平成期の陶芸家。
¶陶芸最

**重吉** しげよし
戦国時代の刀工。
¶島根人，島根百

**繁慶** しげよし
→繁慶(はんけい)

**治五右衛門**〔1代〕じごえもん
生没年不詳
安土桃山時代の漆工。
¶人名，日人，美工

**治五右衛門**〔2代〕じごえもん
江戸時代前期〜中期の漆工。
¶人名

**治五右衛門**〔3代〕じごえもん
元和4(1618)年〜元禄12(1699)年
江戸時代前期の漆工。
¶人名，日人

**治五右衛門**〔4代〕じごえもん
＊〜享保4(1719)年
江戸時代中期の漆工。
¶人名(⊕?)，日人(⊕1645年)

**治五右衛門**〔5代〕じごえもん
?〜元文1(1736)年
江戸時代中期の漆工。
¶人名

**治五右衛門**〔6代〕じごえもん
宝永1(1704)年〜明和8(1771)年
江戸時代中期の漆工。
¶人名

**治五右衛門**〔7代〕じごえもん
享保14(1729)年〜文化2(1805)年
江戸時代中期〜後期の漆工。
¶人名，日人

**治五右衛門**〔8代〕じごえもん
＊〜文化10(1813)年
江戸時代後期の漆工。
¶人名(⊕1755年)，日人(⊕1764年)

**治五右衛門**〔9代〕じごえもん
天明7(1787)年〜安政6(1859)年
江戸時代後期の漆工。
¶人名，日人

**治五右衛門**〔11代〕(──〔10代〕)じごえもん
天保6(1835)年〜明治12(1879)年
江戸時代末期〜明治期の蒔絵師。
¶人名(──〔10代〕)，日人

**治五右衛門**〔12代〕(──〔11代〕)じごえもん
慶応3(1867)年〜大正7(1918)年
明治〜大正期の漆工。漆画・蒔絵を製作。
¶人名(──〔11代〕)，世紀(⊕慶応3(1867)年9
月21日　⊗大正7(1918)年12月5日)，日人

**宍戸定広** ししどさだひろ
文化7(1810)年〜明治14(1881)年10月12日
江戸時代末期〜明治期の広島藩の刀工。
¶広島百

**雫浄光** しずくじょうこう
大正14 (1925) 年5月31日～
昭和～平成期の陶芸家。
¶陶芸最, 陶工, 名工

**静野与右衛門** しずのよえもん
生没年不詳
江戸時代前期の算学者、佐渡金山の測量技術者。
¶朝日, 科学, 人名, 日人



**志田菊麻呂** しだきくまろ
明治25 (1892) 年～昭和59 (1984) 年
大正～昭和期の木地師。
¶山形百新

**設楽正雄** しだらまさお
大正3 (1914) 年5月28日～
昭和期の管理工学者。明治大学教授。
¶現執2期

**設楽李左衛門** しだらもくざえもん
元和3 (1617) 年～元禄1 (1688) 年
江戸時代前期の治水・土木家。
¶多摩

**志田力二** しだりきじ
明治3 (1870) 年7月19日～大正14 (1925) 年2月14日
明治～大正期の海馬島開発者。海馬島に資を投じ漁場開港、山野開拓などに尽力。
¶人名, 世紀, 日人

**志田林三郎** しだりんざぶろう
安政2 (1855) 年～明治25 (1892) 年1月4日
明治期の電気工学者。工部大学校教授。電気学会の創立者。日本の電信・電話業務の基礎を築く。
¶朝日 ([生]安政2年12月25日 (1856年2月1日)), 海越 ([生]安政2 (1856) 年2月25日), 海越新 ([生]安政2 (1856) 年2月25日), 科学 ([生]1855年 (安政2) 12月25日), コン改, コン5, 佐賀百 ([生]安政2 (1855) 年12月25日), 全書, 大百 ([生]1856年), 渡航, 日人 ([生]1856年), 百科 ([没]明治23 (1890) 年)

**七兵衛** しちべえ
江戸時代前期の陶工。
¶人名, 日人 (生没年不詳)

**七兵衛〔京都の七兵衛〕** しちべえ
江戸時代後期の陶工。
¶人名

**七里義雄** しちりよしお
明治25 (1892) 年12月8日～昭和48 (1973) 年10月27日
大正～昭和期の電気工学者。電力工学の研究者。「電線路の構造」「電力回路網の異常現象」などの論文を発表。
¶大阪人 ([没]昭和48 (1973) 年10月), 科学, 現情, 人名7, 世紀, 日人

**七郎右衛門** しちろうえもん
生没年不詳
戦国時代の皮作職人の触口。
¶戦辞

**七郎左衛門尉** しちろうざえもんのじょう
生没年不詳
戦国時代の塗師。
¶戦辞

**七郎兵衛** しちろうべえ
生没年不詳
江戸時代中期の稲吉新田開発者。
¶姓氏愛知

**実阿** じつあ
生没年不詳
鎌倉時代後期の刀鍛冶。
¶福岡百

**実円** じつえん
生没年不詳
平安時代後期～鎌倉時代前期の仏師。
¶平史

**志津兼氏** しづかねうじ
→兼氏(1) (かねうじ)

**実眼** じつげん
生没年不詳
鎌倉時代前期の仏師。康慶の弟。
¶朝日, 日人, 仏教, 平史

**実厳** じつごん
生没年不詳
平安時代後期～鎌倉時代前期の仏師。
¶平史

**志藤尚山** しとうしょうざん
昭和7 (1932) 年～
昭和～平成期のこけし作家。
¶名工

**品川貞之進** しながわさだのしん
慶応1 (1865) 年～昭和3 (1928) 年
明治～昭和期の人。那須野が原開拓および那須疏水の維持管理に貢献。
¶栃木歴

**品川六平** しながわろくべい
生没年不詳
江戸時代中期の面打。
¶姓氏京都

**信濃亀吉** しなのかめきち
→木地師亀吉 (きじしかめきち)

**信濃守国広** しなののかみくにひろ
享禄4 (1531) 年～慶長19 (1614) 年
戦国時代～江戸時代前期の刀鍛冶。
¶宮崎百

**時仁** じにん
生没年不詳
平安時代前期の仏師。
¶平史

**地主久兵衛** じぬしきゅうべえ
生没年不詳
江戸時代前期〜中期の綿職人。
¶庄内

**篠井秀次**（篠井秀次〔1代〕） しのいひでつぐ
→篠井秀次〔1代〕（しののいひでつぐ）

**篠井秀次〔2代〕** しのいひでつぐ
→篠井秀次〔2代〕（しののいひでつぐ）

**篠井秀次〔3代〕** しのいひでつぐ
→篠井秀次〔3代〕（しののいひでつぐ）

**篠井秀次〔4代〕** しのいひでつぐ
→篠井秀次〔4代〕（しののいひでつぐ）

**篠川勘津** しのかわかんづ
戦国時代〜安土桃山時代の徳之島の鍛冶細工人。
¶姓氏鹿児島

**篠崎源次郎** しのざきげんじろう
嘉永2（1849）年〜？
明治期の職工。
¶渡航

**篠崎又兵衛** しのさきまたべえ
生没年不詳
明治〜大正期の実業家。日本で初めてインキを本格的に製造。
¶先駆

**篠崎保平** しのざきやすへい
生没年不詳
江戸時代中期の装剣金工。
¶コン改，コン4，新潮，人名，日人，美工

**篠崎有一** しのざきゆういち
昭和25（1950）年12月10日〜
昭和〜平成期の陶芸家。
¶陶芸最，陶工

**志の島忠** しのじまちゅう
昭和6（1931）年〜平成13（2001）年7月25日
昭和〜平成期の料理研究家。料亭料理、郷土料理を研究。志の島忠日本料理研究所を主宰。著書に「会席料理」「割烹選書」など。
¶現執2期，現執3期，世紀（[生]昭和3（1928）年），日人（[生]昭和6（1931）年4月26日）

**篠田義一** しのだぎいち
大正13（1924）年12月26日〜平成22（2010）年1月26日
昭和〜平成期の陶芸家。
¶現情，世紀，陶芸，陶芸最，陶工，美工，名工

**篠田慶次郎** しのだけいじろう
生没年不詳
明治期の裁縫技術師。婦人服製造のパイオニア、白木屋洋服部で婦人服の製造に従事。
¶先駆

**笹田月暁** しのだげっきょう
明治16（1883）年〜昭和6（1931）年
明治〜昭和期の蒔絵師。
¶石川百，姓氏石川

**篠田次郎** しのだじろう
昭和8（1933）年4月28日〜
昭和〜平成期の建築家、文筆家。篠田安藤建築事務所代表取締役、ジュイナスコンサルタンツ代表取締役。
¶現執3期

**篠田進** しのだすすむ
明治20（1887）年12月16日〜昭和55（1980）年9月3日
明治〜昭和期の建築家。篠田川口建築事務所会長。
¶美建

**篠田清蔵** しのだせいぞう
文政10（1827）年〜明治31（1898）年
江戸時代末期〜明治期の公共事業家。
¶日人

**篠田武雄** しのだたけお
大正15（1926）年5月11日〜
昭和〜平成期の陶芸家。
¶陶工

**篠田典明** しのだのりあき
昭和31（1956）年3月31日〜
昭和〜平成期の陶芸家。
¶陶芸最，陶工

**篠田弘明** しのだひろあき
昭和33（1958）年1月3日〜
昭和〜平成期の陶芸家。
¶陶工

**篠田茂三郎** しのだもさぶろう
天保8（1837）年〜明治28（1895）年
江戸時代後期〜明治期の陶工。
¶姓氏富山

**篠田義彦** しのだよしひこ
明治22（1889）年2月12日〜昭和20（1945）年8月1日
明治〜昭和期の電気技術者。
¶世紀，日人

**篠井秀次〔1代〕** しののいひでつぐ
生没年不詳 [別]篠井秀次〔1代〕《しのいひでつぐ》，篠井秀次《しのいひでつぐ》
室町時代の塗師。
¶朝日，コン改（――〔代数なし〕），コン4（――〔代数なし〕），茶道（しのいひでつぐ），新潮（――〔代数なし〕），人名，世人（――〔代数なし〕 しのいひでつぐ），戦人（――〔代数なし〕 しのいひでつぐ），日人，美工

**篠井秀次〔2代〕** しののいひでつぐ
[別]篠井秀次〔2代〕《しのいひでつぐ》
安土桃山時代の塗師。
¶茶道（しのいひでつぐ），人名

**篠井秀次〔3代〕** しののいひでつぐ
[別]篠井秀次〔3代〕《しのいひでつぐ，しののいひでつぐ》

江戸時代前期の塗師。
¶茶道（しのいひでつぐ），日人（生没年不詳）

**篠井秀次〔4代〕** しののいひでつぐ
[別]篠井秀次〔4代〕《しのいひでつぐ，しののいひでつぐ》
江戸時代前期の塗師。
¶茶道（しのいひでつぐ），日人（生没年不詳）

し

**篠原卯吉** しのはらうきち
明治36（1903）年4月9日～平成5（1993）年3月3日
大正～昭和期の電気工学者、名古屋大学学長。専門は高電圧工学。
¶科学，現情

**篠原恵美** しのはらえみ
昭和期の篠原風鈴製造本舗経営。
¶名工

**篠原修** しのはらおさむ
昭和20（1945）年11月22日～
昭和～平成期の景観工学者。東京大学工学部土木工学科教授、「シビックデザイン」編集長。
¶現執3期，現執4期

**篠原一男** しのはらかずお
大正14（1925）年4月2日～平成18（2006）年7月15日
昭和～平成期の建築家。東京工業大学教授。専門は住宅の設計。作品に「久我山の家」「から傘の家」「白の家」など。
¶現朝，現執1期，現情，現人，現日，世紀，日人，美建

**篠原京助** しのはらきょうすけ
安政1（1854）年～明治15（1882）年
江戸時代末期～明治期の開拓者。
¶姓氏長野

**篠原健治** しのはらけんじ
昭和8（1933）年2月11日～平成4（1992）年1月10日
昭和～平成期のガラス職人。父又平の跡を継いで、ガラス玉風鈴作りをつづける。
¶世紀，日人

**篠原朔太郎** しのはらさくたろう
慶応1（1865）年9月22日～昭和27（1952）年3月17日
明治～昭和期の製紙技術者。
¶愛媛百，世紀，日人

**篠原茂** しのはらしげる
昭和期の藍師。
¶名工

**篠原善兵衛** しのはらぜんべえ
→篠原善兵衛（ささはらぜんべえ）

**篠原武雄** しのはらたけお
明治期の醸造技術者。
¶食文

**篠原武司** しのはらたけし
明治39（1906）年4月16日～平成13（2001）年6月30日
明治～平成期の鉄道官僚、鉄道技術研究者。
¶科学，鉄道

**篠原登** しのはらのぼる
明治37（1904）年11月27日～昭和59（1984）年10月16日
大正～昭和期の逓信技官。
¶科学，山梨百，履歴，履歴2

**篠原孫左衛門** しのはらまござえもん
弘治2（1556）年～寛永2（1625）年
安土桃山時代～江戸時代前期の阿波撫養塩田開発者。
¶朝日（[没]寛永2年3月23日（1625年4月29日）），人名，徳島歴（[没]寛永2（1625）年3月23日），日人

**篠原雅士** しのはらまさし
昭和19（1944）年6月13日～
昭和期の陶芸家。
¶陶芸最

**篠原勇作** しのはらゆうさく
生没年不詳
明治期の男性。日本初の漢字タイプライターを発明。
¶先駆

**篠原能孝** しのはらよしたか
生没年不詳
明治期の陶工。東京四谷で磁器を製した。
¶人名，美工，名工

**篠原儀治** しのはらよしはる
大正13（1924）年～
昭和～平成期の風鈴職人。
¶名工

**志野弥一郎** しのやいちろう
明治36（1903）年12月17日～
昭和期の陶芸家。
¶陶芸最

**柴岡一海** しばおかいっかい
→柴岡一海（しばおかかずみ）

**柴岡一海** しばおかかずみ
大正15（1926）年7月5日～ [別]柴岡一海《しばおかいっかい》
昭和～平成期の陶芸家。
¶陶芸最（しばおかいっかい），名工

**柴岡紘一** しばおかこういち
昭和16（1941）年11月8日～
昭和～平成期の陶芸家。
¶陶芸最，名工

**柴岡香山** しばおかこうざん
大正9（1920）年3月28日～
昭和～平成期の陶芸家。
¶名工

**柴岡秀泉** しばおかしゅうせん
昭和23(1948)年12月18日～
昭和～平成期の陶芸家。
¶陶芸最，陶工，名工

**柴岡信義** しばおかのぶよし
昭和25(1950)年4月19日～
昭和～平成期の陶芸家。
¶陶芸最，陶工，名工

**柴岡正志** しばおかまさし
昭和21(1946)年7月9日～
昭和～平成期の陶芸家。
¶陶芸最，名工

**柴岡守** しばおかまもる
昭和27(1952)年9月4日～
昭和～平成期の陶芸家。
¶陶芸最，陶工，名工

**柴垣浦太郎** しばがきうらたろう
～昭和48(1973)年
明治～昭和期の理容師。
¶神奈川人

**柴垣喜三江** しばがききみえ
昭和期の織り匠。専門は西陣織。
¶名工

**芝観深** しばかんしん
室町時代の絵仏師。河内佐太天満宮の「天神縁起絵巻」などを描いた。
¶人名，日人(生没年不詳)

**芝木一光** しばきいっこう
明治30(1897)年12月27日～昭和50(1975)年1月30日
大正～昭和期の漆芸家。
¶福岡百

**柴倉対島** しばくらつしま
江戸時代中期の建築家。
¶岡山人

**柴倉対馬** しばくらつしま
江戸時代中期の建築家。
¶人名，日人(生没年不詳)

**芝慶舜** しばけいしゅん
室町時代の絵仏師。奈良当麻寺の「観経浄土曼荼羅」を描いた。
¶人名，日人(生没年不詳)

**芝好徳** しばこうとく
正徳4(1714)年～寛政7(1795)年
江戸時代中期の薩摩藩士。奄美大島の開拓・道路開通に尽力。
¶沖縄百([生]正徳4(1714)年1月15日 [没]寛政7(1795)年6月27日)，人名，姓氏鹿児島，日人，藩臣7

**斯波権太郎** しばごんたろう
慶応3(1867)年2月19日～昭和15(1940)年8月10日
江戸時代末期～昭和期の鉄道技師。
¶渡航

**柴崎重行** しばざきしげゆき
明治38(1905)年～平成3(1991)年10月17日
大正～平成期の木彫りグマ作家。
¶美工

**芝侍従** しばじじゅう
生没年不詳
安土桃山時代の絵仏師。
¶日人

**芝尊海** しばそんかい
[別]尊海《そんかい》
室町時代の絵仏師。興福寺・東大寺の用命を受け多くの仏画を描いた。
¶人名，日人(生没年不詳)，名画(尊海 そんかい)

**柴田明雄** しばたあきお
昭和24(1949)年1月16日～
昭和期の陶芸家。
¶陶芸最

**柴田厚志** しばたあつし
昭和26(1951)年3月22日～
昭和～平成期の陶芸家。
¶陶芸最，陶工

**柴田一光** しばたいっこう
天保8(1837)年～明治44(1911)年
江戸時代末期～明治期の陶工。尾張常滑の陶工。朱泥急須などを作った。
¶人名，日人，名工([没]明治44年5月)

**柴田勝太郎** しばたかつたろう
明治22(1889)年2月3日～昭和50(1975)年11月10日
明治～昭和期の化学技術者、実業家。三井東圧化学社長。尿素製造の化学技術者。尿素樹脂・肥料製造の分野を開拓。
¶科学，科技，現朝，現情，現人，世紀，日人

**柴田吉之丞** しばたきちのじょう
江戸時代末期の漁業家。
¶人名，日人(生没年不詳)

**柴田久山** しばたきゅうざん
明治期の陶業家。
¶日人

**柴田畦作** しばたけいさく，しばたげいさく
明治6(1873)年～大正14(1925)年1月5日
明治～大正期の建築学者。日本で初めて鉄筋建築を研究。
¶岡山人，科学([生]1873年(明治6)7月6日)，近土([生]1873年7月6日)，人名，世紀([生]明治6(1873)年7月)，渡航([生]1873年7月)，土木(しばたげいさく [生]1873年7月6日)，日人([生]明治6(1873)年7月)

**柴田五郎兵衛** しばたごろべえ
江戸時代前期の建築家。

し

¶岡山人

**柴田才一郎** しばたさいいちろう
元治1（1864）年3月〜昭和20（1945）年
明治期の機織技師。愛知県立工業学校長。機織工
科の研究のためドイツ、オーストリアに留学。
¶海越（生没年不詳）、海越新、渡航

**柴田清長** しばたせいちょう
弘化2（1845）年〜昭和2（1927）年
明治〜昭和期の竹細工職人。
¶姓氏岩手

**柴田是真** しばたぜしん
文化4（1807）年〜明治24（1891）年
江戸時代末期〜明治期の日本画家。とだえていた
青海波塗を復活。明治宮殿に描き、帝室技芸員と
なる。日本漆会を創立。
¶朝日（⊕文化4年2月7日（1807年3月15日）
⊗明治24（1891）年7月13日）、維新、角史
（⊕文化4（1807）年2月7日　⊗明治24（1891）年
7月13日）、京都大、近現、近世、近美（⊕文化4
（1807）年2月7日　⊗明治24（1891）年7月13
日）、国史、国書（⊕文化4（1807）年2月7日
⊗明治24（1891）年7月13日）、コン改、コン4，
コン5，茶道、史人（⊕文化4年2月7日　⊗1891
年7月13日）、人書94、新潮（⊕文化4（1807）年
2月7日　⊗明治24（1891）年7月13日）、人名，
姓氏京都、世人（⊕文化4（1807）年2月7日
⊗明治24（1891）年7月13日）、世百、全書、大
百，日史（⊕文化4（1807）年2月7日　⊗明治24
（1891）年7月13日）、日人、日本、幕末
（⊕1807年3月15日　⊗1891年7月13日）、美術，
百科、名画、歴大

**柴田節郎** しばたせつろう
昭和15（1940）年〜
昭和期の陶芸家。
¶陶芸最

**柴田善平** しばたぜんべい
？　〜明治35（1902）年
江戸時代末期〜明治期の陶工。捻り細工の名人
で、微細な動物や花木などを作った。
¶人名、日人、名工

**柴田宋休** しばたそうきゅう
昭和24（1949）年2月20日〜
昭和〜平成期の陶芸家。
¶陶工

**柴田正** しばたただし
昭和8（1933）年8月21日〜
昭和〜平成期の陶芸家。
¶陶芸最、陶工

**柴田長一郎** しばたちょういちろう
〜平成17（2005）年11月1日
昭和〜平成期の南部鉄器鉉師。
¶美工

**柴田長助** しばたちょうすけ
明治41（1908）年〜昭和61（1986）年

昭和期の鉉鍛冶師。
¶姓氏岩手

**柴田常吉** しばたつねきち
嘉永3（1850）年〜昭和4（1929）年5月31日
明治期のカメラマン、映写技師。劇映画撮影の先
駆者、日本最初の劇映画「稲妻強盗の捕縛」を
撮影。
¶映人、写家、先駆

**柴田伝吉** しばたでんきち
安政2（1855）年〜？
明治期の土木請負業者。
¶姓氏京都

**柴田棟斎** しばたとうさい
→木子棟斎（きのことうさい）

**柴田俊一** しばたとしかず
大正13（1924）年3月6日〜
昭和〜平成期の原子炉工学者。京都大学教授。
¶現情

**柴田周夫** しばたのりお
昭和23（1948）年〜
昭和〜平成期の陶芸家。
¶陶工

**柴田弘** しばたひろむ
明治37（1904）年10月24日〜昭和37（1962）年6月
14日
大正〜昭和期のガラス技術者。
¶世紀、日人

**柴田雅章** しばたまさあき
昭和23（1948）年10月26日〜
昭和〜平成期の陶芸家。
¶陶芸最、陶工

**柴田正明** しばたまさあき
昭和24（1949）年8月24日〜
昭和〜平成期の陶芸家。
¶陶芸最、名工

**柴田政太郎** しばたまさたろう
明治17（1884）年11月10日〜昭和28（1953）年3月
12日
明治〜昭和期の篆刻家、刀匠。
¶秋田百、世紀、日人、美工

**柴田増三** しばたますみ
昭和27（1952）年5月23日〜
昭和〜平成期の陶芸家。
¶陶芸最、陶工、名工

**柴田弥栄子** しばたやえこ
昭和期の博多人形作家。
¶名工

**柴田陽三** しばたようぞう
昭和2（1927）年1月22日〜平成15（2003）年9月5日
昭和〜平成期の建築家。観光企画設計社会長。
¶美建

**柴田好明** しばたよしあき
昭和21（1946）年3月12日～
昭和～平成期の陶芸家。
¶陶芸最，名工

**柴田柳吉** しばたりゅうきち
天保11（1840）年～明治43（1910）年
明治期の道路開発者。
¶姓氏愛知

**柴田良三** しばたりょうぞう
昭和27（1952）年2月18日～
昭和～平成期の陶芸家。
¶陶芸最，陶工

**斯波忠三郎** しばちゅうざぶろう，しばちゅうさぶろう
明治5（1872）年3月8日～昭和9（1934）年10月3日
明治～昭和期の機械工学者。帝国大学教授、貴族院議員。留学し船用機関学を研究、特許局技師を兼任。東京帝国大学航空研究所所長。
¶科学，コン改（しばちゅうさぶろう），コン5，新潮，人名（しばちゅうさぶろう），世紀，先駆，渡航，日人

**芝辻理右衛門** しばつじりえもん
？～寛永11（1634）年
江戸時代前期の鉄砲鍛冶。
¶朝日（[没]寛永11年2月15日（1634年3月14日）），岩史（[没]寛永11（1634）年2月15日），大阪墓（[没]寛永11（1634）年2月15日），近世，国史，コン改，コン4，新潮，人名，世人，日人，歴大

**柴原幾左衛門** しばはらいくざえもん
寛延2（1749）年～文政4（1821）年
江戸時代中期～後期の赤穂西浜塩田開発の後援者。豪商柴原家第10代。
¶朝日（[没]文政4年3月13日（1821年4月15日）），日人

**柴原政太郎** しばはらまさたろう
嘉永5（1852）年1月～昭和15（1940）年4月25日
明治～昭和期の製塩功労者。
¶兵庫人

**柴宮長左衛門** しばみやちょうざえもん
延享4（1747）年～寛政12（1800）年　[別]柴宮長左衛門矩重《しばみやちょうざえもんのりしげ》
江戸時代後期の宮大工。
¶姓氏長野，長野歴（柴宮長左衛門矩重　しばみやちょうざえもんのりしげ）

**斯波穏** しばやすし
明治36（1903）年4月23日～昭和51（1976）年4月11日
大正～昭和期の技術者。アート商会を経て本田技研工業の経営に携わる。戦後、盲人用の「折りたたみ式杖」を考案。
¶視覚

**柴山伊兵衛** しばやまいへえ
慶長16（1611）年～元禄16（1703）年
江戸時代前期～中期の美濃国の用水開削者。
¶朝日（[没]元禄16年5月15日（1703年6月28日）），岐阜百，郷土岐阜（[生]？），近世，国史，コン改，コン4，史人（[没]1703年5月15日），新潮（[没]元禄16（1703）年5月15日），人名，日人，歴大

**柴山兎一** しばやまういち
安政3（1856）年～？
江戸時代末期～明治期の養蚕家。
¶大分歴

**芝山栄二** しばやまえいじ
大正14（1925）年8月28日～
昭和～平成期の経営コンサルタント、技術士。芝山経営技術事務所所長。
¶現執2期，現執3期

**芝山兼太郎** しばやまかねたろう
明治6（1873）年～昭和4（1929）年
明治～大正期の理容師。
¶神奈川人

**柴山昇一郎** しばやましょういちろう
昭和10（1935）年4月6日～
昭和期の陶芸家。
¶陶芸最

**芝山宗一** しばやまそういち
生没年不詳
江戸時代後期～明治期の蒔絵師。
¶美工

**柴山東一郎** しばやまとういちろう
昭和23（1948）年11月1日～
昭和～平成期の陶芸家。
¶陶芸最，名工

**芝山吉邦** しばやまよしくに
昭和11（1936）年5月8日～
昭和～平成期の陶芸家。
¶陶芸最，陶工，名工

**柴山和一郎** しばやまわいちろう
昭和23（1948）年11月1日～
昭和～平成期の陶芸家。
¶陶芸最，名工

**芝琳賢** しばりんけん，しばりんげん
→琳賢(1)（りんけん）

**司馬老泉** しばろうせん
？～明治43（1910）年
江戸時代後期～明治期の画工、俳人。
¶静岡歴，姓氏愛知（[生]1835年），姓氏静岡

**志斐公麻呂** しひのきみまろ
天平9（737）年～？　[別]志斐連公麻呂《しひのむらじきみまろ》
奈良時代の近江造石山院の仏師、仏工。石山寺本尊の丈六観音塑像を制作。
¶朝日，新潮（志斐連公麻呂　しひのむらじきみまろ），日人

**志斐連公麻呂** しひのむらじきみまろ
→志斐公麻呂（しひのきみまろ）

し

**渋江長四郎** しぶえちょうしろう
安政1(1854)年～昭和4(1929)年
明治～昭和期の仏師・人形師。
¶山形百新

**渋江満五郎** しぶえまんごろう
→渋江満五郎(しぶえみつごろう)

**渋江満五郎** しぶえみつごろう
[別]渋江満五郎《しぶえまんごろう》
室町時代の武蔵国の鋳物師。
¶埼玉人(生没年不詳), 埼玉百(しぶえまんごろう)

し

**渋右衛門** しぶえもん
江戸時代中期の肥前の陶工。
¶人名

**渋川伝次郎** しぶかわでんじろう
明治31(1898)年11月10日～平成3(1991)年6月13日
大正～昭和期の殖産家。戦後のりんご園壊滅危機時に、青森県りんご協会を創設し、生産者を教育。りんごを普及させた。
¶青森人, 青森百, 食文, 世紀, 日人

**渋沢宗助** しぶさわそうすけ
寛政6(1794)年～明治3(1870)年12月2日
江戸時代末期～明治期の養蚕改良家。名主。旧態依然たる養蚕方法を改めようと「養蚕手引抄」を自費出版。道場「練武館」を開く。
¶朝日([生]寛政6年12月2日(1795年1月22日) [没]明治3(1871)年12月2日), 国書, 埼玉人, 埼玉百, 日人([生]1795年 [没]1871年)

**渋沢元治** しぶさわもとじ
明治9(1876)年10月25日～昭和50(1975)年2月22日
明治～昭和期の電気工学者、電気行政官。東京帝国大学教授、名古屋帝国大学初代総長。逓信省電気試験所技師、電気局技術課長など。日本の水力発電開発に貢献。
¶科学, 科技, 現朝, 現情, 埼玉人, 新潮, 人名7, 世紀, 姓氏愛知, 世百新, 大百, 渡航, 日人, 日本, 百科, 履歴, 履歴2

**渋谷兼八** しぶたにかねはち
明治21(1888)年9月19日～昭和43(1968)年12月16日　[別]渋谷兼八《しぶやかねはち》
明治～大正期の漁業者、実業家。動力で網をまきあげる機船底曳網漁業の先駆者。島根組を創立。
¶近現, 国史, 史人, 島根百, 島根歴, 食文(しぶやかねはち), 世紀, 日人

**志布正治** しぶまさじ
大正6(1917)年1月24日～平成2(1990)年6月2日
昭和～平成期の神輿師。
¶美工, 名工

**渋谷安福** しぶやあんぷく
→渋谷安福(しぶややすとし)

**渋谷巌** しぶやいわお
大正3(1914)年9月28日～平成15(2003)年12月13日
昭和～平成期の航空工学者、東北大学工学部教授。
¶科学, 現情

**渋谷兼八** しぶやかねはち
→渋谷兼八(しぶたにかねはち)

**渋谷茂一** しぶやしげかず
大正14(1925)年11月1日～
昭和～平成期のシステムエンジニア、古代史家。システムコンサルタント渋谷事務所長。
¶現執3期

**渋谷善右衛門尉** しぶやぜんえもんのじょう
生没年不詳
戦国時代の番匠。
¶戦辞

**渋谷宗右衛門尉** しぶやそうえもんのじょう
生没年不詳
戦国時代の相模国鎌倉の番匠。
¶戦辞

**渋谷藤三** しぶやとうぞう
生没年不詳
戦国時代の鎌倉の番匠。
¶戦辞

**渋谷藤兵衛** しぶやとうべえ
?　～嘉永6(1853)年
江戸時代後期の石工の棟梁。
¶姓氏長野

**渋谷虎之助** しぶやとらのすけ
明治期の大工頭領。
¶国際

**渋谷安福** しぶややすとし
安永3(1774)年～文政11(1828)年　[別]渋谷安福《しぶやあんぷく》
江戸時代の仙台の金工。
¶人名(しぶやあんぷく), 日人

**渋谷隆太郎** しぶやりゅうたろう
明治20(1887)年4月5日～昭和48(1973)年4月8日
明治～昭和期の機械技術者、軍人。
¶科学, 世紀, 日人, 陸海

**治兵衛(1)** じへえ
尾張瀬戸の陶工。
¶人名, 日人(生没年不詳)

**治兵衛(2)** じへえ
生没年不詳
江戸時代後期の陶工。
¶日人

**島岡達三** しまおかたつぞう
大正8(1919)年10月27日～平成19(2007)年12月11日
昭和～平成期の陶芸家。独特の島岡象嵌三島手を制作。日本民芸のニューリーダー。日本民芸館賞を受賞。
¶現情, 国宝, 世紀, 陶芸, 陶芸最, 陶工, 日人,

美工，名工

**島霞谷** しまかこく
文政10（1827）年～明治3（1870）年
江戸時代末期～明治期の画家。大学東校で医書に使用される活版活字の製作に専念。
¶群馬人，写家，写真，出文（[没]明治3（1870）年10月31日），栃木歴，日人，美家，洋学

**島荷平** しまかへい
昭和10（1935）年～
昭和～平成期の陶芸家。
¶陶工

**島川文八郎** しまかわぶんはちろう，しまかわぶんぱちろう
元治1（1864）年～大正10（1921）年
明治～大正期の陸軍軍人。大将。火薬類を研究し、東京砲兵廠板橋火薬製造所所長。無煙火薬の発明家。
¶朝日（[生]元治1年3月10日（1864年4月15日）[没]大正10（1921）年7月16日），海越（しまかわぶんぱちろう），海越新（しまかわぶんぱちろう），科学（[生]1864年（元治1）3月10日　[没]1921年（大正10）7月15日），コン改，コン5，新潮（[生]元治1（1864）年3月　[没]大正10（1921）年7月16日），人名（しまかわぶんぱちろう），世紀（[生]元治1（1864）年3月10日　[没]大正10（1921）年7月16日），渡航（しまかわぶんぱちろう　[生]1864年3月　[没]1921年7月16日），日人（しまかわぶんぱちろう），陸海（[生]元治1年3月10日　[没]大正10年7月15日）

**島崎国治** しまざきくにはる
昭和期の江戸指物師。
¶名工

**島崎五郎治** しまざきごろうじ
弘化4（1847）年～明治35（1902）年
明治期の人。私費で機具橋を架橋。
¶姓氏石川

**島崎善平** しまざきぜんべい
文久3（1863）年～大正12（1923）年
明治～大正期の烏山町の豪商、烏山和紙の改良、烏山線敷設に尽力。
¶栃木歴

**島崎孝彦** しまさきたかひこ
明治10（1877）年1月5日～昭和47（1972）年2月1日
明治～昭和期の技師。
¶近土，高知人，土木

**島重治** しましげはる
明治5（1872）年5月7日～昭和34（1959）年4月17日
明治～昭和期の技師。
¶近土，土木

**島常賀** しまじょうが
明治36（1903）年～
大正～昭和期の陶芸家。
¶名工

**島雪舸** しませっか，しませせつか
文久3（1863）年～明治26（1893）年
明治期の木彫師。シカゴ博覧会に力作「井伊大老像」を出品。
¶大阪人（しませつか　[没]明治31（1898）年9月），人名，日人

**島雪斎** しませっさい，しませせつさい
文政3（1820）年～明治12（1879）年
江戸時代末期～明治期の木彫師。
¶郷土福井（しませつさい　[生]？），人名，日人

**島田恭子** しまだきょうこ
昭和29（1954）年5月17日～
昭和～平成期の陶芸家。
¶陶芸最，陶工

**島田国清** しまだくにきよ
？　～慶長15（1610）年
江戸時代前期の刀匠。
¶長野歴

**島田袈裟光** しまだけさみつ
昭和期の宮大工。
¶名工

**島田幸一** しまだこういち
昭和12（1937）年～
昭和～平成期の陶芸家。
¶陶芸最

**島田信二郎** しまだしんじろう
昭和期の料理人。「とんかつ」の生みの親と言われる。
¶食文

**島田介雄** しまだすけお
明治16（1883）年～昭和15（1940）年
明治～昭和期の絵看板師、大道具師、花台人形師。
¶高知人

**島田助宗** しまだすけむね
生没年不詳
江戸時代前期の刀工。
¶新潟百

**島田清吾** しまだせいご
天保8（1837）年～明治13（1880）年
江戸時代後期～明治期の漁業者、綿糸網製造の先駆者。
¶島根歴

**島田忠昭** しまだただあき
昭和12（1937）年10月5日～
昭和～平成期の映画照明技師。
¶映人

**島田忠章** しまだただあき
生没年不詳
江戸時代の埼玉郡小林村の新田開発者。
¶埼玉人

**島田忠右衛門** しまだちゅうえもん
生没年不詳

江戸時代の上富村開発名主。
¶埼玉人

**島田道桓** しまだどうかん
生没年不詳
江戸時代中期の測量家、土木家。
¶科学

**島田道生** しまだどうせい
嘉永2(1849)年～大正14(1925)年
明治～大正期の測量技術者。
¶科学，近土([生]1849年12月　[没]1925年7月26日)，世紀，土木([生]1849年12月　[没]1925年7月26日)，日人



**島田徳三** しまだとくぞう
昭和10(1935)年7月18日～
昭和～平成期の陶芸家。
¶陶工

**嶋田敏生** しまだとしお
*～
昭和期の陶芸家。
¶陶芸最([生]昭和19年7月11日)，陶工([生]1952年7月11日)

**島谷敏郎** しまたにとしろう
明治6(1873)年10月2日～昭和15(1940)年8月18日
明治～昭和期の工学者。
¶渡航

**島田緋陶志** しまだひとし
昭和24(1949)年6月20日～
昭和～平成期の陶芸家。
¶陶芸最，陶工

**島田眸** しまだひとみ
昭和21(1946)年2月11日～
昭和～平成期のジャーナリスト、発明技師。
¶現執2期，現執3期，現執4期

**島田文雄** しまだふみお
昭和23(1948)年4月3日～
昭和～平成期の陶芸家。
¶陶芸最，陶工，名工

**島田万之助** しまだまんのすけ
嘉永6(1853)年～*
明治～昭和期の殖産者、開拓者。
¶姓氏長野([没]1930年)，長野歴([没]?)

**島田満子** しまだみつこ
昭和25(1950)年～平成20(2008)年2月17日
昭和～平成期の陶芸家。
¶美工，名工

**島田義助** しまだよしすけ
生没年不詳
戦国時代の駿河国島田の刀鍛冶。
¶戦辞

**島津源蔵(1)** しまづげんぞう
世襲名　明治～昭和期の発明家、実業家。
¶京都

**島津源蔵(2)** しまづげんぞう，しまずげんぞう
明治2(1869)年～昭和26(1951)年
明治～昭和期の発明家、実業家。島津製作所社長。理科器械の製造業者、X線装置の商品化を達成。日本電池を創立、島津製作所に改組し社長。
¶科学(しまずげんぞう　[生]1869年(明治2)6月17日　[没]1951年(昭和26)10月3日)，京都大，近医，近現，現朝([生]明治2年6月17日(1869年7月25日)　[没]1951年10月3日)，国史，コン改，コン5，史人([生]1869年6月17日　[没]1951年10月3日)，実業([生]明治2(1869)年6月17日　[没]昭和26(1951)年10月3日)，新潮([生]明治2(1869)年6月17日　[没]昭和26(1951)年10月3日)，人名7，世紀([生]明治2(1869)年6月17日　[没]昭和26(1951)年10月3日)，姓氏京都，世百，世百新，先駆([生]明治2(1869)年6月17日　[没]昭和26(1951)年10月3日)，全書，大百，日史([生]明治2(1869)年6月17日　[没]昭和26(1951)年10月3日)，日人([生]明治2(1869)年6月17日　[没]昭和26(1951)年10月3日)，百科，歴大

**島津源蔵〔1代〕** しまづげんぞう
天保10(1839)年～明治27(1894)年
江戸時代末期～明治期の実業家。島津製作所創立者。科学技術の振興、普及に尽力。気球製作のパイオニア。
¶朝日([生]天保10年5月15日(1839年6月25日)　[没]明治27(1894)年12月8日)，近現，国史，史人([生]1839年5月15日　[没]1894年12月8日)，姓氏京都(――〔代数なし〕)，先駆([生]天保10(1839)年5月15日　[没]明治27(1894)年12月8日)，日人

**島津大進** しまづだいじょう
?～慶長15(1610)年　[別]島津大進《しまづだいしん》
安土桃山時代～江戸時代前期の飯田新田開発者。
¶姓氏長野(生没年不詳)，長野歴(しまづだいしん)

**島津大進** しまづだいしん
→島津大進(しまづだいじょう)

**島津楢蔵** しまづならぞう，しまずならぞう
明治21(1888)年～昭和48(1973)年
明治～昭和期の機械技術者、実業家。国産初のオートバイ「NS号」を開発する。日本モータースを設立。
¶科学(しまずならぞう　[生]1888年(明治21)4月10日　[没]1973年(昭和48)6月21日)，世紀，日人

**島津登** しまづのぼる
生没年不詳
江戸時代末期の薩摩藩士。
¶日人，幕末

**島津竜火** しまづりゅうか
昭和3(1928)年3月20日～
昭和～平成期の陶芸家。
¶陶工

**島道悦**　しまどうえつ
慶長14(1609)年～承応2(1653)年2月
江戸時代前期の治水家。
¶大阪人，大阪墓

**島野三秋**　しまのさんしゅう
明治10(1877)年～昭和40(1965)年5月17日
明治～昭和期の漆芸家。
¶美工

**島野千鶴子**　しまのちづこ
昭和29(1954)年～
昭和～平成期の染織家、絵本作家。
¶児人

**嶋野貞三**　しまのていぞう
明治30(1897)年4月10日～昭和54(1979)年10月11日
明治～昭和期の技師。
¶近土，土木

**志摩乗時**(1)　しまのりとき
寛延2(1749)年～文化12(1815)年
江戸時代後期の木彫師。
¶人名，日人

**志摩乗時**(2)　しまのりとき
寛政2(1790)年～嘉永3(1850)年
江戸時代後期の木彫師。
¶郷土福井

**嶋林武吉郎**　しまばやしぶきちろう
嘉永5(1852)年～昭和7(1932)年
明治～昭和期の朝山村の殖産興業家。
¶島根歴

**島秀雄**　しまひでお
明治34(1901)年5月20日～平成10(1998)年3月18日
昭和期の鉄道技術者、機械工学者。宇宙開発事業団理事長。鉄道省に入省、工作局・車両局長などを経て国鉄理事・技師長。D51など蒸気機関車の設計や、東海道新幹線の技術開発にあたった。
¶科学，近現，現朝，現情，現人，現日，コン改，コン4，コン5，史人，新潮，世紀，鉄道，日人，日本，履歴，履歴2

**島袋信次**　しまぶくろしんじ
～平成21(2009)年8月12日
昭和～平成期の木工職人。
¶美工

**島袋光史**　しまぶくろみつふみ
大正9(1920)年11月26日～平成18(2006)年1月10日
昭和～平成期の組踊音楽太鼓演奏者、組踊道具製作者。選定保存技術保持者(組踊道具製作)、重要無形文化財保持者(組踊音楽太鼓)。
¶芸能，新芸

**嶋正利**　しままさとし
昭和18(1943)年8月22日～
昭和～平成期の半導体コンサルタント。会津大学教授。世界初のマイクロプロセッサー「4004」などをインテル社と共同開発。
¶現朝，世紀([生]昭和18(1943)年8月)，日人

**嶋村昊**　しまむらあきら
昭和14(1939)年1月1日～
昭和期の陶芸家。
¶陶芸最

**島村三四郎**　しまむらさんしろう
文化9(1812)年～明治32(1899)年
江戸時代末期～明治期の土佐藩御抱え大工、彫工。潮江天満宮桜門の鳳凰は有名。一弦琴を博覧会に出品。
¶高知人，高知百，幕末([没]1899年3月18日)

**嶋村白山**　しまむらはくざん
昭和14(1939)年1月1日～
昭和～平成期の陶芸家。
¶名工

**島村光**　しまむらひかる
昭和17(1942)年9月9日～
昭和期の陶芸家。
¶陶芸最

**島村安孝**　しまむらやすたか
?　～明治32(1899)年
江戸時代末期～明治期の土佐国の彫刻家、木彫師。高知城内の欄間、板扉などを製作。
¶人名，日人

**島本隆次**　しまもとたかつぐ
大正6(1917)年7月20日～平成21(2009)年9月23日
昭和～平成期の農業機械技術者、久保田鉄工専務。
¶科学

**島安次郎**　しまやすじろう
明治3(1870)年8月7日～昭和21(1946)年2月17日
明治～昭和期の鉄道技師。満州鉄道理事。高速運転用機関車の採用、国産蒸気機関車標準化の推進などの業績をのこす。
¶科学，世紀，鉄道，渡航，日史，日人

**島屋宗九郎**　しまやそうくろう
江戸時代中期の陶工、犬山焼の窯主。
¶人名，日人(生没年不詳)

**島屋平助**　しまやへいすけ
江戸時代後期の陶工、近江絹屋窯創立者の一人。
¶人名，日人(生没年不詳)

**嶋幸博**　しまゆきひろ
昭和12(1937)年7月20日～
昭和～平成期の陶芸家。
¶陶芸最([生]昭和12年7月10日)，陶工，名工

**島善鄰**　しまよしちか
明治22(1889)年～昭和39(1964)年
大正～昭和期の農学者。リンゴの栽培技術とモニリア病の防除法について研究。著書に「リンゴ栽培の実際」など。
¶青森人，青森百，岩手百，科学([生]1889年(明治

22) 8月27日　[没]1964年(昭和39) 8月9日), 現情([生]1888年8月27日　[没]1964年8月9日), 札幌([生]明治22年8月), 植物([生]明治22 (1889) 年8月27日　[没]昭和39 (1964) 年8月9日), 食文([生]1889年8月27日　[没]1964年8月9日), 世紀([没]昭和39 (1964) 年8月9日), 姓氏岩手, 日人([生]明治22 (1889) 年8月27日　[没]昭和39 (1964) 年8月9日), 北海道百, 北海道歴

し

**島隆** しまりゅう
文政6 (1823) 年～明治32 (1899) 年
江戸時代後期～明治期の写真師。
¶写家, 写真, 姓氏群馬

**島立甫** (嶋立甫) しまりゅうほ
文化4 (1807) 年～明治6 (1873) 年
江戸時代末期～明治期の西洋科学技術・近代化学の草分・開拓者。
¶江文, 科学([没]1873年(明治6) 5月17日), 国書(嶋立甫　[没]明治6 (1873) 年5月17日), 姓氏岩手, 幕末([生]1808年　[没]1873年5月17日), 洋学

**清水郁太郎** しみずいくたろう
昭和期の木工芸インストラクター。
¶名工

**清水卯一** しみずういち
大正15 (1926) 年3月5日～平成16 (2004) 年2月18日
昭和～平成期の陶芸家。日本工芸会副理事長。鉄釉陶器を制作。"鉄燿"により世界的名声を得る。人間国宝。
¶現朝, 現情, 国宝, 新潮, 世紀, 陶芸最, 陶工, 日人, 美工, 名工

**清水卯三郎** しみずうさぶろう
文政12 (1829) 年～明治43 (1910) 年
江戸時代後期～明治期の印刷技術者、石版印刷の祖。
¶維新, 海越([生]文政12 (1829) 年3月4日　[没]明治43 (1910) 年1月20日), 海越新([生]文政12 (1829) 年3月4日　[没]明治43 (1910) 年1月20日), 江文, 科学([生]1829年(文政12) 3月4日　[没]1910年(明治43) 1月20日), 国際, 国史, 国書([生]文政12 (1829) 年3月4日　[没]明治43 (1910) 年1月20日), 埼玉人([生]文政12 (1829) 年3月4日　[没]明治43 (1910) 年1月20日), 埼玉百, 出文([生]文政12 (1829) 年3月4日　[没]明治43 (1910) 年1月20日), 人書94, 人名, 先駆, 渡航([生]1829年3月4日　[没]1910年1月20日), 日人, 幕末([没]1910年1月20日), 洋学

**清水栄二** しみずえいじ
明治28 (1895) 年～昭和40 (1965) 年
明治～昭和期の建築家。
¶美建, 兵庫百

**清水亀蔵** しみずかめぞう
→清水南山(しみずなんざん)

**清水嘉門** しみずかもん
明治期の蒔絵師。内国勧業博覧会に「稲穂に雀」などを出品。
¶人名, 日人, 名工

**清水寛造** しみずかんぞう
江戸時代中期の摂津の陶工。
¶人名, 日人(生没年不詳)

**清水菊平** しみずきくへい
明治20 (1887) 年9月26日～昭和53 (1978) 年3月20日
明治～昭和期の機械工学者。
¶科学, 世紀, 日人

**清水喜十郎** しみずきじゅうろう
明治12 (1879) 年～昭和7 (1932) 年
明治～大正期の実業家。山東海南商路の開拓者。
¶人名

**清水喜助** しみずきすけ
文化12 (1815) 年～明治14 (1881) 年
江戸時代末期～明治期の大工、建設業者。建設業者清水組の近代化の礎を築いた。ホテル建築の先駆者。
¶朝日([生]文化12 (1815) 年11月　[没]明治14 (1881) 年8月9日), 維新([生]1813年), 近現, 国史, コン改, コン4, コン5, 史人([没]1881年8月9日), 実業([生]文化12 (1815) 年11月　[没]明治14 (1881) 年8月9日), 重要, 新潮([生]文化12 (1815) 年11月　[没]明治14 (1881) 年8月9日), 先駆([生]文化12 (1815) 年11月　[没]明治14 (1881) 年8月9日), 大百([生]1813年), 日人, 美術, 百科, 歴大

**清水喜助〔1代〕** しみずきすけ
天明3 (1783) 年～安政6 (1859) 年　[別]清水屋喜助《しみずやきすけ》
江戸時代後期の大工棟梁。現清水建設の祖。大名家の普請を手がけ、開港とともに横浜にも進出。
¶神奈川人(清水屋喜助　しみずやきすけ), 神奈川百(清水屋嘉助〔1代〕　しみずやかすけ), 姓氏富山(――〔代数なし〕), 大百, 日人

**清水吉郎次** しみずきちろうじ
享保10 (1725) 年～享和3 (1803) 年
江戸時代後期の庄屋、治水家。
¶長野歴

**清水義八** しみずぎはち
弘化3 (1846) 年4月16日～大正3 (1914) 年4月1日
明治～大正期の建築技術者。三重県庁舎の設計監理を担当。同県における洋風建築の普及に大きな役割を果たす。
¶朝日

**清水久太** しみずきゅうた
?　～天保3 (1832) 年
江戸時代後期の京都の陶工。
¶人名

**清水清茂** しみずきよしげ
文政2 (1819) 年～嘉永2 (1849) 年
江戸時代後期の尾張常滑の陶工。
¶人名, 日人

**清水勤二** しみずきんじ
明治31（1898）年1月22日～昭和39（1964）年1月10日
大正～昭和期の電気工学者。化学教育の振興に尽力、産業教育の発展に貢献。
¶科学，現情，人名7，世紀，日人

**清水吟次郎** しみずぎんじろう
生没年不詳
江戸時代後期の陶工。
¶日人

**清水九兵衛** しみずくへい
→清水柳景（しみずりゅうけい）

**清水九兵衛** しみずくへえ
→清水柳景（しみずりゅうけい）

**清水圭太郎** しみずけいたろう
明治27（1894）年～昭和60（1985）年
大正～昭和期の農業開拓功労者。
¶群馬人，姓氏群馬

**清水謙吾** しみずけんご
天保11（1840）年～明治40（1907）年
江戸時代末期～明治期の治水家。荒川堤を修築、植樹し観桜の勝地を作り上げた。
¶植物（[没]明治40（1907）年7月7日），人名，日人

**清水賢司** しみずけんじ
昭和26（1951）年5月25日～
昭和～平成期の陶芸家。
¶陶芸最，名工

**清水源二** しみずげんじ
昭和20（1945）年10月25日～
昭和～平成期の陶芸家。
¶陶芸最，名工

**清水源井** しみずげんせい
万延1（1860）年～大正13（1924）年
明治～大正期の水力電気開発者。
¶高知人，高知百

**清水浩志郎** しみずこうしろう
昭和15（1940）年2月1日～
昭和～平成期の土木工学者。秋田大学教授。
¶現執2期，現執3期，現執4期

**清水幸太郎** しみずこうたろう
明治30（1897）年1月28日～昭和63（1988）年11月15日
大正～昭和期の染織家。重要無形文化財「長板中形」の保持者。
¶現情，現日（[生]1897年1月20日），国宝，世紀，日人，美工，名工

**清水幸子** しみずさちこ
昭和27（1952）年～
昭和～平成期の陶芸家。
¶名工

**清水三治郎** しみずさんじろう
明治10（1877）年～昭和6（1931）年
明治～昭和期のエンジニア。
¶大分歴

**清水俊明** しみずしゅんみょう
昭和5（1930）年～
昭和期の木彫家。
¶郷土奈良

**清水祥一** しみずしょういち
大正15（1926）年9月22日～平成25（2013）年11月17日
昭和～平成期の生物工学者、名古屋大学名誉教授。専門は生物反応工学。
¶科学

**清水正策** しみずしょうさく
大正15（1926）年10月11日～
昭和期の陶芸家。
¶陶芸最

**清水昭次** しみずしょうじ
昭和10（1935）年4月14日～
昭和～平成期の陶芸家。
¶陶芸最，名工

**清水正次** しみずしょうじ
→清水正次（しみずまさじ）

**清水庄蔵** しみずしょうぞう
永禄10（1567）年～寛永6（1629）年
江戸時代中期の尾張常滑の陶業家。
¶人名，日人

**清水如水** しみずじょすい
明暦2（1656）年～享保13（1728）年
江戸時代中期の狂歌師、彫金家。
¶江戸東，人名，日人

**志水甚五** しみずじんご
世襲名　江戸時代以来の装剣金工。
¶新潮

**志水甚五〔1代〕** しみずじんご
？～延宝3（1675）年
江戸時代前期の装剣金工。
¶日人

**志水甚五〔2代〕** しみずじんご
元和6（1620）年～宝永7（1710）年　[別]清水甚五郎〔1代〕《しみずじんごろう》
江戸時代前期～中期の装剣金工。
¶人名（清水甚五郎〔1代〕　しみずじんごろう），日人

**志水甚五〔3代〕** しみずじんご
元禄4（1691）年～安永6（1777）年　[別]清水甚五郎〔2代〕《しみずじんごろう》
江戸時代中期の装剣金工。
¶人名（清水甚五郎〔2代〕　しみずじんごろう），日人

**志水甚吾** しみずじんご
？～延宝3（1675）年5月
江戸時代前期の金工家。

¶熊本百

**清水甚五郎** しみずじんごろう
？～延宝3(1675)年
江戸時代前期の彫金家。
¶コン改，コン4

**清水甚五郎〔1代〕** しみずじんごろう
→志水甚五〔2代〕(しみずじんご)

**清水甚五郎〔2代〕** しみずじんごろう
→志水甚五〔3代〕(しみずじんご)



**清水甚五郎〔3代〕** しみずじんごろう
延享3(1746)年～文政6(1823)年
江戸時代後期の肥後八代の彫金家。
¶人名

**清水仁三郎** しみずじんざぶろう
明治11(1878)年～＊
明治～昭和期の建築家、実業家。衆議院議員。
¶姓氏京都([没]？)，美建([生]明治11(1878)年2月 [没]昭和26(1951)年11月12日)

**清水助五郎** しみずすけごろう
文化3(1806)年～明治14(1881)年
江戸時代後期～明治期の宮大工。
¶群馬人

**清水青巌** しみずせいがん
明治38(1905)年～
大正～昭和期の鋳金作家。
¶名工

**清水精之進** しみずせいのしん
明治16(1883)年～昭和25(1950)年
明治～昭和期の農業技術者。
¶新潟百

**清水善七** しみずぜんしち
安政1(1854)年～昭和4(1929)年
明治～昭和期の土木請負職。
¶姓氏愛知

**清水荘一郎** しみずそういちろう
明治10(1877)年7月26日～？
明治～大正期の技師。
¶渡航

**清水武雄** しみずたけお
明治23(1890)年7月12日～昭和51(1976)年10月16日
大正～昭和期の物理学者。日本物理学会委員長、清水研究所所長。清水式電位計や白昼映写膜の発明、各種装置の改良、工夫などに尽力。
¶科学，科技([生]1890年6月)，現朝，現情，新潮，人名7，世紀，日人

**清水武** しみずたけし
昭和6(1931)年～
昭和期の陶芸家。
¶陶芸最

**清水正** しみずただし
昭和13(1938)年12月23日～
昭和～平成期の陶芸家。
¶陶芸最，陶工，名工

**清水達夫** しみずたつお
大正2(1913)年10月22日～平成4(1992)年12月28日
昭和期の出版人、雑誌編集者。マガジンハウス社長。「平凡パンチ」初代編集長。
¶現朝，現情，現日，出版，出文，世紀，日人，マス89

**清水谷貞安** しみずたにさだやす
文政9(1826)年～？
江戸時代後期～末期の大工。
¶姓氏群馬

**清水千代市** しみずちよいち
昭和23(1948)年6月17日～
昭和～平成期の陶芸家。
¶陶芸最，陶工，名工

**清水長右衛門** しみずちょうえもん
江戸時代の丹波立杭焼の陶工。
¶人名，日人(生没年不詳)

**清水長次郎** しみずちょうじろう
昭和期の畳屋。
¶名工

**清水直乗** しみずちょくじょう
生没年不詳
室町時代の象嵌師。
¶鎌室，人名，日人，美工

**清水司** しみずつかさ
大正14(1925)年1月22日～
昭和～平成期の電波工学者。東京都教育委員長、早稲田大学総長。専門は電波物性工学、光マイクロ波。東京家政大学学長などを歴任。
¶現情，世紀，日人

**清水鶴吉** しみずつるきち
明治期の陶工。
¶日人

**清水鉄吉** しみずてつきち
？～明治29(1896)年5月8日
明治期の工学者。留学のためアメリカに渡る。
¶海越，海越新

**清水戸右衛門** しみずとうえもん
天文12(1543)年～元和4(1618)年
戦国時代～江戸時代前期の用水路開発者。
¶姓氏長野，長野歴

**清水藤四郎** しみずとうしろう
文化11(1814)年～明治19(1886)年　[別]清水藤四郎吉幸《しみずとうしろうよしゆき》
江戸時代末期の米子の刀工。
¶鳥取百，鳥取百(清水藤四郎吉幸　しみずとうしろうよしゆき)

**清水俊彦** しみずとしひこ
昭和20(1945)年1月24日～

昭和期の陶芸家。
¶陶芸最

### 清水富春　しみずとみはる
享保18(1733)年～文化7(1810)年
江戸時代中期～後期の彫工。
¶人名，日人

### 清水及衛　しみずともえ
明治7(1874)年～昭和16(1941)年
明治～昭和期の農業指導者。
¶郷土群馬（⊕1873年），群馬人，群馬百，世紀（⊕明治7(1874)年6月8日　⊗昭和16(1941)年10月26日），姓氏群馬（⊕1873年），日人（⊕明治7(1874)年6月8日　⊗昭和16(1941)年10月26日）

### 清水豊彦　しみずとよひこ
昭和31(1956)年～
昭和～平成期の陶芸家。
¶陶工

### 清水直次　しみずなおつぐ
江戸時代の彫金工。
¶人名，日人(生没年不詳)

### 清水南山　しみずなんざん
明治8(1875)年3月30日～昭和23(1948)年　⊗清水亀蔵《しみずかめぞう》
明治～昭和期の彫金家。東京美術学校（現東京芸術大学）教授。代表作に「梅花図鍍金印櫃」「竜文花瓶」など。
¶近現（清水亀蔵　しみずかめぞう），国史（清水亀蔵　しみずかめぞう），新潮（⊗昭和23(1948)年12月7日），人名7（清水亀蔵　しみずかめぞう　⊕1873年），世紀（清水亀蔵　しみずかめぞう　⊗昭和23(1948)年12月7日），世百（清水亀蔵　しみずかめぞう　⊗昭和23(1948)年12月7日），全書，日人（⊗昭和23(1948)年12月7日），広島百（⊗昭和23(1948)年12月7日），名工（清水亀蔵　しみずかめぞう　⊗昭和23年12月7日）

### 清水仁兵衛　しみずにへえ
？　～延宝3(1675)年
江戸時代前期の金工家。
¶人名

### 清水一(清水はじめ)　しみずはじめ
明治35(1902)年～昭和47(1972)年3月17日
昭和期の建築家、評論家。大成建設役員、日本大学教授。建築人として「老成した幼児性」と日本文化の性格を規定した。
¶現執1期，現情（⊕1902年3月13日），現日（⊕1902年1月11日），人名7，世紀（⊕明治35(1902)年1月11日），日人（⊕明治35(1902)年3月13日），俳文（清水はじめ　⊕明治35(1902)年3月13日），美建（⊕明治35(1902)年3月13日）

### 清水半吾　しみずはんご
明治14(1881)年1月23日～昭和51(1976)年4月26日
明治～昭和期の工学者。山梨県高等工業学校校長。山梨大学工学部の基礎を築く。
¶山梨百

### 清水美山　しみずびざん
文久1(1861)年～昭和6(1931)年
明治～昭和期の陶工。金沢で陶画業を営み、象嵌模様を創出した。
¶石川百，人名，世紀，姓氏石川（⊗1921年），陶工，日人，名工

### 清水浩　しみずひろし
昭和22(1947)年9月11日～
昭和～平成期の環境技術者。国立環境研究所地域環境研究グループ総合研究官。
¶現執3期

### 清水日呂志　しみずひろし
昭和16(1941)年1月25日～
昭和～平成期の陶芸家。
¶陶芸最，陶工，名工

### 清水熈　しみずひろし
明治10(1877)年3月1日～昭和16(1941)年1月25日
明治～昭和期の技師。
¶土木

### 清水熙　しみずひろし
明治10(1877)年3月1日～昭和16(1941)年1月25日
明治～昭和期の技師。専門は地下鉄道。岐阜県出身。
¶近土

### 清水平七　しみずへいしち
文政9(1826)年～明治29(1896)年
江戸時代末期～明治期の陶工、美濃温故焼の祖。
¶人名，日人

### 清水誠　しみずまこと
弘化2(1846)年～明治32(1899)年　⊗清水金之助《しみずきんのすけ》
明治期の実業家。マッチ製造を開始し、新燧社と称し中国へも製品を輸出。国産マッチの創始者。
¶朝日（⊕弘化2年12月25日(1846年1月22日)　⊗明治32(1899)年2月8日），石川百，海越（⊕弘化2(1846)年12月25日　⊗明治32(1899)年2月8日），海越新（⊕弘化2(1846)年12月25日　⊗明治32(1899)年2月8日），科学（⊕弘化2(1846)12月25日　⊗1899年(明治32)2月8日），近現（⊕1845年），国際，国史（⊕1845年），コン改，コン5，史人（⊕1845年12月25日　⊗1899年2月8日），食文（⊕弘化2年12月25日(1846年1月22日)　⊗1899年2月8日），新潮（⊕弘化2(1845)年12月25日　⊗明治32(1899)年2月8日），人名（⊕？），姓氏石川（⊕1845年），先駆（⊕弘化2(1846)年12月25日　⊗明治32(1899)年2月8日），全書，大百，渡航（清水誠・清水金之助　しみずまこと・しみずきんのすけ　⊕1845年12月25日　⊗1899年2月），日人，幕末（⊕1845年　⊗1899年2月28日），洋学（⊕弘化2(1845)年）

**清水正章**　しみずまさあき
昭和20（1945）年7月25日～
昭和期の陶芸家。
¶陶芸最

**清水正次**　しみずまさじ
大正8（1919）年～平成2（1990）年　[別]清水正次《しみずしょうじ》
昭和期の陶芸家。
¶陶芸（しみずしょうじ），陶芸最（[生]大正8年11月20日），陶工，名工（[生]大正8年11月20日）



**清水政幸**　しみずまさゆき
昭和18（1943）年6月9日～
昭和期の陶芸家。
¶陶芸最，名工

**清水満之助**　しみずまんのすけ
嘉永5（1852）年～明治20（1887）年4月
明治期の建築請負師。建築業視察のため渡欧。
¶海越，海越新，渡航（[生]1848年　[没]1887年4月22日）

**清水三重三**　しみずみえぞう
明治26（1893）年10月8日～昭和37（1962）年10月29日
昭和期の彫塑家、挿画家。彫刻制作の傍ら単行本の装幀や新聞小説の挿絵に活躍。
¶近文，現情，新潮，人名7，世紀，日人，美家，美建

**清水美象**　しみずみしょう
大正1（1912）年～
昭和～平成期の螺鈿作家。
¶名工

**清水屋喜助**　しみずやきすけ
→清水喜助〔1代〕（しみずきすけ）

**清水保孝**　しみずやすたか
昭和22（1947）年10月31日～
昭和～平成期の陶芸家。
¶陶芸最，陶工，名工

**清水勇助**　しみずゆうすけ
生没年不詳
明治期の陶工。石仙焼の拡張・子弟養成に尽力。
¶人名，日人，美工

**清水悠三**　しみずゆうぞう
昭和10（1935）年11月11日～
昭和～平成期の陶芸家。
¶陶芸最，陶工，名工

**清水洋**　しみずよう
昭和19（1944）年3月22日～
昭和～平成期の陶芸家。
¶陶芸最，陶工，名工

**清水芳太郎**　しみずよしたろう
明治32（1899）年6月18日～昭和16（1941）年12月13日
大正～昭和期の言論人・発明家。
¶福岡百

**清水米吉**　しみずよねきち
慶応2（1866）年4月～？
明治期の建具職人。ドイツ建築の研究のためドイツに留学。帰国後ドイツ風建築隆盛の一翼を担う。
¶海越（生没年不詳），海越新，渡航

**清水楽山**　しみずらくざん
明治27（1894）年～昭和44（1969）年
明治～昭和期の陶芸家。
¶陶工

**清水柳景**　しみずりゅうけい
生没年不詳　[別]清水九兵衛《しみずくへい，しみずくへえ》
江戸時代前期の加賀の蒔絵師。
¶朝日，石川百（清水九兵衛　しみずくへい　[没]1688年），近世，国史，コン改，コン4，史人（[没]1688年），新潮（清水九兵衛　しみずくへえ　[没]元禄1（1688）年），人名（清水九兵衛　しみずくへえ），姓氏石川（清水九兵衛　しみずくへえ），世人，日人，美工

**清水隆慶**　しみずりゅうけい
万治2（1659）年～享保17（1732）年　[別]隆慶《りゅうけい》
江戸時代前期～中期の仏師。人形作家。
¶朝日（[没]享保17（1732）年11月），近世，国史，コン改（隆慶　りゅうけい　生没年不詳），コン4（隆慶　りゅうけい　生没年不詳），茶道，新潮（[没]享保17（1732）年11月），人名，世人（生没年不詳），日人，美術（[生]？），百科（[生]？），仏史

**清水柳三**　しみずりゅうぞう
江戸時代末期～明治期の彫師。
¶浮絵

**清水六兵衛〔1代〕**　しみずろくべえ
→清水六兵衛〔1代〕（きよみずろくべえ）

**清水六兵衛〔2代〕**　しみずろくべえ
→清水六兵衛〔2代〕（きよみずろくべえ）

**清水六兵衛〔3代〕**　しみずろくべえ
→清水六兵衛〔3代〕（きよみずろくべえ）

**清水六兵衛〔4代〕**　しみずろくべえ
→清水六兵衛〔4代〕（きよみずろくべえ）

**清水六兵衛〔5代〕**　しみずろくべえ
→清水六兵衛〔5代〕（きよみずろくべえ）

**清水六兵衛〔6代〕**　しみずろくべえ
→清水六兵衛〔6代〕（きよみずろくべえ）

**清水済**　しみずわたる
安政3（1856）年12月15日～明治26（1893）年8月19日
明治期の土木工学者。内務省四等技師、土木局製図課長などを歴任。
¶科学，近土，人名，渡航，土木，日人（[生]1857年）

**志村今次郎** しむらいまじろう
明治期の職工。
¶渡航

**志村ふくみ** しむらふくみ
大正13(1924)年9月30日～
昭和～平成期の染織家。
¶京都文, 近女, 現朝, 現執4期, 現日, 国宝, 滋賀文, 新潮, 世紀, 日人, 名工

**下飯坂潤三** しもいいざかじゅんぞう
大正10(1921)年8月26日～
昭和期の鉱物処理工学者。東北大学教授。
¶現情

**下岡伝作** しもおかでんさく
明治18(1885)年～昭和46(1971)年
明治～昭和期の南海部郡の養蚕普及者。
¶大分歴

**下岡蓮杖**(下岡連杖) しもおかれんじょう
文政6(1823)年～大正3(1914)年
江戸時代末期～明治期の写真家。日本の写真師の祖、上野彦馬と共に営業写真師の草分け。
¶朝日(⊕文政6年2月12日(1823年3月24日) ㊥大正3(1914)年3月3日), 維新, 岩史(⊕文政6(1823)年2月12日 ㊥大正3(1914)年3月3日), 江文, 角史(⊕文政6(1823)年2月12日 ㊥大正3(1914)年3月3日), 神奈川人, 神奈川百, 近現, 近世, 近美(⊕文政6(1823)年2月12日 ㊥大正3(1914)年3月3日), 国際, 国史, コン改, コン4, コン5, 史人(⊕1823年2月12日 ㊥1914年3月3日), 静岡百, 静岡歴, 写家(⊕文政6年2月12日 ㊥大正3年3月3日), 写真, 食文(⊕文政6年2月12日(1823年3月24日) ㊥1914年3月3日), 人情4, 新潮(⊕文政6(1823)年2月12日 ㊥大正3(1914)年3月3日), 人名, 姓氏神奈川, 姓氏静岡, 世人(⊕文政6(1823)年2月12日 ㊥大正3(1914)年3月3日), 先駆(⊕文政6(1823)年2月12日 ㊥大正3(1914)年3月3日), 全書, 大百, 日史(⊕文政6(1823)年2月12日 ㊥大正3(1914)年3月3日), 日人, 日本, 幕末, 百科, 民学, 洋画(下岡連杖) ⊕文政6(1823)年2月12日 ㊥大正3(1914)年3月3日), 洋学, 歴大

**下川軍一** しもかわぐんいち
昭和期の石工。
¶名工

**下川富弥** しもかわとみや
昭和期の久留米がすり職人。
¶名工

**下口宗美** しもぐちそうび
明治37(1904)年～昭和59(1984)年
大正～昭和期の人形作家。
¶石川百, 姓氏石川, 美工(⊕明治37(1904)年10月26日)

**下国東七郎** しもくにとうしちろう
文政9(1826)年～明治26(1893)年
江戸時代末期～明治期の開拓使。松前藩士、館藩

大参事。正義隊士として活躍。維新後は困窮し流浪。著書に「実歴史」。
¶幕末, 藩臣1

**下坂兼先** しもさかかねさき
生没年不詳
江戸時代前期の筑後柳河藩士、刀鍛冶。
¶藩臣7

**下坂重勝** しもさかしげかつ
生没年不詳
江戸時代前期の刀鍛冶。
¶福岡百

**下坂康継** しもさかやすつぐ
→越前康継(えちぜんやすつぐ)

**下里光正** しもさとみつまさ
昭和23(1948)年2月11日～
昭和～平成期の陶芸家。
¶陶工

**下沢市右衛門** しもざわいちえもん
? ～万治4(1661)年
江戸時代前期の板柳地方の開発者。
¶青森人

**下沢土泡** しもざわどほう
大正15(1926)年4月18日～平成14(2002)年5月20日
昭和～平成期の陶芸家。
¶美工, 名工

**下地恵康** しもじけいこう
明治44(1911)年11月21日～
昭和～平成期の宮古上布織物職人。
¶名工

**下地玄信** しもじげんしん
～昭和60(1985)年4月23日
昭和期の宮古上布技能保持者。
¶名工

**下地正宏** しもじまさひろ
昭和20(1945)年12月30日～
昭和～平成期の陶芸家。
¶陶芸最, 陶工

**下門竜仁** しもじょうたつひと
昭和期の舟大工。
¶名工

**下瀬雅允** しもせまさちか
安政6(1859)年～明治44(1911)年
明治期の化学技術者。海軍下瀬火薬製造所所長。印刷局に出仕、紙幣の真偽を識別する黒色捺印インキを発明。海軍技手に転じ火薬の研究に専念。下瀬火薬を発明。
¶朝日(⊕安政6年12月16日(1860年1月8日) ㊥明治44(1911)年9月6日), 科学(⊕1859年(安政6)12月16日 ㊥1911年(明治44)9月6日), 近現, 国史, コン改, コン5, 史人(⊕1859年12月16日 ㊥1911年9月6日), 新潮(⊕安政6(1859)年12月16日 ㊥明治44(1911)年9月6

日）, 人名, 先駆（㊈安政6（1859）年12月16日
㊽明治44（1911）年9月6日）, 全書, 大百, 渡航
（㊈1859年12月16日　㊽1911年9月6日）, 日
人（㊈1860年）, 日本, 明治1（㊈1860年）, 陸海
（㊈安政6年12月16日　㊽明治44年9月6日）

**下瀬雅充　しもせまさちか**
安政6（1859）年6月12日〜明治44（1911）年9月6日
江戸時代末期〜明治期の下瀬火薬の発明者。
¶広島百

**下田伊左衛門　しもだいざえもん**
安政3（1856）年〜大正4（1915）年
明治〜大正期の養蚕技術者。
¶世紀（㊽大正4（1915）年2月26日）, 多摩（㊈安
政2（1855）年　㊽大正3（1914）年）, 日人

**下田菊太郎　しもだきくたろう**
慶応2（1866）年〜昭和6（1931）年12月26日
明治〜大正期の建築家。シカゴで鉄骨や鉄筋コン
クリートの建築技術を習得するが, 当時の日本建
築界から異端として排斥される。
¶海越新（㊈慶応2（1866）年5月2日）, 現朝（㊈慶
応2年5月2日（1866年6月14日））, 現日, 新潮
（㊈慶応2（1866）年5月2日）, 世紀（㊈慶応2
（1866）年5月2日）, 渡航（㊈1866年5月
㊽？）, 日人

**下岳毅　しもだけたけし**
昭和12（1937）年10月15日〜
昭和〜平成期の陶芸家。
¶陶芸最, 陶工

**下田工丹　しもだこうたん**
昭和19（1944）年5月18日〜
昭和期の陶芸家。
¶陶芸最

**下田生素　しもだせいそ**
弘化3（1846）年〜大正4（1915）年
明治期の陶工。竜巻の浮模様を創案し海外に輸出。
¶人名, 世紀（㊽大正4（1915）年10月）, 日人, 名
工（㊽大正4年10月）

**下館永七　しもだてえいしち**
元治1（1864）年〜大正14（1925）年
明治〜大正期の馬産改良に尽力。
¶姓氏岩手

**下田弘之　しもだひろゆき**
明治41（1908）年〜
昭和期の陶芸家。
¶陶芸

**下間荘兵衛〔1代〕　しもつましょうべえ**
？〜安永2（1773）年　㊾下間政勝〔1代〕《しもつ
ままさかつ》, 下間荘兵衛〔1代〕《しもつましょう
べえ》
江戸時代中期の京都の釜師。
¶人名（下間政勝〔1代〕　しもつままさかつ）,
日人

**下間荘兵衛〔2代〕　しもつましょうべえ**
？〜寛政12（1800）年　㊾下間政勝〔2代〕《しも

つままさかつ》, 下間荘兵衛〔2代〕《しもつましょ
うべえ》
江戸時代中期〜後期の京都の釜師。
¶人名（下間政勝〔2代〕　しもつままさかつ）,
日人

**下間荘兵衛〔3代〕　しもつましょうべえ**
？〜天保9（1838）年
江戸時代後期の釜師。
¶日人

**下間荘兵衛〔5代〕　しもつましょうべえ**
生没年不詳
江戸時代後期の釜師。
¶日人

**下間庄兵衛〔1代〕　しもづましょうべえ**
江戸時代の釜師。
¶茶道

**下間庄兵衛〔2代〕　しもづましょうべえ**
江戸時代の釜師。
¶茶道

**下間庄兵衛〔3代〕　しもづましょうべえ**
江戸時代の釜師。
¶茶道

**下間政勝〔1代〕　しもつままさかつ**
　→下間荘兵衛〔1代〕（しもつましょうべえ）

**下間政勝〔2代〕　しもつままさかつ**
　→下間荘兵衛〔2代〕（しもつましょうべえ）

**下間政勝〔3代〕　しもつままさかつ**
江戸時代後期の京都の釜師。
¶人名

**下間政勝〔5代〕　しもつままさかつ**
江戸時代後期の京都の釜師。
¶人名

**下鳥富次郎　しもとりとみじろう**
延享2（1745）年〜文化11（1814）年
江戸時代中期〜後期の越後国頸城郡川浦村の庄
屋。用水完成者。
¶朝日（㊈延享2年3月2日（1745年4月3日）　㊽文
化11年11月28日（1815年1月8日））, 近世, 国
史, コン改, コン4, 史人（㊈1745年3月2日
㊽1814年11月28日）, 新潮（㊈延享2（1745）年3
月2日　㊽文化11（1814）年11月28日）, 人名,
日人（㊽1815年）, 歴大

**下永尚　しもながひさし**
大正1（1912）年〜
昭和〜平成期の映画録音技師。
¶映人

**下野信之　しもののぶゆき**
安政2（1855）年〜大正13（1924）年
明治〜大正期の気象学者。大阪測候所長。東京気
象学会の設立に参加, 各地の測候所の建設にもか
かわる。
¶朝日（㊈安政2年3月21日（1855年5月7日）

㉜大正13（1924）年11月10日），大阪人，科学（㊎1855年（安政2）3月21日　㉜1924年（大正13）11月10日），コン改，コン5，人名，世紀（㊎安政2（1855）年3月21日　㉜大正13（1924）年11月10日），日人

**下原重仲　しもはらしげなか**
元文3（1738）年～文政4（1821）年
江戸時代中期～後期の伯耆国の鉱山師。製鉄技術，伝承，経営などの記録を集成した「鉄山必要記事」を著した。
¶国書5（㉜文政4（1821）年11月5日），大百，鳥取百，日人，洋学

**下平清治　しもひらせいじ**
昭和7（1932）年5月28日～
昭和～平成期の陶芸家。
¶陶工

**下道倉之助　しもみちくらのすけ**
明治40（1907）年9月6日～
昭和～平成期の京鹿の子絞染色家。
¶名工

**下村一夫　しもむらかずお**
大正10（1921）年1月1日～平成15（2003）年3月10日
昭和～平成期の映画照明技師。
¶映人

**下村亀三郎　しもむらかめさぶろう**
慶応3（1867）年～＊
明治期の蚕業家。依田社を創業し，製糸・生糸の改良を図る。
¶人名（㊎1868年　㉜1912年），世紀（㊎大正1（1912）年12月5日），姓氏長野（㉜1913年），長野歴（㊎1913年），長野百（㉜大正2（1913）年），日人（㊎明治1（1868）年　㉜大正1（1912）年12月5日）

**下村孝太郎　しもむらこうたろう**
文久1（1861）年～昭和12（1937）年10月21日
明治～昭和期の工学者。
¶科学（㊎1861年（文久1）9月26日），キリ（㊎文久1年9月26日（1861年10月29日）），姓氏京都，渡航

**下村重麿　しもむらしげまろ**
明治6（1873）年～昭和21（1946）年
明治～昭和期の農事改良者。
¶姓氏鹿児島

**下村玉広　しもむらたまひろ**
？　～昭和1（1926）年
大正期の友禅職工・図案家。
¶姓氏京都

**下元連　しももとむらじ**
明治21（1888）年12月16日～昭和59（1984）年10月2日
明治～昭和期の建築家。大蔵省営繕技監，工学院大学名誉教授。
¶美建

**下山田昌右　しもやまだしょうう**
昭和16（1941）年8月3日～
昭和期の陶芸家。
¶陶芸最

**下山睦　しもやまむつみ**
昭和25（1950）年～
昭和～平成期の陶芸家。
¶陶工

**釈迦　しゃか**
生没年不詳
安土桃山時代の蒔絵師。
¶古中，史人，日人

**若芝〔1代〕　じゃくし**
江戸時代中期の彫金工。
¶人名

**若芝〔2代〕　じゃくし**
貞享4（1687）年～宝暦5（1755）年
江戸時代中期の彫金工。
¶人名，日人

**赤鶴　しゃくずる**
→赤鶴（しゃくつる）

**赤鶴　しゃくつる，しゃくづる**
生没年不詳　㉕赤鶴《しゃくずる》，赤鶴吉成《しゃくづるよしなり》
南北朝時代の能面作者。「仮面十作」の一人。鬼面を得意とした。
¶朝日（しゃくづる），国史，古中，史人，新潮（しゃくづる），人名，世人（赤鶴吉成　しゃくづるよしなり），日人（しゃくづる），美工（しゃくずる）

**赤鶴吉成　しゃくづるよしなり**
→赤鶴（しゃくつる）

**釈永由紀夫　しゃくながゆきお**
→釈永由紀夫（しゃながゆきお）

**昔麻帝弥　しゃくまたいみ**
㉕昔麻帝弥《さくまたいみ》
上代の百済の瓦工。瓦博士。飛鳥真神原の法興寺の建立に従事。
¶古代，人名（さくまたいみ），日人（生没年不詳）

**釈永由紀夫　しゃながゆきお**
昭和29（1954）年7月26日～　㉕釈永由紀夫《しゃくながゆきお》
昭和～平成期の陶芸家。
¶陶芸最，陶工（しゃくながゆきお）

**捨目師　しゃもくし**
生没年不詳
奈良時代の伎楽面作者。
¶朝日，日人，美工，百科

**宗慶　しゅうけい**
→宗慶(1)（そうけい）

**集慶** しゅうけい
生没年不詳
室町時代の仏師。
¶仏教

**集賢** しゅうけん
鎌倉時代後期の仏師。
¶岡山歴

**集山** しゅうざん
生没年不詳
江戸時代中期の陶工。
¶日人



**重助** じゅうすけ
→重助（しげすけ）

**舟仙** しゅうせん
江戸時代末期の彫刻家、木彫師。沼津藩主から馬の彫刻を命じられ、3頭の彫刻を献上。
¶人名，日人（生没年不詳）

**周富徳** しゅうとみとく
昭和18（1943）年3月11日～
昭和～平成期の料理人。富徳総料理長・社長、周企画社長。
¶現執4期，テレ

**十仏** じゅうぶつ
生没年不詳
鎌倉時代後期の仏師。
¶埼玉人

**十文字大元** じゅうもんじだいげん
明治1（1868）年～大正13（1924）年
明治期の実業家、活動弁士、自彊術宣伝者。日本で初めてガスメーター、水道メーターを製作。
¶人名，世紀（[没]大正13（1924）年12月21日），姓氏宮城，日人（[没]大正13（1924）年12月21日）

**宿輪卓爾** しゅくわたくじ
慶応3（1867）年～大正15（1926）年
明治～大正期の水産家。
¶世紀（[生]慶応3（1867）年11月26日　[没]大正15（1926）年5月26日），日人

**守清** しゅせい
鎌倉時代後期の玉工。
¶人名，日人（生没年不詳）

**寿貞** じゅてい
→岡野寿貞（おかのじゅてい）

**珠徳** しゅとく
生没年不詳
室町時代の茶杓師（茶祖珠光門）。
¶茶道，日人，美工

**寿命彦八** じゅみょうひこはち
生没年不詳
江戸時代の尾張藩の御用刀工。
¶姓氏愛知

**主馬首一平安代** しゅめのかみいっぺいやすよ
延宝8（1680）年～享保13（1728）年　[別]安代《やすよ》，一平安代《いっぺいやすよ》
江戸時代中期の薩摩の刀工。
¶朝日（一平安代　いっぺいやすよ　[生]延宝8年4月19日（1680年5月17日）　[没]享保13年11月28日（1728年12月28日）），近世（安代　やすよ），国史（安代　やすよ），コン改，コン4，史人，新潮（安代　やすよ），世人，日人（一平安代　いっぺいやすよ）

**俊賀** しゅんが
生没年不詳　[別]宅磨俊賀《たくましゅんが》，託磨俊賀《たくましゅんが》，詫磨俊賀《たくましゅんが》
鎌倉時代の画家、絵仏師。宅磨派。作品に「春日住吉明神影」、高山寺羅漢堂の「十六羅漢」がある。
¶朝日（詫磨俊賀　たくましゅんが），鎌室，京都大（宅磨俊賀　たくましゅんが），コン改，コン4，新潮（託磨俊賀　たくましゅんが），人名，日人（宅磨俊賀　たくましゅんが），仏教（託磨俊賀　たくましゅんが），平史，名画

**春夏亭秋冬** しゅんかていしゅうとう
生没年不詳
江戸時代後期の養蚕家。
¶国書

**春慶**(1) しゅんけい
生没年不詳
室町時代の和泉国堺の漆工。春慶塗の創始者。
¶朝日，鎌室，コン改，コン4，茶道，日人，美工

**春慶**(2) しゅんけい
？　～明応8（1499）年8月6日
室町時代～戦国時代の仏師。
¶仏教

**舜慶** しゅんけい
生没年不詳
南北朝時代の仏師。
¶国書，新潮，日人，仏教

**順慶** じゅんけい
鎌倉時代前期～後期の長船派の刀工。
¶岡山歴

**春正** しゅんしょう
→山本春正〔1代〕（やまもとしゅんしょう）

**潤清** じゅんせい
平安時代前期の新羅人。
¶古代，日人（生没年不詳）

**春岱** しゅんたい
→加藤春岱（かとうしゅんたい）

**春藤真三** しゅんどうしんぞう，しゅんとうしんぞう
明治25（1892）年9月13日～昭和39（1964）年10月29日
明治～昭和期の技師。
¶近土，土木（しゅんとうしんぞう）

**春藤武平** しゅんどうぶへい
明治17（1884）年10月25日～昭和43（1968）年
明治～昭和期の製塩技術者。

¶岡山百（㊙昭和43（1968）年3月19日），岡山歴（㊙昭和43（1968）年3月11日），世紀（㊙昭和43（1968）年3月11日），日人（㊙昭和43（1968）年3月19日）

**俊白　しゅんぱく**
戦国時代～安土桃山時代の尾張瀬戸の陶工。
¶人名，日人（生没年不詳）

**俊頼　しゅんらい**
生没年不詳
平安時代後期の仏師。
¶平史

**春琳　しゅんりん**
→加藤春琳（かとうしゅんりん）

**春若　しゅんわか**
生没年不詳　㊙春若《はるわか》
室町時代の能面師。六作の一人。春若太夫ともいわれる。
¶朝日，コン改（はるわか），コン4（はるわか），新潮，人名，世人（はるわか），日人，美工

**正印村次郎兵衛　しょういんむらじろべえ**
江戸時代前期の十村役。湯崎野原の開拓や上市川の河川改修工事を行う。
¶姓氏富山

**正阿弥(1)　しょうあみ**
世襲名　室町時代の金工、太刀金具師。足利将軍家に仕えた。
¶国史，史人

**正阿弥(2)　しょうあみ**
？～
江戸時代前期の弘前藩お抱え彫金工。
¶青森人

**正阿弥（彫金工）〔1代〕　しょうあみ**
？～
江戸時代の弘前藩お抱え彫金工。
¶青森人（正阿弥〔1代〕）

**盛阿弥　じょうあみ**
生没年不詳　㊙盛阿弥〔1代〕《せいあみ》，盛阿弥《せいあみ》
安土桃山時代～江戸時代前期の塗師。
¶朝日（せいあみ），茶道，茶道（せいあみ），新潮，人名，職人，日人（せいあみ），美工

**正阿弥勝義　しょうあみかつよし**
天保3（1832）年～明治41（1908）年
明治期の金工。米、仏、独の博覧会等で金銀牌を賞賜。
¶岡山人，岡山百（㊙明治41（1908）年12月19日），岡山歴（㊙明治41（1908）年12月19日），人名，日人，名工

**正阿弥伝兵衛　しょうあみでんべえ**
慶安4（1651）年～享保12（1727）年
江戸時代前期～中期の装剣金工。
¶秋田百，日人

**正阿弥道喜　しょうあみどうき**
㊙正阿弥道喜《しょうあみみちよし》
江戸時代前期の備前岡山藩の金工。
¶岡山人（しょうあみみちよし），人名，日人（生没年不詳）

**正阿弥長次　しょうあみながつぐ**
安土桃山時代の鐔工。
¶会津

**正阿弥又八郎　しょうあみまたはちろう**
～元禄5（1692）年11月16日
江戸時代前期～中期の金工家。
¶庄内

**正阿弥道喜　しょうあみみちよし**
→正阿弥道喜（しょうあみどうき）

**正阿弥盛国　しょうあみもりくに**
江戸時代の装剣彫工。
¶人名

**正意　しょうい**
安土桃山時代～江戸時代前期の眼科医師、陶工、茶人。小堀遠州が選定した中興名物に選ばれた。
¶茶道，人名，徳島歴（生没年不詳），日人（生没年不詳）

**城意庵　じょういあん**
安土桃山時代の尾張国鳴海の陶工。古田織部好みの茶器を作った。
¶人名，日人（生没年不詳）

**正一　しょういち**
生没年不詳
江戸時代末期の刀工。
¶埼玉人

**松雲　しょううん**
→松雲元慶（しょううんげんけい）

**松雲元慶　しょううんげんけい**
慶安1（1648）年～宝永7（1710）年　㊙元慶《がんぎょう，げんけい》，松雲《しょううん》
江戸時代前期～中期の仏師。大坂瑞竜寺の鉄眼道光の弟子。
¶朝日（㊙宝永7年7月11日（1710年8月5日）），江戸東，黄檗（㊙宝永7（1710）年7月11日），近世，国史，国書（元慶　げんけい　生没年不詳），史人（㊙1710年7月11日），新潮（㊙宝永7（1710）年7月11日），人名（松雲　しょううん），日史（㊙宝永7（1710）年7月11日），日人，美術，百科，仏教（㊙宝永7（1710）年7月11日），仏史，平史（元慶　がんぎょう　生没年不詳）

**貞恵　じょうえ**
生没年不詳
鎌倉時代の蒔絵師。
¶日人

**定恵　じょうえ**
生没年不詳
平安時代中期の仏師。
¶平史

**勝円** しょうえん
生没年不詳
鎌倉時代の絵仏師。
¶日人，平史

**正円** しょうえん
生没年不詳
鎌倉時代の漆工。
¶日人

**乗円** じょうえん
生没年不詳
南北朝時代の円派の仏師。
¶朝日，日人，福島百，仏教

**浄円** じょうえん
生没年不詳
南北朝時代の鋳物師。
¶姓氏群馬

**定円**(1) じょうえん
生没年不詳
鎌倉時代前期の仏師。
¶日人，平史

**定円**(2) じょうえん
生没年不詳
鎌倉時代前期の仏師。
¶鎌室，新潮，世人，仏教

**勝賀** しょうが
→宅磨勝賀 (たくましょうが)

**浄賀** じょうが
建治1 (1275) 年～正平11/延文1 (1356) 年　㋑康
楽寺浄賀《こうらくじじょうが》
鎌倉時代後期の絵仏師，僧侶 (真宗)。
¶角史 (㋒延文1・正平11 (1356) 年?)，鎌室 (生
没年不詳)，京都大 (生没年不詳)，国書 (㋒延
文1 (1356) 年10月13日)，コン改 (生没年不
詳)，コン4 (生没年不詳)，新潮 (生没年不
詳)，人名，世人，長野歴 (生没年不詳)，日人，
仏教 (㋒延文1/正平11 (1356) 年10月13日)，名
画 (康楽寺浄賀　こうらくじじょうが)

**盛賀** じょうが
生没年不詳
平安時代後期～鎌倉時代前期の仏師。
¶平史

**定賀** じょうが
生没年不詳
平安時代後期～鎌倉時代前期の仏師。
¶平史

**称覚** しょうかく
鎌倉時代後期の蒔絵師。
¶人名，日人 (生没年不詳)

**定覚** じょうかく，じょうがく
生没年不詳
鎌倉時代前期の仏師。運慶の弟。
¶朝日，鎌室 (じょうがく)，国史，古中，史人，
新潮，人名 (じょうがく)，日人，仏教 (じょう

がく)，仏史，平史

**城間幸平** じょうぎくこうへい
文久2 (1862) 年～大正12 (1923) 年
明治～大正期の養蚕改良家。
¶群馬人，姓氏群馬

**将軍万福** しょうぐんまんぷく
生没年不詳
奈良時代の仏師。興福寺西金堂本尊丈六釈迦集会
像を造像。
¶朝日，新潮，日史，日人，美術，百科，仏教

**聖慶** しょうけい
生没年不詳
平安時代後期～鎌倉時代前期の仏師。
¶平史

**常慶** じょうけい
*～寛永12 (1635) 年　㋑楽常慶〔楽家2代〕《らく
じょうけい》，楽常慶《らくじょうけい》
安土桃山時代～江戸時代前期の楽焼の陶工。楽家
の2代。
¶朝日 (㋐永禄4 (1561) 年　㋒寛永12年5月29日
(1635年7月13日))，近世 (生没年不詳)，国史
(生没年不詳)，茶道 (楽常慶〔楽家2代〕　らく
じょうけい　㋐1536年)，史人 (㋐?　㋒1635
年?)，新潮 (生没年不詳)，人名，世人 (生没
年不詳)，戦人 (㋐永禄4 (1561) 年)，日人 (楽
常慶　らくじょうけい　㋐?　㋒1635年?)

**浄慶** じょうけい
生没年不詳
平安時代後期～鎌倉時代前期の仏師。
¶戦辞，仏教，平史

**定慶**(1) じょうけい
生没年不詳
鎌倉時代の仏師。奈良仏師康慶の一門。
¶朝日，岩史，角史，鎌室，国史，古中，コン改，
コン4，史人，新潮，人名，世人，全書，大百，
日史，日人，美術，百科，仏教，仏史，歴大

**定慶**(2) じょうけい
元暦1 (1184) 年～?
鎌倉時代前期の仏師。
¶朝日，角史，京都大 (㋐寿永1 (1182) 年)，国
史，古中，コン改，コン4，史人，新潮，人名，
姓氏京都，世人，全書 (生没年不詳)，大百，日
史，日人，美術 (生没年不詳)，百科，兵庫百，
仏教，仏史，平史 (生没年不詳)，歴大

**定慶**(3) じょうけい
生没年不詳
鎌倉時代後期の仏師。
¶角史，新潮，人名，世人，全書，大百，日史，
日人 (㋐1246年)，美術，百科，仏教 (㋐寛元4
(1246) 年)

**正玄** しょうげん
安土桃山時代の陶工。備前伊部焼の名工。
¶人名，日人 (生没年不詳)

**生源寺順** しょうげんじかず
明治20(1887)年3月15日〜昭和41(1966)年12月13日
大正〜昭和期の機械工学者。水力学分野で活躍、水車救出管の中の水の流れに関する研究で有名。
¶科学, 現情, 人名7, 世紀, 日人

**正元豊一** しょうげんとよかず
昭和26(1951)年5月5日〜
昭和〜平成期の陶芸家。
¶陶芸最, 陶工

**正元直作**(1) しょうげんなおさく
江戸時代後期の陶工。
¶兵庫百

**正元直作**(2) しょうげんなおさく
大正13(1924)年9月29日〜
昭和〜平成期の陶芸家。
¶陶芸最, 名工

**正元米蔵** しょうげんよねぞう
嘉永5(1852)年〜明治35(1902)年
明治期の陶工。
¶日人, 兵庫人([没]明治35(1902)年7月23日)

**浄宏** じょうこう
生没年不詳
南北朝時代の絵仏師。
¶神奈川人, 仏教

**庄幸司郎** しょうこうしろう, しょうこうじろう
昭和6(1931)年10月6日〜平成12(2000)年2月18日
昭和〜平成期の建築家、市民運動家。シグロ代表取締役、庄建設代表取締役。各種市民運動に参加し、雑誌「記録」「告知板」などを発行。著書に「他者と私」など。
¶現執3期, 出文, 世紀, 日人, 平和(しょうこうじろう)

**尚古斎** しょうこさい
江戸時代の京都の陶工。
¶人名

**勝厳** しょうごん
生没年不詳
平安時代後期の仏師。
¶平史

**松斎** しょうさい
生没年不詳
江戸時代後期の陶工。
¶日人

**庄左衛門** しょうざえもん
江戸時代の京都の陶工。
¶人名

**正山** しょうざん
安土桃山時代の京都の陶工。
¶人名, 日人(生没年不詳)

**庄司茂樹** しょうじしげき
大正4(1915)年1月12日〜平成17(2005)年10月14日
昭和〜平成期の通信技術者、日本電信電話公社総務理事技師長。専門は電信電話技術。
¶科学

**庄子淳** しょうじじゅん
昭和期のほうき職人。
¶名工

**庄司竹真** しょうじちくしん
嘉永7(1854)年3月28日〜昭和11(1936)年
明治〜昭和期の日本画家、漆芸家。作品に「山水」「花鳥」など。御前揮毫、御用画も務める。
¶近美, 世紀, 日画, 日人, 美家

**尚質** しょうしつ
明・崇禎2(1629)年〜清・康熙7(1668)年 [別]尚質王《しょうしつおう》
江戸時代前期の琉球国王。
¶沖縄百([生]崇禎2(1629)年8月15日 [没]康熙7(1668)年11月17日), 諸系(尚質王 しょうしつおう), 人名, 姓氏沖縄, 日人(尚質王 しょうしつおう)

**尚質王** しょうしつおう
→尚質(しょうしつ)

**荘司(庄司)直胤** しょうじなおたね
安永7(1778)年〜安政4(1857)年
江戸時代末期の刀工。
¶山形百(荘司直胤)

**東海林春美** しょうじはるみ
昭和22(1947)年5月9日〜
昭和期の陶芸家。
¶陶芸最

**庄司英信** しょうじふさのぶ
明治37(1904)年9月29日〜
昭和期の農業工学者。東京大学教授。
¶現情

**庄司芳真** しょうじほうしん
明治31(1898)年3月3日〜
大正〜昭和期の漆芸家。専門は蒔絵。
¶名工

**小路光男** しょうじみつお
昭和期の陶芸家。
¶名工

**松寿院** しょうじゅいん
寛政9(1797)年〜慶応1(1865)年
江戸時代末期の女性。種子島島主。久遠の妻。防潮堤築造、大浦塩田開発にあたった。
¶朝日([生]寛政9年3月18日(1797年4月14日) [没]慶応1年8月20日(1865年10月9日)), 女史, 女性([生]寛政9(1797)年3月18日 [没]慶応1(1865)年8月20日), 姓氏鹿児島, 日人

**定秀** じょうしゅう
生没年不詳 [別]定秀《さだひで》

し

しようし　　　　　　　　　　　　　402　　　　　　　日本人物レファレンス事典

平安時代後期～鎌倉時代前期の刀工。
¶コン改（さだひで），コン4（さだひで），新潮，
日人，美工

**庄子勇吉 しょうじゆうきち**
寛政1（1789）年～安政2（1855）年
江戸時代後期～末期の瓦師。
¶姓氏宮城

**庄司勇七 しょうじゆうしち**
世襲名　江戸時代中期～後期の瓦・土人形製作者。
¶姓氏宮城

**定助 じょうじょ**
生没年不詳
平安時代後期の絵仏師。
¶平史

**定性 じょうしょう**
生没年不詳
鎌倉時代の仏師。
¶埼玉人

**庄司陸太郎 しょうじりくたろう**
明治33（1900）年2月15日～昭和42（1967）年6月6
日
大正～昭和期の技師。
¶近土，土木

**松真 しょうしん**
江戸時代の讃岐志度の陶工。
¶人名

**性真 しょうしん**
南北朝時代の刀工。
¶島根百

**成信 じょうしん**
?　～永久5（1117）年
平安時代後期の宇治平等院及び法成寺の修理別当。
¶平史

**成真 じょうしん**
生没年不詳
平安時代中期の大仏師。
¶平史

**静真 じょうしん**
生没年不詳
平安時代後期の仏師。
¶平史

**祥瑞 しょうずい**
→祥瑞五郎太夫（しょんずいごろうだゆう）

**祥瑞五郎太夫 しょうずいごろうだゆう**
→祥瑞五郎太夫（しょんずいごろうだゆう）

**定西 じょうせい**
生没年不詳
平安時代後期の仏師。
¶平史

**勝禅 しょうぜん**
生没年不詳

平安時代後期の仏師。
¶平史

**聖全 しょうぜん**
生没年不詳
平安時代中期の仏師僧。
¶平史

**定禅 じょうぜん**
生没年不詳
平安時代後期の絵仏師。
¶平史

**上代金之助 じょうだいきんのすけ**
嘉永3（1850）年～大正14（1925）年
明治～大正期の実業家。桑苗接根法を発明、大原
銀行頭取。
¶島根歴

**正田章次郎 しょうだしょうじろう**
安政2（1855）年～昭和2（1927）年
明治期の天明鋳物師、佐野銀行頭取。
¶栃木歴

**正田治郎右衛門〔28代〕しょうだじろうえもん**
明治26（1893）年～昭和54（1979）年
明治～昭和期の天明鋳物師。
¶栃木歴（──〔代数なし〕），美工

**庄田武 しょうだたけし**
昭和11（1936）年9月7日～
昭和期のジャーナリスト、庭師。日本経済新聞社
電波本部次長兼第1部長、日経テレプス社長。
¶現執2期

**正田利一郎 しょうだりいちろう**
文化8（1811）年～明治24（1891）年
江戸時代後期～明治期の天明鋳物師、彦根藩佐野
代官所御用達、天明・小屋町副戸長。
¶栃木歴

**勝智 しょうち**
永保2（1082）年～?
平安時代後期の仏師。
¶平史

**定智 じょうち**
生没年不詳
平安時代の画僧、絵仏師。
¶朝日，国史，史人，新潮，世人，日史，日人，美
家，美術，百科，仏教，仏史，仏人，平史，名画

**成朝 じょうちょう**
→成朝（せいちょう）

**定朝 じょうちょう**
?　～天喜5（1057）年
平安時代中期の仏師。康尚の子または弟子。
¶朝日（㊿天喜5年8月1日（1057年9月2日）），岩
史，角史，京都，京都大，国史，古史，古中，
コン改，コン4，史人（㊿1057年8月1日），重要
（㊿天喜5（1057）年8月1日），人書94，新潮
（㊿天喜5（1057）年8月1日），人名，姓氏京都，
世人，世百（㊿1057年?），全書，大百，伝記，

日史([没]天喜5(1057)年8月1日), 日人, 美術, 百科, 仏教([没]天喜5(1057)年8月1日), 仏史, 仏人, 平史, 平日([没]1057), 歴大

**城南山人** じょうなんさんじん
昭和期の陶芸家。
¶名工

**少弐** しょうに
室町時代の仏師。
¶栃木歴

**定忍** じょうにん
南北朝時代の仏師。
¶岡山歴

**城ノ口みゑ**(城ノ口みえ) じょうのぐちみえ
大正6(1917)年1月2日～平成15(2003)年1月16日
昭和期の染織家。
¶現情(城ノ口みえ), 国宝, 世紀, 日人, 美工

**生野祥雲斎** しょうのしょううんさい
明治37(1904)年9月10日～昭和49(1974)年1月10日
大正～昭和期の竹工家。人間国宝。佐藤竹邑斎に竹芸を学び、大分県工業試験場別府工芸指導所に勤務。新文展で特選。
¶大分百, 大分歴, 現朝, 現情, 現日([生]1894年9月10日), 国宝, 新潮, 人名7, 世紀, 全書, 大百, 日人, 美工, 名工

**庄野太郎** しょうのたろう
文化10(1813)年～慶応3(1867)年
江戸時代後期～末期の儒者。
¶徳島歴([没]慶応3(1867)年10月29日), 日人

**正八** しょうはち
昭和期の刀工。
¶島根百

**丈八** じょうはち
安土桃山時代の尾張瀬戸の陶工。
¶人名, 日人(生没年不詳)

**正林武顕** しょうばやしたけあき
生没年不詳
江戸時代後期の金工。
¶日人

**荘原和作** しょうはらわさく
明治22(1889)年2月11日～昭和57(1982)年12月25日
大正～昭和期の化学技術者。三井鉱山取締役、東洋高圧工業取締役。
¶科技

**紹美栄祐** しょうびえいすけ
天保10(1839)年～明治32(1899)年 [別]紹美栄祐《しょうみえいすけ》
明治期の金属工芸家。
¶京都大, 姓氏京都(しょうみえいすけ), 日人([没]1900年)

**城秀男** じょうひでお
明治44(1911)年9月2日～平成22(2010)年1月22日
大正～平成期の染色家。
¶佐賀百, 美工, 名工

**定豊** じょうぶ
生没年不詳
平安時代中期の絵仏師。
¶平史

**松風栄一** しょうふうえいいち
大正4(1915)年6月22日～平成3(1991)年
昭和～平成期の陶芸家。
¶陶芸, 陶芸最, 陶工, 美工([没]平成3(1991)年2月2日), 名工

**松風嘉定** しょうふうかじょう
明治3(1870)年～昭和3(1928)年 [別]松風嘉定《しょうふうかてい, しょうふうよしさだ》
明治～大正期の窯業家。京都陶器に入社。清水の製陶業松風家を継ぎ3代となる。松風陶器合資を創設。
¶京都大(しょうふうかてい [没]大正13(1924)年), 茶道(しょうふうよしさだ), 新潮([生]明治3(1870)年10月 [没]昭和3(1928)年1月9日), 人名, 世紀([生]明治3(1870)年10月 [没]昭和3(1928)年1月9日), 姓氏京都(しょうふうよしさだ), 日人([生]明治3(1870)年10月 [没]昭和3(1928)年1月9日)

**松風嘉定** しょうふうかてい
→松風嘉定(しょうふうかじょう)

**松風堂** しょうふうどう
明治期の陶芸家。
¶日人

**松風嘉定** しょうふうよしさだ
→松風嘉定(しょうふうかじょう)

**成仏** じょうぶつ
鎌倉時代後期の玉工。
¶人名, 日人(生没年不詳)

**庄米** しょうべい
→鶯谷庄米(うぐいすだにしょうべい)

**正法地美子** しょうほうじよしこ
昭和28(1953)年～
昭和～平成期の仮面作家。
¶名工

**紹美栄祐** しょうみえいすけ
→紹美栄祐(しょうびえいすけ)

**常明** じょうみょう
生没年不詳
平安時代後期の絵仏師。
¶新潮, 世人, 日人, 仏教, 平史

**松民斎親正** しょうみんさいちかまさ
江戸時代中期の根付師。文化文政年間の人。平賀源内に学び、牙彫りを得意とした。

¶人名，日人（生没年不詳）

**庄村健** しょうむらけん
昭和24（1949）年4月15日～
昭和～平成期の陶芸家。
¶陶芸最，陶工，名工

**縄文笛毅** じょうもんぶえたけし
昭和42（1967）年～
昭和～平成期の縄文土笛製作・演奏者。
¶視覚

し

**城谷久美子** じょうやくみこ
昭和19（1944）年6月14日～
昭和～平成期の陶芸家。
¶陶芸最，陶工

**定祐** じょうゆう
室町時代前期の天台宗の僧、仏師。
¶岡山歴

**浄耀** じょうよう
永仁1（1293）年～建徳1/応安3（1370）年
鎌倉時代後期～南北朝時代の絵仏師。
¶日人

**将李魚成** しょうりぎょせい
→相李魚成（しょうりのうおなり）

**将李魚成** しょうりのうおなり
→相李魚成（しょうりのうおなり）

**相李魚成**（将李魚成） しょうりのうおなり
生没年不詳 [別]将李魚成《しょうりぎょせい，しょうりのうおなり》
飛鳥時代の伎楽面師。
¶朝日，古代（将李魚成），新潮，日人，美工（将李魚成），美術（将李魚成 しょうりぎょせい），百科（将李魚成 しょうりぎょせい），仏教（将李魚成 しょうりぎょせい）

**相李田次麻呂** しょうりのたすきまろ
生没年不詳 [別]相李田次万呂《しょうりのたつぎまろ》
奈良時代の絵師、仏師。
¶朝日（相李田次万呂 しょうりのたつぎまろ），古代，日人，美家（相李田次万呂 しょうりのたつぎまろ）

**相李田次万呂** しょうりのたつぎまろ
→相李田次麻呂（しょうりのたすきまろ）

**定林** じょうりん
→大西定林（おおにしじょうりん）

**如泥** じょでい
→小林如泥（こばやしじょでい）

**祥瑞** しょんずい
→祥瑞五郎太夫（しょんずいごろうだゆう）

**祥瑞五郎太夫** しょんずいごろうだゆう
天正5（1577）年～寛文3（1663）年 [別]伊勢五郎太夫祥瑞《いせごろうだゆうしょうずい》，呉祥瑞《ごしょうずい，ごしょんずい》，祥瑞《しょうずい，しょんずい》，祥瑞五郎太夫《しょうずいごろだゆう》，祥瑞五郎大夫《しょんずいごろだゆう》，五良大甫《ごろたゆう》
江戸時代前期の陶工。染付磁器を製作。
¶近世，国史，コン改（呉祥瑞 ごしょうずい 生没年不詳），コン4（呉祥瑞 ごしょうずい 生没年不詳），茶道（祥瑞 しょんずい），史人，新潮，人名（伊勢五郎太夫祥瑞 いせごろうだゆうしょうずい），人名（祥瑞 しょんずい），世人（しょうずいごろだゆう 生没年不詳），戦人（呉祥瑞 ごしょうずい 生没年不詳），戦人（祥瑞五郎大夫 しょんずいごろだゆう 生没年不詳），日人，美工（[生]？ [没]？）

**祥瑞五郎大夫** しょんずいごろだゆう
→祥瑞五郎太夫（しょんずいごろうだゆう）

**白井伊寿子** しらいいすこ
昭和26（1951）年9月30日～
昭和期の陶芸家。
¶陶芸最

**白井孝一** しらいこういち
明治43（1910）年12月1日～平成5（1993）年7月30日
昭和期の陶芸家。
¶世紀，日人，美工，名工

**白井作右衛門** しらいさくえもん
生没年不詳
江戸時代中期～後期の陶工。
¶日人

**白石篤** しらいしあつし
大正11（1922）年4月28日～
昭和～平成期の陶芸家。
¶陶芸最，陶工

**白石和宏** しらいしかずひろ
昭和32（1957）年～
昭和期の陶芸家。
¶陶芸最

**白石蒼軒** しらいしそうけん
文政7（1824）年～明治21（1888）年
江戸時代末期～明治期の金工。
¶人名，日人

**白石𢢫**(1) しらいしたかし
昭和9（1934）年3月6日～
昭和期の陶芸家。
¶陶芸最，陶工

**白石𢢫**(2) しらいしたかし
昭和9（1934）年3月6日～
昭和～平成期の陶芸家。
¶名工

**白石直治** しらいしなおじ
安政4（1857）年～大正8（1919）年
明治～大正期の土木工学者。東京帝国大学教授、土木学会会長。日本初の鉄筋コンクリートによる神戸和田岬の大倉庫や若松築港など大工事建設にあたる。

¶海越新 ([生]安政4 (1857) 年10月　[没]大正8 (1919) 年2月), 科学 ([生]1857年 (安政4) 10月29日　[没]1919年 (大正8) 2月17日), 近現, 近土 ([生]1857年10月29日　[没]1919年2月17日), 高知人, 高知百, 国史, 史人 ([生]1857年10月29日　[没]1919年2月17日), 実業 ([生]安政4 (1857) 年10月29日　[没]大正8 (1919) 年2月17日), 人名, 世紀 ([生]安政4 (1857) 年10月　[没]大正8 (1919) 年2月), 世百, 全書, 大百, 鉄道 ([生]1857年12月15日　[没]1919年2月17日), 渡航 ([生]1857年10月　[没]1919年2月17日), 土木 ([生]1857年10月29日　[没]1919年2月17日), 日史 ([生]安政4 (1857) 年10月29日　[没]大正8 (1919) 年2月17日), 日人, 百科

**白石弘子** しらいしひろこ
昭和期の染色家。
¶名工

**白石勇磨** しらいしゆうま
昭和4 (1929) 年1月8日～
昭和～平成期の電子技術者。日本ビクターに入社、VHS (ビデオホームシステム) による家庭用VTRを完成させた。
¶日人

**白井松山** しらいしょうざん
江戸時代末期の蒔絵師。
¶人名

**白井治郎右衛門** (白井次郎右衛門) しらいじろうえもん
生没年不詳
江戸時代前期の町人。椿新田開発の願人。
¶朝日 (白井次郎右衛門), 日人

**白井晟一** しらいせいいち
明治38 (1905) 年～昭和58 (1983) 年
昭和期の建築家。重厚な作風で知られる。東京浅草善照寺本堂、佐世保市の親和銀行本店などを手がける。
¶現朝 ([生]1905年2月5日　[没]1983年11月22日), 現執2期 ([生]明治38 (1905) 年2月5日　[没]昭和58 (1983) 年11月22日), 現情 ([生]1905年2月5日　[没]1983年11月22日), 現人, 現日 ([生]1905年2月5日　[没]1983年11月21日), コン改, コン4, コン5, 社史 ([生]1905年2月5日　[没]1983年11月22日), 新潮 ([生]明治38 (1905) 年2月5日　[没]昭和58 (1983) 年11月22日), 世紀 ([生]明治38 (1905) 年2月5日　[没]昭和58 (1983) 年11月22日), 世百新, 全書, 日人 ([生]明治38 (1905) 年2月5日　[没]昭和58 (1983) 年11月22日), 美建 ([生]明治38 (1905) 年2月5日　[没]昭和58 (1983) 年11月22日), 美術, 百科, マス89

**白井半七(1)** しらいはんしち
世襲名　江戸時代中期以来の今戸焼陶工。
¶茶道, 人名

**白井半七(2)** しらいはんしち
昭和3 (1928) 年7月29日～昭和62 (1987) 年3月12日
昭和期の陶芸家。
¶陶芸最, 陶工, 美工, 名工

**白井半七〔1代〕** しらいはんしち
生没年不詳
江戸時代前期の陶工。
¶日人, 美工

**白井半七〔2代〕** しらいはんしち
生没年不詳
江戸時代中期の陶工。
¶日人, 美工

**白井半七〔3代〕** しらいはんしち
生没年不詳
江戸時代中期の陶工。
¶日人

**白井半七〔6代〕** しらいはんしち
江戸時代後期～明治期の陶工。
¶日人

**白井武左衛門** しらいぶざえもん
江戸時代の武士。治水家‖旗本岡部忠直の家臣。
¶埼玉人 (生没年不詳), 埼玉百

**白井房治** しらいふさじ
明治1 (1868) 年～昭和23 (1948) 年　[別]白井房治《しらいふさはる》
明治～昭和期の莚織一人織機発明者。
¶静岡歴, 姓氏静岡 (しらいふさはる)

**白井房治** しらいふさはる
→白井房治 (しらいふさじ)

**白井好巳** しらいよしみ
明治38 (1905) 年10月7日～昭和60 (1985) 年
明治～昭和期の電気技術者。
¶鉄道

**白川伊右衛門** しらかわいえもん
? ～文化4 (1807) 年
江戸時代中期～後期の北海道亀田郡大野村本郷の開拓功労者。
¶朝日 ([没]文化4年5月26日 (1807年7月1日)), 近世, 国史, コン改, コン4, 史人 ([没]1807年5月25日), 新潮 ([没]文化4 (1807) 年5月25日), 日人

**白川洗石** しらかわせんせき
明治4 (1871) 年～大正12 (1923) 年
明治～大正期の指物師。
¶姓氏神奈川

**白川仙太郎** しらかわせんたろう
慶応1 (1865) 年～昭和19 (1944) 年
明治～昭和期の村長。
¶世紀, 長崎百, 日人

**白川常彦** しらかわつねひこ
昭和27 (1952) 年2月9日～
昭和期の陶芸家。
¶陶芸最

**白川信彦** しらかわのぶひこ
大正10 (1921) 年8月15日～
昭和期の陶芸家。

¶陶芸最，名工

**白川英樹** しらかわひでき
昭和11（1936）年8月20日～
昭和～平成期の化学者。総合科学技術会議ナノテクノロジー・材料プロジェクトリーダー、筑波大学名誉教授。専門は高分子化学。伝導性ポリマーを発見及び開発した業績によりノーベル化学賞を受賞。
¶現執4期，コン4，コン5，世紀，日人，ノベ業，ノベ人

し

**白倉昌明** しらくらまさあき
大正9（1920）年1月15日～平成22（2010）年4月26日
昭和～平成期の機械工学者、東京大学名誉教授。専門は流体機械。
¶科学

**白崎善次郎** しらさきぜんじろう
寛政5（1793）年～元治1（1864）年12月28日
江戸時代後期～末期の木彫師。
¶庄内

**白崎文錦堂** しらさきぶんきんどう
～文化8（1811）年9月18日
江戸時代中期～後期の木彫師。
¶庄内

**白沢民右衛門** しらさわたみえもん
寛延2（1749）年～天保3（1832）年
江戸時代末期の治水家。
¶人名，姓氏長野，日人

**白洲文吾** しらすぶんご
天保12（1841）年～明治4（1871）年10月14日
江戸時代後期～明治期の生野鉱山開発功労者。
¶兵庫人

**白勢栄悦** しらせえいえつ
明治45（1912）年2月24日～
昭和期の陶芸家。
¶陶芸，陶芸最，名工

**白鷹幸伯** しらたかゆきのり
昭和期の鍛冶師。
¶名工

**白土松吉** しらとまつきち
明治14（1881）年～昭和31（1956）年
明治～昭和期の農業技術者。
¶茨城百，郷土茨城，世紀（㊓明治14（1881）年10月2日　㊣昭和31（1956）年12月10日），日人（㊓明治14（1881）年10月2日　㊣昭和31（1956）年12月10日）

**白鳥長兵衛** しらとりちょうべい
嘉永4（1851）年～昭和10（1935）年
明治～昭和期の農具改良者。
¶青森人

**白根安正**（白根安生） しらねのあんせい
平安時代中期の備前鍛冶。
¶岡山百（生没年不詳），岡山歴（白根安生）

**白山松哉** しらやましょうさい
嘉永6（1853）年～大正12（1923）年
明治～大正期の漆工家。東京美術学校教授。象嵌、鋳職、蒔絵を学ぶ。第3回内国勧業博で妙技3等賞、帝室技芸員。
¶朝日（㊓嘉永6年9月22日（1853年10月24日）㊣大正12（1923）年8月7日），茶道，史人（㊓1853年9月22日　㊣1923年8月7日），新潮（㊓嘉永6（1853）年9月22日　㊣大正12（1923）年8月7日），人名，世紀（㊓嘉永6（1853）年9月22日　㊣大正12（1923）年8月7日），日人，美術，百科，名工（㊓嘉永6（1853）年9月22日　㊣大正12年8月7日）

**次郎左衛門** じろうざえもん
生没年不詳
戦国時代の大工。
¶戦辞

**二郎左衛門尉** じろうざえもんのじょう
生没年不詳
戦国時代の大工。
¶戦辞

**二郎三郎** じろうさぶろう
生没年不詳
室町時代の木工大工。
¶埼玉人

**次郎太夫** じろうだゆう
㊙次郎太夫《じろだゆう》
戦国時代の伊賀の陶工。
¶人名（じろだゆう），日人（生没年不詳）

**白枝屋茂助** しろえだやもすけ
元禄2（1689）年～元文5（1740）年
江戸時代中期の出雲平野の開拓者。
¶島根百（㊣元文5（1740）年1月17日），島根歴

**白木源蔵** しろきげんぞう
大正2（1913）年5月27日～平成11（1999）年1月2日
昭和～平成期の宮大工。
¶美建，名工

**白木為直** しろきためなお
文政6（1823）年～明治20（1887）年
江戸時代末期～明治期の武士、殖産家。肥後熊本藩士。力食社を設立し士族授産に尽力。
¶人名，日人

**城倉可成** しろくらかなり
明治42（1909）年～昭和57（1982）年
大正～昭和期の漆工芸家。
¶青森人，美工（㊣昭和57（1982）年8月2日）

**次郎左衛門** じろざえもん
江戸時代の能面工。
¶人名

**二郎左衛門**〔越前出目家の1代〕 じろざえもん
江戸時代の能面工。
¶人名

**二郎左衛門〔越前出目家の2代〕** じろざえもん
江戸時代の能面工。
¶人名

**次郎太夫** じろだゆう
→次郎太夫（じろうだゆう）

**城田領** しろたりょう
昭和40（1965）年10月7日～
昭和～平成期の陶芸家。
¶陶工

**治郎兵衛** じろべえ
江戸時代中期の仏師。
¶人名，日人（生没年不詳）

**城間栄喜** しろまえいき
明治41（1908）年3月4日～平成4（1992）年6月9日
昭和期の染織家。紅型技術の普及・保存の功績により県の無形文化財に認定される。
¶現情，現人，世紀，姓氏沖縄，日人，美工，名工

**白松恒二** しろまつつねじ
明治30（1897）年～昭和58（1983）年
大正～昭和期の菓子匠。
¶姓氏宮城

**新右衛門景重** しんえもんかげしげ
？ ～元和8（1622）年
江戸時代前期の尾張品野窯の陶工。
¶人名

**新衛門宗吉** しんえもんむねよし
生没年不詳
戦国時代の大工。伊豆国南部で活動。
¶戦辞

**真快** しんかい
生没年不詳
平安時代後期の仏師。
¶仏教，平史

**真改** しんかい
*～天和2（1682）年　[別]井上真改《いのうえしんかい》，国貞〔2代〕《くにさだ》
江戸時代前期の刀工。大坂新刀鍛冶。
¶朝日（井上真改　いのうえしんかい　[生]寛永8（1631）年　[没]天和2年11月9日（1682年12月7日）），大阪人（井上真改　いのうえしんかい　[生]天正18（1590）年　[没]天和2（1682）年11月），大阪墓（井上真改　いのうえしんかい　[生]寛永7（1630）年　[没]天和2（1682）年11月9日），近世（[生]1631年），国史（[生]1631年），史人（[生]1631年　[没]1682年11月9日），新潮（[生]？　[没]天和2（1682）年11月9日），人名（国貞〔2代〕　くにさだ），世人（井上真改　いのうえしんかい　[生]？），日人（[生]1631年），宮崎百（井上真改　いのうえしんかい　[生]寛永7（1630）年　[没]天和2（1682）年11月9日）

**新開寛山** しんかいかいざん
→新開寛山（しんかいかんざん）

**新開寛山** しんかいかんざん
明治45（1912）年4月21日～　[別]新開寛山《しんかいかいざん》
昭和～平成期の陶芸家。日展参事。多彩な技法を駆使した文様表現と釉薬の芸により独特の作風を築く。
¶現情（しんかいかいざん），世紀，陶芸，陶芸最，日人，名工

**新開琢也** しんかいたくや
大正11（1922）年1月1日～
昭和期の陶芸家。
¶陶芸最

**新開年山** しんかいねんざん
大正9（1920）年1月2日～
昭和～平成期の陶芸家。
¶陶芸最，陶工

**真角** しんかく
室町時代の能面師。「仮面古作」8人の一人。怪士面の「真角」の創始者。
¶人名，日人（生没年不詳）

**新木一成** しんぎいっせい
昭和20（1945）年3月16日～
昭和～平成期の陶芸家。
¶陶芸最，陶工，名工

**信吉** しんきち
江戸時代中期の筑前須恵の陶工。
¶人名，日人（生没年不詳）

**甚吉** じんきち
？ ～安政5（1858）年
江戸時代後期～末期の陶工。
¶姓氏山口

**新木寿蔵** しんきとしぞう
明治30（1897）年1月20日～？
明治～昭和期の写真技師。
¶写家

**信行** しんぎょう
～享保11（1726）年
江戸時代前期～中期の瓦師。
¶三重続

**新九郎** しんくろう
安土桃山時代～江戸時代前期の筑前高取焼の陶工。
¶人名，日人（生没年不詳）

**心慶胤光** しんけいたねみつ
天保3（1832）年～明治34（1901）年12月11日
[別]長尾栄吉《ながおえいきち》
江戸時代末期～明治期の土浦藩刀工。師は大慶直胤で、作風を受け継ぐ。
¶幕末

**塵悟楼左刀** じんごろうさとう
？ ～大正3（1914）年
明治期の木彫師、狂歌師。京都に住み、左甚五郎の後裔と称した。
¶人名，日人

## 尽語楼内匠 じんごろうたくみ
天明1(1781)年～文久1(1861)年
江戸時代後期の狂歌師。
¶人名，日人，和俳

## 甚左衛門(1) じんざえもん
安土桃山時代～江戸時代前期の対馬の陶工。
¶人名，日人(生没年不詳)

## 甚左衛門(2) じんざえもん
江戸時代後期。
→神吉寿平(1)(かみよしじゅへい)

## 新里玲子 しんさとれいこ
昭和期の宮古上布織物師。
¶名工

## 神子斎竜珪 しんしさいりゅうけい
明治期の根付師。
¶日人

## 心性 しんしょう
鎌倉時代後期の漆工、平文師。日吉神社の神輿造
替に参加。
¶人名，日人(生没年不詳)

## 新荘吉生 しんじょうきちお
→新荘吉生(しんじょうよしお)

## 新庄貞嗣 しんじょうさだつぐ
昭和25(1950)年11月18日～
昭和～平成期の陶芸家。
¶陶芸最，陶工

## 新城長有 しんじょうちょうゆう
昭和6(1931)年10月31日～
昭和～平成期の育種学者。琉球大学教授。世界で
初めてハイブリッドライスのメカニズムを解明
し、超多収米を開発する。
¶現朝，世紀，日人

## 新荘吉生 しんじょうよしお
明治6(1873)年～大正10(1921)年　別新荘吉生
《しんじょうきちお》
明治～大正期の技師。
¶科学(⊕1873年(明治6)6月9日　⊗1921年(大
正10)3月11日)，渡航(しんじょうきちお
⊕1873年6月　⊗1921年3月12日)

## 新四郎 しんしろう
生没年不詳
戦国時代の鍛冶職人。
¶戦辞

## 新次郎 しんじろう
江戸時代中期の伊賀の陶工。
¶茶道，人名，日人(生没年不詳)

## 新助 しんすけ
天明7(1787)年～文政6(1823)年
安土桃山時代の能面師。
¶人名，和歌山人

## 神息 しんそく
生没年不詳
伝説上の豊前国の刀工。
¶国史，古中

## 進経太 しんつねた
元治1(1864)年～昭和7(1932)年12月24日
明治～大正期の造船技師。造船業に関する技術・
経営に尽力。
¶海越新(⊕元治1(1864)年7月13日)，科学
(⊕1864年(元治1)7月13日)，神奈川人，人名，
世紀(⊕元治1(1864)年7月13日)，渡航，日人

## 進藤修 しんどうおさむ
昭和27(1952)年8月27日～
昭和～平成期の陶芸家。
¶陶芸最，名工

## 新藤五国光 しんとうごくにみつ
→国光(4)(くにみつ)

## 真藤慎太郎 しんどうしんたろう
明治17(1884)年～昭和46(1971)年
明治～昭和期の北洋漁場開拓者、日魯漁業副社長。
¶北海道歴

## 新藤安平 しんどうやすへい
江戸時代の製磁業、筑前須恵窯の経営者。
¶人名，日人(生没年不詳)

## 心能 しんのう
室町時代～戦国時代の能面師。「仮面古作」8人の
一人。
¶人名，日人(生没年不詳)

## 神農巌 しんのういわお
昭和32(1957)年6月12日～
昭和～平成期の陶芸家。
¶陶工

## 新之丞 しんのじょう
江戸時代前期の製紙技術家。
¶高知人(生没年不詳)，高知百

## 神野博 じんのひろし
大正15(1926)年7月24日～平成9(1997)年2月
21日
昭和～平成期の燃焼工学者、京都大学名誉教授。
¶科学

## 神野正武 じんのまさたけ
慶応3(1867)年～？
江戸時代末期～明治期の宇都宮特産の経木透織発
明者。
¶栃木歴

## 榛葉莟子 しんばしょうこ
生没年不詳
昭和～平成期の染織家、絵本作家。
¶児人

## 神八三郎 じんはちさぶろう
慶応2(1866)年～昭和30(1955)年
明治～昭和期の畜産家。釧路の別保原野で馬産牧

畜業を営む。日本釧路種、奏上釧路種などの馬種をつくった。
¶青森人，青森百，世紀，日人，北海道百，北海道歴

**真平　しんべい**
平安時代前期の新羅人。
¶古代，日人(生没年不詳)

**新兵衛　しんべえ**
戦国時代の京都の茶人、陶工。茶入れ、水指しなどを作った。姓は有来、または浦井。
¶岡山歴，人名，日人(生没年不詳)

**神保金衛　じんぼきんえ**
明治12(1879)年～昭和17(1942)年
明治～昭和期の技師。
¶姓氏群馬

**神保元二　じんぼげんじ**
昭和4(1929)年7月10日～
昭和～平成期の化学工学者。名古屋大学教授。
¶現情

**神保小四郎　じんぼこしろう**
昭和5(1930)年10月9日～平成16(2004)年7月12日
昭和～平成期の映画録音技師。
¶映人

**神保成吉　じんぼせいきち**
明治29(1896)年2月29日～昭和40(1965)年11月7日
大正～昭和期の電気工学者。電気計測に関する多くの研究があり、電気学会進歩賞を受賞。
¶科学，現情，人名，世紀，日人

**新村和憲　しんむらかずのり**
～平成9(1997)年3月5日
昭和～平成期のガラス工芸家。専門は薩摩切子。
¶美工，名工

**新村佐七　しんむらさしち**
文化9(1812)年～明治17(1884)年
江戸時代末期～明治期の筑後三池藩御用宮大工。
¶藩臣7

**新村撰吉　しんむらせんきち**
明治40(1907)年～昭和58(1983)年
昭和期の漆芸家。
¶石川百

**新村長閑子　しんむらちょうかんし**
明治40(1907)年8月15日～昭和58(1983)年5月14日
大正～昭和期の漆芸家。
¶美工，名工

**新明兼太郎　しんめいけんたろう**
昭和期の鍛冶屋。
¶名工

**真了　しんりょう**
江戸時代前期の肥前平戸の刀工。

¶人名，日人(生没年不詳)

**震鱗子景一　しんりんしけいいち**
寛政2(1790)年～？
江戸時代後期～明治期の刀工。
¶埼玉人

**震鱗子克一　しんりんしよしいち**
→震鱗子克一(しんりんしよしかず)

**震鱗子克一　しんりんしよしかず**
？～文化15(1818)年　㊙震鱗子克一《しんりんしよしいち》
江戸時代後期の上野高崎藩抱え刀工。
¶埼玉人(しんりんしよしいち)，藩臣2

## 【す】

**瑞牙　ずいが**
江戸時代中期の伊勢安東焼の陶工。
¶人名，日人(生没年不詳)

**随親　ずいしん**
生没年不詳
鎌倉時代の漆工。
¶日人

**水心子正秀　すいしんしまさひで**
→正秀(まさひで)

**酔雪　すいせつ**
文化7(1810)年～明治17(1884)年
江戸時代後期～明治期の陶工。
¶日人

**吹田徳雄　すいたとくお**
明治44(1911)年～昭和56(1981)年
昭和期の電気工学者。大阪大学教授。
¶科学(㊍1911年(明治44)12月20日　㊙1981年(昭和56)12月18日)，現情(㊍1911年12月13日㊙1981年12月17日)

**出納貞治　すいどうさだじ**
明治33(1900)年～昭和56(1981)年
大正～昭和期のブリ養殖の先駆者。
¶大分歴

**出納藤左衛門　すいどうとうざえもん**
→出納藤左衛門(すいのうとうざえもん)

**出納藤左衛門　すいのうとうざえもん**
生没年不詳　㊙出納藤左衛門《すいどうとうざえもん》
江戸時代末期の治水家。豊後佐伯藩領海部郡切畑村の庄屋。灌漑水路の常盤井路を開削。
¶大分歴(すいどうとうざえもん)，人名，日人

**末石高仙　すえいしこうせん**
大正15(1926)年1月2日～
昭和期の陶芸家。
¶陶芸最，名工

**末石泰節** すえいしたいせつ
昭和28(1953)年11月21日～
昭和～平成期の陶芸家。
¶陶芸最，陶工，名工

**末岡信彦** すえおかのぶひこ
昭和23(1948)年9月13日～
昭和～平成期の陶芸家。
¶陶芸最，陶工

す

**末景** すえかげ
室町時代の石見の刀匠。
¶島根人

**末兼** すえかね
南北朝時代の刀工。
¶人名，日人(生没年不詳)

**末包良太** すえかねりょうた，すえがねりょうた
大正14(1925)年2月8日～昭和62(1987)年10月24日
昭和期の工学者。山梨大学教授。「計算機の歴史」を著す。
¶科学，山梨百(すえがねりょうた)

**末川恒義** すえかわつねよし
明治30(1897)年～昭和43(1968)年
大正～昭和期の能美郡寺井町寺井の陶芸家。
¶姓氏石川

**季貞(1)** すえさだ
生没年不詳
平安時代後期の建築工匠。
¶姓氏京都

**季貞(2)** すえさだ
戦国時代の刀工。
¶島根人，島根百

**末貞(1)** すえさだ
室町時代の刀工。
¶島根人，島根百

**末貞(2)** すえさだ
室町時代の刀工。
¶島根百

**末定** すえさだ
戦国時代の刀工。
¶島根人，島根百

**末武安次郎** すえたけやすじろう
天保11(1840)年～大正2(1913)年
明治期の農業技術者。水稲耕作の直播法の普及に貢献。
¶世紀([没]大正2(1913)年4月)，先駆(生没年不詳)，日人

**末継** すえつぐ
室町時代の刀工。
¶島根人，島根百

**末次(1)** すえつぐ
南北朝時代の備中の刀工。
¶島根人，島根百，人名，日人(生没年不詳)

**末次(2)** すえつぐ
室町時代の山城の刀工。
¶人名，日人(生没年不詳)

**末綱(1)** すえつな
室町時代の刀工。
¶島根人，島根百

**末綱(2)** すえつな
戦国時代の刀工。
¶島根百

**末友** すえとも
室町時代の山城の刀工。
¶人名

**末永林之丞** すえながりんのじょう
天保12(1841)年～大正8(1919)年
江戸時代末期～大正期の万石浦の牡蛎養殖および海苔養殖の改良に尽力。
¶姓氏宮城

**季久** すえひさ
戦国時代の刀工。
¶島根人，島根百

**末久** すえひさ
戦国時代の刀工。
¶島根人，島根百

**末秀** すえひで
戦国時代の刀工。
¶島根人，島根百

**末広明** すえひろあきら
～平成20(2008)年6月17日
昭和～平成期の大工。
¶美建

**末広恭二** すえひろきょうじ
明治10(1877)年～昭和7(1932)年4月9日
明治～昭和期の造船工学者。東京帝国大学教授、地震研究所所長。日本の造船工業の発展に寄与。
¶科学([生]1877年(明治10)10月24日)，人名，世紀([生]明治10(1877)年10月)，全書，大百，渡航([生]1877年10月24日)，日人([生]明治10(1877)年10月24日)

**末広忠介** すえひろちゅうすけ
明治4(1871)年12月13日～?
明治期の工学者。
¶渡航

**末正** すえまさ
室町時代の山城粟田口の刀工。
¶人名

**末松安晴** すえまつやすはる
昭和7(1932)年9月22日～
昭和～平成期の電子工学者。国立情報学研究所長、東京工業大学教授。光通信の実用化に大きく貢献。著書に「光ファイバー入門」「光デバイス」など。

¶世紀, 日人

**末松喜弘** すえまつよしひろ
昭和17(1942)年3月24日～
昭和～平成期の陶芸家。
¶陶芸最, 陶工, 名工

**末光** すえみつ
室町時代の刀工。
¶島根人, 島根百

**末宗** すえむね
鎌倉時代の山城粟田口の刀工。
¶人名, 日人(生没年不詳)

**末守** すえもり
鎌倉時代前期～後期の刀工。
¶岡山歴

**末安英介** すえやすえいすけ
昭和15(1940)年11月3日～
昭和期の陶芸家。
¶陶芸最

**末行** すえゆき
南北朝時代の山城の刀工。
¶島根百, 人名, 日人(生没年不詳)

**末吉** すえよし
鎌倉時代後期の山城来派の刀工。
¶人名, 日人(生没年不詳)

**末祥** すえよし
戦国時代の刀工。
¶島根人, 島根百

**末吉安久** すえよしあんきゅう
明治37(1904)年～昭和56(1981)年
昭和期の工芸家。
¶沖縄百(㊐明治37(1904)年4月26日　㊦昭和56(1981)年3月31日), 姓氏沖縄

**菅井文十郎**(1) すがいぶんじゅうろう
生没年不詳
江戸時代後期の宮大工。
¶姓氏宮城

**菅井文十郎**(2) すがいぶんじゅうろう
慶応2(1866)年～昭和2(1927)年
明治～昭和期の宮大工。
¶姓氏宮城

**菅音次郎** すがおとじろう
慶応1(1865)年4月1日～昭和14(1939)年7月20日
明治～昭和期の茶商、神戸開発の恩人。
¶兵庫人

**須賀松園**(1) すがしょうえん
万延1(1860)年～昭和8(1933)年
明治～昭和期の鋳金家。
¶姓氏富山

**須賀松園**(2) すがしょうえん
大正14(1925)年～平成18(2006)年3月16日
昭和～平成期の蠟鋳家。

¶美工(㊦大正14(1925)年11月23日), 名工

**須賀松園**〔2代〕すがしょうえん
明治30(1897)年10月25日～昭和54(1979)年12月15日
明治～昭和期の鋳金家。
¶世紀, 姓氏富山(――〔代数なし〕　㊐1898年), 富山百(――〔代数なし〕　㊐明治31(1898)年10月25日), 日人, 美工

**菅小琴** すがしょうきん
江戸時代末期の淡路珉平焼の画工。
¶人名, 日人(生没年不詳)

**須賀正融** すがせいゆう
昭和期のサンゴ彫刻師。
¶名工

**菅蒼圃** すがそうほ
生没年不詳
明治期の陶画工。浅草に絵付工場を設置し従事させた陶画工の主管を務めた。
¶人名, 日人, 美工, 名工

**菅田栄治** すがたえいじ
明治41(1908)年2月16日～昭和63(1988)年7月13日
昭和期の電子工学者、大阪大学名誉教授。専門は電子顕微鏡学。
¶科学, 現情

**菅長慎一郎** すがながしんいちろう
昭和23(1948)年6月6日～
昭和期の陶芸家。
¶陶芸最

**菅沼政蔵** すがぬませいぞう
明治25(1892)年7月25日～昭和62(1987)年8月27日
明治～昭和期の染織工芸家。
¶世紀, 日人(㊦昭和62(1987)年8月28日), 美工, 名工

**菅野広志** すがのひろし
昭和25(1950)年～
昭和～平成期の陶芸家。
¶陶工

**菅野松次郎** すがのまつじろう
安政6(1859)年～?
明治～昭和期の捺染業職人、菅野染工場代表。
¶姓氏京都

**洲鎌朝夫** すがまあさお
昭和18(1943)年4月6日～平成20(2008)年7月15日
昭和～平成期の建築家、画家。総合デザイン匠主宰。
¶美建

**須賀正佐** すがまさすけ
大正14(1925)年11月23日～
昭和～平成期のろう型鋳造家。
¶名工

**菅村弓三** すがむらゆみぞう
慶応3（1867）年8月6日～明治33（1900）年2月9日
江戸時代末期～明治期の鉄道技師。
¶近土，土木

**須賀竜治** すがりゅうじ
昭和9（1934）年～
昭和～平成期の鋳金作家。
¶名工

す

**須川誠一** すがわせいいち
昭和～平成期の製本職人。
¶名工

**菅原伊七** すがわらいしち
～天保2（1831）年
江戸時代後期の開拓功労者。
¶庄内

**菅原卯八** すがわらうはち
？ ～寛政8（1796）年
江戸時代中期～後期の大工。
¶姓氏宮城

**菅原栄蔵** すがわらえいぞう
明治25（1892）年3月30日～昭和43（1968）年
明治～昭和期の建築家。1級建築士。
¶美建

**菅原くにみ** すがわらくにみ
昭和期の鳴子こけし工人。
¶名工

**菅原四郎兵衛** すがわらしろべえ
生没年不詳
江戸時代末期～明治期の製糸家。
¶岩手百

**菅原新蔵** すがわらしんぞう
明治12（1879）年～昭和41（1966）年
明治～昭和期の高谷野原開拓者。
¶姓氏岩手

**菅原菅雄** すがわらすがお
明治29（1896）年10月4日～昭和58（1983）年4月10日
昭和期の機械工学者。京都大学教授。
¶科学，現情

**菅原石廬** すがわらせきろ
昭和9（1934）年11月28日～平成22（2010）年11月13日
昭和～平成期の篆刻家、彫刻家。鍥社主宰、日展評議員。
¶美建

**菅原藤太** すがわらとうた
弘化4（1847）年～大正4（1915）年3月
江戸時代末期～大正期の宮大工。
¶庄内

**菅原利鑅** すがわらとしはる
明治24（1891）年2月5日～昭和33（1958）年4月3日
大正～昭和期の技術者。ジャガード機による紋織タオルを開発した。
¶愛媛百，庄内，山形百

**杉浦行宗** すぎうらぎょうそう
安政3（1856）年～明治34（1901）年
江戸時代末期～明治期の鋳金師。内国博覧会に女三ノ宮図花瓶出品し受賞。
¶人名，日人，名工（[生]安政3（1856）年10月 [没]明治34年5月3日）

**杉浦清孝** すぎうらきよたか
昭和30（1955）年12月28日～
昭和～平成期の陶芸家。
¶陶工

**杉浦健司** すぎうらけんじ
昭和25（1950）年2月8日～
昭和期の陶芸家。
¶陶芸最

**杉浦乗意** すぎうらじょうい
元禄14（1701）年～宝暦11（1761）年
江戸時代中期の装剣金工家。
¶朝日（[没]宝暦11年7月24日（1761年8月24日）），近世，国史，コン改，コン4，史人（[没]1761年7月24日），新潮（[没]宝暦11（1761）年7月24日），人名（[生]1698年），世人，世百，全書，大百，長野百，長野歴，日人，美術，百科

**杉浦進** すぎうらすすむ
昭和2（1927）年5月7日～
昭和期の建築家。新潟大学教授。
¶現執2期

**杉浦清助** すぎうらせいすけ
明治15（1882）年5月26日～昭和57（1982）年1月15日
明治～昭和期の蚕種業者・養蚕改良家。
¶埼玉人

**杉浦宗三郎** すぎうらそうざぶろう
明治3（1870）年12月13日～昭和12（1937）年12月10日
明治～昭和期の鉄道技術者、土木技術者、鉄道院技監。
¶科学，近土，人名，世紀（[生]明治3（1871）年12月13日），渡航，土木，日人（[生]明治3（1871）年12月13日）

**杉浦直時** すぎうらなおとき
江戸時代中期の彫金工。
¶人名

**杉浦那智子** すぎうらなちこ
～平成20（2008）年8月
昭和～平成期のちりめん人形作家。
¶美工

**杉浦非水** すぎうらひすい
明治9（1876）年～昭和40（1965）年
明治～昭和期の図案家、日本画家。多摩川美術大学理事長。光風会創立に参加、創作図案研究団体・七人社を創立。機関誌「アフィッシュ」を創刊。
¶愛媛百（[生]明治9（1876）年5月15日 [没]昭和40

(1965)年8月18日)，神奈川人，郷土愛媛，近美，近文，現朝([生]1876年5月15日　[没]1965年8月18日)，現情([生]1876年5月15日　[没]1965年8月18日)，コン改，コン4，コン5，四国文([生]明治9年5月15日　[没]昭和40年8月18日)，児文，新潮([生]明治9(1876)年5月15日　[没]昭和40(1965)年8月18日)，人名7，世紀([生]明治9(1876)年5月15日　[没]昭和40(1965)年8月18日)，全書，大百，鉄道([生]1876年5月15日　[没]1965年8月18日)，日画，日芸，日児([生]明治9(1876)年5月15日　[没]昭和40(1965)年8月18日)，日人([生]明治9(1876)年5月15日　[没]昭和40(1965)年8月18日)

**杉浦文泰** すぎうらふみやす
昭和21(1946)年～
昭和～平成期の陶芸家。
¶陶工

**杉浦政之丞** すぎうらまさのじょう
明治35(1902)年～昭和61(1986)年
昭和期の名古屋の室内装飾技能者。
¶姓氏愛知

**杉浦睦夫** すぎうらむつお
大正7(1918)年～昭和61(1986)年
昭和期のカメラ技術者。杉浦研究所社長。オリンパス光学工業で胃カメラの開発に従事、実用化に成功。吉村昭の小説「光る壁画」のモデル。
¶科学([生]1918年(大正7)3月13日　[没]1986年(昭和61)8月26日)，近医，静岡歴，世紀([生]大正7(1918)年3月13日　[没]昭和61(1986)年8月26日)，姓氏静岡，日人([生]大正7(1918)年3月13日　[没]昭和61(1986)年8月26日)

**杉浦康益** すぎうらやすよし
昭和24(1949)年～
昭和～平成期の陶芸家。
¶名工

**杉浦芳樹** すぎうらよしき
大正4(1915)年～
昭和期の陶芸家。
¶陶芸，陶芸最([生]大正4年10月4日)

**杉江明美** すぎえあけみ
昭和20(1945)年4月9日～
昭和期の陶芸家。
¶陶芸最

**杉江幸治** すぎえこうじ
昭和26(1951)年10月23日～
昭和～平成期の陶芸家。
¶陶芸最，名工

**杉江左近** すぎえさこん
明治41(1908)年～
昭和期の陶芸家。
¶陶芸

**杉江寿門** すぎえじゅもん
文政10(1827)年～明治30(1897)年
江戸時代末期～明治期の尾張常滑の陶工。
¶人名，姓氏愛知([生]1828年)，日人

**杉江寿門〔2代〕** すぎえじゅもん
弘化3(1846)年～昭和3(1928)年
江戸時代末期～昭和期の陶芸家。
¶陶工

**杉江淳平** すぎえじゅんぺい
昭和11(1936)年11月26日～平成17(2005)年7月20日
昭和～平成期の陶芸家。
¶陶芸最，陶工，美工，名工

**杉江善次** すぎえぜんじ
昭和25(1950)年1月6日～
昭和期の陶芸家。
¶陶芸最

**杉江平太郎** すぎえへいたろう
慶応1(1865)年～昭和14(1939)年
明治～昭和期の鉄工業・土木請負師。
¶姓氏愛知

**杉恵頼寧** すぎえよりやす
昭和18(1943)年6月22日～
昭和期の地域環境工学者。広島大学教授。
¶現執2期

**杉江寮平** すぎえりょうへい
昭和17(1942)年1月1日～
昭和期の陶芸家。
¶陶芸最，名工

**杉岡茂郎** すぎおかしげお
昭和37(1962)年8月29日～
昭和～平成期の陶芸家。
¶陶工

**杉生貞則** すぎおさだのり
明和2(1765)年～天保1(1830)年　[別]杉生十右衛門《すぎおじゅうえもん，すぎゅうじゅうえもん》
江戸時代後期の豊前小倉藩士。
¶近世，国史，コン改(杉生十右衛門　すぎゅうじゅうえもん　[生]明和4(1767)年)，コン4(杉生十右衛門　すぎゅうじゅうえもん　[生]明和4(1767)年)，新潮(杉生十右衛門　すぎおじゅうえもん　[生]明和2(1765)年10月3日　[没]天保1(1830)年5月6日)，人名(杉生十右衛門　すぎゅうじゅうえもん　[生]1767年)，日人，藩臣7

**杉生十右衛門** すぎおじゅうえもん
→杉生貞則(すぎおさだのり)

**鋤柄小一** すきがらこいち
明治25(1892)年3月3日～昭和47(1972)年7月12日
明治～昭和期の技師。
¶近土，土木

**杉甲一郎** すぎこういちろう
明治期の工学者。工部大学校教授。岩倉使節団に同行しイギリスに留学。図学、建築学を学び灯台実習を受ける。
¶海越(生没年不詳)，海越新，渡航

す

**杉崎喬** すぎさきたかし
昭和10(1935)年10月20日～
昭和～平成期の映画録音技師。
¶映人

**杉崎内匠** すぎざきたくみ
生没年不詳
江戸時代後期の淘綾郡山西村工匠。
¶神奈川人

**杉崎友治郎** すぎさきともじろう
昭和5(1930)年10月5日～
昭和～平成期の映画音響効果技師。
¶映人

**杉成吉** すぎせいきち
文久2(1862)年～明治19(1886)年
明治期の造船技師。造船技術修業のため渡仏。帰国途中便乗中の軍艦畝傍とともに遭難。
¶海越([没]明治19(1886)年12月)，海越新([没]明治19(1886)年12月)，国際，渡航

**杉田禾堂** すぎたかどう
明治19(1886)年8月1日～昭和30(1955)年7月29日
大正～昭和期の鋳金作家。作品に「鋳銅四方切込花瓶」など。鋳金工芸の伝統的な意匠などから脱却。
¶現朝，現情，世紀，日人([没]昭和30(1955)年8月27日)，美工，名工

**杉田喜兵衛** すぎたきへい
→杉田喜兵衛(すぎたきへえ)

**杉田喜兵衛** すぎたきへえ
*～天保7(1836)年　[別]杉田喜兵衛《すぎたきへい》
江戸時代後期の宮大工・彫師。
¶埼玉人([生]宝暦13(1763)年　[没]天保7(1836)年1月19日)，多摩(すぎたきへい　[生]明和1(1764)年)

**杉田祥平** すぎたしょうへい
大正3(1914)年11月15日～
昭和～平成期の陶芸家。
¶陶芸最，名工

**杉田次郎兵衛** すぎたじろべえ
寛政7(1795)年～明治11(1878)年
江戸時代後期～明治期の治水功労者。
¶福井百

**杉田仙十郎** すぎたせんじゅうろう
文政3(1820)年～明治26(1893)年
江戸時代末期～明治期の政治家。大庄屋、県議会議員。地域のために九頭竜川の治水に尽力。政治家となった長男の物心両面の活動を支えた。
¶朝日([生]文政3年11月6日(1820年12月11日)　[没]明治26(1893)年1月10日)，維新，近現，近世，国史，コン4，コン5，人名，日人，幕末([没]1893年1月10日)

**杉唯一** すぎただいち
嘉永4(1851)年～昭和8(1933)年7月
江戸時代末期～昭和期の篤農家。甘藷栽培、養蚕を奨励。溜池を築き田を開拓。
¶幕末

**杉田藤太夫** すぎたとうだゆう
享保19(1734)年～文化7(1810)年　[別]杉田政永《すぎたまさなが》
江戸時代中期の宮大工・彫師。
¶埼玉人([没]文化7(1810)年1月19日)，多摩(杉田政永　すぎたまさなが)

**杉谷冨代** すぎたにとみよ
昭和期の染色家。
¶名工

**杉谷安一** すぎたにやすいち
万延1(1860)年6月10日～？
明治期の技師。
¶渡航

**杉田春男** すぎたはるお
昭和期の竹工芸家。
¶名工

**杉田秀夫** すぎたひでお
昭和6(1931)年～平成5(1993)年11月17日
昭和～平成期の土木技術者、本州四国連絡橋公団設計部長。専門は海洋建築工学。
¶科学

**杉田文三** すぎたぶんぞう
明治2(1869)年9月4日～昭和2(1927)年3月7日
明治期の農業指導者。村農会長。優良品種の育成、作物の栽培試験、農具の改良などに取り組む。著書に「実用農業新書」。
¶朝日([生]明治2年9月4日(1869年10月8日))，世紀，日人

**杉田政永** すぎたまさなが
→杉田藤太夫(すぎたとうだゆう)

**杉戸清** すぎときよし
明治34(1901)年10月10日～平成14(2002)年4月24日
大正～昭和期の土木工学者、名古屋市長。専門は水道工学。
¶科学，政治

**杉野璜月** すぎのこうげつ
昭和2(1927)年9月18日～
昭和～平成期の陶芸家。
¶陶芸最，陶工

**杉野丈助** すぎのじょうすけ
生没年不詳
江戸時代中期の陶工、伊予砥部焼の創業者。
¶愛媛百，郷土愛媛，人名，日人

**杉野常次** すぎのつねじ
明治10(1877)年～？
明治～大正期の大工。
¶名工

杉野土佐右衛門　すぎのとさえもん
　文化6(1809)年〜明治1(1868)年6月29日
　江戸時代末期の陶工。
　　¶幕末

杉野土佐衛門　すぎのとさえもん
　文化6(1809)年〜元治1(1864)年
　江戸時代後期〜末期の陶工。
　　¶会津

杉野林平　すぎのりんぺい
　明治21(1888)年〜昭和40(1965)年
　大正〜昭和期の発明家・実業家。
　　¶姓氏富山，富山百(㊤明治21(1888)年10月1日
　　　㊦昭和40(1965)年1月22日)

杉林古香　すぎばやしここう
　明治13(1880)年〜大正2(1913)年
　明治期の蒔絵師。
　　¶姓氏京都

杉原一壺　すぎはらいつこ
　大正3(1914)年3月26日〜
　昭和期の陶芸家。
　　¶陶芸最

杉原祥公　すぎはらしょうこう
　昭和21(1946)年12月4日〜
　昭和〜平成期の陶芸家。
　　¶陶芸最，陶工

杉原大路　すぎはらたいろ
　昭和14(1939)年8月19日〜
　昭和〜平成期の陶芸家。
　　¶陶工

杉原基夫　すぎはらもとお
　昭和14(1939)年8月19日〜
　昭和期の陶芸家。
　　¶陶芸最

杉広三郎　すぎひろさぶろう
　明治16(1883)年12月16日〜昭和37(1962)年8月11日
　明治〜昭和期の鉄道技師。
　　¶近土，土木

杉村勘兵衛　すぎむらかんべえ
　安政1(1854)年〜昭和12(1937)年
　明治〜昭和期の陶芸家。
　　¶姓氏岩手

杉村キナラブック　すぎむらきならぶっく
　明治21(1888)年9月15日〜昭和48(1973)年
　明治〜昭和期のユーカラ伝承者，アイヌ民族工芸家。
　　¶社史(㊤1974年9月9日)，新芸(㊤昭和48(1973)年9月8日)，世紀(㊤昭和48(1973)年9月8日)，日人(㊤昭和48(1973)年9月9日)，美工(㊤昭和48(1973)年9月8日)，北海道百，北海道歴

杉村作一　すぎむらさくいち
　明治42(1909)年5月5日〜

昭和〜平成期の江戸木目込人形師。
　　¶名工

杉村満　すぎむらみつる
　〜平成13(2001)年12月24日
　昭和〜平成期の木工芸家。
　　¶美工

杉村密郎　すぎむらみつろう
　昭和7(1932)年10月2日〜
　昭和期の陶芸家。
　　¶陶芸最

杉村良介　すぎむらりょうすけ
　明治40(1907)年〜昭和53(1978)年
　昭和期の陶芸家。
　　¶姓氏岩手

杉本儀八　すぎもとぎはち
　大正10(1921)年〜
　昭和〜平成期の鋳金作家。
　　¶名工

杉本京太　すぎもときょうた
　明治15(1882)年〜昭和47(1972)年
　大正〜昭和期の電話技術者。和文タイプの発明者。日本の偉大なる発明家10人のうちのひとり。
　　¶科学(㊤1882年(明治15)9月20日　㊦1972年(昭和47)12月26日)，現朝(㊤1882年9月20日　㊦1972年12月26日)，コン改，コン5，世紀(㊤明治15(1882)年9月20日　㊦昭和47(1972)年12月26日)，全書，大百，日人(㊤明治15(1882)年9月20日　㊦昭和47(1972)年12月26日)，民学

杉本浩太郎　すぎもとこうたろう
　昭和14(1939)年5月27日〜
　昭和〜平成期の陶芸家。
　　¶陶芸最，陶工，名工

杉本権蔵　すぎもとごんぞう
　文政12(1829)年〜明治42(1909)年
　江戸時代末期〜明治期の開拓家。失職した川越人足に茶栽培をさせる。中山新道の開削。
　　¶静岡歴，姓氏静岡，幕末

杉本貞光　すぎもとさだみつ
　昭和10(1935)年7月31日〜
　昭和期の陶芸家。
　　¶陶芸最

杉本正次　すぎもとしょうじ
　明治23(1890)年5月23日〜昭和22(1947)年11月19日
　明治〜昭和期の治水家。寝屋川町長。
　　¶世紀，日人

杉本多加尾　すぎもとたかお
　昭和期の鋳物工。
　　¶名工

杉本武助　すぎもとぶすけ
　文政7(1824)年〜明治8(1875)年
　江戸時代後期〜明治期の殖産家。

¶郷土奈良

**杉本正雄** すぎもとまさお
明治43(1910)年1月14日～
昭和期の機械工学者。
¶現情

**杉本又三郎** すぎもとまたさぶろう
慶応1(1865)年～昭和15(1940)年1月27日
明治～昭和期の鮮魚商、政治家。大阪府議会議長。わが国初の鮮魚冷蔵運搬船を建造。海苔養殖にも貢献。
¶朝日，世紀，日人

す

**杉本隆治** すぎもとりゅうじ
？～昭和13(1938)年7月15日
明治～昭和期の製パン技術指導者。
¶食文

**杉山亮** すぎやまあきら
昭和29(1954)年～
昭和～平成期のおもちゃ作家。
¶児人，名工

**杉山岩男** すぎやまいわお
昭和期の新日鉄釜石製鉄所の炉前工。
¶名工

**杉山克巳** すぎやまかつみ
万延1(1860)年～昭和11(1936)年
明治～昭和期の地域開発者。
¶青森人，世紀([生]安政7(1860)年2月6日　[没]昭和11(1936)年10月21日)，日人

**杉山作次郎** すぎやまさくじろう
明治18(1885)年～？
明治期の呉服商・染物商。
¶姓氏京都

**杉山左門** すぎやまさもん
生没年不詳
江戸時代後期の大住郡八ヶ所村番匠。
¶神奈川人

**杉山茂** すぎやましげる
明治23(1890)年～昭和50(1975)年
大正～昭和期の醤油醸造家。
¶神奈川人

**杉山正一** すぎやましょういち
昭和期の京人形師。
¶名工

**杉山章象** すぎやましょうぞう
昭和7(1932)年1月11日～
昭和～平成期の錠前師。杉山金庫店代表取締役、金庫破りの会主宰。"インプレッション"の手法を用い、"金庫あけの名人"として知られる。著書に「金庫破り」など。
¶現朝，世紀，日人，名工

**杉山清十郎** すぎやませいじゅうろう
文政6(1823)年～明治14(1881)年　[別]杉山裏白《すぎやまりはく》
江戸時代末期～明治期の工芸家。
¶静岡歴(杉山裏白　すぎやまりはく)，人名，姓氏静岡，日人，幕末(杉山裏白　すぎやまりはく)

**杉山清次郎** すぎやませいじろう
明治9(1876)年10月15日～大正7(1918)年9月18日
明治～大正期の電気学者。阪堺電気軌道会社の技術長を務めた。
¶大阪人([没]大正7(1918)年9月)，科学，人名，世紀，渡航，日人

**杉山高次** すぎやまたかじ
大正11(1922)年12月25日～
昭和～平成期の久留米絣織物職人。
¶名工

**杉山晃** すぎやまのぼる
昭和5(1930)年10月5日～
昭和～平成期の陶芸家。
¶陶芸最，名工

**杉山彦三郎** すぎやまひこさぶろう
安政4(1857)年～昭和16(1941)年
明治～昭和期の茶品種改良の先駆者。
¶静岡百，静岡歴，植物([生]安政4(1857)年7月5日　[没]昭和16(1941)年2月7日)，食文([生]安政4年7月5日(1857年8月24日)　[没]1941年2月7日)，姓氏静岡([没]1914年)

**杉山英男** すぎやまひでお
大正14(1925)年4月11日～平成17(2005)年2月18日
昭和～平成期の建築学者、東京大学名誉教授。専門は建築構造学、木質構造学、耐震工学。
¶科学

**杉山正宗** すぎやままさむね
明治43(1910)年～
昭和～平成期の矢師。
¶名工

**杉山裏白** すぎやまりはく
→杉山清十郎(すぎやませいじゅうろう)

**杉生十右衛門** すぎゅうじゅうえもん
→杉生貞則(すぎおさだのり)

**佐興** すけおき
江戸時代中期の安芸の刀工。
¶人名，日人(生没年不詳)

**助包(1)** すけかね
平安時代中期の刀工。
¶岡山人

**助包(2)** すけかね
平安時代中期の刀工。
¶岡山人

**助包(3)** すけかね
鎌倉時代の刀工。
¶岡山人

**助包**(4)　すけかね
世襲名　鎌倉時代前期の福岡一文字派の刀工。
¶岡山歴

**祐包**　すけかね
江戸時代末期～大正期の長船派の刀工。
¶岡山歴

**助川貞利**　すけがわさだとし
明治24（1891）年～昭和47（1972）年
大正～昭和期の札幌市電のササラ除雪機発明者、社会事業家。
¶札幌（[生]明治24年12月27日　[没]昭和27年6月24日），北海道百，北海道歴

**助川秋蔵**　すけがわしゅうぞう
明治41（1908）年10月1日～平成2（1990）年6月22日
大正～平成期の宮大工。
¶美建

**助国**　すけくに
鎌倉時代後期の備前国分寺の刀工。
¶岡山人，人名，日人（生没年不詳）

**祐国**　すけくに
江戸時代前期の紀州石堂流の刀工。
¶人名，日人（生没年不詳）

**助五郎まちやす**　すけごろうまちやす
生没年不詳
江戸時代前期の時計師。
¶姓氏京都

**助左エ門**（助左衛門）　すけざえもん
江戸時代中期の刀工。
¶島根人，島根百（助左衛門）

**助左衛門**　すけざえもん
江戸時代の京都の陶工。
¶人名

**祐定**(1)　すけさだ
室町時代の備前長船の刀工。
¶古中，史人，人名，日人（生没年不詳）

**祐定**(2)　すけさだ
室町時代の刀工。
¶人名

**祐定**(3)　すけさだ
戦国時代～安土桃山時代の備前長船の刀工。
¶岡山人，人名，日人（生没年不詳）

**祐定**(4)　すけさだ
戦国時代～安土桃山時代の備前長船の刀工。
¶岡山人，人名，日人（生没年不詳）

**祐定〔3代〕**　すけさだ
戦国時代の備前長船の刀工。
¶岡山人，人名

**祐定〔4代〕**　すけさだ
安土桃山時代の備前長船の刀工。
¶岡山人，人名

**祐定〔5代〕**　すけさだ
天正5（1577）年～延宝2（1674）年
安土桃山時代～江戸時代前期の備前長船の刀工。
¶岡山人，人名

**祐定〔6代〕**　すけさだ
寛永10（1633）年～享保6（1721）年
江戸時代前期～中期の備前長船の刀工。
¶岡山人，岡山歴（――〔代数なし〕），人名，日人（――〔代数なし〕　[没]1722年）

**祐定〔7代〕**　すけさだ
江戸時代中期の刀工。
¶岡山人，人名

**祐定〔8代〕**　すけさだ
延宝7（1679）年～延享2（1745）年
江戸時代中期の備前長船の刀工。
¶岡山人，人名

**祐定〔9代〕**　すけさだ
享保3（1718）年～明和8（1771）年
江戸時代中期の備前長船の刀工。
¶岡山人，人名

**祐定（彦兵衛尉）**　すけさだ
室町時代の長船派の刀工。
¶岡山歴（祐定）

**祐定（与三左衛門）**　すけさだ
江戸時代前期の長船派の刀工。
¶岡山歴（祐定）

**祐定（与三左衛門尉）**　すけさだ
？　～天文11（1542）年
戦国時代の長船派の刀工。
¶岡山歴（祐定）

**助真**　すけざね
生没年不詳　[別]助真《すけまさ》
鎌倉時代の備前国福岡の一文字派の刀工。
¶岡山人（すけまさ），岡山人（すけまさ），岡山歴，国史，古中，史人，人名，日人，美工

**助次**　すけじ
江戸時代前期の製藍家、農事改良家。藍玉の腐敗防止に小砂をまぜる方法を発見。
¶人名，日人（生没年不詳）

**助重**　すけしげ
鎌倉時代前期の福岡一文字派の刀工。
¶岡山歴

**助成**　すけしげ
[別]助成《すけなり》
鎌倉時代の備前福岡の刀工。
¶岡山人（すけなり），岡山歴（すけなり），人名，日人（生没年不詳）

**助茂**　すけしげ
鎌倉時代の刀工。
¶岡山人，岡山歴

す

**祐末** すけすえ
室町時代の刀工。
¶島根百

**助田敏一** すけだとしかず
昭和期の漆塗り師。
¶名工

**助近** すけちか
鎌倉時代の刀工。
¶岡山人



**助次** すけつぐ
鎌倉時代の刀工。
¶岡山人，岡山歴

**祐次** すけつぐ
江戸時代後期の刀工。
¶島根百

**助綱** すけつな
生没年不詳
鎌倉時代後期の相模鎌倉山内の刀工。
¶岡山歴，人名，日人，美工

**助時** すけとき
生没年不詳
鎌倉時代の蒔絵師。
¶日人

**助俊** すけとし
鎌倉時代の刀工。
¶岡山人

**助友** すけとも
鎌倉時代前期の古備前の刀工。
¶岡山歴

**助直** すけなお
寛永16 (1639) 年～？
江戸時代中期の近江高木の刀工。
¶人名，日人

**助長** すけなが
室町時代の刀工。
¶島根人，島根百

**祐永** すけなが
江戸時代末期の長船派の刀工。
¶岡山歴

**介成** すけなり
平安時代中期の刀工。
¶岡山人，岡山歴

**助成** すけなり
→助成 (すけしげ)

**助延**(1) すけのぶ
生没年不詳
鎌倉時代の刀工。
¶岡山人，岡山歴，日人，美工

**助延**(2) すけのぶ
江戸時代中期の備前福岡の刀工。
¶人名

**祐信** すけのぶ
明治期の刀工。
¶島根人，島根百

**菅野道夫** すげのみちお
昭和15 (1940) 年2月3日～
昭和～平成期のシステム工学者。東京工業大学大学院教授。
¶現執3期

**助則**(1) すけのり
生没年不詳
鎌倉時代前期の備前福岡の刀工。
¶岡山人，岡山歴，史人，人名，日人，美工

**助則**(2) すけのり
江戸時代末期～明治期の刀工。
¶島根百

**助久** すけひさ
鎌倉時代の刀工。
¶岡山人

**助秀** すけひで
宝暦6 (1756) 年～文化14 (1817) 年
江戸時代中期～後期の刀工。
¶高知人

**助平** すけひら
平安時代後期の刀工。備前三平の一人。
¶岡山人 ([生]天暦10 (956) 年 [没]万寿1 (1024) 年)，岡山歴，国史 (生没年不詳)，古中 (生没年不詳)，史人，新潮 (生没年不詳)，世人 (生没年不詳)，日人 (生没年不詳)，美工 ([生]？ [没]？)，平史 (生没年不詳)

**祐平** すけひら
宝暦5 (1755) 年～文政12 (1829) 年
江戸時代中期の備前長船の刀工。
¶岡山人，岡山歴 ([没]文政12 (1829) 年8月25日)，人名，日人

**助広** すけひろ
江戸時代の大坂の刀工。
¶史人

**助広〔1代〕** すけひろ
？ ～寛文3 (1663) 年
江戸時代前期の大坂の刀工。
¶近世，国史，人名，日人

**助広〔2代〕** すけひろ
寛永14 (1637) 年～天和2 (1682) 年 [別]津田助広〔2代〕《つだすけひろ》，津田助広《つだすけひろ》，越前守助広《えちぜんのかみすけひろ》
江戸時代前期の刀工。初代津田助広の子。
¶朝日 (津田助広〔2代〕 つだすけひろ [没]天和2年3月14日 (1682年4月21日))，岩史 (津田助広 つだすけひろ [没]天和2 (1682) 年3月14日)，大阪人 (津田助広〔2代〕 つだすけひろ)，大阪墓 (津田助広 つだすけひろ [没]天和2 (1682) 年3月14日)，角史 (津田助広 つだ

すけひろ)，近世，国史，コン改(津田助広　つだすけひろ)，コン4(津田助広　つだすけひろ)，新潮(——〔代数なし〕　[没]天和2(1682)年3月14日)，人名，世人(——〔代数なし〕　[生]?　[没]天和2(1682)年3月14日)，世人(津田助広　つだすけひろ)，全書，日人

**祐広** すけひろ
明治期の刀工。
¶島根百

**助房** すけふさ
鎌倉時代前期の福岡一文字派の刀工。
¶岡山歴

**助房〔1代〕** すけふさ
鎌倉時代の刀工。
¶岡山人

**助房〔2代〕** すけふさ
鎌倉時代の刀工。
¶岡山人

**助兵衛** すけべえ
生没年不詳
江戸時代前期の檜の皮細工師。
¶和歌山人

**助真** すけまさ
→助真(すけざね)

**祐正** すけまさ
江戸時代後期の刀工。
¶島根百

**助光** すけみつ
生没年不詳　[別]吉岡一文字助光《よしおかいちもんじすけみつ》
鎌倉時代後期の備前の刀工。
¶朝日(吉岡一文字助光　よしおかいちもんじすけみつ)，岡山人，岡山歴，コン改，コン4，新潮，人名，世人，日人，美工

**祐光** すけみつ
世襲名　南北朝時代～室町時代の備前国長船派の刀工。
¶国史，古中，史人

**資宗**(1) すけむね
室町時代の刀工。
¶島根百

**資宗**(2) すけむね
江戸時代後期の石見の刀匠。
¶島根人

**助宗** すけむね
生没年不詳
鎌倉時代の備前国福岡の一文字派の刀工。
¶岡山人，岡山歴，国史，古中，史人，新潮，人名，世人，日人，美工

**祐宗** すけむね
明治35(1902)年8月26日～
昭和期の刀工。
¶島根百

**助村** すけむら
鎌倉時代の刀工。
¶岡山人，岡山歴

**助守** すけもり
平安時代後期の古備前の刀工。
¶岡山歴

**助行** すけゆき
平安時代後期の刀工。
¶岡山人

**助吉** すけよし
鎌倉時代の刀工。
¶岡山人，島根人，島根百

**須崎伊勢** すざきいせ
生没年不詳
江戸時代後期の大住郡北矢名大工。
¶神奈川人

**図師嘉彦** ずしよしひこ
明治37(1904)年6月7日～昭和55(1980)年5月13日
大正～昭和期の建築家。1級建築士。
¶美建

**鈴鹿甚右衛門** すずかじんえもん
文政2(1819)年～文久1(1861)年
江戸時代末期の商人、道路開削功労者。初代橋本屋甚右衛門の長男。
¶朝日([生]文政2(1819)年1月　[没]文久1年8月26日(1861年9月30日))，維新，近世，国史，コン改(生没年不詳)，コン4(生没年不詳)，史人([生]1819年1月　[没]1861年8月26日)，新潮([生]文政2(1819)年1月　[没]文久1(1861)年8月26日)，人名，日人，幕末([没]1861年9月30日)，北海道百，北海道歴

**鈴鹿雄次郎** すずかゆうじろう
大正13(1924)年6月24日～平成3(1991)年12月12日
昭和～平成期の染織家。
¶美工，名工

**鈴木明** すずきあきら
昭和期のこけし工人。
¶名工

**鈴木晄** すずきあきら
昭和3(1928)年10月11日～
昭和～平成期の映画編集技師。
¶映人

**鈴木淳夫** すずきあつお
昭和4(1929)年1月3日～
昭和期の陶芸家。
¶陶芸最，名工

**鈴木篤之** すずきあつゆき
昭和17(1942)年10月31日～
昭和～平成期の原子力工学者。東京大学教授。

す

¶現執3期

**鈴木幾弥太** すずきいくやた
慶応3(1867)年2月15日～昭和5(1930)年2月15日
江戸時代末期～昭和期の技師。
¶庄内, 渡航

**鈴木功** すずきいさお
昭和12(1937)年12月8日～
昭和～平成期の映画録音技師。
¶映人



**鈴木磯吉** すずきいそきち
～昭和58(1983)年6月14日
昭和期の小鼓製作者。
¶美工, 名工

**鈴木丑五郎** すずきうしごろう
天保11(1840)年～大正8(1919)年
江戸時代末期～大正期の実業家。荷車、醤油製造業。改良車軸、酒粕蒸留器等発明。
¶静岡歴, 姓氏静岡, 幕末

**鈴木梅太郎** すずきうめたろう
明治7(1874)年～昭和18(1943)年
明治～昭和期の農芸化学者、栄養化学者。東京帝国大学教授。米糠からオリザニン抽出に成功。米を使わない合成酒を発明。
¶岩史([生]1874年4月7日　[没]1943年9月20日), 科学([生]1874年(明治7)4月7日　[没]1943年(昭和18)9月20日), 角史, 近医, 近現, 現朝([生]1874年4月7日　[没]1943年9月20日), 現日([生]1874年4月7日　[没]1943年9月20日), 国史, コン改, コン5, 史人([生]1874年4月7日　[没]1943年9月20日), 静岡百, 静岡歴, 重要([生]明治7(1874)年4月7日　[没]昭和18(1943)年9月20日), 植物([生]明治7(1874)年4月7日　[没]昭和18(1943)年9月20日), 食文([生]1874年4月7日　[没]1943年9月20日), 新潮([生]明治7(1874)年4月7日　[没]昭和18(1943)年9月20日), 人名7, 世紀([生]明治7(1874)年4月7日　[没]昭和18(1943)年9月20日), 姓氏静岡, 世人([生]明治7(1874)年4月7日　[没]昭和18(1943)年9月20日), 世百, 先駆([生]明治7(1874)年4月7日　[没]昭和18(1943)年9月20日), 全書, 大百, 伝記, 渡航([生]1874年4月7日　[没]1943年9月20日), 日史([生]明治7(1874)年4月7日　[没]昭和18(1943)年9月20日), 日人([生]明治7(1874)年4月7日　[没]昭和18(1943)年9月20日), 日本, 百科, 平日([生]1874　[没]1943), 履歴([生]明治7(1874)年4月7日　[没]昭和18(1943)年9月20日), 歴大

**鈴木浦八** すずきうらはち
嘉永5(1852)年～大正7(1918)年
明治～大正期の官吏。わが国の耕地整理の前身の一つ「畦畔改良」の普及、大成者。
¶朝日([生]嘉永5年12月1日(1853年1月10日)　[没]大正7(1918)年10月30日), 近現, 国史, 静岡百, 静岡歴, 庄内(生没年不詳), 世紀([生]嘉永5(1853)年12月1日　[没]大正7(1918)年10月30日), 姓氏静岡, 日人([生]1853年)

**鈴木悦郎** すずきえつろう
大正9(1920)年2月25日～平成24(2012)年3月1日
昭和～平成期の土木工学者、大成建設専務。専門は建築構造学。
¶科学

**鈴木黄哉** すずきおうさい
明治41(1908)年～昭和47(1972)年
大正～昭和期の陶芸家。
¶岡山歴([生]明治41(1908)年10月18日　[没]昭和47(1972)年3月19日), 陶芸最, 陶工, 美工([生]明治41(1908)年10月18日　[没]昭和47(1972)年3月19日), 名工

**鈴木治** すずきおさむ
大正15(1926)年11月15日～平成13(2001)年4月9日
昭和～平成期の陶芸家。京都市立芸術大学教授。前衛陶芸家集団・走泥社を結成。プラハ国際陶芸展金賞、ヴァロリス国際陶芸ビエンナーレ展金賞、日本芸術大賞、朝日賞を受賞。
¶現朝, 現日, 新潮, 世紀, 陶芸最, 陶工, 日人, 美工, 名工

**鈴木蔵** すずきおさむ
昭和9(1934)年12月1日～
昭和～平成期の陶芸家。ガス窯による志野作家の代表格として活躍。法輪寺の陶壁を制作。人間国宝に。
¶国宝, 世紀, 陶芸最, 陶工, 日人, 名工

**鈴木乙松**(鈴木音松) すずきおとまつ
*～?　[別]兼音
明治期の実業家。ラムネ製造のさきがけ。
¶食文([生]嘉永2(1849)年), 先駆(鈴木音松　[生]明治1(1867)年?)

**鈴木嘉幸** すずきかこう
嘉永1(1848)年～大正8(1919)年　[別]鈴木長吉《すずきちょうきち》
明治期の鋳金家。鋳物工場を自営。作品に「十二の鷹」。
¶朝日(鈴木長吉　すずきちょうきち), 埼玉人([生]嘉永1(1848)年8月15日　[没]大正8(1919)年1月29日), 埼玉百, 人名, 日人, 美術(鈴木長吉　すずきちょうきち), 百科(鈴木長吉　すずきちょうきち), 名工([生]嘉永1(1848)年8月15日　[没]大正8年1月29日)

**鈴木一幸** すずきかずゆき
昭和期の陶芸家。
¶名工

**鈴木勝詞** すずきかつじ
昭和24(1949)年1月2日～
昭和期の陶芸家。
¶陶芸最

**鈴木環** すずきかん
昭和38(1963)年5月10日～
昭和～平成期の陶芸家。
¶陶工

**鈴木貫爾** すずきかんじ
大正8(1919)年～昭和57(1982)年
昭和期の鋳金家。
¶岩手百，姓氏岩手

**鈴木義敬** すずきぎけい
文化12(1815)年～明治17(1884)年
江戸時代末期～明治期の加賀金沢の装剣金工。前田家の鐔師として重用された。
¶人名，日人

**鈴木久一** すずききゅういち
昭和期のカラマツ加工研究家。
¶名工

**鈴木久太夫** すずききゅうだゆう
文政12(1829)年～明治24(1891)年
江戸時代末期～明治期の篤農家。種子土囲法を考案。改良鍬など多くの農具を発明。
¶近現，近世，国史，新潮([生]文政12(1829)年5月25日　[没]明治24(1891)年4月9日)，人名，日人

**鈴木清** すずききよし
明治36(1903)年9月12日～昭和42(1967)年10月6日
大正～昭和期の陶芸家。新匠美術工芸会を結成。作品に「鉄絵秋草の図角皿」など。
¶現情，人名7，世紀，陶工([生]1906年)，日人，美工，名工

**鈴木清成** すずききよなり
正保4(1647)年～享保11(1726)年
江戸時代中期の金工。
¶人名，日人

**鈴木金一郎** すずききんいちろう
弘化4(1847)年～？
江戸時代末期～明治期の公務員。改良型山岳気圧計を制作、表彰される。
¶郷土千葉，千葉百，日人，幕末

**鈴木金作** すずききんさく
明治27(1894)年11月7日～
大正～昭和期の鍛冶屋。
¶名工

**鈴木金蔵** すずききんぞう
天保8(1837)年～明治34(1901)年
江戸時代末期～明治期の絞職人。機械を導入した新筋絞を発明。新製社設立。
¶姓氏愛知，日人，幕末

**鈴木桂二** すずきけいじ
明治44(1911)年6月20日～平成15(2003)年2月2日
昭和～平成期の電気技術者、NHK技術研究所テレビジョン研究部長。専門はテレビジョン工学。
¶科学

**鈴木健司** すずきけんじ
昭和10(1935)年2月～平成22(2010)年4月22日
昭和期の陶芸家。
¶陶芸最，陶工([生]1935年2月25日)，美工，名工

**鈴木源太夫** すずきげんだゆう
生没年不詳
江戸時代前期の大工棟梁。
¶姓氏京都

**鈴木黄弌** すずきこういち
昭和17(1942)年9月10日～
昭和～平成期の陶芸家。
¶陶芸最，陶工，名工

**鈴木五郎**(1) すずきごろう
明治29(1896)年9月1日～平成2(1990)年7月12日
大正～平成期のかご職人。農家用のかごやつづらを初めとして、だるま、美術的な花器なども制作。
¶日人

**鈴木五郎**(2) すずきごろう
昭和16(1941)年4月8日～
昭和～平成期の陶芸家。
¶陶工

**鈴木貞二郎** すずきさだじろう
昭和期の琴製造。
¶名工

**鈴木三郎助** すずきさぶろうすけ
慶応3(1867)年～昭和6(1931)年　[別]鈴木三郎助《すずきさぶろすけ》
明治～昭和期の実業家。昭和肥料社長、味の素創始者。日本化学工業創立。グルタミン酸ナトリウムを工業化、味の素として販売。
¶朝日([生]慶応3年12月27日(1868年1月21日)　[没]昭和6(1931)年3月29日)，神奈川人，神奈川百，郷土神奈川，近現，現日([生]1867年12月27日　[没]1931年3月24日)，国史，コン改，コン5，史人([生]1867年12月27日　[没]1931年3月29日)，実業([生]慶応3(1868)年12月27日　[没]昭和6(1931)年3月29日)，食文([生]慶応3年12月27日(1868年1月21日)　[没]1931年3月29日)，新潮([生]慶応3(1867)年12月27日　[没]昭和6(1931)年3月29日)，人名(すずきさぶろすけ)，世紀([生]慶応3(1868)年12月27日　[没]昭和6(1931)年3月29日)，姓氏神奈川，姓氏長野，先駆([生]慶応3(1867)年12月27日　[没]昭和6(1931)年3月)，全書，創業，日史([生]慶応3(1867)年12月27日　[没]昭和6(1931)年3月29日)，日人([生]慶応3(1868)年12月27日　[没]昭和6(1931)年3月29日)，履歴([生]慶応3(1867)年12月27日　[没]昭和6(1931)年3月29日)

**鈴木三郎助** すずきさぶろすけ
→鈴木三郎助(すずきさぶろうすけ)

**鈴木左兵衛** すずきさへえ
嘉永1(1848)年8月～明治22(1889)年
江戸時代後期～明治期のレンガ製造の元祖。
¶札幌

**鈴木三成** すずきさんせい
昭和11(1936)年11月15日～
昭和～平成期の陶芸家。
¶陶芸最，陶工，名工

## 鈴木三蔵 すずきさんぞう
天保3(1832)年〜大正4(1915)年
明治期の篤農家。美濃苗木藩の勧農掛。牛耕、馬耕の普及に努めた。
¶朝日(㊥天保3年5月18日(1832年6月16日)㊧大正4(1915)年6月25日)、岐阜百、近現、国史、新潮(㊥天保3(1832)年5月18日 ㊧大正4(1915)年6月25日)、日人

## 鈴木重夫 すずきしげお
明治39(1906)年5月1日〜
昭和期の電気工学者。
¶現情

## 鈴木繁男 すずきしげお
大正3(1914)年2月2日〜
昭和期の陶芸家。
¶陶芸最

## 鈴木茂至 すずきしげじ
昭和8(1933)年4月1日〜
昭和〜平成期の陶芸家。
¶陶芸最、陶工、名工

## 鈴木成文 すずきしげぶみ
昭和2(1927)年7月30日〜
昭和〜平成期の建築学者。神戸芸術工科大学教授。公営住宅「51C」の設計に参加。
¶現執1期、現執2期、現執3期

## 鈴木重仍 すずきしげより
慶長13(1608)年〜寛文4(1664)年3月29日
江戸時代前期の安芸広島藩士。安芸竹原塩田開発の功労者。
¶朝日

## 鈴木茂 すずきしげる
昭和期の矢師。
¶名工

## 鈴木治三郎 すずきじさぶろう
江戸時代末期〜大正期の木地挽ロクロ発明者。
¶会津(㊥弘化3(1846)年 ㊧大正10(1921)年)、美工(㊥？ ㊧？)

## 鈴木七郎左衛門 すずきしちろうざえもん
生没年不詳
戦国時代の鍛冶。伊豆国南部で活動。
¶戦辞

## 鈴木治部左衛門 すずきじぶざえもん
生没年不詳
戦国時代の相模の大工。
¶戦辞

## 鈴木治平 すずきじへい
昭和2(1927)年〜
昭和〜平成期の工芸家。専門は鍛金。
¶名工

## 鈴木俊二 すずきしゅんじ
昭和30(1955)年〜
昭和期の陶芸家。
¶陶芸最

## 鈴木庄吾 すずきしょうご
昭和7(1932)年7月27日〜
昭和期のインダストリアル・デザイナー、マーチャンダイジング研究者。北海道東海大学教授。
¶現執2期

## 鈴木二郎左衛門 すずきじろうざえもん
生没年不詳
戦国時代の伊豆南部地域の鍛冶。
¶戦辞

## 鈴木新左衛門 すずきしんざえもん
？ 〜明治23(1890)年
江戸時代末期〜明治期の実業家。足柄山産の竹から安価軽量の物差しを制作。
¶神奈川人、姓氏神奈川、幕末

## 鈴木助左衛門 すずきすけざえもん
江戸時代後期の那須郡片府田村の用水開削者。
¶栃木歴

## 鈴木助兵衛 すずきすけへい
？ 〜永禄3(1560)年 ㊨鈴木助兵衛《すずきすけべえ》
戦国時代の開拓者。
¶静岡歴、姓氏静岡(すずきすけべえ)

## 鈴木助兵衛 すずきすけべえ
→鈴木助兵衛(すずきすけへい)

## 鈴木寿伝次 すずきすてじ
明治10(1877)年7月18日〜昭和9(1934)年8月5日
明治〜昭和期の通信技術家。電信電話建設局技師、通信技師などを務めた。
¶人名、世紀、日人

## 鈴木清一 すずきせいいち
明治44(1911)年12月21日〜昭和55(1980)年8月22日
昭和期の経営者。ダスキン会長。(株)ダスキンを設立。外食産業の先駆けである「ミスター・ドーナツ」を米国から技術導入して成功。
¶現朝、実業、食文、世紀、創業、日人

## 鈴木政次 すずきせいじ
昭和期の帽子製造販売業。
¶名工

## 鈴木青児 すずきせいじ
昭和21(1946)年10月14日〜平成11(1999)年6月29日
昭和期の陶芸家。
¶陶芸最、陶工、美工、名工

## 鈴木政次郎 すずきせいじろう
→鈴木政次郎(すずきまさじろう)

## 鈴木青々 すずきせいせい
大正3(1914)年5月10日〜平成2(1990)年8月19日
昭和〜平成期の陶芸家。
¶現情、世紀、陶芸、陶芸最、陶工、美工、名工

## 鈴木爽司 すずきそうじ
昭和14(1939)年11月4日〜

昭和～平成期の陶芸家。
¶陶芸最，陶工，名工

**鈴木鑒次郎** すずきそうじろう
? ～昭和17（1942）年7月31日
明治～昭和期の鉄道技師。
¶渡航

**鈴木素興** すずきそこう
明治27（1894）年～昭和5（1930）年
大正～昭和期の漆芸家。
¶高知人，高知百

**鈴木大三郎** すずきだいざぶろう
文政5（1822）年11月11日～明治26（1893）年12月23日
江戸時代後期～明治期の農事改良家。
¶埼玉人

**鈴木貴夫** すずきたかお
昭和35（1960）年2月14日～
昭和～平成期の陶芸家。
¶陶工

**鈴木孝男** すずきたかお
昭和期の染色職人。
¶名工

**鈴木隆** すずきたかし
昭和33（1958）年～
昭和～平成期の陶芸家。
¶陶工

**鈴木隆之** すずきたかゆき
昭和36（1961）年～
昭和～平成期の建築家、小説家。京都精華大学美術学部助教授、鈴木デザインネットワーク代表、「木野評論」編集長。
¶現執4期

**鈴木多喜雄** すずきたきお
大正5（1916）年5月7日～昭和61（1986）年
昭和～平成期の津軽塗職人。
¶青森人，美工，名工

**鈴木卓司** すずきたくじ
昭和17（1942）年2月12日～
昭和～平成期の陶芸家。
¶陶芸最，陶工，名工

**鈴木猛** すずきたけし
昭和10（1935）年1月10日～
昭和期の陶芸家。
¶陶芸最

**薄田浩司** すすきだこうじ
昭和20（1945）年8月4日～
昭和～平成期の陶芸家。
¶陶芸最，陶工

**鈴木忠義** すずきただよし
大正13（1924）年9月20日～
昭和～平成期の工学者、農学者。東京農業大学教授。

¶現執1期，現執2期，現執3期

**鈴木丹宮** すずきたんぐ
文政1（1818）年～
江戸時代後期の仏師。
¶神奈川人

**鈴木千久衛** すずきちくえ
大正4（1915）年～
昭和期の陶芸家。
¶陶芸

**鈴木忠治郎** すずきちゅうじろう
明治20（1887）年5月21日～昭和39（1964）年7月14日
明治～昭和期の発明家。加熱麦圧搾機を発明。
¶静岡歴，食文，世紀，姓氏静岡，日人

**鈴木長翁斎〔1代〕** すずきちょうおうさい
? ～慶応3（1867）年
江戸時代末期の錺師。
¶人名（――〔代数なし〕），日人

**鈴木長翁斎〔2代〕** すずきちょうおうさい
江戸時代末期～明治期の錺師。
¶人名（⊕? ⊗1886年），日人（⊕1824年⊗1899年）

**鈴木長吉** すずきちょうきち
→鈴木嘉幸（すずきかこう）

**鈴木長寿斎** すずきちょうじゅさい
文政5（1822）年～明治19（1886）年
江戸時代末期～明治期の鍛金家。
¶日人

**鈴木常喜** すずきつねき
昭和24（1949）年1月2日～
昭和期の陶芸家。
¶陶芸最，名工

**鈴木常清** すずきつねきよ
昭和16（1941）年7月2日～
昭和期の陶芸家。
¶陶芸最，名工

**鈴木庸寿** すずきつねひさ
文化9（1812）年～明治18（1885）年
江戸時代末期～明治期の篤農家。武蔵比企郡宮前村名主。荒川筋河川を改修。桑苗を比企郡各地に栽培。
¶朝日（⊕文化9年7月2日（1812年8月8日）⊗明治18（1885）年5月30日），埼玉百，新潮，日人

**鈴木禎次** すずきていじ
明治3（1870）年～昭和16（1941）年
明治～昭和期の建築家。日本で最初の公園計画と音楽堂の設計を行う。
¶人名7，姓氏愛知，渡航（⊕1870年7月6日⊗1941年8月12日），日人（⊕明治3（1870）年7月6日 ⊗昭和16（1941）年8月12日）

**鈴木徹** すずきてつ
昭和39（1964）年～

昭和～平成期の陶芸家。
¶陶工

### 鈴木哲朗 すずきてつろう
慶応2 (1866) 年～昭和8 (1933) 年
明治～昭和期の水産事業家。
¶世紀 (㋴慶応2 (1866) 年10月11日 　㋴昭和8 (1933) 年3月28日), 姓氏宮城, 日人, 宮城百 (㋴昭和20 (1945) 年)

### 鈴木英二 すずきてるじ
生没年不詳
江戸時代後期の刀工。
¶埼玉人

### 鈴木伝兵衛 すずきでんべえ
～享保12 (1727) 年3月12日
江戸時代前期～中期の金工家。
¶庄内

### 鈴木藤右衛門尉 すずきとうえもんのじょう
生没年不詳
戦国時代の仏師。伊豆の南部で活動。
¶戦辞

### 鈴木藤三郎 すずきとうざぶろう, すずきとうさぶろう
安政2 (1855) 年～大正2 (1913) 年
明治期の実業家。日本精糖社長、日本醬油醸造社長。氷砂糖製造法開発。日本精糖創立に参加。衆議院議員。
¶朝日 (㋴安政2年11月18日 (1855年12月26日) ㋴大正2 (1913) 年9月4日), 海越新 (㋴安政2 (1855) 年11月18日 　㋴大正2 (1913) 年9月4日), 科学 (㋴1855年 (安政2) 11月18日 ㋴1913年 (大正2) 9月4日), 学校 (㋴安政2 (1855) 年11月18日 　㋴大正2 (1913) 年9月4日), 近現, 国史, コン改, コン5 (すずきとうさぶろう), 史人 (㋴1855年11月18日 　㋴1913年9月4日), 静岡百, 静岡歴, 実業 (㋴安政2 (1855) 年11月18日 　㋴大正2 (1913) 年9月4日), 食文 (すずきとうざぶろう) (㋴安政2年11月18日 (1855年12月26日) ㋴1913年9月14日), 新潮 (㋴安政2 (1855) 年11月18日 ㋴大正2 (1913) 年9月4日), 人名, 世紀 (㋴安政2 (1855) 年11月18日 　㋴大正2 (1913) 年9月4日), 姓氏静岡, 先駆 (㋴安政2 (1855) 年11月18日 　㋴大正2 (1913) 年9月4日), 渡航 (㋴1855年11月18日 　㋴1913年9月4日), 日人

### 鈴木藤次郎 すずきとうじろう
天保14 (1843) 年7月15日～大正14 (1925) 年9月2日
江戸時代末期～大正期の鋳物師。
¶群馬人

### 鈴木徳次郎 すずきとくじろう
文政10 (1827) 年～明治14 (1881) 年
明治期の人力車業者。人力車発明者の一人。東京府から人力車の製造、営業許可をとり営業を開始。
¶朝日 (㋴明治14 (1881) 年3月26日), 維新, 近現, 国史, コン改, コン5, 人名, 先駆 (㋴明治14 (1881) 年3月26日), 日人, 幕末 (㋴1881年3月26日)

### 鈴木徳蔵 すずきとくぞう
明治25 (1892) 年3月15日～昭和45 (1970) 年4月17日
昭和期の機械工学者。
¶現情

### 鈴木敏之 すずきとしゆき
昭和19 (1944) 年5月20日～
昭和期の陶芸家。
¶陶芸最

### 鈴木富雄 すずきとみお
昭和23 (1948) 年2月18日～
昭和～平成期の陶芸家。
¶陶工

### 鈴木寅重郎 すずきとらじゅうろう
大正3 (1914) 年2月21日～
昭和～平成期の染色工芸家。専門は越後上布。
¶名工

### 鈴木直喜 すずきなおき
昭和8 (1933) 年5月9日～
昭和～平成期の陶芸家。
¶陶工

### 鈴木直樹 すずきなおき
昭和28 (1953) 年8月14日～
昭和～平成期の電子工学者。東京慈恵会医科大学医用エンジニアリング研究室講師。生物進化の機能発達の定量的解析を行う。生きた化石魚シーラカンスの研究に取り組むむ。
¶現朝, 世紀, 日人

### 鈴木直秀 すずきなおひで
昭和7 (1932) 年3月8日～平成11 (1999) 年5月23日
昭和～平成期の映画照明技師。
¶映人

### 鈴木ナカ すずきなか
弘化3 (1846) 年～明治38 (1905) 年
明治期のヨード製造改良家。
¶神奈川人

### 鈴木のり子 すずきのりこ
昭和期の陶芸家。
¶名工

### 鈴木則久 すずきのりひさ
昭和21 (1946) 年3月5日～
昭和～平成期の工学者。東京大学助教授、日本IBM東京基礎研究所長。
¶現執3期

### 鈴木紀文 すずきのりふみ
昭和15 (1940) 年12月5日～
昭和～平成期の陶芸家。
¶陶芸最, 陶工, 名工

### 鈴木八郎 すずきはちろう
大正4 (1915) 年1月29日～平成17 (2005) 年5月29日
昭和期の陶芸家。
¶陶芸, 陶芸最, 美工, 名工

鈴木久子 すずきひさこ
昭和25(1950)年1月17日〜
昭和〜平成期の陶芸家。
¶陶工, 名工

鈴木秀俊 すずきひでとし
昭和24(1949)年12月25日〜
昭和期の陶芸家。
¶陶芸最

鈴木表朔 すずきひょうさく
明治7(1874)年〜昭和17(1942)年
明治〜昭和期の漆芸家。
¶京都大, 世紀, 姓氏京都(㊦1878年), 日人

鈴木表朔〔2代〕すずきひょうさく
明治38(1905)年〜平成3(1991)年4月12日
大正〜平成期の漆芸家。
¶美工

鈴木博子 すずきひろこ
昭和13(1938)年3月31日〜
昭和期の陶芸家。
¶陶芸最, 名工

鈴木博 すずきひろし
昭和30(1955)年12月16日〜
昭和期の陶芸家。
¶陶芸最

鈴木弘 すずきひろむ
大正4(1915)年6月1日〜平成21(2009)年8月14日
昭和期の機械工学者。塑性加工技術研究と開発に優れた業績をあげる。
¶科学, 現朝, 現情, 新潮, 世紀, 日人, 日本

鈴木文夫 すずきふみお
昭和11(1936)年〜
昭和〜平成期の映写技師。
¶映人

鈴木文子 すずきふみこ
昭和期の人形作家。
¶名工

鈴木文吾 すずきぶんご
大正10(1921)年〜平成20(2008)年7月6日
昭和〜平成期の鋳物師。
¶美工

鈴木孫次 すずきまごじ
明治44(1911)年7月25日〜
昭和〜平成期の工芸家。専門は会津塗伝統工芸。
¶名工

鈴木孫七 すずきまごしち
弘化2(1845)年〜明治44(1911)年
江戸時代後期〜明治期の小田急相模原開拓の祖。
¶姓氏神奈川

鈴木政吉 すずきまさきち
安政6(1859)年〜昭和19(1944)年1月31日
明治〜昭和期のバイオリン製作者。鈴木バイオリン製造社長。国産初のバイオリンを製作。第一次世界大戦の後世界的なバイオリンメーカーになる。
¶愛知百(㊦1859年11月18日), 音楽, 音人(㊦安政6(1859)年11月18日), 芸能(㊦安政6(1859)年11月18日), 現朝(㊦安政6年11月18日(1859年12月11日)), コン改, コン5, 世紀(㊦安政6(1859)年11月18日), 姓氏愛知, 先駆(㊦安政6(1859)年11月18日), 日人, 幕末, 名工(㊦安政6年11月18日(1859年))

鈴木政次郎 すずきまさじろう
明治9(1876)年〜昭和17(1942)年 ㊙鈴木政次郎《すずきせいじろう》
明治〜昭和期の織機製造業の開発者。
¶静岡歴, 姓氏静岡(すずきせいじろう)

す

鈴木雅次 すずきまさつぐ
明治22(1889)年3月6日〜昭和62(1987)年5月28日
大正〜昭和期の土木工学者、官僚。日本大学教授、港湾協会会長。内務省、内務技官などを務める。土木・港湾工学への貢献で文化勲章受章。
¶科学, 科技, 近土(㊦1987年5月29日), 現朝, 現情, 新潮, 世紀, 姓氏長野, 土木(㊦1987年5月29日), 長野歴, 日人, 日本

鈴木正備 すずきまさなり
江戸時代中期の蒔絵師。
¶人名, 日人(生没年不詳)

鈴木正治 すずきまさはる
大正8(1919)年11月13日〜平成20(2008)年4月19日
昭和期の彫刻家、墨絵画家。
¶美家, 美建

鈴木正幸 すずきまさゆき
昭和24(1949)年7月11日〜
昭和期の陶芸家。
¶陶芸最

鈴木正之 すずきまさゆき
江戸時代中期の蒔絵師。
¶人名, 日人(生没年不詳)

鈴木理之 すずきまさゆき
昭和11(1936)年11月7日〜
昭和〜平成期の鼓職人。
¶名工

鈴木正義 すずきまさよし
江戸時代中期の印籠蒔絵師。
¶人名, 日人(生没年不詳)

鈴木又四郎 すずきまたしろう
生没年不詳
室町時代の刀匠。
¶姓氏神奈川

鈴木道雄 すずきみちお
明治20(1887)年2月18日〜昭和57(1982)年10月27日
明治〜昭和期の機械技術者。鈴木自動車工業(現・スズキ)創業者。織機製造から自動車製造に転身。
¶現朝, 静岡歴, 世紀, 姓氏静岡, 創業, 日人

**鈴木光弘** すずきみつひろ
寛延1 (1748) 年〜文化5 (1808) 年
江戸時代後期の白銀師。
¶人名, 日人

**鈴木実** すずきみのる
生没年不詳
昭和期の染織家。
¶姓氏京都

**鈴木守枝** すずきもりえ
昭和7 (1932) 年1月27日〜
昭和期の陶芸家。
¶陶芸最

**鈴木盛久** すずきもりひさ
明治29 (1896) 年〜昭和51 (1976) 年
明治〜昭和期の南部釜師。
¶岩手百, 姓氏岩手, 美工 (⊕明治29 (1896) 年2
月14日 ㊵昭和51 (1976) 年11月15日), 名工
(⊕明治29年2月14日 ㊵昭和51年11月15日)

**鈴木盛久〔14代〕** すずきもりひさ
〜昭和57 (1982) 年2月24日
昭和期の南部釜師。
¶美工, 名工

**鈴木門左衛門** すずきもんざえもん
生没年不詳
戦国時代の大工。
¶戦辞

**鈴木弥五郎** すずきやごろう
生没年不詳
戦国時代の相模国座間の鍛冶。
¶戦辞

**鈴木泰助** すずきやすすけ
天保8 (1837) 年〜大正9 (1920) 年
江戸時代末期〜大正期の農事改良家。柑橘業台頭
期の技術指導功労者。
¶静岡百, 静岡歴, 姓氏静岡

**鈴木安武** すずきやすたけ
天保8 (1837) 年1月2日〜明治32 (1899) 年6月8日
江戸時代後期〜明治期の開拓功労者。
¶庄内

**鈴木安族** すずきやすつぐ
生没年不詳
江戸時代の出羽庄内の金工。
¶庄内, 人名, 日人, 美工

**鈴木康之** すずきやすゆき
大正15 (1926) 年2月27日〜
昭和期の陶芸家。
¶陶芸最

**鈴木安良** すずきやすよし
昭和期の染色業。
¶名工

**鈴木八十二** すずきやそじ
昭和19 (1944) 年8月12日〜

昭和期のマイクロエレクトロニクス研究者。東芝
電子事業本部液晶担当副技師長、東海大学教授。
¶現執2期

**鈴木裕一郎** すずきゆういちろう
昭和12 (1937) 年5月15日〜
昭和〜平成期の靴職人、観趾法研究家、姿勢学研
究家、未来型靴研究家。ビドックス会長。
¶現執4期

**鈴木優子** すずきゆうこ
昭和期の染色工芸作家。
¶名工

**鈴木幸雄** すずきゆきお
昭和8 (1933) 年11月20日〜
昭和期の陶芸家。
¶陶芸最

**鈴木幸紀** すずきゆきのり
昭和24 (1949) 年11月26日〜
昭和〜平成期の輪島塗職人。
¶名工

**鈴木胖** すずきゆたか
昭和9 (1934) 年8月23日〜
昭和期の電気工学者。大阪大学教授、姫路工業大
学学長。
¶現執2期

**鐸木能子** すずきよしこ
昭和3 (1928) 年3月17日〜平成20 (2008) 年
昭和〜平成期の人形作家。
¶美工

**鈴木義則** すずきよしのり
昭和42 (1967) 年9月27日〜
昭和〜平成期の会社員、点字ノートテーカー・点
字ディスプレイ開発従事者。
¶視覚

**鈴木与兵衛** すずきよへえ
元和8 (1622) 年〜延宝4 (1676) 年
江戸時代前期の治水家。
¶日人

**鈴木利左衛門重広** すずきりざえもんしげひろ
延宝9 (1681) 年〜享保10 (1725) 年
江戸時代前期〜中期の新田開発の名主。
¶多摩

**鈴木利助** すずきりすけ
文化14 (1817) 年〜明治21 (1888) 年
江戸時代末期〜明治期の陶工。染付白磁製法を研
究、改良する。
¶会津, 幕末 (㊵1888年9月29日)

**鈴木量** すずきりょう
昭和20 (1945) 年9月8日〜
昭和期の陶芸家。
¶陶芸最, 名工

**鈴木良栄** すずきりょうえい
生没年不詳

江戸時代中期〜後期の装剣金工。
¶日人

**鈴木林治** すずきりんじ
昭和期の黒柿細工師。
¶庄内（㊥明治8（1875）年11月8日　㊦昭和35（1960）年1月30日），栃木歴（㊥明治41（1908）年　㊦昭和61（1986）年）

**鈴田滋人** すずたしげと
昭和29（1954）年6月20日〜
昭和〜平成期の染色作家。2008年に重要無形文化財保持者（人間国宝）に認定（木版摺更紗）。
¶国宝

**鈴田照次** すずたてるじ
大正5（1916）年10月27日〜昭和56（1981）年9月8日
昭和期の染色作家。型染作家から出発し、鍋島更紗の研究で独自の作風を確立。
¶現朝，佐賀百，世紀，日人，美工，名工

**鈴村里志** すずむらさとし
昭和23（1948）年1月20日〜
昭和期の陶芸家。
¶陶芸最

**須田官蔵〔代数なし〕**（——〔1代〕）すだかんぞう
宝暦5（1755）年〜文政9（1826）年
江戸時代中期〜後期の江戸高輪の商人。須田新田の開拓者。
¶朝日（——〔1代〕）　㊦文政9年5月15日（1826年6月20日）），近世（——〔1代〕），コン改，コン4，史人（㊦1826年5月15日），新潮（㊦文政9（1826）年5月15日），日人（——〔1代〕），歴大

**須田官蔵〔2代〕** すだかんぞう
寛政8（1796）年〜天保7（1836）年
江戸時代後期の常陸国鹿島郡須田新田の開拓者。
¶近世，国史，日人（㊦1837年）

**須田幹三** すだかんぞう
万延1（1860）年〜大正10（1921）年
明治〜大正期の治水事業家、政治家。茨城県議会議員。霞ヶ浦口護岸工事、架橋工事、北利根川改修工事などに尽力。積極的に地域振興を指導。
¶朝日，世紀，日人

**須田賢司** すだけんじ
昭和29（1954）年〜
昭和〜平成期の木工芸家。
¶名工

**須田正連** すだしょうれん
生没年不詳
戦国時代の銀師。
¶戦辞

**須田菁華〔1代〕** すだせいか
文久2（1862）年〜昭和2（1927）年
明治期の陶工。九谷焼の明治陶工界の名人。
¶石川百（——〔代数なし〕）　㊦1861年），茶道，人名（——〔代数なし〕），世紀，姓氏石川（——〔代数なし〕），陶人，日人，名工

**須田菁華〔2代〕** すだせいか
明治25（1892）年〜昭和46（1971）年
大正〜昭和期の陶画工（九谷焼）。
¶茶道，陶工，名工

**須田菁華〔3代〕** すだせいか
大正5（1916）年〜
昭和〜平成期の陶芸家。
¶陶芸（——〔代数なし〕），名工（㊥大正5年8月21日）

**須田誠太郎** すだせいたろう
明治14（1881）年〜昭和44（1969）年
明治〜昭和期の治水家。霞ケ浦北浦治水協会会長。
¶茨城百，郷土茨城，世紀（㊥明治14（1881）年8月26日　㊦昭和44（1969）年10月19日），日人（㊥明治14（1881）年8月26日　㊦昭和44（1969）年10月19日）

**須田桑翠** すだそうすい
明治43（1910）年11月24日〜昭和54（1979）年11月25日
昭和期の木工芸家。日本工芸会理事・木竹部長。
¶世紀，日人，美工，名工

**須田哲造** すだてつぞう
嘉永1（1848）年〜明治27（1894）年
江戸時代末期〜明治期の眼科医師。東京大学教授。日本眼科医学の泰斗。眼科治療上の発明・創案の器械多数。
¶科学（㊥1848年（嘉永1）8月3日　㊦1894年（明治27）4月25日），眼科，人名，長野百，長野歴，日人，広島百（㊥嘉永1（1848）年8月　㊦明治27（1894）年4月25日）

**須田熈** すだひろし
昭和8（1933）年11月5日〜平成23（2011）年5月23日
昭和〜平成期の土木工学者、東北大学名誉教授。専門は港湾工学。
¶科学

**放末** すてすえ
戦国時代の石見の刀匠。
¶島根人

**須藤紅洲** すどうこうしゅう
昭和18（1943）年2月8日〜
昭和〜平成期の陶芸家。
¶陶工

**須藤善一郎** すとうぜんいちろう
文久3（1863）年〜昭和12（1937）年
明治〜昭和期の馬産改良家。
¶秋田百，世紀（㊥文久3（1863）年9月18日　㊦昭和12（1937）年4月10日），日人

**須藤惣左衛門** すどうそうざえもん
明応6（1497）年〜天正2（1574）年
戦国時代の後北条氏家臣、職人頭。
¶全書

すとうた　　　　　　　　　　　428　　　　　　　　　日本人物レファレンス事典

**須藤武雄** すどうたけお,すとうたけお
昭和6(1931)年9月15日～
昭和～平成期の陶芸家。
¶陶芸最,陶工,名工(すとうたけお　㊸昭和6年
9月25日)

**須藤淑子** すどうとしこ
昭和13(1938)年5月25日～
昭和～平成期の陶芸家。
¶陶工

**須藤彦右衛門〔2代〕** すとうひこえもん
？～
江戸時代前期の新田開発功労者。
¶青森人

**須藤宏** すどうひろし
昭和期のオルガン製作家。
¶名工

**須藤盛永** すどうもりなが
生没年不詳
戦国時代の銀師。
¶戦辞

**須藤盛良** すどうもりよし
大永6(1526)年～慶長6(1601)年
室町時代の工匠。
¶神奈川人

**須藤八十八** すどうやそはち
大正10(1921)年10月10日～平成17(2005)年10
月3日
昭和～平成期の津軽塗職人。
¶美工,名工

**周藤弥兵衛** すとうやへえ,すどうやへえ
慶安4(1651)年～宝暦2(1752)年
江戸時代前期～中期の切通水路の開削、新田開発
の功労者。
¶朝日(すどうやへえ　㊥宝暦2年12月18日(1753
年1月21日)),近世,国史,コン改(すどうやへ
え),コン4(すどうやへえ),史人(㊥1752年12
月18日),島根人,島根歴(㊥宝暦2(1752)年12
月18日),島根歴(すどうやへえ),新潮(㊥宝
暦2(1752)年12月18日),日人(㊥1753年)

**直川智** すなおかわち
生没年不詳
江戸時代の薩摩藩士、甘藷栽培者。
¶朝日,沖縄百,鹿児島百,コン改,コン4,食
文,人名,姓氏鹿児島,日人,藩臣7

**須長隆雄** すながたかお
昭和期の印章彫刻工。
¶名工

**砂川東作妻重** すながわとうさくのつましげ
文政1(1818)年～
江戸時代後期～末期の砂川太織の発明者。
¶多摩

**砂山野水** すながわやすい,すなかわやすい
生没年不詳

江戸時代前期の人。勧農書「農術鑑正記」を刊行。
¶朝日,国書,人名(すなかわやすい),徳島歴
(すなかわやすい　㊸元禄　㊥享保ごろ),日人

**砂原秀樹** すなはらひでき
昭和35(1960)年7月11日～
昭和～平成期の研究者。奈良先端科学技術大学院
大学情報科学センター教授。
¶現執4期

**角南隆** すなみたかし
明治20(1887)年11月1日～昭和55(1980)年7月9
日
明治～昭和期の建築家。内務省神社局技師、日本
建築工芸社長。
¶美建

**砂村新左衛門** すなむらしんざえもん
？～寛文7(1667)年
江戸時代前期の開拓者。
¶神奈川人,姓氏神奈川,日人(㊥1668年)

**砂谷智導** すなやちどう
明治18(1885)年1月3日～昭和19(1944)年6月
21日
明治～昭和期の機械工学者、東北帝国大学教授。
¶科学

**春原隈次郎** すのはらくまじろう
安政3(1856)年9月14日～昭和2(1927)年12月
31日
江戸時代末期～昭和期の技師。
¶渡航

**巣野不幽** すのふゆう
江戸時代中期の蒔絵師。
¶人名,日人(生没年不詳)

**栖原角兵衛信義** すはらかくべえのぶよし
安永8(1779)年～嘉永4(1851)年
江戸時代中期～後期の蝦夷地、樺太の開発者。
¶郷土和歌山

**栖原寿郎** すはらとしろう
大正12(1923)年11月5日～
昭和～平成期の造船工学者。九州大学教授。
¶現情

**栖原豊太郎** すはらとよたろう
明治19(1886)年9月19日～昭和43(1968)年2月
25日
大正～昭和期の機械工学者。東京帝国大学・九州
帝国大学教授。内燃機関・流体工学を研究。
¶科学,現情,新潮,人名7,世紀,日人

**墨宇吉** すみうきち
＊～昭和13(1938)年
明治～昭和期の尾西毛織物染色整理の先覚者。
¶愛知百(㊸1856年3月21日　㊥1938年5月14
日),姓氏愛知(㊸1855年)

**墨江武禅** すみえぶぜん
享保19(1734)年～文化3(1806)年　㊾墨江武禅
《すみのえぶぜん》

江戸時代中期～後期の画家、彫金家。
¶大阪人（すみのえぶぜん　[没]文化3（1806）年1月），国書（すみのえぶぜん　[没]文化3（1806）年1月29日），人名，日人，名画

**澄川与助**　すみがわよすけ
生没年不詳
江戸時代前期の紙漉き指導者、名主。
¶島根歴

**墨染**　すみぞめ
生没年不詳
江戸時代後期の陶工。
¶日人

**隅田仙亭**　すみだせんてい，すみたせんてい
文政3（1820）年～明治22（1889）年　[別]隅田弥一兵衛《すみだやいちべえ》
江戸時代後期～明治期の陶芸家、神楽崎焼。
¶島根人，島根歴（すみたせんてい），日人（隅田弥一兵衛　すみだやいちべえ）

**隅谷正峯**　すみたにせいほう
→隅谷正峯（すみたにまさみね）

**隅谷正峯**　すみたにまさみね
大正10（1921）年1月24日～平成10（1998）年12月12日　[別]隅谷正峯《すみたにせいほう》
昭和～平成期の刀匠。日本美術刀剣匠会理事長。日本刀鍛錬所・傘笠亭を設立。伊勢神宮式年遷宮の御神宝太刀などを制作。人間国宝。
¶石川百，現情，国宝，世紀，日人，美工，名工（すみたにせいほう）

**角田寛**　すみたひろし
大正10（1921）年～平成13（2001）年5月25日
大正～平成期の鉄道技師。
¶鉄道

**隅田弥一兵衛**　すみだやいちべえ
→隅田仙亭（すみだせんてい）

**寿美田与市**　すみたよいち
大正13（1924）年4月22日～
昭和～平成期のインダストリアル・デザイナー。
¶現情

**住友彰**　すみともあきら
明治45（1912）年～平成23（2011）年8月16日
昭和～平成期の土木技術者、建設省九州地方建設局長。専門はトンネル工学。
¶科学

**墨江武禅**　すみのえぶぜん
→墨江武禅（すみえぶぜん）

**角倉了以**　すみのくらりょうい
天文23（1554）年～慶長19（1614）年　[別]吉田了以《よしだりょうい》
安土桃山時代～江戸時代前期の京都の豪商。河川開墾土木工事の大家、朱印船貿易家。
¶朝日（[没]慶長19年7月12日（1614年8月17日）），岩史（[没]慶長19（1614）年7月12日），角史，京都，京都大，京都府，近世，国史，古中，コン改，コン4，茶道，史人（[没]1614年7月12日），静岡歴，重要（[没]慶長19（1614）年7月12日），人書94，新潮（[没]慶長19（1614）年7月12日），人名，姓氏京都，世人（[没]慶長19（1614）年7月12日），世百，戦国（[生]1555年），全書，戦人，大百，伝記，日史（[没]慶長19（1614）年7月12日），日人，百科，平日（[生]1554　[没]1614），山梨百（[生]天文22（1553）年　[没]慶長19（1614）年7月12日），歴大

**角坊光盛**　すみのぼうみつもり
生没年不詳
安土桃山時代の能面師。
¶日人

**角寿子**　すみひさこ
昭和期の染織工芸家。
¶名工

**住民平**　すみみんぺい
弘化4（1847）年～大正11（1922）年
明治～大正期の公共事業家。
¶世紀（[生]弘化4（1847）年5月　[没]大正11（1922）年5月7日），日人

**角谷和代**　すみやかずよ
昭和16（1941）年4月10日～
昭和～平成期の陶芸家。
¶陶芸最，陶工

**住吉紀与志**　すみよしきよし
昭和28（1953）年11月20日～
昭和期の陶芸家。
¶陶芸最，名工

**住吉寅七**　すみよしとらしち
明治44（1911）年～
昭和～平成期の大工。
¶名工

**住吉康雄**　すみよしやすお
昭和12（1937）年3月8日～
昭和～平成期の陶芸家。
¶陶工

**陶山運平**　すやまうんぺい
文化6（1809）年7月12日～明治18（1885）年
江戸時代後期～明治期の竿師。
¶庄内

**巣山三郎**　すやまさぶろう
明治42（1909）年1月15日～
昭和～平成期の漆芸家。
¶名工

**巣山村山**　すやまそんざん
昭和期の金彫工芸家。
¶名工

**諏訪幾平**　すわいくへい
享保17（1732）年～享和3（1803）年
江戸時代中期～後期の肥後の金工、諏訪家5代。
¶人名，日人

**諏訪重雄** すわしげお
昭和5(1930)年5月6日～平成7(1995)年12月7日
昭和～平成期の和紙工芸家。
¶美工

**諏訪蘇山** すわそざん
昭和7(1932)年6月18日～平成16(2004)年11月15日
昭和～平成期の陶芸家。
¶陶芸最，陶工，美工，名工



**諏訪蘇山〔1代〕** すわそざん
嘉永5(1852)年～大正11(1922)年
明治～大正期の陶工。釉薬、窯変について研究。
¶朝日([没]大正11(1922)年2月8日)，石川百([生]1851年)，茶道(――〔代数なし〕)，新潮(――〔代数なし〕 [生]嘉永5(1852)年5月25日 [没]大正11(1922)年2月8日)，人名(――〔代数なし〕)，世紀([生]嘉永5(1852)年5月25日 [没]大正11(1922)年2月8日)，姓氏石川(――〔代数なし〕)，陶工，日人，幕末(――〔代数なし〕 [没]1922年1月)，名工([没]大正11年2月8日)

**諏訪蘇山〔2代〕** すわそざん
～昭和52(1977)年2月5日
昭和期の陶芸家。
¶美工

**諏訪部内匠** すわべたくみ
生没年不詳
江戸時代後期の愛甲郡角田村大工。
¶神奈川人

**寸法斎** すんぽうさい
生没年不詳
江戸時代前期の漆工。
¶日人

## 【せ】

**世安** せあん
生没年不詳
平安時代後期の舞草刀工。
¶姓氏岩手

**盛阿弥**(盛阿弥〔1代〕) せいあみ
→盛阿弥(じょうあみ)

**声阿弥** せいあみ
室町時代の茶杓師。
¶茶道

**晴雲山** せいうんざん
明治期の陶工。
¶日人

**政右衛門** せいえもん
生没年不詳
江戸時代末期の松原村の鍛冶職人。
¶姓氏愛知

**青海勘七**(清海勘七) せいかいかんしち，せいがいかんしち
生没年不詳 [別]青海勘七《あおみかんしち》
江戸時代中期の塗師。青海波塗の創始者。
¶朝日，近世(せいがいかんしち)，国史(せいがいかんしち)，コン改，コン4，史人，新潮(せいがいかんしち)，人名(清海勘七)，人名(あおみかんしち)，日史，日人，美工，美術，百科

**清海源兵衛** せいかいげんべえ
江戸時代中期の津軽の漆工。
¶人名

**青海源兵衛** せいかいげんべえ
？ ～
明治期の津軽塗職人。
¶青森人

**清吉** せいきち
生没年不詳
江戸時代後期の足柄下郡前川村大工。
¶神奈川人

**清家清** せいけきよし
大正7(1918)年12月13日～平成17(2005)年4月8日
昭和～平成期の建築家。小原流家元会館などの建築を手掛ける。
¶現朝，現執1期，現執2期，現執3期，現執4期，現情，現人，現日，新潮，世紀，日人，美建，マス89

**清家鎮鉄** せいけしづお
昭和6(1931)年2月6日～
昭和期の陶芸家。
¶陶芸最

**清家正** せいけただし
明治24(1891)年12月23日～昭和49(1974)年11月19日
大正～昭和期の機械工学者。日本工業経営学会会長。著書に「交流電気巻線法」など。
¶科学，現情，人名7，世紀，日人

**清家政夫** せいけまさお
明治12(1879)年7月～昭和27(1952)年7月
明治～昭和期の水産功労者。
¶愛媛百

**清光** せいこう
→清光(1)(きよみつ)

**精光斎宗重** せいこうさいむねしげ
天保3(1832)年～明治40(1907)年
江戸時代後期～明治期の刀鍛冶。馬耕犂を作った。
¶青森人

**静古堂** せいこどう
享和2(1802)年～天保11(1840)年
江戸時代後期の筆師。
¶人名，日人，和歌山人

**清左衛門** せいざえもん
生没年不詳
戦国時代の鋳物師。

¶戦辞

**清三郎　せいざぶろう**
？　〜宝暦8（1758）年
江戸時代中期の大工、天秤鞴の発明者。
¶島根歴

**青山　せいざん**
生没年不詳
江戸時代中期の陶工。
¶日人

**清次郎　せいじろう**
生没年不詳
戦国時代の鋳物師。
¶戦辞

**勢深　せいしん**
生没年不詳
平安時代後期の仏師。
¶平史

**晴真　せいしん**
生没年不詳
江戸時代後期の刀工。
¶埼玉人

**清介　せいすけ**
生没年不詳
江戸時代前期の陶工。
¶日人

**勢増　せいぞう**
生没年不詳
平安時代後期の仏師。
¶仏教，平史

**精壮斎宗有　せいそうさいむねあり**
？　〜
江戸時代の八戸藩お抱えの刀鍛冶。
¶青森人

**清田彦右衛門　せいたひこえもん**
生没年不詳
江戸時代前期の新田開発者。
¶姓氏神奈川

**成朝　せいちょう**
生没年不詳　[別]成朝《じょうちょう》
平安時代後期の仏師。康助の孫で康朝の子。
¶朝日，神奈川人，神奈川百，鎌倉，鎌室，国史，古中，コン改，コン4，史人，新潮，世人，全書，日史，日人，美術，仏教，仏史，平史（じょうちょう）

**清野一郎　せいのいちろう**
昭和33（1958）年2月23日〜
昭和〜平成期の陶芸家。
¶陶工

**清野善兵衛　せいのぜんべえ**
大正10（1921）年2月21日〜昭和53（1978）年5月18日
昭和期の気象技術者。第13次南極観測越冬隊長。中央気象台観測部南極事務室室長、東京管区気象台技術課長などを歴任。
¶科学，現情，人名7，世紀，日人

**清野保　せいのたもつ**
明治38（1905）年8月28日〜平成1（1989）年9月27日
昭和期の農業土木学者。木曽三川水源地域対策基金理事長、日本農業土木コンサルタンツ理事長。地域開発一すじに歩み、愛知用水建設に尽力。
¶科学，現朝，世紀，日人

**清風与平　せいふうよへい**
世襲名　江戸時代末期〜明治期の陶芸家。
¶京都大

**清風与平〔1代〕　せいふうよへい**
享和3（1803）年〜文久1（1861）年
江戸時代末期の京焼の陶工。加賀藩士保田弥平の子。
¶朝日（[没]文久3（1863）年），岡山百（——〔代数なし〕　[没]文久1（1861）年12月10日），岡山歴（[没]文久1（1861）年12月10日），コン改（[生]？），コン4（[生]？），茶道，新潮（——〔代数なし〕　[生]？），人名（[生]？），世人（——〔代数なし〕　[没]文久3（1863）年），日人

**清風与平〔2代〕　せいふうよへい**
弘化1（1844）年〜明治11（1878）年
江戸時代末期〜明治期の陶工。白磁浮文の作を出した。禁裏御所や桂宮の御用窯を蒙った。
¶コン改，コン4，コン5，茶道，人名（[生]1845年），陶工，日人（[生]1845年）

**清風与平〔3代〕　せいふうよへい**
嘉永4（1851）年〜大正3（1914）年
明治期の陶工。色彩に百華錦を出すなど斬新な作風。
¶茶道，人名，姓氏京都（——〔代数なし〕），陶工，日人，名工（[没]大正3年7月15日）

**清風与平〔4代〕　せいふうよへい**
明治4（1871）年〜？
明治〜昭和期の陶芸家。
¶陶工

**清兵衛(1)　せいべえ**
生没年不詳
江戸時代中期の蒔絵師。
¶日人，美工

**清兵衛(2)　せいべえ**
生没年不詳
江戸時代中期の根付師。
¶日人

**清宮博　せいみやひろし**
明治41（1908）年8月6日〜昭和51（1976）年4月27日
昭和期の電気工学者。富士通信機会長、通信工学の分野で業績を残す。
¶科学，現情，人名7，世紀，日人，広島百

**整珉** せいみん
→村田整珉(むらたせいみん)

**瀬尾清左衛門** せおせいざえもん
生没年不詳
戦国時代の大工。伊豆で活動。
¶戦辞

**瀬尾清太郎** せおせいたろう
生没年不詳
戦国時代の番匠。伊豆で活動。
¶戦辞

**瀬尾惣左衛門** せおそうざえもん
生没年不詳
戦国時代の番匠。伊豆で活動。
¶戦辞

**瀬尾元** せおはじめ
昭和期の自動車修理工。
¶名工

**瀬尾楽三** せおらくぞう
昭和4(1929)年～
昭和期の陶芸家。
¶陶芸最

**瀬川徹夫** せがわてつお
昭和18(1943)年10月26日～
昭和～平成期の映画録音技師。
¶映人

**是閑吉満** ぜかんよしみつ
? ～元和2(1616)年　[別]出目吉満《でめよしみつ》,出目是閑《でめぜかん》,大野出目《おおのでめ》
戦国時代～安土桃山時代の能面師。大野出目家の祖。大幸坊幸賢の弟子。豊臣秀吉に天下一の称号を賜った。
¶朝日，近世，国史，コン改(出目是閑　でめぜかん　[生]大永7(1527)年)，コン4(出目是閑　でめぜかん　[生]大永7(1527)年)，新潮([生]大永7(1527)年)，人名(出目吉満　でめよしみつ)，人名(大野出目　おおのでめ)，世人([生]大永7(1527)年)，戦人(出目是閑　でめぜかん)，日人(出目吉満　でめよしみつ)

**関内幸左衛門** せきうちこうざえもん
寛政7(1795)年～明治6(1873)年5月5日
江戸時代末期～明治期の刀工。城下で作刀し、徳川斉昭らに献じた。
¶幕末

**関岡野洲良** せきおかやすら
安永1(1772)年～天保3(1832)年
江戸時代後期の歌人。
¶江文，国書([没]天保3(1832)年11月25日)，人名，日人，和俳

**関兼道** せきかねみち
戦国時代の刀工。
¶戦人(生没年不詳)，戦補

**関川正志** せきがわまさし
昭和19(1944)年7月22日～
昭和期の陶芸家。
¶陶芸最

**関菊之助** せききくのすけ
天保6(1835)年～明治26(1893)年
江戸時代後期～明治期の器械製糸の先覚者。
¶長野歴

**関喜内** せききない
宝暦9(1759)年～天保8(1837)年
江戸時代中期～後期の出羽国雄勝郡川連村の肝煎。養蚕業の普及に尽力。
¶朝日([生]宝暦9年6月1日(1759年6月25日)　[没]天保8年6月23日(1837年7月25日))，近世，国史，コン改，コン4，史人([生]1759年6月1日　[没]1837年6月23日)，新潮([生]宝暦9(1759)年6月1日　[没]天保8(1837)年6月23日)，人名，世人，日人，歴大

**関義平** せきぎへい
安政4(1857)年～大正12(1923)年
明治～大正期の金工家。
¶姓氏富山，富山百

**関口綾** せきぐちあや
弘化2(1845)年～明治14(1881)年6月30日
江戸時代末期～明治期の女性。静岡県知事関口隆吉の妻。遠江月岡村で原野開墾に尽力。
¶女性，女性普

**関口喜三郎** せきぐちきさぶろう
慶応2(1866)年～昭和23(1948)年
明治～昭和期の養蚕飼育と生糸生産の指導者。
¶姓氏群馬

**関口専司** せきぐちせんじ
明治14(1881)年～昭和14(1939)年
明治～昭和期の総社こけし製作の元祖。
¶群馬人

**関口宗平** せきぐちそうへい
昭和15(1940)年7月15日～
昭和～平成期の陶芸家。
¶陶芸最，陶工，名工

**関口竹夫** せきぐちたけお
明治43(1910)年～昭和63(1988)年
昭和期の紋章上絵師。
¶姓氏長野，長野歴，美家([没]昭和63(1988)年5月3日)，名工([没]昭和63年5月3日)

**関口忠** せきぐちただし
大正15(1926)年5月3日～平成17(2005)年12月12日
昭和～平成期の電気工学者、東京大学名誉教授。専門はエネルギー工学、核融合、プラズマ応用。
¶科学

**関口徳蔵** せきぐちとくぞう
明治7(1874)年～昭和19(1944)年
明治～昭和期の漁業、水産加工技術改良家。

¶姓氏宮城

### 関口文治郎 せきぐちぶんじろう
享保16(1731)年〜文化4(1807)年
江戸時代の彫物師。
¶姓氏群馬

### 関口八重吉 せきぐちやえきち
明治8(1875)年8月29日〜昭和24(1949)年12月24日
明治〜昭和期の機械工学者。東京工業大学教授。工作機械の国産化、ボイラーの研究に業績を残す。
¶科学，新潮，人名，世紀，渡航，日人

### 関源司 せきげんじ
昭和14(1939)年〜
昭和〜平成期の金属工芸作家。専門は工芸デザイン。
¶名工

### 関重広 せきしげひろ
明治25(1892)年9月6日〜昭和57(1982)年2月13日
明治〜昭和期の電気工学者。日本電子工学院院長、小田原女子短期大学学長。
¶科学，郷土神奈川，現情，世紀，姓氏神奈川，日人

### 関島登 せきしまのぼる
昭和期の水引細工職人。
¶名工

### 関島寿子 せきじまひさこ
昭和期の竹芸家。専門はかご製作。
¶名工

### 関四郎 せきしろう
明治42(1909)年3月29日〜平成2(1990)年12月12日
明治〜平成期の鉄道技師。
¶鉄道

### 関慎之助 せきしんのすけ
明治20(1887)年〜昭和37(1962)年
明治〜昭和期の花卉園芸技術者、農村指導者。
¶栃木歴

### 関清一郎 せきせいいちろう
明治13(1880)年〜昭和21(1946)年
明治〜昭和期の金工。
¶山形百新

### 関田宗太郎 せきたそうたろう
享和3(1803)年〜明治15(1882)年
江戸時代末期〜明治期の公益家、治水家。武蔵国秩父郡上影森村の名主。影森用水を開削。
¶埼玉人（㊥文化1(1804)年　㊦明治15(1882)年7月27日），埼玉百，人名，日人

### 関忠孝 せきただたか
＊〜昭和49(1974)年7月19日
昭和期の診療放射線技術者。
¶科学（㊥1902年(明治35)8月11日），人名7
　（㊥1904年），世紀（㊥明治37(1904)年8月11

日），日人（㊥明治35(1902)年8月11日）

### 関忠蔵 せきちゅうぞう
江戸時代中期の鋳物師。
¶多摩

### 関徳三郎 せきとくさぶろう
昭和3(1928)年1月1日〜
昭和期の陶芸家。
¶陶芸最

### 関敏郎 せきとしろう
明治41(1908)年8月7日〜昭和54(1979)年11月28日
昭和期の機械工学者、早稲田大学名誉教授。専門は自動車工学。
¶科学

### 関直吉 せきなおよし
？〜明治8(1875)年
江戸時代後期〜明治期の装剣金工。
¶日人

### 関根栄次 せきねえいじ
大正13(1924)年11月17日〜
昭和〜平成期の陶芸家。
¶陶芸最，陶工，名工

### 関根乙次郎 せきねおとじろう
明治16(1883)年〜昭和10(1935)年
明治期の足尾銅山建築請負人。
¶栃木歴

### 関根音松 せきねおとまつ
万延1(1860)年〜大正5(1916)年
明治〜大正期の建築請負人。
¶栃木歴

### 関根柯影 せきねかえい
生没年不詳
江戸時代中期の彫工。
¶国書

### 関根所左衛門 せきねしょざえもん
江戸時代前期の裏慈恩寺村の開発者、名主。
¶埼玉百

### 関根矢作 せきねやさく
享和3(1803)年〜明治29(1896)年
江戸時代末期〜明治期の篤農家。今市から大室（下野河内郡）まで用水路を開く。維新後戸長、村長を務める。
¶朝日（㊤享和3年4月17日(1803年6月6日）
　㊦明治29(1896)年7月30日），維新，郷土栃木，近現，近世，国史，コン改，コン4，コン5，史人（㊤1803年4月17日　㊦1896年7月30日），新潮（㊤享和3(1803)年4月17日　㊦明治29(1896)年7月30日），人名，栃木歴，日人，幕末（㊦1896年7月30日）

### 関根要太郎 せきねようたろう
明治22(1889)年〜昭和34(1959)年
明治〜昭和期の建築家。
¶美建

**関根隆吉**　**せきねりゅうきち**
大正12(1923)年4月20日〜
昭和〜平成期の紙すき職人。
¶世紀，日人，名工

**関野作次郎**　**せきのさくじろう**
安政6(1859)年〜昭和10(1935)年
明治〜昭和期の農業技術者。
¶神奈川人，世紀([没]昭和10(1935)年10月12日)，姓氏神奈川，日人



**関孫六**　**せきのまごろく**
→兼元(かねもと)

**関野茂七**　**せきのもしち**
明治2(1869)年〜昭和5(1930)年
明治〜昭和期の農事改良家。
¶埼玉人([生]明治2(1869)年2月22日　[没]昭和5(1930)年11月26日)，埼玉百

**関のりを**　**せきのりお**
昭和期の越前漆器伝統工芸士。
¶名工

**関場茂樹**　**せきばしげき**
明治9(1876)年12月29日〜昭和17(1942)年1月7日
明治〜昭和期の橋梁技師。
¶近土，土木

**関英男**　**せきひでお**
明治38(1905)年10月13日〜平成13(2001)年12月16日
大正〜昭和期の電気工学者、電気通信大学教授。専門は電波工学、サイ科学。
¶科学

**関正和**　**せきまさかず**
昭和20(1945)年11月14日〜
昭和〜平成期の工芸作家。
¶名工

**関征春**　**せきまさはる**
昭和21(1946)年2月7日〜
昭和〜平成期の陶芸家。
¶陶工

**関勝**　**せきまさる**
大正3(1914)年〜
昭和〜平成期の陶芸家。
¶名工

**関ます子**　**せきますこ**
昭和期の鋳物原型士。
¶名工

**関稔**　**せきみのる**
昭和7(1932)年〜
昭和〜平成期の彫金作家。
¶名工

**関宗長**　**せきむねなが**
江戸時代前期の漆工。
¶人名，日人(生没年不詳)

**関本久造**　**せきもときゅうぞう**
昭和期の大工。
¶名工

**関盛春**　**せきもりはる**
元中1/至徳1(1384)年〜享徳2(1453)年
南北朝時代〜室町時代の伊那郡新野村の開拓者。
¶姓氏長野

**関谷出雲**　**せきやいずも**
？　〜天保12(1841)年
江戸時代後期の宮大工。
¶群馬人

**関谷浩二**　**せきやこうじ**
大正15(1926)年〜
昭和〜平成期の蒔絵師。
¶名工

**関谷四郎**　**せきやしろう**
明治40(1907)年2月11日〜平成6(1994)年12月3日
昭和期の鍛金作家。日本伝統工芸展入選など受賞歴多数。人間国宝。現代感覚にマッチした新鮮な作品。
¶現朝，現情，国宝，世紀，日人，美工，名工

**関屋忠正**　**せきやただまさ**
明治2(1869)年8月22日〜昭和13(1938)年2月14日
明治〜昭和期の土木工学者。専門は河川・港湾。釧路港整備に貢献。岐阜県出身。
¶近土

**関矢孫三郎**　**せきやまごさぶろう**
延享4(1747)年〜文政5(1822)年
江戸時代後期の公益事業家。
¶人名，日人

**関山通久**　**せきやまみちひさ**
元禄9(1696)年〜安永2(1773)年
江戸時代中期の高座郡当麻宿用水開さく者。
¶神奈川人

**関山慶定**　**せきやまよしさだ**
生没年不詳
江戸時代後期の養蚕家。
¶国書

**関頼次**　**せきよりじ**
大正1(1912)年〜昭和56(1981)年
昭和期の実業家、製紙業者。
¶高知人

**碩隆**　**せきりゅう**
南北朝時代の石大工。
¶岡山歴

**関良助**　**せきりょうすけ**
？　〜文政2(1820)年11月21日
江戸時代後期の製糖業技術者。
¶朝日，食文，日人

## 名工・職人・技師・工匠篇

**妹沢克惟** せざわかつただ
明治28(1895)年8月21日~昭和19(1944)年4月23日
大正~昭和期の地震学者、東京帝国大学工学部教授。専門は振動学。
¶科学、近土、新潮、人名7、世紀、全書、大百、土木、日人

**瀬島熊助** せじまくますけ
生没年不詳
明治期の薩摩焼陶工。輸出向の金ピカ錦手を製出。
¶人名、日人、美工、名工

**勢田掃部助** せたかもんのすけ
鎌倉時代前期の治水家。
¶人名、日人(生没年不詳)

**瀬田清右衛門** せたせいえもん
戦国時代の大工。伊豆で活動。
¶戦辞

**瀬津義雄** せつよしお
昭和12(1937)年9月19日~
昭和~平成期の陶芸家。
¶陶芸最、陶工

**瀬戸篤美** せとあつみ
昭和37(1962)年3月7日~
昭和~平成期の陶芸家。
¶陶芸最、名工

**瀬藤象二** せとうしょうじ
明治24(1891)年~昭和52(1977)年
大正~昭和期の電気工学者。東京大学教授、日本原子力事業社長。電子顕微鏡を研究開発。理化学研究所でアルマイトを開発。
¶科学(⊕1891年(明治24)3月18日 ㊣1977年(昭和52)10月20日)、郷土和歌山、現朝(⊕1891年3月18日 ㊣1977年10月20日)、現情(⊕1891年3月18日 ㊣1977年10月20日)、現人、現日(⊕1891年3月18日 ㊣1977年10月20日)、コン改、コン4、コン5、新潮(⊕明治24(1891)年3月18日 ㊣昭和52(1977)年10月20日)、人名7、世紀(⊕明治24(1891)年3月18日 ㊣昭和52(1977)年10月20日)、全書、大百、日人(⊕明治24(1891)年3月18日 ㊣昭和52(1977)年10月20日)、日本、履歴(⊕明治24(1891)年3月16日 ㊣昭和52(1977)年10月20日)、履歴2(⊕明治24(1891)年3月18日 ㊣昭和52(1977)年10月20日)、和歌山人

**瀬戸慶之進** せとけいのしん
明治9(1876)年12月~？
明治~大正期の工学者。
¶渡航

**瀬戸十助** せとじゅうすけ
天保7(1836)年~明治30(1897)年
江戸時代末期~明治期の紋羽織商。和歌山職工所を創立、量産に入る。
¶日人、幕末(㊣1897年9月18日)、和歌山人

**瀬戸助** せとすけ
生没年不詳
江戸時代の陶工。
¶コン改、コン4、新潮、人名、日人、美工

**瀬戸浩** せとひろし
昭和16(1941)年2月26日~平成6(1994)年
昭和~平成期の陶芸家。
¶陶芸最、陶工、栃木歴、美工(㊣平成6(1994)年5月11日)、名工

**瀬戸屋与右衛門** せとやよえもん
→唐津山与右衛門(からつやまよえもん)

**瀬戸吉広** せとよしひろ
昭和21(1946)年~
昭和~平成期の刀工。
¶名工

**妹尾堅** せのおかたし
昭和27(1952)年8月8日~
昭和期の陶芸家。
¶陶芸最

**妹尾勘次郎** せのおかんじろう
文化7(1810)年~明治22(1889)年
江戸時代後期~明治期の大原焼の代表的名工。
¶岡山歴

**妹尾芳三郎** せのおよしさぶろう
明治30(1897)年~
明治~昭和期の映画録音技師。
¶映人

**是法** ぜほう
生没年不詳
鎌倉時代後期の漆工。
¶日人

**芹沢多根** せりざわおおね
明治10(1877)年~大正12(1923)年
明治~大正期の地域開発功労者。
¶静岡歴、姓氏静岡

**芹沢銈介**(1) せりざわけいすけ
明治28(1895)年~昭和59(1984)年
大正~昭和期の型染作家、染色作家。沖縄の紅型に学び独自の型絵染を開拓。
¶現朝(⊕1895年5月13日 ㊣1984年4月5日)、現情(⊕1895年5月13日 ㊣1984年4月5日)、現人、現日(⊕1895年5月13日 ㊣1984年4月5日)、国宝(⊕明治28(1895)年5月13日 ㊣昭和59(1984)年4月5日)、コン改、コン4、コン5、静岡百、静岡歴、新潮(⊕明治28(1895)年5月13日 ㊣昭和59(1984)年4月5日)、世紀(⊕明治28(1895)年5月13日 ㊣昭和59(1984)年4月5日)、姓氏静岡(㊣1948年)、世百新、全書、大百、日人(⊕明治28(1895)年5月13日 ㊣昭和59(1984)年4月5日)、日本、美工(⊕明治28(1895)年5月13日 ㊣昭和59(1984)年4月5日)、美術、百科

せ

せ

**芹沢銈介(2)**　せりざわけいすけ
明治28(1895)年5月13日～昭和59(1984)年4月5日
大正～昭和期の染色工芸家。専門は型絵染。
¶名工

**芹沢康夫**　せりざわやすお
昭和27(1952)年～
昭和～平成期の陶芸家。
¶陶工

**善阿弥**　ぜんあみ
元中3/至徳3(1386)年～文明14(1482)年
室町時代の造庭家。造庭の名手。室町殿を築庭。
¶朝日([没]文明14(1482)年9月)，岩史([生]明徳4(1393)年　[没]?)，鎌室，京都([生]明徳4(1393)年　[没]?)，京都大，コン改，コン4，史人(生没年不詳)，重要，新潮，姓氏京都([生]1386，(異説)1393年?)，世人([生]明徳4(1393)年　[没]?)，日史([生]明徳4(1393)年　[没]?)，日人，美術([生]明徳4(1393)年　[没]?)，百科([生]明徳4(1393)年　[没]?)，平日([生]1393　[没]?)，歴大

**宣円**　せんえん
安元2(1176)年～?
平安時代後期～鎌倉時代前期の仏師。
¶平史

**泉円**　せんえん
生没年不詳
戦国時代の仏師。
¶神奈川人，鎌倉，戦辞

**善円**　ぜんえん
建久8(1197)年～正嘉2(1258)年　[別]善慶《ぜんけい》
鎌倉時代前期の仏師。善慶と同一人物。
¶朝日，鎌室(生没年不詳)，鎌室(善慶　ぜんけい　生没年不詳)，国史(善慶　ぜんけい)，古中(善慶　ぜんけい)，史人(善慶　ぜんけい)，新潮(生没年不詳)，新潮(善慶　ぜんけい　[没]正嘉2(1258)年7月)，人名，人名(善慶　ぜんけい)，全書(生没年不詳)，大百，日人([没]?)，日人(善慶　ぜんけい)，仏教([没]?)，仏教(善慶　ぜんけい)，仏史(善慶　ぜんけい)，平史([没]?)

**禅海**　ぜんかい
生没年不詳
江戸時代中期の豊前耶馬渓の僧。断崖の難所に30年かけてトンネルを開削した。
¶朝日，大分歴([生]貞享4(1687)年　[没]安永3(1774)年)，近世，国史，コン改，コン4，茶道，史人，新潮，人名，世人，日人([生]1687年　[没]1774年)，藩臣7([生]元禄4(1691)年　[没]安永3(1774)年)，仏史，仏人([生]1686年　[没]1774年)

**善慶**　ぜんけい
→善円(ぜんえん)

**仙石久俊**　せんごくひさとし
元和2(1616)年～天和1(1681)年
江戸時代前期の旗本、水利功労者。上野国磯部村の人見堰を開削、領地を返上して完成に至った。
¶京都大，群馬人，人名，姓氏京都，姓氏群馬，日人

**仙石亮**　せんごくまこと
安政1(1854)年～昭和16(1941)年
江戸時代末期～昭和期の鉱山技術者。
¶郷土福井，世紀([生]嘉永7(1854)年4月24日　[没]昭和16(1941)年11月23日)

**僊石政太郎**　せんごくまさたろう
明治12(1879)年～昭和20(1945)年
明治～昭和期の劇場建築士。
¶島根歴，美建

**善左衛門**　ぜんざえもん
生没年不詳
戦国時代の石切棟梁。
¶戦辞

**千崎吉男**　せんざきよしお
昭和期の大工。
¶名工

**仙算**　せんさん
享徳3(1454)年～?
戦国時代の仏師。
¶仏教

**善七郎**　ぜんしちろう
生没年不詳
戦国時代の石切棟梁。
¶戦辞

**善春**　ぜんしゅん
生没年不詳
鎌倉時代後期の仏師。善円の子。
¶朝日，日人，仏教

**千澄子**　せんすみこ
大正9(1920)年10月19日～
昭和～平成期の茶道家、懐石料理研究家。
¶現執3期，世紀，日人

**仙台国包**(仙台国包〔1代〕)　せんだいくにかね
→国包(2)(くにかね)

**千田堅吉**　せんだけんきち
昭和17(1942)年～
昭和～平成期の唐紙師。
¶名工

**千田庄兵衛**　せんだしょうべえ
江戸時代中期の千田新田開拓者。
¶江戸東

**扇田彦一**　せんだひこいち
明治44(1911)年4月21日～平成10(1998)年6月27日
昭和～平成期の土木技術者、東京都水道局長。専門は水道工学。

¶科学

**仙田満** **せんだみつる**
昭和16(1941)年12月8日～
昭和～平成期の建築家、環境デザイナー。東京工業大学授。作品に沖縄県石川自然の家、秋田県立児童会館など。著書に「子どもと住まい」など。
¶現執2期，現執3期，現執4期

**仙道四郎** **せんどうしろう**
昭和期のこけし職人。
¶名工

**仙頭半之助〔1代〕**(仙頭半之介) **せんとうはんのすけ**
～享保5(1720)年
江戸時代前期～中期の開田治水功労者。
¶高知人，高知百(仙頭半之介)

**禅忍** **ぜんにん**
保延4(1138)年～？
平安時代後期の仏師。
¶平史

**千梅** **せんばい**
→田中千梅(たなかせんばい)

**前場幸治** **ぜんばゆきじ**
昭和8(1933)年～
昭和～平成期の宮大工。前場工務店会長、古代相模古瓦研究所主宰。
¶現執4期

**善法** **ぜんぽう**
生没年不詳
鎌倉時代の漆工。
¶日人

**暹明** **せんみょう**
生没年不詳
平安時代後期の仏師。
¶平史

## 【そ】

**増阿弥** **ぞうあみ**
生没年不詳 [別]増阿弥久次《ぞうあみひさつぐ》
南北朝時代～室町時代の能面師。
¶角史，京都，京都大，古中，史人，日人(増阿弥久次 ぞうあみひさつぐ)，美工(増阿弥久次 ぞうあみひさつぐ)

**増阿弥久次** **ぞうあみひさつぐ**
→増阿弥(ぞうあみ)

**桑園** **そうえん**
→小野桑園(おのそうえん)

**宗閑** **そうかん**
江戸時代の楽焼の陶工。
¶人名，日人(生没年不詳)

**宗吉兵衛** **そうきちべえ**
？ ～天保5(1834)年
江戸時代後期の筑後柳河藩大工頭。
¶藩臣7

**宗慶(1)** **そうけい**
生没年不詳 [別]宗慶《しゅうけい》
鎌倉時代前期の慶派仏師。
¶国史，古中，埼玉人(しゅうけい)，史人，日人，仏史

**宗慶(2)** **そうけい**
戦国時代。
→田中宗慶(たなかそうけい)

**宗慶(3)** **そうけい**
戦国時代～安土桃山時代。
→飴也(あめや)

**宋元里** **そうげんり**
昭和3(1928)年2月11日～
昭和～平成期の陶芸家。
¶名工

**惣左衛門** **そうざえもん**
生没年不詳
戦国時代の番匠。
¶戦辞

**宗七〔1代〕** **そうしち**
？ ～明和3(1766)年 [別]正木宗七《まさきそうしち》
江戸時代中期の素焼物細工師。
¶人名，日人

**宗七〔2代〕** **そうしち**
？ ～寛政2(1790)年
江戸時代中期の素焼物細工師。
¶人名，日人

**宗七〔3代〕** **そうしち**
寛延1(1748)年～天保1(1830)年
江戸時代後期の素焼物細工師。
¶人名，日人

**宗七〔4代〕** **そうしち**
安永3(1774)年～天保13(1842)年
江戸時代後期の素焼物細工師。
¶人名，日人

**宗七〔5代〕** **そうしち**
？ ～文久2(1862)年
江戸時代末期の素焼物細工師。
¶人名，日人

**宗七〔6代〕** **そうしち**
天保5(1834)年～明治6(1873)年
江戸時代末期～明治期の素焼物細工師。
¶人名，日人

**宗四郎** **そうしろう**
生没年不詳
安土桃山時代の土風炉師。
¶茶道，美工

**宗栖**　そうせい
安土桃山時代の茶杓師。
¶茶道

**増善**　ぞうぜん
生没年不詳
平安時代後期の仏師。
¶平史

**宗琢**　そうたく
戦国時代～安土桃山時代の鎌倉の仏師。
¶神奈川人（[生]1485年　[没]1571年），鎌倉（生没年不詳），戦辞（[生]？　[没]元亀2（1571）年？）

**早田英房**　そうだひでふさ
天明5（1785）年～弘化4（1847）年　[別]早田英房《はやだひでふさ》
江戸時代後期の金工家。
¶人名（はやだひでふさ），日人

**宗中**　そうちゅう
生没年不詳
江戸時代末期の陶工。
¶日人

**宗勉**　そうつとむ
昭和期の鯨包丁師。
¶名工

**宗貞**　そうてい
生没年不詳
安土桃山時代の仏師。
¶朝日，日人，仏教

**宗貞とめい**　そうていとめい
生没年不詳
江戸時代前期の時計師。
¶姓氏京都

**宗鉄**　そうてつ
戦国時代～安土桃山時代の堺の鉢鍛冶。
¶茶道

**宗伝**　そうでん
？～元和4（1618）年　[別]深海新太郎《ふかうみしんたろう》
安土桃山時代～江戸時代前期の陶工、肥前深海氏の祖。
¶佐賀百，人名，日人

**宗伯**　そうはく
生没年不詳
安土桃山時代～江戸時代前期の陶工。
¶岡山歴，人名，世人，日人，美工

**宗兵蔵**　そうへいぞう
元治1（1864）年3月29日～昭和19（1944）年1月30日
江戸時代末期～昭和期の建築家。
¶渡航

**相馬晃**　そうまあきら
昭和26（1951）年12月28日～
昭和～平成期の陶芸家。
¶陶芸最，名工

**相馬喜兵衛**　そうまきへえ
？～宝永7（1710）年
江戸時代前期～中期の広須新田開発の先駆者。
¶青森人

**相馬駿**　そうましゅん
嘉永6（1853）年～大正12（1923）年
江戸時代末期～大正期の青森市相馬町開拓者。
¶青森人

**相馬富太郎**　そうまとみたろう
嘉永6（1853）年4月7日～明治38（1905）年4月9日
江戸時代後期～明治期の大工棟梁。
¶庄内

**相馬トモ子**　そうまともこ
昭和27（1952）年7月12日～
昭和期の陶芸家。
¶陶芸最

**相馬羊堂**　そうまようどう
～平成15（2003）年5月22日
昭和～平成期の硯制作者。
¶美工

**相馬芳枝**　そうまよしえ
昭和17（1942）年～
昭和期の化学者。「三級脂肪酸」を常温・常圧下で製造可能にした、有機合成触媒“相馬触媒”の発見者。
¶マス89

**宗味**　そうみ
安土桃山時代の楽焼の陶工。
¶茶道

**早山掃部介**　そうやまかもんのすけ
世襲名　江戸時代の会津鋳物師。
¶会津

**早山清太郎**　そうやませいたろう
文化14（1817）年～明治40（1907）年
江戸時代後期～明治期の開拓先駆者。
¶札幌（[生]文化14年11月14日），北海道歴

**蔵六〔1代〕**　ぞうろく
→浜村蔵六〔1代〕（はまむらぞうろく）

**蔵六〔2代〕**　ぞうろく
→浜村蔵六〔2代〕（はまむらぞうろく）

**蔵六〔3代〕**　ぞうろく
→浜村蔵六〔3代〕（はまむらぞうろく）

**副島雲谷**　そえじまうんこく
江戸時代前期の陶工、肥前吉田皿山の開祖。
¶人名，日人（生没年不詳）

**副島辰巳**　そえじまたつみ
明治39（1906）年3月18日～昭和37（1962）年12月31日
大正～昭和期の博多人形師。
¶アナ

**副島勇七**　そえじまゆうしち
？～享和1（1801）年　[別]久米勇七《くめゆうしち》
江戸時代後期の肥前大川内の陶工。
¶佐賀百，人名，日人

**添田和信**　そえだかずのぶ
昭和24（1949）年2月21日～
昭和期の陶芸家。
¶陶芸最，名工

**添田賢朗**　そえだけんろう
明治40（1907）年10月1日～昭和62（1987）年9月23日
大正～昭和期の建築家。日本設計事務所社長。
¶美建

**添田喬**　そえだたかし
大正13（1924）年2月10日～
昭和～平成期の機械工学者。徳島大学教授。
¶現情

**添田敏子**　そえだとしこ
昭和6（1931）年4月20日～
昭和～平成期の染色家。
¶名工

**添田弥一郎**　そえたやいちろう
天保10（1839）年～大正11（1922）年
江戸時代末期～大正期の宮大工。
¶栃木歴

**副田螺山**　そえだらざん
昭和6（1931）年2月15日～
昭和～平成期の陶芸家。
¶陶芸最，陶工

**添田竜吉**　そえだりゅうきち
天保9（1838）年～大正2（1913）年
江戸時代末期～大正期の室蘭開拓の功労者。
¶北海道百，北海道歴

**曽我作太郎**　そがさくたろう
明治14（1881）年～昭和9（1934）年
明治～昭和期のガラス製造業。
¶姓氏愛知

**曽我竹山**　そがちくざん
生没年不詳
江戸時代後期の陶工。
¶人名，日人，美工

**曽我徳丸**　そがとくまる
弘化4（1847）年～？
明治期の陶画工。浅草瓦町で起立工商会社等の注文を得る。
¶人名，日人，名工

**曽我伯庵**　そがはくあん
大正11（1922）年11月15日～
昭和～平成期の陶芸家。
¶陶芸最，陶工，名工

**曽我晩亭**　そがばんてい
？～寛文6（1666）年
江戸時代前期の染物師、儒学者。
¶高知人，藩臣6

**蘇我理右衛門**　そがりえもん
安土桃山時代の職人。住友家の業祖。銀・銅を吹き分ける「南蛮吹き」の技術を完成、鉱山開発も手がけた。
¶創業（[没]？）

**十川嘉太郎**　そがわかたろう
明治1（1868）年7月15日～昭和13（1938）年1月5日
[別]十川嘉太郎《とがわよしたろう》
江戸時代末期～昭和期の技師、牧師。
¶近土，土木（とがわよしたろう）

**曽川正之**　そがわまさゆき
明治26（1893）年1月30日～昭和56（1981）年12月6日
明治～昭和期の橋梁技師。
¶近土，土木

**祖舜**　そしゅん
→久保祖舜（くぼそしゅん）

**十代田三郎**　そしろださぶろう
明治27（1894）年1月2日～昭和41（1966）年9月2日
昭和期の建築学者。
¶現情

**塐仙堂〔1代〕**　そせんどう
江戸時代中期の尾張瀬戸の陶工。
¶人名

**塐仙堂〔2代〕**　そせんどう
？～慶応2（1866）年
江戸時代末期の尾張瀬戸の陶工。
¶人名

**曽田範宗**　そだのりむね
明治44（1911）年4月28日～平成7（1995）年6月30日
昭和期の機械工学者。圧縮性流体による潤滑理論樹立など摩擦・摩耗・潤滑学を研究。
¶科学，科技，現朝，現情，現人，新潮，世紀，日人，日本

**袖村廸雄**　そでむらてつお
昭和期の船大工。
¶名工

**袖山喜久雄**　そでやまきくお
明治35（1902）年～昭和35（1960）年
大正～昭和期の実業家。東洋レーヨン社長。化繊技術の発明改善に成功。日本経済連合評議委員などを歴任。
¶現情（[没]1960年1月31日），コン改，コン4，コン5，新潮（[生]明治35（1902）年6月20日　[没]昭和35（1960）年1月30日），世紀（[生]明治35（1902）年6月20日　[没]昭和35（1960）年1月30日），日人（[生]明治35（1902）年6月20日　[没]昭和35（1960）年1月30日）

**祖苗　そなえ**
明治期の陶工。
¶日人

**曽根勝　そねかつ**
昭和期のフルート製作。
¶名工

**曽根悟　そねさとる**
昭和14(1939)年4月23日～
昭和～平成期の工学者、鉄道技術者。工学院大学工学部電気工学科教授、東京大学名誉教授。
¶現執4期

**曽根翔卿　そねしょうけい**
寛政10(1798)年～嘉永5(1852)年　[別]曽根寸斎《そねすんさい》
江戸時代末期の鉄筆家。
¶国書(曽根寸斎　そねすんさい　[没]嘉永5(1852)年9月2日)，人名，日人

**曽根寸斎　そねすんさい**
→曽根翔卿(そねしょうけい)

**曽禰達蔵**(曽祢達蔵)　**そねたつぞう**
嘉永6(1853)年～昭和12(1937)年
明治～大正期の建築家。建築事務所を設立、東京海上ビル、日本郵船ビルを建設。
¶コン改，コン5，新潮([生]嘉永5(1852)年11月24日　[没]昭和12(1937)年12月6日)，人名([生]1856年)，世紀(曽祢達蔵　[生]嘉永5(1853)年11月24日　[没]昭和12(1937)年12月6日)，全書，大百，日人

**曽祢達蔵　そねたつぞう**
安政3(1856)年11月～昭和12(1937)年12月6日
明治～昭和期の建築家。
¶佐賀百

**曽根有　そねたもつ**
？　～平成3(1991)年1月17日
昭和～平成期の電気工学者、逓信省電気試験所技師。専門はテレビジョン工学。
¶科学

**曽根原林三　そねはらりんぞう**
天保13(1842)年～明治20(1887)年
江戸時代後期～明治期の天柞蚕開発者。
¶姓氏長野，長野歴

**曽根芳之　そねよしゆき**
昭和26(1951)年9月11日～
昭和～平成期の陶芸家。
¶陶芸最，陶工

**園阿莉　そのあり**
昭和12(1937)年6月28日～
昭和～平成期の陶芸家。
¶陶芸最，陶工，名工

**園田湖城　そのだこじょう**
明治19(1886)年12月31日～昭和43(1968)年8月25日
昭和期の篆刻家。京都書道連盟会長。同風印社を主宰、古璽の収蔵や印譜の編集に努めた。
¶京都大，現情，新潮，人名7，世紀，姓氏京都，日人，美工，名工

**園田季光　そのだすえみつ**
文化11(1814)年～文久1(1861)年
江戸時代末期の治水家。
¶人名，日人

**園田武利　そのだたけとし**
～平成12(2000)年6月
昭和～平成期のガラス細工師。
¶美工

**園田多祐　そのだたすけ**
天保1(1830)年～明治32(1899)年
江戸時代末期～明治期の地方功労者。兵庫県会議員、銀行頭取などをつとめ、学校建築、土木工事等多額の資金を投じ、公共事業に尽力。
¶人名，日人，藩臣5

**園田信博　そのだのぶひろ**
昭和期のバイオリン製作者。
¶名工

**園田教子　そのだのりこ**
昭和16(1941)年10月30日～
昭和～平成期の陶芸家。
¶陶芸最，陶工，名工

**其田弥太郎　そのたやたろう**
？　～
江戸時代後期の新田開発者、郷土人寄役。
¶青森人

**薗部芳継　そのべよしつぐ**
安永4(1775)年～天保13(1842)年
江戸時代後期の彫金師。
¶人名，日人

**園山研石　そのやまけんせき**
明治6(1873)年～昭和13(1938)年
明治～昭和期の木彫・木工芸家。
¶島根人，島根百([生]明治6(1873)年10月)，島根歴

**杣田光明　そまだみつあき**
文化12(1815)年～明治27(1894)年
江戸時代の漆芸家、青貝師。越中国の杣田光正の弟。青貝細工のすぐれた作品を作った。
¶人名，日人

**杣田光正　そまだみつまさ，そまたみつまさ**
寛政7(1795)年～安政3(1856)年
江戸時代末期の螺鈿工。越中国富山の出身。
¶朝日(そまたみつまさ　[生]寛政6(1794)年)，コン改(そまたみつまさ)，コン4(そまたみつまさ)，新潮(そまたみつまさ　[生]寛政6(1794)年)，人名，姓氏富山，日人，藩臣3

**曽宮衛吉　そみやえいきち**
明治33(1900)年～昭和58(1983)年
大正～昭和期の宮大工。
¶大分歴，美建

**染川鉄之助**　**そめかわてつのすけ**
明治45(1912)年～昭和57(1982)年7月19日
昭和期の鋳金家。
¶群馬人([生]明治45(1912)年5月25日)，美工，名工

**染次如錦**(染次如綿)　**そめじじょきん**
明治18(1885)年～昭和23(1948)年
明治～昭和期の木地師。
¶島根人(染次如綿)，島根百，島根歴

**染谷源右衛門**　**そめやげんえもん**
生没年不詳
江戸時代中期の土木技術者。
¶朝日，日人

**染谷富男**　**そめやとみお**
昭和6(1931)年3月21日～
昭和～平成期の陶芸家。
¶陶工

**染谷知信**　**そめやとものぶ**
生没年不詳
江戸時代後期の金工家。金工家染谷昌信の子。
¶朝日，コン改，コン4，新潮，人名，世人，日人，美工

**染谷洋子**　**そめやようこ**
昭和27(1952)年～
昭和～平成期のガラス工芸家。
¶名工

**征矢野三羽**　**そやのさんう**
文政10(1827)年～*
江戸時代後期～明治期の征矢野新田の開拓者。
¶姓氏長野([没]1904年)，長野歴([没]明治39(1906)年)

**征矢野孫左衛門**　**そやのまござえもん**
慶長2(1597)年～*
江戸時代前期の新田開発者。
¶姓氏長野([没]1685年)，長野歴([没]貞享3(1686)年)

**尊海**　**そんかい**
→芝尊海(しばそんかい)

## 【た】

**大宮司崇人**　**だいぐうじたかひと**
昭和2(1927)年5月7日～
昭和期の陶芸家。
¶陶芸最

**大宮司道子**　**だいぐうじみちこ**
昭和8(1933)年9月12日～
昭和期の陶芸家。
¶陶芸最

**大光坊幸賢**(大幸坊幸賢)　**だいこうぼうこうけん**
生没年不詳
室町時代の能面師。越前平泉寺の僧。三光坊の弟子。仮面中作7人の一人。
¶朝日(大幸坊幸賢)，国史，古中，史人(大幸坊幸賢)，人名，日人，百科(大幸坊幸賢)

**大黒常是**　**だいこくじょうぜ**
[別]湯浅常是《ゆあさじょうぜ》
世襲名　江戸時代の銀座の銀吹極および銀改役。
¶近世，国史，史人，世人

**大黒常是〔1代〕**　**だいこくじょうぜ**
？～寛永10(1633)年　[別]湯浅作兵衛《ゆあささくべえ》，湯浅常是《ゆあさじょうぜ》
江戸時代前期の銀吹人。大黒屋作兵衛常是と称す。
¶朝日([没]寛永10(1633)年3月)，京都大(——〔代数なし〕　[没]寛永13(1636)年)，コン改([没]寛永13(1636)年)，コン4([没]寛永13(1636)年)，新潮(——〔代数なし〕　[没]寛永13(1636)年)，人名，姓氏京都(——〔代数なし〕)，世百，全書([没]1636年)，戦人(——〔代数なし〕　[没]寛永13(1636)年)，戦補，日人，百科(——〔代数なし〕)

**大黒常是〔2代〕**　**だいこくじょうぜ**
？～寛永16(1639)年
江戸時代前期の銀貨鋳造師。
¶人名，日人

**大黒常是〔3代〕**　**だいこくじょうぜ**
？～延宝2(1674)年
江戸時代前期の銀貨鋳造師。
¶人名，日人

**大黒常是〔4代〕**　**だいこくじょうぜ**
？～貞享4(1687)年
江戸時代前期の銀貨鋳造師。
¶人名，日人

**大黒常是〔5代〕**　**だいこくじょうぜ**
寛文5(1665)年～享保17(1732)年
江戸時代中期の銀貨鋳造師。
¶人名，日人

**大黒常是〔6代〕**　**だいこくじょうぜ**
元禄6(1693)年～明和5(1768)年
江戸時代中期の銀貨鋳造師。
¶人名，日人

**大黒常是〔7代〕**　**だいこくじょうぜ**
享保12(1727)年～*
江戸時代中期の銀貨鋳造師。
¶人名([没]1790年)，日人([没]1791年)

**大黒常是〔8代〕**　**だいこくじょうぜ**
？～文化11(1814)年
江戸時代後期の銀貨鋳造師。
¶人名，日人

**大黒常是〔9代〕**　**だいこくじょうぜ**
？～文久1(1861)年
江戸時代末期の銀貨鋳造師。
¶人名，日人

**大後友市** だいごゆういち
〜平成22(2010)年9月11日
昭和〜平成期の彫刻家。
¶美建

**泰山元教〔1代〕** たいざんもとのり
江戸時代中期の彫金工、水戸金工赤城軒派の祖。
¶人名

**泰山元教〔2代〕** たいざんもとのり
江戸時代中期の彫金工。
¶人名

**泰山元教〔3代〕** たいざんもとのり
江戸時代の彫金工。
¶人名



**泰山元教〔4代〕** たいざんもとのり
江戸時代の彫金工。
¶人名

**帯山与兵衛** たいざんよへえ
世襲名　江戸時代の陶工(粟田焼)。
¶京都大，茶道，人名

**帯山与兵衛〔1代〕** たいざんよへえ
生没年不詳
江戸時代前期〜中期の陶工。
¶日人，美工

**帯山与兵衛〔2代〕** たいざんよへえ
生没年不詳
江戸時代中期の陶工。
¶日人

**帯山与兵衛〔3代〕** たいざんよへえ
生没年不詳
江戸時代中期の陶工。
¶日人

**帯山与兵衛〔4代〕** たいざんよへえ
生没年不詳
江戸時代中期〜後期の陶工。
¶日人

**帯山与兵衛〔5代〕** たいざんよへえ
生没年不詳
江戸時代後期の陶工。
¶日人

**帯山与兵衛〔6代〕** たいざんよへえ
生没年不詳
江戸時代後期の陶工。
¶日人

**帯山与兵衛〔7代〕** たいざんよへえ
？　〜文久2(1862)年
江戸時代後期〜末期の陶工。
¶日人

**帯山与兵衛〔8代〕** たいざんよへえ
？　〜明治11(1878)年
江戸時代末期〜明治期の陶工。
¶日人

**帯山与兵衛〔9代〕** たいざんよへえ
安政3(1856)年〜大正11(1922)年
明治〜大正期の陶芸家。京都の陶芸界の指導者。輸出陶器の推進役として活躍。
¶朝日，世紀，陶工，日人

**太地角右衛門** たいじかくえもん
→太地角右衛門(たいちかくえもん)

**田井重彦** たいしげひこ
昭和30(1955)年〜
昭和期の陶芸家。
¶陶芸最

**大進房** だいしんぼう
生没年不詳
鎌倉時代後期の彫刻師。
¶鎌室，国史，古中，史人，新潮，人名，日人，美工

**泰仙** たいせん
平安時代前期の発明家。大安寺の僧。水時計を作り嵯峨天皇に賞された。俗名は阿牟人足。
¶古代，日人(生没年不詳)

**田井妙子** たいたえこ
昭和6(1931)年2月22日〜
昭和期の陶芸家。
¶陶芸最

**太地角右衛門** たいちかくえもん
*〜元禄12(1699)年　[別]太地角右衛門《たいじかくえもん》
江戸時代前期の捕鯨業発祥の地紀州太地浦鯨方の宰領。
¶朝日([生]元和9(1623)年頃　[没]元禄12年3月22日(1699年4月21日))，岩史(たいじかくえもん　[生]元和9(1623)年頃　[没]元禄12(1699)年3月22日)，コン4([生]元和9(1623)年？)，日人([生]1623年？)

**大長** だいちょう
明和8(1771)年〜安政3(1856)年
江戸時代中期〜末期の大工・侠客。
¶姓氏富山，日人

**太一郎** たいちろう
江戸時代後期の摂津三田焼の陶工。
¶人名，日人(生没年不詳)

**田井知子** たいともこ
昭和33(1958)年〜
昭和期の陶芸家。
¶陶芸最

**たいともこ**
昭和33(1958)年3月18日〜
昭和〜平成期の陶芸家。
¶陶工

**大弐** だいに
→三橋宗慶(みつはしそうけい)

**大眉** たいび
文政10（1827）年〜明治17（1884）年
江戸時代末期〜明治期の陶工。長門の陶工。萩焼
風の陶器を製作。
¶人名，日人，名工

**大平** たいへい
明治期の陶工。
¶日人

**当麻国行** たいまくにゆき
→国行⑵（くにゆき）

**大丸辰男** だいまるたつお
大正5（1916）年10月9日〜
昭和〜平成期の陶芸家。
¶陶芸最，名工

**大丸北峰** だいまるほっぽう
大正5（1916）年10月9日〜
昭和〜平成期の陶芸家。
¶陶工

**大丸北峰〔1代〕** だいまるほっぽう
明治12（1879）年〜昭和34（1959）年
明治〜昭和期の陶芸家。
¶陶工

**大明京**⑴ だいみんきょう
世襲名　安土桃山時代〜江戸時代前期の刀工。
¶島根歴

**大明京**⑵ だいみんきょう
江戸時代前期。
→大明京〔1代 国重〕（だいみんきん）

**大明京〔1代 国重〕**（――〔1代〕）だいみんきん
生没年不詳　劉大明京〔1代〕《だいめいけい》，大
明京《だいみんきょう》。
江戸時代前期の刀工。1661年〜1673年頃の人。
¶島根人（――〔代数なし〕），島根百，人名
（――〔1代〕　だいめいけい），日人（――〔1
代〕　だいめいけい），美工（――〔代数なし〕
だいみんきょう）

**大明京〔2代 国安〕** だいみんきん
江戸時代中期の刀工。1716年〜1736年頃の人。
¶島根百

**大明京〔3代 宗家〕**（――〔3代〕）だいみんきん
劉大明京〔3代〕《だいめいけい》
江戸時代後期の刀工。1804年〜1818年頃の人。
¶島根百，日人（――〔3代〕　だいめいけい　生
没年不詳）

**大明京〔4代 宗安〕** だいみんきん
江戸時代後期〜末期の刀工。1844年〜1872年頃
の人。
¶島根百

**大明京〔1代〕** だいめいけい
→大明京〔1代 国重〕（だいみんきん）

**大明京〔3代〕** だいめいけい
→大明京〔3代 宗家〕（だいみんきん）

**平修二** たいらしゅうじ
大正9（1920）年10月22日〜昭和53（1978）年10月
23日
昭和期の機械工学者。京都大学教授。
¶世紀，日人

**平末清** たいらすえきよ
生没年不詳
鎌倉時代の工匠。法隆寺夢殿の大修理等に携わる。
¶朝日，日人

**平良徳平一** たいらとくへいいち
明治16（1883）年〜昭和11（1936）年
明治〜昭和期の小学校の訓導、農業技術者。
¶姓氏沖縄

**平良敏子** たいらとしこ
大正10（1921）年2月14日〜
昭和〜平成期の染織家。芭蕉布織物工房主宰、喜
如嘉芭蕉布事業協同組合理事長。絶滅寸前の芭蕉
布の復興に尽力、沖縄の代表的工芸品に育成。人
間国宝。
¶近女，現情，現人，国宝，世紀，日人，名工
（劉大正9年2月4日）

**平国友** たいらのくにとも
生没年不詳
鎌倉時代前期の鋳物師。
¶平史

**平国依** たいらのくにより
生没年不詳
鎌倉時代前期の鋳物師。
¶平史

**平助永** たいらのすけなが
生没年不詳
鎌倉時代の蒔絵師。
¶美工

**平辰清** たいらのたつきよ
生没年不詳
平安時代後期の丹後国大内郷の開発領主。
¶京都府

**平古寿** たいらひさとし
享保17（1732）年〜寛政12（1800）年
江戸時代中期〜後期の陸奥仙台藩の刀研ぎ師。平
好古の弟子で、その跡を継いだ。
¶人名，日人

**平政隆** たいらまさたか
生没年不詳
江戸時代前期の大工技術書「愚子見記」の著者。
¶朝日，日人

**平良幸春** たいらゆきはる
昭和23（1948）年11月15日〜
昭和〜平成期の陶芸家。
¶陶工

た

**田内雅規** たうちまさき
昭和24 (1949) 年1月21日～
昭和期の視覚障害研究者、点字ブロック評価法・音響信号機開発者。
¶視覚

**田岡閑庵** たおかかんあん
大正9 (1920) 年6月26日～
昭和～平成期の陶芸家。
¶陶工

**田岡忠次郎** たおかちゅうじろう
安政4 (1857) 年1月19日～？
明治期の技師。
¶渡航

**田岡文宣** たおかぶんせん
大正9 (1920) 年6月26日～
昭和期の陶芸家。
¶陶芸最

**高明** たかあきら
昭和11 (1936) 年1月23日～
昭和～平成期の陶芸家。
¶陶芸最，陶工，名工

**高井国義** たかいくによし
江戸時代前期の若州小浜の刀匠。
¶人名，日人 (生没年不詳)

**高池録博** たかいけろくひろ
大正15 (1926) 年～
昭和～平成期の染色作家。
¶名工

**高石鍈之助** たかいしえいのすけ
明治32 (1899) 年1月28日～平成1 (1989) 年7月7日
大正～昭和期の料理人。全日本司厨士協会会長。資生堂パーラー顧問。ミートコロッケを出し同店の名物とする。
¶現日，新潮，世紀，日人

**高井進** たかいすすむ
昭和13 (1938) 年3月17日～
昭和～平成期の陶芸家。
¶陶芸最，陶工

**高井白陽** たかいはくよう
明治28 (1895) 年10月16日～昭和26 (1951) 年7月22日
明治～昭和期の漆芸家。
¶新潟百 (㊐1896年)，美工，名工

**高井秀樹** たかいひでき
昭和32 (1957) 年6月23日～
昭和～平成期の陶芸家。
¶陶工

**高井宏子** たかいひろこ
昭和16 (1941) 年8月～平成5 (1993) 年8月7日
昭和～平成期の七宝作家。
¶美工

**高内秀剛** たかうちしゅうごう
昭和12 (1937) 年10月17日～　㊙高内秀剛《たかうちひでたけ》
昭和～平成期の陶芸家。
¶陶芸最，陶工 (たかうちひでたけ)

**高内秀剛** たかうちひでたけ
→高内秀剛 (たかうちしゅうごう)

**高江洲育男** たかえすいくお
～平成9 (1997) 年5月16日
昭和～平成期の陶芸家。
¶美工

**高岡丑太郎** たかおかうしたろう
明治33 (1900) 年～昭和40 (1965) 年
大正～昭和期の製紙技術改良家。
¶高知人

**高岡一男** たかおかかずお
昭和期のたる職人。
¶名工

**高尾直三郎** たかおなおさぶろう
明治19 (1886) 年～昭和45 (1970) 年
大正～昭和期の電気技術者。
¶神奈川人

**高垣篤** たかがきあつし
昭和21 (1946) 年～
昭和～平成期の陶芸家。
¶陶工

**高垣晋** たかがきしん
大正3 (1914) 年～
昭和～平成期の陶芸家。
¶陶芸，名工 (㊐大正3年4月)

**高包〔1代〕** たかかね
平安時代の刀工。
¶岡山人，岡山歴 (——〔代数なし〕)

**高木明子** たかぎあきこ
大正9 (1920) 年11月～
昭和～平成期の染織工芸家。
¶名工

**高木淳** たかぎあつし
明治40 (1907) 年10月25日～平成9 (1997) 年1月29日
昭和～平成期の造船工学者、東京大学名誉教授。
¶科学，現情

**高木一三** たかぎいちぞう
明治21 (1888) 年～昭和25 (1950) 年1月18日
大正～昭和期の蚕糸学者。蚕糸学賞受賞。養蚕の発展に寄与。
¶科学，現情，人名7，世紀，日人 (㊞昭和25 (1950) 年1月19日)

**高木和安** たかぎかずやす
昭和19 (1944) 年11月2日～
昭和～平成期の陶芸家。
¶陶芸最，陶工，名工

高木岩華 たかぎがんか
大正15(1926)年6月27日～
昭和～平成期の陶芸家。
¶陶芸最，陶工

高木貴一 たかぎきいち
明治40(1907)年～昭和40(1965)年
昭和期の名古屋の機械技術者・工場経営者。
¶姓氏愛知

高城規一郎 たかぎきいちろう，たかききいちろう
明治2(1869)年11月12日～昭和4(1929)年3月22日
明治～大正期の鉱業技術家、事業家。炭鉱の現業を監督し整理拡張に尽力。
¶人名，世紀，渡航(たかききいちろう)，日人

高木菊三郎 たかぎきくさぶろう
明治21(1888)年10月27日～昭和42(1967)年2月8日
明治～昭和期の測量技術者。
¶世紀，日人

高木京子 たかぎきょうこ
昭和31(1956)年3月19日～
昭和期の陶芸家。
¶陶芸最

高木作右衛門(光喜) たかぎさくえもん
？～慶安3(1650)年
江戸時代前期の大工頭。
¶滋賀百(高木作右衛門)

高木参平 たかぎさんべい
昭和24(1949)年4月2日～
昭和期の陶芸家。
¶陶芸最

高木茂 たかぎしげる
明治44(1911)年7月16日～
昭和～平成期のガラス工芸家。
¶名工

高木純一 たかぎじゅんいち
明治41(1908)年～平成5(1993)年10月29日
昭和～平成期の電気工学者、早稲田大学名誉教授。専門は電気物理学。
¶科学(㊷1908年(明治41)3月25日)，現執1期

高木清次 たかぎせいじ
昭和23(1948)年～
昭和期の陶芸家。
¶陶工

高北新治郎 たかきたしんじろう
明治20(1887)年1月10日～昭和43(1968)年11月12日
明治～昭和期の発明家、実業家。高北製作所社長。高北式改良犁の開発に成功。台湾，満州にも輸出した。
¶世紀，日人

高木任之 たかぎただゆき
昭和7(1932)年8月7日～

昭和～平成期の建築技術指導者。著書に「消防設備がマスターできる消防設備アタック講座」「建築基準法を読みこなすコツ」など。
¶現執3期

高木長蔵 たかぎちょうぞう
天保3(1832)年～明治19(1886)年
江戸時代後期～明治期の東区元町開発の先駆者。
¶札幌

高木徳平 たかぎとくへい
天保4(1833)年～*
江戸時代末期～明治期の陶工。京都清水坂の急須の名人。
¶人名，日人(㊷1902年頃)，名工(㊷明治35年？)

高木徳兵衛 たかぎとくべえ
天保4(1833)年～明治35(1902)年？
明治期の陶工。
¶姓氏京都

高木敏子 たかぎとしこ
→八木敏(やぎとし)

高木俊宜 たかぎとしのり
大正14(1925)年2月11日～平成24(2012)年11月7日
昭和～平成期の電子工学者、京都大学名誉教授。専門は電子材料工学、イオン工学。
¶科学

高木昇(高木昴) たかぎのぼる
明治41(1908)年6月19日～平成17(2005)年5月28日
昭和～平成期の電子工学者。
¶科学(高木昴)，現情，世紀(高木昴)，日人

高木典利 たかぎのりとし
昭和24(1949)年2月24日～
昭和～平成期の陶芸家。
¶陶芸最，名工

高木鳳子 たかぎほうし
明治40(1907)年～
昭和期の陶芸家。
¶陶

高木誠 たかぎまこと
昭和11(1936)年～
昭和～平成期の園芸家。中井園芸社長。専門は草花類の育種(品種改良)。
¶現執4期

高木正博 たかぎまさひろ
昭和24(1949)年10月17日～
昭和～平成期の陶芸家。
¶陶芸最，陶工，名工

高木松生 たかぎまつお
大正8(1919)年8月18日～
昭和～平成期の陶芸家。
¶陶芸，陶芸最，陶工，名工

た

**高木通宏** たかぎみちひろ
昭和22（1947）年～
昭和期の陶芸家。
¶陶芸最

**高城良明** たかぎよしあき
昭和16（1941）年1月24日～
昭和期の陶芸家。
¶陶芸最

**高木隆司** たかきりゅうじ
昭和15（1940）年10月7日～
昭和～平成期の物理学者、流体工学者。東京農工大学工学研究科。
¶現執4期



**高木和吉** たかぎわきち
明治21（1888）年～昭和35（1960）年
大正～昭和期の静岡県水産業の功労者。
¶静岡歴，姓氏静岡

**高久空木** たかくくうぼく
明治41（1908）年～平成5（1993）年10月
大正～平成期の染色家。
¶美工，名工

**高草木暮風** たかくさきぼふう，たかぐさぎぼふう
明治26（1893）年～昭和40（1965）年
大正～昭和期の歌人、理容師。
¶近文，群馬人（たかぐさぎぼふう），群馬百，世紀（[生]明治26（1893）年5月14日　[没]昭和40（1965）年6月12日）

**高口恭行** たかぐちやすゆき
昭和15（1940）年～
昭和～平成期の建築家、僧侶。
¶現執1期

**高倉国光** たかくらくにみつ
昭和16（1941）年10月2日～
昭和期の陶芸家。
¶陶芸最

**高倉健** たかくらたけし
昭和5（1930）年4月22日～
昭和～平成期の陶芸家。
¶陶芸最，名工

**高桑藤代吉** たかくわとよきち
明治13（1880）年3月23日～昭和11（1936）年5月30日
明治～昭和期の工学者。
¶科学，近土，土木

**高桑秀男** たかくわひでお
明治44（1911）年8月9日～
昭和～平成期の漆芸家。
¶名工

**高権成** たかごんせい
昭和10（1935）年11月8日～
昭和～平成期の陶芸家。
¶陶芸最，陶工，名工

**高崎治平** たかさきじへい
安政1（1854）年～昭和12（1937）年
明治～昭和期の養蚕・村政功労者。
¶多摩

**高崎能清** たかざきよしきよ
明治3（1870）年～昭和3（1928）年
明治～昭和期の建築家。
¶姓氏鹿児島

**高貞**(1) たかさだ
戦国時代の刀工。
¶島根百

**高貞**(2) たかさだ
安土桃山時代の出雲忠貞派の刀匠。
¶島根人

**高実** たかざね
鎌倉時代後期の刀工。
¶島根百

**高真** たかざね
鎌倉時代前期の刀工。
¶島根百

**高沢英子** たかざわえいこ
大正5（1916）年9月14日～平成21（2009）年4月14日
昭和～平成期の染色家。
¶美工，名工

**高沢道喜** たかさわどうき，たかざわどうき
？　～元禄5（1692）年
江戸時代前期～中期の富士川下流部森島地区の開発者。
¶静岡歴，姓氏静岡（たかざわどうき）

**高階次泰** たかしなつぐやす
生没年不詳
戦国時代の大工。
¶戦辞

**高階隼人佑** たかしなはやとのすけ
生没年不詳
戦国時代の大工。
¶戦辞

**高科峰子** たかしなみねこ
昭和期のからくり人形衣装づくり。
¶名工

**高島堅助** たかしまけんすけ
昭和3（1928）年2月23日～昭和61（1986）年5月13日
昭和期の情報工学者、大阪大学基礎工学部教授。
¶科学

**高島秋帆** たかしましゅうはん
寛政10（1798）年～慶応2（1866）年
江戸時代末期の砲術家、洋式兵学者。高島流砲術の創始者。
¶朝日（[没]慶応2年1月14日（1866年2月28日）），維新，岩史（[没]慶応2（1866）年1月14日），江戸

東，江文，科学（㊞1798年（寛政10）8月15日　㊞1866年（慶応2）1月14日），角史，郷土長崎，近世，国史，国書（㊞寛政10（1798）年8月15日　㊞慶応2（1866）年1月14日），コン改，コン4，埼玉人（㊞慶応2（1866）年1月14日），埼玉百，史人（㊞1866年1月14日），重要（㊞寛政10（1798）年8月15日　㊞慶応2（1866）年1月14日），人書94，新潮（㊞寛政10（1798）年8月15日　㊞慶応2（1866）年1月14日），人名，世人（㊞寛政10（1798）年8月15日　㊞慶応2（1866）年1月14日），全書，大百，伝記，徳島百，長崎百，長崎歴，日思，日史（㊞寛政10（1798）年8月15日　㊞慶応2（1866）年1月14日），日人，幕末（㊞1866年2月28日），百科，平日（㊞1798　㊞1866），洋学，歴大

### 高島末五郎　たかしますえごろう
明治13（1880）年～昭和26（1951）年
明治～昭和期の真珠養殖家。
¶世紀，長崎百，日人（㊞明治13（1880）年4月25日　㊞昭和26（1951）年1月4日）

### 高嶋外治郎　たかしまそとじろう
明治39（1906）年10月19日～
大正～昭和期の漆芸家。
¶名工

### 高嶋利雄　たかしまとしお
大正12（1923）年12月9日～
昭和～平成期の映画照明技師。
¶映人

### 高杉喜一　たかすぎきいち
大正1（1912）年9月21日～昭和54（1979）年5月29日
昭和期の農業技術者。
¶世紀，日人

### 高巣典子　たかすのりこ
昭和15（1940）年～
昭和～平成期の染色家。
¶名工

### 高瀬栄寿　たかせえいじゅ
江戸時代の彫金工。
¶人名，日人（生没年不詳）

### 高瀬吉兵衛　たかせきちべえ
元和6（1620）年～宝永2（1705）年
江戸時代前期～中期の播磨国の経世家，開拓者。加東郡を開墾し吉馬村を開いた。
¶人名（㊞1619年），日人（㊞1706年），兵庫人（㊞宝永2（1705）年12月7日）

### 高瀬祐太郎　たかせすけたろう
文政5（1822）年～明治22（1889）年
江戸時代後期～明治期の寺社の絵図設計および建築棟梁。
¶姓氏富山

### 高瀬孝信　たかせたかのぶ
昭和期の西本願寺截金仏画師。
¶名工

### 高瀬直　たかせただし
明治31（1898）年～昭和52（1977）年　㊞高瀬直《たかせちょく》
大正～昭和期の漆芸家。
¶姓氏富山，富山百（たかせちょく　㊞明治31（1898）年5月5日　㊞昭和52（1977）年3月14日）

### 高瀬直　たかせちょく
→高瀬直（たかせただし）

### 高瀬昌郎　たかせまさお
昭和18（1943）年10月26日～
昭和期の陶芸家。
¶陶芸最

### 高瀬満治　たかせまんじ
大正～昭和期の染織工芸家。
¶姓氏富山

### 高田章　たかだあきら
大正12（1923）年1月23日～
昭和～平成期の陶芸家。
¶陶芸最，名工

### 高田運応　たかだうんおう
享保1（1716）年～文化1（1804）年
江戸時代中期の宇都宮在の仏師。
¶栃木歴

### 高田嘉助　たかたかすけ
慶応4（1868）年8月～大正3（1914）年11月16日
明治期の鋳造業者。改良製塩釜の発明者。
¶人名，世紀，日人

### 高田釜吉　たかだかまきち
明治9（1876）年12月21日～？
明治～大正期の技師。
¶渡航

### 高田光一　たかだこういち
大正15（1926）年3月26日～昭和62（1987）年5月4日
昭和期の技術者，小説家。
¶児作，日児

### 高田湖山　たかたこざん
大正12（1923）年10月6日～
昭和～平成期の陶芸家。
¶陶芸最，名工

### 高田さとこ　たかださとこ
昭和30（1955）年～
昭和～平成期の陶芸家。
¶陶工，名工（㊞昭和30年10月）

### 高田倭男　たかだしずお
昭和～平成期の染織工芸家。専門は染織史，服装史。
¶名工

### 高田重右衛門　たかたじゅうえもん
嘉永2（1849）年～大正9（1920）年
明治～大正期の蚕業家。秋田式桑樹仕立法の発

明者。
¶人名，世紀（[生]嘉永2（1849）年2月13日 [没]大正9（1920）年9月29日），日人

**高田庄蔵** たかたしょうぞう
明治10（1877）年～昭和19（1944）年
明治～昭和期の農業技術者。
¶姓氏富山

**高田昇** たかだすすむ
昭和18（1943）年1月13日～
昭和～平成期の建築家。立命館大学教授、COM計画研究所代表。「庄内地域再開発」などにコンサルタントとして携わる。著書に「まちづくり実践講座」など。
¶現執2期，現執3期，現執4期

た

**高田清朗** たかたせいろう
昭和6（1931）年～
昭和期の管理会計・システム工学者。東京都立大学教授。
¶現執1期

**高田隆雄** たかだたかお
明治42（1909）年～昭和64（1989）年3月1日
明治～昭和期の機関車設計者、鉄道愛好家。
¶鉄道

**高田月夫** たかだつきお
昭和31（1956）年2月9日～
昭和期の陶芸家。
¶陶芸最

**高田槌之助** たかたつちのすけ
江戸時代後期の播磨国山田村の陶工。天保年間に舞子焼を再興。
¶人名，日人（生没年不詳）

**高館徳次郎** たかだてとくじろう
明治8（1875）年～昭和16（1941）年
明治～昭和期の北上川に架橋。
¶姓氏岩手

**高田英季** たかたてるすえ
文化2（1805）年～文久2（1862）年
江戸時代末期の平戸の金工。
¶人名，日人

**高田伝一郎** たかたでんいちろう，たかだでんいちろう
明治37（1904）年～昭和63（1988）年
大正～昭和期の陶芸家。
¶姓氏石川（たかだでんいちろう），陶芸，陶芸最（[生]明治37年1月13日），名工（[生]明治37年1月13日）

**高田天山** たかたてんざん
安政3（1856）年～明治30（1897）年
江戸時代末期～明治期の松江の陶芸家。
¶島根人，島根百，島根歴

**高田豊四郎** たかたとよしろう
明治18（1885）年7月10日～昭和36（1961）年11月3日
明治～昭和期の園芸家。梨栽培技術について研究。鳥取県に梨園「不老園」を開き、オールバック整枝法を考案した。
¶植物，世紀，日人

**高田直彦** たかたなおひこ，たかだなおひこ
昭和6（1931）年9月21日～
昭和～平成期の陶芸家。
¶陶芸最，陶工（たかだなおひこ），名工

**高田浪弥** たかだなみや
生没年不詳
明治期の竹細工職人。
¶姓氏岩手

**高田宜和** たかたのぶかず
→高田宜和（たかだよしかず）

**高田兵庫** たかたひょうご，たかだひょうご
昭和17（1942）年12月18日～
昭和～平成期の陶芸家。
¶陶芸最，陶工（たかだひょうご）

**高田又四郎** たかだまたしろう
生没年不詳
明治期の仏師。
¶福岡百

**高田茂三郎** たかたもさぶろう
天保7（1836）年～明治35（1902）年
江戸時代末期～明治期の蒔絵師。金沢の蒔絵の妙手。
¶人名，日人，名工（[没]明治35年11月）

**高田雪太郎** たかだゆきたろう
安政6（1859）年11月10日～明治36（1903）年6月4日
江戸時代末期～明治期の技師。
¶近土，土木

**高田義男** たかたよしお，たかだよしお
明治30（1897）年6月2日～昭和60（1985）年11月10日
大正～昭和期の染織家、装束師。宮中内蔵寮御用装束調進方高田家の23代目。伊勢神宮神宝装束を制作。有職装束の研究家で正倉院宝物の染織品を調査し、復元に携わる。
¶新潮，世紀，日人，美工，名工（たかだよしお）

**高田宜和** たかだよしかず，たかたよしかず
文政4（1821）年～明治19（1886）年 [別]高田宜和《たかたのぶかず》
江戸時代末期～明治期の勧業家。
¶国書（[生]文政4（1821）年7月 [没]明治19（1886）年9月16日），静岡歴，人名（たかたのぶかず），姓氏静岡，日人（たかたよしかず）

**高田米吉** たかだよねきち
昭和期の建具師。
¶名工

**高津明美** たかつあけみ
昭和22（1947）年10月～
昭和～平成期の染色家。
¶名工

**鷹司信敬** たかつかさのぶたか
明治28(1895)年～昭和48(1973)年
大正～昭和期の養魚家。堺市立水族館長。
¶民学

**高塚太郎平** たかつかたろうべい
→高塚太郎平(たかつかたろへい)

**高塚太郎平** たかつかたろへい,たかつかたろべい
弘化2(1845)年～明治31(1898)年 [別]高塚太郎平《たかつかたろうべい》
明治期の道路開削家。私財を投じて新道を開削、高塚街道と称された。
¶静岡歴(たかつかたろべい),人名,姓氏静岡(たかつかたろうべい),日人

**高月敏晴** たかつきとしはる
昭和12(1937)年～
昭和期のエンジニア、会社役員。野村コンピュータシステム技術開発部長、ダイエー取締役。
¶現執2期

**高津清** たかつきよし
明治14(1881)年～昭和28(1953)年3月17日
大正～昭和期の電気工学者。日本電気協会計器東京試験所長、計器検定事業の発展に尽力。
¶科学([生]1881年(明治14)2月14日),現情([生]1881年2月),人名7,世紀([生]明治14(1881)年2月),渡航([生]1881年2月14日),日人([生]明治14(1881)年2月14日)

**高辻正基** たかつじまさもと
昭和15(1940)年2月22日～
昭和～平成期の生物工学者。東海大学教授。レーザー、植物工場、バイオテクノロジーの研究に従事。著書に「ハイテクが農業を変える」など。
¶現執3期,現執4期

**高辻宜麿** たかつじよしまろ
明治4(1871)年8月～昭和15(1940)年2月
明治～昭和期の技師。
¶渡航

**高綱** たかつな
生没年不詳
鎌倉時代の備前の刀工。
¶岡山人,岡山歴,島根人,人名,日人,美工

**高津芳松** たかつよしまつ
万延1(1860)年～？
明治期のパン職人。
¶渡航

**高天神兼明** たかてんじんかねあき
生没年不詳
室町時代の刀工。
¶静岡百,静岡歴,姓氏静岡

**高頭晃** たかとうあきら
昭和期の靴職人。
¶名工

**高陶岳** たかとうがく
明治43(1910)年～平成2(1990)年
昭和～平成期の陶芸家。
¶陶芸,陶芸最([生]明治43年7月1日),陶工,名工([生]明治43年7月1日)

**鷹取章** たかとりあきら
大正13(1924)年2月5日～
昭和期の陶芸家。
¶陶芸最

**鷹取閑山** たかとりかんざん
大正13(1924)年2月5日～
昭和～平成期の陶芸家。
¶名工

**高取静山** たかとりせいざん
明治40(1907)年～昭和58(1983)年
大正～昭和期の陶芸家。
¶陶芸最([生]明治43年),陶工,美工([没]昭和58(1983)年10月5日),名工([没]昭和58年10月5日)

**高取八山** たかとりはちざん
昭和4(1929)年4月2日～
昭和～平成期の陶芸家。
¶陶芸最,陶工,名工

**高取八蔵** たかとりはちぞう
？～承応3(1654)年 [別]井土八蔵《いどはちぞう》
江戸時代前期の高取焼開祖の渡来陶工。
¶朝日([没]承応3(1654)年8月),人名(井土八蔵 いどはちぞう),日人,福岡百([没]承応3(1654)年8月18日)

**高取八仙** たかとりはっせん
昭和9(1934)年12月27日～
昭和～平成期の陶芸家。
¶陶芸最,陶工,名工

**高中惣六** たかなかそうろく
明治32(1899)年2月10日～昭和49(1974)年5月30日
明治～昭和期の漆芸家。
¶世紀,日人,美工,広島百

**高奈九衛門** たかなきゅうえもん
生没年不詳
戦国時代の大工。
¶戦辞

**高梨四郎** たかなししろう
明治35(1902)年～平成2(1990)年
大正～平成期の建築家。1級建築士。
¶美建([生]明治35(1902)年3月11日 [没]平成2(1990)年3月9日),山形百新

**田賀奈良吉** たがならきち
明治4(1871)年12月13日～昭和10(1935)年12月26日
明治～昭和期の技師。
¶近土,土木

**鷹成** たかなり
江戸時代中期の讃岐の刀工。

¶人名，日人（生没年不詳）

**高西敬義** たかにしたかよし
明治16（1883）年9月7日～昭和51（1976）年3月25日
明治～昭和期の技師。
¶科学，近土，土木

**高野栄太郎** たかのえいたろう
昭和23（1948）年11月3日～
昭和～平成期の陶芸家。
¶陶芸最，名工



**高野公男** たかのきみお
昭和11（1936）年6月5日～
昭和期の建築家、都市設計研究者。MANU都市建築研究所所長：東北芸術工科大学教授。
¶現執2期

**高野積成** たかのさねしげ
弘化3（1846）年～明治42（1909）年　[別]高野積成《たかのせきせい》
明治期の殖産家。東八代郡における製糸工場の創始者。
¶維新（たかのせきせい），食文（[生]弘化3年2月16日（1846年3月13日）　[没]1909年8月10日），人名，日人，山梨百（[生]弘化3（1846）年2月　[没]明治42（1909）年8月10日）

**高野鎮雄** たかのしずお
大正12（1923）年8月18日～平成4（1992）年1月19日
昭和～平成期の電子機械技術者。日本ビクター副社長。VHS開発に尽力、業界でのグループ作りを推進しVHSを世界規格に育て上げる。
¶世紀，日人

**高野松山** たかのしょうざん
明治22（1889）年5月2日～昭和51（1976）年3月5日
大正～昭和期の漆芸家。日本漆芸会会長。定展特選。「蒔絵」の人間国宝になる。
¶熊本百，現朝，現情，現日，国宝，新潮，人名7，世紀，全書，日人，美工，名工

**高野清鳳** たかのせいほう
昭和13（1938）年7月31日～
昭和～平成期の陶芸家。
¶陶芸最，陶工

**高野積成** たかのせきせい
→高野積成（たかのさねしげ）

**高野務** たかのつとむ
明治42（1909）年7月20日～昭和56（1981）年8月9日
昭和期の技師。
¶科学，近土，土木

**鷹野徳右衛門** たかのとくえもん
文政8（1825）年～明治37（1904）年
江戸時代末期～明治期の地方開拓功労者。私財を投じ加賀越中の車道開削に尽力。
¶人名，日人

**鷹野正雄** たかのまさお
弘化4（1847）年～明治43（1910）年
明治期の製糸改良家。
¶長野歴

**高野基夫** たかのもとお
昭和9（1934）年11月17日～
昭和～平成期の陶芸家。
¶陶芸最，陶工

**高野与作** たかのよさく
明治32（1899）年6月27日～昭和56（1981）年6月14日
明治～昭和期の技師。
¶近土，土木

**高則** たかのり
南北朝時代の刀工。
¶島根百

**高野椋一**（高野掠一） たかのりょういち
文久2（1862）年～明治36（1903）年
明治期の発明家。蠟製模型の発明者。
¶近医，人名（高野掠一），日人

**竹廻間貞宗** たかばさだむね
享保19（1734）年～寛政2（1790）年
江戸時代中期～後期の始羅郡加治木の刀鍛冶。
¶姓氏鹿児島

**高橋愛作** たかはしあいさく
明治20（1887）年～昭和20（1945）年
明治～昭和期の政治家。群馬県議会議員、養蚕家。
¶群馬人

**高橋猪一** たかはしいいち
明治25（1892）年～昭和20（1945）年
大正～昭和期の開拓者。
¶山形百

**高橋市郎兵衛** たかはしいちろべえ
生没年不詳
江戸時代の新庄藩の刀匠。
¶山形百

**高橋逸夫** たかはしいつお
明治21（1888）年1月～昭和30（1955）年5月11日
明治～昭和期の土木工学者、京都大学教授。専門は建築材料学。
¶科学

**高橋一翠**(1) たかはしいっすい
大正13（1924）年1月4日～
昭和期の陶芸家。
¶陶芸最

**高橋一翠**(2) たかはしいっすい
大正13（1924）年1月4日～
昭和～平成期の陶芸家。
¶陶工

**高橋因幡** たかはしいなば
生没年不詳
江戸時代中期の釜師。

¶茶道，美工

**高橋巌太郎** たかはしいわたろう
文久3(1863)年3月12日〜昭和13(1938)年3月18日
明治〜昭和期の建築技術者。
¶庄内

**高橋卯七** たかはしうしち
安政1(1854)年〜昭和2(1927)年
明治〜昭和期の開拓者。
¶庄内

**高橋英吉** たかはしえいきち
明治44(1911)年〜昭和17(1942)年
昭和期の木彫家。
¶姓氏宮城，日人([生]明治44(1911)年4月13日)，宮城百

**高橋介州** たかはしかいしゅう
明治38(1905)年3月21日〜平成16(2004)年
大正〜平成期の工芸家。
¶石川百，現情，美工([没]平成16(2004)年10月29日)，名工

**高橋嘉一郎** たかはしかいちろう
明治25(1892)年12月16日〜昭和43(1968)年10月4日
明治〜昭和期の技師。
¶近土，土木

**高橋一智** たかはしかずとも
明治37(1904)年5月4日〜昭和58(1983)年4月8日
大正〜昭和期の陶芸家。
¶青森人，青森百，世紀，日人，美工

**高橋和則** たかはしかずのり
昭和34(1959)年6月18日〜
昭和〜平成期の陶芸家。
¶陶工

**高橋要** たかはしかなめ
大正2(1913)年1月16日〜
昭和〜平成期の村上木彫堆朱職人。
¶名工

**高橋兼吉** たかはしかねきち
弘化2(1845)年〜明治27(1894)年
江戸時代末期〜明治期の堂宮大工。代表作に「善宝寺五重塔」のほか、鶴岡警察署など洋風建築も手がける。
¶朝日([没]明治27(1894)年7月5日)，庄内([生]弘化2(1845)年12月22日　[没]明治27(1894)年7月5日)，日人，幕末([生]1846年1月19日　[没]1894年7月5日)，山形百，歴大

**高橋寛一** たかはしかんいち
明治32(1899)年5月22日〜昭和47(1972)年3月18日
明治〜昭和期の園芸家。
¶世紀，日人

**高橋皖山** たかはしかんざん
明治16(1883)年〜昭和17(1942)年
明治〜昭和期の細工師。
¶香川人，香川百

**高橋勘次郎**(1) たかはしかんじろう
寛政6(1794)年〜慶応1(1865)年
江戸時代後期〜末期の大工。
¶姓氏岩手

**高橋勘次郎**(2) たかはしかんじろう
大正3(1914)年7月26日〜平成14(2002)年2月17日
昭和〜平成期の電子工学者、日本電子専務。専門は光エレクトロニクス。
¶科学

**高橋記内〔1代〕** たかはしきない
？〜天和1(1681)年　[別]記内〔1代〕《きない》
江戸時代前期の装剣金工。
¶近世(記内〔1代〕　きない)，日人

**高橋記内〔2代〕** たかはしきない
？〜元禄9(1696)年　[別]記内〔2代〕《きない》，記内《きない》
江戸時代前期の越前国の装剣金工、鐔工。鉄地丸形に竜や草花を肉彫地透かしにした鐔が残る。
¶近世(記内〔2代〕　きない)，人名(――〔代数なし〕)，日人

**高橋清** たかはしきよし
昭和9(1934)年8月22日〜
昭和期の固体電子工学者。東京工業大学教授、帝京科学大学教授。
¶現執2期

**高橋錦吉** たかはしきんきち
明治44(1911)年9月15日〜昭和55(1980)年9月23日
昭和期のグラフィックデザイナー。近代的な構成をとったポスターを制作。日本の近代グラフィックのパイオニアの一人。
¶現朝，現情，世紀，日芸，日人

**高橋金三郎** たかはしきんざぶろう
生没年不詳
明治期の唐物商。わが国初の国産ボタンを製造。
¶先駆

**高橋金弥** たかはしきんや
明治35(1902)年〜昭和40(1965)年
昭和期の医師。結核の特効薬の「セファランチン」を開発。
¶姓氏長野，長野歴

**高橋空中** たかはしくうちゅう
寛保2(1742)年〜文化1(1804)年
江戸時代中期〜後期の陶芸家。
¶三重続

**高橋国一郎** たかはしくにいちろう
大正10(1921)年8月2日〜平成25(2013)年4月18日
昭和〜平成期の土木技術者、建設事務次官。専門は道路工学。
¶科学

た

**高橋邦七** たかはしくにしち
文化10(1813)年1月1日～明治26(1893)年1月21日
江戸時代後期～明治期の上州座繰器の発明者。
¶群馬人

**高橋邦太郎** たかはしくにたろう
慶応2(1866)年～昭和16(1941)年6月16日
明治期の土木技師。
¶青森百([没]昭和17(1942)年?), 社史, 鉄道([生]1866年9月19日)

**高橋久米吉** たかはしくめきち
文久2(1862)年～大正5(1916)年
明治期の乳牛改良者。
¶岡山人, 岡山歴([生]文久2(1862)年2月11日 [没]大正5(1916)年3月)

**高橋敬典** たかはしけいてん
大正9(1920)年9月22日～平成21(2009)年6月23日
昭和～平成期の茶釜作家。山正鋳造社長、山形伝統工芸鋳物協同組合理事長。日展に入選。茶の湯釜の分野で人間国宝となる。
¶国宝, 世紀, 日人, 美工

**高橋今朝明** たかはしけさあき
明治45(1912)年1月6日～昭和34(1959)年7月25日
昭和期の農業技術者。
¶世紀, 日人, 山形百新

**高橋源助** たかはしげんすけ
? ～天和1(1681)年
江戸時代前期の用水開削者。越後長岡藩領曽根組大庄屋。
¶朝日([没]天和1年10月9日(1681年11月18日)), 近世, 国史, コン改, コン4, 史人([没]1681年10月9日), 新潮([没]天和1(1681)年10月9日), 人名, 新潟百, 日人

**高橋健三** たかはしけんぞう
*～明治38(1905)年
江戸時代末期～明治期の治水家。。越後国蒲原郡保明新田の庄屋。信濃川大河津分水工事の尽力。
¶朝日([生]文政11年12月15日(1829年1月20日) [没]明治38(1905)年4月5日), 近現([生]1828年), 国史([生]1828年), 日人([生]1829年)

**高橋孝市** たかはしこういち
昭和期の張り子の虎作り。
¶名工

**高橋公子** たかはしこうこ
昭和7(1932)年5月3日～
昭和～平成期の建築家。日本女子大学教授。居住性能、住宅の寸法標準化などを研究。著書に「女のハイテック」など。
¶現執3期

**高橋幸治** たかはしこうじ
昭和37(1962)年8月23日～
昭和～平成期の陶芸家。
¶陶工

**高橋浩二** たかはしこうじ
大正12(1923)年2月11日～平成21(2009)年5月31日
昭和～平成期の鉄道技術者、国鉄技師長。専門は鉄道橋梁。
¶科学, 現情

**高橋五左衛門** たかはしござえもん
生没年不詳
江戸時代前期の料理人。
¶国書

**高橋五郎七** たかはしごろうしち
寛文7(1667)年～延享4(1747)年
江戸時代前期～中期の栗原郡中村の肝入。新田開発や植林に努めた。
¶姓氏宮城

**高橋定雄** たかはしさだお
昭和期の馬具屋店主。
¶名工

**高橋貞次** たかはしさだつぐ
明治35(1902)年4月14日～昭和43(1968)年8月21日
大正～昭和期の日本刀の刀匠。人間国宝。丁子乱れ刃を得意とした。神宝刀や天皇の守刀制作。
¶愛媛百, 郷土愛媛, 現情, 現日, 国宝, 新潮, 人名7, 世紀, 全書, 日人, 美工, 名工

**高橋佐伝治** たかはしさでんじ
? ～寛政8(1796)年
江戸時代中期～後期の大更御新田開拓奉行。
¶姓氏岩手

**高橋三郎** たかはしさぶろう
明治23(1890)年8月12日～昭和48(1973)年9月5日
明治～昭和期の技師。
¶近土, 土木

**高橋佐門** たかはしさもん
昭和23(1948)年8月16日～
昭和～平成期の陶芸家。
¶陶芸最, 陶工, 名工

**高橋三太郎** たかはしさんたろう
昭和期の木工家。
¶名工

**高橋重敏** たかはししげとし
大正7(1918)年12月10日～
昭和期の電子技術者。
¶日人

**高橋茂(1)** たかはししげる
明治36(1903)年～
昭和期の陶芸家。
¶陶芸, 陶芸最([生]明治36年4月19日)

**高橋茂(2)** たかはししげる
大正10(1921)年4月1日～平成17(2005)年11月

22日
昭和～平成期の情報工学者、東京工科大学学長。
専門は計算機工学、トランジスタ。
　¶科学

**高橋重吉** たかはしじゅうきち
明治38（1905）年～昭和53（1978）年
昭和期の実業家。「高橋鉄工所」創業者。雪上トラックの開発者。
　¶青森人

**高橋惇一** たかはしじゅんいち
昭和19（1944）年12月18日～
昭和期の陶芸家。
　¶陶芸最

**高橋春斎**(1) たかはししゅんさい
江戸時代後期の近江信楽の陶工。
　¶人名，日人（生没年不詳）

**高橋春斎**(2)（高橋春斉）たかはししゅんさい
昭和2（1927）年7月10日～
昭和～平成期の陶芸家。
　¶陶芸最，陶工（高橋春斉），名工

**高橋昭一** たかはししょういち
昭和期の木地挽物師。
　¶名工

**高橋正月** たかはししょうかつ
昭和19（1944）年12月19日～
昭和期の陶芸家。
　¶陶芸最

**高橋正作** たかはししょうさく
享和3（1803）年～明治27（1894）年
江戸時代末期～明治期の篤農家。著書に「除稲虫之法」「飢歳問答」など。農業技術の指導にあたる。
　¶朝日（⊕享和3年10月28日（1803年12月11日）⊗明治27（1894）年6月23日），近現，近世，国史，国書（⊕享和3（1803）年10月28日　⊗明治27（1894）年6月23日），コン改，コン4，コン5，新潮（⊗明治27（1894）年10月28日），人名（⊗1886年），日人，幕末（⊗1894年6月23日）

**高橋庄司** たかはししょうじ
昭和期のたんす職人。
　¶名工

**高橋庄蔵** たかはししょうぞう
＊～明治24（1891）年
江戸時代後期～明治期の庄屋・治水家。
　¶人名（⊕？），日人（⊕1836年）

**高橋甚一郎** たかはしじんいちろう
明治32（1899）年～昭和50（1975）年
大正～昭和期の酒造杜氏の名人。
　¶姓氏岩手

**高橋新五郎**〔代数なし〕（――〔2代〕）たかはししんごろう
寛政3（1791）年～安政4（1857）年
江戸時代末期の武蔵国足立郡の機業家。機台を改良し新高機を発明した。

　¶朝日（――〔2代〕）　⊕寛政3年1月5日（1791年2月7日）　⊗安政4年6月25日（1857年8月14日）），維新（⊕1792年），近世（――〔2代〕），国史（――〔2代〕），コン改（⊕？），コン4，人名（⊕？），全書，日人（――〔2代〕），幕末（⊗1857年8月14日）

**高橋新五郎**〔3代〕たかはししんごろう
文化13（1816）年～慶応3（1867）年
江戸時代後期の武蔵国足立郡塚越村の機業家。塚越結城織・双子織の祖。
　¶近世，国史，日人

**高橋甚三郎** たかはしじんざぶろう
明治20（1887）年～昭和19（1944）年
明治～昭和期の農事改良家。
　¶姓氏岩手

**高橋信次** たかはししんじ
明治45（1912）年～昭和60（1985）年
昭和期の放射線医学者。回転横断撮影法を開発。X線多色撮影法を創案。
　¶青森人，青森百，科学（⊕1912年（明治45）1月28日　⊗1985年（昭和60）4月2日），近医，現朝（⊕1912年1月28日　⊗1985年4月2日），現情（⊕1912年1月28日　⊗1985年4月2日），現日（⊕1912年1月28日　⊗1985年4月2日），コン改，コン4，コン5，新潮（⊕明治45（1912）年1月28日　⊗昭和60（1985）年4月2日），世紀（⊕明治45（1912）年1月28日　⊗昭和60（1985）年4月2日），日人（⊕明治45（1912）年1月28日　⊗昭和60（1985）年4月2日），日本

**高橋慎二郎** たかはししんじろう
明治12（1879）年7月1日～？
明治～大正期の写真化学者、東洋乾板技師長。専門は写真化学。
　¶科学，写家

**高橋甚太郎** たかはしじんたろう
元和9（1623）年～元禄7（1694）年
江戸時代前期～中期の開拓者。
　¶姓氏長野

**高橋甚也** たかはしじんや
明治17（1884）年7月10日～昭和50（1975）年2月6日
明治～昭和期の技師。
　¶近土，土木

**高橋新六** たかはししんろく
昭和24（1949）年4月14日～
昭和～平成期の陶芸家。
　¶陶芸最，陶工

**高橋晋録** たかはししんろく
明治20（1887）年～昭和49（1974）年
明治～昭和期の土地改良功労者。
　¶群馬人

**高橋清七** たかはしせいしち
文久3（1863）年～昭和5（1930）年
明治～昭和期の養蚕指導者。

¶群馬人，姓氏群馬

**高橋節郎** たかはしせつろう
大正3(1914)年9月14日〜平成19(2007)年4月19日
昭和〜平成期の漆芸家。
¶現朝，現情，現日，新潮，世紀，全書，日人，日本，美工，名工

**高橋善基** たかはしぜんき
昭和期の室内装飾。
¶名工



**高橋千弥** たかはしせんや
昭和4(1929)年2月2日〜
昭和期の陶芸家。
¶陶芸最

**高橋宗也** たかはしそうや
大正6(1917)年〜
昭和〜平成期の歌舞伎押絵職人。
¶名工

**高橋貴紀** たかはしたかき
昭和26(1951)年5月23日〜
昭和〜平成期の陶芸家。
¶陶工

**高橋武男** たかはしたけお
昭和期のこけし伝統工人。
¶名工

**高橋武志** たかはしたけし
昭和3(1928)年3月3日〜
昭和期の陶芸家。
¶陶芸最

**高橋忠之** たかはしただゆき
昭和16(1941)年12月30日〜
昭和〜平成期の料理人。志摩観光ホテル取締役総支配人。素材に対する料理哲学と味に対する芸術的姿勢で、一流コックとしての名声を得る。
¶現朝，現執3期，現日，世紀，日人

**高橋辰次郎** たかはしたつじろう
明治1(1868)年8月1日〜昭和12(1937)年12月19日
江戸時代末期〜昭和期の技師。
¶近土，土木

**高橋団内** たかはしだんない
天明5(1785)年〜文久1(1861)年
江戸時代末期の臼杵藩の名工。
¶大分歴

**高橋千鶴子** たかはしちずこ
→高橋千鶴子(たかはしちづこ)

**高橋千鶴子** たかはしちづこ，たかはしちずこ
昭和14(1939)年〜
昭和〜平成期の土人形作家。
¶名工(たかはしちずこ)

**高橋忠蔵** たかはしちゅうぞう
明治26(1893)年4月29日〜昭和56(1981)年3月15日
大正〜昭和期の忠蔵こけし製作者。
¶美工，名工

**高橋長吉** たかはしちょうきち
明治34(1901)年〜昭和52(1977)年
大正〜昭和期の織物技術者。鹿児島県商工技師。大島紬の図案革新の功労者。
¶鹿児島百，姓氏鹿児島

**高橋長八** たかはしちょうはち
明治23(1890)年〜昭和49(1974)年
大正〜昭和期の農林技師。
¶青森人

**高橋常作** たかはしつねさく
天保3(1832)年〜明治15(1882)年
江戸時代後期〜明治期の雲州算盤作りの名工。
¶島根人，島根歴

**高橋禎一** たかはしていいち
大正13(1924)年4月27日〜
昭和〜平成期の建築家。第一工房代表、大阪芸術大学教授。明治大学講師、武蔵工業大学助教授を経て、第一工房を設立。
¶現情，世紀，日人

**高橋貞太郎** たかはしていたろう
明治25(1892)年6月26日〜昭和45(1970)年10月1日
明治〜昭和期の建築家。高橋建築事務所所長。
¶美建

**高橋輝代** たかはしてるよ
昭和期の越前和紙人形製作者。
¶名工

**高橋道八** たかはしどうはち
世襲名　江戸時代の京都の陶工。
¶京都大，史人

**高橋道八〔1代〕** たかはしどうはち
*〜文化1(1804)年　[別]道八〔1代〕《どうはち》，空中《くうちゅう》
江戸時代中期〜後期の京焼の陶工。
¶岩史([生]寛延2(1749)年　[没]文化1(1804)年4月)，近世([生]1749年)，国史([生]1749年)，茶道([生]1740年)，新潮([生]寛延2(1749)年　[没]文化1(1804)年4月)，人名([生]1740年)，世人(道八〔1代〕　どうはち　生没年不詳)，世百([生]1742年)，全書(道八〔1代〕　どうはち　[生]1740年)，大百(道八〔1代〕　どうはち)，日人([生]1749年)，藩臣4(――〔代数なし〕　[生]寛保2(1742)年)

**高橋道八〔2代〕** たかはしどうはち
天明3(1783)年〜安政2(1855)年　[別]仁阿弥道八《にんあみどうはち，にんなみどうはち》，道八〔2代〕《どうはち》
江戸時代後期の京都の陶工。
¶朝日(仁阿弥道八　にんあみどうはち)，岩史([生]天明4(1784)年　[没]安政2(1855)年5月)，京都(仁阿弥道八　にんあみどうはち)，京都

大(仁阿弥道八　にんあみどうはち)，近世([生]1784年)，国史([生]1784年)，コン改(仁阿弥道八　にんあみどうはち)，コン4(仁阿弥道八　にんあみどうはち)，茶道，新潮([生]天明4(1784)年　[没]安政2(1855)年5月)，新潮(仁阿弥道八　にんあみどうはち　[生]天明4(1784)年　[没]安政2(1855)年5月)，人名，姓氏京都(仁阿弥道八　にんあみどうはち　[生]1784年)，世人(——〔代数なし〕　[没]安政2(1855)年5月26日)，世人(道八〔2代〕　どうはち)，世百，全書(道八〔2代〕　どうはち)，大百(仁阿弥道八　にんなみどうはち)，大百(道八〔2代〕　どうはち)，日史(仁阿弥道八　にんなみどうはち　[生]天明4(1784)年　[没]安政2(1855)年5月26日)，日人，美術(仁阿弥道八　にんなみどうはち)，百科(仁阿弥道八　にんなみどうはち)，歴大(仁阿弥道八　にんあみどうはち)，和歌山人(仁阿弥道八　にんなみどうはち)

**高橋道八〔3代〕** たかはしどうはち
文化8(1811)年〜明治12(1879)年
江戸時代末期〜明治期の陶芸家。青磁等をよくし、篭形器を創成。近代陶芸のパイオニア。
¶茶道，新潮，人名，世百，先駆，陶工，日人

**高橋道八〔4代〕** たかはしどうはち
弘化2(1845)年〜明治30(1897)年
明治期の陶工。白磁や染付磁を得意とし、釉薬の改良に尽力。
¶新潮，人名，世百，陶工，日人

**高橋道八〔5代〕** たかはしどうはち
明治3(1870)年〜大正4(1915)年
明治期の陶工。京都市陶磁器試験場で学ぶ。
¶新潮，人名，陶工

**高橋道八〔6代〕** たかはしどうはち
明治14(1881)年〜昭和16(1941)年
明治〜昭和期の陶芸家。
¶陶工

**高橋道八〔7代〕** たかはしどうはち
明治40(1907)年〜昭和58(1983)年1月26日
昭和期の陶芸家。
¶陶芸(——〔代数なし〕)，陶工([生]1910年)，美工，名工([生]明治40年11月21日)

**高橋道八〔8代〕** たかはしどうはち
昭和13(1938)年12月6日〜
昭和〜平成期の陶芸家。
¶陶芸最(——〔代数なし〕)，名工

**高橋敏夫** たかはしとしお
昭和17(1942)年5月10日〜
昭和〜平成期の情報科学者。拓殖大学教授。プログラミング論などを研究。著書に「パーソナルコンピュータ入門」など。
¶現執2期，現執3期

**高橋富葉** たかはしとみは
大正14(1925)年〜
昭和〜平成期の草木染手織紬制作者。
¶名工

**高橋直右衛門** たかはしなおえもん
昭和17(1942)年3月29日〜
昭和〜平成期の陶芸家。
¶陶芸最，陶工

**高橋長信** たかはしながのぶ
文化14(1817)年〜明治12(1879)年　[別]長信〔6代・冬広〕《ながのぶ》
江戸時代末期〜明治期の松江藩士、刀匠。修業後松江で作刀に励む。廃刀令で失職。
¶島根百(長信〔6代・冬広〕　ながのぶ)，島根歴，人書94，幕末([生]1816年　[没]1878年5月20日)

**高橋信房** たかはしのぶふさ
明治42(1909)年5月15日〜
昭和〜平成期の刀匠。
¶名工

**高橋延匡** たかはしのぶまさ
昭和8(1933)年7月1日〜平成14(2002)年6月30日
昭和〜平成期の情報工学者、東京農工大学名誉教授。
¶科学

**高橋文室麻呂** たかはしのふんやまろ
弘仁7(816)年〜貞観6(864)年　[別]高橋文室麻呂《たかはしふみのむろまろ，たかはしふむまろ》
平安時代前期の琴師。
¶姓氏長野(たかはしふみのむろまろ　[生]826年)，長野歴(たかはしふむまろ)，平史

**高橋はしめ** たかはしはしめ
昭和期のこけし職人。
¶名工

**高橋春夫** たかはしはるお
昭和33(1958)年〜
昭和〜平成期の陶芸家。
¶陶工

**高橋兵部** たかはしひょうぶ
慶長14(1609)年〜
江戸時代前期の仏師。
¶神奈川人

**高橋弘子** たかはしひろこ
昭和期の面師。
¶名工

**高橋紘** たかはしひろし
昭和17(1942)年6月25日〜
昭和〜平成期の陶芸家。
¶陶芸最，名工

**高橋武左衛門** たかはしぶざえもん
寛保2(1742)年〜文政2(1819)年
江戸時代中期〜後期の殖産水利功労者。
¶人名，日人

**高橋文室麻呂** たかはしふみのむろまろ
→高橋文室麻呂(たかはしのふんやまろ)

た

**高橋文室麻呂** たかはしふむまろ
→高橋文室麻呂(たかはしのふんやまろ)

**高橋鳳雲** たかはしほううん
文化7(1810)年〜安政5(1858)年
江戸時代末期の仏師。
¶鎌倉, 人名, 日人

**高橋宝山** たかはしほうざん
江戸時代末期の仏師。
¶人名, 日人(生没年不詳)

**高橋まき子** たかはしまきこ
昭和期の宝飾デザイナー。
¶名工

**高橋誠** たかはしまこと
昭和23(1948)年4月9日〜
昭和期の陶芸家。
¶陶芸最

**高橋孫八** たかはしまごはち
享和1(1801)年〜明治17(1884)年
江戸時代後期〜明治期の大工。
¶姓氏岩手

**高橋政男** たかはしまさお
昭和15(1940)年〜
昭和〜平成期の陶芸家。
¶陶工

**高橋昌二** たかはしまさじ
明治11(1878)年5月〜昭和8(1933)年
明治〜昭和期の工学者。
¶世紀([没]昭和8(1933)年6月27日), 日人([没]昭和8(1933)年6月24日)

**高橋政重** たかはしまさしげ
慶安3(1650)年〜享保11(1726)年
江戸時代中期の武士、治水家。肥後人吉藩士。上球磨地方の灌漑用水路開削を献策。8年を費やし幸野溝を完成させた。
¶近世, 国史, 史人([没]1726年6月25日), 人名, 日人, 藩臣7

**高橋正次** たかはしまさつぐ
江戸時代中期の金工。
¶人名, 日人(生没年不詳)

**高橋昌義** たかはしまさよし
大正14(1925)年〜
昭和期の発明家。
¶児人

**高橋正賀** たかはしまさよし
江戸時代中期の刀匠。
¶人名, 日人(生没年不詳)

**高橋亦助** たかはしまたすけ
嘉永6(1853)年〜大正7(1918)年
江戸時代末期〜大正期の技術者。
¶姓氏岩手

**高橋万治** たかはしまんじ
明治13(1880)年〜昭和17(1942)年
明治〜昭和期の鋳金家・3代万治。
¶岩手百, 姓氏岩手

**高橋みき** たかはしみき
明治40(1907)年7月10日〜
昭和〜平成期の伊勢崎絣織物職人。
¶名工

**高橋通子** たかはしみちこ
昭和11(1936)年5月1日〜
昭和〜平成期の工芸家。
¶名工

**高橋美濃** たかはしみの
生没年不詳
安土桃山時代〜江戸時代前期の農事改良家。肝入。伊達政宗に仕え、鹿又野谷地開墾に従事。
¶姓氏宮城

**高橋茂三郎** たかはしもさぶろう
安永2(1773)年〜天保15(1844)年
江戸時代中期〜後期の人形職人、今市土天神を考案。
¶島根歴

**高橋茂太郎** たかはしもたろう
万延1(1860)年〜大正7(1918)年
明治〜大正期の養蚕家。
¶姓氏群馬

**高橋安人** たかはしやすんど
大正1(1912)年6月12日〜
昭和期の機械工学者。カリフォルニア大学教授、豊橋技術科学大学教授。
¶現情

**高橋弥兵衛** たかはしやへえ
天保13(1842)年〜昭和1(1926)年
江戸時代末期〜大正期の木勺子職人。
¶姓氏岩手

**高橋裕** たかはしゆたか
昭和2(1927)年1月28日〜
昭和〜平成期の土木工学者。東京大学教授、芝浦工業大学教授。水資源開発審議会会長、資源調査会委員などの要職を歴任。著書に「利根川物語」など。
¶現朝, 現執1期, 現執2期, 現執3期, 現執4期, 現情, 世紀, 日人, YA

**高橋由美子** たかはしゆみこ
昭和24(1949)年2月18日〜
昭和〜平成期の美容師。ホリスティック・ライフ・アカデミー理事長。著書に「みるみる髪が生えてくる」「漢方食健康法」など。
¶現執3期

**高橋禎彦** たかはしよしひこ
昭和33(1958)年〜
昭和〜平成期のガラス工芸家。
¶名工

**高橋義宗** たかはしよしむね
明治30(1897)年4月15日～昭和21(1946)年2月27日
大正～昭和期の刀匠。
¶愛媛百

**高橋楽斎〔3代〕**(——〔1代〕) たかはしらくさい
明治31(1898)年～昭和51(1976)年
明治～昭和期の陶芸家。
¶郷土滋賀(——〔代数なし〕　[没]1975年), 滋賀百([没]1975年), 陶芸最(——〔1代〕　[生]明治32年), 陶工, 美工([生]明治31(1898)年10月31日　[没]昭和51(1976)年1月17日), 名工([生]明治31年10月31日　[没]昭和51年1月17日)

**高橋楽斎〔4代〕** たかはしらくさい
大正14(1925)年11月8日～
昭和～平成期の陶芸家。
¶陶芸最(——〔代数なし〕), 名工

**高橋利助** たかはしりすけ
～慶応4(1868)年
江戸時代後期～末期の木彫家。
¶島根人

**高橋隆三郎** たかはしりゅうざぶろう
明治33(1900)年8月14日～
大正～昭和期の蚕糸業功労者。
¶群馬人

**高橋和三郎** たかはしわさぶろう
昭和23(1948)年12月1日～
昭和～平成期の陶芸家。
¶陶芸最, 陶工, 名工

**高畠三郎右衛門** たかばたけさぶろうえもん
生没年不詳
足立郡高畑村の開発名主。
¶埼玉人

**高畠祥一** たかばたけしょういち
大正9(1920)年11月24日～
昭和期の陶芸家。
¶陶芸最

**高畑利宜** たかばたけとしよし
天保12(1841)年～大正11(1922)年
江戸時代末期～大正期の内陸部開拓の先達。
¶北海道百, 北海道歴

**高畑権兵衛** たかばたごんべえ
寛文5(1665)年～元文2(1737)年
江戸時代中期の開拓家。
¶人名, 日人

**高浜かの子** たかはまかのこ
明治44(1911)年～平成3(1991)年
大正～平成期の人形作家。
¶美工

**高浜利恵** たかはまとしえ
明治41(1908)年～
昭和～平成期の折り紙作家。
¶名工

**高浜正友** たかはままさとも
天正17(1589)年～寛文2(1662)年
江戸時代前期の水軍技術家。因幡鳥取藩士。
¶鳥取百, 藩臣5

**高林維兵衛** たかばやしいへえ
元治1(1864)年～大正11(1922)年
明治～大正期の殖産家、実業家。産業組合の設立、小作奨励等地方施設に貢献。
¶静岡歴, 人名, 世紀([生]元治1(1864)年9月11日　[没]大正11(1922)年4月), 姓氏静岡, 日人

**高林謙三** たかばやしけんぞう
天保3(1832)年～明治34(1901)年
明治期の発明家。製茶機を発明し、日本の産業に貢献した。
¶埼玉人([生]天保3(1832)年4月25日　[没]明治34(1901)年4月1日), 埼玉百([生]1831年), 静岡百, 静岡歴, 食文([生]天保3年4月25日(1832年5月25日)　[没]1901年4月1日), 人名, 先駆, 日人

**高原** たかはら
生没年不詳
江戸時代前期の陶工。
¶日人

**高原一秀** たかはらかずひで
明治44(1911)年3月2日～昭和45(1970)年
大正～昭和期の建築家。1級建築士。
¶岡山人, 美建([没]昭和45(1970)年4月8日)

**高原邦彦** たかはらくにひこ
昭和21(1946)年～
昭和～平成期の陶芸家。
¶陶芸最([生]昭和21年11月23日), 名工([生]昭和21年11月21日)

**高原弘造** たかはらこうぞう
弘化2(1845)年5月～大正7(1918)年
明治～大正期の建築家。日本土木技師長。西洋建築を本場で学んだ最初の日本人。歌舞伎座、静岡県庁舎などを設計。
¶朝日([没]大正7(1918)年12月4日), 海越新([没]大正7(1918)年12月4日), 渡航([生]?), 日人

**高原五郎七** たかはらごろしち
生没年不詳　[別]五郎七《ごろしち》
江戸時代前期の肥前の陶工、本邦磁器の功労者。
¶大阪人, 人名, 日人, 美工

**高原敏** たかはらさとし
昭和9(1934)年9月16日～
昭和～平成期の陶芸家。
¶陶芸最, 陶工, 名工

**高原昌治** たかはらしょうじ
昭和16(1941)年5月6日～
昭和～平成期の陶芸家。
¶陶芸最, 陶工, 名工

**高原藤兵衛** たかはらとうべえ
江戸時代の陶工。
¶人名, 日人(生没年不詳)

**高原普門** たかはらふもん
昭和24（1949）年10月28日〜
昭和〜平成期の陶芸家。
¶陶工

**高樋竹次郎** たかひたけじろう
明治35（1902）年〜昭和59（1984）年
昭和期の建設、自治の功労者。
¶青森人

**高平** たかひら
平安時代の備前の刀工。
¶岡山人（[生]延喜18（918）年　[没]長徳4（998）年），岡山歴，史人，人名，日人（生没年不詳），美工（[生]？　[没]？）



**鷹部屋福平** たかべやふくへい
明治26（1893）年3月9日〜昭和50（1975）年4月24日
明治〜昭和期の工学者。
¶科学，近土，現情，姓氏愛知，土木，北海道百，北海道歴

**高間真** たかましん
昭和10（1935）年10月1日〜
昭和〜平成期の陶芸家。
¶陶芸最，陶工

**高松重房** たかまつしげふさ
江戸時代末期の日光の仏師。
¶栃木歴

**高松七郎** たかまつしちろう
天保10（1839）年〜明治44（1911）年
江戸時代後期〜明治期の名主、製陶業。
¶栃木歴

**高松伸** たかまつしん
昭和23（1948）年8月5日〜
昭和〜平成期の建築家。京都大学教授、高松伸建築設計事務所所長、高松計画代表取締役。ポスト・モダン建築の代表格。ドイツ・デュイスブルク市の駅周辺再開発計画の国際コンペで最優秀賞。
¶現朝，現執2期，現執3期，現執4期，現情，現日，世紀，日人

**高松長四郎** たかまつちょうしろう
嘉永5（1852）年〜？
明治〜大正期の染物業者。
¶姓氏京都

**高松梅治** たかまつばいじ
明治15（1882）年〜昭和20（1945）年
明治〜昭和期の発明家。明治32年にキャタピラを発明。
¶姓氏富山

**高松又八郎** たかまつまたはちろう
？　〜明和6（1769）年
江戸時代中期の彫物師。
¶姓氏群馬

**高見勝代** たかみかつよ
昭和22（1947）年5月31日〜
昭和〜平成期の陶芸家。
¶陶芸最，名工

**高見沢遠治** たかみざわえんじ
明治23（1890）年11月19日〜昭和2（1927）年6月11日
明治〜昭和期の浮世絵修復家。
¶世紀，日人

**高見沢権之丞** たかみざわごんのじょう
文化11（1814）年〜明治13（1880）年
江戸時代後期〜明治期の開拓使営繕掛手代。
¶札幌

**鷹見周吉** たかみしゅうきち
江戸時代中期の木彫師。
¶人名，日人（生没年不詳）

**高水勝良** たかみずかつよし
昭和6（1931）年〜
昭和〜平成期の染織作家。
¶名工

**高見善八** たかみぜんぱち
？　〜寛政2（1790）年
江戸時代後期の宮大工。
¶長野歴

**高光** たかみつ
平安時代中期の刀工。
¶岡山人

**高光俊信** たかみつとしのぶ
昭和22（1947）年〜
昭和〜平成期のガラス工芸家。
¶名工

**高嶺シゲ** たかみねしげ
大正5（1916）年10月16日〜
昭和〜平成期の久米島紬織物職人。
¶名工

**高峰譲吉** たかみねじょうきち
安政1（1854）年〜大正11（1922）年
明治〜大正期の応用化学者、実業家。三共（のち第一三共）創業者。アルコール醸造法を考案。タカジアスターゼの創製。アドレナリン結晶化を研究。
¶朝日（[生]安政1年11月3日（1854年12月22日）[没]大正11（1922）年7月22日），石川百，岩史（[生]嘉永7（1854）年11月3日　[没]大正11（1922）年7月22日），海越（[生]嘉永7（1854）年11月3日　[没]大正11（1922）年7月22日），海越新（[生]嘉永7（1854）年11月3日　[没]大正11（1922）年7月22日），科学（[生]1854年（安政1）11月3日　[没]1922年（大正11）7月22日），科人（[生]1854年11月3日　[没]1922年7月11日），角史，近医，近現，国際，国史，コン改，コン5，史人（[生]1854年11月3日　[没]1922年7月22日），実業（[生]嘉永7（1854）年11月3日　[没]大正11（1922）年7月22日），重要（[生]安政1（1854）年11月3日　[没]大正11（1922）年7月22日），食文（[生]安政1年11月3日（1854年12月22日）　[没]1922年7月22日），新潮（[生]安政

1(1854)年11月3日　㊦大正11(1922)年7月22日），人名，世紀（㊤嘉永7(1854)年11月3日　㊦大正11(1922)年7月22日），姓氏石川，姓氏富山（㊤1852年），世人（㊤安政1(1854)年11月3日　㊦大正11(1922)年7月22日），世百，先駆（㊤安政1(1854)年11月3日　㊦大正11(1922)年7月22日），全書，創業，大百，伝記，渡航（㊤1854年11月3日　㊦1922年7月22日），富山百（㊤嘉永7(1854)年9月13日　㊦大正11(1922)年7月22日），日史（㊤安政1(1854)年11月3日　㊦大正11(1922)年7月22日），人民，日本，幕末（㊤1854年12月22日　㊦1922年7月22日），百科，平日（㊤1854　㊦1922），民学，明治2，履歴（㊤安政1(1854)年9月13日　㊦大正11(1922)年9月13日），履歴2（㊤安政1(1854)年9月13日　㊦大正11(1922)年9月13日），歴大

**高宮高原** たかみやたかはる
昭和15(1940)年2月14日～
昭和～平成期の陶芸家。
¶陶工

**高宮忠一** たかみやただかつ
江戸時代前期の金沢の鋳工。
¶姓氏石川

**高宮秀忠** たかみやひでただ
昭和15(1940)年2月14日～
昭和～平成期の陶芸家。
¶陶芸最，名工

**高村栄蔵** たかむらえいぞう
慶応1(1865)年～昭和7(1932)年
明治～昭和期の科学染色の開発者、宗教家。
¶静岡歴，姓氏静岡

**篁牛人** たかむらぎゅうじん
明治34(1901)年10月10日～昭和59(1984)年2月25日
昭和期の水墨画家。代表作は「天台山」。渇筆技法の考案者で、独自の画風を開拓。
¶近美，世紀，姓氏富山，富山百，日画，日人，美家

**高村権内** たかむらごんない
元和5(1619)年～元禄6(1693)年
江戸時代中期の水利功労者。
¶人名，日人

**高村東雲** たかむらとううん
文政9(1826)年～明治12(1879)年
江戸時代末期～明治期の仏師。伝統的木彫を制作。高村光雲の師匠。
¶維新，重要（㊤文政9(1816)年　㊦明治12(1879)年9月23日），人名，世人（㊤文化9(1826)年　㊦明治12(1879)年9月23日），日人，幕末（㊦1879年9月23日）

**高村豊周** たかむらとよちか
明治23(1890)年～昭和47(1972)年
大正～昭和期の鋳金家。東京美術学校教授、鋳金家協会会長。工芸団体无型を組織。人間国宝。

¶近現，近文，現朝（㊤1890年7月1日　㊦1972年6月2日），現情（㊤1890年7月1日　㊦1972年6月2日），現人，現日（㊤1890年7月1日　㊦1972年6月2日），国史，国宝（㊤明治23(1890)年7月1日　㊦昭和47(1972)年6月2日），コン改，コン4，コン5，新潮（㊤明治23(1890)年7月1日　㊦昭和47(1972)年6月2日），人名7，世紀（㊤明治23(1890)年7月1日　㊦昭和47(1972)年6月2日），世百，世百新，全書，大百，日人（㊤明治23(1890)年7月1日　㊦昭和47(1972)年6月2日），日史（㊤明治23(1890)年7月1日　㊦昭和47(1972)年6月2日），美術，百科，名工（㊤明治23年7月1日　㊦昭和47年6月2日）

**高村宜志** たかむらやすし
昭和期の陶芸家。
¶名工

**高室長作** たかむろちょうさく
寛政7(1795)年～文久3(1863)年
江戸時代後期～末期の開拓者。
¶姓氏岩手

**高屋駒吉** たかやこまきち
明治13(1880)年～昭和1(1926)年
明治～大正期の養蚕家。
¶姓氏山口

**高谷晴治** たかやせいじ
～平成22(2010)年2月6日
昭和～平成期の陶芸家。
¶美工

**高谷徳太郎** たかやとくたろう
明治21(1888)年～昭和42(1967)年
大正～昭和期の弘前市郷土がん具製作者。
¶青森人

**高柳嘉一** たかやなぎかいち
弘化2(1845)年～大正9(1920)年
明治～大正期の肥前嬉野の茶業家。嬉野茶を改良し、中国茶と宇治茶の折衷製茶法を開発した。
¶日人

**高柳健次郎** たかやなぎけんじろう
明治32(1899)年～平成2(1990)年
昭和期の電子工学者。浜松高等工業教授、日本ビクター顧問。アイコノスコープによるテレビ実験に成功。
¶科学（㊤1899年(明治32)1月20日　㊦1990年(平成2)7月23日），現朝（㊤1899年1月20日　㊦1990年7月23日），現情（㊤1899年1月20日　㊦1990年1月20日），現人，現日（㊤1899年1月20日　㊦1990年7月23日），コン改，コン4，コン5，史人（㊤1899年1月20日　㊦1990年7月23日），静岡百，静岡歴，新潮（㊤明治32(1899)年1月20日　㊦平成2(1990)年7月23日），世紀（㊤1899年1月20日　㊦平成2(1990)年7月23日），姓氏静岡，世百新，全書，大百，日人（㊤明治32(1899)年1月20日　㊦平成2(1990)年7月23日），日本，百科，民学，履歴（㊤明治32(1899)年1月20日　㊦平成2(1990)年7月23日），履歴2（㊤明治32(1899)年1月20日　㊦平成2(1990)年7月23日），歴大

**高柳宗一郎** たかやなぎそういちろう
～昭和58(1983)年3月22日
昭和期の博多ばさみ職人。
¶名工

**多賀谷武兵衛** たがやぶへえ
明和2(1765)年～天保5(1834)年
江戸時代後期の開拓家。安芸国広村の庄屋。多賀谷橋、多賀谷新田などを開拓。
¶人名，日人

**高山英華** たかやまえいか
明治43(1910)年4月20日～平成11(1999)年7月23日
昭和期の都市計画家。東京大学教授。都市工学を研究。わが国の都市計画行政を指導。
¶現朝，現執1期，現執2期，現情，現人，世紀，日人



**高山健次** たかやまけんじ
昭和23(1948)年2月27日～
昭和～平成期の陶芸家。
¶陶工

**高山光** たかやまこう
昭和18(1943)年～
昭和～平成期の陶芸家。
¶名工

**高山幸助** たかやまこうすけ
文政12(1829)年～明治18(1885)年
明治期の車製造業。人力車の発明者の一人。
¶維新，先駆，幕末([没]1885年6月23日)

**多賀谷正義** たがやまさよし
明治34(1901)年～昭和54(1979)年4月2日
昭和期の金属工学者。大阪大学教授。
¶科学([生]1901年(明治34)1月26日)，現情([生]1901年1月24日)

**高山甚太郎** たかやまじんたろう
*～大正3(1914)年
明治期の応用化学者。日本化学会・工業化学会会長。化学工業の各種耐火材料分析に従事。工業試験所設立に尽力、初代所長。
¶朝日([生]安政2年12月1日(1856年1月8日) [没]大正3(1914)年10月23日)，海越([生]安政4(1857)年3月　[没]大正3(1914)年10月21日)，海越新([生]安政4(1857)年3月　[没]大正3(1914)年10月21日)，科学([生]1855年(安政2)12月1日 [没]1914年(大正3)10月23日)，近現([生]1855年)，国史([生]1855年)，新潮([生]安政2(1855)年12月1日　[没]大正3(1914)年10月23日)，人名([生]1857年)，世紀([生]安政2(1856)年12月1日　[没]大正3(1914)年10月23日)，姓氏石川([生]1857年)，全書([生]1857年)，大百([生]1857年)，渡航([生]1856年12月　[没]1914年10月21日)，日人([生]1856年)

**高山善右衛門** たかやまぜんうえもん
→高山善右衛門(たかやまぜんえもん)

**高山善右衛門** たかやまぜんえもん
文久3(1863)年～昭和3(1928)年　[別]高山善右衛門《たかやまぜんうえもん》
明治～大正期の公共事業家。
¶世紀([生]文久3(1863)年2月30日　[没]昭和3(1928)年3月1日)，姓氏宮城(たかやまぜんうえもん)，日人，宮城百

**高山泰造** たかやまたいぞう
明治32(1899)年～昭和60(1985)年
明治～昭和期の陶芸家。
¶陶工

**高山長五郎** たかやまちょうごろう
天保1(1830)年～明治19(1886)年
江戸時代末期～明治期の養蚕功労者。飼育法を案出、蚕具の改良も行う。民間の養蚕振興に貢献。
¶朝日([生]天保1年4月17日(1830年6月7日) [没]明治19(1886)年12月10日)，郷土群馬，近現，群馬人([生]天保1(1830)年4月17日　[没]明治19(1886)年12月10日)，群馬百，国史，新潮([生]天保1(1830)年4月17日　[没]明治19(1886)年12月10日)，人名，姓氏群馬，日人，幕末([没]1886年12月10日)

**高山春江** たかやまはるえ
昭和23(1948)年～
昭和～平成期の陶芸家。
¶陶工，名工([生]昭和23年4月)

**宮行** たかゆき
室町時代の刀工。
¶島根人，島根百

**高行** たかゆき
室町時代の刀工。
¶島根百

**田川雅章** たがわがしょう
大正10(1921)年1月2日～
昭和期の陶芸家。
¶陶芸最，陶工

**田川正二郎** たがわしょうじろう
明治9(1876)年3月16日～昭和21(1946)年1月16日
明治～昭和期の技師。
¶近土，土木

**田川飛旅子** たがわひりょし
大正3(1914)年8月28日～平成11(1999)年4月25日
昭和期の俳人、技術者。句集に「外套」など。
¶近文，現執1期，現執2期，現執3期，現情，現俳，新文，世紀，日人，俳文

**滝井治三郎** たきいじさぶろう
明治23(1890)年5月19日～昭和48(1973)年12月11日
大正～昭和期の実業家。タキイ種苗会長、参議院議員。家業の種苗業を継ぎ、京野菜の品質改良につとめ、業界のトップに育成。
¶現朝，植物，食文，世紀，姓氏京都，日人

## 滝一夫 たきかずお
明治43(1910)年2月13日〜昭和46(1971)年11月7日
大正〜昭和期の陶芸家。日展審査員、佐賀大教授。
¶現情, 人名7, 世紀, 陶工(㊥1973年), 日人, 美工, 福岡百(㊥昭和48(1973)年11月7日), 名工

## たきがわきょうこ
昭和23(1948)年〜
昭和〜平成期の折り紙研究家。
¶名工

## 滝川鉦一 たきかわしょういち,たきがわしょういち
大正12(1923)年8月9日〜平成16(2004)年12月29日
昭和〜平成期の陶芸家。
¶陶芸最(たきがわしょういち), 陶工, 美工, 名工

## 滝川八郎 たきかわはちろう,たきがわはちろう
大正2(1913)年〜
昭和期の陶芸家。
¶陶芸, 陶芸最(たきがわはちろう　㊥大正2年1月1日)

## 滝口和男 たきぐちかずお
昭和28(1953)年1月9日〜
昭和〜平成期の陶芸家。
¶陶芸最, 陶工, 名工

## 滝口加全 たきぐちかぜん
明治44(1911)年〜
昭和期の陶芸家。
¶陶芸, 陶芸最(㊥明治44年8月)

## 滝口加全〔1代〕 たきぐちかぜん
明治5(1872)年〜昭和15(1940)年
明治〜昭和期の陶芸家。
¶姓氏石川(──〔代数なし〕), 陶工

## 滝口喜兵爾 たきぐちきへいじ
昭和12(1937)年4月13日〜
昭和〜平成期の陶芸家。
¶陶芸最, 陶工, 名工

## 滝口幸吉 たきぐちこうきち
明治2(1869)年〜昭和35(1960)年
明治〜昭和期の北駿の農業改良指導者。
¶静岡歴, 姓氏静岡

## 多木久米次郎 たきくめじろう
安政6(1859)年〜昭和17(1942)年3月15日
明治〜昭和期の実業家、政治家。多木製肥所社長、衆議院議員。わが国最初の人造肥料製造者。貴族院議員を歴任。
¶朝日, 食文(㊥安政6年5月28日(1859年6月28日)), 世紀(㊥安政6(1859)年5月), 鉄道(㊥1859年6月28日), 日人, 兵庫人(㊥安政6(1859)年5月28日), 兵庫百

## 滝沢藤重郎 たきざわとうじゅうろう
文政7(1824)年〜明治12(1879)年
明治期の養蚕指導家。

¶神奈川人

## 滝沢浜吉 たきざわはまきち
明治23(1890)年〜昭和35(1960)年
大正〜昭和期の政治家・蚕糸業功労者。
¶群馬人, 群馬百, 姓氏群馬

## 滝沢政蔵 たきざわまさぞう
安政1(1854)年〜昭和2(1927)年
明治〜昭和期の土蔵造りと漆喰彫刻に秀でた左官。
¶栃木歴

## 滝沢真弓 たきざわまゆみ
明治29(1896)年〜昭和58(1983)年
大正〜昭和期の建築家。
¶姓氏長野, 長野歴, 兵庫百

## 滝瀬源一 たきせげんいち
大正7(1918)年3月27日〜
昭和期の陶芸家。
¶陶芸最

## 滝田敦之 たきたあつゆき
昭和27(1952)年11月16日〜
昭和〜平成期の陶芸家。
¶陶芸最

## 滝大吉 たきだいきち
文久1(1861)年〜明治35(1902)年
江戸時代末期〜明治期の建築家。
¶大分歴

## 滝田項一 たきたこういち
昭和2(1927)年2月22日〜
昭和〜平成期の陶芸家。
¶現情, 世紀, 陶芸最, 陶工, 名工

## 滝田史宇 たきたしう
昭和31(1956)年2月26日〜
昭和〜平成期の陶芸家。
¶陶芸最, 陶工

## 田北瑞宝 たきたずいほう
昭和2(1927)年9月4日〜
昭和期の陶芸家。
¶陶芸最

## 滝田椿渓 たきたちんけい
嘉永6(1853)年〜昭和7(1932)年
明治〜昭和期の陶工。尾張常滑の西端焼を開窯。南蛮風の茶器に長じた。
¶人名, 世紀(㊥嘉永6(1853)年10月18日　㊥昭和7(1932)年1月), 陶工, 日人, 名工(㊥昭和7年1月)

## 滝田義広(1) たきたよしひろ
昭和2(1927)年12月22日〜
昭和和期の陶芸家。
¶陶芸最

## 滝田義広(2) たきたよしひろ
大正2(1913)年〜
昭和期の陶芸家。
¶陶芸

## 滝次陽 たきつぐはる
昭和29（1954）年〜
昭和〜平成期の陶芸家。
¶陶工

## 滝本石見 たきもといわみ
江戸時代中期の加賀国能美郡小松町の鋳工。
¶姓氏石川

## 滝本可守 たきもとかもり
天保9（1838）年〜明治40（1907）年
明治期の代表的蚕糸家。
¶岩手百，姓氏岩手

## 滝本幸之伸 たきもとこうのしん
昭和24（1949）年3月12日〜
昭和期の陶芸家。
¶陶芸最

## 滝本湖久 たきもとこきゅう
昭和22（1947）年10月6日〜
昭和〜平成期の陶芸家。
¶陶芸最，陶工

## 滝本土休 たきもとどきゅう
享保2（1717）年〜文化5（1808）年
江戸時代中期〜後期の左官職、茶人。
¶茶道

## 滝保夫 たきやすお
大正8（1919）年3月17日〜昭和63（1988）年12月29日
昭和期の電気工学者、東京大学名誉教授。専門は通信工学、テレビジョン工学。
¶科学

## 滝山与 たきやまひとし
明治10（1877）年8月16日〜昭和20（1945）年1月21日
明治〜昭和期の鉄道技師。
¶近土，鉄道，渡航，土木

## 滝山養 たきやままもる
明治43（1910）年2月12日〜平成21（2009）年4月7日
昭和〜平成期の鉄道技術者、国鉄技師長。
¶科学，現執2期

## 滝山弥次兵衛 たきやまやじべえ
江戸時代の工人、江戸瓦葺の創始者。
¶人名，日人（生没年不詳）

## 柘植ミシ たくうえみし
？ 〜明治34（1901）年
明治期の製糸技術者。
¶大分歴

## 田鎖綱紀 たくさりこうき
安政1（1854）年〜昭和13（1938）年
明治期の日本速記法の創始者。「日本傍聴記録法」を「時事新報」に発表。
¶朝日（⊕安政1年8月15日（1854年10月6日）⊗昭和13（1938）年5月3日），岩史（⊕嘉永7（1854）年8月15日 ⊗昭和13（1938）年5月3日），岩手百，コン改，コン5，新潮（⊕安政1（1854）年8月15日 ⊗昭和13（1938）年5月3日），世紀（⊗嘉永7（1854）年8月15日 ⊗昭和13（1938）年5月3日），姓氏岩手，先駆（⊕安政1（1854）年8月15日 ⊗昭和13（1938）年5月3日），日人，民学，洋学

## 田鎖高守 たくさりたかもり
文政9（1826）年〜明治37（1904）年9月14日
江戸時代末期〜明治期の盛岡藩士。鉱山開掘、戊辰戦争後の軍資献納調達掛等に力をつくす。
¶幕末

## 田鎖丹蔵 たくさりたんぞう，たくさりたんぞう
天明6（1786）年〜慶応1（1865）年
江戸時代中期〜末期の漁業家。
¶姓氏岩手（たくさりたんぞう），日人

## 田口育子 たぐちいくこ
〜平成17（2005）年9月8日
昭和〜平成期の染織作家、ファッションデザイナー。
¶美工

## 田口逸所 たぐちいっしょ
弘化3（1846）年〜明治43（1910）年
明治期の官吏、篆刻家。内閣書記官を務めた。
¶人名，日人，名工（⊗明治43年3月）

## 田口玄一 たぐちげんいち
大正13（1924）年1月1日〜平成24（2012）年6月2日
昭和〜平成期の理工学者。青山学院大学教授。品質管理、統計解析を研究。文部省統計数理研究所、日本規格協会参与なども務める。
¶科学，現執1期，現執2期，現執3期，現執4期

## 田口俊平 たぐちしゅんぺい
文化15（1818）年〜慶応3（1867）年
江戸時代末期の幕府留学生、海軍砲術家。測量・砲術の技術で貢献した。のち海軍操練所御用掛を務めた。
¶海越（⊕文化15（1818）年4月6日 ⊗慶応3（1867）年11月18日），海越新（⊕文化15（1818）年4月6日 ⊗慶応3（1867）年11月18日），岐阜百，郷土岐阜，日人

## 田口精爾 たぐちせいじ
明治6（1873）年〜昭和3（1928）年
明治〜大正期の墨汁製造業者。開明墨汁の創製者。
¶人名，日人（⊗昭和3（1928）年1月）

## 田口長治郎 たぐちちょうじろう
明治26（1893）年〜昭和54（1979）年
大正〜昭和期の鱒養殖家、共和水産社長、衆議院議員。
¶政治（⊕明治26年6月 ⊗昭和54年5月4日），長崎百

## 田口恒松 たぐちつねまつ
明治43（1910）年4月7日〜
昭和〜平成期の東京銀器職人。
¶名工

**田口輝好** たぐちてるよし
昭和22(1947)年5月11日〜
昭和期の陶芸家。
¶陶芸最

**田口寿恒** たぐちとしちか
昭和15(1940)年4月13日〜
昭和〜平成期の鍛金家。2006年に重要無形文化財保持者(人間国宝)に認定(鍛金)。
¶国宝

**田口義雄** たぐちよしお
明治44(1911)年1月27日〜
昭和〜平成期の纏師。
¶名工

**田口善国** たぐちよしくに
大正12(1923)年3月1日〜平成10(1998)年11月28日
昭和期の漆芸家。人間国宝。作品に「野原蒔絵小箱」「水鏡蒔絵水差」など。
¶現朝，国宝，世紀，日人，美工，名工

**田口慶郷** たぐちよしさと
寛政10(1798)年〜慶応2(1866)年
江戸時代後期〜末期の治水家。
¶岐阜百，郷土岐阜，日人

**田口泖三郎** たぐちりゅうざぶろう，たぐちりゅうさぶろう
明治36(1903)年1月31日〜昭和46(1971)年11月26日
昭和期の音響工学者。田口心理物理学研究所所長。音響学の独創的研究者。録音機を発明する。著書に「音の文化史」「天然色写真」など。
¶科学，科技，現情，現日，新潮，人名7，世紀，日人，日本(たぐちりゅうさぶろう)

**田口留兵衛** たぐちるへい
→田口留兵衛(たぐちるへえ)

**田口留兵衛** たぐちるへえ
享和1(1801)年〜元治1(1864)年　[別]田口留兵衛《たぐちるへい》
江戸時代末期の蚕種製造家。
¶朝日([没]元治1年6月28日(1864年7月31日))，維新([生]1802年)，近世，国史，国書([没]元治1(1864)年6月28日)，コン改，コン4，史人([没]1864年6月28日)，新潮([没]元治1(1864)年6月28日)，世人，日人，幕末，福島百(たぐちるへい)，歴大

**沢道** たくどう
明治10(1877)年頃〜
明治〜大正期の塩谷焼の陶工。
¶島根人，島根歴(生没年不詳)

**田窪藤平** たくぼとうへい
文政11(1828)年6月21日〜大正7(1918)年4月2日
江戸時代末期〜大正期の塩田改良家。塩田改良工事に従事、藤平流製塩法で有名。
¶朝日

**宅磨栄賀**(託磨栄賀，詫磨栄賀) たくまえいが
生没年不詳　[別]栄賀《えいが》，宅磨栄賀《たくまのえいが》
南北朝時代の宅磨派の絵仏師。託磨長賀の子。宅磨派最後の絵仏師。作品に「十六羅漢像」など。
¶朝日(詫磨栄賀)，角史(栄賀　えいが)，鎌室，京都大，国史(栄賀　えいが)，古中(栄賀　えいが)，コン改，コン4，史人，新潮(託磨栄賀)，人名(託磨栄賀)，世人(栄賀　えいが)，世人，日史(たくまのえいが)，日人，美家，美術，百科，仏教(託磨栄賀)，名画

**宅磨俊賀**(託磨俊賀，詫磨俊賀) たくましゅんが
→俊賀(しゅんが)

**宅磨勝賀**(拓磨勝賀，託磨勝賀，詫磨勝賀) たくましょうが
生没年不詳　[別]勝賀《しょうが》，宅磨勝賀《たくまのしょうが》，宅磨為基《たくまのためもと》
鎌倉時代前期の宅磨派の絵仏師。作品に神護寺の「十二天屏風」、東寺の「両界曼荼羅」など。
¶朝日(詫磨勝賀)，角史(勝賀　しょうが)，鎌室，京都大，国史(勝賀　しょうが)，国書(拓磨勝賀)，古中(勝賀　しょうが)，コン改，コン4，史人，新潮(託磨勝賀)，人名(託磨勝賀)，世人，日史(たくまのしょうが)，日人，美家，美術，百科，仏教(託磨勝賀)，平史(勝賀　しょうが)，名画

**宅間浄宏**(詫磨浄宏) たくまじょうこう
生没年不詳
南北朝時代の宅磨派の仏師。
¶鎌倉，埼玉人(詫磨浄宏)

**宅磨浄宏** たくまじょうこう
生没年不詳
南北朝時代の宅磨派の絵仏師。
¶日人

**詫間晋平** たくましんぺい
昭和10(1935)年〜
昭和期の教育工学者、知識工学者。国立特殊教育総合研究所教育工学研究部長、川崎医療福祉大学教授。
¶現執1期，現執2期([生]昭和10(1935)年4月26日)

**宅磨為遠** たくまためとう
→宅磨為遠(たくまためとお)

**宅磨為遠**(託磨為遠，詫磨為遠) たくまためとお
生没年不詳　[別]宅磨為遠《たくまためとう，たくまのためとお》
平安時代後期の宅磨派の絵仏師。宅磨派の祖。高野山大伝法院の「両界曼荼羅」「十六祖師影」を描いたとされる。
¶朝日(詫磨為遠)，京都大(たくまためとう)，国史(たくまのためとお)，古史(たくまのためとお)，古中(たくまのためとお)，史人，新潮(託磨為遠)，人名，姓氏京都，日人，仏教(託磨為遠)，平史，名画

**宅磨為辰** たくまためとき
生没年不詳

たくまた
464
日本人物レファレンス事典

平安時代後期～鎌倉時代前期の宅磨派の絵仏師。
¶日人

**宅磨為久**（託磨為久）たくまためひさ
生没年不詳　⑩宅磨為久《たくまのためひさ》
鎌倉時代前期の宅磨派の絵仏師。鎌倉宅磨派の祖。
¶鎌室，国史（たくまのためひさ），古中（たくまのためひさ），コン改，コン4，新潮（託磨為久），人名，日人，美家，平史，名画

**宅磨澄賀**（託磨澄賀）たくまちょうが
鎌倉時代前期の宅磨派の絵仏師。
¶鎌室（生没年不詳），新潮（託磨澄賀），人名

**宅磨長賀**（託磨長賀，詫磨長賀）たくまちょうが
生没年不詳　⑩長賀《ちょうが》
鎌倉時代前期の詫磨派の絵仏師。作品に醍醐寺の「不動明王像」など。
¶朝日（詫磨長賀），国史（長賀　ちょうが），古中（長賀　ちょうが），史人，新潮（託磨長賀），日人

**田熊常吉**　たくまつねきち
明治5（1872）年～昭和28（1953）年12月22日
明治～昭和期の発明家。タクマ創業者。水管式ボイラーの特許を得る。田熊汽缶製造を創立。
¶科学（⊕1872年（明治5）2月8日），科技（⊕1872年2月8日），近現，現情（⊕明治5（1872）年2月8日），国史，コン改，コン4，コン5，史人（⊕1872年2月8日），新潮（⊕明治5（1872）年2月8日），世紀（⊕明治5（1872）年2月8日），世百（㉔1954年），世百新，先駆（⊕明治5（1872）年2月8日），全書（㉔1954年），大百（㉔1954年），鳥取百，日史（⊕明治5（1872）年2月8日），日人（⊕明治5（1872）年2月8日），百科（㉔昭和29（1954）年），歴大（㉔1954年）

**宅磨栄賀**　たくまのえいが
→宅磨栄賀（たくまえいが）

**宅磨勝賀**　たくまのしょうが
→宅磨勝賀（たくましょうが）

**宅磨為遠**　たくまのためとお
→宅磨為遠（たくまのためとお）

**宅磨為久**　たくまのためひさ
→宅磨為久（たくまためひさ）

**宅間裕**　たくまひろし
昭和16（1941）年～平成15（2003）年6月12日
昭和～平成期の貴石彫刻作家。
¶美工

**多久守**　たくまもる
昭和27（1952）年12月4日～
昭和～平成期の陶芸家。
¶陶芸最，陶工，名工

**宅磨良賀**　たくまりょうが
生没年不詳
鎌倉時代の画家。
¶日人

**宅磨了尊**　たくまりょうそん
？　～嘉暦2（1327）年
鎌倉時代後期の絵仏師。
¶名画

**内匠**　たくみ
生没年不詳
戦国時代の鋳物師。
¶戦辞

**武井覚太郎**　たけいかくたろう
明治1（1868）年～昭和19（1944）年
明治～昭和期の上伊那の代表的製糸家。
¶姓氏長野（⊕1867年），長野百，長野歴

**武井五兵衛**　たけいごへい
→武井五兵衛（たけいごへえ）

**武井五兵衛**　たけいごへえ
元文5（1740）年～文化4（1807）年　⑩武井五兵衛《たけいごへい》
江戸時代中期の堰開削者。
¶姓氏長野，長野歴（たけいごへい）

**武石勇**　たけいしいさむ
大正9（1920）年～平成7（1995）年7月8日
昭和～平成期の漆芸作家。
¶美工，名工

**武石和春**　たけいしかずはる
昭和26（1951）年～
昭和～平成期の漆芸作家。
¶名工

**武石喜幸**　たけいしよしゆき
昭和2（1927）年9月11日～平成3（1991）年2月14日
昭和～平成期の電子技術者。東芝総合研究所武石特別研究室長。専門は半導体。
¶科学

**武居星華**　たけいせいか
～昭和62（1987）年1月1日
昭和期の屋代井流押絵宗家。
¶美工，名工

**武居代次郎**　たけいだいじろう
弘化1（1844）年～明治29（1896）年
江戸時代後期～明治期の製糸家。
¶姓氏長野，長野歴

**武居高四郎**　たけいたかしろう
明治26（1893）年8月2日～昭和47（1972）年8月9日
⑩武居高四郎《たけすえたかしろう》
昭和期の土木工学者。工学博士。京都大学名誉教授。著書に「都市計画図譜」。
¶岡山人（たけすえたかしろう　㉔昭和48（1973）年），岡山歴，科学，近土，現情，人名7，世紀，土木，日人

**武井武**　たけいたけし
明治32（1899）年7月15日～平成4（1992）年3月12日
昭和期の電気化学者。東京工業大学教授、慶応義塾大学教授。フェライト理論、O・P磁石を発明。

¶科学，現朝，現情，埼玉人，新潮，世紀，日人，日本

**武市安哉** たけいちあんさい
→武市安哉（たけいちあんさい）

**竹内猪熊** たけうちいのくま
明治27（1894）年〜昭和39（1964）年
大正〜昭和期の織屋。
¶姓氏静岡

**竹内卯吉郎** たけうちうきちろう
→竹内貞基（たけのうちさだもと）

**竹内宇兵衛** たけうちうひょうえ
世襲名　江戸時代前期〜中期の松江藩御大工頭。
¶島根百

**竹内有兵衛** たけうちうへえ
→竹内有兵衛（たけのうちうへえ）

**竹内英輔** たけうちえいすけ
→竹内英輔（たけうちえいほ）

**竹内英輔** たけうちえいほ
昭和7（1932）年〜平成11（1999）年1月11日　別竹内英輔《たけうちえいすけ》
昭和〜平成期の鋳金家。
¶美工，福井百，名工（たけうちえいすけ）

**竹内主直** たけうちかずなお
昭和期の家具職人。
¶名工

**竹内公明**(1) たけうちきみあき
昭和23（1948）年4月20日〜
昭和〜平成期の陶芸家。
¶陶芸最，陶工

**竹内公明**(2) たけうちきみあき
昭和4（1929）年6月13日〜
昭和〜平成期の陶芸家。
¶名工

**竹内教子** たけうちきょうこ
昭和4（1929）年6月13日〜
昭和期の陶芸家。
¶陶芸最

**竹内吟秋** たけうちぎんしゅう，たけうちきんしゅう
天保2（1831）年〜大正2（1913）年　別竹内吟秋《たけうちぎんしゅう》，源三郎
明治〜大正期の陶芸家。九谷陶器支配人。細密な筆法で赤と金彩を駆使し，中国風図案の影響を受け，華麗な色絵法を完成。
¶朝日，石川百（㊉1832年），人名（たけうちぎんしゅう），姓氏石川（㊉1832年），先駆（㊉天保2（1831）年2月5日　㊥大正2（1913）年11月2日），陶工（㊉1832年），日人，幕末（たけうちぎんしゅう　㊉1832年　㊥1913年11月），藩臣3（たけのうちぎんしゅう），名工（たけのうちぎんしゅう）

**竹内邦造** たけうちくにぞう
万延1（1860）年〜大正13（1924）年

明治〜大正期の養蚕家。
¶姓氏群馬

**竹内貞基** たけうちさだもと
→竹内貞基（たけのうちさだもと）

**竹内十郎兵衛** たけうちじゅうろうべえ
明治1（1764）年〜文政2（1819）年3月20日　別竹内十郎兵衛《たけうちじゅうろうべえ》
江戸時代中期〜後期の開拓者。
¶徳島百，徳島歴，日人（たけうちじゅうろべえ）

**竹内十郎兵衛** たけうちじゅうろうべえ
→竹内十郎兵衛（たけのうちじゅうろうべえ）

**竹内彰** たけうちしょう
昭和6（1931）年11月6日〜
昭和〜平成期の陶芸家。
¶陶芸最，陶工，名工

**竹内真吾** たけうちしんご
昭和30（1955）年1月19日〜
昭和〜平成期の陶芸家。
¶陶芸最，陶工

**竹内真三郎** たけうちしんざぶろう
大正15（1926）年4月22日〜
昭和〜平成期の陶芸家。
¶陶芸最，陶工，名工

**竹内季一** たけうちすえかず
明治9（1876）年10月2日〜昭和11（1936）年1月25日　別竹内季一《たけのうちすえいち》
大正〜昭和期の鉄道技師。鉄道庁技師，東京市道路局技術部長などを務めた。
¶近土，人名（たけのうちすえいち），世紀（たけのうちすえいち　㊉明治9（1876）年10月），鉄道，渡航（㊥?），土木，日人（たけのうちすえいち　㊉明治9（1876）年10月）

**竹内清九郎** たけうちせいくろう
生没年不詳
明治期の七宝工。
¶美工

**武内晴二郎** たけうちせいじろう
大正10（1921）年10月22日〜昭和54（1979）年3月14日
昭和期の陶芸家。
¶岡山歴，陶工，美工

**竹内隆也** たけうちたかや
昭和期の建築板金職人。
¶名工

**竹内田蝶** たけうちたちょう
天保3（1832）年〜明治15（1882）年
江戸時代末期〜明治期の浮世絵師。
¶日人

**竹内直助** たけうちなおすけ
大正8（1919）年〜
昭和期の陶芸家。
¶陶芸，陶芸最（㊉大正8年9月26日）

**竹内八郎** たけうちはちろう
大正5（1916）年2月12日〜
昭和〜平成期の樺細工職人。
¶名工

**竹内碧外** たけうちへきがい
明治29（1896）年4月21日〜昭和61（1986）年2月
13日
明治〜昭和期の木工芸家。無形文化財。正倉院木
器調査に従事。
¶現朝，世紀，日人，美工，福井百

**武内雅之** たけうちまさゆき
昭和21（1946）年〜
昭和〜平成期の陶芸家。
¶陶芸最

**竹内松蔵** たけうちまつぞう
明治14（1881）年〜昭和4（1929）年
明治〜昭和期の農事改良家。水稲品種「大正糯」
の発見者。
¶姓氏富山，富山百（⑲明治14（1881）年7月26日
㉒昭和4（1929）年4月13日）

**竹内靖之** たけうちやすゆき
昭和26（1951）年11月13日〜
昭和〜平成期の陶芸家。
¶陶芸最，陶工，名工

**竹内八十吉** たけうちやそきち
文化10（1813）年〜明治31（1898）年
江戸時代後期〜明治期の彫刻家，宮大工。
¶姓氏長野，長野百，長野歴

**竹内義博**⑴ たけうちよしひろ
昭和期の凧作り。
¶名工

**竹内義博**⑵ たけうちよしひろ
昭和15（1940）年1月1日〜
昭和〜平成期の陶芸家。
¶陶芸最，名工

**竹岡美砂** たけおかみさ
昭和期の手描き友禅作家。
¶名工

**竹尾年助** たけおとしすけ
明治6（1873）年8月10日〜昭和31（1956）年3月
14日
明治〜昭和期の機械技術者，実業家。唐津鉄工所
を設立。高性能の工作機械の生産と技能士の育成
につとめた。
¶世紀，日人

**竹川伊蔵** たけかわいぞう
生没年不詳
江戸時代末期の蓬萊海苔養殖の祖。
¶姓氏愛知

**武腰一憲** たけごしかずのり
昭和31（1956）年〜
昭和〜平成期の陶芸家。
¶陶工

**竹腰健造** たけこしけんぞう，たけごしけんぞう
明治21（1888）年6月25日〜昭和56（1981）年7月
28日
大正〜昭和期の建築家。日本建設産業（現・住友
商事）社長，双星社竹腰建築事務所社長。住友銀
行本店，東京手形交換所などの多くの建築を手が
ける。
¶現朝，現情，世紀，日人，美建，洋画（たけご
しけんぞう）

**武腰潤** たけごしじゅん
昭和23（1948）年2月11日〜
昭和期の陶芸家。
¶陶芸最，名工

**武腰善太郎** たけごしぜんたろう
大正4（1915）年〜昭和39（1964）年
昭和期の能美郡寺井町寺井の陶芸家。
¶姓氏石川

**武腰善平** たけごしぜんべい
天保14（1843）年〜明治40（1907）年
明治期の陶工。九谷焼の販路拡張に尽力。
¶人名，日人，名工

**竹腰徳蔵〔1代〕** たけこしとくぞう
嘉永4（1851）年〜大正10（1921）年　㉝竹腰德蔵
《たけのこしとくぞう》
明治〜大正期の殖産家。牧場を経営し馬匹改良な
どに尽力。
¶植物（㉒大正10（1921）年3月），人名（——〔代
数なし〕　たけのこしとくぞう），世紀（㉒大正
10（1921）年3月），日人

**武腰敏昭** たけごしとしあき
昭和15（1940）年〜
昭和〜平成期の陶芸家。
¶陶芸最，陶工，名工（⑲昭和15年2月1日）

**武腰表作** たけごしひょうさく
明治34（1901）年〜昭和39（1964）年
大正〜昭和期の能美郡寺井町寺井の陶芸家。
¶姓氏石川

**武腰泰之** たけごしやすゆき
明治12（1879）年〜昭和21（1946）年
明治〜昭和期の能美郡寺井町寺井の陶芸家。
¶姓氏石川

**竹崎典泰** たけざきのりやす
昭和43（1968）年7月20日〜
昭和〜平成期の陶芸家。
¶陶工

**竹崎治香** たけざきはるか，たけさきはるか
昭和10（1935）年9月16日〜
昭和〜平成期の陶芸家。
¶陶芸最（たけさきはるか），名工

**武沢恵理子** たけざわえりこ
昭和期のクラフトデザイナー。
¶名工

**武沢信雄** たけざわのぶお
昭和19（1944）年5月25日〜
昭和期の陶芸家。
¶陶芸最

**武重長三郎** たけしげちょうざぶろう
？　〜宝永1（1704）年
江戸時代前期〜中期の堰開発者。
¶姓氏長野

**竹下孝哉** たけしたたかや
昭和16（1941）年3月27日〜
昭和期の陶芸家。
¶陶芸最

**竹下周直** たけしたちかなお
宝永1（1704）年〜天明1（1781）年
江戸時代中期の公益家、殖産家。筑後国亀王村の
庄屋。収穫量の多い櫨を発見し、松山櫨として栽
培を広めた。
¶国書（㊿天明1（1781）年9月13日），人名，日人

**竹下弘** たけしたひろむ
嘉永2（1849）年〜大正13（1924）年
江戸時代末期〜大正期の農事改良家。
¶島根歴

**竹下明宏** たけしたみつひろ
昭和10（1935）年9月7日〜
昭和〜平成期の陶芸家。
¶陶芸最，陶工

**竹島覚二** たけしまかくじ
昭和31（1956）年〜
昭和〜平成期の陶芸家。
¶陶工

**竹島卓一** たけしまたくいち
明治34（1901）年4月29日〜平成4（1992）年1月
14日
昭和期の建築学者。名古屋工業大学教授。建築史
を研究。法輪寺三重塔を設計。
¶科学，考古，史研，世紀，日人

**竹末春野人** たけすえしゅんやじん
明治13（1880）年10月11日〜昭和40（1965）年9月2
日
明治〜昭和期の俳人・炭鉱技術者。
¶福岡百

**武居高四郎** たけすえたかしろう
→武居高四郎（たけいたかしろう）

**武進** たけすすむ
昭和28（1953）年7月9日〜
昭和〜平成期の映画録音技師。
¶映人

**竹園自耕** たけそのじこう
明治25（1892）年〜昭和42（1967）年
明治〜昭和期の漆芸家。
¶石川百，美工

**竹田有恒** たけだありつね
明治31（1898）年〜昭和51（1976）年
明治〜昭和期の陶芸家。
¶石川百，陶工，美工

**竹田喜之助** たけだきのすけ
大正12（1923）年6月27日〜昭和54（1979）年9月5
日
昭和期の人形細工師。
¶岡山歴，芸能（㊿昭和55（1980）年9月5日），
新芸

**武田喜平** たけだきへい
享和1（1801）年〜明治6（1873）年
江戸時代末期〜明治期の但馬出石焼の陶工。
¶人名，日人

**竹田邦夫** たけだくにお
昭和期の彫銀家。
¶名工

**武田邦彦** たけだくにひこ
昭和18（1943）年6月3日〜
昭和〜平成期の工学者。名古屋大学大学院教授。
¶現執4期

**武田熊七** たけだくましち
天保5（1834）年〜明治9（1876）年
江戸時代末期〜明治期の呉服商。蚕種改良、製
糸・織物工場設立に尽力。寄付慈善で表彰。
¶青森人，幕末

**武田五一** たけだごいち
明治5（1872）年〜昭和13（1938）年2月5日
大正〜昭和期の建築家。京都帝国大学教授。作品
に福源邸、京都帝大本館、京都商品陳列所など。
¶京都大，現朝（㊿明治5年11月15日（1872年12月
15日）），コン改，コン5，新潮（㊿明治5（1872）
年11月5日），人名，世紀（㊿明治5（1872）年11
月5日），姓氏京都，渡航（㊿1872年11月25日），
日人（㊿明治5（1872）年11月15日），兵庫百，
広島百（㊿明治5（1872）年11月15日）

**武田谷斎** たけだこくさい
江戸時代末期〜明治期の根付師。尾崎紅葉の父。
¶江戸東

**武田沢右衛門** たけださわうえもん
生没年不詳
江戸時代前期の庄屋。尾張森津新田を開発した。
¶姓氏愛知

**武田秀平** たけだしゅうへい
安永1（1772）年〜弘化1（1844）年
江戸時代後期の九谷焼の陶工。
¶朝日，コン改，コン4，新潮（㊿明和8（1771）
年），人名，世人，日人

**武田庄九郎**（竹田庄九郎）　たけだしょうくろう
江戸時代前期の有松絞の発明者。
¶人情4，人名，日人（竹田庄九郎　生没年不詳）

**竹田清五郎** たけだせいごろう
慶応1（1865）年〜昭和17（1942）年

明治～昭和期の織物職人。長井紬織物改良振興の功労者。
¶山形百新

## 竹田清治 たけだせいじ
昭和24（1949）年～
昭和～平成期の陶芸家。
¶陶工

## 武田善兵衛 たけだぜんべえ
江戸時代中期の大井川古河跡の開墾者。
¶姓氏静岡

## 竹田武次 たけだたけつぐ
明治35（1902）年～平成2（1990）年
昭和～平成期の島根県農会技師、島根県議会議員。
¶島根歴

## 武田武人 たけだたけひと
昭和19（1944）年4月12日～
昭和～平成期の陶芸家。
¶陶芸最，陶工

## 武田武弘 たけだたけひろ
昭和10（1935）年～
昭和～平成期の漆芸作家。
¶名工

## 竹田竹松 たけだたけまつ
慶応3（1867）年～明治39（1906）年
江戸時代末期～明治期の人。北上川に鶴飼橋を架橋。
¶姓氏岩手

## 竹田忠生 たけだただお
昭和12（1937）年6月10日～
昭和～平成期の陶芸家。
¶陶芸最，陶工，名工

## 武田忠則 たけだただのり
大正8（1919）年8月14日～昭和62（1987）年2月14日
昭和期の弓矢職人。
¶弓道，名工

## 武田千代三郎 たけだちよさぶろう，たけだちよざぶろう
慶応3（1867）年～昭和7（1932）年
明治～大正期の政治家、体育・スポーツ指導者。兵庫県知事。治山・治水・観光に尽力。駅伝競走の創始者。著書に「理論実験・競技運動」。
¶青森人，青森百，コン改，コン5，神人，人名，世紀（㊵慶応3（1867）年4月24日　㊥昭和7（1932）年5月26日），日人，百科，兵庫百，山梨百（たけだちよざぶろう　㊵慶応3（1867）年4月24日　㊥昭和7（1932）年5月26日），履歴（㊵慶応3（1867）年4月24日　㊥昭和7（1932）年5月26日）

## 竹田恒夫 たけだつねお
昭和7（1932）年3月12日～
昭和～平成期の陶芸家。
¶陶芸最，陶工，名工

## 武田伝次郎 たけだでんじろう
明治15（1882）年9月1日～昭和15（1940）年11月18日
大正期の彫金師。
¶アナ，社史

## 武田徳太郎 たけだとくたろう
明治6（1873）年1月8日～明治40（1907）年9月6日
明治期の開拓功労者。
¶埼玉人

## 武田敏男 たけだとしお
昭和7（1932）年4月9日～
昭和～平成期の陶芸家。
¶陶芸最，陶工，名工

## 竹谷俊一 たけたにしゅんいち
安政3（1856）年～明治44（1911）年
江戸時代末期～明治期の地方殖産の率先者。
¶島根歴

## 竹田縫殿之助 たけだぬいのすけ
？ ～明治3（1870）年10月15日
江戸時代末期のからくり細工師。
¶芸能，史人

## 武田春比古 たけだはるひこ
昭和24（1949）年1月26日～
昭和～平成期の陶芸家。
¶陶芸最，陶工

## 武田治林 たけだはるもと
？ ～寛保2（1742）年
江戸時代中期の大井川下流部の新田開拓者。
¶静岡歴，姓氏静岡

## 武田博文 たけだひろぶみ
昭和期の陶芸家。
¶陶芸最

## 武田正治 たけだまさはる
昭和8（1933）年7月17日～
昭和期の人間工学者。武蔵工業大学教授。
¶現執2期

## 武田友月 たけだゆうげつ
？ ～*
江戸時代後期の木彫師、陶工。
¶石川百（㊷1884年），姓氏石川（㊷1844年）

## 竹田与作 たけだよさく
明治31（1898）年3月22日～昭和40（1965）年4月13日
大正～昭和期の木彫家。
¶富山百，美建

## 竹田芳松 たけだよしまつ
明治32（1899）年11月18日～昭和56（1981）年1月26日
大正～昭和期の水産功労者。
¶愛媛百

## 武田楽 たけだらく
大正11（1922）年1月24日～

昭和～平成期の陶芸家。
¶名工

**武田樂** たけだらく
大正11(1922)年1月24日～
昭和期の陶芸家。
¶陶芸最

**武田良一** たけだりょういち
明治39(1906)年11月21日～昭和48(1973)年10月21日
大正～昭和期の技師。
¶近土，土木

**竹田林三郎** たけだりんさぶろう
天保7(1836)年～明治43(1910)年
江戸時代後期～明治期の人。総紺白抜絞り養老簀絞を発明。
¶姓氏愛知

**武市安哉** たけちあんさい
弘化4(1847)年～明治27(1894)年　[別]武市安哉《たけいちあんさい，たけちやすや》
江戸時代末期～明治期の政治家、開拓者。衆議院議員。北海道浦臼の開拓者。クリスチャン自由民権運動家。
¶朝日([生]弘化4年4月1日(1847年5月15日)　[没]明治27(1894)年12月2日)，キリ([生]弘化4年(1847年4月1日)　[没]明治27(1894)年12月2日)，高知人(たけちやすや)，高知百(たけちやすや)，日人，北海道百，北海道歴(たけいちあんさい)

**武智光春** たけちこうしゅん
～平成14(2002)年5月5日
昭和～平成期の表具師。
¶美工

**武市甚七** たけちじんしち
正徳2(1712)年～安永5(1776)年
江戸時代中期の木彫師。
¶人名，日人

**高市大国** たけちのおおくに
[別]高市連大国《たけちのむらじおおくに》
奈良時代の大和国の官人、仏師。大鋳師。東大寺大仏鋳造作業の中心人物。
¶朝日(生没年不詳)，古史，古代(高市連大国　たけちのむらじおおくに)，日人(生没年不詳)

**高市真国** たけちのまくに
奈良時代の仏師、東大寺大仏の鋳造者。
¶人名

**高市連大国** たけちのむらじおおくに
→高市大国(たけちのおおくに)

**武智春雄** たけちはるお
昭和期の装潢師。
¶名工

**武市安哉** たけちやすや
→武市安哉(たけちあんさい)

**竹次増喜** たけつぐますき
昭和期の竹細工師。
¶名工

**竹鶴政孝** たけつるまさたか
明治27(1894)年6月20日～昭和54(1979)年8月29日
大正～昭和期の実業家。ニッカウヰスキー創業者・会長。英国スコットランドでウイスキー造りを学び、国産ウイスキーを初めて製造。
¶現朝，現情，現人，現日，コン改，コン4，コン5，実業，食文，新潮，世紀，全書，日人，広島百，北海道百，北海道歴

**竹中邦彦** たけなかくにひこ
文化11(1814)年～安政2(1855)年
江戸時代末期の刀匠。
¶幕末([没]1855年7月23日)，広島百([生]文化11(1814)年2月25日　[没]安政2(1855)年6月10日)

**竹中浩** たけなかこう
昭和16(1941)年12月11日～
昭和～平成期の陶芸家。
¶陶芸最，陶工，名工

**竹中宏平** たけなかこうへい
大正4(1915)年8月24日～昭和52(1977)年8月24日
昭和期の建築家。竹中工務店社長。
¶美建

**竹中作右衛門** たけなかさくえもん
江戸時代中期の土地開拓家。
¶人名，日人(生没年不詳)

**竹中二郎** たけなかじろう
明治20(1887)年4月17日～昭和34(1959)年9月17日
明治～昭和期の機械工学者、東京大学第二工学部教授。専門は材料力学、船用機関学。
¶科学

**竹中藤右衛門**(1) たけなかとうえもん
天保4(1833)年～明治41(1908)年6月29日
江戸時代末期～明治期の大工棟梁。
¶愛知百

**竹中藤右衛門**(2) たけなかとうえもん
明治11(1878)年7月25日～昭和40(1965)年12月27日
明治～昭和期の建築家。竹中工務店社長・会長、貴族院議員。第14代にあたり、神戸で竹中工務店を設立。
¶実業，創業，美建，兵庫人

**竹中藤兵衛〔1代〕** たけなかとうべえ
安土桃山時代～江戸時代前期の名古屋の大工。竹中工務店の始祖。
¶姓氏愛知(――〔代数なし〕　生没年不詳)，創業([没]?)

**竹中敏洋** たけなかとしひろ
昭和7(1932)年～平成14(2002)年1月7日

昭和～平成期の造形作家。
¶美建

**竹中規雄** たけなかのりお
大正3(1914)年3月28日～平成20(2008)年7月1日
昭和～平成期の機械工学者、東京大学名誉教授。専門は産業機械工学、精密工学。
¶科学

**竹中微風** たけなかびふう
明治27(1894)年～昭和31(1956)年1月16日
明治～昭和期の漆芸家。
¶美工

**竹中博男** たけなかひろお
昭和～平成期の彫金師。
¶名工

**竹中万之右衛門** たけなかまんのえもん
文政1(1818)年～明治35(1902)年
江戸時代末期～明治期の開拓家。
¶岐阜百, 人名, 日人

**竹中理吉** たけなかりきち
天保9(1838)年～明治43(1910)年
江戸時代後期～明治期の籠細工職人。
¶姓氏愛知

**竹浪繁造** たけなみしげぞう
明治10(1877)年～昭和14(1939)年
明治～昭和期の板柳町の酒造家。
¶青森人

**竹内卯吉郎** たけのうちうきちろう
→竹内貞基(たけのうちさだもと)

**竹内有兵衛** たけのうちうへえ
? ～元禄4(1691)年 [別]竹内有兵衛《たけうちうへえ》
江戸時代前期～中期の松江城御大工頭。
¶島根人, 島根歴(たけうちうへえ)

**竹内吟秋** たけのうちぎんしゅう
→竹内吟秋(たけうちぎんしゅう)

**竹内貞基** たけのうちさだもと
文化10(1813)年～文久3(1863)年 [別]竹内卯吉郎《たけうちうきちろう,たけのうちうきちろう》,竹内貞基《たけうちさだもと》
江戸時代末期の航海技術者。
¶朝日([没]文久3年5月28日(1863年7月13日)), 維新(竹内卯吉郎 たけうちうきちろう), 科学, 近世, 国史, 国書([没]文久3(1863)年5月28日), コン改(竹内卯吉郎 たけのうちうきちろう), コン4(竹内卯吉郎 たけのうちうきちろう), 史人([没]1863年5月28日), 人名, 世人, 長崎歴(たけうちさだもと [生]文化9(1812)年), 日人

**竹内季一** たけのうちすえいち
→竹内季一(たけうちすえかず)

**武内弥須平** たけのうちやすへい
生没年不詳
江戸時代中期の根付師。
¶日人

**竹之内与左衛門** たけのうちよざえもん
生没年不詳
明治期の海苔養殖業者。
¶姓氏愛知

**竹内類治** たけのうちるいじ
明治5(1872)年～昭和5(1930)年
明治～大正期の技術者。製帽機の発明者。
¶人名, 世紀, 日人

**武野金霞** たけのきんか
明治37(1904)年～
大正～昭和期の漆芸作家。
¶名工

**竹腰徳蔵** たけのこしとくぞう
→竹腰徳蔵〔1代〕(たけこしとくぞう)

**武信潤太郎** たけのぶじゅんたろう
文化6(1809)年～明治11(1878)年
江戸時代末期～明治期の砲術家。鳥取藩の反射炉築造・大砲鋳造に功績があった。
¶維新, 鳥取百, 日人, 幕末([没]1878年6月11日)

**竹花竹五郎** たけはなたけごろう
明治21(1888)年～昭和40(1965)年
大正～昭和期の養蚕技術指導者。
¶姓氏岩手

**竹林薫風(1)** たけばやしくんぷう
明治36(1903)年7月10日～昭和59(1984)年12月11日
大正～昭和期の彫刻家、一刀彫り作家。奈良県工芸協会理事長、奈良木彫家協会会長。
¶美建, 美工

**竹林薫風(2)** たけばやしくんぷう
～昭和59(1984)年12月11日
昭和期の一刀彫り作家。
¶名工

**竹林源兵衛** たけばやしげんべえ
江戸時代の遠江国豊田郡立野村の開墾者。
¶姓氏静岡

**竹林三右衛門〔3代〕** たけばやしさんえもん
生没年不詳
明治期の指物師。
¶大阪人

**武林盛一** たけばやしせいいち
天保13(1842)年～明治41(1908)年
明治期の写真家。札幌の写真家第一号。
¶札幌([生]天保13年1月16日), 写家([生]天保13年1月16日 [没]明治41年4月9日), 写真, 先駆, 日人, 北海道百, 北海道歴

**竹林東史郎** たけばやしとうしろう
昭和23(1948)年3月3日～
昭和期の陶芸家。
¶陶芸最

**竹原あき子** たけはらあきこ
昭和15(1940)年〜
昭和〜平成期の工業デザイナー。和光大学教授。著書に「企画とデザインシステムA2」「立ちどまってデザイン」など。
¶現執3期，現執4期(㊤1940年11月1日)

**竹原吉助** たけはらきちすけ
明治25(1892)年〜昭和61(1986)年6月23日
大正〜昭和期の宮大工。
¶美建，名工，和歌山人

**竹原竹次郎** たけはらたけじろう
〜昭和63(1988)年11月5日
昭和期の宮大工。文化財建造物保存技術者。
¶美建

**竹原淑恵** たけはらよしえ
昭和期の人形作家。
¶名工

**武広安英** たけひろやすひで
？ 〜天保14(1843)年
江戸時代後期の藩士・刀工。
¶国書(生没年不詳)，姓氏岩手

**武部健一** たけべけんいち
大正14(1925)年〜
昭和〜平成期の道路工学専門家。片平エンジニアリング社長。高速道路の計画、建築に従事。著書に「インターチェンジの計画と設計」「高速道路の計画と設計」など。
¶現執1期，現執3期(㊤大正14(1925)年10月26日)

**建部宗由** たけべそうゆ
→建部宗由(たけべそうゆう)

**建部宗由** たけべそうゆう
生没年不詳　㊗建部宗由《たけべそうゆ》
江戸時代前期の表具師。
¶茶道，美工(たけべそうゆう)

**建部信告** たけべのぶただ
江戸時代前期の表具師。
¶茶道

**竹前小八郎** たけまえこはちろう
〜享保14(1729)年
江戸時代中期の紫雲寺潟新田開発に従事。
¶新潟百列

**竹前権兵衛** たけまえごんべえ
延宝7(1679)年〜寛延2(1749)年
江戸時代中期の越後国の紫雲寺潟新田の開発者。
¶朝日(㊗寛延2年3月3日(1749年4月19日))，近世，国史，コン改(㊗延享2(1745)年？)，コン4(㊗延享2(1745)年？)，史人(㊗1749年3月3日)，新潮(㊗寛延2(1749)年3月3日)，姓氏野(㊤1677年　㊦1748年)，長野歴(㊤延宝5(1677)年　㊦寛延1(1748)年)，日人，歴大(㊤1678年)

**竹俣昌俊** たけまたまさとし
昭和期のぬしさ製作所当主。
¶名工

**竹村唯季良** たけむらあきら
大正15(1926)年6月25日〜
昭和〜平成期の陶芸家。
¶陶芸最，名工

**武村豊徳** たけむらあつのり
昭和32(1957)年8月17日〜
昭和〜平成期の陶芸家。
¶陶芸最，陶工

**竹村永楽** たけむらえいらく
大正6(1917)年3月3日〜
昭和〜平成期の陶芸家。
¶陶芸最，名工

**竹村脩** たけむらおさむ
昭和6(1931)年5月14日〜
昭和〜平成期の陶芸家。
¶陶芸最，陶工

**竹村勘悟** たけむらかんご
明治15(1882)年4月1日〜昭和30(1955)年11月2日
明治〜昭和期の機械工学者。東京大学教授。従三位勲二等受賞。
¶科学，現情，人名7，世紀，日人

**竹元郁雄** たけもといくお
昭和15(1940)年5月12日〜
昭和期の陶芸家。
¶陶芸最

**武基雄** たけもとお
明治43(1910)年3月22日〜平成17(2005)年10月8日
大正〜平成期の建築家。武建築設計研究所会長、早稲田大学名誉教授。
¶美建

**竹本三郎兵衛**(竹本三郎兵衛〔1代〕) たけもとさぶろべえ
→吉田三郎兵衛〔1代〕(よしださぶろべえ)

**竹本隼太** たけもとはやた
嘉永1(1848)年〜明治25(1892)年
明治期の陶工。石膏形を用いた新陶法を考案。
¶朝日(㊗明治25(1892)年11月30日)，コン改，コン5，史人(㊗1892年11月30日)，新潮(㊗明治25(1892)年11月30日)，人名，陶工，日人，名工

**武本裕達** たけもとひろみち
明治25(1950)年11月3日〜
昭和期の陶芸家。
¶陶芸最

**武守真守** たけもりさねもり
江戸時代末期の黒羽藩刀工。
¶栃木歴

**竹屋源十郎** たけやげんじゅうろう
　㉑加藤源十郎《かとうげんじゅうろう》
　江戸時代中期の茶人、陶工。小堀遠州にみとめられ伏見に窯を開いた。
　¶茶道(加藤源十郎　かとうげんじゅうろう),
　人名, 日人(生没年不詳)

**竹山謙三郎** たけやまけんざぶろう
　明治41(1908)年1月8日〜昭和61(1986)年3月13日
　昭和期の建築学者、建設省建築研究所所長。専門は建築構造学。
　¶科学, 現情

**竹山説三** たけやませつぞう
　明治31(1898)年10月14日〜昭和46(1971)年4月21日
　昭和期の電気工学者。大阪帝国大学工学部教授。著書に「電磁気学現象理論」など。
　¶科学, 現情, 人名7, 世紀, 日人

**武山忠道** たけやまただみち
　昭和14(1939)年〜
　昭和〜平成期のクラフトデザイナー。
　¶名工

**竹山秀彦** たけやまひでひこ
　大正11(1922)年5月18日〜平成24(2012)年11月9日
　昭和〜平成期の機械工学者、東京農工大学名誉教授。専門は工作機械、精密工学。
　¶科学

**竹山実** たけやまみのる
　昭和9(1934)年3月15日〜
　昭和期の建築家。武蔵野美術大学教授、竹山実建築綜合研究所代表。
　¶現執2期

**竹山祐太郎** たけやまゆうたろう
　明治34(1901)年〜昭和57(1982)年
　昭和期の農林技師、政治家。全国の農村を視察。戦後政治家として衆議院議員当選9回。
　¶現情(㋐1901年4月25日　㋬1982年7月7日), コン改, コン4, コン5, 静岡歴, 世紀(㋐明治34(1901)年4月25日　㋬昭和57(1982)年7月7日), 政治(㋐明治34年4月25日　㋬昭和57年7月7日), 姓氏静岡, 日人(㋐明治34(1901)年4月25日　㋬昭和57(1982)年7月7日)

**武宜長**(武宣長) たけよしなが
　安永1(1772)年〜安政3(1856)年
　江戸時代中期〜末期の広瀬川水運の開拓者。
　¶群馬人, 姓氏群馬(武宣長)

**竹若伊右衛門** たけわかいえもん
　? 〜慶長17(1612)年
　安土桃山時代〜江戸時代前期の織工。博多織(覇家台織)の創始者。
　¶人名, 日人

**竹若重利** たけわかしげとし
　? 〜慶長19(1614)年

　安土桃山時代〜江戸時代前期の織物師。
　¶戦国

**竹若忠太夫** たけわかちゅうだゆう
　? 〜慶長19(1614)年
　安土桃山時代〜江戸時代前期の織物師。
　¶戦人

**田坂真吾** たさかしんご
　昭和27(1952)年10月〜
　昭和〜平成期の工芸家。専門はガラス工芸
　¶名工

**田崎真也** たさきしんや
　昭和33(1958)年3月21日〜
　昭和〜平成期のソムリエ。ティー・ダブリュ・エス代表、エルミタージュ代表。
　¶現執4期, テレ

**田崎忠篤** たさきただあつ
　生没年不詳
　明治期の実業家。ゴム製造のパイオニアの一人。
　¶先駆

**田崎忠恕** たさきただひろ
　安政6(1859)年1月〜?
　明治期の実業家。ゴム製造のパイオニアの一人。
　¶先駆

**田崎留太** たさきとめた
　明治8(1875)年〜?
　明治期の実業家。近代ゴム製造の発展に尽力し、弾性ゴム研究開発のさきがけとなる。
　¶先駆

**田崎長国** たさきながくに
　生没年不詳
　明治期の実業家。近代ゴム製造のパイオニア。
　¶先駆

**田沢与左衛門** たざわよざえもん
　文政7(1824)年〜明治16(1883)年
　江戸時代末期〜明治期の治水家。
　¶日人

**但馬** たじま
　生没年不詳
　戦国時代の仏師。
　¶戦辞

**田島丑太郎** たじまうしたろう
　明治34(1901)年〜昭和57(1982)年
　大正〜昭和期の事業家。赤城山南麓の交通開発功労者。
　¶群馬人, 姓氏群馬

**田嶋悦子** たしまえつこ
　昭和34(1959)年1月24日〜
　昭和期の陶芸家。
　¶陶芸最

**田島正仁** たじましょうじ
　昭和23(1948)年5月2日〜
　昭和期の陶芸家。

¶陶芸最

## 田島二郎 たじまじろう
大正14（1925）年8月13日〜平成10（1998）年8月12日
昭和〜平成期の土木工学者。田島橋梁構造研究所所長、埼玉大学教授。本四架橋の基本計画、設計を担当。日本の長大橋建設の技術向上に貢献。
¶科学，世紀，日人

## 田島穡造 たじませいぞう
明治3（1870）年2月22日〜大正6（1917）年1月30日
明治〜大正期の技師。
¶近土，土木

## 田島隆夫 たじまたかお
大正15（1926）年3月1日〜平成8（1996）年9月2日
昭和〜平成期の染織家。
¶埼玉人

## 田島忠夫 たじまちゅうふ
明治25（1892）年6月6日〜昭和42（1967）年3月17日
大正〜昭和期の政治家、農事改良家、埼玉県議会議員。
¶埼玉人

## 田島直之 たじまなおゆき，たしまなおゆき
文政3（1820）年〜明治21（1888）年
江戸時代末期〜明治期の林業家、鉱業家。玖珂郡田尻山建山取締として植林に尽力。また養蚕、鉱山開発も進めた。著書に「山林助農説」。
¶朝日（㊤明治20（1887）年11月），近現，近世，国史，コン改，コン4，コン5，史人（㊤1888年11月），植物（㊤明治21（1888）年11月），新潮（㊤明治21（1888）年11月），人名，日人，山口百（たしまなおゆき）

## 田島八郎 たじまはちろう
明治41（1908）年〜
昭和期の蚕種製造家。
¶群馬人

## 田島比呂子 たじまひろこ
→田島比呂子（たじまひろし）

## 田島比呂子 たじまひろし
大正11（1922）年2月4日〜　㊞田島比呂子《たじまひろこ》
昭和〜平成期の染色家。
¶国宝，世紀，日人，名工（たじまひろこ）

## 田島武平 たじまぶへい
天保4（1833）年〜明治43（1910）年
明治期の政治家。群馬県議会議員、蚕種製造家。
¶群馬人，群馬百，姓氏群馬，渡航

## 田島靖久 たじまやすひさ
昭和29（1954）年3月20日〜
昭和期の陶芸家。
¶陶芸最

## 田島弥平 たじまやへい
文政5（1822）年〜明治31（1898）年
江戸時代末期〜明治期の養蚕家。養蚕技術の改良に貢献。全国から名著と評された養蚕飼育研究書「養蚕新論」を刊行。
¶朝日（㊦明治31（1898）年2月），維新，海越（㊤文政5（1822）年8月　㊦明治31（1898）年2月10日），海越新（㊤文政5（1822）年8月　㊦明治31（1898）年2月10日），郷土群馬，群馬人，群馬人，埼玉人（㊤文政5（1822）年8月25日　㊦明治31（1898）年2月10日），人名，姓氏群馬，先駆（㊦明治31（1898）年2月），渡航（㊦1898年2月10日），日人，幕末（㊦1898年2月10日）

## 田島与次右衛門 たじまよじうえもん
文政2（1819）年〜明治20（1887）年11月
江戸時代末期〜明治期の岩国藩士。官林一等監守。植林、河川改修、鉱山開発等産業開発に尽くす。
¶幕末

## 田尻栄太郎 たじりえいたろう
明治3（1870）年1月3日〜昭和21（1946）年2月25日
明治〜昭和期の殖産家。
¶植物，世紀，日人

## 田尻清五郎 たじりせいごろう
文政4（1821）年〜大正3（1914）年
江戸時代末期〜明治期の公益家。製塩事業に貢献、豊州鉄道大貞駅建設、石畳道の敷設などの事業もおこなう。
¶大分歴，植物（㊤文政4（1821）年8月11日　㊦大正3（1914）年8月9日），人名，日人，藩臣7

## 田尻惣馬（田尻総馬）　たじりそうま
延宝6（1678）年〜宝暦10（1760）年
江戸時代中期の筑後柳河藩士。溜池築造、井堰・用水路の新設、海岸埋め立てに尽力。
¶日人，藩臣7，福岡百（田尻総馬）

## 田代安定 たしろあんてい
安政4（1857）年〜昭和3（1928）年　㊞田代安定《たしろやすさだ》
明治〜昭和期の植物学者、台湾総督府技師。専門は熱帯植物学。
¶沖縄百（㊤安政4（1857）年8月21日　㊦昭和3（1928）年3月15日），科学（たしろやすさだ　㊤1856年（安政3）8月22日　㊦1928年（昭和3）3月16日），鹿児島百，考古，植物（たしろやすさだ　㊤安政3（1856）年8月22日　㊦昭和3（1928）年3月16日），姓氏沖縄，渡航（たしろやすさだ），洋学（㊤安政3（1856）年）

## 田代毅軒 たしろきけん
天明2（1782）年〜天保12（1841）年　㊞田代政典《たしろまさのり》
江戸時代後期の肥後人吉藩家老。
¶朝日（㊦天保12年2月10日（1841年4月1日）），近世，国史，国書（田代政典　たしろまさのり　㊦天保12（1841）年2月10日），コン改，コン4，新潮（㊦天保12（1841）年2月），人名，日人

## 田代荒次郎 たしろこうじろう
明治期の下野綿布会社創設者。那須野が原の開拓に貢献。
¶栃木歴

**田代重栄** たしろじゅうえい
元和2(1616)年～貞享4(1687)年 [別]田代弥三左衛門《たしろやそざえもん,たしろやぞうざえもん》
江戸時代前期の治水家。筑後国生葉郡吉井村の大庄屋。筑後川の水をひく用水路を開削。
¶朝日,近世,国史,コン改,コン4,史人([没]1687年3月14日),新潮([没]貞享4(1687)年3月14日),人名(田代弥三左衛門　たしろやそざえもん),日人,藩臣7(田代弥三左衛門　たしろやぞうざえもん),福岡百([没]貞享4(1687)年3月14日)



**田代新兵衛** たしろしんべえ
江戸時代の始羅郡蒲生郷の鉄砲鍛冶。
¶姓氏鹿児島

**田代清治右衛門(1)** たしろせいじえもん
生没年不詳
江戸時代前期の陶工。陸奥中村藩士。京都の野々村仁清に学ぶ。相馬駒焼を創始。
¶朝日([没]万治1(1658)年),コン改,コン4,新潮,人名,世人,日人([没]1658年)

**田代清治右衛門(2)** たしろせいじえもん
昭和22(1947)年8月3日～
昭和～平成期の陶芸家。
¶陶芸最,陶工,名工

**田代道賛** たしろどうさん
明治21(1888)年～昭和37(1962)年
大正～昭和期の刀工。
¶栃木歴

**田代法橋** たしろほうきょう
大正6(1917)年～昭和54(1979)年
昭和期の陶芸家。
¶陶工

**田代誠** たしろまこと
大正14(1925)年5月17日～
昭和期の陶芸家。
¶陶芸最

**田代政典** たしろまさのり
→田代毅軒(たしろきけん)

**田代安定** たしろやすさだ
→田代安定(たしろあんてい)

**田代弥三左衛門** たしろやぞうざえもん
→田代重栄(たしろじゅうえい)

**田代弥三左衛門** たしろやそざえもん
→田代重栄(たしろじゅうえい)

**田代悦康** たしろよしやす
大正10(1921)年3月13日～
昭和～平成期の村山大島紬織物職人。
¶名工

**田代良治** たしろりょうじ
昭和期の鋸修理。
¶名工

**多勢亀五郎** たせかめごろう
嘉永2(1849)年～大正8(1919)年
明治～大正期の政治家。貴族院議員、蚕糸業功労者。
¶山形百

**駄田井秋美** だたいあきみ
昭和期の光学機器技能士。
¶名工

**田多衛守** たたえもり
生没年不詳
江戸時代後期の大住郡大山寺番匠。
¶神奈川人

**多田敬一** ただけいいち
昭和36(1961)年～
昭和～平成期の工業デザイナー、イラストレーター。
¶児人

**多田元吉** ただげんきち
→多田元吉(ただもときち)

**忠貞(1)** たださだ
戦国時代の刀工。
¶島根人,島根百

**忠貞(2)** たださだ
戦国時代の刀工。
¶島根百

**忠貞(3)** たださだ
戦国時代～安土桃山時代の刀工。
¶島根百

**忠貞(4)** たださだ
生没年不詳
戦国時代～安土桃山時代の刀工。
¶島根歴

**忠定(1)** たださだ
室町時代の刀工。
¶島根人,島根百

**忠定(2)** たださだ
戦国時代の刀工。
¶島根百

**忠末** ただすえ
戦国時代の刀工。
¶島根人,島根百

**多田助右衛門** ただすけえもん
世襲名　江戸時代の新田開発者。
¶徳島百,徳島歴

**多田宗太郎** ただそうたろう
文政7(1824)年～明治25(1892)年 [別]多田宗太郎《ただむねたろう》
江戸時代末期～明治期の篤農家。所有地に大砲を据え藩主に献上。用水路開削、勤倹篤実を進める。
¶朝日([生]文政7年11月28日(1825年1月16日)[没]明治25(1892)年2月5日),維新,新潮([生]文

政7(1824)年11月28日　㊀明治25(1892)年2月)，人名，徳島百(ただむねたろう　㊉文政7(1824)年11月28日　㊀明治25(1892)年2月5日)，徳島歴(㊉文政7(1824)年11月28日　㊀明治25(1892)年2月5日)，日人(㊉1825年)，幕末(㊀1892年2月5日)

**多田宅兵衛** ただたくべえ
文政1(1818)年～？
江戸時代後期～末期の寺子屋師匠。鋏細工で什器や玩具を製作。
¶姓氏石川

**忠近** ただちか
鎌倉時代の刀工。
¶岡山人

**忠継(1)** ただつぐ
戦国時代の刀工。
¶島根百

**忠継(2)** ただつぐ
戦国時代の刀工。
¶島根百

**忠継(3)** ただつぐ
安土桃山時代の刀匠。
¶島根人

**忠次(1)** ただつぐ
戦国時代の刀工。
¶島根人，島根百

**忠次(2)** ただつぐ
？～
江戸時代中期の彫金家。
¶島根人

**忠綱** ただつな
安土桃山時代の石見の刀匠。
¶島根人

**忠常** ただつね
安土桃山時代の刀工。
¶島根百

**多田知雄** ただともお
天明3(1783)年～文政11(1828)年
江戸時代中期～後期の東総地方の豪農、醤油醸造家。
¶千葉百

**只野信也** ただのしんや
昭和30(1955)年9月5日～
昭和～平成期の映画編集技師。
¶映人

**只野文哉** ただのぶんや
明治40(1907)年11月26日～平成17(2005)年3月15日
昭和～平成期の電子技術者、日立製作所技師長。専門は電子顕微鏡学。
¶科学(㊉1907年(明治40)11月6日)，現執2期，世紀，日人

**忠正** ただまさ
明治5(1872)年12月12日～昭和18(1943)年8月16日
明治～昭和期の刀工。
¶島根百

**多田道弥** ただみちや
嘉永3(1850)年～明治43(1910)年
江戸時代後期～明治期の蚕種改良家。
¶長野歴

**忠光(1)** ただみつ
江戸時代末期の刀工。
¶島根人，島根百

**忠光(2)** ただみつ
江戸時代末期の刀工。
¶島根百

**多田宗篁** ただむねたか
大正7(1918)年～
昭和期の陶芸家。
¶陶芸，陶芸最(㊉大正7年1月10日)

**多田宗太郎** ただむねたろう
→多田宗太郎(ただそうたろう)

**多田元吉** ただもときち
文政12(1829)年～明治29(1896)年　㊞多田元吉《ただげんきち》
江戸時代後期～明治期の製茶技術者。インドで紅茶製法を学んだ。
¶国際(ただげんきち)，静岡歴，植物(㊉文政12(1829)年6月11日　㊀明治29(1896)年4月2日)，食文(㊉文政12年3月11日(1829年4月14日)　㊀1896年4月29日)，人書94，姓氏静岡

**忠盛** ただもり
大正期の刀工。
¶島根百

**惟善** ただよし
㊞惟善《これよし》
室町時代の刀工。
¶島根人，島根百(これよし)

**忠義** ただよし
生没年不詳
江戸時代後期の装剣金工。
¶日人

**忠吉(1)** ただよし
安土桃山時代以来。
→肥前忠吉(ひぜんただよし)

**忠吉(2)**(忠吉〔1代〕) ただよし
安土桃山時代～江戸時代前期。
→肥前忠吉〔1代〕(ひぜんただよし)

**忠吉〔8代〕** ただよし
寛政7(1795)年～安政6(1859)年
江戸時代の肥前の刀工。古川与兵衛道弘の2男。新刀鍛冶の一門。
¶佐賀百

た

**忠善** ただよし
明治25(1892)年5月14日～昭和31(1956)年6月3日
大正～昭和期の刀工。
¶島根人，島根百

**忠善〔2代〕** ただよし
大正12(1923)年8月15日～
昭和期の刀工。
¶島根百

**多々良長幸** たたらちょうこう
生没年不詳
江戸時代の浪華の刀工。
¶大阪人



**多田礼吉** ただれいきち
明治16(1883)年～昭和31(1956)年5月13日
大正～昭和期の工学者、陸軍軍人。中将。陸軍化学研究所第一部長。観測具に関して世界的発明を完成。
¶科学([生]1883年(明治16)9月3日)，現情([生]1883年9月13日)，人名7，世紀([生]明治16(1883)年9月3日)，日人([生]明治16(1883)年9月13日)，陸海([生]明治16年9月3日)

**館勇** たちいさむ
明治32(1899)年11月3日～昭和47(1972)年11月16日
昭和期の木材化学者。京都帝国大学教授。製紙に関して多くの研究業績をのこす。
¶科学，現情，人名7，世紀，日人

**立川乙吉** たちかわおときち
生没年不詳
江戸時代後期の仏師。
¶神奈川人

**太刀川恭治** たちかわきょうじ
昭和2(1927)年1月5日～
昭和～平成期の金属工学者。金属材料技術研究所筑波支所長、東海大学教授。専門は極低温、超電導材料学。超電導研究の権威。著書に「電気伝導の基礎と材料」(共著)。
¶現朝，現執3期，世紀，日人

**立川小兵衛** たちかわこへえ
江戸時代末期の木工。
¶人名，日人(生没年不詳)

**立川福治** たちかわふくじ
明治42(1909)年～昭和61(1986)年9月
大正～昭和期の仏師。
¶埼玉人，美建([生]明治42(1909)年1月12日)

**太刀川平治** たちかわへいじ
明治10(1877)年4月7日～昭和41(1966)年2月15日
昭和期の電気工学者。電気学会会長。
¶科学，現情，渡航([没]?)，新潟百

**立川政従** たちかわまさより
→立川従(たつかわまさる)

**立花江津子** たちばなえつこ
昭和期の陶芸家。
¶名工

**橘淳庵** たちばなじゅんあん
？～嘉永5(1852)年2月8日
江戸時代後期の農事開発者。
¶兵庫人

**立花次郎** たちばなじろう
明治37(1904)年8月29日～昭和54(1979)年10月7日
大正～昭和期の技師。
¶近土，鉄道，土木

**橘孝家** たちばなたかいえ
生没年不詳
江戸時代末期の鍔工。
¶岩手百，姓氏岩手

**立花寛治** たちばなともはる
安政4(1857)年～昭和4(1929)年
明治期の農業指導者、旧柳川藩主。私立農事試験所を開設、品種改良を行う。種苗交換会で農事の発展に寄与。
¶近現，国史，食文([生]安政4年9月5日(1857年10月22日)　[没]1929年2月5日)，人名，世紀([生]安政4(1857)年9月5日　[没]昭和4(1929)年2月5日)，日人，福岡百([生]安政4(1857)年9月5日　[没]昭和4(1929)年2月5日)

**橘日東士** たちばなひとし
昭和17(1942)年～
昭和期の陶芸家。
¶陶芸最

**橘安道** たちばなやすみち
生没年不詳
江戸時代中期の装剣金工。
¶日人

**橘屋又三郎** たちばなやまたさぶろう
生没年不詳　[別]鉄砲又《てっぽうまた》，鉄炮又《てっぽうまた》
戦国時代の堺の貿易商人。堺を一大鉄砲生産地とした功労者。
¶国史，古中，コン改，コン4，史人，新潮，人名，世人，戦国，全書，戦人，日史，日人，歴大

**立原任** たちはらじん
明治6(1873)年～昭和6(1931)年12月16日
明治～昭和期の電気技術者、三菱電機常務。
¶秋田百([生]明治5(1872)年)，科学([生]1873年(明治6)11月1日)，人名，世紀([生]明治6(1873)年11月)，渡航([生]1873年11月1日)，日人([生]明治6(1873)年11月)

**立原道造** たちはらみちぞう
大正3(1914)年～昭和14(1939)年
昭和期の詩人、建築家。
¶角史，近現，近文，現朝([生]1914年7月30日　[没]1939年3月29日)，幻作，現詩([生]1914年7月30日　[没]1939年3月29日)，幻想，現日([生]1914

年7月30日　[没]1939年3月29日)，国史，コン改，コン5，詩歌，詩作([生]大正3(1914)年7月30日　[没]昭和14(1939)年3月29日)，史人([生]1914年7月30日　[没]1939年3月29日)，新潮([生]大正3(1914)年7月30日　[没]昭和14(1939)年3月29日)，新文([生]大正3(1914)年7月30日　[没]昭和14(1939)年3月29日)，人名7，世紀([生]大正3(1914)年7月30日　[没]昭和14(1939)年3月29日)，姓氏岩手，世人([生]大正3(1914)年7月30日　[没]昭和14(1939)年3月29日)，世百，全書，大百，短歌普([生]1914年7月30日　[没]1939年3月29日)，長野百，長野歴，日人([生]大正3(1914)年7月30日)，百科，文学，山形百，洋画([生]大正3(1914)年7月30日　[没]昭和14(1939)年3月29日)，履歴([生]大正3(1914)年7月30日　[没]昭和14(1939)年3月29日)，歴大

**舘正規** たちまさき
昭和30(1955)年1月1日～
昭和期の陶芸家。
¶陶芸最

**立元善太郎** たちもとぜんたろう
天保5(1834)年～明治8(1875)年
江戸時代後期～明治期の水田開発者。農産業指導者。
¶姓氏鹿児島

**館与左衛門** たちよざえもん
寛永6(1629)年～元禄12(1699)年
江戸時代の治水家、勧農家。
¶人名，日人

**竜池藤兵衛** たついけとうべえ
天保11(1840)年～明治29(1896)年
江戸時代後期～明治期の治山功労者。
¶郷土滋賀，滋賀百，日人

**竜右衛門** たつえもん
生没年不詳
南北朝時代～室町時代の能面師。初期能面師の十作の一人。
¶朝日，国史，古中，史人，新潮，人名，世人，日人，百科

**立川従** たつかわまさる
文化14(1817)年～明治11(1878)年　[別]立川政従《たちかわまさより》
江戸時代末期～明治期の教育者。経世の学を講義。荒地開墾、新制学校開設に尽力。
¶維新，滋賀百，人名(立川政従　たちかわまさより)，日人(立川政従　たちかわまさより)，幕末([没]1878年8月6日)

**立木種清** たつぎたねきよ
天保3(1832)年～明治41(1908)年
江戸時代後期～明治期の宮大工。
¶姓氏長野

**田付栄助** たつけえいすけ
生没年不詳
江戸時代後期の蒔絵師。
¶京都大，人名，姓氏京都，日人，美工

**田付孝則** たつけたかのり
江戸時代後期の蒔絵師。
¶人名，日人(生没年不詳)

**田付隆益** たつけたかます
生没年不詳
江戸時代後期の蒔絵師。
¶日人

**田付長兵衛** たつけちょうべえ
生没年不詳
江戸時代前期の蒔絵師。
¶朝日，新潮，人名，日人，美工

**田付東渓** たつけとうけい
→田付寿秀(たつけひさひで)

**田付寿秀** たつけひさひで
宝暦7(1757)年～天保4(1833)年　[別]田付東渓《たつけとうけい》
江戸時代後期の印籠蒔絵師。
¶京都大，コン改，コン4，新潮(生没年不詳)，人名，姓氏京都，日人(田付東渓　たつけとうけい)，和俳

**辰蔵** たつぞう
？　～文政10(1827)年
江戸時代後期の研師。
¶海越新(生没年不詳)，新潮([没]文政10(1827)年閏6月12日)，世人，日人

**立田幸生** たつたこうせい
昭和9(1934)年10月18日～　[別]立田幸生《たつたゆきお》
昭和～平成期の陶芸家。
¶陶芸最，陶工(たつたゆきお)

**立田幸生** たつたゆきお
→立田幸生(たつたこうせい)

**辰野金吾** たつのきんご
嘉永7(1854)年～大正8(1919)年3月25日
明治～大正期の建築家。東京帝国大学工科大学長、建築学会会長。作品に、日本銀行、東京駅、日銀主要支店など。
¶朝日([生]嘉永7年8月22日(1854年10月13日))，岩史([生]嘉永7(1854)年8月22日)，海越([生]嘉永7(1854)年8月22日)，海越新([生]嘉永7(1854)年8月22日)，学校([生]嘉永7(1854)年8月22日)，神奈川人，近現，現日([生]1854年8月22日)，国史，コン改，コン5，佐賀百([生]嘉永7(1854)年8月22日)，史人([生]1854年8月22日)，重要([生]安政1(1854)年8月22日)，新潮([生]安政1(1854)年8月22日)，人名，世紀([生]嘉永7(1854)年8月22日)，世人([生]安政1(1854)年8月22日)，世百，先駆([生]嘉永7(1854)年8月22日)，全書，大百，鉄道([生]1854年10月13日)，渡航([生]1854年8月22日)，日史([生]安政1(1854)年8月22日)，日人，日本，美術，百科，履歴([生]安政1(1854)年8月22日)，歴大

**辰馬鎌蔵** たつまかまぞう
明治15(1882)年2月13日～昭和34(1959)年5月11

た

日　[別]辰馬鎌蔵《たつまけんぞう》
明治～昭和期の技師。
¶科学(たつまけんぞう)，近土，土木

**辰馬鎌蔵** たつまけんぞう
→辰馬鎌蔵(たつまかまぞう)

**辰巳市右衛門** たつみいちうえもん
生没年不詳
江戸時代の尾張藩御用紙漉師。
¶姓氏愛知

**巽権次郎** たつみごんじろう
天保5(1834)年～明治42(1909)年
江戸時代末期～明治期の園芸家。
¶郷土奈良，日人

た

**辰巳一** たつみはじむ
安政4(1857)年～昭和6(1931)年1月15日　[別]辰巳一《たつみはじめ》
明治～昭和期の海軍造船技師、実業家。日本鋼鉄取締役社長。造船技術を研究するため渡仏。ヨーロッパ造船技術の移入。
¶海越([生]安政4(1857)年11月4日)，海越新([生]安政4(1857)年11月4日)，科学([生]1857年(安政4)11月4日)，人名，世紀([生]安政4(1857)年11月4日)，渡航，日人，兵庫人(たつみはじめ)

**辰巳一** たつみはじめ
→辰巳一(たつみはじむ)

**竜村晋** たつむらすすむ
昭和期の染織工芸家。
¶名工

**竜村徳** たつむらとく
明治44(1911)年8月23日～平成8(1996)年11月30日
大正～平成期の染織家。
¶美工

**竜村平蔵** たつむらへいぞう
明治9(1876)年～昭和37(1962)年
明治～昭和期の織物工芸家。古代裂の復元につとめ創作美術織物の第一人者となる。帝展審査員。作品に「漢楽浪壁掛」など。
¶大阪人([没]昭和37(1962)年4月)，京都大，近現，現朝([生]1876年11月14日　[没]1962年4月11日)，現情([生]1876年11月14日　[没]1962年4月11日)，現人，国史，コン改，コン4，コン5，茶道，史人([生]1876年11月14日　[没]1962年4月11日)，新潮([生]明治9(1876)年11月14日　[没]昭和37(1962)年4月11日)，人名7，世紀([生]明治9(1876)年11月14日　[没]昭和37(1962)年4月11日)，姓氏京都，全書，大百([没]1963年)，日人([生]明治9(1876)年11月14日　[没]昭和37(1962)年4月11日)，美工([生]明治9(1876)年11月14日　[没]昭和37(1962)年4月11日)，名工([生]明治9年11月14日　[没]昭和37年4月11日)

**立石定準** たていしさだのり
生没年不詳
江戸時代中期の工芸家。
¶国書

**立石清重** たていしせいじゅう
文政12(1829)年～明治27(1894)年
江戸時代末期～明治期の大工。代表作「開智学校」は和洋折衷の擬洋風建築の白眉。
¶朝日([没]明治27(1894)年8月23日)，郷土長野，姓氏長野，長野歴，日人，歴大

**立岩一郎** たていわいちろう
天保10(1839)年5月～明治34(1901)年2月13日
江戸時代末期～明治期の旧米沢藩士。安積開拓の功労者、桑野村長。東北開墾社を創立、洋牛牧畜業を開始する。
¶幕末

**伊達和子** だてかずこ
→伊達保子(だてやすこ)

**建守秀二** たてがみしゅうじ
昭和13(1938)年～
昭和～平成期の宝飾デザイナー。
¶名工

**立川焉馬**(立川焉馬〔1代〕) たてかわえんば
→烏亭焉馬(うていえんば)

**立川善太郎** たてかわぜんたろう
→立川善太郎(たてかわよしたろう)

**立川冨重** たてかわとみしげ
文化12(1815)年～明治6(1873)年
江戸時代後期～明治期の彫刻家、建築家。
¶姓氏長野

**立川富房** たてかわとみふさ
生没年不詳
江戸時代中期の大工。
¶国書

**立川知方** たてかわともかた
文政8(1825)年～明治27(1894)年
江戸時代末期～明治期の建築家。
¶日人

**立川善太郎** たてかわよしたろう
*～平成17(2005)年12月30日　[別]立川善太郎《たてかわぜんたろう》
昭和～平成期の銅器着色師。
¶美工(たてかわぜんたろう　[生]大正6(1917)年1月16日)，名工([生]大正9年1月16日)

**立川善治** たてかわよしはる
昭和23(1948)年～
昭和～平成期の工芸作家。
¶名工

**伊達邦成** だてくにしげ
天保12(1841)年～明治37(1904)年
江戸時代末期～明治期の武士。亘理藩主。北海道開拓功労者。北海道有珠郡伊達村の創設者。
¶朝日([生]天保12年10月28日(1841年12月10日)　[没]明治37(1904)年11月29日)，維新，近現，近世，国史，国書([生]天保12(1841)年10月28日

[没]明治37（1904）年11月29日），コン5，史人（[生]1841年10月28日 [没]1904年11月29日），人書94，人名，姓氏宮城，日人，幕末（[生]1839年 [没]1904年11月29日），北海道百，北海道文（[生]天保12（1841）年10月28日 [没]明治37（1904）年11月29日），北海道歴，歴大

**伊達邦直** だてくにただ
→伊達邦直（だてくになお）

**伊達邦直** だてくになお
天保5（1834）年～明治24（1891）年 [別]伊達邦直《だてくにただ》
江戸時代末期～明治期の仙台藩主。維新後家中救済策として北海道開拓移民を計画。
¶朝日（[生]天保5年9月12日（1834年10月14日） [没]明治24（1891）年1月12日），維新，近現，近世，国史，コン5，史人（[生]1834年9月12日 [没]1891年1月12日），新潮（[没]明治24（1891）年1月12日），人名（だてくにただ），姓氏宮城，日人，幕末（[没]1891年1月12日），北海道百，北海道文（[生]天保5（1834）年3月18日 [没]明治24（1891）年1月12日），北海道歴，歴大

**建具屋喜三郎** たてぐやきさぶろう
江戸時代中期の建具職人。
¶江戸東

**伊達幸太郎** だてこうたろう
元治1（1864）年～大正10（1921）年
明治～大正期の陶画工。伊予砥部焼の陶画工。
¶人名，日人，名工（[没]大正10年10月）

**館三郎** たてさぶろう
文政8（1825）年～明治39（1906）年
江戸時代末期～明治期の産業開発者。
¶姓氏長野，長野百（[没]1896年），長野歴

**館沢巨一** たてざわきょいち
生没年不詳
大正期の農業技術指導者。本吉郡歌津村実業補習学校教員。
¶姓氏宮城

**伊達助右衛門** だてすけえもん
生没年不詳
江戸時代前期～中期の庄屋，用水路を開削。
¶島根歴

**館野定四郎** たてのさだしろう
寛政8（1796）年～明治12（1879）年
江戸時代後期～明治期の園芸家。
¶日人

**立野七郎左衛門** たてのしちろうざえもん
戦国時代の伊豆の大工。
¶戦辞

**建畠嘉門** たてはたよしかど
昭和2（1927）年12月21日～平成9（1997）年10月26日
昭和～平成期の建築家。愛知県立芸術大学名誉教授。
¶美建

**館林源右衛門** たてばやしげんうえもん
昭和2（1927）年4月2日～平成1（1989）年11月27日 [別]舘林源右衛門〔6代〕《たてばやしげんえもん》
昭和期の陶芸家。
¶陶芸最，陶工（舘林源右衛門〔6代〕 たてばやしげんえもん），美工，名工

**舘林源右衛門〔6代〕** たてばやしげんえもん
→館林源右衛門（たてばやしげんうえもん）

**伊達文三** だてぶんぞう
弘化1（1844）年～明治34（1901）年
明治期の土木業者。伊達組を編成，治水事業など土木請負を生業とした。
¶静岡百，静岡歴，人名（[生]1846年），姓氏静岡，日人

**立松山城** たてまつやましろ
江戸時代末期の釜師。
¶茶道

**伊達弥助(1)** だてやすけ
文化10（1813）年～明治9（1876）年
江戸時代後期～明治期の織物業者。
¶京都大

**伊達弥助(2)** だてやすけ
天保10（1839）年～明治25（1892）年3月20日
明治期の織匠。西陣織業界の近代化に貢献。古典的意匠を織文に生かすことを試みる。
¶朝日，維新，海越，海越新，新潮，人名，姓氏京都，渡航，日人，幕末，名工

**伊達保子** だてやすこ
文政10（1827）年～明治37（1904）年 [別]伊達和子《だてかずこ》
明治期の女性。仙台藩主伊達斉義の娘。亘理藩主伊達安房邦実の妻。亘理藩の開墾作業に旧藩士を励ます。
¶諸系，女性（[生]文政10（1827）年閏6月9日 [没]明治37（1904）年7月13日），女性（伊達和子 だてかずこ [生]文政10（1827）年閏6月9日 [没]明治37（1904）年7月13日），女性普（[生]文政10（1827）年閏6月9日 [没]明治37（1904）年7月13日），女性普（伊達和子 だてかずこ [生]文政10（1827）年閏6月9日 [没]明治37（1904）年7月13日），姓氏宮城（生没年不詳），日人，北海道百，北海道歴

**立山弟四郎** たてやまていしろう
慶応3（1867）年～昭和12（1937）年
明治～昭和期の地方開発者。立山文庫を創設。
¶秋田百，世紀（[生]慶応3（1867）年11月3日 [没]昭和12（1937）年7月30日），日人

**竪山利邦** たてやまとしくに
？ ～昭和61（1986）年6月13日
昭和期の航空技術者，川崎航空機工業取締役。
¶科学

**竪山真知子** たてやままちこ
昭和24（1949）年1月～
昭和～平成期の染色家。

¶名工

**伊達陽一** だてよういち
昭和26(1951)年3月24日～
昭和～平成期の陶芸家。
¶陶芸最，陶工

**田所芳哉** たどころほうさい
大正1(1912)年9月9日～平成5(1993)年9月14日
昭和～平成期の漆芸家。
¶美工

**田所芳秋** たどころよしあき
明治22(1889)年～昭和52(1977)年
大正～昭和期の耐火物工学者。
¶科学([生]1889年(明治22)8月　[没]1977年(昭和52)6月30日)，高知人，日人



**田名網泰子** たなあみやすこ
昭和期のニットデザイナー。
¶名工

**田中明** たなかあきら
昭和22(1947)年11月3日～
昭和～平成期の陶芸家。
¶陶芸最，陶工，名工

**田中勇** たなかいさむ
大正9(1920)年8月1日～
昭和～平成期の工芸家。専門は彫金。
¶名工

**田中一米** たなかいちべい
明治27(1894)年10月23日～昭和20(1945)年6月21日
明治～昭和期の陶芸家。
¶世紀，陶工，日人，広島百

**田中一晃** たなかいっこう
昭和8(1933)年10月1日～
昭和～平成期の陶芸家。
¶陶芸最，陶工，名工

**田中英子** たなかえいこ
昭和6(1931)年7月15日～
昭和～平成期の陶芸家。
¶石川文，陶芸最，名工

**田中栄助** たなかえいすけ
嘉永6(1853)年～昭和8(1933)年
明治～大正期の公共事業家。
¶世紀([生]嘉永6(1853)年2月14日　[没]昭和8(1933)年5月2日)，日人

**田中英介** たなかえいすけ
昭和23(1948)年～
昭和～平成期の建築家。デン・コーポレーション代表、住宅建築文化センター主宰。
¶現執3期

**田中笑美子** たなかえみこ
昭和～平成期の人形作家。
¶名工

**田中円蔵** たなかえんぞう
安永3(1774)年～嘉永4(1851)年
江戸時代中期～後期の宮大工。
¶姓氏長野

**田中雅恵** たなかがけい
昭和31(1956)年3月26日～
昭和期の陶芸家。
¶陶芸最

**田中可然** たなかかねん
→田中可然(たなかよしのり)

**田中佳代子** たなかかよこ
昭和28(1953)年～
昭和～平成期の陶芸作家。
¶名工

**田中冠帯** たなかかんたい
→田中丘隅(たなかきゅうぐ)

**田中儀右衛門**(1) たなかぎえもん
？～元治1(1864)年12月
江戸時代末期の精錬技師。田中久重の女婿となり、発明に大きく貢献した。
¶佐賀百

**田中儀右衛門**(2) たなかぎえもん
江戸時代末期～明治期。
→田中久重〔1代〕(たなかひさしげ)

**田中吉兵衛** たなかきちべえ
明治4(1871)年～昭和22(1947)年
明治～昭和期の人。上磯地方の開発に貢献。
¶青森人

**田中喜平次** たなかきへいじ
生没年不詳
江戸時代の中富村の開発名主。
¶埼玉人

**田中丘隅**(田中休愚) たなかきゅうぐ
寛文2(1662)年～享保14(1729)年　[別]田中冠帯《たなかかんたい》，田中丘隅《たなかきゅうぐう》，田中丘隅喜古《たなかきゅうぐよしひさ》，田中休愚右衛門《たなかきゅうぐえもん》，田中兵庫《たなかひょうご》，田中邱隅《たなかきゅうぐう》
江戸時代中期の農政家。
¶朝日([生]寛文2年3月15日(1662年5月3日)　[没]享保14年12月22日(1730年2月9日))，岩史([生]寛文2(1662)年3月15日　[没]享保14(1729)年12月22日)，江文(田中冠帯　たなかかんたい)，神奈川人，神奈川百(たなかきゅうぐう)，郷土神奈川，近世，国史，国書(田中邱隅　たなかきゅうぐう　[生]寛文2(1662)年3月15日　[没]享保14(1729)年12月22日)，コン改，コン4，埼玉人(田中休愚　[生]寛文2(1662)年3月15日　[没]享保14(1729)年12月22日)，埼玉百，史人([生]？　[没]1729年12月22日)，人書79(田中休愚右衛門　たなかきゅうぐえもん)，新潮，人名(田中兵庫　たなかひょうご)，姓氏神奈川，世人([生]寛文3(1663)年)，世百，全書，大百(たなかきゅうぐう)，多摩(田中丘隅喜古　たな

田中丘隅（田中邱隅）　たなかきゅうぐう
→田中丘隅（たなかきゅうぐ）

田中休愚右衛門　たなかきゅうぐえもん
→田中丘隅（たなかきゅうぐ）

田中清寿　たなかきよとし
文化1（1804）年〜明治9（1876）年
江戸時代末期〜明治期の装剣金工。意匠と図案に
巧み、鉄地の錆付けに独特な色合いの作品。貿易
用作品も作る。
¶朝日，コン改，コン4，コン5，新潮（㊱明治9
（1876）年12月18日），日人

田中喜代馬　たなかきよま
明治26（1893）年〜昭和38（1963）年
大正〜昭和期の職工。県議会議員。
¶高知人，高知百，社史（㊹1893年7月14日
㊱1963年2月10日）

田中恵　たなかけい
昭和10（1935）年5月7日〜
昭和期の陶芸家。
¶陶芸最，名工

田中敬吉　たなかけいきち
明治30（1897）年10月23日〜昭和50（1975）年1月
12日
昭和期の機械工学者。上智大学教授。
¶現情

田中恵三郎　たなかけいざぶろう
昭和期の和服仕立職人。
¶名工

田中恵山　たなかけいざん
昭和10（1935）年5月7日〜
昭和〜平成期の陶芸家。
¶陶工

田中源一郎　たなかげんいちろう
昭和16（1941）年3月4日〜
昭和期の陶芸家。
¶陶芸最

田中玄蕃〔1代〕たなかげんば
江戸時代前期の醤油醸造家。関西の溜醤油の製法
を伝授され、現在のヒゲタ醤油を開発。
¶食文，日人（生没年不詳）

田中源也　たなかげんや
大正13（1924）年8月3日〜
昭和期の陶芸家。
¶陶芸最

田中孝三　たなかこうぞう
昭和15（1940）年11月25日〜
昭和期の陶芸家。
¶陶芸最

田中五左衛門　たなかござえもん
天保7（1836）年〜大正13（1924）年

江戸時代末期〜大正期の陶芸家。
¶姓氏長野

田中湖山　たなかこざん
明治31（1898）年〜
昭和期の陶芸家。
¶陶芸

田中五郎兵衛　たなかごろべえ
元和7（1621）年〜享保1（1716）年9月12日
江戸時代前期〜中期の水利開発者。
¶兵庫人

田中佐次郎　たなかさじろう
昭和12（1937）年3月10日〜
昭和〜平成期の陶芸家。
¶陶芸最，陶工

田中左入　たなかさにゅう
？〜元文4（1739）年9月25日
江戸時代中期の陶工。
¶国書

田中三興　たなかさんこう
→田中三興（たなかみつおき）

田中茂美　たなかしげみ
明治36（1903）年3月7日〜平成9（1997）年7月3日
大正〜昭和期の鉄道技術者、国鉄初代技師長。専
門はコンクリート工学。
¶科学

田中重芳　たなかしげよし
明治24（1891）年5月31日〜昭和52（1977）年6月
18日
大正〜昭和期の機械工学者。
¶広島百

田中秀峰　たなかしゅうほう
昭和8（1933）年〜
昭和期の陶芸家。
¶陶芸最

田中淳三　たなかじゅんぞう
大正10（1921）年2月12日〜
昭和期の陶芸家。
¶陶芸最

田中祥雲　たなかしょううん
元治2（1865）年〜大正6（1917）年
明治〜大正期の仏師。
¶大阪人

田中庄吉　たなかしょうきち
明治33（1900）年〜昭和55（1980）年
大正〜昭和期の刀匠。
¶姓氏長野

田中昭作　たなかしょうさく
昭和2（1927）年〜
昭和〜平成期の手漉き和紙職人。専門は細川紙。
¶名工

田中庄二郎　たなかしょうじろう
昭和29（1954）年1月13日〜

昭和期の陶芸家。
¶陶芸最

**田中正助** たなかしょうすけ
明治29(1896)年～昭和33(1958)年
大正～昭和期の農事改良家。
¶山形百新

**田中正平** たなかしょうへい
文久2(1862)年～昭和20(1945)年10月16日
明治～昭和期の音楽理論家、物理学者。大日本音楽協会理事長。電気作動の純正調パイプオルガンを完成。鉄道用信号装置など発明。
¶朝日([生]文久2年5月15日(1862年6月12日)), 海越([生]文久2(1862)年5月15日), 海越新([生]文久2(1862)年5月15日), 音楽, 音人([生]文久2(1862)年5月15日), 科学([生]1862年(文久2)6月12日), 近現, 芸能([生]文久2(1862)年5月15日), 現情([生]文久2(1862)年5月15日), 国史, コン改, コン4, コン5, 史人([生]1862年5月15日), 新潮([生]文久2(1862)年5月15日), 人名7, 数学, 世紀([生]文久2(1862)年5月15日), 世百, 先駆([生]文久2(1862)年5月15日), 全書, 大百, 鉄道([生]1862年6月12日), 渡航([生]1862年5月), 日音([生]文久2(1862)年5月15日), 日人, 兵庫人([生]文久2(1862)年5月15日), 兵庫百, 民学, 履歴([生]文久2(1862)年5月15日), 履歴2([生]文久2(1862)年5月15日)



**田中四郎左衛門** たなかしろうざえもん
生没年不詳
江戸時代前期の町人、琵琶湖運河開削の計画者。
¶姓氏京都

**田中新吾** たなかしんご
明治12(1879)年～昭和28(1953)年8月10日
明治～昭和期の官吏、塩業研究家。日本塩学会初代会長。真空式蒸発法やカナワ式製塩の工業化に成功、ST式塩釜を開発、塩業の発展に貢献。
¶朝日, 科学, 世紀, 日人

**田中新三郎** たなかしんざぶろう
明治35(1902)年3月5日～
大正～昭和期の東京手描友禅染色家。
¶名工

**田中晋輔** たなかしんすけ
明治26(1893)年8月18日～昭和57(1982)年8月28日
昭和期のX線工学者。大阪大学教授。
¶科学, 現情

**田中新蔵** たなかしんぞう
弘化3(1846)年～大正6(1917)年
江戸時代末期～大正期の須坂製糸業の推進者。
¶長野歴

**田中鈴雄** たなかすずお
明治41(1908)年3月14日～
昭和～平成期の東京手描友禅染色家。
¶名工

**田中整** たなかせい
明治42(1909)年5月16日～
昭和～平成期の陶芸家。
¶名工

**田中静一** たなかせいいち
大正2(1913)年～
昭和～平成期の中国料理研究家。渋谷区医療生協専務理事。東京都生協連事務局長、渋谷日中友好協会副会長などを歴任。著書に「満州野菜読本」「一衣帯水」など。
¶世紀, 日人([生]大正2(1913)年11月12日)

**田中清山** たなかせいざん
昭和10(1935)年2月10日～
昭和期の陶芸家。
¶陶芸最

**田中清治** たなかせいじ
明治25(1892)年12月5日～昭和42(1967)年8月12日
大正～昭和期の金属工学者。東京大学教授、千葉工業大学教授。専門は冶金学。戦後、鋼材の品質改善に尽力、日本鉄鋼協会理事、同会長などを歴任。
¶科学, 現情, 人名7, 世紀, 日人

**田中青滋** たなかせいじ
明治35(1902)年4月3日～平成7(1995)年2月2日
大正～平成期の大工。
¶美建

**田中静洲** たなかせいしゅう
天保13(1842)年～＊ [別]朝倉省吾《あさくらしょうご》, 朝倉盛明《あさくらもりあき》
江戸時代末期～明治期の医師、鉱山技師。生野鉱山の近代的開発の礎。
¶海越([没]？), 海越新([生]天保13(1842)年11月23日 [没]大正13(1914)年1月24日), 近医([没]大正3(1914)年), 渡航(田中静洲・朝倉省吾 たなかせいしゅう・あさくらしょうご [生]1843年11月23日 [没]1924年1月24日), 日人([没]？), 幕末(朝倉省吾 あさくらしょうご [生]1834年 [没]1924年1月24日), 藩臣7([没]？)

**田中精助** たなかせいすけ
天保7(1836)年4月～明治43(1910)年12月5日
江戸時代末期～明治期の電信技術者。ウィーン万国博覧会に随員の一人として渡欧。電信機製造技術の移植。
¶海越, 海越新, 科学, 渡航([没]？), 日人

**田中善吉** たなかぜんきち
元禄7(1694)年～明和4(1767)年
江戸時代中期の紀伊和歌山藩地士、商人。
¶朝日, 近世, 国史, コン改, コン4, 新潮([生]元禄7(1694)年3月 [没]明和4(1767)年10月), 人名, 世人, 日人, 歴大, 和歌山人

**田中善左衛門** たなかぜんざえもん
天保5(1834)年～明治43(1910)年
江戸時代末期～明治期の紀伊国有田郡箕島村の庄屋。養蚕所、絹布織工所を開設。櫨の品種改良。

¶幕末，和歌山人

**田中千梅** たなかせんばい
貞享3(1686)年～明和6(1769)年　[別]千梅《せんばい》
江戸時代中期の俳人。
¶国書(千梅　せんばい　[没]明和6(1769)年4月15日)，日人，俳句(千梅　せんばい　[没]明和6(1769)年4月15日)，和俳

**田中宗悦** たなかそうえつ
？～宝永4(1707)年
江戸時代前期～中期の陶工。
¶日人

**田中宗慶** たなかそうけい
天文5(1536)年～？　[別]宗慶《そうけい》
戦国時代の陶工。
¶戦人(宗慶　そうけい)，日人，美工([生]？)

**田中総次** たなかそうじ
昭和10(1935)年～
昭和期の陶芸家。
¶陶芸最

**田中荘弐** たなかそうじ
昭和26(1951)年11月8日～
昭和～平成期の陶芸家。
¶陶工

**田中堯保** たなかたかやす
明治42(1909)年10月11日～
昭和～平成期の甲州水晶貴石細工職人。
¶名工

**田中竜夫**(田中竜夫・田中竜夫) たなかたつお
明治14(1881)年～昭和11(1936)年
大正～昭和期の電気技術者。
¶秋田百，渡航(田中竜夫・田中竜夫　[生]1881年7月20日　[没]1936年7月13日)

**田中辰蔵** たなかたつぞう
*～明治11(1878)年
江戸時代末期～明治期の殖産家。
¶日人([生]1803年)，兵庫百([生]享和1(1801)年)

**田中達也** たなかたつや
昭和34(1959)年7月18日～
昭和期の陶芸家。
¶陶芸最

**田中千枝子** たなかちえこ
昭和～平成期のステンドアート作家。
¶名工

**田中長次郎** たなかちょうじろう
→長次郎(ちょうじろう)

**田中長兵衛** たなかちょうべえ
天保5(1834)年～明治34(1901)年
江戸時代末期～明治期の実業家。釜石鉱山田中製鉄所創業者。製鉄技術の自立に努め、近代製鉄業を確立。
¶朝日([没]明治34(1901)年11月7日)，岩手百，近現，国史，静岡歴，姓氏岩手，姓氏静岡，大百，日人，幕末

**田中鶴吉** たなかつるきち
安政2(1855)年～？
江戸時代末期～明治期の事業家。天日製塩法を説いて各地を巡ったが成果はなかった。
¶朝日，海越新，渡航，日人

**田中貞次** たなかていじ
明治23(1890)年5月21日～昭和45(1970)年10月24日
昭和期の農業工学者。東京大学教授。
¶現情

**田中輝和** たなかてるかず
昭和11(1936)年9月～
昭和～平成期の七宝作家。
¶名工

**田中輝彦** たなかてるひこ
昭和15(1940)年～
昭和～平成期の土木工学技術者。
¶YA

**田中伝右衛門** たなかでんうえもん
世襲名　江戸時代の松本の鋳物師。
¶長野歴

**田中稲月〔2代〕** たなかとうげつ
～平成19(2007)年11月7日
昭和～平成期の蒔絵師。
¶美工

**田中陶山** たなかとうざん
昭和2(1927)年6月4日～平成5(1993)年11月7日
昭和～平成期の陶芸家。
¶美工

**田中徳三郎** たなかとくさぶろう，たなかとくざぶろう
明治32(1899)年11月1日～昭和52(1977)年4月5日
明治～昭和期の料理人。
¶現情，食文(たなかとくざぶろう)，世紀，日人

**田中敏長** たなかとしなが
昭和期の横笛づくり。
¶名工

**田中訥言** たなかとつげん
明和4(1767)年～文政6(1823)年
江戸時代中期～後期の復古大和絵派の画家。尾張の人。
¶愛知百([没]1823年3月21日)，朝日([没]文政6年3月21日(1823年5月1日))，岩史([没]文政6(1823)年3月21日)，角史，京都大([没]安政6(1859)年)，近世，国史，国書([没]文政6(1823)年3月21日)，コン改([生]？　[没]安政6(1859)年)，コン4，史人([没]1823年3月21日)，新潮([没]文政6(1823)年3月21日)，人名，姓氏京都，世人([没]文政6(1823)年3月21日)，世百，全書([生]？)，大百([生]？)，日史([没]文政6(1823)年3月21日)，日人，美術，百科，名画([生]1760年)，歴大

た

たなかと                    484                    日本人物レファレンス事典

**田中富三郎** たなかとみさぶろう
慶応3（1867）年〜昭和42（1967）年
明治〜昭和期の実業家・発明家。
　¶岡山歴

**田中友三郎** たなかともさぶろう
文政12（1829）年〜大正2（1913）年
江戸時代末期〜明治期の陶芸家。笠間焼を創始
し、その発展に尽力。
　¶郷土茨城，人名，先駆（生没年不詳），日人，幕
　　末（⊕1839年），名工

**田中豊太郎** たなかとよたろう
明治8（1875）年〜昭和44（1969）年
昭和期の人形製作者。
　¶和歌山人

**田中直子** たなかなおこ
昭和23（1948）年4月1日〜
昭和〜平成期の陶芸家。
　¶陶工

**田中直助** たなかなおすけ
→田原直助（たはらなおすけ）

**田中長嶺** たなかながね
嘉永2（1849）年〜大正11（1922）年6月30日
明治〜大正期の椎茸栽培研究家。椎茸栽培、製炭
技術改善のため全国各地を行脚、指導にあたる。
　¶朝日，植物（⊕嘉永2（1849）年4月24日），世紀，
　　姓氏愛知，日人

**田中信芳** たなかのぶよし
江戸時代中期の彫金工。
　¶人名，日人（生没年不詳）

**田中範子** たなかのりこ
昭和27（1952）年4月2日〜
昭和〜平成期の陶芸家。
　¶陶芸最，陶工，名工

**田中教克** たなかのりよし
昭和8（1933）年〜
昭和期の陶芸家。
　¶陶芸最，名工

**田中一** たなかはじめ
大正13（1924）年11月11日〜
昭和〜平成期の原子核物理学者、情報工学者。北
海道大学教授。
　¶現情

**田中肇** たなかはじめ
昭和8（1933）年〜
昭和〜平成中期の貴金属細工職人、植物研究家。書
物と自然から独学で受粉生態学を学ぶ。編著書に
「花と昆虫」「虫媒花と風媒花の観察」など。
　¶世紀（⊕昭和8（1933）年3月18日），日人（⊕昭
　　和8（1933）年3月13日）

**田中巴石〔1代〕** たなかはせき
安政2（1855）年〜大正8（1919）年12月26日
明治〜大正期の陶芸家。
　¶岡山歴

**田中半之丞** たなかはんのじょう
天保14（1843）年〜大正4（1915）年
江戸時代末期〜明治期の医師、殖産家。
　¶京都府，日人

**田中光⑴** たなかひかる
昭和24（1949）年10月17日〜
昭和期の陶芸家。
　¶陶芸最

**田中光⑵** たなかひかる
昭和16（1941）年3月28日〜平成15（2003）年1月
19日
昭和〜平成期の建築家。金沢工業大学名誉教授。
　¶美建

**田中久重〔1代〕**（——〔代数なし〕）たなかひさしげ
寛政11（1799）年〜明治14（1881）年　⑧田中儀右
衛門《たなかぎえもん》，からくり儀右衛門《から
くりぎえもん》
江戸時代末期〜明治期の技術者。細工や発明の才
に優れ、巧妙な「からくり」人形や万年時計など
を製作。田中製作所（東芝の前身）を創業。
　¶朝日（⊕寛政11年9月18日（1799年10月16日）
　　⊕明治14（1881）年11月7日），維新，岩史
　　（——〔代数なし〕　⊕寛政11（1799）年9月18
　　日　⊕明治14（1881）年11月7日），大阪人
　　（——〔代数なし〕），科学（⊕寛政
　　11）9月18日　⊕1881年（明治14）11月7日），近
　　現，近世，芸能（田中儀右衛門　たなかぎえも
　　ん　⊕寛政11（1799）年9月18日　⊕明治14
　　（1881）年11月7日），国史，国書（——〔代数
　　なし〕　⊕寛政11（1799）年9月18日　⊕明治14
　　（1881）年11月7日），コン改，コン4，コン5，
　　佐賀百（——〔代数なし〕），史人（——〔代数
　　なし〕　⊕1799年9月18日　⊕1881年11月7
　　日），実業（⊕寛政11（1799）年9月18日　⊕明
　　治14（1881）年11月7日），新潮（⊕寛政11
　　（1799）年9月18日　⊕明治14（1881）年11月7
　　日），人名，世百，先駆（⊕寛政11（1799）年9月
　　18日　⊕明治14（1881）年11月7日），全書
　　（——〔代数なし〕），大百，鉄道（⊕1799年10
　　月16日　⊕1881年11月7日），日史（——〔代数
　　なし〕　⊕寛政11（1799）年9月18日　⊕明治14
　　（1881）年11月7日），日人，日本（——〔代数な
　　し〕），幕末（——〔代数なし〕　⊕1881年11月
　　7日），藩臣7（——〔代数なし〕），百科（——
　　〔代数なし〕），福岡百（——〔代数なし〕　⊕寛
　　政11（1799）年9月18日　⊕明治14（1881）年11月
　　7日），民学（——〔代数なし〕），洋学（——
　　〔代数なし〕），歴大（——〔代数なし〕）

**田中久重〔2代〕**（——〔代数なし〕）たなかひさしげ
弘化3（1846）年〜明治38（1905）年
明治期の技術者、実業家。工部省の命で電信機制
作。田中製造所を芝浦製作所（後の東芝）へ発展
させる。
　¶朝日（⊕弘化3年9月1日（1846年10月20日）
　　⊕明治38（1905）年2月23日），岩史（——〔代
　　数なし〕　⊕弘化3（1846）年9月1日　⊕明治38
　　（1905）年2月23日），近現，国史，コン改，コ
　　ン5，実業（⊕弘化3（1846）年9月1日　⊕明治38

(1905)年2月23日)，新潮([生]弘化2(1845)年[没]明治38(1905)年2月23日)，人名([生]1845年)，世百，大百，鉄道([生]1846年10月20日[没]1905年2月23日)，日人，歴大(――〔代数なし〕)

**田中兵庫** たなかひょうご
→田中丘隅(たなかきゅうぐ)

**田中宏(1)** たなかひろし
昭和7(1932)年10月22日～
昭和～平成期の電子技術者。キヤノンアプテックス社長。"複写機の鬼"などの異名をとり、キヤノン専務、副社長などを歴任、エム・アール・システム研究所社長を兼務。
¶世紀，日人

**田中宏(2)** たなかひろし
昭和3(1928)年11月22日～
昭和～平成期の陶芸家。
¶陶芸最，陶工

**田中洋** たなかひろし
昭和22(1947)年12月24日～
昭和～平成期の陶芸家。
¶陶芸最，陶工

**田中ひろや** たなかひろや
昭和35(1960)年6月4日～
昭和～平成期の陶芸家。
¶陶芸最，陶工

**田中福太郎** たなかふくたろう
*～？
昭和期の陶工。
¶アナ([生]明治21(1888)年)，社史([生]1889年？)

**田中不二** たなかふじ
明治10(1877)年8月20日～大正11(1922)年11月19日
明治～大正期の工学者。東京帝国大学教授となり応用力学を担当する。
¶科学，人名，世紀，渡航，日人

**田中文男** たなかふみお
昭和7(1932)年1月10日～平成22(2010)年8月9日
昭和～平成期の宮大工。真木建設社長。
¶美建

**田中政雄** たなかまさお
明治45(1912)年7月28日～平成5(1993)年8月19日
昭和期の簾職人。
¶世紀，日人

**田中正生** たなかまさお
昭和20(1945)年1月17日～
昭和期の陶芸家。
¶陶芸最

**田中雅子** たなかまさこ
明治29(1896)年10月～昭和46(1971)年1月26日
大正～昭和期の美容師。代々木美粧園を開設。全国美容連盟、みやび会会長歴任。日本婦人衛生会評議員などを歴任。
¶女性，女性普

**田中昌文** たなかまさふみ
昭和期の宮大工。
¶名工

**田中政義** たなかまさよし
文化2(1815)年～明治42(1909)年
江戸時代末期～明治期の地方功労者。久留米治水土木工事に尽力。
¶藩臣7([生]文化2(1815)年)

**田中勝** たなかまさる
昭和16(1941)年11月6日～
昭和～平成期の衛生工学者。国立公衆衛生院衛生工学部廃棄物工学部長。
¶現執2期，現執3期，現執4期

**田中松太郎** たなかまつたろう
文久3(1863)年8月3日～昭和24(1949)年3月10日
明治～昭和期の印刷技術家。三色版印刷の開拓者。日本印刷学会功労賞。
¶現情，写家，人名7，世紀，渡航，日人

**田中真弓** たなかまゆみ
昭和期の染色家。
¶名工

**田中万吉** たなかまんきち
文久3(1863)年～昭和17(1942)年
大正～昭和期の水産業者。浜名湖内の牡蠣養殖業の創始者。
¶静岡百，静岡歴，姓氏静岡

**田中幹也** たなかみきや
昭和22(1947)年5月12日～
昭和～平成期の陶芸家。
¶陶工

**田中通孝** たなかみちたか
昭和16(1941)年～
昭和～平成期の漆芸作家。
¶名工

**田中三興** たなかみつおき
文政3(1820)年～明治16(1883)年　[別]田中三興《たなかさんこう》
江戸時代末期～明治期の治水功労者。
¶埼玉人(たなかさんこう　[生]文政3(1820)年7月[没]明治16(1883)年9月)，埼玉百，人名，日人

**田中みどり** たなかみどり
昭和23(1948)年5月2日～
昭和期の陶芸家。
¶陶芸最

**田中稔** たなかみのる
明治35(1902)年10月15日～平成5(1993)年6月29日
昭和期の農業技術者。青森県農業試験場長。専門は水陸稲の育種。耐冷多収の水稲品種"藤坂5号"の開発に成功。
¶青森人，青森百，科学，植物，食文，世紀，日

人，山形百新

**田中宮子** たなかみやこ
昭和期の郷土玩具製造。
¶名工

**田中宗継** たなかむねつぐ
明治34(1901)年～昭和29(1954)年
大正～昭和期の刀匠。
¶栃木歴，美工

**田中源彦** たなかもとひこ
昭和29(1954)年11月6日～
昭和～平成期の陶芸家。
¶陶芸最，陶工



**田中紋阿** たなかもんあ
文政3(1820)年～明治17(1884)年
江戸時代末期～明治期の仏師。
¶京都大，姓氏京都，日人

**田中主水** たなかもんど
安政4(1857)年～大正6(1917)年3月
明治～大正期の仏師。
¶大阪人

**田中屋喜重** たなかやきじゅう
生没年不詳
江戸時代後期の治水家。加茂村庄屋。木綿市開設と新田開発の功労者。
¶島根歴

**田中泰董** たなかやすただ
文久2(1862)年9月9日～大正15(1926)年9月21日
明治～大正期の造船技術者。
¶世紀，渡航，日人

**田中諭一郎** たなかゆいちろう
明治34(1901)年～昭和58(1983)年
大正～昭和期の農業技師。静岡県柑橘試験場場長。
¶静岡歴，植物([生]明治34(1901)年5月1日 [没]昭和58(1983)年11月25日)，姓氏静岡

**田中雄作** たなかゆうさく
昭和24(1949)年2月8日～
昭和期の陶芸家。
¶陶芸最

**田中豊** たなかゆたか
明治21(1888)年1月29日～昭和39(1964)年8月27日
大正～昭和期の土木工学者(橋梁工学)。東京大学教授。永代橋、清洲橋などの建設者。
¶科学，近土，現朝，現情，人名7，世紀，鉄道，土木，日人

**田中裕** たなかゆたか
大正7(1918)年～
昭和～平成期の陶芸家。
¶現執1期，現執2期([生]大正7(1918)年3月28日)，世紀([生]大正7(1918)年1月20日)，陶芸，陶芸最([生]大正7年1月20日)，名工([生]大正7年1月20日)

**田中芳章** たなかよしあき
生没年不詳
江戸時代中期～後期の装剣金工。
¶日人

**田中義衛** たなかよしえ
明治22(1889)年～昭和41(1966)年
明治～昭和期の宮大工。
¶姓氏長野，美建

**田中義信** たなかよしのぶ
明治40(1907)年5月12日～昭和63(1988)年8月31日
昭和期の機械工学者、大阪大学名誉教授。専門は精密工学。
¶科学

**田中芳信** たなかよしのぶ
生没年不詳
江戸時代中期の装剣金工。
¶日人

**田中可然** たなかよしのり
*～大正13(1924)年12月13日 [別]田中可然《たなかかねん》
江戸時代末期～大正期の和算家。広島藩校の数学教授。航海測量士。藩校閉鎖後、兵部省出仕。
¶数学([生]天保3(1832)年)，幕末(たなかかねん [生]1833年)

**田中義弘** たなかよしひろ
昭和12(1937)年3月5日～
昭和～平成期の江戸簾職人。
¶名工

**田中吉郎** たなかよしろう
明治29(1896)年4月16日～昭和48(1973)年10月20日
大正～昭和期の土木工学者、九州大学名誉教授。専門は水道工学、測量学、地図学。
¶科学

**田中芳郎** たなかよしろう
大正4(1915)年6月4日～
昭和期の彫金家、インダストリアルデザイナー。東京芸術大学教授。
¶現情

**田中利右衛門** たなかりえもん
生没年不詳
江戸時代後期の陶工。
¶日人

**田中琉北** たなかりゅうほく
昭和期の紅型作家。
¶名工

**棚沢泰** たなさわやすし
明治39(1906)年10月23日～平成4(1992)年7月27日
大正～昭和期の機械工学者、東北大学名誉教授。専門は内燃機関学、熱工学。
¶科学，現情

**棚橋通治** たなはしつうじ
→棚橋通治(たなはしみちはる)

**棚橋寅五郎** たなはしとらごろう
慶応2(1866)年〜昭和30(1955)年
明治〜昭和期の工業化学者、実業家。リン製造の工業化に成功。日本化学工業、旭電化などの設立や経営に携わった。
¶科学(㊤1866年(慶応2)9月4日 ㊦1955年(昭和30)12月11日)、近現、現情(㊤慶応2(1866)年9月4日 ㊦1955年12月11日)、国史、コン改、コン4、コン5、史人(㊤1866年9月4日 ㊦1955年12月11日)、新潮(㊤慶応2(1866)年9月4日 ㊦昭和30(1955)年12月11日)、人名7、世紀(㊤慶応2(1866)年9月4日 ㊦昭和30(1955)年12月11日)、世百、世百新、先駆(㊤慶応2(1866)年9月4日 ㊦昭和30(1955)年12月11日)、全書、創業(㊤慶応2(1866)年9月4日 ㊦昭和30(1955)年12月11日)、大百、日史(㊤慶応2(1866)年9月4日 ㊦昭和30(1955)年12月11日)、日人、百科

**棚橋通治** たなはしみちじ
→棚橋通治(たなはしみちはる)

**棚橋通治** たなはしみちはる
天保9(1838)年〜大正6(1917)年 ㊨棚橋通治《たなはしつうじ,たなはしみちじ》
明治期の花火製造者。「棚橋花火」の発明製造者。
¶神奈川人、神奈川百(たなはしつうじ 生没年不詳)、人名(たなはしみちじ)、世紀、日人

**棚橋諒** たなはしりょう
明治40(1907)年3月2日〜昭和49(1974)年5月5日
昭和期の建築構造学者。京都大学名誉教授、日本建築学会会長。鉄骨構造学の権威。
¶科学、現情、人名7、世紀、日人、美建

**田辺一竹斎** たなべいっちくさい
→田辺竹雲斎〔2代〕(たなべちくうんさい)

**田辺義三郎** たなべぎさぶろう
安政5(1858)年12月20日〜明治22(1889)年9月22日
江戸時代末期〜明治期の技師。
¶近土、土木

**田辺喜美子** たなべきみこ
昭和13(1938)年10月31日〜
昭和期の陶芸家。
¶陶芸最

**田辺恵右** たなべけいすけ
昭和30(1955)年〜
昭和〜平成期の陶芸家。
¶陶工

**田辺小兵衛** たなべこひょうえ
→田辺小兵衛(たなべこへえ)

**田辺小兵衛** たなべこへえ
元和1(1615)年〜慶安2(1649)年 ㊨田辺小兵衛《たなべこひょうえ》
江戸時代中期の治水家。越後西蒲原郡馬堀村の名主。越後国蒲原郡の馬堀筒(用水)の開削者。
¶人名、新潟百(たなべこひょうえ)、日人、歴大(㊦1645年)

**田辺朔郎(田邊朔朗)** たなべさくお
文久1(1861)年〜昭和19(1944)年 ㊨田辺朔郎《たなべさくろう》
明治〜昭和期の土木工学者。東京帝国大学教授、京都帝国大学教授。琵琶湖疎水工事を担当。我が国最初の水力発電事業を興す。
¶海越新(㊤文久1(1861)年11月 ㊦昭和19(1944)年9月5日)、科学(㊤1861年(文久1)11月1日 ㊦1944年(昭和19)9月5日)、京都、京大(田邊朔朗)、近現(たなべさくろう)、近土(たなべさくろう) ㊤1861年11月1日 ㊦1944年9月5日)、国史(たなべさくろう)、コン改、コン5(たなべさくろう)、滋賀百(たなべさくろう)、史人(たなべさくろう) ㊤1861年11月1日 ㊦1944年9月5日)、静岡歴(たなべさくろう) ㊦昭和18(1943)年)、新潮(㊤文久1(1861)年11月 ㊦昭和19(1944)年9月5日)、世紀(㊤文久1(1861)年11月 ㊦昭和19(1944)年9月5日)、姓氏京都、先駆(㊤文久1(1861)年11月1日 ㊦昭和19(1944)年9月5日)、全書、大百、鉄道(たなべさくろう) ㊤1861年12月2日 ㊦1944年9月5日)、渡航(㊤1861年11月1日 ㊦1944年9月5日)、土木(たなべさくろう) ㊤1861年11月1日 ㊦1944年9月5日)、北海道百、北海道歴、履歴(たなべさくろう ㊤文久1(1861)年11月1日 ㊦昭和19(1944)年9月5日)

**田辺朔郎** たなべさくろう
→田辺朔郎(たなべさくお)

**田辺淳吉** たなべじゅんきち
明治12(1879)年6月26日〜昭和1(1926)年7月13日
明治〜大正期の建築家。渋沢家の晩香廬・青淵文庫などを設計。
¶渡航

**田辺竹雲斎** たなべちくうんさい
明治10(1877)年〜昭和12(1937)年
明治〜昭和期の竹工芸家。
¶大阪人(㊦昭和12(1937)年5月)、人名、日人(㊤明治10(1877)年6月3日 ㊦昭和12(1937)年5月26日)、名工(㊤明治10年6月3日 ㊦昭和12年5月26日)

**田辺竹雲斎〔2代〕** たなべちくうんさい
明治43(1910)年5月9日〜平成12(2000)年2月24日 ㊨田辺一竹斎《たなべいっちくさい》
昭和期の竹作家。透かし編み等による軽快な作風。帝展入選、日展特選。
¶現朝、現情、現日、世紀(田辺一竹斎 たなべいっちくさい)、日人、美工(田辺一竹斎 たなべいっちくさい)、名工

**田辺恒雄** たなべつねお
明治41(1908)年4月12日〜
昭和期の肥後象嵌制作技術者。
¶熊本百、名工

**田辺利男** たなべとしお
明治20(1887)年7月21日～昭和31(1956)年10月6日
明治～昭和期の技師。
¶近土，土木

**田辺信治** たなべのぶはる
昭和17(1942)年2月22日～
昭和～平成期の陶芸家。
¶陶工

**田辺博司** たなべひろし
昭和4(1929)年4月7日～平成4(1992)年1月18日
昭和～平成期の建築家。レーモンド田辺設計事務所社長。
¶美建

**田辺平学** たなべへいがく
明治31(1898)年1月17日～昭和29(1954)年2月3日
大正～昭和期の建築学者。東京工業大学専任教授、建築材料研究所所長。イタリア建築の権威。
¶科学，現情，人名7，世紀，日人

**田辺正義** たなべまさよし
明治44(1911)年～昭和61(1986)年
昭和期の漆芸家。
¶和歌山人

**田辺松蔵** たなべまつぞう
明治43(1910)年～
昭和～平成期の筆職人。
¶名工

**田辺安太郎** たなべやすたろう
弘化1(1844)年～昭和5(1930)年
明治～昭和期の技師。大阪活版所。本邦最初の活字母型師。字母製造業を開いた。
¶近現，国史，コン改，コン5，人名，世紀([生]天保15(1844)年11月16日　[没]昭和5(1930)年1月26日)，先駆([生]弘化1(1844)年11月16日　[没]昭和5(1930)年1月26日)，日人，名工([生]弘化1(1844)年11月16日　[没]昭和5年1月26日)

**田辺保平** たなべやすひら
天保1(1830)年～明治30(1897)年　[別]田辺保平《たなべやすへい》，吉太郎《たなべきちたろう》
江戸時代末期～明治期の金工家。肥後象嵌の妙手。
¶熊本百(田辺保平・吉太郎　たなべやすへいきちたろう　[没]明治30(1897)年10月23日)，人名(たなべやすへい)，日人，名工(たなべやすへい　[没]明治30年10月)

**田辺保平** たなべやすへい
→田辺保平(たなべやすひら)

**田辺保平・吉太郎** たなべやすへいきちたろう
天保1(1830)年～明治30(1897)年10月23日
明治～昭和期の金工家。
¶熊本百

**谷合秀夫** たにあいひでお
昭和期の宮大工・数寄屋大工棟梁。
¶名工

**谷井叶** たにいかなえ
昭和20(1945)年6月28日～
昭和期の陶芸家。
¶陶芸最

**谷勲** たにいさお
大正12(1923)年6月6日～昭和54(1979)年8月31日
昭和期の砂防工学者。
¶近土，土木

**谷井直方**(1) たにいなおかた
文化2(1805)年～明治24(1891)年
明治期の陶工。近江信楽で茶器を作った名工。
¶滋賀百，滋賀文([没]1891年12月21日)，日人([生]1806年)

**谷井直方**(2) たにいなおかた
生没年不詳
明治期の陶工。近江信楽で茶器を作った名工。
¶人名，美工，名工

**谷克彦** たにかつひこ
昭和12(1937)年4月2日～昭和60(1985)年2月2日
昭和期の自然塩運動家。タワー式製塩法の実用化を研究し、自然海塩の製造に成功。著書に「塩 いのちは海から」。
¶現朝，世紀，日人

**谷勝馬** たにかつま
大正8(1919)年5月24日～平成6(1994)年10月14日
昭和期の音響技師。ティアック創立者。日本初の円盤式録音機を開発。終戦時の玉音放送の録音に使用される。
¶現朝，世紀，日人

**谷上伊三郎** たにがみいさぶろう
明治30(1897)年～昭和59(1984)年
大正～昭和期の葺師。
¶名工([没]昭和59年12月12日)，和歌山人

**谷川秋人** たにがわあきと
明治39(1906)年～
昭和期の陶芸家。
¶陶芸

**谷川栄子** たにかわえいこ
昭和期の籐工芸家。
¶名工

**谷川勝明** たにかわかつあき，たにがわかつあき
昭和26(1951)年11月21日～
昭和～平成期の陶芸家。
¶陶芸最(たにがわかつあき)，名工

**谷川春陽** たにかわしゅんよう
明治34(1901)年8月18日～
大正～昭和期の陶芸家。
¶陶芸，陶芸最，名工

**谷川省三** たにかわしょうぞう
昭和8(1933)年3月20日～
昭和～平成期の陶芸家。
¶陶芸最, 陶工, 名工

**谷川仁** たにかわじん,たにがわじん
昭和27(1952)年2月15日～
昭和～平成期の陶芸家。
¶陶芸最, 陶工(たにがわじん), 名工

**谷川菁山** たにかわせいざん,たにがわせいざん
昭和15(1940)年7月3日～
昭和～平成期の陶芸家。
¶陶芸最, 陶工(たにがわせいざん), 名工

**谷川利善** たにかわとしよし
明治13(1880)年～昭和21(1946)年
明治～昭和期の農業技師。
¶静岡百, 静岡歴, 植物([没]昭和21(1946)年4月10日), 姓氏静岡

**谷川峰雄** たにかわみねお
昭和24(1949)年2月1日～
昭和～平成期の陶芸家。
¶陶芸最, 名工

**谷川黙山** たにがわもくざん
昭和15(1940)年5月15日～
昭和期の陶芸家。
¶陶芸最

**谷川盛吉** たにがわもりよし
大正9(1920)年2月24日～
昭和～平成期の刀匠。
¶名工

**谷寛久** たにかんきゅう
天保13(1842)年～*
江戸時代末期～大正期の松江藩金工。
¶島根人([没]大正13(1924)年), 島根百([没]大正14(1925)年8月)

**谷寛治** たにかんじ
～天保6(1835)年
江戸時代後期の彫金家。
¶島根人

**谷寛二** たにかんじ
? ～明治9(1876)年
明治期の松江藩金工。
¶島根百

**谷寛寿** たにかんじゅ
? ～天保6(1835)年
江戸時代後期の松江藩金工。
¶島根百

**谷清右衛門** たにきようえもん
大正2(1913)年～　[別]谷清右衛門《たにせいうえもん》
昭和期の陶芸家。
¶陶芸, 陶芸最(たにせいうえもん　[生]大正2年9月20日)

**谷口明一** たにぐちあきいち
明治37(1904)年～
昭和期の陶芸家。
¶陶芸

**谷口修** たにぐちおさむ
明治45(1912)年1月16日～平成12(2000)年5月14日
昭和～平成期の機械工学者、東京工業大学名誉教授。専門は計測工学。
¶科学

**谷口粂三** たにぐちくめぞう
明治38(1905)年～昭和48(1973)年
昭和期の陶芸家。
¶姓氏富山

**谷口幸二** たにぐちこうじ
昭和25(1950)年11月4日～
昭和期の陶芸家。
¶陶芸最

**谷口幸珉**(1) たにぐちこうみん
明治39(1906)年～平成10(1998)年11月20日
大正～平成期の彫金家。
¶郷土滋賀, 美工([生]明治39(1906)年2月2日)

**谷口幸珉**(2) たにぐちこうみん
明治40(1907)年～
昭和～平成期の彫金作家。
¶名工

**谷口左近** たにぐちさこん
江戸時代後期の益子在の仏師。
¶栃木歴

**谷口三郎** たにぐちさぶろう
明治18(1885)年4月7日～昭和32(1957)年8月13日
明治～昭和期の技師。
¶科学, 近土, 土木

**谷口祥八** たにぐちしょうはち
昭和2(1927)年5月16日～
昭和～平成期の陶芸家。
¶陶芸最, 陶工, 名工

**谷口史朗** たにぐちしろう
大正5(1916)年7月9日～
昭和～平成期の陶芸家。
¶陶工

**谷口史郎** たにぐちしろう
大正5(1916)年7月9日～
昭和～平成期の陶芸家。
¶陶芸, 陶芸最, 名工

**谷口清左衛門** たにぐちせいざえもん
天正17(1584)年～寛文6(1666)年
安土桃山時代～江戸時代前期の佐賀藩御用鋳物師。
¶佐賀百

**谷口正** たにぐちただし
明治45(1912)年6月3日～

昭和〜平成期の京黒紋付染染色家。
¶名工

**谷口忠** たにぐちただし
明治33（1900）年12月8日〜平成7（1995）年12月11日
大正〜昭和期の建築学者、東京工業大学名誉教授。専門は建築構造学、耐震工学。
¶科学，現情

**谷口直吉** たにぐちなおきち
明治1（1868）年〜昭和24（1949）年
江戸時代末期〜昭和期の地域開発者。
¶世紀，日人



**谷口紀男** たにぐちのりお
明治45（1912）年5月27日〜平成11（1999）年11月15日
昭和〜平成期の機械工学者、山梨大学名誉教授。専門は精密工学。
¶科学

**谷口正典** たにぐちまさのり
昭和29（1954）年3月23日〜
昭和〜平成期の陶芸家。
¶陶芸最，陶工

**谷口三明** たにぐちみつあき
昭和期の陶芸家。
¶名工

**谷口弥右衛門** たにぐちやえもん
江戸時代末期の肥前佐賀藩技術者。
¶維新

**谷口吉生** たにぐちよしお
昭和12（1937）年10月17日〜
昭和〜平成期の建築家。谷口建築設計研究所代表取締役。ハーバード大学建築学科客員教授などを歴任。代表作に「葛西臨海水族館」「東京国立博物館法隆寺宝物館」など。
¶現朝，現情，現日，世紀，日人

**谷口美平** たにぐちよしひら
昭和6（1931）年2月6日〜
昭和期の陶芸家。
¶陶芸最

**谷口吉郎** たにぐちよしろう
明治37（1904）年〜昭和54（1979）年
昭和期の建築家。博物館明治村初代館長、東京工業大学教授。作品に東宮御所、迎賓館和館、記念碑・墓碑など。
¶石川百，石川文（[生]明治37年6月24日　[没]昭和54年2月2日），近文，現朝（[生]1904年6月24日　[没]1979年2月2日），現執1期，現執2期（[生]明治37（1904）年6月24日　[没]昭和54（1979）年2月2日），現情（[生]1904年6月24日　[没]1979年2月2日），現人，現日（[生]1904年6月24日　[没]1979年2月2日），コン改，コン4，コン5，史人（[生]1904年6月24日　[没]1979年2月2日），新潮（[生]明治37（1904）年6月24日　[没]昭和54（1979）年2月2日），世紀（[生]明治37（1904）年6月24日　[没]昭和54（1979）年2月2日），世百新，全書，大百，日人（[生]明治37（1904）年6月24日　[没]昭和54（1979）年2月2日），日本，美建（[生]明治37（1904）年6月24日　[没]昭和54（1979）年2月2日），美術，百科，福岡百（[生]明治37（1904）年6月24日　[没]昭和54（1979）年2月2日），履歴（[生]明治37（1904）年6月24日　[没]昭和54（1979）年2月2日），履歴2（[生]明治37（1904）年6月24日　[没]昭和54（1979）年2月2日）

**谷口良三** たにぐちりょうぞう
大正15（1926）年3月8日〜平成8（1996）年
昭和〜平成期の陶芸家。
¶陶芸最，陶工，美工（[没]平成8（1996）年6月7日），名工

**谷敬三** たにけいぞう
生没年不詳
明治期の実業家。東京硝子取締役。実業界で幅広く活躍し、製紙業のパイオニアとしても知られる。
¶先駆

**谷健治** たにけんじ
昭和19（1944）年8月3日〜
昭和〜平成期の陶芸家。
¶陶芸最，陶工

**谷下市松** たにしたいちまつ
明治39（1906）年7月10日〜平成17（2005）年2月12日
大正〜昭和期の機械工学者、慶応義塾大学名誉教授。専門は熱力学、内燃機関学、太陽エネルギー。
¶科学，現情

**谷進一郎** たにしんいちろう
昭和22（1947）年〜
昭和〜平成期の家具作家。
¶名工

**谷水石** たにすいせき，たにずいせき
享和1（1801）年〜明治10（1877）年
江戸時代後期〜明治期の武士、発明家。
¶人名，日人，藩臣5，兵庫人（たにずいせき）

**谷清右衛門** たにせいうえもん
→谷清右衛門（たにきようえもん）

**谷清兵衛〔1代〕** たにせいべえ
？　〜天保14（1843）年
江戸時代末期の金工家。
¶人名（――〔代数なし〕），日人

**谷田忠兵衛** たにだちゅうべえ
→谷田忠兵衛（たんだちゅうべえ）

**谷敏隆** たにとしたか
昭和18（1943）年3月24日〜
昭和〜平成期の陶芸家。
¶陶芸最，陶工

**谷豊重** たにとよしげ
？　〜寛政4（1792）年
江戸時代後期の松江藩金工。
¶島根人，島根百（[没]寛政4（1792）年11月11日）

**谷豊鷹** たにとよたか
？ ～元治1（1864）年
江戸時代末期の松江藩金工。
¶島根人，島根百

**谷豊親** たにとよちか
？ ～明和3（1766）年
江戸時代中期の松江藩金工。
¶島根人，島根百

**谷豊次** たにとよつぐ
？ ～弘化1（1844）年
江戸時代後期の松江藩金工。
¶島根人，島根百（[没]弘化年間（1844年ごろ）），島根歴（[没]弘化1（1844）年ごろ）

**谷豊貫** たにとよぬき
？ ～
江戸時代の松江藩金工。
¶島根人，島根百（生没年不詳）

**谷豊春** たにとよはる
？ ～
江戸時代後期の彫金家。
¶島根人

**谷豊久**(1) たにとよひさ
？ ～寛政10（1798）年1月6日
江戸時代後期の金工、谷派3代。
¶島根百

**谷豊久**(2) たにとよひさ
？ ～
江戸時代末期の彫金家。
¶島根人

**谷豊秀** たにとよひで
？ ～嘉永（1848～1854）年
江戸時代後期の松江藩金工。
¶島根人，島根百

**谷豊房** たにとよふさ
～寛政10（1798）年
江戸時代中期～後期の金工家。
¶島根人，島根百（生没年不詳）

**谷豊光** たにとよみつ
？ ～文化10（1813）年
江戸時代後期の松江藩金工。
¶島根人，島根百（[没]文化10（1813）年11月26日）

**谷豊充** たにとよみつ
生没年不詳
江戸時代後期の金工家。
¶島根百

**谷野明夫** たにのあきお
昭和24（1949）年～
昭和～平成期の陶芸家。
¶陶工

**谷野聖宗** たにのせいしゅう
昭和34（1959）年2月1日～
昭和～平成期の陶芸家。
¶陶工

**谷野剛惟** たにのたけのぶ
昭和10（1935）年3月26日～
昭和～平成期の紙漉き職人。2002年に重要無形文化財保持者（人間国宝）に認定（名塩雁皮紙）。
¶国宝

**谷初蔵** たにはつぞう
大正3（1914）年4月14日～
昭和期の航海力学者、海上防災工学者。
¶現情

**谷流水** たにはるみ
文久2（1862）年～昭和15（1940）年
明治～昭和期の鉄道技師、銀行家。
¶高知人，高知百

**谷藤正三** たにふじしょうぞう
大正3（1914）年1月6日～平成16（2004）年6月3日
昭和～平成期の土木技術者、北海道開発事務次官。専門は道路工学。
¶科学

**谷芳斉** たにほうさい
昭和6（1931）年～昭和60（1985）年
昭和期の陶芸家。
¶陶芸最，陶工

**谷村隆文** たにむらたかふみ
昭和28（1953）年～
昭和～平成期の竹の創作家。
¶名工

**谷村豊太郎** たにむらとよたろう
明治18（1885）年～昭和47（1972）年3月28日
大正～昭和期の工学者、海軍軍人。海軍造兵中将。東京大学教授、著書に「計算図表学」など。
¶科学（[生]1885年（明治18）11月3日），現情（[生]1885年11月），人名7，世紀（[生]明治18（1885）年11月），日人（[生]明治18（1885）年11月3日），陸海（[生]明治18年11月2日）

**谷本景** たにもとけい
昭和23（1948）年10月8日～
昭和～平成期の陶芸家。
¶陶芸最，陶工（[生]1949年10月8日），名工

**谷本光生** たにもとこうせい
大正5（1916）年10月5日～　[別]谷本光生《たにもとみつお》
昭和～平成期の陶芸家。
¶陶芸（たにもとみつお），陶芸最，陶工，名工

**谷元貞** たにもとさだ
？ ～明治2（1869）年9月14日
明治期の松江藩金工。
¶島根人，島根百

**谷本洋** たにもとひろし
昭和33（1958）年11月4日～　[別]谷本洋《たにもとよう》
昭和～平成期の陶芸家。
¶陶芸最，陶工（たにもとよう）

**谷本光生** たにもとみつお
→谷本光生(たにもとこうせい)

**谷本洋** たにもとよう
→谷本洋(たにもとひろし)

**谷吉博** たによしひろ
昭和22(1947)年8月30日～
昭和期の陶芸家。
¶陶芸最

**谷脇権之丞** たにわきごんのじょう
江戸時代の檜物師、本山漆器の開祖。
¶高知人(生没年不詳),高知百,人名,日人(生没年不詳)

た

**田沼春二** たぬましゅんじ
昭和23(1948)年4月17日～
昭和～平成期の陶芸家。
¶陶芸最,陶工

**田沼実** たぬまみのる
明治28(1895)年8月25日～昭和49(1974)年8月5日
明治～昭和期の技師。
¶近土,土木

**種市幾松** たねいちいくまつ
? ～弘化2(1845)年
江戸時代後期の用水堰の開発者。
¶青森人

**種沢節子** たねざわせつこ
昭和15(1940)年～
昭和～平成期のジュエリー作家。
¶名工

**種子田右八郎** たねだうはちろう
文久3(1864)年～昭和7(1932)年
明治～大正期の海軍造兵。中将。海軍兵器の製作・改良に貢献。
¶人名([生]1863年),世紀([生]文久3(1864)年12月 [没]昭和7(1932)年11月20日),日人

**種田豊水** たねだほうすい
文政9(1826)年～明治32(1899)年
江戸時代末期～明治期の画家、蒔絵師。
¶高知人,高知百([生]1832年),人名,日人([生]1832年),美家([没]明治32(1899)年10月1日)

**種本光陽** たねもとこうよう
大正12(1923)年11月17日～
昭和期の陶芸家。
¶陶芸最

**種山丈八** たねやまじょうはち
明治期の架橋家。宮城二重橋、江戸橋などの架橋に尽力。
¶人名

**胤吉** たねよし
→堀井胤吉(ほりいたねよし)

**田上義也** たのうえよしや
明治32(1899)年5月5日～平成4(1992)年
大正～平成期の建築家。田上建築制作事務所代表取締役。
¶札幌,美建([没]平成3(1991)年8月17日),北海道文,北海道歴

**田畑喜八〔3代〕** たばたきはち
明治10(1877)年8月16日～昭和31(1956)年12月25日
明治～昭和期の染織作家。模様染の田畑コレクションで有名。重要無形文化財・友禅保持者。
¶京都大(――〔代数なし〕),現情,国宝(――〔代数なし〕),人名7(――〔代数なし〕),世紀,日人,美工,名工

**田畑喜八〔4代〕** たばたきはち
明治41(1908)年9月1日～昭和58(1983)年12月27日
大正～昭和期の染織家。
¶美工,名工

**田畑喜八〔5代〕** たばたきはち
昭和10(1935)年11月12日～
昭和～平成期の染織家。
¶名工

**田畑陽右** たばたきよすけ
昭和19(1944)年9月13日～
昭和期の陶芸家。
¶陶芸最,名工

**田畑佐文仁** たばたさぶんじ
→田畑佐文仁(たばたさぶんに)

**田畑佐文仁** たばたさぶんに,たはたさぶんに
延宝4(1676)年～明和1(1764)年 [別]田畑佐文仁《たばたさぶんじ》
江戸時代中期の奄美大島の開拓者、郷士。
¶沖縄百(たばたさぶんじ [生]延宝6(1678)年7月1日 [没]明和1(1764)年5月19日),鹿児島百(たはたさぶんに),人名,姓氏鹿児島([没]?),日人([生]1678年)

**田畑正一** たばたしょういち
大正4(1915)年11月～昭和49(1974)年6月20日
昭和期の映画照明技師。
¶映人

**田畑博民** たばたひろたみ
昭和16(1941)年6月22日～
昭和～平成期の陶芸家。
¶陶芸最,陶工,名工

**田原兼治** たはらけんじ
昭和7(1932)年1月28日～
昭和期の陶芸家。
¶陶芸最

**田原小右衛門** たはらこうえもん
文化14(1817)年～*
江戸時代後期の用水路開削者。
¶姓氏長野([没]1897年),長野歴([没]明治40

(1907)年)

**田原陶兵衛〔12代〕** たはらとうべえ
大正14(1925)年6月19日～平成3(1991)年9月27日 [別]田原陶兵衛〔12代〕《たわらとうべい,たわらとうべえ》
昭和～平成期の陶芸家。萩焼深川窯の12代陶兵衛を襲名。山口県指定無形文化財。
¶現情(たわらとうべい),世紀,陶工(たわらとうべえ),日人,美工,名工

**田原直助** たはらなおすけ
文化10(1813)年～明治29(1896)年 [別]田原直助《たわらなおすけ》,田中直助《たなかなおすけ》
江戸時代末期～明治期の造艦技師。軍艦・兵器製造に貢献。
¶維新,海越([生]文化10(1813)年10月11日 [没]明治29(1896)年12月1日),海越新([生]文化10(1813)年10月11日 [没]明治29(1896)年12月1日),愛媛百(たわらなおすけ [生]文化10(1813)年11月11日 [没]明治29(1896)年12月1日),科学([生]1813年(文化10)10月11日 [没]1896年(明治29)12月1日),国書(たわらなおすけ [生]文化10(1813)年10月11日 [没]明治29(1896)年12月1日),人名(たわらなおすけ),姓氏鹿児島,渡航([生]1813年10月11日 [没]1896年12月1日),日人,幕末([没]1896年12月11日),藩臣7(たわらなおすけ),洋学(田中直助 たなかなおすけ)

**田原屋伝兵衛** たはらやでんべえ
生没年不詳
江戸時代中期の根付師。
¶日人

**田伏大丈夫** たぶせますらお
明治39(1906)年～
昭和期の漆芸家。
¶郷土和歌山

**田淵耘煙斎** たぶちうんえんさい
天保8(1837)年8月5日～明治39(1906)年3月20日
明治期の建築家。
¶岡山百,岡山歴

**田淵耕煙斎** たぶちこうえんさい
天保9(1838)年～明治39(1906)年
明治期の建築家。
¶岡山人

**田淵康次** たぶちこうじ
昭和27(1952)年～
昭和期の陶芸家。
¶陶芸最

**田淵寿郎** たぶちじゅろう
明治23(1890)年3月3日～昭和49(1974)年7月10日
大正～昭和期の土木工学者(都市計画)。名古屋市助役。戦後の名古屋市の復興に尽力。
¶愛知百,科学,近土,現朝,現情,現人,人名7,世紀,姓氏愛知,土木,日人,広島百,履歴,履歴2

**田部井健二** たべいけんじ
昭和9(1934)年4月1日～
昭和期の陶芸家。
¶陶芸最,名工

**太兵衛** たへえ
生没年不詳
江戸時代前期～中期の陶工。
¶日人

**玉井清太郎** たまいせいたろう
明治25(1892)年6月11日～大正6(1917)年
明治～大正期の飛行家。
¶世紀([没]大正6(1917)年5月20日),日人

**玉井信行** たまいのぶゆき
昭和16(1941)年11月6日～
昭和～平成期の河川工学者。東京大学教授。
¶現執3期

**玉置重次** たまおきじゅうじ
明治41(1908)年10月15日～
昭和～平成期の西陣織物職人。
¶名工

**玉置びん** たまおきびん
明治30(1897)年9月13日～昭和55(1980)年12月4日
昭和期のかっぺた織技術伝承者。文様の複雑な手間で伝承者が少ない。重要無形文化財保持者。
¶女性,女性普,美工

**玉置保夫** たまおきやすお
昭和16(1941)年5月21日～
昭和～平成期の陶芸家。
¶陶芸最,陶工,名工

**玉楮象谷**(玉楮象谷) たまかじぞうこく
*～明治2(1869)年
江戸時代末期の漆芸家。
¶朝日([生]文化4年10月4日(1807年11月3日) [没]明治2年2月1日(1869年3月13日)),香川人([生]文化3(1806)年),香川百([生]文化3(1806)年),郷土香川(玉楮象谷 [生]1806年),近現([生]1806年),近世([生]1806年),国史([生]1806年),コン改([生]文化4(1807)年),コン4([生]文化4(1807)年),コン5([生]文化4(1807)年),茶道([生]1805年),史人([生]1807年10月4日 [没]1869年2月1日),新潮([生]文化1(1804)年),人名([生]1806年),世百([生]1806年),全書([生]1807年),大百([生]1807年),日史([生]文化4(1807)年 [没]明治2(1869)年2月1日),日人([生]1807年),幕末([生]1806年 [没]1869年3月13日),藩臣6([生]文化3(1806)年),美術([生]文化4(1807)年),百科([生]文化4(1807)年)

**玉川吉十郎** たまがわきちじゅうろう
生没年不詳
江戸時代中期の装剣金工。
¶日人

**玉川庄右衛門** たまがわしょうえもん
? ～元禄8(1695)年 [別]玉川兄弟《たまがわきょ

うだい》
江戸時代前期の町人。玉川上水開削請負人。弟・清右衛門とともに上水を完成させた。
¶朝日([没]元禄8年6月6日(1695年7月16日)), 近世, 国史, コン改([生]元和8(1622)年), コン4([生]元和8(1622)年), 史人([没]1695年6月6日), 食文([生]元和8(1622)年? [没]元禄8年6月6日(1695年7月16日)), 新潮([没]元禄8(1695)年6月6日), 人名, 世人([没]宝永5(1708)年), 多摩(玉川兄弟　たまがわきょうだい), 日人, 歴大(生没年不詳)



**玉川正寿** たまがわしょうじゅ
生没年不詳
江戸時代後期の装剣金工。
¶日人

**玉川清右衛門** たまがわせいえもん
? ～正徳5(1715)年　[別]玉川兄弟《たまがわきょうだい》
江戸時代中期の玉川上水の開鑿者。
¶食文([没]正徳5年1月1日(1715年2月4日)), 人名, 多摩(玉川兄弟　たまがわきょうだい), 日人

**玉川宣夫** たまがわのりお
昭和17(1942)年1月5日～
昭和～平成期の金工家。2010年に重要無形文化財保持者(人間国宝)に認定(鍛金)。
¶国宝

**玉川政男** たまがわまさお
昭和13(1938)年～
昭和～平成期の金工作家。
¶名工

**玉川義人** たまがわよしと
昭和23(1948)年12月18日～
昭和期の陶芸家。
¶陶芸最

**玉川美久〔1代〕** たまがわよしひさ
享保10(1725)年～寛政1(1789)年
江戸時代の水戸の金工。
¶人名, 日人

**玉川美久〔2代〕** たまがわよしひさ
安永8(1779)年～天保6(1835)年
江戸時代の水戸の金工。
¶人名, 日人

**玉川美久〔3代〕** たまがわよしひさ
? ～天保10(1839)年
江戸時代の水戸の金工。
¶人名, 日人

**玉川美久〔4代〕** たまがわよしひさ
江戸時代の水戸の金工。
¶人名, 日人(生没年不詳)

**玉城カマド** たまきかまど
大正4(1915)年6月24日～
昭和～平成期の久米島紬織物職人。
¶名工

**玉置正治** たまきしょうじ
明治30(1897)年5月14日～平成2(1990)年10月30日
大正～昭和期の土木技術者、日本工営副社長。専門は電力工学。
¶科学

**玉置伸俉** たまきしんご
昭和14(1939)年3月28日～
昭和期の都市工学者。福井大学教授。
¶現執2期

**玉木弁太郎** たまきべんたろう
万延1(1860)年11月10日～大正12(1923)年12月31日
明治～大正期の工学者。
¶科学, 世紀, 日人

**玉田秋雄** たまだあきお
大正4(1915)年～昭和61(1986)年8月
昭和期の下駄製造業。
¶名工

**玉田正信** たまだまさのぶ
元和6(1620)年～元禄12(1699)年
江戸時代前期の新田開発者。
¶藩臣5

**玉那覇有公** たまなはゆうこう
昭和11(1936)年10月22日～
昭和～平成期の染色家。沖縄の染色技法・紅型に精通し、人間国宝に指定。
¶国宝, 世紀, 日人

**玉橋市三** たまはしいちぞう
明治16(1883)年6月～昭和2(1927)年
明治～昭和期の技術者。
¶世紀([没]昭和2(1927)年5月3日), 日人([没]昭和2(1927)年5月2日)

**玉水弥兵衛〔1代〕** たまみずやへえ
寛文2(1662)年～享保7(1722)年　[別]一元《いちげん》
江戸時代中期の京都の陶工。玉水焼の創始者。
¶朝日(――〔代数なし〕), 茶道(一元　いちげん), 人名([生]? [没]1731年), 日人

**玉水弥兵衛〔2代〕** たまみずやへえ
江戸時代中期の楽焼の陶工。
¶人名([生]? [没]1750年), 日人([生]1709年 [没]1730年)

**玉水弥兵衛〔3代〕** たまみずやへえ
? ～宝暦13(1763)年
江戸時代の楽焼の陶工。
¶人名, 日人

**玉水弥兵衛〔4代〕** たまみずやへえ
? ～明和6(1769)年
江戸時代の楽焼の陶工。
¶人名, 日人

**玉村松月** たまむらしょうげつ
大正6(1917)年3月5日～

昭和〜平成期の陶芸家。
¶陶芸最, 名工

**玉村正** たむらただし
大正3 (1914) 年11月5日〜
昭和〜平成期の越前和紙職人。
¶名工

**玉村登陽** たまむらとうよう
昭和13 (1938) 年1月28日〜
昭和期の陶芸家。
¶陶芸最

**玉村光晴** たまむらみつはる
昭和26 (1951) 年〜
昭和期の陶芸家。
¶陶芸最

**玉村勇助** たまむらゆうすけ
明治3 (1870) 年11月3日〜昭和21 (1946) 年12月
26日
明治〜昭和期の技術者。
¶近土, 世紀, 土木, 日人

**玉村好松** たまむらよしまつ
大正6 (1917) 年〜
昭和期の陶芸家。
¶陶芸

**玉屋三郎兵衛** たまやさぶろべえ
生没年不詳
江戸時代の製菓業者。仙台の菓子司。
¶姓氏宮城

**玉屋庄兵衛** たまやしょうべえ
江戸時代中期の名古屋の人形師。
¶姓氏愛知

**玉屋庄兵衛〔7代〕** たまやしょうべえ
大正12 (1923) 年〜昭和63 (1988) 年5月18日
昭和期のからくり人形師。
¶美工, 名工

**玉屋庄兵衛〔8代〕** たまやしょうべえ
昭和25 (1950) 年1月22日〜
昭和〜平成期のからくり人形師。
¶名工

**玉屋忠兵衛** たまやちゅうべえ
江戸時代前期の商人。江戸で初めて絹ごし豆腐を
製造。
¶食文

**田丸猪吉** たまるいきち
明治8 (1875) 年〜昭和6 (1931) 年
明治〜昭和期の水産家。
¶郷土千葉, 世紀 (㋐明治8 (1875) 年10月5日
㋜昭和6 (1931) 年3月7日), 千葉百, 日人 (㋐明
治8 (1875) 年10月5日 ㋜昭和6 (1931) 年3月7
日)

**田丸節郎** たまるせつろう
明治12 (1879) 年〜昭和19 (1944) 年8月5日
大正〜昭和期の化学者。東京工業大学教授。ア

モニア合成法の研究開発。
¶科学 (㋐1879年 (明治12) 11月1日), 近現, 現
朝 (㋐1879年11月1日), 国史, 新潮, 人名7,
世紀 (㋐明治12 (1879) 年11月1日), 姓氏岩手
(㋐1897年), 渡航, 日人 (㋐明治12 (1879) 年
11月1日)

**民野照親** たみのてるちか
天保13 (1842) 年〜？
江戸時代後期〜明治期の装飾金属工芸の名工。
¶姓氏富山

**田宮五郎** たみやごろう
慶応1 (1865) 年〜明治44 (1911) 年
江戸時代末期〜明治期の草履表圧搾機の発明およ
び草履表生産の普及者。
¶山形百

**田宮潤** たみやじゅん
大正14 (1925) 年〜昭和42 (1967) 年
昭和期の電気工学者。
¶科学 (㋐1925年 (大正14) 10月21日 ㋜1967年
(昭和42) 5月26日), 高知人

**田宮新太郎** たみやしんたろう
明治37 (1904) 年10月30日〜
大正〜昭和期の京友禅染色家。
¶名工

**田村顕允** たむらあきさね
→田村顕允 (たむらあきまさ)

**田村顕允** たむらあきまさ
天保3 (1832) 年〜大正2 (1913) 年 ㋱田村顕允
《たむらあきさね》
江戸時代末期〜明治期の亘理藩士。家老, 紋鼈製
糖社長。牧畜の導入, 有珠郷学校の設立などの施
策を立て, 有珠郡伊達村の開拓を成功に導いた。
¶朝日 (㋐天保3年11月6日 (1832年11月27日)
㋜大正2 (1913) 年11月20日), 近現, 国史, 史
人 (㋐1832年11月6日 ㋜1913年11月20日), 食
文 (㋐天保3年11月6日 (1832年11月27日)
㋜1913年11月20日), 人書94 (㋜1912年), 人
名 (㋜1912年), 姓氏宮城 (たむらあきさね),
日人, 北海道百, 北海道歴, 歴大

**田村功** たむらいさお
昭和17 (1942) 年〜
昭和期の陶芸家。
¶陶芸最

**田村宇之吉** たむらうのきち
安政2 (1855) 年〜昭和5 (1930) 年
明治〜昭和期の製茶手揉み技術「回転法」の考
案者。
¶静岡歴, 姓氏静岡

**田村雲渓** たむらうんけい
昭和29 (1954) 年12月21日〜
昭和〜平成期の陶芸家。
¶陶芸最, 陶工, 名工

**田村雲渓〔1代〕** たむらうんけい
昭和6 (1931) 年〜昭和60 (1985) 年12月28日

昭和期の陶芸家。
¶陶芸最(没昭和61年), 陶工, 美工(生昭和6(1931)年1月17日), 名工(生昭和6年1月17日)

**田村萌** たむらきざす
明治41(1908)年7月4日～
昭和～平成期の土佐和紙職人。
¶名工

**田村義三郎** たむらぎさぶろう
明治35(1902)年～昭和57(1982)年
昭和期の地域の発明者。
¶青森人

た

**田村久平** たむらきゅうへい
? ～大正3(1914)年
明治～大正期の陶工。珉平焼を主とした。
¶人名, 日人

**田村金星** たむらきんせい
明治29(1896)年～昭和62(1987)年11月13日
大正～昭和期の陶芸家。
¶石川百, 陶芸, 美工(生明治29(1896)年9月4日), 名工(生明治29年9月4日)

**田村慶子** たむらけいこ
昭和26(1951)年10月15日～
昭和期の陶芸家。
¶陶芸最

**田村敬星** たむらけいせい
昭和24(1949)年5月6日～
昭和～平成期の陶芸家。
¶陶芸最, 陶工, 名工

**田村耕一** たむらこういち
大正7(1918)年6月21日～昭和62(1987)年1月3日
昭和期の陶芸家。
¶現情, 国宝, 世紀, 陶芸, 陶芸最, 陶工, 栃木歴, 日人, 美工, 名工

**田村高山** たむらこうざん
生没年不詳
江戸時代末期の大坂の陶工。
¶和歌山人

**田村吾川** たむらごせん
大正8(1919)年4月5日～平成21(2009)年9月13日
昭和期の陶芸家。
¶陶芸, 陶芸最, 美工, 名工

**田村権左右衛門** たむらごんざうえもん
→田村権左右衛門(たむらごんざえもん)

**田村権左右衛門**(田村権左衛門) たむらごんざえもん
? ～天和3(1683)年 [別]田村権左右衛門《たむらごんざうえもん》
江戸時代前期の陶工。後藤才次郎らと九谷焼を創始。
¶朝日(生没年不詳), コン改(生没年不詳), コン4(生没年不詳), 人名, 姓氏石川, 世人(田村権左衛門 生没年不詳), 日人, 藩臣3(たむらごんざうえもん)

**田村修二** たむらしゅうじ
昭和期の刺繡工芸家。
¶名工

**田村俊一** たむらしゅんいち
昭和11(1936)年～
昭和～平成期の彫金作家。
¶名工

**田村治六** たむらじろく
文久1(1861)年～明治44(1911)年
江戸時代末期～明治期の大沢野開拓の功労者。
¶姓氏富山

**田村清兵衛** たむらせいべえ
? ～寛保3(1743)年
江戸時代中期の開拓者。皇室御料地山城相楽郡和束郷の大庄屋。田村新田を開いた。
¶人名, 日人

**田村青畝** たむらせいほ
明治14(1881)年3月21日～昭和7(1932)年10月26日
明治～昭和期の蒔絵師。
¶庄内

**田村民男** たむらたみお
昭和7(1932)年7月19日～
昭和期の陶芸家。
¶陶芸最, 名工

**田村竹琴** たむらちくきん
? ～明治36(1903)年
江戸時代末期～明治期の音楽家、楽器製作者。竹琴を発明した。
¶静岡歴, 姓氏静岡

**田村鉄之助** たむらてつのすけ
*～昭和1(1926)年
明治～大正期の木版師。古書複製に尽力。「真美大観」の印刷などを手がけた。
¶人名(生1852年), 日人(生1853年)

**田村仁左衛門** たむらにざえもん
寛政2(1790)年～明治10(1877)年
江戸時代末期～明治期の篤農家。実験的観察をもとに独自の農法を工夫。農業技術、経営、農家教訓に関する著書を執筆。
¶朝日(生寛政2年10月10日(1790年11月16日) 没明治10(1877)年4月11日), 郷土栃木, 栃木百, 栃木歴, 日人

**田村八兵衛** たむらはちべえ
生没年不詳
江戸時代中期の宮大工。
¶群馬人

**田村文平** たむらぶんぺい
? ～文政3(1820)年
江戸時代後期の紙漉業者。多摩郡中野島村民。
¶神奈川人, 姓氏神奈川

**田村平治** たむらへいじ
明治38(1905)年3月3日～平成8(1996)年2月18日

昭和～平成期の料理人、料亭経営者。懐石料理・つきぢ田村を開業。著書に「五味調和」「味一生」。
¶現朝，現日，食文，世紀，日人

**田村政孝** たむらまさたか
昭和期の竿師。
¶名工

**田村松太郎** たむらまつたろう
明治34（1901）年～昭和13（1938）年10月10日
大正～昭和期の水産技術者。
¶世紀，日人，広島百

**田村民陶** たむらみんとう
昭和7（1932）年7月19日～
昭和～平成期の陶芸家。
¶陶工

**田村与吉** たむらよきち
明治13（1880）年11月15日～？
明治～大正期の技師。専門は港湾・橋梁。秋田県出身。
¶近土，土木

**田村了一** たむらりょういち
昭和21（1946）年7月27日～
昭和～平成期の陶芸家。
¶陶工

**田村和幸** たむらわこう
昭和35（1960）年2月6日～
昭和～平成期の陶芸家。
¶陶工

**為清** ためきよ
鎌倉時代前期の福岡一文字派の刀工。
¶岡山歴

**為隆** ためたか
生没年不詳
江戸時代中期の根付師。
¶日人

**田米孝雄** ためたかお
昭和6（1931）年1月2日～
昭和期の陶芸家。
¶陶芸最

**為次** ためつぐ
生没年不詳
平安時代後期～鎌倉時代前期の刀工。
¶朝日，岡山歴，国史，古中，史人，日人，美工

**為綱** ためつな
生没年不詳
鎌倉時代の玉工。
¶日人

**多米倉満** ためのくらみつ
生没年不詳
平安時代後期の豊後国内の開発領主。
¶大分百

**為義** ためよし
鎌倉時代の刀工。
¶岡山人

**為吉** ためよし
江戸時代末期～明治期の刀工。
¶島根百

**田母神寿次郎** たもがみひさじろう
明治期の陶工。
¶日人

**田山精一** たやませいいち
大正12（1923）年1月4日～
昭和～平成期の陶芸家。
¶陶芸最，陶工，名工

**田山藤左衛門** たやまとうざえもん
？ ～
江戸時代の弘前藩士。溜漑用水堰を完成させた。
¶青森人

**田山信郎** たやまのぶお
→田山方南（たやまほうなん）

**田山方南** たやまほうなん
明治36（1903）年～昭和55（1980）年 [別]田山信郎《たやまのぶお》
大正～昭和期の陶芸家。
¶現朝（[生]1903年10月6日 [没]1980年12月31日），考古（田山信郎 たやまのぶお [生]明治36（1903）年10月6日 [没]昭和55（1980）年12月31日），史研，世紀（[生]明治36（1903）年10月6日 [没]昭和55（1980）年12月31日），陶芸最，陶工，日人（[生]明治36（1903）年10月6日 [没]昭和55（1980）年12月31日），名工

**田山光孝** たやまみつたか
昭和22（1947）年4月16日～
昭和期の陶芸家。
¶陶芸最

**太良未太** だらみだ，たらみた
生没年不詳
飛鳥時代の百済の工匠。
¶朝日（たらみた），日人

**垂井康夫** たるいやすお
昭和4（1929）年6月4日～
昭和期の工学者。東京農工大学教授、超LSI共同研究所長。
¶現執2期

**太郎左衛門尉** たろうざえもんのじょう
生没年不詳
戦国時代の番匠。
¶戦辞

**太郎左衛門尉広重** たろうざえもんのじょうひろしげ
生没年不詳
戦国時代の鍛冶職人。
¶戦辞

**太郎作** たろさく
生没年不詳
江戸時代中期の木工。

た

¶和歌山人

**太郎介** たろすけ
→向太郎助（むかいたろすけ）

**太郎助** たろすけ
江戸時代の肥後八代焼の陶工。
¶人名

**俵国一** たわらくにいち
明治5（1872）年～昭和33（1958）年
明治～昭和期の金属工学者。東京大学教授、日本鉄鋼協会会長。鉄冶金学の草分けで、専門は鉄冶金学。著書に「鉄と鋼の製造法及び性質」など。
¶科学（[生]1872年（明治5）2月28日　[没]1958年（昭和33）7月30日），科技（[生]1872年2月28日　[没]1958年8月1日），近現，現朝（[生]明治5年2月28日（1872年4月5日）　[没]1958年7月30日），現情（[生]1872年2月28日　[没]1958年7月30日），国史，コン改，コン4，コン5，史人（[生]1872年2月28日　[没]1958年7月30日），島根人，島根百（[生]明治5（1872）年2月28日　[没]昭和33（1958）年7月30日），島根歴，新潮（[生]明治5（1872）年2月28日　[没]昭和33（1958）年7月30日），人名7，世紀（[生]明治5（1872）年2月28日　[没]昭和33（1958）年7月30日），世百，世百新，全書，大百，渡航（[生]1872年2月28日　[没]1958年7月30日），日史（[生]明治5（1872）年2月28日　[没]昭和33（1958）年7月30日），日人（[生]明治5（1872）年2月28日　[没]昭和33（1958）年7月30日），日本，百科，履歴（[生]明治5（1872）年2月28日　[没]昭和33（1958）年7月30日），履歴2（[生]明治5（1872）年2月28日　[没]昭和33（1958）年7月30日）



**俵田光蔵** たわらだこうぞう
明治41（1908）年3月8日～
昭和～平成期の若狭塗ばし職人。
¶名工

**田原陶兵衛〔12代〕** たわらとうべい
→田原陶兵衛〔12代〕（たはらとうべえ）

**田原陶兵衛〔10代〕** たわらとうべえ
明治13（1880）年～昭和14（1939）年
明治～昭和期の陶芸家。
¶陶工

**田原陶兵衛〔12代〕** たわらとうべえ
→田原陶兵衛〔12代〕（たはらとうべえ）

**田原友助** たわらともすけ
生没年不詳
江戸時代前期の薩摩の陶工。
¶コン改，コン4，人名，日人，美工

**田原直助** たわらなおすけ
→田原直助（たはらなおすけ）

**俵谷高七** たわらやたかしち
生没年不詳
明治期の男性。日本で初めての自動販売機を発明。
¶先駆

**弾阿** だんあ
寛永13（1636）年～元禄7（1694）年
江戸時代中期の仏師。
¶姓氏神奈川

**団包保** だんかねやす
延宝4（1676）年～？　[別]包保《かねやす》
江戸時代中期の刀工。
¶大阪人（生没年不詳），人名，人名（包保　かねやす），長野歴

**談議所栄二** だんぎしょえいじ
明治32（1899）年～昭和49（1974）年
大正～昭和期の友禅作家。
¶石川百

**湛慶** たんけい
承安3（1173）年～康元1（1256）年
鎌倉時代前期の仏師。運慶の長男。東寺の造像・修理に参加。
¶朝日（[没]康元1年5月19日（1256年6月13日）），岩史，角史，鎌室，京都大，国史，古中，コン改，コン4，史人，重要（[没]康元1（1256）年5月19日），新潮（[没]康元1（1256）年5月19日），人名，世人，世百，全書，大百，日史，日人，美術，百科，仏教（[没]建長8（1256）年5月19日），仏史，仏人，平史，歴大

**丹下乾三** たんげけんぞう
明治21（1888）年6月5日～昭和27（1952）年11月8日
明治～昭和期の畜産技術者。広島県立油木種畜場長、油木町長。
¶世紀，日人，広島百

**丹下健三**(1) たんげけんぞう
大正2（1913）年～平成17（2005）年
昭和～平成期の建築家、都市計画家。丹下健三都市建築設計研究所社長、東京大学教授。東京五輪の「国立屋内総合競技場」で国際的に認められ、国内外で受賞多数。著書に「技術と人間」など。
¶郷土愛媛，現朝（[生]1913年9月4日），現情（[生]1913年9月4日），現人，現日（[生]1913年9月4日），コン改，コン4，コン5，新潮（[生]大正2（1913）年9月4日），世紀（[生]大正2（1913）年9月4日），世百新，全書，大百，伝記，日人（[生]大正2（1913）年9月4日），日本，美建（[生]大正2（1913）年9月4日　[没]平成17（2005）年3月22日），美術，百科，マス89，履歴（[生]大正2（1913）年9月4日），履歴2（[生]大正2（1913）年9月4日　[没]平成17（2005）年3月22日）

**丹下健三**(2) たんげけんぞう
昭和7（1932）年2月8日～
昭和～平成期の染織作家。
¶名工

**湛幸** たんこう
生没年不詳
鎌倉時代後期の仏師。
¶仏教

**丹沢政彦** たんざわまさひこ
大正2(1913)年11月30日〜
昭和〜平成期の甲州水晶貴石細工職人。
¶名工

**丹山青海** たんざんせいかい
文化10(1813)年〜*
江戸時代末期〜明治期の京都の陶工。
¶京都大([没]明治20(1887)年), 京都府([没]明治20(1887)年), 人名([没]1886年), 姓氏京都(生没年不詳), 日人([没]1886年)

**丹山陸郎** たんざんりくろう
→丹山陸郎(たんざんろくろう)

**丹山陸郎** たんざんろくろう
*〜明治30(1897)年 [別]丹山陸郎《たんざんりくろう》
江戸時代末期〜明治期の陶工。水金などの西洋の製陶技術を日本に導入。
¶朝日([生]嘉永5年12月11日(1853年1月20日) [没]明治30(1897)年1月17日), 海越(たんざんりくろう [生]安政1(1854)年頃 [没]明治30(1897)年1月), 海越新(たんざんりくろう [生]安政1(1854)年頃 [没]明治30(1897)年1月), 京都大([生]嘉永5(1852)年), 国際(たんざんりくろう [生]安政1(1854)年), 新潮([生]嘉永5(1852)年 [没]明治30(1897)年1月17日), 姓氏京都([生]1852年), 渡航([生]1852年), 日人([生]1853年), 和歌山人([生]1852年)

**但次** たんじ
平安時代後期の刀工。
¶岡山人

**丹治梅吉** たんじうめきち
天保3(1832)年〜明治13(1880)年5月
江戸時代末期〜明治期の養蚕家。蚕種改良に努め、赤塾種の国産日一号は有名。
¶幕末

**丹治久友** たんじのひさとも
→丹治久友(たんじひさとも)

**丹治久友** たんじひさとも
生没年不詳 [別]丹治久友《たんじのひさとも》
鎌倉時代の鋳工。
¶神奈川人, 埼玉人(たんじのひさとも), 仏教

**但唱** たんしょう
*〜寛永18(1641)年
江戸時代前期の天台宗の僧。
¶長野歴([生]天正7(1579)年), 日人([生]?), 仏教(生没年不詳)

**谷田忠兵衛** たんだちゅうべえ
生没年不詳 [別]谷田忠兵衛《たにだちゅうべえ》
江戸時代中期の江戸の漆芸家。
¶朝日, 近世, 国史, コン改, コン4, 史人, 新潮, 人名(たにだちゅうべえ), 世人, 徳島百(たにだちゅうべえ [没]享保18(1733)年3月9日), 徳島歴(たにだちゅうべえ [没]享保18(1733)年3月9日), 日人, 美工, 美術(たにだちゅうべえ), 百科(たにだちゅうべえ)

**団野嘉太郎** だんのかたろう
? 〜
江戸時代中期の石工。
¶島根人

**丹野源六** たんのげんろく
天保6(1835)年〜大正8(1919)年
江戸時代末期〜大正期の大工職人。
¶姓氏岩手

**丹波佐吉** たんばさきち
文化13(1816)年〜慶応2(1866)年頃
江戸時代末期の石工。
¶人書94

**丹波屋安兵衛** たんばややすべえ
生没年不詳
江戸時代中期の京都の陶工。
¶姓氏山口

**断末魔** だんまつま
生没年不詳
安土桃山時代の能面師。
¶日人

## 【ち】

**陳建民** ちぇんじぇんみん
大正8(1919)年6月27日〜平成2(1990)年5月12日
[別]陳建民《ちんけんみん》
昭和期の料理人。
¶世紀(ちんけんみん), 日人

**智恩坊** ちおんぼう
生没年不詳
戦国時代の能面師。
¶日人

**近景** ちかかげ
生没年不詳
鎌倉時代後期〜南北朝時代の刀工。
¶岡山歴, 史人, 日人

**近包** ちかかね
鎌倉時代前期の古備前の刀工。
¶岡山歴

**親助** ちかすけ
生没年不詳
平安時代中期の画工。
¶平史

**近田精治** ちかだせいじ
昭和10(1935)年3月1日〜平成16(2004)年2月1日
昭和〜平成期の陶芸家。
¶陶芸最, 陶工, 美工, 名工

**近忠** ちかただ
鎌倉時代の刀工。
¶岡山人

ち

**近田玲子** ちかだれいこ
昭和21(1946)年11月2日〜
昭和〜平成期の照明デザイナー。近田玲子デザイン事務所主宰。専門は、建築照明、環境照明。
¶現執4期

**チカップ美恵子** ちかっぷみえこ
昭和23(1948)年9月2日〜平成22(2010)年2月5日
昭和〜平成期のアイヌ解放運動家、アイヌ文様刺繍家、エッセイスト。
¶現執4期，美工

**親信** ちかのぶ
江戸時代の能面工。
¶人名



**近房** ちかふさ
鎌倉時代前期の福岡一文字派の刀工。
¶岡山歴

**千蒲善五郎** ちがまぜんごろう
文化14(1817)年〜明治22(1889)年
江戸時代末期〜明治期の油田開発者。秋田藩用達。製油所を建て石油採掘を始め、八橋油田を創始。精製事業を進めるが不成功。
¶秋田百，日人，幕末([没]1889年12月8日)

**親依** ちかより
鎌倉時代後期の新田庄の刀工。
¶岡山歴

**力石俊二** ちからいししゅんじ
昭和22(1947)年11月16日〜
昭和〜平成期の陶芸家。
¶陶芸最，陶工

**竹戸** ちくこ
〜？
江戸時代前期の刀鍛冶・俳人。
¶俳句

**千種** ちくさ，ちぐさ
生没年不詳
室町時代の能面師。仮面六作の一人。
¶朝日，古中(ちぐさ)，史人(ちぐさ)，新潮(ちぐさ)，人名，日人

**千種基** ちぐさもとい
→千種基(ちたねもとい)

**千艸安兵衛** ちぐさやすべえ
明治2(1869)年〜昭和5(1930)年4月
明治〜昭和期の印刷技術者。捺染(色糊で布地に模様を印刷する染色方法)の考案者。
¶大阪人

**竹間弘** ちくまひろし
大正13(1924)年5月22日〜
昭和期の土木工学者。中央大学教授。
¶現情

**千坂寿** ちさかひさし
昭和期の和裁士。
¶名工

**千々岩健児** ちじいわけんじ，ちぢいわけんじ
大正10(1921)年8月18日〜平成23(2011)年8月18日
昭和〜平成期の機械工学者、東京大学名誉教授。専門は鋳造工学、機械加工学。
¶科学，現執2期，現情(ちぢいわけんじ)

**智順** ちじゅん
生没年不詳
平安時代後期の絵仏師。
¶朝日，新潮，日史，日人，美術，百科，仏教，平史，名画

**千田利男** ちだとしお
昭和5(1930)年〜平成1(1989)年
昭和期の彫塑家。
¶姓氏岩手，美建

**千種基** ちたねもとい
嘉永6(1853)年12月15日〜大正12(1923)年12月9日　[別]千種基《ちぐさもとい》
江戸時代後期〜大正期の技師。
¶近土，土木(ちぐさもとい)

**千々岩健児** ちぢいわけんじ
→千々岩健児(ちじいわけんじ)

**千々波敬右衛門** ちぢわけいえもん
明治期の治水家。私財を投じて用水路を建設。
¶人名，日人(生没年不詳)

**遅塚久則** ちづかひさのり
享保10(1725)年〜寛政7(1795)年
江戸時代中期の刀装金工家。大森英秀の門弟。
¶朝日，コン改，コン4，新潮([没]寛政7(1795)年10月20日)，日人

**知念績秀** ちねんせきしゅう
明治10(1877)年〜昭和20(1945)年
明治〜昭和期の染織家。紅型三宗家の一つ知念家の継承者。
¶沖縄百([生]明治10(1877)年5月20日　[没]昭和20(1945)年5月15日)，姓氏沖縄

**千野田仁己** ちのだひとみ
昭和26(1951)年1月13日〜
昭和〜平成期の陶芸家。
¶陶芸最，陶工

**千葉明美** ちばあけみ
昭和31(1956)年8月29日〜
昭和〜平成期の陶芸家。
¶陶芸最，陶工，名工

**千葉あやの** ちばあやの
明治22(1889)年11月14日〜昭和55(1980)年3月29日
明治〜昭和期の染織家。人間国宝。正藍染技法の伝承者。作品に「正藍染麻地着尺」など。
¶現朝，現情，国宝，女性([生]明治24(1891)年頃)，女性普([生]明治24(1891)年頃)，世紀，姓氏宮城，日人，美工，宮城百([生]明治23(1890)年)，名工

千葉磯八 ちばいそはち
享和1(1801)年〜嘉永1(1848)年
江戸時代後期の人。地方開発に尽くす。
¶会津

千葉勝五郎 ちばかつごろう
明治期の商人。明治5年5月4日にラムネの製造販売を開始。5月4日は「ラムネの日」となった。
¶食文

千葉昌平 ちばしょうへい
天保3(1832)年〜文久1(1861)年　㊎千葉昌平
《ちばまさひら》
江戸時代末期の甲冑師。
¶維新，人名(ちばまさひら)，日人，幕末(㊌1861年12月26日)

千葉伝蔵〔4代〕ちばでんぞう
明治23(1890)年〜＊
大正〜昭和期の政治家。青森市長、水産功労者。
¶青森人(㊌昭和37(1962)年)，青森百(㊌昭和47(1972)年)

千葉寿雄 ちばとしお
大正6(1917)年4月20日〜
昭和〜平成期の陶芸家。
¶陶工

千葉英雄 ちばひでお
大正14(1925)年4月6日〜
昭和〜平成期の食品工学者。京都大学教授。
¶現情

千葉昌平 ちばまさひら
→千葉昌平(ちばしょうへい)

千葉政頼 ちばまさより
室町時代の鋳工。
¶人名，日人(生没年不詳)

千葉益子 ちばますこ
明治31(1898)年3月19日〜昭和46(1971)年6月16日
昭和期の美容家。マリー・ルイーズ取締役社長、全日本美容連盟理事長。皇后の美容師を務めた。美容界の発展および美容師の地位向上に尽力。
¶現情，女性，女性普，人名7，世紀，日人

千葉よしの ちばよしの
明治42(1909)年11月〜平成21(2009)年7月24日
大正〜平成期の染織家。
¶美工

千原勝則 ちはらかつのり
？　〜慶長5(1600)年
安土桃山時代の武士、土木家。
¶岡山人，岡山歴(㊌慶長5(1600)年9月)，戦人，戦西

千原修吉 ちはらしゅうきち
天保4(1833)年？　〜明治15(1882)年11月21日
江戸時代後期〜明治期の養蚕功労者・戸長。
¶岡山歴

智範 ちはん
生没年不詳
平安時代後期の小仏師。
¶平史

千尋悠子 ちひろゆうこ
昭和14(1939)年2月17日〜
昭和〜平成期の陶芸家。
¶陶芸最，陶工

千村鷺湖 ちむらごこ，ちむらかこ
＊〜寛政2(1790)年　㊎千村白寿《ちむらはくじゅ》
江戸時代中期の尾張藩士、儒学者、陶工。
¶国書(㊤享保12(1727)年　㊦寛政2(1790)年6月30日)，茶道(千村白寿　ちむらはくじゅ　㊤？)，人名(千村白寿　ちむらはくじゅ　㊤？)，人名(㊤？)，日人(㊤1727年)，藩臣4(ちむらかこ　㊦享保12(1727)年)

千村白寿 ちむらはくじゅ
→千村鷺湖(ちむらがこ)

千村白就 ちむらはくじゅ
享保14(1729)年〜寛政2(1790)年
江戸時代中期〜後期の陶芸家。
¶姓氏愛知

ちやうけい
生没年不詳
南北朝時代の仏師。
¶鎌倉

茶臼屋 ちゃうすや
安土桃山時代の陶工、茶入作者。千利休と同時代の人。京都で茶入れを作った。通称は小兵衛。屋号は茶磨屋とも。
¶人名，日人(生没年不詳)

茶谷弘茂 ちゃたにひろしげ
昭和期の鉄工師。
¶名工

茶谷正洋 ちゃたにまさひろ
昭和9(1934)年2月18日〜平成20(2008)年11月19日
昭和〜平成期の建築家、折り紙建築研究家。東京工業大学教授。
¶現執2期，現執3期，現執4期，美建

茶深屋 ちゃふかや
生没年不詳
安土桃山時代の陶工。
¶日人

忠円 ちゅうえん
生没年不詳
平安時代後期の仏師。
¶平史

忠円〔1代〕ちゅうえん
生没年不詳
江戸時代前期〜中期の仏師。
¶黄檗

**忠円〔2代〕 ちゅうえん**
生没年不詳
江戸時代中期の仏師。
¶黄檗

**忠左衛門 ちゅうざえもん**
生没年不詳
江戸時代後期の紙漉業。
¶姓氏神奈川

**忠算 ちゅうさん**
生没年不詳
平安時代後期の絵仏師。
¶平史

**中条市太郎 ちゅうじょういちたろう**
江戸時代後期の土器師。
¶人名，日人（生没年不詳）

**中条右近大夫 ちゅうじょううこんだゆう**
？ ～延宝6（1678）年
江戸時代前期の農村指導者。徳川家康に用水路開
削を直訴。
¶静岡歴，姓氏静岡

**中条景昭 ちゅうじょうかげあき**
文政10（1827）年～明治29（1896）年
江戸時代後期～明治期の幕臣、牧之原開拓者。
¶静岡歴，姓氏静岡

**中条金兵衛 ちゅうじょうきんべえ**
明治41（1908）年11月22日～昭和50（1975）年9月
25日
昭和期の窯業工学者。
¶現情

**中条精一郎 ちゅうじょうせいいちろう**
慶応4（1868）年～昭和11（1936）年
明治～昭和期の建築家。国民美術協会頭。東京海
上ビル、日本郵船ビルなど折衷様式建築を多く手
がける。
¶現朝（㋭慶応4年4月18日（1868年5月10日）
㋱1936年1月30日），コン改，コン5，札幌
（㋭慶応4年4月18日），新潮（㋭慶応4（1868）年
4月18日 ㋱昭和11（1936）年1月30日），人名，
世紀（㋭慶応4（1868）年4月18日 ㋱昭和11
（1936）年1月30日），渡航（㋱1868年4月18日
㋱1936年1月30日），日人（㋭慶応4（1868）年4
月18日 ㋱昭和11（1936）年1月30日），北海道
百，北海道歴，山形百，洋画（㋭明治1（1868）
年4月18日 ㋱昭和11（1936）年1月30日），履
歴（㋭明治1（1868）年4月18日 ㋱昭和11
（1936）年1月30日）

**中条正康 ちゅうじょうまさやす**
昭和24（1949）年1月5日～
昭和期の陶芸家。
¶陶芸最

**中条峰雄 ちゅうじょうみねお**
昭和15（1940）年2月15日～平成20（2008）年10月
29日
昭和～平成期の漆芸家。

¶美工

**中善寺登喜次 ちゅうぜんじときじ**
明治44（1911）年11月7日～平成5（1993）年8月3日
大正～平成期の建築家。橘設計中善寺研究室代表
取締役。
¶美建

**中堂憲一 ちゅうどうけんいち**
大正10（1921）年2月14日～平成3（1991）年12月
19日
昭和～平成期の染色家。専門は美学、形染絵。
¶美工，名工

**中内右馬允 ちゅうないうまのじょう**
→中内右馬允（なかうちうまのすけ）

**長卯平 ちょううへい**
宝暦9（1759）年～天保8（1837）年
江戸時代後期の治水家。
¶人名，日人

**長雲 ちょううん**
宝暦1（1751）年～安永3（1774）年
江戸時代中期の能面工。
¶人名

**朝栄 ちょうえい**
生没年不詳
室町時代の仏師。
¶鎌倉

**長円(1) ちょうえん**
生没年不詳
平安時代後期の仏師。
¶日人

**長円(2) ちょうえん**
？ ～久安6（1150）年
平安時代後期の円派系の仏師。円勢の長男。
¶朝日，角史，京都大，国史，古史，古中，コン
改，コン4，史人，新潮，人名，姓氏京都，世
人，日人，仏教，仏史，平史

**長円(3) ちょうえん**
？ ～長久（1040～1044）年
平安時代後期の仏師。
¶仏教（㋱長久年間（1040～1044年））

**長蔦 ちょうえん**
平安時代前期の新羅人。瓦造りの技術指導を
行った。
¶古代，日人（生没年不詳）

**長賀 ちょうが**
→宅磨長賀（たくまちょうが）

**長快 ちょうかい**
生没年不詳
鎌倉時代の仏師。
¶朝日，日人，仏教

**長鑑 ちょうかん**
生没年不詳

戦国時代の鎌倉の仏師。
¶戦辞

**長義** **ちょうぎ**
生没年不詳　[別]長義《ながよし》
南北朝時代の備前長船の刀工。
¶朝日，岡山人（ながよし），岡山歴（ながよし），国史，古中，史人，日人，美工，仏教

**長勤** **ちょうきん**
→長勤$_{(1)}$（ちょうごん）

**朝慶** **ちょうけい**
生没年不詳
戦国時代の仏師。
¶戦辞

**長元** **ちょうげん**
安土桃山時代の陶工。備前焼の作者。
¶岡山人，人名，日人（生没年不詳）

**長玄** **ちょうげん**
安土桃山時代の備前焼陶工。
¶岡山歴

**張献功** **ちょうけんこう**
？ ～寛永15（1638）年
安土桃山時代～江戸時代前期の陶工。
¶姓氏沖縄

**長耕作** **ちょうこうさく**
明治20（1887）年1月11日～昭和4（1929）年8月12日
明治～昭和期の漁港建設功労者。
¶兵庫人

**長郷泰輔** **ちょうごうたいすけ**
嘉永2（1849）年～明治44（1911）年
明治期の建築家。駿河台のニコライ堂などを建築。
¶人名，日人

**長勤$_{(1)}$** **ちょうごん**
生没年不詳　[別]長勤《ちょうきん》
室町時代の仏師。
¶神奈川人，埼玉人（ちょうきん）

**長勤$_{(2)}$** **ちょうごん**
？ ～元亀2（1571）年？
戦国時代～安土桃山時代の仏師。
¶戦辞

**長左衛門** **ちょうざえもん**
→大樋長左衛門〔1代〕（おおひちょうざえもん）

**長三郎** **ちょうざぶろう**
明治2（1869）年3月3日～昭和24（1949）年8月8日
昭和期の刀工。
¶島根百

**帖佐美行** **ちょうさよしゆき**
大正4（1915）年3月25日～平成14（2002）年9月10日
昭和～平成期の彫金家。日本新工芸家連盟会長。東大寺の昭和大修理落慶法要の大花瓶「白鳳凰」大香炉「青龍」を制作。文化勲章受章。
¶鹿児島百，現朝，現情，現日，新潮，世紀，日人，日本，美工，名工

**長三吉** **ちょうさんきち**
昭和3（1928）年6月16日～
昭和～平成期の陶芸家。
¶陶芸最，陶工

**調実** **ちょうじつ**
→一瀬調実（いちのせちょうじつ）

**長寿** **ちょうじゅ**
→加藤長寿（かとうちょうじゅ）

**長十** **ちょうじゅう**
戦国時代の尾張瀬戸の陶工。
¶人名，日人（生没年不詳）

**長俊** **ちょうしゅん**
？ ～長承3（1134）年
平安時代後期の仏師。
¶新潮（[没]長承3（1134）年1月23日），日人，平史

**長順** **ちょうじゅん**
生没年不詳
平安時代後期の仏師。
¶平史

**長助** **ちょうじょ**
生没年不詳
平安時代後期の仏師。
¶平史

**長次郎** **ちょうじろう**
？ ～＊　[別]楽長次郎《らくちょうじろう》，田中長次郎《たなかちょうじろう》，長祐《ちょうゆう》，田中長祐《たなかちょうすけ》
戦国時代～安土桃山時代の楽焼の陶工。楽焼の初代。
¶朝日（生没年不詳），岩史（生没年不詳），角史（生没年不詳），京都（楽長次郎　らくちょうじろう　[没]天正17（1589）年），京都大（楽長次郎　らくちょうじろう　[没]天正17（1589）年），国史（生没年不詳），古中（生没年不詳），コン改（楽長次郎　らくちょうじろう　[生]永正13（1516）年　[没]天正17（1589）年），コン4（楽長次郎　らくちょうじろう　[生]永正13（1516）年　[没]天正17（1589）年），茶道（田中長次郎　たなかちょうじろう　[没]1592年），史人（[没]1589年？），新潮（楽長次郎　らくちょうじろう　[没]天正17（1589）年），人名（田中長次郎　たなかちょうじろう　[生]1516年　[没]1592年），姓氏京都（楽長次郎　らくちょうじろう　生没年不詳），世人（[生]永正13（1516）年　[没]文禄1（1592）年），世人（田中長次郎　たなかちょうじろう　[生]永正13（1516）年　[没]文禄1（1592）年9月7日），世百（[生]1516年　[没]1592年），全書（生没年不詳），戦人（楽長次郎　らくちょうじろう　[没]寛永2（1625）年），戦補（楽長次郎　らくちょうじろう　[没]1625年），大百（[生]1516年　[没]1592年），日史，日人（生没年不詳），美術（生没年不詳），百科，歴大（[没]1589年）

## 長勢 ちょうせい
寛弘7(1010)年～寛治5(1091)年
平安時代中期～後期の仏師。定朝の弟子、円勢の父または師。
¶朝日(⊗寛治5年11月9日(1091年12月21日))、角史、京都大、国史、古史、古中、コン改、コン4、史人(⊗1091年11月9日)、重要(⊗寛治5(1091)年11月9日)、新潮(⊗寛治5(1091)年11月9日)、人名、姓氏京都、世人(⊗寛治5(1091)年11月9日)、全書、大百、日史(⊗寛治5(1091)年11月9日)、日人、美術、百科、仏教(⊗寛治5(1091)年11月9日)、仏史、平史

## 長盛 ちょうせい
生没年不詳
室町時代の仏師。
¶神奈川人、鎌倉

## 長尊(1) ちょうそん
生没年不詳
平安時代後期の仏師。
¶平史

## 長尊(2) ちょうそん
生没年不詳
平安時代後期の仏師。
¶平史

## 長大作 ちょうたいさく
大正10(1921)年9月16日～
昭和～平成期の建築家、インテリアデザイナー。長大作建築設計室代表。日本的建築工法で家具、建築の設計を推進。日本室内設計家協会の創立に尽くす。
¶現朝、現情、現人、世紀、日人

## 長智男 ちょうとしお
大正13(1924)年12月3日～
昭和～平成期の灌漑利水工学者。九州大学教授。
¶現情

## 長入 ちょうにゅう
→楽長入(らくちょうにゅう)

## 長兵衛(1) ちょうべえ
生没年不詳
江戸時代前期の陶工。
¶日人

## 長兵衛(2) ちょうべえ
生没年不詳
江戸時代中期の装剣金工。
¶日人

## 重命 ちょうみょう
生没年不詳
鎌倉時代の絵仏師。尊智の弟子。
¶朝日、日人

## 朝祐 ちょうゆう
?　～応永33(1426)年
南北朝時代～室町時代の仏師。
¶神奈川人、鎌倉、仏教(生没年不詳)

## 長楽 ちょうらく
江戸時代後期の楽焼の陶工。
¶茶道

## 千代鶴国安 ちよづるくにやす
正和3(1314)年?　～応永3(1396)年?
南北朝時代の刀匠。
¶郷土福井

## 千代久助 ちよひさすけ
生没年不詳
江戸時代前期の装剣金工。
¶日人

## 千世若 ちよわか
生没年不詳
戦国時代の能面師。
¶日人

## 珍慶〔2代〕ちんけい
?　～慶応1(1865)年
江戸時代末期の工芸家。
¶幕末

## 陳建一 ちんけんいち
昭和31(1956)年～
昭和～平成期の料理人。四川飯店社長。
¶テレ

## 陳元贇 ちんげんぴん、ちんげんびん
天正15(1587)年‐寛文11(1671)年　⑲芝山《しざん》
江戸時代前期の陶工、柔術家。尾張藩士。明から名古屋藩に招かれ帰化。安南風の元贇焼を創始。また中国拳法を日本に伝えた。
¶愛知百、朝日(ちんげんぴん　⊗寛文11年6月9日(1671年7月15日))、江戸、江文、近世、国史、国書(⊗寛文11(1671)年6月9日)、コン改(⑮文禄4(1595)年)、コン4(⑮文禄4(1595)年)、詩歌(⑮1587年?)、史人(⑮1587年?　⊗1671年6月9日)、新潮(⊗寛文2(1671)年6月9日)、人名、姓氏愛知、世人(⑮1595年)、体育(⑮1586年)、日史(⊗寛文11(1671)年6月9日)、日人、藩臣4、歴大

## 陳建民 ちんけんみん
→陳建民(ちぇんじぇんみん)

## 沈寿官 ちんじゅかん
天保6(1835)年～明治39(1906)年
江戸時代末期～明治期の陶芸家。苗代川焼12代目。オーストリア万博に錦手大花瓶を出品。
¶鹿児島百(⑮文政7(1824)年)、茶道、史人、新潮(⑮天保7(1836)年　⊗明治39(1906)年7月10日)、人名、姓氏鹿児島(⑮1824年)、陶工、日人、幕末(⑮1824年)、藩臣7、名工(⊗明治39年7月10日)

## 沈寿官〔13代〕ちんじゅかん
明治22(1889)年～昭和39(1964)年
明治～昭和期の陶芸家。
¶陶工

名工・職人・技師・工匠篇　505　ついしゅ

## 沈寿官〔14代〕ちんじゅかん
大正15（1926）年12月3日～
昭和～平成期の陶芸家。薩摩焼宗家14代。陶芸を通じて日韓文化交流につとめる。
¶現朝（――〔代数なし〕），現情，世紀，陶芸最（――〔代数なし〕），陶工（――〔代数なし〕），日人，名工

## 陳昌鉉 ちんしょうげん
昭和4（1929）年3月10日～
昭和～平成期のバイオリン製作者。
¶音人，名工

## 陳和卿 ちんなけい
生没年不詳　別陳和卿《ちんわけい》
鎌倉時代前期の来日した南宋の工人。
¶朝日，岩史，角史（ちんわけい），神奈川人（ちんな（わ）けい），神奈川百（ちんわけい），鎌倉（ちんわ（な）けい），鎌室（ちんわけい），国史，古中，コン改（ちんわけい），コン4（ちんわけい），史人，新潮（ちんわけい），人名，姓氏神奈川（ちんわけい），姓氏山口，世人（ちんわけい），日人，兵庫百，仏教，仏人，平史，歴大

## 陳岷 ちんびん
昭和14（1939）年2月14日～
昭和～平成期の陶芸家。
¶陶工

## 陳孟栄 ちんもうえい
生没年不詳
南北朝時代の印刷彫工。
¶日人

## 陳和卿 ちんわけい
→陳和卿（ちんなけい）

# 【つ】

## 筑城良太郎 ついきりょうたろう
明治7（1874）年～昭和7（1932）年
明治～昭和期の漆工芸家。
¶姓氏石川，名工

## 堆朱伝次郎 ついしゅでんじろう
嘉永1（1848）年～昭和4（1929）年2月
明治～大正期の塗師。父とともに日光東照宮の造営に従事。
¶人名，世紀，日人，名工

## 堆朱平十郎 ついしゅへいじゅうろう
生没年不詳
江戸時代前期の彫漆工。
¶日人

## 堆朱屋次郎左衛門 ついしゅやじろざえもん
江戸時代中期の堆朱彫師。
¶人名，日人（生没年不詳）

## 堆朱養清 ついしゅようせい
生没年不詳

江戸時代中期の彫漆工。
¶日人，美工

## 堆朱楊成 ついしゅようせい
世襲名　南北朝時代以来の漆芸家、堆朱工。室町時代～現代まで続いた堆朱技法を伝えた家系。
¶角史，近世，古中，史人，新潮，世人

## 堆朱楊成〔1代〕ついしゅようぜい，ついしゅようぜい
生没年不詳
室町時代の漆工。
¶鎌室（――〔代数なし〕　ついしゅようぜい），人名，日人，美工

## 堆朱楊成〔2代〕ついしゅようぜい
生没年不詳
室町時代の彫漆工。
¶日人

## 堆朱楊成〔3代〕ついしゅようぜい
生没年不詳
室町時代の彫漆工。
¶日人

## 堆朱楊成〔4代〕ついしゅようぜい
生没年不詳
室町時代の彫漆工。
¶日人

## 堆朱楊成〔5代〕ついしゅようぜい
生没年不詳
戦国時代の彫漆工。
¶日人

## 堆朱楊成〔6代〕ついしゅようぜい
生没年不詳
戦国時代の彫漆工。
¶日人

## 堆朱楊成〔7代〕ついしゅようぜい
生没年不詳
安土桃山時代～江戸時代前期の彫漆工。
¶日人

## 堆朱楊成〔8代〕ついしゅようぜい
？～承応3（1654）年
江戸時代前期の堆朱彫師。
¶人名，日人

## 堆朱楊成〔9代〕ついしゅようぜい
？～延宝8（1680）年
江戸時代前期の彫漆工。
¶日人

## 堆朱楊成〔10代〕ついしゅようぜい
？～享保4（1719）年
江戸時代前期～中期の彫漆工。
¶日人

## 堆朱楊成〔11代〕ついしゅようぜい
？～享保20（1735）年
江戸時代中期の彫漆工。
¶日人

つ

**堆朱楊成〔12代〕** ついしゅようぜい
? ～明和2（1765）年
江戸時代中期の彫漆工。
¶日人

**堆朱楊成〔13代〕** ついしゅようぜい
? ～安永8（1779）年
江戸時代中期の彫漆工。
¶日人

**堆朱楊成〔14代〕** ついしゅようぜい
? ～寛政3（1791）年
江戸時代中期～後期の彫漆工。
¶日人

**堆朱楊成〔15代〕** ついしゅようぜい
? ～文化9（1812）年
江戸時代中期～後期の彫漆工。
¶日人

**堆朱楊成〔16代〕** ついしゅようぜい
? ～嘉永1（1848）年
江戸時代後期の彫漆工。
¶日人

**堆朱楊成〔17代〕** ついしゅようぜい
? ～安政5（1858）年
江戸時代後期の漆芸家、堆朱彫中興開祖。
¶人名，日人

**堆朱楊成〔18代〕** ついしゅようぜい
? ～明治23（1890）年
江戸時代末期～明治期の彫漆工。
¶日人

**堆朱楊成〔19代〕** ついしゅようぜい
慶応2（1866）年～明治29（1896）年
江戸時代末期～明治期の堆朱彫師。維新後、堆朱彫を再興し製作に従事。
¶人名，日人（[生]1867年），名工（[生]慶応2（1866）年12月 [没]明治29年11月8日）

**堆朱楊成〔20代〕** ついしゅようぜい
明治13（1880）年8月28日～昭和27（1952）年11月3日
明治～昭和期の漆芸作家。
¶朝日，現情，人名7（——〔代数なし〕），世紀，日人，美工，名工

**塚田五郎右衛門** つかだごろうえもん
明和5（1768）年～文政10（1827）年
江戸時代中期～後期の越後国高田城下の惣年寄。用水開削者。
¶朝日（[没]文政10年10月9日（1827年11月27日）），近世，国史，コン改，コン4，史人（[生]1768年2月1日 [没]1827年10月9日），新潮（[生]明和5（1768）年2月1日 [没]文政10（1827）年10月9日），人名，世人，日人，歴大

**塚田秀鏡** つかだしゅうきょう
嘉永1（1848）年～大正7（1918）年
明治～大正期の彫金家。三井男爵家より両陛下に献上の鶺鴒の置物が絶品。
¶人名，日人，名工（[生]嘉永1（1848）年9月14日 [没]大正7年12月26日）

**塚田清左衛門** つかだせいざえもん
江戸時代後期の墾田開発用水開削功労者。
¶姓氏富山

**塚田道禅** つかだどうぜん
生没年不詳
室町時代の武蔵国在住鋳物師。
¶埼玉人

**塚田豊明** つかだとよあき
明治35（1902）年～平成1（1989）年8月29日
大正～昭和期の実業家。みすず豆腐の創案者。
¶郷土長野，食文（[生]1902年2月13日）

**塚谷浅** つかたにせん
文政8（1825）年～明治26（1893）年
江戸時代末期～明治期の地方産業功労者。維新以来衰亡に瀕していた九谷本窯を譲り受け、山城陶器所を興し、殖産興業に尽力。
¶藩臣3

**塚谷恒雄** つかたにつねお
昭和19（1944）年12月25日～
昭和期の環境経済学者、衛生工学者。京都大学経済研究所教授。
¶現執2期

**塚田与右衛門** つかだようえもん
→塚田与右衛門（つかだよえもん）

**塚田与右衛門** つかだよえもん
正徳5（1715）年～文化7（1810）年 [別]塚田与右衛門《つかだようえもん》
江戸時代中期～後期の蚕種商人。
¶朝日（[生]正徳5（1715）年3月 [没]文化7（1810）年1月），国書（[没]文化7（1810）年1月），新潮（生没年不詳），姓氏長野，長野歴（つかだようえもん），日人

**津金貞機** つがねさだき
昭和18（1943）年5月26日～
昭和期の陶芸家。
¶陶芸最

**津金徳雄** つがねとくお
明治27（1894）年～昭和33（1958）年
大正～昭和期の農事改良家。温床苗代を考案。
¶姓氏長野

**塚原芥山** つかはらかいざん
明治40（1907）年～昭和20（1945）年
大正～昭和期の陶芸家。
¶郷土福井，世紀（[生]明治40（1907）年3月21日 [没]昭和20（1945）年7月18日），日人（[生]明治40（1907）年3月21日 [没]昭和20（1945）年7月18日），福井百

**塚原三千勝** つかはらみちかつ
昭和10（1935）年2月22日～
昭和期の陶芸家。
¶陶芸最

塚原稔 つかはらみのる
昭和20（1945）年9月9日～
昭和～平成期の陶芸家。
¶陶芸最，陶工

塚本出雲 つかもといずも
生没年不詳
江戸時代中期の大工棟梁。
¶姓氏京都

塚本快示 つかもとかいじ
大正1（1912）年12月14日～平成2（1990）年6月
10日
昭和期の陶芸家（塚本源右衛門11代）。
¶現情，国宝，世紀，陶芸，陶芸最，陶工，日人，
美工，名工

塚本貝助 つかもとかいすけ
文政11（1828）年～明治30（1897）年
江戸時代末期～明治期の七宝工。七宝釉薬の改良
を行い技術の近代化に努める。
¶新潮，人名，姓氏愛知（⊕1887年），日人，幕末
（⊕1887年12月6日），名工（⊕文政11（1828）年
11月8日　⊕明治30年12月）

塚本儀三郎 つかもとぎさぶろう
天保11（1840）年～大正10（1921）年
明治期の七宝工。甲府市で七宝の改良を援助。
¶人名，世紀，姓氏愛知，日人，名工

塚本源右衛門 つかもとげんえもん
江戸時代後期の美濃の陶工。
¶人名，日人（生没年不詳）

塚本乾乜 つかもとけんば
生没年不詳
明治～大正期の陶工。
¶美工

塚本功一 つかもとこういち
昭和24（1949）年5月8日～
昭和期の陶芸家。
¶陶芸最

塚本小四郎 つかもとこしろう
明治8（1875）年1月30日～昭和7（1932）年10月
17日
大正～昭和期の鉄道工学者。鉄道事業の金属材質
調査法に関する研究を行った。
¶人名，世紀，日人

塚本甚右衛門 つかもとじんえもん
生没年不詳
明治期の工芸家。琺瑯七宝を研究。
¶姓氏愛知

塚本猛次 つかもとたけじ
明治43（1910）年10月16日～平成13（2001）年
大正～平成期の建築家。日建設計社長，日本建築
協会会長。
¶美建

塚本武彦 つかもとたけひこ
昭和14（1939）年3月17日～

昭和期の陶芸家。
¶陶芸最

塚本治彦 つかもとはるひこ
昭和34（1959）年1月19日～
昭和～平成期の陶芸家。
¶陶芸最，陶工

塚本三夫 つかもとみつお
昭和期の木彫刻師。
¶名工

塚本満 つかもとみつる
昭和26（1951）年7月10日～
昭和～平成期の陶芸家。
¶陶芸最，陶工

塚本靖 つかもとやすし
明治2（1869）年～昭和12（1937）年8月9日　別塚
本准亭《つかもとじゅんてい》
明治～昭和期の建築学者。日本建築学会会長。建
築意匠を研究。東京帝国大学教授を歴任。名著に
「日光廟装飾論」。
¶科学（⊕1869年（明治2）2月15日），考古，人名，
世紀（⊕明治2（1869）年2月15日），世百，全
書，渡航（塚本靖・塚本准亭　つかもとやす
し・つかもとじゅんてい　⊕1869年2月15日），
日人（⊕明治2（1869）年2月15日）

塚本由晴 つかもとよしはる
昭和40（1965）年～
昭和～平成期の建築家。東京工業大学大学院助
教授。
¶現執4期

塚本竜玄 つかもとりゅうげん
昭和8（1933）年7月31日～
昭和～平成期の陶芸家。
¶陶芸最，陶工

月岡勝三郎〔2代〕つきおかかつさぶろう
明治38（1905）年12月11日～昭和51（1976）年1月6
日
大正～昭和期の工芸家。
¶世紀，日人，美工

月岡又右衛門 つきおかまたうえもん
→月岡又右衛門（つきおかまたえもん）

月岡又右衛門 つきおかまたえもん
＊～嘉永6（1853）年　別月岡又右衛門《つきおかま
たうえもん》
江戸時代末期の新田開発功労者。
¶姓氏長野（⊕1773年），長野歴（つきおかまたう
えもん　⊕天明8（1788）年）

槻尾宗一 つきおそういち
大正4（1915）年～平成4（1992）年
昭和～平成期の金工家。
¶美工

月尾嘉男 つきおよしお
昭和17（1942）年4月26日～
昭和～平成期の工学者。名古屋大学教授、東京大

学教授。
¶現執2期，現執3期，現執4期

**月形那比古** つきがたなひこ
大正12（1923）年5月22日～平成18（2006）年8月16日
昭和～平成期の陶芸家。
¶陶芸最，陶工，美工，名工

**築地米三郎** つきじよねさぶろう
大正12（1923）年9月15日～
昭和期の映画監督、特撮技師。
¶映監

**月舘八百八** つきだてやおはち
享和1（1801）年～明治20（1887）年9月26日
江戸時代末期～明治期の鏨工。後藤家16代方乗につき研究。名工の誉れ高い。
¶幕末

**月田藤三郎** つきだとうざぶろう，つきだとうさぶろう
明治3（1870）年1月26日～昭和14（1939）年1月7日
明治～大正期の農業技師。
¶人名7，日人，履歴（つきだとうさぶろう），履歴2（つきだとうさぶろう）

**月谷初子** つきたにはつこ
明治2（1869）年～昭和20（1945）年2月
明治～昭和期の彫刻家、陶芸家。
¶美建

**月山博** つきやまひろし
大正11（1922）年9月20日～
昭和～平成期の陶芸家。
¶陶芸最，陶工，名工

**次家** つぐいえ
平安時代後期の刀工。
¶岡山人，岡山歴

**津久井太郎右衛門**(1) つくいたろうえもん
生没年不詳
江戸時代前期の小間物商。
¶京都大

**津久井太郎右衛門**(2) つくいたろうえもん
世襲名　江戸時代前期の商人。
¶姓氏京都

**次植** つぐうえ
鎌倉時代の刀工。
¶岡山人

**次貞**(1) つぐさだ
室町時代の刀工。
¶島根百

**次貞**(2) つぐさだ
戦国時代の刀工。
¶島根人，島根百

**次貞**(3) つぐさだ
安土桃山時代の刀工。
¶島根人，島根百

**佃和枝** つくだかずえ
昭和期の陶芸家。
¶名工

**次忠** つぐただ
鎌倉時代前期の備中青江の刀工。
¶岡山歴

**佃秀実** つくだひでみ
昭和11（1936）年3月3日～
昭和～平成期の陶芸家。
¶陶芸最，陶工

**次直** つぐなお
南北朝時代の備中青江の刀工。
¶岡山歴

**筑波常治** つくばひさはる
昭和5（1930）年9月9日～平成24（2012）年4月13日
昭和～平成期の農史学者、早稲田大学政経学部教授。専門は自然科学史、日本農学史。
¶科学，現朝，現執1期，現執2期，現執3期，現執4期，現情，現日，児人，世紀，日児，日人，マス89

**次広** つぐひろ
江戸時代前期の刀工。
¶島根人，島根百

**次弘**(1) つぐひろ
室町時代の刀工。
¶島根人，島根百

**次弘**(2) つぐひろ
戦国時代の刀工。
¶島根百

**次弘〔1代〕** つぐひろ
室町時代の刀工。
¶島根百

**鵜川粂吉** つぐみかわくめきち
生没年不詳
江戸時代末期～明治期の漆工。
¶姓氏岩手

**次康** つぐやす
戦国時代の石見の刀匠。
¶島根人

**次吉** つぐよし
南北朝時代の備中青江の刀工。
¶岡山歴

**柘植俊一** つげしゅんいち
昭和7（1932）年4月1日～
昭和～平成期の航空宇宙工学者。防衛大学校助教授、筑波大学教授。
¶現執3期

**闘鶏御田** つげのみた
上代の木工。「日本書紀」に登場。
¶日人

**柘植芳朗** つげよしろう
明治35 (1902) 年10月14日～平成13 (2001) 年12月20日
大正～平成期の建築家、俳人。東京帝国大学教授。
¶美建

**辻井一郎** つじいいちろう
昭和14 (1939) 年8月24日～
昭和～平成期の映画録音技師。
¶映人

**辻家種** つじいえたね
～元和1 (1615) 年
安土桃山時代～江戸時代前期の鋳物師。
¶三重続

**辻一堂** つじいちどう
明治44 (1911) 年9月1日～昭和58 (1983) 年6月27日
大正～昭和期の陶芸家。
¶美工

**辻井房二郎** つじいふさじろう
生没年不詳
江戸時代前期の人形師。
¶姓氏京都

**辻井正則** つじいまさのり
大正5 (1916) 年1月28日～昭和50 (1975) 年
昭和期の映画編集技師。
¶映人

**辻内刑部左衛門** つじうちぎょうぶざえもん
？ ～寛文12 (1672) 年
江戸時代前期の江戸幕府普請方の大工棟梁、椿新田開発の立役者。
¶朝日 ([没]寛文12 (1672) 年8月)，日人

**辻演年** つじえんねん
文政2 (1819) 年～明治29 (1896) 年
江戸時代末期～明治期の開拓者。川副郷など干拓による農地造成に成功。
¶日人，幕末

**辻格亮** つじかくりょう
→辻格亮 (つじただすけ)

**辻勘之** つじかんじ
昭和8 (1933) 年8月22日～
昭和～平成期の陶芸家。
¶陶芸最，陶工，名工

**辻喜右衛門** つじきえもん
生没年不詳
江戸時代前期の陶工。
¶日人

**辻喜平次** つじきへいじ
江戸時代の有田の陶工。
¶佐賀百

**辻協** つじきょう
昭和5 (1930) 年11月27日～平成20 (2008) 年7月8日
昭和期の陶芸家。
¶陶芸最，陶工，美工，名工

**辻喜代蔵** つじきよぞう
天保12 (1841) 年～大正11 (1922) 年
明治～大正期の社会事業家。
¶世紀 ([生]天保12 (1841) 年7月9日　[没]大正11 (1922) 年6月6日)，日人

**辻厚成** つじこうせい
昭和17 (1942) 年12月17日～
昭和～平成期の陶芸家。
¶陶芸最，陶工，名工

**辻光典** つじこうてん
→辻光典 (つじみつすけ)

**辻公也** つじこうや
昭和3 (1928) 年5月3日～
昭和～平成期の陶芸家。
¶陶芸最

**辻貞男** つじさだお
明治44 (1911) 年～昭和58 (1983) 年6月27日
昭和期の陶芸家。
¶陶芸，名工 ([生]明治44年9月1日)

**辻滋雄** つじしげお
昭和16 (1941) 年4月11日～
昭和～平成期の陶芸家。
¶陶芸最，陶工

**辻鉦二郎** つじしょうじろう
嘉永1 (1848) 年～大正9 (1920) 年
明治～大正期の陶工。名古屋夜寒焼の窯主。
¶人名，世紀 ([没]大正9 (1920) 年8月10日)，日人，名工

**辻二郎** つじじろう
明治29 (1896) 年10月11日～昭和43 (1968) 年10月4日
昭和期の機械工学者。東京理科大学教授。機械工学分野で活躍し、著書に「実験弾性学」など。勲一等瑞宝章を受章。
¶科学，科技，現情，人名7，世紀，日人

**辻晋六** つじしんろく
明治38 (1905) 年～昭和45 (1970) 年
大正～昭和期の陶芸家。
¶陶芸最，陶工，美工，名工

**辻清明** つじせいめい
昭和2 (1927) 年1月4日～平成20 (2008) 年4月15日
昭和～平成期の陶芸家。
¶現情，世紀，陶芸最，陶工，美工，名工

**辻毅彦** つじたけひこ
昭和11 (1936) 年12月5日～平成16 (2004) 年9月29日
昭和～平成期の陶芸家。
¶陶芸最，陶工，美工，名工

**辻田忍** つじたしのぶ
昭和22 (1947) 年8月17日～

昭和期の陶芸家。
¶陶芸最

**辻格亮** つじただすけ
[別]格亮《かくりょう》,辻格亮《つじかくりょう》
江戸時代中期の近江の金工。
¶人名（格亮　かくりょう），人名（つじかくりょう），日人（生没年不詳）

**辻田啓志** つじたひろし
昭和6（1931）年1月16日～
昭和～平成期の河川歴史・環境研究家。河川湖沼と海を守る全国会議事務局長。
¶現執2期，現執3期



**辻田与三次郎** つじたよそじろう
明治9（1876）年～昭和15（1940）年
明治～昭和期の農事改良家。水稲品種改良に尽くし、水稲「新石白」を発見した。
¶姓氏富山，富山百

**辻太郎** つじたろう
明治2（1869）年～昭和19（1944）年1月22日
明治～昭和期の渡航者。
¶鉄道（[生]1869年8月2日），渡航（[生]1869年6月）

**辻丹楓** つじたんぷう,つじたんふう
？　～文政2（1819）年
江戸時代中期～後期の漆工。
¶国書，姓氏富山（つじたんふう）

**辻丹甫** つじたんぽ
享保7（1722）年～文化2（1805）年
江戸時代中期～後期の漆工。
¶富山百，日人

**辻常成** つじつねなり
生没年不詳
江戸時代中期の装剣金工。
¶日人

**辻輝子** つじてるこ
昭和期の陶芸家。
¶名工

**辻徳光** つじとくみつ
明治25（1892）年5月1日～昭和43（1968）年11月13日
大正～昭和期の調理師、辻学園創立者。辻調理師学校校長。家庭料理教育の普及、諸外国との料理交流に尽力。紺綬褒章、勲五等雙光旭日章などを受賞。
¶大阪人（[没]昭和43（1968）年11月），現情，食文，人名7，世紀，日人

**辻林白峰** つじばやしはくほう
昭和期の工芸作家。
¶名工

**辻常陸〔14代〕** つじひたち
明治42（1909）年～平成19（2007）年3月15日
昭和～平成期の陶芸家。
¶陶芸最（――〔代数なし〕），美工，名工

**辻常陸大掾** つじひたちのだいじょう
？　～弘化2（1845）年
江戸時代の肥前有田の陶工。
¶人名，日人

**辻宏** つじひろし
昭和8（1933）年12月10日～
昭和～平成期のパイプオルガン製作者。辻オルガン代表。
¶音人，名工

**辻広** つじひろし
大正12（1923）年9月9日～平成17（2005）年3月4日
昭和～平成期の熱工学者。東京大学教授。専門は燃焼学。埼玉大学教授、東京電機大学教授を務める。
¶科学，世紀，日人

**辻保雪** つじほせつ
生没年不詳
江戸時代中期の装剣金工。
¶日人

**対馬英二** つしまえいじ
大正3（1914）年11月7日～
昭和～平成期の陶芸家。
¶陶芸，陶芸最，名工

**対馬嘉三郎** つしまかさぶろう
天保7（1836）年～大正3（1914）年
明治期の北海道開発者。北海道開拓使に出仕し開発に尽力。
¶青森人，札幌（[生]天保7年11月），人名，世紀（[生]天保7（1836）年11月　[没]大正3（1914）年12月24日），日人，北海道百，北海道歴

**対馬喜右衛門** つしまきえもん
生没年不詳
江戸時代前期～中期の浪岡町吉野田地方開拓者。
¶青森人

**辻政方** つじまさかた
？　～宝暦11（1761）年
江戸時代中期の装剣金工。
¶日人

**辻政近** つじまさちか
江戸時代前期の彫金工。
¶人名（[生]1586年　[没]1666年），日人（[生]1644年　[没]1724年）

**対馬竹五郎** つしまたけごろう
明治17（1884）年6月1日～昭和46（1971）年9月22日
大正～昭和期の園芸家。リンゴの品種改良や剪定法について研究。スターキング、ふじの普及につくした。
¶青森人，青森百，植物，食文，世紀，日人

**津島増右衛門** つしまますえもん
明治6（1873）年～明治44（1911）年12月10日
明治期のノリ養殖功労者。
¶愛媛百

**対馬義幸** つしまよしゆき
昭和8(1933)年5月10日～
昭和～平成期の建築家。竹中工務店技術研究所取締役所長。
¶現執3期

**辻光典** つじみつすけ
大正4(1915)年11月11日～平成4(1992)年9月17日　[別]辻光典《つじこうてん》
昭和期の漆芸家。日展参事。
¶現情，世紀，日人，美工，名工(つじこうてん)

**辻充昌** つじみつまさ
享保6(1721)年～*
江戸時代中期の近江の金工。
¶人名([没]1776年)，日人([没]1777年)

**辻村ジュサブロー** つじむらじゅさぶろー
昭和8(1933)年12月15日～　[別]辻村ジュサブロー《つじむらじゅさぶろう》
昭和～平成期の人形師。NHKテレビの連続人形劇「新八犬伝」「真田十勇士」の人形を制作。アートディレクターとしても活躍。
¶芸能([生]昭和8(1933)年11月11日)，現朝，現執3期，現情(つじむらじゅさぶろう)，現日(つじむらじゅさぶろう　[生]1933年11月11日)，新潮(つじむらじゅさぶろう)，日人，名工

**辻村寿三郎** つじむらじゅさぶろー
昭和8(1933)年12月15日～
昭和～平成期の人形師、舞台衣装家、アートディレクター。
¶世紀

**辻村松華** つじむらしょうか
慶応3(1867)年～昭和4(1929)年
明治～昭和期の漆工家。農商務省工芸審査員などを務め、内外博覧会出品、御用製作等あり。
¶人名，世紀([生]慶応3(1867)年12月3日　[没]昭和4(1929)年1月31日)，日人，名工([没]昭和4年1月31日)

**辻村高平** つじむらたかひら
江戸時代前期の金沢の刀工。
¶人名，日人(生没年不詳)

**逵邑容吉** つじむらようきち
安政5(1858)年1月22日～昭和5(1930)年3月10日
江戸時代末期～昭和期の技師。
¶近土，土木

**辻本干也** つじもとかんや
大正10(1921)年9月16日～平成10(1998)年2月15日
昭和～平成期の仏師。美術院国宝修理所副所長。
¶美建

**辻本秀五郎** つじもとしゅうごろう
明治2(1869)年～昭和22(1947)年12月21日
明治～昭和期の印刷技師。
¶科学，写家

**辻本喜次** つじもとよしつぐ
大正2(1913)年～昭和62(1987)年5月23日
昭和期の宮大工。
¶美建，名工，和歌山人

**辻屋丹甫** つじやたんぽ
江戸時代中期の漆工。
¶人名

**辻山城守** つじやましろのかみ
江戸時代前期の加賀の金工。
¶人名

**辻義一** つじよしかず
昭和8(1933)年3月9日～
昭和～平成期の料理人。赤坂辻留主人、辻留料理塾塾長、大阪青山短期大学講師、儀礼文化学会理事。
¶現執4期

**辻与次郎** つじよじろう
生没年不詳　[別]与次郎《よじろう》
安土桃山時代の釜師。
¶朝日，岩史，京都大([没]慶長18(1613)年)，国史，古中，コン改，コン4，茶道，滋賀百，史人，新潮，人名，姓氏京都([没]1613年)，世人，世百，全書，戦人，日史，日人，美工，美術，百科

**辻蘭室** つじらんしつ
宝暦6(1756)年～天保6(1835)年
江戸時代中期～後期の蘭学者。公家・久我家の臣。
¶朝日([生]宝暦6年11月26日(1756年12月17日)　[没]天保6年12月13日(1836年1月30日))，科学([生]1756年(宝暦6)11月26日　[没]1835年(天保6)12月13日)，京都大，近世，国史，国書([生]宝暦6(1756)年11月26日　[没]天保6(1835)年12月13日)，コン改，コン4，史人([生]1756年11月26日　[没]1835年12月13日)，新潮([生]宝暦6(1756)年11月26日　[没]天保6(1835)年12月13日)，人名([生]1755年)，姓氏京都，徳島歴([生]安永9(1780)年　[没]安政3(1856)年7月20日)，日人([没]1836年)，洋学

**津尋甫** つじんぽ
享保6(1721)年～宝暦12(1762)年
江戸時代中期の彫金師。
¶人名，日人

**津田出** つだいずる，つだいづる
天保3(1832)年～明治38(1905)年
江戸時代末期～明治期の和歌山藩士。貴族院議員。維新後和歌山藩大参事となり藩政改革。元老院議官。
¶朝日([生]天保3(1832)年3月　[没]明治38(1905)年6月2日)，維新，郷土和歌山，近現，近世，国史，コン改，コン4，コン5([没]明治38(1902)年)，史人([生]1832年3月　[没]1905年6月2日)，新潮([生]天保3(1832)年3月　[没]明治38(1905)年6月2日)，人名，千葉百，日人，幕末([没]1905年6月2日)，藩臣5，陸海(つだいづる　[生]天保3年3月3日　[没]明治38年6月2日)，和歌山人

**津田市右衛門** つだいちえもん
生没年不詳
江戸時代中期の装剣金工。

¶日人

**津田一郎** つだいちろう
昭和28(1953)年6月4日〜
昭和〜平成期の物理学者、情報工学者。九州工業大学助教授。
¶現執3期

**津田出** つだいづる
→津田出(つだいずる)

**津田梅** つだうめ
昭和期の加賀水引人形師。
¶名工



**津田鍛雄** つだかじお
明治4(1871)年〜大正10(1921)年11月30日
明治〜大正期の実業家、鉱山家。渡朝し金鉱の採掘権を得、韓国金鉱会社社長となる。
¶岡山人，岡山歴([生]明治4(1871)年5月)，人名，世紀([生]明治4(1871)年5月1日)，日人([生]明治4(1871)年5月1日)

**津田吉之助** つだきちのすけ
文政10(1827)年〜明治23(1890)年
江戸時代末期〜明治期の大工棟梁。
¶日人

**津田信夫** つだしのぶ
明治8(1875)年10月23日〜昭和21(1946)年2月17日　[別]津田信夫《つだのぶお》
明治〜昭和期の鋳金作家。東京美術学校教授。作品に国会議事堂貴賓室扉装飾など。
¶郷土千葉(つだのぶお)，現朝，現情，新潮，人名7，世紀，世人(つだしのぶ(のぶお))，千葉百，日人，名工

**津田助左衛門** つだすけざえもん
生没年不詳
江戸時代前期の技工家。
¶人名，姓氏愛知，日人

**津田助広**(津田助広〔2代〕) つだすけひろ
→助広〔2代〕(すけひろ)

**津田静一** つだせいいち
嘉永5(1852)年〜明治42(1909)年
明治期の植民政策家。留学のため渡米。熊本県民の南米移住や台湾開発を推進。
¶海越([没]明治42(1909)年11月28日)，海越新([没]明治42(1909)年11月28日)，熊本百([生]嘉永5(1852)年4月　[没]明治42(1909)年12月28日)，国際，人名，世紀([没]明治42(1909)年11月28日)，渡航([没]1909年11月28日)，日人

**津田藤兵衛** つだとうべえ
生没年不詳
江戸時代後期の足柄下郡板橋村の紺屋頭。
¶神奈川人

**津田得民** つだとくみん
明治22(1889)年〜昭和30(1955)年
大正〜昭和期の蒔絵師。
¶会津

**津田寅次郎** つだとらじろう
慶応2(1866)年11月〜大正13(1924)年10月29日
明治〜大正期の印刷技術者。印刷機械購入のためフランスに渡る。
¶海越，海越新

**津田永忠** つだながただ
寛永17(1640)年〜宝永4(1707)年
江戸時代前期〜中期の備前岡山藩士。
¶朝日([没]宝永4年2月5日(1707年3月8日))，岡山人，岡山百([没]宝永4(1707)年2月5日)，岡山歴([没]宝永4(1707)年2月5日)，近世，国史，国書([没]宝永4(1707)年2月5日)，コン改，コン4，史人([没]1707年2月5日)，新潮([没]宝永4(1707)年2月5日)，人名，世人，日人，藩臣6，歴大

**津田信夫**(1) つだのぶお
明治〜昭和期。
→津田信夫(つだしのぶ)

**津田信夫**(2) つだのぶお
明治〜昭和期。
→津田信夫(つだしのぶ)

**津田半蔵** つだはんぞう
江戸時代末期の開拓家。
¶人名，日人(生没年不詳)

**津田兵部** つだひょうぶ
慶長13(1608)年〜元禄8(1695)年
江戸時代前期の用水開削功労者。
¶朝日([生]慶長14(1609)年)，近世([生]1609年)，国史([生]1609年)，コン改，コン4，史人([生]1609年)，静岡百，静岡歴，新潮([生]慶長14(1609)年)，人名，姓氏静岡，世人，日人([生]1609年)

**津田正種** つだまさたね
江戸時代の白銀師。
¶人名，日人(生没年不詳)

**津田正輝** つだまさてる
生没年不詳
戦国時代の紺屋の棟梁。
¶戦辞

**津田正満** つだまさみつ
？　〜永禄8(1566)年12月10日
戦国時代〜安土桃山時代の紺屋の棟梁。
¶戦辞

**蔦屋喜右衛門** つたやきえもん
文化2(1805)年〜明治8(1875)年
江戸時代後期〜明治期の人。三本木平開発の際の新田披立植立世話方。
¶姓氏岩手

**津田保太郎** つだやすたろう
昭和21(1946)年7月7日〜
昭和期の陶芸家。
¶陶芸最

**津田燿三郎** つだようざぶろう
昭和期の能面師。
¶名工

名工・職人・技師・工匠篇　　　　513　　　　つちたゆ

**津田米次郎** つだよねじろう
　文久2（1862）年〜大正4（1915）年
　明治〜大正期の発明家。水車動力による津田式力
　織機の発明に成功、絹織物業の力織機化に貢献。
　¶朝日（㊀文久2年6月8日（1862年7月4日）　㊁大
　　正4（1915）年11月12日），石川百，近現
　　（㊀1863年　㊁1916年），国史（㊀1863年
　　㊁1916年），史人（㊀1862年6月8日　㊁1915年
　　11月12日），人名（㊀1863年　㊁1916年），世紀
　　（㊀文久2（1862）年6月8日　㊁大正4（1915）年
　　11月12日），姓氏石川，日人

**土浦亀城** つちうらかめき
　明治30（1897）年6月29日〜平成8（1996）年1月
　29日
　大正〜昭和期の建築家。フォイエルシュタインと
　交流し近代主義建築に傾倒。
　¶現朝，世紀，日人，美建

**土浦信子** つちうらのぶこ
　明治33（1900）年9月22日〜平成10（1998）年12月
　11日
　大正〜平成期の建築家。
　¶美建

**土江幾太** つちえいくた
　享保12（1727）年〜享和2（1802）年
　江戸時代中期〜後期の庄屋・与頭・下郡役、新田
　開発に尽くす。
　¶島根歴

**土田卯之助** つちだうのすけ
　慶応3（1867）年〜昭和14（1939）年
　明治〜昭和期の農地改良の先駆者。
　¶滋賀百

**土田耕作** つちだこうさく
　昭和期の木地挽物職人。
　¶名工

**土田浩生** つちだこうせい
　昭和期の陶芸家。
　¶名工

**土田作兵衛** つちださくべえ
　文政5（1822）年〜明治32（1899）年
　江戸時代末期〜明治期の手描友禅師。
　¶姓氏京都

**土田早苗** つちださなえ
　昭和期の人形師。専門は市松人形。
　¶名工

**土田宗悦** つちだそうえつ
　生没年不詳
　江戸時代中期の蒔絵師。
　¶朝日，コン改，コン4，新潮，人名，日人，美工

**土田宗沢** つちだそうたく
　生没年不詳
　江戸時代前期の蒔絵師。
　¶京都大，姓氏京都

**土谷一水** つちたにいっすい
　昭和15（1940）年4月19日〜
　昭和期の陶芸家。
　¶陶芸最

**土谷六郎右衛門** つちたにろくろううえもん
　生没年不詳
　江戸時代前期の陶芸家。
　¶姓氏山口

**土田友湖** つちだゆうこ
　世襲名　江戸時代以来の袋物師。
　¶京都大

**土田友湖〔1代〕** つちだゆうこ
　元禄4（1691）年〜明和2（1765）年
　江戸時代中期の袋物師、千家十職の一家。
　¶茶道，姓氏京都（――〔代数なし〕）

**土田友湖〔2代〕** つちだゆうこ
　享保17（1732）年〜宝暦7（1757）年
　江戸時代中期の袋物師、千家十職の一家。
　¶茶道

**土田友湖〔4代〕** つちだゆうこ
　享保5（1720）年〜享和1（1801）年
　江戸時代中期〜後期の袋物師、千家十職の一家。
　¶茶道

**土田友湖〔5代〕** つちだゆうこ
　安永8（1779）年〜文政8（1825）年
　江戸時代後期の袋物師、千家十職の一家。
　¶茶道

**土田友湖〔6代〕** つちだゆうこ
　文化1（1804）年〜明治16（1883）年
　江戸時代末期〜明治期の袋物師、千家十職の一家。
　¶茶道

**土田友湖〔7代〕** つちだゆうこ
　天保7（1836）年〜明治44（1911）年
　江戸時代末期〜明治期の千家袋物師。
　¶茶道

**土田友湖〔8代〕** つちだゆうこ
　文久2（1862）年〜明治44（1911）年
　明治期の千家袋物師。
　¶茶道

**土田友湖〔9代〕** つちだゆうこ
　明治26（1893）年〜大正3（1914）年
　明治〜大正期の千家袋物師。
　¶茶道

**土田友湖〔10代〕** つちだゆうこ
　明治38（1905）年〜昭和41（1966）年
　昭和期の袋物師。
　¶茶道

**土田友湖〔11代〕** つちだゆうこ
　明治37（1904）年〜昭和40（1965）年
　大正〜昭和期の袋物師。
　¶美工

つちたゆ                                          514                        日本人物レファレンス事典

**土田友湖〔12代〕**つちだゆうこ
昭和14(1939)年～
昭和～平成期の袋物師。
¶名工

**土田竜八**つちだりゅうはち
明治3(1870)年12月3日～昭和14(1939)年
明治～昭和期の指物師。
¶庄内

**土田了左衛門**つちだりょうざえもん
生没年不詳
江戸時代前期の蒔絵師。
¶姓氏京都

**槌音成**つちのおとなり
安永7(1778)年～安政6(1859)年
江戸時代後期の狂歌師。
¶人名, 日人

**土橋武夫**つちはしたけお
明治33(1900)年5月16日～平成1(1989)年11月9日
日
大正～昭和期の映画技師。
¶映人

**土橋長兵衛**つちはしちょうべえ
慶応4(1868)年～昭和14(1939)年
明治～大正期の技術者、実業家。電気炉製鋼の開発に成功し、電気化学工業の発展に貢献。
¶世紀(⊕慶応4(1868)年8月1日 ⊗昭和14(1939)年11月13日)、先駆、長野歴、日人(⊕慶応4(1868)年8月1日 ⊗昭和14(1939)年11月13日)

**土橋辰真**つちはしときざね
江戸時代中期の浅野川架橋工事などに従事。
¶姓氏石川

**土橋長俊**つちはしながとし
明治34(1901)年3月7日～昭和34(1959)年6月2日
明治～昭和期の建築家。
¶鉄道

**土橋正市**つちはしまさいち
大正5(1916)年2月20日～
昭和～平成期の甲州水晶貴石細工職人。
¶名工

**土平貞雄**つちひらさだお
昭和～平成期の陶芸家。
¶名工

**土本悠子**つちもとゆうこ
昭和7(1932)年9月20日～平成3(1991)年6月25日
昭和～平成期の人形作家。
¶美工

**土屋安親〔1代〕**つちやあんしん
→土屋安親(つちやややすちか)

**土屋安親〔2代〕**つちやあんしん
→土屋安親〔2代〕(2)(つちやややすちか)

**土屋安親〔3代〕**つちやあんしん
→土屋安親〔3代〕(2)(つちやややすちか)

**土屋安親〔4代〕**つちやあんしん
→土屋安親〔4代〕(2)(つちやややすちか)

**土屋安親〔5代〕**つちやあんしん
→土屋安親〔5代〕(2)(つちやややすちか)

**土屋安親〔6代〕**つちやあんしん
→土屋安親〔6代〕(2)(つちやややすちか)

**土屋市左衛門**つちやいちざえもん
生没年不詳
江戸時代前期の縄請人。児玉新田を開発。
¶姓氏長野

**土屋一三**つちやいちぞう
天保14(1843)年～明治40(1907)年
江戸時代後期～明治期の開拓者。
¶姓氏長野

**土谷一光〔1代〕**(土屋一光)つちやいっこう
*～明治15(1882)年 ㊙横萩一光〔1代〕《よこはぎいっこう》
江戸時代後期～明治期の陶工。
¶石川百(横萩一光〔1代〕 よこはぎいっこう ⊕1808年)、人名(土屋一光〔1代〕 ⊕1808年)、姓氏富山(――〔代数なし〕 ⊕1809年)、日人(⊕1809年)

**土谷一光〔2代〕**(土屋一光)つちやいっこう
嘉永3(1850)年～大正13(1924)年 ㊙横萩一光〔2代〕《よこはぎいっこう》
明治～大正期の陶工。金沢で越中安居焼を指導。
¶石川百(横萩一光〔2代〕 よこはぎいっこう)、人名(土屋一光〔2代〕)、世紀、陶工(横萩一光〔2代〕 よこはぎいっこう)、日人、名工(土屋一光〔2代〕)

**土屋一楽**つちやいつらく
江戸時代の籐細工師。
¶人名

**土屋起徳**つちやおきのり
～嘉永7(1854)年
江戸時代後期～末期の布志名焼陶工。
¶島根人

**土屋金生**つちやかなお
天保2(1831)年～明治25(1892)年 ㊙土屋金生《つちやかのう》
江戸時代末期～明治期の治水家。信濃須坂藩士。野尻湖の水を通水して沿道の村の灌漑に利用し、併せて現在の長野市域に水道を開くことを計画。
¶国書、姓氏長野(つちやかのう)、長野歴(つちやかのう)、藩臣3

**土屋金生**つちやかのう
→土屋金生(つちやかなお)

**土屋邦敬**つちやくによし
天保2(1831)年～明治11(1878)年
江戸時代末期～明治期の農事改良家、文人。地方

行政の推進者。道路や用水路、橋梁の開設や用設などを行い農産物の増産に努めた。
¶朝日（㉄天保2年3月11日（1831年4月23日））㉄明治11（1878）年9月1日）、近現、近世、国史、人名、日人、歴大

### 土屋源市 つちやげんいち
明治21（1888）年7月1日～昭和43（1968）年7月8日
明治～昭和期の畜産家、政治家。
¶岡山人、岡山百（㉄昭和35（1960）年7月8日）、岡山歴、世紀、政治（㉄明治21年7月）、日人

### 土屋源右衛門 つちやげんえもん
生没年不詳
江戸時代前期の高井郡間山村の農民、新田開発者。
¶姓氏長野

### 土屋佐吉 つちやさきち
？～明治37（1904）年
明治期の染織家。洋式染織法を習得し工場設立、染織界の鼻祖と称された。
¶人名、日人、名工（㉄明治37年1月31日）

### 土屋挙直 つちやしげなお
嘉永5（1852）年～明治25（1892）年
江戸時代末期～明治期の土浦藩主、土浦藩知事。
¶諸系、渡航（㉄1852年9月22日　㉄1892年10月25日）、日人、幕末（㉄1892年10月4日）、藩主2（㉄嘉永5（1852）年9月19日　㉄明治25（1892）年10月24日）

### 土屋善四郎〔1代〕 つちやぜんしろう
？～天明6（1786）年
江戸時代中期の出雲国布志名焼の陶工。
¶朝日（㉄天明6（1786）年1月）、コン改、コン4、新潮（――〔代数なし〕　㉄天明6（1786）年1月）、人名、日人

### 土屋善四郎〔2代〕 つちやぜんしろう
？～文政4（1821）年
江戸時代後期の出雲楽山・布志名の陶工。
¶コン改、コン4、人名、日人

### 土屋善四郎〔3代〕 つちやぜんしろう
？～安政1（1854）年
江戸時代末期の出雲楽山・布志名の陶工。
¶人名、日人

### 土屋東雲斎 つちやとううんさい
生没年不詳
江戸時代後期の装剣金工。
¶日人

### 土屋信親 つちやのぶちか
？～嘉永5（1852）年
江戸時代末期の金工（刀装小道具）、黒羽藩工。
¶栃木歴

### 土屋典康 つちやのりやす
昭和20（1945）年6月5日～
昭和期の陶芸家。
¶陶芸最

### 槌屋治紀 つちやはるき
昭和18（1943）年3月19日～
昭和～平成期のシステム工学者。システム技術研究所所長。
¶現執2期、現執3期、現執4期

### 土谷秀立 つちやひでたつ
嘉永2（1849）年～？　㉑田崎秀立《たさきひでたつ》
江戸時代末期～明治期の実業家。近代ゴム製造のパイオニアとして多くの分野で活躍。
¶先駆

### 土屋政芳 つちやまさよし
～文化4（1821）年
江戸時代中期～後期の布志名焼陶工。
¶島根人

### 土屋安親 つちややすちか
寛文10（1670）年～延享1（1744）年　㉑安親《やすちか》、土屋安親〔1代〕《つちやあんしん》
江戸時代中期の装剣金工家。庄内藩土屋忠左衛門の子。
¶朝日（㉄延享1年9月27日（1744年11月1日））、岩史（㉄延享1（1744）年9月27日）、近世（安親 やすちか）、国史（安親　やすちか）、コン改、コン4、史人（㉄延享1（1744）年9月27日）、新潮（㉄延享1（1744）年9月27日）、人名（つちやあんしん）、世百、全書（㉄1740年）、日人、美術、百科、山形百新

### 土屋安親〔2代〕(1) つちややすちか
江戸時代中期。
→土屋安親〔2代〕(2)（つちややすちか）

### 土屋安親〔2代〕(2) つちややすちか
元禄8（1695）年～延享4（1747）年　㉑土屋安親〔2代〕《つちやあんしん、つちややすちか》
江戸時代中期の金工。
¶人名（つちやあんしん）、日人

### 土屋安親〔3代〕(1) つちややすちか
江戸時代。
→土屋安親〔3代〕(2)（つちややすちか）

### 土屋安親〔3代〕(2) つちややすちか
？～安永7（1778）年　㉑土屋安親〔3代〕《つちやあんしん、つちややすちか》
江戸時代の金工。
¶人名（つちやあんしん）、日人

### 土屋安親〔4代〕(1) つちややすちか
江戸時代。
→土屋安親〔4代〕(2)（つちややすちか）

### 土屋安親〔4代〕(2) つちややすちか
㉑土屋安親〔4代〕《つちやあんしん、つちややすちか》
江戸時代の金工。
¶人名（つちやあんしん）、日人（生没年不詳）

### 土屋安親〔5代〕(1) つちややすちか
江戸時代。

→土屋安親〔5代〕(2)(つちややすちか)

**土屋安親〔5代〕(2)つちややすちか**
天明8(1788)年～嘉永5(1852)年　[別]土屋安親〔5代〕《つちやあんしん,つちややすちか》
江戸時代の金工。
¶人名(つちやあんしん),日人

**土屋安親〔6代〕(1)つちややすちか**
江戸時代末期。
→土屋安親〔6代〕(2)(つちややすちか)

**土屋安親〔6代〕(2)つちややすちか**
？～文久1(1861)年　[別]土屋安親〔6代〕《つちやあんしん,つちややすちか》
江戸時代末期の金工。
¶人名(つちやあんしん),日人



**土屋勇三　つちやゆうぞう**
明治42(1909)年～昭和36(1961)年
大正～昭和期の宮大工、彫刻家。
¶姓氏長野,美建

**土屋豊　つちやゆたか**
*～
昭和～平成期の鍛金作家。
¶映人([生]昭和41(1966)年12月11日),名工([生]昭和23年)

**土屋芳方　つちやよしかた**
～天明6(1786)年
江戸時代中期の布志名焼陶工。
¶島根人

**土屋芳樹　つちやよしき**
昭和24(1949)年1月16日～
昭和期の陶芸家。
¶陶芸最

**土屋順紀　つちやよしのり**
昭和29(1954)年4月26日～
昭和～平成期の染織家。2010年に重要無形文化財保持者(人間国宝)に認定(紋紗)。
¶国宝

**筒井修　つついおさむ**
昭和23(1948)年3月12日～
昭和期の陶芸家。
¶陶芸最,名工

**筒井厚惣　つついこうそう**
大正1(1912)年5月6日～昭和56(1981)年9月8日
昭和期の料理人、料理店経営者。
¶現日,世紀

**筒井サキノ　つついさきの**
文化6(1809)年～明治8(1875)年　[別]筒井咲野《つついさくの》
江戸時代後期～明治期の富田絹発明者。
¶姓氏長野,長野歴(筒井咲野　つついさくの)

**筒井咲野　つついさくの**
→筒井サキノ(つついさきの)

**筒井辰也　つついたつや**
昭和27(1952)年11月10日～
昭和～平成期の陶芸家。
¶陶工

**筒井富栄　つついとみえ**
昭和5(1930)年6月22日～
昭和期の歌人、染色家。
¶短歌

**筒井紀充　つついのりみつ**
*～延享4(1747)年　[別]紀充《きじゅう》
江戸時代中期の刀匠。
¶人名(紀充　きじゅう),人名([生]1668年),日人([生]1667年)

**筒井広明　つついひろあき**
昭和26(1951)年10月21日～
昭和～平成期の陶芸家。
¶陶芸最,陶工,名工

**都築正悟　つづきしょうご**
昭和30(1955)年1月1日～
昭和期の陶芸家。
¶陶芸最

**都築青峰　つづきせいほう**
昭和19(1944)年3月21日～
昭和期の陶芸家。
¶陶芸最

**続豊治　つづきとよじ**
寛政10(1798)年～明治13(1880)年
江戸時代末期～明治期の船大工棟梁。箱館奉行の命でスクーナー船(西洋式帆船)を建造。
¶青森人,人名,日人,北海道百,北海道歴

**都筑弥厚　つづきやこう**
明和2(1765)年～天保4(1833)年
江戸時代中期～後期の新田開発、用水開削計画者。2代目弥四郎。
¶朝日([没]天保4年9月10日(1833年10月22日)),人名,日人

**堤綾子　つつみあやこ**
昭和3(1928)年4月20日～
昭和～平成期の陶芸家。
¶陶芸最,陶工,名工

**堤吉太夫　つつみきちだゆう**
？～宝永5(1708)年
江戸時代前期～中期の作庭師。
¶徳島歴

**堤希代子　つつみきよこ**
昭和期の染織家。
¶名工

**堤秀夫　つつみひでお**
明治21(1888)年12月6日～昭和50(1975)年5月28日
大正～昭和期の電気工学者。早稲田大学第一理工学部長。技術教育・学校行政の振興に尽力。著書に「電子力のもたらすもの」など。

¶科学，現情，人名7，世紀，日人

**堤正義** つつみまさよし
明治7（1874）年7月24日〜昭和18（1943）年11月14日
明治〜昭和期の機械工学者、大阪工業大学学長。専門は舶用機関学。
¶科学，渡航

**綱家** つないえ
生没年不詳
戦国時代の刀鍛冶。
¶戦辞

**綱貞** つなさだ
室町時代の刀工。
¶島根人，島根百

**綱俊〔1代〕** つなとし
寛政10（1798）年〜＊
江戸時代末期の刀工。
¶人名（㉒1863年），日人（㉒1864年）

**綱俊〔2代〕** つなとし
天保7（1836）年〜明治28（1895）年
江戸時代末期〜明治期の刀工。日向伊東家の鍛冶となる。
¶人名，日人，名工（㉒明治28年11月2日）

**綱野博文** つなのひろふみ
昭和22（1947）年〜
昭和〜平成期のアクセサリー・アーチスト。
¶名工

**綱久** つなひさ
戦国時代の刀工。
¶島根人，島根百

**綱広(1)** つなひろ
世襲名　戦国時代〜江戸時代の刀工。
¶史人

**綱広(2)** つなひろ
生没年不詳
安土桃山時代〜江戸時代前期の相模国鎌倉出身の刀鍛冶。
¶青森人

**綱光** つなみつ
明治38（1905）年4月13日〜昭和43（1968）年3月27日
昭和期の刀工。
¶島根百

**経家** つねいえ
室町時代の長船派の刀工。
¶岡山歴

**恒岡光興** つねおかみつおき
昭和14（1939）年6月21日〜
昭和〜平成期の陶芸家。
¶陶芸最，陶工，名工

**恒枝陶玉** つねきとうぎょく
昭和11（1936）年9月23日〜
昭和〜平成期の陶芸家。
¶陶芸最，陶工

**津根蛟人** つねこうじん
昭和3（1928）年8月16日〜昭和63（1988）年
昭和期の陶芸家。
¶陶芸最，陶工（㉒1989年），美工，名工

**恒貞** つねさだ
戦国時代の刀工。
¶島根人，島根百

**恒真** つねざね
平安時代後期の古備前の刀工。
¶岡山歴

**恒蔵** つねぞう
江戸時代末期の近江湖東焼の陶画工。
¶人名，日人（生没年不詳）

**恒能** つねただ
室町時代の刀工。
¶岡山人

**恒次(1)** つねつぐ
平安時代中期の刀工。
¶岡山人

**恒次(2)** つねつぐ
平安時代後期の刀工。
¶岡山人

**恒次(3)** つねつぐ
生没年不詳
鎌倉時代前期の備中青江派の刀工。
¶朝日，岡山歴，国史，古中，史人，日人，美工

**恒遠** つねとお
平安時代中期の刀工。
¶岡山人，岡山歴

**常直** つねなお
生没年不詳
江戸時代中期の装剣金工。
¶日人

**経宏** つねひろ
生没年不詳
南北朝時代の鋳物師。
¶神奈川人

**常正** つねまさ
江戸時代後期の刀工。
¶島根百

**典正** つねまさ
大正5（1916）年3月15日〜
昭和期の刀工。
¶島根百

**経光** つねみつ
生没年不詳
室町時代の鋳物師。

つねみつ　　　　　　　　　　　　　518　　　　　　　　　日本人物レファレンス事典

¶神奈川人

**恒光**(1) つねみつ
平安時代後期の刀工。
¶岡山人，岡山歴

**恒光**(2) つねみつ
生没年不詳
室町時代の鋳物師。
¶神奈川人

**常盛** つねもり
生没年不詳
南北朝時代の鋳物師。
¶神奈川人

**常保** つねやす
平安時代中期の刀工。
¶岡山人

**角井又右衛門** つのいまたえもん
生没年不詳
江戸時代前期の藩の大工。
¶和歌山人

**津国屋万兵衛** つのくにやまんべえ
～昭和6（1931）年
明治～昭和期のマネキン製作者。
¶大阪人

**津野滄洲** つのそうしゅう
享保3（1718）年～寛政2（1790）年
江戸時代中期の飛騨養蚕、製糸業の啓蒙運動者。
¶岐阜百，国書

**角田喜右作** つのだきうさく
嘉永6（1853）年～明治43（1910）年
明治期の蚕業家。群馬県蚕種業組合連合会初代会
長。蚕種改良組合を結成し、良質蚕種の共同購入
を試みる。群馬の自由民権運動の先駆者。
¶朝日（⊕嘉永6年11月15日（1853年12月15日）
②明治43（1910）年6月25日），郷土群馬，近現，
群馬人，群馬百，国史，人名，世紀（⊕嘉永6
（1853）年11月15日　②明治43（1910）年6月25
日），姓氏群馬，日人

**角田弘司** つのだこうじ
昭和7（1932）年～
昭和～平成期の漆芸家。専門は沈金。
¶名工

**角田武** つのだたけし
昭和34（1959）年4月5日～
昭和～平成期の陶芸家。
¶陶工

**角田他十郎** つのだたじゅうろう
元治1（1864）年～昭和2（1927）年
明治～大正期の志士。日露戦争に師団軍属となり
出征。
¶人名，世紀（⊕元治1（1864）年3月2日　②昭和2
（1927）年10月26日），日人

**津端修一** つばたしゅういち
大正14（1925）年1月3日～
昭和～平成期の都市計画研究者、都市評論家。広
島大学教授、三重大学地域共同研究センター客員
教授。
¶現執2期，現執3期，現執4期

**津幡双寿** つばたそうじゅ
明治4（1871）年～大正14（1925）年
明治～大正期の金属工芸家。
¶富山百

**津幡直次郎** つばたなおじろう
？　～明治20（1887）年頃
江戸時代末期～明治期の木彫師。金沢城隣接の金
谷殿中の欄間などを作った。
¶人名，日人

**津幡文長** つばたぶんちょう
安政2（1855）年～大正12（1923）年
明治～大正期の実業家。青森水産業の先駆者。
¶青森人，世紀（⊕安政2（1855）年10月15日
②大正12（1923）年1月5日），日人

**円谷英二**（円谷栄二）つぶらやえいじ
明治34（1901）年～昭和45（1970）年1月25日
昭和期の特撮監督、映画監督。円谷特技プロ社
長。特撮映画を制作。代表作にテレビ「ウルトラ
マン」映画「ゴジラ」「モスラ」など。
¶映監（⊕1901年7月5日），映人（⊕明治34
（1901）年7月5日），監督，芸能，現朝（⊕1901
年7月7日），現情（⊕1901年7月5日），現人，現
日（⊕1901年7月5日），コン改（円谷栄二），コ
ン4，コン5，写家（⊕明治34年7月5日），新潮
（⊕明治34（1901）年7月5日），人名7，世紀
（⊕明治34（1901）年7月5日），全書，大百，工
芸，日人（⊕明治34（1901）年7月7日）

**坪井明日香** つぼいあすか
昭和7（1932）年1月12日～
昭和～平成期の陶芸家。帝塚山短期大学教授。日
本で有数の女流陶芸家の一人。新匠会会員。カナ
ダ国際陶芸展などに出品し活躍。
¶現日，新潮，世紀，陶芸最，陶工，日人，名工

**坪井伊助** つぼいいすけ
天保14（1843）年～大正14（1925）年
江戸時代末期～明治期の篤農家、竹研究者。竹類
の標本園を作る。著書に「竹林造成法」「竹林
図譜」。
¶維新，岐阜百，郷土岐阜，コン改，コン4，コン
5，新潮（②大正14（1925）年1月5日），人名，日
人，幕末（②1925年1月）

**坪井市右衛門** つぼいいちえもん
生没年不詳
江戸時代前期の伏見市街の開発者。
¶姓氏京都

**坪井清嘯軒** つぼいせいしょうけん
文政1（1818）年～明治6（1873）年
江戸時代末期の建築家。
¶岡山人

**坪井直勝** つぼいなおかつ
江戸時代の金工。
¶人名，日人（生没年不詳）

**壺井益徳** つぼいますのり
江戸時代中期の山城伏見の殖産功労者。
¶人名

**坪井善勝** つぼいよしかつ
明治40（1907）年5月27日～平成2（1990）年12月6
日
昭和期の構造デザイナー。東京大学生産技術研究
所所長。シェル構造研究の日本第一人者。
¶科学，現朝，現情，現人，世紀，日人，美建

**壺井義統** つぼいよしのり
昭和20（1945）年7月28日～
昭和～平成期の陶芸家。
¶陶芸最，陶工

**壺井六五郎** つぼいろくごろう
寛延2（1749）年～文政10（1827）年
江戸時代中期～後期の殖産篤行家。
¶人名，日人

**坪内享嗣** つぼうちきょうじ
昭和2（1927）年12月1日～昭和58（1983）年10月4
日
昭和期の鉄道技術者、国鉄常務理事。専門は電気
工学。
¶科学

**坪内平七** つぼうちへいしち
元禄2（1689）年～明和4（1767）年
江戸時代中期の石工。
¶島根人（�生元禄10（1697）年），島根百（㊥明和4
（1767）年9月2日），島根歴

**坪倉宏康** つぼくらひろやす
昭和22（1947）年1月12日～
昭和期の陶芸家。
¶陶芸最

**坪島土平** つぼしまどへい
昭和4（1929）年～
昭和～平成期の陶芸家。
¶陶芸最（㊣昭和4年1月27日），陶工（㊣1929年1
月17日）

**妻木頼黄** つまきよりなか
安政6（1859）年～大正5（1916）年　㊞妻木頼黄
《つまきらいこう》，土岐
明治期の建築家。国会議事堂建設に関与。作品に
横浜正金銀行本店など。
¶朝日（㊣安政6年1月21日（1859年2月23日）
㊧大正5（1916）年10月10日），海越（つまきらい
こう　㊧大正2（1913）年5月20日），海越新（つ
まきらいこう　㊧大正2（1913）年5月20日），神
奈川人，コン5，新潮（㊣安政6（1859）年12月10
日　㊧大正5（1916）年10月10日），人名（つま
きらいこう　㊧1913年），全書，渡航（㊣1859
年12月　㊧1913年5月20日），日人（㊣1860年）

**妻木頼黄** つまきらいこう
→妻木頼黄（つまきよりなか）

**妻屋宗左衛門** つまやそうざえもん
生没年不詳
江戸時代前期の装剣金工。
¶日人

**積田万鈴** つみたまりん
昭和41（1966）年1月27日～
昭和～平成期の陶芸家。
¶陶工

**津村陶江** つむらとうこう
昭和28（1953）年7月2日～
昭和～平成期の陶芸家。
¶陶芸最，陶工

**津山検校** つやまけんぎょう
生没年不詳
江戸時代中期～後期の盲人音楽家。
¶日人

**津山紘一** つやまこういち
昭和19（1944）年～
昭和～平成期の屋根職人、メルヘン作家。
¶幻作，現執2期（㊣昭和19（1944）年8月1日），
幻想

**露内良広** つゆうちよしひろ
昭和期の板金工。
¶名工

**釣井衛門太郎** つるいえもんたろう
室町時代の備前焼陶工。
¶岡山歴

**鶴我淳二朗** つるがじゅんじろう
昭和18（1943）年3月8日～
昭和～平成期の陶芸家。
¶陶芸最，陶工

**敦賀屋** つるがや
世襲名　江戸時代前期～昭和期の表具師。
¶島根人

**都留精一郎** つるせいいちろう
明治7（1874）年～昭和33（1958）年
明治～昭和期の実業家、設計技術者。
¶大分歴

**鶴田明** つるたあきら
明治37（1904）年5月2日～昭和62（1987）年7月
14日
昭和期の溶接工学者。早稲田大学教授。
¶現情

**鶴田勝三** つるたかつぞう
明治15（1882）年2月5日～昭和34（1959）年5月6日
明治～昭和期の電力土木技術者、出版人。
¶近土，土木

**鶴田賢次** つるたけんじ
慶応4（1868）年～大正7（1918）年6月10日

明治～大正期の理学者。理科大学教授、理学博士。理科大学教授を経て、中野硬質ガラス製造所を設立。三角体温計を発明考案。
¶科学（⊕1868年（慶応4）2月），人名，世紀（⊕慶応4（1868）年2月），先駆（⊗？），渡航（⊕1868年2月8日），日人（⊕慶応4（1868）年2月）

**鶴田暢　つるだちょう**
嘉永3（1850）年9月8日～明治36（1903）年4月19日
江戸時代後期～明治期の東京電信学校教授・通信技師。
¶佐賀百

**鶴谷善平　つるたにぜんべい**
昭和期の左官。
¶名工

**鶴田善紀　つるたよしのり**
昭和29（1954）年～
昭和期の陶芸家。
¶陶芸最

**鶴田和三郎　つるたわさぶろう**
天保14（1843）年～大正10（1921）年
明治～大正期の漆芸家。刷毛目塗、曙塗などを発明し塗色に新機軸を出した。
¶人名，世紀（⊗大正10（1921）年10月），日人，名工（⊗大正10年10月）

**鶴野晴山　つるのせいざん**
昭和9（1934）年～
昭和～平成期の家相建築家、著述家。日本家相建築協会連合会会長。
¶現執3期，現執4期

**鶴原鶴羽　つるはらかくう**
明治14（1881）年～昭和19（1944）年
明治～昭和期の漆芸家。
¶島根人（⊕明治15（1882）年　⊗昭和20（1945）年），島根百（⊗昭和19（1944）年11月24日），島根歴

**鶴巻三郎　つるまきさぶろう**
明治41（1908）年2月3日～平成17（2005）年6月12日
大正～平成期の人形作家。
¶美工，名工

**鶴巻宗富　つるまきそうふ**
大正11（1922）年2月17日～
昭和期の陶芸家。
¶陶芸最

**弦巻裕　つるまきゆたか**
昭和25（1950）年9月4日～
昭和～平成期の映画録音技師。
¶映人

**鶴正昭　つるまさあき**
生没年不詳
江戸時代前期の幕府作事方大棟梁。
¶和歌山人

**鶴見一之　つるみかずゆき**
明治14（1881）年11月12日～昭和34（1959）年10月12日
明治～昭和期の技師。
¶科学，近土，渡航（⊗1959年10月），土木，宮城百

**鶴見多三郎　つるみたさぶろう**
大正5（1916）年11月20日～
昭和～平成期の結城紬織物職人。
¶名工

**鶴見屋甚作　つるみやじんさく**
江戸時代後期の金沢の友禅染工。
¶人名，日人（生没年不詳）

**津和秀夫　つわひでお**
大正9（1920）年1月3日～平成2（1990）年2月10日
昭和～平成期の機械工学者、大阪大学名誉教授。専門は精密工学。
¶科学

# 【て】

**貞助　ていじょ**
→貞助（さだすけ）

**手掻包永　てがいかねなが**
→包永（かねなが）

**手柄山正繁　てがらやままさしげ**
江戸時代中期～後期の陸奥白河藩士、刀工。
¶人名（⊕1757年　⊗1827年），日人（⊕1760年　⊗1830年），藩臣2（生没年不詳）

**出川雄二郎　でがわゆうじろう**
明治42（1909）年5月31日～平成9（1997）年4月24日
昭和～平成期の電気工学者、日本電気専務。専門は通信工学、情報処理。
¶科学

**出口栄二　でぐちえいじ**
大正8（1919）年～
昭和期の陶芸家。大本教総長。
¶陶芸，陶芸最（⊕大正8年5月27日）

**出口清広　でぐちきよひろ**
昭和29（1954）年3月25日～
昭和～平成期の陶芸家。
¶陶芸最，陶工

**出口直日　でぐちなおひ**
明治35（1902）年～平成2（1990）年
昭和期の陶芸家。
¶陶工

**出口尚江　でぐちひさえ**
大正4（1915）年3月10日～昭和52（1977）年7月28日
昭和期の陶芸家。
¶女性，女性普，美工

**出崎鶴吉** でざきつるきち
明治8 (1875) 年～昭和11 (1936) 年
明治～昭和期の料理人。
¶大阪人

**勅使河原沖右衛門** てしがわらおきうえもん
享保6 (1721) 年～文化1 (1804) 年
江戸時代中期の水利事業者。笹原新田筋の新堰開発者。
¶長野歴

**手仕事屋きち兵衛** てしごとやきちべえ
昭和24 (1949) 年12月31日～
昭和～平成期の仏師、木彫師、シンガー・ソングライター。
¶テレ

**手師事屋きち兵衛** てしごとやきちべえ
昭和期の木彫師。
¶名工

**手島亀太郎** てしまかめたろう
明治37 (1904) 年～昭和51 (1976) 年
昭和期の土地改良功労者。
¶群馬人

**手代木幸右衛門** てしろぎこうえもん
寛政7 (1795) 年～安政2 (1855) 年
江戸時代末期の陶工。
¶会津 ([没]安政3 (1856) 年), 人名, 日人, 幕末 ([没]1855年3月2日)

**手銭旭峰** てぜにぎょくほう
昭和期の陶芸家。
¶陶芸最

**手塚玉堂** てづかぎょくどう
昭和8 (1933) 年6月27日～
昭和～平成期の陶芸家。
¶陶芸最, 陶工

**手塚清** てづかきよし
昭和13 (1938) 年10月10日～
昭和期の陶芸家。
¶陶芸最

**手塚善理** てづかぜんり
昭和14 (1939) 年11月10日～
昭和期の陶芸家。
¶陶芸最

**手塚昇** てづかのぼる
大正11 (1922) 年11月11日～
昭和期の陶芸家。
¶陶芸最

**手塚央** てづかひさし, てずかひさし
昭和9 (1934) 年12月29日～
昭和～平成期の陶芸家。
¶陶芸最, 陶工, 名工 (てずかひさし)

**鉄川与助** てつかわよすけ
明治12 (1879) 年1月13日～昭和51 (1976) 年7月5日
明治～昭和期の建築家。
¶世紀, 長崎百, 日人, 美建

**鉄川与八郎** てつかわよはちろう
大正3 (1914) 年2月10日～昭和60 (1985) 年4月8日
昭和期の建築家。鉄川工務店社長。
¶美建

**鉄牛** てつぎゅう
→鉄牛道機 (てつぎゅうどうき)

**鉄牛道機** てつぎゅうどうき
寛永5 (1628) 年～元禄13 (1700) 年　[別]鉄牛《てつぎゅう》, 大慈普応禅師《だいじふおうぜんじ》, 道機《どうき》
江戸時代前期～中期の黄檗僧。干拓・開墾事業に従事。
¶朝日 ([生]寛永5年7月26日 (1628年8月25日) [没]元禄13年8月20日 (1700年10月2日)), 岩史 ([生]寛永5 (1628) 年7月26日　[没]元禄13 (1700) 年8月20日), 黄檗 ([生]寛永5 (1628) 年7月26日 [没]元禄13 (1700) 年8月20日), 角史, 神奈川百 (鉄牛　てつぎゅう), 京都大, 近世, 国史, 国書 ([生]寛永5 (1628) 年7月26日　[没]元禄13 (1700) 年8月20日), コン改, コン4, 史人 ([生]1628年7月26日　[没]1700年8月20日), 島根人 (鉄牛　てつぎゅう), 島根百 ([生]寛永5 (1628) 年2月16日　[没]元禄13 (1700) 年8月), 島根歴, 新潮 ([生]寛永5 (1628) 年2月16日　[没]元禄13 (1700) 年8月2日), 人名, 姓氏京都, 姓氏宮城 (鉄牛　てつぎゅう), 世人 ([没]元禄13 (1700) 年8月2日), 日人, 仏教 ([生]寛永5 (1628) 年7月2日　[没]元禄13 (1700) 年8月2日), 仏史, 仏人 (鉄牛　てつぎゅう), 宮城百 (鉄牛　てつぎゅう　[生]寛永7 (1630) 年)

**鉄元堂正楽** てつげんどうしょうらく
?　～安永9 (1780) 年
江戸時代中期の装剣金工。
¶コン改, コン4, 新潮

**鉄砲屋亀斎** てっぽうやきさい
文久3 (1863) 年～昭和2 (1927) 年
明治～昭和期の指物師。
¶庄内, 山形百

**手中信景** てなかのぶかげ
生没年不詳
江戸時代中期の大山寺の工匠兼師職。
¶神奈川人, 姓氏神奈川

**出張六左衛門** ではりろくざえもん
生没年不詳
江戸時代中期の組頭、水田開拓者。
¶島根歴

**出目右満** でめうまん
→出目右満 (でめすけみつ)

**出目栄満** でめえいまん
→元利栄満 (げんりよしみつ)

**出目寿満** でめかずみつ
[別]出目寿満《でめじゅまん》

江戸時代の能面師。弟子出目家2代。
¶人名（でめじゅまん），日人（生没年不詳）

**出目三右衛門** でめさんえもん
生没年不詳
江戸時代中期の能面師。
¶日人

**出目寿満** でめじゅまん
→出目寿満（でめかずみつ）

**出目二郎左衛門満照** でめじろうざえもんみつてる
→出目満照（でめみつてる）



**出目右満** でめすけみつ
[別]出目右満《でめうまん》
江戸時代の能面師。弟子出目家4代。
¶人名（でめうまん），日人（生没年不詳）

**出目是閑** でめぜかん
→是閑吉満（ぜかんよしみつ）

**出目上満** でめたかみつ
生没年不詳
江戸時代中期の能面師。
¶日人

**出目則満** でめのりみつ
生没年不詳
安土桃山時代の能面師。
¶日人

**出目秀満** でめひでみつ
？　～元和2（1616）年
江戸時代の能面師。出目満照の孫。越前出目家3代。わかい女面「万媚」の創作者。
¶人名，日人

**出目満照** でめまんしょう
→出目満照（でめみつてる）

**出目満真** でめみつざね
享保18（1733）年～文化9（1812）年
江戸時代中期～後期の能面師。
¶日人

**出目満茂** でめみつしげ
？　～享保4（1719）年
江戸時代前期～中期の能面師。
¶日人

**出目満喬** でめみつたか
寛永10（1633）年～正徳5（1715）年
江戸時代前期～中期の能面師。大野出目家4代を継いだ。
¶人名，日人

**出目満忠** でめみつただ
安永7（1778）年～天保4（1833）年
江戸時代中期～後期の能面師。
¶日人

**出目満照** でめみつてる
生没年不詳　[別]出目二郎左衛門満照《でめじろうざえもんみつてる》，出目満照《でめまんしょう》
戦国時代の能面師。三光坊の甥。越前出目家初代。
¶朝日（出目二郎左衛門満照　でめじろうざえもんみつてる），郷土福井（でめまんしょう），新潮（出目二郎左衛門満照　でめじろうざえもんみつてる），人名，世人（出目二郎左衛門満照　でめじろうざえもんみつてる），日人，福井百

**出目満猶** でめみつなお
？　～寛延3（1750）年
江戸時代中期の能面師。出目満矩の子。大野出目家6代。
¶人名，日人

**出目満永** でめみつなが
？　～寛文12（1672）年
江戸時代前期の能面師。出目秀満の子。越前出目家4代。
¶人名，日人

**出目満矩** でめみつのり
？　～享保14（1729）年
江戸時代中期の能面師。出目満喬の子。大野出目家5代。能面鑑定にすぐれた。
¶人名，日人

**出目満総** でめみつふさ
？　～宝暦8（1758）年
江戸時代中期の能面師。
¶日人

**出目満庸** でめみつやす
？　～承応1（1652）年
江戸時代前期の能面師。大野出目家2代を襲名。
¶人名，日人

**出目素久** でめもとひさ
天保14（1843）年～明治36（1903）年6月25日
江戸時代後期～明治期の能面師。
¶国書

**出目庸隆** でめやすたか
生没年不詳
江戸時代中期～後期の能面師。
¶日人

**出目庸久** でめやすひさ
？　～明和3（1766）年
江戸時代中期の能面師。出目満猶の子。大野出目家7代。第4代出目満喬以来の名工と賞された。
¶人名，日人

**出目庸吉** でめやすよし
？　～安永3（1774）年
江戸時代中期の能面師。
¶日人

**出目栄満** でめよしみつ
→元利栄満（げんりよしみつ）

**出目吉満** でめよしみつ
→是閑吉満（ぜかんよしみつ）

**寺井恭** てらいきょう
昭和20（1945）年6月18日～

昭和期の陶芸家。
¶陶芸最

**寺井精英** てらいきよひで
昭和2（1927）年1月6日～
昭和～平成期の造船工業学者。川崎重工業技術研究所溶接研究室長、電電公社参与、電気通信大学教授。
¶現執3期

**寺井国蔵** てらいくにぞう
＊～明治22（1889）年8月25日
江戸時代後期～明治期の陶工。
¶岡山百（㊍？）、岡山歴（㊍文政8（1825）年）

**寺池静人** てらいけしずと
昭和8（1933）年2月8日～
昭和～平成期の陶芸家。
¶陶芸最、陶工、名工

**寺池陶烋** てらいけとうしゅう
明治40（1907）年～昭和55（1980）年
昭和期の陶芸家。
¶陶芸、陶芸最、陶工、美工（㊍昭和55（1980）年6月26日）、名工（㊍昭和55年6月26日）

**寺石正作** てらいししょうさく
大正10（1921）年3月15日～平成12（2000）年1月20日
昭和～平成期の染色家、緞帳作家。
¶美工、名工

**寺井直次** てらいなおじ
大正1（1912）年12月1日～平成10（1998）年3月21日
昭和期の漆芸家。人間国宝。作品に「金胎蒔絵水指 春」「金胎蒔絵漆箱 飛翔」など。
¶石川百、現朝、現情、国宝、世紀、日人、美工、名工

**寺内洪** てらうちひろし
～平成9（1997）年3月25日
昭和～平成期の表具師。
¶美工、名工

**寺尾市四郎** てらおいちしろう
文化4（1807）年～明治11（1878）年
江戸時代末期～明治期の尾張瀬戸の陶工。
¶人名、日人

**寺岡磯次郎** てらおかいそじろう
生没年不詳
江戸時代後期の陶工。
¶日人

**寺尾恍示** てらおこうじ
昭和4（1929）年～昭和62（1987）年
昭和期の陶芸家。
¶陶芸最、陶工、美工（㊍昭和4（1929）年1月5日　㊍昭和62（1987）年5月1日）、名工（㊍昭和4年1月5日　㊍昭和62年5月1日）

**寺尾宏之助** てらおこうのすけ
昭和～平成期の能面師。

¶名工

**寺垣武** てらがきたけし
大正13（1924）年～
昭和～平成期の技術者。
¶世紀、日人（㊍大正13（1924）年3月27日）

**寺崎和郎** てらさきかずお
昭和2（1927）年3月22日～
昭和期のエネルギー工学者。青山学院大学教授。
¶現執2期

**寺沢一雄** てらさわかずお
明治37（1904）年4月12日～平成1（1989）年12月23日
大正～昭和期の造船工学者、大阪大学名誉教授。
¶科学、現情

**寺島恕** てらしまおもし
明治21（1888）年～大正6（1917）年
大正期の鍛金・彫金家。
¶姓氏富山

**寺島庄山** てらじましょうざん
昭和5（1930）年6月29日～
昭和～平成期の陶芸家。
¶陶工

**寺嶋甚兵衛** てらじまじんべえ
生没年不詳
江戸時代前期の瓦工。
¶和歌山人

**寺島屋源四郎** てらしまやげんしろう
？　～天保2（1831）年
江戸時代後期の織物技術者、実業家。
¶姓氏富山

**寺島裕二** てらしまゆうじ
昭和24（1949）年～
昭和～平成期の陶芸家。
¶陶芸最、陶工

**寺島義勝** てらしまよしかつ
昭和期の陶器職人。
¶名工

**寺瀬重高** てらせしげたか
生没年不詳
江戸時代前期の飯山仏壇製作の祖の一人。
¶姓氏長野

**寺田市十** てらだいちじゅう
文久3（1863）年～大正13（1924）年
明治～大正期の織物技術者。
¶静岡歴、世紀（㊍文久3（1863）年10月10日　㊍大正13（1924）年11月13日）、姓氏静岡、日人

**寺田清三郎** てらだせいざぶろう
明治15（1882）年3月3日～？
明治～昭和期の医師、発明家。
¶日人

**寺田太郎** てらだたろう
昭和36（1961）年～平成19（2007）年12月15日

昭和～平成期の造形作家。歯科技工士。
¶美建

**寺田信太郎** てらだのぶたろう
明治6（1873）年～昭和26（1951）年
明治～昭和期の製茶業者。寺田産業・寺田製作所
創業者。寺田式製茶機械の創始者。
¶静岡歴，姓氏静岡

**寺田美山** てらだびざん
昭和3（1928）年8月15日～
昭和～平成期の陶芸家。
¶陶芸最，名工

**寺田ミツエ** てらだみつえ
昭和期の染色家。
¶名工

**寺田みのる** てらだみのる
昭和11（1936）年7月15日～
昭和期の陶芸家。
¶陶芸最

**寺田屋庄左衛門** てらだやしょうざえもん
？　～延享2（1745）年
江戸時代中期の瓦師。
¶姓氏宮城

**寺田康雄** てらだやすお
昭和23（1948）年8月10日～
昭和～平成期の陶芸家。
¶陶芸最，陶工，名工

**寺利郎** てらとしろう
大正3（1914）年12月25日～平成1（1989）年10月2
日
昭和期の陶芸家。昭和16年商工省陶磁試験所研
修。芸術保存資格認定。
¶陶芸（⊕1916年），陶芸最（⊕大正15年12月25
日），美工，名工

**寺西士一郎** てらにししいちろう
大正11（1922）年1月1日～
昭和期の化学工学者。大阪大学教授。
¶現情

**寺西宗山** てらにしそうざん
～平成9（1997）年2月10日
昭和～平成期の金工家。
¶美工

**寺野寿郎** てらのとしろう
大正11（1922）年3月31日～平成17（2005）年2月
15日
昭和～平成期のシステム工学者、東京工業大学名
誉教授。専門はファジィ工学、蒸気工学。
¶科学，現朝，世紀，日人

**寺前冨美** てらまえせいみ
明治36（1903）年1月1日～
昭和期の陶芸家。
¶陶芸，陶芸最，名工

**寺村正孟** てらむらまさたけ
～享保10（1725）年
江戸時代前期～中期の新田開拓者。
¶高知人

**寺本守** てらもとまもる
昭和24（1949）年4月20日～
昭和期の陶芸家。
¶陶芸最

**寺本ゆみ** てらもとゆみ
昭和23（1948）年1月25日～
昭和～平成期の陶芸家。
¶陶工

**寺山章子** てらやまあきこ
昭和22（1947）年～
昭和～平成期の七宝作家。
¶名工

**寺山光広** てらやまみつひろ
昭和23（1948）年～
昭和～平成期の鍛金工芸家。
¶名工

**照井一玄** てるいいちげん
昭和18（1943）年12月29日～
昭和～平成期の陶芸家。
¶陶芸最，陶工

**照井克彦** てるいかつひこ
昭和19（1944）年～
昭和～平成期の漆芸家。
¶名工

**照井堯蔵** てるいぎょうぞう
明治42（1909）年～昭和61（1986）年
昭和期の工学者。
¶姓氏岩手

**照井邦彦** てるいくにひこ
昭和22（1947）年～
昭和～平成期の漆芸家。
¶名工

**照井久良人** てるいくらと
大正5（1916）年～
昭和～平成期の漆芸家。
¶名工

**照井蔵人** てるいくらと
大正5（1916）年1月15日～平成11（1999）年7月
30日
昭和～平成期の漆芸家、蒔絵師。
¶美工，名工

**照井正一** てるいしょういち
大正4（1915）年～平成7（1995）年
昭和～平成期の大工・建設業功労者。
¶姓氏岩手

**照井太郎** てるいたろう
生没年不詳
平安時代後期の水利事業者。藤原秀衡に仕え、照

井堰の開削を計画した。
¶姓氏岩手

**照井豊光** てるいとよみつ
昭和期の庭師。
¶名工

**照井春吉** てるいはるきち
昭和期のミコシ職人。
¶名工

**照井隆三郎** てるいりゅうさぶろう
明治34(1901)年9月1日～昭和44(1969)年3月19日
大正～昭和期の技師。
¶近土，土木

**輝秀** てるひで
～嘉永1(1848)年
江戸時代後期の刀工、鉄砲鍛冶。
¶高知人

**輝広(1)** てるひろ
生没年不詳
安土桃山時代～江戸時代前期の刀工。
¶朝日，近世，日人

**輝広(2)** てるひろ
世襲名　江戸時代の広島藩の刀工。
¶広島百

**照屋和那** てるやかずな
昭和26(1951)年～
昭和～平成期の漆芸家。
¶名工

**照屋敏子** てるやとしこ
大正4(1915)年9月11日～昭和59(1984)年4月4日
昭和期の女性、実業家。東南アジア諸国との貿易でサンゴなどを販売。クロダイの養殖なども手がける。
¶現朝，現人，世紀，日人

**照屋宏** てるやひろし
明治8(1875)年～昭和14(1939)年
明治～昭和期の政治家。那覇市長、鉄道技師。
¶沖縄百([生]明治8(1875)年10月21日　[没]昭和14(1939)年7月22日)，姓氏沖縄

**照屋政雄** てるやまさお
昭和14(1939)年6月1日～
昭和～平成期のミュージシャン、俳優、三線職人。照屋太鼓三味線店主。
¶テレ

**照屋林顕** てるやりんけん
尚泰20(1867)年10月10日～昭和19(1944)年3月13日
明治～昭和期の沖縄県漁業組合連合会会長、沖縄水産会会長、沖縄県水産功労者。
¶沖縄百

**輝美** てるよし
生没年不詳
江戸時代末期の刀工、鉄砲鍛冶。
¶高知人

**出羽勘七** でわのかんしち
世襲名　江戸時代の宮大工、彫刻師。
¶山形百

**天下一喜兵衛** てんかいちきへえ
生没年不詳
戦国時代の竹篭師。
¶戦人，美工

**天狗寺陶白人** てんぐうじとうはくじん
昭和26(1951)年2月16日～
昭和～平成期の陶芸家。
¶陶芸最，陶工

**天狗久** てんぐひさ
安政5(1858)年5月21日～昭和18(1943)年
明治～昭和期の人形師。
¶徳島百([没]昭和18(1943)年12月20日)，徳島歴([没]昭和18(1943)年12月18日)

**天狗弁** てんぐべん
*～昭和44(1969)年3月20日
明治期の人形細工師。明治期最後の技術継承者として活躍。
¶人名，徳島百([生]明治7(1874)年)，徳島歴([生]明治6(1873)年12月25日)，日人，美工([生]?　[没]?)，名工

**天狗要** てんぐよう
明治13(1880)年12月5日～大正4(1915)年7月10日
明治～大正期の浄瑠璃人形細工師。
¶徳島歴

**伝蔵** でんぞう
生没年不詳
江戸時代前期の陶工。
¶日人

**天日仁太郎** てんにちにたろう
明治3(1870)年～昭和28(1953)年
明治～昭和期の宮大工。
¶美建

**天野文堂** てんのぶんどう
→天野わかの(てんのわかの)

**天野わかの** てんのわかの
明治29(1896)年9月21日～昭和27(1952)年9月18日　[別]天野文堂《てんのぶんどう》
明治～昭和期の漆芸家。
¶石川百(天野文堂　てんのぶんどう)，世紀，姓氏石川，日人，美工

**天坊昌彦** てんぼうまさひこ
昭和22(1947)年11月17日～
昭和～平成期の陶芸家。
¶陶工

**天満屋治兵衛** てんまやじへえ
元和2(1616)年～天和2(1682)年

江戸時代前期の商人。備後御調郡富浜塩田開発者。
¶朝日([没]天和2年6月16日(1682年7月20日)), コン4, 日人

## 【と】

**土居勝郎** どいかつろう
文久2(1862)年～大正10(1921)年
明治～大正期の自由民権運動家、北海道開拓者。北海道議会議長。
¶高知人

**土居喜久弥** どいきくや
安政5(1858)年～明治44(1911)年
明治期の製紙家。製紙原料としてのパルプ輸入の嚆矢。
¶高知人, 高知百, 人名([生]1859年), 日人, 名工([生]安政6(1859)年 [没]明治44年1年26日)

**土井権大** どいごんだい
明治12(1879)年～昭和13(1938)年2月1日
大正～昭和期の政治家、殖民開拓者。衆議院議員、日本興業会社代表取締役を務めた。
¶人名, 日人([生]明治12(1879)年11月), 兵庫人([生]明治12(1879)年11月12日)

**土井静雄** どいしずお
明治35(1902)年1月30日～昭和49(1974)年4月21日
昭和期の機械工学者。名古屋大学教授。日本機械学会東海支部設置に尽力し、手腕を発揮。勲二等瑞宝章を受章。
¶科学, 現情, 人名7, 世紀, 日人

**土居庄次** どいしょうじ
昭和12(1937)年1月6日～
昭和期の陶芸家。
¶陶芸最

**土井武夫** どいたけお
明治37(1904)年10月31日～平成8(1996)年12月24日
大正～昭和期の航空技術者、名城大学理工学部教授。
¶科学

**覚田孝嗣** といだこうじ
昭和18(1943)年8月29日～ [別]覚田孝嗣《といたたかつぐ》
昭和～平成期の陶芸家。
¶陶芸最, 陶工, 名工(といたたかつぐ)

**覚田孝嗣** といたたかつぐ
→覚田孝嗣(といだこうじ)

**土井忠一** どいちゅういち
文政9(1826)年10月7日～明治35(1902)年9月28日
江戸時代後期～明治期の戸長・養蚕家。
¶岡山歴

**戸出政志** といでまさし
昭和4(1929)年～平成3(1991)年7月4日
昭和～平成期の陶芸家。
¶美工, 名工

**土井原忠家** どいはらただいえ
明治8(1875)年～昭和25(1950)年
明治～昭和期の歌人、内務省出先機関土木技師。
¶高知人

**土井福雄** どいふくお
大正1(1912)年～
昭和期の陶芸家。
¶陶芸

**土井兵治** どいへいじ
昭和期の日鋼室蘭製鉄所製鋼課長補佐。
¶名工

**土井安雄** どいやすお
大正1(1912)年11月24日～
昭和～平成期の陶芸家。
¶名工

**道意** どうい
生没年不詳
江戸時代前期の漆工。
¶日人

**道栄** どうえい
? ～嘉永5(1852)年
江戸時代後期の僧。地域開発の功労者。
¶静岡歴, 姓氏静岡

**桐栄良三** とうえいりょうぞう
大正11(1922)年1月12日～
昭和期の化学工学者。京都大学教授。
¶現情

**藤右衛門**(1) とうえもん
? ～寛永3(1626)年
江戸時代前期の茂田井新田の開発百姓。
¶埼玉人

**藤右衛門**(2) とうえもん
生没年不詳
江戸時代前期の檜物細工職人。
¶和歌山人

**藤喜三次** とうきそうじ
昭和13(1938)年11月3日～
昭和～平成期の陶芸家。
¶陶工

**党旭泉** とうぎょくせん
昭和2(1927)年～
昭和期の陶芸家。
¶陶芸最

**道具屋久左衛門** どうぐやきゅうざえもん
慶長10(1605)年～延宝9(1681)年4月4日
江戸時代前期の製薬家。
¶徳島歴

と

**等月** とうげつ
生没年不詳
戦国時代の能面師。
¶日人

**東郷寿勝** とうごうじゅかつ
安政2(1855)年～昭和11(1936)年 [別]東郷寿勝《とうごうじゅしょう》
明治期の陶工。薩摩焼の良工。
¶人名(とうごうじゅしょう), 世紀([生]安政2(1855)年2月20日 [没]昭和11(1936)年3月23日), 日人

**東郷寿勝** とうごうじゅしょう
→東郷寿勝(とうごうじゅかつ)

**藤五弁蔵** とうごべんぞう
江戸時代後期の工芸家。
¶人名, 日人(生没年不詳)

**陶斎** とうさい
生没年不詳
江戸時代後期の陶工。
¶日人

**藤七** とうしち
江戸時代末期の彫金家。
¶島根人

**道性** どうしょう
生没年不詳
鎌倉時代の漆工。
¶日人

**東条輝雄** とうじょうてるお
大正3(1914)年9月23日～平成24(2012)年11月9日
昭和期の航空技術者。
¶科学, 履歴, 履歴2

**東条就頼**(東条就類) とうじょうなりより
慶長12(1607)年～寛文10(1670)年
江戸時代前期の長州(萩)藩士。
¶日人, 藩臣6(東条就類)

**藤四郎景正** とうしろうかげまさ
→加藤景正(かとうかげまさ)

**冬青** とうせい
→森下冬青(もりしたとうせい)

**道仙** どうせん
江戸時代の京都の陶工。
¶人名

**藤武範** とうたけのり
昭和7(1932)年2月1日～
昭和期の陶芸家。
¶陶芸最

**任田屋徳右衛門** とうだやとくえもん
寛政4(1792)年～明治6(1873)年
江戸時代末期～明治期の加賀金沢の陶画工。
¶人名, 姓氏石川, 日人

**任田屋徳次** とうだやとくじ
? ～明治16(1883)年
江戸時代後期～明治期の金沢の陶工。
¶姓氏石川

**遠近** とうちか
[別]遠近《とおちか》
平安時代中期の刀工。
¶岡山人, 岡山歴(とおちか)

**藤堂高聴** とうどうたかより
文化7(1810)年～文久3(1863)年
江戸時代後期の大名。伊勢久居藩主。
¶維新, 近世, 国史, 国書([生]文化7(1810)年11月23日 [没]文久3(1863)年8月9日), コン改, コン4, 諸系, 新潮([生]文化7(1810)年11月23日 [没]文久3(1863)年8月9日), 人名, 日人, 幕末([没]1863年9月21日), 藩主3([生]文化7(1810)年11月 [没]文久3(1863)年8月9日), 三重([生]文化7年11月23日)

**道入** どうにゅう
慶長4(1599)年～明暦2(1656)年 [別]楽のんかう《らくのんこう》,楽のんこう《らくのんこう》,楽道入〔楽家3代〕《らくどうにゅう》,楽道入《らくどうにゅう》, のんこう, ノンコウ
江戸時代前期の京都・楽焼の陶工。楽家3代。
¶朝日(楽道入 らくどうにゅう [没]明暦2年2月23日(1656年3月18日)), 近世([生]1574年), 国史([生]1574年), コン改(楽のんかう らくのんこう), コン4(楽のんかう らくのんこう), 茶道(楽道入〔楽家3代〕 らくどうにゅう [生]1600年 [没]1657年), 史人([没]1656年2月12日), 新潮(楽のんこう らくのんこう [没]明暦2(1656)年2月23日), 人名([生]1574年), 姓氏京都, 全書, 大百, 日史([没]明暦2(1656)年2月23日), 日人(楽道入 らくどうにゅう), 美術, 百科

**陶梅里** とうばいり
江戸時代後期の幕府の御瓦師。
¶江戸

**洞白** とうはく
? ～正徳5(1715)年
江戸時代中期の能面工。
¶人名

**東畑謙三** とうはたけんぞう
明治35(1902)年4月11日～平成10(1998)年4月29日
昭和期の建築家。
¶世紀, 日人, 美建

**道八〔1代〕** どうはち
→高橋道八〔1代〕(たかはしどうはち)

**道八〔2代〕** どうはち
→高橋道八〔2代〕(たかはしどうはち)

**堂原正道** どうはらまさみち
昭和7(1932)年～
昭和～平成期の陶芸家。

とうはん　　　　　　　　　　528　　　　　　　　日本人物レファレンス事典

¶陶芸最，陶工（⊕1932年1月10日）

**陶範丘** とうはんきゅう
江戸時代前期の肥前の渡来陶工。
¶人名，日人（生没年不詳）

**陶浜** とうひん
江戸時代の讃岐の陶工。
¶人名

**堂前忠正** どうまえただまさ
昭和26（1951）年4月5日～
昭和期の陶芸家。
¶陶芸最

**当麻辰次郎** とうまたつじろう
文政9（1826）年～明治38（1905）年
明治期の園芸家。
¶神奈川人，神奈川百，植物（⊕文政9（1826）年
11月1日　㊙明治38（1905）年4月11日），食文
（⊕文政9年11月1日（1826年11月29日）
㊙1905年4月11日），姓氏神奈川，日人

**当麻長十郎** とうまちょうじゅうろう
生没年不詳
明治期の農芸家。在来種の梨を改良、長十郎種を
育成好評を博す。長十郎梨の生みの親。
¶朝日，先駆

**当麻弥左衛門** とうまやざえもん
？　～
江戸時代中期の新田開拓者。
¶多摩

**当麻嘉英** とうまよしひで
昭和28（1953）年7月6日～
昭和～平成期の陶芸家。
¶陶芸最，陶工

**道味** どうみ
生没年不詳
安土桃山時代の陶工。
¶日人

**道明新兵衛〔6代〕** どうみょうしんべえ
明治12（1879）年6月27日～昭和37（1962）年10月
11日
明治～昭和期の組紐司。工芸組紐技術無形文化財
保持者。甲冑、手箱等の組紐修復に務める。
¶新潮（――〔代数なし〕），世紀，日人，美工

**道明新兵衛〔7代〕** どうみょうしんべえ
明治37（1904）年10月24日～昭和47（1972）年11月
16日
昭和期の組紐技術者。正倉院遺物組紐の復元・模
造に携わる。また、5代が手がけた「平家納経」
の紐の復元を完成させた。
¶日人

**塔本伊久** とうもといく
昭和18（1943）年～
昭和～平成期の陶芸家。
¶陶工

**堂本漆軒** どうもとしつけん，どうもとしっけん
明治22（1889）年～昭和39（1964）年
明治～昭和期の漆芸家。
¶京都大，姓氏京都，美工（どうもとしっけん
⊕明治22（1889）年11月3日　㊙昭和39（1964）
年7月28日）

**堂森実蔵** どうもりじつぞう
明治3（1870）年～昭和17（1942）年
明治～昭和期の鉄道開発に尽力、地方政治家。
¶静岡歴，姓氏静岡

**当山道三** とうやまみちぞう
明治32（1899）年12月23日～昭和49（1974）年4月
29日
明治～昭和期の土質工学者。
¶科学，近土，土木，新潟百別

**道与** どうよ
生没年不詳
江戸時代中期の蒔絵師。
¶日人

**道楽** どうらく
生没年不詳
江戸時代中期の陶工、楽家脇窯。
¶茶道，美工

**筒乱屋紫笛** どうらんやしてき
生没年不詳
江戸時代中期の革細工師。
¶日人

**遠武勇熊** とおたけいさくま
明治6（1873）年7月25日～昭和17（1942）年3月23
日　㊙遠武勇熊《とおたけゆうくま》
明治～昭和期の技師。
¶近土，鉄道（とおたけゆうくま　⊕1873年7
月），土木

**遠武勇熊** とおたけゆうくま
→遠武勇熊（とおたけいさくま）

**遠近** とおちか
→遠近（とうちか）

**遠山静雄** とおやましずお
明治28（1895）年2月15日～昭和61（1986）年11月
10日
大正～昭和期の舞台照明家、工学博士。帝劇支配
人。歌舞伎・新劇・舞踊の舞台を手がける。
¶歌舞大，芸能，現朝，現情（⊕1895年2月25
日），新潮，世紀，全書，日人

**遠山直随** とおやまちょくずい
宝暦4（1754）年～寛政7（1795）年
江戸時代中期の江戸の金工。
¶人名

**遠山又七** とおやまままたしち
肥後の金工。
¶人名

**渡嘉敷貞子**　とかしきさだこ
明治44(1911)年2月28日～昭和44(1969)年1月25日
昭和期の染色家。
¶沖縄百，女性，女性普，世紀，日人，美工

**渡嘉敷三良**　とかしきさんらあ
？～尚寧16(1604)年
安土桃山時代～江戸時代前期の沖縄最初の瓦工。
¶沖縄百([没]尚寧16(1604)年12月24日)，姓氏沖縄

**富樫兼治郎**　とがしけんじろう
明治29(1896)年3月30日～昭和40(1965)年7月4日
大正～昭和期の砂防事業功労者。
¶庄内

**富樫光成**　とがしこうせい
明治17(1884)年1月4日～昭和42(1967)年12月23日
明治～昭和期の漆芸家、工芸家。
¶美工，名工

**富樫二郎**(富樫二朗)　とがしじろう
昭和23(1948)年3月10日～
昭和～平成期の陶芸家。
¶陶芸最，陶工(富樫二朗)

**富樫助次**　とがしすけじ
大正2(1913)年11月2日～
昭和～平成期の村上木彫堆朱職人。
¶名工

**富樫長吉**　とがしちょうきち
弘化1(1844)年～大正14(1925)年
江戸時代末期～大正期の産業開発功労者。
¶新潟百

**富樫常治**　とがしつねじ
明治10(1877)年～昭和31(1956)年
明治～昭和期の農業技術者。
¶神奈川人，神奈川百，植物([生]明治10(1877)年2月14日　[没]昭和31(1956)年5月16日)，世紀([生]明治10(1877)年2月14日　[没]昭和31(1956)年5月16日)，姓氏神奈川，日人([生]明治10(1877)年2月14日　[没]昭和31(1956)年5月16日)

**富樫鉄之助**　とがしてつのすけ
明治10(1877)年9月1日～昭和34(1959)年11月4日
明治～昭和期の開拓者。
¶青森人，世紀，日人

**富樫伝右衛門**　とがしでんうえもん
弘化1(1844)年～明治35(1902)年
江戸時代後期～明治期の北区栄町地区の開拓功労者。
¶札幌

**富樫ヒロコ**　とがしひろこ
昭和25(1950)年6月2日～
昭和期の陶芸家。
¶陶芸最，名工

**富樫康明**　とがしやすあき
昭和29(1954)年3月20日～
昭和～平成期のイラストレーター、作家。NPO法人著作権協会理事長、NPO法人発明協会相談役、知的コンサルティング協会代表。
¶現執4期

**富樫義男**　とがしよしお
大正1(1912)年9月18日～
昭和～平成期の会津塗職人。
¶名工

**栂野明二郎**　とがのめいじろう
明治15(1882)年～昭和15(1940)年10月20日
明治～昭和期の醸造技術者。
¶食文

**戸上信文**　とがみのぶふみ
明治28(1895)年5月13日～昭和42(1967)年8月9日
大正～昭和期の経営者。戸上電機製作所を設立。戸上式自動配線装置などで特許取得。
¶佐賀百，世紀，創業，日人

**戸川安論**　とがわやすのぶ，とかわやすのぶ
宝暦12(1762)年～文政4(1821)年
江戸時代中期～後期の蝦夷奉行筑前守。旗本曲直瀬家の子、戸川安精の養子。
¶朝日([没]文政4年3月23日(1821年4月25日))，日人，北海道百(とかわやすのぶ)，北海道歴(とかわやすのぶ)

**十川嘉太郎**　とがわよしたろう
→十川嘉太郎(そがわかたろう)

**富木伊助**　とぎいすけ
天保6(1835)年～明治27(1894)年　[別]冨木伊助《とみきいすけ》
江戸時代末期～明治期の鍛工。練鉄細工に長じ、花鳥虫魚の置物を得意とした。
¶人名，日人(冨木伊助　とみきいすけ)，名工([没]明治27年7月)

**土器俊一**　どきしゅんいち
昭和10(1935)年10月10日～
昭和～平成期の陶芸家。
¶名工

**常田壬太郎**　ときだじんたろう
嘉永5(1852)年～昭和6(1931)年
明治～昭和期の海軍造船技師。
¶姓氏長野，長野歴

**土岐達人**　ときたつんど
明治35(1902)年9月22日～昭和57(1982)年5月9日
大正～昭和期の建築家。鹿島建設専務、日本建築協会会長。
¶美建

**時田光介**　ときたみつすけ
天保7(1836)年～大正5(1916)年

江戸時代末期～明治期の豊浦藩士。筑前香月炭坑を起工、三河の開墾場を経営して名声を博した。
¶人名，日人

**時永祥三** ときながしょうぞう
昭和24（1949）年3月14日～
昭和～平成期の工学者。九州大学教授。
¶現執3期

**土岐八夫** ときはつお
昭和8（1933）年11月2日～平成9（1997）年5月21日
昭和～平成期の舞台監督。日本舞台監督協会会長。俳優座で舞台技術を学ぶ。商業演劇、能、狂言に活躍。作品に「友達」「蠍を飼う女」など。
¶現朝，現人，世紀，日人



**時久** ときひさ
生没年不詳
戦国時代の甲冑師。相模で活動。
¶戦辞

**常盤木隆正** ときわぎたかまさ
大正7（1918）年～平成9（1997）年4月21日
昭和～平成期の工芸家。
¶美工（[生]大正7（1918）年1月25日），名工

**徳江八郎** とくえはちろう
弘化2（1845）年～明治42（1909）年
明治期の蚕業功労者。繰糸機械を創製、のち共研社を設立し精糸を輸出し発展した。
¶群馬人（[没]大正10（1921）年），群馬百，人名，姓氏群馬，日人

**徳右衛門** とくえもん
？　～寛文7（1667）年
江戸時代中期の伊万里焼の陶工。
¶高知人（生没年不詳），高知百，コン改，コン4，新潮（生没年不詳），世人（生没年不詳），日人（[没]1661年？）

**徳応幸次郎** とくおうこうじろう
昭和期の九谷焼上絵師。
¶名工

**徳岡裕史** とくおかひろし
昭和25（1950）年6月18日～
昭和期の陶芸家。
¶陶芸最

**徳岡仏性坊** とくおかぶっしょうぼう
昭和4（1929）年3月11日～
昭和～平成期の陶芸家。
¶陶工

**徳川武定** とくがわたけさだ
明治21（1888）年～昭和32（1957）年11月29日
大正～昭和期の造船学者、海軍軍人。技術中将。巨大戦艦の計算と製図、救命艇の設計、潜水艦の耐圧船体の研究など。
¶科学（[生]1888年（明治21）10月12日），近現，現情（[生]1888年10月12日），国史，史人（[生]1888年10月），人名7，世紀（[生]明治21（1888）年10月12日），世百，日人（[生]明治21（1888）年10月12日），陸海（[生]明治21年10月12日）

**徳川幹子** とくがわもとこ
明治35（1902）年12月8日～平成8（1996）年9月17日
昭和期の社会運動家。茨城県婦人会館理事長、全日本開拓者連盟婦人部長。華族出身の開拓農民。水戸郊外の薪炭林に入植。著書に「わたしはロビンソン・クルーソー」など。
¶郷土茨城，女性普，世紀，日人

**徳川吉宗** とくがわよしむね
貞享1（1684）年～宝暦1（1751）年　[別]松平頼方《まつだいらよりかた》，徳川頼方《とくがわよりかた》，米将軍《こめしょうぐん》，有徳院殿《ゆうとくいんどの》
江戸時代中期の江戸幕府第8代の将軍（在職1716～1745）。徳川宗家の血筋が絶えたため、紀伊和歌山藩主から将軍になった。破綻した幕府財政を立て直すため「享保の改革」を断行。倹約・新田開発・殖産興業につとめ、とりわけ米価の安定に腐心したため「米将軍」と呼ばれた。
¶朝日（[生]貞享1年10月21日（1684年11月27日）[没]宝暦1年6月20日（1751年7月12日）），岩史（[生]貞享1（1684）年10月21日　[没]寛延4（1751）年6月20日），江戸，角史，郷土和歌山，近世，公卿（[生]貞享1（1684）年10月21日　[没]宝暦1（1751）年6月20日），国史，国書（[生]貞享1（1684）年10月21日　[没]寛延4（1751）年6月20日），コン改，コン4，史人（[生]1684年10月21日 [没]1751年6月20日），重要（[生]貞享1（1684）年10月21日　[没]宝暦1（1751）年6月20日），食文（[生]貞享1年10月21日（1684年11月27日）　[没]寛延4年6月20日（1751年7月12日）），諸系，人書94，新潮（[生]貞享1（1684）年10月21日　[没]宝暦1（1751）年6月20日），人名，世人（[生]貞享1（1684）年10月21日　[没]宝暦1（1751）年6月20日），世百，全書，大百，多摩，伝記，栃木歴，日思，日史（[生]貞享1（1684）年10月21日　[没]宝暦1（1751）年6月20日），日人，藩主3（松平頼方まつだいらよりかた），藩主3（[生]貞享1（1684）年10月20日　[没]宝暦1（1751）年6月20日），百科，平日（[生]1684　[没]1751），歴大，和歌山人

**徳元** とくげん
安土桃山時代の鍛冶師。
¶茶道

**得斎** とくさい
江戸時代後期の近江信楽の陶工。
¶人名

**徳差豊治** とくさしとよじ
明治28（1895）年～昭和2（1927）年
大正～昭和期の徳差式水車の発明者。
¶青森人

**徳沢守俊** とくざわもりとし
昭和18（1943）年8月11日～
昭和～平成期の陶芸家。
¶陶芸最，陶工，名工

**特山** とくざん
宝暦3（1753）年～天保8（1837）年
江戸時代中期～後期の僧、陶工。

¶日人

**徳重英一郎** とくしげえいいちろう
昭和22(1947)年6月1日～
昭和期の陶芸家。
¶陶芸最

**徳重恵美子** とくしげえみこ
昭和14(1939)年～
昭和～平成期の織物工芸家。
¶名工

**徳島兵左衛門** とくしまひょうざえもん
？ ～貞享1(1684)年
江戸時代前期の治水家。
¶日人

**得全** とくぜん
→永楽得全〔14代〕(えいらくとくぜん)

**徳善義光** とくぜんよしみつ
明治30(1897)年2月3日～昭和60(1985)年10月28日
明治～昭和期の技師。
¶近土，土木

**徳蔵** とくぞう
生没年不詳
江戸時代後期の根付師。
¶日人

**徳田明美** とくだあけみ
昭和30(1955)年12月3日～
昭和～平成期の陶芸家。
¶陶芸最，陶工

**徳田牛金** とくだうしかね
生没年不詳
明治～大正期の治水家。
¶姓氏沖縄

**徳武彦兵衛** とくたけひこべえ
生没年不詳
江戸時代中期の竹細工技術者。
¶姓氏長野

**徳田伝兵衛** とくだでんべえ
？ ～
江戸時代前期の金木新田開拓者。
¶青森人

**徳田陶春** とくだとうしゅん
大正1(1912)年10月28日～
昭和期の陶芸家。
¶陶芸最，名工

**徳田徳志芸** とくだのりしげ
昭和8(1933)年～
昭和～平成期の童画家、陶芸家。
¶児人

**徳田文作** とくだぶんさく
明治10(1877)年～昭和20(1945)年
明治～昭和期の土木技術者。
¶山口百

**徳田平市** とくだへいいち
明治14(1881)年～昭和19(1944)年
明治～昭和期の水産事業家。
¶鳥取百

**徳田孫四郎** とくだまごしろう，どくだまごしろう
*～享和2(1802)年
江戸時代中期～後期の治水家。
¶日人([生]1752年)，兵庫人(どくだまごしろう [生]？ [没]享和2(1802)年4月20日)

**徳田正彦** とくだまさひこ
昭和8(1933)年9月14日～
昭和期の陶芸家。
¶陶芸最

**徳田百々吉**(徳田百吉) とくだももきち
→徳田八十吉〔2代〕(とくだやそきち)

**徳田八十吉〔1代〕**(――〔先代〕) とくだやそきち
明治6(1873)年～昭和31(1956)年2月20日
明治～昭和期の陶芸家。九谷焼の代表的陶芸家として著名。九谷焼の上絵付技術によって無形文化財に選定。
¶石川百，現情([生]1873年2月20日)，人名7，世紀([生]明治6(1873)年2月20日)，姓氏石川(――〔代数なし〕)，陶芸最(――〔先代〕 [没]昭和32年)，陶工，日人([生]明治6(1873)年2月20日)，美工([生]明治6(1873)年2月20日)，名工([生]明治6年2月20日)

**徳田八十吉〔2代〕** とくだやそきち
明治40(1907)年～平成9(1997)年 [別]徳田百吉《とくだももきち》，徳田百々吉《とくだももきち》
昭和期の九谷焼陶芸家。
¶石川百(徳田百々吉 とくだももきち)，現情([生]1907年11月1日)，世紀(徳田百吉 とくだももきち [生]明治40(1907)年11月1日 [没]平成9(1997)年9月8日)，陶芸(――〔代数なし〕)，陶芸最(――〔代数なし〕)，陶工，美工(徳田百吉 とくだももきち [生]明治40(1907)年11月1日 [没]平成9(1997)年9月8日)，名工([生]明治40年11月1日)

**徳田八十吉〔3代〕** とくだやそきち
昭和8(1933)年9月14日～平成21(2009)年8月26日
昭和～平成期の陶芸家。古陶磁の表現技法を研究、改良し、独自の表現様式を確立した。人間国宝。
¶石川百，国宝，世紀，陶工(――〔代数なし〕)，日人，美工，名工

**徳道** とくどう
斉明2(656)年～？
飛鳥時代～奈良時代の僧。奈良長谷寺の開祖。
¶朝日(生没年不詳)，日人，仏教，仏人([没]735年)

**徳富太多七** とくとみただしち
*～文政1(1818)年
江戸時代中期～後期の開拓家。

¶人名(㊁1738年)，日人(㊁1739年)

**徳永重康** とくながしげやす
明治7(1874)年8月～昭和15(1940)年2月8日
明治～昭和期の理・工学者。早稲田大学教授。中
国東北部で地理、動植物などの科学的調査。
¶沖縄百(㊁明治7(1874)年8月21日)，科学，新
潮，人名7，世紀，日人

**徳永しゆ** とくながしゆ
生没年不詳
江戸時代中期の女性。藺草栽培と畳表の製造を伝
えた。
¶姓氏長野

**徳永正三** とくながまさみ
大正3(1914)年1月7日～昭和56(1981)年6月11日
昭和期の建築家。徳永・田村建築事務所社長。
¶美建

**得入** とくにゅう
→楽得入(らくとくにゅう)

**徳野英辰** とくのえいしん
→徳野英辰(とくのてるとき)

**徳野英辰** とくのてるとき
寛延2(1749)年～? ㊞徳野英辰《とくのえいし
ん》
江戸時代中期の江戸の金工。
¶人名(とくのえいしん)，日人

**徳桝敏成** とくますとしなり
昭和期のかわらぶき工。
¶名工

**徳見知敬** とくみちけい
→徳見知敬(とくみともたか)

**徳見知敬** とくみともたか
嘉永6(1853)年～大正11(1922)年 ㊞徳見知敬
《とくみちけい》
明治～大正期の陶画師。古伊万里風の図案に長
じた。
¶人名(とくみちけい)，世紀(㊁大正11(1922)
年2月25日)，日人，名工(とくみちけい ㊁大
正11年2月25日)

**徳村達** とくむらとおる
昭和29(1954)年～
昭和期の陶芸家。
¶陶芸最

**徳山駒吉** とくやまこまきち
? ～明治21(1888)年10月3日
江戸時代後期～明治期の農水路建設功労者。
¶愛媛百

**徳山巍** とくやまたかし
昭和4(1929)年11月15日～
昭和～平成期の電子技術者。筑波大学教授。専門
は集積回路学。著書に「MOSデバイス「超微細加
工技術」」など。
¶世紀，日人

**徳山嘉明** とくやまよしあき
～昭和58(1983)年10月25日
昭和期の漆芸家。専門は加賀蒔絵。
¶美工，名工

**土蔵武雄** とくらたけお
明治42(1909)年～昭和61(1986)年
昭和期の農業技術指導者。
¶福井百

**徳力彦之助** とくりきひこのすけ
昭和期の金唐革作家。
¶名工

**徳力牧之助** とくりきまきのすけ
明治43(1910)年～昭和61(1986)年
昭和期の陶芸家。
¶陶工，美工(㊁昭和61(1986)年2月15日)

**徳力孫三郎** とくりきまごさぶろう
明治41(1908)年～平成7(1995)年
昭和～平成期の陶芸家。
¶陶工，美工(㊁平成7(1995)年7月11日)，名工

**徳若忠政** とくわかただまさ
室町時代の能面師。
¶人名，日人(生没年不詳)

**床井定司** とこいさだじ
昭和6(1931)年12月1日～
昭和期の陶芸家。
¶陶芸最

**東江** とごう
生没年不詳
戦国時代の能面師。
¶日人

**都甲泰正** とごうやすまさ
昭和3(1928)年2月17日～
昭和～平成期の原子炉工学者。東京大学教授。
¶現執2期，現情

**土斎** どさい
寛永15(1638)年～正徳5(1715)年
江戸時代前期～中期の左官職。
¶茶道，俳句(土斉)

**土佐与市** とさのよいち
→土佐与市(とさよいち)

**土佐光文** とさみつあや
→土佐光文(とさみつふみ)

**土佐光文** とさみつふみ，とさみつふみ
文化9(1812)年～明治12(1879)年 ㊞土佐光文
《とさみつあや》
江戸時代末期～明治期の日本画家。内裏造営で画
工頭。土佐派末期の代表画家。
¶近美(とさみつふみ ㊁文化10(1813)年3月25
日 ㊁明治12(1879)年11月9日)，国書(とさ
みつあや ㊁明治12(1879)年11月9日)，人名
(とさみつあや ㊁1813年)，姓氏京都(㊁1813
年)，日人，美家(とさみつふみ ㊁文化9

(1812)年3月25日　[没]明治12(1879)年11月9日)，名画

**土佐与市**(土佐与一)　とさよいち
宝暦8(1758)年～文化12(1815)年　[別]土佐与市《とさのよいち》，土佐与一《とさよいち》
江戸時代中期～後期の紀州の鰹節職人。
¶朝日(とさのよいち　[没]文化12年3月23日(1815年5月2日))，高知人，食文(土佐与一　[没]文化12年3月23日(1815年5月2日))，千葉百，日人(とさのよいち)，和歌山人

**戸沢弁司**(戸沢弁次)　とざわべんじ
文政11(1828)年～明治32(1899)年
江戸時代末期～明治期の陶工。東京向島で薩摩焼を開窯、のち浅草で彫塑品を製作。
¶維新(戸沢弁次)，人名，日人，名工

**利岡晃**　としおかあきら
大正14(1925)年11月11日～
昭和期の陶芸家。
¶陶芸最，名工

**利岡光仙**(1)　としおかこうせん
明治31(1898)年～昭和61(1986)年
明治～昭和期の陶芸家。
¶石川百，陶工，美工([生]明治31(1898)年2月4日　[没]昭和61(1986)年12月11日)

**利岡光仙**(2)　としおかこうせん
明治38(1905)年～昭和61(1986)年12月11日
昭和期の陶芸家。
¶陶芸，名工([生]明治38年8月)

**年木庵・深海平左衛門**　としきあんふかうみへいざえもん
?　～明治4(1871)年12月2日
江戸時代末期～明治期の有田の陶工。宗伝嫡系の8代目。
¶佐賀百

**利国**　としくに
生没年不詳
江戸時代中期の装剣金工。
¶日人

**利貞**　としさだ
生没年不詳
江戸時代中期の装剣金工。
¶日人

**利助**　としすけ
→利助(1)(りすけ)

**俊忠**　としただ
鎌倉時代前期の備中青江の刀工。
¶岡山歴

**土信田富久**　としだふきゅう
大正5(1916)年～
昭和期の陶芸家。
¶陶芸最

**寿親**　としちか
文政10(1827)年～？
江戸時代末期～明治期の金工師。
¶埼玉人

**寿次**　としつぐ
生没年不詳
江戸時代末期～明治期の刀工。
¶埼玉人

**俊次**　としつぐ
鎌倉時代前期の備中青江の刀工。
¶岡山歴

**利恒**　としつね
平安時代中期の刀工。
¶岡山人，岡山歴

**歳長〔山城守系・2代〕**　としなが
生没年不詳
江戸時代前期の刀工。
¶日人

**歳長〔山城守系・3代〕**　としなが
生没年不詳
江戸時代中期の刀工。
¶日人

**歳長〔陸奥守系・2代〕**　としなが
生没年不詳
江戸時代前期～中期の刀工。
¶日人

**歳長〔陸奥守系・3代〕**　としなが
生没年不詳
江戸時代中期の刀工。
¶日人

**歳長〔1代〕**(1)(――〔山城守系・1代〕)　としなが
江戸時代前期の山城の刀匠。
¶人名，日人(――〔山城守系・1代〕　生没年不詳)

**歳長〔1代〕**(2)(――〔陸奥守系・1代〕)　としなが
江戸時代前期の伊勢津の刀匠。
¶人名，日人(――〔陸奥守系・1代〕　生没年不詳)

**寿命**(1)　としなが
天正7(1579)年～寛文3(1663)年
安土桃山時代～江戸時代前期の尾張名古屋の刀匠。
¶人名，日人

**寿命**(2)　としなが
元和6(1620)年～元禄16(1703)年
江戸時代前期～中期の尾張名古屋の刀匠。
¶人名，日人

**寿命〔3代〕**　としなが
延宝2(1674)年～寛保3(1743)年
江戸時代中期の尾張名古屋の刀匠。
¶人名

**寿命〔4代〕** としなが
元禄14(1701)年～安永9(1780)年
江戸時代中期の尾張名古屋の刀匠。
¶人名

**寿命〔5代〕** としなが
江戸時代後期の尾張名古屋の刀匠。
¶人名

**俊長** としなが
→甘呂俊長(かんろとしなが)

**利寿** としなが
→奈良利寿(ならとしなが)

**寿格** としのり
延享2(1745)年～文化7(1810)年
江戸時代中期の鳥取の刀匠。
¶人名，日人

**寿軌** としのり
[別]寿軌《ひでのり》
江戸時代中期の金工。
¶人名(ひでのり)，日人(生没年不詳)

**寿秀** としひで
江戸時代中期の刀匠。
¶高知人(生没年不詳)，高知百，人名，日人(生没年不詳)

**俊秀** としひで
生没年不詳
江戸時代後期～末期の刀工。
¶高知人

**俊広** としひろ
江戸時代後期～明治期の刀工。
¶島根人，島根百

**戸島一彦** とじまかずひこ
～平成16(2004)年12月6日
昭和～平成期の陶芸家。
¶美工

**利益** とします
江戸時代後期の刀匠。
¶島根人

**豊島良三** としまりょうぞう
大正4(1915)年10月18日～？
昭和期の映画照明技師。
¶映人

**俊宗** としむね
生没年不詳
江戸時代後期の刀工・土佐藩士。
¶高知人

**利随** としゆき
生没年不詳
江戸時代中期の装剣金工。
¶日人

**都水園石翁** とすいえんせきおう
嘉永3(1850)年～大正10(1921)年
明治期の狂歌師。大阪の硯師で、狂歌は丸派の判者。
¶大阪人([没]大正10(1921)年10月)，人名，世紀([没]大正10(1921)年10月21日)，日人

**戸田勘太夫** とだかんだゆう
承応1(1652)年～享保20(1735)年
江戸時代前期～中期の大野見村開拓者。
¶高知人

**戸田桂子** とだけいこ
昭和12(1937)年6月2日～
昭和～平成期の陶芸家。
¶陶芸最，陶工，名工

**戸田小兵衛** とだこへえ
文化6(1809)年～明治10(1877)年
江戸時代後期～明治期の品種改良家。
¶日人

**戸田正** とだただし
昭和期の竹細工職人。
¶名工

**戸谷英世** とたにひでよ
昭和15(1940)年～
昭和～平成期の建築士。特定非営利活動法人住宅生産性研究会理事長。
¶現執4期

**戸田柳造** とだりゅうぞう
文化5(1808)年～慶応1(1865)年
江戸時代末期の陶工。
¶姓氏愛知，日人([生]？)，幕末

**栃折久美子** とちおりくみこ
昭和3(1928)年12月7日～
昭和～平成期の製本工芸家、ブックデザイナー。栃折久美子ルリユール工房講師、栃折久美子製本工房主宰。ヨーロッパの伝統的製本術、ルリユール(製本工芸)の普及に尽力。作品に「岡本かの子全集」など。
¶近女，近文，現朝，現執3期，現情，現日，新潮，世紀，日児，日女，日人，マス89，名工

**栃折善七** とちおりぜんしち
明治40(1907)年2月4日～
昭和～平成期の加賀友禅染色家。
¶名工

**栃内金右衛門** とちないきんえもん
文政4(1821)年～
江戸時代後期～末期の八戸藩家老、砲術師範。
¶青森人([生]文政4(1821)年ころ)

**栃畑系寿三郎** とちはたけいじゅさぶろう
生没年不詳
江戸時代の金工。鐔工。
¶島根百

**栃畑系守重** とちはたけいもりしげ
生没年不詳
江戸時代の金工。鐔工。
¶島根百

**戸塚巌** とつかいわお
明治27(1894)年5月24日～昭和59(1984)年9月2日
大正～昭和期の人形製造創業者。
¶埼玉人

**戸塚豊蔵** とづかとよぞう
*～昭和5(1930)年
明治～大正期の製茶技術者。
¶静岡歴([生]嘉永5(1852)年), 世紀([生]嘉永5(1853)年12月22日　[没]昭和5(1930)年3月15日), 姓氏静岡([生]1852年), 日人([生]1853年)

**戸塚弥三治** とつかやさんじ
万延1(1860)年～大正6(1917)年
明治～大正期の耕地区画改良の先駆者。
¶静岡歴, 姓氏静岡

**鳥取政敏** とつとりまさとし
明治34(1901)年～昭和12(1937)年
大正～昭和期の和牛の改良指導者。
¶姓氏鹿児島

**十時開甫** とときかいほ
昭和22(1947)年9月9日～
昭和～平成期の陶芸家。
¶陶芸最, 陶工

**十時孫左衛門〔1代〕** とときまござえもん
？～寛永20(1643)年
安土桃山時代～江戸時代前期の陶工。
¶日人

**十時孫左衛門〔4代〕** とときまござえもん
？～宝暦7(1757)年
江戸時代中期の陶工。
¶日人

**十時孫左衛門〔5代〕** とときまござえもん
生没年不詳
江戸時代後期の陶工。
¶日人

**百々玉翁** どどぎょくおう
？～天保11(1840)年　[別]百々玉善《どどぎょくぜん》
江戸時代後期の蒔絵師。
¶茶道, 人名(百々玉善　どどぎょくぜん), 日人([没]1841年)

**百々玉泉** どどぎょくせん
？～安永4(1775)年
江戸時代中期の蒔絵師。
¶京都大, 茶道, 人名, 姓氏京都, 日人

**百々玉善** どどぎょくぜん
→百々玉翁(どどぎょくおう)

**百々三郎** どどさぶろう
天保10(1839)年～大正11(1922)年11月6日
江戸時代末期～明治期の福山藩士。養蚕・製糸の研究、蚕種・桑の品種の選択等に尽力。
¶日人, 幕末, 広島百([生]天保10(1839)年7月3日)

**等々力孫一郎** とどりきまごいちろう
→等々力孫一郎(とどろきまごいちろう)

**等々力孫一郎** とどろきまごいちろう
宝暦11(1761)年～天保2(1831)年　[別]等々力孫一郎《とどりきまごいちろう》
江戸時代後期の治水家。信濃国安曇郡柏原村の庄屋。奈良井川から烏川堰に至る水路を計画、拾ケ堰を開削。
¶郷土長野, 人名(とどりきまごいちろう), 姓氏長野, 長野百, 日人

**戸沼幸市** とぬまこういち
昭和8(1933)年4月19日～
昭和～平成期の建築学者、都市計画学者。国土庁調査委員会委員、早稲田大学理工学部建築学科教授。
¶現執2期, 現執3期, 現執4期

**戸根愛子** とねあいこ
明治期の髪結師。高平米国公使婦人など、上流婦人たちに熱心なファンがいた。
¶女性(生没年不詳), 女性普

**利根川守三郎** とねがわもりさぶろう
明治6(1873)年3月23日～？
明治～大正期の電気工学者、逓信省電気試験所所長。専門は通信工学。
¶科学, 渡航

**刀禰田健** とねだけん
昭和11(1936)年2月11日～
昭和期の陶芸家。
¶陶芸最

**刀禰田基** とねだもとい
昭和20(1945)年11月24日～
昭和期の陶芸家。
¶陶芸最

**外崎嘉七** とのさきかしち
安政6(1859)年～大正13(1924)年
明治～大正期のリンゴ農園経営者。青森リンゴ中興の祖。
¶青森人, 青森百, 植物([生]安政6(1859)年3月20日　[没]大正13(1924)年9月25日), 食文([生]安政6年3月20日(1859年4月22日)　[没]1924年9月25日), 日人

**外村吉之介**(外村吉之助) とのむらきちのすけ
明治31(1898)年9月27日～平成5(1993)年4月15日
大正～平成期の染織家。
¶岡山百, 岡山歴, 郷土滋賀(外村吉之助　[生]1897年), 滋賀文, 姓氏京都(外村吉之助)

**殿村寿助** とのむらじゅすけ
江戸時代前期の商人。カステラ製造の草分け。
¶食文

**殿村靖雄** とのむらやすお
昭和7(1932)年3月27日～
昭和期の陶芸家。
¶陶芸最

## 鳥羽久吾 とばきゅうご
明治8（1875）年〜昭和2（1927）年
明治〜昭和期の蚕種改良家。
¶姓氏長野，長野歴

## 鳥羽清一 とばせいいち
明治19（1886）年〜昭和33（1958）年
明治〜昭和期の漆芸家。
¶姓氏静岡

## 戸畑恵 とばためぐみ
明治43（1910）年11月25日〜平成6（1994）年6月
30日
大正〜平成期の人形師。
¶美工，名工

## 鳥羽克昌 とばよしまさ
昭和2（1927）年8月15日〜
昭和〜平成期の陶芸家。
¶陶芸最，陶工

## 戸張富久 とばりとみひさ
？〜文政8（1825）年
江戸時代中期〜後期の装剣金工。
¶日人

## 鳥羽鐐一 とばりょういち
昭和6（1931）年11月18日〜平成16（2004）年12月
14日
昭和〜平成期の工芸家。
¶美工

## 飛井隆司 とびいたかし
昭和16（1941）年8月21日〜
昭和期の陶芸家。
¶陶芸最

## 飛岡健 とびおかけん
昭和19（1944）年10月20日〜
昭和〜平成期の航空工学者。現代人間科学研究所
所長。
¶現執2期，現執3期，現執4期

## 飛田忍 とびたしのぶ
昭和25（1950）年2月27日〜
昭和〜平成期の陶芸家。
¶陶工

## 飛田与七 とびたよしち
天保4（1833）年〜明治2（1869）年
江戸時代末期の大工。
¶維新，郷土茨城，幕末（没1869年9月13日）

## 土肥刀泉 どひとうせん
明治32（1899）年〜昭和54（1979）年
明治〜昭和期の陶芸家。
¶千葉百，陶工，美工（生明治32（1899）年3月31
日　没昭和54（1979）年6月23日）

## 土肥博至 どひひろし
昭和9（1934）年2月1日〜
昭和期の都市計画学者。神戸芸術工科大学学長，
筑波大学教授。
¶現執2期

## 土肥紅絵 どひべにえ
昭和10（1935）年12月25日〜
昭和期の陶芸家。
¶陶芸最，名工

## 土肥満 どひまん
昭和8（1933）年9月18日〜
昭和期の陶芸家。
¶陶芸最，名工

## 戸松万典 とまつかずのり
昭和15（1940）年6月23日〜
昭和〜平成期の陶芸家。
¶陶芸最，陶工，名工

## 外松信彦 とまつのぶひこ
昭和28（1953）年5月24日〜
昭和期の陶芸家。
¶陶芸最

## 苫名孝太郎 とまなこうたろう
明治24（1891）年1月2日〜昭和31（1956）年3月4日
大正〜昭和期の森林工学者。京都帝国大学教授。
基本索道理論を解明し実用化の途を開く。著書に
「鋼索構造物の実用計算法」など。
¶科学，現情，高知人，高知百，人名7，世紀，日人

## 富家宏泰 とみいえひろやす
大正8（1919）年7月1日〜平成19（2007）年12月
21日
昭和〜平成期の建築家。富家建築事務所代表。
¶美建

## 富賀源之助 とみかげんのすけ，とみがげんのすけ
天保9（1838）年〜明治10（1877）年
江戸時代後期〜明治期の刀剣研師。
¶高知人，高知百（とみがげんのすけ）

## 冨賀源之助 とみかげんのすけ
天保9（1838）年〜明治10（1877）年12月24日
江戸時代末期〜明治期の刀剣研師。西南戦争に参
加の計画を見破られ自決。
¶幕末

## 冨木伊助 とみきいすけ
→富木伊助（とぎいすけ）

## 富木庄兵衛 とみきしょうべえ
生没年不詳
明治期の工芸家。
¶美工

## 冨木宗好 とみきそうこう
明治32（1899）年〜
大正〜昭和期の鎚起師。
¶名工

## 富木友治 とみきともじ
大正5（1916）年2月9日〜昭和43（1968）年5月24日
昭和期の民俗研究家。北方文化連盟を結成し，樺
細工の技術保存に尽力。著書に「橡の木の話」
など。
¶郷土，世紀，日人

**富沢松之助** とみざわまつのすけ
弘化1 (1844) 年～大正15 (1926) 年
明治期の村長。
¶多摩，日人

**富島吉右衛門** とみしまきちえもん
？ ～
江戸時代前期の瓦師。
¶島根人

**富嶋ひで子** とみしまひでこ
昭和18 (1943) 年8月2日～
昭和～平成期の陶芸家。
¶陶工

**富田吉右衛門** とみたきちえもん
生没年不詳
江戸時代前期の治水巧者。伊奈氏の家臣。
¶埼玉人

**富田久三郎**(1) とみたきゅうざぶろう，とみたきゅうさぶろう
文政11 (1828) 年～明治44 (1911) 年10月8日
江戸時代末期～明治期の備後絣創始者。絣織に使用した高機を農家に貸与、賃織をする。
¶日人，幕末（とみたきゅうさぶろう），広島百（[生]文政11 (1828) 年5月5日）

**富田久三郎**(2) とみたきゅうざぶろう，とみたきゅうさぶろう，とみだきゅうざぶろう
嘉永5 (1852) 年～昭和12 (1937) 年12月31日
明治～昭和期の化学者、事業家。海水から塩をとった残液から様々な海塩成分を取り出す苦汁工業を開拓。
¶朝日（[生]嘉永5年2月22日 (1852年3月12日)），科学（[生]1852年（嘉永5）2月22日），世紀（[生]嘉永5 (1852) 年2月22日），徳島歴（とみだきゅうさぶろう　[生]嘉永5 (1852) 年2月22日），日人，幕末（とみだきゅうざぶろう　[没]1937年12月）

**富田久助** とみたきゅうすけ
→富田高慶（とみたたかよし）

**富田銀蔵** とみたぎんぞう
慶応2 (1866) 年～？
明治期の仕立屋。明治後期におけるスリの大親分。
¶現日

**富田高慶** とみたこうけい
→富田高慶（とみたたかよし）

**富田幸七** とみたこうしち
安政1 (1854) 年～明治43 (1910) 年
明治期の蒔絵師。
¶京都大，姓氏京都，日人

**富田幸治郎** とみたこうじろう
昭和7 (1932) 年7月20日～
昭和期の陶芸家。
¶陶芸最，陶工（[生]1934年7月20日），名工

**富田新右衛門** とみたしんえもん
～延宝5 (1677) 年6月
江戸時代前期の刀工。
¶庄内

**冨田甚平**（富田甚平） とみたじんぺい
嘉永1 (1848) 年～昭和2 (1927) 年　[別]富田甚平《とみたじんべえ》
明治～昭和期の農事改良家。冨田式暗渠排水法を確立、稲の生産向上、耕地整理事業に尽力。
¶朝日（[生]嘉永1年11月30日 (1848年12月25日)　[没]昭和2 (1927) 年3月3日），近現（富田甚平），熊本百（[生]嘉永1 (1848) 年11月30日　[没]昭和2 (1927) 年3月3日），国史（富田甚平），史人（[生]1848年11月30日　[没]1927年3月3日），世紀（[生]嘉永1 (1848) 年11月30日　[没]昭和2 (1927) 年3月3日），日史（[生]嘉永1 (1848) 年11月30日　[没]昭和2 (1927) 年3月3日），日人（富田甚平），百科，山口百（富田甚平　とみたじんべえ）

**富田甚平** とみたじんべえ
→冨田甚平（とみたじんぺい）

**富田澄右衛門** とみたすみうえもん
寛政12 (1800) 年～明治21 (1888) 年1月8日
江戸時代末期～明治期の大工。成田山新勝寺本堂、筑波山神社拝殿を手がける。
¶幕末

**富田清助** とみたせいすけ
明治11 (1878) 年～？
明治期の西陣職人。
¶姓氏京都

**富田高慶** とみたたかよし
文化11 (1814) 年～明治23 (1890) 年　[別]富田高慶《とみたこうけい》，富田久助《とみたきゅうすけ》
江戸時代末期～明治期の農政家。二宮尊徳の門人。興復社を興し県内一千町歩を開発。
¶朝日（[生]文化11年6月1日 (1814年7月17日)　[没]明治23 (1890) 年1月5日），維新，近現，近世，国史，国書（[生]文化11 (1814) 年6月1日　[没]明治23 (1890) 年1月5日），コン改（とみたこうけい），コン4（とみたこうけい），コン5（とみたこうけい），史人（とみたこうけい　[生]1814年6月1日　[没]1890年1月5日），神人（とみたこうけい　[生]文化11 (1814) 年6月1日　[没]明治23 (1890) 年1月5日），新潮（[生]文化11 (1814) 年6月1日　[没]明治23 (1890) 年1月5日），人名（富田久助　とみたきゅうすけ），全書，哲学，日人，幕末（[没]1890年1月5日），福島百，歴大

**富田信雄** とみたのぶお
明治32 (1899) 年～昭和38 (1963) 年
昭和期の司法省保健技師、漕艇指導者、医師。
¶神奈川人，姓氏神奈川

**富田八郎** とみたはちろう
明治9 (1876) 年～昭和22 (1947) 年
明治～昭和期の政治家。伊香病院、木之本実科高女を創立。また木之本-海津間の湖岸道路を建設した。
¶郷土滋賀，滋賀百，世紀（[生]明治9 (1876) 年10月4日　[没]昭和22 (1947) 年11月29日），日人（[生]明治9 (1876) 年10月4日　[没]昭和22 (1947) 年11月29日）

## 富田茂七 とみたもしち
宝暦10 (1760) 年～天保8 (1837) 年
江戸時代後期の開拓家。
¶人名，日人

## 富田保一郎 とみたやすいちろう
明治1 (1868) 年2月24日～大正11 (1922) 年12月18日
明治～大正期の鉄道技術者。
¶科学，近土，世紀，土木，日人

## 富田玲子 (冨田玲子) とみたれいこ
昭和13 (1938) 年9月24日～
昭和～平成期の建築家。(株)象設計集団を結成し，反近代と地域主義を標榜し建築界の最前衛グループとして注目される。
¶現朝 (冨田玲子)，世紀，日人

## 富塚清 とみづかきよし，とみずかきよし，とみつかきよし
明治26 (1893) 年11月3日～昭和63 (1988) 年3月9日
昭和期の機械工学者。東京大学教授，明治大学教授。二サイクル機関を研究。オートバイの先生としてモーター雑誌に登場。
¶科学 (とみつかきよし)，現情，新潮，世紀 (とみづかきよし)，日児 (とみずかきよし)，日人，履歴，履歴2

## 富次精斎 とみつぐせいさい
安政3 (1856) 年～昭和19 (1944) 年
明治～昭和期の宮大工。
¶島根人，島根百 (⊕安政3 (1856) 年11月12日 ⊗昭和19 (1944) 年1月25日)，島根歴 (⊗昭和44 (1969) 年)，世紀 (⊕安政3 (1856) 年11月12日 ⊗昭和19 (1944) 年1月25日)，日人

## 富永脩 とみながおさむ
大正5 (1916) 年6月7日～
昭和期の陶芸家。
¶陶芸，陶芸最，名工

## 富永軍治 とみながぐんじ
生没年不詳
江戸時代中期の治水巧者。
¶神奈川人

## 富永源六 とみながげんろく
安政6 (1859) 年～大正9 (1920) 年
明治～大正期の陶芸家，政治家。嬉野村長。肥前嬉野の磁器再興に尽力し，源六焼を製陶した。
¶人名，世紀 (⊕安政6 (1859) 年2月7日 ⊗大正9 (1920) 年2月5日)，日人，名工 (⊕安政6 (1859) 年2月 ⊗大正9年2月5日)

## 富永五郎 とみながごろう
大正9 (1920) 年9月16日～
昭和期の真空工学者。東京大学教授。
¶現情

## 富永滄浪 とみながそうろう
享保18 (1733) 年～明和2 (1765) 年
江戸時代中期の儒者。

¶国書 (⊗明和2 (1765) 年8月19日)，人名 (⊕1732年)，日人

## 富永正義 とみながまさよし
明治26 (1893) 年1月16日～昭和51 (1976) 年12月9日
明治～昭和期の技師。
¶近土，土木

## 冨永保雄 とみながやすお
昭和21 (1946) 年～
昭和期の陶芸家。
¶陶芸最

## 富永譲 とみながゆずる
昭和18 (1943) 年～
昭和～平成期の建築家。フォルム・システム研究所所長。
¶現執3期

## 富野寿 とみのひさし
昭和12 (1937) 年2月13日～
昭和～平成期の建築士。構造計画研究所取締役会長。
¶現執4期

## 富松武助 とみまつぶすけ
明治9 (1876) 年4月26日～昭和34 (1959) 年3月22日
明治～昭和期の製薬家。
¶徳島百，徳島歴

## 富本憲吉 とみもとけんきち
明治19 (1886) 年～昭和38 (1963) 年
大正～昭和期の陶芸家。東京美術学校教授，京都市立美術大学学長。金銀彩の独自作風で「色絵金彩羊歯文大飾壺」など。人間国宝。文化勲章受章。
¶岡山百 (⊕明治19 (1886) 年6月5日 ⊗昭和38 (1963) 年6月8日)，京都，京都大，郷土奈良，京都文 (⊕明治19 (1886) 年6月5日 ⊗昭和38 (1963) 年6月8日)，近現，近文，現朝 (⊕1886年6月5日 ⊗1963年6月8日)，現情 (⊕1886年6月5日 ⊗1963年6月8日)，現人，現日 (⊕1886年6月5日 ⊗1962年6月8日)，国史，国宝 (⊕明治19 (1886) 年6月5日 ⊗昭和38 (1963) 年6月8日)，コン改，コン4，コン5，茶道，史人 (⊕1886年6月5日 ⊗1963年6月8日)，新潮 (⊕明治19 (1886) 年6月5日 ⊗昭和38 (1963) 年6月8日)，人名7，世紀 (⊕明治19 (1886) 年6月5日 ⊗昭和38 (1963) 年6月8日)，姓氏京都，世百，世百新，全書，大百，伝記，陶芸最，陶工，渡航 (⊕1886年6月5日 ⊗1963年6月8日)，奈良文 (⊕明治19年6月5日)，日人 (⊕明治19 (1886) 年6月5日 ⊗昭和38 (1963) 年6月8日)，日本，美工 (⊕明治19 (1886) 年6月5日 ⊗昭和38 (1963) 年6月8日)，美術，百科，民学，名工 (⊕明治19年6月5日 ⊗昭和38年6月8日)，履歴 (⊕明治19 (1886) 年6月5日 ⊗昭和38 (1963) 年6月8日)，履歴2 (⊕明治19 (1886) 年6月5日 ⊗昭和38 (1963) 年6月8日)

## 冨本泰二 とみもとたいじ
昭和14 (1939) 年2月13日～

昭和期の陶芸家。
¶陶芸最

**富本敏裕** とみもととしひろ
昭和34（1959）年8月30日〜
昭和期の陶芸家。
¶陶芸最

**富山秀意** とみやましゅうい
享保10（1725）年〜寛政1（1789）年　例富山秀意《とやましゅうい》
江戸時代中期の岩国縮の元祖。
¶人名，姓氏山口（とやましゅうい），日人，山口百

**冨山夢也** とみやまゆめや
昭和25（1950）年2月2日〜
昭和期の陶芸家。
¶陶芸最

**冨山善夫** とみやまよしお
昭和25（1950）年2月2日〜
昭和〜平成期の陶芸家。
¶陶工

**富谷由助** とみやよしすけ
？〜弘化3（1846）年
江戸時代後期の清水寺三重塔建築大工棟梁。
¶島根人，島根歴

**とむ草也** とむそうや
昭和14（1939）年〜
昭和〜平成期の人形作家。
¶名工

**戸室定国** とむろさだくに
江戸時代の宇都宮在の鋳物師。
¶栃木歴

**止原伸郎** とめはらのぶお
昭和21（1946）年6月17日〜
昭和期の陶芸家。
¶陶芸最，陶工

**友家** ともいえ
江戸時代前期の刀工。
¶島根人，島根百

**友枝観水** ともえだかんすい
昭和21（1946）年1月18日〜
昭和〜平成期の陶芸家。
¶陶芸最，陶工

**友右衛門** ともえもん
生没年不詳
江戸時代後期の石切業者。足柄下郡酒匂村の長吏小頭。
¶神奈川人，姓氏神奈川

**友重** ともしげ
世襲名　鎌倉時代〜室町時代の刀工。
¶史人

**友重〔1代〕** ともしげ
正応2（1289）年〜延元2/建武4（1337）年

鎌倉時代後期の加賀の刀匠。
¶人名，姓氏石川（――〔代数なし〕），日人（生没不詳）

**友重〔2代〕** ともしげ
南北朝時代の加賀の刀匠。
¶人名，日人（生没年不詳）

**友重〔3代〕** ともしげ
生没年不詳
南北朝時代〜室町時代の刀工。
¶日人

**友十** ともじゅう
生没年不詳
安土桃山時代の陶工。
¶日人

**友末洋治** ともすえようじ
明治33（1900）年7月5日〜昭和63（1988）年10月23日
昭和期の官僚，政治家。首都圏整備協会会長，茨城県知事。茨城県知事12年務めた。日本原子力研究所や動力炉・核燃料開発事業団など原子力施設の誘致に尽力。
¶世紀，政治，日人

**朝助** ともすけ
鎌倉時代前期の備前福岡の刀匠。
¶岡山人，岡山歴，人名，日人（生没年不詳）

**倫助** ともすけ
江戸時代前期の刀匠。
¶人名

**倫祐〔1代〕** ともすけ
生没年不詳
安土桃山時代〜江戸時代前期の刀工。
¶日人

**倫祐〔2代〕** ともすけ
？〜明暦1（1655）年？
江戸時代前期の刀工。
¶日人

**友田安清** ともだあんせい
→友田安清（ともだやすきよ）

**朝尊** ともたか
→南海朝尊（なんかいともたか）

**朝忠** ともただ
生没年不詳　例朝忠《あさただ》
鎌倉時代前期の備前の刀工。
¶岡山人（あさただ），岡山人，岡山歴，人名，日人，美工

**友忠** ともただ
生没年不詳
江戸時代中期の根付師。
¶日人

**友田安清** ともだやすきよ
文久2（1862）年〜大正7（1918）年　例友田安清《ともだあんせい》

明治～大正期の陶芸家。日本硬質陶器創業者。陶磁器の顔料製造にあたり、金沢で硬質陶器を創製。
¶石川百，人名(ともだあんせい)，世紀([没]大正7(1918)年7月)，姓氏石川，陶工，日人

**友次** ともつぐ
世襲名　南北朝時代～江戸時代前期の加賀の刀工。
¶姓氏石川

**友長** ともなが
戦国時代の刀工。
¶島根百



**友永詔三** ともながあきみつ
昭和19(1944)年～
昭和～平成期の人形作家。
¶名工

**朝永正三** ともながしょうぞう
慶応1(1865)年12月15日～昭和17(1942)年7月31日
明治～昭和期の機械工学者、京都帝国大学名誉教授。
¶海越(生没年不詳)，海越新，科学，姓氏京都([没]?)，渡航

**友永英夫** ともながひでお
明治41(1908)年12月6日～昭和20(1945)年5月13日
昭和期の軍人。海軍技術士官として潜水艦技術に貢献。
¶陸海

**友成** ともなり
生没年不詳
平安時代後期の備前の名刀工。
¶朝日，岡山人，岡山歴，国史，古中，史人，人名，日人，美工，平史

**友成潔** ともなりきよし
昭和17(1942)年7月27日～
昭和期の陶芸家。
¶陶芸最

**友成仲** ともなりなか
安政4(1857)年5月15日～昭和6(1931)年2月19日
明治～昭和期の土木技術者─大正用水など北海道の灌漑事業に貢献。東京都出身。
¶近土

**伴野正美** とものまさみ
大正2(1913)年7月12日～昭和60(1985)年8月20日
昭和期の電子工学者、日立電子エンジニアリング社長。専門は半導体。
¶科学

**伴野三千良** とものみちろう
明治40(1907)年6月18日～平成11(1999)年
大正～平成期の建築家。竹中工務店常務。
¶美建

**友野与右衛門** とものよえもん
生没年不詳
江戸時代中期の江戸浅草の町人、箱根用水開削の元締頭。
¶朝日，岩史，角史，神奈川人，近世，国史，コン改，コン4，史人，静岡百，静岡歴，新潮，人名，姓氏静岡，世人，全書，大百，日人，歴大

**友野与左衛門**(1) とものよざえもん
世襲名　江戸時代の駿府の豪商、町年寄。
¶近世，国史，史人

**友野与左衛門**(2) とものよざえもん
生没年不詳
江戸時代前期の商人。
¶姓氏静岡，日人，歴大

**友則** とものり
江戸時代前期の刀匠。
¶人名，日人(生没年不詳)

**知部真千** ともべまち
大正8(1919)年11月7日～
昭和期の陶芸家。
¶陶芸最

**倫光** ともみつ
生没年不詳
南北朝時代の備前長船の刀工。
¶岡山歴，国史，古中，史人，日人，美工

**友安** ともやす
平安時代の刀工。
¶岡山人

**友行** ともゆき
戦国時代の刀工。
¶島根百

**友寄景友** ともよせかげとも
尚寧7(1595)年～尚質16(1663)年　[別]友寄景友《ともよせけいゆう》
安土桃山時代～江戸時代前期の薩摩の人。琉球へ藍染の技法を伝えた。
¶沖縄百，姓氏沖縄(ともよせけいゆう)

**友寄景友** ともよせけいゆう
→友寄景友(ともよせかげとも)

**外山亀太郎** とやまかめたろう
慶応3(1867)年～大正7(1918)年
明治～大正期の遺伝学者。東京帝国大学教授。蚕の1代雑種の発明者。帝国発明協会有功賞を受賞。
¶朝日([生]慶応3年9月26日(1867年10月23日)　[没]大正7(1918)年3月29日)，科学([生]1867年(慶応3)9月26日　[没]1918年(大正7)3月29日)，神奈川人，神奈川百，近現，国史，コン改，コン5，史人([生]1867年9月26日　[没]1918年3月29日)，新潮([生]慶応3(1867)年9月　[没]大正7(1918)年3月29日)，人名，世紀([生]慶応3(1867)年9月26日　[没]大正7(1918)年3月29日)，姓氏神奈川，世百，全書，大百，日史([没]大正7(1918)年3月29日)，日人，百科，歴大

**富山秀意** とやましゅうい
→富山秀意(とみやましゅうい)

**外山義** とやまただし
昭和25(1950)年4月22日〜
昭和〜平成期の建築家、環境心理学者。国立医療・病院管理研究所地域医療施設計画研究室長。高齢者施設を数多く設計。
¶現執3期

**外山ミヨ** とやまみよ
昭和期の機織り。専門は結城紬。
¶名工

**豊泉茂作** とよいずみもさく
生没年不詳　[別]豊泉茂作 堺周平《とよいずみもさく さかいしゅうへい》
江戸時代末期〜明治期の桑苗改良家。
¶多摩(豊泉茂作 堺周平　とよいずみもさく さかいしゅうへい　[生]幕末　[没]明治)

**豊岡茘墩**(豊岡荔墩) とよおかれいとん
文化5(1808)年〜明治13(1880)年6月6日
江戸時代後期〜明治期の治水家、大庄屋、漢詩人。「疎鑿迂言」という灌漑用水路の開通意見書を名東県権参事に提出。
¶徳島百([生]文化5(1808)年6月4日)，徳島歴(豊岡荔墩)

**豊川順弥** とよかわじゅんや
明治19(1886)年10月〜昭和40(1965)年3月7日
大正〜昭和期の機械技術者、実業家。大正10年すべて国産技術による自動車を完成。
¶世紀，日人

**豊川光長〔2代〕** とよかわみつなが
嘉永4(1851)年〜大正12(1923)年
明治〜大正期の彫金家。宮内省御用品の製作数回に及ぶ。
¶人名(――〔代数なし〕)，世紀([生]嘉永4(1851)年1月11日　[没]大正12(1923)年9月1日)，日人，名工(――〔代数なし〕　[生]嘉永4(1851)年1月11日　[没]大正12年9月1日)

**豊口克平** とよぐちかつへい，とよくちかつへい，とよぐちかっぺい
明治38(1905)年11月16日〜平成3(1991)年7月18日
昭和期の現代工業デザイナー。武蔵野美術大学教授。通産省工業技術院意匠部長、日本インダストリアルデザイナー協会理事長。
¶現朝，現情，現人，現日(とよくちかつへい)，新潮(とよぐちかっぺい)，世紀，日人

**豊口協** とよぐちきょう
昭和8(1933)年4月29日〜
昭和〜平成期のインダストリアルデザイナー。東京造形大学教授。
¶現情

**豊沢豊雄** とよさわとよお，とよざわとよお
明治40(1907)年6月22日〜
大正〜昭和期の発明家。発明学会会長、褒章クラブ幹事長。
¶郷土香川(とよざわとよお)，現執1期，現執2期，現執3期，世紀，YA([生]明治41(1908)年)

**豊島栄** とよしまさかえ
慶応4(1868)年7月17日〜昭和7(1932)年
明治〜昭和期の農・水産業の功労者。
¶沖縄百

**豊嶋友太郎** とよしまともたろう
明治32(1899)年〜昭和40(1965)年
大正〜昭和期のホタテ養殖、中間育成篭の考案者。
¶青森人

**豊助** とよすけ
*〜安政5(1858)年
江戸時代末期の陶工(豊楽焼)。
¶茶道([生]1813年)，人名([生]1816年)

**豊三** とよぞう
→加藤豊三(かとうとよぞう)

**豊田一景** とよだいっけい
昭和10(1935)年8月1日〜
昭和〜平成期の陶芸家。
¶陶芸最，陶工

**豊田勝秋** とよだかつあき
明治30(1897)年9月24日〜昭和47(1972)年4月22日
大正〜昭和期の鋳金作家。東京高等工芸学校教授。帝展で「鋳胴花器」が特選。代表作に「四方花挿」。
¶現朝，現情，佐賀百，人名7，世紀，日人，美工，福岡百，名工

**豊田克彦** とよだかつひこ
昭和20(1945)年3月2日〜
昭和期の陶芸家。
¶陶芸最

**豊田佐吉**(豊田左吉) とよださきち，とよたさきち
慶応3(1867)年〜昭和5(1930)年
明治〜大正期の織機発明家。豊田商会、豊田紡績設立。初代社長。豊田式自動織機発明改良に努めた。
¶愛知百(とよたさきち　[生]1867年2月14日　[没]1930年10月30日)，朝日([生]慶応3年2月14日(1867年3月19日)　[没]昭和5(1930)年10月30日)，科学([生]1867年(慶応3)2月14日　[没]1930年(昭和5)10月30日)，角史，近現，現朝([生]慶応3年2月14日(1867年3月19日)　[没]1930年10月30日)，国史，コン改，コン5，史人([生]1867年2月14日　[没]1930年10月30日)，静岡百，静岡歴(とよたさきち)，実業([生]慶応3(1867)年2月14日　[没]昭和5(1930)年10月30日)，重要([没]昭和5(1930)年10月30日)，新潮([生]慶応3(1867)年2月14日　[没]昭和5(1930)年10月30日)，人名，世紀([生]慶応3(1867)年2月14日　[没]昭和5(1930)年10月30日)，姓氏愛知，姓氏静岡(とよたさきち)，世人([没]昭和5(1930)年10月30日)，世百，先駆([生]慶応3(1867)年2月14日　[没]昭和5(1930)年10月30日)，全書，創業，大百，伝記，日史([生]慶応3(1867)年2月14日　[没]昭和5(1930)年10月30日)，日人，日本，百科，平日([生]1867　[没]1930)，民学([生]明治20(1887)年)，履歴(豊田左吉　[生]慶応3(1867)

年2月14日　㉆昭和5(1930)年10月30日)，歴大

**豊田清平**　とよだせいへえ
文政8(1825)年〜明治26(1893)年
江戸時代後期〜明治期の水産功労者。
¶大分歴

**豊田直**　とよだただし，とよたただし
明治33(1900)年〜　㊙平井直
昭和期の機械設計技士、社会運動家。関東地評常任委員。
¶社運，社史(とよたただし　㊝1900年2月7日)

**豊田武兵衛**　とよだぶへえ
生没年不詳
江戸時代中期の治水家。
¶コン改，コン4，新潮，日人(㊝1718年　㉆1794年)

**豊田政親**　とよだまさちか
生没年不詳
江戸時代後期の装剣金工。
¶日人

**豊田六郎**　とよだろくろう
明治11(1878)年〜昭和33(1958)年
明治〜昭和期の仏師。
¶大分歴，美建

**豊臣国綱**　とよとみくにつな
安土桃山時代の木工頭。
¶戦国，戦人(生没年不詳)

**豊場惺也**　とよばせいや
昭和17(1942)年〜
昭和〜平成期の陶芸家。
¶陶芸最，陶工，名工

**豊弘(1)**　とよひろ
室町時代の刀工。
¶島根人，島根百

**豊弘(2)**　とよひろ
安土桃山時代の刀工。
¶島根百

**豊福寛**　とよふくひろし
昭和14(1939)年4月13日〜
昭和期の陶芸家。
¶陶芸最，名工

**豊福誠**　とよふくまこと
昭和28(1953)年6月29日〜
昭和期の陶芸家。
¶陶芸最

**豊増晏正**　とよますやすまさ
昭和期の陶芸家。
¶名工

**豊山彬紘**　とよやまあきひろ
昭和17(1942)年11月1日〜
昭和〜平成期の陶芸家。
¶陶芸最，陶工，名工

**虎吉**　とらきち
生没年不詳
江戸時代後期の陶工。
¶日人

**虎沢英雄**　とらざわひでお
昭和10(1935)年7月19日〜
昭和〜平成期の陶芸家。
¶陶芸最，陶工

**虎屋近江**　とらやおうみ
生没年不詳
江戸時代中期の菓子匠。
¶姓氏京都

**止利**　とり
→鞍作鳥(くらつくりのとり)

**鳥居一峯**　とりいいっぽう
昭和期の竹工芸家。
¶名工

**鳥井権之助**　とりいごんのすけ
文化8(1811)年〜明治1(1868)年
江戸時代後期〜末期の北海道開拓の功労者。
¶新潟百

**鳥居純子**　とりいじゅんこ
昭和期の陶芸家。
¶名工

**酉井乗光**　とりいじょうこう
生没年不詳
江戸時代中期の装剣金工。
¶日人

**鳥居徳敏**　とりいとくとし
昭和22(1947)年3月25日〜
昭和〜平成期の建築家。
¶現執3期

**鳥居義処**　とりいよしずみ
弘化2(1845)年〜*
江戸時代末期〜大正期の御牧ヶ原の開拓者。
¶姓氏長野(㉆1936年)，長野歴(㉆大正15(1926)年)

**鳥井義信**　とりいよしのぶ
大正14(1925)年2月28日〜
昭和〜平成期の陶芸家。
¶陶芸最，名工

**鳥養利三郎**　とりかいりさぶろう，とりがいりさぶろう
明治20(1887)年2月8日〜昭和51(1976)年9月24日
大正〜昭和期の電気工学者。京都大学総長、電気学会会長。非振動変圧器、衝撃波や高周波焼き入れ等の研究・実用化に尽力。島津製作所取締役として産学協同を実践。
¶科学，京都大(とりがいりさぶろう)，現朝(とりがいりさぶろう)，現情，現人，現日，コン改，コン4，コン5，新潮，人名7，世紀，姓氏京都(とりがいりさぶろう)，徳島百，徳島歴(とりがいりさぶろう)，日人，日本(とりがいりさ

ぶろう）

**鳥潟右一** とりがたういち，とりかたういち
明治16（1883）年～大正12（1923）年
明治～大正期の電気工学者。電気試験所所長。鉱石検波器を発明、横山英太郎らとTYK無線電話装置を完成。
¶朝日（とりかたういち　㊐明治16（1883）年4月25日　㊀大正12（1923）年6月5日），科学（㊐1883年（明治16）4月25日　㊀1923年（大正12）6月5日），近現，国史，史人（㊐1883年4月25日　㊀1923年6月5日），新潮（㊐明治16（1883）年4月　㊀大正12（1923）年6月5日），人名，世紀（㊐明治16（1883）年4月25日　㊀大正12（1923）年6月5日），世百，先駆（㊐明治16（1883）年4月25日　㊀大正12（1923）年6月5日），全書，大百，渡航（㊐1883年4月25日　㊀1923年6月6日），日人（㊐明治16（1883）年4月25日　㊀大正12（1923）年6月5日）

**鳥沢延満** とりさわのぶみつ
生没年不詳
戦国時代の番匠。
¶戦辞

**鳥巣水子** とりすみずこ
大正14（1925）年～平成16（2004）年12月29日
昭和～平成期の織物工芸家。
¶美工，名工

**鳥海正峰** とりのうみまさみね
天保6（1835）年9月～明治36（1903）年7月24日
江戸時代後期～明治期の刀工。
¶庄内

**鳥海弥三郎** とりのうみやさぶろう
宝暦11（1761）年～天保3（1832）年11月4日
江戸時代中期～後期の石工。
¶庄内

**止利仏師** とりぶっし
→鞍作鳥（くらつくりのとり）

**鳥山四男** とりやまよつお
明治28（1895）年10月25日～昭和56（1981）年12月7日
明治～昭和期の電気工学者。北海道大学教授。
¶科学，現情，世紀，日人

**泥平** どろへい
→林泥平（はやしどろへい）

## 【な】

**内藤寛造** ないとうかんぞう
嘉永5（1852）年12月20日～明治41（1908）年1月18日
明治期の水晶名工。
¶山梨百

**内藤義山** ないとうぎざん
昭和19（1944）年1月29日～
昭和～平成期の陶芸家。
¶陶工

**内藤久兵衛** ないとうきゅうべえ
？ ～慶長2（1597）年
戦国時代～安土桃山時代の境宿新田村の開拓者。
¶静岡歴，姓氏静岡

**内藤四郎**(1) ないとうしろう
明治40（1907）年3月14日～昭和63（1988）年1月12日
昭和期の彫金作家、人間国宝。東京芸術大学教授。正倉院宝物金工品の調査を実行。
¶現朝，現情，国宝，埼玉人，世紀，日人，美工，名工

**内藤四郎**(2) ないとうしろう
明治44（1911）年～昭和31（1956）年
昭和期の木彫家。
¶島根人

**内藤誠** ないとうせい
＊～明治26（1893）年
江戸時代末期～明治期の陽明学者。明倫堂督学。卯辰山の開拓に尽力。
¶姓氏石川（㊐？），幕末（㊐1824年　㊀1893年5月）

**内藤多仲** ないとうたちゅう
明治19（1886）年6月12日～昭和45（1970）年8月25日
大正～昭和期の耐震構造学者。早稲田大学教授。「架構建築耐震構造論」を発表、日本の高層建築の耐震構造法を確立。
¶科学，科技，現朝，現情，現人，コン5，新潮，人名7，世紀，日人，日本，美建，山梨百

**内藤長太夫** ないとうちょうだゆう
天保12（1841）年～明治44（1911）年
明治期の農事改良家、公益家。米質の改良に努め地元米の普及に貢献。
¶人名，日人

**内藤豊昌** ないとうとよまさ
安永2（1773）年～安政3（1856）年
江戸時代後期の丹波篠山藩士、彫物師。
¶藩臣5，兵庫人（㊀安政3（1856）年11月18日）

**内藤春治** ないとうはるじ
明治28（1895）年4月1日～昭和54（1979）年5月23日
大正～昭和期の鋳金作家。「青銅花瓶」で日本芸術院賞受賞。
¶岩手百，現朝，現情（㊀1979年5月25日），世紀，姓氏岩手，日人，美工，名工

**内藤広** ないとうひろし
昭和25（1950）年～
昭和～平成期の建築家。東京大学大学院工学系研究科助教授。
¶現執4期

な

**内藤政共** ないとうまさとも
安政6(1859)年2月28日～明治35(1902)年11月22日
明治期の海軍技師。子爵、貴族院議員。イギリスに留学し海事工学を研究。
¶海越，海越新，国際，渡航

**内藤雅之** ないとうまさゆき
昭和20(1945)年11月6日～
昭和期の陶芸家。
¶陶芸最

**内藤裕** ないとうゆたか
昭和3(1928)年～
昭和～平成期の陶芸家。
¶陶工

**内藤笠之助** ないとうりゅうのすけ
生没年不詳
戦国時代の長草村の開発者。
¶姓氏愛知

**内藤レイ子** ないとうれいこ
大正15(1926)年10月14日～
昭和期の陶芸家。
¶陶芸最

**内藤六郎** ないとうろくろう
昭和25(1950)年8月20日～
昭和期の陶芸家。
¶陶芸最

**直有** なおあり
戦国時代の刀工。
¶島根人，島根百

**直江助共** なおえすけとも
寛政11(1799)年～文久2(1862)年5月1日
江戸時代末期の水戸藩刀工。
¶幕末

**直木燕洋** なおきえんよう
→燕洋(えんよう)

**直木友次良** なおきともじろう
明治36(1903)年3月12日～
昭和期の陶芸家。
¶陶芸，陶芸最，名工

**直木政之介** なおきまさのすけ
慶応4(1868)年1月14日～昭和13(1938)年12月2日
明治～昭和期のマッチ製造の先駆者。
¶兵庫人

**直木美佐** なおきみさ
昭和22(1947)年2月26日～
昭和期の陶芸家。
¶陶芸最，名工

**直木倫太郎** なおきりんたろう
明治9(1876)年12月1日～昭和18(1943)年2月11日
明治～昭和期の土木技術者。
¶近土，渡航([没]?)，土木，兵庫人，履歴

**直貞**(1) なおさだ
南北朝時代の刀工。
¶島根人，島根百

**直貞**(2) なおさだ
室町時代の刀工。
¶島根百

**直貞〔2代〕** なおさだ
室町時代の刀工。
¶島根百

**直貞〔3代〕** なおさだ
室町時代の刀工。
¶島根百

**直貞〔4代〕** なおさだ
戦国時代の刀工。
¶島根百

**直真** なおざね
戦国時代の石見の刀匠。
¶島根人

**直重**(1) なおしげ
南北朝時代の刀工。
¶島根人，島根百

**直重**(2) なおしげ
室町時代の刀工。
¶島根人，島根百

**直末** なおすえ
戦国時代の刀工。
¶島根人，島根百

**直助** なおすけ
戦国時代の刀工。
¶島根人，島根百

**直胤** なおたね
安永8(1779)年～安政4(1857)年
江戸時代後期の刀工。出羽国山形生まれ。号は大慶。
¶朝日，近世，国史，史人，日人

**直次** なおつぐ
鎌倉時代後期～南北朝時代の備中青江の刀工。
¶岡山歴

**直綱**(1) なおつな
世襲名　南北朝時代～室町時代の石見の刀工。
¶島根歴

**直綱**(2) なおつな
江戸時代前期の刀工。
¶島根人，島根百

**直綱〔1代〕** なおつな
南北朝時代の刀工。
¶島根人(――〔代数なし〕)，島根百

**直綱〔2代〕** なおつな
南北朝時代の刀工。
¶島根人（──〔代数なし〕），島根百

**直綱〔3代〕** なおつな
室町時代の刀工。
¶島根人（──〔代数なし〕），島根百

**直綱〔4代〕** なおつな
戦国時代の刀工。
¶島根人（──〔代数なし〕），島根百

**直友(1)** なおとも
戦国時代の石見の刀匠。
¶島根人

**直友(2)** なおとも
戦国時代の刀工。
¶島根人，島根百

**直久** なおひさ
戦国時代の出雲吉井派の刀匠。
¶島根人

**直政** なおまさ
明治期の刀匠。
¶島根人

**直宗** なおむね
平安時代後期の古備前の刀工。
¶岡山歴

**直宗〔1代〕** なおむね
平安時代後期の刀工。
¶岡山人

**直宗〔2代〕** なおむね
平安時代後期の刀工。
¶岡山人

**直守** なおもり
室町時代の刀工。
¶島根人，島根百

**直行** なおゆき
戦国時代の刀工。
¶島根百

**直米** なおよね
戦国時代の刀工。
¶島根百

**仲伊市** なかいいち
～平成12（2000）年9月4日
昭和～平成期の竹工芸家。
¶美工

**永井いと** ながいいと
天保7（1836）年～明治37（1904）年
江戸時代末期～明治期の養蚕指導者。「いぶし飼い」と言う方法をあみ出す。紺周郎婆さんとよばれた。
¶郷土群馬，群馬人（㊐天保2（1831）年），群馬百，女性，女性普，日人，幕末（㊍1904年6月）

**長舎** ながいえ
戦国時代の刀工。
¶島根人，島根百

**中井閑民** なかいかんみん
文化10（1813）年3月～慶応3（1867）年
江戸時代後期～末期の養蚕家。
¶国書

**永井久一郎** ながいきゅういちろう
嘉永4（1851）年8月2日～大正2（1913）年
明治～大正期の官吏、実業家。アメリカに留学し英語、ラテン語を修得。東京府書籍館の設置に尽力。専門は衛生行政。愛知県出身。
¶海越（㊍大正2（1913）年1月29日），海越新（㊍大正2（1913）年1月29日），学校（㊍大正2（1913）年1月29日），近土（㊐1852年8月2日　㊍1913年1月2日），人名，世紀（㊍大正2（1913）年1月29日），姓氏愛知，渡航（㊍1913年1月29日），土木（㊐1852年8月2日　㊍1913年1月2日），日人（㊐1852年），履歴（㊐嘉永5（1852）年8月2日　㊍大正2（1913）年1月2日）

**永井淳** ながいきよし
昭和4（1929）年3月29日～平成20（2008）年2月16日
昭和～平成期の電気工学者、東北大学電気通信研究所教授。専門は通信工学。
¶科学

**中井敬所** なかいけいしょ
天保2（1831）年～明治42（1909）年9月30日
江戸時代末期～明治期の篆刻家。
¶朝日（㊐天保2年6月25日（1831年8月2日）），近現，国史，国書（㊐天保2（1831）年6月25日），史人（㊐1831年6月25日），新潮（㊐天保12（1841）年），人名（㊐1841年），日人，幕末（㊐1831年8月2日），名工（㊐天保12（1841）年）

**長池潤一** ながいけじゅんいち
昭和22（1947）年1月11日～
昭和期の陶芸家。
¶陶芸最

**永井謙二** ながいけんじ
昭和期の額縁職人。
¶名工

**永井健三** ながいけんぞう
明治34（1901）年3月21日～平成1（1989）年7月17日
大正～昭和期の通信工学者。
¶科学，現情，世紀，日人

**中井源八郎** なかいげんぱちろう
生没年不詳
江戸時代中期の大工。
¶姓氏京都

**永井紺周郎** ながいこんしゅうろう
*～明治20（1887）年
江戸時代後期～明治期の養蚕家。
¶群馬人（㊐天保7（1836）年），姓氏群馬（㊐1831

な

年)

**中井茂右衛門** なかいしげえもん
生没年不詳
明治期の発明家。タオル織機を発明。
¶先駆

**中井修理大夫** なかいしゅうりたいふ
→中井正吉(なかいまさよし)

**中井修理大夫** なかいしゅりたいふ
→中井正吉(なかいまさよし)

**中井修理大夫** なかいしゅりのだいぶ
→中井正吉(なかいまさよし)

**永井荘七郎** ながいしょうしちろう
大正3(1914)年1月～昭和56(1981)年9月13日
昭和期の土木工学者、大阪市立大学名誉教授。専門は港湾工学、水理学。
¶科学

な

**中井太一郎** なかいたいちろう
天保1(1830)年～大正2(1913)年 [別]中井太一郎《あんかいたいちろう》
明治期の農事改良家。水田の株間を除草する機具を開発。著書に「大日本簡易排水法」。
¶朝日, 近現, 国史, 史人, 新潮([生]天保6(1835)年3月10日 [没]大正2(1913)年5月21日), 人名, 鳥取百(あんかいたいちろう), 日史, 日人, 幕末([没]1919年), 百科, 歴大

**中井竹次郎** なかいたけじろう
大正7(1918)年10月31日～
昭和～平成期の京友禅染色家。
¶名工

**仲井太三郎** なかいたさぶろう
明治8(1875)年～昭和20(1945)年
明治～昭和期の鶏の品種改良と孵卵器考案者。
¶島根歴

**永井長治郎** ながいちょうじろう
? ～明治9(1876)年
江戸時代末期～明治期の大工。三原田歌舞伎舞台、橋などを造る。
¶群馬人([生]寛政4(1792)年), 群馬百, 姓氏群馬, 幕末([没]1876年1月10日)

**中井貞次** なかいていじ
昭和7(1932)年1月4日～
昭和～平成期の染織家。日展理事、現代工芸美術家協会常務理事。京展審査員、京都市立芸術大学教授などを務める。作品に「原生雨林」など。
¶世紀, 日人, 名工

**永井鉄太郎** ながいてつたろう
昭和11(1936)年8月28日～
昭和～平成期の金属工芸家。日展理事、現代工芸美術家協会常務理事。日展、現代工芸展、日本金属造形作家展などで活躍。
¶世紀, 日人, 名工

**中井友恒** なかいともつね
世襲名 江戸時代前期～中期の鐔工。
¶新潮

**中井友恒〔1代〕** なかいともつね
生没年不詳
江戸時代前期の彫金鐔師。
¶世人, 日人

**中井友恒〔2代〕** なかいともつね
宝永2(1705)年～安永8(1779)年
江戸時代中期の彫金鐔師。
¶日人

**長井秀憲** ながいひでのり
昭和23(1948)年1月16日～
昭和期の陶芸家。
¶陶芸最

**中井浩** なかいひろし
昭和2(1927)年1月23日～
昭和期の情報科学研究者。常磐大学教授、日本科学技術情報センター監事。
¶現執2期

**中井正清** なかいまさきよ
永禄8(1565)年～元和5(1619)年 [別]中井正次《なかいまさつぐ》
安土桃山時代～江戸時代前期の大工、京大工頭、中井家の初代。
¶朝日([没]元和5年1月21日(1619年3月7日)), 岩史([没]元和5(1619)年1月21日), 角史, 近世, 国史, コン改, コン4, 茶道(中井正次 なかいまさつぐ), 史人([没]1619年1月21日), 静岡歴, 重要([没]元和5(1619)年1月21日), 新潮([没]元和5(1619)年1月21日), 人名(中井正次 なかいまさつぐ), 人名([生]?), 姓氏京都, 姓氏静岡, 戦人([生]?), 戦補, 栃木歴, 日史([没]元和5(1619)年1月21日), 日人, 美術, 百科

**中井正次** なかいまさつぐ
→中井正清(なかいまさきよ)

**中井正吉** なかいまさよし
天文2(1533)年～慶長14(1609)年 [別]中井修理大夫《なかいしゅうりたいふ, なかいしゅりたいふ, なかいしゅりのだいぶ》
安土桃山時代～江戸時代前期の大工棟梁。
¶新潮(中井修理大夫 なかいしゅりのだいぶ), 戦人(中井修理大夫 なかいしゅりたいふ 生没年不詳), 戦補(中井修理大夫 なかいしゅうりたいふ), 日人

**永井賢城** ながいますき
明治43(1910)年4月8日～昭和62(1987)年6月4日
大正～昭和期の建築家。久米建築事務所社長。
¶美建

**永井睦郎** ながいむつろう
明治41(1908)年11月3日～昭和63(1988)年11月27日 [別]永井睦郎《ながいろくろう》
昭和期の鳶職。
¶群馬人(ながいろくろう), 名工

**中井主水**　なかいもんど
生没年不詳
江戸時代中期の大工。
¶姓氏京都

**永井佑子**　ながいゆうこ
昭和20(1945)年8月31日～
昭和期の陶芸家。
¶陶芸最

**永井優瑪**　ながいゆうま
昭和23(1948)年～
昭和～平成期の陶芸家。
¶陶工

**中井仁実**　なかいよしみ
昭和22(1947)年12月23日～平成14(2002)年4月11日
昭和～平成期の建築家。中井仁実建築研究所主宰。
¶美建

**長井利兵衛**　ながいりへえ
？～延宝5(1677)年
江戸時代前期の開拓者。備後御調郡県崎の庄屋。天神山の海岸に天神新開を開拓した。
¶人名，日人

**永井睦郎**　ながいろくろう
→永井睦郎(ながいむつろう)

**中内右馬允**　なかうちうまのすけ
？～慶長8(1603)年　[別]中内右馬允《ちゅうないうまのじょう》
安土桃山時代の製紙家。
¶人名，姓氏山口(ちゅうないうまのじょう　[生]1523年)，日人

**中内節**　なかうちみさお
～平成6(1994)年10月13日
昭和～平成期の伊賀組みひも作家。
¶美工

**永江港史**　ながえこうし
大正15(1926)年7月17日～
昭和期の陶芸家。
¶陶芸最

**長江重和**　ながえしげかず
昭和28(1953)年12月6日～
昭和～平成期の陶芸家。
¶陶芸最，陶工，名工

**長江惣吉**　ながえそうきち
昭和4(1929)年～
昭和～平成期の陶芸家。
¶名工

**長江松十**　ながえまつじゅう
天保9(1838)年～大正6(1917)年
江戸時代末期～大正期の陶芸家。青磁釉を開発。
¶姓氏愛知

**中尾晃**　なかおあきら
昭和32(1957)年1月5日～
昭和～平成期の陶芸家。
¶陶芸最，陶工

**中尾厚子**　なかおあつこ
昭和15(1940)年～
昭和～平成期の陶芸家。
¶陶工

**長尾円澄**　ながおえんちょう
安政6(1859)年3月14日～大正11(1922)年1月28日
明治～大正期の果樹改良者。
¶岡山人，岡山百，岡山歴，植物，世紀，日人

**中大路茂永**　なかおおじしげなが
生没年不詳
江戸時代末期の蒔絵師。
¶コン改，コン4，人名，日人，美工

**中大路茂房**　なかおおじしげふさ
？～天保1(1830)年
江戸時代後期の蒔絵師。
¶コン改，コン4，人名，日人

**長岡一三**　ながおかいちぞう
昭和4(1929)年6月25日～
昭和～平成期の機械工学技術者。
¶現執4期

**永岡修**　ながおかおさむ
昭和23(1948)年9月16日～
昭和期の陶芸家。
¶陶芸最

**長岡空権**　ながおかくうけん
昭和4(1929)年4月10日～
昭和～平成期の陶芸家。
¶陶芸最，陶工，名工

**長岡空斎**　ながおかくうさい
？～安政6(1859)年　[別]長岡住右衛門空斎《ながおかすみえもんくうさい》
江戸時代末期の出雲楽山の陶工。
¶島根人，島根歴(長岡住右衛門空斎　ながおかすみえもんくうさい)

**長岡空処**　ながおかくうしょ
明治31(1898)年～昭和36(1961)年
明治～昭和期の陶芸家。
¶陶工

**長岡空入**　ながおかくうにう
～明治26(1893)年
江戸時代後期～明治期の楽山7代陶工。
¶島根人

**長岡空味**　ながおかくうみ
明治7(1874)年～昭和34(1959)年　[別]長岡住右衛門空味《ながおかすみえもんくうみ》
明治～昭和期の陶工。樂山焼を再興。
¶島根人，島根歴(長岡住右衛門空味　ながおかすみえもんくうみ)

**長岡国子** ながおかくにこ
昭和16（1941）年5月20日～
昭和期の陶芸家。
¶陶芸最

**中岡源権** なかおかげんごん
昭和3（1928）年7月28日～
昭和～平成期の映画照明技師。
¶映人

**長岡憲治** ながおかけんじ
大正7（1918）年2月16日～平成11（1999）年10月
22日
昭和期の映画録音技師。
¶映人

**永岡定夫** ながおかさだお
昭和31（1956）年11月26日～
昭和～平成期の陶芸家。
¶陶芸最，陶工

**長岡貞子** ながおかさだこ
？ ～
江戸時代後期の女性。技術者。出雲広瀬絣の開祖。
¶島根人，島根歴（生没年不詳），女性（生没年不
詳），女性普

**長岡貞政** ながおかさだまさ
～文政12（1829）年
江戸時代後期の楽山5代陶工。
¶島根人

**長岡秀星** ながおかしゅうせい
昭和11（1936）年11月26日～
昭和～平成期のイラストレーター。アメリカで人
気、実力ともにトップクラスを誇り、スペース
シャトルの油圧器の設計図なども手掛ける。
¶現朝，現情，現日，世紀，日芸，日人，マス89

**長岡住右衛門〔1代〕** ながおかすみえもん
宝暦7（1757）年～文政12（1829）年
江戸時代後期の出雲楽山の陶工。
¶茶道（㊹1756年　㊺1827年），人名，日人

**長岡住右衛門〔2代〕** ながおかすみえもん
？ ～安政6（1859）年　㊿空斎《くうさい》
江戸時代末期の出雲楽山の陶工。
¶茶道，人名，日人

**長岡住右衛門〔3代〕** ながおかすみえもん
？ ～明治26（1893）年
江戸時代末期～明治期の出雲楽山の陶工。
¶人名，日人

**長岡住右衛門〔4代〕** ながおかすみえもん
？ ～明治12（1879）年
明治期の出雲楽山の陶工。
¶人名，日人

**長岡住右衛門〔5代〕** ながおかすみえもん
明治6（1873）年～昭和35（1960）年4月21日
明治～昭和期の陶工。
¶世紀，日人，美工

**長岡住右衛門空斎** ながおかすみえもんくうさい
→長岡空斎（ながおかくうさい）

**長岡住右衛門空味** ながおかすみえもんくうみ
→長岡空味（ながおかくうみ）

**長岡住右衛門貞政** ながおかすみえもんさだまさ
？ ～文政11（1828）年
江戸時代後期の樂山焼の名工、初代住右衛門。
¶島根歴

**長岡達雄** ながおかたつお
昭和期の表具師。
¶名工

**長岡徳助** ながおかとくすけ
明治41（1908）年～昭和63（1988）年
昭和期の溶接工。
¶姓氏岩手

**長岡正己** ながおかまさみ
昭和23（1948）年10月8日～
昭和期の陶芸家。
¶陶芸最

**永尾吉三郎** ながおきちさぶろう
明治7（1874）年4月22日～昭和31（1956）年12月
27日
明治～大正期の官史。中河内郡長。灌漑用水事業
や水門の建設などにつくした。
¶世紀，口人

**長尾九市** ながおくいち
昭和3（1928）年5月5日～
昭和期の陶芸家。
¶陶芸最

**長尾三良兵衛** ながおさぶろうべえ
生没年不詳
江戸時代後期の工匠。
¶多摩（㊹文政　㊺天保）

**長尾重夫** ながおしげお
大正8（1919）年1月3日～
昭和期のプラズマ工学者。東北大学教授。
¶現情

**長尾重喬** ながおしげたか
文化13（1816）年～明治12（1879）年
江戸時代末期～明治期の農事改良家。稲作の技術
や経営の在り方などに関する「農稼録」「農稼附
録」を著す。
¶朝日，日人

**長尾重幸** ながおしげゆき
？ ～宝永2（1705）年
江戸時代前期～中期の大宝新田開発者。
¶姓氏愛知

**中尾庄右衛門** なかおしょうえもん
？ ～正保2（1645）年
江戸時代前期の陶工、肥前中尾窯の開祖。
¶人名，日人

**長尾四郎右衛門** ながおしろうえもん
安政1(1854)年～明治44(1911)年
明治期の公共事業家。
¶日人

**中尾宗言** なかおそうげん
→中尾宗言(なかおそうごん)

**中尾宗言** なかおそうごん
生没年不詳 [別]中尾宗言《なかおそうげん》
江戸時代中期の表具師、茶人。
¶茶道，美工(なかおそうげん)

**中尾哲彰** なかおてつあき
昭和27(1952)年1月30日～
昭和～平成期の陶芸家。
¶陶工

**中尾徹夫** なかおてつお
明治36(1903)年6月3日～昭和44(1969)年2月5日
昭和期の電気工学者。日本学術会議会員。四端子定数による誘導型濾波器の理論的体系を研究。防衛通信施設局東部施設部長、電電公社理事などを歴任。
¶科学，現情，人名7，世紀，日人

**中尾利秋** なかおとしあき
大正13(1924)年11月～
昭和期の陶芸家。
¶陶芸最

**中尾俊雄** なかおとしお
昭和期の博多張り子職人。
¶名工

**長尾半平** ながおはんぺい
慶応1(1865)年～昭和11(1936)年6月20日
明治期の電気技師。
¶科学([生]1865年(慶応1)7月28日)，キリ，近土([生]1865年7月28日)，庄内(生没年不詳)，人名，世紀([生]慶応1(1865)年7月)，鉄道([生]1865年9月17日)，土木([生]1865年7月28日)，日人

**長尾不二夫** ながおふじお
明治39(1906)年3月31日～平成4(1992)年12月31日
昭和期の機械工学者。京都大学教授。
¶岡山歴，科学，現情

**長尾真** ながおまこと
昭和11(1936)年10月4日～
昭和～平成期の情報工学者。京都大学学長、国立大学協会会長。専門は有線通信工学、情報処理。コンピュータによる自然言語の研究を続け、機械翻訳システムを開発。
¶現朝，現執2期，現執3期，現執4期，世紀，日人

**長尾正志** ながおまさし
明治16(1883)年～昭和30(1955)年
明治～昭和期の製紙技師。
¶高知人

**長尾増平** ながおますへい
文政10(1827)年～明治36(1903)年2月
江戸時代末期～明治期の毛利能登臣、開拓家。厚狭川河口梶浦開拓を完成、土手決潰で三年間流刑。
¶幕末

**中尾光信** なかおみつのぶ
明治33(1900)年4月11日～昭和41(1966)年3月16日
大正～昭和期の技師。
¶科学，近土，土木

**中尾恭純** なかおやすずみ
昭和25(1950)年3月18日～
昭和～平成期の陶芸家。
¶陶芸最，陶工

**長尾義三** ながおよしみ
大正11(1922)年8月15日～平成10(1998)年9月3日
昭和～平成期の土木工学者、京都大学名誉教授。専門は土木計画学、土木史。
¶科学

**中尾米吉** なかおよねきち
天保9(1838)年～明治29(1896)年
明治期の陶工。筑後二川焼を再興し弓野風の作品を制作。
¶人名，日人，名工

**長尾宜子** ながおよりこ
昭和21(1946)年2月3日～平成10(1998)年7月5日
昭和～平成期の建築家。山宜設計代表取締役。ラフォーレ原宿、アークヒルズなどを設計。著書に「燃えるがごとく、癌細胞を焼きつくす」。
¶世紀([生]昭和20(1945)年)，日人，美建

**中垣清右衛門** なかがきせいえもん
？～宝暦3(1753)年
江戸時代中期の治水家。筑後国三井郡稲敷大城村の荘屋。筑後川から水をひき筑後川床島堰を完成させた。
¶人名，日人

**永包(1)** ながかね
平安時代中期の刀工。
¶岡山人

**永包(2)** ながかね
平安時代後期の刀工。
¶岡山人

**中釜浩一郎** なかがまこういちろう
昭和40(1965)年～
昭和～平成期の理容師、挿絵画家。
¶児人

**中上長平** なかがみちょうへい
天保11(1840)年～明治42(1909)年
明治期の漁業技術者。近代漁業のパイオニア。羽魚網を発明し、共同事業で操業を開始。
¶先駆([生]天保11(1840)年11月1日 [没]明治39(1906)年11月26日)，長崎百，日人

**中川伊作** なかがわいさく
明治32(1899)年～平成12(2000)年1月2日

大正～平成期の陶芸家。
¶美工，名工

### 中川一辺陶　なかがわいっぺんとう
大正15（1926）年2月1日～
昭和～平成期の陶芸家。
¶陶芸最，陶工

### 中川栄二　なかがわえいじ
昭和期の染め師。
¶名工

### 永川勝治　ながかわかつじ
明治30（1897）年11月28日～？
大正～昭和期の京鹿の子絞染色家。
¶美工，名工

### 中川勝次　なかがわかつつぐ
？　～元禄7（1694）年
江戸時代前期～中期の彫工。
¶岡山歴

### 中川勝正　なかがわかつまさ
？　～文政2（1819）年
江戸時代中期～後期の彫工。
¶岡山歴

### 中川儀右衛門　なかがわぎえもん
宝暦13（1763）年～天保1（1830）年
江戸時代後期の製紙家。和唐紙を創製。特大の宝
来紙で評判を得た。
¶江戸東，神奈川人，人名，日人

### 中川吉造　なかがわきちぞう
→中川吉造（なかがわよしぞう）

### 中川九稔　なかがわきゅうか
文化9（1812）年12月～明治9（1876）年
江戸時代後期～明治期の伊勢藩名士，蝦夷地開
拓者。
¶三重続

### 中川教宏　なかがわきょうこう
文化3（1806）年～？
江戸時代後期の僧，殖産家。
¶人名，日人，三重続（⊕文化3年10月3日）

### 中川清司　なかがわきよつぐ
昭和17（1942）年9月18日～
昭和～平成期の木工芸家。2001年に重要無形文化
財保持者（人間国宝）に認定（木工芸）。
¶国宝

### 中川金治　なかがわきんじ
明治7（1874）年4月～昭和24（1949）年12月
明治～昭和期の林業家。
¶世紀，日人

### 中川源左衛門　なかがわげんざえもん
天保9（1838）年～大正2（1913）年
明治期の開拓者。開拓期の筆頭請負人。
¶札幌

### 中川源造　なかがわげんぞう
安政2（1855）年～明治40（1907）年

明治期の地方開発者。高田中学校、高田師範学校
の設立運動に尽力。
¶人名，日人

### 中川耕山　なかがわこうざん
嘉永3（1850）年～明治32（1899）年
明治期の銅版彫刻家。彫刻を学ぶため渡米。帰国
後彫刻会社を設立。
¶海越（⊗明治32（1899）年8月18日），海越新
　（⊗明治32（1899）年8月18日），国際，人名，渡
　航（⊗1899年8月18日），日人

### 中川佐平　なかがわさへい
文久1（1862）年～昭和4（1929）年
明治期の農事改良家。
¶郷土茨城（⊕1861年），世紀（⊕文久1（1862）年
　12月20日　⊗昭和4（1929）年12月4日），日人

### 中川重造　なかがわしげぞう
大正3（1914）年～昭和49（1974）年
昭和期の政治家。栃木県議会議員，染色業。
¶栃木歴

### 中川芝仙　なかがわしせん
天保7（1836）年～明治30（1897）年
江戸時代後期～明治期の蒔絵師。
¶大阪人

### 中川自然坊　なかがわじねんぼう
昭和28（1953）年～
昭和－平成期の陶芸家。
¶陶芸最，陶工

### 中川紹益　なかがわじょうえき，なかがわしょうえき
永禄2（1559）年～元和8（1622）年
安土桃山時代～江戸時代前期の鋳金工。
¶朝日（⊕弘治3（1557）年　⊗元和8年6月23日
　（1622年7月31日）），京都大，コン改（なかが
　わしょうえき），コン4（なかがわしょうえき），
　茶道（なかがわしょうえき），新潮，人名（なか
　がわしょうえき），姓氏京都（なかがわしょう
　えき），世人，戦人，日人

### 中川浄益〔7代〕（中川紹益）なかがわじょうえき，なか
がわしょうえき
寛政8（1796）年～安政6（1859）年
江戸時代後期の金物師。千家十職の一家。雲鶴文
風炉，砂張り大□などを作った。
¶茶道（中川紹益〔7代〕　なかがわしょうえき），
　世人，日人

### 中川浄益〔10代〕（中川紹益）なかがわじょうえき，なか
がわしょうえき
明治13（1880）年～昭和15（1940）年5月17日
明治～昭和期の金工。
¶茶道（中川紹益〔10代〕　なかがわしょうえ
　き），世紀，日人

### 中川浄益〔11代〕なかがわじょうえき
大正9（1920）年～平成20（2008）年1月15日
昭和～平成期の金物師。
¶美工，名工

**中川新作** なかがわしんさく
明治26(1893)年3月25日〜平成5(1993)年2月24日
大正〜昭和期の園芸家。果樹園を経営。柿を中心に新品種の導入や栽培技術の向上につとめた。
¶植物, 世紀, 日人

**中川慎二** なかがわしんじ
昭和7(1932)年〜
昭和〜平成期の友禅染め師。
¶名工

**中川清兵衛** なかがわせいべえ
弘化5(1848)年〜大正5(1916)年　㊞中川清兵衛《なかがわせいべえ》
明治期の醸造技術者。
¶海越新(㊤弘化5(1848)年1月15日　㊨大正5(1916)年4月2日), 札幌(なかがわせいべえい㊤嘉永1年1月15日), 食文(㊤弘化5年1月15日(1848年2月19日)　㊨1916年4月2日), 渡航(㊤1848年1月15日　㊨1916年4月2日), 新潟百(㊤1856年), 日人, 北海道百, 北海道歴

**中川清兵衛** なかがわせいべえい
→中川清兵衛(なかがわせいべえ)

**中川孝之** なかがわたかゆき
大正8(1919)年〜昭和63(1988)年
昭和期の工学者。
¶姓氏富山

**中川存** なかがわたもつ
昭和10(1935)年〜
昭和〜平成期の光汎纈染家。
¶名工

**中川珍懐** なかがわちんかい
明治13(1880)年〜昭和13(1938)年
明治〜昭和期の表道具師、道具屋。
¶茶道

**中川哲哉** なかがわてっさい
明治30(1897)年〜*
明治〜昭和期の漆芸家。
¶美工(㊤明治30(1897)年2月17日　㊨昭和51(1976)年12月31日), 山形百(㊨昭和53(1978)年)

**中川仲之助** なかがわなかのすけ
明治41(1908)年12月1日〜昭和57(1982)年8月16日
昭和期の刀工。
¶庄内

**中川二作** なかがわにさく
嘉永3(1850)年〜明治39(1906)年
江戸時代末期〜明治期の陶画工。白磁彩描、泥金描など案出。画工組合組織化に尽力。
¶石川百(㊨1903年), 人名, 姓氏石川(㊨1903年), 日人, 幕末(㊨1906年11月), 名工

**中川半九** なかがわはんく
明治16(1883)年〜昭和25(1950)年
明治〜昭和期の陶芸家。

¶高知人

**中川平吉** なかがわへいきち
生没年不詳
明治期の海軍塗工長。塗料製造のパイオニアの一人。共同組合光明社を組織。
¶先駆

**中川正知** なかがわまさとも
昭和期の工芸作家。
¶名工

**中川衛** なかがわまもる
昭和22(1947)年〜
昭和〜平成期の彫金家。2004年に重要無形文化財保持者(人間国宝)に認定(彫金)。
¶石川百, 国宝(㊤昭和22(1947)年6月5日)

**中川勇次郎** なかがわゆうじろう
嘉永2(1849)年〜大正11(1922)年
江戸時代後期〜大正期の陶芸家。
¶陶工

**中川横太郎** なかがわよこたろう
天保7(1836)年〜明治36(1903)年4月15日
江戸時代末期〜明治期の教育家、殖産家。小学校の新設、岡山県医学校の設立などを推めた。児島湾干拓を計画して微力社を設立。
¶岡山人, 岡山百, 岡山歴, 学校, 日人, 幕末

**中川吉造** なかがわよしぞう
明治4(1871)年4月6日〜昭和17(1942)年8月1日　㊞中川吉造《なかがわきちぞう》
明治〜昭和期の土木技術者。
¶科学, 郷土奈良, 近土, 世紀, 渡航(なかがわきちぞう　㊨?), 土木, 日人

**中川義質** なかがわよしただ
明治期の彫金家。
¶岡山人

**中川利兵衛** なかがわりへえ
文化9(1812)年〜明治15(1882)年
江戸時代末期〜明治期の名古屋初新聞発行者。洋式活版印刷の先駆者。
¶姓氏愛知, 日人, 幕末

**中川良一** なかがわりょういち
大正2(1913)年4月27日〜平成10(1998)年7月30日
昭和期のエンジニア。日産自動車専務。
¶科学, 世紀, 日人

**中木維明** なかきこれあき
宝暦4(1754)年〜天保5(1834)年6月18日
江戸時代中期〜後期の養蚕家。
¶国書

**永清** ながきよ
江戸時代後期の刀工。
¶島根百

**仲口一風** なかぐちいっぷう
昭和17(1942)年5月6日〜

昭和～平成期の陶芸家。
¶陶芸最，陶工，名工

**仲口美雪** なかぐちみゆき
昭和31 (1956) 年5月18日～
昭和～平成期の陶芸家。
¶陶芸最，陶工

**長倉三朗** ながくらさぶろう
明治44 (1911) 年～平成9 (1997) 年2月15日
昭和～平成期の陶芸家。高山市立飛騨民俗館館長。小糸焼きを復活させ、創作に励む。市立飛騨民俗館の設立や「飛騨の里」の建設に尽力。
¶郷土岐阜，世紀，日人 ([生]明治44 (1911) 年11月2日)，美工 ([生]明治44 (1911) 年11月2日)，名工



**長倉翠子**(1) ながくらすいこ
昭和12 (1937) 年7月6日～
昭和期の陶芸家。
¶陶芸最

**長倉翠子**(2) ながくらすいこ
昭和12 (1937) 年7月6日～
昭和～平成期の陶芸家。
¶名工

**永倉てる** ながくらてる
→林てる (はやしてる)

**長坂重清** ながさかしげきよ
寛永10 (1633) 年～正徳4 (1714) 年
江戸時代中期の新田開発者。
¶姓氏長野，長野歴

**長坂庄兵衛** ながさかしょうべえ
文政9 (1826) 年～元治1 (1864) 年
江戸時代末期の土木事業家。
¶青森人，維新，幕末 (生没年不詳)

**長崎明** ながさきあきら
大正12 (1923) 年10月31日～
昭和期の農地工学者。新潟大学教授。
¶現情

**長崎七左衛門** ながさきしちざえもん
享保16 (1731) 年7月23日～文政3 (1820) 年10月1日
江戸時代中期～後期の殖産家。
¶国書

**長崎藤吉** ながさきとうきち
大正6 (1917) 年～昭和53 (1978) 年
昭和期の籐細工作家。
¶島根歴

**長崎敏音** ながさきとしお
明治21 (1888) 年12月15日～？
明治～昭和期の技師。専門は都市計画。福井県出身。
¶近土，土木

**永崎仁助** ながさきにすけ
寛永17 (1640) 年～元禄3 (1690) 年
江戸時代前期～中期の漆工、狂歌師。
¶日人

**中里重利** なかざとしげとし
昭和5 (1930) 年12月24日～
昭和～平成期の陶芸家。
¶佐賀百，陶芸最，陶工，名工

**中里末太郎** なかざとすえたろう
明治30 (1897) 年1月26日～平成3 (1991) 年7月23日
昭和期の陶芸家。
¶世紀，日人，美工

**仲里千三郎** なかざとせんさぶろう
生没年不詳
大正期の知念間切知名村の西ノ口殿内小当主。イモの品種改良に貢献。
¶姓氏沖縄

**中里隆** なかざとたかし
昭和12 (1937) 年5月24日～
昭和～平成期の陶芸家。
¶陶芸最，陶工，名工

**中里忠寛** なかざとただひろ
昭和32 (1957) 年～
昭和～平成期の陶芸家。
¶陶工

**中里太郎右衛門〔1代〕** なかざとたろうえもん
生没年不詳
江戸時代前期の唐津焼の陶工。
¶朝日，日人，美工

**中里太郎右衛門〔12代〕** なかざとたろうえもん
明治28 (1895) 年4月11日～昭和60 (1985) 年1月5日 [別]中里太郎右衛門〔12代〕《なかざとたろううえもん》，中里無庵《なかざとむあん》
明治～昭和期の陶芸家。唐津焼。古唐津の復興に尽力。叩き技法を独自に創造。人間国宝。
¶現情 (中里無庵　なかざとむあん)，現日 (中里無庵　なかざとむあん)，国宝 (中里無庵　なかざとむあん)，コン改，コン4，コン5，佐賀百，世紀 (中里無庵　なかざとむあん)，全書，陶芸 (中里無庵　なかざとむあん)，陶芸最 (なかざとたろううえもん)，陶工，日人，美工 (中里無庵　なかざとむあん)，名工 (中里無庵　なかざとむあん)

**中里太郎右衛門〔13代〕** なかざとたろうえもん
大正12 (1923) 年5月31日～ [別]中里太郎右衛門《なかざとたろううえもん》
昭和～平成期の陶芸家。唐津焼中里家13代をつぐ。作品に「叩き唐津手付瓶」など。
¶現情，コン改，コン4，コン5，佐賀百，世紀，全書，陶芸 (――〔代数なし〕　なかざとたろううえもん)，陶芸最 (――〔代数なし〕)，陶工 (――〔代数なし〕)，日人，名工

**中里時夫** なかざとときお
大正2 (1913) 年～
昭和～平成期の陶芸家。三川内焼白磁染付の献上唐子焼の技術伝承者。伝統の手描き絵付に専念。

¶郷土長崎，日人（㋐大正2（1913）年12月1日）

## 中里逢庵 なかざとほうあん
大正12（1923）年5月31日～平成21（2009）年3月12日
昭和～平成期の陶芸家。
¶美工

## 中里無庵 なかざとむあん
→中里太郎右衛門〔12代〕（なかざとたろうえもん）

## 中里安吉郎 なかざとやすきちろう
～昭和60（1985）年9月15日
昭和期の陶芸家。
¶美工，名工

## 中里嘉孝 なかざとよしたか
昭和33（1958）年～
昭和～平成期の陶芸家。
¶陶芸最，陶工

## 仲座久雄 なかざひさお
明治37（1904）年2月10日～昭和37（1962）年12月17日
大正～昭和期の建築家、建築技師。
¶沖縄百，社史，姓氏沖縄，美建

## 長沢氏春 ながさわうじはる
昭和期の能面師。
¶名工

## 永沢永信(1) ながさわえいしん
明治43（1910）年～昭和52（1977）年
昭和期の陶芸家。
¶陶芸最，陶工，美工（㋑昭和52（1977）年5月8日），兵庫百，名工（㋑昭和52年5月8日）

## 永沢永信(2) ながさわえいしん
昭和13（1938）年2月25日～
昭和～平成期の陶芸家。
¶陶芸最，陶工，名工

## 永沢永人 ながさわえいじん
昭和21（1946）年6月10日～
昭和～平成期の陶芸家。
¶陶工

## 長沢勝三郎 ながさわかつさぶろう
生没年不詳
明治期の左官。
¶名工

## 中沢喜三郎 なかざわきさぶろう
昭和7（1932）年10月2日～平成25（2013）年1月25日
昭和～平成期の電子工学者、筑波大学教授。専門は計算機工学。
¶科学

## 長沢吉太郎 ながさわきちたろう
昭和期のかつら師。
¶名工

## 中沢源八 なかざわげんぱち
天明4（1784）年～安政6（1859）年
江戸時代中期～末期の養蚕家。
¶郷土長野（㋐？），姓氏長野，長野百，長野歴

## 永沢才吉 ながさわさいきち
天保11（1840）年～？
江戸時代後期～明治期の人。古川町内に最初の水道を敷設した。
¶姓氏宮城

## 中沢重雄 なかざわしげお
明治11（1878）年10月28日～大正9（1920）年8月10日
明治～大正期の電気工学者、中沢電気社長。
¶科学

## 中沢祥平 なかざわしょうへい
文久2（1862）年～昭和17（1942）年
明治～昭和期の養蚕技術者。吾妻養蚕試験所設立者。
¶群馬人

## 中沢誠一郎 なかざわせいいちろう
明治29（1896）年～昭和61（1986）年8月29日
昭和期の都市問題専門家、建築家。
¶現執1期，美建（㋐明治29（1896）年1月24日）

## 永沢孝 ながさわたかし
昭和21（1946）年6月10日～
昭和期の陶芸家。
¶陶芸最

## 中沢靖雄 なかざわやすお
昭和14（1939）年4月25日～
昭和期の陶芸家。
¶陶芸最，名工

## 長沢義明 ながさわよしあき
昭和22（1947）年～
昭和～平成期の自転車整備士。
¶名工

## 中沢臨川 なかざわりんせん
明治11（1878）年～大正9（1920）年
明治～大正期の文芸評論家。海外の哲学、文芸を幅広く解説紹介。著書に「自然主義汎論」。
¶朝日（㋐明治11（1878）年10月28日　㋑大正9（1920）年8月9日），近現，近文，国史，コン改，コン5，史人（㋐1878年10月28日　㋑1920年8月10日），新潮（㋐明治11（1878）年10月28日　㋑大正9（1920）年8月10日），新文（㋐明治11（1878）年10月28日　㋑大正9（1920）年8月10日），人名，世紀（㋐明治11（1878）年10月28日　㋑大正9（1920）年8月10日），姓氏長野，世百，全書，大百，哲学，長野百，長野歴，日人（㋐明治11（1878）年10月28日　㋑大正9（1920）年8月9日），文学，履歴（㋐明治11（1878）年10月28日　㋑大正9（1920）年8月9日）

## 長重 ながしげ
南北朝時代の長船派の刀工。
¶岡山歴

**中繁竜雄**　なかしげたつお
昭和27(1952)年2月6日～
昭和～平成期のガラス工芸家。
¶名工

**中静昭平**　なかしずかしょうへい
昭和4(1929)年5月13日～　[別]中静昭平《なかしずしょうへい》
昭和～平成期の陶芸家。
¶陶芸最，陶工(なかしずしょうへい)，名工

**中静昭平**　なかしずしょうへい
→中静昭平(なかしずかしょうへい)

**中嶋章**　なかしまあきら
明治41(1908)年1月5日～昭和45(1970)年10月29日
昭和期の電気工学者、日本電気常務。専門は計算機工学。
¶科学

**中島亨**　なかじまあきら
昭和34(1959)年～
昭和～平成期の陶芸家。
¶陶工

**永島安竜**　ながしまあんりゅう
生没年不詳
江戸時代の医師、富士山麓の治水功労者。
¶近世，国史，国書([生]享和1(1801)年8月15日　[没]明治2(1869)年5月3日)，コン改，コン4，人名，日人([生]1801年　[没]1869年)

**中島幾三郎**　なかじまいくさぶろう
安政5(1858)年～大正13(1924)年
明治～大正期の工業家。印刷技術者。各種印刷機械の発明者。
¶科学([生]1858年(安政5)8月8日)，コン改，コン5，人名，世紀([生]安政5(1858)年8月8日)，先駆([生]安政5(1858)年8月8日)，日人

**中島以政**　なかじまいせい
天保14(1843)年～明治40(1907)年
江戸時代末期～明治期の武士、殖産家。
¶日人，幕末([没]1908年12月23日)，藩臣2

**中島一耀**　なかしまいちよう
昭和24(1949)年2月10日～
昭和～平成期の陶芸家。
¶陶芸最，陶工

**中島聿徳**　なかじまいつのり
→中島治平(なかじまじへい)

**中島氏詮**　なかじまうじのり
文政2(1819)年～＊
江戸時代末期～明治期の刀鍛冶。困窮者救済、公共事業にも尽力。
¶高知百([没]1878年)，幕末([没]1888年6月23日)

**中島鋭治**　なかじまえいじ
安政5(1858)年～大正14(1925)年
明治～大正期の水道功労者。水道工事の計画調査に従事し各地の上下水道を完成させた。
¶海越新([生]安政5(1859)年12月12日　[没]大正14(1925)年2月16日)，科学([生]1858年(安政5)12月12日　[没]1925年(大正14)2月17日)，近土([生]1858年10月12日　[没]1925年2月17日)，食文([生]安政5年12月12日(1859年1月15日)　[没]1925年2月16日)，人名，姓氏宮城，渡航([没]1925年2月16日)，土木([生]1858年10月12日　[没]1925年2月17日)，日人([生]1859年)

**中島翁助**　なかじまおうすけ
昭和6(1931)年4月1日～
昭和期の陶芸家。
¶陶芸最，名工

**中島織右衛門**　なかじまおりえもん
元亀2(1571)年～慶安3(1650)年
安土桃山時代～江戸時代前期の佐久市香坂宮の平の開墾者。
¶姓氏長野

**中島勝人**　なかじまかつと
昭和期の家具職人。
¶名工

**中島克童**　なかじまかつどう
昭和29(1954)年1月22日～
昭和～平成期の陶芸家。
¶陶工

**中島兼吉**　なかじまかねきち，なかしまかねきち
文政12(1829)年～明治40(1907)年　[別]中島兼吉《なかじまけんきち》
江戸時代末期～明治期の鋳物師、製砲技術者。大阪砲兵工廠副提理を務める。中島鉄工場を経営。
¶海越([没]明治42(1909)年6月20日)，海越新([没]明治42(1909)年6月20日)，人情2(なかじまけんきち)，新潮(なかしまかねきち　[没]明治40(1907)年9月8日)，渡航(なかじまけんきち　[没]1907年9月8日)，日人，名工(なかじまけんきち　[没]明治40年9月)

**中島亀陶**　なかじまかめとう
明治38(1905)年～昭和53(1978)年
大正～昭和期の陶芸家。
¶陶工

**永島亀巣**　ながしまきそう
→永島段右衛門(ながしまだんえもん)

**中島吉太郎**　なかじまきちたろう
明治38(1905)年2月11日～
大正～昭和期の西陣織物職人。
¶名工

**中嶋健一**　なかしまけんいち
昭和23(1948)年12月23日～
昭和期の陶芸家。
¶陶芸最

**中島兼吉**　なかじまけんきち
→中島兼吉(なかじまかねきち)

**長島源次郎**　ながしまげんじろう
嘉永5(1852)年～昭和15(1940)年

明治～昭和期の土木請負師、今市町長。
¶栃木歴

**長島孝一** ながしまこういち
昭和11(1936)年10月31日～
昭和期の建築家。AUR建築都市研究コンサルタント主宰。
¶現執2期

**中島駒次** なかじまこまじ
慶応2(1867)年12月12日～昭和25(1950)年
明治～昭和期の園芸家。
¶植物([没]昭和25(1950)年1月16日)，世紀([没]昭和25(1950)年1月16日)，姓氏愛知([生]1866年)，日人

**中島三郎** なかしまさぶろう
大正13(1924)年～平成19(2007)年5月5日
昭和～平成期の垂水人形師。
¶美工

**中島三郎助** なかじまさぶろうすけ
文政3(1820)年～明治2(1869)年　[別]中島木鶏《なかじまもくけい》
江戸時代末期～明治期の幕臣。下田奉行書与力、軍艦頭取出役。洋式の軍事技術を修得、桂小五郎に砲術を教えた。軍艦開陽の砲術指導者。
¶朝日([没]明治2年5月15日(1869年6月24日))，維新，神奈川人([生]1821年)，神奈川百，人名(中島木鶏　なかじまもくけい)，姓氏神奈川([生]1821年)，日人，幕末([生]1821年2月27日 [没]1869年6月25日)

**中嶋重治** なかしましげはる
昭和14(1939)年5月4日～
昭和期の陶芸家。
¶陶芸最

**中島茂** なかじましげる
明治40(1907)年1月20日～平成18(2006)年12月16日
昭和～平成期の医用工学者、アロカ社長。専門は医用電子工学、超音波探知。
¶科学

**中島治平** なかじまじへい，なかしまじへい
文政6(1823)年～慶応2(1866)年　[別]中島聿徳《なかじまいつのり》
江戸時代末期の長州(萩)藩士。
¶維新，人名(中島聿徳　なかじまいつのり)，日人(中島聿徳　なかじまいつのり　[没]1867年)，幕末(なかしまじへい　[没]1867年2月2日)，藩臣6(なかしまじへい)，山口百，洋学

**中島珠光** なかじましゅこう
明治44(1911)年～
昭和期の陶芸家。
¶陶芸

**中島寿山** なかじまじゅざん
明治40(1907)年～
昭和期の陶芸家。
¶陶芸

**中島ジョージ**(ナカシマ，ジョージ)　なかしまじょーじ
明治38(1905)年5月24日～平成2(1990)年6月15日
昭和期の家具デザイナー。アメリカ建築家協会より家具製作家として初めてゴールドメダルを受賞。
¶現情，現人，世紀(ナカシマ，ジョージ)，世紀，美建(ナカシマ，ジョージ)

**永島審** ながしましん
→永島元長(ながしまもとなが)

**中嶋信太郎** なかじましんたろう
明治45(1912)年～
昭和～平成期の甲冑師。
¶名工

**中島真乳** なかじましんにゅう
生没年不詳
明治期の写真技術者。幻灯機の国産化に成功。
¶先駆

**中島高三郎** なかじまたかさぶろう
弘化4(1847)年～大正14(1925)年
江戸時代末期～大正期の宮田堰の開削者。
¶姓氏長野

**中島唯喜** なかじまただき
昭和期の石工。
¶名工

**永島段右衛門** ながしまだんえもん
文化5(1808)年～明治24(1891)年　[別]永島亀巣《ながしまきそう》
江戸時代末期～明治期の開拓家、名主。武蔵国久良岐郡の泥亀新田を再興、塩田を開発。
¶朝日(永島亀巣　ながしまきそう　[生]文化6(1809)年　[没]明治24(1891)年1月11日)，神奈川人，郷土神奈川，近現，近世，国史([没]明治24(1891)年1月11日)，コン改(永島亀巣　ながしまきそう　[生]文化6(1809)年)，コン4(永島亀巣　ながしまきそう　[生]文化6(1809)年)，コン5(永島亀巣　ながしまきそう　[生]文化6(1809)年)，新潮(永島亀巣　ながしまきそう　[没]明治24(1891)年1月11日)，人名，日人(永島亀巣　ながしまきそう)，歴大

**中島長太郎** なかじまちょうたろう
昭和期の印判師。
¶名工

**中島貞一** なかじまていいち
昭和期の久保田鉄工武庫川製造所金型製造課職長。
¶名工

**中島伝次郎** なかじまでんじろう
明治30(1897)年3月3日～昭和51(1976)年6月21日
大正～昭和期の料理人。宮内庁大膳課主厨長。宮中料理を守り伝えてきた。その功績により勲四等瑞宝章を贈られた。
¶現日，世紀

**中島藤右衛門** なかじまとううえもん
→中島藤右衛門(なかじまとうえもん)

**中島藤右衛門**（中島藤衛門）　なかじまとうえもん
延享2（1745）年～文政8（1825）年　[別]中島藤右衛門《なかじまとううえもん，まかじまとうえもん》
江戸時代中期～後期の人。粉こんにゃく製法の発明者。
¶朝日（[生]延享2年12月7日（1745年12月29日）[没]文政8年4月8日（1825年5月25日）），茨城百（なかじまとううえもん），郷土茨城（まかじまとうえもん），近世（中島藤衛門），国史（中島藤衛門），コン改（[生]延享1（1744）年），コン4（[生]延享1（1744）年），史人（中島藤衛門 [生]1745年12月7日　[没]1825年4月8日），食文（[生]延享2年12月7日（1745年12月29日）　[没]文政8年4月8日（1825年5月25日）），新潮（[没]文政8（1825）年4月8日），世人（[生]延享1（1744）年），日人，歴大

な

**中島徹**　なかじまとおる
昭和12（1937）年11月19日～
昭和～平成期の撮影技師。
¶和モ

**中島徳三郎**　なかじまとくさぶろう
弘化4（1847）年3月15日～大正7（1918）年9月14日
江戸時代末期～大正期の農事改良者。
¶埼玉人

**中島留四郎**　なかじまとめしろう
昭和期のラオ屋。
¶名工

**中島信行**　なかしまのぶゆき
？　～寛文9（1669）年
江戸時代前期の農事改良家、新田開拓功労者。
¶岡山人，岡山歴（[没]寛文9（1669）年5月19日）

**中島晴美**　なかしまはるみ，なかじまはるみ
昭和25（1950）年10月10日～
昭和～平成期の陶芸家。
¶陶芸最，陶工（なかじまはるみ），名工

**中島秀市**　なかしまひでいち
*～昭和36（1961）年
明治～昭和期の陶工。第4代錦山窯元。
¶島根人（[生]明治8（1875）年），島根歴（[生]明治17（1884）年）

**中島秀雄**　なかじまひでお
明治40（1907）年～平成2（1990）年
昭和～平成期の能美郡寺井町寺井の陶芸家。
¶姓氏石川

**中島秀吉**　なかじまひできち
明治16（1883）年9月4日～昭和43（1968）年2月2日　[別]中島秀吉《なかじまひでよし》
明治～昭和期の染織家。伊勢型紙道具彫を習得し、人間国宝に認定。作品に「桜互の目紋」など。
¶大阪人（なかじまひでよし　[没]昭和43（1968）年2月），現情，国宝，人名7，世紀，日人，美工，名工

**中島秀之**　なかしまひでゆき
昭和27（1952）年11月14日～
昭和～平成期の情報科学者、人工知能研究者。産業技術総合研究所サイバーアシスト研究センターセンター長。
¶現執3期，現執4期

**中島秀吉**　なかじまひでよし
→中島秀吉（なかじまひできち）

**中島均**　なかじまひとし
昭和12（1937）年6月6日～昭和56（1981）年11月15日
昭和期の陶芸家。
¶美工，名工

**中島宏**　なかしまひろし，なかじまひろし
昭和16（1941）年10月1日～
昭和～平成期の陶芸家。
¶国宝，佐賀百，陶芸最（なかじまひろし），陶工（なかじまひろし），名工（なかじまひろし）

**中島平太郎**　なかじまへいたろう
大正10（1921）年3月19日～大正14（1925）年
昭和～平成期の電子技術者、実業家。アイワ社長。NHK放送科学基礎研究所長を経てソニーに転じ、取締役、技術顧問などを歴任。
¶高知人（[生]1870年），世紀，日人

**中島正雄**　なかじままさお
大正10（1921）年5月9日～
昭和～平成期の陶芸家。
¶社史（[生]1911年），陶芸最，名工

**中島正賢**　なかじままさかた
明治1（1868）年10月1日～大正9（1920）年12月26日　[別]中島正賢《なかじままさたか》
明治～大正期の工業家。日東製鋼を設立。日本初のブリキ製造者。
¶コン改（なかじままさたか），コン5（なかじままさたか），埼玉人，新潮，人名，世紀，渡航，日人

**中島正賢**　なかじままさたか
→中島正賢（なかじままさかた）

**中島万里**　なかじままり
昭和期のおばあさん人形の作者。
¶名工

**中島万平**　なかじままんぺい
天保9（1838）年～明治27（1894）年
江戸時代後期～明治期の用水開削者。
¶姓氏神奈川

**中島木鶏**　なかじまもくけい
→中島三郎助（なかじまさぶろうすけ）

**中島黙仙**　なかじまもくせん
昭和29（1954）年～
昭和～平成期の陶芸家。
¶陶工

**中島杢堂**　なかじまもくどう，なかしまもくどう
明治22（1889）年～昭和43（1968）年
大正～昭和期の木工家。

¶姓氏富山、富山百（なかしまもくどう　㊥明治22（1889）年1月5日　㊡昭和43（1968）年9月3日）

**永島元長** ながしまもとなが
文政9（1826）年～明治32（1899）年　㊿永島審《ながしましん》
江戸時代末期～明治期の治水家、医師。河口湖の水をひく新倉掘抜を完成された。
¶維新、国書（永島審　ながしましん　㊤文政9（1826）年9月13日）、コン5、日人、山梨百（㊤文政9（1826）年9月13日　㊥明治32（1899）年10月30日）

**中島良典** なかじまよしのり
昭和2（1927）年～
昭和～平成期の料理人。箕作クッキングサロン主宰。
¶現執3期

**中島与曽八** なかじまよそはち
慶応4（1868）年～昭和4（1929）年10月6日
明治～昭和期の海軍軍人。機関中将、工学博士。造機の専門家として艦艇燃料、エンジンの移行期に即応し、円滑な転換に貢献。
¶朝日（㊤慶応4年2月19日（1868年3月12日））、人名、世紀（㊤慶応4（1868）年2月19日）、渡航（㊤1868年2月）、日人（㊤慶応4（1868）年2月19日）

**中島六道** なかじまりくどう
昭和33（1958）年～平成8（1996）年
昭和～平成期の陶芸家。
¶陶芸最、陶工（㊤1958年5月31日）

**中島林蔵** なかじまりんぞう
？　～元禄15（1702）年
江戸時代前期～中期の治水家。
¶日人

**中条勇次郎** なかじょうゆうじろう
生没年不詳
明治期の男性。国産蓄音器第一号を製作。
¶先駆

**中甚兵衛** なかじんべえ
寛永16（1639）年～享保15（1730）年
江戸時代前期～中期の水利功労者。河内国中河内郡今米村の庄屋。大和川の川筋付替を完成させ、新田を開発した。
¶朝日（㊤享保15年9月20日（1730年10月31日））、大阪人（㊤享保15（1730）年9月）、近世、コン改、コン4、史人（㊤1730年9月20日）、新潮（㊤享保15（1730）年9月20日）、人名、世人、全書、日人、歴大

**永末吉右衛門** ながすえきちうえもん
大正6（1917）年3月3日～平成17（2005）年2月15日
昭和～平成期の陶芸家。
¶美工

**永末晴美** ながすえはるみ
大正6（1917）年3月3日～
昭和期の陶芸家。

¶陶芸最

**永末隆平** ながすえりゅうへい
昭和26（1951）年4月28日～
昭和期の陶芸家。
¶陶芸最

**中杉与三七** なかすぎよさしち
嘉永6（1853）年5月6日～昭和6（1931）年1月3日
明治～昭和期の彫金家。
¶富山百

**中筋修** なかすじおさむ
昭和14（1939）年7月19日～平成13（2001）年10月31日
昭和～平成期の建築家。
¶美建

**中須岳士** なかすたけし
昭和43（1968）年3月26日～
昭和～平成期の映画照明技師。
¶映人

**仲宗根喜元** なかずにきげん
→仲宗根喜元（なかそねきげん）

**中瀬明男** なかせあきお
昭和4（1929）年11月3日～平成12（2000）年11月17日
昭和～平成期の土木工学者、東京工業大学名誉教授。専門は土質工学。
¶科学

**中清太郎** なかせいたろう
大正7（1918）年～
昭和～平成期の漆芸作家。
¶名工

**永瀬九兵衛** ながせきゅうべえ
生没年不詳
江戸時代末期の川口鋳物師。
¶埼玉人

**永瀬金太郎** ながせきんたろう
生没年不詳
江戸時代末期の川口鋳物師。
¶埼玉人

**長瀬興造** ながせこうぞう
明治12（1879）年～昭和36（1961）年
明治～昭和期のリンゴ栽培技術指導者。
¶姓氏岩手

**長瀬久次** ながせひさつぐ
生没年不詳
江戸時代前期の川口宿の鋳物師。
¶埼玉人

**永瀬文左衛門** ながせぶんざえもん
世襲名　江戸時代の川口鋳物師。
¶埼玉百

**長瀬正子** ながせまさこ
大正12（1923）年～
昭和～平成期の染織家。

¶名工

**長瀬守久** ながせもりひさ
生没年不詳
江戸時代前期の川口宿の鋳物師。
¶埼玉人

**中瀬幸枝** なかせゆきえ
昭和21(1946)年11月5日〜
昭和期の陶芸家。
¶陶芸最

**那珂宗助** なかそうすけ
江戸時代中期の治水家、出羽秋田藩士。
¶人名

**仲宗根喜元** なかそねきげん
尚貞2(1670)年〜尚穆13(1764)年　㊾仲宗根喜
元《なかずにきげん》
江戸時代中期の琉球焼の陶工。
¶沖縄百(㊟尚貞2(1670)年12月27日　㊾尚穆13
(1764)年7月29日)，人名(なかずにきげん)，
姓氏沖縄，日人

**長曽根虎徹** ながそねこてつ
江戸時代前期の刀工。
¶江戸

**長曽禰虎徹** ながそねこてつ
→虎徹(こてつ)

**仲宗根真常** なかそねしんじょう
生没年不詳
江戸時代中期の貝摺師。
¶沖縄百

**仲宗根筑登之** なかそねちくどん
生没年不詳
江戸時代後期の用水路開発者。
¶姓氏沖縄

**長田明彦** ながたあきひこ
昭和18(1943)年6月21日〜
昭和期の陶芸家。
¶陶芸最

**中田明守** なかたあきもり，なかだあきもり
昭和9(1934)年12月27日〜
昭和〜平成期の陶芸家。
¶陶芸最(なかだあきもり)，名工

**中台顕一** なかだいけんいち
昭和38(1963)年〜
昭和〜平成期の神輿木地師。
¶名工

**中台瑞真** なかだいずいしん
大正1(1912)年8月8日〜平成14(2002)年4月23日
昭和〜平成期の木工芸家。日本工芸会参与。盆や
盛器、茶道具など桐材の刳物や指し物を創作。人
間国宝。後進の指導にも尽力。
¶現情，国宝，世紀，日人，美工，名工

**中田栄造** なかたえいぞう
明治34(1901)年〜昭和46(1971)年

大正〜昭和期の味噌醸造技術者、実業家。
¶食文，長野百，長野歴

**長田円右衛門** ながたえんえもん
→長田円右衛門(おさだえんえもん)

**長高喜兵衛** ながたかきへい
昭和18(1943)年6月3日〜　㊿長高喜兵衛《ながた
かきへえ》
昭和〜平成期の陶芸家。
¶陶芸最，陶工(ながたかきへえ)

**長高喜兵衛** ながたかきへえ
→長高喜兵衛(ながたかきへい)

**中田一於** なかだかずお
昭和24(1949)年3月15日〜
昭和〜平成期の陶芸家。
¶陶芸最，陶工，名工

**中田兼秀** なかたかねひで
大正2(1913)年8月24日〜平成1(1989)年3月17日
昭和期の刀匠。
¶美工，名工

**中田川善兵衛** なかたがわぜんべえ
→光存(こうぞん)

**中田儀右衛門** なかたぎえもん
?　〜明治16(1883)年
江戸時代後期〜明治期の篤農家で手稲地区開拓の
先駆者。
¶札幌

**永田久蔵** ながたきゅうぞう
?　〜安政4(1857)年
江戸時代後期〜末期の西区発寒地区開拓の功労者。
¶札幌

**仲威雄** なかたけお
明治40(1907)年11月7日〜
昭和期の建築学者。東京大学教授。
¶現情

**中武久**(1) なかたけひさ
昭和期の陶芸デザイナー。
¶名工

**中武久**(2) なかたけひさ
昭和19(1944)年〜平成10(1998)年
昭和〜平成期の人形作家、郷土史家。
¶郷土，美工

**中田貞矩** なかたさだのり
天保8(1837)年〜
江戸時代後期〜明治期の人。大阪の銅版印刷の
開祖。
¶大阪人

**永田三郎** ながたさぶろう
大正15(1926)年7月〜
大正〜昭和期の技術者、無収差レンズの設計・試
作者。
¶視覚

**永田稠** ながたしげし
明治14 (1881) 年～昭和48 (1973) 年
明治～昭和期の移民事業家、開拓者。
¶世紀 ([生]明治14 (1881) 年12月30日　[没]昭和48 (1973) 年1月2日), 姓氏長野, 長野百, 長野歴, 日人 ([生]明治14 (1881) 年12月30日　[没]昭和48 (1973) 年1月2日)

**永田習水** ながたしゅうすい
文化8 (1811) 年～明治8 (1875) 年
江戸時代末期～明治期の蒔絵師。
¶人名, 日人

**中田正一** なかたしょういち
明治39 (1906) 年～平成3 (1991) 年10月27日
昭和期の教育者、農業技術者。農林省技官を経て「風の学校」を設立。発展途上国での農業技術指導にあたる人材を育成した。
¶世紀 ([生]明治39 (1906) 年10月), 日人 ([生]明治39 (1906) 年10月28日), 平和

**永田年** ながたすすむ
明治30 (1897) 年4月5日～昭和56 (1981) 年12月31日
大正～昭和期の土木工学者 (発電所・ダム建設)。佐久間ダム建設で機械化施工を導入。
¶科学, 科技, 近土, 現朝, 現情, 現人, 世紀, 土木, 日人

**永田精一** ながたせいいち
昭和期の茶道具指物師。
¶名工

**長田染水** ながたせんすい
明治34 (1901) 年～昭和46 (1971) 年
大正～昭和期のキサラギ句会主宰、島根県無形文化財筒描藍染技術保持者。
¶島根歴

**永田隆子** ながたたかこ
昭和15 (1940) 年5月28日～
昭和～平成期の陶芸家。
¶陶芸最, 陶工, 名工

**中田孝** なかだたかし
明治41 (1908) 年3月8日～平成12 (2000) 年8月15日
昭和期の機械工学者。東京工業大学教授。日本数値制御工作機械の基礎を構築。
¶科学, 現朝, 現情, 世紀, 日人

**永田貞富** ながたていふ
寛永18 (1641) 年～正徳2 (1712) 年5月
江戸時代前期～中期の菓子匠。
¶大阪人

**仲谷善蔵** なかたにぜんぞう
大正11 (1922) 年～
昭和～平成期の漆芸作家。
¶名工

**永谷宗円**(1) ながたにそうえん
天和1 (1681) 年～安永7 (1778) 年
江戸時代前期～中期の宇治田原湯屋谷村の茶業家。宇治製と呼ばれる青製煎茶を創製。
¶京都, 京都大, 京都府, 姓氏京都

**永谷宗円**(2) ながたにそうえん
江戸時代中期。
→永谷義弘 (ながたによしひろ)

**永谷宗七郎** ながたにそうしちろう
→永谷義弘 (ながたによしひろ)

**中谷豊吉** なかたにとよきち
天保8 (1837) 年？～大正1 (1912) 年
明治期の生人形師。
¶史人

**永谷義弘** ながたによしひろ
天和1 (1681) 年～安永7 (1778) 年　[別]永谷宗円《ながたにそうえん》, 永谷宗七郎《ながたにそうしちろう》
江戸時代中期の製茶業者。宇治製煎茶の製法を創案。
¶朝日 (永谷宗七郎　ながたにそうしちろう　[生]天和1年2月8日 (1681年3月27日)　[没]安永7年5月17日 (1778年6月11日)), 近世, 国史, コン改, コン4, 茶道 (永谷宗円　ながたにそうえん), 史人 ([没]1778年5月17日), 食文 (永谷宗円　ながたにそうえん　[没]安永7年5月17日 (1778年6月11日)), 新潮 ([没]安永7 (1778) 年5月17日), 人名, 世人, 全書 (永谷宗円　ながたにそうえん), 日人

**永田文五郎** ながたぶんごろう
江戸時代後期の蒔絵師。
¶人名, 日人 (生没年不詳)

**永田昌弘** ながたまさひろ
昭和21 (1946) 年7月11日～
昭和期の陶芸家。
¶陶芸最

**中田又重郎** なかたまたじゅうろう
寛政7 (1795) 年～嘉永5 (1852) 年
江戸時代後期の小倉―飛騨新道の開削者。
¶長野歴

**永田茂右衛門** (永田茂衛門, 長田茂右衛門) ながたもえもん
？～万治2 (1659) 年
江戸時代前期の鉱業家、治水家。
¶茨城百 (永田茂衛門), 郷土茨城 (永田茂衛門), 近世, 国史, コン改, コン4, 史人 ([没]1659年5月22日), 新潮 (永田茂衛門　[没]万治2 (1659) 年5月), 人名, 世人 (長田茂右衛門), 日人, 藩臣2 (永田茂衛門), 歴大 (永田茂衛門)

**永田茂右衛門〔2代〕** ながたもえもん
？～元禄6 (1693) 年
江戸時代前期～中期の治水家。
¶日人

**永田茂衛門〔2代〕** ながたもえもん
元和1 (1615) 年頃～元禄6 (1693) 年
江戸時代前期の水戸藩の水利土木事業家。

な

¶朝日

**中田守雄** なかたもりお
文久2(1862)年〜昭和2(1927)年11月
明治〜昭和期の医師、発明家。
¶大阪人

**永田友治** ながたゆうじ
生没年不詳
江戸時代中期の蒔絵師。代表作は「波千鳥蒔絵提
重」など。
¶朝日, 京都大, コン改, コン4, 茶道, 史人, 新
潮, 人名, 姓氏京都, 世人, 日人, 美工

**中田義算** なかたよしかず
明治13(1880)年〜昭和26(1951)年
大正〜昭和期の製鉄技術者。
¶神奈川人, 姓氏岩手, 姓氏神奈川

**永田与美** ながたよしみ
昭和18(1943)年3月22日〜
昭和〜平成期の染色工芸家。
¶名工

**中田亮吉** なかだりょうきち
明治43(1910)年8月16日〜平成13(2001)年12月
19日
大正〜平成期の建築家。日総建社長。
¶美建

**仲田良子** なかたりょうこ
昭和23(1948)年12月1日〜
昭和〜平成期の陶芸家。
¶陶芸最, 陶工

**永田良介** ながたりょうすけ
明治11(1878)年1月3日〜昭和27(1952)年2月8日
明治〜昭和期の洋家具製造の創始者。
¶兵庫人

**永太郎** ながたろう
江戸時代末期〜明治期の刀工。
¶島根百

**仲地喜曽** なかちきそう
明治39(1906)年3月27日〜昭和31(1956)年5月
26日
昭和期の建築士。
¶沖縄百

**仲地麗伸** なかちれいしん
? 〜寛永15(1638)年
江戸時代前期の琉球の陶工。朝鮮から渡来。琉球
国王の要請を受け琉球に陶法を伝えた。。唐名は
張献功。
¶人名, 日人

**中枝武雄** なかつえたけお
嘉永6(1853)年〜大正12(1923)年
江戸時代末期〜大正期の口粟野の名主、大麻播種
器を発明。
¶栃木歴

**中塚佐一** なかつかさいち
昭和16(1941)年5月17日〜
昭和〜平成期の陶芸家。
¶陶芸最, 陶工

**中塚武司** なかつかたけし
大正15(1926)年11月13日〜平成20(2008)年10月
30日
昭和〜平成期の自動車技術者、いすゞ自動車専務。
¶科学

**長次** ながつぐ
戦国時代の刀工。
¶島根人, 島根百

**長綱**(1) ながつな
室町時代の刀工。
¶島根百

**長綱**(2) ながつな
戦国時代の刀工。
¶島根百

**中坪寿雄** なかつぼとしお
昭和4(1929)年8月28日〜
昭和〜平成期の電子技術者。オリンパス光学工業
の常務、専務などを務める。
¶世紀, 日人

**長俊** ながとし
江戸時代末期の刀工。
¶島根百

**長友信人** ながともまこと
昭和12(1937)年4月1日〜
昭和〜平成期の宇宙工学者。宇宙科学研究所宇宙
エネルギー工学部門教授、東京大学教授。
¶現執2期, 現執3期

**中西一順** なかにしかずまさ
昭和14(1939)年〜平成4(1992)年8月26日
昭和〜平成期の指物師(軍配)。
¶美工

**中西久左衛門** なかにしきゅうざえもん
? 〜万治3(1660)年
江戸時代前期の新田開拓者。
¶静岡歴, 姓氏静岡

**中西幸一** なかにしこういち
明治42(1909)年2月25日〜
昭和〜平成期の広島仏壇職人。
¶名工

**中西小十郎** なかにしこじゅうろう
文化10(1813)年〜明治24(1891)年10月13日
江戸時代後期〜明治期の稲の品種改良者。
¶徳島百, 徳島歴

**中西志高** なかにししこう
昭和20(1945)年9月15日〜
昭和〜平成期の陶芸家。
¶陶工

## 名工・職人・技師・工匠篇　なかのか

**中西静生**　なかにししずお
明治25(1892)年2月7日～昭和27(1952)年10月17日
明治～昭和期の水産家。
¶世紀，日人，広島百

**中西八郎左衛門**　なかにしはちろうざえもん
慶安1(1648)年～享保3(1718)年
江戸時代前期～中期の新田開拓者。
¶静岡歴，姓氏静岡

**中西不二夫**　なかにしふじお
明治30(1897)年～昭和39(1964)年6月11日
昭和期の機械工学者。東京帝国大学教授。軟鋼降伏の法則、鋼の疲労耐久限度の法則に関する研究など材料力学関係で活躍。
¶岡山人，岡山歴(⊕明治30(1897)年1月19日)，科学(⊕1897年(明治30)1月)，現情(⊕1897年1月)，人名7，世紀(⊕明治30(1897)年1月)，日人(⊕明治30(1897)年1月19日)

**中西雅子**　なかにしまさこ
昭和24(1949)年12月16日～
昭和～平成期の陶芸家。
¶陶芸最，陶工

**中西松次郎**　なかにしまつじろう
明治4(1871)年～昭和14(1939)年
明治～昭和期の船引運河の開削者、政治家。黒木村村長。
¶島根歴

**中西盛直**　なかにしもりなお
生没年不詳
戦国時代の金工家。
¶姓氏山口

**中西美和**　なかにしよしかず
昭和4(1929)年4月15日～
昭和～平成期の陶芸家。
¶陶芸最，名工

**中西力蔵**　なかにしりきぞう
昭和期のほうき職人。
¶名工

**中庭茂三**　なかにわもさん
？～元禄7(1694)年
江戸時代前期の対馬藩陶工。
¶藩臣7

**長沼幸七**　ながぬまこうしち
嘉永3(1850)年～昭和2(1927)年
明治～昭和期の農業技術者。佐渡牛馬耕の元祖。
¶新潟百，福岡百(⊕嘉永3(1850)年9月16日⊗昭和2(1927)年8月7日)

**中根喜三郎**　なかねきさぶろう
昭和6(1931)年～
昭和～平成期の釣り竿職人。
¶名工

**中根祐**　なかねたすく
？～明治31(1898)年

明治期の水利功労者。財主となり水路開削に貢献。
¶人名

**中根忠吉**　なかねちゅうきち
元治1(1864)年～昭和5(1930)年2月3日
明治～昭和期の釣り竿師。刀鞘漆工法の秘伝を受け、釣り竿に「松皮塗り」などの新技法を取り入れる。明治三名人。
¶朝日(⊕元治1年11月14日(1864年12月12日))，世紀(⊕元治1(1864)年11月14日)，日人

**中根明右衛門**　なかねみょうえもん
明和8(1771)年～嘉永6(1853)年
江戸時代中期～後期の島川原開発発起人。
¶姓氏長野

**中野敦得**　なかのあつのり
昭和28(1953)年4月27日～
昭和期の陶芸家。
¶陶芸最

**長野宇平治**　ながのうへいじ
慶応3(1867)年～昭和12(1937)年12月14日
明治～昭和期の建築家。長野建築事務所長、日本建築士会長、日本銀行技師長。作品に和風の奈良県庁舎。他に日銀関係の作品。
¶現朝(⊕慶応3年9月1日(1867年9月28日))，現日(⊕1867年9月1日)，新潮(⊕慶応3(1867)年9月1日)，世紀(⊕慶応3(1867)年9月1日)，新潟百，日人

**永野円助**　ながのえんすけ
文政5(1822)年～明治13(1880)年
江戸時代末期～明治期の時計師。
¶人情，名工

**長野横笛**　ながのおうてき
世襲名　江戸時代後期の蒔絵師。父子2代にわたって知られる。
¶茶道，人名

**長野横笛〔1代〕**　ながのおうてき
生没年不詳
江戸時代後期の蒔絵師。
¶京都大(――〔代数なし〕)，姓氏京都(――〔代数なし〕)，日人，美工(――〔代数なし〕)

**長野横笛〔2代〕**　ながのおうてき
生没年不詳
江戸時代後期の蒔絵師。
¶日人

**永野治**　ながのおさむ
明治44(1911)年10月9日～
昭和期の機械工学技術者。石川島播磨重工業副社長。
¶現情

**中野一政**　なかのかずまさ
昭和22(1947)年2月25日～
昭和～平成期の陶芸家。
¶陶芸最，名工

**長野関吉** ながのかんきち
慶応1 (1865) 年～大正8 (1919) 年
明治～大正期の製糸家。蚕種と生糸の研究、乾燥装置の工夫など製糸業の発展に貢献。
¶人名，世紀 ([没]大正8 (1919) 年5月5日)，日人

**中野勘左衛門** なかのかんざえもん
文化9 (1812) 年～文久1 (1861) 年
江戸時代後期～末期の発明家。
¶姓氏岩手

**中野恵祥** なかのけいしょう
明治32 (1899) 年～昭和49 (1974) 年
大正～昭和期の鋳金家。
¶美工

**中野霓林** なかのげいりん
昭和19 (1944) 年4月2日～
昭和～平成期の陶芸家。
¶陶芸最，陶工

**永野源三郎** ながのげんざぶろう
明治19 (1886) 年～昭和38 (1963) 年
明治～昭和期の宮大工。
¶栃木歴，美建

**中野孝一** なかのこういち
昭和22 (1947) 年～
昭和～平成期の漆芸家。2010年に重要無形文化財保持者 (人間国宝) に認定 (蒔絵)。
¶国宝 ([生]昭和22 (1947) 年6月16日)，名工

**中野晃嗣** なかのこうじ
大正3 (1914) 年4月1日～
昭和～平成期の陶芸家。
¶陶芸，陶芸最，陶工，名工

**中ノ子勝美** なかのこかつみ
大正7 (1918) 年8月26日～平成20 (2008) 年7月18日
昭和～平成期の博多人形師。
¶美工

**中ノ子タミ** なかのこたみ
明治16 (1883) 年8月23日～昭和46 (1971) 年12月19日
明治～昭和期の博多人形師。線の太い作風でお多福・招き猫・恵比寿などを得意とする。県指定無形文化財保持者。
¶女性，女性普，世紀，日人，美工，福岡百

**永野栄** ながのさかえ
明治31 (1898) 年～昭和58 (1983) 年
大正～昭和期の庭師、雲州庭園協会理事長。
¶島根歴

**中野作右衛門** なかのさくえもん
?　～*
江戸時代後期～明治期の鉱山師。久慈の鉄山を開発・経営。
¶青森人 ([没]明治6 (1873) 年)，姓氏岩手 ([没]1872年)

**長野濬平** ながのしゅんぺい
文政6 (1823) 年～明治30 (1897) 年11月21日
江戸時代末期～明治期の養蚕・製糸家。蚕糸伝習所、養蚕製糸場を作る。
¶熊本百 ([生]文政6 (1823) 年10月24日)，人名 ([生]1824年　[没]1898年)，日人，幕末

**中野新右衛門** なかのしんえもん
?　～寛文2 (1662) 年
江戸時代前期の新田開墾者。
¶姓氏愛知

**長野清光堂** ながのせいこうどう
世襲名　江戸時代後期以来の表具師。
¶島根人

**中野親夫** なかのちかお
～昭和59 (1984) 年9月13日
昭和期の博多人形師。
¶美工，名工

**中野千代乃** なかのちよの
昭和期の久留米おきあげ人形作家。
¶名工

**中野常次郎** なかのつねじろう
文久1 (1861) 年～昭和9 (1934) 年
明治～大正期のガラス職人。
¶世紀 ([没]昭和9 (1934) 年12月6日)，日人

**長野垤志** ながのてつし，ながのてっし
明治33 (1900) 年10月28日～昭和52 (1977) 年7月14日
大正～昭和期の茶の湯釜作家。日本工芸会理事。「茶の湯釜」で人間国宝に認定。
¶現朝，現情，現日，国宝，埼玉人，世紀，全書 (ながのてっし)，日人，美工，名工，山形百

**中野藤助** なかのとうすけ
天保14 (1843) 年2月～大正5 (1916) 年6月19日
江戸時代後期～大正期の農事改良家。
¶植物，食文

**中野陶痴** なかのとうち
大正5 (1916) 年5月1日～
昭和～平成期の陶芸家。
¶陶芸，陶芸最，名工

**中野独王亭** なかのどくおうてい
昭和4 (1929) 年～
昭和～平成期の折り紙作家。
¶名工

**永野敏男** ながのとしお
大正11 (1922) 年～
昭和期の陶芸家。
¶陶芸最

**永野智彦** ながのともひこ
昭和11 (1936) 年～
昭和～平成期の彫金作家。
¶名工

**中野初子** なかのはつね
安政6(1859)年〜大正3(1914)年2月16日
明治期の電気工学者。東京帝国大学教授、電気学会会長。米コーネル大学留学、米欧の電気工場を視察。
¶朝日(㊙安政6年1月5日(1859年2月7日))、海越新(㊙安政6(1859)年1月5日)、科学(㊙1859年(安政6)1月5日)、学校(㊙安政6(1859)年1月5日)、コン改、コン5、新潮(㊙安政6(1859)年1月5日)、人名、世紀(㊙安政6(1859)年1月5日)、全書、大百、渡航、日人

**中野半三郎** なかのはんざぶろう
明治44(1911)年〜
昭和期の陶芸家。
¶陶芸

**長信**(1) ながのぶ
室町時代の刀匠。
¶島根人

**長信**(2) ながのぶ
室町時代の石見の刀工。1428年(正長)頃に活動。
¶島根人、島根百

**長信〔6代・冬広〕**(3) ながのぶ
江戸時代末期〜明治期。
→高橋長信(たかはしながのぶ)

**中野孫三郎** なかのまごさぶろう
文化3(1806)年〜安政4(1857)年
江戸時代末期の吉井燧鍛冶職。
¶群馬人

**長野孫兵衛** ながのまごべえ
?〜承応3(1654)年
江戸時代前期の新田開拓者。
¶愛媛百

**中野聖希** なかのまさき
昭和25(1950)年10月3日〜
昭和期の陶芸家。
¶陶芸最

**中野正道** なかのまさみち
昭和25(1950)年10月14日〜
昭和期の陶芸家。
¶陶芸最

**永野万右衛門**(1) ながのまんえもん
世襲名 南北朝時代〜江戸時代の芳賀郡田野辺村の宮大工。
¶栃木歴、美建

**永野光夫** ながのみつお
昭和期の染師。
¶名工

**中野宗宏** なかのむねひろ
明治期の技師。
¶渡航

**長野八三二** ながのやさじ
明治42(1909)年2月19日〜平成5(1993)年1月6日

大正〜平成期の建築家。石本建築事務所会長。
¶美建

**永則** ながのり
室町時代の刀工。
¶島根人、島根百

**永則〔2代〕** ながのり
戦国時代の刀工。
¶島根百

**長則**(1) ながのり
平安時代後期の刀工。
¶岡山人

**長則**(2) ながのり
鎌倉時代後期の福岡一文字派の刀工。
¶岡山歴

**長則**(3) ながのり
鎌倉時代後期の刀工。
¶島根人、島根百

**長則**(4) ながのり
室町時代の刀工。
¶岡山人

**仲野理一郎** なかのりいちろう
嘉永3(1850)年〜昭和11(1936)年
明治〜昭和期の水産業者。
¶世紀(㊙昭和11(1936)年9月16日)、日人、兵庫百

**永場三郎** ながばさぶろう
昭和期のそろばん作り。
¶名工

**中橋久左衛門** なかはしきゅうざえもん
?〜寛延3(1750)年
江戸時代中期の加賀藩士。十村役。浅田用水を開き、溜池造成に尽力。
¶朝日(生没年不詳)、近世(生没年不詳)、国史(生没年不詳)、人名、姓氏石川、日人

**中畑長次郎** なかはたちょうじろう
*〜平成7(1995)年
昭和〜平成期の漆掻き鎌作りの名人。
¶青森人(㊙大正12(1923)年)、名工(㊙大正2年3月14日)

**長浜** ながはま
戦国時代の刀工。
¶島根百

**長浜数右ェ門** ながはまかずうえもん
大正9(1920)年3月5日〜
昭和期の陶芸家。
¶陶芸最

**長浜数義** ながはまかずよし
昭和18(1943)年7月13日〜
昭和期の陶芸家。
¶陶芸最

**中浜儀太郎** なかはまぎたろう
大正2（1913）年8月22日～
昭和～平成期の漆芸家。
¶名工

**長浜慶三** ながはまけいぞう
明治32（1899）年？ ～？
明治～昭和期の写真技師、写真家。
¶写家

**長浜新右衛門** ながはましんえもん
？ ～寛政6（1794）年
江戸時代中期の駿河沼津藩大工棟梁。
¶藩臣4

**長浜善四郎** ながはまぜんしろう
？ ～文化1（1804）年
江戸時代中期～後期の駿河沼津藩大工棟梁。
¶藩臣4



**中林家次** なかばやしいえつぐ
生没年不詳
室町時代の金屋鋳物師。
¶埼玉人

**中原岩三郎** なかはらいわさぶろう
明治1（1868）年～*
明治～昭和期の電気技術者。
¶渡航（[生]1868年11月13日　[没]？），山口百（[没]1945年）

**永原雲永房則** ながはらうんえいふさのり
→永原房則（ながはらふさのり）

**永原英造** ながはらえいぞう
？ ～明治19（1886）年
明治期の陶工。古陶の模造が巧みであった。
¶島根人，人名，日人，名工（[没]明治19年7月）

**中原孝太** なかはらこうた
明治3（1870）年～昭和18（1943）年6月30日
明治～昭和期の実業家。凍豆腐の製造法を発明。
¶食文

**中原作太郎** なかはらさくたろう
*～明治42（1909）年
明治期の製糸業者。各種製糸機械の発明者。
¶人名（[生]1860年），日人（[生]1861年）

**中原寿一郎** なかはらじゅいちろう
明治28（1895）年11月17日～昭和50（1975）年3月12日
昭和期の土木工学者。
¶現情

**中原淳蔵** なかはらじゅんぞう
安政3（1856）年～*
明治～昭和期の工学者。九州帝国大学教授、工学博士。イギリスに留学し機械工学を修める。
¶海越（[生]安政3（1856）年12月　[没]昭和6（1931）年1月5日），海越新（[生]安政3（1856）年12月　[没]昭和6（1931）年1月5日），科学（[生]1856年（安政3）12月7日　[没]1930年（昭和5）12月5日），熊本百（[生]安政3（1856）年12月7日　[没]昭和5（1930）年12月5日），人名（[没]1931年），世紀（[生]安政3（1857）年12月7日　[没]昭和5（1930）年12月5日），渡航（[生]1856年12月　[没]1931年1月5日），日人（[生]1857年　[没]1930年）

**中原末恒** なかはらすえつね
→中原末恒（なかはらのすえつね）

**永原建定** ながはらたけさだ
？ ～
江戸時代後期の布志名焼陶工。
¶島根人

**中原恒雄** なかはらつねお
昭和5（1930）年8月29日～
昭和～平成期の電気工学者。
¶現情

**中原貞三郎** なかはらていざぶろう，なかはらていさぶろう
安政6（1859）年1月14日～昭和2（1927）年12月4日
明治～大正期の工学者。陸軍所管三角測量、内務省土木監督署所管工事などを行った。
¶科学，近土（なかはらていさぶろう），人名，世紀，土木（なかはらていさぶろう），日人

**中原貞清** なかはらのさだきよ
生没年不詳
平安時代後期の螺鈿工。
¶日人

**中原貞仲** なかはらのさだなか
生没年不詳
平安時代後期の螺鈿工。
¶日人

**中原末恒** なかはらのすえつね
生没年不詳　[別]中原末恒《なかはらすえつね》
平安時代後期の蒔絵師。
¶日人，美工（なかはらすえつね）

**中原永盛** なかはらのながもり
生没年不詳
平安時代後期の蒔絵師。
¶日人

**中原信生** なかはらのぶお
昭和8（1933）年3月3日～
昭和期の環境工学者。環境システック中原研究処代表、名古屋大学教授。
¶現執2期

**永原順睦** ながはらのぶちか
→永原与蔵〔1代〕（ながはらよぞう）

**中原兵衛輔** なかはらひょうえのすけ
生没年不詳
戦国時代の伊豆の番匠。
¶戦辞

**永原房則** ながはらふさのり
*～明治24（1891）年　[別]永原雲永房則《ながはらうんえいふさのり》
江戸時代後期～明治期の永原窯の陶工。

¶島根人（㊄嘉永頃），島根歴（永原雲永房則　ながはらうんえいふさのり　㊄天保2(1831)年）

**永原与蔵〔1代〕** ながはらよぞう
安永3(1774)年〜天保10(1839)年　㊚永原順睦《ながはらのぶちか》，永原与蔵順睦《ながはらよぞうのぶちか》
江戸時代後期の出雲布志名の陶工。
¶茶道，島根人（永原順睦　ながはらのぶちか），島根歴（永原与蔵順睦　ながはらよぞうのぶちか），人名，日人

**永原与蔵〔2代〕** ながはらよぞう
寛政12(1800)年〜元治1(1864)年
江戸時代末期の出雲布志名焼の陶工。
¶茶道，日人

**永原与蔵〔3代〕** ながはらよぞう
嘉永3(1850)年〜明治43(1910)年
江戸時代末期〜明治期の陶工。
¶日人

**長久** ながひさ
戦国時代の刀工。
¶島根人，島根百

**長秀**(1) ながひで
江戸時代末期の刀工。
¶島根百

**長秀**(2) ながひで
明治〜大正期の刀工。
¶島根百

**長広**(1) ながひろ
戦国時代の刀工。
¶島根人，島根百

**長広**(2) ながひろ
江戸時代末期の刀工。
¶島根百

**永淵聖** ながふちきよし，ながぶちきよし
昭和25(1950)年1月28日〜
昭和〜平成期の陶芸家。
¶陶芸最，陶工（ながぶちきよし）

**中坊君子** なかぼうきみこ
明治40(1907)年〜昭和61(1986)年
昭和期の高野紙製作者。
¶和歌山人

**長正** ながまさ
戦国時代の刀工。
¶島根百

**仲真知子** なかまちこ
昭和期の七宝作家。
¶名工

**長町天道** ながまちてんどう
昭和17(1942)年3月22日〜平成9(1997)年5月23日
昭和〜平成期の陶芸家。

¶陶芸最，美工，名工

**長町朋行** ながまちともゆき
昭和期のバイオリン製作者。
¶名工

**長町三生** ながまちみつお
昭和11(1936)年2月12日〜
昭和〜平成期の人間工学者、安全工学者。広島大学教授。
¶現執1期，現執2期，現執3期，現執4期

**永松武雄**（永松健夫） ながまつたけお
大正1(1912)年3月1日〜昭和36(1961)年11月17日
昭和期の紙芝居作家、絵物語作家。鈴木一郎作「黄金バット」の絵を担当し、人気を得る。
¶現朝，現情，現人，幻想（永松健夫），児文（永松健夫），世紀，日人，美家，YA（永松健夫）

**中松義郎** なかまつよしろう
昭和3(1928)年6月26日〜
昭和〜平成期の発明家、国際創造学者。東大発明研究協会会長、国際発明協会会長。
¶現執3期，現執4期，現情，世紀

**永見鴻人** ながみこうじん
昭和10(1935)年6月3日〜
昭和〜平成期の陶芸家。
¶陶芸最，陶工，名工

**長道**（長道〔1代〕） ながみち
→三善長道〔1代〕（みよしながみち）

**長光** ながみつ
→長船長光（おさふねながみつ）

**長光〔1代〕** ながみつ
鎌倉時代の刀工。
¶岡山人，岡山歴（――〔代数なし〕）

**長光〔2代〕** ながみつ
鎌倉時代の刀工。
¶岡山人

**永見陶楽** ながみとうらく
弘化3(1846)年3月23日〜大正10(1921)年3月22日
江戸時代末期〜大正期の備前焼陶工。
¶岡山歴

**永見仁助** ながみにすけ
江戸時代中期の熊本の漆工。
¶人名

**永峯** ながみね
生没年不詳
江戸時代中期の装剣金工。
¶日人

**長嶺陵正** ながみねりょうせい
生没年不詳
室町時代の人。製糖技術を琉球に伝えた。
¶沖縄百，姓氏沖縄

**永見房造** ながみふさぞう
？ ～文政3(1820)年
江戸時代後期の永見焼の大成者。
¶島根人，島根百，島根歴(生没年不詳)

**永見房造〔1代〕** ながみふさぞう
生没年不詳
安土桃山時代～江戸時代前期の陶工。
¶日人

**永宮茂雄** ながみやしげお
大正10(1921)年9月6日～
昭和期の陶芸家。
¶陶芸最

**中村衍涯** なかむらえんがい
大正10(1921)年10月5日～平成4(1992)年7月8日
昭和～平成期の人形師。専門は博多人形。
¶美工，名工

**中村延寿** なかむらえんじゅ
大正2(1913)年～
昭和～平成期の面打ち師。
¶名工

**中村外二** なかむらがいじ
明治39(1906)年～平成9(1997)年5月17日 [別]中村外二《なかむらそとじ》
大正～平成期の大工。2級建築士。
¶美建(なかむらそとじ [生]明治39(1906)年12月17日)，名工

**中村景美** なかむらかげよし
→中村景美(なかむらけいび)

**中村勝宏** なかむらかつひろ
昭和19(1944)年1月2日～
昭和～平成期の料理人。ホテルエドモント常務・総料理長。
¶現執4期

**中村勝馬** なかむらかつま
明治27(1894)年9月18日～昭和57(1982)年4月21日
大正～昭和期の染色作家、人間国宝。代表作に「友禅雲文黒留袖」など。
¶現朝，現情，現日，国宝，世紀，姓氏岩手，多摩，日人，美工，北海道歴，名工

**中村要** なかむらかなめ
明治37(1904)年～昭和7(1932)年
大正～昭和期の天文技術者。
¶科学([生]1904年(明治37)4月1日 [没]1932年(昭和7)9月24日)，郷土滋賀，日人([生]明治37(1904)年4月 [没]昭和7(1932)年9月)

**中村元風** なかむらがんぷう
昭和30(1955)年～
昭和～平成期の陶芸家。
¶陶工

**中村義一** なかむらぎいち
明治40(1907)年～
昭和～平成期の銅器職人。
¶名工

**中村喜一郎** なかむらきいちろう
嘉永3(1850)年～大正4(1915)年5月11日
明治期の染色技術者。八王子織染学校校長。ドイツに留学、洋式染法を研究。農商務省技師、京都府舎密局染殿教授を歴任。
¶朝日(生没年不詳)，海越(生没年不詳)，海越新，科学，京都大，新潮(生没年不詳)，姓氏京都(生没年不詳)，渡航([生]？)，日人

**中村儀三郎** なかむらぎさぶろう
明治26(1893)年～昭和9(1934)年
大正～昭和期の人。内燃機関操縦装置や天体運動儀を発明。
¶岩手百，科学([生]1893年(明治26)7月19日 [没]1934年(昭和9)3月19日)，姓氏岩手([生]1892年 [没]1952年)

**中村義上** なかむらぎじょう
弘化2(1845)年～昭和14(1939)年
明治期の篤農家。村内に溜池を築造し稲の増産に寄与した。
¶近現，国史，世紀([生]弘化2(1845)年5月10日)，日人

**中村奇輔** なかむらきすけ
文政8(1825)年～明治9(1876)年
江戸時代末期～明治期の洋学者、工芸技術者。電信機の製作、蒸気船・蒸気車模型の製作など理化学的研究に従事。
¶維新，科学，先駆(生没年不詳)，全書，大百，鉄道，日人

**中村喜太郎** なかむらきたろう
昭和3(1928)年～
昭和～平成期の金沢蒔絵工芸家。
¶名工

**中村恭蔵** なかむらきょうぞう
昭和7(1932)年3月29日～
昭和～平成期の陶芸家。
¶陶工

**中村清見** なかむらきよみ
大正5(1916)年3月10日～
昭和～平成期の陶芸家。
¶陶芸，陶芸最，名工

**中村錦平** なかむらきんぺい
昭和10(1935)年6月13日～
昭和～平成期の陶芸家。
¶石川百，陶芸最，陶工，名工

**中村景美** なかむらけいび
寛延3(1750)年～文政8(1825)年 [別]中村景美《なかむらかげよし》
江戸時代中期～後期の算学者。
¶岡山人(なかむらかげよし [生]宝暦10(1760)年)，岡山歴([没]文政8(1825)年2月2日)，国書(なかむらかげよし [生]宝暦10(1760)年 [没]文政8(1825)年2月2日)，人名，日人

**中村憲一** なかむらけんいち
明治42(1909)年～昭和61(1986)年6月11日
大正～昭和期の建築家。
¶美建

**中村謙一** なかむらけんいち
明治15(1882)年2月17日～昭和18(1943)年2月26日
明治～昭和期の技師。
¶科学, 近土, 鉄道, 土木

**中村研二** なかむらけんじ
昭和25(1950)年12月13日～
昭和～平成期の陶芸家。
¶陶芸最, 陶工

**中村謙司** なかむらけんじ
昭和22(1947)年7月6日～
昭和期の陶芸家。
¶陶芸最

**中村元哲** なかむらげんぞう
寛文9(1669)年～宝永3(1706)年
江戸時代中期の塗師、千家十職の一家、中村家2代。
¶茶道

**中村健也** なかむらけんや
大正2(1913)年～平成10(1998)年8月11日
昭和～平成期の自動車技術者、トヨタ自動車顧問。
¶科学

**中村興市** なかむらこういち
昭和24(1949)年6月7日～
昭和期の陶芸家。
¶陶芸最

**中村孔治** なかむらこうじ
大正15(1926)年5月19日～
昭和～平成期の電気工学者。中部大学教授。
¶現執3期

**中村光四郎** なかむらこうしろう
明治18(1885)年～昭和41(1966)年
明治～昭和期の製茶技術指導者。
¶静岡歴, 姓氏静岡

**中村高次郎** なかむらこうじろう
昭和期の和裁師。
¶名工

**中村孝蔵** なかむらこうぞう
明治25(1892)年～?
大正～昭和期の陶芸界の功労者。
¶姓氏京都

**中村幸之助** なかむらこうのすけ
明治5(1872)年6月16日～昭和20(1945)年1月11日
明治～昭和期の電気工学者、東京工業大学初代学長。
¶科学, 渡航

**中村興峯** なかむらこうほう
昭和4(1929)年3月30日～
昭和期の陶芸家。
¶陶芸最

**中村孝明** なかむらこうめい
昭和22(1947)年11月24日～
昭和～平成期の料理人。孝明ARIAKEオーナー。
¶テレ

**中村光哉** なかむらこうや
大正11(1922)年8月6日～平成14(2002)年11月9日
昭和～平成期の染色家。
¶美工, 名工

**中村五郎左衛門** なかむらごろうざえもん
?　～天保12(1841)年11月
江戸時代後期の水利開発者。
¶兵庫人

**中村貞雄** なかむらさだお
生没年不詳
昭和期のガラス工芸家。
¶美工

**中村定春** なかむらさだはる
?　～寛文11(1671)年
江戸時代前期の仙台藩御座船棟梁兼船横目棟梁。
¶姓氏宮城

**中村重人** なかむらしげと
昭和21(1946)年7月13日～
昭和～平成期の陶芸家。
¶陶芸最, 陶工

**中村修二** なかむらしゅうじ
昭和29(1954)年5月22日～
昭和～平成期の電子工学者。カリフォルニア大学教授。材料物性工学を研究。世界初の青色発光ダイオード実用化に成功。
¶現執4期, 世紀, 日人

**中村秋塘** なかむらしゅうとう
慶応1(1865)年～昭和3(1928)年
江戸時代末期～昭和期の陶芸家。
¶石川百, 姓氏石川, 陶工

**中村畯作** なかむらしゅんさく
明治11(1878)年～昭和5(1930)年
明治～昭和期の養蚕家。
¶姓氏長野

**中村順平** なかむらじゅんぺい
明治20(1887)年8月29日～昭和52(1977)年5月24日
明治～昭和期の建築家。横浜高工教授。フランス政府公認建築士。船の内装の作品多数。
¶大阪人(㊞昭和52(1977)年5月), 現朝, 現情, 現日(㊞1977年3月24日), 人名7, 世紀, 日人, 美建

**中村松澗斎** なかむらしょうかんさい
明和1(1764)年～天保12(1841)年

な

江戸時代中期～後期の津和野藩蒔絵師。
¶島根人

**中村正三郎** なかむらしょうざぶろう
昭和34 (1959) 年～
昭和～平成期のプログラマー、エッセイスト。
¶現執4期、YA

**中村松堂 〔2代〕** なかむらしょうどう
大正15 (1926) 年9月15日～
昭和～平成期の陶芸家。
¶陶芸最 (――〔代数なし〕)、名工

**中村定甫** なかむらじょうほ
大正13 (1924) 年9月10日～
昭和～平成期の陶芸家。
¶陶芸最、陶工

**中村松甫斎** なかむらしょうほさい
～文政7 (1824) 年
江戸時代中期～後期の津和野藩蒔絵師。
¶島根人

**中村昇仙** なかむらしょせん
大正7 (1918) 年5月5日～
昭和～平成期の陶芸家。
¶陶工

**中村真一** なかむらしんいち
昭和22 (1947) 年10月30日～
昭和の陶芸家。
¶陶芸最

**中村真一郎** なかむらしんいちろう
昭和27 (1952) 年～
昭和～平成期の陶芸家。
¶陶工、名工 (㊞昭和27年8月26日)

**中村信要** なかむらしんよう
? ～
江戸時代中期の彫金家。
¶島根人

**中村翠恒** なかむらすいこう
明治36 (1903) 年4月3日～昭和60 (1985) 年
昭和の陶芸家 (九谷焼)。
¶石川百、現情、世紀 (㊞昭和60 (1985) 年9月8
日)、姓氏石川、陶芸、陶芸最、陶工、美工
(㊞昭和60 (1985) 年9月8日)、名工 (㊞昭和60
年9月8日)

**中村清六** なかむらせいろく
大正5 (1916) 年3月10日～
昭和～平成期の陶芸家。
¶陶工

**中村節夫** なかむらせつお
大正14 (1925) 年5月28日～
昭和期の陶芸家。
¶陶芸最

**中村善右衛門** なかむらぜんえもん
文化3 (1806) 年～明治13 (1880) 年
江戸時代末期～明治期の養蚕技術改良家。生糸生

産増強に大きな役割を果たす蚕当計を考案。著書
に「蚕当計秘訣」がある。
¶朝日 (㊞文化7 (1810) 年 ㊞明治13 (1880) 年8
月13日)、維新、近現 (㊞1810年)、近世
(㊞1810年)、国史 (㊞1810年)、国書 (㊞文化3
(1806) 年10月7日 ㊞明治13 (1880) 年8月13
日)、コン改、コン4、コン5、新潮 (㊞明治13
(1880) 年8月13日)、日人、幕末 (㊞1880年8月
21日)、福島百 (㊞文化7 (1810) 年)、洋学、
歴大

**中村総七郎** なかむらそうしちろう
明治37 (1904) 年4月10日～
昭和期の農業工学者。愛媛大学教授。
¶現情

**中村宗哲** なかむらそうてつ
世襲名 江戸時代前期の漆工。
¶新潮

**中村宗哲 〔1代〕** なかむらそうてつ
元和3 (1617) 年～元禄8 (1695) 年
江戸時代前期の塗師。
¶京都 (――〔代数なし〕)、京都大 (――〔代数
なし〕)、コン改、コン4、茶道、史人 (――〔代
数なし〕)、人名、姓氏京都 (――〔代数な
し〕)、世人 (――〔代数なし〕)、世百、全書、
大百 (㊞1616年)、日人

**中村宗哲 〔2代〕** なかむらそうてつ
? ～宝永3 (1706) 年
江戸時代中期の塗師、千家十職の一。
¶コン改、コン4、人名、世百、大百、日人
(㊞1662年、(異説)1669年)

**中村宗哲 〔3代〕** なかむらそうてつ
元禄12 (1699) 年～安永5 (1776) 年
江戸時代中期の京都の塗師。千家十職の一人。
¶朝日 (㊞安永5年1月22日 (1776年3月11日))、
コン改、コン4、茶道、人名、世百、全書、大
百、日人

**中村宗哲 〔4代〕** なかむらそうてつ
享保13 (1728) 年～寛政3 (1791) 年
江戸時代中期の塗師、千家十職の一家。
¶茶道、日人

**中村宗哲 〔5代〕** なかむらそうてつ
明和4 (1767) 年～文化8 (1811) 年
江戸時代中期～後期の塗師。
¶日人

**中村宗哲 〔6代〕** なかむらそうてつ
寛政6 (1794) 年～天保10 (1839) 年
江戸時代後期の塗師。
¶日人

**中村宗哲 〔7代〕** なかむらそうてつ
*～弘化3 (1846) 年
江戸時代後期の塗師、千家十職の一家。
¶茶道 (㊞1798年)、日人 (㊞1799年)

**中村宗哲 〔8代〕** なかむらそうてつ
文政12 (1829) 年～明治17 (1884) 年

江戸時代末期〜明治期の塗師。
¶日人

**中村宗哲〔9代〕** なかむらそうてつ
安政3（1856）年〜明治44（1911）年
明治期の塗師。
¶日人

**中村宗哲〔10代〕** なかむらそうてつ
文久2（1862）年〜昭和1（1926）年
明治〜大正期の塗師。
¶茶道，日人

**中村宗哲〔11代〕** なかむらそうてつ
明治32（1899）年10月28日〜平成5（1993）年8月16日
大正〜平成期の塗師。
¶美工，名工

**中村宗哲〔12代〕** なかむらそうてつ
昭和7（1932）年3月26日〜平成17（2005）年11月5日
昭和〜平成期の塗師。
¶美工，名工

**中村惣兵衛** なかむらそうべえ
延宝3（1675）年〜宝暦12（1762）年
江戸時代中期の治水家。
¶姓氏長野，長野歴

**中村宗林** なかむらそうりん
大正5（1916）年1月18日〜
昭和〜平成期の陶芸家。
¶陶芸最，陶工

**中村外二** なかむらそとじ
→中村外二（なかむらがいじ）

**中村卓夫** なかむらたくお
昭和20（1945）年2月4日〜
昭和期の陶芸家。
¶陶芸最

**中村直男** なかむらただお
大正2（1913）年〜
昭和〜平成期の曲輪職人。
¶名工

**中村忠幸** なかむらただゆき
昭和期の水車大工。
¶名工

**中村達太郎** なかむらたつたろう
万延1（1860）年〜昭和17（1942）年
明治〜大正期の建築学者。東京帝国大学教授。草創期の近代日本建築学の確立に寄与。著書に「建築学階梯」など。
¶科学（㊤1860年（万延1）11月15日　㊦1942年（昭和17）7月28日），人名，渡航（㊤1860年11月15日　㊦1942年7月28日），日人

**中村長阿弥** なかむらちょうあみ
明治29（1896）年9月14日〜
昭和期の陶芸家。

¶陶芸最

**中村千代子** なかむらちよこ
昭和24（1949）年2月24日〜
昭和期の陶芸家。
¶陶芸最

**中村鎮** なかむらちん
明治23（1890）年10月20日〜昭和8（1933）年8月19日
明治〜昭和期の建築家。コンクリート・ブロック建築の設計に傾倒。
¶現朝，世紀，日人

**中村恒也** なかむらつねや
大正12（1923）年3月8日〜
昭和〜平成期の機械技術者，実業家。セイコーエプソン社長。クオーツ腕時計、プリンターなどのヒット商品を製作。
¶世紀，日人

**中村強** なかむらつよし
大正10（1921）年3月25日〜
昭和期の陶芸家。
¶陶芸最

**中村哲夫** なかむらてつお
昭和19（1944）年〜？
昭和〜平成期の陶芸家。
¶陶芸最（㊤昭和19年9月16日），陶工

**中村照子** なかむらてるこ
昭和8（1933）年5月25日〜
昭和〜平成期の陶芸家。
¶陶芸最，名工

**中村伝治** なかむらでんじ
明治13（1880）年1月7日〜昭和43（1968）年1月13日
明治〜昭和期の建築家。日本建築士会連合会会長、横河工務所会長。
¶世紀，日人，美建

**中村伝之助** なかむらでんのすけ
明治4（1871）年〜昭和37（1962）年
明治〜昭和期の横川村中ノ植村新田開拓工事の功労者。
¶姓氏鹿児島

**中村登一** なかむらとういち
大正4（1915）年12月25日〜昭和44（1969）年6月28日
昭和期の建築家。
¶世紀，日人，美建

**中村陶吉** なかむらとうきち
大正1（1912）年7月31日〜平成19（2007）年1月28日
昭和〜平成期の陶芸家。
¶陶芸，陶芸最，美工，名工

**中村東洸** なかむらとうこう
昭和23（1948）年12月19日〜
昭和〜平成期の陶芸家。

¶陶芸最，陶工

**中村藤五郎** なかむらとうごろう
江戸時代後期の製茶技術者。
¶姓氏静岡

**中村道年〔1代〕** なかむらどうねん
明治9（1876）年～昭和12（1937）年
明治～昭和期の陶芸家。
¶陶工

**中村道年〔2代〕** なかむらどうねん
明治39（1906）年～昭和47（1972）年
大正～昭和期の陶芸家。
¶陶芸最（――〔代数なし〕），陶工，美工，名工

**中村道年〔3代〕** なかむらどうねん
～昭和63（1988）年
昭和期の陶芸家。
¶美工，名工

**中村敏夫** なかむらとしお
明治45（1912）年5月16日～平成2（1990）年7月2日
昭和期の映画録音技師。
¶映人

**中村富栄** なかむらとみえい
大正14（1925）年～平成5（1993）年9月2日
昭和～平成期の漆芸家。
¶美工

**仲村豊次郎** なかむらとよじろう
明治2（1869）年1月2日～昭和16（1941）年1月23日
明治～昭和期の技術者。仲村点字器製作所社長。点字印刷機、点字速記機、盲人用タイプライター、投票用点字器などを開発。点字器はヘレン・ケラーにも贈られた。
¶科学，視覚

**中村直三** なかむらなおぞう
文政2（1819）年～明治15（1882）年
江戸時代末期～明治期の農事改良家。稲種交換農事改良法を実施。各地で品種改良を指導。著書に「勧農微志」など。
¶朝日（[生]文政2年3月8日（1819年4月2日） [没]明治15（1882）年8月13日），維新，郷土奈良，近現，国史，国書（[生]文政2（1819）年3月8日 [没]明治15（1882）年8月13日），コン改，コン4，コン5，史人（[生]1819年3月8日 [没]1882年8月13日），新潮（[生]文政2（1819）年3月8日 [没]明治15（1882）年8月13日），人名，世百，日史（[生]文政2（1819）年3月8日 [没]明治15（1882）年8月13日），日人，幕末（[没]1882年8月13日），百科，民学

**中村直賢** なかむらなおよし
生没年不詳
江戸時代末期の金工家。
¶島根百

**中村成近** なかむらなりちか
？ ～文政10（1827）年
江戸時代後期の治水家。
¶コン改，コン4，新潮，人名，日人，和歌山人
（生没年不詳）

**中村信男** なかむらのぶお
明治45（1912）年7月28日～昭和45（1970）年10月1日
昭和期の僧侶。弘誓社代表。「カニタイプ」の愛称で知られる点字タイプライターを製作。
¶視覚

**中村昇** なかむらのぼる
大正7（1918）年5月5日～
昭和期の伊賀焼の陶芸家。
¶陶芸，陶芸最，名工

**中村梅山** なかむらばいざん
明治40（1907）年～平成9（1997）年
大正～平成期の陶芸家。
¶美工（[生]明治40（1907）年4月28日），名工

**中村彦三郎** なかむらひこさぶろう
生没年不詳
江戸時代中期の水田開発の先駆者。
¶姓氏長野，長野歴

**中村英夫** なかむらひでお
昭和10（1935）年12月15日～
昭和～平成期の土木工学者。武蔵工業大学教授、運輸政策研究所所長、東京大学教授。
¶現執2期，現執4期

**中村寛** なかむらひろし
昭和3（1928）年5月13日～昭和55（1980）年1月24日
昭和期の映画録音技師。
¶映人

**中村裕** なかむらひろし
昭和29（1954）年8月12日～
昭和～平成期の陶芸家。
¶陶芸最，陶工

**中村広行** なかむらひろゆき
昭和24（1949）年4月7日～
昭和期の陶芸家。
¶陶芸最

**中村仏庵** なかむらぶつあん
宝暦1（1751）年～天保5（1834）年
江戸時代中期～後期の書家。
¶国書（[没]天保5（1834）年1月7日），日人

**中村文夫** なかむらふみお
昭和23（1948）年5月23日～
昭和～平成期の陶芸家。
¶陶芸最，陶工

**中村文昌** なかむらふみまさ
昭和14（1939）年4月9日～
昭和期の陶芸家。
¶陶芸最

**中村平右衛門** なかむらへいえもん
？ ～承応2（1653）年11月2日
江戸時代前期の飯島新田の開発百姓。

¶埼玉人

**中村平左衛門**　なかむらへいざえもん
寛政5 (1793) 年～慶応3 (1867) 年
江戸時代後期～末期の治水家。
¶国書 ([没]慶応3 (1867) 年3月27日), 日人

**中村鵬生**　なかむらほうせい
明治39 (1906) 年10月2日～昭和34 (1959) 年1月21日
大正～昭和期の染織家。
¶美工, 名工

**中村真**　なかむらまこと
昭和24 (1949) 年1月6日～
昭和～平成期の陶芸家。
¶陶芸最 ([生]昭和24年4月29日), 陶工, 名工

**中村昌生**　なかむらまさお
昭和2 (1927) 年8月2日～
昭和～平成期の建築家。京都工芸繊維大学教授。伝統的建築の保存に尽力。桂離宮の修理に貢献。著書に「茶室の研究」「茶匠と建築」など。
¶現執1期, 現執2期, 現執3期, 現執4期, 現情, 世紀, 日人

**中村雅臣**　なかむらまさおみ
大正7 (1918) 年～昭和42 (1967) 年
昭和期の陶芸家。
¶長野歴

**中村松太郎**　なかむらまつたろう
明治27 (1894) 年～昭和62 (1987) 年
明治～昭和期の宮大工。
¶青森人, 美建

**中村光敬**　なかむらみつひろ
昭和期の建具職人。
¶名工

**中村みづほ**　なかむらみづほ
昭和25 (1950) 年～
昭和～平成期の陶芸家。
¶陶工

**中村盛雄**　なかむらもりお
?　～昭和61 (1986) 年8月31日
昭和期の三味線製作者、仕上げ司 (三味線の皮張り替え職人)。
¶音人, 名工

**中村弥次衛門**　なかむらやじえもん
生没年不詳
江戸時代中期の庄屋、新田開発者。
¶姓氏愛知

**中村安広**　なかむらやすひろ
昭和27 (1952) 年～
昭和～平成期の工業デザイナー、パッケージデザイナー。
¶児人

**中村屋弁吉**　なかむらやべんきち
→大野弁吉 (おおのべんきち)

**中村裕樹**　なかむらゆうき
昭和33 (1958) 年1月1日～
昭和～平成期の映画照明技師。
¶映人

**中村遊木**　なかむらゆうき
昭和2 (1927) 年11月11日～
昭和～平成期の陶芸家。
¶陶工

**中村勇二郎**　なかむらゆうじろう
明治35 (1902) 年9月20日～昭和60 (1985) 年10月20日
大正～昭和期の染織家。
¶現情, 国宝, 世紀, 日人, 美工, 名工

**中村豊(1)**　なかむらゆたか
昭和23 (1948) 年～
昭和期の陶芸家。
¶現執2期, 陶芸最 ([生]昭和23年4月29日)

**中村豊(2)**　なかむらゆたか
昭和22 (1947) 年4月29日～
昭和～平成期の陶芸家。
¶名工

**中村洋子**　なかむらようこ
昭和25 (1950) 年10月26日～
昭和期の陶芸家。
¶陶芸最

**中村良夫(1)**　なかむらよしお
大正7 (1918) 年9月8日～平成6 (1994) 年12月3日
昭和期の自動車技術者。国際自動車技術会会長。
¶科学, 現執2期 ([生]大正7 (1918) 年9月), 現執3期, 世紀, 日人

**中村良夫(2)**　なかむらよしお
昭和13 (1938) 年4月3日～
昭和期の景観工学者。京都大学大学院教授、東京工業大学教授。
¶現執2期

**中村吉次**　なかむらよしつぐ
安土桃山時代の建築家。
¶人名, 日人 (生没年不詳)

**中村与資平**　なかむらよしへい
明治13 (1880) 年～昭和38 (1963) 年
明治～昭和期の建築家。
¶静岡歴, 姓氏静岡, 美建 ([生]明治13 (1880) 年2月8日　[没]昭和38 (1963) 年12月21日)

**中村与陸**　なかむらよろく
生没年不詳
江戸時代末期の金工家。
¶島根百

**中村蘭台〔1代〕**　なかむらランたい, なかむららんだい
安政3 (1856) 年～大正4 (1915) 年
明治～大正期の篆刻家。木印を好み、独特の刀法には冴えがある。木を素材とする工芸品に新しい作品分野を開く。

¶朝日（なかむらんだい　[没]大正4（1915）年11月18日），史人（——〔代数なし〕　なかむららんだい），世紀（[没]大正4（1915）年11月18日），全書（——〔代数なし〕），日人

**中村蘭台〔2代〕** なかむららんたい，なかむららんだい
明治25（1892）年10月11日～昭和44（1969）年7月4日
昭和期の篆刻家。篆刻の近代様式を確立。木印を得意とし、横山大観や川合玉堂の落款を製作した。作品集に「蘭台印集」がある。
¶現朝（なかむららんだい），現情，埼玉人（——〔代数なし〕　[生]明治25（1892）年10月），人名7，世紀，日人，名工

**中村利吉** なかむらりきち
？～昭和7（1932）年
明治～昭和期の釣り針師。みすや針店主。わが国の釣り針を最初に学問的に体系的に取り扱った。
¶朝日，日人



**中村林助** なかむらりんすけ
？～明和4（1767）年
江戸時代中期の勧業家。
¶郷土滋賀，人名，日人（生没年不詳）

**中村廉次** なかむられんじ
明治15（1882）年2月22日～昭和42（1967）年12月7日
明治～昭和期の技師。
¶近土，土木

**中村六郎** なかむらろくろう
大正3（1914）年2月4日～平成16（2004）年4月11日
昭和～平成期の陶芸家。
¶陶芸，陶芸最，陶工，美工，名工

**長元** ながもと
鎌倉時代後期の長船派の刀工。
¶岡山歴

**仲本賢貴** なかもとけんき
明治21（1888）年～昭和14（1939）年
大正～昭和期の農産業技術者。
¶姓氏沖縄

**中本隆夫** なかもとたかお
昭和23（1948）年3月30日～
昭和期の陶芸家。
¶陶芸最

**中元洋** なかもとひろし
昭和13（1938）年2月25日～
昭和期の陶芸家。
¶陶芸最

**中本正勝** なかもとまさかつ
昭和13（1938）年1月22日～
昭和～平成期の技術者。日本電気C&Cシステム事業グループ主席技師長。
¶現執3期

**中森冨士雄** なかもりふじお
昭和20（1945）年12月22日～
昭和～平成期の陶芸家。
¶陶芸最，名工

**中屋新平** なかやしんぺい
昭和24（1949）年9月22日～
昭和～平成期の陶芸家。
¶陶芸最，陶工

**仲家太郎吉** なかやたろうきち
→仲家太郎吉（なかやたろきち）

**仲家太郎吉** なかやたろきち
天保10（1839）年～明治34（1901）年　[別]仲家太郎吉《なかやたろうきち》
江戸時代末期～明治期の漁業改良家。漁船の改良と漁場の発見に努め鱶縄の大鉤を考案。第2回水産博覧会で「名誉銀牌」受賞。
¶朝日（生没年不詳），大分百，大分歴（なかやたろうきち），日人

**永山在兼** ながやまありかね
明治22（1889）年～昭和20（1945）年
大正～昭和期の阿寒横断道路開通の功労者。
¶姓氏鹿児島，日人（[生]明治22（1889）年2月5日　[没]昭和20（1945）年5月17日）

**中山育之進** なかやまいくのしん
江戸時代後期の治水功労者。
¶埼玉百

**中山意三** なかやまいさん
江戸時代前期の対馬の陶工。
¶人名，日人（生没年不詳）

**長山右京** ながやまうきょう
生没年不詳
江戸時代後期の工匠。
¶神奈川人

**長山采女** ながやまうねめ
生没年不詳
江戸時代後期の足柄上郡河村向原番匠。
¶神奈川人

**中山和彦** なかやまかずひこ
昭和9（1934）年1月6日～
昭和～平成期の情報科学者、教育工学者。筑波大学教授。
¶現執2期，現執3期

**中山克己** なかやまかつみ
明治34（1901）年10月1日～昭和62（1987）年3月14日
大正～昭和期の建築家。中山克己建築設計事務所名誉会長。
¶美建

**中山久蔵** なかやまきゅうぞう
文政11（1828）年～大正8（1919）年
明治～大正期の農業技術者。北海道で米作りを成功させた先駆者。民間人の創意と工夫で官庁の方針を転換させた。
¶朝日（[生]文政11年3月21日（1828年5月4日）　[没]大正8（1919）年2月13日），食文（[生]文政11年

3月21日（1828年5月4日）　[没]1919年2月13日），先駆（[生]文政11（1828）年3月21日　[没]大正8（1919）年2月13日），日人，北海道百，北海道歴

**長山金吾**　ながやまきんご
→長山矩稠（ながやまのりしげ）

**中山金作**　なかやまきんさく
明治19（1886）年〜昭和38（1963）年
明治〜昭和期の柑橘栽培技術の普及功労者。
¶静岡百，静岡歴，姓氏静岡

**中山桂尚**　なかやまけいしょう
昭和12（1937）年3月16日〜
昭和〜平成期の陶芸家。
¶名工

**永山光幹**　ながやまこうかん
大正9（1920）年3月21日〜平成22（2010）年3月22日
昭和〜平成期の刀剣研磨家。春日大社蔵の国宝の研磨に評価を得る。人間国宝。著書に「刀剣鑑定読本」。
¶国宝，世紀，日人

**中山江民**　なかやまこうみん
慶応3（1867）年〜大正13（1924）年
明治〜大正期の蒔絵師。蒔絵振興会を起こした。
¶人名，世紀（[生]慶応3（1867）年1月15日　[没]大正13（1924）年4月15日），日人

**永山香林坊**　ながやまこうりんぼう
明治27（1894）年〜昭和45（1970）年
明治〜昭和期の川柳作家、蒔絵師。
¶石川文

**中山胡民**　なかやまこみん
文化5（1808）年〜明治3（1870）年
江戸時代末期〜明治期の蒔絵師。精巧な蒔絵で知られ、法橋となる。
¶朝日（[没]明治3年1月8日（1870年2月8日）），国書（[没]明治3（1870）年1月8日），コン改，コン4，コン5，茶道，史人（[没]1870年1月8日），新潮，人名，日人

**長山左近**　ながやまさこん
生没年不詳
江戸時代後期の足柄上郡塚原村番匠。
¶神奈川人

**長山左門**　ながやまさもん
生没年不詳
江戸時代後期の高座郡当麻村番匠。
¶神奈川人

**中山直樹**　なかやまなおき
昭和3（1928）年3月31日〜
昭和〜平成期の陶芸家。
¶陶芸最，名工

**長山矩稠**　ながやまのりしげ
安永6（1777）年〜慶応2（1866）年　[別]長山金吾《ながやまきんご》
江戸時代後期の足柄上郡柳川村工匠。
¶神奈川人，姓氏神奈川（長山金吾　ながやまきんご）

**中山秀雄**　なかやまひでお
嘉永2（1849）年〜大正10（1921）年
明治〜大正期の地方開発者。土佐における機械製紙の先駆者。
¶高知人，高知百，人名，日人

**中山秀三郎**　なかやまひでさぶろう
元治1（1864）年12月24日〜昭和11（1936）年11月19日
明治〜昭和期の土木工学者。東京帝国大学教授。日本で初めて潜函工法を横浜港埠頭工事に使用した。
¶海越，海越新，科学，近土，人名，世紀（[生]慶応1（1865）年），大百（[生]1865年），渡航，土木，日人（[生]1865年）

**中山広吉**　なかやまひろきち
明治29（1896）年4月1日〜昭和62（1987）年3月19日
明治〜昭和期の建築家。郵政省初代建築部長。
¶美建

**中山みどり**　なかやまみどり
昭和期のステンドグラス制作者。
¶名工

**中山元成**　なかやまもとなり
文政1（1818）年〜明治25（1892）年
江戸時代末期〜明治期の茶業家。猿島茶の改良と普及に尽力。茶業組合の設立に尽力。
¶朝日（[生]文政1年10月1日（1818年10月30日）[没]明治25（1892）年6月3日），維新，茨城百，郷土茨城，近現（[生]1813年），近世（[生]1813年），国際，国史（[生]1813年），コン改，コン4，コン5，新潮（[没]明治25（1892）年6月），人名，全書，日人，幕末（[没]1892年6月2日），歴大

**中山義崇**　なかやまよしたか
大正13（1924）年4月20日〜平成15（2003）年11月24日
昭和〜平成期の電気工学者。熊本工業大学学長。
¶学校，現情

**中山吉長**　なかやまよしなが
明治5（1872）年〜昭和14（1939）年
明治〜昭和期の農事改良家、政治家。村長。
¶埼玉人（[生]明治5（1872）年10月26日　[没]昭和14（1939）年3月1日），埼玉百

**中山亮**　なかやまりょう
昭和2（1927）年9月7日〜
昭和期の陶芸家。
¶陶芸最

**長義**　ながよし
→長義（ちょうぎ）

**長吉**(1)　ながよし
刀工。
¶史人

な

**長吉(2)** ながよし
刀工。
¶島根人，島根百

**永吉一** ながよしかず
昭和3(1928)年11月24日～
昭和期の陶芸家。
¶陶芸最

**中儀延** なかよしのぶ
明治28(1895)年～昭和56(1981)年7月7日
明治～昭和期の染色家。
¶石川百，美工([生]明治28(1895)年2月6日)，名工



**仲村渠致英** なかんだかりちえい
尚敬9(1721)年～？
江戸時代中期の陶工、役人。
¶沖縄百([生]尚敬9(1721)年8月19日)，姓氏沖縄

**仲村渠致元** なかんだかりちげん
尚貞28(1696)年～尚穆3(1754)年　[別]仲村渠致元《なかんだかれちげん，なかんらかりちげん》
江戸時代中期の琉球の陶工。
¶沖縄百([生]尚貞28(1696)年8月19日　[没]尚穆3(1754)年6月18日)，近世，国史，コン改([生]貞享3(1686)年　[没]？)，コン4([生]貞享3(1686)年　[没]？)，史人([生]1696年8月19日　[没]1754年6月18日)，人名(なかんだかれちげん)，姓氏沖縄，伝記(なかんらかりちげん　[生]1692年　[没]1753年)，日人

**仲村渠致元** なかんだかれちげん
→仲村渠致元(なかんだかりちげん)

**仲村渠致元** なかんらかりちげん
→仲村渠致元(なかんだかりちげん)

**名木広行** なぎひろゆき
～平成5(1993)年11月13日
昭和～平成期の蒔絵師。
¶美工

**柳楽泰久** なぎらやすひさ
昭和10(1935)年2月14日～平成13(2001)年6月6日
昭和期の陶芸家。
¶島根百，陶芸最，陶工，美工，名工

**南雲香伺** なぐもこうじ，なぐもこうし
昭和3(1928)年3月6日～
昭和期の陶芸家。
¶群馬人(なぐもこうし　[生]大正15(1926)年3月6日)，陶芸最，陶工，名工

**南雲仁一** なぐもじんいち
大正15(1926)年10月14日～平成11(1999)年3月10日
昭和～平成期の生体工学者。東京大学教授、長崎総合科学大学教授。非線形問題、生体情報工学を研究。著書に「非線形振動論」「バイオニックス」など。
¶科学，群馬人，現朝，現情，世紀，日人

**南雲竜比古** なぐもたつひこ
昭和41(1966)年～
昭和期の陶芸家。
¶陶芸最

**南雲正則** なぐもまさのり
昭和期の南雲織物工場勤務。
¶名工

**南雲弓月** なぐもゆずき
→南雲弓月(なぐもゆづき)

**南雲弓月** なぐもゆづき，なぐもゆずき
昭和38(1963)年～
昭和期の陶芸家。
¶陶芸最(なぐもゆずき)

**南雲陽** なぐもよう
昭和11(1936)年11月6日～
昭和～平成期の陶芸家。
¶陶芸最，陶工，名工

**南雲竜** なぐもりゅう
昭和9(1934)年1月13日～
昭和～平成期の陶芸家。
¶陶芸最，陶工，名工

**名倉五郎助** なぐらごろすけ
？～正保2(1645)年
江戸時代前期の大須賀の地域開発功労者、西大渕村庄屋。
¶静岡歴，姓氏静岡

**名倉太郎馬** なぐらたろうま
→名倉太郎馬(なぐらたろま)

**名倉太郎馬** なぐらたろま，なくらたろま
天保11(1840)年～明治44(1911)年　[別]名倉太郎馬《なぐらたろうま》
明治期の農事改良家。農業技術の改良、畦畔改良事業に尽力、蚕業の振興にも努めた。
¶朝日([生]天保11年5月5日(1840年6月4日)　[没]明治44(1911)年1月8日)，近現(なくらたろま)，国史(なくらたろま)，静岡歴(なぐらたろうま)，人名(なぐらたろうま)，姓氏静岡(なぐらたろうま)，日人，幕末(なぐらたろうま)

**名倉鳳山〔4代〕** なぐらほうざん
大正12(1923)年6月4日～平成11(1999)年4月29日
昭和～平成期の硯刻作家。
¶美工，名工

**名越家昌**(浪越家昌) なごえいえまさ
→名越家昌(なごしいえまさ)

**浪越実久** なごえさねひさ
→名越実久(なごしさねひさ)

**名越家昌** なごしいえまさ
？～寛永6(1629)年　[別]名越家昌《なごえいえまさ，なごしかしょう》，浪越家昌《なごえいえまさ》
江戸時代前期の釜師。京都の名越善正の次男。
¶朝日([没]寛永6年4月14日(1629年6月5日))，近

世，国史（なごえいえまさ），コン改，コン4，茶道（なごしかしょう），史人（[没]1629年4月14日），新潮（[没]寛永6（1629）年4月14日），人名（浪越家昌　なごえいえまさ），戦人（なごしかしょう），日人

**名越家昌**　なごしかしょう
→名越家昌（なごしいえまさ）

**名越実久**　なごしさねひさ
？～慶長8（1603）年　[別]浪越実久《なごえさねひさ》
安土桃山時代の釜師。
¶人名（浪越実久　なごえさねひさ），日人

**名越三昌**　なごしさんしょう
？～寛永15（1638）年
江戸時代前期の釜師。京三条釜座の名越善正の長男。
¶朝日，京都大，コン改，コン4，茶道，新潮（[没]寛永15（1638）年8月），姓氏京都（[生]1561年），戦人，日人

**名越三典浄味**　なごしさんてんじょうみ
？～寛永5（1628）年
江戸時代前期の釜師。
¶茶道

**名越善昌**（名越善正）　なごしぜんしょう
→名越善正（なごしぜんせい）

**名越善正**　なごしぜんせい
？～元和5（1619）年　[別]名越善昌《なごしぜんしょう》，名越善正《なごしぜんしょう》
安土桃山時代～江戸時代前期の京三条釜座の釜師。
¶朝日（[没]元和5（1619）年4月），岩史（[没]元和5（1619）年4月），近世，国史，コン改，コン4，茶道（名越善昌　なごしぜんしょう），史人（[没]1619年4月），新潮，人名，姓氏京都（なごしぜんしょう），世人（なごしぜんしょう），世百，全書，戦人（なごしぜんしょう），大百，日史（[没]元和5（1619）年4月），日人，美術，百科

**名越昌孝**　なごしまさたか
生没年不詳
江戸時代後期の釜師。
¶国書

**名越弥七郎**　なごしやしちろう
？～文明2（1470）年
室町時代の釜師、名越家5代。
¶茶道

**名定一呂**　なさだいちろ
～平成16（2004）年6月13日
昭和～平成期の革細工職人。
¶美工

**那須章弥**　なすあきや
明治14（1881）年～昭和9（1934）年
明治～昭和期の工業家。川崎鉄鋼会社の工場組織を整備し、新案特許取得など会社の盛運に貢献。
¶科学（[没]1934年（昭和9）5月2日），人名，世紀（[没]昭和9（1934）年5月2日），日人

**夏梅慶三**　なつうめけいぞう
昭和8（1933）年8月20日～
昭和期の陶芸家。
¶陶芸最

**七浦貞子**　ななうらさだこ
昭和8（1933）年12月22日～
昭和～平成期の陶芸家。
¶名工

**那波翔英**　なばしょうえい
昭和40（1965）年4月16日～
昭和～平成期の陶芸家。
¶陶工

**那波鳳翔**　なばほうしょう
昭和11（1936）年10月8日～
昭和～平成期の陶芸家。
¶陶芸最，陶工，名工

**並河理二郎**　なびかりじろう
万延1（1860）年～大正15（1926）年
明治～大正期の実業家、政治家。
¶島根人，島根百（[生]万延1（1860）年8月11日　[没]大正15（1926）年6月4日），島根歴，世紀（[生]万延1（1860）年8月11日　[没]大正15（1926）年6月4日），日人

**鍋島俊道**　なべしまとしみち
昭和27（1952）年～
昭和～平成期の陶芸家。
¶陶工

**鍋島彦七郎**　なべしまひこしちろう
文久3（1863）年～昭和3（1928）年
明治～昭和期の稲田石の開発者。
¶茨城百，郷土茨城

**鍋屋吉兵衛**　なべやきちべえ
江戸時代後期の加賀九谷の陶画工。
¶人名，姓氏石川，日人（生没年不詳）

**生井慶子**　なまいけいこ
昭和9（1934）年4月6日～
昭和～平成期の陶芸家。
¶陶芸最，陶工

**波江悌夫**　なみえやすお
明治19（1886）年～昭和40（1965）年
明治～昭和期の建築家。大阪市建設課長。大阪城天守閣などを設計。
¶大阪人

**並河成資**（並河成質）　なみかわしげすけ
明治30（1897）年8月16日～昭和12（1937）年
[別]並河成資《なみかわせいし，なみかわなりすけ》
昭和期の品種改良家。
¶科学（[没]1937年（昭和12）10月14日），近現（なみかわなりすけ），現朝（並河成質　[没]1937年10月14日），国史（なみかわなりすけ），食文（[没]1937年10月14日），世紀（[没]昭和12（1937）年10月14日），新潟百（なみかわせいし），日人

**並河成資** なみかわせいし
→並河成資（なみかわしげすけ）

**濤川惣助** なみかわそうすけ
弘化4（1847）年～明治43（1910）年
明治期の七宝製造家。無線七宝を完成し日本画そのままの七宝を制作。
¶朝日（[没]明治43（1910）年2月9日），神奈川人，近現，国史，コン改，コン5，史人（[没]1910年2月9日），新潮（[没]明治43（1910）年2月9日），人名，世百，全書，大百，千葉百，日人，美術，百科

**並河成資** なみかわなりすけ
→並河成資（なみかわしげすけ）

**並河靖之** なみかわやすゆき
弘化2（1845）年～昭和2（1927）年
明治～大正期の七宝製造家。有線七宝に金銀線を加えるなどの新案を生み、無線七宝と並称される。
¶朝日（[没]昭和2（1927）年5月28日），京都大，近現，国史，コン改，コン5，史人（[没]1927年5月28日），新潮（[生]弘化2（1845）年9月），人名，世紀（[生]弘化2（1845）年9月　[没]昭和2（1927）年5月28日），姓氏京都，全書，大百，日人，美術，百科



**並木伊三郎** なみきいさぶろう
＊～昭和8（1933）年
大正～昭和期の洋裁技術者、並木婦人子供服裁縫教授所を開校。
¶学校（[生]明治23（1890）年　[没]昭和8（1933）年9月25日），多摩（[生]明治20（1887）年）

**並木克子** なみきかつこ
昭和27（1952）年～
昭和～平成期のアトリエ・ドール・ファンタジー主宰。
¶名工

**並木五良平** なみきごろべい
？　～明暦1（1655）年
江戸時代前期の栗橋宿の開発者・名主。
¶埼玉人

**双木新平** なみきしんぺい
文政1（1818）年10月28日～明治14（1881）年
江戸時代末期～明治期の陶工。
¶埼玉人

**双木清吉** なみきせいきち
明和8（1771）年～天保14（1843）年
江戸時代中期～後期の陶工。
¶埼玉人（[没]天保14（1843）年8月30日），埼玉百，日人

**並木恒延** なみきつねのぶ
昭和24（1949）年～
昭和～平成期の漆芸作家。
¶名工

**浪貞** なみさだ
戦国時代の刀工。
¶島根人，島根百

**波平正国** なみのひらまさくに
平安時代中期の刀工。
¶人名，日人（生没年不詳）

**波平安張** なみのひらやすはる
安土桃山時代の刀工。
¶人名，日人（生没年不詳）

**波平安行** なみのひらやすゆき
元和6（1620）年～元禄8（1695）年
江戸時代前期～中期の薩摩の刀工。
¶人名，日人

**波平行安**(1) なみのひらゆきやす
平安時代以来。
→行安（ゆきやす）

**波平行安**(2) なみのひらゆきやす
生没年不詳
江戸時代前期の薩摩の刀工。
¶コン改，コン4

**波平行安**(3) なみのひらゆきやす
江戸時代末期の薩摩の刀工。波平第63代。
¶人名

**波平行安〔1代〕** なみのひらゆきやす
生没年不詳
平安時代後期の刀工。薩摩国谷山郡に住む。
¶朝日，日人，歴大（——〔代数なし〕）

**南無阿弥陀仏** なむあみだぶつ
鎌倉時代後期の刀工。
¶島根百

**行方俊夫** なめかたとしお
昭和期の造園職人。
¶名工

**納谷嘉信** なやたによしのぶ
昭和2（1927）年5月25日～平成21（2009）年5月29日
昭和～平成期の電気工学者、大阪電気通信大学名誉教授。専門は照明工学、色彩学、品質管理。
¶科学，現執3期

**奈良栄吉** ならえいきち
？　～明治3（1870）年
江戸時代後期～明治期の人形師。中野土びなの元祖。
¶姓氏長野

**奈良金一** ならきんいち
明治13（1880）年～昭和34（1959）年
明治～昭和期の津軽塗職人。
¶青森人

**楢崎圭三** ならさきけいぞう
弘化4（1847）年3月4日～大正9（1920）年6月25日
明治～大正期の公共事業家。
¶世紀，日人，広島百

**楢崎多吉郎** ならざきたきちろう
宝暦4（1754）年～文政9（1826）年

江戸時代後期の製紙家。
¶人名，日人

**奈良貞利** ならさだとし
生没年不詳
江戸時代前期～中期の蒔絵師。
¶人名，日人，美工

**奈良昇雲** ならしょううん
明治33 (1900) 年～平成2 (1990) 年
大正～平成期の彫刻家。
¶島根歴，美建

**奈良雪勝** ならせっしょう
→奈良雪勝 (ならゆきかつ)

**奈良専二** ならせんじ
文政5 (1822) 年～明治25 (1892) 年
明治期の篤農家。農具の改良など各地で農事指導にあたる。著書に「農家得益弁」など。
¶朝日 ([生]文政5年9月13日 (1822年10月27日) [没]明治25 (1892) 年5月4日)，香川人，香川百，郷土香川，近現，国史，国書 ([生]文政5 (1822) 年9月13日　[没]明治25 (1892) 年5月4日)，コン改，コン5，史人 ([生]1822年9月13日　[没]1892年5月4日)，新潮 ([生]文政5 (1822) 年9月13日 [没]明治25 (1892) 年5月4日)，人名，世百，全書，日史 ([生]文政5 (1822) 年9月13日　[没]明治25 (1892) 年5月4日)，日人，幕末 ([没]1892年5月4日)，百科，民学，歴大

**奈良大工与次郎** ならだいくよじろう
生没年不詳
戦国時代の奈良四恩院の大工。鎌倉鶴岡八幡宮の再造営工事に参加した。
¶神奈川百

**奈良千秋** ならちあき
昭和25 (1950) 年～
昭和期の陶芸家。
¶陶芸最

**奈良利輝** ならとしてる
*～寛永6 (1629) 年
安土桃山時代～江戸時代前期の装剣金工家。
¶朝日 ([生]天正7 (1579) 年)，コン改 ([生]天正8 (1580) 年)，コン4 ([生]天正8 (1580) 年)，新潮 ([生]天正7 (1579) 年)，人名 ([生]1580年)，日人 ([生]1579年)

**奈良利永** ならとしなが
生没年不詳
江戸時代前期の装剣金工。
¶日人

**奈良利寿** ならとしなが
寛文7 (1667) 年～元文1 (1736) 年　[別]奈良利寿《ならとしひさ》，利寿《としなが》
江戸時代中期の装剣金工家。
¶朝日 ([没]元文1年12月14日 (1737年1月14日))，近世 (利寿　としなが)，国史 (利寿　としなが)，コン改 (ならとしひさ　[生]寛文6 (1666) 年)，コン4 (ならとしひさ　[生]寛文6 (1666) 年)，史人 ([没]1736年12月14日)，新潮 ([没]元文1 (1736) 年2月14日)，人名 (ならとしひさ)，世人 ([生]寛文6 (1666) 年)，世百 ([生]？)，全書，大百 ([生]？)，日人 ([没]1737年)，美術，百科

**奈良利治** ならとしはる
生没年不詳
江戸時代前期の装剣金工。
¶日人

**奈良利寿** ならとしひさ
→奈良利寿 (ならとしなが)

**奈良利宗** ならとしむね
生没年不詳
江戸時代前期の装剣金工。
¶日人

**楢橋杢左衛門** ならはしもくざえもん
文政3 (1820) 年頃～明治20 (1887) 年
江戸時代末期～明治期の大角村庄屋。三潴郡西田地方の水利土木工事の功労者。
¶藩臣7

**奈良原三次** ならはらさんじ
明治10 (1877) 年～昭和19 (1944) 年7月14日
明治～大正期の航空工学者。国産機初の飛行に成功。
¶科学 ([生]1877年 (明治10) 2月11日)，鹿児島百，コン改，コン5，埼玉人，史人 ([生]1876年12月29日)，人名7，世紀，日史，日人，百科

**奈良正長** ならまさなが
生没年不詳
江戸時代中期の装剣金工。
¶日人

**奈良民部少輔** ならみんぶしょうゆう
生没年不詳　[別]奈良民部少輔《ならみんぶのしょう》
安土桃山時代の武士、大工。佐竹氏家臣。
¶戦辞 (ならみんぶのしょう)，戦人，戦東

**奈良民部少輔** ならみんぶのしょう
→奈良民部少輔 (ならみんぶしょうゆう)

**奈良弥七** ならやしち
生没年不詳
戦国時代の大工。北条氏に仕えた。
¶戦辞

**奈良雪勝** ならゆきかつ
生没年不詳　[別]奈良雪勝《ならせっしょう》
江戸時代前期の蒔絵師。
¶日人，美工 (ならせっしょう)

**奈良与次郎** ならよじろう
生没年不詳
戦国時代の大工の棟梁。
¶戦辞

**奈良隆太郎** ならりゅうたろう
昭和12 (1937) 年12月8日～
昭和期の陶芸家。

¶陶芸最

**成家** なりいえ
南北朝時代の長船小反派の刀工。
¶岡山歴

**成田伊太郎** なりたいたろう
文政11(1828)年～明治22(1889)年
江戸時代後期～明治期の津軽の塗師。
¶青森人

**成高** なりたか
平安時代後期の刀工。
¶岡山人，岡山歴

**成田勝人** なりたかつと
大正7(1918)年～
昭和期の陶芸家。
¶陶芸，陶芸最([生]大正7年11月)



**成竹登茂男** なりたけともお
明治36(1903)年～平成3(1991)年
昭和～平成期の友禅作家。
¶石川百，名工([生]明治36年11月2日)

**成田佐左衛門** なりたさざえもん
？ ～享保19(1734)年
江戸時代中期の江戸の豪商。越後紫雲寺潟新田の開発者。
¶朝日([没]享保19年10月26日(1734年11月21日))，日人

**成田三右衛門** なりたさんえもん
天正12(1584)年～明暦2(1656)年　[別]成田三左衛門《なりたさんざえもん》
江戸時代前期の堺の漆工。
¶人名(成田三左衛門　なりたさんざえもん)，日人

**成田三左衛門** なりたさんざえもん
→成田三右衛門(なりたさんえもん)

**成田寿一郎** なりたじゅいちろう
大正10(1921)年5月6日～
昭和～平成期の木工技術家。大同工業大学教授。
¶現執3期

**成田重兵衛** なりたじゅうべえ
生没年不詳
江戸時代後期の養蚕家。
¶朝日，国書，日人

**成田正右衛門** なりたしょううえもん
→成田正右衛門(なりたしょうえもん)

**成田正右衛門** なりたしょうえもん
享和3(1803)年～元治1(1864)年　[別]成田正右衛門《なりたしょううえもん，なりたまさえもん》，鳥居平七《とりいへいしち》
江戸時代末期の洋式砲術家、薩摩藩士。
¶朝日([生]享和2(1802)年　[没]元治1年12月8日(1865年1月5日))，維新(なりたまさえもん)，鹿児島百(なりたしょううえもん)，人名，姓氏鹿児島，日人([没]1865年)，幕末([没]1865年1月5日)，藩臣7(なりたまさえもん)

**成田時治** なりたときじ
明治33(1900)年9月22日～昭和47(1972)年3月26日
昭和期の繊維工学者。全国繊維工業技術協会会長。
¶科学，現情

**成田春人** なりたはると
明治41(1908)年3月31日～平成4(1992)年3月17日
大正～平成期の建築家。東京建築研究所所長。
¶美建

**成田正右衛門** なりたまさえもん
→成田正右衛門(なりたしょうえもん)

**成綱** なりつな
鎌倉時代の刀工。
¶岡山人，岡山歴

**成富兵庫** なりとみひょうご，なりどみひょうご
→成富兵庫(なるとみひょうご)

**成富兵庫助茂安** なりとみひょうごのすけしげやす
→成富兵庫(なるとみひょうご)

**成則** なりのり
→成則(しげのり)

**成宗** なりむね
鎌倉時代の刀工。
¶岡山人

**なりや鍛冶工** なりやかざぐ
生没年不詳
室町時代の刀工。
¶姓氏沖縄

**成安道頓** なりやすどうとん
→安井道頓(やすいどうとん)

**成吉功** なりよしいさお
昭和期の織物工芸家。
¶名工

**成良仁** なりよしひとし
昭和17(1942)年5月7日～
昭和～平成期の陶芸家。
¶陶芸最，陶工

**成井清治** なるいせいじ
昭和16(1941)年～
昭和期の陶芸家。
¶陶芸最

**成井立歩** なるいたつぽ，なるいたっぽ
大正14(1925)年3月19日～平成22(2010)年2月25日
昭和～平成期の陶芸家。
¶陶芸最，美工(なるいたっぽ)

**成井恒男** なるいつねお
昭和14(1939)年～
昭和期の陶芸家。

¶陶芸最

**成井藤夫** なるいふじお
昭和5（1930）年11月3日～
昭和期の陶芸家。
¶陶芸最

**成井文七** なるいぶんしち
？ ～天保14（1843）年
江戸時代後期の紙漉き職人。
¶姓氏神奈川

**成岡昌夫** なるおかまさお
大正7（1918）年2月11日～平成15（2003）年6月17日
昭和～平成期の土木工学者、名古屋大学名誉教授。専門は構造力学。
¶科学

**成木一彦** なるきかずひこ
昭和期の彫金家。専門は刀剣のつば作り。
¶名工

**成毛進** なるげすすむ
昭和23（1948）年5月27日～
昭和期の陶芸家。
¶陶芸最

**成島謙吉** なるしまけんきち
明治期の製造業者。鮭缶詰の製造を開始。
¶先駆（生没年不詳），渡航

**成瀬勝武** なるせかつたけ
明治29（1896）年8月30日～昭和51（1976）年9月8日
明治～昭和期の技師。
¶近土，土木

**成瀬教三** なるせきょうぞう
大正～昭和期の高田徳利職人。
¶名工

**成瀬すゞゑ** なるせすずえ
昭和5（1930）年12月18日～
昭和期の陶芸家。
¶陶芸最

**成瀬徳次郎** なるせとくじろう
農事改良家。レンゲの普及に尽力。
¶姓氏富山

**成瀬政男** なるせまさお
明治31（1898）年2月3日～昭和54（1979）年7月12日
昭和期の機械工学者。東北大学教授。歯車を研究。職業訓練大学校初代校長を務める。著書に「歯車」「日本技術の母胎」など。
¶科学，現情，現人，世紀，日人，宮城百

**成瀬万平** なるせまんぺい
生没年不詳
明治期の製紙業者。
¶姓氏愛知

**成富茂安** なるとみしげやす
→成富兵庫（なるとみひょうご）

**成富兵庫** なるとみひょうご
永禄3（1560）年～寛永11（1634）年　[別]成富兵庫《なりとみひょうご,なりどみひょうご》,成富兵庫助茂安《なりとみひょうごのすけしげやす》,成富茂安《しげとみしげやす,なるとみしげやす》
安土桃山時代～江戸時代前期の武士、治水家。肥前国佐賀藩士。巨勢野の新田開発、市ノ江水道の開削などを進めた。
¶朝日（なりとみひょうご），近世（なりどみひょうご），国史（なりどみひょうご），コン改（[生]永禄2（1559）年），コン4（[生]永禄2（1559）年），史人（[没]1634年9月18日），人書94（[生]1559年），新潮（なりどみひょうご　[没]寛永11（1634）年9月18日），人名（成富茂安　しげとみしげやす），世人（[生]永禄2（1559）年），戦合（なりどみひょうご），戦人（成富茂安　なるとみしげやす　[没]？），戦西（成富兵庫助茂安　なりとみひょうごのすけしげやす），日史（[没]寛永11（1634）年9月18日），日人，藩臣7（なりどみひょうご），百科，歴大

**鳴海要** なるみかなめ
大正9（1920）年10月5日～平成16（2004）年8月28日
昭和期の陶芸家。
¶陶芸最，陶工，美工，名工

**鳴海久兵衛** なるみきゅうべえ
世襲名　江戸時代中期以来の浅瀬石の豪農。代々久兵衛を名乗り、開墾、植林に尽力した。
¶青森百

**鳴海邦碩** なるみくにひろ
昭和19（1944）年7月27日～
昭和～平成期の環境工学者。大阪大学助教授。
¶現執3期，現執4期

**鳴海兵庫** なるみひょうご
生没年不詳
江戸時代前期の銭貨鋳造職人。
¶朝日，近世，国史，日人

**名和小太郎** なわこたろう
昭和6（1931）年1月26日～
昭和～平成期の情報工学者。新潟大学教授、旭リサーチセンター取締役。情報システムを研究し、旭化成で「ACTシステム」を開発。著書に「電子仕掛けの神」など。
¶現朝，現執2期，現執3期，現執4期，世紀，日人

**縄稚小平** なわちこへい
明治25（1892）年10月19日～昭和54（1979）年7月27日
明治～昭和期の水産家。
¶世紀，日人，広島百

**縄手才吉** なわてさいきち
天保14（1843）年～明治43（1910）年
明治期の村長。
¶日人

**那波光雄** なわみつお
明治2(1869)年8月10日～昭和35(1960)年4月1日
明治～昭和期の鉄道技術者、鉄道院総裁官房研究所所長。専門は鉄道橋梁。
¶科学([没]1949年(昭和35)4月1日)，近土，鉄道([生]1869年9月15日)，渡航，土木

**南海朝尊** なんかいともたか
文化2(1805)年～慶応1(1865)年　[別]朝尊《ともたか》，森岡友之助《もりおかとものすけ》
江戸時代末期の大鋸鍛冶。
¶高知人(朝尊　ともたか　生没年不詳)，高知百，日人(朝尊　ともたか)，幕末([没]1865年5月1日)

**南紀重国** なんきしげくに
生没年不詳　[別]重国《しげくに》
江戸時代前期の刀工。
¶朝日([没]寛永8(1631)年)，国史(重国　しげくに)，古中(重国　しげくに)，コン改，コン4，新潮(重国　しげくに)，人名(重国　しげくに)，世人，日人(重国　しげくに)，和歌山人([没]1637年)

**南斉孝吉** なんざいこうきち
慶応3(1867)年4月17日～大正6(1917)年11月14日
明治～大正期の技師。
¶近土，土木

**南条一雄** なんじょうかずお
明治43(1910)年～
昭和～平成期の神仏具鋳造。
¶名工

**楠藤吉左衛門** なんとうきちざえもん
承応3(1654)年～享保9(1724)年
江戸時代前期～中期の治水家。阿波国名東郡島田村の庄屋。私財を投じて袋井用水を完成させた。
¶人名，徳島百([生]承応1(1652)年　[没]享保9(1724)年9月30日)，徳島歴，日人，藩臣6

**楠藤繁左衛門** なんとうしげざえもん
享保4(1719)年～寛政1(1789)年12月21日
江戸時代中期～後期の藍商、袋井用水完成者。
¶徳島歴

**難波章** なんばあきら
大正13(1924)年9月17日～
昭和期の陶芸家。
¶陶芸最，名工

**難波和彦** なんばかずひこ
昭和22(1947)年3月25日～
昭和～平成期の建築家。界工作舎代表。
¶現執3期，現執4期

**難波周作** なんばしゅうさく
昭和17(1942)年10月15日～
昭和期の陶芸家。
¶陶芸最，名工

**難波正作** なんばしょうさく
昭和12(1937)年1月25日～
昭和期の陶芸家。
¶陶芸最，名工

**難波仁斎**(難波仁斉) なんばじんさい
明治36(1903)年2月27日～昭和51(1976)年5月8日
大正～昭和期の漆芸家。
¶岡山人，岡山百，岡山歴，世紀，日人，美工，名工(難波仁斉)

**難波進** なんばすすむ
昭和3(1928)年2月7日～平成19(2007)年4月2日
昭和～平成期の電子工学者。大阪大学教授。
¶科学，現情

**難波総城** なんばそうじょう
昭和8(1933)年7月15日～
昭和期の陶芸家。
¶陶芸最，名工

**難波正** なんばただし
安政6(1859)年4月～大正9(1920)年12月22日
[別]難波正《なんばまさし》
明治～大正期の電気工学者、京都帝国大学教授。
¶海越(生没年不詳)，海越新，岡山人([没]大正8(1919)年)，岡山歴，科学，学校，世紀，渡航(なんばまさし　[没]1919年12月23日)，日人

**難波千春** なんばちはる
昭和31(1956)年1月18日～
昭和期の陶芸家。
¶陶芸最

**難波千代平** なんばちよへい
？　～安政5(1858)年
江戸時代末期の牧畜改良家。阿賀郡釜村の人。
¶朝日，日人

**難波停吉** なんばていきち
明治23(1890)年～昭和50(1975)年
明治～昭和期の建築家。
¶美建

**難波正** なんばまさし
→難波正(なんばただし)

**難波正己** なんばまさみ
昭和13(1938)年1月10日～
昭和期の陶芸家。
¶陶芸最，名工

**南波松太郎** なんばまつたろう
明治27(1894)年3月15日～平成7(1995)年7月3日
大正～昭和期の造船工学者、東京大学教授。専門は造船史、海事史。
¶科学，現執2期，史研，世紀

**南部麒次郎** なんぶきじろう
明治2(1869)年～昭和24(1949)年5月1日
明治～大正期の工学者、陸軍軍人。南部式拳銃を設計。火工廠長、科学研究所所長などを歴任。
¶科学([生]1869年(明治2)11月3日)，新潮([生]明治2(1869)年11月)，人名7，世紀([生]明治2(1869)年11月)，日人([生]明治2(1869)年2月

名工・職人・技師・工匠篇　　　581　　　にいろち

21日），陸海（㊅明治2年2月21日）

**南部球吾** なんぶきゅうご
安政2（1855）年9月5日〜昭和3（1928）年11月4日
明治〜大正期の鉱山技術者。
¶海越新，世紀，渡航，日人

**南部勝進** なんぶしょうしん
大正6（1917）年3月13日〜平成17（2005）年10月
12日
昭和〜平成期の鋳金家。
¶美工

**南部常次郎** なんぶつねじろう
慶応1（1865）年6月10日〜昭和8（1933）年2月6日
江戸時代末期〜昭和期の技師。
¶科学，近土，渡航，土木

**南部芳松** なんぶよしまつ
明治27（1894）年9月20日〜昭和51（1976）年11月5
日
大正〜昭和期の染織家。伊勢型紙彫刻界の指導
者。重要無形文化財「伊勢型紙突彫」の保持者。
¶現情，現日，国宝，人名7，世紀，日人，美工，
名工

**南里嘉十〔1代〕** なんりかじゅう
天明3（1783）年〜嘉永6（1853）年
江戸時代後期の肥前有田の陶工。
¶人名（──〔代数なし〕），日人

**南嶺** なんれい
？〜
江戸時代中期の木彫家、僧侶。
¶島根人，島根歴

## 【 に 】

**新岡仁兵衛惟貞〔6代〕** にいおかにへいこれさだ
？〜文化14（1817）年
江戸時代中期〜後期の新田開発者。新岡家6代目。
¶青森人

**新居正七** にいおりまさしち
天保3（1832）年〜明治42（1909）年
江戸時代後期〜明治期の讃岐における活版印刷業
の第一号。
¶香川人

**仁井田一郎** にいだいちろう，にいたいちろう
大正1（1912）年〜昭和50（1975）年
昭和期の日光苺開発者、農芸家。
¶郷土栃木（にいたいちろう），植物，栃木歴

**新谷洋二** にいたにようじ
昭和5（1930）年4月26日〜
昭和〜平成期の都市工学者。豊田都市交通研究所
初代所長、日本大学教授。
¶現執2期，現執3期

**新津順次郎** にいつじゅんじろう
寛政8（1796）年〜慶応2（1866）年

江戸時代後期の公共事業家、開拓家。
¶姓氏長野，長野歴

**新津靖** にいつやすし
明治38（1905）年11月12日〜
昭和期の機械工学者。大阪大学教授。
¶現情

**新出九一郎** にいでくいちろう
明治23（1890）年〜昭和44（1969）年
大正〜昭和期の来待石加工の技術指導者。
¶島根歴

**新沼幾之助** にいぬまいくのすけ
明治29（1896）年〜昭和37（1962）年
大正〜昭和期の名工。
¶姓氏岩手

**新沼一郎** にいぬまいちろう
明治40（1907）年〜平成6（1994）年
昭和〜平成期の発明家。
¶姓氏岩手

**新沼幸作** にいぬまこうさく
寛政1（1789）年〜弘化1（1844）年
江戸時代後期の大工棟梁。
¶姓氏岩手

**新沼武左衛門** にいぬまぶざえもん
明和2（1765）年〜安政1（1854）年
江戸時代後期〜明治期の漁業家。
¶姓氏岩手，日人

**新納忠之介** にいのうただのすけ
→新納忠之介（にいろちゅうのすけ）

**新家孝正** にのみたかまさ
安政4（1857）年〜大正11（1922）年
明治〜大正期の建築家。時代の水準を越えたデザ
イン力と新技術に取り組む進取の気性を持つ。代
表作「学習院」。
¶朝日（㊅安政4年6月29日（1857年8月18日）
㊥大正11（1922）年11月24日），静岡歴，人名，
世紀（㊅安政4（1857）年6月29日　㊥大正11
（1922）年11月24日），渡航（㊅1857年6月
㊥1922年11月24日），日人

**新見正** にいみただし
大正5（1916）年1月23日〜平成17（2005）年1月
14日
昭和〜平成期の農学者、土壌浄化法の開発者。専
門は土壌浄化法。
¶科学

**新元鹿之助** にいもとしかのすけ
明治3（1870）年8月25日〜昭和24（1949）年3月8日
明治〜昭和期の技師。
¶近土，土木

**新納忠之介**（新納忠之助）にいろちゅうのすけ
明治1（1868）年〜昭和29（1954）年　㊡新納忠之
介《にいのうただのすけ》
明治〜昭和期の彫刻家。国宝修理に専念、神仏像
二千余体を再生させる。

¶鹿児島百，郷土奈良（にいのうただのすけ），近現，近美，現情（[生]1868年11月25日　[没]1954年4月13日），国史，コン改，コン4，コン5，史人（[生]1868年11月25日　[没]1954年4月13日），新潮（[生]明治1（1868）年11月25日　[没]昭和29（1954）年4月13日），人名7，世紀（[生]明治1（1869）年11月25日　[没]昭和29（1954）年4月13日），姓氏鹿児島（新納忠之助），日人（[生]明治1（1869）年11月25日　[没]昭和29（1954）年4月13日），美建（[生]明治1（1868）年11月25日　[没]昭和29（1954）年4月13日）

**二王清綱**　におうきよつな
生没年不詳
鎌倉時代後期の刀工。二王氏の祖。
¶姓氏山口



**二階盛**　にかいせい
明治44（1911）年12月23日～平成17（2005）年7月31日
昭和～平成期の建築学者、鹿島建設副社長。
¶科学

**二階堂勇吉**　にかいどうゆうきち
宝暦6（1756）年～天保5（1834）年
江戸時代中期～後期の栗原郡北郷遠沢の仏師。
¶姓氏宮城

**二唐国俊**　にがらくにとし
明治39（1906）年～昭和62（1987）年
昭和期の弘前市の刀匠。
¶青森人

**二唐広**　にがらひろし
～昭和62（1987）年2月1日
昭和期の刀匠。
¶美工，名工

**仁木竹吉**　にきたけきち
→仁木竹吉（にきたけよし）

**仁木竹吉**　にきたけよし
天保5（1834）年～大正4（1915）年　[別]仁木竹吉《にきたけきち》
明治期の開拓者。
¶徳島百（にきたけきち　[生]天保5（1834）年3月　[没]大正4（1915）年8月31日），徳島歴（にきたけきち　[生]天保5（1834）年3月　[没]大正4（1915）年8月31日），日人，北海道百，北海道歴

**仁左衛門**　にざえもん
生没年不詳
江戸時代後期の小田原宿山角町の畳職棟梁。
¶神奈川人

**西井憲一**　にしいけんいち
大正2（1913）年～
昭和～平成期の映画録音技師。
¶映人

**西井憲司**　にしいけんじ
昭和33（1958）年10月22日～
昭和～平成期の陶芸家。
¶陶工

**西井理太郎**　にしいりたろう
明治期の漁業技術開拓者。
¶岡山歴

**西内義顕**　にしうちよしあき
嘉永6（1853）年～大正12（1923）年
江戸時代末期～大正期の養蚕家。高知県蚕糸同業組合会長。養蚕業振興を計画。
¶高知人（[生]1844年），高知百，人名，世紀（[生]天保15（1844）年10月12日　[没]大正12（1923）年2月27日），日人，幕末（[没]1923年2月27日）

**西浦円治〔3代〕**　にしうらえんじ
*～明治17（1884）年
江戸時代後期～明治期の陶業家。
¶人名（[生]1807年），日人（[生]1806年）

**西浦円治〔4代〕**　にしうらえんじ
明治期の陶業家。
¶日人

**西浦円治〔5代〕**（——〔4代〕）にしうらえんじ
安政3（1856）年～大正3（1914）年
明治期の美濃多治見の陶業家、実業家。西浦商会を設立、精美な磁器を製出。
¶郷土岐阜（——〔代数なし〕），人名（——〔4代〕），世紀（[没]大正3（1914）年4月12日），日人

**西浦武**　にしうらたけし
昭和16（1941）年2月4日～
昭和期の陶芸家。
¶陶芸最

**西尾伊右衛門**　にしおいえもん
生没年不詳
江戸時代の東海道鳴海宿本陣。伊右衛門新田の開発者。
¶姓氏愛知

**西大条覚**　にしおおえださとる
明治13（1880）年2月16日～*
明治～大正期の技師。専門は水道。宮城県出身。
¶近土（[没]1945年3月14日），土木（[没]？）

**西岡一広**　にしおかかずひろ
昭和19（1944）年8月25日～
昭和期の陶芸家。
¶陶芸最

**西岡小十**　にしおかこじゅう
大正6（1917）年5月29日～
昭和～平成期の陶芸家。
¶陶芸，陶芸最，陶工，名工

**西岡隆浪**　にしおかたかなみ
昭和期の洋服仕立業。
¶名工

**西岡常一**　にしおかつねかず
明治41（1908）年9月4日～平成7（1995）年4月11日
昭和期の宮大工。棟梁。3代続く法隆寺宮大工。日本の職人文化と技法を継承。
¶現朝，史人，植物，世紀，日人，日本，美建，名工（[生]明治41年9月3日），YA（[没]？）

**西岡楢二郎** にしおかならじろう
大正2(1913)年1月20日～昭和53(1978)年2月7日
昭和期の宮大工。
¶世紀，日人，名工

**西岡楢光** にしおかならみつ
明治17(1884)年10月15日～昭和50(1975)年3月12日
明治～昭和期の宮大工。法隆寺大工棟梁。
¶現情，人名7，世紀，日人，美建，仏教，仏人，名工

**西尾京子** にしおきょうこ
天保15(1844)年～大正2(1913)年7月8日
明治期の助産婦。早産児用保育器を発明。大洪水時に進んで救護につとめ賞状や木杯を授与された。
¶女性，女性普，先駆，日人

**西尾茂** にしおしげる
昭和25(1950)年～
昭和～平成期の陶芸家。
¶陶工

**西尾正左衛門** にしおしょうざえもん
生没年不詳
明治～大正期の発明家。亀の子束子を発明し、実用新案登録した。
¶先駆

**西尾瑞舟** にしおずいしゅう
昭和22(1947)年5月14日～
昭和～平成期の陶芸家。
¶陶芸最，陶工

**西尾只吉** にしおただきち
文政10(1827)年～明治40(1907)年
江戸時代後期～明治期の道路開削者。
¶静岡歴，姓氏静岡

**西尾陶山** にしおとうざん
昭和16(1941)年5月10日～
昭和期の陶芸家。
¶陶芸最

**西尾辰吉** にしおときよし
明治25(1892)年10月30日～昭和48(1973)年1月31日
明治～昭和期の技師。
¶近土，土木

**西尾虎太郎** にしおとらたろう
慶応2(1866)年7月27日～大正12(1923)年6月28日
明治～大正期の技師。
¶近土，土木

**西尾舜** にしおのぼる
大正12(1923)年1月7日～
昭和～平成期の映画録音技師、フィルムテクノロジーコンサルタント。
¶映人

**西小野無行子** にしおのむこうし
昭和18(1943)年1月1日～
昭和期の陶芸家。
¶陶芸最

**西尾益吉** にしおますきち
明治期の料理人。築地精養軒のシェフ。フランス料理習得のため日本で初めてパリのリッツに留学する。
¶食文

**西尾恭朋** にしおみつとも
昭和16(1941)年5月10日～
昭和～平成期の陶芸家。
¶陶工

**西海杢兵衛** にしがいもくべえ
慶長4(1599)年～万治3(1660)年
江戸時代前期の宮大工棟梁。
¶姓氏神奈川

**西垣和子** にしがきかずこ
大正7(1918)年～
昭和～平成期の丹波木綿の復元者。
¶名工

**西垣勘四郎** にしがきかんしろう
世襲名　江戸時代前期～中期の装剣金工。
¶新潮

**西垣勘四郎〔1代〕** にしがきかんしろう
慶長18(1613)年～元禄6(1693)年
江戸時代前期の装剣金工家。細川家のお抱え工。
¶朝日([没]元禄6(1693)年6月)，熊本百(――〔代数なし〕　[没]元禄6(1693)年6月)，コン改，コン4，世人(――〔代数なし〕　生没年不詳)，日人

**西垣勘四郎〔2代〕** にしがきかんしろう
寛永16(1639)年～享保2(1717)年
江戸時代前期～中期の肥後の鐔工。
¶コン改，コン4，日人

**西墻邦雄** にしがきくにお
昭和16(1941)年9月24日～
昭和～平成期の陶芸家。
¶陶芸最，陶工

**西垣晋作** にしがきしんさく
明治19(1886)年4月7日～昭和44(1969)年10月29日
明治～昭和期の森林工学者。日本土地山林取締役。架空索理論の研究とその実用化の基礎を築く。著書に「林学講義録」など。
¶科学，現情，人名7，世紀，日人

**西垣通** にしがきとおる
昭和23(1948)年12月12日～
昭和～平成期の情報工学者。明治大学教授。
¶現執3期，現執4期，小説

**西勝造** にしかつぞう
明治17(1884)年3月15日～昭和34(1959)年11月21日
明治～昭和期の土木工学者。
¶科学，近医，現情，食文

**西上国蔵** にしがみくにぞう
天保11（1840）年3月2日～昭和8（1933）年1月9日
江戸時代末期～明治期の品種改良家。
¶世紀，徳島百，徳島歴，日人

**西川明** にしかわあきら
昭和6（1931）年5月20日～
昭和期の陶芸家。
¶陶芸最

**西河家次** にしかわいえつぐ
生没年不詳
戦国時代の大工。伊豆南部で活動。
¶戦辞

**西川兼康** にしかわかねやす
大正10（1921）年1月10日～
昭和～平成期の熱工学者。九州大学教授。
¶現情

**西川孝次** にしかわこうじ
昭和期の吹ガラス工職人。
¶名工

**西川古柳** にしかわこりゅう
文政8（1825）年～明治30（1897）年
江戸時代末期～明治期の車人形人形遣。
¶維新，芸能（⊕文政8（1825）年7月13日　⊗明治30（1897）年9月21日），コン5，埼玉人（⊕文政7（1824）年），埼玉百（⊕1824年），幕末（⊗1897年9月21日）

**西川古柳〔4代〕** にしかわこりゅう
大正11（1922）年8月5日～平成12（2000）年11月1日
昭和期の人形師。八王子車人形座元。説経節を地としていた車人形の字を義太夫節に変更，海外公演も行った。
¶現朝，世紀

**西川四郎** にしかわしろう
昭和8（1933）年8月22日～
昭和期の陶芸家。
¶陶芸最

**西川宗悦** にしかわそうえつ
～昭和56（1981）年3月17日
昭和期の竹工芸家。
¶美工，名工

**西川鶴三** にしかわつるぞう
明治43（1910）年～？
大正～昭和期の映画照明技師。
¶映人

**西川藤吉** にしかわとうきち
明治7（1874）年～明治42（1909）年
明治期の実業家。養殖真珠の創始者。真珠の研究を行い造出法を発明。御木本幸吉の娘婿。
¶朝日（⊕明治7（1874）年3月17日），大阪人（⊗明治42（1909）年6月），科学（⊕1874年（明治7）3月17日　⊗1909年（明治42）6月22日），近現，国史，新潮（⊗明治42（1909）年6月22日），人名，世紀（⊕明治7（1874）年3月17日

⊗明治42（1909）年6月22日），日人（⊕明治7（1874）年3月17日　⊗明治42（1909）年6月22日）

**西川友武** にしかわともたけ
明治37（1904）年8月4日～昭和49（1974）年4月24日
昭和期のインダストリアルデザイナー。日本電報通信社（現・電通）の広告関係デザイナー。著書に「工芸学概論」。
¶現朝，世紀，日人

**西川虎吉**（西川寅吉）にしかわとらきち
＊～大正9（1920）年
明治期の楽器製作者。西川ピアノ創始者。国産オルガン第一号を製作。
¶神奈川人（西川寅吉　⊕1850年　⊗1900年），神奈川百（⊕1849年），芸能（⊕弘化3（1846）年⊗大正9（1920）年1月8日），姓氏神奈川（⊕1850年），先駆（⊕弘化3（1846）年　⊗？），洋学（⊕嘉永3（1850）年）

**西川虎之助** にしかわとらのすけ
安政2（1855）年1月16日～昭和4（1929）年1月22日
明治期の化学技術者。広島県留学生として県費でイギリスに留学。帰国後は化学技師として活躍。
¶海越（生没年不詳），海越新，国際，世紀，渡航（⊕？），日人

**西川南雲** にしかわなうん
大正5（1916）年1月11日～平成1（1989）年10月30日
昭和期の仏師。
¶美建

**西川肇** にしかわはじめ
昭和18（1943）年8月30日～
昭和期の陶芸家。
¶陶芸最

**西川紘光** にしかわひろみつ
昭和20（1945）年10月8日～
昭和期の陶芸家。
¶陶芸最

**西川政美** にしかわまさみ
昭和13（1938）年10月10日～
昭和期の陶芸家。
¶陶芸最

**西川勝** にしかわまさる
昭和37（1962）年8月29日～
昭和～平成期の陶芸家。
¶陶工

**西川万知子** にしかわまちこ
昭和期の刺繍作家。
¶名工

**西川実** にしかわみのる
昭和4（1929）年10月26日～
昭和～平成期の陶芸家。
¶陶芸最，陶工，名工

## 西川弥市 にしかわやいち
生没年不詳
江戸時代後期の東福田村の農民。藤高新田を開拓した。
¶姓氏愛知

## 西川屋茂平 にしかわやもへい
生没年不詳
江戸時代後期の陶器商、美濃磁器の開拓者。
¶大阪人, 人名, 日人

## 錦織清治 にしきおりせいじ
明治36(1903)年10月1日～昭和44(1969)年
㊚錦織清治《にしこおりせいじ, にしごりせいじ》
昭和期の金属工学者。富士パルプ取締役、東京化工取締役。専門は冶金学。大同工業大学学長を歴任。特殊鋼業界発展に尽くす。
¶科学(㊚1969年(昭和44)3月17日), 現情(にしごりせいじ ㊚1969年6月17日), 島根歴(にしこおりせいじ), 人名7(にしごりせいじ), 世紀(㊚昭和44(1969)年3月17日), 日人(㊚昭和44(1969)年3月17日)

## 錦戸新観 にしきどしんかん
明治41(1908)年～平成7(1995)年4月16日
大正～平成期の仏師、僧侶。
¶美建

## 西口利平 にしぐちりへい
明治3(1870)年5月～昭和7(1932)年12月2日
明治～昭和期の実業家。製網機を発明し、漁網を海外に輸出。
¶世紀, 日人

## 西健 にしけん
→西健(にしたけし)

## 錦織清治 にしこおりせいじ
→錦織清治(にしきおりせいじ)

## 錦織清治 にしごりせいじ
→錦織清治(にしきおりせいじ)

## 西坂春水 にしざかしゅんすい
大正9(1920)年10月23日～
昭和期の陶芸家。
¶陶芸最

## 西崎英雄 にしざきひでお
大正7(1918)年8月31日～平成12(2000)年2月21日
昭和期の映画録音技師。大島渚、小栗康平などの監督の作品を手掛ける。
¶映人, 現朝, 世紀, 日人

## 西崎浩 にしざきひろし
明治30(1897)年1月21日～平成1(1989)年1月3日
大正～昭和期の発明家。
¶岡山歴

## 西沢吉太郎〔8代〕 にしざわきちたろう
～昭和56(1981)年10月2日
昭和期の鋳物師。
¶美工, 名工

## 西沢護一 にしざわごいち
大正～昭和期の木地師。
¶名工

## 西沢潤一 にしざわじゅんいち
昭和1(1926)年9月12日～
昭和～平成期の電子工学者。岩手県立大学学長、日本原子力産業会議会長。半導体工学を研究。東北大学教授などを歴任。著書に「闘う独創技術」など。
¶現朝, 現執3期, 現執4期, 現情, 現日, 新潮, 世紀, 日人, 日本, マス89, 履歴, 履歴2

## 西沢昌三 にしざわしょうぞう
昭和期のこま職人。
¶名工

## 西沢笛畝 にしざわてきほ
明治22(1889)年1月1日～昭和40(1965)年
大正～昭和期の日本画家、人形工芸家。読画会代表理事。作品に「巣ぐるみ捕えて」など。
¶近美, 近文, 現情(㊚1965年10月24日), コン改(㊚1890年), コン4(㊚明治23(1890)年), コン5(㊚明治23(1890)年), 新潮(㊚昭和40(1965)年10月24日), 人名7, 世紀(㊚昭和40(1965)年10月24日), 全書, 日画, 日児(㊚昭和40(1965)年10月24日), 美家(㊚昭和40(1965)年10月24日), 名画, 名工(㊚昭和40年10月24日)

## 西沢文隆 にしざわふみたか
大正4(1915)年2月7日～昭和61(1986)年4月16日
昭和期の建築家。コートハウスの設計に独創性を発揮。
¶現朝, 現執1期, 現執2期, 現情, 現人, 世紀, 日人, 美建

## 西沢幸雄 にしざわゆきお
明治42(1909)年3月31日～
昭和～平成期の江戸木目込人形師。
¶名工

## 西嶋武司 にしじまたけし
昭和4(1929)年～平成15(2003)年11月5日
昭和～平成期の染織家。
¶美工(㊚昭和4(1929)年5月23日), 名工

## 西島輝行 にしじまてるゆき
大正7(1918)年11月14日～平成18(2006)年10月29日
昭和～平成期の半導体技術者、東芝副社長。専門は半導体。
¶科学

## 西島八兵衛〔西嶋八兵衛〕 にしじまはちべえ
慶長1(1596)年～延宝8(1680)年
江戸時代前期の水利技術者、生駒藩国奉行。
¶朝日(㊚延宝8年3月20日(1680年4月19日)), 香川人(西嶋八兵衛), 香川百(西嶋八兵衛), 郷土香川(西嶋八兵衛), 京都府(西嶋八兵衛), 近世(㊚1682年), 国史(㊚1682年), 国書(㊚延宝8(1680)年3月20日), コン改, コン4, 史人(㊚1680年3月20日), 新潮(㊚天和2

(1682)年)，人名，世人([生]慶長6(1601)年)，日人，三重，歴大([没]1682年)

**西嶋秀樹** にしじまひでき
昭和23(1948)年11月30日～
昭和～平成期の陶芸家。
¶陶芸最，陶工，名工

**西島要次郎** にしじまようじろう
明治3(1870)年～昭和29(1954)年
明治～昭和期の北海道開拓者。
¶姓氏富山

**西園二郎** にしぞのじろう
明治30(1897)年12月11日～？
明治～昭和期の東洋ベアリング常務取締役技師長。
¶創業

**西田明則** にしだあきのり
文政10(1827)年～明治39(1906)年
江戸時代後期～明治期の土木建築技術者。
¶姓氏神奈川

**西大助** にしだいすけ
文久2(1862)年1月3日～昭和11(1936)年10月30日
江戸時代末期～昭和期の技師。
¶近土，土木

**西大由** にしだいゆう
大正12(1923)年5月25日～
昭和～平成期の鋳金家。
¶名工

**西健** にしたけし
明治20(1887)年12月3日～昭和19(1944)年5月3日　[別]西健《にしけん》
大正～昭和期の電気工学者。東京帝国大学教授。耐電圧に関する基礎研究に従事し、多大な業績を残す。
¶科学(にしけん)，埼玉人(にしけん　[生]明治20(1887)年12月)，人名7(にしけん)，世紀，日人

**西田佐太郎** にしださたろう
明治42(1909)年2月24日～
昭和～平成期の京くみひも職人。
¶名工

**西田潤** にしだじゅん
昭和52(1977)年～平成17(2005)年3月26日
平成期の陶芸家。
¶美工

**西田真也** にしだしんや
昭和30(1955)年8月1日～
昭和～平成期の陶芸家。
¶陶工

**西田精** にしだせい
明治10(1877)年6月5日～昭和19(1944)年10月7日
明治～昭和期の技師。
¶科学，近土，島根歴，渡航，土木

**西忠雄** にしただお
大正1(1912)年4月10日～
昭和期の建築学者。東洋大学教授。
¶現情

**西忠義** にしただよし
安政3(1856)年～昭和9(1934)年　[別]西忠義《にしちゅうぎ》
明治～昭和期の地方開発功労者。
¶会津(にしちゅうぎ)，北海道百，北海道歴

**西田近太郎** にしたちかたろう，にしだちかたろう
明治24(1891)年～昭和44(1969)年
大正～昭和期の農業技師。秋田地方小作官。
¶秋田百(にしだちかたろう)，社史([生]1891年2月4日　[没]1969年5月22日)

**西田時子** にしだときこ
大正14(1925)年4月23日～
昭和期の陶芸家。
¶陶芸最

**西田虎次郎** にしだとらじろう
生没年不詳
明治期の大工。人力車の発明者。
¶先駆

**西谷右門** にしたにうもん
文政5(1822)年～明治22(1889)年
江戸時代末期～明治期の殖産家。
¶京都府，日人

**西谷庄一** にしたにしょういち
？～昭和40(1965)年
大正～昭和期の社寺建築の棟梁。
¶島根歴，美建

**西田寿行** にしだひさゆき
昭和11(1936)年5月25日～
昭和～平成期の陶芸家。
¶名工

**西田文助** にしだぶんすけ
江戸時代後期の宮野用水開削者。
¶姓氏富山

**西田正孝** にしだまさたか
明治39(1906)年9月～平成11(1999)年1月3日
大正～昭和期の機械工学者、富山技術短期大学学長。専門は光弾性学。
¶科学

**西田正利** にしだまさとし
昭和13(1938)年9月15日～
昭和期の陶芸家。
¶陶芸最

**西田吉勝** にしだよしかつ
明治41(1908)年3月3日～
昭和期の陶芸家。
¶陶芸最

**西田亮栄** にしだりょうえい
昭和16(1941)年8月28日～

昭和〜平成期の陶芸家。
¶陶芸最，陶工，名工

**西忠義** にしちゅうぎ
→西忠義（にしただよし）

**西塚栄治** にしづかえいじ，にしずかえいじ
昭和18（1943）年6月16日〜平成21（2009）年10月1日
昭和〜平成期の漆芸家。
¶美工（にしずかえいじ）

**西出大三** にしでだいぞう
大正2（1913）年6月7日〜平成7（1995）年7月8日
昭和期の截金作家。人間国宝。作品に「西（截金彩色合子）」など。
¶石川百，現朝，現情，国宝，世紀，日人，美工，名工

**西出辰次郎** にしでたつじろう
明治1（1868）年〜？
江戸時代末期〜明治期の水道事業技術者。
¶栃木歴

**西出宗生** にしでむねお
大正6（1917）年4月24日〜平成16（2004）年6月
昭和〜平成期の染色家。
¶美工，名工

**西頭哲三郎** にしとうてつさぶろう
大正10（1921）年10月11日〜平成8（1996）年6月10日
昭和〜平成期の博多人形師。
¶現情，美工，名工

**二科十朗** にしなじゅうろう
明治39（1906）年6月9日〜昭和53（1978）年7月30日
大正〜昭和期の染色家。
¶美工，福岡百，洋画

**仁科良雄** にしなよしお
明治35（1902）年〜昭和47（1972）年
昭和期の長野県水産業界の功労者。
¶姓氏長野，長野歴

**西野博二** にしのひろじ
大正13（1924）年3月21日〜平成22（2010）年11月23日
昭和〜平成期の計算機工学者，通商産業省工業技術院電子技術総合研究所パターン情報研究部長。
¶科学

**西野文雄** にしのふみお
昭和11（1936）年3月18日〜平成19（2007）年5月6日
昭和〜平成期の土木工学者，東京大学名誉教授。
専門は土木構造学，構造力学。
¶科学

**西畑勇夫** にしはたいさお
大正2（1913）年〜昭和52（1977）年
昭和期の土木工学者。
¶姓氏愛知

**西端末晴** にしはたすえはる
大正15（1926）年1月30日〜
昭和〜平成期の陶芸家。
¶陶芸最，名工

**西端正** にしはたただし
昭和23（1948）年〜
昭和〜平成期の陶芸家。
¶陶工

**西林忠八** にしばやしちゅうはち
文政4（1821）年〜明治19（1886）年
江戸時代末期〜大正期の農民。各地を視察し農業改良に努めたほか，養蚕を奨励。
¶幕末（㊙1886年11月），和歌山人

**西原利夫** にしはらとしお
明治27（1894）年3月21日〜昭和54（1979）年3月12日
明治〜昭和期の機械工学者。京都帝国大学教授。
¶科学，現情，世紀，日人

**西原直蔵** にしはらなおぞう
明治期の実業家。丹後縮緬の羽二重を改良して小幅縮緬を開発。
¶日人

**西原己之作** にしはらみのさく
文久1（1861）年〜昭和3（1928）年
明治〜昭和期の土人形師。
¶姓氏長野

**西部功** にしぶいさお
→西部功（にしべこう）

**西部功** にしべこう
昭和23（1948）年〜 ㊙西部功《にしぶいさお》
昭和〜平成期の陶芸家。
¶陶芸最，陶工（にしぶいさお ㊸1948年9月21日）

**西正吉** にしまさきち
明治36（1903）年9月29日〜
大正〜昭和期の金沢仏壇職人。
¶名工

**西松光治郎** にしまつこうじろう
明治6（1873）年〜？
大正〜昭和期の建築業者。
¶姓氏京都

**西牟田正友** にしむたまさとも
昭和期の陶芸家。
¶陶芸最

**西村和泉** にしむらいずみ
世襲名　江戸時代の鋳物師。
¶美術，百科

**西村和泉〔1代〕** にしむらいずみ
？〜元禄9（1696）年
江戸時代前期〜中期の鋳物師。
¶日人

**西村回全** にしむらかいぜん
→西村宗三郎(にしむらそうざぶろう)

**西村雅貫** にしむらがかん
大正7(1918)年5月28日～昭和38(1963)年12月5日
昭和期の特殊カメラ発明者。
¶科学，兵庫人

**西村久二** にしむらきゅうじ
明治43(1910)年4月26日～平成3(1991)年7月14日
大正～平成期の建築家。西村久二建築設計事務所所長、文化学院理事長。
¶美建

**西村九兵衛** にしむらきゅうべえ
生没年不詳 [別]西村九兵衛《にしむらくへえ》
江戸時代前期の京三条釜座の釜師。浄味の弟子。
¶朝日，コン改，コン4，茶道(にしむらくへえ)，茶道(にしむらくへえ)，新潮(にしむらくへえ)，日人(にしむらくへえ)，美工(にしむらくへえ)

**西村金造** にしむらきんぞう
昭和13(1938)年～
昭和～平成期の京石工。
¶名工

**西村九兵衛** にしむらくへえ
→西村九兵衛(にしむらきゅうべえ)

**西村郡司** にしむらぐんじ
→西村七右衛門(にしむらしちえもん)

**西村玄** にしむらげん
昭和11(1936)年7月22日～
昭和～平成期の陶芸家。
¶陶芸最，名工

**西村源治** にしむらげんじ
昭和11(1936)年7月22日～
昭和～平成期の陶芸家。
¶陶工

**西村源六郎** にしむらげんろくろう
明治36(1903)年8月21日～昭和61(1986)年2月19日
大正～昭和期の機械工学者、東京大学名誉教授。専門は精密工学、振動学。
¶科学，現情

**西村好時** にしむらこうじ
→西村好時(にしむらよしとき)

**西村公朝** にしむらこうちょう
大正4(1915)年6月4日～平成15(2003)年12月2日
昭和～平成期の仏像彫刻家、僧侶。愛宕念仏寺(天台宗)住職、東京芸術大学教授。仏像研究、文化財保存修復に従事。著書に「仏像の再発見」など。
¶現執1期，現執3期，現執4期，世紀，日人，美建

**西村皓平** にしむらこうへい
天保11(1840)年～大正8(1919)年
明治期の開拓者。
¶日人

**西村五平太** にしむらごへいた
生没年不詳
江戸時代中期の漁師。五平太針の考案者。
¶朝日，日人

**西村祭喜** にしむらさいき
明治25(1892)年10月23日～昭和45(1970)年6月17日
大正～昭和期の電気技師、労働運動家。
¶岡山歴，社運，社史，世紀，日人

**西邨滋** にしむらしげる
昭和18(1943)年9月12日～
昭和期の陶芸家。
¶陶芸最

**西村七右衛門** にしむらしちえもん
文化11(1814)年～明治28(1895)年 [別]西村郡司《にしむらぐんじ》
江戸時代末期～明治期の開墾家。開墾会社の経営を任され下総八街など荒蕪地を開発。
¶朝日(西村郡司 にしむらぐんじ [生]文化11年9月23日(1814年11月4日) [没]明治28(1895)年1月31日)，維新(西村郡司 にしむらぐんじ [生]文化11(1814)年9月23日 [没]明治28(1895)年1月31日)，コン改，コン5，新潮([生]文化11(1814)年9月23日 [没]明治28(1895)年1月31日)，人名，日人，幕末(西村郡司 にしむらぐんじ [没]1895年1月31日)

**西村春湖** にしむらしゅんこ
明治19(1886)年～昭和28(1953)年2月4日
明治～昭和期の備前焼の陶芸家。
¶岡山百，岡山歴([生]明治19(1886)年5月26日)

**西村庄左衛門** にしむらしょうざえもん
? ～貞享4(1687)年
江戸時代前期の銅問屋、新田開発請負人。
¶姓氏群馬

**西村進** にしむらすすむ
明治39(1906)年～昭和26(1951)年
昭和期の花卉改良者。
¶姓氏長野，長野歴

**西村善五郎** にしむらぜんごろう
→永楽保全(えいらくほぜん)

**西村善五郎〔1代〕** にしむらぜんごろう
? ～永禄1(1558)年 [別]永楽善五郎〔1代〕《えいらくぜんごろう》
戦国時代の京都の永楽焼の陶工。
¶コン改，コン4，人名(永楽善五郎〔1代〕 えいらくぜんごろう)，世人，日人

**西村善五郎〔2代〕** にしむらぜんごろう
? ～文禄3(1594)年 [別]永楽善五郎〔2代〕《えいらくぜんごろう》，西村善五郎〔2代〕《にしむらぜんごろう》
安土桃山時代の京都の陶工。
¶人名(永楽善五郎〔2代〕 えいらくぜんごろ

う），日人

### 西村善五郎〔3代〕 にしむらぜんごろう
？～元和9(1623)年　㊙永楽善五郎〔3代〕《えいらくぜんごろう》
江戸時代前期の京都の永楽焼の陶工。
¶コン改，コン4，人名（永楽善五郎〔3代〕　えいらくぜんごろう），日人

### 西村善五郎〔4代〕 にしむらぜんごろう
？～承応2(1653)年　㊙永楽善五郎〔4代〕《えいらくぜんごろう》，西村善五郎〔4代〕《にしむらぜんごろう》
江戸時代前期の京都の陶工。
¶人名（永楽善五郎〔4代〕　えいらくぜんごろう），日人

### 西村善五郎〔5代〕 にしむらぜんごろう
？～元禄10(1697)年　㊙永楽善五郎〔5代〕《えいらくぜんごろう》，西村善五郎〔5代〕《にしむらぜんごろう》
江戸時代前期の京都の陶工。
¶人名（永楽善五郎〔5代〕　えいらくぜんごろう），日人

### 西村善五郎〔6代〕 にしむらぜんごろう
？～寛保1(1741)年　㊙永楽善五郎〔6代〕《えいらくぜんごろう》，西村善五郎〔6代〕《にしむらぜんごろう》
江戸時代中期の京都の陶工。
¶人名（永楽善五郎〔6代〕　えいらくぜんごろう），日人

### 西村善五郎〔7代〕 にしむらぜんごろう
？～延享1(1744)年　㊙永楽善五郎〔7代〕《えいらくぜんごろう》，西村善五郎〔7代〕《にしむらぜんごろう》
江戸時代中期の京都の陶工。
¶人名（永楽善五郎〔7代〕　えいらくぜんごろう），日人

### 西村善五郎〔8代〕 にしむらぜんごろう
？～明和6(1769)年　㊙永楽善五郎〔8代〕《えいらくぜんごろう》，西村善五郎〔8代〕《にしむらぜんごろう》
江戸時代中期の京都の陶工。
¶人名（永楽善五郎〔8代〕　えいらくぜんごろう），日人

### 西村善五郎〔9代〕 にしむらぜんごろう
？～安永8(1779)年　㊙永楽善五郎〔9代〕《えいらくぜんごろう》，西村善五郎〔9代〕《にしむらぜんごろう》
江戸時代中期の京都の陶工。
¶人名（永楽善五郎〔9代〕　えいらくぜんごろう），日人

### 西村善五郎〔10代〕 にしむらぜんごろう
*～天保12(1841)年　㊙永楽了全《えいらくりょうぜん》，了全《りょうぜん》
江戸時代後期の京焼の陶工。
¶朝日（㊦明和7(1770)年　㊥天保12(1841)年1月），京都大（永楽了全　えいらくりょうぜん

㊦明和7(1770)年），コン改（㊦？），コン4（㊦？），茶道（了全　りょうぜん　㊦1771年），新潮（永楽了全　えいらくりょうぜん　㊦明和7(1770)年　㊥天保12(1841)年1月12日），人名（永楽了全　えいらくりょうぜん　㊦？），姓氏京都（永楽了全　えいらくりょうぜん　㊦1771年），日人（㊦1770年）

### 西村荘一郎 にしむらそういちろう
弘化3(1846)年～大正3(1914)年
明治～大正期の木工芸家。
¶世紀（㊦弘化3(1846)年1月23日　㊥大正3(1914)年9月30日），日人

### 西村総左衛門 にしむらそうざえもん
安政2(1855)年～昭和10(1935)年
明治～昭和期の染織家。京友禅の改良に努め，海外への紹介，輸出に尽力。
¶朝日（㊦安政2年5月25日(1855年7月8日)　㊥昭和10(1935)年5月16日），新潮（㊦安政2(1855)年5月25日），世紀（㊦安政2(1855)年5月25日　㊥昭和10(1935)年5月16日），姓氏京都，全書，日人

### 西村宗三郎 にしむらそうざぶろう
天保5(1834)年～明治9(1876)年　㊙西村回全《にしむらかいぜん》
江戸時代末期～明治期の陶工。
¶茶道（西村回全　にしむらかいぜん），日人

### 西村宗四郎 にしむらそうしろう
㊙松木宗四郎《まつきそうしろう》
安土桃山時代の土風炉師。
¶茶道，人名，戦人（生没年不詳），日人（生没年不詳）

### 西村宗全 にしむらそうぜん
生没年不詳
安土桃山時代の土風炉師。
¶戦人

### 西村忠 にしむらただし
昭和3(1928)年～
昭和～平成期の鋳金作家。
¶名工

### 西村道仁 にしむらどうじん
→西村道仁$_{(1)}$（にしむらどうにん）

### 西村道仁$_{(1)}$ にしむらどうにん
永正1(1504)年～弘治1(1555)年　㊙西村道仁《にしむらどうじん》
戦国時代の釜師。名越浄祐の門人。
¶朝日（生没年不詳），岩史（生没年不詳），京都大，近世（生没年不詳），国史（生没年不詳），コン改（生没年不詳），コン4（生没年不詳），茶道，史人（生没年不詳），新潮（生没年不詳），人名，世人（生没年不詳），世伯，全書，戦人（にしむらどうじん），大百，日史，日人（生没年不詳），美術，百科

### 西村道仁$_{(2)}$ にしむらどうにん
生没年不詳

安土桃山時代～江戸時代前期の釜師。
¶姓氏京都

## 西村道也 にしむらどうや
江戸時代中期の釜師、西村屋3代。
¶茶道

## 西村道冶（西村道弥）にしむらどうや
？　～*
江戸時代中期の釜師。千家出入りの釜師。
¶朝日（生没年不詳），茶道（西村道弥　㊷1672
年），日人（生没年不詳），美工（㊷？）

## 西村道爺 にしむらどうや
生没年不詳
江戸時代の釜師、西村屋4代。
¶茶道，美工

## 西村徳二郎 にしむらとくじろう
昭和12（1937）年～
昭和～平成期の陶芸家。
¶陶工

## 西村徳泉 にしむらとくせん
昭和3（1928）年8月26日～平成19（2007）年4月7日
昭和～平成期の陶芸家。
¶陶芸最，陶工，美工，名工

## 西村肇 にしむらはじめ
昭和8（1933）年1月3日～
昭和～平成期のシステム工学者。研究工房シンヤ
シス主宰、東京大学教授。
¶現執2期，現執4期

## 西村彦兵衛 にしむらひこべえ
*～安永2（1773）年　㋕西村宗忠《にしむらむねた
だ》
江戸時代中期の京の漆器商。象彦を屋号とする。
¶朝日（㊀享保4（1719）年），コン改（西村宗忠
　にしむらむねただ　㊀享保5（1720）年），コン4
（西村宗忠　にしむらむねただ　㊀享保5
（1720）年），新潮（㊀享保5（1720）年　㊷安永2
（1773）年5月14日），姓氏京都（㊀1887年
㊷1965年），日人（㊀1719年）

## 西村秀雄 にしむらひでお
明治25（1892）年2月16日～昭和53（1978）年5月
22日
大正～昭和期の冶金学者、金属工学者。京都大学
教授、京都府科学技術審議会副会長。アルミニウ
ムを主成分とする8種類の3元素平衡状態図を完
成。日本金属学会副会長などを歴任。
¶科学，科技，現情，人名7，世紀，日人

## 西村裕夫 にしむらひろお
昭和23（1948）年7月13日～
昭和～平成期の陶芸家。
¶陶工

## 西村博三郎 にしむらひろさぶろう
昭和期の和竿師。
¶名工

## 西村毬子 にしむらまりこ
昭和19（1944）年1月16日～
昭和～平成期の陶芸家。
¶陶工

## 西村実 にしむらみのる
大正12（1923）年3月1日～
昭和期の水中音響工学者。東海大学教授。
¶現情

## 西村宗忠 にしむらむねただ
→西村彦兵衛（にしむらひこべえ）

## 西村八重 にしむらやえ
明治36（1903）年～
大正～昭和期の有職冠帽司。
¶名工

## 西村安兵衛 にしむらやすべえ
生没年不詳
明治期の職人。
¶姓氏京都

## 西村陽平 にしむらようへい
昭和22（1947）年4月8日～
昭和～平成期の陶芸家。
¶視覚，陶芸最，名工

## 西村好時 にしむらよしとき
明治19（1886）年1月22日～昭和36（1961）年4月29
日　㋕西村好時《にしむらこうじ》
明治～昭和期の建築家。日本建築士会理事。第一
銀行関係の設計を担当。
¶現朝（にしむらこうじ），世紀，日人，美建

## 西本瑛泉 にしもとえいせん
昭和3（1928）年2月3日～
昭和～平成期の陶芸家。現代工芸中国会会長、日
展理事。日展評議員、広島大学講師などを歴任。
李朝風の茶陶、白釉、焼締の技法を手がける。
¶世紀，陶芸最，陶工，日人，名工

## 西本貫一 にしもとかんいち
大正4（1915）年6月29日～平成17（2005）年8月
27日
昭和～平成期の実業家、技術者。ノーリツ鋼機創
業者。フィルム現像からプリントまでの高速自動
写真処理システム（QSS）を開発。
¶創業

## 西本国正 にしもとくにまさ
→国正〔2代〕（くにまさ）

## 西本直文 にしもとなおふみ
昭和40（1965）年5月31日～
昭和～平成期の陶芸家。
¶陶工

## 西森陸雄 にしもりりくお
昭和36（1961）年8月16日～
昭和～平成期の建築家。西森事務所代表取締役。
¶現執4期

**西山亮** にしやまあきら
昭和30（1955）年〜
昭和〜平成期のガラス工芸家。
¶名工

**西山錨** にしやまいかり
明治25（1892）年〜昭和42（1967）年
大正〜昭和期の農事改良家。国東ミカンの開発者。
¶大分百，大分歴

**西山勇** にしやまいさむ
昭和期の陶芸家。
¶名工

**西山夘三**（西山卯三）にしやまうぞう
明治44（1911）年3月1日〜平成6（1994）年4月2日
昭和期の建築学者。庶民住宅に関する研究を基礎に、住宅問題から地域・都市計画まで幅広い分野で足跡を残す。
¶科学，科技，現朝，現執1期，現執2期，現執3期，現情，現人，現日（西山夘三），コン改，コン4，コン5，滋賀文，新潮，世紀，全書，日人，マス89

**西山卯二郎** にしやまうにろう
明治41（1908）年11月13日〜
昭和期の機械工学者。大阪府立大学学長。高ひずみ・高速圧縮実験装置を試作。
¶現朝

**西山卯二郎**（西山卯二郎）にしやまうにろう
明治41（1908）年11月13日〜平成12（2000）年8月10日
昭和期の機械工学者。大阪府立大学学長。高ひずみ・高速圧縮実験装置を試作。
¶科学，現朝（西山卯二郎），現情，世紀，日人

**西山邦彦** にしやまくにひこ
昭和22（1947）年〜
昭和〜平成期の金工作家。
¶名工

**西山幸一郎** にしやまこういちろう
昭和期の押し絵羽子板面相師。
¶名工

**西山定吉** にしやまさだきち
明治22（1889）年〜昭和32（1957）年
大正〜昭和期の発明家。
¶和歌山人

**西山正治** にしやましょうじ
大正11（1922）年〜平成5（1993）年
昭和〜平成期の医師。胃腸科。専門は胃腸科。ジャイロ式万能X線装置（ジャイロスコープ）を開発。
¶青森人，近医，世紀（㊥大正11（1922）年6月20日　㊥平成5（1993）年2月27日），日人（㊥大正11（1922）年6月10日　㊥平成5（1993）年2月27日）

**西山新次郎** にしやましんじろう
明治37（1904）年〜
大正〜昭和期の漆芸作家。

¶名工

**西山善次** にしやまぜんじ
明治34（1901）年10月14日〜平成3（1991）年3月12日
昭和期の金属物理学者。大阪大学産業科学研究所教授。
¶科学，現情，世紀，日人

**西山たかし** にしやまたかし
昭和9（1934）年1月2日〜
昭和〜平成期の写真家、(設備管理技術者) 自家用電気主任技術者。
¶写人

**西山忠男** にしやまただお
昭和期の工芸作家。専門は木工。
¶名工

**西山徳右エ門** にしやまとくえもん
昭和8（1933）年1月15日〜
昭和〜平成期の陶芸家。
¶陶工

**西山利春** にしやまとしはる
明治33（1900）年〜昭和55（1980）年
大正〜昭和のハマチ養殖功労者。
¶高知人

**西山道夫** にしやまみちお
昭和10（1935）年5月4日〜
昭和期の陶芸家。
¶陶芸最

**西山弥太郎** にしやまやたろう
明治26（1893）年8月5日〜昭和41（1966）年8月10日
明治〜昭和期の実業家、鉄鋼技術者。川崎製鉄社長、経団連理事。千葉製鉄所建設を指導し、高炉建設を実現。
¶神奈川人，神奈川百，現朝，現情，現人，現日，実業，新潮，人名7，世紀，創業，日人，兵庫人，兵庫百，履歴，履歴2

**西山欽幸** にしやまよしゆき
昭和8（1933）年1月15日〜
昭和期の陶芸家。
¶陶芸最

**西山竜象** にしやまりゅうしょう
大正4（1915）年〜
昭和〜平成期の染織作家。
¶名工

**二条弼基** にじょうたねもと
明治43（1910）年6月19日〜昭和60（1985）年8月28日
昭和期の通信工学者。伊勢神宮神宮司庁大宮司、貴族院議員。
¶科学，現情

**西脇仁一** にしわきにいち
明治43（1910）年3月18日〜平成4（1992）年1月25日

昭和～平成期の機械工学者、東京大学名誉教授。専門は精密工学、騒音制御工学。
¶科学，現情

**二反長音蔵** にたんおさおとぞう
→二反長音蔵（にたんちょうおとぞう）

**二反長音蔵** にたんちょうおとぞう
明治8（1875）年7月1日～昭和26（1951）年8月7日
[別]二反長音蔵《にたんおさおとぞう》
明治～昭和期の殖産家。
¶世紀（にたんおさおとぞう），日人

**日護** にちご
天正8（1580）年～慶安2（1649）年
江戸時代前期の日蓮宗の僧、仏師。
¶国書（[生]天正8（1580）年5月8日　[没]慶安2（1649）年4月15日），仏教（[生]天正8（1580）年5月8日　[没]慶安2（1649）年4月15日），仏人，和歌山人



**日光**(1) にっこう
生没年不詳
室町時代の能面師。仮面十作の一人。翁面を得意とした。
¶日人

**日光**(2) にっこう
室町時代の能面工。
¶人名

**新里庄十郎** にっさとしょうじゅうろう
嘉永2（1849）年～大正8（1919）年
江戸時代末期～大正期の開拓者。北海道風連町に新里牧場を開いた。
¶姓氏岩手

**新田和夫** にったかずお
明治44（1911）年8月19日～
昭和～平成期の大阪唐木指物師。
¶名工

**新田かつ** にったかつ
明治28（1895）年～平成4（1992）年
大正～平成期の伝統工芸家。
¶山形百新

**新田邦彦** にったくにひこ
昭和15（1940）年5月8日～
昭和～平成期の陶芸家。
¶陶芸最，陶工

**二田是儀** にったこれのり
→二田是儀（ふただこれのり）

**新渡戸七郎** にとべしちろう
江戸時代末期～明治期の土木技師。安積、那須原の疎水事業に従事したほか、信州負担鉄道の施設工事などに従事｀。
¶青森人（[生]天保14（1843）年　[没]明治22（1889）年），幕末（[生]1847年　[没]1891年4月6日）

**新渡戸十次郎** にとべじゅうじろう
文政3（1820）年～慶応3（1867）年
江戸時代末期の開拓者。
¶青森人，維新，国書（[生]文政3（1820）年6月11日　[没]慶応3（1867）年12月29日），日人（[没]1868年），幕末（[没]1868年1月18日）

**新渡戸伝** にとべつたう
→新渡戸伝（にとべつとう）

**新渡戸伝** にとべつとう
寛政5（1793）年～明治4（1871）年　[別]新渡戸伝《にとべつたう》
江戸時代末期～明治期の陸奥七戸藩士、陸奥南部藩士。陸奥国三本木の開発者で、稲生川用水を完成。
¶青森人，青森百，朝日（[没]明治4年9月27日（1871年11月9日）），維新，岩手百，近現，近世，国史，国書（[没]明治4（1871）年9月27日），コン改（にとべつたう），コン4（にとべつたう），コン5（にとべつたう），新潮（[生]寛政5（1793）年11月7日　[没]明治4（1871）年9月27日），姓氏岩手，日人，幕末（[没]1871年11月9日），藩臣1，歴大

**新渡戸常澄** にとべつねずみ
寛政4（1792）年～明治3（1870）年
江戸時代末期～明治期の開墾功労者。
¶人名

**二宮金次郎** にのみやきんじろう
→二宮尊徳（にのみやそんとく）

**二宮尊徳** にのみやそんとく
天明7（1787）年～安政3（1856）年　[別]二宮金次郎《にのみやきんじろう》，二宮尊徳《にのみやたかのり》
江戸時代後期の農政家。農村復興・開発の指導者。報徳主義の提唱者。
¶朝日（[生]天明7年7月23日（1787年9月4日）　[没]安政3年10月20日（1856年11月17日）），維新，茨城百，岩史（二宮金次郎　にのみやきんじろう　[生]天明7（1787）年7月23日　[没]安政3（1856）年10月20日），江戸（にのみやたかのり），角史，神奈川人，神奈川百，教育，郷土神奈川，郷土栃木，近世，国史，国書（[生]天明7（1787）年7月23日　[没]安政3（1856）年10月20日），コン改，コン4，詩歌，史人（[生]1787年7月23日　[没]1856年10月20日），静岡歴，重要（[生]天明7（1787）年7月23日　[没]安政3（1856）年10月20日），食文（[生]天明7年7月23日（1787年9月4日）　[没]安政3年10月20日（1856年11月27日）），神史，人書79，人書94，神人（[生]天明7（1787）年7月　[没]安政3（1856）年10月），新潮（[没]安政3（1856）年10月20日），人名，姓氏神奈川，姓氏静岡，世人（[生]天明7（1787）年7月23日　[没]安政3（1856）年10月20日），世百，全書，大百，伝記，栃木歴，日思，日史（[生]天明7（1787）年7月23日　[没]安政3（1856）年10月20日），日人，幕末（[生]1787年7月23日　[没]1856年10月20日），藩臣3（二宮金次郎　にのみやきんじろう），百科，平日（[生]1787　[没]1856），歴大，和俳（[没]安政3（1856）年10月20日）

**二宮尊徳** にのみやたかのり
→二宮尊徳（にのみやそんとく）

**二宮忠八** にのみやちゅうはち
慶応2 (1866) 年～昭和11 (1936) 年
明治期の発明家。大阪製薬社長。我が国最初の飛行装置を考案。ゴム動力の模型、玉虫型を制作。
¶愛媛百 ([生]慶応2 (1866) 年6月9日　[没]昭和11 (1936) 年4月8日), 大阪人 ([没]昭和11 (1936) 年4月8日), 科学 ([生]1866年 (慶応2) 6月9日　[没]1936年 (昭和11) 4月8日), 香川人, 香川百, 郷土愛媛, 郷土香川, 京都大, 京都府, 現朝 ([生]慶応2年6月9日 (1866年7月10日)　[没]1936年4月8日), コン改, コン5, 史人 ([生]1866年6月9日　[没]1936年4月8日), 新潮 ([生]慶応2 (1866) 年6月9日　[没]昭和11 (1936) 年4月8日), 人名, 世紀 ([生]慶応2 (1866) 年6月9日　[没]昭和11 (1936) 年4月8日), 世百, 先駆 ([生]慶応2 (1866) 年6月9日　[没]昭和11 (1936) 年4月8日), 全書, 大百, 日人, 日本, 民学, 履歴 ([生]慶応2 (1866) 年6月29日　[没]昭和11 (1936) 年4月8日)

**二宮桃亭** にのみやとうてい
?　～*
江戸時代後期の工芸家。
¶国書 ([没]文政12 (1829) 年11月13日), 人名, 日人 (生没年不詳), 美工 ([没]?)

**二橋志乃** にはししの
明治23 (1890) 年～昭和48 (1973) 年
大正～昭和期の浜松張子の製作者。
¶静岡歴, 姓氏静岡

**二橋美衡** にはしびこう
→二橋美衡 (にはしよしひら)

**二橋美衡** にはしよしひら
明治29 (1896) 年～昭和52 (1977) 年　[別]二橋美衡《にはしびこう》
明治～昭和期の彫金家。
¶静岡歴, 姓氏静岡, 美工 (にはしびこう　[生]明治29 (1896) 年2月6日　[没]昭和52 (1977) 年9月9日)

**仁部富之助** にべとみのすけ
明治15 (1882) 年12月15日～昭和22 (1947) 年1月11日
明治～昭和期の農業技術者、鳥類生態研究者。日本の野外鳥類生態研究に貢献。
¶秋田百, 科学, 現朝, 食文, 世紀, 日人

**仁保清作** にほせいさく
明治6 (1873) 年～昭和13 (1938) 年1月29日
明治～昭和期の養蚕家。
¶世紀, 日人

**二本松孝蔵** にほんまつこうぞう
明治17 (1884) 年～?
明治～大正期の文化財 (建造物) の保存技術者、日光二社一寺国宝保存工事技師。
¶栃木歴

**二村忠元** にむらただもと
大正5 (1916) 年11月9日～昭和57 (1982) 年12月18日
昭和期の電気工学者。東北大学教授。
¶科学, 科技

**入円** にゅうえん
生没年不詳
平安時代後期の天台宗の僧、仏師。
¶仏教, 平史

**入西** にゅうさい
生没年不詳
鎌倉時代の刀鍛冶。
¶福岡百

**丹羽哲** にわあきら
大正15 (1926) 年2月16日～
昭和期の陶芸家。
¶陶芸最

**丹羽英二** にわえいじ
明治30 (1897) 年12月17日～昭和55 (1980) 年5月14日
明治～昭和期の建築家。
¶美建

**丹羽勝海** にわかつうみ
昭和13 (1938) 年8月2日～　[別]丹羽勝海《にわかつみ》
昭和～平成期の声楽家、工芸家。日本大学教授。テノール歌手、フランス歌曲が得意。あぽろんの会を結成。蒔絵家としても知られる。
¶音人, 音人2, 音人3, 現朝, 現情, 現日 (にわかつみ), 世紀, 日人

**丹羽勝海** にわかつみ
→丹羽勝海 (にわかつうみ)

**丹羽五郎** にわごろう
嘉永5 (1852) 年～昭和3 (1928) 年
江戸時代末期～明治期の会津藩士。神田和泉橋警察署長。会津人による北海道開拓の第一人者。のちに北海道に「丹羽村」を建設。
¶人書94, 日人, 幕末 ([没]1928年9月6日), 北海道百, 北海道歴

**丹羽重光** にわしげてる
明治14 (1881) 年6月12日～昭和41 (1966) 年10月9日
明治～昭和期の機械工学者。慶応義塾大学教授。東京大学工学部長などを歴任し、機械工業の発展に貢献。著書に「機構学」など。
¶科学, 現情, 人名7, 世紀, 日人

**丹羽重光** にわしげみつ
昭和26 (1951) 年5月31日～
昭和期の陶芸家。
¶陶芸最

**丹羽鋤彦** にわすきひこ
明治1 (1868) 年6月19日～昭和30 (1955) 年1月18日
江戸時代末期～昭和期の技師。
¶科学, 近土, 渡航, 土木

**丹羽瀬格庵** にわせかくあん
→丹羽瀬清左衛門(にわせせいざえもん)

**丹羽瀬清左衛門** にわせせいざえもん
寛政1(1789)年～天保10(1839)年　[別]丹羽瀬格庵《にわせかくあん》
江戸時代後期の美濃岩村藩家老。
¶岐阜百，郷土岐阜(丹羽瀬格庵　にわせかくあん)，人名，日人，藩臣3

**丹羽藤吉郎** にわとうきちろう
安政3(1856)年～昭和5(1930)年
明治～昭和期の薬学者。日本薬剤師会会長、日本薬学会会頭。インジゴの合成開発、カフェイン製造の工業化に成功。医薬分業達成に尽力。
¶科学([生]1856年(安政3)2月2日　[没]1930年(昭和5)3月12日)，近医，世紀([生]安政3(1856)年2月2日　[没]昭和5(1930)年3月12日)，全書，渡航([生]1857年2月3日　[没]1930年3月12日)，日人

**丹羽政栄** にわまさえ
文政4(1821)年～明治24(1891)年
江戸時代後期～明治期の庄屋。新田開発によって成長した豪農。
¶姓氏愛知

**丹羽正道** にわまさみち
文久3(1863)年～昭和3(1928)年
明治～昭和期の技術者。
¶姓氏愛知

**丹羽保次郎** にわやすじろう
明治26(1893)年～昭和50(1975)年
大正～昭和期の電気工学者。東京電気大学学長。独創的な写真電送方式を発明。
¶科学([生]1893年(明治26)4月1日　[没]1975年(昭和50)2月28日)，科技([生]1893年4月1日　[没]1975年2月28日)，近現，現朝([生]1893年4月1日　[没]1975年2月28日)，現情([生]1893年4月1日　[没]1975年2月28日)，現人，現日([生]1893年4月1日　[没]1975年2月28日)，国史，コン改，コン4，コン5，史人([生]1893年4月1日　[没]1975年2月28日)，新潮([生]明治26(1893)年4月1日　[没]昭和50(1975)年2月28日)，人名7，世紀([生]明治26(1893)年4月1日　[没]昭和50(1975)年2月28日)，世百新，全書，大百，日史([生]明治26(1893)年4月1日　[没]昭和50(1975)年2月28日)，日人([生]明治26(1893)年4月1日　[没]昭和50(1975)年2月28日)，日本，百科，履歴([生]明治26(1893)年4月1日　[没]昭和50(1975)年2月28日)，履歴2([生]明治26(1893)年4月1日　[没]昭和50(1975)年2月28日)

**丹羽雄九郎** にわゆうくろう
生没年不詳
江戸時代末期～明治期の旧小城藩士、造船技師。
¶佐賀百

**丹羽竜之介** にわりゅうのすけ
明治27(1894)年～昭和48(1973)年
大正～昭和期の陶芸家。
¶山形百

**丹羽良知** にわりょうち
昭和6(1931)年6月26日～
昭和～平成期の陶芸家。
¶陶芸最，陶工，名工

**仁阿弥道八** にんあみどうはち
→高橋道八〔2代〕(たかはしどうはち)

**仁意** にんい
生没年不詳
平安時代中期の仏師。
¶平史

**仁覚** にんかく
生没年不詳
平安時代後期の仏師。
¶平史

**人形忠** にんぎょうちゅう
*～明治45(1912)年6月9日
江戸時代後期～明治期の人形師。
¶徳島百([生]天保12(1841)年)，徳島歴([生]天保11(1840)年2月2日)

**人形富** にんぎょうとみ
文化13(1816)年11月10日～明治27(1894)年8月18日
江戸時代後期～明治期の木偶人形師。
¶徳島歴

**仁算** にんさん
生没年不詳
平安時代前期の仏師。
¶平史

**忍性** にんしょう
建保5(1217)年～嘉元1(1303)年　[別]良観《りょうかん》
鎌倉時代後期の僧。鎌倉極楽寺の開山長老。
¶朝日([生]建保5年7月16日(1217年8月19日)　[没]嘉元1年7月12日(1303年8月25日))，岩史([生]建保5(1217)年7月16日　[没]乾元2(1303)年7月12日)，大阪人，角史，神奈川人，鎌倉，鎌室，郷土奈良，国史，国書([生]建保5(1217)年7月16日　[没]乾元2(1303)年7月12日)，古中，コン改，コン4，茶道，史人([生]1217年7月16日　[没]1303年7月12日)，重要，人書94，新潮([生]建保5(1217)年7月16日　[没]嘉元1(1303)年7月12日)，人名，世人([没]嘉元1(1303)年7月12日)，世百，全書，大百，伝記，日思([没]乾元1(1302)年)，日史([生]建保5(1217)年7月16日　[没]嘉元1(1303)年7月12日)，日人，百科，兵庫百，仏教([生]建保5(1217)年7月16日　[没]乾元2(1303)年7月12日)，仏史，仏人，名僧，歴大

**仁清** にんせい
→野々村仁清(ののむらにんせい)

**仁増** にんぞう
生没年不詳
平安時代後期の仏師。
¶平史

## 仁土斎 にんどさい
　？〜宝暦13（1763）年
　江戸時代中期の陶工。玉水焼の創始者一元の子。
　¶茶道

## 仁阿弥道八 にんなみどうはち
　→高橋道八〔2代〕（たかはしどうはち）

# 【ぬ】

## 糠塚喜一郎 ぬかずかきいちろう
　→糠塚喜一郎（ぬかづかきいちろう）

## 糠塚喜一郎 ぬかづかきいちろう，ぬかずかきいちろう
　昭和期の一位細工職人。
　¶名工（ぬかずかきいちろう）

## 抜山四郎 ぬきやましろう
　明治29（1896）年3月15日〜昭和58（1983）年7月2日
　明治〜昭和期の機械工学者。東北大学教授、トヨタ自動車顧問。
　¶科学，現情，世紀，日人

## 抜山平一 ぬきやまへいいち
　明治22（1889）年9月23日〜昭和40（1965）年8月18日
　大正〜昭和期の電気工学者。電波技術審議会会長。磁気振動・水中通信研究やNA式磁歪振動装置の創作など。著書に「電気音響機器の研究」など。
　¶科学，現情，人名，世紀，日人，宮城百

## 貫井提吉 ぬくいていきち
　大正5（1916）年7月20日〜
　昭和〜平成期のカメラ修理人。
　¶名工

## 奴奈宜波比売命 ぬながわひめのみこと
　河川の守護神。
　¶島根歴

## 沼波弄山 ぬなみろうさん
　享保3（1718）年〜安永6（1777）年 ㊙五左衛門《ござえもん》
　江戸時代中期の古万古焼の創始者。桑名の豪商。
　¶朝日，コン改，コン4，茶道，史人，新潮（㊥安永6（1777）年9月），人名，世分，日人

## 布田惟暉 ぬのたこれてる，ぬのだこれてる
　→布田保之助（ふたやすのすけ）

## 布田保之助 ぬのたやすのすけ
　→布田保之助（ふたやすのすけ）

## 沼倉吉兵衛 ぬまくらきちべえ
　安政6（1859）年〜昭和18（1943）年
　明治〜昭和期の仙台市養種園技師。
　¶植物（㊥昭和17（1942）年），食文，姓氏宮城

## 沼倉秀穂 ぬまくらひでお
　明治32（1899）年4月15日〜
　昭和期の電気工学者。武蔵工業大学教授。

## 現情

## 沼尻完蔵 ぬまじりかんぞう
　→沼尻墨僊（ぬまじりぼくせん）

## 沼尻五郎八 ぬまじりごろはち
　天保6（1835）年2月27日〜大正2（1913）年4月18日
　江戸時代末期〜大正期の農事改良家。
　¶埼玉人

## 沼尻墨僊 ぬまじりぼくせん
　安永4（1775）年〜安政3（1856）年　㊙沼尻完蔵《ぬまじりかんぞう》
　江戸時代後期の地理学者。渾天儀を自作し天体を観測。また傘式の折りたたみ地球儀を考案、藩主徳川斉昭に賞された。著作に「地球万国図説」など。
　¶朝日（㊥安永4年3月15日（1775年4月14日）㊥安政3年4月26日（1856年5月29日）），維新，茨城百，科学（㊥1775年（安永4）3月15日㊥1856年（安政3）4月26日），郷土茨城（㊥1855年），国書（㊥安永4（1775）年3月15日〜安政3（1856）年4月26日），コン改（㊥安永3（1774）年），コン4（㊥安永3（1774）年），史人（㊥1775年3月15日〜1856年4月26日），新潮（㊥安永3（1774）年），人名（沼尻完蔵　ぬまじりかんぞう　㊥1774年），日人，幕末（㊥1755年㊥1856年5月29日），洋学

## 沼田一三 ぬまたかずみ
　昭和期の陶芸家。
　¶陶芸最

## 沼田喜三郎 ぬまたきさぶろう，ぬまだきさぶろう
　天保5（1834）年〜*
　明治期の開拓者。
　¶姓氏富山（ぬまだきさぶろう　㊥1924年），日人（㊥1923年）

## 沼田源蔵 ぬまたげんぞう
　生没年不詳
　江戸時代後期の大住郡大山工匠。
　¶神奈川人

## 沼田正 ぬまたただし
　明治41（1908）年〜昭和41（1966）年
　昭和期の地方政治家。僻地開発を終生の念願とした村長。
　¶青森人

## 沼田豊治 ぬまたとよじ
　明治42（1909）年12月9日〜
　昭和〜平成期の沼田椅子製作所会長。
　¶名工

## 沼田直宗 ぬまたなおむね
　安永7（1778）年〜天保13（1842）年8月14日
　江戸時代中期〜後期の刀工。
　¶国書

## 沼田政矩 ぬまたまさのり
　明治27（1894）年6月24日〜昭和54（1979）年5月9日
　明治〜昭和期の技師。

¶科学，近土，現情，土木

**沼知福三郎**（沼地福三郎）　**ぬまちふくさぶろう**
明治31（1898）年5月4日～昭和57（1982）年9月14日
昭和期の機械工学者。東北帝国大学教授、東北帝国大学高速力学研究所所長。流体力学、流体機械を研究。著書に「空洞現象の発生機構」など。
¶科学，現朝，現情，新潮，世紀，日人，日本（沼地福三郎　[没]昭和58（1983）年）

**漆部弟麻呂**　**ぬりべのおとまろ**
生没年不詳　[別]漆部造弟麻呂《ぬりべのみやつこおとまろ》
奈良時代の工人。唐招提寺金堂の本尊盧舎那仏の像を制作した工人の一人。
¶朝日（漆部造弟麻呂　ぬりべのみやつこおとまろ），日人，美工（漆部造弟麻呂　ぬりべのみやつこおとまろ），仏教

**漆部造弟麻呂**　**ぬりべのみやつこおとまろ**
→漆部弟麻呂（ぬりべのおとまろ）

**勝軍木庵光英**　**ぬるであんこうえい**
→勝軍木庵光英（ぬるであんみつひで）

**勝軍木庵光英**　**ぬるであんみつひで**
享和2（1802）年～明治4（1871）年　[別]勝軍木庵光英《ぬるであんこうえい》
江戸時代末期の蒔絵師。
¶島根人，島根歴（ぬるであんこうえい）

## 【ね】



**根岸久兵衛**　**ねぎしきゅうべえ**
？　～延宝1（1673）年
江戸時代前期の新田開発者。
¶長野歴

**根岸助左衛門**　**ねぎしすけざえもん**
？　～大正1（1912）年
明治期の篤農家。養蚕及び甘藷栽培の普及に尽力。
¶姓氏長野

**根岸忠男**　**ねぎしただお**
昭和30（1955）年1月20日～
昭和～平成期の陶芸家。
¶陶芸最，陶工

**根岸政一**　**ねぎしまさいち**
明治7（1874）年7月18日～昭和10（1935）年1月21日
明治～昭和期の機械工学者。
¶科学，世紀，渡航，日人

**根岸万吉**　**ねぎしまんきち**
安政8（1825）年～明治32（1899）年2月
明治期の商人。缶詰製造のパイオニア。缶、缶詰製造装機械を製造。
¶食文，先駆（生没年不詳）

**根岸雄二**　**ねぎしゆうじ**
昭和34（1959）年10月15日～
昭和～平成期の陶芸家。
¶陶工

**根木善十郎**　**ねきぜんじゅうろう**
弘化3（1846）年12月9日～大正14（1925）年11月29日
江戸時代末期～大正期の農事改良家。
¶岡山歴

**祢宜田章**　**ねぎたあきら**
昭和期の人形師。
¶名工

**猫塚彦四郎**　**ねこづかひこしろう**
天明4（1784）年～嘉永6（1853）年
江戸時代中期～後期の開墾家。
¶姓氏岩手

**猫丸**　**ねこまる**
平安時代中期の刀工。
¶島根百

**根来簡二**　**ねごろかんじ**
明治15（1882）年9月1日～昭和6（1931）年8月5日
明治～昭和期の土木工学者。
¶科学，世紀，日人

**根来実三**　**ねごろじつぞう**
明治21（1888）年11月21日～昭和50（1975）年4月30日
昭和期の釜師、鋳金家。遠州流茶道家元職方釜師。無形文化財記録保持者。
¶大阪人（[没]昭和50（1975）年4月），現情，人名7，世紀，日人，美工，名工，和歌山人

**根来茂昌**　**ねごろもしょう**
大正14（1925）年1月24日～
昭和～平成期の釜師。専門は鋳金。
¶名工

**根崎隆博**　**ねざきたかひろ**
昭和18（1943）年11月27日～
昭和～平成期の陶芸家。
¶陶工

**根本表**　**ねもとあきら**
大正10（1921）年10月24日～
昭和期の陶芸家。
¶陶芸最

**根本甲子男**　**ねもとかしお**
明治36（1903）年～
大正～昭和期の日立風流物制作者。
¶郷土茨城，名工（[生]明治36年12月8日）

**根本勝行**　**ねもとかつゆき**
生没年不詳
戦国時代の鋳物師。佐竹氏の家臣。
¶戦辞

**根本源右衛門尉**　**ねもとげんうえもんのじょう**
→根本源右衛門尉（ねもとげんえもんのじょう）

**根本源右衛門尉** ねもとげんえもんのじょう
㊵根本源右衛門尉《ねもとげんうえもんのじょう》
戦国時代の武将、鋳物師。佐竹氏家臣。永正・享禄頃の人。
¶戦辞(生没年不詳)，戦東(ねもとげんうえもんのじょう)

**根本小右衛門** ねもとしょうえもん
江戸時代後期の烏山町赤坂の人。耕便門の開削を完成。
¶栃木歴

**根本為通** ねもとためみち
生没年不詳
戦国時代の鋳物師。佐竹氏の家臣。
¶戦辞

**根本一** ねもとはじめ
慶応1(1865)年～昭和6(1931)年
明治～昭和期の製陶業。
¶会津

**根本久男** ねもとひさお
昭和期の表具師。
¶名工

**根本平衛門尉**(根本平右衛門尉) ねもとへいえもんのじょう
生没年不詳
戦国時代の武士、鋳物師。佐竹氏家臣。永正頃の人。
¶戦辞(根本平右衛門尉)，戦人，戦東

**根本幸雄** ねもとゆきお
昭和11(1936)年9月21日～
昭和～平成期の江戸切子職人。
¶名工

**根本良平** ねもとりょうへい
昭和9(1934)年3月13日～
昭和～平成期の陶芸家。
¶陶芸最，陶工

## 【の】

**野井倉甚兵衛** のいくらじんべえ
明治5(1872)年1月1日～昭和35(1960)年3月8日
明治～昭和期の開拓者。
¶鹿児島百，世紀，日人

**納賀花山〔1代〕** のうかかざん
明治20(1887)年～昭和34(1959)年
明治～昭和期の陶芸家。
¶陶工

**納賀雄嗣** のうがゆうじ
昭和15(1940)年5月13日～
昭和～平成期の建築家。日本へツーバイフォー工法を紹介。作品に「つくばバッハホール」など。
¶現朝，世紀

**能光** のうこう
生没年不詳
平安時代後期の仏工。
¶平史

**納所正一** のうしょしょういち
昭和32(1957)年4月20日～
昭和～平成期の陶芸家。
¶陶芸最，陶工

**納冨晋** のうとみすすむ
昭和26(1951)年～
昭和～平成期の陶芸家。
¶陶工

**納冨鳥雲** のうとみちょううん
大正10(1921)年11月12日～
昭和期の陶芸家。
¶陶芸最

**納冨鳥雲** のうとみちょううん
大正10(1921)年11月12日～
昭和～平成期の陶芸家。
¶陶工

**能町純雄** のうまちすみお
大正11(1922)年3月2日～平成24(2012)年3月5日
昭和～平成期の土木工学者、北海道大学名誉教授。専門は構造力学。
¶科学

**能面師源五郎** のうめんしげんごろう
江戸時代中期の能面師。
¶江戸東

**野上嘉平** のがみかへい
文久3(1863)年7月～大正2(1913)年10月3日
明治～大正期の開発功労者。
¶兵庫人

**野神太市左衛門** のがみたいちざえもん
享和2(1802)年～天保5(1834)年
江戸時代後期の越後国蒲原郡の内堀底樋の開削者。
¶歴大

**野上隆** のがみたかし
大正9(1920)年8月2日～平成19(2007)年9月15日
昭和～平成期のろうけつ染作家。
¶美工，名工

**能川光陽** のがわこうよう
明治33(1900)年2月20日～
大正～昭和期の加賀友禅染色家。
¶名工

**野川陽山〔1代〕** のがわようざん
明治34(1901)年～昭和39(1964)年
大正～昭和期の能面師。
¶山形百

**軒原庄蔵** のきはらしょうぞう
文政11(1828)年～明治23(1890)年
江戸時代後期～明治期の治水家。
¶香川人，香川百，郷土香川，日人

**野口小成** のぐちおなり
？ ～明治27 (1894) 年
明治期の農事改良家。
¶日人

**野口休可** のぐちきゅうか
慶長19 (1614) 年～延宝8 (1680) 年
江戸時代前期の地域開発の功労者。
¶静岡歴，姓氏静岡

**野口謹一郎** のぐちきんいちろう
昭和期の藍染師。
¶名工

**野口孝重** のぐちこうじゅう
明治27 (1894) 年3月1日～昭和55 (1980) 年3月24日
昭和期の電気工学者。
¶科学，現情



**野口真造** のぐちしんぞう
明治25 (1892) 年2月11日～昭和50 (1975) 年12月29日
明治～昭和期の染色家。
¶現情，美工，名工

**野口助左衛門** のぐちすけざえもん
生没年不詳
江戸時代前期の料理人。
¶大阪人

**野口清市** のぐちせいいち
大正9 (1920) 年3月6日～
昭和～平成期の江戸羽子板職人。
¶名工

**野口善兵衛** のぐちぜんべい
文政2 (1819) 年～明治10 (1877) 年　[別]野口善兵衛《のぐちぜんべえ》
江戸時代後期～明治期の植樹とため池築造の殖産功労者。
¶大分百，大分歴 (のぐちぜんべえ)

**野口善兵衛** のぐちぜんべえ
→野口善兵衛 (のぐちぜんべい)

**野口園生** のぐちそのお
明治40 (1907) 年1月23日～平成8 (1996) 年7月25日
昭和期の人形作家。日本工芸会人形部会長。
¶現情，国宝，世紀，日人，美工，名工

**野口晴朗** のぐちはるお
大正10 (1921) 年3月1日～
昭和～平成期の人形作家。
¶名工

**野口尚一** のぐちひさかず
明治21 (1888) 年12月23日～昭和61 (1986) 年9月27日
明治～昭和期の機械工学者。日本機械学会会長、日本クレーン協会会長。
¶科学，現情，世紀 ([生]明治21 (1888) 年12月)，日人

**野口孫市** のぐちまごいち
明治2 (1869) 年4月23日～大正4 (1915) 年10月26日
明治～大正期の建築家。住友家で活躍した。代表作に「大阪府立図書館」。
¶朝日 ([生]明治2年4月23日 (1869年6月3日))，世紀，渡航，日人

**野口誠** のぐちまこと
明治34 (1901) 年4月25日～昭和14 (1939) 年5月17日
大正～昭和期の技師。
¶近土，土木

**野口政房** のぐちまさふさ
正徳1 (1711) 年～安政3 (1856) 年
江戸時代中期～末期の人。三宅川に灌漑用水を完成させた。
¶姓氏愛知

**野口光彦** のぐちみつひこ
明治29 (1896) 年2月23日～昭和52 (1977) 年8月6日
明治～昭和期の御所人形作家。伝統の上に近代的造形感覚を表現。
¶現朝，現情，世紀，日人，美工

**野口稔** のぐちみのる
昭和16 (1941) 年2月22日～
昭和～平成期の陶芸家。
¶陶芸最，陶工

**野口明豊** のぐちめいほう
明治25 (1892) 年～昭和53 (1978) 年
明治～昭和期の人形作家。
¶美工

**野坂恵子** のさかけいこ
昭和13 (1938) 年5月6日～
昭和～平成期の箏曲家。二十絃箏エコール主宰。東京音楽大学、名古屋音楽大学講師などを歴任。二十弦箏を創始、二十五弦箏を開発。
¶音人，音人2，音人3，芸能，現朝，世紀，日人

**野坂康起** のさかこうき
昭和6 (1931) 年3月26日～
昭和～平成期の陶芸家。
¶陶芸最，陶工，名工

**野坂相如** のさかすけゆき
明治32 (1899) 年1月19日～昭和53 (1978) 年8月10日
明治～昭和期の土木技術者。
¶近土，土木

**野崎謙三** のざきけんぞう
明治42 (1909) 年7月25日～昭和62 (1987) 年11月26日
大正～昭和期の建築家。山下設計会長。
¶美建

**野崎佐吉** のざきさきち
生没年不詳
明治期の陶工。加賀の陶工で、金沢鶯谷の庄米窯

を引き受け、継続する。
¶人名，日人，美工

**野崎丹斐太郎** のざきにいたろう
明治25（1892）年4月18日～昭和51（1976）年9月8日
昭和期の実業家。製塩業。新しい製塩法の導入、イオン交換樹脂膜法の採用など、製塩業の近代化をすすめた。
¶岡山百，岡山歴，世紀，日人

**野崎比彩映** のざきひさえ
昭和17（1942）年3月26日～平成17（2005）年12月16日
昭和～平成期の七宝作家。
¶美工

**野崎武左衛門** のざきぶざえもん
寛政1（1789）年～元治1（1864）年
江戸時代後期の製塩業者。備前児島郡味野村の生まれ。野崎浜をはじめ各地に塩田を開いた。
¶朝日（[生]寛政1年8月1日（1789年9月19日）[没]元治1年8月29日（1864年9月29日）），維新，岡山人，岡山百（[生]寛政1（1789）年9月17日 [没]元治1（1864）年8月27日），岡山歴（[生]寛政1（1789）年8月1日　[没]元治1（1864）年8月29日），近世，国史，コン改（[生]寛政2（1790）年 [没]慶応1（1865）年），コン4（[生]寛政2（1790）年 [没]慶応1（1865）年），史人（[生]1789年8月1日 [没]1864年8月29日），食文（[生]寛政1年8月1日（1789年9月19日）　[没]元治1年8月29日（1864年9月29日）），新潮（[没]元治1（1864）年8月29日），人名（[生]1790年　[没]1865年），世人（[没]慶応1（1865）年），日人，幕末（[没]1864年9月27日）

**野沢久右衛門** のざわきゅうえもん
？　～正徳4（1714）年
江戸時代前期の漆工。
¶長崎歴，日人（生没年不詳）

**野沢清** のざわきよし
大正6（1917）年4月28日～
昭和～平成期の江戸刺繍職人。
¶名工

**野沢源次郎** のざわげんじろう
元治1（1864）年～昭和33（1958）年
明治～昭和期の軽井沢別荘開発の功労者、野沢組の創始者。
¶姓氏長野，長野歴

**野沢倖以** のざわこうい
明治42（1909）年～
昭和～平成期の漆芸作家。
¶名工

**野沢光秀** のざわこうしゅう
昭和22（1947）年～
昭和～平成期の染織デザイナー。
¶名工

**野沢定雄** のざわさだお
昭和期の染色工芸家。
¶名工

**野沢富雄** のざわとみお
昭和21（1946）年～
昭和～平成期の写真撮影技師。
¶写人

**野沢房敬** のざわふさたか
元治1（1864）年11月～昭和9（1934）年10月30日
江戸時代末期～昭和期の工業人。
¶近土，鉄道，土木

**野沢洋子** のざわようこ
昭和20（1945）年～
昭和～平成期の陶芸家。
¶陶工

**野島喜兵衛** のじまきへい
嘉永2（1849）年～昭和8（1933）年
明治～昭和期の農業技術者。
¶姓氏富山

**野島厚次** のじまこうじ
昭和期のきせる鍛冶。
¶名工

**野嶋信夫** のじまのぶお
昭和24（1949）年12月16日～
昭和期の陶芸家。
¶陶芸最

**野尻ソメ子** のじりそめこ
昭和期の科織職人。
¶名工

**野尻武助** のじりたけすけ
万延1（1860）年8月～明治25（1892）年5月7日
江戸時代末期～明治期の技師。
¶近土，土木

**野白金一** のじろきんいち
明治9（1876）年12月18日～昭和39（1964）年
明治～昭和期の醸造技術者。
¶熊本百（[没]昭和39（1964）年10月22日），食文（[没]1964年10月12日）

**野白国雄** のしろくにお
大正8（1919）年～平成7（1995）年
昭和～平成期の木工芸作家、安来箪笥製作。
¶島根歴

**野瀬光二** のせこうじ
大正15（1926）年8月7日～
昭和期の陶芸家。
¶陶芸最

**野田荒吉** のだあらきち
？　～
江戸時代末期の白上焼陶工。
¶島根人

**野田収** のだおさむ
昭和27（1952）年～
昭和～平成期のガラス作家。

¶名工

**野田加賀**　のだかが
宝徳1(1449)年～天文3(1534)年
室町時代～戦国時代の人。閉伊郡甲子村の開拓にあたる。
¶姓氏岩手

**野田喜左衛門**　のだきざえもん，のたきざえもん
*～元禄8(1695)年
江戸時代前期の信濃飯山藩士。
¶郷土長野([生]?)，姓氏長野([生]1638年)，長野百(のたきざえもん　[生]?)，長野歴([生]寛永8(1631)年)，日人([生]1631年)，藩臣3(のたきざえもん　[生]寛永8(1631)年)

**野田習之**　のだしげゆき
大正7(1918)年～　[別]野田習之《のだしゅうし》
昭和期の染色工芸(臈纈染)家。
¶熊本百(のだしゅうし　[生]大正7(1918)年2月16日)，名工

**野田習之**　のだしゅうし
→野田習之(のだしげゆき)

**野田新助**　のだしんすけ
生没年不詳
安土桃山時代の能面師。
¶日人

**野田清一郎**　のだせいいちろう
明治16(1883)年10月6日～昭和43(1968)年5月10日
大正期の電気工学者。大阪工業大学学長。熊本高等工業専門学校教授、旅順工業大学などを歴任。
¶岡山歴，科学，現情，人名7，世紀，日人

**野田敬明**　のだたかあき
宝暦9(1759)年～文政8(1825)年3月1日
江戸時代中期～後期の金工家。
¶国書

**野田東山**　のだとうざん
明治31(1898)年～
昭和期の陶芸家。
¶陶芸，陶芸最([生]明治31年5月17日)

**野田秀次**　のだひでじ
明治4(1871)年～昭和18(1943)年
明治～昭和期の開発事業家。
¶島根歴

**野田守**　のだまもる
明治38(1905)年～昭和35(1960)年
昭和期の野間海苔の開発者。
¶姓氏愛知

**野田幹子**　のだみきこ
昭和40(1965)年11月2日～
昭和～平成期のシンガー・ソングライター、ソムリエ。
¶テレ

**野田由美子**　のだゆみこ
昭和31(1956)年～
昭和～平成期のガラス作家。
¶名工

**野附勤一郎**　のづききんいちろう
明治17(1884)年10月27日～昭和38(1963)年12月11日
明治～昭和期の鉱業技術者。
¶庄内

**野津裕男**　のづひろお
?～
昭和期の映画録音技師。
¶映人

**野津米次郎**　のつよねじろう
嘉永6(1853)年～大正12(1923)年
江戸時代末期～大正期の加茂絞り染め織り考案製作者。
¶島根歴

**能登菊造**　のときくぞう
昭和期のブラシ職人。
¶名工

**能登酉雄**　のととりお
明治6(1873)年～昭和25(1950)年
明治～昭和期の漁業家、開拓者。
¶北海道百，北海道歴

**能登守宮本包則**　のとのかみみやもとかねのり
→宮本包則(みやもとかねのり)

**能登実登利**　のとみどり
昭和26(1951)年～
昭和期の陶芸家。
¶陶芸最

**能登屋左助**(能登屋佐助)　のとやさすけ
江戸時代後期～末期の金沢卯辰の製箔職人。
¶石川百(生没年不詳)，姓氏石川(能登屋佐助)

**能登屋三右衛門**　のとやさんえもん
文化3(1806)年～明治1(1868)年　[別]藤井三右衛門《ふじいさんえもん》
江戸時代末期の廻船業。
¶維新，人名([生]?)，姓氏富山，日人，幕末([没]1868年11月25日)

**野中春清**　のなかしゅんせい
明治39(1906)年～平成1(1989)年
昭和期の陶芸家。
¶陶芸，陶工

**野中春甫**　のなかしゅんぽ
昭和9(1934)年1月2日～
昭和～平成期の陶芸家。
¶陶芸最，陶工，名工

**野中詔二**　のなかしょうじ
昭和17(1942)年12月2日～
昭和～平成期の陶芸家。
¶陶芸最，陶工

**野長瀬忠男** のながせただお
明治11(1878)年3月18日～昭和34(1959)年12月9日
明治～昭和期の実業家。鉄道車両部品製造を始め、車輪工業を設立。
¶創業

**野中拓夫** のなかたくお
昭和30(1955)年1月8日～
昭和～平成期の陶芸家。
¶陶芸最，陶工

**野中遠江守** のなかとおとうみのかみ
生没年不詳
戦国時代の上総鋳物師の棟梁。
¶戦辞

**野並亀治** のなみかめじ
明治9(1876)年～昭和40(1965)年
明治～昭和期の専売局煙草技師。
¶高知人

**野並茂吉** のなみもきち
明治21(1888)年～昭和40(1965)年
明治～昭和期の実業家、料理人。崎陽軒支配人。
¶神奈川人，食文([生]1888年9月20日　[没]1965年12月6日)，姓氏神奈川，栃木歴

**野々見五助** ののみこすけ
～嘉永3(1850)年
江戸時代後期の彫金家。
¶島根人

**野々見盛光** ののみもりみつ
天保6(1835)年～明治34(1901)年
江戸時代後期～明治期の彫金家。
¶島根人，島根百([没]明治34(1901)年10月4日)

**野々見良親** ののみよしちか
慶応3(1867)年～昭和8(1933)年
明治～昭和期の彫金家。
¶島根人，島根百([没]昭和8(1933)年7月9日)，島根歴

**野々村一男** ののむらかずお
明治39(1906)年11月15日～平成20(2008)年2月11日
昭和～平成期の彫刻家。愛知県立芸術大学教授、日展顧問。日本彫刻家協会を設立。作品に名古屋駅前の「青年像」など。
¶近美，現情，世紀，日人，美建

**野々村仁清** ののむらにんせい
生没年不詳　[別]仁清《にんせい》
江戸時代前期の京焼の陶工。
¶朝日，岩史，角史，京都，京都大，京都府，近世，国史，コン改，コン4，茶道，史人，重要，新潮，人名，姓氏京都，世人，世百，全書，大百，伝記，日史，日人([没]1694年？)，美工，美術，百科，平日，歴大(仁清　にんせい)

**野原カメ** のはらかめ
～平成21(2009)年9月3日
昭和～平成期の染織家。
¶美工

**野原三輝** のはらさんき
昭和期のパッチワークキルター。
¶名工

**野原蝶華** のはらちょうか
昭和期の工芸家。専門は蝶染め。
¶名工

**野原鉄心** のはらてっしん
明治5(1872)年5月8日～昭和12(1937)年9月11日
明治～昭和期の地方開発者。
¶兵庫人

**信家** のぶいえ
生没年不詳
安土桃山時代の鐔工。鉄鐔に亀甲・文字・唐草などを毛彫りした鐔を作った。
¶朝日，国史，古中，コン改，コン4，史人，新潮，世百，戦人，日史，日人，美工

**信岡祐義** のぶおかすけよし
→信岡平六(のぶおかへいろく)

**信岡平六** のぶおかへいろく
宝暦5(1755)年～天保4(1833)年　[別]信岡祐義《のぶおかすけよし》
江戸時代後期の治水家。備後国戸手村の庄屋。神谷川の堤防を築き、大佐山山麓から戸手への用水路を開削。
¶人名(信岡祐義　のぶおかすけよし)，日人

**信一** のぶかず
江戸時代末期の刀工。
¶島根人，島根百

**信国**(1) のぶくに
生没年不詳
南北朝時代の刀鍛冶。来国俊の孫。建武年間頃の人。
¶京都大

**信国**(2) のぶくに
室町時代の刀工。粟田口で3代にわたって活躍。
¶姓氏京都

**延貞** のぶさだ
平安時代後期の刀工。
¶岡山人

**信貞** のぶさだ
？　～享保12(1727)年
江戸時代中期の加賀の刀工。
¶姓氏石川

**諶貞〔1代〕** のぶさだ
戦国時代の刀工。
¶島根百

**諶貞〔2代〕** のぶさだ
安土桃山時代の刀工。
¶島根百

## 信蔵 のぶぞう
江戸時代末期～明治期の刀工。
¶島根人，島根百

## 信高三之丞 のぶたかさんのじょう
江戸時代前期の名古屋の刀工。
¶姓氏愛知

## 信田洋 のぶたよう
明治35（1902）年4月28日～平成2（1990）年10月25日
昭和期の彫金家。日展参与。
¶現情，世紀，日人，美工，名工

## 延原観太郎 のぶはらかんたろう
明治21（1888）年8月16日～昭和47（1972）年7月17日
大正～昭和期の実業家・発明家。
¶岡山歴

## 信秀(1) のぶひで
天明7（1787）年～元治1（1864）年
江戸時代中期～末期の刀工。
¶高知人

## 信秀(2) のぶひで
明治～大正期の刀工。
¶島根人，島根百

## 信広 のぶひろ
江戸時代末期～明治期の刀工。
¶島根人，島根百

## 延房 のぶふさ
平安時代後期の福岡一文字派の刀工。
¶岡山歴

## 信房 のぶふさ
生没年不詳
平安時代後期の備前の刀工。古備前と呼ばれる刀工群の一人。
¶朝日，岡山人，岡山人，岡山歴，国史，国書，古中，史人，日人，美工，平史

## 延真 のぶまさ
平安時代後期の刀工。
¶岡山人

## 信正 のぶまさ
鎌倉時代の刀工。
¶岡山人

## 信義 のぶよし
江戸時代末期～明治期の刀工。
¶島根人，島根百

## 信吉 のぶよし
江戸時代末期～明治期の刀工。
¶島根人，島根百

## 野辺地久記 のへじひさき
文久1（1861）年6月6日～明治32（1899）年1月27日
江戸時代末期～明治期の技師。
¶近土，鉄道（⊕1861年7月13日），渡航，土木

## 野間瑞雲 のまずいうん
大正8（1919）年6月19日～
昭和期の陶芸家。
¶陶芸最

## 野間忠太夫 のまちゅうだゆう
＊～明治9（1772）年
江戸時代中期の出雲松江藩士、松江藩御細工奉行。ハゼの木栽培を奨励。
¶島根歴（⊕元禄12（1699）年），藩臣5（⊕？）

## 野間伝三 のまでんぞう
天保13（1842）年～明治43（1910）年
江戸時代末期～明治期の土木技術者。北海道炭坑鉄道建設、讃岐鉄道会社につとめ、津町東塩田からの塩田測量などを担当。
¶藩臣6

## 野村一郎 のむらいちろう
天保3（1832）年～明治12（1879）年
江戸時代末期～明治期の公共事業家、茶業家。
¶静岡歴，姓氏静岡，日人

## 野村喜久美 のむらきくみ
昭和期の毛針職人。
¶名工

## 野村九圭 のむらきゅうけい
生没年不詳
江戸時代後期の蒔絵師。
¶日人

## 野村休甫 のむらきゅうほ
生没年不詳
江戸時代後期の蒔絵師。
¶日人

## 野村耕 のむらこう
昭和5（1930）年5月31日～
昭和～平成期の結城つむぎ織元。
¶名工

## 野村権九郎 のむらごんくろう
生没年不詳
江戸時代後期の養蚕家。
¶国書

## 野村貞吉 のむらさだきち
生没年不詳
明治期の金工家。
¶富山百

## 野村茂治 のむらしげじ
明治34（1901）年7月20日～昭和42（1967）年6月26日
大正～昭和期の建築家。千葉大学工学部教授。
¶美建

## 野村正二 のむらしょうじ
大正2（1913）年3月8日～平成18（2006）年1月23日
昭和～平成期の手漉き和紙製作者。
¶美工

**野邑末次** のむらすえつぐ
明治42(1909)年3月31日～平成15(2003)年1月8日
昭和期の技術者。戦後初のジェット機国産の技術指導にあたり、南極観測用砕氷艦「ふじ」設計も手がけた。
¶科学，現朝，現人，世紀

**野村清二** のむらせいじ
昭和期の手打ち針職人。
¶名工

**野村民也** のむらたみや
大正12(1923)年9月3日～平成19(2007)年5月31日
昭和～平成期の航空宇宙工学者、東京大学名誉教授。専門はロケット開発、科学衛星。
¶科学，現情

**野村樗平** のむらちょへい
江戸時代の蒔絵師。
¶人名，日人(生没年不詳)

**野村東太** のむらとうた
昭和5(1930)年1月24日～平成19(2007)年8月21日
昭和～平成期の建築学者、横浜国立大学学長。専門は建築計画学、建築設計学。
¶科学

**野村年** のむらとし
明治6(1873)年1月14日～大正12(1923)年6月5日
明治～大正期の技師。
¶近土，庄内，土木

**埜村半右衛門** のむらはんうえもん
安永6(1777)年1月5日～嘉永6(1853)年4月8日
江戸時代中期～後期の地方開発者。
¶兵庫人

**野村博行** のむらひろゆき
昭和31(1956)年3月2日～
昭和～平成期の陶芸家。
¶陶芸最，陶工

**野村正時** のむらまさとき
元和3(1617)年～延宝7(1679)年
江戸時代前期の金工家。
¶徳島百，徳島歴

**野村宗貞** のむらむねさだ
？ ～天和2(1682)年
江戸時代前期の堰開削者。
¶人書94，山梨百

**野村茂右衛門** のむらもうえもん
？ ～宝暦4(1754)年
江戸時代中期の木曽川治水工事従事者。
¶姓氏鹿児島

**野村盛久** のむらもりひさ
明治21(1888)年～昭和16(1941)年
大正～昭和期の農業技師。
¶埼玉人([生]明治21(1888)年6月18日　[没]昭和16(1941)年8月19日)，埼玉百

**野村芳国** のむらよしくに
安政2(1855)年～明治36(1903)年
明治期の版画家。京都にて版画の洋風表現に成功、傑作に京坂名所図絵など多数。
¶浮絵，人名，姓氏京都，日人，美家([没]明治36(1903)年11月20日)

**野村嘉之** のむらよしゆき
生没年不詳
江戸時代前期の蒔絵師。
¶日人

**野村竜太郎** のむらりゅうたろう
安政6(1859)年1月25日～昭和18(1943)年9月18日
明治～大正期の鉄道工学者。満州鉄道社長。鉄道局建設部長、運輸部長を経て、鉄道院副総裁。専門は鉄道。岐阜県出身。
¶科学，近土，鉄道([生]1859年2月27日)

**野村龍太郎**(野村竜太郎) のむらりゅうたろう
安政6(1859)年～昭和18(1943)年9月18日
明治～大正期の鉄道工学者。満州鉄道社長。鉄道局建設部長、運輸部長を経て、鉄道院副総裁。
¶海越新([生]安政6(1859)年1月26日)，近現(野村竜太郎)，現朝([生]安政6年1月26日(1859年2月28日))，国史(野村竜太郎)，コン改，コン5，実業([生]安政6(1859)年1月26日)，新潮([生]安政6(1859)年1月)，人名7(野村竜太郎)，世紀([生]安政6(1859)年1月26日)，渡航([生]1859年1月25日)，土木([生]1859年1月25日)，日人(野村竜太郎)，履歴([生]安政6(1859)年1月25日)

**野本星黄** のもとせいこう
大正3(1914)年8月11日～
昭和期の陶芸家。
¶陶芸最，名工

**野本精治** のもとせいじ
明治30(1897)年～昭和56(1981)年
大正～昭和期の木工工芸作家、実業家。
¶高知人

**則家** のりいえ
世襲名　安土桃山時代～江戸時代前期の加賀の刀工。
¶姓氏石川

**則包** のりかね
鎌倉時代の刀工。
¶岡山人，岡山歴

**則清** のりきよ
室町時代の刀工。
¶島根人，島根百

**則貞** のりさだ
室町時代の出雲吉井派の刀匠。
¶島根人

**則実** のりざね
平安時代後期の刀工。

¶岡山人，岡山歴

**則重(1)　のりしげ**
生没年不詳
鎌倉時代後期の越中の刀工。新藤五国光の弟子。
¶朝日，国史，古中，史人，日人，美工

**則重(2)　のりしげ**
生没年不詳
江戸時代前期の刀工。
¶埼玉人

**則助(1)　のりすけ**
平安時代中期の刀工。
¶岡山人

**則助(2)　のりすけ**
鎌倉時代の刀工。
¶岡山人



**則高　のりたか**
平安時代後期の刀工。
¶岡山人，岡山歴

**則武与四郎　のりたけよしろう**
寛永13（1636）年～元禄9（1696）年
江戸時代前期の土木家。
¶岡山人

**法月惣次郎　のりづきそうじろう**
明治45（1912）年～平成7（1995）年3月12日
昭和期の技術者。法月技研代表。
¶世紀，日人（[生]明治45（1912）年1月1日）

**則次　のりつぐ**
鎌倉時代の刀工。
¶岡山人，岡山歴

**則綱(1)　のりつな**
室町時代の刀工。
¶島根人，島根百

**則綱(2)　のりつな**
戦国時代の刀工。
¶島根百

**則長　のりなが**
鎌倉時代後期の長船派の刀工。
¶岡山歴

**則成　のりなり**
鎌倉時代後期の刀工。
¶島根百

**則平　のりひら**
江戸時代後期の刀工。
¶島根人，島根百

**則房(1)　のりふさ**
生没年不詳
鎌倉時代の刀工。
¶朝日，岡山人，岡山歴，国史，古中，史人，日人，美工

**則房(2)　のりふさ**
室町時代の刀工。
¶岡山人

**則松金蔵　のりまつきんぞう**
昭和21（1946）年～
昭和期の陶芸家。
¶陶芸最

**乗松建行　のりまつけんこう**
昭和33（1958）年10月9日～
昭和～平成期の陶芸家。
¶陶芸最，陶工，名工

**乗松俊行　のりまつしゅんこう**
大正12（1923）年8月7日～
昭和～平成期の陶芸家。
¶陶芸最，陶工，名工

**則道　のりみち**
江戸時代末期の刀工。
¶島根百

**則光(1)　のりみつ**
室町時代の長船派の刀工。
¶岡山歴

**則光(2)　のりみつ**
室町時代の石見の刀匠。
¶島根人

**則光(3)　のりみつ**
戦国時代の刀工。
¶島根百

**則光(4)　のりみつ**
大正10（1921）年8月5日～
昭和期の刀工。
¶島根百

**法光　のりみつ**
応永23（1416）年～？
室町時代の長船（小反）派の刀工。
¶岡山歴

**則宗(1)　のりむね**
仁平2（1152）年～建保2（1214）年　[別]一文字則宗《いちもんじのりむね》
平安時代後期～鎌倉時代前期の備前の刀工。一文字派の開祖。
¶朝日（生没年不詳），岡山人（一文字則宗　いちもんじのりむね），岡山人，岡山歴，鎌室（一文字則宗　いちもんじのりむね　生没年不詳），国史（生没年不詳），古中（生没年不詳），コン改，コン4，史人，新潮（生没年不詳），人名（一文字則宗　いちもんじのりむね），人名，日人（生没年不詳）

**則宗(2)　のりむね**
安土桃山時代の刀工。
¶島根百

**野呂薫　のろかおる**
昭和24（1949）年8月8日～

昭和～平成期の陶芸家。
¶陶芸最，陶工

**野路善鏡** のろぜんきょう
生没年不詳
安土桃山時代の奈良の塗師。
¶コン改，コン4，人名，職人，日人，美工

**野呂多一郎** のろたいちろう
天保6(1835)年～大正1(1912)年
明治期の農事改良家。肥料、苗代管理の改良などに尽力。農村自治の精神を高め、農村の振興に尽くし、農商務大臣より功労書を受けた。
¶人名，日人

**野呂千佳子** のろちかこ
昭和29(1954)年10月15日～
昭和～平成期の陶芸家。
¶陶芸最，陶工

**野呂光雄** のろみつお
明治44(1911)年～昭和58(1983)年
昭和期のリンゴ樹皮工芸品の考案者。
¶青森人

## 【は】

**梅素玄魚** ばいそげんぎょ
文化14(1817)年～明治13(1880)年　㊄梅素亭玄魚《ばいそていげんぎょ》
江戸時代末期～明治期の図案家。
¶浮絵(梅素亭玄魚　ばいそていげんぎょ)，歌舞大，国書(梅素亭玄魚　ばいそていげんぎょ㊁明治13(1880)年2月7日)，日人

**梅素亭玄魚** ばいそていげんぎょ
→梅素玄魚(ばいそげんぎょ)

**灰外達夫** はいそとたつお
昭和16(1941)年1月3日～
昭和～平成期の木工芸家。2012年に重要無形文化財保持者(人間国宝)に認定(木工芸)。
¶国宝

**梅忠就栄** ばいちゅうしゅうえい
文化6(1809)年～嘉永5(1852)年
江戸時代後期の紬織職人。
¶姓氏岩手

**梅藤哲朗** ばいとうてつろう
昭和6(1931)年6月4日～
昭和～平成期の陶芸家。
¶陶芸最，陶工

**榛原宗吉** はいばらむねよし
生没年不詳
戦国時代の大工。伊豆南部で活動。
¶戦辞

**灰屋紹益** はいやじょうえき
→佐野紹益(さのじょうえき)

**芳賀佐五郎** はがさごろう
明治34(1901)年12月10日～昭和53(1978)年11月23日
大正～昭和期の人形作家。
¶世紀，日人

**袴田喜長** はかまたよしなが
享保3(1718)年～寛政3(1791)年
江戸時代中期～後期の自治・治水功労者。
¶静岡歴，姓氏静岡

**袴屋弥右衛門** はかまややえもん
生没年不詳
江戸時代中期の律守新田開発者。
¶大阪人

**芳我弥三右衛門** はがやそえもん
享和1(1801)年～慶応3(1867)年4月26日
江戸時代後期～末期の晒蠟法改良家・本芳我の初代。
¶愛媛百

**秤屋苑子** はかりやそのこ
昭和25(1950)年1月19日～
昭和～平成期の陶芸家。
¶陶芸最，陶工

**波木井昇斎** はきいしょうさい，はぎいしょうさい
文化5(1808)年～文久3(1863)年
江戸時代末期の篆刻家、彫刻家。
¶人名(はぎいしょうさい)，日人

**萩三二** はぎさんに
昭和1(1926)年5月11日～
昭和期の熱工学者。東海大学教授。
¶現情

**萩島哲** はぎしまさとし
昭和17(1942)年2月15日～
昭和期の都市計画学者、景観工学者。九州大学大学院教授。
¶現執2期

**萩野咲慶** はぎのしょうけい
文化9(1812)年～明治11(1878)年
江戸時代末期～明治期の彫刻家、仏師。京都で学び、のち郷里の佐渡で神仏霊像を作った。
¶人名，日人

**萩原英純** はぎはらえいじゅん
宝永4(1707)年～寛政1(1789)年
江戸時代中期～後期の治水功労者。
¶多摩

**萩正勝** はぎまさかつ
大正6(1917)年1月18日～平成8(1996)年
昭和～平成期の建築家。足利工業大学名誉教授。
¶美建

**萩元正紀** はぎもとまさき
昭和23(1948)年3月6日～
昭和期の陶芸家。
¶陶芸最

は

**萩谷勝平〔1代〕** はぎやかつひら
文化1(1804)年～明治19(1886)年　[別]萩谷勝平《はぎやしょうへい》
江戸時代末期～明治期の彫金師。据文高彫りに色絵を施した技巧で独自の境地を拓いた。川上勝俊ら多くの子弟を養成。
¶人名(――〔代数なし〕　はぎやしょうへい　[生]?)，日人，幕末(――〔代数なし〕　[没]1886年9月6日)

**萩谷勝平** はぎやしょうへい
→萩谷勝平〔1代〕(はぎやかつひら)

**萩山金吾** はぎやまきんご
生没年不詳
江戸時代後期の陶工。
¶日人

**萩原佐伝次** はぎわらさでんじ
文化3(1806)年～明治29(1896)年
江戸時代末期～明治期の公益家、治水家。私財を投じて影森用水路を開削した。
¶埼玉人([没]明治29(1896)年3月17日)，人名([生]1805年)，日人

**萩原重兵衛** はぎわらじゅうべえ
?　～天保10(1839)年
江戸時代後期の農業開拓の先覚者。
¶岐阜百

**萩原鶴夫** はぎわらつるお
文化12(1815)年～明治19(1886)年
江戸時代末期～明治期の商人。静岡藩建立の際、藩財政、殖産興業のための商社設立などについて建白。
¶静岡歴，幕末

**萩原俊一** はぎわらとしかず
明治23(1890)年2月14日～昭和53(1978)年12月29日
明治～昭和期の技師。
¶近土，土木

**萩原としを** はぎわらとしを
昭和8(1933)年4月7日～
昭和期の陶芸家。
¶陶芸最

**萩原英雄** はぎわらひでお
大正2(1913)年2月22日～平成19(2007)年11月4日
昭和～平成期の版画家。日本版画家協会理事長。版木の技術を開拓し、独自の木版世界を確立。作品に「三十六富士」「石の花」など。
¶近美，現日，世紀，日人，美家

**萩原宏** はぎわらひろし
大正15(1926)年6月27日～平成26(2014)年1月8日
昭和～平成期の計算機工学者、京都大学名誉教授。専門は計算機システム、電子回路。
¶科学

**萩原まさ** はぎわらまさ
明治17(1884)年～昭和49(1974)年
明治～昭和期の女性。手編物機を発明。戦後、白萩学園を設立、校長就任。藍綬褒章受章。
¶群馬人，女性，女性普，世紀([生]明治17(1884)年4月7日　[没]昭和49(1974)年1月17日)，日人([生]明治17(1884)年4月7日　[没]昭和49(1974)年1月17日)

**萩原杢衛** はぎわらもくえ
?　～明治32(1899)年3月29日
江戸時代末期～明治期の蚕糸改良家。
¶埼玉人

**萩原弥吉** はぎわらやきち
嘉永3(1850)年7月～?
明治期の鍛冶職人。金庫の製造販売を開始。
¶先駆

**萩原祐佐** はぎわらゆさ
?　～延宝5(1677)年
江戸時代前期のろう型鋳物師。
¶長崎歴

**伯野元彦** はくのもとひこ
昭和7(1932)年1月24日～
昭和～平成期の地震工学者。東京大学教授。
¶現情

**箔屋佐助** はくやさすけ
江戸時代前期の人。箔の製造技術を学び、前田利家に献上。
¶姓氏石川

**羽崎昌子** はざきまさこ
昭和34(1959)年2月20日～
昭和期の陶芸家。
¶陶芸最

**枷場重男** はさばしげお
→枷場重男(かさばしげお)

**硲紘一** はざまこういち
昭和20(1945)年～
昭和～平成期の陶芸家。
¶名工

**間重新** はざまじゅうしん
天明6(1786)年～天保9(1838)年
江戸時代後期の天文家。観測技術を改良発展。
¶朝日([没]天保9年1月2日(1838年1月27日))，科学([没]1838年(天保9)1月2日)，近世，国史，国書([没]天保9(1838)年1月2日)，史人([没]1838年1月2日)，新潮([没]天保9(1838)年1月2日)，日人

**橋井半雲** はしいはんうん
天保10(1839)年～明治37(1904)年
江戸時代後期～明治期の地方開発者、文人。
¶鳥取百

**箸尾清** はしおきよし
明治21(1888)年～昭和58(1983)年2月6日
明治～昭和期の刺繍作家。

¶美工

**箸尾百亭**　はしおひゃくてい
明治29(1896)年～
大正～昭和期の刺繍作家。
¶名工

**橋上土牛**　はしかみどぎゅう
昭和22(1947)年3月21日～
昭和期の陶芸家。
¶陶芸最

**橋川充雄**　はしかわみつお
昭和4(1929)年9月4日～
昭和期の陶芸家。
¶陶芸最

**橋口安張**　はしくちあんちょう
江戸時代前期の刀工。
¶姓氏鹿児島

**橋口正国**　はしぐちまさくに
平安時代中期の刀工。
¶姓氏鹿児島

**橋田一夫**　はしだかずお
大正7(1918)年6月3日～昭和42(1967)年4月24日
昭和期の詩人、建築家。
¶高知人，四国文，美建

**橋爪誠義**　はしづめあきよし
→橋爪誠義(はしづめせいぎ)

**橋爪彩子**　はしづめあやこ，はしずめあやこ
昭和47(1972)年～平成18(2006)年6月17日
昭和～平成期の陶芸家。
¶美工(はしずめあやこ)

**橋爪幸大**　はしづめこうだい
明治41(1908)年～
昭和期の陶芸家。
¶陶芸，陶芸最([生]明治41年7月13日)

**橋爪誠義**　はしづめせいぎ
明治2(1869)年9月19日～明治45(1912)年2月4日
[別]橋爪誠義《はしづめあきよし》
明治期の土木工学者。東京府技師、静岡県技師などを歴任、樺太の交通機関の整備に従事。
¶近土(はしづめあきよし)，人名，世紀，日人

**橋爪東作**　はしづめとうさく
文化7(1810)年～明治23(1890)年
江戸時代後期～明治期の養蚕指導者。
¶群馬人

**橋爪靖雄**　はしづめやすお，はしずめやすお
昭和10(1935)年～
昭和～平成期の漆芸作家。
¶名工(はしずめやすお)

**橋爪義雄**　はしづめよしお
明治35(1902)年～昭和56(1981)年
昭和期の漆芸家。
¶郷土和歌山，和歌山人

**土師長三**　はじのちょうぞう
生没年不詳
平安時代前期～中期の陶工。
¶日人

**土師豊麻呂**　はじのとよまろ
生没年不詳
奈良時代の陶工、遣新羅使。
¶日人

**橋場吉右衛門**　はしばきちえもん
明治28(1895)年～平成3(1991)年
明治～平成期の仏像彫刻家。
¶姓氏岩手，美建

**羽柴良一**　はしばりょういち
昭和9(1934)年8月21日～
昭和～平成期の陶芸家。
¶陶芸最，名工

**土師部駿**　はしべしゅん
昭和29(1954)年～
昭和期の陶芸家。
¶陶芸最

**橋本晄**　はしもとあきら
昭和22(1947)年～
昭和～平成期の陶芸家。
¶陶工

**橋本市蔵〔1代〕**　はしもといちぞう
文化14(1817)年～明治15(1882)年
江戸時代末期～明治期の塗師。竹の模造塗煤竹塗を始め、橋市の竹塗と称された。
¶朝日([生]文化14(1817)年2月　[没]明治15(1882)年2月7日)，コン改，コン4，コン5，新潮(──〔代数なし〕　[没]明治15(1882)年2月7日)，人名，日人

**橋本市蔵〔2代〕**　はしもといちぞう
安政3(1856)年～大正13(1924)年
江戸時代末期～大正期の漆芸家。皇居宮殿の鏡縁の竹塗りの御用を務めた。
¶コン改，コン5，人名，世紀([没]大正13(1924)年1月)，日人，名工

**橋本一至(1)**　はしもといっし
文政3(1820)年～明治29(1896)年
明治期の彫金家。名匠後藤一乗に学び、高弟の一人。
¶京都大，姓氏京都([生]1863年)，日人

**橋本一至(2)**　はしもといっし
文久3(1863)年～明治29(1896)年
明治期の彫金家。名匠後藤一乗に学び、高弟の一人。
¶人名

**橋本嘉峯**　はしもとかほう
昭和14(1939)年～
昭和期の陶芸家。
¶陶芸最

**橋本勘五郎** はしもとかんごろう
文政5(1822)年～明治30(1897)年
江戸時代末期～明治期の石工。土木寮御雇となり皇居二重橋、日本橋、江戸橋などを建造。
¶維新, 科学([生]1822年(文政5)6月 [没]1898年(明治31)8月15日), 熊本百([生]文政5(1822)年6月 [没]明治31(1898)年8月15日), 日人, 幕末([没]1897年7月17日)

**橋本桂園** はしもとけいえん
文化8(1811)年～明治13(1880)年
江戸時代末期～明治期の刀匠。本業のほか、山水画を得意として京阪に名を知られた。
¶幕末([没]1880年1月18日), 名画

**橋本圭祐** はしもとけいすけ
昭和期の糸職人。
¶名工

**橋本健** はしもとけん
大正13(1924)年10月25日～
昭和～平成期の電子工学者、超科学者。橋本電子研究所所長、アルファコイル研究会会長。
¶現執2期, 現執3期

は

**橋本晃** はしもとこう
昭和22(1947)年～
昭和期の陶芸家。
¶陶芸最

**橋本高昇** はしもとこうしょう
明治28(1895)年9月9日～昭和60(1985)年11月29日
明治～昭和期の木彫家。日展参与。
¶美建

**橋本五郎右衛門** はしもとごろうえもん
寛永12(1635)年～享保2(1717)年
江戸時代前期～中期の殖産家。琉球からイグサ(七島藺)を移植し、特産の「豊後表」を創始した。
¶大分百, コン4([生]寛永13(1636)年), 日人

**橋本新左衛門** はしもとしんざえもん
江戸時代末期の刀鍛冶、肥前佐賀藩手明鑓。
¶維新

**橋本奨** はしもとすすむ
大正14(1925)年8月17日～
昭和～平成期の水質管理工学者。福井工業大学教授。
¶現執3期

**橋本仙雪** はしもとせんせつ
大正7(1918)年～
昭和～平成期の木竹工芸家。
¶名工

**橋本喬行** はしもとたかゆき
昭和3(1928)年4月29日～
昭和～平成期の建築家。日本建築家協会参与。
¶現執4期

**橋本竜一** はしもとたついち
弘化3(1846)年～明治27(1894)年 [別]橋本竜一《はしもとりゅういち》
江戸時代後期～明治期の機械製糸の先駆者。
¶日人, 兵庫人(はしもとりゅういち [生]弘化3(1846)年6月10日 [没]明治27(1894)年8月1日), 兵庫百

**橋本鶴吉** はしもとつるきち
生没年不詳
江戸時代後期の工芸家。
¶国書

**橋本禎造** はしもとていぞう
明治37(1904)年～平成3(1991)年
昭和期の江戸凧職人。
¶世紀([没]平成3(1991)年11月18日), 日人([生]明治37(1904)年3月14日 [没]平成3(1991)年11月14日), 名工

**橋本鉄三郎** はしもとてつさぶろう
明治30(1897)年6月15日～昭和56(1981)年
明治～昭和期の宮大工。
¶美建

**橋本伝右衛門** はしもとでんうえもん
弘化2(1845)年～明治33(1900)年 [別]橋本伝右衛門《はしもとでんえもん》
江戸時代末期～明治期の殖産家、器械製糸家。須賀川病院などの設立に奔走。新農業経営の先駆者として活躍。著作に「老のくりごと」。
¶幕末, 福島百(はしもとでんえもん)

**橋本伝右衛門** はしもとでんえもん
→橋本伝右衛門(はしもとでんうえもん)

**橋本藤左衛門** はしもととうざえもん
明和7(1770)年～嘉永1(1848)年
江戸時代後期の豪商。
¶人名, 日人, 兵庫人([没]嘉永1(1848)年12月)

**橋本徳寿** はしもととくじゅ
明治27(1894)年～平成1(1989)年1月15日
大正～昭和期の歌人、木造船技師。歌集「船大工」刊行。「台湾行・樺太行」で大日本歌人協会賞受賞。
¶岩歌, 近文, 現朝([生]1894年9月15日), 現執1期, 現情([生]1894年9月10日), コン改, コン4, コン5, 新潮([生]明治27(1894)年9月10日), 新文([生]明治27(1894)年9月10日), 世紀([生]明治27(1894)年9月15日), 短歌([生]1894年9月10日), 富山文([生]明治27(1894)年9月10日), 日人([生]明治27(1894)年9月10日), 文学, 北海道文([生]明治27(1894)年9月10日)

**橋本豊吉** はしもととよきち
明治32(1899)年～昭和56(1981)年
大正～昭和期の表具師。
¶和歌山人

**橋本成敏** はしもとなるとし
昭和20(1945)年11月28日～
昭和期の陶芸家。
¶陶芸最

名工・職人・技師・工匠篇　　　609　　　はせがわ

**橋本規明** はしもとのりあき
明治35（1902）年1月30日〜昭和44（1969）年2月
19日
大正〜昭和期の技師。
¶近土，土木

**橋本八兵衛** はしもとはちべえ
明治5（1872）年〜
明治期の染物業。
¶大阪人

**橋本英典** はしもとひでのり
昭和32（1957）年〜
昭和〜平成期の陶芸家。
¶陶工

**橋本文雄** はしもとふみお
昭和3（1928）年3月14日〜
昭和〜平成期の映画録音技師。大映、日活などで
活躍。作品に「植村直己物語」「敦煌」など。
¶映人，現朝，世紀，日人

**橋本文隆** はしもとふみたか
昭和15（1940）年1月4日〜平成23（2011）年4月
26日
昭和〜平成期の建築家。
¶美建

**橋本昌彦** はしもとまさひこ
昭和26（1951）年12月14日〜
昭和〜平成期の陶芸家。
¶陶芸最，陶工，名工

**橋本増治郎** はしもとますじろう
明治8（1875）年〜昭和19（1944）年
明治〜大正期の実業家。崎戸鉱業所所長に就任。
自動車会社快進社を創立。ダット号を完成。
¶科学（⊕1875年（明治8）4月28日　⊗1944年（昭
和19）1月18日），近現，国史，史人（⊕1875年4
月28日　⊗1944年1月18日），新潮，人名7，世
紀（⊕明治8（1875）年4月28日　⊗昭和19
（1944）年1月18日），日人（⊕明治8（1875）年4
月28日　⊗昭和19（1944）年1月18日）

**橋本美智子** はしもとみちこ
昭和期の陶芸家。
¶名工

**橋本泰夫** はしもとやすお
昭和19（1944）年8月27日〜
昭和〜平成期の映画録音技師。
¶映人

**橋本由雄** はしもとよしお
昭和24（1949）年5月21日〜
昭和期の陶芸家。
¶陶芸最

**橋本敬之** はしもとよしゆき
明治14（1881）年2月21日〜昭和45（1970）年3月
28日
明治〜昭和期の技師。
¶近土，鉄道（⊕1881年2月　⊗1970年3月），土木

**橋本竜一** はしもとりゅういち
→橋本竜一（はしもとたついち）

**橋本六郎** はしもとろくろう
明治43（1910）年9月27日〜
昭和〜平成期の東京染小紋染色家。
¶名工

**橋本六臂** はしもとろっぴ
昭和23（1948）年2月4日〜
昭和〜平成期の陶芸家。
¶陶芸最，陶工

**橋本和風軒** はしもとわふうけん
生没年不詳
江戸時代中期の陶工。
¶日人

**蓮池秀明** はすいけしゅうめい
生没年不詳
室町時代の唐織屋・扇屋。
¶姓氏京都

**蓮池宗和** はすいけそうわ
生没年不詳
室町時代〜安土桃山時代の唐織屋。
¶姓氏京都

**蓮井初美** はすいはつみ
昭和6（1931）年〜
昭和〜平成期の染色家。
¶名工

**蓮田修吾郎**（蓮田脩吾郎）　はすだしゅうごろう
大正4（1915）年8月2日〜平成22（2010）年1月6日
昭和〜平成期の鋳金家。現代工芸美術家協会最高
顧問。日本金属造型振興会理事長などを歴任。代
表作に「四島のかけ橋」「朱銅壺　遙かに」など。
¶石川百，現朝，現情（蓮田脩吾郎），現日，新潮
（蓮田脩吾郎），世紀，日人，日本（蓮田脩吾
郎），美工，名工

**蓮見喜一郎** はすみきいちろう
明治37（1904）年〜昭和63（1988）年
大正〜昭和期の医師。癌治療ワクチンを開発。
¶近医

**蓮善隆** はすよしたか
昭和24（1949）年1月1日〜
昭和〜平成期の陶芸家。
¶陶芸最，陶工

**長谷川勇** はせがわいさむ
大正14（1925）年1月8日〜
昭和〜平成期の陶芸家。
¶陶芸最，陶工，名工

**長谷川一望斎** はせがわいちぼうさい
〜平成5（1993）年5月11日
昭和〜平成期の金属工芸家。
¶美工

**長谷川逸子** はせがわいつこ
昭和16（1941）年〜

は

昭和～平成期の建築家。長谷川逸子建築計画工房主宰、ハーバード大学客員教授。眉山ホール、「湘南台文化センター」などの設計を手がけた。
¶近女，現朝（[生]1941年12月1日），現執4期，世紀，日人（[生]昭和16（1941）年12月1日），マス89

**長谷川一詮** はせがわいっせん
明治4（1871）年～大正14（1925）年
明治～大正期の医師、新潟県衛生技師、新潟顕微鏡院創立者。
¶新潟百別

**長谷川越後** はせがわえちご
生没年不詳
江戸時代中期の大工棟梁。
¶姓氏京都

**長谷川兼太郎** はせがわかねたろう
～昭和56（1981）年2月28日
昭和期のムラージュ製作者。
¶名工



**長谷川寛一** はせがわかんいち
明治45（1912）年～昭和53（1978）年
昭和期の土木技術者、大阪市水道局長。専門は水道工学。
¶科学

**長谷川勘兵衛(1)** はせがわかんべえ
世襲名　江戸時代前期以来の歌舞伎大道具師。
¶新潮，百科

**長谷川勘兵衛(2)** はせがわかんべえ
生没年不詳
江戸時代後期の大工棟梁。
¶神奈川人

**長谷川勘兵衛〔1代〕** はせがわかんべえ
？～万治2（1659）年
江戸時代前期の歌舞伎大道具師の元祖。
¶朝日（[没]万治2年3月4日（1659年4月25日）），歌舞大，近世，芸能，国史，コン改，コン4，史人，人名，世人，日人

**長谷川勘兵衛〔2代〕** はせがわかんべえ
？～寛文9（1669）年
江戸時代前期の歌舞伎の大道具方。市村座で黒幕の引幕を考案。
¶歌舞大，近世，芸能，国史，人名，日人

**長谷川勘兵衛〔4代〕** はせがわかんべえ
？～元禄13（1700）年
江戸時代前期～中期の歌舞伎劇場の大道具師。
¶人名，日人

**長谷川勘兵衛〔6代〕** はせがわかんべえ
？～元文2（1737）年
江戸時代中期の歌舞伎大道具師。
¶史人，人名，全書，日人

**長谷川勘兵衛〔8代〕** はせがわかんべえ
？～天明5（1785）年
江戸時代中期の歌舞伎の大道具方。大道具と小道具の区分を制度化。
¶歌舞大，近世，国史，人名，全書，大百，日人（[生]1723年，（異説）1725年）

**長谷川勘兵衛〔11代〕** はせがわかんべえ
天明1（1781）年～天保12（1841）年
江戸時代後期の歌舞伎の大道具方の棟梁。
¶朝日（[没]天保12年8月8日（1841年9月22日）），歌舞大，近世（[生]？），芸能（[没]天保12（1841）年8月8日），国史（[生]？），コン改（[生]安永8（1779）年），コン4，史人，人名（[生]1779年），世人，全書，大百（[没]1801年），日人

**長谷川勘兵衛〔12代〕** はせがわかんべえ
文化12（1815）年～文久1（1861）年
江戸時代末期の歌舞伎の大道具方。
¶芸能（[没]文久1（1861）年9月5日），人名（[生]？），日人

**長谷川勘兵衛〔13代〕** はせがわかんべえ
文政9（1826）年～明治23（1890）年
江戸時代末期～明治期の歌舞伎大道具方。
¶歌舞大，芸能（[没]明治23（1890）年2月9日），人名，日人

**長谷川勘兵衛〔14代〕** はせがわかんべえ
弘化4（1847）年～昭和4（1929）年
江戸時代末期～昭和期の歌舞伎大道具師。仕掛けに工夫を凝らした。似顔絵が巧みであった。
¶歌舞大，近現，芸能（[没]昭和4（1929）年10月1日），国史，コン改，コン5，史人，人名，世紀（[没]昭和4（1929）年10月1日），全書，人百，日人

**長谷川勘兵衛〔16代〕** はせがわかんべえ
明治22（1889）年～昭和39（1964）年
大正～昭和期の歌舞伎大道具方。長谷川大道具株式会社を設立。組織の近代化、大道具の機械化につとめた。
¶歌舞事（——〔代数なし〕），歌舞大，近現，芸能（[生]明治22（1889）年3月8日　[没]昭和39（1964）年1月16日），現朝（[生]1889年3月8日　[没]1964年1月16日），現情（[生]1889年3月8日　[没]1964年1月16日），現人，現日（[生]1889年3月8日　[没]1964年1月16日），国史，コン改，コン4，コン5，史人，人名7，世紀（[生]明治22（1889）年3月8日　[没]昭和39（1964）年1月16日），全書，大百，日人（[生]明治22（1889）年3月8日　[没]昭和39（1964）年1月16日）

**長谷川勘兵衛〔17代〕** はせがわかんべえ
大正13（1924）年～
昭和～平成期の歌舞伎大道具方。長谷川大道具代表取締役。社名を歌舞伎座舞台と変更。また国立文楽劇場の大道具の監督もつとめた。
¶歌舞事（——〔代数なし〕），歌舞大，近現，国史，世紀（[生]大正13（1924）年1月28日），全書，日人（[生]大正13（1924）年1月28日）

**長谷川喜十郎** はせがわきじゅうろう
明治10（1877）年～昭和10（1935）年
明治～昭和期の仏師。
¶姓氏富山

## 長谷川紀代 はせがわきよ
昭和15（1940）年2月8日〜
昭和〜平成期の陶芸家。
　¶陶芸最，陶工，名工

## 長谷川謹介 はせがわきんすけ
安政2（1855）年8月10日〜大正10（1921）年8月
27日
明治〜大正期の鉄道技術者、鉄道院副総裁。
　¶海越新，科学，近土，人名，世紀，鉄道
　　（⊕1855年9月20日），渡航（㊅1926年8月），土
　　木，日人，山口百，履歴

## 長谷川健介 はせがわけんすけ
昭和5（1930）年10月27日〜
昭和期の工学者。
　¶視覚

## 長谷川佐太郎 はせがわさたろう
文政10（1827）年〜明治31（1898）年
江戸時代末期〜明治期の篤農家。讃岐の豪農で満
濃池の再築を行う。尊攘派志士を庇護。
　¶朝日（⊕文政10年9月6日（1827年10月26日）
　　㊅明治32（1899）年1月26日），維新（㊅1899
　　年），香川人（⊕文政6（1823）年），香川百（⊕文
　　政6（1823）年），コン5（㊅明治32（1899）年），
　　日人（⊕1823年），幕末（㊅1898年1月7日）

## 長谷河三郎 はせがわさぶろう
昭和期の漆器工芸家。
　¶名工

## 長谷川三之助 はせがわさんのすけ
明治44（1911）年6月7日〜昭和50（1975）年5月4日
昭和期の舞台大道具方。戦後長谷川大道具で歌舞
伎座、国立劇場の大道具を担当。
　¶人名7，世紀，日人

## 長谷川成夫 はせがわしげお
明治43（1910）年〜
大正〜昭和期の陶芸家。
　¶陶工

## 長谷川重美 はせがわしげよし
→長谷川重美（はせがわじゅうび）

## 長谷川七郎右衛門 はせがわしちろうえもん
江戸時代中期の佐野天明鋳物師。
　¶栃木歴

## 長谷川修 はせがわしゅう
大正15（1926）年2月28日〜平成13（2001）年7月
13日
昭和〜平成期の原子力工学者、九州大学名誉教授。
　¶科学

## 長谷川重美 はせがわじゅうび
生没年不詳　㊅長谷川重美《はせがわしげよし》
江戸時代末期の印籠蒔絵師。
　¶人名（はせがわしげよし），日人，美工

## 長谷川丈吉 はせがわじょうきち
文久2（1862）年3月2日〜昭和2（1927）年12月15日
明治〜大正期の養蚕家。

## 長谷川松坡 はせがわしょうは
文政11（1828）年〜明治31（1898）年
江戸時代末期〜明治期の治水家。
　¶人名

## 長谷川新右衛門 はせがわしんえもん
＊〜慶長17（1612）年
江戸時代前期の殖産家。備後畳表の中継表の考案
し、備後表を特産品とした。
　¶朝日（生没年不詳），日人（⊕1531年），広島百
　　（⊕？　　㊅慶長17（1612）年2月13日）

## 長谷川宗之助 はせがわそうのすけ
昭和期の仏師。
　¶名工

## 長谷川塑人 はせがわそじん
昭和10（1935）年6月5日〜
昭和〜平成期の陶芸家。
　¶陶芸最，陶工，名工

## 長谷川武夫 はせがわたけお
昭和23（1948）年4月8日〜
昭和期の陶芸家。
　¶陶芸最

## 長谷川武雄 はせがわたけお
昭和24（1949）年4月20日〜
昭和〜平成期の陶芸家。
　¶陶芸最，陶工

## 長谷川竜雄 はせがわたつお
大正5（1916）年2月8日〜平成20（2008）年4月29日
昭和〜平成期の自動車技術者、航空技術者、トヨ
タ自動車専務。
　¶科学，世紀，日人

## 長谷川太兵衛 はせがわたひょうえ
弘化4（1847）年〜明治39（1906）年
江戸時代末期〜明治期の実業家。名古屋市会議
員、愛知県会議員。中川運河の開削、熱田港築造
など名古屋開発に尽力。
　¶姓氏愛知（㊅1907年），日人（⊕1846年），幕末
　　（㊅1906年6月27日）

## 長谷川為治 はせがわためじ
嘉永1（1848）年8月13日〜昭和13（1938）年5月7日
㊀長谷川為治《はせがわためはる》
明治期の技術者。大阪造幣局硫酸製造所の日本人
スタッフの草分け。
　¶先駆（生没年不詳），渡航（はせがわためはる）

## 長谷川為治 はせがわためはる
→長谷川為治（はせがわためじ）

## 長谷川つぎお はせがわつぎお
昭和25（1950）年2月〜
昭和期の陶芸家。
　¶陶芸最

## 長谷川嗣郎 はせがわつぐお
大正5（1916）年6月6日〜

昭和期の陶芸家。
¶陶芸最

**長谷川藤次郎** はせがわとうじろう
安政2（1855）年～昭和8（1933）年
大正～昭和期の漁法の改良をした起業家。
¶青森人，青森百

**長谷川豊平** はせがわとよへい
昭和期の銀煙管づくり。
¶名工

**長谷川肇** はせがわはじめ
昭和5（1930）年1月9日～
昭和期の陶芸家。
¶陶芸最

**長谷川房代** はせがわふさよ
昭和～平成期の七宝作家。
¶名工

**長谷川文陽** はせがわぶんよう
昭和34（1959）年～
昭和～平成期の陶芸家。
¶陶工

**長谷川賢** はせがわまさる
昭和3（1928）年1月10日～
昭和～平成期の陶芸家。
¶陶芸最，陶工

**長谷川光雄** はせがわみつお
大正6（1917）年1月27日～昭和58（1983）年2月3日
昭和期の映画録音技師。
¶映人

**長谷川弥市** はせがわやいち
江戸時代中期の佐野天明鋳物師。
¶栃木歴

**長谷川幸男** はせがわゆきお
昭和2（1927）年5月9日～
昭和～平成期のシステム工学者。早稲田大学教授。
¶現執2期，現情

**長谷川悠紀子** はせがわゆきこ
昭和期の京繡伝統工芸士。
¶名工

**長谷川豊** はせがわゆたか
昭和24（1949）年2月25日～
昭和～平成期の陶芸家。
¶陶芸最，陶工

**長谷川淑子** はせがわよしこ
昭和15（1940）年～
昭和～平成期の七宝工芸家。
¶名工

**長谷川好春** はせがわよしはる
生没年不詳
江戸時代中期の装剣金工。
¶日人

**長谷川利助** はせがわりすけ
文政9（1826）年～明治29（1896）年
江戸時代後期～明治期の郷土開発の恩人。
¶山形百

**長谷川六郎左衛門** はせがわろくろうざえもん
生没年不詳
戦国時代の鋳物師。
¶戦辞

**長谷三吉右衛門** はせさんきちえもん
生没年不詳
江戸時代中期の蒔絵師。
¶姓氏宮城

**丈部浜足** はせつかべのはまたり
養老3（719）年～？
奈良時代の経師。
¶日史

**長谷部鋭吉** はせべえいきち
明治18（1885）年10月7日～昭和35（1960）年10月24日
明治～昭和期の建築家。関西屈指の建築事務所を開設。
¶現朝，現情（㊕1886年），現日，人名7（㊕1886年），世紀，日人，美建

**長谷部九兵衛** はせべきゅうべえ
？　～宝永6（1709）年　㋲長谷部九兵衛《はせべくへえ》
江戸時代前期～中期の塩田開発者。
¶朝日（㊟宝永6年9月29日（1709年10月31日）），愛媛百（㊟貞享1（1684）年），人名（はせべくへえ），日人

**長谷部国治** はせべくにはる
文政3（1820）年～明治32（1899）年9月10日
江戸時代末期～明治期の刀工。
¶埼玉人

**長谷部九兵衛** はせべくへえ
→長谷部九兵衛（はせべきゅうべえ）

**長谷部富山**（長谷部冨山）はせべふざん
明治34（1901）年～昭和36（1961）年
大正～昭和期の木芸家・指物師。
¶姓氏富山，富山百（長谷部冨山　㊕明治34（1901）年2月25日　㊟昭和36（1961）年11月3日）

**長谷部義重** はせべよししげ
？　～安政6（1859）年
江戸時代末期の上野高崎藩抱え刀工。
¶群馬人，姓氏群馬，藩臣2

**秦一朗** はたいちろう
昭和25（1950）年1月30日～
昭和～平成期の陶芸家。
¶陶芸最，陶工

**秦逸三** はたいつぞう
明治13（1880）年～昭和19（1944）年
昭和期の実業家、化学者。第二帝国人絹糸社長。

ビスコース法に取り組む。帝国人絹糸設立で取締役に就任。
¶科学(㊤1880年(明治13)12月14日　㊦1944年(昭和19)5月25日)，近現，現朝(㊤1880年12月14日　㊦1944年5月25日)，国史，コン改，コン5，実業(㊤明治13(1880)年12月14日　㊦昭和19(1944)年5月25日)，新潮(㊤明治13(1880)年12月14日　㊦昭和19(1944)年5月25日)，人名7，世紀(㊤明治13(1880)年12月14日　㊦昭和19(1944)年5月25日)，世百，全書，日人(㊤明治13(1880)年12月14日　㊦昭和19(1944)年5月25日)，百科，広島百(㊤明治13(1880)年12月14日　㊦昭和19(1944)年5月25日)

**波多江健郎　はたえたけお**
大正11(1922)年1月11日〜
昭和期の建築家。波多江健郎建築研究所主宰、工学院大学教授。
¶現執2期

**秦景重　はたかげしげ**
室町時代の鋳物師。
¶栃木歴，日人(生没年不詳)

**畑和孝　はたかずたか**
明治16(1883)年1月〜昭和33(1958)年5月26日
明治〜昭和期の地方開発者。
¶兵庫人

**幡上雄一　はたがみゆういち**
昭和31(1956)年9月8日〜
昭和期の陶芸家。
¶陶芸最，名工

**秦喜兵衛　はたきへえ**
生没年不詳
江戸時代前期の神門郡西園村開拓者。
¶島根歴

**畠山喜久男　はたけやまきくお**
大正8(1919)年3月25日〜昭和61(1986)年3月9日
昭和期の裁縫師。
¶世紀，日人，名工

**畠山耕治　はたけやまこうじ**
昭和31(1956)年〜
昭和〜平成期のメタルアーティスト。
¶名工

**畠山是閑　はたけやまぜかん**
昭和10(1935)年9月19日〜
昭和〜平成期の陶芸家。
¶陶芸最，陶工

**畠山三代喜　はたけやまみよき**
*〜平成14(2002)年7月24日
昭和〜平成期の彫金家。
¶美工(㊤昭和2(1927)年1月5日)，名工(㊤大正13年)

**畠山義信　はたけやまよしのぶ**
天保12(1841)年〜明治27(1894)年
江戸時代末期〜明治期の和歌山藩士、織物技術開発者。軍服に紀州綿ネルを考案。
¶朝日，近現，国史，コン改，コン5，新潮，人名，日人，幕末，和歌山人

**畠源兵衛　はたげんべえ**
生没年不詳
江戸時代後期の陶工。
¶日人

**波多腰六左　はたこしろくざ,はたごしろくざ**
天保10(1839)年〜明治33(1900)年
江戸時代後期〜明治期の波多堰開削者。
¶姓氏長野，長野歴(はたごしろくざ)

**旗定子　はたさだこ**
昭和期の箔移し職人。
¶名工

**畠春斎〔2代〕　はたしゅんさい**
昭和19(1944)年4月26日〜平成19(2007)年10月14日
昭和〜平成期の釜師。
¶美工

**畠春斉(畠春斎)　はたしゅんさい**
明治41(1908)年〜昭和56(1981)年
昭和期の工芸家・釜師。
¶姓氏富山，富山百(畠春斎　㊤明治41(1908)年1月25日　㊦昭和56(1981)年5月2日)

**畑四郎　はたしろう**
大正11(1922)年2月23日〜
昭和期の電子工学者。大阪府立大学教授。
¶現情

**秦蔵六　はたぞうろく**
文政6(1823)年〜明治23(1890)年
江戸時代末期〜明治期の鋳金家。蠟型鋳造による古銅器の撥蠟法を研究、模作した。
¶朝日(㊤文化3(1806)年)，京都大，コン改(㊤文化3(1806)年)，コン4(㊤文化3(1806)年)，コン5(㊤文化3(1806)年)，史人(㊤1806年)，新潮(㊦明治23(1890)年4月14日)，人名(㊤1826年)，姓氏京都，日史(㊦明治23(1890)年7月)，日人，美術，百科

**畑田忠右衛門　はただちゅうえもん**
嘉永2(1849)年〜昭和6(1931)年
明治〜昭和期の農業功労者。開田村の水稲品種改良の祖。
¶姓氏長野

**羽田登喜男　はたときお**
明治44(1911)年1月14日〜平成20(2008)年2月10日
昭和〜平成期の染色家。
¶石川百，国宝，世紀，日人，美工，名工

**秦友房　はたともふさ**
江戸時代中期の木彫師、塗師。
¶人名，日人(生没年不詳)

**畑中宗兵衛　はたなかそうべい**
→畑中宗兵衛(はたなかそうべえ)

はたなか

### 畑中宗兵衛 はたなかそうべえ
明治42(1909)年〜昭和56(1981)年 《初畑中宗兵衛《はたなかそうべい》
昭和期の陶芸家。
¶陶工，美工(はたなかそうべい ②昭和56(1981)年3月2日)

### 畑中正吉 はたなかまさよし
明治44(1911)年12月20日〜平成4(1992)年8月15日
昭和期の水産学者。養殖など栽培漁業の発展に尽くした。
¶科学，世紀，日人

### 秦大兄 はたのおおえ
飛鳥時代の備前国の技能者。
¶岡山歴

### 羽田野健治 はたのけんじ
昭和23(1948)年1月29日〜
昭和〜平成期の陶芸家。
¶陶芸最，陶工

### 波多野貞夫 はたのさだお
明治14(1881)年〜昭和17(1942)年1月7日
大正〜昭和期の工学者、海軍軍人。中将。火薬および腔弾道に関する数多くの発明発見により特別叙勲。
¶科学(⊕1881年(明治14)5月21日)，人名7，姓氏長野(⊕1943年)，渡航(⊕1881年5月14日)，日人(⊕明治14(1881)年5月21日)，陸海(⊕明治14年5月21日)

### 波多野正平 はたのしょうへい
文化10(1813)年〜明治25(1892)年
江戸時代末期〜明治期の鋳金家。
¶維新，郷土滋賀，滋賀百，幕末(②1892年5月13日)

### 波多野善蔵 はたのぜんぞう
昭和17(1942)年3月23日〜
昭和〜平成期の陶芸家。
¶陶芸最，陶工，名工(⊕昭和17年3月22日)

### 秦都岐麻呂 はたのつきまろ
生没年不詳
平安時代前期の平安京造営時の工人。
¶京都大，姓氏京都

### 波多野槃斎 はたのばんさい，はだのばんさい
*〜明治8(1875)年
江戸時代末期〜明治期の庄屋。高泊新田堤堤決潰の際、百数十町の墾田を修理する。
¶姓氏山口(はだのばんさい ⊕1801年)，幕末(⊕1803年 ②1875年12月8日)

### 波多野正典 はたのまさのり
昭和32(1957)年12月11日〜
昭和〜平成期の陶芸家。
¶陶芸最，陶工

### 幡野康利 はたのやすとし
天保8(1837)年6月24日〜明治23(1890)年11月5日

江戸時代後期〜明治期の人。郡内織の改良を志し、広幅杉あや織りの洋傘地の製織を完成。
¶山梨百

### 波多野洋壮 はたのようそう
昭和22(1947)年5月2日〜
昭和期の陶芸家。
¶陶芸最

### 旗野義夫 はたのよしお
大正4(1915)年〜
昭和期の陶芸家。
¶陶芸，陶芸最(⊕大正4年4月)

### 畑平七 はたへいしち
→畑平七(はたへいひち)

### 畑平七 はたへいひち
？ 〜嘉永2(1849)年 《初畑平七《はたへいしち》
江戸時代後期の疎水開発路藩吏。
¶藩臣5，兵庫人(はたへいしち ②嘉永2(1849)年8月21日)

### 畑正夫 はたまさお
大正3(1914)年1月30日〜昭和57(1982)年2月13日
昭和期のデザイナー。名古屋芸術大学教授、日本クラフトデザイン協会理事長。
¶世紀，日人

### 羽田政次 はだまさじ
明治39(1906)年7月5日〜
大正〜昭和期の豊橋筆職人。
¶名工

### 秦致真 はたむねざね
生没年不詳
平安時代後期の画工。
¶郷土奈良

### 畑山秀吉 はたやまひでよし
大正8(1919)年9月30日〜
昭和〜平成期の信州打刃物職人。
¶名工

### 秦良次 はだりょうじ
昭和4(1929)年9月13日〜
昭和〜平成期の陶芸家。
¶陶芸最，陶工

### 八馬兼介 はちうまかねすけ
明治27(1894)年12月〜昭和35(1960)年8月12日
大正〜昭和期の海運・酒造功労者。
¶兵庫人

### 八右衛門 はちえもん
天保2(1831)年〜明治37(1904)年
江戸時代後期〜明治期の下今泉の大工。
¶姓氏神奈川

### 蜂須賀年子 はちすかとしこ
明治29(1896)年12月〜昭和45(1970)年12月29日
明治〜昭和期の女性。貴族議員蜂須賀正韶の長女。ホムスパンの技術を習得し日本手芸協会連合

会副会長。
¶四国文，女性，女性普，徳島百，徳島歴

**蜂巣進** はちすすすむ
大正14（1925）年～
昭和期の建築学者。前橋市立工業短期大学長。
¶群馬人

**八野忠次郎** はちのちゅうじろう
明治41（1908）年6月22日～平成5（1993）年11月5日
昭和期の宮大工。
¶世紀，日人，美建

**蜂屋光三郎** はちやこうざぶろう
生没年不詳
江戸時代後期の粉河村の鋳物師。
¶和歌山人

**蜂谷誠一** はちやせいいち
昭和12（1937）年3月18日～
昭和～平成期の東京籐工芸職人。
¶名工

**蜂屋安右衛門** はちややすえもん
生没年不詳
江戸時代後期の粉河村の鋳物師。
¶和歌山人

**八郎二** はちろうじ
生没年不詳
安土桃山時代の陶工。
¶日人

**鉢蠟清香** はちろうせいこう
明治35（1902）年4月29日～昭和17（1942）年1月10日
大正～昭和期の育種技術者。
¶世紀，富山百，日人

**初谷長太郎** はつがいちょうたろう
嘉永1（1848）年～＊
江戸時代後期～明治期の織物器械の発明家。
¶栃木百（[没]明治38（1905）年），栃木歴（[没]明治37（1904）年）

**初瀬川健増** はつせがわけんぞう
嘉永4（1851）年～大正13（1924）年
明治～大正期の殖産家。
¶植物（[生]嘉永4（1851）年12月　[没]大正13（1924）年4月3日），世紀（[生]嘉永4（1851）年12月　[没]大正13（1924）年4月3日），日人，福島百

**八田円斎** はったえんさい
文久3（1863）年～昭和11（1936）年
江戸時代末期～昭和期の陶芸家。
¶陶工

**八田吉兵衛** はったきちべえ
→八田宗吉（はったそうきち）

**八田桂三** はったけいぞう
大正4（1915）年3月30日～
昭和期の機械工学者。東京大学教授。
¶現情

**八田玄斎** はったげんさい
→八田玄斎（はんだげんさい）

**八田四郎次** はったしろうじ
明治28（1895）年1月2日～昭和48（1973）年3月21日
大正～昭和期の化学工学者、東北大学名誉教授。
¶科学，現情，宮城百

**八田伸** はったしん
昭和5（1930）年10月2日～
昭和期の陶芸家。
¶陶芸最，名工

**八田宗吉** はったそうきち
文化5（1808）年～明治10（1877）年　[別]八田吉兵衛《はったきちべえ》
江戸時代後期～明治期の治水家。
¶日人，幕末（八田吉兵衛　はったきちべえ　[没]1877年8月23日）

**八田達也** はったたつや
安政1（1854）年～大正5（1916）年
明治～大正期の蚕糸改良家。山梨県蚕糸業取締所頭取、山梨県蚕糸協会会長。蚕種貯蔵に富士北麓の風穴を利用したことで有名。蚕糸の普及や生糸改良法の研究に尽力。
¶朝日（[生]安政1年8月12日（1854年10月3日）　[没]大正5（1916）年6月4日），近現，国史，世紀（[生]嘉永7（1854）年8月12日　[没]大正5（1916）年6月4日），日人，山梨百（[没]大正5（1916）年6月4日）

**八田長斎** はったちょうさい
→八田長斎（はんだちょうさい）

**八田哲夫** はったてつお
昭和期の石工。
¶名工

**八田与一** はったよいち
明治19（1886）年2月21日～昭和17（1942）年5月8日
明治～昭和期の土木技術者。
¶石川百，科学，近土，土木，日人，履歴，履歴2

**八田嘉明** はったよしあき
明治12（1879）年9月14日～昭和39（1964）年4月26日
昭和期の政治家、財界人。日本商工会議所会頭、日本縦貫高速自動車道協会長。戦前、勅選貴族院議員、東条英機内閣の鉄道相等を歴任。戦後公職追放、解除後日本高架電鉄会長等。
¶近土，現朝，現情，コン改，コン4，コン5，新潮，人名7，世紀，政治，鉄道（[没]1964年5月17日），土木，日人，福島百，履歴，履歴2

**八町村善左衛門** はっちょうむらぜんざえもん
生没年不詳
江戸時代前期の治水家。
¶日人

## 服部市兵衛 はっとりいちべえ
生没年不詳
江戸時代前期の庄屋、平島新田開発者。
¶姓氏愛知

## 服部一郎 はっとりいちろう
昭和18(1933)年～
昭和～平成期の江戸小物細工師。
¶名工

## 服部杏圃 はっとりきょうほ
生没年不詳
明治期の陶磁器画家、椿山派の画工。陶画の改良
に尽力。ウィーン万国博覧会に出品し高い評価を
得た。各地で陶画を指導。
¶海越、海越新、人名、陶工、渡航、日人、美工

## 服部倉次郎(服部倉治郎) はっとりくらじろう
嘉永6(1853)年～大正9(1920)年5月5日
明治～大正期の養魚家。浜名湖畔の養殖業発展の
基礎を築く。
¶朝日(㋹嘉永6年10月10日(1853年11月10日)),
食文(㋹嘉永6年10月10日(1853年11月10日)),
世紀(㋹嘉永6(1853)年10月10日),日人(服部
倉治郎)

## 服部敬三 はっとりけいぞう
昭和9(1934)年～
昭和～平成期の木工作家。
¶名工

## 服部香蓮 はっとりこうれん
嘉永3(1850)年～?
明治期の女流製陶家。手ごね製陶を開業。内外博
覧会に出品され海外にも名声が伝わる。
¶女性、人名、名工

## 服部定一 はっとりさだいち
明治30(1897)年1月7日～
昭和～平成期の電気工学者。京三電工社長。
¶現情

## 服部鹿次郎 はっとりしかじろう
明治1(1868)年6月19日～昭和5(1930)年11月7日
江戸時代末期～昭和期の土木工学者。
¶科学、近土、世紀、渡航、土木、日人

## 服部峻昇 はっとりしゅんしょう
昭和18(1943)年～
昭和～平成期の漆芸家。
¶名工

## 服部俊三 はっとりしゅんぞう
昭和20(1945)年4月21日～
昭和期の陶芸家。
¶陶芸最

## 服部正孫 はっとりしょうそん
明治6(1873)年4月26日～大正15(1926)年8月
21日
明治～大正期の染物屋。
¶庄内

## 服部庄太夫 はっとりしょうだゆう
生没年不詳
江戸時代前期の蒔絵師。
¶和歌山人

## 服部晋 はっとりすすむ
昭和期の洋服店主。
¶名工

## 服部唯三郎 はっとりたださぶろう
生没年不詳
明治期の七宝工。
¶美工

## 服部正 はっとりただし
大正15(1926)年8月7日～
昭和期の情報工学者、実業家。構造計画研究所代
表取締役所長、社団法人ソフトウエア産業振興協
会会長。
¶現執2期

## 服部長七 はっとりちょうしち
天保13(1842)年～大正8(1919)年
明治期の発明家。海堤、橋梁造りなどに廉価で扱
いやすい人造石錬製法を創案、土木工事に貢献。
¶科学、人名、世紀、姓氏愛知、日人

## 服部津貴子 はっとりつきこ
昭和23(1948)年12月19日～
昭和～平成期の料理研究家。服部流割烹第17代家
元、服部栄養料理研究会会長、服部学園理事、服
部栄養専門学校理事長代理、東京文化学園理事。
¶現執4期

## 服部綱 はっとりつな
嘉永3(1850)年～?
明治期の陶芸家。
¶日人

## 服部永貞 はっとりながさだ
江戸時代中期の蒔絵師。
¶人名、日人(生没年不詳)

## 服部平四郎 はっとりへいしろう
江戸時代中期の陶工。
¶岡山人

## 羽鳥誠 はっとりまこと
→羽鳥誠(はとりまこと)

## 服部昌男 はっとりまさお
昭和23(1948)年12月12日～
昭和期の陶芸家。
¶陶芸最

## 服部正時 はっとりまさとき
大正5(1916)年1月1日～平成3(1991)年2月1日
昭和～平成期の漆芸家。
¶美工、名工

## 服部満造 はっとりまんぞう
明治17(1884)年～昭和19(1944)年
明治～昭和期の人。斑目農事改良組合組合長。
¶姓氏神奈川

**服部岑生** はっとりみねき
昭和16(1941)年2月27日〜
昭和〜平成期の建築家。千葉大学助教授、ドイツ・シュトゥットガルト大学研究員。
¶現執1期，現執3期，現執4期

**服部幸応** はっとりゆきお
昭和20(1945)年12月16日〜
昭和〜平成期の料理研究家。学校法人服部学園理事長、服部栄養専門学校校長。
¶現執4期，テレ

**服部隆次** はっとりりゅうじ
昭和期のプレス職人。
¶名工

**鳩山道夫** はとやまみちお
明治44(1911)年3月31日〜平成5(1993)年4月9日
昭和〜平成期の半導体技術者、ソニー常務。専門は半導体。
¶科学，現情

**羽鳥多十郎** はとりたじゅうろう
明治18(1885)年〜昭和49(1974)年
明治〜昭和期の土地改良団体役員。
¶群馬人

**羽鳥誠** はとりまこと
昭和22(1947)年11月21日〜　[別]羽鳥誠《はっとりまこと》
昭和〜平成期の陶芸家。
¶陶芸最，陶工(はっとりまこと)，名工

**服部要萩** はとりようしゅう
昭和12(1937)年10月28日〜
昭和〜平成期の陶芸家。
¶陶工

**花井健吉** はないけんきち
文政4(1821)年〜？
江戸時代後期〜末期の和算家・測量家。
¶国書

**花井又太郎** はないまたたろう
明治19(1886)年7月6日〜昭和49(1974)年12月7日
明治〜昭和期の都市計画家。朝鮮総督府官僚。日本最初の地下街を名古屋に開設。
¶近土，姓氏愛知，土木

**花上勘ケ由** はなうえかげゆ
生没年不詳
江戸時代後期の愛甲郡中荻野村大工。
¶神奈川人

**花岡正庸** はなおかせいよう
→花岡正庸(はなおかまさつね)

**花岡隆** はなおかたかし
昭和27(1952)年〜
昭和期の陶芸家。
¶陶芸最

**花岡正庸** はなおかまさつね
明治16(1883)年10月24日〜昭和28(1953)年2月15日　[別]花岡正庸《はなおかせいよう》
明治〜昭和期の醸造技術者。
¶秋田百(はなおかせいよう)，食文，世紀，日人

**花沢政雄** はなざわまさお，はなさわまさお
明治35(1902)年〜昭和63(1988)年
昭和期の柑橘技術者。
¶静岡歴，姓氏静岡(はなさわまさお)

**花田拓人** はなだたくと
昭和期の染織家。
¶名工

**花房秀安** はなふさしゅうあん，はなぶさしゅうあん
明治41(1908)年5月4日〜＊
昭和期の陶芸家。
¶岡山歴([没]平成4(1992)年10月18日)，陶芸最，陶工(はなぶさしゅうあん　[没]1990年)

**花房周太郎** はなぶさしゅうたろう
明治18(1885)年12月15日〜大正12(1923)年9月17日
明治〜大正期の技師。
¶近土，土木

**花房秀郎** はなふさひでお
大正12(1923)年1月10日〜
昭和〜平成期の制御工学者。京都大学教授。
¶現情

**華山謙** はなやまゆずる
昭和14(1939)年6月30日〜昭和60(1985)年12月25日
昭和期の都市工学者。東京工業大学教授。東京湾の環境問題を考える「東京湾洋上大学」を開催。著書に「環境政策を考える」。
¶科学，現朝，現執1期，現執2期，現情，世紀，日人，マス89

**花屋与兵衛** (華屋与兵衛) はなやよへえ
寛政11(1799)年〜安政5(1858)年
江戸時代後期〜末期のすし職人。
¶食文(華屋与兵衛)，日人

**羽成卯兵衛** はなりうへえ
明治16(1883)年11月10日〜昭和9(1934)年11月5日
明治〜昭和期の商人、開拓者。
¶世紀，日人

**花輪喜久蔵** はなわきくぞう
明治1(1868)年〜昭和17(1942)年
明治〜昭和期の仏師。
¶姓氏岩手

**羽二生隆宏** はにうたかひろ
昭和12(1937)年10月27日〜
昭和〜平成期の陶芸家。
¶陶芸最，陶工

**羽入田一** はにゅうだはじめ
昭和期の大工。

¶名工

**羽生速雄**　はにゅうはやを
大正14(1925)年2月10日～
昭和期の陶芸家。
¶陶芸最

**羽田五郎**　はねだごろう
生没年不詳
室町時代の塗師。最古の茶道具の塗師、黒漆塗四方盆の創始者。
¶朝日，人名，日人，美工

**羽淵宗印**　はねぶちそういん
生没年不詳
戦国時代～安土桃山時代の茶杓削師。
¶茶道，美工

**埴野一郎**　はのいちろう
明治31(1898)年10月2日～昭和62(1987)年4月15日
大正～昭和期の電気工学者、早稲田大学名誉教授。
¶科学



**馬場氏高**　ばばうじたか
寛政9(1797)年～文久3(1863)年
江戸時代末期の土佐藩士、砲術家。海防用の大砲を製造。
¶高知人，人名，日人，幕末([没]1863年10月3日)

**馬場邦彦**　ばばくにひこ
大正14(1925)年～
昭和～平成期の科学技術士、気象予報士。
¶YA

**馬場孝良**　ばばこうりょう
大正～昭和期の和紙製作者。
¶名工

**馬場咲夫**　ばばさきお
昭和26(1951)年1月26日～
昭和～平成期の陶芸家。
¶陶芸最，陶工

**馬場左近**　ばばさこん
享保14(1729)年～寛政10(1798)年
江戸時代中期～後期の宮大工。
¶群馬人

**馬場佐平**　ばばさへい
文化3(1806)年～明治1(1868)年
江戸時代後期～末期の宮床堰開削の功労者。
¶会津

**馬場重久**　ばばしげひさ
寛文3(1663)年～享保20(1735)年
江戸時代中期の医師、養蚕家。
¶朝日，科学，郷土群馬，群馬人，群馬百([生]1645年)，国書([没]享保20(1735)年1月16日)，コン改，コン4，新潮，姓氏群馬，日人

**馬場祥輔**　ばばしゅうすけ
昭和22(1947)年9月21日～　[別]馬場祥輔《ばばしょうすけ》
昭和期の陶芸家。
¶陶芸最(ばばしょうすけ)，名工

**馬場祥輔**　ばばしょうすけ
→馬場祥輔(ばばしゅうすけ)

**馬場真右エ門**　ばばしんうえもん
大正13(1924)年4月29日～
昭和～平成期の陶芸家。
¶陶工

**馬場真右衛門**　ばばしんえもん
昭和期の工芸美術家。
¶名工

**馬場平**　ばばたいら
大正6(1917)年6月29日～
昭和～平成期の印判師。
¶名工

**馬場常二**　ばばつねじ
明治25(1892)年1月15日～昭和22(1947)年11月23日
大正～昭和期の実業家。小型石油発動機を開発。
¶岡山歴

**馬場知己**　ばばともみ
大正4(1915)年8月4日～昭和61(1986)年6月17日
昭和期の建築家。都市環境システム研究所社長。
¶美建

**馬場彦和**　ばばひこかず
大正14(1925)年4月17日～
昭和～平成期の陶芸家。
¶陶工

**幅英樹**　はばひでき
昭和期の人形師。
¶名工

**馬場裕明**　ばばひろあき
昭和18(1943)年5月19日～
昭和期の陶芸家。
¶陶芸最，名工

**馬場弘吉**　ばばひろよし
昭和16(1941)年4月1日～
昭和～平成期の陶芸家。
¶陶芸最，陶工

**馬場正人**　ばばまさと
昭和24(1949)年3月30日～
昭和期の陶芸家。
¶陶芸最

**馬場行重**　ばばゆきしげ
生没年不詳
戦国時代の番匠。伊豆で活動。
¶戦辞

**羽原一陽**　はばらいちよう
大正3(1914)年～
昭和～平成期の彫鍛作家。
¶名工

名工・職人・技師・工匠篇　　　619　　　はまたは

**波部本次郎** はべもとじろう
天保13（1842）年〜大正5（1916）年
江戸時代末期〜大正期の地方産業功労者。第百三十七国立銀行頭取、兵庫県会議員などを歴任。自治の発達、公益の事務に尽力。
¶人名（㊀1833年），世紀（㊀天保13（1842）年10月26日　㊁大正5（1916）年2月21日），日人，藩臣5，兵庫人（㊁大正5（1916）年11月21日）

**浜伊右衛門** はまいうえもん
安土桃山時代以来の松本の鋳物師。
¶長野歴

**浜川圭弘** はまかわよしひろ
昭和7（1932）年7月12日〜
昭和〜平成期の半導体電子工学者。大阪大学教授。
¶現執2期，現情，世紀

**浜口富次郎** はまぐちとみじろう
嘉永4（1851）年〜？
明治期の缶詰製造業。
¶食文

**浜口福馬** はまぐちふくま
明治33（1900）年〜昭和31（1956）年
大正〜昭和期の漁具改良・普及功労者。
¶高知人

**浜口文二** はまぐちぶんじ
明治23（1890）年7月〜昭和23（1948）年8月4日
明治〜昭和期の実業家。ミカン剥皮法を開発、缶詰技術を確立させた。
¶食文

**浜口ミホ** はまぐちみほ
大正4（1915）年3月1日〜昭和63（1988）年4月12日
昭和期の建築家、住宅コンサルタント。浜口ハウジング設計事務所主宰。女性初の一級建築士。
¶美建

**浜崎重政** はまさきしげまさ
明治40（1907）年〜昭和61（1986）年
昭和期の毛筆製造業。
¶島根歴

**浜崎長治郎** はまさきちょうじろう
享和1（1801）年〜明治2（1869）年
江戸時代後期〜明治期の蒔絵師。
¶姓氏石川

**浜島次郎左衛門** はまじまじろうざえもん
生没年不詳
戦国時代の木之山村開発者。
¶姓氏愛知

**浜田篤哉** はまだあつや
昭和6（1931）年〜昭和62（1987）年
昭和期の陶芸家。
¶陶芸最（㊀昭和6年10月17日），陶工

**浜田幸雄** はまださじお
昭和期の手すき和紙職人。
¶名工

**濱田幸雄** はまださぢお
昭和6（1931）年2月17日〜
昭和〜平成期の和紙職人。2001年に重要無形文化財保持者（人間国宝）に認定（土佐典具帖紙）。
¶国宝

**浜田成徳** はまだしげのり
明治33（1900）年9月21日〜平成1（1989）年7月1日
昭和期の電子工学者。
¶科学，群馬人，現情，履歴，履歴2

**浜田純理** はまだじゅんり
昭和23（1948）年1月6日〜
昭和期の陶芸家。
¶陶芸最

**浜田庄司** はまだしょうじ
明治27（1894）年〜昭和53（1978）年
大正〜昭和期の陶芸家。日本民芸協会会長。「民芸陶器」の人間国宝。柳宗悦らと民芸運動を展開。
¶沖縄百（㊀明治27（1894）年12月9日　㊁昭和53（1978）年1月5日），神奈川百，郷土栃木，近現，近文，現朝（㊀1894年12月9日　㊁1978年1月5日），現情（㊀1894年12月9日　㊁1978年1月5日），現人，現日（㊀1894年12月9日　㊁1978年1月4日），国史，国宝（㊀明治27（1894）年12月9日　㊁昭和53（1978）年1月5日），コン改，コン4，コン5，史人（㊀1894年12月9日　㊁1978年1月5日），新潮（㊀明治27（1894）年12月9日　㊁昭和53（1978）年1月5日），人名7，世紀（㊀明治27（1894）年12月9日　㊁昭和53（1978）年1月5日），姓氏神奈川，姓氏京都，世百新，全書，大百，陶芸最，陶工，栃木百，栃木歴，日史（㊀明治27（1894）年12月9日　㊁昭和53（1978）年1月5日），日人（㊀明治27（1894）年12月9日　㊁昭和53（1978）年1月5日），日本，美工（㊀明治27（1894）年12月9日　㊁昭和53（1978）年1月5日），美術，百科，民学，名工（㊀明治27年12月9日　㊁昭和53年1月5日），履歴（㊀明治27（1894）年12月9日　㊁昭和53（1978）年1月5日），履歴2（㊀明治27（1894）年12月9日　㊁昭和53（1978）年1月5日）

**浜田晋作** はまだしんさく
昭和4（1929）年3月16日〜
昭和〜平成期の陶芸家。
¶陶芸最，陶工，名工

**浜田竹草** はまだちくそう
昭和3（1928）年11月29日〜
昭和期の陶芸家。
¶陶芸最，名工

**浜達也** はまたつや
大正2（1913）年3月21日〜平成1（1989）年10月11日
昭和期の彫金家。
¶美工，名工

**浜田初次郎** はまだはつじろう
明治7（1874）年5月25日〜昭和28（1953）年4月29日
明治〜昭和期の印刷技術家、実業家。浜田印刷機

製造所創業者。H型オフセット輪転機等を開発。オフセット印刷機、新聞輪転機の製作と改良に貢献。
¶現情，人名7，世紀，日人（㊓明治9（1876）年5月25日）

**浜田英峰** はまだひでみね
昭和30（1955）年7月9日～
昭和～平成期の陶芸家。
¶陶工

**浜田正明** はまだまさあき
昭和24（1949）年6月1日～
昭和期の陶芸家。
¶陶芸最

**浜田瑞穂** はまだみずほ
明治42（1909）年3月5日～平成1（1989）年10月26日
大正～昭和期の建築家。
¶美建

は

**浜田稔** はまだみのる
明治35（1902）年12月18日～昭和49（1974）年12月30日
昭和期の建築学者。日本火災学会会長。「都市防災における火災工学の発展に対する貢献」で日本建築学会大賞受賞。
¶科学（㊓1902年（明治35）3月30日），現情，人名7，世紀，日人

**浜田能生** はまだよしお
昭和19（1944）年～
昭和～平成期のガラス工芸作家。
¶名工

**浜田義徳** はまだよしのり
明治15（1882）年～大正9（1920）年11月
明治～大正期の陶工。富田儀作企業の三和高麗焼窯で古陶の復興に尽力。
¶人名，日人，名工

**浜中英士** はまなかえいし
大正5（1916）年2月19日～
昭和期の陶芸家。
¶陶芸最，陶工

**浜中月村** はまなかげっそん
昭和18（1943）年4月9日～
昭和～平成期の陶芸家。
¶陶芸最，陶工，名工

**浜野覚蔵** はまのかくぞう
生没年不詳
江戸時代末期の砲術家、洋算家。豊前中津藩士。藩の砲術方として大砲を製造した。
¶人名，日人，藩臣7

**浜野政随〔1代〕** はまのしょうずい
→浜野政随〔1代〕（はまのまさゆき）

**浜野政随〔2代〕** はまのしょうずい
→浜野政随〔2代〕（はまのまさゆき）

**浜野直随** はまのなおゆき
延享2（1745）年～文政2（1819）年
江戸時代中期～後期の装剣金工。
¶長野歴，日人

**浜野鏽随** はまののぶゆき
→浜野政随〔3代〕（はまのまさゆき）

**浜野矩蕃** はまののりしげ
生没年不詳
江戸時代後期の装剣金工。
¶日人

**浜野矩随〔1代〕** はまののりゆき
元文1（1736）年～天明7（1787）年
江戸時代中期の装剣金工家。浜野政随の門下。
¶朝日（㊓？　㊚天明7年8月29日（1787年10月10日）），江戸東（――〔代数なし〕），コン改，コン4，新潮（――〔代数なし〕　㊓享保20（1735）年　㊚天明7（1787）年8月29日），人名，日人

**浜野矩随〔2代〕** はまののりゆき
明和8（1771）年～嘉永5（1852）年
江戸時代後期の彫金家。
¶コン改，コン4，人名（㊓1773年　㊚1854年），日人

**浜野矩随〔3代〕** はまののりゆき
江戸時代後期の彫金家。
¶人名

**浜野政信** はまのまさのぶ
安永2（1773）年～？
江戸時代中期～後期の装剣金工。
¶日人

**浜野政随〔1代〕** はまのまさゆき
元禄9（1696）年～明和6（1769）年　㊕浜野政随〔1代〕《はまのしょうずい》，浜野政随《はまのしょうずい》
江戸時代中期の装剣金工家。名工利寿に学ぶ。浜野派の開祖。
¶朝日，コン改（はまのしょうずい），コン4（はまのしょうずい），史人（――〔代数なし〕　はまのしょうずい　㊚1769年10月26日），新潮（――〔代数なし〕　はまのしょうずい　㊚明和6（1769）年10月26日），人名，日人，美術（――〔代数なし〕），百科（――〔代数なし〕）

**浜野政随〔2代〕** はまのまさゆき
元文5（1740）年～安永5（1776）年　㊕浜野政随〔2代〕《はまのしょうずい，はまのまさゆき》
江戸時代中期の彫金工。
¶コン改（はまのしょうずい），コン4（はまのしょうずい），人名，日人

**浜野政随〔3代〕** はまのまさゆき
宝暦6（1756）年～寛政5（1793）年　㊕浜野鏽随《はまののぶゆき》
江戸時代中期の彫金工。
¶人名，日人（浜野鏽随　はまののぶゆき）

**浜野政随〔4代〕** はまのまさゆき
江戸時代後期の彫金工。

¶人名

**浜野弥四郎** はまのやしろう
明治2(1869)年9月9日～昭和7(1932)年12月30日
明治～昭和期の技師。
¶近土，土木

**浜部美濃守寿格** はまべみののかみとしのり
江戸時代中期の刀工。
¶鳥取百

**浜村蔵六** はまむらぞうろく
世襲名　江戸時代の篆刻家。
¶史人

**浜村蔵六〔1代〕** はまむらぞうろく
享保20(1735)年～寛政6(1794)年　[別]蔵六〔1代〕《ぞうろく》
江戸時代中期の篆刻家。芙蓉派の作風を江戸に広める。
¶朝日([没]寛政6年11月4日(1794年11月26日))，近世，国史，人名(蔵六〔1代〕　ぞうろく　[生]?)，人名([生]?)，日人

**浜村蔵六〔2代〕** はまむらぞうろく
安永1(1772)年～文政2(1819)年　[別]蔵六〔2代〕《ぞうろく》
江戸時代後期の篆刻家。名人蔵六と称せられた。
¶近世，国史，人名(蔵六〔2代〕　ぞうろく)，人名，日人

**浜村蔵六〔3代〕** はまむらぞうろく
寛政3(1791)年～天保14(1843)年　[別]蔵六〔3代〕《ぞうろく》
江戸時代後期の篆刻家。
¶近世，国史，人名(蔵六〔3代〕　ぞうろく)，人名，日人

**浜村蔵六〔4代〕** はまむらぞうろく
文政9(1826)年～明治28(1895)年
江戸時代末期～明治期の篆刻家。本名塩見参蔵。三世に学ぶ。著書に「蔵六居印略」など。
¶近現，近世，国史，国書(――〔代数なし〕　[没]明治28(1895)年2月14日)，人名([生]?)，日人

**浜村蔵六〔5代〕** はまむらぞうろく
*～明治42(1909)年
明治期の篆刻家。四代に学ぶ。著書に「蔵六居印藪」など。
¶青森人(――〔代数なし〕　[生]明治1(1868)年)，近現([生]1886年)，国史([生]1886年)，人名([生]?)，日人([生]1866年)

**浜本桂三** はまもとけいぞう
昭和16(1941)年～
昭和～平成期の陶芸家。
¶陶芸最，陶工([生]1941年3月30日)

**浜本洋好** はまもとひろよし
昭和13(1938)年11月12日～
昭和～平成期の陶芸家。
¶陶芸最，陶工

**羽村与三郎** はむらよさぶろう
明治17(1884)年～昭和34(1959)年
明治～昭和期の遠洋漁業開拓者。
¶多摩

**羽室庸之助** はむろようのすけ
明治1(1868)年9月～昭和19(1944)年12月30日
江戸時代末期～昭和期の製鉄技術者、政治家。
¶海越新，世紀，渡航([没]1944年12月20日)，日人，兵庫人

**早川和男** はやかわかずお
昭和6(1931)年5月1日～
昭和～平成期の建築学者。国際居住福祉研究所所長、長崎総合科学大学工学研究センター教授。“住まいは人権”との考えから日本住宅会議を設立、事務局長。著書に「住宅貧乏物語」等。
¶現朝，現執1期，現執2期，現執3期，現執4期，現情，世紀，日人，マス89

**早川国一** はやかわくにかず
大正3(1914)年1月5日～
昭和～平成期の漆芸家。
¶名工

**早川研夫** はやかわけんお
昭和22(1947)年1月31日～
昭和～平成期の陶芸家。
¶陶工

**早川謙之輔** はやかわけんのすけ
昭和13(1938)年～平成17(2005)年8月27日
昭和～平成期の木工作家。
¶美工，名工

**早川貞之** はやかわさだゆき
昭和6(1931)年10月18日～
昭和期の陶芸家。
¶陶芸最

**早川茂** はやかわしげる
大正14(1925)年8月11日～平成13(2001)年2月17日
昭和～平成期の電子技術者、松下電器産業専務。専門は電子材料工学。
¶科学，現執2期，現執3期

**早川尚古斎** はやかわしょうこさい
～明治30(1897)年
江戸時代末期～明治期の工芸家。
¶大阪墓

**早川尚古斎〔3代〕** はやかわしょうこさい
元治1(1864)年～大正11(1922)年7月
明治～大正期の竹細工師。
¶大阪人

**早川尚古斎〔4代〕** はやかわしょうこさい
明治35(1902)年～昭和50(1975)年
大正～昭和期の竹工芸家。
¶美工

**早川尚古斎〔5代〕** はやかわしょうこさい
昭和7(1932)年6月12日～平成23(2011)年12月7

日
昭和～平成期の竹工芸家。2003年に重要無形文化財保持者(人間国宝)に認定(竹工芸)。
¶国宝, 名工

**早川徳次** はやかわとくじ
明治26(1893)年～昭和55(1980)年6月24日
大正～昭和期の実業家。シャープ会長。早川金属研究所を設立のちシャープ。シャープペンシルを発明、国産第1号テレビ受像機、世界初の電子式卓上計算機を完成。
¶大阪人([没]昭和55(1980)年6月), 現朝([生]1893年11月3日), 現情([生]1893年11月3日), 現人, 現日([生]1893年11月3日), コン改, コン4, コン5, 視覚([生]明治26(1893)年11月3日), 史人([生]1893年11月3日), 実業([生]明治26(1893)年11月13日), 新潮([生]明治26(1893)年11月3日), 人名7, 世紀([生]明治26(1893)年11月13日), 創業([生]明治26(1893)年11月13日), 日人([生]明治26(1893)年11月3日)



**早川正雄** はやかわまさお
昭和期の塗装工。
¶名工

**早川佳子** はやかわよしこ
昭和21(1946)年10月14日～
昭和期の陶芸家。
¶陶芸最

**早川嘉則** はやかわよしのり
昭和21(1946)年3月19日～
昭和～平成期の陶芸家。
¶陶芸最, 陶工

**早坂五朔** はやさかごさく
明治29(1896)年～昭和23(1948)年
大正～昭和期の彫刻家。
¶美建

**早坂三次郎** はやさかみつじろう
昭和期の左官職人。
¶名工

**林厳雄** はやしいずお
大正11(1922)年5月1日～平成17(2005)年9月26日
昭和期の物理学者。常温で連続発振する半導体レーザーを発明。
¶科学, 現朝, 世紀

**林市兵衛** はやしいちべえ
安政6(1859)年～昭和1(1926)年
明治期の実業家。日本製塩社長。国産時計製造の草分け。愛知企業銀行取締役、名古屋商業会議所会員等を歴任。
¶愛知百([生]1859年12月23日　[没]1926年10月6日), 姓氏愛知, 先駆(生没年不詳)

**林一郎** はやしいちろう
明治38(1905)年1月25日～平成8(1996)年3月8日
大正～昭和期の電気工学者、北海道工業大学学長。
¶科学

**林梅吉** はやしうめきち
文久2(1862)年～昭和15(1940)年
明治～昭和期の北駿の竹行李製造先駆者。
¶静岡歴

**林遠里** はやしえんり
→林遠里(はやしおんり)

**林遠里** はやしおんり
天保2(1831)年～明治39(1906)年　[別]林遠里《はやしえんり》
江戸時代末期～明治期の筑前福岡藩士、農業改良家。
¶朝日([生]天保2年1月24日(1831年3月8日)　[没]明治39(1906)年1月30日), 近現, 国史, コン改, コン4, コン5, 史人([生]1831年1月24日　[没]1906年1月30日), 食文([生]天保2年1月24日(1831年3月8日)　[没]1906年1月30日), 新潮(はやしえんり　[生]天保2(1831)年1月24日　[没]明治39(1906)年1月30日), 人名(はやしえんり), 世百(はやしえんり), 全書(はやしえんり), 日史(はやしえんり　[生]天保2(1831)年1月24日　[没]明治39(1906)年1月30日), 日人, 百科(はやしえんり), 福岡百(はやしえんり　[生]天保2(1831)年1月24日　[没]明治39(1906)年1月31日), 民学(はやしえんり)

**林香君** はやしかく
昭和28(1953)年～
昭和～平成期の陶芸家。
¶陶芸最([生]昭和28年11月9日), 名工

**林景正** はやしかげまさ
明治24(1891)年～昭和63(1988)年6月6日
大正～昭和期の陶芸家。黄瀬戸の名人として著名。
¶岐阜百, 世紀, 陶芸, 陶工, 日人([生]明治24(1891)年1月24日), 美工([生]明治24(1891)年1月24日), 名工

**林克次** はやしかつじ
昭和18(1943)年1月25日～
昭和期の陶芸家。
¶陶芸最, 名工

**林香代子** はやしかよこ
昭和12(1937)年5月2日～
昭和～平成期の陶芸家。
¶陶工

**林喜美子** はやしきみこ
昭和9(1934)年～
昭和～平成期の布絵作家。
¶名工

**林泣童** はやしきゅうどう
昭和期の飛騨つむぎ職人。
¶名工

**林鉱一** はやしこういち
昭和～平成期の映画録音技師。
¶映人

**林孝太郎** はやしこうたろう
昭和15(1940)年～昭和56(1981)年

昭和期の陶芸家。
¶陶芸最，陶工，名工（[生]昭和15年6月24日　[没]昭和55年9月30日）

**林小伝治　はやしこでんじ**
天保2（1831）年～大正4（1915）年
江戸時代末期～明治期の七宝工。七宝の横浜輸出に貢献し、その功で紫綬褒章受章。
¶人名，姓氏愛知，日人

**林駒夫　はやしこまお**
昭和11（1936）年10月22日～
昭和～平成期の人形作家。2002年に重要無形文化財保持者（人間国宝）に認定（桐塑人形）。
¶国宝

**林小六　はやしころく**
昭和18（1943）年11月6日～
昭和～平成期の陶芸家。
¶陶芸最，陶工，名工

**林権兵衛　はやしごんべい**
→林権兵衛（はやしごんべえ）

**林権兵衛　はやしごんべえ**
寛政7（1795）年～文久1（1861）年　[別]林権兵衛《はやしごんべい》
江戸時代後期～末期の開拓者。
¶姓氏山口（はやしごんべい），日人

**林聡江　はやしさとえ**
昭和30（1955）年4月1日～
昭和期の陶芸家。
¶陶芸最

**林茂木　はやししげき**
明治17（1884）年～昭和53（1978）年
明治～昭和期の実業家、国産自動車製作先駆者。
¶科学（[生]1884年（明治17）8月15日　[没]1978年（昭和53）3月1日），高知人

**林重憲　はやししげのり**
明治36（1903）年8月18日～昭和52（1977）年7月28日
昭和期の電気工学者。京都大学教授。
¶科学，現情

**林重治〔1代〕　はやししげはる**
→林又七（はやしまたしち）

**林重治〔2代〕　はやししげはる**
寛文7（1667）年～延享1（1744）年
江戸時代中期の肥後の金工。
¶人名

**林重治〔3代〕　はやししげはる**
享保8（1723）年～寛政3（1791）年
江戸時代中期の肥後の金工。
¶人名

**林重治〔4代〕　はやししげはる**
延享1（1744）年～天明4（1784）年
江戸時代中期の肥後の金工。
¶人名

**林重治〔5代〕　はやししげはる**
明和7（1770）年～文政6（1823）年
江戸時代後期の肥後の金工。
¶人名

**林重治〔6代〕　はやししげはる**
？　～天保10（1839）年
江戸時代後期の肥後の金工。
¶人名

**林重治〔7代〕　はやししげはる**
？　～明治10（1877）年
江戸時代末期～明治期の肥後の金工。
¶人名

**林重治〔8代〕　はやししげはる**
明治期の金工。肥後の金工。
¶人名

**林重房　はやししげふさ**
正徳1（1711）年～安永8（1779）年
江戸時代中期の装剣金工。
¶日人

**林茂松　はやししげまつ**
明治42（1909）年～昭和48（1973）年
昭和期の陶芸家。
¶陶芸最（[生]昭和18年11月21日），陶工，山梨百（[生]明治42（1909）年10月30日　[没]昭和48（1973）年7月1日）

**林茂　はやししげる**
昭和29（1954）年～
昭和～平成期のソムリエ。サントリーワイン事業部ワインビジネス開発室長。
¶現執4期

**林紫光　はやししこう**
大正2（1913）年1月18日～
昭和期の陶芸家。
¶陶芸最

**林尚月斎　はやししょうげつさい**
明治44（1911）年～昭和61（1986）年
大正～昭和期の竹工芸家。
¶美工

**林庄五郎　はやししょうごろう**
？　～明治29（1896）年
江戸時代末期の尾張の七宝工。
¶人名，姓氏愛知，日人

**林昌二　はやししょうじ**
昭和3（1928）年9月23日～
昭和～平成期の建築家。建築博物館館長。“貧者の美学”と称賛され、大正海上火災ビルなどを設計。著書に「建築に失敗する方法」など。
¶現朝，現執1期，現執4期，現情，現人，世紀，日人

**林正太郎　はやししょうたろう**
昭和22（1947）年7月31日～
昭和～平成期の陶芸家。
¶陶芸最，陶工，名工

**林丈太郎** はやしじょうたろう
明治8(1875)年5月3日～昭和2(1927)年3月6日
明治～昭和期の農事改良家。
¶世紀, 多摩([生]明治7(1874)年), 日人

**林二郎** はやしじろう
明治28(1895)年～平成8(1996)年11月23日
明治～平成期の木工芸家。
¶美工([生]明治28(1895)年9月29日), 名工

**林瀬平** はやしせへい
生没年不詳
江戸時代中期の京都西陣の織屋。
¶京都大, 国書, 新潮, 姓氏京都, 日人

**林善蔵** はやしぜんぞう
生没年不詳
江戸時代中期の福田前新田開拓者。
¶姓氏愛知

は

**林宗平** はやしそうへい
大正7(1918)年5月17日～
昭和～平成期の染織家。
¶名工

**林泰造** はやしたいぞう
大正9(1920)年6月28日～平成10(1998)年2月9日
昭和～平成期の土木工学者、中央大学名誉教授。専門は水理学、流体力学。
¶科学

**林魏** はやしたかし
～平成11(1999)年1月8日
昭和～平成期の建築家。林魏建築設計事務所会長。
¶美建

**林猛夫** はやしたけお
明治34(1901)年12月13日～昭和60(1985)年
大正～昭和期の航空測量の先達。
¶札幌

**林猛雄** はやしたけお
明治34(1901)年12月13日～昭和60(1985)年3月23日
大正～昭和期の衛生工学者。
¶科学, 近土, 土木

**林忠恕** はやしただよし
天保6(1835)年～明治26(1893)年
明治期の大工、官吏。中央官庁営繕を主導し、工部大学卒業の建築家が出る以前の初期洋風建築を担う。
¶朝日([没]明治26(1893)年3月21日), 日人

**林竜雄** はやしたつお
明治43(1910)年6月16日～昭和44(1969)年8月12日
昭和期の電気工学者。関西テレビ放送常務。電子工学、電波工学の分野で研究実績多数、日本のテレビ事業発展のため活躍。
¶大阪人([没]昭和44(1969)年8月), 科学, 現情, 人名7, 世紀, 日人

**林谷五郎** はやしたにごろう
生没年不詳
大正～昭和期の七宝作家。
¶美工

**林千秋** はやしちあき
明治24(1891)年11月10日～昭和58(1983)年4月15日
明治～昭和期の技師。
¶近土, 土木

**林千博** はやしちひろ
明治44(1911)年5月23日～昭和62(1987)年5月25日
昭和期の電子工学者。京都大学教授、大阪工業大学教授。
¶科学, 現情, 世紀, 日人

**林土太郎** はやしつちたろう
大正11(1922)年3月24日～
昭和～平成期の映画録音技師。
¶映人

**林毅** はやしつよし
明治44(1911)年5月24日～平成10(1998)年2月2日
昭和～平成期の航空工学者、東京大学名誉教授。専門は複合材料工学。
¶科学, 現情

**林貞二** はやしていぞう
明治27(1894)年11月29日～昭和39(1964)年1月23日
昭和期の蚕糸学者。信州大学教授。蚕糸、特に製糸に関する理論的技術的研究に従事、近代製糸技術の確立に貢献。
¶科学, 現情, 人名7, 世紀, 長野歴, 日人

**林哲三** はやしてつぞう
昭和19(1944)年～
昭和～平成期の木工芸家。
¶名工

**林てる** はやしてる
明治33(1900)年～大正12(1923)年12月 [別]永倉てる《ながくらてる》
大正期の印刷女工、社会運動家。「関西婦人」創立に尽力。遺稿集「小さき命」を出版。
¶大阪人, 近女(永倉てる ながくらてる), 社史(永倉てる ながくらてる [生]1900年1月3日 [没]1924年11月12日), 社史([生]?), 女運(永倉てる ながくらてる [生]1900年1月3日 [没]1923年11月12日), 女性, 女性普, 世紀([生]明治33(1900)年1月3日 [没]大正12(1923)年11月12日), 日人

**林藤五郎** はやしとうごろう
昭和期の瓦職人。
¶名工

**林藤左衛門** はやしとうざえもん
元和7(1621)年～元禄10(1697)年 [別]林正盛《はやしまさもり》

江戸時代前期の治水家。肥後人吉藩士、問屋川船取締役。私財を投じて球磨川の河床を開削、珠磨川舟運を創始した。
¶朝日（㉺元禄10年11月12日（1697年12月24日））、人名（㊊1624年）、日人、藩臣7（林正盛はやしまさもり）

**林徳左衛門** はやしとくざえもん
生没年不詳
明治期の実業家。製紙業のパイオニア。製紙所を設立し、洋紙の創業時代に貢献。
¶先駆

**林徳助** はやしとくすけ
嘉永4（1851）年～大正7（1918）年
明治期の造船家。
¶日人

**林敏夫** はやしとしお
昭和8（1933）年～
昭和～平成期の陶芸家。
¶名工

**林登美子** はやしとみこ
昭和27（1952）年4月～
昭和～平成期の染色家。
¶名工

**林虎男** はやしとらお
大正15（1926）年4月19日～
昭和期の陶芸家。
¶陶芸最

**林虎彦** はやしとらひこ
大正15（1926）年5月18日～
昭和～平成期の機械技術者、実業家。レオン自動機社長、食品機械工業会会長。誘導成形により饅頭の作り方の特許を取得。あん機開発と製造のためレオン自動機を設立。
¶世紀、日人

**林泥平** はやしどろへい
宝暦13（1763）年～嘉永6（1853）年　㊞泥平《どろへい》
江戸時代後期の長門の陶工。
¶人名（泥平　どろへい）、日人

**林延由** はやしのぶよし
昭和21（1946）年9月14日～
昭和期の陶芸家。
¶陶芸最

**林原一郎** はやしばらいちろう
明治41（1908）年7月26日～昭和36（1961）年4月17日
昭和期の実業家。家業の製飴工業林原商店をつぐ。酵素によるブドウ糖製造法を開発。
¶岡山人、岡山百、岡山歴、食文、世紀、日人

**林原健** はやしばらけん
昭和17（1942）年1月12日～
昭和～平成期の実業家。林原社長、林原生物化学研究所社長。専門はバイオテクノロジー。抗がん剤開発に取り組み、インターフェロンの大量生産化に成功。
¶現朝、世紀、日人

**林半六** はやしはんろく
江戸時代中期の長門深川焼の陶工。
¶人名

**林秀行** はやしひでゆき
昭和12（1937）年1月12日～
昭和期の陶芸家。
¶陶芸最、名工

**林平八郎** はやしへいはちろう
＊～昭和55（1980）年3月2日
昭和期の陶芸家。
¶陶芸最（㊊昭和12年9月16日）、陶工（㊊1924年）、美工（㊊大正12（1923）年9月16日）、名工（㊊大正12年9月16日）

**林豊寿** はやしほうじゅ
昭和期の能管製作修理。
¶音人、名工

**林正清** はやしまさきよ
？～宝暦3（1753）年
江戸時代中期の宮大工。
¶埼玉人

**林雅子** はやしまさこ
昭和3（1928）年7月11日～平成13（2001）年1月9日
昭和～平成期の建築家。日本の女性建築家の先駆的存在。モダニズム的建築が特徴で、代表作に「日本女子大学夏期寮」など。
¶近女、現朝、現執2期、世紀、日人、美建

**林正道** はやしまさみち
大正14（1925）年4月1日～平成20（2008）年9月8日
昭和～平成期の土木工学者、北海道開発局土木試験所所長。専門はコンクリート工学。
¶科学

**林正盛** はやしまさもり
→林藤左衛門（はやしとうざえもん）

**林又七** はやしまたしち
慶長18（1613）年～元禄12（1699）年　㊞又七《またしち》、林重治〔1代〕《はやししげはる》
江戸時代前期の刀装金工家。肥後。
¶朝日（㊊慶長10（1605）年　㉺元禄4（1691）年）、近世（又七　またしち）、熊本百（㉺元禄12（1699）年8月26日）、国史（又七　またしち）、コン改（林重治〔1代〕　はやししげはる）、コン4（林重治〔1代〕　はやししげはる）、史人（㊊1605年8月13日　㉺1691年9月9日）、新潮（㊊慶長10（1605）年、(異説)慶長18（1613）年　㉺元禄1（1688）年、(異説)元禄12（1699）年）、人名（林重治〔1代〕　はやししげはる）、世人、世百、全書（生没年不詳）、大百、日人、藩臣7、美術（㊊慶長10（1605）年　㉺元禄4（1691）年）、百科（㊊慶長10（1605）年　㉺元禄4（1691）年）

**松真実子** はやしまみこ
昭和34（1959）年5月17日～
昭和～平成期の陶芸家。

¶陶工

**林沐雨** はやしもくう
明治34(1901)年～平成3(1991)年4月29日
大正～平成期の陶芸家。
¶美工

**林杢兵衛** はやしもくべえ
生没年不詳
江戸時代中期の開拓者。
¶日人

**林康夫** はやしやすお
昭和3(1928)年2月3日～
昭和～平成期の陶芸家。
¶陶芸最，陶工，名工

**松寧彦** はやしやすひこ
昭和28(1953)年2月13日～
昭和～平成期の陶芸家。
¶陶工



**林芳人** はやしよしと
明治28(1895)年～昭和36(1961)年
大正～昭和期の陶業家。林陶社を設立、繰糸鍋を製造特許を得た。
¶姓氏長野

**林隆一郎** はやしりゅういちろう
昭和17(1942)年1月9日～
昭和～平成期の陶芸家。
¶陶芸最，陶工

**林隆岳** はやしりゅうがく
昭和22(1947)年9月17日～
昭和期の陶芸家。
¶陶芸最

**林亮次** はやしりょうじ
昭和15(1940)年5月22日～
昭和～平成期の陶芸家。
¶陶芸最，陶工

**林林宝** はやしりんぽう
昭和17(1942)年10月3日～
昭和期の陶芸家。
¶陶芸最

**林六右衛門** はやしろくえもん
享和1(1801)年～弘化3(1846)年
江戸時代後期の治水家。近江彦根藩代官。余呉川から琵琶湖への放水路を完成させた。
¶人名，日人，藩臣4(生没年不詳)

**早田英房** はやだひでふさ
→早田英房(そうだひでふさ)

**早田宗家** はやたむねいえ
？～寛永13(1636)年
江戸時代前期の金工。
¶岡山人，人名，日人

**早田喜成** はやたよしなり
元治1(1864)年5月8日～大正2(1913)年2月16日
明治～大正期の技師。
¶近土，土木

**早月康夫** はやつきやすお
昭和期の指物師。
¶名工

**早山洪二郎** はやまこうじろう
明治36(1903)年5月14日～平成2(1990)年6月16日
昭和期の実業家。関東砿油会長、昭和石油社長などを歴任。新潟地震で最新設備が全滅し、社長退任。
¶現朝，世紀，日人

**早見賢二** はやみけんじ
昭和23(1948)年～
昭和～平成期の木工遊具作り。
¶名工

**速水堅曹**(速見堅曹) はやみけんぞう，はやみけんそう
天保10(1839)年～大正2(1913)年
明治期の製糸指導者。我が国初の洋式機械製糸場の操業を開始。各地の機械製糸工場を指導。
¶朝日([生]天保10年6月13日(1839年7月23日) [没]大正2(1913)年1月18日)，郷土群馬，近現，群馬人(はやみけんそう)，群馬百(はやみけんそう)，国史，史人([生]1839年6月13日 [没]1913年1月18日)，新潮(はやみけんそう [生]天保10(1839)年6月 [没]大正2(1913)年1月18日)，人名(速見堅曹 はやみけんそう)，姓氏群馬(はやみけんそう)，日人(はやみけんそう)，幕末([没]1913年1月7日)，藩臣2

**速見史朗** はやみしろう
昭和2(1927)年10月～
昭和～平成期の陶芸家。
¶陶芸最，名工

**早見頓斎** はやみとんさい
生没年不詳
江戸時代前期の茶杓削師。
¶茶道，美工

**早山孝助** はややまこうすけ
昭和期の表具師。
¶名工

**原明子** はらあきこ
昭和25(1950)年～
昭和～平成期のトールペインター。
¶名工

**原一仙** はらいつせん
大正3(1914)年～
昭和期の陶芸家。
¶陶芸最

**原木源平** はらきげんぺい
天保10(1839)年～大正8(1919)年
江戸時代末期～大正期の丸顔の池築造者。
¶静岡歴，姓氏静岡

**原清** はらきよし
昭和11(1936)年2月28日～

昭和～平成期の陶芸家。
¶国宝、陶芸最、陶工、名工

**原九右衛門** はらくえもん
→原重興（はらしげとも）

**原口要** はらぐちかなめ
嘉永4（1851）年～昭和2（1927）年1月23日
明治～大正期の鉄道技師。清国鉄道顧問官。米国で初の日本人鉄道技師であり、高橋、吾妻橋の架設で鉄橋工事の模範を示す。
¶海越新（㊐嘉永4（1851）年5月）、科学（㊐1851年（嘉永4）5月25日）、近土（㊐1851年5月25日）、人名、世紀（㊐嘉永4（1851）年5月）、鉄道（㊐1851年6月24日）、渡航（㊐1851年5月）、土木（㊐1851年5月25日）、日人

**原口卓士** はらぐちたくし
昭和22（1947）年2月26日～
昭和～平成期の陶芸家。
¶陶芸最、陶工、名工

**原口忠太郎** はらぐちちゅうたろう
生没年不詳
明治期の瓦屋。煉瓦製造のパイオニア。大阪鋳造所建設の際、煉瓦製造を請け負い好評を博す。
¶先駆

**原耕** はらこう
明治9（1876）年～昭和8（1933）年
明治～昭和期の政治家。衆議院議員、医師、南方鰹漁場の開発者。
¶鹿児島百、姓氏鹿児島、日人（㊐明治9（1876）年2月7日）　㊐昭和8（1933）年8月3日）

**原更山** はらこうざん
→原羊遊斎（はらようゆうさい）

**原構成** はらこうせい
昭和7（1932）年9月28日～
昭和期の陶芸家。
¶陶芸最

**原呉山** はらござん、はらごさん
文政10（1827）年～明治30（1897）年
江戸時代末期～明治期の陶業者。卯辰山鴬谷に楽焼窯を製造して点茶用の器物を製造。
¶石川百、人名、姓氏石川（はらごさん　㊐？）、日人、幕末（はらごさん　㊐1897年9月）

**原五郎兵衛** はらごろうべえ
→原五郎兵衛（はらごろべえ）

**原五郎兵衛** はらごろべえ
安永4（1775）年～嘉永2（1849）年　㊙原五郎兵衛《はらごろうべえ》
江戸時代後期の治水功労者。
¶埼玉人、人名、日人（はらごろうべえ　㊐1771年）　㊐1845年）

**原沢四郎** はらさわしろう
明治35（1902）年～昭和59（1984）年
昭和期の工学者。山口大学教授。
¶姓氏群馬

**原重興** はらしげとも
文政10（1827）年～大正4（1915）年　㊙原九右衛門《はらくえもん》
江戸時代末期～大正期の宗教家。実行教教長、用水開発功労者。
¶姓氏長野（原九右衛門　はらくえもん）、姓氏長野、長野歴

**原嶋直太郎** はらしまなおたろう
安政5（1858）年～？
江戸時代末期～明治期の石工で篤農家。
¶大分歴

**原島正国** はらしままさくに
明治40（1907）年～
昭和期の奥多摩湖開発中心者。
¶多摩

**原重兵衛** はらじゅうべえ
文政1（1818）年～明治23（1890）年
江戸時代末期の土地改良先覚者。
¶島根人、島根歴

**原正市** はらしょういち
大正6（1917）年～平成14（2002）年10月19日
昭和～平成期の育種学者、北海道農事試験場首席専門技術員。専門は水稲育種。
¶科学（㊐1917年（大正6）8月23日）、現朝（㊐1917年8月28日）、世紀（㊐大正6（1917）年8月23日）、日人（㊐大正6（1917）年8月28日）

**原次郎左衛門** はらじろうざえもん
生没年不詳
戦国時代の鍛冶職人。
¶戦辞

**原甚兵衛** はらじんべえ
生没年不詳
江戸時代前期の陶工。
¶和歌山人

**原清兵衛** はらせいべい
→原清兵衛（はらせいべえ）

**原清兵衛** はらせいべえ
寛政7（1795）年～明治1（1868）年　㊙原清兵衛《はらせいべい》
江戸時代末期の相模野開発者。
¶維新、神奈川人（㊐1865年）、郷土神奈川、姓氏神奈川、日人、幕末（はらせいべい　㊐1868年5月25日）

**原全路** はらぜんじ
明治13（1880）年5月20日～昭和30（1955）年10月11日
明治～昭和期の技師。
¶近土、土木

**原田治** はらだおさむ
昭和5（1930）年2月7日～
昭和～平成期の料理人、実業家。四川飯店社長、札幌建昌代表取締役。
¶現日、世紀

は

**原田佳人** はらだかじん
昭和20(1945)年10月2日〜
昭和〜平成期の陶芸家。
¶陶芸最, 陶工

**原田嘉平** はらだかへい
明治27(1894)年〜昭和57(1982)年8月11日
明治〜昭和期の博多人形師。
¶美工, 名工

**原田喜左衛門** はらだきざえもん
生没年不詳
江戸時代中期の製糖家。
¶人名, 姓氏愛知, 日人

**原田儀三郎** はらだぎさぶろう
生没年不詳
明治期の漁業指導者。遠洋漁業用の改良漁船をつくる。
¶島根歴

は

**原田吉之助** はらだきちのすけ
明治27(1894)年〜昭和47(1972)年4月25日
大正〜昭和期の農業技師。
¶庄内

**原田玉嶺** はらだぎょくれい
昭和期の漆芸家。
¶名工

**原田敬美** はらだけいみ
昭和24(1949)年3月20日〜
昭和〜平成期の建築家、政治家。港区(東京都)区長、SEC計画事務所代表。
¶現政

**原田源吉** はらだげんきち
文政12(1829)年〜明治29(1896)年
江戸時代末期〜明治期の新田開発者。赤岳を開山したほか、北牧村に新田を開発。
¶姓氏長野, 長野歴, 幕末([没]1896年3月14日)

**原田浩吉** はらだこうきち
昭和28(1953)年〜
昭和期の陶芸家。
¶陶芸最

**原田三郎右衛門** はらださぶろうえもん
? 〜元文5(1740)年 [別]原田三郎右衛門《はらださぶろえもん》
江戸時代中期の対馬での甘藷栽培、普及の功労者。
¶朝日, 郷土長崎, 近世, 国史, コン改, コン4, 史人, 食文([没]元文5(1740)年8月), 新潮([没]元文5(1740)年8月), 人名(はらださぶろえもん), 長崎百, 日人, 藩臣7

**原田三郎右衛門** はらださぶろえもん
→原田三郎右衛門(はらださぶろうえもん)

**原田拾六** はらだしゅうろく
昭和16(1941)年4月3日〜
昭和〜平成期の陶芸家。
¶陶芸最, 陶工, 名工

**原田鎮治** はらだしんじ
→原田鎮治(はらだちんじ)

**原田新八郎** はらだしんぱちろう
大正5(1916)年11月22日〜平成1(1989)年2月9日
昭和期の彫刻家。福岡教育大学名誉教授。
¶美建

**原田善左衛門** はらだぜんざえもん
安政1(1854)年3月25日〜昭和11(1936)年1月21日
明治期の政治家。秋山村長。天神峠にトンネルを開削。
¶山梨百

**原田為吉** はらだためきち
明治5(1872)年〜昭和25(1950)年
明治〜昭和期の農事改良家。
¶姓氏岩手

**原田知代子** はらだちよこ
昭和18(1943)年3月2日〜
昭和期の陶芸家。
¶陶芸最

**原田鎮治** はらだちんじ
万延1(1860)年〜昭和6(1931)年 [別]原田鎮治《はらだしんじ》
明治〜大正期の工学者。日本鉱業会長。三菱合資臨時製鉄所建設部理事を務め、三菱製鉄を設立し会長就任。
¶人名, 世紀([生]万延1(1860)年10月7日 [没]昭和6(1931)年12月28日), 渡航(はらだしんじ [生]1860年10月7日 [没]1931年12月28日), 日人

**原田貞介** はらだていすけ
元治2(1865)年3月7日〜昭和12(1937)年9月30日
江戸時代末期〜昭和期の技師。
¶科学, 近土, 渡航, 土木

**原田陶月** はらだとうげつ
大正6(1917)年10月6日〜
昭和〜平成期の陶芸家。
¶陶芸最, 名工

**原田徳兵衛** はらだとくべえ
? 〜宝永8(1711)年
江戸時代前期〜中期の米原村の開拓者。
¶鳥取百

**原田虎三** はらだとらぞう
嘉永7(1854)年1月3日〜明治31(1898)年11月11日
江戸時代末期〜明治期の機械コンサルタント。
¶近土, 土木

**原田秀雄** はらだひでお
明治37(1904)年2月6日〜平成5(1993)年8月16日
昭和期の造船工学者。大阪大学教授。
¶科学, 現情

**原田福夫** はらだふくお
大正8(1919)年1月24日〜
昭和〜平成期の村山大島紬織物職人。

¶名工

**原田益水** はらだますみ
昭和4(1929)年11月4日～
昭和～平成期のエンジニア。NHK送出技術局総合運用技術部チーフエンジニア、サンサテライトアカデミー講師。
¶現執3期

**原田麻那** はらだまな
大正11(1922)年～
昭和～平成期の染織作家。
¶名工

**原田万久** はらだまんきゅう
弘化4(1847)年～明治43(1910)年
江戸時代後期～明治期の煙草製造業。
¶姓氏愛知

**原田実** はらだみのる
昭和16(1941)年～
昭和期の陶芸家。
¶陶芸最

**原田宗介**(原田宗助) はらだむねすけ
弘化5(1848)年～明治42(1909)年
明治期の海軍軍人。造兵少将、海軍造兵総監。海軍軍事研修のためイギリスに渡る。
¶海越新(原田宗助 [生]弘化5(1848)年9月 [没]明治42(1909)年9月25日), 国際(原田宗助), 渡航([生]1848年9月 [没]1909年9月25日), 日人

**原田元治郎** はらだもとじろう
安政6(1859)年～昭和20(1945)年
明治～昭和期の実業家。原田式綿織機を発明。原田式織機製造所を設立。
¶世紀([生]安政6(1859)年1月2日 [没]昭和20(1945)年7月9日), 日人

**原田隆峰** はらだりゅうほう
昭和7(1932)年4月20日～
昭和～平成期の陶芸家。
¶陶芸最, 陶工, 名工

**原田六助** はらだろくすけ
生没年不詳
江戸時代前期の一宮村大工。
¶姓氏愛知

**原長四郎** はらちょうしろう
安政4(1857)年～昭和5(1930)年
明治～昭和期の陶工。
¶島根歴

**原照夫** はらてるお
～昭和60(1985)年5月27日
昭和期の陶芸家。
¶美工, 名工

**原乙未生** はらとみお
明治28(1895)年6月12日～平成2(1990)年11月16日
昭和期の軍人。陸軍中将。日本の戦車開発に貢献。
¶陸海

**原英** はらはなぶさ
嘉永6(1853)年6月29日～明治25(1892)年10月7日
江戸時代後期～明治期の土木技術者。
¶庄内

**原啓志** はらひろし
昭和24(1949)年～
昭和～平成期の紙研究者。三島製紙理事・開発室長・開発研究所長。
¶現執4期

**原広司** はらひろし
昭和11(1936)年9月9日～
昭和～平成期の建築家。東京大学教授。専門は建築学、建築生産学。代表作に梅田スカイビル、著書に「建築に何が可能か」など。
¶現朝, 現執1期, 現執2期, 現執3期, 現執4期, 現情, 現人, 現日, 新潮, 世紀, 日人

**原米洲** はらべいしゅう
明治26(1893)年7月18日～平成1(1989)年10月21日
明治～昭和期の人形作家。
¶美工, 名工

**原正幹** はらまさみき
生没年不詳
明治～大正期の造船技師。
¶神奈川人, 姓氏神奈川

**原勝** はらまさる
明治28(1895)年1月5日～昭和56(1981)年8月23日
大正～昭和期の林学者。鳥取高農(現鳥取大学農学部)教授。鳥取砂丘の緑化と砂防の研究にとりくむ。砂丘地農業化に貢献した。
¶科学, 現情, 鳥取百, 日人

**原益夫** はらますお
昭和9(1934)年～
昭和～平成期の鋳金作家。
¶名工

**孕石元照** はらみいしもとてる
明治2(1869)年～昭和9(1934)年9月25日
明治～大正期の造船工学者。東京サルベージ取締役会長。三菱造船神戸造船所長、三菱合資参事などを歴任。
¶高知人, 人名([没]1923年), 世紀([生]明治2(1870)年12月29日), 渡航([生]1869年12月29日), 日人([生]明治2(1870)年12月29日 [没]大正12(1923)年9月1日)

**原康子** はらやすこ
昭和7(1932)年～
昭和～平成期の人形作家。
¶名工

**原安民** はらやすたみ
明治3(1870)年～昭和4(1929)年
明治～大正期の鋳金家。製作活動の傍ら、雑誌「日本美術」を経営。

は

¶神奈川人([生]1871年), 人名, 日人([生]明治3(1870)年10月13日　[没]昭和4(1929)年1月6日), 名工([没]昭和4年1月6日)

**原祐知　はらゆうち**
文政10(1827)年～明治26(1893)年
江戸時代後期～明治期の水利開拓者。
¶青森人

**原豊　はらゆたか**
大正11(1922)年4月25日～
昭和～平成期の陶芸家。
¶陶芸最, 名工

**原羊遊斎　はらようゆうさい**
*～弘化2(1845)年　[別]原更山《はらこうざん》
江戸時代中期～後期の蒔絵師。
¶朝日([生]明和6(1769)年　[没]弘化2年12月25日(1846年1月22日)), コン改([生]安永1(1772)年), コン4([生]安永1(1772)年), 茶道([生]1772年), 史人([生]1769年　[没]1845年12月25日), 島根歴([生]安永1(1772)年), 新潮([生]?), 人名(原更山　はらこうざん　[生]1768年), 日人([生]1769年　[没]1846年), 美術([生]明和5(1768)年?), 百科([生]明和5(1768)年)

**原芳男　はらよしお**
昭和6(1931)年3月4日～
昭和期の社会工学者。東洋英和女学院大学教授、東京工業大学教授。
¶現執2期

**原理兵衛　はらりへい**
生没年不詳
江戸時代中期の用水池築造者。
¶長野歴

**原竜三郎　はらりゅうざぶろう**
明治21(1888)年7月15日～昭和43(1968)年12月30日　[別]原竜三郎《はらりょうさぶろう,はらりょうざぶろう》
大正～昭和期の応用化学者。東北帝国大学教授、化学会会長。炭酸ソーダ、アンモニアなどの製造法を改良。
¶石川百(はらりょうさぶろう), 科学, 科技, 現朝, 現情, 現日, 新潮(はらりょうざぶろう), 人名7, 世紀, 日人, 日本, 宮城百(はらりょうざぶろう)

**原竜太　はらりゅうた**
安政1(1854)年10月15日～大正1(1912)年12月30日　[別]原竜太《はらりょうた》, 原龍太《はらりゅうた》
明治期の土木功労者。東京帝国大学教授。橋梁の架設、東京馬車鉄道の敷設などに尽力、著書に「土木学」「測量教科書」など。
¶科学, 近土(はらりょうた), 人名, 世紀([生]安政1(1855)年), 渡航(はらりょうた), 土木(はらりょうた), 日人

**原竜三郎　はらりょうさぶろう,はらりょうざぶろう**
→原竜三郎(はらりゅうざぶろう)

**原竜太　はらりょうた**
→原竜太(はらりゅうた)

**原六右衛門　はらろくうえもん**
→原六右衛門(はらろくえもん)

**原六右衛門　はらろくえもん**
天保8(1837)年～明治44(1911)年　[別]原六右衛門《はらろくうえもん》
江戸時代後期～明治期の蚕種改良家。
¶姓氏長野, 長野歴(はらろくうえもん)

**針生乾馬〔3代〕(――〔4代〕)　はりうけんば**
*～平成1(1989)年3月3日
大正～昭和期の陶芸家。
¶世紀([生]明治36(1903)年9月16日), 陶芸最(――〔代数なし〕　[生]昭和2年), 美工([生]明治36(1903)年9月16日), 名工(――〔4代〕　[生]昭和2年9月6日)

**針生嘉孝　はりうよしたか**
明治36(1903)年9月16日～平成1(1989)年3月3日
昭和期の陶芸家。仙台堤焼の窯元に生まれる。乾山風の伝統をうけつぐ堤焼の復興につとめた。
¶日人

**針尾広志　はりおひろし**
大正15(1926)年9月29日～平成12(2000)年9月12日
昭和～平成期の彫刻家。
¶美建

**針谷はるを　はりがやはるを**
明治39(1906)年2月12日～
明治～昭和期の美容師、社会運動家。
¶女運

**破笠　はりつ**
→小川破笠(おがわはりつ)

**針塚長太郎　はりづかちょうたろう**
明治4(1871)年～昭和24(1949)年
明治～昭和期の教育者。上田蚕糸専門学校(現信州大学繊維学部)校長。養蚕業の発展のために力をつくした。
¶郷土群馬, 群馬人([生]明治4(1871)年11月30日　[没]昭和24(1949)年9月21日), 群馬百, 世紀([生]明治4(1872)年11月30日　[没]昭和24(1949)年9月21日), 姓氏群馬, 姓氏長野, 渡航([生]1871年11月30日　[没]1949年9月21日), 長野百, 長野歴, 日人([生]明治4(1872)年11月30日　[没]昭和24(1949)年9月21日)

**張間喜一　はりまきいち**
明治35(1902)年4月19日～昭和56(1981)年12月14日
昭和期の蒔絵作家。
¶美工, 名工

**播磨大椽正綱　はりまだいじょうまさつな**
江戸時代前期の刀工。
¶鳥取百

**張間麻佐緒** はりままさお
明治44(1911)年～平成9(1997)年2月21日
昭和～平成期の漆芸作家。
¶世紀，日人([生]明治44(1911)年8月25日)，美工([生]明治44(1911)年8月25日)，名工

**播磨屋亀蔵** はりまやかめぞう
→宮尾亀蔵(みやおかめぞう)

**播磨屋佐之助** はりまやさのすけ
明治期の鰹節製造業者。
¶高知人(生没年不詳)，食文

**播磨屋清兵衛** はりまやせいべえ
生没年不詳
江戸時代中期のガラス職人。
¶新潮，日人，美工

**春井清三郎** はるいせいざぶろう
天保14(1843)年～明治17(1884)年4月
江戸時代後期～明治期の蒔絵師。
¶大阪人

**春木栄** はるきさかえ
明治32(1899)年5月23日～平成12(2000)年10月25日
昭和期の実業家。富士写真フイルム社長。写真技術開発の先駆の一人。品質第一主義を理念に、富士写真フイルムの経営基盤を確立。
¶映人，郷土愛媛，現朝，現情，現人，写家，世紀，日人

**春田家次** はるたいえつぐ
？ ～寛永5(1628)年
江戸時代前期の金工。
¶人名，日人

**春田卓次** はるたたくじ
？ ～元和6(1620)年
安土桃山時代～江戸時代前期の甲冑師。
¶岡山人，日人

**春田毎矩** はるたつねのり
生没年不詳
江戸時代後期の金工(鐔工)。
¶島根百

**春田毎幹** はるたつねもと
→春田毎幹(はるたまいかん)

**春田毎幹** はるたまいかん
？ ～　[別]春田毎幹《はるたつねもと》
江戸時代中期の金工(鐔工)。
¶島根人，島根百(はるたつねもと　生没年不詳)

**春田雅智** はるたまさとも
生没年不詳
江戸時代中期の金工(鐔工)。
¶島根百

**春田宗義** はるたむねよし
生没年不詳
江戸時代末期の金工(鐔工)。
¶島根百

**春田師智** はるたもろとも
生没年不詳
金工(鐔工)。
¶島根百

**春名繁春** はるなしげはる
弘化4(1847)年～大正2(1913)年
江戸時代末期～明治期の陶画工、図案家。東京工業学校の模範工で、図案誌を発行。
¶石川百，人名，世紀，陶工，日人，名工

**春藤佐助** はるふじさすけ
生没年不詳
江戸時代中期の装剣金工。
¶日人

**春政** はるまさ
生没年不詳
江戸時代前期の蒔絵師。
¶日人

**治光** はるみつ
室町時代の長船派の刀工。
¶岡山歴

**晴山喜七郎** はるやまきしちろう
昭和期の自動車整備工。
¶名工

**春山弁蔵** はるやまべんぞう
文化14(1817)年～明治1(1868)年
江戸時代後期～末期の浦賀奉行所同心。日本初の洋式軍艦設計にあたった。
¶姓氏神奈川

**春若** はるわか
→春若(しゅんわか)

**番浦省吾** ばんうらしょうご
明治34(1901)年2月24日～昭和57(1982)年10月15日
大正～昭和期の漆芸家。帝展、新文展で活躍。パリ万国博覧会で名誉賞受賞。
¶現朝，現日，世紀，日人，美工，名工

**番浦史郎** ばんうらしろう
昭和16(1941)年～
昭和～平成期の陶芸家。
¶陶芸最，陶工，名工([生]昭和16年10月6日)

**半右衛門** はんえもん
江戸時代の越前三国焼の陶工。
¶人名，日人(生没年不詳)

**半谷休閑** はんがいきゅうかん
[別]半谷休閑《はんがやきゅうかん》
江戸時代中期の陶工、磐城大堀焼の開創者。
¶人名(はんがやきゅうかん)，日人(生没年不詳)

**半谷休閑** はんがやきゅうかん
→半谷休閑(はんがいきゅうかん)

**繁慶** はんけい
生没年不詳　[別]繁慶《しげよし》

江戸時代前期の鉄砲工、刀工。鉄砲工胝氏に入門。

¶朝日，近世，国史，史人，人名（しげよし），日人（しげよし），美工

## 坂静雄 ばんしずお
明治29（1896）年11月16日〜平成1（1989）年10月13日
明治〜昭和期の建築工学者。京都大学教授、神戸大学教授。

¶科学，科技，現情，世紀，日人

## 半七 はんしち
生没年不詳
安土桃山時代の陶工。

¶日人

## 範舜 はんしゅん
？〜永久4（1116）年
興福寺の絵仏師。

¶平史，名画

## 範助 はんじょ
生没年不詳
平安時代後期の仏師。

¶平史

## 番匠屋市右衛門 ばんじょうやいちえもん
天保4（1833）年〜元治1（1864）年
江戸時代末期の金沢の漆工家。

¶人名，日人

## 番匠谷堯二 ばんしょうやぎょうじ
昭和5（1930）年〜平成11（1999）年
昭和〜平成期の都市計画家、建築家。

¶美建

## 番匠屋七左衛門 ばんしょうやしちざえもん，ばんじょうやしちざえもん
＊〜寛政12（1800）年
江戸時代中期〜後期の井波の大工・彫物師。

¶姓氏富山（㊥1756年），富山百（ばんじょうやしちざえもん　㊥宝暦7（1757）年）

## 範信 はんしん
生没年不詳
平安時代後期の仏師。

¶平史

## 半田 はんだ
生没年不詳
戦国時代の鋳物師。

¶戦辞

## 八田玄斎 はんだげんさい
㊽八田玄斎《はったげんさい》
安土桃山時代の和泉の陶工。

¶人名（はったげんさい），日人（生没年不詳）

## 半田善四郎 はんだぜんしろう
明治9（1876）年〜昭和27（1952）年
明治〜昭和期の植林・水田開拓者、政治家。原市町長。

¶群馬人，群馬百，姓氏群馬

## 八田長斎 はんだちょうさい
㊽八田長斎《はったちょうさい》
戦国時代の和泉の陶工。

¶人名（はったちょうさい），日人（生没年不詳）

## 半田鶴三郎 はんだつるさぶろう
元治1（1864）年〜昭和12（1937）年
明治〜昭和期の水産養殖家。

¶大分百（㊽1936年），大分歴，世紀（㊽元治1（1864）年4月16日　㊽昭和12（1937）年5月13日），日人

## 半田真理子 はんだまりこ
昭和22（1947）年〜
昭和〜平成期の建設官僚、環境プランナー。昭和記念公園の企画・設計・造成にあたった。著書に「都市に森をつくる─私の公園学」。

¶マス89

## 繁田満義 はんだみつよし
弘化2（1845）年〜大正9（1920）年
明治〜大正期の殖産家。埼玉県茶業取締所初代取締役。茶業振興を志し茶園経営に従事、茶種の改良普及に尽力。

¶朝日（㊽大正9（1920）年2月25日），近現，国史，世紀（㊽大正9（1920）年2月25日），日人

## 範多龍太郎 はんたりゅうたろう
明治4（1871）年〜昭和11（1936）年11月10日
㊽平野龍太郎《ひらのりゅうたろう》，範多龍太郎《はんだりょうたろう》
明治期の造船技術者、実業家。大阪におけるレストランの草分け。

¶海越新（㊥？），大阪人，先駆（はんだりょうたろう　生没年不詳），渡航（範多龍太郎・平野龍太郎　はんだりゅうたろう・ひらのりゅうたろう　㊥1871年1月），兵庫人（範多竜太郎㊽？）

## 範多龍太郎 はんだりょうたろう
→範多龍太郎（はんたりゅうたろう）

## 伴鉄太郎 ばんてつたろう
？〜明治35（1902）年8月7日
江戸時代末期〜明治期の幕臣。1860年咸臨丸測量方としてアメリカに渡る。

¶維新，海越，海越新，静岡歴，幕末

## 坂東助右衛門 ばんどうすけえもん
元和1（1615）年〜貞享1（1684）年　㊽坂東助右衛門尚重《ばんどうすけえもんなおしげ》
江戸時代前期の加賀屋新田の開発者。

¶埼玉人（生没年不詳），埼玉百（坂東助右衛門尚重　ばんどうすけえもんなおしげ）

## 范道生 はんどうせい
明・崇禎10（1637）年〜寛文10（1670）年　㊽印官《いんかん》
江戸時代前期の清国の仏師。

¶朝日（㊽寛文10年11月2日（1670年12月14日）），新儀（㊽寛文10（1670）年11月2日），全書，長崎百（㊥寛文10（1635）年），日史（㊽寛文10（1670）年11月2日），日人，百科，仏教（㊽明・

崇禎8(1635)年12月23日 [没]寛文10(1670)年11月2日)

**板東陶光** ばんどうとうこう
明治44(1911)年1月16日～平成12(2000)年7月30日
昭和期の陶芸家。
¶陶芸，陶芸最，美工，名工

**板東豊光** ばんどうとよみつ
昭和22(1947)年11月26日～
昭和～平成期の陶芸家。
¶陶芸最，陶工

**阪東直三郎** ばんどうなおさぶろう
嘉永5(1852)年2月～明治42(1909)年2月17日
江戸時代後期～明治期の調帯発明者。
¶兵庫人

**板東米子** ばんどうよねこ
昭和期のデコ師。
¶名工

**坂内雄二** ばんないゆうじ
昭和26(1951)年5月13日～
昭和～平成期の陶芸家。
¶陶芸最，陶工

**般若坊** はんにゃぼう
室町時代の能面師。仮面古作八人の一人。般若面を創作したといわれる。
¶人名，日人(生没年不詳)

**般若侑弘** はんにゃゆうこう
明治31(1898)年3月21日～昭和55(1980)年9月12日
大正～昭和期の染織家。
¶世紀，富山百([生]明治31(1898)年3月12日)，日人，美工，名工([生]明治31年3月12日)

**坂野惇子** ばんのあつこ
大正7(1918)年4月11日～平成17(2005)年9月24日
昭和期の実業家。ファミリア創業者。赤ちゃんの発育を医学的に配慮した肌着などを考案、普及に貢献。
¶現朝，世紀，創業，日人

**伴野佐吉** ばんのさきち
天保10(1839)年～明治38(1905)年
江戸時代後期～明治期の御殿場口富士山登山道開削者。
¶静岡歴，姓氏静岡

**伴野民太郎** ばんのみんたろう
生没年不詳
明治期のかもじ製造業者。
¶姓氏愛知

## 【ひ】

**稗田茂硫** ひえだしげる
昭和26(1951)年10月10日～
昭和～平成期の陶芸家。
¶名工

**日置兼次** ひおきかねつぐ
天保11(1840)年～明治43(1910)年
江戸時代末期～明治期の刀工。伊勢神宮遷宮にあたり、神剣、太刀、鉾など三百点を鋳造。
¶藩臣5

**日置直助尉兼次** ひおきなおすけのじょうかねつぐ
江戸時代末期の刀工。
¶鳥取百

**日置幸雄** ひおきゆきお
昭和4(1929)年～
昭和期の技術コンサルタント、森林土木工学者。
¶現執1期

**檜垣五右衛門** ひがきごえもん
慶長1(1596)年～延宝6(1678)年
安土桃山時代～江戸時代前期の開拓者。
¶日人

**日笠加左衛門** ひかさかざえもん
？ ～寛文5(1665)年
江戸時代前期の日笠紙の技術者・経営者。
¶岡山歴

**日笠端** ひがさただし
大正9(1920)年7月16日～平成9(1997)年10月30日
昭和～平成期の都市工学者。東京理科大学教授。
¶現執1期，現執2期，現執3期，現情，世紀

**東稲介** ひがしいなすけ
明治24(1891)年～昭和41(1966)年
大正～昭和期のタバコ栽培技術者。
¶姓氏鹿児島

**東方四十吉** ひがしかたよそきち
大正8(1919)年～
昭和～平成期の陶芸家。
¶陶芸最，名工

**東邦昭** ひがしくにあき
昭和16(1941)年～
昭和期の陶芸家。
¶陶芸最

**東佐誉子**(東佐与子) ひがしさよこ
明治25(1892)年11月15日～昭和48(1973)年8月1日
昭和期の料理研究家。日本女子大学教授。コルドン・ブルー卒業。著書に「世界の馬鈴薯料理集」「フランス式魚介料理法」など。
¶女性，女性普，世紀，日人(東佐与子)

ひ

**東田茂正** ひがしだしげまさ
昭和30（1955）年9月30日〜
昭和〜平成期の陶芸家。
¶陶工

**東忠雄** ひがしただお
昭和5（1930）年〜
昭和期の陶芸家。
¶陶芸最

**東出乙吉** ひがしでおときち
生没年不詳
明治期の化学者。弾性ゴムの研究開発につとめた。
¶先駆

**東直人** ひがしなおひと
昭和25（1950）年2月5日〜
昭和〜平成期の陶芸家。
¶陶工

**東端真笮**（東端真策）**ひがしばたしんさく**
大正2（1913）年4月30日〜昭和53（1978）年8月
23日
昭和期の漆芸家。
¶美工，名工（東端真策）

**東冨士明** ひがしふじあき
昭和3（1928）年〜
昭和期の陶芸家。
¶陶芸最

**東正成** ひがしまさなり
江戸時代前期の刀工。
¶岡山人

**東安右衛門** ひがしやすえもん
文化9（1812）年〜明治10（1877）年
江戸時代後期〜明治期の加賀国石川郡平加村の
人。算額・測量をよくした。
¶姓氏石川

**東山嘉事** ひがしやまかじ
〜平成18（2006）年12月14日
昭和〜平成期の造形作家。
¶美建

**東山弥右衛門** ひがしやまやうえもん
？ 〜寛政1（1789）年10月12日
江戸時代中期〜後期の名塩製紙の元祖。
¶兵庫人

**東勇助** ひがしゆうすけ
嘉永6（1853）年〜昭和10（1935）年
明治〜昭和期の小敷網漁の開発者。
¶和歌山人

**比嘉乗昌** ひがじょうしょう
生没年不詳
江戸時代中期の漆工（琉球の）。
¶沖縄百，コン改，コン4，新潮，日人，美工

**比嘉成一** ひがなりいち
明治27（1894）年〜昭和35（1960）年
昭和期の沖縄県技手・地方技師、中城村初代村長。

¶姓氏沖縄

**比嘉信忠** ひがのぶただ
昭和19（1944）年4月29日〜
昭和〜平成期の陶芸家。
¶陶芸最，陶工

**比嘉松次** ひがまつじ
明治37（1904）年9月21日〜昭和50（1975）年11月
26日
昭和期の建築士。
¶沖縄百

**比嘉松太郎** ひがまつたろう
明治15（1882）年？ 〜昭和18（1943）年4月24日
明治〜昭和期の大工。
¶沖縄百

**飛来一閑**(1) ひきいっかん
安土桃山時代〜江戸時代前期。
→飛来一閑（ひらいいっかん）

**飛来一閑**(2) ひきいっかん
世襲名 江戸時代の茶道具の塗師。
¶近世

**飛来一閑〔15代〕** ひきいっかん
〜昭和56（1981）年7月1日
昭和期の一閑張師。
¶美工

**匹田一臣** ひきだかずおみ
昭和33（1958）年2月20日〜
昭和期の陶芸家。
¶陶芸最

**飛来禎治** ひきていじ
〜昭和56（1981）年7月1日
昭和期の千家十職一閑張・飛来家当主。
¶名工

**樋口金正** ひぐちかねまさ
〜昭和62（1987）年1月31日
昭和期の飾り職人。
¶名工

**樋口清** ひぐちきよし
大正7（1918）年〜
昭和期の建築学者。東京大学教授。
¶現執1期

**樋口健治** ひぐちけんじ
大正9（1920）年〜
昭和期の機械工学者。名城大学教授、東京農工大
学教授。
¶現執1期，現執2期（⊕大正9（1920）年8月23日）

**樋口謙貞** ひぐちけんてい
→小林義信（こばやしよしのぶ）

**樋口権右衛門** ひぐちごんうえもん
→小林義信（こばやしよしのぶ）

**樋口権右衛門** ひぐちごんえもん
→小林義信（こばやしよしのぶ）

**樋口舟月** ひぐちしゅうげつ
生没年不詳
江戸時代中期の雛人形師、根付師、画師。
¶大阪人，人名，日人

**樋口彰一** ひぐちしょういち
昭和22(1947)年3月18日～
昭和期の陶芸家。
¶陶芸最

**樋口松平** ひぐちしょうへい
文久1(1861)年～昭和23(1948)年
明治～昭和期の実業家。近江蚊帳を製造販売し成功を収める。学校の増改築、橋・道路の改修事業など地域振興に多額の寄付をした。
¶滋賀百，世紀([生]文久1(1861)年4月8日 [没]昭和23(1948)年10月12日)，日人

**樋口盛一** ひぐちせいいち
明治23(1890)年10月21日～昭和57(1982)年12月29日
明治～昭和期の機械工学者、東北大学工学部教授。専門は弾性学、振動学。
¶岡山百，岡山歴，科学

**樋口大桂** ひぐちたいけい
昭和30(1955)年2月13日～
昭和～平成期の陶芸家。
¶陶工

**樋口忠彦** ひぐちただひこ
昭和19(1944)年2月13日～
昭和～平成期の景観工学者。新潟大学教授。
¶現執2期，現執3期，現執4期

**樋口富蔵** ひぐちとみぞう
明和2(1765)年～文政11(1828)年
江戸時代後期の土佐能茶山の陶工。
¶高知人，高知百，人名([没]1827年)，日人([生]1766年)

**樋口富蔵〔初代・2代〕** ひぐちとみぞう
江戸時代末期の能茶山磁器の棟梁。
¶高知百

**樋口治子** ひぐちはるこ
昭和期の染色工芸家。
¶名工

**樋口備山** ひぐちびざん
大正10(1921)年～？
昭和期の陶芸家。
¶陶芸最([生]大正10年2月1日)，陶工

**樋口民陶** ひぐちみんとう
大正2(1913)年7月30日～
昭和期の陶芸家。
¶陶芸，陶芸最，陶工，名工

**樋口雄貞** ひぐちゆうてい
天明1(1781)年～天保12(1841)年
江戸時代中期～後期の人。『勧殖桑養蚕書』を刊行。
¶姓氏長野

**樋口芳朗** ひぐちよしろう
大正11(1922)年10月18日～平成12(2000)年7月15日
昭和～平成期の土木技術者、国鉄鉄道技術研究所構造物研究室長。専門はコンクリート工学、建設材料学。
¶科学

**樋口力三** ひぐちりきぞう
昭和10(1935)年5月25日～
昭和期の陶芸家。
¶陶芸最

**日下田博** ひげたひろし
明治42(1909)年10月27日～平成15(2003)年7月8日
大正～平成期の染織家。
¶美工

**肥後** ひご
生没年不詳
江戸時代中期の根付師。
¶日人

**彦右衛門** ひこえもん
安土桃山時代の陶工、越中瀬戸の祖。
¶人名，姓氏富山，戦辞(生没年不詳)，日人(生没年不詳)

**彦五郎正吉** ひこごろうまさよし
生没年不詳
戦国時代の鋳物師。
¶戦辞

**彦左衛門** ひこざえもん
天文22(1553)年～慶長19(1614)年
江戸時代前期の檜物細工職人。
¶和歌山人

**彦四郎** ひこしろう
享保3(1718)年～寛政9(1797)年
江戸時代中期の陶工。讃岐香川郡御厩村で窯を開き、御厩焼を創始した。
¶人名，戦辞(生没年不詳)，日人

**彦四郎貞宗** ひこしろうさだむね
生没年不詳
鎌倉時代後期の刀匠。
¶神奈川人

**肥後新造** ひごしんぞう
江戸時代末期の薩摩焼の陶画工、狩野派の画家。
¶人名，日人(生没年不詳)

**彦八** ひこはち
生没年不詳
戦国時代の今川氏領国の皮革職人。
¶戦辞

**久岡冬彦** ひさおかふゆひこ
昭和19(1944)年1月28日～
昭和～平成期の陶芸家。
¶陶芸最，陶工

**久国** ひさくに
～寛保1(1741)年
江戸時代中期の刀工。
¶高知人，高知百

**久国(木村)** ひさくに
江戸時代の刀工。
¶高知百(久国)

**久田吉之助** ひさだきちのすけ
明治10(1877)年～大正7(1918)年
明治～大正期の陶工。常滑焼の建築材料の先駆者で、帝国ホテルの建築材料のタイルを製造。
¶人名，姓氏愛知，日人([没]大正7(1918)年12月)，名工

**久田邦男** ひさだくにお
昭和17(1942)年9月1日～
昭和期の陶芸家。
¶陶芸最

**久田重義** ひさだしげよし
昭和21(1946)年9月22日～
昭和～平成期の陶芸家。
¶陶芸最，陶工，名工

**久田太郎** ひさだたろう
明治42(1909)年9月28日～昭和40(1965)年1月5日
昭和期の工学者。名古屋大学教授。精密測定の研究で著名、放射性同位元素の工業的利用を研究。
¶科学，現情，人名7，世紀，日人

**久田鉄也** ひさだてつや
昭和29(1954)年～
昭和～平成期の金属造形家。
¶名工

**久田吉春** ひさだよしはる
昭和23(1948)年2月2日～
昭和期の陶芸家。
¶陶芸最

**久田遼三** ひさだりょうぞう
～昭和62(1987)年5月26日
昭和期の浅沓づくり職人。
¶名工

**久綱** ひさつな
江戸時代末期の刀工。
¶島根百

**久恒中陽** ひさつねちゅうよう
明治35(1902)年3月28日～平成1(1989)年11月23日
大正～昭和期の鋳造工学者、名古屋大学名誉教授。
¶科学，現情

**久永真也** ひさながしんや
昭和期のループル工房工芸家。
¶名工

**久永勇吉** ひさながゆうきち
明治18(1885)年10月8日～昭和6(1931)年11月30日
明治～昭和期の技師。
¶近土，土木

**久松育子** ひさまついくこ
？～
昭和～平成期の料理研究家。
¶現執3期

**久松吉十郎** ひさまつきちじゅうろう
生没年不詳
江戸時代中期の織物師。
¶姓氏京都

**久松次郎右衛門** ひさまつじろうえもん
生没年不詳
戦国時代の開拓者。
¶庄内

**久村種樹** ひさむらたねき
明治15(1882)年4月16日～昭和42(1967)年4月26日
明治～昭和期の軍人。
¶陸海

**菱川吉左衛門** ひしかわきちざえもん
慶長2(1597)年～寛文2(1662)年
江戸時代前期の縫箔染色家。
¶人名，日人

**菱川万三郎** ひしかわまんさぶろう
明治21(1888)年～昭和48(1973)年
大正～昭和期の工学者。
¶岡山人，岡山歴([生]明治21(1888)年9月1日 [没]昭和48(1973)年1月13日)

**菱沢想右衛門** ひしざわそうえもん
生没年不詳
戦国時代の伊豆の大工。
¶戦辞

**菱田唯蔵** ひしたただぞう，ひしだただぞう
明治14(1881)年6月2日～大正14(1925)年2月5日
明治～大正期の航空工学者。東京帝国大学教授。
¶科学，人名，世紀，渡航(ひしだただぞう)，日人

**菱田成信** ひしだなりのぶ
生没年不詳
江戸時代前期の蒔絵師。
¶日人

**菱田房貞** ひしだふささだ
生没年不詳
江戸時代前期の蒔絵師。
¶日人，美工

**菱沼定夫** ひしぬまさだお
昭和22(1947)年12月21日～
昭和期の陶芸家。
¶陶芸最

**菱沼宗吉郎** ひしぬまそうきちろう
生没年不詳

戦国時代の大工。伊豆南部で活動。
¶戦辞

**美洲義信** びしゅうよしのぶ
明治15(1882)年～昭和18(1943)年
明治～昭和期の彫金家。
¶新潟百

**備前国宗** びぜんくにむね
→国宗(くにむね)

**肥前忠吉** ひぜんただよし
[別]忠吉《ただよし》
世襲名　安土桃山時代以来の刀工。
¶史人(忠吉　ただよし), 世人

**肥前忠吉〔1代〕** ひぜんただよし
元亀3(1572)年～寛永9(1632)年　[別]忠吉〔1代〕《ただよし》, 忠吉《ただよし》, 武蔵大掾忠広《むさしだいじょうただひろ, むさしのだいじょうただひろ》, 武蔵大掾忠吉《むさしだいじょうただよし》
安土桃山時代～江戸時代前期の肥前佐賀の刀工。肥前佐賀藩工。
¶朝日([没]寛永9年8月15日(1632年9月28日)), 近世(忠吉〔1代〕　ただよし), 国史(忠吉〔1代〕　ただよし), コン改, コン4, 新潮(忠吉　ただよし), 世人(武蔵大掾忠広　むさしだいじょうただひろ), 日人

**肥前忠吉〔2代〕** ひぜんただよし
？ ～元禄6(1693)年
江戸時代前期の肥前の刀工。
¶コン改, コン4, 日人([生]1614年)

**肥前忠吉〔3代〕** ひぜんただよし
？ ～貞享3(1686)年
江戸時代前期の肥前の刀工。
¶コン改, コン4, 日人([生]1637年)

**肥前忠吉〔8代〕** ひぜんただよし
享和1(1801)年～安政6(1859)年
江戸時代後期～末期の刀工。
¶日人

**肥前国忠吉〔1代〕** ひぜんのくにただよし
元亀2(1571)年～寛永9(1632)年
安土桃山時代～江戸時代前期の刀工。
¶佐賀百

**日高栄三郎** ひだかえいざぶろう
明治2(1870)年12月22日～昭和18(1943)年3月18日
明治～昭和期の漁業家。
¶食文([生]明治2年12月22日(1870年1月23日)), 世紀, 日人

**日高亀市** ひだかかめいち
弘化2(1845)年～大正6(1917)年10月23日
江戸時代末期～明治期の漁業技術改良者。鰤建刺網を考案。
¶朝日([生]弘化2年2月4日(1845年3月11日)), 維新, 食文([生]弘化2年2月4日(1845年3月11日)), 世紀([生]弘化2(1845)年2月4日), 日人, 宮崎百([生]弘化2(1845)年2月4日)

**日高休助** ひだかきゅうすけ
大正期の人。佐多村で最初の動力付漁船を製造。
¶姓氏鹿児島

**日高重昌** ひだかしげまさ
文化14(1817)年～明治10(1877)年
江戸時代末期～明治期の測量技師。
¶国書([生]文化14(1817)年12月), 洋学

**日高祥二郎** ひだかしょうじろう
明治44(1911)年2月17日～
昭和～平成期の西陣織物職人。
¶名工

**日高胖** ひだかゆたか
明治8(1875)年6月15日～昭和27(1952)年12月25日
明治～昭和期の建築家。住友総本店営繕課技師長。
¶渡航, 美建

**日高義実** ひだかよしざね
明治22(1889)年12月5日～昭和42(1967)年3月31日
大正～昭和期の林業技術者。
¶熊本百

**比田孝一** ひだこういち
明治1(1868)年11月28日～昭和4(1929)年1月11日
江戸時代末期～昭和期の技師。
¶近土, 土木

**肥田泰山** ひだたいざん
安政3(1856)年～昭和22(1947)年
明治～昭和期の陶芸家。
¶島根人, 島根歴

**常陸重次郎** ひたちしげじろう
生没年不詳
明治期の商人。札幌で最初の豆腐屋・染物屋。
¶札幌

**飛驒工** ひだのたくみ
奈良時代の飛驒の木工。
¶朝日, 日人

**飛田範夫** ひだのりお
昭和22(1947)年10月11日～
昭和～平成期の造園家。修成建設専門学校教授。
¶現執3期

**肥田浜五郎** ひだはまごろう, ひたはまごろう
文政13(1830)年～明治22(1889)年　[別]肥田為良《ひだためよし》
江戸時代末期～明治期の造船技師、海軍軍人。海軍機関総監、静岡藩海軍学校頭、御料局長官。咸臨丸機関方として訪米。のち軍艦千代田の機器類購入のためオランダに渡る。
¶朝日([生]天保1(1830)年1月　[没]明治22(1889)年4月27日), 維新, 海越([生]文政13(1830)年1月　[没]明治22(1889)年4月27日), 海越新([生]文政13(1830)年1月　[没]明治22(1889)年4月27日), 科学([生]1830年(文政13)1月28日

[没]1889年(明治22)4月27日), 神奈川人, 国際, コン5, 静岡百, 静岡歴, 新潮([生]天保1(1830)年1月　[没]明治22(1889)年4月27日), 人名, 姓氏静岡, 先駆([生]文政13(1830)年1月　[没]明治22(1889)年4月27日), 鉄道([生]1830年1月28日　[没]1889年4月27日), 渡航(肥田浜五郎・肥田為良　ひだはまごろう・ひだためよし　[生]1830年1月　[没]1889年4月27日), 日人, 幕末, 洋学([生]文政12(1829)年), 陸海(ひたはまごろう　[生]天保1年1月28日　[没]明治2年4月28日)

**左欣司**　ひだりきんじ
大正7(1918)年2月28日～平成20(2008)年10月14日
昭和～平成期の彫刻家。
¶美建

**左甚五郎**　ひだりじんごろう
文禄3(1594)年～慶安4(1651)年
江戸時代前期の大工。彫物の名手。日光東照宮の眠り猫、東京上野東照宮の竜を製作。
¶朝日, 岩史(生没年不詳), 江戸東, 角史, 郷土香川, 近世(生没年不詳), 国史(生没年不詳), コン改, コン4, 史人(生没年不詳), 新潮, 人名, 世人, 世百, 全書(生没年不詳), 栃木歴(生没年不詳), 日史, 日人, 美術(生没年不詳), 百科, 和歌山人(生没年不詳)



**秀貞**　ひでさだ
戦国時代の刀工。
¶島根人, 島根白

**秀近**　ひでちか
鎌倉時代前期の古備前の刀工。
¶岡山歴

**寿軌**　ひでのり
→寿軌(としのり)

**秀則**(1)　ひでのり
室町時代の出雲吉井派の刀匠。
¶島根人

**秀則**(2)　ひでのり
室町時代の石見の刀匠。
¶島根人

**秀則**(3)　ひでのり
室町時代の刀工。
¶島根百

**秀華**　ひではな
江戸時代末期の刀工。
¶島根百

**秀弘**　ひでひろ
文政10(1827)年～明治18(1885)年
江戸時代後期～明治期の刀工。
¶高知人

**秀光**　ひでみつ
南北朝時代の長船小反派の刀工。
¶岡山歴

**秀宗**　ひでむね
戦国時代の刀工。
¶島根人, 島根百

**秀幸**　ひでゆき
室町時代の長船小反派の刀工。
¶岡山歴

**英吉**　ひでよし
～天保10(1839)年
江戸時代後期の刀工、鉄砲鍛冶。
¶高知人

**一柳友善**　ひとつやなぎともよし
世襲名　江戸時代中期以来の装剣金工。
¶新潮

**一柳友善〔1代〕**　ひとつやなぎともよし
享保1(1716)年～安永7(1778)年　[別]一柳友善〔1代〕《ひとつやなぎゆうぜん》
江戸時代中期の装剣金工家。初代一柳派。
¶朝日(――〔代数なし〕), コン改(生没年不詳), コン4(生没年不詳), 人名(ひとつやなぎゆうぜん), 日人

**一柳友善〔2代〕**　ひとつやなぎともよし
延享1(1744)年～天明4(1784)年
江戸時代中期の装剣金工。
¶日人

**一柳米来留**　ひとつやなぎめれる
明治13(1880)年～昭和39(1964)年
明治～昭和期の社会事業家、建築家。近江兄弟社社長。メンソレータムの販売権を獲得。近江兄弟社小学校、中学校、高校を開設。著書に「吾家の設計」「失敗者の自叙伝」など。
¶近現, 現情([生]1880年10月28日　[没]1964年5月7日), 現人, 国史, 史人([生]1880年10月28日　[没]1964年5月7日), 人名7, 日人([生]1880年10月28日　[没]昭和39(1964)年5月7日), 歴大

**一柳友善〔1代〕**　ひとつやなぎゆうぜん
→一柳友善〔1代〕(ひとつやなぎともよし)

**人見勝人**　ひとみかつんど
昭和7(1932)年1月16日～
昭和～平成期の生産システム工学者、産業経営学者。京都大学教授、西南交通大学顧問教授。
¶現執3期

**人見啓一**　ひとみけいいち
昭和24(1949)年3月21日～
昭和～平成期の陶芸家。
¶陶工

**人見城民**　ひとみじょうみん
明治27(1894)年1月2日～昭和47(1972)年10月4日
大正～昭和期の漆芸家。日光彫と漆工芸を学び、日光堆朱の技法を開発した。作品に「薬草図日光堆朱硯筥」など。
¶世紀, 栃木百([没]昭和48(1973)年), 栃木歴, 日人, 美工

人見政次　ひとみまさつぐ
昭和13(1938)年7月2日～
昭和期の陶芸家。
¶陶芸最

辺名親雲上　ひなじぺーちん
生没年不詳
江戸時代中期の人。渡久地橋架橋工事の功労者。
¶姓氏沖縄

日向大八　ひなただいはち
昭和11(1936)年9月23日～
昭和～平成期の陶芸家。
¶陶芸最，陶工，名工

日向広高　ひなたひろたか
元文1(1736)年～文政1(1818)年
江戸時代中期～後期の刀匠。
¶姓氏長野

日根野作三　ひねのさくぞう
明治～昭和期の陶芸家。
¶陶工（⊕1901年　⊗？），美工（⊕明治40
　(1907)年　⊗昭和59(1984)年6月5日）

日根野作蔵　ひねのさくぞう
～昭和59(1984)年6月5日
昭和期のクラフト・デザイナー。
¶名工

樋上千哲　ひのうえちあき
昭和11(1936)年5月5日～
昭和～平成期の染色作家。
¶名工

日野熊蔵　ひのくまぞう
明治11(1878)年～昭和21(1946)年1月15日
明治～昭和期の陸軍人。中佐、十条火薬製造所
長。日本における飛行機の先駆者。日本初の公開
飛行を行った。
¶熊本百（⊕明治11(1878)年6月9日），人名7,
世紀（⊕明治11(1878)年6月9日），世人（⊕明
治11(1878)年6月9日），先駆，全書，大百，日
人（⊕明治11(1878)年6月9日），陸海（⊕明治
11年2月5日）

檜前杉光　ひのくまのすぎみつ
生没年不詳
平安時代前期の建築家。
¶郷土岐阜

日野常　ひのじょう
明治26(1893)年～昭和59(1984)年
大正～昭和期の表具師。
¶和歌山人

日野清三郎　ひのせいざぶろう
明治1(1868)年～昭和17(1942)年2月20日
大正期の地方史研究家、技師。対馬史を研究。
¶郷土，史研（⊕明治1(1868)年1月15日）

日野丈夫　ひのたけお
昭和期の能面作者。
¶名工

樋野達夫　ひのたつお
昭和17(1942)年2月2日～
昭和期の横笛製作者。
¶島根百

日野義長　ひのよしなが
明治30(1897)年～昭和54(1979)年
大正～昭和期の陶芸家、萬祥山窯。
¶島根歴

樋渡ヨシ　ひのわたりよし
→樋渡ヨシ（ひわたりよし）

日幡光顕　ひばたこうけん
大正9(1920)年10月4日～
昭和～平成期の陶芸家。
¶陶芸最，陶工，名工

日幡寿　ひばたひさし
昭和27(1952)年3月25日～
昭和～平成期の陶芸家。
¶陶芸最，陶工，名工

日幡正直　ひばたまさなお
安政4(1857)年～明治36(1903)年12月31日
江戸時代末期～明治期の備前焼陶工・伊部天津神
社神官。
¶岡山歴

火鉢屋吉右衛門　ひばちやきちえもん
江戸時代の陶工、和泉大鳥郡湊焼の中興者。
¶人名，日人（生没年不詳）

雲雀亮一　ひばりりょういち
昭和31(1956)年12月2日～
昭和期の陶芸家。
¶陶芸最

日比忠彦　ひびただひこ
明治6(1873)年1月20日～大正10(1921)年
明治～大正期の建築学者。京都帝国大学教授。鉄
筋混凝土の権威で、著書に「鉄筋混凝土の理論及
びその応用」など。
¶科学（⊗1921年(大正10)6月2日），近土
　（⊗1921年6月2日），人名，世紀（⊗大正10
　(1921)年6月1日），姓氏京都，渡航（⊗1921年
　6月1日），土木（⊗1921年6月2日），日人（⊗大
　正10(1921)年6月1日）

日比野敏幸　ひびのとしゆき
昭和24(1949)年6月8日～
昭和期の陶芸家。
¶陶芸最

氷見晃堂　ひみこうどう
明治39(1906)年10月30日～昭和50(1975)年2月
28日
昭和期の木工芸家。日本工芸会木竹工部会長。
「木工芸」の人間国宝。日展で「寄木造透彫小屏
風」が北斗賞受賞。
¶石川百，現朝，現情，現人，現日，国宝，新潮，
　人名7，世紀，姓氏石川，日人，美工，名工

**氷見宗忠** ひみむねただ
生没年不詳
室町時代の能面師。十作の一人。
¶人名，姓氏富山，世人，富山百，富山文，日人

**姫野佐平** ひめのさへい
元治1(1864)年〜昭和19(1944)年
明治〜昭和期の農業指導者。
¶大分百，大分歴，世紀([没]昭和19(1944)年10月2日)，日人

**百武兼貞**(百武兼員) ひゃくたけかねさだ
文政4(1821)年〜明治25(1892)年
明治期の官吏。皿山代官として有田陶業の革新・技術改良に尽力、ワグネルを招き技術指導を受け製品の輸出につとめた。
¶人名(百武兼員)，日人，幕末

**百塚正也** ひゃくづかしょうや，ひゃくずかしょうや
大正14(1925)年〜
昭和〜平成期の漆芸作家。
¶名工(ひゃくずかしょうや)

ひ

**白道** びゃくどう
寛延3(1750)年〜文政8(1825)年
江戸時代中期〜後期の仏師。
¶山梨百

**百婆仙** ひゃくばせん
永禄4(1561)年〜明暦2(1656)年
安土桃山時代〜江戸時代前期の女性。陶芸家。
¶女性([生]永禄3(1560)年　[没]明暦2(1656)年3月)，人名，日人

**樋山恒男** ひやまつねお
昭和22(1947)年2月27日〜
昭和期の陶芸家。
¶陶芸最

**表具師幸吉**(1) ひょうぐしこうきち
[別]桜屋幸吉《さくらやこうきち》
江戸時代後期の発明家。
¶岡山人(桜屋幸吉　さくらやこうきち)，岡山歴([生]宝暦7(1757)年　[没]弘化4(1847)年8月21日)，科学([生]生年不詳　[没]1851年(嘉永4))

**表具師幸吉**(2) ひょうぐしこうきち
？〜嘉永4(1851)年　[別]岡山幸吉《おかやまのこうきち》
江戸時代末期の発明家、表具師。
¶朝日(岡山幸吉　おかやまのこうきち)，コン改(岡山幸吉　おかやまのこうきち)，コン4(岡山幸吉　おかやまのこうきち)，新潮(生没年不詳)，世人(生没年不詳)，日人([生]1757年[没]1847年)

**表太** ひょうた
生没年不詳
江戸時代前期の表具師。
¶日人

**兵頭太郎右衛門** ひょうどうたろうえもん
→兵頭太郎右衛門(ひょうどうたろえもん)

**兵頭太郎右衛門** ひょうどうたろえもん
*〜慶長2(1597)年　[別]兵頭太郎右衛門《ひょうどうたろうえもん》
戦国時代の武士・泉貨紙の発明者。
¶愛媛百([生]？)，郷土愛媛(ひょうどうたろうえもん　[生]1556年)

**兵藤知典** ひょうどうとものり
大正11(1922)年6月24日〜
昭和〜平成期の原子核工学者。京都大学教授。
¶現情

**兵部** ひょうぶ
生没年不詳
江戸時代前期〜中期の仏師。
¶黄檗

**日吉育子** ひよしいくこ
昭和29(1954)年1月1日〜
昭和期の陶芸家。
¶陶芸最

**日吉小次郎** ひよしこじろう
明治14(1881)年11月22日〜昭和24(1949)年3月1日
明治〜昭和期の農事改良家。延岡市農会会長。
¶世紀，日人，宮崎百

**平井敦** ひらいあつし
明治41(1908)年8月4日〜平成5(1993)年6月10日
昭和期の橋梁工学者。東京大学教授、長岡技術科学大学教授。
¶科学，近土，現情

**飛来一閑** ひらいいっかん
明・万暦6(1578)年〜明暦3(1657)年　[別]一閑《いっかん》，飛来一閑《ひきいっかん》
安土桃山時代〜江戸時代前期の漆工。明から日本に帰化。
¶朝日(ひきいっかん)，岩史([没]明暦3(1657)年11月20日)，角史，京都，京都大(ひきいっかん)，国史，コン改，コン4，茶道(ひきいっかん)，史人([没]1657年11月20日)，新潮，人名(一閑　いっかん)，姓氏京都(ひきいっかん[生]？)，世人，日人

**平井喜久松** ひらいきくまつ
明治18(1885)年11月22日〜昭和46(1971)年1月27日
明治〜昭和期の技師。
¶科学，近土，鉄道([生]1885年11月)，土木

**平井聖** ひらいきよし
昭和4(1929)年7月10日〜
昭和〜平成期の建築学者。東京工業大学教授。
¶現執1期，現執2期，現執3期，現執4期

**平井重雄** ひらいしげお
昭和8(1933)年〜
昭和〜平成期の水引細工師。
¶名工

## 平石晃祥　ひらいしこうしょう
明治43(1910)年12月2日～昭和64(1989)年1月6日
大正～昭和期の漆芸家。
¶美工, 名工

## 平井昇甫　ひらいしょうほ
昭和6(1931)年～
昭和～平成期の金工作家。
¶名工

## 平井信二　ひらいしんじ
大正3(1914)年2月1日～
昭和期の木材加工学者。東京大学教授。
¶現執2期, 現情

## 平井晴二郎（平井晴次郎）ひらいせいじろう
安政3(1856)年～大正15(1926)年
明治～大正期の土木工学者。北海道、奈良、大阪などの鉄道敷設工事に貢献。
¶科学(㊥1856年(安政3)10月16日　㊦1926年(大正15)6月29日), 近土(㊥1856年10月16日　㊦1926年6月29日), 人名, 世紀(㊥安政3(1856)年10月16日　㊦大正15(1926)年6月29日), 姓氏石川, 先駆(平井晴次郎　㊥安政3(1856)年10月　㊦大正15(1926)年6月29日), 鉄道(㊥1856年11月13日　㊦1926年6月28日), 渡航(平井晴次郎　㊥1856年10月　㊦1926年6月29日), 土木(㊥1856年10月16日　㊦1926年6月29日), 日人, 北海道百, 北海道歴, 明治2, 履歴(㊥安政3(1856)年10月16日　㊦大正15(1926)年6月29日)

## 平井平助　ひらいへいすけ
江戸時代末期～明治期の実業家。桐箪笥の製造を始め、平屋箪笥として評価を得た。
¶京都府(生没年不詳), 日人

## 平井弥之助　ひらいやのすけ
明治35(1902)年～昭和61(1986)年
昭和期の実業家、電気・土木技術者。東北電力副社長。
¶姓氏宮城

## 平井要三　ひらいようぞう
明治24(1891)年～昭和2(1927)年8月27日
明治～昭和期の船舶工学者。
¶科学, 世紀, 日人

## 平井隆之助　ひらいりゅうのすけ
昭和期の足袋職人。
¶名工

## 平岩貫一　ひらいわかんいち
明治16(1883)年5月25日～昭和19(1944)年10月
明治～昭和期の医学技術者。
¶岡山百, 岡山歴

## 平尾収　ひらおおさむ
大正4(1915)年4月21日～平成7(1995)年7月4日
昭和期の自動車工学者。内燃機関、なかでも自動車エンジンと自動車工学の研究に従事。
¶科学, 現執2期, 現情, 現人, 世紀, 日人

## 平岡次郎右衛門　ひらおかじろうえもん
天正12(1584)年～寛永20(1643)年
江戸時代前期の甲斐国の治水家。甲府郡代。釜無川の水をひいて富竹新田を開拓。
¶朝日(㊦寛永20年9月17日(1643年10月29日)), 近世, 国史, コン改, コン4, 新潮(㊦寛永20(1643)年9月17日), 人名, 日人

## 平岡熙（平岡凞）ひらおかひろし
安政3(1856)年8月19日～昭和6(1934)年5月6日
明治～昭和期の鉄道技師。日本初の野球チームを結成したほか、三味線東明流の創始者でもある。
¶海越(㊦昭和6(1934)年5月6日), 海越新, 現朝(㊥安政3年8月19日(1856年9月17日)), 先駆(平岡熙), 体育, 渡航, 日人(平岡熙), 明治2(平岡凞), 履歴

## 平岡正勝　ひらおかまさかつ
昭和5(1930)年12月10日～
昭和～平成期の環境システム工学者。立命館大学エコ・テクノロジー研究センター長、京都大学教授。
¶現執2期, 現執4期

## 平岡通義（平岡通養）ひらおかみちよし
天保2(1831)年～大正6(1917)年
明治期の建築家、官僚。御造営局長代理として皇居造営に尽力。有栖川宮邸、上野動物園等の建設にも功績。
¶朝日(㊥天保2年8月15日(1831年9月20日)　㊦大正6(1917)年4月2日), コン改, コン4, コン5, 新潮(㊥天保2(1831)年8月15日　㊦大正6(1917)年4月2日), 人名, 日人, 幕末(平岡通養　㊦1917年4月2日)

## 平岡利兵衛　ひらおかりへえ
～昭和58(1983)年2月12日
昭和期の陶芸家。
¶美工

## 平尾儀七　ひらおぎしち
文化5(1808)年～明治11(1878)年
江戸時代末期～明治期の伊予の陶工。
¶人名, 日人

## 平尾正則　ひらおまさのり
江戸時代中期の金工。
¶人名, 日人(生没年不詳)

## 平尾峰春　ひらおみねはる
昭和15(1940)年8月12日～
昭和～平成期の陶芸家。
¶陶芸最, 陶工, 名工

## 平賀栄治　ひらがえいじ
明治25(1892)年～昭和57(1982)年
大正～昭和期の神奈川県農林技師。
¶姓氏神奈川

## 平賀謙一　ひらがけんいち
明治43(1910)年1月29日～昭和50(1975)年10月6日
昭和期の建築学者、建設省建築研究所所長。専門

はコンクリート工学。
¶科学

**平賀源内** ひらがげんない
享保13（1728）年～安永8（1779）年 [別]福内鬼外《ふくうちきがい》，森羅万象〔1代〕《しんらまんぞう》，風来山人《ふうらいさんじん》
江戸時代中期の発明家、劇作者、科学者。日本初の物産会を開催。火浣布、寒暖計、エレキテルなどを発明。のち鉱山開発にもあたった。
¶秋田百，朝日（[没]安永8年12月18日（1780年1月24日）），岩史（[没]安永8（1779）年12月18日），江文，科学（[没]1779年（安永8）12月18日），香川人，香川百，角史，郷土香川（[生]1732年），近世，芸能（福内鬼外　ふくうちきがい　[没]安永8（1779）年12月18日），考古（[没]安永8年（1779年11月18日）），国史，国書（[没]安永8（1779）年12月18日），コン改，コン4，埼玉人，埼玉百（[生]1729年），史人（[没]1779年12月18日），重要（[生]享保14（1729）年　[没]安永8（1779）年12月18日），食文（[没]安永8年12月18日（1780年1月24日）），人書79（[生]1728年，（異説）1729年），人書94，人情3，新潮（[没]安永8（1779）年12月18日），新文（[没]安永8（1779）年12月18日），人名（[生]1726年），世人（[生]享保14（1729）年　[没]安永8（1779）年12月18日），世百（[生]1728年？），全書，大百，伝記，長崎百，日思，日史（[没]安永8（1779）年12月18日），日人（[没]1780年），藩臣6，美術，百科，文学，平日（[生]1728 [没]1779），名画（[生]1726年），洋学，歴大

**平賀妙子** ひらがたえこ
昭和23（1948）年～
昭和期の陶芸家。
¶陶芸最（[生]昭和23年5月23日），陶工（[生]1948年5月22日），名工

**平賀瑛彬** ひらがてるあき
大正15（1926）年2月16日～平成11（1999）年12月23日
昭和～平成期の作曲家、指揮者、建築家、デザイナー。
¶作曲

**平賀保秀** ひらがほうしゅう
→平賀保秀（ひらがやすひで）

**平賀保秀** ひらがやすひで
？ ～天和3（1683）年 [別]平賀保秀《ひらがほうしゅう》
江戸時代前期の和算家。水戸頼房、光圀に仕える。
¶朝日（[没]天和3年8月3日（1683年9月23日）），近世，国史，人名（ひらがほうしゅう），日人

**平賀譲** ひらがゆずる
明治11（1878）年3月8日～昭和18（1943）年
明治～昭和期の船舶工学者、海軍軍人。東京帝国大学総長、海軍技術研究所所長。長門、大和など主力艦を設計、軍艦の父と呼ばれる。戦艦の研究で学士院賞受賞。
¶岩史（[没]1943年2月17日），科学（[没]1943年（昭和18）2月17日），近現，現朝（[没]1943年2月17日），現日（[没]1943年2月17日），国史，コン改，コン5，史人（[没]1943年2月17日），新潮（[没]昭和18（1943）年2月17日），人名7，世紀（[没]昭和18（1943）年2月17日），世人（[没]昭和18（1943）年2月17日），世百，全書，大百，伝記，渡航（[没]1943年2月17日），日史（[没]昭和18（1943）年2月17日），日人（[没]昭和18（1943）年2月17日），日本，百科，広島百（[没]昭和18（1943）年2月27日），陸海（[没]昭和18年2月17日），歴大

**平川正一** ひらかわしょういち
昭和5（1930）年9月26日～ [別]平川正二《ひらかわしょうじ》
昭和期の陶芸家。
¶陶芸最，名工（平川正二　ひらかわしょうじ）

**平川正二** ひらかわしょうじ
→平川正一（ひらかわしょういち）

**平川忠** ひらかわただし
昭和30（1955）年3月6日～
昭和～平成期の陶芸家。
¶名工

**平川文左衛門** ひらかわぶんざえもん
江戸時代中期の水産家。
¶食文，人名，日人（生没年不詳）

**平川良彦** ひらかわよしひこ
明治17（1884）年～昭和43（1968）年
明治～昭和期の工学博士。日本製鉄理事、銑鉄製造法の権威。
¶姓氏鹿児島

**平倉六郎右衛門** ひらくらろくろううえもん
→平倉六郎右衛門（ひらくらろくろうえもん）

**平倉六郎右衛門** ひらくらろくろうえもん
*～天保12（1841）年 [別]平倉六郎右衛門《ひらくらろくろううえもん》
江戸時代中期～後期の勘左衛門堰、十ヶ堰開削者。
¶姓氏長野（[生]1759年），長野歴（ひらくらろくろううえもん　[生]宝暦5（1755）年）

**平社敬之助** ひらこそけいのすけ
明治30（1897）年1月4日～昭和32（1957）年4月5日
昭和期の冶金工学者。
¶現情

**平崎梅次郎** ひらさきうめじろう
大正期の漆工芸家。
¶姓氏富山

**平沢三右衛門** ひらさわさんえもん，ひらざわさんえもん
寛延1（1748）年～文政7（1824）年
江戸時代中期～後期の陸奥弘前藩士。荒田復興に一生をささげた開拓者。
¶青森人，人名（ひらざわさんえもん　[生]1752年），日人，藩臣1

**平沢松柏** ひらさわしょうはく
？ ～慶応1（1865）年
江戸時代末期の武士、陶工、茶人。尾張藩士。父の九朗焼をついで2代目となる。

¶茶道，日人

**平島二郎** ひらしまじろう
昭和4(1929)年6月22日～平成10(1998)年10月20日
昭和～平成期の建築家。
¶美建

**平瀬鉄子** ひらせてつこ
大正4(1915)年2月27日～
昭和～平成期の本場大島紬織物職人。
¶名工

**平田安房** ひらたあわ
生没年不詳
江戸時代中期の装剣金工。
¶日人

**平田市左衛門** ひらたいちざえもん
生没年不詳
江戸時代前期の鐔工。
¶徳島百，徳島歴

**平田氏直** ひらたうじなお
生没年不詳
江戸時代前期の装剣金工。
¶日人

**平田氏安** ひらたうじやす
生没年不詳
江戸時代前期の装剣金工。
¶日人

**平田源蔵** ひらたげんぞう
生没年不詳
江戸時代後期のからくり細工人。
¶姓氏愛知

**平田幸助** ひらたこうすけ
江戸時代末期の栃木烏山の金工。
¶栃木歴

**平田孝造** ひらたこうぞう
生没年不詳
明治期の製造業。蟹缶詰製造の先駆者。
¶先駆

**平田郷陽〔1代〕** ひらたごうよう
明治11(1878)年4月18日～大正13(1924)年7月6日
明治～大正期の人形作家。
¶岡山歴

**平田郷陽〔2代〕** ひらたごうよう
明治36(1903)年11月25日～昭和56(1981)年3月23日
昭和期の人形作家。「衣裳人形」の人間国宝。日本人形社、のち人形美術院を創設。
¶岡山歴，現朝，現情，現人(――〔代数なし〕)，現日(――〔代数なし〕)，国宝(――〔代数なし〕)，新潮(――〔代数なし〕)，世紀，全書(――〔代数なし〕)，日人，美工，名工

**平田三之助** ひらたさんのすけ
天明2(1782)年～文政10(1827)年
江戸時代後期の鍛金工。江戸の平田家第4代。
¶人名，日人

**平田新吾** ひらたしんご
生没年不詳
江戸時代中期の装剣金工。
¶日人

**平田佐矩** ひらたすけのり
明治28(1895)年9月25日～昭和40(1965)年12月5日
大正～昭和期の実業家。平田製網(現ヒラボウ)社長となり、漁網の洋式蛙股編網機を開発。
¶世紀，日人

**平田丹斎** ひらたたんさい
江戸時代の徳島の金工、平田氏の祖。
¶人名，日人(生没年不詳)

**平田通典** ひらたつうてん
→平田典通(ひらたてんつう)

**平舘匡夫** ひらだてまさお
明治44(1911)年10月25日～
昭和期の陶芸家。
¶陶芸最

**平田典寛** ひらたてんかん
尚貞12(1680)年～尚穆14(1765)年
江戸時代前期～中期の陶工。
¶沖縄百([生]尚貞12(1680)年5月23日 [没]尚穆14(1765)年10月8日)，姓氏沖縄

**平田典通** ひらたてんつう
尚賢1(1641)年～＊ [別]平田通典《ひらたつうてん》
江戸時代前期～中期の陶工・彫刻家。
¶沖縄百([生]尚賢1(1641)年9月19日 [没]尚敬10(1722)年5月29日)，コン改(平田通典 ひらたつうてん [没]?)，コン4(平田通典 ひらたつうてん [没]?)，人名([没]?)，姓氏沖縄([没]1722年)，日人([没]1722年)

**平田道仁** ひらたどうにん
天正19(1591)年～正保3(1646)年
江戸時代前期の七宝職人。
¶朝日，京都大，コン改，コン4，史人，新潮，人名([生]?)，姓氏京都，世人，世百，大百，日史([生]?)，日人，美術，百科

**平田長房** ひらたながふさ
生没年不詳
江戸時代後期の装剣金工。
¶日人

**平田就久** ひらたなりひさ
＊～寛文11(1671)年
江戸時代前期の金工。
¶人名([生]?)，日人([生]1616年)

**平田彦三** ひらたひこぞう
? ～寛永3(1626)年

江戸時代前期の装剣金工家。平田派の開祖。
¶朝日（⊗寛永12（1635）年），熊本百（⊗寛永3（1626）年11月），コン改，コン4，新潮（⊗寛永12（1635）年），人名，日人（⊗1635年）

**平田平右衛門〔1代〕** ひらたへいえもん
安土桃山時代～江戸時代前期の陶工。
¶人名（──〔代数なし〕），日人（生没年不詳）

**平田孫一郎** ひらたまごいちろう
弘化4（1847）年～大正10（1921）年
江戸時代末期～大正期の養蚕業指導者。
¶姓氏鹿児島

**平田正親** ひらたまさちか
生没年不詳
江戸時代中期の装剣金工。
¶日人

**平田雅哉** ひらたまさや
明治33（1900）年4月20日～昭和55（1980）年12月19日
大正～昭和期の大工。平田建設会長。
¶美建

**平田賢** ひらたまさる
昭和6（1931）年8月13日～
昭和～平成期の機械工学者、熱エネルギー工学者。東京大学先端科学技術センター教授。
¶現執2期，現執3期，現執4期

**平田満里** ひらたみつのり
昭和17（1942）年3月～
昭和～平成期の和太鼓奏者、バチ製作者。
¶音人

**平田光治** ひらたみつはる
明治44（1911）年7月11日～昭和63（1988）年11月18日
昭和期の映画照明技師。
¶映人

**平田宗幸** ひらたむねゆき
嘉永4（1851）年～大正9（1920）年
明治～大正期の鍛金家。東京美術学校教授。鍛金を金属工芸の一分野にまで高めた。代表作に「茄子形水滴」。
¶朝日（⊗大正9（1920）年2月25日），人名，世紀（⊕嘉永4（1851）年3月13日　⊗大正9（1920）年2月25日），日人，名工（⊕嘉永4（1851）年3月13日　⊗大正9年2月24日）

**平田安吉** ひらたやすきち
安政4（1857）年～明治29（1896）年
明治期の事業家、農事指導者。町会議員、第六十七国立銀行取締役。乾田馬耕の普及や稲作技術の向上をはかり、鶴岡米穀取引所を創設。
¶朝日（⊕安政4年4月22日（1857年5月15日）⊗明治29（1896）年7月19日），近現，国史，庄内（⊕安政4（1857）年4月22日　⊗明治29（1896）年7月19日），日人，山形百

**平田陽光** ひらたようこう
明治39（1906）年～昭和50（1975）年

大正～昭和期の人形作家。
¶美工

**平田与八郎** ひらたよはちろう
生没年不詳
江戸時代前期の豪商、金工。
¶徳島百，徳島歴

**平塚尚一** ひらつかしょういち
昭和22（1947）年7月31日～
昭和期の技術者、点字プリンタ開発者。
¶視覚

**平塚寿次** ひらつかとしつぐ
文政10（1827）年5月15日～明治35（1902）年3月15日
江戸時代末期～明治期の刀工。
¶埼玉人

**平塚茂兵衛** ひらつかもへい
生没年不詳
明治期の七宝工。
¶美工

**平中蔵子** ひらなかとしこ
明治43（1910）年5月14日～昭和63（1988）年1月2日
昭和期の歌人、人形作家。「多摩」などで活躍。戦後創作人形に独特の作風を確立。京都府文化功労者、京都府文化賞受賞。
¶京都文，女性，女性普，世紀，日人，美工，名工

**平沼九兵衛〔5代〕** ひらぬまきゅうべえ
生没年不詳
江戸時代後期の平沼新田開発者。
¶神奈川人

**平沼浄** ひらぬまきよし
明治31（1898）年～昭和53（1978）年
大正～昭和期の竹工芸家。
¶美工

**平沼多佳子** ひらぬまたかこ
昭和17（1942）年7月27日～
昭和期の陶芸家。
¶陶芸最

**平野永太郎** ひらのえいたろう
明治2（1869）年3月18日～大正12（1923）年7月22日
明治～大正期の日本人労働運動の開拓者で、神戸靴産業の開拓者。
¶海越新，世紀，渡航，日人，兵庫百

**平野勘三郎** ひらのかんざぶろう
明治39（1906）年1月～
大正～昭和期の屋根職人。
¶名工

**平野勘十郎** ひらのかんじゅうろう
～享保2（1717）年
江戸時代前期～中期の弓師。
¶庄内

**平野勘兵衛** ひらのかんべえ
弘化4(1847)年4月24日～
江戸時代後期～明治期の竿師。
¶庄内

**平野吉兵衛** ひらのきちべえ
世襲名　明治～昭和期の鋳造家。
¶姓氏京都

**平野吉兵衛〔1代〕** ひらのきちべえ
天保10(1839)年～?
明治期の鋳金家。
¶京都大(――〔代数なし〕),日人

**平野吉兵衛〔2代〕** ひらのきちべえ
明治1(1868)年～昭和17(1942)年
江戸時代末期～昭和期の鋳金家。
¶世紀,日人

**平野教道** ひらのきょうどう
昭和2(1927)年2月18日～
昭和～平成期の陶芸家。
¶陶芸最,陶工,名工

**平野庫太郎** ひらのくらたろう
昭和20(1945)年11月5日～
昭和期の陶芸家。
¶陶芸最

**平野さく** ひらのさく
明治期の製糸技術者。横浜生糸検査書の助手。タイに招かれ製糸技術を伝える。
¶女性(生没年不詳),女性普

**平野七右衛門** ひらのしちえもん
文政5(1822)年～明治34(1901)年
江戸時代後期～明治期の開拓者。曹源寺の信徒と寺有山林を開墾し柑橘園とした。
¶姓氏愛知

**平野秀一** ひらのしゅういち
～平成3(1991)年5月14日
昭和～平成期の造形作家。
¶美建

**平野昌伝** ひらのしょうでん
生没年不詳
江戸時代末期の測量術家。
¶科学,国書,人名,日人

**平野善次郎** ひらのぜんじろう
～平成9(1997)年4月26日
昭和期の博多人形師。
¶美工,名工

**平野貴司** ひらのたかし
昭和13(1938)年5月18日～
昭和～平成期の陶芸家。
¶陶工

**平野拓造** ひらのたくぞう
昭和16(1941)年7月8日～
昭和期の陶芸家。
¶陶芸最

**平野藤兵衛** ひらのとうべえ
江戸時代末期の加賀の漆工、鞘師。刀の鞘塗りの技にすぐれた。
¶人名,日人(生没年不詳)

**平野トシ子** ひらのとしこ
大正9(1920)年10月20日～平成6(1994)年
昭和期の陶芸家。
¶陶芸最,陶工,名工

**平野敏右** ひらのとしすけ
昭和14(1939)年2月25日～平成26(2014)年2月13日
昭和～平成期の燃焼工学者、東京大学名誉教授。専門は火災学、安全科学、危機管理学。
¶科学

**平野敏三** ひらのとしぞう
大正2(1913)年～平成15(2003)年
昭和期の陶芸家。
¶郷土滋賀,美工

**平野利太郎** ひらのとしたろう
明治37(1904)年4月18日～平成6(1994)年3月4日
[別]平野利太郎《ひらのりたろう》
大正～昭和期の日本刺繍作家。伝統技法の刺繍を工芸のさまざまな分野に応用。
¶現朝,現情,世紀,日人,美工,名工(ひらのりたろう)

**平野富二** ひらのとみじ
弘化3(1846)年～明治25(1892)年
江戸時代末期～明治期の実業家、技術者。神田に活版製造所創立。のち平野造船所を創立、民間の鉄製軍艦第1号鳥海を製造。
¶朝日([生]弘化3年8月14日(1846年10月4日) [没]明治25(1892)年12月3日),維新,科学([生]1846年(弘化3)8月14日　[没]1892年(明治25)12月3日),神奈川人,郷土長崎,近現,国際,国史,コン改,コン5,史人([生]1846年8月14日　[没]1892年12月3日),実業([生]弘化3(1846)年8月14日　[没]明治25(1892)年12月3日),出版,出文([生]弘化3(1846)年8月14日 [没]明治25(1892)年12月3日),新潮([生]弘化3(1846)年8月14日　[没]明治25(1892)年12月3日),人名,先駆([生]弘化3(1846)年8月14日 [没]明治25(1892)年12月3日),全書,大百,長崎歴,日人,幕末([没]1892年12月3日),洋学

**平野友道** ひらのともみち
生没年不詳
江戸時代後期の装剣金工。
¶日人

**平野友喜** ひらのともよし
江戸時代の金工。
¶人名

**平野仁兵衛** ひらのにへえ
?　～宝永2(1705)年
江戸時代前期～中期の用水路開削者。
¶姓氏岩手

**平野万里** ひらのばんり
明治18(1885)年5月25日～昭和22(1947)年2月10日
明治～昭和期の歌人。「冬柏」発行主任。終生「明星」の作風を守る。歌集に「若き日」など。
¶近文, 現詩, 現情, コン改, コン4, コン5, 埼玉人, 新潮, 新文, 人名7, 世紀, 短歌, 日人, 文学

**平野寿将** ひらのひさま
昭和35(1960)年2月24日～
昭和～平成期の料理人。
¶テレ

**平野福朔** ひらのふくさく
明治39(1906)年3月～
大正～昭和期の竹工芸家。
¶名工

ひ

**平野冨士夫**(1) ひらのふじお
大正6(1917)年1月21日～
昭和期の機械工学者。摩擦潤滑学を専門とし、多岐にわたる研究業績がある。
¶現朝

**平野冨士夫**(2)(平野富士夫) ひらのふじお
大正6(1917)年1月21日～平成10(1998)年11月8日
昭和～平成期の機械工学者。日本潤滑学会長。とくにトライボロジーを専門とする。
¶科学(平野富士夫), 現朝, 世紀(平野富士夫)

**平野武治郎** ひらのぶじろう
天保13(1842)年～大正3(1914)年 [別]平野武治郎《ひろのぶじろう》
明治期の水産技術者。
¶郷土千葉(ひろのぶじろう), 食文([生]天保13年1月15日(1842年2月24日) [没]1914年10月), 日人

**平野安之丞** ひらのやすのじょう
生没年不詳
明治期の男性。日本で最初の石油開発調査を実施。
¶先駆

**平野祐一** ひらのゆういち
昭和16(1941)年8月20日～
昭和～平成期の陶芸家。
¶陶芸最, 陶工

**平野勇造** ひらのゆうぞう
元治1(1864)年～昭和26(1951)年
明治～昭和期の建築家。
¶青森人, 世紀([生]元治1(1864)年11月23日 [没]昭和26(1951)年2月9日), 日人, 美建([生]元治1(1864)年11月23日 [没]昭和26(1951)年2月9日)

**平野利太郎** ひらのりたろう
→平野利太郎(ひらのとしたろう)

**平林** ひらばやし
室町時代の出雲吉井派の刀匠。
¶島根人

**平林金吾** ひらばやしきんご
明治27(1894)年11月27日～昭和56(1981)年12月29日
明治～昭和期の建築家。1級建築士。
¶美建

**平林武** ひらばやしたけし
明治5(1872)年1月14日～昭和10(1935)年4月26日
明治～昭和期の地質学者。東京帝国大学教授。鉱山監督署技師、鉱務技師などを経て、東京帝国大学で応用地質学講座を担当。
¶科学, 人名, 世紀, 日人

**平林竜雄** ひらばやしたつお
？ ～平成9(1997)年8月20日
昭和期の映画録音技師。
¶映人

**平林正幸** ひらばやしまさゆき
昭和23(1948)年4月21日～
昭和期の陶芸家。
¶陶芸最

**平間孝一** ひらまこういち
昭和16(1941)年9月26日～
昭和期の陶芸家。
¶陶芸最

**平松宏春** ひらまつこうしゅん
明治29(1896)年1月7日～昭和46(1971)年6月2日
明治～昭和期の彫金家。
¶美工, 名工

**平松誠一** ひらまつせいいち
天保12(1841)年～昭和6(1931)年
江戸時代末期～昭和期の測量家。
¶岡山人, 岡山歴([生]天保12(1841)年3月27日 [没]昭和6(1931)年8月13日), 科学([生]1841年(天保12)3月27日 [没]1931年(昭和6)8月13日), 人名, 数学([生]天保12(1841)年3月27日 [没]昭和6(1931)年8月13日), 日人

**平松都生** ひらまつとしお
昭和期の指物師。
¶名工

**平松浩** ひらまつひろし
昭和期の杉本家本店店主。
¶名工

**平松実** ひらまつみのる
明治30(1897)年～昭和59(1984)年
大正～昭和期の織物工芸家。
¶静岡歴, 姓氏静岡

**平松八栄子** ひらまつやえこ
昭和25(1950)年4月24日～
昭和期の陶芸家。
¶陶芸最

**平松保城** ひらまつやすき
昭和11（1926）年4月30日～
昭和～平成期の彫金家、ジュエリー・クラフト作家。東京芸術大学教授。ジュエリー世界の動向展などに出品。作品は国内外の美術館等に収蔵。
¶現朝，世紀，日人

**平松陽月** ひらまつようげつ
大正8（1919）年2月13日～
昭和期の陶芸家。
¶陶芸最，陶工，名工

**平松義彦** ひらまつよしひこ
明治38（1905）年～昭和55（1980）年1月22日
大正～昭和期の建築家。平松建築設計事務所代表取締役。
¶社史，美建（⊕明治38（1905）年2月2日）

**平山意春** ひらやまいしゅん
江戸時代中期の対馬の陶工。
¶人名，日人（生没年不詳）

**平山菊舎** ひらやまきくしゃ
文政5（1822）年4月9日～明治38（1905）年4月15日
江戸時代末期～明治期の彫金家。早くから魚子の技法を学び、これに熟練し、庄内一の魚子師と称される。
¶庄内，女性，女性普

**平山敬吉** ひらやまけいきち
大正～昭和期の船大工。
¶名工

**平山源一** ひらやまげんいち
昭和23（1948）年4月20日～
昭和期の陶芸家。
¶陶芸最

**平山助之丞** ひらやますけのじょう
江戸時代後期の那須郡大沢村の農民、耕便門の開削者。
¶栃木歴

**平山嵩** ひらやまたかし
明治36（1903）年2月15日～昭和61（1986）年11月20日
大正～昭和期の建築家。平山建築研究所長、東京大学教授。
¶現情，世紀，日人，美建

**平山毅** ひらやまつよし
明治12（1879）年～昭和4（1929）年8月7日
明治～昭和期の工学者。
¶科学，渡航，宮城百

**平山哲之助** ひらやまてつのすけ
明治15（1882）年～昭和22（1947）年
明治～昭和期の名工。
¶姓氏岩手

**平山晴美** ひらやまはるみ
昭和35（1960）年～
昭和～平成期のナイフ作家。
¶名工

**平山博** ひらやまひろし
大正11（1922）年1月29日～
昭和～平成期の電気工学者。早稲田大学教授。
¶現情

**平山復二郎** ひらやまふくじろう
明治21（1888）年11月3日～昭和37（1962）年1月19日
明治～昭和期の鉄道技師、コンサルタント。
¶科学，近土，鉄道，土木

**平山典子** ひらやまふみこ
昭和期の木彫人形作家。
¶名工

**昼馬和代** ひるまかずよ
昭和22（1947）年2月10日～
昭和期の陶芸家。
¶陶芸最

**比留間妻吉** ひるまつまきち
明治6（1873）年5月6日～大正8（1919）年7月15日
明治～大正期の機織業者。
¶世紀，日人

**広井勇** ひろいいさ
→広井勇（ひろいいさむ）

**広井勇** ひろいいさむ
文久2（1862）年～昭和3（1928）年　勉広井勇《ひろいいさみ》
明治～大正期の土木工学者。東京帝国大学教授、土木学会会長。欧米に渡り、構造技師の称号を得る。函館、小樽の港湾計画を完成。
¶海越新（⊕文久2（1862）年9月2日 ⊗昭和3（1928）年10月1日），科学（ひろいいさみ ⊕1862年（文久2）9月12日 ⊗1928年（昭和3）10月1日），神奈川人，近土（ひろいいさみ ⊕1862年9月12日 ⊗1928年10月1日），高知人，高知百，コン改，コン5，札幌（⊕文久2年9月2日），新潮（⊗昭和3（1928）年10月1日），人名，世紀（⊕文久2（1862）年9月2日 ⊗昭和3（1928）年10月1日），全書（ひろいいさみ），大百，鉄道（ひろいいさみ ⊕1862年10月24日 ⊗1928年11月1日），渡航（⊕1862年9月2日 ⊗1928年10月1日），土木（ひろいいさみ ⊕1862年9月12日 ⊗1928年10月1日），日人，北海道百（ひろいいさみ），北海道歴（ひろいいさみ），履歴（⊕文久2（1862）年9月2日 ⊗昭和3（1928）年10月1日）

**弘家** ひろいえ
室町時代の刀工。
¶岡山人

**広井賢二郎** ひろいけんじろう
明治26（1893）年2月28日～昭和45（1970）年1月4日
明治～昭和期の職人。
¶世紀，日人

**広井信一** ひろいしんいち
大正～昭和期の刀剣鞘師。

¶名工

**広井敏通** ひろいとしみち
昭和29(1954)年～
昭和～平成期のペーパークラフト作家。
¶名工

**広井政昭** ひろいまさあき
昭和10(1935)年～
昭和～平成期の江戸独楽木地師。
¶名工

**広江嘉平** ひろえかへい
安政5(1858)年～昭和16(1941)年
明治期の農事改良家。
¶世紀([生]安政5(1858)年6月24日 [没]昭和16(1941)年8月6日), 日人

**広枝千鶴子** ひろえだちづこ
昭和19(1944)年9月22日～
昭和期の陶芸家。
¶陶芸最

ひ

**広江紋次郎** ひろえもんじろう
天保3(1832)年～明治34(1901)年
明治期の漆工家。能登輪島の人で、描金の名工として高名。
¶人名, 日人

**広岡伊兵衛** ひろおかいへえ
弘化3(1846)年～?
明治期の友禅染問屋。
¶京都大, 姓氏京都

**広兼又兵衛重長** ひろかねまたべえしげなが
? ～寛文2(1662)年
江戸時代前期の浜田藩御用紙漉。
¶島根歴

**広川広四郎** ひろかわこうしろう
→広川広四郎(ひろかわひろしろう)

**広川青五** ひろかわせいご
大正12(1923)年～平成18(2006)年9月13日
昭和～平成期の染織家。
¶美工([生]大正12(1923)年2月11日), 名工

**広川広四郎** ひろかわひろしろう
元治1(1864)年9月13日～明治29(1896)年10月22日 [別]広川広四郎《ひろかわこうしろう》
江戸時代末期～明治期の技師。
¶近土, 土木(ひろかわこうしろう)

**広川松五郎** ひろかわまつごろう
明治22(1889)年1月29日～昭和27(1952)年11月2日
大正～昭和期の染色工芸家、画家。東京美術学校教授。帝展で特選。新日展、文展に出品。染色研究団体示風会を創立。
¶近文, 現朝, 現情, 現日, 新潮, 人名7, 世紀, 新潟百, 日人, 美家, 美工, 名工

**広口滝之助** ひろぐちたきのすけ
生没年不詳
明治期の人。河川用漁網を改良。
¶島根歴

**広前心斎** ひろさきしんさい
昭和29(1954)年10月14日～
昭和～平成期の陶芸家。
¶陶工

**広崎仁平治** ひろさきにへいじ
? ～寛政5(1793)年
江戸時代中期～後期の本郷生まれの太鼓製作者。
¶姓氏神奈川

**広崎裕哉** ひろさきひろや
昭和10(1935)年11月26日～ [別]広崎裕哉《ひろさきゆうさい》
昭和～平成期の陶芸家。
¶陶芸最, 陶工(ひろさきゆうさい), 名工([生]昭和8年11月26日)

**広崎裕哉** ひろさきゆうさい
→広崎裕哉(ひろさきひろや)

**広沢恒文** ひろざわつねふみ
明治42(1909)年11月16日～
昭和～平成期の伊賀くみひも職人。
¶名工

**広沢益次郎** ひろさわますじろう
昭和18(1943)年11月24日～
昭和期の陶芸家。
¶陶芸最

**弘末** ひろすえ
戦国時代の刀工。
¶島根人, 島根百

**広瀬久兵衛** ひろせきゅうべえ,ひろせきゅうべゑ
寛政2(1790)年～明治4(1871)年
江戸時代末期～明治期の実業家。家業の金融業のほか公共土木事業、地域産業開発、九州諸藩の藩政改革に努めた。
¶朝日([生]寛政2年8月2日(1790年9月10日) [没]明治4(1871)年9月29日), 維新, 大分百, 大分歴(ひろせきゅうべゑ), 近現, 近世, 国史, コン改, コン4, コン5, 史人([没]1871年9月29日), 人名, 全書, 日人, 幕末([没]1871年11月11日), 福岡百([生]寛政2(1790)年8月2日 [没]明治4(1871)年9月29日), 歴大

**広瀬群鶴** ひろせぐんかく
寛延3(1750)年～文化6(1809)年
江戸時代後期の石工。
¶人名, 日人

**広瀬光雲** ひろせこううん
昭和期の鐔師。
¶名工

**広瀬孝六郎** ひろせこうろくろう
明治32(1899)年9月23日～昭和39(1964)年11月3日
大正～昭和期の衛生工学者。東京大学教授。総合的な衛生工学を確立。

¶科学，科技，近医，近土，現朝，現情，人名7，世紀，土木，日人

**広瀬三郎** ひろせさぶろう
〜平成8（1996）年5月4日
昭和〜平成期の建築家。
¶美建

**広瀬治助** ひろせじすけ
文政5（1822）年〜明治29（1896）年
江戸時代末期〜明治期の染工。
¶京都大（㊥明治23（1890）年），コン改，コン5，新潮（㊥文政5（1822）年1月1日　㊥明治23（1890）年4月6日），姓氏京都（㊥1890年），先駆（㊥文政4（1822）年），全書，大百，日人（㊥1890年），名工

**広瀬新** ひろせしん
嘉永3（1850）年10月〜？
明治期の発明家。蓄電池開発の草分けの一人。
¶先駆

**広瀬辰五郎**(1) ひろせたつごろう
天保3（1832）年〜明治21（1888）年
江戸時代後期〜明治期の江戸千代紙問屋、浮世絵版元。東京谷中の「いせ辰」4代目。江戸千代紙、おもちゃ絵の保存・復元につとめた。著書に「江戸の千代紙いせ辰三代」。
¶浮絵

**広瀬辰五郎**(2) ひろせたつごろう
明治39（1906）年〜平成6（1994）年
大正〜昭和期の江戸千代紙師。
¶世紀，日人（㊥明治39（1906）年1月23日　㊥平成6（1994）年11月10日），名工

**広瀬太郎左衛門** ひろせたろうざえもん
江戸時代中期の時計職人。
¶長崎歴

**広瀬淡映** ひろせたんえい
昭和23（1948）年2月25日〜
昭和期の陶芸家。
¶陶芸最

**広瀬淡雅** ひろせたんが
昭和14（1939）年3月16日〜
昭和〜平成期の陶芸家。
¶陶芸最，陶土

**広瀬丹吉** ひろせたんきち
？〜享和2（1802）年
江戸時代中期〜後期の釣り針師。釣り針「伊勢尼」を創始。
¶朝日，日人

**広瀬丹吉〔代数なし〕（——〔4代〕）** ひろせたんきち
嘉永5（1852）年〜大正8（1919）年
江戸時代末期〜大正期の実業家、釣り針製造、俳人。釣り針「伊勢尼」を創始。
¶高知人，高知百（——〔4代〕）

**広瀬淡彩** ひろせたんさい
昭和25（1950）年4月23日〜

昭和期の陶芸家。
¶陶芸最

**広瀬淡窓** ひろせたんそう
昭和26（1951）年2月24日〜
昭和〜平成期の陶芸家。
¶陶工

**広瀬長吉** ひろせちょうきち
生没年不詳
明治期の実業家。ドロップ、ビスケット製造のパイオニア。日本洋式製菓合資会社設立者。
¶先駆

**広瀬亜夫** ひろせつぎお
明治11（1878）年5月24日〜昭和16（1941）年8月3日
明治〜昭和期の機械工学者、大阪高等工業学校校長。
¶科学

**広瀬弘** ひろせひろむ
大正3（1914）年8月13日〜
昭和〜平成期の漆芸家。
¶名工

**広瀬弥助** ひろせやすけ
慶応2（1866）年〜昭和16（1941）年
明治〜大正期の発明家。
¶世紀（㊥慶応2（1866）年1月14日　㊥昭和16（1941）年4月20日），日人

**広田亥一郎** ひろたいいちろう
天保13（1842）年〜明治12（1879）年
江戸時代末期〜明治期の教育者。算術、測量学を教授。著書に「洋算階梯」がある。
¶数学（㊥明治12（1879）年2月24日），姓氏石川，幕末（㊥1842年11月　㊥1879年2月24日），藩臣3

**広隆** ひろたか
世襲名　江戸時代の広島藩の刀工。
¶広島百

**広田一義** ひろたかずよし
昭和期の鍛冶師。
¶名工

**広田亀次（広田亀治）** ひろたかめじ
天保11（1840）年〜明治29（1896）年
江戸時代末期〜明治期の農業技術改良家。稲の品種改良を研究、のち亀次と呼ばれた品種を作り広く各地に作付けされた。
¶朝日（㊥天保11年6月15日（1840年7月13日）　㊥明治29（1896）年10月3日），近現，国史，コン改，コン5，新潮，日人，幕末（広田亀治　㊥1839年　㊥1896年10月3日）

**広田友義** ひろたともよし
明治33（1900）年4月20日〜昭和62（1987）年10月29日
大正〜昭和期の電子工学者、早稲田大学名誉教授。専門は真空管、トランジスタ。
¶科学

**広田理太郎** ひろたりたろう
慶応1(1865)年11月6日〜昭和10(1935)年9月2日
明治〜昭和期の工学者、高田商会幹事。
¶科学

**広次** ひろつぐ
室町時代の石見の刀匠。
¶島根人

**弘次**(1) ひろつぐ
室町時代の刀工。
¶島根百

**弘次**(2) ひろつぐ
江戸時代前期の刀工。
¶岡山人，岡山歴

**広綱**(1) ひろつな
石見の刀匠。
¶島根人

**広綱**(2) ひろつな
南北朝時代の刀工。
¶島根百

**広綱**(3) ひろつな
室町時代の刀工。
¶島根百，島根百

**弘綱** ひろつな
室町時代の石見の刀匠。
¶島根人

**弘恒** ひろつね
鎌倉時代の刀工。
¶岡山人，岡山歴

**広中一之** ひろなかかずゆき
明治22(1889)年12月9日〜昭和4(1929)年5月
28日
明治〜昭和期の技師。
¶近土，土木

**弘中秀道** ひろなかしゅうどう
昭和17(1942)年〜
昭和〜平成期の陶芸家。
¶陶芸最，陶工(⊕1942年3月11日)

**弘野河継** ひろののかわつぐ
生没年不詳
平安時代前期の官人。左比橋を修理。
¶平史

**平野武治郎** ひろのぶじろう
→平野武治郎(ひらのぶじろう)

**広原盛明** ひろはらもりあき
昭和13(1938)年8月26日〜
昭和〜平成期の建築学者、都市計画学者。京都府
立大学教授、京都府立大学学長。
¶現執1期，現執2期，現執3期，現執4期

**広船浪平** ひろふねなみへえ
？ 〜
江戸時代末期の大工の棟梁。

¶青森人

**弘真** ひろまさ
鎌倉時代の刀工。
¶岡山人

**弘道** ひろみち
江戸時代前期の刀工。
¶島根百

**広光** ひろみつ
刀工。相模の広光が著名。
¶史人

**弘光** ひろみつ
江戸時代前期の石見の刀匠。
¶島根人

**弘光〔1代〕** ひろみつ
明治23(1890)年2月25日〜昭和56(1981)年11月
17日
大正〜昭和期の刀工。
¶島根百

**弘光〔2代〕** ひろみつ
大正5(1916)年10月18日〜
昭和期の刀工。
¶島根百

**弘光〔3代〕** ひろみつ
昭和17(1942)年1月28日〜
昭和期の刀工。
¶島根百

**弘光兼次郎** ひろみつかねじろう
安政1(1854)年〜
江戸時代末期〜明治期の製紙技術家。
¶高知人

**樋渡瓦風** ひわたしがふう
昭和2(1927)年1月25日〜平成11(1999)年12月
24日
昭和〜平成期の俳人、人形作家。
¶美工

**樋渡涓二** ひわたしけんじ
大正11(1922)年7月19日〜
昭和期の生体情報工学者。
¶現情

**樋渡陶六** ひわたしとうろく
大正2(1913)年5月16日〜
昭和期の陶芸家。
¶陶芸，陶芸最，陶工，名工

**樋渡次右衛門** ひわたりじえもん
生没年不詳
江戸時代後期の陶工。
¶日人

**樋渡伝兵衛** ひわたりでんべえ
江戸時代後期の薩摩の陶工。
¶人名

**樋渡ヨシ** ひわたりよし
万延1(1860)年〜昭和8(1933)年5月12日　[別]樋渡ヨシ《ひのわたりよし》
江戸時代末期〜昭和期の人形作家。中山人形創始者。歌舞伎からヒントを得て創作。極彩色の人形で評判を得た。常盤御前やお軽などを製作。
¶女性(ひのわたりよし)，女性普(ひのわたりよし)，世紀，日人

**備後屋治助** びんごやじすけ
文政5(1822)年〜明治23(1890)年
明治期の染工、手描き友禅の名人。
¶京都

**牝小路又左衛門** ひんのこうじまたざえもん
生没年不詳
江戸時代前期の肥後小代焼の陶工。
¶人名，日人，美工

## 【ふ】

**武一勇次郎** ぶいちゆうじろう
生没年不詳
江戸時代後期の画陶工。
¶石川百，姓氏石川，美工

**諷誦**(風誦) ふうじゅ
平安時代中期の刀工。
¶人名(風誦)，日人(生没年不詳)

**武衛曽乃** ふえその
生没年不詳
江戸時代中期の女性。砲術家。
¶女性

**深井利子** ふかいとしこ
昭和期の扇子職人。
¶名工

**深井理一** ふかいりいち
大正4(1915)年3月24日〜
昭和〜平成期の東京くみひも職人。
¶名工

**深海乙吉** ふかうみおときち
?　〜安政5(1858)年
江戸時代末期の陶工。
¶人名，世人([没]安政5(1858)年9月)，日人

**深海竹治** ふかうみたけじ
嘉永2(1849)年〜明治31(1898)年　[別]深海竹治《ふかみたけじ》
江戸時代末期〜明治期の陶工。精磁会社創立で製作技術を担当、宋竹などの銘で作陶。
¶人名，先駆(ふかみたけじ　[生]弘化2(1845)年　[没]明治19(1886)年2月2日)，日人，名工

**深海平左衛門** ふかうみへいざえもん
文化3(1806)年〜*
江戸時代末期〜明治期の肥前有田の陶工。
¶人名([没]1871年)，日人([没]1872年)

**深海正治** ふかうみまさはる
大正9(1920)年2月21日〜　[別]深海正治《ふかみまさはる》
昭和〜平成期の技術者。オリンパス精機社長。内視鏡の研究開発に着手、胃カメラ開発に成功。
¶世紀(ふかみまさはる)，日人

**深尾七郎** ふかおしちろう
明治9(1876)年〜
明治〜大正期の火薬工学者。
¶高知人

**深尾淳二** ふかおじゅんじ
明治22(1889)年2月2日〜昭和52(1977)年10月17日
明治〜昭和期の造船技術者、航空技術者、三菱重工業常務。
¶科学

**深尾八左衛門** ふかおはちざえもん
文化4(1807)年〜明治22(1889)年
江戸時代後期〜明治期の開拓者。
¶日人

**深草哲郎** ふかくさてつろう
昭和期の削蹄師。
¶名工

**深作雄太郎** ふかさくゆうたろう
明治14(1881)年6月30日〜昭和49(1974)年7月13日
明治〜昭和期の農業技術者。
¶世紀，日人

**深沢伊之助** ふかざわいのすけ
文政3(1820)年〜明治22(1889)年
江戸時代後期〜明治期の鋸の製造家。
¶新潟百

**深沢覚兵衛** ふかざわかくべえ
生没年不詳
江戸時代前期の覚兵衛堰開削者。岩殿山伝説の主人公。
¶姓氏長野

**深沢和子** ふかざわかずこ
昭和25(1950)年〜
昭和〜平成期の陶芸家。
¶陶工

**深沢範子** ふかざわのりこ
大正7(1918)年5月9日〜
昭和〜平成期の染色作家。
¶名工

**深沢雄象** ふかさわゆうぞう
天保4(1833)年〜明治40(1907)年
江戸時代末期〜明治期の実業家。蚕糸業。多くの製糸会社を設立し、生糸の改良、振興に尽力。
¶群馬人([没]明治34(1901)年)，群馬百，姓氏群馬，日人，幕末([没]1907年8月5日)，藩臣2

**深沢与五左衛門** ふかさわよござえもん
生没年不詳

戦国時代の大工。
¶戦辞

**深田円空** ふかだえんくう
→深田正室（ふかだまさむろ）

**深田清** ふかだきよし
明治39（1906）年6月20日～昭和11（1936）年9月12日
大正～昭和期の技師。
¶近土，島根歴，土木

**深田恒弘** ふかだつねひろ
昭和12（1937）年7月29日～
昭和～平成期の陶芸家。
¶陶芸最，陶工，名工

**深田治志** ふかだはるゆき
昭和20（1945）年7月22日～
昭和～平成期の陶芸家。
¶陶工

ふ

**深田正室** ふかだまさむろ
？～寛文3（1663）年　[別]深田円空《ふかだえんくう》
江戸時代前期の尾張藩士、儒学者。
¶コン改，コン4，人名（深田円空　ふかだえんくう），全書，大百，日人（深田円空　ふかだえんくう），藩臣4（深田円空　ふかだえんくう）

**深堀佐市** ふかぼりさいち
明治42（1909）年～昭和44（1969）年
昭和期の製鉄技術者。
¶神奈川人，姓氏神奈川

**深水嘉平** ふかみかへい
弘化1（1844）年～大正8（1919）年
明治期の農事改良家。
¶日人，宮崎百（[生]天保15（1844）年2月2日　[没]大正8（1919）年6月26日）

**深見重助** ふかみじゅうすけ
明治18（1885）年3月16日～昭和49（1974）年2月19日
明治～昭和期の唐組有職糸組物師。「唐組」の人間国宝。伊勢神宮組紐百種を制作。祭事用に用いる平緒を得意とした。
¶京都大，現朝，現情，現人，国宝，新潮，人名7，世紀，姓氏京都，日人，美工，名工

**深見陶治** ふかみすえはる
昭和22（1947）年2月26日～
昭和～平成期の陶芸家。
¶陶芸最，陶工，名工

**深海竹治** ふかみたけじ
→深海竹治（ふかうみたけじ）

**深海正治** ふかみまさはる
→深海正治（ふかうみまさはる）

**不川顕賢** ふかわあきかた
生没年不詳　[別]不川顕賢《ふかわあきたか》
江戸時代末期の測量家、数学者。伊予宇和島藩士。
¶愛媛百（ふかわあきたか　[生]文政2（1819）年　[没]明治40（1907）年12月），幕末，藩臣6

**不川顕賢** ふかわあきたか
→不川顕賢（ふかわあきかた）

**吹田千明** ふきたちあき
昭和31（1956）年5月23日～
昭和～平成期の陶芸家。
¶陶芸最，陶工

**吹金原繁造** ふきんばらしげぞう
？～
江戸時代後期の喜阿弥焼陶工。
¶島根人

**福井謙三** ふくいけんぞう
昭和期のレザークラフト作家。
¶名工

**福井作左衛門** ふくいさくざえもん
生没年不詳
江戸時代前期の二条城棟梁、枡職人。
¶朝日，コン4，史人，日人

**福井静夫** ふくいしずお
大正2（1913）年～平成5（1993）年
昭和期の日本史学者、海軍軍人。技術少佐。旧海軍造船技術史などの海軍史を研究。
¶史研，陸海（[生]大正2年10月25日　[没]平成5年11月4日）

**福井崇時** ふくいしゅうじ
大正12（1923）年8月19日～
昭和～平成期の物理学者。名古屋大学教授。高エネルギー原子核物理学を研究。放電箱（スパークチェンバー）を発明。
¶現朝，現情，世紀，日人

**福井伸二** ふくいしんじ
明治41（1908）年1月4日～平成2（1990）年7月16日
昭和期の機械工学者。東京大学教授。
¶科学，現情，世紀，日人

**福井八左衛門** ふくいはちざえもん
生没年不詳
江戸時代中期の八左衛門新田、繰出新田の開発者。
¶姓氏愛知

**福井秀照** ふくいひでてる
生没年不詳
戦国時代の大工。
¶戦辞

**福井由次郎** ふくいよしじろう
明治42（1909）年～
昭和期の能面師。
¶郷土奈良

**福内鬼外** ふくうちきがい
→平賀源内（ひらがげんない）

**福岡兼吉** ふくおかけんきち
生没年不詳
明治期の嵐絞職人。

¶姓氏愛知

**福岡縫太郎** ふくおかぬいたろう
明治33(1900)年9月1日～昭和53(1978)年10月22日
大正～昭和期の漆工家。女子美術大学教授。
¶世紀，日人，美工，名工

**福岡文孝** ふくおかぶんこう
天明7(1787)年～弘化4(1847)年
江戸時代中期～後期の名工仏師。
¶姓氏岩手

**福岡正巳** ふくおかまさみ
大正6(1917)年3月12日～
昭和～平成期の土木工学者。
¶現情

**福岡祥浩** ふくおかよしひろ
昭和36(1961)年12月21日～
昭和～平成期の陶芸家。
¶陶工

**福沢健一** ふくざわけんいち
明治28(1895)年～昭和45(1970)年
明治～昭和期の漆芸家。
¶姓氏富山，美工([没]昭和45(1970)年5月13日)

**福沢博徳** ふくざわひろのり
昭和期の博多人形師。
¶名工

**福沢猷男** ふくざわみちお
昭和期の凧作家。
¶名工

**福重美和** ふくしげみわ
昭和19(1944)年～
昭和～平成期の陶芸家。
¶名工

**福士成豊** ふくししげとよ
→福士成豊(ふくしなりとよ)

**福士成豊** ふくしなりとよ
天保9(1838)年～大正11(1922)年　[別]福士成豊《ふくししげとよ》
明治期の官吏、測量技術者。日本初の気象観測を開始。
¶先駆(ふくししげとよ　生没年不詳)，渡航([生]1838年11月5日　[没]1922年8月26日)，北海道百，北海道歴，洋学(ふくししげとよ)

**福島一夫** ふくしまかずお
昭和25(1950)年7月14日～
昭和～平成期の陶芸家。
¶陶芸最，陶工，名工

**福島清文** ふくしまきよふみ
昭和28(1953)年4月23日～
昭和期の陶芸家。
¶陶芸最

**福嶌才治** ふくしまさいじ
慶応1(1865)年～大正8(1919)年2月14日
明治～大正期の農業改良者。富有柿を作出。
¶植物([生]慶応1(1865)年3月25日)，食文([生]慶応1年3月25日(1865年4月20日))

**福島武征** ふくしまたけゆき
昭和19(1944)年9月26日～
昭和期の陶芸家。
¶陶芸最，名工

**福島親之** ふくしまちかゆき
天保8(1837)年～明治15(1882)年
明治期の根付師。能の人物その他意匠が巧で、彩色を施し、その根付は浅草人形と称される。
¶人名，日人，名工([没]明治15年7月)

**福島縫次郎** ふくしまぬいじろう
明治6(1873)年3月18日～昭和8(1933)年4月13日
明治～昭和期の鉄道技官、実業家。工学博士、日本製管社長。鉄道院で中部管理局、東京鉄道局の工作課長歴任、のち日本製管社長。
¶人名，世紀，日人

**福島晴雄** ふくしまはるお
昭和24(1949)年11月23日～
昭和期の陶芸家。
¶陶芸最

**福島久子** ふくしまひさこ
昭和9(1934)年3月22日～
昭和～平成期の陶芸家。
¶陶工

**福島政兵衛** ふくしままさべえ
江戸時代末期の陶工、江戸磁器の創業者。
¶人名，日人(生没年不詳)

**福島又兵衛** ふくしままたべえ
天保6(1835)年～大正9(1920)年
江戸時代末期～大正期の布志名焼陶工。
¶島根人

**福島実** ふくしまみのる
昭和17(1942)年～
昭和期の陶芸家。
¶陶芸最

**福島元七** ふくしまもとしち
慶応2(1866)年～大正12(1923)年
明治～大正期の農機具発明家。
¶姓氏群馬

**福嶋安五郎** ふくしまやすごろう
明治22(1889)年～昭和12(1937)年
大正～昭和期の鍛冶業。
¶姓氏神奈川

**福島善三** ふくしまよしぞう
昭和34(1959)年～
昭和～平成期の陶芸家。
¶陶工

**福島和国** ふくしまわこく
昭和3(1928)年8月23日～
昭和期の陶芸家。

ふ

¶陶芸最

**福蔵**　ふくぞう
生没年不詳
室町時代の漆工。
¶鎌室，人名，日人，美工

**福田陽**　ふくだあきら
平成期の作曲家、音楽プロデューサー、録音エンジニア。専門は現代音楽、電子音楽、テープ音楽。
¶作曲

**福田朝生**　ふくだあさお
大正6(1917)年4月29日～昭和59(1984)年10月18日
昭和期の建築家。日本建築協会会長、双星設計社長。
¶美建

**福田一楽**　ふくだいちらく
昭和15(1940)年3月31日～
昭和期の陶芸家。
¶陶芸最

ふ

**福田馬之助**　ふくだうまのすけ
安政3(1856)年～昭和11(1936)年4月12日
明治～昭和期の海軍軍人、造船技術者。造船中将、浅野造船会社副社長。造船監督官としてイギリスに留学。
¶海越([生]安政3(1856)年10月)，海越新([生]安政3(1856)年10月)，人名，世紀([生]安政3(1856)年10月24日)，渡航([生]1856年10月24日)，日人，陸海([生]安政3年10月24日)

**福田勝実**　ふくだかつみ
昭和20(1945)年1月12日～
昭和期の陶芸家。
¶陶芸最

**福田喜重**　ふくだきじゅう
昭和7(1932)年9月26日～　[別]福田喜重《ふくだよししげ》
昭和～平成期の刺繡工芸家、染織家。文様と配色に高い評価を得、素繡を中心に活動。
¶国宝，世紀(ふくだよししげ)，日人，名工(ふくだよししげ)

**福田喜兵衛**　ふくだきへえ
昭和期の料紙作り。
¶名工

**福田久治**　ふくだきゅうじ
明治3(1870)年4月3日～昭和11(1936)年10月5日
明治～昭和期の土地改良功労者。
¶岡山歴

**福田啓二**　ふくだけいじ
明治23(1890)年12月1日～昭和39(1964)年
大正～昭和期の造船工学者、海軍軍人。造船中将、東京帝国大学教授。各種艦艇の基本計画を遂行。戦艦大和の基本計画者として有名。
¶科学([没]1964年(昭和39)3月29日)，新潮([没]昭和39(1964)年3月23日)，人名7，世紀([没]昭和39(1964)年3月23日)，世百，日人([没]昭和39(1964)年3月23日)，陸海([没]昭和39年3月29日)

**福田憲二**(福田憲史)　ふくだけんじ
昭和25(1950)年7月29日～平成20(2008)年5月11日
昭和期の陶芸家。
¶陶芸最，美工(福田憲史)，名工

**福田幸一**　ふくだこういち
明治39(1906)年～
昭和期の陶芸家。
¶陶芸

**福田次吉**　ふくだじきち
明治19(1886)年9月20日～昭和47(1972)年9月22日
明治～昭和期の技師。
¶近土，土木

**福田翔**　ふくだしょう
昭和26(1951)年5月17日～
昭和期の陶芸家。
¶陶芸最

**福田節雄**　ふくだせつお
明治35(1902)年2月11日～昭和46(1971)年11月22日
昭和期の電気工学者。東京大学教授。電気工学の発展に尽力。
¶科学，現情，人名7，世紀，日人

**福田武雄**　ふくだたけお
明治35(1902)年9月30日～昭和56(1981)年1月6日
大正～昭和期の工学者。
¶科学，近土，現情，土木

**福田忠夫**　ふくだただお
昭和14(1939)年3月25日～
昭和期の陶芸家。
¶陶芸最

**福田神郎**　ふくだたるお
明治41(1908)年11月3日～平成11(1999)年8月30日
昭和期の技術者。
¶映人

**福田長太郎**　ふくだちょうたろう
明治34(1901)年～＊
昭和期の和紙製造販売業。
¶栃木百([没]昭和44(1969)年)，栃木歴([没]昭和54(1979)年)

**福田豊水**　ふくだとよみず
昭和3(1928)年10月11日～
昭和期の陶芸家。
¶陶芸最

**福田八五郎**　ふくだはちごろう
明治1(1868)年～昭和20(1945)年
明治～昭和期の機械鋳造技師。
¶埼玉人

**福田晴夫** ふくだはるお
昭和24 (1949) 年8月21日～
昭和期の陶芸家。
¶陶芸最

**福田英美** ふくだひでみ
昭和23 (1948) 年11月21日～
昭和～平成期の陶芸家。
¶陶工

**福田浩** ふくだひろし
昭和10 (1935) 年～
昭和～平成期の日本料理料理人、飲食業者。なべ家主人、蕎話会主宰、食生活史研究会世話人。
¶現執4期

**福田平兵衛** ふくだへいべえ
天保2 (1831) 年～明治41 (1908) 年
江戸時代後期～明治期の幡豆町造船業の先駆け。
¶姓氏愛知

**福田まつゑ** ふくだまつえ
大正5 (1916) 年11月6日～
昭和～平成期の江戸つまみ簪職人。
¶名工

**福田護** ふくだまもる
昭和15 (1940) 年3月31日～
昭和～平成期の陶芸家。
¶名工

**福田実(1)** ふくだみのる
大正6 (1917) 年～
昭和期の陶芸家。
¶陶芸最

**福田実(2)** ふくだみのる
昭和7 (1932) 年12月～
昭和期の陶芸家。
¶陶芸最

**福田喜重** ふくだよししげ
→福田喜重 (ふくだきじゅう)

**福田義民** ふくだよしたみ
明治38 (1905) 年～
昭和期の化学工学者。
¶郷土千葉

**福田芳朗** ふくだよしろう
昭和7 (1932) 年～
昭和～平成期の工芸家。専門は茶道具挽き物、象嵌細工。
¶名工

**福田力三郎** ふくだりきさぶろう
明治41 (1908) 年～昭和59 (1984) 年8月1日
大正～昭和期の陶芸家。
¶陶工，美工，名工

**福田力太郎** ふくだりきたろう
安政3 (1856) 年～昭和21 (1946) 年
明治～昭和期の水産業者。鰹節製造技法の焙乾法を改良、伊豆田子節を創製。
¶静岡歴，姓氏静岡

**福田律子** ふくだりつこ
昭和26 (1951) 年～
昭和～平成期の手織工房「りつ」主宰。
¶名工

**福地三松** ふくちさんしょう
*～大正8 (1919) 年
明治～大正期の陶画工。有田の香蘭社で絵付けに従事、鯉を得意とする。
¶人名 ([生]1850年)，世紀 ([生]弘化2 (1845) 年 [没]大正8 (1919) 年5月)，日人 ([生]1845年)，名工 ([生]嘉永3 (1850) 年　[没]大正8年5月)

**福地宗実** ふくちそうじつ
明治1 (1868) 年～大正15 (1926) 年　[別]福地幽哉《ふくちゆうさい》
明治～昭和期の陶工。
¶茶道，陶工 (福地幽哉　ふくちゆうさい)，名工

**福地幽哉** ふくちゆうさい
→福地宗実 (ふくちそうじつ)

**福田寺大英** ふくでんじだいえい
昭和期の陶芸家。
¶名工

**福富正枝** ふくとみまさえ
明治24 (1891) 年～昭和18 (1943) 年
大正～昭和期の漁具改良者。
¶高知人

**福留並喜** ふくとめなみき，ふくどめなみき
明治13 (1880) 年4月4日～昭和43 (1968) 年1月25日
明治～昭和期の技師。
¶近土，高知人 (ふくどめなみき)，土木

**福長浅雄** ふくながあさお
明治26 (1893) 年～昭和55 (1980) 年
大正～昭和期の航空技術者、福長飛行機製作所社長。
¶科学 ([生]1893年 (明治26) 1月1日　[没]1980年 (昭和55) 8月)，静岡歴，姓氏静岡

**福永勝治** ふくながかつじ
明治21 (1888) 年～大正12 (1923) 年
大正期の造船技術者。
¶高知人

**福永章一** ふくながしょういち
明治16 (1883) 年～大正3 (1914) 年
明治～大正期の足踏回転脱穀機の発明者。
¶姓氏山口，山口百

**福永年久** ふくながとしひさ
明治27 (1894) 年8月11日～昭和35 (1960) 年1月24日
明治～昭和期の実業家、技術者。井華鉱業会長、日本石炭協会会長、経団連理事。炭鉱の機械化に貢献。戦後、井華鉱業 (のち住友石炭鉱業) の再建を推進。
¶現情，新潮，人名7，世紀，日人

**福羽逸人** ふくばはやと
安政3(1856)年〜大正10(1921)年5月19日
明治〜大正期の園芸学者。子爵。温室葡萄等の促成栽培の先駆者。御料局技師、新宿御苑内苑局長などを歴任。
¶朝日(⊕安政3年12月16日(1857年1月11日)),海越(⊕安政3(1856)年11月16日),海越新(⊕安政3(1856)年11月16日),科学(⊕1856年(安政3)12月16日),近現,国史,コン改,コン5,史人(⊕1856年12月16日),島根百(⊕安政3(1856)年11月16日),島根歴,植物(⊕安政3(1856)年12月16日),食文(⊕安政3年11月16日(1856年12月13日)),新潮(⊕安政3(1856)年11月16日),人名,世紀(⊕安政3(1857)年12月16日),世百,先駆(⊕安政3(1857)年12月16日),渡航(⊕1856年12月16日),日史(⊕安政3(1856)年12月16日),日人,百科

**福原達朗** ふくはらたつろう
明治38(1905)年〜昭和49(1974)年
大正〜昭和期の陶芸家。
¶陶工(⊕1906年),栃木百,栃木歴,美工(⊗昭和49(1974)年1月10日)

**福原良忠** ふくはらよしただ
大正7(1918)年11月5日〜
昭和〜平成期の江戸刷毛職人。
¶名工

**福間強介** ふくまきょうすけ
明治17(1884)年〜昭和40(1965)年
明治〜昭和期の和牛改良の先達。
¶島根歴

**福間琇士** ふくましゅうじ
昭和16(1941)年10月7日〜
昭和期の陶芸家。
¶陶芸最

**福間貴士** ふくまたかし
明治37(1904)年〜平成1(1989)年
昭和期の湯町焼の陶工。
¶島根歴

**福間敏** ふくまとし
昭和3(1928)年3月20日〜
昭和期の陶芸家。
¶島根百,陶芸最

**福光実** ふくみつみのる
昭和期のタイル張り工。
¶名工

**福本九郎二郎** ふくもとくろうじろう
生没年不詳
戦国時代の鍛冶職人。北条氏の被官。
¶戦辞

**福本左衛門五郎** ふくもとさえもんごろう
生没年不詳
戦国時代の鍛冶職人。
¶戦辞

**福本静夫** ふくもとしづお
昭和17(1942)年4月13日〜
昭和期の陶芸家。
¶陶芸最

**福本潮子** ふくもとしほこ
昭和20(1945)年〜
昭和〜平成期の染色家。
¶名工

**福本孫二郎** ふくもとまごじろう
生没年不詳
戦国時代の鍛冶職人。
¶戦辞

**福森資** ふくもりはじめ
昭和36(1961)年〜
昭和〜平成期の陶芸家。
¶陶工

**福森守比古** ふくもりもりひこ
昭和12(1937)年〜
昭和〜平成期の陶芸家。
¶名工

**福山紫雲** ふくやましうん
大正6(1917)年11月29日〜
昭和〜平成期の染色家。専門は純手描。
¶名工

**福吉浩一** ふくよしこういち
昭和29(1954)年4月2日〜
昭和〜平成期の陶芸家。
¶陶芸最,陶工

**福来石王兵衛** ふくらいいしおうびょうえ
生没年不詳
室町時代の能面工。
¶鎌室,人名,美工

**更田時蔵** ふけたときぞう
明治26(1893)年〜昭和37(1962)年
明治〜昭和期の建築家。
¶栃木歴,美建

**武甲山宗一** ぶこうざんそういち
文化13(1816)年〜文久4(1864)年
江戸時代後期の刀工。
¶埼玉人

**房之助** ふさのすけ
江戸時代末期の刀匠。
¶島根人

**藤井一休** ふじいいっきゅう
昭和18(1943)年8月2日〜
昭和期の陶芸家。
¶陶芸最

**藤井恵美** ふじいえみ
昭和14(1939)年〜
昭和〜平成期の陶芸家。
¶名工

藤井寛　ふじいかん
→藤井寛（ふじいゆたか）

藤井観文　ふじいかんぶん
明治21（1888）年〜昭和48（1973）年
明治〜昭和期の漆芸家。
¶石川百，美工

藤井規仙　ふじいきせん
昭和3（1928）年12月17日〜
昭和〜平成期の陶芸家。
¶陶工

藤井清光　ふじいきよみつ
大正6（1917）年4月4日〜平成13（2001）年4月1日
昭和〜平成期の石油開発工学者。東京大学教授、将来のエネルギーを考える会主宰。
¶科学，現執2期，現執3期，現情，世紀

藤井吟子　ふじいぎんこ
昭和9（1934）年〜
昭和期の陶芸家。
¶陶芸最

藤井源三郎　ふじいげんざぶろう
生没年不詳
江戸時代後期の農業技術改良家。
¶コン改，コン4，新潮，日人

藤井厚二　ふじいこうじ
明治21（1888）年12月8日〜昭和13（1938）年7月17日
大正〜昭和期の建築家、建築学者。換気・熱伝導・採光などの基礎研究の先駆者。
¶科学，現朝，世紀，日人

藤井此蔵　ふじいこのぞう
文化5（1808）年〜明治9（1876）年
江戸時代後期〜明治期の伊予国越智郡井ノ口村の大工・「藤井此蔵一生記」の著者。
¶岡山歴

藤井茂男　ふじいしげお
大正14（1925）年11月30日〜
昭和〜平成期の陶芸家。
¶陶芸最，陶工，名工

藤井朱明　ふじいしゅめい
昭和11（1936）年1月16日〜
昭和期の陶芸家。
¶陶芸最，名工

藤井甚九郎　ふじいじんくろう
天明3（1783）年〜天保14（1843）年
江戸時代後期の信濃高島藩士、鋸鍛冶。
¶姓氏長野，長野歴，藩臣3

藤井澄　ふじいすみじ
大正9（1920）年12月14日〜平成16（2004）年1月30日
昭和〜平成期の機械工学者。東京電機大学教授、東京大学教授。ロボットの権威で日本ロボット学会初代会長。著書に「機械力学」など。
¶科学，現朝，現情，世紀，日人

藤井達吉　ふじいたつきち
明治14（1881）年6月6日〜昭和39（1964）年8月27日
明治〜昭和期の工芸家。工芸革新運動を推進し多くの和紙工芸家を育成。
¶愛知百，現朝，世紀，姓氏愛知，陶工，日人，美工，名工

藤井敏夫　ふじいとしお
大正15（1926）年5月31日〜平成11（1999）年1月6日
昭和〜平成期の土木技術者、東京電力常務。専門は電力工学。
¶科学

藤井尚行　ふじいなおゆき
昭和2（1927）年〜昭和62（1987）年
昭和期の陶芸家。
¶陶工

藤井能三　ふじいのうぞう，ふじいのうそう
弘化3（1846）年〜大正2（1913）年4月20日　藤井能三《ふじいよしぞう》
明治〜大正期の港湾改良家。私費で伏木小学校、女学校を作る。ウラジオストク航路を開き大型船の入港を可能とした。
¶朝日（⊕弘化3年9月21日（1846年11月9日））、近土（ふじいのうそう　⊕1846年9月22日）、名（ふじいよしぞう）、世紀（⊕弘化3（1846）年9月21日）、姓氏富山，土木（⊕1846年9月22日）、富山百（ふじいのうそう）、日人，幕末

藤井規精　ふじいのりきよ
昭和3（1928）年12月17日〜
昭和期の陶芸家。
¶陶芸最

藤井久幸　ふじいひさゆき
昭和期の三味線職人。
¶名工

藤井寛　ふじいひろし
→藤井寛（ふじいゆたか）

藤井敬之　ふじいひろゆき
昭和18（1943）年6月11日〜
昭和期の陶芸家。
¶陶芸最

藤井文斎　ふじいぶんさい
江戸時代の長門の陶工。
¶人名

藤井真透　ふじいますき
明治22（1889）年〜昭和38（1963）年9月19日
大正〜昭和期の土木工学者。わが国の道路工学の権威。
¶科学（⊕1889年（明治22）1月7日）、近土（⊕1889年1月1日）、現情（⊕1889年1月7日）、人名7，世紀（⊕明治22（1889）年1月7日）、土木（⊕1889年1月1日）、日人（⊕明治22（1889）年1月1日）

**藤井増蔵** ふじいますぞう
大正6(1917)年～昭和61(1986)年1月
昭和期の剪紙研究家。
¶名工

**藤井松太郎** ふじいまつたろう
明治36(1903)年10月5日～昭和63(1988)年2月14日
昭和期の官僚。国鉄総裁、日本交通技術社長。国鉄理事技師長などを歴任。後、日本交通協会会長などを務める。
¶科学，郷土香川，近土，現朝，現情，世紀，鉄道([没]1988年2月4日)，土木，日人

**藤井守貞** ふじいもりさだ
飛鳥時代の螺鈿工。
¶人名，日人(生没年不詳)

**藤井弥市** ふじいやいち
? ～明治14(1881)年3月10日
江戸時代後期～明治期のあやつり人形師。
¶埼玉人



**藤井康治** ふじいやすはる
大正5(1916)年2月17日～
大正～平成期の音楽学者(音楽史)、精密工学者。
¶音人2

**藤井幸夫** ふじいゆきお
昭和4(1929)年1月2日～
昭和～平成期の陶芸家。
¶陶芸最，陶工

**藤井寛** ふじいゆたか
明治22(1889)年8月9日～昭和46(1971)年8月1日 [別]藤井寛《ふじいかん，ふじいひろし》
大正～昭和期の金属工学者。大阪工業大学(現・大阪大工学部)教授、日本金属学会関西支部長。冶金学を研究、鉄鋼製錬・材料の研究で学界・産業界に貢献。
¶大阪人(ふじいひろし [没]昭和46(1971)年8月)，科学(ふじいかん)，現情，人名7(ふじいかん)，世紀(ふじいかん)，日人，山口百

**藤井洋子** ふじいようこ
昭和18(1943)年10月6日～
昭和期の陶芸家。
¶陶芸最

**藤井洋々星** ふじいようようせい
大正11(1922)年4月1日～
昭和期の陶芸家。
¶陶芸最

**藤井能三** ふじいよしぞう
→藤井能三(ふじいのうぞう)

**藤江永孝** ふじええいこう
慶応1(1865)年～大正4(1915)年 [別]藤江永孝《ふじえながたか》
明治期の窯業技術者。京都市陶磁器試験場場長。石炭ガスの連続焼成窯を完成。遊陶園の結成に参加。
¶京都大，新潮([没]大正4(1915)年1月5日)，人名([生]?)，世紀([没]大正4(1915)年1月5日)，姓氏京都([生]1864年)，先駆(ふじえながたか [生]慶応1(1865)年3月1日 [没]大正4(1915)年1月5日)，日人

**藤江勝太郎** ふじえかつたろう
慶応1(1865)年～昭和18(1943)年
明治～昭和期の政治家。町長、ウーロン茶の改良者。
¶静岡歴，姓氏静岡

**藤枝太郎英義** ふじえだたろうてるよし
→藤枝英義(ふじえだてるよし)

**藤枝英義** ふじえだてるよし
文政6(1823)年～明治9(1876)年 [別]藤枝太郎英義《ふじえだたろうてるよし》
江戸時代末期～明治期の上野前橋藩刀工。
¶郷土群馬，群馬人，群馬百，埼玉人(藤枝太郎英義 ふじえだたろうてるよし [没]明治9(1876)年5月24日)，姓氏群馬，藩臣2

**藤江永孝** ふじえながたか
→藤江永孝(ふじええいこう)

**藤江広子** ふじえひろこ
昭和18(1943)年～
昭和～平成期の彫金家。
¶名工

**藤岡市助** ふじおかいちすけ
安政4(1857)年～大正7(1918)年
明治期の電気工学者、実業家。工部大学校教授。電球・電気機械を研究。のち東京電灯技師長。白熱舎を創立。
¶朝日([生]安政4年3月14日(1857年4月8日) [没]大正7(1918)年3月5日)，海越新([生]安政4(1857)年3月14日 [没]大正7(1918)年3月5日)，科学([生]1857年(安政4)3月14日 [没]1918年(大正7)3月5日)，神奈川人，近現，国史，コン改([没]1916年)，コン5，史人([生]1857年3月14日 [没]1918年3月5日)，実業([生]安政4(1857)年3月14日 [没]大正7(1918)年3月5日)，新潮([生]安政4(1857)年3月14日 [没]大正7(1918)年3月5日)，人名，世紀([生]安政4(1857)年3月14日 [没]大正7(1918)年3月5日)，姓氏神奈川，姓氏山口，世百([没]1916年)，先駆([生]安政4(1857)年3月14日 [没]大正7(1918)年3月5日)，全書，大百，鉄道([生]1857年4月18日 [没]1918年3月5日)，渡航([没]1918年3月5日)，日史([生]安政4(1857)年3月14日 [没]大正7(1918)年3月5日)，日人，山口百

**藤岡周平** ふじおかしゅうへい
昭和22(1947)年8月1日～
昭和～平成期の陶芸家。
¶陶芸最，陶工

**藤岡甚三郎** ふじおかじんざぶろう
天保10(1839)年～明治25(1892)年7月18日
明治期の養蚕改良家。「窮理法」と呼ばれる秋蚕用の不越年蚕種の製造法を考案、秋蚕の普及を促進。

¶朝日

**藤岡輝彦** ふじおかてるひこ
昭和15(1940)年11月15日～
昭和期の陶芸家。
¶陶芸最，名工

**藤岡美喜子** ふじおかみきこ
昭和期の陶芸家。
¶名工

**藤和人** ふじかずと
～平成9(1997)年4月19日
昭和～平成期の人形師。
¶美工

**藤門弘** ふじかどひろし
昭和21(1946)年5月30日～
昭和～平成期の家具制作者、著述家。アリス・ファーム(農業・工房共同体)代表。
¶現執3期，現執4期，名工

**冨士山澪** ふじかわきよし
明治23(1890)年12月29日～昭和53(1978)年9月13日
明治～昭和期の水産学者。広島大学教授。
¶科学，世紀，日人，広島百，福岡百(㊤明治23(1890)年12月19日)

**藤川黒斎**(藤川黒斉) ふじかわこくさい
文化5(1808)年～明治18(1885)年
江戸時代後期～明治期の漆工芸家。
¶香川人，香川百(藤川黒斎)

**藤川禎次** ふじかわていじ
明治28(1895)年5月8日～昭和21(1946)年11月15日
明治～昭和期の農業技術者。
¶食文，世紀，日人，兵庫百

**藤木吉松** ふじききちまつ
明治13(1880)年～昭和40(1965)年8月10日
明治～昭和期のそろばん製作者。
¶世紀，日人，兵庫百

**藤木正一** ふじきしょういち
明治21(1888)年1月11日～昭和32(1957)年10月
大正～昭和期の建築業。
¶徳島歴

**藤木理房**〔2代〕ふじきりほう
江戸時代中期の装剣金工。
¶人名(──〔代数なし〕)，日人(生没年不詳)

**藤倉見達** ふじくらけんたつ
明治期の技師。燈台局長。燈台技術研究のためイギリスに留学。燈台建設の指導者。
¶海越(生没年不詳)，海越新(㊤嘉永5(1853)年12月 ㊦?)，近土(㊤1851年2月2日 ㊦1934年5月18日)，渡航(㊤1852年12月 ㊦?)，土木(㊤1851年2月2日 ㊦1934年5月18日)

**藤坂薫** ふじさかかおる
昭和26(1951)年9月23日～

昭和～平成期の陶芸家。
¶陶工

**藤坂健次** ふじさかけんじ
昭和23(1948)年3月23日～
昭和～平成期の陶芸家。
¶陶工

**藤崎寿山** ふじさきじゅざん
昭和26(1951)年10月20日～
昭和～平成期の陶芸家。
¶陶工

**藤崎清次** ふじさきせいじ
昭和30(1955)年～
昭和期の陶芸家。
¶陶芸最

**藤崎惣介** ふじさきそうすけ
江戸時代末期～明治期の武士、陶業家。
¶日人

**藤沢信** ふじさわしん
明治36(1903)年5月29日～昭和50(1975)年2月21日
昭和期の写真化学技術者。富士写真フィルム副社長。
¶映人，科学，神奈川人，現情(㊤1975年2月20日)，写家

**藤沢信三** ふじさわしんぞう
昭和期の染色職人。
¶名工

**藤沢秀雄** ふじさわひでお
明治37(1904)年～昭和22(1947)年
昭和期の津軽塗職人。
¶青森人

**藤沢孫左衛門** ふじさわまござえもん
生没年不詳
戦国時代の大工。
¶戦辞

**藤沢栗山** ふじさわりつざん
大正14(1925)年～昭和62(1987)年
昭和期の陶芸家。
¶陶芸最，陶工，美工(㊤大正14(1925)年12月27日)，名工(㊤大正14年12月27日)

**藤重藤元** ふじしげとうげん
安土桃山時代～江戸時代前期の塗師。
¶茶道

**藤重藤厳** ふじしげとうげん
生没年不詳
安土桃山時代～江戸時代前期の塗師。藤重藤元の子。
¶コン改，コン4，新潮，人名，世人，日人，美工

**藤島茂** ふじしましげる
大正3(1914)年8月7日～平成2(1990)年12月20日
昭和～平成期の彫刻家。
¶美建

**藤島常興**　ふじしまつねおき
*〜明治31（1898）年
明治期の官吏。測量器製作のパイオニア。
¶海越新（[生]文政12（1829）年　[没]明治31（1898）年1月），科学（[生]1829年（文政12）　[没]1898年（明治31）1月），先駆（生没年不詳），渡航，日人（[生]1828年），幕末（[生]1829年　[没]1898年1月7日），藩臣6（[生]文政11（1828）年），山口百（[生]1828年）

**藤島政治**　ふじしままさはる
明治36（1903）年〜
大正〜昭和期の植木職人。
¶名工

**藤島由太郎**　ふじしまよしたろう
明治11（1878）年〜昭和36（1961）年
明治〜昭和期の実業家、発明家。
¶岩手百，姓氏岩手

**藤代松雄**　ふじしろまつお
大正3（1914）年4月21日〜平成16（2004）年6月12日
昭和〜平成期の刀剣研磨師。
¶国宝，世紀，日人，美工

**藤瀬半次郎**　ふじせはんじろう
[別]藤瀬半兵衛《ふじせはんべえ》
明治期の人。日本で初めてラムネを製造したと言われる。
¶食文（藤瀬半次郎），食文（藤瀬半次郎〈半兵衛〉　ふじせはんじろう）

**藤田昭子**　ふじたあきこ
昭和9（1934）年5月20日〜
昭和〜平成期の陶芸家。
¶陶芸最

**藤田篤**　ふじたあつし
明治42（1909）年〜昭和49（1974）年
昭和期の刀匠。
¶姓氏鹿児島

**藤田長夫**　ふじたおさお
昭和25（1950）年8月22日〜
昭和期の陶芸家。
¶陶芸最

**藤高周平**　ふじたかしゅうへい
明治40（1907）年6月5日〜昭和42（1967）年11月26日
昭和期の電気工学者。高電圧工学、送電工学、電気機器工学などの発達に尽力。
¶科学，現情，人名7，世紀，日人

**藤田和広**　ふじたかずひろ
昭和24（1949）年10月2日〜
昭和期の陶芸家。
¶陶芸最

**藤田佳峰**　ふじたかほう
昭和8（1933）年2月24日〜
昭和期の陶芸家。
¶陶芸最

**藤田喬平**　ふじたきょうへい
大正10（1921）年4月28日〜平成16（2004）年9月18日
昭和〜平成期のガラス工芸家。日本ガラス工芸協会会長。色ガラスと金箔を使う"飾筥"で華麗な作品を制作。国内外で作品が評価される。
¶現朝，現日，世紀，日人，美工，名工

**藤田清正**　ふじたきよせ
大正10（1921）年4月30日〜平成17（2005）年
昭和〜平成期の漆芸家。
¶美工

**藤田金一郎**　ふじたきんいちろう
明治35（1902）年6月11日〜昭和62（1987）年1月16日
昭和期の建築学者。建設省建築研究所初代所長、東北大学教授。
¶科学，現情

**藤田謙**　ふじたけん
明治23（1890）年〜昭和55（1980）年
大正〜昭和期の染色工芸家。
¶姓氏岩手

**藤田賢二**　ふじたけんじ
昭和9（1934）年5月12日〜
昭和〜平成期の都市工学者。東京大学教授。
¶現執3期

**藤田源四郎**　ふじたげんしろう
生没年不詳
江戸時代中期の鋳師。
¶姓氏京都

**藤田秀斎**　ふじたしゅうさい
文政8（1825）年〜明治14（1881）年7月12日　[別]藤田秀斎《ふじたひでなり》
江戸時代後期〜明治期の和算家・測量家。
¶国書，数学（ふじたひでなり）

**藤田重良右ヱ門**　ふじたじゅうろううえもん
→藤田重良右衛門（ふじたじゅうろうえもん）

**藤田重良右衛門**　ふじたじゅうろうえもん
大正11（1922）年〜　[別]藤田重良右ヱ門《ふじたじゅうろううえもん》
昭和〜平成期の陶芸家。
¶陶芸最（藤田重良右ヱ門　ふじたじゅうろううえもん），陶工，名工（藤田重良右ヱ門　ふじたじゅうろううえもん）

**藤田登太郎**　ふじたとうたろう
昭和11（1936）年7月24日〜
昭和〜平成期の陶芸家。
¶陶工

**藤田利夫**　ふじたとしお
大正15（1926）年6月19日〜
昭和〜平成期の金属工学者。
¶世紀，日人

藤田尚美 ふじたなおよし
昭和期の碁盤職人。
¶名工

藤谷弥平 ふじたにやへい
生没年不詳
江戸時代末期の人。洪水で流された千歳橋を再架橋した。
¶姓氏山口

藤田半兵衛 ふじたはんべえ
江戸時代後期〜明治期の陶工。
¶日人

藤田秀斎 ふじたひでなり
→藤田秀斎（ふじたしゅうさい）

藤田広志 ふじたひろし
大正15（1926）年9月7日〜平成20（2008）年11月17日
昭和〜平成期の金属工学者。大阪大学教授。専門は材料物性学と電子顕微鏡学。科学技術庁金属材料研究所を経て、近畿大学理工学部教授などを務める。
¶科学，世紀，日人

藤田孫太郎 ふじたまごたろう
天保12（1841）年〜明治36（1903）年
明治期の発明家。紡績機械化のパイオニア。枠操器、大形早操器等を発明。
¶維新，人名，先駆（㊍天保12（1841）年8月7日 ㊂明治36（1903）年12月），日人，幕末（㊂1903年12月21日），和歌山人

藤田正子 ふじたまさこ
昭和期の郷土玩具「なまず押え」製作者。
¶名工

藤田又右衛門 ふじたまたえもん
文化1（1804）年〜明治6（1873）年
江戸時代末期の水田開拓者。
¶青森人

藤田松太郎 ふじたまつたろう
安政6（1859）年8月〜昭和13（1938）年8月14日
明治〜昭和期の土木建築功労者。
¶兵庫人

藤田宗勝 ふじたむねかつ
大正9（1920）年2月11日〜
昭和〜平成期の高岡銅器職人。
¶名工

藤田宗久 ふじたむねひさ
江戸時代中期の金工。
¶人名

藤田宗房 ふじたむねふさ
江戸時代中期の金工。
¶人名

藤田康子 ふじたやすこ
昭和19（1944）年11月4日〜
昭和〜平成期の人形作家。

¶名工

藤田与三郎 ふじたよさぶろう
明治14（1881）年〜昭和30（1955）年
明治〜昭和期の漆掻き職人。
¶姓氏岩手

藤田竜司 ふじたりゅうし
昭和19（1944）年〜
昭和期の陶芸家。
¶陶芸最

藤田竜峰 ふじたりゅうほう
大正2（1913）年〜昭和48（1973）年
昭和期の陶芸家。
¶岡山百（㊍大正2（1913）年1月10日 ㊂昭和48（1973）年2月13日），岡山歴（㊍大正2（1913）年1月10日 ㊂昭和48（1973）年2月13日），陶芸最，陶工，美工（㊍大正2（1913）年1月10日 ㊂昭和48（1973）年2月13日），名工

藤田竜峰〔1代〕ふじたりゅうほう
明治8（1875）年8月4日〜昭和28（1953）年7月
明治〜昭和期の陶工。
¶岡山歴，美工

藤田良平 ふじたりょうへい
昭和10（1935）年2月1日〜
昭和〜平成期の陶芸家。
¶陶芸最，陶工

藤朝 ふじとも
戦国時代の工匠。
¶人名

藤永敦 ふじながあつむ
昭和4（1929）年〜
昭和期の陶芸家。
¶陶芸最

藤永志光 ふじながしこう
昭和13（1938）年5月10日〜
昭和期の陶芸家。
¶陶芸最

藤中宗徹 ふじなかそうてつ
生没年不詳
江戸時代前期の装剣金工。
¶日人

藤永元作 ふじながもとさく
明治36（1903）年1月16日〜昭和48（1973）年9月12日
大正〜昭和期の水産学者。水産庁調査研究部長。クルマエビを研究し養殖技術の基礎を確立。
¶科学，現朝，現情，現人，食文，人名7（㊍1904年），世紀，日人，山口百

藤波紫山 ふじなみしざん
明治33（1900）年〜
昭和期の陶芸家。
¶陶芸

ふ

## 藤波康浩 ふじなみやすひろ
昭和11(1936)年11月24日～
昭和～平成期の陶芸家。
¶陶芸最, 陶工

## 藤浪与兵衛〔4代〕ふじなみよへい
→藤浪与兵衛〔4代〕(ふじなみよへえ)

## 藤浪与兵衛〔1代〕(藤波与兵衛)ふじなみよへえ
文政12(1829)年～明治39(1906)年
江戸時代末期～明治期の演劇小道具製作者。藤浪
小道具を創業、貸出のほか新調もした。
¶朝日(⊕文政12年10月28日(1829年11月24日)
⊗明治39(1906)年10月14日), 現現
(藤波与兵衛〔1代〕), 近世, 芸能(⊕文政12
(1829)年10月28日 ⊗明治39(1906)年10月14
日), 国史, コン改(⊕1828年), コン4(⊕文政
11(1828)年), コン5(⊕文政11(1828)年),
埼玉人(藤波与兵衛 ⊕文政12(1829)年10月
28日 ⊗明治39(1906)年10月14日), 史人, 新
潮(⊕文政12(1829)年10月28日 ⊗明治39
(1906)年10月14日), 人名(藤波与兵衛〔1
代〕), 先駆(藤波与兵衛〔1代〕 ⊕文政12
(1829)年10月28日 ⊗明治39(1906)年10月14
日), 全書, 大百, 日人, 百科

## 藤浪与兵衛〔2代〕(藤波与兵衛)ふじなみよへえ
慶応1(1865)年～大正10(1921)年
明治～大正期の演劇小道具製作者。精巧な小道具
を作り、特に仕掛物、舞台用の馬の製作に長じて
いた。
¶歌舞大, 近現(藤波与兵衛〔2代〕), 芸能(⊕慶
応2(1866)年2月5日 ⊗大正10(1921)年2月15
日), 国史, コン改(⊕1864年), コン5(⊕元治
1(1864)年), 史人(⊕1866年), 新潮(⊕慶応1
(1865)年2月5日 ⊗大正10(1921)年2月15
日), 世紀(⊕元治2(1865)年2月5日 ⊗大正
10(1921)年2月15日), 全書, 大百(⊕1866
年), 日人, 百科

## 藤浪与兵衛〔3代〕(藤波与兵衛)ふじなみよへえ
明治24(1891)年～昭和27(1952)年
明治～昭和期の演劇小道具製作者。実物を模した
鎧の製作に腕を発揮。
¶歌舞事(――〔代数なし〕), 歌舞大, 近現(藤
波与兵衛〔3代〕), 芸能(⊕明治24(1891)年3
月21日 ⊗昭和27(1952)年12月24日), 現情
(⊕1891年3月21日 ⊗1952年12月24日), 国
史, 史人, 新潮(⊕明治24(1891)年3月21日
⊗昭和27(1952)年12月24日), 人名7, 世紀
(⊕明治24(1891)年3月21日 ⊗昭和27(1952)
年12月24日), 全書, 大百, 日人(⊕明治24
(1891)年3月21日 ⊗昭和27(1952)年12月24
日)

## 藤浪与兵衛〔4代〕(藤波与兵衛)ふじなみよへえ
大正15(1926)年～昭和50(1975)年 ⊕藤浪与兵
衛〔4代〕《ふじなみ・よへい》
昭和期の演劇・舞踊の小道具方。歌舞伎の小道具
の伝承と後進の育成につとめた。新劇、テレビな
どの小道具製作もつとめる。
¶歌舞事(――〔代数なし〕), 歌舞大, 近現(藤波

与兵衛〔4代〕), 芸能(⊕大正15(1926)年6月9
日 ⊗昭和50(1975)年5月7日), 現朝(⊕1926
年6月9日 ⊗1975年5月7日), 現情(⊕1926年6
月9日 ⊗1975年5月7日), 現人(――〔代数な
し〕), 現日(ふじなみよへい ⊕1926年6月9日
⊗1975年5月7日), 国史, 人名7, 世紀(⊕大正
15(1926)年6月9日 ⊗昭和50(1975)年5月7
日), 大百, 日人(⊕大正15(1926)年6月9日
⊗昭和50(1975)年5月7日), 百科

## 藤沼昇 ふじぬまのぼる
昭和20(1945)年6月15日～
昭和～平成期の竹工芸家。2012年に重要無形文化
財保持者(人間国宝)に認定(竹工芸)。
¶国宝

## 藤根寿吉 ふじねひさきち
明治9(1876)年～
明治～大正期の鉄道技師。
¶大阪人

## 藤野雲平 ふじのうんぺい
大正1(1912)年～
昭和期の筆師。
¶郷土滋賀

## 藤ノ木土平 ふじのきどへい
昭和24(1949)年～
昭和～平成期の陶芸家。
¶陶芸最, 陶工(⊕1949年12月31日)

## 藤野清久 ふじのきよひさ
明治35(1902)年～昭和60(1985)年
昭和期の工学者。第4代福井大学長。
¶福井百

## 藤野さち子 ふじのさちこ
昭和25(1950)年7月4日～
昭和～平成期の陶芸家。
¶陶工

## 藤野準 ふじのじゅん
明治15(1882)年3月～昭和8(1933)年3月26日
明治～昭和期の機械工学者。
¶世紀, 日人

## 藤野宗次郎 ふじのそうじろう
明治11(1878)年8月2日～昭和25(1950)年8月
22日
明治～昭和期の農村指導者。耕地整理事業者。滋
賀県豊郷村で地下水利用による灌漑を推進する。
¶世紀, 日人

## 藤野稔寛 ふじのとしひろ
昭和27(1952)年1月28日～
昭和～平成期の教師、図形点訳ソフトウェア制
作者。
¶視覚

## 藤野友重 ふじのともしげ
江戸時代中期の越中富山藩士、刀鍛冶。
¶姓氏富山, 藩臣3(生没年不詳)

藤野寛子 ふじのひろこ
昭和期の鋳金工芸家。
¶名工

藤林甲 ふじばやしまさる
明治41(1908)年5月25日～昭和54(1979)年8月21日
昭和期の映画照明技師。
¶映人

藤原篤忠 ふじはらあつただ
→雲州母里藩藤原篤忠(あつただ)

藤原半助 ふじはらはんすけ
＊～昭和5(1930)年
明治～昭和期の金工家。
¶島根百(㊥嘉永4(1851)年ごろ)，島根歴(㊥嘉永3(1850)年ごろ　㊨昭和5(1930)年ごろ)

藤平伸 ふじひらしん
大正11(1922)年7月25日～
昭和～平成期の陶芸家。専門は立体造形。
¶陶芸最，陶工，名工

藤平倫子 ふじひらりんこ
昭和32(1957)年2月18日～
昭和～平成期の陶芸家。
¶陶芸最，陶工

布士富美子 ふしふみこ
明治40(1907)年8月～
昭和～平成期の人形作家。
¶名工

藤巻志邦 ふじまきしほう
昭和4(1929)年8月9日～
昭和期の陶芸家。
¶陶芸最，名工

伏見忠七 ふしみちゅうしち
弘化2(1845)年～明治15(1882)年
明治期の土木技師。小夜中山新道開削に貢献。
¶人名，日人

伏見未喜男 ふしみまきお
昭和10(1935)年3月25日～
昭和期の陶芸家。
¶陶芸最

伏見屋喜八 ふしみやきはち
江戸時代末期の鋳物師。
¶人名，日人(生没年不詳)

伏見屋又兵衛 ふしみやまたべえ
生没年不詳
江戸時代中期の商人，新田開発者。
¶姓氏愛知

藤村朗 ふじむらあきら
明治20(1887)年11月25日～昭和38(1963)年7月17日
明治～昭和期の建築技師。三菱地所社長。
¶美建

藤村国俊 ふじむらくにとし
明治25(1892)年～昭和40(1965)年
明治～昭和期の刀匠。
¶姓氏山口，美工(㊨昭和40(1965)年11月15日)，山口百

藤村九平 ふじむらくへい
安政3(1856)年11月24日～昭和4(1929)年3月8日
明治～昭和期の実業家。徳島県吉野川沿岸の竹を材料にした竹尺製造で成功。
¶世紀，徳島百，徳島歴，日人

藤村小春 ふじむらこはる
昭和23(1948)年4月22日～
昭和期の陶芸家。
¶陶芸最

藤村信吉 ふじむらしんきち
文久3(1863)年～昭和12(1937)年
明治～昭和期の水産技師，教育者。
¶北海道百，北海道歴

藤村時雄 ふじむらときお
～平成11(1999)年2月27日
昭和～平成期の陶芸家。
¶美工

藤村英雄 ふじむらひでお
昭和期の藤村とんぼ玉工房主。
¶名工

藤村益治郎 ふじむらますじろう
明治36(1903)年～平成8(1996)年
昭和～平成期の庭師・盛岡山車推進会長。
¶姓氏岩手

藤村善雄 ふじむらよしお
大正9(1920)年2月11日～平成7(1995)年3月13日
昭和～平成期の機械工学者，金沢工業大学副学長。専門は機械工作。
¶科学

藤村与兵衛 ふじむらよへえ
？　～明治37(1904)年
明治期の陶画工。薪焚きの錦窯業、大器焼成の方法を開発、森村組の特約絵付け師となる。
¶人名，日人，名工(㊨明治37年11月)

藤本明成 ふじもとあきなり
→藤本明成(ふじもとめいせい)

藤本喜久雄 ふじもときくお
明治21(1888)年1月12日～昭和10(1935)年1月9日
大正～昭和期の造船技師。海軍造船少将。巡洋艦の設計に従事、作品に巡洋艦夕鶴など。
¶科学，人名(㊨1887年)，世紀，日人，陸海

藤本享秀 ふじもときょうしゅう
昭和24(1949)年7月3日～
昭和～平成期の陶芸家。
¶陶芸最，陶工

**藤本実也** ふじもとじつや
明治8（1875）年～昭和45（1970）年
明治～昭和期の経済史家。横浜生糸検査所技師。
¶神奈川人（生没年不詳），姓氏神奈川（生没年不詳），姓氏山口，民学

**藤本庄太郎**（藤本莊太郎）ふじもとしょうたろう
→藤本荘太郎（ふじもとそうたろう）

**藤本善右衛門** ふじもとぜんえもん
文化12（1815）年～明治23（1890）年
明治期の蚕種業功労者。長野県蚕種大総代。蚕種業を営む。優良品種の製造に努め生産制限を実施した。
¶近現，国史，日人

**藤本荘太郎** ふじもとそうたろう
嘉永2（1849）年～明治35（1902）年　別藤本庄太郎《ふじもとしょうたろう》，藤本莊太郎《ふじもとしょうたろう》
江戸時代末期～明治期の実業家。堺市長、堺商法集会所会頭。模様摺込緞通を発明、堺の緞通業界を興隆させた。
¶朝日（⊕嘉永2（1849）年4月　⊗明治35（1902）年7月28日），維新（ふじもとしょうたろう），近現，国史，コン改（藤本庄太郎　ふじもとしょうたろう），史人（⊕1849年4月12日　⊗1902年7月28日），新潮（ふじもとしょうたろう　⊗明治35（1902）年7月28日），先駆（ふじもとしょうたろう　⊕嘉永2（1849）年4月12日　⊗明治34（1901）年7月28日），日人，幕末（⊗1907年7月28日）

**藤本陶津**(1) ふじもととうしん
明治8（1875）年12月15日～昭和42（1967）年3月23日
明治～昭和期の陶芸家。
¶世紀，日人，美工，広島百

**藤本陶津**(2) ふじもととうしん
大正3（1914）年12月18日～平成21（2009）年8月28日
昭和～平成期の陶芸家。
¶陶芸，陶芸最，美工，名工

**藤本虎喜** ふじもとととらき
明治25（1892）年～昭和56（1981）年11月11日
大正～昭和期の農業技術指導者。
¶熊本百（⊕明治25（1892）年2月16日），政治（⊕明治25年2月）

**藤本尚己** ふじもとなおみ
昭和3（1928）年4月29日～
昭和期の陶芸家。
¶陶芸最

**藤本磨弥** ふじもとまや
昭和26（1951）年10月2日～
昭和期の陶芸家。
¶陶芸最

**藤本明成** ふじもとめいせい
昭和17（1942）年12月11日～　別藤本明成《ふじもとあきなり》
昭和～平成期の陶芸家。
¶陶芸最，陶工（ふじもとあきなり），名工

**藤本保広** ふじもとやすひろ
昭和2（1927）年2月21日～昭和62（1987）年5月21日
昭和期のナイフ職人。カスタム（手作り）ナイフを製作。代表作は「百八丁出し（多徳ナイフ）」。
¶世紀，日人，名工

**藤本能道** ふじもとよしみち
大正8（1919）年1月10日～平成4（1992）年5月16日
昭和期の陶芸家。人間国宝。色絵時期の陶筥に新境地を開拓し、色絵作家の第一人者。
¶現朝，現情，国宝，世紀，陶芸，陶芸最，陶工，日人，美工，名工

**藤森寛** ふじもりかん
昭和24（1949）年1月25日～
昭和～平成期の陶芸家。
¶陶工

**藤森暉彬** ふじもりきよし
昭和30（1955）年1月30日～
昭和～平成期の陶芸家。
¶陶芸最，陶工

**藤森照信** ふじもりてるのぶ
昭和21（1946）年11月21日～
昭和～平成期の建築家、建築史家。東京大学生産技術研究所教授。近代建築、都市計画史を研究。作品に「ニラハウス」「天竜市秋野不矩美術館」など。著書に「日本の近代建築」他。
¶現朝，現執2期，現執3期，現執4期，現情，現日，世紀，日人，マス89，YA

**藤森陶志** ふじもりとうし
昭和20（1945）年1月2日～
昭和期の陶芸家。
¶陶芸最，名工

**藤山種広** ふじやまたねひろ
？　～明治19（1886）年
明治期のガラス工芸技術者。洋式のガラス技術を指導し、近代ガラスの基礎を築く。
¶朝日（生没年不詳），海越（生没年不詳），海越新，先駆（生没年不詳），渡航，日人

**藤山常一** ふじやままつねいち
＊～昭和11（1936）年
明治～大正期の技術者、実業家。石灰窒素製造の画期的な連続窒化炉を開発。
¶科学（⊕1871年（明治4）1月　⊗1936年（昭和11）1月4日），近現（⊕1872年），国史（⊕1872年），世紀（⊕明治4（1871）年1月　⊗昭和11（1936）年1月4日），姓氏宮城（⊕1875年），日人（⊕明治4（1871）年1月　⊗昭和11（1936）年1月4日），宮城百（⊕明治8（1875）年）

**藤好昌生** ふじよししょうせい
大正2（1913）年～
昭和期の映画録音技師。

¶映人

**藤原家次** ふじわらいえつぐ
生没年不詳
室町時代の桧皮葺方大工。
¶朝日

**藤原郁三** ふじわらいくぞう
昭和21（1946）年7月1日～
昭和期の陶芸家。
¶陶芸最

**藤原和** ふじわらかず
昭和33（1958）年12月6日～
昭和～平成期の陶芸家。
¶陶芸最，陶工

**藤原兼房〔23代〕** ふじわらかねふさ
明治32（1899）年2月9日～昭和52（1977）年7月1日
明治～昭和期の刀工。
¶世紀，日人（――〔代数なし〕），美工

**藤原兼道** ふじわらかねみち
～寛文12（1672）年
江戸時代前期の大坂の刀工。
¶大阪人

**藤原清人** ふじわらきよんど
→斎藤清人（さいとうきよんど）

**藤原謹** ふじわらきん
昭和24（1949）年9月25日～
昭和期の陶芸家。
¶陶芸最

**藤原金次郎** ふじわらきんじろう
天保7（1836）年～大正8（1919）年
江戸時代末期～大正期の宮大工。
¶姓氏岩手

**藤原国右衛門尉** ふじわらくにえもんじょう
生没年不詳
鎌倉時代後期の寺大工。
¶岡山百

**藤原国重** ふじわらくにしげ
生没年不詳
江戸時代中期の刀工。
¶姓氏群馬

**藤原国広** ふじわらくにひろ
→国広（くにひろ）

**藤原啓** ふじわらけい
明治32（1899）年2月28日～昭和58（1983）年11月12日
大正～昭和期の陶芸家。桃山時代の備前焼茶陶の再興に尽力。
¶岡山百，岡山歴，現執2期，現情，国宝，世紀，全書，陶芸，陶芸最，陶工，日人，美工，名工

**藤原建** ふじわらけん
大正13（1924）年～昭和52（1977）年11月25日
昭和期の陶芸家。
¶岡山百（㊥大正13（1924）年7月12日），岡山歴

（㊥大正13（1924）年7月12日），陶芸最，陶工，美工（㊥大正13（1924）年7月12日），名工

**藤原謙** ふじわらけん
昭和18（1943）年12月23日～
昭和～平成期の陶芸家。
¶陶芸最，陶工，名工（㊥昭和18年12月25日）

**藤原貞経** ふじわらさだつね
生没年不詳
鎌倉時代の蒔絵師。
¶美工

**藤原繁雄** ふじわらしげお
大正15（1926）年5月17日～
昭和期の陶芸家。
¶陶芸最

**藤原重久** ふじわらしげひさ
生没年不詳
鎌倉時代前期の大野鍛冶職人。
¶姓氏愛知

**藤原丈七** ふじわらじょうしち
天保7（1836）年～明治27（1894）年
明治期の実業家、綾莚発明者。
¶岡山人，岡山歴（㊥明治27（1894）年9月27日）

**藤原治郎吉** ふじわらじろきち
天保12（1841）年～大正7（1918）年
明治期の発明家。
¶千葉百，日人

**藤原隆人** ふじわらたかと
生没年不詳
昭和期の人。鹿妻幹線水路の開発に尽力。
¶姓氏岩手

**藤原忠詰** ふじわらただつぐ
生没年不詳
戦国時代の大工。
¶戦辞

**藤原玉夫** ふじわらたまお
明治27（1894）年～昭和48（1973）年
大正～昭和期のリンゴ栽培技術者。
¶植物，食文，長野歴

**藤原親家** ふじわらちかいえ
→藤原親家（ふじわらのちかいえ）

**藤原近則** ふじわらちかのり
文化12（1815）年～明治25（1892）年3月5日
江戸時代末期～明治期の刀工。近則作中最大最長4尺9寸の太刀を大洗磯前神社の神宝として奉納。
¶幕末

**藤原継平** ふじわらつぎひら
生没年不詳
江戸時代中期の刀匠。
¶国書

**藤原対馬守国久** ふじわらつしまのかみくにひさ
生没年不詳
江戸時代前期の釜師。

¶姓氏京都

**冨士原恒宣** ふじわらつねのぶ
昭和14(1939)年～
昭和～平成期の陶芸家。
¶陶芸最

**藤原銕造** ふじわらてつぞう
明治9(1876)年～昭和38(1963)年
明治～昭和期の陶芸家。
¶美工

**藤原陶斎** ふじわらとうさい
明治30(1897)年5月20日～昭和53(1978)年12月10日
大正～昭和期の陶芸家。
¶岡山歴

**藤原陶臣** ふじわらとうしん
昭和16(1941)年7月16日～
昭和～平成期の陶芸家。
¶陶芸最，陶工，名工



**藤原陶村** ふじわらとうそん
昭和25(1950)年4月11日～
昭和～平成期の陶芸家。
¶名工

**藤原親家** ふじわらのちかいえ
生没年不詳　[別]藤原親家《ふじわらちかいえ》
鎌倉時代前期の公卿。内蔵権頭、木工権頭などを歴任。
¶鎌室(ふじわらちかいえ)，日人

**藤原守家** ふじわらのもりいえ
生没年不詳
鎌倉時代前期の武蔵国鋳物師。
¶埼玉人

**藤原守道** ふじわらのもりみち
生没年不詳
平安時代後期の武蔵国在住鋳物師。
¶埼玉人

**藤原秀吉** ふじわらひできち
生没年不詳
鎌倉時代後期の鋳物師。
¶神奈川人

**藤原均** ふじわらひとし
昭和23(1948)年9月28日～
昭和期の陶芸家。
¶陶芸最，名工

**藤原博** ふじわらひろし
昭和23(1948)年7月14日～
昭和期の陶芸家。
¶陶芸最，名工

**藤原孚石** ふじわらふせき
昭和17(1942)年～昭和57(1982)年7月
昭和期の日本画家、嵯峨面作家。
¶美工，名工

**藤原正夫** ふじわらまさお
昭和15(1940)年3月27日～
昭和期の陶芸家。
¶陶芸最

**藤原宗清** ふじわらむねきよ
生没年不詳
戦国時代の大工。伊豆で活動。
¶戦辞

**藤原雄** ふじわらゆう
昭和7(1932)年6月10日～平成13(2001)年10月29日
昭和～平成期の陶芸家。
¶現情，国宝，世紀，陶芸最，陶工，日人，美工，名工

**藤原洋子** ふじわらようこ
昭和20(1945)年5月15日～
昭和期の陶芸家。
¶陶芸最

**藤原楽山〔1代〕** ふじわららくざん
明治9(1876)年7月26日～昭和5(1930)年2月8日
明治～昭和期の備前焼陶工。
¶岡山歴

**藤原楽山〔2代〕** ふじわららくざん
明治43(1910)年11月18日～平成8(1996)年
昭和～平成期の陶芸家。
¶岡山百(――〔代数なし〕)，陶工(――〔代数なし〕)，美工([没]平成8(1996)年9月3日)，名工

**藤原竜湖** ふじわらりゅうこ
昭和9(1934)年10月24日～
昭和期の陶芸家。
¶陶芸最，名工

**藤原了性** ふじわらりょうしょう
室町時代の鋳物師。
¶姓氏富山

**武関章** ぶせきあきら
昭和期の花カゴ細工師。
¶名工

**冨雪斎唯称** ふせつさいゆいしょう
生没年不詳
安土桃山時代の表具師。
¶埼玉人

**伏野義雄** ふせのよしお
明治25(1892)年～昭和40(1965)年
大正～昭和期の四重電信の発明者。
¶大分歴，科学

**布施孫一郎** ふせまごいちろう
弘化4(1847)年～明治44(1911)年
江戸時代後期～明治期の蚕業開発者。
¶郷土滋賀，滋賀百

**二木成抱** ふたぎせいほう
明治17(1884)年～昭和29(1954)年
明治～昭和期の漆芸家。

¶石川百，姓氏石川，美工

**二木正樹** ふたぎまさき
大正7(1918)年8月28日〜
昭和〜平成期の加賀友禅染色家。
¶名工

**二木又吉** ふたぎまたきち
？〜文政12(1829)年
江戸時代後期の今江村戸長。灌漑用水の水門を完成させた。
¶姓氏石川

**二口初枝** ふたくちはつえ
昭和期の加賀刺しゅう業。
¶名工

**布田惟暉** ふたこれてる
→布田保之助（ふたやすのすけ）

**二田是儀** ふただこれのり
嘉永3(1850)年〜明治43(1910)年　㊼二田是儀《にったこれのり》
明治期の開拓者。村落を造ることに尽力し農業発展に貢献。
¶秋田百，コン改（にったこれのり），コン5（にったこれのり　㊼？），日人

**二塚長生** ふたつかおさお
昭和21(1946)年8月12日〜
昭和〜平成期の染織家。2010年に重要無形文化財保持者（人間国宝）に認定（友禅）。
¶国宝

**二木柄伍** ふたつぎへいご
明治9(1876)年〜昭和23(1948)年
明治〜昭和期の土木技手。
¶姓氏長野

**二木洵** ふたつぎまこと
明治7(1874)年〜昭和11(1936)年
明治〜昭和期の1代交雑種普及に努めた蚕種製造家。
¶姓氏長野，長野歴

**札場嘉右衛門〔1代〕** ふだばかえもん
生没年不詳
江戸時代中期の陶工。
¶日人

**二見鏡三郎** ふたみきょうざぶろう，ふたみきょうさぶろう
安政3(1856)年9月3日〜昭和6(1931)年2月10日
明治〜昭和期の土木技師。京都帝国大学教授。鉄道工事及び橋梁を専門とした土木界の元老。
¶海越新，科学，近土（ふたみきょうざぶろう），人名，世紀，姓氏京都，渡航，土木（ふたみきょうさぶろう），日人

**二見庄兵衛** ふたみしょうべえ
天保3(1832)年〜明治23(1890)年
江戸時代末期〜明治期の殖産家。水車業などの事業を手がけた後、落花生の新品種「立落花生」を発見、栽培に努めた。

¶神奈川人，植物（㊳明治23(1890)年9月25日），食文（㊳1890年9月25日），姓氏神奈川，日人，幕末

**二見秀雄** ふたみひでお
明治35(1902)年11月15日〜昭和61(1986)年6月10日
大正〜昭和期の建築学者。東京工業大学名誉教授、日本建築学会会長。
¶科学，美建

**二見屋沖五郎** ふたみやおきごろう
明治11(1878)年〜昭和31(1956)年
明治〜昭和期の鋸鍛冶。
¶世紀，日人

**二村善市** ふたむらぜんいち
昭和6(1931)年〜
昭和〜平成期の鍛冶師。
¶名工

**布田保之助** ふたやすのすけ，ふだやすのすけ
享和1(1801)年〜明治6(1873)年　㊼布田惟暉《ぬのたこれてる，ぬのだこれてる，ふたこれてる》，布田保之助《ぬのたやすのすけ》
江戸時代後期の肥後熊本藩の水利功労者。石造アーチ型の通水橋を完成させるなど、橋・道路の開設に努めた。
¶維新（ふだやすのすけ），近現（布田惟暉　ふたこれてる），近世（布田惟暉　ふたこれてる），熊本百（㊼享和1(1801)年11月26日　㊷明治6(1873)年4月3日），国史（布田惟暉　ふたこれてる），コン改（布田惟暉　ぬのたこれてる），コン4（布田惟暉　ぬのたこれてる），コン5（布田惟暉　ぬのたこれてる），コン5，史人（布田惟暉　ふたこれてる　㊷1873年4月3日），新潮（布田惟暉　ぬのだこれてる　㊷明治6(1873)年4月3日），人名（ぬのたやすのすけ），日人，幕末（㊷1873年4月3日），藩臣7

**淵一博** ふちかずひろ
昭和11(1936)年2月16日〜平成18(2006)年8月13日
昭和〜平成期の情報工学者。通産省工業技術院電気試験所パターン情報部長、東京大学教授。第五世代コンピューターの開発に携わる。著書に「認知科学への招待」「論理と意味」など。
¶科学，現朝，現執3期，世紀，日人

**富着親雲上** ふちゃくべーちん
延徳1(1489)年〜天文23(1554)年
戦国時代の治水・植栽功労者。
¶姓氏沖縄

**仏師国経** ぶっしくにつね
→国経（くにつね）

**仏師民部** ぶっしみんぶ
江戸時代中期の仏師。
¶人名

**仏成** ぶつじょう
生没年不詳

鎌倉時代の蒔絵師。
¶日人

**仏忍** ぶつにん
生没年不詳
平安時代後期の仏師。
¶平史

**不動院光玉** ふどういんこうぎょく
江戸時代末期の益子在の僧侶、仏師。
¶栃木歴

**舟掛宗四郎** ふなかけそうしろう
安政6（1859）年～大正14（1925）年
明治～大正期の漆芸家。
¶世紀（㊤安政6（1859）年3月5日　㊦大正14
（1925）年10月12日），日人

**舟木邦治** ふなきくにはる
昭和23（1948）年4月17日～
昭和期の陶芸家。
¶陶芸最

**船木研児** ふなきけんじ
昭和2（1927）年1月10日～
昭和～平成期の陶芸家。
¶島根百，陶芸最，陶工，名工

**舟木茂** ふなきしげ
明治35（1902）年～昭和58（1983）年
昭和期の画家、陶芸家。
¶和歌山人

**舟木哲郎** ふなきてつろう
大正13（1924）年9月19日～
昭和期の陶芸家。
¶陶芸最

**舟木伝内〔1代〕** ふなきでんない
生没年不詳
江戸時代前期～中期の料理人。
¶国書

**舟木伝内〔2代〕** ふなきでんない
生没年不詳
江戸時代中期の料理人。
¶国書

**舩木道忠**（船木道忠）　ふなきみちただ
明治33（1900）年5月18日～昭和38（1963）年1月
22日
大正～昭和期の陶芸家。
¶島根人（船木道忠），島根百（船木道忠），島根
歴，世紀，陶工（船木道忠），日人（船木道忠），
美工

**船木与次兵衛** ふなきよじべえ
生没年不詳
江戸時代中期の陶工、出雲布志名焼の祖。
¶島根人（㊤寛延頃），人名，日人，美工

**舩木与次兵衛村政** ふなきよじべえむらまさ
生没年不詳
江戸時代中期の陶工。布志名焼の祖。

¶島根歴

**船久保与四郎** ふなくぼよしろう
昭和期の武具職人。
¶名工

**船越儀右衛門** ふなこしぎえもん
生没年不詳
江戸時代中期の人。地引網を改良。
¶姓氏岩手

**船越作左衛門** ふなこしさくざえもん
？ ～文化14（1817）年
江戸時代中期～後期の砂丘地帯開拓者。
¶鳥取百

**船越三郎** ふなこしさぶろう
昭和6（1931）年～
昭和～平成期のガラス工芸デザイナー。
¶名工

**舟坂与太夫** ふなさかよだゆう
生没年不詳
江戸時代前期の宮大工。
¶京都府

**船田一琴** ふなだいっきん
文化9（1812）年～文久3（1863）年
江戸時代末期の装剣金工家。
¶朝日，コン改（生没年不詳），コン4（生没年不
詳），庄内（㊦文久3（1863）年10月18日），日
人，山形百新

**船田寛常** ふなだかんじょう
生没年不詳
江戸時代後期の金工家。
¶庄内

**船田慶市郎** ふなだけいいちろう
昭和16（1941）年～
昭和～平成期の陶芸家。
¶陶芸最，名工

**船田周** ふなだしゅう
昭和3（1928）年1月9日～平成5（1993）年
昭和期の農業工学者。愛媛大学教授、東京農工大
学教授。
¶科学（㊦1993年（平成5）3月27日），現情，栃
木歴

**鮒田和道** ふなだわどう
大正2（1913）年～昭和63（1988）年
昭和期の指物師。
¶和歌山人

**船戸広次** ふなとひろつぐ
明治20（1887）年～昭和26（1951）年
明治～昭和期の土木技師。
¶姓氏神奈川

**船橋愨信** ふなばしかくしん
→船橋随庵（ふなばしずいあん）

**船橋久兵衛** ふなばしきゅうべえ
？ ～元治1（1864）年

江戸時代後期の近江商人。那珂川筋阿久津村・石井沢村間に船橋を架橋。
¶栃木歴

**船橋玄悦** ふなばしげんえつ
?～寛文4(1664)年　㊋玄悦《げんえつ》
江戸時代前期の対馬藩医、釜山窯の名工。
¶茶道(玄悦　げんえつ),茶道,人名,日人

**船橋舟珉** ふなばししゅうみん
生没年不詳
明治～大正期の蒔絵師。
¶美工

**船橋随庵**(船橋随菴)　ふなばしずいあん
寛政7(1795)年～明治5(1872)年　㊋船橋愨信
《ふなばしかくしん》
江戸時代末期～明治期の農政学者、関宿藩士。「農兵論」を唱え農兵採用で知られる。用排水路の動脈の整備、新田開発などに尽力。
¶朝日(㊊明治5年4月9日(1872年5月15日)),国書(船橋愨信　ふなばしかくしん　㊋明治5(1872)年4月9日),コン改(船橋随菴),コン4(船橋随菴),コン5(船橋随菴),全書,千葉百,日人,幕末(㊊1872年5月15日),藩臣3

**船曳甲** ふなびきこう
?～大正8(1919)年
明治～大正期の技師。専門は運河。京都府出身。
¶近土,土木

**冬木偉沙夫** ふゆきいさお
昭和2(1927)年7月1日～
昭和～平成期の漆芸家。
¶名工

**冬広**(1)　ふゆひろ
戦国時代の出雲の刀匠。
¶島根人

**冬広**(2)　ふゆひろ
世襲名　江戸時代の広島藩の刀工。
¶広島百

**冬広**(3)　ふゆひろ
江戸時代中期の刀匠。
¶島根人

**冬広〔古刀1代〕** ふゆひろ
戦国時代の刀工。
¶島根百

**冬広〔古刀2代〕** ふゆひろ
安土桃山時代の刀工。
¶島根百

**冬広〔新刀1代〕** ふゆひろ
江戸時代前期の刀工。
¶島根百

**冬広〔新刀2代〕** ふゆひろ
江戸時代中期の刀工。
¶島根百

**冬広〔新刀3代〕** ふゆひろ
江戸時代中期の刀工。
¶島根百

**冬広〔新刀4代〕** ふゆひろ
江戸時代中期の刀工。
¶島根百

**冬広〔新刀5代〕** ふゆひろ
江戸時代後期の刀工。
¶島根百

**武用君彦** ぶようきみひこ
昭和22(1947)年8月5日～
昭和～平成期の陶芸家。
¶陶芸最,陶工,名工

**武用真** ぶようしん
昭和10(1935)年8月4日～
昭和期の陶芸家。
¶陶芸最

**降旗正男** ふりはたまさお
～昭和23(1948)年
昭和期のガラス工芸家。
¶美工

**古市公威** ふるいちきみたけ
→古市公威(ふるいちこうい)

**古市公威** ふるいちこうい
嘉永7(1854)年～昭和9(1934)年1月28日　㊋古市公威《ふるいちきみたけ》
明治～大正期の土木工学者。東京帝国大学工科大学初代学長、土木学会初代会長。土木行政、土木工学の基礎を築く。工手学校を創立、技術者を養成。京釜鉄道総裁。
¶岩史(ふるいちきみたけ　㊊嘉永7(1854)年閏7月21日)、海越(㊊嘉永7(1854)年7月12日)、海越新(㊊嘉永7(1854)年7月12日)、科学(ふるいちきみたけ　㊊1854年(嘉永7)閏7月12日)、学校(㊊嘉永7(1854)年閏7月12日)、神奈川人(ふるいちきみたけ)、近現、近土(㊊1854年7月12日)、現朝(ふるいちきみたけ　㊊嘉永7年7月12日(1854年8月5日))、国際、国史、コン改、コン5、史人(㊊1854年閏7月21日)、新潮(㊊安政1(1854)年7月)、人名、世紀(ふるいちきみたけ　㊊嘉永7(1854)年閏7月12日)、先駆(㊊安政1(1854)年8月5日)、全書(ふるいちきみたけ)、大百、鉄道(ふるいちきみたけ　㊊1854年9月4日)、渡航、土木(㊊1854年7月12日)、新潟百、日史(ふるいちきみたけ　㊊安政1(1854)年閏7月21日)、日人、幕末(㊊1854年8月5日)、百科(ふるいちきみたけ)、兵庫人(ふるいちきみたけ　㊊安政1(1854)年閏7月12日)、履歴(ふるいちきみたけ　㊊安政1(1854)年閏7月12日)

**古市水雄** ふるいちみずお
大正9(1920)年6月22日～
昭和～平成期の川辺仏具職人。
¶名工

**古市与一郎** ふるいちよいちろう
文政11(1828)年～明治31(1898)年
明治期の農事改良家。稲作改良に専念し、与一流稲作法を創始、その普及に尽力。稲作伝習所を開設。
¶朝日([生]文政11年2月10日(1828年3月25日) [没]明治31(1898)年4月15日), 日人

**古垣正助** ふるがきしょうすけ
安政6(1859)年～昭和20(1945)年
明治～昭和期の紙漉業者。
¶姓氏鹿児島

**古堅幸雄** ふるかたゆきお
昭和18(1943)年8月10日～
昭和～平成期の陶芸家。
¶陶芸最, 陶工, 名工

**古堅容子** ふるかたようこ
昭和25(1950)年4月30日～
昭和期の陶芸家。
¶陶芸最



**古川延吉** ふるかわえんきち
昭和12(1937)年1月6日～
昭和期の陶芸家。
¶陶芸最

**古川兼定** ふるかわかねさだ
天保8(1837)年～明治36(1903)年3月28日　[別]和泉守兼定《いずみのかみかねさだ》
江戸時代末期～明治期の刀匠。会津戦争の際には若松城に篭城し弾薬製造や進撃に参加。
¶幕末

**古川元珍** ふるかわげんちん
江戸時代中期の彫金師。
¶人名, 日人(生没年不詳)

**古川阪次郎** ふるかわさかじろう
安政5(1858)年11月4日～昭和16(1941)年3月2日
江戸時代末期～昭和期の技師。
¶科学, 近土, 鉄道([生]1858年11月14日), 渡航([生]1858年11月14日), 土木

**古川重春** ふるかわしげはる
明治15(1882)年5月2日～昭和38(1963)年6月11日
明治～昭和期の建築家。
¶愛媛百, 美建

**古川常珍** ふるかわじょうちん
江戸時代の金工。
¶人名, 日人(生没年不詳)

**古川庄八** ふるかわしょうはち
*～明治45(1912)年2月18日
江戸時代末期～明治期の造船技術者。
¶海越([生]天保7(1836)年7月7日), 海越新([生]天保7(1836)年7月7日), 科学([生]1836年(天保7)7月7日), 香川人([生]天保6(1835)年), 香川百([生]天保6(1835)年), 新潮([生]天保7(1836)年7月7日), 人名([生]1831年), 渡航([生]1831年), 日人([生]1835年), 幕末([生]1835年), 洋学([生]天保2(1831)年)

**古川晴一** ふるかわせいいち
元治1(1864)年6月～昭和14(1939)年6月18日
江戸時代末期～昭和期の技師。
¶近土, 鉄道([生]1864年7月19日), 土木

**古河善兵衛**(古川善兵衛) ふるかわぜんべえ
天正4(1576)年～寛永14(1637)年
安土桃山時代～江戸時代前期の武士、治水家。出羽米沢藩士、福島奉行兼群代。陸奥伊達郡の西根堰を開削した。
¶朝日, 近世, 国史, コン改([生]天正5(1577)年), コン4([生]天正5(1577)年), 史人, 新潮([生]天正5(1577)年 [没]寛永14(1637)年12月12日), 人名([生]1577年), 世人(古川善兵衛 [生]天正5(1577)年), 戦合, 日人, 藩臣1

**古川隆久** ふるかわたかひさ
昭和15(1940)年10月11日～
昭和～平成期の陶芸家。
¶陶芸最, 陶工, 名工

**古川利男** ふるかわとしお
昭和24(1949)年1月17日～
昭和～平成期の陶芸家。
¶陶芸最, 陶工, 名工

**古川俊子** ふるかわとしこ
昭和14(1939)年4月29日～
昭和～平成期の陶芸家。
¶陶芸最, 名工

**古川善長** ふるかわよしなが
江戸時代中期の金工。
¶人名, 日人(生没年不詳)

**古川恵永** ふるかわよしのり
昭和期の染織工芸家。
¶名工

**古郡重政** ふるごおりしげまさ
→古郡孫太夫(ふるごおりまごだゆう)

**古郡孫太夫**(古郡孫大夫) ふるごおりまごだゆう, ふるこおりまごだゆう
慶長4(1599)年～寛文4(1664)年　[別]古郡重政《ふるごおりしげまさ》
江戸時代前期の治水家。幕府代官。富士川治水・加島平野開拓の功労者。
¶朝日(古郡孫大夫　ふるこおりまごだゆう [没]寛文4年閏5月22日(1664年7月15日)), 近世(古郡孫大夫　ふるこおりまごだゆう), 国史(古郡孫大夫　ふるこおりまごだゆう), コン改, コン4, 史人(古郡孫大夫　ふるこおりまごだゆう [没]1664年閏5月22日), 静岡百(古郡重政　ふるごおりしげまさ), 静岡歴(古郡重政　ふるごおりしげまさ), 新潮([没]寛文4(1664)年5月22日), 人名, 姓氏静岡, 世人, 日人(古郡重政　ふるごおりしげまさ)

**古沢小三郎** ふるさわこさぶろう
天保12(1841)年～大正10(1921)年
江戸時代末期～大正期の製糸業功労者。

¶群馬人，姓氏群馬

**古沢南洋** ふるさわなんよう
文化6(1809)年〜明治9(1876)年 ㊙古沢義正
《ふるさわよしまさ》
江戸時代末期〜明治期の刀工。土佐勤王党に参加。
¶維新(㊙明治9(1876)年7月8日)，高知人，人名，日人，幕末(古沢義正　ふるさわよしまさ ㊙1876年7月7日)

**古沢義正** ふるさわよしまさ
→古沢南洋(ふるさわなんよう)

**古庄敬一郎** ふるしょうけいいちろう
嘉永3(1850)年〜明治44(1911)年
明治期の村長。公益家で竹田町から熊本県を経た日田への道路開通に尽力した。
¶大分歴，人名，日人

**古庄理一郎** ふるしょうりいちろう
大正3(1914)年3月21日〜平成11(1999)年3月2日
昭和〜平成期の藍染め職人。
¶美工

**古瀬堯三** ふるせぎょうぞう
昭和11(1936)年5月24日〜平成21(2009)年9月13日
昭和〜平成期の陶芸家。
¶陶芸最，陶工，美工，名工

**古田幸山** ふるたこうざん
昭和21(1946)年11月11日〜
昭和〜平成期の陶芸家。
¶陶工

**古田浩三** ふるたこうぞう
昭和8(1933)年〜
昭和期の陶芸家。
¶陶芸最

**古田行三** ふるたこうぞう
大正11(1922)年3月10日〜平成6(1994)年12月22日
昭和〜平成期の紙漉き職人。本美濃紙の紙すきに従事。重要無形文化財保持団体の本美濃紙保存会2代会長。
¶世紀，日人

**古田俊之助** ふるたしゅんのすけ
明治19(1886)年〜昭和28(1953)年3月23日
㊙古田俊之助《ふるたとしのすけ》
明治〜昭和期の実業家、技術者。住友本社総理事。財閥解体の打撃食い止めに尽力。
¶近現，現朝(㊅1886年10月15日)，現情(㊅1886年10月)，国史，コン改(ふるたとしのすけ)，コン4(ふるたとしのすけ)，コン5(ふるたとしのすけ)，実業(㊅明治19(1886)年10月15日)，新潮(㊅明治19(1886)年10月15日)，人名7，世紀(㊅明治19(1886)年10月15日)，姓氏京都(ふるたとしのすけ)，日人(㊅明治19(1886)年10月15日)，履歴(㊅明治19(1886)年10月15日)，履歴2(㊅明治19(1886)年10月15日)

**古田精喜** ふるたせいき
昭和期のケーブル製造工。
¶名工

**古楯伊織** ふるだていおり
明治3(1766)年〜弘化2(1845)年
江戸時代中期〜後期の鍛冶丁焼の創始者。
¶姓氏岩手

**古館武兵衛** ふるだてぶへえ
弘化2(1845)年〜明治42(1909)年
江戸時代後期〜明治期の漁業改良家。
¶姓氏岩手

**古田陶竜** ふるたとうりゅう
大正5(1916)年7月23日〜
昭和〜平成期の陶芸家。
¶陶工

**古田利一** ふるたとしかず
昭和〜平成期のガラス工芸作家。
¶名工

**古田俊之助** ふるたとしのすけ
→古田俊之助(ふるたしゅんのすけ)

**古谷信男** ふるたにのぶお
昭和25(1950)年7月23日〜
昭和期の陶芸家。
¶陶芸最

**古谷道生** ふるたにみちお
昭和21(1946)年2月16日〜平成12(2000)年7月20日
昭和〜平成期の陶芸家。
¶陶芸最，陶工，美工，名工

**古田英晶** ふるたひでまさ
昭和期の陶芸家。
¶名工

**古田兵作** ふるたひょうさく
天保4(1833)年〜明治37(1904)年
明治期の農事改良家。
¶大分歴

**古田義定** ふるたよしさだ
大正5(1916)年7月23日〜
昭和期の陶芸家。
¶陶芸最

**古田喜彦** ふるたよしひこ
昭和期の陶芸家。
¶名工

**古野一春** ふるのいっしゅん
明治36(1903)年〜平成12(2000)年7月7日　㊙古野泰助《ふるのたいすけ》
大正〜平成期の博多人形作家。
¶美工(㊅明治36(1903)年8月)，名工(古野泰助　ふるのたいすけ　㊅明治36年8月28日)

**古野泰助** ふるのたいすけ
→古野一春(ふるのいっしゅん)

ふるのゆ　　　　　　　　　　　　672　　　　　　　　日本人物レファレンス事典

**古野幸治** ふるのゆきはる
　　昭和18 (1943) 年1月30日〜
　　昭和〜平成期の陶芸家。
　　¶陶芸最，陶工，名工

**古橋尚憲** ふるはしひさのり
　　昭和22 (1947) 年〜
　　昭和期の陶芸家。
　　¶陶芸最

**古畑権兵衛** ふるはたごんべえ
　　生没年不詳
　　江戸時代中期の開拓家。
　　¶人名，姓氏長野，長野歴，日人

**古浜庄一** ふるはましょういち
　　大正10 (1921) 年11月15日〜平成14 (2002) 年1月
　　10日
　　昭和〜平成期の機械工学者，武蔵工業大学学長。
　　専門は内燃機関学。
　　¶科学，現執2期

**古林好一** ふるばやしよしかず
　　昭和期のはさみ職人。
　　¶名工

**古松弘喜** ふるまつひろよし
　　昭和期の家具職人。
　　¶名工

**降矢銀次郎** ふるやぎんじろう
　　生没年不詳
　　明治期の印刷技術者。凸版印刷のパイオニア、凸
　　版印刷合資会社設立者。
　　¶先駆

**古屋伸治** ふるやしんじ
　　昭和期の岩尾磁器工業磁芸部デザイン課長。
　　¶名工

**古谷徹** ふるやとおる
　　昭和23 (1948) 年12月11日〜
　　昭和〜平成期の陶芸家。
　　¶陶工

**古屋豊吉** ふるやとよきち
　　弘化4 (1847) 年〜明治40 (1907) 年
　　明治期の製造業。長崎で椅子造りを修行後椅子の
　　製造を始め、多くの弟子を養成。
　　¶先駆

**古屋久昌** ふるやひさまさ
　　文久1 (1861) 年9月〜昭和8 (1933) 年5月
　　明治〜昭和期の蚕種改良家。
　　¶山梨百

**古山石之助** ふるやまいしのすけ
　　明治8 (1875) 年3月2日〜昭和12 (1937) 年3月6日
　　明治〜昭和期の機械工学者。日立製作所取締役。
　　日立製作所創立当初からの取締役で、蒸気及び電
　　気機関車製造の権威。
　　¶人名，世紀，日人

**古山恒夫** ふるやまつねお
　　大正14 (1925) 年4月26日〜平成16 (2004) 年11月
　　29日
　　昭和〜平成期の映画録音技師。
　　¶映人

**降矢芳郎** ふるやよしろう
　　明治3 (1870) 年4月2日〜昭和12 (1937) 年10月
　　11日
　　明治〜昭和期の電気工学者。九州帝国大学教授。
　　九州電気工学校設立に参画、創立と同時に理事長
　　就任。
　　¶科学，人名，世紀，渡航，日人

**不破半次郎** ふわはんじろう
　　明治期の陶画工。
　　¶日人

**文左衛門** ぶんざえもん
　　生没年不詳
　　江戸時代中期の陶工。
　　¶徳島百

**文山** ぶんざん
　　生没年不詳
　　江戸時代後期の陶工。
　　¶日人

**文二郎** ぶんじろう
　　明治期の陶工。
　　¶日人

**文蔵** ぶんぞう
　　生没年不詳
　　室町時代の能面師。名工の十作の一人。
　　¶朝日，国史，古中，史人，新潮，人名，日人，
　　美工

**分田真** ぶんでんまこと
　　昭和26 (1951) 年3月9日〜
　　昭和〜平成期の陶芸家。
　　¶陶工

# 【へ】

**米山章臣** べいざんあきとみ
　　明治44 (1911) 年〜
　　昭和期の陶芸家。
　　¶陶芸

**塀内筑後** へいないちくご
　　生没年不詳
　　江戸時代中期の大工棟梁。
　　¶姓氏京都

**平内大隅** へいのうちおおすみ
　　江戸時代末期の大工棟梁。
　　¶維新，幕末 (生没年不詳)

**平内廷臣** へいのうちまさおみ
　　生没年不詳

江戸時代後期の幕臣・工匠・和算家。
¶国書

**平内応勝** へいのうちまさかつ
寛永9(1632)年～天和3(1683)年　[別]大隅応勝《おおすみまさかつ》
江戸時代前期の大工。幕府作事方大棟梁、平内家2代。
¶朝日([没]天和3年4月10日(1683年5月6日)),近世,国史,日人

**平内政信**(平内正信) へいのうちまさのぶ
天正11(1583)年～正保2(1645)年
江戸時代前期の大工。幕府作事方大棟梁。
¶朝日(平内正信　[没]正保2年7月5日(1645年8月26日)),国書(平内正信　[生]?),全書,日史,日人,百科([生]?)

**平内吉政** へいのうちよしまさ
生没年不詳
安土桃山時代～江戸時代前期の大工。和歌山天満神社本殿を造る。
¶朝日,国書,日人,和歌山人

**別宮貞俊** べっくさだとし
明治26(1893)年2月18日～昭和33(1958)年9月19日
大正～昭和期の電気工学者、実業家。住友電工社長、東京工業大学教授。大阪レントゲン製作所会長も務める。著書に「対称座標法解説」など。
¶科学,現情,実業,人名7,世紀,日人

**別所吉兵衛** べっしょきちべえ
生没年不詳
安土桃山時代の陶工。
¶茶道,戦人,日人,美工

**別府威徳** べっぷたけのり
昭和11(1936)年～
昭和～平成期の陶芸家。
¶陶工

**部奈団蔵** べなだんぞう
天明7(1787)年～文久1(1861)年
江戸時代後期の治水家。
¶長野歴

**紅谷愃一** べにたにけんいち
昭和6(1931)年6月7日～
昭和～平成期の映画録音技師。
¶映人

**蛇口伴蔵** へびぐちばんぞう
文化7(1810)年～慶応2(1866)年
江戸時代後期～末期の八戸における幕末の水利開発者。
¶青森人

**別府経基** べふつねもと
平安時代の高岡郡北部開拓の元祖。
¶高知百

**鞭牛** べんぎゅう
→鞭牛和尚(べんぎゅうおしょう)

**鞭牛和尚** べんぎゅうおしょう
宝永7(1710)年～天明2(1782)年　[別]鞭牛《べんぎゅう》,牧庵鞭牛《ぼくあんべんぎゅう》
江戸時代中期の閉伊街道開削者。
¶岩手百,姓氏岩手(鞭牛　べんぎゅう),日人(牧庵鞭牛　ぼくあんべんぎゅう)

**弁慶** べんけい
室町時代の将軍家方の番匠。
¶朝日

**逸見あ坊** へんみあぼう
昭和13(1938)年5月2日～
昭和～平成期の陶芸家。
¶陶工

**逸見治郎** へんみじろう
明治11(1878)年～昭和28(1953)年4月4日
明治～昭和期の発明家。
¶科学,郷土千葉,世紀,日人

**逸見為庸** へんみためつね
文政1(1818)年～明治26(1893)年
江戸時代後期～明治期の喜連川藩士・家老、開墾、用水路開削。
¶栃木歴

**逸見東峰** へんみとうほう
明治12(1879)年4月23日～昭和32(1957)年11月18日
明治～昭和期の木彫漆芸家。
¶岡山人,岡山百,美建

**逸見東洋** へんみとうよう
弘化3(1846)年10月18日～大正9(1920)年12月24日　[別]逸見義隆《へんみよしたか》
明治～大正期の工芸家。
¶岡山人(逸見義隆　へんみよしたか),岡山百,岡山歴,世紀,日人

**逸見寅雄** へんみとらお
慶応1(1865)年10月20日～昭和21(1946)年1月5日
明治～昭和期の養蚕技術者。
¶岡山歴

**逸見義隆** へんみよしたか
→逸見東洋(へんみとうよう)

## 【ほ】

**帆足力志** ほあしりきし
昭和期のステンドグラス工芸師。
¶名工

**法阿** ほうあ
生没年不詳
鎌倉時代後期の漆工。
¶鎌室,人名,日人,美工

**法慧** ほうえ
生没年不詳
平安時代前期の経師。
¶姓氏群馬

**宝栄** ほうえい
江戸時代前期の石見の刀匠。
¶島根人

**方円** ほうえん
江戸時代後期の僧、陶工。
¶人名，日人（生没年不詳）

**宝嘉僧** ほうかそう
生没年不詳
江戸時代中期の戯作者、彫師。
¶国書，人名，日人

**伯耆国宗** ほうきくにむね
平安時代後期の刀工。
¶鳥取百

ほ

**法貴四郎** ほうきしろう
大正1（1912）年8月4日～平成11（1999）年9月2日
昭和期の電気工学者、実業家。住友電工専務、住友原子力工業副社長。
¶科学，現情

**方貴峰** ほうきほう
？ ～寛文5（1665）年
江戸時代前期の仏師。
¶黄檗（[没]寛文5（1665）年11月15日），長崎歴

**宝山〔1代〕** ほうざん
→宝山文蔵〔1代〕（ほうざんぶんぞう）

**宝山文蔵** ほうざんぶんぞう
→雲林院文蔵〔1代〕（うんりんいんぶんぞう）

**宝山文蔵〔1代〕** ほうざんぶんぞう
生没年不詳 [別]雲林院文蔵《うじいぶんぞう》，雲林院文造〔1代〕《うんりんいんぶんぞう》，宝山〔1代〕《ほうざん》，雲林院文造《うじいんぶんぞう》，文蔵《ぶんぞう》
戦国時代の陶工。
¶コン改，コン4，茶道，人名（雲林院文造〔1代〕 うんりんいんぶんぞう [没]1557年），世人（宝山〔1代〕 ほうざん），戦人（雲林院文蔵 うじいぶんぞう），美工

**宝山文蔵〔9代〕** ほうざんぶんぞう
？ ～享保8（1723）年
江戸時代前期～中期の陶工。
¶日人

**宝山文蔵〔11代〕** ほうざんぶんぞう
？ ～明和6（1769）年
江戸時代中期の陶工。
¶日人

**宝山文蔵〔15代〕** ほうざんぶんぞう
？ ～天保14（1843）年
江戸時代後期の陶工。
¶日人

**宝山文蔵〔16代〕** ほうざんぶんぞう
文政3（1820）年～明治22（1889）年 [別]雲林院文造〔16代〕《うんりんいんぶんぞう》
江戸時代末期～明治期の陶工。茶器煎茶器を製し、青蓮院宮の用命で調進、泰平の号や印などを拝領。
¶朝日（[没]明治22（1889）年10月29日），人名（雲林院文造〔16代〕 うんりんいんぶんぞう），姓氏京都（――〔代数なし〕），日人

**傍士正景** ほうじまさかげ
弘化2（1845）年～昭和6（1931）年
明治～昭和期の測量技術家。
¶高知人

**宝寿** ほうじゅ
世襲名 伝説上の刀工。
¶国史，古中，史人

**帽重** ぼうじゅう
戦国時代の刀工。
¶島根人，島根百

**北条きの** ほうじょうきの
～昭和60（1985）年8月18日
昭和期の結城紬職人。
¶美工，名工

**奉真** ほうしん
江戸時代の根付師。
¶人名，日人（生没年不詳）

**法水** ほうすい
生没年不詳 [別]法水《ほっすい》
江戸時代前期の筑紫流箏曲演奏者、箏製作者。
¶芸能，日音（ほっすい），仏教

**鳳誠三郎** ほうせいざぶろう
大正1（1912）年9月16日～平成17（2005）年1月10日
昭和期の電気工学者。東京大学教授、成蹊大学教授。
¶科学，現情

**芳仲** ほうちゅう
天文21（1552）年～寛永13（1636）年
安土桃山時代～江戸時代前期の大隅の陶工。
¶人名，姓氏鹿児島，日人（生没年不詳）

**鳳秀太郎** ほうひでたろう
明治5（1872）年1月1日～昭和6（1931）年9月16日
明治～昭和期の電気工学者。東京帝国大学教授。電気学会会長などを歴任、著書に「鳳氏交流工学理論階梯」など。
¶科学，人名，世紀，渡航，日人，履歴（[没]昭和6（1931）年9月17日）

**棒屋孫十郎** ぼうやまごじゅうろう
安土桃山時代の能面師。中作以後名手五人の一人。
¶人名，日人（生没年不詳）

**宝来** ほうらい
室町時代の能面師。福来（石王兵衛）の子。仮面六作の一人。
¶人名，日人（生没年不詳）

蓬莱国近（宝来国近）ほうらいくにちか
戦国時代の金工家。
¶石川百（生没年不詳），姓氏石川（宝来国近）

宝来甚四郎 ほうらいじんしろう
生没年不詳
室町時代の茶杓削りの名手。
¶茶道，戦人，美工

芳里七朗 ほうりしちろう
昭和12（1937）年～
昭和～平成期の陶芸家。
¶陶工

宝竜 ほうりゅう
江戸時代前期の刀工。
¶島根百

法輪小院 ほうりんしょういん
生没年不詳
平安時代中期の仏師。
¶平史

朴沢直好 ほおざわなおよし
生没年不詳
江戸時代中期の工匠。
¶国書

牧庵鞭牛 ぼくあんべんぎゅう
→鞭牛和尚（べんぎゅうおしょう）

朴斎 ぼくさい
天明2（1782）年～安政4（1857）年　㊙牧文七《まきぶんしち》
江戸時代中期～末期の陶工。
¶人名（牧文七　まきぶんしち），日人

朴正官 ぼくしょうかん
→朴正官（ぼくせいかん）

朴正意 ぼくせいい
？～元禄2（1689）年
江戸時代前期の陶工。肥前百貫窯を開創，木原系の陶器を製作。
¶コン改，コン4，人名，日人

朴正官 ぼくせいかん
＊～明治7（1874）年　㊙朴正官《ぼくしょうかん》
江戸時代末期～明治期の薩摩の陶画工。
¶鹿児島百（ぼくしょうかん　㊕文政6（1823）年？），人名（㊕？），姓氏鹿児島（ぼくしょうかん　㊕1823年？），日人（㊕？）

朴正伯 ぼくせいはく
江戸時代の薩摩の陶工。
¶人名，日人（生没年不詳）

朴平意 ぼくへいい
＊～寛永1（1624）年
安土桃山時代～江戸時代前期の薩摩苗代川焼の陶工。朝鮮半島から渡来。
¶島百（㊕永禄2（1559）年），鹿児島百（㊕？），人名（㊕1560年），姓氏鹿児島（㊕？），日人（㊕1560年），藩臣7（㊕永禄2（1559）年）

卜蔵孫三郎 ぼくらまごさぶろう
元禄6（1693）年～宝暦5（1755）年
江戸時代中期の実業家，開拓家。中海地域の新田開拓，道路の改修，交易運輸業に従事。
¶島根人，島根百（㊕元禄9（1696）年　㊔宝暦5（1755）年7月3日），島根歴

甫好 ほこう
江戸時代の陶工。
¶人名

穂坂衛 ほさかまもる
大正9（1920）年8月25日～
昭和～平成期の情報工学者。東京電機大学総合研究所教授，東京大学教授。計算機工学，マンマシン通信が専門。
¶現情，世紀，日人

星合正治 ほしあいまさはる
明治31（1898）年4月20日～昭和61（1986）年8月14日
昭和期の電気工学者。東京大学教授，日立製作所中央研究所所長。
¶科学，現情

星晃 ほしあきら
大正7（1918）年12月13日～平成24（2012）年12月8日
昭和～平成期の鉄道技術者，国鉄副技師長。専門は鉄道車両。
¶科学

星栄一 ほしえいいち
昭和期の絵ろうそく職人。
¶名工

星加恒夫 ほしかつねお
昭和34（1959）年3月1日～
昭和～平成期の実業家，視覚障害・点訳者向けソフトウェア開発事業者。
¶視覚

星次郎作 ほしじろさく
文政1（1818）年～明治20（1887）年
江戸時代後期～明治期の人。鬼怒川左岸に日新湯発見，高原一五十里間新道を開削。
¶栃木歴

星出武平 ほしでたけひら
明治33（1900）年～昭和51（1976）年
大正～昭和期の大島ミカン栽培家，黄金鯉の改良家。
¶山口百

星輝道 ほしてるみち
昭和期の星塗工部工事長。
¶名工

星名保 ほしなたもつ
文政1（1818）年～明治14（1881）年
江戸時代末期～明治期の博愛家，越後魚沼富農。
¶人名，日人

ほ

**保科弌** ほしなはじめ
大正7 (1918) 年7月20日～
昭和期の陶芸家。
¶陶芸最

**保科弥作** ほしなやさく
明治19 (1886) 年～昭和26 (1951) 年
明治～昭和期の上野原開墾者。
¶姓氏岩手

**星野麻夫** ほしのあさお
昭和期の豆本作家。
¶名工

**星野栄一** ほしのえいいち
昭和23 (1948) 年10月21日～
昭和～平成期の陶芸家。
¶陶工

**星埜和** ほしのかのう
明治43 (1910) 年10月11日～平成6 (1994) 年6月11日
昭和～平成期の土木工学者、東京大学名誉教授。専門は道路工学、土質工学。
¶科学，現執1期，現情

**星野幸右衛門** ほしのこうえもん
延享2 (1745) 年～天保6 (1835) 年
江戸時代中期～後期の宮大工。
¶群馬人

**星野孝平** ほしのこうへい
明治43 (1910) 年1月24日～平成2 (1990) 年11月21日
昭和期の化学工学者。ナイロンを研究。有機合成化学協会、繊維学会の各会長を歴任。
¶科学，科技，現情，現人，世紀

**星野暁** ほしのさとる
昭和20 (1945) 年11月26日～
昭和～平成期の陶芸家。
¶陶芸最，陶工，名工

**星野茂樹** ほしのしげき
明治27 (1894) 年2月5日～昭和49 (1974) 年1月10日
明治～昭和期の技師。
¶科学，近土，土木

**星野茂** ほしのしげる
昭和期の創作紙人形群像家元。
¶名工

**星野錫** ほしのしゃく
安政1 (1854) 年～昭和13 (1938) 年　[別]星野錫《ほしのせき》
明治～昭和期の実業家。東京印刷社長。渡米し印刷技術を研究。のち東京印刷を創立、社長。衆議院議員なども歴任。
¶コン改，コン5，出版（ほしのせき），出文（[生]安政1 (1854) 年12月26日　[没]昭和13 (1938) 年11月10日），新潮（[生]安政1 (1854) 年12月26日　[没]昭和13 (1938) 年11月10日），人名7，世紀（[生]安政1 (1855) 年12月26日　[没]昭和13 (1938) 年11月10日），先駆（[生]安政1 (1854) 年12月26日），渡航（[生]1854年12月26日　[没]1938年11月10日），日人（[生]1855年）

**星野昌一** ほしのしょういち
明治41 (1908) 年5月20日～
昭和期の建築学者。東京大学教授。
¶現情

**星野錫** ほしのせき
→星野錫（ほしのしゃく）

**星野夕影** ほしのせきえい
明治2 (1869) 年～大正13 (1924) 年
明治～大正期の建築家。日光東照宮の修復などにたずさわる。文学作品に「望夫石」。
¶近文，世紀（[生]明治2 (1869) 年11月8日　[没]大正13 (1924) 年3月19日）

**星野なか** ほしのなか
安政3 (1856) 年～昭和8 (1933) 年
昭和期の機織指導者。専属教師を雇い婦女子に伝習させる。
¶女性，女性普，姓氏群馬

**星野文** ほしのぶん
生没年不詳
明治期の製造業者。粉ミルク・バターを初めて製造。
¶先駆

**星野増太郎** ほしのますたろう
昭和期の和紙職人。
¶名工

**星野吉人** ほしのよしと
明治32 (1899) 年5月～平成4 (1992) 年11月27日
大正～平成期の彫刻家。
¶美建

**星野亨斉** ほしのりょうさい
昭和14 (1939) 年～
昭和～平成期の陶芸家。
¶陶芸最（[生]昭和14年9月19日），陶工（[生]1939年7月19日）

**星正幸** ほしまさゆき
昭和24 (1949) 年7月9日～
昭和～平成期の陶芸家。
¶陶芸最，陶工，名工

**星山嘉入** ほしやまかにゅう
慶安2 (1649) 年～享保6 (1721) 年
江戸時代中期の薩摩の陶工。
¶人名，日人

**星山仲次** ほしやまちゅうじ
元亀1 (1570) 年～元和7 (1621) 年
安土桃山時代～江戸時代前期の朝鮮出身の薩摩焼の陶工。薩摩焼堅野系藩窯の開祖。
¶朝日（生没年不詳），茶道，新潮（[没]元和7 (1621) 年12月），人名，姓氏鹿児島，世人（[生]1566年）

**星山仲兵衛** ほしやまちゅうべえ
明和2(1765)年～文政6(1823)年
江戸時代後期の薩摩の陶工。
¶人名，日人

**星完** ほしゆたか
昭和期の時計職人。
¶名工

**細井順子** ほそいじゅんこ
天保13(1842)年～大正7(1918)年
明治期の絹織物技術者。バッタン機の伝習生として京都に派遣される。福井の羽二重王国への発展の礎を築く。
¶郷土福井，女性([没]大正7(1918)年9月26日)，女性普([没]大正7(1918)年9月26日)，日人，福井百

**細居文蔵** ほそいぶんぞう
昭和期の土偶工芸家。
¶名工

**細貝康夫** ほそがいやすお
昭和9(1934)年～
昭和期の情報工学者。著書に「データ保護と暗号化の研究」「ICカードのことがわかる本」など。
¶現執3期

**細川一伯** ほそかわいっぱく
昭和13(1938)年～
昭和～平成期の陶芸家。
¶陶工

**細川永一** ほそかわえいいち
明治22(1889)年12月14日～昭和39(1964)年4月23日
明治～昭和期の実業家。ホソカワミクロン創業者。微粉砕機ミクロンミルを開発。
¶創業

**細川秀年** ほそかわしゅうねん
昭和8(1933)年10月8日～
昭和～平成期の陶芸家。
¶陶工

**細川泉一郎** ほそかわせんいちろう
明治41(1908)年8月22日～平成12(2000)年5月1日
大正～平成期の鉄道技術者。国鉄常務理事、日本車輌製造副社長。新幹線の基礎を作り上げるなど鉄道近代化に貢献。
¶科学，世紀，日人

**細川忠義** ほそかわただよし
文化12(1815)年～明治3(1870)年
江戸時代末期の刀工。
¶栃木歴

**細川主税介正義** ほそかわちからのすけまさよし
天明6(1786)年～安政5(1858)年
江戸時代末期の鹿沼の刀工細川家2代。
¶栃木歴

**細川半蔵** ほそかわはんぞう
→細川頼直(ほそかわよりなお)

**細川寛文** ほそかわひろふみ
昭和37(1962)年9月25日～
昭和～平成期の陶芸家。
¶陶工

**細川正規** ほそかわまさのり
天保11(1840)年～大正12(1923)年
明治～大正期の刀工。
¶栃木歴

**細川正平** ほそかわまさひら
寛政6(1794)年～慶応4(1868)年
江戸時代末期の刀工。
¶栃木歴

**細川正守** ほそかわまさもり
文政5(1822)年～明治29(1896)年
江戸時代末期の刀工。
¶栃木歴

**細川正義** ほそかわまさよし
宝暦8(1758)年～文化11(1814)年
江戸時代後期の鹿沼の刀工細川一門の創始者。
¶栃木歴

**細川守義** ほそかわもりよし
生没年不詳
江戸時代の工匠。
¶国書

**細川義規** ほそかわよしのり
文化11(1814)年～明治21(1888)年
江戸時代末期～明治期の刀工。
¶栃木歴

**細川頼直** ほそかわよりなお
？～寛政8(1796)年　[別]細川半蔵《ほそかわはんぞう》，篠野玉涌《ささのたまわく》
江戸時代中期の土佐国長岡の郷士、暦学者、からくり技術者。発明・工夫にすぐれた。「機巧図彙」の著者。
¶朝日，国書，コン4(細川半蔵　ほそかわはんぞう)，人名，人名(篠野玉涌　ささのたまわく　[没]1799年)，全書，大百([没]1799年)，日人

**細田卓也** ほそだたくや
大正7(1918)年11月20日～
昭和～平成期の陶芸家。
¶陶工

**細田彦兵衛** ほそだひこべえ
生没年不詳
江戸時代の広瀬藩士、麦作技術を開発。
¶島根歴

**細田育宏** ほそだやすひろ
昭和6(1931)年8月19日～平成21(2009)年12月14日
昭和～平成期の木工芸家。
¶美工

**細野利夫** ほそのとしお
昭和28（1953）年4月9日〜
昭和〜平成期の陶芸家。
¶陶芸最，陶工

**細野平吉** ほそのへいきち
明治24（1891）年〜昭和60（1985）年
大正〜昭和期の漁業者、タイ釣りを改良。
¶島根歴

**細野政守** ほそのまさもり
江戸時代中期の彫金工。
¶人名，日人（生没年不詳）

**細野実** ほそのみのる
昭和13（1938）年7月20日〜平成20（2008）年2月5日
昭和〜平成期の工芸家。
¶美工

**細見華岳** ほそみかがく
大正11（1922）年8月23日〜平成24（2012）年1月1日
昭和〜平成期の織物作家。日本工芸会正会員・理事。綴織の第一人者。絽、妙（しゃ）、交織（まじりおり）などの技法にも長じる。
¶国宝，世紀，日人，名工

**細谷而楽** ほそやじらく
明治9（1876）年〜昭和15（1940）年
明治〜昭和期の彫刻家・乾漆工芸家。
¶郷土群馬（⊕1878年），群馬人，姓氏群馬

**細谷善兵衛** ほそやぜんべい
〜寛文6（1666）年
江戸時代前期の長尾村開拓者。
¶大阪墓

**穂高行言** ほたかぎょうげん
？　〜正保2（1645）年
江戸時代前期の筑摩郡相吉新田の開発者。
¶姓氏長野

**甫竹** ほちく
生没年不詳
江戸時代の茶杓師。
¶茶道，戦人，日人，美工

**保月幸兵衛** ほづきこうべえ
寛政1（1789）年〜万延1（1860）年7月21日
江戸時代後期〜末期の生野鉱山開発者。
¶兵庫人

**法華三郎信房〔8代〕** ほっけさぶろうのぶふさ
明治42（1909）年5月15日〜平成12（2000）年10月25日
昭和期の刀剣作家。鎌倉時代の鍛造法の復元に成功。宮城県重要無形文化財。
¶世紀，日人（――〔代数なし〕），美工

**法水** ほっすい
→法水（ほうすい）

**堀田熊次郎** ほったくまじろう
明治16（1883）年〜昭和14（1939）年
明治〜昭和期の水産功労者。
¶姓氏岩手

**堀田新五郎** ほったしんごろう
昭和期の太鼓師。
¶名工

**堀田瑞松** ほったずいしょう
天保8（1837）年〜大正5（1916）年
江戸時代末期〜明治期の木工、漆芸家。唐木細工、蒔絵など制作。唐木材に山水を刻むことを得意とした。
¶朝日（⊕天保8年4月12日（1837年5月16日）　②大正5（1916）年9月8日），京都大，新潮（⊕天保8（1837）年4月12日　②大正5（1916）年9月8日），人名，姓氏京都，先駆（⊕天保8（1837）年4月12日　②大正5（1916）年9月8日），日人，兵庫人（⊕天保8（1837）年4月　②大正5（1916）年9月）

**堀田捨吉** ほったすてきち
明治34（1901）年〜昭和63（1988）年
大正〜昭和期の足利の撚糸業者。織物・メリヤス向け撚糸技術の発明者。
¶栃木歴

**堀田蘇弥太** ほったそやた
明治4（1871）年〜
明治期の営林署官吏、林業開発者。
¶高知人

**発地太郎** ほっちたろう
鎌倉時代後期の殖林家。
¶人名，日人（生没年不詳）

**保庭楽入** ほにわらくにゅう
昭和4（1929）年3月28日〜
昭和期の陶芸家。
¶陶芸最

**保原元二** ほはらもとじ
明治16（1883）年2月2日〜昭和41（1966）年12月23日
明治〜昭和期の技師。
¶近土，土木

**保母重徳** ほぼしげのり
昭和33（1958）年1月8日〜
昭和期の陶芸家。
¶陶芸最

**保谷美成** ほやびせい
明治34（1901）年〜
大正〜昭和期の漆芸作家。
¶名工

**洞奥一郎** ほらおくいちろう
大正7（1918）年7月2日〜
昭和〜平成期の人形遣い。数十体の人形を一人で操り浄瑠璃をかたる「竹原文楽」を確立した。
¶世紀，日人

**堀合卓爾** ほりあいたくじ
？ ～大正8（1919）年
明治～大正期の陶業家。常滑の浦川一齋を招き朱泥焼を製出、「巌手焼」の創始となる。
¶人名，日人，名工

**堀井和子** ほりいかずこ
昭和29（1954）年～
昭和～平成期の料理研究家。著書に「堀井和子の気ままなパンの本」「堀井和子の気ままな気ままなおかしの本」など。
¶現執3期

**堀井清司** ほりいきよし
大正8（1919）年1月15日～*
昭和～平成期の木彫熊の名工。
¶札幌（[没]平成4年5月9日），美工（[没]平成3（1991）年5月9日），名工

**堀池康夫** ほりいけやすお
明治45（1912）年1月15日～平成3（1991）年1月11日
昭和～平成期の建築家。堀池建築設計事務所長、岐阜女子大学名誉教授。
¶美建

**堀池美夫** ほりいけよしお
昭和28（1953）年7月4日～
昭和～平成期の映画録音技師。
¶映人

**堀井軒** ほりいけん
生没年不詳
江戸時代中期の押絵細工師。
¶日人

**堀井新治郎** ほりいしんじろう
明治8（1875）年8月13日～昭和37（1962）年2月15日
明治～昭和期の実業家、発明家。ホリイ創業者。義父とともに謄写版を開発。
¶科学，郷土滋賀（[生]1856年　[没]1932年），現朝，世紀，先駆，日人，民学

**堀井新治郎〔1代〕** ほりいしんじろう
安政3（1856）年～昭和7（1932）年
明治～昭和期の実業家、発明家。ホリイ創業者。ガリ版の開発に成功、謄写版と命名。その後600件以上の特許を取得、日本の印刷技術に貢献。
¶科学（[生]1856年（安政3）9月16日），滋賀百（――〔代数なし〕），民学（[没]？）

**堀井胤次** ほりいたねつぐ
大正12（1923）年2月24日～平成14（2002）年10月3日
昭和～平成期の刀匠。
¶美工，名工

**堀井胤吉** ほりいたねよし
文政4（1821）年～明治36（1903）年　[別]胤吉《たねよし》
江戸時代後期～明治期の刀工。
¶人名（胤吉　たねよし），日人，名工（胤吉　たねよし　[没]明治36年4月29日）

**堀一郎** ほりいちろう
昭和27（1952）年9月11日～
昭和～平成期の陶芸家。
¶陶芸最，陶工，名工

**堀井俊昭** ほりいとしあき
大正9（1920）年7月25日～
昭和期の陶芸家。
¶陶芸最

**堀井寅吉** ほりいとらきち
明治23（1890）年～？
大正～昭和期の技師。旧栃木町役場庁舎を設計。
¶栃木歴

**堀井信秀** ほりいのぶひで
大正9（1920）年3月22日～
昭和～平成期の金工家。
¶名工

**堀井雄二** ほりいゆうじ
昭和29（1954）年1月6日～
昭和～平成期のゲーム作家。アーマープロジェクト代表取締役。エニックス社のゲーム・プログラム・コンテストに入選。「ドラゴンクエスト」シリーズで人気。
¶現朝，現執3期，世紀，日人，兵庫文

**堀内勝治郎** ほりうちかつじろう
明治17（1884）年～昭和15（1940）年1月20日
明治～昭和期の実業家。旭日写真工業を設立、フィルムを製造。
¶静岡歴，写家，世紀，姓氏静岡，日人

**堀内三郎** ほりうちさぶろう
大正4（1915）年～
昭和期の建築学者、都市防災学者。関西大学教授、京都大学教授、日本火災学会会長。
¶現執1期，現執2期（[生]大正4（1915）年11月2日）

**堀内三九郎** ほりうちさんくろう
文化5（1808）年～明治13（1880）年
江戸時代後期～明治期の活版印刷技術者。
¶姓氏岩手

**堀内修平** ほりうちしゅうへい
文化6（1809）年～文久2（1862）年
江戸時代後期～末期の蚕種製造業、寺子屋教師。
¶姓氏長野

**堀内寿太郎** ほりうちじゅたろう
文久3（1863）年～大正9（1920）年
明治～大正期の実業家。製紙業者で、桃色漉きの化粧紙「キレー紙」を発明、好評で需要増大。
¶高知人，高知百，人名（[生]1862年），世紀（[生]文久3（1863）年11月12日　[没]大正9（1920）年11月2日），日人

**堀内純平** ほりうちじゅんぺい
寛政10（1798）年～嘉永6（1853）年
江戸時代後期の活版印刷技術者。
¶姓氏岩手

ほ

**堀内為左衛門 ほりうちためざえもん**
弘化1(1844)年〜昭和8(1933)年
明治期の殖産家。紀伊那賀郡の人。温州蜜柑、茶
を栽培。アメリカへ輸出を図る一方、ワシントン
ネーブルの苗木を輸入し栽培に成功。
¶近現, 国史, 世紀, 日人

**堀内紀子 ほりうちとしこ**
昭和15(1940)年7月31日〜
昭和〜平成期の造形作家。文化学院、京都芸術短
大各講師を歴任。各地で遊空間作品を制作。著書
に「一本の線から」。
¶現朝, 世紀, 日人

**堀内廉一 ほりうちれんいち**
元治1(1864)年12月〜昭和16(1941)年
明治期の土木請負業者。
¶札幌

**彫宇之 ほりの**
江戸時代末期〜明治期の彫物師。
¶江戸

**堀栄蔵 ほりえいぞう**
大正15(1926)年7月22日〜
昭和〜平成期のチェンバロ製作者。
¶名工

**堀江興成 ほりえおきなり**
? 〜天保15(1844)年
江戸時代中期の裘剣金工家。
¶朝日(生没年不詳), コン改(生没年不詳), コ
ン4(生没年不詳), 新潮(生没年不詳), 人名,
徳島百, 徳島歴(㉓天保15(1844)年4月), 日
人, 美工(㉓?)

**堀江勝己 ほりえかつみ**
明治18(1885)年5月29日〜昭和44(1969)年2月
15日
明治〜昭和期の技師。
¶近土, 土木

**堀江佐吉 ほりえさきち**
弘化2(1845)年〜明治40(1907)年
明治期の大工。棟梁。代表作に第五十九銀行本
店、弘前市立図書館など。
¶青森人(㊤弘化4(1847)年), 青森百(㊤弘化4
(1847)年), 朝日(㉓明治40(1907)年8月19
日), 世紀(㊤弘化2(1845)年2月3日 ㉓明治
40(1907)年8月19日), 日人

**堀江祥山 ほりえしょうざん**
大正12(1923)年10月1日〜
昭和〜平成期の陶芸家。
¶陶芸最, 陶工, 名工

**堀江青光 ほりえせいこう**
昭和期の陶芸家。
¶陶芸最

**堀江辰吉 ほりえたつきち**
明治22(1889)年〜昭和14(1939)年
大正〜昭和期の軍人。最初の航空兵。籠職人の経
験から気球のバスケットを籐で編むことに成功

した。
¶世紀(㉓昭和14(1939)年10月10日), 多摩,
日人

**堀江英城 ほりえひでき**
昭和24(1949)年11月4日〜?
昭和期の陶芸家。
¶陶芸最, 陶工, 名工

**堀江ひろ子 ほりえひろこ**
*〜
昭和〜平成期の料理研究家、栄養士。著書に「元
気っ子が育つ家庭料理」「子供が喜ぶ健康メ
ニュー」など。
¶現執3期(㊤?), テレ(㊤昭和22年)

**堀江正水 ほりえまさみ**
大正4(1915)年〜昭和61(1986)年
昭和期の土木建設技術者。
¶高知人

**堀江正観 ほりえまさみ**
昭和11(1936)年3月31日〜
昭和〜平成期の陶芸家。
¶陶工

**堀尾卓司 ほりおたくじ**
明治43(1910)年2月12日〜昭和61(1986)年5月
18日
昭和期の硯工芸家。
¶世紀, 日人, 美工, 名工

**堀尾信夫 ほりおのぶお**
昭和18(1943)年5月3日〜
昭和〜平成期の工芸作家。
¶名工

**堀尾真紀子 ほりおまきこ**
? 〜
昭和〜平成期の染色家、エッセイスト。著書に
「フリーダ・カーロ—引き裂かれた自画像」など。
¶現執3期, 名工

**堀覚太郎 ほりかくたろう**
明治7(1874)年6月12日〜昭和4(1929)年6月7日
明治〜昭和期の機械工学者。
¶科学, 世紀, 渡航, 日人

**堀川恭平 ほりかわきょうへい**
大正14(1925)年1月7日〜
昭和期の陶芸家。
¶陶芸最

**堀川清司 ほりかわきよし**
昭和2(1927)年8月24日〜
昭和〜平成期の土木工学者。武蔵工業大学学長、
東京大学教授。水工学や海岸工学の発展に尽力。
土木学会会長を務めた。
¶科技, 世紀, 日人

**堀川国広 ほりかわくにひろ**
→国広(くにひろ)

**堀川光山** ほりかわこうざん
安政4(1857)年～?
明治～大正期の陶工。上野美術学校内に窯場を設置、またタイル会社を経営。
¶人名，日人，名工

**保里川茂承** ほりかわしげつぐ
万延1(1860)年～
江戸時代末期～明治期の金庫製造業。
¶大阪人

**堀川新三郎** ほりかわしんざぶろう
嘉永4(1851)年～大正3(1914)年
明治期の染色家。モスリン友禅といわれる文様染に成功。堀川捺染工場を開設、機械捺染の先駆となる。
¶朝日（㊤嘉永4年9月3日(1851年9月27日) ㊦大正3(1914)年10月27日），京都大，新潮（㊤嘉永4(1851)年9月3日 ㊦大正3(1914)年10月27日），姓氏京都，先駆（㊤嘉永4(1851)年9月3日 ㊦大正3(1914)年10月27日），日人

**堀川次男** ほりかわつぎお
～平成9(1997)年4月26日
昭和～平成期の鋳造職人。
¶美工

**堀川国広** ほりかわのくにひろ
→国広（くにひろ）

**堀川兵太郎** ほりかわひょうたろう
明治35(1902)年7月21日～
大正～昭和期の漆芸家。
¶名工

**堀浄知** ほりきよとも
→堀浄知（ほりじょうち）

**堀浄政** ほりきよまさ
→堀浄政（ほりじょうせい）

**堀口亀吉** ほりぐちかめきち
安政1(1854)年2月～明治43(1910)年5月7日
江戸時代末期～明治期の農事改良家。
¶埼玉人

**堀口常春** ほりぐちじょうしゅん
生没年不詳
世襲名　江戸時代前期～中期の金工家。
¶庄内

**堀口捨己**（堀口捨巳）**ほりぐちすてみ**
明治28(1895)年～昭和59(1984)年8月18日
明治～昭和期の建築家、建築史家。明治大学教授。分離派建築会結成に参加、日本のモダニズム派を創始。作品に岡田邸、若狭邸など。
¶近文，現朝（㊤1895年1月6日），現情（㊤1895年1月6日），現人，現日（㊤1895年1月6日），コン改（堀口捨巳），コン4（堀口捨巳），㊤平成7(1995)年），コン5（堀口捨巳　㊤平成7(1995)年），新潮（㊤明治28(1895)年1月6日），世紀（㊤明治28(1895)年1月6日），世百新，全書，大百，日人（㊤明治28(1895)年1月6日），美建（㊤明治28(1895)年1月6日），美術，百科

**堀口捨巳** ほりぐちすてみ
明治28(1895)年～
大正～昭和期の建築学者。
¶郷土岐阜

**堀口藍園** ほりぐちらんえん
文政1(1818)年～明治24(1891)年
江戸時代末期～明治期の藍染め業。漢学者・郷学教師。教育に尽力。
¶維新，郷土群馬，群馬人，群馬百，国書（㊤文政1(1818)年10月10日　㊦明治24(1891)年9月30日），コン改，コン4，コン5，人名，姓氏群馬，日人，幕末（㊦1891年9月30日）

**堀越一三** ほりこしいちぞう
明治32(1899)年9月2日～昭和61(1986)年10月1日
大正～昭和期の鉄道技術者、国鉄鉄道技術研究所第二部長。
¶科学

**堀越嘉太郎** ほりこしかたろう
～大正13(1924)年
明治～大正期の指物師。
¶島根人

**堀越左源次**(1) ほりこしさげんじ
?～文化7(1810)年
江戸時代中期～後期の加賀藩の壁塗職人。
¶姓氏石川，藩臣3

**堀越左源次**(2) ほりこしさげんじ
?～万延1(1860)年
江戸時代後期～末期の加賀藩の壁塗職人。
¶姓氏石川

**堀越雀翁** ほりこしじゃくおう
?～文政7(1824)年
江戸時代後期の狂歌師、加賀藩の壁塗工。
¶人名，和俳

**堀越如応** ほりこしじょおう，ほりこしじょおう
万延1(1860)年～大正13(1924)年
明治～大正期の指物師。
¶島根百，島根歴（ほりこしじょおう）

**堀越二郎** ほりこしじろう
明治36(1903)年6月22日～昭和57(1982)年1月11日
昭和期の航空機設計技師、航空評論家。防衛大学校教授。三菱重工業に入社。零式艦上戦闘機の設計者として世界的に有名。
¶科学，郷土群馬（㊤1904年），群馬人，現朝，現情，現人，現日（㊤1904年6月22日），コン改，コン4，コン5，新潮，世紀，姓氏群馬，全書，日人，履歴，履歴2

**堀越清一郎** ほりこしせいいちろう
～昭和27(1952)年
明治～昭和期の指物師。
¶島根人

**堀越精峯　ほりごしせいほう**
生没年不詳
明治～大正期の指物師。
¶島根百

**堀越清六　ほりこしせいろく**
明治18(1885)年11月6日～昭和50(1975)年12月20日
明治～昭和期の技師。
¶近土，土木

**堀越美紀　ほりこしみき**
昭和25(1950)年12月3日～
昭和期の陶芸家。
¶陶芸最

**堀越弥三郎　ほりこしやさぶろう**
天保9(1838)年～明治31(1898)年
明治期の公共事業家、神職。
¶埼玉人，埼玉百，神人([生]？)，日人

**堀籠一男　ほりごめかずお**
昭和期の大工。
¶名工

**堀米孝　ほりごめたかし**
昭和6(1931)年2月5日～
昭和期のエネルギー工学者。東京農工大学教授、日本クリーンエネルギー総合研究所理事長。
¶現執2期

**堀三悌　ほりさんてい**
明治21(1888)年～昭和40(1965)年2月13日
大正～昭和期の勅任技師。
¶庄内

**堀浄栄　ほりじょうえい**
→堀山城〔1代〕(ほりやましろ)

**堀浄弘　ほりじょうこう**
江戸時代末期の釜師。
¶茶道

**堀浄親　ほりじょうしん**
明治23(1890)年～昭和48(1973)年
大正～昭和期の釜師。
¶新潟百

**堀浄政　ほりじょうせい**
文化7(1810)年～万延1(1860)年　[別]堀浄政《ほりきよまさ》
江戸時代末期の釜師。
¶茶道，人名(ほりきよまさ)，日人

**堀正太郎　ほりしょうたろう**
慶応1(1865)年～昭和20(1945)年
明治～大正期の植物病理学者。農事試験場初代技師。病害防除に多くの業績を残した。
¶科学([生]1865年(慶応1)10月15日)，現情([生]慶応1(1865)年10月15日)，コン改，コン4，コン5，植物([生]慶応1(1865)年10月15日)，人名7，世紀([生]慶応1(1865)年10月15日)，世百，日人，百科，民学

**堀浄知　ほりじょうち**
？～天保3(1832)年　[別]堀浄知《ほりきよとも》
江戸時代中期の釜師。
¶茶道，人名(ほりきよとも)，日人

**堀浄甫　ほりじょうほ**
→堀山城〔2代〕(ほりやましろ)

**堀信一　ほりしんいち**
明治19(1886)年9月17日～昭和18(1943)年2月24日
明治～昭和期の技師。
¶近土，土木

**堀大膳　ほりたいぜん**
～万治3(1660)年12月
江戸時代前期の開拓者。
¶庄内

**堀俊郎　ほりとしろう**
昭和28(1953)年～
昭和～平成期の陶芸家。
¶陶工

**堀友三郎　ほりともさぶろう**
大正13(1924)年～
昭和～平成期の染色作家。
¶名工

**堀二作　ほりにさく**
嘉永2(1849)年～昭和14(1939)年
明治期の篤農家、政治家。高岡市長。堤防道路の改修工事、耕地整理、品種改良などを積極的に推進。
¶新潮([生]嘉永4(1851)年)，人名7，世紀([没]昭和14(1939)年1月11日)，姓氏富山，富山百([生]嘉永2(1849)年9月25日　[没]昭和14(1939)年1月11日)，日人

**堀野証嗣　ほりのしょうじ**
昭和24(1949)年4月20日～
昭和～平成期の陶芸家。
¶陶芸最，陶工

**堀野利久　ほりのとしひさ**
昭和30(1955)年8月12日～
昭和期の陶芸家。
¶陶芸最

**ホリヒロシ**
昭和33(1958)年1月1日～
昭和～平成期の人形師。専門は一人文楽。
¶名工

**堀部勝也　ほりべかつや**
大正9(1920)年9月9日～
昭和期の陶芸家。
¶陶芸最，名工

**堀部久次郎　ほりべきゅうじろう**
～平成11(1999)年1月3日
昭和～平成期の染色工。
¶美工，名工

**堀真澄　ほりますみ**
文政9（1826）年～明治13（1880）年
江戸時代末期～明治期の写真師。
¶写家（[生]文政9年11月4日　[没]明治13年11月26日），日人

**堀万吉　ほりまんきち**
明治44（1911）年7月1日～昭和62（1987）年9月3日
昭和期の調理師。
¶神奈川人（[生]1868年　[没]1931年），郷土神奈川，世紀，日人

**堀見末子　ほりみまっす**
明治9（1876）年12月2日～昭和41（1966）年2月6日
明治～昭和期の技師。
¶近土，高知人，土木

**彫物屋新七　ほりものやしんしち**
江戸時代中期の装飾彫工。
¶人名，日人（生没年不詳）

**堀山城〔1代〕　ほりやましろ**
生没年不詳　[別]堀浄栄《ほりじょうえい》
江戸時代前期の釜師。堀山城家の祖。
¶朝日（[没]寛永4（1627）年），近世（堀浄栄　ほりじょうえい），国史（堀浄栄　ほりじょうえい），コン改，コン4，茶道，史人（堀浄栄　ほりじょうえい），新潮，人名，日人（[没]1627年頃）

**堀山城〔2代〕　ほりやましろ**
？～天和2（1682）年　[別]堀浄甫《ほりじょうほ》
江戸時代前期の釜師。
¶コン改，コン4，茶道，新潮（[没]天和2（1682）年頃），人名，世人（堀浄甫　ほりじょうほ），日人

**堀山城〔3代〕　ほりやましろ**
生没年不詳
江戸時代の釜師。
¶コン改，コン4，茶道，新潮，人名，日人，美工

**堀山城〔4代〕　ほりやましろ**
江戸時代の釜師。
¶茶道，新潮，人名，日人（生没年不詳）

**堀山城〔5代〕　ほりやましろ**
？～享保1（1716）年
江戸時代中期の釜師。
¶コン改，コン4，茶道，新潮，人名，日人

**堀山城〔6代〕　ほりやましろ**
江戸時代の釜師。
¶茶道，新潮，人名，日人（生没年不詳）

**堀山城〔7代〕　ほりやましろ**
江戸時代の釜師。
¶茶道，新潮，人名，日人（生没年不詳）

**堀山城〔8代〕　ほりやましろ**
生没年不詳
江戸時代の釜師。
¶コン改，コン4，茶道，新潮，人名，日人，美工

**堀山城〔9代〕　ほりやましろ**
江戸時代後期の釜師。
¶茶道，日人（生没年不詳）

**堀谷紋助　ほりやもんすけ**
文久3（1863）年～昭和7（1932）年
明治～大正期の公共事業家。
¶世紀（[生]文久3（1863）年2月19日　[没]昭和7（1932）年4月8日），日人

**堀雄二　ほりゆうじ**
大正13（1924）年11月28日～平成3（1991）年4月8日
昭和～平成期の弓道家、弓師、弓道教士。
¶弓道

**堀幸夫　ほりゆきお**
昭和2（1927）年8月22日～
昭和～平成期の機械工学者。金沢工業大学教授、東京大学教授。日本学術振興会常務理事、日本機械学会会長などを務める。
¶現朝，世紀，日人

**堀柳女　ほりりゅうじょ**
明治30（1897）年8月25日～昭和59（1984）年12月9日
大正～昭和期の人形作家。しんこ細工に着想を得た人形作りを始める。「衣裳人形」の人間国宝。
¶近女，現朝，現情，現人，現日，国宝，女性，女性普，新潮，世紀，姓氏石川，全書，日人，美工，マス89，名工

**本阿弥光悦　ほんあみこうえつ**
永禄1（1558）年～寛永14（1637）年　[別]本阿弥光悦《ほんなみこうえつ》，光悦《こうえつ》
安土桃山時代～江戸時代前期の能書家、工芸家。書道・工芸・絵画・古典など諸芸諸学に通じた京都の文化人。
¶朝日（[没]寛永14年2月3日（1637年2月27日）），岩史（[没]寛永14（1637）年2月3日），角史，京都，京都大，近世，国史，国書（[没]寛永14（1637）年2月3日），コン改，コン4，茶道，史人（[没]1637年2月3日），重要（[没]寛永14（1637）年2月3日），人書79，人書94，新潮（[没]寛永14（1637）年2月3日），人名，姓氏京都，世人（[没]寛永14（1637）年2月3日），世百，全書，戦人，戦補，大百，千葉百（ほんなみこうえつ），伝記，日史（[没]寛永14（1637）年2月3日），日人，美術，百科，仏教（[没]寛永14（1637）年2月3日），平日（[生]1558　[没]1637），名画，歴大

**本阿弥光仙　ほんあみこうせん**
明治33（1900）年9月30日～平成3（1991）年
昭和期の陶芸家。
¶陶芸最，陶工，名工

**本阿弥光遜　ほんあみこうそん**
明治12（1879）年～昭和30（1955）年7月26日
明治～昭和期の刀剣研磨師、刀剣鑑定家。
¶美工（[生]明治12（1879）年4月29日），名工

**本阿弥光甫　ほんあみこうほ**
慶長6（1601）年～天和2（1682）年　[別]空中《くう

ちゅう》,空中斎《くうちゅうさい》,光甫《こうほ》
江戸時代前期の工芸家。信楽風の茶陶、桐文水指などが代表作。
¶朝日（[没]天和2年7月24日（1682年8月26日）），京都大，近世（[生]1602年），国史（[生]1602年），国書（[生]慶長7（1602）年　[没]天和2（1682）年7月24日），コン改，コン4，茶道，史人（[生]1602年？　[没]1682年7月24日），新潮（[没]天和2（1682）年7月24日），人名，姓氏京都（[生]1602年），世人，世百，全書，日史（[没]天和2（1682）年7月24日），日人，美術，百科，名画

**本阿弥光隆**　ほんあみこうりゅう
→本阿弥光隆（ほんあみみつたか）

**本阿弥日洲**（本阿弥日州）　ほんあみにっしゅう
明治41（1908）年2月23日～平成8（1996）年7月13日
昭和期の刀剣研師。「家研ぎ」を継承、ボストン美術館などで刀剣の調査を実施。
¶現朝，現情，国宝，世紀，全書（本阿弥日州　[生]1907年），日人，美工，名工

**本阿弥光隆**　ほんあみみつたか
昭和22（1947）年～　[別]本阿弥光隆《ほんあみこうりゅう》
昭和～平成期の陶芸家。
¶陶芸最，陶工（ほんあみこうりゅう　[生]1947年4月4日）

**本宮上志子**　ほんぐうとしこ
昭和22（1947）年～
昭和期の陶芸家。
¶陶芸最

**本郷栄助**　ほんごうえいすけ
？～明治16（1883）年6月16日
江戸時代後期～明治期の刀匠。
¶国書

**本郷国包**　ほんごうくにかね
→国包(2)（くにかね）

**本郷国包**　ほんごうくにかん
→国包(2)（くにかね）

**本郷けさの**　ほんごうけさの
昭和期のだるま職人。
¶名工

**本郷登**　ほんごうのぼる
江戸時代中期の砲術家、因幡鳥取藩士。
¶人名，日人（生没年不詳）

**本郷亘**　ほんごうわたる
正保2（1645）年～享保10（1725）年
江戸時代前期～中期の発明家。消火器の改良に功績。
¶朝日，科学（[没]1725年（享保10）10月），コン改，コン4，人名，日人

**梵寿綱**　ぼんじゅこう
昭和9（1934）年1月27日～
昭和～平成期の建築家。梵一級建築士事務所主宰。マンション「ドラード早稲田」のデザインで脚光を浴びる。他に向台老人ホームなど。
¶現朝，世紀，日人

**本庄健二**　ほんじょうけんじ
昭和24（1949）年～
昭和～平成期の陶芸家。
¶陶工

**本庄重政**（本荘重政）　ほんじょうしげまさ
慶長11（1606）年～延宝4（1676）年　[別]本庄杢左衛門《ほんじょうもくざえもん》
江戸時代前期の兵法家、土木事業家。神村・柳津沖の干拓に着手。
¶朝日（[没]延宝4年2月15日（1676年3月29日）），近世，国史，国書（[没]延宝4（1676）年2月15日），コン改（本荘重政　[生]？），コン4（本荘重政　[生]？），史人（[没]1676年2月15日），新潮（本荘重政　[生]？），人名（本荘重政　[生]？），全書，日人，藩臣6（本庄杢左衛門　ほんじょうもくざえもん），広島百（[没]延宝4（1676）年2月15日）

**本荘助三郎**　ほんじょうすけさぶろう
生没年不詳
江戸時代前期の治水家。私財を投じ、讃岐阿野郡西庄村に綾川の水をひく灌漑工事を行った。
¶コン改，コン4，人名，日人

**本庄波衛**　ほんじょうなみえ
万延1（1860）年～昭和3（1928）年
明治～昭和期の事業家。満州事業家で、渓城鉄道敷設権を獲得し、満鉄の出資により十三里の工事を完成。
¶人名，世紀（[生]万延1（1860）年11月20日　[没]昭和3（1928）年10月6日），日人

**本庄杢左衛門**　ほんじょうもくざえもん
→本庄重政（ほんじょうしげまさ）

**本荘義胤〔1代〕**（本庄義胤）ほんじょうよしたね
生没年不詳
江戸時代後期の刀工、鐔工、刀身彫工。
¶コン改（本庄義胤），コン4（本庄義胤），新潮，日人，美工

**本荘義胤〔2代〕**　ほんじょうよしたね
生没年不詳
江戸時代後期の装剣金工。
¶新潮，日人

**本田明**　ほんだあきら
昭和2（1927）年6月24日～昭和63（1988）年1月25日
昭和期の建築家。都市建築連合代表。
¶美建

**本多淳裕**　ほんだあつひろ
昭和2（1927）年9月1日～平成15（2003）年12月5日
昭和～平成期の環境工学者。大阪市立生活科学研究所でごみ処理・廃水処理などを研究。大阪市立大学教授も務めた。
¶科学，現執3期，現執4期

ほ

**本田一勇喜**　ほんだかずゆき
昭和16(1941)年～
昭和期の建築家、建築評論家。
¶現執1期

**本田周夫**　ほんだかねお
昭和6(1931)年9月2日～
昭和～平成期の陶芸家。
¶陶工

**本多侃士**　ほんだかんじ
明治32(1899)年1月21日～昭和49(1974)年8月19日
昭和期の物理学者。東京大学教授。コロナ放電、ストリーマの研究などに功績。X線管の技術改善に尽力。
¶科学，現情，人名7，世紀，長野歴，日人

**本田久兵衛**　ほんだきゅうべえ
天正3(1575)年～寛文9(1669)年
安土桃山時代～江戸時代前期の干拓・開削事業家。
¶島根歴

**本多恵治**　ほんだけいじ
明治20(1887)年～昭和44(1969)年
明治～昭和期の実業家。島根県建設業協会会長、松江土建代表取締役。
¶島根歴

**本多光太郎**(本多光多郎)　ほんだこうたろう
明治3(1870)年～昭和29(1954)年
明治～昭和期の金属物理学者。東北帝国大学総長、東京理科大学初代学長。物理冶金学を研究。KS磁石鋼を発明した。
¶愛知百([生]1870年2月23日　[没]1954年2月12日)，朝日([生]明治3年2月23日(1870年3月24日)　[没]昭和29(1954)年2月12日)，岩史([生]明治3(1870)年2月23日　[没]昭和29(1954)年2月12日)，科学([生]1870年(明治3)2月23日　[没]1954年(昭和29)2月12日)，科技([生]1870年2月23日　[没]1954年2月12日)，科人([生]1870年1月24日　[没]1954年2月12日)，角史，教育，近現，現朝([生]明治3年2月23日(1870年3月24日)　[没]1954年2月12日)，現情([生]明治3(1870)年2月23日　[没]1954年2月12日)，現人，現日([生]1870年2月23日　[没]1954年2月12日)，国史，コン改，コン4，コン5，史人([生]1870年2月23日　[没]1954年2月12日)，重要([生]明治3(1870)年2月23日　[没]昭和29(1954)年2月12日)，新潮([生]明治3(1870)年2月23日　[没]昭和29(1954)年2月12日)，人名7，世紀([生]明治3(1870)年2月23日　[没]昭和29(1954)年2月12日)，姓氏愛知，姓氏宮城，世人(本多光多郎　[生]明治3(1870)年2月23日　[没]昭和29(1954)年2月12日)，世百，世百新，全書，大百，伝記，渡航([生]1870年2月23日　[没]1954年2月12日)，日史([生]明治3(1870)年2月23日　[没]昭和29(1954)年2月12日)，日人([生]明治3(1870)年2月23日　[没]昭和29(1954)年2月12日)，日本，百科，平日，宮城百，履歴([生]明治3(1870)年2月23日　[没]昭和29(1954)年2月12日)，履歴2([生]明治3(1870)年2月23日　[没]昭和29(1954)年2月12日)，歴大

**本多貞吉**　ほんださだきち
→本多貞吉(ほんだていきち)

**本多佐平**　ほんださへい
江戸時代後期の陶芸家。
¶京都大(生没年不詳)，姓氏京都

**本田丈右衛門**　ほんだじょうえもん
享保19(1734)年～寛政5(1793)年
江戸時代中期の出雲平野の開拓者。
¶島根百，島根歴

**本多正観**　ほんだしょうかん
天明2(1782)年～弘化2(1845)年
江戸時代中期～後期の蘭草栽培と畳表製造普及者。
¶静岡歴，姓氏静岡

**本多清兵衛**　ほんだせいべえ
江戸時代後期の加賀の陶工。
¶人名，日人(生没年不詳)

**本田宗一郎**　ほんだそういちろう
明治39(1906)年11月17日～平成3(1991)年8月5日
昭和期の技術者、実業家。本田技研工業社長。本田技研工業創者。オートバイ、自動車の開発に尽力。世界の"ホンダ"に築き上げる。
¶岩史，科学，科人，近現，現朝，現執2期，現情，現人，現日，コン改，コン4，コン5，埼玉人，史人，静岡百，静岡歴，実業，新潮，世紀，姓氏静岡，創業，日史，日人，日本，民学，履歴，履歴2

**本田卓司**　ほんだたくじ
昭和13(1938)年2月28日～
昭和～平成期の陶芸家。
¶陶芸最，陶工

**本田正**　ほんだただし
昭和34(1959)年6月7日～
昭和～平成期の陶芸家。
¶陶工

**本田親美**　ほんだちかよし
弘化4(1847)年～明治42(1909)年
江戸時代後期～明治期の旭川の開拓功労者。
¶北海道百，北海道歴

**本田孜**　ほんだつとむ
昭和17(1942)年10月1日～
昭和～平成期の映画録音技師。
¶映人

**本多貞吉**　ほんだていきち
明和3(1766)年～文政2(1819)年　[別]本多貞吉《ほんださだきち》
江戸時代中期～後期の陶工。再興九谷焼の立役者。
¶朝日([没]文政2年4月6日(1819年4月29日))，石川百(ほんださだきち)，コン改，コン4，史人([没]1819年4月6日)，新潮([没]文政2(1819)年4月6日)，人名(ほんださだきち)，姓氏石川(ほんださだきち)，日人

**本多東雲** ほんだとううん
生没年不詳
江戸時代後期の金工家。
¶庄内

**本田東陽** ほんだとうよう
昭和3 (1928) 年8月21日〜
昭和〜平成期の陶芸家。
¶名工

**本多波雄** ほんだなみお
大正11 (1922) 年10月10日〜
昭和期の情報工学者。オートマトンなど情報理論の研究で知られる。
¶現朝, 現情, 世紀, 日人

**本多寿江** ほんだひさえ
昭和18 (1943) 年3月4日〜
昭和〜平成期の陶芸家。
¶陶工

**本多藤雄** ほんだふじお
昭和4 (1929) 年2月20日〜平成15 (2003) 年5月10日
昭和〜平成期の園芸学の研究者。農林水産省野菜・茶業試験場長。作出した品種にイチゴ'はるのか'とよのか'など。
¶植物

**本多光正** ほんだみつまさ
〜寛文12 (1672) 年9月3日
江戸時代前期の新田開拓者。
¶庄内

**本多康彦** ほんだやすひこ
昭和11 (1936) 年3月13日〜
昭和〜平成期の陶芸家。
¶陶工

**本田与三郎** ほんだよさぶろう
生没年不詳
明治期の七宝作家。
¶美工

**本阿弥光悦** ほんなみこうえつ
→本阿弥光悦 (ほんあみこうえつ)

**本保伊作** ほんぼいさく
明治25 (1892) 年〜昭和26 (1951) 年
明治〜昭和期の仏師。
¶美建

**本保吉次郎** ほんぼきちじろう
元治1 (1864) 年12月15日〜昭和18 (1943) 年11月24日
明治〜昭和期の仏師。
¶富山百

**本保桂泉** ほんぼけいせん
〜昭和62 (1987) 年6月18日
昭和期の彫金家。
¶名工

**本保善次郎** ほんぼぜんじろう
明治20 (1887) 年〜昭和23 (1948) 年
明治〜昭和期の仏師。
¶美建

**本保兵太郎** ほんぼへいたろう
明治17 (1884) 年〜昭和28 (1953) 年
明治〜昭和期の仏師。
¶美建

**本間英一郎** ほんまえいいちろう
嘉永6 (1854) 年12月17日〜昭和2 (1927) 年10月29日　㋰本間英一郎《ほんまひでいちろう》
江戸時代末期〜昭和期の官吏、技師。土木学研究のためアメリカに留学。東武鉄道などの技師長をつとめた。
¶海越, 海越新, 近土 (㋑1853年12月17日 ㋘1927年9月29日), 人名 (ほんまひでいちろう ㋑1853年), 世紀 (ほんまひでいちろう), 鉄道 (㋑1854年1月15日), 渡航 (ほんまひでいちろう ㋑1853年12月17日), 土木 (㋑1853年12月17日 ㋘1927年9月29日), 日人 (ほんまひでいちろう)

**本間外衛** ほんまがいえ
天保7 (1836) 年〜大正2 (1913) 年　㋰本間外衛《ほんまとのえ》
江戸時代末期〜大正期の庄内藩士。勧農掛。庄内藩の軍備拡張に当たる。また乾田馬耕などの農事改良に尽力。
¶維新, 幕末 (ほんまとのえ ㋑1836年2月21日 ㋘1913年12月30日)

**本間勘次** ほんまかんじ
明治28 (1895) 年7月14日〜昭和55 (1980) 年
大正〜昭和期の実業家。共和コンクリート創業者。河川護岸ブロックを発明。
¶札幌

**本間喜美雄** ほんまきみお
昭和11 (1936) 年7月9日〜
昭和〜平成期の映画録音技師。
¶映人

**本間久次郎** (本間久治郎) ほんまきゅうじろう
嘉永6 (1853) 年〜明治42 (1909) 年
江戸時代後期〜明治期の下駄職人。
¶静岡百 (本間久治郎), 静岡歴, 姓氏静岡

**本間舜華** ほんましゅんか
明治27 (1894) 年〜＊
大正〜平成期の漆芸家、日展審査員。
¶美工 (㋑明治27 (1894) 年4月8日 ㋘平成3 (1991) 年10月12日), 山形百新 (㋘平成2 (1990) 年)

**本間琢斎** ほんまたくさい
文化9 (1812) 年〜明治24 (1891) 年
江戸時代末期〜明治期の鋳金家。斑紫銅の発明者。内国勧業博で「銅鋳花瓶」が妙技二等賞受賞。
¶維新, コン改, コン2, コン5, 史人, 新潮 (㋑文化9 (1812) 年9月 ㋘明治24 (1891) 年8月7日), 人名, 先駆 (㋘明治24 (1891) 年8月7

日），新潟百（㉄1809年），日人

**本間武次郎** ほんまたけじろう
明治30（1897）年3月20日～昭和46（1971）年5月29日
大正～昭和期の技師。
¶庄内

**本間外衛** ほんまとのえ
→本間外衛（ほんまがいえ）

**本間直記** ほんまなおき
生没年不詳
江戸時代後期の彫物師。
¶庄内

**本間英一郎** ほんまひでいちろう
→本間英一郎（ほんまえいいちろう）

**本間仁** ほんままさし
明治40（1907）年2月15日～平成22（2010）年8月17日
昭和期の河川工学者。東京大学教授、東洋大学教授。
¶科学，近土，現情

**本間与左衛門** ほんまよざえもん
弘永3（1557）年～寛永18（1641）年6月29日
戦国時代～江戸時代前期の棟梁。
¶庄内

## 【ま】

**真家信太郎** まいえしんたろう
明治2（1869）年9月8日～昭和6（1931）年6月4日
明治～昭和期の農業改良の指導者。
¶茨城百，郷土茨城，植物，世紀，日人

**毎田健治** まいだけんじ
昭和期の染織家。
¶名工

**毎田仁郎** まいだじんろう
明治39（1906）年7月1日～＊
大正～昭和期の加賀友禅染色家。
¶石川百（㉄1933年），美工（㉄平成5（1993）年9月11日），名工

**米田徹夫** まいたてつお
大正3（1914）年～平成12（2000）年
昭和～平成期の建設業。
¶青森人

**米谷美久** まいたによしひさ
昭和8（1933）年1月8日～平成21（2009）年7月30日
昭和～平成期のカメラ技術者、オリンパス光学工業常務。
¶科学

**前川貫一** まえかわかんいち
明治6（1873）年6月29日～昭和30（1955）年1月13日

明治～昭和期の技師。
¶近土，土木

**前川国男** まえかわくにお
明治38（1905）年～昭和61（1986）年6月26日
昭和期の建築家。前川国男建築設計事務所代表取締役。西洋の合理主義建築を学び、前川国男建築設計事務所を設立。作品に京都会館、東京都美術館など多数。
¶青森人，現朝（㉄1905年5月14日），現情（㉄1905年5月14日），現人，現日（㉄1905年5月14日），コン改，コン4，コン5，埼玉人（㉄明治38（1905）年5月14日），新潮（㉄明治38（1905）年5月14日），世紀（㉄明治38（1905）年5月14日），世百新，全書，大百，日史（㉄明治38（1905）年5月14日），日人（㉄明治38（1905）年5月14日），日本，美建（㉄明治38（1905）年5月14日），美術，百科，民学，履歴2（㉄明治38（1905）年5月14日）

**前川定五郎** まえかわさだごろう
天保3（1832）年～大正6（1917）年
明治～大正期の公共事業家。
¶日人

**前川俊一** まえかわしゅんいち
昭和26（1951）年～
昭和～平成期の陶画家。
¶名工

**前川精一郎** まえかわせいいちろう
明治43（1910）年11月20日～
昭和期の陶芸家。
¶陶芸最

**前川泰山** まえかわたいざん
昭和期のサンゴ細工職人。
¶名工

**前川忠夫** まえかわただお，まえがわただお
明治42（1909）年2月1日～昭和63（1988）年6月25日
昭和の農業土木学者、政治家。香川県知事、香川大学学長。溜池研究の権威。香川県知事を3期をつとめる。
¶科学，郷土香川，現朝（まえがわただお），現政，現日，世紀，政治，日人

**前川電光** まえかわでんこう
昭和15（1940）年5月9日～
昭和期の陶芸家。
¶陶芸最

**前川広喜** まえかわひろき
昭和期の男子服仕立職。
¶名工

**前川文太郎** まえかわぶんたろう，まえがわぶんたろう
文化5（1808）年～明治15（1882）年8月31日
江戸時代末期～明治期の鳴門和布の改良者。
¶食文（㉄文化5年7月13日（1808年9月3日）），人名（㉄？　㉄1872年），徳島百（㉄文化5（1808）年7月13日），徳島歴（まえがわぶんた

ろう 　㊦文化5（1808）年7月13日）、日人（まえがわぶんたろう）

## 前川守 まえかわまもる
昭和17（1942）年3月8日〜
昭和期の計算機工学者。電気通信大学大学院教授。
¶現執2期

## 前川祐三 まえかわゆうぞう
明治12（1879）年3月6日〜昭和42（1967）年10月1日
明治〜昭和期の実業家。兄が創業した井関製糸場を発展させ、井関製糸と改称。養蚕技術の向上と生産拡大につくした。
¶世紀、日人

## 前川幸生 まえかわゆきお
昭和16（1941）年7月4日〜
昭和期の陶芸家。
¶陶芸最

## 前川緑山 まえかわりょくざん
昭和6（1931）年7月10日〜
昭和期の陶芸家。
¶陶芸最

## 前沢清兵衛 まえざわせいべえ
文久3（1863）年〜大正10（1921）年
明治期の蚕種製造者。
¶栃木歴

## 前嶋五一郎 まえじまごいちろう
大正15（1926）年5月31日〜
昭和〜平成期の陶芸家。
¶陶芸最、名工

## 前田昭博 まえだあきひろ
昭和29（1954）年5月1日〜
昭和〜平成期の陶芸家。
¶陶芸最、陶工、名工

## 前田一三 まえだいちぞう
明治37（1904）年9月13日〜昭和52（1977）年5月12日
大正〜昭和期の技師。
¶近土、土木

## 前大峰 まえたいほう
明治23（1890）年11月10日〜昭和52（1977）年6月8日
大正〜昭和期の漆芸家。帝展に特選。戦後は日展に出品、日展参事。「沈金」の人間国宝。
¶石川百、現朝、現情、現人、現日、国宝、新潮、人名7、世紀、日人、美工、名工

## 前田栄治郎 まえだえいじろう
天保12（1841）年〜大正6（1917）年
江戸時代末期〜大正期の北海道釧路の開発者。
¶青森人

## 前田勝代 まえだかつよ
昭和20（1945）年3月19日〜
昭和期の陶芸家。
¶陶芸最

## 前田嘉郎 まえだかろう
明治23（1890）年〜昭和44（1969）年
大正〜昭和期の製紙家。
¶高知人

## 前田喜三郎 まえだきさぶろう
天保11（1840）年〜明治25（1892）年
明治期の蚕種製造業者。風穴での蚕種貯蔵を始める。
¶姓氏長野、長野歴

## 前田清子 まえだきよこ
昭和期の染色家。
¶名工

## 前田喜代松 まえだきよまつ
＊〜？
明治期の製造販売業者。バター製造・販売のさきがけ。
¶食文（㊦嘉永6年4月10日（1853年5月17日）、先駆（生没年不詳）、渡航（㊦1852年）

## 前田金蔵 まえだきんぞう
明治10（1877）年〜？
明治〜大正期の栃木市の画家（截金仏画）、栃木県文化功労者。
¶栃木歴

## 前田建一 まえだけんいち
明治36（1903）年3月6日〜昭和45（1970）年8月31日
昭和期のグライダー設計・製作者。
¶福岡百

## 前田憲一 まえだけんいち
明治42（1909）年8月1日〜平成7（1995）年10月14日
昭和期の電波工学者。京都大学教授、京都産業大学教授。
¶科学、現情、世紀、日人

## 前田健二郎 まえだけんじろう
明治25（1892）年4月19日〜昭和50（1975）年3月14日
大正〜昭和期の建築家。代表作品に大礼記念京都美術館など。
¶現朝、世紀、日人、美建

## 前田駒次 まえだこまじ
安政5（1858）年〜昭和20（1945）年
明治〜昭和期の北海道開拓者。北光社農場支配人。
¶キリ（㊦安政5（1858）年1月10日　㊥昭和20（1945）年2月20日）、高知人、高知百、世紀（㊦安政5（1858）年1月14日　㊥昭和20（1945）年2月20日）、日人、北海道百、北海道歴

## 前田荘助 まえだしょうすけ
文政12（1829）年〜大正13（1924）年
江戸時代末期〜大正期の庄屋。トンネル式の伏樋を造り、大カルバートを竣工させて村民を洪水被害から救済した。
¶維新、日人、幕末（㊥1924年12月）

名工・職人・技師・工匠篇　　　　689　　　　まえたゆ

### 前田四郎 まえだしろう
大正6（1917）年2月25日～平成11（1999）年10月4日
昭和～平成期の化学工学者、東北大学総長。
¶科学，現情

### 前田伸右衛門 まえだしんえもん
→前田伸右衛門（まえだのぶえもん）

### 前田水声 まえだすいせい
大正10（1921）年1月5日～
昭和～平成期の陶芸家。
¶陶工

### 前田順 まえだすなお
昭和5（1930）年8月14日～
昭和期の陶芸家。
¶陶芸最

### 前田済 まえだすみ
明治25（1892）年～昭和37（1962）年
昭和期の農業共済組合長。農業政策、技術改良に尽力。
¶姓氏鹿児島

### 前田正範 まえだせいはん
昭和3（1928）年7月4日～平成4（1992）年　劒前田正範《まえだまさのり》
昭和～平成期の陶芸家。
¶陶芸最，陶工，美工（まえだまさのり　㊦平成4（1992）年4月29日），名工

### 前田蒼竜 まえだそうりゅう
昭和4（1929）年3月4日～
昭和～平成期の陶芸家。
¶陶芸最，陶工

### 前田泰昭 まえだたいしょう
昭和12（1937）年1月2日～　劒前田泰昭《まえだやすあき》
昭和～平成期の陶芸家。
¶陶芸最，陶工，名工（まえだやすあき）

### 前田辰雄 まえだたつお
明治1（1868）年～昭和10（1935）年
明治～昭和期の畜産業家。大分県畜産主任技師。
¶大分百，大分歴，日人（㊤明治1（1868）年11月18日　㊦昭和10（1935）年11月28日）

### 前田竹房斎〔1代〕 まえだちくぼうさい
～昭和25（1950）年
明治～昭和期の竹工芸家。
¶美工

### 前田竹房斎〔2代〕 まえだちくぼうさい
大正6（1917）年7月7日～平成15（2003）年3月12日
昭和期の工芸家。
¶国宝，世紀，日人，美工

### 前田千代松 まえだちよまつ
～平成9（1997）年11月21日
昭和～平成期の漆芸家。
¶美工

### 前田陶秀 まえだとうしゅう
大正6（1917）年～
昭和期の陶芸家。
¶陶芸，陶芸最（㊤大正6年2月11日）

### 前田亨 まえだとおる
天保12（1841）年～明治44（1911）年
明治期の海軍軍人。海軍造兵総監。オランダ、イギリスの書籍で海軍兵器製造に関して研究、海軍の造兵事業を確立。
¶人名，日人

### 前田敏男 まえだとしお
明治41（1908）年～平成3（1991）年
昭和～平成期の建築学者、京都大学総長。
¶科学（㊤1908年（明治41）1月1日　㊦1991年（平成3）7月24日），高知人，姓氏京都

### 前田南斉 まえだなんさい
明治13（1880）年～昭和33（1958）年
明治～昭和期の木工芸家。
¶美工

### 前田伸右衛門 まえだのぶえもん
享保17（1732）年～文化8（1811）年　劒前田伸右衛門《まえだしんえもん》
江戸時代中期～後期の肥前蓮池藩士。用水路開削や新田開拓に尽力。
¶佐賀百，日人，藩臣7（まえだしんえもん）

### 前田英明 まえだひであき
昭和9（1934）年4月1日～
昭和期の情報工学者。文教大学教授。
¶現執2期

### 前田弘 まえだひろし
大正12（1923）年8月25日～
昭和～平成期の航空工学者。京都大学教授。
¶現情

### 前田正範 まえだまさのり
→前田正範（まえだせいはん）

### 前田正博 まえだまさひろ
昭和23（1948）年2月16日～
昭和～平成期の陶芸家。
¶陶芸最，陶工，名工

### 前田道方 まえだみちかた
安政6（1859）年～？
明治期の製造業者。鴨の大和煮缶詰の製造、販売を開始。
¶食文，先駆（生没年不詳）

### 前田泰昭 まえだやすあき
→前田泰昭（まえだたいしょう）

### 前田幸雄 まえだゆきお
大正11（1922）年3月29日～平成17（2005）年3月21日
昭和～平成期の土木工学者、大阪大学名誉教授。専門は構造力学。
¶科学

**前仲邦哉** まえなかくにや
昭和16（1941）年11月6日〜
昭和期の陶芸家。
¶陶芸最

**前野麦仙** まえのばくせん
昭和期の麦わら細工師。
¶名工

**前野右子** まえのゆうこ
昭和16（1941）年10月5日〜
昭和期の陶芸家。
¶陶芸最

**前橋真八郎** まえばししんぱちろう
明治24（1891）年〜昭和55（1980）年
大正〜昭和期の政治家、農業技術者。梁田郡筑波村村長、農業能率研究所長。
¶栃木歴

**前原巧山** まえばらこうざん
文化9（1812）年〜明治25（1892）年
江戸時代末期〜明治期の技術者。
¶維新，愛媛百（[生]文化9（1812）年9月4日　[没]明治25（1892）年9月18日），科学（[生]1812年（文化9）9月4日　[没]1892年（明治25）9月18日），日人，幕末（[没]1892年9月18日），藩臣6



**前原利男** まえはらとしお
明治33（1900）年9月9日〜昭和60（1985）年3月22日
大正〜昭和期の歌人、染色家。
¶美工，名工

**前久夫** まえひさお
昭和2（1927）年1月11日〜平成16（2004）年2月22日
昭和〜平成期の建築家、建築史家。専門は日本建築史。著書に「古建築の基礎知識」「床の間のはなし」など。
¶現執2期，現執3期，美建

**前史雄** まえふみお
昭和15（1940）年8月15日〜
昭和〜平成期の漆芸家。石川県立輪島漆芸技術研修所次長、人間国宝。日本伝統工芸展で入選、入賞する。輪島塗りの後継者として活躍。
¶石川百，国宝，世紀，日人

**万尾時春** まおときはる
天和3（1683）年〜宝暦5（1755）年12月28日　[別]万尾時春《まんびときはる》
江戸時代中期の測量術家、和算家。
¶科学，国書，新潮，人名（[生]？），世人（生没年不詳），日人（[没]1756年），藩臣5，兵庫人（まんびときはる），兵庫百（生没年不詳）

**中島藤右衛門** まかじまとうえもん
→中島藤右衛門（なかじまとうえもん）

**真壁富太郎** まかべとみたろう
明治28（1895）年3月14日〜昭和45（1970）年10月31日
大正〜昭和期の発明家。
¶岡山歴，科学

**真壁肇** まかべはじめ
昭和3（1928）年3月25日〜
昭和〜平成期の工学者。東京工業大学教授。共著に「電気事業のTQC」など。
¶現執2期，現執3期

**真刈前城** まかるめーぐすく
生没年不詳
農事改良家。屋号カンチャ前城の祖。
¶姓氏沖縄

**牧内徹美** まきうちてつみ
昭和28（1953）年3月1日〜
昭和〜平成期の陶芸家。
¶陶工

**蒔絵師源三郎** まきえしげんざぶろう
生没年不詳　[別]源三郎《げんざぶろう》
江戸時代中期の蒔絵師。
¶朝日（源三郎　げんざぶろう），大阪人，国書，コン改，コン4，茶道，新潮，人名，世人，日人，美工

**槇啓州** まきけいしゅう
昭和5（1930）年6月5日〜
昭和〜平成期の陶芸家。
¶陶芸最，陶工，名工

**牧佐野右衛門** まきさのうえもん
天保8（1837）年〜明治40（1907）年
江戸時代後期〜明治期の測量家。
¶長野歴

**牧島象二** まきしましょうじ
明治40（1907）年5月25日〜平成12（2000）年4月30日
昭和期の応用化学者。東京大学教授。カラーテレビを開発。
¶科学，現朝，現情，世紀，日人

**槇宗説** まきそうせつ
天保5（1834）年〜明治21（1888）年
江戸時代後期〜明治期の北海道標津の開拓者。
¶青森人

**牧田三郎** まきたさぶろう
昭和期の鎧司。
¶名工

**牧田滝蔵** まきたたきぞう
万延1（1860）年〜昭和8（1933）年
明治〜昭和期の大工棟梁。
¶栃木歴

**牧田環** まきたたまき
明治4（1871）年7月20日〜昭和18（1943）年7月6日
明治〜昭和期の実業家、技術者。三池炭鉱会長。三池炭鉱取締役、同常務、三井合名理事などを歴任。
¶大阪人（[没]昭和18（1943）年7月），学校，近現，国史，史人，実業，新潮，人名7，世紀，全書，渡航，日史，日人，歴大

**蒔田直子** まきたなおこ
昭和46(1971)年4月3日～
昭和～平成期の陶芸家。
¶陶工

**牧谷嘉吉郎** まきたにかきちろう
明治期の陶芸家。牧谷窯をつくる。
¶姓氏富山

**牧田博義** まきたひろよし
昭和30(1955)年3月31日～
昭和～平成期の陶芸家。
¶陶芸最，陶工

**牧野雅楽之丞** まきのうたのじょう
明治16(1883)年1月2日～昭和42(1967)年8月14日
明治～昭和期の土木技術者。内務省下関土木出張所所長。関門海底トンネルを設計した。
¶科学，近土(㊀1883年1月2.日)，土木，日人

**牧野和孝** まきのかずたか
昭和14(1939)年10月30日～
昭和～平成期の化学工学者。秋田大学教授・副学長、日本素材物性学会会長。鉱山学部、資源学部環境物質工学科を担当。著書に「鉱物資源百科辞典」。
¶世紀，日人

**牧野茂** まきのしげる
明治35(1902)年2月9日～平成8(1996)年8月30日
大正～昭和期の海軍技術大佐。
¶科学，陸海

**牧之瀬市次** まきのせいちじ
弘化4(1847)年～昭和24(1949)年
明治～昭和期の農事改良家。陸稲の新品種牧之瀬ハカブリを開発。
¶姓氏鹿児島

**牧野毅** まきのたけし
天保14(1843)年～明治27(1894)年
江戸時代末期～明治期の陸軍軍人。少将、砲兵工廠提理。装箍鋳鉄を用いた海岸砲の創製に成功、兵器独立論を達成。
¶大阪人，人名(㊀?)，長野歴，日人

**牧野勉** まきのつとむ
大正5(1916)年8月8日～
昭和～平成期の水田酪農実践家。水稲と乳牛を結びつけた水田酪農の技術開拓に尽力。転作を文化とみなした水田農耕文化を提唱。
¶現朝，世紀，日人

**牧野利枝** まきのとしえ
昭和16(1941)年7月～
昭和～平成期の創主宰。
¶名工

**牧野昇** まきののぼる
大正10(1921)年1月18日～
昭和～平成期の技術評論家。三菱総合研究所副社長。東大在学中にMT磁石の工業化に成功。のち三菱総研設立に参加。著書に「未踏技術時代」など。
¶現朝，現執1期，現執2期，現執3期，現執4期，現情，現日，新潮，世紀，日人，マス89

**牧野弥寿夫** まきのやすお
昭和期の貴金属分析工。
¶名工

**牧彦七** まきひこしち
明治6(1873)年～昭和25(1950)年
明治～昭和期の土木技術者。関東大震災後の東京市の復興につくした。
¶大分百，大分歴(㊀明治3(1870)年)，科学(㊀1870年(明治3))，近土(㊀1873年6月28日 ㊁1950年8月28日)，世紀(㊀明治3(1870)年)，土木(㊀1873年6月28日 ㊁1950年8月28日)，日人

**槇文彦** まきふみひこ
昭和3(1928)年9月6日～
昭和～平成期の建築家。東京大学教授、槇総合計画事務所代表。丹下健三門下として活躍。代表作に「幕張メッセ」「京都国立近代美術館」など。
¶現朝，現執1期，現執2期，現執4期，現情，現人，現日，新潮，世紀，日人

**牧文七** まきぶんしち
→朴斎(ぼくさい)

**真喜屋実清** まきやじっせい
生没年不詳
江戸時代前期の農事改良家、筑登之親雲上。サトウキビを搾る道具の改良者。
¶沖縄百，姓氏沖縄

**牧勇吉** まきゆうきち
大正5(1916)年～昭和52(1977)年
昭和期の陶芸家。
¶陶工

**真葛長造** まくずちょうぞう
寛政9(1797)年～嘉永4(1851)年
江戸時代末期の京都の陶工。京焼の伝統に回帰。
¶朝日(㊀寛政8(1796)年)，京都大(㊀寛政8(1796)年)，近世(㊁1860年)，国史(㊁1860年)，コン改，コン4，史人(㊁1860年)，新潮(㊀寛政8(1796)年)，人名，姓氏京都(㊁1860年)，世百，全書(㊀1796年)，日人(㊁1860年)

**孫市** まごいち
江戸時代の越中瀬戸焼の陶工。
¶人名，姓氏富山，日人(生没年不詳)

**孫左衛門** まござえもん
生没年不詳
戦国時代の紙漉職人。
¶戦辞

**孫三郎** まごさぶろう
生没年不詳
戦国時代の石切(石工)。北条氏の被官。
¶戦辞

**孫兵衛** まごべえ
江戸時代前期の伊賀焼の陶工。
¶人名，日人（生没年不詳）

**孫六兼元** まごろくかねもと
→兼元（かねもと）

**真雄** まさお
→山浦真雄（やまうらまさお）

**政岡憲三** まさおかけんぞう
明治31（1898）年10月5日～昭和63（1988）年11月23日
大正～昭和期のアニメーション作家、映画監督。日本最初のトーキーアニメ「力と女の世の中」を製作。
¶映監，映人，監督，現朝，現情，世紀，日芸，日人

**正景** まさかげ
戦国時代の刀工。
¶島根人，島根百

**正兼** まさかね
大正2（1913）年6月25日～
昭和期の刀工。
¶島根百

**正木伊織** まさきいおり
文政10（1827）年～明治12（1879）年
江戸時代の尾張藩士、愛陶家。
¶人名，日人

**間崎梅次** まさきうめじ
文久1（1861）年～昭和11（1936）年
明治～昭和期の宮大工。
¶高知人

**正木春蔵** まさきしゅんぞう
昭和22（1947）年～
昭和～平成期の陶芸家。
¶陶芸最（[生]昭和22年7月17日），陶工（[生]1947年7月18日）

**真崎仁六** まさきじんろく，まざきじんろく
→真崎仁六（まさきにろく）

**真崎季富** まさきすえとみ
永禄10（1567）年～寛永16（1639）年
安土桃山時代～江戸時代前期の真崎堰開削者。
¶秋田百

**真崎照郷** まさきてるさと，まざきてるさと
嘉永4（1852）年～昭和2（1927）年3月9日
明治期の発明家。真崎式とよばれる測量器械を発明。のち日本初の製麺機を考案。
¶科学（[生]1851年（嘉永4）12月12日），佐賀百（[生]嘉永4（1851）年12月），食文（まざきてるさと　[生]嘉永4年12月12日（1852年1月3日）），世紀（[生]嘉永4（1852）年12月12日），先駆（生没年不詳），日人

**真崎仁六** まさきにろく
弘化5（1848）年1月13日～大正14（1925）年1月16日　[別]真崎仁六《まさきじんろく，まざきじんろく》
明治～昭和期の製造業者。鉛筆製造の先駆者、三菱鉛筆の創始者。
¶海越（まさきじんろく），海越新（まさきじんろく），世紀，先駆，渡航（まざきじんろく），日人

**正木文京** まさきぶんきょう
生没年不詳
江戸時代中期～後期の医師、陶工。
¶コン改，コン4，人名，美工

**正清**(1) まさきよ
戦国時代の刀工。
¶島根人，島根百

**正清**(2) まさきよ
寛文10（1670）年～享保15（1730）年　[別]主水正正清《もんどのしょうまさきよ》
江戸時代中期の薩摩の刀工。
¶朝日（主水正正清　もんどのしょうまさきよ　[生]？　[没]享保15年6月6日（1730年7月20日）），近世，国史，姓氏鹿児島（主水正正清　もんどのしょうまさきよ），日人

**正清**(3) まさきよ
文化10（1813）年～明治8（1875）年
江戸時代後期～明治期の刀工。
¶島根人，島根百

**正清**(4) まさきよ
明治17（1884）年9月24日～昭和46（1971）年12月3日
昭和期の刀工。
¶島根百

**正清華峰** まさきよかほう
明治7（1874）年～昭和31（1956）年
明治～昭和期の鋳金家。
¶美建

**正木義太** まさきよした
→正木義太（まさきよしもと）

**正木義太** まさきよしもと
明治4（1871）年10月25日～昭和9（1934）年10月29日　[別]正木義太《まさきよした》
明治～昭和期の海軍軍人。中将。砲術技術で大きく貢献、舞鶴及び横須賀海軍工廠長などを歴任した。
¶人名（まさきよした），世紀，渡航（まさきよした），日人，陸海

**政国** まさくに
江戸時代前期の刀工。
¶島根百

**正国**(1) まさくに
室町時代の刀工。
¶島根百

**正国**(2) まさくに
戦国時代の刀工。
¶島根百

## まさなか

**正子重三** まさごじゅうぞう, まさこじゅうぞう
明治20 (1887) 年10月21日～昭和53 (1978) 年1月28日
明治～昭和期の技師。
¶岡山歴，近土，土木 (まさこじゅうぞう)

**真砂光治** まさごみつはる
昭和期の刀剣研師。
¶名工

**マサコ・ムトー**
大正2 (1913) 年2月～平成18 (2006) 年6月4日
昭和～平成期の洋画家、豆紙人形作家。
¶美工

**昌貞** まささだ
戦国時代の刀工。
¶島根人，島根百

**正真** まさざね
鎌倉時代前期の古備前の刀工。
¶岡山歴

**増重** まさしげ
㊙増重《ますしげ》
戦国時代の刀工。
¶島根人，島根百 (ますしげ)

**正甫** まさすけ
生没年不詳
江戸時代末期の刀工。
¶高知人

**正隆** まさたか
江戸時代末期の刀工。
¶島根百

**正武** まさたけ
江戸時代末期の刀工。
¶島根百

**正忠** まさただ
明治34 (1901) 年1月20日～昭和19 (1944) 年10月19日
大正～昭和期の刀工。
¶島根百

**正竜** まさたつ
昭和期の刀工。
¶島根百

**政綱** まさつな
江戸時代末期の刀工。
¶島根百

**正綱**(1) まさつな
室町時代の刀工。
¶島根百

**正綱**(2) まさつな
戦国時代の石見の刀匠。
¶島根人，島根百

**正綱**(3) まさつな
江戸時代後期の刀工。

**正綱**(4) まさつな
江戸時代後期の石見の刀匠。
¶島根人

**正恒**(1) まさつね
刀工。古備前派の正恒と備中青江派の正恒が著名。
¶史人

**正恒**(2) まさつね
生没年不詳
平安時代後期の備前の刀工。5口が国宝指定。
¶朝日，岡山人，鎌室，国史，古中，新潮，日人，美工

**正恒**(3) まさつね
生没年不詳
平安時代後期の備中の青江派の刀工。
¶朝日，岡山人，岡山歴，鎌倉，新潮，日人，美工

**政常左助** まさつねさすけ
生没年不詳
江戸時代前期の名古屋の刀工。
¶姓氏愛知

**方積宗次** まさづみむねつぐ
生没年不詳
戦国時代の大工。北条氏綱に仕えた。
¶戦辞

**正俊** まさとし
生没年不詳 ㊙越中守正俊《えっちゅうのかみまさとし》
安土桃山時代の刀工。
¶島根百，新潮，日人

**正利**(1) まさとし
室町時代の刀工。
¶島根人，島根百

**正利**(2) まさとし
室町時代の刀工。
¶島根人，島根百

**正利**(3) まさとし
江戸時代末期の美作の刀工。
¶岡山歴

**正留** まさとめ
明治34 (1901) 年6月15日～昭和47 (1972) 年6月11日
昭和期の刀工。
¶島根百

**正直** まさなお
戦国時代の刀工。
¶島根人，島根百

**政長** まさなが
慶長4 (1599) 年～正保5 (1648) 年
安土桃山時代～江戸時代前期の刀匠。
¶会津

**正永(1)　まさなが**
室町時代の刀工。
¶島根人，島根百

**正永(2)（正長）　まさなが**
江戸時代後期の刀工。
¶島根人，島根百（正長）

**正永(3)　まさなが**
江戸時代末期の刀工。
¶島根百

**正信(1)　まさのぶ**
室町時代の石見の刀匠。
¶島根人

**正信(2)　まさのぶ**
戦国時代の刀工。
¶島根百

**正信(3)　まさのぶ**
江戸時代前期の刀工。
¶岡山歴

ま

**正宣　まさのぶ**
～明治21（1888）年
江戸時代後期～明治期の刀工。
¶高知人

**昌則　まさのり**
室町時代の刀工。
¶島根人，島根百

**正則(1)　まさのり**
室町時代の刀工。
¶島根人，島根百

**正則(2)　まさのり**
大正期の刀工。
¶島根百

**正秀　まさひで**
寛延3（1750）年～文政8（1825）年　[別]水心子正秀《すいしんしまさひで》，川部正秀《かわべまさひで》
江戸時代中期～後期の刀工。出羽山形藩士。復古新刀論を唱え多くの名刀を鍛えた。
¶朝日（[没]文政8年9月27日（1825年11月7日）），近世，群馬人（水心子正秀　すいしんしまさひで），国史，国書（川部正秀　かわべまさひで　[没]文政8（1825）年9月27日），史人，人書94（水心子正秀　すいしんしまさひで），全書（水心子正秀　すいしんしまさひで），日人，藩臣1（水心子正秀　すいしんしまさひで），山形百（水心子正秀　すいしんしまさひで）

**正平　まさひら**
江戸時代末期～明治期の刀工。
¶島根人，島根百

**政広　まさひろ**
江戸時代末期の石見の刀匠。
¶島根人

**正広　まさひろ**
江戸時代後期の刀工。
¶島根百

**正弘(1)　まさひろ**
室町時代の刀工。
¶島根百

**正弘(2)　まさひろ**
戦国時代の刀工。
¶島根人，島根百

**正弘(3)　まさひろ**
戦国時代の刀工。
¶島根百

**正路　まさみち**
江戸時代末期の刀工。
¶島根人，島根百

**政光　まさみつ**
南北朝時代の長船派の刀工。
¶岡山歴

**正光(1)　まさみつ**
江戸時代末期の刀工。
¶島根人，島根百

**正光(2)　まさみつ**
大正10（1921）年2月23日～
昭和期の刀工。
¶島根百

**政宗　まさむね**
鎌倉時代の刀工。
¶岡山人

**正宗　まさむね**
生没年不詳　[別]岡崎正宗《おかざきまさむね》，五郎正宗《ごろうまさむね》，相宗正宗《そうしゅうまさむね》，相州正宗《そうしゅうまさむね》
鎌倉時代後期～南北朝時代の相模国鎌倉の刀工。
¶朝日，岩史，角史，神奈川人（岡崎正宗　おかざきまさむね），神奈川百，鎌倉，鎌室，郷土神奈川（岡崎正宗　おかざきまさむね），国史，古中，コン改，コン4，史人，重要（岡崎正宗　おかざきまさむね　[生]文永1（1264）年　[没]興国5/康永3（1344）年），新潮，人名（岡崎正宗　おかざきまさむね　[生]1264年　[没]1344年），世人（岡崎正宗　おかざきまさむね），世百，全書，大百，伝記（岡崎正宗　おかざきまさむね　[生]1264年　[没]1344年），日史，日人，美術，百科，歴大

**正宗憲悟　まさむねけんご**
→正宗悟（まさむねさとる）

**正宗悟　まさむねさとる**
昭和29（1954）年4月4日～　[別]正宗憲悟《まさむねけんご》
昭和～平成期の陶芸家。
¶陶芸最，陶工（正宗憲悟　まさむねけんご），名工

**正宗千春** まさむねちはる
昭和19（1944）年4月2日～
昭和～平成期の陶芸家。
¶陶芸最，陶工，名工

**正宗士人** まさむねとしこ
昭和18（1943）年9月29日～
昭和～平成期の陶芸家。
¶陶芸最，名工

**正村竹一** まさむらたけいち
明治39（1906）年9月5日～昭和50（1975）年10月18日
大正～昭和期の実業家。全国遊技機工業組合連合会初代理事長。パチンコの生みの親で「正村ゲージ」を考案しレジャー産業の花形に育てた。
¶現朝，現情，現人，現日（[生]1907年9月5日），世紀，日人

**正元** まさもと
戦国時代の刀工。
¶島根人，島根百

**正盛** まさもり
江戸時代末期の刀工。
¶島根人，島根百

**政行** まさゆき
安土桃山時代の刀工。
¶島根百

**正幸**(1) まさゆき
江戸時代後期の刀工。
¶島根百

**正幸**(2) まさゆき
江戸時代後期の刀工。
¶島根百

**正行** まさゆき
江戸時代末期～明治期の刀工。
¶島根百

**正賀** まさよし
安永1（1772）年～天保14（1843）年
江戸時代中期～後期の弘前藩の刀工。
¶青森人

**正喜** まさよし
室町時代の刀工。
¶島根人，島根百

**正義** まさよし
江戸時代後期の津山松平藩のお抱え刀工。
¶岡山歴

**正吉**(1) まさよし
室町時代の刀工。
¶島根人，島根百

**正吉**(2) まさよし
明治8（1875）年～大正9（1920）年
明治～大正期の刀工。
¶高知人，高知百

**益子金蔵** ましこきんぞう
天明6（1786）年～安政1（1854）年7月10日
江戸時代後期のこんにゃく製造方法の改良家。
¶朝日

**益子穂** ましこみのり
昭和期のみのり人形家元。
¶名工

**真清水蔵六**(1) ましみずぞうろく
世襲名　江戸時代後期～昭和期の京焼の陶芸家。
¶京都大

**真清水蔵六**(2) ましみずぞうろく
昭和8（1933）年3月11日～
昭和～平成期の陶芸家。
¶陶工

**真清水蔵六〔1代〕** ましみずぞうろく
文政5（1822）年～明治10（1877）年
江戸時代末期～明治期の陶工。千宗室に茶道を学び、青磁、染付に長じた。
¶朝日（[没]明治10（1877）年6月12日），近現，近世，国史，コン改，コン4，コン5，茶道，史人（——〔代数なし〕　[没]1877年6月12日），新潮（[没]明治10（1877）年6月），人名，姓氏京都（——〔代数なし〕），世百，全書（——〔代数なし〕），陶工，日人

**真清水蔵六〔2代〕** ましみずぞうろく
文久1（1861）年～昭和11（1936）年
明治～昭和期の陶工。古陶の鑑識に優れ、中国陶磁の写しものに長じた。
¶近現，国史，コン改，コン5，茶道，新潮（[没]昭和11（1936）年6月），人名，世紀（[生]文久1（1861）年5月　[没]昭和11（1936）年6月13日），陶工，日人，名工（[没]昭和11年6月13日）

**真清水蔵六〔3代〕** ましみずぞうろく
明治38（1905）年～昭和46（1971）年
大正～昭和期の陶芸家。
¶陶工

**増井和** ますいかず
大正6（1917）年7月13日～平成5（1993）年12月14日
昭和～平成期のくみひも職人。
¶美工，名工

**桝岡泊露** ますおかはくろ
明治30（1897）年11月3日～昭和57（1982）年3月6日
明治～昭和期の俳人、木彫師。
¶大阪文

**舛岡富士雄** ますおかふじお
昭和18（1943）年5月8日～
昭和～平成期の電子技術者。東北大学教授。EEPROMの開発に従事。“フラッシュメモリー”の生みの親として「フォーブス」の表紙を飾る。
¶世紀，日人

## 増子美代子 ますこみよこ
昭和11 (1936) 年～
昭和～平成期の陶芸家。
¶陶芸最, 陶工 (㊥1936年10月11日)

## 増沢亀之助 ますざわかめのすけ
安政6 (1859) 年～昭和14 (1939) 年
明治～昭和期の製糸器械改良家。
¶姓氏長野, 長野歴

## 升沢孝雄 ますざわたかお
昭和期の竹細工師。
¶名工

## 増沢洵 ますざわまこと
大正14 (1925) 年5月5日～平成2 (1990) 年10月
12日
昭和～平成期の建築家。増沢建築設計事務所代
表、日本建築家協会理事。デビュー作は自宅。成
城学園の図書館書庫、日本花の会結城農園などを
手がける。
¶現情, 現人, 世紀, 日人, 美建

## 増重 ますしげ
→増重 (まさしげ)

## 増島良三 ますじまりょうぞう
明治29 (1896) 年～昭和35 (1960) 年
大正～昭和期のミシン針製造の功労者、オルガン
針創立者。
¶長野歴

## 増田晶 ますだあきら
昭和23 (1948) 年5月9日～
昭和期の陶芸家。
¶陶芸最

## 増田稲太郎 ますだいなたろう
大正15 (1926) 年5月5日～平成4 (1992) 年9月26日
昭和～平成期のつづら職人。つづら製作の全工程
をひとりでおこなう。
¶世紀, 日人

## 増田栄作 ますだえいさく
昭和期の大蔵省造幣局製造部貨幣第一課技術主事。
¶名工

## 増田栄松 ますだえいまつ
明治11 (1878) 年～昭和21 (1946) 年
明治～昭和期の漆掻き職人。
¶姓氏岩手

## 増田清治 ますだきよはる
→増田清治 (ますだせいじ)

## 増田重幸 ますだしげゆき
昭和2 (1927) 年11月20日～
昭和期の陶芸家。
¶陶芸最

## 増田淳 ますだじゅん
明治16 (1883) 年9月25日～昭和22 (1947) 年7月
26日
明治～昭和期の橋梁設計士。

¶科学, 近土, 土木

## 桝田新蔵 ますだしんぞう
文化14 (1817) 年～明治37 (1904) 年
江戸時代末期～明治期の庄屋。砂丘の中で開拓出
来る土地を調査し、開拓に成功、西新田場村を誕
生させた。
¶日人, 幕末

## 増田清治 ますだせいじ
大正3 (1914) 年3月10日～　㊿増田清治《ますだき
よはる》
昭和～平成期の菓子職人。菓子舗「徳太楼」2代目
主人。江戸の餅菓子屋としての姿勢を貫いた。昔
ながらのきんつばと赤飯の味に特にこだわった。
¶現日, 世紀 (ますだきよはる)

## 増田閃一 ますだせんいち
大正15 (1926) 年4月12日～平成7 (1995) 年4月
27日
昭和～平成期の電気工学者、東京大学名誉教授。
専門はプラズマ応用。
¶科学

## 益田素平 ますだそへい
天保14 (1843) 年～明治36 (1903) 年
江戸時代末期～明治期の農事改良家。筑後国八女
郡二川村の庄屋。害虫防除法などを研究。著書に
「稲虫実験録」。
¶朝日 (㊥天保14年7月28日 (1843年8月23日)
㊥明治36 (1903) 年6月), コン改, コン5, 日
史, 日人 (㊥1902年), 百科 (㊥天保13 (1843)
年), 福岡百 (㊥天保14 (1843) 年7月25日
㊥明治35 (1902) 年10月14日)

## 増田敏雄 ますだとしお
昭和10 (1935) 年7月21日～
昭和～平成期の撮影技師。
¶和モ

## 増田友之丞 ますだとものじょう
明治40 (1907) 年2月3日～平成5 (1993) 年4月7日
昭和期の釣り竿職人。
¶世紀, 日人

## 増田友也 ますだともや
大正3 (1914) 年12月16日～昭和56 (1981) 年8月
14日
昭和期の建築家、建築学者。京都大学名誉教授。
¶美建

## 益田直蔵 ますだなおぞう
明治～大正期のハム職人。ウィリアム・カーテス
からハムの製造法を伝授され、国産で初めてハム
を造ることに成功。
¶神奈川人 (㊥1854年　㊥1921年), 食文 (㊥嘉永
7年11月26日 (1855年1月14日)　㊥?)

## 増田直蔵 ますだなおぞう
安政1 (1854) 年～大正10 (1921) 年
明治～大正期のハム職人。ウィリアム・カーテス
からハムの製造法を伝授され、国産で初めてハム
を造ることに成功。

¶幕末

**益田縄手** ますだなわて
→益田縄手（ますだのなわて）

**増谷麟** ますたにりん
明治25（1892）年8月23日～昭和42（1967）年5月
明治～昭和期の映画現像技師。
¶映人

**益田縄手** ますだのなわて
生没年不詳　[別]益田縄手《ますだなわて》，益田連縄手《ますだのむらじなわて》
奈良時代の大工。東大寺「造大殿所」の統率者。
¶朝日，国史，古代（益田連縄手　ますだのむらじなわて），古中，史人，人名（ますだなわて），日史，日人，百科，福井百

**益田連縄手** ますだのむらじなわて
→益田縄手（ますだのなわて）

**増田春光** ますだはるみつ
昭和期の杼作り職人。
¶名工

**増田繁次郎** ますだはんじろう
嘉永1（1848）年5月20日～大正15（1926）年2月21日
江戸時代末期～大正期の釣竿技術改良者。
¶埼玉人

**増田平四郎** ますだへいしろう
文化4（1807）年～明治25（1892）年
江戸時代末期～明治期の人。浮島沼の新田開発に尽力。
¶コン改（[生]文化4（1809）年），コン4（[生]文化4（1809）年），コン5（[生]文化4（1809）年），静岡歴，姓氏静岡，日人，幕末

**増田豊年** ますだほうねん
明治22（1889）年～？
明治～昭和期の陶芸家。
¶陶工

**増田正金** ますだまさかね
？～応永32（1425）年
室町時代の槍鍛冶。
¶埼玉人（[没]応永32（1425）年2月23日），埼玉百

**増田三男** ますだみつお
明治42（1909）年4月24日～平成21（2009）年9月7日
昭和～平成期の彫金家。山水文、動植物などで高い評価を得る。たがねを用いた独自の装飾技術を開発。
¶国宝，世紀，日人，美工

**増田宗介** ますだむねすけ
生没年不詳
鎌倉時代前期の甲冑師。出雲出身。明珍家の始祖とされる。
¶鎌室，人名，日人，美工

**増田宗太** ますだむねやす
～明治6（1873）年
江戸時代後期～明治期の金工家。
¶庄内

**桝田屋光生** ますだやこうせい
昭和25（1950）年7月14日～
昭和～平成期の陶芸家。
¶陶芸最，陶工

**増田安次郎** ますだやすじろう
文政2（1819）年～安政5（1858）年7月11日
江戸時代後期の川口鋳物師。
¶埼玉人

**増田悦章** ますだよしあき
昭和6（1931）年9月15日～
昭和～平成期の映画照明技師。
¶映人

**益田善雄** ますだよしお
大正14（1925）年3月17日～
昭和～平成期の海洋開発技術者。
¶現朝，現執3期，世紀，日人

**増田好造** ますだよしぞう
嘉永3（1850）年～？　[別]芳蔵
明治期の鉱山技術者。採鉱・精錬技術修得のため渡仏。民間鉱業初の海外留学生。
¶海越，海越新，渡航

**益田芳徳** ますだよしのり
昭和9（1934）年～
昭和～平成期のガラス工芸作家。
¶名工

**増田良助** ますだりょうすけ
明治30（1897）年～昭和58（1983）年
大正～昭和期の一重防菌のKM袋開発、普及に貢献。増田屋袋店社長。
¶青森人

**増田礼作** ますだれいさく
*～大正6（1917）年11月27日
明治～大正期の鉄道技監。日本鉄道会社技師長。東京・青森間の鉄道敷設に尽力。
¶海越（[生]安政1（1854）年12月3日），海越新（[生]安政1（1854）年12月3日），大分百（[生]1853年），大分歴（[生]嘉永6（1853）年），科学（[生]1853年（嘉永6）12月3日），近土（[生]1853年12月3日），国際（[生]安政1（1854）年），人名（[生]1854年），世紀（[生]嘉永6（1853）年），渡航（[生]1854年），土木（[生]1853年12月3日），日人（[生]1854年）

**増永五左衛門** ますながござえもん
明治4（1871）年9月7日～昭和13（1938）年12月21日
明治～昭和期の眼鏡枠製造業者。
¶世紀，日人，福井百

**増永ふじ** ますながふじ
昭和10（1935）年6月2日～
昭和期の陶芸家。

¶陶芸最

### 増永良文 ますながよしふみ
昭和16(1941)年7月28日〜
昭和〜平成期の情報工学者。図書館情報大学教授。
著書に「リレーショナルデータベース入門」など。
¶現執3期

### 升野豊 ますのゆたか
昭和期の陶芸家。
¶陶芸最

### 増淵元瑈 ますぶちげんしゅう
昭和6(1931)年7月22日〜
昭和期の陶芸家。
¶陶芸最, 名工

### 増村紀一郎 ますむらきいちろう
昭和16(1941)年12月1日〜
昭和〜平成期の漆芸家。2008年に重要無形文化財
保持者(人間国宝)に認定(髹漆)。
¶国宝, 名工

### 増村益城 ますむらましき
明治43(1910)年7月1日〜平成8(1996)年4月20日
昭和期の漆工家、人間国宝。
¶熊本百, 現朝, 現情, 国宝, 新潮, 世紀, 全書,
日人, 美工, 名工

### 桝本卯平 ますもとうへい
明治6(1873)年〜昭和6(1931)年
明治期の技術者。三菱造船所技師長。第1回国際
労働会議政府選定の労働者代表。
¶近現, 国史, 世紀(⊛昭和6(1931)年4月10日),
日人(⊛昭和6(1931)年4月10日)

### 増本健 ますもとつよし
昭和7(1932)年6月13日〜
昭和〜平成期の金属工学者。金属材料研究所所
長、東北大学教授。専門は鉄鋼材料学、非平衡物
質工学。著書に「アモルファス金属の基礎」など。
¶現朝, 現情, 世紀, 日人

### 増本量 ますもとはかる
明治28(1895)年〜昭和62(1987)年
昭和期の金属物理学者。東北大学金属材料研究所
所長。コバルトの新変態、磁歪合金アルフェル等
の磁性材料を発明。文化勲章受章。
¶科学(⊕1895年(明治28)1月9日 ⊛1987年(昭
和62)8月12日), 科技(⊕1895年1月9日), 現
朝(⊕1895年1月9日 ⊛1987年8月12日), 現情
(⊕1895年1月9日), 現人, 現日(⊕1895年1月9
日), コン改, コン4, コン5, 新潮(⊕明治28
(1895)年1月9日 ⊛昭和62(1987)年8月12
日), 世紀(⊕明治28(1895)年1月9日 ⊛昭和
62(1987)年8月12日), 世人(⊕明治28(1895)
年1月9日 ⊛昭和62(1987)年8月12日), 世百
新, 全書, 大百, 日人(⊕明治28(1895)年1月9
日 ⊛昭和62(1987)年8月12日), 日本, 百科,
広島百(⊕明治28(1895)年1月9日), マス89

### 増山英太郎 ますやまえいたろう
昭和9(1934)年4月24日〜

昭和〜平成期の人間工学者。
¶現執2期, 現執3期

### 増山新平 ますやましんぺい
明治22(1889)年11月15日〜昭和39(1964)年4月
29日
明治〜昭和期の建築家。
¶美建

### 益山納子 ますやまのりこ
大正12(1923)年1月2日〜
昭和期の陶芸家。
¶陶芸最

### 又右衛門 またえもん
生没年不詳
江戸時代中期の根付師。
¶日人

### 又七 またしち
→林又七(はやしまたしち)

### 又四郎 またしろう
生没年不詳
室町時代の河原者。作庭家。
¶京都大, 姓氏京都, 歴大

### 俣野真竜〔2代〕またのしんりゅう
天保13(1842)年1月19日〜明治35(1902)年10月8
日 ⊛俣野真竜〔2代〕《またのしんりょう》
江戸時代末期〜明治期の尺八・邦楽器製作者。
¶芸能(またのしんりょう), 新芸, 日音(またの
しんりょう), 日人

### 俣野真竜〔3代〕またのしんりゅう
→俣野真竜〔3代〕(またのしんりょう)

### 俣野真竜〔1代〕またのしんりょう
寛政3(1791)年〜文久1(1861)年5月15日
江戸時代末期の尺八・邦楽器製作者。
¶芸能, 日音

### 俣野真竜〔2代〕またのしんりょう
→俣野真竜〔2代〕(またのしんりゅう)

### 俣野真竜〔3代〕またのしんりょう
明治19(1886)年3月10日〜昭和11(1936)年12月
27日 ⊛俣野真竜〔3代〕《またのしんりゅう》
明治〜昭和期の尺八・邦楽器製作者。
¶芸能, 新芸(またのしんりゅう), 世紀(またの
しんりゅう), 日音

### 俣野真竜〔4代〕またのしんりょう
大正2(1913)年4月14日〜
昭和期の明暗尺八家、製管師。
¶日音

### 又吉真栄 またよししんえい
大正5(1916)年11月9日〜昭和59(1984)年10月
24日
昭和期の三線・胡弓製作者。
¶芸能

### 町田菊次郎 まちだきくじろう
嘉永3(1850)年〜大正6(1917)年

明治～大正期の蚕糸業者。改良進歩をはかり功績をあげた。
¶郷土群馬, 群馬人, 群馬百, 人名(㊶?), 世紀(㊷大正6(1917)年4月2日), 姓氏群馬, 日人

**町田金三郎** まちだきんざぶろう
昭和期のキリだんす職人。
¶名工

**町田周郎** まちだしゅうろう
大正6(1917)年～
昭和期の機械工学者。
¶群馬人

**町田保** まちだたもつ
明治36(1903)年8月8日～昭和42(1967)年10月12日
大正～昭和期の技師。
¶近土, 姓氏山口, 土木

**町田兵部** まちだひょうぶ
享保14(1729)年～享和2(1802)年
江戸時代中期～後期の宮大工。
¶群馬人, 姓氏群馬

**松井明子** まついあきこ
昭和10(1935)年2月10日～
昭和期の陶芸家。
¶陶芸最

**松井角右衛門** まついかくえもん
安土桃山時代～江戸時代前期の大工。前田利長の命により越中守山城の普請に参加、今日の松井建設の始祖となる。
¶創業(㊷?)

**松井角平**(1) まついかくへい
世襲名　江戸時代後期の井波大工。
¶富山百

**松井角平**(2) まついかくへい
明治2(1869)年4月10日～大正11(1922)年1月4日
明治～大正期の宮大工。
¶世紀, 姓氏富山, 日人

**松井寛** まついかん
→松井寛(まついひろし)

**松井貴太郎** まついきたろう
明治16(1883)年～昭和37(1962)年
明治～昭和期の建築家。
¶美建

**松井元彙** まついげんい
生没年不詳
江戸時代中期の製墨工。
¶国書

**松井元泰** まついげんたい
元禄2(1689)年～寛保3(1743)年　㊿松井元泰《まついもとやす》
江戸時代中期の墨工。奈良の製墨業「古梅園」の6代。
¶朝日(㊶元禄2年9月9日(1689年10月21日)

㊷寛保3年3月16日(1743年4月10日)), 黄檗(㊷寛保3(1743)年3月16日), 近世, 国史, 国書(まついもとやす　㊶元禄2(1689)年9月9日　㊷寛保3(1743)年3月16日), コン改, コン4, 史人(㊶1689年9月9日　㊷1743年3月16日), 新潮(㊶元禄2(1689)年9月9日　㊷寛保3(1743)年3月16日), 人名, 日人

**松井鴻** まついこう
明治38(1905)年12月8日～?
大正～昭和期の映画撮影技師。
¶映人

**松井康成** まついこうせい
昭和2(1927)年5月20日～平成15(2003)年4月11日
昭和～平成期の陶芸家、僧侶。茨城工芸会会長、月崇寺住職。僧侶の傍ら月崇寺焼を復興。練上手と象嵌を研究し、練上嘯裂文、堆瓷などの装飾スタイルを確立。
¶郷土茨城, 現情, 国宝, 世紀, 陶芸最, 陶工, 日人, 美工, 名工

**松井康陽** まついこうよう
昭和37(1962)年～
昭和～平成期の陶芸家。
¶陶工

**松井小三郎** まついこさぶろう
明治14(1881)年～昭和27(1952)年
明治～昭和期の実業家、造船技術者。
¶高知人

**松井三郎** まついさぶろう
嘉永4(1851)年～大正12(1923)年
江戸時代末期～大正期の蒸気機関車国産1号車製造監督技官。
¶高知人

**松井蔚** まついしげる
明治27(1894)年4月30日～昭和26(1951)年10月14日
明治～昭和期の衛生技師。
¶履歴, 履歴2

**松居淳一** まついじゅんいち
慶応2(1866)年～昭和15(1940)年
明治～昭和期の陶芸家。
¶姓氏富山

**松井乗運** まついじょううん
文化12(1815)年～明治20(1887)年
江戸時代後期～明治期の仏師。
¶石川百, 姓氏石川

**松井新左衛門** まついしんざえもん
江戸時代後期の土器師。
¶人名, 日人(生没年不詳)

**松井淳江** まついすみえ
昭和16(1941)年2月6日～
昭和～平成期の料理研究家。杉野女子大学短期大学部教授。朝日新聞家庭欄に連載を執筆。著書に「家庭料理入門―おいしく作るコツ」など。

¶現執3期

**松井晴山** まついせいざん
昭和7(1932)年3月1日〜
昭和期の陶芸家。
¶陶芸最

**松井辰弥** まついたつや
大正5(1916)年12月15日〜平成22(2010)年9月4日
昭和〜平成期の機械工学者、岐阜大学名誉教授。専門は流体力学、航空工学。
¶科学

**松井恒治郎** まついつねじろう
大正6(1917)年8月1日〜平成4(1992)年9月26日
昭和期の扇子職人。
¶世紀，日人

**松井東庵** まついとうあん
生没年不詳
江戸時代前期の製墨工。
¶国書



**松井陶仙** まついとうせん
昭和3(1928)年2月19日〜
昭和〜平成期の陶芸家。
¶陶芸最，名工

**松井道珍** まついどうちん
戦国時代〜安土桃山時代の墨工。奈良の製墨業「古梅園」の初代。
¶朝日([生]享禄1(1528)年 [没]天正18年11月28日(1590年12月24日))，近世(生没年不詳)，国史(生没年不詳)，新潮(生没年不詳)，人名，日人(生没年不詳)，美工([生]? [没]?)

**松井与之** まついともゆき
昭和6(1931)年8月12日〜
昭和〜平成期の陶芸家。
¶陶芸最，陶工，名工

**松井儀長** まついのりなが
元亀1(1570)年〜明暦3(1657)年 [別]松井儀長《まついよしなが》
安土桃山時代〜江戸時代前期の日向飫肥藩士。松井疏水の開削者。
¶朝日(まついよしなが [生]永禄12(1569)年頃 [没]明暦3年11月22日(1657年12月26日))，近世，国史，コン改，コン4，史人，人名，日人，藩臣7(まついよしなが)

**松井寛** まついひろし
昭和23(1948)年4月15日〜 [別]松井寛《まついかん》
昭和〜平成期の陶芸家。
¶陶芸最，陶工(まついかん)，名工

**松井博** まついひろし
昭和32(1957)年2月9日〜
昭和〜平成期の映画照明技師。
¶映人

**松井元泰** まついもとやす
→松井元泰(まついげんたい)

**松井屋源右衛門** まついやげんえもん
正保2(1645)年〜享保2(1717)年
江戸時代中期の越中富山の薬種商。秘薬反魂丹を製造。富山売薬行商の始祖となった。
¶人名，富山百，日人

**松井儀長** まついよしなが
→松井儀長(まついのりなが)

**松浦陽恵** まつうらあきよし
明治42(1909)年1月1日〜平成5(1993)年4月12日
昭和〜平成期の航空宇宙工学者、科学技術庁航空宇宙技術研究所所長。
¶科学

**松浦栄吉** まつうらえいきち
安政5(1858)年〜昭和2(1927)年
明治〜昭和期の人。英国で左官の新技術を習得。
¶島根歴

**松浦助六** まつうらすけろく
生没年不詳
江戸時代後期の陶工。
¶日人

**松浦春吉** まつうらはるきち
明治17(1884)年2月10日〜昭和43(1968)年12月8日
明治〜昭和期の技術者。
¶庄内

**松浦北海** まつうらほっかい
文政1(1818)年2月6日〜明治21(1888)年
江戸時代後期〜明治期の蝦夷地開拓者。
¶三重

**松浦和平** まつうらわへい
明治5(1872)年2月9日〜大正15(1926)年4月13日
明治〜大正期の機械工学者。空中窒素の固定事業及びグラフワイ製造事業、その他化学工業に関する事業調査で渡米。
¶海越新，科学，群馬人([生]文久1(1861)年)，人名，世紀，姓氏群馬，渡航([没]1925年4月13日)，日人

**松江春次**(松江春治) まつえしゅんじ
→松江春次(まつえはるじ)

**松枝信** まつえだしん
昭和21(1946)年4月24日〜
昭和〜平成期の陶芸家。
¶陶芸最，名工

**松枝玉記** まつえだたまき
明治38(1905)年3月22日〜平成1(1989)年6月17日
大正〜昭和期の久留米絣職人。
¶美工，名工

**松枝一** まつえだひとし
明治40(1907)年8月15日〜平成2(1990)年8月

22日
大正～平成期の久留米絣職人。
¶美工, 名工

**松江春次** まつえはるじ
明治9(1876)年～昭和29(1954)年11月29日
㊁松江春次《まつえしゅんじ》, 松江春治《まつえしゅんじ》
明治～大正期の実業家。日本で初めて角砂糖の製造に成功したほか, 南洋諸島の産業開発に貢献。
¶会津, 食文 (松江春治 まつえしゅんじ), 世紀 (㊍明治9(1876)年1月15日), 先駆(まつえしゅんじ), 渡航(まつえしゅんじ ㊍1876年1月10日), 民学, 履歴(㊍明治9(1876)年1月15日)

**松江不入** まつえふにゅう
江戸時代後期の漆工家。
¶島根百

**松枝不入** まつえふにゅう
→松枝不入(まつがえふにゅう)

**松江美枝子** まつえみえこ
昭和期の宝飾作家。
¶名工

**松尾英右** まつおえいすけ
昭和21(1946)年12月9日～
昭和～平成期の陶芸家。
¶陶芸最, 陶工

**松岡盤吉**(松岡磐吉) まつおかいわきち
→松岡磐吉(まつおかばんきち)

**松岡喜兵衛** まつおかきへえ
？～寛文10(1670)年
江戸時代前期の人。平生開削の責任者。
¶姓氏山口

**松岡倉八** まつおかくらはち
嘉永4(1851)年～大正13(1924)年
江戸時代末期～大正期の養蚕家。
¶姓氏群馬

**松岡立男** まつおかたつお
明治期の料理人。
¶食文

**松岡たま** まつおかたま
明治19(1886)年～昭和42(1967)年
明治～昭和期の手筋絞り職人。
¶姓氏愛知

**松尾月山** まつおがっさん
文化12(1815)年～明治8(1875)年 ㊁松尾月山《まつおげつざん》
江戸時代末期～明治期の金工。
¶人名(まつおげつざん), 日人

**松岡直右衛門** まつおかなおえもん
天保7(1836)年～明治34(1901)年
明治期の品種改良家。
¶日人

**松岡八左衛門** まつおかはちざえもん
→松岡好忠(まつおかよしただ)

**松岡磐吉** まつおかばんきち
？～明治4(1871)年 ㊁松岡盤吉《まつおかいわきち》, 松岡磐吉《まつおかいわきち》
江戸時代末期～明治期の幕臣。咸臨丸渡米の際の測量方。
¶朝日, 維新, 海越新(松岡盤吉 まつおかいわきち), 近現, 近世, 国史, コン5, 史人, 新潮(まつおかいわきち), 人名, 日人, 幕末

**松岡広吉** まつおかひろきち
安政1(1854)年～明治41(1908)年
明治期の村長, 自治功労者。独力で道路開鑿を計画, 宮の下より箱根町の三里十四町の車道を開く。
¶人名, 日人

**松岡文一** まつおかぶんいち
大正14(1925)年12月9日～昭和40(1965)年11月16日
昭和期の工学者。愛媛大学教授, 愛媛考古学会の創始者。
¶愛媛百, 考古

**松岡好忠** まつおかよしただ
慶長17(1612)年～元禄7(1694)年 ㊁松岡八左衛門《まつおかはちざえもん》
江戸時代前期の陸奥南部藩士。松岡堰の造成, 与力新田の開拓に尽力。
¶人名(松岡八左衛門 まつおかはちざえもん), 日人, 藩臣1

**松尾熊四郎** まつおくましろう
昭和期の屋根ふき職人。
¶名工

**松尾月山** まつおげつざん
→松尾月山(まつおがっさん)

**松尾玄次** まつおげんじ
明治37(1904)年10月27日～平成12(2000)年12月18日
昭和～平成期の菓子工芸家。和菓子のぬくめ細工師として活躍。
¶郷土長崎, 現情, 日人

**松尾重利** まつおしげとし
昭和9(1934)年6月13日～
昭和～平成期の陶芸家。
¶陶芸最, 名工

**松尾次郎** まつおじろう
昭和7(1932)年1月1日～
昭和～平成期の陶芸家。
¶陶芸最, 名工

**松尾末吉** まつおすえきち
生没年不詳
明治期の印刷技師。石版印刷のパイオニア。日本人で初めて石版印刷の試刷を行う。
¶先駆

ま

**松尾藻風**　まつおそうふう
昭和22(1947)年2月22日～
昭和～平成期の陶芸家。
¶陶芸最，名工

**松尾高明**　まつおたかあき
昭和13(1938)年10月25日～
昭和～平成期の陶芸家。
¶陶芸最，陶工

**松尾正之**　まつおただゆき
大正13(1924)年1月1日～平成3(1991)年7月28日
昭和～平成期の電子工学者、東北大学名誉教授。専門は電子回路、生体情報工学。
¶科学

**松尾徳助**　まつおとくすけ
生没年不詳
明治期の陶工。石炭素焼きの研究に成功、磁器に石炭焼成を試みた先駆者。
¶人名，日人，美工，名工

**松尾友文**　まつおともふみ
昭和25(1950)年10月29日～
昭和～平成期の陶芸家。専門は唐津焼。
¶陶芸最，陶工，名工



**松尾八郎**　まつおはちろう
安政6(1859)年～昭和7(1932)年
明治～昭和期の養蚕業功労者。
¶大分歴

**松尾八郎兵衛**　まつおはちろべえ
宝暦13(1763)年～天保15(1844)年1月10日
江戸時代中期～後期の台地開墾先駆者。
¶兵庫人

**松尾春雄**　まつおはるお
明治33(1900)年3月22日～昭和54(1979)年8月31日
大正～昭和期の土質工学者。
¶科学，近土，現情，土木，福岡百

**松尾政治**　まつおまさじ
江戸時代後期の蒔絵師。
¶人名

**松尾無蔵**　まつおむぞう
昭和19(1944)年7月6日～
昭和～平成期の陶芸家。
¶陶芸最，陶工

**松尾守治**　まつおもりじ
→松尾守治(まつおもりはる)

**松尾守治**　まつおもりはる
明治25(1892)年10月9日～昭和48(1973)年8月19日　[別]松尾守治《まつおもりじ》
明治～昭和期の技師。
¶近土，土木(まつおもりじ)

**松尾与十郎**　まつおよじゅうろう
？　～明治15(1882)年
明治期の治水家、篤志家。私財を投じ四日町郷の築堤防水に尽力。
¶人名，日人

**松枝不入**　まつがえふにゅう
[別]松枝不入《まつえふにゅう》
江戸時代末期の漆工。
¶大阪人(まつえふにゅう　生没年不詳)，茶道，島根歴([生]明和8(1771)年　[没]嘉永3(1850)年)，美工([生]？　[没]？)

**松崎万長**(松ケ崎万長)　まつがさきつむなが
安政5(1858)年～大正10(1921)年2月3日
明治期の建築技師。建築・土木学の研究のためドイツに渡る。
¶海越([生]安政5(1858)年10月　[没]？)，海越新([生]安政5(1858)年10月)，世紀(松ケ崎万長　[生]安政5(1858)年10月13日)，渡航，栃木歴(松ケ崎万長)，日人([生]1859年)

**松笠浩三**　まつかさこうぞう
昭和35(1960)年11月3日～
昭和～平成期の陶芸家。
¶陶芸最，陶工

**松笠靖彦**　まつかさやすひこ
昭和6(1931)年12月3日～
昭和～平成期の陶芸家。
¶陶芸最，名工

**松笠行範**　まつかさゆきのり
昭和15(1940)年7月5日～
昭和期の陶芸家。
¶陶芸最

**馬塚新八**　まつかしんぱち
生没年不詳
明治期の海軍軍人。気球を製作、上空40メートルまで上昇させた。
¶先駆

**松方ミエ**　まつかたみえ
大正11(1922)年～昭和56(1981)年2月16日
昭和期の宝飾デザイナー。米国で宝石、彫金の分野で活躍。ボストンでアトリエ・ジャニエを経営。
¶女性([生]？)，女性普([生]？)，世紀，日人，美工

**松川サク**　まつかわさく
明治25(1892)年3月19日～昭和61(1986)年11月29日
昭和期の実業家。相模ゴム工業社長、全国商工会議所婦人連合会会長。国産のコンドームの開発、商品化に成功。避任具のトップメーカーに育てる。
¶女性，女性普，世紀，姓氏神奈川([没]1987年)，日人

**松川重明**　まつかわしげあき
→松川弁之助(まつかわべんのすけ)

**松川泰三**　まつかわたいぞう
明治44(1911)年10月15日～昭和61(1986)年10月28日
昭和期の薬学者。武田薬品工業取締役、和光純薬工業社長。武田薬品工業にて栄養剤「アリナミン」の製造発明で業績を残す。日本学士院賞受賞。

¶科学，近医，現情，世紀，日人

**松川広己** まつかわひろみ
昭和33（1958）年9月1日～
昭和～平成期の陶芸家。
¶陶工

**松川弁之助** まつかわべんのすけ
享和2（1802）年～明治9（1876）年　[別]松川重明《まつかわしげあき》
江戸時代末期～明治期の北海道開拓家。箱館近辺の開墾を行い、五稜郭の土木工事を担当。樺太の漁場経営も担当。
¶朝日（[生]享和2年4月9日（1802年5月10日）[没]明治9（1876）年7月27日），維新，コン改（松川重明　まつかわしげあき），コン4（松川重明　まつかわしげあき），コン5（松川重明　まつかわしげあき），史人（松川重明　まつかわしげあき　[生]1802年4月9日　[没]1876年7月27日），新潮（松川重明　まつかわしげあき　[生]享和2（1802）年4月9日　[没]明治9（1876）年7月27日），人名，新潟百，日人，幕末，北海道百，北海道歴，歴大

**松川実** まつかわみのる
昭和24（1949）年12月1日～
昭和期の陶芸家。
¶陶芸最

**松木七右衛門** まつきしちえもん
寛永8（1631）年～正徳5（1715）年
江戸時代前期～中期の豪農。木造新田開拓の功労者。
¶青森人，青森百

**松木輝殷** まつきてるしげ
天保14（1843）年～明治44（1911）年9月
江戸時代後期～明治期の藤村式学校建築の創始者。
¶山梨百

**松木寿** まつきひさし
明治15（1882）年～昭和18（1943）年
明治～昭和期の鉄道技師。
¶高知人

**真継弥五郎** まつぎやごろう
生没年不詳
戦国時代の京鋳物師。
¶戦辞

**松倉松五郎** まつくらまつごろう
生没年不詳
明治期の珠玉製造業者。ヨーロッパで精密レンズの研磨法を学び、写真レンズ、顕微鏡の製造に従事。
¶先駆

**松崎健** まつざきけん
昭和25（1950）年2月27日～
昭和～平成期の陶芸家。
¶陶芸最，陶工

**松崎譲二**(1) まつざきじょうじ
昭和期のマナ・オルゲルバウ。
¶名工

**松崎譲二**(2) まつざきじょうじ
昭和～平成期のパイプオルガン製作家。東京芸術大学奏楽堂のパイプオルガンを修復。
¶音人

**松崎新蔵** まつざきしんぞう
明治30（1897）年～昭和56（1981）年
大正～昭和期の伝統工芸の和傘師。
¶大分歴

**松崎せい** まつざきせい
明治33（1900）年～昭和63（1988）年
大正～昭和期の松江姉さま人形の技術継承者。
¶島根歴

**松崎仙石** まつざきせんせき
天保12（1841）年～明治43（1910）年
明治期の陶工。藩主に随行して京阪の陶業を視察、松江に開窯。
¶島根人，島根歴，人名，日人，名工（[没]明治43年6月）

**松崎ツギ** まつざきつぎ
昭和期の染織家。
¶名工

**松崎福三郎** まつざきふくさぶろう
明治34（1901）年10月18日～
大正～昭和期の鋳金家。
¶現情，名工

**松崎良助** まつざきりょうすけ
明治43（1910）年～平成2（1990）年
昭和～平成期の日光下駄製作者。
¶栃木歴

**松沢貞子** まつざわさだこ
明治36（1903）年～昭和60（1985）年
大正～昭和期の染色家。染色の技術改良につとめ、村民を指導、農村改良事業に尽力。
¶女性，女性普，名工

**松沢佐野栄** まつざわさのえ
文政10（1827）年～大正1（1912）年
江戸時代末期の農事改良家。植林、水田改良の先駆け。
¶姓氏長野，長野歴

**松沢敏彦** まつざわとしひこ
昭和期の表具師。
¶名工

**松下市太郎** まつしたいちたろう
江戸時代末期～明治期の陶工。
¶日人

**松下一身** まつしたかずみ
～平成19（2007）年10月24日
昭和～平成期の型紙工芸家。
¶美工

**松下清夫** まつしたきよお
明治43（1910）年3月28日～平成15（2003）年5月5

日
大正〜平成期の建築学者、建築家。東京大学名誉
教授。
¶科学，美建

**松下慶一** まつしたけいいち
昭和28（1953）年5月13日〜
昭和〜平成期の陶芸家。
¶陶芸最，名工

**松下定男** まつしたさだお
昭和期の郷土がん具製作者。
¶名工

**松下三光〔1代〕** まつしたさんこう
文化3（1806）年〜明治2（1869）年
江戸時代末期の尾張常滑の陶工。
¶人名，日人

**松下三光〔2代〕** まつしたさんこう
文政12（1829）年〜明治20（1887）年
江戸時代末期〜明治期の尾張常滑の陶工。
¶人名，日人

**松下七兵衛** まつしたしちべえ
生没年不詳
江戸時代前期の職人。
¶和歌山人

**松下仙蔵** まつしたせんぞう
明治14（1881）年〜昭和33（1958）年
明治〜昭和期の林業家。兵庫県富栖村村長。杉の
植林用苗木の改良にとりくみ松下1号、2号、3号
を生み出す。
¶植物（⊕明治14（1881）年7月2日　②昭和33
（1958）年5月11日），世紀，日人，兵庫百

**松下忠生** まつしたただお
昭和26（1951）年10月7日〜
昭和期の陶芸家。
¶陶芸最

**松下千代** まつしたちよ
寛政11（1799）年〜明治5（1872）年
江戸時代末期〜明治期の不二道指導者。燃料の節
約できる「お千代篭」を工夫、種もみなども改良。
¶郷土長野，女性（⊕寛政11（1799）年10月12日
②明治5（1872）年2月7日），長野百，長野歴，
日人

**松下照美** まつしたてるみ
昭和期の陶芸家。
¶名工

**松下寛** まつしたひろし
昭和2（1927）年〜
昭和期の技術開発研究者。野村総合研究所専務。
¶現執2期

**松下衍** まつしたひろし
昭和期の陶芸家。
¶名工

**松下弘之** まつしたひろゆき
昭和33（1958）年3月17日〜
昭和〜平成期の陶芸家。
¶陶芸最，陶工

**松下政右衛門** まつしたまさうえもん
→松下政右衛門（まつしたまさえもん）

**松下政右衛門** まつしたまさえもん
弘化2（1845）年〜明治42（1909）年　別松下政右
衛門《まつしたまさうえもん》
江戸時代後期〜明治期の養蚕家。
¶群馬人，姓氏群馬（まつしたまさうえもん）

**松島寛三郎** まつしまかんざぶろう
明治8（1875）年4月1日〜昭和31（1956）年4月22日
明治〜昭和期の技師。
¶近土，土木

**松島喜市郎** まつしまきいちろう
明治12（1879）年〜昭和24（1949）年
大正〜昭和期の製鉄技術者。
¶神奈川人

**松島清重** まつしまきよしげ
明治34（1901）年12月1日〜平成2（1990）年2月2日
大正〜平成期の実業家。大阪セメント社長。人工
軽量骨材を開発し大阪セメントを大阪最大手に発
展させた。
¶現朝，コン改，コン4，コン5，新潮，世紀，日人

**松島朝義** まつしまちょうぎ
→松島朝義（まつしまともよし）

**松嶋勉** まつしまつとむ
昭和12（1937）年8月17日〜
昭和〜平成期の陶芸家。
¶陶芸最，陶工，名工

**松島恒夫** まつしまつねお
昭和期の太鼓職人。
¶名工

**松島朝義** まつしまともよし
昭和22（1947）年9月8日〜　別松島朝義《まつしま
ちょうぎ》
昭和〜平成期の陶芸家。
¶陶工（まつしまちょうぎ），名工

**松島宏明** まつしまひろあき
明治31（1898）年〜？
大正〜昭和期の陶芸家。
¶陶芸，陶工

**松島博** まつしまひろし
大正9（1920）年7月7日〜平成14（2002）年2月17日
昭和〜平成期の土木工学者、国士舘大学学長。専
門はコンクリート工学。
¶科学

**松嶋弘** まつしまひろし
昭和35（1960）年〜
昭和〜平成期の陶芸家。
¶陶工

**松島綏** まつしまやすし
明治39 (1906) 年～？
明治～昭和期の陶芸家。
¶陶工

**松代松之助** まつしろまつのすけ
慶応3 (1867) 年9月24日～昭和23 (1948) 年4月23日
明治～昭和期の通信技術者。専門は電信電話技術。
¶科学

**松助** まつすけ
？ ～嘉永6 (1853) 年
江戸時代後期の石工。
¶京都府

**松田曄功** まつだあきよし
昭和15 (1940) 年2月～
昭和～平成期のログハウス造り。
¶名工

**松田敦朝** まつだあつとも
天保8 (1837) 年～明治36 (1903) 年 [別]玄々堂〔2代〕《げんげんどう》, 松田緑山《まつだりょくざん, まつだろくざん》, 松田緑山 (2代玄々堂)《まつだりょくざん》
江戸時代末期～明治期の銅版画家。玄々堂彫刻社を設立。食刻銅版印刷の先駆者。
¶朝日 (松田緑山 まつだろくざん [生]天保8年2月4日 (1837年3月10日) [没]明治36 (1903) 年10月21日), 近美 (松田緑山 まつだろくざん [生]天保8 (1837) 年2月4日 [没]明治36 (1903) 年10月21日), 国書 (松田緑山 まつだろくざん [生]天保8 (1837) 年2月4日 [没]明治36 (1903) 年10月31日), コン改 (生没年不詳), コン4 (生没年不詳), 人書94 (松田緑山 まつだりょくざん), 新潮 (松田緑山 まつだろくざん [生]天保8 (1837) 年2月4日 [没]明治36 (1903) 年10月21日), 人名 (玄々堂〔2代〕 げんげんどう), 先駆, 全書, 大百, 日人 (松田緑山 まつだろくざん), 洋画 (松田緑山 まつだりょくざん [生]天保8 (1837) 年2月4日 [没]明治36 (1903) 年10月21日), 洋学

**松平家忠** まつだいらいえただ
弘治1 (1555) 年～慶長5 (1600) 年 [別]松平主殿助家忠《まつだいらとのものすけいえただ》
安土桃山時代の武将。伏見城番。土木普請にすぐれ、江戸城・伏見城などの築城に貢献した。
¶愛知百 ([没]1600年8月1日), 角史, 近世, 国史, 国書 ([没]慶長5 (1600) 年7月30日), 古中, コン改, コン4, 埼玉人 ([没]慶長5 (1600) 年7月30日), 埼玉百 (松平主殿助家忠 まつだいらとのものすけいえただ), 茶道, 史人 ([没]1600年7月30日), 諸系, 新潮 ([没]慶長5 (1600) 年7月18日), 人名, 姓氏愛知, 世人, 戦合, 戦国, 戦辞 ([没]慶長5年8月1日 (1600年9月8日)), 戦人, 大百, 千葉百, 日史 ([没]慶長5 (1600) 年7月30日), 日人, 藩主2 ([没]慶長5 (1600) 年7月晦日), 藩主2, 百科, 歴大

**松平定朝** まつだいらさだとも
安永2 (1773) 年～安政3 (1856) 年
江戸時代中期～末期の武士、園芸家。花菖蒲の百数十種におよぶ改良種を育成。
¶愛媛百, 国書 ([没]安政3 (1856) 年7月8日), 姓氏京都 ([没]？), 日人

**松平忠厚** まつだいらただあつ
嘉永4 (1851) 年～明治21 (1888) 年
明治期のアメリカの鉄道会社員。アメリカに留学し土木工学を専攻。現地で就職。
¶海越 ([生]嘉永4 (1851) 年8月 [没]明治21 (1888) 年1月), 海越新 ([生]嘉永4 (1851) 年8月 [没]明治21 (1888) 年1月), 諸系, 姓氏長野 ([没]1884年), 渡航 ([生]1851年8月), 長野歴 ([没]明治17 (1884) 年), 日人

**松平精** まつだいらただし
明治43 (1910) 年1月15日～平成12 (2000) 年
大正～平成期の船舶工学者。
¶科学 ([没]2000年 (平成12) 8月4日), 現情, 鉄道 ([生]1910年1月 [没]2000年8月)

**松平主殿助家忠** まつだいらとのものすけいえただ
→松平家忠 (まつだいらいえただ)

**松平正寿** まつだいらまさとし
明治31 (1898) 年10月4日～平成7 (1995) 年6月18日
大正～昭和期の電気工学者、東北大学名誉教授。専門は音響学。
¶科学

**松平雪生** まつだいらゆきお
昭和9 (1934) 年5月25日～
昭和～平成期の陶芸家。
¶陶芸最, 名工

**松平頼方** まつだいらよりかた
→徳川吉宗 (とくがわよしむね)

**松平順彦** まつだいらよりひこ
昭和22 (1947) 年8月20日～
昭和～平成期の陶芸家。
¶陶芸最, 名工

**松田覚太** まつだかくた
明治21 (1888) 年～昭和50 (1975) 年
大正～昭和期の農業指導者。岩手農蚕社長。養蚕技術の向上につくす。
¶岩手百, 世紀 ([生]明治21 (1888) 年10月27日 [没]昭和50 (1975) 年4月15日), 姓氏岩手, 日人 ([生]明治21 (1888) 年10月27日 [没]昭和50 (1975) 年4月15日)

**松田華山** まつだかざん
昭和11 (1936) 年10月8日～平成15 (2003) 年9月27日
昭和～平成期の陶芸家。
¶陶芸最, 陶工, 美工, 名工

**松田華山〔3代〕** まつだかざん
明治35 (1902) 年～昭和23 (1948) 年
大正～昭和期の陶芸家。
¶岡山人 (――〔代数なし〕 [没]昭和33 (1958) 年), 岡山歴 ([生]明治35 (1902) 年6月9日 [没]昭

ま

和23(1948)年9月21日),陶芸最,陶工,名工

### 松田勘次郎 まつだかんじろう
明治28(1895)年2月16日〜昭和45(1970)年3月15日
明治〜昭和期の技師。
¶近土,埼玉人(⊕明治28(1895)年1月6日),土木

### 松田喜代次(1) まつだきよじ
大正2(1913)年〜
昭和期のもみ紙師。
¶郷土滋賀,名工

### 松田喜代次(2) まつだきよじ
〜平成7(1995)年1月26日
昭和〜平成期の工芸家。
¶美工

### 松田金次郎 まつだきんじろう
弘化2(1845)年〜明治17(1884)年4月8日 ⑨松田重直《まつだしげなお》
江戸時代末期〜明治期の海軍軍人。神戸造船所長。イギリスに留学し造船学を修める。
¶海越,海越新,岡山人,岡山歴(松田重直 まつだしげなお ⊕弘化2(1845)年3月11日 ㊣明治17(1884)年4月7日),渡航

### 松田軍平 まつだぐんぺい
明治27(1894)年10月8日〜昭和56(1981)年4月23日
明治〜昭和期の建築家。松田・平田・坂本設計事務所会長、日本建築家協会会長。
¶美建

### 松武秀樹 まつたけひでき
昭和26(1951)年8月12日〜
昭和〜平成期の作曲家、編曲家、シンセサイザー・プログラマー。YMOにマニピュレーターとして参加。Logic Systemで活動。
¶作曲

### 松田健一郎 まつだけんいちろう
昭和23(1948)年6月21日〜
昭和期の陶芸家。
¶陶芸最

### 松田権六 まつだごんろく
明治29(1896)年〜昭和61(1986)年6月15日
昭和期の漆芸家。日本工芸会理事長、多摩美術学校教授。「蒔絵」の人間国宝。文化勲章受章。作品に「蒔絵竹林文箱」など。
¶石川百,石川文(⊕明治29年4月20日),近現,現朝(⊕1896年4月20日),現情(⊕1896年4月20日),現人,現日(⊕1896年4月20日),国史,国宝(⊕明治29(1896)年4月20日),コン改,コン4,コン5,史人(⊕1896年4月20日),新潮(⊕明治29(1896)年4月20日),世紀,世紀29(1896)年4月20日),世百,世百新,全書,大百,日人(⊕明治29(1896)年4月20日),日本,美工(⊕明治29(1896)年4月20日),美術,百科,名工(⊕明治29年4月20日)

### 松田茂太郎 まつだしげたろう
生没年不詳
明治期の実業家。セルロイド製造のパイオニア。セルロイド人絹糸会社設立者。
¶先駆

### 松田重直 まつだしげなお
→松田金次郎(まつだきんじろう)

### 松田治三郎 まつだじさぶろう
江戸時代末期〜明治期の因幡の陶工。
¶人名,日人

### 松田周次 まつだしゅうじ
弘化5(1848)年1月26日〜?
明治期の建築技師。工部省鉄道寮。土木学研究のためイギリスに渡る。皇居造営に携わる。
¶海越(生没年不詳),海越新,渡航

### 松田丈三 まつだじょうぞう
〜昭和57(1982)年9月2日
昭和期の扇骨細工師。
¶名工

### 松田昌平 まつだしょうへい
明治22(1889)年2月8日〜昭和51(1976)年
明治〜昭和期の建築家。
¶美建

### 松田新之助 まつだしんのすけ
慶応3(1867)年〜昭和22(1947)年
明治〜昭和期の石工棟梁。
¶大分ररR

### 松田亮長 まつだすけなが
→松田亮長(まつだりょうちょう)

### 松田清一 まつだせいいち
明治9(1876)年8月〜昭和9(1934)年3月4日
明治〜昭和期の機械工学者。
¶世紀,渡航(㊣?),日人

### 松田妙子 まつだたえこ
昭和2(1927)年10月3日〜
昭和〜平成期の住宅評論家、財団役員。住宅産業研修財団理事長、生涯学習開発財団理事長。
¶現執2期,現執4期

### 松田武彦 まつだたけひこ
昭和10(1935)年〜
昭和期のシステム科学・組織工学者。東京工業大学教授。
¶現執1期

### 松田長三郎 まつだちょうざぶろう
明治26(1893)年11月28日〜平成3(1991)年2月16日
大正〜昭和期の電気工学者、京都大学名誉教授。専門は照明工学。
¶科学,現情

### 松田恒次 まつだつねじ
明治28(1895)年11月24日〜昭和45(1970)年11月15日

明治～昭和期の実業家。マツダ2代目社長。四輪
乗用車、ロータリーエンジン車の実用化に世界で
初めて成功。
¶大阪人（㊱昭和45（1970）年11月），現朝，現情，
現人，現日，コン改，コン4，コン5，実業，新
潮，人名7，世紀，日人

**松田冨弥** まつだとみや
昭和14（1939）年2月18日～
昭和期の陶芸家。
¶陶芸最

**松谷春男** まつたにはるお
大正9（1920）年～
昭和～平成期の漆工芸家。
¶名工

**松田福久** まつだふくひさ
昭和8（1933）年1月24日～
昭和～平成期の溶接工学者。大阪大学教授。
¶現情

**松田平四郎** まつだへいしろう
明和1（1764）年～天保5（1834）年
江戸時代後期の陶工。
¶国書（㊲天保5（1834）年3月1日），人名，日人

**松田雅典** まつだまさのり
天保3（1832）年～明治28（1895）年
明治期の官吏、製造業者。日本で初めて缶詰の試
作に成功。
¶郷土長崎，食文（㊲天保3（1832）年10月
㊳1895年5月20日），先駆（㊲天保3（1832）年10
月 ㊳明治28（1895）年5月20日），長崎百，長
崎歴，日人

**松田万兵衛** まつだまんべえ
天保8（1837）年～？
江戸時代後期～明治期の測量家。
¶姓氏岩手

**松田百合子** まつだゆりこ
昭和18（1943）年7月16日～
昭和～平成期の陶芸家。
¶陶芸最，名工

**松田与八郎** まつだよはちろう
？ ～明治20（1887）年2月
明治期の加賀藩士、製陶家。岩花堂の窯の改良、
能美郡小野村の北村与三右衛門の窯築造などに
尽力。
¶幕末

**松田亮長** まつだりょうちょう
寛政11（1799）年～明治4（1871）年 ㊿松田亮長
《まつだすけなが》
江戸時代中期の根付師、飛騨の一刀彫の祖。
¶岐阜百（まつだすけなが），人名，日人

**松田緑山** まつだりょくざん
→松田敦朝（まつだあつとも）

**松田緑山** まつだろくざん
→松田敦朝（まつだあつとも）

**松戸覚之助** まつどかくのすけ
明治8（1875）年～昭和9（1934）年
明治～昭和期の農業技術者。「二十世紀」梨の発
見・育成者。
¶朝日，郷土千葉，コン5，植物（㊕明治8（1875）
年5月24日 ㊳昭和9（1934）年6月2日），食文
（㊕1875年5月24日 ㊳1934年6月21日），世紀，
先駆，千葉百，日人（㊕明治8（1875）年5月24日
㊳昭和9（1934）年6月2日）

**松永高元** まつながこうげん
明治25（1892）年12月28日～昭和40（1965）年10月
21日
大正～昭和期の農業技術者、沖縄100号の育成者。
¶沖縄百

**松永伍作** まつながごさく
嘉永6（1853）年～明治41（1908）年
明治期の官吏、蚕種改良家。清国に蚕業視察派遣、
京都蚕業講習所長となり蚕種改良調査に従事。
¶人名，姓氏京都，日人

**松永定次郎** まつながさだじろう
生没年不詳
明治期の楽器製作者。バイオリン製造の先駆者。
¶先駆

**松永工** まつながたくみ
明治9（1876）年4月～昭和21（1946）年7月2日
明治～昭和期の技師。
¶近土，鉄道（㊕1876年4月25日），土木

**松永仲次郎** まつながちゅうじろう
明治8（1875）年～昭和14（1939）年
明治～昭和期の土人形師。
¶姓氏鹿児島

**松永安光** まつながやすみつ
昭和16（1941）年11月2日～
昭和期の建築家、実業家。鹿児島大学教授、SKM
設計計画事務所代表取締役。
¶現執2期

**松永竜山** まつながりゅうざん
昭和18（1943）年～
昭和～平成期の漆芸作家。
¶名工

**松波多吉** まつなみたきち
明治15（1882）年～昭和29（1954）年2月4日
明治～昭和期の漆工家。
¶名工

**松波秀実** まつなみひでみ
元治2（1865）年3月14日～大正11（1922）年9月
14日
明治～大正期の林業技師。
¶植物，渡航

**松波保真** まつなみほしん
明治15（1882）年4月15日～昭和29（1954）年2月4
日
明治～昭和期の塗師。

¶美工

**松浪米蔵**　まつなみよねぞう
文久1(1861)年～昭和3(1928)年
明治～大正期の大工。
¶世紀，日人

**松縄信太**　まつなわしんた
明治13(1880)年12月14日～昭和41(1966)年7月6日　[別]松縄信太《まつなわのぶた》
大正～昭和期の機械工学者。芝浦工業大学学長。メートル法実施に永年尽力。
¶科学，現情(まつなわのぶた　[生]1890年12月14日)，人名7(まつなわのぶた)，世紀，鉄道，日人

**松縄信太**　まつなわのぶた
→松縄信太(まつなわしんた)

**松根金之助**　まつねきんのすけ
昭和期の陶工。
¶名工

**松根図書**　まつねずしょ
文政3(1820)年～明治27(1894)年　[別]松根図書《まつねとしょ》
江戸時代末期～明治期の宇和島藩士。家老。財政、民政を担当、用水路の修築や河川の改修を行う。藩内商人を長崎貿易に従事させた。
¶朝日([生]文政3年12月7日(1821年1月10日)　[没]明治27(1894)年3月4日)，維新，愛媛百([生]文政3(1820)年12月7日　[没]明治27(1894)年3月4日)，郷土愛媛，コン4，コン5([生]文政3(1821)年)，人名(まつねとしょ)，日人([生]1821年)，幕末([没]1894年3月4日)，藩臣6

**松根図書**　まつねとしょ
→松根図書(まつねずしょ)

**松野一明**　まつのかずあき
昭和期の飾り紐職人。
¶名工

**松野礀**　まつのかん
弘化3(1846)年～明治41(1908)年5月14日　[別]松野礀《まつのはざま》
明治期の林学者、山林技師。林業試験所所長。山林局を創設。全国の森林事務台帳を調整、東京山林を設立。
¶海越，海越新，近現(まつのはざま　[生]1847年)，国史(まつのはざま　[生]1847年)，史人(まつのはざま　[生]1847年3月7日)，新潮，人名，世紀，姓氏山口，先駆，渡航，日人

**松野礀**　まつのはざま
→松野礀(まつのかん)

**松野竜司**　まつのりゅうじ
昭和26(1951)年～
昭和～平成期の陶芸家。
¶陶工

**松野緑栄**　まつのりょくえい
昭和26(1951)年7月2日～
昭和期の陶芸家。
¶陶芸最

**松橋宗明**　まつはしそうめい
明治～大正期の鋳金家。
¶岩手百([生]1869年　[没]1923年)，姓氏岩手([生]1871年　[没]1922年)

**松畑強**　まつはたつよし
昭和36(1961)年～
昭和～平成期の建築家。松畑建築事務所主宰。
¶現執4期

**松林久左衛門**　まつばやしきゅうざえもん
寛政4(1792)年～安政2(1855)年
江戸時代後期～末期の砂地開墾の先覚者。
¶静岡歴，姓氏静岡

**松林長兵衛**　まつばやしちょうべえ
？　～明治10(1877)年
江戸時代末期～明治期の陶工、山城朝日焼の再興者。
¶人名，日人

**松林永**　まつばやしひさし
昭和29(1954)年4月26日～
昭和期の陶芸家。
¶陶芸最

**松林広**　まつばやしひろし
昭和25(1950)年2月25日～
昭和～平成期の陶芸家。
¶陶芸最，陶工

**松林弘**　まつばやしひろし
昭和27(1952)年～昭和61(1986)年
昭和期の陶芸家。
¶陶芸最([生]昭和27年2月19日)，陶工

**松林豊斎**(1)　まつばやしほうさい
昭和25(1950)年4月12日～
昭和～平成期の陶芸家。
¶陶工

**松林豊斎**(2)　まつばやしほうさい
大正10(1921)年3月12日～平成16(2004)年9月14日
昭和～平成期の陶芸家。
¶陶芸最，美工，名工

**松林松之助**　まつばやしまつのすけ
慶応1(1865)年～昭和7(1932)年
明治～昭和期の陶芸家。
¶京都大，世紀，姓氏京都，日人

**松林巳之助**　まつばやしみのすけ
明治14(1881)年～昭和29(1954)年
明治～昭和期の割烹調理師。
¶神奈川人

**松林猶香庵**　まつばやしゆうこうあん
大正10(1921)年3月10日～
昭和～平成期の陶芸家。
¶陶工

松林良周 まつばやしよしかね
昭和25(1950)年4月12日〜
昭和期の陶芸家。
¶陶芸最

松原栄助 まつばらえいすけ
安政1(1854)年〜昭和9(1934)年
明治〜昭和期の養蚕業。
¶姓氏長野

松原勝志 まつばらかつし
昭和3(1928)年8月22日〜
昭和期の陶芸家。
¶陶芸最

松原定吉 まつばらさだきち
明治26(1893)年2月24日〜昭和30(1955)年12月30日
大正〜昭和期の長板中形技術者。重要無形文化財「長板中形」保持者。
¶現情, 国宝, 人名7, 世紀, 日人, 美工

松原正典 まつばらしょうすけ
大正4(1915)年8月21日〜
昭和期の陶芸家。
¶陶芸最

松原松造 まつばらしょうぞう
明治36(1903)年1月13日〜平成13(2001)年1月25日
大正〜平成期の彫刻家。
¶美建

松原新助 まつばらしんすけ
弘化3(1846)年〜明治32(1899)年
江戸時代末期〜明治期の陶画工。九谷焼改良所主任。各地の窯で陶業を研鑽。八幡村に丸窯式登窯を築造。九谷焼改良所を設立。
¶石川百, 人名, 姓氏石川, 日人, 幕末(⊕1847年1月 ㊆1899年4月), 名工

松原惣兵衛 まつばらそうべえ
文化3(1806)年〜明治11(1878)年
江戸時代後期の尾張犬山焼の陶工。
¶人名, 日人

松原利男 まつばらとしお
昭和4(1929)年〜平成7(1995)年
昭和〜平成期の染色家。
¶美工

松原直之 まつばらなおゆき
昭和13(1938)年〜
昭和期の陶芸家。
¶陶芸最

松原八光 まつばらはっこう
昭和8(1933)年11月28日〜平成4(1992)年4月6日
昭和〜平成期の染織作家。長板中形の技術保持者に認定。復元作品に重要文化財の片倉家伝来小紋胴服など。
¶世紀, 日人, 美工

松原英夫 まつばらひでお
大正8(1919)年〜
昭和〜平成期のカツラ屋。
¶名工

松原福与 まつばらふくよ
大正13(1924)年2月〜
昭和〜平成期の中型染め職人。
¶名工

松原正利 まつばらまさとし
大正〜昭和期の家具木彫工。
¶名工

松久宗琳 まつひさそうりん
大正15(1926)年2月14日〜平成4(1992)年3月16日
昭和〜平成期の仏師。仏像彫刻研究所所長。作品に大阪・四天王寺「昭和の丈六阿弥陀仏」、成田山新勝寺五大明王など。
¶世紀, 日人, 美建(㊆平成4(1992)年3月15日)

松久朋琳 まつひさほうりん
明治34(1901)年8月15日〜昭和62(1987)年9月1日
大正〜昭和期の仏師。京都仏像彫刻研究所主宰。
¶美建

松久真や まつひさまや
昭和期の截金師。
¶名工

松前仰 まつまえあおぐ
昭和10(1935)年8月11日〜
昭和〜平成期の海洋工学者、政治家。東海大学教授、衆議院議員。
¶現執3期, 現政

松前重義 まつまえしげよし
明治34(1901)年10月24日〜平成3(1991)年8月25日
昭和期の電気技術者、政治家。東海学園総長、衆議院議員。電話通信の無装荷ケーブル方式を発明、多重通信を進歩させた。
¶科学, 科技, 学校, 近現, 熊本百, 現朝, 現執1期, 現執2期, 現情, 現人, 現日, コン改, コン4, コン5, 史人, 静岡歴, 出版, 新潮, 世紀, 政治, 全書, 日人, 平和, マス89, 履歴, 履歴2

松前達郎 まつまえたつろう
昭和2(1927)年2月19日〜
昭和〜平成期の電気工学者、教育者、政治家。参議院議員。
¶現執4期, 現情, 現政, 政治

松丸東魚 まつまるとうぎょ
明治34(1901)年9月8日〜昭和50(1975)年6月9日
大正〜昭和期の篆刻家。秦・漢古銅印を研究。知丈印社主宰、白紅社設立。作品集に「東魚印存」。
¶現情, 新潮, 人名7, 世紀, 日人, 名工

松見三郎 まつみさぶろう
明治41(1908)年3月4日〜昭和57(1982)年3月25日

大正〜昭和期の工学者。
¶近土，土木

**松宮亮二** まつみやりょうじ
昭和22(1947)年2月2日〜
昭和〜平成期の陶芸家。
¶陶工

**松村勝男** まつむらかつお
大正12(1923)年5月18日〜平成3(1991)年3月15日
昭和期の家具デザイナー。多くの住宅、公共建築の家具を担当。
¶現朝，現情，現人，世紀，日人

**松村儀兵衛** まつむらぎへえ
江戸時代後期の養蚕指導者。
¶姓氏鹿児島

**松村九助** まつむらくすけ
弘化1(1844)年〜明治45(1912)年
明治期の陶業家。長崎でコバルト青料を購入し尾濃磁器にこれを応用、製陶所を起こす。
¶人名，日人，名工

**松村淳** まつむらじゅん
昭和6(1931)年4月2日〜
昭和〜平成期の陶芸家。
¶陶芸最，名工

**松村仁団望** まつむらじんだんぼう
昭和22(1947)年5月1日〜
昭和期の陶芸家。
¶陶芸最

**松村務** まつむらつとむ
明治17(1884)年3月2日〜昭和11(1936)年5月17日
明治〜昭和期の鉄道技術者、男爵。
¶世紀，日人

**松村友吉** まつむらともきち
明治25(1892)年〜昭和63(1988)年
大正〜昭和期のカツオ節製造技術の向上と消費拡大に貢献。
¶静岡歴，姓氏静岡

**松村八次郎** まつむらはちじろう
明治2(1869)年〜昭和12(1937)年9月8日
明治〜昭和期の陶業者。硬質磁器の特許を得、硬質陶器を製出、有田で石炭用の一間窯を開く。
¶愛知百(⊕1869年9月11日)，人名，姓氏愛知，日人，名工

**松村正恒** まつむらまさつね
大正2(1913)年1月12日〜平成5(1993)年2月28日
昭和期の建築家。作風は土着的なものと近代との健全な融合を示す。
¶現情，現人，世紀，美建

**松村弥平太** まつむらやへいた
？〜宝永5(1708)年
江戸時代前期〜中期の対馬藩士、陶工。
¶茶道，人名，日人，藩臣7(⊕承応3(1654)年)

**松村理兵衛** まつむらりへい
→松村理兵衛(まつむらりへえ)

**松村理兵衛** まつむらりへえ
享保6(1721)年〜天明5(1785)年　㊊松村理兵衛《まつむらりへい》
江戸時代中期の治水家。
¶朝日(⊕享保6年3月15日(1721年4月11日) ㊥天明5年4月5日(1785年5月13日))，近世，国史，コン改，コン4，新潮(⊕享保6(1721)年3月15日 ㊥天明5(1785)年4月5日)，人名，姓氏長野，世人(⊕享保7(1722)年)，長野歴(まつむらりへい)，日人

**松本秋男** まつもとあきお
明治41(1908)年10月13日〜平成4(1992)年1月2日
昭和〜平成期の電気工学者、北海道大学名誉教授。専門は伝達回路網学。
¶科学

**松本明男** まつもとあきお
大正3(1914)年2月2日〜平成8(1996)年7月14日
昭和〜平成期の建築家。東京工芸大学教授。
¶美建

**松本為佐視** まつもといさみ
昭和6(1931)年7月3日〜
昭和〜平成期の陶芸家。
¶陶芸最，陶工，名工

**松本丑太郎** まつもとうしたろう
天保13(1842)年〜明治42(1909)年
江戸時代末期〜明治期の製茶業者。地租改正総代、牧ノ原茶園の開拓者。蒸気機関による製茶機の導入、松本出荷共同組合の結成など茶業振興に貢献。
¶静岡歴，姓氏静岡，幕末

**松本運七**(松村運七) まつもとうんしち
？〜安永3(1774)年
江戸時代中期の陶工、羽後白岩焼の創始者。
¶人名(松村運七)，日人

**松本央** まつもとおう
昭和26(1951)年9月3日〜　㊊松本央《まつもとひろし》
昭和〜平成期の陶芸家。
¶陶芸最，陶工(まつもとひろし)

**松本覚兵衛** まつもとかくべえ
文政9(1826)年〜明治30(1897)年
江戸時代後期〜明治期の治水家。
¶日人

**松本勝哉** まつもとかつや
昭和17(1942)年3月21日〜
昭和〜平成期の陶芸家。
¶陶芸最，名工

**松本雅亮** まつもとがりょう
〜平成13(2001)年3月12日
昭和〜平成期の陶芸家。
¶美工

**松本寛治** まつもとかんじ
昭和期の木工家具職人。
¶名工

**松本貫四郎** まつもとかんしろう
天保3（1832）年～明治24（1891）年
江戸時代末期～明治期の官吏、殖産家。松本塩田など開田、従来の塩田作業法を改良し、全国製塩大会を起こす等の業績がある。
¶香川人，香川百，郷土香川，人名，日人

**松本幹治郎** まつもとかんじろう
昭和31（1956）年3月28日～
昭和～平成期の陶芸家。
¶陶芸最，陶工

**松本菊三郎** まつもときくさぶろう
？ ～明治22（1889）年
江戸時代後期～明治期の陶工。
¶姓氏石川

**松本喜作** まつもときさく
明治6（1873）年～昭和7（1932）年
明治～昭和期の篤農家。稲の品種改良・増産に努めた。農業の複合経営を確立し、西洋農法を成功。著書に「改良米作法」「茶園一力園創造記」など。
¶静岡百，静岡歴，新潮（[没]昭和8（1933）年），世紀（[没]昭和8（1933）年），姓氏静岡，日人（[生]明治6（1873）年6月16日 [没]昭和7（1932）年12月23日）

**松本喜三郎** まつもときさぶろう
文政8（1825）年～明治24（1891）年4月30日
江戸時代末期～明治期の生人形師。作品「西国三十三所観音霊験記」は、お里沢市で有名な人形浄瑠璃の母体となった。
¶朝日，熊本百（[生]文政8（1825）年2月），芸能（[生]文政8（1825）年2月），史人（[生]1825年2月），日人，幕末

**松本喜太郎** まつもときたろう
明治36（1903）年5月8日～昭和58（1983）年5月2日
大正～昭和期の海軍技術大佐。
¶科学，陸海

**松本公博** まつもときみひろ
昭和24（1949）年～
昭和～平成期の古楽器研究製作家・演奏家。
¶音人

**松本金次郎** まつもときんじろう
明治28（1895）年～
大正～昭和期の養蚕家。
¶多摩

**松本源五郎** まつもとげんごろう
天保11（1840）年～明治27（1894）年
江戸時代後期～明治期の前橋藩士・製糸改良者。
¶姓氏群馬

**松本孝二** まつもとこうじ
明治16（1883）年7月～昭和7（1932）年11月21日
明治～昭和期の造船技術者。
¶世紀，日人

**松本五三郎** まつもとごさぶろう
生没年不詳
江戸時代後期の陶工。
¶日人

**松本才治** まつもとさいじ
～昭和59（1984）年8月1日
昭和期の宮大工、文化財建造物修理技術者。
¶美建，名工

**松本佐一** まつもとさいち
昭和5（1930）年7月1日～
昭和～平成期の陶芸家。
¶陶芸最，陶工，名工

**松本佐喜男** まつもとさきお
昭和7（1932）年1月2日～
昭和期の陶芸家。
¶陶芸最

**松本佐吉** まつもとさきち
明治38（1905）年～昭和63（1988）年
昭和期の陶芸家。
¶石川百，陶芸，陶芸最（[生]明治38年10月15日），陶工，美工（[生]明治38（1905）年10月15日 [没]昭和63（1988）年9月30日），名工（[生]明治38年10月15日 [没]昭和63年9月30日）

**松本三郎** まつもとさぶろう
昭和期の和竿師。
¶名工

**松本三郎兵衛** まつもとさぶろべえ
？ ～嘉永3（1850）年
江戸時代末期の江戸浅草の釣り竿師。明治三名人の一人。
¶朝日（[没]嘉永3年5月14日（1850年6月23日）），日人

**松本佐平** まつもとさへい
嘉永4（1851）年～大正7（1918）年
明治～大正期の陶業家。赤絵、青九谷の釉料や築窯に改良を加え、両絵付風を創出。古今の陶器を研究し名匠と称される。
¶石川百，人名，姓氏石川（[生]1850年），陶工，日人，名工

**松本重寿** まつもとしげとし
[別]松本重寿《まつもとじゅうじゅ》
江戸時代末期の尾張常滑の陶工。
¶人名（まつもとじゅうじゅ），日人（生没年不詳）

**松本重信** まつもとしげのぶ
元治1（1864）年～昭和25（1950）年
江戸時代末期～昭和期の陶芸家。
¶陶工

**松本重五郎** まつもとじゅうごろう
文政7（1824）年4月～明治21（1888）年1月
江戸時代後期～明治期の製糸器械改良家。
¶埼玉人

**松本衆司** まつもとしゅうじ
大正8（1919）年10月1日～

まつもと　　　　　　　　　712　　　　　　日本人物レファレンス事典

昭和期の陶芸家。
　¶陶芸最

**松本重寿** まつもとじゅうじゅ
→松本重寿（まつもとしげとし）

**松本順一郎** まつもとじゅんいちろう
　大正12（1923）年2月5日～平成18（2006）年7月
　26日
　昭和～平成期の土木工学者、東北大学名誉教授。
　専門は水道工学。
　¶科学，現執2期

**松本新吉** まつもとしんきち
　慶応1（1865）年2月23日～？
　明治期の楽器技術者。日本初のピアノ調律師。
　¶渡航

**松本清蔵** まつもとせいぞう
　文化13（1816）年～明治15（1882）年
　江戸時代後期～明治期の公共事業家。
　¶日人

**松本荘一郎** まつもとそういちろう
　嘉永1（1848）年～明治36（1903）年
　明治期の官僚。鉄道庁長官。鉄道建設に貢献。逓
　信省鉄道局長、鉄道作業局長官などを歴任。
　¶朝日（⊕嘉永1年5月23日（1848年6月23日）
　　㋵明治36（1903）年3月19日），海越（⊕嘉永1
　　（1848）年5月23日　㋵明治36（1903）年3月19
　　日），海越新（⊕嘉永1（1848）年5月23日　㋵明
　　治36（1903）年3月19日），郷土岐阜，近現，近
　　土（⊕1848年5月23日　㋵1903年3月19日），国
　　際，国史，札幌（⊕嘉永1年5月23日，鉄
　　道（⊕1848年6月23日　㋵1903年3月19日），渡
　　航（⊕1848年5月23日　㋵1903年3月19日），土
　　木（⊕1848年5月23日　㋵1903年3月19日），日
　　人，北海道百，北海道歴，履歴（⊕嘉永1（1848）
　　年5月23日　㋵明治36（1903）年3月19日）

**松本そめ** まつもとそめ
　寛政10（1798）年～明治6（1873）年2月12日
　江戸時代後期～明治期の仏師。
　¶女性，女性普，日人

**松本尚** まつもとたかし
　昭和30（1955）年5月22日～
　昭和～平成期の陶芸家。
　¶陶工

**松本鶴子** まつもとつるこ
　明治36（1903）年5月12日～
　大正～昭和期の色鍋島染付濃み師。
　¶名工

**松本虎太** まつもととらた
　明治12（1879）年～昭和34（1959）年
　明治～昭和期の土木技術者・政治家。
　¶香川人，香川百

**松本佩山** まつもとはいざん
　明治28（1895）年9月11日～昭和36（1961）年10月8
　日
　明治～昭和期の陶芸家。

　¶佐賀百，陶工，美工，名工

**松本佩山〔2代〕** まつもとはいざん
　昭和2（1927）年1月6日～
　昭和～平成期の陶芸家。
　¶陶芸最（――〔代数なし〕），名工

**松本花** まつもとはな
　昭和期の染織作家。
　¶名工

**松本彦平** まつもとひこへい
　安政3（1856）年～大正8（1919）年
　明治～大正期の治水家。
　¶郷土滋賀，世紀（⊕安政3（1856）年6月17日
　　㋵大正8（1919）年1月22日），日人

**松本秀夫** まつもとひでお
　昭和24（1949）年9月30日～
　昭和～平成期の料理研究家。大阪・あべの辻調理
　師専門学校中国料理主任教授。著書に「やさしい
　中国料理」など。
　¶現執3期

**松本央** まつもとひろし
→松本央（まつもとおう）

**松本政昭** まつもとまさあき
　昭和24（1949）年7月18日～
　昭和～平成期の陶芸家。
　¶陶工

**松本三男** まつもとみつお
　昭和18（1943）年8月22日～
　昭和期の陶芸家。
　¶陶芸最

**松本美保子** まつもとみほこ
　昭和15（1940）年～
　昭和～平成期の繊織家。専門はファイバーアート。
　¶名工

**松本もと** まつもともと
　明治18（1885）年10月1日～昭和30（1955）年4月
　14日
　明治～昭和期の農業・養蚕技術者。
　¶埼玉人

**松本安親** まつもとやすちか
　寛延2（1749）年～文化7（1810）年
　江戸時代中期～後期の伊勢国津の郷土、土木開
　発者。
　¶朝日（⊕寛延1（1748）年　㋵文化7年3月25日
　　（1810年4月28日）），近世，国史，コン改，コ
　　ン4，新潮，人名，日人，三重（⊕寛延1年）

**松本康人** まつもとやすと
　大正10（1921）年2月22日～
　昭和～平成期の陶芸家。
　¶陶芸最，名工

**松本譲** まつもとゆずる
　嘉永4（1851）年～大正11（1922）年
　明治～大正期の印刷技術者。

¶日人

## 松本与一郎 まつもとよいちろう
江戸時代中期の殖産家、春日藤織の創始者。
¶人名，日人（生没年不詳）

## 松本容吉 まつもとようきち
明治21（1888）年6月3日～昭和22（1947）年
明治～昭和期の機械工学者、東京工業大学教授。
専門は水力学、水力機械。
¶科学

## 松本与作 まつもとよさく
明治23（1890）年9月24日～平成2（1990）年3月9日
明治～平成期の建築家。第一生命保険顧問技師。
¶美建

## 松本良夫 まつもとよしお
昭和31（1956）年9月12日～
昭和～平成期の陶芸家。
¶陶工

## 松本隆司 まつもとりゅうじ
昭和～平成期の映画整音技師。
¶映人

## 松本良山 まつもとりょうざん
享和1（1801）年～明治5（1872）年
江戸時代末期～明治期の仏師。江戸時代後期仏師
四名人の一人。代表作は成田山日本堂の堂羽目の
五百羅漢。
¶人名，日人，幕末（殁1872年9月3日）

## 松屋菊三郎 まつやきくさぶろう
文政2（1819）年～明治22（1889）年
江戸時代末期～明治期の加賀九谷焼の陶工。
¶石川百，人名，日人

## 松山雅英 まつやまがえい
大正9（1920）年～
昭和期の陶芸家。
¶陶芸最

## 松山克子 まつやまかつこ
昭和24（1949）年7月9日～
昭和～平成期の陶芸家。
¶陶工

## 松山公一 まつやまきみかず
大正13（1924）年8月22日～
昭和～平成期の情報工学者。熊本大学教授。
¶現情

## 松山原造 まつやまげんぞう
明治8（1875）年～昭和38（1963）年
明治～昭和期の農事改良者。犂改良に着手し、双
用犂を発明し特許取得。
¶郷土長野，新潮（⊕明治8（1875）年11月21日
殁昭和38（1963）年12月3日），世紀（⊕明治8
（1875）年11月21日　殁昭和38（1963）年12月3
日），姓氏長野，先駆（⊕明治8（1875）年11月
21日　殁昭和38（1963）年12月3日），長野百，
長野歴，日人（⊕明治8（1875）年11月21日
殁昭和38（1963）年12月3日）

## 松山研太郎 まつやまけんたろう
昭和21（1946）年7月14日～
昭和～平成期の陶芸家。
¶陶工

## 松山祐利 まつやますけとし
大正5（1916）年6月4日～
昭和～平成期の陶芸家。
¶陶芸，陶芸最，陶工

## 松山正英 まつやままさひで
大正5（1916）年4月6日～昭和38（1963）年6月8日
昭和期の陶芸家。
¶兵庫人

## 松山正紘 まつやままさひろ
昭和期の陶芸家。
¶名工

## 松山茂助 まつやまもすけ
明治23（1890）年～昭和48（1973）年
明治～昭和期の実業家、ビール醸造技術者。日本
麦酒社長。著書に「麦酒醸造学」他。
¶現情（⊕1890年12月2日　殁1973年6月25日），
札幌（⊕明治23年12月2日），人名7，世紀（⊕明
治23（1890）年12月2日　殁昭和48（1973）年6月
25日），長野百，長野歴，日人（⊕明治23
（1890）年12月2日　殁昭和48（1973）年6月25
日），北海道百，北海道歴

## 松山裕 まつやまゆたか
昭和5（1930）年3月9日～
昭和～平成期の技術コンサルタント。松山技術コ
ンサルタント事務所長。
¶現執4期

## 的川泰宣 まとがわやすのり
昭和17（1942）年2月23日～
昭和～平成期の軌道工学者。宇宙科学研究所教
授。宇宙科学の最前線で活躍。日本初の人工衛星
「おおすみ」開発に貢献。
¶現執3期，現執4期，世紀，YA

## 間所享 まどころすすむ
明治37（1904）年10月29日～
大正～昭和期の京繍職人。
¶名工

## 的野求 まとのもとむ
昭和20（1945）年6月1日～
昭和期の陶芸家。
¶陶芸最，名工

## 的場幸雄 まとばさちお
明治32（1899）年3月23日～昭和62（1987）年9月
28日
大正～昭和期の金属工学者。富士製鉄中央研究所
所長、東北大学教授。冶金研究の第一人者で、鉄
鉱石から鋼を製造する工程の学問的基礎を築いた。
¶科学，現朝，世紀，日人

## 真名井純一 まないじゅんいち
＊～明治35（1902）年
江戸時代末期～明治期の蚕糸改良家。伝習所を開

設し、女工を養成。蚕種、桑園の改良に尽力。養蚕製糸技術の向上に貢献。
¶朝日（[生]文政12（1829）年　[没]明治35（1902）年7月16日），維新（[生]1826年），近現（[生]1829年），近世（[生]1829年），国史（[生]1829年），人名（[生]1826年），日人（[生]1826年），幕末（[生]1826年　[没]1902年7月16日）

**間中重雅** まなかしげお
昭和期の東京染小紋職人。
¶名工

**間中平吉** まなかへいきち
大正14（1925）年3月10日～
昭和～平成期の東京染小紋染色家。
¶名工

**真鍋猪之吉** まなべいのきち
明治4（1871）年～昭和7（1932）年
明治～昭和期の信州リンゴの開発者。
¶姓氏長野，長野歴

**真鍋淑郎** まなべしゅくろう
昭和6（1931）年9月21日～
昭和～平成期の気象学者。気象変動予測の“地球シミュレーター”開発に携わるが、日本での研究活動が困難だとして渡米。
¶現朝，世紀，日人

**真鍋光男** まなべてるお
大正1（1912）年～
昭和～平成期の漆芸作家。
¶名工

**麻奈文奴** まなもんぬ
飛鳥時代の百済の工人。瓦博士。飛鳥寺の瓦を製造した。
¶古代，日人（生没年不詳）

**馬庭佐平太** まにわさへいた
生没年不詳
江戸時代前期～中期の神門郡荒木村の新田開発者。
¶島根歴

**間野雅山** まのがざん
大正13（1924）年2月28日～
昭和期の陶芸家。
¶陶芸最

**真野善一** まのぜんいち
大正5（1916）年1月2日～平成15（2003）年12月20日　[別]真野善一《まのよしかず》
昭和～平成期のインダストリアルデザイナー。松下電器産業意匠センター所長。日本インダストリアルデザイナー協会理事なども務めた。
¶現朝，現情，現人，世紀（まのよしかず），日人（まのよしかず）

**真野淡虎** まのたんとら
文化3（1806）年～明治28（1895）年5月4日
江戸時代後期～明治期の料理研究家。
¶徳島歴

**真野哲太郎** まのてつたろう
安政5（1858）年～大正14（1925）年
明治～大正期の欝陵島出稼ぎ漁業の開拓者。
¶島根歴

**間野俊行** まのとしゆき
昭和32（1957）年～
昭和期の陶芸家。
¶陶芸最

**真野房子** まのふさこ
明治32（1899）年7月15日～昭和61（1986）年12月22日
昭和期の美容教育者。パーマネント技術「真野式ウェーブ」を普及させる。戦後、真野学園真野美容専門学校校長。
¶近女，現情，女性，女性普，世紀，日人

**真野文二** まのぶんじ
文久1（1861）年～昭和21（1946）年10月17日
明治～昭和期の機械工学者。帝国大学工科大学教授、貴族院議員。機械工学を研究するためイギリスに留学。
¶海越（[没]？），海越新（[没]？），科学（[生]1861年（文久1）11月），コン5，静岡歴，世紀（[生]文久1（1861）年11月），渡航（[生]1861年11月），日人，履歴（[生]文久1（1861）年11月14日），履歴2（[生]文久1（1861）年11月14日）

**真野善一** まのよしかず
→真野善一（まのぜんいち）

**馬淵喩子** まぶちさちこ
昭和期の皮工芸作家。
¶名工

**馬淵哲** まぶちさとし
昭和22（1947）年6月5日～
昭和～平成期の経営研究家。人の動き研究室社長。「人の動き」の調査分析に基づき、店舗設計、販売行動、対人技能のプログラムを開発。
¶現執3期

**馬淵弘美** まぶちひろみ
昭和期の京指物師。
¶名工

**真船晶子** まふねしょうこ
昭和30（1955）年5月6日～
昭和～平成期の陶芸家。
¶陶芸最，名工

**間宮勝三郎** まみやかつさぶろう
安政6（1859）年～昭和3（1928）年
明治期の呉服商、醸造業者。いちご酒づくりの先駆者。
¶静岡歴，姓氏静岡，先駆（生没年不詳）

**間宮栄** まみやさかえ
昭和期の自動車内装工。
¶名工

**間宮精一** まみやせいいち
明治32（1899）年1月17日～昭和64（1989）年1月6

# 名工・職人・技師・工匠篇　　まるはや

日
大正〜昭和期の技術者。マミヤ光機取締役技師長。カメラの改良、開発につとめ、カメラの普及に寄与。
¶科学，現情，現人，写家，世紀，姓氏静岡，日人

## 間宮林蔵　まみやりんぞう
安永4(1775)年〜弘化1(1844)年
江戸時代後期の北地探検家。蝦夷地沿岸を測量。樺太西岸の間宮海峡にその名を残す。
¶朝日(㊥弘化1年2月26日(1844年4月13日))，茨城百(㊥1780年　㊦1844年?)，岩史(㊥安永9(1780)年　㊦天保15(1844)年2月26日)，江戸，角史，郷土茨城(㊥1780年)，近世，国史，国書(㊥天保15(1844)年2月26日)，コン改(㊥安永4(1775)年，(異説)1780年)，コン4(㊥安永4(1775)年，(異説)1780年)，史人(㊥1844年2月26日)，重要(㊥安永4(1775)年?　㊦弘化1(1844)年2月26日)，人書94(㊥1775年，(異説)1780年)，新潮(㊥安永4(1775)年，(異説)安永9(1780)年　㊦弘化1(1844)年2月26日)，人名(㊥1780年)，世人(㊥安永9(1780)年　㊦弘化1(1844)年2月26日)，世百，全書(㊥1780年)，大百(㊥1780年)，伝記，長崎歴(㊥安永9(1780)年)，日史(㊥弘化1(1844)年2月26日)，日人，百科，平日(㊥1775　㊦1844)，北海道百，北海道文(㊥弘化1(1844)年2月26日)，北海道歴，洋学(㊥安永9(1780)年)，歴大

## マヤ片岡　まやかたおか
明治42(1909)年〜
昭和期の美容家。
¶近女，現情(㊥1909年3月8日)

## 真弓長左衛門　まゆみちょうざえもん
生没年不詳
江戸時代前期の開墾功労者。
¶コン改，コン4，人名，日人

## 真利子のり子　まりこのりこ
昭和期の錦絵凧絵師。
¶名工

## 丸尾重次郎　まるおじゅうじろう
文化12(1815)年〜明治22(1889)年
江戸時代末期〜明治期の神917稲の創作者。
¶食文(㊥1889年1月)，人名(㊥1811年)，日人，兵庫人(㊥文化12(1815)年12月8日　㊦明治22(1889)年1月26日)，兵庫百

## 丸沢常哉　まるさわつねや
明治16(1883)年3月17日〜昭和37(1962)年5月4日
明治〜昭和期の工業化学者。九州大学教授。丸澤式サルファイトパルプ法を発明。
¶科学，現朝，世紀，渡航，日人

## 丸田兼義　まるたけんぎ
安政4(1857)年〜昭和33(1958)年　㊦丸田兼義《まるたけんよし》
明治〜昭和期の織物業者。大島紬の技術者。
¶沖縄百(㊥安政4(1857)年12月13日　㊦昭和33

(1958)年5月10日)，姓氏鹿児島(まるたけんよし)

## 丸田兼義　まるたけんよし
→丸田兼義(まるたけんぎ)

## 丸田憲良　まるたけんりょう
昭和23(1948)年5月5日〜
昭和〜平成期の陶芸家。
¶陶

## 丸田修一　まるたしゅういち
昭和26(1951)年10月29日〜
昭和〜平成期の陶芸家。
¶陶芸最，陶工

## 丸田隆彰　まるたたかあき
昭和30(1955)年10月22日〜
昭和〜平成期の陶芸家。
¶陶芸最，陶工

## 丸田巧　まるたたくみ
昭和31(1956)年1月6日〜
昭和〜平成期の陶芸家。
¶陶芸最，陶工

## 丸谷端堂　まるたにたんどう
明治33(1900)年〜昭和59(1984)年12月8日
大正〜昭和期の鋳金家。
¶美工

## 丸田正房　まるたまさふさ
?〜慶安2(1649)年
江戸時代前期の刀鍛冶。
¶姓氏鹿児島

## 丸田正美　まるたまさみ
大正14(1925)年〜昭和54(1979)年
昭和期の陶芸家。
¶陶芸最，陶工，美工(㊥大正14(1925)年9月10日　㊦昭和54(1979)年12月6日)，名工(㊥大正14年9月10日)

## 丸田泰義　まるたやすよし
昭和6(1931)年9月20日〜
昭和〜平成期の陶芸家。
¶陶芸最，陶工

## 円中文助　まるなかふみすけ
→円中文助(まるなかぶんすけ)

## 円中文助　まるなかぶんすけ
嘉永6(1853)年〜大正12(1923)年9月1日　㊦円中文助《まるなかふみすけ》
明治〜大正期の生糸検査技師。洋式製糸技術の摂取、改良と直輸出に尽力。製糸機械を発明。
¶朝日，海越(㊥?)，海越新，近現，国史，世紀，渡航(まるなかふみすけ)，日人

## 丸林善左衛門　まるばやしぜんざえもん
生没年不詳
江戸時代中期の治水家。筑後久留米藩庄屋。用水不足解消のため床島堰改修を計画。
¶コン改，コン4，人名，日人，藩臣7

**丸屋佐兵衛** まるやさへえ
生没年不詳
江戸時代後期の陶工。
¶人名，世人，日人

**丸安隆和** まるやすたかかず
大正4（1915）年1月8日～平成20（2008）年2月22日
昭和～平成期の土木工学者、東京大学名誉教授。
¶科学，現情

**丸谷文恵** まるやふみえ
昭和期の家具製作者。
¶名工

**円山卯吉** まるやまうきち
文久1（1861）年～大正13（1924）年
明治～大正期の漆器木工業。
¶庄内（⑧文久1（1861）年12月12日　❷大正13
（1924）年10月23日），山形百

**丸山瑛一** まるやまえいいち
昭和9（1934）年7月12日～
昭和～平成期の電子技術者。理化学研究所フロン
ティア研究システム長。専門は薄膜トランジスタ。
¶世紀，日人

**丸山左衛門太良** まるやまさえもんたろう
生没年不詳
安土桃山時代の佐久郡田口の郷士、大工の棟梁。
¶姓氏長野

**丸山清次郎** まるやませいじろう
天保11（1840）年～昭和11（1936）年
明治～昭和期の人。清崎小学校への通学路を開削。
¶姓氏愛知

**丸山善太郎** まるやまぜんたろう
江戸時代後期の佐野天明鋳物師。
¶栃木歴

**丸山高志** まるやまたかし
昭和10（1935）年～
昭和～平成期の漆芸作家。
¶名工

**丸山徳弥** まるやまとくや
＊～文政10（1827）年
江戸時代後期の阿波国の殖産家、甘蔗栽培家。サ
トウキビ栽培、製糖法を苦心の末に成功、阿波三
盆糖を開発した。
¶食文（⑧宝暦1（1751）年　❷文政10年6月27日
（1827年7月20日）），人名（⑧1753年　❷1828
年），徳島歴（⑧宝暦2（1752）年　❷文政10
（1827）年6月27日），日人（⑧1751年）

**丸山弘志** まるやまひろし
大正13（1924）年7月15日～
昭和期の機械工学者、交通工学者。東京理科大学
教授。
¶現執2期

**丸山不忘** まるやまふぼう
明治23（1890）年4月5日～昭和45（1970）年10月
22日

大正～昭和期の鋳金家。東京美術学校教授。高村
光雲、高村光太郎の原型の全てを鋳造。
¶現情，人名7，世紀，日人，美工，名工

**丸山芳泉** まるやまほうせん
昭和4（1929）年1月22日～
昭和～平成期の陶芸家。
¶名工

**丸山正行** まるやままさゆき
昭和17（1942）年12月21日～
昭和～平成期の陶芸家。
¶陶芸最，陶工

**丸山益輝** まるやまますてる
大正8（1919）年6月10日～昭和54（1979）年12月
19日
昭和期の金属工学者。広島大学教授。
¶科学，世紀，日人，広島百

**円山夢久** まるやまむく
昭和41（1966）年～
昭和～平成期のシステムエンジニア。
¶幻想，YA

**丸山棟蔵** まるやまむねぞう
昭和期のガット張り職人。
¶名工

**丸山茂右衛門** まるやまもうえもん
？　～寛文5（1665）年
江戸時代前期の新田開発者。
¶長野歴

**丸山茂助** まるやまもすけ
嘉永6（1853）年2月23日～大正6（1917）年9月4日
江戸時代末期～大正期の松永下駄産業の創始者。
¶世紀，日人，広島百

**丸山要左衛門** まるやまようざえもん
文政8（1825）年～明治28（1895）年
江戸時代後期～明治期の千曲川開削者。
¶姓氏長野，長野歴

**万右衛門** まんえもん
生没年不詳
江戸時代前期の京瀬戸陶工。
¶茶道，人名，日人，美工

**攪空** まんくう
生没年不詳
平安時代中期の仏師。
¶平史

**万波章太郎** まんなみあきたろう
明治37（1904）年1月1日～平成2（1990）年7月8日
昭和～平成期の実業家、技術者。
¶岡山歴

**万年三郎** まんねんさぶろう
～昭和63（1988）年2月26日
昭和期の陶芸家。
¶美工，名工

万尾時春 まんびときはる
　→万尾時春（まおときはる）

## 【み】

三池貞一郎　みいけさだいちろう
　元治1（1864）年8月15日〜昭和26（1951）年12月16日
　江戸時代末期〜昭和期の技師。
　¶近土，土木

三浦耀　みうらあきら
　明治24（1891）年12月1日〜昭和6（1931）年10月8日
　明治〜昭和期の建築学者。
　¶世紀，日人

三浦篤　みうらあつし
　大正15（1926）年10月〜
　昭和期の陶芸家。
　¶陶芸最

三浦勇　みうらいさむ
　昭和6（1931）年10月2日〜
　昭和〜平成期の陶芸家。
　¶陶芸最

三浦一郎　みうらいちろう
　昭和期の工芸作家。
　¶名工

三浦栄蔵　みうらえいぞう
　文政4（1821）年〜明治30（1897）年
　江戸時代後期〜明治期の料理人。四条四家の奥義を究める。
　¶姓氏岩手

三浦景生　みうらかげお
　大正5（1916）年8月20日〜
　昭和〜平成期の染色家。京都市立芸術大学教授。「朧」で日展特選。その後"布象嵌"の技法による「青い風景」などを制作。
　¶現朝，世紀，日人，名工

三浦乾也　みうらかんや
　→三浦乾也（みうらけんや）

三浦久次郎〔5代〕　みうらきゅうじろう
　大正9（1920）年〜平成10（1998）年
　昭和〜平成期の酒造技術者。
　¶青森人

三浦きょう　みうらきょう
　慶応4（1868）年頃〜昭和54（1979）年4月16日
　大正〜昭和期の美容師。
　¶女性

三浦啓子　みうらけいこ
　昭和期の工芸家。
　¶名工

三浦乾也　みうらけんや
　文政4（1821）年〜明治22（1889）年　㋾三浦乾也《みうらかんや》
　江戸時代末期〜明治期の陶工。破笠細工、造船技術のほか、根付・簪などの乾也玉で著名。
　　¶朝日（㊊文政4年3月3日（1821年4月5日）　㊌明治22（1889）年10月9日），神奈川人（みうらかんや），近現，近世，国史，コン4，コン5，茶道（㊊1825年），史人（㊊1821年3月3日　㊌1889年10月7日），新潮（㊊文政3（1820）年　㊌明治22（1889）年10月7日），人名，姓氏宮城，世百，全書，陶工，日人，美知（㊊文政8（1825）年），百科（㊊文政8（1825）年），宮城百

三浦小平　みうらこへい
　明治31（1898）年〜＊　㋾三浦小平《みうらしょうへい》
　明治〜昭和期の陶芸家。
　¶陶工（㊌？），美工（みうらしょうへい）　㊊明治31（1898）年10月1日　㊌昭和47（1972）年9月8日）

三浦小平二　みうらこへいじ
　昭和8（1933）年3月21日〜平成18（2006）年10月3日
　昭和〜平成期の陶芸家。東京芸術大学教授。青磁では佐渡の朱泥土に青磁釉をかける技法を開拓。代表作に「青磁飾り壺」など。
　¶国宝，世紀，陶芸最，陶工，日人，美工，名工

三浦幸美　みうらさちみ
　昭和29（1954）年12月3日〜
　昭和期の陶芸家。
　¶陶芸最

三浦肆玖楼　みうらしくろう
　明治23（1890）年9月21日〜昭和36（1961）年10月4日　㋾三浦肆玖楼《みうらしくろう》
　大正〜昭和期の農学者。東京農業大学教授。シンガポールでゴムノキの芽接ぎ技術を完成。
　¶科学，島根百（みうらしつくろう），島根歴，植物，世紀，日人

三浦繁久　みうらしげひさ
　昭和21（1946）年7月28日〜
　昭和〜平成期の陶芸家。
　¶陶芸最，陶工

三浦七郎　みうらしちろう
　明治22（1889）年12月25日〜昭和20（1945）年3月12日
　明治〜昭和期の技師。
　¶科学，近土，土木

三浦肆玖楼　みうらしつくろう
　→三浦肆玖楼（みうらしくろう）

三浦周治　みうらしゅうじ
　昭和26（1951）年〜平成10（1998）年5月28日
　昭和〜平成期の建築家。三浦周治アトリエ主宰。
　¶美建

**三浦硃鈴** みうらしゅれい
昭和17(1942)年12月10日～
昭和～平成期の陶芸家。
¶陶芸最，陶工，名工

**三浦淳庵** みうらじゅんあん
生没年不詳
江戸時代中期の篆刻家。
¶日人

**三浦正一** みうらしょういち
昭和7(1932)年11月30日～
昭和期の陶芸家。
¶陶芸最

**三浦常山** みうらじょうざん
天保7(1836)年～明治36(1903)年
江戸時代末期～明治期の陶工。朱泥焼を作り、常山焼と称した。
¶人名，日人，名工

**三浦小平** みうらしょうへい
→三浦小平(みうらこへい)

み

**三浦素直** みうらすなお
生没年不詳
昭和期のブリキ職人。通称長崎の煙突男。
¶長崎歴

**三浦仙三郎** みうらせんざぶろう
弘化4(1847)年～明治41(1908)年8月15日
明治期の酒造家。軟水に適した改良醸造法に成功。著書に「改醸法実践録」。
¶食文([生]弘化4年1月22日(1847年3月8日))，日人，広島百([生]弘化4(1847)年1月22日)

**三浦泉八** みうらせんぱち
弘化2(1845)年～大正2(1913)年
江戸時代末期～大正期の宇樽部開拓の父。
¶青森人

**三浦崇峰** みうらそうほう
大正9(1920)年12月6日～
昭和期の陶芸家。
¶陶芸最

**三浦崇男** みうらたかお
昭和25(1950)年7月3日～
昭和期の陶芸家。
¶陶芸最

**三浦武雄** みうらたけお
大正15(1926)年10月1日～平成24(2012)年2月21日
昭和～平成期の情報工学者、日立製作所副社長。専門は計測制御。
¶科学

**三浦竹軒** みうらちくけん
明治33(1900)年2月～平成2(1990)年1月30日
大正～平成期の陶芸家。
¶陶芸，陶芸最，美工，名工

**三浦竹泉(1)** みうらちくせん
世襲名　江戸時代以来の陶工。
¶京都大

**三浦竹泉(2)** みうらちくせん
嘉永6(1853)年～大正4(1915)年
江戸時代末期～明治期の陶工。西洋彩磁の応用、透明紋釉薬の発明など新意匠を案出。
¶朝日([没]大正4(1915)年3月)，茶道，新潮([没]大正4(1915)年3月19日)，人名([生]1854年)，姓氏京都，陶工([生]1854年)，日人，名工([生]嘉永7(1854)年，嘉永6(1853)年)

**三浦竹泉(3)** みうらちくせん
昭和9(1934)年8月31日～
昭和～平成期の陶芸家。専門は色絵磁器。
¶陶芸最，陶工，名工

**三浦竹泉〔2代〕** みうらちくせん
明治15(1882)年～大正9(1920)年
明治～大正期の陶芸家。
¶陶工

**三浦彦太郎** みうらひこたろう
明治2(1869)年～昭和14(1939)年
明治～昭和期の電動式製箔機の発明者。
¶石川百

**三浦宏** みうらひろし
大正15(1926)年～
昭和～平成期の桶職人。
¶名工

**三浦宗吉** みうらむねよし
生没年不詳
戦国時代の大工。伊豆で活動。
¶戦辞

**三浦明峰** みうらめいほう
明治33(1900)年～昭和50(1975)年12月16日
大正～昭和期の漆芸家。
¶美工

**三浦義男** みうらよしお
明治28(1895)年～昭和40(1965)年2月8日
明治～昭和期の技師。
¶近土([生]1895年1月8日)，政治([生]明治28年1月)，姓氏宮城，土木([生]1895年1月8日)，宮城百

**三浦良造** みうらりょうぞう
昭和22(1947)年3月25日～
昭和～平成期の金融工学者。一橋大学教授。著書に「モダンポートフォリオの基礎」など。
¶現執3期

**三浦礼** みうられい
昭和3(1928)年10月7日～
昭和～平成期の映画照明技師。
¶映人

**三重野勲輝** みえのいさてる
昭和16(1941)年1月14日～
昭和期の陶芸家。

¶陶芸最

### 三日月六兵衛 みかづきろくべえ
安土桃山時代の陶工。
¶岡山人，岡山百（生没年不詳），岡山歴，日人（生没年不詳）

### 三上栄次郎 みかみえいじろう
〜昭和58（1983）年11月22日
昭和期の京漆器師。
¶美工，名工

### 三上勝三 みかみかつぞう
大正4（1915）年2月10日〜平成5（1993）年
大正〜平成期の津軽塗職人。
¶青森人，美工（㊙平成5（1993）年1月6日），名工

### 三上寛一 みかみかんいち
昭和20（1945）年5月4日〜
昭和〜平成期の陶芸家。
¶陶芸最，陶工，名工

### 三上貞直 みかみさだなお
昭和30（1955）年6月〜
昭和〜平成期の刀匠。
¶名工

### 三上真司 みかみしんじ
昭和40（1965）年〜
平成期のゲーム・クリエーター。カプコン開発部長。
¶YA

### 三上猛 みかみたけし
大正11（1922）年3月24日〜
昭和〜平成期の陶芸家。
¶陶工

### 三神とめ みかみとめ
享和2（1802）年〜明治32（1899）年
江戸時代後期〜明治期の人。藩内の子女に機織上下の織り方を教育。
¶姓氏岩手

### 三上復一 みかみまたいち
天保4（1833）年〜大正8（1919）年
江戸時代末期〜大正期の織物司。孝明天皇大葬、明治天皇即位などの儀式に諸種装束を納入。
¶維新，幕末（㊙1919年10月8日），名工

### 三上理右衛門 みかみりえもん
寛文11（1671）年〜延享3（1746）年
江戸時代中期の織物師。
¶姓氏京都

### 三木剣舟 みきけんしゅう
昭和14（1939）年〜
昭和〜平成期の漆芸家。
¶名工

### 三木五三郎 みきごさぶろう
大正9（1920）年5月3日〜
昭和〜平成期の土質工学者。東京大学教授。
¶現情

### 三木宗策 みきそうさく
明治24（1891）年〜昭和20（1945）年11月28日
大正〜昭和期の彫刻家、木彫家。作品に「不動」。耕三寺に七観音を制作。
¶近美（㊙明治24（1891）年11月22日），人名7，世紀（㊙明治24（1891）年12月22日），日人（㊙明治24（1891）年12月22日），美建（㊙明治24（1891）年12月22日），福島百（㊙昭和25（1950）年）

### 右田圭司 みぎたけいじ
昭和29（1954）年1月23日〜
昭和〜平成期のソムリエ。日本ソムリエスクール代表。ホテル勤務などを経てメモワール・デュ・ヴァンを設立。著書に「ソムリエノート」ほか。
¶現執3期

### 三木忠 みきただし
昭和26（1951）年11月12日〜
昭和期の陶芸家。
¶陶芸最

### 三木忠直 みきただなお
明治42（1909）年12月15日〜平成17（2005）年4月20日
明治〜平成期の航空機・鉄道設計技師。
¶科学，鉄道

### 三木勉 みきつとむ
天保9（1838）年〜明治28（1895）年
江戸時代後期〜明治期の手稲開拓の功労者。
¶札幌

### 三木表悦 みきひょうえつ
明治12（1879）年〜昭和23（1948）年
明治〜昭和期の塗師。
¶京都人

### 御木本幸吉 みきもとこうきち
安政5（1858）年〜昭和29（1954）年9月21日
明治〜昭和期の実業家、真珠養殖者。真珠の養殖を完成・特許取得。ミキモト・パールを確立、世界の真珠王と称賛された。
¶朝日（㊙安政5年1月25日（1858年3月10日）），岩史（㊙安政5（1858）年1月25日），海越（㊙安政5（1858）年1月25日），海越新（㊙安政5（1858）年1月25日），角史，近現，現朝（㊙安政5年1月25日（1858年3月10日）），現情（㊙1858年1月25日），現日（㊙1858年1月25日），国史，コン改，コン4，コン5，史人（㊙1858年1月25日），実業（㊙安政5（1858）年1月25日），重要（㊙安政5（1858）年1月25日），新潮（㊙安政5（1858）年1月25日），人名7，世紀（㊙安政5（1858）年1月25日），世人（㊙安政5（1858）年1月25日），世百，世百新，先駆（㊙安政5（1858）年1月25日），全書，創業（㊙安政5（1858）年1月25日），大百，鉄道（㊙1858年3月10日），伝記，日史（㊙安政5（1858）年1月25日），日人，百科，民学，履歴（㊙安政5（1858）年1月25日），履歴2（㊙安政5（1858）年1月25日），歴大

### 幹山伝七 みきやまでんしち
→幹山伝七（かんざんでんしち）

**三木与兵衛** みきよへえ
文禄4(1595)年～寛永20(1643)年
江戸時代前期の出雲平野の開拓者。
¶島根百([没]寛永20(1643)年11月9日), 島根歴

**三国久八** みくにきゅうはち
生没年不詳
江戸時代後期の陶工。
¶日人

**三倉仲四郎** みくらなかしろう
安政1(1854)年～明治35(1902)年
江戸時代末期～明治期の新田開発事業の功労者。
¶静岡歴, 姓氏静岡

**三崎省三** みさきしょうぞう
慶応3(1867)年～昭和4(1929)年2月23日
明治～大正期の実業家。阪神急行専務取締役。広軌高速度の阪神急行電車の敷設に尽力。
¶海越新([生]慶応3(1867)年7月), 人名, 世紀([生]慶応3(1867)年7月), 鉄道, 渡航, 日人

**美崎光邦** みさきみつくに
昭和26(1951)年10月4日～
昭和期の陶芸家。
¶陶芸最

み

**三品茂左衛門** みしなもざえもん
生没年不詳
江戸時代中期～後期の簞笥職人。岩谷堂簞笥の基礎を作る。
¶姓氏岩手

**三島海雲** みしまかいうん
明治11(1878)年7月2日～昭和49(1974)年12月28日
大正～昭和期の実業家。カルピス食品創立者。醱酵乳カルピスを開発、一社一品主義で宣伝「宣伝の天才」といわれた。
¶大阪人([没]昭和49(1974)年12月), 現朝, 現情, 現日, 実業, 食文, 新潮, 人名7, 世紀, 全書, 創業, 日人, 履歴, 履歴2

**三島喜美代** みしまきみよ
昭和7(1932)年～
昭和～平成期の陶芸家。
¶陶工([生]1932年12月10日), 名工

**三島三郎** みしまさぶろう
昭和期の和服仕立て職。
¶名工

**三島清右衛門** みしませいえもん
生没年不詳
戦国時代の出雲田儀の銅山師。石見銀山の再開発を行った。
¶島根歴

**三島仙一** みしませんいち
昭和期の竹屋。
¶名工

**三島泉斎** みしませんさい
? ～明暦2(1656)年
江戸時代前期の新田開拓者。
¶徳島百, 徳島歴

**三島徳七** みしまとくしち
明治26(1893)年～昭和50(1975)年
昭和期の金属工学者、冶金学者。東京帝国大学教授。MK磁石合金の発明者。文化勲章受章。
¶岩史([生]1893年2月24日 [没]1975年11月19日), 科学([生]1893年(明治26)2月24日 [没]1975年(昭和50)11月19日), 科技([生]1893年2月24日 [没]1975年11月19日), 角史, 近現, 現朝([生]1893年2月24日 [没]1975年11月19日), 現情([生]1893年2月24日 [没]1975年11月19日), 現人, 現日([生]1893年2月24日 [没]1975年11月19日), 国史, コン改, コン4, コン5, 史人([生]1893年2月24日 [没]1975年11月19日), 新潮([生]明治26(1893)年2月24日 [没]昭和50(1975)年11月19日), 人名7, 世紀([生]明治26(1893)年2月24日 [没]昭和50(1975)年11月19日), 世百新, 全書, 大百, 日史([生]明治26(1893)年2月24日 [没]昭和50(1975)年11月19日), 日人([生]明治26(1893)年2月24日 [没]昭和50(1975)年11月19日), 日本, 百科, 履歴([生]明治26(1893)年2月24日 [没]昭和50(1975)年11月19日), 履歴2([生]明治26(1893)年2月24日 [没]昭和50(1975)年11月19日), 歴大

**三嶋嶋継** みしまのしまつぐ
生没年不詳
平安時代前期の技術部門の官人。
¶平史

**三島良績** みしまよしつぐ
大正10(1921)年8月5日～平成9(1997)年1月12日
昭和期の金属工学者。炉材料のジルコニウムや軽水炉燃料の安全性の研究に尽力。
¶科学, 現朝, 現情, 世紀

**水井寿穂** みずいじゅほ
明治19(1886)年1月19日～昭和38(1963)年10月29日
明治～昭和期の実業家。ジャム製造の先駆者。
¶食文

**水内杏平** みずうちきょうへい
明治42(1909)年3月18日～平成13(2001)年5月13日
昭和～平成期の漆芸家。
¶美工, 名工

**水尾憲治** みずおけんじ
昭和7(1932)年3月26日～
昭和期の陶芸家。
¶陶芸最

**水尾源太郎** みずおげんたろう
明治9(1876)年2月19日～大正2(1913)年5月10日
明治～大正期の医学者、眼科器具の発明家。
¶大阪人([没]大正2(1913)年5月), 近医, 世紀, 渡航, 日人

**水上清** みずかみきよし
昭和12(1937)年4月24日～

昭和期の陶芸家。
¶陶芸最

**水上佐太郎** みずかみさたろう
大正2(1913)年～
昭和期の陶芸家。
¶陶芸，陶芸最(㊌大正2年5月19日)

**水上助三郎** みずかみすけさぶろう
元治1(1864)年～大正11(1922)年
明治～大正期の水産事業家。
¶岩手百，姓氏岩手，日人

**水上精一** みずかみせいいち
昭和期のキリ指物師。
¶名工

**水上卓也** みずかみたくや
昭和4(1929)年11月1日～
昭和～平成期の陶芸家。
¶陶工

**水上守次** みずかみもりじ
大正7(1918)年～
昭和期の陶芸家。
¶陶芸，陶芸最(㊌大正7年4月12日)

**水上義介** みずかみよしすけ
明治38(1905)年～
昭和期の陶芸家。
¶陶芸，陶芸最(㊌明治38年1月20日)

**水川喜山** みずかわきざん
昭和8(1933)年5月25日～
昭和～平成期の陶芸家。
¶陶芸最，陶工

**水川護山** みずかわござん
昭和5(1930)年10月1日～
昭和～平成期の陶芸家。
¶陶芸最，陶工

**水川創壌** みずかわそうじょう
昭和33(1958)年6月4日～
昭和～平成期の陶芸家。
¶陶工

**水川陶影** みずかわとうえい
大正3(1914)年4月14日～平成13(2001)年3月14日
昭和～平成期の陶芸家。
¶陶芸，陶芸最，陶工，美工，名工

**水川陶芳** みずかわとうほう
明治37(1904)年7月18日～昭和63(1988)年12月17日
昭和期の陶芸家。
¶岡山歴

**水川豊太郎** みずかわとよたろう
明治14(1881)年4月2日～昭和36(1961)年12月2日
明治～昭和期の陶芸家。
¶岡山歴

**水木淳一** みずきじゅんいち
明治26(1893)年～昭和46(1971)年
大正～昭和期のリンゴ栽培技術指導者。
¶青森人，青森百

**水木友次郎** みずきともじろう
明治7(1874)年1月29日～昭和21(1946)年5月25日
明治～昭和期の放射線物理学実験技術者。わが国における放射線発生器械と装置の開発者。
¶科学，人名7，日人

**水口ゆきえ** みずぐちゆきえ
元文2(1737)年～宝暦2(1752)年
江戸時代中期の用水路開削者。
¶姓氏鹿児島

**水越達雄** みずこしたつお
明治44(1911)年1月1日～平成6(1994)年6月12日
昭和～平成期の土木技術者、東京電力常務。専門は電力工学。
¶科学

**水越与三兵衛** みずこしよそべえ
生没年不詳
江戸時代後期の京都の陶工。
¶朝日，近世(㊌1845年)，国史(㊌1845年)，コン改，コン4，新潮，人名，世人，日人(㊌1845年)

**水越与三兵衛〔2代〕** みずこしよそべえ
生没年不詳
江戸時代末期の京焼の陶工。
¶コン改，コン4，世人，美工

**水越理三郎** みずこしりさぶろう
文化10(1813)年～明治34(1901)年
江戸時代後期～明治期の農事改良家。
¶人名(㊌?)，姓氏愛知，日人

**水崎風也** みずさきふうや
江戸時代後期の陶工、風也焼創始者。
¶茶道

**水沢文次郎** みずさわぶんじろう
明治23(1890)年～昭和48(1973)年3月7日
明治～昭和期の大工。水沢工務店会長。
¶美建

**水科篤郎** みずしなとくろう
大正9(1920)年1月2日～
昭和期の化学工学者。京都大学教授。
¶現情

**水田喜一朗** みずたきいちろう
昭和2(1927)年～
昭和期の建築家、詩人、フランス文学者。日本開発構想研究所勤務。
¶現執1期

**水谷頴介** みずたにえいすけ
昭和10(1935)年2月14日～平成5(1993)年2月4日
昭和～平成期の建築家。大阪湾総合開発、神戸港ポートアイランド基本設計などを手がけた。

¶現執1期，世紀，日人，美建

**水谷清** みずたにきよし
昭和24(1949)年12月6日〜
昭和期の陶芸家。
¶陶芸最，名工

**水谷治右衛門** みずたにじえもん
天保8(1837)年〜大正9(1920)年
江戸時代末期〜大正期の酒造業、用水路を整備。
¶姓氏愛知

**水谷鏘** みずたにたかし
明治25(1892)年〜昭和35(1960)年6月10日
明治〜昭和期の技師。
¶近土([生]1892年1月18日)，土木([生]1892年1月)

**水谷当起** みずたにまさおき
明治29(1896)年1月21日〜昭和60(1985)年5月8日
明治〜昭和期の技師。
¶近土，鉄道，土木



**水谷亦六郎** みずたにまたろくろう
嘉永1(1848)年12月〜大正8(1919)年7月13日
[別]水谷六郎《みずたにろくろう》
明治期の造船技師。長崎三菱造船所長。イギリスに留学する。
¶海越(生没年不詳)，海越新，渡航(水谷六郎・水谷亦六郎　みずたにろくろう・みずたにまたろくろう)

**水谷美三** みずたによしぞう
明治35(1902)年4月12日〜昭和52(1977)年12月29日
大正〜昭和期の彫金工芸師。
¶美工

**水谷六郎** みずたにろくろう
嘉永1(1848)年〜大正8(1919)年
明治期の造船技師。
¶岡山人，岡山歴([生]嘉永1(1848)年12月　[没]大正8(1919)年7月13日)

**水田住国重** みずたのじゅうくにしげ
江戸時代前期の刀工。
¶岡山人

**水留良雄** みずとめよしお
昭和24(1949)年1月14日〜
昭和〜平成期の陶芸家。
¶陶工

**水登勇太郎** みずとゆうたろう
嘉永5(1852)年〜大正6(1917)年
明治〜大正期の農事改良家。英和学校校長。ホルスタイン種を初めて輸入し、乳牛の飼養、牛乳の改良に尽力。
¶石川百，人名，姓氏石川，日人

**水野伊和造** みずのいわぞう
生没年不詳
明治期の時計製造業者。時計製造のパイオニアの一人。
¶先駆

**水之江忠臣** みずのえただおみ
大正10(1921)年7月16日〜昭和52(1977)年7月18日
昭和期の家具デザイナー。日本室内設計家協会理事、水之江インテリア・デザイン研究所設立。
¶現朝，現情，現人，世紀，日人

**水野桂** みずのかつら
昭和9(1934)年1月1日〜
昭和期の陶芸家。
¶陶芸最

**水野儀三郎** みずのぎさぶろう
文政7(1824)年〜明治34(1901)年
江戸時代末期〜明治期の瀬戸焼の陶工。尾林焼の始祖。現在の天龍峡焼に至る。
¶郷土長野，姓氏長野，長野百，長野歴，幕末([没]1901年8月11日)

**水野久平** みずのきゅうへい
安政6(1859)年〜大正6(1917)年
明治〜大正期の発明家。
¶静岡歴，世紀([没]大正6(1917)年2月5日)，姓氏静岡，日人

**水野清太加** みずのきよたか
*〜
昭和期の陶芸家。
¶陶芸最([生]大正12年3月20日)，陶工([生]1924年3月20日)

**水野銀治** みずのぎんじ
享和3(1803)年〜明治1(1868)年5月16日
江戸時代末期の陶工。
¶幕末

**水野愚陶** みずのぐとう
明治37(1904)年〜昭和28(1953)年
大正〜昭和期の陶芸家。
¶美工

**水野敬子** みずのけいこ
昭和12(1937)年1月1日〜
昭和〜平成期の陶芸家。
¶陶芸最，陶工

**水野元光** みずのげんこう
文政8(1825)年〜明治14(1881)年
江戸時代末期〜明治期の尾張常滑の陶工。
¶人名，日人

**水野源左衛門** みずのげんざえもん
？〜正保4(1647)年
江戸時代前期の陶工。陸奥会津藩士。会津本郷焼の始祖。
¶会津，コン改，コン4，人名，日人([生]1604年)，藩臣2([生]慶長9(1604)年)

**水野健二** みずのけんじ
昭和16(1941)年12月21日〜
昭和期の陶芸家。
¶陶芸最

**水野源六** みずのげんろく
　江戸時代前期の金工家。
　¶石川百

**水野古道** みずのこどう
　明和7(1770)年〜文化10(1813)年
　江戸時代後期の尾張常滑の陶工。
　¶人名，日人

**水野古麦** みずのこばく
　大正15(1926)年3月10日〜
　昭和期の陶芸家。
　¶陶芸最

**水野佐紀** みずのさとし
　昭和25(1950)年9月27日〜平成5(1993)年8月1日
　昭和〜平成期の陶芸家。
　¶陶芸最，陶工，美工，名工

**水野静夫** みずのしずお
　昭和期の電気機器組立工。
　¶名工

**水野寿山〔1代〕** みずのじゅさん
　明治10(1877)年〜昭和6(1931)年
　明治〜昭和期の陶芸家。
　¶陶工

**水野寿山〔2代〕** みずのじゅさん
　明治41(1908)年〜昭和53(1978)年
　大正〜昭和期の陶芸家。
　¶陶工

**水野二郎** みずのじろう
　昭和12(1937)年8月30日〜
　昭和期の陶芸家。
　¶陶芸最

**水野清一** みずのせいいち
　明治40(1907)年6月24日〜平成13(2001)年6月30日
　大正〜平成期の木彫師。熊本県伝統的工芸品指定者。
　¶美建

**水野静仙** みずのせいせん
　昭和3(1928)年8月10日〜
　昭和〜平成期の陶芸家。
　¶陶芸最，陶工，名工

**水野鋊一** みずのせきかず
　昭和11(1936)年6月26日〜
　昭和〜平成期の陶芸家。
　¶陶芸最，陶工，名工

**水野瀬戸右衛門** みずのせとえもん
　？〜万治3(1660)年
　江戸時代前期の陸奥会津藩士、陶磁師。
　¶会津，藩臣2

**水野双鶴** みずのそうかく
　大正1(1912)年9月16日〜
　昭和〜平成期の陶芸家。
　¶陶芸，陶芸最，名工

**水野惣兵衛** みずのそうべえ
　江戸時代後期の新田開発者。
　¶姓氏静岡

**水野高明** みずのたかあき
　明治40(1907)年8月21日〜平成8(1996)年2月12日
　昭和期の土木工学者。九州大学教授。土質工学の権威。福岡県出身。
　¶科学，近土

**水野孝泰** みずのたかひろ
　昭和31(1956)年7月23日〜
　昭和期の陶芸家。
　¶陶芸最

**水野沢三** みずのたくぞう
　昭和2(1927)年8月4日〜
　昭和〜平成期の陶芸家。
　¶陶芸最，陶工

**水野矯夫** みずのたけお
　明治44(1911)年〜
　昭和〜平成期の金工作家。
　¶名工

**水野達蔵** みずのたつぞう
　昭和19(1944)年2月5日〜
　昭和〜平成期の陶芸家。
　¶陶芸最，名工

**水野太郎左衛門** みずのたろうざえもん
　世襲名　安土桃山時代以来の鋳物師頭。
　¶姓氏愛知

**水野貞三郎** みずのていざぶろう
　〜昭和60(1985)年9月12日
　昭和期の水野鍛練所経営。
　¶名工

**水野輝幸** みずのてるゆき
　昭和25(1950)年3月14日〜
　昭和〜平成期の陶芸家。
　¶陶芸最，陶工

**水野富弘** みずのとみひろ
　昭和31(1956)年〜
　昭和〜平成期の陶芸家。
　¶陶工

**水野教雄** みずののりお
　昭和25(1950)年4月19日〜
　昭和期の陶芸家。
　¶陶芸最

**水野梅寿** みずのばいじゅ
　＊〜明治35(1902)年
　江戸時代末期〜明治期の尾張常滑の陶工。
　¶人名(㊉1823年)，日人(㊉1822年)

**水野半次郎** みずのはんじろう
　大正15(1926)年〜
　昭和〜平成期の陶芸家。
　¶陶芸最(㊉大正15年3月22日)，名工(㊉大正15

みすのひ

**水野英男** みずのひでお
昭和7(1932)年4月8日～
昭和～平成期の陶芸家。
¶陶芸最，陶工，名工

**水野英道** みずのひでみち
昭和22(1947)年1月31日～
昭和期の陶芸家。
¶陶芸最

**水野博** みずのひろし
大正7(1918)年～昭和54(1979)年
昭和期の友禅作家。
¶石川百，美工

**水野博司** みずのひろし
昭和25(1950)年11月7日～
昭和期の陶芸家。
¶陶芸最

**水野豊造** みずのぶんぞう
明治31(1898)年7月16日～昭和43(1968)年2月
16日
明治～昭和期の園芸家。富山県のチューリップ栽
培の開拓者。
¶植物，世紀，姓氏富山，富山百，日人

**水野政和** みずのまさかず
明和6(1769)年～文政3(1820)年3月28日
江戸時代中期～後期の鋳物師・和算家。
¶国書

**水野雅之** みずのまさし
昭和32(1957)年12月14日～
昭和～平成期の陶芸家。
¶陶工

**水野正善** みずのまさよし
昭和18(1943)年～
昭和期の陶芸家。
¶陶芸最

**水野優** みずのまさる
昭和25(1950)年12月26日～
昭和～平成期の陶芸家。
¶陶工

**水野真澄** みずのますみ
昭和30(1955)年6月16日～
昭和期の陶芸家。
¶陶芸最

**水野光政** みずのみつまさ
寛保2(1742)年～享和2(1802)年
江戸時代中期～後期の加賀の白銀師。
¶人名

**水野岷山**(1) みずのみんざん
享保19(1734)年～文政5(1822)年
江戸時代前期～中期の土木家。
¶日人

**水野岷山**(2) みずのみんざん
正保3(1646)年～享保19(1734)年
江戸時代前期～中期の土木家。
¶人名

**水野元房** みずのもとふさ
？ ～天保3(1832)年
江戸時代後期の加賀の白銀師。
¶人名

**水野幸男** みずのゆきお
昭和4(1929)年7月16日～平成15(2003)年1月
24日
昭和～平成期の情報工学者、NEC副社長。
¶科学

**水野好栄** みずのよしたか
？ ～慶安2(1649)年
江戸時代前期の装剣金工。
¶日人

**水野好房** みずのよしふさ
慶長11(1606)年～貞享4(1687)年
江戸時代前期の加賀の白銀師。
¶人名，日人

**水野利八** みずのりはち
明治17(1884)年5月15日～昭和45(1970)年3月9
日
明治～昭和期の実業家。ミズノ創業者。水野兄弟
商会を設立、野球ボールの改良に取組み、全国統
一の標準球を完成させた。野球殿堂入り。
¶現朝，現情，現日，実業，世紀，先駆，創業，
日人

**水原衛作** みずはらえいさく
天保13(1842)年～明治18(1885)年
江戸時代後期～明治期の庭師。青森市合浦公園生
みの親。
¶青森人

**三須文左衛門** みすぶんざえもん
江戸時代前期の修善寺紙の紙漉棟梁。
¶静岡歴(生没年不詳)，姓氏静岡

**三角風蔵** みすみふうぞう
天明4(1784)年～慶応4(1868)年
江戸時代後期の測量家。
¶国書(㊌天明4(1784)年8月 ㊞慶応4(1868)年
4月)，人名，姓氏石川，日人

**三瀬幸三郎** みせこうざぶろう
明治19(1886)年3月8日～昭和30(1955)年1月
19日
大正～昭和期の土木工学者。九州帝国大学教授。
橋梁工学分野で業績を残す。
¶科学，近土，現情(㊌1886年3月5日)，人名7，
世紀(㊌明治19(1886)年3月5日)，土木，日人

**見瀬辰平** みせたつへい
明治13(1880)年3月16日～大正13(1924)年8月3
日
明治～大正期の真珠養殖技術者。

¶世紀，日人

**溝上銈** みぞかみけい
明治40(1907)年3月29日～昭和55(1980)年3月20日
昭和期の通信技術者、NHK副会長。
¶科学

**溝上藻風** みぞがみそうふう
→溝上秀次(みぞかみひでじ)

**溝上秀次** みぞかみひでじ、みぞがみひでじ
昭和14(1939)年8月18日～　㊙溝上藻風《みぞがみそうふう》
昭和～平成期の陶芸家。
¶陶芸最(みぞがみひでじ)，陶工(溝上藻風　みぞがみそうふう)，名工

**溝口歌子** みぞぐちうたこ
明治40(1907)年12月13日～昭和55(1980)年1月6日
昭和期の科学情報処理技術者。国際医学情報センター顧問。医学論文や化学論文の英訳で長年の功績があり、著書に「英語の化学論文」など。
¶科学，現情，現人，女性(㊙?)，女性普(㊙?)，世紀，日人

**溝口三郎** みぞぐちさぶろう
明治29(1896)年8月10日～昭和48(1973)年1月1日
大正～昭和期の美術史家。漆工品の修理・模造にあたる。国宝扇散蒔絵手箱などが著名。
¶現情，人名7，世紀，日人

**溝口文雄** みぞぐちふみお
昭和16(1941)年7月15日～
昭和～平成期のソフトウェア科学者。東京理科大学教授。人工知能を研究。緑内障の診断システム、推論システム「アプリコット」などを開発。
¶現執3期

**溝口林卿** みぞぐちりんけい
生没年不詳
江戸時代後期の工匠。
¶国書

**溝淵幸馬** みぞぶちこうま
元治1(1864)年～昭和13(1938)年
明治～昭和期の民権運動家、農業技師、林業家。
¶高知人

**見田五郎左衛門尉広賀** みたごろうざえもんじょうひろよし
戦国時代の刀工。
¶鳥取百

**三田善太郎** みたぜんたろう
安政2(1855)年12月5日～昭和4(1929)年2月16日
江戸時代末～昭和期の技師。
¶科学，神奈川人，近土，姓氏神奈川，土木

**三田忠兵衛** みたちゅうべえ
明治期の染色技術者。
¶渡航

**三田富子** みたとみこ
大正13(1924)年1月30日～
昭和～平成期のエッセイスト、料理研究家。
¶四国文

**三谷銀松** みたにぎんまつ
明治20(1887)年～昭和31(1956)年
明治～昭和期の土木建設業者、「三谷組」創始者。
¶高知人

**三谷慶次郎** みたにけいじろう
明治7(1874)年7月18日～昭和38(1963)年7月12日
明治～昭和期の農事改良家。
¶植物，世紀，日人，広島百

**三谷吾一** みたにごいち
大正8(1919)年2月13日～
昭和～平成期の漆芸家。専門は沈金。
¶石川百，世紀，日人，名工

**三谷茂義** みたにしげよし
文化5(1808)年～文久2(1862)年
江戸時代後期～末期の腰元彫(彫金)作家。
¶香川人，香川百

**三谷坦斎** みたにたんさい
明和4(1767)年～嘉永1(1848)年
江戸時代中期～後期の儒者、刀匠、研師。
¶国書(㊙嘉永1(1848)年10月29日)，日人

**三谷竜二** みたにりゅうじ
昭和27(1952)年～
昭和～平成期の木工作家。
¶名工

**三谷林叟** みたにりんそう
宝暦4(1754)年～嘉永1(1848)年
江戸時代後期の陶工、讃岐屋島焼の元祖。
¶人名，日人

**三田村自芳** みたむらじほう
明治19(1886)年～昭和54(1979)年8月6日
明治～昭和期の漆芸家。
¶美工，名工

**三田村秀芳** みたむらしゅうほう
大正3(1914)年～昭和57(1982)年7月21日
昭和期の漆芸家。
¶美工

**三田村秀雄** みたむらひでお
～昭和57(1982)年7月21日
昭和期の漆芸家。
¶名工

**三田勇次郎** みたゆうじろう
江戸時代後期の加賀の陶画工。
¶人名，日人(生没年不詳)

**御手洗佑美** みたらいゆみ
昭和15(1940)年～平成6(1994)年9月5日
昭和～平成期のチャイナペイント作家。
¶美工

**道上隆雄　みちがみたかお**
大正～昭和期のふぐ料理人。
¶大阪人

**道川省三　みちかわしょうぞう**
昭和～平成期の陶芸家。
¶名工

**光真　みちざね**
[別]光真《みつざね》
安土桃山時代の刀工。
¶島根人，島根百（みつざね）

**道下喜一　みちしたきいち**
昭和24（1949）年1月12日～
昭和期の陶芸家。
¶陶芸最

**道憲　みちのり**
戦国時代の刀工。
¶島根人，島根百

**道則　みちのり**
江戸時代末期の刀工。
¶島根百

**道場六三郎　みちばろくさぶろう**
昭和6（1931）年1月3日～
昭和～平成期の料理人。みちば代表取締役、ろくさん亭店主。
¶テレ

**道寧　みちやす**
戦国時代の刀工。
¶島根人，島根百

**通山倉蔵　みちやまくらぞう**
寛政4（1792）年～安政6（1859）年
江戸時代後期～末期の木彫家。
¶島根人

**三井安蘇夫　みついあそお**
明治43（1910）年12月19日～平成11（1999）年3月25日
大正～平成期の金属工芸家。
¶美工

**三ツ井詠一　みついえいいち**
昭和10（1935）年1月2日～　[別]三ツ井為吉《みついためきち》
昭和～平成期の陶芸家。
¶陶芸最，陶工（三ツ井為吉　みついためきち），名工

**三ツ井為吉　みついためきち**
→三ツ井詠一（みついえいいち）

**三井尚　みついひさし**
昭和37（1962）年6月20日～
昭和期の陶芸家。
¶陶芸最

**三井義夫　みついよしお**
明治32（1899）年9月22日～昭和34（1959）年1月2日
昭和期の彫金家。日展出品作「彫金象嵌花器」で日本芸術院賞受賞。
¶現情，人名7，世紀，日人，美工，名工

**三木平右衛門　みつぎへいえもん**
江戸時代後期の佐野天明鋳物師。
¶栃木歴

**光国　みつくに**
世襲名　江戸時代の加賀の刀工。
¶姓氏石川

**見附文雄　みつけふみお**
昭和14（1939）年5月21日～
昭和～平成期の陶芸家。
¶陶芸最，名工

**光真　みつざね**
→光真（みちざね）

**光重(1)　みつしげ**
戦国時代の刀工。
¶島根百

**光重(2)　みつしげ**
江戸時代前期の刀工。
¶島根人，島根百

**光忠　みつただ**
生没年不詳　[別]長船光忠《おさふねみつただ》
鎌倉時代の刀工。長船派の祖。
¶朝日，岡山人（[生]建久5（1194）年　[没]文永8（1271）年），岡山百（[生]建久5（1194）年　[没]文永8（1271）年），岡山歴，鎌倉，国史，古中，コン改，コン4，史人，新潮，世人，日人，美工

**満田久輝　みつだひさてる**
大正3（1914）年5月27日～平成18（2006）年
昭和期の農芸化学者。ビタミン強化米、炭酸ガス密着包装法（冬眠米）を発明。
¶科学（[没]2006年（平成18）3月10日），近医，現情，新潮，世紀，日人，日本

**満田弥三右衛門　みつだやさうえもん**
→満田弥三右衛門（みつたやそうえもん）

**満田弥三右衛門　みつたやざえもん**
→満田弥三右衛門（みつたやそうえもん）

**満田弥三右衛門　みつたやそうえもん**
*～弘安5（1282）年　[別]満田弥三右衛門《みつたやざえもん，みつだやさうえもん》
鎌倉時代前期の織工。
¶鎌室（[生]？），人名（みつたやざえもん　[生]？），日人（[生]1202年），福岡百（みつだやさうえもん　[生]建仁2（1202）年10月15日　[没]弘安5（1282）年8月25日）

**密田良太郎　みつだりょうたろう**
明治18（1885）年3月19日～昭和49（1974）年10月13日
明治～昭和期の電気工学者、逓信省電気試験所所長。水銀避雷器を発明。専門は照明工学。
¶科学

**三塚良之助** みつづかりょうのすけ
明治期の人。越中軽便犂を製作。
¶姓氏富山

**光長** みつなが
室町時代の刀工。
¶岡山人

**光永惟詳** みつながこれみつ
→光永平蔵(みつながへいぞう)

**光永平蔵** みつながへいぞう
文化1(1804)年～文久2(1862)年 [別]光永惟詳《みつながこれみつ》
江戸時代末期の治水功労者。肥後熊本藩木倉手永惣庄屋光永円右衛門惟影の養子。
¶朝日([生]? [没]文久2年10月9日(1862年11月30日)), 近世, 国史, コン改, コン4, 史人([没]1862年10月9日), 新潮([没]文久2(1862)年10月9日), 人名(光永惟詳 みつながこれみつ), 日人

**光野貫一郎** みつのかんいちろう
昭和期の菊間瓦職人。
¶名工

**三津野衛** みつのまもる
昭和21(1946)年8月25日～
昭和期の陶芸家。
¶陶芸最

**光則** みつのり
戦国時代の刀工。
¶島根人, 島根百

**三橋英作** みつはしえいさく
昭和4(1929)年5月22日～
昭和期の陶芸家。
¶陶芸最

**三橋永助** みつはしえいすけ
生没年不詳
江戸時代後期の鎌倉仏師。
¶神奈川人, 姓氏神奈川

**三橋国民** みつはしくにたみ
大正9(1920)年9月29日～
昭和～平成期の金工家。
¶名工

**三橋鎌山** みつはしけんざん
弘化2(1845)年～大正3(1914)年
明治～大正期の工芸家。鎌倉彫り制作者。深彫りの有栖川菊を創案。
¶神奈川人, 人書94, 姓氏神奈川, 幕末([没]1914年2月14日)

**三橋左京** みつはしさきょう
生没年不詳
江戸時代中期の仏師。
¶神奈川人

**三橋薩摩** みつはしさつま
生没年不詳
江戸時代中期の仏師。
¶神奈川人

**三橋俊治** みつはししゅんじ
昭和15(1940)年9月10日～
昭和期の陶芸家。
¶陶芸最

**三橋昌山** みつはししょうざん
昭和17(1942)年～
昭和～平成期の工芸家。専門は鎌倉彫。
¶名工

**三橋四郎** みつはししろう
慶応3(1867)年～大正4(1915)年
明治～大正期の建築家。耐火建築の研究を進めた。設計に日比谷図書館など。
¶人名([生]1868年), 世紀([生]慶応3(1867)年12月2日 [没]大正4(1915)年11月5日), 日人

**三橋宗慶** みつはしそうけい
元亀2(1571)年～? [別]大弐《だいに》
江戸時代前期の鎌倉仏師。
¶神奈川人, 鎌倉(大弐 だいに), 姓氏神奈川

**三橋武雄** みつはしたけお
大正10(1921)年2月13日～
昭和期の陶芸家。
¶陶芸最

**三橋但馬** みつはしたじま
慶長12(1607)年～
江戸時代前期の仏師。
¶神奈川人

**三橋央** みつはしなかば
明治36(1903)年～昭和40(1965)年
昭和期の鎌倉彫師。
¶神奈川人

**光弘** みつひろ
室町時代の刀工。
¶岡山人

**光藤俊夫** みつふじとしお
昭和5(1930)年～
昭和期の建築家。光藤建築研究室主宰。著書に、「インテリア演出論」「明治・大正建築覚え書」など。
¶現執3期

**三俣愛策** みつまたあいさく
*～大正13(1924)年
明治～大正期の養蚕家。
¶群馬人([生]安政5(1858)年), 姓氏群馬([生]1857年)

**光村利藻** みつむらとしも
明治10(1877)年11月4日～昭和30(1955)年2月21日 [別]光村利藻《みつむらりそう》
明治～昭和期の実業家。光村原色印刷所創立者。セントルイス万博に、国宝「孔雀明王像」を木版多色刷りで復元出品。印刷美追求に尽くした。
¶大阪人(みつむらりそう), 現朝, 写家, 世紀,

創業，日人，兵庫人（[生]明治10（1877）年2月11日）

**光村弥兵衛** みつむらやへい
→光村弥兵衛（みつむらやへえ）

**光村弥兵衛** みつむらやへえ
文政10（1827）年～明治24（1891）年　[別]光村弥兵衛《みつむらやへい》
明治期の実業家。民間で初めて硫酸製造事業を開始。
¶国際，姓氏山口（みつむらやへい　[没]1887年），先駆（生没年不詳），日人，幕末（[没]1891年2月20日），兵庫百，山口百（みつむらやへい）

**光村利藻** みつむらりそう
→光村利藻（みつむらとしも）

**光守** みつもり
生没年不詳
鎌倉時代の漆工。
¶日人



**三矢庄八** みつやしょうはち
大正2（1913）年～
昭和期の陶芸家。
¶陶芸，陶芸最（[生]大正2年2月13日）

**光安実** みつやすみのる
昭和期の福岡県ろうあ工芸会木工科指導員。
¶名工

**満山俊蔵** みつやましゅんぞう
文政11（1828）年10月1日～明治45（1912）年1月23日
江戸時代末期～明治期の対馬藩士。満山針の創始者。地元産釣り針を改良、「折れない、伸びない」鋼鉄製釣り針を完成。
¶朝日

**満山泰弘** みつやまやすひろ
昭和期の釣り針職人。
¶名工

**三津谷米吉** みつやよねきち
明治44（1911）年～昭和44（1969）年
昭和期のノリ養殖開発に功績。
¶青森人

**光世** みつよ
生没年不詳
平安時代後期の筑後の刀工。
¶朝日，国史，古中，日人，美工

**光吉健次** みつよしけんじ
大正14（1925）年3月15日～平成12（2000）年3月8日
昭和～平成期の建築家、都市計画家。九州大学教授、福岡都市科学研究所理事長。
¶現執2期，美建

**三苫正雄** みとままさお
明治26（1893）年8月3日～昭和44（1969）年7月7日
昭和期の美術教育者、鋳金家。
¶現情

**緑川宏樹** みどりかわひろき
昭和13（1938）年7月19日～
昭和期の陶芸家。
¶陶芸最

**皆川理** みながわおさむ，みなかわおさむ
明治41（1908）年8月8日～平成6（1994）年9月2日
昭和期の宇宙線物理学者。神戸大学教授。乗鞍山頂に宇宙線観測所を創設、エマルジョン・スタックを高空にあげる大気球の飛翔技術を開発。
¶科学，科技（みなかわおさむ），現情，現人，世紀，日人

**皆川月華** みながわげっか
明治25（1892）年6月4日～昭和62（1987）年5月11日
明治～昭和期の染色家。
¶現情，世紀，姓氏京都，日人，美工，名工

**皆川泰蔵** みながわたいぞう
大正6（1917）年10月21日～平成17（2005）年4月10日
昭和～平成期の染色家。
¶美工，名工

**皆川隆** みながわたかし
昭和5（1930）年3月28日～
昭和～平成期の陶芸家。
¶陶芸最，陶工

**皆川労** みながわつとむ
昭和25（1950）年9月29日～
昭和期の陶芸家。
¶陶芸最

**皆川マス** みながわます，みなかわます
明治7（1874）年～昭和35（1960）年
明治～昭和期の益子焼の絵師。ベルリンの国際手工芸博覧会で特選受賞。昭和天皇がマスの絵付で感銘し歌を詠んだ。
¶郷土栃木，近女（みなかわます），女性（[没]昭和35（1960）年7月8日），女性普（[没]昭和35（1960）年7月8日），世紀（[生]明治7（1874）年4月10日　[没]昭和35（1960）年7月8日），栃木百（みなかわます），栃木歴，日人（みなかわます　[生]明治7（1874）年4月10日　[没]昭和35（1960）年7月8日）

**皆川典子** みながわみちこ
昭和12（1937）年11月21日～
昭和～平成期の陶芸家。
¶陶芸最，名工

**水口哲** みなくちさとし
昭和17（1942）年8月21日～
昭和期の工学者。ユートピア開発研究所代表所長。
¶現執2期

**水口俊雄** みなぐちとしお
大正14（1925）年～
昭和～平成期の金工作家。
¶名工

**港修治** みなとしゅうじ
昭和期の墨匠。
¶名工

**港屋村次郎** みなとやむらじろう
寛政8(1796)年～安政6(1859)年
江戸時代後期～末期の蒔絵師。
¶姓氏石川

**南一郎** みなみいちろう
天保7(1836)年～大正8(1919)年 [別]南一郎平《みなみいちろべい》,南尚《みなみひさし》
江戸時代末期～明治期の治水家。宇佐郡の水路開削を私財を投じて完成させた。
¶大分百(南尚 みなみひさし), 大分歴(南一郎平 みなみいちろべえ(ひさし)), 近土(南一郎平 みなみいちろべい [生]1836年5月22日 [没]1919年5月15日), コン改(生没年不詳), コン4(生没年不詳), コン5, 新潮(生没年不詳), 先駆(南一郎平 みなみいちろべい [生]天保7(1837)年 [没]大正8(1919)年5月), 栃木歴(南一郎平 みなみいちろべい), 土木(南一郎平 みなみいちろべい [生]1836年5月22日 [没]1919年5月15日), 日人

**南一郎平** みなみいちろべい
→南一郎(みなみいちろう)

**南和伸** みなみかずのぶ
昭和26(1951)年10月7日～
昭和期の陶芸家。
¶陶芸最

**南恭介** みなみきょうすけ
昭和23(1948)年3月29日～
昭和期の陶芸家。
¶陶芸最

**南清** みなみきよし
安政3(1856)年～明治37(1904)年1月19日
明治期の鉄道建設技師、私鉄経営者。工部省御用掛、山陽鉄道顧問。鉄道事業の功労者。鉄道民営論に基づく「帝国縦貫鉄道」(幹線鉄道網)を構想。
¶海越([生]安政2(1855)年5月1日), 海越新([生]安政2(1855)年5月1日), 科学([生]1856年(安政3)5月1日), 近土([生]1856年5月1日), 国際([生]安政2(1855)年), 人名, 鉄道([生]1856年6月3日), 渡航([没]1904年1月18日), 土木([生]1856年5月1日), 日史([生]安政3(1856)年5月1日 [没]明治37(1904)年1月20日), 日人

**南小三郎** みなみこさぶろう
明治4(1871)年～?
明治期の海外漁場の開拓、魚網の改良者。
¶大分歴

**南崎常右衛門** みなみざきつねえもん
弘化1(1844)年～大正2(1913)年
明治期の宮崎県都城の茶業家。製茶技術向上、機械化に貢献。
¶日人

**南沢宣郎** みなみさわのぶろう
昭和7(1932)年2月11日～
昭和期の技術者、会社役員。日本コンピュータユーティリティ協会理事長、小野田セメント顧問。事務処理のオートメーション化の先駆者。
¶現執2期

**南繁正** みなみしげまさ
昭和25(1950)年5月14日～
昭和～平成期の陶芸家。
¶陶工

**南治作** みなみじさく
明治41(1908)年8月20日～
昭和～平成期の七尾仏壇職人。
¶名工

**南庄作** みなみしょうさく
明治37(1904)年4月7日～平成7(1995)年6月28日
大正～平成期の彫刻家。
¶美建

**南精一** みなみせいいち
嘉永5(1852)年～昭和5(1930)年
明治～昭和期の米改良運動の功労者。
¶大分歴

**南正剛** みなみせいごう
昭和27(1952)年9月18日～
昭和～平成期の陶芸家。
¶陶芸最, 陶工

**南園休太** みなみぞのきゅうた
江戸時代末期の木彫師。
¶姓氏鹿児島

**南忠** みなみただし
大正～昭和期の仙台堆朱職人。
¶名工

**南汎** みなみばん
大正15(1926)年8月5日～平成10(1998)年4月6日
昭和～平成期の陶芸家。
¶陶芸最, 美工, 名工

**南尚** みなみひさし
→南一郎(みなみいちろう)

**南正巳** みなみまさみ
大正7(1918)年6月28日～
昭和期の機械工学者。神戸商船大学教授。
¶現情

**南桃作** みなみももさく
文政2(1819)年～明治9(1876)年
江戸時代末期～明治期の機械発明・改良家。農業機械化の先駆者。水車機織機、樟脳製造器、糸引器などの発明・改良に努めた。
¶朝日([生]文政2年1月10日(1819年2月4日) [没]明治9(1876)年8月29日), 科学([生]1819年(文政2)1月10日 [没]1876年(明治9)8月29日), 高知人, 高知百, コン改, コン4, コン5, 先駆([生]文政2(1819)年1月10日 [没]明治9(1876)年8月29日), 日人, 幕末([没]1876年8月29日),

和俳

**南康弘** みなみやすひろ
昭和期のブロンズ鋳造師。
¶名工

**三並義忠** みなみよしただ
明治41(1908)年～昭和41(1966)年9月1日
昭和期の工学技術者。光伸社社長。自動電気釜を開発。第1回科学技術賞受賞。
¶科学([生]1908年(明治41)1月20日),現情([生]1908年1月20日),現人,世紀([生]明治41(1908)年1月8日)

**源清麿** みなもときよまろ
→清麿(きよまろ)

**源長俊** みなもとながとし
彫金家。
¶島根人

**源景恒** みなもとのかげつね
生没年不詳
鎌倉時代の相模鋳物師。
¶埼玉人

み

**源重直** みなもとのしげなお
生没年不詳
平安時代後期の螺鈿工。
¶日人

**三縄一郎** みなわいちろう
大正7(1918)年2月14日～
昭和～平成期の映画録音技師。
¶映人

**峰興徳** みねおきのり
昭和14(1939)年10月12日～
昭和～平成期の陶芸家。
¶陶芸最,陶工

**峰尾芳男** みねおよしお
? ～昭和53(1978)年
昭和期の映画録音技術者。
¶映人

**峰岸庄吉** みねぎししょうきち
興産社技師。
¶姓氏富山

**峯岸藤三郎** みねぎしとうざぶろう
明治15(1882)年3月15日～大正8(1919)年9月7日
明治～大正期の技術者。
¶世紀,日人

**峯岸良尚** みねぎしよしたか
昭和27(1952)年1月28日～
昭和～平成期の陶芸家。
¶陶芸最,陶工

**三根暁** みねさとし
大正14(1925)年4月10日～平成16(2004)年5月16日
昭和～平成期の金工家。
¶美工

**峯島茂兵衛** みねじまもへえ,みねしまもへえ
*～明治9(1876)年
江戸時代末期～明治期の商人。江戸芝居の大道具製造業。久比里坂を開削し、平坦な道を完成。
¶神奈川人,姓氏神奈川(みねしまもへえ [生]1809年),幕末([生]?)

**嶺山嶺文** みねやまみねぶん
弘化1(1844)年～昭和9(1934)年
明治～昭和期の農地開拓者、農機具改良者。
¶姓氏鹿児島

**美野入間** みのにゅうま
明治21(1888)年～昭和44(1969)年
大正～昭和期の農業技術者。
¶姓氏鹿児島

**蓑正高** みのまさたか
貞享4(1687)年～明和8(1771)年 [別]蓑笠之助《みのりゅうのすけ》
江戸時代中期の幕府代官。農政、治水に通じる。
¶朝日([没]明和8年8月7日(1771年9月15日)),神奈川人([生]1693年),近世,国史,国書(蓑笠之助 みのりゅうのすけ [没]明和8(1771)年8月7日),史人([生]? [没]1771年8月7日),姓氏神奈川([生]1693年),日人,歴大

**御法川直三郎** みのりかわなおさぶろう
安政3(1856)年～昭和5(1930)年9月11日
明治～昭和期の発明家。多条繰糸機など製糸機械を中心に次々と重要な発明を行った。
¶秋田百,朝日([生]安政3年7月13日(1856年8月13日)),近現,国史,埼玉人([生]安政3(1856)年7月13日),史人([生]1856年7月13日),実業([生]安政3(1856)年7月13日),世紀([生]安政3(1856)年7月13日),日人

**蓑笠之助** みのりゅうのすけ
→蓑正高(みのまさたか)

**箕輪亥作** みのわいさく
明治31(1898)年～昭和4(1929)年
大正期の人。足踏み脱穀機を発明。
¶姓氏神奈川

**箕輪靖夫** みのわやすお
昭和17(1942)年9月23日～
昭和期の陶芸家。
¶陶芸最

**水原徳言** みはらとくげん
明治44(1911)年6月29日～平成21(2009)年12月3日
昭和期の建築家。
¶群馬人,美建

**三藤文次郎** みふじぶんじろう
江戸時代末期の加賀九谷焼の経営者。
¶人名,日人(生没年不詳)

**三船康道** みふねやすみち
昭和24(1949)年10月11日～
昭和～平成期の建築家、都市計画家。エコプラン主宰、三船康道都市建築研究所主宰。

¶現執4期

**壬生正宗** みぶまさむね
生没年不詳
戦国時代の伊豆の大工。
¶戦辞

**壬生吉長** みぶよしなが
生没年不詳
戦国時代の伊豆の大工。
¶戦辞

**壬生吉宗** みぶよしむね
生没年不詳
戦国時代の大工。
¶戦辞

**美保信夫** みほのぶお
昭和10(1935)年1月16日～
昭和期の陶芸家。
¶陶芸最

**巳亦進治** みまたしんじ
大正15(1926)年～
昭和～平成期のガラス工芸家。
¶名工

**三村明** みむらあきら
明治34(1901)年1月6日～昭和60(1985)年12月23日
昭和期の映画カメラマン。米国で撮影を学び、日本の撮影技術の基礎を作った。戦後進駐軍のカメラマンとして原爆投下後の広島を撮影。
¶映監，映人，監督，現朝(㊊1901年1月1日)，現情(㊊1901年1月1日)，世紀，日人

**三村卯右衛門** みむらうえもん
文政9(1826)年～明治15(1882)年
江戸時代後期～明治期の漆工家・高岡錆絵の創始者。
¶富山百

**三村和弘** みむらかずひろ
昭和6(1931)年10月31日～
昭和～平成期の陶芸家。
¶陶芸最，陶工，名工

**三村幸子** みむらさちこ
昭和33(1958)年3月7日～
昭和期の陶芸家。
¶陶芸最

**味村重臣** みむらしげおみ
昭和3(1928)年2月19日～
昭和～平成期の情報処理技術者。日立製作所ソフトウエア工場副技師長のち、大学教授を歴任。著書に「データベースシステムの設計と開発」など。
¶現執2期，現執3期

**三村鐘三郎** みむらしょうざぶろう
明治2(1869)年4月～昭和10(1935)年8月2日
明治～昭和期の林業功労者。椎茸松茸の人工栽培など林業副産物のために尽力。
¶科学，人名，世紀，渡航，日人

**三村陶景** みむらとうけい
明治18(1885)年4月1日～昭和31(1956)年3月28日
明治～昭和期の備前焼陶工。
¶岡山百，岡山歴

**三村陶伯** みむらとうはく
昭和4(1929)年7月22日～
昭和～平成期の陶芸家。
¶陶芸最，名工

**三村博** みむらひろし
大正10(1921)年～昭和50(1975)年
昭和期の漆工芸家。
¶香川人，香川百

**三村北土** みむらほくど
大正9(1920)年7月19日～
昭和～平成期の陶芸家。
¶陶芸，陶芸最，名工

**三村昌弘** みむらまさひろ
大正4(1915)年～平成10(1998)年7月29日
昭和～平成期の彫金家。
¶美工，名工

**水毛生伊余門** みもういよもん
文化12(1815)年～明治23(1890)年　㊟水毛生伊余門《みもふいよもん》
江戸時代末期～明治期の農事指導者。富樫氏の館跡諏訪野を開墾。また養蚕技術を各地で指導した。
¶姓氏石川(みもふいよもん)，日人

**水毛生伊余門** みもふいよもん
→水毛生伊余門(みもういよもん)

**宮井常蔵** みやいつねぞう
慶応1(1865)年～大正11(1922)年
明治～大正期の水産加工技術者。
¶姓氏宮城

**宮入昭平** みやいりあきひら
→宮入行平(みやいりゆきひら)

**宮入堅一** みやいりけんいち
→宮入行平(みやいりゆきひら)

**宮入行平** みやいりこうへい
→宮入行平(みやいりゆきひら)

**宮入庄太** みやいりしょうた
大正6(1917)年4月25日～平成11(1999)年2月19日
昭和～平成期の電気工学者、東京工業大学名誉教授。専門はエネルギー工学。
¶科学

**宮入行平** みやいりゆきひら
大正2(1913)年3月17日～昭和52(1977)年11月24日　㊟宮入昭平《みやいりあきひら》，宮入堅一《みやいりけんいち》，宮入行平《みやいりこうへい》
昭和期の刀匠。人間国宝。日本刀作家。
¶郷土長野，現朝，現情，現人(宮入昭平　みやいりあきひら)，現日，国宝，新潮(みやいりこ

みやうち　　　　　　　　　732　　　　　日本人物レファレンス事典

うへい），人名7，世紀，姓氏長野，長野百（宮
入堅一　みやいりけんいち），長野歴，日人，
美工，名工

**宮内梅治** みやうちうめじ
昭和期の喜久屋主人。
¶名工

**宮内康** みやうちこう
昭和12（1937）年〜平成4（1992）年
昭和〜平成期の建築家。
¶現日，世紀（㊥平成4（1992）年10月），美建
（㊥平成4（1992）年10月3日）

**宮内順子** みやうちじゅんこ
昭和期の足袋職人。
¶名工

**宮内善左衛門** みやうちぜんざえもん
生没年不詳
戦国時代の伊豆の鍛冶。
¶戦辞

**宮内フサ** みやうちふさ
明治16（1883）年〜昭和60（1985）年12月23日
明治〜昭和期の郷土人形作家。「タイ持ちえびす」
が年賀記念切手に採用される。張り子人形作りを
継承。
¶郷土香川，女性，女性普，世紀，日人（㊥明治
16（1883）年9月10日），美工（㊥明治16（1883）
年9月10日），名工

**宮浦松五郎** みやうらまつごろう
天保6（1835）年〜明治4（1871）年
江戸時代末期〜明治期の鉄砲技師。
¶幕末（㊥1871年7月3日），藩臣6

**宮岡英夫** みやおかひでお
昭和15（1940）年11月26日〜
昭和〜平成期の陶芸家。
¶陶芸最，陶工

**宮尾亀蔵** みやおかめぞう
天明2（1782）年〜嘉永6（1853）年　㊙亀蔵《かめ
ぞう》，播磨屋亀蔵《はりまやかめぞう》
江戸時代後期の土佐の人。鰹節製造法の改良者。
¶近世，高知人（亀蔵　かめぞう），高知人（播磨
屋亀蔵　はりまやかめぞう），高知百（亀蔵
かめぞう），国史，コン改（生没年不詳），コン
4（生没年不詳），史人，食文（播磨屋亀蔵　は
りまやかめぞう），人名，全書（生没年不詳），
日人，幕末（播磨屋亀蔵　はりまやかめぞう
㊙1853年2月2日），歴大（生没年不詳）

**宮尾奈ミ加** みやおなみか
昭和19（1944）年11月9日〜
昭和〜平成期の陶芸家。
¶陶芸最，陶工

**宮尾正隆** みやおまさたか
昭和12（1937）年10月2日〜
昭和〜平成期の陶芸家。
¶陶芸最，陶工，名工

**宮上茂隆** みやかみしげたか
昭和15（1940）年〜平成10（1998）年11月16日
昭和〜平成期の建築家、著述家。
¶児人，美建（㊙昭和15（1940）年7月26日）

**宮川英二** みやかわえいじ
大正4（1915）年7月14日〜平成1（1989）年5月11日
昭和期の建築家。日本大学名誉教授。
¶美建

**宮川勝次郎** みやがわかつじろう
安政2（1855）年〜大正11（1922）年
明治〜大正期の登山道開削者。
¶姓氏長野

**宮川加奈衣** みやかわかなえ
昭和43（1968）年6月27日〜
昭和〜平成期の陶芸家。
¶陶工

**宮川儀右衛門** みやがわぎえもん
元禄15（1702）年〜明和4（1767）年
江戸時代中期の開拓者。
¶日人

**宮川喜吉** みやがわきよし，みやかわきよし
昭和18（1943）年7月28日〜
昭和〜平成期の陶芸家。
¶陶芸最，陶工（みやかわきよし）

**宮川清** みやがわきよし
明治3（1870）年9月29日〜昭和34（1959）年12月
10日
明治〜昭和期の技師。
¶近土，土木

**宮川憲一** みやがわけんいち，みやかわけんいち
昭和13（1938）年4月8日〜
昭和〜平成期の陶芸家。
¶陶芸最，陶工（みやかわけんいち）

**宮川香雲** みやがわこううん，みやかわこううん
昭和13（1938）年〜
昭和〜平成期の陶芸家。
¶陶芸最（㊥昭和13年3月），陶工（みやかわこう
うん）

**宮川香斎〔5代〕** みやがわこうさい
大正11（1922）年3月9日〜
昭和〜平成期の陶芸家。
¶陶芸最（——〔代数なし〕），名工

**宮川香山** みやがわこうざん，みやかわこうざん
天保13（1842）年〜大正5（1916）年
江戸時代末期〜明治期の陶工。真葛焼の開祖。明
治の三大名工、海外でも著名。
¶朝日，岡山百（㊥天保13（1842）年1月　㊙大正5
（1916）年5月2日），岡山歴（㊥天保13（1842）
年1月　㊙大正5（1916）年5月2日），神奈川人，
神奈川百（みやかわこうざん），京都大，茶道，
新潮（㊥天保13（1842）年1月6日　㊙大正5
（1916）年5月20日），人名，姓氏神奈川，姓氏
京都，先駆（㊙大正5（1916）年5月20日），陶

工，日人，名工（[没]大正5年5月20日）

**宮川香山〔2代〕** みやがわこうざん
安政6（1859）年〜昭和15（1940）年
江戸時代末期〜昭和期の陶芸家。
¶陶工

**宮川四郎兵衛** みやがわしろべえ
承応2（1653）年〜元文5（1740）年
江戸時代前期の越後国柏崎町の豪商、新田開発者。
¶朝日（[没]元文5年1月16日（1740年2月13日）），近世（[生]1654年　[没]1741年），国史（[生]1654年　[没]1741年），史人（[没]1740年1月16日），新潮，世人，日人

**宮川治平** みやがわちへい
明治30（1897）年〜昭和62（1987）年
明治〜昭和期の陶芸家。
¶陶工

**宮川哲爾** みやかわてつじ
大正15（1926）年9月26日〜
昭和〜平成期の陶芸家。
¶陶芸最，陶工，名工

**宮川秀一** みやかわひでかず
文化10（1813）年〜明治20（1887）年
江戸時代後期〜明治期の刀工。
¶姓氏岩手

**宮川洋** みやかわひろし
昭和6（1931）年12月1日〜昭和60（1985）年10月18日
昭和期の電気工学者。東京大学教授。
¶科学，現執2期，現情，世紀，マス89

**宮城音五郎** みやぎおとごろう
明治16（1883）年8月3日〜昭和42（1967）年9月14日
明治〜昭和期の機械工学者。東北帝国大学教授、宮城県知事。
¶科学，埼玉人，世紀，政治（[生]明治16年8月），日人，宮城百

**宮城勝臣** みやぎかつとみ
〜平成16（2004）年1月19日
昭和〜平成期の陶芸家。
¶美工，名工

**宮城新昌** みやぎしんしょう
明治17（1884）年5月14日〜昭和42（1967）年8月15日
大正〜昭和期の水産事業家。垂下式カキ養殖法を考案し、宮城県などで実用化に成功。
¶沖縄百，食文，世紀，姓氏沖縄，日人，宮城百（[没]昭和46（1971）年）

**宮城鉄夫** みやぎてつお
明治10（1877）年9月4日〜昭和9（1934）年8月27日
明治〜昭和期の農事改良家。
¶沖縄百，植物，世紀，姓氏沖縄，日人

**宮亀年** みやきねん
寛政6（1794）年〜安政4（1857）年
江戸時代後期の石工。
¶埼玉人

**宮口一貫斎**（宮口一寛斎） みやぐちいっかんさい
天保9（1838）年〜明治39（1906）年
江戸時代末期〜明治期の刀工。第五回内国勧業博で刀剣四口を出品。
¶人名（宮口一寛斎），日人，名工（宮口一寛斎）

**宮口鍛** みやぐちきたえ
昭和期の曳山塗り師。
¶名工

**三宅馨** みやけかおる
明治24（1891）年5月15日〜昭和44（1969）年10月24日
大正〜昭和期の製薬技術者、経営者。武田薬品工業会長。武田科学振興財団理事長もつとめた。また台湾でキナ樹、沖縄でコカ樹の栽培に成功。
¶岡山歴，現情，植物，新潮，人名7，世紀，日人

**三宅菊栄** みやけきくえ
大正7（1918）年9月28日〜
昭和期の陶芸家。
¶陶芸最

**三宅順祐** みやけじゅんゆう
生没年不詳
明治期の電気技師。日本で初めて電球製造に着手。
¶先駆

**三宅丞四郎** みやけじょうしろう
天保3（1832）年〜明治28（1895）年
江戸時代末期〜明治期の機業家。福井絹織物業の技術改良を推進。福井藩物産惣会所のうち絹織物の元締役となる。
¶朝日（[没]明治28（1895）年9月15日），郷土福井，日人，福井百

**三宅精一** みやけせいいち
大正15（1926）年2月5日〜昭和57（1982）年7月10日
大正〜昭和期の点字ブロック考案・開発者。
¶科学，視覚

**三宅千生** みやけちせ
昭和期の面づくり。
¶名工

**三宅忠一**(1) みやけちゅういち
明治28（1895）年3月23日〜昭和58（1983）年3月24日
明治〜昭和期の農業技術者。
¶岡山百（[没]昭和53（1978）年3月24日），岡山歴，植物，世紀，日人

**三宅忠一**(2) みやけちゅういち
明治33（1900）年2月15日〜昭和55（1980）年5月23日
大正〜昭和期の農業技術者。植物病害防除について研究。岡山県園芸協会、温室葡萄協会の設立に参加した。著書に「岡山の果樹園芸史」など。
¶岡山歴

**三宅紀保** みやけのりやす
昭和18(1943)年5月29日～
昭和期の陶芸家。
¶陶芸最

**三家人部乙麿** みやけびとべのおとまろ
平安時代前期の陶工。弘仁瓷器の創始者。
¶人名，日人(生没年不詳)

**三宅松太郎** みやけまつたろう
大正9(1920)年2月26日～
昭和期の岡山県指定重要無形文化財保持者、特殊花筵製作技術者。
¶岡山百

**三宅元次郎** みやけもとじろう
昭和期のしゃもじ職人。
¶名工

**三宅洋司** みやけようじ
昭和25(1950)年12月20日～
昭和～平成期の陶芸家。
¶陶芸最，陶工



**宮宅淪迸** みやけりんぺい
昭和22(1947)年12月28日～
昭和～平成期の陶芸家。
¶陶芸最，陶工，名工

**宮坂清名** みやさかきよな
文政9(1826)年～明治30(1897)年
江戸時代後期～明治期の刀工。
¶姓氏長野

**宮坂房衛** みやさかふさえ
明治43(1910)年～平成13(2001)年9月9日
大正～平成期の彫金家。
¶美工([生]明治43(1910)年10月9日)，名工

**宮坂美重子** みやさかみえこ
昭和期の紙粘土人形作家。
¶名工

**宮崎市左衛門** みやざきいちざえもん
生没年不詳
明治期のワイン醸造業者。ワイン醸造のパイオニア。祝村葡萄酒醸造会社を設立。
¶先駆

**宮崎勝蔵** みやざきかつぞう
文久2(1862)年～昭和14(1939)年
明治～昭和期の柑橘生産技術者。
¶大分歴

**宮崎寒雉(1)** みやざきかんち
？　～明暦3(1657)年
江戸時代前期～中期の釜師。前田家に仕えた。
¶姓氏石川

**宮崎寒雉(2)** みやざきかんち
？　～正徳2(1712)年　[別]寒雉《かんち》
江戸時代前期～中期の鋳物師。
¶朝日([生]寛永10(1633)年？)，石川百([生]1631年)，近世，国史，コン改，コン4，茶道([生]1633年)，史人，新潮([没]正徳2(1712)年2月)，人名，世人(寒雉　かんち　[生]寛永8(1631)年)，世百，全書，大百，日人，美術([生]寛永10(1633)年？)，百科([生]寛永10(1633)年)

**宮崎寒雉(3)** みやざきかんち
明治13(1880)年～昭和39(1964)年
明治～昭和期の釜師宮崎寒雉の12代。
¶姓氏石川

**宮崎興二** みやざきこうじ
昭和15(1940)年9月2日～
昭和～平成期の建築学者。京都大学教授。専門は建築計画、図形科学。著書に「多面体と建築」「かたちと空間」など。
¶現執3期，現執4期

**宮崎晃尚** みやざきこうしょう，みやさきこうしょう
昭和33(1958)年2月13日～
昭和～平成期の陶芸家。
¶陶芸最，陶工(みやさきこうしょう)

**宮崎孝介** みやざきこうすけ
明治36(1903)年10月7日～昭和31(1956)年4月19日
大正～昭和期の技師。
¶近土，土木

**宮崎光星** みやざきこうせい
大正14(1925)年1月28日～
昭和期の陶芸家。
¶陶芸最

**宮崎孔友** みやざきこうゆう
大正7(1918)年～
昭和期の計測工学者。
¶群馬人

**宮崎準之助** みやざきじゅんのすけ
昭和5(1930)年1月22日～平成1(1989)年7月27日
昭和期の彫刻家。
¶美建

**宮崎谷男** みやざきたにお
大正10(1921)年4月1日～
昭和期の陶芸家。
¶陶芸最

**宮崎虎一** みやざきとらいち
明治17(1884)年～昭和7(1932)年5月12日
明治～昭和期の工学者。東京帝国大学教授。電気冶金学、特に非鉄諸金属の冶金に関する造詣が深い。
¶科学([生]1884年(明治17)9月13日)，人名，世紀([生]明治17(1884)年9月)，日人([生]明治17(1884)年9月)

**宮崎元** みやざきはじめ
明治36(1903)年～？
昭和期の陶芸家。
¶陶芸最([生]明治36年1月29日)，陶工

**宮崎彦九郎** みやざきひこくろう
大正4(1915)年1月18日～平成6(1994)年8月15日

昭和〜平成期の釜師。
¶美工

**宮崎弘** みやざきひろし
明治21(1888)年〜昭和44(1969)年
大正〜昭和期の蚕糸業指導者。
¶群馬人

**宮崎有敬** みやざきゆうけい
天保3(1832)年〜明治28(1895)年
江戸時代末期〜明治期の製糸業。上毛繭糸改良会社社長。踏転器械を発明し、教授所設立。
¶群馬人, 群馬百, 姓氏群馬, 幕末([没]1895年4月3日)

**宮崎祐輔** みやざきゆうすけ, みやさきゆうすけ
昭和29(1954)年1月22日〜
昭和〜平成期の陶芸家。
¶陶芸最, 陶工(みやさきゆうすけ), 名工

**宮崎友禅** みやざきゆうぜん
生没年不詳　[別]宮崎友禅斎《みやざきゆうぜんさい》, 友禅《ゆうぜん》
江戸時代前期〜中期の扇・染物絵師。友禅染の創始者。
¶朝日, 石川百(宮崎友禅斎　みやざきゆうぜんさい), 岩史, 角史, 京都, 京都大, 近世, 国史, 国書, コン改, コン4, 史人, 重要, 新潮, 人名(友禅　ゆうぜん), 姓氏石川, 姓氏京都, 世人, 全書(宮崎友禅斎　みやざきゆうぜんさい), 大百(宮崎友禅斎　みやざきゆうぜんさい), 伝記, 日史, 日人, 美家, 美術, 百科, 歴大

**宮崎友禅斎** みやざきゆうぜんさい
→宮崎友禅(みやざきゆうぜん)

**宮崎豊** みやざきゆたか
昭和23(1948)年〜
昭和期の陶芸家。
¶陶芸最

**宮崎林三郎** みやざきりんざぶろう
安政6(1859)年〜昭和6(1931)年10月28日
明治〜大正期の発明家。
¶佐賀百([生]安政6(1859)年10月28日), 世紀([生]安政6(1859)年4月18日), 日人

**宮沢章** みやざわあきら
昭和25(1950)年1月22日〜
昭和期の陶芸家。
¶陶芸最

**宮沢菊男** みやざわきくお
昭和10(1935)年10月21日〜
昭和期の陶芸家。
¶陶芸最

**宮沢清明** みやざわきよあき
昭和28(1953)年〜
昭和〜平成期の自転車フレーム・ビルダー。
¶名工

**宮沢功** みやざわこう
昭和17(1942)年〜
昭和期の陶芸家。
¶陶芸最

**宮沢四郎** みやざわしろう
〜平成1(1989)年8月30日
昭和期の陶芸家。
¶名工

**宮沢太郎兵衛** みやざわたろべえ
生没年不詳
江戸時代中期の人。中村の碩水寺本尊阿弥陀如来座像を修理。
¶姓氏長野

**宮沢文次郎** みやざわぶんじろう
文久3(1863)年〜昭和16(1941)年
明治〜昭和期の水路開削者。
¶姓氏長野

**宮地健次郎** みやじけんじろう
明治43(1910)年11月4日〜昭和62(1987)年7月24日
昭和期の鉄道技術者、国鉄技師長。
¶科学

**宮地杭一** みやじこういち
大正3(1914)年10月31日〜
昭和期の電子工学者。芝浦工業大学教授。
¶現情

**宮路朔之進** みやじさくのしん
寛政5(1793)年〜明治7(1874)年
江戸時代後期〜明治期の公共事業家。
¶日人

**宮地生成** みやじせいじょう
昭和34(1959)年〜　[別]宮地生成《みやちせいせい》
昭和〜平成期の陶芸家。
¶陶工(みやちせいせい), 名工

**宮下桂二** みやしたけいじ
昭和21(1946)年9月18日〜
昭和〜平成期の陶芸家。
¶陶芸最, 陶工

**宮下紫草** みやしたしそう
明治33(1900)年〜昭和62(1987)年
大正〜昭和期の陶芸家。
¶陶工

**宮下善爾** みやしたぜんじ
昭和14(1939)年5月14日〜
昭和〜平成期の陶芸家。
¶陶芸最, 陶工, 名工

**宮下善寿** みやしたぜんじゅ
明治34(1901)年6月13日〜昭和63(1988)年5月9日
大正〜昭和期の陶芸家。
¶陶芸最, 陶工, 美工, 名工

み

**宮下貞一郎** みやしたていいちろう
明治45(1912)年〜昭和40(1965)年
昭和期の陶芸家。
¶札幌([生]明治45年1月1日),北海道百,北海道歴

**宮下英子** みやしたひでこ
昭和19(1944)年5月13日〜
昭和期の陶芸家。
¶陶芸最

**宮地冬樹** みやじふゆき
明治36(1903)年〜昭和61(1986)年
昭和期の電気技師、電気事業経営者。
¶高知人

**宮島勇** みやじまいさむ
大正5(1916)年2月20日〜平成15(2003)年12月22日
昭和〜平成期の染織家。
¶美工,名工

**宮島市郎** みやじまいちろう
昭和期の白銀師。
¶名工

み

**宮島栄太郎** みやじまえいたろう
天保13(1842)年〜明治38(1905)年
江戸時代末期〜明治期の果樹園芸家。梨の品種改良に尽力、早生赤種「水熊」を開発した。
¶日人

**宮地允則** みやじまさのり
生没年不詳
江戸時代末期〜明治期の七宝工。
¶美工

**宮嶋正太郎** みやじましょうたろう
明治29(1896)年〜昭和56(1981)年
大正〜昭和期のらんま製作者。
¶和歌山人

**宮嶋勝** みやじままさる
昭和16(1941)年11月5日〜
昭和期の社会工学者。東京工業大学教授。
¶現執3期

**宮昌太郎** みやしょうたろう
大正2(1913)年〜昭和43(1968)年
昭和期の南部鉄器クラフト界の先駆者・南部鉄器工芸家。
¶姓氏岩手

**宮代房子** みやしろふさこ
昭和22(1947)年8月26日〜
昭和〜平成期の陶芸家。
¶陶工

**宮田聡** みやたあきら
明治33(1900)年10月22日〜昭和59(1984)年10月28日
昭和期の電気化学者。理化学研究所研究員。「アルマイト」を発明、不透性のアルマイトを完成させた。著書に「陽極酸化」など。
¶科学,現朝,現情([没]1984年10月27日),世紀,日人

**宮田栄助** みやたえいすけ
天保11(1840)年〜明治33(1900)年
明治期の自転車製造業者。日本最初の自転車工場である宮田製銃所の創業者。
¶先駆,民学,明治2

**宮田栄助〔2代〕** みやたえいすけ
元治1(1864)年〜昭和6(1931)年
明治〜大正期の実業家。先代栄助とともに国産自転車を開発。
¶人名(——〔代数なし〕),日人

**宮田勝男** みやたかつお
明治40(1907)年2月1日〜昭和59(1984)年1月10日
大正〜昭和期の箏製作者。
¶世紀,日人,名工

**宮田勝貞** みやたかつさだ
? 〜享保14(1729)年
江戸時代中期の甲冑師、鐔工宮田家の5代目。
¶佐賀百

**宮竹屋喜左衛門** みやたけやきざえもん
江戸時代後期の陶工、加賀春日山焼の窯元。
¶人名,日人(生没年不詳)

**宮田宏平** みやたこうへい
昭和1(1926)年1月10日〜
昭和〜平成期の鋳金家。
¶現朝,日人

**宮田筑後** みやたちくご
生没年不詳
江戸時代前期の能面師。
¶日人

**宮田半兵衛** みやたはんべえ
享保13(1731)年3月〜?
江戸時代中期の村役。寒天製造の先覚者。
¶食文

**宮田道雄** みやたみちお
明治19(1886)年8月19日〜昭和59(1984)年11月18日
大正〜昭和期の工学者。
¶科学,写家

**宮田味津三** みやたみつぞう
明治38(1905)年〜昭和47(1972)年
昭和期の映画監督、映画編集技師。
¶映人([生]明治38(1905)年7月5日 [没]昭和47(1972)年8月13日),監督

**宮田祐吉** みやたゆうきち
昭和期の三菱電機郡山製作所第一工作課キャビネット係。
¶名工

**宮田豊** みやたゆたか
昭和10(1935)年1月1日〜
昭和〜平成期の陶芸家。

¶陶芸最，陶工

**宮田藍堂**(1) みやたらんどう
安政3(1856)年〜大正8(1919)年
明治〜大正期の鋳銅作家。
¶世紀(⊕安政3(1856)年4月22日 ㊥大正8(1919)年11月2日)，新潟百(⊕1855年)，日人

**宮田藍堂**(2) みやたらんどう
大正15(1926)年1月10日〜平成19(2007)年5月25日
昭和〜平成期の鋳金家、鋳金家、現代工芸美術家協会常務理事。
¶世紀，美工

**宮地生成** みやちせいせい
→宮地生成(みやじせいじょう)

**宮地陶博** みやちとうはく
昭和24(1949)年1月5日〜
昭和〜平成期の陶芸家。
¶陶工

**宮地房江** みやちふさえ
明治44(1911)年2月24日〜
昭和〜平成期の染色工芸家。
¶名工

**宮津純** みやづあつし
明治37(1904)年6月29日〜昭和37(1962)年10月29日
昭和期の機械工学者。東京大学教授。
¶現情

**宮永東山**(1) みやながとうざん
明治1(1868)年〜昭和16(1941)年
明治〜昭和期の陶芸家。作品に「群鹿の図瓶掛」。
¶京都大，人名7，姓氏京都(⊕1867年)，陶工，日人(㊥昭和16(1941)年12月15日)，名工(㊥昭和16年12月15日)

**宮永東山**(2) みやながとうざん
明治40(1907)年8月15日〜平成7(1995)年3月4日
大正〜平成期の陶芸家。
¶陶芸，陶芸最，美工，名工

**宮永八百治** みやながやおじ
天保8(1837)年〜明治28(1895)年
明治期の治水家。宮崎県の本庄用水路を完成させた。
¶日人

**宮永理吉** みやながりきち
昭和10(1935)年11月17日〜
昭和〜平成期の陶芸家。
¶陶芸最(⊕昭和11年11月17日)，陶工，名工

**宮野** みやの
戦国時代〜安土桃山時代の能面師。仮面中作七工の一人。
¶人名，日人(生没年不詳)

**宮野宗八** みやのそうはち
農事改良家。

¶姓氏富山

**宮之原謙** みやのはらけん
明治31(1898)年〜昭和52(1977)年
昭和期の陶芸家。東京教育大学講師。日本芸術院賞受賞、千葉県文化功労者として表彰された。
¶鹿児島百，現情(⊕1898年2月9日 ㊥1977年8月23日)，人名7，世紀(⊕明治31(1898)年2月9日 ㊥昭和52(1977)年8月23日)，姓氏鹿児島，千葉百，陶芸最，陶工，日人(⊕明治31(1898)年2月9日 ㊥昭和52(1977)年8月23日)，美工(⊕明治31(1898)年2月9日 ㊥昭和52(1977)年8月23日)，名工(⊕明治31年2月9日 ㊥昭和52年8月23日)

**宮之原健輔** みやのはらけんすけ
明治9(1876)年〜昭和31(1956)年11月18日
明治〜昭和期の果樹専任技師。
¶愛媛百

**宮伸穂** みやのぶほ
昭和27(1952)年〜
昭和〜平成期の南部鉄器クラフトマン。
¶名工

**宮林宣** みやばやしのぶ
〜昭和62(1987)年3月13日
昭和期の陶芸家。
¶美工，名工

**宮林治代** みやばやしはるよ
大正6(1917)年6月17日〜
昭和期の陶芸家。
¶陶芸最

**宮原昭太郎** みやはらしょうたろう
昭和16(1941)年10月22日〜
昭和〜平成期の陶芸家。
¶陶芸最，陶工，名工

**宮原二郎** みやはらじろう，みやばらじろう
安政5(1858)年〜大正7(1918)年
明治期の海軍軍人、軍事技術者。中将、東京帝国大学教授、貴族院議員。宮原式汽缶の発明者。
¶海越(⊕安政5(1858)年7月 ㊥大正7(1918)年1月15日)，海越新(⊕安政5(1858)年7月 ㊥大正7(1918)年1月15日)，岡山歴(⊕安政5(1858)年7月7日 ㊥大正7(1918)年1月15日)，科学(⊕1858年(安政5)年7月7日 ㊥1918年(大正7)1月15日)，近現，国史，コン改，コン5，静岡百，静岡歴，新潮(⊕安政5(1858)年7月 ㊥大正7(1918)年1月15日)，人名，世紀(⊕安政5(1858)年7月 ㊥大正7(1918)年1月15日)，全書，大百，渡航(⊕1858年7月 ㊥1918年1月15日)，日人，陸海(みやばらじろう ⊕安政5年7月7日 ㊥大正7年1月15日)

**宮原久己** みやはらひさみ
昭和期の船大工。
¶名工

**宮原ミユキ** みやはらみゆき
昭和期の織り工芸作家。

¶名工

**宮原茂吉** みやはらもきち
明治40(1907)年10月8日〜
昭和〜平成期の漆芸家。
¶名工

**宮原隆次** みやはらりゅうじ
昭和27(1952)年4月21日〜
昭和期の陶芸家。
¶陶芸最

**宮平初子** みやひらはつこ
大正11(1922)年11月6日〜
昭和〜平成期の染織家。
¶国宝, 世紀, 日人, 名工

**宮部惣太郎** みやべそうたろう
嘉永5(1852)年〜昭和9(1934)年
明治〜昭和期の桔梗ヶ原開墾の先駆者。
¶長野歴

**美山富** みやまとみ
昭和15(1940)年12月21日〜
昭和期の陶芸家。
¶陶芸最

**宮本勲** みやもといさお
昭和期の工学者。
¶現執2期

**宮本包則** みやもとかねのり
天保1(1830)年〜大正15(1926)年　[別]能登守宮本包則《のとのかみみやもとかねのり》
江戸時代末期〜大正期の刀工。伊勢神宮の遷宮の神宝太刀を作り、帝室技芸員に任命された。
¶朝日([没]昭和1(1926)年10月24日), 人名, 世紀([生]天保1(1831)年　[没]大正15(1926)年10月24日), 鳥取百(能登守宮本包則　のとのかみみやもとかねのり), 日人, 名工

**宮本金八** みやもときんぱち
明治11(1878)年1月8日〜昭和45(1970)年10月29日
昭和期のバイオリン製作者。
¶現情

**宮元健次** みやもとけんじ
昭和37(1962)年〜
昭和〜平成期の建築家。龍谷大学国際文化学部助教授、宮元建築研究所代表取締役。
¶現執4期

**宮本光吉** みやもとこうきち
昭和13(1938)年3月24日〜
昭和期の陶芸家。
¶陶芸最

**宮本孝太郎** みやもとこうたろう
昭和期の宮本卯之助商店副社長。
¶名工

**宮本五郎** みやもとごろう
明治38(1905)年4月18日〜昭和62(1987)年12月1日
大正〜昭和期の工学者。
¶科学, 写家

**宮本佐四郎** みやもとさしろう
明治26(1893)年3月16日〜昭和37(1962)年4月14日
大正〜昭和期の園芸家。大分県柑橘協会長。津久見ミカンの栽培法の改良と販路開拓につくした。
¶大分百, 大分歴([生]明治43(1910)年), 植物, 世紀, 日人

**宮本茂** みやもとしげる
昭和27(1952)年〜
昭和〜平成期のゲーム・クリエーター。任天堂情報開発部部長。
¶YA

**宮本重吉** みやもとじゅうきち
弘化2(1845)年〜昭和11(1936)年
明治〜昭和期の浜岡砂丘の開拓者。
¶静岡歴, 姓氏静岡

**宮本重良** みやもとじゅうりょう
明治28(1895)年7月17日〜昭和44(1969)年7月28日
昭和期の彫刻家。粲々会を結成。木彫の仏像、神像を主に制作、代表作に「猿田彦神」「脚を拭く」など。
¶近美, 世紀, 日人, 美建

**宮本武之輔** みやもとたけのすけ
明治25(1892)年1月5日〜昭和16(1941)年12月24日
明治〜昭和期の技術行政官。
¶愛媛百, 科学, 近土, 土木, 履歴

**宮本武芳** みやもとたけよし
明治44(1911)年6月5日〜
昭和〜平成期の陶芸家。
¶陶芸, 陶芸最, 名工

**宮本忠夫** みやもとただお
昭和3(1928)年8月〜
昭和期の陶芸家。
¶陶芸最

**宮本輝光** みやもとてるみつ
昭和期の刀匠。
¶名工

**宮本陶明** みやもととうめい
大正11(1922)年11月29日〜
昭和〜平成期の陶芸家。
¶名工

**宮本知忠** みやもとともただ
大正4(1915)年3月15日〜
昭和〜平成期の陶芸家。
¶陶芸, 陶芸最, 名工

**宮本晴美** みやもとはるみ
昭和41(1966)年7月3日〜
昭和〜平成期の陶芸家。

¶陶工

宮本久幸 みやもとひさゆき
昭和17(1942)年6月21日～
昭和～平成期の映画録音技師。
¶映人

宮本博(1) みやもとひろし
昭和33(1958)年12月21日～
昭和～平成期の陶芸家。
¶陶芸最，陶工

宮本博(2) みやもとひろし
大正6(1917)年11月13日～平成13(2001)年7月22日
昭和～平成期の機械工学者、東京大学名誉教授。専門は材料力学、破壊力学。
¶科学

宮本政右衛門 みやもとまさえもん
天保1(1830)年～明治32(1899)年
江戸時代末期～明治期の縫裁業。紋羽織を改良。紀州ネルを創始。
¶日人，幕末(⊕1900年11月12日)，和歌山人

宮本正志 みやもとまさし
明治10(1877)年10月3日～昭和18(1943)年5月27日
明治～昭和期の土地改良功労者。
¶岡山歴

宮本正文 みやもとまさふみ
昭和21(1946)年7月11日～
昭和期の陶芸家。
¶陶芸最

宮本政幸 みやもとまさゆき
明治43(1910)年7月6日～昭和58(1983)年4月29日
明治～昭和期の電気工学者。
¶鉄道

宮本茂十郎 みやもともじゅうろう
生没年不詳
江戸時代後期の人。十日町透綾織を発明。
¶新潟百別

宮本康隆 みやもとやすたか
昭和14(1939)年～
昭和期の陶芸家。
¶陶芸最

宮本屋理八 みやもとやりはち
？～天保8(1837)年
江戸時代後期の陶工。
¶姓氏石川

宮脇昭彦 みやわきあきひこ
昭和14(1939)年9月6日～
昭和～平成期の陶芸家。
¶陶芸最，陶工，名工

宮脇檀 みやわきまゆみ
昭和11(1936)年2月16日～平成10(1998)年10月21日
昭和～平成期の建築家。日本大学生産工学研究所教授。日本の集落調査などの経験を踏まえ、風土性と人間味のある都市住宅を設計。「秋田相互銀行盛岡支店」など。
¶現朝，現執2期，現執3期，現日，世紀，日人，美建

妙阿 みょうあ
南北朝時代の石大工。
¶岡山百(生没年不詳)，岡山歴

名井九介 みょういきゅうすけ
明治2(1869)年～昭和19(1944)年
明治～昭和期の技師。
¶科学(⊕1869年(明治2)5月5日 ㊙1944年(昭和19)1月23日)，近土(⊕1869年5月5日 ㊙1944年1月23日)，札幌，土木(⊕1869年5月5日 ㊙1944年1月23日)，北海道百，北海道歴

明円 みょうえん
？～正治1(1199)年 ㊙明円《めいえん》
平安時代後期～鎌倉時代前期の円派系の仏師。
¶朝日(㊙正治1(1199)年頃)，鎌室(めいえん)，京都大，国史(めいえん 生没年不詳)，古中(めいえん 生没年不詳)，史人(生没年不詳)，新潮(㊙正治1(1199)年頃)，人名，姓氏京都(㊙1199年？)，世人(めいえん)，全書，日史，日人，美術，百科，仏教(㊙正治1(1199)年頃)，仏史(めいえん 生没年不詳)，平史

明円房 みょうえんぼう
生没年不詳
平安時代後期の仏師。
¶平史

妙海 みょうかい
正応3(1290)年～？
鎌倉時代後期の仏師。
¶姓氏長野，長野百(⊕？)，長野歴，仏教(生没年不詳)

妙観 みょうかん
生没年不詳
奈良時代の僧・仏師。
¶仏教

妙西 みょうさい
生没年不詳
戦国時代の鉄砲鍛冶。
¶日人

明寿 みょうじゅ
→埋忠明寿(うめただみょうじゅ)

明春 みょうしゅん
生没年不詳
平安時代後期の仏師。
¶平史

明舜(明順) みょうしゅん，みょうじゅん
？～元永1(1118)年
平安時代後期の絵仏師。
¶平史，名画(明順 みょうじゅん)

**明定** みょうじょう
生没年不詳
平安時代中期の仏師。
¶平史

**明神政義** みょうじんまさよし
明治35（1902）年～平成8（1996）年
大正～平成期の社寺建築技術者。
¶高知人，美建（[生]明治35（1902）年2月19日　[没]平成8（1996）年7月19日）

**明王太郎** みょうたろう
生没年不詳
戦国時代の大工。
¶戦辞

**明珍** みょうちん
世襲名　平安時代後期以来の金工。
¶近世，古中，史人，世人

**明珍〔22代〕** みょうちん
江戸時代の甲冑師。
¶世百

**明珍理** みょうちんおさむ
昭和期の火ばし職人。
¶名工

**明珍家** みょうちんけ
？ ～
安土桃山時代の鋳物師。
¶島根人

**明珍高義** みょうちんたかよし
室町時代の甲冑師。明珍家14代義長の弟。明珍後の三作の一人。
¶人名，日人（生没年不詳）

**明珍恒男** みょうちんつねお
明治15（1882）年～昭和15（1940）年
大正～昭和期の彫刻家。国宝仏像の修理に従事、奈良美術院主事となる。
¶近現，近美（[生]明治15（1882）年8月19日　[没]昭和15（1940）年3月18日），国史，コン改，コン5，新潮（[生]明治15（1882）年8月19日　[没]昭和15（1940）年3月18日），人名7，世紀（[生]明治15（1882）年8月19日　[没]昭和15（1940）年3月18日），日人（[生]明治15（1882）年8月19日　[没]昭和15（1940）年3月18日）

**明珍信家** みょうちんのぶいえ
戦国時代の甲冑師。明珍家第17代。明珍後の三作の一人。
¶朝日（[生]文明18（1486）年？　[没]永禄7（1564）年？），郷土神奈川（生没年不詳），重要（生没年不詳），人書94（生没年不詳），新潮（生没年不詳），人名，姓氏群馬（生没年不詳），姓氏山梨，日人（生没年不詳），美工（[生]？　[没]？）

**明珍房宗** みょうちんふさむね
生没年不詳
戦国時代の甲冑師。
¶神奈川人，日人

**明珍宗家** みょうちんむねいえ
安土桃山時代の甲冑師。明珍家第19代。徳川家康の命で大円平頂山尊霊の兜を作ったとされる。
¶人名，日人（生没年不詳）

**明珍宗清** みょうちんむねきよ
鎌倉時代前期の甲冑師。明珍家第2代。増田宗介の子。
¶人名，日人（生没年不詳）

**明珍宗介** みょうちんむねすけ
寛永19（1642）年～享保11（1726）年
江戸時代前期～中期の甲冑師。
¶日人

**明珍宗久** みょうちんむねひさ
室町時代の足利の甲冑師。
¶栃木歴

**明珍宗政** みょうちんむねまさ
南北朝時代の甲冑師。明珍家第9代。後醍醐天皇の命で朝日威の鎧を作ったとされる。
¶人名，日人（生没年不詳）

**明珍宗安** みょうちんむねやす
室町時代の甲冑師。明珍家第10代。京都一条堀川に住んだ。
¶人名，日人（生没年不詳）

**明珍宗保** みょうちんむねやす
生没年不詳
江戸時代中期の甲冑師。
¶人書94

**明珍宗行** みょうちんむねゆき
生没年不詳
鎌倉時代の甲冑師。
¶日人

**明珍宗之** みょうちんむねゆき
昭和期の鍛冶。
¶名工

**明珍吉久** みょうちんよしひさ
？ ～寛文4（1664）年
江戸時代前期の装剣金工。
¶日人

**明珍義通** みょうちんよしみち
室町時代の甲冑師。明珍家第16代義保の弟。明珍後の三作の一人。
¶人名，日人（生没年不詳）

**妙法** みょうほう
生没年不詳
鎌倉時代の玉工。
¶日人

**妙了尼** みょうりょうに
生没年不詳
江戸時代中期の女性。中島川に古町橋を架橋した。
¶長崎歴

**妙蓮** みょうれん
生没年不詳

鎌倉時代の蒔絵師。
¶日人

**三好伊兵衛** みよしいへえ
江戸時代後期の操り人形師。
¶埼玉百

**三好かがり** みよしかがり
昭和29（1954）年～
昭和～平成期の漆芸家。
¶名工

**三好久太郎** みよしきゅうたろう
明治5（1872）年～昭和9（1934）年
明治～昭和期の化学技術者。日本染料取締役技師長。製鉄用炉材の研究や製鉄燃料の改善のほか、化学工業確立のための基礎形成に寄与。
¶人名，世紀，（⊕明治5（1872）年1月 ⊗昭和9（1934）年12月11日），全書，大百，渡航（⊕1872年1月 ⊗1934年12月11日），日人（⊕明治5（1872）年1月21日 ⊗昭和9（1934）年12月11日）

**三好建太郎** みよしけんたろう
昭和28（1953）年11月6日～
昭和期の陶芸家。
¶陶芸最

**三吉正一** みよししょういち
嘉永6（1853）年～明治39（1906）年3月24日　㊞三吉正一《みよしまさいち》
明治期の発明家、実業家。足踏製糸機械を発明。白熱舎を設立、国産初の白熱電球を製造した。後進の育成にも尽力。
¶朝日（⊕嘉永6（1853）年10月），科学（⊕1853年（嘉永6）6月），近現，国史，史人（⊕1853年10月28日），先駆（みよしまさいち　生没年不詳），鉄道（⊕1853年11月），日人

**三好晋六郎** みよししんろくろう
安政4（1857）年～明治43（1910）年
明治期の造船学者。東京帝国大学工科大学教授。造艦技術の発展に功績。築地工手学校校長を歴任。
¶朝日（⊕安政4年7月21日（1857年9月9日）⊗明治43（1910）年1月28日），科学（⊕安政4（1857）年7月21日　⊗明治43（1910）年1月29日），海越新（⊕安政4（1857）年7月21日　⊗明治43（1910）年1月29日），科学（⊕1857年（安政4）7月21日　⊗1910年（明治43）1月28日），学校（⊕安政4（1857）年7月21日　⊗明治43（1910）年1月28日），静岡歴，人名，大百，渡航（⊕1857年7月　⊗1910年1月28日），日人

**美好竹梁** みよしちくりょう
慶応1（1865）年～
江戸時代末期～明治期の表具師。
¶高知人

**三好知新** みよしちしん
天明8（1788）年～慶応3（1867）年
江戸時代後期の指物師。
¶大阪人（⊕寛政1（1789）年），人名，日人

**三好貞三** みよしていぞう
～昭和59（1984）年3月18日
昭和期の京蒔絵師。
¶美工，名工

**三善長道** みよしながみち
世襲名　江戸時代の歴代会津藩に仕えた刀鍛冶。
¶福島百

**三善長道〔1代〕** みよしながみち
寛永10（1633）年～貞享2（1685）年　㊞長道〔1代〕《ながみち》，長道《ながみち》
江戸時代の陸奥会津藩の刀工。
¶近世（長道　ながみち），国史（長道　ながみち），史人（長道　ながみち），日人（長道〔1代〕　ながみち），藩臣2（――〔代数なし〕）

**三吉正一** みよしまさいち
→三吉正一（みよししょういち）

**三好真長** みよしまさなが
明治19（1886）年～昭和41（1966）年
明治～昭和期の工芸家。
¶香川人，香川百

**三好松吉** みよしまつきち
明治18（1885）年10月29日～昭和55（1980）年10月16日
明治～昭和期の機械技術者、電業社機械製作所創業者。専門は電力工学。
¶科学

**三好木屑〔1代〕** みよしもくしょう
生没年不詳
江戸時代後期の指物師。
¶茶道，美工

**三好木屑軒也二** みよしもくしょうけんやじ
明治7（1874）年～昭和17（1942）年
明治～昭和期の指物師。
¶茶道，名工

**三好保憲** みよしやすのり
明治44（1911）年11月15日～平成7（1995）年8月3日
昭和～平成期の電気工学者、名古屋工業大学名誉教授。専門は放電工学。
¶科学

**三好美明** みよしよしあき
～平成5（1993）年6月17日
昭和～平成期の竹細工師。
¶美工，名工

**三代芳松** みよしまつ
明治7（1874）年6月6日～昭和14（1939）年6月3日
明治～昭和期の水産家。改良イワシ揚繰網を考案し、イワシ漁法を革新した。
¶世紀，日人

**弥勒** みろく
生没年不詳
室町時代の能面師。仮面十作の一人。翁面の名手といわれる。

¶鎌室，人名，日人，美工

**弥勒寺音次郎** みろくじおとじろう
*～明治2(1869)年
江戸時代後期～末期の宮大工・彫工。
¶群馬人([生]寛政8(1796)年)，姓氏群馬([生]1799年)

**弥勒武吉** みろくぶきち
明治23(1890)年～昭和43(1968)年
大正～昭和期の実業家。拳銃、猟銃および捕鯨砲を製作。日本精機製作所、つづいて猟銃専門のミロク製作所を設立。
¶高知人，高知百，世紀([生]明治23(1890)年12月21日　[没]昭和43(1968)年9月14日)，日人([生]明治23(1890)年12月21日　[没]昭和43(1968)年9月14日)

**三輪栄造** みわえいぞう
昭和21(1946)年11月11日～平成11(1999)年7月21日
昭和～平成期の陶芸家。
¶陶工，美工

**三輪和彦** みわかずひこ
昭和～平成期の陶芸家。
¶名工

**三輪休雪** みわきゅうせつ
元和1(1615)年～宝永2(1705)年　[別]休雪《きゅうせつ》
江戸時代前期の萩焼の陶工。
¶コン改，コン4，茶道，新潮，人名，日人([生]1630年　[没]1706年)

**三輪休雪〔11代〕** みわきゅうせつ
明治43(1910)年2月4日～　[別]三輪寿雪《みわじゅせつ》
昭和～平成期の陶芸家。萩焼の伝統をうけついだ作陶で注目される。人間国宝。作品に「白萩沓形筆洗切茶碗」など。
¶現情，国宝(三輪寿雪　みわじゅせつ)，世紀，陶芸(――〔代数なし〕)，陶芸最(――〔代数なし〕)，陶工(――〔代数なし〕)，日人，名工

**三輪休和** みわきゅうわ
明治28(1895)年4月20日～昭和56(1981)年10月24日
明治～昭和期の陶芸家。独自の美しい白釉を完成し萩焼の近代化に貢献。
¶現朝，現情，現日，国宝，茶道，世紀，全書，陶芸([生]1896年)，陶芸最([生]明治29年)，陶工，日人，美工，名工

**三輪幸左衛門** みわこうざえもん
文政8(1825)年～明治34(1901)年
江戸時代後期～明治期の土木功労者。
¶和歌山人

**三輪茂雄** みわしげお
昭和2(1927)年7月19日～
昭和～平成期の粉体工学者。同志社大学教授。
¶現執2期，現執3期

**三輪周蔵** みわしゅうぞう
明治23(1890)年7月10日～昭和39(1964)年11月3日
明治～昭和期の技師。
¶近土，土木

**三輪寿雪** みわじゅせつ
→三輪休雪〔11代〕(みわきゅうせつ)

**三輪雪山** みわせつざん
天保11(1840)年～大正10(1921)年
江戸時代末期～大正期の陶工。
¶世紀([没]大正10(1921)年8月13日)，陶工([生]1839年)，日人

**三輪雪堂** みわせつどう
明治1(1868)年～昭和28(1953)年
江戸時代末期～昭和期の陶芸家。
¶陶工

**三輪善一** みわぜんいち
昭和期の臼井竹材店社長。
¶名工

**三輪利英** みわとしひで
大正15(1926)年12月8日～
昭和期の鉄道工学者。福山大学教授。
¶現執2期

**三輪永保** みわながやす
→三輪永保(みわひさやす)

**三輪野勇** みわのいさむ
昭和3(1928)年1月15日～平成15(2003)年4月
昭和～平成期の映画特殊効果技師。
¶映人

**三輪永保** みわひさやす
嘉永1(1848)年～大正12(1923)年　[別]三輪永保《みわながやす》
江戸時代末期～大正期の工芸家。郷土玩具の浜松張子の創始者。
¶静岡歴，姓氏静岡(みわながやす)

**三輪雅章** みわまさあき
昭和12(1937)年3月9日～
昭和期の陶芸家。
¶陶芸最

**三輪正弘** みわまさひろ
大正14(1925)年2月7日～
昭和期の建築家、実業家。三輪環境計画会長、東京造形大学教授、武蔵野美術大学教授。
¶現執2期

**三輪ミトリ** みわみとり
～平成18(2006)年12月30日
昭和～平成期の刺繍職人。
¶美工

**美和隆治** みわりゅうじ
昭和5(1930)年6月3日～
昭和期の陶芸家。
¶陶芸最，名工

み

三輪竜作　みわりょうさく
昭和15(1940)年9月5日～
昭和～平成期の陶芸家。
¶陶芸最，陶工，名工

珉江　みんこう
生没年不詳
江戸時代後期の木彫工。
¶日人

珉山　みんざん
生没年不詳
江戸時代中期～後期の陶工。
¶日人

民部　みんぶ
明暦3(1657)年～？
江戸時代中期の仏師。
¶日人，仏教

## 【む】

向井一太郎　むかいいちたろう
明治38(1905)年～平成9(1997)年4月9日
大正～平成期の表具師。
¶美工，名工

向井勝幸　むかいかつゆき
万延1(1860)年～明治40(1907)年
明治期の彫金家。
¶日人

向井喜太夫　むかいきだゆう
江戸時代後期の三田焼の陶工。
¶人名，日人(生没年不詳)

向井覚　むかいさとる
大正10(1921)年～
昭和期の建築家。
¶群馬人

向井三郎　むかいさぶろう
明治30(1897)年～昭和58(1983)年
大正～昭和期の建築家。神社仏閣彫刻規矩術で独特の道具を開発した。
¶青森人

向井周太郎　むかいしゅうたろう
昭和7(1932)年10月25日～
昭和～平成期のインダストリアルデザイナー。武蔵野美術大学教授、向井デザイン研究所代表。「うむ(UMU)」の会主宰。著書に「デザインの原点」「かたちのセミオシス」など。
¶現朝，現執3期，現情，世紀，日人

向正運　むかいしょううん
慶応3(1867)年～昭和19(1944)年
明治～昭和期の仏師。
¶石川百，姓氏石川

向太郎助　むかいたろうすけ
㊿太郎介《たろすけ》，向太郎介《むかいたろうすけ》
江戸時代前期の豊前の楽焼陶工。
¶人名(太郎介　たろすけ)，日人(生没年不詳)

向井哲吉　むかいてつきち
元治1(1864)年～昭和19(1944)年8月3日
明治～昭和期の製鉄所技師。製鉄技術研究のためドイツに留学。特殊鋼の発展に尽力。
¶海越，海越新，科学，渡航(㊃？)

向井道年　むかいみちとし
昭和～平成期の向井造船所社長。
¶名工

向井和平　むかいわへい
天保13(1842)年～明治37(1904)年
明治期の磁業家。洋風の錦付法により輸出品を製造、のち淡黄磁を創製。
¶愛媛百(㊅天保13(1842)年11月12日　㊃明治37(1904)年10月9日)，郷土愛媛，人名(㊃？)，日人

向井和平〔1代〕むかいわへい
？～万延1(1860)年
江戸時代後期～末期の陶工。
¶日人

武笠清太郎　むかさせいたろう
文久2(1862)年4月14日～昭和12(1937)年10月23日
江戸時代末期～昭和期の技師。
¶近土，渡航(㊃？)，土木

麦生百郎　むぎうとみろう
明治4(1871)年10月16日～昭和24(1949)年9月15日
明治～昭和期の農業技術者。広島県穀物検査所長。
¶世紀，日人，広島百

椋梨俊平　むくなしじゅんぺい
慶安4(1651)年～享保3(1718)年
江戸時代前期～中期の治水家。長州(萩)藩士。周防・長門で最大の溜め池である常盤池を築造。
¶姓氏山口，日人，藩臣6，山口百

椋木英三　むくのきえいぞう
昭和17(1942)年3月23日～
昭和～平成期の陶芸家。
¶陶芸最，陶工

椋原佳俊　むくはらかしゅん
昭和24(1949)年1月23日～
昭和期の陶芸家。
¶陶芸最

向山周慶　むこうやましゅうけい
→向山周慶(さきやましゅうけい)

武蔵川建三　むさしがわけんぞう
～平成20(2008)年1月8日
昭和～平成期の漆芸家。
¶美工

むさしか

む

**武蔵大掾忠広**　むさしだいじょうただひろ
→肥前忠吉〔1代〕(ひぜんただよし)

**武蔵大掾忠広**　むさしのだいじょうただひろ
→肥前忠吉〔1代〕(ひぜんただよし)

**武蔵多利丸**　むさしのたりまる
生没年不詳
平安時代前期の仏師。
¶平史

**武蔵丸吉英**　むさしまるよしひで
世襲名　江戸時代中期～末期の刀工。
¶多摩

**武者利光**　むしゃとしみつ
昭和6(1931)年6月29日～
昭和～平成期の電気工学者。東京工業大学教授。1/fゆらぎの研究で知られる。脳の電気的興奮部位の高速追跡法の研究もある。
¶現朝，世紀

**武者満歌**　むしゃまんか
→武者満歌(むしゃみつうた)



**武者満歌**　むしゃみつうた
弘化5(1848)年1月4日～昭和16(1941)年　[別]武者満歌《むしゃまんか》
江戸時代末期～昭和期の技師。
¶近土，鉄道(むしゃまんか)，土木

**牟出久次**　むたきゅうじ
弘化4(1847)年～明治35(1902)年
明治期の型紙彫刻師。型紙陶画の彫刻を始め、のち銅版を彫刻し陶画転写に便を供した。
¶人名，日人，名工([没]明治35年5月)

**陸奥守忠吉〔3代〕**　むつのかみただよし
寛永14(1637)年～貞享3(1686)年
江戸時代前期の刀工。2代忠広の長男。
¶佐賀百

**武藤章**　むとうあきら
昭和6(1931)年4月3日～昭和60(1985)年10月12日
昭和期の建築家。武藤章研究室一級建築士事務所主宰、工学院大学名誉教授。
¶美建

**武藤勇**　むとういさむ
昭和14(1939)年～
昭和～平成期の塗師。
¶名工

**武藤清**　むとうきよし
明治36(1903)年1月29日～平成1(1989)年3月12日
大正～昭和期の建築構造学者。鹿島建設副社長。日本初の超高層ビル(霞ヶ関ビル)を設計。文化勲章受章。
¶科学，科技，現朝，現執2期，現情，現人，現日，コン改，コン4，コン5，新潮，世紀，世百新，全書，日人，日本，美建，百科，マス89

**武藤金悦**　むとうきんえつ
昭和7(1932)年7月1日～平成10(1998)年4月13日
昭和～平成期の鋳物工芸作家。
¶美工

**武藤幸逸**　むとうこういつ
天保9(1838)年～大正3(1914)年
明治期の農業指導者。戸長。農場を開設し、土地改良、牛馬耕の導入などに貢献。
¶近現，群馬人，国史，姓氏群馬([生]1837年)，日人

**武藤幸介**　むとうこうすけ
明治10(1877)年～昭和35(1960)年
明治～昭和期の農業技術者、政治家。群馬県議会議員。
¶群馬人，姓氏群馬

**武藤三郎**　むとうさぶろう
大正8(1919)年11月25日～
昭和期の電気工学者。名古屋工業大学教授。
¶現情

**武藤雄二**　むとうゆうじ
昭和30(1955)年～
昭和期の陶芸家。
¶陶芸最

**夢童由里子**　むどうゆりこ
昭和期の人形作家。
¶名工

**宗像英二**　むなかたえいじ
→宗像英二(むねかたえいじ)

**宗像利浩**　むなかたとしひろ
昭和32(1957)年3月21日～
昭和～平成期の陶芸家。
¶陶芸最，陶工，名工

**宗像利吉**　むなかたとしよし
明治7(1874)年～昭和33(1958)年　[別]宗像利吉《むなかたりきち》
明治～昭和期の篤農家。煙草耕作組合中央会副会長。特産の松川葉煙草を改良。合理的農業経営の実践と農村指導者養成に尽力。
¶近現，国史，世紀([生]明治7(1874)年12月　[没]昭和33(1958)年2月23日)，日人(むなかたりきち　[生]明治7(1874)年12月　[没]昭和33(1958)年2月23日)，福島百(むなかたりきち)

**宗像利吉**　むなかたりきち
→宗像利吉(むなかたとしよし)

**宗像亮一**　むなかたりょういち
昭和8(1933)年6月6日～
昭和～平成期の陶芸家。
¶陶芸最，陶工，名工

**宗家**　むねいえ
江戸時代後期の刀匠。
¶島根人

## 宗像英二　むねかたえいじ
明治41 (1908) 年6月24日〜平成16 (2004) 年4月20日　㊙宗像英二《むなかたえいじ》
大正〜昭和期の化学技術者。旭化成工業常務取締役。石油化学系アクリル・モノマーなどの基礎技術確立に尽力。
¶科技, 科技, 現朝, 現情 (むなかたえいじ), 現人, 世紀, 日人

## 宗包　むねかね
平安時代後期の刀工。
¶岡山人

## 宗貞　むねさだ
鎌倉時代前期の備中妹尾の刀工。
¶岡山歴

## 宗祐　むねすけ
生没年不詳
江戸時代前期の刀剣研ぎ師。
¶和歌山人

## 宗隆　むねたか
鎌倉時代の刀工。
¶岡山人, 岡山歴

## 宗忠　むねただ
鎌倉時代の刀工。
¶岡山人, 岡山歴

## 宗近　むねちか
生没年不詳　㊙三条宗近《さんじょうむねちか》, 三条小鍛冶宗近《さんじょうこかじむねちか》
平安時代中期の山城国京三条の刀工。
¶朝日, コン改, コン4, 史人, 新潮, 世人, 全書 (三条宗近　さんじょうむねちか), 大百 (三条宗近　さんじょうむねちか), 日史 (三条宗近　さんじょうむねちか), 日人, 美工, 百科 (三条宗近　さんじょうむねちか), 平史 (三条宗近　さんじょうむねちか)

## 宗継　むねつぐ
戦国時代の刀工。
¶島根人, 島根百

## 宗継〔1代〕　むねつぐ
戦国時代の刀工。
¶島根百

## 宗恒　むねつね
平安時代後期の刀工。
¶岡山人, 岡山歴

## 宗俊　むねとし
戦国時代の刀工。
¶島根人, 島根百

## 宗利　むねとし
室町時代の刀工。
¶岡山人

## 宗仲　むねなか
平安時代の刀工。
¶岡山人

## 宗長　むねなが
戦国時代の刀工。
¶島根人, 島根百

## 宗弘　むねひろ
室町時代の刀工。
¶島根人, 島根百

## 宗広力三　むねひろりきぞう
大正3 (1914) 年4月25日〜平成1 (1989) 年11月21日
昭和期の染織家。
¶現朝, 現情, 現日, 国宝, 世紀, 日人, 美工, 名工

## 宗正芳明　むねまさよしあき
昭和14 (1939) 年10月2日〜
昭和〜平成期の陶芸家。
¶陶工

## 宗光(1)　むねみつ
永享9 (1437) 年〜？
室町時代〜戦国時代の長船派の刀工。
¶岡山歴

## 宗光(2)　むねみつ
明治35 (1902) 年1月5日〜昭和54 (1979) 年10月13日
昭和期の刀工。
¶島根百

## 宗安(1)　むねやす
平安時代の刀工。
¶岡山人

## 宗安(2)　むねやす
江戸時代末期の刀匠。
¶島根人

## 宗義(1)　むねよし
平安時代後期の刀工か。
¶岡山歴

## 宗義(2)　むねよし
江戸時代後期の刀工。
¶島根百

## 宗義(3)　むねよし
江戸時代末期の刀工。
¶島根百

## 宗吉(1)　むねよし
鎌倉時代の刀工。
¶岡山人, 岡山歴

## 宗吉(2)　むねよし
戦国時代の刀工。
¶島根人, 島根百

## 宗吉(3)　むねよし
戦国時代の刀工。
¶島根人, 島根百

**宗吉(4)　むねよし**
安土桃山時代の刀工。
¶島根百

**宗吉(5)　むねよし**
安土桃山時代の刀工。
¶島根百

**宗吉(6)　むねよし**
生没年不詳
江戸時代前期の装剣金工。
¶日人

**村井乙次郎　むらいおとじろう**
生没年不詳
昭和期の友禅業者。
¶姓氏京都

**村井勘介　むらいかんすけ**
江戸時代後期の近江湖東焼の陶画工。
¶人名，日人（生没年不詳）



**村井菊蔵　むらいきくぞう**
明治8（1875）年2月1日～昭和22（1947）年3月19日
明治～昭和期の育種家。ナスの新品種「菊千成」、マクワウリの新品種「菊まくわ」を開発。砂丘地での能代梨の栽培を奨励。
¶植物，世紀，日人

**村井吉兵衛　むらいきちべい**
→村井吉兵衛（むらいきちべえ）

**村井吉兵衛　むらいきちべえ**
元治1（1864）年～昭和1（1926）年　[別]村井吉兵衛《むらいきちべい》
明治～大正期の実業家。国産初の両切紙巻きたばこサンライズを製造。
¶朝日（[生]元治1年1月22日（1864年2月29日）　[没]昭和1（1926）年1月2日），石川百（むらいきちべい），京都大，近現，国史，コン改，コン5，史人（[生]1864年1月22日　[没]1926年1月2日），実業（[生]文久4（1864）年1月22日　[没]大正15（1926）年1月2日），食文（[生]文久4年1月22日（1864年2月29日）　[没]1926年1月2日），新潮（[生]元治1（1864）年1月22日　[没]大正15（1926）年1月2日），人名，世紀（[生]文久4（1864）年1月22日　[没]大正15（1926）年1月2日），姓氏石川，姓氏京都，先駆（[生]元治1（1864）年1月22日　[没]大正15（1926）年1月2日），全書（[没]1928年），渡航（[生]1864年1月21日　[没]1926年1月2日），日史（[生]元治1（1864）年1月22日　[没]大正15（1926）年1月2日），日人，明治2（むらいきちべい），履歴（[生]元治1（1864）年1月22日　[没]大正15（1926）年1月2日），歴大

**村井源三　むらいげんぞう**
天保12（1841）年～明治41（1908）年
江戸時代後期～明治期の改良酒造業の指導者・銘酒「あさ開」の創業者。
¶姓氏岩手

**村井資長　むらいすけなが**
明治42（1909）年11月22日～平成18（2006）年3月31日
昭和～平成期の燃料工学者、早稲田大学総長。
¶科学，現執2期，現情

**村井昌弘　むらいまさひろ**
元禄6（1693）年～宝暦9（1759）年
江戸時代中期の兵法家、測量家。
¶近世，国史，国書（[没]宝暦9（1759）年7月20日），新潮（[没]宝暦9（1759）年7月20日），人名，世人（生没年不詳），日人

**村井三四之助　むらいみよのすけ**
生没年不詳
明治期の実業家。日本初のガラス工場を創業、板ガラスの製造を開始。
¶先駆

**村井八寿子　むらいやすこ**
明治41（1908）年8月15日～昭和50（1975）年2月3日
昭和期の美容師。紀ノ国屋総合美容院開設、主宰。
¶現情，女性（[没]昭和50（1975）年3月3日），女性普（[没]昭和50（1975）年3月3日），世紀，日人

**村岡菊治　むらおかきくじ**
大正9（1920）年～平成10（1998）年8月30日
昭和～平成期の人形作家。
¶美工

**村岡昭臣　むらおかしょうしん**
昭和17（1942）年12月10日～
昭和～平成期の陶芸家。
¶名工

**村岡良寛　むらおかよしひろ**
昭和23（1948）年8月13日～
昭和～平成期の陶芸家。
¶陶芸最，陶工

**村上昭子　むらかみあきこ**
昭和2（1927）年～
昭和～平成期の料理研究家。
¶現執3期

**村上市五郎　むらかみいちごろう**
明治10（1877）年9月7日～昭和41（1966）年5月16日
明治～昭和期の漆器工芸家（沈金彫刻）。
¶愛媛百

**村上永一　むらかみえいいち**
大正4（1915）年4月16日～平成13（2001）年12月30日
昭和～平成期の土木技術者、建設省土木研究所所長。専門は橋梁工学。
¶科学

**村上絵美　むらかみえみ**
昭和37（1962）年～
昭和～平成期のステンドグラス作家。
¶名工

**村上勘兵衛　むらかみかんべえ**
明治15（1882）年3月1日～昭和53（1978）年11月

25日
明治〜昭和期の農事改良者。広島県重井村(因島市)村長。
¶植物，世紀，日人，広島百

**村上吉五郎** むらかみきちごろう
天明7(1787)年〜明治9(1876)年
江戸時代後期の大工、算番制作者。
¶島根人，島根百(㊐天明7(1787)年4月20日 ㊚明治9(1876)年12月10日)，島根歴，日人，幕末(㊚1876年12月10日)

**村上享一** むらかみきょういち
慶応2(1866)年〜明治39(1906)年
明治期の鉄道技術者。
¶近土(㊐1866年1月1日　㊚1906年8月18日)，鉄道(㊐1866年2月15日　㊚1906年8月19日)，土木(㊐1866年1月1日　㊚1906年8月18日)，日人

**村上国吉** むらかみくにきち
明治9(1876)年1月〜昭和32(1957)年12月13日
明治〜昭和期の農業技術者、政治家。
¶京都府，政治，日人

**村上九郎作** むらかみくろうさく
慶応3(1867)年〜大正8(1919)年
明治〜大正期の木彫家。
¶石川百，姓氏石川，日人(㊐明治1(1868)年 ㊚大正8(1919)年5月)

**村上恵二** むらかみけいじ
明治24(1891)年〜昭和49(1974)年9月10日
大正〜昭和期の森林砂防工学者。京都帝国大学教授。オーストリア砂防技術、砂防技術史に関する研究。
¶科学(㊐1891年(明治24)12月)，現情(㊐1891年12月20日)，人名7，世紀(㊐明治24(1891)年12月)，日人(㊐明治24(1891)年12月20日)

**村上けんー** むらかみけんいち
昭和4(1929)年〜平成3(1991)年
昭和〜平成期のこけし工人。
¶山形百新

**村上源吾** むらかみげんご
明治36(1903)年〜昭和55(1980)年
大正〜昭和期の宮大工。
¶栃木歴，美建

**村上祥子** むらかみさちこ
昭和17(1942)年2月18日〜
昭和〜平成期の料理研究家。ムラカミアソシエーツ代表取締役。
¶現執4期

**村上三蔵** むらかみさんぞう
生没年不詳
明治期の男性。近代火薬製造のパイオニア。土木用緩燃導火線を手工的に製造することに成功。
¶先駆

**村上周三** むらかみしゅうぞう
昭和17(1942)年11月24日〜
昭和期の工学者。東京大学教授、慶応義塾大学教授。
¶現執2期

**村上昇進堂** むらかみしょうしんどう
生没年不詳
明治期の銅版技師。
¶大阪人

**村上正輔** むらかみしょうすけ
明治11(1878)年9月17日〜昭和24(1949)年2月20日
昭和期の経営者。日産自動車社長。オーバル歯車を発明、自動車発動機に応用されて日本の自動車産業の発展に貢献した。
¶世紀，日人，山口百

**村上如竹** むらかみじょちく
生没年不詳
江戸時代後期の装剣金工家。
¶朝日，コン改，コン4，新潮，世人，日人，美工

**村上誠吉** むらかみせいきち
昭和18(1943)年〜
昭和〜平成期の陶芸家。
¶名工

**村上善作** むらかみぜんさく
文政8(1825)年〜明治9(1876)年
江戸時代後期〜明治期の塗師。
¶庄内(㊚明治9(1876)年3月7日)，山形百新

**村上武次郎** むらかみたけじろう
明治15(1882)年11月10日〜昭和44(1969)年7月29日
大正〜昭和期の金属工学者。東北大学教授。主にクロム鋼の基礎研究に従事。
¶科学，現朝，現情，現日，新潮，人名7，世紀，大百，日人，日本，宮城百

**村上治** むらかみただす
昭和5(1930)年10月2日〜
昭和〜平成期の電気工学者。
¶現情

**村上東市** むらかみとういち
昭和26(1951)年3月15日〜
昭和〜平成期の陶芸家。
¶陶芸最，陶工，名工

**村上戸久** むらかみとく
大正12(1923)年〜
昭和〜平成期の染色家。
¶名工

**村上富朗** むらかみとみお
昭和24(1949)年〜
昭和〜平成期の家具作家。
¶名工

**村上信夫** むらかみのぶお
大正10(1921)年5月27日〜
昭和〜平成期の料理人。帝国ホテル料理顧問。ホテルリッツ等で修業、東京五輪料理長を務め、のち帝国ホテル料理長。

¶現朝，現情，現日，世紀，テレ（⊕昭和28年6月30日），日人

### 村上平次郎 むらかみへいじろう
生没年不詳
江戸時代中期の殖産家。長州（萩）藩の櫨栽培の指導者。櫨蠟を藩の重要物産品に育てた。
¶朝日，日人

### 村上正則 むらかみまさのり
生没年不詳
江戸時代中期～後期の装剣金工。
¶日人

### 村上正典 むらかみまさのり
昭和10（1935）年3月29日～平成19（2007）年1月31日
昭和～平成期の陶芸家。
¶陶芸最，美工，名工

### 村上又次 むらかみまたじ
生没年不詳
江戸時代中期の職人。
¶和歌山人

### 村上道太郎 むらかみみちたろう
大正8（1919）年2月10日～平成4（1992）年1月28日
昭和～平成期の染色家。専門は草木染。
¶植物，美工，名工

### 村上道政 むらかみみちまさ
明治34（1901）年～昭和19（1944）年
大正～昭和期の刀匠・村光。
¶島根歴

### 村上光男 むらかみみつお
昭和38（1963）年～
昭和～平成期の陶芸家。
¶陶工

### 村上光保 むらかみみつやす
天保8（1837）年～？
明治期の料理人。日本初の洋菓子専門店を開店。
¶食文，先駆（生没年不詳）

### 村上元彦 むらかみもとひこ
大正8（1919）年～昭和61（1986）年6月17日
昭和期の染色工芸家。えぼし会主宰。
¶世紀，日人（⊕大正8（1919）年1月7日），美工，名工

### 村上盛之 むらかみもりゆき
生没年不詳
明治期の彫金家。
¶大阪人

### 村上休広 むらかみやすひろ
寛永13（1636）年～享保3（1718）年
江戸時代前期～中期の農事改良家。
¶食文（⊕享保3年1月20日（1718年2月19日）），日人

### 村木朝司 むらきあさし
大正12（1923）年4月3日～

---

昭和～平成期の陶芸家。
¶陶芸最，陶工

### 村越滄洲 むらこしそうしゅう
嘉永3（1850）年～明治24（1891）年
明治期の工芸家。
¶日人

### 村越久子 むらこしひさこ
大正10（1921）年3月16日～
昭和～平成期の陶芸家。
¶陶工

### 村越風月 むらこしふうげつ
昭和25（1950）年2月14日～
昭和～平成期の陶芸家。
¶陶芸最，陶工

### 村貞(1) むらさだ
江戸時代後期の刀工。
¶島根人，島根百

### 村貞(2) むらさだ
江戸時代末期の刀工。
¶島根百

### 村沢一正 むらさわかずまさ
大正13（1924）年～
昭和期の陶芸家。
¶陶芸最

### 村沢城山 むらさわじょうざん
昭和15（1940）年～
昭和～平成期の陶芸家。
¶陶工

### 村沢浩 むらさわひろし
昭和23（1948）年～
昭和～平成期の陶芸家。
¶陶芸最

### 村下信吉 むらしたしんきち
～昭和63（1988）年11月9日
昭和期の染織家。専門は加賀友禅。
¶美工，名工

### 村島雪山 むらしませつざん
昭和4（1929）年12月16日～
昭和～平成期の陶芸家。
¶陶芸最，陶工，名工

### 村瀬一郎 むらせいちろう
昭和8（1933）年2月15日～
昭和～平成期の陶芸家。
¶名工

### 村瀬熊彦 むらせくまひこ
慶応2（1866）年～昭和14（1939）年
江戸時代末期～昭和期の陶芸家。
¶陶工

### 村瀬幸吉 むらせこうきち
～昭和57（1982）年10月25日
昭和期の染色家。岐阜県無形文化財保持者（紋章

上絵及び草木染技術）。
¶名工

**村瀬昌平** むらせしょうへい
昭和31（1956）年2月25日〜
昭和〜平成期の陶芸家。
¶陶工

**村瀬美香** むらせびこう
文政12（1829）年〜明治29（1896）年
江戸時代末期〜明治期の陶工。楽焼風の茶器を作り不二見焼と称す。のち広く日用食器類をつくる。
¶人名，日人，名工（[没]明治29年11月）

**村田英晤** むらたえいご
生没年不詳
明治期の陶工。日奈久窯の創始者。のちに蟹爪釉の諸器もある。
¶人名，日人，美工

**村田久造** むらたきゅうぞう
明治35（1902）年6月23日〜平成3（1991）年9月6日
大正〜昭和期の盆栽作家。取り木法を開発し自然よりも自然らしい清雅な作風を確立。
¶現朝，現日，植物，世紀，日人

**村田金次郎** むらたきんじろう
生没年不詳
江戸時代末期〜明治期の陶工。初めは土物を焼いていたが、のち染付専業となる。
¶人名，日人，美工

**村田九郎兵衛〔8代〕** むらたくろべえ
大正4（1915）年7月22日〜
昭和〜平成期の蒔絵筆師。
¶名工

**村田元**（村田慿） むらたげん
明治37（1904）年〜昭和63（1988）年3月8日
昭和期の陶芸家。
¶社史（村田慿　[生]1904年8月），世紀（[生]明治37（1904）年8月5日），陶芸，陶芸最（[生]明治37年8月5日），陶工，栃木歴，美工（[生]明治37（1904）年8月5日），名工（[生]明治37年8月5日）

**村田健郎** むらたけんろう
大正12（1923）年10月4日〜平成11（2009）年7月27日
昭和〜平成期の情報工学者、日立製作所中央研究所技師長。専門は数学、情報処理。
¶科学

**村田光月** むらたこうげつ
大正15（1926）年4月1日〜
昭和〜平成期の陶芸家。
¶陶工

**村田恒光** むらたこうこう
→村田恒光（むらたつねみつ）

**村田弘道** むらたこうどう
〜平成13（2001）年4月27日
昭和〜平成期の陶芸家、僧侶。
¶美工

**村田光陽** むらたこうよう
昭和18（1943）年3月23日〜
昭和期の陶芸家。
¶陶芸最

**村田重徳** むらたしげのり
昭和期のジュエリー・デザイナー。
¶名工

**村田珠光** むらたじゅこう
大正11（1922）年8月23日〜
昭和〜平成期の陶芸家。
¶陶工

**村田整珉** むらたせいみん
宝暦11（1761）年〜天保8（1837）年　[別]整珉《せいみん》
江戸時代中期〜後期の鋳金家。近代彫刻の先駆け。
¶朝日（[没]天保8年11月24日（1837年12月21日）），江戸東，コン改，コン4，史人（[生]1761年8月13日　[没]1837年11月24日），新潮（[没]天保8（1837）年11月24日），人名（整珉　せいみん），人名，世人，日人，美術，百科

**無量塔蔵六** むらたぞうろく
昭和2（1927）年3月4日〜
昭和〜平成期のバイオリン製作者。
¶音人，名工

**村田正** むらたただし
大正3（1914）年12月15日〜平成1（1989）年1月23日
昭和期の建築家。村田相互設計事務所代表取締役。
¶美建

**村田恒光** むらたつねみつ
？〜明治3（1870）年　[別]村田恒光《むらたこうこう》
江戸時代後期〜明治期の和算家、測量家。
¶朝日（[没]明治3年9月14日（1870年10月8日）），科学（[没]1870年（明治3）9月14日），国書（[没]明治3（1870）年9月14日），新潮，人名（むらたこうこう），数学（[没]明治3（1870）年9月14日），世人（生没年不詳），日人，藩臣5

**村田経芳** むらたつねよし
天保9（1838）年〜大正10（1921）年
江戸時代末期〜大正期の陸軍少将。村田銃を発明。さらに改良した二十二年式連発銃を製造。
¶朝日（[生]天保9年6月10日（1838年7月30日）　[没]大正10（1921）年2月9日），維新，海越（[生]天保9（1838）年6月10日　[没]大正10（1921）年2月10日），海越新（[生]天保9（1838）年6月10日　[没]大正10（1921）年2月10日），科学（[生]1838年（天保9）6月10日　[没]1921年（大正10）2月9日），鹿児島百，近現，国際，国史，コン改，コン4，コン5，史人（[生]1838年6月10日　[没]1921年2月9日），新潮（[生]天保9（1838）年6月10日　[没]大正10（1921）年2月10日），人名，姓氏鹿児島，世百，先駆（[生]天保9（1838）年6月10日　[没]大正10（1921）年2月9日），全書，渡航（[生]1838年6月10日　[没]1921年2月），日史（[生]天保9（1838）年6月10日　[没]大正10（1921）年2月9日），日人，

む

幕末，藩臣7，百科，陸海（⊕天保9年6月10日
⊗大正10年2月9日）

**村田鶴** むらたつる
明治17（1884）年7月1日～昭和54（1979）年1月
21日
大正～昭和期の土木工学者，道路技師。トンネル
設計を数多く担当。茨城県出身。
¶近土

**村田哲夫** むらたてつお
大正11（1922）年8月23日～
昭和期の陶芸家。
¶陶芸最

**村田藤吾** むらたとうご
明治24（1891）年～昭和59（1984）年11月
大正～昭和期の建築家。
¶大阪人

**村田陶石** むらたとうせき
大正15（1926）年11月15日～
昭和期の陶芸家。
¶陶芸最

**村田寿親**(1) むらたとしちか
天保1（1830）年～明治28（1895）年
江戸時代後期～明治期の松江藩金工。
¶島根人，島根百（⊗明治28（1895）年3月8日），
島根歴

**村田寿親**(2) むらたとしちか
明治14（1881）年～大正11（1922）年
明治～大正期の金工家。
¶島根人，島根百（⊗大正11（1922）年10月14日）

**村田寿親〔4代〕** むらたとしちか
明治42（1909）年6月24日～昭和53（1978）年9月
19日
昭和期の金工家。
¶島根百

**村田利親** むらたとしちか
安政6（1859）年～昭和14（1939）年
明治～昭和期の金工家。
¶島根人，島根百（⊗昭和14（1939）年10月18日）

**村田敏光** むらたとしみつ
昭和16（1941）年1月22日～
昭和～平成期の陶芸家。
¶陶芸最，陶工

**村田富二郎** むらたとみじろう
大正5（1916）年～
昭和期の工学者。立命館大学教授，岐阜経済大学
教授。
¶現執1期，現執2期（⊗大正5（1916）年9月5日）

**村田富久** むらたとみひさ
文政10（1827）年～明治24（1891）年
江戸時代末期～明治期の尾張常滑の陶工。
¶人名，日人

**村田直明** むらたなおあき
明治27（1894）年～昭和50（1975）年
大正～昭和期の電気通信技術者。
¶北海道百，北海道歴

**村田比呂平** むらたひろお
明治41（1908）年11月～昭和63（1988）年4月8日
大正～昭和期の能面師。
¶美工，名工

**村田浩** むらたひろし
昭和18（1943）年1月11日～
昭和～平成期の陶芸家。
¶ジヤ（⊕1943年6月20日），陶芸最，陶工

**村田真樹** むらたまき
昭和29（1954）年9月12日～
昭和～平成期の陶芸家。
¶陶工

**村田政真** むらたまさちか
明治39（1906）年9月6日～昭和62（1987）年7月9日
大正～昭和期の建築家。村田政真建築設計事務所
社長。
¶美建

**村田幹子** むらたみきこ
昭和15（1940）年11月2日～
昭和～平成期の陶芸家。
¶陶工

**村田明哲** むらためいてつ
文化13（1816）年～明治11（1878）年
江戸時代末期～明治期の測量家。
¶国書（⊗明治11（1878）年11月26日），人名，姓
氏宮城，日人

**村田基之** むらたもとゆき
大正2（1913）年～平成6（1994）年
昭和～平成期のむらた工芸創業者。
¶青森人

**村田豊** むらたゆたか
大正6（1917）年11月16日～昭和63（1988）年2月
10日
昭和期の建築家。
¶美建

**村田吉生** むらたよしお
明治41（1908）年6月6日～昭和62（1987）年10月
26日
大正～昭和期の漆芸家。
¶富山百，美工，名工

**村田吉弘** むらたよしひろ
昭和26（1951）年12月15日～
昭和～平成期の料理人。菊乃井主人、菊の井代表
取締役。
¶現執4期

**村田好美** むらたよしみ
昭和13（1938）年4月5日～
昭和～平成期の陶芸家。
¶陶芸最，名工

## 村田良蔵 むらたりょうぞう
文久3(1863)年〜大正11(1922)年
明治〜大正期の農事改良家。
¶岩手百, 姓氏岩手

## 村東旭 むらとうきょく
? 〜嘉永4(1851)年
江戸時代後期の加賀藩の御細工者、画家。
¶石川百, 姓氏石川, 日人(生没年不詳)

## 村中翠芳 むらなかすいほう
明治42(1909)年〜
昭和期の陶芸家。
¶陶芸, 陶芸最(㊄明治42年8月2日)

## 村野金五 むらのきんご
昭和期の農業。
¶名工

## 村野三右衛門 むらのさんうえもん
江戸時代前期の新田開発者。
¶多摩

## 村野藤吾 むらのとうご
明治24(1891)年〜昭和59(1984)年
昭和期の建築家。日本建築家協会会長。世界平和記念聖堂、そごう読売会館などを設計。文化勲章受章。
¶科技(㊤1891年5月15日　㊦1984年11月26日)、現朝(㊤1891年5月15日　㊦1984年11月26日)、現情(㊤1891年5月15日　㊦1984年11月27日)、現人、現日(㊤1891年5月15日　㊦1984年11月26日)、コン改、コン4、コン5、佐賀百(㊤明治24(1891)年5月15日)、新潮(㊤明治24(1891)年5月15日　㊦昭和59(1984)年11月27日)、世紀(㊤明治24(1891)年5月15日　㊦昭和59(1984)年11月26日)、世百、世百新、全書、大百、日人(㊤明治24(1891)年5月15日　㊦昭和59(1984)年11月26日)、日本、美建(㊤明治24(1891)年5月15日　㊦昭和59(1984)年11月26日)、美術、百科、兵庫百、マス89

## 村野盛政 むらのもりまさ
明和1(1764)年〜文政2(1819)年
江戸時代中期〜後期の茶業改良家。剣術家、俳諧師。
¶朝日(㊄文政2年4月20日(1819年5月13日))、埼玉人、埼玉百、日人

## 村橋直衛 むらはしなおえ
→村橋久成(むらはしひさなり)

## 村橋久成 むらはしひさなり
天保11(1840)年〜明治25(1892)年　㊅村橋直衛《むらはしなおえ》
江戸時代末期〜明治期の官吏。北海道開拓に農業技術を導入。
¶維新(村橋直衛　むらはしなおえ)、海越(村橋直衛　むらはしなおえ　㊄明治25(1892)年9月28日)、海越新(村橋直衛　むらはしなおえ　㊄明治25(1892)年9月28日)、札幌(㊤天保13(1842)年?　㊦1892年9月28日)、姓氏鹿児島(村橋直衛　む らはしなおえ)、渡航(村橋直衛・村橋久成　むらはしなおえ・むらはしきゅうせい　㊄1892年9月28日)、日人、幕末(村橋直衛　むらはしなおえ　㊄1892年9月28日)、藩臣7、北海道歴(㊤天保13(1842)年)、履歴(㊤天保13(1842)年10月　㊦明治25(1892)年9月28日)

## 村正 むらまさ
生没年不詳　㊅勢州村正《せいしゅうむらまさ》、千子村正《せんごむらまさ》
南北朝時代の伊勢桑名の刀工。表裏の刃文が揃うところが特徴。
¶朝日、角史、鎌室、国史、古中、コン改、コン4、史人、新潮、人名、世人、全書、大百、日史、日人、美工、百科、歴大

## 村松鑓太郎 むらまつけいたろう
文久3(1863)年〜昭和19(1944)年
明治〜昭和期の製茶機械、自動火装置発動機の開発者。
¶静岡歴, 姓氏静岡

## 村松酔歩 むらまつすいほ
大正2(1913)年〜昭和56(1981)年
昭和期の川柳人、指物師。
¶島根歴

## 村松善八 むらまつぜんぱち
嘉永5(1852)年〜明治40(1907)年
江戸時代後期〜明治期の水産改良家。焼津カツオ節作りの創始者。カツオ節製造伝習所を創立。
¶静岡百, 静岡歴, 姓氏静岡

## 村松卓 むらまつたかし
昭和26(1951)年12月29日〜
昭和〜平成期の陶芸家。
¶陶芸最, 陶工

## 村松万三郎 むらまつまんざぶろう
嘉永5(1852)年〜明治41(1908)年
明治期の金工家。日本で初めて指輪を製造し、普及に尽力。
¶人名, 先駆, 日人, 名工(㊄明治41年1月25日)

## 村松雄一郎 むらまつゆういちろう
明治7(1874)年〜昭和12(1937)年
明治〜昭和期の鹿妻幹線水路開削者。
¶姓氏岩手

## 村光 むらみつ
昭和期の刀匠。
¶島根人

## 村本三五郎 むらもとさんごろう
元文1(1736)年〜文政3(1820)年
江戸時代中期〜後期の周防岩国藩の殖産家。領内の村々に棉作を普及、岩国綿を特産品に育てた。
¶朝日(㊄文政3年1月4日(1820年2月17日))、近世、国史、コン改(㊤元文1(1736)年?)、コン4(㊤元文1(1736)年?)、新潮(㊤元文1(1736)年?)、人名、姓氏山口、世人(㊤?)、日人、山口百

む

**村元政雄**　むらもとまさお
明治40（1907）年～昭和61（1986）年
大正～昭和期の農業技師。リンゴの育種研究に当たり'陸奥''津軽''恵''ふじ'などの品種を育成。
¶青森人，植物（[没]昭和61（1986）年2月4日）

**村山明**　むらやまあきら
昭和19（1944）年3月25日～
昭和～平成期の木工芸家。2003年に重要無形文化財保持者（人間国宝）に認定（木工芸）。
¶国宝

**村山一壺**　むらやまいっこ
明治38（1905）年3月29日～平成4（1992）年
大正～平成期の陶芸家。
¶熊本百，陶芸，陶芸最，美工

**村山朔郎**　むらやまさくろう
明治44（1911）年5月14日～平成7（1995）年12月26日
昭和～平成期の土木工学者、京都大学名誉教授。専門は土質力学、トンネル工学。
¶科学，現情

**村山為一郎**　むらやまためいちろう
天保5（1834）年～明治15（1882）年
江戸時代後期～明治期の測量家・俳人。
¶多摩，日人

**村山禎治**　むらやまていじ
→村山保信（むらやまやすのぶ）

**村山治江**　むらやまはるえ
昭和3（1928）年～
昭和～平成期の金属工芸デザイナー。
¶名工

**村山保信**　むらやまやすのぶ
文政13（1830）年～大正11（1922）年　[別]村山禎治《むらやまていじ》
江戸時代末期～大正期の和算家。時計方位便覧を著す。道路の測量、地租改正調にも従事。
¶国書（[生]文政13（1830）年3月12日　[没]大正11（1922）年3月），人名（村山禎治　むらやまていじ），日人

**村山洋一**　むらやまよういち
昭和4（1929）年10月23日～平成15（2003）年2月9日
昭和～平成期の電子材料工学者、東洋大学名誉教授。専門は電子材料工学。
¶科学

**村幸長**　むらゆきなが
明治12（1879）年6月29日～昭和4（1929）年8月8日
明治～昭和期の技師。
¶近土，土木

**室井香悦〔2代〕**　むろいこうえつ
昭和3（1928）年6月26日～
昭和～平成期の陶芸家。
¶陶芸最（――〔代数なし〕），名工

**室井保**　むろいたもつ
昭和～平成期の陶芸家。
¶名工

**室江吉兵衛**　むろえきちべえ
天保12（1841）年6月10日～明治36（1903）年
江戸時代後期～明治期の金工家。
¶富山百

**室岡由雄**　むろおかよしお
明治43（1910）年～平成6（1994）年
昭和～平成期の表具師。
¶姓氏岩手

**室賀三郎**　むろがさぶろう
大正14（1925）年3月15日～平成21（2009）年12月9日
昭和～平成期の情報工学者、イリノイ大学教授。
¶科学

**室馨造**　むろけいぞう
明治21（1888）年9月20日～昭和45（1970）年5月20日
大正～昭和期の放射線装置製作技術者。交流A号・B号X線発生装置を完成。わが国における医用放射線装置の製作技術者の先駆者。
¶科学，現情，人名7，世紀，日人

**室瀬和美**　むろせかずみ
昭和25（1950）年12月26日～
昭和～平成期の漆芸家。2008年に重要無形文化財保持者（人間国宝）に認定（蒔絵）。
¶国宝

**室伏八郎右衛門**　むろふしはちろうえもん
生没年不詳
戦国時代の大工。
¶戦辞

**室町一江**　むろまちかずえ
昭和27（1952）年11月3日～
昭和期の陶芸家。
¶陶芸最

**室町勝広**　むろまちかつひろ
昭和24（1949）年11月9日～
昭和～平成期の陶芸家。
¶陶芸最

**室屋専一**　むろやせんいち
文久3（1863）年～？
江戸時代末期～明治期の姶良郡栗野町北方上新田の開拓者。
¶姓氏鹿児島

**室山治郎**　むろやまじろう
昭和28（1953）年5月26日～
昭和～平成期の陶芸家。
¶陶工

名工・職人・技師・工匠篇

## 【め】

**メイ牛山**（メイ・ウシヤマ）　めいうしやま
　明治44（1911）年1月25日〜
　大正〜昭和期の美容家。ハリウッド・ビューティサロン社長、ハリウッド美容専門学校学長。戦後米国、フランスで学んだのち、専門学校校長などを歴任。主著に「女がはたらくとき」など。
　¶近女（メイ・ウシヤマ），現情，世紀，日人

**明円**　めいえん
　→明円（みょうえん）

**鳴州**　めいしゅう
　？〜文化3（1806）年
　江戸時代中期〜後期の木偶人形師。
　¶徳島歴

**鳴鳳**　めいほう
　江戸時代後期の近江湖東焼の陶画工。
　¶人名，日人（生没年不詳）

**目黒清雄**　めぐろきよお
　明治34（1901）年4月28日〜昭和43（1968）年9月13日
　大正〜昭和期の技師。
　¶近土，土木

**目良恒**　めらつね
　慶応1（1865）年5月21日〜昭和19（1944）年1月10日
　明治〜昭和期の海軍造船少佐。
　¶科学，渡航

**面庄**　めんしょう
　生没年不詳
　江戸時代中期の人形師。
　¶姓氏京都

**面竹正太郎**　めんたけしょうたろう
　明治28（1895）年〜昭和55（1980）年8月31日
　明治〜昭和期の人形作家。
　¶世紀，日人，美工

**面屋庄三**　めんやしょうぞう
　明治43（1910）年4月20日〜平成6（1994）年2月14日　㊙岡本庄三《おかもとしょうぞう》
　昭和期の彫刻家、人形作家。京人形司13世、大阪芸術大学教授。
　¶現情，世紀，日人，美建（岡本庄三　おかもとしょうぞう），美工，名工

## 【も】

**茂市**　もいち
　江戸時代末期の陶工。
　¶岡山人

**舞草**　もうくさ
　生没年不詳
　平安時代中期の舞草刀工。
　¶姓氏岩手

**毛内茂右衛門**〔1代〕　もうないもえもん
　？〜貞享4（1687）年
　江戸時代前期の新田開発者。
　¶青森人

**毛利勝靖**　もうりかつやす
　昭和17（1942）年1月6日〜
　昭和〜平成期の陶芸家。
　¶陶工

**毛利昌平**　もうりしょうへい
　安政3（1856）年4月21日〜明治45（1912）年2月3日
　江戸時代末期〜明治期の肥後米改良の父。
　¶熊本百

**毛利正光**　もうりまさみつ
　大正14（1925）年1月15日〜平成5（1993）年6月6日
　昭和〜平成期の土木工学者、大阪大学名誉教授。専門は都市計画学、土木工学。
　¶科学

**茂右衛門**　もえもん
　生没年不詳
　安土桃山時代の陶工。
　¶岡山歴，茶道，人名，日人，美工

**最上武雄**　もがみたけお
　明治44（1911）年3月13日〜昭和62（1987）年12月15日
　昭和期の土質工学者。
　¶科学，近土，現情，土木

**最上忠右衛門**　もがみちゅうえもん
　文政9（1826）年〜明治38（1905）年
　江戸時代末期〜明治期の染色家。
　¶姓氏宮城，日人

**茂上豊二郎**　もがみとよじろう
　大正14（1925）年1月3日〜
　昭和〜平成期の江戸指物師。
　¶名工

**茂木計一郎**　もぎけいいちろう
　大正15（1926）年4月18日〜平成20（2008）年12月13日
　昭和〜平成期の建築家。東京芸術大学名誉教授。
　¶美建

**茂木重次郎**　もぎじゅうじろう
　→茂木重次郎（もてきじゅうじろう）

**茂木弘次**　もぎひろつぐ
　大正5（1916）年8月14日〜平成18（2006）年1月16日
　昭和〜平成期の彫刻家。
　¶美建

**木喰**（木食）　もくじき
　→木食五行（もくじきごぎょう）

**木喰行道** もくじきぎょうどう
→木食五行（もくじきごぎょう）

**木食五行**（木喰五行） **もくじきごぎょう**
享保3（1718）年～文化7（1810）年　[別]五行《ごぎょう》，行道《ぎょうどう》，木喰《もくじき》，木喰五行上人《もくじきごぎょうしょうにん》，木喰五行明満《もくじきごぎょうみょうまん》，木喰五行明満上人《もくじきごぎょうみょうまんしょうにん》，木喰行道《もくじきぎょうどう》，木喰上人《もくじきしょうにん》，木喰明満仙人《もくじきみょうまんせんにん》，木食《もくじき》，木食五行明満《もくじきごぎょうみょうまん》
江戸時代中期～後期の遊行僧、仏師。
¶青森人（木食　もくじき），朝日（[没]文化7年6月5日（1810年7月6日）），岩史（[没]文化7（1810）年6月5日），角史（木喰上人　もくじきしょうにん），神奈川百，郷土長野，近世（五行　ごぎょう），群馬人，国史（五行　ごぎょう），国書（行道　ぎょうどう　[没]？），コン改，コン4，史人，静岡百（木喰五行），静岡歴（木喰五行），人書94，新潮，人名，姓氏静岡（木喰五行），姓氏長野（[生]1728年？），世人，世百，栃木歴（木喰行道　もくじきぎょうどう），長野百（木喰五行　[生]1728年　[没]1800年），長野歴（[生]享保13（1728）年），新潟百（木喰五行明満上人　もくじきごぎょうみょうまんしょうにん），日史（木食五行明満　もくじきごぎょうみょうまん），日人（行道　ぎょうどう），美術（木喰五行明満　もくじきごぎょうみょうまん），百科（木喰五行明満　もくじきごぎょうみょうまん），仏史（五行　ごぎょう），北海道歴（木喰行道　もくじきぎょうどう），宮崎百（木喰上人　もくじきしょうにん），名僧（五行　ごぎょう），山口百（木喰五行上人　もくじきごぎょうしょうにん），山梨百（木喰明満仙人　もくじきみょうまんせんにん　[没]文化7（1810）年6月），歴大（木喰　もくじき）

**木喰上人** もくじきしょうにん
→木食五行（もくじきごぎょう）

**木喰明満仙人** もくじきみょうまんせんにん
→木食五行（もくじきごぎょう）

**杢真蔵** もくしんぞう
明治34（1901）年～昭和52（1977）年
大正～昭和期の宮大工。田辺建築業組合組合長。
¶美建（[没]昭和52（1977）年2月23日），和歌山人

**杢野甚七** もくのじんしち
文化11（1814）年～明治37（1904）年
江戸時代末期～明治期の愛知海苔の創始者。海苔養殖の研究を深め、近在民に伝授。
¶維新，食文（[生]文化11年3月15日（1814年5月4日）　[没]1904年8月3日），姓氏愛知，幕末（[没]1904年8月3日）

**木白** もくはく
→奥田木白（おくだもくはく）

**木米** もくべい
→青木木米（あおきもくべい）

**茂山** もさん
→阿比留茂山（あひるもさん）

**毛綱毅曠** もずなきこう
→毛綱毅曠（もづなきこう）

**母袋幸子** もたいゆきこ
昭和8（1933）年1月7日～
昭和期の陶芸家。
¶陶芸最，名工

**持田久六** もちだきゅうろく
享和2（1802）年～明治14（1881）年
江戸時代末期～明治期の国学者。算術・測量に長じ、潅漑用水の整備や田畑実測、用水路設計等に尽力。
¶静岡歴，姓氏静岡，幕末

**持田康典** もちだやすのり
昭和3（1928）年8月2日～
昭和～平成期の電子技術者。工学院大学教授。日本楽器製造（現・ヤマハ）でトランジスタや集積回路の研究を行う。
¶世紀，日人

**持田豊** もちだゆたか
昭和3（1928）年～平成14（2002）年5月15日
昭和～平成期の土木技術者、日本鉄道建設公団海峡線部長。専門はトンネル工学。
¶科学，鉄道

**望月昭** もちづきあきら，もちずきあきら
昭和期の大工。
¶名工（もちずきあきら）

**望月重雄** もちづきしげお，もちずきしげお
明治29（1896）年3月9日～昭和19（1944）年2月1日
大正～昭和期の電気工学者。工学博士、大阪帝国大学教授。東北帝国大学講師、大阪工業大学教授を歴任。
¶科学（もちずきしげお），人名7，日人

**望月清兵衛** もちづきせいべえ
天文10（1541）年～寛永6（1629）年
安土桃山時代～江戸時代前期の製紙業者。
¶コン改，コン4，新潮（[生]天文10（1541）年5月　[没]寛永6（1629）年9月23日），人名，戦人，日人，山梨百（[生]天文10（1541）年？　[没]寛永6（1629）年？）

**望月照彦** もちづきてるひこ，もちずきてるひこ
昭和18（1943）年8月15日～
昭和～平成期の都市研究家、建築家。多摩大学教授。
¶現執2期（もちずきてるひこ），現執3期（もちずきてるひこ），現執4期

**望月発太郎** もちづきはつたろう
生没年不詳
明治期の農業技術者。蒸熱機・乾燥機など一連の製茶機械を発明。
¶先駆

**望月半山** もちづきはんざん, もちずきはんざん
生没年不詳
江戸時代後期の蒔絵師。
¶朝日, 人名, 日人, 美工(もちづきはんざん)

**望月英樹** もちづきひでき
昭和12(1937)年6月4日～
昭和～平成期の映画照明技師。
¶映人

**望月平七** もちづきへいしち
嘉永6(1853)年～昭和6(1931)年
明治～大正期の漁業家。サクラエビ漁業の創始者。漁具・漁法の改良に尽力。
¶静岡歴, 世紀, (生)嘉永6(1853)年7月14日 (没)昭和6(1931)年3月20日, 姓氏静岡, 日人

**望月士** もちづきまこと
昭和21(1946)年～
昭和～平成期の陶芸家。
¶陶工

**持永只仁** もちながただひと
大正8(1919)年3月3日～平成11(1999)年4月1日
昭和期のアニメーション作家。瀬尾光世のもとで日本最初の多層式アニメ撮影台を開発。日中両国の人形アニメーションの先駆者。
¶映監, 映人, 監督, 現朝, 現情, 世紀, 日人

**持丸重徳** もちまるしげのり
昭和期のタイル職人。
¶名工

**持丸房子** もちまるふさこ
昭和11(1936)年8月16日～
昭和～平成期の陶芸創作人形作家。
¶陶芸最, 名工

**毛綱毅曠** もづなきこう, もずなきこう
昭和16(1941)年11月14日～平成13(2001)年9月2日
昭和～平成期の建築家。毛綱毅曠建築事務所代表, 多摩美術大学教授。風水思想を取り入れた独特な作風で知られる。作品に「釧路市立博物館」など。
¶現朝, 現執3期(もずなきこう), 現情, 現日, 世紀, 日人, 美建(もずなきこう)

**茂木重次郎** もてきじゅうじろう
安政6(1859)年～昭和7(1932)年 (別)茂木重次郎《もぎじゅうじろう》
明治～大正期の化学技術者, 実業家。亜鉛華塗料の製造・実用化に成功。日本初の洋式塗料工場の光明社を創設。
¶科学(生1859年(安政6)2月23日 没1932年(昭和7)3月), 新潮(生安政6(1859)年2月 没昭和7(1932)年3月), 人名(もぎじゅうじろう), 世紀(生安政6(1859)年2月 没昭和7(1932)年3月), 先駆, 日人

**茂出木心護** もでぎしんご, もてぎしんご
明治44(1911)年3月28日～昭和53(1978)年6月1日
昭和期の料理人, 随筆家。洋食「たいめいけん」創業者。庶民のための洋食作りに徹した。著書「洋食や」など多数。
¶現日(もてぎしんご) (没)1978年6月10日), 世紀, 日人

**茂出木雅章** もでぎまさあき
昭和14(1939)年～
昭和～平成期の料理人。たいめいけん店主・代表取締役社長, 凧の博物館館長, 日本凧の会会長。
¶現執4期

**元井豊蔵** もといぶんぞう
明治21(1888)年～昭和2(1927)年
大正～昭和期の農機具の発明家。
¶姓氏富山, 富山百

**元井三門里** もといみどり
明治18(1885)年～昭和31(1956)年
明治～昭和期の絵更紗作家。
¶美工

**元浦十兵** もとうらじゅうべえ
明治6(1873)年～昭和20(1945)年
明治～昭和期のイワシ地曳網漁の開発者。
¶大分歴

**元岡達** もとおかとおる
昭和4(1929)年4月7日～昭和60(1985)年11月11日
昭和期の計算機工学者, 東京大学工学部電気工学科教授。専門は電子演算工学。
¶科学, 現執2期

**本川詩朗** もとかわしろう
昭和8(1933)年2月18日～
昭和期の陶芸家。
¶陶芸最, 名工

**本川ふさ子** もとかわふさこ
昭和12(1937)年8月6日～
昭和期の陶芸家。
¶陶芸最

**本木栄八** もときえいはち
文政2(1819)年～明治11(1878)年
江戸時代後期～明治期の道路開拓者。
¶姓氏宮城

**本木昌造** もときしょうぞう
文政7(1824)年～明治8(1875)年
江戸時代末期～明治期の蘭学者, 技術者。活版印刷の先駆者。著書に「蘭和通弁」。
¶朝日(生文政7年6月9日(1824年7月5日) 没明治8(1875)年9月3日), 維新, 岩史(生文政7(1824)年6月9日 没明治8(1875)年9月3日), 大阪人(生明治8(1875)年9月3日), 科学(生1824年(文政7)6月9日 没1875年(明治8)9月3日), 角史(生文政7(1824)年6月9日 没明治8(1875)年9月3日), 神奈川人, 郷土長崎, 近現, 近世, 近土(生1824年6月9日 没1875年9月3日), 近文, 国際, 国史, 国書(生文政7(1824)年6月9日 没明治8(1875)年9月3日), コン改, コン4, コン5, 史人(生1824年6月9日

[没]1875年9月3日)，重要([生]文政7(1824)年6月9日　[没]明治8(1875)年9月3日)，出版，出文([生]文政7(1824)年6月9日　[没]明治8(1875)年9月3日)，人書79([没]1892年)，人書94，新潮([生]文政7(1824)年6月9日　[没]明治8(1875)年9月3日)，人名，姓氏神奈川，世人([生]文政7(1824)年6月9日　[没]明治8(1875)年9月3日)，世百，先駆([生]文政7(1824)年6月9日　[没]明治8(1875)年9月3日)，全書，大百，伝記，土木([生]1824年6月9日　[没]1875年9月3日)，長崎百，長崎歴，日史([生]文政7(1824)年6月9日　[没]明治8(1875)年9月3日)，日人，日本，幕末([没]1875年9月3日)，百科，平日([生]1824　[没]1875)，明治2，洋学，歴大

**本木真悟** もときしんご
昭和25(1950)年〜
昭和〜平成期の陶芸家。
¶陶芸最，陶工

**元吉** もときち
安土桃山時代の京都の陶工。
¶人名，日人(生没年不詳)

も

**元貞** もとさだ
戦国時代の刀工。
¶島根人，島根百

**元重** もとしげ
刀工。備前長船派の元重など。
¶岡山人，岡山歴，史人

**本島藤太夫** もとじまとうだいう
→本島藤太夫(もとじまとうだゆう)

**本島藤太夫**(本島藤大夫) もとじまとうだゆう
文化9(1812)年〜明治21(1888)年　[別]本島藤太夫《もとじまとうだいう》
江戸時代末期〜明治期の造兵家、肥前佐賀藩士。大砲製造の先駆。
¶朝日([没]明治21(1888)年9月5日)，維新，科学([没]1888年(明治21)9月5日)，人書94([生]1810年)，新潮，日人，幕末(もとじまとうだいう　[没]1888年9月5日)，藩臣7([生]文化7(1810)年)，洋学(本島藤大夫)

**元蔵** もとぞう
生没年不詳
安土桃山時代の陶工。
¶日人

**基近** もとちか
鎌倉時代前期〜後期の福岡一文字派の刀工。
¶岡山歴

**本野精吾** もとのせいご
明治15(1882)年〜昭和19(1944)年8月13日
明治〜昭和期の建築家。日本のモダニズム建築の先駆者。
¶渡航

**本野東一** もとのとういち
大正5(1916)年〜平成8(1996)年7月17日
昭和〜平成期の染色家。
¶美工

**本野亨**(本野享) もとのとおる
明治12(1879)年〜昭和26(1951)年2月8日
明治〜昭和期の電気工学者。京都帝国大学教授。電気照明に関する多くの論文がある。照明学会会長も務める。
¶科学([生]1879年(明治12)6月27日)，現情([生]1879年6月)，人名7(本野享)，世紀([生]明治12(1879)年6月)，渡航([生]1879年6月27日)，日人([生]明治12(1879)年6月27日)

**元信** もとのぶ
鎌倉時代の刀工。
¶岡山人

**基範** もとのり
戦国時代〜安土桃山時代の尾張瀬戸の陶工。
¶人名

**元橋音治郎** もとはしおとじろう
〜昭和48(1973)年9月12日
昭和期の染色家。
¶美工

**元橋範人** もとはしのりと
昭和期の友禅師。
¶名工

**本林常将** もとばやしつねまさ
文化14(1817)年〜明治6(1873)年
江戸時代後期〜明治期の代々御用大工職。
¶姓氏岩手

**元久** もとひさ
江戸時代末期〜明治期の刀工。
¶島根人，島根百

**本部マサ** もとべまさ
昭和期のはにわ製作所の女主人。
¶名工

**本松平右衛門** もとまつへいえもん
？　〜元禄10(1697)年
江戸時代前期の治水家、筑後久留米藩領荘屋。
¶人名，日人

**基光** もとみつ
南北朝時代の長船派の刀工。
¶岡山歴

**基村** もとむら
戦国時代の陶工、尾張品野窯の始祖。
¶人名

**本村宗睦** もとむらむねむつ
大正15(1926)年〜
昭和〜平成期の本村工芸美術研究所主宰。
¶名工

**本山和泉** もとやまいずみ
昭和13(1938)年12月2日〜
昭和期の陶芸家。
¶陶芸最，名工

**本山新作** もとやましんさく
～文政9(1826)年
江戸時代後期の小田原の左官職人。
¶神奈川人

**本山ヤエノ** もとやまやえの
大正9(1920)年2月21日～
昭和期の陶芸家。
¶陶芸最

**茂登山泰晴** もとやまやすはる
昭和23(1948)年5月6日～
昭和～平成期の陶芸家。
¶陶芸最，陶工

**元嘉** もとよし
江戸時代前期の刀工。
¶島根人，島根百

**元良信太郎** もとらしんたろう
明治15(1882)年8月26日～昭和21(1946)年11月1日
明治～昭和期の造船工学者、経営者。三菱長崎造船所に入り、船舶横揺れ防止装置を開発。三菱重工業社長、三菱製鋼社長を歴任した。
¶科学，世紀，日人

**元良誠三** もとらせいぞう
大正11(1922)年4月1日～
昭和～平成期の船舶工学者。東京大学教授。
¶現情

**茂庭忠次郎** もにわちゅうじろう
明治13(1880)年6月16日～昭和25(1950)年2月26日
明治～昭和期の技師。
¶科学，近土，土木

**物事紀丸** ものごときまる
江戸時代後期の狂歌師。
¶人名，日人(生没年不詳)

**物部国光** もののべくにみつ
→物部国光(もののべのくにみつ)

**物部重光** もののべしげみつ
→物部重光(もののべのしげみつ)

**物部季重** もののべすえしげ
→物部季重(もののべのすえしげ)

**物部為国** もののべためくに
生没年不詳　[別]物部為国《もののべのためくに》
鎌倉時代の建築工匠。
¶朝日，日史(もののべのためくに)，日人，百科(もののべのためくに)

**物部為里** もののべためさと
生没年不詳　[別]物部為里《もののべのためさと》
鎌倉時代前期の番匠大工。東大寺の伽藍再建に活躍。
¶朝日([没]建保1(1213)年頃)，国史，古中，日人，平史(もののべのためさと)

**物部長穂** もののべながほ
明治21(1888)年～昭和16(1941)年
大正～昭和期の土木工学者、官僚。東京帝国大学教授、内務省土木試験所長。耐震工学、水利学を研究。著書に「水利学」。
¶秋田百，科学([生]1888年(明治21)7月19日　[没]1941年(昭和16)9月9日)，近現，近土([生]1888年7月19日　[没]1941年9月9日)，国史，人名7，世紀([生]明治21(1888)年6月19日　[没]昭和16(1941)年9月9日)，大百，土木([生]1888年7月19日　[没]1941年9月9日)，日人([生]明治21(1888)年6月19日　[没]昭和16(1941)年9月9日)

**物部清国** もののべのきよくに
生没年不詳
平安時代後期の大工。平泉中尊寺金色堂の造営に関与。
¶平史

**物部国光** もののべのくにみつ
生没年不詳　[別]物部国光《もののべくにみつ》
鎌倉時代後期の鋳物師。
¶神奈川人，神奈川百(もののべくにみつ)

**物部重光** もののべのしげみつ
生没年不詳　[別]物部重光《もののべしげみつ》
鎌倉時代の梵鐘鋳物師。
¶神奈川人，神奈川百(もののべしげみつ)，埼玉人(もののべしげみつ)，姓氏神奈川

**物部季重** もののべのすえしげ
生没年不詳　[別]物部季重《もののべすえしげ》
鎌倉時代の梵鐘鋳物師。
¶神奈川人，埼玉人(もののべすえしげ)

**物部建麻呂** もののべのたけまろ
→物部建麻呂(もののべのたてまろ)

**物部建麻呂** もののべのたてまろ
生没年不詳　[別]物部建麻呂《もののべのたけまろ》
奈良時代～平安時代前期の造宮司の技術系官人。
¶姓氏京都(もののべのたけまろ)，平史

**物部為国** もののべのためくに
→物部為国(もののべためくに)

**物部為里** もののべのためさと
→物部為里(もののべためさと)

**物部道光** もののべのどうこう
生没年不詳
鎌倉時代後期の鋳物師。
¶神奈川人

**物部時友** もののべのときとも
生没年不詳
平安時代後期の大工。
¶平史

**物部光連** もののべのみつつら
生没年不詳
鎌倉時代後期～南北朝時代の鋳物師。
¶神奈川人

も

**物部依光** もののべのよりみつ
生没年不詳
鎌倉時代後期の鋳物師。
¶神奈川人

**茂原英雄** もはらひでお
明治38（1905）年～昭和42（1967）年12月8日
大正～昭和期の撮影・編集・録音技師、実業家。
¶映人

**籾山唯四郎** もみやまただしろう
文久1（1861）年～大正11（1922）年
明治～大正期の機業家。足利織物の改良、販路の
拡張に尽力。奨励会、改善会など組織。
¶人名，世紀（⊕文久1（1861）年12月 ⊗大正11
（1922）年10月30日），栃木歴，日人

**木綿屋嘉右衛門** もめんやかえもん
？ ～
江戸時代末期の漆芸家。
¶島根人

**桃井英升** ももいえいしょう
→桃井英升（もものいえいしょう）

**桃井義三郎** ももいぎさぶろう
生没年不詳
明治期の七宝業者。
¶京都大

**桃川長吉** ももかわながよし
生没年不詳
南北朝時代の刀工。
¶新潟百

**百木亥之助** ももきいのすけ
生没年不詳
明治期の男性。寒暖計製作の先駆者。
¶先駆

**百瀬謙三** ももせけんぞう
弘化3（1846）年～大正5（1916）年
江戸時代末期～大正期の糸魚川街道開削者。
¶姓氏長野

**百瀬三七** ももせさんしち
天保4（1833）年～明治24（1891）年
江戸時代後期～明治期の治水家。三七堰、四ケ堰
の開削者。
¶姓氏長野，長野歴

**百瀬晋六** ももせしんろく
大正8（1919）年2月20日～平成9（1997）年1月21日
昭和～平成期の航空・自動車技術者。富士重工業
取締役。幻の名車といわれたスバル1500を開発。
¶科学，世紀，日人

**百瀬葉千助** ももせはちすけ
明治6（1873）年9月15日～大正10（1921）年4月
10日
明治～大正期のあか牛改良の父。
¶熊本百，世紀，日人

**百瀬八郎左衛門** ももせはちろうざえもん
～元禄16（1703）年9月
江戸時代前期～中期の新田開拓者。
¶庄内

**百田火山** ももたかざん
明治38（1905）年7月1日～
昭和期の陶芸家。
¶陶芸最

**百田貞次** ももたさだじ
明治16（1883）年5月21日～昭和39（1964）年12月6
日
明治～昭和期の電気工学者。芝浦製作所常務取締
役、奉天製作所、芝浦製作所各会長を歴任。
¶現情，人名7，世紀，渡航，日人

**桃谷英樹** ももたにえいき
昭和期の折り紙作家。
¶名工

**桃谷順一** ももたにじゅんいち
明治20（1887）年～昭和60（1985）年3月25日
昭和期の経営者。桃谷順天館社長、近畿化粧品工
業会会長。化粧水「明色アストリンゼン」などを
製造販売。
¶世紀，日人，和歌山人

**桃谷澄子** ももたにすみこ
昭和期の国際交流折紙の会代表。
¶名工

**百足泰守** ももたりやすもり
明治41（1908）年～昭和61（1986）年
昭和期の非水銀系農薬、蚕のこうじかび病、硬化
病防除剤の開発に成功。
¶姓氏宮城

**桃井英升** もものいえいしょう
生没年不詳　⑲桃井英升《ももいえいしょう》
明治期の七宝工。東京アーレンス商社に招かれ、
その七宝工場に従事。
¶人名，姓氏愛知（ももいえいしょう），日人，美
工，名工

**守家** もりいえ
生没年不詳
鎌倉時代後期の備前畠田の刀工。畠田派を形成。
¶朝日，岡山人，岡山歴，国史，古中，史人，新
潮，日人，美工

**森井健介** もりいけんすけ
明治20（1887）年12月23日～昭和51（1976）年11月
18日
明治～昭和期の建築学者。東京美術学校（現東京
芸術大学）教授。
¶世紀，日人

**森一紀** もりいちき
明治44（1911）年7月21日～
昭和期の陶芸家。
¶陶芸，陶芸最，名工

**森一蔵** もりいちぞう
昭和20（1945）年4月3日～
昭和～平成期の陶芸家。
¶陶芸最，陶工，名工

**森市松** もりいちまつ
大正14（1925）年11月28日～昭和63（1988）年5月11日
昭和期の陶芸家。
¶美工

**森一宗** もりいっそう
昭和11（1936）年6月5日～
昭和～平成期の陶芸家。
¶陶芸最，陶工，名工

**森伊呂久** もりいろく
昭和11（1936）年5月24日～
昭和～平成期の陶芸家。
¶陶芸最，陶工

**森卯一** もりういち
明治36（1903）年～昭和62（1987）年11月21日
昭和期の藍染職人。
¶郷土滋賀，名工

**守氏** もりうじ
生没年不詳
鎌倉時代の漆工。
¶日人

**森永吉** もりえいきち
江戸時代後期の陶工。
¶岡山人

**森江五峰** もりえごほう
生没年不詳
明治期の竹細工師。
¶大阪人

**盛岡勇夫** もりおかいさお
明治26（1893）年～昭和60（1985）年1月8日
明治～昭和期の立体写真像製作者。
¶写家

**森岡嘉祥** もりおかかしょう
昭和12（1937）年4月12日～
昭和～平成期の陶芸家。
¶陶芸最，陶工，名工

**森岡成好** もりおかしげよし
昭和23（1948）年1月10日～
昭和期の陶芸家。
¶陶芸最

**盛岡通** もりおかとおる
昭和21（1946）年12月16日～
昭和～平成期の環境工学者。大阪大学教授。
¶現執3期，現執4期

**森岡宏** もりおかひろし
昭和22（1947）年6月28日～
昭和期の陶芸家。
¶陶芸最

**森垣亀次郎** もりがきかめじろう
明治期の製紙業者。製紙法の改良に尽力，純白の伊賀半紙を開発した。
¶日人

**森垣亀一郎** もりがきいちろう
明治7（1874）年3月22日～昭和9（1934）年1月23日
明治～昭和期の工学者。都市計画部技師長。大阪築港工事，神戸築港繋船工事など業績は多い。
¶科学，近土，人名，世紀，土木，日人

**守景** もりかげ
鎌倉時代の刀工。
¶岡山人，岡山百（生没年不詳），岡山歴

**盛景** もりかげ
南北朝時代の長船大宮派の刀工。
¶岡山歴

**森和** もりかず
大正9（1920）年～平成2（1990）年　㋾森和《もりかのう》
昭和期の洋画家，陶芸家。
¶高知人（もりかのう），洋画

**守勝** もりかつ
世襲名　南北朝時代～江戸時代の刀工，同名数代。
¶栃木歴

**森勝資** もりかつし
昭和29（1954）年8月23日～
昭和期の陶芸家。
¶陶芸最

**森克徳** もりかつのり
昭和期の陶芸家。
¶名工

**森和** もりかのう
→森和（もりかず）

**森川栄次郎** もりかわえいじろう
天保10（1839）年～明治36（1903）年
江戸時代後期～明治期の金屋の石工。
¶姓氏富山

**森川薫富** もりかわくんぶ
昭和15（1940）年～
昭和～平成期の陶芸家。
¶陶工

**森川源三郎** もりかわげんざぶろう
弘化2（1845）年～大正15（1926）年
明治～大正期の篤農家。秋田県農会長。農事改良，農民指導に尽力。晩年は植林に打ち込む。
¶秋田百，朝日（㋾弘化2年2月15日（1845年3月22日）　㋾大正15（1926）年6月7日），近現，国史，世紀（㋾弘化2（1845）年2月15日　㋾大正15（1926）年6月7日），日人

**森川杜園** もりかわとえん
文政3（1820）年～明治27（1894）年
江戸時代末期～明治期の奈良人形師，彫工。
¶朝日（㋾文政3年6月26日（1820年8月4日）

[没]明治27 (1894) 年7月15日), 角史([生]文政3 (1820) 年6月26日　[没]明治27 (1894) 年7月15日), 郷土奈良, 近美([生]文政3 (1820) 年6月26日　[没]明治27 (1894) 年7月15日), 史人([生]1820年6月26日　[没]1894年7月15日), 新潮([生]文政3 (1820) 年6月26日　[没]明治27 (1894) 年7月15日), 人名, 世人([生]文政3 (1820) 年6月26日　[没]明治27 (1894) 年7月15日), 世百, 全書, 大百, 日人, 幕末([没]1894年7月15日), 美術, 百科

**森巌** もりがん
明治40 (1907) 年4月12日～
昭和期の工学者。
¶北海道文

**森儀右衛門** もりぎえもん
明治22 (1889) 年～昭和33 (1958) 年
大正～昭和期の水路開削者。
¶姓氏宮城

**森喜作** もりきさく
明治41 (1908) 年～昭和52 (1977) 年
大正～昭和期の菌学者、実業家。全日本椎茸組合連合会理事。椎茸栽培法を案出、栽培技術の開発普及に貢献。
¶大分歴, 科学([生]1908年(明治41) 10月4日　[没]1977年(昭和52) 10月23日), 郷土群馬, 群馬人, 群馬百, 現朝([生]1908年10月4日　[没]1977年10月23日), 現情([生]1908年10月4日　[没]1977年10月23日), 現人, コン改, コン4, コン5, 植物([生]明治41 (1908) 年10月4日　[没]昭和52 (1977) 年10月23日), 食文([生]1908年10月4日　[没]1977年10月23日), 新潮([生]明治41 (1908) 年10月4日　[没]昭和52 (1977) 年10月23日), 人名7, 世紀([生]明治41 (1908) 年10月4日　[没]昭和52 (1977) 年10月23日), 姓氏群馬, 日人([生]明治41 (1908) 年10月4日　[没]昭和52 (1977) 年10月23日)

**森儀助** もりぎすけ
天保10 (1839) 年11月11日～明治28 (1895) 年11月17日
江戸時代末期～明治期の製薬業。家伝薬薄徳丹の製造販売に尽力。「松本ちのくすり」も有名。
¶幕末

**森久治** もりきゅうじ
寛政9 (1797) 年～元治1 (1864) 年
江戸時代後期～末期の小屋名村の用水開削者。
¶岐阜百

**森京介** もりきょうすけ
大正14 (1925) 年7月3日～平成4 (1992) 年6月10日
昭和～平成期の建築家、洋画家。全国各地のボウリング場を設計。
¶世紀, 日人, 美建

**森葛雄** もりくずお
文政8 (1825) 年～明治39 (1906) 年6月27日
江戸時代後期～明治期の虫明焼陶工。
¶岡山百, 岡山歴

**森口華弘** もりぐちかこう
明治42 (1909) 年12月10日～平成20 (2008) 年2月20日
昭和期の染色家。「友禅」の人間国宝。
¶郷土滋賀, 現朝, 現情, 現日([生]1905年12月12日), 国宝, 新潮, 世紀, 全書, 日人, 美工, 名工

**森口邦彦** もりぐちくにひこ
昭和16 (1941) 年～
昭和～平成期の染色家。2007年に重要無形文化財保持者(人間国宝)に認定(友禅)。
¶国宝([生]昭和16 (1941) 年2月18日), 名工

**森口宏一** もりぐちひろかず
昭和5 (1930) 年10月3日～平成23 (2011) 年1月6日
昭和～平成期の造形作家、彫刻家。
¶美建

**護国**(1) もりくに
江戸時代後期の刀工。
¶島根人, 島根百

**護国**(2) もりくに
明治～昭和期の刀工。
¶島根百

**森国昭** もりくにあき
昭和38 (1963) 年1月23日～
昭和～平成期の陶芸家。
¶陶工

**森国吉** もりくによし
生没年不詳
室町時代の飯山の鋳物師。
¶姓氏神奈川

**森慶三郎** もりけいざぶろう, もりけいさぶろう
明治22 (1889) 年1月31日～昭和42 (1967) 年3月1日
明治～昭和期の技師。
¶近土, 土木(もりけいさぶろう)

**森健一** もりけんいち
昭和13 (1938) 年9月28日～
昭和～平成期の情報工学者。東芝テック社長。東芝で日本で初めてワープロを開発したグループでチーフをつとめた。
¶現朝, 現執3期, 世紀, 日人

**森玄黄斎** もりげんおうさい
→森玄黄斎(もりげんこうさい)

**森玄黄斎** もりげんこうさい
文化4 (1807) 年～明治19 (1886) 年　[別]森玄黄斎《もりげんおうさい》
江戸時代後期～明治期の根付師。
¶国書(もりげんおうさい　[生]文化4 (1807) 年1月23日　[没]明治19 (1886) 年1月4日), 埼玉人([没]明治19 (1886) 年1月4日), 埼玉百, 日人

**森幸治** もりこうじ
明治28 (1895) 年～
大正～昭和期の建築家。

¶郷土奈良

**森香洲** もりこうしゅう
安政1(1854)年〜大正10(1921)年12月13日
明治〜大正期の陶芸家。
¶岡山百，岡山歴，世紀，⊕安政1(1855)年），陶工，日人

**森崎昌弘** もりさきまさひろ
〜平成16(2004)年1月26日
昭和〜平成期の甲冑師。
¶美工

**森崎善夫** もりさきよしお
昭和18(1943)年11月28日〜
昭和期の陶芸家。
¶陶芸最

**守貞** もりさだ
戦国時代の刀工。
¶島根人，島根百

**守貞〔2代〕** もりさだ
戦国時代の刀工。
¶島根百

**森里香山** もりさとこうざん
大正4(1915)年8月8日〜
昭和期の陶芸家。
¶陶芸最

**森沢武馬** もりさわたけま
明治27(1894)年〜昭和60(1985)年
大正〜昭和期の製紙技術者。
¶高知人

**森沢信夫** もりさわのぶお
明治34(1901)年3月23日〜平成12(2000)年4月27日
大正〜平成期の印刷技術者。モリサワ社長。世界初の写真植字機を発明。写真植字機製作所（のちのモリサワ）を設立。
¶現朝，現情，出文，世紀，日人

**守重** もりしげ
鎌倉時代の刀工。
¶岡山人

**石州銀山住守重** もりしげ
彫金家。
¶島根人

**守繁栄徹** もりしげえいてつ
昭和5(1930)年10月10日〜
昭和〜平成期の陶芸家。
¶陶芸最，陶工，名工

**守繁徹** もりしげとおる
昭和29(1954)年〜
昭和〜平成期の陶芸家。
¶陶工

**森下一雄** もりしたかずお
大正8(1919)年9月28日〜平成2(1990)年3月14日
昭和〜平成期の若狭めのう細工師。

¶美工，名工

**森下精** もりしたくわし
？〜昭和13(1938)年
明治〜昭和期の函樽鉄道の建設技師。
¶北海道百，北海道歴

**森下誠一** もりしたせいいち
昭和期の桐タンスのマコト屋代表者。
¶名工

**森下貴子** もりしたたかこ
昭和期の陶芸家。
¶名工

**森下辰義** もりしたたつよし
大正6(1917)年〜
昭和期の陶芸家。
¶陶芸

**森下長蔵** もりしたちょうぞう
宝暦13(1763)年〜弘化3(1846)年
江戸時代後期の尾張常滑の陶工。
¶人名，姓氏愛知，日人

**森下冬青** もりしたとうせい
明治38(1905)年〜昭和60(1985)年 ㊹冬青《とうせい》
大正〜昭和の川柳作家，友禅師。
¶石川文，川柳（冬青 とうせい）

**森下朋親** もりしたともちか
文化1(1804)年〜明治17(1884)年
江戸時代末期〜明治期の尾張常滑の陶工。
¶人名，日人

**森下博** もりしたひろし
明治2(1869)年〜昭和18(1943)年3月20日
明治〜昭和期の実業家。「仁丹」を製造・販売。森下仁丹創設者。
¶大阪人，近現，現朝(⊕明治2年11月3日(1869年12月5日))，国史，コン改，コン5，史人(⊕明治2(1869)年11月3日)，実業(⊕明治2(1869)年11月3日)，新潮，人名7，世紀(⊕明治2(1869)年11月3日)，先駆(⊕明治2(1869)年11月3日)，日人(⊕明治2(1869)年11月3日)，広島百(⊕明治2(1869)年11月3日)，歴大

**森下木二** もりしたもくじ
文政6(1823)年〜明治22(1889)年
江戸時代末期〜明治期の尾張常滑の陶工。
¶人名，日人

**森下杢二** もりしたもくじ
文久1(1861)年〜大正14(1925)年
江戸時代末期〜大正期の陶芸家。
¶陶工

**森下要三** もりしたようぞう
昭和24(1949)年7月3日〜
昭和期の陶芸家。
¶陶芸最

も

もりしま　　　　　　　　　　762　　　　　　日本人物レファレンス事典

### 森島一伸　もりしまいっしん
昭和12（1937）年3月16日〜
昭和期の陶芸家。
¶陶芸最，名工

### 森島千冴子　もりしまちさこ
明治30（1897）年8月4日〜
大正〜昭和期の信州紬織物職人。
¶名工

### 森周六　もりしゅうろく
明治31（1898）年3月14日〜昭和36（1961）年2月4日
昭和期の農業工学者。九州大学教授。
¶科学，現情

### 森俊次　もりしゅんじ
昭和32（1957）年7月14日〜
昭和〜平成期の陶芸家。
¶陶芸最，陶工

### 森神仙　もりしんせん
昭和7（1932）年2月19日〜
昭和期の陶芸家。
¶陶芸最，名工

### 守助　もりすけ
鎌倉時代の刀工。
¶岡山人

### 森住明弘　もりずみあきひろ
昭和16（1941）年11月27日〜
昭和〜平成期のリサイクル工学者。
¶現執3期，現執4期，YA

### 森青史　もりせいし
昭和19（1944）年9月17日〜
昭和〜平成期の陶芸家。
¶陶芸最，陶工，名工

### 森象堂　もりぞうどう
明治20（1887）年〜昭和42（1967）年
明治〜昭和期の漆工芸家。
¶香川人，香川百

### 森大吉郎　もりだいきちろう
大正11（1922）年1月20日〜昭和58（1983）年11月25日
昭和期の宇宙工学者。
¶岡山歴，科学，現情

### 森平鋭　もりだいらえい
明治35（1902）年〜昭和6（1931）年
大正〜昭和期の木材工。
¶姓氏静岡

### 森田統　もりたおさむ
大正11（1922）年3月16日〜
昭和期の陶芸家。
¶陶芸最

### 森田儀兵衛　もりたぎへえ
生没年不詳
江戸時代後期の大住郡曽屋村大工。

¶神奈川人

### 森田久右衛門　もりたきゅうえもん
寛永18（1641）年〜正徳5（1715）年
江戸時代前期〜中期の土佐尾戸焼の陶工。尾戸焼の基礎を築いた。
¶朝日（㊲寛永17（1640）年），高知人，高知百，国書（㊲正徳5（1715）年3月），コン改，コン4，茶道，新潮（㊲正徳5（1715）年3月9日），人名，世人，日人，藩臣6

### 森田清(1)　もりたきよし
生没年不詳
明治期の製造業者。丸型どら焼を創案。
¶先駆

### 森田清(2)　もりたきよし
明治34（1901）年3月18日〜平成17（2005）年12月14日
昭和期の電気工学者。東京工業大学教授。
¶科学，現情

### 森田慶一　もりたけいいち
明治28（1895）年4月18日〜昭和58（1983）年2月13日
大正〜昭和期の建築家。京都帝国大学教授。ウィトルーウィウスなどの古典建築を研究。
¶科学，現朝，現日，新潮，世紀，日人，美建

### 森健　もりたけし
明治34（1901）年〜昭和46（1971）年
大正〜昭和期のピアノ製造家。
¶静岡歴，姓氏静岡

### 森田源次郎　もりたげんじろう
明治13（1880）年7月10日〜昭和7（1932）年11月14日
明治〜昭和期の技師。
¶近土，土木

### 森田吾郎　もりたごろう
明治7（1874）年〜＊
明治〜昭和期の人。大正琴の発明者。
¶愛知百（㊵1874年7月25日　㊷1962年6月5日），姓氏愛知（㊵1952年）

### 森田定市　もりたさだいち
明治40（1907）年11月1日〜平成8（1996）年3月20日
昭和〜平成期の土木工学者、東海大学学長。専門は土質工学。
¶科学

### 森田茂稔　もりたしげとし
明治44（1911）年〜昭和57（1982）年
昭和期の大敷網改良功労者。
¶高知人

### 森田庄三郎　もりたしょうざぶろう
明治9（1876）年4月2日〜昭和26（1951）年12月10日
明治〜昭和期の実業家。おぼろ染めタオルの製造法を開発し、三重県津市におぼろタオル会社を設立した。

¶世紀, 日人

森田治郎兵衛(森田治良兵衛) もりたじろべえ
? 〜延享1(1744)年
江戸時代中期の機業家。丹後縮緬の創始者の一人。
¶朝日(㊤天和3(1683)年 ㊦延享1年11月3日(1744年12月6日)), 近世(森田治良兵衛), 国史(森田治良兵衛), コン改(生没年不詳), コン4(生没年不詳), 史人(森田治良兵衛㊦1744年11月3日), 新潮(生没年不詳), 人名, 世人(生没年不詳), 日人(森田治良兵衛)

森田甚太郎 もりたじんたろう
大正13(1924)年2月5日〜
昭和期の陶芸家。
¶陶芸最

守田精一 もりたせいいち
文政7(1824)年〜明治43(1910)年
明治期の公益家, 政治家。今井海浜埋築工事に尽力。米商組合の創設や教育事業にも貢献。
¶人名, 日人

森正(1) もりただし
昭和15(1940)年5月19日〜
昭和期の陶芸家。
¶陶芸最, 名工

森正(2) もりただし
昭和15(1940)年5月19日〜
昭和〜平成期の陶芸家。
¶陶工

守種 もりたね
安土桃山時代〜江戸時代前期の加賀の刀工。
¶姓氏石川

森田梅園 もりたばいえん
天明4(1784)年〜文久2(1862)年
江戸時代中期〜末期の用水路開発者, 文人。
¶姓氏群馬

森田文雄 もりたふみお
昭和29(1954)年5月5日〜
昭和〜平成期の陶芸家。
¶陶工

森田芳伯 もりたほうはく
昭和24(1949)年10月11日〜
昭和〜平成期の陶芸家。
¶陶工

森田通定 もりたみちさだ
生没年不詳
江戸時代中期の治水功労者。
¶神奈川人

森田屋彦之丞 もりたやひこのじょう
安永4(1775)年〜天保2(1831)年
江戸時代中期〜後期の浜名湖(舞阪)の海苔養殖法の祖。
¶静岡歴, 姓氏静岡

森田勇治 もりたゆうじ
明治34(1901)年〜昭和51(1976)年
大正〜昭和期の電気工学者。
¶群馬人

森田芳博 もりたよしひろ
昭和24(1949)年10月11日〜
昭和期の陶芸家。
¶陶芸最

守近(1) もりちか
平安時代後期の刀工。
¶岡山人

守近(2) もりちか
生没年不詳
鎌倉時代の漆工。
¶日人

森忠一 もりちゅういち
明治41(1908)年8月16日〜平成11(1999)年2月25日
大正〜平成期の建築家。
¶美建

森忠蔵 もりちゅうぞう
明治16(1883)年5月20日〜昭和27(1952)年
明治〜昭和期の水力工学者。
¶近土, 土木

森長十郎 もりちょうじゅうろう
江戸時代末期の陶工。
¶岡山人

守次 もりつぐ
平安時代後期の刀工。
¶岡山人, 岡山歴

盛次 もりつぐ
江戸時代前期の刀工。
¶島根人, 島根百

盛綱(1) もりつな
鎌倉時代後期の刀工。
¶島根人, 島根百

盛綱(2) もりつな
南北朝時代の刀工。
¶島根百

守恒 もりつね
平安時代の刀工。
¶岡山人

森露子 もりつゆこ
〜平成18(2006)年4月6日
昭和〜平成期の染色家。
¶美工, 名工

森丁斎 もりていさい
昭和24(1949)年10月10日〜
昭和期の陶芸家。
¶陶芸最

**森陶岳　もりとうがく**
昭和12(1937)年3月23日〜
昭和〜平成期の陶芸家。
¶陶芸最，陶工，名工

**森陶山　もりとうざん**
昭和13(1938)年4月1日〜
昭和〜平成期の陶芸家。
¶陶芸最，陶工，名工

**守時大融　もりときたいゆう**
大正9(1920)年3月29日〜
昭和〜平成期の陶芸家。
¶陶芸最，陶工，名工

**守利(1)　もりとし**
鎌倉時代前期の備中青江の刀工。
¶岡山歴

**守利(2)　もりとし**
南北朝時代の刀工。
¶島根人，島根百

**守永　もりなが**
戦国時代の刀工。
¶島根百

**森野嘉光　もりのかこう**
明治32(1899)年4月15日〜昭和62(1987)年5月2日
昭和期の陶芸家。
¶現情([没]1987年5月20日)，世紀，陶芸，陶芸最，陶工，日人，美工，名工

**森野熊八　もりのくまはち**
昭和37(1962)年7月18日〜
昭和〜平成期の料理研究家。
¶テレ

**森野宗玉　もりのそうぎょく**
江戸時代中期の浮世絵師。
¶人名，日人(生没年不詳)

**森野泰明　もりのたいめい**
昭和9(1934)年2月8日〜　[別]森野泰明《もりのやすあき》
昭和〜平成期の陶芸家。
¶陶芸最，陶工(もりのやすあき)，名工

**森野泰明　もりのやすあき**
→森野泰明(もりのたいめい)

**盛則　もりのり**
室町時代の刀工。
¶島根人，島根百

**森彦三　もりひこぞう**
慶応3(1867)年〜*
明治期の鉄道技術者、教育者。名古屋高等工業学校校長。国産蒸気機関車第1号を製作。
¶先駆(生没年不詳)，鉄道([生]1867年4月7日[没]1958年2月15日)，渡航([生]1867年3月3日[没]?)

**守久　もりひさ**
→守久(おりひさ)

**森英男　もりひでお**
明治44(1911)年〜昭和55(1980)年
昭和期の農林省園芸試験場長。リンゴの新品種'ふじ'を開発。
¶青森人，植物([没]昭和55(1980)年4月15日)

**森英雄　もりひでお**
昭和13(1938)年3月5日〜
昭和期のロボット工学者。
¶視覚

**盛秀太郎　もりひでたろう**
明治28(1895)年〜昭和61(1986)年7月27日
明治〜昭和期の工芸家。黒石市温湯生まれのこけし工人。
¶青森人，世紀，日人([生]明治28(1895)年11月28日)，美工，名工

**森兵吾　もりひょうご**
明治21(1888)年1月20日〜昭和29(1954)年4月17日　[別]森兵吾《もりへいご》
大正〜昭和期の電気工学者。九州帝国大学教授。著書に「交流理論」など。
¶科学，現情，人名7(もりへいご)，世紀，日人

**盛広　もりひろ**
江戸時代中期の刀工。
¶島根百

**森浩　もりひろし**
昭和8(1933)年〜平成8(1996)年
昭和期の陶芸家。
¶陶芸最([生]昭和8年2月12日)，陶工

**森弘充　もりひろみつ**
大正12(1923)年5月3日〜昭和49(1974)年
昭和期の映画照明技師。
¶映人

**森風来　もりふうらい**
大正6(1917)年9月15日〜
昭和期の陶芸家。
¶陶芸最

**森房　もりふさ**
生没年不詳
平安時代中期の刀工。
¶姓氏岩手

**森英夫　もりふさお**
大正9(1920)年12月16日〜
昭和〜平成期の電気工学者。
¶現情

**森豊後　もりぶんご**
生没年不詳
戦国時代の鋳物師。
¶戦辞

**森兵吾　もりへいご**
→森兵吾(もりひょうご)

### 森部一　もりべはじめ
昭和1（1926）年4月16日～平成3（1991）年1月6日
昭和期の実業家。ミツミ電機創業者。真空管用ソケットの製作、ポリバリコン（小型可変蓄電器）考案などで成功を収めた。
¶現朝, 世紀, 創業, 日人

### 森部隆造　もりべりゅうぞう
文久3（1863）年9月26日～大正3（1914）年3月22日
明治～大正期の農地改良の先駆者。
¶福岡百

### 盛正勝　もりまさかつ
明治45（1912）年～昭和39（1964）年
昭和期の青森県農業試験場技師。
¶青森人

### 森昌幹　もりまさき
大正11（1922）年～
昭和期の機械工学者。
¶群馬人

### 森政三　もりまさぞう
明治28（1895）年4月17日～昭和56（1981）年
明治～昭和期の建築士。
¶沖縄百（@昭和56（1981）年1月6日）, 美建（@昭和56（1981）年1月5日）

### 森政弘　もりまさひろ
昭和2（1927）年2月12日～
昭和～平成期のロボット工学者。自在研究所所長、東京工業大学教授。著書に「『非まじめ』のすすめ」「ロボコン博士のもの作り遊論」など。
¶現朝, 現執1期, 現執2期, 現執3期, 現執4期, 現情, 現人, 現日, 新潮, 世紀, 日人, マス89

### 森正洋　もりまさひろ
昭和2（1927）年11月14日～平成17（2005）年11月12日
昭和～平成期のセラミックデザイナー。機能性を重視しながらも自由な発想による造形で、国際的にも高く評価される。
¶現朝, 現情, 現人, 現日, 世紀, 陶芸最, 日人, 美工, 名工

### 守道　もりみち
鎌倉時代の刀工。
¶岡山人

### 守光　もりみつ
室町時代の刀工。
¶岡山人

### 盛光(1)　もりみつ
生没年不詳
室町時代の備前長船派の刀工。
¶朝日, 国史, 古中, 史人, 日人

### 盛光(2)　もりみつ
生没年不詳
室町時代の備前長船派の刀工。
¶岡山歴, 美工

### 森光喜　もりみつき
明治31（1898）年～昭和59（1984）年
大正～昭和期の木工工芸作家。
¶高知人

### 森光慶　もりみつよし
昭和期の雨城楊枝づくりの名人。
¶名工

### 森宗　もりむね
生没年不詳
戦国時代の越前来一派千代鶴系の刀工、森宗系の始祖。
¶青森人

### 森村熊蔵　もりむらくまぞう
嘉永3（1850）年～明治30（1897）年
明治期の機業家。伊勢崎織物同業組合長。森村縮緬の特許を得て海外向織物を製造。また対韓貿易も開始。
¶群馬人, 群馬百, 人名, 姓氏群馬, 日人

### 森村酉三　もりむらとりぞう
明治30（1897）年～昭和24（1949）年
大正～昭和期の鋳金工芸家。
¶郷土群馬, 群馬人, 群馬百, 姓氏群馬

### 森村均　もりむらひとし
昭和31（1956）年～
昭和～平成期の工芸作家。
¶名工

### 森本英助　もりもとえいすけ
昭和16（1941）年11月15日～
昭和～平成期の陶芸家。
¶陶芸最, 陶工

### 森元数茂　もりもとかずしげ
昭和4（1929）年4月23日～
昭和期の陶芸家。
¶陶芸最

### 森本助左衛門　もりもとすけざえもん
生没年不詳
江戸時代後期の陶工、鹿脊山焼の創始者。
¶人名, 日人, 美工

### 森本陶谷　もりもととうこく
明治34（1901）年～
昭和期の陶芸家。
¶陶芸最, 名工

### 森本彦三郎　もりもとひこさぶろう
明治19（1886）年～昭和24（1949）年
明治～昭和期のキノコ栽培家。エノキダケやナメコ、マイタケの栽培技術を開発。
¶植物, 姓氏京都（生没年不詳）

### 森本孫作　もりもとまごさく
明治21（1888）年～昭和50（1975）年
大正～昭和期の漁業者。イワシ瓢網を改良。
¶姓氏富山

**森元義** もりもとよし
明治30(1897)年〜昭和41(1966)年
大正〜昭和期の建築士。栃木県建築士会の初代
会長。
¶栃木歴

**森谷一郎** もりやいちろう
〜昭和55(1980)年11月9日
昭和期の森谷製作所社長。
¶名工

**守屋勝太郎** もりやかつたろう
＊〜明治17(1884)年
江戸時代末期の農事改良家。庄屋役。乙島新開の
開発請負人。
¶岡山人(⊕文化14(1817)年)，岡山歴(⊕文政2
(1819)年 ⊗明治17(1884)年11月14日)

**守屋勘兵衛** もりやかんべえ
江戸時代中期の土木家。
¶岡山人，岡山百(⊕宝永5(1708)年 ⊗寛政8
(1796)年1月3日)，岡山歴(⊕慶安2(1649)年
⊗享保15(1730)年9月18日)

**守屋僖寛** もりやきかん
宝永5(1708)年〜寛政8(1796)年1月3日
江戸時代中期〜後期の岡田藩士・土木家。
¶岡山歴

**森弥左衛門** もりやざえもん
江戸時代前期の備前焼陶工。
¶岡山歴

**守屋貞治** もりやさだじ
明和2(1765)年〜天保3(1832)年
江戸時代中期〜後期の石仏師。
¶姓氏長野，長野歴，山梨百(⊕明和2(1765)年3
月3日 ⊗天保3(1832)年11月19日)

**守屋松亭** もりやしょうてい
明治23(1890)年3月4日〜昭和47(1972)年4月
19日
明治〜昭和期の漆芸家。
¶美工

**守屋信一** もりやしんいち
明治23(1890)年7月15日〜昭和4(1929)年11月
27日
大正〜昭和期の造船技師。
¶岡山歴

**林泰** もりやす
室町時代の刀工。
¶島根百

**森康夫** もりやすお
大正12(1923)年2月24日〜
昭和〜平成期の熱工学者。
¶現朝，世紀，日人

**森泰司** もりやすし
昭和22(1947)年1月2日〜
昭和〜平成期の陶芸家。
¶陶芸最，陶工，名工

**森康郎** もりやすろう
大正6(1917)年〜
昭和期の陶芸家。
¶陶芸

**守谷善太郎** もりやぜんたろう
明治35(1902)年〜昭和58(1983)年
昭和期の刀匠宗光、守谷刃物研究所社長。
¶島根歴

**森屋善之助** もりやぜんのすけ
明治35(1902)年9月27日〜
大正〜昭和期の歌舞伎小道具職人。
¶名工

**森夜潮** もりやちょう
明治37(1904)年〜平成5(1993)年
大正〜平成期の漆芸家。
¶大分歴，美工，名工

**守屋富次郎** もりやとみじろう
明治31(1898)年6月10日〜昭和49(1974)年3月2
日
大正〜昭和期の工学者。東京大学教授。高速度流
体力学を研究。
¶科学，現情，人名7，世紀，日人

**守屋秀夫** もりやひでお
昭和6(1931)年2月28日〜平成12(2000)年1月8日
昭和〜平成期の建築家。昭和音楽大学学長。
¶美建

**守谷英雄** もりやひでお
昭和21(1946)年12月7日〜
昭和〜平成期の陶芸家。
¶陶工

**森谷文子** もりやふみこ
昭和28(1953)年〜
昭和期の陶芸家。
¶陶芸最

**森山内蔵之助** もりやまくらのすけ
→森山弥七郎(もりやまやしちろう)

**守山善作** もりやまぜんさく
明治37(1904)年〜
大正〜昭和期の漆芸作家。
¶名工

**森山富吉** もりやまとみきち
〜昭和34(1959)年2月18日
昭和期の久留米絣職人。
¶美工

**森山トヨノ** もりやまとよの
明治23(1890)年2月23日〜昭和34(1959)年7月
23日
江戸時代末期〜昭和期の久留米絣の手織技術伝承
者。家業の絣技術向上に励む。無形文化財技術保
持者。
¶女性，女性普，世紀，日人，美工

## 森山虎雄〔1代〕 もりやまとらお
明治42(1909)年6月18日～昭和55(1980)年2月1日
昭和期の染色家。
¶美工，名工

## 森山虎雄〔2代〕 もりやまとらお
昭和8(1933)年3月15日～
昭和～平成期の染織家。蚊絣の技術を継承。代表作に久留米絣着物「サファイヤブルー」など。
¶世紀，日人，名工

## 森山博応 もりやまはくお
明治34(1901)年～
昭和期の陶芸家。
¶陶芸最(㊥明治34年2月24日)，名工(㊥明治34年2月26日)

## 森山雅夫 もりやままさお
昭和15(1940)年～
昭和～平成期の陶芸家。
¶陶芸最(㊥昭和15年3月)，陶工(㊥1940年3月28日)

## 森山松之助 もりやままつのすけ
明治2(1869)年～昭和24(1949)年
明治～昭和期の建築家。
¶美建

## 森山弥七郎 もりやまやしちろう
天正1(1573)年～寛文6(1666)年　㊞阿保内蔵之助《あほのくらのすけ》，森山内蔵之助《もりやまくらのすけ》
安土桃山時代～江戸時代前期の陸奥弘前藩士。土木建設に従事。
¶青森人，青森百，朝日，人名(阿保内蔵之助　あほくらのすけ)，日人，藩臣1(森山内蔵之助　もりやまくらのすけ)

## 森山芳平 もりやまよしへい
安政1(1854)年～大正4(1915)年
明治期の機業家。新織機の導入・実用化、染色の改良をし、桐生機業の発展に貢献。
¶朝日(㊙大正4(1915)年2月27日)，郷土群馬，近現，群馬百，群馬人，国史，コン改，コン5，史人(㊙1854年1月23日　㊙1915年2月27日)，新潮，人名，姓氏群馬，先駆(㊙安政1(1854)年1月23日　㊙大正4(1915)年2月27日)，日人

## 森屋理喜造 もりやりきぞう
生没年不詳
江戸時代後期の愛甲郡上荻野村番匠。
¶神奈川人

## 森有節 もりゆうせつ
文化5(1808)年～明治15(1882)年
江戸時代末期～明治期の陶工。三重県朝日村に万古焼開窯。「有節万古」「朝日万古」として著名。
¶朝日(㊙明治15(1882)年4月)，コン改，コン4，コン5，茶道(㊙1807年)，史人(㊙1882年4月)，新潮(㊙明治15(1882)年4月)，人名，陶工，日人

## 森有節〔2代〕 もりゆうせつ
弘化4(1847)年～明治44(1911)年
江戸時代末期～明治期の陶工(万古焼)。
¶茶道

## 守行 もりゆき
江戸時代前期の刀工。
¶島根人，島根百

## 盛之 もりゆき
江戸時代末期の刀工。
¶島根人，島根百

## 森如野 もりゆきの
～昭和57(1982)年11月21日
昭和期の能面師。
¶美工，名工

## 守吉 もりよし
南北朝時代の備中青江の刀工。
¶岡山歴

## 林喜 もりよし
戦国時代の刀工。
¶島根百，島根歴(生没年不詳)

## 林祥 もりよし
戦国時代の刀工。
¶島根人，島根百

## 林善 もりよし
戦国時代～安土桃山時代の石見の刀匠。
¶島根人

## 森与平 もりよへい
文化13(1816)年～元治1(1864)年
江戸時代末期の陶工(万古焼)。
¶茶道，人名，日人

## 森亮一 もりりょういち
昭和4(1929)年3月28日～
昭和～平成期の計測工学者。筑波大学教授。
¶現執2期，現情，世紀

## 森脇明彦 もりわきあきひこ
昭和19(1944)年5月～
昭和～平成期の刀剣研師。
¶名工

## 森脇珉蔵 もりわきたみぞう
？～
江戸時代中期の石工。
¶島根人

## 森脇文直 もりわきふみただ
昭和23(1948)年6月23日～
昭和～平成期の陶芸家。
¶陶芸最，陶工，名工

## 森和平 もりわへい
明治3(1870)年～昭和3(1928)年
明治～昭和期の鰹節加工業者、製氷会社創業者。
¶静岡歴，姓氏静岡

**師景** もろかげ
南北朝時代～室町時代の長船大宮派の刀工。
¶岡山歴

**師実** もろざね
平安時代後期～鎌倉時代前期の刀工。
¶岡山人，岡山歴

**両角外太夫** もろずみとだゆう
？ ～寛文13（1673）年
江戸時代前期の新田開発者。
¶長野歴

**師田黎明** もろたれいめい
昭和期の越前竹人形協同組合代表理事。
¶名工

**諸戸北郎** もろときたろう
明治6（1873）年9月6日～昭和26（1951）年11月1日
明治～昭和期の砂防工学者。東京帝国大学教授。
主著「理水及砂防工学」は，砂防事業の最も権威
ある指導書。
¶科学，近土，現情，人名7，世紀，渡航，土木，
日人

**諸星吮潮斎** もろほししゅんちょうさい
生没年不詳
江戸時代中期の料理人。
¶国書

**諸星千代吉** もろほしちよきち
明治1（1868）年～昭和9（1934）年
明治～昭和期の実業家。石版インキ製造に成功。
日本最古のインキ会社である諸星千代吉商店を
創業。
¶神奈川人，姓氏神奈川

**師光** もろみつ
南北朝時代～室町時代の長船派の刀工。
¶岡山歴

**文賈古子** もんけこし
飛鳥時代の百済の寺工。
¶古代，日人（生没年不詳）

**文寿** もんじゅ
生没年不詳
平安時代中期の刀工。
¶日人

**門蔵** もんぞう
生没年不詳
江戸時代後期の塗師。
¶姓氏宮城

**主水正正清** もんどのしょうまさきよ
→正清(2)（まさきよ）

**門入** もんにゅう
室町時代の京都の漆工。中国製品を模した日本初
の堆朱器の製作者。
¶人名，日人（生没年不詳）

## 【 や 】

**屋井先蔵** やいせんぞう
文久3（1863）年～昭和2（1927）年6月
明治～大正期の実業家。乾電池を発明し，屋井乾
電池を創業。
¶朝日（⊕文久3年12月5日（1864年1月13日）），
科学（⊕1863年（文久3）12月5日），新潮（⊕文
久3（1863）年12月），人名，世紀（⊕文久3
（1864）年12月5日），先駆（⊕文久3（1863）年
12月5日），日人（⊕1864年）

**八板清定** やいたきよさだ
文亀1（1501）年～元亀1（1570）年
戦国時代～安土桃山時代の刀鍛冶。
¶姓氏鹿児島

**八板金兵衛** やいたきんべえ
？ ～元亀1（1570）年
戦国時代の鉄砲鍛冶。日本最初の鉄砲製作者。
¶朝日（⊕元亀1年9月8日（1570年10月7日）），全
書，大百，日人

**矢板武** やいたたけし
嘉永2（1849）年～大正11（1922）年
明治～大正期の実業家。那須開墾社社長，下野新
聞社長。那須疎水の開削に成功。日本鉄道，宇都
宮・黒磯間の開設に尽力。
¶朝日（⊕嘉永2年11月14日（1849年12月28日）
⊗大正11（1922）年3月22日），郷土栃木，近現，
近土（⊕1849年11月14日 ⊗1922年3月22日），
国史，世紀（⊕嘉永2（1849）年11月14日 ⊗大
正11（1922）年3月22日），栃木百，栃木歴，土木
（⊕1849年11月14日 ⊗1922年3月22日），日人

**八重樫一郎** やえがしいちろう
昭和期のたんす職人。
¶名工

**八尾敬次郎** やおけいじろう
明治32（1899）年7月15日～昭和42（1967）年3月
31日
昭和期の実業家。八欧商店（のち八欧電機，現富
士通ゼネラル）を設立，ラジオなど受信機を製造。
¶世紀，創業，日人

**八尾緑** やおみどり
昭和期の革工芸家。
¶名工

**八百屋善四郎** やおやぜんしろう
→栗山善四郎（くりやまぜんしろう）

**矢加部アキ** やかべあき
明治28（1895）年10月10日～昭和44（1969）年5月
22日
明治～昭和期の久留米絣手織技術伝承者。手くび
り機械に励む。久留米絣が重要無形文化財に指定
されると手くびり手織技術保持者代表と認定。
¶女性（⊗昭和41（1966）年5月22日），女性普

([没]昭和41(1966)年5月22日), 世紀, 日人, 美工

**矢加部六郎** やかべろくろう
～昭和33(1958)年2月15日
昭和期の久留米絣職人。
¶美工

**八木明** やぎあきら
昭和30(1955)年3月26日～
昭和～平成期の陶芸家。
¶陶芸最, 陶工, 名工

**八木伊三郎** やぎいさぶろう
明治15(1882)年～？
大正～昭和期の友禅業者、政治家。京都市議会議員。
¶姓氏京都

**八木一艸** やぎいっそう
明治27(1894)年～昭和48(1973)年
明治～昭和期の陶芸家。
¶京都大, 世紀([没]昭和48(1973)年9月2日), 姓氏京都, 陶工, 日人([没]昭和48(1973)年9月2日), 美工([没]昭和48(1973)年9月2日)

**八木岡新右衛門** やぎおかしんうえもん
→八木岡新右衛門(やぎおかしんえもん)

**八木岡新右衛門**(八木岡新衛門) やぎおかしんえもん
*～昭和5(1930)年　[別]八木岡新右衛門《やぎおかしんうえもん》
明治～昭和期の園芸技術者。
¶茨城百(やぎおかしんうえもん　[生]1880年), 郷土茨城([生]1880年), 群馬人(八木岡新衛門　[生]明治13(1880)年), 植物([生]明治14(1881)年7月27日　[没]昭和5(1930)年6月7日), 世紀([生]明治14(1881)年7月27日　[没]昭和5(1930)年6月7日), 日人([生]明治14(1881)年7月27日　[没]昭和5(1930)年6月7日)

**八木一夫** やぎかずお
大正7(1918)年～昭和54(1979)年
昭和期の陶芸家。作品に「盲亀」「信楽土管」など。
¶京都大, 現朝([生]1918年7月4日　[没]1979年2月28日), 現執1期, 現情([生]1918年7月4日　[没]1979年2月28日), 現人, 現日([生]1918年7月4日　[没]1979年2月28日), 新潮([生]大正7(1918)年7月4日　[没]昭和54(1979)年2月28日), 世紀([生]大正7(1918)年7月4日　[没]昭和54(1979)年2月28日), 姓氏京都, 世百新, 陶芸最, 陶工, 日人([生]大正7(1918)年7月4日　[没]昭和54(1979)年2月28日), 美工([生]大正7(1918)年7月4日　[没]昭和54(1979)年2月28日), 美術, 百科, 名工([生]大正7年7月4日　[没]昭和54年2月28日)

**八木亀三** やぎかめぞう
明治40(1907)年1月7日～
昭和～平成期の漆芸家。
¶名工

**八木菊次郎** やぎきくじろう
生没年不詳
江戸時代後期の愛甲郡半原村大工。
¶神奈川人

**八木沢啓造** やぎさわけいぞう
昭和2(1927)年～平成18(2006)年8月9日
昭和～平成期の竹工芸家。
¶美工([生]昭和2(1927)年10月11日), 名工([生]昭和2年10月)

**八木沢俊秀** やぎさわとしひで
宝暦2(1752)年～文政9(1826)年
江戸時代後期の鹿沼出身の刀工、宇都宮藩士。
¶栃木歴

**焼塩屋権兵衛** やきしおやごんべえ
生没年不詳
安土桃山時代～江戸時代前期の土器師。
¶人名, 姓氏京都, 日人

**焼塩屋権兵衛〔2代〕** やきしおやごんべえ
江戸時代前期の山城伏見の土器師。
¶人名

**八木秀次** やぎしゅうじ
→八木秀次(やぎひでつぐ)

**八木浄慶** やぎじょうけい
？～慶長19(1614)年
江戸時代前期の孝子、仏師。
¶岡山人, 岡山百(生没年不詳), 岡山歴

**八木泰吉** やぎたいきち
天保7(1836)年～明治30(1897)年
江戸時代後期～明治期の養蚕業振興指導者、神座明治新田開拓者。
¶静岡歴, 姓氏静岡

**八木多木之助** やぎたきのすけ
大正13(1924)年3月15日～平成5(1993)年4月22日
昭和～平成期の映画録音技師。
¶映人

**八木竹三** やぎたけぞう
明治37(1904)年～
大正～昭和期の糸目糊置司。
¶名工

**八木忠夫** やぎただお
昭和期の小松製作所勤務。
¶名工

**八木亭二郎** やぎていじろう
明治期の魔法瓶製作者。
¶大阪人

**八木敏** やぎとし
大正13(1924)年1月21日～昭和62(1987)年5月5日　[別]高木敏子《たかぎとしこ》
昭和期の染織作家。前衛的な織を造形し活躍。
¶女性, 女性普, 世紀, 日人, 美工(高木敏子　たかぎとしこ), 名工

**八木敏成** やぎとしなり
昭和10(1935)年1月9日～

昭和期の陶芸家。
¶陶芸最

## 柳沼恒五郎 やぎぬまつねごろう
天保6(1835)年2月25日〜大正2(1913)年1月15日
江戸時代末期〜明治期の実業家。正製組を興し、
製糸の改良に尽くした。
¶幕末

## 八木信忠 やぎのぶただ
昭和10(1935)年5月31日〜
昭和期の音響学・録音・映像技術研究者。映像文
化製作者連盟会長、日本大学芸術学部名誉教授・
顧問、彩の国ビジュアルプラザ館長、日本大学芸
術学部映画学科教授・総合学術情報センター長。
¶映人

## 八木橋芙美子 やぎはしふみこ
昭和6(1931)年7月9日〜
昭和〜平成期の人形作家。
¶名工

## 八木秀次 やぎひでつぐ
明治19(1886)年〜昭和51(1976)年 ㋫八木秀次
《やぎしゅうじ》
明治〜昭和期の電気通信工学者。大阪帝国大学総
長。超短波ビームを研究し、八木＝宇田アンテナ
を開発。
¶岩史(㋐1886年1月28日 ㋑1976年1月19日)、
大阪人(やぎしゅうじ ㋑昭和51(1976)年1
月)、科学(㋐1886年(明治19)1月28日
㋑1976年(昭和51)1月19日)、科技(㋐1886年1
月28日 ㋑1976年1月29日)、近現、現朝
(㋐1886年1月28日 ㋑1976年1月19日)、現情
(㋐1886年1月28日 ㋑1976年1月19日)、現人、
現日(㋐1886年1月28日 ㋑1976年1月19日)、
国史、コン改、コン4、コン5、史人(㋐1886年1
月28日 ㋑1976年1月19日)、重要(㋐明治19
(1886)年1月28日 ㋑昭和51(1976)年1月19
日)、新潮(㋐明治19(1886)年1月28日 ㋑昭
和51(1976)年1月19日)、人名7、世紀(㋐明治
19(1886)年1月28日 ㋑昭和51(1976)年1月19
日)、政治(㋐明治19年1月28日 ㋑昭和51年1
月19日)、姓氏宮城、世人(㋐明治19(1886)年
1月28日 ㋑昭和51(1976)年1月19日)、全書、
大百、伝記、日人(㋐明治19(1886)年1月28日
㋑昭和51(1976)年1月19日)、日本、宮城百、
履歴(㋐明治19(1886)年1月28日 ㋑昭和51
(1976)年1月19日)、履歴2(㋐明治19(1886)年
1月28日 ㋑昭和51(1976)年1月19日)、歴大

## 八木兵輔 やぎひょうすけ
文政11(1828)年〜明治28(1895)年
江戸時代後期〜明治期の上川尻村村内佐原木町の
開拓者。
¶姓氏神奈川

## 薬師寺主計 やくしじかずえ
明治17(1884)年10月20日〜昭和40(1965)年3月
11日
明治〜昭和期の建築家。
¶岡山百(㋐明治17(1884)年10月)、岡山歴、世
紀、日人、美建

## 薬師寺清司 やくしじきよし
大正4(1915)年8月20日〜平成13(2001)年11月
16日
昭和期の農業技師。
¶植物

## 薬師寺長吾 やくしじちょうご
慶応2(1866)年6月17日〜昭和18(1943)年9月3日
明治〜昭和期の軽便索道の開発者。
¶愛媛百

## 薬師寺厚 やくしじひろし
大正2(1913)年7月2日〜平成10(1998)年12月8日
昭和〜平成期の建築家。フジタ専務。
¶美建

## 矢口永寿 やぐちえいじゅ
明治33(1900)年2月〜
昭和期の陶芸家。
¶陶芸、陶芸最、名工

## 八雲 やくも
明治期の刀匠。
¶島根人

## 矢倉久右衛門 やぐらきゅうえもん
生没年不詳
江戸時代前期の大工棟梁。
¶姓氏京都

## 弥五衛門 やごえもん
→湯山弥五右衛門(ゆやまやごえもん)

## 八箇源蔵 やこげんぞう
昭和期の漆塗工。
¶名工

## 矢後孫人 やごまごと
明治7(1874)年〜大正7(1918)年
明治〜大正期の乳加工業の先駆者。
¶富山百

## 弥五郎 やごろう
生没年不詳
戦国時代の武士。北条氏に仕えた舟番匠。
¶戦辞

## 弥左衛門 やざえもん
生没年不詳
戦国時代の畳刺の棟梁。
¶戦辞

## 矢沢大堅 やざわだいけん
延宝4(1676)年〜延享1(1744)年
江戸時代前期〜中期の新田開発者・僧侶。
¶多摩

## 矢沢将英 やざわまさひで
明治38(1905)年〜昭和55(1980)年12月20日
昭和期の応用化学者。高分子加工研究所社長。合
成繊維の開発研究を行い、カシミロンを完成さ
せる。
¶科学(㋐1905年(明治38)8月16日)、科技
(㋐1905年8月26日)、郷土長野、現情(㋐1905

年8月16日)，現人，世紀([生]明治38(1905)年8月16日)

**矢島義一　やじまぎいち**
明治17(1884)年～大正11(1922)年
明治～大正期の明正井路開削の主任技手。
¶大分歴

**矢島実秋　やじまさねあき**
？ ～天保7(1836)年
江戸時代後期の装剣金工。
¶日人

**矢島昭司　やじましょうじ**
昭和10(1935)年～
昭和期の陶芸家。
¶陶芸最

**谷島武雄　やじまたけお**
明治41(1908)年3月3日～
昭和～平成期の結城紬織物職人。
¶名工

**矢島春之　やじまはるゆき**
？ ～安政4(1857)年
江戸時代末期の金工。
¶人名，日人

**夜叉　やしゃ**
生没年不詳
南北朝時代～室町時代の能面師。仮面十作の一人。尉面の作者とされる。
¶朝日，国史，古中，史人，新潮，人名，日人

**社和之　やしろかずゆき**
昭和10(1935)年5月13日～
昭和期の陶芸家。
¶陶芸最

**屋代吉右衛門　やしろきちえもん**
享和1(1801)年～明治6(1873)年
江戸時代後期～明治期の柴海苔製造指導者。
¶姓氏岩手

**八代駒雄　やしろこまお**
→八代駒雄(やつしろこまお)

**屋代伝　やしろつたえ**
安政4(1857)年7月15日～明治22(1889)年5月21日
江戸時代末期～明治期の技師。
¶近土，土木

**屋代寿文　やしろとしふみ**
昭和期の染色家。
¶名工

**屋代弘孝　やしろひろたか**
*～昭和36(1961)年
大正～昭和期の農業技術者、昆虫研究家。
¶沖縄百([生]明治29(1896)年10月24日　[没]昭和36(1961)年12月30日)，兵庫百([生]明治28(1895)年)

**安家(1)　やすいえ**
平安時代中期の刀工。
¶岡山人

**安家(2)　やすいえ**
生没年不詳
平安時代後期の伯耆国の刀工。
¶平史

**安井寛　やすいかん**
昭和27(1952)年3月22日～
昭和～平成期の陶芸家。
¶陶工

**安井清　やすいきよし**
大正14(1925)年12月6日～平成22(2010)年10月30日
昭和～平成期の宮大工。やすいきよし事務所代表。
¶美建

**安井九兵衛　やすいくへえ**
天正10(1582)年～寛文4(1664)年
江戸時代前期の大坂町人、治水家。道頓堀川の開掘者の一人。
¶近世，国史，コン改([生]天正7(1579)年　[没]寛文1(1661)年)，コン4([生]天正7(1579)年　[没]寛文1(1661)年)，茶道([生]1579年　[没]1661年)，史人([没]1664年10月17日？)，新潮([没]寛文4(1664)年10月17日)，人名，日人，歴大

**安井敬七郎　やすいけいしちろう**
安政2(1855)年～昭和3(1928)年
明治～大正期の化学技術者。日本初の筆記用インキを製造した。
¶食文，世紀，日人

**安井好尚　やすいこうしょう**
弘化4(1847)年～大正11(1922)年
明治～大正期の農村指導者。島根県大国村の地主。稲作・養蚕・畜産・水産など各分野で研究・指導にあたった。
¶島根人，島根百([生]弘化4(1847)年9月28日　[没]大正11(1922)年10月10日)，島根歴，世紀([生]弘化4(1847)年9月28日　[没]大正11(1922)年10月10日)，日人

**安井治兵衛　やすいじへえ**
明治41(1908)年～
昭和期の映画録音技師。
¶映人

**安井如苞　やすいじょほう**
*～？
明治期の陶画工。独特の手法で花鳥虫魚を描き、自由な著彩などに注目。
¶島根人([生]明治20(1887)年頃)，島根歴(生没年不詳)，人名，日人，美工([生]？)，名工

**保井高長　やすいたかなが**
江戸時代の装剣金工。
¶人名，日人(生没年不詳)

**保井高広**（安井高広）　**やすいたかひろ**
江戸時代の装剣金工。
¶人名（安井高広），日人（生没年不詳）

**安井武雄**　**やすいたけお**
明治17（1884）年2月25日～昭和30（1955）年5月23日
明治～昭和期の建築家。主な作品に大阪倶楽部、大阪ガスビルなど。
¶現朝，現情，人名7，世紀，日人，美建

**安井道頓**　**やすいどうとん**
天文2（1533）年～元和1（1615）年　[別]成安道頓《なりやすどうとん》
安土桃山時代～江戸時代前期の大坂町人。大坂道頓堀の開鑿者。
¶大阪人，近世，国史，コン改，コン4，茶道，史人（成安道頓　なりやすどうとん），新潮（[没]元和1（1615）年5月8日），人名（[生]？），世人（[生]天文2（1531）年　[没]元和1（1615）年5月8日），戦合（成安道頓　なりやすどうとん），戦国，全書（[生]？），戦人，大百，日人

**安井徹**　**やすいとおる**
昭和17（1942）年3月23日～
昭和～平成期の陶芸家。
¶陶芸最，名工

や

**安井徳左衛門**　**やすいとくざえもん**
生没年不詳
江戸時代中期の北一色村の豪農、水路開削者。
¶姓氏愛知

**安井政章**　**やすいまさあき**
→安井与左衛門（やすいよざえもん）

**安井正義**　**やすいまさよし**
明治37（1904）年4月5日～平成2（1990）年8月23日
昭和期の実業家。ブラザー工業社長。国産家庭用ミシンを開発。日本ミシン製造を創立、のちブラザー工業と社名を変更。
¶現朝，現情，現人，実業，世紀，姓氏愛知，日人

**安井杢太郎**　**やすいもくたろう**
明治26（1893）年～昭和56（1981）年
明治～昭和期の建築家。安井杢工務店社長。
¶美建

**安井雄二**　**やすいゆうじ**
昭和25（1950）年～
昭和～平成期の陶芸家。
¶陶工

**安井洋太郎**　**やすいようたろう**
大正9（1920）年10月30日～平成22（2010）年6月23日
昭和～平成期の建築家。安井杢工務店社長。
¶美建

**安井与左衛門**　**やすいよざえもん**
天明7（1787）年～嘉永6（1853）年　[別]安井政章《やすいまさあき》，安井与左衛門政章《やすいよざえもんまさあき》
江戸時代後期の治水家。
¶近世，群馬人（安井与左衛門政章　やすいよざえもんまさあき　[生]天明6（1786）年），群馬百，国史，国書（安井政章　やすいまさあき　[没]嘉永6（1853）年6月19日），人名，姓氏群馬（[生]1786年），日人，藩臣3

**安江孝明**　**やすえこうめい**
明治31（1898）年7月15日～平成9（1997）年　[別]安江孝明《やすえたかあき》
大正～平成期の金箔職人。
¶石川百（やすえたかあき），美工（[没]平成9（1997）年9月15日），名工

**安恵重遠**　**やすえしげはる**
明治40（1907）年～
大正～昭和期の映画録音技師。
¶映人

**安江孝明**　**やすえたかあき**
→安江孝明（やすえこうめい）

**安江屋五十八**　**やすえやいそはち**
江戸時代後期の加賀大樋焼系の陶工。
¶人名，姓氏石川，日人（生没年不詳）

**保岡勝也**　**やすおかかつや**
明治1（1868）年1月～？
明治期の建築家。
¶渡航

**安尾広明**　**やすおひろあき**
昭和26（1951）年3月25日～
昭和～平成期の陶芸家。
¶陶工

**安川敬弌**　**やすかわけいいち**
昭和8（1933）年1月～
昭和期の陶芸家。
¶陶芸最

**安川乾清**　**やすかわけんせい**
江戸時代前期の金工、越中高岡金工の開祖。
¶人名，日人（生没年不詳）

**安川桃村**　**やすかわとうそん**
明治43（1910）年7月11日～
昭和～平成期の陶芸家。
¶陶芸，陶芸最，名工

**康国**　**やすくに**
生没年不詳
戦国時代の相模国の刀鍛冶。
¶戦辞

**安貞**　**やすさだ**
戦国時代の刀工。
¶島根人，島根百

**安田臣**　**やすだかたし**
明治44（1911）年9月11日～昭和52（1977）年
大正～昭和期の建築家。建設省営繕局監督課長。
¶美建

**保田勝久**　**やすだかつひさ**
昭和4（1929）年9月11日～平成19（2007）年2月6日

昭和期の陶芸家。
¶陶芸最，美工，名工

**安田佳代**　やすだかよ
昭和27(1952)年〜
昭和〜平成期の陶芸家。
¶陶工

**安田喜三郎**　やすだきさぶろう
江戸時代末期の京都の陶工。
¶人名，日人(生没年不詳)

**安田茂郎**　やすだしげお
→安田茂郎(やすだしげろう)

**安田茂郎**　やすだしげろう
昭和4(1929)年5月18日〜平成2(1990)年12月29日　[別]安田茂郎《やすだしげお》
昭和〜平成期の陶芸家。
¶陶芸最，美工(やすだしげお)

**安田正山**　やすだしょうざん
昭和9(1934)年6月10日〜
昭和期の陶芸家。
¶陶芸最

**安田是誰**　やすだぜすい
元禄14(1701)年〜天明5(1785)年
江戸時代中期の冶工。
¶茶道，日人

**安田全宏**　やすだぜんこう
大正15(1926)年12月12日〜
昭和〜平成期の陶芸家。
¶現情，世紀，陶芸最，名工

**安田哲男**　やすだてつお
昭和3(1928)年〜
昭和〜平成期の映画録音技師。
¶映人

**安田寿明**　やすだとしあき
昭和10(1935)年〜
昭和期の情報工学者。東京電機大学教授、文教大学教授。
¶現執1期，現執2期([生]昭和10(1935)年7月3日)

**安田如意**　やすだにょい
昭和18(1943)年12月16日〜
昭和〜平成期の陶芸家。
¶陶芸最，陶工，名工

**安田はるみ**　やすだはるみ
昭和12(1937)年〜
昭和〜平成期の人形作家。
¶名工

**安田正清**　やすだまさきよ
昭和期の矢師。
¶名工

**安田主水**　やすだもんど
生没年不詳
江戸時代前期の高井郡奥山田村蕨平の農民。鎌田堰開削者。
¶姓氏長野

**安田利作**　やすだりさく
弘化4(1847)年〜明治29(1896)年
江戸時代末期〜明治期の蚕糸業功労者。生糸の品質改良に尽力、掛田折り返し糸を開発。また秋蚕種の飼育にも成功。
¶日人，幕末([生]1847年9月　[没]1896年10月9日)

**安田律子**　やすだりつこ
昭和21(1946)年8月31日〜
昭和〜平成期の陶芸家。
¶陶芸最，名工

**安田良忠**　やすだりょうちゅう
生没年不詳
明治期の産業改良家。
¶鳥取百

**安親**　やすちか
→土屋安親(つちややすちか)

**安次(1)**　やすつぐ
平安時代中期の刀工。
¶岡山人，岡山百(生没年不詳)

**安次(2)**　やすつぐ
平安時代後期の刀工。
¶岡山人

**康継**　やすつぐ
→越前康継(えちぜんやすつぐ)

**康次**　やすつぐ
鎌倉時代前期の備中古青江の刀工。
¶岡山歴

**安綱**　やすつな
生没年不詳　[別]大原安綱《おおはらのやすつな》
平安時代中期の伯耆国大原の刀工。
¶朝日，国史，古中，史人，新潮，人名(大原安綱　おおはらのやすつな)，日史，日人，美工，美術，百科

**安永懐玉斎**　やすながかいぎょくさい
→安永正次(やすながまさつぐ)

**安永正次**　やすながまさつぐ
文化10(1813)年〜明治25(1892)年　[別]安永懐玉斎《あんえいかいぎょくさい，やすながかいぎょくさい》，懐玉斎正次《かいぎょくさいまさつぐ》
江戸時代末期〜明治期の根付職人。象牙・黄楊製の具象的な根付を得意とした。懐玉堂、懐玉堂正次、正次・懐玉と刻す。
¶朝日(懐玉斎正次　かいぎょくさいまさつぐ　[生]文化10年9月13日(1813年10月6日)　[没]明治25(1892)年1月21日)，大阪人(安永懐玉斎　やすながかいぎょくさい　[没]明治25(1892)年1月)，新潮(懐玉斎正次　かいぎょくさいまさつぐ)，人名([生]1812年)，日人，幕末(安永懐玉斎　あんえいかいぎょくさい　[生]1812年　[没]1892年1月29日)

**安永義章**　やすながよしあき
安政2(1855)年11月23日〜大正7(1918)年7月6日
明治〜大正期の製鉄技師。兵器製造のためドイツ、フランスへ留学。
¶海越，海越新，科学，世紀，渡航([没]？)，日人

**安縄**　やすなわ
鎌倉時代前期の古備前の刀工。
¶岡山歴

**安野半吾**　やすのはんご
明治5(1872)年〜昭和26(1951)年
明治〜昭和期の松が峰教会の石工事施工者。
¶栃木歴

**安則**　やすのり
鎌倉時代の刀工。
¶岡山人，岡山歴

**安原機芳**　やすはらきほう
天保14(1843)年〜明治32(1899)年
明治期の蒔絵師。日本美術協会大阪支会及び描技会の設立に尽力。
¶大阪人([没]明治32(1899)年3月)，人名，日人，名工([没]明治32年9月)



**安原喜明**　やすはらきめい
明治39(1906)年6月18日〜昭和55(1980)年10月28日　[別]安原喜明《やすはらよしあき》
昭和期の陶芸家。日展理事。
¶現情，世紀(やすはらよしあき)，陶芸，陶芸最，陶工，日人，美工(やすはらよしあき)，名工(やすはらよしあき)

**安原三右衛門**　やすはらさんえもん
江戸時代後期の人。砂丘の開拓を行った。
¶姓氏石川

**安原伝兵衛**　やすはらでんべえ
？　〜元和9(1623)年
安土桃山時代〜江戸時代前期の銀山師、釜屋間歩の開発者。
¶島根歴

**安原智種**　やすはらともたね
？　〜元和1(1615)年8月5日
江戸時代前期の備中国出身の鉱山師。
¶岡山歴

**安原喜明**　やすはらよしあき
→安原喜明(やすはらきめい)

**安原喜孝**　やすはらよしたか
昭和11(1936)年10月14日〜
昭和〜平成期の陶芸家。
¶陶芸最，陶工，名工

**康春**　やすはる
生没年不詳
戦国時代の相模国の刀工。
¶戦辞

**康平**　やすひら
戦国時代の刀工。
¶島根人，島根百

**泰平**　やすひら
世襲名　江戸時代後期の加賀の刀工。
¶姓氏石川

**安弘**　やすひろ
生没年不詳
鎌倉時代の螺鈿工。
¶日人

**安平〔1代〕**　やすへい
→四方竜文〔1代〕(しかたりゅうぶん)

**安平〔2代〕**　やすへい
→四方竜文〔2代〕(しかたりゅうぶん)

**安間邦昭**　やすまくにあき
昭和18(1943)年〜
昭和〜平成期の工芸家。
¶名工

**安間源太夫**　やすまげんだゆう
江戸時代の幕府の壁方の棟梁。
¶江戸東

**安松金右衛門**　やすまつきんうえもん
→安松金右衛門(やすまつきんえもん)

**安松金右衛門**　やすまつきんえもん
？　〜貞享3(1686)年　[別]安松金右衛門《やすまつきんうえもん》，安松金右衛門吉実《やすまつきんうえもんよしざね》
江戸時代前期の武蔵川越藩士。野火止用水の開削者。
¶朝日([生]慶長6(1601)年)，江戸，近世，国史，コン改，コン4，埼玉人([生]慶長6(1601)年)，埼玉百(安松金右衛門吉実　やすまつきんうえもんよしざね)，史人([没]1686年10月27日)，新潮，人名，世人，全書，日人([生]1601年)，藩臣3(やすまつきんうえもん　[生]慶長16(1611)年)，歴大([生]1611年)

**康光**(1)　やすみつ
世襲名　室町時代の備前長船派の刀工。
¶国史，古中，日人

**康光**(2)　やすみつ
室町時代の備前長船派の刀工。
¶岡山歴

**安光茂兵衛**　やすみつもへえ
？　〜元禄6(1693)年
江戸時代前期〜中期の秋穂地方の水田開発者。
¶姓氏山口

**安見道有**　やすみどうゆう
生没年不詳
安土桃山時代〜江戸時代前期の鋳物師。
¶日人

**安美賀**　やすみよし
明治18(1885)年4月10日〜昭和28(1953)年5月5日
明治〜昭和期の教育者、建築家。

¶世紀, 栃木歴, 日人, 美建

**安村浅次郎** やすむらあさじろう
江戸時代末期〜明治期の陶工。
¶日人

**安本亀八〔1代〕** やすもとかめはち
文政9(1826)年〜明治33(1900)年12月8日
江戸時代末期〜明治期の生人形師。人形を美術品にまで高める。
¶朝日, 郷土奈良(──〔代数なし〕), 芸能, 史人(──〔代数なし〕 ㊤1825年7月), 日人

**安本亀八〔2代〕** やすもとかめはち
安政4(1857)年〜明治32(1899)年7月3日
明治期の生人形師。
¶芸能

**安本亀八〔3代〕** やすもとかめはち
明治1(1868)年〜昭和21(1946)年
明治〜昭和期の生人形師。
¶芸能

**安本正三** やすもとしょうぞう
大正12(1923)年5月3日〜
昭和〜平成期の陶芸家。
¶陶芸最, 名工

**安本徳治** やすもととくじ
明治38(1905)年〜昭和58(1983)年
昭和期の刀工。
¶姓氏岩手

**安代** やすよ
→主馬首一平安代(しゅめのかみいっぺいやすよ)

**安吉** やすよし
刀工。筑前左文字派の安吉、長門の安吉など。
¶史人

**矢頭良一** やずりょういち
明治11(1878)年6月30日〜明治41(1908)年10月16日
明治期の発明家。
¶福岡百

**弥蔵** やぞう
江戸時代後期の陶工、能登正院焼の開窯者。
¶人名, 姓氏石川, 日人(生没年不詳)

**八十島義之助** やそしまよしのすけ, やそじまよしのすけ
大正8(1919)年8月27日〜平成10(1998)年5月9日
昭和期の交通工学者。交通システムの改革に取り組む。
¶科学, 近土(やそじまよしのすけ), 現朝, 現執1期, 現執2期, 現執3期, 現情, 現人, 現日, 新潮, 世紀, 鉄道, 日人, マス3(やそじまよしのすけ), マス89

**八十亭二郎** やそていじろう
生没年不詳
明治期の会社員。日本で初めて魔法壜を製作。
¶先駆

**矢田明** やだあきら
昭和2(1927)年9月18日〜昭和53(1978)年5月8日
昭和期の気象技術者。気象庁気象衛星室長。静止気象衛星「ひまわり」生みの親として衛星の気象観測部門開発に従事。
¶科学, 現情, 人名7, 世紀, 日人

**八谷泰造** やたがいたいぞう
明治39(1906)年12月14日〜昭和45(1970)年3月23日 ㊗八谷泰造《やたがたいぞう》
大正〜昭和期の触媒化学技術者、実業家。日本触媒化学工業社長。塩化ビニル可塑剤の量産化に成功。
¶科学, 科技(やたがたいぞう), 現朝, 現情, 現人, 世紀, 創業, 日人, 広島百(㊦昭和45(1970)年3月28日)

**八谷泰造** やたがたいぞう
→八谷泰造(やたがいたいぞう)

**矢高濤一** やたかとういち
文政3(1820)年〜明治30(1897)年
江戸時代後期〜明治期の北遠の治山治水功労者。
¶静岡歴, 姓氏静岡

**矢田憲吉** やたけんきち, やだけんきち
明治28(1895)年〜昭和19(1944)年
大正〜昭和期の高原野菜の指導技術家。
¶食文(やだけんきち), 姓氏長野, 長野百, 長野歴

**矢田部善右衛門** やたべぜんうえもん
寛文12(1672)年？〜宝暦10(1760)年
江戸時代前期〜中期の塩田築造者。
¶山口百

**矢田部通寿(谷田部通寿)** やたべつうじゅ
元禄10(1697)年〜明和5(1768)年
江戸時代中期の金工家。水戸彫りの興隆に尽力。
¶朝日, コン改(㊤?), コン4, 史人(谷田部通寿 ㊦1768年6月1日), 新潮(㊦明和5(1768)年6月1日), 日人

**谷田部彦六** やたべひころく
生没年不詳
江戸時代中期の工芸家。
¶国書

**谷井陽之助** やついようのすけ
明治25(1892)年2月12日〜昭和45(1970)年7月18日
明治〜昭和期の技師。
¶近土, 土木

**八束はじめ** やつかはじめ
昭和23(1948)年8月10日〜
昭和〜平成期の建築家、建築評論家。ユーピーエム主宰。
¶現執2期, 現執3期, 現執4期

**矢附忠雄** やつけただお
昭和4(1929)年8月7日〜
昭和〜平成期の金網職人。

¶名工

**奴長兵衛** やっこちょうべえ
生没年不詳
江戸時代後期の木工。
¶日人

**八代駒雄** やつしろこまお
天保11（1840）年～明治30（1897）年　[別]八代駒雄《やしろこまお》
明治期の国学者。甲斐絹の織法を改良。殖産興業に功績があった。
¶人名（やしろこまお　[生]？），日人，山梨百（[生]天保11（1840）年3月8日　[没]明治30（1897）年11月27日）

**谷津進** やつすすむ
昭和21（1946）年～
昭和～平成期の統計工学者。玉川大学教授。
¶現執3期

**八ッ橋博美** やつはしひろみ
昭和24（1949）年4月27日～
昭和期の陶芸家。
¶陶芸最



**柳井勘左衛門** やないかんざえもん
天正18（1590）年～寛永18（1641）年9月26日
安土桃山時代～江戸時代前期の備中檀紙の製造元。
¶岡山歴

**楊井三之允** やないさんのじょう
元和6（1620）年～元禄15（1702）年
江戸時代前期の土木家、長州（萩）藩士。
¶人名（[没]？），姓氏山口，日人

**柳井譲蔵** やないじょうぞう
明治期の留学生。アメリカに留学し織物技術を修業。
¶海越（生没年不詳），海越新

**柳井深造** やないしんぞう
明治44（1911）年～昭和36（1961）年
昭和期の工学者。
¶岡山人

**柳井久義** やないひさよし
大正9（1920）年5月19日～平成7（1995）年10月10日
昭和～平成期の電子工学者、東京大学名誉教授。専門は半導体、集積回路工学、光エレクトロニクス。
¶科学，現情

**矢内斉** やないひとし
昭和23（1948）年7月6日～
昭和～平成期の陶芸家。
¶陶芸最，陶工

**柳岡真人** やなおかまさと
昭和17（1942）年～
昭和期の陶芸家。
¶陶芸最

**屋中茂夫** やなかしげお
昭和期の木工芸家。
¶名工

**柳川右兵衛** やながわうへえ
～天保5（1834）年
江戸時代後期の愛甲郡半原村宮大工。
¶神奈川人

**柳川直時** やながわなおとき
生没年不詳
江戸時代中期～後期の装剣金工。
¶日人

**柳川直春** やながわなおはる
生没年不詳
江戸時代後期の装剣金工。
¶日人

**柳川直故** やながわなおひさ
享保1（1716）年～宝暦1（1751）年
江戸時代中期の装剣金工。
¶日人

**柳川直政** やながわなおまさ
元禄5（1692）年～宝暦7（1757）年
江戸時代中期の装剣金工家。小道具類の制作が主。
¶朝日，コン改，コン4，史人（[没]1757年10月9日），新潮（[没]宝暦7（1757）年10月9日），人名（[生]1690年），日人

**柳川直光** やながわなおみつ
享保18（1733）年～*
江戸時代中期～後期の金工。
¶人名（[没]1808年），日人（[没]1809年）

**柳川春茂** やながわはるしげ
江戸時代後期の江戸の白銀師。
¶姓氏石川

**柳川秀一** やながわひでかず
享和2（1802）年～文久2（1862）年
江戸時代末期の柳川新田開発者。
¶幕末

**柳川秀勝** やながわひでかつ
天保4（1833）年～明治41（1908）年
江戸時代末期～明治期の殖産家。常陸国鹿島郡に柳川新田を開墾。
¶近現，近世，国史，人名，日人

**柳川政次** やながわまさつぐ
寛文11（1671）年～享保6（1721）年
江戸時代前期～中期の装剣金工。
¶日人

**柳沢健** やなぎさわけん
昭和6（1931）年～
昭和～平成期の電気工学者。東京工業大学教授。
¶現執3期

**柳沢賢一郎** やなぎさわけんいちろう
昭和19（1944）年～
昭和～平成期の社会工学者。三菱総合研究所主席

研究員。
¶現執3期，現執4期（[生]1944年1月1日）

**柳沢香樹** やなぎさわこうじゅ
昭和6（1931）年4月6日～
昭和～平成期の皮革工芸作家。
¶名工

**柳沢大六** やなぎさわだいろく
嘉永1（1848）年～昭和6（1931）年
明治～昭和期の蚕種製造業。夏秋蚕種の貯蔵に成功。
¶姓氏長野

**柳沢孝彦** やなぎさわたかひこ
昭和10（1935）年1月1日～
昭和～平成期の建築家。TAK建築都市計画研究所代表。竹中工務店で熱海MOA美術館などを担当。他に「東京都現代美術館」「新国立劇場」など。
¶世紀，日人

**柳沢彦太郎** やなぎさわひこたろう
慶応3（1867）年～昭和28（1953）年
明治～昭和期の養蚕教師、政治家。長村村長。
¶姓氏長野

**柳沢忠** やなぎさわまこと
昭和6（1931）年1月29日～
昭和期の工学者。名古屋大学教授、名古屋市立教授。
¶現執2期

**柳沢光晴** やなぎさわみつはる
昭和13（1938）年～
昭和～平成期の陶芸家。
¶陶工

**柳沢米吉** やなぎさわよねきち
明治36（1903）年9月12日～平成7（1995）年1月31日
大正～昭和期の土木技術者、海上保安庁長官。専門は港湾工学。
¶科学，群馬人

**柳田紀雄** やなぎだのりお
昭和24（1949）年5月23日～
昭和期の陶芸家。
¶陶芸最

**柳田博明** やなぎだひろあき
昭和10（1935）年6月1日～平成18（2006）年11月20日
昭和～平成期の工業化学者。名古屋工業大学学長、東京大学教授。人体検知用の新型赤外線センサーを開発。著書に「検知システム総覧」「セラミックセンサー」など。
¶科学，現朝，現執2期，現執3期，現執4期，世紀，日人

**柳田竜雪** やなぎだりゅうせつ
天保4（1833）年～明治15（1882）年
江戸時代末期～明治期の印刷局技師。薩摩藩奥絵師を経て、維新後は紙幣寮に勤務し上等彫刻師として活躍。
¶国書（[生]天保4（1833）年5月28日　[没]明治15（1882）年10月17日），幕末，洋学

**柳楢悦** やなぎならよし
天保3（1832）年～明治24（1891）年
江戸時代末期～明治期の津藩士、数学者。東京数学会社社長。和算を利用した測量術で業績を残す。
¶朝日（[生]天保3年9月15日（1832年10月8日）　[没]明治24（1891）年1月14日），維新，海越新（[生]天保3（1832）年9月15日　[没]明治24（1891）年1月15日），科学（[生]1832年（天保3）9月15日　[没]1891年（明治24）1月15日），近現，国際，国史，国書（[生]天保3（1832）年9月15日　[没]明治24（1891）年1月15日），コン4，コン5，新潮（[没]明治24（1891）年1月15日），人名，数学（[生]天保3（1832）年9月15日　[没]明治24（1891）年1月14日），先駆（[生]天保3（1832）年9月15日　[没]明治24（1891）年1月14日），全書，大百，渡航（[没]1891年1月15日），日史（[生]天保3（1832）年9月15日　[没]明治24（1891）年1月15日），日人，幕末（[没]1891年1月15日），百科，三重（[生]天保3年9月），民学，洋学，陸海（[生]天保3年9月15日　[没]明治24年1月14日）

**柳原伊兵衛** やなぎはらいへえ
天保13（1842）年～大正2（1913）年
江戸時代末期～大正期の吉田港の建設計画者。
¶静岡歴，姓氏静岡

**柳原敏雄** やなぎはらとしお
明治45（1912）年1月29日～平成3（1991）年2月2日
[別]柳原敏雄《やなぎわらとしお》
昭和期の料理研究家。江戸懐石料理近茶流宗家、柳原料理教室主宰。
¶群馬人，現情（やなぎわらとしお），食文（[没]1991年3月2日），世紀，日人

**柳原睦夫** やなぎはらむつお
昭和9（1934）年6月16日～
昭和～平成期の陶芸家。
¶陶芸最，陶工，名工

**柳原利吉** やなぎはらりきち
明治11（1878）年～昭和10（1935）年
明治～昭和期の漁具製作。
¶姓氏静岡

**柳英男** やなぎひでお
大正8（1919）年2月2日～平成4（1992）年6月28日
昭和～平成期の建築家。柳建築設計事務所社長。
¶美建

**梁公男** やなきみお
昭和19（1944）年2月4日～
昭和期の陶芸家。
¶陶芸最

**柳宗理** やなぎむねみち
大正4（1915）年6月29日～
昭和～平成期のインダストリアルデザイナー。柳工業デザイン研究会理事長、日本民芸館館長。日本のインダストリアル・デザインのパイオニア的存在。代表作に「横浜野毛山歩道橋」など。

やなきも　　　　　　　　　　778　　　　　　　　　日本人物レファレンス事典

¶現朝，現情，現人，新潮，世紀，日人

## 柳本武 やなぎもとたけし
明治35（1902）年11月15日〜昭和62（1987）年3月24日
大正〜昭和期の造船工学者、熊本大学学長。専門は応用力学。
¶科学

## 柳元悦 やなぎもとよし
昭和23（1948）年2月22日〜
昭和期の陶芸家。
¶陶芸最

## 柳屋又七〔1代〕 やなぎやまたしち
？　〜享和1（1801）年
江戸時代中期〜後期の人。わが国初の海苔種付け法を開発。
¶日人，広島百（――〔代数なし〕　②享和1（1801）年7月15日）

## 柳悦孝 やなぎよしたか
明治44（1911）年7月25日〜平成15（2003）年8月20日
大正〜平成期の染織家。
¶美工

## 柳原敏雄 やなぎわらとしお
→柳原敏雄（やなぎはらとしお）

## 柳瀬彦左衛門〔12代〕 やなせひこざえもん
昭和期の上山製紙社長。
¶名工

## 山村昌 やなむらさかえ
→山村昌（やまむらさかえ）

## 屋根屋半右衛門 やねやはんえもん
江戸時代の鉄砲鍛冶。
¶江戸

## 矢野勝正 やのかつまさ
明治41（1908）年1月1日〜昭和52（1977）年1月31日
昭和の河川工学者、防災化学者。京都大学教授。
¶科学，現情

## 矢野款一 やのかんいち
昭和17（1942）年11月19日〜
昭和〜平成期の陶芸家。
¶陶芸最，陶工，名工

## 矢野口文雄 やのぐちふみお
大正6（1917）年9月29日〜昭和60（1985）年1月15日
昭和期の映画録音技師。黒沢明監督作品を多く手掛ける。
¶映人，現朝，世紀，日人

## 矢野国夫 やのくにお
昭和24（1949）年8月16日〜
昭和期の陶芸家。
¶陶芸最

## 矢野倖一 やのこういち
明治25（1892）年10月27日〜昭和50（1975）年10月16日
大正〜昭和期の自動車技術者、矢野特殊自動車創業者。
¶科学

## 矢野七三郎 やのしちさぶろう
安政2（1855）年〜明治22（1889）年
江戸時代末期〜明治期の伊予ネルの創始者。
¶愛媛百（⊕安政2（1855）年2月　②明治22（1889）年12月24日），郷土愛媛（⊕1856年），日人

## 矢野節 やのせつ
昭和19（1944）年1月16日〜
昭和〜平成期の陶芸家。
¶陶工

## 矢野担 やのたん
昭和5（1930）年〜
昭和〜平成期のガラス工芸家。
¶名工

## 矢野知 やのとも
昭和12（1937）年〜
昭和〜平成期の陶芸家。
¶陶工

## 矢野宏 やのひろし
昭和6（1931）年5月13日〜
昭和〜平成期の計測管理工学者。宮城教育大学教授。
¶現執2期，現執3期，現執4期

## 矢野部伝六 やのべでんろく
江戸時代前期の土木家、讃岐高松藩主松平頼重の臣。
¶人名

## 矢延平六 やのべへいろく
慶長15（1610）年〜貞享2（1685）年
江戸時代前期の武士、治水家。
¶香川人，郷土香川，日人

## 矢野又次郎 やのまたじろう
明治15（1882）年〜昭和32（1957）年
明治〜昭和期の土木事業家。
¶大分歴

## 矢野道也 やのみちや
明治9（1876）年〜昭和21（1946）年6月23日
明治〜昭和期の印刷研究官吏。著書「印刷術」で印刷術を体系化した。他に「色彩学」など。
¶科学（⊕1876年（明治9）1月30日），近現，現情（⊕1876年1月），国史，史人（⊕1876年1月30日），出版，出文（⊕明治9（1876）年1月30日），人名7，世紀（⊕明治9（1876）年1月），世百，渡航（⊕1876年1月30日），日人（⊕明治9（1876）年1月30日）

## 矢作和志 （矢作一志）やはぎかずし
昭和23（1948）年11月27日〜
昭和期の陶芸家。

¶陶芸最，陶工（矢作一志）

**矢作久右衛門** やはぎきゅうえもん
慶長18（1613）年～天和3（1683）年
江戸時代前期の因藩堰開削者。
¶姓氏岩手

**矢矧美枝子** やはぎみえこ
昭和19（1944）年2月20日～
昭和～平成期の陶芸家。
¶陶工

**矢橋賢吉** やばしけんきち
明治2（1869）年9月20日～昭和2（1927）年5月24日
明治～昭和期の建築家、工学者。営繕管財局工務部長。国会議事堂など多くの近代建築に携わった。
¶人名，世紀，日人

**八幡玉清** やはたぎょくせい
明治23（1890）年8月7日～昭和26（1951）年10月1日
大正～昭和期の竹塗師。
¶庄内

**八幡宗之助** やはたそうのすけ
昭和期の畳工。
¶名工

**藪内市左エ門** やぶうちいちざえもん
昭和期の越前陶芸太鼓保存会長。
¶名工

**矢吹勇雄** やぶきいさお
明治37（1904）年10月25日～平成7（1995）年5月5日
大正～平成期の料理人。銀座「天一」あるじ。庶民の食べ物だった天ぷらを、高級料理にした。
¶現日，世紀

**矢吹建二** やぶきけんじ
昭和期の人形師。
¶名工

**藪下康一** やぶしたこういち
昭和10（1935）年8月12日～
昭和～平成期の陶芸家。
¶陶芸最，陶工

**藪田武** やぶたたけし
昭和2（1927）年5月15日～
昭和～平成期の舞踊傘職人。
¶名工

**藪谷尚子** やぶたになおこ
昭和30（1955）年9月25日～
昭和～平成期の陶芸家。
¶陶工

**藪六右衛門** やぶろくえもん
寛政2（1790）年末期～明治5（1872）年
江戸時代末期～明治期の九谷焼の陶工。
¶コン改，コン4，コン5，新潮，人名，姓氏石川，日人

**矢部篤郎** やべあつお
昭和16（1941）年9月21日～
昭和～平成期の陶芸家。
¶陶芸最，陶工，名工

**弥兵衛** やへえ
生没年不詳
江戸時代前期の陶工。
¶日人

**矢部一男** やべかずお
昭和11（1936）年11月20日～
昭和～平成期の映画照明技師。
¶映人

**矢部禎吉** やべていきち
文政8（1825）年12月～明治13（1880）年5月
江戸時代後期～明治期の藍、砂糖、肥料商、水利事業家。
¶徳島百，徳島歴，日人（㊙1826年）

**矢部富右衛門** やべとみうえもん
→矢部富右衛門（やべとみえもん）

**矢部富右衛門** やべとみえもん
天保1（1830）年9月15日～明治43（1910）年10月13日　㊙矢部富右衛門《やべとみうえもん》
江戸時代末期～明治期の陶工。長沼焼の製陶に精進。長沼焼中興の祖といわれる。
¶人名，日人，幕末（やべとみうえもん）

**矢部理左衛門** やべりざえもん
元和1（1615）年～寛文7（1667）年
江戸時代前期の陸奥国の村役人。新田開拓に尽力。
¶近世，国史，コン改，コン4，史人，新潮（㊙寛文7（1667）年8月），人名，世人，日人

**山内厚司** やまうちあつよし
昭和20（1945）年4月26日～
昭和～平成期の陶芸家。
¶陶芸最，陶工，名工

**山内一生** やまうちいっせい
昭和4（1929）年10月4日～
昭和～平成期の小原和紙制作者。
¶名工

**山内幸作** やまうちこうさく
～平成1（1989）年4月13日
昭和期の和紙職人。専門は手すき和紙（徳地和紙）。
¶名工

**山打三九郎** やまうちさんくろう
生没年不詳
江戸時代前期の飛騨高山の漆工。
¶人名，日人，美工

**山内滋** やまうちしげる
昭和期の山内建設社長。
¶名工

**山内順子** やまうちじゅんこ
昭和25（1950）年2月7日～

昭和期の陶芸家。
¶陶芸最

**山内二郎**　やまうちじろう
明治31(1898)年4月1日〜昭和59(1984)年3月31日
大正〜昭和期の情報工学者、東京大学名誉教授。専門は計測工学、品質管理、情報処理。
¶科学

**山内瑞芳**　やまうちずいほう
大正4(1915)年3月21日〜
昭和〜平成期の鎌倉彫工芸家。
¶名工

**山内住智**　やまうちすみとも
生没年不詳
明治期の時計商。懐中時計製造のパイオニアの一人。
¶先駆

**山内正**　やまうちただし
昭和21(1946)年9月14日〜
昭和期の陶芸家。
¶陶芸最

**山内太郎**　やまうちたろう
明治期の土木技師。アメリカに留学し工学を修める。
¶海越(生没年不詳), 海越新

**山内勉**　やまうちつとむ
昭和9(1934)年3月22日〜
昭和期の陶芸家。
¶陶芸最, 名工

**山内堤雲**　やまうちていうん
→山内堤雲(やまのうちていうん)

**山内隄雲**　やまうちていうん
天保9(1838)年〜大正12(1923)年
江戸時代後期〜大正期の幌内鉄道建設の功労者。
¶国書([生]天保9(1838)年9月17日　[没]大正12(1923)年2月5日), 札幌([生]天保9年9月), 北海道百, 北海道歴

**山内東一郎**　やまうちとういちろう
→山内東一郎(やまのうちとういちろう)

**山内信和**　やまうちのぶかず
大正13(1924)年〜
昭和〜平成期の元・日本陶器厚木工場長。
¶名工

**山内不二雄**　やまうちふじお
明治13(1880)年4月〜昭和17(1942)年1月17日
明治〜昭和期の機械工学者、東京帝国大学名誉教授。
¶科学

**山内万寿治**　やまうちますじ
→山内万寿治(やまのうちますじ)

**山内道恒**　やまうちみちつね
→山内道恒(やまのうちみちつね)

**山内与五郎**　やまうちよごろう
?　〜寛延3(1750)年
江戸時代中期の新田開拓者。
¶静岡歴, 姓氏静岡

**山内六郎左衛門**　やまうちろくろうざえもん
生没年不詳
戦国時代の大工。
¶戦辞

**山浦清麿**　やまうらきよまろ
→清麿(きよまろ)

**山浦真雄**　やまうらさねお
→山浦真雄(やまうらまさお)

**山浦真雄**　やまうらまさお
文化1(1804)年〜明治7(1874)年　[別]山浦真雄《やまうらさねお》,真雄《まさお》
江戸時代末期〜明治期の刀工。
¶人名(やまうらさねお), 姓氏長野, 長野百([没]1871年), 長野歴, 日人(真雄　まさお), 幕末([没]1871年5月)

**山岡一晴**　やまおかいっせい
昭和5(1930)年10月2日〜
昭和〜平成期のひも工芸家。
¶名工

**山岡亀太郎**　やまおかかめたろう
明治22(1889)年〜昭和54(1979)年
大正〜昭和期の造船技術者。
¶高知人

**山尾鶴軒**　やまおかくけん
宝永4(1707)年〜宝暦7(1757)年
江戸時代中期の画家。幕府絵図師。
¶人名, 日人

**山岡古都**　やまおかこと
〜平成17(2005)年10月26日
昭和〜平成期の染色家。
¶美工

**山岡順太郎**　やまおかじゅんたろう
慶応2(1866)年〜昭和3(1928)年
明治期の実業家。モスリン製造のパイオニア、大阪毛斯綸紡織会社設立者。
¶大阪人([没]昭和3(1928)年11月), 人名, 世紀([生]慶応2(1866)年9月18日　[没]昭和3(1928)年11月26日), 先駆, 鉄道([生]1866年10月26日　[没]1928年11月26日), 日人

**山岡嶂延**　やまおかしょうえん
大正12(1923)年7月〜
昭和期の陶芸家。
¶陶芸最

**山岡次郎**　やまおかじろう
嘉永3(1850)年〜明治38(1905)年
明治期の化学者、技官。大蔵省税関監定官。染色の研究、工業化、技術指導に活躍。
¶朝日([没]明治38(1905)年2月19日), 海越([没]明治38(1905)年2月21日), 海越新([没]明治38

（1905）年2月21日），科学（㋚1905年（明治38）2月21日），学校（㋚明治38（1905）年2月21日），新潮，渡航（㋚1905年2月19日），日人

**山岡草** やまおかそう
昭和期の人形作家。
¶名工

**山岡孫吉** やまおかまごきち
明治21（1888）年3月22日～昭和37（1962）年3月8日
明治～昭和期の実業家、機械技術者。ヤンマーディーゼルの創業者・社長。小型ディーゼル機関の商品化成功。
¶科学，郷土滋賀，現朝，現情，現日，コン改，コン4，コン5，滋賀百，実業，新潮，人名7，世紀，創業，日人，兵庫人

**山岡三秋** やまおかみあき
明治37（1904）年9月14日～平成9（1997）年12月24日
大正～平成期の陶芸家。
¶陶芸，陶芸最，美工，名工

**山岡譲** やまおかゆずる
昭和8（1933）年12月12日～
昭和期の陶芸家。
¶陶芸最

**山尾侶延** やまおとものぶ
生没年不詳
江戸時代末期～明治期の金工家。
¶美工

**山尾光侶** やまおみつとも
文久2（1862）年～大正12（1923）年
明治～大正期の加賀象嵌師。
¶石川百，姓氏石川

**山影陶道** やまかげとうどう
昭和26（1951）年～
昭和～平成期の陶芸家。
¶陶工

**山鹿左近** やまがさこん
室町時代の鋳物師。
¶茶道

**山鹿清華** やまがせいか
明治18（1885）年3月12日～昭和56（1981）年6月26日
大正～昭和期の染織家。手織綴錦を制作。パリ万国装飾美術工芸博などで受賞。
¶現朝，現情（㋚1884年3月12日），新潮（㋚明治18（1885）年3月22日），世紀，日人，日本，美工，名工

**山県修** やまがたおさむ
万延1（1860）年～昭和21（1946）年
明治～昭和期の造幣技術者、大阪造幣局局員。
¶科学（㋚1946年（昭和21）3月19日），山口百

**山県清** やまがたきよし
明治34（1901）年1月5日～昭和48（1973）年2月24日
大正～昭和期の機械工学者。九州帝国大学教授。宇部工業高等専門学校長、日本伝熱研究会会長を歴任。
¶科学，現情，人名7，世紀，日人

**山形駒太郎** やまがたこまたろう
明治19（1886）年3月～昭和53（1978）年4月3日
昭和期の染色工芸家。
¶現情

**山県少太郎** やまがたしょうたろう
＊～大正13（1924）年6月3日
江戸時代末期～明治期の萩藩士、海軍。造船学を究め、造船大佐となる。
¶渡航（㋚?），幕末（㋚1849年）

**山形孫兵治** やまがたまごへいじ
宝暦1（1751）年～天保1（1830）年
江戸時代後期の鋳物師。
¶長野歴

**山県昌夫** やまがたまさお
明治31（1898）年1月4日～昭和56（1981）年3月3日
昭和期の造船工学者。東京大学教授。単螺旋貨物船の設計で著名。文化勲章受章。
¶科学，科技，現朝，現情，現人，新潮，世紀，全書，日人，日本，マス89，履歴，履歴2

**山形美代子** やまがたみよこ
昭和12（1937）年7月9日～
昭和期の陶芸家。
¶陶芸最

**山形要助** やまがたようすけ
明治6（1873）年～昭和9（1934）年12月13日
明治～昭和期の土木技術者。
¶近土（㋚1873年2月9日），世紀（㋚明治6（1873）年2月），土木（㋚1873年2月9日），日人（㋚明治6（1873）年2月）

**山鹿比咩** やまがひめ
上代の女性。朝鮮から渡来し、酒造技術をもたらした。皇から酒看都女の号が与えられた。
¶女性，日人

**山上憲一** やまがみけんいち
昭和22（1947）年4月25日～
昭和期の陶芸家。
¶陶芸最

**山上善右衛門** やまがみぜんえもん
?～延宝8（1680）年
江戸時代前期の加賀藩大工の開祖。
¶富山百

**山上竹凰** やまがみちくおう
昭和4（1929）年4月1日～
昭和～平成期の陶芸家。
¶陶芸最，陶工，名工

**山上喜広** やまがみよしひろ
江戸時代前期の加賀藩の大工。
¶姓氏石川

**山上義正** やまがみよしまさ
昭和10（1935）年12月3日～
昭和期の陶芸家。
¶陶芸最

**山川出雲** やまかわいずも
大正3（1914）年～
昭和期の機械工学者。
¶群馬人

**山川義太郎** やまかわぎたろう
安政7（1860）年～昭和8（1933）年
明治～昭和期の電気工学者。東京帝国大学教授。
イギリス、アメリカ、ドイツに留学し電気工学を
研究。家庭電気の普及に尽力。
¶海越（⊕万延1（1860）年3月　②昭和8（1933）年
1月28日）、海越新（⊕万延1（1860）年3月　②昭
和8（1933）年1月28日），科学（⊕1860年（安政
7）3月14日　②1933年1月28日），埼玉
人（⊕万延1（1860）年3月14日　②昭和8（1933）
年1月28日），人名，世紀（⊕安政7（1860）年3
月14日　②昭和8（1933）年1月27日），渡航
（⊕1860年3月　②1933年1月28日），日人

**山川孝次** やまかわこうじ
？　～明治15（1882）年
江戸時代後期～明治期の白銀師。
¶石川百，姓氏石川

**山川白酒** やまかわしろざけ
生没年不詳
江戸時代後期の狂歌師。
¶日人

**山川英明** やまかわひであき
昭和21（1946）年1月10日～
昭和～平成期の映画照明技師。
¶映人

**山岸堅二** やまぎしけんじ
明治33（1900）年～昭和43（1968）年12月28日
大正～昭和期の染織家。
¶美工

**山岸重秀** やまぎししげひで
文政6（1823）年～明治35（1902）年11月2日
江戸時代末期～明治期の大工。会津藩御用棟梁。
有名な土蔵を多く造る。耐震建築の技術で名声を
あげ、江戸藩邸を再建。
¶幕末

**山岸憲史** やまぎしのりふみ
昭和期の木彫り師。
¶名工

**山岸政明** やまぎしまさあき
大正15（1926）年2月16日～
昭和～平成期の陶芸家。
¶陶芸最，名工

**山岸盛** やまぎしもり
～平成21（2009）年6月29日
昭和～平成期の木地師。
¶美工

**山岸雄三** やまぎしゆうぞう
昭和24（1949）年～
昭和～平成期の陶芸家。
¶陶工

**山口伊太郎** やまぐちいたろう
明治34（1901）年12月18日～平成19（2007）年6月
27日
大正～平成期の西陣織作家。
¶美工

**山口岡友** やまぐちおかとも
江戸時代末期の根付師。花、小鳥などの彫刻を得
意とした。
¶人名，日人（生没年不詳）

**山口勘兵衛** やまぐちかんべえ
生没年不詳
江戸時代後期の陶工。
¶日人

**山口清房** やまぐちきよふさ
昭和7（1932）年12月4日～
昭和～平成期の刀匠。
¶名工

**山口桂三** やまぐちけいぞう
昭和期の太鼓づくり職人。
¶名工

**山口耕三** やまぐちこうぞう
昭和24（1949）年8月25日～
昭和～平成期の陶芸家。
¶陶工

**山口小左衛門** やまぐちこざえもん
大正2（1913）年1月23日～
昭和～平成期の陶芸家。
¶陶芸最，名工

**山口貞次郎** やまぐちさだじろう
→山口貞次郎（やまぐちていじろう）

**山口重男** やまぐちしげお
昭和期のガラス職人。
¶名工

**山口重信** やまぐちしげのぶ
昭和29（1954）年11月17日～
昭和～平成期の陶芸家。
¶陶芸最，陶工

**山口寿泉** やまぐちじゅせん
昭和期の象嵌作家。
¶名工

**山口準之助** やまぐちじゅんのすけ
文久1（1861）年4月21日～昭和20（1945）年
明治～昭和期の鉄道技術者、鉄道院東部鉄道管理
局長。
¶科学，学校（②？），近土，土木

**山口昭治** やまぐちしょうじ
昭和9（1934）年3月13日～

昭和期の陶芸家。
¶陶芸最

**山口正太郎** やまぐちしょうたろう
嘉永4(1851)年〜大正7(1918)年
江戸時代末期〜大正期の養蚕指導・養蚕技術改良者。
¶群馬人，姓氏群馬

**山口錠鉄** やまぐちじょうてつ
大正9(1920)年2月1日〜
昭和〜平成期の陶芸家。
¶陶芸，陶芸最，名工

**山口次郎** やまぐちじろう
明治37(1904)年11月25日〜
昭和期の電気工学者。大阪大学教授。
¶現情

**山口甚治郎** やまぐちじんじろう
寛政4(1792)年〜明治1(1868)年
江戸時代後期の大和赤膚焼の陶工。
¶人名，日人

**山口末吉** やまぐちすえきち
明治6(1873)年〜昭和39(1964)年
大正〜昭和期の鍛冶職人。農耕用鍬を改良し、山口式大正鍬を完成。
¶茨城百，郷土茨城，日人(㊤明治6(1873)年3月6日) ㊦昭和39(1964)年6月24日)

**山口英** やまぐちすぐる
昭和39(1964)年3月1日〜
昭和〜平成期の情報処理研究者。奈良先端科学技術大学院大学情報科学研究科教授。
¶現執4期

**山口節子** やまぐちせつこ
昭和期の赤津焼窯元「錠鉄」後継者。
¶名工

**山口泉吉** やまぐちせんきち
明治9(1876)年〜大正15(1926)年6月27日
明治〜大正期の造船技術者。
¶世紀，渡航(㊤?)，日人

**山口善造** やまぐちぜんぞう
大正2(1913)年4月27日〜平成15(2003)年8月19日
昭和〜平成期の工芸作家。
¶美工

**山口宗季** やまぐちそうき
尚貞4(1672)年〜尚敬31(1743)年
江戸時代中期の絵師。中国の朱肉調製技術を習得、製造法を伝えた。
¶朝日(㊤尚貞4年11月3日(1672年12月21日) ㊦尚敬31年2月2日(1743年2月25日))，日人，歴人

**山口隆男** やまぐちたかお
明治43(1910)年3月15日〜
昭和期の工学者。
¶群馬人

**山口武彦** やまぐちたけひこ
明治2(1869)年7月2日〜昭和37(1962)年7月11日
明治〜昭和期の実業家。山武創業者。洋釘製造の先駆者。
¶先駆(生没年不詳)，創業

**山口辰弥** やまぐちたつや
安政3(1856)年〜昭和2(1927)年
明治〜昭和期の技術者。フランスに留学し造船技術を学ぶ。造船界の発展に寄与。
¶海越(㊦昭和2(1927)年4月9日)，海越新(㊦昭和2(1927)年4月9日)，科学(㊤1856年(安政3)11月20日 ㊦1927年(昭和2)4月9日)，神奈川人，人名，世紀(㊤安政3(1856)年11月20日 ㊦昭和2(1927)年4月9日)，渡航，日人

**山口孟** やまぐちつとむ
昭和9(1934)年3月15日〜
昭和期の陶芸家。
¶陶芸最

**山口貞次郎** やまぐちていじろう
弘化3(1846)年〜?　㊦山口貞次郎《やまぐちさだじろう》
明治期の陶画工。菱月と号する。陶画専業として花鳥を得意とした。
¶人名(やまぐちさだじろう)，日人，名工(やまぐちさだじろう)

**山口照次** やまぐちてるじ
生没年不詳
明治〜大正期の肥前有田の陶工。
¶人名，世紀，日人，美工，名工

**山口道庵** やまぐちどうあん
昭和23(1948)年〜
昭和〜平成期の陶芸家。
¶陶工

**山口縫造** やまぐちぬいぞう
文政3(1820)年〜*
江戸時代末期〜明治期の陶工。大和赤膚焼の陶工。
¶人名，日人(㊦1903年)，名工(㊦明治36年?)

**山口直大口** やまぐちのあたいおおくち、やまぐちのあたいおおぐち
→漢山口直大口(あやのやまぐちのあたいおおぐち)

**山口延豊** やまぐちのぶとよ
生没年不詳
江戸時代末期の金工家。
¶島根百

**山口昇** やまぐちのぼる
明治24(1891)年3月8日〜昭和36(1961)年2月12日
明治〜昭和期の応用力学・土質工学者。
¶科学，近土，土木

**山口法子** やまぐちのりこ
昭和期の装蹄師。
¶名工

## 山口柏樹 やまぐちはくじゅ
大正11（1922）年9月8日〜平成5（1993）年1月30日
昭和〜平成期の土質工学者、東京工業大学名誉教授。専門は土質力学、土質工学。
¶科学

## 山口開生 やまぐちはるお
大正14（1925）年6月8日〜平成20（2008）年12月30日
昭和〜平成期の通信技術者、日本電信電話社長。
¶科学，現執3期

## 山口半六 やまぐちはんろく
安政5（1858）年〜明治33（1900）年8月23日
明治期の建築家、都市計画家。旧制高等学校校舎など学校建築、長崎などの都市計画を行った。
¶朝日（⊕安政5年8月23日（1858年9月29日）），海越（⊕安政5（1858）年8月23日），海越新（⊕安政5（1858）年8月23日），現日（⊕1858年8月23日），新潮（⊕安政5（1858）年8月23日），人名，全書，渡航（⊕1858年8月），日人，兵庫百

## 山口宏夢 やまぐちひろむ
昭和8（1933）年2月23日〜
昭和期の陶芸家。
¶陶芸最

## 山口文象 やまぐちぶんしょう
→山口文象（やまぐちぶんぞう）

## 山口文象 やまぐちぶんぞう
明治35（1902）年1月10日〜昭和53（1978）年5月19日　山口文象《やまぐちぶんしょう》
大正〜昭和期の建築家。白木屋百貨店などの設計を担当。
¶現朝，現情（㊙1978年5月13日），現人，現日（やまぐちぶんしょう），人名7，世紀，日人，美建，平和

## 山口正城 やまぐちまさき
明治36（1903）年1月22日〜昭和34（1959）年12月5日
昭和期の洋画家、工芸デザイナー。千葉大学教授。日本アブストラクト・アート・クラブ設立に参画、日本抽象作家協会設立に加わった。
¶現情，世紀，日人，美家，洋画

## 山口昌伴 やまぐちまさとも
昭和12（1937）年6月5日〜
昭和〜平成期の生活文化研究者、建築家。GK道具学研究所所長。
¶現執3期，現執4期

## 山口正文 やまぐちまさふみ
昭和16（1941）年3月18日〜
昭和期の陶芸家。
¶陶芸最

## 山口正美 やまぐちまさみ
昭和23（1948）年〜
昭和期の陶芸家。
¶陶芸最（⊕昭和23年10月），陶工

## 山口政行 やまぐちまさゆき
昭和期の和凧づくり職人。
¶名工

## 山口万之助 やまぐちまんのすけ
生没年不詳
明治期の石工。
¶姓氏愛知

## 山口幹彦 やまぐちみきひこ
昭和28（1953）年〜
昭和〜平成期の陶芸家。
¶陶工

## 山口通恵 やまぐちみちえ
昭和25（1950）年6月3日〜平成20（2008）年9月10日
昭和〜平成期の染色家。
¶美工

## 山口屋貞助 やまぐちやさだすけ
江戸時代前期の商人。カステラ製造の先覚者。
¶食文

## 山口安次郎 やまぐちやすじろう
明治37（1904）年10月1日〜平成22（2010）年2月7日
大正〜平成期の西陣織職人、能装束織師。
¶美工

## 山口廉平 やまぐちやすひら
明治15（1882）年8月8日〜昭和42（1967）年4月16日
明治〜昭和期の弓道家、陶芸家、弓道精錬證。
¶弓道

## 山口八十八 やまぐちやそはち
明治7（1874）年〜昭和38（1963）年
明治期の貿易商。マーガリン製造の元祖。
¶神奈川人，食文（⊕1874年8月12日　㊙1963年9月3日），姓氏神奈川，先駆（生没年不詳），創業（⊕明治7（1874）年8月12日　㊙昭和38（1963）年9月3日），栃木歴

## 山口祐仙 やまぐちゆうせん
昭和9（1934）年3月13日〜
昭和〜平成期の陶芸家。
¶陶工

## 山口余延 やまぐちよえん
延享3（1746）年〜文政2（1819）年
江戸時代後期の儒者、陶工。
¶人名

## 山口義博 やまぐちよしひろ
昭和26（1951）年〜
昭和〜平成期の陶芸家。
¶陶工

## 山口利助 やまぐちりすけ
文政11（1828）年〜明治7（1874）年
江戸時代末期〜明治期の公共事業家。筑後川の移民の開拓事業に貢献。
¶維新，人名，日人，幕末（㊙1874年12月10日）

## 山口亘　やまぐちわたる
昭和期の山口工務店社長。
¶名工

## 山越永太郎　やまごしえいたろう
＊～明治31（1898）年
明治期の官選戸長。養老川の治水工事に尽力した。
¶人名（㊤1835年），日人（㊤1836年）

## 山越徳玄　やまこしとくげん
明治38（1905）年12月16日～平成4（1992）年12月11日
昭和期の料理人。綱町三井倶楽部調理部顧問、東京都司厨士協会会長。帝政ロシアの宮廷料理を伝承する第一人者。料理界で2人目の「現代の名工」。
¶現日，世紀

## 山崎昭　やまざきあきら
昭和2（1927）年8月5日～
昭和～平成期の陶芸家。
¶陶芸最，名工

## 山崎生士　やまざきいくし
昭和5（1930）年～
昭和～平成期の染織作家。
¶名工

## 山崎嵒　やまさきいわお
昭和12（1937）年2月13日～　㊿山崎嵒《やまさきがん》
昭和～平成期の陶芸家。
¶陶芸最，陶工（やまさきがん）

## 山崎覚太郎　やまざきかくたろう
明治32（1899）年6月29日～昭和59（1984）年3月1日
大正～昭和期の漆芸作家。日展理事長。作品に蒔絵風炉先屏風「猿」など。
¶現朝，現情，現日，新潮，世紀，全書，富山百，日人，日本，美工，名工

## 山崎楽堂　やまざきがくどう，やまさきがくどう
明治18（1885）年～昭和19（1944）年　㊿楽堂《がくどう》
大正～昭和期の建築家、能楽評論家。梅若能楽堂、細川家能楽堂などを設計。
¶近現，近文，芸能（㊤明治18（1885）年1月19日　㊥昭和19（1944）年10月29日），国史，コン改，コン5，史人（㊤1885年1月19日　㊥1944年10月29日），新潮（㊤明治18（1885）年1月　㊥昭和19（1944）年10月29日），人名，世紀（㊤明治18（1885）年1月19日　㊥昭和19（1944）年10月29日，大百，日音（㊤明治18（1885）年1月19日　㊥昭和19（1944）年10月29日），日人（㊤明治18（1885）年1月19日　㊥昭和19（1944）年10月29日），能狂言（㊤明治18（1885）年1月19日　㊥昭和19（1944）年10月29日），俳句（楽堂　がくどう），俳文（㊤明治18（1885）年1月19日　㊥昭和19（1944）年10月29日），百科，民学（やまさきがくどう）

## 山崎一雄　やまざきかずお
～昭和56（1981）年8月31日
昭和期の左官。
¶名工

## 山崎一賀　やまさきかずよし
生没年不詳
江戸時代後期の装剣金工。
¶日人

## 山崎嵒　やまさきがん
→山崎嵒（やまさきいわお）

## 山崎儀右衛門　やまさきぎえもん
寛政2（1790）年～弘化3（1846）年
江戸時代後期のかつお節製造者、回船業者。
¶高知人，幕末

## 山崎儀右衛門〔4代〕　やまさきぎえもん
江戸時代後期のカツオ節製造技術の開発者。
¶高知百

## 山崎吉左衛門　やまさききちざえもん
明治43（1910）年1月22日～
昭和～平成期の越前和紙すき業。
¶現情，名工

## 山崎喜都真　やまさききつま
江戸時代末期～明治期の製紙業指導者。
¶高知百

## 山崎儀兵衛　やまさきぎへえ
文政12（1829）年～？
江戸時代の水産家。「春日節」とよばれた鰹節製造を家業とした。土佐鰹節の品質向上に努め、水産振興に貢献。
¶高知人，人名，日人

## 山崎匡輔　やまさききょうすけ
明治21（1888）年2月9日～昭和38（1963）年8月8日
大正～昭和期の土木工学者、教育行政家。東京帝京大学助教授。土木学界の発展に貢献。戦後文部次官，成城大学長。
¶科学，近土，群馬人，現情，コン改，コン4，コン5，人名7，世紀，土木，日人，履歴，履歴2

## 山崎鋑次郎　やまさきげんじろう，やまさきげんじろう
文久2（1862）年8月3日～大正6（1917）年7月8日
明治～大正期の土木技術者。
¶近土，世紀（やまさきげんじろう），渡航，土木，日人（やまさきげんじろう）

## 山崎耕造　やまさきこうぞう
明治41（1908）年～
昭和～平成期の大漁旗づくり。
¶名工

## 山崎肯哉　やまさきこうや
明治45（1912）年4月～平成11（1999）年11月8日
昭和期の農業技師。
¶植物

## 山崎光洋　やまさきこうよう
明治23（1890）年5月3日～昭和54（1979）年8月

23日
明治～昭和期の陶芸家。
¶陶工，美工，名工

**山崎光隆** やまさきこうりゅう
昭和13(1938)年1月22日～
昭和～平成期の金工作家。
¶名工

**山崎甚五郎** やまざきじんごろう
明治15(1882)年～昭和2(1927)年6月23日
明治～昭和期の工学者。東京帝国大学講師。電気化学界の権威者。山梨高等工業学校初代校長。
¶科学，人名，世紀，渡航，日人

**山崎世紀** やまざきせいき
昭和期の染色工芸家。
¶名工

**山崎青樹** やまざきせいじゅ
大正12(1923)年7月20日～
昭和～平成期の染色家。専門は草木染。
¶郷土群馬，群馬人，名工

**山崎宗元(1)** やまざきそうげん
明治30(1897)年～昭和43(1968)年
昭和期の陶芸家。
¶姓氏石川

や

**山崎宗元(2)** やまざきそうげん
大正12(1923)年7月28日～
昭和～平成期の陶芸家。
¶陶芸最，名工

**山崎宗左衛門** やまざきそうざえもん，やまさきそうざえもん
？ ～天和2(1682)年
江戸時代中期の土木家。
¶人名，日人，兵庫人(やまさきそうざえもん [没]天和2(1682)年4月14日)

**山崎代作** やまさきだいさく
～天保12(1841)年
江戸時代後期の尾戸焼陶工。
¶高知人

**山崎忠之** やまざきただし，やまさきただし
昭和12(1937)年9月13日～
昭和～平成期の陶芸家。
¶陶芸最，陶工(やまさきただし)

**山崎保** やまざきたもつ
生没年不詳
明治期の実業家。羊毛製糸場を開設し、フランネルを製造。
¶先駆

**山崎鶴亀** やまさきつるき
明治30(1897)年～平成1(1989)年4月26日
明治～昭和期の紗製織職人。
¶高知人，美工([生]明治30(1897)年10月26日)，名工

**山崎貞一** やまざきていいち
明治42(1909)年8月5日～平成10(1998)年11月20日
昭和期の化学技術者、経営者。TDK社長。東京工業大学助手を経て東京電気化学工業(現・TDK)に入社。フェライトを通信用部品として完成させた。
¶実業，世紀，日人

**山崎兌** やまさきとおる
明治45(1912)年4月28日～昭和60(1985)年8月2日
昭和期の建築家。東洋大学工学部教授。
¶美建

**山崎徳左衛門** やまざきとくざえもん
文政5(1822)年～明治18(1885)年
江戸時代末期～明治期の地方開発者。
¶人名，姓氏愛知，日人

**山崎利彦** やまざきとしひこ
昭和5(1930)年～昭和62(1987)年9月10日
昭和期の農水省果樹試験場栽培第二研究室長。世界で初めてリンゴの水耕栽培に成功。リンゴの無袋栽培法の確立、果実の収穫期を見分けるカラーチャートの開発など果樹栽培の効率化に寄与。
¶植物

**山崎豊太郎** やまざきとよたろう
生没年不詳
明治期の硝子職人。寒暖計・体温計製造のパイオニア。
¶先駆

**山崎信為** やまざきのぶため
？ ～天保11(1840)年
江戸時代後期の土佐尾戸焼の陶工。
¶人名，日人

**山崎半蔵** やまざきはんぞう
？ ～明暦2(1656)年
江戸時代前期の土室村の地頭、市ノ堀開削の指導者。
¶栃木歴

**山崎久夫** やまざきひさお
明治37(1904)年～昭和37(1962)年
昭和期の時計製造業者。諏訪精密工業の導入者、諏訪精工舎社長。
¶郷土長野，長野歴

**山崎久道** やまざきひさみち
昭和21(1946)年3月26日～
昭和～平成期のデータベース設計専門家。三菱総合研究所データベース開発室長、中央大学教授。
¶現執2期，現執4期

**山崎夫八郎** やまざきぶはちろう，やまさきぶはちろう
天明6(1786)年～弘化2(1845)年
江戸時代後期の農業改良家。ウマゴヤシが緑肥となることを発見。稲作の肥料として全国に普及させた。
¶朝日([没]弘化2年10月17日(1845年11月16日))，

近世(やまさきぶはちろう)，国史(やまさきぶはちろう)，コン改，コン4，史人(㊥1845年10月17日)，島根歴(やまさきぶはちろう)，新潮，世人，日人

### 山崎平内 やまさきへいない，やまさきへいない
? 〜宝永7(1710)年
江戸時代中期の尾戸焼の陶工。
¶高知人，高知百(やまさきへいない)，人名，日人

### 山崎正男 やまさきまさお
昭和期の陶芸家。
¶陶芸最

### 山崎道正 やまさきみちまさ
昭和16(1941)年〜
昭和期の陶芸家。
¶陶芸最

### 山崎峯次郎 やまさきみねじろう
明治36(1903)年6月11日〜昭和49(1974)年11月4日
昭和期の実業家。エスビー食品社長。日本初のカレー粉を製造した。
¶現積，現情(㊥1903年6月)，埼玉人，実業，食文，新潮(㊥明治36(1903)年6月10日)，人名7，世紀，創業，日人

### やまざきみのり
昭和29(1954)年〜
昭和〜平成期の工芸作家。
¶名工

### ヤマサキ，ミノル
〜昭和61(1986)年2月6日
昭和期の建築家。
¶世紀

### 山崎守重 やまさきもりしげ
生没年不詳
戦国時代の大工。
¶戦辞

### 山崎良徳 やまさきよしのり
昭和26(1951)年9月22日〜
昭和〜平成期の陶芸家。
¶陶工

### 山崎立山 やまさきりつざん
明治28(1895)年8月10日〜昭和44(1969)年9月4日
大正〜昭和期の漆芸家。
¶富山百

### 山崎隆一 やまさきりゅういち
昭和7(1932)年9月20日〜
昭和期の陶芸家。
¶陶芸最

### 山沢松篁 やまざわしょうこう
大正15(1926)年5月5日〜
昭和〜平成期の陶芸家。
¶陶芸最，名工

### 山路茜 やまじあかね
昭和20(1945)年〜
昭和期の陶芸家。
¶陶芸最

### 山地憲治 やまじけんじ
昭和25(1950)年2月25日〜
昭和〜平成期の地球環境工学者。電力中央研究所経済研究所経済部エネルギー研究室長、東京大学客員助教授。
¶現執3期，現執4期

### 山路丈太郎 やまじじょうたろう
天保10(1839)年〜大正3(1914)年
江戸時代末期〜明治期の地方開発者。郷里のため茶業の企画、開発に尽力した。
¶人名，日人，三重続

### 山下岩吉 やましたいわきち
天保12(1841)年1月25日〜大正5(1916)年6月26日
江戸時代末期〜大正期の海軍技師。横須賀造船所製帆工場長。オランダで操航・操砲・製帆学を学ぶ。
¶海越，海越新，科学，世紀，日人，幕末

### 山下興家 やましたおきいえ
明治14(1881)年4月30日〜昭和35(1960)年6月20日
明治〜昭和期の技術者。
¶科学，鉄道，履歴，履歴2

### 山下和正 やましたかずまさ
昭和12(1937)年2月10日〜
昭和期の建築家、実業家。東京工業大学教授、山下和正建築設計事務所代表取締役所長。
¶現執2期

### 山下幹司 やましたかんじ
明治27(1894)年3月23日〜昭和40(1965)年5月23日
明治〜昭和期の鵜匠。
¶世紀，日人

### 山下吉五郎 やましたきちごろう
嘉永2(1849)年〜大正7(1918)年
江戸時代末期〜大正期の人。溜池、堰水車場を設け灌漑に尽力。
¶姓氏山口

### 山下楠太郎 やましたくすたろう
明治41(1908)年〜昭和32(1957)年
昭和期の漁具・漁法の発明家。
¶神奈川百

### 山下啓次郎 やましたけいじろう
慶応3(1868)年12月18日〜昭和6(1931)年2月6日
江戸時代末期〜昭和期の建築家。
¶鹿児島百(㊥慶応3(1867)年)，世紀，日人

### 山下慶次郎 やましたけいじろう
嘉永6(1853)年〜大正3(1914)年
明治期の開拓者。鳥取県の新田開発、溜池造成、水路開削に尽力。

¶世紀（[生]嘉永6（1853）年9月28日　[没]大正3（1914）年3月14日），日人

**山下周吉**　やましたしゅうきち
生没年不詳
江戸時代後期の旗本足軽。埋木細工の創始者。
¶姓氏宮城

**山下譲治**　やましたじょうじ
昭和22（1947）年3月19日〜
昭和〜平成期の陶芸家。
¶陶芸最，陶工，名工

**山下甚平**　やましたじんぺい
嘉永6（1853）年〜昭和10（1935）年
明治〜昭和期の長岡温泉開発功労者。
¶静岡歴，姓氏静岡

**山下助左衛門**　やましたすけざえもん
？　〜元禄4（1691）年
江戸時代前期の治水家、筑後久留米藩領荘屋。
¶人名，日人

**山下善平**　やましたぜんぺい
大正12（1923）年6月16日〜昭和61（1986）年12月20日
昭和期の鵜匠。宮内庁式部職鵜匠。伝統漁法を継承し、鵜匠の保護・育成につとめる。
¶世紀，日人



**山下辰次**　やましたたつじ
昭和期の山鹿灯篭職人。
¶名工

**山下近**　やましたちかし
大正2（1913）年10月11日〜
昭和〜平成期の漆芸家。
¶名工

**山下恒雄**　やましたつねお
大正13（1924）年12月10日〜平成10（1998）年1月29日
昭和〜平成期の工芸家。
¶美工，名工

**山下輝夫**　やましたてるお
明治27（1894）年10月2日〜昭和21（1946）年9月3日
明治〜昭和期の技師。
¶近土，土木

**山下才彰**　やましたとしあき
昭和19（1944）年12月9日〜
昭和期の陶芸家。
¶陶芸最

**山下寿郎**　やましたとしろう
明治21（1888）年4月2日〜昭和58（1983）年2月2日
大正〜昭和期の建築家。日本建築士会会長。建築界の要職を歴任し建築家の職能の確立に尽力。
¶現朝，世紀，日人，美建，山形百新

**山下豊蔵**　やましたとよぞう
安政2（1855）年〜大正5（1916）年
明治〜大正期の陶芸家。尾張常滑の陶業発展に貢献。
¶人名（[生]1857年），世紀（[生]安政2（1855）年11月21日　[没]大正5（1916）年4月），陶工，日人，名工（[生]安政4（1857）年　[没]大正5年4月）

**山下八郎**　やましたはちろう
明治38（1905）年11月12日〜昭和41（1966）年5月25日
昭和期の縫箔師。
¶愛媛百

**山下英男**　やましたひでお
明治32（1899）年5月21日〜平成5（1993）年5月25日
昭和期の電気工学者。東京大学教授。日本初の電子管による大型電子計算機を完成させた。
¶科学，現情，世紀，日人

**山下秀樹**　やましたひでき
昭和25（1950）年〜
昭和〜平成期の友禅絵師。
¶名工

**山下博典**　やましたひろすけ
大正5（1916）年8月13日〜
昭和期の工学者、実業家。リコー顧問、コニカ副社長。
¶現執2期

**山下房子**　やましたふさこ
昭和7（1932）年〜
昭和〜平成期のろうけつ染作家。
¶名工

**山下真喜**　やましたまき
昭和21（1946）年1月16日〜
昭和〜平成期の陶芸家。
¶陶芸最，陶工

**山下碩夫**　やましたみつお
昭和21（1946）年1月4日〜
昭和期の陶芸家。
¶陶芸最

**山下美代蔵**　やましたみよぞう
明治5（1872）年〜昭和34（1959）年
明治〜昭和期の秋山溜池の築造責任者。
¶姓氏山口

**山下め由**　やましためゆ
明治30（1897）年5月11日〜昭和59（1984）年4月1日
明治〜昭和期の染色家。
¶世紀，日人，美工

**山下八百子**　やましたやおこ
大正9（1920）年3月21日〜平成21（2009）年12月14日
昭和〜平成期の染織家。
¶美工，名工

**山下吉蔵**　やましたよしぞう
寛政11（1799）年〜元治1（1864）年

江戸時代後期～末期の陶工。
¶姓氏宮城

**山代象二郎** やましろしょうじろう
昭和期の硯製作者。
¶名工

**山城建司** やましろたてし
昭和23(1948)年10月28日～
昭和～平成期の陶芸家。
¶陶芸最，陶工

**山城藤兵衛** やましろとうべえ
江戸時代の釜師。
¶茶道

**山城直子** やましろなおこ
昭和33(1958)年5月～
昭和～平成期の染色家。
¶名工

**山城祐之** やましろゆうし
天保2(1831)年9月6日～明治39(1906)年10月4日
江戸時代後期～明治期の土木技術者。
¶近土，土木

**山瀬佐蔵** やませさぞう
天明6(1786)年～？　[別]山瀬佐蔵《やませすけぞう》
江戸時代後期の測量家。
¶人名(やませすけぞう)，世人(やませすけぞう)，徳島百([生]天明6(1786)年2月)，徳島歴([生]天明6(1786)年2月)，日人，藩臣6

**山瀬佐蔵** やませすけぞう
→山瀬佐蔵(やませさぞう)

**山添喜三郎** やまぞえきさぶろう
天保14(1843)年～大正12(1923)年5月16日
明治～大正期の官吏、建築技術者。大工としてウィーン万国博日本館の建設に従事。主として紡績関係の建築を手がけた。
¶朝日，海越新，世紀，渡航([没]？)，日人

**山田猪三郎** やまだいさぶろう
*～大正2(1913)年
明治～大正期の発明家、日本で初めて飛行船を開発した。
¶朝日([生]元治1(1864)年　[没]大正2(1913)年4月8日)，科学([生]1864年(元治1)　[没]1913年(大正2)4月8日)，コン改([生]文久3(1863)年)，コン5([生]文久3(1863)年)，新潮([生]元治1(1864)年？　[没]大正2(1913)年4月8日)，人名([生]1864年)，世紀([生]元治1(1864)年　[没]大正2(1913)年4月8日)，先駆([生]文久3(1863)年　[没]大正2(1913)年4月8日)，日人([生]1864年)，百科([生]文久3(1863)年)，明治2([生]1863年)，和歌山人([生]1863年)

**山田市十郎** やまだいちじゅうろう
天保1(1830)年3月3日～明治29(1896)年4月15日
江戸時代後期～明治期の庭師。
¶庄内

**山田麗** やまだうらら
昭和8(1933)年～
昭和～平成期の漆芸作家。
¶名工

**山田栄一** やまだえいいち
明治33(1900)年12月17日～昭和31(1956)年8月11日
大正～昭和期の友禅楊子糊師。唯一の楊子糊技術者の一人。重要無形文化財保持者。
¶現情，国宝，人名7，世紀，日人，美工，名工

**山田悦司** やまだえつじ
昭和期の陶芸家。
¶名工

**山田絵夢** やまだえむ
昭和29(1954)年9月13日～
昭和期の陶芸家。
¶陶芸最

**山田修** やまだおさむ
昭和4(1929)年1月31日～
昭和～平成期の建築家。修建築事務所所長、韓国古文化研究会主宰。
¶現執2期，現執3期，現執4期

**山田嘉右衛門** やまだかえもん
生没年不詳
安土桃山時代の能面師。
¶日人

**山田和** やまだかず
昭和29(1954)年3月19日～
昭和～平成期の陶芸家。
¶陶芸最，陶工

**山田和俊** やまだかずとし
昭和期の陶芸家。
¶名工

**山高信離** やまたかのぶつら
天保13(1842)年～明治40(1907)年
江戸時代末期～明治期の横須賀製鉄所技術伝習生、官吏。1867年フランスに渡りパリ万国博覧会に参列。
¶維新，海越([生]天保13(1842)年2月12日　[没]明治40(1907)年3月19日)，海越新([生]天保13(1842)年2月12日　[没]明治40(1907)年3月19日)，静岡歴，人名，渡航([没]1907年3月19日)，日人，幕末([生]1842年3月23日　[没]1907年3月19日)

**山田寒山** やまだかんざん
安政3(1856)年～大正7(1918)年12月26日
明治～大正期の篆刻家、陶芸家。篆刻のほか詩書画、楽焼、表装なども手がけた。寒山寺に「夜半の鐘」を新鋳して寄贈。
¶朝日，史人，人名，世紀，日人，三重，名工

**山田鬼斎** やまだきさい
元治1(1864)年～明治34(1901)年
明治期の木彫家。
¶朝日([没]明治34(1901)年2月20日)，角史，郷

や

土福井，近美（[没]明治34（1901）年2月20日），コン改，コン5，新潮（[生]元治1（1864）年5月6日 [没]明治34（1901）年2月20日），人名，世人，日人，福井百，仏教（[生]元治1（1864）年5月6日 [没]明治34（1901）年2月20日），名工（[没]明治34年2月20日）

**山田公夫** やまだきみお
昭和33（1958）年1月16日～
昭和期の陶芸家。
¶陶芸最

**山田久禄** やまだきゅうろく
？ ～明治20（1887）年頃
江戸時代後期～明治期の陶工。
¶石川百

**山田紀慶** やまだきよし
昭和6（1931）年2月11日～
昭和期の陶芸家。
¶陶芸最

**山田健吉** やまだけんきち
大正12（1923）年7月20日～
昭和～平成期の陶芸家。
¶陶芸最，陶工，名工

**山田健次** やまだけんじ
昭和期の陶芸家。
¶陶芸最

**山田耕作** やまだこうさく
昭和12（1937）年3月10日～
昭和～平成期の陶芸家。
¶陶芸最，陶工，名工

**山田孝蔵** やまだこうぞう
昭和27（1952）年12月1日～
昭和～平成期の陶芸家。
¶陶芸最，陶工，名工

**山田さがの** やまださがの
昭和期の仏具箔置師。
¶名工

**山田先智子** やまださちこ
昭和5（1930）年～
昭和～平成期の染色作家。
¶名工

**山田三郎** やまださぶろう
明治24（1891）年4月27日～昭和59（1984）年2月25日
明治～昭和期の技師。
¶近土，土木

**山田次右衛門** やまだじえもん
→山田次左衛門（やまだじざえもん）

**山田茂雄** やまだしげお
昭和26（1951）年5月28日～
昭和期の陶芸家。
¶陶芸最

**山田茂** やまだしげる
大正10（1921）年1月21日～平成8（1996）年2月7日
昭和～平成期の園芸家。千葉県清和村（君津市）で苺や花卉の栽培技術向上につとめた。
¶郷土千葉，世紀，日人

**山田次左衛門**（山田治左衛門） やまだじざえもん
元和2（1616）年～延宝1（1673）年 [別]山田次右衛門《やまだじえもん》
江戸時代前期の治水家。陸奥国北大堰の開削者。
¶近世（山田治左衛門），国史（山田治左衛門），コン改，コン4，新潮（[没]延宝1（1673）年9月16日），人名（山田次右衛門　やまだじえもん），姓氏岩手，日人

**山田七郎左衛門** やまだしちろうざえもん
戦国時代の鋳物師。
¶静岡歴（生没年不詳），姓氏静岡

**山田脩二** やまだしゅうじ
昭和14（1939）年～
昭和～平成期の淡路瓦師。
¶名工

**山田醇** やまだじゅん
明治17（1884）年3月15日～昭和44（1969）年1月22日
明治～昭和期の建築家。
¶美建

**山田純吉** やまだじゅんきち
明治期の工部省鉱山技師。鉱山学研究のためイギリスへ留学。
¶海越（生没年不詳），海越新，渡航

**山田昭雲〔2代〕** やまだしょううん
昭和期の叩き彫り作家。
¶名工

**山田常嘉** やまだじょうか
生没年不詳
江戸時代中期の蒔絵師。
¶朝日，近世，国史，史人，新潮，日人，美工

**山田正吾** やまだしょうご
大正5（1916）年～？
昭和～平成期の電気釜開発者、東芝電気コンサルタント。
¶科学

**山田常山** やまだじょうざん
明治1（1868）年～昭和17（1942）年
昭和期の陶芸家。
¶姓氏愛知

**山田常山〔2代〕** やまだじょうざん
明治30（1897）年～昭和36（1961）年
明治～昭和期の陶芸家。
¶陶工

**山田常山〔3代〕** やまだじょうざん
大正13（1924）年10月1日～平成17（2005）年10月19日
昭和～平成期の陶芸家。

¶国宝，世紀，陶芸最（――〔代数なし〕），陶工（――〔代数なし〕），日人，美工，名工

**山田昌仙** やまだしょうせん
大正8（1919）年12月11日～
昭和期の陶芸家。
¶陶芸最

**山田治郎右衛門** やまだじろうえもん
生没年不詳
江戸時代後期の小田原鍋町の鋳物師。
¶神奈川人

**山田二郎左衛門** やまだじろうざえもん
生没年不詳
戦国時代の鋳物師の棟梁。
¶戦辞

**山田治郎蔵** やまだじろぞう
嘉永2（1849）年～明治41（1908）年
江戸時代後期～明治期の製茶指導者。城東郡・榛原郡に製茶伝習所を設立、技術向上にあたった。
¶静岡歴，姓氏静岡

**山田真一** やまだしんいち
昭和31（1956）年5月11日～
昭和～平成期の陶芸家。
¶陶芸最，陶工

**山田進二** やまだしんじ
昭和25（1950）年2月7日～
昭和～平成期の陶芸家。
¶陶芸最，陶工

**山田新七** やまだしんしち
宝永3（1706）年～明和2（1765）年
江戸時代中期の大平街道の開拓者。
¶長野歴

**山田信介** やまだしんすけ
文久3（1863）年～？
明治期の建築家、実業家。建築実習のためドイツに留学。
¶海越，海越新，渡航

**山田真万** やまだしんまん
昭和19（1944）年4月4日～
昭和期の陶芸家。
¶陶芸最

**山田勢児** やまだせいじ
昭和7（1932）年11月27日～
昭和～平成期の陶芸家。
¶陶芸最，陶工，名工

**山田仙太郎** やまだせんたろう
明治36（1903）年～
大正～昭和期の雅楽器製作。
¶名工

**山田宗美** やまだそうび
→山田宗美（やまだむねよし）

**山田多恵吉** やまだたえきち
？ ～大正1（1912）年
明治期の開拓者。
¶姓氏沖縄

**山田隆利** やまだたかとし
昭和期の三味線づくりの名人。
¶名工

**山田太次右衛門** やまだたじえもん
安永9（1780）年～安政5（1858）年5月15日
江戸時代後期の開拓分限者。
¶幕末

**山田潮月** やまだちょうげつ
文政5（1822）年～明治17（1884）年
江戸時代後期～明治期の彫刻家、根付師。
¶日人

**山田喆** やまだてつ
明治31（1898）年9月10日～昭和46（1971）年5月3日
大正～昭和期の陶芸家。文展入選、国画会奨励賞受賞。著書に「陶房閑話」など。
¶現情，人名7，世紀，陶芸最，陶工，日人，美工，名工

**山田陶山〔1代〕** やまだとうざん
明治11（1878）年～昭和16（1941）年
明治～昭和期の陶芸家。
¶姓氏愛知（――〔代数なし〕），陶工

**山田時之助** やまだときのすけ
昭和期の石工。
¶名工

**山田朝治** やまだともはる
大正15（1926）年6月1日～平成12（2000）年10月5日
昭和～平成期の機械工学者、大阪大学名誉教授。専門は精密工学、計測工学。
¶科学

**山田朝春** やまだともはる
大正9（1920）年6月5日～平成8（1996）年11月23日
昭和～平成期の陶芸家。
¶陶芸最，陶工，美工，名工

**山田虎市** やまだとらいち
慶応1（1865）年～昭和8（1933）年
明治～昭和期の建築設計士。
¶大分歴

**山田寅吉** やまだとらきち
嘉永6（1854）年～昭和2（1927）年3月31日
明治期の土木技師。製糖事業のパイオニアと知られるほか、潅漑工事や鉄道工事などでも活躍。
¶海越（[生]嘉永6（1854）年12月21日），海越新（[生]嘉永6（1854）年12月21日），科学（[生]1853年（嘉永6）12月21日），近土（[生]1853年12月21日），食文（[生]嘉永6年12月21日（1854年1月19日）），人名（[生]1853年），世紀（[生]嘉永6（1854）年12月21日），先駆（[生]嘉永6（1854）年12月12日），渡航（[生]1853年12月21日），土木（[生]1853年12月21日），日人

**山田直平** やまだなおへい
明治42(1909)年10月1日～平成2(1990)年10月26日
昭和～平成期の電気工学者、東京大学名誉教授。専門は電磁気学。
¶科学

**山田縫三郎** やまだぬいさぶろう
生没年不詳
明治期の楽器卸問屋。バイオリン製作のさきがけ。
¶先駆

**山田宿禰古嗣** やまだのすくねふるつぐ
→山田古嗣(やまだのふるつぐ)

**山田古嗣** やまだのふるつぐ
延暦17(798)年～仁寿3(853)年 [別]山田古嗣《やまだふるつぐ》,山田宿禰古嗣《やまだのすくねふるつぐ》
平安時代前期の阿波国の官人、治水家。干害対策・灌漑施設造成にあたった。
¶国書(やまだふるつぐ [没]仁寿3(853)年12月21日),古代(山田宿禰古嗣 やまだのすくねふるつぐ),人名([生]808年),徳島百([没]仁寿3(853)年12月1日),徳島歴(やまだふるつぐ [没]仁寿3(853)年12月21日),日人([没]854年),平史

や

**山田登** やまだのぼる
文政4(1821)年～明治9(1876)年
江戸時代末期の開墾家、陸奥弘前藩士。
¶人名,日人

**山田白水(1)** やまだはくすい
昭和19(1944)年8月29日～
昭和～平成期の陶芸家。
¶陶芸最,陶工

**山田白水(2)** やまだはくすい
大正3(1914)年～昭和59(1984)年
昭和～平成期の陶芸家。
¶陶芸,陶工,名工([生]大正3年12月3日)

**山田光** やまだひかる
大正13(1924)年1月7日～平成13(2001)年11月29日
昭和～平成期の陶芸家。
¶陶芸最,陶工,美工,名工

**山田博** やまだひろし
昭和4(1929)年3月9日～平成25(2013)年4月23日
昭和～平成期の計算機工学者、富士通研究所常務川崎研究所所長。
¶科学

**山田宥教** やまだひろのり
? ～明治18(1885)年11月25日 [別]山田宥教《やまだゆうきょう》
明治期の実業家。ワイン醸造のさきがけ。
¶食文,先駆(やまだゆうきょう 生没年不詳)

**山田博愛** やまだひろよし
明治13(1880)年5月23日～昭和33(1958)年1月10日
明治～昭和期の技師。
¶近土,土木

**山田古嗣** やまだふるつぐ
→山田古嗣(やまだのふるつぐ)

**山田文右衛門** やまだぶんうえもん
→山田文右衛門(やまだぶんえもん)

**山田文右衛門** やまだぶんえもん
文政3(1820)年～明治16(1883)年 [別]山田文右衛門《やまだぶんうえもん》
江戸時代末期～明治期の蝦夷地の場所請負・漁業経営者。投石法による昆布の増殖法を考案。
¶朝日([生]文政3年8月10日(1820年9月16日) [没]明治16(1883)年9月12日),岩史([生]文政3(1820)年8月10日 [没]明治16(1883)年9月12日),コン4,コン5,新潮([生]文政3(1820)年8月10日 [没]明治16(1883)年9月12日),日人,幕末(やまだぶんうえもん [生]?),北海道百([生]文化14(1817)年),北海道歴([生]文化14(1817)年)

**山田宝生** やまだほうせい
昭和25(1950)年6月19日～
昭和期の陶芸家。
¶陶芸最

**山田正和** やまだまさかず
昭和26(1951)年7月11日～
昭和～平成期の陶芸家。
¶陶芸最,陶工

**山田正博** やまだまさひろ
昭和17(1942)年～
昭和～平成期の陶芸家。
¶陶工

**山田守** やまだまもる
明治27(1894)年4月19日～昭和41(1966)年6月13日
大正～昭和期の建築家。東海大学教授。東京中央電信局、東京逓信病院などを設計。
¶現朝,現情,新潮,人名7,世紀,全書,大百,日人,美建

**山田水城** やまだみずき
昭和3(1928)年9月12日～平成20(2008)年9月10日
昭和～平成期の建築家、ヨット選手。法政大学名誉教授。
¶美建

**山田みち江** やまだみちえ
昭和期の陶芸家。
¶名工

**山田貢** やまだみつぎ
明治45(1912)年2月3日～平成14(2002)年12月7日
昭和期の染色家。日本工芸会参与。
¶現情,国宝,世紀,日人,美工,名工

**山田箕之助** やまだみのすけ
明治期の男性。日本人で初めて野菜缶詰を製造。
¶食文，先駆（生没年不詳）

**山田稔** やまだみのる
昭和17（1942）年3月4日～平成4（1992）年
昭和～平成期の陶芸家。
¶陶芸最，陶工，美工（㉕平成4（1992）年11月30日），名工

**山田宗光** やまだむねみつ
天保2（1831）年～明治41（1908）年
明治期の金工家。加賀象嵌工。
¶人名，日人，名工（㉕明治41年4月2日）

**山田宗美** やまだむねよし
明治4（1871）年～大正5（1916）年　㊹山田宗美《やまだそうび》
明治～大正期の金工家。鉄板の丸打出し法を創案した。日本美術協会展などで金牌，日英博で名誉大賞を受賞。
¶石川百（やまだそうび），人名（㊤1873年），姓氏石川（やまだそうび），日人（㊤明治4（1871）年11月12日　㉕大正5（1916）年3月15日），名工（㊤明治6年）

**山田弥吉** やまだやきち
弘化1（1844）年～明治26（1893）年
江戸時代末期～明治期の大谷本郷村の大工。
¶埼玉人

**山田泰** やまだやすし
昭和24（1949）年7月21日～
昭和～平成期の陶芸家。
¶陶芸最，陶工

**山田弥平** やまだやへい
？　～明治40（1907）年
江戸時代末期～明治期の畳表の改良に尽力。
¶姓氏静岡

**山田宥教** やまだゆうきょう
→山田宥教（やまだひろのり）

**山田胖** やまだゆたか
明治19（1886）年5月6日～昭和39（1964）年1月12日
明治～昭和期の技師。専門は電力。福岡県出身。
¶近土

**山田要吉** やまだようきち
嘉永4（1851）年9月26日～明治25（1892）年12月15日
江戸時代末期～明治期の理工学者。帝国大学工科大学教授。アメリカに留学し機械工学を専攻。
¶海越，海越新，科学，徳島歴，渡航（㊤1851年9月），日人

**山田陽清** やまだようせい
明治21（1888）年10月8日～昭和5（1930）年3月26日
明治～昭和期の工学者。
¶科学，近土，土木

**山田嘉昭** やまだよしあき
大正11（1922）年3月8日～
昭和期の工学者。東京大学教授。
¶現執2期

**山田義明** やまだよしあき
昭和23（1948）年6月4日～
昭和～平成期の陶芸家。
¶名工

**山田義孝** やまだよしたか
昭和25（1950）年1月13日～
昭和～平成期の陶芸家。
¶江戸東，陶芸最，陶工

**山田与七** やまだよしち
弘化2（1845）年～大正5（1916）年
明治期の発明家、実業家。横浜に山田電線製造所を創業、今日の古河電気工業の祖となる。
¶創業

**山田竜山** やまだりゅうざん
昭和23（1948）年6月4日～
昭和期の陶芸家。
¶陶芸最

**山田良之助** やまだりょうのすけ
明治30（1897）年3月19日～平成2（1990）年6月13日
大正～昭和期の機械工学者、東京工業大学名誉教授。専門は金属材料学、材料試験学。
¶科学

**山田廬山** やまだろざん
江戸時代後期の茶人、陶工。尾張愛知郡八事に窯を開き楽焼を作った。
¶人名，日人（生没年不詳）

**山近剛** やまちかつよし
昭和5（1930）年3月8日～
昭和～平成期の陶芸家。
¶陶芸最，名工

**山手儀三郎** やまてぎさぶろう
？　～寛政6（1794）年
江戸時代中期の羽後白岩瀬戸の陶工。
¶人名，日人

**大和潔** やまときよし
昭和28（1953）年1月16日～
昭和～平成期の陶芸家。
¶陶芸最，陶工

**大和松雁** やまとしょうがん
大正10（1921）年～
昭和～平成期の陶芸家。
¶陶芸最，名工

**大和松緑**(1) やまとしょうろく
安政2（1855）年～大正10（1921）年
明治～大正期の陶工。
¶世紀（㊤安政2（1855）年8月22日　㉕大正10（1921）年7月18日），陶工，日人

**大和松緑(2)** やまとしょうろく
大正13(1924)年〜
昭和〜平成期の陶芸家。
¶陶芸最，陶工

**大和相秀** やまとそうしゅう
生没年不詳
室町時代の鋳物師の冶工。
¶姓氏山口

**大和太郎** やまとたろう
室町時代の宇都宮の鋳物師。
¶栃木歴

**大和努** やまとつとむ
昭和40(1965)年4月19日〜
昭和〜平成期の陶芸家。
¶陶工

**大和敏男** やまととしお
昭和9(1934)年〜
昭和〜平成期の陶芸家。
¶陶芸最，陶工(㊀1934年12月27日)

**大和知子** やまとともこ
昭和26(1951)年〜
昭和期の陶芸家。
¶陶芸最

や

**倭漢直荒田井比羅夫** やまとのあやのあたいあらたいのひらぶ
→倭漢比羅夫(やまとのあやのひらぶ)

**倭漢荒田井比羅夫** やまとのあやのあらたいのひらふ
→倭漢比羅夫(やまとのあやのひらぶ)

**山東漢大費直麻高垢鬼** やまとのあやのおおあたいまこくき
→山東漢麻高垢鬼(やまとのあやのまこくき)

**倭漢比羅夫** やまとのあやのひらぶ
生没年不詳　㊊倭漢荒田井比羅夫《やまとのあやのあらたいのひらふ》,倭漢直荒田井比羅夫《やまとのあやのあたいあらたいのひらぶ》,倭漢直比羅夫《やまとのあやのあたいひらぶ》
飛鳥時代の官僚。都城建設に従事。
¶朝日(倭漢荒田井比羅夫　やまとのあやのあらたいのひらふ)，古代(倭漢直比羅夫　やまとのあやのあたいひらぶ)，姓氏愛知(倭漢直荒田井比羅夫　やまとのあやのあたいあらたいのひらぶ)，日人

**山東漢麻高垢鬼** やまとのあやのまこくき
㊊山東漢大費直麻高垢鬼《やまとのあやのおおあたいまこくき》
飛鳥時代の技術者。
¶古代(山東漢大費直麻高垢鬼　やまとのあやのおおあたいまこくき)，日人(生没年不詳)

**大和信昭** やまとのぶあき
昭和31(1956)年7月30日〜
昭和〜平成期の陶芸家。
¶陶芸最，陶工

**大和保男** やまとやすお
昭和8(1933)年7月19日〜
昭和〜平成期の陶芸家。
¶現情，世紀，陶芸最，陶工，名工

**大和屋助左衛門** やまとやすけざえもん
生没年不詳
江戸時代前期の町人、大和屋新田の開発者。
¶埼玉人

**大和祐二** やまとゆうじ
昭和21(1946)年9月6日〜
昭和期の陶芸家。
¶陶芸最

**大和吉孝** やまとよしたか
昭和19(1944)年9月27日〜
昭和〜平成期の陶芸家。
¶陶芸最，陶工

**山永光甫** やまながこうほ
明治22(1889)年〜昭和48(1973)年
明治〜昭和期の漆芸家。
¶大分歴，美工(㊀明治22(1889)年1月　㊁昭和48(1973)年6月10日)

**山中惣左衛門** やまなかそうざえもん
天保7(1836)年〜大正9(1920)年
江戸時代末期〜明治期の農業指導者。イネの品種改良。農具改良に尽力。
¶郷土滋賀，滋賀百，日人

**山中為綱** やまなかためつな
慶長18(1613)年〜天和2(1682)年
江戸時代前期の伊勢津藩士。高野井を開削。低湿地の改良に尽力した。
¶国書(㊁天和2(1682)年11月6日)，コン改(㊀？　㊁天和1(1681)年)，コン4，日人，藩臣5，三重

**山中忠左衛門** やまなかちゅうざえもん
生没年不詳
江戸時代末期〜明治期の陶工。
¶人名，日人，美工，名工

**山中千代衛** やまなかちよえ
大正12(1923)年12月14日〜
昭和〜平成期の電気工学者。大阪大学教授。
¶現執2期，現情，世紀

**山中篤一** やまなかとくいち
明治20(1887)年3月22日〜昭和32(1957)年4月4日
明治〜昭和期の工芸家。
¶世紀，日人，美工

**山中寅一** やまなかとらいち
〜昭和59(1984)年6月6日
昭和期の箏製作者。
¶名工

**山中直次郎** やまなかなおじろう
明治24(1891)年4月27日〜昭和47(1972)年2月14日

昭和期の機械工学者。東京大学教授。
¶現情

### 山中平作 やまなかへいさく
明治16(1883)年~昭和20(1945)年
明治期の製造業者。杏ジャム製造のパイオニア。
¶先駆

### 山中又右衛門 やまなかまたえもん
生没年不詳
江戸時代中期~後期の人。又右衛門新田の開発者。
¶姓氏愛知

### 山名正夫 やまなまさお
明治38(1905)年12月25日~昭和51(1976)年1月27日
明治期の航空工学者。東京大学教授。爆撃機「彗星」の主任設計者。全日空機の羽田沖墜落事故の事故技術調査団に参加。
¶科学, 現情, 現人, 人名7, 世紀, 日人, 陸海

### 山根興哉 やまねおきや
昭和4(1929)年1月~　㋺山根興哉《やまねこおさい》
昭和~平成期の陶芸家。
¶陶芸最（やまねこおさい）, 名工

### 山根寛斎 やまねかんさい
昭和8(1933)年2月7日~平成22(2010)年3月14日
昭和~平成期の木工芸家。
¶美工

### 山根省三 やまねしょうぞう
明治17(1884)年6月27日~昭和21(1946)年3月10日
明治~昭和期の農機具発明家。
¶岡山歴

### 山根常安 やまねつねやす
生没年不詳
戦国時代の石見国の鋳物師頭取。
¶島根歴

### 山根義秋 やまねよしあき
昭和23(1948)年9月23日~
昭和期の陶芸家。
¶陶芸最

### 山根芳治 やまねよしじ
明治41(1908)年~昭和54(1979)年
昭和期のバイオリン製作者。
¶鳥取百

### 山野愛子 やまのあいこ
明治42(1909)年~平成7(1995)年
昭和~平成期の美容家。山野美容専門学校創立者、ヤマノホールディングス創業者、山野美容芸術短期大学学長、国際美容協会会長。美容師の養成と社会的向上につとめる。著書に「日本髪と着付全書」「美容芸術論」など。
¶近女, 現朝(㋺1909年1月20日), 現情(㋺1909年1月20日), 現人, 現日(㋺1909年1月20日), コン改, コン4, コン5, 女史, 女性普(㋺明治42(1909)年1月20日　㋬平成7(1995)年7月31

日), 新潮(㋺明治42(1909)年1月20日), 世紀(㋺明治42(1909)年1月20日　㋬平成7(1995)年7月31日), 創業(㋺明治42(1909)年1月20日　㋬平成7(1995)年7月31日), 日人(㋺明治42(1909)年1月20日　㋬平成7(1995)年7月31日), マス2, マス89

### 山之内喜左衛門 やまのうちきざえもん
明治10(1877)年8月6日~？
明治~大正期の寄留商人、両面パナマ帽子の発明者。
¶沖縄百

### 山之内喜之助 やまのうちきのすけ
明治17(1884)年4月13日~昭和11(1936)年9月20日
明治~昭和期の技師。
¶近土, 土木

### 山之内仰西 やまのうちこうさい, やまのうちごうさい
？~元禄11(1698)年　㋺山之内仰西《やまのうちごうさい》
江戸時代前期の伊予国浮穴郡の商人。水路工事に尽力。
¶朝日(㋺元禄11年1月26日(1698年3月8日)), 愛媛百(㋺元禄11(1698)年1月26日), 郷土愛媛(やまのうちこうせい　生没年不詳), 近世(㋺1619年), 国史(㋺1619年), コン改(やまのうちごうさい), コン4(やまのうちごうさい), 新潮(やまのうちごうさい), 日人(㋺1619年), 歴大

### 山之内仰西 やまのうちこうせい
→山之内仰西(やまのうちこうさい)

### 山内善作 やまのうちぜんさく
~昭和15(1940)年7月23日
明治~昭和期の竿師。
¶庄内

### 山内堤雲（山内六郎）やまのうちていうん
天保9(1838)年9月17日~大正12(1923)年2月5日
㋺山内堤雲《やまうちていうん, やまのうちていうん》, 山内六三郎《やまのうちろくさぶろう》
江戸時代末期~大正期の官吏、技術行政官。横浜鎖港談判などで通訳を務める。
¶海越新(山内六三郎　やまのうちろくさぶろう　㋑文政9(1826)年　㋬大正11(1922)年), 鉄道(やまうちていうん　㋑1838年11月3日), 渡航(山内提雲・山内六三郎　やまのうちていうん・やまのうちろくさぶろう), 日人(山内提雲), 履歴, 履歴2

### 山内東一郎 やまのうちとういちろう
明治23(1890)年~昭和41(1966)年　㋺山内東一郎《やまうちとういちろう》
明治~昭和期の鍛冶工。登山用具の鍛造で知られる。世界初のニッケル-クロム鋼製ピッケルを製作。
¶青森人(㋺明治24(1891)年), 現情(㋬1966年4月4日), 人名7, 世紀(㋺昭和41(1966)年4月4日), 姓氏宮城(やまうちとういちろう), 日人(㋺明治23(1890)年4月4日　㋬昭和41(1966)

年4月4日)，宮城百(やまうちとういちろう)，名工([没]昭和41年4月4日)

**山内弘** やまのうちひろし
明治22(1889)年～昭和35(1960)年
昭和期の機械工学者。
¶現情([生]1889年1月4日　[没]1960年1月2日)，姓氏長野，長野歴

**山内正男** やまのうちまさお
大正1(1912)年11月5日～
昭和期の航空宇宙工学者。
¶現情

**山内万寿治** やまのうちますじ
万延1(1860)年～大正8(1919)年9月18日　[別]山内万寿治《やまうちますじ》
明治～大正期の海軍軍人。男爵、貴族院議員。兵器製造を研究、速射砲製造工場を完成。地熱発電の開拓者。
¶朝日([生]万延1年3月29日(1860年4月19日))，海越新([生]万延1(1860)年3月29日)，科学([生]1860年(万延1)3月29日)，人名，世紀([生]万延1(1860)年3月29日)，渡航([生]1860年3月)，日人，陸海(やまうちますじ　[生]万延1年3月29日)

**山内道恒** やまのうちみちつね
享保4(1719)年～寛政9(1797)年　[別]山内道恒《やまうちみちつね》
江戸時代中期の仙台の蚕業家。養蚕技術の普及・改良に尽力。著書「民家蚕桑記」。
¶近世(やまうちみちつね)，国史(やまうちみちつね)，国書([没]寛政9(1797)年3月9日)，コン改(生没年不詳)，コン4(生没年不詳)，史人([没]1797年3月9日)，新潮(生没年不詳)，日人

**山内六三郎** やまのうちろくさぶろう
→山内堤雲(やまのうちていうん)

**山野茂樹** やまのしげき
文政6(1823)年～明治15(1882)年
江戸時代末期～明治期の武士、殖産家。弘前藩士。対外折衝に活躍。士族授産の事業に尽力し、りんごの初の結実に成功。
¶青森人，朝日，日人

**山野千枝子** やまのちえこ
明治28(1895)年3月11日～昭和45(1970)年2月11日
昭和期の美容家。東京高等美容学院院長。パーマの導入・普及など、新美容術の創案者。
¶神奈川百，近女，現情，女性，女性普，新潮，人名7，世紀，日人，歴大

**山羽虎夫** やまばとらお，やまはとらお
明治7(1874)年～昭和32(1957)年
明治期の電気技術者。国産自動車第1号として蒸気自動車を製作。
¶岡山人，岡山百，岡山歴([生]明治7(1874)年12月20日　[没]昭和32(1957)年12月21日)，科学([生]1874年(明治7)12月20日　[没]1957年(昭和32)12月21日)，先駆(やまはとらお　生没年不詳)

**山葉寅楠** やまはとらくす，やまはとらぐす，やまばとらくす
嘉永4(1851)年～大正5(1916)年
明治～大正期の実業家。国産オルガンの先駆者。日本楽器製造の創業者。
¶朝日([生]嘉永4年4月20日(1851年5月20日)　[没]大正5(1916)年8月8日)，音楽([生]1856年)，近現，芸能([生]嘉永4(1851)年4月20日　[没]大正5(1916)年8月8日)，国史，コン改，コン5，史人(やまばとらくす　[生]1851年4月20日　[没]1916年8月6日)，静岡百，静岡歴，実業([生]嘉永4(1851)年4月20日　[没]大正5(1916)年8月8日)，新潮([没]大正5(1916)年8月6日)，人名(やまばとらくす)，世紀([生]嘉永4(1851)年4月20日　[没]大正5(1916)年8月6日)，姓氏静岡，先駆([生]嘉永4(1851)年4月20日　[没]大正5(1916)年8月8日)，全書，大百，日人，洋学，和歌山人(やまはとらぐす)

**山葉直吉** やまはなおきち
明治14(1881)年～昭和13(1938)年
明治～昭和期の国産ピアノ開発の大御所。
¶静岡歴，姓氏静岡

**山部敬吉** やまべけいきち
明治26(1893)年9月4日～？
大正～昭和期のカメラ技術者、物理学者、島津製作所顧問。
¶科学，写家

**山辺忠七** やまべちゅうしち
文化8(1811)年～明治12(1879)年
江戸時代後期～明治期の大屋刎橋架橋者。
¶姓氏長野

**山村悦夫** やまむらえつお
昭和17(1942)年2月17日～
昭和～平成期の工学者。北海道大学大学院教授、北海道総合文化開発機構常務理事。
¶現執2期，現執4期

**山村勘左衛門** やまむらかんざえもん
生没年不詳
江戸時代後期の鎌倉住の御用鍛冶。
¶神奈川人

**山村昌** やまむらさかえ
大正7(1918)年2月26日～平成17(2005)年6月7日　[別]山村昌《やなむらさかえ》
昭和期の電気工学者。わが国初のリニアモーター実験車の浮上走行試験に寄与。
¶科学，現朝，現情(やなむらさかえ)，世紀，日人

**山村松庵** やまむらしょうあん
？～万治1(1658)年
江戸時代前期の萩焼の陶工。朝鮮王朝の陶工。
¶朝日，コン改，コン4，人名，日人，山口百

**山村竜男** やまむらたつお
大正5(1916)年～平成7(1995)年11月8日

大正〜平成期の鉄道技師、鉄道技術研究者。
¶鉄道

**山村綱広** やまむらつなひろ
生没年不詳
戦国時代の相模邦鎌倉の刀鍛冶。
¶戦辞

**山村平四郎** やまむらへいしろう
寛永15(1638)年〜宝永6(1709)年
江戸時代前期〜中期の陶工。
¶日人

**山村正信** やまむらまさのぶ
生没年不詳
南北朝時代の刀工、土豪。
¶新潟百

**山村与助〔1代〕**(——〔代数なし〕)やまむらよすけ
?〜寛永17(1640)年
江戸時代前期の大工。大坂三町人の一人。大坂城の再建工事に参画。
¶朝日、コン4(——〔代数なし〕)、姓氏京都(——〔代数なし〕 生没年不詳)、日人

**山室修理** やまむろしゅり
生没年不詳
江戸時代後期の足柄下郡穴部村大工。
¶神奈川人

**山室民治** やまむろたみじ
明治期の養蚕技術者。
¶岡山歴

**山室百世** やまむろひゃくせい
明治33(1900)年11月1日〜平成2(1990)年10月31日 ㊛山室百世《やまむろももよ》
昭和〜平成期の鋳金家。和光社長。和光退任後鋳金家としての活動に専念。官展特選審査員、日展評議員などを歴任。
¶現情、世紀、姓氏富山(やまむろももよ ㊛?)、日人(やまむろももよ)、美工、名工

**山室光子** やまむろみつこ
〜平成11(1999)年1月9日
昭和〜平成期の教育者、美術工芸家。
¶美工

**山室百世** やまむろももよ
→山室百世(やまむろひゃくせい)

**山本浅吉** やまもとあさきち
明治17(1884)年〜昭和47(1972)年
明治〜昭和期の農業改良家。
¶高知人、高知百、世紀(㊡明治17(1884)年3月25日 ㊛昭和47(1972)年4月1日)、日人(㊡明治17(1884)年3月 ㊛昭和47(1972)年3月31日)

**山本安曇** やまもとあずみ、やまもとあづみ
明治18(1885)年〜昭和20(1945)年
明治〜昭和期の鋳金家。
¶姓氏長野、長野百、長野歴(やまもとあづみ)

**山本安曇** やまもとあづみ
→山本安曇(やまもとあずみ)

**山本勇** やまもといさむ
明治26(1893)年3月6日〜昭和39(1964)年4月23日
大正〜昭和期の電気工学者。東京工業大学教授。電気物理学、高周波工学の研究で有名。著書に「電気磁気学」など多数。
¶秋田百、科学、現情、人名7、世紀、日人

**山本石杢** やまもといしまつ
昭和期の180年続いた"棒屋"の6代目。
¶名工

**山本出** やまもといずる
昭和19(1944)年4月2日〜
昭和〜平成期の陶芸家。
¶陶芸最、陶工、名工

**山本今治** やまもといまじ
大正11(1922)年11月21日〜
昭和期の陶芸家。
¶陶芸最

**山本卯太郎** やまもとうたろう
明治24(1891)年6月15日〜昭和9(1934)年4月20日
明治〜昭和期の実業家、土木技術者。
¶近土、土木

**山本栄一** やまもとえいいち
昭和期の友禅染色補正。
¶名工

**山本学治** やまもとがくじ
大正12(1923)年〜昭和52(1977)年
昭和期の建築学者、建築評論家。
¶現執1期、現情(㊡1923年2月11日 ㊛1977年5月20日)、世紀(㊡大正12(1923)年2月11日 ㊛昭和52(1977)年5月20日)

**山本鹿州** やまもとかしゅう
明治6(1873)年〜昭和21(1946)年
明治〜昭和期の鋳金家。
¶姓氏岩手

**山本勝己** やまもとかつみ
明治38(1905)年12月9日〜平成3(1991)年9月23日
大正〜平成期の建築家。
¶美建

**山本吉兵衛** やまもときちべえ
文政2(1819)年〜明治37(1904)年
江戸時代後期〜明治期の鬼瓦師。
¶姓氏愛知

**山本吉良** やまもときちろ
明治45(1912)年1月1日〜
昭和〜平成期の漆芸家。
¶名工

**山本久左衛門** やまもときゅうざえもん
寛政2(1790)年～安政3(1856)年6月8日
江戸時代後期～末期の塩田開発者。
¶兵庫人

**山本久弥** やまもときゅうや
文政12(1829)年～明治20(1887)年
江戸時代末期～明治期の塩田開発者。播磨姫路藩御用達。
¶藩臣5，兵庫人(㊀文政12(1829)年2月2日 ㊁明治20(1887)年2月18日)

**山本京山** やまもときょうざん
大正8(1919)年10月15日～
昭和期の陶芸家。
¶陶芸最

**山本純史** やまもときよし
昭和期の木彫り細工。
¶名工

**山本喜六** やまもときろく
文化7(1810)年～明治5(1872)年
江戸時代末期～明治期の開拓家。
¶人名，日人

**山本金一** やまもときんいち
明治期の技師。
¶渡航

**山本欣子** やまもときんこ
昭和3(1928)年2月8日～平成9(1997)年9月10日
昭和～平成期の情報工学者、日本情報処理開発協会常務理事。
¶科学

**山本健一** やまもとけんいち
大正11(1922)年9月16日～
昭和～平成期の技術者、経営者。マツダ社長。世界初のロータリーエンジン搭載車を完成させた。
¶現情，現人，世紀，日人

**山本健二** やまもとけんじ
昭和10(1935)年3月25日～
昭和期の陶芸家。
¶陶芸最

**山本玄春** やまもとげんしゅん
生没年不詳
江戸時代中期の蒔絵師。
¶姓氏京都

**山本源太** やまもとげんた
昭和17(1942)年3月4日～
昭和～平成期の陶芸家。
¶陶芸最，陶工，名工

**山本幸一** やまもとこういち
昭和22(1947)年2月24日～
昭和～平成期の陶芸家。
¶陶芸最，陶工

**山本浩彩** やまもとこうさい
昭和24(1949)年5月24日～
昭和期の陶芸家。
¶陶芸最

**山本興山** やまもとこうざん
昭和19(1944)年10月7日～
昭和～平成期の陶芸家。
¶陶芸最，陶工

**山本幸三** やまもとこうぞう
昭和期の漆器業。
¶名工

**山本三郎** やまもとさぶろう
明治42(1909)年11月17日～平成9(1997)年10月15日
昭和期の官僚、土木工学者。建設事務次官、水資源開発公団総裁。
¶科学，近土，世紀，日人，履歴，履歴2

**山本佐兵衛** やまもとさへえ
文政7(1824)年3月7日～明治39(1906)年1月11日
江戸時代後期～明治期の大工棟梁。
¶庄内

**山本重輔** やまもとしげすけ
弘化4(1847)年～明治34(1901)年7月13日
江戸時代末期～明治期の日本鉄道会社技師長。アメリカ、イギリスに渡り工学、鉄道建設研究を修める。
¶海越，海越新

**山本重行** やまもとしげゆき
昭和18(1943)年2月13日～
昭和期の陶芸家。
¶陶芸最

**山本七次郎** やまもとしちじろう
明治16(1883)年～昭和28(1953)年
明治～昭和期の陶工。
¶姓氏富山

**山本春正**(1) やまもとしゅんしょう
世襲名　江戸時代の蒔絵師。
¶近世，史人

**山本春正**(2) やまもとしゅんしょう
世襲名　江戸時代の蒔絵師。
¶国史，新潮

**山本春正〔1代〕** やまもとしゅんしょう
慶長15(1610)年～天和2(1682)年　㊔春正《しゅんしょう》
江戸時代前期の蒔絵師。
¶角史，京都大(――〔代数なし〕)，国書(――〔代数なし〕 ㊀慶長15(1610)年1月25日 ㊁天和2(1682)年9月8日)，コン改，コン4，茶道(春正　しゅんしょう)，人名，姓氏京都(――〔代数なし〕)，世人(――〔代数なし〕)，全書，大百，日人

**山本春正〔2代〕** やまもとしゅんしょう
？～宝永4(1707)年　㊔春正次郎兵衛《しゅんしょうじろうびょうえ》
江戸時代前期～中期の蒔絵師。

¶コン改，コン4，人名，日人

**山本春正〔3代〕** やまもとしゅんしょう
承応3(1654)年～元文5(1740)年
江戸時代中期の蒔絵師。
¶人名，日人

**山本春正〔4代〕** やまもとしゅんしょう
元禄16(1703)年～明和7(1770)年
江戸時代中期の蒔絵師。
¶人名，日人

**山本春正〔5代〕** やまもとしゅんしょう
享保19(1734)年～享和3(1803)年
江戸時代中期～後期の蒔絵師。
¶朝日（⊕享保19年12月29日(1735年1月22日)⊗享和3(1803)年5月），コン改，コン4，人名，日人

**山本春正〔6代〕** やまもとしゅんしょう
安永3(1774)年～天保2(1831)年
江戸時代後期の蒔絵師。
¶コン改，コン4，人名，全書，日人

**山本春正〔7代〕** やまもとしゅんしょう
文化3(1806)年～明治4(1871)年
江戸時代末期～明治の蒔絵師。
¶人名，日人

**山本春正〔8代〕** やまもとしゅんしょう
文化13(1816)年～明治10(1877)年
江戸時代末期～明治の蒔絵師。
¶人名，日人

**山本春正〔9代〕** やまもとしゅんしょう
江戸時代末期～明治の蒔絵師。
¶人名，日人

**山本祥吉** やまもとしょうきち
明治19(1886)年10月25日～昭和51(1976)年10月28日
明治～昭和期の食品化学者，農林省水産試験場技師。専門は調味学。
¶科学

**山本正三郎** やまもとしょうざぶろう
明治5(1872)年～昭和37(1962)年
明治～昭和期の彫金家・教育者。
¶香川人，香川百

**山本象成** やまもとしょうせい
昭和23(1948)年6月28日～
昭和～平成期の陶芸家。
¶陶芸最，陶工，名工

**山本鐘太** やまもとしょうた
昭和25(1950)年12月1日～
昭和期の陶芸家。
¶陶芸最

**山本士郎** やまもとしろう
大正6(1917)年～
昭和～平成期の角帽職人。
¶名工

**山本甚左衛門** やまもとじんざえもん
寛政11(1799)年～明治3(1870)年
江戸時代末期～明治期の陶工，越中丸山焼の創始者。
¶人名，姓氏富山（⊕？），日人

**山本真治** やまもとしんじ
大正6(1917)年6月15日～
昭和～平成期の鏡司。無形文化財保持者。和鏡の製作技術を伝える唯一の鏡司。魔鏡を復活させる。
¶現情，現人，世紀，名工

**山本新太夫** やまもとしんだゆう
明和3(1766)年～天保12(1841)年
江戸時代中期～後期の篤農家。阿波国三好郡風呂谷用水を完成。
¶朝日（⊕天保12年4月13日(1841年6月2日)），近世，国史，コン改⊕安永5(1776)年），コン4(⊕安永5(1776)年），新潮（⊕安永5(1776)年），日人

**山本潯陽** やまもとじんよう
昭和17(1942)年3月7日～
昭和～平成期の陶芸家。
¶陶芸最，陶工

**山本瑞雲** やまもとずいうん
慶応3(1867)年～昭和16(1941)年
明治～昭和期の彫刻家。仏像の制作・補修に尽力，伝統的木彫技法で著名。
¶角史，コン改，コン5，新潮（⊕慶応3(1867)年9月13日 ⊗昭和16(1941)年3月13日），人名7，世紀（⊕慶応3(1867)年9月13日 ⊗昭和16(1941)年3月13日），世人，日人

**山本正年** やまもとせいねん
大正1(1912)年～昭和61(1986)年3月14日
昭和期の陶芸家。
¶陶芸，陶芸最（⊗昭和62年），陶工，美工（⊕大正1(1912)年9月20日），名工（⊕大正1年9月20日）

**山本拙郎** やまもとせつろう
明治23(1890)年～昭和19(1944)年
大正～昭和期の住宅建築家。
¶高知人

**山本千山** やまもとせんざん
大正5(1916)年3月31日～
昭和期の陶芸家。
¶陶芸最

**山本象石** やまもとぞうせき
明治29(1896)年11月1日～昭和63(1988)年11月25日
大正～昭和期の工芸家。
¶岡山歴

**山本卓** やまもとたく
昭和8(1933)年～
昭和～平成期の鍛金作家。
¶名工

**山本卓真** やまもとたくま
大正14(1925)年9月11日〜平成24(2012)年1月17日
昭和〜平成期の経営者。富士通社長。電話交換機やコンピューターの開発に尽力。
¶科学, 現朝, 現執2期, 現執4期, 世紀, 日人, 履歴, 履歴2

**山本竹司** やまもとたけし
明治36(1903)年〜昭和58(1983)年
昭和期の建築家。
¶山形百新

**山本武蔵** やまもとたけぞう
明治18(1885)年6月〜昭和22(1947)年
大正〜昭和期の造船工学者。東京大学教授。文部省練習船・日本丸の設計者。
¶科学, 神奈川百, 現情, 人名7, 世紀, 日人

**山本忠興** やまもとただおき
明治14(1881)年〜昭和26(1951)年4月21日
明治〜昭和期の電気工学者。早稲田大学教授。テレビの研究で恩賜金一千万を下賜された。
¶科学(㊆1881年(明治14)6月25日), 科技(㊆1881年6月25日), キリ(㊆明治14(1881)年6月25日), 近現, 現朝(㊆明治14(1881)年6月25日), 現情(㊆1881年6月), 高知人, 高知百, 国史, コン改, コン4, コン5, 史人(㊆1881年6月25日), 新潮(㊆明治14(1881)年6月15日), 人名7, 世紀(㊆明治14(1881)年6月25日), 全書, 体育, 大百, 渡航(㊆1881年6月25日), 日人(㊆明治14(1881)年6月25日), 履歴(㊆明治14(1881)年6月25日), 履歴2(㊆明治14(1881)年6月25日)

**山本忠司** やまもとただし
大正12(1923)年11月25日〜平成10(1998)年7月28日
昭和〜平成期の建築家。主な作品に「瀬戸大橋記念館」「空海記念碑」など。また、27年のヘルシンキ五輪には三段跳びで出場した。
¶現朝, 現執2期, 世紀, 日人, 美建

**山本忠助** やまもとただすけ
→山本忠助(やまもとちゅうすけ)

**山本忠彦** やまもとただひこ
昭和2(1927)年〜
昭和〜平成期の映画録音技師。
¶映人

**山本唯与志** やまもとただよし
昭和12(1937)年10月15日〜
昭和〜平成期の染色作家。
¶名工

**山本仲一** やまもとちゅういち
昭和期の柳職人。
¶名工

**山本忠助** やまもとちゅうすけ
天保13(1842)年〜明治44(1911)年　㊄山本忠助
《やまもとただすけ》
江戸時代後期〜明治期のカツオ釣り用活イワシ養殖の創設者。
¶静岡百, 静岡歴, 世紀(㊆天保13(1842)年1月25日　㊆明治44(1911)年4月6日), 姓氏静岡(やまもとただすけ), 日人

**山本長左衛門** やまもとちょうざえもん
？〜寛文9(1669)年
江戸時代前期の新田開発者。
¶姓氏長野, 長野歴

**山本千代蔵** やまもとちよぞう
文久3(1863)年〜昭和9(1934)年
江戸時代末期〜昭和期の木工指物師。
¶静岡歴, 姓氏静岡

**山本偵峻** やまもとていしゅん
昭和期の模様師。
¶名工

**山本陶秀** やまもととうしゅう
明治39(1906)年4月24日〜平成6(1994)年4月22日
大正〜昭和期の陶芸家。
¶岡山百, 現情, 国宝, 世紀, 陶芸, 陶芸最, 陶工, 日人, 美工, 名工

**山本亨** やまもととおる
明治25(1892)年11月7日〜昭和39(1964)年11月29日
明治〜昭和期の技師。
¶近土, 土木

**山本徳翁** やまもととくおう
文化8(1811)年〜明治10(1877)年7月6日
江戸時代末期〜明治期の茶商。従来の煎茶を改良した玉露系の新製品「玉の露」を最初に発売、好評を博す。
¶朝日, 食文, 日人

**山本徳三郎** やまもととくさぶろう
明治19(1886)年2月14日〜昭和20(1945)年3月11日
明治〜昭和期の山林技師。
¶岡山歴

**山本十糸** やまもととし
明治42(1909)年〜
昭和〜平成期の人形作家。
¶名工

**山本長方** やまもとながかた
明治3(1870)年1月〜昭和9(1934)年2月16日
明治〜昭和期の造船技師。東京帝国大学教授。イギリスに留学し造船学、図学などを修める。三菱造船技術長。
¶海越, 海越新, 科学, 人名, 世紀, 渡航, 日人

**山本仁平** やまもとにへい
文化9(1812)年〜明治11(1878)年
江戸時代末期〜明治期の鉱山技師。
¶日人

山本八郎 やまもとはちろう
昭和6(1931)年5月5日〜平成20(2008)年3月16日
昭和〜平成期の神鏡・和鏡製作工。
¶美工

山本久重 やまもとひさしげ
寛政10(1798)年〜文久3(1863)年2月10日
江戸時代後期〜末期の新田開発者。
¶兵庫人

山本英明 やまもとひであき
昭和期の塗師屋。
¶名工

山本英樹 やまもとひでき
昭和40(1965)年3月7日〜
昭和〜平成期の陶芸家。
¶陶工

山本博(1) やまもとひろし
昭和23(1948)年1月21日〜
昭和期の陶芸家。
¶陶芸最

山本博(2) やまもとひろし
昭和6(1931)年2月6日〜
昭和〜平成期の弁護士、ワイン研究家。世界ソムリエ・コンクール日本代表委員。
¶現執1期、現執2期、現執3期、現執4期

山本芙美代 やまもとふみよ
昭和16(1941)年〜
昭和〜平成期の陶芸家。
¶陶芸最、名工

山本又六 やまもとまたろく
明治14(1881)年〜昭和55(1980)年
明治〜昭和期の教育者、染職技術指導者。
¶静岡歴、姓氏静岡

山本三男 やまもとみつお
明治44(1911)年11月18日〜昭和44(1969)年10月7日
昭和期の実業家、土木技術者。
¶岡山百、岡山歴

山本峰雄 やまもとみねお
明治36(1903)年5月31日〜昭和54(1979)年8月8日
大正〜昭和期の自動車工学者、群馬大学工学部教授。
¶科学

山本弥三 やまもとやぞう
明治期の職人。塗物修業のためアメリカに留学。
¶海越(生没年不詳)、海越新

山本雄一 やまもとゆういち
昭和10(1935)年10月9日〜
昭和〜平成期の陶芸家。
¶陶芸最、陶工、名工

山本幽雲 やまもとゆううん
慶応3(1867)年〜大正12(1923)年

明治〜大正期の木彫家。
¶島根人

山本幸夫 やまもとゆきお
大正14(1925)年3月30日〜
昭和〜平成期の陶芸家。
¶陶芸最、陶工、名工

山本幸雄 やまもとゆきお
昭和9(1934)年1月11日〜
昭和期の陶芸家。
¶陶芸最

山本由紀子 やまもとゆきこ
昭和24(1949)年1月11日〜
昭和期の陶芸家。
¶陶芸最

山本寛 やまもとゆたか
大正5(1916)年2月26日〜
昭和期の原子力工学者。東京大学教授、エネルギー総合工学研究所理事長。
¶現情

山本与興 やまもとよきょう
→山本与興(やまもとよこう)

山本与興 やまもとよこう
宝暦3(1753)年〜文化14(1817)年　⑲山本与興《やまもとよきょう》
江戸時代中期〜後期の医師、加賀楽焼の陶工。御庭焼の一家。
¶朝日(生没年不詳)、石川百(やまもとよきょう)、茶道、人名、姓氏石川(?)、日人

山本義博 やまもとよしひろ
昭和22(1947)年10月13日〜
昭和〜平成期の陶芸家。
¶陶芸最、陶工

山本吉美 やまもとよしみ
昭和24(1949)年8月27日〜
昭和〜平成期の陶芸家。
¶陶芸最、陶工

山本善之 やまもとよしゆき
大正13(1924)年1月6日〜
昭和〜平成期の船舶工学者。
¶世紀、日人

山本芳幸 やまもとよしゆき
昭和23(1948)年3月1日〜
昭和期の陶芸家。
¶陶芸最

山本理顕 やまもとりけん
昭和20(1945)年4月15日〜
昭和〜平成期の建築家、山本理顕設計工場主宰。主に個人住宅を手がけ、作品に「山川山荘」「埼玉県立大」など。著書に「住居論」など。
¶世紀、日人

山本利三郎 やまもとりさぶろう
明治32(1899)年4月25日〜昭和57(1982)年5月

30日
明治～昭和期の鉄道技術者。
¶鉄道

**山本利兵衛** やまもとりへえ
昭和19（1944）年7月16日～
昭和期の陶芸家。
¶陶芸最

**山本利兵衛〔1代〕** やまもとりへえ
元禄1（1688）年～明和3（1766）年
江戸時代中期の蒔絵師。
¶角史，京都大（――〔代数なし〕），京都府（――〔代数なし〕），コン改，コン4，茶道，新潮（――〔代数なし〕），人名，姓氏京都（――〔代数なし〕），世人，全書（――〔代数なし〕），大百，日人

**山本利兵衛〔2代〕** やまもとりへえ
寛保3（1743）年～寛政3（1791）年
江戸時代中期の蒔絵師。
¶コン改，コン4，人名，日人

**山本利兵衛〔3代〕** やまもとりへえ
明和7（1770）年～天保9（1838）年
江戸時代後期の蒔絵師。仁孝天皇の即位調度の蒔絵を命ぜられた。
¶朝日，コン改，コン4，人名，日人

**山本利兵衛〔4代〕** やまもとりへえ
？　～明治3（1870）年
江戸時代末期の蒔絵師。
¶コン改，コン4，コン5，人名，日人

**山本利兵衛〔5代〕** やまもとりへえ
天保10（1839）年～明治41（1908）年
江戸時代末期～明治期の蒔絵師。
¶人名，日人

**山本柳吉** やまもとりゅうきち
天保1（1830）年～明治30（1897）年
江戸時代末期～明治期の陶工。肥前有田で大灯篭その他の大器を作り、鍋島家より諸神社へ奉納された。
¶人名，日人，名工（[没]明治30年7月）

**山本隆太郎** やまもとりゅうたろう
大正13（1924）年～
昭和～平成期の印刷技術者。印刷学会出版部代表取締役、日本印刷学会理事、印刷図書館理事。
¶YA

**山本良吉** やまもとりょうきち
明治21（1888）年～昭和45（1970）年
大正～昭和期の西筑摩郡開田村の人。稲の品種改良者。
¶姓氏長野

**山本麗子** やまもとれいこ
昭和22（1947）年6月15日～
昭和～平成期の料理研究家、菓子研究家。
¶現執4期

**山本わたる** やまもとわたる
昭和33（1958）年4月2日～
昭和期の陶芸家。
¶陶芸最

**山元碗右衛門** やまもとわんうえもん
寛永10（1633）年～享保11（1726）年　[別]山元碗右衛門《やまもとわんえもん》
江戸時代前期～中期の龍門司焼陶工。
¶鹿児島百，姓氏鹿児島（やまもとわんえもん）

**山元碗右衛門** やまもとわんえもん
→山元碗右衛門（やまもとわんうえもん）

**山領道信** やまりょうみちのぶ
昭和26（1951）年9月17日～
昭和～平成期の陶芸家。
¶陶芸最，陶工

**山脇巌** やまわきいわお
明治31（1898）年4月29日～昭和62（1987）年3月8日
昭和期の建築家。バウハウス建築を日本に紹介。ニューヨーク万博日本館などを設計。
¶写家，写真，新潮，世紀，日芸，日人，美建

**山脇国馬太** やまわきくにまた
明治17（1884）年～昭和28（1953）年
明治～昭和期の電気技師。
¶高知人

**山脇飛竜斎** やまわきひりゅうさい
？　～天保8（1837）年
江戸時代後期の装剣金工。
¶岡山人，日人

**山脇洋二** やまわきようじ
明治40（1907）年12月2日～昭和57（1982）年12月11日
昭和期の彫金作家。東京美術学校教授。正倉院宝物金工品調査に参加。
¶現朝，現情，世紀，日人，美工，名工，山梨百

**谷村貞治** やむらていじ
明治29（1896）年～昭和43（1968）年4月20日
明治～昭和期の実業家、政治家。参議院議員。漢字テレプリンターを発明した。
¶世紀（[生]明治29（1896）年3月），政治（[生]明治29年3月），姓氏岩手，日人（[生]明治29（1896）年3月19日）

**鑓田光子** やりたみつこ
昭和期の紙人形作り。
¶名工

**鑓田和平** やりたわへい
昭和22（1947）年3月18日～
昭和～平成期の陶芸家。
¶陶芸最，陶工

**八幡の儀兵衛** やわたのぎへえ
江戸時代後期の加賀国能美郡八幡村の陶工。
¶姓氏石川

# 【 ゆ 】

**湯浅一郎** ゆあさいちろう
昭和24(1949)年～
昭和～平成期の市民運動家、技術者。ピースリンク広島・呉・岩国世話人。専門は海洋物理学、海洋環境学。
¶現執4期, 平和

**湯浅亀一** ゆあさかめいち
明治24(1891)年5月25日～昭和56(1981)年1月18日
昭和期の機械工学者。東京大学教授。
¶科学, 現情

**湯浅光悦** ゆあさこうえつ
明治6(1873)年～昭和27(1952)年
明治～昭和期の漆工芸家。
¶長野歴

**湯浅祥平** ゆあさしょうへい
昭和24(1949)年5月26日～
昭和～平成期の陶芸家。
¶陶芸最, 陶工

**湯浅宗運** ゆあさそううん
生没年不詳
江戸時代前期の鋳物師。
¶日人

**湯浅益生** ゆあさますお
昭和29(1954)年10月13日～
昭和～平成期の陶芸家。
¶陶工

**祐円** ゆうえん
? ～興国4/康永2(1343)年
鎌倉時代後期～南北朝時代の絵仏師。
¶国書(生没年不詳), 島根歴, 名画

**友学** ゆうがく
寛文5(1665)年～?
江戸時代中期の仏師。
¶黄檗

**行木一隆** ゆうきかずたか
昭和31(1956)年3月13日～
昭和～平成期の陶芸家。
¶陶工

**結城弘毅** ゆうきこうき
明治11(1878)年12月3日～昭和31(1956)年3月14日
明治～昭和期の鉄道技師。
¶鉄道

**結城貢** ゆうきすすむ
昭和15(1940)年～
昭和期の料理人。結城店主。テレビの料理番組で毒舌振りで人気を呼んだ。著書に「うまいものズ

ボラクッキング」など。
¶マス89

**勇吉** ゆうきち
生没年不詳
明治の高座郡大島村大工。
¶神奈川人

**結城哲雄** ゆうきてつお
明治33(1900)年～昭和45(1970)年
大正～昭和期の漆芸家。
¶庄内, 山形百

**結城林蔵** ゆうきりんぞう
慶応2(1866)年2月20日～昭和20(1945)年5月
明治～昭和期の印刷指導者。
¶写家, 渡航, 新潟百

**結城れい子** ゆうきれいこ
昭和18(1943)年3月10日～
昭和～平成期の陶芸家。
¶陶芸最, 陶工

**友山** ゆうざん
生没年不詳
江戸時代前期～中期の仏師。
¶黄檗, 国書

**祐乗坊義存** ゆうじょうぼうぎそん
生没年不詳
鎌倉時代後期～南北朝時代の製薬家。
¶日人

**由水十久** ゆうすいとく
大正2(1913)年9月9日～昭和63(1988)年7月10日
昭和期の加賀友禅作家。
¶姓氏石川(⊕1914年), 美工, 名工

**友禅** ゆうぜん
→宮崎友禅(みやざきゆうぜん)

**勇蔵**(1) ゆうぞう
安永9(1780)年～慶応1(1865)年?
江戸時代中期～末期の五十集屋(水産加工業者)。
¶姓氏宮城

**勇蔵**(2) ゆうぞう
生没年不詳
江戸時代後期の紙漉業。
¶姓氏神奈川

**有徳斎** ゆうとくさい
生没年不詳
江戸時代前期の陶工。
¶日人

**湯川正夫** ゆがわまさお、ゆかわまさお
明治36(1903)年12月24日～昭和44(1969)年10月5日
大正～昭和期の製鉄技術者。八幡製鉄における鉄鋼技術の開発、新鋭製鉄所の建設に尽力。
¶科学, 現情(ゆかわまさお), 人名7, 世紀, 日人

**幸景　ゆきかげ**
室町時代の長船小反派の刀工。
¶岡山歴

**行国　ゆきくに**
鎌倉時代の刀工。
¶岡山人，岡山歴

**行貞　ゆきさだ**
室町時代の刀工。
¶島根人，島根百

**行真(1)　ゆきざね**
鎌倉時代。
→行真（ゆきまさ）

**行真(2)　ゆきざね**
室町時代の石見の刀匠。応永年間（1394年頃）に活動。
¶島根人，島根百

**行重　ゆきしげ**
生没年不詳
平安時代中期の刀工。
¶姓氏岩手

**行夫　ゆきすけ**
戦国時代の刀工。
¶島根百



**行次　ゆきつぐ**
鎌倉時代の刀工。
¶岡山人

**湯木貞一　ゆきていいち**
明治34（1901）年5月26日～平成9（1997）年4月7日
昭和～平成期の料理人。吉兆創業者、湯木美術館館長。「吉兆」を国賓へ料理を提供する料亭に育て上げた。料理界初の文化功労者。著書に「吉兆」など。
¶現朝，食文，新潮，世紀，日人，日本

**行利　ゆきとし**
鎌倉時代の刀工。
¶岡山人

**行則　ゆきのり**
生没年不詳
鎌倉時代の漆工。
¶日人

**行久(1)　ゆきひさ**
鎌倉時代後期の刀工。
¶島根人，島根百

**行久(2)　ゆきひさ**
戦国時代の刀工。
¶島根人，島根百

**行秀(1)　ゆきひで**
鎌倉時代の古備前の刀工。
¶岡山歴

**行秀(2)　ゆきひで**
江戸時代後期～明治期。
→左行秀（さのゆきひで）

**行平　ゆきひら**
生没年不詳
平安時代後期～鎌倉時代前期の豊後国の刀工。
¶国史，古中

**幸広　ゆきひろ**
江戸時代後期の刀工。
¶島根百

**行広　ゆきひろ**
江戸時代前期の刀工。
¶島根人，島根百

**幸昌　ゆきまさ**
世襲名　江戸時代前期～後期の加賀の刀工。
¶姓氏石川

**行真　ゆきまさ**
[別]行真《ゆきざね》
鎌倉時代の刀工。
¶岡山人，岡山歴（ゆきざね）

**行政　ゆきまさ**
鎌倉時代後期の刀工。
¶島根百

**行光(1)　ゆきみつ**
鎌倉時代前期の古備前の刀工。
¶岡山歴

**行光(2)　ゆきみつ**
生没年不詳
鎌倉時代後期の鎌倉の刀工。新藤五国光の弟子と伝える。
¶国史，古中，美工

**行光(3)　ゆきみつ**
戦国時代の刀工。
¶島根百

**行光(4)　ゆきみつ**
世襲名　安土桃山時代の加賀の刀工。
¶姓氏石川

**行宗　ゆきむね**
鎌倉時代の刀工。
¶岡山人

**行安　ゆきやす**
生没年不詳　[別]波平行安《なみのひらゆきやす》
世襲名　平安時代以来の刀工。
¶史人，新潮，大百（波平行安　なみのひらゆきやす），美工（波平行安　なみのひらゆきやす）

**行吉　ゆきよし**
平安時代後期の刀工。
¶岡山人

**湯口靖彦　ゆぐちやすひこ**
昭和期の鋳金工芸作家。専門は鋳物。
¶名工

名工・職人・技師・工匠篇　　805　　ようこう

**行吉素心** ゆくよしそしん
昭和13（1938）年6月19日〜　　㋺行吉素心《いくよしそしん》
昭和〜平成期の陶芸家。
¶陶芸最，陶工，名工（いくよしそしん）

**行吉学** ゆくよしまなぶ
昭和16（1941）年3月25日〜
昭和〜平成期の陶芸家。
¶陶芸最，陶工，名工

**遊佐周逸** ゆさしゅういつ
大正14（1925）年〜平成4（1992）年
昭和〜平成期の工学者。
¶姓氏宮城

**湯地定監** （湯池定監）　ゆちさだおさ
→湯地定監（ゆちさだのり）

**湯地定監** ゆちさだのり
嘉永2（1849）年〜昭和2（1927）年1月29日　　㋺湯地定監《ゆちさだおさ》，湯池定監《ゆちさだおさ》
明治〜昭和期の海軍軍人。機関中将，貴族院議員。機関学校修業期間短縮に反対し，機関科士官の待遇改善に努めた。
¶朝日（㋐嘉永2年10月8日（1849年11月22日）），人名（ゆちさだおさ），世紀（㋐嘉永2（1849）年10月8日），渡航（湯池定監　ゆちさだおさ㋐1849年10月8日），日人，陸海（㋐嘉永2年10月8日）

**柚原恒蔵** ゆはらつねぞう
明治43（1910）年12月21日〜昭和58（1983）年4月7日
昭和期の染色工。
¶美工，名工

**湯山熊雄** ゆやまくまお
明治32（1899）年4月18日〜昭和42（1967）年9月27日
明治〜昭和期の技師。
¶近土，土木

**湯山弥五右衛門** （湯山弥五衛門）　ゆやまやごえもん
慶安3（1650）年〜享保2（1717）年　　㋺弥五衛門《やごえもん》
江戸期前期〜中期の治水功労者，篤農家。相模国足柄上郡川村山北名主。皆瀬川の流路変更工事に尽力。
¶朝日（㋐享保2年11月30日（1718年1月1日）），神奈川人，神奈川百，郷土神奈川，近世，国史，コン改，コン4，史人（㋑1717年11月30日），新潮（㋑享保2（1717）年11月），人名（湯山弥五衛門），姓氏神奈川（弥五衛門　やごえもん），日人（㋑1718年）

**由良浅次郎** ゆらあさじろう
明治11（1878）年1月17日〜昭和39（1964）年3月14日
大正〜昭和期の実業家。染色業。由良精工（現本州化学工業）を設立，アニリンの製造に成功した。
¶世紀，日人，和歌山人

**由良亀** 〔3代〕　ゆらかめ
〜平成9（1997）年9月25日
昭和〜平成期の文楽人形師。
¶美工

**由良拓也** ゆらたくや
昭和26（1951）年8月21日〜
昭和〜平成期のレーシングカー・デザイナー。
ムーン・クラフト代表取締役。
¶現情

**由良玲吉** ゆられいきち
大正8（1919）年1月7日〜
昭和期の工業デザイナー。
¶現情，現人，現日，世紀，日児

**ゆり**
生没年不詳
江戸時代中期の女性。
¶日人

**兪良甫** ゆりょうほ
生没年不詳
南北朝時代〜室町時代の印刷彫工。中国・明人刻工の一人。五山版の禅籍，漢籍の木版出版に従事。
¶全書，日人

# 【よ】

よ

**与市** よいち
？〜文化12（1815）年
江戸時代中期〜後期のカツオ節製造の技術者。
¶姓氏静岡

**永賀** ようが
生没年不詳
鎌倉時代前期の仏師。
¶平史

**楊黄庵歌子** ようきあんうたこ
？〜明治30（1896）年　　㋺楊黄庵歌子《ようこうあんうたこ》
江戸時代末期〜明治期の遠山流盆石家。盆業をよくし御用庭師となる。嘉賞を受け諸国行脚をし，新奇図形を作るために尽力。
¶女性（㋑明治30（1896）年12月），女性普（㋑明治30（1896）年12月），日人（ようこうあんうたこ㋐1807年　㋺1898年）

**陽貴文** ようきぶん
㋺陽貴文《ようきもん》
飛鳥時代の百済の瓦工。瓦博士。百済の威徳王の命で588年に渡来。日本に瓦の製造法を伝えた。
¶古代（ようきもん），日人（生没年不詳）

**陽貴文** ようきもん
→陽貴文（ようきぶん）

**楊黄庵歌子** ようこうあんうたこ
→楊黄庵歌子（ようきあんうたこ）

**永秀** ようしゅう
仁平3(1153)年～?
平安時代後期～鎌倉時代前期の仏師。
¶平史

**葉祥栄** ようしょうえい
昭和15(1940)年3月7日～
昭和～平成期の建築家、インテリアデザイナー。慶応義塾大学教授。常に光をテーマにしたデザインを手がける。主な作品に「光格子の家」「風格子の家」など。
¶現朝，世紀，日人

**陽其二** ようそのじ
天保9(1838)年～明治39(1906)年
江戸時代末期～明治期の活版印刷技術者。最初の日刊新聞の発行者。景諦社を設立。平版印刷「こんにゃく版」の一種を発明。
¶維新，神奈川人，郷土長崎，近現，近文，国史，史人([生]1838年6月　[没]1906年9月24日)，出版，出文([生]天保9(1838)年6月　[没]明治39(1906)年9月24日)，人名，姓氏神奈川，長崎歴，日人，洋学

**永朝** ようちょう
生没年不詳
平安時代中期の仏師。
¶平史



**永範** ようはん
生没年不詳
平安時代後期の仏師。
¶平史

**与九郎** よくろう
生没年不詳
安土桃山時代の陶工。
¶日人

**横井加之吉** よこいかのきち
明治11(1878)年1月7日～大正14(1925)年6月22日
明治～大正期の工学者。
¶徳島歴

**横井左久** よこいさきゅう
→横井佐久(よこいすけひさ)

**横石臥牛(1)** よこいしがぎゅう
明治29(1896)年～昭和36(1961)年
明治～昭和期の陶芸家。
¶美工

**横石臥牛(2)** よこいしがぎゅう
大正14(1925)年2月8日～　[別]横石陞雲《よこいししょううん》
昭和～平成期の陶芸家。
¶現情(横石陞雲　よこいししょううん)，世紀，陶芸，陶芸最，陶工，日人

**横石陞雲** よこいししょううん
→横石臥牛(2)(よこいしがぎゅう)

**横石宗雲〔13代〕** よこいしそううん
大正14(1925)年2月8日～
昭和～平成期の陶芸家。
¶名工

**横石藤七兵衛** よこいしとうしちべえ
*～寛政12(1800)年
江戸時代中期～後期の肥前木原の陶工。
¶人名([生]1712年)，日人([生]1713年)

**横井佐久** よこいすけひさ
文久2(1862)年～明治22(1889)年11月19日
[別]横井左久《よこいさきゅう》
明治期の造船技師。造船学の研修のためフランスに留学。パリで客死。
¶海越，海越新，渡航(横井左久　よこいさきゅう　[没]1889年11月29日)

**横井武一** よこいたけかず
昭和期のかわら製造店主。
¶名工

**横井時敬** よこいときよし
安政7(1860)年～昭和2(1927)年
明治～大正期の農学指導者。東京帝国大学教授、東京農業大学初代学長。種籾の塩水選法を開発、農業評論家として「産業時論」発行。
¶朝日([生]万延1(1860)年1月　[没]昭和2(1927)年11月1日)，岩史([生]安政7(1860)年1月7日　[没]昭和2(1927)年11月1日)，科学([生]1860年(安政7)1月7日　[没]1927年(昭和2)11月1日)，角史，教育，近現，熊本百([生]万延1(1860)年1月7日　[没]昭和2(1927)年11月2日)，国史，コン改，コン5，史人([生]1860年1月7日　[没]1927年11月1日)，植物([生]万延1(1860)年1月7日　[没]昭和2(1927)年11月1日)，食文([生]安政7年1月7日(1860年1月29日)　[没]1927年11月1日)，新潮([生]万延1(1860)年1月7日　[没]昭和2(1927)年11月1日)，人名，世紀([生]安政7(1860)年1月7日　[没]昭和2(1927)年11月1日)，世人([生]万延1(1860)年1月7日　[没]昭和2(1927)年11月1日)，世百，全書，大百，渡航([没]1927年11月)，日史([生]万延1(1860)年1月7日　[没]昭和2(1927)年11月1日)，日人，日本，百科，福岡百([生]安政7(1860)年1月　[没]昭和2(1927)年11月2日)，履歴([生]万延1(1860)年1月7日　[没]昭和2(1927)年11月1日)，履歴2([生]万延1(1860)年1月7日　[没]昭和2(1927)年11月1日)，歴大

**横井英樹** よこいひでき
大正2(1913)年7月1日～平成10(1998)年11月30日
昭和期の実業家。ホテルニュージャパン社長。有名企業の株を買い占め“乗っ取り屋”の異名をとった。
¶現朝，現情，現人，現日，世紀，日人，履歴，履歴2

**横井博史** よこいひろし
昭和期の宮大工。
¶名工

名工・職人・技師・工匠篇　807　よことめ

**横井米禽 よこいべいきん**
明治19（1886）年～昭和16（1941）年
明治～昭和期の陶芸家。
¶陶工

**横井孫九郎 よこいまごくろう**
安永9（1780）年～文化9（1812）年
江戸時代後期の彫刻家。作品に桃核十六羅漢図の
細工がある。
¶人名，日人

**横井増治 よこいますじ**
明治21（1888）年10月8日～昭和53（1978）年5月
29日
明治～昭和期の技師。
¶近土，土木

**横内正忠 よこうちせいちゅう**
昭和20（1945）年1月8日～
昭和～平成期の陶芸家。
¶陶芸最，陶工

**横内紀夫 よこうちのりお**
昭和期のマンドリン製作者。
¶名工

**横尾恵美子 よこおえみこ**
昭和28（1953）年～
昭和期の陶芸家。
¶陶芸最

**横尾聡 よこおさとし**
昭和28（1953）年～
昭和期の陶芸家。
¶陶芸最

**横川才蔵 よこかわさいぞう**
弘化4（1847）年～大正5（1916）年
明治期の明才堰開削功労者。
¶姓氏長野，長野歴

**横河民輔 よこがわたみすけ，よこかわたみすけ**
元治1（1864）年9月28日～昭和20（1945）年6月
26日
明治～昭和期の建築家、実業家。三井銀行本店を
設計。日本の鉄骨構造建築の開拓者。
¶海越新，現朝（⊕元治1年9月28日（1864年10月
28日）），コン改，コン5，史人，実業，新潮，
人名7，世紀，先駆（よこかわたみすけ），創業，
渡航（よこかわたみすけ），日人，美建

**横川仁左衛門 よこかわにざえもん**
生没年不詳
江戸時代末期～明治期の人。戸隠村より栃原村に
至るトンネルを開削。
¶姓氏長野

**横川博恵 よこがわひろえ**
\*～昭和8（1933）年
明治～昭和期の製紙技術家。
¶高知人（⊕1867年），高知百（⊕1868年）

**横倉嘉山 よこくらかさん**
大正4（1915）年～昭和59（1984）年7月12日

昭和期の鋳金工芸家。
¶美工，名工，山形百新

**横田栄一 よこたえいいち**
昭和期の木製建具製造工。
¶名工

**横田慧 よこたけい**
昭和21（1946）年12月17日～
昭和～平成期の陶芸家。
¶陶工

**横田七郎 よこたしちろう**
明治39（1906）年～平成12（2000）年11月15日
大正～平成期の木彫家、版画家。
¶美建

**横田秀邦 よこだしゅうほう**
昭和19（1944）年～
昭和期の陶芸家。
¶陶芸最

**横田掌楽 よこたしょうらく**
昭和6（1931）年6月1日～
昭和～平成期の陶芸家。
¶陶工

**横田仁郎 よこたにろう**
明治28（1895）年～昭和60（1985）年4月12日
明治～昭和期の洋画家、工芸家。
¶美家

**横田光 よこたひかる**
昭和6（1931）年6月1日～
昭和期の陶芸家。
¶陶芸最

**横田彦兵衛 よこたひこべえ**
江戸時代末期の陶工、武蔵松山焼の創始者。
¶人名，日人（生没年不詳）

**横田万寿之助 よこたますのすけ**
万延1（1860）年～昭和3（1928）年1月21日
明治期の紡織技師、実業家。フランスに留学し、
紡績技術を学ぶ。帰国後、近江などに製麻工場を
設立。
¶海越（生没年不詳），海越新，世紀，先駆（生没
年不詳），渡航

**横田理右衛門 よこたりうえもん**
生没年不詳
江戸時代前期の新田開発者。
¶長野歴

**横地伊三郎 よこちいさぶろう**
明治33（1900）年1月～昭和42（1967）年8月2日
昭和期の電気工学者。日本大学学長。日本大学理
工学部の充実に貢献。
¶科学，現情，人名7，世紀，日人（⊕明治33
（1900）年1月15日）

**横留吉 よことめきち**
明治38（1905）年～昭和19（1944）年
昭和期の陶工。

よ

¶姓氏富山

**横萩一光〔1代〕** よこはぎいっこう
→土谷一光〔1代〕(つちやいっこう)

**横萩一光〔2代〕** よこはぎいっこう
→土谷一光〔2代〕(つちやいっこう)

**横原瞳** よこはらひとみ
昭和20(1945)年4月12日～
昭和～平成期の染色工芸家。
¶名工

**横堀武夫** よこぼりたけお
大正6(1917)年11月20日～
昭和～平成期の機械工学者。
¶郷土栃木，現朝，現情，世紀，日人

**横溝正俊** よこみぞまさとし
昭和30(1955)年7月18日～
昭和～平成期の録音技師。
¶映人

**横道英雄** よこみちひでお
明治43(1910)年2月22日～平成10(1998)年6月2日
昭和～平成期の土木工学者、北海道大学名誉教授。専門はコンクリート工学。
¶科学

**横谷宗珉** よこやそうみん
寛文10(1670)年～享保18(1733)年　[別]宗珉《そうみん》
江戸時代中期の装剣金工家。横谷家2代。
¶朝日([没]享保18年8月6日(1733年9月13日))，岩史([没]享保18(1733)年8月6日)，角史，近世，国史，コン改，コン4，史人([没]1733年8月6日)，重要([没]享保18(1733)年8月6日)，人書94，新潮([没]享保18(1733)年8月6日)，人名([生]1651年)，世人([生]?　[没]享保18(1733)年8月6日)，世百，全書，大百，日史([没]享保18(1733)年8月6日)，日人，美術，百科，歴大

**横谷宗与** よこやそうよ
?　～元禄3(1690)年
江戸時代前期の彫金師、横谷家の祖。
¶京都大，人名，姓氏京都，日人([生]1613年　[没]1691年)

**横山一夢** よこやまいちむ
明治44(1911)年3月1日～平成12(2000)年3月28日
大正～平成期の木工芸家。
¶美工，名工

**横山岩雄** よこやまいわお
大正13(1924)年～
昭和～平成期のイワオ楽器製作所代表。
¶名工

**横山栄一** よこやまえいいち
昭和34(1959)年2月9日～
昭和～平成期の陶芸家。
¶陶芸最，陶工

**横山英太郎** よこやまえいたろう
明治16(1883)年7月～昭和41(1966)年6月13日
明治～昭和期の電気工学者。「TYK式無線電話機」を発明。
¶科学([生]1883年(明治16)7月21日)，現情，人名7，世紀，日人

**横山嘉兵衛** よこやまかへえ
嘉永5(1852)年～大正2(1913)年
明治期の機業家。木製軽便ジャガードを考案。機織業界に貢献した。
¶人名，姓氏群馬，日人，名工([生]嘉永5(1852)年7月)

**横山公男** よこやまきみお
大正13(1924)年5月10日～
昭和～平成期の建築家。
¶現情，現人，世紀

**横山玉抱** よこやまぎょくほう
明治40(1907)年9月24日～昭和45(1970)年6月18日
昭和期の漆芸家。
¶富山百

**横山桐郎** よこやまきりお
明治27(1894)年9月25日～昭和7(1932)年8月1日
明治～昭和期の昆虫学者。蚕業試験場技師。著書に「蟻と蜂」「日本の甲虫」「日本蚕業害虫全書」など。
¶科学，人名，世紀，日人

**横山均次** よこやまきんじ
明治36(1903)年～昭和39(1964)年3月29日
昭和期の金属工学者。東京工業大学教授。日本工業標準調査会、日本金属学会理事などを歴任した。
¶科学，現情，人名7，世紀，日人([生]明治36(1903)年1月3日)

**横山浩司** よこやまこうじ
昭和27(1952)年～
昭和～平成期の家具作家。
¶名工

**横山香宝〔1代〕** よこやまこうほう
元治1(1864)年～昭和3(1928)年12月8日
明治～昭和期の虫明焼陶工。
¶岡山歴

**横山香宝〔2代〕** よこやまこうほう
明治2(1869)年～昭和14(1939)年
明治～昭和期の虫明焼陶工。
¶岡山歴

**横山哲志** よこやまさとし
昭和15(1940)年1月7日～
昭和期の陶芸家。
¶陶芸最

**横山秋水** よこやましゅうすい
昭和12(1937)年6月17日～
昭和～平成期の陶芸家。
¶陶芸最，名工

**横山晶一** よこやましょういち
昭和24(1949)年10月3日～
昭和～平成期の情報科学研究者。工業技術院電子技術総合研究所知能情報部自然言語研究室長。
¶現執3期

**横山昇司** よこやましょうじ
昭和11(1936)年～
昭和～平成期の日本航空整備技術士。
¶YA

**横山助包** よこやますけかね
江戸時代末期の刀工。
¶岡山人

**横山祐光** よこやますけみつ
文政3(1820)年～明治6(1873)年旧7月13日
江戸時代末期～明治期の水戸藩刀工。江戸駒込水戸家別邸、水戸白旗山武器製作所で作刀。
¶幕末

**横山善一** よこやまぜんいち
昭和15(1940)年～
昭和～平成期の木彫・木芸作家。
¶名工

**横山壮次郎** よこやまそうじろう
明治1(1868)年～明治42(1909)年
明治期の満洲農事改良家。満州の農業技術者の養成、農作農産の改良に貢献した。
¶人名，日人([生]慶応4(1868)年8月　[没]明治42(1909)年12月12日)

**横山武一** よこやまたけいち
明治26(1893)年～昭和48(1973)年
大正～昭和期の高圧化学工業技術者。
¶青森人

**横山貞山** よこやまていざん
昭和10(1935)年8月8日～
昭和～平成期の陶芸家。
¶陶芸最，陶工

**横山利一** よこやまとしかず
昭和期の和舟造り職人。
¶名工

**横山登士子** よこやまとしこ
昭和期の染色工芸家。
¶名工

**横山尚人** よこやまなおと
昭和12(1937)年5月8日～
昭和～平成期のガラス工芸家。
¶名工

**横山白汀** よこやまはくてい
明治34(1901)年5月15日～昭和47(1972)年11月23日
大正～昭和期の木工芸家。
¶富山百，美工

**横山不学** よこやまふがく
明治35(1902)年5月22日～平成1(1989)年3月1日
大正～昭和期の建築家。
¶世紀，日人，美建

**横山将来** よこやままさき
明治17(1884)年～昭和20(1945)年
明治～昭和期の北海道庁技師。
¶北海道百，北海道歴

**横山幹** よこやまみき
昭和20(1945)年～
昭和～平成期の木芸作家。
¶名工

**横山光ノ介** よこやまみつのすけ
昭和11(1936)年3月23日～
昭和期の陶芸家。
¶陶芸最，名工

**横山弥左衛門〔2代〕** よこやまやざえもん
弘化2(1845)年4月14日～明治36(1903)年7月20日
江戸時代末期～明治期の銅器職人。
¶名工

**横山幸文** よこやまゆきふみ
昭和17(1942)年～平成14(2002)年11月11日
昭和～平成期の漆芸家。
¶美工([生]昭和17(1942)年6月3日)，名工

**横山芳介** よこやまよしすけ
明治24(1891)年～昭和13(1938)年
大正～昭和期の農会技師、地方小作官。北大恵迪寮歌「都ぞ弥生」の作詞者。
¶札幌([生]明治24年5月8日)，静岡歴，姓氏静岡，北海道文([生]明治24(1891)年5月8日　[没]昭和13(1938)年1月30日)

**与左衛門** よざえもん
生没年不詳
江戸時代末期の田辺領大工棟梁。
¶和歌山人

**与謝野光** よさのひかる
明治36(1903)年1月7日～平成4(1992)年4月16日
昭和期の衛生技術者。
¶近医，履歴，履歴2

**余参** よさん
生没年不詳
戦国時代の漆工。
¶日人

**吉家(1)** よしいえ
鎌倉時代前期の福岡一文字派の刀工。
¶岡山歴

**吉家(2)** よしいえ
江戸時代前期の加賀の刀工。
¶姓氏石川

**吉家光夫** よしいえみつお
明治45(1912)年4月10日～昭和61(1986)年1月12日
昭和期の建築技師。大成建設専務。

よしいか　　　　　　　　　　　810　　　　　　　　日本人物レファレンス事典

¶美建

**芳井一夫** よしいかずお
明治27（1894）年4月20日〜平成14（2002）年2月6
日
大正〜昭和期の海軍技術少将、前畑造船会長。
¶科学

**吉井亀石** よしいきせき
明治12（1879）年〜昭和10（1935）年
明治〜昭和期の漆芸家。
¶島根人

**吉井源太** よしいげんた
文政9（1826）年〜明治41（1908）年
江戸時代末期〜明治期の製紙家。土佐手漉き和紙
改良指導者。用具や製法を改良し全国に普及した。
¶近現，近世，高知人，高知百，国史，人名，日
人，幕末（㊙1901年1月14日）

**吉氏** よしうじ
鎌倉時代の刀工。
¶岡山人，岡山歴

**吉江介三** よしえかいぞう
明治21（1888）年〜昭和19（1944）年
大正〜昭和期のタービンの技術開発者。
¶科学，姓氏長野，長野歴

よ **吉岡一文字助光** よしおかいちもんじすけみつ
→助光（すけみつ）

**吉岡運右衛門** よしおかうんうえもん
文化9（1812）年〜明治24（1891）年
江戸時代後期〜明治期の用水路改修者。
¶長野歴

**吉岡治** よしおかおさむ
明治44（1911）年12月8日〜昭和53（1978）年10月
30日
昭和期の人形細工師。
¶徳島歴

**吉岡勘之助** よしおかかんのすけ
生没年不詳
明治期の浜田中学教諭、高架式製塩法を考案。
¶島根歴

**吉岡暁蔵** よしおかぎょうぞう
昭和8（1933）年3月16日〜
昭和〜平成期の陶芸家。
¶陶工

**吉岡重次** よしおかしげつぐ
永禄12（1569）年〜承応2（1653）年
安土桃山時代〜江戸時代前期の装剣金工。
¶日人

**吉岡重長** よしおかしげなが
寛永16（1639）年〜正徳4（1714）年
江戸時代前期〜中期の装剣金工。
¶日人

**吉岡重広** よしおかしげひろ
？　〜宝暦3（1753）年

江戸時代中期の装剣金工。
¶日人

**義景** よしかげ
南北朝時代の長船派の刀工。
¶岡山歴

**吉賀大眉** よしかたいび，よしがたいび，よしがだいび
大正4（1915）年2月8日〜平成3（1991）年10月13日
昭和期の茶陶に現代感覚を盛り込
み、独自の作風を実現。
¶現情，新潮，世紀，陶芸（よしがたいび），陶芸
最（よしがだいび），陶工（よしかたいび），日
人，日本（よしがたいび），美工，名工

**吉角荘介** よしかどそうすけ
昭和31（1956）年2月16日〜
昭和〜平成期の映画照明技師。
¶映人

**吉包** よしかね
平安時代中期の刀工。
¶岡山人，岡山歴

**吉金利兵衛** よしかねりへい
？　〜昭和11（1936）年
明治〜昭和期の堂宮大工。
¶姓氏山口

**吉賀将夫** よしかはたお，よしがはたお
昭和18（1943）年1月2日〜
昭和〜平成期の陶芸家。山口大学教授。伝統の流
れを汲んだ作品の他、自らの創意を盛り込んだ作
品を試みた独自の萩焼をも制作。
¶世紀，陶芸最（よしがはたお），陶工（よしがは
たお），日人，名工

**吉川和泉介** よしかわいずみのすけ
生没年不詳
安土桃山時代の塗師頭。
¶会津

**吉川修身** よしかわおさみ
昭和12（1937）年5月20日〜
昭和〜平成期の陶芸家。
¶陶芸最，陶工

**吉川喜作** よしかわきさく
明治期の染色技術者。
¶渡航

**吉川五郎** よしかわごろう
明治43（1910）年7月15日〜
昭和〜平成期の村山大島紬織物職人。
¶名工

**吉川三次郎** よしかわさんじろう
万延1（1860）年5月6日〜大正5（1916）年7月13日
明治〜大正期の技師。
¶近土，土木

**吉川周而** よしかわしゅうじ
昭和22（1947）年〜
昭和期の陶芸家。

¶陶芸最

**吉川庄一** よしかわしょういち
昭和10(1935)年4月9日～平成22(2010)年11月4日
昭和～平成期の原子力工学者。プリンストン大学プラズマ物理研究所教授。米国より帰国後東京大学で日本の核融合研究を指導したが、再び渡米。核融合研究の世界的権威。
¶科学，現朝，現情，現人，現日，新潮，世紀

**吉川治郎左衛門** よしかわじろうざえもん
安政3(1856)年～大正13(1924)年
明治～大正期の農村指導者、地方政治家。新田開発、琵琶湖沿岸の干拓、堤防の改良など。県会議員。
¶近現，国史，世紀(㊀安政3(1856)年7月23日 ㊁大正13(1924)年7月8日)，日人

**吉川清太郎** よしかわせいたろう
文久3(1863)年～昭和11(1936)年
明治～昭和期の水稲品種改良。
¶高知人

**吉川正道** よしかわせいどう
→吉川正道(よしかわまさみち)

**吉川泉次** よしかわせんじ
大正6(1917)年～
昭和～平成期の木工芸家。
¶名工

**吉川健** よしかわたけし
昭和3(1928)年10月4日～昭和61(1986)年1月8日
昭和期の建築家。室蘭工業大学教授。
¶美建

**吉川千香子** よしかわちかこ
昭和23(1948)年5月28日～
昭和期の陶芸家。
¶陶芸最

**好川恒悦** よしかわつねえつ
大正15(1926)年3月8日～
昭和～平成期の陶芸家。
¶陶芸最，名工

**好川恒方** よしかわつねかた
明治16(1883)年～昭和53(1978)年8月16日
明治～昭和期の陶芸家。
¶郷土愛媛，陶工，美工(㊀明治16(1883)年5月6日)，名工(㊁明治16年5月6日)

**吉川白竜** よしかわはくりゅう
昭和15(1940)年11月13日～
昭和～平成期の陶芸家。
¶陶工

**吉川俵右衛門** よしかわひょうえもん
享保14(1729)年～文化7(1810)年
江戸時代中期～後期の土木家。
¶大阪墓(㊁文化7(1810)年2月20日)，人名，日人

**吉川博治** よしかわひろはる
昭和9(1934)年6月16日～
昭和～平成期の陶芸家。
¶陶芸最，陶工，名工

**吉川弘之** よしかわひろゆき
昭和8(1933)年8月5日～
昭和～平成期の工学者。国際科学会議会長、日本学術会議会長、東京大学教授。横断的・学際的な工学の開拓に力を注ぐ"一般設計学"を提唱。著書に「一般設計学」など。
¶現執2期，現執3期，現執4期，世紀，日人

**吉川正道** よしかわまさみち
昭和21(1946)年8月6日～　㊅吉川正道《よしかわせいどう》
昭和～平成期の陶芸家。
¶陶芸最(よしかわせいどう)，名工

**吉川松五郎** よしかわまつごろう
*～明治10(1877)年
江戸時代末期～明治期の籐筅細工師。籐筅細工の名人として有名。
¶幕末(㊀1807年　㊁1877年4月11日)，和歌山人(㊀1806年)

**吉川水城** よしかわみずき
昭和16(1941)年9月15日～
昭和～平成期の陶芸家。
¶陶芸最，陶工，名工

**吉川充** よしかわみつる
昭和24(1949)年～
昭和期の陶芸家。
¶陶芸最

**吉川心水** よしかわもとみ
昭和22(1947)年1月12日～
昭和～平成期の陶芸家。
¶陶芸最，陶工

**吉川温恭** よしかわよしずみ
明和4(1767)年～弘化3(1846)年
江戸時代中期～後期の茶業改良家。狭山茶発展の基礎をつくった。
¶朝日(㊁弘化3年8月7日(1846年9月27日))，埼玉人(㊀明和4(1767)年4月　㊁弘化3(1846)年8月7日)，埼玉百，日人

**吉木文志** よしきぶんし
昭和26(1951)年5月6日～
昭和～平成期の陶芸家。
¶陶工

**善清** よしきよ
明治27(1894)年7月18日～
昭和期の刀工。
¶島根百

**吉国** よしくに
江戸時代前期の刀工。
¶高知人(生没年不詳)，高知百

**吉越盛次 よしこしもりつぐ**
　大正5(1916)年6月7日〜昭和60(1985)年11月
21日
　昭和期の土木技術者、電源開発海外技術部長。専
門は電力工学。
　¶科学

**吉阪隆正**(吉坂隆正)　**よしざかたかまさ**
　大正6(1917)年2月13日〜昭和55(1980)年
　昭和期の建築家。作品に日仏会館、アテネ・フラ
ンセなど。
　¶現朝(⊛1980年12月17日)，現執1期，現執2期
　　(⊛昭和56(1981)年12月17日)，現情(⊛1980
　　年12月17日)，現人，現日(⊛1980年12月18
　　日)，コン改，コン4，コン5，新潮(⊛昭和55
　　(1980)年12月17日)，世紀(⊛昭和55(1980)
　　年12月17日)，全書(吉坂隆正)，哲学(⊛1981
　　年)，日人(⊛昭和55(1980)年12月17日)，美
　　建(⊛昭和55(1980)年12月17日)

**吉崎英治 よしさきえいじ**
　昭和2(1927)年10月23日〜
　昭和期の陶芸家。
　¶陶芸最

**吉貞**(1)**よしさだ**
　室町時代の刀工。
　¶島根人，島根百

**吉貞**(2)**よしさだ**
　室町時代の刀工。
　¶島根百

**祥貞 よしさだ**
　戦国時代の刀工。
　¶島根人，島根百

**善定 よしさだ**
　明治30(1897)年1月29日〜昭和34(1959)年5月
30日
　大正〜昭和期の刀工。
　¶島根人，島根百

**吉真 よしさね**
　→吉真(よしまさ)

**吉沢恵介 よしざわけいすけ**
　昭和34(1959)年5月3日〜
　昭和〜平成期の陶芸家。
　¶陶芸最，陶工

**吉沢武男 よしざわたけお**
　明治42(1909)年6月23日〜昭和48(1973)年8月
27日
　昭和期の機械工学者。東京大学教授。機械設計
法、設計・製図教育法および機械の試験法に関す
る多くの研究で知られる。
　¶科学，現情，人家7，世紀，長野歴，日人

**吉沢靖男 よしざわやすお**
　昭和17(1942)年〜
　昭和期の陶芸家。
　¶陶芸最

**吉沢泰清 よしざわやすきよ**
　生没年不詳
　戦国時代の刀工。
　¶姓氏群馬

**吉沢勇次郎 よしざわゆうじろう**
　明治8(1875)年〜昭和13(1938)年
　明治〜昭和期の製紙業者。吉沢製紙工場を設立し
桜花紙を製造。
　¶姓氏神奈川

**吉沢佳子 よしざわよしこ**
　昭和25(1950)年〜
　昭和〜平成期の染織家。
　¶名工

**嘉重 よししげ**
　江戸時代前期の刀工。
　¶島根人，島根百

**吉重**(1)**よししげ**
　戦国時代の出雲の刀匠。
　¶島根人

**吉重**(2)**よししげ**
　戦国時代の石見の刀匠。
　¶島根人

**吉重**(3)**よししげ**
　戦国時代の刀工。
　¶島根百

**吉重**(4)**よししげ**
　戦国時代の刀工。
　¶島根百

**吉重**(5)**よししげ**
　江戸時代後期の刀工。
　¶島根百

**吉島八鳳 よしじまやお**
　大正10(1921)年〜
　昭和〜平成期の染色家。
　¶名工

**吉末 よしすえ**
　戦国時代の刀工。
　¶島根人，島根百

**祥末**(1)**よしすえ**
　室町時代の刀工。
　¶島根人，島根百

**祥末**(2)**よしすえ**
　戦国時代の刀工。
　¶島根人，島根百

**祥末**(3)**よしすえ**
　世襲名　戦国時代〜安土桃山時代の石見の刀工。
　¶島根歴

**祥末**(4)**よしすえ**
　安土桃山時代の刀工。
　¶島根人，島根百

**吉塚元三郎　よしずかもとさぶろう**
→吉塚元三郎（よしづかもとさぶろう）

**義助　よしすけ**
世襲名　室町時代の刀工。島田派の祖。
¶国史，古中

**吉筋恵治　よしすじけいじ**
昭和27（1952）年4月4日〜
昭和〜平成期の陶芸家。
¶陶工

**吉田明　よしだあきら**
昭和23（1948）年〜平成20（2008）年12月5日
昭和〜平成期の陶芸家。
¶陶芸最，陶工（㊥1948年1月7日），美工

**吉田あこ　よしだあこ**
昭和6（1931）年12月26日〜
昭和期の建築家。実践女子大学教授。
¶現執2期

**吉田彩　よしだあや**
昭和23（1948）年〜
昭和〜平成期の陶芸家。
¶陶芸最，陶工（㊥1948年1月20日）

**吉田五十八　よしだいそや**
明治27（1894）年〜昭和49（1974）年
昭和期の建築家。東京美術学校教授。「新興数寄屋」などと呼ばれる近代数寄屋の創始者。杵屋六左衛門邸などを造る。
¶現朝（㊥1894年12月19日　㊦1974年3月24日），現情（㊥1894年12月19日　㊦1974年3月24日），現人，現日（㊥1894年12月19日　㊦1974年3月24日），コン改，コン4，コン5，史人（㊥1894年12月19日　㊦1974年3月24日），新潮（㊥明治27（1894）年12月19日　㊦昭和49（1974）年3月24日），人名7，世紀（㊥明治27（1894）年12月19日　㊦昭和49（1974）年3月24日），世百新，全書，大百，日人（㊥明治27（1894）年12月19日　㊦昭和49（1974）年3月24日），日本，美建（㊥明治27（1894）年12月19日　㊦昭和49（1974）年3月24日），美術，百科

**吉田岩吉　よしだいわきち**
生没年不詳
明治期の製造業者。ランプの竹ホヤ製造の先駆者。
¶大阪人，先駆

**吉田英子　よしだえいこ**
大正11（1922）年〜
昭和〜平成期の「刺し子」刺し手。
¶名工

**義孝　よしたか**
江戸時代末期の刀工。
¶島根百

**吉田一三　よしだかずみ**
昭和5（1930）年〜
昭和〜平成期の茶道具製作。
¶名工

**吉田亀寿　よしだかめとし**
生没年不詳
明治期の製造業者。コールテンの製造のパイオニア。
¶先駆

**吉田勘兵衛　よしだかんべい**
→吉田勘兵衛（よしだかんべえ）

**吉田勘兵衛　よしだかんべえ**
慶長16（1611）年〜貞享3（1686）年　㊙吉田勘兵衛《よしだかんべい》
江戸時代前期の新田開発者。木材石材商を営む。
¶朝（㊦貞享3年7月26日（1686年9月13日）），神奈川人，神奈川百，郷土神奈川，近世，国史，コン改，コン4，史人（㊦1686年7月26日），新潮（㊦貞享3（1686）年7月26日），人名，姓氏神奈川，世人（よしだかんべい），日人

**吉田菊次郎　よしだきくじろう**
昭和19（1944）年9月24日〜
昭和〜平成期の製菓技術者，実業家。ブールミッシュ社長，吉富商事取締役。
¶現執3期，現執4期

**吉田菊太郎　よしだきくたろう**
明治31（1898）年〜昭和50（1975）年
昭和期の建築士。
¶栃木歴

**吉田吉蔵　よしだきちぞう**
明治39（1906）年6月3日〜
大正〜昭和期のカバン職人。
¶名工

**吉田享二　よしだきょうじ**
明治20（1887）年8月18日〜昭和26（1951）年4月29日
明治〜昭和期の建築材料学者。建築設備総合協会の会長をそのほかを歴任。建築作品に毛利文庫など。
¶現情，人名，世紀，日人，美建

**吉田企世子　よしだきよこ**
昭和9（1934）年9月12日〜
昭和〜平成期の食品学者、食品加工学者。女子栄養大学教授。
¶現執3期，現執4期

**吉田魚川　よしだぎょせん**
生没年不詳
江戸時代中期の彫り師、俳人。
¶日人

**吉田清太　よしだきよた**
大正14（1925）年1月9日〜昭和61（1986）年1月11日
昭和期の機械工学者、理化学研究所理事。専門は変型工学。
¶科学

**吉田金吾　よしだきんご**
？　〜明治16（1883）年
江戸時代後期〜明治期の大阪操人形師。
¶姓氏長野

**吉田邦郎** よしだくにお
昭和期の会社員。日本航空協会総務室長。
¶現執2期

**吉田桂二** よしだけいじ
昭和5(1930)年9月16日～
昭和～平成期の建築家。連合設計社市谷建築事務所取締役、全国町並み保存連盟副会長。
¶現執3期

**吉田敬二郎** よしだけいじろう
明治27(1894)年～昭和37(1962)年
大正～昭和期の菓子匠。亀末広の主人。
¶姓氏愛知

**吉田桂介** よしだけいすけ
昭和期の和紙すき職人。
¶名工

**吉武東里** よしたけとうり
明治19(1886)年2月6日～昭和20(1945)年4月30日
明治～昭和期の建築家。
¶大分百，大分歴，世紀，日人，美建

**吉竹弘** よしたけひろむ
昭和13(1938)年～
昭和期の陶芸家。
¶陶芸最

**芳武茂介** よしたけもすけ
明治42(1909)年11月12日～平成5(1993)年8月3日
昭和期のクラフト・デザイナー、金工家。武蔵野美術大学教授。日常生活に密着した手仕事の製品(クラフト)の重要性を唱える。
¶現朝，現情，現人，世紀，日人，美工，名工

**吉武泰水** よしたけやすみ
大正5(1916)年11月8日～平成15(2003)年5月26日
昭和期の建築家、建築学者。戦後の公共建築の建築計画をリードし、建築空間と生活要求との対応を浮かび上がらせた功績は大。
¶科技，現朝，現情，現人，世紀，日人，美建

**吉田健作** よしだけんさく
嘉永5(1852)年～明治25(1892)年
明治期の官吏、技術者。
¶国際([生]?)，札幌([生]嘉永5年4月)，渡航([生]1852年4月19日 [没]1892年2月5日)，日人，北海道百，北海道歴

**吉田源十郎** よしだげんじゅうろう
明治29(1896)年3月20日～昭和33(1958)年4月4日
大正～昭和期の漆芸家。金沢美術工芸短大教授。代表作に「漆南天棚」など。
¶現朝，現情，高知人，人名7，世紀，日人，美工，名工

**吉田光甫** よしだこうほ
大正5(1916)年7月23日～昭和61(1986)年12月29日
昭和期の染色作家。
¶名工

**吉田五郎**(1) よしだごろう
明治33(1900)年～平成5(1993)年
明治～平成期の技術者。精機工学研究所創業者。
¶創業

**吉田五郎**(2) よしだごろう
大正12(1923)年～
昭和～平成期の漆芸作家。
¶名工

**吉田三郎兵衛** よしださぶろうべえ
→吉田三郎兵衛〔1代〕(よしださぶろべえ)

**吉田三郎兵衛〔1代〕** よしださぶろべえ
? ～延享4(1747)年 [別]吉田三郎兵衛《よしださぶろうべえ》，竹本三郎兵衛〔1代〕《たけもとさぶろべえ》，竹本三郎兵衛《たけもとさぶろべえ》
江戸時代中期の上方人形浄瑠璃の立役人形遣い。
¶朝日([没]延享4年3月17日(1747年4月26日))，大阪人(――〔代数なし〕 よしださぶろうべえ [没]延享3(1746)年3月)，近世，芸能(――〔代数なし〕 [没]延享4(1747)年3月17日)，国史，人名，世人(竹本三郎兵衛〔1代〕 たけもとさぶろべえ)，日人，百科(竹本三郎兵衛 たけもとさぶろべえ)

**吉田左門** よしださもん
宝暦5(1755)年～文政5(1822)年
江戸時代後期の仏師。
¶人名，日人，福島百

**吉田三五郎** よしださんごろう
明治25(1892)年～昭和51(1976)年
大正～昭和期の大工。
¶姓氏岩手

**吉田至永** よしだしえい
天保5(1834)年～明治37(1904)年
明治期の彫金家。大阪造幣局に奉職し貨幣の彫刻に従事した。
¶大阪人，人名，日人，名工([生]天保5(1834)年2月25日 [没]明治37年11月22日)

**吉田鹿助** よしだしかすけ
[別]五朗《ごろう》
江戸時代後期の陶芸家。尾張藩士。
¶人名，日人(生没年不詳)

**吉田繁右衛門** よしだしげうえもん
嘉永5(1852)年～明治42(1909)年
江戸時代後期～明治期の開拓功労者。
¶静岡歴，姓氏静岡

**吉田萩苑** よしだしゅうえん
昭和15(1940)年～
昭和期の陶芸家。
¶陶芸最

**吉田醇一郎** よしだじゅんいちろう
明治31(1898)年1月15日～昭和44(1969)年12月23日

よ

大正～昭和期の漆芸家。
¶現情, 新潟百(㊙1899年), 美工, 名工

**吉田昌一** よしだしょういち
昭和5(1930)年8月25日～昭和59(1984)年1月23日
昭和期の農学者。フィリピンの国際稲研究所(IRRI)で高収量・短期栽培のイネの品種開発につとめた。
¶科学, 植物, 世紀, 日人

**吉田庄一郎** よしだしょういちろう
昭和7(1932)年8月25日～
昭和～平成期の機械技術者。ニコン社長。日本人で初めて半導体およびフラットパネルディスプレー製造装置材料国際工業会(SEMI)会長。
¶世紀, 日人

**吉田省吾** よしだしょうご
昭和期の煙管職人。
¶名工

**吉田勝山** よしだしょうざん
昭和13(1938)年3月13日～
昭和～平成期の陶芸家。
¶陶芸最, 陶工

**吉田庄太郎** よしだしょうたろう
大正14(1925)年3月26日～昭和62(1987)年4月25日
昭和期の映画録音技師。
¶映人

**吉田荘八** よしだしょうはち
昭和5(1930)年3月31日～
昭和～平成期の陶芸家。
¶陶芸最, 名工

**吉田次郎兵衛** よしだじろべえ
生没年不詳
安土桃山時代～江戸時代前期の新田開発者。
¶徳島歴

**吉田信義** よしだしんぎ
昭和34(1959)年7月16日～
昭和～平成期の陶芸家。
¶陶工

**吉田真太郎** よしだしんたろう
明治10(1877)年12月25日～昭和6(1931)年6月26日
明治～昭和期の自動車技術者、吉田商店主人。
¶科学, 先駆(生没年不詳)

**吉田スジ** よしだすじ
明治38(1905)年～
大正～昭和期の和蠟燭屋経営。
¶名工

**吉田進** よしだすすむ
大正12(1923)年5月30日～平成13(2001)年2月2日
昭和～平成期の電子技術者、経営者。アイワ社長。世界初のカラーブラウン管・トリニトロンを完成、

製造を指揮し、ソニーの映像分野の基礎を作った。
¶科学, 世紀, 日人

**吉田静** よしだせい
明治28(1895)年～?
大正～昭和期の建築家。宇都宮大学の旧講堂を設計。
¶栃木歴

**吉田善右衛門** よしだぜんえもん
生没年不詳
江戸時代末期の摂津国の新田開発の功労者。
¶近世, 国史, コン改, コン4, コン5, 日人

**吉田善太郎** よしだぜんたろう
文久1(1861)年4月～大正5(1916)年
明治～大正期の月寒・白石開拓の功労者。
¶札幌

**吉田隆男** よしだたかお
昭和期の工芸染匠。
¶名工

**吉田隆** よしだたかし
昭和9(1934)年11月7日～
昭和～平成期の陶芸家。
¶陶芸最, 陶工, 名工

**吉田滝蔵** よしだたきぞう
明治37(1904)年～昭和40(1965)年11月14日
大正～昭和期の彫刻家。
¶美建

**吉田丈夫** よしだたけお
大正5(1916)年2月23日～平成14(2002)年
昭和～平成期のガラス工芸家。
¶美工, 名工

**吉田武親** よしだたけちか
文政10(1827)年～明治20(1887)年
江戸時代後期～明治期の装剣金工。
¶日人

**吉田たすく** よしだたすく
大正11(1922)年4月9日～昭和62(1987)年7月
昭和期の織物作家。
¶美工, 名工

**吉田辰男** よしだたつお
昭和3(1928)年～
昭和～平成期の紙工芸家。
¶名工

**吉田辰蔵** よしだたつぞう
生没年不詳
明治期の鍛冶屋。囚獄司権正の小原重哉が模造製作した絞首台を改良。
¶先駆

**吉田忠右衛門** よしだちゅううえもん
→吉田忠右衛門(よしだちゅうえもん)

**吉田忠右衛門** よしだちゅうえもん
天明5(1785)年～明治1(1868)年　㊙吉田忠右衛門《よしだちゅううえもん》

江戸時代中期～末期の治水家。用水開削、水田開発の功労者。
¶姓氏長野，長野百（[没]1867年），長野歴（よしだちゅううえもん）

**吉田忠七** よしだちゅうしち
天保10（1839）年～明治7（1874）年
江戸時代末期～明治期の西陣織職人。洋式織機の技術修得のためフランスに留学。帰国中ニール号で遭難。
¶海越（[没]明治7（1874）年3月21日），海越新（[没]明治7（1874）年3月21日），京都大（[生]？），国際，姓氏京都，渡航（[生]？ [没]1874年3月21日）

**吉田超秀** よしだちょうしゅう
昭和9（1934）年1月27日～
昭和期の陶芸家。
¶陶芸最

**吉田長次郎** よしだちょうじろう
*～明治34（1901）年
江戸時代後期～明治期の産米改良の大先達。
¶大分百（[生]1841年），大分歴（[生]天保14（1843）年）

**吉田鉄郎** よしだてつろう
明治27（1894）年～昭和31（1956）年
昭和期の建築家。日本大学教授。「逓信建築」の伝統を形成、東京中央郵便局などを建築。
¶人分歴，現朝（[生]1894年5月18日 [没]1956年9月8日），現情（[生]1894年5月18日 [没]1956年9月8日），コン改，コン4，コン5，新潮（[生]明治27（1894）年5月18日 [没]昭和31（1956）年9月8日），人名7，世紀（[生]明治27（1894）年5月18日 [没]昭和31（1956）年9月8日），姓氏富山，世百，世百新，全書，日人（[生]明治27（1894）年5月18日 [没]昭和31（1956）年9月8日），美建（[生]明治27（1894）年5月18日 [没]昭和31（1956）年9月8日），美術，百科

**吉田藤左衛門** よしだとうざえもん
生没年不詳
戦国時代の大工。伊豆南部で活動。
¶戦辞

**吉田遠志**（吉田遠志） よしだとおし
明治44（1911）年～平成7（1995）年7月1日
昭和期の版画家、洋画家。世界各国を写生旅行、また、木版技術の海外普及にも尽力する。「日本の木版画」などを刊行。
¶浮絵，近美，児人，世紀（[生]明治44（1911）年7月25日），日人（[生]明治44（1911）年7月25日），美家（[生]明治44（1911）年7月25日），洋画（吉田遠志）

**吉田時彦** よしだときひこ
昭和7（1932）年3月30日～
昭和～平成期の陶芸家。
¶陶芸最，陶工

**吉田徳次郎** よしだとくじろう
明治21（1888）年10月15日～昭和35（1960）年9月1日
明治～昭和期の土木工学者。九州帝国大学教授。コンクリートおよび鉄筋コンクリート工学の分野。著書に「土圧および擁壁設計法」など。
¶科学，科技，近土，現情，人名7，世紀，土木，日人

**吉田富夫** よしだとみお
昭和25（1950）年2月7日～
昭和～平成期の陶芸家。
¶陶芸最，陶工

**吉田朋吉** よしだともきち
嘉永7（1854）年4月29日～大正15（1926）年5月9日
明治～大正期の工学者。芝浦製作所技師長。鈴木鉄工部、櫻機械製作所等で諸機械の製作に従事した。
¶海越新，科学，人名，世紀，渡航，日人

**吉田寅義〔2代〕** よしだとらよし
昭和期の碁盤師。
¶名工

**吉谷豊** よしたにゆたか
昭和3（1928）年～
昭和期の工学者。新潟工科大学教授、長岡技術科学大学教授。
¶現執2期

**吉田信夫** よしだのぶお
昭和9（1934）年12月13日～
昭和期の交通計画学者、土質工学者。福岡大学教授。
¶現執2期

**吉田楳堂** よしだばいどう
明治29（1896）年～昭和61（1986）年
明治～昭和期の漆芸家。
¶石川百，美工

**吉田隼雄** よしだはやお
昭和23（1948）年～
昭和～平成期の陶芸家。
¶陶工

**吉田ひろこ** よしだひろこ
昭和24（1949）年～
昭和～平成期の陶芸家。
¶陶芸最，陶工

**吉田浩子** よしだひろこ
昭和期の染色工芸家。
¶名工

**吉田博** よしだひろし
大正11（1922）年3月30日～平成7（1995）年5月29日
昭和～平成期の人形作家。江戸木目込み人形を制作。伝統工芸師に認定される。東京都江戸川区無形文化財保持者。
¶日人

**吉田宏彦** よしだひろひこ
明治32（1899）年3月12日～昭和61（1986）年6月

22日
大正～昭和期の建築学者、福井大学名誉教授。専門は建築構造学、コンクリート工学。
¶科学

**吉田浩通**　よしだひろみつ
昭和12(1937)年9月1日～
昭和期の陶芸家。
¶陶芸最

**吉田冨士夫**　よしだふじお
昭和4(1929)年～
昭和～平成期の陶芸家。
¶名工

**吉田文之**　よしだふみゆき
大正4(1915)年4月23日～平成16(2004)年12月19日
昭和～平成期の象牙工芸家。
¶国宝，日人，美工，名工

**吉田芳明**　よしだほうめい
明治8(1875)年～昭和18(1943)年
明治～昭和期の木彫家。文展で活躍。帝展審査員。
¶コン改，コン5，世紀，日人，美建([没]昭和20(1945)年8月17日)

**吉田孫三郎**　よしだまごさぶろう
明治5(1872)年～昭和23(1948)年
明治～昭和期の織物製造業、のち経メリヤス(トリコット)製造業。「足利銘仙」開発の功労者。
¶栃木歴

**吉田昌郎**　よしだまさお
昭和30(1955)年2月17日～
昭和～平成期の原子力技術者。
¶履歴2

**吉田政造**　よしだまさぞう
明治39(1906)年6月15日～昭和47(1972)年2月5日
大正～昭和期の絵馬職人。
¶世紀，日人

**吉田正秀**　よしだまさひで
嘉永3(1850)年～昭和5(1930)年
明治～昭和期の電気通信技術者。
¶北海道百，北海道歴

**吉田又市**　よしだまたいち
?　～天保7(1836)年
江戸時代後期の陶工。
¶日人

**吉田松雄**　よしだまつお
大正8(1919)年3月18日～
昭和期の陶芸家。
¶陶芸最

**吉田美枝**　よしだみえ
昭和期のガラス工芸家。
¶名工

**吉田道男**　よしだみちお
昭和22(1947)年6月1日～
昭和～平成期の陶芸家。
¶陶工

**吉田美年子**　よしだみねこ
昭和期の手織りつむぎ作家。
¶名工

**吉田美統**　よしだみのり，よしたみのり
昭和7(1932)年7月7日～
昭和～平成期の陶芸家。
¶石川百，国宝(よしたみのり)，陶芸最，陶工，名工(よしたみのり)

**吉田実**　よしだみのる
明治44(1911)年5月5日～昭和63(1988)年
大正～昭和期の陶芸家。
¶美工，名工

**吉田宗敏**　よしだむねとし
→吉田瑤泉(よしだようせん)

**吉田茂八**　よしだもはち
文政8(1825)年10月～?
江戸時代後期～末期の札幌に定住した和人の第1号で、創成川の開削者。
¶札幌

**吉田雄峰**　よしだゆうほう
昭和8(1933)年8月5日～
昭和期の陶芸家。
¶陶芸最

**吉田幸夫**　よしだゆきお
昭和8(1933)年～
昭和～平成期の園芸装飾技能士。東海農園代表取締役。
¶YA

**吉田瑤泉**　よしだようせん
天明3(1783)年～天保15(1844)年　[別]吉田宗敏《よしだむねとし》
江戸時代後期の篤行家。
¶国書(吉田宗敏　よしだむねとし　[生]天明3(1783)年9月27日　[没]天保15(1844)年7月29日)，人名，日人

**吉田喜彦**　よしだよしひこ
昭和11(1936)年3月1日～
昭和～平成期の陶芸家。
¶陶芸最，陶工，名工

**吉田良文**　よしだよしふみ
昭和期の針金細工師。
¶名工

**吉田与平**　よしだよへい
文政3(1820)年～明治26(1893)年
江戸時代後期～明治期の鰹節製造業者。削磨用左刀式小刀を発明。
¶姓氏宮城

**吉田隆介** よしだりゅうすけ
昭和24(1949)年5月15日～
昭和期の陶芸家。
¶陶芸最

**吉田良一** よしだりょういち
昭和27(1952)年～
昭和～平成期の仏蘭西館創作人形学園講師。
¶名工

**吉田六左エ門** よしだろくざえもん
昭和14(1939)年12月15日～
昭和～平成期の建築家、政治家。衆議院議員。
¶現政

**吉塚元三郎** よしづかもとさぶろう，よしずかもとさぶろう
明治28(1895)年9月9日～
大正～昭和期の琵琶大工。
¶名工(よしずかもとさぶろう)

**義次** よしつぐ
戦国時代の刀工。
¶島根人，島根百

**吉次(1)** よしつぐ
鎌倉時代の刀工。
¶岡山人

**吉次(2)** よしつぐ
世襲名　鎌倉時代後期～南北朝時代の備中青江の刀工。
¶岡山歴

**吉次(3)** よしつぐ
江戸時代前期の刀工。
¶島根百

**吉次(4)** よしつぐ
江戸時代後期の刀工。
¶島根百

**吉利** よしとし
南北朝時代の刀工。
¶島根人，島根百

**吉利博行** よしとしひろゆき
昭和25(1950)年1月19日～
昭和～平成期の陶芸家。
¶陶芸最，陶工

**吉成信義** よしなりのぶよし
文化9(1812)年？～慶応4(1868)年
江戸時代後期～末期の名主、蛭畑の開発者。
¶栃木歴

**吉成文平** よしなりぶんぺい
江戸時代末期～明治期の富士川用水開削者、ヤーヤー騒動の中心者。
¶栃木歴

**吉野市右衛門** よしのいちうえもん
～宝暦11(1761)年
江戸時代中期の新田開拓者。
¶多摩

**吉野織部之助**(吉野織部之亮) よしのおりべのすけ
？～寛永16(1639)年
江戸時代前期の新田開発者。武蔵野を開発。
¶朝日，コン改，コン4，多摩(吉野織部之亮)，日人

**吉野香岳** よしのこうがく
明治36(1903)年11月2日～
大正～昭和期の陶芸家。
¶陶芸最，名工

**吉野善三郎** よしのぜんざぶろう
明治44(1911)年1月25日～昭和63(1988)年11月23日
昭和期の実業家。ブロニカカメラ創業者。一眼レフ中判カメラの「ゼンザブロニカ」を開発し注目を集めた。
¶科学，現朝，世紀，日人

**吉野惣平** よしのそうべい
寛政1(1789)年～慶応3(1867)年11月
江戸時代後期～末期の機織り機・織柄の考案者、八王子千人同心、俳諧・挿花師匠。
¶埼玉人

**吉野竹治** よしのたけじ
大正9(1920)年4月19日～平成20(2008)年1月21日　[別]吉野竹治《よしのたけはる》
昭和～平成期の高岡銅器職人。
¶美工(よしのたけはる)，名工

**吉野竹治** よしのたけはる
→吉野竹治(よしのたけじ)

**芳野俊通** よしのとしみち
昭和15(1940)年11月17日～
昭和期の陶芸家。
¶陶芸最

**吉野彦助** よしのひこすけ
元和2(1616)年～元禄14(1701)年
江戸時代前期～中期の開拓者。能登国羽咋郡の豪農の生まれ。新田を開拓し堀替新村を開いた。
¶朝日([没]元禄14年11月5日(1701年12月4日))，石川百，コン改([生]？)，コン4([生]？)，新潮([生]？)，姓氏石川，日人

**義信** よしのぶ
明治40(1907)年9月20日～昭和41(1966)年11月3日
昭和期の刀工。
¶島根百

**吉信** よしのぶ
室町時代の刀工。
¶岡山人，岡山歴

**吉宣** よしのぶ
生没年不詳
戦国時代の甲冑師。相模国で活動。
¶戦辞

**吉信栄山** よしのぶえいざん
　昭和13（1938）年1月16日〜
　昭和〜平成期の陶芸家。
　¶陶芸最，名工

**吉延英秀** よしのぶえいしゅう
　大正12（1923）年10月3日〜
　昭和〜平成期の陶芸家。
　¶陶芸最，名工

**吉延美山** よしのぶざん
　昭和21（1946）年11月3日〜　㊙吉延美知利《よしのぶみちとし》
　昭和〜平成期の陶芸家。
　¶陶芸最，陶工（吉延美知利　よしのぶみちとし），名工

**吉延美知利** よしのぶみちとし
　→吉延美山（よしのぶざん）

**吉野泰広** よしのやすひろ
　昭和19（1944）年3月5日〜
　昭和期の陶芸家。
　¶陶芸最

**義憲** よしのり
　平安時代の刀工。
　¶岡山人，岡山歴

**吉則** よしのり
　室町時代の刀工。
　¶島根人，島根百

**吉則〔2代〕** よしのり2だい
　㊙吉則〔2代〕《よしのり2だい》
　室町時代の刀工。
　¶島根百

**吉原昭夫** よしはらあきお
　昭和2（1927）年5月1日〜平成10（1998）年12月31日
　昭和〜平成期の工芸家。日光社寺文化財保存会漆彩色技師顧問。東照宮，輪王寺，二荒山神社の彩色修復にあたる。著書に「日光社寺建築彩色文様図譜」など。
　¶世紀，日人，美工

**吉原慎一郎** よしはらしんいちろう
　明治41（1908）年12月7日〜平成21（2009）年8月2日
　大正〜平成期の建築家。UA都市建設研究所社長。
　¶美建

**吉原素淵** よしはらそえん
　→吉原素淵（よしわらそえん）

**吉原義人** よしはらよしひと
　昭和18（1943）年2月21日〜
　昭和〜平成期の刀匠。
　¶名工

**吉久** よしひさ
　江戸時代末期の刀工。
　¶島根百

**吉平** よしひら
　生没年不詳
　鎌倉時代の備前国福岡一文字派の刀工。
　¶岡山歴，国史，古中，日人，美工

**義弘** よしひろ
　→郷義弘（ごうのよしひろ）

**吉広(1)** よしひろ
　江戸時代後期の刀工。
　¶島根人，島根百

**吉広(2)** よしひろ
　文化13（1816）年〜明治11（1878）年
　江戸時代後期〜明治期の刀匠。
　¶島根人

**吉弘** よしひろ
　江戸時代末期の刀工。
　¶島根百

**祥弘** よしひろ
　戦国時代の刀工。
　¶島根百

**吉房(1)** よしふさ
　平安時代後期の刀工。
　¶岡山人

**吉房(2)** よしふさ
　生没年不詳
　鎌倉時代の備前国福岡一文字派の刀工。
　¶岡山人，国史，古中，日人，美工

**吉房(3)** よしふさ
　世襲名　鎌倉時代の備前国福岡一文字派の刀工。
　¶岡山歴

**吉真** よしまさ
　㊙吉真《よしざね》
　平安時代後期の刀工。
　¶岡山人，島根百（よしざね）

**吉町太郎一** よしまちたろいち
　→吉町太郎一（よしまちたろういち）

**吉町太郎一** よしまちたろういち
　明治6（1873）年10月27日〜昭和36（1961）年
　㊙吉町太郎一《よしまちたろいち》
　明治〜昭和期の橋梁工学者。北海道大学教授，工学博士。専門は橋梁。青森県出身。
　¶科学（㊟1961年（昭和36）3月23日），近土（よしまちたろいち　㊟1961年3月23日），札幌（㊞明治6年10月29日），渡航（よしまちたろいち），土木（㊟1961年3月23日），北海道百，北海道歴

**由水常雄** よしみずつねお
　昭和11（1936）年8月2日〜
　昭和〜平成期の美術史家，ガラス工芸家。ジャパン・グラスアート・ソサエティ会長。著書に「アール・ヌーヴォーのガラス」「世界ガラス美術全集」など多数。
　¶現朝，現執1期，現執2期，現執3期，現執4期，現情，世紀，日人，名工

**吉道　よしみち**
江戸時代後期の刀工。
¶島根人，島根百

**嘉光　よしみつ**
明治16（1883）年2月7日～昭和18（1943）年4月2日
昭和期の刀工。
¶島根百

**義光　よしみつ**
鎌倉時代後期～南北朝時代の長船派の刀工。
¶岡山歴

**吉光　よしみつ**
生没年不詳　[別]粟田口吉光《あわたぐちよしみつ》，粟田口藤四郎《あわたぐちとうしろう》
鎌倉時代の刀工。担刀の名手。
¶朝日（粟田口吉光　あわたぐちよしみつ），鎌室（粟田口吉光　あわたぐちよしみつ），国史，古中，コン改（粟田口吉光　あわたぐちよしみつ），コン4（粟田口吉光　あわたぐちよしみつ），史人，重要（粟田口吉光　あわたぐちよしみつ），新潮，世人（粟田口吉光　あわたぐちよしみつ），全書，日史，日人，美工（粟田口吉光　あわたぐちよしみつ），美術，百科，歴大（粟田口吉光　あわたぐちよしみつ）

**吉光（粟田口系）　よしみつ**
南北朝時代の刀工。
¶高知人（吉光　生没年不詳），高知百（吉光）

**吉光（大和系）　よしみつ**
室町時代の刀工。
¶高知人（吉光　生没年不詳），高知百（吉光）

**吉見伝左衛門　よしみでんざえもん**
明治16（1883）年～昭和25（1950）年
昭和期の農業指導者。兵庫県鴨庄村（市島町）村長。灌漑用の神池大池を完成、丹波の農聖とよばれた。
¶世紀（[生]明治16（1883）年12月1日　[没]昭和25（1950）年12月27日），日人（[生]明治16（1883）年12月1日　[没]昭和25（1950）年12月27日），兵庫人（[没]昭和25（1950）年2月27日），兵庫百

**義胷　よしむね**
安土桃山時代の刀工。
¶高知人（生没年不詳），高知百

**吉宗　よしむね**
鎌倉時代後期の福岡一文字派の刀工。
¶岡山歴

**吉村和泉守重吉　よしむらいずみのかみしげよし**
生没年不詳
戦国時代の下条氏の大工頭。
¶長野歴

**吉村市太郎　よしむらいちたろう**
大正7（1918）年8月31日～
昭和～平成期の刀剣研師。
¶名工

**吉村岳城　よしむらがくじょう**
明治21（1888）年1月1日～昭和28（1953）年7月27日
明治～昭和期の薩摩琵琶奏者、琵琶製作者。
¶音人，芸能，新芸，世紀，日音

**吉村周山　よしむらしゅうざん**
？　～安永5（1776）年
江戸時代中期の根付師。
¶朝日，大阪人，国書，人名，日人

**吉村順三　よしむらじゅんぞう**
明治41（1908）年9月7日～平成9（1997）年4月11日
昭和期の建築家。東京芸術大学教授。合理基調の日本趣味の素朴な作風、奈良国立博物館などを設計。
¶科技，現朝，現情，現人，新潮，世紀，全書，日人，美建

**吉村松玄　よしむらしょうげん**
昭和10（1935）年～
昭和期の陶芸家。
¶陶芸最

**吉村信吉　よしむらしんきち**
明治39（1906）年～昭和22（1947）年1月21日
昭和期の湖沼学者。中央気象台海洋課技官。日本の湖沼、地下水について実地調査、研究をおこなう。著書に「湖沼学」。
¶科技，現朝（[生]1907年8月21日），現情，新潮（[生]明治40（1907）年8月21日），人名7，全書，大百，多摩，日人（[生]明治40（1907）年8月21日）

**吉村長策　よしむらちょうさく**
万延1（1860）年3月18日～昭和3（1928）年
明治～昭和期の技師。海軍技師佐世保鎮守府建設部建築科長。海軍鎮守府工事および長崎、大阪、広島、神戸、小倉その他の水道工事建設に従事。
¶科学（[没]1928年（昭和3）11月21日），近土（[没]1928年11月21日），人名，世紀（[没]昭和3（1928）年11月22日），土木（[没]1928年11月21日），日人

**吉村昌也　よしむらまさや**
昭和13（1938）年3月13日～
昭和～平成期の陶芸家。
¶陶芸最，陶工

**吉村芙子　よしむらようこ**
昭和15（1940）年～
昭和～平成期の工芸家。
¶名工

**吉用　よしもち**
鎌倉時代後期の福岡一文字派の刀工。
¶岡山歴

**善元　よしもと**
明治32（1899）年8月12日～昭和26（1951）年5月16日
昭和期の刀工。
¶島根百

吉本亀三郎　よしもとかめさぶろう
　文久1(1861)年7月5日〜？
　明治〜昭和期の技師。
　¶近土，土木

好本宗峯　よしもとしゅうほう
　昭和13(1938)年2月10日〜
　昭和〜平成期の陶芸家。
　¶陶芸最，陶工，名工

吉本正　よしもとただし
　昭和18(1943)年11月10日〜
　昭和〜平成期の陶芸家。
　¶陶芸最，陶工，名工

吉本千禎　よしもとちよし
　大正5(1916)年〜平成6(1994)年
　昭和〜平成期の医工学者。北海道大学教授。
　¶近医，現執2期(⊕大正5(1916)年5月31日)

吉谷竜一　よしやりゅういち
　大正6(1917)年〜
　昭和期のシステム工学者。
　¶現執1期

吉幸　よしゆき
　江戸時代後期〜明治期の刀工。
　¶島根人，島根百

吉行(1)　よしゆき
　生没年不詳
　鎌倉時代の漆工。
　¶日人

吉行(2)　よしゆき
　慶安3(1650)年〜宝永7(1710)年
　江戸時代前期〜中期の刀工。
　¶高知人，高知百

吉行あぐり　よしゆきあぐり
　明治40(1907)年〜
　大正〜昭和期の美容師。
　¶近女

与四郎　よしろう
　生没年不詳
　安土桃山時代の庭師。
　¶京都大

吉原国家　よしわらくにいえ
　昭和20(1945)年2月17日〜
　昭和〜平成期の刀匠。
　¶名工

吉原素淵　よしわらそえん
　㊞吉原素淵《よしはらそえん》
　江戸時代の肥後高田焼の陶工。
　¶人名(よしはらそえん)，日人(生没年不詳)

与惣左衛門　よそうざえもん
　生没年不詳
　江戸時代前期の小瀬川河口の開拓者。
　¶姓氏山口

依田浩　よだひろし
　大正2(1913)年〜
　昭和期の統計学・数理工学者。名古屋工業大学教授。
　¶現執1期

依田勉三　よだべんぞう
　嘉永6(1853)年〜大正14(1925)年
　明治〜大正期の北海道開拓者。多くの事業を試み，失敗したが十勝原野開拓の礎となった功績は大きい。
　¶静岡百，静岡歴，世紀(⊕嘉永6(1853)年5月15日　㊣大正14(1925)年12月12日)，姓氏静岡，全書，日人，北海道百，北海道歴

四田昌二　よつだしょうじ
　大正14(1925)年8月27日〜平成21(2009)年12月13日
　昭和〜平成期の彫刻家。国画会事務局長。
　¶美建

四本亀次郎　よつもとかめじろう
　江戸時代後期のガラス職人。
　¶姓氏鹿児島

四本貴資　よつもとたかし
　大正15(1926)年1月4日〜平成19(2007)年12月5日
　昭和〜平成期の染色家。
　¶美工

四本哲男　よつもとてつお
　昭和27(1952)年6月21日〜
　昭和〜平成期の陶芸家。
　¶陶芸最，陶工

四谷シモン　よつやしもん
　昭和19(1944)年7月12日〜
　昭和〜平成期の人形作家。エコール・ド・シモン主宰。作品集に「機械仕掛の神」「四谷シモン　人形愛」，エッセー集に「シモンのシモン」がある。
　¶現朝，現情，現日，世紀，日人，名工

四谷順三　よつやじゅんぞう
　明治19(1886)年〜昭和31(1956)年
　明治〜昭和期の農業技術者。砺波のチューリップと酪農の生みの親。
　¶姓氏富山

四ツ家芳雄　よつやよしお
　昭和13(1938)年〜昭和63(1988)年
　昭和期の建具職人。
　¶姓氏岩手

米内一郎　よないいちろう
　明治37(1904)年〜昭和42(1967)年
　大正〜昭和期のブリキ職人，社会運動家。盛岡市会議員。
　¶岩手百，社運，社史(⊕1904年7月16日　㊣1967年2月25日)，姓氏岩手

与那覇朝大　よなはちょうたい
　昭和8(1933)年10月8日〜平成20(2008)年7月2日
　昭和〜平成期の画家，陶芸家。

¶美家，美工

**与那嶺貞** よなみねさだ
明治42（1909）年1月20日～平成15（2003）年1月30日
昭和～平成期の染織家。“読谷山花織”の復元に取り組み、現代的感覚を盛り込んだ作品を創作。無形文化財技能保持者、人間国宝。
¶国宝，世紀，日人，美工，名工

**米窪利郎** よねくぼとしろう
昭和期の研ぎ師。
¶名工

**米沢弘安** よねざわこうあん
→米沢弘安（よねざわひろやす）

**米沢耕一** よねざわこういち
*～昭和62（1987）年
昭和期のランの育種業者。1000種以上の新品種を開発した西日本のラン栽培の先駆者。日本蘭協会顧問。
¶植物（[生]？　[没]昭和62（1987）年4月3日），姓氏山口（[生]1911年）

**米沢越路** よねざわこしじ
昭和28（1953）年～
昭和～平成期の陶芸家。
¶陶芸最，陶工（[生]1953年5月23日）

**米沢滋** よねざわしげる
明治44（1911）年2月1日～平成11（1999）年5月2日
昭和～平成期の官僚、通信技術者。日本電信電話公社総裁。退官後、未来工学研究所理事長、電気通信協会長。著書に「超短波多重電話」など。
¶科学，現朝，現情，実業，世紀，日人，履歴，履歴2

**米沢治太郎** よねざわじたろう
明治13（1880）年～昭和45（1970）年
明治～昭和期の工学者。
¶青森人

**米沢蘇峰** よねざわそほう
明治30（1897）年8月1日～昭和34（1959）年1月25日
明治～昭和期の陶芸家。
¶陶工，美工，名工

**米沢久** よねざわひさし
昭和6（1931）年1月2日～
昭和期の陶芸家。
¶陶芸最，名工

**米沢弘正** よねざわひろまさ
嘉永4（1851）年～大正12（1923）年
江戸時代末期～大正期の加賀象嵌師。
¶石川百

**米沢弘安** よねざわひろやす
明治20（1887）年～昭和47（1972）年　[別]米沢弘安《よねざわこうあん》
大正～昭和期の加賀象嵌作家。
¶石川百，姓氏石川（よねざわこうあん　[生]1889年），美工（[没]昭和47（1972）年10月19日）

**米沢万陸** よねざわまんろく
慶応4（1868）年2月5日～昭和6（1931）年6月29日
江戸時代末期～昭和期の鉱山技師。
¶秋田百，世紀，日人

**米沢与三七** よねざわよそしち
明治12（1879）年8月～昭和41（1966）年5月9日
明治～昭和期の電気工学者、逓信省工務局長。専門は通信工学。
¶科学，現情，人名7，世紀，日人

**米田昭** よねだあきら
昭和2（1927）年7月30日～平成20（2008）年6月29日
昭和～平成期の金工家。
¶美工

**米田慶助** よねたけいすけ
天明8（1788）年～明治14（1881）年
江戸時代末期～明治期の農事改良家。米作に馬耕法を指導。
¶青森人

**米田健三** よねだけんぞう
明治37（1904）年1月13日～昭和46（1971）年6月20日
昭和期の経営者。久保田鉄工所（現クボタ）にはいり、鋳鉄管の製造研究にあたる。
¶世紀，日人，広島百

**米田親光** よねだちかみつ
～昭和62（1987）年11月28日
昭和期の尺八製作者。
¶名工

**米田芳清** よねだほうせい
昭和23（1948）年9月23日～
昭和～平成期の陶芸家。
¶陶芸最，陶工（[生]1948年9月13日），名工

**米田孫六** よねだまごろく
江戸時代末期の蒔絵師。
¶石川百（生没年不詳），人名，姓氏石川，日人（生没年不詳）

**米田正文** よねだまさふみ
明治37（1904）年8月14日～昭和59（1984）年6月20日
大正～昭和期の技師。
¶科学，近土，政治，土木

**米田光男** よねだみつお
昭和10（1935）年～
昭和期の陶芸家。
¶陶芸最

**米津次男** よねづつぎお
大正4（1915）年～
昭和期の映画録音技師。
¶映人

米永太兵衛 よねながたへい
文化10(1813)年～明治14(1881)年
江戸時代末期～明治期の漆工。
¶人名

米原歌喜知 よねはらかきち
生没年不詳
明治期の男性。梅酒、桃酒製造のさきがけ。
¶先駆

米原清男 よねはらきよお
明治33(1900)年～平成3(1991)年
大正～平成期の人。自動耕耘機製作のパイオニア。
¶島根歴

米光太平 よねみつたへい
→米光光正(よねみつみつまさ)

米光光正 よねみつみつまさ
明治21(1888)年5月1日～昭和55(1980)年3月29日 ㊙米光太平《よねみつたへい》
明治～昭和期の金工師。全国工芸展で入選、入賞を重ねた。「肥後象嵌・透」の重要無形文化財保持者。
¶熊本百(米光太平　よねみつたへい)、現情、現日、国宝、世紀、全書、日人、美工、名工(米光太平　よねみつたへい)

米村雲外 よねむらうんがい
文政10(1827)年～明治20(1887)年4月27日
江戸時代後期～明治期の蒔絵師。
¶庄内

米元広右衛門 よねもとこううえもん
文政6(1823)年～明治22(1889)年
江戸時代後期～明治期の人。紫海苔の養殖技術を広めた。
¶姓氏山口

米元晋一 よねもとしんいち
明治11(1878)年9月7日～昭和39(1964)年5月10日
明治～昭和期の技師。
¶近土、土木

米山利之助 よねやまりのすけ
生没年不詳
明治期の機械技術者。国産自動車第1号を完成。
¶先駆

諶貞 よりさだ
戦国時代の石見の刀匠。
¶島根人

依真 よりざね
鎌倉時代前期の刀工。
¶岡山歴

頼実正弘 よりざねまさひろ
大正8(1919)年6月21日～
昭和期の化学工学者。広島大学教授、広島県立大学教授。
¶現情

頼継 よりつぐ
江戸時代末期の石見の刀匠。
¶島根人

頼継〔1代〕 よりつぐ
室町時代の刀工。
¶島根百

頼継〔2代〕 よりつぐ
室町時代の刀工。
¶島根百

頼綱(1) よりつな
南北朝時代の石見の刀匠。
¶島根人

頼綱(2) よりつな
南北朝時代の刀工。
¶島根百

頼綱(3) よりつな
室町時代の刀工。
¶島根百

頼経 よりつね
南北朝時代の刀工。
¶島根百

仍房 よりふさ
室町時代の刀工。
¶島根人, 島根百

万屋仁兵衛〔1代〕 よろずやにへい
昭和25(1950)年1月22日～平成7(1995)年8月23日
昭和～平成期のからくり人形師。
¶美工

万屋孫兵衛 よろずやまごべえ
→大倉孫兵衛(おおくらまごべえ)

万代正二 よろずしょうじ
昭和7(1932)年～
昭和期の陶芸家。
¶陶芸最

## 【ら】

頼円(1) らいえん
生没年不詳
平安時代後期の絵仏師。大和内山永久寺真言堂の両界曼陀羅を描いた。
¶国史、古中、日人

頼円(2) らいえん
生没年不詳
平安時代後期の絵仏師。頼源の長男。
¶国史、古中、日人

頼円(3) らいえん
生没年不詳
平安時代後期～鎌倉時代前期の絵仏師。重要文化

財「華厳海会善知識曼荼陀羅図」を図絵。
¶国史，古中，日人，名画

**来国真** らいくにざね
南北朝時代の山城の鍛冶。
¶山梨百

**来国次** らいくにつぎ
生没年不詳
鎌倉時代後期の刀匠。
¶大阪人

**来国俊** らいくにとし
→国俊(3)（くにとし）

**来国長** らいくになが
世襲名　鎌倉時代後期～南北朝時代の刀工。
¶山梨百

**来国行** らいくにゆき
→国行(1)（くにゆき）

**雷久保ラク** らいくぼらく
安政2（1855）年～大正13（1924）年
明治～大正期の養蚕指導者。
¶姓氏岩手

**頼源** らいげん
？　～寿永2（1183）年
平安時代後期の代表的な絵仏師。二人目の法印となる。
¶鎌室，国史，古中，史人（[没]1183年2月24日），新潮（[没]寿永2（1183）年2月），世人，日人，仏教（[没]寿永2（1183）年2月24日），平史，名画



**頼厳** らいごん
生没年不詳
平安時代後期の仏師。
¶平史

**雷山陶秀** らいざんとうしゅう
昭和16（1941）年～
昭和期の陶芸家。
¶陶芸最，名工

**頼助** らいじょ
天喜2（1054）年～元永2（1119）年
平安時代後期の奈良仏師。興福寺を中心に奈良で活躍。
¶朝日（[没]元永2年6月9日（1119年7月18日）），国史，古中，コン改（[生]寛徳1（1044）年），コン4（[生]寛徳1（1044）年），史人（[没]1119年6月9日），新潮，日人，仏教（[没]元永2（1119）年6月9日），仏史，平史，平史（生没年不詳）

**頼聖** らいしょう
生没年不詳
平安時代中期の絵仏師。
¶平史

**頼勢** らいせい
生没年不詳
平安時代後期の仏師。
¶平史

**頼成** らいせい
絵仏師法眼頼源の子。
¶日人（生没年不詳），名画

**頼暹** らいせん
生没年不詳
平安時代後期の絵仏師。
¶平史

**頼全** らいぜん
生没年不詳
平安時代後期の絵仏師。
¶平史

**頼増** らいぞう
生没年不詳
平安時代後期の絵仏師。
¶日人

**来豊平** らいとよへい
大正3（1914）年7月3日～平成11（1999）年10月29日
昭和～平成期の電気工学者、国鉄副技師長。
¶科学

**頼与** らいよ
生没年不詳
平安時代後期の仏師。
¶平史

**楽一元** らくいちげん
？　～享保16（1731）年
江戸時代中期の陶工、玉水焼の開祖。
¶茶道

**楽一入** らくいちにゅう
寛永17（1640）年～元禄9（1696）年　[別]楽吉左衛門〔4代〕《らくきちざえもん》
江戸時代前期の陶工。楽家4代。
¶朝日（[没]元禄9年1月22日（1696年2月24日）），茶道（[生]1649年　[没]1731年），人名（楽吉左衛門〔4代〕　らくきちざえもん），日人

**楽覚入** らくかくにゅう
～昭和55（1980）年5月6日
昭和期の陶芸家。
¶美工

**楽吉左衛門(1)** らくきちざえもん
世襲名　楽焼の陶工名。一子相伝を旨とする。
¶朝日，京都大，新潮

**楽吉左衛門(2)** らくきちざえもん
昭和24（1949）年3月26日～
昭和～平成期の陶芸家。
¶陶芸最，陶工，名工

**楽吉左衛門〔2代〕** らくきちざえもん
？　～寛永12（1635）年
安土桃山時代～江戸時代前期の陶工。楽家2代目。
¶姓氏京都（――〔代数なし〕）

**楽吉左衛門〔4代〕** らくきちざえもん
→楽一入（らくいちにゅう）

**楽吉左衛門〔5代〕 らくきちざえもん**
→楽宗入（らくそうにゅう）

**楽吉左衛門〔9代〕 らくきちざえもん**
→楽了入（らくりょうにゅう）

**楽吉左衛門〔10代〕 らくきちざえもん**
→楽旦入（らくたんにゅう）

**楽吉左衛門〔11代〕 らくきちざえもん**
→楽慶入（らくけいにゅう）

**楽吉左衛門〔12代〕 らくきちざえもん**
安政4（1857）年～昭和7（1932）年　[別]楽弘入〔楽家12代〕《らくこうにゅう》
明治～昭和期の陶芸家、茶碗師。楽焼の家元。
¶茶道（楽弘入〔楽家12代〕　らくこうにゅう），人名，世紀（[没]昭和7（1932）年9月24日），陶工

**楽吉左衛門〔13代〕 らくきちざえもん**
明治20（1887）年～昭和19（1944）年
明治～昭和期の陶芸家。
¶陶工

**楽吉左衛門〔14代〕 らくきちざえもん**
大正7（1918）年～昭和55（1980）年
昭和期の陶芸家。
¶陶芸最，陶工，名工（[没]昭和55年5月6日）

**楽慶入 らくけいにゅう**
文化14（1817）年～明治35（1902）年　[別]楽吉左衛門〔11代〕《らくきちざえもん》，慶入《けいにゅう》，楽慶入〔楽家11代〕《らくけいにゅう》
江戸時代末期～明治期の京都の楽焼の陶工。
¶茶道，茶道（慶入　けいにゅう），人名（楽吉左衛門〔11代〕　らくきちざえもん），陶工（楽吉左衛門〔11代〕　らくきちざえもん），日人，和歌山人

**楽弘入〔楽家12代〕 らくこうにゅう**
→楽吉左衛門〔12代〕（らくきちざえもん）

**楽左入 らくさにゅう**
貞享2（1685）年～元文4（1739）年　[別]左入《さにゅう》，楽左入〔楽家6代〕《らくさにゅう》
江戸時代中期の陶工、楽家6代。
¶茶道，人名（左入　さにゅう），日人

**楽只亭嘉介 らくしていかすけ**
生没年不詳
江戸時代後期の陶工。
¶姓氏京都

**楽常慶**（楽常慶〔楽家2代〕） **らくじょうけい**
→常慶（じょうけい）

**楽宗入 らくそうにゅう**
寛文4（1664）年～享保1（1716）年　[別]楽吉左衛門〔5代〕《らくきちざえもん》，楽宗入〔楽家5代〕《らくそうにゅう》
江戸時代中期の陶工（楽焼）。
¶茶道，人名（楽吉左衛門〔5代〕　らくきちざえもん），日人

**楽旦入 らくたんにゅう**
寛政7（1795）年～安政1（1854）年　[別]楽吉左衛門〔10代〕《らくきちざえもん》，楽旦入〔楽家10代〕《らくたんにゅう》
江戸時代末期の楽焼の陶工。
¶茶道，人名（楽吉左衛門〔10代〕　らくきちざえもん），日人（[没]1855年），和歌山人

**楽忠右衛門 らくちゅうえもん**
江戸時代前期の楽焼の陶工。
¶人名

**楽長次郎 らくちょうじろう**
→長次郎（ちょうじろう）

**楽長造 らくちょうぞう**
寛政9（1797）年～万延1（1860）年6月10日
江戸時代後期～末期の京焼の陶工。
¶岡山百

**楽長入 らくちょうにゅう**
正徳4（1714）年～明和7（1770）年　[別]長入《ちょうにゅう》，楽長入〔楽家7代〕《らくちょうにゅう》
江戸時代中期の陶工、京都楽焼の7代。
¶茶道，人名（長入　ちょうにゅう），日人

**楽東山治兵衛 らくとうさんじへえ**
生没年不詳
江戸時代前期の陶工。
¶姓氏京都

**楽道入**（楽道入〔楽家3代〕） **らくどうにゅう**
→道入（どうにゅう）

**楽道楽 らくどうらく**
生没年不詳
江戸時代前期の陶工。
¶日人

**楽徳 らくとく**
天保1（1830）年～明治45（1912）年
江戸時代末期～明治期の陶工。京都東大路松原上ルで楽焼を始めた。
¶人名，日人，名工

**楽得入 らくとくにゅう**
延享2（1745）年～安永3（1774）年　[別]得入《とくにゅう》，楽得入〔楽家8代〕《らくとくにゅう》
江戸時代中期の陶工、楽焼本家の8代。
¶茶道，人名（得入　とくにゅう），日人

**楽のんかう**（楽のんこう） **らくのんこう**
→道入（どうにゅう）

**楽了入 らくりょうにゅう**
宝暦6（1756）年～天保5（1834）年　[別]楽吉左衛門〔9代〕《らくきちざえもん》，了入《りょうにゅう》
江戸時代中期～後期の京都楽焼の陶工。楽家9代。
¶近世（了入　りょうにゅう），国史（了入　りょうにゅう），コン改，コン4，茶道，史人（了入　りょうにゅう），新潮（[没]天保5（1834）年9月17日），人名（楽吉左衛門〔9代〕　らくきちざえもん），世人（了入　りょうにゅう），日人

ら

蘭渓若芝　らんけいじゃくし
　→河村若芝（かわむらじゃくし）

蘭亭　らんてい
　江戸時代末期～明治期の陶工。
　¶人名，日人（生没年不詳）

鸞亭　らんてい
　生没年不詳
　江戸時代末期の陶工。
　¶国書，日人

蘭宝　らんぽう
　江戸時代後期の刀工。
　¶島根百

## 【 り 】

利慶　りけい
　江戸時代後期の名古屋の陶工。
　¶人名

李参平　りさんぺい
　？～明暦1（1655）年　㊿金ケ江三兵衛《かねがえさんべえ》
　安土桃山時代～江戸時代前期の朝鮮王朝の陶工。肥前有田磁器の開祖。
　¶朝日（㊂明暦1（1655）年8月），岩史（㊂明暦1（1655）年8月），近世，国史，コン改，コン4，佐賀百（金ケ江三兵衛　かねがえさんべえ　㊃天正7（1579）年　㊂明暦1（1655）年8月11日），茶道，史人，重要（㊂1579年），新潮（㊂明暦1（1655）年8月11日），人名（金ケ江三兵衛　かねがえさんべえ　㊃1579年　㊂1653年），世人（金ケ江三兵衛　かねがえさんべえ　㊃1579年），全書（生没年不詳），日史，日人，美術，百科，歴大（生没年不詳）

李勺光　りしゃくこう
　生没年不詳
　安土桃山時代の陶工。
　¶人名，戦人，戦補，日人，藩臣6，美工

利助(1)　りすけ
　㊿利助《としすけ》
　室町時代の刀工。
　¶島根人，島根百（としすけ）

利助(2)　りすけ
　戦国時代の出雲の刀匠。
　¶島根人

李陶仙　りとうせん
　？～
　安土桃山時代～江戸時代前期の長浜焼陶工。
　¶島根人（李陶仙・金陶仁　りとうせんきんとうじん）

隆円　りゅうえん
　生没年不詳
　鎌倉時代の仏師。
　¶朝日，新潮，日人，仏教

隆観　りゅうかん
　生没年不詳
　飛鳥時代～奈良時代の方技官人。
　¶古代，日人，平史

隆慶　りゅうけい
　→清水隆慶（しみずりゅうけい）

柳枝　りゅうし
　生没年不詳
　江戸時代中期の陶工。
　¶日人

竜鱗斎信明　りゅうりんさいのぶあき
　天保12（1841）年10月11日～明治19（1886）年
　江戸時代末期～明治期の刀工。
　¶埼玉人

良円(1)　りょうえん
　生没年不詳
　平安時代後期の仏師。
　¶国史，古中，日人，平史，平史

良円(2)　りょうえん
　生没年不詳
　鎌倉時代の蒔絵師。
　¶日人

良遠　りょうえん
　生没年不詳
　戦国時代の鋳物師。伊豆国で活動。
　¶戦辞

良覚　りょうかく
　生没年不詳
　平安時代後期の仏師。
　¶平史

良鑒　りょうかん
　生没年不詳
　平安時代後期の仏師。
　¶平史

良元　りょうげん
　生没年不詳
　平安時代後期の仏師。
　¶平史

良西　りょうさい
　生没年不詳
　鎌倉時代の刀鍛冶。
　¶福岡百

良秀　りょうしゅう
　生没年不詳
　平安時代後期の絵仏師。
　¶日人，仏教

良俊　りょうしゅん
　生没年不詳
　平安時代後期の大仏師。
　¶平史

**良成** りょうじょう
→良成（りょうせい）

**良成** りょうせい
生没年不詳　[別]良成《りょうじょう》
平安時代後期の仏師。
¶新潮，日人，平史（りょうじょう）

**良詮** りょうせん，りょうぜん
鎌倉時代後期の絵仏師。
¶国書（生没年不詳），名画（りょうぜん）

**了全** りょうぜん
→西村善五郎〔10代〕（にしむらぜんごろう）

**良全** りょうぜん
生没年不詳　[別]可翁良全《かおうりょうせん》
鎌倉時代後期～南北朝時代の画家、絵仏師。京都東福寺を中心に水墨仏画を描いた。
¶古中，史人，日人，美家，歴大

**了入** りょうにゅう
→楽了入（らくりょうにゅう）

**良兵衛** りょうべえ
？ ～
江戸時代後期の漆芸家。
¶島根人

**李郎子** りろうし
？ ～＊
江戸時代前期の唐人窯陶工。
¶島根人（[没]元和頃），島根歴（[没]寛文1（1661）年）

**琳賢**(1) りんけん
生没年不詳　[別]芝琳賢《しばりんけん，しばりんげん》
戦国時代の絵仏師。
¶朝日，鎌室（芝琳賢　しばりんげん），国史，国書，古中，新潮，人名（芝琳賢　しばりんけん），世人（芝琳賢　しばりんけん），日人（芝琳賢　しばりんけん），日人（芝琳賢　しばりんけん），名画

**琳賢**(2) りんけん
生没年不詳
戦国時代の画家。
¶美家

**琳厳** りんげん
生没年不詳
鎌倉時代前期の仏師。
¶仏教

**林郷次男** りんごうつぐお
昭和21（1946）年～
昭和～平成期の木工作家。
¶名工

**林斎** りんさい
生没年不詳
江戸時代前期の工芸家。
¶国書

## 【れ】

**蓮月** れんげつ
生没年不詳
鎌倉時代の蒔絵師。
¶日人

**蓮月尼** れんげつに
→大田垣蓮月（おおたがきれんげつ）

**蓮妙** れんみょう
生没年不詳
鎌倉時代後期の仏師。
¶仏教

## 【ろ】

**六川源五右衛門** ろくがわげんごうえもん
→六川源五右衛門（ろくがわげんごえもん）

**六川源五右衛門** ろくがわげんごえもん
天保6（1835）年～大正1（1912）年　[別]六川源五右衛門《ろくがわげんごうえもん》
江戸時代後期～明治期の公益事業家。蓼科山麓の道路開削、植林に尽くした。
¶姓氏長野，長野歴（ろくがわげんごうえもん）

**六川長三郎** ろくがわちょうざぶろう，ろくがわちょうさぶろう
天正7（1579）年～寛文11（1671）年
江戸時代前期の治水家。
¶コン改（ろくがわちょうさぶろう），コン4（ろくがわちょうさぶろう），姓氏長野，長野百，長野歴，日人

**禄山** ろくざん
生没年不詳
江戸時代中期の陶工。
¶日人

**六谷紀久男** ろくたにきくお
→六谷梅軒（ろくたにばいけん）

**六谷梅軒** ろくたにばいけん
明治40（1907）年2月15日～昭和48（1973）年4月26日　[別]六谷紀久男《ろくたにきくお》
大正～昭和期の伊勢型紙錐彫師。
¶現情（六谷紀久男　ろくたにきくお），国宝，人名7（六谷紀久男　ろくたにきくお），世紀，日人，美工，名工（六谷紀久男　ろくたにきくお）

**六渡心六** ろくどしんろく
昭和23（1948）年3月9日～
昭和～平成期の陶芸家。
¶陶芸最，陶工

**六兵衛** ろくべえ
生没年不詳

安土桃山時代の茶人、陶工。
¶日人

**六松** ろくまつ
生没年不詳
江戸時代後期の御倩紙漉。
¶姓氏山口

**露地菴厚子** ろじあんあつこ
昭和23(1948)年〜
昭和期の陶芸家。
¶陶芸最

**六角紫水**(六角柴水) ろっかくしすい
慶応3(1867)年〜昭和25(1950)年
明治〜昭和期の漆芸家。東京美術学校教授。楽浪漆器ほか古代の漆芸技術を研究。
¶角史,近現,現朝([生]慶応3年3月20日(1867年4月24日)　[没]1950年4月15日),現情([生]慶応3(1867)年3月20日　[没]1950年4月15日),国史,コン改([生]1868年),コン4([生]明治1(1868)年),コン5([生]明治1(1868)年),史人([没]1950年4月15日),新潮(六角柴水　[生]慶応3(1867)年3月20日　[没]昭和25(1950)年4月15日),人名7,世紀([生]慶応3(1867)年3月20日　[没]昭和25(1950)年4月15日),世人([生]慶応3(1867)年3月20日　[没]昭和25(1950)年4月15日),世百,全書,大百,日人,美術,百科,広島百([生]慶応2(1866)年3月20日　[没]昭和25(1950)年4月15日),名工([生]慶応3(1867)年3月20日　[没]昭和25年4月15日)

**六角大壌** ろっかくだいじょう
大正2(1913)年12月21日〜昭和48(1973)年11月25日
昭和期の漆芸家。
¶美工,名工



## 【わ】

**和井内貞行** わいないさだゆき
安政5(1858)年〜大正11(1922)年
明治〜大正期の養魚事業家。支笏湖で鱒の養魚事業に成功、和井内鱒として著名。
¶青森人([没]大正12(1923)年),朝日([没]大正11(1922)年5月16日),角史,近現,国史,コン改,コン5,史人([生]1858年2月15日　[没]1922年5月16日),食文([生]安政5年2月15日(1858年3月29日)　[没]1922年5月16日),新潮([生]安政5(1858)年2月15日　[没]大正11(1922)年5月16日),人名,世紀([生]安政5(1858)年2月15日　[没]大正11(1922)年5月16日),世人([没]大正11(1922)年5月16日),先駆([没]大正11(1922)年5月16日),全書,大百,日人,日本,履歴([生]安政5(1858)年2月15日　[没]大正11(1922)年5月16日),歴大

**若尾圭** わかおけい
明治42(1909)年4月18日〜
昭和期の陶芸家。
¶陶芸最

**若尾利貞** わかおとしさだ
昭和8(1933)年10月15日〜
昭和〜平成期の陶芸家。
¶陶芸最,陶工,名工

**若尾誠** わかおまこと
昭和34(1959)年12月4日〜
昭和〜平成期の陶芸家。
¶陶芸最,陶工

**若尾昌宏** わかおまさひろ
昭和18(1943)年1月3日〜
昭和〜平成期の陶芸家。
¶陶芸最,陶工

**若狭桝一郎** わかさますいちろう
昭和期の京華堂表具店経営。
¶名工

**若杉弥右衛門** わかすぎやえもん
江戸時代後期の陶工。
¶姓氏石川,日人(生没年不詳)

**若竹東工郎**(若竹東九郎) わかたけとうくろう
生没年不詳　[別]若竹笛躬《わかたけふえみ》,若竹笛躬〔1代〕《わかたけふえみ》
江戸時代中期の上方の人形遣い、浄瑠璃作者。眉がうごく仕掛けを発明するなど、数々の工夫を編み出した。
¶朝日(若竹笛躬　わかたけふえみ),大阪人,芸能,コン改,コン4,史人,新潮,人名,世人(若竹東九郎),日人,百科(若竹笛躬　わかたけふえみ)

**若竹笛躬** わかたけふえみ
→若竹東工郎(わかたけとうくろう)

**若野四郎左衛門** わかのしろうざえもん
?　〜明治4(1871)年
江戸時代後期〜明治期の鋳金師。
¶姓氏富山

**若林嘉久治** わかばやしかくじ
生没年不詳
江戸時代後期の石工。
¶姓氏長野

**若林隔水** わかばやしかくすい
生没年不詳
江戸時代中期の装剣金工。
¶日人

**若林貫一** わかばやしかんいち
明治期の技師。
¶渡航

**若林寿山** わかばやしじゅざん
*〜明治39(1906)年
江戸時代末期〜明治期の陶工。近江湖東焼の丸窯師。
¶人名([生]1833年),名工([生]天保3(1833)年　[没]明治39年10月)

**若林善一** わかばやしぜんいち
昭和28(1953)年〜
昭和期の陶芸家。
¶陶芸最

**若林聳** わかばやしそびえ
昭和21(1946)年9月4日〜
昭和〜平成期の陶芸家。
¶陶芸最，陶工

**若林時郎** わかばやしときお
昭和8(1933)年6月10日〜
昭和期の建築学者、都市計画研究家。東和大学教授。
¶現執2期

**若林彦一郎** わかばやしひこいちろう
大正9(1920)年〜昭和55(1980)年
昭和期の天命鋳物師。
¶栃木歴，美工

**若林弘子** わかばやしひろこ
昭和9(1934)年11月1日〜
昭和〜平成期の建築家。若林建築設計事務所所長。
¶現執3期

**若藤源治郎**(若藤源次郎) わかふじげんじろう
生没年不詳
江戸時代後期の陶工。
¶人名，日人(若藤源次郎)，美工，名工

**若宮顕** わかみやけん
昭和27(1952)年〜
昭和〜平成期の陶芸家。
¶陶工

**若山勝重** わかやまかつしげ
生没年不詳
江戸時代中期の兵学者・砲術家。
¶国書

**若山鉉吉** わかやまげんきち
安政3(1856)年9月23日〜明治32(1899)年1月13日
明治期の海軍軍人。三井芝浦製作所長。フランスに留学し海軍技術研修に励む。軍艦建造の監督。
¶海越，海越新，国際，渡航

**若山滋** わかやましげる
昭和22(1947)年1月19日〜
昭和〜平成期の建築家。名古屋工業大学教授。
¶現執3期，現執4期

**脇坂文助** わきさかぶんすけ
天保13(1842)年〜明治25(1892)年
江戸時代末期〜明治期の治水家。
¶日人

**脇田宗孝** わきたむねたか
昭和17(1942)年8月3日〜
昭和〜平成期の陶芸家。
¶陶芸最，陶工

**脇中芳男** わきなかよしお
大正8(1919)年11月11日〜平成14(2002)年2月12日
昭和〜平成期の刀匠。
¶美工

**脇野喜久男** わきのきくお
大正14(1925)年8月30日〜平成25(2013)年9月19日
昭和〜平成期の電子技術者、村田製作所専務。専門は電子材料工学。
¶科学

**脇英世** わきひでよ
昭和22(1947)年12月15日〜
昭和〜平成期の情報通信工学者、マイクロコンピュータ工学者。東京電機大学教授。
¶現執2期，現執3期，現執4期

**脇本玄庵** わきもとげんあん
明治26(1893)年〜昭和55(1980)年
昭和期の陶芸家。
¶陶芸，陶芸最([生]明治26年1月7日)，陶工，名工([生]明治26年1月7日　[没]昭和55年1月31日)

**脇本定三** わきもとていぞう
昭和2(1927)年7月11日〜
昭和〜平成期の陶芸家。
¶陶工

**脇屋友詞** わきやゆうじ
昭和33(1958)年〜
昭和〜平成期の料理人。Wakiya 一笑美茶樓代表取締役総料理長、トゥーランドット代表取締役総料理長。
¶現執4期

**涌井賀代子** わくいかよこ
昭和31(1956)年1月16日〜
昭和〜平成期の陶芸家。
¶陶芸最，陶工，名工

**涌井辰雄** わくいたつお
大正5(1916)年〜昭和57(1982)年4月
昭和期の陶芸家。
¶美工

**涌井弥兵衛**(涌井弥瓶) わくいやへい
享和1(1801)年〜明治5(1872)年　[別]涌井弥兵衛《わくいやへえ》
江戸時代末期〜明治期の陶工。
¶人名(涌井弥瓶)，日人(涌井弥瓶)，幕末([生]1801年8月15日　[没]1872年9月)，藩臣1(わくいやへえ)，山形百(涌井弥瓶〔1代〕　[没]明治4(1871)年)

**涌井弥兵衛** わくいやへえ
→涌井弥兵衛(わくいやへい)

**和栗明** わくりあきら
明治32(1899)年1月31日〜昭和61(1986)年11月28日
明治〜昭和期の機械工学者。九州大学教授。
¶岡山歴，科学，現情，世紀，日人

わ

## 和気亀亭(1) わけきてい
世襲名　江戸時代の京都五条坂の陶工。
¶京都大，近世，国史，コン改，コン4，茶道，新潮，人名，姓氏京都

## 和気亀亭(2) わけきてい
？ 〜明和2(1765)年7月10日
江戸時代中期の陶工。
¶岡山人，岡山歴，日人（生没年不詳）

## 和気亀亭〔2代〕わけきてい
？ 〜文政5(1822)年
江戸時代中期〜後期の陶工。
¶日人

## 和気亀亭〔4代〕わけきてい
文政9(1826)年〜明治35(1902)年
江戸時代末期〜明治期の陶工。
¶朝日，陶工（──〔代数なし〕），日人

## 和気与左衛門 わけよざえもん
文禄4(1595)年〜明暦3(1657)年
江戸時代前期の備前藩の新田開拓者。
¶朝日（㊾明暦3年11月6日(1657年12月10日)），岡山人，岡山歴（㊾明暦3(1657)年11月6日），日人

## 和沢含山 わざわがんざん
安政5(1858)年〜昭和2(1927)年
明治〜大正期の陶工。富山県に招かれて越中焼，福光焼を創始した。
¶石川百，人名，世紀，姓氏石川（㊾1854年），日人，名工

## 鷲尾九郎 わしおくろう
明治26(1893)年3月22日〜昭和60(1985)年
明治〜昭和期の建築家。竹中工務店専務。
¶美建

## 鷲尾蟄竜 わしおちつりゅう
明治27(1894)年3月7日〜昭和53(1978)年7月25日
明治〜昭和期の技師。
¶近土，土木

## 鷲尾政直 わしおまさなお
天保12(1841)年〜大正1(1912)年
江戸時代後期〜明治期の土地改良事業の先覚者。
¶新潟百

## 鷲頭ヨシ わしづよし
明治14(1881)年頃〜昭和48(1973)年5月14日
昭和期の小千谷縮技術伝承者。第一人者として勲七等宝冠章受章。重要無形文化財保持者。
¶女性（㊾明治14(1881)年頃），女性普，世紀，日人，美工（㊾？）

## 鷲田時孝 わしだときたか
安永5(1776)年〜天保4(1833)年9月8日
江戸時代中期〜後期の金工家。
¶庄内

## 鷲田光親 わしだみつちか
文政7(1824)年〜明治35(1902)年2月14日

江戸時代後期〜明治期の金工家。
¶庄内

## 鷲田光時(1) わしだみつとき
享和1(1801)年〜文久2(1862)年11月25日
江戸時代後期〜末期の金工。
¶国書，庄内

## 鷲田光時(2) わしだみつとき
寛保3(1743)年〜享和3(1803)年12月15日
江戸時代後期〜末期の金工家。
¶庄内

## 和宋穎篤 わそうひであつ
昭和23(1948)年5月5日〜
昭和期の陶芸家。
¶陶芸最

## 和田昭允 わだあきよし
昭和4(1929)年6月28日〜
昭和〜平成期の生物物理学者。理化学研究所ゲノム科学総合研究センター所長，東京大学教授。バイオリアクター（生物反応炉）を世界で初めて開発。
¶世紀，日人

## 和田郁次郎 わだいくじろう
弘化4(1847)年7月12日〜昭和3(1928)年11月6日
明治期の開拓者。
¶世紀，日人，広島百

## 和田伊三郎 わだいさぶろう
昭和14(1939)年2月18日〜
昭和〜平成期の京指物師。
¶名工

## 和田伊輔 わだいすけ
明治4(1871)年2月〜？
明治期のラムネ製造者。
¶兵庫人

## 和田一真 わだいっしん
文化11(1814)年〜明治15(1882)年
江戸時代末期〜明治期の装剣金工。一乗風の作風で鉄地に鋤出彫・砂子象嵌を施したものなどを制作。
¶朝日（㊾文化11年11月10日(1814年12月21日)㊾明治15(1882)年12月4日），近世，近世，国史，コン改，コン4，コン5，新潮（㊾明治15(1882)年12月4日），日人

## 和田潮 わだうしお
昭和7(1932)年7月11日〜
昭和〜平成期の陶芸家。
¶陶工

## 和田英 わだえい
安政4(1857)年〜昭和4(1929)年　㊿和田英子
《わだえいこ，わだひでこ》
明治〜昭和期の製糸工女。官営富岡製糸場の伝習工女。のち民営製糸場で技術指導にあたった。著書に「富岡日記」。
¶朝日（㊾安政4年8月21日(1857年10月8日)）

[没]昭和4 (1929) 年9月26日), 角史, 郷土長野, 近現 ([生]1856年), 近女, 群馬人, 群馬百, 国史 ([生]1856年), コン改 (和田英子　わだひでこ), コン5 (和田英子　わだひでこ), 史人 ([生]1857年8月21日　[没]1929年9月26日), 女性 (和田英子　わだえいこ　[生]安政4 (1857) 年8月21日　[没]昭和4 (1929) 年9月26日), 女性普 (和田英子　わだえいこ　[生]安政4 (1857) 年8月21日　[没]昭和4 (1929) 年9月26日), 新潮 (和田英子　わだえいこ　[生]安政4 (1857) 年8月21日　[没]昭和4 (1929) 年9月26日), 世紀 ([生]安政4 (1857) 年8月21日　[没]昭和4 (1929) 年9月26日), 姓氏群馬, 姓氏長野, 世人 (和田英子　わだひでこ), 先駆 ([生]安政4 (1857) 年8月21日　[没]昭和4 (1929) 年9月26日), 長野百, 長野歴, 日人, 日本 (和田英子　わだひでこ), 名工 (和田英子　わだひでこ), 歴大 ([生]1856年)

**和田英子** わだえいこ
→和田英 (わだえい)

**和田勘解由** わだかげゆ
生没年不詳
戦国時代の番匠。
¶戦辞

**和田和文** わだかずふみ
昭和24 (1949) 年5月12日～
昭和～平成期の陶芸家。
¶陶芸最, 陶工

**和田嘉平治** わだかへいじ
*～昭和25 (1950) 年
昭和期の彫刻家。
¶栃木歴 ([生]明治17 (1884) 年), 美建 ([生]明治7 (1874) 年　[没]昭和25 (1950) 年6月18日)

**和田清** わだきよし
→和田清 (わだせい)

**和田清美** わだきよみ
昭和期のべっこう細工職人。
¶名工

**和田邦** わだくに
昭和期の頭師。
¶名工

**和田国次** わだくにつぐ
生没年不詳
江戸時代の鋳物師。
¶京都大, コン改, コン4, 新潮, 姓氏京都, 世人, 日人, 美工

**和田邦坊** わだくにぼう
明治33 (1900) 年～
大正～昭和期の工芸デザイナー。
¶郷土香川

**和田孝治** わだこうじ
明治31 (1898) 年12月6日～
大正～昭和期の木彫刻師。
¶名工

**和田小六** わだころく
明治23 (1890) 年8月5日～昭和27 (1952) 年6月11日
大正～昭和期の航空工学者。東京工業大学学長。東京帝国大学航空研究所所長となり日本の航空機産業に貢献。
¶科学, 科技, 近現, 現朝, 現情, 現人, 国史, 新潮, 人名7, 世紀, 全書, 大百, 日人, 履歴, 履歴2

**和田三郎平** わださぶろうべい
→和田三郎平 (わださぶろべい)

**和田三郎平** わださぶろべい
文化14 (1817) 年～明治20 (1887) 年　[別]和田三郎平《わださぶろうべい》
江戸時代後期～明治期の土木事業者。玉川橋架橋の功労者。
¶埼玉人 ([生]文化14 (1817) 年3月21日　[没]明治20 (1887) 年12月29日), 埼玉百 (わださぶろうべい)

**和田重太郎** わだじゅうたろう
生没年不詳
明治期の陶画工。陶器の図案、絵画に優れた。
¶人名, 日人, 美工, 名工

**和田松山** わだしょうざん
明治24 (1891) 年8月4日～昭和57 (1982) 年9月7日
大正～昭和期の工芸家、木地彫作家。
¶岡山百, 岡山歴

**和田清** わだせい
明治23 (1890) 年～昭和38 (1963) 年　[別]和田清《わだきよし》
昭和期の陶芸家。
¶近現, 現朝 ([生]1890年11月15日　[没]1963年6月22日), 現情 ([生]1890年11月15日　[没]1963年6月22日), 国史, コン改, コン4, コン5, 史学, 史人 ([生]1890年11月15日　[没]1963年6月22日), 人名7, 世紀 ([生]明治23 (1890) 年11月15日　[没]昭和38 (1963) 年6月22日), 世百新 ([没]昭和36 (1961) 年), 陶芸最 (わだきよし), 日人 ([生]明治23 (1890) 年11月15日　[没]昭和38 (1963) 年6月22日), 百科 ([没]昭和36 (1961) 年), 履歴 (わだきよし　[生]明治23 (1890) 年11月15日　[没]昭和38 (1963) 年6月22日), 履歴2 (わだきよし　[生]明治23 (1890) 年11月15日　[没]昭和38 (1963) 年6月22日)

**和田善重郎** わだぜんじゅうろう
天保13 (1842) 年～明治27 (1894) 年
江戸時代後期～明治期の用水開削者。
¶姓氏長野

**和田孝子** わだたかこ
昭和12 (1937) 年～
昭和～平成期の京真田紐師。
¶名工

**和田忠治** わだちゅうじ
明治8 (1875) 年12月20日～？
明治～大正期の技師。専門は水道。京都府出身。

¶近土，土木

## 和田常子 わだつねこ
大正6（1917）年1月29日〜
昭和〜平成期の栄養学者、料理研究家。活水女子専門学校（現活水女子短期大学）教授。フランス政府のまねきでパリに留学、食生活と家政を学ぶ。著書に「世界のじゃがいも料理」など。
¶日人

## 和田照明 わだてるあき
昭和22（1947）年7月17日〜
昭和期の陶芸家。
¶陶芸最

## 和田桐山 わだとうざん
大正6（1917）年4月29日〜
昭和期の陶芸家。
¶陶芸，陶芸最，名工

## 和田豊吉 わだとよきち
明治25（1892）年11月15日〜
大正〜昭和期の仕立物師。
¶名工

## 渡辺愛生 わたなべあいせい
大正14（1925）年3月31日〜
昭和期の陶芸家。
¶陶芸最

## 渡部秋彦 わたなべあきひこ
昭和34（1959）年〜
昭和〜平成期の陶芸家。
¶陶工

## 渡辺明 わたなべあきら
明治41（1908）年5月〜？
昭和期の映画特撮技術担当。
¶映人

## 渡辺浅市 わたなべあさいち
明治34（1901）年〜昭和62（1987）年
昭和期の組紐師。
¶郷土栃木，栃木歴

## 渡辺朝子 わたなべあさこ
昭和5（1930）年5月27日〜
昭和〜平成期の陶芸家。
¶陶芸最，陶工，名工

## 渡部在哉 わたなべありちか
〜寛保2（1742）年4月4日
江戸時代中期の金工家。
¶庄内

## 渡辺以親 わたなべいしん
→渡辺以親（わたなべゆきちか）

## 渡辺一紳 わたなべいっしん
大正11（1922）年7月15日〜
昭和〜平成期の陶芸家。
¶陶芸最，陶工

## 渡辺一生 わたなべいっせい
大正13（1924）年4月7日〜

昭和〜平成期の木彫工芸家。はちのす会会長。
¶現執2期，現執3期，現執4期，名工

## 渡辺伊兵衛 わたなべいへえ
江戸時代前期の加賀藩の扶持人大工。
¶姓氏石川

## 渡辺穎二 わたなべえいじ
明治31（1898）年1月20日〜昭和56（1981）年8月9日
大正〜昭和期の育種家。宮城県小牛田町に渡辺採種場を創設、仙台白菜などの新品種を開発した。稲作の保温折衷苗代の普及にも貢献。
¶植物，食文，世紀，姓氏宮城，日人，宮城百

## 渡辺英二郎 わたなべえいじろう
生没年不詳
明治期の靴職人。わが国最初の製靴工場で職人として働く。その後、石川島の囚人に製靴技術を教える。
¶先駆

## 渡辺理 わたなべおさむ
大正5（1916）年8月4日〜昭和51（1976）年4月24日
昭和期の電気工学者、共和電業創業者。専門は応力測定。
¶科学，創業

## 渡辺嘉一 わたなべかいち
安政5（1858）年2月8日〜昭和7（1932）年12月4日
明治〜昭和期の鉄道技術者、土木学者、実業家。イギリスに留学し工学、理学を学ぶ。世界一の鉄橋の工事監督にあたった。
¶海越，海越新，科学，近土，人名，世紀，鉄道，渡航，土木，長野歴，日人

## 渡辺勝政 わたなべかつまさ
江戸時代中期の陶工。
¶岡山人，岡山歴

## 渡辺要(1) わたなべかなめ
安政2（1855）年〜大正9（1920）年
江戸時代末期〜大正期の畜牛改良功労者。
¶静岡歴，姓氏静岡

## 渡辺要(2) わたなべかなめ
明治35（1902）年1月11日〜昭和46（1971）年8月21日
大正〜昭和期の建築学者。東京帝国大学教授。建築環境学の開拓者。長倉謙介との共著に「建築計画原論」。
¶科学，現情，人名7，世紀，日人

## 渡辺兼次郎 わたなべかねじろう
昭和14（1939）年12月22日〜
昭和〜平成期の陶芸家。
¶陶芸最，陶工

## 渡辺鎌吉 わたなべかまきち
安政4（1857）年3月4日〜大正11（1922）年12月
江戸時代末期〜大正期の料理人。「中央亭」店主。
¶食文

**渡部儀右衛門** わたなべぎえもん
文政12(1829)年2月～明治27(1894)年
江戸時代末期～明治期の漆器製作者。会津丸物塗りの名手。会津木盃製作の研究。
¶幕末

**渡辺喜三郎〔6代〕** わたなべきさぶろう
～昭和61(1986)年1月6日
昭和期の漆芸家。
¶美工，名工

**渡辺吉五郎** わたなべきちごろう
生没年不詳
江戸時代後期の工匠。
¶国書

**渡辺金右衛門** わたなべきんえもん
文化11(1814)年～明治7(1874)年
江戸時代末期～明治期の大工。日本人として最初にロシア流の造船に着手した大工棟梁の一人。
¶先駆

**渡辺忻三** わたなべきんぞう
天保10(1839)年～大正2(1913)年
江戸時代末期～大正期の軍人、海軍技官。海軍機関少将。
¶姓氏神奈川

**渡辺均矢** わたなべきんや
昭和25(1950)年11月3日～
昭和期の陶芸家。
¶陶芸最

**渡辺敬一郎** わたなべけいいちろう
昭和34(1959)年2月8日～
昭和～平成期の製陶業、焼き物の山車づくり。
¶名工

**渡辺敬子** わたなべけいこ
昭和期の洋裁師。
¶名工

**渡辺慶次郎** わたなべけいじろう
天保12(1841)年～大正3(1914)年
明治期の農事改良家。落花生栽培の先駆者。横浜の外国人から種を入手し、落花生の栽培に成功。神奈川県の特産品に育てた。
¶神奈川人，神奈川百，郷土神奈川，植物([没]大正3(1914)年4月18日)，食文([没]1914年4月18日)，姓氏神奈川，先駆，日人，幕末

**渡辺謙堂** わたなべけんどう
→渡辺兵次(わたなべへいじ)

**渡辺孝一** わたなべこういち
昭和7(1932)年5月8日～
昭和期の陶芸家。
¶陶芸最

**渡辺蒿蔵** わたなべこうぞう
天保14(1843)年～昭和14(1939)年9月7日 [別]天野清三郎《あまのせいざぶろう》
江戸時代末期～明治期の実業家。イギリスで造船学を学び、帰国後、長崎造船所所長、工部省技師をつとめた。
¶海越(天野清三郎 あまのせいざぶろう 生没年不詳)，海越新(天野清三郎 あまのせいざぶろう)，科学([生]1843年(天保14)4月3日)，世紀([生]天保14(1843)年4月3日)，渡航(渡辺蒿蔵・天野清三郎 わたなべこうぞう・あまのせいざぶろう)，日人，幕末，藩臣6，山口百

**渡部好太郎** わたなべこうたろう
慶応3(1867)年～昭和15(1940)年
明治～昭和期の発明家、日本初の大型飛行機を考案。
¶科学

**渡辺孝平** わたなべこうへい
? ～明治5(1872)年
江戸時代末期～明治期の尾張瀬戸の陶工。
¶人名，日人

**渡辺節** わたなべさだ
→渡辺節(わたなべせつ)

**渡辺定賢** わたなべさだかた
享保9(1724)年～文化3(1806)年
江戸時代中期～後期の農事改良家。繊維の強い自生の三椏を発見、和紙の生産に成功。駿河半紙とよばれた。
¶静岡百，静岡歴，姓氏静岡，日人

**渡辺聖** わたなべさとし
昭和6(1931)年10月31日～
昭和～平成期の陶芸家。
¶陶工

**渡辺佐兵衛** わたなべさへえ
生没年不詳
明治期の製造業者。コルク栓製造のパイオニア。
¶先駆

**渡辺三蔵** わたなべさんぞう
? ～昭和8(1933)年
明治～昭和期のカイロ灰製造業。
¶栃木歴

**渡辺茂** わたなべしげる
大正7(1918)年8月12日～平成4(1992)年3月10日
昭和期のシステム工学者。機構・設計・システム工学など広範囲にわたり研究を行う。
¶科学，現朝，現執1期，現執2期，現情，現日，新潮，数学，世紀，日人

**渡辺重治** わたなべじゅうじ
明治12(1879)年～昭和30(1955)年
明治～昭和期の農事改良事業家。
¶栃木歴

**渡辺淳一郎** わたなべじゅんいちろう
安政5(1858)年4月30日～明治27(1894)年11月30日
明治期の園芸家。果実袋を研究・製造。
¶岡山百，岡山歴，植物，食文([生]安政5年4月30日?(1858年6月))，日人

**渡部潤次郎** わたなべじゅんじろう
明治12（1879）年～昭和24（1949）年
明治～昭和期のオゴ草で寒天製造。
¶島根歴

**渡辺俊平** わたなべしゅんぺい
明治34（1901）年1月19日～昭和47（1972）年11月28日
大正～昭和期の技術者。
¶映人

**渡辺生** わたなべしょう
大正6（1917）年3月28日～
昭和期の映画照明技師。
¶映人

**渡辺庄吉** わたなべしょうきち
昭和10（1935）年5月14日～
昭和～平成期の藍染家。
¶名工

**渡辺譲治** わたなべじょうじ
昭和期の木工芸家。
¶名工

**渡辺四郎左衛門** わたなべしろうざえもん
文化9（1812）年～慶応1（1865）年
江戸時代後期～末期の十二川原用水の開削者。
¶姓氏長野

**渡辺慎** わたなべしん
生没年不詳
江戸時代後期の測量家・和算家。
¶国書



**渡辺仁** わたなべじん
→渡辺仁（わたなべひとし）

**渡辺新左衛門尉** わたなべしんざえもんのじょう
生没年不詳
戦国時代の大工。伊豆南部で活動。
¶戦辞

**渡辺信四郎** わたなべしんしろう
慶応1（1865）年7月26日～＊
明治期の鉄道技師。専門は鉄道。福井県出身。
¶近土（[没]1944年3月25日），土木（[没]？）

**渡辺すなお** わたなべすなお
昭和27（1952）年11月17日～
昭和～平成期の陶芸家。
¶陶芸最，陶工

**渡部寿美子** わたなべすみこ
大正5（1916）年9月28日～
昭和期の陶芸家。
¶陶芸最

**渡辺請二** わたなべせいじ
昭和24（1949）年11月21日～
昭和期の陶芸家。
¶陶芸最

**渡辺節** わたなべせつ
明治17（1884）年11月3日～昭和42（1967）年1月21日　[別]渡辺節《わたなべさだ》
明治～昭和期の建築家。大阪を代表する建築家で代表作に、大阪ビルディングなど。
¶大阪人（わたなべさだ），現朝，現情，現日，人名7，世紀，日人，美建

**渡辺節夫** わたなべせつお
昭和22（1947）年4月23日～
昭和期の陶芸家。
¶陶芸最

**渡辺善吉** わたなべぜんきち
生没年不詳
江戸時代中期の庄屋。遠賀川支流の岡森に灌漑用の堰を造成。
¶日人

**渡辺善介** わたなべぜんすけ
明治31（1898）年～昭和57（1982）年
大正～昭和期の漆芸作家、俳人。
¶高知人

**渡辺宗三郎** わたなべそうざぶろう
安政1（1854）年～＊
明治～大正期の用水路開削者、埼玉県議会議員。
¶埼玉人（[生]安政1（1854）年2月29日　[没]大正9（1920）年8月1日），埼玉百（[没]1931年）

**渡辺大一** わたなべだいいち
明治34（1901）年3月11日～昭和53（1978）年7月17日
大正～昭和期の農業技術者。
¶世紀，日人，広島百

**渡辺隆** わたなべたかし
昭和8（1933）年1月8日～平成16（2004）年8月21日
昭和～平成期の漆芸家。
¶美工

**渡辺貴介** わたなべたかすけ
昭和18（1943）年1月2日～
昭和～平成期の都市計画工学者、情報環境学者。東京工業大学教授。
¶現執3期

**渡辺琢哉** わたなべたくや
昭和32（1957）年12月16日～
昭和～平成期の陶芸家。
¶陶工

**渡辺武** わたなべたけし
～平成11（1999）年6月29日
昭和～平成期の漆芸家。
¶美工

**渡辺太惣治** わたなべたそうじ
文政1（1818）年～明治30（1897）年　[別]渡辺太惣治《わたなべたそじ》
江戸時代末期～明治期の土木家。
¶岡山人，岡山歴（[没]明治30（1897）年1月），人名（わたなべたそじ），日人

渡辺太惣治　わたなべたそじ
　→渡辺太惣治（わたなべたそうじ）

渡辺立広　わたなべたつひろ
　昭和26(1951)年8月10日〜
　昭和期の陶芸家。
　¶陶芸最

渡辺つる子　わたなべつるこ
　昭和期の染織家。
　¶名工

渡辺禎三　わたなべていぞう
　？〜平成12(2000)年10月15日
　昭和〜平成期のラン押し花工芸家。
　¶植物

渡辺輝人　わたなべてるんど
　昭和10(1935)年2月11日〜
　昭和期の陶芸家。
　¶陶芸最

渡辺伝治　わたなべでんじ
　明治23(1890)年〜昭和35(1960)年
　明治〜昭和期の建築技師。
　¶姓氏岩手，美建

渡辺銅意　わたなべどうい
　生没年不詳
　江戸時代前期の鋳物師。
　¶朝日，コン改，コン4，史人，日人，美工

渡辺陶三　わたなべとうぞう
　昭和14(1939)年11月8日〜
　昭和期の陶芸家。
　¶陶芸最，名工

渡部徹　わたなべとおる
　昭和24(1949)年〜
　昭和〜平成期の陶芸家。
　¶陶芸最，陶工（⊕1949年5月7日）

渡辺貫　わたなべとおる
　明治31(1898)年7月16日〜昭和49(1974)年12月17日
　明治〜昭和期の地質工学者。
　¶科学，近土，鉄道（⊗1974年12月），土木

渡辺徹　わたなべとおる
　昭和期の刀鍛冶職人。
　¶名工

渡辺俊直　わたなべとしなお
　大正14(1925)年11月11日〜
　昭和期の陶芸家。
　¶陶芸最

渡辺友隆　わたなべともたか
　明治28(1895)年〜昭和37(1962)年
　大正〜昭和期の土地改良功労者。
　¶群馬人

渡辺豊和　わたなべとよかず
　昭和13(1938)年8月1日〜

昭和〜平成期の建築家。渡辺豊和建築工房主宰、京都造形芸術大学教授。
　¶現執2期，現執3期，現執4期，現日，世紀

渡辺信雄　わたなべのぶお
　昭和24(1949)年1月10日〜
　昭和期の陶芸家。
　¶陶芸最

渡辺亘康　わたなべのぶやす
　昭和28(1953)年12月28日〜
　昭和期の陶芸家。
　¶陶芸最

渡辺昇　わたなべのぼる
　昭和期の洋服仕立職人。
　¶名工

渡辺隼人　わたなべはやと
　生没年不詳
　戦国時代の職人衆。古河公方足利義氏に仕えた。
　¶戦辞

渡辺豪和　わたなべひでかず
　昭和〜平成期の京葛籠師。
　¶名工

渡部和　わたなべひとし
　昭和5(1930)年12月26日〜
　昭和期の電気工学者。創価大学教授。
　¶現執2期

渡辺仁　わたなべひとし
　明治20(1887)年2月16日〜昭和48(1973)年9月5日　㉙渡辺仁《わたなべじん》
　明治〜昭和期の建築家。作品に銀座の服部時計店など。
　¶現朝，現情（わたなべじん　⊕1887年2月），現日（わたなべじん），人名7（わたなべじん），世紀，日人，美建

渡部豁　わたなべひろし
　大正3(1914)年3月6日〜
　昭和期の陶芸家。
　¶陶芸最

渡辺房保　わたなべふさやす
　大正5(1916)年〜
　昭和期の陶芸家。
　¶陶芸，陶芸最（⊕大正5年3月11日）

渡辺文平　わたなべぶんぺい
　明治14(1881)年8月9日〜昭和13(1938)年11月7日
　明治〜昭和期の人。御坂峠路を改修し御坂トンネルを開通させ、観光産業道路を開く。
　¶山梨百

渡辺兵次　わたなべへいじ
　文化6(1809)年〜安政2(1855)年　㉙渡辺謙堂《わたなべけんどう》
　江戸時代末期の地誌家、和算家、測量家。
　¶国書（渡辺謙堂　わたなべけんどう），人名，日人

**渡辺政吉** わたなべまさきち
弘化4（1847）年～大正13（1924）年
江戸時代末期～大正期の紙業改良家。
¶高知人

**渡部雅信** わたなべまさのぶ
～明治8（1875）年1月
江戸時代後期～明治期の金工家。
¶庄内

**渡部雅則** わたなべまさのり
安永7（1778）年～天保7（1836）年7月7日
江戸時代中期～後期の工芸家。
¶国書

**渡辺松太郎** わたなべまつたろう
昭和期の江戸指物師。
¶名工

**渡部光中** わたなべみつなか
天保1（1830）年～明治22（1889）年12月
江戸時代後期～明治期の金工家。
¶庄内

**渡部弥作** わたなべやさく
明治35（1902）年～昭和59（1984）年3月27日
大正～昭和期の土木工学者、東京都立大学名誉教授。専門は港湾工学。
¶科学（[生]1902年（明治35）7月），庄内（[生]明治35（1902）年7月25日）

**渡辺寧** わたなべやすし
明治29（1896）年11月15日～昭和51（1976）年11月17日
大正～昭和期の電子工学者。東北帝国大学電気通信研究所所長。長距離電話中継用の独自の増幅方式を考案。
¶科学，科技，現朝，現情，現人，静岡歴，新潮，人名7，世紀，日人，日本，宮城百

**渡辺幽香** わたなべゆうこう
＊～昭和17（1942）年12月5日
明治～昭和期の洋画家。石版・銅版の技法を学び「大日本風俗画集」などを出版。
¶浮絵（[生]安政3（1856）年），近女（[生]安政2（1855）年），近美（[生]安政3（1856）年12月25日），女性（[生]安政3（1858）年12月25日），女性普（[生]安政3（1858）年12月25日），新潮（[生]安政3（1856）年12月25日），人名7（[生]1855年），世紀（[生]安政2（1855）年），日人（[生]1857年），美家（[生]安政2（1855）年），名画（[生]1855年），洋画（[生]安政3（1856）年12月25日）

**渡辺行夫** わたなべゆきお
昭和27（1952）年2月4日～
昭和～平成期の映画編集技師。
¶映人

**渡辺以親** わたなべゆきちか
寛政7（1795）年～？　[別]渡辺以親《わたなべいしん》
江戸時代後期の測量家・和算家。
¶科学（わたなべいしん），国書

**渡辺譲** わたなべゆずる
安政2（1855）年10月17日～昭和5（1930）年9月7日
明治～昭和期の土木建築工学者。建築学研究のためドイツに留学。呉軍港の大船渠を建造。
¶海越，海越新，人名，世紀，渡航，日人

**渡部豊** わたなべゆたか
昭和期の人形師。
¶名工

**渡辺由理子** わたなべゆりこ
昭和29（1954）年12月19日～
昭和～平成期の陶芸家。
¶陶芸最，陶工

**渡辺洋治** わたなべようじ
大正12（1923）年6月14日～昭和58（1983）年11月2日
昭和期の建築家。渡辺建築事務所所長。
¶美建

**渡辺恵弘** わたなべよしひろ
明治28（1895）年11月20日～昭和44（1969）年7月17日
大正～昭和期の造船工学者。九州帝国大学教授。著書に「船舶の動揺に関する研究」。
¶科学，現情，人名7，世紀，日人

**渡辺与三右衛門** わたなべよそえもん
安永9（1780）年～天保13（1842）年
江戸時代後期の尾張常滑の陶工。
¶人名

**渡辺良斉** わたなべりょうさい
弘化2（1845）年～明治42（1909）年
明治期の医師。陶歯制作のさきがけ。著作に「歯科学・上編」。
¶先駆，日人

**渡辺了介** わたなべりょうすけ
昭和34（1959）年～
昭和～平成期のシステムエンジニア、技術翻訳家。
¶児人

**渡辺稟三** わたなべりんぞう
大正3（1914）年4月4日～平成5（1993）年7月21日
昭和期の指物師。
¶世紀，日人，美工

**渡辺六郎(1)** わたなべろくろう
慶応1（1865）年6月25日～＊
明治～大正期の技師。専門は河川。大阪府出身。
¶近土（[没]1939年1月27日），土木（[没]1925年1月27日）

**渡辺六郎(2)** わたなべろくろう
大正12（1923）年4月12日～
昭和～平成期の陶芸家。
¶陶芸最，陶工，名工

**渡辺渉** わたなべわたる
昭和8（1933）年3月2日～
昭和～平成期の陶芸家。
¶陶芸最，陶工

**綿貫萌春** わたぬきほうしゅん
明治38（1905）年〜平成2（1990）年
大正〜平成期の人形作家。
¶美工

**和田英子** わだひでこ
→和田英（わだえい）

**和田一人** わだひとり
昭和27（1952）年〜
昭和期の陶芸家。
¶陶芸最

**和田弘** わだひろし
大正3（1914）年11月10日〜平成19（2007）年2月8
日
昭和〜平成期の情報工学者、成蹊大学名誉教授。
¶科学

**渡部広次** わたべこうじ
昭和17（1942）年〜
昭和〜平成期の金工作家。
¶名工

**和田正明** わだまさあき
昭和22（1947）年〜
昭和〜平成期の陶芸家。
¶陶芸最，陶工（⊕1947年9月22日）

**和田正信** わだまさのぶ
大正5（1916）年〜昭和54（1979）年
昭和期の電気工学者。
¶宮城百

**和田又吉** わだまたきち
明治6（1873）年3月4日〜昭和26（1951）年11月
17日
明治〜昭和期の発明家・農業。
¶岡山歴

**和田光正** わだみつまさ
昭和15（1940）年5月7日〜
昭和〜平成期の金彩友禅作家。
¶名工

**和田森栄吉** わだもりえいきち
明治27（1894）年〜昭和24（1949）年
大正〜昭和期の水稲の品種改良者。
¶島根歴

**和太守卑良** わだもりひろ
昭和19（1944）年3月7日〜平成20（2008）年9月7日
昭和〜平成期の陶芸家。
¶陶芸最，陶工，美工（⊕昭和19（1944）年7月26
日），名工

**和田康彰** わだやすあき
昭和24（1949）年〜
昭和期の陶芸家。
¶陶芸最

**和田安彦** わだやすひこ
昭和17（1942）年4月13日〜
昭和〜平成期の環境工学者、都市工学者。関西大

学教授。
¶現執3期

**和田豊** わだゆたか
明治24（1891）年12月2日〜昭和39（1964）年7月2
日
明治〜昭和期の畜産技術者。
¶世紀，日人，広島百

**和田義雄** わだよしお
生没年不詳
明治期の島根県水産試験場の初代場長。
¶島根歴

**和田義起** わだよしおき
慶応1（1865）年12月27日〜昭和5（1930）年12月
13日
明治〜昭和期の土地改良推進者。
¶岡山歴

**和田善平** わだよしひら
弘化1（1844）年〜明治41（1908）年
明治期の建築家。小松宮、東伏見宮、梨本宮等の
邸宅を手がける。
¶人名，日人

**渡会伸** わたらいしん
大正7（1918）年12月13日〜平成13（2001）年4月
28日
昭和期の映画録音技師。
¶映人

**亘理厚** わたりあつし
大正6（1917）年5月13日〜昭和58（1983）年1月
24日
昭和期の自動車工学者、東京大学名誉教授。専門
は機械振動学、機械騒音。
¶科学

**渡高久** わたりたかひさ
昭和4（1929）年10月16日〜
昭和〜平成期の陶芸家。
¶陶芸最，陶工，名工

**渡マリア** わたりまりあ
昭和30（1955）年11月18日〜
昭和〜平成期の陶芸家。
¶陶工

**和田竜児** わだりゅうじ
昭和9（1934）年9月27日〜平成21（2009）年2月1日
昭和〜平成期の機械工学者、摂南大学工学部教
授。専門は機械工作。
¶科学

**和田和一斎** わだわいちさい
嘉永4（1851）年〜明治34（1901）年5月
江戸時代後期〜明治期の竹細工の名人。
¶大阪大

**和辻春樹** わつじはるき
明治24（1891）年〜昭和27（1952）年8月24日
明治〜昭和期の造船技師。観光日本社長。
¶科学（⊕1891年（明治24）9月5日），科技

（�生1891年9月5日），京都大，現情（�生1891年9
月），世紀，姓氏京都

**和泥斎** わでいさい
　？　〜文化1（1804）年
　江戸時代中期〜後期の陶工、伊勢時中焼の創始者。
　¶人名，日人

**鰐石市之進** わにいしいちのしん
　→鰐石市之進（わにしいちのしん）

**鰐石市之進** わにしいちのしん
　嘉永1（1848）年〜慶応2（1866）年　㊁鰐石市之進
　《わにいしいちのしん》
　江戸時代末期の長州（萩）藩細工人。
　¶維新，幕末（わにいしいちのしん　�没1866年9月
　15日）

**鰐部亀蔵** わにべかめぞう
　文化3（1806）年〜？
　江戸時代後期の園芸家。梅の品種改良を行い、生
　産を増大させた。
　¶姓氏愛知

**和仁正興** わにまさおき
　昭和19（1944）年3月17日〜
　昭和〜平成期の陶芸家。
　¶陶芸最，陶工，名工

わ

# 日本人物レファレンス事典
## 名工・職人・技師・工匠篇

2017年7月25日　第1刷発行

発 行 者／大高利夫
編集・発行／日外アソシエーツ株式会社
　　　　　　〒140-0013 東京都品川区南大井6-16-16鈴中ビル大森アネックス
　　　　　　電話 (03)3763-5241(代表)　FAX(03)3764-0845
　　　　　　URL http://www.nichigai.co.jp/
発 売 元／株式会社紀伊國屋書店
　　　　　　〒163-8636 東京都新宿区新宿 3-17-7
　　　　　　電話 (03)3354-0131(代表)
　　　　　　ホールセール部(営業)　電話 (03)6910-0519

　　　　　　電算漢字処理／日外アソシエーツ株式会社
　　　　　　印刷・製本／光写真印刷株式会社

　　　　　　不許複製・禁無断転載　　　　《中性紙三菱クリームエレガ使用》
　　　　　　〈落丁・乱丁本はお取り替えいたします〉
　　　　　　**ISBN978-4-8169-2673-0**　　**Printed in Japan,2017**

本書はディジタルデータでご利用いただくことが
できます。詳細はお問い合わせください。

# 日本人物レファレンス事典 商人・実業家・経営者篇

A5・900頁　定価（本体18,500円＋税）　2017.4刊

日本の商業・実業分野の人物がどの事典にどんな見出しで掲載されているかがわかる事典索引。中世の伝説的商人、安土桃山時代の貿易商、江戸時代の豪商、近代の実業家、各地の経済・産業を担った人物、戦後の経営者など、318種486冊の事典から16,000人を収録。

# 日本人物レファレンス事典 江戸時代の武士篇

A5・1,170頁　定価（本体23,000円＋税）　2016.11刊

江戸時代の武士がどの事典にどんな見出しで掲載されているかがわかる事典索引。将軍・御三家・御三卿・大老・老中をはじめ、藩主・家老・藩士・藩儒から、幕臣・旗本・奉行・代官や、剣客・剣豪・武術家まで、245種373冊の事典から22,000人を収録。

# 日本人物レファレンス事典 武将篇

A5・910頁　定価（本体18,500円＋税）　2016.2刊

日本の武将がどの事典にどんな見出しで掲載されているかがわかる事典索引。飛鳥・奈良時代の軍事力を背景にした豪族、平安時代の武官・将軍や軍事貴族、中世の武将・守護大名・戦国大名やその主要家臣などを、190種315冊の事典から18,000人を収録。

# 日本人物レファレンス事典 軍事篇 (近現代)

A5・460頁　定価（本体15,000円＋税）　2015.4刊

日本近現代の軍事分野の人物がどの事典にどんな見出しで掲載されているかがわかる事典索引。幕末以降の主な兵乱指導者・従軍藩士、旧陸海軍の主要軍人・軍属、自衛隊・防衛庁・防衛省のトップ、兵学者・砲術家・軍事技術者・軍事評論家など、275種393冊の事典から5,600人を収録。

# 日本人物レファレンス事典 皇族・貴族篇

A5・650頁　定価（本体18,000円＋税）　2015.8刊

日本の皇族・貴族がどの事典にどんな見出しで掲載されているかがわかる事典索引。皇族（神武以来）・貴族（飛鳥時代以降の大豪族、主要官人、公卿・公家、明治以降の公家華族の当主など）を、222種383冊の事典から8,200人を収録。

---

データベースカンパニー
**日外アソシエーツ**　〒140-0013　東京都品川区南大井6-16-16
TEL.(03)3763-5241　FAX.(03)3764-0845　http://www.nichigai.co.jp/